燉煌氏族人名集成

八世紀末期～十一世紀初期

氏族人名篇　人名篇

土肥義和編

汲古書院

編集協力　石田勇作

Edited by YOSHIKAZU DOHI

Index of Chinese First, Family and Clan Names
appearing in the Dunhuang Chinese Documents
dating from the Late Eighth to the Early Eleventh Centuries :
Part I First, Family and Clan Names　　Part II First Names

2015
KYUKO SYOIN

目　次

序言…………………………………………………………………… *3*
　凡例………………………………………………………………… *8*
氏族人名篇…………………………………………………………… 1
人名篇………………………………………………………………… 767
　本書使用略號表…………………………………………………… 1183
　頭字總畫檢字表…………………………………………………… 1187
　本書收錄漢字人名文書番號一覽………………………………… 1195
　主要參考文獻表（日本文・中文・歐文）……………………… 1225
　後記………………………………………………………………… 1247

序　言

　本集成は、中央アジア文化圏内の東トルキスタンの東端部に位置するオアシス小都市國家燉煌地區を中心とした河西廻廊地帶に住む人たちが、どのような人たちによって構成され、かつ彼らは漢字でどのような姓名に表現されていたか、さらに彼らはどのような生活樣式をもって現狀を打開しようとしていたかなどを解明するための素材として收錄した「燉煌氏族人名集成」である。從って本書は内陸アジア史を研究する專門家ばかりでなく、ひろく歷史を愛好する人々をも對象として編纂した。

　ここに收錄した人名は、中央アジアの吐蕃王（贊普）の燉煌地區への侵寇が擴大した780年代から、諸種の燉煌文獻が大量に作成されていた1006年代（北宋眞宗朝）までの約230餘年間に記された漢字の「燉煌資料」の中に見える人たちであり、ここには、燉煌王を稱した歸義軍節度使やその地方官衙の官人層、瓜・沙二州の佛教教團の僧尼たち、そして一般庶民層から民間の賤民（奴婢）たち、さらに少數民族の部族名を冠した人名までを含めると、總數約 3 萬360餘りの人名を抽出することができる。

　ここに明らかにされた燉煌地區及びその近郊の居住者たちの主體は、何といっても漢族であったことに疑う餘地がない。他方同時に、漢族以外の少數民族が相當數混住していたことも看過してはならないばかりか、ここに見られる燉煌の住民構成の多樣性こそが、内陸アジアのオアシス都市燉煌の重要な特色となっていたのである。

　そこで、 8 世紀末期から11世紀初頭の燉煌地區における漢族社會の存在形態の概要を知るための手段として、燉煌住民の氏族人名姓別數一覽表（本表 1 ）を概觀すると、姓のわかる漢字人名の總數は19,765人に對して、氏族人名姓の數は總計385種が登記されていたことが知られる。このうち表の最上位に位置づけられた張姓が2,789人と記され、それが全人口の14.1％を占めるとともに、さらに燉煌郡望、第 2 位から第10位までの 9 姓（王（2）、李（3）、索（4）、氾（5）、陰（6）、安（7）、曹（8）、宋（9）、令狐（10））の員數（7,276人）を加えると、總計10,065人となる。この數字はまさに燉煌地區（本表 1 ）の總員數の約51％にあたるものであり、この數値こそ燉煌の漢族世界における支配階層の主流を形成する基盤を意味するものであろう。

　次に特に注目されるのは、漢族以外の少數民族の氏族人名を漢字の姓を通していか

序　言

に把握していくかである。この問題は少數民族を含めた外族人名の漢字による姓名の實態について、本表２に示した如く、（A）西域胡族（イラン・チュルク）系諸姓（安・曹・康・翟・劉・石・羅・何・史・龍・賀・米・白・胡・蘇・裴・僕固）、（B）氐・羌系諸姓（楊・唐・董・呂・齊・彭・尹・姚）、（C）鮮卑系諸姓（朱・盧・竹・郝）のそれぞれの文書の具體的な事例を檢證することによって明かにされるだろう。

　ここに言う「燉煌資料」とは、ちょうど1900年に現在の中國甘肅省燉煌縣莫高窟第17號窟（俗稱：藏經洞、原作："故經處"）において發見されたものを中心とする。それは今日では「燉煌遺書」と總稱されることが多い。本書では、甘肅省など諸地の石窟壁畫や繪畫に記された文字資料も含めて「燉煌資料」とした。

　さて、この「燉煌資料」は、發見以來、中國本土（北京）以外では、その主要な一部がイギリス（ロンドン）・フランス（パリ）・ロシア（サンクト＝ペテルブルク）・日本等の國々へ運び出されて、各國の公的研究機關に分藏されてきたために、近年までその全貌を具體的かつ詳細に把握して研究を進めることが遲々として適わなかった。

　しかし1990年代以降になって、中國國家圖書館善本部をはじめとして、イギリス・フランス・ロシアの３か國の公的研究機關が管理していた燉煌資料が大型の「モノクローム版資料集」としてつぎつぎに公刊されることになった。中でも2012年（平成24）までに北京で刊行された、未公開の資料もすべて含めた16,579件の資料が『中國國家圖書館藏燉煌文獻』（全146冊）と題して出版されたことは特筆される。またさらに、一昨年（2013年）３月には、從來ほとんど未公開であった日本杏雨書屋所藏の775件の全葉燉煌文獻の彩色版が『燉煌祕笈』（目錄１冊、影印版全９冊）と題して出版を完了している。

　このような國際的かつ組織的な出版計畫の下において、本書では燉煌資料に記された漢語人名が抽出される年代を、吐蕃による燉煌地區占領期（780年代）から燉煌の地方政權が存續した歸義軍節度使期（11世紀初期）までの約230年間に區切ることにした。その理由は、本書で對象とした「燉煌資料」（約56,000件）の９割近くがこの時期に集中して存在しているからである。このような事由を根據にするとき、次に課題となるのは燉煌の漢語人名の記述内容をいろいろな角度から吟味し、成立過程をいかように分析するかということであり、この課題の解決はまさに近い將來に待たれることになろう。さらには、その史料的價値を追求する作業が待たれることになろう。

　なお、本書の特徴は、それぞれの當該人名に關わりのある重要事項をその人名と一

緒に併記することにある。その重要事項とは、當該人名と切り離せられない肩書き（親族關係・身分・職業・官職・僧職・僧官等の名稱）のことであり、地名（行政單位：鎭名、郷村里名、坊巷名、渠水名等）であり、所屬する燉煌教團十七寺の名稱や固有名のついた蘭若名であり、部族・部落名等である。これらの諸項目と人名とを有機的に關連づけることによって、各文書の資料の作成年代とともに、當該社會の構造とその位置づけ、地方政治の動向、國際的な佛教文化の實態、さらに諸民族間の交流あるいは融合などに關する諸問題を提起することが可能となろう。

現實的には、本書には、國內外の研究者が利用することを考えて、漢字筆畫による檢字表を附けるとともに、本書で收錄した漢字人名を含む燉煌資料を所藏番號別の一覽表にして文書檢索のための便宜を圖ることとした。

また上述したように、大型の「燉煌資料」の出版物がつぎつぎに完結したのを契機にして、今後、中國・日本・フランス・ドイツ等諸國の研究者による全燉煌資料の總括的な研究が一層盛んになることが期待されよう。本書はまさにその先驅けとして、燉煌地區を中心に廣範圍に流布していた漢字人名の實態を具體的に分析する課題を數多く提起するものである。そして、ここに生じる諸課題を一つ一つ解決することが、將來の燉煌學・シルクロード史・佛教美術史等の研究における諸問題の進展にいささかなりとも貢獻することを冀望する。世界最初の「燉煌氏族人名集成」として燉煌學・中國史・シルクロード史・佛教美術史等の研究に資するものとなることを願って序言としたい。

土 肥 義 和　識

序言

表1　8世紀末―11世紀初頭燉煌近在氏族人名姓別數一覽

No.	姓	人數	No.	姓	人數	No.	姓	人數	No.	姓	人數
1	張	2789	61	盧	46	121	明	7	181	沒	3
2	王	1232	62	左	44	122	衞	6	182	里	3
3	李	1078	63	平	44	123	漢	6	183	償	2
4	索	1050	64	荊	37	124	將	6	184	員	2
5	氾（汜）	818	65	裴	37	125	仍	6	185	殷	2
6	陰	764	66	任	31	126	雙	6	186	宇	2
7	安	723	67	竹	31	127	麻	6	187	影	2
8	曹	619	68	麴	30	128	樂	6	188	伽	2
9	宋	556	69	崔	30	129	吏	6	189	和	2
10	令狐	436	70	沈	30	130	柳	6	190	花	2
11	鄧	400	71	價	29	131	橋	5	191	乾	2
12	康	389	72	郝	29	132	炫	5	192	寒	2
13	吳	365	73	傅	29	133	江	5	193	諫	2
14	趙	346	74	侯	26	134	悉	5	194	巖	2
15	翟	344	75	景	25	135	除	5	195	冀	2
16	楊（陽・揚）	339	76	穆	25	136	濟	5	196	泣	2
17	劉	332	77	常	24	137	桑	5	197	喬	2
18	馬	314	78	段	24	138	談	5	198	凝	2
19	石	311	79	竇	24	139	鉢	5	199	靳	2
20	閻	288	80	目	24	140	表	5	200	君	2
21	高	264	81	解	23	141	毛	5	201	寇	2
22	唐	239	82	鄭	23	142	于	4	202	皇甫	2
23	郭	226	83	雷	22	143	敢	4	203	骨	2
24	董	226	84	達	21	144	魏	4	204	佐	2
25	梁	224	85	游（遊）	21	145	許	4	205	淳于（汙）	2
26	陳	218	86	岳	20	146	紇	4	206	焦	2
27	羅	203	87	祝	20	147	使	4	207	審	2
28	孔	194	88	屈	19	148	盡	4	208	眞	2
29	杜	187	89	成	19	149	星	4	209	崇	2
30	何	179	90	興	18	150	詮	4	210	嵩	2
31	程	167	91	泊	18	151	宗	4	211	昔	2
32	史	152	92	譚	17	152	兆	4	212	尊	2
33	田	131	93	榮	16	153	丁	4	213	善	2
34	龍	129	94	申	16	154	潘	4	214	曾	2
35	賀	114	95	黑	15	155	來	4	215	多	2
36	薛	113	96	燒	14	156	威	3	216	拓跋	2
37	武	108	97	溫	13	157	因	3	217	超	2
38	米	103	98	吉	13	158	華	3	218	長	2
39	呂	95	99	黃	13	159	賀拔	3	219	呈	2
40	孫	94	100	渾	13	160	霍	3	220	傳	2
41	周	92	101	鄐	13	161	願	3	221	湯	2
42	孟	90	102	金	12	162	葵	3	222	當	2
43	白	85	103	雒（洛）	12	163	瞿	3	223	南	2
44	樊	80	104	袁	11	164	阮	3	224	軟	2
45	朱	69	105	嚴	11	165	顧	3	225	寧	2
46	賈	65	106	柴	11	166	紅	3	226	賓	2
47	彭	64	107	延	10	167	采	3	227	誠	2
48	齊	62	108	師	10	168	司馬	3	228	僕固	2
49	就	58	109	苻・符・附	10	169	似	3	229	滿	2
50	尹	57	110	闞	9	170	新	3	230	勿	2
51	胡	57	111	候	9	171	泉	3	231	廖	2
52	韓	55	112	薩	9	172	燉	3	232	諒	2
53	晝	51	113	支	9	173	礬	3	233	夔	2
54	范	51	114	蔣	9	174	憑	3	234	朗	2
55	馮	51	115	燈	9	175	富	3	235	末鞨（羯）	150
56	慕（暮）容	51	116	沙	8	176	渑	3		他150姓	
57	姚	51	117	蔡	8	177	保	3			
58	徐	49	118	元	7	178	邦	3			
59	辛	49	119	秦	7	179	龐	3			
60	蘇	48	120	壬	7	180	勃	3	385	合計	19765

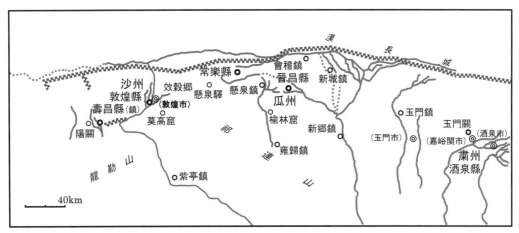

圖1　唐宋代、沙・瓜・肅州近鄉近在概念圖
(季羨林主編『敦煌學大辭典』上海辭書出版社、1998年、926頁。
西北師範大學教授李並成氏作成圖轉載)

表2　燉煌近在外族人姓名とその比率

群	姓氏名	外族人名數	割合	群の割合
A 西域胡族（イラン・チュルク）系	安	723	3.66%	19.35%
	曹	619	3.13%	
	康	389	1.97%	
	翟	344	1.74%	
	劉	332	1.68%	
	石	311	1.57%	
	羅	203	1.03%	
	何	179	0.91%	
	史	152	0.77%	
	龍	129	0.65%	
	賀	114	0.58%	
	米	103	0.52%	
	白	85	0.43%	
	胡	57	0.29%	
	蘇	48	0.24%	
	裴	37	0.19%	
	僕固	2	0.01%	
B 氐・羌系	楊（陽・揚）	339	1.72%	5.73%
	唐	239	1.21%	
	董	226	1.14%	
	呂	95	0.48%	
	彭	64	0.32%	
	齊	62	0.31%	
	尹	57	0.29%	
	姚	51	0.26%	
C 鮮卑系	宋	556	2.81%	3.34%
	盧	46	0.23%	
	竹	30	0.15%	
	郝	29	0.15%	
總計	28	5621	28.44%	28.44%

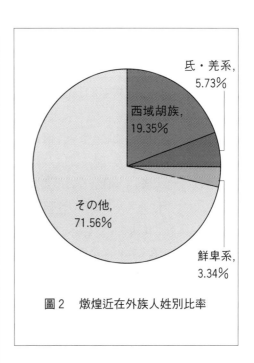

圖2　燉煌近在外族人姓別比率

凡　　例

1、本書の本文構成は、氏族人名篇，人名篇より成る。

　　　氏族人名篇は、「姓・名」を前半に配列し、「姓のみ」を後半に配列した。

　　　人名篇は、「人名のみ」を配列した。

　さらに人名の檢索に供するために、氏族人名篇には00001～19961の通し番號を附し、人名篇には50001～60402の通し番號を附した。

2、人名の表記に關して、

　　　人名の呼稱（漢字音）　　燉煌資料所藏別番號　　燉煌資料の名稱　　紀年・干支年月日　　西曆年（或いは世紀）の5項目を可能な限り記載した。

3、人名に關わる基本的な事項は、以下の1）～4）に分類して記載した。

　　　1）親族關係・身分・肩書・官職・僧官等　　2）寺院等名　　3）地名　　4）備考

4、本書で使用する漢字は、正字を第一に優先した。

5、人名の表記に關しては、原則としてa～hの記載方法を採った。

　　a　人名の中で判讀しがたい文字は□で示した。

　　b　人名で同一漢字が續く場合は、「ヾ」と表記した。

　　c　姓や名に附した「阿」字について、

　　　　例えば「阿張」は氏族人名篇、張姓の中に配列して4）の備考に、原作「阿張」と附記した。

　　　　姓や名の記載がない「阿妻」・「阿娘」・「阿婆」等の語は收錄しなかった。

　　d　姓に附された「大・小」の別は、4）の備考に附記した。

　　　　「大閻」「小閻」などの表記については、「閻」として採り、4）の備考に、原作「大閻」あるいは原作「小閻」として區別した。

　　e　「姓」は缺けているが、文章の前後から「姓」を讀み取ることが可能な場合は、（姓）として記した。また缺損した文字の一部から姓を讀み取ることが可能な場合は姓あるいは姓?とした。

　　f　「僧政」「僧正」の語に關して「僧政」は9C～10Cの文書に多くみられ、「僧正」は10C以降に多くみられるため、可能な限り原文のまま記載した。

　　g　人名に附された身分・肩書き・職官等については、分離しないで表記した場合がある。

　　h　僧尼名に附された僧官・僧職については分離しないで表記した場合がある。

6、年代表記については、原則として以下の意味で使用した。

　　　初期（最初の10年間）　　前期（前半の50年間）　　中期（中間前後の20年間）

　　　後期（後半の50年間）　　末期（最後の10年間）

7、別種の文書をつなげた場合の表記については、A＋B＋Cとした。

8、「燉煌資料所藏番號」の表記に關しては、以下のように統一した。
 a 莫高窟・楡林窟・西千佛洞に關するもの
  ⅰ 「莫第…窟」「楡第…窟」「西千佛洞第…窟」と記した。
  ⅱ 石窟供養人題記の窟番號は、張大千編號、Pelliot編號、敦煌研究院編號など三通り以上ある。本書では敦煌研究院編號を主として用いた。
   本書で使用した石窟の供養人題記中に見える人名は、敦煌研究院編『敦煌莫高窟供養人題記』のほか、謝稚柳『敦煌藝術敍錄』、GROTTES DE TOUEN-HOUANG CARNET DE NOTES DE PAUL PELLIOT、史岩『敦煌石室畫象題識』、羅寄梅氏夫妻による「莫高窟楡林窟寫眞群」、敦煌研究院（敦煌文物研究所）編『中國石窟』シリーズ、『スキタイとシルクロード美術展』（展示カタログ）などの諸家の調査記錄や各種圖錄から採った。本書では、このうち敦煌研究院編『敦煌莫高窟供養人題記』から採った人名を中心に收錄した。なお、Pelliotノートにのみ記載されている供養人題記については、紙數の關係から題記の窟内位置をPelliotノートの記述に從い、「左」「右」の語を用いて記し、東西南北のの方角は示していない。詳細な窟内位置については、そのほかの人名の整理と併せて近刊豫定の「索引編（假題）」に掲載する豫定である。
 b P（ペリオ文書）やS（スタイン文書）などの「燉煌資料所藏番號」の末尾に附せられているAlphabet及び數字は以下のように統一した。
  ⅰ a,1 → ①　b,2 → ②　c,3 → ③ …… f,6 → ⑥　g,7 → ⑦
   例えばP2049vbはP2049v②に、P5374₂はP5374②に、P3231gはP3231⑦とした。
  ⅱ (1)(2)については、ポイントを下げて(1)(2)をそのまま使用した。例えばP3769(1)はP3769₍₁₎に、P3769(3)はP3769₍₃₎とした。
  ⅲ A，Bについては、ポイントを下げた。例えばP4257AはP4257ₐとし、P4257BはP4257ᵦとした。
  ⅳ piece(1) piece(2)などの記載については、ポイントを下げた。例えばP4257piece(1)をP4257piece1に、P5374piece(2)をP5374piece2に統一した。
 c Дxの文書（ロシア文書全般）に關して、DxはДxに統一し、ハイフンを取った。
 d 各資料番號の後に附されているfragmentsは削除した。
 e 「中國國家圖書館（舊北京國立圖書館）藏敦煌遺書」に記載されている「文書番號」に關しては、原則としてBDNo.（千字文No.）と表記した。
  例えば、BD09325（周46）と表記した。
9、「干支年月日」は、史料（文書）に記載された干支を使用し、日附けに關しては「二十」は「廿」と、「三十」は「卅」と變更している場合がある。「閏」「潤」は原則として原文記載文字のままを採用した。
10、「吐蕃」「吐蕃期」については9C前半は吐蕃の支配下にあったため、「9C前期」と記載した。

凡　例

ただし「8C末」と確定できるものもある。
11、本書で使用した略號に關しては、別表の「本書使用略號表」を參照されたい。
12、本書で參照した主要な參考文獻については、主に關連著書を中心として、卷末に邦文・中文・歐文の順に分けて掲載した。
13、本書で使用した「姓名」・「人名」の漢字檢索の便を圖るために、「頭字總畫檢字表」を附し、頭字の右側に「姓名」・「人名」の通し番號を記した。

氏族人名篇

[あ]

00001 安阿師子 ·················· S04362
〔肅州都頭宋富悆狀〕 三月 （10C末）

00002 安阿朶 ·················· P2040v②-10
〔淨土寺黃麻入曆〕 乙巳年正月廿七日以後
（945以降）
　　2)淨土寺

00003 安阿朶 ·················· P3131v
〔牧羊馬馳缺數曆〕 （10C後期）

00004 安阿燉 ·················· P3440
〔見納賀天子物色人名〕 丙申年三月十六日
（996）
　　1)都頭

00005 安阿薦丁 ········ BD15249v③（新1449）
〔某家榮親客目〕 （10C後期）
　　1)主人　4)原作「阿薦丁安都頭及新婦并男」。又有注記「主人」。

00006 安阿薦丁新婦 ········ BD15249v③（新1449）
〔某家榮親客目〕 （10C後期）
　　4)原作「阿薦丁安都頭及新婦并男」。

00007 安阿薦丁男 ········ BD15249v③（新1449）
〔某家榮親客目〕 （10C後期）
　　4)原作「阿薦丁安都頭及新婦并男」。

00008 （安）阿父 ·················· S04660
〔兄弟社轉帖〕 戊子年六月廿六日 （988）
　　2)於燉煌蘭喏門

00009 （安）阿父 ·················· S04660v
〔社人缺色物曆〕 戊子年六月廿六日 （988）

00010 安〻香 ·················· P4989
〔沙州戶口田地簿〕 （9C末）

00011 安〻子 ·················· P2842piece4
〔渠?人?轉帖〕 五月廿八?日 （9C中期）

00012 安〻定 ·················· Дx02162
〔社司轉帖〕 庚子年八月十四日 （940?）

00013 （安）印子 ·················· P4989
〔沙州戶口田地簿〕 （9C末）

00014 安尹莫 ·················· P2040v②-29
〔淨土寺西倉豆利入曆〕 （940年代）
　　2)淨土寺

00015 安員盈? ·················· S00766v③
〔雜寫〕 太平興國六年歲次辛巳九月廿九日
（981）
　　1)押衙　4)R面爲「新集書儀」（10C後期）。

00016 安員吉 ·················· S02894v③
〔社司轉帖〕 壬申年十二月三十日 （972）

00017 安員吉 ·················· S02894v⑤
〔社司轉帖〕 （10C後期）

00018 安員君? ·················· Дx00998
〔尼僧名目〕 （9C末～10C）

00019 安員(光) ·················· P3288piece1
〔佛現齋造饍併人名目〕 （10C）
　　1)押衙

00020 安員子 ·········· BD15249v③（新1449）
〔某家榮親客目〕 （10C後期）
　　4)原作「員子安都頭」。

00021 （安）員受? ·················· S04660
〔兄弟社轉帖〕 戊子年六月廿六日 （988）
　　2)於燉煌蘭喏門　4)⇒員受。

00022 （安）員受? ·················· S04660v
〔社人缺色物曆〕 戊子年六月廿六日 （988）
　　4)⇒員受。

00023 安員住 ·················· P2049v②
〔淨土寺諸色入破曆計會牒〕 長興二年正月
（930～931）

00024 安員住? ·················· P3501v③
〔牒文控(殘)〕 （958頃）
　　1)押衙

00025 安員住 ········· S08445＋S08446＋S08468①
〔羊司於常樂稅羊人名目〕 丙午年六月廿七日 （946）

00026 安員閏 ·················· P3878B
〔都頭知軍資庫官張富高牒并判〕 己卯年
（979）
　　3)燉煌鄉

3

00027 （安）員昌 ·············· S04660
〔兄弟社轉帖〕 戊子年六月廿六日 （988）
　2)於燉煌蘭喏門 4)⇒員昌。

00028 安員信 ················ P3396
〔沙州諸渠別粟田名目〕 （10C後期）
　1)隊頭

00029 安員進 ········ BD16238（L4113）
〔洪池鄉百姓安員進賣舍契〕 甲辰年十一月十二日 （944）
　1)(安緊子)子・百姓 3)洪池鄉

00030 安員進 ············· P2032v⑬-7
〔淨土寺豆入曆〕 （940前後）
　2)淨土寺

00031 安員進 ·············· P3234v③
〔惠安惠戒手下便物曆〕 甲辰年 （944）
　2)淨土寺?

00032 安員進 ·············· P3234v⑮
〔淨土寺西倉豆利潤入曆〕 （940年代?）
　2)淨土寺

00033 安員進? ············· P3501v③
〔牒文控（殘）〕 （958頃）
　1)押衙

00034 安員進 ·············· P3501v⑤
〔押衙安員進牒（控）〕 顯德伍年四月日 （958）
　1)押衙

00035 安員宋 ············· P2032v⑯-4
〔淨土寺粟利閏入曆〕 （940前後）
　2)淨土寺

00036 （安）員長 ············· S04660
〔兄弟社轉帖〕 戊子年六月廿六日 （988）
　2)於燉煌蘭喏門 4)原作「員長」。

00037 （安）員長 ············ S04660v
〔社人缺色物曆〕 戊子年六月廿六日 （988）
　2)燉煌蘭喏 4)原作「員長」。

00038 安員通 ········ BD15404（簡068066）
〔千渠中下界白刺頭名目〕 （10C中期）
　1)白刺頭 3)千渠下界

00039 安員通 ·············· P2049v①
〔淨土寺諸色入破曆計會牒〕 同光三年 （925）

00040 安員通 ················ S09463
〔李万受等便麥曆〕 （10C）

00041 安員通 ········ S10273＋S10274＋S10276＋S10277＋S10279＋S10290
〔出便麥與人名目〕 丁巳年二月一日 （957?）

00042 安員定 ··········· BD00002v（地2）
〔柴草送納曆〕 （9～10C）

00043 安員(定?) ············· S05717
〔人名目〕 （10C）

00044 安員友 ················ S05717
〔人名目〕 （10C）

00045 安員□ ················ S05717
〔人名目〕 （10C）

00046 安員?□ ··············· S06116
〔白刺頭名簿〕 （10C後期）

00047 安于悉羅 ········ S08445＋S08446＋S08468②
〔羊司於紫亭得羊名目〕 丙午年三月九日 （946）

00048 安于略 ············· P2032v①-4
〔淨土寺粟入曆〕 （944前後）

00049 安雨莫 ················ S11599
〔借粟契〕 （10C?）
　1)副使・借粟人

00050 安榮子 ················ P3249v
〔將龍光顏等隊下人名目〕 （9C中期）
　1)隊將

00051 安榮通 ················ S09925
〔社司轉帖〕 八月廿□日 （9C?）

00052 安榮?通 ············ 古典籍54,圖171
〔五月五日下菜人名目〕 （10C）

00053 安永久 ··············· P3721v②
〔兄(見)在巡禮都官都頭名牒〕 庚辰年正月十五日 （980）
　1)巡禮都官・都頭

00054 安永興 ············ BD00207（宇7）
〔雜寫〕 乙酉年十二月十八日 （865?）
　4)原作「乙酉年十二月十八日安永興自手書已」。V面爲「晏子賦」。

4

00055 安永興 ·················· P2439v
〔雜寫〕 乙酉・甲申年 （925？ or 924？）

00056 （安）永興 ·················· S04660
〔兄弟社轉帖〕 戊子年六月廿六日 （988）
　1) 都頭 2) 於燉煌蘭喏門 4) 原作「永興都頭」。
　⇒永興。

00057 （安）永興 ·················· S04660v
〔社人缺色物曆〕 戊子年六月廿六日 （988）
　1) 都頭 2) 於燉煌蘭喏門 4) 原作「永興都頭」。
　⇒永興。

00058 安永遂 ·················· Дх06038v
〔納贈曆〕 （10C）

00059 安永長 ·················· S03540
〔宕泉修窟盟約憑〕 庚午年正月廿五日 （970）
　1) 鄉官？

00060 （安）永定 ·················· P2708bn
〔社子名目〕 （10C中期）
　4) ⇒永定。

00061 安營田 ·················· P3167v
〔安國寺道場司關于（五尼寺）沙彌戒訴狀〕
乾寧二年三月 （895）
　2) 安國寺

00062 安盈殿 ·················· 莫第098窟
〔供養人題記〕 （10C中期）
　1) 節度押衙左廂行營虞候銀青光祿大夫檢校國子祭酒兼御史中丞上柱國 4) 南壁。《燉》p.42。《謝》p.92。

00063 安盈娘 ·················· S00542v
〔燉煌諸寺丁壯車牛役部〕 戊年六月十八日 （818）
　2) 靈修寺 4) ⇒盈娘。

00064 （安）盈宗 ·················· S04660
〔兄弟社轉帖〕 戊子年六月廿六日 （988）
　2) 於燉煌蘭喏門

00065 （安）盈宗 ·················· S04660v
〔社人缺色物曆〕 戊子年六月廿六日 （988）

00066 安盈達 ·················· P2040v②-25
〔淨土寺黃麻利入曆〕 （940年代）
　2) 淨土寺

00067 安盈達 ·················· P2049v①
〔淨土寺諸色入破曆計會牒〕 同光三年 （925）

00068 安?延興 ·················· P3396
〔沙州諸渠別粟田名目〕 （10C後期）

00069 安延興 ·················· S00766v③
〔雜寫〕 乙酉年六月卅日 （986）
　4) 原作「安延興造此笔記」。R面爲「新集書儀」（10C後期）。

00070 安延子 ·················· BD02863v（調63）
〔安延子書〕 癸酉年十一月二日 （973）
　4) 原作「癸酉年十一二日安延子書」。

00071 安延子 ·················· S02894v①
〔社司轉帖〕 壬申年十二月廿二日 （972）

00072 安延達 ·················· P2703v①
〔官牧羊人計會簿〕 壬申年十二月 （972？）

00073 安衍鷄 ·················· P3396
〔沙州諸渠別粟田名目〕 （10C後期）

00074 安衍鷄 ·················· Дх02149B
〔見納缺柴人名目〕 （10C）

00075 （安）衍羅 ·················· P4987
〔兄弟社轉帖〕 戊子年七月 （988）
　4) 舊P5529。

00076 安應子 ·················· P2049v②
〔淨土寺諸色入破曆計會牒〕 長興二年正月 （930～931）

00077 安押衙 ·················· P3234v①
〔應慶於願達手上入曆〕 （10C前期）
　1) 押衙

00078 安押衙 ·················· P3764v
〔社司轉帖〕 十一月五日及十一月十五日 （10C）
　1) 押衙

00079 安押衙 ·················· 北大D188
〔漢將王陵變（册子）末葉〕 太平興國三年 （978）
　1) 押衙

00080 安押衙 ················· 燉研322
〔臘八燃燈分配窟籠名數〕 辛亥年十二月七日 (951)
1)押衙

00081 安王多 ················· P3249v
〔將龍光顏等隊下人名目〕 (9C中期)

00082 安何丹 ················· P4640v
〔官入破曆〕 己未年四月 (899)
1)靴匠

00083 安和員 ················· 莫第098窟
〔供養人題記〕 (10C中期)
1)節度押衙銀青光祿大夫檢校太子賓客兼監察御使 4)北壁。《燉》p.37.《謝》p.98。

00084 安家 ··············· BD09318A(周39)
〔便物曆〕 (10C)

00085 安家 ················· P6002①
〔某寺破曆〕 (9C前期)
4)原作「安家庄」。

00086 安家 ················· S02472
〔房舍分書(習書)〕 (10C)

00087 安家 ················· S02894v②
〔社司轉帖〕 壬申年十二月 (972)

00088 安家 ················· Дx02166
〔某社三官等麥粟破曆〕 (10C)

00089 安家女清娘 ············· Дx11077
〔社司轉帖〕 丑年五月八?日 (9C?)

00090 安家人 ········· BD15246①(新1446)
〔入曆計會〕 戊寅年 (918 or 978)
3)多濃

00091 安家二娘子 ········ BD15249v③(新1449)
〔某家榮親客目〕 (10C後期)
1)主人 4)原作「安家二娘子及都頭」又有注記「主人」。

00092 安家二娘子 ············· P3942
〔某家榮親客目〕 (10C?)

00093 安?花娘 ················ S00542v
〔燉煌諸寺丁壯車牛役部〕 戌年六月十八日 (818)
2)永安寺

00094 安懷盈? ················· P5032①
〔社?司轉帖〕 戊午年六月十八日 (958)

00095 安懷盈? ················· P5032⑦
〔社?司轉帖〕 戊午年〔六月十八日〕 (958)

00096 安懷恩 ················· S00619v③
〔安懷恩奉處分趙奴ゝ兄弟爭論事牒〕 (10C)
1)都虞候

00097 安懷恩 ················· S04276
〔管內三軍百姓奏請表〕 (920頃)
1)歸義軍節度左都押衙銀青光祿大夫檢校國祭酒兼御史大夫

00098 安戒圓 ················· P3167v
〔安國寺道場司關于(五尼寺)沙彌戒訴狀〕 乾寧二年三月 (895)
2)普光寺 4)⇒戒圓。

00099 安?會興 ················· P3396
〔沙州諸渠別粟田名目〕 (10C後期)

00100 安櫷子 ················· P3167v
〔安國寺道場司關于(五尼寺)沙彌戒訴狀〕 乾寧二年三月 (895)
2)普光寺

00101 安海盈 ················· P3167v
〔安國寺道場司關于(五尼寺)沙彌戒訴狀〕 乾寧二年三月 (895)
2)普光寺?

00102 安海?住 ················· S11358
〔部落轉帖〕 (10C後期)

00103 安擖搥 ················· P2032v①-4
〔淨土寺粟入曆〕 (944前後)

00104 安擖搥 ················· P2032v⑬-7
〔淨土寺黃麻利閏入曆〕 (940前後)
2)淨土寺

00105 安擖搥 ················· P2032v⑯-4
〔淨土寺粟利閏入曆〕 (940前後)
2)淨土寺

00106 安擖搥 ················· P3234v③-49
〔惠安惠戒手下便物曆〕 甲辰年 (944)

00107 安擖搥 ················· S03877v
〔賣地契〕 天復九年己巳十月七日 (909)
1)安力子・男 3)洪潤鄉

00108 安掲攃 ·············· S08445＋S08446＋
　　　　　　　　　　　　　　S08468①
　　〔羊司於常樂稅羊人名目〕 丙午年六月廿七
　　日 （946）

00109 安掲攃 ·············· S10273＋S10274＋
　　　　　　　　　　　　　　S10276＋S10277＋S10279＋S10290
　　〔出便麥與人名目〕 丁巳年二月一日 （957?）

00110 安干略 ·························· P3928v
　　〔牧羊人安干略狀〕 （10C?）
　　　1）牧羊人

00111 安憨子 ······················ 莫第129窟
　　〔供養人題記〕 （10C前期）
　　　1）長男・衙前正十將 4）原作「長男衙前正十將
　　安憨子一心供養」。南壁。《燉》p.60。

00112 安憨兒 ·························· P3236v
　　〔燉煌鄉官布籍〕 壬申年三月十九日 （972）
　　　3）燉煌鄉

00113 安憨兒 ·························· S04120
　　〔布褐等破曆（殘）〕 癸亥年二月～甲子年二
　　月 （963～964）

00114 安憨兒 ·························· S06981⑬
　　〔入麥曆〕 酉年 （10C中期）

00115 （安）憨多 ······················ S04660
　　〔兄弟社轉帖〕 戊子年六月廿六日 （988）
　　　2）於燉煌蘭喏門 4）⇒憨多。

00116 （安）憨多 ······················ S04660v
　　〔社人缺色物曆〕 戊子年六月廿六日 （988）
　　　3）⇒憨多 4）原作「憨多」。

00117 （安）憨奴 ······················ S04660
　　〔兄弟社轉帖〕 戊子年六月廿六日 （988）
　　　2）於燉煌蘭喏門 4）⇒憨奴。

00118 （安）憨奴 ······················ S04660v
　　〔社人缺色物曆〕 戊子年六月廿六日 （988）
　　　4）原作「小都頭憨奴」。

00119 安環清 ·························· S01475v⑤
　　〔賣地契〕 未年十月三日 （827）
　　　1）上部落百姓・地主 4）原作「上部落百姓安環
　　清」及「安清」及「地主安環清年廿一」，等。

00120 （安）願盈 ······················ S04660
　　〔兄弟社轉帖〕 戊子年六月廿六日 （988）
　　　2）於燉煌蘭喏門

00121 安願受 ·························· P2155③
　　〔合領馳馬牛羊皮曆〕 （10C）
　　　4）原作「安願受群」。

00122 安願成 ·························· P3146A
　　〔衙前子弟州司及飜頭等留殘袙衙人數〕 辛
　　巳年八月三日 （981）

00123 安願淸 ·························· Дx06018
　　〔社司轉帖（殘）〕 （10C後期）

00124 安願長 ·························· P3721v③
　　〔冬至自斷官員名〕 己卯年十一月廿六日
　　（979）
　　　2）於燉煌蘭喏門 4）⇒願長。

00125 （安）願長 ······················ S04609v
　　〔付銀椀人名目〕 太平興國九年頃 （984）
　　　4）⇒願長。

00126 （安）願長 ······················ S04660
　　〔兄弟社轉帖〕 戊子年六月廿六日 （988）

00127 （安）願長 ······················ S04660v
　　〔社人缺色物曆〕 戊子年六月廿六日 （988）

00128 安願奴 ·························· P3249v
　　〔將龍光顏等隊下人名目〕 （9C中期）

00129 安願德 ·························· S00542v
　　〔燉煌諸寺丁壯車牛役部〕 戊年六月十八日
　　（818）
　　　2）大乘寺

00130 安冝?子 ························ BD00002v（地2）
　　〔柴草送納曆〕 （9～10C）

00131 （安）宜春 ······················ S00542v
　　〔燉煌諸寺丁壯車牛役部〕 戊年六月十八日
　　（818）
　　　2）大乘寺 4）⇒宜春。

00132 安仡到 ·························· S00542v
　　〔燉煌諸寺丁壯車牛役部〕 戊年六月十八日
　　（818）
　　　2）靈修寺

00133 安久大歌 ························ S05937
　　〔都師願通公常住破曆〕 庚子年十二月廿二
　　日 （940）

00134 安九謨 ……………… 杏・羽755
〔建中辛酉年五月沙州安九謨敬祭于故大阿孃之靈(寫錄)〕 建中二年五月廿四日 (781)
　3)沙州　4)建中元年(庚申780)辛酉(781),建中二年(辛酉781)之誤。

00135 安嬌多 ……………… S00542v
〔燉煌諸寺丁壯車牛役部〕 戌年六月十八日 (818)
　2)大雲寺

00136 安教授 ……………… S04192
〔闕支給曆〕　丑年　(9C前期)
　1)教授　2)龍興寺

00137 安教授 ……………… S06350
〔破計〕　大中十年　(856)
　1)教授

00138 安教信 ……………… S02894v⑦
〔社司轉帖〕　壬申年正月一日　(972)
　2)淨土寺

00139 安教練? ……………… S06452③
〔破曆〕　壬午年　(982?)
　1)教練?　2)淨土寺

00140 安鄉官 ……………… P3145v
〔節度使下官人名・鄉名諸姓等雜記〕 (10C)
　1)鄉官

00141 安鄉官 ……………… S10858v
〔捉道役牒?〕　九月九日　(10C)
　1)鄉官

00142 安鄉官 ……………… Дx02162
〔社司轉帖〕　庚子年八月十四日　(940?)
　1)鄉官

00143 安顯 ……………… BD06533(淡33)
〔大般若波羅蜜多經卷第92(末尾有題)〕 (9C)
　4)原作「安顯寫」。

00144 安顯 ……………… BD14587(新0785)
〔大般若波羅蜜多經卷第549(兌紙)〕 (8〜9C)
　4)原作「安顯寫第一校海晏勘第二校第三校」。

00145 安均妻 ……………… S00542v
〔燉煌諸寺丁壯車牛役部〕 戌年六月十八日 (818)
　2)大乘寺

00146 安緊子 ……………… BD16238(L4113)
〔洪池鄉百姓安員進賣舍契〕 甲辰年十一月十二日 (944)
　1)(安員進)父・百姓　3)洪池鄉

00147 安緊子 ……………… P4640v
〔官入破曆〕　己未年六月　(899)

00148 (安)緊子 ……………… S04660
〔兄弟社轉帖〕　戊子年六月十六日　(988)
　2)於燉煌蘭喏門　4)原作「緊子」。

00149 (安)緊子 ……………… S04660v
〔社人缺色物曆〕　戊子年六月廿六日　(988)
　4)原作「緊子」。⇒緊子。

00150 安緊子 ……………… S11213F
〔配付人名目〕　(946)

00151 (安)緊奴 ……………… S04660
〔兄弟社轉帖〕　戊子年六月十六日　(988)
　2)於燉煌蘭喏門　4)⇒緊奴。

00152 (安)緊奴 ……………… S04660v
〔社人缺色物曆〕　戊子年六月廿六日　(988)
　4)原作「緊奴」。

00153 安虞候 ……………… P3396
〔沙州諸渠別粟田名目〕 (10C後期)
　1)虞候

00154 安虞候 ……………… P3889
〔社司轉帖〕 (10C後期?)
　1)虞候

00155 安虞候 ……………… S06066
〔社司轉帖〕　壬辰年四月廿二日　(992)
　1)虞候　2)乾明寺

00156 安窟 ……………… P2032v
〔淨土寺入破曆〕　甲辰年頃　(944前後)
　1)木匠　2)淨土寺

00157 安君? ……………… S00329v
〔人名簿〕　景福二年十一月二日　(893)
　1)孝生

00158 安?君〻 ……………… P3249v
〔將龍光顏等隊下人名目〕 (9C中期)

00159 安君昌? ……………… P3131v
〔牧羊馬馳缺數曆〕 (10C後期)

安　あん　氏族人名篇

00160 安君足 ················· P2484
〔就東園笯會小印子群牧馳馬牛羊見行籍(歸義印)〕 戊辰年十月十八日 (968)
　4)存「歸義軍節度使印」。

00161 安君足 ················· S04657②
〔破曆〕 (970〜990年代)
　1)牧羊人

00162 安慶 ··················· P3418v①
〔□□鄉缺枝夫戶名目〕 (9C末〜10C初)
　4)⇒□安慶。

00163 安慶子 ················· S01823v②
〔入破曆〕 癸卯年正月一日 (943)

00164 安慶兒 ················· S05717
〔人名目〕 (10C)

00165 安慶達 ················· P3236v
〔燉煌鄉官布籍〕 壬申年三月十九日 (972)
　3)燉煌鄉

00166 (安)慶長 ·············· S04660
〔兄弟社轉帖〕 戊子年六月廿六日 (988)
　1)都頭　2)於燉煌蘭喏門　4)原作「慶長都頭」。

00167 安景朝 ················· S00542v
〔燉煌諸寺丁壯車牛役部〕 戌年六月十八日 (818)
　2)永安寺

00168 安景朝妻 ··············· S00542v
〔燉煌諸寺丁壯車牛役部〕 戌年六月十八日 (818)
　2)永安寺

00169 安繼昌 ················· Дх11196
〔渠人轉帖〕 十月九日 (983)

00170 (安)繼松 ·············· S04660
〔兄弟社轉帖〕 戊子年六月廿六日 (988)
　2)於燉煌蘭喏門　4)⇒繼松。

00171 (安)繼松 ·············· S04660v
〔社人缺色物曆〕 戊子年六月廿六日 (988)
　4)原作「繼松」。

00172 安建奴 ················· P3249v
〔將龍光顏等隊下人名目〕 (9C中期)

00173 安賢子 ················· P2040v③-2
〔淨土寺西倉粟利入曆〕 己亥年 (939)
　2)淨土寺

00174 安賢德 ················· P2049v①
〔淨土寺諸色入破曆計會牒〕 同光三年 (925)

00175 安?元俊 ················ P3945v
〔牧羊籍〕 (10C?)

00176 安元進 ················· P2032v①-2
〔淨土寺西倉麥入曆〕 (944前後)
　2)淨土寺

00177 安元進 ················· P2032v⑯-2
〔淨土寺麥利閏入曆〕 (940前後)
　2)淨土寺

00178 安元進 ················· P2032v⑱
〔淨土寺豆利閏入曆〕 (940前後)
　2)淨土寺

00179 安元進 ················· P2040v②-5
〔淨土寺西倉粟入曆〕 (945以降)
　2)淨土寺

00180 安元進 ················· P2040v③-2
〔淨土寺西倉粟利入曆〕 己亥年 (939)
　2)淨土寺

00181 安彥存 ················· P2873
〔安彥存等呈上文〕 (10C?)

00182 安彥存 ················· P3403
〔具注曆日并序〕 雍熙三年丙戌歲 (986)
　1)押衙知節度參謀銀青光祿大夫檢校國子祭酒監察御使

00183 安彥通 ················· P2032v⑰-8
〔淨土寺諸色入曆〕 (940前後)
　2)淨土寺

00184 安庫受 ················· BD15249v③(新1449)
〔某家榮親客目〕 (10C後期)
　1)主人　4)原作「安庫受及新婦并男女六人」又有注記「主人」。

00185 安庫受女 ··············· BD15249v③(新1449)
〔某家榮親客目〕 (10C後期)
　4)原作「安庫受及新婦并男女六人」。

00186　安庫受新婦 ············ BD15249v③（新1449）
　〔某家榮親客目〕（10C後期）
　　4）原作「安庫受及新婦并男女六人」。

00187　安庫受男 ········ BD15249v③（新1449）
　〔某家榮親客目〕（10C後期）
　　4）原作「安庫受及新婦并男女六人」。

00188　安胡々 ················ BD06359（鹹59）
　〔便麥契〕　丑年二月　（821）
　　1）寺戶　2）金光明寺

00189　安胡々 ···················· S00542v
　〔燉煌諸寺丁壯車牛役簿〕　戊年六月十八日（818）
　　2）金光明寺

00190　安胡兒 ···················· P3234v⑩
　〔某寺西倉粟破曆〕（940年代）

00191　安胡奴 ······················ P3370
　〔出便麥粟曆〕　丙子年六月五日（928）
　　3）燉煌鄉

00192　安胡奴 ············· 古典籍54,圖171
　〔五月五日下菜人名目〕（10C）
　　4）本件中有「胡安奴男」字。

00193　安仵 ······················ S06130
　〔諸人納布曆〕（10C）
　　4）⇒囗安仵。

00194　（安）光俊 ················· S00542v
　〔燉煌諸寺丁壯車牛役簿〕　戊年六月十八日（818）
　　2）靈修寺

00195　（安）光俊妻 ············· S00542v
　〔燉煌諸寺丁壯車牛役簿〕　戊年六月十八日（818）
　　2）靈修寺　4）原作「光俊妻」。

00196　安光昇 ···················· S05747v
　〔社人名目〕（10C前期）

00197　安公 ······················ P2770v
　〔願文（僧人狀一通）〕（9C前期）

00198　安勾賒 ···················· S05760
　〔社人官齊納蘇油麥等帖〕　七月廿一日（9C前期）

00199　安勾?除? ·················· S05760
　〔社人官齊納蘇油麥等帖〕　七月廿一日（9C前期）

00200　安幸子 ···················· S00274①
　〔社司轉帖（寫錄）〕　戊子年四月十三日（928?）

00201　安幸者 ···················· S00274①
　〔社司轉帖（寫錄）〕　戊子年四月十三日（928?）
　　1）社官

00202　安幸昌 ···················· S02472v③
　〔納贈曆〕　辛巳年十月廿八日（981）

00203　安幸深 ···················· S01159
　〔神沙鄉散行人轉帖〕　二月四日（10C中期）
　　1）行人　3）神沙鄉

00204　安幸全 ···················· Дx02162
　〔社司轉帖〕　庚子年八月十四日（940?）

00205　安幸德 ···················· S01159
　〔神沙鄉散行人轉帖〕　二月四日（10C中期）
　　1）行人　3）神沙鄉

00206　安幸友 ···················· S01159
　〔神沙鄉散行人轉帖〕　二月四日（10C中期）
　　1）行人　3）神沙鄉

00207　安孝順 ···················· Дx01413
　〔社條〕　七月十九日（10C）

00208　安巧惠 ···················· P3167v
　〔安國寺道場司關于（五尼寺）沙彌戒訴狀〕　乾寧二年三月（895）
　　2）普光寺

00209　安恒 ······················ P2162v
　〔三將納丑年突田曆〕（9C前期）

00210　安恒 ······················ S11354
　〔雇馬曆〕　五月七日（9C）

00211　安恒子 ···················· S01475v⑤
　〔賣地契〕　未年十月三日（827）
　　1）（安）環清）姊夫　4）原作「姊夫安恒子」。

00212　安校棟 ···················· P2916
　〔納贈曆〕　癸巳年（993?）
　　1）校棟?

00213 安校棟 ･････････････････ P3145v
〔節度使下官人名･鄉名諸姓等雜記〕（10C）
　1)校棟?

00214 安校棟 ･････････････････ P4525⑧
〔都頭及音聲等都共地畝細目〕（980頃）
　1)都官･校棟

00215 安校棟 ･････････････････ S01153
〔諸雜人名目〕（10C後期）
　1)校棟

00216 安興 ･･････････････････ P3205
〔僧俗人寫經曆〕（9C前期）

00217 安興 ･･････････････････ S04831v
〔寫經人名目〕（9C前期）
　1)寫經人

00218 安興々 ････････････････ P2738v
〔社司轉帖（寫錄）〕 二月十五日 （9C後期）

00219 安苟々 ････････････････ S00542v
〔燉煌諸寺丁壯車牛役部〕 戌年六月十八日
（818）
　2)大雲寺

00220 安苟兒 ････････････････ S08812v
〔便黃䴷憑〕（10C?）

00221 安苟奴 ････････････････ 莫第129窟
〔供養人題記〕（10C前期）
　4)南壁。《燉》p.60。

00222 安行者 ････････････････ BD05308v(光8)
〔雜寫〕（10C）
　1)行者･押衙　4)原作「押衙安行者」。

00223 安行者 ････････････････ BD05308v(光8)
〔雜寫〕（10C）
　1)行者･都頭　4)原作「都頭安行者」。

00224 安國戒 ････････････････ P3556v⑦
〔道場思惟簿〕（10C）
　4)⇒國戒。

00225 安國興 ･･････････････ BD14584（新0784）
〔大般若波羅蜜多經卷第574（尾）〕（8～9C）
　1)寫(人)　4)尾題後有「安國興寫」又有「海晏勘」。

00226 安國興 ････････････････ P3205
〔僧俗人寫經曆〕（9C前期）

00227 安國興 ････････････････ S02711
〔寫經人名目〕（9C前期）
　1)寫經人　2)金光明寺

00228 安國興 ････････････････ S07945
〔僧俗寫經分團人名目〕（823以降）

00229 安國財 ････････････････ 莫第129窟
〔供養人題記〕（10C前期）
　1)衙前正兵馬使　4)原作「故父衙前兵馬使安國財一心供養」。南壁。《燉》p.59。

00230 安國子 ････････････････ S05824
〔經坊費負担人名目〕（8C末～9C前期）
　1)寫經人　3)行人部落

00231 安國信 ･･････････････ Stein Painting 538
〔供養題記〕（10C）
　4)原作「亡父安國信」。

00232 安國忠 ････････････････ 莫第098窟
〔供養人題記〕（10C中期）
　1)節度押衙銀青光祿大夫檢校國子祭酒兼御史中丞上柱國　4)北壁。《謝》p.96。⇒宋國忠。

00233 安國寧 ････････････････ P5003
〔社司轉帖〕（9C前期）

00234 安穀穗 ････････････････ P3763v
〔淨土寺入破曆〕（945前後）
　2)淨土寺

00235 安黑兒 ････････････････ P2049v①
〔淨土寺諸色入破曆計會牒〕 同光三年
（925）

00236 安黑兒 ････････････････ 榆第19窟
〔供養人題記〕（10C中期）
　1)清信佛弟子　4)南壁。《謝》p.460。

00237 安黑奴 ････････････････ S00542v
〔燉煌諸寺丁壯車牛役部〕 戌年六月十八日
（818）
　2)大乘寺

00238 安黑□ ････････････････ P2738v
〔社司轉帖（寫錄）〕 八月十九日 （9C後期）

00239 安骨子 ·················· P3418v⑨
〔効穀鄉缺枝夫戶名目〕（9C末～10C初）
　3)効穀鄉

00240 安骨子 ·················· P3706v
〔張再通雇安万定男契(殘)〕　甲辰年正月廿八日　(944)
　1)百姓　3)(莫)高(鄉)　4)R面爲「大佛名懺悔文」(10C中期)。

00241 安鶻子 ·················· P3372v
〔社司轉帖并雜抄〕　壬申年　(972)

00242 安鶻兒 ·················· S05717
〔人名目〕（10C）

00243 安再員 ·················· 莫第129窟
〔供養人題記〕（10C前期）
　1)(安存立)男　4)南壁.《燉》p.60。

00244 安再恩 ·················· S04472v
〔納贈曆〕　辛酉年十一月廿日　(961)

00245 安再宜 ·················· P3246v
〔安再宜新院疊子抄錄〕　庚辰年頃　(860?)
　1)磑戶？

00246 安再君 ·················· 莫第129窟
〔供養人題記〕（10C前期）
　1)(安存立)男　4)南壁.《燉》p.61。

00247 (安)再慶 ················ S04660
〔兄弟社轉帖〕　戊子年六月廿六日　(988)
　2)於燉煌蘭喏門　4)原作「再慶」。⇒再慶。

00248 安再勝 ·················· P3412
〔安再勝等牒〕　太平興國六年十月　(981)
　1)都頭

00249 安再升 ·················· Дx01401
〔社司轉帖〕　辛未年二月七日　(911 or 971)

00250 安再昌 ·················· S04472v
〔納贈曆〕　辛酉年十一月廿日　(961)

00251 安再成 ·················· S11213G
〔配付人名目〕（946）

00252 安再晟 ·················· P3547
〔上都進奏院狀上(原題)〕（9C後期？）

00253 安再晟 ·················· P4997v
〔分付羊皮曆(殘)〕（10C後期）
　1)都衙　2)普光寺

00254 安再誠 ·················· P3167v
〔安國寺道場司關于(五尼寺)沙彌戒訴狀〕　乾寧二年三月　(895)

00255 安再通 ·················· S11358
〔部落轉帖〕（10C後期）
　1)押衙

00256 安再定 ·················· Дx04278
〔十一鄉諸人付麵數〕　乙亥年四月十一(日)　(915? or 975)

00257 安再定 ·················· 莫第129窟
〔供養人題記〕（10C前期）
　1)(安存立)男　4)原作「男安再定一心供養」。南壁.《燉》p.60。

00258 安再寧 ·················· P4640v
〔官入破曆〕　辛酉年二月　(901)
　1)常樂縣令

00259 (安)再富 ················ S04660
〔兄弟社轉帖〕　戊子年六月廿六日　(988)
　2)於燉煌蘭喏門　4)原作「再富」。

00260 (安)再富 ················ S04660v
〔社人缺色物曆〕　戊子年六月廿六日　(988)
　4)原作「再富」。⇒再富。

00261 安再□ ·················· P3418v①
〔□□鄉缺枝夫戶名目〕（9C末～10C初）

00262 安再□ ·················· P4640v
〔官入破曆〕　庚申年正月　(900)
　1)常樂縣令

00263 安最勝善 ················ S02669
〔管內尼寺(安國寺・大乘寺・聖光寺)籍〕（865～870）
　2)大乘寺　3)洪池鄉　4)姓「安」。俗名「判々」。

00264 (安)作防 ················ S04660
〔兄弟社轉帖〕　戊子年六月廿六日　(988)
　1)作防　2)於燉煌蘭喏門　4)原作「作防」。

00265 (安)作防 ················ S04660v
〔社人缺色物曆〕　戊子年六月廿六日　(988)
　1)作防　4)原作「作防」。

00266 安索?胡妻 ……………… S04884v
〔便褐曆〕 壬申年正月廿七日 (972?)

00267 安薩保 ……………… S00542v
〔燉煌諸寺丁壯車牛役部〕 戌年六月十八日 (818)
　2)大乘寺

00268 安薩保妻 ……………… S00542v
〔燉煌諸寺丁壯車牛役部〕 戌年六月十八日 (818)
　2)大乘寺　4)原作「安薩保妻」。

00269 安三阿父 ……………… P4987
〔兄弟社轉帖〕 戊子年七月 (988)

00270 安三娘 ……………… P3047v⑨
〔諸人諸色施捨曆〕 (9C前期)

00271 安三娘 ……………… S00542v
〔燉煌諸寺丁壯車牛役部〕 戌年六月十八日 (818)

00272 安三娘 ……………… S06233v①
〔吐蕃期某寺麥粟等分付曆〕 (9C前期)

00273 安三郎 ……………… BD16536
〔渠人文書殘片〕 (9～10C)

00274 安三郎 ……………… P3070v①②
〔社司轉帖(寫錄)〕 乾寧三年三(二)月 (896)

00275 安山胡 ……………… P2703v②
〔舅燉煌王曹(元忠)狀〕 (972年頃)
　4)文中有「今西天大師去,輒附音書」。

00276 安山胡 ……… Дx01400＋Дx02148＋Дx06069①
〔新婦小娘子陰氏上某公主狀〕 天壽二年九月日 (962)
　1)新婦

00277 安子 ……………… S06130
〔諸人納布曆〕 (10C)
　4)⇒□安子。

00278 安子君 ……………… P2032v③
〔淨土寺諸色破曆〕 (944前後)
　2)淨土寺

00279 安子君 ……………… P2049v①
〔淨土寺諸色入破曆計會牒〕 同光三年 (925)

00280 安子三嫂 ……………… S08443B2
〔李闍梨出便黃麻曆〕 乙巳年二月一日 (945?)

00281 安子章 ……………… P2049v①
〔淨土寺諸色入破曆計會牒〕 同光三年 (925)

00282 安子寧 ……………… P2032v⑯-4
〔淨土寺粟利閏入曆〕 (940前後)
　2)淨土寺

00283 安子寧 ……………… P3234v⑮
〔淨土寺西倉豆利潤入曆〕 (940年代?)
　2)淨土寺

00284 安志悟 ……………… P3047v①
〔僧名等錄〕 (9C前期)
　4)僧名「志悟」。

00285 安支盛 ……………… S00692
〔秦婦吟文〕 貞明伍年己卯歲四月十一日 (919)
　1)孛仕郎　2)金光明寺　3)燉煌郡

00286 安氏 ……………… P3551
〔清河張燉煌郡大都督紫金魚袋幷万戶侯(都督夫人安氏)藥師瑠璃光如來贊幷序〕 (892～893)

00287 安氏 ……………… 莫第265窟
〔供養人題記〕 (10C前期)
　4)原作「女□娘子安氏一心供養」。北壁。《燉》p.112。《謝》p.314。

00288 安氏 ……………… 莫第320窟
〔供養人題記〕 (10C前期)
　4)原作「新婦安氏一心供養」。北壁。《燉》p.130。

00289 安氏 ……………… 莫第338窟
〔供養人題記〕 (9C後期)
　4)原作「新婦安氏□」。東壁門北側。《燉》p.138。

00290 安氏 ……………… 莫第468窟
〔供養人題記〕 (9C中期)
　1)新婦　4)前室北壁。《燉》p.177。

00291 安侍御 ……………… S01164r.v
〔廻向願文〕 (9C後期)
　1)侍御

00292 安侍御 ············· S04504v①
　〔願文〕（9C後期）
　　1)侍御

00293 （安）事和尚 ·········· S04660
　〔兄弟社轉帖〕 戊子年六月廿六日 （988）
　　2)於燉煌蘭喏門　4)原作「事和尚帖」。

00294 安寺主 ············· P3150
　〔契約文書〕 癸卯年十月廿八日 （943?）
　　1)寺主

00295 安寺主 ············· P3214⑥-2
　〔當寺徒衆法藏等祭文〕（10C）

00296 安寺主 ············· P5568
　〔諸寺付經曆〕（9C前期）
　　1)寺主　2)報恩寺

00297 安寺主 ············· P6002①
　〔某寺破曆〕（9C前期）
　　1)寺主

00298 安自清 ············· P5003v
　〔社人納色物曆〕（9C前期）

00299 安實子 ············· P3240①
　〔配經曆〕 壬寅年六月廿一日 （1002）

00300 安社官 ············· Дx02162
　〔社司轉帖〕 庚子年八月十四日 （940?）
　　1)社官

00301 安社子 ············· BD16021c（L4018）
　〔永寧坊巷社扶佛人名目〕（9C後期～10C中期）
　　3)永寧坊

00302 安社長 ············· S02894v①
　〔社司轉帖〕 壬申年十二月廿二日 （972）
　　1)社長

00303 安車頭 ············· S00542v
　〔燉煌諸寺丁壯車牛役部〕 戊年六月十八日 （818）
　　1)車頭　2)金光明寺

00304 安闍梨 ············· BD06602（鱗2）
　〔雜寫?（卷末余白）〕 子年 （10C）
　　1)闍梨

00305 安闍梨 ············· BD15246②（新1446）
　〔破曆〕（10C中期）
　　1)闍梨

00306 安闍梨 ············· BD16034（L4024）
　〔龍弁謹請齊闍梨等參與大雲寺追念法會疏〕 九月十三日 （9C末～10C初）
　　1)闍梨　2)大雲寺

00307 安闍梨 ············· P3489
　〔翟坊巷女人社社條〕 戊辰年正月廿四日 （908）
　　1)虞侯・闍梨

00308 安闍梨 ············· S10542
　〔六七追念疏〕（10C）
　　1)闍梨

00309 安闍梨 ············· 井上目54,圖171
　〔五月五日下菜人名目〕（10C）
　　1)闍梨

00310 安醜胡 ············· S06198
　〔納贈曆〕（10C）

00311 安醜子 ············· P3372v
　〔社司轉帖并雜抄〕 壬申年 （972）

00312 安醜ゝ ············· S11213G
　〔配付人名目〕（946）

00313 安醜定 ············· BD09345①（周66）
　〔安醜定妻亡社司轉帖〕 辛酉年四月廿四日 （961?）
　　2)顯德寺門

00314 安醜定妻 ············· BD09345①（周66）
　〔安醜定妻亡社司轉帖〕 辛酉年四月廿四日 （961?）
　　2)顯德寺門

00315 安醜奴 ············· BD16454
　〔領物曆〕（9～10C）

00316 安醜勿 ············· P3249v
　〔將龍光顏等隊下人名目〕（9C中期）

00317 安集子 ············· P2932
　〔出便豆曆〕 乙丑年正月十二日 （965?）
　　1)口承人

00318 安集子 ············· S01845
　〔納贈曆〕 丙子年四月十七日 （976?）

00319 安什四 ·················· S00542v
〔燉煌諸寺丁壯車牛役部〕 戌年六月十八日
(818)
　　2)大乘寺

00320 安什四 ·················· S00542v
〔燉煌諸寺丁壯車牛役部〕 戌年六月十八日
(818)
　　2)靈修寺

00321 安什二 ·················· S00542v
〔燉煌諸寺丁壯車牛役部〕 戌年六月十八日
(818)
　　2)靈修寺　4)原作「母安什二」。

00322 安什二 ·················· S00542v
〔燉煌諸寺丁壯車牛役部〕 戌年六月十八日
(818)
　　2)乾元寺

00323 安住 ···················· Дx06016
〔(兄)弟社轉帖〕 (10C)
　　1)押衙　4)本文末有「安住?帖」之字。

00324 安住子 ················· P2040v③-2
〔淨土寺西倉粟利入曆〕 己亥年 (939)
　　2)淨土寺

00325 安住子 ················· P2049v①
〔淨土寺諸色入破曆計會牒〕 同光三年
(925)

00326 安住子 ················· P2049v②
〔淨十寺諸色入破曆計會牒〕 長興二年正月
(930〜931)

00327 安住子 ················· P3875B
〔某寺修造諸色破曆〕 丙子年八月廿七日
(916 or 976?)

00328 安住子 ················· S08402
〔便麥曆〕 (10C前期)

00329 安住子 ················· S08443D
〔李闍梨出便黃麻(麥)曆〕 丁未年正月三日
(947)

00330 安住兒 ················· P2049v①
〔淨土寺諸色入破曆計會牒〕 同光三年
(925)

00331 安住智 ················· S07727v
〔雜習書〕 丙申年六月十四日 (996?)

00332 安住奴 ················· S01845
〔納贈曆〕 丙子年四月十七日 (976?)

00333 安住德 ················· P4997v
〔分付羊皮曆(殘)〕 (10C後期)

00334 安住德 ················· Дx02162
〔社司轉帖〕 庚子年八月十四日 (940?)

00335 安俊昇 ················· P2621v
〔甲午役人名目〕 甲午年? (934?)

00336 安順海 ················· Дx02149B
〔見納缺柴人名目〕 (10C)

00337 安(署) ················· BD09335(周56)
〔右一將索縚等牒及判〕 申年十月日 (9C前期)
　　1)右三將　4)原作「右三將安□(署)」。

00338 (安)女盈兒 ············· S00542v
〔燉煌諸寺丁壯車牛役部〕 戌年六月十八日
(818)
　　2)靈修寺　4)⇒盈兒。

00339 安女子 ················· S02669
〔管內尼寺(安國寺・大乘寺・聖光寺)籍〕
(865〜870)
　　2)大乘寺　3)効穀鄉　4)尼名「勝惠」。

00340 安女ゝ ················· S00542v
〔簿〕 戌年六月十八日 (818)

00341 安如岳 ················· S04491
〔地畝計會〕 (9C前期)

00342 安像德? ··············· BD00002v(地2)
〔柴草送納曆〕 (9〜10C)

00343 安勝因 ················· S02729①
〔燉煌應管勘牌子曆〕 辰年三月 (788)
　　1)僧　2)普光寺　3)沙州　4)41行目。

00344 安勝惠 ················· S02669
〔管內尼寺(安國寺・大乘寺・聖光寺)籍〕
(865〜870)
　　2)大乘寺　3)効穀鄉　4)姓「安」。俗名「女子」。

00345 安小苟 ·················· P.tib1118v
〔磑家納磑稞(課)等麥曆〕 (9C前期)

00346 (安?)小醜 ················ P3246v
〔安再宜新院疊子抄錄〕 庚辰年頃 (860?)

00347 安?小郎 ················ P3249v
〔將龍光顏等隊下人名目〕 (9C中期)

00348 安昇子 ···················· P4003
〔渠社轉帖〕 壬午年十二月十八日 (922 or 982)

00349 安昌子 ·················· P3721v①
〔平康鄉堤上兄(見)點得人名目〕 庚辰年三月廿九日 (980)
　　3)平康鄉

00350 (安?)昌□ ················· S11358
〔部落轉帖〕 (10C後期)

00351 安章通 ·················· Дx01277
〔納贈曆〕 丁丑年九月四?日 (977)

00352 安上架 ········ Дx00285＋Дx02150＋Дx02167＋Дx02960＋Дx03020＋Дx03123v③
〔某寺破曆〕 (10C中期)
　　1)上架

00353 安壤信 ·················· P2049v①
〔淨土寺諸色入破曆計會牒〕 同光三年 (925)

00354 安淨法 ·················· S02729①
〔燉煌應管勘牌子曆〕 辰年三月 (788)
　　1)尼　2)靈修寺　3)沙州　4)午年1月6日死。34行目。

00355 安淨法 ·················· S02729①
〔燉煌應管勘牌子曆〕 午年正月六日 (790)
　　1)尼　2)靈修寺　3)沙州　4)午年正月6日死。末尾有「楊舍人檢」。63-64行目。

00356 安信行 ·················· P3249v
〔將龍光顏等隊下人名目〕 (9C中期)
　　1)僧　4)⇒信行。

00357 安信子 ·················· P2049v①
〔淨土寺諸色入破曆計會牒〕 同光三年 (925)

00358 安信住 ·················· S03835v②
〔地契〕 太平興國九年甲申四月二日 (984)

00359 安[信]□ ················· 莫第386窟
〔供養人題記〕 (8C後期)
　　1)僧　4)原作「僧[信]□一心(供)養俗姓安(氏)」。東壁門北側。《燉》p. 146。⇒[信]□。

00360 安神?德 ·················· S06130
〔諸人納布曆〕 (10C)
　　3)神沙鄉

00361 安進漢 ············· BD06359(鹹59)
〔便麥契〕 丑年二月 (821)
　　1)寺戶　2)金光明寺

00362 安進漢 ·················· S00542v
〔燉煌諸寺丁壯車牛役部〕 戌年六月十八日 (818)
　　2)金光明寺

00363 安進〻 ·················· P3418v②
〔燉煌鄉缺枝夫戶名目〕 (9C末〜10C初)
　　3)燉煌鄉

00364 安進〻 ·················· P3418v⑥
〔洪閏鄉缺枝夫戶名目〕 (9C末〜10C初)
　　3)洪閏鄉

00365 安進〻 ·················· S11213G
〔配付人名目〕 (946)

00366 安進達 ·················· P3249v
〔將龍光顏等隊下人名目〕 (9C中期)

00367 [安]?進達 ················ S11213G
〔配付人名目〕 (946)

00368 安進通 ·················· P2814r.v①
〔安進通狀〕 戊子年二月三日 (928)
　　1)都頭知懸泉鎮遏使

00369 安進通 ·················· P2814r.v②
〔安進通狀〕 戊子年二月十七日 (928)

00370 安進通 ·················· P3234v⑮
〔淨土寺西倉豆利潤入曆〕 (940年代?)
　　2)淨土寺

00371 安針久? ················· S03835v②
〔地契〕 太平興國九年甲申四月二日 (984)

00372 安針子 ·················· S03835v②
〔地契〕 太平興國九年甲申四月二日 (984)

00373 安水曷 ·················· P3706v
〔張再通雇安万定男契(殘)〕 丙午年六月廿日 (946)
　1)百姓・(安万定)男 3)赤心鄉 4)R面爲「大佛名懺悔文」(10C中期)。

00374 安政 ·················· BD07640v(皇40)
〔補紙上記載人名斷簡〕 (9～10C)
　1)小女子

00375 安晟子 ·················· P3249v
〔將龍光顏等隊下人名目〕 (9C中期)

00376 (安)正燈 ·················· S01475v⑤
〔賣地契〕 未年十月三日 (827)
　1)師叔 4)原作「師叔安正燈(押)」。

00377 安清子 ·················· P2738v
〔社司轉帖(寫錄)〕 二月廿五日 (9C後期)

00378 安清兒 ·················· BD16021c(L4018)
〔永寧坊巷社扶佛人名目〕 (9C後期～10C中期)
　3)永寧坊

00379 安清奴 ·················· P3418v⑤
〔某鄉缺枝夫戶名目〕 (9C末～10C初)

00380 安清奴 ·················· S03982
〔月次人名目〕 甲子年七月 (964)

00381 安生 ·················· P2040v②-17
〔淨土寺油破曆〕 乙巳年正月廿七日以後 (945以降)
　2)淨土寺

00382 安生 ·················· P2040v③-14
〔淨土寺褐入曆〕 (939)
　2)淨土寺

00383 安生史 ·················· P3763v
〔淨土寺入破曆〕 (945前後)
　2)淨土寺

00384 安生□ ·················· BD14806③(新1006)
〔歸義軍官府貸油麵曆〕 庚午年 (970)

00385 安齊? ·················· S06233①
〔吐蕃期某寺諸色斛斗出曆〕 (9C前期)

00386 安石子 ·················· S02228v②
〔貸麥曆〕 (吐蕃期)

00387 安折何 ·················· S00542v
〔燉煌諸寺丁壯車牛役部〕 戌年六月十八日 (818)
　2)靈修寺

00388 安拙單 ·················· P5032v①
〔社司轉帖〕 戊午年六月十八日 (958)

00389 安拙單 ·················· P5032v⑦
〔社司轉帖〕 戊午〔 〕 (958)

00390 安泉ゞ ·················· P.tib1102v
〔社司轉帖〕 申年二月廿日 (9C前期)
　1)社官

00391 安全子 ·················· P3146A
〔衙前子弟州司及麴頭等留殘祗衙人數〕 辛巳年八月三日 (981)

00392 安全子 ·················· P4093①-5
〔赤心鄉百(姓)安全子貸絹契(稿)〕 庚寅年四月五日,九日 (990?)
　1)百(姓) 3)赤心鄉 4)原作「龍勒鄉百姓曹員昌於赤心鄉百姓安全子面上」。

00393 安全子 ·················· S03714
〔親情社轉帖(雜寫)〕 (10C)

00394 安善 ·················· P.tib1088Av
〔燉煌諸人磑課麥曆〕 卯年～巳年間 (835～837)

00395 安善意 ·················· P3167v
〔安國寺道場司關于(五尼寺)沙彌戒訴狀〕 乾寧二年三月 (895)
　2)普光寺 4)⇒善意。

00396 安善子 ·················· P2040v③-2
〔淨土寺西倉粟利入曆〕 己亥年 (939)
　2)淨土寺

00397 (安)善子 ·················· S04660
〔兄弟社轉帖〕 戊子年六月廿六日 (988)
　1)押衙 2)於燉煌蘭喏門 4)原作「善子押牙」。
　⇒善子。

00398 (安)善子 ·················· S04660
〔兄弟社轉帖〕 戊子年六月廿六日 (988)
　1)都頭 2)於燉煌蘭喏門 4)原作「善子都頭」。
　⇒善子。

00399 （安）善子 ·············· S04660v
〔社人缺色物曆〕 戊子年六月廿六日 (988)
　1)押衙　4)原作「善子押牙」。

00400 （安）善子 ·············· S04660v
〔社人缺色物曆〕 戊子年六月廿六日 (988)
　1)都頭　4)原作「善子都頭」。

00401 安善兒 ················ P2040v③-2
〔淨土寺西倉粟利入曆〕 己亥年 (939)
　2)淨土寺

00402 安善兒 ················ P2917
〔常住什物點檢曆〕 乙未年九月十一日頃
(935 or 995頃)

00403 安善住 ················ P3889
〔社司轉帖〕 (10C後期?)

00404 安善住 ················ 莫第129窟
〔供養人題記〕 (10C前期)
　1)清信弟子　4)南壁。《燉》p.60。

00405 安善信 ················ P4997v
〔分付羊皮曆（殘）〕 (10C後期)

00406 安?善信 ··············· S11602v
〔田地契〕 (10C前期)
　1)見人禮生

00407 安善進 ················ P4989
〔沙州戶口田地簿〕 (9C末)
　1)百姓

00408 安善々 ················ S00542v
〔燉煌諸寺丁壯車牛役部〕 戌年六月十八日
(818)
　2)安國寺

00409 安善通 ················ Дx01418
〔燉煌諸鄉別便豆曆〕 (10C)
　3)龍(勒)鄉

00410 安善奴 ················ S02228①
〔絲綿部落夫丁修城使役簿〕 亥年六月十五
日 (819)
　1)(右八)　3)絲綿部落　4)首行作「亥年六月
　十五日州城所,絲綿」。末行作「亥年六月
　十五日
　畢功」。

00411 安漸?慶 ··············· P5026D
〔社人名目〕 (10C)

00412 安僧正 ················ P2734v
〔翟使君狀〕 辛巳年三月廿四日 (981)
　1)僧正　4)R面爲「十二時」(10C後半)。

00413 安僧正 ················ P3037
〔社司轉帖〕 庚寅年正月三日 (990)
　1)僧正　2)大悲寺

00414 安曹六 ················ Дx10270v
〔便麥粟曆〕 (946)

00415 安瘦兒 ················ S01845
〔納贈曆〕 丙子年四月十七日 (976?)

00416 安瘦兒 ················ S05717
〔人名目〕 (10C)

00417 安藏々 ················ P2842piece4
〔渠?人?轉帖〕 五月廿八?日 (9C中期)

00418 安速朱丹 ·············· P3721v③
〔冬至自斷官員名〕 己卯年十一月廿六日
(979)

00419 安俗德 ················ S00542v
〔燉煌諸寺丁壯車牛役部〕 戌年六月十八日
(818)
　2)大雲寺

00420 安俗德妻 ·············· S00542v
〔燉煌諸寺丁壯車牛役部〕 戌年六月十八日
(818)
　2)大雲寺

00421 安存遂 ················ 莫第363窟
〔供養人題記〕 (11C中期)
　1)社戶　4)南壁。《燉》p.141。

00422 安存立 ················ 莫第129窟
〔供養人題記〕 (10C前期)
　1)施主・節度押衙知左右廂繪畫手銀青光祿大
　夫檢校國…兼監察御史上柱國　4)南壁。《燉》
　p.60。

00423 安他悉祿 ·············· P2049v①
〔淨土寺諸色入破曆計會牒〕 同光三年
(925)

00424 安多進達 ·············· P2766v
〔人名列記〕 咸通十二年 (871)

00425 安陀似 ……………… P3721v③
〔多至自斷官員名〕 己卯年十一月廿六日
(979)

00426 安大夫 ……………… S04504v①
〔願文〕 (9C後期)
　1)大夫

00427 安?太僕 ……………… P3249v
〔將龍光顏等隊下人名目〕 (9C中期)
　1)太僕

00428 安隊頭 ……………… P3396
〔沙州諸渠別粟田名目〕 (10C後期)
　1)隊頭

00429 安大脚 ……………… P2680v④
〔納贈曆〕 (10C中期)

00430 安大娘 ……………… S00542v
〔燉煌諸寺丁壯車牛役部〕 戊年六月十八日
(818)
　2)普光寺

00431 安大娘 ……………… S00542v
〔燉煌諸寺丁壯車牛役部〕 戊年六月十八日
(818)
　2)乾元寺

00432 安大娘 ……………… S03074v
〔某寺破曆〕 五月九日 (9C前期)

00433 安大平 ……………… S06354v
〔官府計會文書〕 (8C後期)

00434 安宅官 ……………… BD14806v(新1006)
〔義進押衙身故祭盤人名目〕 戊寅年二月十九日 (978)
　1)宅官 4)原作「安宅官男」。

00435 安宅官 ……………… P2629
〔官破曆〕 七月六日 (10C中期)
　1)宅官

00436 安宅官 ……………… S06981④
〔設齋納酒餅曆〕 (10C後期)
　1)宅官

00437 安宅官 ……………… 上博21A
〔平康鄉百姓索鐵子牒〕 二月日 (10C)
　1)百姓・宅官 3)平康鄉

00438 安宅官男 ……………… BD14806v(新1006)
〔義進押衙身故祭盤人名目〕 戊寅年二月十九日 (978)
　4)原作「安宅官男」。

00439 安達子 ……………… BD06359(鹹59)
〔便麥契〕 丑年二月 (821)
　1)寺戶 2)金光明寺

00440 安丑憨 ……………… P4987
〔兄弟社轉帖〕 戊子年七月 (988)
　1)押衙

00441 安丑胡 ……………… P3379
〔社錄事陰保山等牒(團保文書)〕 顯德五年二月 (958)
　1)社錄事 4)有指押印。

00442 安丑胡 ……………… Дx02149в
〔見納缺柴人名目〕 (10C)

00443 安丑子 ……………… P3372v
〔社司轉帖并雜抄〕 壬申年 (972)

00444 安丑子 ……………… S01159
〔神沙鄉散行人轉帖〕 二月四日 (10C中期)
　1)行人 3)神沙鄉

00445 安丑子 ……………… S02894v①
〔社司轉帖〕 壬申年十二月廿二日 (972)

00446 安丑奴 ……………… P4987
〔兄弟社轉帖〕 戊子年七月 (988)

00447 安忠盈 ……………… P3441v
〔社司轉帖(寫錄)〕 三月十三日 (10C前期)

00448 安忠信 ……………… P3234v⑮
〔淨土寺西倉豆利潤入曆〕 (940年代?)
　2)淨土寺

00449 (安)帳設 ……………… S04660
〔兄弟社轉帖〕 戊子年六月廿六日 (988)
　1)帳設 2)於燉煌蘭喏門 4)原作「帳設」。

00450 安張六 ……………… P4989
〔沙州戶口田地簿〕 (9C末)

00451 安朝〻 ……………… S00542v
〔燉煌諸寺丁壯車牛役部〕 戊年六月十八日 (818)
　2)金光明寺

00452　安朝ゞ妻? ……………… S00542v
　〔燉煌諸寺丁壯車牛役部〕　戌年六月十八日
　（818）
　　2）金光明寺　4）原作「安朝ゞ妻安」。

00453　安趙子? ……………… S06130
　〔諸人納布曆〕　（10C）

00454　安長永 ……………… P3721v②
　〔兄(見)在巡禮都官都頭名牒〕　庚辰年正月
　十五日　（980）
　　1）巡禮都官都頭

00455　（安）長慶 ……………… S04660
　〔兄弟社轉帖〕　戊子年六月廿六日　（988）
　　1）都頭　2）於燉煌蘭喏門　4）原作「長慶都頭」。

00456　（安）長慶 ……………… S04660v
　〔社人缺色物曆〕　戊子年六月廿六日　（988）
　　1）都頭　4）原作「長慶都頭」。

00457　安長子 ……………… P3396
　〔沙州諸渠別粟田名目〕　（10C後期）

00458　安長子 ……………… S02894v⑦
　〔社司轉帖〕　壬申年正月一日　（972）
　　1）孝士郎　2）淨土寺南院

00459　（安）長德 ……………… S04609v
　〔付銀椀人名目〕　太平興國九年頃　（984）

00460　（安）長友 ……………… S04660
　〔兄弟社轉帖〕　戊子年六月廿六日　（988）
　　1）押衙　2）於燉煌蘭喏門

00461　安鎭使 ……………… P3440
　〔見納賀天子物色人名〕　丙申年三月十六日
　（996）
　　1）鎭使

00462　安鎭使 ……………… S08712
　〔諸鎭弔孝缺布條記〕　丙戌年四月十一日
　（986）
　　1）新城鎭使　3）新城

00463　安通子 ……………… P2049v①
　〔淨土寺諸色入破曆計會牒〕　同光三年
　（925）

00464　安通子 ……………… P2680v②
　〔諸鄉諸人便粟曆〕　（10C中期）
　　3）慈惠鄉

00465　安通信 ……………… 楡第33窟
　〔供養人題記〕　（10C中期）
　　1）清信弟子節度押衙銀青光祿大夫　4）東壁。
　《謝》p. 477。

00466　安通達 ……………… P4019piece2
　〔納草束曆〕　（9C後期）

00467　安通□娘 ……………… S11360D2
　〔貸粟麥曆〕　（10C中期以降?）

00468　安定 ……………… BD16504C
　〔雜寫〕　（9～10C）

00469　安定 ……………… S00327v
　〔社司轉帖〕　（10C）
　　4）⇒□安定。

00470　安定 ……………… S04660
　〔兄弟社轉帖〕　戊子年六月廿六日　（988）
　　2）於燉煌蘭喏門　3）燉煌蘭喏　4）原作「安定阿姊師」。

00471　安定阿姊師 ……………… S04660
　〔兄弟社轉帖〕　戊子年六月廿六日　（988）
　　2）於燉煌蘭喏門

00472　安定共? ……………… Дx01378
　〔當團轉帖〕　（10C中期）

00473　（安）定興? ……………… Дx01378
　〔當團轉帖〕　（10C中期）

00474　安定子 ……………… P3396
　〔沙州諸渠別粟田名目〕　（10C後期）

00475　安定昌 ……………… S01485v
　〔雇工契(殘／雜寫)〕　己亥年六月五日
　（939?）
　　1）百姓　3）通頰鄉

00476　安定昌 ……………… S03714
　〔親情社轉帖(雜寫)〕　（10C）

00477　安定昌 ……………… Дx11196
　〔渠人轉帖〕　十月九日　（983）

00478　安定千 ……………… S01159
　〔神沙鄉散行人轉帖〕　二月四日　（10C中期）
　　1）行人　3）神沙鄉

00479 （安）定長 ……………… P5529⑪
〔兄弟轉帖〕 戊子年七月 (928)

00480 安定奴 ………………… P2032v⑯-4
〔淨土寺粟利閏入曆〕 (940前後)
  2)淨土寺

00481 安定奴 ………………… P2032v⑱
〔淨土寺豆利閏入曆〕 (940前後)
  2)淨土寺

00482 安定奴 ………………… P3418v⑥
〔洪閏鄉缺枝夫戶名目〕 (9C末〜10C初)
  3)洪閏鄉

00483 （安）定奴 ……………… S04660
〔兄弟社轉帖〕 戊子年六月廿六日 (988)
  2)於燉煌蘭嗒門 4)原作「定奴」。

00484 （安）定奴 ……………… S04660v
〔社人缺色物曆〕 戊子年六月廿六日 (988)

00485 安庭光 ………………… S01475v②
〔社司狀上〕 申年五月廿一日 (828)

00486 安庭光 ………………… S01475v③
〔社司狀上〕 申年五月 (828)
  1)社人

00487 安庭光 ………………… S11454F
〔白羯等算會簿〕 亥年 (795)
  3)絲綿部落？

00488 安庭人 ………………… P3047v⑥
〔諸人諸色施入曆〕 (9C前期)

00489 安貞進 ………………… P2032v
〔淨土寺入破曆〕 甲辰年頃 (944?)
  2)淨土寺

00490 安鐵子 ………………… P3418v①
〔□□鄉缺枝夫戶名目〕 (9C末〜10C初)

00491 安?鐵子 ……………… S11213G
〔配付人名目〕 (946)

00492 安天奴 ………………… S00542v
〔燉煌諸寺丁壯車牛役部〕 戊年六月十八日 (818)
  2)普光寺

00493 安都牙 ………………… P3440
〔見納賀天子物色人名〕 丙申年三月十六日 (996)
  1)都衙

00494 （安）都牙 ……………… S04660v
〔社人缺色物曆〕 戊子年六月廿六日 (988)
  1)都衙 4)原作「小都牙」。

00495 （安）都衙 ……………… S04660
〔兄弟社轉帖〕 戊子年六月廿六日 (988)
  2)於燉煌蘭嗒門 4)原作「都衙」。

00496 安都師 ………………… S04782
〔乾元寺堂齋修造兩司都師文謙入破曆計會〕 丑年 (10C後期)
  1)都師 2)乾元寺

00497 安都知 ………………… P2032v⑯-1
〔淨土寺麥入曆〕 (940前後)
  1)都知 2)淨土寺

00498 安都知 ………………… P2032v⑯-3
〔淨土寺粟入曆〕 (940前後)
  1)都知 2)淨土寺

00499 安都知 ………………… P3440
〔見納賀天子物色人名〕 丙申年三月十六日 (996)
  1)都知

00500 安都知 ………………… P3579
〔百姓吳保住牒〕 雍熙五年戊子歲 (988)
  1)沙州使 都知

00501 安都知 ………………… S04121
〔陰家榮親客目〕 甲午年五月十五日 (994)
  1)都知

00502 （安）都知 ……………… S04660
〔兄弟社轉帖〕 戊子年六月廿六日 (988)
  1)都知 2)於燉煌蘭嗒門 4)原作「小都知」。

00503 （安）都知 ……………… S04660
〔兄弟社轉帖〕 戊子年六月廿六日 (988)
  2)於燉煌蘭嗒門 4)原作「都知」。

00504 （安）都知 ……………… S04660v
〔社人缺色物曆〕 戊子年六月廿六日 (988)
  1)都知 4)原作「大都知」。

00505 （安）都知 ·············· S04660v
　〔社人缺色物曆〕戊子年六月廿六日　（988）
　　1）都知　4）原作「都知」。

00506 安都頭 ············ BD14806v（新1006）
　〔義進押衙身故祭盤人名目〕戊寅年二月十九日　（978）
　　1）都頭

00507 安都頭 ·············· S03048
　〔東界羊籍〕丙辰年　（956）
　　1）庫官・都頭

00508 安都頭 ······ ギメ美術館藏寶勝如來一軀裏文書
　〔賜紫法行狀〕（10C前期 or 9C末）
　　1）都頭

00509 安都督 ·············· P3774
　〔僧龍藏家產分割訴牒〕丑年十二月　（821）

00510 安都料 ·············· S04703
　〔買菜人名目〕丁亥年　（987）
　　1）都料

00511 （安）奴子 ·············· S04660
　〔兄弟社轉帖〕戊子年六月廿六日　（988）
　　2）於燉煌蘭喏門　4）原作「奴子」。

00512 （安）奴子 ·············· S04660v
　〔社人缺色物曆〕戊子年六月廿六日　（988）

00513 安道進 ·············· S02729①
　〔燉煌應管勘牌子曆〕辰年三月　（788）
　　1）僧　2）蓮臺寺　3）沙州　4）10行目。

00514 安得昌 ·············· S04443v
　〔諸雜難字（一本）〕（10C）

00515 安德 ·············· P4690
　〔社司轉帖（殘）〕戊午年六月十八日　（958）

00516 安德 ·············· S05691v
　〔不與主人家并團家色物曆〕丁亥年前後（987前後）

00517 （安）南山 ·············· S04660
　〔兄弟社轉帖〕戊子年六月廿六日　（988）
　　2）於燉煌蘭喏門　4）原作「南山」。

00518 安日幹 ·············· S02729①
　〔燉煌應管勘牌子曆〕辰年三月　（788）
　　1）僧　2）開元寺　3）沙州　4）24行目。

00519 安日興 ·············· P4989
　〔沙州戶口田地簿〕（9C末）

00520 安寧 ·············· P5003v
　〔社人納色物曆〕（9C前期）

00521 安寧□ ·············· S10512
　〔粟麥等便曆〕（10C）

00522 安婆 ·············· P3234v②
　〔應慶於願達手上入曆〕壬寅年正月一日　（942）

00523 安婆 ·············· P3234v⑤
　〔直歲願通手上入曆〕壬寅年　（942）

00524 安婆 ·············· P3763v
　〔淨土寺入破曆〕（945前後）
　　1）車頭

00525 安癈憨 ·············· S02472v③
　〔納贈曆〕辛巳年十月廿八日　（981）

00526 安裴女 ·············· 莫第129窟
　〔供養人題記〕（10C前期）
　　4）原作「男安裴女一心供養」。南壁。《燉》p.61。

00527 安買子 ·············· S06198
　〔納贈曆〕（10C）

00528 安買德 ·············· S00542v
　〔燉煌諸寺丁壯車牛役部〕戊年六月十八日（818）
　　2）大雲寺

00529 安伯達 ·············· P3249v
　〔將龍光顏等隊下人名目〕（9C中期）

00530 安泊忠 ·············· S01453v
　〔社司轉帖（寫錄）〕光啓二年丙午歲十日（886）
　　2）於節加蘭若門

00531 安鉢々 ·············· S11213G
　〔配付人名目〕（946）

00532 安判官 ·············· P3258
　〔願文〕（9C前期）
　　1）判官

00533 安判官 ·············· P3396
　〔沙州諸渠別粟田名目〕（10C後期）
　　1）判官

00534　安判官 ・・・・・・・・・・・・・・・・・・ Дх02162
　〔社司轉帖〕　庚子年八月十四日　(940?)
　　1)判官

00535　安判々 ・・・・・・・・・・・・・・・・・・ S02669
　〔管內尼寺(安國寺・大乘寺・聖光寺)籍〕
　(865〜870)
　　2)大乘寺　3)洪池鄉　4)尼名「最勝善」。

00536　安潘力 ・・・・・・・・・・・・・・・・・・ P5546
　〔神沙鄉人名目(殘)〕　(900頃)
　　3)神沙鄉

00537　安飛子 ・・・・・・・・・・・・・・・・・・ P3763v
　〔淨土寺入破曆〕　(945前後)
　　2)淨土寺

00538　安美兒 ・・・・・・・・・・・・・・・・・・ S00286
　〔某寺䂁䂁入曆(殘)〕　(10C中期)
　　1)梁戶

00539　安不那 ・・・・・・・・・・・・・・・・・・ S00542v
　〔燉煌諸寺丁壯車牛役部〕　戌年六月十八日
　(818)
　　2)大乘寺

00540　安不勿 ・・・・・・・・・・・・・・・・・・ P3396
　〔沙州諸渠別粟田名目〕　(10C後期)

00541　安不勿 ・・・・・・・・・・・・・・・・・・ P3396v
　〔沙州諸渠別苽薗名目〕　(10C後期)

00542　(安)富員 ・・・・・・・・・・・・・・・・ S04660
　〔兄弟社轉帖〕　戊子年六月廿六日　(988)
　　2)於燉煌蘭喏門

00543　安富盈 ・・・・・・・・・・・・・・・・・・ P2629
　〔官破曆〕　九月十四日　(10C中期)

00544　安富君 ・・・・・・・・・・・・・・・・・・ P2049v①
　〔淨土寺諸色入破曆計會牒〕　同光三年
　(925)

00545　安富昌 ・・・・・・・・・・・・・・・・・・ P3396
　〔沙州諸渠別粟田名目〕　(10C後期)

00546　安富昌 ・・・・・・・・・・・・・・・・・・ P3721v③
　〔冬至自斷官員名〕　己卯年十一月廿六日
　(979)

00547　安富進 ・・・・・・・・・・・・・・・・・・ P3234v⑧
　〔某寺西倉豆破曆〕　(940年代)

00548　安富進 ・・・・・・・・・・・・・・・・・・ P3234v⑮
　〔淨土寺西倉豆利潤入曆〕　(940年代?)
　　2)淨土寺

00549　安富通 ・・・・・・・・・・・・・・・・・・ P3234v⑮
　〔淨土寺西倉豆利潤入曆〕　(940年代?)
　　2)淨土寺

00550　安富通 ・・・・・・・・・・・・・・・・・・ P3370
　〔出便麥粟曆〕　丙子年六月五日　(928)
　　3)赤心鄉

00551　安富通 ・・・・・・・・・・・・・・・・・・ S01478v
　〔雇工契(雜寫)〕　丙子年六月五日　(916 or 976)
　　1)百姓　3)赤心鄉

00552　安富德 ・・・・・・・・・・・・・・・・・・ P3721v①
　〔平康鄉堤上兄(見)點得人名目〕　庚辰年三月廿二日　(980)
　　3)平康鄉

00553　安富々 ・・・・・・・・・・・・・・・・・・ P2032v⑪
　〔淨土寺西倉司願勝等入破曆〕　乙巳年三月
　(945)
　　2)淨土寺

00554　(安)富友 ・・・・・・・・・・・・・・・・ S04660
　〔兄弟社轉帖〕　戊子年六月廿六日　(988)
　　2)於燉煌蘭喏門　4)原作「富友」。

00555　安普惠 ・・・・・・・・・・・・・・・・・・ S02729①
　〔燉煌應管勘牌子曆〕　辰年三月　(788)
　　1)僧　2)普光寺　3)沙州　4)38行目。

00556　安普照 ・・・・・・・・・・・・・・・・・・ S02729①
　〔燉煌應管勘牌子曆〕　辰年三月　(788)
　　1)僧　2)普光寺　3)沙州　4)40行目。

00557　安普登 ・・・・・・・・・・・・・・・・・・ S02729①
　〔燉煌應管勘牌子曆〕　辰年三月　(788)
　　1)僧　2)普光寺　3)沙州　4)39行目。

00558　安伏稱 ・・・・・・・・・・・・・・・・・・ S00542v
　〔燉煌諸寺丁壯車牛役部〕　戌年六月十八日
　(818)
　　2)靈修寺

00559　(安)福昌 ・・・・・・・・・・・・・・・・ S04660
　〔兄弟社轉帖〕　戊子年六月廿六日　(988)
　　2)於燉煌蘭喏門　4)原作「福昌」。

00560 (安)福昌 ·············· S04660v
〔社人缺色物曆〕 戊子年六月廿六日 (988)

00561 安福通 ·········· BD15404(簡068066)
〔千渠中下界白刺頭名目〕 (10C中期)
　1)白刺頭　3)千渠中界

00562 安福滿 ················ 楡第39窟
〔供養人題記〕 (10C?)
　1)淸信佛弟子　4)洞口北壁。《謝》p.494。

00563 安福妙 ·················· P4989
〔沙州戶口田地簿〕 (9C末)

00564 安福□ ················ 楡第39窟
〔供養人題記〕 (10C?)
　1)淸信佛弟子　4)洞口北壁。《謝》p.495。

00565 安佛奴 ················· P3236v
〔燉煌鄕官布籍〕 壬申年三月十九日 (972)
　3)燉煌鄕

00566 安佛奴 ·················· P4987
〔兄弟社轉帖〕 戊子年七月 (988)

00567 安佛奴 ················ S02228①
〔絲綿部落夫丁修城使役簿〕 亥年六月十五日 (819)
　1)右三　3)絲綿部落　4)首行作「亥年六月十五日州城所,絲綿」。末行作「亥年六月十五日畢功」。

00568 安粉子 ··············· P2040v③-2
〔淨土寺西倉粟利入曆〕 己亥年 (939)
　2)淨土寺

00569 安粉?遮? ·············· S11599
〔借粟契〕 (10C?)
　1)取粟見人

00570 安粉堆 ················ P2049v①
〔淨土寺諸色入破曆計會牒〕 同光三年 (925)
　4)原作「安粉堆妻」又作「安粉堆男」。

00571 安粉堆妻 ·············· P2049v①
〔淨土寺諸色入破曆計會牒〕 同光三年 (925)

00572 安粉堆男 ·············· P2049v①
〔淨土寺諸色入破曆計會牒〕 同光三年 (925)

00573 安粉堆 ················· P4914
〔慈惠鄕百姓安粉堆狀(殘,2行)〕 去甲子□ (904 or 964)
　1)百姓　3)慈惠鄕

00574 安芬 ········ HOERNLE,JASB LXX-1,EXTRA.NO.1.PL.IV
〔擧錢契〕 唐建中七年七月廿日 (786)
　1)保人　4)30歲。

00575 安文員 ················ P2049v②
〔淨土寺諸色入破曆計會牒〕 長興二年正月 (930~931)

00576 安文之 ················· S05711v
〔雜寫(3字)〕 (10C)

00577 安文信 ················ P2049v①
〔淨土寺諸色入破曆計會牒〕 同光三年 (925)

00578 (安?)文信 ·············· P2766v
〔人名列記〕 咸通十二年 (871)

00579 安文信 ················· S01898
〔兵裝備簿〕 (10C前期)
　1)兵馬使

00580 安?文信 ············· S11213G
〔配付人名目〕 (946)

00581 安文(淸) ·············· P3721v②
〔兄(見)在巡禮都官都頭名牒〕 庚辰年正月十五日 (980)
　1)巡禮都官都頭

00582 安文全 ··············· P3234v③
〔惠安惠戒手下便物曆〕 甲辰年 (944)
　2)淨土寺?

00583 安文知 ················ P3214⑥-1
〔弟安文和于故師兄之靈祭文〕 己巳(年)八月十一日 (909)

00584 安文張 ··············· P2032v⑫
〔淨土寺諸色破曆〕 (940前後)
　2)淨土寺

00585 安文得 ·················· S04588
〔大般若波羅蜜多經卷第306〕 (9C)

00586 安文德 ·············· P2825
〔太公家教文〕 大中四年庚午正月十五日
(850)

00587 安文德 ·············· S00449
〔大般若波羅蜜多經卷第301〕 (9C)

00588 安文德 ·············· S00705
〔開蒙要訓1卷〕 大中五年辛未三月廿三日
(851)
　1)學生

00589 安文ゞ ·············· S11213G
〔配付人名目〕 (946)

00590 安文辯? ········· Дx00503＋Дx00504v
〔人名點檢錄〕 (9C?)

00591 安兵馬使 ·········· BD09325(周46)
〔社司轉帖〕 □子?年七月十四日 (10C後期)
　1)兵馬使　4)原作「安兵馬使」。

00592 (安)兵馬使 ············ S04660
〔兄弟社轉帖〕 戊子年六月廿六日 (988)
　1)兵馬使　2)於燉煌蘭喏門　4)原作「兵馬使」。

00593 安平 ·············· P2766v
〔人名列記〕 咸通十二年 (871)

00594 安平子 ·············· P2595①
〔陳都知賣知契(殘)〕 乾符二年 (875)
　3)莫高鄉　4)原作「莫高鄉百姓安平子」。

00595 安平水 ·············· P2032v①-1
〔淨土寺麥入曆〕 (944前後)
　1)平水　2)淨土寺

00596 安平水 ·············· P2032v②
〔淨土寺惠安手下諸色入曆〕 甲辰年一日巳直
歲 (944)
　1)平水

00597 安平水 ·············· P2032v③
〔淨土寺諸色破曆〕 (944前後)
　1)平水　2)淨土寺

00598 安平水 ·············· P2040v③-12
〔淨土寺布入曆〕 (939)
　2)淨土寺

00599 安平水 ·············· P2040v③-16
〔淨土寺麥入曆〕 己亥年 (939)
　2)淨土寺

00600 安保盈 ·············· P3396
〔沙州諸渠別粟田名目〕 (10C後期)

00601 (安)保弘 ·············· S04660
〔兄弟社轉帖〕 戊子年六月廿六日 (988)
　1)法律　2)於燉煌蘭喏門　4)原作「保弘法律」。

00602 (安)保弘 ·············· S04660v
〔社人缺色物曆〕 戊子年六月廿六日 (988)
　4)原作「保弘法律」。⇒保弘。

00603 安保子 ·············· P4003
〔渠社轉帖〕 壬午年十二月十八日 (922 or
982)

00604 安保子 ·············· S00274①
〔社司轉帖(寫錄)〕 戊子年四月十三日
(928?)

00605 安保子 ·············· S03048
〔東界羊籍〕 丙辰年 (956)
　1)牧羊人

00606 (安)保昇 ·············· S04660
〔兄弟社轉帖〕 戊子年六月廿六日 (988)
　2)於燉煌蘭喏門

00607 安保眞 ·············· S02228①
〔絲綿部落夫丁修城使役簿〕 亥年六月十五
日 (819)
　1)(左十)　3)絲綿部落　4)首行作「亥年六月
十五日州城所,絲綿」。末行作「亥年六月十五日
畢功」。

00608 安保成 ·············· S00274①
〔社司轉帖(寫錄)〕 戊子年四月十三日
(928?)

00609 安保千 ·············· P4003
〔渠社轉帖〕 壬午年十二月十八日 (922 or
982)

00610 安保千 ·············· Дx01401
〔社司轉帖〕 辛未年二月七日 (911 or 971)

00611 安保通 ·············· P4912
〔某寺得換油廝曆〕 (950年代以降)
　3)壽昌家

00612 (安)保定 ·············· S04660
〔兄弟社轉帖〕 戊子年六月廿六日 (988)
　2)於燉煌蘭喏門　4)原作「北保定」。

00613 (安)保定 ……………… S04660
〔兄弟社轉帖〕 戊子年六月廿六日 (988)
  2)於燉煌蘭喏門

00614 安保德 ………………… S00542v
〔燉煌諸寺丁壯車牛役部〕 戊年六月十八日 (818)
  2)大雲寺

00615 安保德 ………………… Дx02149B
〔見納缺柴人名目〕 (10C)

00616 安保〻 ………………… P2856v②
〔副僧統下燉煌教團諸寺百姓輸納粗草抄錄〕 景福二年癸丑歲十月十一日 (893)
  2)金光明寺

00617 安寶藏 ………………… P3249v
〔將龍光顏等隊下人名目〕 (9C中期)

00618 安方達 ………………… S04504v④
〔行人轉帖〕 七月三日 (10C前期)

00619 安法藏 ………………… 沙文補24
〔寺卿索再榮等牒殘判辭〕 午年正月 (9C前期)

00620 安法律 ………………… BD06004v①(芥4)
〔雜寫(法律6名列記)〕 (9〜10C)
  1)法律

00621 安法律 ………………… P3060
〔諸寺諸色付經僧尼曆〕 (9C前期)
  1)僧尼・法律 4)經典名「般若經卷41」。

00622 安法律 ………………… P3852v②
〔大般若經付袟僧名目〕 (10C)
  1)法律

00623 安法律 ………………… S02449
〔付㬰曆〕 庚寅年頃? (930 or 990頃)
  1)法律

00624 安法律 ………………… S03156①
〔時年轉帖〕 己卯年十二月十六日 (979)
  1)法律 2)蓮臺寺 4)原作「連安法律」。

00625 安法律 ………………… S10566
〔秋季諸寺大般若轉經付配袟曆〕 壬子年十月 (952)
  1)法律 2)大雲寺

00626 安法律 ……… S.tib.R.119.VOL.55.FOL.30
〔借疊毛曆〕 乙酉年八月廿九日 (985?)
  1)法律・(陰法律)子

00627 安法律 ………………… Дx01268
〔第二團僧名目〕 (10C)
  1)法律

00628 安法律 ………………… Дx02146
〔請諸寺和尙僧政法律等名錄〕 (10C?)
  1)法律

00629 安法律 ………………… Дx02166
〔某社三官等麥粟破曆〕 (10C)
  1)錄事・法律

00630 安豐樂 ………………… S00542v
〔燉煌諸寺丁壯車牛役部〕 戊年六月十八日 (818)
  1)車頭 2)大乘寺

00631 安鳳進 ………………… P2614v
〔尙饗文〕 甲辰年十二(十?)月丙(子)朔四日乙卯 (824)
  4)原作「安鳳進叔」。

00632 安昂子 ………………… P4989
〔沙州戶口田地簿〕 (9C末)

00633 安沒賀延 ……………… S00542v
〔燉煌諸寺丁壯車牛役部〕 戊年六月十八日 (818)

00634 安沒賀延妻 …………… S00542v
〔燉煌諸寺丁壯車牛役部〕 戊年六月十八日 (818)
  2)開元寺

00635 安万盈 ………… BD16085A(L4052)
〔酒等破曆〕 [ ]月十三日 (972?)

00636 安万昇 ………………… P4003
〔渠社轉帖〕 壬午年十二月十八日 (922 or 982)

00637 安万端 ………………… S04472v
〔納贈曆〕 辛酉年十一月廿日 (961)

00638 安万端 ………………… S11358
〔部落轉帖〕 (10C後期)

00639 安万端 ‥‥‥‥‥‥‥‥‥ Дx01401
〔社司轉帖〕 辛未年二月七日 (911 or 971)

00640 安万通 ‥‥‥‥‥‥‥‥‥ P2877v
〔行人轉帖〕 乙丑年正月十六日 (962)
　　1)行人

00641 安万定 ‥‥‥‥‥‥‥‥‥ P3706v
〔張再通雇安万定男契(殘)〕 丙午年六月廿日 (946)
　　1)百姓　3)赤心鄉　4)R面爲「大佛名懺悔文」(10C中期)。

00642 安万年? ‥‥‥‥‥‥‥‥ Дx05092
〔諸斷片雜記〕 (9～10C)

00643 (安)慢兒 ‥‥‥‥‥‥‥‥ S01845
〔納贈曆〕 丙子年四月十七日 (976?)

00644 安滿奴 ‥‥‥‥‥‥‥‥ S00542v
〔燉煌諸寺丁壯車牛役部〕 戊年六月十八日 (818)
　　2)大雲寺

00645 安妙修 ‥‥‥‥‥‥‥‥ S02729①
〔燉煌應管勘牌子曆〕 辰年三月 (788)
　　1)僧　2)靈修寺　3)沙州　4)32行目。

00646 安妙定 ‥‥‥‥‥‥‥‥ S02729①
〔燉煌應管勘牌子曆〕 辰年三月 (788)
　　1)僧　2)靈修寺　3)沙州　4)30行目。

00647 安面 ‥‥‥‥‥‥‥‥‥ 莫第098窟
〔供養人題記〕 (10C中期)
　　1)節度押衙銀青光祿大夫檢校國子祭酒兼御史中丞上柱國　4)南壁。《燉》p.42。《謝》p.92。

00648 (安)勿成 ‥‥‥‥‥‥‥ S04660
〔兄弟社轉帖〕 戊子年六月廿六日 (988)
　　2)於燉煌蘭喏門　4)⇒勿成。

00649 安勿□ ‥‥‥‥‥‥‥‥ S06064
〔入破曆計會〕 午年,未年 (吐蕃期)

00650 安夜㸐勿 ‥‥‥‥‥‥‥ S03714
〔親情社轉帖(雜寫)〕 (10C)

00651 安友員? ‥‥‥‥‥‥‥ S01845
〔納贈曆〕 丙子年四月十七日 (976?)

00652 安友恩 ‥‥‥‥‥‥‥‥ P3236v
〔燉煌鄉官布籍〕 壬申年三月十九日 (972)
　　3)燉煌鄉

00653 安友子 ‥‥‥‥‥‥‥‥ P2049v②
〔淨土寺諸色入破曆計會牒〕 長興二年正月 (930～931)

00654 安友子 ‥‥‥‥‥‥‥‥ P5032⑪
〔渠人?轉帖〕 (10C後期)

00655 安友子 ‥‥‥‥‥‥‥‥ S01845
〔納贈曆〕 丙子年四月十七日 (976?)

00656 安友住 ‥‥‥‥‥‥‥‥ P3236v
〔燉煌鄉官布籍〕 壬申年三月十九日 (972)
　　3)燉煌鄉

00657 安友住 ‥‥‥‥‥‥‥‥ S06198
〔納贈曆〕 (10C)

00658 安友春 ‥‥‥‥‥‥‥‥ 楡第16窟
〔供養人題記〕 (10C中期)
　　4)外洞洞口南壁。《謝》p.453。

00659 安友春 ‥‥‥‥‥‥‥‥ 楡第19窟
〔供養人題記〕 (10C中期)
　　4)外洞西壁。《謝》p.458。

00660 安友成 ‥‥‥‥‥‥‥‥ S00692
〔秦婦吟文〕 貞明伍年己卯歲四月十一日 (919)
　　1)孝仕郎　2)金光明寺　3)燉煌郡　4)原作「燉煌郡金光明寺孝仕郎安友成寫記」。

00661 安祐子 ‥‥‥‥‥‥‥‥ P2032v⑯-4
〔淨土寺粟利閏入曆〕 (940前後)
　　2)淨土寺

00662 安祐成 ‥‥‥‥‥‥‥‥ S01898
〔兵裝備簿〕 (10C前期)
　　1)(十)將

00663 安祐成 ‥‥‥‥‥‥‥‥ S03728①～⑥
〔柴場司牒〕 乙卯年二月,三月 (955?)
　　1)押衙知柴場司

00664 安未?興 ‥‥‥‥‥‥‥ P3721v③
〔冬至自斷官員名〕 己卯年十一月廿六日 (979)

00665 安利?德 ‥‥‥‥‥‥‥ S06130
〔諸人納布曆〕 (10C)

00666 安?力子 ‥‥‥‥‥‥‥ P3418v⑥
〔洪閏鄉缺枝夫戶名目〕 (9C末～10C初)
　　3)洪閏鄉

00667 安力子 ･････････････････ S03877v
〔賣地契〕 天復九年己巳十月七日 （909）
　1)百姓・地主　3)洪潤郷

00668 安力々 ･････････････････ P3418v⑥
〔洪閏郷缺枝夫戸名目〕 （9C末～10C初）
　3)洪閏郷

00669 安略子 ･････････････････ P2040v②-28
〔淨土寺豆入曆〕 （940前後）
　2)淨土寺

00670 安略子 ･････････････････ P2049v①
〔淨土寺諸色入破曆計會牒〕 同光三年 （925）

00671 安略子 ･････････････････ P4958piece1
〔納贈曆〕 （10C前期）

00672 安流慶 ･････････････････ P5026D
〔社人名目〕 （10C）

00673 安流定 ･････････････････ P4987
〔兄弟社轉帖〕 戊子年七月 （988）

00674 安留進 ･････････････････ P2040v②-3
〔淨土寺西倉麥入曆〕 （945以降）
　2)淨土寺

00675 安留全 ･････････････････ S04609v
〔付銀椀人名目〕 太平興國九年頃 （984）
　1)銀椀人・官健　4)R面有「大平興國六年(981)」之紀年。

00676 安留德 ･････････････････ P2049v②
〔淨土寺諸色入破曆計會牒〕 長興二年正月 （930～931）

00677 安隆加奴 ･･･････････････ 楡第39窟
〔供養人題記〕 （10C？）
　1)都頭　4)洞口南壁。《謝》p. 494。

00678 安良憲? ･･･････････････ P2938v
〔雜寫〕 （10C）
　1)都頭

00679 安梁通 ･････････････････ P2040v③-2
〔淨土寺西倉粟利入曆〕 己亥年 （939）
　2)淨土寺

00680 安菱兒 ･････････････････ S00286
〔某寺斛㪷入曆(殘)〕 （10C中期）
　1)粱戸

00681 安(連?) ･･･････････････ P3328v①
〔付細布曆〕 （9C前期）

00682 安連々 ･････････････････ Дx01433
〔某寺入破曆計會〕 （10C）
　1)社人　4)原作「(布)肆拾尺安連々社施入」。

00683 安老 ･･････････････････ Дx01451②
〔韓定昌等便黃麻曆〕 戊寅年三月七日 （978 or 918）

00684 安老宿 ･････････････････ P2040v②-16
〔淨土寺粟破曆〕 乙巳年正月廿七日以後 （945以降）
　1)老宿　2)淨土寺

00685 安老宿 ･････････････････ P3152
〔陳守定請僧設供疏〕 淳化三年八月日 （992）
　1)老宿

00686 安郎? ･････････････････ S11213F
〔配付人名目〕 （946）

00687 安郎君 ･････････････････ P4017
〔名簿(1行雜寫)〕 乙酉年七月廿三日 （985）

00688 安六 ･･････････････････ P2766v
〔人名列記〕 咸通十二年 （871）

00689 安六 ･･････････････････ P3146B
〔遺産分割憑〕 某月廿八日 （10C後期）
　4)本件A紙爲辛巳年(981)八月三日「衙前子弟州司及鬴頭等留殘祍衙人數」。

00690 安六 ･･････････････････ P3418v①
〔□□郷缺枝夫戸名目〕 （9C末～10C初）
　4)⇒□安六。

00691 安六 ･･････････････････ P3418v②
〔燉煌郷缺枝夫戸名目〕 （9C末～10C初）
　4)⇒□安六。

00692 安錄事 ･････････････････ S05039
〔某寺諸色破曆〕 （10C後期）
　1)錄事

00693 安和々 ･････････････････ S02214
〔官府雜帳(名籍・黃麻・地畝・地子等曆)〕 （860?）

00694 安和君 ･････････････････ S11213F
〔配付人名目〕 （946）

00695 安和子 ························ S05747v
　〔社人名目〕（10C前期）

00696 安和子 ························ S05818
　〔安和子請免衆例狀〕（9C前期）
　　1）寫番(蕃)經判官

00697 安和子 ························ S05824
　〔經坊費負担人名目〕（8C末～9C前期）
　　1）寫經人　3）絲綿部落

00698 安和兒 ························ S05008
　〔破曆〕（940頃）

00699 安和尙 ·············· BD15249v③（新1449）
　〔某家榮親客目〕（10C後期）
　　1）和尙　4）原作「安和尙婆西主人」。

00700 （安）和尙 ····················· S04660v
　〔社人缺色物曆〕 戊子年六月廿六日 （988）
　　1）和尙

00701 安和奴 ······················ P2049v①
　〔淨土寺諸色入破曆計會牒〕 同光三年（925）

00702 安和平 ··················· P2842piece4
　〔渠?人?轉帖〕 五月廿八?日 （9C中期）

00703 安糸?夕 ······················ P.tib2124v
　〔人名錄〕（9C中期?）

00704 安□君 ···················· P4019piece2
　〔納草束曆〕（9C後期）

00705 安□子 ························ BD16536
　〔渠人文書殘片〕（9～10C）

00706 安□子 ························ P3763v
　〔淨土寺入破曆〕（945前後）
　　1）畫匠　2）淨土寺

00707 安□子 ························ S06198
　〔納贈曆〕（10C）

00708 安□子 ······················ 莫第090窟
　〔供養人題記〕（10C前期）
　　1）社人　4）原作「社人□□安□子供養」。西壁。《燉》p. 30。

00709 安□兒 ························ S01845
　〔納贈曆〕 丙子年四月十七日 （976?）

00710 安□兒 ························ S05717
　〔人名目〕（10C）

00711 安□遮 ························ S11599
　〔借粟契〕（10C?）
　　1）取粟見人

00712 安□住 ························ S11358
　〔部落轉帖〕（10C後期）

00713 安□娘 ······················ 楡第39窟
　〔供養人題記〕（10C?）
　　1）清信弟子　4）洞口北壁。《謝》p. 494。

00714 安□大歌 ······················ S05937
　〔都師願通公常住破曆〕 庚子年十二月廿二日 （940）

00715 安□□ ························ P4003
　〔渠社轉帖〕 壬午年十二月十八日 （922 or 982）

00716 安□□ ······················ Дx10289
　〔部落都頭楊帖〕 丁卯年九月十五日 （967）

00717 安□ ························· P4063
　〔官建轉帖〕 丙寅年四月十六日 （966）

00718 安 ···················· BD11502①（L1631）
　〔燉煌十一僧寺別姓名簿并緣起經論等名目〕（9C後期）
　　2）蓮(臺寺)

00719 安 ···················· BD16022c（L4018）
　〔永寧坊巷社司文書〕（10C）
　　3）永寧坊

00720 安 ·························· P4525⑫
　〔養女契(稿)〕 太平興國八年癸未歲 （983）
　　4）原作「阿安」。

00721 安 ·························· S00542v
　〔燉煌諸寺丁壯車牛役部〕 戊年六月十八日 （818）
　　2）金光明寺　4）原作「安朝〻妻安」。

00722 安 ·························· S08402
　〔便麥曆〕（10C前期）
　　1）口承人母

00723 安 ・・・・・・・・・・・・・・・ 古典籍54,圖171
　〔五月五日下菜人名目〕（10C）
　　1)闍梨

[い]

00724 伊魯(傑) ・・・・・・・・・・・・・・ Дx18917
　〔牒文〕 貞元四年五月日 (788)
　　1)傑?謝百姓

00725 威娘 ・・・・・・・・・・・・・・・・・・ S02199
　〔尼靈惠唯(遺)書(首題)〕 咸通六年十月廿三
　日 (865)
　　4)文中有「靈惠只有家生婢子,一名威娘,留與姪
　　女潘娘」。

00726 威德勿 ・・・・・・・・・ BD09472v①〜③(發92)
　〔龍興寺索僧正等五十八人就唐家蘭若請賓
　頭盧文〕 (8〜9C)
　　2)靈修(寺)　3)沙州

00727 威德勿子 ・・・・・・・ BD09472v①〜③(發92)
　〔龍興寺索僧正等五十八人就唐家蘭若請賓
　頭盧文〕 (8〜9C)
　　2)靈修(寺)　3)沙州

00728 慰法淸 ・・・・・・・・・・・・・・・ 沙文補24
　〔寺卿索再榮等牒殘判辭〕 午年正月 (9C前
　期)
　　1)僧

00729 蔚?來 ・・・・・・・・・・・・・・ BD16085A(L4052)
　〔酒等破曆〕 壬申年三月一日 (972?)

00730 違忙略 ・・・・・・・・・・・・・・・・ P2049v①
　〔淨土寺諸色入破曆計會牒〕 同光三年
　(925)

00731 韋俊照? ・・・・・・・・・・・・・・・・・ S00688v
　〔沙州旌節官告使朝請大夫行內侍省掖庭令
　上柱國賜紫金魚袋韋俊照?牒〕 (9C後期〜
　10C?)
　　1)沙州旌節官告使朝請大夫行內侍省掖庭令上
　　柱國賜紫金魚袋　3)沙州

00732 價賢者 ・・・・・・・・・・・・・・・・・ S11360D2
　〔貸粟麥曆〕 (10C中期以降?)

00733 價梁賢 ・・・・・・・・・・・・・・・・・ S11360D2
　〔貸粟麥曆〕 (10C中期以降?)

00734 尹阿朶 ・・・・・・・・・・・・・・・・・ P4003
　〔渠社轉帖〕 壬午年十二月十八日 (922 or
　982)

00735 尹安三 ……………… P3441v
〔社司轉帖(寫錄)〕 三月十三日 （10C前期）

00736 尹安子 ……………… P.tib2124v
〔人名錄〕 （9C中期?）

00737 尹安七 ……………… P3070v①
〔社司轉帖(寫錄)〕 乾寧三年閏三(二)月（896）

00738 尹安住 ……………… 莫第281窟
〔供養人題記〕 （10C前期）
  1)(銜)前正兵馬使銀青光錄太子賓客錄事 4)前室西壁。《燉》p. 113。

00739 尹押衙 ……………… P3889
〔社司轉帖〕 （10C後期?）
  1)押衙

00740 尹恩子 ……………… S06204①
〔隊轉帖〕 （10C前後）

00741 尹懷滿 ……………… P3889
〔社司轉帖〕 （10C後期?）

00742 尹郭三 ……………… P4003
〔渠社轉帖〕 壬午年十二月十八日 （922 or 982）

00743 尹巖 ……………… BD13836（新0036）
〔妙法蓮華經卷第6(題記)〕 寶應元年九月廿六日 （762）
  4)原作「寶應元年九月廿六日弟子楊大勖爲亡姥寫法華經一部尹巖書」。此件原爲日本大谷探檢隊所得。登錄番號867。

00744 尹喜々 ……………… S02669
〔管内尼寺(安國寺・大乘寺・聖光寺)籍〕 （865～870）
  2)聖光寺 3)玉關鄉 4)尼名「淨光」。

00745 尹彥進 ……………… P3889
〔社司轉帖〕 （10C後期?）

00746 尹彥郎 ……………… P3146A
〔衙前子弟州司及孋頭等留殘袛衙人數〕 辛巳年八月三日 （981）

00747 尹彥郎 ……………… P3889
〔社司轉帖〕 （10C後期?）

00748 尹彥郎 ……………… Дx02149A
〔寒食座設付酒曆〕 戊午年四月廿五日 （958 or 898）

00749 尹幸通 ……………… BD14575（新0775）
〔金光明最勝王經卷第2(供養題記)〕 （9～10C）
  1)清信弟子 3)燉煌郡 4)原作「清信弟子燉煌郡四界諸薗官尹幸通發佛誓願接續金光明經一部永充供養」。

00750 尹幸通 ……………… 中村『書道博』p.20A
〔法華經普門品〕 天成五年庚寅二月十六日 （930）
  1)信士・弟子

00751 尹再慶 ……………… P3889
〔社司轉帖〕 （10C後期?）

00752 尹再昌 ……………… P5032⑩⑫⑲
〔渠人轉帖〕 □月十七日甲申年十月三日十月四日 （984）

00753 尹再昌 ……………… P5032⑬⑯⑱
〔渠人轉帖〕 甲申年二月廿日 （984）

00754 尹再晟? ……………… P2842piece4
〔渠?人?轉帖〕 五月廿八?日 （9C中期）

00755 尹再德 ……………… BD09383①（發4）
〔五更轉・太子入山修道讚〕 （9～10C）

00756 尹再德 ……………… BD09383③（發4）
〔念佛讚文一本(尾)〕 長興三年壬辰歲六月五日 （932）

00757 尹三老 ……………… BD09341（周62）
〔社司轉帖〕 閏四月三日 （10C後期）
  1)三老

00758 尹勝會 ……………… P3167v
〔安國寺道場司關于(五尼寺)沙彌戒訴狀〕 乾寧二年三月 （895）
  2)安國寺 4)⇒勝會。

00759 尹昌子 ……………… P4003
〔渠社轉帖〕 壬午年十二月十八日 （922 or 982）

00760 尹松志 ……………… S06734v②
〔思益經卷第3(背面題記)〕 雍熙三年丙戌十一月廿三日 （986）
  1)施主弟子

00761 尹常溫 …………………… S00810v
〔人名等(4字)雜寫〕 (9C?)
　　4)原作「尹常溫書」。R面爲「太平九極太上中皇眞經」(8C後半?)。

00762 尹常清 ……… Дx01305＋Дx02154＋Дx03026
〔僧等付絹等曆〕 (9C前期)
　　4)⇒常清。

00763 尹淨光 …………………… S02669
〔管內尼寺(安國寺・大乘寺・聖光寺)籍〕 (865～870)
　　2)聖光寺　3)玉關鄉　4)姓「尹」。俗名「喜ゞ」。

00764 尹進子 …………………… P4640v
〔官入破曆〕 己未年四月 (899)
　　1)衙官

00765 尹政子 …………………… P3038
〔納磨草人名目〕 丙午年九月一日 (990)

00766 尹齊興 …………………… S05824
〔經坊費負担人名目〕 (8C末～9C前期)
　　1)寫經人　3)行人部落

00767 尹善奴 …………………… S00542v
〔燉煌諸寺丁壯車牛役部〕 戌年六月十八日 (818)
　　1)團頭　2)蓮臺寺

00768 尹善奴妻 ………………… S00542v
〔燉煌諸寺丁壯車牛役部〕 戌年六月十八日 (818)
　　2)蓮臺寺　4)原作「尹善奴妻辛」。

00769 尹善友 …………………… S06204①
〔隊轉帖〕 (10C前後)

00770 尹單 ……………………… Дx02163②
〔百姓福勝戶口田地申告狀〕 大中六年十一月日 (852)
　　1)百姓

00771 尹定子 …………… BD16336A1(L4425)
〔社司轉帖〕 戊申年正月四日 (948?)

00772 尹天德 …………………… P3167v
〔安國寺道場司關于(五尼寺)沙彌戒訴狀〕 乾寧二年三月 (895)
　　2)安國寺

00773 尹屯ゞ …………………… S02669
〔管內尼寺(安國寺・大乘寺・聖光寺)籍〕 (865～870)
　　2)聖光寺　3)玉關鄉　4)尼名「密義」。

00774 尹博士 …………………… Дx01428
〔某寺諸色斛㪷破曆〕 (10C中期)
　　1)博士

00775 尹判官 …………………… S09925
〔社司轉帖〕 八月廿□日 (9C?)
　　1)判官

00776 尹飛昌 …………………… P5032⑲
〔渠人轉帖〕 甲申年□月十七日 (984)

00777 尹富□ …………………… P4063
〔官建轉帖〕 丙寅年四月十六日 (966)
　　1)官建

00778 尹保定 …………………… Дx11078
〔(渠社?)轉帖〕 四月十日 (950前後)

00779 尹寶ゞ ………… BD09338②(周59)
〔尹寶ゞ齋上行香不到人物條記〕 五月八日 (8～9C)

00780 尹方?定 ………… BD16228v(L4111)
〔便麥曆〕 (9～10C)

00781 尹万定 …………………… P3889
〔社司轉帖〕 (10C後期?)

00782 尹密義 …………………… S02669
〔管內尼寺(安國寺・大乘寺・聖光寺)籍〕 (865～870)
　　2)聖光寺　3)玉關鄉　4)姓「尹」。俗名「屯ゞ」。

00783 尹毛ゞ …………………… S02669
〔管內尼寺(安國寺・大乘寺・聖光寺)籍〕 (865～870)
　　2)聖光寺　3)玉關鄉　4)尼名「密義」。

00784 尹莽塞 …………………… S00542v
〔燉煌諸寺丁壯車牛役部〕 戌年六月十八日 (818)
　　2)龍興寺

00785 尹酉子 …………………… S02894v⑤
〔社司轉帖〕 (10C後期)

00786 尹留定 ············ BD16228v（L4111）
〔便麥曆〕（9～10C）

00787 尹□ ············ 莫第251窟
〔供養人題記〕（10C前期）
　　1)妙高□思寺弟子　3)妙高　4)原作「妙高□□寺弟子尹□」。中心塔柱南向面。《燉》p.109。

00788 尹□□ ············ P4063
〔官建轉帖〕丙寅年四月十六日（966）

00789 尹□ ············ ОП．Ⅱ．p.679 Рис.18
〔願文?〕天復十年庚午歲次［　］月十五日（909 or 910）
　　4)原作「天復十年庚午歲次［　］月十五日尹［　］」。天復10年(909)＝己巳年 天復11年(910)＝庚午年。

00790 尹 ············ BD05673v④（李73）
〔行人轉帖（寫錄）〕今月十二日（9C末）
　　1)行人

00791 員法眞 ············ P3047v①
〔僧名等錄〕（9C前期）

00792 員法眞 ············ P3047v③
〔諸僧尼送納三色香於乾元寺曆〕（9C前期）
　　2)乾元寺

00793 因會利 ············ P3234v⑮
〔淨土寺西倉豆利潤入曆〕（940年代?）
　　2)淨土寺

00794 因功德娘 ············ S02669
〔管內尼寺（安國寺・大乘寺・聖光寺）籍〕（865～870）
　　2)大乘寺　3)平康鄉　4)尼名「常意」。

00795 因女子 ············ S00542v
〔燉煌諸寺丁壯車牛役部〕戊年六月十八日（818）
　　2)普光寺

00796 殷元廣 ············ BD09334（周55）
〔分付多衣簿〕（8C中期）

00797 殷氏 ············ Дx11496
〔生辰喜帖〕臘月十七日（10C?）
　　4)季(李?)門殷氏。

00798 蔭四娘子 ············ 杏・羽672
〔新集親家名目〕（10C?）
　　4)原作「親家蔭四娘子」。

00799 陰阿鞠 ············ S08445＋S08446＋S08468①
〔羊司於常樂稅羊人名目〕丙午年六月廿七日（946）

00800 陰阿朶 ············ P3231②
〔平康鄉官齋曆〕癸酉年九月卅日（973）
　　3)平康鄉

00801 陰阿朶 ············ P3231④
〔平康鄉官齋曆〕甲戌年十月十五日（974）
　　3)平康鄉

00802 陰阿朶 ············ S09929
〔社司轉帖（殘）〕□月十六日（10C）
　　4)十六日。

00803 陰阿朶 ············ S10564
〔洪潤鄉百姓陰昌晟雇同鄉百姓陰阿朶契(控)〕庚子年三月一日（940?）
　　1)百姓　3)洪潤鄉

00804 陰安 ············ S00289③
〔李存惠墓誌銘并序〕太平興國五年庚辰歲二月三日（980）
　　1)歸義軍節度都頭攝石城鎮遏使銀青光祿大夫檢校左散騎常侍上騎都尉　4)R面有「太平興國五年庚辰歲二月三日」之紀年。

00805 陰安ミ ············ S05747v
〔社人名目〕（10C前期）

00806 陰安住 ············ P3234v⑮
〔淨土寺西倉豆利潤入曆〕（940年代?）
　　2)淨土寺

00807 陰安住 ············ P5032⑤
〔社司轉帖〕（10C後期）

00808 陰安住 ············ P5032v⑧
〔社司轉帖〕六月（10C中期）

00809 陰安信 ············ P2032v①-2
〔淨土寺西倉麥入曆〕（944前後）
　　2)淨土寺

00810 陰安信 ············ P2040v②-5
〔淨土寺西倉粟入曆〕（945以降）
　　2)淨土寺

00811 陰安多 ············ S05747v
〔社人名目〕（10C前期）

00812　陰安屯 …………………… P2738v
　〔社司轉帖(寫錄)〕　二月廿五日　(9C後期)

00813　陰安寧 …………………… P3167v
　〔安國寺道場司關于(五尼寺)沙彌戒訴狀〕
　乾寧二年三月　(895)
　　2)普光寺

00814　陰安寧 …………………… P3418v④
　〔龍勒鄉缺枝夫戶名目〕　(9C末～10C初)
　　3)龍勒鄉

00815　陰安寮 …………………… Дx05944
　〔納贈曆?〕　(10C)

00816　陰唯興 …………………… S08972
　〔燉煌部落陰唯興金剛經1卷〕　(8～9C)
　　3)燉煌部落

00817　陰惟興 …………………… P3491v②
　〔左七將應徵突田戶納麥粟數曆〕　(9C前期)

00818　陰員 ……………………… P5021D
　〔付物曆〕　(9C末～10C初)

00819　陰員子 …………………… P3418v①
　〔□□鄉缺枝夫戶名目〕　(9C末～10C初)

00820　陰員集 …………………… P2680v⑦
　〔社司轉帖(殘)〕　丙申年四月廿六日　(936)

00821　陰員住 …………………… P4638v⑬
　〔將于闐充使達至西府大國〕　辛卯年　(931)

00822　陰員俊 …………………… P3721v②
　〔兄(見)在巡禮都官都頭名牒〕　庚辰年正月
　十五日　(980)

00823　陰員春 …………………… P4063
　〔官建轉帖〕　丙寅年四月十六日　(966)
　　4)丙寅年四月十二日。

00824　陰員昇 …………………… 杏·羽672
　〔新集親家名目〕　(10C?)

00825　(陰)員遙 ………………… 北大D215
　〔見在僧名〕　廿六日　(10C後期)
　　4)⇒員遙。

00826　陰員宗 …………………… P2876piece1
　〔社司轉帖(殘)〕　丙寅年　(906)

00827　陰員定 …………………… P5032v⑧
　〔社司轉帖〕　六月　(10C中期)

00828　陰員保 …………………… P3396
　〔沙州諸渠別粟田名目〕　(10C後期)

00829　陰員保 …………………… S04643
　〔陰家榮親客目〕　甲午年五月十五日　(994)
　　1)押衙

00830　陰寅?子 ………………… S06237
　〔諸人見在粟黃麻曆〕　戌年～子年　(10C中期
　以降?)

00831　陰云 ……………………… P2162v
　〔三將納丑年突田曆〕　(9C前期)

00832　陰永吉 …………………… 北大D215
　〔見在僧名〕　廿六日　(10C後期)
　　4)⇒永吉。

00833　陰永住 …………………… P2680v②
　〔諸鄉諸人便粟曆〕　(10C中期)

00834　陰盈子 …………………… S01845
　〔納贈曆〕　丙子年四月十七日　(976?)

00835　陰盈子 …………………… S06309
　〔行人轉帖〕　四月八日　(10C)
　　1)行人

00836　陰英ゝ …………………… P3491piece3
　〔突田名簿〕　(9C前期)

00837　陰英達 …………………… Дx02264
　〔押衙朗神達狀帖〕　(900前後)
　　1)右馬步都虞候

00838　陰圓智 …………………… S02729①
　〔燉煌應管勘牌子歷〕　辰年三月　(788)
　　1)僧　2)靈修寺　3)沙州　4)34行目。

00839　陰延受 …………………… P3396
　〔沙州諸渠別粟田名目〕　(10C後期)

00840　陰衍雞 …………………… S04643
　〔陰家榮親客目〕　甲午年五月十五日　(994)

00841　陰衍雞 …………………… S05691
　〔令狐瘦兒妻亡納贈曆〕　丁亥年七月十二日
　(987)

00842 陰衍雞 ‥‥‥‥‥‥‥‥ Дx04278
〔十一鄉諸人付麵數〕 乙亥年四月十一(日)
(915? or 975)
　3)平康鄉

00843 陰衍?兒 ‥‥‥‥‥‥‥‥ P3231⑤
〔平康鄉官齋曆〕 □亥年五月十五日 (975)
　3)平康鄉

00844 陰衍兒 ‥‥‥‥‥‥‥‥ P3231⑦
〔平康鄉官齋曆〕 丙子年五月十五日 (976)
　3)平康鄉

00845 陰衍奴 ‥‥‥‥‥‥‥‥ S04121
〔陰家榮親客目〕 甲午年五月十五日 (994)
　1)平水

00846 陰衍奴 ‥‥‥‥‥‥‥‥ Дx02149в
〔見納缺柴人名目〕 (10C)

00847 陰應子 ‥‥‥‥‥‥‥‥ P2641
〔宴設司文書〕 丁未年六月 (947)

00848 陰押牙 ‥‥‥‥‥‥‥‥ P4975r.v
〔沈家納贈曆〕 辛未年三月八日 (971)
　1)押衙　4)原作「大陰押牙」。

00849 陰押衙 ‥‥‥‥ BD16112A(L4066)
〔某寺雜物歷〕 (10C?)
　1)押衙

00850 陰押衙 ‥‥‥‥ BD16112G(L4066)
〔某寺雜物歷〕 (10C)
　1)押衙　4)原作「小陰押衙」。

00851 陰押衙 ‥‥‥‥‥‥‥‥ P2032v⑲
〔淨土寺麵破曆〕 (940前後)
　1)押衙　2)淨土寺

00852 陰押衙 ‥‥‥‥‥‥‥‥ P3037
〔社司轉帖〕 庚寅年正月三日 (990)
　1)押衙　2)大悲寺

00853 陰押衙 ‥‥‥‥‥‥‥‥ P3240②
〔付帋歷〕 壬寅年七月十六日 (1002)
　1)押衙

00854 陰押衙 ‥‥‥‥‥‥‥‥ P3306v②
〔雜記〕 開運四年丁未歲三月廿六日 (947)
　1)押衙

00855 陰押衙 ‥‥‥‥‥‥‥‥ P3763v
〔淨土寺入破曆〕 (945前後)
　1)押衙　2)淨土寺?

00856 陰押衙 ‥‥‥‥‥‥‥‥ P4975r.v
〔沈家納贈曆〕 辛未年三月八日 (971)
　1)押衙　4)原作「小陰押牙」。

00857 陰押衙 ‥‥‥‥‥‥‥‥ P4987
〔兄弟社轉帖〕 辛未年三月八日 (971)
　1)押衙

00858 陰押衙 ‥‥‥‥‥‥‥‥ S00344v
〔正法念處經卷21背面〕 (10C後期)
　1)押衙　4)V面有「第二峽陰押牙」。

00859 陰押衙 ‥‥‥‥‥‥‥‥ S06214
〔社司轉帖〕 乙卯年四月廿八日 (955?)
　1)押衙

00860 陰押衙 ‥‥‥‥‥‥‥‥ S08713
〔團人名目(2片)〕 (10C)
　1)押衙

00861 陰押衙 ‥‥‥‥‥‥‥‥ S08714
〔窟上書經兌紙人名目〕 (10C後期?)
　1)押衙

00862 陰押衙 ‥‥‥‥‥‥‥‥ S10537
〔團人名目(2片)〕 (10C)
　1)押衙

00863 陰押衙 ‥‥‥‥ 杏・羽056v(李盛鐸舊藏)
〔阿含經題等雜寫〕 太平興國(年) (976〜984)
　1)押衙

00864 陰押衙 ‥‥‥‥‥‥‥‥ 燉研322
〔臘八燃燈分配窟龕名數〕 辛亥年十二月七日 (951)
　1)押衙

00865 陰王午 ‥‥‥‥ S10273＋S10274＋S10276＋S10277＋S10279＋S10290
〔出便麥與人名目〕 丁巳年二月一日 (957?)

00866 陰加義 ‥‥‥‥‥‥‥‥ P4640①
〔大蕃故燉煌郡莫高窟陰處士公修功德記〕
歲次己未年四月壬子朔十五日丙寅 (839?)
　1)(陰加政)弟

00867 陰加政 ……………… P4640①
〔大蕃故燉煌郡莫高窟陰處士公修功德記〕
歲次己未年四月壬子朔十五日丙寅 (839?)

00868 陰加晟 ……………… P4640v
〔官入破曆〕 辛酉?年六月六日 (901?)
　1) 酒戶

00869 陰加晟 ……………… S04710
〔沙州戶口簿〕 (9C中期以降)

00870 陰嘉珍 ……………… P4640①
〔大蕃故燉煌郡莫高窟陰處士公修功德記〕
歲次己未年四月壬子朔十五日丙寅 (839?)
　3) 燉煌郡

00871 陰家 ……………… P3638
〔沙彌善勝點檢常住什物見在曆〕 辛未年 (911)

00872 陰家 ……………… P3985
〔錄人送路物色名目〕 癸巳年七月廿五日 (933?)

00873 陰家 ……………… S01398v③
〔酒破曆殘〕 太平興國七年 (982)

00874 陰家 ……………… S04525v
〔付官健及諸社佛會色物數目〕 (10C後期)
　1) 官健

00875 陰家 ……………… S04705
〔官僦破曆〕 (10C)

00876 陰家 ……………… 燉研322
〔臘八燃燈分配窟龕名數〕 辛亥年十二月七日 (951)

00877 陰家姨阿師子 ……………… S04362
〔肅州都頭宋富忩狀〕 三月 (10C末)
　1) 姨阿師子

00878 陰家員昇 ……………… 杏・羽672
〔新集親家名目〕 (10C?)
　4) 原作「陰家員昇妻」。

00879 陰家員昇妻 ……………… 杏・羽672
〔新集親家名目〕 (10C?)
　1) 員昇妻

00880 陰家胡兒 ……………… P2032v⑰-5
〔淨土寺諸色入曆〕 (940前後)
　2) 淨土寺

00881 陰家小娘子 ……………… P2032v⑳-7
〔淨土寺麵黃麻豆布等破曆〕 (940前後)
　2) 淨土寺

00882 陰家人 ……………… S08426
〔官府酒破曆〕 三月? (10C)

00883 陰家推子 ……………… P5032⑤
〔社司轉帖〕 (10C後期)

00884 陰家推□ ……………… P5032v⑧
〔社司轉帖〕 六月 (10C中期)

00885 陰家善來 ……………… S01776②
〔某寺常住什物交割點檢曆〕 顯德五年戊午十一月十三日 (958)

00886 陰家鐵團貿子 ……………… S01519①
〔破曆〕 (890?)

00887 陰家婢子 ……………… S04700
〔陰家榮親客目〕 甲午年五月十五日 (994)
　4) 原作「陰家婢子小娘子」。

00888 陰家婢子小娘子 ……………… S04700
〔陰家榮親客目〕 甲午年五月十五日 (994)

00889 陰過三 ……………… 莫第208窟
〔供養人題記〕 (10C前期)
　1) 節度押衙銀青光祿大夫太子賓客　4) 西壁。
《燉》p.96。

00890 陰衙隊 ……………… P4063
〔官建轉帖〕 丙寅年四月十六日 (966)
　1) 衙隊

00891 (陰)懷萼 ……………… P4640①
〔大蕃故燉煌郡莫高窟陰處士公修功德記〕
歲次己未年四月壬子朔十五日丙寅 (839?)
　1) 僧　4) ⇒懷萼。

00892 陰懷慶 ……………… Дx04278
〔十一鄉諸人付麵數〕 乙亥年四月十一(日)
(915? or 975)
　3) 莫高鄉

00893 陰懷志 ……………… S02214
〔官府雜帳(名籍・黃麻・地畝・地子等曆)〕
(860?)

00894 陰懷定 ……………… P5032v⑧
〔社司轉帖〕 六月 (10C中期)

00895 陰懷□ ······················ S06424v
〔社官陰[元]?德等疏〕 乾德六年戊辰歲十月日 (968)
　1) 錄事

00896 陰戒榮 ······················ S02729①
〔燉煌應管勘牌子歷〕 辰年三月 (788)
　1) 僧　2) 大雲寺　3) 沙州　4) 9行目。

00897 陰戒心 ······················ S02669
〔管内尼寺(安國寺・大乘寺・聖光寺)籍〕
(865〜870)
　2) 大乘寺　3) 燉煌鄉　4) 姓「陰」。俗名「娜ゝ」。

00898 陰會興 ······················ S10618
〔酒頭大張法律等名目〕 (10C)

00899 陰?會昌 ····················· S04700
〔陰家榮親客目〕 甲午年五月十五日 (994)

00900 陰會深 ············ BD15759(簡071484)
〔書觀世音經題記〕 壬午年二月十八日 (982)
　1) 書手弟子　4) 原作「壬午年二月十八日少此弟子索清子寫觀音經一冊書手弟子陰會深寫記」。

00901 陰會長 ······················ S04700
〔陰家榮親客目〕 甲午年五月十五日 (994)
　1) 都頭

00902 陰會賓 ······················ P4065
〔歸義軍曹氏表文稿(3件)〕 乙亥年十一月十六日 (975)
　1) 都頭

00903 陰海晏 ······················ P3720
〔賜紫沙門和尚墓誌銘〕 清泰六年 (939)
　1) 都僧統

00904 陰海員 ······················ P3441v
〔社司轉帖(寫錄)〕 三月十三日 (10C前期)

00905 陰海閏 ················ BD16333A(L4424)
〔陰海閏請田狀〕 (8C?)
　1) 百姓　3) 平康鄉

00906 陰海清 ···················· P3491piece2
〔絲綿(部落)百姓陰海清便麥粟契〕 寅年二月十四日 (822)
　1) 百姓　3) 絲綿部落

00907 陰海全 ······················ P3396
〔沙州諸渠別粟田名目〕 (10C後期)

00908 陰海定 ······················ P4991
〔社司轉帖〕 壬申年六月廿四日 (972)

00909 (陰)覺岸 ····················· P4640①
〔大蕃故燉煌郡莫高窟陰處士公修功德記〕
歲次己未年四月壬子朔十五日丙寅 (839?)
　1) 僧　3) 燉煌郡　4) ⇒覺岸。

00910 陰覺如 ······················ S02669
〔管内尼寺(安國寺・大乘寺・聖光寺)籍〕
(865〜870)
　2) 大乘寺　3) 洪池鄉　4) 姓「陰」。俗名「含子」。

00911 陰學郎 ······················ S04129v
〔學郎詩等〕 己酉年正月頃 (949)
　1) 學郎

00912 陰憨子 ················· BD09325(周46)
〔社司轉帖〕 □子?年七月十四日 (10C後期)

00913 陰憨兒 ······················ P4997v
〔分付羊皮曆(殘)〕 (10C後期)

00914 陰憨多 ······················ P3595v
〔就役名目〕 己巳年頃 (969?)

00915 陰憨多 ······················ P4997v
〔分付羊皮曆(殘)〕 (10C後期)

00916 陰憨?□ ····················· Дx11078
〔(渠社?)轉帖〕 四月十日 (950前後)

00917 陰含子 ······················ S02669
〔管内尼寺(安國寺・大乘寺・聖光寺)籍〕
(865〜870)
　2) 大乘寺　3) 洪池鄉　4) 尼名「覺如」。

00918 陰願 ······················· P3698v
〔雜寫〕 天福四年頃 (939)
　1) 社官

00919 陰願員 ······················ S04700
〔陰家榮親客目〕 甲午年五月十五日 (994)
　1) 都頭

00920 陰願盈 ······················ P5032v⑧
〔社司轉帖〕 六月 (10C中期)

00921 陰願學 ······················ S06008
〔社司轉帖(寫錄)〕 (10C)
　2) 龍興寺門前

00922 陰願支 ……………… Дx06064v
〔人名目〕 (10C)

00923 陰願昌 ……………… MG17665
〔法華經普門品變相〕 (10C後期)
　1) 施主子弟

00924 陰願遂 ……………… S04643
〔陰家榮親客目〕 甲午年五月十五日 (994)

00925 陰願成 ……………… S05563v
〔妙法蓮華經・佛說延壽命經(背)〕 丁丑年六月十三日 (977?)
　1) 施主弟子僧 4) 原作「施主弟子僧陰願成舍此經一卷」。

00926 (陰)願德 ……………… S05504
〔令狐願興便付陰願德身價麥粟憑〕 丙戌年正月廿九日 (986)
　1) (陰殘奴)姪

00927 陰願富 ……………… P3698v
〔雜寫〕 天福四年頃 (939)

00928 陰願富 ……………… Дx06064v
〔人名目〕 (10C)

00929 陰願保 ……………… P4991
〔社司轉帖〕 壬申年六月廿四日 (972)

00930 陰喜 ……………… P2738v
〔社司轉帖(寫錄)〕 二月廿五日 (9C後期)

00931 陰季豊 ……………… P3569v
〔官酒戶馬三娘及押衙陰季豊牒(2件)〕 光啓三年 (887)
　1) 押衙

00932 陰季豐 ……………… P3720F
〔都僧統陰海晏墓誌銘〕 清泰六年 (939)
　1) (海晏)皇父

00933 (陰)皈順 ……………… S04710
〔沙州戶口簿〕 (9C中期以降)
　1) 僧 4) ⇒皈順。

00934 陰貴晊 ……………… BD16516
〔陰貴晊爲男陰洪盛謝〕 六月十一日 (9～10C)

00935 陰宜々 ……………… P3167v
〔安國寺道場司關于(五尼寺)沙彌戒訴狀〕 乾寧二年三月 (895)

00936 陰宜々 ……………… P3418v⑤
〔某鄉缺枝夫戶名目〕 (9C末～10C初)

00937 陰宜娘 ……………… S04710
〔沙州戶口簿〕 (9C中期以降)

00938 陰義恩 ……………… P3231②
〔平康鄉官齋曆〕 癸酉年九月卅日 (973)
　3) 平康鄉

00939 陰義恩 ……………… P3231v②
〔平康鄉官齋曆〕 癸酉年九月卅日 (973)
　3) 平康鄉

00940 陰義恩 ……………… S04643
〔陰家榮親客目〕 甲午年五月十五日 (994)

00941 陰義進 ……………… P2808
〔百行章〕 大梁貞明九年癸未歲四月廿四日 (923)
　2) 淨土寺

00942 陰義進 ……………… P3176v
〔雜記〕 (10C)

00943 陰義進 ……………… P3727v④
〔都知兵馬使呂富延・陰義進狀〕 廣順五年正月日 (955)
　1) 都知兵馬使

00944 陰義淸 ……………… P5032v⑧
〔社司轉帖〕 六月 (10C中期)

00945 陰義通 ……………… P3231④
〔平康鄉官齋曆〕 甲戌年十月十五日 (974)
　3) 平康鄉

00946 陰義通 ……………… P3231⑥
〔平康鄉官齋曆〕 乙亥年九月十九日 (975)
　3) 平康鄉

00947 陰義通 ……………… P3231v①
〔平康鄉官齋曆〕 癸酉年五月 (973)
　3) 平康鄉

00948 陰義通 ……………… S04643
〔陰家榮親客目〕 甲午年五月十五日 (994)

00949 陰九相 ……………… S00542v
〔燉煌諸寺丁壯車牛役部〕 戌年六月十八日 (818)
　2) 普光寺

00950 陰九相妻 ················ S00542v
〔燉煌諸寺丁壯車牛役部〕 戌年六月十八日
(818)
　　2) 普光寺

00951 陰岌多 ·················· P3236v
〔燉煌鄉官布籍〕 壬申年三月十九日 (972)
　　3) 燉煌鄉

00952 陰怯 ················ BD07384(鳥84)
〔杜都督等書幡等書支領麥布曆〕 丑年～未
年 (821～827 or 833～839)
　　2) 安國寺

00953 陰教授 ················ S05927v②
〔某寺諸色斛㪷破曆〕 (9C中期以降)
　　1) 教授

00954 陰鄉官 ················· P4635③
〔便粟豆曆〕 癸卯年二月十三日 (943)
　　1) 鄉官

00955 陰金暉 ·················· S02729①
〔燉煌應管勘牌子曆〕 辰年三月 (788)
　　1) 僧 2) 乾元寺 3) 沙州 4) 申年6月20日死。
20行目。⇒金暉。

00956 陰金剛 ··················· P2162v
〔三將納丑年突田曆〕 (9C前期)

00957 陰金剛 ················· P.tib1088B
〔燉煌諸人磑課麥曆〕 卯年～巳年間 (835～
837)

00958 陰金剛 ················ P.tib1088Bv
〔燉煌諸人磑課麥曆〕 卯年～巳年間 (835～
837)

00959 陰閨子 ··················· S02669
〔管內尼寺(安國寺・大乘寺・聖光寺)籍〕
(865～870)
　　2) 大乘寺 3) 燉煌鄉 4) 尼名「眞賢」。

00960 陰空寂花 ················· S02669
〔管內尼寺(安國寺・大乘寺・聖光寺)籍〕
(865～870)
　　2) 大乘寺 3) 燉煌鄉 4) 姓「陰」。俗名「女々」。

00961 陰□律單 ················· Дx01413
〔社條〕 七月十九日 (10C)

00962 陰君々 ················· P.tib1088Bv
〔燉煌諸人磑課麥曆〕 卯年～巳年間 (835～
837)

00963 陰君達 ··················· S04710
〔沙州戶口簿〕 (9C中期以降)

00964 陰卿々 ············ Дx01355＋Дx03130
〔洛晟々賣薗舍契〕 (9C後期)
　　1) 見人

00965 陰惠勝 ·················· S02729①
〔燉煌應管勘牌子曆〕 辰年三月 (788)
　　1) 僧 2) 靈修寺 3) 沙州 4) 29行目。

00966 (陰?)惠昌 ··············· 莫第231窟
〔供養人題記〕 (11C初期)
　　1) 孫內親從都頭銀靑光祿大夫檢校…上柱國
　　4) 西壁。《燉》p.105。《謝》p.106。

00967 陰惠眞 ·················· P3047v①
〔僧名等錄〕 (9C前期)
　　4) 僧名「惠眞」。

00968 陰惠達 ··················· P4640v
〔官入破曆〕 己未年五月 (899)
　　1) 都押衙

00969 陰?慶子 ················· P2825v②
〔社司轉帖〕 (9C末)

00970 陰慶子 ··················· Дx01275
〔官府破紙曆〕 (9C末～10C初)
　　1) 都頭

00971 陰慶住 ··················· P3231①
〔平康鄉官齋曆〕 癸酉年五月 (973)
　　3) 平康鄉

00972 陰慶住 ··················· P3231④
〔平康鄉官齋曆〕 囲戌年十月十五日 (974)
　　3) 平康鄉

00973 陰慶住 ···················· P4693
〔官齋納麵油粟曆〕 (10C後期)
　　1) 羮油菜頭

00974 陰慶住 ··················· Дx14195
〔官衙黃麻麥油破曆〕 (10C)

00975 陰桂蘭 ························· S02669
〔管內尼寺(安國寺・大乘寺・聖光寺)籍〕
(865～870)
　　3)燉煌鄉　4)尼名「照林」。

00976 陰繼?榮 ························ S00509
〔千手千眼大悲心陀羅尼經(末)〕 (9～10C)
　　1)施主　3)西涼府　4)「施主陰繼?榮寫記1卷」。
　　唐之不空(705～774)譯。

00977 陰繼受 ························· S04700
〔陰家榮親客目〕 甲午年五月十五日 (994)

00978 陰繼長 ························· 北大D215
〔見在僧名〕 廿六日 (10C後期)
　　4)⇒繼長。

00979 陰堅性 ························· S02669
〔管內尼寺(安國寺・大乘寺・聖光寺)籍〕
(865～870)
　　2)大乘寺　3)燉煌鄉　4)姓「陰」、俗名「心娘」。

00980 陰建慶 ················ BD16111I(L4066)
〔龍勒鄉人上便麥曆〕 壬申年正月拾柒日
(972?)

00981 陰賢君 ························· P2598v
〔雜寫〕 中和三年 (883)
　　4)原作「中和三年四月十七日未時書了,陰賢君書」。

00982 陰賢子 ························· P2032v⑫
〔淨土寺諸色破曆〕 (940前後)
　　2)淨土寺

00983 陰賢子 ························· P4638v⑧
〔買車契〕 丁西年正月十九日 (937)
　　1)百姓　3)莫高鄉

00984 陰賢子 ························· S06237
〔諸人見在粟黃麻曆〕 戌年～子年 (10C中期以降?)

00985 陰賢得 ························· S09465
〔人名目〕 (10C?)

00986 陰賢德 ························· P3418v⑨
〔効穀鄉缺枝夫戶名目〕 (9C末～10C初)
　　3)効穀鄉

00987 陰賢德 ························· P5021D
〔付物曆〕 (9C末～10C初)

00988 陰驗ゞ ························ S02228①
〔絲綿部落夫丁修城使役簿〕 亥年六月十五日 (819)
　　1)(左九)　3)絲綿部落　4)首行作「亥年六月十五日州城所,絲綿」。末行作「亥年六月十五日畢功」。

00989 陰元?德 ························ S06424v
〔社官陰囦?德等疏〕 乾德六年戊辰歲十月日
(968)
　　1)社官　4)⇒陰光?德。

00990 陰元辯 ························· P2032v⑱
〔淨土寺豆利閏入曆〕 (940前後)
　　2)淨土寺

00991 陰彥弘 ························· S02894v②
〔社司轉帖〕 壬申年十二月 (972)

00992 陰彥弘 ························· S02894v⑤
〔社司轉帖〕 (10C後期)

00993 陰彥思 ························· P3721v①
〔平康鄉堤上兄(見)點得人名目〕 庚辰年三月廿二日 (980)
　　3)平康鄉

00994 陰彥思 ························· P4525⑧
〔都頭及音聲等都共地畝細目〕 (980頃)

00995 陰彥清 ························· P3398
〔金剛般若波羅蜜經(西川過家眞印本)〕 大晉天福八年 (943)
　　1)學士郎

00996 陰彥通 ···················· BD09325(周46)
〔社司轉帖〕 □子?年七月十四日 (10C後期)

00997 陰彥通 ························· S09929
〔社司轉帖(殘)〕 □月十六日 (10C)

00998 陰彥郎 ························· P2040v②-10
〔淨土寺黃麻入曆〕 乙巳年正月廿七日以後
(945以降)
　　2)淨土寺

00999 陰玄表 ························· S01249v
〔梵網經標紙雜寫〕 (10C?)
　　1)百姓

01000 陰胡ゞ ························· S03074v
〔某寺破曆〕 十二月六日 (9C前期)

01001　陰五?郎 ………………… S06214
　〔社司轉帖〕　乙卯年四月廿八日　(955?)

01002　陰光竫 ………………… S00542v
　〔燉煌諸寺丁壯車牛役部〕　戌年六月十八日
　(818)
　　2)乾元寺

01003　陰光竫妻 ……………… S00542v
　〔燉煌諸寺丁壯車牛役部〕　戌年六月十八日
　(818)
　　2)乾元寺

01004　(陰)光進 ……… 北大D195＋北大D202
　＋P3984
　〔社官董海等廿三人重修唐家佛堂功德記〕
　(946)
　　1)社長　4)諱「光進」。⇒陰公。

01005　陰光?德 ………………… S06424v
　〔社官陰光?德等疏〕　乾德六年戊辰歳十月日
　(968)
　　1)社官　4)⇒陰元?德。

01006　陰光遍 ………………… S02729①
　〔燉煌應管勘牌子歷〕　辰年三月　(788)
　　1)僧　2)大雲寺　3)沙州　4)17行目。

01007　陰公 ………… 北大D195＋北大D202＋
　P3984
　〔社官董海等廿三人重修唐家佛堂功德記〕
　(946)
　　1)社長　4)⇒(陰)光進。

01008　陰公遂 ………………… P3547
　〔上都進奏院狀上(原題)〕　(9C後期?)
　　1)(衙前兵馬使)

01009　陰幸員 ………………… P3231①
　〔平康郷官齋曆〕　癸酉年五月　(973)
　　3)平康郷

01010　陰幸員 ………………… P3231③
　〔平康郷官齋曆〕　甲戌年五月廿九日　(974)
　　3)平康郷

01011　陰幸員 ………………… P3231④
　〔平康郷官齋曆〕　囲戌年十月十五日　(974)
　　3)平康郷

01012　陰幸員 ………………… P3231⑤
　〔平康郷官齋曆〕　囗亥年五月十五日　(975)
　　3)平康郷

01013　陰幸員 ………………… P3231⑥
　〔平康郷官齋曆〕　乙亥年九月廿九日　(975)
　　3)平康郷

01014　陰幸員 ………………… P4693
　〔官齋納麵油粟曆〕　(10C後期)
　　1)食布(頭)

01015　陰幸員 ………………… S06123
　〔渠人轉帖〕　戊寅年六月十四日　(978)
　　2)普光寺

01016　陰幸恩 ………………… S06424v
　〔兄弟社官陰幸恩等疏〕　開寶八年十月日
　(975)
　　1)社官

01017　陰幸通 …………… BD16336A1(L4425)
　〔社司轉帖〕　戊申年正月四日　(948?)

01018　陰好〔存?〕忠? ………… S06141
　〔陰好忠契〕　(9C)

01019　陰孔目 ………………… P3440
　〔見納賀天子物色人名〕　丙申年三月十六日
　(996)
　　1)孔目官

01020　陰弘賢 ………………… 莫第098窟
　〔供養人題記〕　(10C中期)
　　1)節度押衙知四界隨水囗銀青光祿太夫檢校太
　　子賓客監察使　4)西壁。《謝》p.94。⇒陰弘政。

01021　陰弘受 ………………… S04643
　〔陰家榮親客目〕　甲午年五月十五日　(994)
　　1)都頭

01022　陰弘政 ………………… 莫第098窟
　〔供養人題記〕　(10C中期)
　　1)節度押衙知四界道水渠銀青光祿太夫檢校太
　　子賓客監察史　4)西壁。《燉》p.44。⇒陰弘賢。

01023　陰暠 ………………… P3205
　〔僧俗人寫經曆〕　(9C前期)

01024　陰暠 ………………… S02711
　〔寫經人名目〕　(9C前期)
　　1)寫經人・俗人　2)金光明寺

01025　陰校棟 ………………… P3440
　〔見納賀天子物色人名〕　丙申年三月十六日
　(996)
　　1)校棟

01026 陰江淸 ‥‥‥‥‥‥‥‥‥‥ 杏・羽063v
　〔雜抄紙背人名等雜寫〕（10C前期）

01027 陰洪盛 ‥‥‥‥‥‥‥‥‥‥ BD16516
　〔陰貴晊爲男陰洪盛謝〕 六月十一日 （9～10C）
　　1) 陰貴晊男

01028 陰興榮? ‥‥‥‥‥‥‥‥‥ P3418v②
　〔燉煌鄉缺枝夫戶名目〕（9C末～10C初）
　　3) 燉煌鄉

01029 陰興光 ‥‥‥‥‥‥‥‥‥‥ S00542v
　〔燉煌諸寺丁壯車牛役部〕 丑年十二月 （809 or 821）
　　1) 寺卿　2) 蓮臺寺

01030 陰興ゞ ‥‥‥‥‥‥‥‥‥‥ S02228②
　〔於諸家邊布麥粟酒分付曆〕 巳年 （825）

01031 陰興國 ‥‥‥‥‥‥‥‥‥‥ P5003v
　〔社人納色物曆〕（9C前期）

01032 陰興子 ‥‥‥‥‥‥‥‥‥‥ P5032v⑧
　〔社司轉帖〕 六月 （10C中期）

01033 陰興定 ‥‥‥‥‥‥‥‥‥‥ S05824
　〔經坊費負担人名目〕（8C末～9C前期）
　　1) 寫經人　3) 行人部落

01034 陰苟子 ‥‥‥‥‥‥‥‥‥‥ P2641
　〔宴設司文書〕 丁未年六月 （947）

01035 陰苟子 ‥‥‥‥‥‥‥‥‥‥ P3249v
　〔將龍光顏等隊下人名目〕（9C中期）

01036 陰苟子 ‥‥‥‥‥‥‥‥‥‥ P3424
　〔王都判下磑羅麥粟乾麥曆〕 己丑年 （869?）

01037 陰苟子 ‥‥‥‥‥‥‥‥‥‥ P4810v①
　〔役簿?〕 九月十七日 （9C）

01038 陰苟子 ‥‥‥‥‥‥‥‥‥‥ Дx01378
　〔當團轉帖〕（10C中期）

01039 陰苟兒 ‥‥‥‥‥‥‥‥‥‥ P3418v④
　〔龍勒鄉缺枝夫戶名目〕（9C末～10C初）
　　3) 龍勒鄉

01040 陰國政 ‥‥‥‥‥‥‥‥‥‥ S02385
　〔契〕（河西節度使時代）
　　1) 地主

01041 陰黑ゞ ‥‥‥‥‥‥‥‥‥‥ S05747v
　〔社人名目〕（10C前期）

01042 陰黑子 ‥‥‥‥‥‥‥‥‥‥ S05747v
　〔社人名目〕（10C前期）

01043 陰骨ゞ ‥‥‥‥‥‥‥‥‥‥ P3418v
　〔雜寫?〕（9C末～10C初）
　　1) 都知兵（馬使）

01044 陰骨子 ‥‥‥‥‥‥‥‥‥‥ P2032v①-4
　〔淨土寺粟入曆〕（944前後）

01045 陰骨子 ‥‥‥‥‥‥‥‥‥‥ P4525⑧
　〔都頭及音聲等都共地畝細目〕（980頃）
　　1) 打窟

01046 陰鶻子 ‥‥‥‥‥‥‥‥‥‥ S04710
　〔沙州戶口簿〕（9C中期以降）

01047 陰再盈? ‥‥‥‥‥‥‥‥‥ P3153
　〔租地契〕 天復四年甲子七月十七日 （904）
　　4) 舊P3155v。

01048 陰再盈 ‥‥‥‥‥‥‥‥‥‥ P4640v
　〔官入破曆〕 己未年四月 （899）
　　1) 衙官

01049 陰再盈 ‥‥‥‥‥‥‥‥‥‥ P4640v
　〔官入破曆〕 庚申年十一月 （900）
　　1) 衙官

01050 陰再恩 ‥‥‥‥‥‥‥‥‥‥ P2738v
　〔社司轉帖（寫錄）〕 二月廿五日 （9C後期）

01051 陰再慶 ‥‥‥‥‥‥‥‥‥‥ P2825v
　〔雜寫〕 景福二年頃 （893頃）

01052 陰再慶 ‥‥‥‥‥‥‥‥‥‥ P3418v②
　〔燉煌鄉缺枝夫戶名目〕（9C末～10C初）
　　1) 縣丞　3) 燉煌鄉

01053 陰再住 ‥‥‥‥‥‥‥‥‥‥ P2738v
　〔社司轉帖（寫錄）〕 二月廿五日 （9C後期）

01054 陰再住 ‥‥‥‥‥‥‥‥‥‥ P3705v
　〔人名錄雜記〕 中和二年頃 （882?）

01055 陰再住 ‥‥‥‥‥‥‥‥‥‥ S08445＋S08446＋S08468②
　〔羊司於紫亭得羊名目〕 丙午年三月九日 （946）

01056 陰再昌 ·················· P5032v⑧
　〔社司轉帖〕　六月　（10C中期）
　　1）押衙

01057 陰再昌 ·················· S06981①
　〔某寺入暦〕　辛酉年～癸亥年中間三年　（901～
　903 or 961～963）
　　1）押衙

01058 陰再成 ·················· S04643
　〔陰家榮親客目〕　甲午年五月十五日　（994）

01059 陰再晟 ·················· P3249v
　〔將龍光顏等隊下人名目〕　（9C中期）

01060 陰再清 ·················· BD06085（芥85）
　〔大般若波羅蜜多經卷第416（尾）〕　（9C前期）
　　1）寫　4）原作「陰再清寫」。

01061 陰再清 ·················· P2267
　〔大般若波羅密多經卷第238（末）〕　（9C）
　　4）原作「陰再清寫」。

01062 陰再清 ·················· S03606
　〔大般若波羅密經卷414（寫錄）〕　（9C）

01063 陰再通 ·················· P2738v
　〔社司轉帖（寫錄）〕　二月廿五日　（9C後期）

01064 陰再通 ·················· P3418v②
　〔燉煌鄉缺枝夫戶名目〕　（9C末～10C初）
　　3）燉煌鄉

01065 陰再寧 ·················· P3249v
　〔將龍光顏等隊下人名目〕　（9C中期）

01066 陰再富 ·················· P5032⑨
　〔社文書〕　（10C後期）
　　1）押衙

01067 陰再富 ·················· P5032v⑧
　〔社司轉帖〕　六月　（10C中期）
　　1）押衙

01068 陰再愈? ················· P3153
　〔租地契〕　天復四年甲子七月十七日　（904）
　　4）舊P3155v。

01069 陰宰相 ·················· P2026v
　〔人名目〕　天福十年乙巳歲（別記）　（945）
　　1）宰相　4）余白：ペン筆。

01070 陰作坊 ·················· P3176v
　〔雜記〕　（10C）

01071 陰作坊 ·················· P3763v
　〔淨土寺入破曆〕　（945前後）
　　1）作坊　2）淨土寺

01072 陰?三々 ················ P3418v⑦
　〔慈惠鄉缺枝夫戶名目〕　（9C末～10C初）
　　3）慈惠鄉

01073 陰山子 ·················· P3396v
　〔沙州諸渠別苐薗名目〕　（10C後期）

01074 陰山子 ·················· P3691piece1
　〔社司轉帖（社人名目）〕　戊午年九月十一日
　（958）

01075 陰山子 ·················· S04121
　〔陰家榮親客目〕　甲午年五月十五日　（994）

01076 陰山子 ·················· S05717
　〔人名目〕　（10C）

01077 陰山子 ·················· Дх01453
　〔開倉納地子麥麻曆〕　丙寅年八月廿四日
　（966）

01078 陰山子 ·················· Дх02149в
　〔見納缺柴人名目〕　（10C）

01079 陰贊々 ·················· P3418v②
　〔燉煌鄉缺枝夫戶名目〕　（9C末～10C初）
　　3）燉煌鄉

01080 陰殘子 ·················· S06981⑤
　〔親情社轉帖〕　癸亥年八月十日　（963）

01081 陰殘兒 ·················· P2880
　〔春坐局席轉帖抄等諸抄〕　庚辰年十月廿二
　日　（980）

01082 陰殘兒 ·················· S05256v
　〔雜寫〕　戊寅年四月五日　（912?）
　　4）原作「陰殘兒寫經一卷,百鳥名壹卷,百行章一
　　卷等」。

01083 陰?殘定 ················· S04700
　〔陰家榮親客目〕　甲午年五月十五日　（994）
　　1）（陰?願員都頭）男

01084 陰殘奴 ·················· S05504
〔令狐願興便付陰願德身價麥粟憑〕 丁亥年正月廿日 (987)

01085 陰子英 ·················· P3249v
〔將龍光顏等隊下人名目〕 (9C中期)

01086 陰子昇 ·················· 北大D215
〔見在僧名〕 廿六日 (10C後期)
　　4)⇒子昇。

01087 陰師子 ·················· P3578
〔淨土寺儭破曆(梁戶史氾三沿寺諸處使用油曆)〕 癸酉年正月十一日 (973)
　　2)淨土寺?

01088 陰氏 ····················· P2625
〔燉煌名族志殘卷〕 (8C)

01089 陰氏 ····················· S00289③
〔李存惠墓誌銘并序〕 太平興國五年庚辰歲二月三日 (980)
　　4)原作「皇妣小娘子武威郡陰氏」。

01090 陰氏 ····················· S00526
〔武威郡夫人陰氏上告(13行)〕 閏五月 (988?)
　　1)武威郡夫人

01091 陰氏 ············· Stein Painting 19
〔被帽地藏菩薩圖供養人題記〕 建隆四年癸亥歲五月廿二日 (963)
　　1)(康清奴)妻? 4)原作「故母陰氏」。

01092 陰氏 ············· Stein Painting 54
〔觀世音菩薩圖像題記〕 太平興國八年七月十七日 (983)
　　4)原作「米新婦陰氏」。

01093 陰氏 ·············· Дх01400＋Дх02148＋Дх06069①
〔新婦小娘子陰氏上某公主狀〕 天壽二年九月日 (962)
　　1)宰相 4)原作「小娘子陰氏」。

01094 陰氏 ············ ОП.Ⅱ.p.679 Рис.19
〔施入大寶積經永安寺疏題記〕 太平興國三年戊寅歲次三月十五日下手北至六月十五日 (978)
　　1)造食女人 2)永安寺

01095 陰氏 ····················· 莫第055窟
〔供養人題記〕 宋建隆三年間 (962)
　　1)新婦 4)北壁。《燉》p.19。《謝》p.147。

01096 陰氏 ····················· 莫第061窟
〔供養人題記〕 (10C末期)
　　1)新婦 4)原作「新婦小娘子陰氏一心供養」。南壁。《燉》p.23。《謝》p.136。

01097 陰氏 ····················· 莫第061窟
〔供養人題記〕 (10C末期)
　　1)姨甥 4)原作「姨甥小娘子陰氏一心供養」。北壁。《燉》p.25。

01098 陰氏 ····················· 莫第061窟
〔供養人題記〕 (10C末期)
　　1)故伯母・武威郡夫人 4)東壁門北側。《燉》p.22。《謝》p.133。

01099 陰氏 ····················· 莫第061窟
〔供養人題記〕 (10C末期)
　　1)新婦 4)南壁。《燉》p.23。《謝》p.136。

01100 陰氏 ····················· 莫第061窟
〔供養人題記〕 (10C末期)
　　4)原作「故姊譙縣夫人一心供養出適陰氏」。東壁門南側。《燉》p.21。《謝》p.134。

01101 陰(氏) ··················· 莫第098窟
〔供養人題記〕 (10C中期)
　　4)原作「第十一小娘子延勝一心供養出適陰(氏)」。北壁。《燉》p.33。《謝》p.99。⇒延勝。

01102 陰氏 ····················· 莫第098窟
〔供養人題記〕 (10C中期)
　　4)原作「第十二小娘子延蔭一心供養出適陰氏」。北壁。《燉》p.33。《謝》p.99。⇒延蔭。

01103 陰氏 ····················· 莫第098窟
〔供養人題記〕 (10C中期)
　　1)故王母太夫人 4)南壁。《燉》p.38。謝p.93。

01104 陰氏 ····················· 莫第098窟
〔供養人題記〕 (10C中期)
　　4)原作「女第十二小娘子一心供養出適陰氏」。東壁門北側。《燉》p.32。《謝》p.90。⇒(曹氏)第十二小娘子。

01105 陰氏 ····················· 莫第108窟
〔供養人題記〕 (10C中期)
　　4)原作「新婦小娘子陰氏供養」。北壁。《燉》p.53。《謝》p.82。

01106 陰氏 ····················· 莫第129窟
〔供養人題記〕 (10C前期)
　　4)原作「新婦陰氏一心供養」。北壁。《燉》p.62。

01107 陰氏 ·················· 莫第138窟
〔供養人題記〕（10C前期）
　1）勑授武威郡大夫人　4）原作「河西節度使張公夫人後敕授武威郡君太夫人陰氏一心供養」。東壁門北側。《燉》p.64。《謝》p.40。

01108 陰氏 ·················· 莫第148窟
〔供養人題記〕（9C末期）
　4）原作「姨…陰氏一心供養」。西壁涅槃佛壇下。《燉》p.69。

01109 陰氏 ·················· 莫第148窟
〔供養人題記〕（9C末～10C初）
　4）原作「伯母□□御娘子陰氏一心供養」。西壁。《燉》p.69。《謝》p.54。

01110 陰(氏) ·················· 莫第166窟
〔供養人題記〕（11C初期）
　4）原作「新婦阿陰一心供養」。南壁。《燉》p.77。《謝》p.394。

01111 陰氏 ·················· 莫第231窟
〔供養人題記〕（11C初期）
　4）原作「□娘子陰氏一心供養」。西壁。《燉》p.105。《謝》p.106。

01112 陰氏 ·················· 榆第33窟
〔供養人題記〕（10C中期）
　4）洞內北壁。《謝》p.480。

01113 陰氏 ·················· 榆第35窟
〔供養人題記〕（10C末期）
　1）勑受武威郡夫人　4）洞口北壁。《謝》p.488。

01114 陰氏小娘子 ·············· 榆第35窟
〔供養人題記〕（10C末期）
　1）施主　4）原作「施主小娘子陰氏出息翟一心供養」。東壁洞口上。《謝》p.487。

01115 陰寺加 ·················· P4810v①
〔役簿?〕　十月二日　（9C）

01116 陰寺主 ·················· P2706
〔某寺常住什物點檢曆〕（10C?）
　1）寺主

01117 陰寺主 ·················· P3060
〔諸寺諸色付經僧尼曆〕（9C前期）
　1）寺主　4）經典名「涅槃經卷2」。

01118 陰寺主 ·················· S06981①
〔某寺入曆〕　辛酉年～癸亥年中間三年間（901～903 or 961～963）
　1）寺主

01119 陰悉加〔毗?〕力 ·············· P3418v①
〔□□鄉缺枝夫戶名目〕（9C末～10C初）

01120 陰悉歹忠 ·················· P3888①
〔陰悉歹忠牒(末2行)〕　咸通十年十二月日（870）

01121 陰悉歹忠? ·················· S00323
〔團頭名目〕　大順二年（891）
　1）團頭

01122 陰悉歹力 ·················· S04474v
〔燉煌鄉信士賢者張安三父子敬造佛堂功德記〕　天復八年?十月（908?）
　3）燉煌鄉

01123 陰悉信 ·················· P5021D
〔付物曆〕（9C末～10C初）

01124 陰社官 ·················· S08516E2
〔社司轉帖〕　丙辰年六月十日（956）
　1）社官

01125 陰社長 ·················· BD04546v(岡46)
〔社司轉帖〕（9C後期～10C前期）
　1）社長

01126 陰社長 ·················· Дх01440
〔社司轉帖〕　乙巳年九月十五日（945）
　1）社長

01127 陰舍人 ·················· P3633v
〔龍泉神劍歌〕（9C末～10C初）
　1）舍人

01128 陰闍梨 ·················· BD02296v(閏96)
〔唱得布曆〕（10C）
　1）闍梨

01129 陰闍梨 ·················· BD16127B(L4067)
〔親情社轉帖〕　戊寅年正月十日（978?）
　1）闍梨

01130 陰闍梨 ·················· P5000v
〔僧尼名目〕（9C前期）
　1）闍梨

01131 陰闍梨 …………… P.tib1099v
　〔僧名錄〕　（9～10C）
　　1）闍梨

01132 陰闍梨 …………… P.tib1261v②
　〔諸寺僧尼支給穀物曆〕　（9C前期）
　　1）闍梨

01133 陰闍梨 …………… P.tib1261v④
　〔諸寺僧尼支給穀物曆〕　（9C前期）
　　1）闍梨

01134 陰闍梨 …………… P.tib1261v⑤
　〔諸寺僧尼支給穀物曆〕　（9C前期）
　　1）闍梨

01135 陰闍梨 …………… P.tib1261v⑥
　〔諸寺僧尼支給穀物曆〕　（9C前期）

01136 陰闍梨 …………… P.tib1261v⑦
　〔諸寺僧尼支給穀物曆〕　（9C前期）
　　1）闍梨

01137 陰闍梨 …………… P.tib1261v⑨
　〔諸寺僧尼支給穀物曆〕　（9C前期）
　　1）闍梨

01138 陰闍梨 …………… P.tib1261v⑫
　〔諸寺僧尼支給穀物曆〕　（9C前期）
　　1）闍梨

01139 陰闍梨 …………… S00782v
　〔納贈曆〕　（10C）
　　1）闍梨　4）ペン筆？

01140 陰守堅 …………… S00214v
　〔行人轉帖〕　甲申年　（10C）

01141 陰儒受 …………… P3236v
　〔燉煌鄕官布籍〕　壬申年三月十九日　（972）
　　3）燉煌鄕

01142 陰修廣 …………… S02729①
　〔燉煌應管勘牌子曆〕　辰年三月　（788）
　　1）僧　2）靈修寺　3）沙州　4）32行目。

01143 陰修淨 …………… S02729①
　〔燉煌應管勘牌子曆〕　辰年三月　（788）
　　1）僧　2）大乘寺　3）沙州　4）51行目。

01144 陰醜子 …………… BD00281v（宇81）
　〔雜寫雜寫〕　（9～10C）
　　2）乾元（寺）　4）R面爲「大般若波羅蜜多經卷559」（9C）。

01145 陰醜子 …………… S00173v②
　〔社司轉帖（寫錄）〕　（10C）

01146 陰醜〻 …………… BD09472v①～③（發92）
　〔龍興寺索僧正等五十八人就唐家蘭若請賓頭廬文〕　（8～9C）
　　2）靈修（寺）　3）沙州　4）原作「陰醜〻女師」。

01147 陰醜〻女師 ……… BD09472v①～③（發92）
　〔龍興寺索僧正等五十八人就唐家蘭若請賓頭廬文〕　（8～9C）
　　1）女師　2）靈修（寺）　3）沙州

01148 陰集子 …………… S11213F
　〔配付人名目〕　（946）

01149 陰集兒 …………… P3418v⑧
　〔平康鄕缺枝夫戶名目〕　（9C末～10C初）
　　3）平康鄕

01150 陰住延 …………… P2985v④
　〔親使員文書〕　（10C後期）

01151 陰住延 …………… S00289③
　〔李存惠墓誌銘幷序〕　太平興國五年庚辰二月三日　（980）
　　1）內親從都頭知左右兩廂馬保軍都校練使檢校兵部尙書兼御史大夫上柱國

01152 陰住子 …………… P4991
　〔社司轉帖〕　壬申年六月廿四日　（972）

01153 陰住兒 …………… P4975
　〔付曆〕　（9C後期）

01154 陰住昇 …………… S03714
　〔親情社轉帖（雜寫）〕　（10C）

01155 陰住成 …………… 北大D215
　〔見在僧名〕　廿六日　（10C後期）
　　4）⇒住成。

01156 陰住千 ‧‧‧‧‧‧‧‧‧‧‧‧‧‧‧‧‧‧‧‧‧‧ S00289③
　〔李存惠墓誌銘并序〕　太平興國五年庚辰歲二月三日　(980)
　　1) 亡男內親從都頭銀光祿大夫檢校右散騎常侍兼御史大夫　4) 原作「亡男內親從都頭銀光祿大夫檢校右散騎常侍兼御史大夫」。

01157 陰住奴 ‧‧‧‧‧‧‧‧‧‧‧‧‧‧‧‧‧‧‧‧‧‧ P3231⑤
　〔平康鄉官齋曆〕　□亥年五月十五日　(975)
　　3) 平康鄉

01158 陰住奴 ‧‧‧‧‧‧‧‧‧‧‧‧‧‧‧‧‧‧‧‧‧‧ P3231⑥
　〔平康鄉官齋曆〕　乙亥年九月廿九日　(975)
　　3) 平康鄉

01159 陰住奴 ‧‧‧‧‧‧‧‧‧‧‧‧‧‧‧‧‧‧‧‧‧‧ P3231v⑦
　〔平康鄉官齋曆〕　丙子年五月十五日　(976?)
　　3) 平康鄉

01160 陰住奴 ‧‧‧‧‧‧‧‧‧‧‧‧‧‧‧‧‧‧‧‧‧‧ P3721v①
　〔平康鄉堤上兄(見)點得人名目〕　庚辰年三月廿二日　(980)
　　3) 平康鄉

01161 陰住奴 ‧‧‧‧‧‧‧‧‧‧‧‧‧‧‧‧‧‧‧‧‧‧ P4693
　〔官齋納麵油粟曆〕　(10C後期)

01162 陰住德 ‧‧‧‧‧‧‧‧‧‧‧‧‧‧‧ Stein Painting 76
　〔甲戌年四月日沙州鄧慶連〕　甲戌年?四月日　(974)
　　1) 僧　4) 原作「申戌年」應爲「甲戌年」。

01163 陰住富 ‧‧‧‧‧‧‧‧‧‧‧‧‧‧‧‧‧‧‧‧‧‧ P3721v③
　〔多至自斷官員名〕　己卯年十一月廿六日　(979)

01164 陰住□ ‧‧‧‧‧‧‧‧‧‧‧‧‧‧‧‧‧‧‧‧‧‧ P3231②
　〔平康鄉官齋曆〕　癸酉年九月卅日　(973)
　　3) 平康鄉

01165 陰春?友 ‧‧‧‧‧‧‧‧‧‧‧‧‧‧‧‧‧‧ S06235B②
　〔納贈曆〕　(9C中期)

01166 陰純陀 ‧‧‧‧‧‧‧‧‧‧‧‧‧‧‧‧‧‧‧‧‧‧ S04710
　〔沙州戶口簿〕　(9C中期以降)

01167 陰閏?利 ‧‧‧‧‧‧‧‧‧‧‧‧‧‧‧‧‧‧‧‧ S00782v
　〔納贈曆〕　(10C)
　　1) 閏利　4) ペン筆?

01168 陰順興 ‧‧‧‧‧‧‧‧‧‧‧‧‧‧‧‧‧‧‧‧‧‧ P3440
　〔見納賀天子物色人名〕　丙申年三月十六日　(996)
　　1) 都頭

01169 陰順興 ‧‧‧‧‧‧‧‧‧‧‧‧‧‧‧‧‧‧‧‧‧‧ P3721v②
　〔兄(見)在巡禮都官都頭名牒〕　庚辰年正月十五日　(980)

01170 陰順興 ‧‧‧‧‧‧‧‧‧‧‧‧‧‧‧‧‧‧‧‧‧‧ P3721v③
　〔多至自斷官員名〕　己卯年十一月廿六日　(979)

01171 陰處士 ‧‧‧‧‧‧‧‧‧‧‧‧‧‧‧‧‧‧‧‧‧‧ P4638⑦
　〔大番故燉煌郡莫高窟陰處士公修功德記〕　歲次己未年四月壬子朔十五日丙寅建　(899)
　　1) 處士　4) 原作「公姓陰,字嘉政」。

01172 陰處士 ‧‧‧‧‧‧‧‧‧‧‧‧‧‧‧‧‧‧‧‧‧‧ P4660⑫
　〔陰處士邈眞讚并序〕　(9C)
　　1) 處士

01173 陰女ミ ‧‧‧‧‧‧‧‧‧‧‧‧‧‧‧‧‧‧‧‧‧‧ S02669
　〔管內尼寺(安國寺・大乘寺・聖光寺)籍〕　(865～870)
　　2) 大乘寺　3) 燉煌鄉　4) 尼名「空寂花」。

01174 陰像奴 ‧‧‧‧‧‧‧‧‧‧‧‧‧‧‧‧‧‧‧‧‧‧ S04710
　〔沙州戶口簿〕　(9C中期以降)

01175 陰像友 ‧‧‧‧‧‧‧‧‧‧‧‧‧‧‧‧‧‧‧‧‧‧ P3231③
　〔平康鄉官齋曆〕　甲戌年五月廿九日　(974)
　　3) 平康鄉

01176 陰像友 ‧‧‧‧‧‧‧‧‧‧‧‧‧‧‧‧‧‧‧‧‧‧ S04643
　〔陰家榮親客目〕　甲午年五月十五日　(994)

01177 陰勝盈 ‧‧‧‧‧‧‧‧‧‧‧‧‧‧‧‧‧‧‧‧‧‧ P3231①
　〔平康鄉官齋曆〕　癸酉年五月　(973)
　　3) 平康鄉

01178 陰勝盈 ‧‧‧‧‧‧‧‧‧‧‧‧‧‧‧‧‧‧‧‧‧‧ P3231②
　〔平康鄉官齋曆〕　癸酉年九月卅日　(973)
　　3) 平康鄉

01179 陰勝盈 ‧‧‧‧‧‧‧‧‧‧‧‧‧‧‧‧‧‧‧‧‧‧ P3231③
　〔平康鄉官齋曆〕　甲戌年五月廿九日　(974)
　　3) 平康鄉

01180 陰勝盈 ‧‧‧‧‧‧‧‧‧‧‧‧‧‧‧‧‧‧‧‧‧‧ P3231④
　〔平康鄉官齋曆〕　甲戌年十月十五日　(974)
　　3) 平康鄉

01181 陰勝盈 ・・・・・・・・・・・・・・・・・・ S04643
　〔陰家榮親客目〕　甲午年五月十五日　(994)

01182 陰勝君 ・・・・・・・・・・・・・・・・・・ S05747v
　〔社人名目〕　(10C前期)

01183 陰勝々 ・・・・・・・・・・・・・・・・・・ S02669
　〔管内尼寺(安國寺・大乘寺・聖光寺)籍〕
　(865～870)
　　2)大乘寺　3)平康鄉　4)尼名「定意」。

01184 陰勝進 ・・・・・・・・・・・・・・・・・・ S02729①
　〔燉煌應管勘牌子歷〕　辰年三月　(788)
　　1)僧　2)靈修寺　3)沙州　4)37行目。

01185 陰勝頂 ・・・・・・・・・・・・・・・・・・ S04710
　〔沙州戶口簿〕　(9C中期以降)
　　4)⇒勝頂。

01186 陰勝□ ・・・・・・・・・・・・・・・・・・ P2738v
　〔社司轉帖(寫錄)〕　二月廿五日　(9C後期)

01187 陰升君 ・・・・・・・・・・・・・・・・・・ P4640v
　〔官入破曆〕　辛酉?年九月十九日　(901?)
　　1)押衙

01188 陰將軍 ・・・・・・・・・・・・ S11282＋S11283
　〔都師實德入破曆計牒〕　中和三年頃　(883)
　　1)將軍　2)報恩寺?

01189 陰將頭 ・・・・・・・・・・・・・・・・・・ P3490v①
　〔油破曆〕　辛巳年頃　(921頃)
　　1)將頭

01190 陰將頭 ・・・・・・・・・・・・・・・・・・ S04700
　〔陰家榮親客目〕　甲午年五月十五日　(994)
　　1)將頭

01191 陰小憨 ・・・・・・・・・・・・・・・・・・ S04654v
　〔牧羊人名簿〕　(10C後期)
　　1)牧羊人

01192 陰小兒 ・・・・・・・・・・・・・・・・・・ S01845
　〔納贈曆〕　丙子年四月十七日　(976?)

01193 陰小?□ ・・・・・・・・・・・・・・・・・ Дx01306
　〔董惠明等人名目〕　(946)

01194 陰少兒 ・・・・・・・・・・・・・・・・・・ S02710②
　〔洪閏鄉百姓氾富川賣牛?契〕　清泰四年十二月　(938)
　　1)見人

01195 陰招信 ・・・・・・・・・・・・・・・・・・ S02669
　〔管内尼寺(安國寺・大乘寺・聖光寺)籍〕
　(865～870)
　　2)大乘寺　3)平康鄉　4)尼名「相妙」。

01196 陰昌成 ・・・・・・・・・・・・・・・・・・ S04710
　〔沙州戶口簿〕　(9C中期以降)

01197 陰昌晟 ・・・・・・・・・・・・・・・・・・ S10564
　〔洪潤鄉百姓陰昌晟雇同鄉百姓陰阿朵契(控)〕　庚子年三月一日　(940?)
　　1)百姓　3)洪潤鄉

01198 陰照林 ・・・・・・・・・・・・・・・・・・ S02669
　〔管内尼寺(安國寺・大乘寺・聖光寺)籍〕
　(865～870)
　　3)燉煌鄉　4)姓「陰」。俗名「桂蘭」。

01199 陰省 ・・・・・・・・・・・・・・・・・・・・ S04283
　〔金光明最勝王經卷第7(尾)〕　(9C)

01200 陰省奉 ・・・・・・・・・・・・・・・・・・ S04283
　〔金光明最勝王經卷第7(尾)〕　(9C)

01201 陰章兒 ・・・・・・・・・・・・・・・・・・ P5032v⑧
　〔社司轉帖〕　六月　(10C中期)

01202 陰章兒 ・・・・・・・・・・・・・・・・・・ S06998②
　〔知馬官陰章兒文書〕　乙未年十二月日　(995)
　　1)知馬官

01203 陰章兒 ・・・・・・・・・・・・・・・・・・ S06998②
　〔知馬官陰章兒文書〕　丙申年正月日　(996)
　　1)知馬官

01204 陰章兒 ・・・・・・・・・・・・・・・ 羽・寫841-847
　〔知馬官陰章兒狀五件〕　丙申年四月・五月・六月等　(996)
　　1)知馬官

01205 陰章?進 ・・・・・・・・・・・・・・・・・ P3418v①
　〔□□鄉缺枝夫戶名目〕　(9C末～10C初)

01206 陰章友 ・・・・・・・・・・・・・・・・・・ S04643
　〔陰家榮親客目〕　甲午年五月十五日　(994)

01207 陰章祐 ・・・・・・・・・・・・・・・・・・ P4693
　〔官齋納麵油粟曆〕　(10C後期)
　　1)餛子頭

01208 陰章六 ・・・・・・・・・・・・・・・・・・ P3384
　〔戶籍(殘)〕　大順二年辛亥正月一日　(891)

01209 陰章六 ……………………… P4991
〔社司轉帖〕 壬申年六月廿四日 （972）

01210 陰紹清 ……………………… P5032v⑧
〔社司轉帖〕 六月 （10C中期）

01211 陰詔 ………………………… S02669
〔管內尼寺(安國寺・大乘寺・聖光寺)籍〕
（865～870）
　　3)燉煌鄉　4)尼名「妙戒」。

01212 陰上座 ……………………… P3587
〔某寺常住什物點檢見在曆(殘)〕 （9C）
　　1)上座

01213 陰娘子 ……………………… Дх01419
〔某寺諸色斛㪷入曆〕 壬戌年 （962）
　　4)原作「陰都知娘子施入」。

01214 陰常君 ……………………… P4640①
〔大蕃故燉煌郡莫高窟陰處士公修功德記〕
歲次己未年四月壬子朔十五日丙寅 （839?）
　　3)燉煌郡

01215 陰淨相 ……………………… S02729①
〔燉煌應管勘牌子曆〕 辰年三月 （788）
　　1)尼　2)大乘寺　3)沙州　4)申年7月22日死。
47行目。

01216 陰淨相 ……………………… S02729①
〔燉煌應管勘牌子曆〕 七月廿二日 （792）
　　1)尼　2)大乘寺　3)沙州　4)7月22日死。68行目。

01217 陰淨忍花 …………………… S02669
〔管內尼寺(安國寺・大乘寺・聖光寺)籍〕
（865～870）
　　2)大乘寺　3)燉煌鄉　4)姓「陰」。俗名「偏娘」。

01218 陰信均 ……………………… P3547
〔上都進奏院狀上(原題)〕 （9C後期?）
　　1)押衙

01219 陰信君 ……………………… S02214
〔官府雜帳(名籍・黃麻・地畝・地子等)曆〕
（860?）

01220 陰心娘 ……………………… S02669
〔管內尼寺(安國寺・大乘寺・聖光寺)籍〕
（865～870）
　　2)大乘寺　3)燉煌鄉　4)尼名「堅性」。

01221 陰潘子 ……………………… S05394
〔宰相兼御史大夫臣張文徹上啓〕 六月日
（900前後）
　　3)肅州

01222 陰眞賢 ……………………… S02669
〔管內尼寺(安國寺・大乘寺・聖光寺)籍〕
（865～870）
　　2)大乘寺　3)燉煌鄉　4)姓「陰」。俗名「閨子」。

01223 陰眞法 ……………………… S02729①
〔燉煌應管勘牌子曆〕 辰年三月 （788）
　　1)僧　2)大乘寺　3)沙州　4)49行目。

01224 陰神慶 ……………………… P4638v⑬
〔將于闐充使達至西府大國〕 辛卯年 （931）
　　1)都頭

01225 陰神奴 ……………………… P3418v⑥
〔洪閏鄉缺枝夫戶名目〕 （9C末～10C初）
　　3)洪閏鄉

01226 陰辛 ………………………… P.tib1088Av
〔燉煌諸人磑課麥曆〕 卯年～巳年間 （835～837）

01227 陰辛漢? …………………… P.tib1088B
〔燉煌諸人磑課麥曆〕 卯年～巳年間 （835～837）

01228 陰進 ………………………… S11454E
〔收蘇算會簿〕 戌年・亥年 （794・795）
　　1)左七

01229 陰進□ ……………………… 莫第098窟
〔供養人題記〕 （10C中期）
　　1)節度押衙知南界平水銀青光祿大夫檢校太子
賓客兼監(察御史)　4)西壁。《燉》p.44。

01230 陰仁貴 ……………………… P3418v⑧
〔平康鄉缺枝夫戶名目〕 （9C末～10C初）
　　3)平康鄉

01231 陰仁貴 ……………………… P3633v
〔龍泉神劍歌〕 （9C末～10C初）

01232 陰仁衷 ……………………… BD06826(羽26)
〔妙法蓮華經卷第1〕 大中七年 （853）
　　3)莫高鄉　4)原作「天保一年比丘法常誦大中七年莫高鄉人陰仁哀所寶」。

01233 陰須榮 ‥‥‥‥‥‥‥‥‥ S02200
〔書儀(末)〕 大中十年九月十一日 (856)
　1)孝郎?

01234 陰水官 ‥‥‥‥‥‥‥‥‥ P2040v②-16
〔淨土寺粟破曆〕 乙巳年正月廿七日以後 (945以降)
　1)水官　2)淨土寺

01235 陰性ゝ ‥‥‥‥‥‥‥‥ BD06688(鱗88)
〔金光明王最勝王經卷第5〕 (10C?)
　1)佛弟子　4)原作「佛弟子陰性ゝ奉爲先亡父母及合家大小報願平安敬寫」。

01236 陰晟ゝ ‥‥‥‥‥‥‥‥ P5021D
〔付物曆〕 (9C末～10C初)

01237 陰清意 ‥‥‥‥‥‥‥‥ S06309
〔行人轉帖〕 四月八日 (10C)

01238 陰清子 ‥‥‥‥‥‥‥‥ Дx01354
〔某人種田契〕 (9C末～10C前期)
　1)知見人

01239 陰清兒 ‥‥‥‥‥‥‥‥ P3167v
〔安國寺道場司關于(五尼寺)沙彌戒訴狀〕 乾寧二年三月 (895)
　2)普光寺

01240 陰清兒 ‥‥‥‥‥‥‥‥ P5021D
〔付物曆〕 (9C末～10C初)

01241 陰清兒 ‥‥‥‥‥‥‥‥ S02589
〔肅州防戍都營田使等狀〕 中和四年十一月一日 (884)
　1)押衙

01242 陰清兒 ‥‥‥‥‥‥‥‥ S04654v⑤
〔便曆〕 丙午年正月一日 (946)

01243 陰清慈 ‥‥‥‥‥‥‥‥ S06309
〔行人轉帖〕 四月八日 (10C)
　1)行人

01244 陰清朶 ‥‥‥‥‥‥‥‥ P3231④
〔平康鄉官齋曆〕 甲戌年十月十五日 (974)
　3)平康鄉

01245 陰清朶 ‥‥‥‥‥‥‥‥ S06123
〔渠人轉帖〕 戊寅年六月十四日 (978)
　2)普光寺

01246 陰清奴 ‥‥‥‥‥‥‥‥ P3234v⑮
〔淨土寺西倉豆利潤入曆〕 (940年代?)
　2)淨土寺

01247 陰清奴 ‥‥‥‥‥‥‥‥ S04121
〔陰家榮親客目〕 甲午年五月十五日 (994)

01248 陰聖修 ‥‥‥‥‥‥‥‥ P3167v
〔安國寺道場司關于(五尼寺)沙彌戒訴狀〕 乾寧二年三月 (895)
　2)普光寺　4)⇒聖修。

01249 陰全友 ‥‥‥‥‥‥‥‥ 北大D215
〔見在僧名〕 廿六日 (10C後期)
　1)沙彌　4)⇒全友。

01250 陰善盈 ‥‥‥‥‥‥‥‥ S00274①
〔社司轉帖(寫錄)〕 戊子年四月十三日 (928?)
　1)錄事

01251 陰?善盈 ‥‥‥‥‥‥‥ S04700
〔陰家榮親客目〕 甲午年五月十五日 (994)
　1)郎君

01252 陰善興 ‥‥‥‥‥‥‥‥ 北大D215
〔見在僧名〕 廿六日 (10C後期)
　1)沙彌　4)⇒善興。

01253 陰善兒 ‥‥‥‥‥‥‥ BD16021c(L4018)
〔永寧坊巷社扶佛人名目〕 (9C後期～10C中期)
　3)永寧坊

01254 陰善住 ‥‥‥‥‥‥‥‥ P2049v①
〔淨土寺諸色入破曆計會牒〕 同光三年 (925)

01255 陰善勝 ‥‥‥‥‥‥‥‥ P2944
〔大乘寺・聖光寺等尼僧名錄〕 (10C後期?)
　2)聖光寺

01256 陰善奴 ‥‥‥‥‥‥‥‥ S04121
〔陰家榮親客目〕 甲午年五月十五日 (994)

01257 陰?善道 ‥‥‥‥‥‥‥ 古典籍54,圖171
〔五月五日下菜人名目〕 (10C)

01258 陰善德 ‥‥‥‥‥‥‥‥ P3234v⑮
〔淨土寺西倉豆利潤入曆〕 (940年代?)
　2)淨土寺

01259 陰善保 ·············· S01845
　〔納贈曆〕　丙子年四月十七日　（976?）

01260 陰善友 ·············· P3236v
　〔燉煌鄉官布籍〕　壬申年三月十九日　（972）
　　3)燉煌鄉

01261 陰善友 ·············· P5032v⑧
　〔社司轉帖〕　六月　（10C中期）

01262 陰善雄 ·············· P2482①
　〔陰府君墓誌銘〕　清泰四年丁酉歲八月十四日
　（937）
　　1)河西歸義軍節度內親從都頭守常樂縣令銀青
　　光祿大夫檢校國子祭酒兼御史大夫上柱國

01263 (陰)善雄 ·············· P2970
　〔陰府君邈眞讚并序〕　（937?）
　　1)唐河西歸義軍節度使內親從都頭守常樂縣令

01264 陰善雄 ·············· P3718
　〔唐故歸義軍南陽郡張公寫眞讚并序〕　（10C
　前期）
　　1)內親從都頭守常樂縣令

01265 陰善□ ·············· P3595v
　〔就役名目〕　己巳年頃　（969?）

01266 陰僧政 ·············· P2032v⑨
　〔淨土寺粟破曆〕　（940前後）
　　1)僧政　2)淨土寺

01267 陰僧政 ·············· P2250v②
　〔乾元寺僧唱布曆〕　辛未年四月十二日
　（925?）
　　1)僧政　2)乾元寺

01268 陰僧政 ·············· P3391v①
　〔社司轉帖(寫錄)〕　丁酉年正月日　（937）
　　1)僧政

01269 陰僧政 ·············· P3556v⑦
　〔道場思惟簿〕　（10C）
　　1)僧政

01270 陰僧正 ·············· S03156①
　〔時年轉帖〕　己卯年十二月十六日　（979）
　　1)僧正　2)金光明寺

01271 陰僧奴 ·············· P4997v
　〔分付羊皮曆(殘)〕　（10C後期）

01272 陰僧統和尙 ·············· P2638
　〔儭司破曆〕　癸巳～丙申年　（933～936）
　　1)僧統和尙

01273 陰宋子 ·············· P2049v①
　〔淨土寺諸色入破曆計會牒〕　同光三年
　（925）

01274 陰宗烽子 ·············· S09999
　〔上司觀察孔目官高定清狀上(控)〕　（10C）
　　1)烽子

01275 陰曹仵 ·············· P3418v⑥
　〔洪閏鄉缺枝夫戶名目〕　（9C末～10C初）
　　3)洪閏鄉

01276 陰曹子 ·············· P3231②
　〔平康鄉官齋曆〕　癸酉年九月卅日　（973）
　　3)平康鄉

01277 陰曹子 ·············· P3231③
　〔平康鄉官齋曆〕　甲戌年五月廿九日　（974）
　　3)平康鄉

01278 陰曹子 ·············· P3231④
　〔平康鄉官齋曆〕　甲戌年十月十五日　（974）
　　3)平康鄉

01279 陰曹子 ·············· P3231⑤
　〔平康鄉官齋曆〕　□亥年五月十五日　（975）
　　3)平康鄉

01280 陰曹子 ·············· P3231⑥
　〔平康鄉官齋曆〕　乙亥年九月廿九日　（975）
　　3)平康鄉

01281 陰曹子 ·············· P4693
　〔官齋納麵油粟曆〕　（10C後期）
　　1)羹餛頭

01282 陰曹子 ·············· S04643
　〔陰家榮親客目〕　甲午年五月十五日　（994）

01283 陰曹六 ·············· S05747v
　〔社人名目〕　（10C前期）

01284 陰相妙 ·············· S02669
　〔管內尼寺(安國寺・大乘寺・聖光寺)籍〕
　（865～870）
　　2)大乘寺　3)平康鄉　4)姓「陰」。俗名「招信」。

01285　陰騷々 ……………………… P4810v①
　〔役簿?〕　十一月二日　（9C）

01286　陰存泰 ……………………… S04121
　〔陰家榮親客目〕　甲午年五月十五日　（994）
　　4)原作「陰存泰一娘子」。

01287　（陰）存泰一娘子 …… BD15249v③（新1449）
　〔某家榮親客目〕　（10C後期）
　　4)原作「存泰一娘子及何郎」。又有注記「主人」。又旁有注記「陰平水」。

01288　陰存泰一娘子 …………… S04121
　〔陰家榮親客目〕　甲午年五月十五日　（994）
　　4)原作「陰存泰一娘子」。

01289　陰存泰二娘子 …………… S04121
　〔陰家榮親客目〕　甲午年五月十五日　（994）

01290　陰存祐 …………… BD05866v（菜66）
　〔陰存祐就弊居請僧正等爲亡母追福疏(3行)〕　乾德六年(戊辰)九月　（968）
　　1)弟子　4)原作「乾德六年九月□囲弟子都頭陰存祐疏」。

01291　陰存禮 ……………………… P3721v③
　〔冬至自斷官員名〕　己卯年十一月廿六日　（979）

01292　陰存禮 ……………………… S05855
　〔追疏文〕　雍熙三年丙戌六月　（986）
　　1)衰子弟子・節度都頭

01293　陰村?□ …………………… S00274①
　〔社司轉帖(寫錄)〕　戊子年四月十三日　（928?）

01294　陰埠々 ……………………… S04710
　〔沙州戶口簿〕　（9C中期以降）

01295　陰隊頭 ………………… BD09325（周46）
　〔社司轉帖〕　□子?年七月十四日　（10C後期）
　　1)隊頭

01296　陰宅官 ………………… BD16112B（L4066）
　〔某寺雜物歷〕　（10C?）
　　1)宅官　4)原作「大陰宅官」。

01297　陰宅官 ……………………… P3763v
　〔淨土寺入破歷〕　（945前後）
　　1)宅官　2)淨土寺

01298　陰宅官 ……………………… S03405
　〔主人付親情社色物〕　（10C後期）
　　1)宅官　4)V面有「癸未年三月十四日」。

01299　陰猰丑 ……………………… P3037
　〔社司轉帖〕　庚寅年正月三日　（990）

01300　陰達 ……………………… S12281v
　〔供養經題記〕　（10C?）

01301　陰端々 ……………………… S04710
　〔沙州戶口簿〕　（9C中期以降）

01302　陰智惠 ……………………… P4640①
　〔大蕃故燉煌郡莫高窟陰處士公修功德記〕
　　歲次己未年四月壬子朔十五日丙寅　（839?）
　　1)尼　2)莫高窟　3)燉煌郡

01303　陰智清 ……………………… P2912v③
　〔寫大般若經一部施銀盤子麥粟粉疏〕　四月八日　（9C前期）

01304　陰治榮 ……………………… S00509
　〔千手千眼大悲心陀羅尼經(末)〕　（9～10C）
　　1)施主　3)西涼府

01305　陰知忱 ……………………… P4640①
　〔大蕃故燉煌郡莫高窟陰處士公修功德記〕
　　歲次己未年四月壬子朔十五日丙寅　（839?）
　　1)僧　2)莫高窟　3)燉煌郡　4)⇒知忱。

01306　陰丑兒 ……………………… P3231⑦
　〔平康鄉官齋曆〕　丙子年五月十五日　（976）
　　3)平康鄉

01307　陰丑兒 ……………………… S04643
　〔陰家榮親客目〕　甲午年五月十五日　（994）

01308　陰丑撻 ……………………… S06946
　〔契稿(寫錄・殘)〕　太平興國九年　（984）
　　1)莫高鄉百姓・押衙　3)莫高鄉

01309　陰丑撻 ……………… Stein ch74.VI.30.calumn19.Vol.56.fol.37
　〔報恩寺般若經用付紙曆(寫)〕　（10C後期）

01310　陰丑撻 ……………………… Дx01320v
　〔寫經人寫經名目〕　（10C末期）

01311　陰忠信 ………………… BD15404（簡068066）
　〔千渠中下界白刺頭名目〕　（10C中期）
　　1)白刺頭　3)千渠下界

01312 陰忠信 ……………………… P2032v⑯-2
　〔淨土寺麥利閏入曆〕（940前後）
　　2）淨土寺

01313 陰忠信 ……………………… P2032v⑯-4
　〔淨土寺粟利閏入曆〕（940前後）
　　2）淨土寺

01314 陰忠信 ……………………… S00619v①
　〔懸泉鎭使□?玉門軍使曹子盈牒〕（10C）

01315 陰忠信 ……………………… S05883
　〔諸人納支粟曆〕（10C前期?）

01316 陰猪狗 ……………………… P4063
　〔官建轉帖〕丙寅年四月十六日（966）

01317 陰猪?狗 ……………………… S00274①
　〔社司轉帖（寫錄）〕戊子年四月十三日
　（928?）

01318 陰朝 ……………………… P2162v
　〔三將納丑年突田曆〕（9C前期）

01319 陰朝義 ……………………… P4810v①
　〔役簿?〕十月六日（9C）
　　1）右十

01320 陰長繼 ……………………… S04643
　〔陰家榮親客目〕甲午年五月十五日（994）
　　1）押衙

01321 陰長兒 ……………………… S04643
　〔陰家榮親客目〕甲午年五月十五日（994）

01322 陰長吏 ……………………… P2555piece4
　〔諸處借付盤疊疊等曆〕（9C?）
　　1）長吏

01323 陰通盈 ……………………… P2680v②
　〔諸鄉諸人便粟曆〕（10C中期）

01324 陰通盈 ……………………… S11358
　〔部落轉帖〕（10C後期）

01325 陰通信 ……………………… P2032v⑪
　〔淨土寺西倉司願勝等入破曆〕乙巳年三月
　（945）
　　2）淨土寺

01326 陰通信 ……………………… P2032v⑯-4
　〔淨土寺粟利閏入曆〕（940前後）
　　2）淨土寺

01327 陰通信 ……………………… P2680v②
　〔諸鄉諸人便粟曆〕（10C中期）

01328 陰通信 ……………………… Дx10289
　〔部落都頭楊帖〕丁卯年九月十五日（967）

01329 陰通ミ ……………………… P3491piece2
　〔絲綿(部落)百姓陰海清便麥粟契〕寅年二月
　十四日（822）
　　1）百姓・(陰海清)弟　3）絲綿部落

01330 陰通?ミ ……………………… S04474v
　〔燉煌鄉信士賢者張安三父子敬造佛堂功德
　記〕天復八?年十月（908?）
　　3）燉煌鄉

01331 陰定安 ……………………… S05632①
　〔親情社轉帖〕丁卯年二月八日（967）
　　1）押衙　2）顯德寺門

01332 陰定嚴 ……………………… S04710
　〔沙州戶口簿〕（9C中期以降）

01333 陰定子 ……………………… P2738v
　〔社司轉帖（寫錄）〕二月廿五日（9C後期）

01334 陰定子 ……………………… S04643
　〔陰家榮親客目〕甲午年五月十五日（994）
　　1）押衙

01335 陰定子 ……………………… S08448Bv
　〔紫亭羊數名目〕（940頃）

01336 陰定子 ……………………… Дx10288
　〔行人轉帖〕（10C?）

01337 陰定娘 ……………………… S04710
　〔沙州戶口簿〕（9C中期以降）

01338 陰定千 ……………………… S04643
　〔陰家榮親客目〕甲午年五月十五日（994）

01339 陰定奴 ……………………… S05632①
　〔親情社轉帖〕丁卯年二月八日（967）
　　1）兵馬使　2）顯德寺門

01340 陰定德 ……………………… S01845
　〔納贈曆〕丙子年四月十七日（976?）

01341 陰庭瑤 ……………………… S00542v
　〔燉煌諸寺丁壯車牛役部〕戌年六月十八日
　（818）
　　1）團頭　2）開元寺

01342 陰庭瑤妻 ･････････････････ S00542v
　〔燉煌諸寺丁壯車牛役部〕 戌年六月十八日
　(818)
　　2)開元寺

01343 陰弟々 ･･････････････････ S04710
　〔沙州戶口簿〕 (9C中期以降)

01344 陰提□ ･････････････････ 莫第098窟
　〔供養人題記〕 (10C中期)
　　1)節度押衙銀青光祿大夫檢校國子祭酒兼御史
　　中丞上柱國　4)北壁。《燉》p. 34。

01345 陰弟々 ･････････････････ P4810v①
　〔役簿?〕 十月二日 (9C)
　　1)右十

01346 陰都衙 ･････････････････ P3440
　〔見納賀天子物色人名〕 丙申年三月十六日
　(996)
　　1)都衙

01347 陰都衙 ･････････････････ P3875B
　〔某寺修造諸色破曆〕 丙子年八月廿七日
　(916 or 976?)
　　1)都(押)衙

01348 陰都知 ･････････････････ P3145v
　〔節度使下官人名・鄉名諸姓等雜記〕 (10C)
　　1)都知

01349 陰都知 ･････････････････ P3288piece1
　〔佛現齋造餲併人名目〕 (10C)
　　1)都知

01350 陰都知 ･････････････････ P3727v①
　〔狀〕 十一月日 (10C中期)
　　1)都知

01351 陰都知 ･････････････････ P3727v②
　〔狀〕 正月廿日 (10C中期)
　　1)軍事都知

01352 陰都知 ･････････････････ P3727v③
　〔狀〕 乙卯年正月廿日 (955)
　　1)都知

01353 陰都知 ･････････････････ P3942
　〔某家榮親客目〕 (10C?)
　　1)都知

01354 陰都知 ･････････････････ P5032v⑧
　〔社司轉帖〕 六月 (10C中期)
　　1)社官・都知

01355 陰都知 ･････････････････ S01153
　〔諸雜人名目〕 (10C後期)
　　1)都知

01356 陰都知 ･････････････････ S04700
　〔陰家榮親客目〕 甲午年五月十五日 (994)
　　1)都知

01357 陰都知 ･････････････････ S08448A
　〔紫亭羊數名目〕 辛亥年正月廿七日 (951)
　　1)都知

01358 陰都知 ･････････････････ S08448B
　〔紫亭羊數名目〕 (940頃)
　　1)都知

01359 陰都知 ･････････････････ Дx01419
　〔某寺諸色斛㪷入曆〕 壬戌年 (962)
　　1)都知

01360 陰都知娘子 ･････････････ P3942
　〔某家榮親客目〕 (10C?)
　　1)校棟

01361 陰都知娘子 ･････････････ S04700
　〔陰家榮親客目〕 甲午年五月十五日 (994)

01362 陰都頭 ･･････････････ BD16278A(L4122)
　〔便曆?〕 (9～10C)

01363 陰都頭 ･････････････････ P2032v⑤
　〔淨土寺布破曆〕 (940前後)
　　1)都頭　2)淨土寺

01364 陰都頭 ･････････････････ P3763v
　〔淨土寺入破曆〕 (945前後)
　　1)都頭　2)淨土寺　4)原作「陰都頭莊」。

01365 陰都頭 ･････････････････ S03978
　〔納贈曆〕 丙子年七月一日 (976)

01366 陰都頭 ･････････････････ S04700
　〔陰家榮親客目〕 甲午年五月十五日 (994)
　　1)都頭

01367 陰都頭 ･････････････････ S05039
　〔某寺諸色破曆〕 (10C後期)
　　1)都頭

01368 陰都頭娘子 ･････････････ S04700
〔陰家榮親客目〕 甲午年五月十五日 (994)

01369 陰奴兒 ････････････････ S05441
〔捉季布傳文封面雜寫〕 戊寅年二月十七日 (978)
　1)學仕郎　4)本件之尾題爲「氾孔目學仕郎陰奴兒自手寫季布一卷」。

01370 陰屯奴 ････････････････ P3249
〔新集吉凶書儀之開端〕 (9C後期〜10C前期)
　1)書卷主　4)原作「書卷主陰屯奴」(第15行)。

01371 陰屯奴 ･･････････････ S00782v
〔納贈曆〕 (10C)
　4)ペン筆?

01372 陰屯々 ････････････････ S04710
〔沙州戸口簿〕 (9C中期以降)

01373 陰娜々 ････････････････ S02669
〔管內尼寺(安國寺・大乗寺・聖光寺)籍〕 (865〜870)
　2)大乗寺　3)燉煌鄕　4)尼名「戒心」。

01374 陰那 ･･････････････ Дx01355＋Дx03130
〔洛晟々賣薗舍契〕 (9C後期)
　1)見人

01375 陰南山 ･･････ S08445＋S08446＋S08468④
〔羊司於常樂官稅羊數名目〕 丁未年四月十二日 (943)

01376 陰二娘 ････････････････ P3774
〔僧龍藏家産分割訴牒〕 丑年十二月 (821)
　1)(索大哥)妻

01377 陰日千 ･･････････････ P3491piece3
〔突田名簿〕 (9C前期)

01378 陰寧君 ････････････････ P3547
〔上都進奏院狀上(原題)〕 (9C後期?)
　1)衙前兵馬使

01379 陰寧々 ････････････････ S04710
〔沙州戸口簿〕 (9C中期以降)

01380 陰婆 ････････････････ P3165v
〔某寺破麥歷(殘)〕 (丁卯／戊辰年) (908?)
　4)原作「陰婆莊」。

01381 陰婆 ････････････････ S08678
〔枝送納帖〕 (10C)
　4)原作「陰婆莊」。

01382 陰馬步 ･･･････････････ S00286
〔某寺斛㪷入曆(殘)〕 (10C中期)
　1)馬步

01383 陰馬步 ･･･････････････ S04443v
〔諸雜難字(一本)〕 (10C)
　1)馬步

01384 陰買子 ･･･････････････ S02710②
〔洪閏鄕百姓氾富川賣牛?契〕 清泰四年十二月 (938)
　1)見人　3)洪閏鄕

01385 陰買奴 ････････････ BD09324(周45)
〔某寺諸色入破歷〕 亥年十二月廿二日〜戊年 (8C末〜9C前期)

01386 陰買奴 ･･･････････････ S04491
〔地畝計會〕 (9C前期)

01387 陰伯醜 ･･･････････････ P3249v
〔將龍光顏等隊下人名目〕 (9C中期)

01388 陰博士 ･･･････････････ S09996
〔便曆〕 (10C中期)
　1)博士

01389 陰鉢々 ･･･････････････ S02669
〔管內尼寺(安國寺・大乗寺・聖光寺)籍〕 (865〜870)
　2)大乗寺　3)洪池鄕　4)尼名「蓮花意」。

01390 陰判官 ･･･････････････ P3288piece1
〔佛現齋造餕餠人名目〕 (10C)
　1)判官

01391 陰判官 ･･･････ Дx00285＋Дx02150＋Дx02167＋Дx02960＋Дx03020＋Дx03123v③
〔某寺破曆〕 (10C中期)
　1)判官

01392 陰薜 ････････････････ S05104
〔社司轉帖(寫錄)〕 (9〜10C)

01393 陰百達 ･･･････ BD14666v④(新0866)
〔麥粟納付曆(4行半)〕 (9C前期)

01394 陰不藉子 ················· P3240①
　〔配經歷〕　壬寅年六月廿一日　（1002）
　　1) 押衙

01395 （陰）不勿 ················· 北大D215
　〔見在僧名〕　廿六日　（10C後期）
　　1) 弥

01396 陰夫人 ················· P2638
　〔儭司破曆〕　癸巳～丙申年　（933～936）
　　1) 夫人

01397 陰孚 ················· 莫第199窟
　〔供養人題記〕　(8C中後期)
　　1) 三品孫上柱國　4) 西壁。《燉》p.90.《謝》
　　　p.371。

01398 陰富盈 ················· S06981④
　〔設齋納酒餅曆〕　（10C後期）
　　4) 原作「富盈陰家」。

01399 陰富孝? ················· S05747v
　〔社人名目〕　（10C前期）

01400 陰富晟 ················· P3236v
　〔燉煌鄉官布籍〕　壬申年三月十九日　（972）
　　3) 燉煌鄉

01401 陰富全 ················· P3721v②
　〔兄(見)在巡禮都官都頭名牒〕　庚辰年正月
　　十五日　（980）

01402 陰富通 ················· S01845
　〔納贈曆〕　丙子年四月十七日　（976?）

01403 陰富定 ············· BD16127B（L4067）
　〔親情社轉帖〕　戊寅年正月十日　（978?）

01404 陰富定 ················· P3231①
　〔平康鄉官齋曆〕　癸酉年五月　（973）
　　3) 平康鄉

01405 陰富定 ················· P3231②
　〔平康鄉官齋曆〕　癸酉年九月卅日　（973）
　　3) 平康鄉

01406 陰富定 ················· P3231③
　〔平康鄉官齋曆〕　甲戌年五月廿九日　（974）
　　3) 平康鄉

01407 陰富定 ················· P3231④
　〔平康鄉官齋曆〕　囲戌年十月十五日　（974）
　　3) 平康鄉

01408 陰富定 ················· P3231⑤
　〔平康鄉官齋曆〕　囗亥年五月十五日　（975）
　　3) 平康鄉

01409 陰富定 ················· P3231⑥
　〔平康鄉官齋曆〕　乙亥年九月廿九日　（975）
　　3) 平康鄉

01410 陰富定 ················· P4693
　〔官齋納麵油粟曆〕　（10C後期）

01411 陰富定 ················· P4975
　〔付曆〕　（9C後期）

01412 陰富定 ················· S01845
　〔納贈曆〕　丙子年四月十七日　（976?）

01413 陰富定 ················· S06123
　〔渠人轉帖〕　戊寅年六月十四日　（978）
　　2) 普光寺

01414 陰富定男 ············ BD16127B（L4067）
　〔親情社轉帖〕　戊寅年正月十日　（978?）
　　1) 陰富定男

01415 陰富德 ················· Дх10257v
　〔社司轉帖(稿)〕　（10C後期?）

01416 陰富ミ ················· P3816v
　〔人名目〕　（10C）

01417 陰府君 ················· P2482①
　〔陰府君墓誌銘〕　清泰四年丁酉歲八月十四日
　　（937）
　　1) 河西歸義軍節度內親從都頭守常樂縣令銀靑
　　　光祿大夫檢校國子祭酒兼御史大夫上柱國

01418 陰普意 ················· S02729①
　〔燉煌應管勘牌子曆〕　辰年三月　（788）
　　1) 僧　2) 普光寺　3) 沙州　4) 43行目。

01419 陰普圓 ················· S02729①
　〔燉煌應管勘牌子曆〕　辰年三月　（788）
　　1) 僧　2) 靈修寺　3) 沙州　4) 37行目。

01420 陰普果 ················· S02729①
　〔燉煌應管勘牌子曆〕　辰年三月　（788）
　　1) 僧　2) 靈修寺　3) 沙州　4) 29行目。

01421 陰普眞 ················· S02729①
　〔燉煌應管勘牌子曆〕　辰年三月　（788）
　　1) 僧　2) 靈修寺　3) 沙州　4) 30行目。

01422 陰福進 …………… P3396
〔沙州諸渠別粟田名目〕（10C後期）

01423 陰福進 …………… S04121
〔陰家榮親客目〕 甲午年五月十五日 （994）

01424 陰福藏 …………… S04710
〔沙州戶口簿〕（9C中期以降）
　1）僧

01425 陰福??? …………… P3418v②
〔燉煌鄉缺枝夫戶名目〕（9C末〜10C初）
　3）燉煌鄉

01426 陰物堆 …………… P4017
〔雜字一本（人名列記）〕 乙酉年頃 （985）

01427 陰文威 …………… BD09370v②（周91）
〔人名目〕（9〜10C）

01428 陰文威 …………… BD16117B（L4066）
〔殘片〕（9〜10C）

01429 陰文威 …………… P3745v②
〔納贈曆〕（9C末期?）

01430 陰?文休 …………… S02214
〔官府雜帳（名籍・黃麻・地畝・地子等曆）〕
（860?）

01431 陰文建 …………… P3249v
〔將龍光顏等隊下人名目〕（9C中期）

01432 陰文建 …………… P3863
〔狀〕（887?）
　1）押衙

01433 陰文子 …………… P5021D
〔付物曆〕（9C末〜10C初）

01434 陰文信 …………… P3418v⑧
〔平康鄉缺枝夫戶名目〕（9C末〜10C初）
　3）平康鄉

01435 陰文通 …………… P4660㉗
〔陰文通邈眞讚〕（9C）
　1）河西節度故左馬步都押衙

01436 陰文〻 …………… BD13982（新0182）
〔大般若波羅蜜多經卷第394（末）〕（9C前期）
　4）原作「索和子經陰文〻寫」。

01437 陰兵馬使 …………… S06214
〔社司轉帖〕 乙卯年四月廿八日 （955?）
　1）兵馬使

01438 陰平水 …………… BD15249v③（新1449）
〔某家榮親客目〕（10C後期）
　4）原作「存泰一娘子及何郎」。又有注記「主人」。
　又旁有注記「陰平水」。

01439 陰平水 …………… P3935
〔契約文書〕 去, 壬辰年 （932）
　1）平水　4）原作「陰平水家」。

01440 陰米 …………… P2912v③
〔寫大般若經一部施銀盤子麥粟粉疏〕 四月
八日 （9C前期）
　4）原作「陰米老母」。

01441 陰米 …………… Дх01388
〔社文書〕（9C）

01442 陰米老母 …………… P2912v③
〔寫大般若經一部施銀盤子麥粟粉疏〕 四月
八日 （9C前期）
　1）老母

01443 陰偏娘 …………… S02669
〔管內尼寺（安國寺・大乘寺・聖光寺）籍〕
（865〜870）
　2）大乘寺　3）燉煌鄉　4）尼名「淨忍花」。

01444 陰辯〻 …………… BD09111（陶31）
〔般若波羅蜜多新經第1卷（尾）〕（9C）

01445 陰保安 …………… P2482①
〔陰府君墓誌銘〕 清泰四年丁酉歲八月十四日
（937）
　1）（陰善雄）男

01446 陰保盈 …………… P3231⑥
〔平康鄉官齋曆〕 乙亥年九月十九日 （975）
　3）平康鄉

01447 陰保盈 …………… P3721v①
〔平康鄉堤上兄(見)點得人名目〕 庚辰年三月
廿二日 （980）
　3）平康鄉

01448 陰保山 …………… P3379
〔社錄事陰保山等牒（團保文書）〕 顯德五年二
月 （958）
　1）社錄事

01449 陰保子 ……………… S05691
〔令狐瘦兒妻亡納贈曆〕 丁亥年七月十二日
(987)

01450 陰保受 ……………… P2482①
〔陰府君墓誌銘〕 清泰四年丁酉歲八月十四日
(937)
　　1)(陰善雄)男

01451 陰保住 ……………… P3236v
〔燉煌鄉官布籍〕 壬申年三月十九日 (972)
　　3)燉煌鄉

01452 陰保住 ……………… P3595v
〔就役名目〕 己巳年頃 (969?)

01453 陰保住 ……………… P3889
〔社司轉帖〕 (10C後期?)

01454 陰保升 ……………… P3236v
〔燉煌鄉官布籍〕 壬申年三月十九日 (972)
　　3)燉煌鄉

01455 陰保昇 ……………… P2680v④
〔納贈曆〕 (10C中期)

01456 陰保昇 ……………… P3146A
〔衙前子弟司及騸頭等留殘祗衙人數〕 辛巳年八月三日 (981)

01457 陰保昇 ……………… P3595v
〔就役名目〕 己巳年頃 (969?)

01458 陰保昇 ……………… S02472v④
〔隊官破曆〕 辛巳年十月三日 (981)
　　1)押衙・第五隊頭

01459 陰保昌 ……………… P2985v④
〔親使員文書〕 (10C後期)

01460 陰保晟 ……………… P2032v①-4
〔淨土寺粟入曆〕 (944前後)

01461 陰保定 ……………… BD16021c(L4018)
〔永寧坊巷社扶佛人名目〕 (9C後期～10C中期)
　　3)永寧坊

01462 陰保定? ……………… BD16022A(L4018)
〔永寧坊巷社扶佛人名目〕 (10C)
　　3)永寧坊

01463 陰步定? ……………… BD16022A(L4018)
〔永寧坊巷社扶佛人名目〕 (10C)
　　3)永寧坊

01464 陰畝進 ……………… P3491piece2
〔絲綿(部落)百姓陰海清便麥粟契〕 寅年二月十四日 (822)
　　1)保人　3)絲綿部落

01465 陰菩提願 ……………… S02669
〔管内尼寺(安國寺・大乘寺・聖光寺)籍〕 (865～870)
　　2)大乘寺　3)燉煌鄉　4)姓「陰」。俗名「蒙〻」。

01466 陰?法惠 ……………… 羽694②
〔報恩寺所管僧名目〕 (9C前期)
　　2)報恩寺　4)僧右傍有朱點, 朱字。

01467 陰法建 ……………… S05412v
〔某經?(末)(寫錄)〕 (9C)

01468 陰法師 ……………… S03047v
〔某寺出白麪等曆〕 (9C?)
　　1)法師

01469 陰法師 ……………… Дx01378
〔當團轉帖〕 (10C中期)

01470 陰法定 ……………… S00289③
〔李存惠墓誌銘并序〕 太平興國五年庚辰歲二月三日 (980)

01471 陰法律 ……………… BD02329(餘29)
〔雜寫3行〕 (9～10C)
　　1)法律

01472 陰法律 ……………… BD09340(周61)
〔龍興寺藏大般若分付廿秩足缺點檢數目〕 亥年四月二十四日 (9C中期)
　　1)法律

01473 陰法律 ……………… BD15246③(新1446)
〔都師願通領得官倉麥証〕 辛口年八月十二日 (10C中期)
　　1)法律　4)原作「陰法律團捌人」。

01474 陰法律 ……………… P2944
〔大乘寺・聖光寺等尼僧名錄〕 (10C後期?)
　　1)法律　2)(聖光寺)

01475 陰法律 ……………… P3240②
〔付𢈔曆〕 壬寅年七月十六日 (1002)
　　1)法律

01476 陰法律 ・・・・・・・・・・・・・・・・・・ P3240②
〔付曆歷〕 壬寅年七月十六日 (1002)
　1)法律　4)原作「小陰法律」。

01477 陰法律 ・・・・・・・・・・・・・・・・・・ P4660⑦
〔陰法律邈眞讚并序〕 大唐廣明元年庚子歲六月廿六日 (880)
　3)沙州

01478 陰法律 ・・・・・・・・・・・・・・・・・・ P4975
〔入曆〕 (9C後期)
　1)南倉司・法律

01479 陰法律 ・・・・・・・・ P.tib.119.VOL.55,FOL30
〔借氎〕 乙酉年八月十九日 (985?)
　1)(安法律)父・法律

01480 陰法律 ・・・・・・・・・・・・・・・・・・ S02449
〔付曆歷〕 庚寅年頃? (930 or 990頃)
　1)法律

01481 陰法律 ・・・・・・・・・・・・・・・・・・ S02614v
〔燉煌應管諸寺僧尼名錄〕 (895)
　1)法律　2)開元寺

01482 陰法律 ・・・・・・・・・・・・・・・・・・ S04657②
〔破曆〕 (970～990年代)
　2)開元寺　4)開元寺亡納。

01483 陰法律 ・・・・・・・・・・・・・・・・・・ S04687r.v
〔佛會破曆〕 (9C末～10C前期)
　1)法律

01484 陰法律 ・・・・・・・・・・・・・・・・・・ S05406
〔僧正法律徒衆轉帖〕 辛卯年四月十四日 (991)
　1)法律

01485 陰法律 ・・・・・・・・・・・・・・・・・・ Дx01378
〔當團轉帖〕 (10C中期)

01486 陰法律 ・・・・・・・・・・・・・・・・・・ Дx18936v
〔龍興寺戒果等會計文書〕 乙酉年正月一日 (925?)
　1)法律　2)龍興寺?

01487 陰法律 ・・・・・・・・・・・・・・・・・・ 北大D204
〔堅法請靈修寺陰法律等追念疏〕 某月廿二日 (9C前期)
　1)法律

01488 陰法律 ・・・・・・・・・・・・・・・・・・ 杏・羽673v
〔聖光寺僧崇英請轉經卷數目〕 申年[　]月五日 (8C?)
　1)法律　4)第16行。

01489 陰法律 ・・・・・・・・・・・・・・・・・・ 濱田115v
〔付經曆〕 午年? (9C前期)
　1)法律　2)永壽寺

01490 陰勃□ ・・・・・・・・・・・・・・・・・・ Дx01388
〔社文書〕 (9C)

01491 陰妙戒 ・・・・・・・・・・・・・・・・・・ S02669
〔管內尼寺(安國寺・大乘寺・聖光寺)籍〕 (865～870)
　2)大乘寺　3)燉煌鄉　4)姓「陰」。俗名「詔」。

01492 陰妙心 ・・・・・・・・・・・・・・・・・・ S02729①
〔燉煌應管勘牌子歷〕 辰年三月 (788)
　1)僧　2)靈修寺　3)沙州　4)37行目。

01493 陰妙力 ・・・・・・・・・・・・・・・・・・ P3167v
〔安國寺道場司關于(五尼寺)沙彌戒訴狀〕 乾寧二年三月 (895)
　2)普光寺　4)⇒妙力。

01494 陰无勝 ・・・・・・・・・・・・・・・・・・ S02729①
〔燉煌應管勘牌子歷〕 辰年三月 (788)
　1)僧　2)大乘寺　3)沙州　4)46行目。

01495 陰明建 ・・・・・・・・・・・・・・・・・・ P4640v
〔官入破曆〕 己未年六月 (899)
　1)押衙

01496 陰明悟 ・・・・・・・・・・・・・・・・・・ S02729①
〔燉煌應管勘牌子歷〕 辰年三月 (788)
　1)僧　2)金光明寺　3)沙州　4)申年月25日死。16行目。

01497 陰明々 ・・・・・・・・・ BD09472v①～③(發92)
〔龍興寺索僧正等五十八人就唐家蘭若請賓頭盧文〕 (8～9C)
　2)靈修(寺)　3)沙州

01498 陰蒙々 ・・・・・・・・・・・・・・・・・・ S02669
〔管內尼寺(安國寺・大乘寺・聖光寺)籍〕 (865～870)
　2)大乘寺　3)燉煌鄉　4)尼名「菩提願」。

01499 陰喻子 ・・・・・・・・・・・・・・・・・・ P3441v
〔社司轉帖(寫錄)〕 三月十三日 (10C前期)

01500　陰又明 ……………… 莫第098窟
　　〔供養人題記〕（10C中期）
　　　1)節度押□銀青光祿大夫檢校國子祭酒兼御史
　　　中丞上柱國　4)北壁。《燉》p. 34。

01501　陰友信 ……………… P3556v④
　　〔社戶人名目(殘)〕（10C中期頃）
　　　1)社戶

01502　陰友通 ……………… P5032v①
　　〔社司轉帖〕　戊午年六月十八日　(958)

01503　陰友通 ……………… P5032v⑦
　　〔社司轉帖〕　戊午[ ]　(958)

01504　陰友?定 …………… BD16022Av(L4018)
　　〔永寧坊巷社扶佛人名目〕（10C）
　　　3)永寧坊

01505　陰洛々 ……………… S02228①
　　〔絲綿部落夫丁修城使役簿〕　亥年六月十五
　　日　(819)
　　　1)(左七)　3)絲綿部落　4)首行作「亥年六月
　　　十五日州城所,絲綿」。末行作「亥年六月十五日
　　　畢功」。

01506　陰離纏 ……………… P4640①
　　〔大蕃故燉煌郡莫高窟陰處士公修功德記〕
　　歲次己未年四月壬子朔十五日丙寅　(839?)

01507　陰律伯 ……………… P4660⑧
　　〔始平陰律伯眞儀讚(福德寺僧忠菀述)〕
　　(9C)
　　　1)前燉煌都毗尼藏主

01508　陰略忠 ……………… S05898
　　〔官田地畝計會〕　閏十月頃　(860頃)

01509　陰流信 ……………… P5032v①
　　〔社司轉帖〕　戊午年六月十八日　(958)

01510　陰留孝? …………… S05747v
　　〔社人名目〕（10C前期）

01511　陰留子 ……………… P2555piece4
　　〔諸處借付盤疊壘等曆〕（9C?）

01512　陰留德 ……………… BD16021c(L4018)
　　〔永寧坊巷社扶佛人名目〕（9C後期～10C中期）
　　　3)永寧坊

01513　陰留德 ……………… P2738v
　　〔社司轉帖(寫錄)〕　二月廿五日　(9C後期)

01514　陰留德 ……………… P3418v⑤
　　〔某鄉缺枝夫戶名目〕（9C末～10C初）

01515　陰留德 ……………… P3441v
　　〔社司轉帖(寫錄)〕　三月十三日　(10C前期)

01516　陰龍山 ……………… P3418v②
　　〔燉煌鄉缺枝夫戶名目〕（9C末～10C初）
　　　3)燉煌鄉

01517　陰吟囃 ……………… S04710
　　〔沙州戶口簿〕（9C中期以降）

01518　陰靈寶 ……………… P4640①
　　〔大蕃故燉煌郡莫高窟陰處士公修功德記〕
　　歲次己未年四月壬子朔十五日丙寅　(839?)
　　　1)僧　4)⇒靈寶。

01519　陰蓮花意 …………… S02669
　　〔管内尼寺(安國寺・大乘寺・聖光寺)籍〕
　　(865～870)
　　　2)大乘寺　3)洪池鄉　4)姓「陰」。俗名「鉢々」。

01520　陰連興 ……………… S06129
　　〔諸鄉諸人貸便粟曆〕（10C中期以降?）
　　　1)押衙

01521　陰驢子 ……………… S05441
　　〔捉季布傳文封面雜寫〕　戊寅年二月十七日
　　(978)

01522　陰郎 ………………… P3164
　　〔親情社轉帖〕　乙酉年十一月廿六日　(925?)

01523　陰郎 ………………… S02242
　　〔親情社轉帖〕　七月三日　(10C)

01524　陰郎 ………………… S06981⑤
　　〔親情社轉帖〕　癸亥年八月十日　(963)

01525　陰郎 ………………… Дx01439
　　〔親情社轉帖〕　丙戌年九月十九日　(986?)
　　　2)報恩寺

01526　陰郎子 ……………… P3418v⑧
　　〔平康鄉缺枝夫戶名目〕（9C末～10C初）
　　　3)平康鄉

01527　陰六ゞ …………… P3328v①
　〔付細布曆〕（9C前期）
　　4）原作「陰六ゞ婦」。

01528　陰六ゞ婦 …………… P3328v①
　〔付細布曆〕（9C前期）

01529　陰祿兒 …………… S02214
　〔官府雜帳（名籍・黃麻・地畝・地子等曆）〕
　（860?）

01530　陰祿?住 …………… P3595v
　〔就役名目〕己巳年頃　（969?）

01531　陰錄事 …………… BD11822v（L1951）
　〔社司轉帖（殘）〕己卯年正月三日　（919 or 979）
　　1）事　4）原作「事陰」。

01532　陰錄事 …………… S05691
　〔令狐瘦兒妻亡納贈曆〕丁亥年七月十二日（987）
　　1）錄事

01533　陰錄事 …… 北大D195＋北大D202＋P3984
　〔社官董海等廿三人重修唐家佛堂功德記〕（946）
　　1）錄事

01534　陰和尙 …………… BD09089（陶10）
　〔雜寫〕（9～10C）
　　1）和尙

01535　陰和ゞ …………… P3418v⑤
　〔某鄉缺枝夫戶名目〕（9C末～10C初）

01536　陰□ …………… P3231②
　〔平康鄉官齋曆〕癸酉年九月卅日　（973）
　　3）平康鄉

01537　陰□ …………… P.tib1078bis
　〔土地關係文書（藏文）〕子年　（9C前期）

01538　陰□ …………… S05898
　〔官田地畝計會〕閏十月頃　（860頃）

01539　陰□盈? …………… P3418v②
　〔燉煌鄉缺枝夫戶名目〕（9C末～10C初）
　　3）燉煌鄉

01540　陰□慶 …………… Дx03946v
　〔缺粟麥人名目〕（10C）

01541　陰□子 …………… 莫第321窟
　〔供養人題記〕（10C前期）
　　1）弟子　4）原作「弟子陰□子□」。北壁。《燉》p.130。

01542　陰□□ …………… P3231①
　〔平康鄉官齋曆〕癸酉年五月　（973）
　　3）平康鄉

01543　陰□□ …………… P4063
　〔官建轉帖〕丙寅年四月十六日　（966）
　　4）丙寅年四月十二日。

01544　陰□□ …………… P4810v①
　〔役簿?〕九月廿七日　（9C）

01545　陰□□ …………… 莫第225窟
　〔供養人題記〕（8C後期）
　　1）施主歸義軍節度押衙□□內□□銀青光祿大夫檢校國子祭酒　4）《燉》p.104。

01546　陰□□ …………… P2716v
　〔社司轉帖（寫）〕（9C末～10C初）

01547　陰□ …………… P3698v
　〔雜寫〕天福四年頃　（939）
　　2）靈圖寺

01548　陰□ …………… P3764piece1
　〔社司轉帖〕乙亥年九月十六日　（915）

01549　陰□ …………… 莫第138窟
　〔供養人題記〕（10C）
　　1）應管內□都…銀青光祿大夫…上柱國　4）南壁。《燉》p.64。

01550　陰□ …………… 莫第321窟
　〔供養人題記〕（10C前期）
　　1）弟子　4）原作「弟子陰□」。東壁門北側。《燉》p.130。

01551　陰□ …………… 莫第321窟
　〔供養人題記〕（10C前期）
　　1）弟子　4）原作「弟子陰□」。東壁門北側。《燉》p.130。

01552　陰 …………… BD02823v（調23）
　〔雜寫〕（9～10C）

01553 陰 ･･････････････ BD05673v④(李73)
〔行人轉帖(寫錄)〕 今月十二日 (9C末)

01554 陰 ･･････････････ BD11502①(L1631)
〔燉煌十一僧寺別姓名簿并緣起經論等名
目〕 (9C後期)
　2)開(元寺)

01555 陰 ･･････････････ BD14161(新0361)
〔大般若波羅蜜多經卷第312〕 (8～9C)

01556 陰 ･････････････････････ P2825v
〔雜寫〕 (景福二年)正月十八日 (893)
　4)原作「正月十八日使持節瓜州諸軍鎭?守瓜州
　刺使銀青光祿大夫檢校國子祭酒兼侍御史上柱
　國陰」。

01557 陰 ･････････････････････ P3153
〔雜寫(3行)〕 (10C初期)
　4)舊P3155v。

01558 陰 ･････････････････････ P3569v①
〔人名目(殘)〕 (9C末?)

01559 陰 ･････････････････････ P4989
〔沙州戶口田地簿〕 (9C末)
　1)(戶主傅興子)妻 3)沙州 4)原作「戶主傅
　興子妻阿陰,年卅一」。

01560 陰 ･････････････････････ S00865v
〔社司轉帖(寫錄殘・3行)〕 (10C?)

01561 陰 ･････････････････････ S04274
〔狀〕 (10C)
　1)管內兩廂馬步軍都校棟檢銀青光祿大夫檢校
　尙書兼御史大夫

01562 隠□娘 ･･････････････ 楡第35窟
〔供養人題記〕 (10C末期)
　4)北壁。《謝》p. 487。

[う]

01563 于佛奴 ･･････････････････ P3394
〔僧張月光父子廻博田地契〕 大中六年壬申十
月 (852)
　1)見人 4)原作「見人于佛奴」。

01564 于羅悉雞 ･･････････････ S08448A
〔紫亭羊數名目〕 辛亥年正月廿七日 (951)

01565 于羅悉雞 ･･････････････ S08448B
〔紫亭羊數名目〕 (940頃)

01566 于羅悉雞 ･･････････････ S08516C4
〔新鄕鎭口承人名目〕 廣順三年十一月十九
日 (954)

01567 宇難 ･･････････････ BD15249v③(新1449)
〔某家榮親客目〕 (10C後期)
　1)主人 4)原作「宇難并新婦」。又有注記「主
　人」。

01568 宇難新婦 ･･････････ BD15249v③(新1449)
〔某家榮親客目〕 (10C後期)
　4)原作「宇難并新婦」。

01569 雲?□奴 ･･･････････ BD10773v②(L0902)
〔某寺殘歷〕 (9C)

[え]

01570 影盈通 ‥‥‥‥‥‥‥ P3396
〔沙州諸渠別粟田名目〕（10C後期）

01571 影田胡 ‥‥‥‥‥‥‥ P3396
〔沙州諸渠別粟田名目〕（10C後期）

01572 穎乞立 ‥‥‥‥‥ BD02296（閏96）
〔唱得布曆〕（10C）
　1) 僧？　4) ⇒賴乞立。

01573 衞恭順 ‥‥‥‥‥‥‥ S09953
〔社司？轉帖〕（9C）

01574 衞苟子 ‥‥‥‥‥‥‥ P3249v
〔將龍光顏等隊下人名目〕（9C中期）

01575 衞超進 ‥‥‥‥‥‥‥ P3047v①
〔僧名等錄〕（9C前期）
　4) ⇒超進。

01576 衞定子 ‥‥‥‥‥‥‥ S02669
〔管內尼寺（安國寺・大乘寺・聖光寺）籍〕
（865～870）
　2) 大乘寺　3) 玉關鄉　4) 尼名「法定」。

01577 衞法定 ‥‥‥‥‥‥‥ S02669
〔管內尼寺（安國寺・大乘寺・聖光寺）籍〕
（865～870）
　2) 大乘寺　3) 玉關鄉　4) 姓「衞」。俗名「定子」。

01578 衞 ‥‥‥‥‥‥ BD05673v④（李73）
〔行人轉帖（寫錄）〕今月十二日（9C末）

01579 延定延 ‥‥‥‥‥ BD00535（荒35）
〔佛說無常經首二行別記〕（10C中期頃）

01580 延定延 ‥‥‥‥‥ BD16052D（L4028）
〔僧名目〕（10C）

01581 延定喜 ‥‥‥‥‥ BD16052D（L4028）
〔僧名目〕（10C）

01582 延定眞 ‥‥‥‥‥ BD02496v①（成96）
〔儭司唱得布支給曆〕（10C前期）

01583 延定眞 ‥‥‥‥‥‥‥ P2250v⑤
〔金光明寺僧唱布曆〕（925？）
　2) 金光明寺

01584 延定眞 ‥‥‥‥‥‥‥ S01624v
〔什物交割曆〕天福七年壬寅十二月十日
（942）

01585 延定眞 ‥‥‥‥‥‥‥ S01776①
〔某寺常住什物交割點檢曆〕顯德五年戊午
十一月十三日（958）

01586 延德澆 ‥‥‥‥‥‥‥ S04649
〔破曆〕庚午年（970）

01587 (延)富千 ‥‥‥‥‥‥ Дx01317
〔衙前第一隊轉帖〕二月六日（10C中期）

01588 延靈滿 ‥‥‥‥‥‥‥ P3167v
〔安國寺道場司關于（五尼寺）沙彌戒訴狀〕
乾寧二年三月（895）
　2) 靈修寺　4) ⇒靈滿。

01589 濶瘦子 ‥‥‥‥‥‥‥ P5032v⑧
〔社司轉帖〕六月（10C中期）

01590 袁願勝 ‥‥‥‥‥‥‥ S04601
〔佛說賢劫千佛名經卷上〕雍熙貳年乙酉歲
十一月廿八日（985）
　4) 原作「淸信弟子幸婆」。

01591 袁虞候 ‥‥‥‥‥‥‥ S00329v
〔社司轉帖〕（9C末）
　1) 社長　2) 普光寺門

01592 袁苟兒 ‥‥‥‥‥‥‥ P3418v①
〔□□鄉缺枝夫戶名目〕（9C末～10C初）

01593 袁再住 ‥‥‥‥‥‥‥ Дx02149B
〔見納缺柴人名目〕（10C）

01594 袁修淨 ‥‥‥‥‥‥‥ S02729①
〔燉煌應管勘牌子歷〕辰年三月（788）
　1) 僧　2) 靈修寺　3) 沙州　4) 未年10月29日死。
　35行目。

01595 袁住子 ‥‥‥‥‥‥‥ S04125
〔受田簿〕雍熙二年乙酉正月一日（985）

01596 袁？進 ‥‥‥‥ Дx00476＋Дx05937＋
Дx06058v②
〔貸粟麥曆〕（9C前期）
　4) V面①爲「開元七年沙州燉煌縣籍」。

01597 袁?進婦藏子 ············ Дx00476＋
　　　 Дx05937＋Дx06058v②
　　〔貸粟麥曆〕（9C前期）
　　　4）V面①爲「開元七年沙州燉煌縣籍」。

01598 袁僧定 ·························· P4887
　　〔袁僧定弟亡納贈曆〕 己卯年八月廿四日
　　（919 or 979）

01599 袁定德 ······················ Дx02149B
　　〔見納缺柴人名目〕（10C）

01600 袁富深 ·························· S01946
　　〔賣女契〕 淳化二年辛卯十一月十二日 （991）
　　　1）商量人

01601 閻阿㳂 ·························· P3859
　　〔報恩寺常住百姓老小孫息名目〕 丙申年十月
　　十一日 （936?）
　　　1）寺戶・閻存邃（母） 2）報恩寺

01602 閻阿張 ·························· P3859
　　〔報恩寺常住百姓老小孫息名目〕 丙申年十月
　　十一日 （936?）
　　　1）(閻海全）母 2）報恩寺

01603 閻安慶 ·························· S11353
　　〔社司?轉帖〕（10C）
　　　1）押衙

01604 閻安信 ························ P3391v①
　　〔社司轉帖（寫錄）〕 丁酉年正月日 （937）

01605 閻安定 ·························· S11353
　　〔社司?轉帖〕（10C）
　　　1）押衙

01606 閻安八 ·························· S06130
　　〔諸人納布曆〕（10C）
　　　3）神沙鄉

01607 閻晏 ·························· 有鄰館56
　　〔城下諸色碩斜牛等入破曆〕 自戌年至子年
　　（9C前期）

01608 閻意娘 ·························· S02669
　　〔管内尼寺（安國寺・大乘寺・聖光寺）籍〕
　　（865～870）
　　　2）大乘寺 3）平康鄉 4）尼名「最威」。

01609 閻員昌 ························ P2708bn
　　〔社子名目〕（10C中期）

01610 閻員淸 ···················· 莫第431窟
　　〔供養人題記〕 宋太平興國五年 （980）
　　　1）□主節度内親從知紫亭縣令兼衙前都押衙銀
　　　青光祿大夫檢校刑部尚書兼御史大夫上柱國
　　　4）窟檐。《燉》p.165。《謝》p.281。

01611 閻員保 ···················· BD09282（周3）
　　〔六月到八月某寺諸色斛斗（豆麥粟）破曆〕
　　（10C後期）

01612 閻員保 ·························· P2708bn
　　〔社子名目〕（10C中期）

01613 閻員保 ························ S02894v⑤
　　〔社司轉帖〕（10C後期）

01614 閻員保 ························ S04657②
　　〔破曆〕（970～990年代）

01615 閻英達 ························ P3281v①
　　〔部落使閻英達狀〕（吐蕃期）
　　　1）部落使

01616 閻英達 ·························· P3410
　　〔沙州僧崇恩析產遺囑〕 吐蕃年次未詳 （840
　　前後）
　　　1）表弟大將

01617 閻?悅?子 ·························· P2766v
　　〔人名列記〕 咸通十二年 （871）

01618 閻延通 ·························· P2155③
　　〔合領馳馬牛羊皮曆〕（10C）

01619 閻延通 ·························· P2703
　　〔官牧羊人納粘羊毛牒〕 壬申年十二月
　　（972?）

01620 閻延定 ·························· P3351②
　　〔觀世音菩薩普門品（首題），多心經（首題）〕
　　開寶七(十一?)年戊寅正月廿八日 （978）
　　　4）原作「金光明寺僧王會長，張僧奴，令狐富通，
　　閻延定四人等舍觀音多心經一卷」。

01621 閻延德 ·························· P2484
　　〔就東園笇會小印子群牧馳馬牛羊見行籍（歸
　　義印）〕 戊辰年十月十八日 （968）
　　　4）存「歸義軍節度使印」。

01622 閻?衍子 ·························· S04643
　　〔陰家榮親客目〕 甲午年五月十五日 （994）
　　　1）押衙

01623 （閻?）衍子 ·················· S11353
〔社司?轉帖〕 （10C）
　1)押衙

01624 閻押牙 ····················· S00286
〔某寺斛㪷入曆(殘)〕 （10C中期）
　1)押衙

01625 閻押牙 ····················· S03448v
〔寫經人名?〕 （10C末～11C初）
　1)押衙

01626 閻押衙 ····················· P3037
〔社司轉帖〕 庚寅年正月三日 （990）
　1)押衙　2)大悲寺門前

01627 閻押衙 ····················· S04117
〔寫經人・校字人名目〕 壬寅年三月廿九日
（1002）
　1)寫經人・(校字人)・押衙

01628 閻押衙 ····················· Дx01320v
〔寫經人寫經名目〕 （10C末期）
　1)押衙

01629 閻乙子 ····················· P3859
〔報恩寺常住百姓老小孫息名目〕 丙申年十月
十一日 （936?）
　1)常住百姓　2)報恩寺

01630 閻溫ゞ ····················· P2715v
〔社司轉帖(殘)〕 （9C前期）

01631 閻加義 ····················· P2040v③-10
〔淨土寺豆入曆〕 （939）
　2)淨土寺

01632 閻加義 ····················· S05845
〔郭僧政等貸油麵曆〕 己亥年二月十七日
（939）

01633 閻加義妻 ··················· S05845
〔郭僧政等貸油麵曆〕 己亥年二月十七日
（939）

01634 閻加興 ····················· S02228①
〔絲綿部落夫丁修城使役簿〕 亥年六月十五
日 （819）
　1)(左八)　3)絲綿部落　4)首行作「亥年六月
十五日州城所, 絲綿」。末行作「亥年六月十五日
畢功」。

01635 閻家 ······················ P3394
〔僧張月光父子迴博田地契〕 大中六年壬申十
月 （852）

01636 閻家 ······················ P3579v
〔將取西州去物色目〕 十一月廿七日 （10C後
期）

01637 閻家 ······················ P4525⑩
〔官府酒破曆〕 辛巳年 （981）

01638 閻家 ······················ S04373
〔破曆〕 癸酉年六月一日～八月三日 （973 or
913）

01639 閻家 ······················ S04525
〔付官健及諸社佛會色物數目〕 （10C後期）

01640 閻家意富 ··················· P4975
〔入曆〕 （9C後期）

01641 閻家九娘子 ················· Дx05475
〔轉帖(殘)〕 某月八日 （10C）

01642 閻家國兒 ··················· S04703
〔買菜人名目〕 丁亥年 （987）

01643 閻戒辯 ····················· BD09095(陶16)
〔般若波羅蜜多新經(尾)〕 （9C後期～10C）
　1)沙門大德　2)靈圖寺　4)尾題後有題記「靈圖
寺沙門大德閻僧戒辯一心供養(以下略)」。

01644 （閻）會恩 ·················· P3630
〔都僧政會恩和尙邈眞讚幷序〕 梁貞明九年癸
未 （923）
　1)河西管內釋門都僧政

01645 閻?會淸 ··················· S03595v
〔押衙張恩會寫經等雜記〕 丙戌年六月一日
（986）

01646 閻海員 ····················· P2482④
〔閻府君邈眞讚幷序〕 大晉開運三年十二月丁
巳朔三日 （946）
　1)歸義軍節度左班首都頭知節院軍使銀青光祿
大夫檢校左散騎常侍兼御史大夫上柱國

01647 閻海員 ····················· 莫第098窟
〔供養人題記〕 （10C中期）
　1)節度押衙銀青光祿大夫檢校國子祭酒兼御史
中丞上柱國　4)北壁。《燉》p.34。

01648　閻海潤 ·············· P3859
〔報恩寺常住百姓老小孫息名目〕　丙申年十月十一日　(936?)
　　1)(閻海全)弟　2)報恩寺

01649　閻海閏 ·············· S05048
〔破曆〕　庚子年　(940?)
　　1)梁戶

01650　閻海昌 ·············· P3859
〔報恩寺常住百姓老小孫息名目〕　丙申年十月十一日　(936?)
　　1)(閻海全)弟　2)報恩寺

01651　閻海眞 ·············· P2718
〔知術院弟子閻海眞自手書記(1,王梵志詩1卷)(2,茶酒論1卷末)〕　開寶三年(二?)壬申歲正月十四日　(970 or 972)

01652　閻海眞 ·············· 莫第005窟
〔供養人題記〕　(10C前期)
　　1)孫子　4)原作「孫子閻海眞一心供養」。南壁。《燉》p.4.《謝》p.204.

01653　閻海全 ·············· P3859
〔報恩寺常住百姓老小孫息名目〕　丙申年十月十一日　(936?)
　　2)報恩寺　4)⇒願存。

01654　閻海全五娘 ·········· P3859
〔報恩寺常住百姓老小孫息名目〕　丙申年十月十一日　(936?)
　　2)報恩寺

01655　閻海珎 ·············· S03595v
〔雜寫〕　丙戌年六月一日　(986)
　　1)押衙

01656　閻海定 ·············· P3859
〔報恩寺常住百姓老小孫息名目〕　丙申年十月十一日　(936?)
　　1)(閻海全)弟　2)報恩寺

01657　閻開府 ·············· P3774
〔僧龍藏家產分割訴牒〕　丑年十二月　(821)
　　1)開府

01658　閻開府 ·············· S05812
〔令狐大娘爲田宅糾訴狀〕　丑年八月　(821)
　　1)開府

01659　閻憨兒 ·············· P2155③
〔合領馳馬牛羊皮曆〕　(10C)

01660　閻巖娘 ·············· S02669
〔管內尼寺(安國寺・大乘寺・聖光寺)籍〕　(865〜870)
　　2)大乘寺　3)神沙鄉　4)尼名「最勝智」。

01661　閻願興 ·············· S05631①
〔社司轉帖〕　庚辰年正月十四日　(980)
　　2)普光寺門前

01662　閻願住 ·············· P3721v③
〔冬至自斷官員名〕　己卯年十一月廿六日　(979)

01663　閻願昌 ·············· P3859
〔報恩寺常住百姓老小孫息名目〕　丙申年十月十一日　(936?)
　　1)寺戶・(閻海全)男　2)報恩寺

01664　閻願深 ·············· P3503
〔齋文一篇〕　庚午年十二月六日　(910?)

01665　閻願進 ·············· S04700
〔陰家榮親客目〕　甲午年五月十五日　(994)

01666　閻願成 ·············· S03011v
〔全不來閻願成文(雜寫)〕　(10C)

01667　閻願成 ·············· S03540
〔宕泉修窟盟約憑〕　庚午年正月廿五日　(970)

01668　閻願存 ·············· P3859
〔報恩寺常住百姓老小孫息名目〕　丙申年十月十一日　(936?)
　　1)常住百姓　2)報恩寺

01669　閻願太 ·············· P3859
〔報恩寺常住百姓老小孫息名目〕　丙申年十月十一日　(936?)
　　1)寺戶　2)報恩寺

01670　閻宜〻 ·············· S02669
〔管內尼寺(安國寺・大乘寺・聖光寺)籍〕　(865〜870)
　　2)大乘寺　3)慈惠鄉　4)尼名「勝會」。

01671　閻義成 ·············· P3583
〔莫高鄉百姓閻義成狀〕　(10C?)
　　1)百姓　3)莫高鄉

01672 閻嬌〻 ……………………… S02669
〔管内尼寺(安國寺・大乘寺・聖光寺)籍〕
(865～870)
　2)大乘寺　3)効穀鄕　4)尼名「智凝」。

01673 閻慶子 ……………………… P5032⑨
〔社文書〕(10C後期)

01674 閻慶進 ……………………… 莫第005窟
〔供養人題記〕(10C前期)
　1)孫　4)原作「孫閻慶進一心供養」。南壁。《燉》
　p.5。

01675 閻堅〻 ……………………… S06130
〔諸人納布曆〕(10C)

01676 閻賢者 ……………………… P2680v⑥
〔社司轉帖〕六月廿三日 (10C中期)
　1)賢者

01677 閻嚴娘 ……………………… S02669
〔管内尼寺(安國寺・大乘寺・聖光寺)籍〕
(865～870)
　2)大乘寺　3)神沙鄕　4)尼名「最勝智」。

01678 閻?彥長 ……………………… S03595v
〔押衙張恩會寫經等雜記〕丙戌年六月一日
(986)

01679 閻公 ……………………… P3718④
〔閻公生前寫眞讚并序〕天成肆年歲己丑
(929)
　1)唐河西節度右馬步都押衙銀靑光祿大夫檢校
　國子祭酒兼御史大夫上柱國　4)原文中有「公字
　子悅」。⇒閻子悅。

01680 閻公 ……………………… P4660⑭
〔邈眞讚并序〕(9C)
　1)瓜州諸軍事守瓜州刺史　3)瓜州　4)河西都
　僧統…(悟眞?)人名撰。

01681 閻公 ……………………… S03481v③
〔大蕃部落使河西節度太原閻公齋文〕(9C前
期)
　1)大蕃部落使河西節度

01682 閻弘潤 ……………………… P2216v
〔「金剛般若波羅蜜經注」行間雜寫1行〕清泰
二年乙未歲六月五日頃 (935)
　1)學生　4)原作「學生閻弘閏」。

01683 閻江淸 ……………………… P4707①②
〔寡婦阿王借麥糾紛牒(稿)〕庚申年 (900
or 960)
　1)押衙

01684 閻洪慶 ……………………… BD11998(L2127)
〔分付多衣簿〕(8C中期)

01685 閻洪閏 ……………………… Дx11747
〔大般若波羅蜜多心經(首)〕(10C?)
　1)學郞　4)原作「閻洪閏書記」。

01686 閻苟子 ……………………… P.tib2124v
〔人名錄〕(9C中期?)

01687 閻苟兒 ……………………… P2622v
〔雜寫〕(9C?)

01688 閻苟兒 ……………………… P4887
〔袁僧定弟亡納贈歷〕己卯年八月廿四日
(919 or 979)

01689 閻骨子 ……………………… P4975
〔淨土寺儭破曆〕庚寅年十二月廿五日 (930?)
　2)淨土寺?

01690 閻再〻 ……………………… S02669
〔管内尼寺(安國寺・大乘寺・聖光寺)籍〕
(865～870)
　2)大乘寺　3)神沙鄕　4)尼名「修妙」。

01691 閻最威 ……………………… S02669
〔管内尼寺(安國寺・大乘寺・聖光寺)籍〕
(865～870)
　2)大乘寺　3)平康鄕　4)姓「閻」。俗名「意娘」。

01692 閻最勝惠 ……………………… S02669
〔管内尼寺(安國寺・大乘寺・聖光寺)籍〕
(865～870)
　2)大乘寺　3)平康鄕　4)姓「閻」。俗名「招君」。

01693 閻最勝智 ……………………… S02669
〔管内尼寺(安國寺・大乘寺・聖光寺)籍〕
(865～870)
　2)大乘寺　3)神沙鄕　4)姓「閻」。俗名「嚴娘」。

01694 閻三子 ……………………… P2040v③-2
〔淨土寺西倉粟利入曆〕己亥年 (939)
　2)淨土寺

01695 閻山子 ……………………… BD15404(簡068066)
〔千渠中下界白刺頭名目〕(10C中期)
　1)白刺頭　3)千渠下界

01696 閻贊力 ……………… S00782v
　〔納贈曆〕　(10C)
　　　4)ペン筆?

01697 閻使君 ……………… S05697
　〔閻使君文書(斷片)〕　(8C末期)

01698 閻子 ………………… S05632①
　〔親情社轉帖〕　丁卯年二月八日　(967)
　　　2)顯德寺門

01699 閻子悅 ……………… S06130
　〔諸人納布曆〕　(10C)
　　　3)神沙鄉

01700 閻子延 ……………… 莫第005窟
　〔供養人題記〕　(10C前期)
　　　1)女聟·節度押衙知兼將務銀青光祿大夫檢校國
　　　子祭酒兼御史中丞上柱國　4)原作「女聟節度押
　　　衙知兼將務銀青光祿大夫檢校國子祭酒兼御史
　　　中丞上柱國閻子延一心供養」。東壁門南側。《燉》
　　　p.4。《謝》p.204。

01701 閻子?彰 …………… P2766v
　〔人名列記〕　咸通十二年　(871)

01702 閻子張郎 …………… S05632①
　〔親情社轉帖〕　丁卯年二月八日　(967)
　　　2)顯德寺門

01703 閻師 …… S10273＋S10274＋S10276＋
　S10277＋S10279＋S10290
　〔出便麥與人名目〕　丁巳年二月一日　(957?)

01704 閻思覺 ……………… S02669
　〔管內尼寺(安國寺·大乘寺·聖光寺)籍〕
　(865〜870)
　　　2)大乘寺　3)龍勒鄉　4)姓「閻」。俗名「足娘」。

01705 閻支信 ……………… P5021D
　〔付物曆〕　(9C末〜10C初)

01706 閻氏 ………………… 莫第055窟
　〔供養人題記〕　宋建隆三年間　(962)
　　　1)勅受□國夫人　4)原作「勅受□國夫人太原閻
　　　氏」東壁北側。《燉》p.18。《謝》p.146。

01707 閻氏 ………………… 莫第061窟
　〔供養人題記〕　(10C末期)
　　　1)勅受太原郡夫人　4)原作「□勅受太原郡夫人
　　　閻氏一心供養」。北壁。《燉》p.24。

01708 閻氏 ………………… 莫第098窟
　〔供養人題記〕　(10C中期)
　　　1)故妹　4)原作「故妹第十五小娘子供養出適閻
　　　氏」。南壁。《燉》p.38。

01709 閻氏 ………………… 莫第098窟
　〔供養人題記〕　(10C中期)
　　　1)新婦　4)原作「新婦娘子閻氏供養」。南壁。
　　　《燉》p.39。《謝》p.94。

01710 閻氏 ………………… 莫第098窟
　〔供養人題記〕　(10C中期)
　　　1)新婦　4)原作「新婦小娘子閻氏一心供養」。北
　　　壁。《燉》p.33。《謝》p.98。

01711 閻氏 ………………… 莫第144窟
　〔供養人題記〕　(9C前期)
　　　4)原作「姑母閻氏一心供養」。西壁。《燉》p.66。

01712 閻氏 ………………… 莫第192窟
　〔供養人題記〕　(8C後期)
　　　4)原作「新婦閻氏一心供養」。東壁門北側。《燉》
　　　p.83。

01713 閻氏 ………………… 莫第197窟
　〔供養人題記〕　(9C前期)
　　　4)原作「瓜州閻氏…一心供養」。北壁。《燉》p.89。

01714 閻氏 ………………… 莫第256窟
　〔供養人題記〕　(11C初期)
　　　1)窟主　4)原作「窟主娘子閻氏一心供養」。東壁
　　　門北側。《燉》p.109。

01715 閻氏 ………………… 楡第35窟
　〔供養人題記〕　(10C末期)
　　　1)窟主　4)原作「窟主小娘子閻氏」。東壁。《謝》
　　　p.486。

01716 閻寺主 ………… BD16388A(L4460)＋
　BD16388B(L4460)
　〔當寺轉帖〕　(9〜10C)
　　　1)寺主

01717 閻社長 ……………… P4975r.v
　〔沈家納贈曆〕　辛未年三月八日　(971)
　　　1)社長

01718 閻闍梨 ……………… S05878＋S05896
　〔子年領得什物見在曆〕　子年　(9C前期)
　　　1)闍梨

01719 閻闍梨 ………… S11284＋S11288
　〔便黃麻曆〕　(9C)
　　1)闍梨

01720 閻闍梨 ………… S11353
　〔社司?轉帖〕　(10C)
　　1)闍梨

01721 閻闍梨 ……… Дx00285＋Дx02150＋
　　Дx02167＋Дx02960＋Дx03020＋Дx03123v③
　〔某寺破曆〕　(10C中期)
　　1)闍梨

01722 閻修妙 ………… S02669
　〔管內尼寺(安國寺・大乘寺・聖光寺)籍〕
　(865～870)
　　2)大乘寺　3)神沙鄉　4)姓「閻」。俗名「再々」。

01723 閻祝燒 ………… S04443v
　〔諸雜難字(一本)〕　(10C)

01724 閻醜子 ………… S08696
　〔白刺送納帖〕　(977?)

01725 閻醜備 ………… P3418v⑤
　〔某鄉缺枝夫戶名目〕　(9C末～10C初)

01726 閻(什?)德 ………… P3231②
　〔平康鄉官齋曆〕　癸酉年九月卅日　(973)
　　3)平康鄉

01727 閻什德 ………… P3231④
　〔平康鄉官齋曆〕　甲戌年十月十五日　(974)
　　3)平康鄉

01728 閻什德 ………… P3231⑤
　〔平康鄉官齋曆〕　□亥年五月十五日　(975)
　　3)平康鄉

01729 閻什德 ………… P3231⑥
　〔平康鄉官齋曆〕　乙亥年九月廿九日　(975)
　　3)平康鄉

01730 閻什德 ………… P3721v①
　〔平康鄉堤上兄(見)點得人名目〕　庚辰年三月廿六日　(980)
　　3)平康鄉

01731 閻住兒 ………… P4997v
　〔分付羊皮曆(殘)〕　(10C後期)

01732 閻住千 ………… P3396
　〔沙州諸渠別粟田名目〕　(10C後期)

01733 閻住和 ………… P2216v
　〔雇人契(習書1行)〕　清泰二年乙未歲六月五日頃　(935)

01734 閻十一 ………… P3047v⑨
　〔諸人諸色施捨曆〕　(9C前期)

01735 閻晙順 ………… S05050
　〔某寺諸色入破曆計會〕　(10C中期)

01736 閻潤興 ………… P3942
　〔某家榮親客目〕　(10C?)
　　1)都頭

01737 閻閏興 ………… P3721v②
　〔兄(見)在巡禮都官都頭名牒〕　庚辰年正月十五日　(980)

01738 閻閏興 ………… S04121
　〔陰家榮親客目〕　甲午年五月十五日　(994)
　　1)都頭

01739 閻閏興都頭娘子 ………… S04121
　〔陰家榮親客目〕　甲午年五月十五日　(994)

01740 閻勝安 ………… P4912
　〔某寺得換油麻曆〕　(950年代以降)

01741 閻勝會 ………… S02669
　〔管內尼寺(安國寺・大乘寺・聖光寺)籍〕
　(865～870)
　　2)大乘寺　3)慈惠鄉　4)姓「閻」。俗名「宜々」。

01742 閻勝全 ………… P3718⑮
　〔閻府君寫眞讚〕　天福七年四月廿日　(942)
　　4)原作「楊繼思撰公諱勝全字盈，進」。

01743 閻將頭 ………… S01053v
　〔某寺破曆〕　戊辰年　(908)
　　1)將頭

01744 閻尚賓 ………… S10009
　〔田籍〕　(吐蕃期)

01745 閻招君 ………… S02669
　〔管內尼寺(安國寺・大乘寺・聖光寺)籍〕
　(865～870)
　　2)大乘寺　3)平康鄉

01746　閻章久 ……………………… S04643
〔陰家榮親客目〕　甲午年五月十五日　（994）
　1）都頭

01747　閻章忤 ……………………… S04609
〔付銀椀人名目〕　太平興國九年頃　（984）
　1）節度都頭知衙前虞候　4）原作「節度都頭知衙前虞候閻章忤牒」。

01748　閻章忤 ……………………… S04643
〔陰家榮親客目〕　甲午年五月十五日　（994）
　1）都頭

01749　閻章午 ……………………… S11353
〔社司?轉帖〕　（10C）
　1）押衙

01750　閻?上座 ……………………… BD08172v（乃72）
〔社司轉帖（習書・殘）〕　癸未年頃　（923頃?）
　1）上座

01751　閻上座 ……………………… P2469v
〔破曆雜錄〕　戌年六月五日　（830?）
　1）上座

01752　閻上座 ……………………… S05139v②
〔社司轉帖（寫錄）〕　四月十三日　（10C前期）
　1）上座

01753　閻上座 ……… S07939v＋S07940Bv＋S07941
〔燉煌諸寺僧尼給糧曆〕　（823以降）
　1）上座

01754　閻常淨 ……………………… S02729①
〔燉煌應管勘牌子曆〕　辰年三月　（788）
　1）僧　2）永安寺　3）沙州　4）18行目。

01755　閻眞心 ……………………… S02729①
〔燉煌應管勘牌子曆〕　辰年八月四日　（788）
　1）尼　2）大乘寺　3）沙州　4）辰年8月4日死。61-62行目。

01756　閻眞心 ……………………… S02729①
〔燉煌應管勘牌子曆〕　辰年三月　（788）
　1）尼　2）大乘寺　3）沙州　4）辰年8月4日死。48行目。

01757　閻進子 ……………………… P2216v
〔雇人契（習書1行）〕　清泰二年乙未歲六月五日頃　（935）

01758　閻政 ……………………… P3384
〔戶籍（殘）〕　大順二年辛亥正月一日　（891）

01759　閻政〻 ……………………… S11213G
〔配付人名目〕　（946）

01760　閻清奴 ……………………… P2738v
〔社司轉帖（寫錄）〕　二月廿五日　（9C後期）

01761　閻清奴 ……………………… S04643
〔陰家榮親客目〕　甲午年五月十五日　（994）

01762　閻生 ……………………… P3240①
〔配經曆〕　壬寅年六月廿一日　（1002）

01763　閻先章 ……………………… S00542v
〔燉煌諸寺丁壯車牛役部〕　戌年六月十八日　（818）
　2）龍興寺

01764　閻全子 ……………………… S04504v⑥
〔便契〕　乙未年三月七日　（935）
　1）押衙

01765　（閻）全子 ……………………… S04504v⑦
〔便契〕　乙未年正月一日　（935）
　1）押衙

01766　閻善清 ……………………… S06003
〔社司轉帖〕　壬申年七月廿九日　（972）

01767　閻僧政 ……………………… P2776v
〔破曆（某僧寺食物曆）〕　（10C）
　1）僧政

01768　閻僧政 ……… Дx00285＋Дx02150＋Дx02167＋Дx02960＋Дx03020＋Дx03123v③
〔某寺破曆〕　（10C中期）
　1）僧政

01769　閻僧政 ……………………… Дx02146
〔請諸寺和尙僧政法律等名錄〕　（10C?）
　1）僧政

01770　閻僧正 ……………………… P3881v
〔招提司惠覺諸色斛㪷計會〕　太平興國六年　（981）
　1）僧正

01771　閻僧正 ……………………… Дx11085
〔當寺轉帖〕　壬申年七月　（972）
　1）僧正

01772 閻僧統 ………………… P3440
〔見納賀天子物色人名〕 丙申年三月十六日
(996)
　1)僧統

01773 閻僧統 ………………… P3942
〔某家榮親客目〕 (10C?)
　1)僧統　2)(靈圖寺)

01774 閻宗兒 ………………… EO1143
〔延壽命菩薩圖供養人題記〕 (10C後期)
　4)原作「施主男知步卒隊頭閻宗兒一心供養」。

01775 閻爪兒 ………………… S04700
〔陰家榮親客目〕 甲午年五月十五日 (994)

01776 閻瘦筋 ………………… S01153
〔諸雜人名目〕 (10C後期)

01777 閻瘦子 ………………… S08673
〔鄧守興請判憑狀并付判〕 丁丑年八月 (977)
　1)押衙

01778 閻足娘 ………………… S02669
〔管内尼寺(安國寺・大乘寺・聖光寺)籍〕
(865〜870)
　2)大乘寺　3)龍勒鄉

01779 閻存興 ………………… P3859
〔報恩寺常住百姓老小孫息名目〕 丙申年十月
十一日 (936?)
　1)常住百姓　2)報恩寺

01780 閻存子 ………………… P3396
〔沙州諸渠別粟田名目〕 (10C後期)
　1)押衙

01781 閻存子 ………………… P3859
〔報恩寺常住百姓老小孫息名目〕 丙申年十月
十一日 (936?)
　1)常住百姓　2)報恩寺

01782 閻存勝 ………………… P3859
〔報恩寺常住百姓老小孫息名目〕 丙申年十月
十一日 (936?)
　1)常住百姓　2)報恩寺

01783 閻存遂 ………………… P3859
〔報恩寺常住百姓老小孫息名目〕 丙申年十月
十一日 (936?)
　2)報恩寺

01784 閻存犮 ………………… P3859
〔報恩寺常住百姓老小孫息名目〕 丙申年十月
十一日 (936?)
　1)常住百姓　2)報恩寺

01785 閻丑撻 ………………… P2916
〔納贈曆〕 癸巳年 (993?)
　1)都頭　4)原作「丑撻閻都頭」。

01786 閻朝 ………………… IOL.T.J915
〔羅織人張鸞々訴訟狀〕 (821頃)

01787 閻朝 ………… 新唐書216下・吐蕃傳
〔「沙州陷落次第」〕 (8C末)
　1)都知兵馬使

01788 閻長太 ………………… P3859
〔報恩寺常住百姓老小孫息名目〕 丙申年十月
十一日 (936?)
　1)(存遂)一女　2)報恩寺

01789 閻通引 ………………… S11353
〔社司?轉帖〕 (10C)

01790 閻通兒 ………………… P2484
〔就東園笭會小印子群牧馳馬牛羊見行籍(歸
義印)〕 戊辰年十月十八日 (968)
　4)存「歸義軍節度使印」。

01791 閻通兒 ………………… P2703
〔官牧羊人納秥羊毛牒〕 壬申年十二月
(972?)

01792 閻定安 ………………… P3440
〔見納賀天子物色人名〕 丙申年三月十六日
(996)
　1)都頭

01793 閻定員 ………………… S04643
〔陰家榮親客目〕 甲午年五月十五日 (994)
　1)(閻富實)男

01794 閻滇兒 ………………… 莫第192窟
〔供養人題記〕 (11C初期)
　1)社子　4)原作「社子燉煌水口閻滇兒一心供
養」。南壁。《燉》p.84。

01795 閻都押衙 ………………… S02472v④
〔隊官破曆〕 辛巳年十月三日 (981)
　1)都押衙

01796 閻都衙 ·················· P3440
　〔見納賀天子物色人名〕　丙申年三月十六日
　（996）
　　1）都衙

01797 閻都衙 ·················· P3942
　〔某家榮親客目〕　（10C?）
　　1）都衙

01798 閻都衙 ·················· P4907
　〔淨土寺?㝵破曆〕　辛卯年三月　（931?）
　　1）社人・都衙

01799 閻都衙 ·················· S01181v
　〔發願文〕　（10C中期）
　　1）都衙

01800 閻都衙 ·················· S04700
　〔陰家榮親客目〕　甲午年五月十五日　（994）
　　1）都衙　4）原作「閻都衙娘子」。

01801 閻都衙娘子 ············· P3942
　〔某家榮親客目〕　（10C?）

01802 閻都衙娘子 ············· S04700
　〔陰家榮親客目〕　甲午年五月十五日　（994）
　　1）閻都衙・娘子　4）原作「閻都衙娘子」。

01803 閻都知 ·················· P2049v②
　〔淨土寺諸色入破曆計會牒〕　長興二年正月
　（930～931）
　　1）都知

01804 閻都知 ·················· S08426B
　〔使府酒破曆〕　（10C中～後期）
　　1）都知

01805 閻都頭 ·················· P2629
　〔官破曆〕　十月四日　（10C中期）
　　1）都頭

01806 閻都頭 ·················· S04700
　〔陰家榮親客目〕　甲午年五月十五日　（994）
　　1）都頭　4）原作「閻都頭小娘子」。

01807 閻都頭? ················· S04703
　〔買菜人名目〕　丁亥年　（987）
　　1）都頭

01808 閻都頭小娘子 ··········· S04700
　〔陰家榮親客目〕　甲午年五月十五日　（994）
　　4）原作「閻都頭小娘子」。

01809 閻奴子 ·················· P2766v
　〔人名列記〕　咸通十二年　（871）

01810 閻奴子 ·················· P3418v⑤
　〔某鄉缺枝夫戶名目〕　（9C末～10C初）

01811 閻奴子 ·················· P5546
　〔神沙鄉人名目（殘）〕　（900頃）
　　3）神沙鄉

01812 閻滔 ····················· P2912v③
　〔寫大般若經一部施銀盤子麥粟粉疏〕　四月
　八日　（9C前期）

01813 閻童件 ·················· S04609
　〔付銀椀人名目〕　太平興國九年頃　（984）

01814 閻突兒 ·················· P3394
　〔僧張月光父子廻博田地契〕　大中六年壬申十
　月　（852）

01815 閻二都頭 ················ S04643
　〔陰家榮親客目〕　甲午年五月十五日　（994）
　　1）（閻閏興）男・都頭

01816 閻二都頭小娘子 ········· S04643
　〔陰家榮親客目〕　甲午年五月十五日　（994）
　　4）原作「閻二都頭小娘子」。

01817 閻馬步 ·················· P3145v
　〔節度使下官人名・鄉名諸姓等雜記〕　（10C）
　　1）馬步

01818 閻判官 ·················· P2469v
　〔破曆雜錄〕　戌年六月五日　（830?）
　　1）判官

01819 閻判官 ·················· P3258
　〔願文〕　（9C前期）
　　1）判官

01820 閻判官 ·················· P3440
　〔見納賀天子物色人名〕　丙申年三月十六日
　（996）
　　1）判官

01821 閻判官 ·················· S06003
　〔社司轉帖〕　壬申年七月廿九日　（972）
　　1）判官

01822 閻不勿 ·············· BD15404（簡068066）
　〔千渠中下界白刺頭名目〕　（10C中期）
　　1）白刺頭　3）千渠下界

01823 （閻?）富盈 ・・・・・・・・・・・・・・・ P4707②
　〔寡婦阿王借麥糾紛牒(稿)〕 （961 or 901 or
　960 or 900頃）

01824 閻富實 ・・・・・・・・・・・・・・・・・・・・ S04643
　〔陰家榮親客目〕 甲午年五月十五日 （994）

01825 閻府君 ・・・・・・・・・・・・・・・・・・・・ P2482④
　〔閻府君邈眞讚并序〕 大晉開運三年十二月丁
　巳朔三日 （946）
　　1) 歸義軍節度左班首都頭知節院軍使銀青光祿
　　大夫檢校左散騎常侍兼御史大夫上柱國

01826 閻普明 ・・・・・・・・・・・・・・・・・・・・ S02729①
　〔燉煌應管勘牌子歷〕 辰年三月 （788）
　　1) 僧　2) 普光寺　3) 沙州　4) 辰年8月24日死。
　　44行目。

01827 閻普明 ・・・・・・・・・・・・・・・・・・・・ S02729①
　〔燉煌應管勘牌子歷〕 辰年八月廿四日 （788）
　　1) 僧　2) 普光寺　3) 沙州　4) 辰年8月24日死。
　　末尾有「贊息檢」。62行目。

01828 閻物成 ・・・・・・・・・・・・・・・・・・・・ P3272
　〔致廻鶻狀〕 丁卯年 （907 or 967?）
　　1) 甘州使頭

01829 閻物成 ・・・・・・・・・・・・・・・・・・・・ P3627①
　〔漢八年楚滅漢興王陵變文一鋪(册子)〕　天
　福四年八月十六日 （939）
　　1) 孔目官・寫記

01830 閻文昌 ・・・・・・・・・・・・・ BD16336A1（L4425）
　〔社司轉帖〕 戊申年正月四日 （948?）

01831 閻文昌 ・・・・・・・・・・・・・・・・・・・・ P2155③
　〔合領馳馬牛羊皮歷〕 （10C）

01832 閻文昌 ・・・・・・・・・・・・・・・・・・・・ P2703
　〔官牧羊人納羖羊毛牒〕 壬申年十二月
　（972?）

01833 閻文信 ・・・・・・・・・・・・・・・・・・・・ S00782v
　〔納贈歷〕 （10C）
　　4) ペン筆?

01834 閻文通 ・・・・・・・・・・・・ BD04400v②（出100）
　〔張留德索文文等祭師兄文〕 維歲次辛亥十月
　朔十九日 （891 or 831）

01835 閻文祿 ・・・・・・・・・・・・・・・・・・・・ P3249v
　〔將龍光顏等隊下人名目〕 （9C中期）

01836 閻保盈 ・・・・・・・・・・・・・・・・・・・・ S04700
　〔陰家榮親客目〕 甲午年五月十五日 （994）

01837 閻保子? ・・・・・・・・・・・・・・・・・・ S05680②
　〔納贈歷(殘)〕 （10C中期）

01838 閻保住 ・・・・・・・・・・・・・・・・・・・・ S04700
　〔陰家榮親客目〕 甲午年五月十五日 （994）

01839 閻保達 ・・・・・・・・・・・・・・・・・・・・ P3636piece1
　〔社人罸粟歷〕 丁酉年頃 （937頃）

01840 閻保達 ・・・・・・・・・・・・・・・・・・・・ S05680②
　〔納贈歷(殘)〕 （10C中期）

01841 閻奉國 ・・・・・・・・・・・・・・・・・・・・ P4640v
　〔官入破歷〕 庚申八月 （900）

01842 閻法 ・・・・・・・・・・・・・・・・・・・・・・ S01653v
　〔付麵歷佛會支出簿〕 （10C）

01843 閻法律 ・・・・・・・・・・・・・・・・・・・・ P2054v
　〔疏請僧官文〕 （10C）
　　1) 法律　2) 靈圖寺

01844 閻法律 ・・・・・・・・・・・・・・・・・・・・ P3130v
　〔兌紙〕 （976 or 977）
　　1) 法律

01845 閻法律 ・・・・・・・・・・・・・・・・・・・・ P3240②
　〔付岳歷〕 壬寅年七月十六日 （1002）
　　1) 法律

01846 閻法律 ・・・・・・・・・・・・・・・・・・・・ P3713v
　〔粟破歷〕 七月廿六日 （10C後期）
　　1) 法律

01847 閻法律 ・・・・・・・・・・・・・・・・・・・・ S00520
　〔報恩寺方等道場榜〕 （9C末～925以前）
　　1) 法律　2) 靈圖寺　4) 有「河西都僧院」印。

01848 閻法律 ・・・・・・・・・・・・・・・・・・・・ S02614v
　〔燉煌應管諸寺僧尼名錄〕 （895）
　　1) 法律　2) 報恩寺

01849 閻法律 ・・・・・・・・・・・・・・・・・・・・ S03156①
　〔時年轉帖〕 己卯年十二月十六日 （979）
　　1) 僧・法律　2) 永安寺

01850 閻法律 ・・・・・・・・・・・・・・・・・・・・ S04687r.v
　〔佛會破歷〕 （9C末～10C前期）
　　1) 法律　2) 靈圖寺

01851 閻法律 ·················· S10566
〔秋季諸寺大般若轉經付帙曆〕 壬子年十月 (952)
　　1)法律　2)靈圖寺

01852 閻法律 ·················· Дx01320v
〔雜記〕 (10C後期)
　　1)法律　4)原作「閻法律貸兩盛子」。

01853 閻法律 ··········· Дx02449＋Дx05176
〔(時年)轉帖〕 十一月十九日 (10C前期)
　　1)法律　2)靈圖寺

01854 閻法律 ·················· Дx10272②
〔僧名目〕 (10C)
　　1)法律　4)原作「小閻法律」。

01855 閻法律 ·················· Дx10273
〔僧名目〕 (10C?)
　　1)法律　4)原作「小閻法律」。

01856 閻法律大娘 ············· Дx01320
〔雜記〕 (10C後期)

01857 閻法□ ·················· Дx06528
〔某寺麥粟破曆〕 (10C)
　　1)法□

01858 閻无着 ·················· S02729①
〔燉煌應管勘牌子曆〕 辰年三月 (788)
　　1)僧　2)大乘寺　3)沙州　4)46行目。

01859 閻勿成 ·················· S05486②
〔社司轉帖〕 壬寅年六月九日 (942)

01860 閻藥子 ·················· S04504v④
〔行人轉帖〕 七月三日 (10C前期)

01861 閻?友子 ················· S05845
〔郭僧政等貸油麵廊曆〕 己亥年二月十七日 (939)

01862 閻遊弈 ·················· P3440
〔見納賀天子物色人名〕 丙申年三月十六日 (996)

01863 閻遊弈 ·················· S04700
〔陰家榮親客目〕 甲午年五月十五日 (994)
　　1)遊弈

01864 閻羊絲 ············· BD08781①(國2)
〔社司轉帖(雜寫)〕 (10C?)

01865 閻里兒 ·················· S11213G
〔配付人名目〕 (946)

01866 閻力彳 ·················· P2856v②
〔副僧統下燉煌敎團諸寺百姓輸納粗草抄錄〕 景福二年癸丑歲十月十一日 (893)
　　1)東團(担當)

01867 閻流住 ·················· S04703
〔買菜人名目〕 丁亥年 (987)

01868 閻?流住 ················· S06452④
〔常住庫借貸油麵物曆〕 壬午年 (982?)
　　2)淨土寺

01869 閻流住 ·················· S06452⑥
〔常住庫黃麻出便與人名目〕 壬午年 (982)
　　2)淨土寺

01870 閻流住 ·················· S06452⑦
〔便粟曆〕 壬午年 (982)
　　2)淨土寺

01871 閻流定 ··········· BD15404(簡068066)
〔千渠中下界白刺頭名目〕 (10C中期)
　　1)白刺頭　3)千渠下界

01872 閻流奴 ·················· P2953v
〔便麥豆本曆〕 (10C)

01873 閻留住 ·················· EO1143
〔延壽命菩薩圖供養人題記〕 (10C後期)

01874 閻?連?進 ················ S05825
〔社司轉帖〕 (9C前期)

01875 閻郞 ··················· S06981⑬
〔入麥曆〕 酉年 (10C中期)

01876 閻□ ··············· BD16200K(L4099)
〔大乘寺殘文書〕 (9～10C)

01877 閻□ ··················· 莫第144窟
〔供養人題記〕 (9C前期)
　　1)叔母　4)原作「叔母閻□一心□□」。西壁。《謝》p.47。

01878 閻□久 ·················· S06003
〔社司轉帖〕 壬申年七月廿九日 (972)

01879 閻□章 ·················· P3816v
〔人名目〕 (10C)

01880 闍□□ ················ P3418v④
〔龍勒鄉缺枝夫戶名目〕（9C末～10C初）
　3)龍勒鄉

01881 闍?□ ················ EO1143
〔延壽命菩薩圖供養人題記〕（10C後期）
　1)(知)步二十隊頭

01882 闍□ ················ P.tib2124v
〔人名錄〕（9C中期?）

01883 闍 ················ BD03427（露27）
〔中阿含經卷第2, 第3, 第5等〕（10C?）
　1)寫經人?

01884 闍 ··············· BD11502①（L1631）
〔燉煌十一僧寺別姓名簿幷緣起經論等名目〕（9C後期）
　2)(靈)圖(寺)

01885 闍 ··············· BD16181v（L4097）
〔姓氏雜寫〕（9～10C）

01886 闍 ··············· P.tib1261v③
〔諸寺僧尼支給穀物曆〕（9C前期）

01887 闍 ··············· S03538v
〔一切經音義卷第24(書寫狀況)〕（10C後期）
　1)寫經人?

01888 闍? ··············· S12507
〔寫經紙數〕（8C?）
　1)寫經人?　4)原作「闍?二十三」。

[お]

01889 央 ················ P2049v②
〔淨土寺諸色入破曆計會牒〕長興二年正月（930～931）
　1)老宿

01890 汪秋盈 ··············· BD16152（L4080）
〔佃地契〕大順二年亥年正月七日（891）
　1)百姓　3)某鄉

01891 王阿朶 ··············· P2155③
〔合領馳馬牛羊皮曆〕（10C）
　4)原作「王阿朶群」。

01892 王阿朶 ··············· P2484
〔就東園筭會小印子群牧馳馬牛羊見行籍(歸義印)〕戊辰年十月十八日（968）
　4)存「歸義軍節度使印」。

01893 王阿朶 ··············· P2761v③
〔牧羊人王阿朶牒，爲憑十八日〕己卯年四月日（979）

01894 王阿朶 ··············· P2985v①
〔牧羊人王阿朶牒〕己卯年四月日（979）

01895 王阿朶 ··············· S06309
〔行人轉帖〕四月八日（10C）
　1)行人

01896 王阿朶 ··············· S06998①
〔牧羊人文書〕（10C後期）
　1)牧羊人

01897 (王)阿朶奴 ··············· 莫第427窟
〔供養人題記〕宋乾德八年頃（970頃）
　1)(王粉難)男　4)原作「兄王粉難一心供養男阿朶奴男會□」。西壁。《燉》p.157。⇒阿朶奴。

01898 王安懷 ··············· S02241
〔狀〕顯德五年三月?（958?）
　1)瓜州水官

01899 王安吉 ··············· P3721v②
〔兄(見)在巡禮都官都頭名牒〕庚辰年正月十五日（980）

01900 王安吉 ··············· P4525⑧
〔都頭及音聲等都共地畝細目〕（980頃）

01901 王安君 ……………… P3370
　〔出便麥粟曆〕　丙子年六月五日　(928)
　　3)平康鄉

01902 王安君 ……………… P3418v⑤
　〔某鄉缺枝夫戶名目〕　(9C末～10C初)

01903 王安君 ……………… P3418v⑦
　〔慈惠鄉缺枝夫戶名目〕　(9C末～10C初)
　　3)慈惠鄉

01904 王安君 ……………… P4525⑧
　〔都頭及音聲等都共地畝細目〕　(980頃)

01905 王安胡 ……………… P3418v⑧
　〔平康鄉缺枝夫戶名目〕　(9C末～10C初)
　　3)平康鄉

01906 王安胡 ……………… S02041
　〔社約〕　丙寅年三月四日　(846)
　　4)年號別筆(丙寅年三月四日)。ペン筆。

01907 王安仵 ……………… P3418v④
　〔龍勒鄉缺枝夫戶名目〕　(9C末～10C初)
　　3)龍勒鄉

01908 王安午 ……………… S03540
　〔宕泉修窟盟約憑〕　庚午年正月廿五日　(970)
　　1)社長

01909 王安三 ……………… BD00186v(黃86)
　〔便粟歷〕　(10C?)

01910 王安子 ……………… P3254v
　〔令狐安子等人名狀(殘)〕　大中六年十月　(852)

01911 王安住 ……………… P2049v①
　〔淨土寺諸色入破曆計會牒〕　同光三年　(925)

01912 王安住 ……………… S01477v
　〔地步曆〕　(10C初頃)

01913 王安昇 ……………… P2049v①
　〔淨土寺諸色入破曆計會牒〕　同光三年　(925)

01914 王安昇 ……………… P3231②
　〔平康鄉官齋曆〕　癸酉年九月卅日　(973)
　　3)平康鄉

01915 王安昇 ……………… P3231③
　〔平康鄉官齋曆〕　甲戌年五月廿九日　(974)
　　3)平康鄉

01916 王安昇 ……………… P3231④
　〔平康鄉官齋曆〕　甲戌年十月十五日　(974)
　　3)平康鄉

01917 王安昇 ……………… P3231⑦
　〔平康鄉官齋曆〕　丙子年五月十五日　(976)
　　3)平康鄉

01918 王安信 ……………… P2032v①-4
　〔淨土寺粟入曆〕　(944前後)

01919 王安信 ……………… P2032v⑯-4
　〔淨土寺粟利閏入曆〕　(940前後)
　　2)淨土寺

01920 王安信 ……………… P2040v②-25
　〔淨土寺黃麻利入曆〕　(940年代)
　　2)淨土寺

01921 王安信 ……………… P2040v③-10
　〔淨土寺豆入曆〕　(939)
　　2)淨土寺

01922 王安信 ……………… P2049v①
　〔淨土寺諸色入破曆計會牒〕　同光三年　(925)

01923 王安奴 ………… S08445＋S08446＋S08468
　〔稅巳年出羊人名目〕　丙午年二月十九日　(946)

01924 王安德 ……………… S01845
　〔納贈曆〕　丙子年四月十七日　(976?)

01925 王安屯 ……………… P3246v
　〔磑課納得曆(1行)〕　午年五月　(862?)

01926 王安六 ………… BD16111o(L4066)
　〔人名目〕　(10C)

01927 王安六 ……………… P2915piece1・2
　〔社人名錄(殘)〕　(10C)

01928 王安六 ……………… P3167v
　〔安國寺道場司關于(五尼寺)沙彌戒訴狀〕
　乾寧二年三月　(895)
　　2)(大乘)

01929 王安六 ……………… P3418v③
〔某鄉缺枝夫戶名目〕 （9C末～10C初）

01930 王安六 ……………… P3418v④
〔龍勒鄉缺枝夫戶名目〕 （9C末～10C初）
　3）龍勒鄉

01931 王安六 ……………… S06130
〔諸人納布曆〕 （10C）

01932 （王）威ゝ ……………… Дx01326
〔僧王伽兒等狀上〕 大中七年二月 （853）
　1）（王伽兒）男

01933 王惟清 ……………… S05824v
〔經坊費負担人名目〕 （8C末～9C前期）
　1）頭

01934 王維祕 ……………… S02729①
〔燉煌應管勘牌子曆〕 （788）
　2）報恩寺　3）沙州・潘原堡　4）26行目。

01935 王員會 ……………… BD14806②（新1006）
〔渠人轉帖〕 （10C中期）

01936 王員會 ……………… P3440
〔見納賀天子物色人名〕 丙申年三月十六日 （996）
　1）都頭

01937 王員慶 ……………… 羽・寫834
〔百姓趙塩久戶口請田簿〕 廣順二年正月一日 （952）

01938 王員興 ……………… Дx04278
〔十一鄉諸人付麵數〕 乙亥年四月十一（日） （915? or 975）

01939 王員子 ……………… P2049v①
〔淨土寺諸色入破曆計會牒〕 同光三年 （925）

01940 王員子 ……………… S06309
〔行人轉帖〕 四月八日 （10C）
　1）行人

01941 王員宗 ……………… S01898
〔兵裝備簿〕 （10C前期）

01942 王員集 ……………… P3501v⑦
〔莫高鄉百姓王員定牒文(控)〕 顯德伍年四月日 （958）
　1）百姓・（王員定・員奴）弟　3）莫高鄉

01943 王員住 ……………… P3379
〔社錄事陰保山等牒(團保文書)〕 顯德五年二月 （958）
　4）有指押印。

01944 王員住 ……………… S03978
〔納贈曆〕 丙子年七月一日 （976）

01945 王員（住） ……………… Дx02149B
〔見納缺柴人名目〕 （10C）

01946 王員住 ……………… 莫第427窟
〔供養人題記〕 宋乾德八年頃 （970頃）
　1）故寂衛前散（十將）　4）南壁。《Pn》作「十將」。《燉》p.157。

01947 王員昌 ……………… P3595v
〔就役名目〕 己巳年頃 （969?）

01948 王員昌 ……………… P4063
〔官建轉帖〕 丙寅年四月十六日 （966）
　1）押衙

01949 王員昌 ……………… TⅡY-46A
〔戶籍〕 端拱三年 （990）

01950 王員松 ……………… S04472v
〔納贈曆〕 辛酉年十一月廿日 （961）

01951 王員松 ……………… 上博21B
〔渠人轉帖〕 （10C中期?）

01952 王員長 ……………… BD15249v③（新1449）
〔某家榮親客目〕 （10C後期）

01953 王員定 ……………… P3501v⑦
〔莫高鄉百姓王員定牒文(控)〕 顯德伍年四月日 （958）
　1）百姓　3）莫高鄉

01954 王員奴 ……………… P3501v⑦
〔莫高鄉百姓王員定牒文(控)〕 顯德伍年四月日 （958）
　1）百姓・（王員定）弟　3）莫高鄉

01955 王員德 ……………… S08445＋S08446＋S08468①
〔羊司於常樂稅羊人名目〕 丙午年六月廿七日 （946）

01956 王員備 ……………… P4997v
〔分付羊皮曆(殘)〕 （10C後期）

01957 王員滿 ·················· S08443B2
〔李闍梨出便黃麻曆〕 乙巳年二月一日
(945?)

01958 王員滿 ·················· S08443C1
〔李闍梨出便黃麻(麥)曆〕 丙午年正月廿一
日 (946?)

01959 王員滿 ··················· S08443D
〔李闍梨出便黃麻(麥)曆〕 丁未年正月三日
(947?)

01960 王贇 ····················· S04920v
〔雜寫〕 (10C)
　1)孔目官官紙奉學生　4)V面雜記存「長興二年
(931)」「丁未年(947)」等狀・田籍等之字。

01961 王于羅丹 ········ S08445＋S08446＋
S08468②
〔羊司於紫亭得羊名目〕 丙午年三月九日
(946)

01962 王于羅丹 ········ S08445＋S08446＋
S08468③
〔稅巳年出羊人名目〕 丙午年二月十九日
(946)

01963 (王)雲勝 ··············· P4640④
〔大蕃沙州釋門教授和尚洪辯修功德碑〕 大
中五年 (851)
　4)⇒雲勝。

01964 王榮朝 ·················· S01475v②
〔社司狀上〕 申年五月廿一日 (828)

01965 王榮朝 ·················· S01475v③
〔社司狀上〕 申年五月 (828)
　1)社人

01966 王永安 ····················· P5546
〔神沙鄉人名目(殘)〕 (900頃)
　3)神沙鄉

01967 王永吉 ··················· 莫第098窟
〔供養人題記〕 (10C中期)
　1)節度押衙銀青光祿大夫檢(校)太子賓客監察
御史　4)中心佛壇背屏後壁。《燉》p.48。《謝》
p.95。

01968 王永興 ··········· BD04621v(劍21)
〔書簡稿〕 今月廿日 (9～10C)
　4)原作「報副使王永興監使翟再順都衙董祐德等
右奉處分今月廿日」。

01969 王永興 ··········· BD04621v(劍21)
〔書簡稿〕 今月廿日 (9～10C)
　4)原作「報副使王永興等右奉處分」。

01970 王永興 ··········· BD04621v(劍21)
〔書簡稿〕 壬辰年 (932 or 992 or 872)
　4)原作「報副使王永興監使董祐德」。在同紙上有
三箇「報副使王永興」又有「壬辰年二月四日」等
紀年。

01971 王永興 ····················· P2938v
〔雜寫〕 (10C)
　1)副使

01972 王盈君 ····················· P2738v
〔社司轉帖(寫錄)〕 二月廿五日 (9C後期)

01973 王盈君 ··················· S04654v⑥
〔王盈子等四人兄弟家產相續訴狀(稿)〕
(10C中期)
　1)百姓　3)慈惠鄉

01974 王盈子 ··················· S04654v⑥
〔王盈子等四人兄弟家產相續訴狀(稿)〕
(10C中期)
　1)百姓　3)慈惠鄉

01975 王盈子? ················· 莫第427窟
〔供養人題記〕 宋乾德八年頃 (970頃)
　1)衙前政兵馬使　4)P氏原作「故寂衙前政兵馬
使王盈子」。南壁。《Pn》。

01976 王盈信 ···················· P2155③
〔合領馳馬牛羊皮曆〕 (10C)
　4)原作「王盈信群」。

01977 王盈信 ······················ P2484
〔就東園笐會小印子群牧馳馬牛羊見行籍(歸
義印)〕 戊辰年十月十八日 (968)
　4)存「歸義軍節度使印」。

01978 王盈信 ······················ P2703
〔官牧羊人納秥羊毛牒〕 壬申年十二月
(972?)

01979 王盈信 ···················· S04649
〔破曆〕 庚午年 (970)
　1)牧羊人

01980 王盈進 ·················· S04654v⑥
〔王盈子等四人兄弟家產相續訴狀(稿)〕
(10C中期)
　1)百姓　3)慈惠鄉

01981 王盈進 ······ S08516C4
　〔新鄉鎭口承人名目〕　廣順三年十一月十九
　日　(954)
　　3)神沙鄉

01982 王英 ······ P3205
　〔僧俗人寫經曆〕　(9C前期)
　　4)⇒王茂英。

01983 王圓昌 ······ P2877v
　〔行人轉帖〕　乙丑年正月十六日　(962)
　　1)行人

01984 王圓寂 ······ S02729①
　〔燉煌應管勘牌子歷〕　辰年三月　(788)
　　1)僧　2)大乘寺　3)沙州　4)50行目。

01985 王延〔員〕德 ······ S06452④
　〔常住庫借貸油麵物曆〕　壬午年正月四日
　(982?)
　　1)取麵人　2)淨土寺

01986 王衍子 ······ P2932
　〔出便豆曆〕　甲子年十二月(十一)十七日
　(964?)
　　4)⇒衍子。

01987 王衍子 ······ P3231v⑦
　〔平康鄉官齋曆〕　丙子年五月十五日　(976?)
　　3)平康鄉

01988 王衍子 ······ P4991
　〔社司轉帖〕　壬申年六月廿四日　(972)

01989 王應兒 ······ P2040v③-2
　〔淨土寺西倉粟利入曆〕　己亥年　(939)
　　2)淨土寺

01990 王應兒 ······ S04472v
　〔納贈曆〕　辛酉年十一月廿日　(961)

01991 王應子 ······ P2040v②-28
　〔淨土寺豆入曆〕　(940前後)
　　2)淨土寺

01992 王應子 ······ P2049v②
　〔淨土寺諸色入破曆計會牒〕　長興二年正月
　(930～931)

01993 王押衙 ······ P3555B piece4 piece5＋P3288
　①②
　〔社司轉帖〕　丁巳年?月一日　(957)
　　1)押衙

01994 王押衙 ······ P4991
　〔社司轉帖〕　壬申年六月廿四日　(972)
　　1)錄事・押衙

01995 王押衙 ······ S03714
　〔親情社轉帖(雜寫)〕　(10C)
　　1)押衙

01996 王押衙 ······ S06066
　〔社司轉帖〕　壬辰年四月廿二日　(992)
　　1)押衙　2)乾明寺

01997 王押衙 ······ S08516E2
　〔社司轉帖〕　丙辰年六月十日　(956)
　　1)押衙

01998 王押衙 ······ Дx01278
　〔便粟社人名目〕　辛亥年五月　(951)
　　1)押衙

01999 王押衙 ······ Дx06018
　〔社司轉帖(殘)〕　(10C後期)
　　1)押衙

02000 王ゝ寺 ······ S04703
　〔買菜人名目〕　丁亥年　(987)

02001 王恩子 ······ P2032v①-2
　〔淨土寺西倉麥入曆〕　(944前後)
　　2)淨土寺

02002 王恩子 ······ P2049v①
　〔淨土寺諸色入破曆計會牒〕　同光三年
　(925)

02003 王恩子 ······ P2049v②
　〔淨土寺諸色入破曆計會牒〕　長興二年正月
　(930～931)

02004 王溫 ······ S02041
　〔社約〕　丙寅年三月四日　(846)
　　4)年號別筆(丙寅年三月四日)。ペン筆。

02005 王伽兒 ······ Дx01326
　〔僧王伽兒等狀上〕　大中七年二月日　(853)
　　1)僧

02006 王加義 ······ P2049v①
　〔淨土寺諸色入破曆計會牒〕　同光三年
　(925)

02007 王加?晟 ……………… S09713v
　〔人名目(3名)〕 (9C?)

02008 王嘉玉 ………………… Дx01328v
　〔高昌田苗曆〕 建中三年三月廿七日 (782)

02009 王嘉晟 ………………… Дx04355
　〔王嘉晟狀〕 (10C?)
　　1) 檢校酒子祭酒守・端陵臺令兼侍御史上柱國

02010 王媧娃 ………………… S02669
　〔管内尼寺(安國寺・大乘寺・聖光寺)籍〕
　(865～870)
　　2) 大乘寺　3) 赤心鄉　4) 尼名「守眞」。

02011 王家 …………………… P2032v⑫
　〔淨土寺諸色破曆〕 (940前後)
　　2) 淨土寺　3) 宜秋

02012 王家 …………………… 杏・羽672
　〔新集親家名目〕 (10C?)

02013 王家 …………………… 燉研322
　〔臘八燃燈分配窟龕名數〕 辛亥年十二月七日 (951)

02014 王家阿妗 ……………… P3985
　〔錄人送路物色名目〕 癸巳年七月廿五日 (933?)

02015 王家願清 ……………… P2953v
　〔便麥豆本曆〕 (10C)

02016 王家願清阿舅 ………… P2953v
　〔便麥豆本曆〕 (10C)
　　4) 阿舅。

02017 王家庄 ………………… P3875B
　〔某寺修造諸色破曆〕 丙子年八月廿七日
　(916 or 976?)
　　4) 原作「王家庄」。

02018 王家大郎子 …………… P2032v②
　〔淨土寺惠安手下諸色入曆〕 甲辰年一日巳直歲 (944)

02019 王禾國 ………………… S02228①
　〔絲綿部落夫丁修城使役簿〕 亥年六月十五日 (819)
　　1) (右二) 3) 絲綿部落　4) 首行作「亥年六月十五日城所,絲綿」。末行作「亥年六月十五日畢功」。

02020 王華子 ………………… P2832Av
　〔納楊榆木人名曆〕 (10C)

02021 王華子 ………………… P3249v
　〔將龍光顏等隊下人名目〕 (9C中期)

02022 王懷愛 ………………… 莫第427窟
　〔供養人題記〕 宋乾德八年頃 (970頃)
　　1) 寂知衙前衆子將　4) 原作「故寂知衙前衆子將王懷愛一心供養。南壁。《燉》p.157作「王□□」。《Pn》作「王懷愛」。⇒王□□。

02023 王懷慶 ………………… Дx10270r.v
　〔便粟麥曆〕 (946)

02024 王懷建 ………………… S01898
　〔兵裝備簿〕 (10C前期)

02025 王懷子 ………………… P2040v②-28
　〔淨土寺豆入曆〕 (940前後)
　　2) 淨土寺

02026 王懷信 ………………… BD15404(簡068066)
　〔千渠中下界白刺頭名目〕 (10C中期)
　　1) 白刺頭　3) 千渠下界

02027 王懷進 ………………… BD16332A(L4423)
　〔渠人轉帖〕 (10C)

02028 王懷進 ………………… S04444v③
　〔社司轉帖(寫錄)〕 (10C)
　　2) (永安寺門前)

02029 王懷進 ………………… Дx10270r.v
　〔便粟麥曆〕 (946)
　　3) 平康(鄉)

02030 王懷定 ………………… S01371
　〔佛母經〕 (10C)

02031 王懷德 ………………… S00323
　〔團頭名目〕 大順二年 (891)
　　1) 團頭

02032 王懷□ ………………… Дx10270
　〔便粟麥曆〕 (946)

02033 王戒心 ………………… Дx06064v
　〔人名目〕 (10C)

02034 （王）會興 ·················· 莫第427窟
〔供養人題記〕 宋乾德八年頃 （970頃）
　1)弟　4)原作「弟會興一心供養」。中心塔柱南向面。《燉》p.159。⇒會興。

02035 王會昌 ·················· Дx06064v
〔人名目〕 （10C）

02036 王會長 ·················· P3351②
〔觀世音菩薩普門品(首題),多心經(首題)〕
開寶七(十一?)年戊寅正月廿八日 （978）
　1)僧　2)金光明寺　4)原作「金光明寺僧王會長,張僧奴,令狐富通,閻延定四人等舍觀音多心經一卷」。

02037 王會長 ·················· P3351v
〔臨壙文,俗患文等〕 戊寅年二月十七日 （978）
　1)僧　2)金光明寺　4)原作「金光明寺僧王會長自手,…」。

02038 王會長 ·················· P3797v③
〔戶籍稿(殘)〕 開寶九年丁丑年四月八日 （976・977）
　4)R面有題記「太公家教,新集嚴父教。維太宗開寶九年丙子歲三月十三日寫子文書了」。

02039 王會長 ·················· Дx02143
〔押衙索勝全換馬契〕 乙未年六月十六日 （995 or 935）
　1)法律　2)(靈)圖寺

02040 （王）會□ ·················· 莫第427窟
〔供養人題記〕 宋乾德八年頃 （970頃）
　1)(王粉难)男　4)原作「兄王粉难一心供養男阿朶奴男會□」。西壁。《燉》p.157。⇒會□。

02041 王海子 ·················· S00542v
〔燉煌諸寺丁壯車牛役部〕 戌年六月十八日 （818）
　2)靈圖寺

02042 王海子妻 ·················· S00542v
〔燉煌諸寺丁壯車牛役部〕 戌年六月十八日 （818）
　2)蓮臺寺(靈圖寺?)

02043 王海潤 ·················· BD08668(位68)
〔勸戒文百行章寫經題記〕 庚辰年正月廿一日 （9～10C）
　1)書寫・孝使(士)郎　2)淨土寺　4)原作「使郎寫」。

02044 王海潤 ·················· P2049v①
〔淨土寺諸色入破曆計會牒〕 同光三年 （925）

02045 王海潤 ·················· P2049v②
〔淨土寺諸色入破曆計會牒〕 長興二年正月 （930～931）

02046 王海閏 ·················· P3102v③
〔社内付麵人名目〕 （10C前期）

02047 王海女 ·················· S03287v
〔戶口田地申告牒〕 子年五月 （832 or 844）

02048 王海清 ·················· BD15404(簡068066)
〔千渠中下界白刺頭名目〕 （10C中期）

02049 王海忠 ·················· BD16317(L4409)
〔行人轉帖〕 （10C）

02050 王灰子 ·················· S06204①
〔隊轉帖〕 （10C前後）

02051 王灰進 ·················· S04472v
〔納贈曆〕 辛酉年十一月廿日 （961）

02052 王玠 ·················· S.P2／13
〔書狀(金剛般若波羅蜜多經(刻本)末部補修紙)〕 咸通九年四月十九日 （868）
　4)原作「咸通九年(868)四月十五日王玠爲二親敬造普施」。

02053 王開□? ·················· BD16152(L4080)
〔佃地契〕 大順二年亥年正月七日 （891）

02054 王覺海 ·················· S02669
〔管内尼寺(安國寺・大乘寺・聖光寺)籍〕 （865～870）
　2)大乘寺　3)赤心鄉　4)姓「王」。俗名「悉曼」。

02055 王覺藏 ·················· S02669
〔管内尼寺(安國寺・大乘寺・聖光寺)籍〕 （865～870）
　2)大乘寺　3)赤心鄉　4)姓「王」。俗名「漱々」。

02056 王寬 ·················· BD04048v(麗48)
〔名籍〕 （9～10C）

02057 王憨々 ·················· P2040v②-28
〔淨土寺豆入曆〕 （940前後）
　2)淨土寺

02058 王憨々 ················ S08690
　〔薩毗寄倉入(破?)曆〕 (940前後)

02059 王憨子 ················ P2032v⑫
　〔淨土寺諸色破曆〕 (940前後)
　　2)淨土寺

02060 王憨子 ··············· P2040v③-2
　〔淨土寺西倉粟利入曆〕 己亥年 (939)
　　2)淨土寺

02061 王憨兒 ············ BD16079(L4048)
　〔便物曆〕 辛酉年二月九日 (9～10C)

02062 王憨兒 ·············· S06981⑬
　〔入麥曆〕 酉年 (10C中期)

02063 王憨(兒?) ········ Дx05444＋Дx06547
　〔官衙請烽子等處分狀并押判(鳥)〕 甲寅年十月 (954)
　　1)烽子

02064 王漢子 ················ S00374
　〔回向文〕 至道二年正月 (996)
　　1)新鄕副使

02065 王澣 ················· P2162v
　〔三將納丑年突田曆〕 (9C前期)

02066 王瀚 ·············· BD00018(地18)
　〔維摩詰所說經卷中(尾)〕 (9C前期)
　　1)經生 4)原作「奉爲西州僧昔道蕚寫記經生王瀚」。

02067 王瀚 ··········· BD00099①～③(地99)
　〔佛說大乘无量壽宗要經1卷(尾)〕 (9C前期)
　　4)原作「已前六卷,紙卅張,王瀚寫限闇書,不得不放,知之」。

02068 王瀚 ·············· BD00244(宇44)
　〔佛名經卷第12〕 (9C前期)
　　1)經生

02069 王瀚 ·············· BD01887(秋87)
　〔无量壽要經末〕 (9C前期)
　　4)原作「王瀚經十卷共五十一紙」。

02070 王瀚 ·············· BD03398(雨98)
　〔无量壽宗要經〕 (9C前期)

02071 王瀚 ·············· BD04891(巨91)
　〔无量壽宗要經(5紙末有題名)〕 (9C前期)
　　2)永安(寺) 4)V面有「永安」(永安寺)字。

02072 王瀚 ·············· BD05467(菓67)
　〔妙法蓮華經卷4(末)〕 (9C前期)
　　4)原作「王瀚寫」又有「社經」字。

02073 王瀚 ·············· BD05509(珍9)
　〔大般若波羅蜜多經卷第109(尾題記)〕 (9C前期)
　　4)尾題記爲「王瀚勘了」。

02074 王瀚 ·············· BD07157(師57)
　〔大般若波羅蜜多經卷第111(尾)〕 (9C前期)

02075 王瀚 ·············· BD08568(推68)
　〔无量壽宗要經(尾紙末有題名)〕 (9C前期)

02076 王瀚 ·············· BD15200(新1400)
　〔大般若波羅蜜多經卷第337〕 (9C前期)
　　4)原作「王翰寫第一校第二校,第三校」。

02077 王瀚 ················· P2927
　〔大般若波羅蜜多經卷第101〕 (9C前期)
　　1)勘

02078 王瀚 ················· S02992
　〔維摩詰經卷第1〕 (9C前期)
　　1)寫經生

02079 王瀚 ················ 杏・羽670
　〔佛說无量壽宗要經(尾)〕 (9C前期)

02080 王監使 ··········· S08445＋S08446＋S08468③
　〔稅巳年出羊人名目〕 丙午年二月十九日 (946)
　　1)監使 4)⇒王速略。

02081 王含嬌 ················ S02669
　〔管內尼寺(安國寺・大乘寺・聖光寺)籍〕 (865～870)
　　2)大乘寺 3)神沙鄕 4)尼名「最勝德」。

02082 王願昌 ················ S00395v
　〔雜寫〕 (940年代)
　　1)淨土寺李仕郎 2)淨土寺

02083 王願昌 ················ 北大D193
　〔羯羊曆〕 丙申年・丁酉年 (936 or 937)
　　1)淨土寺李仕郎

02084 王願深 ················ BD16509A
　〔延晟人名一本〕 (9C前期)

02085 王願進 ············· BD11987（L2116）
〔歸義軍官府人名目〕 （9C後期～10C）

02086 王願進 ················· P4991
〔社司轉帖〕 壬申年六月廿四日 （972）

02087 王願進 ················ S06452⑥
〔常住庫黃麻出便與人名目〕 壬午年 （982）
　2）淨土寺

02088 王願成 ············· BD15249v③（新1449）
〔某家榮親客目〕 （10C後期）
　1）主人　4）原作「王願成押牙及新婦」。又有注記「主人」。

02089 王願成 ················· P2515
〔辯才家教卷上（奧書）〕 甲子年四月廿五日 （964）
　2）顯德寺　4）原作「甲子年四月廿五日顯比丘僧願成俗姓王全記」。⇒王保全↔願成。

02090 王願成 ················· S03978
〔納贈曆〕 丙子年七月一日 （976）

02091 （王）願成 ·············· 杏・羽717
〔索亭良於吉南鄉百姓王元成面上傭工契（寫錄）〕 辛卯年二月一日 （991?）
　1）百姓・王元成男　3）吉南鄉　4）V面爲「无量壽宗要經」。天界上欄有「一紙兌寫訖兌」（6字）。故V面紙爲兌經紙。本R面之契爲二次利用寫錄。

02092 王願成新婦 ··········· BD15249v③（新1449）
〔某家榮親客目〕 （10C後期）
　4）原作「王願成押牙及新婦」。

02093 王願□ ················ P3595v
〔就役名目〕 己巳年頃 （969?）

02094 王喜□ ················· P4063
〔官建轉帖〕 丙寅年四月十六日 （966）

02095 王圻長 ················ 莫第427窟
〔供養人題記〕 宋乾德八年頃 （970頃）
　1）弟子節度押衙　4）西壁。《Pn》作「節度押衙王圻長一心供養」。

02096 王宜子 ················· S04710
〔沙州戶口簿〕 （9C中期以降）

02097 （王）宜娘 ··············· S00542v
〔燉煌諸寺丁壯車牛役部〕 戊年六月十八日 （818）
　2）大乘寺　4）⇒宜娘。

02098 王欺子 ················· S05845
〔郭僧政等貸油麵麻曆〕 己亥年二月十七日 （939）

02099 王欺忠 ············· S08445＋S08446＋S08468
〔羊司於常樂稅羊人名目〕 丙午年 （946）

02100 王欺忠 ············· S08445＋S08446v＋S08468v
〔羊司於常樂稅羊人名目〕 丙午年 （946）

02101 王義員 ············· BD14806②（新1006）
〔渠人轉帖〕 （10C中期）

02102 王義員 ················· P2738v
〔社司轉帖（寫錄）〕 二月十五日 （9C後期）

02103 王義員 ················· P4997v
〔分付羊皮曆（殘）〕 （10C後期）

02104 王義員 ················ 莫第427窟
〔供養人題記〕 宋乾德八年頃 （970頃）
　1）故寂兵馬使　4）原作「故寂兵馬使王義員」。南壁。《燉》p.157.《謝》p.276。

02105 王義恩 ················· P2049v①
〔淨土寺諸色入破曆計會牒〕 同光三年 （925）

02106 王義恩 ················· P4958piece1
〔納贈歷〕 （10C前期）

02107 王義金 ················ P2040v②-28
〔淨土寺豆入曆〕 （940前後）
　2）淨土寺

02108 王義集 ················· P2049v①
〔淨土寺諸色入破曆計會牒〕 同光三年 （925）

02109 王義集 ················· P2738v
〔社司轉帖（寫錄）〕 二月十五日 （9C後期）

02110 王義住 ················· P3705v
〔人名錄雜記〕 中和二年頃 （882?）

02111 王義信 ……………………… P2049v①
〔淨土寺諸色入破曆計會牒〕 同光三年
(925)

02112 王義信 ……………………… P2738v
〔社司轉帖(寫錄)〕 二月廿五日 (9C後期)

02113 王義信 ……………………… S04472v
〔納贈曆〕 辛酉年十一月廿日 (961)

02114 王義信 ……………………… S06237
〔諸人見在粟黃麻曆〕 戌年～子年 (10C中期
以降?)

02115 王義成 ……………………… S01398v③
〔酒破曆殘〕 太平興國七年 (982)

02116 王義成 ……………………… 莫第427窟
〔供養人題記〕 宋乾德八年頃 (970頃)
　1) 故兄節度押衙　4) 南壁。《Pn》作「故兄節度押
衙」。《燉》p.157。《Pn》。

02117 王義節 ……………………… P2040v③-2
〔淨土寺西倉粟利入曆〕 己亥年 (939)
　2) 淨土寺

02118 王義千 ……………………… P3894v
〔人名錄等雜抄〕 (900前後)

02119 王義詮 ……………………… P4638v⑬
〔將于闐充使達至西府大國〕 辛卯年 (931)
　1) 隊頭・押衙

02120 王義全 ……………………… BD16128A(L4067)
〔社人名目〕 (10C)

02121 王義全 ……………………… P2049v①
〔淨土寺諸色入破曆計會牒〕 同光三年
(925)

02122 王義全 ……………………… P3894v
〔人名錄等雜抄〕 (900前後)

02123 王義全 ……………………… 莫第370窟
〔供養人題記〕 (10C後期)
　1) 社戶　4) 原作「社戶王義全一心供養」。南壁。
《燉》p.144。

02124 王義通 ……………………… S06237
〔諸人見在粟黃麻曆〕 戌年～子年 (10C中期
以降?)

02125 王義辯 ……………………… P2738v
〔社司轉帖(寫錄)〕 二月廿五日 (9C後期)

02126 王義郎 ……………………… P2032v⑱
〔淨土寺豆利閏入曆〕 (940前後)
　2) 淨土寺

02127 王義郎 ……………………… P3234v⑮
〔淨土寺西倉豆利潤入曆〕 (940年代?)
　2) 淨土寺

02128 王義和 ……………………… P2049v①
〔淨土寺諸色入破曆計會牒〕 同光三年
(925)

02129 王義□ ……………………… 莫第427窟
〔供養人題記〕 宋乾德八年頃 (970頃)
　4) 南壁。「故□王義□一心供養」。《Pn》。

02130 王吉奴 ……………………… S02214
〔官府雜帳(名籍・黃麻・地畝・地子等曆)〕
(860?)

02131 王吉奴 ……………………… 北大D246v②
〔社司轉帖〕 丁亥年正月十二日 (10C)

02132 王颭々 ……………………… S05824
〔經坊費負担人名目〕 (8C末～9C前期)
　1) 寫經人　3) 絲綿部落

02133 王嬌々 ……………………… S02669
〔管内尼寺(安國寺・大乘寺・聖光寺)籍〕
(865～870)
　2) 大乘寺　3) 赤心鄉　4) 尼名「勝惠花」。

02134 王嬌蠻 ……………………… S02669
〔管内尼寺(安國寺・大乘寺・聖光寺)籍〕
(865～870)
　2) 大乘寺　3) 神沙鄉　4) 尼名「德海」。

02135 王憍々 ……………………… P2595②
〔買地契殘別記〕 乾符二年 (875)

02136 王教授 ……………………… BD09292(周13)
〔某寺香積廚諸色斛破歷〕 (9～10C)
　1) 教授

02137 王教授 ………… BD16388A(L4460)＋
BD16388B(L4460)
〔當寺轉帖〕 (9～10C)
　1) 教授

02138　王教授 …………………… S09931
〔金光明寺?常住什物點檢見在曆〕（9C後期）
　　1)教授　2)金光明寺

02139　王教定 …………………… P3418v⑦
〔慈惠鄉缺枝夫戶名目〕（9C末～10C初）
　　3)慈惠鄉

02140　王鄉官 …………………… 北大D193v
〔羯羊曆〕　丙申年・丁酉年　（936 or 937）
　　1)鄉官

02141　(王)鏡羞 …………………… P3167v
〔安國寺道場司關于(五尼寺)沙彌戒訴狀〕
乾寧二年三月　（895）
　　2)聖光寺　4)⇒鏡羞。

02142　王玉兒 …………………… 北大D162v
〔道場施物疏〕　辰年正月十五日　（836?）

02143　王玉兒 …………………… 北大D162v④
〔道場施物疏〕　辰年正月十五日　（836?）
　　1)弟子

02144　王緊朝 …………………… Дх01418
〔燉煌諸鄉別便豆曆〕（10C）
　　3)莫高鄉

02145　王金ゝ …………………… S00542v
〔燉煌諸寺丁壯車牛役部〕　戌年六月十八日
（818）
　　1)東頭　2)報恩寺

02146　王金剛 …………………… P5003v
〔社人納色物曆〕（9C前期）

02147　王金剛惠 …………………… P3047v①
〔僧名等錄〕（9C前期）
　　4)僧名「金剛惠」。

02148　王金檀 …………………… S02729①
〔燉煌應管勘牌子曆〕　辰年三月　（788）
　　1)僧　2)金光明寺　3)沙州　4)15行目。

02149　王金奴 …………………… S02228①
〔絲綿部落夫丁修城使役簿〕　亥年六月十五日　（819）
　　1)(右三)　3)絲綿部落　4)首行作「亥年六月十五日州城所,絲綿」。末行作「亥年六月十五日畢功」。

02150　王虞候 …………………… S02214
〔官府雜帳(名籍・黃麻・地畝・地子等曆)〕
（860?）
　　1)虞候

02151　王虞候 …………………… S08448B
〔紫亭羊數名目〕（940頃）
　　1)虞候

02152　王君ゝ …………………… S00542v
〔燉煌諸寺丁壯車牛役部〕　戌年六月十八日
（818）
　　1)團頭　2)大乘寺

02153　王君子 …………………… BD06359(鹹59)
〔便麥契〕　丑年二月　（821）
　　1)寺戶　2)靈修寺

02154　王君之妻 …………………… S00542v
〔燉煌諸寺丁壯車牛役部〕　戌年六月十八日
（818）
　　2)大乘寺

02155　王君娘 …………………… S02669
〔管內尼寺(安國寺・大乘寺・聖光寺)籍〕
（865～870）
　　2)大乘寺　3)慈惠鄉　4)尼名「定眞」。

02156　王喞朝 …………………… S00542v⑧
〔燉煌諸寺丁壯車牛役部〕　戌年六月十八日
（818）
　　2)普光寺

02157　王喞朝妻 …………………… S00542v
〔燉煌諸寺丁壯車牛役部〕　戌年六月十八日
（818）
　　2)普光寺

02158　王惠花 …………………… S02669
〔管內尼寺(安國寺・大乘寺・聖光寺)籍〕
（865～870）
　　2)大乘寺　3)赤心鄉　4)姓「王」。俗名「嬌ゝ」。

02159　王惠俊 …………………… S02729①
〔燉煌應管勘牌子曆〕　辰年三月　（788）
　　1)僧　2)龍興寺　3)沙州　4)4行目。⇒惠俊。

02160　王惠藏 …………………… P3047v①
〔僧名等錄〕（9C前期）
　　4)尼名「惠藏」。

02161 王慶恩 ················· P2932
〔出便豆曆〕　乙丑年二月　(965?)
　　3)平康鄉

02162 王慶恩 ················· P3231②
〔平康鄉官齋曆〕　癸酉年九月卅日　(973)
　　3)平康鄉

02163 王慶恩 ················· P3231③
〔平康鄉官齋曆〕　甲戌年五月廿九日　(974)
　　3)平康鄉

02164 王慶恩 ················· P3231④
〔平康鄉官齋曆〕　囲戌年十月十五日　(974)
　　3)平康鄉

02165 王慶佳? ················ Дx10270
〔便粟麥曆〕　(946)

02166 王慶子 ················· P2040v③-2
〔淨土寺西倉粟利入曆〕　己亥年　(939)
　　2)淨土寺

02167 王慶住 ················· BD09174(陶95)
〔雜寫(6行)〕　(10C)

02168 王慶住 ················· EO1173
〔大悲千手眼菩薩及被帽地藏菩薩十王圖供養人題記〕　(10C後期)
　　1)清信弟子　4)原作「清信弟子王慶住發心敬畫大悲千手眼菩薩及概帽地藏菩薩十王圖」。

02169 王慶住 ················· P2917
〔常住什物點檢曆〕　乙未年九月十一日頃　(935 or 995頃)

02170 王慶住 ················· P3067
〔某寺常住什物點檢曆〕　(10C後期)

02171 王慶〔廈?〕住 ··········· P3396
〔沙州諸渠別粟田名目〕　(10C後期)

02172 王慶住 ················· P3598＋S04199
〔某寺什物點檢見在曆〕　丁卯年　(967)

02173 王慶住 ················· P3985
〔錄人送路物色名目〕　癸巳年七月廿五日　(933?)

02174 王慶住 ················· S08160
〔杜家親情社社條憑〕　(10C)
　　1)錄事

02175 王慶信 ················· BD16384(L4458)
〔抄錄有私駝名目〕　丙寅年八月廿九日　(966)
　　1)押衙

02176 王慶全 ················· P3231⑤
〔平康鄉官齋曆〕　□亥年五月十五日　(975)
　　3)平康鄉

02177 王慶全 ················· P3231⑦
〔平康鄉官齋曆〕　丙子年五月十五日　(976)
　　3)平康鄉

02178 王慶全 ················· 莫第427窟
〔供養人題記〕　宋乾德八年頃　(970頃)
　　1)兄　4)西壁。《Pn》作「兄王慶全」。《燉》p.158。

02179 王慶達 ················· S05578v①
〔王慶達鞋價抄〕　三月十六日　(948?)

02180 (王)慶德 ··············· S03877v④
〔賣兒契〕　丙子年正月廿五日　(916 or 856)
　　1)(再盈)兒

02181 王慶賓 ················· S04920v
〔受田簿〕　長興二年頃　(931)
　　3)龍勒鄉　4)V面雜記存「長興二年(931)」「丁未年(947)」等狀・田籍等之字。

02182 王景翼 ················· P4660⑭
〔邈眞讚并序〕　(9C)
　　1)河西都防禦右廂押衙

02183 王景翼 ················· S02041
〔社約〕　丙寅年三月四日　(846)
　　4)年號別筆(丙寅年三月四日)。ペン筆。

02184 王繼德 ················· S04472v
〔納贈曆〕　辛酉年十一月廿日　(961)

02185 王輕心 ················· S00542v
〔燉煌諸寺丁壯車牛役部〕　戌年六月十八日　(818)
　　2)開元寺

02186 王健鐸 ················· P4640v
〔官入破曆〕　辛酉年二月　(901)

02187 王堅〻 ················· S02041
〔社約〕　丙寅年三月四日　(846)
　　4)年號別筆(丙寅年三月四日)。ペン筆。

02188 王堅正 ……………………… S02729①
〔燉煌應管勘牌子歷〕 辰年三月 （788）
　1）僧　2）普光寺　3）沙州　4）44行目。

02189 王縣令 ……………………… S04473v②
〔(狀)〕 九月 （941以前）

02190 王謙 ……………………… S04473v②
〔王謙上侍郎啓〕 晉國天福六年歲次辛丑以前
（941以前）
　1）將仕郎前守滄州南皮縣令

02191 王賢君 ……………………… S05747v
〔社人名目〕 （10C前期）

02192 王賢者 ……………………… P3108v②
〔三官?便社人黃麻曆〕 己未年二月十日 （899
or 956）

02193 王賢者 ……………………… P5021E
〔便栗豆曆〕 （9C末～10C初）

02194 王賢者 ……………………… S06452⑥
〔常住庫黃麻出便與人名目〕 壬午年 （982）
　2）淨土寺

02195 王元成 ……………………… 杏・羽717
〔索亭良於吉南鄉百姓王元成面上傭工契(寫
錄)〕 辛卯年二月一日 （991?）
　1）百姓　3）吉南鄉　4）V面爲「无量壽宗要經」。
天界上欄有「一紙兌寫訖兌」(6字)。故V面紙爲兌
經紙。本R面之契爲二次利用寫錄。

02196 王嚴 ……………………… Дx02151A
〔便衫契〕 廣德二年五月廿九日 （764）
　1）便衫人　4）40歲。

02197 王嚴戒 ……………………… S02669
〔管內尼寺(安國寺・大乘寺・聖光寺)籍〕
（865～870）
　2）聖光寺　3）慈惠鄉　4）姓「王」。俗名「太ゝ」。

02198 王嚴娘 ……………………… S02669
〔管內尼寺(安國寺・大乘寺・聖光寺)籍〕
（865～870）
　2）大乘寺　3）燉煌鄉　4）尼名「福勝」。

02199 王彥通 ……………………… P3234v⑮
〔淨土寺西倉豆利潤入曆〕 （940年代?）
　2）淨土寺

02200 王源安 ……………………… P3396
〔沙州諸渠別栗田名目〕 （10C後期）

02201 王胡ゝ ……………………… S05825
〔社司轉帖〕 （9C前期）

02202 王虎子 ……………………… S05788
〔社司轉帖〕 十一月廿一日 （9C前期）

02203 王虎子 ……………………… S08690
〔薩毗寄倉入(破?)曆〕 （940前後）

02204 王光 ……………………… BD09341（周62）
〔社司轉帖〕 閏四月三日 （10C後期）

02205 王光俊 ……………………… S05822
〔地子曆〕 寅年 （8C後期?）

02206 王光晟 ……………………… P3721v③
〔冬至自斷官員名〕 己卯年十一月廿六日
（979）

02207 王光晟 ……………………… Дx05475
〔轉帖(殘)〕 某月八日 （10C）
　1）押衙

02208 王公奴 ……………………… 楡第33窟
〔供養人題記〕 （10C中期）
　1）清信弟子節度押衙銀青光祿大夫　4）東壁。
《謝》p.477。

02209 王幸松 ……………………… P2040v②-1
〔淨土寺勝淨等手下諸色入曆〕 乙巳年正月廿
七日以後 （945以降）
　2）淨土寺

02210 王幸松 ……………………… P2049v①
〔淨土寺諸色入破曆計會牒〕 同光三年
（925）

02211 王幸深 ……………………… S03982
〔月次人名目〕 乙丑年六月 （965）

02212 王幸進 ……………………… S01159
〔神沙鄉散行人轉帖〕 二月四日 （10C中期）
　1）行人　3）神沙鄉

02213 王幸端 ……………………… 杏・羽703⑤
〔雜記〕 （10C後期）
　4）①～⑤；雜記。1紙完存(25.1×48.0cm)。V面爲
「增壹阿含經卷第十」。存25行＋3行別記。此V面
爲正面，兌經紙(10C後半寫經)。

02214　王幸端 ………………… 杏・羽707①
　　〔千字文・大寶積經等雜寫〕（10C）

02215　(王)幸通 ………………… S08692
　　〔退渾便物人名目〕閏四月（923?）
　　　1)(王醜奴)男

02216　王幸豐 ………………… P2032v⑬-7
　　〔淨土寺豆入曆〕（940前後）
　　　2)淨土寺

02217　王幸豐 ………………… P2032v⑯-3
　　〔淨土寺粟入曆〕（940前後）
　　　2)淨土寺

02218　王幸豐 ………………… P2032v⑰-5
　　〔淨土寺諸色入曆〕（940前後）
　　　2)淨土寺

02219　王幸豐 ………………… P2040v②-10
　　〔淨土寺黃麻入曆〕乙巳年正月廿七日以後
　　（945以降）
　　　2)淨土寺

02220　王幸豐 ………………… P2040v③-16
　　〔淨土寺麥入曆〕己亥年（939）
　　　2)淨土寺

02221　王幸豐 ………………… P2049v②
　　〔淨土寺諸色入破曆計會牒〕長興二年正月
　　（930〜931）

02222　王幸豐 ………………… P3234v③-72
　　〔惠安惠戒手下便物曆〕甲辰年（944）
　　　1)遊弈

02223　王幸豐 ………………… S06204②
　　〔雜記〕乙亥年〜同光貳年頃（915〜925頃）

02224　王孔目 ………………… P2968
　　〔書狀〕（10C）
　　　1)孔目?

02225　王孝義 ………………… S05822
　　〔地子曆〕寅年（8C後期?）

02226　王孝順 ………………… P3328v①
　　〔付細布曆〕（9C前期）

02227　王孝順 ………………… P3490v①
　　〔油破曆〕辛巳年頃（921頃）

02228　王孝順 ………………… S03393v①
　　〔狀雜寫〕乾祐三年・己酉年・丁巳年?（950・
　　949・957?）

02229　王孝璋 ………………… P4890
　　〔上節度使牒〕（10C?）

02230　王孝□ ………………… P3418v⑧
　　〔平康鄉缺枝夫戶名目〕（9C末〜10C初）
　　　3)平康鄉

02231　王康三 ………………… P2032v⑬-7
　　〔淨土寺黃麻利閏入曆〕（940前後）
　　　2)淨土寺

02232　王康三 ………………… P3234v③-31
　　〔惠安惠戒手下便物曆〕甲辰年（944）

02233　王康三 ………………… P3692v
　　〔社司轉帖(習)〕壬午年十一月二日（922）

02234　王康七 ………………… BD09341（周62）
　　〔社司轉帖〕閏四月三日（10C後期）

02235　王康七 ………………… S04622v③
　　〔王康七等十人狀〕（9C中期）
　　　1)瓜州人戶　3)瓜州

02236　王廣□ ………………… 榆第15窟
　　〔供養人題記〕（10C初期）
　　　1)佛弟子　4)外洞西壁.《謝》p.452.

02237　王弘義? ………………… S00327v
　　〔社司轉帖〕（10C）

02238　王弘義 ………………… S01159
　　〔神沙鄉散行人轉帖〕二月四日（10C中期）
　　　1)行人　3)神沙鄉

02239　王弘子 ………………… BD11987（L2116）
　　〔歸義軍官府人名目〕（9C後期〜10C）

02240　王弘子 ………………… P3894v
　　〔人名錄等雜抄〕（900前後）

02241　王弘正 ………………… 莫第098窟
　　〔供養人題記〕（10C中期）
　　　1)節度押衙知慈惠鄉官銀青光祿大夫檢校國子
　　祭酒兼御史中丞上柱國　4)北壁.《燉》p.35.
　　《謝》p.97.

02242 王恒慶 ·············· P2040v②-28
　〔淨土寺豆入曆〕（940前後）
　　2）淨土寺

02243 王恒慶 ·············· P2040v③-10
　〔淨土寺豆入曆〕（939）
　　2）淨土寺

02244 王恒啓 ·············· P2032v①-2
　〔淨土寺西倉麥入曆〕（944前後）
　　2）淨土寺

02245 王恒啓 ················ P2032v⑪
　〔淨土寺西倉司願勝等入破曆〕 乙巳年三月
　（945）
　　2）淨土寺

02246 王恒啓 ················ P3234v⑮
　〔淨土寺西倉豆利潤入曆〕（940年代?）
　　2）淨土寺

02247 王恒信 ·············· P2032v①-2
　〔淨土寺西倉麥入曆〕（944前後）
　　2）淨土寺

02248 王恒信 ·············· P2032v⑯-4
　〔淨土寺粟利閏入曆〕（940前後）
　　2）淨土寺

02249 王恒定 ·············· P2032v⑯-4
　〔淨土寺粟利閏入曆〕（940前後）
　　2）淨土寺

02250 王洪演 ················ S02729①
　〔燉煌應管勘牌子歷〕 辰年三月（788）
　　1）僧　2）龍興寺　3）沙州　4）未年11月3日死。4行目。

02251 王興 ·················· S11354
　〔雇馬曆〕 五月七日（9C）

02252 王興清 ················· P4821
　〔社司轉帖〕（9C前期）
　　4）ペン筆。

02253 王苟子 ················ S05747v
　〔社人名目〕（10C前期）

02254 王苟住 ················ S00274①
　〔社司轉帖（寫錄）〕 戊子年四月十三日
　（928?）

02255 王行者 ················ S08443B2
　〔李闍梨出便黃麻曆〕 乙巳年二月一日
　（945?）

02256 王行者 ················· 燉研322
　〔臘八燃燈分配窟龕名數〕 辛亥年十二月七
　日（951）

02257 王行豐 ················ P2032v⑯-1
　〔淨土寺麥入曆〕（940前後）
　　2）淨土寺

02258 王高祐 ············ BD09341（周62）
　〔社司轉帖〕 閏四月三日（10C後期）

02259 王黃兒 ················ P3231③
　〔平康鄉官齋曆〕 甲戌年五月廿九日（974）
　　3）平康鄉

02260 王黃兒 ················ P3231④
　〔平康鄉官齋曆〕 囲戌年十月十五日（974）
　　3）平康鄉

02261 王黃兒 ················· P3396v
　〔沙州諸渠別苽薗名目〕（10C後期）

02262 王黃兒 ················ 莫第263窟
　〔供養人題記〕（10C前期）
　　1）社子　4）東壁門北側。《燉》p.111。

02263 王黃囲 ················ 莫第263窟
　〔供養人題記〕（10C後期）
　　1）社子　4）東壁。《謝》p.316。

02264 王黃頭 ················· P3691v
　〔雜寫（1行）〕（970～980前後）

02265 王告昌 ················· P2738v
　〔社司轉帖（寫錄）〕 二月廿五日（9C後期）

02266 王國子 ················ S02228①
　〔絲綿部落夫丁修城使役簿〕 亥年六月十五
　日（819）
　　3）絲綿部落　4）首行作「亥年六月十五日州城
　　所,絲綿」。末行作「亥年六月十五日畢功」。

02267 王國清 ················· S05788
　〔社司轉帖〕 十一月廿一日（9C前期）

02268 王國清 ················· S05825
　〔社司轉帖〕 四月一日（9C前期）

02269 王郜頭 ·················· ТⅡY-46A
〔戶籍〕 端拱三年 (990)

02270 王黑眼子 ········· Дx01432＋Дx03110
〔地子倉麥曆〕 (10C)

02271 王骨彡 ·················· P2766v
〔人名列記〕 咸通十二年 (871)

02272 王骨彡 ·················· P3070v①
〔社司轉帖(寫錄)〕 乾寧三年閏三(二)月
(896)

02273 王骨彡 ·················· P3167v
〔安國寺道場司關于(五尼寺)沙彌戒訴狀〕
乾寧二年三月 (895)
2) 普光寺

02274 王骨彡 ·················· S10312v
〔細字注記存2行〕 大中十年 (856)

02275 王骨子 ·················· P2032v①-4
〔淨土寺粟入曆〕 (944前後)

02276 王骨子 ·················· P2032v⑪
〔淨土寺西倉司願勝等入破曆〕 乙巳年三月
(945)
2) 淨土寺

02277 王骨子 ·················· P2842piece1
〔社司轉帖〕 甲辰年[ ]月九日 (944)

02278 王骨子 ·················· P2842piece2
〔納贈曆〕 己酉年正月廿九日 (949)

02279 王骨子 ·················· P3372v
〔社司轉帖并雜抄〕 壬申年 (972)

02280 王骨子 ·················· P3418v④
〔龍勒鄉缺枝夫戶名目〕 (9C末～10C初)
3) 龍勒鄉

02281 王骨子 ·················· S02710②
〔洪閏鄉百姓汜富川賣牛?契〕 清泰四年十二
月 (938)
1) 見人 3) 洪閏鄉

02282 王骨子 ·················· S05747v
〔社人名目〕 (10C前期)

02283 王骨視 ·················· 莫第427窟
〔供養人題記〕 宋乾德八年頃 (970頃)
1) 大乘賢者 4) 東壁門南側.《Pn》作「故寂大乘
賢者王骨視一心供養」.《燉》p.156.

02284 王骨兒 ·················· P3763v
〔淨土寺入破曆〕 (945前後)
2) 淨土寺

02285 王骨兒 ·················· S01898
〔兵裝備簿〕 (10C前期)
1) 十將

02286 王鵲子 ·················· P2622v
〔雜寫(鄉別人名記載)〕 (9C?)
3) 龍(勒鄉) 4) 本件是別記. R面存「大中十三年
三月四日」之紀年, 又V面存「大中十三年四月」之
紀年.

02287 王沙奴 ·················· 莫第225窟
〔供養人題記〕 (8C末期～9C初期)
1) 佛弟子 4) 原作「佛弟子王沙度敬畫千佛
六百一十軀一心供養」. 東壁門南側賢劫千佛下.
《燉》p.104.

02288 王再員 ··············· BD16384(L4458)
〔抄錄有私駝名目〕 丙寅年八月廿九日 (966)
1) 押衙

02289 王再盈 ·················· P2032v④
〔淨土寺西倉斛汜破曆〕 乙亥年 (939)
2) 淨土寺

02290 王再盈 ·················· P2040v②-29
〔淨土寺西倉豆利入曆〕 (940年代)
2) 淨土寺

02291 王再盈 ·················· P2555piece4
〔諸處借付盤疊氎等曆〕 (9C?)

02292 王再盈 ·················· P4525⑧
〔都頭及音聲等都共地畝細目〕 (980頃)

02293 王再盈 ·················· 莫第427窟
〔供養人題記〕 宋乾德八年頃 (970頃)
1) 清信弟子六□官 4) 原作「清信弟子六□官王
再盈一心供養」. 南壁.《燉》p.157作「王□」.《Pn》
作「王再盈」. ⇒王□.

02294 王再慶 ·················· P2842piece1
〔社司轉帖〕 甲辰年[ ]月九日 (944)

02295　王再慶 ·················· P2842piece2
〔納贈曆〕　己酉年正月廿九日　(949)

02296　王再慶 ·················· S05711v
〔龍勒鄉百姓王再慶狀(寫字)〕　(9C中期)
　　1)百姓　3)龍勒鄉

02297　王再住 ·················· P2040v③-2
〔淨土寺西倉粟利入曆〕　己亥年　(939)
　　2)淨土寺

02298　王再住 ·················· P2040v③-10
〔淨土寺豆入曆〕　(939)
　　2)淨土寺

02299　王再昌 ·················· S03978
〔納贈曆〕　丙子年七月一日　(976)

02300　王再昌 ·················· Дx04278
〔十一鄉諸人付麵數〕　乙亥年四月十一(日)
　(915? or 975)
　　3)龍(勒鄉)

02301　王再(昌) ················ 莫第427窟
〔供養人題記〕　宋乾德八年頃　(970頃)
　　1)兄　4)西壁。《Pn》作「(兄)(王)再(昌)一心供
　　養」。《燉》p.158作「二再二」。

02302　王再成 ·················· BD00268v(宇68)
〔遷化者名目〕　壬午年五月七日　(922 or 984)

02303　王再晟 ·················· P2155③
〔合領馳馬牛羊皮曆〕　(10C)
　　4)原作「王再晟群」。

02304　王再晟 ·················· P2484
〔就東園筢會小印子群牧馳馬牛羊見行籍(歸
義印)〕　戊辰年十月十八日　(968)
　　4)存「歸義軍節度使印」。

02305　王再晟 ·················· P2703
〔官牧羊人納𪏽羊毛牒〕　壬申年十二月
(972?)

02306　王再晟 ·················· S01453v
〔社司轉帖(寫錄)〕　光啓二年丙午歲十日
(886)
　　2)於節加蘭若門

02307　王再晟 ·················· S01845
〔納贈曆〕　丙子年四月十七日　(976?)

02308　王再晟 ·················· 莫第205窟
〔供養人題記〕　(8C後期)
　　1)社人　4)西壁。《燉》p.95。《謝》p.360。

02309　王再定 ·················· P2032v㉔-2
〔淨土寺𪎭黃麻查破曆〕　甲辰年頃?　(940前
後)
　　2)淨土寺

02310　王再定 ·················· P2621
〔買麥粟契殘〕　庚子年廿(ママ)月廿日　(940)
　　3)洪潤鄉?

02311　王再德 ·········· BD14806②(新1006)
〔渠人轉帖〕　(10C中期)

02312　(王)再德 ·········· BD14806v(新1006)
〔義進押衙身故祭盤人名目〕　戊寅年二月十九
日　(978)

02313　王再德 ·················· P3881v
〔招提司惠覺諸色斛㪷計會〕　太平興國六年
(981)

02314　王再德? ················· Дx06636v
〔人名〕　(10C)

02315　王再寧 ·················· P2032v⑪
〔淨土寺西倉司願勝等入破曆〕　乙巳年三月
(945)
　　2)淨土寺

02316　王再寧 ·················· P3047v⑥
〔諸人諸色施入曆〕　(9C前期)

02317　王再寧 ·········· S08445＋S08446＋
S08468
〔羊司於常樂稅羊人名目〕　丙午年六月廿七
日　(946)

02318　王再寧 ·················· S08468
〔羊司於常樂稅羊人名目〕　丙午年六月廿七
日　(946)

02319　王再富 ·················· P2032v⑱
〔淨土寺豆利閏入曆〕　(940前後)
　　2)淨土寺

02320　王最勝德 ················ S02669
〔管內尼寺(安國寺・大乘寺・聖光寺)籍〕
(865〜870)
　　2)大乘寺　3)神沙鄉　4)姓「王」。俗名「含嬌」。

02321 王最寶 ･････････････････ S02669
　〔管内尼寺(安國寺・大乗寺・聖光寺)籍〕
　(865〜870)
　　2)大乗寺　3)神沙郷　4)姓「王」。俗名「倫子」。

02322 王菜 ････････････････････ P3774
　〔僧龍藏家産分割訴牒〕　丑年十二月　(821)

02323 王三 ･･････････････ BD08611v(位11)
　〔便麥粟曆(殘1行半)〕　(10C)

02324 王三 ････････････････････ Дx11201r
　〔氾家兄(弟社?)便斜㪷曆〕　壬戌年二月一日　(962)
　　4)⇒(氾?)王三。

02325 王三 ････････････････････ Дx11201v
　〔氾家兄(弟社?)便斜㪷曆〕　壬戌年頃　(962頃)
　　4)⇒(氾?)王三。

02326 王三 ･･････････････････ 莫第320窟
　〔供養人題記〕　(10C前期)
　　1)孫　4)原作「孫王三一心供養」。東壁。《燉》p.129。⇒(趙?)王三。

02327 王參軍 ･･･････････････ P3533piece31
　〔牒狀并參軍王判辭〕　(9〜10C)
　　1)參軍

02328 王?山子 ･･････････････････ S07932
　〔月次番役名簿〕　(10C後期)

02329 王山子 ････････････････････ S08655v
　〔戸別地子曆〕　(10C)
　　1)戸主

02330 王山子 ･･････････････････ 杏・羽684v①
　〔社司轉帖(寫)〕　(10C)
　　4)本文中有「年支秋座局席」「限今月八日卯時,於三界寺門前取齊」。

02331 王山定 ････････････････････ P3372v
　〔社司轉帖并雜抄〕　壬申年　(972)

02332 王贊〻 ････････････････････ P2622v
　〔雜寫(郷別人名記載)〕　(9C?)
　　3)慈惠郷　4)本件是別記。R面存「大中十三年三月四日」之紀年,又V面存「大中十三年四月」之紀年。

02333 王殘子 ････････････････････ P3231④
　〔平康郷官齋曆〕　甲戌年十月十五日　(974)
　　3)平康郷

02334 王殘子 ････････････････････ S04472v
　〔納贈曆〕　辛酉年十一月廿日　(961)

02335 王殘奴 ････････････････････ P3379
　〔社錄事陰保山等牒(團保文書)〕　顯德五年二月　(958)
　　4)有指押印。

02336 王仕忠 ････････････････････ P3249v
　〔將龍光顏等隊下人名目〕　(9C中期)

02337 王子英 ････････････････････ S00542v
　〔燉煌諸寺丁壯車牛役部〕　戌年六月十八日　(818)
　　2)大乗寺

02338 王子英妻 ･･････････････････ S00542v
　〔燉煌諸寺丁壯車牛役部〕　戌年六月十八日　(818)
　　2)大乗寺

02339 王子升 ･･････････････ BD14806②(新1006)
　〔渠人轉帖〕　(10C中期)

02340 王子信 ･･････････････ BD16074(L4040)
　〔殘片〕　(9〜10C)

02341 王子通 ････････････････････ 甘圖017
　〔金光明寺學仕郎奉寫金光明最勝王經卷第9(尾)〕　同光三年乙酉歲八月十四日　(925)
　　1)學仕郎　2)金光明寺　4)『甘肅藏燉煌文獻』第三卷所收,129頁。

02342 王師 ･･････････････ BD15246①(新1446)
　〔入曆計會〕　戊寅年　(918 or 978)
　　3)多濃　4)同文書中四箇所。

02343 王師 ････････････････････ S05049
　〔某寺諸色入破計會(殘)〕　戊寅年　(918 or 978)
　　1)多農

02344 王志眞 ････････････････････ P3047v⑦
　〔法事僧尼名錄〕　(9C前期)
　　4)僧名「志眞」。

02345 王志清 ････････････････････ S02729①
　〔燉煌應管勘牌子曆〕　(788)
　　3)沙州・潘原堡　4)53行目。

02346 王支員 ‥‥‥‥‥‥‥‥‥ P3889
〔社司轉帖〕 (10C後期?)

02347 王支子 ‥‥‥‥‥‥‥‥‥ P2040v③-2
〔淨土寺西倉粟利入曆〕 己亥年 (939)
  2)淨土寺

02348 王支信 ‥‥‥‥‥‥‥‥‥ P2032v⑬-7
〔淨土寺黃麻利閏入曆〕 (940前後)
  2)淨土寺

02349 王施 ‥‥‥‥‥‥‥‥‥ P3047v⑨
〔諸人諸色施捨曆〕 (9C前期)

02350 王氏 ‥‥‥‥‥‥‥‥‥ EO1143
〔延壽命菩薩圖供養人題記〕 (10C後期)
  1)施主 4)原作「施主新婦王氏供養」。

02351 王氏 ‥‥‥‥‥‥‥‥‥ EO1143
〔延壽命菩薩圖供養人題記〕 (10C後期)
  1)施主 4)原作「故慈母王氏一心供養」。4行目。

02352 王氏 ‥‥‥‥‥‥‥‥‥ P2583v③
〔比丘尼眞意散施疏〕 申年頃十二月廿日 (828頃)

02353 王氏 ‥‥‥‥‥‥‥‥‥ P2837v③
〔女弟子王氏施物疏〕 辰年正月卅日 (836?)

02354 王氏 ‥‥‥‥‥‥‥‥‥ Stein Painting 54
〔觀世音菩薩圖像題記〕 太平興國八年七月十七日 (983)
  4)原作「米新婦王氏」。

02355 王(氏) ‥‥‥‥‥‥‥‥‥ 莫第083窟
〔供養人題記〕 (10C前期)
  1)施主・新婦 4)原作「施主新婦阿王一心供養」。前室西壁門北側。《燉》p.28。

02356 王氏 ‥‥‥‥‥‥‥‥‥ 莫第129窟
〔供養人題記〕 (10C前期)
  4)原作「新婦王氏永充供養」。北壁。《燉》p.61。

02357 王氏 ‥‥‥‥‥‥‥‥‥ 莫第265窟
〔供養人題記〕 (10C前期)
  4)原作「阿婆王氏□」。北壁。《燉》p.112。

02358 王氏 ‥‥‥‥‥‥‥‥‥ 莫第338窟
〔供養人題記〕 (9C後期)
  4)原作「故新婦王氏一心供□」。東壁門北側。《燉》p.138。

02359 王寺主 ‥‥‥‥‥‥‥‥‥ P2469v
〔破曆雜錄〕 戌年六月五日 (830?)
  1)寺主

02360 王寺主 ‥‥‥‥‥‥‥‥‥ P3370
〔出便麥粟曆〕 丙子年六月五日 (928)
  1)寺主

02361 王寺主 ‥‥‥‥‥‥‥‥‥ P.tib1261v⑥
〔諸寺僧尼支給穀物曆〕 (9C前期)
  1)寺主

02362 王寺主 ‥‥‥‥‥‥‥‥‥ P.tib1261v⑩
〔諸寺僧尼支給穀物曆〕 (9C前期)
  1)寺主

02363 王慈相 ‥‥‥‥‥‥‥‥‥ P3167v
〔安國寺道場司關于(五尼寺)沙彌戒訴狀〕 乾寧二年三月 (895)
  2)普光寺? 4)⇒慈相。

02364 王七々 ‥‥‥‥‥‥‥‥‥ S00542v
〔燉煌諸寺丁壯車牛役部〕 戌年六月十八日 (818)
  2)開元寺

02365 王悉時子 ‥‥‥‥‥‥ BD15155(新1355)
〔般若波羅蜜多心經〕 (8〜9C)

02366 王悉都 ‥‥‥‥‥‥‥‥‥ P4989
〔沙州戶口田地簿〕 (9C末)

02367 王悉曼 ‥‥‥‥‥‥‥‥‥ S02669
〔管內尼寺(安國寺・大乘寺・聖光寺)籍〕 (865〜870)
  2)大乘寺 3)赤心鄉 4)尼名「覺海」。

02368 王悉約子 ‥‥‥‥‥‥ BD11981(L2110)
〔般若波羅蜜多心經〕 (8〜9C)

02369 王悉羅 ‥‥‥‥‥‥‥‥‥ S05964
〔羊籿計會簿〕 (8C末〜9C前期)
  1)牧羊人

02370 王悉羅 ‥‥‥‥‥‥‥‥‥ Дx01424
〔僧正道深分付常住牧羊人羊抄錄〕 庚申年十一月廿三日 (960)
  1)常住牧羊人

02371 王悉來羅冉 ‥‥‥‥ S08445+S08446+S08468
〔稅巳年出羊人名目〕 丙午年二月十九日 (946)

02372 王社官 ·················· P3070v①②③
〔社司轉帖(寫錄)〕 乾寧三年閏三(二)月
(896)

02373 王社長 ·················· P3889
〔社司轉帖〕 (10C後期?)
　1)社長

02374 王闍梨 ·················· BD09325(周46)
〔社司轉帖〕 □子?年七月十四日 (10C後期)
　1)闍梨　4)原作「王闍梨」。

02375 王闍梨 ·················· P3396v
〔沙州諸渠別䇿薗名目〕 (10C後期)
　1)闍梨　2)大雲寺

02376 王闍梨 ·················· S04175
〔諸唸佛箇條〕 甲戌年十月十八日 (914?)
　1)闍梨　4)原作「王闍梨付法記」。

02377 王闍梨 ·················· Дx02149в
〔見納缺柴人名目〕 (10C)
　1)闍梨?

02378 王闍梨 ·················· Дx11200
〔渠人轉帖〕 (10C前後)

02379 王麝香 ·················· P2049v①
〔淨土寺諸色入破曆計會牒〕 同光三年
(925)

02380 王錫 ·················· P3201v
〔王錫上吐蕃贊普書二件〕 (9C)

02381 王錫 ·················· P4646③
〔頓悟大乘正理決敍〕 (9C前期)
　1)前河西觀察判官朝散大夫殿中侍御史　4)原作「王錫撰」。

02382 王守眞 ·················· S02669
〔管內尼寺(安國寺・大乘寺・聖光寺)籍〕
(865～870)
　2)大乘寺　3)赤心鄉　4)姓「王」、俗名「媧娃」。

02383 王儒通 ·················· P2040v③-2
〔淨土寺西倉粟利入曆〕 己亥年 (939)
　2)淨土寺

02384 王受永 ·················· Дx01317
〔衙前第一隊轉帖〕 二月六日 (10C中期)
　1)押衙

02385 王壽永 ·················· P3234v⑮
〔淨土寺西倉豆利潤入曆〕 (940年代?)
　2)淨土寺

02386 王壽延 ·················· 莫第098窟
〔供養人題記〕 (10C中期)
　1)節度押衙知南界平水銀青光祿大夫檢校國子祭酒兼御史中丞上柱國　4)北壁。謝氏爲「王□□」。又以「南界平水」爲「南田□□水」。《燉》p.35。《謝》p.96。

02387 王周 ·················· BD09324(周45)
〔某寺諸色入破曆〕 亥年四月十六日 (8C末～9C前期)

02388 王醜胡 ·················· P2032v⑰-5
〔淨土寺諸色入曆〕 (940前後)
　2)淨土寺

02389 王醜子 ·················· S04472v
〔納贈曆〕 辛酉年十一月廿日 (961)

02390 王醜々 ·················· P3418v⑥
〔洪閏鄉缺枝夫戶名目〕 (9C末～10C初)
　3)洪閏鄉

02391 王醜奴 ·················· BD16332A(L4423)
〔渠人轉帖〕 (10C)

02392 王醜奴 ·················· MG22799
〔南元觀世音菩薩圖供養人題記〕 (甲)申年正月十五日 (984)
　1)木匠　4)原作「故父」。

02393 王醜奴 ·················· P3249v
〔將龍光顏等隊下人名目〕 (9C中期)

02394 王醜奴 ·················· P3764piece1
〔社司轉帖〕 己亥年九月十六日 (915)

02395 王醜奴 ·················· P4997v
〔分付羊皮曆(殘)〕 (10C後期)

02396 王醜奴 ·················· S00747v
〔雜寫〕 酉年五月四日 (9C前期, 818頃)
　4)原作「酉年五月四日記王醜奴」。R面爲「論語集解」(9C前期)。

02397 王醜奴 ·················· S08692
〔退渾便物人名目〕 閏四月 (923?)

02398 王醜蠻 ・・・・・・・・・・・・・・・ 莫第427窟
　〔供養人題記〕 宋乾德八年頃 （970頃）
　　1) 故寂兵馬使銀青光祿大夫檢校…　4) 原作「故寂兵馬使銀青光祿大夫檢校…醜…一心供養」。南壁。《燉》p.156.《Pn》作「王醜蠻」。

02399 王集慶 ・・・・・・・ Дx00020＋Дx03803＋Дx04285＋Дx04308＋Дx10513＋Дx10520
　〔觀音經1卷（尾題識語）〕 乾寧二年乙卯歲十月十五日 （895）

02400 王什 ・・・・・・・・・・・・・・・ BD16130（L4067）
　〔楊老老便麥歷〕 亥年三月十八日 （9C）
　　1) 楊老々・兒

02401 王什娘 ・・・・・・・・・・・・・・・ S00542v
　〔燉煌諸寺丁壯車牛役簿〕 戊年六月十八日 （818）
　　2) 開元寺

02402 王什德 ・・・・・・・・・・・・・・・ P2049v②
　〔淨土寺諸色入破曆計會牒〕 長興二年正月 （930～931）

02403 王什德 ・・・・・・・・・・・・・・・ P2766v
　〔人名記〕 咸通十二年 （871）

02404 王什二 ・・・・・・・・・・・・・・・ P3047v①
　〔僧名等錄〕 （9C前期）
　　4) 僧名「什二」。

02405 王什六 ・・・・・・・・・・・・・・・ S00542v
　〔燉煌諸寺丁壯車牛役簿〕 戊年六月十八日 （818）
　　2) 普光寺

02406 王住子 ・・・・・・・・・・・・・・・ P2556v
　〔雜寫〕 咸通十年正月十八日 （869）

02407 王住子 ・・・・・・・・・・・・・・・ P3812v
　〔雜寫〕 （9C末頃）

02408 王住通 ・・・・・・・・・・・・・・・ Дx02149A
　〔寒食座設付酒曆〕 戊午年四月廿五日 （958 or 898）

02409 王住奴 ・・・・・・・・・・・・・・・ BD08992v（虞13）
　〔粟入破曆（2行）〕 丙寅年三月廿六日 （966?）
　　4) 原作「丙寅年三月廿六日王住奴粟两石八斗米庫」。

02410 王住奴 ・・・・・・・・・・・・・・・ P3108v②
　〔三官?便社人黃麻曆〕 己未年二月十日 （899 or 956）

02411 王住羅悉雞 ・・・・・・・・・・・・・ S05964
　〔羊𡧛計會簿〕 （8C末～9C前期）
　　1) 牧羊人

02412 王住□ ・・・・・・・・・・・・・・・ BD09341（周62）
　〔社司轉帖〕 閏四月三日 （10C後期）

02413 王重師 ・・・・・・・・・・・・・・・ P3047v⑧
　〔王都督儭合城僧徒名錄〕 （9C前期）
　　4) 僧名「重師」。

02414 王重明 ・・・・・・・・・・・・・・・ S07060
　〔都司諸色破曆〕 辰年 （9C前期）
　　4) 原作「王重明妻」。

02415 王重明妻 ・・・・・・・・・・・・・・ S07060
　〔都司諸色破曆〕 辰年 （9C前期）

02416 王俊? ・・・・・・・・ Дx00796＋Дx01343＋Дx01347＋Дx01395v
　〔雜寫（人名列記等）〕 某月廿日 （10C）
　　1) 學郎?　2) 龍興寺

02417 王俊□ ・・・・・・・・・・・・・・・ 莫第427窟
　〔供養人題記〕 宋乾德八年頃 （970頃）
　　1) 故寂兵馬使銀青光祿大夫檢校太子賓客　4) 原作「故寂兵馬使銀青光祿大夫檢校太子賓客王俊□一心供養」。南壁。《燉》p.157.

02418 王春元? ・・・・・・・・・・・・・・ Дx01328
　〔高昌田苗曆〕 建中三年三月廿七日 （782）
　　1) 百姓

02419 王潤雪 ・・・・・・・・・・・・・・・ BD07384（鳥84）
　〔杜都督等書幡等書支領麥布曆〕 丑年～未年 （821～827 or 833～839）

02420 王順 ・・・・・・・・・・・・・・・ BD09324（周45）
　〔某寺諸色入破曆〕 戊年六月 （8C末～9C前期）

02421 王順子 ・・・・・・・・・・・・・・ P3379
　〔社錄事陰保山等牒（團保文書）〕 顯德五年二月 （958）
　　4) 有指押印。

02422 王順子 ・・・・・・・・・・・・・・ S06806v
　〔人名目（殘）〕 （10C中期頃）

02423 王順子 ・・・・・・・・・・・・・・・・・ Дx02149в
　〔見納缺柴人名目〕（10C）

02424 王順ゝ ・・・・・・・・・・・・・・・・・ P3249v
　〔將龍光顏等隊下人名目〕（9C中期）
　　1）僧　4）⇒順ゝ。

02425 王庶子 ・・・・・・・・・・・・・・・・・ S00542v
　〔燉煌諸寺丁壯車牛役簿〕戊年六月十八日
　（818）
　　2）開元寺

02426 王庶子妻 ・・・・・・・・・・・・・・・ S00542v
　〔燉煌諸寺丁壯車牛役簿〕戊年六月十八日
　（818）
　　2）開元寺

02427 王諸子 ・・・・・・・・・・・・・・・・・ P3418v⑥
　〔洪閏鄉缺枝夫戶名目〕（9C末〜10C初）
　　3）洪閏鄉

02428 王諸ゝ ・・・・・・・・・・・・・・・・・ P2738v
　〔社司轉帖（寫錄）〕二月廿五日（9C後期）

02429 王諸ゝ ・・・・・・・・・・・・・・・・・ P3705v
　〔人名錄雜記〕中和二年頃（882?）

02430 王如?ゝ ・・・・・・・・・・・・ BD03113（騰13）
　〔金光明最勝王經卷第5（末）〕（8〜9C）
　　4）原作「王如?ゝ寫」。

02431 王如ゝ ・・・・・・・・・・・・・・・・・ P3705v
　〔人名錄雜記〕中和二年頃（882?）

02432 王像空 ・・・・・・・・・・・・・・・・・ S02729①
　〔燉煌應管勘牌子歷〕辰年三月（788）
　　1）僧　2）乾元寺　3）沙州　4）巳年8月14日死。
　　20行目。

02433 王像空 ・・・・・・・・・・・・・・・・・ S02729①
　〔燉煌應管勘牌子歷〕巳年八月十四日（789）
　　1）僧　2）乾元寺　3）沙州　4）巳年8月14日死。
　　末尾有「薩董羅檢」。63-64行目。

02434 王像支 ・・・・・・・・・・・・・・・・・ P4907
　〔淨土寺?儭破曆〕辛卯年閏二月十四日
　（931?）
　　2）淨土寺

02435 王像支 ・・・・・・・・・・・・・・・・・ S03978
　〔納贈曆〕丙子年七月一日（976）

02436 王像通 ・・・・・・・・・・・・・・・・・ S03982
　〔月次人名目〕乙丑十月（965）

02437 王像奴 ・・・・・・・・・・・・・・・・・ P2766v
　〔人名列記〕咸通十二年（871）

02438 王像?奴 ・・・・・・・・・・・・・・・ S01453v
　〔社司轉帖（寫錄）〕光啓二年丙午歲十日
　（886）
　　2）於節加蘭若門

02439 王勝意 ・・・・・・・・・・・・・・・・・ S02669
　〔管內尼寺（安國寺・大乘寺・聖光寺）籍〕
　（865〜870）
　　3）龍勒鄉　4）姓「王」。俗名「他家」。

02440 王勝海 ・・・・・・・・・・・・・・・・・ S02669
　〔管內尼寺（安國寺・大乘寺・聖光寺）籍〕
　（865〜870）
　　2）大乘寺　3）神沙鄉　4）姓「王」。俗名「饒塩」。

02441 王勝惠花 ・・・・・・・・・・・・・・・ S02669
　〔管內尼寺（安國寺・大乘寺・聖光寺）籍〕
　（865〜870）
　　2）大乘寺　3）赤心鄉　4）姓「王」。俗名「嬌ゝ」。

02442 王勝如 ・・・・・・・・・・・・・・・・・ S02669
　〔管內尼寺（安國寺・大乘寺・聖光寺）籍〕
　（865〜870）
　　2）聖光寺　3）慈惠鄉　4）尼名「正忍」。

02443 王勝□ ・・・・・・・・・・・・・・・・・ P2738v
　〔社司轉帖（寫錄）〕二月廿五日（9C後期）

02444 王勝□ ・・・・・・・・・・・・・・・・・ S11602v
　〔田地契〕（10C前期）
　　1）見人・孫?

02445 王升〔什〕德 ・・・・・・・・・・・・ 莫第098窟
　〔供養人題記〕（10C中期）
　　1）節度押衙銀青光祿大夫檢校太子賓客兼監察
　　御史　4）西壁。《燉》p.44.《謝》p.94。

02446 王小金 ・・・・・・・・・・・・・・・・・ S00542v
　〔燉煌諸寺丁壯車牛役簿〕戊年六月十八日
　（818）
　　2）大乘寺　4）⇒小金。

02447 王小君 ・・・・・・・・・・・・・・・・・ P3418v④
　〔龍勒鄉缺枝夫戶名目〕（9C末〜10C初）
　　3）龍勒鄉

02448 王小卿 ・・・・・・・・・・・・・・・ S00542v⑧
〔燉煌諸寺丁壯車牛役部〕 戌年六月十八日
(818)
　2) 普光寺

02449 王小淸 ・・・・・・・・・・・・・・・・・・ P3249v
〔將龍光顏等隊下人名目〕 (9C中期)

02450 王小屯 ・・・・・・・・・・・・・・・・・・ P3249v
〔將龍光顏等隊下人名目〕 (9C中期)

02451 王昇君 ・・・・・・・・・・・・・・・・・ P2680v②
〔諸鄕諸人便粟曆〕 (10C中期)

02452 王昌 ・・・・・・・・・・・ BD13966(新0166)
〔大般若波羅蜜多經卷第249(尾)〕 (9C前期)
　1) 寫(經)　4) 原作「王昌寫保海勘兩遍」。

02453 王昌 ・・・・・・・・・・・・・・・・・・・ S02711
〔寫經人名目〕 (9C前期)
　1) 寫經人

02454 王昌 ・・・・・・・・・・・・・・・・・・ S04831②
〔寫經人名目〕 (9C前期)
　1) 寫經人

02455 王昌 ・・・・・・・・・・・・・・・・・・・ S06028
〔寫經人名目〕 (8C末～9C前期)
　1) 寫經人

02456 王昌 ・・・・・・・・・・・・・・・・・・・ S07945
〔僧俗寫經分團人名目〕 (823以降)

02457 王昌盈? ・・・・・・・・・・・・・・・・ P3889
〔社司轉帖〕 (10C後期?)
　4) ⇒王昌通?

02458 王昌閏 ・・・・・・・・・・・・・・・ P3763v
〔淨土寺入破曆〕 (945前後)
　2) 淨土寺

02459 王昌進 ・・・・・・・・・・・・・・ P2040v②-29
〔淨土寺西倉豆利入曆〕 (940年代)
　2) 淨土寺

02460 王昌通? ・・・・・・・・・・・・・・・・ P3889
〔社司轉帖〕 (10C後期?)
　4) ⇒王昌盈?

02461 王昌德 ・・・・・・・・・・・・・・・・ S00395v
〔雜寫〕 天福八年頃? (943)

02462 王正忍 ・・・・・・・・・・・・・・・・・ S02669
〔管內尼寺(安國寺・大乘寺・聖光寺)籍〕
(865～870)
　2) 聖光寺　3) 慈惠鄕　4) 姓「王」。俗名「勝如」。

02463 王消愁 ・・・・・・・・・・・・・・・・・ S04710
〔沙州戶口簿〕 (9C中期以降)

02464 王照嚴 ・・・・・・・・・・・・・・・・・ S02669
〔管內尼寺(安國寺・大乘寺・聖光寺)籍〕
(865～870)
　2) 大乘寺　3) 燉煌鄕　4) 姓「王」。俗名「福滿」。

02465 王章仵 ・・・・・・・・・・・・・・・・ P2049v①
〔淨土寺諸色入破曆計會牒〕 同光三年
(925)

02466 王章三 ・・・・・・・・・・・・・・ P2040v②-29
〔淨土寺西倉豆利入曆〕 (940年代)
　2) 淨土寺

02467 王章三 ・・・・・・・・・・・・・・・ P3418v⑥
〔洪閏鄕缺枝夫戶名目〕 (9C末～10C初)
　3) 洪潤鄕

02468 王章參 ・・・・・・・・・・・・ BD00268v(宇68)
〔遷化者名目〕 癸未年三月二日 (9～10C)

02469 王章方 ・・・・・・・・・・・・・・・・ Дx01317
〔衙前第一隊轉帖〕 二月六日 (10C中期)

02470 王章□ ・・・・・・・・・・・・・・ P3738piece2
〔納贈人名目(殘)〕 (9C後期)

02471 王逍遙 ・・・・・・・・・・・・・・・・・ S04710
〔沙州戶口簿〕 (9C中期以降)
　4) 女。

02472 王丈人 ・・・・・・・・・・・・ BD09344v(周65)
〔社長翟良友祭王丈人文(寫)〕 丁未年十月卅
日 (827?)
　4) 原作「維歲次丁未十月朔,卅日,社長翟良友等
謹以口疏之奠,敬祭於太原王丈人之靈」。

02473 王上坐 ・・・・・・・・・・・・・・・・ P2049v①
〔淨土寺諸色入破曆計會牒〕 同光三年
(925)
　1) 上座

02474 王上座 ・・・・・・・・・・・ BD15246②(新1446)
〔破曆〕 (10C中期)

02475 王上座 ……………… P3175v
〔麥油白麪粟貸取曆〕 癸年 （953?）
　1)上座

02476 王上座 …………… P3598＋S04199
〔某寺什物點檢見在曆〕 丁卯年 （967）
　1)上座

02477 王上座 ……………… P3631
〔把物團善因等還入常住斛㪷曆〕 辛亥年
（891 or 951）
　1)上座

02478 王上座 ……………… S04120
〔布褐等破曆（殘）〕 癸亥年二月〜甲子年二月 （963〜964）
　1)上座

02479 王上座 ……… S07939v＋S07940Bv＋
　　　　　　　S07941
〔燉煌諸寺僧尼給糧曆〕 （823以降）
　1)上座

02480 王城官 ……………… P3396
〔沙州諸渠別粟田名目〕 （10C後期）
　1)城官

02481 王常君 ……………… S06130
〔諸人納布曆〕 （10C）

02482 王淨泰 ……………… S02729①
〔燉煌應管勘牌子歷〕 辰年三月 （788）
　1)僧　2)龍興寺　3)沙州　4)行目。

02483 王饒塩 ……………… S02669
〔管内尼寺（安國寺・大乘寺・聖光寺）籍〕
（865〜870）
　2)大乘寺　3)神沙鄉　4)尼名「勝海」。

02484 王信盈 ……………… P2680v⑥
〔社司轉帖〕 六月廿三日 （10C中期）

02485 王信子 ……………… P2049v②
〔淨土寺諸色入破曆計會牒〕 長興二年正月
（930〜931）

02486 王信々 ……………… P3249v
〔將龍光顏等隊下人名目〕 （9C中期）

02487 王信々 ……………… P3418v⑥
〔洪閏鄉缺枝夫戶名目〕 （9C末〜10C初）
　3)洪閏鄉

02488 王信通 ……………… P2680v⑥
〔社司轉帖〕 六月廿三日 （10C中期）

02489 王眞意 ……………… P3167v
〔安國寺道場司關于（五尼寺）沙彌戒訴狀〕
乾寧二年三月 （895）
　2)大乘寺　4)⇒眞意。

02490 王神々 ……………… P4019piece2
〔納草束曆〕 （9C後期）
　3)平康鄉?

02491 王神達 ……………… P3249v
〔將龍光顏等隊下人名目〕 （9C中期）

02492 王神奴 ………… BD16044A（L4027）
〔便粟曆〕 （9〜10C）

02493 王神德 ………… BD01826（秋26）
〔便麥粟曆〕 辛亥年? （891 or 951）
　4)金光明經背面貼付。

02494 王神德 ………… BD16044Av（L4027）
〔便麥粟曆〕 辛亥年 （891?）
　3)南巷

02495 王神德 ……………… P2040v③-2
〔淨土寺西倉粟利入曆〕 己亥年 （939）
　2)淨土寺

02496 王神德 ……………… S03982
〔月次人名目〕 甲子年三月乙丑年八月 （964, 965）

02497 王神德 ……………… Дх05567
〔人名目（殘）〕 （10C）

02498 王進 ……………… 沙文補31
〔社貸曆〕 辛巳六月十六日 （921 or 981）

02499 王進員 ……………… P2049v①
〔淨土寺諸色入破曆計會牒〕 同光三年
（925）

02500 王進員 ……………… S04472v
〔納贈曆〕 辛酉年十一月廿日 （961）

02501 王進員 ……………… S08655v
〔戶別地子曆〕 （10C）
　1)戶主

02502 王進盈 ················· 莫第427窟
〔供養人題記〕 宋乾德八年頃 （970頃）
　　1）兄　4）原作「兄王進盈一心供養」。西壁。《燉》
　　p.157。《謝》p.276。

02503 王進興 ················· S00542v
〔燉煌諸寺丁壯車牛役部〕 戌年六月十八日
　（818）
　　2）大雲寺

02504 王進國 ················· P2049v①
〔淨土寺諸色入破曆計會牒〕 同光三年
　（925）

02505 王進昌 ················· P3205
〔僧俗人寫經曆〕 （9C前期）
　　1）俗人

02506 王進昌 ················· S02711
〔寫經人名目〕 （9C前期）
　　1）寫經人　2）金光明寺

02507 王進侵 ················· 莫第427窟
〔供養人題記〕 宋乾德八年頃 （970頃）
　　1）衙前政兵馬使銀青光祿大夫檢校太子賓客
　　4）東壁門南側。《Pn》作「故寂衙前政兵馬使銀青
　　光祿大夫檢校太子賓客王進侵一心供養」。

02508 王進ゝ ················· BD09341（周62）
〔社司轉帖〕 閏四月三日 （10C後期）

02509 王進ゝ ················· P3705v
〔人名錄雜記〕 中和二年頃 （882?）

02510 王進達 ················· P3249v
〔將龍光顏等隊下人名目〕 （9C中期）

02511 王進朝 ················· S06354v
〔官府計會文書〕 （8C後期）

02512 王進通 ················· P3234v⑮
〔淨土寺西倉豆利潤入曆〕 （940年代?）
　　2）淨土寺

02513 王進□ ················· 莫第427窟
〔供養人題記〕 宋乾德八年頃 （970頃）
　　1）大乘賢者　4）東壁門南側。《Pn》作「故寂大乘
　　賢者王進□」。

02514 王壬弘 ················· S00327v
〔社司轉帖〕 （10C）

02515 王萃妻 ················· S00542v
〔燉煌諸寺丁壯車牛役部〕 戌年六月十八日
　（818）
　　2）開元寺

02516 王隨願 ················· 莫第196窟
〔供養人題記〕 景福年間 （892～893）
　　1）比丘沙門　2）乾元寺　4）原作「乾元寺比丘沙
　　門隨願一心供養俗姓王氏」。東壁門南側。《燉》
　　p.88。⇒隨願。

02517 王崇俊 ················· Дx04776
〔燉煌諸鄉百姓等勞役簿〕 （9C前期?）
　　2）蓮?〔臺寺〕

02518 王成集 ················· 上博21B
〔渠人轉帖〕 （10C中期?）

02519 王政子 ················· P3894v
〔人名錄等雜抄〕 （900前後）

02520 王政?性 ················· S02729①
〔燉煌應管勘牌子歷〕 辰年三月 （788）
　　1）僧　2）普光寺　3）沙州　4）43行目。

02521 王晟子 ················· P3234v⑮
〔淨土寺西倉豆利潤入曆〕 （940年代?）
　　2）淨土寺

02522 王晟子 ················· S05998②
〔百姓王晟子官債不塡納憑〕 （9C前期吐蕃期）
　　1）百姓　3）悉寧宗部落

02523 王正智 ················· P3047v①
〔僧名等錄〕 （9C前期）
　　4）僧名「正智」。

02524 王正智 ················· S02729①
〔燉煌應管勘牌子歷〕 辰年三月 （788）
　　1）僧　2）靈修寺　3）沙州　4）30行目。

02525 王清忽 ······ P3555B piece4 piece5＋P3288
①②
〔社司轉帖〕 丁巳年?月一日 （957）

02526 王清忽 ················· S08516E2
〔社司轉帖〕 丙辰年六月十日 （956）

02527 王清子 ················· P2842piece1
〔社司轉帖〕 甲辰年〔　〕月九日 （944）

02528 王淸兒 ················· S02894v②
〔社司轉帖〕 壬申年十二月 （972）

02529 王淸兒 ················· S02894v⑤
〔社司轉帖〕 丙辰年六月十日 （10C後期）

02530 王淸兒 ················· S08516E2
〔社司轉帖〕 丙辰年六月十日 （956）

02531 王淸昇 ·················· P3236v
〔燉煌鄉官布籍〕 壬申年三月十九日 （972）
　1)頭　3)燉煌鄉

02532 王淸昇 ·················· P3595v
〔就役名目〕 己巳年頃 （969?）

02533 王淸々 ·················· P2686①
〔借麥契〕 丑年二月六日 （吐蕃期）
　2)靈圖寺

02534 王淸々 ········ S08445＋S08446＋
S08468①
〔羊司於常樂稅羊人名目〕 丙午年六月廿七日 （946）

02535 王淸朶 ···················· P3443
〔養男契〕 壬戌年三月三日 （962 or 902）
　1)百姓?・養男　3)龍勒鄉

02536 王淸奴 ·················· BD15628
〔王憨奴少有斛䥽出便麥粟曆〕 某年(子年・辰年)二月十九日 （9～10C）

02537 （王)淸奴 ················· P2932
〔出便豆曆〕 乙丑年正月廿九日 （965?）

02538 王赤子 ·················· P2738v
〔社司轉帖(寫錄)〕 二月廿五日 （9C後期）

02539 王赤頭? ·················· P3379
〔社錄事陰保山等牒(團保文書)〕 顯德五年二月 （958）
　4)有指押印。

02540 王〔玉〕赤門 ············· S01163v
〔秋座局席局轉帖(寫錄)〕 庚戌年以後 （950後）

02541 王拙羅寔鷄 ··············· Дx01424
〔僧正道深分付常住牧羊人羊抄錄〕 庚申年十一月廿三日 （960）
　1)常住牧羊人

02542 王仙 ···················· S00542v
〔燉煌諸寺丁壯車牛役部〕 戌年六月十八日 （818）
　1)泥匠　2)龍興寺

02543 王專 ···················· P3569v③
〔押衙陰季豐牒〕 光啓三年四月 （887）
　1)鋦工

02544 王專 ···················· S05824
〔經坊費負担人名目〕 （8C末～9C前期）
　1)寫經人　3)行人部落

02545 王專 ··················· Дx06031v
〔錦綵絹破曆〕 （9C後期?）

02546 王顓 ················ BD02315（餘15）
〔諸星母陀羅尼經1卷(尾)〕 壬戌年四月十六日 （842）
　2)脩多寺　3)甘州　4)於甘州脩多寺翻譯此經。

02547 王顓 ················ BD09308（周29）
〔諸星母陀羅尼經1卷(尾)〕 （9C）

02548 王顓々 ················ P.tib1088Av
〔燉煌諸人磑課麥曆〕 卯年～巳年間 （835～837）

02549 王全子 ·················· P2032v⑱
〔淨土寺豆利閏入曆〕 （940前後）
　2)淨土寺

02550 王全子 ················ P2040v③-10
〔淨土寺豆入曆〕 （939）
　2)淨土寺

02551 王全子 ·················· P3236v
〔燉煌鄉官布籍〕 壬申年三月十九日 （972）
　3)燉煌鄉

02552 王全子 ·················· P3595v
〔就役名目〕 己巳年頃 （969?）

02553 王全子 ···················· P4063
〔官建轉帖〕 丙寅年四月十六日 （966）

02554 王冉員 ···················· P2932
〔出便豆曆〕 乙丑年二月十九日 （965?）
　3)慈惠鄉

02555 王冉昌 ···················· P2932
〔出便豆曆〕 乙丑年正月廿九日 （965?）
　3)退運

02556　王善盈 ･････････････････ P3418v④
〔龍勒鄉缺枝夫戶名目〕（9C末〜10C初）
　　3）龍勒鄉

02557　王善?盈? ･････････････････ Дx03164
〔書狀（殘）〕　□七年四月十九日（9C後期〜10C）
　　4）原作「王善盈到西州去」。⇒善盈。

02558　王善支〔友?〕････････････ P3595v
〔就役名目〕　己巳年頃（969?）

02559　王善住 ･･････････････ P2040v②-28
〔淨土寺豆入曆〕（940前後）
　　2）淨土寺

02560　王善住 ･･････････････ P2915piece1・2
〔社人名錄（殘）〕（10C）

02561　王善昌 ･･････････････ BD09325（周46）
〔社司轉帖〕　□子?年七月十四日（10C後期）

02562　王善昌 ････････････････ S07932
〔月次番役名簿〕　十一月（10C後期）

02563　王善信 ････････････････ 上博21A
〔平康鄉百姓索鐵子牒〕　二月日（10C）
　　1）押衙　3）平康鄉

02564　王善進 ･･･････････････ 莫第098窟
〔供養人題記〕（10C中期）
　　1）節度押衙銀青光祿大夫檢校太子賓客　4）中心佛壇背屛後壁。《燉》p.47。《謝》p.94。

02565　王善奴 ････････････････ P4997v
〔分付羊皮曆（殘）〕（10C後期）

02566　王善保 ･･････････ BD03852v②（金52）
〔金光明最勝王經卷第1（第二紙背有題記）〕（8〜9C）
　　2）淨土（寺）

02567　王善明 ････････････････ P3130
〔御製蓮華心輪廻文偈頌〕（976 or 977）

02568　王苒全 ････････････････ P3692v
〔雜寫〕　壬午年頃（922）

02569　王鼠子 ････････････････ S00542v
〔燉煌諸寺丁壯車牛役部〕　戌年六月十八日（818）
　　2）開元寺

02570　王鼠?子妻 ･･････････････ S00542v
〔燉煌諸寺丁壯車牛役部〕　戌年六月十八日（818）
　　2）開元寺

02571　王僧政 ･･････････････ P2040v②-16
〔淨土寺粟破曆〕　乙巳年正月廿七日以後（945以降）
　　1）僧政　2）淨土寺

02572　王僧政 ･･････････････ P3234v⑧
〔某寺西倉豆破曆〕（940年代）
　　1）僧政

02573　王僧政 ････････････････ P3875B
〔某寺修造諸色破曆〕　丙子年八月廿七日（916 or 976?）
　　1）僧政　4）原作「王僧政庄」。

02574　王僧政 ････････････････ S04613
〔破曆〕　庚申年（960）
　　1）僧政　4）原作「王僧政團」。

02575　王僧正 ････････････････ P3037
〔社司轉帖〕　庚寅年正月三日（990）
　　1）僧正　2）大悲寺門前

02576　王僧正 ････････････････ P3240②
〔付䀋曆〕　壬寅年七月十六日（1002）
　　1）僧正　4）原作「小王僧正」。

02577　王僧正 ････････････････ P3935
〔契約文書〕　辛卯年（931）
　　1）執宰・僧正　2）顯德寺

02578　王僧正 ････････････････ S04117
〔寫經人・校字人名目〕　壬寅年三月廿九日（1002）
　　1）寫經人・校字人・僧正　4）原作「小王僧正」。

02579　王僧正 ････････････････ S04117
〔寫經人・校字人名目〕　壬寅年三月廿九日（1002）
　　1）寫經人・校字人・僧正　4）原作「大王僧正」。

02580　王僧正 ･･････････････ S04687r.v
〔佛會破曆〕（9C末〜10C前期）
　　1）僧正　2）顯德寺

02581　王僧正 ････････････････ S06981⑭
〔破曆（殘）〕（10C後期）
　　1）僧正　2）三界寺　4）亡納。

02582 王僧正 ………… Дx01425＋Дx11192＋Дx11223
〔某寺弔儀用布破曆〕 辛酉年從正月到四月 (961)
　1) 僧正　2)(三)界(寺)　4) 原作「界王僧正亡弔」。

02583 王僧正 ……………… Дx06064v
〔人名目〕 (10C)
　1) 僧正

02584 王僧統 ……………… P2638
〔儭司破曆〕 癸巳～丙申年 (933～936)
　1) 僧統

02585 王僧統 ……………… S01519②
〔破曆〕 辛亥年 (951)
　1) 僧統

02586 王倉曹 ……………… P4047
〔寫經記錄〕 (9C前期)
　1) 倉曹

02587 王倉曹 ……………… S07060v
〔諸色破曆等〕 (9C前期)
　4) 原作「王倉曹夫人」。

02588 王倉曹夫人 …………… S07060v
〔諸色破曆等〕 (9C前期)
　4) 原作「王倉曹夫人」。

02589 王宗 ………………… BD00680(日80)
〔大乘無量壽經(尾)〕 (9C前期)

02590 王宗 ………………… BD03624(爲24)
〔佛說無料壽宗要經(尾)〕 (9C前期)

02591 王宗 ………………… BD06250(海50)
〔无量壽宗要經〕 (9C前期)

02592 王宗 ………………… S04831②
〔寫經人名目〕 (9C前期)
　1) 寫經人　4)⇒王文宗。

02593 王搥子 ……………… P3234v⑮
〔淨土寺西倉豆利潤入曆〕 (940年代?)
　2) 淨土寺

02594 王曹魁 ……………… Дx10281＋Дx11060
〔綾絹紬等納贈曆〕 (9C末)

02595 王曹三 ……………… S04474v
〔燉煌鄉信士賢者張安三父子敬造佛堂功德記〕 天復八年?十月 (908?)
　3) 燉煌鄉

02596 王曹七 ……………… Дx06695
〔諸人便(領)粟曆〕 (10C前中期)

02597 王曹六 ……………… P3418v⑤
〔某鄉缺枝夫戶名目〕 (9C末～10C初)

02598 王漱ゞ ……………… S02669
〔管内尼寺(安國寺・大乘寺・聖光寺)籍〕 (865～870)
　2) 大乘寺　3) 赤心鄉　4) 尼名「覺藏」。

02599 王瘦斤 ……………… P4017
〔雜字一本(人名列記)〕 乙酉年頃 (985)

02600 王瘦斤 ……………… S08678
〔枝送納帖〕 (10C)

02601 王相公 ……………… P3547
〔上都進奏院狀上(原題)〕 (9C後期?)

02602 王速略 ……………… S08445＋S08446＋S08468
〔稅巳年出羊人名目〕 丙午年二月十九日 (946)
　1) 監使

02603 王他家 ……………… S02669
〔管内尼寺(安國寺・大乘寺・聖光寺)籍〕 (865～870)
　2) 安國寺　3) 龍勒鄉　4) 尼名「勝意」。

02604 王多歹燉 ………… BD09520v②(殷41)
〔貸絹契〕 癸未年三月廿八日 (923?)

02605 王多力 ……………… P2738v
〔社司轉帖(寫錄)〕 二月廿五日 (9C後期)

02606 王太嬌 ……………… P3666v
〔便粟麥契曆〕 (9C中期前後)
　1) 百姓

02607 王太眞 ……………… S02669
〔管内尼寺(安國寺・大乘寺・聖光寺)籍〕 (865～870)
　2) 大乘寺　3) 燉煌鄉　4) 尼名「明了空」。

02608 王太ゝ ………………… S02669
〔管內尼寺(安國寺・大乘寺・聖光寺)籍〕
(865～870)
    2)聖光寺　3)慈惠鄉　4)尼名「嚴戒」。

02609 王太忠 ………………… 莫第199窟
〔供養人題記〕 (8C中後期)
    1)昭武校尉守右衞京兆原城府折衝都尉上柱國　4)西壁。《燉》p.90。《謝》p.370。

02610 王太平? ………………… P3418v⑦
〔慈惠鄉缺枝夫戶名目〕 (9C末～10C初)
    3)慈惠鄉

02611 王太和 ………………… S04920v
〔受田簿〕 長興二年頃 (931)
    4)V面雜記存「長興二年(931)」「丁未年(947)」等狀・田籍等之字。

02612 王隊頭 ………………… S06981⑬
〔入麥曆〕 酉年 (10C中期)
    1)隊頭

02613 王隊頭? ………………… Дx01317
〔衙前第一隊轉帖〕 二月六日 (10C中期)
    1)押衙隊頭?

02614 王頰兒 ………………… P3721v①
〔平康鄉堤上兄(見)點得人名目〕 庚辰年三月廿二日 (980)
    3)平康鄉

02615 王大器 ………………… P2184
〔金剛般若波羅蜜經注讚〕 (10C)
    4)洛州・鞏縣…重印。

02616 王宅官 ………………… P3451piece1
〔氾慶子狀〕 (9C後期)
    1)宅官

02617 王宅官 ………………… S03405
〔主人付親情社色物〕 (10C後期)
    1)宅官　4)V面有「癸未年三月十四日」。

02618 王達子 ………………… P2040v②-29
〔淨土寺西倉豆利入曆〕 (940前後)
    2)淨土寺

02619 王達子 ………………… P2738v
〔社司轉帖(寫錄)〕 二月十五日 (9C後期)

02620 王達子 ………………… P3249v
〔將龍光顏等隊下人名目〕 (9C中期)

02621 王達子 ………………… P3705v
〔人名錄雜記〕 中和二年頃 (882?)

02622 王達子 ………………… S05747v
〔社人名目〕 (10C前期)

02623 王達?文 ………………… BD06277v(海77)
〔五言詩1首, 雜寫〕 (10C?)

02624 王丹子 ………………… S08445＋S08446＋S08468②
〔羊司於紫亭得羊名目〕 丙午年三月九日 (946)

02625 王丹子 ………………… S08445＋S08446＋S08468③
〔稅巳年出羊人名目〕 丙午年二月十九日 (946)

02626 王丹ゝ ………………… S08445＋S08446＋S08468②
〔羊司於紫亭得羊名目〕 丙午年三月九日 (946)

02627 王丹ゝ ………………… S08445＋S08446＋S08468③
〔稅巳年出羊人名目〕 丙午年二月十九日 (946)

02628 王端章 ………………… P2962
〔張義潮變文〕 (9C後期)

02629 王醇 ………………… P2676
〔論語集解卷第2〕 申年二月日 (9C)

02630 (王)談子 ………………… Дx01326
〔僧王伽兒等狀上〕 大中七年二月日 (853)
    1)(王伽兒)男

02631 王智淨 ………………… S02729①
〔燉煌應管勘牌子曆〕 辰年三月 (788)
    1)僧　2)普光寺　3)沙州　4)38行目。

02632 王智明 ………………… P3047v⑧
〔王都督儭合城僧徒名錄〕 (9C前期)
    4)僧名「智明」。

02633 王智明 ･････････････ S02729①
〔燉煌應管勘牌子歷〕 辰年三月 (788)
　1)僧　2)普光寺　3)沙州　4)午年11月18日死。
　38行目。

02634 王知客 ･････････････ P2032v㉟-6
〔淨土寺麵黃麻豆布等破曆〕 (940前後)
　1)知客　2)淨土寺

02635 王知子 ･････････････ P3691piece1
〔社司轉帖(社人名目)〕 戊午年九月十一日
　(958)

02636 王知進 ･････････････ S03728②
〔柴場司牒〕 乙卯年三月 (955?)
　4)原作「押衙王知進妻等肆人」。

02637 王知進妻 ････････････ S03728②
〔柴場司牒〕 乙卯年三月 (955?)
　4)原作「押衙王知進妻等肆人」。

02638 王丑胡 ･･･････ BD15249v③(新1449)
〔某家榮親客目〕 (10C後期)

02639 王丑胡 ･････････････ P3236v
〔燉煌鄉官布籍〕 壬申年三月十九日 (972)
　1)頭　3)燉煌鄉

02640 王丑胡 ･････････････ P3595v
〔就役名目〕 己巳年頃 (969?)

02641 王丑子 ･････････････ P2953v
〔便麥豆本曆〕 (10C)
　4)同巷。

02642 王丑子 ･････････････ P3595v
〔就役名目〕 己巳年頃 (969?)

02643 王丑子 ･････････････ P4017
〔社司轉帖(殘)〕 乙酉年頃 (985)

02644 王丑?子 ･････････････ S06309
〔行人轉帖〕 四月八日 (10C)
　1)行人

02645 王丑子 ･････････････ Дx01401
〔社司轉帖〕 辛未年二月七日 (911 or 971)

02646 王丑兒 ･････････････ P2439
〔雜寫(社司轉帖)〕 甲申年 (924?)

02647 王丑奴 ････････････ BD02858(調58)
〔雜寫〕 (8～9C)

02648 王忠義 ･････････････ P2032v⑯-4
〔淨土寺粟利閏入曆〕 (940前後)
　2)淨土寺

02649 王忠敬 ･････････････ S05820＋S05826
〔尼明相賣牛契〕 未年閏十月廿五日 (803)
　1)保人　4)原作「保人王忠敬年廿六」。

02650 王忠信 ･････････････ P4044③
〔冊八家社人彩畫畢功文〕 光啓參年丁未歲次
五月拾日 (887)
　1)耆壽　3)修文坊巷社・燉煌(鄉)　4)原作「修
　文坊巷社燉煌耆壽王忠信」。

02651 王忠々 ･････････････ S01156
〔進奏院狀上文〕 光啓三年 (887)

02652 王猪子 ･････････････ P2049v②
〔淨土寺諸色入破曆計會牒〕 長興二年正月
(930～931)

02653 王張友 ･････････････ P3894v
〔人名錄等雜抄〕 (900前後)

02654 王張六 ･････････････ Дx01408
〔効穀鄉百姓康滿奴等地畝曆〕 (9C末)
　1)戶(主)百姓　3)効穀鄉

02655 王潮 ･･･････････ BD02970(陽70)
〔大般若波羅蜜多經卷第331(尾)〕 (9C前期)
　1)寫經生

02656 王澄寂 ･････････････ S02729①
〔燉煌應管勘牌子歷〕 辰年三月 (788)
　1)僧　2)龍興寺　3)沙州　4)4行目。

02657 王朝 ･･･････････ BD09341(周62)
〔社司轉帖〕 閏四月三日 (10C後期)

02658 王朝㵎 ･････････････ S09953
〔社司?轉帖〕 (9C)

02659 王朝子 ･･･････ BD09341(周62)
〔社司轉帖〕 閏四月三日 (10C後期)

02660 王超 ･････････････ S02824
〔金剛般若波羅蜜經末〕 (9C)

02661 王超 ……………………… S05788
〔社司轉帖〕 十一月廿一日 （9C前期）

02662 王超 ……………………… S05825
〔社司轉帖〕 四月一日 （9C前期）

02663 王超 …… S.tib.R.119.VOL.551 FOL.23
〔社司轉帖〕 （946）

02664 王超眞 ……………………… P3047v①
〔僧名等錄〕 （9C前期）
　4)僧名「超眞」。

02665 王長盈 ……………… BD00268v(宇68)
〔遷化者名目〕 癸未年五月五日 （9～10C）
　4)原作「王長盈兒」。

02666 王長盈兒 ……………… BD00268v(宇68)
〔遷化者名目〕 癸未年五月五日 （9～10C）

02667 （王）長延 ……………………… 莫第427窟
〔供養人題記〕 宋乾德八年頃 （970頃）
　1)弟 4)北壁。《Pn》作「弟?長延一心供養」。《燉》p.159作「長㳄」。⇒長延。⇒長近。(王)長近。

02668 （王）長近 ……………………… 莫第427窟
〔供養人題記〕 宋乾德八年頃 （970頃）
　1)弟 4)中心塔柱南面。《Pn》作「弟?長延一心供養」。《燉》p.159作「長㳄」。⇒(王)長延。⇒長延。(王)長近。

02669 王長支 ……………………… S06309
〔行人轉帖〕 四月八日 （10C）
　1)行人

02670 （王?)長千 ……………………… 莫第427窟
〔供養人題記〕 宋乾德八年頃 （970頃）
　1)男 4)前室南壁天王塑像腿間。《燉》p.155。⇒長千。

02671 王頂定 ……………………… S08655v
〔戶別地子曆〕 （10C）
　1)戶主

02672 王鳥ゝ ……………………… S00542v
〔燉煌諸寺丁壯車牛役部〕 戌年六月十八日 （818）

02673 王鎭使 ……………………… S08448A
〔紫亭羊數名目〕 辛亥年正月廿七日 （951）
　1)鎭使

02674 王鎭使 ……………………… S08448B
〔紫亭羊數名目〕 （940頃）

02675 王通引 ……………………… P3763v
〔淨土寺入破曆〕 （945前後）
　2)淨土寺?

02676 王?通子 ……………………… P.tib1088C
〔燉煌諸人磑課麥曆〕 卯年～巳年間 （835～837）

02677 王通子 ……………………… S04504v④
〔行人轉帖〕 七月三日 （10C前期）

02678 王通兒 ……………………… S04654v⑥
〔王盈子等四人兄弟家產相續訴狀(稿)〕 （10C中期）
　1)百姓 3)平康鄉

02679 王通信 ……………………… P2040v③-2
〔淨土寺西倉粟利入曆〕 己亥年 （939）
　2)淨土寺

02680 王通信 ……………………… P2992v①
〔歸義軍節度兵馬留後使曹(元深)牒〕 天福十年乙巳以前 （945以前）

02681 王通信 ……………………… P3418v①
〔□□鄉缺枝夫戶名目〕 （9C末～10C初）

02682 王通信 ……………………… S06010
〔衙前第六隊轉帖〕 九月七日 （900前後）
　1)押衙

02683 王通ゝ ……………… BD09520v⑤(殷41)
〔張修造雇駞契(稿)〕 癸未年四月十五日 （923?）
　1)押衙

02684 王通□ ……………………… EO1173
〔大悲千手眼菩薩及被帽地藏菩薩十王圖供養人題記〕 （10C後期）
　1)佛清信弟子?

02685 王定 ……………………… S06452④
〔常住庫借貸油麵物曆〕 壬午年 （982?）
　1)龍興寺僧 2)龍興寺

02686 王?定員 …… コペンハーゲン博物館藏・燉煌文獻背面(OA102,MS2)
〔佛典兌紙雜記〕 （10C後期）

02687 王定君 ·················· S03978
〔納贈曆〕 丙子年七月一日 （976）

02688 王定興 ·················· P3797v③
〔戶籍稿（殘）〕 開寶九年頃 （976・977）
　　4）R面有題記「太公家教，新集嚴父教。維太宗開寶九年丙子歲三月十三日寫子文書了」。

02689 王定興 ·················· S03714
〔親情社轉帖（雜寫）〕 （10C）

02690 王定昌 ·················· P3231②
〔平康鄉官齋曆〕 癸酉年九月卅日 （973）
　　3）平康鄉

02691 王定昌 ·················· P3231④
〔平康鄉官齋曆〕 甲戌年十月十五日 （974）
　　3）平康鄉

02692 王定昌 ·················· P3231⑤
〔平康鄉官齋曆〕 囗亥年五月十五日 （975）
　　3）平康鄉

02693 王定昌 ·················· P3231⑥
〔平康鄉官齋曆〕 乙亥年九月廿九日 （975）
　　3）平康鄉

02694 王定昌 ·················· P3721v①
〔平康鄉堤上兄(見)點得人名目〕 庚辰年三月廿二日 （980）
　　3）平康鄉

02695 王定昌 ·················· P4693
〔官齋納麵油粟曆〕 （10C後期）
　　1）漿水粥兼及白粥頭

02696 王定眞 ·················· S02669
〔管內尼寺（安國寺・大乘寺・聖光寺）籍〕 （865～870）
　　2）大乘寺　3）慈惠鄉　4）姓「王」。俗名「君娘」。

02697 王定進 ·················· 莫第363窟
〔供養人題記〕 （11C中期）
　　1）社戶　4）南壁。《燉》p.141。

02698 王定善 ·················· P2564v
〔殘契〕 乙酉年五月八日 （925）
　　2）永安寺　4）原作「乙酉年五月八日立契永安寺王定善白羊(以下缺)」。

02699 王定通 ·················· Дx06064v
〔人名目〕 （10C）

02700 王定德 ·················· Дx06064v
〔人名目〕 （10C）

02701 王定誹 ·················· P2032v①-2
〔淨土寺西倉麥入曆〕 （944前後）
　　2）淨土寺

02702 王定明 ·················· S02669
〔管內尼寺（安國寺・大乘寺・聖光寺）籍〕 （865～870）
　　3）燉煌鄉　4）姓「王」。俗名「綿〻」。

02703 王庭仙 ·················· S06485
〔佛說賢劫千佛名經〕 戊辰年四月廿九日 （848）

02704 王鐵山 ·················· 莫第205窟
〔供養人題記〕 （8C後期）
　　1）社人　4）西壁。《燉》p.94。

02705 王鐵子 ············ S08445＋S08446＋S08468②
〔羊司於紫亭得羊名目〕 丙午年三月九日 （946）

02706 王鐵子 ············ S08445＋S08446＋S08468③
〔稅巳年出羊人名目〕 丙午年二月十九日 （946）

02707 王鐵子 ·················· S08448A
〔紫亭羊數名目〕 辛亥年正月廿七日 （951）

02708 王鐵子 ·················· S08448B
〔紫亭羊數名目〕 （940頃）

02709 王天養 ·················· S00542v
〔燉煌諸寺丁壯車牛役部〕 戊年六月十八日 （818）

02710 王都維 ·················· S01776②
〔某寺常住什物交割點檢曆〕 顯德五年戊午十一月十三日 （958）
　　1）都維

02711 王都衙 ·················· P2032v⑩
〔淨土寺西倉粟破曆〕 （940前後）
　　1）都衙　2）淨土寺

02712 王都衙 ·················· P2032v⑳-6
〔淨土寺麵黃麻豆布等破曆〕 （940前後）
　　1）都衙　2）淨土寺

02713 王都衙 ················ P2207piece2
〔買絹契〕（10C?）
　1) 都衙

02714 王都衙 ················ P3234v③-31
〔惠安惠戒手下便物曆〕 甲辰年 （944）
　1) 都衙

02715 王都衙 ················ S03538v
〔一切經音義卷第24（書寫狀況）〕（10C後期）
　1) 寫經人？

02716 王都子 ················ P3424
〔王都判下磑羅麥粟乾麥曆〕 己丑年 （869?）

02717 王都頭 ················ P2032v②
〔淨土寺惠安手下諸色入曆〕 甲辰年一日巳直歲 （944）
　1) 都頭

02718 王都頭 ················ P2032v⑤
〔淨土寺布破曆〕（940前後）
　1) 都頭　2) 淨土寺

02719 王都頭 ················ P2207piece2
〔買絹契〕（10C?）
　1) 都頭

02720 王都頭 ················ S08353
〔官衙麵油破曆〕（10C）
　1) 都頭

02721 王都頭 ················ Дx02971
〔王都頭倉下糧食破曆〕（10C）
　1) 都頭

02722 王都頭 ············ 浙燉134（浙博109）
〔曹海員訴狀并判〕（10C）
　1) 都頭　4) 有押署「議」。

02723 王都督 ················ P3047v⑧
〔王都督䰗合城僧徒名錄〕（9C前期）
　1) 都督

02724 王都判 ················ P3424
〔王都判下磑羅麥粟乾麥曆〕 己丑年 （869?）
　1) 都判

02725 王都料 ················ P2049v②
〔淨土寺諸色入破曆計會牒〕 長興二年正月 （930～931）
　1) 都料

02726 王都料 ················ S05071
〔某寺貸入斛斗曆〕（10C後期）
　1) 都料

02727 王都料 ················ Дx01365
〔淨土寺周僧正還王都料鑑?價絹契〕 癸未年七月十九日 （983）
　1) 都料

02728 王都料 ················ Дx01428
〔某寺諸色斛豆破曆〕（10C中期）
　1) 都料

02729 王都料 ················ Дx02431
〔碩㪷領入曆〕 壬申年（七月?）（852 or 912 or 972）
　1) 都料

02730 王奴子 ················ P2556v
〔雜寫〕 咸通十年正月十八日 （869）

02731 王?奴子 ················ P3418v⑤
〔某鄉缺枝夫戶名目〕（9C末～10C初）

02732 王奴子 ················ P3418v⑥
〔洪閏鄉缺枝夫戶名目〕（9C末～10C初）
　3) 洪閏鄉

02733 王奴子 ················ S01475v②
〔社司狀上〕 申年五月廿一日 （828）

02734 王奴子 ················ S01475v③
〔社司狀上〕 申年五月 （828）
　1) 社人

02735 王奴?六 ················ 莫第285窟
〔供養人題記〕（9～10C）
　1) 清信弟子　4) 原作「清信弟子王奴?六一心供養」。

02736 王塔 ················ BD08460（裳60）
〔金有陀羅尼經1卷（尾有藏文題記）〕（9～10C）
　4) 尾有藏文題記「bang-thang-bris（王塔寫）」。

02737 王棟校 ············ S08445＋S08446＋S08468
〔紫亭羊數名目〕 丙午年三月九日 （946）

02738 王滔 ················ BD07384（鳥84）
〔杜都督等書幡等書支領麥布曆〕 丑年～未年 （821～827 or 833～839）

02739　王道員 ……………………… S03005
　〔防大佛行人名目〕（10C）

02740　王道應 ……………………… P3047v①
　〔僧名等錄〕（9C前期）
　　4）僧名「道應」。

02741　王道子 ……………………… P5032⑪
　〔渠人?轉帖〕（10C後期）

02742　王道之 ……………………… BD09520v⑤（殷41）
　〔張修造雇馳契(稿)〕 癸未年四月十五日（923?）
　　1）押衙

02743　王得金 ……………………… P3234v⑧
　〔某寺西倉豆破曆〕（940年代）

02744　王得昇? ……………………… Дx04776
　〔燉煌諸鄉百姓等勞役簿〕（9C前期?）
　　3）効〔穀鄉〕

02745　王得全 ……………………… P3234v⑫
　〔直歲廣進破曆〕 癸卯年（943）

02746　王德海 ……………………… S02669
　〔管內尼寺(安國寺・大乘寺・聖光寺)籍〕（865～870）
　　2）大乘寺　3）神沙鄉　4）姓「王」。俗名「嬌蠻」。

02747　王德金 ……………………… P2846
　〔入破曆〕 甲寅年正月廿一日（954）

02748　王德友 ……………………… P2032v①-2
　〔淨土寺西倉麥入曆〕（944前後）
　　2）淨土寺

02749　王德友 ……………………… P2032v⑩
　〔淨土寺西倉粟破曆〕（940前後）
　　2）淨土寺

02750　王德友 ……………………… P2032v⑪
　〔淨土寺西倉司願勝等入破曆〕 乙巳年三月（945）
　　2）淨土寺

02751　王德友 ……………………… P2032v⑫
　〔淨土寺諸色破曆〕（940前後）
　　2）淨土寺

02752　王德友 ……………………… P2032v⑱
　〔淨土寺豆利閏入曆〕（940前後）
　　2）淨土寺

02753　王特奇□ ……………………… P.tib2124v
　〔人名錄〕（9C中期?）

02754　王毒單 ……………………… S08445＋S08446＋S08468A
　〔紫亭羊數名目〕 辛亥年正月廿七日（951）
　　4）⇒王讀丹。

02755　王毒買 ……………………… S08448A
　〔紫亭羊數名目〕 辛亥年正月廿七日（951）

02756　王讀丹 ……………………… S08445＋S08446＋S08468A
　〔紫亭羊數名目〕 辛亥年正月廿七日（951）
　　4）⇒王毒單。

02757　王突鸞 ……………………… P2155③
　〔合領馳馬牛羊皮曆〕（10C）

02758　王屯 ……………………… P2738v
　〔社司轉帖(寫錄)〕 八月廿九日（9C後期）

02759　王屯々 ……………………… P3249v
　〔將龍光顏等隊下人名目〕（9C中期）

02760　王屯々 ……………………… P4019piece2
　〔納草束曆〕（9C後期）
　　3）平康鄉?

02761　王曇晏 ……………………… P3491piece3
　〔突田名簿〕（9C前期）

02762　王曇秀 ……………………… S02729①
　〔燉煌應管勘牌子曆〕 辰年三月（788）
　　1）僧　2）開元寺　3）沙州　4）24行目。

02763　王南山 ……………………… Дx01275
　〔官府破紙曆〕（9C末～10C初）
　　1）押衙

02764　王二婆 ……………………… P3102v③
　〔社內付麵人名目〕（10C前期）

02765　王日華 ……………………… S00542v
　〔燉煌諸寺丁壯車牛役部〕 戊年六月十八日（818）
　　1）團頭東　2）安國寺

02766　王認□ ……………………… 莫第427窟
　〔供養人題記〕 宋乾德八年頃（970頃）
　　1）故兄節度押衙知平康鄉務銀青光祿大夫檢校太子賓客　4）南壁。《燉》p.157作「王□」。《Pn》作「王認□」。⇒王匚。

02767 王寧々 ······ P3705v
〔人名錄雜記〕 中和二年頃（882?）

02768 王寧々 ······ S10312v
〔細字注記存2行〕 大中十年（856）

02769 王馬 ······ P3438v④
〔王馬狀〕 十二月六日（9C後期?）
　1)沙州官告國信判官將仕郎試大理評事

02770 王買德 ······ S02071v
〔請處分得王買德等承料地狀〕（8C後期?）
　3)洪池鄉　4)R面爲「切韻」（8C）。

02771 王伯希 ······ P3047v⑤
〔取麥等曆〕 辰年七月（9C前期）

02772 王博士 ······ P2032v⑤
〔淨土寺布破曆〕（940前後）
　1)博士　2)淨土寺

02773 王鉢羅 ······ P4640v
〔官入破曆〕 己未年七月（899）
　1)衙官

02774 王撥之狸 ······ S00389
〔肅州防戍都狀上〕（9C後期?）
　3)退渾

02775 王發?願? ······ BD03907（生7）
〔佛頂尊勝陀羅尼經（末）〕（10C）
　1)雕印・弟子

02776 王判官 ······ P2032v③
〔淨土寺諸色破曆〕（944前後）
　1)判官　2)淨土寺

02777 王判官 ······ P2054v
〔疏請僧官文〕（10C）
　1)判官　2)報恩寺

02778 王判官 ······ P3047v⑦
〔法事僧尼名錄〕（9C前期）

02779 王判官 ······ S06226
〔某寺付徒衆各僧油一升曆〕（10C中期）
　1)判官

02780 王判官 ······ S10612
〔付箋僧名目〕（10C）
　1)判官

02781 王判力 ······ P2622v
〔雜寫（鄉別人名記載）〕（9C?）
　3)龍（勒鄉）　4)本件是別記。R面存「大中十三年三月四日」之紀年，又V面存「大中十三年四月」之紀年。

02782 王畔子 ······ S00542v
〔燉煌諸寺丁壯車牛役部〕 戌年六月十八日（818）
　2)靈圖寺

02783 王畔子妻 ······ S00542v
〔燉煌諸寺丁壯車牛役部〕 戌年六月十八日（818）
　2)蓮臺寺（靈圖寺）

02784 王販溫 ······ S06204①
〔隊轉帖〕（10C前後）

02785 王販兒 ······ S06204①
〔隊轉帖〕（10C前後）

02786 王百〔留〕恩 ······ 莫第427窟
〔供養人題記〕 宋乾德八年頃（970頃）
　1)□弟　4)原作「□王百恩一心供養」。西壁。《Pn》作「王留恩」。

02787 王苗?佳 ······ BD16128B（L4067）
〔社人名目〕（9〜10C）

02788 王不額 ······ S02228①
〔絲綿部落夫丁修城使役簿〕 亥年六月十五日（819）
　1)(右一)　3)絲綿部落　4)首行作「亥年六月十五日州城所,絲綿」。末行作「亥年六月十五日畢功」。

02789 王不勿子 ······ Дx01432＋Дx03110
〔地子倉麥曆〕（10C）

02790 王付德 ······ P2162v
〔三將納丑年突田曆〕（9C前期）

02791 王富員 ······ P2932
〔出便豆曆〕 甲子年十二月十七日（964?）

02792 王富員 ······ P3721v③
〔冬至自斷官員名〕 己卯年十一月廿六日（979）

02793 王富盈 ······ P2717piece2
〔立社條（殘）〕（9〜10C）

02794 王富延 ·················· P2032v①-2
〔淨土寺西倉麥入曆〕（944前後）
　2)淨土寺

02795 王富延 ·················· P2032v⑪
〔淨土寺西倉司願勝等入破曆〕 乙巳年三月
（945）
　2)淨土寺

02796 王富延 ·················· P2040v③-2
〔淨土寺西倉粟利入曆〕 己亥年 （939）
　2)淨土寺

02797 王富延 ·················· P3234v⑮
〔淨土寺西倉豆利潤入曆〕（940年代?）
　2)淨土寺

02798 王富延 ·················· 莫第098窟
〔供養人題記〕（10C中期）
　1)節度押衙知沙池鄉官銀青光祿大夫檢校國子
　祭酒兼御史中丞上柱國　4)北壁。《燉》p.35。
　《謝》p.96。

02799 王富慶 ·················· P2040v③-2
〔淨土寺西倉粟利入曆〕 己亥年 （939）
　2)淨土寺

02800 王富慶 ·················· P4991
〔社司轉帖〕 壬申年六月廿四日（972）

02801 王富慶 ·················· P5026D
〔社人名目〕（10C）

02802 王富慶 ·················· 杏・羽676
〔囑兵馬使王富慶信札(殘)〕（10C）
　1)兵馬使

02803 王富啓 ·················· P2032v①-2
〔淨土寺西倉麥入曆〕（944前後）
　2)淨土寺

02804 王富啓 ·················· P2032v①-4
〔淨土寺粟入曆〕（944前後）
　2)淨土寺

02805 王富住 ·················· P2032v①-2
〔淨土寺西倉麥入曆〕（944前後）
　2)淨土寺

02806 王富昌 ·················· P3379
〔社錄事陰保山等牒(團保文書)〕 顯德五年二
月（958）
　4)有指押印。

02807 王富昌 ·················· P3595v
〔就役名目〕 己巳年頃（969?）

02808 王富昌 ·················· Дx02166
〔某社三官等麥粟破曆〕（10C）
　4)原作「王富昌店」。

02809 王富進 ·················· P2040v②-5
〔淨土寺西倉粟入曆〕（945以降）
　2)淨土寺

02810 王富進 ·················· P3706v
〔雜寫〕 癸酉年正月十三?日（973）
　4)R面爲「大佛名懺悔文」(10C中期)。

02811 王富進 ·················· 上博21B
〔渠人轉帖〕（10C中期?）

02812 王富清 ·················· P3234v⑮
〔淨土寺西倉豆利潤入曆〕（940年代?）
　2)淨土寺

02813 王富千 ·········· BD14806②(新1006)
〔渠人轉帖〕（10C中期）

02814 (王)富千 ········· BD14806v(新1006)
〔義進押衙身故祭盤人名目〕 戊寅年二月十九
日（978）

02815 王富全 ·················· S00327v
〔社司轉帖〕（10C）

02816 王富通 ·········· BD15404(簡068066)
〔千渠中下界白刺頭名目〕（10C中期）
　1)白刺頭　3)千渠下界

02817 王富通 ·················· P2032v⑯-4
〔淨土寺粟利閏入曆〕（940前後）
　2)淨土寺

02818 王富通 ·················· P3234v⑮
〔淨土寺西倉豆利潤入曆〕（940年代?）
　2)淨土寺

02819 王富通 ·················· P3706v
〔雜寫〕 癸酉年正月十三?日（973）
　1)僧　2)永安寺　4)R面爲「大佛名懺悔文」(10C
中期)。

02820 王富通 ·················· P4063
〔官建轉帖〕 丙寅年四月十六日（966）

02821 王富通 ……………… S07932
　〔月次番役名簿〕（10C後期）

02822 王富定 ……………… P2040v②-29
　〔淨土寺西倉豆利入曆〕（940年代）
　　2)淨土寺

02823 王富定 ……………… P3234v⑮
　〔淨土寺西倉豆利潤入曆〕（940年代?）
　　2)淨土寺

02824 王富定 ……………… S06309
　〔行人轉帖〕　四月八日　（10C）
　　1)行人

02825 王富定 ……………… Дx04032
　〔社司轉帖〕　囗巳?年七月九日　（10C）
　　1)兵馬使

02826 王富奴 ……………… Дx01401
　〔社司轉帖〕　辛未年二月七日　（911 or 971）

02827 王富德 ……………… S00395v
　〔雜寫〕（940年代）

02828 王富德 ……………… Дx01401
　〔社司轉帖〕　辛未年二月七日　（911 or 971）

02829 王富々 ……………… P4810v①
　〔役簿?〕　九月廿八日　（9C）
　　1)右十

02830 王富文 ……………… Дx02149в
　〔見納缺柴人名目〕（10C）

02831 王富郎 ……………… P2032v⑪
　〔淨土寺西倉司願勝等入破曆〕　乙巳年三月（945）
　　2)淨土寺

02832 王富郎 ……………… P2032v⑯-4
　〔淨土寺粟利閏入曆〕（940前後）
　　2)淨土寺

02833 王普意 ……………… S02729①
　〔燉煌應管勘牌子曆〕　辰年三月　（788）
　　1)僧　2)普光寺　3)沙州　4)38行目。

02834 王武 ……………… P3544
　〔社條再立文書〕　大中九年九月　（855）
　　1)社長

02835 王副隊押衙 ……………… Дx01317
　〔衙前第一隊轉帖〕　二月六日　（10C中期）
　　1)副隊押衙

02836 王福々 ……………… S02669
　〔管內尼寺（安國寺・大乘寺・聖光寺）籍〕（865～870）
　　2)大乘寺　3)赤心鄉　4)尼名「照嚴」。

02837 王福滿 ……………… S02669
　〔管內尼寺（安國寺・大乘寺・聖光寺）籍〕（865～870）
　　2)大乘寺　3)燉煌鄉　4)尼名「照嚴」。

02838 王佛女 ……………… S00274①
　〔社司轉帖（寫錄）〕　戊子年四月十三日（928?）

02839 王佛奴? ……………… S00274①
　〔社司轉帖（寫錄）〕　戊子年四月十三日（928?）

02840 王佛奴 ……………… S08520
　〔納贈曆（殘）〕（10C）

02841 王佛奴 ……………… 楡第25窟
　〔供養人題記〕　光化三年十二月廿二日　（900）
　　1)兵馬使　4)外洞東壁。《謝》p. 468。

02842 王粉子 ……………… Дx12012④
　〔王粉子狀上〕　清泰二年頃　（935前後）

02843 王粉推 ……………… S04504v④
　〔行人轉帖〕　七月三日　（10C前期）

02844 王粉堆 ……………… BD14806②（新1006）
　〔渠人轉帖〕（10C中期）

02845（王）粉堆 ……………… BD14806v（新1006）
　〔義進押衙身故祭盤人名目〕　戊寅年二月十九日　（978）

02846 王粉堆 ……………… P2932
　〔出便豆曆〕　乙丑年二月　（965?）
　　1)口承人

02847 王粉堆 ……………… P3231⑥
　〔平康鄉官齋曆〕　乙亥年九月十九日　（975）
　　3)平康鄉

02848 王粉堆 ……………… S03905v
　〔囗奴子租田契〕（10C中期）
　　1)百姓

02849 王粉堆 ‥‥‥‥‥‥‥‥‥ S04884v
〔便褐曆〕 壬申年二月十日 （972?）
　1）押衙

02850 王粉难 ‥‥‥‥‥‥‥‥‥ 莫第427窟
〔供養人題記〕 宋乾德八年頃 （970頃）
　1）兄　4）原作「兄王粉难一心供養男阿朶奴男會
　□」。西壁。《燉》p. 157。

02851 王糞槌 ‥‥‥‥‥‥‥‥‥ P3418v④
〔龍勒鄉缺枝夫戶名目〕 （9C末～10C初）
　3）龍勒鄉

02852 王文英 ‥‥‥‥‥‥‥‥‥ P3249v
〔將龍光顏等隊下人名目〕 （9C中期）

02853 王文君 ‥‥‥‥‥‥‥‥‥ P4983r.v
〔具注曆殘〕 （9C後期）
　4）R面爲「左紙端靈圖寺招提司狀」（905）。V面爲
　「戊午年（898）十二月廿日社官納色曆」。

02854 王文子 ‥‥‥‥‥‥‥‥‥ S05747v
〔社人名目〕 （10C前期）

02855 王文勝 ‥‥‥‥‥‥‥‥‥ P4640v
〔官入破曆〕 辛酉?年九月七日 （901?）

02856 王文勝 ‥‥‥‥‥‥‥‥‥ S11602v
〔田地契〕 （10C前期）
　1）見人・兵馬使

02857 王文沼 ‥‥‥‥‥‥‥‥‥ EO3639
〔大隨求陀羅尼輪曼荼羅〕 太平興國五年六月
廿五日 （980）

02858 王文信 ‥‥‥‥‥‥‥‥‥ BD04450（崑50）
〔金光明最勝王經卷第7（末）〕 （9C?）
　4）原作「王文信轉一部一遍」。

02859 王文信 ‥‥‥‥‥‥‥‥‥ P2738v
〔社司轉帖（寫錄）〕 二月廿五日 （9C後期）

02860 王文信 ‥‥‥‥‥‥‥‥‥ P3418v⑤
〔某鄉缺枝夫戶名目〕 （9C末～10C初）

02861 王文信 ‥‥‥‥‥‥‥‥‥ P3705v
〔人名錄雜記〕 中和二年頃 （882?）

02862 王文信 ‥‥‥‥‥‥‥‥‥ S05898
〔官田地畝計會〕 閏十月頃 （860頃）

02863 王?文信 ‥‥‥‥‥‥‥‥‥ S07384B
〔作坊使牒并淮深判（2通）〕 光啓三年二月・三
月 （887）

02864 王文進 ‥‥‥‥‥‥‥‥‥ P3249v
〔將龍光顏等隊下人名目〕 （9C中期）

02865 王文進 ‥‥‥‥‥‥‥‥‥ P3569v①
〔人名目（殘）〕 （9C末?）

02866 王文進 ‥‥‥‥‥‥‥‥‥ P3705v
〔人名錄雜記〕 中和二年頃 （882?）

02867 王文泉? ‥‥‥‥‥‥‥‥‥ 莫第427窟
〔供養人題記〕 宋乾德八年頃 （970頃）
　1）衙前政兵馬使　4）原作「故寂衙前政兵馬使…
　王文泉?一心供養。主室東壁門南側。《P》作「王
　文泉?」。《燉》p. 156作「王文□」。⇒王文□。

02868 王文詮 ‥‥‥‥‥‥‥‥‥ P2049v②
〔淨土寺諸色入破曆計會牒〕 長興二年正月
（930～931）

02869 王文詮 ‥‥‥‥‥‥‥‥‥ P2680v④
〔納贈曆〕 （10C中期）

02870 王文宗 ‥‥‥‥‥‥‥‥‥ P3205
〔僧俗人寫經曆〕 （9C前期）
　4）⇒宗。

02871 王文宗 ‥‥‥‥‥‥‥‥‥ S04831②
〔寫經人名目〕 （9C前期）
　1）寫經人　4）⇒王宗。

02872 王文宗 ‥‥‥‥‥‥‥‥‥ S06028
〔寫經人名目〕 （8C末～9C前期）
　1）寫經人

02873 王文宗 ‥‥‥‥‥‥‥‥‥ Φ190
〔大般若波羅蜜多經卷第95〕 （9C前期）
　4）上段欄外書寫「王文宗」（寫經人）及「允」字。

02874 王文達 ‥‥‥‥‥‥‥‥‥ P2049v①
〔淨土寺諸色入破曆計會牒〕 同光三年
（925）

02875 王文達 ‥‥‥‥‥‥‥‥‥ S01477v
〔地步曆〕 （10C初頃）

02876 王文坦 ‥‥‥‥‥‥‥‥‥ S00612
〔應天具注曆日〕 大宋國太平興國三年戊寅歲
（978）
　1）淸司天臺官

02877 王文通 ……………… P2738v
〔社司轉帖(寫錄)〕 二月廿五日 (9C後期)

02878 王文通 ……………… P3257①~③
〔牒文〕 開運二年十二月 (945)
 1)都押衙

02879 王文通 ……………… P3705v
〔人名錄雜記〕 中和二年頃 (882?)

02880 王文通 ……………… P3894v
〔人名錄等雜抄〕 (900前後)

02881 王文通 ……………… Дx01275
〔官府破紙曆〕 (9C末~10C初)
 1)都衙

02882 王文々 ……………… P2738v
〔社司轉帖(寫錄)〕 二月廿五日 (9C後期)

02883 王文々 ……………… P3705v
〔人名錄雜記〕 中和二年頃 (882?)

02884 王文□ ……………… P2915piece1·2
〔社人名錄(殘)〕 (10C)

02885 王文□ ……………… 莫第427窟
〔供養人題記〕 宋乾德八年頃 (970頃)
 1)衙前政兵馬使 4)原作「故寂衙前〔政〕兵馬使…王文□一心供養」。主室東壁門南側。《燉》p.156作「王文□」。⇒王文泉?

02886 王兵馬使 ……………… P3764v
〔社司轉帖〕 十一月五日及十一月十五日 (10C)
 1)兵馬使

02887 王兵馬使 ……………… S04472v
〔納贈曆〕 辛酉年十一月廿日 (961)
 1)兵馬使

02888 王平水 ……………… P3234v②
〔應慶於願達手上入曆〕 壬寅年正月一日 (942)
 1)平水

02889 王平水 ……………… P3234v⑤
〔直歲願通手上入曆〕 壬寅年 (942)
 1)平水

02890 王平水 ……………… S06452②
〔周僧正貸油麴曆〕 辛巳年~壬午年 (981~982?)
 1)平水

02891 王偏子 ……………… S02669
〔管內尼寺(安國寺·大乘寺·聖光寺)籍〕 (865~870)
 2)大乘寺 3)神沙鄉 4)尼名「最寶」。

02892 王辯子 ……………… P3666v
〔便粟麥契曆〕 (9C中期前後)
 1)百姓

02893 王辯々 ……………… P3418v④
〔龍勒鄉缺枝夫戶名目〕 (9C末~10C初)
 3)龍勒鄉

02894 王保安 ……………… P2738v
〔社司轉帖(寫錄)〕 二月廿五日 (9C後期)

02895 王保安 ……………… P4640v
〔官入破曆〕 辛酉年三月 (901)
 1)押衙

02896 (王)保員 ……………… 莫第427窟
〔供養人題記〕 宋乾德八年頃 (970頃)
 1)弟 4)中心塔柱南向面。《燉》p.159。

02897 王保慶 ……………… BD16384v(L4458)
〔人名目〕 (10C後期)

02898 王保山 ……………… BD11987(L2116)
〔歸義軍官府人名目〕 (9C後期~10C)
 4)原作「保山王都頭」。

02899 王保山 ……………… P3595v
〔就役名目〕 己巳年頃 (969?)

02900 王保山 ……………… Дx01384
〔書簡(寫錄)〕 (10C)
 4)文首有「孟春猶寒,伏惟某官…」之文。

02901 王保子 ……………… Дx02149в
〔見納缺柴人名目〕 (10C)

02902 王保實 ……………… P3231③
〔平康鄉官齋曆〕 甲戌年五月廿九日 (974)
 3)平康鄉

02903 王保實 ……………… P3231④
〔平康鄉官齋曆〕 甲戌年十月十五日 (974)
 3)平康鄉

02904 王保實 ……………… P3231⑦
〔平康鄉官齋曆〕 丙子年五月十五日 （976）
　3）平康鄉

02905 王保住 ……………… P2917
〔常住什物點檢曆〕 乙未年九月十一日頃
（935 or 995頃）
　1）宅官

02906 王保住 ……………… P3443
〔養男契〕 壬戌年三月三日 （962 or 902）
　1）百姓・報人　3）龍勒鄉

02907 王保住 ……………… S08445＋S08446＋S08468①
〔羊司於常樂稅羊人名目〕 丙午年六月廿七日 （946）

02908 王保住 ……………… S08445＋S08446＋S08468④
〔羊司於常樂官稅羊數名目〕 丁未年四月十二日 （943）

02909 王保住 ……………… S10273＋S10274＋S10276＋S10277＋S10279＋S10290
〔出便麥與人名目〕 丁巳年二月一日 （957?）

02910 王保昌 ……………… BD05883v①（菜83）
〔僧王保昌寫經錄〕 庚寅年五月七日 （930?）
　1）僧　4）原作「庚寅年五月七日,僧王保昌寫善惡因果經,後寫妙法蓮華法」。

02911 王保昌 ……………… 杏・羽172v②
〔沙州阿耶等諸親信書（殘）〕 （10C?）
　1）官健

02912 王保晟 ……………… P3231③
〔平康鄉官齋曆〕 甲戌年五月廿九日 （974）
　3）平康鄉

02913 王保晟? ……………… P3231⑤
〔平康鄉官齋曆〕 囗亥年五月十五日 （975）
　3）平康鄉

02914 王保晟 ……………… P4693
〔官齋納麵油粟曆〕 （10C後期）
　1）羹飿頭

02915 王保全 ……………… P2515
〔辯才家教卷上（奧書）〕 甲子年四月廿五日 （964）
　2）顯德寺　4）原作「甲子年四月廿五日顯比丘僧願成俗姓王保全記」。⇒王願成⇔願成。

02916 王?保藏 ……………… P.tib1088Av
〔燉煌諸人磑課麥曆〕 卯年～巳年間 （835～837）

02917 王保達 ……………… P3070v
〔行人轉帖（寫錄）〕 乾寧三年閏三(二)月 （896）

02918 王保達 ……………… Дx01451②
〔韓定昌等便黃麻曆〕 戊寅年三月七日 （978 or 918）
　1）老宿

02919 王保通 ……………… BD09345①（周66）
〔安醜定妻亡社司轉帖〕 辛酉年四月廿四日 （961?）
　2）顯德寺門

02920 王保定 ……………… S04472v
〔納贈曆〕 辛酉年十一月廿日 （961）

02921 王保定 ……………… Дx01401
〔社司轉帖〕 辛未年二月七日 （911 or 971）

02922 王保弟 ……………… Дx01261
〔社司轉帖（殘）〕 囗巳年正月三日 （10C）
　4）本件存「囗巳年正月三日錄書馬帖」一文。

02923 王保德 ……………… P3721v①
〔平康鄉堤上兄(見)點得人名目〕 庚辰年三月廿二日 （980）
　3）平康鄉

02924 王保德 ……………… P3889
〔社司轉帖〕 （10C後期?）

02925 王保富 ……………… S03835v②③
〔地契〕 太平興國九年甲申四月二日 （984）

02926 王保囗 ……………… Дx10289
〔部落都頭楊帖〕 丁卯年九月十五日 （967）

02927 王輔朝 ……………… 莫第199窟
〔供養人題記〕 （8C中後期）
　1）陪戎校尉守左衛翊府左郎將賜紫金魚袋王輔朝　4）西壁。《燉》p.90。《謝》p.370。

02928 王奉仙 ……………… 莫第166窟
〔供養人題記〕 （8C中期）
　1）行客　4）原作「行客王奉仙一心供養」。東壁多寶佛下。《燉》p.78。

02929 王寶晟 ………………… P3249v
　〔將龍光顏等隊下人名目〕（9C中期）

02930 王法海 ………………… P3047v⑧
　〔王都督懺合城僧徒名錄〕（9C前期）
　　4）僧名「法海」。

02931 王法光 ………………… P3047v⑦
　〔法事僧尼名錄〕（9C前期）
　　4）僧名「法光」。

02932 王法吼 ………………… S02729①
　〔燉煌應管勘牌子歷〕 辰年三月（788）
　　1）僧 2）蓮臺寺 3）沙州 4）10行目。

02933 王法師 ………………… P4525v①
　〔中阿鋡經紙背寫經關係記載〕（980頃）
　　1）法師 4）「中阿鋡經」背面寫經關係記載。

02934 王法師 ………………… S04332v
　〔便麥訴訟書（稿）〕 壬午年三月卅日,己卯年
　十一月廿二日（982, 979）
　　1）法師 2）乾元寺

02935 王法師 ………………… S08750
　〔某寺常住什物見在歷〕（10C）
　　1）法師

02936 王（法？）闍梨 ………………… P4660⑧
　〔燉煌三藏法師圖贊〕（9C）
　　1）闍梨 2）報恩寺 4）諱「禪地」。

02937 王法舟 ………………… S02729①
　〔燉煌應管勘牌子歷〕 辰年三月（788）
　　1）僧 2）龍興寺 3）沙州 4）6行目。

02938 王法勝 ………………… P3047v①
　〔僧名等錄〕（9C前期）
　　4）僧名「法勝」。

02939 王法心 ………………… P3249v
　〔將龍光顏等隊下人名目〕（9C中期）

02940 王法遷 ………………… P4659
　〔太上玄靈寶自然至眞九天生神章末題〕 丙
　午年五月三日（886？）
　　1）道士 4）原作「出家道士王法遷敬字」。

02941 王法達 ………………… S02729①
　〔燉煌應管勘牌子歷〕 辰年三月（788）
　　1）僧 2）乾元寺 3）沙州 4）辰年4月1日死。21
　行目。

02942 王法德 ………………… S08690
　〔薩毗寄倉入（破？）歷〕（940前後）

02943 王法燿 ………………… P3047v①
　〔僧名等錄〕（9C前期）
　　4）僧名「法燿」。

02944 王法律 ………………… BD00342（宙42）
　〔佛說八種聖道經（允廢稿）〕（10C？）
　　1）法律 4）欄外書入。則天文字。

02945 王法律 ………………… BD03427（露27）
　〔中阿含經卷第2, 第3, 第5等〕（10C？）
　　1）寫經人？・法律

02946 王法律 ………………… BD07767v（始67）
　〔僧人直番歷？〕（9～10C）
　　1）法律

02947 王法律 ………………… BD08055（字55）
　〔阿毗曇婆沙論（允紙）〕（10C）
　　1）寫經人？・法律

02948 王法律 ………………… BD09371v（周92）
　〔題記〕 丁丑年正月十五日（9～10C）
　　1）法律 4）原作「丁丑年正月十五日王法律自手
　書記」。

02949 王法律 ………………… BD15246②（新1446）
　〔破歷〕（10C中期）
　　2）開元寺

02950 王法律 ………………… P2944
　〔大乘寺・聖光寺等尼僧名錄〕（10C後期？）
　　1）法律 2）大乘寺

02951 王法律 ………………… P3037
　〔社司轉帖〕 庚寅年正月三日（990）
　　1）法律 2）大悲寺門前

02952 王法律 ………………… P3130v
　〔允紙〕（976 or 977）
　　1）法律

02953 王法律 ………………… P3240②
　〔付喬歷〕 壬寅年七月十六日（1002）
　　1）法律 2）永安寺

02954 王法律 ………………… P3365
　〔爲府主大王小患付經歷〕 甲戌年五月十日
　（974）
　　1）法律

02955 王法律 ……………… P4525v②
　〔將兊紙人目〕（980頃）
　　1）法律　2）顯德寺

02956 王法律 ……………… P5578①
　〔小王法律取驢契〕（10C?）
　　1）法律　4）本件爲付箋片原作「小王法律」。

02957 王法律 ……………… S02449
　〔付唐曆〕　庚寅年頃?（930 or 990頃）
　　1）法律

02958 王法律 ……………… S02614v
　〔燉煌應管諸寺僧尼名錄〕（895）
　　1）法律　2）報恩寺

02959 王法律 ……………… S02614v
　〔燉煌應管諸寺僧尼名錄〕（895）
　　1）法律　2）開元寺

02960 王法律 ……………… S03189
　〔轉經文〕　癸未年十月一日（983）
　　1）法律

02961 王法律 ……………… S04117
　〔寫經人・校字人名目〕　壬寅年三月廿九日（1002）
　　1）法律

02962 王法律 ……………… S04687r.v
　〔佛會破曆〕（9C末〜10C前期）
　　1）法律

02963 王法律 ……………… S04687r.v
　〔佛會破曆〕（9C末〜10C前期）
　　1）法律　2）大雲寺

02964 王法律 ……………… S04703
　〔買菜人名目〕　丁亥年（987）
　　1）法律

02965 王法律 ……………… S05406
　〔僧正法律徒衆轉帖〕　辛卯年四月十四日（991）
　　1）法律

02966 王法律 ……………… S05718
　〔追福疏〕　天福十年五月廿二日（945）
　　1）法律　2）金光明寺

02967 王法律 ……………… S05855
　〔追疏文〕　雍熙三年丙戌六月（986）
　　1）法律　4）原作「小王法律」。

02968 王法律 ……………… S09413
　〔楊法律將去受寫經名目〕（10C）
　　1）口承人・法律　3）懸泉（鎭）

02969 王法律 ……………… S10566
　〔秋季諸寺大般若轉經付配帳曆〕　壬子年十月（952）
　　1）法律　2）龍興寺

02970 王法律 ……………… Stein ch74.VI.30. calumn19.Vol.56.fol.37
　〔報恩寺般若經用付紙曆（寫）〕（10C後期）
　　1）法律

02971 王法律 ……………… Дx01449
　〔王法律小有斟㪍出便人名目〕　某月十八日（10C後期）
　　1）法律

02972 王法律 ……………… Дx02586в
　〔僧名目〕（10C）
　　1）法律　3）甘州　4）原作「王法律甘州」。

02973 王法朗 ……………… S02729①
　〔燉煌應管勘牌子歷〕　辰年三月（788）
　　1）僧　2）蓮臺寺　3）沙州　4）11行目。

02974 王豐閏 ……………… P3234v⑮
　〔淨土寺西倉豆利潤入曆〕（940年代?）
　　2）淨土寺

02975 王磨子 ……………… S06829v
　〔修造破曆〕　丙戌年（806）

02976 王妹々 ……………… S02669
　〔管内尼寺（安國寺・大乘寺・聖光寺）籍〕（865〜870）
　　2）大乘寺　3）玉關鄕　4）尼名「蓮華心」。

02977 （王）万盈 ……………… 莫第427窟
　〔供養人題記〕　宋乾德八年頃（970頃）
　　1）弟　4）原作「弟万盈一心供養」。中心塔柱南向面。《燉》p.159。⇒万盈。

02978 王万興 ……………… P2040v②-29
　〔淨土寺西倉豆利入曆〕（940年代）
　　2）淨土寺

02979 王万興 ……………… P2049v①
　〔淨土寺諸色入破曆計會牒〕　同光三年（925）

02980 王万子 ・・・・・・・・・・・・・・・・・・・・ P2040v②-28
　〔淨土寺豆入曆〕（940前後）
　　2）淨土寺

02981 王万子 ・・・・・・・・・・・・・・・・・・・・ P2049v①
　〔淨土寺諸色入破曆計會牒〕　同光三年
　（925）

02982 王万子 ・・・・・・・・・・・・・・・・・・・・ P2622v
　〔雜寫（鄉別人名記載）〕（9C?）
　　3）神（沙鄉）　4）本件是別記。R面存「大中十三年
　　三月四日」之紀年，又V面存「大中十三年四月」之
　　紀年。

02983 王万住 ・・・・・・・・・・・・・・・・・・・・ P3231③
　〔平康鄉官齋曆〕　甲戌年五月廿九日　（974）
　　3）平康鄉

02984 王万昌 ・・・・・・・・ BD14806②（新1006）
　〔渠人轉帖〕（10C中期）

02985 （王）万昌 ・・・・・・・ BD14806v（新1006）
　〔義進押衙身故祭盤人名目〕　戊寅年二月十九
　日　（978）

02986 王万端 ・・・・・・・・・・・・・・・ BD08007（字7）
　〔付筆曆（2行）〕（9〜10C）
　　3）平康鄉

02987 王万端 ・・・・・・・・・・・・・・・・・・・・ P3627③
　〔龍鉢略貸借契（寫錄）〕　壬寅年二月十五日
　（942）
　　1）押衙

02988 土万端 ・・・・・・・・・・・・・・・・・・・・ S05717
　〔人名目〕（10C）

02989 王万定 ・・・・・・・・・・・・・・・・・・・・ S05509
　〔納贈曆〕　甲申年二月十七日　（924 or 984）

02990 王滿成 ・・・・・・・・・・・・・・・・・・・・ P3424
　〔王都判下磑羅麥粟乾麥曆〕　己丑年　（869?）

02991 王滿達 ・・・・・・・・・・・・・・・・・・・ P2032v⑫
　〔淨土寺諸色破曆〕（940前後）
　　2）淨土寺

02992 王滿〻 ・・・・・・・・・・・・・・・・・・・・ S02669
　〔管內尼寺（安國寺・大乘寺・聖光寺）籍〕
　（865〜870）
　　2）大乘寺　3）平康鄉　4）尼名「蓮花願」。

02993 王滿〻 ・・・・・・・・・・・・・・・・・・・・ Дx01306
　〔董惠明等人名目〕（946）

02994 王明俊 ・・・・・・・・・・・・・・・・・・・・ S00542v
　〔燉煌諸寺丁壯車牛役部〕　戊年六月十八日
　（818）
　　2）安國寺

02995 王明了空 ・・・・・・・・・・・・・・・・・・ S02669
　〔管內尼寺（安國寺・大乘寺・聖光寺）籍〕
　（865〜870）
　　2）大乘寺　3）燉煌鄉　4）姓「王」。俗名「太眞」。

02996 王綿〻 ・・・・・・・・・・・・・・・・・・・・ S02669
　〔管內尼寺（安國寺・大乘寺・聖光寺）籍〕
　（865〜870）
　　3）燉煌鄉　4）尼名「定明」。

02997 王茂英 ・・・・・・・・・・・・・・・・・・・・ P3205
　〔僧俗人寫經曆〕（9C前期）
　　4）⇒王英。

02998 王友〔支〕慶 ・・・・・・・・・・・・・ P2915piece1・2
　〔社人名錄（殘）〕（10C）

02999 王友子 ・・・・・・・・・・・・・・・・・・・ P2040v③-2
　〔淨土寺西倉粟利入曆〕　己亥年　（939）
　　2）淨土寺

03000 王友子 ・・・・・・・・・・・・・・・・・・・・ S04472v
　〔納贈曆〕　辛酉年十一月廿日　（961）

03001 王友信 ・・・・・・・・・・・・・・・・・・・・ P3070v
　〔行人轉帖（寫錄）〕　乾寧三年閏三（二）月
　（896）

03002 王友信 ・・・・・・・・・・・・・・・・・・・・ P3234v③
　〔惠安惠戒手下便物曆〕　甲辰年　（944）
　　2）淨土寺?

03003 王友信 ・・・・・・・・・・・・・・・・・・ P3234v③-32
　〔惠安惠戒手下便物曆〕　甲辰年　（944）

03004 王祐子 ・・・・・・・・・・・・・・・・・・・・ P4063
　〔官建轉帖〕　丙寅年四月十六日　（966）

03005 （王）祐昌 ・・・・・・・・・・・・・・・・ 莫第427窟
　〔供養人題記〕　宋乾德八年頃　（970頃）
　　1）弟　4）原作「弟祐昌一心供養」。中心塔柱南向
　　面。《燉》p.160。⇒祐昌。

03006 王祐進 ……………… P4651
〔張願興・王祐進投社狀〕（10C）

03007 （王）祐長 ……………… 莫第427窟
〔供養人題記〕 宋乾德八年頃（970頃）
　1）弟　4）原作「弟祐長一心供養」。中心塔柱南向面。《燉》p.159。⇒祐長。

03008 王祐通 ……………… P4651
〔社司轉帖〕（10C）

03009 王祐通 ……………… S03982
〔月次人名目〕 乙丑年十二月（965）

03010 （王）祐連 ……………… 莫第427窟
〔供養人題記〕 宋乾德八年頃（970頃）
　1）姪　4）《Pn》作「□□□姪祐連一心供養」。

03011 王有子 ……………… MG22799
〔南元觀世音菩薩圖供養人題記〕（甲）申年正月十五日（984）
　4）原作「故慈?父王有子一心供養」。

03012 王遊弈 ……………… S08448A
〔紫亭羊數名目〕 辛亥年正月廿七日（951）
　1）遊弈

03013 王遊弈 ……………… S08448B
〔紫亭羊數名目〕（940頃）

03014 王羊司 ……………… P3145v
〔節度使下官人名・鄉名諸姓等雜記〕（10C）
　1）羊司

03015 王養々 ……………… P3547
〔上都進奏院狀上(原題)〕（9C後期?）
　1）長行

03016 王鷹子 ……………… P2049v①
〔淨土寺諸色入破曆計會牒〕 同光三年（925）

03017 王鷹子 ……………… S04710
〔沙州戶口簿〕（9C中期以降）

03018 王鷹子男 ……………… P2049v①
〔淨土寺諸色入破曆計會牒〕 同光三年（925）

03019 王鸞 ……………… BD09089v（陶10）
〔雜寫〕（9～10C）
　4）「佛說無量壽宗要經」背面尾題。

03020 王利俗 ……………… S02729①
〔燉煌應管勘牌子歷〕（788）
　2）大雲寺　4）9行目。

03021 王里仟 ……………… BD16317（L4409）
〔行人轉帖〕（10C）

03022 王律 ……………… Дx05534
〔禮佛見到僧等人名目〕 廿日夜（10C）

03023 王流安 ……………… P3146A
〔衙前子弟州司及飜頭等留殘袙衙人數〕 辛巳年八月三日（981）

03024 王流安 ……………… P3396
〔沙州諸渠別粟田名目〕（10C後期）

03025 王流慶 ……………… BD15404（簡068066）
〔千渠中下界白刺頭名目〕（10C中期）
　1）白刺頭　3）千渠中界

03026 王流子 ……………… P2032v⑯-4
〔淨土寺粟利閏入曆〕（940前後）
　2）淨土寺

03027 王流子 ……………… P3102v③
〔社內付麵人名目〕（10C前期）

03028 王流住 ……………… P2032v⑯-1
〔淨土寺麥入曆〕（940前後）
　1）金銀匠　2）淨土寺

03029 王流住 ……………… P2032v⑯-3
〔淨土寺粟入曆〕（940前後）
　2）淨土寺

03030 王流德 ……………… S02228①
〔絲綿部落夫丁修城使役簿〕 亥年六月十五日（819）
　3）絲綿部落・□部落　4）首行作「亥年六月十五日州城所,絲綿」。末行作「亥年六月十五日畢功」。

03031 王留慶 ……………… P2032v⑯-4
〔淨土寺粟利閏入曆〕（940前後）
　2）淨土寺

03032 王留慶 ……………… P2621v
〔甲午役人名目〕 甲午年?（934?）

03033 王留子 ……………… P2032v⑯-2
〔淨土寺麥利閏入曆〕（940前後）
　2）淨土寺

03034 王留子 ‥‥‥‥‥‥‥‥‥ P2032v⑯-4
〔淨土寺粟利閏入曆〕（940前後）
　2)淨土寺

03035 王留子 ‥‥‥‥‥‥‥‥‥ P2040v③-1
〔淨土寺粟入曆〕（939）
　2)淨土寺

03036 王留子 ‥‥‥‥‥‥‥‥‥ P2049v①
〔淨土寺諸色入破曆計會牒〕 同光三年
（925）

03037 王留子 ‥‥‥‥‥‥‥‥‥ S04459
〔狀〕（10C）
　1)常樂押衙

03038 王留子 ‥‥‥‥‥‥‥‥‥ 莫第098窟
〔供養人題記〕（10C中期）
　1)節度押衙銀青…太子賓客監察御史　4)中心
　佛壇背屛後壁。《燉》p.46。《謝》p.95。

03039 王留子妻 ‥‥‥‥‥‥‥‥ P2049v①
〔淨土寺諸色入破曆計會牒〕 同光三年
（925）

03040 王留住 ‥‥‥‥‥‥‥‥‥ P2040v②-28
〔淨土寺豆入曆〕（940前後）
　2)淨土寺

03041 王留住 ‥‥‥‥‥‥‥‥‥ P2621v
〔甲午役人名目〕 甲午年？（934？）

03042 王留住 ‥‥‥‥‥‥‥‥‥ P4640v
〔官入破曆〕 辛酉年？四月五日（901？）
　1)衙官

03043 王留住 ‥‥‥‥‥‥‥‥‥ S07932
〔月次番役名簿〕 十二月（10C後期）

03044 王留住 ‥‥‥‥‥‥‥‥‥ S08426
〔官府酒破曆〕 十月廿一日（10C）

03045 王留住 ‥‥‥‥‥‥‥‥‥ S08426B
〔使府酒破曆〕（10C中～後期）

03046 王留德 ‥‥‥‥‥‥‥‥‥ P2040v②-29
〔淨土寺西倉豆利曆〕（940年代）
　2)淨土寺

03047 王留德 ‥‥‥‥‥‥‥‥‥ P3167v
〔安國寺道場司關于(五尼寺)沙彌戒訴狀〕
乾寧二年三月（895）
　2)(聖光?)

03048 王龍安 ‥‥‥‥‥‥‥‥‥ S04710
〔沙州戶口簿〕（9C中期以降）
　1)僧　4)⇒龍安。

03049 王令詮 ‥‥‥‥‥‥‥‥‥ S01438v
〔吐蕃占領燉煌初期漢族書儀〕（8C末）
　1)驛將　4)R面爲「道敎義淵卷上」(8C)。

03050 王蓮花願 ‥‥‥‥‥‥‥‥ S02669
〔管内尼寺(安國寺・大乘寺・聖光寺)籍〕
（865～870）
　2)大乘寺　3)平康鄉　4)姓「王」。俗名「滿〻」。

03051 王蓮花心 ‥‥‥‥‥‥‥‥ S02669
〔管内尼寺(安國寺・大乘寺・聖光寺)籍〕
（865～870）
　2)大乘寺　3)玉關鄉　4)姓「王」。俗名「妹〻」。

03052 王狼?苟 ‥‥‥‥‥‥‥‥ S06235Bv
〔百姓唐君盈等戶口田地申告狀〕 大中六年
十一月日（852）

03053 王老 ‥‥‥‥‥‥‥‥‥‥ S07060v
〔諸色破曆等〕（9C前期）
　1)寺家

03054 王郎 ‥‥‥‥‥‥‥‥‥‥ BD15628
〔王憨奴少有斛㪷出便麥粟曆〕 某年(子年・辰
年)二月十九日（9～10C）

03055 王郎 ‥‥‥‥‥‥‥‥‥‥ P3164
〔親情社轉帖〕 乙酉年十一月廿六日（925?）

03056 王郎 ‥‥‥‥‥‥‥‥‥‥ S03714
〔親情社轉帖(雜寫)〕（10C）

03057 王郎 ‥‥‥‥‥‥‥‥‥‥ S05139v③
〔親情社轉帖〕（924頃）

03058 王郎 ‥‥‥‥‥‥‥‥‥‥ S05632①
〔親情社轉帖〕 丁卯年二月八日（967）
　2)顯德寺門

03059 王郎君 ‥‥‥‥‥‥‥‥‥ P3047v⑨
〔諸人諸色施捨曆〕（9C前期）

03060 王郎子 ‥‥‥‥‥‥‥‥‥ S05824
〔經坊費負担人名目〕（8C末～9C前期）
　1)寫經人　3)絲綿部落

03061 王六子 ‥‥‥‥‥‥‥‥‥ BD09174(陶95)
〔雜寫(6行)〕（10C）

03062 王六子 ·················· P2049v①
〔淨土寺諸色入破曆計會牒〕 同光三年
(925)

03063 王六子 ·················· P3249v
〔將龍光顏等隊下人名目〕 (9C中期)

03064 王六子 ·················· P3490v①
〔油破曆〕 辛巳年頃 (921頃)

03065 王六子 ·················· P3985
〔錄人送路物色名目〕 癸巳年七月廿五日
(933?)

03066 王六昌 ·················· P2738v
〔社司轉帖(寫錄)〕 二月廿五日 (9C後期)

03067 王祿波 ······ 杏・羽041v(李盛鐸舊藏)
〔具注曆行間破曆雜寫〕 戊寅年 (858〜918)
　4)原作「十六日□麵貳斗柴亭王祿波取用」。

03068 王祿般 ·················· P3410
〔沙州僧崇恩析產遺囑〕 吐蕃年次未詳 (840
前後)

03069 王錄事 ·················· P3102v③
〔社內付麵人名目〕 (10C前期)
　1)錄事

03070 王錄事 ·················· P3412v
〔渠人轉帖〕 壬午年正月十五日 (982)
　1)錄事

03071 王錄事 ·················· P4991
〔社司轉帖〕 壬申年六月廿四日 (972)
　1)錄事・押衙

03072 王和 ············ 故宮博・新153365
〔大般若波羅蜜多經(末?)〕 (9C?)
　1)寫

03073 王和 ·················· 莫第251窟
〔供養人題記〕 (10C前期)
　1)妙高寶龕寺弟子　2)寶龕寺　3)妙高　4)原
作「妙高寶龕寺弟子王和供養」。中心塔柱西向
面。《燉》p. 109。

03074 王和國 ·················· S00542v
〔燉煌諸寺丁壯車牛役部〕 戊年六月十八日
(818)
　2)開元寺

03075 王和國妻 ·················· S00542v
〔燉煌諸寺丁壯車牛役部〕 戊年六月十八日
(818)
　2)開元寺

03076 王和子 ·················· P3394
〔僧張月光父子廻博田地契〕 大中六年壬申十
月 (852)
　1)見人　4)原作「見人王和子」。

03077 王和尙 ·············· BD02296(閏96)
〔唱得布曆〕 (10C)
　1)和尙

03078 王和淸 ·················· P2962
〔張義潮變文〕 (9C後期)

03079 王和通 ·················· P3833
〔王梵志詩卷第三(尾題)〕 丙申年二月拾九
日 (936?)
　1)學郎　2)蓮臺寺

03080 王和奴 ·················· S01453v
〔社司轉帖(寫錄)〕 光啓二年丙午歲十日
(886)
　2)於節加蘭若門

03081 王和奴 ·················· Дx06012
〔領物契〕 (9C前期)
　4)V面有「二月一日悉董薩部落百姓」一行。

03082 王和〻 ·············· BD01386(張86)
〔大般若波羅蜜多經卷第358(尾)〕 (9C)
　4)人名極細字。

03083 王和〻 ············· BD15316(新1516)
〔大般若波羅蜜多經卷第302(尾題後有題
記)〕 (8〜9C)
　1)寫

03084 王和〻 ·················· P2892
〔大般若波羅蜜多經卷第310〕 (9C)

03085 王□ ··················· P3721v①
〔平康鄉堤上兄(見)點得人名目〕 庚辰年三月
廿二日 (980)
　3)平康鄉

03086 王□ ··················· Дx18918
〔團主捉帖文〕 五月□日 (8C〜9C)
　1)團守捉

03087 王□見 ・・・・・・・・・・・・・・・・・ 莫第427窟
〔供養人題記〕 宋乾德八年頃 (970頃)
　　4)西壁。《燉》p.158。⇒王□兒。

03088 王□子 ・・・・・・・・・・・・・・・・・ P2680v②
〔諸鄉諸人便粟曆〕 (10C中期)

03089 王□子 ・・・・・・・・・・・・・・・・・ S02228②
〔於諸家邊布麥粟酒分付曆〕 巳年後五月
(825)

03090 王□兒 ・・・・・・・・・・・・・・・・・ 莫第427窟
〔供養人題記〕 宋乾德八年頃 (970頃)
　　4)⇒王□見。

03091 王□兒 ・・・・・・・・・・・・・・・・・ 榆第39窟
〔供養人題記〕 (10C?)
　　1)清信弟子　4)洞口。《謝》p.494。

03092 王□進 ・・・・・・・・・・・・・・・・・ 莫第370窟
〔供養人題記〕 (11C前期)
　　1)社戶　4)東壁門南側。《燉》p.144。

03093 （王?）□千 ・・・・・・・・・・・・・ 莫第427窟
〔供養人題記〕 宋乾德八年頃 (970頃)
　　1)男　4)前室北壁天王塑像腿間。《燉》p.155。⇒
　　□千。

03094 王□通? ・・・・・・・・・・・・・・・・ S11627
〔兄康幸深送沙州弟康勝全書簡〕 二月十六
日 (10C後期)

03095 王□定 ・・・・・・・・・・・・・・・・・ 莫第427窟
〔供養人題記〕 宋乾德八年頃 (970頃)
　　1)故叔　4)中心塔柱南向面。《燉》p.159。

03096 王□奴 ・・・・・・・・・・・・・・・・・ S06116
〔白莉頭名簿〕 (10C後期)

03097 王□德 ・・・・・・・・・・・・・ BD11987（L2116）
〔歸義軍官府人名目〕 (9C後期～10C)
　　1)押衙　4)原作「□德王押衙」。

03098 （王）□平 ・・・・・・・・・・・・・ 莫第427窟
〔供養人題記〕 宋乾德八年頃 (970頃)
　　1)弟　4)中心塔柱南向面。《燉》p.159。⇒□平。

03099 （王）□鍊 ・・・・・・・・・・・・・ 莫第427窟
〔供養人題記〕 宋乾德八年頃 (970頃)
　　1)故弟　4)南壁。《燉》p.157。

03100 王?□□ ・・・・・・・・・・・・・・・・ BD16536
〔渠人文書殘片〕 (9～10C)

03101 王□□ ・・・・・・・・・・・・・・・・ S00274①
〔社司轉帖（寫錄）〕 戊子年四月十三日
(928?)

03102 王□□ ・・・・・・・・・・・・・・・・ 莫第427窟
〔供養人題記〕 宋乾德八年頃 (970頃)
　　1)姪都以知古□主都…大夫上騎都尉　4)東壁
門南側。《燉》p.156。

03103 王□□ ・・・・・・・・・・・・・・・・ 莫第427窟
〔供養人題記〕 宋乾德八年頃 (970頃)
　　1)故寂　4)南壁。《燉》p.156。

03104 王□□ ・・・・・・・・・・・・・・・・ 莫第427窟
〔供養人題記〕 宋乾德八年頃 (970頃)
　　1)故寂知…客　4)南壁。《燉》p.157。

03105 王□□ ・・・・・・・・・・・・・・・・ 莫第427窟
〔供養人題記〕 宋乾德八年頃 (970頃)
　　4)原作「故寂節度押…檢校太子賓客王□□
□心供養」。南壁。《燉》p.157作「王□□」。《Pn》
作「王懷」。

03106 王□□ ・・・・・・・・・・・・・・・・ 莫第427窟
〔供養人題記〕 宋乾德八年頃 (970頃)
　　1)故寂知衙前□振　4)原作「故寂知衙前□□
振王□□供養」。南壁。《燉》p.156。《謝》p.276。⇒
王懷愛。

03107 王□□ ・・・・・・・・・・・・・・・・ 莫第427窟
〔供養人題記〕 宋乾德八年頃 (970頃)
　　1)故寂兵馬使銀青光祿大夫檢校□□賓客　4)
原作「故寂兵馬使銀青光祿大夫檢校□□賓客王
□□□」。南壁。《燉》p.156。《謝》p.276。

03108 王□□ ・・・・・・・・・・・・・・・・ 莫第427窟
〔供養人題記〕 宋乾德八年頃 (970頃)
　　1)故節度押衙銀青光祿大夫檢校太子賓客　4)
原作「故節度押衙銀青光祿大夫檢校太子賓客王
□□□心□□」。南壁。《燉》p.156。《謝》p.276。

03109 王□ ・・・・・・・・・・・・・・・・・・ P.tib2124v
〔人名錄〕 (9C中期?)

03110 王□ ・・・・・・・・・・・・・・・・・・ S11602v
〔田地契〕 (10C前期)
　　1)保人・孫?

03111　王□ ················· 莫第427窟
〔供養人題記〕　宋乾德八年頃　（970頃）
　　1) 清信弟子六□官　4) 原作「清信弟子六□官王…」。南壁。《燉》p.157作「王□」。《Pn》作「王再盈」。⇒王再盈。

03112　王□ ················· 莫第427窟
〔供養人題記〕　宋乾德八年頃　（970頃）
　　1) 故兄節度押衙知平康鄉務銀青光祿大夫檢校太子賓（客）　4) 南壁。《燉》p.157作「王□」。《Pn》作「王認□」。⇒王認□。

03113　王 ············· BD05673v④（李73）
〔行人轉帖（寫錄）〕　今月十二日　（9C末）

03114　王 ············· BD11502①（L1631）
〔燉煌十一僧寺別姓名簿并緣起經論等名目〕　（9C後期）
　　2) 永安寺

03115　王 ············· BD11502①（L1631）
〔燉煌十一僧寺別姓名簿并緣起經論等名目〕　（9C後期）
　　2) 金（光明寺）

03116　王 ············· BD11502①（L1631）
〔燉煌十一僧寺別姓名簿并緣起經論等名目〕　（9C後期）
　　2) (三)界(寺)

03117　王 ············· BD11502①（L1631）
〔燉煌十一僧寺別姓名簿并緣起經論等名目〕　（9C後期）
　　2) 龍(興寺)

03118　王 ············· BD11502①（L1631）
〔燉煌十一僧寺別姓名簿并緣起經論等名目〕　（9C後期）
　　2) 淨(土寺)

03119　王 ····················· S00865v
〔社司轉帖（寫錄殘・3行）〕　（10C?）

03120　王 ····················· S03287v
〔戶口田地申告牒〕　子年五月　（832 or 844）
　　1) (戶主梁庭蘭)妻　4) 原作「(戶主梁庭蘭)妻王」。

03121　王 ······················ S04710
〔沙州戶口簿〕　（9C中期以降）
　　1) (戶主劉再榮男海盈)新婦　3) 沙州　4) 原作「(戶主劉再榮,男海盈)新婦阿王」。

03122　王 ····················· S06341v
〔雜寫〕　（10C中期）
　　4) 原作「曹參軍使檢校國子祭酒兼禦使中丞麴曹暴寫王」。R面爲「壬辰年編牛契」(932?)。

03123　溫員遂 ················ S02894v⑤
〔社司轉帖〕　壬申年十二月廿八日　（10C後期）

03124　溫押衙 ················· P5032v①
〔社司轉帖〕　戊午年六月十八日　（958）
　　1) 押衙

03125　溫押衙 ················· P5032v⑦
〔社司轉帖〕　戊午年六月十八日　（958）
　　1) 押衙

03126　溫義 ················ Stein Painting 3
〔觀世音菩薩圖二軀供養人題記〕　（9C）
　　1) 清信弟子

03127　溫昆季 ·················· EO1135
〔彌勒淨土圖〕　大晉(天福)伍年七月十四日　（940）
　　1) 信士弟子　3) 燉煌郡定難坊　4) 原作「燉煌郡定難坊信士弟子」。

03128　溫再通 ················· P3536v③
〔溫再通便麥曆(1行)〕　丙子年三月廿日　（976? or 916?）
　　1) 退渾

03129　溫再德 ·················· EO1135
〔彌勒淨土圖〕　大晉(天福)伍年七月十四日　（940）
　　4) 原作「故尊父溫再德一心供養」。

03130　溫清朶 ················· P3536v③
〔令狐員昌等便麥曆(3行)〕　丙子年三月廿日　（976?）
　　1) 退渾口承(人)・(溫再通)弟

03131　溫大眼 ·················· EO1135
〔彌勒淨土圖〕　大晉(天福)伍年七月十四日　（940）
　　1) 信士弟子　3) 燉煌郡定難坊

03132　溫宅 ····················· P3764v
〔麵破曆〕　（10C中期）
　　4) 原作「把道人渾鉢律三人午時到來用」。

03133　溫奴〻 ··················· P3764v
〔社司轉帖〕　十一月五日及十一月十五日　（10C）

03134 溫兵馬使 ･････････････ P3764v
〔社司轉帖〕 十一月五日及十一月十五日
(10C)
　1) 兵馬使

03135 溫保□ ････････････ Stein Painting 335
〔觀音圖供養人題記〕 (10C中期)
　4) 原作「施主隨身溫保□一心供養」。

03136 音胡子 ･･････････････････ S05747v
〔社人名目〕 (10C前期)
　4) ⇒齊胡子。

[か]

03137 伽興晟 ････････････････ S02228①
〔絲綿部落夫丁修城使役簿〕 亥年六月十五日 (819)
　1)(右十)　3) 絲綿部落　4) 首行作「亥年六月十五日州城所,絲綿」。末行作「亥年六月十五日畢功」。

03138 伽梵達摩 ･････････ BD07848(制48)
〔千臂千眼大悲陀羅尼經〕 (9〜10C)
　1) 沙門・達摩　3) 于闐　4) 原作「西天竺伽梵天達磨沙門於于闐譯」。

03139 何阿盈 ････････････････ P3424
〔王都判下磑羅麥粟乾麥曆〕 己丑年 (869?)

03140 何阿盈 ･･････････････ 杏·羽695
〔燉煌諸鄉諸部落諸人等便麥曆〕 (10C)
　3) 赤心(鄉)　4) 原作「赤心何阿盈弟佛奴」。cf. 己未年九月廿七日(959)。

03141 何阿腴 ･･････････････ P2049v②
〔淨土寺諸色入破曆計會牒〕 長興二年正月 (930〜931)

03142 何阿父奴 ････････････ S00766v④
〔平康鄉百姓曹延〻貸絹契〕 甲申年五月廿二日 (984)
　1) 知見人・百姓　3) 平康鄉

03143 何阿崙子 ･････････････ Дx04032
〔社司轉帖〕 □巳?年七月九日 (10C)

03144 何安君 ･････････････ P2738v
〔社司轉帖(寫錄)〕 二月廿五日 (9C後期)

03145 何安住 ･････････････ P2040v③-1
〔淨土寺粟入曆〕 (939)
　2) 淨土寺

03146 何安多 ･････････････ P3418v④
〔龍勒鄉缺枝夫戶名目〕 (9C末〜10C初)
　3) 龍勒鄉

03147 何安定 ･･････････････ P2032v⑬-7
〔淨土寺黃麻利閏入曆〕 (940前後)
　2) 淨土寺

03148 何安定 ･･････････････ P3234v③
〔惠安惠戒手下便物曆〕 甲辰年 (944)
　2) 淨土寺?

03149 何安定 ・・・・・・・・・・・・・・・・・ P3234v③-33
〔惠安惠戒手下便物曆〕 甲辰年 （944）

03150 何安定 ・・・・・・・・・・・・・・・・・ P3234v⑮
〔淨土寺西倉豆利潤入曆〕 （940年代?）
　2）淨土寺

03151 何安寧 ・・・・・・・・・・・・・・・・・ BD09325（周46）
〔社司轉帖〕 □子?年七月十四日 （10C後期）

03152 何員住 ・・・・・・・・・・・・・・・・・ 莫第196窟
〔供養人題記〕 景福年間 （892～893）
　1）紙匠都料　4）原作「故父紙匠都料何員住一心供養」。東壁門北側。《燉》p.87。《謝》p.411。

03153 何員昌 ・・・・・・・・・・・・・・・・・ P3146A
〔衙前子弟州司及饢頭等留殘袚衙人數〕 辛巳年八月三日 （981）
　1）第一翻

03154 何員定 ・・・・・・・・・・・・・・・・・ P2932
〔出便豆曆〕 甲子年十二月廿四日 （964?）
　3）退渾

03155 何員定 ・・・・・・・・・・・・・・・・・ 莫第196窟
〔供養人題記〕 景福年間 （892～893）
　1）紙匠　4）原作「故弟子紙匠何員定一心供養」。東壁門北側。《燉》p.87。《謝》p.412。

03156 何榮□ ・・・・・・・・・・・・・・・・・ P3394
〔僧張月光父子廻博田地契〕 大中六年壬申十月 （852）

03157 何延子 ・・・・・・・・・・・・・・・・・ 莫第196窟
〔供養人題記〕 景福年間 （892～893）
　1）故清信弟子　4）原作「故清信弟子何延子一心供養」。東壁門北側。《燉》p.87。

03158 何押衙 ・・・・・・・・・・・・・・・・・ P2680v④
〔納贈曆〕 （10C中期）
　1）押衙

03159 何恩子 ・・・・・・・・・・・・・・・・・ 莫第196窟
〔供養人題記〕 景福年間 （892～893）
　1）故清信弟子　4）東壁門北側。《燉》p.87。《謝》p.412。

03160 何溫末 ・・・・・・・・・・・・・・・・・ P3721v③
〔冬至自斷官員名〕 己卯年十一月廿六日 （979）

03161 （何）花心 ・・・・・・・・・・・・・・・・・ S00542v
〔燉煌諸寺丁壯車牛役部〕 戌年六月十八日 （818）
　2）靈修寺　4）⇒花心。

03162 何灰子 ・・・・・・・・・・・・・・・・・ P3418v②
〔燉煌鄉缺枝夫戶名目〕 （9C末～10C初）
　3）燉煌鄉

03163 何揭㨂 ・・・・・・・・・・・・・・・・・ S05578v①
〔買鞋契（殘）〕 三月十六日 （948?）
　4）悉盡切。

03164 何揭㨂 ・・・・・・・・・・・・・・・・・ Дx02431
〔碩䑓領入曆〕 壬申年（七月?） （852 or 912 or 972）
　3）千渠

03165 何揭羅 ・・・・・・・・・・・・・・・・・ S08448A
〔紫亭羊數名目〕 辛亥年正月廿七日 （951）
　3）紫亭鎮

03166 何願昌 ・・・・・・・・・・・・・・・・・ S00286
〔某寺斛䑓入曆（殘）〕 （10C中期）
　1）碾戶

03167 何願德 ・・・・・・・・・・・・・・・・・ S04445①
〔便契〕 己丑年十一月 （989?）
　3）龍家

03168 何犡□ ・・・・・・・・・・・・・・・・・ Дx02431
〔碩䑓領入曆〕 壬申年（七月?） （852 or 912 or 972）
　3）千渠

03169 何義員 ・・・・・・・・・・・・・・・・・ P2032v①-1
〔淨土寺麥入曆〕 （944前後）
　2）淨土寺

03170 何義信 ・・・・・・・・・・・・・・・・・ P2032v⑯-4
〔淨土寺粟利閏入曆〕 （940前後）
　2）淨土寺

03171 何義信 ・・・・・・・・・・・・・・・・・ P3234v③
〔惠安惠戒手下便物曆〕 甲辰年 （944）
　2）淨土寺?

03172 何吉員 ・・・・・・・・・・・・・・・・・ BD09325（周46）
〔社司轉帖〕 □子?年七月十四日 （10C後期）

03173 何珪 ・・・・・・・・・・・・・・・・・ BD11995（L2124）
〔諸人買馬價納練曆〕 （8C）

03174 何建〻 ……………………… P3418v⑧
　〔平康鄉缺枝夫戶名目〕　（9C末～10C初）
　　3）平康鄉

03175 何賢威 ……………………… P2049v①
　〔淨土寺諸色入破曆計會牒〕　同光三年
　　（925）

03176 何賢威 ……………………… P3234v③-33
　〔惠安惠戒手下便物曆〕　甲辰年二月　（944）
　　4）原作「何賢威男」。

03177 何胡奴 ……………………… Дx10282
　〔便黃麻麥曆〕　（9C中期以降）

03178 何江集 ……………………… P5593
　〔社司轉帖（殘）〕　癸巳年十月十日　（933?）

03179 何江?通 …………………… S03982
　〔月次人名目〕　乙丑年十月　（965）

03180 何江通 ……………………… S05646
　〔佛說齋法清經1卷（冊子）〕　大宋乾德七年己
　　巳歲四月十五日　（969）
　　1）大乘賢者兼當孝禪錄

03181 何骨子 ……………… BD16044A（L4027）
　〔便粟曆〕　（9～10C）

03182 何骨子 ……………………… P3418v⑤
　〔某鄉缺枝夫戶名目〕　（9C末～10C初）

03183 何娑 ………………………… S08448Bv
　〔紫亭羊數名目〕　辛亥年正月廿七日　（951）
　　4）⇒何娑奴。

03184 何娑奴 ……………………… S08448A
　〔紫亭羊數名目〕　辛亥年正月廿七日　（951）
　　4）⇒何娑。

03185 何再盈 ……………………… P3418v⑦
　〔慈惠鄉缺枝夫戶名目〕　（9C末～10C初）
　　3）慈惠鄉

03186 何再盈 ……………………… S06204①
　〔隊轉帖〕　（10C前後）

03187 何再清 ……………………… P3249v
　〔將龍光顏等隊下人名目〕　（9C中期）

03188 何再定 ……………………… P3146A
　〔衙前子弟州司及釀頭等留殘祗衙人數〕　辛
　　巳年八月三日　（981）
　　1）第二翻

03189 何再□ ……………………… 莫第196窟
　〔供養人題記〕　景福年間　（892～893）
　　1）故清信弟子　4）東壁門北側。《燉》p.87。

03190 何宰相 ……………………… P2641
　〔宴設司文書〕　丁未年六月　（947）
　　1）宰相?

03191 何宰相 ……………………… P3706v
　〔雜寫〕　癸酉年頃　（973?）
　　4）原作「何宰相酒牛□瓮其」等。R面爲「大佛名懺
　　悔文」（10C中期）。

03192 何宰相 ……………………… Дx01275
　〔官府破紙曆〕　（9C末～10C初）
　　1）宰相　3）甘州

03193 何子升 ……………………… Дx02162
　〔社司轉帖〕　庚子年八月十四日　（940?）
　　2）蓮臺寺　4）女身亡。

03194 何師子 ……………………… P3578
　〔淨土寺儭破曆（梁戶史氾三沿寺諸處使用油
　　曆）〕　癸酉年正月十一日　（973）
　　2）淨土寺?　4）原作「阿姨何師子」。

03195 何師子 ……………………… S06452②
　〔周僧正貸油麴曆〕　辛巳年～壬午年　（981～
　　982?）
　　1）東窟頭

03196 何氏 ………………………… 莫第148窟
　〔供養人題記〕　（9C末～10C初）
　　1）新婦　4）原作「新婦何氏一心供養」。西壁涅槃
　　佛壇下。《燉》p.69。《謝》p.54。

03197 何氏 ………………………… 莫第171窟
　〔供養人題記〕　（11C初期）
　　4）原作「新婦何氏□□供□」。西壁。《謝》p.391。

03198 何寺主 ……………………… P4542①
　〔出粟豆麥充與音聲・堂子等曆（殘）〕　（10C）
　　1）寺主

03199 何寺主 ……………………… P4542②
　〔便麥粟曆（殘）〕　（10C）
　　1）寺主　4）原作「口承人何寺主」。

03200　何悉鷄 ······················ S08448A
〔紫亭羊數名目〕　辛亥年正月廿七日　(951)

03201　何悉鷄 ······················ S08448Bv
〔紫亭羊數名目〕　(940頃)

03202　何悉當 ······················ S08448Bv
〔紫亭羊數名目〕　(940頃)

03203　何悉難 ······················ S08448Bv
〔紫亭羊數名目〕　(940頃)

03204　何社官 ······················· P4887
〔袁僧定弟亡納贈歷〕　己卯年八月廿四日
(919 or 979)
　1)社官

03205　何社長 ····················· S01475v②
〔社司狀上〕　申年五月廿一日　(828)
　1)社長

03206　何闍梨 ······················ S04362
〔肅州都頭宋富忩狀〕　三月　(10C末)
　1)闍梨

03207　何什德 ······················ S01153
〔諸雜人名目〕　(10C後期)

03208　何住子 ············ S08445＋S08446＋
S08468④
〔羊司於常樂官稅羊數名目〕　丁未年四月十二日　(943)

03209　何住連 ······················ P2932
〔出便豆歷〕　甲子年十二月廿四日　(964?)
　1)(退運)口承人　4)⇒住連。

03210　何昌心 ····················· 莫第199窟
〔供養人題記〕　(8C中後期)
　4)原作「男何昌心一心供養」。《燉》p.91。

03211　何章三 ················ BD11987(L2116)
〔歸義軍官府人名目〕　(9C後期～10C)

03212　何上座 ······················ P2613
〔某寺常住什物交割點檢歷〕　咸通十四年正月四日　(873)
　1)上座

03213　何常覺 ····················· S02729①
〔燉煌應管勘牌子歷〕　辰年三月　(788)
　1)僧　2)永安寺　3)沙州　4)巳年7月21日死。
18行目。

03214　何神ゝ ················ BD09318B(周39)
〔莫高鄉戶口人戶付物歷〕　(946)

03215　何神ゝ ···················· P2555piece3
〔賽神會牒〕　(9C)
　4)原作「何神ゝ云安城將軍鬪戰將軍行隨將軍」。

03216　何神ゝ ················ Дx01323＋Дx05942
〔押衙劉雇牧羊人契〕　(9C後半～10C?)

03217　何神奴 ············ Дx01432＋Дx03110
〔地子倉麥歷〕　(10C)
　1)口承人　4)原作「王黑眼子壹石口承人何神奴」。

03218　何進成 ······················ Дx12012
〔養男契〕　清泰貳年乙未歲正月　(935)
　1)百姓・(何保圓)男　3)燉煌鄉

03219　何清ゝ ···················· P3216piece2
〔投社人何清ゝ狀〕　天復二年正月十日　(902)
　1)投社人

03220　何生 ······················· P4525v②
〔將兊紙人目〕　(980頃)

03221　何生 ······················ 莫第009窟
〔供養人題記〕　(890年代)
　4)中心龕柱南向面。《燉》p.6。

03222　何石住 ······················ S04172
〔受田簿〕　至道元年乙未正月一日　(995)

03223　何赤安 ····················· P4019piece2
〔納草束歷〕　(9C後期)
　3)平康鄉?

03224　何善兒 ······················ Дx01453v
〔諸人納地子麥等歷〕　(10C後期)
　4)R面爲「丙寅年(966)八月廿四日納地麥廟歷」。

03225　何善兒 ······················ Дx02149B
〔見納缺柴人名目〕　(10C)

03226　何善住 ····················· P2032v⑯-4
〔淨土寺粟利閏入歷〕　(940前後)
　2)淨土寺

03227　何善住 ····················· 莫第196窟
〔供養人題記〕　景福年間　(892～893)
　4)原作「…員者何善住一心供養」。東壁門北側。
《燉》p.87。

03228 (何)善宗 ············· BD02381v(餘81)
〔洪池鄉百姓何通史只(質)典與男善宗契
(稿)〕　辛巳年正月八日　(921?)
　　1)(何通史腹生)男

03229 何鄙々 ················ S02669
〔管内尼寺(安國寺・大乘寺・聖光寺)籍〕
(865〜870)
　　2)大乘寺　3)慈惠鄉　4)尼名「蓮花心」。

03230 何僧政 ················ BD16499A
〔鄧慶相?請乾元寺何僧政等疏〕　(9〜10C)

03231 何僧政 ················ S10566
〔秋季諸寺大般若轉經付配帙曆〕　壬子年十
月　(952)
　　1)僧政　2)乾元寺

03232 何僧正 ················ S04899
〔破曆〕　戊寅年　(918 or 978)
　　1)僧正　2)乾元寺

03233 何僧正和尚 ······· BD02258v③(閏58)
〔建隆元年哀子某延僧為母追念疏〕　建元年四
月三日　(960)
　　1)僧正和尚　2)乾元寺

03234 何倉曹 ················ S08448A
〔紫亭羊數名目〕　辛亥年正月廿七日　(951)
　　1)倉曹

03235 何倉曹 ················ S08448B
〔紫亭羊數名目〕　(940頃)
　　1)倉曹

03236 何倉曹 ················ S08448Bv
〔紫亭羊數名目〕　(940頃)
　　1)倉曹

03237 何宋子 ················ P2049v①
〔淨土寺諸色入破曆計會牒〕　同光三年
(925)

03238 何曹[求] ·············· 莫第196窟
〔供養人題記〕　景福年間　(892〜893)
　　4)原作「故父燉煌都…頓悟…何曹(求)一心供
養」。東壁門北側。《燉》p.87。

03239 何瘦子 ················ P2040v③-2
〔淨土寺西倉粟利入曆〕　己亥年　(939)
　　2)淨土寺

03240 何大云 ················ S00542v
〔燉煌諸寺丁壯車牛役部〕　戌年六月十八日
(818)
　　2)蓮臺寺

03241 何大云妻 ·············· S00542v
〔燉煌諸寺丁壯車牛役部〕　戌年六月十八日
(818)
　　2)蓮臺寺

03242 何達子 ················ S07932
〔月次番役名簿〕　正月　(10C後期)

03243 何知客 ················ S08448A
〔紫亭羊數名目〕　辛亥年正月廿七日　(951)
　　1)知客

03244 何知客 ················ S08448B
〔紫亭羊數名目〕　(940頃)
　　1)知客

03245 何猪子 ················ P3249v
〔將龍光顏等隊下人名目〕　(9C中期)

03246 何通史 ············· BD02381v(餘81)
〔洪池鄉百姓何通史只(質)典與男善宗契
(稿)〕　辛巳年正月八日　(921?)
　　1)百姓　3)洪池鄉

03247 何定興 ················ 莫第285窟
〔供養人題記〕　(9〜10C)
　　4)《P》。

03248 何定德 ············· BD14806①(新1006)
〔於倉缺物人便麥名抄錄〕　辛酉年三月廿二
日　(961)
　　3)龍勒鄉

03249 何定德 ················ S04445①
〔便契〕　己丑年十一月　(989?)
　　1)(願德)弟　3)龍家

03250 何庭 ··················· P2654v⑤
〔沙州倉曹上勾覆所會計牒〕　巳年　(789?)
　　4)原文中有「十一月廿四日牒，貸何庭等二人。各
貳碩」之字。

03251 何庭 ··················· P2763①
〔沙州倉曹趙瓊璋等會計曆〕　辰年九月四日巳
後至十二月卅日　(788)
　　4)縫背有「河西支度/…印」。

03252 何都知 ············ S08445＋S08446＋S08468①
〔羊司於常樂稅羊人名目〕 丙午年 (946)
　1) 都知

03253 何都知 ················ S08468
〔羊司於常樂稅羊人名目〕 丙午年六月廿七日 (946)
　1) 都知

03254 何都頭 ················ S00374
〔回向文〕 至道二年正月 (996)
　1) 都頭

03255 何奴子 ············ P2032v⑯-4
〔淨土寺粟利閏入曆〕 (940前後)
　2) 淨土寺

03256 何奴子 ············· P2680v④
〔納贈曆〕 (10C中期)

03257 何奴子 ············· P3234v③
〔惠安惠戒手下便物曆〕 甲辰年 (944)
　2) 淨土寺?

03258 何東妻 ··············· S00542v
〔燉煌諸寺丁壯車牛役部〕 戌年六月十八日 (818)
　2) 乾元寺

03259 何訥兒 ············ S08445＋S08446＋S08468③
〔稅巳年出羊人名目〕 丙午年二月十九日 (946)

03260 何南潘 ············ P2040v③-2
〔淨土寺西倉粟利入曆〕 己亥年 (939)
　2) 淨土寺

03261 何灘訥 ············ P2040v②-28
〔淨土寺豆入曆〕 (940前後)
　2) 淨土寺

03262 何二娘子 ············ 莫第196窟
〔供養人題記〕 景福元年 (892)
　4) 原作「新婦何氏二娘子一心供養」。南壁。《燉》p.89。《謝》p.412。

03263 何賣德 ················ P2738v
〔社司轉帖(寫錄)〕 二月廿五日 (9C後期)

03264 何八子 ················ P4693
〔官齋納麵油粟曆〕 (10C後期)
　1) 羹油菜頭 4) 原作「羹油菜頭」。

03265 何不勿 ············· S02894v④
〔社司轉帖〕 壬申年十二月卅日 (972)

03266 何富君 ················ Дx02149B
〔見納缺柴人名目〕 (10C)

03267 何富定 ················ Дx02149B
〔見納缺柴人名目〕 (10C)

03268 何富奴 ············· P2032v⑰-8
〔淨土寺諸色入曆〕 (940前後)
　2) 淨土寺

03269 何富得 ············ BD16336A1(L4425)
〔社司轉帖〕 戊申年正月四日 (948?)

03270 何伏顛 ················ S00542v
〔燉煌諸寺丁壯車牛役部〕 戌年六月十八日 (818)
　2) 靈圖寺

03271 何伏顛妻 ············· S00542v
〔燉煌諸寺丁壯車牛役部〕 戌年六月十八日 (818)
　2) 靈修寺

03272 何佛奴 ················ S04703
〔買菜人名目〕 丁亥年 (987)

03273 (何)佛奴 ············· 杏·羽695
〔燉煌諸鄉諸部落諸人等便麥曆〕 (10C)
　1) 何阿盈弟 4) 原作「赤心何阿盈弟佛奴」。cf. 己未年九月廿七日(959)。

03274 何文慶 ··············· 莫第196窟
〔供養人題記〕 景福年間 (892～893)
　1) 故清信弟子 4) 東壁門北側。《燉》p.88。

03275 何文勝 ··············· P3418v⑨
〔劾穀鄉缺枝夫戶名目〕 (9C末～10C初)
　3) 劾穀鄉

03276 何文進 ················ P3231①
〔平康鄉官齋曆〕 癸酉年五月 (973)
　3) 平康鄉

03277 何文通 ············· BD11523v(L1652)
〔社司點帖及雜寫〕 (9～10C)

03278 何兵馬使 ·················· P3458
　〔貸絹契〕 辛丑年四月三日 （941?）
　　1）見人・兵馬使

03279 何保圓 ··················· Дx12012
　〔養男契〕 清泰貳年乙未歲正月 （935）
　　1）百姓　3）燉煌鄉

03280 何保繼 ··················· P4525v①
　〔中阿鋡經紙背寫經關係記載〕 （980頃）

03281 何保繼 ··················· P4525v②
　〔將兌紙人目〕 （980頃）

03282 何保繼 ··················· P4525v④
　〔將兌紙人目〕 癸未年八月廿二日 （983）

03283 何保住 ··················· P2032v⑯-4
　〔淨土寺粟利閏入曆〕 （940前後）
　　2）淨土寺

03284 何法師 ··················· S11461A
　〔某寺斛斗破曆〕 （10C）
　　1）法師

03285 何法師 ··················· 燉研322
　〔臘八燃燈分配窟龕名數〕 辛亥年十二月七日 （951）
　　1）法師

03286 何法律 ··············· BD16170（L4089）
　〔人名〕 （9～10C）
　　1）法律

03287 何法律 ··················· P2054v
　〔疏請僧官文〕 （10C）
　　1）法律　2）乾元寺

03288 何法律 ··················· P2250v②
　〔乾元寺僧唱布曆〕 辛未年四月十二日 （925?）
　　1）法律　2）乾元寺

03289 何法律 ··················· P3152
　〔陳守定請僧設供疏〕 淳化三年八月日 （992）
　　1）法律　4）原作「大何法律」。

03290 何法律 ··················· P3152
　〔陳守定請僧設供疏〕 淳化三年八月日 （992）
　　1）法律　4）原作「小何法律」。

03291 何法律 ··················· S00520
　〔報恩寺方等道場榜〕 （9C末～925以前）
　　1）法律　4）有「河西都僧院」印。

03292 何法律 ··················· S04642v
　〔某寺入破曆計會〕 （923以降）
　　1）法律

03293 何法律 ··················· S05486①
　〔諸寺僧尼付油麵曆〕 （10C中期）
　　1）法律　2）三界寺?

03294 何法□ ··················· P3060
　〔諸寺諸色付經僧尼曆〕 （9C前期）
　　1）僧尼　4）經典名「摩訶經卷2」。

03295 何万產 ··················· S08448B
　〔紫亭羊數名目〕 （940頃）

03296 何万達 ··················· S08448A
　〔紫亭羊數名目〕 辛亥年正月廿七日 （951）

03297 何名立 ··················· S00542v
　〔燉煌諸寺丁壯車牛役簿〕 戌年六月十八日 （818）
　　1）氈匠　2）大乘寺

03298 何名立妻 ················· S00542v
　〔燉煌諸寺丁壯車牛役簿〕 戌年六月十八日 （818）
　　2）大乘寺

03299 何友成 ··················· P5032v⑧
　〔社司轉帖〕 六月 （10C中期）

03300 何養 ····················· P5003v
　〔社人納色物曆〕 （9C前期）

03301 何劉 ····················· S00542v
　〔簿〕 戌年六月十八日 （818）

03302 何留子 ··················· P2032v⑬-7
　〔淨土寺黃麻利閏入曆〕 （940前後）
　　2）淨土寺

03303 何留子 ··················· P2049v①
　〔淨土寺諸色入破曆計會牒〕 同光三年 （925）

03304 何留子 ··················· P3234v③-34
　〔惠安惠戒手下便物曆〕 甲辰年 （944）

03305 何蓮花心 ·················· S02669
〔管内尼寺(安國寺・大乘寺・聖光寺)籍〕
(865～870)
　　2)大乘寺　3)慈惠鄉　4)姓「何」。俗名「鄂々」。

03306 何老 ················ BD09341(周62)
〔社司轉帖〕　閏四月三日　(10C後期)

03307 何老 ················ P2912v③
〔寫大般若經一部施銀盤子麥粟粉疏〕　四月
八日　(9C前期)

03308 何老宿 ··········· BD09318A(周39)
〔便物曆〕　(10C)
　　1)老宿

03309 何老宿 ··············· P4958piece3
〔當寺轉帖(殘)〕　(10C前期)
　　1)老宿

03310 何郎 ············ BD15249v③(新1449)
〔某家榮親客目〕　(10C後期)
　　4)原作「存泰一娘子及何郎」。又有注記「主人」。
又旁有注記「陰平水」。

03311 何郎 ················· Дx01439
〔親情社轉帖〕　丙戌年九月十九日　(986?)
　　2)報恩寺

03312 何錄事 ················ S03978
〔納贈曆〕　丙子年七月一日　(976)
　　1)錄事

03313 何□愼 ··············· 莫第196窟
〔供養人題記〕　景福年間　(892～893)
　　1)兵馬使三十將　4)原作「故父清信弟子兵馬
使三十將何□愼一心供養」。東壁門北側。《燉》
p.87。

03314 何□□ ··············· Дx02146
〔請諸寺和尚僧政法律等名錄〕　(10C?)

03315 何 ················ BD05673v④(李73)
〔行人轉帖(寫錄)〕　今月十二日　(9C末)

03316 何 ············· BD11502①(L1631)
〔燉煌十一僧寺別姓名簿并緣起經論等名
目〕　(9C後期)
　　2)(三)界(寺)

03317 何 ······················ P3706v
〔雜寫〕　癸酉年頃　(973?)
　　4)有「故何」等。

03318 價安六 ················ P3418v①
〔□□鄉缺枝夫戶名目〕　(9C末～10C初)
　　3)□□鄉

03319 價榮實 ················ P2992v
〔牒狀〕　天福十年乙巳以前　(945以前)

03320 價盈子 ················ P3249v
〔將龍光顏等隊下人名目〕　(9C中期)

03321 價延實 ················ P3391v①
〔社司轉帖(寫錄)〕　丁酉年正月日　(937)

03322 價延德 ··········· BD09520v⑥(殷41)
〔張修造雇馳契(稿)〕　癸未年七月十五日
(923?)
　　1)押衙

03323 價?延德 ·············· 古典籍54,圖171
〔五月五日下菜人名目〕　(10C)

03324 價家四娘子 ············ S04703
〔買菜人名目〕　丁亥年　(987)

03325 價家四□□□妹阿師子 ····· S04703
〔買菜人名目〕　丁亥年　(987)
　　4)原作「價家四□□□妹阿師子」。

03326 價憨奴 ················ P3391v①
〔社司轉帖(寫錄)〕　丁酉年正月日　(937)

03327 價胡奴 ················ P3418v⑧
〔平康鄉缺枝夫戶名目〕　(9C末～10C初)
　　3)平康鄉

03328 價?孔目 ··········· BD16112F(L4066)
〔某寺雜物曆〕　(10C?)
　　1)孔目

03329 價骨奴 ················ P2667v
〔人名目(渠戶名目)〕　(10C)

03330 價?骨奴 ·············· 古典籍54,圖171
〔五月五日下菜人名目〕　(10C)

03331 價再□ ················ P3418v③
〔某鄉缺枝夫戶名目〕　(9C末～10C初)

03332 價闍梨 ················ S08443F3
〔取粟曆〕　三月廿日　(944頃)
　　1)闍梨

03333 價將頭 ················· S01153
〔諸雜人名目〕（10C後期）

03334 價進子 ················· S01823v②
〔入破曆〕 癸卯年正月一日 （943）
　1）梁戶

03335 價端ゝ ················· S02669
〔管内尼寺(安國寺・大乘寺・聖光寺)籍〕
（865〜870）
　2）大乘寺　3）平康鄉　4）尼名「見性」。

03336 價丑定 ················· Дx02956②
〔諸家上缺便勿名目〕 甲申年二月四日 （984
or 924）
　1）押衙

03337 價忠賢 ················· P4640v
〔官入破曆〕 辛酉年正月 （901）
　1）衙官

03338 價悑〔幅?〕勝 ··········· P4640v
〔官入破曆〕 己未年六月 （899）
　1）衙官

03339 價不勿 ················· P3108v②
〔三官?便社人黃麻曆〕 己未年二月十日 （899
or 956）

03340 價文善 ················· S05747v
〔社人名目〕（10C前期）

03341 價法師 ················· P2638
〔覰司破曆〕 癸巳〜丙申年 （933〜936）
　1）法師

03342 價法律 ················· P2914
〔王梵志詩卷第3〕 大漢天福參年歲次甲寅七月
廿九日 （938?）
　1）法律　2）金光明寺

03343 價法律 ················· S04642v
〔某寺入破曆計會〕 （923以降）
　1）法律

03344 價明因 ················· P3249v
〔將龍光顏等隊下人名目〕（9C中期）

03345 價勿堆 ················· P2953v
〔便麥豆本曆〕（10C）
　3）神沙鄉

03346 價 ····················· BD05673v④(李73)
〔行人轉帖(寫錄)〕 今月十二日 （9C末）

03347 和君ゝ ················· P3047v⑥
〔諸人諸色施入曆〕（9C前期）

03348 和?走?ゝ ··············· S09156
〔沙州戶口地畝計簿〕（9C前期）

03349 哥舒淨智 ··············· S02729①
〔燉煌應管勘牌子曆〕 辰年三月 （788）
　1）僧　2）靈修寺　3）沙州　4）36行目。

03350 嘉?員 ················· 杏・羽063
〔神沙鄉百姓吳山子便麥粟契〕 某年某月某
日 （10C）

03351 媧柴驅使 ··············· P3410
〔沙州僧崇恩析產遺屬〕 吐蕃年次未詳 （840
前後）
　1）驅使

03352 戈 ····················· 杏・羽073①
〔金剛般若波羅蜜經(冊子)〕（10C）
　1）西川戈家　3）西川　4）末題識語爲「西川戈家
眞印本」。

03353 花家 ··················· P3047v⑥
〔諸人諸色施入曆〕（9C前期）

03354 花家小娘子 ············· P3047v⑥
〔諸人諸色施入曆〕（9C前期）

03355 荷再蘇 ················· S01438v
〔吐蕃占領燉煌初期漢族書儀〕（8C末）
　4）R面爲「道教義淵卷上」(8C)。

03356 華再德 ················· P2155③
〔合領馳馬牛羊皮曆〕（10C）
　4）原作「華再德群」。

03357 華再德 ················· P3131v
〔牧羊馬馳缺數曆〕（10C後期）

03358 華 ····················· S11454B
〔左七將百姓張芬ゝ牒并判語〕 （戊）寅年二
月 （798）
　4）華：卽是張華，看在S11454A(793-795年破曆)・
S11454G(793-795年算會)。

03359 賈員子 ················· P3153
〔租地契〕 天復四年甲子七月十七日 （904）
　3）神沙鄉　4）舊P3155v。

03360 賈?員通 ·············· Дх01413
〔社條〕 七月十九日 （10C）

03361 賈榮實? ·············· S08683
〔算會燉煌十一鄉及通頰退渾所收物〕 （10C初期）
　1)都頭知內親從觀察孔目官

03362 賈榮實 ·············· 莫第121窟
〔供養人題記〕 （10C前期）
　1)都孔目官知內親從都頭兼燉煌諸司計度都…青光祿大夫…御史大夫上柱國　4)原作「清信弟子…都孔目官知內親從都頭兼燉煌諸司計度都…青光祿大夫…御史大夫上柱國武威賈榮實再建此龕并供養」。南壁。《燉》p.56。

03363 （賈）永崇 ·············· Дх18998
〔賈族一覽一行斷片〕 （10C後期?）
　1)（賈永存）弟　4)原作「弟永崇」。

03364 賈永宗 ·············· P3721v②
〔兄(見)在巡禮都官都頭名牒〕 庚辰年正月十五日 （980）

03365 賈永存 ·············· S03540
〔宕泉修窟盟約憑〕 庚午年正月廿五日 （970）
　1)都頭?

03366 賈永存 ·············· S03540
〔宕泉修窟盟約憑〕 庚午年正月廿五日 （970）

03367 賈永存 ·············· Дх18998
〔賈族一覽一行斷片〕 （10C後期?）
　1)戶主　4)原作「戶賈永存」。

03368 賈延得 ·············· 上博21B
〔渠人轉帖〕 （10C中期?）

03369 賈延德 ·············· P2049v②
〔淨土寺諸色入破曆計會牒〕 長興二年正月 （930～931）

03370 賈憨々 ·············· P4635③
〔便粟豆曆〕 癸卯年二月十三日 （943）

03371 賈憨々 ·············· S02104①
〔神沙鄉百姓賈憨々等狀(稿)〕 （10C?）
　1)百姓　3)神沙鄉

03372 賈憨々 ······ Дх00285＋Дх02150＋Дх02167＋Дх02960＋Дх03020＋Дх03123v③
〔某寺破曆〕 （10C中期）
　1)法律

03373 賈鄉官 ·············· S08445＋S08446＋S08468②
〔羊司於紫亭得羊名目〕 丙午年三月九日 （946）
　1)鄉官

03374 賈鄉官 ·············· S08445＋S08446＋S08468③
〔稅巳年出羊人名目〕 丙午年二月十九日 （946）
　1)鄉官

03375 賈啓如 ·············· S02729①
〔燉煌應管勘牌子曆〕 辰年三月 （788）
　1)僧　2)靈修寺　3)沙州　4)33行目。

03376 賈元裕 ·············· BD09334（周55）
〔分付多衣簿〕 （8C中期）

03377 賈彥昌 ·············· P2032v⑱
〔淨土寺豆利閏入曆〕 （940前後）
　2)淨土寺

03378 賈彥昌 ·············· P2985v④
〔親使員文書〕 （10C後期）

03379 賈彥昌 ·············· P3453
〔契約文書〕 辛丑年十月廿五日 （941）

03380 賈彥祐 ·············· P3453
〔契約文書〕 辛丑年十月廿五日 （941）

03381 賈骨奴? ·············· P5593
〔社司轉帖(殘)〕 癸巳年十月十日 （933?）

03382 賈鶻子 ·············· S08445＋S08446＋S08468①
〔羊司於常樂稅羊人名目〕 丙午年六月廿七日 （946）

03383 賈再昌 ·············· P4003
〔渠社轉帖〕 壬午年十二月十八日 （922 or 982）

03384 賈仕德 ·············· BD09324（周45）
〔某寺諸色入破曆〕 亥年十二月廿二日～戌年 （8C末～9C前期）

03385 賈氏 ·············· 莫第129窟
〔供養人題記〕 （10C前期）
　4)原作「女一娘子一心供養出適賈氏」。北壁。《燉》p.61。

03386 賈闍梨 ……………… P2836piece
〔弟子節度押衙賈奉玖爲父追念請諸僧疏〕
天福肆年正月十七日 （939）
　　4)原作「二賈闍梨」。

03387 賈潤定 ……………… S02104①
〔神沙鄉百姓賈憨々等狀（稿）〕（10C?）
　　1)憨々・第三男　3)神沙鄉

03388 賈閏寧 ……………… P3721v③
〔冬至自斷官員名〕 己卯年十一月廿六日
（979）

03389 賈章□ ……………… BD16332A（L4423）
〔渠人轉帖〕（10C）

03390 賈進子 ……………… 上博21B
〔渠人轉帖〕（10C中期?）

03391 賈生?□ ……………… S10005
〔人名目〕（10C）

03392 賈赤山 ……………… S06981⑬
〔入麥曆〕 酉年 （10C中期）

03393 賈僧政 ……………… P3264
〔破麴曆〕 庚戌年四月・十二月 （950?）
　　1)僧政　4)原作「賈僧政將用（四月）」。「賈僧政馬喫用（十二月）」。

03394 賈僧政 ……………… S08426③
〔使府酒破曆〕 二月廿二日 （10C中～後期）
　　1)僧政

03395 賈僧正 ……………… S10542
〔六七追念疏〕（10C）
　　1)僧正

03396 賈塏 ……………… BD14605（新0865）
〔妙法蓮華經卷第2（題記）〕（8C）
　　1)佛弟子　4)原作「佛弟子賈塏」。

03397 賈宅官 ……………… P5032v①
〔社司轉帖〕 戊午年六月十八日 （958）
　　1)宅官

03398 （賈）忠賢 ……………… 莫第121窟
〔供養人題記〕（10C前期）
　　4)原作「故伯父忠賢供養」。《燉》p.56。⇒忠賢。

03399 賈都頭 ……………… P2040v③-12
〔淨土寺布入曆〕（939）
　　1)都頭　2)淨土寺

03400 賈都頭 ……………… P2049v②
〔淨土寺諸色入破曆計會牒〕 長興二年正月
（930～931）
　　1)都頭

03401 賈都頭 ……………… S02325v
〔入破曆計會〕（10C）
　　1)都頭

03402 賈都頭 ……………… S04700
〔陰家榮親客目〕 甲午年五月十五日 （994）
　　1)都頭　4)原作「賈小都頭」。

03403 賈都頭 ……………… S04700
〔陰家榮親客目〕 甲午年五月十五日 （994）
　　1)都頭

03404 賈道貞 ……………… S02729①
〔燉煌應管勘牌子曆〕 辰年三月 （788）
　　1)僧　2)蓮臺寺　3)沙州　4)申年2月17日死。11行目。

03405 賈訥諧 ……………… P3764v
〔社司轉帖〕 十一月五日及十一月十五日
（10C）

03406 賈鉢訥 ……………… P3764v
〔社司轉帖〕 十一月五日及十一月十五日
（10C）

03407 賈粉堆 ……………… P4003
〔渠社轉帖〕 壬午年十二月十八日 （922 or 982）

03408 賈奉玖 ……………… P2836piece
〔弟子節度押衙賈奉玖爲父追念請諸僧疏〕
天福肆年正月十七日 （939）
　　1)弟子節度押衙

03409 賈法師 ……………… S05718
〔追福疏〕 天福十年五月十二日 （945）
　　1)法師　2)金光明寺

03410 賈法律 ……………… P3370
〔出便麥粟曆〕 丙子年六月五日 （928）
　　1)法律

03411 賈法律 ……………… P3388
〔節度使曹元忠爲故兄追念請金光明寺僧疏〕 開運四年三月九日 （946）
　　1)法律　2)金光明寺　4)原作「二賈法律」。年月日上鈐有「沙州節度使印」。

133

03412 賈法律 ·············· S00520
　〔報恩寺方等道場榜〕（9C末～925以前）
　　1)法律　4)有「河西都僧院」印。

03413 賈法律 ·············· S01519②
　〔破曆〕　辛亥年（951）
　　1)法律

03414 賈法律 ·············· S04654v⑤
　〔便曆〕　丙午年正月一日（946）

03415 (賈)樂章 ············ 莫第121窟
　〔供養人題記〕（10C前期）
　　4)原作「男樂章一心供養」。《燉》p.56。⇒樂章。

03416 賈和子 ·············· S03982
　〔月次人名目〕　癸亥年十一月（963）

03417 賈和子 ·············· S03982
　〔月次人名目〕　甲子年九月,乙丑年二月（964, 965）

03418 賈和尚 ·············· P3556④
　〔故大乘寺法律尼臨壇賜紫大德沙門乞邈眞讚并序〕（10C?）
　　1)和尚

03419 賈□官 ·············· S08678
　〔枝送納帖〕（10C）
　　1)□官　4)原作「□官賈」。

03420 賈□□ ·············· P4003
　〔渠社轉帖〕　壬午年十二月十八日（922 or 982）

03421 賈□□ ·············· S05873v＋S08658②
　〔靈圖寺便麥粟曆(殘)〕　戊午年九月（10C）
　　1)口承人　2)靈圖寺　4)原作「口父賈□□」。

03422 賈 ·············· BD11502①(L1631)
　〔燉煌十一僧寺別姓名簿并緣起經論等名目〕（9C後期）
　　2)金(光明寺)

03423 賈 ·············· BD11502①(L1631)
　〔燉煌十一僧寺別姓名簿并緣起經論等名目〕（9C後期）
　　2)(三)界(寺)

03424 過家 ·············· BD08888(國88)
　〔金剛般若波羅密經〕（10C）
　　3)西川

03425 賀安住 ·············· P3649
　〔雜抄1卷(全)〕　丁巳年正月十八日（957?）
　　1)學士郎　2)淨土寺　4)原作「淨土寺學仕郎賀安住自手書寫誦讀記過耳」。

03426 賀安住 ·············· P3721v③
　〔冬至自斷官員名〕　己卯年十一月廿六日（979）

03427 賀安定 ·············· S05845
　〔郭僧政等貸油麵廊曆〕　己亥年二月十七日（939）

03428 賀安□ ·············· P.tib2204v
　〔雜寫〕　丑年（9C前期）

03429 賀員淸 ·············· P2680v⑦
　〔社司轉帖(殘)〕　丙申年四月廿六日（936）

03430 賀員定 ·············· BD16257(L4116)
　〔便曆?〕（9～10C）
　　4)⇒員定。

03431 賀陰子 ·············· P3889
　〔社司轉帖〕（10C後期?）

03432 賀永興 ·············· S00542v
　〔燉煌諸寺丁壯車牛役部〕　戊年六月十八日（818）
　　2)靈圖寺

03433 賀?盈住 ·············· Дx04278
　〔十一鄉諸人付麵數〕　乙亥年四月十一(日)（915? or 975）
　　3)燉煌鄉

03434 賀英倩 ·············· S02103
　〔渠水田地訴訟牒〕　酉年十二月（817?）

03435 賀蘭阿娘 ·············· P3234v⑮
　〔淨土寺西倉豆利潤入曆〕（940年代?）
　　2)淨土寺　4)原作「賀蘭阿娘」。

03436 賀押衙 ·············· P3889
　〔社司轉帖〕（10C後期?）
　　1)押衙

03437 賀海子 ·············· P3889
　〔社司轉帖〕（10C後期?）

03438 賀海淸 ·············· P3889
　〔社司轉帖〕（10C後期?）

03439 賀憨奴 ·················· P3889
〔社司轉帖〕 (10C後期?)

03440 賀願昌 ·················· S03714
〔親情社轉帖(雜寫)〕 (10C)

03441 賀歸滿 ·················· S01733
〔破曆〕 (9C前期)

03442 賀吉昌 ·················· S02894v⑤
〔社司轉帖〕 (10C後期)

03443 賀俱 ·············· BD16074B(L4040)
〔殘片〕 (9～10C)

03444 賀虞候 ········· CH.0519v(BM.SP.228v)
〔社司轉帖(殘)〕 (10C?)

03445 賀犬ゝ ················· P2738v
〔社司轉帖(寫錄)〕 八月廿九日 (9C後期)

03446 賀犬ゝ〔大ゝ?〕 ··········· P5021D
〔付物曆〕 (9C末～10C初)

03447 賀胡子 ·················· S05998
〔契約文(雜寫)〕 (丑)年 (9C前期)
 1) 百姓 3) 悉寧宗部落 4) 本件表裏兩面文書寫全部朱筆。

03448 賀胡子 ·················· S05998v
〔百姓賀胡子官債不填納憑〕 (9C前期吐蕃期)
 1) 百姓 3) 悉寧宗部落

03449 賀光 ··················· P3491piece3
〔突田名簿〕 (9C前期)

03450 賀康三 ············· BD09520v③(殷41)
〔雇工契〕 癸未年三月廿八日 (923?)
 1) 百姓 3) 赤心鄉

03451 賀康屯 ·················· P2738v
〔社司轉帖(寫錄)〕 二月廿五日 (9C後期)

03452 賀弘子 ·················· P2932
〔出便豆曆〕 乙丑年正月十四日 (965?)
 3) 効穀鄉

03453 賀弘子 ·················· P3881v
〔招提司惠覺諸色斛㪷計會〕 太平興國六年 (981)

03454 賀江進 ·················· S01153
〔諸雜人名目〕 (10C後期)

03455 賀苟兒 ·················· S05747v
〔社人名目〕 (10C前期)

03456 賀國清 ·················· S03074v
〔某寺破曆〕 十一月一日 (9C前期)

03457 賀國搥 ·················· P5021D
〔付物曆〕 (9C末～10C初)

03458 賀再金 ·················· S04018②
〔某寺分付宋法達與大般若經本15卷抄〕
十二月十五日 (9C?)
 1) 見人

03459 賀再慶 ·················· P3889
〔社司轉帖〕 (10C後期?)

03460 賀再晟 ·············· BD06359(鹹59)
〔便麥契〕 丑年二月 (821)
 1) 寺戶 2) 靈修寺

03461 賀三娘 ·················· S02992
〔觀世音經(尾)〕 申年五月廿三日 (9C前期)
 1)〔清〕信佛子女人 4) 原作「(清)信佛子女人賀三娘爲落異鄉,願平安。」。

03462 賀山子 ·················· P3379
〔社錄事陰保山等牒(團保文書)〕 顯德五年二月 (958)
 4) 有指押印。

03463 賀贊忠 ·················· P2738v
〔社司轉帖(寫錄)〕 二月廿五日 (9C後期)

03464 賀師子 ·················· P3578
〔淨土寺儭破曆(梁戶氾史三沿寺諸處使用油曆)〕 癸酉年正月十一日 (973)

03465 賀志德 ············· BD10773v②(L0902)
〔某寺殘歷〕 (9C)

03466 賀支奴 ·················· S03714
〔親情社轉帖(雜寫)〕 (10C)

03467 賀氏 ···················· 莫第009窟
〔供養人題記〕 (890年代)
 1) 禮新婦 4) 原作「禮新婦□□□賀氏一心供養」。東壁。《謝》p.199。

03468 賀氏 ……………………… 楡第33窟
　〔供養人題記〕 (10C中期)
　　1)清信弟子　4)南壁。《謝》p. 478。

03469 賀寺主 ……………………… P.tib1261v⑦
　〔諸寺僧尼支給穀物曆〕 (9C前期)
　　1)寺主

03470 賀悉歹□ ……………………… P.tib2124v
　〔人名錄〕 (9C中期?)

03471 賀悉曼 ……………………… S02669
　〔管內尼寺(安國寺・大乘寺・聖光寺)籍〕
　(865～870)
　　2)大乘寺　3)莫高鄕　4)尼名「蓮花德」。

03472 賀社官 ……………………… P2869 piece3
　〔納贈曆(殘)〕 (10C前期)
　　1)社官　4)原作「社官賀」。

03473 賀闍梨 ……………………… P3587
　〔某寺常住什物點檢見在曆(殘)〕 (9C)
　　1)闍梨

03474 賀闍梨 ……………………… P5000v
　〔僧尼名目〕 (9C前期)
　　1)闍梨　2)靈修寺

03475 賀醜ゞ ……………………… S02214
　〔官府雜帳(名籍・黃麻・地畝・地子等曆)〕
　(860?)

03476 賀醜奴 ……………………… P5021D
　〔付物曆〕 (9C末～10C初)

03477 賀醜奴 ……………………… Дx05944
　〔納贈曆?〕 (10C)

03478 賀什德 ……………………… P5021D
　〔付物曆〕 (9C末～10C初)

03479 賀住子 ……………………… S05104
　〔社司轉帖(寫錄)〕 (9～10C)

03480 賀俊 ……………………… P3491 piece3
　〔突田名簿〕 (9C前期)

03481 賀閏兒 ……………………… P2738v
　〔社司轉帖(寫錄)〕 二月十五日 (9C後期)

03482 賀閏兒 ……………………… S06010
　〔衙前第六隊轉帖〕 九月七日 (900前後)
　　1)宅官

03483 賀囡兒 ……………………… P3705v
　〔人名錄雜記〕 中和二年頃 (882?)

03484 賀承進 ……………………… P2040v②-28
　〔淨土寺豆入曆〕 (940前後)
　　2)淨土寺

03485 賀昇朝 ……………………… P2863⑤
　〔賀昇朝施入疏〕 正月一日 (9C前期)

03486 賀昌子 ……………………… P2040v②-25
　〔淨土寺黃麻利入曆〕 (940年代)
　　2)淨土寺

03487 賀常覺 ……………………… S02729①
　〔燉煌應管勘牌子歷〕 巳年七月廿一日 (788)
　　1)僧　2)永安寺　3)沙州　4)巳年7月21日死。
　　末尾有「薩董羅檢」。63行目。

03488 賀淨凝 ……………………… S02729①
　〔燉煌應管勘牌子歷〕 辰年三月 (788)
　　1)僧　2)大乘寺　3)沙州　4)46行目。

03489 賀進玉 ……………………… P2912v③
　〔寫大般若經一部施銀盤子麥粟粉疏〕 四月
　八日 (9C前期)

03490 賀進子 ……………………… P5032⑲
　〔渠人轉帖〕 甲申年□月十七日 (984)

03491 賀進朝 ……………………… P3446v
　〔沙州倉曹會計牒〕 吐蕃巳年?頃 (789?)
　　3)沙州

03492 賀成潤 ……………………… BD14806①(新1006)
　〔於倉缺物人便麥名抄錄〕 辛酉年三月廿二
　日 (961)
　　3)神沙鄕

03493 賀成閏 ……………………… P2032v①-2
　〔淨土寺西倉麥入曆〕 (944前後)
　　2)淨土寺

03494 賀成閏 ……………………… P2032v⑯-4
　〔淨土寺粟利閏入曆〕 (940前後)
　　2)淨土寺

03495 賀成閏 ……………………… P3234v③
　〔惠安惠戒手下便物曆〕 甲辰年 (944)
　　2)淨土寺?

03496 賀成全? ……………… P2032v①-1
　〔淨土寺麥入曆〕（944前後）
　　2)淨土寺

03497 賀晟 ……………… Дx01586B
　〔惠通下僧名目〕（9C後期）

03498 賀清子 ……………… S06614v①
　〔社司轉帖〕（10C）

03499 賀清兒 ……………… P3236v
　〔燉煌鄉官布籍〕壬申年三月十九日（972）
　　3)燉煌鄉

03500 賀遷?子 ……………… S03048
　〔東界羊籍〕丙辰年（956）
　　1)牧羊人

03501 賀全子 ……………… S00274①
　〔社司轉帖(寫錄)〕戊子年四月十三日
　（928?）

03502 賀善子 ……………… P2049v②
　〔淨土寺諸色入破曆計會牒〕長興二年正月
　（930〜931）

03503 賀善昌 ……………… P3396
　〔沙州諸渠別粟田名目〕（10C後期）

03504 賀忠義 ……………… P5021D
　〔付物曆〕（9C末〜10C初）

03505 賀定子 ……………… P2032v①-1
　〔淨土寺麥入曆〕（944前後）
　　2)淨土寺

03506 賀定子 ……………… P3234v③-67
　〔惠安惠戒手下便物曆〕甲辰年（944）

03507 賀田奴 ……………… BD03102v(騰2)
　〔雜寫〕（9C）

03508 賀奴 ……………… P2032v⑯-4
　〔淨土寺粟利閏入曆〕（940前後）
　　2)淨土寺　4)⇒賀奴子。

03509 賀奴子 ……………… P2032v⑯-2
　〔淨土寺麥利閏入曆〕（940前後）
　　2)淨土寺

03510 賀奴子 ……………… P2032v⑯-4
　〔淨土寺粟利閏入曆〕（940前後）
　　2)淨土寺　4)⇒賀奴。

03511 賀奴子 ……………… P2040v②-5
　〔淨土寺西倉粟入曆〕（945以降）
　　2)淨土寺

03512 賀奴子 ……………… S04703
　〔買苿人名目〕丁亥年（987）

03513 賀奈冔 ……………… S02669
　〔管內尼寺(安國寺・大乘寺・聖光寺)籍〕
　（865〜870）
　　2)大乘寺　3)莫高鄉　4)尼名「蓮花德」。

03514 賀南山 ……………… S04884v
　〔便褐曆〕壬申年正月廿七日（972?）

03515 賀伯醜 ……………… P5021D
　〔付物曆〕（9C末〜10C初）

03516 賀博士 ……………… P2040v①-8
　〔淨土寺布破曆〕（945前後）
　　1)博士　2)淨土寺

03517 賀博士 ……………… P3763v
　〔淨土寺入破曆〕（945前後）
　　1)博士　2)淨土寺

03518 賀富盈 ……………… S04884v
　〔便褐曆〕壬申年正月廿七日（972?）

03519 賀普航 ……………… S02729①
　〔燉煌應管勘牌子曆〕辰年三月（788）
　　1)僧　2)普光寺　3)沙州　4)40行目。

03520 賀福住 ……………… S06981③
　〔某寺入曆(殘)〕壬申年（912 or 972）

03521 賀辯空 ……………… S02729①
　〔燉煌應管勘牌子曆〕辰年三月（788）
　　1)僧　2)大雲寺　3)沙州　4)申年月25日死。8
　行目。

03522 賀保新 ……………… P3889
　〔社司轉帖〕（10C後期?）

03523 賀保定 ……………… P3234v④
　〔牧羊籍〕甲辰年三月廿四日（944?）
　　3)宜秋鄉

03524 賀保定 ……………… P3649v
　〔契〕丁巳年四月七日（957?）
　　1)百姓　3)莫高鄉

03525 賀奉鶯 ·················· P3491piece3
　〔突田名簿〕　(9C前期)

03526 賀方子 ·················· P5032⑩⑫
　〔渠人轉帖〕　甲申年十月三日,四日　(984)

03527 賀方子 ·················· P5032⑬⑯⑱
　〔渠人轉帖〕　甲申年二月廿日　(984)

03528 賀妙相 ·················· S02729①
　〔燉煌應管勘牌子歷〕　辰年三月　(788)
　　1)僧　2)普光寺　3)沙州　4)44行目。

03529 賀祐奴 ·················· P3881v
　〔招提司惠覺諸色斛斗計會〕　太平興國六年
　(981)

03530 賀履八 ·················· P3491piece3
　〔突田名簿〕　(9C前期)

03531 賀良溫 ·················· P2631piece1
　〔付絹羅綾曆〕　(9C後期)

03532 賀良恒?〔溫?〕 ·········· P3305piece3
　〔錄事帖(社司?轉帖)〕　咸通九年十一月十八日　(868)

03533 賀蓮花德 ················ S02669
　〔管内尼寺(安國寺・大乘寺・聖光寺)籍〕
　(865〜870)
　　2)大乘寺　3)莫高鄉　4)姓「賀」。俗名「悉曼」。

03534 賀六娘子 ················ 莫第014窟
　〔供養人題記〕　(9C後期)
　　4)原作「故母六娘子賀氏…」。中央佛龕。《謝》
　　　p.195。

03535 賀錄子 ·················· S03048
　〔東界羊籍〕　丙辰年　(956)
　　1)牧羊人

03536 賀和子? ············ BD15404(簡068066)
　〔千渠中下界白刺頭名目〕　(10C中期)
　　1)白刺頭　3)千渠下界

03537 賀□子 ·················· P4019piece2
　〔納草束曆〕　(9C後期)
　　3)平康鄉?

03538 賀□奴 ·················· P3889
　〔社司轉帖〕　(10C後期?)

03539 賀拔堅信 ················ S02729①
　〔燉煌應管勘牌子歷〕　辰年三月　(788)
　　1)僧　3)沙州・潘原堡　4)26行目。

03540 賀拔廣曇 ················ S02729①
　〔燉煌應管勘牌子歷〕　辰年三月　(788)
　　1)僧　3)沙州・潘原堡　4)25行目。

03541 賀拔普照 ················ S02729①
　〔燉煌應管勘牌子歷〕　辰年三月　(788)
　　1)僧　3)沙州・潘原堡　4)53行目。

03542 會覺如 ·················· P3060
　〔諸寺諸色付經僧尼曆〕　(9C前期)
　　4)經典名「般若經卷33」。

03543 解家 ···················· Дx02256
　〔親情社轉帖〕　丙午年七月三日　(946?)

03544 解憨子 ·················· S06123
　〔渠人轉帖〕　戊寅年六月十四日　(978)
　　2)普光寺

03545 解慶住 ·················· P4997v
　〔分付羊皮曆(殘)〕　(10C後期)

03546 解?繼宗 ················· P3418v⑥
　〔洪閏鄉缺枝夫戶名目〕　(9C末〜10C初)
　　3)洪閏鄉

03547 解再慶 ·················· P2040v②-5
　〔淨土寺西倉粟入曆〕　(945以降)
　　2)淨土寺

03548 解再啓 ·················· P3234v⑮
　〔淨土寺西倉豆利潤入曆〕　(940年代?)
　　2)淨土寺

03549 解儒晟 ·················· S02894v⑤
　〔社司轉帖〕　(10C後期)

03550 解醜々 ············ BD16328(L4419)
　〔鄧某請地狀〕　大順二年正月一日　(891)
　　3)(燉煌縣)宜秋鄉?

03551 解女 ···················· S02228③
　〔貸黃麻曆〕　四月廿六日　(吐蕃期)
　　2)大雲寺

03552 解晟 ············· BD08140(乃40)
　〔无量壽宗要經(尾題後題名)〕　(9C前期)

03553 解晟子 ·············· BD03498(露98)
　〔无量壽宗要經〕　（9C前期）
　　2)(靈)圖(寺)　4)原作「解晟子寫」。首紙背有字「圖」。

03554 解晟子 ·············· BD04492(崑92)
　〔无量壽宗要經〕　（9C前期）
　　2)靈圖寺　4)原作「解晟子寫」。V面有字「圖」。

03555 解晟子 ·············· BD05921(重21)
　〔佛說无量壽宗要經(尾紙題記)〕　（9C前期）
　　4)尾紙有題記「解晟子寫」。

03556 解晟子 ·············· BD06195(薑95)
　〔无量壽宗要經(尾紙題名)〕　（9C前期）
　　4)尾題後有題名「解晟子寫」。

03557 解晟子 ·············· BD06240(海40)
　〔无量壽宗要經〕　（9C前期）

03558 解晟子 ·············· BD08358(衣58)
　〔无量壽宗要經(尾紙末題記)〕　（9C前期）

03559 解晟子 ·············· BD15348(新1548)
　〔无量壽宗要經〕　（9C前期）

03560 解晟子 ·············· S05297
　〔无量壽經尾題〕　（9C前期）

03561 解善 ················ P2964
　〔康悉杓家令狐善奴便刈價麥契〕　巳年二月十日　（837?）
　　2)龍興寺

03562 解僧政 ·············· S06981④
　〔設齋納酒餅曆〕　（10C後期）

03563 解僧正 ·············· P4981
　〔當寺轉帖〕　閏三月十三日　（961）
　　1)僧正

03564 解僧正 ·············· S01607v
　〔解僧正開七齋僧數(貼付紙)〕　（9C?）
　　1)僧正　4)付紙有「解僧開七齋僧數」。

03565 解法律 ·············· S01519①
　〔破曆〕　（890?）
　　3)瓜州

03566 畫阿朶 ·············· S08448Bv
　〔紫亭羊數名目〕　（940頃）

03567 畫安多 ·············· P2556v
　〔雜寫〕　咸通十年正月十八日　（869）

03568 畫安多 ·············· P3418v⑦
　〔慈惠鄉缺枝夫戶名目〕　（9C末～10C初）
　　3)慈惠鄉

03569 畫永保 ·············· P2708
　〔社子名目并略押(殘)〕　（10C中期）
　　2)永(安寺)

03570 畫押衙 ·············· Дx01401
　〔社司轉帖〕　辛未年二月七日　（911 or 971）
　　1)押衙

03571 畫家 ················ P2469v
　〔破曆雜錄〕　戌年六月五日　（830?）

03572 畫?會興 ············· S04445v③
　〔破曆〕　庚寅年　（930?）
　　4)⇒盡會興。

03573 畫搗搥 ·············· P3391v①
　〔社司轉帖(寫錄)〕　丁酉年正月日　（937）

03574 畫義□ ·············· P4890
　〔上節度使牒〕　（10C?）

03575 畫賢者 ·············· BD03699(爲99)
　〔付褐生布曆(存二行)〕　（10C）
　　1)賢者

03576 畫黑順〔頭?〕········· S01159
　〔神沙鄉散行人轉帖〕　二月四日　（10C中期）
　　1)行人　3)神沙鄉

03577 畫黑頭 ·············· P4063
　〔官建轉帖〕　丙寅年四月十六日　（966）

03578 畫氏 ················ 莫第387窟
　〔供養人題記〕　清泰元年頃　（936頃）
　　1)大乘憂婆姨　4)原作「大乘憂婆姨畫氏…供養」。東壁門北側。《燉》p. 149。《謝》p. 237。

03579 畫拾槌 ·············· S06981⑬
　〔入麥曆〕　酉年　（10C中期）

03580 畫住奴 ·············· S04472v
　〔納贈曆〕　辛酉年十一月廿日　（961）

03581 畫住奴 ·············· S10848
　〔便麥曆〕　（10C）

03582 畫小?夕 ·················· P.tib2124v
　〔人名錄〕　（9C中期?）

03583 畫章々 ···················· P2040v③-1
　〔淨土寺粟入曆〕　（939）
　　2)淨土寺

03584 畫章々 ···················· P2040v③-10
　〔淨土寺豆入曆〕　（939）
　　2)淨土寺

03585 畫章々 ···················· S08402
　〔便麥曆〕　（10C前期）
　　1)見人

03586 畫章二 ···················· P2032v①-4
　〔淨土寺粟入曆〕　（944前後）

03587 畫淸兒 ···················· P4997v
　〔分付羊皮曆(殘)〕　（10C後期）

03588 畫太婦 ···················· P3328v①
　〔付細布曆〕　（9C前期）

03589 畫宅官 ···················· P3165v
　〔某寺破麥歷(殘)〕　（丁卯／戊辰年）（908?）
　　1)宅官

03590 畫知?官 ··················· S01313v
　〔破曆〕　壬申年　（972?）
　　1)知官

03591 畫知馬官 ·················· S06452②
　〔周僧正貸油麴曆〕　辛巳年～壬午年　（981～982?）
　　1)知馬官　2)淨土寺

03592 畫知馬官 ·················· Дx01439
　〔親情社轉帖〕　丙戌年九月十九日　（986?）
　　1)知馬官　2)報恩寺

03593 畫超子 ···················· P2832Av
　〔納楊楡木人名曆〕　（10C）

03594 畫通子 ···················· S11360D2
　〔貸粟麥曆〕　（10C中期以降?）

03595 畫定興 ···················· S04445v③
　〔便曆〕　庚寅年二月三日　（930?）
　　4)⇒盡定興？

03596 畫店?々 ·················· P2621v
　〔甲午役人名目〕　甲午年?　（934?）

03597 畫判官 ···················· P4997v
　〔分付羊皮曆(殘)〕　（10C後期）
　　1)判官

03598 畫兵馬使 ·················· S04472v
　〔納贈曆〕　辛酉年十一月廿日　（961）
　　1)兵馬使

03599 畫兵馬使 ·················· S08520
　〔納贈曆(殘)〕　（10C）
　　1)兵馬使

03600 畫平々 ···················· S03287v
　〔戶口田地申告牒〕　子年五月　（832 or 844）
　　3)擘三部落

03601 畫保員 ···················· S02077
　〔佛說善惡因果控(末)〕　（930頃）
　　4)原作「淸信佛弟子畫保員」。

03602 畫保德 ···················· P3146A
　〔衙前子弟州司及籲頭等留殘袘衙人數〕　辛巳年八月三日　（981）

03603 畫寶員 ···················· P2098
　〔佛說八陽神咒經〕　同光四年丙戌歲四月四日　（926）
　　4)末題「于時同光四年丙戌之歲四月四日弟子畫寶員,爲亡過父母作福」。

03604 畫寶員 ···················· S06207
　〔兒郎偉歌(末)〕　長興三年壬辰歲三月廿六日　（932）
　　4)記。

03605 畫法律 ···················· P3881v
　〔招提司惠覺諸色斜㪷計會〕　太平興國六年　（981）
　　1)法律　4)原作「大畫法律」。

03606 畫法律 ···················· S04642v
　〔某寺入破曆計會〕　（923以降）
　　1)法律　2)龍興寺

03607 畫法律 ···················· Дx11085
　〔當寺轉帖〕　壬申年七月　（972）
　　1)法律

03608 畫毛子 ················· Дx02163②
　〔百姓福勝戸口田地申告狀〕　大中六年十一月
　日　(852)

03609 畫友子 ·················· S01159
　〔神沙鄉散行人轉帖〕　二月四日　(10C中期)
　　1)行人　3)神沙鄉

03610 畫養 ··················· P3369v①
　〔雜寫?〕　乾符三年十月廿一日　(876)

03611 畫郎 ··················· S06981④
　〔設齋納酒餅曆〕　(10C後期)

03612 畫□□ ················· P3418v③
　〔某鄉缺枝夫戸名目〕　(9C末〜10C初)

03613 畫□□ ·················· P4063
　〔官建轉帖〕　丙寅年四月十六日　(966)

03614 畫 ················ BD06606v(鱗7)
　〔官名雜寫及佛經雜寫〕　(10C)

03615 畫 ··················· 有鄰館51
　〔沙州令狐進達戸口申告狀〕　大中四年十月庚
　午　(850)
　　1)(戸主令狐進達)姪男　3)沙州　4)原作「戸
　　主令狐進達)姪男,清ゝ,妻阿李,母阿畫」。

03616 畫王法律 ··············· P2734v
　〔翟使君狀〕　辛巳年三月廿四日　(981)
　　1)法律　R面爲「十二時」(10C後半)。

03617 赫連廣(璨) ············· S02729①
　〔燉煌應管勘牌子曆〕　辰年三月　(788)
　　1)僧　3)沙州・潘原堡　4)52行目。

03618 郝安? ················· S05747v
　〔社人名目〕　(10C前期)

03619 郝安七 ················ Дx11089
　〔便粟曆(殘2行)〕　戊午年二月三?日　(898 or
　958)

03620 郝安定 ················ S02894v⑤
　〔社司轉帖〕　(10C後期)

03621 郝盈子 ················· P2738v
　〔社司轉帖(寫錄)〕　二月廿五日　(9C後期)

03622 郝盈子 ················ 杏・羽695
　〔燉煌諸鄉諸部落諸人等便麥曆〕　(10C)
　　3)莫高(鄉)

03623 郝延 ·················· S02894v⑤
　〔社司轉帖〕　(10C後期)

03624 郝家如是 ··············· S08402
　〔便麥曆〕　(10C前期)
　　1)口承人

03625 郝灰子 ················· P2049v①
　〔淨土寺諸色入破曆計會牒〕　同光三年
　(925)
　　4)原作「郝灰子妻」。

03626 郝灰子妻 ··············· P2049v①
　〔淨土寺諸色入破曆計會牒〕　同光三年
　(925)

03627 郝慶住 ··············· P2032v⑯-4
　〔淨土寺粟利閏入曆〕　(940前後)
　　2)淨土寺

03628 郝賢 ··················· P2738v
　〔社司轉帖(寫錄)〕　二月廿五日　(9C後期)

03629 郝護□ ············· BD16195(L4099)
　〔洪池鄉百姓郝護賣宅契(寫?)〕　運隆貳年歲
　次壬戌正月日　(961)
　　1)百姓　3)洪池鄉　4)原作「運隆貳年歲次壬
　　戌」爲辛酉,壬戌爲運隆三年(962)。ペン筆。

03630 郝弘ゝ ················· S02214
　〔官府雜帳(名籍・黃麻・地畝・地子等曆)〕　閏
　十月　(860)
　　4)V面爲「貸便地子粟曆」。(存4行)。R・V面同時代
　　關連文書。

03631 郝?苟ゝ ················ S02214v
　〔黃麻地畝數目〕　(9C後期?)

03632 郝骨崙 ················· P3077v
　〔燉煌鄉百姓郝骨崙狀(殘)〕　(9C後期?)
　　3)燉煌鄉

03633 郝什德 ················ P2680v④
　〔納贈曆〕　(10C中期)

03634 郝住兒 ················ P2680v②
　〔諸鄉諸人便粟曆〕　(10C中期)

03635 郝章件 ················· S02214
　〔官府雜帳(名籍・黃麻・地畝・地子等曆)〕
　(860?)

03636 郝多々 ·············· S02214
〔官府雜帳(名籍・黃廂・地畝・地子等曆)〕
(860?)

03637 郝端兒? ·············· P3145
〔社司轉帖〕 戊子年閏五月 (988?)

03638 郝知官 ·············· P4997v
〔分付羊皮曆(殘)〕 (10C後期)
  1)知官

03639 郝忠信 ·············· S06130
〔諸人納布曆〕 (10C)
  3)神沙鄉

03640 郝朝興 ·············· S02228①
〔絲綿部落夫丁修城使役簿〕 亥年六月十五日 (819)
  1)(右三) 3)絲綿部落 4)首行作「亥年六月十五日州城所,絲綿」。末行作「亥年六月十五日畢功」。

03641 郝朝春 ·············· S00542v
〔燉煌諸寺丁壯車牛役部〕 戌年六月十八日 (818)
  2)普光寺

03642 郝朝春妻 ············· S00542v
〔燉煌諸寺丁壯車牛役部〕 戌年六月十八日 (818)
  2)普光寺

03643 郝朝順 ·············· S00542v
〔燉煌諸寺丁壯車牛役部〕 戌年六月十八日 (818)
  2)普光寺

03644 郝法律 ·············· S05406
〔僧正法律徒衆轉帖〕 辛卯年四月十四日 (991)
  1)法律

03645 郝律 ·············· Дx05534
〔禮佛見到僧等人名目〕 廿日夜 (10C)

03646 郝獵丹 ·············· P2817v
〔社司轉帖及便絹契等(殘)〕 (10C)

03647 郭阿朶兒 ············· P4525⑪
〔人名目〕 宋太平興國七年壬午歲 (982)
  4)立社條末有別記:「太平[ ]壬年(午)歲二月十二日兄郭阿朶…」。

03648 郭阿朶子 ············· BD16021c(L4018)
〔永寧坊巷社扶佛人名目〕 (9C後期～10C中期)
  3)永寧坊

03649 郭安子 ·············· BD16317(L4409)
〔行人轉帖〕 (10C)

03650 郭安信 ·············· P2049v①
〔淨土寺諸色入破曆計會牒〕 同光三年 (925)
  2)淨土寺 3)沙州

03651 郭安六 ·············· P2049v②
〔淨土寺諸色入破曆計會牒〕 長興二年正月 (930～931)
  2)淨土寺 3)沙州

03652 郭意海? ············· Дx10272②
〔僧名目〕 (10C)

03653 郭意奴 ·············· S02228①
〔絲綿部落夫丁修城使役簿〕 亥年六月十五日 (819)
  1)(右一) 3)絲綿部落 4)首行作「亥年六月十五日州城所,絲綿」。末行作「亥年六月十五日畢功」。

03654 郭英賢 ·············· P2049v①
〔淨土寺諸色入破曆計會牒〕 同光三年 (925)

03655 郭英秀 ·············· P3205
〔僧俗人寫經曆〕 (9C前期)

03656 郭英秀 ·············· S02711
〔寫經人名目〕 (9C前期)
  1)寫經人 2)金光明寺

03657 郭英順 ·············· 杏・羽636
〔佛說天地八陽神呪經(尾)〕 大番歲次戊辰六月廿日 (848?)
  4)存識語2行,極細字書。末尾朱印一顆「德化李氏凡將閣王藏」。

03658 郭押衙 ·············· Дx01439
〔親情社轉帖〕 丙戌年九月十九日 (986?)
  1)押衙 2)報恩寺

03659 郭家 ·············· IOL.Vol.69.fol.47-48v
〔納贈布絹褐曆〕 (9C)
  4)R面為「論語集解」(8C)。

03660　郭家 ·················· P3490v②
　〔麵破曆〕　辛巳年　（921）
　　　4)原作「郭家莊」。

03661　郭家 ·················· Дx01431
　〔諸家斛豆破除計會〕　（10C）

03662　郭家新婦 ············ P2040v③-12
　〔淨土寺布入曆〕　（939）
　　　2)淨土寺

03663　郭懷義 ············· P2032v①-2
　〔淨土寺西倉麥入曆〕　（944前後）
　　　2)淨土寺

03664　郭懷義 ················ P2032v③
　〔淨土寺諸色破曆〕　（944前後）
　　　2)淨土寺

03665　郭懷義 ················ P2032v⑪
　〔淨土寺西倉司願勝等入破曆〕　乙巳年三月
　（945）
　　　2)淨土寺

03666　郭懷義 ················ P2049v②
　〔淨土寺諸色入破曆計會牒〕　長興二年正月
　（930～931）
　　　1)梁戶　2)淨土寺　3)沙州

03667　郭懷義 ················ P3234v⑧
　〔某寺西倉豆破曆〕　（940年代）

03668　郭懷□ ················ S08443F5
　〔散施入曆〕　（944頃）

03669　郭會興 ················ Дx11196
　〔渠人轉帖〕　十月九日　（983）

03670　郭會昌 ················ S08037v
　〔未納經人名目〕　（10C後期）

03671　郭揭撻 ········· BD16295A（L4132）＋
　　　　　　　　　　 BD16298（L4133）
　〔史留德出換釜子與押衙劉骨骨契〕　壬申年二
　月玖日　（985?）
　　　1)口承人女夫

03672　郭憨海 ················ Дx10272②
　〔僧名目〕　（10C）

03673　郭憨子 ·········· BD16021A（L4018）
　〔永寧坊巷社扶佛人名目〕　（10C）
　　　3)永寧坊

03674　郭憨子 ················ P3416piece2
　〔榮葬名目〕　乙未年前後　（935?,936?前後）

03675　郭憨子 ················ P4084
　〔平康鄉百姓郭憨子牒〕　廣(順?)（壬子）二年三
　月日　（952）
　　　1)百姓　3)平康鄉

03676　郭憨子 ················ S01845
　〔納贈曆〕　丙子年四月十七日　（976?）

03677　郭漢君 ················ 莫第098窟
　〔供養人題記〕　（10C中期）
　　　1)節度押衙知南界平水銀青光祿大夫檢校太子
　　　賓客兼監察侍御史　4)北壁,《謝》作「郭德君」。
　　　《燉》p.36,《謝》p.97。

03678　郭鉗〻 ················ S02669
　〔管內尼寺（安國寺・大乘寺・聖光寺）籍〕
　（865～870）
　　　2)大乘寺　3)神沙鄉　4)尼名「覺體」。

03679　郭含〻 ················ S02669
　〔管內尼寺（安國寺・大乘寺・聖光寺）籍〕
　（865～870）
　　　2)聖光寺　3)赤心鄉　4)尼名「德藏」。

03680　郭含嬌 ················ S02669
　〔管內尼寺（安國寺・大乘寺・聖光寺）籍〕
　（865～870）
　　　2)大乘寺　3)玉關鄉　4)尼名「法定」。

03681　郭含嬌 ················ S02669
　〔管內尼寺（安國寺・大乘寺・聖光寺）籍〕
　（865～870）
　　　2)大乘寺　3)玉關鄉　4)⇒郭法定。

03682　郭眼〻 ················ S02669
　〔管內尼寺（安國寺・大乘寺・聖光寺）籍〕
　（865～870）
　　　2)聖光寺　3)赤心鄉　4)尼名「菩提惠」。

03683　（郭）願盈 ············· 北大D215
　〔見在僧名〕　廿六日　（10C後期）
　　　4)⇒願盈。彌24。

03684　郭願昌 ················ Дx01313
　〔以褐九段填還驢價契〕　壬申年十月廿七日
　（972）

03685　郭願長 ················ P2880
　〔春坐局席轉帖抄等諸抄〕　庚辰年十月廿二
　日　（980）

03686 郭願德 ……………… Дх11196
〔渠人轉帖〕 十月九日 （983）

03687 郭妯 ……………… 楡第34窟
〔供養人題記〕 （11C初期）
　　1）清信弟子　4）原作「清信弟子郭氏妯與趙一心供養」。東壁。《謝》p. 482。

03688 郭鄉官 ……………… P2049v①
〔淨土寺諸色入破曆計會牒〕 同光三年（925）
　　1）鄉官

03689 郭閏〻 ……………… S02669
〔管内尼寺（安國寺・大乘寺・聖光寺）籍〕（865～870）
　　2）聖光寺　3）赤心鄉　4）尼名「遍淨」。

03690 郭慶 ……………… P2032v⑫
〔淨土寺諸色破曆〕 （940前後）
　　2）淨土寺

03691 郭慶恩 ……………… P4997v
〔分付羊皮曆（殘）〕 （10C後期）

03692 郭慶進 ……………… P2032v⑫
〔淨土寺諸色破曆〕 （940前後）
　　2）淨土寺

03693 郭慶德 ……………… P2049v②
〔淨土寺諸色入破曆計會牒〕 長興二年正月（930～931）

03694 郭啓相 ……………… S02669
〔管内尼寺（安國寺・大乘寺・聖光寺）籍〕（865～870）
　　2）大乘寺　3）玉關鄉　4）姓「郭」。俗名「勝〻」。

03695 郭賢?康? ……………… P2738v
〔社司轉帖（寫錄）〕 八月廿九日 （9C後期）

03696 郭胡兒 ……………… P2040v①-7
〔淨土寺麨黃麻豆布等破曆〕 （945前後）
　　2）淨土寺

03697 郭仵子 ……………… 杏・羽695
〔燉煌諸鄉諸部落諸人等便麥曆〕 （10C）
　　3）赤心（鄉）

03698 郭光□ ……………… BD09341（周62）
〔社司轉帖〕 閏四月三日 （10C後期）

03699 郭幸弘 ……………… P2032v⑰-5
〔淨土寺諸色入曆〕 （940前後）
　　2）淨土寺

03700 郭幸司 ……………… S02894v⑤
〔社司轉帖〕 （10C後期）

03701 郭幸者 ……………… BD06285（海85）
〔佛名經（背面雜寫）〕 丙戌年正月十三日（986）

03702 郭幸者 ……………… BD16030（L4021）
〔孫子男牒狀（寫錄）〕 太平興國九年頃（984頃）

03703 郭幸者 ……………… BD16030v（L4021）
〔郭幸者等貸便油麻曆（雜寫）〕 丙戌年正月十三日 （10C）

03704 郭幸者 ……………… S00330v
〔人名目〕 太平興國七年 （982）

03705 郭幸心 ……………… P2032v⑯-4
〔淨土寺粟利閏入曆〕 （940前後）
　　2）淨土寺

03706 郭幸深 ……………… P5032v③
〔渠人轉帖〕 戊午年六月六日 （958）

03707 郭孝順? ……………… Дх10281+Дх11060
〔綾絹紬等納贈曆〕 （9C末）

03708 郭苟〻 ……………… P3418v⑥
〔洪閏鄉缺枝夫戶名目〕 （9C末～10C初）
　　3）洪閏鄉

03709 郭苟兒 ……………… P2049v①
〔淨土寺諸色入破曆計會牒〕 同光三年（925）
　　2）淨土寺　3）沙州

03710 郭苟兒 ……………… P3418v⑤
〔某鄉缺枝夫戶名目〕 （9C末～10C初）

03711 郭黃?兒 ……………… P2032v①-4
〔淨土寺粟入曆〕 （944前後）

03712 郭國忠 ……………… P2738v
〔社司轉帖（寫錄）〕 八月廿九日 （9C後期）

03713 郭黑 ……………… P3391v②
〔社人名列記（寫錄）〕 丁酉年頃 （937頃）

03714 郭脊崙 ………………… S00274①
〔社司轉帖(寫錄)〕 戊子年四月十三日
(928?)

03715 郭骨兒 ………………… P2049v②
〔淨土寺諸色入破曆計會牒〕 長興二年正月
(930～931)
　　2)淨土寺　3)沙州

03716 郭骨兒妻 ……………… P2049v②
〔淨土寺諸色入破曆計會牒〕 長興二年正月
(930～931)
　　2)淨土寺　3)沙州

03717 郭骨□ ………………… P4019piece2
〔納草束曆〕 (9C後期)
　　3)平康鄉?

03718 郭再溫 ………………… S00274①
〔社司轉帖(寫錄)〕 戊子年四月十三日
(928?)

03719 郭再興 ………………… S05824v
〔經坊費負担人名目〕 (8C末～9C前期)

03720 郭再ゞ ………………… P3418v⑥
〔洪閏鄉缺枝夫戶名目〕 (9C末～10C初)
　　3)洪閏鄉

03721 郭再升 ………………… P3416piece2
〔榮葬名目〕 乙未年前後 (935?,936?前後)

03722 郭再昇 ………………… P2032v①-2
〔淨土寺西倉麥入曆〕 (944前後)
　　2)淨土寺

03723 郭再昇 ………………… P2032v⑱
〔淨土寺豆利閏入曆〕 (940前後)
　　2)淨土寺

03724 郭再清 ………………… S02228①
〔絲綿部落夫丁修城使役簿〕 亥年六月十五日 (819)
　　1)(左九)　3)絲綿部落　4)首行作「亥年六月十五日州城所,絲綿」。末行作「亥年六月十五日畢功」。

03725 郭再定 ………………… P2040v②-3
〔淨土寺西倉麥入曆〕 (945以降)
　　2)淨土寺

03726 郭再定 ………………… P3234v⑧
〔某寺西倉豆破曆〕 (940年代)

03727 郭再定 ………………… P3234v⑮
〔淨土寺西倉豆利潤入曆〕 (940年代?)
　　2)淨土寺

03728 郭再□ ………………… BD16030(L4021)
〔孫子男牒狀(寫錄)〕 太平興國九年頃 (984頃)

03729 郭再□ ………………… BD06285(海85)
〔佛名經(背面雜寫)〕 丙戌年正月十三日 (986)

03730 郭再□ ………………… P3416piece1
〔程虞候家榮葬名目〕 乙未年二月十八日 (935)
　　1)姪・虞侯

03731 郭柴場 ………………… P3145v
〔節度使下官人名・鄉名諸姓等雜記〕 (10C)

03732 郭歲載? ……………… P4019piece2
〔納草束曆〕 (9C後期)
　　3)平康鄉?

03733 郭歲達 ………………… P2766v
〔人名列記〕 咸通十二年 (871)

03734 郭歲達 ………………… S05812
〔令狐大娘爲田宅糾訴狀〕 丑年八月 (821)

03735 郭山昌 ………………… S04525v
〔付官健及諸社佛會色物數目〕 (10C後期)

03736 郭贊?力 ……………… P3418v⑤
〔某鄉缺枝夫戶名目〕 (9C末～10C初)

03737 郭殘友 ………………… P2545v
〔破曆〕 丙戌年六月十七日 (986?)

03738 郭師僧 ………………… P2766v
〔人名列記〕 咸通十二年 (871)
　　1)師僧

03739 郭支恠? ……………… Дx06038v
〔納贈曆〕 (10C)

03740 郭氏 …………………… 莫第129窟
〔供養人題記〕 (10C前期)
　　4)原作「新婦[郭]氏一心供養」。北壁。《燉》p.62。

03741 郭氏 ……………………… 莫第225窟
〔供養人題記〕（8C末期～9C初期）
　1）女弟子憂婆姨　4）原作「女弟子優婆夷郭氏爲亡男畫千佛六百一十一軀一心供養」。東壁門北側。《燉》p.104。《謝》p.357。

03742 郭寺主 ……………………… S05845
〔郭僧政等貸油麵麻曆〕 己亥年二月十七日（939）
　1）寺主

03743 郭悉歹忠 ……………………… P4989
〔沙州戶口田地簿〕（9C末）

03744 郭社官 ……………………… S00329v
〔社司轉帖〕 正月十三日（9C末）
　1）社官　2）普光寺

03745 郭社長 ……………………… P3416piece2
〔榮葬名目〕 乙未年前後（935?,936?前後）
　1）社長　4）原作「社長郭」。

03746 郭闍梨 ……………………… P3396v
〔沙州諸渠別苤薗名目〕（10C後期）
　1）闍梨　4）原作「連臺」。

03747 郭闍梨 ……………………… P5000v
〔僧尼名目〕（9C前期）
　1）闍梨　2）靈修寺

03748 郭闍梨 ……………………… S05691
〔令狐瘦兒妻亡納贈曆〕 丁亥年七月十二日（987）
　1）闍梨

03749 郭闍梨 ……………………… S06066
〔社司轉帖〕 壬辰年四月廿二日（992）
　1）闍梨　2）乾明寺

03750 郭酒司 ……………………… P2680v①
〔人名列記(5名)〕（10C中期）
　1）酒司

03751 郭酒司 ……………………… P3234v③-36
〔惠安惠戒手下便物曆〕 甲辰年（944）
　1）酒司　4）原作「郭酒司兄」。

03752 郭儒達 ……………………… BD09325（周46）
〔社司轉帖〕 □子?年七月十四日（10C後期）

03753 郭秀 ……………………… S04831②
〔寫經人名目〕（9C前期）
　1）寫經人　4）⇒郭英秀。

03754 郭醜兒 ……………………… Дx01405＋Дx01406
〔布頭索留信等官布籍〕（9C末期～10C初期）

03755 郭集通 ……………………… P2766v
〔人名列記〕 咸通十二年（871）

03756 郭什入 ……………………… S00542v
〔燉煌諸寺丁壯車牛役部〕 戌年六月十八日（818）
　2）蓮臺寺

03757 郭住娘 ……………………… 羽・寫834
〔百姓趙塩久戶口請田簿〕 廣順二年正月一日（952）

03758 郭十二娘 ……………… BD15303（新1503）
〔妙法蓮華經卷第4(尾題後有題記1行)〕（8C）
　4）尾題後有題記1行「佛弟子郭十二娘奉爲七代先亡,見存父母,家口,一心敬寫」。

03759 郭順子 ……………………… P2032v⑪
〔淨土寺西倉司願勝等入破曆〕 乙巳年三月（945）
　2）淨土寺

03760 郭順子 ……………………… P2049v①
〔淨土寺諸色入破曆計會牒〕 同光三年（925）

03761 郭順子 ……………………… P2504
〔康幸全借絹契〕 辛亥年四月十八日（891 or 951）

03762 郭女 ……………………… S05747v
〔社人名目〕（10C前期）

03763 郭徐?員 ……… Дx01269＋Дx02155＋Дx02156
〔某弟身故納贈曆〕（9C）

03764 郭勝〻 ……………………… S02669
〔管内尼寺(安國寺・大乘寺・聖光寺)籍〕（865～870）
　2）大乘寺　3）玉關鄉　4）尼名「啓相」。

03765 郭小胡 ……………………… P2032v⑰-8
〔淨土寺諸色入曆〕（940前後）
　2）淨土寺

03766 郭小通 ……………………… S02041
〔社約〕 丙寅年三月四日（846）
　4）年號別筆(丙寅年三月四日)。ペン筆。

03767 郭招 ·················· P3418v⑥
〔洪閏鄉缺枝夫戶名目〕（9C末～10C初）
　3) 洪閏鄉

03768 郭昇子 ············ BD09325(周46)
〔社司轉帖〕 □子?年七月十四日 （10C後期）

03769 郭上座 ················· P2049v②
〔淨土寺諸色入破曆計會牒〕 長興二年正月
　（930～931）
　1) 上座

03770 郭眞空 ················· P3047v①
〔僧名等錄〕 （9C前期）
　4) 僧名「眞空」。

03771 郭眞相 ················· P3047v①
〔僧名等錄〕 （9C前期）
　4) 僧名「眞相」。

03772 郭進達 ·················· S09949
〔階和渠田籍〕 （10C?）
　3) 階和渠

03773 郭晟子 ·················· P3249v
〔將龍光顏等隊下人名目〕 （9C中期）

03774 郭淸慈 ·················· S06309
〔行人轉帖〕 四月八日 （10C）
　1) 行人

03775 郭淸奴 ············ BD09325(周46)
〔社司轉帖〕 □子?年七月十四日 （10C後期）

03776 郭淸奴 ··············· P2032v⑬-10
〔淨土寺豆入曆〕 （940前後）
　2) 淨土寺

03777 郭淸奴 ················· P2049v①
〔淨土寺諸色入破曆計會牒〕 同光三年
　（925）

03778 郭淸奴 ················ P3234v③-36
〔惠安惠戒手下便物曆〕 甲辰年 （944）

03779 郭淸奴 ················· P3234v⑮
〔淨土寺西倉豆利潤入曆〕 （940年代?）
　2) 淨土寺

03780 郭生 ··················· S06452④
〔常住庫借貸油麵物曆〕 壬午年 （982?）

03781 郭席錄 ··············· P2842piece2
〔納贈曆〕 己酉年正月廿九日 （949）
　1) 席錄

03782 郭赤兒 ·················· P5032v②
〔酒破曆〕 丁巳年九月廿五日 （957）
　1) 案匠

03783 郭善(兒) ················· S05788
〔社司轉帖〕 十一月廿一日 （9C前期）

03784 郭善兒 ··················· S05825
〔社司轉帖〕 四月廿一日 （9C前期）

03785 郭善□ ············· BD16317(L4409)
〔行人轉帖〕 （10C）

03786 郭善□ ··············· P4019piece2
〔納草束曆〕 （9C後期）
　3) 平康鄉?

03787 郭奕々 ················· P3249v
〔將龍光顏等隊下人名目〕 （9C中期）

03788 郭僧 ··················· P2054v
〔疏請僧官文〕 （10C）
　1) 僧

03789 郭僧政 ················· P2032v⑲
〔淨土寺麵破曆〕 （940前後）
　1) 僧政　2) 龍興寺

03790 郭僧政 ················· P2250v①
〔龍興寺僧唱布曆〕 （925?）
　1) 僧政　2) 龍興寺

03791 郭僧政 ··················· S00520
〔報恩寺方等道場榜〕 （9C末～925以前）
　1) 僧政　4) 有「河西都僧院」印。

03792 郭僧政 ··················· S05845
〔郭僧政等貸油麵廠曆〕 己亥年二月十七日
　（939）
　1) 僧政

03793 郭宋子 ················· P2049v①
〔淨土寺諸色入破曆計會牒〕 同光三年
　（925）

03794 郭替〔贊〕力 ············· S03330v①
〔諸門石和滿上將軍狀〕 乾寧四年二月廿八
　日 （897）
　1) 礧戶

03795 郭大娘 ……………… P3047v⑥
〔諸人諸色施入曆〕 （9C前期）

03796 郭智林 ……………… S02729①
〔燉煌應管勘牌子曆〕 辰年三月 （788）
　　1）僧　2）大乘寺　3）沙州・潘原堡郭　4）52行
　　目。

03797 郭澄法? ……………… P3047v①
〔僧名等錄〕 （9C前期）
　　4）僧名「澄法?」。

03798 郭通兒 ……… Дx01269＋Дx02155＋
Дx02156
〔某弟身故納贈曆〕 （9C）

03799 郭通信 …………… BD16317（L4409）
〔行人轉帖〕 （10C）

03800 郭通信 ……………… P2032v①-4
〔淨土寺粟入曆〕 （944前後）

03801 郭通信 ……………… P5032v③
〔渠人轉帖〕 戊午年六月六日 （958）

03802 郭定金 ……… Дx01286＋Дx03424
〔社人名列記〕 丑年 （9C）

03803 郭定住 ……………… P3396v
〔沙州諸渠別苽薗名目〕 （10C後期）
　　1）闍梨

03804 郭定昌 ……………… S01398①
〔契〕 壬午年二月廿日 （982）
　　1）百姓・(郭定成)兄　3）慈惠鄉

03805 郭定成 ……………… S01398
〔契〕 太平興國七年壬午年二月廿日 （982）
　　1）百姓　3）慈惠鄉

03806 郭定全 …………… BD09341（周62）
〔社司轉帖〕 閏四月三日 （10C後期）

03807 郭定奴 ……………… S09462
〔社司?轉帖〕 （10C）

03808 郭定得 ……………… P2877v
〔行人轉帖〕 乙丑年正月十六日 （962）
　　1）行人

03809 郭貞信 ……………… P3416piece2
〔榮葬名目〕 乙未年前後 （935?,936?前後）

03810 郭奴子 ……………… S05691
〔令狐瘦兒妻亡納贈曆〕 丁亥年七月十二日
（987）

03811 郭德藏 ……………… S02669
〔管內尼寺(安國寺・大乘寺・聖光寺)籍〕
（865～870）
　　2）聖光寺　4）僧名「德藏」。

03812 郭婆 ……………… BD07630②（皇30）
〔出酥人曆〕 丙子年八月廿四日 （856 or 916）

03813 郭買德 ……………… P2049v①
〔淨土寺諸色入破曆計會牒〕 同光三年
（925）

03814 郭博士 ……………… P3490v①
〔油破曆〕 辛巳年頃 （921頃）
　　1）博士

03815 郭八子 ……………… Дx11196
〔渠人轉帖〕 十月九日 （983）

03816 郭判官 ……………… P3396
〔沙州諸渠別粟田名目〕 （10C後期）
　　1）判官

03817 郭判官 …………… Stein ch74.VI.30.
calumn19.Vol.56.fol.37
〔報恩寺般若經用付紙曆(寫)〕 （10C後期）
　　1）判官　2）報恩寺

03818 郭潘忠 ……………… P2738v
〔社司轉帖(寫錄)〕 八月十九日 （9C後期）

03819 郭不〻 ……………… P3945v
〔牧羊籍〕 （10C?）

03820 郭不勿 ……………… S11358
〔部落轉帖〕 （10C後期）

03821 郭富子 …………… BD09325（周46）
〔社司轉帖〕 囗子?年七月十四日 （10C後期）

03822 郭富子 ……………… P2032v⑯-4
〔淨土寺粟利閏入曆〕 （940前後）
　　2）淨土寺

03823 郭富昌 ……………… S04443v
〔諸雜難字(一本)〕 （10C）

03824 郭富德 ················ BD09299(周20)
〔納贈曆〕 (10C後期)

03825 郭佛奴 ················ P2953v
〔便麥豆本曆〕 (10C)
　3)神沙鄉

03826 郭糞?子 ············· BD09325(周46)
〔社司轉帖〕 □子?年七月十四日 (10C後期)

03827 郭文子 ················ S11213F
〔配付人名目〕 (946)

03828 郭文進 ················ P2032v④
〔淨土寺西倉斛氾破曆〕 乙亥年 (939)
　2)淨土寺

03829 郭文盛 ················ S06233
〔某寺麥粟等分付曆〕 (吐蕃期)

03830 郭文宗 ············ BD04256v②(玉56)
〔郭文宗奉處納氎〕 四月廿一日 (9C後期)
　4)本件文中有「立便於官送納,如違者官重(罰)?」。

03831 郭文達 ················ P3249v
〔將龍光顏等隊下人名目〕 (9C中期)

03832 郭文通 ················ P2040v③-2
〔淨土寺西倉粟利入曆〕 己亥年 (939)
　2)淨土寺

03833 郭平水 ················ S09927
〔貸便粟黃麻曆〕 (10C前期?)

03834 郭遍淨 ················ S02669
〔管內尼寺(安國寺・大乘寺・聖光寺)籍〕
(865～870)
　2)聖光寺　3)赤心鄉　4)姓「郭」。俗名「闍々」。

03835 郭保員 ················ P2842piece1
〔社司轉帖〕 甲辰年[ ]月九日 (944)

03836 郭保盈 ················ P3231③
〔平康鄉官齋曆〕 甲戌年五月廿九日 (974)
　3)平康鄉

03837 郭保盈 ················ P3721v①
〔平康鄉堤上兄(見)點得人名目〕 庚辰年三月廿二日 (980)
　3)平康鄉

03838 郭保興 ················ P2817v
〔社司轉帖及辛巳年便絹契(殘)〕 辛巳年 (981?)

03839 郭保興 ················ S05691v
〔不與主人家并團家色物曆〕 丁亥年前後 (987前後)

03840 郭菩提惠 ············· S02669
〔管內尼寺(安國寺・大乘寺・聖光寺)籍〕
(865～870)
　2)聖光寺　3)赤心鄉　4)姓「郭」。俗名「眼々」。

03841 郭法眞 ··············· P3047v⑦
〔法事僧尼名錄〕 (9C前期)
　4)僧名「法眞」。

03842 郭法通 ··············· P3947
〔龍興寺應轉經僧分兩蕃定名牒〕 亥年八月 (819 or 831)
　2)龍興寺　4)V面爲「9C前半大雲寺僧所有田籍簿」。

03843 郭法通 ··············· S03920v④
〔緣取碾用破曆(殘)〕 (9C前期)

03844 郭法通 ··············· 沙文補24
〔寺卿索再榮等牒殘判辭〕 午年正月 (9C前期)
　1)僧

03845 郭法定 ··············· S02669
〔管內尼寺(安國寺・大乘寺・聖光寺)籍〕
(865～870)
　2)大乘寺　3)玉關鄉　4)姓「郭」。俗名「含嬌」。

03846 郭法定 ··············· S02669
〔管內尼寺(安國寺・大乘寺・聖光寺)籍〕
(865～870)
　2)大乘寺　3)玉關鄉　4)⇒郭含嬌。

03847 郭法律 ············· BD16034(L4024)
〔龍弁謹請齊闍梨等參與大雲寺追念法會疏〕 九月十三日 (9C末～10C初)
　1)法律　2)大雲寺

03848 郭法律 ··············· P4803
〔張幸德賣出斜褐契〕 癸未年正月廿二日 (923 or 983)
　1)法律

03849 郭法律 ……………… S01153
　〔諸雜人名目〕　（10C後期）
　　1）法律

03850 郭法律 ……………… S04687r.v
　〔佛會破曆〕　（9C末〜10C前期）
　　1）法律

03851 郭法律 ……………… S06452②
　〔周僧正貸油麵曆〕　辛巳年〜壬午年（981〜982?）
　　1）法律

03852 郭法律 ……………… S06452④
　〔常住庫借貸油麵物曆〕　壬午年（982?）
　　1）法律

03853 郭沒支 ……………… S01519①
　〔破曆〕　（890?）
　　1）酒戶

03854 郭万定 ……………… S07932
　〔月次番役名簿〕　（10C後期）

03855 郭滿?子 ……………… S02228①
　〔絲綿部落夫丁修城使役簿〕　亥年六月十二日　（819）
　　3）絲綿部落・□部落　4）首行作「亥年六月十五日州城所，絲綿」。末行作「亥年六月十五日畢功」。

03856 郭友信 ……………… P2040v③-2
　〔淨土寺西倉粟利入曆〕　己亥年（939）
　　2）淨土寺

03857 郭友信 ……………… P2680v⑥
　〔社司轉帖〕　六月廿三日　（10C中期）

03858 郭養子 ……………… S06469v
　〔便曆〕　（10C後期）

03859 郭養々 ……………… S02228①
　〔絲綿部落夫丁修城使役簿〕　亥年六月十五日（819）
　　1）(右四)　3）絲綿部落　4）首行作「亥年六月十五日州城所，絲綿」。末行作「亥年六月十五日畢功」。

03860 郭流德 ……………… P2766v
　〔人名列記〕　咸通十二年（871）

03861 郭老（宿）……………… BD08172v（乃72）
　〔社司轉帖（習書・殘）〕　癸未年頃（923頃?）
　　1）老宿　4）原作「郭孝富」。

03862 郭郎々 ……………… P3249v
　〔將龍光顏等隊下人名目〕　（9C中期）

03863 郭和々 ……………… S00542v
　〔燉煌諸寺丁壯車牛役部〕　戌年六月十八日（818）
　　2）興善寺

03864 郭和々 ……………… S02228①
　〔絲綿部落夫丁修城使役簿〕　亥年六月十五日（819）
　　1）(左八)　3）絲綿部落　4）首行作「亥年六月十五日州城所，絲綿」。末行作「亥年六月十五日畢功」。

03865 郭□雞 ……… Дx01269＋Дx02155＋Дx02156
　〔某弟身故納贈曆〕　（9C）

03866 郭□□ ……………… BD16128A（L4067）
　〔社人名目〕　（10C）

03867 郭□□ ……………… P3691piece1
　〔社司轉帖（社人名目）〕　戊午年九月十一日（958）

03868 郭□ ……………… S09949
　〔階和渠田籍〕　（10C?）
　　3）階和渠

03869 郭 ……………… BD05673v④（李73）
　〔行人轉帖（寫錄）〕　今月十二日　（9C末）

03870 郭 ……………… BD11502①（L1631）
　〔燉煌十一僧寺別姓名簿并緣起經論等名目〕　（9C後期）
　　2）龍（興）寺

03871 郭 ……………… BD16030v（L4021）
　〔郭幸者等貸便油麻曆（雜寫）〕　丙戌年正月十三日　（10C）

03872 郭 ……………… P3047v②
　〔來俄斯難芝爲孃子及父母施入髮疏〕　（9C中期）
　　4）原作「阿郭爲來俄老施瑟々花入行像」。

03873 霍昕悅 ················ S05871
〔便粟契〕 大曆十七年閏正月？（782）
　　1）便粟人　4）37歲。

03874 霍?再住 ·············· P3418v①
〔□□鄉缺枝夫戶名目〕（9C末～10C初）

03875 霍大娘 ················ S05871
〔便粟契〕 大曆十七年閏正月？（782）
　　1）同取人女　4）15歲。

03876 （岳）愛進 ············ 莫第005窟
〔供養人題記〕（10C前期）
　　1）孫　4）南壁。《謝》p.205。⇒□愛進。

03877 岳安信 ·············· P3745v②
〔納贈曆〕（9C末期?）

03878 岳安定 ············ P2032v⑯-4
〔淨土寺粟利閏入曆〕（940前後）
　　2）淨土寺

03879 岳安定 ············ P2040v②-29
〔淨土寺西倉豆利入曆〕（940年代）
　　2）淨土寺

03880 岳安定 ············ P2040v③-2
〔淨土寺西倉粟利入曆〕 己亥年（939）
　　2）淨土寺

03881 岳安定 ·············· P2049v①
〔淨土寺諸色入破曆計會牒〕 同光三年（925）

03882 岳安□ ········· BD16317（L4409）
〔行人轉帖〕（10C）

03883 岳延德 ············ 莫第005窟
〔供養人題記〕（10C前期）
　　1）孫　4）南壁。《謝》p.205。⇒宋延德。

03884 岳再盈 ·············· 羽・寫834
〔百姓趙塩久戶口請田簿〕 廣順二年正月一日（952）

03885 岳閏成 ············· Дx02149A
〔寒食座設付酒曆〕 戊午年四月廿五日（958 or 898）

03886 岳閏成 ············· Дx02149B
〔見納缺柴人名目〕（10C）

03887 岳石住 ············· Дx02954
〔戶口田地申告簿〕 廣順二年正月一日（952）

03888 岳馬使 ········ BD06110v②（崑10）
〔便粟曆（習書）〕 天成五年庚寅歲正月五日（930）

03889 岳富通 ·············· P3231⑥
〔平康鄉官齋曆〕 乙亥年九月十九日（975）
　　3）平康鄉

03890 岳富通 ·············· P3231⑦
〔平康鄉官齋曆〕 丙子年五月十五日（976）
　　3）平康鄉

03891 岳富定 ················ S04525
〔付官健及諸社佛會色物數目〕（10C後期）

03892 岳留德 ············ 莫第005窟
〔供養人題記〕（10C前期）
　　1）孫　4）南壁。《謝》p.205。⇒宋留德。

03893 岳□奴 ············ 莫第005窟
〔供養人題記〕（10C前期）
　　1）孫　4）南壁。《謝》p.205。⇒宋□奴。

03894 岳□ ·············· P5032v⑥
〔酒破曆〕（10C中期）

03895 岳 ············ BD05673v④（李73）
〔行人轉帖（寫錄）〕 今月十二日（9C末）

03896 葶囉焦 ·············· P2449v
〔施主葶囉焦為亡妻請追念文〕（9C前期）
　　1）施主

03897 滑延ゝ ·············· S00542v
〔燉煌諸寺丁壯車牛役部〕 戌年六月十五日（818）
　　2）靈修寺

03898 乾?意奴 ············ P.tib1088Av
〔燉煌諸人磑課麥曆〕 卯年～巳年間（835～837）

03899 （乾）義峯 ············ P3854
〔諸寺付經曆〕（9C前期）
　　4）⇒義峯。

03900 寒苦 ············ P2040v②-25
〔淨土寺黃麻利入曆〕（940年代）
　　2）淨土寺

03901 寒苦兒 ……………… P2040v②-18
〔淨土寺豆入曆〕 乙巳年正月廿七日以後 （945以降）
　2）淨土寺

03902 敢家 ……………… S08516E2
〔社司轉帖〕 丙辰年六月十日 （956）

03903 敢羅住子 ………… P3555B piece4 piece5＋P3288①②
〔社司轉帖〕 丁巳年?月一日 （957）

03904 敢羅略中 ……………… S08615
〔社司轉帖〕 丙辰年六月十日 （956）

03905 敢羅□奴 ………… P3555B piece4 piece5＋P3288①②
〔社司轉帖〕 丁巳年?月一日 （957）

03906 漢兒城將頭 ……………… P2953v
〔便麥豆本曆〕 （10C）
　1）城將頭

03907 漢兒薛愚 ……………… P2953v
〔便麥豆本曆〕 （10C）

03908 漢大師妻 ……………… S04703
〔買菜人名目〕 丁亥年 （987）

03909 漢大德 ……………… P2049v②
〔淨土寺諸色入破曆計會牒〕 長興二年正月 （930～931）
　2）大德寺

03910 漢不勿 ……………… S04445v③
〔便曆〕 庚寅年二月三日 （930?）
　1）寺家

03911 漢價搊搥 ……………… P2932
〔出便豆曆〕 乙丑年二月九日 （965?）
　1）捌尺莊

03912 諫子 ……………… Дx06064v
〔人名目〕 （10C）

03913 諫淸兒 ……………… S06309
〔行人轉帖〕 四月八日 （10C）
　1）行人

03914 鉗晟彡 ……………… P3418v③
〔某鄉缺枝夫戶名目〕 （9C末～10C初）

03915 關法律 ……………… Дx02146
〔請諸寺和尚僧政法律等名錄〕 （10C?）
　1）法律　2）淨土寺

03916 闞胡來 ……………… S04649
〔三公寺破曆〕 庚午年二月十日 （970）

03917 闞得智 ……………… P3047v①
〔僧名等錄〕 （9C前期）
　4）僧名「得智」。

03918 闞日榮 ……………… 莫第180窟
〔供養人題記〕 （8C末期～9C初期）
　1）弟子　4）原作「觀世音菩薩弟子闞日榮奉爲慈親蕃中隔別敬造」。南壁西側觀音像側。《燉》p.81。

03919 闞法 ……………… 杏・羽694①
〔當寺應管主客僧牒〕 未年閏十月 （803）
　4）文末有異一行「未年閏十月日，直歲圓滿牒」。

03920 闞法澄 ……………… P3047v⑦
〔法事僧尼名錄〕 （9C前期）

03921 闞良贊 ……………… S00796
〔略抄1卷〕 乙巳年三月廿一日 （825）
　1）淸信佛弟子　4）『莊子郭象注』末。

03922 闞倖魁 ……………… S01153
〔諸雜人名目〕 （10C後期）

03923 闞倖魁 ……………… S02894v⑤
〔社司轉帖〕 （10C後期）

03924 闞□ ……………… P3613②
〔營田副使闞□牒〕 申年正月 （9C前期）
　1）營田副使

03925 韓安定 ……………… BD15404（簡068066）
〔千渠中下界白刺頭名目〕 （10C中期）
　1）水池・白刺頭　3）千渠下界

03926 韓員住 ……………… BD16499C
〔便物曆〕 （9～10C）

03927 韓員?德 ……………… P2832Av
〔納楊楡木人名曆〕 （10C）

03928 韓?員德 ……………… Дx02149A
〔寒食座設付酒曆〕 戊午年四月廿五日 （958 or 898）

152

03929 韓榮子 ·················· S00542v
〔燉煌諸寺丁壯車牛役部〕 戌年六月十八日
(818)
　2)乾元寺

03930 韓榮子妻 ················ S00542v
〔燉煌諸寺丁壯車牛役部〕 戌年六月十八日
(818)
　2)乾元寺

03931 (韓)延晟 ················ 北大D215
〔見在僧名〕 廿六日 (10C後期)
　4)⇒延晟。

03932 韓家 ··················· S02009
〔官府什物交割曆〕 (10C後期)

03933 韓家 ··················· S06452④
〔常住庫借貸油麵物曆〕 壬午年正月四日
(982?)
　1)合種人　2)淨土寺

03934 韓家阿伯 ············· BD11990(L2119)
〔諸人施錢歷〕 (9～10C)

03935 韓衞推 ················· S01153
〔諸雜人名目〕 (10C後期)
　1)慕容都衙

03936 韓衞推 ················· 北大D193
〔羯羊曆〕 丙申年・丁酉年 (936 or 937)
　1)衙推

03937 韓憨子 ················· S08678
〔枝送納帖〕 (10C)
　1)□頭　4)原作「□頭韓憨子」。

03938 韓願清 ················· S05631①
〔社司轉帖〕 庚辰年正月十四日 (980)
　1)錄事　2)普光寺門前

03939 韓願定 ················· S01946
〔賣女契〕 淳化二年辛卯十一月十二日 (991)
　1)出賣女人郎・押衙

03940 韓皈順 ················· P2040v②-28
〔淨土寺豆入曆〕 (940前後)
　2)淨土寺

03941 韓苟々 ················· P3418v⑨
〔効穀鄉缺枝夫戶名目〕 (9C末～10C初)
　3)効穀鄉

03942 韓骨論 ················· P2738v
〔社司轉帖(寫錄)〕 二月廿五日 (9C後期)

03943 韓骨□ ················· S11286①
〔施入廻向疏〕 景福年間 (895頃)
　1)押衙

03944 韓再延 ················· Дx01451②
〔韓定昌等便黃麻曆〕 戊寅年三月七日 (978
or 918)

03945 韓再□ ················· TⅡY-46c
〔戶籍〕 端拱年頃 (988～990)

03946 韓宰相 ················· P2026v
〔人名目〕 天福十年乙巳歲(別記) (945)
　1)宰相　4)余白：ペン筆。

03947 韓山多 ················· Дx01453v
〔諸人納地子麥等曆〕 (10C後期)
　4)R面爲「丙寅年(966)八月廿四日納地麥麻曆」。

03948 韓山定 ················· P3555B piece11
〔納贈曆(殘)〕 (10C中期)

03949 韓寺(地) ··············· P3935
〔田籍文書(稿)〕 (10C)
　4)V面爲「931-937年還粟麥算會文書」。

03950 韓?閣 ·················· Дx01200v
〔僧名點檢錄〕 (10C後期)

03951 韓舟略 ············· BD15404(簡068066)
〔千渠中下界白刺頭名目〕 (10C中期)
　1)白刺頭　3)千渠下界

03952 韓如霜 ················· S00542v
〔燉煌諸寺丁壯車牛役部〕 戌年六月十八日
(818)
　2)大乘寺

03953 韓如霜妻 ················ S00542v
〔燉煌諸寺丁壯車牛役部〕 戌年六月十八日
(818)
　2)大乘寺

03954 韓章兒 ················· P3935
〔田籍文書(稿)〕 (10C)
　4)V面爲「931-937年還粟麥算會文書」。

03955 韓章住 ················· TⅡY-46c
〔戶籍〕 端拱年頃 (988～990)

03956 韓清元? ‥‥‥‥‥‥‥‥ S03048
〔東界羊籍〕 丙辰年 (956)
　1)牧羊人

03957 韓清子 ‥‥‥‥‥‥‥‥ 北大D215
〔見在僧名〕 廿六日 (10C後期)
　1)沙彌　4)⇒清子。

03958 韓全武 ‥‥‥‥‥‥‥‥ P3812v
〔獨狐播狀〕 (9C末頃)
　1)衙官

03959 韓僧正 ‥‥‥‥‥‥‥‥ P3218
〔時年轉帖〕 八月廿二日 (975以降)
　1)僧正

03960 韓僧正 ‥‥‥‥‥‥‥‥ S03189
〔轉經文〕 癸未年十月一日 (983)
　1)僧正

03961 韓朝再 ‥‥‥‥‥‥‥‥ S02228①
〔絲綿部落夫丁修城使役簿〕 亥年六月十五日 (819)
　1)(左八)　3)絲綿部落　4)首行作「亥年六月十五日州城所, 絲綿」。末行作「亥年六月十五日畢功」。

03962 韓長盈 ‥‥‥‥‥‥‥‥ P4518v⑪
〔押牙樊繼受等狀上〕 六月日 (10C中期)

03963 (韓?)長盈 ‥‥‥‥‥‥‥ 北大D215
〔見在僧名〕 廿六日 (10C後期)

03964 韓通達 ‥‥‥‥‥‥‥‥ S02894v⑤
〔社司轉帖〕 (10C後期)

03965 韓定昌 ‥‥‥‥‥‥‥‥ Дx01451②
〔韓定昌等便黃麻曆〕 戊寅年三月七日 (978 or 918)

03966 韓都衙 ‥‥‥‥‥‥‥‥ P2916
〔納贈曆〕 癸巳年 (993?)
　1)都衙

03967 韓都衙 ‥‥‥‥‥‥‥‥ P3440
〔見納賀天子物色人名〕 丙申年三月十六日 (996)
　1)都衙

03968 韓都衙 ‥‥‥‥‥‥‥‥ P4912
〔某寺得換油麻曆〕 (950年代以降)
　1)都衙

03969 韓道幽 ‥‥‥‥‥‥‥‥ P3047v①
〔僧名等錄〕 (9C前期)
　4)僧名「道幽」。

03970 韓德兒 ‥‥‥‥‥‥‥‥ S05509v
〔雇契〕 甲申年正月五日 (924 or 984)
　1)百姓　3)効穀鄉

03971 韓富住 ‥‥‥‥‥‥‥‥ Дx01453v
〔諸人納地子麥等曆〕 (10C後期)
　4)R面爲「丙寅年(966)八月廿四日納地子麥麻曆」。

03972 韓富定 ‥‥‥‥‥‥‥ BD15404(簡068066)
〔千渠中下界白刺頭名目〕 (10C中期)
　1)白刺頭　3)千渠下界

03973 韓槊子 ‥‥‥‥‥‥‥‥ S04504v④
〔行人轉帖〕 七月三日 (10C前期)

03974 韓保盈 ‥‥‥‥‥‥‥‥ P3145v
〔節度使下官人名・鄉名諸姓等雜記〕 (10C)

03975 韓友松 ‥‥‥‥‥‥‥‥ S05509
〔納贈曆〕 甲申年二月十七日 (924 or 984)
　1)社官

03976 韓濫勝 ‥‥‥‥‥‥‥‥ S01946
〔賣女契〕 淳化二年辛卯十一月十二日 (991)

03977 韓□〔花押〕 ‥‥‥‥‥‥ P3591v
〔七月攝觀察衙推將仕郎試太常寺協律師韓□狀〕 七月 (943頃)

03978 韓 ‥‥‥‥‥‥‥‥‥‥ 有鄰館51
〔令狐進達戶口申告狀〕 大中四年十月庚午 (850)
　1)(令狐進達兄興晟妻阿張)母　4)原作「(令狐進達兄興晟妻阿張)母韓」。

03979 韓 ‥‥‥‥‥‥‥‥‥‥ 有鄰館51
〔沙州令狐進達戶口申告狀〕 大中四年十月庚午 (850)
　1)(兄令狐興晟妻阿張)母　3)沙州　4)原作「(兄令狐興晟)妻阿張母韓」。

03980 巖僧正 ‥‥‥‥‥‥‥‥ S03189
〔轉經文〕 癸未年十月一日 (983)
　1)僧正

03981 巖平々 ‥‥‥‥‥‥‥‥ P3047v①
〔僧名等錄〕 (9C前期)
　4)僧名「平々」。

03982 願千住 ·················· P5008
〔染戸雇工契〕 戊子年二月廿九日 (988 or 928)

03983 願僧正 ·················· 沙文補31
〔社貸曆〕 辛巳六月十六日 (921 or 981)
　1) 僧正

03984 願□□ ············ BD16191B(L4099)
〔社司轉帖〕 五月十六日 (9〜10C)
　1) 寺主

[き]

03985 冀法海 ·················· P3047v①
〔僧名等錄〕 (9C前期)
　4) 僧名「法海」。

03986 冀法海 ·················· P3047v⑧
〔王都督儭合城僧徒名錄〕 (9C前期)
　4) 僧名「法海」。

03987 祁法達 ·················· P3047v⑧
〔王都督儭合城僧徒名錄〕 (9C前期)
　4) 僧名「法達」。

03988 葵鄉 ·············· BD11497(L1626)
〔吐蕃時期佛典流通雜錄〕 (8〜9C)

03989 葵曹入 ·················· S00542v
〔燉煌諸寺丁壯車牛役部〕 戊年六月十八日 (818)
　1) 紙匠　2) 靈圖寺

03990 葵曹八 ·················· S00542v
〔燉煌諸寺丁壯車牛役部〕 戊年六月十八日 (818)
　2) 靈圖寺, 蓮臺寺

03991 起心兒 ············ BD09323(周44)
〔沙州某寺分給蕃漢官僚等早・中・夜三食日程帖〕 (820〜830)

03992 宜孫娘 ············ S10273＋S10274＋S10276＋S10277＋S10279＋S10290
〔出便麥與人名目〕 丁巳年二月一日 (957?)

03993 魏啓眞 ·················· P3047v①
〔僧名等錄〕 (9C前期)
　4) 僧名「啓眞」。

03994 魏啓眞 ·················· P3047v③
〔諸僧尼送納三色香於乾元寺曆〕 (9C前期)
　2) 乾元寺　4) 僧名「啓眞」。

03995 魏忠順 ·················· Дx18927
〔行軍入碩抄〕 建中六年十二月廿一日 (785)
　1) 行官

03996 魏德子 ············ BD07647v(皇47)
〔藏文信函殘稿〕 (9〜10C)

03997 麴阿 ……………… P4690
〔社司轉帖(殘)〕 戊午年六月十八日 (958)

03998 麴阿朶 ……………… P5032v①
〔社司轉帖〕 戊午年六月十八日 (958)

03999 麴阿朶 ……………… P5032v⑦
〔社司轉帖〕 戊午[ ] (958)

04000 麴榮 ……………… S00542v
〔燉煌諸寺丁壯車牛役部〕 戊年六月十八日 (818)
　　1)車頭　2)靈修寺

04001 麴榮妻 ……………… S00542v
〔燉煌諸寺丁壯車牛役部〕 戊年六月十八日 (818)
　　2)靈修寺

04002 麴家 ……………… P3234v③-14
〔惠安惠戒手下便物曆〕 甲辰年 (944)
　　3)玉關鄉

04003 麴海朝 ……………… BD06359(鹹59)
〔便麥契〕 丑年二月 (821)
　　1)靈修寺戶　2)靈修寺

04004 麴?緊子 ……………… BD09345②(周66)
〔隊頭趙再住等轉帖〕 二月六日 (10C後期)
　　1)副隊

04005 麴羔子 ……………… P5038
〔納磨草人名目〕 丙午年九月一日 (886 or 946)

04006 麴黑頭 ……………… P4912
〔某寺得換油麻曆〕 (950年代以降)

04007 麴再誠 ……………… Дx03174
〔麴再誠遷正十將告身〕 「金山白衣王印」時代 (10C初?)
　　1)行都錄事　4)有「金山白衣王印」。文中有「十?水磑」字。

04008 麴山多 ……………… P3145
〔社司轉帖〕 戊子年閏五月 (988?)

04009 麴子 ……………… P3234v③-21
〔惠安惠戒手下便物曆〕 甲辰年 (944)
　　4)原作「麴子弟」。

04010 麴什一 ……………… P3070v
〔行人轉帖(寫錄)〕 乾寧三年閏三(二)月 (896)

04011 麴潤子 ……………… P5038
〔納磨草人名目〕 丙午年九月一日 (886 or 946)

04012 麴像子 ……………… P2894v⑤
〔社司轉帖〕 (972?)

04013 麴小兒 ……………… P3418v⑨
〔効穀鄉缺枝夫戶名目〕 (9C末～10C初)
　　3)効穀鄉

04014 麴上座 ……………… P3060
〔諸寺諸色付經僧尼曆〕 (9C前期)
　　1)僧尼・上座　4)經典名「涅槃經卷2」。

04015 麴辛?仁? ……………… Дx02149в
〔見納缺柴人名目〕 (10C)

04016 麴進連 ……………… P2703
〔官牧羊人納粘羊毛牒〕 壬申年十二月 (972?)

04017 麴塵 ……………… Дx01305＋Дx02154＋Дx03026
〔僧等付絹等曆〕 (9C前期)

04018 麴大德 ……………… S.P6
〔唐乾符四年(877)丁酉歲具注曆日(補修文書)〕 四月廿六日 (10C中期)
　　1)大德

04019 麴智寂 ……………… S02729①
〔燉煌應管勘牌子歷〕 辰年三月 (788)
　　1)僧　2)龍興寺　3)沙州　4)3行目。

04020 麴丑撻? ……………… S04703
〔買菜人名目〕 丁亥年 (987)

04021 麴長 ……………… S06342
〔答張議潮上表勅書〕 咸通二年直後 (861直後)

04022 麴陳 ……………… P2583v⑥
〔節兒論奔熱疏〕 申年頃正月七日 (828頃?)

04023 麴南山 ……………… 羽・寫834
〔百姓趙塩久戶口請田簿〕 廣順二年正月一日 (952)

04024 麴良?贊 ·············· P3418v⑨
〔効穀鄉缺枝夫戶名目〕（9C末〜10C初）
　3)効穀鄉

04025 麴□三 ·············· Дx02149B
〔見納缺柴人名目〕（10C）

04026 麴 ·············· S06341v
〔雜寫〕（10C中期）
　1)曹參軍使檢校國子祭酒兼禦使中丞　4)原作
　「曹參軍使檢校國子祭酒兼禦使中丞麴曹暴寫
　王」。R面爲「壬辰年編牛契」（932?）。

04027 吉安住 ·············· S08445＋S08446＋
S08468①
〔羊司於常樂稅羊人名目〕 丙午年六月廿七
日（946）

04028 吉安住 ·············· S08445＋S08446＋
S08468④
〔羊司於常樂官稅羊數名目〕 丁未年四月十二
日（943）

04029 吉員通 ·············· S08445＋S08446＋
S08468①
〔羊司於常樂稅羊人名目〕 丙午年六月廿七
日（946）

04030 吉員通 ·············· S08445＋S08446＋
S08468④
〔羊司於常樂官稅羊數名目〕 丁未年四月十二
日（943）

04031 吉衍奴 ·············· S01153
〔諸雜人名目〕（10C後期）

04032 吉崑崗 ·············· S02894v④
〔社司轉帖〕 壬申年十二月卅日（972）

04033 吉崑崗 ·············· S02894v⑤
〔社司轉帖〕（10C後期）

04034 吉山定 ·············· P3372v
〔社司轉帖并雜抄〕 壬申年（972）

04035 吉山定 ·············· P3721v③
〔冬至自斷官員名〕 己卯年十一月廿六日
（979）

04036 吉政子 ·············· S08516D
〔馬善住牒并判辭〕 丁丑年十月（977）

04037 吉丑子 ·············· BD16085A（L4052）
〔酒等破曆〕 壬申年三月一日（972?）
　1)官健

04038 吉保昇 ·············· P2032v⑯-4
〔淨土寺粟利閏入曆〕（940前後）
　2)淨土寺

04039 吉 ·············· BD09300（周21）
〔令狐留ゝ叔姪等分產書〕（10C）
　1)(令狐留ゝ)兄

04040 弓博事〔士〕 ········ 古典籍54,圖171
〔五月五日下苯人名目〕（10C）
　1)博士

04041 泣立藏 ·············· S11454E
〔收蘇算會簿〕 戌年・亥年（794・795）

04042 泣立藏 ·············· S11454F
〔白羯等算會簿〕 亥年（795）
　3)絲綿部落

04043 璆?琳 ·············· Дx04776
〔燉煌諸鄉百姓等勞役簿〕（9C前期?）
　1)判官

04044 牛 ·············· BD05673v④（李73）
〔行人轉帖（寫錄）〕 今月十二日（9C末）

04045 居通才 ·············· BD07625（皇25）
〔金有陀羅尼經卷1(尾)〕（8〜9C）
　1)寫人　4)卷尾有藏文題記「Jivu-thon-tse-
　bris」。

04046 許光相 ·············· P3047v⑦
〔法事僧尼名錄〕（9C前期）
　4)僧名「光相」。

04047 許十四 ·············· S05872＋S05870
〔舉錢契〕 大曆十?年（8C後期）
　1)舉人女婦　4)26歲。

04048 (許)進金 ············ S05872＋S05870
〔舉錢契〕 大曆十□?年（8C後期）
　1)同取人男　4)8歲。

04049 許替ゝ ·············· S02596v
〔投社人牒〕 咸通十年八月三日（869）

04050 喬賢住 ·············· P5032v①
〔社司轉帖〕 戊午年六月十八日（958）

04051 喬殘兒 ················· S07932
〔月次番役名簿〕 (10C後期)

04052 姜玄表 ············· BD09334(周55)
〔分付多衣簿〕 (8C中期)

04053 橋?賢通 ················· P3236v
〔燉煌鄉官布籍〕 壬申年三月十九日 (972)
　　3)燉煌鄉

04054 橋元□ ················· S02214
〔官府雜帳(名籍・黃麻・地畝・地子等曆)〕 閏十月 (860?)
　　4)V面爲「貸便地子粟曆」。(存4行)。R・V面同時代關連文書。

04055 橋猪狗 ················· P3391v②
〔社人名列記(寫錄)〕 丁酉年頃 (937頃)

04056 橋兵馬使 ················· P3145
〔社司轉帖〕 戊子年閏五月 (988?)
　　1)兵馬使

04057 橋老宿 ········· BD16388A(L4460)＋BD16388B(L4460)
〔當寺轉帖〕 (9〜10C)
　　1)老宿

04058 翁椎子 ················· 水峽口第4
〔供養人題記〕 (宋)
　　4)原作「□□□乘賢者翁椎子一心供養」。《謝》p.499。

04059 凝公 ················· P4660㉓
〔凝公邈眞讚〕 咸通五歲季春月 (864)
　　1)故釋門法律大德 3)沙州 4)原作「咸通五載季春月…題張球撰」。

04060 凝闍梨 ················· P3677②
〔詩1首〕 蕃中辛巳歲五月一日 (801)
　　1)闍梨 2)報恩寺 3)沙州 4)原作「賊於凝闍梨下凝」。R面①爲「蕃中辛巳歲(801)五月一日沙州報恩寺故大德禪和尚金霞遷神誌銘并序」。

04061 澆山人 ················· P3945v
〔牧羊籍〕 (10C?)

04062 顯判官 ················· P3947
〔龍興寺應轉經僧分兩蕃定名牒〕 亥年八月 (819 or 831)
　　1)判官 2)龍興寺 4)V面爲「9C前半大雲寺僧所有田籍簿」。

04063 金維那 ··········· BD06827(羽27)
〔金剛般若波羅蜜經(7紙179行)〕 (10C?)
　　4)卷尾有「□坐金維那」。

04064 金海辯 ················· 沙文補24
〔寺啣索再榮等牒殘判辭〕 午年正月 (9C前期)
　　1)僧

04065 (金?)義峯 ················· P3853v
〔諸寺付經曆〕 (9C前期)
　　4)⇒義峯。

04066 金玉兒 ················· 楡第33窟
〔供養人題記〕 (10C中期)
　　1)清信弟子 4)北壁。《謝》p.479。

04067 (金?)金振 ················· P3853v
〔諸寺付經曆〕 (9C前期)
　　4)⇒金振。

04068 金惠潤 ················· Дx03858v
〔都僧統帖殘等〕 (9C後期〜10C前期)
　　2)金(光明寺)

04069 金?氏 ············· BD09318A(周39)
〔便物曆〕 (10C)

04070 金定 ················· P2638
〔儭司破曆〕 癸巳〜丙申年 (933〜936)

04071 金文信 ················· 莫第098窟
〔供養人題記〕 (10C中期)
　　1)節度押衙知三道都遊□使銀青光祿大夫檢校國子祭酒兼御史中丞上柱國 4)南壁。《P》《謝》p.92。⇒秦文信。

04072 金法律 ················· P3240②
〔付鬋曆〕 壬寅年七月十六日 (1002)
　　1)法律

04073 金法律 ················· S04211
〔寫經關係文書〕 壬辰年四月十一日 (932)
　　1)法律

04074 金□ ················· P3060
〔諸寺諸色付經僧尼曆〕 (9C前期)
　　4)經典名「般若經卷45」。

04075 靳慈念 ················· S02729①
〔燉煌應管勘牌子歷〕 辰年三月 (788)
　　1)僧 2)普光寺 3)沙州 4)43行目。

04076 靳 ・・・・・・・・・・・・・・・・・・・・・・・・ S04710
　〔沙州戸口簿〕（9C中期以降）
　　1）(戸主陰屯ゝ弟純陀)新婦　3）沙州　4）原作
　　「(戸主陰屯ゝ,弟純陀)新婦阿靳」。

［く］

04077 瞿再子 ・・・・・・・・・・・・・・・・・・・・ S08443B2
　〔李闍梨出便黃麻曆〕 乙巳年二月一日
　（945?）

04078 瞿再子 ・・・・・・・・・・・・・・・・・・・・ S08443C1
　〔李闍梨出便黃麻(麥)曆〕 丙午年正月廿一
　日　（946?）

04079 瞿悉逸 ・・・・・・・・・・・・・ BD11998（L2127）
　〔分付多衣簿〕（8C中期）

04080 虞員通 ・・・・・・・・・・・・・・・・・・・・・・ Дx01413
　〔社條〕 七月十九日　（10C）

04081 屈工匠 ・・・・・・・・・・・・・・・・・・・・・・・ P3490v①
　〔油破曆〕 辛巳年頃　（921頃）
　　1）工匠　4）②爲「辛巳年麴破曆」。

04082 屈黑頭 ・・・・・・・・・・・・・・・・・・・・・・・・・・ P4690
　〔社司轉帖(殘)〕 戊午年六月十八日　（958）

04083 屈黑頭 ・・・・・・・・・・・・・・・・・・・・・・・ P5032v①
　〔社司轉帖〕 戊午年六月十八日　（958）

04084 屈黑頭 ・・・・・・・・・・・・・・・・・・・・・・・ P5032v⑦
　〔社司轉帖〕 戊午年六月十八日　（958）

04085 屈章三 ・・・・・・・・・・・・・・・・・・・・・・・ S11358
　〔部落轉帖〕（10C後期）

04086 屈辛全 ・・・・・・・・・・・・・・・・・・・・・・・・ P3145
　〔社司轉帖〕 戊子年閏五月　（988?）

04087 屈進等 ・・・・・・・・・・・・・・・・・・・・・・ S06577v
　〔官晏設破曆〕（10C）
　　4）⇒屈進連。

04088 屈進連 ・・・・・・・・・・・・・・・・・・・・・・ S06577v
　〔官晏設破曆〕（10C）
　　4）⇒屈進等。

04089 屈鐵 ・・・・・・・・・・・・・・・・・・・・・・・・ S05139v①
　〔涼州節院使押衙劉少晏狀(寫錄)〕 乙酉年六
　月日　（925?）

04090 屈都頭 ・・・・・・・・・・・・・・・・・・・・・・ S06452②
　〔周僧正貸油麴曆〕 辛巳年～壬午年（981～
　982?）
　　1）都頭　4）⇒侯都頭。

04091 屈南山 …………………… P4690
〔社司轉帖(殘)〕 戊午年六月十八日 (958)

04092 屈南山 …………………… P5032v①
〔社司轉帖〕 戊午年六月十八日 (958)

04093 屈博士 …………………… S08659
〔麨等破曆〕 (10C)
　1)博士

04094 屈判官 …………………… P2032v②-1
〔淨土寺麵黃麻豆布等破曆〕 甲辰年頃?
(940前後)
　1)判官　2)淨土寺

04095 屈文進 …………………… 莫第098窟
〔供養人題記〕 (10C中期)
　1)節度押衙銀青光祿大夫檢校太子賓客兼監察御史　4)北壁。《燉》p.37。《謝》p.98。

04096 屈偏祖 …………………… P3490v①
〔油破曆〕 辛巳年頃 (921頃)
　1)禪師　4)②爲「辛巳年麨破曆」。

04097 屈羅悉鷄 ………………… S05824
〔經坊費負担人名目〕 (8C末〜9C前期)
　1)寫經人

04098 屈錄事 …………………… P3416piece2
〔榮葬名目〕 乙未年前後 (935?,936?前後)
　1)錄事

04099 屈□ ……………………… S08353
〔官衙麵油破曆〕 (10C)

04100 君彥進 …………………… P3889
〔社司轉帖〕 (10C後期?)

04101 君再興 …………………… S02214
〔納支黃麻等曆〕 (9C後期)

04102 薰富子 ………… BD11987(L2116)
〔歸義軍官府人名目〕 (9C後期〜10C)

[け]

04103 惠索法律 ………………… Дx02586в
〔僧名目〕 (10C)
　1)法律　4)原作「惠索法律在衙座場」。

04104 景押衙 ………… BD16381(L4455)
〔諸家磚曆〕 (10C)
　1)押衙

04105 景海子 …………………… P2817v
〔社司轉帖及便絹契等(殘)〕 (10C)

04106 景願昌 …………………… P3721v③
〔冬至自斷官員名〕 己卯年十一月廿六日 (979)

04107 景願富 …………………… P3290②
〔宋沙州人戶別都受田申請計帳(寫錄)〕 至道元年乙未歲正月一日 (995)

04108 景?願富 ………………… P3595
〔還禪師布壹疋?景願富手□借券等〕 己巳年六月五日 (969?)

04109 景義信 …………………… S08516E2
〔社司轉帖〕 丙辰年六月十日 (956)

04110 景慶進 …………………… P3145
〔社司轉帖〕 戊子年閏五月 (988?)

04111 景三ミ ………… S08445＋S08446＋S08468②
〔羊司於紫亭得羊名目〕 丙午年三月九日 (946)

04112 景(氏) …………………… 莫第083窟
〔供養人題記〕 (10C前期)
　1)施主・新婦　4)原作「施主新婦阿景一心供養」。前室西壁門北側。《燉》p.28。

04113 景氏 ……………………… 莫第420窟
〔供養人題記〕 (11C初期)
　4)原作「故母景氏一心供□」。東壁門上。《燉》p.154。

04114 景悉乞訥 ………………… S08516c4
〔新鄉鎮口承人名目〕 廣順三年十一月十九日 (954)
　1)兵馬使

04115 景什德 …… P3555B piece4 piece5＋P3288①②
〔社司轉帖〕 丁巳年?月一日 （957）

04116 景速多 …………………… S08448A
〔紫亭羊數名目〕 辛亥年正月廿七日 （951）

04117 景大魁 …………… BD16111A（L4066）
〔暮容歸順?隊?下人名目〕 （9〜10C）

04118 景大女都知 …………… S08448A
〔紫亭羊數名目〕 辛亥年正月廿七日 （951）
　1)都知

04119 景大女都知 …………… S08448B
〔紫亭羊數名目〕 （940頃）
　1)都知

04120 景都衙 ………… S08445＋S08446＋S08468
〔稅巳年出羊人名目〕 丙午年二月十九日 （946）
　1)都衙

04121 景都衙 ………… S08445＋S08446＋S08468
〔紫亭羊數名目〕 辛亥年正月廿七日 （951）
　1)都衙

04122 景都衙 …………………… S08448A
〔紫亭羊數名目〕 辛亥年正月廿七日 （951）
　1)都衙

04123 景都衙 …………………… S08448B
〔紫亭羊數名目〕 （940頃）
　1)都衙

04124 景都知 …………………… S08448A
〔紫亭羊數名目〕 辛亥年正月廿七日 （951）
　1)都知

04125 景糞ゝ …………………… P2667v
〔春座轉帖〕 （10C）
　3)赤心鄉

04126 景連多 …………………… S08448B
〔紫亭羊數名目〕 （940頃）

04127 景郎 …………………… S06981④
〔設齋納酒餠曆〕 （10C後期）

04128 景□ …………………… S08448A
〔紫亭羊數名目〕 辛亥年正月廿七日 （951）

04129 涬 …………………… S06981
〔親情社轉帖〕 壬戌年十月十七日 （962）

04130 荊安三 …………………… BD16562
〔兄丑達左右決缺他人名目〕 卯年八月十三日 （9〜10C）

04131 荊英ゝ …………………… P4810v①
〔役簿?〕 九月廿八日 （9C）
　1)右十

04132 荊憝多 …………………… P3878B
〔都頭知軍資庫官張富高牒并判〕 己卯年 （979）
　3)莫高鄉

04133 荊惠進 …………………… P3418v④
〔龍勒鄉缺枝夫戶名目〕 （9C末〜10C初）
　3)龍勒鄉

04134 荊惠力 …………………… S11552
〔納贈曆〕 （10C）
　1)僧　4)舊S10637。⇒惠力。

04135 荊幸昌 …………………… P2629
〔官破曆〕 七月十四日 （10C中期）

04136 荊幸昌 …………………… S09452
〔荊幸昌啓上〕 （10C後期）
　1)知懸泉副使　3)懸泉縣

04137 荊苟奴 …………………… P3889
〔社司轉帖〕 （10C後期?）

04138 荊殘奴 …………………… Дx05534
〔禮佛見到僧等人名目〕 廿日夜 （10C）

04139 荊寺主 …………………… S11461A
〔某寺斛斗破曆〕 （10C）
　1)寺主

04140 荊時平 …………………… P3418v④
〔龍勒鄉缺枝夫戶名目〕 （9C末〜10C初）
　3)龍勒鄉　4)⇒荊勝平。

04141 荊闍 …………………… Дx01586B
〔惠通下僧名目〕 （9C後期）

04142 荊醜子 ················ S04504v④
〔行人轉帖〕 七月三日 （10C前期）

04143 荊住子 ················ P4514piece1
〔粟衫等破曆〕 （10C後期）

04144 荊勝平 ················ P3418v④
〔龍勒鄉缺枝夫戶名目〕 （9C末～10C初）
　　3)龍勒鄉　4)⇒荊時平。

04145 荊曹午 ················ S01898
〔兵裝備簿〕 （10C前期）

04146 荊曹午 ················ Дx06045v
〔雜寫〕 （10C）
　　4)全文一行「荊曹午阿藍二十六兩」。

04147 荊曹六 ················ P3234v③-55
〔惠安惠戒手下便物曆〕 甲辰年 （944）

04148 荊達子 ················ P3878B
〔都頭知軍資庫官張富高牒并判〕 己卯年 （979）
　　3)莫高鄉

04149 荊達子 ················ Дx01313
〔以褐九段塡還驢價契〕 壬申年十月廿七日 （972）

04150 荊鎮使 ················ P3440
〔見納賀天子物色人名〕 丙申年三月十六日 （996）
　　1)鎮使

04151 荊通子 ················ 楡第36窟
〔供養人題記〕 （10C前期）
　　1)社子銀青光祿大夫　4)東壁。《謝》p.490。

04152 荊都頭 ················ P4907
〔淨土寺?儭破曆〕 辛卯年六月十六日 （931?）
　　1)都頭　2)淨土寺

04153 荊訥兒 ················ P3824
〔諸經贊文題記〕 辛未年四月十二日 （971）

04154 荊文進 ················ S08445+S08446+S08468④
〔羊司於常樂官稅羊數名目〕 丁未年四月十二日 （943）

04155 荊法幽 ················ S02729①
〔燉煌應管勘牌子曆〕 辰年三月 （788）
　　1)僧　2)靈圖寺　3)沙州　4)14行目。

04156 荊法律 ················ Дx02146
〔請諸寺和尙僧政法律等名錄〕 （10C?）
　　1)法律　2)三界寺?

04157 荊明性 ················ S02729①
〔燉煌應管勘牌子曆〕 辰年三月 （788）
　　1)僧　2)大乘寺　3)沙州　4)49行目。

04158 荊友子 ················ S04705v
〔官儭破曆〕 （10C）

04159 荊祐子 ················ Дx02149B
〔見納缺柴人名目〕 （10C）

04160 荊祐成 ················ S00092v
〔買鞋文書殘〕 己卯年八月八日 （982?）

04161 荊?養〻 ················ P3418v④
〔龍勒鄉缺枝夫戶名目〕 （9C末～10C初）
　　3)龍勒鄉

04162 荊留〻 ················ P3418v④
〔龍勒鄉缺枝夫戶名目〕 （9C末～10C初）
　　3)龍勒鄉

04163 荊郞 ················ S05632①
〔親情社轉帖〕 丁卯年二月八日 （967）

04164 荊 ················ P.tib1261v③
〔諸寺僧尼支給穀物曆〕 （9C前期）

04165 荊 ················ S04710
〔沙州戶口簿〕 （9C中期以降）
　　1)(戶主王鷹子)妻　3)沙州　4)原作「(戶主王鷹子)母阿荊」。

04166 荊 ················ 楡第34窟
〔供養人題記〕 （11C初期）
　　3)懸泉鎮　4)原作「淸信女弟子張嫁與懸泉鎮荊一心供養」。東壁。《謝》p.483。

04167 邢〔荊?〕興 ················ S01438v
〔吐蕃占領燉煌初期漢族書儀〕 （8C末）
　　1)驛戶　4)R面爲「道敎義淵卷上」(8C)。

04168 劇法律 ················ Дx02146
〔請諸寺和尙僧政法律等名錄〕 （10C?）
　　1)法律　2)報恩寺

04169 桀謝 ········ HOERNLE,JASB LXX-1,EXTRA.NO.1.PL.IV
〔擧錢契〕 建中七年十月五日 （786）

04170 闕家 ……………… BD10981v(L1110)
〔諸家納贈物曆殘〕 （10C）
　4)R面有「知馬步都虞候宋惠達求免修城役牒附判詞」。

04171 暄寺主 ……………… BD09346（周67）
〔令知蕃法師廚費帖〕 十一月一日 （9C前期）
　1)寺主

04172 權六 ……………… BD09324（周45）
〔某寺諸色入破曆〕 亥年四月廿一日 （8C末～9C前期）

04173 涓 ……………… P.tib1261v⑤
〔諸寺僧尼支給穀物曆〕 （9C前期）
　1)寺主

04174 炫闍梨 ……………… P4660㉛
〔前任沙州釋門都教授毗尼大德炫闍梨讚并序〕 （9C）
　1)前任沙州釋門都教授毗尼大德・闍梨 4)⇒金炫(都教授)。

04175 炫法律 ……………… P3060v
〔諸寺諸色付經僧尼曆〕 （9C前期）

04176 炫 ……………… BD09868（朝90）
〔大般若波羅蜜多經卷492（兌紙）欄外〕 （9～10C）

04177 炫 ……………… P2912v③
〔寫大般若經一部施銀盤子麥粟粉疏〕 四月八日 （9C前期）

04178 炫 ……………… P3138v
〔諸寺付經曆〕 （9C前期）
　2)乾元寺

04179 硯〔碉〕充典 ……… BD16115J(L4066)
〔契約文書〕 （9～10C）
　1)充典(座)

04180 元含閏 ……………… S02729①
〔燉煌應管勘牌子曆〕 辰年三月 （788）
　1)僧 2)普光寺 3)沙州 4)42行目。

04181 元惠 ……………… Stein Painting 59
〔觀世音菩薩圖題記〕 （10C後期）
　1)清信佛弟子僧

04182 元垢 ……………… Дx01329в＋Дx02151v①
〔應管內雌統ム乙令置方等葦場耨〕 （10C前期）
　2)聖光(寺) 4)本文書內容「受新戒諸寺僧尼名目」。

04183 元國 ……………… BD08860（國81）
〔金剛般若波羅蜜經（卷尾有題名）〕 （8C）

04184 元專 ……………… Stein Painting 59
〔觀世音菩薩圖題記〕 （10C後期）
　1)清信佛弟子僧

04185 元琮 ……………… S09156
〔沙州戶口地畝計簿〕 （9C前期）
　3)沙州

04186 元寧 ……………… S08448Bv
〔紫亭羊數名目〕 （940頃）
　1)官牧羊人

04187 嚴會張 ……………… Stein Painting 14
〔觀音圖供養題記〕 天復拾載庚午歲七月十五日 （910）
　1)法律臨壇尼大德 2)普光寺 4)天復拾載庚午歲七月十五日畢功記。⇒嚴會。

04188 嚴君會 ……………… P4640v
〔官入破曆〕 己未年八月 （899）
　1)直司押衙

04189 嚴君々 ……………… S00542v
〔燉煌諸寺丁壯車牛役部〕 戌年六月十八日 （818）
　1)團頭 2)普光寺

04190 嚴君々妻 ……………… S00542v
〔燉煌諸寺丁壯車牛役部〕 戌年六月十八日 （818）
　2)普光寺

04191 嚴淨花 ……………… S04192
〔䞋支給曆〕 丑年 （9C前期）

04192 嚴信花 ……… BD09472v①～③（發92）
〔龍興寺索僧正等五十八人就唐家蘭若請賓頭廬文〕 （8～9C）
　2)靈修(寺) 3)沙州

04193 嚴僧正 ……………… S03189
〔轉經文〕 癸未年十月一日 （983）
　1)僧正

04194 嚴富進 ……………… P2032v⑯-4
　〔淨土寺粟利閏入曆〕（940前後）
　　2)淨土寺

04195 嚴富進 ……………… P3234v⑮
　〔淨土寺西倉豆利潤入曆〕（940年代?）
　　2)淨土寺

04196 嚴保岳 ……………… P3418v⑨
　〔効穀鄉缺枝夫戶名目〕（9C末～10C初）
　　3)効穀鄉

04197 嚴□□ ……………… P2842piece4
　〔渠?人?轉帖〕 五月廿八?日 （9C中期）
　　1)都史 4)原作「都史嚴□□」。

04198 玄法師 ……………… P3060v
　〔諸寺諸色付經僧尼曆〕（9C前期）
　　1)法師 4)經典名「金剛經卷1」。

04199 阮瑛 ……………… S04491
　〔地畝計會〕（9C前期）
　　3)千渠, 夏交渠, 孟授渠

04200 阮麥?□ ……… BD10773v②（L0902）
　〔某寺殘曆〕（9C）

04201 阮林 ……………… S04491
　〔地畝計會〕（9C前期）
　　3)宜秋東支渠?陽開, 王家渠

[こ]

04202 古?月?張 ………… BD16083（L4050）
　〔僧談會斟𢻻出便與人名目〕 二月九日 （9C後期）
　　1)口承人古?月?

04203 胡阿嘌朶? ……………… S08353v
　〔官衙酒䵷破曆〕 壬申年至癸酉年間 （972～973）

04204 胡盈德 ……………… Дx01432＋Дx03110
　〔地子倉麥曆〕（10C）

04205 胡圓眞 ……………… S02729①
　〔燉煌應管勘牌子曆〕 辰年三月 （788）
　　1)僧 2)永安寺 3)沙州 4)19行目。

04206 胡恩子 ……………… P3418v③
　〔某鄉缺枝夫戶名目〕（9C末～10C初）

04207 胡家 ……………… Дx01453v
　〔諸人納地子麥等曆〕（10C後期）
　　4)R面爲「丙寅年(966)八月廿四日納地子麥廊曆」。

04208 胡戒乘 ……………… S02669
　〔管內尼寺(安國寺・大乘寺・聖光寺)籍〕（865～870）
　　2)大乘寺 3)神沙鄉 4)姓「胡」。俗名「要娘」。

04209 胡灰子 ……………… S04642v
　〔某寺入破曆計會〕（923以降）

04210 胡磴子 ……………… P2629
　〔官破曆〕 九月七日 （10C中期）

04211 胡及漢 ……………… BD01957v（收57）
　〔社司轉帖(寫), 雜寫〕（10C?）
　　1)僧 4)原作「僧胡及漢」。

04212 胡慶?信 ……………… Дx10270v
　〔便麥粟曆〕（946）
　　1)口承(人)

04213 胡元恭 ……………… S06233v③
　〔報恩寺主㲚如博換驢牛契〕 寅年正月十八日 （822?）
　　1)玉門軍驛戶

164

04214 胡骨子(妻?) ･････････････ S01366
〔歸義軍府下破用麵油曆〕 己卯～壬午年頃
(10C後期(980～982頃))
　　4)⇒胡骨子(兒)。

04215 胡骨子(兒?) ･････････････ S01366
〔歸義軍府下破用麵油曆〕 己卯～壬午年頃
(10C後期(980～982頃))
　　4)⇒胡骨子(妻)。

04216 胡鶻子 ････････････････ P3249v
〔將龍光顏等隊下人名目〕 (9C中期)

04217 胡再安 ････････････････ P3418v④
〔龍勒鄉缺枝夫戶名目〕 (9C末～10C初)
　　3)龍勒鄉

04218 胡再成 ････････････････ S04884v
〔便褐曆〕 壬申年正月廿七日 (972?)

04219 胡再晟〔成?〕 ･････････････ P3443
〔養男契〕 壬戌年三月三日 (962 or 902)
　　1)知見人房姪・(龍勒鄉百姓) 3)龍勒鄉

04220 胡志憲 ････････････････ S02729①
〔燉煌應管勘牌子曆〕 辰年三月 (788)
　　1)僧 2)蓮臺寺 3)沙州 4)11行目。

04221 胡支々 ････････････････ P3418v③
〔某鄉缺枝夫戶名目〕 (9C末～10C初)

04222 胡悉歹子 ･･･････････････ S11213G
〔配付人名目〕 (946)

04223 胡悉子 ････････････････ P3418v①
〔□□鄉缺枝夫戶名目〕 (9C末～10C初)

04224 胡醜撻 ････････････････ P3145
〔社司轉帖〕 戊子年閏五月 (988?)

04225 胡住兒 ････････････････ S03540
〔宕泉修窟盟約憑〕 庚午年正月廿五日 (970)

04226 胡眞玉 ････････････････ P2259v
〔龍勒鄉部落戶口狀上〕 (9C前期)
　　3)龍勒鄉

04227 胡進改 ････････････････ P3249v
〔將龍光顏等隊下人名目〕 (9C中期)

04228 胡?進達 ･･･････････････ S11213G
〔配付人名目〕 (946)

04229 胡淸子 ････････ S08445＋S08446＋
S08468①
〔羊司於常樂稅羊人名目〕 丙午年六月廿七日 (946)

04230 胡千榮 ････････････････ S02103
〔渠水田地訴訟牒〕 酉年十二月 (817?)
　　1)薤進渠百姓 3)薤進渠

04231 胡詮進 ････････････････ S11454A
〔牧羊破曆計會〕 癸酉～乙亥年 (793～795)

04232 胡遷昇 ････････････････ 莫第205窟
〔供養人題記〕 (8C後期)
　　1)社人 4)西壁。《燉》p.94。

04233 胡善德 ････････････････ 莫第166窟
〔供養人題記〕 (11C初期)
　　1)故施主 4)原作「故施主胡善德一心供養」。西壁。《燉》p.76。

04234 胡宗榮 ････････････････ 莫第205窟
〔供養人題記〕 (10C前期)
　　1)社人 4)西壁。《燉》p.96。《謝》p.362。

04235 胡草子 ････････････････ Дx11095
〔會計報告書簡〕 (9～10C)

04236 胡太平 ････････････････ Дx05092
〔諸斷片雜記〕 (9～10C)

04237 胡太平 ･･･････ Дx05095＋Дx11088
〔社文書?〕 (9C後期?)

04238 胡大娘 ････････････････ P4912
〔某寺得換油麻曆〕 (950年代以降)

04239 胡託 ･････････････････ P2032v③
〔淨土寺諸色破曆〕 (944前後)
　　2)淨土寺

04240 胡託 ･･･････････････ P2040v③-10
〔淨土寺豆入曆〕 (939)
　　2)淨土寺

04241 胡牒密骨示月 ････････････ S01366
〔歸義軍府下破用麵油曆〕 己卯～壬午年頃
(10C後期(980～982頃))

04242 胡朝定 ････････････････ S08426
〔官府酒破曆〕 十二月三日 (10C)

04243 胡朝定 ……………… S08426B
〔使府酒破曆〕（10C中～後期）

04244 胡通子 ……………… P3418v④
〔龍勒鄉缺枝夫戶名目〕（9C末～10C初）
　　3）龍勒鄉

04245 胡定 ………………… Дx00927③
〔雜寫(佛說大衆兒子人名列記)〕（10C後期）

04246 胡奴子 ……………… P3288piece1
〔佛現齋造饝併人名目〕（10C）

04247 胡奴子 ……………… P3418v③
〔某鄉缺枝夫戶名目〕（9C末～10C初）

04248 胡訥兒 ……………… P3418v④
〔龍勒鄉缺枝夫戶名目〕（9C末～10C初）
　　3）龍勒鄉

04249 胡粉堆 ……………… 莫第166窟
〔供養人題記〕（11C初期）
　　1）施主故阿父　4）原作「施主故阿父胡粉堆一心供養」。西壁。《燉》p.76.《P》。

04250 胡万子 ……………… P3121
〔燉煌某万子・某胡子宅舍田園圖〕（10C後期）
　　4）原作「十一月七日陵司官？□…壬都頭, 三界寺内…」。V面爲「雜寫(10C)」。

04251 胡万昇 ……………… P3443
〔養男契〕壬戌年三月三日　(962 or 902)
　　1）知見人

04252 胡兔力 ……………… S06577v
〔官晏設破曆〕（10C）

04253 胡友義 ……………… S11553③
〔社人名？〕（10C?）

04254 胡祐□ ……………… P4063
〔官建轉帖〕丙寅年四月十六日　(966)

04255 胡要娘 ……………… S02669
〔管內尼寺(安國寺・大乘寺・聖光寺)籍〕(865～870)
　　2）大乘寺　3）神沙鄉　4）尼名「戒乘」。

04256 胡良祕 ……………… P3418v③
〔某鄉缺枝夫戶名目〕（9C末～10C初）

04257 胡盧樑 ……………… P3490v②
〔麵破曆〕辛巳年　(921)

04258 胡和?信 …………… Дx10270
〔便粟麥曆〕(946)

04259 胡 …………………… BD05673v④（李73）
〔行人轉帖(寫錄)〕今月十二日　（9C末）

04260 顧經皎 ……………… 莫第205窟
〔供養人題記〕（8C後期）
　　1）社人　4）西壁。《燉》p.95。

04261 顧二郎 ……………… BD15340（新1540）
〔妙法蓮華經卷第3〕（8C）

04262 顧二郎 ……………… BD15342（新1542）
〔大般涅槃經(北本宮本)卷第25(卷端背面下有正方形印文名)〕（8C）

04263 仵都料 ……………… S04703
〔買菜人名目〕丁亥年　(987)
　　1）都料

04264 吳阿朶 ……………… S05873v＋S08658②
〔靈圖寺便麥粟曆(殘)〕戊午年九月　（10C）
　　2）靈圖寺　3）神沙鄉

04265 吳阿朶 ……………… Дx01277
〔納贈曆〕丁丑年九月四?日　(977)

04266 吳阿鸞 ……………… S08445②＋S08446
〔羊司於紫亭得羊名目〕丙午年三月九日（946）

04267 吳阿林 ……………… P3011v①
〔牧羊人目盈子群等羊籍〕丁亥年　(987?)

04268 吳安吉 ……………… P3418v③
〔某鄉缺枝夫戶名目〕（9C末～10C初）

04269 吳安三 ……………… BD16022c（L4018）
〔永寧坊巷社司文書〕（10C）
　　1）押衙　3）永寧坊　4）原作「押衙吳安三」。

04270 吳安三 ……………… BD16363A（L4446）
〔社司轉帖〕戊申年　(948?)

04271 吳安正 ……………… 杜牧『樊川文集』卷20
〔沙州專使押衙吳安正第二十九人授官制〕大中五年頃　(851頃)
　　3）沙州

04272 吳威々 ……………………… S02669
〔管內尼寺(安國寺・大乘寺・聖光寺)籍〕
(865～870)
　　2)大乘寺　3)神沙鄉　4)尼名「敬賢」。

04273 吳員々 ……………………… S06130
〔諸人納布曆〕　(10C)

04274 吳員住 …………………… P2032v⑯-4
〔淨土寺粟利閏入曆〕　(940前後)
　　2)淨土寺

04275 吳員俊 ……………………… P3721v①
〔平康鄉堤上兒(見)點得人名目〕　庚辰年正月
十五日　(980)

04276 吳員俊 ……………………… P4525⑧
〔都頭及音聲等都共地畝細目〕　(980頃)

04277 吳員宗 ……………………… Дx00084
〔通頰百姓吳員宋佃種契〕　某年某月一日
(9C)
　　1)百姓・換地人　3)通頰鄉

04278 吳永住 …………………… P3636piece2
〔社戶吳懷實便契〕　丁酉年五月廿五日　(937)
　　1)見人

04279 吳永信 ……………………… P3418v①
〔□□鄉缺枝夫戶名目〕　(9C末～10C初)
　　3)□□鄉

04280 吳營田 ……………………… S00542v⑧
〔燉煌諸寺丁壯車牛役部〕　戊年六月十八日
(818)
　　1)營田

04281 吳盈子 ……………………… S05845
〔郭僧政等貸油麵麻曆〕　己亥年二月十七日
(939)

04282 吳盈潤 ……………………… S03982
〔月次人名目〕　癸亥年十一月　(963)

04283 吳盈信 ……………………… P2621v
〔甲午役人名目〕　甲午年?　(934?)

04284 吳英賢 ……………………… S06130
〔諸人納布曆〕　(10C)

04285 吳驛官 ……………………… P3145v
〔節度使下官人名・鄉名諸姓等雜記〕　(10C)
　　1)驛官

04286 吳?塩兒 ……………………… P2953v
〔便麥豆本曆〕　(10C)
　　3)通頰鄉

04287 吳塩?兒 ……………………… S11358
〔部落轉帖〕　(10C後期)

04288 吳延?子 ……………………… S02894v①
〔社司轉帖〕　壬申年十二月廿二日　(972)

04289 吳延?德 ……………………… S03048
〔東界羊籍〕　丙辰年　(956)
　　1)牧羊人

04290 吳閣子 ……………………… S02669
〔管內尼寺(安國寺・大乘寺・聖光寺)籍〕
(865～870)
　　2)大乘寺　3)神沙鄉　4)尼名「覺意」。

04291 吳閣子 ……………………… S02669
〔管內尼寺(安國寺・大乘寺・聖光寺)籍〕
(865～870)
　　1)尼　2)大乘寺　3)神沙鄉　4)姓「吳」。尼名:
「覺意」。

04292 吳押牙 …………………… BD07076A(龍76)
〔雜寫〕　(9C)
　　1)押衙

04293 吳(押)衙 …………………… BD15628
〔王憨奴少有斛㪷出便麥粟曆〕　某年(子年・辰
年)二月十九日　(9～10C)
　　1)押衙

04294 吳押衙 …………………… BD16363A(L4446)
〔社司轉帖〕　戊申年　(948?)
　　1)押衙

04295 吳押衙 ……………………… P3037
〔社司轉帖〕　庚寅年正月三日　(990)
　　1)押衙　2)大悲寺門前

04296 吳押衙 ……………………… P4525⑩
〔官府酒破曆〕　辛巳年　(981)
　　1)押衙

04297 吳押衙 ……………………… P4887
〔袁僧定弟亡納贈曆〕　己卯年八月廿四日
(919 or 979)
　　1)押衙

04298 吳押衙 ·················· P4887
　〔袁僧定弟亡納贈歷〕 己卯年八月廿四日
　(919 or 979)
　　1)押衙

04299 吳押衙 ·················· S01153
　〔諸雜人名目〕 (10C後期)
　　1)押衙

04300 吳押衙 ·················· Дx02956②
　〔諸家上缺便勿名目〕 甲申年二月四日 (984
　or 924)
　　1)押衙

04301 吳押衙 ·················· 杏·羽672
　〔新集親家名目〕 (10C?)
　　1)押衙

04302 吳王七 ·················· P3636piece1
　〔社人齾粟曆〕 丁酉年頃 (937頃)

04303 吳王七 ·················· P3636piece2
　〔社戶吳懷實便契〕 丁酉年五月廿五日 (937)
　　1)口承人兄·(吳懷實)兄

04304 吳王七 ·················· Дx05699
　〔社司?轉帖〕 二申年四月六日 (10C中期)

04305 吳翁々 ·················· S03877v④
　〔賣舍契(寫)〕 乾寧四年丁巳正月十二日
　(897)

04306 吳恩子 ·················· P3730v
　〔契〕 未年四月 (9C前期)
　　2)永壽寺

04307 吳加盈 ·················· P2842piece1
　〔社司轉帖〕 甲辰年[　]月九日 (944)

04308 吳加進 ·················· Дx05699
　〔社司?轉帖〕 二申年四月六日 (10C中期)

04309 吳家 ···················· P2032v③
　〔淨土寺諸色破曆〕 (944前後)
　　2)淨土寺

04310 吳家 ···················· S01477v
　〔地步曆〕 (10C初頃)

04311 吳家 ···················· 燉研322
　〔臘八燃燈分配窟龕名數〕 辛亥年十二月七
　日 (951)

04312 吳家阿婆 ················ 杏·羽672
　〔新集親家名目〕 (10C?)
　　1)阿妗

04313 吳家七郎 ················ P2049v②
　〔淨土寺諸色入破曆計會牒〕 長興二年正月
　(930～931)

04314 吳家女 ·················· P3489
　〔翟坊巷女人社社條〕 戊辰年正月廿四日
　(908)
　　1)社人

04315 吳家買 ·················· P2032v③
　〔淨土寺諸色破曆〕 (944前後)
　　2)淨土寺

04316 吳懷安 ·················· P3636piece1
　〔社人齾粟曆〕 丁酉年頃 (937頃)

04317 吳懷恩 ·················· Дx05699
　〔社司?轉帖〕 二申年四月六日 (10C中期)

04318 吳懷實 ·················· P3636piece1
　〔社人齾粟曆〕 丁酉年頃 (937頃)

04319 吳懷實 ·················· P3636piece2
　〔社戶吳懷實便契〕 丁酉年五月廿五日 (937)

04320 吳懷定 ·················· S01519①
　〔破曆〕 庚戌年 (950)
　　2)龍興寺?

04321 吳戒榮 ·················· S06417
　〔願文〕 (10C前期)

04322 吳戒榮 ·················· S06417①
　〔邑文〕 貞明陸年庚辰歲二月十六日 (920)
　　1)僧　2)金光明寺

04323 (吳)戒榮 ················ S06417①～④
　〔書儀〕 貞明陸年庚辰歲二月十六日 (920)
　　1)僧　2)金光明寺　4)⇒戒榮。

04324 (吳)戒榮 ················ S06417⑥～⑧
　〔書儀〕 貞明陸年庚辰歲二月十六日 (920)
　　1)僧　2)金光明寺　4)⇒戒榮。

04325 (吳)會興 ················ 北大D215
　〔見在僧名〕 廿六日 (10C後期)
　　4)⇒會興。

04326 吳海深 ·················· P3391v①
〔社司轉帖(寫錄)〕 丁酉年正月日 (937)

04327 吳覺緣 ·················· S02669
〔管內尼寺(安國寺・大乘寺・聖光寺)籍〕
(865～870)
　　2)大乘寺　3)神沙鄉　4)俗姓「品子」。尼名「覺緣」。

04328 吳覺賢 ·················· S02669
〔管內尼寺(安國寺・大乘寺・聖光寺)籍〕
(865～870)
　　1)尼　2)大乘寺　3)神沙鄉　4)姓「吳」。俗名「公圭」。

04329 吳覺用 ·················· S02669
〔管內尼寺(安國寺・大乘寺・聖光寺)籍〕
(865～870)
　　1)尼　2)大乘寺　3)神沙鄉　4)尼名「覺用」,俗名「嬌々」。

04330 吳滑々 ·················· S06806v
〔人名目(殘)〕 (10C中期頃)

04331 吳憨子 ·················· S08426D①
〔使府酒破曆〕 (10C中～後期)

04332 吳憨子 ·················· 莫第005窟
〔供養人題記〕 (10C前期)
　　4)南壁。《燉》p.4。

04333 吳漢々 ·················· P3246v
〔磑課納得曆(1行)〕 午年五月 (862?)

04334 吳漢君 ·················· P3418v②
〔燉煌鄉缺枝夫戶名目〕 (9C末～10C初)
　　3)燉煌鄉

04335 (吳?)願成 ·················· S05467
〔雜寫(册子)〕 (10C)

04336 吳願長 ·················· S05467
〔雜寫(册子)〕 (10C)

04337 吳歸々 ·················· S02669
〔管內尼寺(安國寺・大乘寺・聖光寺)籍〕
(865～870)
　　2)大乘寺　3)燉煌鄉　4)尼名「最勝燈」。

04338 吳義員 ·················· P3894v
〔人名錄等雜抄〕 (900前後)

04339 吳嬌々 ·················· S02669
〔管內尼寺(安國寺・大乘寺・聖光寺)籍〕
(865～870)
　　2)大乘寺　3)神沙鄉　4)尼名「覺用」。

04340 吳嬌々 ·················· S02669
〔管內尼寺(安國寺・大乘寺・聖光寺)籍〕
(865～870)
　　2)大乘寺　3)神沙鄉　4)尼名「勝惠」。

04341 吳嬌々 ·················· S02669
〔管內尼寺(安國寺・大乘寺・聖光寺)籍〕
(865～870)
　　2)大乘寺　3)慈惠鄉　4)尼名「妙覺」。

04342 吳嬌子 ·················· S02669
〔管內尼寺(安國寺・大乘寺・聖光寺)籍〕
(865～870)
　　2)聖光寺　3)慈惠鄉　4)尼名「法正」。

04343 吳緊哥 ·················· P3234v⑧
〔某寺西倉豆破曆〕 (940年代)

04344 吳猣奴 ·················· P2488v
〔吳氾奴自手書記之身雜寫?〕 辛卯年正月八日 (991)

04345 吳君奴 ·················· S03287v
〔戶口田地申告牒〕 子年五月 (832 or 844)

04346 吳君寧 ·················· P2738v
〔社司轉帖(寫錄)〕 二月廿五日 (9C後期)

04347 吳圭娘 ·················· S02669
〔管內尼寺(安國寺・大乘寺・聖光寺)籍〕
(865～870)
　　2)大乘寺　3)神沙鄉　4)尼名「最嚴」。

04348 吳慶子 ·················· P4640v
〔官入破曆〕 己未年六月 (899)
　　1)衙官

04349 吳慶子 ·················· S06010
〔衙前第六隊轉帖〕 九月七日 (900前後)
　　1)(宅官)

04350 吳慶順 ·················· P2621v
〔甲午役人名目〕 甲午年? (934?)

04351 吳慶順 ·················· P3150
〔契約文書〕 癸卯年十月廿八日 (943?)
　　1)(万昇・慶信)兄　3)慈惠鄉

04352 吳慶信 ················· P3150
〔契約文書〕 癸卯年十月廿八日 (943?)
　1)(慶順)弟・(万昇)弟　3)慈惠鄉

04353 吳慶進 ················· P3145
〔社司轉帖〕 戊子年閏五月 (988?)

04354 吳慶戚? ··············· P3418v⑥
〔洪閏鄉缺枝夫戶名目〕 (9C末～10C初)
　1)僧　3)洪閏鄉　4)原作「僧吳慶戚?」。

04355 吳敬賢 ················· S02669
〔管內尼寺(安國寺・大乘寺・聖光寺)籍〕
(865～870)
　2)大乘寺　3)神沙鄉　4)姓「吳」。俗名「威々」。

04356 吳瓊 ·················· P3491piece3
〔突田名簿〕 (9C前期)

04357 吳瓊岳 ················· P3730v
〔契〕 未年四月三日 (9C前期)
　1)僧　2)永壽寺

04358 吳瓊□ ················· S05822
〔地子曆〕 寅年 (8C後期?)

04359 吳賢威 ················· S06204①
〔隊轉帖〕 (10C前後)

04360 吳賢信 ················· P3153
〔租地契〕 天復四年甲子七月十七日 (904)
　4)舊P3155v。

04361 吳賢信? ··············· P3718
〔雜寫〕 (920～940年代)
　1)押衙

04362 吳元信 ················· P4640v
〔官入破曆〕 辛酉年二月 (901)
　1)客司押衙

04363 吳嚴覺 ················· S02669
〔管內尼寺(安國寺・大乘寺・聖光寺)籍〕
(865～870)
　2)大乘寺　3)神沙鄉　4)姓「吳」。俗名「寵」。

04364 吳嚴々 ················· S02669
〔管內尼寺(安國寺・大乘寺・聖光寺)籍〕
(865～870)
　2)大乘寺　3)燉煌鄉　4)尼名「戒宗」。

04365 吳彥松 ················· S01845
〔納贈曆〕 丙子年四月十七日 (976?)

04366 吳光 ·················· S11454A
〔牧羊破曆計會〕 癸酉～乙亥年 (793～795)

04367 吳光 ·················· S11454G
〔白羖羯等算會簿〕 從酉年四月十五日至亥年閏八月五日 (793～795)
　1)左三?

04368 吳光璨 ················· BD09341(周62)
〔社司轉帖〕 閏四月三日 (10C後期)

04369 吳公圭 ················· S02669
〔管內尼寺(安國寺・大乘寺・聖光寺)籍〕
(865～870)
　2)大乘寺　3)神沙鄉　4)尼名「覺賢」。

04370 吳幸懷 ················· Дx05699
〔社司?轉帖〕 二申年四月六日 (10C中期)

04371 吳幸松 ················· BD16509A
〔延晟人名一本〕 (9C前期)

04372 吳幸通 ················· P3045
〔佛說多心經〕 天福五年庚子歲十月十六日
(940)

04373 吳孔目 ················· BD00342(宙42)
〔阿毗達磨大毗婆沙論卷第82(允廢稿)〕
(10C?)
　1)孔目　4)欄外書入。則天文字。

04374 吳孔目 ················· P3240②
〔付㕮曆〕 壬寅年七月十六日 (1002)
　1)孔目

04375 吳孔目 ················· P3440
〔見納賀天子物色人名〕 丙申年三月十六日
(996)
　1)孔目

04376 吳興子 ················· P3396
〔沙州諸渠別粟田名目〕 (10C後期)

04377 吳興子 ················· 莫第305窟
〔供養人題記〕 (10C前期)
　1)慈悲寶函〔山〕寺清信佛弟子　2)慈悲寶函〔山〕寺　4)原作「慈悲寶函寺請信佛弟子吳興子一心供養」。西壁。《燉》p.126。《謝》p.180。

04378 吳苟奴 ……………… BD00210(宇10)
〔天地八陽神咒經〕 癸未年八月廿日 (863 or 923)
　　4)原作「癸未年八月廿日吳苟奴自手書記之耳」。

04379 吳苟奴 ……………… BD09370v②(周91)
〔人名目〕 (9～10C)

04380 吳行者 ……………… BD05308v(光8)
〔雜寫〕 (10C)
　　1)行者　4)原作「押衙吳行者」。

04381 吳黑二 ……………… S02214
〔官府雜帳(名籍・黃麻・地畝・地子等曆)〕(860?)

04382 吳骨子 ……………… P3396
〔沙州諸渠別粟田名目〕 (10C後期)

04383 吳再住 ……………… S01285
〔賣宅契〕 清泰三年丙申十一月十三日 (936)
　　1)見人

04384 吳再昇 ……………… P2040v③-12
〔淨土寺布入曆〕 (939)
　　1)車頭　2)淨土寺

04385 吳再昌? ……………… P3721v②
〔兄(見)在巡禮都官都頭名牒〕 庚辰年正月十五日 (980)

04386 吳再昌 ……………… P3721v③
〔冬至自斷官員名〕 己卯年十一月廿六日 (979)

04387 吳再昌 ……………… S05647
〔養男契(册子本)文籍〕 (10C)
　　1)百姓・(養)男

04388 吳再成 ……………… P2032v②-6
〔淨土寺麵黃麻豆布等破曆〕 (940前後)
　　2)淨土寺

04389 吳再通 ……………… S03011v③
〔雇傭契(寫)〕 辛酉年十二月十五日 (901 or 961)
　　1)百姓　3)慈惠鄉

04390 吳再德 ……………… Дx05699
〔社司?轉帖〕 □申年四月六日 (10C中期)

04391 吳再富 ……………… Дx02956②
〔諸家上缺便勿名目〕 甲申年二月四日 (984 or 924)
　　1)押衙

04392 吳最嚴 ……………… S02669
〔管內尼寺(安國寺・大乘寺・聖光寺)籍〕(865～870)
　　2)大乘寺　3)神沙鄉　4)姓「吳」。俗名「圭娘」。

04393 吳最勝燈 ……………… S02669
〔管內尼寺(安國寺・大乘寺・聖光寺)籍〕(865～870)
　　2)大乘寺　3)燉煌鄉　4)姓「吳」。俗名「歸〻」。

04394 吳山子 ……………… 杏・羽063
〔神沙鄉百姓吳山子便麥粟契〕 某年某月一日 (10C)
　　1)百姓　3)神沙鄉　4)原作「便物人兄吳山子世八」。「左手中指印」5字記。

04395 吳山兒 ……………… BD16282A(L4124)
〔送刺文書〕 (9～10C)
　　1)車頭?　4)原作「車頭曹弘定,語吳山兒已上／二人共刺一車,於宋家立送／油者」。

04396 吳子昇 ……………… S01845
〔納贈曆〕 丙子年四月十七日 (976?)

04397 吳師 ……………… Дx01428
〔某寺諸色斛㪷破曆〕 (10C中期)

04398 吳師子 ……………… BD09472v①～③(發92)
〔龍興寺索僧正等五十八人就唐家蘭若請賓頭盧文〕 (8～9C)
　　2)靈修(寺)　3)沙州

04399 吳思寂 ……………… S02669
〔管內尼寺(安國寺・大乘寺・聖光寺)籍〕(865～870)
　　2)大乘寺　3)神沙鄉　4)姓「吳」。俗名「龍女」。

04400 吳氏 ……………… 莫第265窟
〔供養人題記〕 (10C前期)
　　1)施主阿婆　4)原作「施主阿婆吳氏一心供養」。北壁。《燉》p. 112。《謝》p. 315。

04401 吳慈□ ……………… Дx06006＋Дx11096v
〔雜寫〕 (10C)
　　1)沙彌　2)報恩寺　4)原作「今月十三日報恩寺沙彌吳慈□一心供養」。

04402 吳闍梨 …………… BD07278(帝78)
〔四分律卷55兌紙(末雜寫2行)〕 (9C?)
　1)闍梨

04403 吳闍梨 …………… P4518㊳
〔往西天取經僧圖一軀〕 (10C)
　1)闍梨

04404 吳闍梨 …………… P.tib1261v②
〔諸寺僧尼支給穀物曆〕 (9C前期)

04405 吳闍梨 …………… P.tib1261v③
〔諸寺僧尼支給穀物曆〕 (9C前期)
　1)闍梨

04406 吳闍梨 …………… P.tib1261v④
〔諸寺僧尼支給穀物曆〕 (9C前期)
　1)闍梨

04407 吳闍梨 …………… P.tib1261v⑤
〔諸寺僧尼支給穀物曆〕 (9C前期)
　1)闍梨

04408 吳闍梨 …………… P.tib1261v⑥
〔諸寺僧尼支給穀物曆〕 (9C前期)

04409 吳闍梨 …………… P.tib1261v⑦
〔諸寺僧尼支給穀物曆〕 (9C前期)
　1)闍梨

04410 吳闍梨 …………… P.tib1261v⑩
〔諸寺僧尼支給穀物曆〕 (9C前期)

04411 吳闍梨 …………… P.tib1261v⑫
〔諸寺僧尼支給穀物曆〕 (9C前期)
　1)僧・闍梨

04412 吳闍梨 …………… S01607v
〔解僧正開七齋僧數(貼付紙)〕 (9C?)
　1)闍梨

04413 吳闍梨 …………… S05139v②
〔社司轉帖(寫錄)〕 四月十三日 (10C前期)
　1)闍梨

04414 吳闍梨 …………… Дx07224
〔乾?明寺小祥追念設供疏〕 (10C後期)
　1)闍梨　2)〔乾〕明寺

04415 吳守眞 …… 清涼寺釋迦像封藏摺本
〔金剛般若經末〕 雍熙二年六月日記 (985)
　1)(高郵軍)弟子

04416 吳儒賢 …………… P3691
〔新集吉凶書儀1卷勘訖(首題),學士郎吳儒賢詩記寫耳,讀誦〕 天福五年庚子歲二月十六日 (940)
　1)學士郎

04417 吳儒賢 …………… S02710①
〔王梵志詩1卷(尾題)〕 清泰四年丁酉歲十二月 (937)

04418 吳收 …………… BD09324(周45)
〔某寺諸色入破歷〕 戊年 (8C末～9C前期)

04419 吳醜兒 …………… Дx11072
〔社司轉帖(建福)〕 正月五日 (10C後期)

04420 吳醜奴 …………… P2856v②
〔副僧統下燉煌敎團諸寺百姓輸納粗草抄錄〕 景福二年癸丑歲十月十一日 (893)
　1)東團(担當)

04421 吳什得 …………… P3384
〔戶籍(殘)〕 大順二年辛亥正月一日 (891)

04422 吳什得 …………… P3418v①
〔□□鄉缺枝夫戶名目〕 (9C末～10C初)
　3)□□鄉

04423 吳什德 …………… S05813＋S05831
〔社司轉帖〕 二月十八日 (9C前期)

04424 吳住兒 …………… BD16317(L4409)
〔行人轉帖〕 (10C)

04425 吳住兒 …………… P2049v②
〔淨土寺諸色入破曆計會牒〕 長興二年正月 (930～931)

04426 吳住兒 …………… S03011v③
〔雇傭契(寫)〕 辛酉年十二月十五日 (901 or 961)
　1)百姓　3)慈惠鄉

04427 吳住兒 …………… S06130
〔諸人納布曆〕 (10C)

04428 吳?住?通 ……… BD09345①(周66)
〔安醜定妻亡社司轉帖〕 辛酉年四月廿四日 (961?)
　2)顯德寺門

04429 吳住奴 ·················· Дx05699
〔社司?轉帖〕 □申年四月六日 （10C中期）

04430 吳叔慶 ·················· P4640v
〔官入破曆〕 辛酉?年九月十五日 （901?）

04431 吳俊兒 ·················· P4550
〔般若波羅蜜多心經〕 丙戌年七月廿三日
（926?）
　1）書人　4）題記「丙戌年七月廿三日書人吳俊兒
　記之耳,後有人□」。

04432 吳像阿婆 ················ P5021D
〔付物曆〕 （9C末～10C初）

04433 吳像子 ·················· P2032v③
〔淨土寺諸色破曆〕 （944前後）
　2）淨土寺

04434 吳像子 ·················· P3894v
〔人名錄等雜抄〕 （900前後）

04435 吳勝惠 ·················· S02669
〔管内尼寺(安國寺・大乘寺・聖光寺)籍〕
（865～870）
　2）大乘寺　3）神沙郷　4）姓「吳」。俗名「嬌々」。

04436 吳小和 ·················· Дx01408
〔効穀郷百姓康滿奴等地畝曆〕 （9C末）
　3）効穀郷

04437 吳昇子 ·················· S01845
〔納贈曆〕 丙子年四月十七日 （976?）

04438 吳昌子 ·················· P3721v①
〔平康郷堤上兄(見)點得人名目〕 庚辰年三月
廿二日 （980）
　3）平康郷

04439 吳昌子 ·················· S01845
〔納贈曆〕 丙子年四月十七日 （976?）

04440 (吳)章六 ················· Дx00084
〔通頰百姓吳員宋佃種契〕 某年某月一日
（9C）
　1）換地人男・(吳員宋)男　3）通頰郷　4）⇒章
　六。

04441 吳上座 ·················· P3875B
〔某寺修造諸色破曆〕 丙子年八月廿七日
（916 or 976?）
　1）上座

04442 吳上座 ·················· S11389D
〔不禮佛僧名目及罰豆升數〕 （9C後期）
　1）上座

04443 吳信果 ·················· P3167v
〔安國寺道場司關于(五尼寺)沙彌戒訴狀〕
乾寧二年三月 （895）
　2）聖光寺　4）⇒信果。

04444 吳信々 ·········· BD09370v②（周91）
〔人名目〕 （9～10C）

04445 吳信德 ·················· P3396v
〔沙州諸渠別苽薗名目〕 （10C後期）

04446 吳眞 ·············· BD04351v（出51）
〔大順三年僧惠通狀及吳眞判〕 大順三年正月
日 （892）
　1）僧

04447 吳神奴 ············ BD04698v（劍98）
〔翟信子等三人狀及判詞〕 甲戌年（～丁丑
年）（974～977?）
　1）金銀匠?）

04448 吳進通 ·················· S06452⑥
〔常住庫黃麻出便與人名目〕 壬午年 （982）
　2）淨土寺

04449 吳清々 ·················· 北大D162v
〔道場施物疏〕 辰年正月十五日 （836?）
　1）弟子

04450 吳清奴 ··········· BD15249v③（新1449）
〔某家榮親客目〕 （10C後期）
　4）原作「吳清奴及長泰八娘子」。

04451 吳清奴 ············ BD16021A（L4018）
〔永寧坊巷社扶佛人名目〕 （10C）
　3）永寧坊

04452 吳清奴 ·················· P3108v②
〔三官?便社人黃麻曆〕 己未年二月十日 （899
or 956）

04453 吳清奴 ·················· S01845
〔納贈曆〕 丙子年四月十七日 （976?）

04454 吳生 ··············· BD16128A（L4067）
〔社人名目〕 （10C）

04455 吳切鉢滿 ············ S08445＋S08446
　〔紫亭羊數名目〕　辛亥年　(951)

04456 吳切鉢滿 ················ S08448Bv
　〔紫亭羊數名目〕　(940頃)

04457 吳節?通 ···················· Дx11073
　〔渠人轉帖〕　正月五日　(975年代以降)

04458 吳節□ ······················ Дx11072
　〔社司轉帖(建福)〕　正月五日　(10C後期)

04459 吳全 ···················· IOL.T.J298b
　〔羅織人張鸞々訴訟狀〕　(821頃)

04460 吳全 ························· S05812
　〔令狐大娘爲田宅糾訴狀〕　丑年八月　(821)

04461 吳善集 ······················· S06010
　〔衙前第六隊轉帖〕　九月七日　(900前後)
　　1)宅官

04462 吳善住 ······················ Дx11096
　〔供養文(1行雜寫)〕　令月十三日　(9〜10C)
　　1)沙彌　4)原作「令月十三日報恩寺沙彌吳善住
　　一心供養」。

04463 吳善信 ······················ S02729①
　〔燉煌應管勘牌子歷〕　辰年三月　(788)
　　1)僧　3)沙州・潘原堡　4)52行目。

04464 吳善友 ············ BD16111o(L4066)
　〔人名目〕　(10C)

04465 吳僧子 ······················ P3231⑥
　〔平康鄉官齋曆〕　乙亥年九月廿九日　(975)
　　3)平康鄉

04466 吳僧子 ······················ P3231⑦
　〔平康鄉官齋曆〕　丙子年五月十五日　(976)
　　3)平康鄉

04467 吳僧子 ····················· P3721v①
　〔平康鄉堤上兄(見)點得人名目〕　庚辰年三月
　　廿二日　(980)
　　3)平康鄉

04468 吳僧子 ························ S01845
　〔納贈曆〕　丙子年四月十七日　(976?)
　　1)僧

04469 吳僧政 ······················ P2032v③
　〔淨土寺諸色破曆〕　(944前後)
　　1)僧政　2)淨土寺

04470 吳僧政 ······················ P2032v④
　〔淨土寺西倉斛㪷破曆〕　乙亥年　(939)
　　1)僧政　2)淨土寺

04471 吳僧政 ··················· P2032v⑳-4
　〔淨土寺麵黃麻豆布等破曆〕　(940前後)
　　1)僧政　2)淨土寺

04472 吳僧政 ························ P2054v
　〔疏請僧官文〕　(10C)
　　1)僧政

04473 吳僧政 ······················ P2250v①
　〔龍興寺僧唱布曆〕　(925?)
　　1)僧政　2)龍興寺

04474 吳僧政 ······················ P2680v⑧
　〔付經曆〕　丙申年四月十七日　(936)
　　1)僧政

04475 吳僧政 ······················ P3234v⑩
　〔某寺西倉粟破曆〕　(940年代)
　　1)僧政

04476 吳僧政 ························ S00520
　〔報恩寺方等道場榜〕　(9C末〜925以前)
　　1)僧政　4)有「河西都僧院」印。

04477 吳僧政 ························ S05648
　〔雜寫〕　(10C)
　　4)原作「智無邊吳僧政買馬兩疋, 廻買壹疋者」。

04478 吳僧統 ···················· P2040v②-1
　〔淨土寺勝淨等手下諸色入曆〕　乙巳年正月廿
　　七日以後　(945以降)
　　2)淨土寺

04479 吳僧統 ······················ P3234v⑯
　〔淨土寺布入曆〕　(940年代?)
　　1)僧統　2)淨土寺

04480 吳僧統 ······················· P4640④
　〔大蕃沙州釋門教授和尙洪辯修功德碑〕　大
　　中五年　(851)
　　1)僧統

04481 吳僧統 ························ S01947v
　〔管內寺產調查〕　咸通四年癸未　(853 or 863)
　　1)僧統

04482 吳僧統 ······················ S05927v①
　〔某寺諸色斛㪷破曆〕　戌年　(吐蕃期)

04483 吳僧統 ·················· S06330
〔破曆〕（10C中期）
　　1) 僧統　4) 原作「歲日祭饗吳僧統用」。

04484 吳足々 ·················· S02669
〔管內尼寺（安國寺・大乘寺・聖光寺）籍〕
（865〜870）
　　2) 大乘寺　3) 神沙鄉　4) 尼名「智花」。

04485 吳隊頭 ················ S04504v④
〔行人轉帖〕　七月三日　（10C前期）
　　1) 隊頭

04486 吳頰奴 ················ S02894v⑤
〔社司轉帖〕　（10C後期）

04487 吳大眼? ·············· Дx10269
〔諸人貸便粟麥曆〕（10C）

04488 吳大娘 ················ Дx02151A
〔便衫契〕　廣德二年五月廿九日　（764）
　　1) 便衫人　4) 41歲。

04489 吳達悒 ··················· S04295v
〔雜記〕　開寶肆年壬申歲四月六日　（971 or 972）
　　1) 押衙知三司書手　4) 原作「押衙知三司書手吳達悒」。

04490 吳智寶 ·················· S02669
〔管內尼寺（安國寺・大乘寺・聖光寺）籍〕
（865〜870）
　　2) 大乘寺　3) 神沙鄉　4) 姓「吳」。俗名「福々」。

04491 吳丑兒 ················ Дx11073
〔渠人轉帖〕　正月五日　（975年代以降）

04492 吳丑成 ················ Дx06064v
〔人名目〕（10C）

04493 吳忠信 ·················· S10530
〔納贈曆?（殘）〕　（9C前期?）

04494 吳寵子 ·················· S02669
〔管內尼寺（安國寺・大乘寺・聖光寺）籍〕
（865〜870）
　　2) 大乘寺　3) 神沙鄉　4) 尼名「嚴覺」。

04495 吳通 ··················· S03287v
〔戶口田地申告牒〕　子年五月　（832 or 844）

04496 吳通子 ················ P3418v⑤
〔某鄉缺枝夫戶名目〕　（9C末〜10C初）

04497 吳通々 ················· S03877v
〔賣地契〕　天復九年己巳十月七日　（909）

04498 吳定延 ················· 北大D215
〔見在僧名〕　廿六日　（10C後期）

04499 吳定戎 ············· BD01866v（秋66）
〔丑兒達左右缺闊他人名目〕　□年八月十三日　（9〜10C）

04500 吳定戎 ·················· BD16562
〔丑兒達左右決缺他人名目〕　卯年八月十三日　（9〜10C）

04501 吳定戎 ··················· S06330
〔破曆〕（10C中期）

04502 吳定戎 ················· Дx05699
〔社司?轉帖〕　二申年四月六日　（10C中期）
　　1) 錄事

04503 吳定德? ············ BD16025（L4018）
〔人名目〕（10C）

04504 吳鐵盈 ················· Дx05699
〔社司?轉帖〕　二申年四月六日　（10C中期）

04505 吳鐵子 ··················· S03982
〔月次人名目〕　乙丑年十月　（965）

04506 吳鐵子 ·················· Дx01433
〔某寺入破曆計會〕（10C）
　　4) 原作「（布）壹拾玖尺吳鐵子車頭施入」。

04507 吳鐵子 ················· Дx05699
〔社司?轉帖〕　二申年四月六日　（10C中期）

04508 吳都衙 ·············· S05465②-2
〔社關係破曆〕　庚辰年三月十四日　（980）
　　1) 都衙

04509 吳都頭 ············· BD14806③（新1006）
〔歸義軍官府貸油麵曆〕　庚午年?三月十二日　（970?）
　　1) 皮?庫・都頭

04510 吳都頭 ·················· S01163v
〔轉帖（雜寫）〕　庚戌年五月六日　（950）
　　1) 都頭　4) 別稿習字有「庚戌年五月六日」。

04511 吳都了〔料?〕･････････････ P3875B
　〔某寺修造諸色破曆〕　丙子年八月廿七日
　(916 or 976?)
　　1)都了

04512 吳都料?････････････････ P3396
　〔沙州諸渠別粟田名目〕　(10C後期)
　　1)都料

04513 吳翰 ･･････････････････ S04298v①
　〔狀上〕　(10C)
　　1)金紫光祿大夫檢校尙書左僕射太府卿判四方
　　館事上柱國　4)原作「金紫光祿大夫檢校尙書左
　　僕射太府卿判四方館事上柱國吳翰狀上」。

04514 吳德信 ････････････････ P2032v①-1
　〔淨土寺麥入曆〕　(944前後)
　　2)淨土寺

04515 吳德信 ････････････････ P3234v③-70
　〔惠安惠戒手下便物曆〕　甲辰年　(944)

04516 吳能子 ････････････････ S02669
　〔管內尼寺(安國寺・大乘寺・聖光寺)籍〕
　(865〜870)
　　2)大乘寺　3)神沙鄉　4)尼名「福賢」。

04517 吳鉢〻 ････････････････ P3418v⑦
　〔慈惠鄉缺枝夫戶名目〕　(9C末〜10C初)
　　3)慈惠鄉

04518 吳判(官) ･･･････････････ BD08172v(乃72)
　〔社司轉帖(習書・殘)〕　癸未年頃　(923頃?)
　　1)判官

04519 吳判官 ････････････････ P2776v
　〔破曆(某僧寺食物曆)〕　(10C)
　　1)判官

04520 吳判官 ････････････････ P3638
　〔沙彌善勝點檢常住什物見在曆〕　辛未年
　(911)
　　1)判官

04521 吳判官 ････････････････ P4958piece3
　〔當寺轉帖(殘)〕　(10C前期)
　　1)判官

04522 吳判官 ････････････････ P.tib1118v
　〔磑家納磑稞(課)等麥曆〕　(9C前期)
　　1)判官

04523 吳判官 ････････････････ S10530
　〔納贈曆?(殘)〕　(9C前期?)
　　1)判官

04524 吳品子 ････････････････ S02669
　〔管內尼寺(安國寺・大乘寺・聖光寺)籍〕
　(865〜870)
　　2)大乘寺　3)神沙鄉　4)尼名「覺緣」。

04525 吳富員 ････････････････ P3412v
　〔渠人轉帖〕　壬午年正月十五日　(982)

04526 吳富員 ････････････････ S06123
　〔渠人轉帖〕　戊寅年六月十四日　(978)
　　2)普光寺

04527 吳富盈 ････････････････ P3636piece2
　〔社戶吳懷實便契〕　丁酉年五月廿五日　(937)
　　1)口承男・(吳懷實)男

04528 吳富盈 ････････････････ S06003
　〔社司轉帖〕　壬申年七月廿九日　(972)

04529 吳富盈 ････････････････ Дx01317
　〔衙前第一隊轉帖〕　二月六日　(10C中期)

04530 吳富盈 ････････････････ Дx05699
　〔社司?轉帖〕　二申年四月六日　(10C中期)

04531 吳富子 ････････････････ S00527
　〔女人社再立條件憑〕　顯德六年己未歲正月三
　日　(959)

04532 吳富保 ････････････････ Дx04278
　〔十一鄉諸人付麵數〕　乙亥年四月十一(日)
　(915? or 975)
　　3)神沙鄉

04533 吳富□ ････････････････ Дx05699
　〔社司?轉帖〕　二申年四月六日　(10C中期)

04534 吳福惠 ････････････････ P3167v
　〔安國寺道場司關于(五尼寺)沙彌戒訴狀〕
　乾寧二年三月　(895)
　　2)聖光寺?

04535 吳福〻 ････････････････ S02669
　〔管內尼寺(安國寺・大乘寺・聖光寺)籍〕
　(865〜870)
　　2)大乘寺　3)神沙鄉　4)尼名「智寶」。

04536 吳佛?奴 ・・・・・・・・・・・・・ P3418v⑦
〔慈惠鄉缺枝夫戶名目〕（9C末～10C初）
　3）慈惠鄉

04537 吳佛婢 ・・・・・・・・・・・・・・・ P3150
〔契約文書〕癸卯年十月廿八日（943?）
　3）慈惠鄉

04538 吳文建 ・・・・・・・・・・・・・・・ P2738v
〔社司轉帖（寫錄）〕二月廿五日（9C後期）

04539 吳文?子 ・・・・・・・・・・・・・ Дx03946v
〔缺粟麥人名目〕（10C）

04540 吳文佺 ・・・・・・・・・ BD16113c(L4066)
〔地畝文書〕（10C）

04541 吳文達 ・・・・・・・・・・・・・・ P3705v
〔人名錄雜記〕中和二年頃（882?）

04542 吳文通 ・・・・・・・・・・・・・ P3418v⑨
〔効穀鄉缺枝夫戶名目〕（9C末～10C初）
　3）効穀鄉

04543 吳平水 ・・・・・・・・ S10273＋S10274＋
S10276＋S10277＋S10279＋S10290
〔出便麥與人名目〕丁巳年二月一日（957?）
　4）存二個所。

04544 吳平水妻 ・・・・・・・ S10273＋S10274＋
S10276＋S10277＋S10279＋S10290
〔出便麥與人名目〕丁巳年二月一日（957?）
　4）存二個所。

04545 吳保安 ・・・・・・・・・・・・・・ S02071v
〔諸處分得王買德等承料地狀〕（8C後期?）
　3）洪池鄉？　4）R面爲「切韻」（8C）。

04546 吳保盈 ・・・・・・・・・・・・・・・ P3396
〔沙州諸渠別粟田名目〕（10C後期）

04547 吳保盈 ・・・・・・・・・・・・・・・ S11358
〔部落轉帖〕（10C後期）

04548 吳保興 ・・・・・・・・・・・・・・ S08088v
〔人名雜寫〕（10C）

04549 吳保子 ・・・・・・・・・・・・・・・ S05845
〔郭僧政等貸油麵廊曆〕己亥年二月十七日
（939）

04550 吳保住 ・・・・・・・・・・・・・・ P3236v
〔燉煌鄉官布籍〕壬申年三月十九日（972）
　3）燉煌鄉

04551 吳保住 ・・・・・・・・・・・・・・・ P3579
〔百姓吳保住牒〕雍熙五年戊子歲（988）
　1）百姓　3）神沙鄉

04552 吳保住 ・・・・・・・・・・・・・ Дx00084
〔通頰百姓吳員宋佃種契〕某年某月一日
（9C）
　1）(換)地人・押衙

04553 吳保昌 ・・・・・・・・ BD16021c(L4018)
〔永寧坊巷社扶佛人名目〕（9C後期～10C中期）
　3）永寧坊

04554 吳保昌 ・・・・・・・・ BD16363A(L4446)
〔社司轉帖〕戌申年（948?）

04555 吳保昌 ・・・・・・・・・・・・・ P3721v①
〔平康鄉堤上兄(見)點得人名目〕庚辰年三月
廿二日（980）
　3）平康鄉

04556 吳保昌 ・・・・・・・・・・・・・・・ S01845
〔納贈曆〕丙子年四月十七日（976?）

04557 吳保通 ・・・・・・・・・・・・・・・ S06003
〔社司轉帖〕壬申年七月十九日（972）

04558 吳保德 ・・・・・・・・・・・・・ P3721v①
〔平康鄉堤上兄(見)點得人名目〕庚辰年三月
廿二日（980）

04559 吳保德 ・・・・・・・・・・・・・・・ S01845
〔納贈曆〕丙子年四月十七日（976?）
　1）押衙

04560 吳保德 ・・・・・・・・・・・・・・・ S03048
〔東界羊籍〕丙辰年（956）
　1）牧羊人

04561 (吳)保德 ・・・・・・・・・・・・ Дx00084
〔通頰百姓吳員宋佃種契〕某年某月一日
（9C）
　1）換地人男・(吳員宋)男　4）⇒保德。

04562 吳法 ・・・・・・・・・・ BD15174v(新1374)
〔社司轉帖〕（10C後期）
　4）V面有「丁卯年正月一日金光明寺僧玄教顗世
音菩薩經一卷」之一文。

04563 吳法師 ･･････････････････ P4981
　〔當寺轉帖〕　閏三月十三日　（961）
　　1）法師

04564 吳法闍梨 ････････････････ S02447v③
　〔經坊文〕　癸丑年九月廿六日　（833）
　　1）闍梨　4）R面爲「請阿毗達磨大毗寧沙論」等。

04565 吳法峻 ･･････････････････ S02729①
　〔燉煌應管勘牌子歷〕　辰年三月　（788）
　　1）僧　2）乾元寺　3）沙州　4）22行目。

04566 吳法正 ･･････････････････ S02669
　〔管内尼寺（安國寺・大乘寺・聖光寺）籍〕
　（865〜870）
　　2）聖光寺　3）慈惠鄉　4）姓「吳」。俗名「嬌子」。

04567 吳法律 ･･････････････････ BD07384（鳥84）
　〔杜都督等書幡等書支領麥布歷〕　丑年〜未
　年　（821〜827 or 833〜839）
　　1）法律

04568 吳法律 ････････････････ P2049v②
　〔淨土寺諸色入破歷計會牒〕　長興二年正月
　（930〜931）
　　1）法律

04569 吳法律 ････････････････ P2049v②
　〔淨土寺諸色入破歷計會牒〕　長興二年正月
　（930〜931）
　　1）亡弟・法律

04570 吳法律 ･･････････････････ P3152
　〔陳守定請僧設供疏〕　淳化三年八月日　（992）
　　1）法律

04571 吳法律 ･･････････････････ P3218
　〔時年轉帖〕　八月廿二日　（975以降）
　　1）法律　2）龍興寺

04572 吳法律 ･･････････････････ P3234v①
　〔應慶於願達手上入曆〕　（10C前期）
　　1）法律

04573 吳法律 ･･････････････････ P3234v②
　〔應慶於願達手上入曆〕　壬寅年正月一日
　（942）
　　1）法律

04574 吳法律 ･･････････････････ P4887
　〔袁僧定弟亡納贈歷〕　己卯年八月廿四日
　（919 or 979）
　　1）法律

04575 吳法律 ･･････････････････ P4981
　〔當寺轉帖〕　閏三月十三日　（961）
　　1）法律　4）原作「小吳法律」。

04576 吳法律 ･･････････････････ S03156①
　〔時年轉帖〕　己卯年十二月十六日　（979）
　　1）法律　2）龍興寺

04577 吳法律 ･･････････････････ S04211
　〔寫經關係文書〕　壬辰年四月十一日　（932）
　　1）法律

04578 吳法律 ･･････････････････ S04657①
　〔破曆〕　（10C後期）
　　1）法律　2）顯德寺

04579 吳法律 ･･････････････････ S04657②
　〔破曆〕　（970〜990年代）
　　1）法律　2）金光明寺　4）亡納。

04580 吳法律 ･･････････････････ S04687r.v
　〔佛會破曆〕　（9C末〜10C前期）
　　1）法律

04581 吳法律 ･･････････････････ S05406
　〔僧正法律徒衆轉帖〕　辛卯年四月十四日
　（991）
　　1）法律　4）原作「小吳法律」。

04582 吳法律 ･･････････････････ S05406
　〔僧正法律徒衆轉帖〕　辛卯年四月十四日
　（991）
　　1）法律

04583 吳法律 ･･････････････････ Дx02146
　〔請諸寺和尙僧政法律等名錄〕　（10C?）
　　1）法律　2）淨土寺？

04584 吳法律 ･･････････････････ Дx11196
　〔渠人轉帖〕　十月九日　（983）
　　1）法律

04585 吳法律 ･･････････････････ 沙文補31
　〔社貸曆〕　辛巳六月十六日　（921 or 981）
　　1）法律

04586 吳万昇 ･･････････････････ P3150
　〔契約文書〕　癸卯年十月廿八日　（943?）
　　1）(慶順)弟・(慶信)兄　3）慈惠鄉

04587 吳万通 ･･････････････････ P2633v
　〔貸絹契(殘)〕　辛巳年　（921 or 981）
　　3）慈惠鄉

04588　吳妙覺 ……………………… S02669
〔管內尼寺(安國寺・大乘寺・聖光寺)籍〕
(865～870)
　　2)大乘寺　3)慈惠鄉　4)姓「吳」。俗名「嬌々」。

04589　吳勿昌?〔冒?〕 …………… S05486②
〔社司轉帖〕　壬寅年六月九日　(942)

04590　吳勿成 ……………………… P2953v
〔便麥豆本曆〕　(10C)
　　4)同街。

04591　吳友慶 ……………………… S02009
〔官府什物交割曆〕　(10C後期)

04592　吳友々 ……………………… S03877v②
〔賣舍契(寫)〕　乾寧四年丁巳正月廿九日
(897)

04593　吳姚殘子 …………………… S06327
〔借絹抄〕　某年九月十三日　(9～10C)

04594　吳律 ……………………… Дx05534
〔禮佛見到僧等人名目〕　廿日夜　(10C)
　　4)原作「大吳律」。

04595　吳流々 ……………………… P3249v
〔將龍光顏等隊下人名目〕　(9C中期)

04596　吳留嗣 ……………………… S10530
〔納贈曆?(殘)〕　(9C前期?)

04597　吳留住 ……………………… P2032v⑯-4
〔淨土寺粟利閏入曆〕　(940前後)
　　2)淨土寺

04598　吳留住 ……………………… Дx06695
〔諸人便(領)粟曆〕　(10C前中期)

04599　吳留得 ……………………… P3418v③
〔某鄉缺枝夫戶名目〕　(9C末～10C初)

04600　吳留德 ……………………… Дx01418
〔燉煌諸鄉別便豆曆〕　(10C)

04601　吳龍女 ……………………… S02669
〔管內尼寺(安國寺・大乘寺・聖光寺)籍〕
(865～870)
　　2)大乘寺　3)神沙鄉　4)尼名「思寂」。

04602　吳老宿 ……………………… S02607v
〔金光明寺?常住什物點檢見在曆〕　(9C後期)
　　1)老宿

04603　吳?老宿 ……………………… 杏・羽677
〔入破歷算會(殘)〕　癸酉・甲戌二年　(973・
974)
　　1)老宿

04604　吳郎文 ……………… BD09338①(周59)
〔索滿子祭故姊故夫吳郎文(寫)〕　癸?未年正
月朔廿三日　(8～9C)

04605　吳和君 ……………………… S00323
〔團頭名目〕　大順二年　(891)
　　1)團頭

04606　吳和尚 …………… BD14676(新0876)
〔靈圖寺所藏點檢諸經論疏曆〕　咸通六年正月
三日　(865)
　　1)和尚　2)靈圖寺

04607　吳和尚 ……………………… P2032v⑫
〔淨土寺諸色破曆〕　(940前後)
　　1)和尚　2)淨土寺

04608　吳和尚 ……………………… P2913v③
〔大唐燉煌譯經三藏吳和尚邈眞讚〕　咸通十年
歲次乙丑七月廿八日　(869)
　　1)和尚

04609　吳和尚 ……………………… P4660㉕
〔大唐沙州譯經三藏大德吳和尚邈眞讚〕
(9C)
　　1)和尚　4)原作「張球撰恆安題」。

04610　吳和尚 ……………………… P4660㉛
〔故吳和尚讚〕　(9C)
　　1)和尚

04611　吳和尚 ……………………… S01519①
〔破曆〕　辛亥年　(951)
　　1)和尚

04612　吳和尚 …………… S07939v＋S07940Bv＋
S07941
〔燉煌諸寺僧尼給糧曆〕　(823以降)
　　1)和尚

04613　吳和尚 ……………………… 燉研322
〔臘八燃燈分配窟龕名數〕　辛亥年十二月七
日　(951)
　　1)和尚

04614 吳和上 ･････････････････ P2040v②-1
〔淨土寺勝淨等手下諸色入曆〕 乙巳年正月廿七日以後 （945以降）
　1)和上　2)淨土寺

04615 吳和上 ･････････････････ P3234v⑯
〔淨土寺布入曆〕 （940年代?）
　1)和上　2)淨土寺

04616 吳□ ･････････････ BD10773v②（L0902）
〔某寺殘曆〕　（9C）

04617 吳□ ･････････････ BD16200к（L4099）
〔大乘寺殘文書〕 （9～10C）

04618 吳□之 ････････････ BD10773v②（L0902）
〔某寺殘曆〕　（9C）

04619 吳□昇 ････････････････ S05747v
〔社人名目〕 （10C前期）

04620 吳□來 ････････････････ 楡第19窟
〔供養人題記〕 （10C中期）
　1)佛弟子　4)南壁。《謝》p. 460。

04621 吳□□ ･･････････････ BD16025（L4018）
〔人名目〕 （10C）

04622 吳□□ ･･････････････ S05927v①
〔某寺諸色斛㪷破曆〕 戌年 （吐蕃期）

04623 吳 ･･････････････････ BD09323（周44）
〔沙州某寺分給蕃漢官僚等早・中・夜三食日程帖〕 （820～830）
　1)敎授／判官

04624 吳 ･････････････････ BD11502①（L1631）
〔燉煌十一僧寺別姓名簿幷緣起經論等名目〕 （9C後期）
　2)金(光明寺)

04625 吳 ･････････････････････ P3410
〔沙州僧崇恩析產遺屬〕 吐蕃年次未詳 （840前後）
　1)三藏

04626 吳 ････････････････････ P4525v①
〔中阿鋡經紙背寫經關係記載〕 （980頃）
　4)原作「小吳」。

04627 吳 ････････････････････ S03877v④
〔賣兒契〕 丙子年正月廿五日 （916 or 856）
　1)(王再盈)妻　3)赤心鄉　4)原作「王再盈妻阿吳」。

04628 吳 ･････････････････････ S06340
〔牒〕 咸通十年十一月五日 （870）
　1)判官將仕郎　4)原作「判官將仕郎誠友金」。

04629 侯延超 ･････････････････ S05860
〔功德疏〕 廣順二年五月日 （952）
　1)甘沙瓜肅宣諭于闐禮使右領衞將軍

04630 侯音□ ･･････････････････ S11344A
〔封戶鄉別人名目?〕 （9C前期?）
　3)効穀鄉?

04631 侯喜〻 ･･････････････････ S00542v
〔燉煌諸寺丁壯車牛役部〕 戌年六月十八日（818）
　2)靈圖寺

04632 侯喜〻妻 ････････････････ S00542v
〔燉煌諸寺丁壯車牛役部〕 戌年六月十八日（818）
　2)靈圖寺, 蓮臺寺

04633 侯元□ ･･････････････････ Дx01328
〔高昌田苗曆〕 建中三年三月廿七日 （782）

04634 侯彥珣 ･･････････････ BD14578（新0778）
〔諸經要集卷第9(末)〕 寶應二年五月一日（763）
　1)弟子　4)原作「弟子建康軍營田判官果毅都尉侯彥珣自書寫訖」。

04635 侯苟子 ･････････････････ P5579⑯
〔得度者人名錄〕 巳年～酉年 （813～817 or 825～829）
　4)僧名「□覺」。

04636 侯山胡 ･････････････････ S01153
〔諸雜人名目〕 （10C後期）

04637 侯司空 ･････････････････ P3763v
〔淨土寺入破曆〕 （945前後）
　1)司空　2)淨土寺

04638 侯珣 ･･･････････････････ S06485
〔佛說賢劫千佛名經〕 戊辰年四月廿九日（848）
　1)經生

04639 侯昇 ……………………… P2162v
〔三將納丑年突田曆〕（9C前期）
　1)蠶坊

04640 侯大賓 ……………………… P3945v
〔牧羊籍〕（10C?）

04641 侯?達子 ……………………… S02228①
〔絲綿部落夫丁修城使役簿〕亥年六月十五日（819）
　1)(右六)　3)絲綿部落　4)首行作「亥年六月十五日州城所, 絲綿」。末行作「亥年六月十五日畢功」。

04642 侯通ゝ ……………………… S02214v
〔黃麻地畝數目〕（9C後期?）
　4)⇒仗通ゝ。

04643 侯定殘 ……………………… P4887
〔袁僧定弟亡納贈曆〕己卯年八月廿四日（919 or 979）

04644 侯定智 ……………………… S00542v
〔燉煌諸寺丁壯車牛役簿〕戊年六月十八日（818）
　2)靈圖寺

04645 侯定智妻 ……………………… S00542v
〔燉煌諸寺丁壯車牛役簿〕戊年六月十八日（818）
　2)靈圖寺, 蓮臺寺

04646 侯?天如〔奴?〕 ……………………… S09156
〔沙州戶口地畝計簿〕（9C前期）

04647 侯奴ゝ ……………………… BD15404（簡068066）
〔千渠中下界白刺頭名目〕（10C中期）
　1)白刺頭　3)千渠中界

04648 侯奴ゝ ……………………… P2621v
〔甲午役人名目〕甲午年?（934?）
　1)遊奔官健

04649 侯富子 ……………………… S00527
〔女人社再立條件憑〕顯德六年己未歲正月三日（959）
　1)社長

04650 侯文勝 ……………………… P3418v⑨
〔効穀鄉缺枝夫戶名目〕（9C末～10C初）
　3)効穀鄉

04651 侯文奴 ……………………… S09156
〔沙州戶口地畝計簿〕（9C前期）
　3)沙州

04652 侯豐潤 ……………………… BD15404（簡068066）
〔千渠中下界白刺頭名目〕（10C中期）
　1)水池・白刺頭　3)千渠中界

04653 侯?豐閏 ……………………… S08426B
〔使府酒破曆〕（10C中～後期）

04654 侯六□ ……………………… P3945v
〔牧羊籍〕（10C?）

04655 候後安 ……………………… S05747v
〔社人名目〕（10C前期）

04656 候闍梨 ……………………… P2912v③
〔寫大般若經一部施銀盤子麥栗粉疏〕四月八日（9C前期）
　1)闍梨

04657 候遂子 ……………………… P3145
〔社司轉帖〕戊子年閏五月（988?）

04658 候槽頭 ……………………… P4908
〔某寺交割什物點檢曆〕庚子年頃（10C?）
　1)槽頭

04659 候定住 ……………………… P4907
〔淨土寺?儭破曆〕辛卯年閏二月（931?）
　2)淨土寺

04660 候都頭 ……………………… S06452②
〔周僧正貸油麵曆〕辛巳年～壬午年（981～982?）
　1)都頭　4)⇒屈都頭。

04661 候?不勿 ……………………… P3396
〔沙州諸渠別粟田名目〕（10C後期）

04662 候不勿 ……………………… S00663v
〔鄧攨撻等貸麵抄〕（10C後期）

04663 候文勝 ……………………… P2049v①
〔淨土寺諸色入破曆計會牒〕同光三年（925）

04664 光張僧正 ……………………… BD05917v（重17）
〔雜寫〕（9C?）
　1)僧正　4)張僧正?

04665 幸索僧正 …………………… P4004
〔某寺交割什物點檢曆〕 (940 or 1000)
　1)僧正　4)索僧正?

04666 孔阿 ………………………… Дx02164
〔某寺麵油等破曆〕 (10C)
　1)衆僧　2)開(元寺?)

04667 孔阿姨二娘子 ……………… S06417
〔遺物憑據〕 (10C)

04668 孔阿朶 ……………………… P3707
〔親情社轉帖〕 戊午年四月廿四日 (958)

04669 孔阿朶 ……………………… S02892v⑤
〔社人名目?社司轉帖〕 (972?)

04670 孔安信 ……………………… Дx01322
〔孔安信借毯契〕 (10C?)
　4)文頭有「爲着甘州充使」之一文。

04671 孔員興 ……………………… P3894v
〔人名錄等雜抄〕 (900前後)

04672 孔員子 ……………………… P2049v②
〔淨土寺諸色入破曆計會牒〕 長興二年正月 (930～931)

04673 孔員住 ……………………… 莫第263窟
〔供養人題記〕 (10C前期)
　1)社戶　4)南壁。《燉》p.111。《謝》p.317。

04674 孔員昌 ……………………… P2953v
〔便麥豆本曆〕 (10C)
　3)玉關鄉

04675 孔員昌 ……………………… S04525
〔付官健及諸社佛會色物數目〕 (10C後期)

04676 孔員信 ……………………… S06417
〔遺物憑據〕 (10C)

04677 孔員信 ……………………… S06417v
〔孔員信女三子訴狀(稿)〕 (10C中期)

04678 孔員信女三子 ……………… S06417v
〔孔員信女三子訴狀(稿)〕 (10C中期)

04679 孔員通 ……………… BD16317(L4409)
〔行人轉帖〕 (10C)

04680 孔員通 ……………………… S06045
〔便粟麥曆〕 丙午年正月三日 (946)

04681 孔員□ ……………………… P3894v
〔人名錄等雜抄〕 (900前後)

04682 孔盈德 ……………………… P4640v
〔官入破曆〕 己未年十二月 (899)
　1)衙官

04683 孔盈德 ……………………… S01519②
〔破曆〕 辛亥年 (951)
　1)新婦

04684 孔英祿 ……………………… S04491
〔地畝計會〕 (9C前期)
　3)神農渠,愆同渠,千渠

04685 孔奕 ………………… BD09292(周13)
〔右將缺負名目牒〕 寅年七月 (9C前期)
　4)原作「寅年七月日孔奕牒」。

04686 孔奕 ………………… BD09341(周62)
〔社司轉帖〕 閏四月三日 (10C後期)
　4)原作「閏四月三日,孔奕帖」。

04687 孔延興 ……………………… P3556v④
〔社戶人名目(殘)〕 (10C中期頃)
　1)社戶

04688 孔延昌 ……………………… P3707
〔親情社轉帖〕 戊午年四月廿四日 (958)
　1)虞候

04689 孔延昌 ……………………… P5032v③
〔渠人轉帖〕 戊午年六月六日 (958)

04690 孔應子 ……………………… P2049v①
〔淨土寺諸色入破曆計會牒〕 同光三年 (925)

04691 孔押衙 ……………………… P2032v②
〔淨土寺惠安手下諸色入曆〕 甲辰年一日巳直歲 (944)
　1)押衙

04692 孔押衙 ……………………… P2032v③
〔淨土寺諸色破曆〕 (944前後)
　1)押衙　2)淨土寺

04693 孔押衙 ……………………… P2680v①
〔人名列記(5名)〕 (10C中期)
　1)押衙

04694 孔押衙 ･･････････････ S02472v③
　〔納贈曆〕　辛巳年十月廿八日　（981）
　　1）押衙

04695 孔王三 ･･････････････ S03978
　〔納贈曆〕　丙子年七月一日　（976）

04696 孔恩子 ･･････････････ P2032v①-4
　〔淨土寺粟入曆〕　（944前後）

04697 孔恩子 ･･････････････ P2032v⑯-4
　〔淨土寺粟利閏入曆〕　（940前後）
　　2）淨土寺

04698 孔溫慶 ･･･････････ BD16317（L4409）
　〔行人轉帖〕　（10C）

04699 孔溫啓 ･･････････････ P2032v⑯-4
　〔淨土寺粟利閏入曆〕　（940前後）
　　2）淨土寺

04700 孔加盈 ･･････････････ 羽・寫834
　〔百姓趙塩久戶口請田簿〕　廣順二年正月一日　（952）

04701 孔家 ･･････････････ P3165v
　〔某寺破麥曆（殘）〕　（丁卯／戊辰年）（908?）

04702 孔家 ･･････････････ Дx10269
　〔諸人貸便粟麥曆〕　（10C）

04703 孔家長婢 ･･････････････ P2944
　〔大乘寺・聖光寺等尼僧名錄〕　（10C後期?）
　　2）大乘寺

04704 孔廻政 ･･････････････ P4640v
　〔官入破曆〕　辛酉年二月　（901）
　　1）押衙

04705 孔懷義 ･･････････････ BD04400v①（出100）
　〔張留德索文文等祭師兄文〕　維歲次辛亥十月朔十九日　（891 or 831）

04706 孔懷俊 ･･････････････ BD14806②（新1006）
　〔渠人轉帖〕　（10C中期）
　　4）原作「押氏?（牙）孔懷俊」。

04707 孔會子 ･･････････････ Дx02162
　〔社司轉帖〕　庚子年八月十四日　（940?）

04708 孔海通 ･･････････････ BD09325（周46）
　〔社司轉帖〕　囗子?年七月十四日　（10C後期）

04709 孔海通 ･･････････････ P3707
　〔親情社轉帖〕　戊午年四月廿四日　（958）

04710 孔憨奴 ･･････････････ P2049v②
　〔淨土寺諸色入破曆計會牒〕　長興二年正月　（930〜931）

04711 孔憨奴 ･･････････････ S08443B2
　〔李闍梨出便黃麻曆〕　乙巳年二月一日　（945?）

04712 孔願成 ･･････････････ P2953v
　〔便麥豆本曆〕　（10C）
　　3）玉關鄉

04713 孔願保 ･･････････････ S02009
　〔官府什物交割曆〕　（10C後期）

04714 孔歸依 ･･････････････ S02729①
　〔燉煌應管勘牌子曆〕　辰年三月　（788）
　　1）僧　2）大乘寺　3）沙州　4）45行目。

04715 孔義弘 ･･････････････ S03978
　〔納贈曆〕　丙子年七月一日　（976）
　　1）押衙

04716 孔義弘 ･･････････････ S08445＋S08446＋S08468③
　〔稅巳年出羊人名目〕　丙午年二月十九日　（946）

04717 孔鄉官 ･･････････････ P2032v⑫
　〔淨土寺諸色破曆〕　（940前後）
　　1）鄉官　2）淨土寺　4）原作「孔鄉官母」。

04718 孔鄉官 ･･････････････ Дx02149B
　〔見納缺柴人名目〕　（10C）
　　1）鄉官

04719 孔鄉官母 ･･････････････ P2032v⑫
　〔淨土寺諸色破曆〕　（940前後）
　　2）淨土寺

04720 孔玉榮 ･･････････････ BD09324（周45）
　〔某寺諸色入破曆〕　丑年三月十六日　（8C末〜9C前期）

04721 孔緊子 ･･････････････ P3418v⑤
　〔某鄉缺枝夫戶名目〕　（9C末〜10C初）

04722 孔囗寧 ･･････････････ P3070v
　〔行人轉帖（寫錄）〕　乾寧三年閏三(二)月　（896）

04723 孔惠舟 ······················ S02729①
　〔燉煌應管勘牌子歷〕　辰年三月　(788)
　　1)僧　2)大雲寺　3)沙州　4)8行目。

04724 孔繼存 ······················ S05631①
　〔社司轉帖〕　庚辰年正月十四日　(980)
　　2)普光寺門前

04725 孔賢君 ······················ P3418v③
　〔某鄉缺枝夫戶名目〕　(9C末～10C初)

04726 孔元老? ············· BD09324(周45)
　〔某寺諸色入破歷〕　亥年四月十六日　(8C末～9C前期)

04727 孔彥俊 ······················ P3721v②
　〔兄(見)在巡禮都官都頭名牒〕　庚辰年正月十五日　(980)

04728 孔彥長 ······················ S03540
　〔宕泉修窟盟約憑〕　庚午年正月廿五日　(970)
　　1)押衙?

04729 孔庫官 ············ BD15249v③(新1449)
　〔某家榮親客目〕　(10C後期)
　　1)庫官　4)原作「故孔庫官五娘子及男」。

04730 孔庫官 ······················ P4907
　〔淨土寺?㦬破歷〕　辛卯年正月　(931?)
　　1)庫官

04731 孔庫官五娘子 ········ BD15249v③(新1449)
　〔某家榮親客目〕　(10C後期)
　　4)原作「故孔庫官五娘子及男」。

04732 孔庫官男 ······· BD15249v③(新1449)
　〔某家榮親客目〕　(10C後期)
　　4)原作「故孔庫官五娘子及男」。

04733 孔五 ······················ 莫第322窟
　〔供養人題記〕　(10C前期)
　　4)西壁。《燉》p.131。

04734 孔交抄 ······················ P4997v
　〔分付羊皮曆(殘)〕　(10C後期)

04735 孔幸子 ············ BD14806②(新1006)
　〔渠人轉帖〕　(10C中期)

04736 孔幸子 ······················ S02472v③
　〔納贈曆〕　辛巳年十月廿八日　(981)

04737 孔孝 ······················ P2912v③
　〔寫大般若經一部施銀盤子麥粟粉疏〕　四月八日　(9C前期)

04738 孔再盈 ······················ P2877v
　〔行人轉帖〕　乙丑年正月十六日　(962)
　　1)行人

04739 孔再?昌 ······················ S11358
　〔部落轉帖〕　(10C後期)

04740 孔再成 ······················ P2953v
　〔便麥豆本曆〕　(10C)
　　3)玉關鄉

04741 孔三〻 ······················ S08443C1
　〔李闍梨出便黃麻(麥)曆〕　丙午年正月廿一日　(946?)

04742 孔山進 ······················ P3935
　〔田籍文書(稿)〕　(10C)
　　4)V面爲「931-937年選粟麥算會文書」。

04743 孔子 ······················ S08426C
　〔使府酒破曆〕　(10C中～後期)

04744 孔子盈 ······················ P3305v⑥
　〔社司轉帖(寫錄)〕　咸通十年正月廿日　(869)

04745 孔子章 ······················ Дх06031v
　〔錦綵絹破曆〕　(9C後期?)

04746 孔子通 ······················ S09463
　〔李万受等便麥曆〕　(10C)

04747 孔師 ······················ S00476A
　〔諸寺付經僧尼曆〕　(9C前期)
　　1)僧?　2)永安寺

04748 孔指撝 ······················ P3165v
　〔某寺破麥曆(殘)〕　(丁卯／戊辰年)　(908?)

04749 孔氏 ·············· Stein Painting 335
　〔觀音圖供養人題記〕　(10C中期)
　　1)施主　4)原作「施主孔氏一心供養」。

04750 孔氏 ······················ 莫第468窟
　〔供養人題記〕　(9C中期)
　　1)亡母　4)前室北壁。《燉》p.176。

04751 孔侍御 ……………… BD08418（裳18）
〔金光明最勝王經(允廢稿尾末題記2行)〕
(9C?)
　　1)侍御　3)沙州　4)卷尾有題記「河西節度門徒
　兼攝沙州釋門法師沙門恒安與亡孔侍御寫此」。

04752 孔悉歹力 ……………………… S06174
〔囲司轉帖(殘)〕　正月九日　(9C後期?)

04753 孔社長 ………………………… S09925
〔社司轉帖〕　八月廿囗日　(9C?)
　　1)社長

04754 孔闍梨 ………………………… P3489
〔翟坊巷女人社社條〕　戊辰年正月廿四日
(908)
　　1)錄事闍梨

04755 孔闍梨 ………………………… P3707
〔親情社轉帖〕　戊午年四月廿四日　(958)
　　1)闍梨

04756 孔闍梨 ………………………… P3707
〔親情社轉帖〕　戊午年四月廿四日　(958)
　　1)闍梨　4)原作「小孔闍梨」。

04757 孔闍梨 ……………………… S08443c1
〔李闍梨出便黃麻(麥)曆〕　丙午年正月廿一
日　(946?)
　　1)闍梨

04758 孔周 ……………… BD09333v①3(周54)
〔百姓張万行牒〕　(9C前期)

04759 孔修律 ……………………… S02729①
〔燉煌應管勘牌子曆〕　辰年三月　(788)
　　1)僧　2)靈修寺　3)沙州　4)37行目。

04760 孔醜子 ……………………… S08443c1
〔李闍梨出便黃麻(麥)曆〕　丙午年正月廿一
日　(946?)

04761 孔醜子 ……………………… S08443c2
〔出便黃麻(麥)曆〕　甲辰年～丁未年頃　(944
～947)

04762 孔醜子 ……………………… S08443D
〔李闍梨出便黃麻(麥)曆〕　丁未年正月三日
(947?)

04763 孔集子 ………………………… P3418v④
〔龍勒鄉缺枝夫戶名目〕　(9C末～10C初)
　　3)龍勒鄉

04764 孔什德 ……………………… S02472v③
〔納贈曆〕　辛巳年十月廿八日　(981)

04765 孔住延 ……………………… S04445v③
〔便曆〕　庚寅年二月三日　(930?)

04766 孔住信 ………………………… P4907
〔淨土寺?儭破曆〕　辛卯年三月十八日　(931?)
　　1)行人

04767 孔住信 ………………………… S01159
〔神沙鄉散行人轉帖〕　二月四日　(10C中期)
　　1)行人　3)神沙(鄉)

04768 孔住清 ……………… Дx01359v＋Дx03114v
〔社司轉帖〕　囗辰年正月十九日　(980?)
　　1)主人

04769 孔縱々 ………………………… S02669
〔管內尼寺(安國寺・大乘寺・聖光寺)籍〕
(865～870)
　　2)大乘寺　3)神沙鄉　4)尼名「明賢」。

04770 孔俊 …………………………… S04491
〔地畝計會〕　(9C前期)
　　3)澗, 雙樹, 菜田渠

04771 孔順囗 ………………………… S06116
〔白莿頭名簿〕　(10C後期)

04772 孔將頭 ……………………… P2032v⑳-7
〔淨土寺麵黃麻豆布等破曆〕　(940前後)
　　1)將頭　2)淨土寺

04773 孔將頭 ………………………… P3707
〔親情社轉帖〕　戊午年四月廿四日　(958)
　　1)將頭・錄事

04774 孔小兒 ……………………… P2040v③-2
〔淨土寺西倉粟利入曆〕　己亥年　(939)
　　2)淨土寺

04775 (孔)昇子 ……………… BD11987(L2116)
〔歸義軍官府人名目〕　(9C後期～10C)
　　4)原作「孔都及男并昇子」。

04776 孔章囗 ……………………… P4019piece2
〔納草束曆〕　(9C後期)
　　3)平康鄉?

04777 孔娘子 ………………………… S06417
〔遺物憑據〕　(10C)
　　4)⇒孔阿姨。

04778 孔進晟 ……………… S04504v④
　〔行人轉帖〕 七月三日 （10C前期）

04779 孔晟子 ……………… P.tib2124v
　〔人名錄〕 （9C中期?）

04780 孔正信 ……………… S02729①
　〔燉煌應管勘牌子歷〕 辰年三月 （788）
　　1)僧 2)大乘寺 3)沙州 4)45行目。

04781 孔清子 ……………… S06303
　〔便曆〕 丁未年二月五日 （947?）

04782 孔清兒 ……………… P2842piece1
　〔社司轉帖〕 甲辰年[　]月九日 （944）

04783 孔清兒 ……………… P2842piece2
　〔納贈曆〕 己酉年正月廿九日 （949）

04784 孔千鳳 ……………… P3894v
　〔人名錄等雜抄〕 （900前後）

04785 孔宣 ……………… S11354
　〔雇馬曆〕 五月七日 （9C）

04786 孔善 ……………… BD00394(宙94)
　〔金光明最勝王經卷第1（第2紙背）〕 （8〜9C）

04787 孔善盈 ……………… P3707
　〔親情社轉帖〕 戊午年四月廿四日 （958）

04788 孔善信 …………… BD16317(L4409)
　〔行人轉帖〕 （10C）

04789 孔善信 ……………… P2040v②-25
　〔淨土寺黃麻利入曆〕 （940年代）
　　2)淨土寺

04790 孔善信 ……………… P2040v②-28
　〔淨土寺豆入曆〕 （940前後）
　　2)淨土寺

04791 孔善信 ……………… P2049v①
　〔淨土寺諸色入破曆計會牒〕 同光三年 （925）

04792 孔善友 ……………… P2040v②-28
　〔淨土寺豆入曆〕 （940前後）
　　2)淨土寺

04793 孔善友 ……………… P2049v①
　〔淨土寺諸色入破曆計會牒〕 同光三年 （925）

04794 孔僧正 ……………… S03156①
　〔時年轉帖〕 己卯年十二月十六日 （979）
　　1)僧正 2)靈圖寺 4)原作「圖孔僧正」。

04795 孔僧奴 ……………… BD02265v(閏65)
　〔雜寫〕 （8C）
　　1)僧奴

04796 孔僧統 ……………… P2032v②
　〔淨土寺惠安手下諸色入曆〕 甲辰年一日巳直歲 （944）
　　1)僧統

04797 孔僧統 ……………… P2040v②-1
　〔淨土寺勝淨等手下諸色入曆〕 乙巳年正月廿七日以後 （945以降）
　　1)僧統 2)淨土寺

04798 孔爽 ……………… P3205
　〔僧俗人寫經曆〕 （9C前期）

04799 孔爽? ……………… S02711
　〔寫經人名目〕 （9C前期）
　　1)寫經人 2)金光明寺

04800 孔爽 ……………… S07945
　〔寫經人名目〕 （9C前期）

04801 孔曹一? ……………… S08443A2
　〔李闍梨出便黃麻曆〕 甲辰年二月三日 （944?）
　　3)通頰

04802 孔曹一? ……………… S08443B2
　〔李闍梨出便黃麻曆〕 乙巳年二月一日 （945?）
　　3)通頰

04803 孔曹子 ……………… P2040v③-2
　〔淨土寺西倉粟利入曆〕 己亥年 （939）
　　2)淨土寺

04804 孔曹六 ……………… P2766v
　〔人名列記〕 咸通十二年 （871）

04805 孔曹六 ……………… P3070v
　〔行人轉帖(寫錄)〕 乾寧三年閏三(二)月 （896）

04806 孔宅官 ……………… P2040v③-13
　〔淨土寺布入曆〕 （939）
　　1)宅官 2)淨土寺

04807 孔團頭 ‥‥‥‥‥‥‥‥‥‥ Дx02162
〔社司轉帖〕 庚子年八月十四日 (940?)
　1)團頭　4)原作「孔團頭男」。

04808 孔丑子 ‥‥‥‥‥‥‥‥‥‥ P2703
〔官牧羊人納粘羊毛牒〕 壬申年十二月
(972?)

04809 孔天好? ‥‥‥‥‥ IOL.Vol.69.fol.47-48v
〔納贈布絹褐曆〕 (9C)
　4)R面爲「論語集解」(8C)。

04810 孔都知 ‥‥‥‥‥‥‥‥‥‥ S03978
〔納贈曆〕 丙子年七月一日 (976)
　1)都知

04811 孔都知 ‥‥‥‥‥‥‥‥‥‥ S04609v
〔付銀椀人名目〕 太平興國九年頃 (984)
　1)都知　4)R面有「大平興國六年(981)」之紀年。

04812 孔都頭 ‥‥‥‥‥‥‥‥‥‥ S04120
〔布褐等破曆(殘)〕 癸亥年二月～甲子年二
月 (963～964)
　1)都頭

04813 孔都頭 ‥‥‥‥‥ Дx00285＋Дx02150＋
Дx02167＋Дx02960＋Дx03020＋Дx03123v③
〔某寺破曆〕 (10C中期)
　1)都頭

04814 孔都頭阿孃 ‥‥‥‥‥‥‥‥ S04120
〔布褐等破曆(殘)〕 癸亥年二月～甲子年二
月 (963～964)
　1)都頭

04815 孔德壽 ‥‥‥‥‥‥‥‥‥‥ S02472v③
〔納贈曆〕 辛巳年十月廿八日 (981)

04816 (孔)二娘子 ‥‥‥‥‥‥‥‥ S06417v
〔孔員信女三子訴狀(稿)〕 (10C中期)
　1)阿姉

04817 孔買宜? ‥‥‥‥‥‥‥‥‥ P2502v①
〔便麥契(控)〕 寅年七月六日 (9C前期)

04818 孔不勿 ‥‥‥‥‥‥ BD14806②(新1006)
〔渠人轉帖〕 (10C中期)
　4)原作「押衙孔不勿」。

04819 孔不勿 ‥‥‥‥‥‥‥‥‥‥ 羽・寫834
〔百姓趙塩久戶口請田簿〕 廣順二年正月一
日 (952)

04820 孔富昌 ‥‥‥‥‥‥‥‥‥‥ S06452⑥
〔常住庫黃廊出便與人名目〕 壬午年 (982)
　2)淨土寺

04821 孔富通 ‥‥‥‥‥‥‥‥‥‥ S03978
〔納贈曆〕 丙子年七月一日 (976)

04822 孔富德 ‥‥‥‥‥‥‥‥‥‥ Дx02149B
〔見納缺柴人名目〕 (10C)

04823 孔佛德 ‥‥‥‥‥‥‥‥‥‥ 杏・羽677
〔入破曆算會(殘)〕 癸酉・甲戌二年 (973・974)
　4)文中有「朱字校正」。

04824 孔佛德 ‥‥‥‥‥‥‥‥‥‥ 杏・羽703
〔某寺諸色斛斗破計會〕 辛未年 (911?)

04825 孔粉堆 ‥‥‥‥‥‥‥‥‥‥ P2049v②
〔淨土寺諸色入破曆計會牒〕 長興二年正月
(930～931)

04826 孔文進 ‥‥‥‥‥‥‥‥ BD16317(L4409)
〔行人轉帖〕 (10C)

04827 孔文富 ‥‥‥‥‥‥‥‥‥‥ S05631①
〔社司轉帖〕 庚辰年正月十四日 (980)
　1)社長　2)普光寺門前

04828 孔保住 ‥‥‥‥‥‥ BD14806②(新1006)
〔渠人轉帖〕 (10C中期)

04829 孔保定 ‥‥‥‥‥‥‥‥‥‥ P2953v
〔便麥豆本曆〕 (10C)
　3)玉關鄉

04830 孔保定 ‥‥‥‥‥‥‥‥‥‥ P3146A
〔衙前子弟州司及翻頭等留殘袄衙人數〕 辛
巳年八月三日 (981)

04831 孔保定 ‥‥‥‥‥‥‥‥‥‥ S02472v③
〔納贈曆〕 辛巳年十月廿八日 (981)

04832 孔法奴 ‥‥‥‥‥‥‥‥‥‥ P3234v⑧
〔某寺西倉豆破曆〕 (940年代)

04833 孔法律 ‥‥‥‥‥‥‥ BD06004v①(芥4)
〔雜寫(法律6名列記)〕 (9～10C)
　1)法律

04834 孔法律 ·············· S04117
〔寫經人・校字人名目〕 壬寅年三月廿九日
(1002)
　　1)寫經人・校字人：法律　4)原作「小孔法律」。

04835 孔法律 ·············· S05486①
〔諸寺僧尼付油麵曆〕 (10C中期)
　　1)法律　2)靈圖寺

04836 孔法律 ·············· S10281
〔納贈曆(殘)〕 (10C)
　　1)法律

04837 孔法律 ·············· S10288
〔報恩寺沙彌等上孔法律狀稿〕 (9C?)
　　1)法律　2)報恩寺

04838 孔法律 ·············· S10566
〔秋季諸寺大般若轉經付配帙曆〕 壬子年十月 (952)
　　1)法律　2)永安寺

04839 孔法律 ·············· S11367
〔雜阿曇心論一帙附箋〕 (10C?)
　　1)法律　2)乾元寺

04840 孔法律 ·············· Дx02146
〔請諸寺和尚僧政法律等名錄〕 (10C?)
　　1)法律

04841 孔万通 ·············· P3707
〔親情社轉帖〕 戊午年四月廿四日 (958)

04842 孔明賢 ·············· S02669
〔管內尼寺(安國寺・大乘寺・聖光寺)籍〕 (865〜870)
　　2)大乘寺　3)神沙鄉　4)姓「孔」。俗名「縱々」。

04843 孔明亮 ·············· P3390③
〔張安信邈眞讚〕 天福十年乙巳歲二月日題記 (945)
　　1)上司內外都孔目官檢校左散騎常侍上騎都尉　4)原作「上司內外都孔目官檢校左散騎常侍上騎都尉孔明亮撰」。

04844 孔明亮 ·············· P3718⑯
〔薛府君邈眞讚〕 天福六年辛丑歲二月十四日 (941)
　　1)節度上司內外都孔目官兼御史中丞　4)原作「節度上司內外都孔目官兼御史中丞孔明亮撰于時天福六年辛丑歲二月二十四日題記」。

04845 孔友子 ·············· P2680v⑥
〔社司轉帖〕 六月廿三日 (10C中期)

04846 孔鸞阿 ·············· Дx02162
〔社司轉帖〕 庚子年八月十四日 (940?)

04847 孔履玉 ·············· 莫第205窟
〔供養人題記〕 (8C後期)
　　1)社人　4)西壁。《Pn》。《燉》作「平履海」。

04848 孔留?奴 ·············· P3113v
〔雜寫〕 (9〜10C)

04849 孔郎 ·············· S02242
〔親情社轉帖〕 七月三日 (10C)

04850 孔郎醜 ·············· S08443D
〔李闍梨出便黃麻(麥)曆〕 丁未年正月三日 (947?)

04851 孔錄事 ·············· S06066
〔社司轉帖〕 壬辰年四月廿二日 (992)
　　1)錄事　2)乾明寺

04852 孔□永? ·············· S04609v
〔付銀椀人名目〕 太平興國九年頃 (984)
　　1)銀椀人　4)R面有「大平興國六年(981)」之紀年。

04853 孔□官 ·············· P3165v
〔某寺破麥歷(殘)〕 (丁卯／戊辰年) (908?)

04854 孔□昌 ·············· S04525
〔付官健及諸社佛會色物數目〕 (10C後期)

04855 孔□□ ·············· 中村『書道博』p.20B
〔題暈記戒律〕 開寶十年歲次丁丑四月廿四日 (977)

04856 孔□□ ·············· 莫第098窟
〔供養人題記〕 (10C中期)
　　1)節度押衙知右廂行營虞候銀青光祿大夫檢校國子祭酒兼御史中丞上柱國　4)北壁。《燉》p.35。《謝》p.96。

04857 孔 ·············· BD11493(L1622)
〔十僧寺三尼寺勘教付經曆(首尾全)〕 亥年四月十九日 (9C前期)

04858 孔 ·············· BD11502①(L1631)
〔燉煌十一僧寺別姓名簿并緣起經論等名目〕 (9C後期)
　　2)永安寺

04859 孔 …………… BD11502①(L1631)
〔燉煌十一僧寺別姓名簿并緣起經論等名目〕 (9C後期)
　2)開(元寺)

04860 寇明俊 …………… S00542v
〔燉煌諸寺丁壯車牛役部〕 戌年六月十八日 (818)
　2)普光寺

04861 寇明俊妻 …………… S00542v
〔燉煌諸寺丁壯車牛役部〕 戌年六月十八日 (818)
　2)普光寺

04862 巷家 …………… Дx02956②
〔諸家上缺便勿名目〕 甲申年二月四日 (984 or 924)
　4)文中有「巷家倉麥本」。

04863 康阿朶 …………… P3424
〔王都判下磑羅麥粟乾麥曆〕 己丑年 (869?)

04864 康阿竹子 …………… P2049v①
〔淨土寺諸色入破曆計會牒〕 同光三年 (925)

04865 康安七 …………… P3249v
〔將龍光顏等隊下人名目〕 (9C中期)

04866 康安信 …………… P2049v①
〔淨土寺諸色入破曆計會牒〕 同光三年 (925)

04867 康安信 …………… P5021D
〔付物曆〕 (9C末～10C初)

04868 康易兒 …………… 莫第387窟
〔供養人題記〕 清泰元年頃 (936頃)
　1)大乘賢者 4)原作「大乘賢者康易兒一心供養」。西壁。《燉》p.147。《謝》p.238。

04869 康爲〔鳥?〕 …………… P2837v⑤
〔弟子康爲施物疏〕 辰年二月八日 (836?)

04870 (康)維寶 …………… 莫第387窟
〔供養人題記〕 清泰元年 (936)
　1)釋門都總統兼門□□□京城□□臨□供奉大德闡揚三敎大法師沙門 4)原作「釋門都總統兼門□□□京城□□臨□供奉大德闡揚三敎大法師沙門維寶供養俗姓康氏」。西壁。《燉》p.147。
⇒維寶。

04871 康員興 …………… S03984
〔牧羊計會〕 丁酉年十一月三日 (937?)
　1)牧羊人 2)報恩寺

04872 康員興 …………… S04116
〔牧羊計會〕 庚子年十月廿六日 (1000)
　1)牧羊人 2)報恩寺

04873 康員住 …………… BD15404(簡068066)
〔千渠中下界白刺頭名目〕 (10C中期)

04874 康員住 …………… P2049v②
〔淨土寺諸色入破曆計會牒〕 長興二年正月 (930～931)

04875 康員住 …………… P3878B
〔都頭知軍資庫官張富高牒并判〕 己卯年 (979)
　3)慈惠鄕

04876 康?員昌 …………… Дx04278
〔十一鄕諸人付麵數〕 乙亥年四月十一(日) (915? or 975)
　3)神沙鄕

04877 康員昌 …………… 莫第263窟
〔供養人題記〕 (10C前期)
　1)社子 4)東壁門北側。《燉》p.111。《謝》p.316。

04878 康員進 …………… P3501v②
〔兵馬使康員進貸絹契(控)(殘)〕 (戊午)年六月十六日 (958)
　1)兵馬使

04879 康員進 …………… P3501v⑤
〔牒文控(殘)〕 (958前·後頃)
　1)押衙

04880 康員逡 …………… P2633v
〔雜記〕 壬午～癸未年頃 (921 or 981～923 or 983)

04881 康員逡 …………… S03711v②
〔康員逡等雜寫〕 癸未年三月五(日) (983 or 923)
　4)V面①爲「悉達太子修道因緣」10C, 1紙I。

04882 康員奴 …………… P3396
〔沙州諸渠別粟田名目〕 (10C後期)

04883 康員奴 …………… P3396v
〔沙州諸渠別苽薗名目〕 (10C後期)

04884 康員奴 ·················· P3501v①
〔牒文控(殘)〕 某月十日 (958頃)
　1)押衙

04885 康員奴 ·················· P3501v⑨
〔伊州使頭康員奴牒文牒(殘)〕 戊午年四月
(958)
　1)伊州使頭

04886 康員富 ············ BD14806②(新1006)
〔渠人轉帖〕 (10C中期)

04887 康永安 ·················· P3418v②
〔燉煌鄉缺枝夫戶名目〕 (9C末～10C初)
　3)燉煌鄉

04888 康永吉 ················· P2032v①-2
〔淨土寺西倉麥入曆〕 (944前後)
　2)淨土寺

04889 康永吉 ·················· P2032v⑪
〔淨土寺西倉司願勝等入破曆〕 乙巳年三月
(945)
　2)淨土寺

04890 康塩子 ···················· S02669
〔管內尼寺(安國寺・大乘寺・聖光寺)籍〕
(865～870)
　2)聖光寺　3)效穀鄉　4)尼名「淨智」。

04891 康延子 ············· BD06222v(海22)
〔雜寫〕 (8～9C)
　1)事

04892 (康)應願 ················ 莫第387窟
〔供養人題記〕 清泰元年頃 (936頃)
　4)原作「…律師兼大衆都維那應願一心供養俗姓
　　康氏」。西壁。《燉》p.147。⇒應願。

04893 康王件 ················· P2032v①-1
〔淨土寺麥入曆〕 (944前後)
　2)淨土寺

04894 康王件 ···················· S03982
〔月次人名目〕 甲子年九月,乙丑年十二月
(964, 965)

04895 (康)王件 ················ 莫第387窟
〔供養人題記〕 清泰元年頃 (936頃)
　1)姪　4)南壁。《燉》p.148。《謝》p.238。⇒王件。

04896 康王午 ················· P3234v③-61
〔惠安惠戒手下便物曆〕 甲辰年 (944)

04897 康恩子 ··················· P3236v
〔燉煌鄉官布籍〕 壬申年三月十九日 (972)
　3)燉煌鄉

04898 康恩子 ············· S10002＋S10013
〔社司轉帖〕 (10C)

04899 康音九 ···················· S09949
〔階和渠田籍〕 (10C?)
　3)階和渠

04900 康音三 ··················· Дx01414
〔劉存慶換舍契〕 天復陸年丙寅歲拾壹口(月)
(906)
　1)見人

04901 康家 ····················· P4697
〔某寺酒粟破曆〕 辛丑年 (941 or 1001)
　4)原作「康家店」。

04902 康家 ···················· S06829v
〔修造破曆〕 丙戌年 (806)

04903 康家 ···················· S06981①
〔某寺入曆〕 辛酉年～癸亥年中間三年 (901～
903 or 961～963)

04904 康家 ···················· Дx02166
〔某社三官等麥粟破曆〕 (10C)
　4)原作「康家店」。

04905 康家勝祐 ················ S04703
〔買茱人名目〕 丁亥年 (987)

04906 康家小師 ·········· BD11497(L1626)
〔吐蕃時期佛典流通雜錄〕 (8～9C)
　1)小師

04907 康家粉?子 ················ S06116
〔白莿頭名簿〕 (10C後期)

04908 康菓宗 ··················· P2738v
〔社司轉帖(寫錄)〕 八月廿九日 (9C後期)

04909 康戒淨 ··················· P3047v⑦
〔法事僧尼名錄〕 (9C前期)
　4)僧名「戒淨」。

04910 康揭搎 …………………… P2032v⑬-7
〔淨土寺黃麻利閏入曆〕（940前後）
　　2)淨土寺

04911 康揭搎 …………………… P2040v②-3
〔淨土寺西倉麥入曆〕（945以降）
　　2)淨土寺

04912 康揭搎 …………………… P3234v③-27
〔惠安惠戒手下便物曆〕甲辰年（944）

04913 康揭搎 …………………… P3234v⑧
〔某寺西倉豆破曆〕（940年代）

04914 康憨子 …………………… P4635②
〔社家女人便麵油曆〕[　]月七日（10C中期）

04915 康漢君 …………………… P3753②
〔燉煌鄉百姓康漢君狀〕大順三年頃（892）
　　1)百姓　3)燉煌鄉

04916 康漢君 …………………… S02589
〔肅州防戍都營田使等狀〕中和四年十一月一日（884）
　　1)肅州防戍都營田使

04917 康含娘 …………………… S02669
〔管內尼寺(安國寺・大乘寺・聖光寺)籍〕
（865〜870）
　　2)聖光寺　3)効穀鄉　4)尼名「清淨藏」。

04918 康願昌 …………………… P4525⑫
〔養女契(稿)〕太平興國八年癸未藏（983）
　　1)(養父宅)僮

04919 康願昌 …………………… Дx01453
〔開倉納地子麥麻曆〕丙寅年八月廿四日
（966）

04920 康願通 …………………… P3721v③
〔冬至自斷官員名〕己卯年十一月廿六日
（979）

04921 康願德 …………………… Дx02971
〔王都頭倉下糧食破曆〕（10C）

04922 康喜奴 …………………… P3047v⑨
〔諸人諸色施捨曆〕（9C前期）

04923 康宜信 …………………… S11213G
〔配付人名目〕（946）

04924 康欺?泊 …………… BD14806②（新1006）
〔渠人轉帖〕（10C中期）

04925 (康)義員 …………………… 莫第387窟
〔供養人題記〕清泰元年頃（936頃）
　　1)姪男　4)南壁。《燉》p.148。《謝》p.237。⇒義員。

04926 康義盈 …………………… S01776②
〔某寺常住什物交割點檢曆〕顯德五年戊午
十一月十三日（958）
　　1)礔戶

04927 康義盈 …………………… S05008
〔破曆〕（940頃）

04928 (康)義盈 …………………… 莫第387窟
〔供養人題記〕清泰元年頃（936頃）
　　4)原作「姪男義盈供養」。南壁。《燉》p.148。《謝》
　　p.238作「義養」。⇒義盈〔養〕。

04929 (康)義信 …………………… 莫第387窟
〔供養人題記〕清泰元年頃（936頃）
　　1)姪男　4)南壁。《燉》p.148。⇒義信。

04930 (康)義心 …………………… 莫第387窟
〔功德記〕清泰元年頃（936頃）
　　1)姪男　4)南壁。

04931 康義通 …………………… P4640v
〔官入破曆〕辛酉?年六月十二日（901?）
　　1)衙官

04932 康義通 …………………… S06010
〔衙前第六隊轉帖〕九月七日（900前後）
　　1)宅官

04933 康吉?昌 …………………… S05883
〔諸人納支粟曆〕（10C前期?）

04934 康嬌々 …………………… S02669
〔管內尼寺(安國寺・大乘寺・聖光寺)籍〕
（865〜870）
　　2)聖光寺　3)効穀鄉　4)尼名「聖賢」。

04935 康嬌々 …………………… S02669
〔管內尼寺(安國寺・大乘寺・聖光寺)籍〕
（865〜870）
　　2)聖光寺　3)効穀鄉　4)尼名「聖賢」。

04936 康教授 ·················· P2040v②-17
〔淨土寺油破曆〕 乙巳年正月廿七日以後 （945以降）
　1）教授　2）淨土寺

04937 康教授 ·················· S00520
〔報恩寺方等道場榜〕 （9C末～925以前）
　1）教授　4）有「河西都僧院」印。

04938 康鄉官 ·················· P2049v②
〔淨土寺諸色入破曆計會牒〕 長興二年正月 （930～931）
　1）鄉官

04939 康?緊子 ·················· S11213F
〔配付人名目〕 （946）

04940 康金海 ·················· S02729①
〔燉煌應管勘牌子曆〕 辰年三月 （788）
　1）僧　2）靈圖寺　3）沙州　4）14行目。

04941 康惠光 ·················· 楡第19窟
〔巡禮題記〕 大禮平定四年四月八日 （10C後期）
　1）僧　4）洞口北壁。《謝》p.462。

04942 康慶 ·················· 莫第387窟
〔供養人題記〕 清泰元年頃 （936頃）
　1）兄　4）南壁。《燉》p.147。《謝》p.237。

04943 康慶子 ·················· P3418v⑤
〔某鄉缺枝夫戶名目〕 （9C末～10C初）

04944 康慶信 ·················· S08445v＋S08446v
〔羊數名目〕 丁未年頃 （943）

04945 康敬忠 ·················· P2738v
〔社司轉帖（寫錄）〕 八月廿九日 （9C後期）

04946 康景宗 ·················· P2237
〔四分律少鈔一本〕 （10C）
　4）首題下注「依五部律中鈔出」。V面存「天成五年（930）歲次…脫眠文」（首題）。

04947 康繼搋 ·················· P2646v
〔雜寫〕 （10C）
　4）R面有「天復八年歲次戊辰二月廿日書儀寫記」之字。

04948 康繼千 ·················· S04609v
〔付銀椀人名目〕 太平興國九年頃 （984）
　1）銀椀人　4）R面有「大平興國六年（981）」之紀年。

04949 康芸進 ·················· P2032v①-4
〔淨土寺粟入曆〕 （944前後）

04950 康堅意 ·················· P2689
〔寺僧唱得物支給曆〕 （9C前期）
　4）⇒堅意。

04951 康賢者 ·················· P4720
〔社司轉帖〕 貞明八年（龍德二年）九月廿七日 （922）
　1）賢者

04952 康賢者 ·················· S11286②
〔康賢者施入廻向疏〕 景福肆年 （895）
　2）大雲寺

04953 康元誠 ········ 東洋文庫（有鄰館舊藏）
〔沙州旌節官帖〕 文德元年十月十五日 （888）
　1）副使朔方押衙

04954 康嚴意 ·················· S02669
〔管內尼寺（安國寺・大乘寺・聖光寺）籍〕 （865～870）
　2）安國寺？　3）莫高鄉　4）姓「康」。俗名「司曼」。

04955 康嚴々 ·················· S02669
〔管內尼寺（安國寺・大乘寺・聖光寺）籍〕 （865～870）
　2）聖光寺　3）莫高鄉　4）尼名「思義」。

04956 康五□ ·················· P3985
〔錄人送路物色名目〕 癸巳年七月廿五日 （933?）

04957 康公 ·················· P3258
〔願文〕 （9C前期）

04958 康公 ·················· 莫第144窟
〔供養人題記〕 （9C前期）
　1）蕃任瓜州都督［倉曹］參軍金銀間屍身大虫皮　4）原作「蕃任瓜州都督［倉曹］參軍金銀間告身大虫皮康公」。東壁門南側。《燉》p.65。

04959 康幸恩妻 ·················· S04884v
〔便褐曆〕 壬申年正月十七日 （972?）

04960 康幸深 ·················· P3372v
〔社司轉帖并雜抄〕 壬申年 （972）
　1）社老

04961 康幸深 ·················· S02894v④
〔社司轉帖〕 壬申年十二月卅日 （972）

04962 康幸深 ･････････････････ S02894v⑤
〔社司轉帖〕 (10C後期)

04963 康幸深 ･････････････････ S11627
〔兄康幸深送沙州弟康勝全書簡〕 二月十六日 (10C後期)
　　4)原作「兄康幸深」。

04964 康幸深 ･････････････････ Дx01453
〔開倉納地子麥廨曆〕 丙寅年八月廿四日 (966)

04965 康幸全 ･････････････････ P2504
〔康幸全借絹契〕 辛亥年四月十八日 (891 or 951)

04966 康幸德 ･････････････････ P4997v
〔分付羊皮曆(殘)〕 (10C後期)

04967 (康?)孝通 ･･････････ Stein Painting 19
〔被帽地藏菩薩圖供養人題記〕 建隆四年癸亥歲五月廿二日 (963)
　　1)(康清奴?)男

04968 康々 ･･････････････････ S00542v
〔便契〕 戌年六月十八日 (818)
　　2)乾元寺 4)原作「康々妻」。

04969 康々妻 ････････････････ S00542v
〔便契〕 戌年六月十八日 (818)
　　2)乾元寺 4)原作「康」。

04970 康々三 ････････････････ Дx01413
〔社條〕 七月十九日 (10C)
　　1)(幸全)弟

04971 康校授 ････････････････ P2032v⑨
〔淨土寺粟破曆〕 (940前後)
　　1)校授 2)淨土寺

04972 康校授 ････････････････ P2054v
〔疏請僧官文〕 (10C)
　　1)校授

04973 康興々 ････････････････ P3249v
〔將龍光顏等隊下人名目〕 (9C中期)

04974 康苟子 ････････････････ P2049v①
〔淨土寺諸色入破曆計會牒〕 同光三年 (925)

04975 (康)苟子 ･･･････････････ 莫第387窟
〔供養人題記〕 清泰元年頃 (936頃)
　　1)男 4)東壁門南側。《燉》p.148。《謝》p.237。⇒苟子。

04976 (康)苟住 ･･･････････････ 莫第387窟
〔供養人題記〕 清泰元年頃 (936頃)
　　1)男 4)東壁門南側。《燉》p.148。《謝》p.237。⇒苟住。

04977 康苟奴 ････････････････ Дx01277
〔納贈曆〕 丁丑年九月四?日 (977)

04978 康苟奴 ････････････････ Дx01335
〔都虞候司奉判令追勘押衙康文達牒〕 (9C後期～10C初期)

04979 (康)苟奴妻 ･･････････････ Дx01335
〔都虞候司奉判令追勘押衙康文達牒〕 (9C後期～10C初期)

04980 康國妻 ････････････････ S04782
〔乾元寺堂齋修造兩司都師文謙入破曆計會〕 丑年 (10C後期)
　　2)乾元寺

04981 康黑子 ････････････････ P4640v
〔官入破曆〕 庚申年七月 (900)
　　1)衙官

04982 康骨々 ････････････････ P3418v④
〔龍勒鄉缺枝夫戶名目〕 (9C末～10C初)
　　3)龍勒鄉

04983 康骨子 ････････････････ P2032v⑯-4
〔淨土寺粟利閏入曆〕 (940前後)
　　2)淨土寺

04984 康骨子 ････････････････ P3231②
〔平康鄉官齋曆〕 癸酉年九月卅日 (973)
　　3)平康鄉

04985 康再 ･････････････････ BD04530v①(崗30)
〔習書〕 (8～9C)

04986 康再興 ････････････････ S02228①
〔絲綿部落夫丁修城使役簿〕 亥年六月十五日 (819)
　　1)(右六) 3)絲綿部落 4)首行作「亥年六月十五日州城所, 絲綿」。末行作「亥年六月十五日畢功」。

04987　康再子 ……………… P3418v⑦
　〔慈惠鄉缺枝夫戶名目〕（9C末～10C初）
　　3）慈惠鄉

04988　康再住 ……………… BD16509A
　〔延晟人名一本〕（9C前期）

04989　康再住 ……………… P2032v④
　〔淨土寺西倉斛㪷破曆〕乙亥年（939）
　　2）淨土寺

04990　康再升 ……………… P3721v③
　〔冬至自斷官員名〕己卯年十一月廿六日
　（979）

04991　康再昌 ……………… S06309
　〔行人轉帖〕四月八日（10C）

04992　康再成 …………… BD04530v①（崗30）
　〔習書〕（8～9C）
　　4）原作「康再成鄉官」。

04993　康再晟 ……………… P3812v
　〔牒狀（寫錄）〕（9C末頃）
　　1）百姓　3）□□鄉

04994　康再晟 ……………… S04472v
　〔納贈曆〕辛酉年十一月廿日（961）

04995　（康）再定 ……………… 莫第387窟
　〔供養人題記〕清泰元年頃（936頃）
　　1）男　4）東壁門南側。《燉》p. 148。《謝》p. 237。⇒
　　再定。

04996　康再□ ……………… BD16128A（L4067）
　〔社人名目〕（10C）

04997　康山海 ……………… P4640v
　〔官入破曆〕辛酉?年五月廿九日（901?）

04998　康讚 ……………… S06829v
　〔修造破曆〕卯年（811 or 799?）

04999　康讚 ……………… S06829v③
　〔便契〕卯年四月（811?）

05000　康殘友 ……………… S11358
　〔部落轉帖〕（10C後期）

05001　康使君 ……………… P4660⑪
　〔康使君邈眞讚都僧統悟眞撰并序〕（9C）
　　1）瓜州諸軍事守瓜州刺史

05002　康司冔 ……………… S02669
　〔管内尼寺（安國寺・大乘寺・聖光寺）籍〕
　（865～870）
　　3）莫高鄉　4）尼名「嚴意」。

05003　康四娘 ……………… S00542v②
　〔金光明寺羊群見在數牒〕丑年十二月廿一
　日（821）
　　2）金光明寺

05004　康師子 ……………… BD16230B（L4112）
　〔便物曆〕（9～10C）

05005　康志定 ……………… S02729①
　〔燉煌應管勘牌子曆〕辰年三月（788）
　　1）僧　2）靈圖寺　3）沙州　4）13行目。

05006　康思義 ……………… S02669
　〔管内尼寺（安國寺・大乘寺・聖光寺）籍〕
　（865～870）
　　2）聖光寺　3）莫高鄉　4）姓「康」。俗名「嚴」。

05007　康氏 ……………… MG17667
　〔供養人題記〕（10C）
　　1）女弟子

05008　康氏 ……………… Stein Painting 54
　〔觀世音菩薩圖像題記〕太平興國八年七月
　十七日（983）
　　1）（孫醜縫）新婦　4）原作「孫新婦康氏」。

05009　康氏 ……………… Stein Painting 335
　〔觀音圖供養人題記〕（10C中期）
　　4）原作「新婦康氏一心供養」。

05010　康氏 ……………… 楡第33窟
　〔供養人題記〕（10C中期）
　　1）淸信弟子　4）北壁。《謝》p. 480。

05011　康氏 ……………… 楡第33窟
　〔供養人題記〕（10C中期）
　　4）北壁。《謝》p. 480。

05012　康七□ ………… Дx00285＋Дx02150＋
　Дx02167＋Дx02960＋Дx03020＋Дx03123v③
　〔某寺破曆〕（10C中期）
　　4）原作「南梁康七□」。

05013　康悉翁子 ……………… S04504v④
　〔行人轉帖〕七月三日（10C前期）

05014 康悉歹心 ‥‥‥‥‥‥‥‥ P3391v②
　〔社人名列記(寫錄)〕　丁酉年頃　(937頃)

05015 康悉竹?力 ‥‥‥‥‥‥‥‥ P5021D
　〔付物曆〕　(9C末～10C初)

05016 康悉?獵 ‥‥‥‥‥‥‥‥‥ S02214
　〔官府雜帳(名籍・黃麻・地畝・地子等曆)〕　閏十月　(860?)
　　4)V面爲「貸便地子粟曆」。(存4行)。R・V面同時代關連文書。

05017 康社官 ‥‥‥‥‥‥‥‥‥ Дx11077
　〔社司轉帖〕　丑年五月八?日　(9C?)
　　1)社官

05018 康社老 ‥‥‥‥‥‥‥‥ P3691piece1
　〔社司轉帖(社人名目)〕　戊午年九月十一日　(958)
　　1)社老

05019 康闍梨 ‥‥‥‥‥‥ BD11502①(L1631)
　〔燉煌十一僧寺別姓名簿并緣起經論等名目〕　(9C後期)
　　1)闍梨　2)龍(興寺)

05020 康闍梨 ‥‥‥‥‥ IOL.Vol.69.fol.47-48v
　〔納贈布絹褐曆〕　(9C)
　　1)闍梨　4)R面爲「論語集解」(8C)。

05021 康闍梨 ‥‥‥‥‥‥‥‥‥ P3353v
　〔靈圖寺謹請教授和尙闍梨等(殘2行雜寫)〕　(9C?)
　　1)闍梨　2)靈圖寺

05022 康闍梨 ‥‥‥‥‥‥‥‥‥ P3578
　〔淨土寺儭破曆(梁戶史氾三沿寺諸處使用油曆)〕　癸酉年正月十一日　(973)
　　1)闍梨　2)淨土寺

05023 康闍梨 ‥‥‥‥‥‥‥ P.tib1261v③
　〔諸寺僧尼支給穀物曆〕　(9C前期)
　　1)闍梨

05024 康闍梨 ‥‥‥‥‥‥‥ P.tib1261v④
　〔諸寺僧尼支給穀物曆〕　(9C前期)
　　1)闍梨

05025 康闍梨 ‥‥‥‥‥‥‥ P.tib1261v⑥
　〔諸寺僧尼支給穀物曆〕　(9C前期)
　　1)闍梨

05026 康闍梨 ‥‥‥‥‥‥‥ P.tib1261v⑦
　〔諸寺僧尼支給穀物曆〕　(9C前期)
　　1)闍梨

05027 康秀華 ‥‥‥‥‥‥‥‥‥ P2912v③
　〔寫大般若經一部施銀盤子麥粟粉疏〕　四月八日　(9C前期)
　　1)弟子

05028 康秀華 ‥‥‥‥‥‥‥‥‥ 莫第044窟
　〔供養人題記〕　(10C前期)
　　1)…使　4)南壁。《燉》p.14。

05029 康集子 ‥‥‥‥‥‥‥‥‥ S05747v
　〔社人名目〕　(10C前期)

05030 康什四 ‥‥‥‥‥‥‥‥‥ S00542v
　〔燉煌諸寺丁壯車牛役部〕　戌年六月十八日　(818)
　　2)報恩寺

05031 (康)什德 ‥‥‥‥‥‥‥‥ 莫第387窟
　〔供養人題記〕　清泰元年頃　(936頃)
　　1)男　4)東壁門南側。《燉》p.148。《謝》p.237。⇒什德。

05032 康住子 ‥‥‥‥‥‥‥‥ P2040v③-10
　〔淨土寺豆入曆〕　(939)
　　2)淨土寺

05033 (康)住子 ‥‥‥‥‥‥‥‥ 莫第387窟
　〔供養人題記〕　清泰元年頃　(936頃)
　　1)姪　4)南壁。《燉》p.148。《謝》p.238。⇒住子。

05034 (康)十娘子 ‥‥‥‥‥ Stein Painting 19
　〔被帽地藏菩薩圖供養人題記〕　建隆四年癸亥歲五月十二日　(963)
　　1)(康淸奴?)女　4)出適除氏。

05035 康叔達 ‥‥‥‥‥‥‥‥‥ P3547
　〔上都進奏院狀上(原題)〕　(9C後期?)
　　1)十將

05036 康遵 ‥‥‥‥‥‥‥‥‥‥ P4071
　〔星占書(末)〕　開寶七年十二月十一日　(974)
　　1)大都督府白衣術士人　3)靈州

05037 康像子 ‥‥‥‥‥‥‥‥‥ S03982
　〔月次人名目〕　乙丑年十二月　(965)

05038 康勝子 ‥‥‥‥‥‥‥‥‥ P3418v⑤
　〔某鄕缺枝夫戶名目〕　(9C末～10C初)

05039 康勝住 ……………… BD14806②（新1006）
　〔渠人轉帖〕　（10C中期）

05040 （康）勝住 ……………… 莫第387窟
　〔供養人題記〕　清泰元年頃　（936頃）
　　1)男　4)東壁門南側。《燉》p.148。《謝》p.237。⇒勝住。

05041 康勝全 ……………… S11627
　〔兄康幸深送沙州弟康勝全書簡〕　二月十六日　（10C後期）
　　3)沙州　4)原作「弟康勝全」。

05042 康勝奴 ……………… S11213F
　〔配付人名目〕　（946）

05043 康承宗 ……………… 莫第078窟
　〔遊人題記〕　乾祐參年庚□□十月廿五日　（950）
　　1)禮佛信士　4)原作「乾祐參年庚□□十月廿五日禮佛信士康承宗諸□□等》拾柒人同發勝心…巡禮…」。東壁南側底層。《燉》p.27。

05044 康昌子 ……………… BD14806③（新1006）
　〔歸義軍官府貸油麵曆〕　壬申年　（972）
　　1)□窮莊大哥？　4)原作「□窮莊大哥?康昌子」。

05045 康昌子 ……………… S11358
　〔部落轉帖〕　（10C後期）

05046 康昌進 ……………… P4958piece1
　〔納贈歷〕　（10C前期）

05047 康昌進 ……………… 莫第387窟
　〔供養人題記〕　清泰元年頃　（936頃）
　　1)亡兄　4)原作「亡兄康昌進一心供養」。南壁。《燉》p.147。《謝》p.237。

05048 康章午善 ……… S08445＋S08446＋S08468A
　〔羊司於常樂稅羊人名目〕　丙午年六月廿七日　（946）

05049 （康）章七 ……………… 莫第387窟
　〔供養人題記〕　清泰元年頃　（936頃）
　　1)姪　4)南壁。《燉》p.148。《謝》p.238。⇒章七。

05050 康丈郎 ……………… P3699②
　〔贊普永垂闐化齋文〕　（841 or 815）
　　4)金銀間告身大虫皮康公。⇒莫144窟索家窟東壁下段。

05051 康常清 ……………… S02174
　〔分家文書〕　天復九年己巳閏八月十二日　（909）
　　1)耆壽見人

05052 康淨智 ……………… S02669
　〔管内尼寺（安國寺・大乘寺・聖光寺）籍〕　（865～870）
　　2)聖光寺　3)効穀鄉　4)姓「康」。俗名「福子」。

05053 康淨末 ……………… S00542v
　〔燉煌諸寺丁壯車牛役部〕　戌年六月十八日　（818）
　　1)團頭　2)乾元寺

05054 康淨末妻 ……………… S00542v⑦
　〔乾元寺僧尼名簿〕　（818）
　　2)乾元寺

05055 康贖德婦 ……………… S07060
　〔都司諸色破曆〕　辰年　（9C前期）

05056 康信子 ……………… P2049v②
　〔淨土寺諸色入破曆計會牒〕　長興二年正月　（930～931）
　　1)掉消人

05057 康信定 ……………… Дx10272②
　〔僧名目〕　（10C）
　　1)保人　3)莫(高鄉)

05058 康神々 ……………… P3418v④
　〔龍勒鄉缺枝夫戶名目〕　（9C末～10C初）
　　3)龍勒鄉

05059 康神々 ……………… S05883
　〔諸人納支粟曆〕　（10C前期?）
　　1)酒戶

05060 康進達 ……………… S05824
　〔經坊費負擔人名目〕　（8C末～9C前期）
　　1)寫經人　3)行人部落

05061 康遂子 ……………… P2040v②-13
　〔淨土寺豆入曆〕　乙巳年正月廿七日以後　（945以降）
　　2)淨土寺

05062 康遂子 ……………… P5032v①
　〔社司轉帖〕　戊午年六月十八日　（958）

05063 康遂子 ················· P5032v⑦
〔社司轉帖〕 戊午[ ] (958)

05064 康清子 ················· P4525v⑬
〔知見口承人名〕 (980頃)
　1)口承人

05065 康清子 ··················· S05073
〔納柴曆計會〕 癸未年 (983?)
　1)戶　2)龍興寺

05066 康清淨藏 ················ S02669
〔管內尼寺(安國寺・大乘寺・聖光寺)籍〕
(865～870)
　2)聖光寺　3)効穀鄉　4)姓「康」。俗名「含娘」。

05067 康清枀 ·················· Дx02162
〔社司轉帖〕 庚子年八月十四日 (940?)

05068 康清奴 ················· P3131v
〔牧羊馬馳缺數曆〕 (10C後期)

05069 康清奴 ················· P4525v⑪
〔笇會當宅群枚用籍〕 庚辰年九月十八日
(980)
　1)知馬官

05070 康清奴 ··················· S02589
〔肅州防戍都營田使等狀〕 中和四年十一月一
日 (884)
　1)官健

05071 康清奴 ·········· Stein Painting 19
〔被帽地藏菩薩圖供養人題記〕 建隆四年癸亥
歲五月廿二日 (963)
　1)清信弟子

05072 康清奴 ·················· Дx02971
〔王都頭倉下糧食破曆〕 (10C)

05073 康聖賢 ··················· S02669
〔管內尼寺(安國寺・大乘寺・聖光寺)籍〕
(865～870)
　2)聖光寺　3)効穀鄉　4)姓「康」。俗名「嬌ゝ」。

05074 康青奴 ················· P2049v②
〔淨土寺諸色入破曆計牒〕 長興二年正月
(930～931)

05075 康石住 ·········· BD09293①(周14)
〔團頭康石住米平水交付諸物憑〕 (辛)酉年十
月七日 (961)
　1)第四團頭

05076 康石住 ············ P3555B piece3
〔納贈曆(殘)〕 (10C中期)

05077 康千子 ··················· P3396v
〔沙州諸渠別苽薗名目〕 (10C後期)

05078 康全子 ············ BD03461v(露61)
〔殘文書〕 (10C)

05079 康全子 ··················· P3236v
〔燉煌鄉官布籍〕 壬申年三月十九日 (972)
　1)頭　3)燉煌鄉

05080 康善行 ················· P3047v③
〔諸僧尼送納三色香於乾元寺曆〕 (9C前期)
　2)乾元寺　4)僧名「善行」。

05081 康善子 ·················· Дx10270
〔便粟麥曆〕 (946)

05082 康善子 ················· Дx10270v
〔便麥粟曆〕 (946)

05083 康善住 ················ P2032v①-2
〔淨土寺西倉麥入曆〕 (944前後)
　2)淨土寺

05084 康善通 ··················· S09998
〔牒文(殘)〕 (10C)

05085 康僧政 ···················· P2838
〔安國寺上座比丘尼躰圓等入破曆計會牒并
判辭〕 中和四年 (884)
　1)僧政

05086 康僧政 ··················· P3207
〔安國寺上座比丘尼入破曆〕 中和四年正月
(884)
　1)僧政

05087 康僧統 ················· P3745v②
〔納贈曆〕 (9C末期?)
　1)僧統

05088 康僧統 ·················· S02614v
〔燉煌應管諸寺僧尼名錄〕 (895)
　1)僧統　2)大雲寺

05089 康他龍 ··················· S04746
〔大般若波羅密多經卷第580(末)〕 (9C前期)
　4)胡人?

197

05090 康埫粉 …………………… S11358
　〔部落轉帖〕（10C後期）

05091 康太岳 …………… BD13204（L3333）
　〔殘牒〕廿一日（9C?）

05092 康太淸 …………………… S06829v
　〔修造破曆〕丙戌年（806）

05093 康隊頭 …………………… S00329v
　〔行人轉帖(寫)〕十月廿八日（9C後期）
　　1)隊頭營田

05094 康大娘 …………………… S05381v
　〔遺書一道〕（10C）

05095 康宅官 …………………… S03393v②
　〔狀雜寫〕乾祐三年己酉年（949?）
　　1)宅官

05096 康達運 ……………………… P2504
　〔康幸全借絹契〕辛亥年四月十八日（891 or 951）

05097 康單脯 …………… BD03048（雲48）
　〔雜寫〕（9～10C）

05098 康端公 ………………… P2555piece5
　〔諸親借氈褥名目〕（9C?）
　　1)端公?

05099 康團子 …………………… S02669
　〔管內尼寺(安國寺・大乘寺・聖光寺)籍〕
　（865～870）
　　2)聖光寺　3)洪池鄕　4)尼名「蓮花意」。

05100 康智詮 …………………… S02729①
　〔燉煌應管勘牌子曆〕辰年三月（788）
　　1)都(僧)統　2)大雲寺　3)沙州　4)7行目。

05101 康知興 ………………… 莫第387窟
　〔供養人題記〕清泰元年頃（936頃）
　　1)大乘賢者　4)原作「大乘賢者康知興一心供養」。西壁。《燉》p.147。《謝》p.238。

05102 康嫡奴 …………… BD06359（鹹59）
　〔便麥契〕丑年二月（821）
　　1)寺戶　2)安國寺

05103 康丑定 …………………… P3396v
　〔沙州諸渠別芯薗名目〕（10C後期）

05104 康忠信 ………………… 莫第387窟
　〔供養人題記〕清泰元年頃（936頃）
　　1)亡兄　4)原作「亡兄康忠信一心供養」。南壁。《燉》p.147。《謝》p.237。

05105 康長定? ………………… S05937
　〔破曆〕庚子年十二月（940）

05106 康通信 …………………… P4660⑤
　〔營田都知兵馬使康公邈眞讚都僧統悟眞撰法師恒安書〕中和元年歲次辛丑仲冬（881）
　　1)大唐前節度押衙・營田都知兵馬使

05107 康通信 …………………… S01898
　〔兵裝備簿〕（10C前期）
　　1)兵馬使

05108 康通信 …………………… S02228①
　〔絲綿部落夫丁修城使役簿〕亥年六月十五日（819）
　　1)(右三)　3)絲綿部落　4)首行作「亥年六月十五日州城所,絲綿」。末行作「亥年六月十五日畢功」。

05109 康通信 ………………… 莫第054窟
　〔供養人題記〕（9C後期）
　　4)西壁。《燉》p.17。

05110 康通?達 ………………… P2766v
　〔人名列記〕咸通十二年（871）

05111 康通達 …………………… P3370
　〔出便麥粟曆〕丙子年六月五日（928）
　　1)口承人　3)神沙鄕

05112 康通達? ………… Дx05444＋Дx06547
　〔官衙請烽子等處分狀幷押判(鳥)〕甲寅年十月（954）
　　1)烽子

05113 (康)通達 ……………… 莫第387窟
　〔供養人題記〕清泰元年頃（936頃）
　　1)姪男　4)南壁。《燉》p.148。⇒通達。

05114 康定昌 …………………… P2817v
　〔社司轉帖及便絹契等(殘)〕（10C）

05115 康定昌 …………………… S06309
　〔行人轉帖〕四月八日（10C後期）
　　1)行人

05116　康定奴 ････････････････････ P2484
　〔就東園笇會小印子群牧馳馬牛羊見行籍(歸義印)〕　戊辰年十月十八日　(968)
　　4)存「歸義軍節度使印」。

05117　康定奴 ････････････････････ P3889
　〔社司轉帖〕　(10C後期?)

05118　康定奴 ･･････････････ Дх01359＋Дх03114
　〔牧羊人唐定奴狀〕　己卯年六月(三)日　(979)
　　1)牧羊人　4)文末有判字「爲憑三日印」。V面爲「辰年(980)正月社司轉帖」。⇒唐定奴。

05119　康遞子 ････････････････ P2032v①-4
　〔淨土寺粟入曆〕　(944前後)

05120　康都衙 ････････････････････ P3745v②
　〔納贈曆〕　(9C末期?)
　　1)都衙

05121　康都頭 ････････････････ P3234v③-27
　〔惠安惠戒手下便物曆〕　甲辰年　(944)
　　1)都頭　4)原作「康都頭男」。

05122　康都料 ････････････････････ P2032v②
　〔淨土寺惠安手下諸色入曆〕　甲辰年一日巳直歲　(944)
　　1)都料　4)原作「康都料妻」。

05123　康都料 ････････････････････ P2032v④
　〔淨土寺西倉斛㪷破曆〕　乙亥年　(939)
　　1)都料　2)淨土寺

05124　康都料 ････････････････････ P2032v⑫
　〔淨土寺諸色破曆〕　(940前後)
　　1)都料　2)淨土寺

05125　康都料 ････････････････ P2032v⑳-7
　〔淨土寺麵黃麻豆布等破曆〕　(940前後)
　　1)都料　2)淨土寺

05126　康都料 ････････････････････ P2040v
　〔淨土寺入破曆〕　(945前後)
　　1)都料　2)淨土寺

05127　康都料 ････････････････････ P3763v
　〔淨土寺入破曆〕　(945前後)
　　1)都料　2)淨土寺

05128　康都料妻 ･･････････････････ P2032v②
　〔淨土寺惠安手下諸色入曆〕　甲辰年一日巳直歲　(944)

05129　康奴子 ･････････････････ 北大D102
　〔佛說八陽咒經(尾)〕　甲戌年七月三日　(914?)
　　1)兵馬使　4)尾題「甲戌年七月三日, 兵馬使李吉順・兵馬使康奴子二人奉命充使甘州。…發心寫此八陽神咒經一卷。」(以下略)。

05130　康德友 ････････････････････ P2629
　〔官破曆〕　七月六日　(10C中期)

05131　康德友 ･･･････････････････ P3721v③
　〔冬至自斷官員名〕　己卯年十一月廿六日　(979)

05132　康訥兒 ･････････････････ S01153
　〔諸雜人名目〕　(10C後期)

05133　康屯々 ･････････････････ S02199
　〔尼靈惠唯(遺)書(首題)〕　咸通六年十月廿三日　(865)
　　4)原作「康屯是尼靈惠姪男」。

05134　康內 ･･･････････････ BD04530v①(岡30)
　〔習書〕　(8〜9C)

05135　康南山 ････････････････････ P4017
　〔雜字一本(人名列記)〕　乙酉年頃　(985)

05136　康二娘 ･･･････････････････ P2912v③
　〔寫大般若經一部施銀盤子麥粟粉疏〕　四月八日　(9C前期)

05137　康二奴 ･･･････････････････ P2912v③
　〔寫大般若經一部施銀盤子麥粟粉疏〕　四月八日　(9C前期)

05138　康寧 ･･･････････････ BD06824(羽24)
　〔佛說佛名經卷第3記(寫記)〕　大梁貞明六年歲次庚辰五月十五日　(920)
　　1)百姓　4)敬寫。

05139　康寧 ･･･････････････ BD15077(新1277)
　〔佛名經(十六卷本)卷第8〕　大梁貞明陸年歲次庚辰伍月拾伍日　(920)
　　1)百姓　4)原作「敬寫大佛名經貳伯捌拾捌卷, 惟願城隍安泰, 百姓康寧。府主曹公已躬永壽, 繼紹長年。合宅枝羅, 常然慶吉。于大梁貞明陸年歲次庚辰伍月拾伍日寫記」。

05140　康寧 ･･･････････････ BD16376(L4452)
　〔釋門僧正賜紫道眞等稿〕　八月　(9〜10C)
　　1)公主・宰相

05141 康寧 ……………………… P2312
　〔佛名經卷第13(寫記)〕　大梁貞明六年庚辰歲
　五月十五日　(920)
　　4)敬寫。

05142 康寧 ……………………… S03691
　〔佛說佛名經卷第15(寫記)〕　大梁貞明六年歲
　次庚辰五月拾伍日　(920)
　　1)百姓

05143 康寧 ……………………… S04240
　〔佛說佛名經卷第4(寫記)〕　大梁貞明六年歲
　次庚辰五月十五日　(920)
　　1)百姓　4)敬寫。

05144 康寧 ……………… 中村『書道博』p.196
　〔佛名經第6(寫記)〕　大梁貞明六年庚辰伍月
　十五日寫記　(920)
　　1)百姓　4)敬寫。

05145 (康)破勿 ……………… 莫第387窟
　〔供養人題記〕　清泰元年頃　(936頃)
　　1)男　4)東壁門南側。《燉》p.148。《謝》p.237。⇒
　　破勿。

05146 康伯違 …………………… 杏・羽677
　〔入破歷算會(殘)〕　癸酉・甲戌二年　(973・
　974)

05147 康伯達 ……………………… P4640v
　〔官入破曆〕　辛酉年正月　(901)
　　1)押衙

05148 康博士 ……………………… P2040v②-28
　〔淨土寺豆入曆〕　(940前後)
　　1)博士　2)淨土寺

05149 康博(士) ……………………… P3490v①
　〔油破曆〕　辛巳年頃　(921頃)
　　1)博士

05150 康博士女亡矛 ……………… P2049v②
　〔淨土寺諸色入破曆計會牒〕　長興二年正月
　(930〜931)

05151 康白登 ……………………… 楡第19窟
　〔巡禮題記〕　大禮平定四年四月八日　(10C後
　期)
　　4)洞口北壁。《謝》p.462。

05152 康判官 ……………………… P3258
　〔願文〕　(9C前期)
　　1)判官

05153 康筆匠 ……………………… S04508
　〔雜寫〕　(10C)
　　1)筆匠　4)雜寫之一原作「筆匠康, 此筆占好竝
　　是疋」。

05154 康不子 ……………………… P2633v
　〔貸絹契(殘)〕　辛巳年十二月十三日　(921 or
　981)
　　3)慈惠鄉

05155 康不子 ……………………… Дx06064v
　〔人名目〕　(10C)

05156 康付子 ……………………… P3441v
　〔社司轉帖(寫錄)〕　三月十三日　(10C前期)

05157 (康)富員 ……………… 莫第387窟
　〔供養人題記〕　清泰元年頃　(936頃)
　　1)男　4)東壁門南側。《燉》p.148。⇒富員。

05158 康富盈 ……………………… S03984
　〔牧羊計會〕　丁酉年十一月三日　(937?)
　　1)牧羊人　2)報恩寺

05159 康富盈 ……………………… S04116
　〔牧羊計會〕　庚子年十月廿六日　(1000)
　　1)牧羊人　2)報恩寺

05160 康富子 ……………………… P3441v
　〔社司轉帖(寫錄)〕　三月十三日　(10C前期)
　　1)百姓

05161 康富子 ……………………… Дx01409
　〔辛胡兒典身契〕　貞明六年歲在庚辰十一月廿四
　日　(920)
　　1)押衙

05162 康富住 ……………………… P3231④
　〔平康鄉官齋曆〕　囲戌年十月十五日　(974)
　　3)平康鄉

05163 康富住 ……………………… P3231⑤
　〔平康鄉官齋曆〕　□亥年五月十五日　(975)
　　3)平康鄉

05164 康富住 ……………………… P3231⑥
　〔平康鄉官齋曆〕　乙亥年九月廿九日　(975)
　　3)平康鄉

05165 康富住 ……………………… S03982
　〔月次人名目〕　甲子年九月　(964)

05166 康富昌 ·············· S04525
〔付官健及諸社佛會色物數目〕（10C後期）

05167 康富成 ············ BD01957v（收57）
〔社司轉帖（寫），雜寫〕（10C?）
　4）R面爲「諸星母陀羅尼經一卷」（尾）。又存「沙門法成於甘州修多寺」之一文（首）。又有「暫入酒店極甚鬧，僧胡及漢」。

05168 康富定 ············· P2040v②-10
〔淨土寺黃麻入曆〕 乙巳年正月廿七日（945以降）
　2）淨土寺

05169 康富定 ················ P3146A
〔衙前子弟州司及齪頭等留殘祗衙人數〕 辛巳年八月三日（981）

05170 康富定 ················ P3721v①
〔平康鄉堤上兄（見）點得人名目〕 庚辰年三月十二日（980）
　3）平康鄉

05171（康）富定 ············ 莫第387窟
〔供養人題記〕 清泰元年頃（936頃）
　1）男　4）東壁門南側。《燉》p.148。《謝》p.237。⇒富定。

05172 康富德 ·············· S03984
〔牧羊計會〕 丁酉年十一月三日（937?）
　1）牧羊人　2）報恩寺

05173 康富德 ·············· S04116
〔牧羊計會〕 庚子年十月廿六日（1000）
　1）牧羊人　2）報恩寺

05174 康伏願 ·············· P3945v
〔牧羊籍〕（10C?）

05175 康伏逝 ·············· S00542v
〔燉煌諸寺丁壯車牛役部〕 戌年六月十八日（818）

05176 康伏念 ·········· BD11995（L2124）
〔諸人買馬價納練歷〕（8C）

05177 康福全 ·············· S03048
〔東界羊籍〕 丙辰年（956）
　1）牧羊人

05178 康粉子 ·············· S07932
〔月次番役名簿〕（10C後期）

05179 康粉塠 ············· P2032v⑬-7
〔淨土寺黃麻利閏入曆〕（940前後）
　2）淨土寺

05180 康粉塠 ············ BD09318B（周39）
〔莫高鄉戶口人戶付物歷〕（946）

05181 康糞塠 ·············· P2556v
〔雜寫〕 咸通十年正月十八日（869）

05182 康文 ············· BD04530v①（崗30）
〔習書〕（8～9C）
　1）學生　4）原作「康文學生」。

05183 康文君 ··········· S08445＋S08446＋S08468①
〔羊司於常樂稅羊人名目〕 丙午年六月廿七日（946）

05184 康文君 ··········· S08445＋S08446＋S08468④
〔羊司於常樂官稅羊數名目〕 丁未年四月十二日（943）

05185 康文興 ·············· S04601
〔佛說賢劫千佛名經卷上〕 雍熙貳年乙酉歲十一月廿八日（985）
　1）押衙　4）原作「押衙康文興自手并筆墨寫」。

05186 康文秀 ·············· P3418v⑥
〔洪閏鄉缺枝夫戶名目〕（9C末～10C初）
　3）洪閏鄉

05187 康文勝 ·············· P3547
〔上都進奏院狀上（原題）〕（9C後期?）
　1）十將

05188 康文達 ·············· P3418v⑦
〔慈惠鄉缺枝夫戶名目〕（9C末～10C初）
　3）慈惠鄉

05189 康?文達 ············· S11213G
〔配付人名目〕（946）

05190 康文達 ············· Дx01335
〔都虞候司奉判令追勘押衙康文達牒〕（9C後期～10C初期）
　1）押衙

05191（康）文達母 ·········· Дx01335
〔都虞候司奉判令追勘押衙康文達牒〕（9C後期～10C初期）

氏族人名篇　こう　康

05192　康文通 ……………… P3418v④
　〔龍勒鄕缺枝夫戶名目〕（9C末～10C初）
　　3）龍勒鄕

05193　康文通 ……………… P4958piece1
　〔納贈歷〕（10C前期）

05194　康文通 ……………… S07384B
　〔作坊使牒并淮深判(2通)〕　光啓三年二月・三月　（887）
　　1）作坊使

05195　康兵馬使 ……………… S01477v
　〔地步曆〕（10C初頃）
　　1）兵馬使

05196　康保盈 ……………… P4693
　〔官齋納麵油粟曆〕（10C後期）
　　1）羹飩頭

05197　康保住 ……………… P2249v①
　〔康保住雇男契〕　壬午年正月一日　（982 or 922）
　　1）百姓　3）慈惠鄕

05198　康保清 ……………… P3236v
　〔燉煌鄕官布籍〕　壬申年三月十九日　（972）
　　3）燉煌鄕

05199　康保定 ……………… P2915piece1・2
　〔社人名錄（殘）〕（10C）

05200　康保定 ……………… P3721v③
　〔冬至自斷官員名〕　己卯年十一月廿六日　（979）

05201　康保定 ……………… S11358
　〔部落轉帖〕（10C後期）

05202　康奉 ……………… BD08956v（有77）
　〔田籍〕（8C?）
　　4）原作「史謝多一畝綠豆康奉下」。

05203　康法 ……………… P.tib1261v⑩
　〔諸寺僧尼支給穀物曆〕（9C前期）

05204　康法師 ……………… P2671v
　〔僧名錄（河西都僧統等20數名）〕　甲辰年頃（884頃）
　　1）法師

05205　康法師 ……………… Дx01586B
　〔惠通下僧名目〕（9C後期）
　　1）法師

05206　康法律 ……………… BD08055（字55）
　〔中阿含經卷8(兌紙)欄外〕（10C）
　　1）法律

05207　康法律 ……………… P2838
　〔安國寺上座比丘尼躰圓等入破曆計會牒并判辭〕　中和四年　（884）
　　1）法律

05208　康法律 ……………… P.tib1261v⑩
　〔諸寺僧尼支給穀物曆〕（9C前期）
　　1）法律

05209　康法律 ……………… S10566
　〔秋季諸寺大般若轉經付配帙曆〕　壬子年十月　（952）
　　1）法律　2）龍興寺

05210　康法律? ……………… S11601
　〔諸寺僧名目〕（10C?）
　　1）法律?

05211　康滿奴 ……………… Дx01408
　〔効穀鄕百姓康滿奴等地畝曆〕（9C末）
　　3）効穀鄕

05212　康妙力 ……………… BD09299（周20）
　〔納贈曆〕（10C後期）

05213　康名?子 ……………… Дx01277
　〔納贈曆〕　丁丑年九月四?日　（977）

05214　康明俊 ……………… P3945v
　〔牧羊籍〕（10C?）

05215　康友子 ……………… P5032v①
　〔社司轉帖〕　戊午年六月十八日　（958）

05216　康友子 ……………… P5032v⑦
　〔社司轉帖〕　戊午［　］（958）

05217　康友子 ……………… S02228①
　〔絲綿部落夫丁修城使役簿〕　亥年六月十五日　（819）
　　1）(右四)　3）絲綿部落　4）首行作「亥年六月十五日州城所, 絲綿」。末行作「亥年六月十五日畢功」。

05218 康友住 ……………………… P3721v①
〔平康鄉堤上兄(見)點得人名目〕 庚辰年三月
廿二日 （980）
　3)平康鄉

05219 康祐住 ……………………… P4693
〔官齋納麵油粟曆〕 （10C後期）
　1)羹油菜頭

05220 康養 ……………………… BD08956v(有77)
〔田籍〕 （8C?）
　4)原作「康養下油麻貳畝」。

05221 康來兒 …………… BD09345①(周66)
〔安醜定妻亡社司轉帖〕 辛酉年四月廿四日
（961?）
　2)顯德寺門

05222 康來?兒 ……………………… P3379
〔社錄事陰保山等牒(團保文書)〕 顯德五年二
月 （958）
　4)有指押印。

05223 康里屯? ……………………… P3418v④
〔龍勒鄉缺枝夫戶名目〕 （9C末～10C初）
　3)龍勒鄉

05224 康流子 ……………………… P5593
〔社司轉帖(殘)〕 癸巳年十月十日 （933?）

05225 康留信 ……………………… P2049v②
〔淨土寺諸色入破曆計會牒〕 長興二年正月
（930～931）

05226 康留信 ……………………… S03005
〔防大佛行人名目〕 （10C）

05227 (康)留定 …………………… 莫第387窟
〔供養人題記〕 清泰元年頃 （936頃）
　1)男　4)東壁門南側。《燉》p.148。《謝》p.237。⇒
留定。

05228 康梁長 …………… BD15249v③(新1449)
〔某家榮親客目〕 （10C後期）
　1)主人・都頭　4)原作「梁長都頭及新婦」。又有
傍記「康」「主人」。

05229 康梁長新婦 ………… BD15249v③(新
1449)
〔某家榮親客目〕 （10C後期）
　4)原作「梁長都頭及新婦」。

05230 康靈滿 ……………………… P3249v
〔將龍光顏等隊下人名目〕 （9C中期）
　1)僧　4)⇒靈滿。

05231 康蓮花意 …………………… S02669
〔管內尼寺(安國寺・大乘寺・聖光寺)籍〕
（865～870）
　2)聖光寺　3)洪池鄉　4)姓「康」。俗名「團子」。

05232 康連住 ……………………… S11358
〔部落轉帖〕 （10C後期）

05233 康郎 ………………………… P3164
〔親情社轉帖〕 乙酉年十一月廿六日 （925?）

05234 康郎 ………………………… S02242
〔親情社轉帖〕 七月三日 （10C）
　4)原作「大康郎」。

05235 康郎 ………………………… S05139v③
〔親情社轉帖〕 （924頃）

05236 康郎 ………………………… S06981⑬
〔入麥曆〕 酉年 （10C中期）

05237 康郎ミ ……………………… P2832Av
〔納楊榆木人名曆〕 （10C）

05238 康郎□ ……………………… 杏・羽669-2
〔社司轉帖名列記〕 （10C）

05239 康和將 ……………………… P2915piece1・2
〔社人名錄(殘)〕 （10C）

05240 康?□ ……………………… P2825v③
〔平康鄉百姓馮文達雇駝契(控)〕 乾寧二年二
月十七日 （895）

05241 (康)□寬 …………………… 莫第387窟
〔供養人題記〕 清泰元年頃 （936頃）
　1)男　4)東壁門南側。《燉》p.148。⇒□寬。

05242 康□興 …………………… 莫第387窟
〔供養人題記〕 清泰元年 （936）
　1)大乘賢者　4)原作「□□(淨)(信)大乘賢者康
□興一心供養」。西壁。《燉》p.147。《謝》p.238。

05243 康□子 ……………………… P2125v
〔人名目(殘)〕 （9C末）

05244 (康)□子 …………………… 莫第387窟
〔供養人題記〕 清泰元年頃 （936頃）
　1)姪　4)南壁。《謝》p.237。《燉》p.148。⇒□子。

05245 康□信 ································ 莫第387窟
　〔供養人題記〕　清泰元年頃（936頃）
　　1)兄右廂□□像頭　4)原作「兄右廂□□像頭康□信一心供養」。南壁。《燉》p.147。《謝》p.237。

05246 康□得 ································ P2915piece1・2
　〔社人名錄(殘)〕　(10C)

05247 康□□ ································ P5021D
　〔付物曆〕　(9C末～10C初)

05248 康□ ································ Дx10289
　〔部落都頭楊帖〕　丁卯年九月十五日　(967)

05249 康 ································ BD05673v④（李73）
　〔行人轉帖(寫錄)〕　今月十二日　(9C末)

05250 康 ································ S04710
　〔沙州戶口簿〕　(9C中期以降)
　　1)(戶主張猪子)母　3)沙州　4)原作「(戶主張猪子)妻阿康」。

05251 康 ································ S07214v
　〔書簡？〕　(9～10C)
　　4)存「仲多盛寒伏惟康」等文字。

05252 江子 ································ S04274v
　〔社名簿〕　(10C)

05253 江通清 ································ Дx06045r.v
　〔酒戶江通清就寺內院等會曆〕　二月一日　(10C)
　　1)酒戶

05254 江八子 ································ P3721v①
　〔平康鄉堤上兄(見)點得人名目〕　庚辰年三月廿二日　(980)
　　3)平康鄉　4)⇒紅八子。

05255 江保全 ································ S01366
　〔歸義軍府下破用麵油曆〕　己卯～壬午年頃（10C後期(980～982頃)）

05256 江?老晬? ································ BD09341（周62）
　〔社司轉帖〕　閏四月三日　(10C後期)

05257 皇甫妣 ································ S05956
　〔般若多心經〕　(9C)
　　4)原作「妣皇甫氏」。

05258 皇甫 ································ S05596
　〔佛名經卷第1(尾)〕　(8C)
　　1)(張自訥)妻　3)伊吾軍　4)原作「佛弟子伊吾軍副使張自訥爲亡妻皇甫氏寫此佛名經」。

05259 紅忍花 ································ BD09322①（周43）
　〔沙州諸寺僧尼配付大般若經點勘曆〕　午年五月五日　(838?)
　　2)聖(光寺)　3)沙州

05260 紅忍花 ································ BD09322②（周43）
　〔龍興寺大般若經每經袟點勘〕　午年五月一日　(838?)
　　2)聖(光寺)　3)沙州

05261 紅八子 ································ P3721v①
　〔平康鄉堤上兄(見)點得人名目〕　庚辰年三月廿二日　(980)
　　3)平康鄉　4)⇒江八子。

05262 興員 ································ Дx01586B
　〔惠通下僧名目〕　(9C後期)
　　1)福善人

05263 興延 ································ Дx01378
　〔當團轉帖〕　(10C中期)

05264 興干 ································ 莫第320窟
　〔供養人題記〕　(10C前期)
　　1)孫子　4)原作「孫子興干一心供養」。東壁門南側。《燉》p.130。

05265 興胡 ································ P2032v⑳-4
　〔淨土寺麵黃麻豆布等破曆〕　(940前後)
　　2)淨土寺

05266 興胡ゝ ································ S02228②
　〔於諸家邊布麥粟酒分付曆〕　辰年　(824)

05267 興子 ································ S06452⑤
　〔破曆便曆？〕　辛巳年　(981)
　　2)淨土寺

05268 興受 ································ 天禧塔記
　「天禧塔記」《隴石金石錄補》　大宋天禧參年歲次乙未三月二十七日　(1019)
　　1)法律　2)永安寺

05269 興順 ································ BD09318B（周39）
　〔莫高鄉戶口人戶付物曆〕　(946)

05270　興順 ·················· Дx05534
　〔禮佛見到僧等人名目〕　廿日夜　(10C)

05271　興進 ·················· P2162v
　〔三將納丑年突田曆〕　(9C前期)

05272　興遂 ················· 莫第148窟
　〔供養人題記〕　(11C中期)
　　1)窟禪顯德寺釋門法律　2)顯德寺　4)原作「窟禪顯德寺釋門法律興遂供養」。北壁。《燉》p.70。

05273　興晟 ·············· BD02126v⑦(藏26)
　〔爲覺心妹函稿〕　(9C後期)

05274　興晟 ·············· BD09324(周45)
　〔某寺諸色入破歷〕　丑年三月　(8C末〜9C前期)

05275　興曹六 ················ Дx10270v
　〔便麥粟曆〕　(946)
　　4)原作「興曹六」。

05276　興達 ·················· S01477v
　〔地步曆〕　(10C初頃)

05277　興奴 ········ 三井文庫燉煌寫經25-14-20
　〔成唯識論卷第7(8C)背面〕　(10C)
　　1)孔目(官)　4)原作「不藉奴孔目官興奴孔目書寫上手記耳」。

05278　興道 ················· 莫第148窟
　〔供養人題記〕　(11C中期)
　　1)窟禪…寺法律　4)原作「窟禪…寺法律興道供養」。北壁。《燉》p.70。

05279　興孟母 ················ P2912v③
　〔寫大般若經一部施銀盤子麥粟粉疏〕　四月八日　(9C前期)

05280　香麴々 ·················· S06174
　〔社司轉帖(殘)〕　正月九日　(9C後期?)

05281　高阿?君 ················ P3418v④
　〔龍勒鄉缺枝夫戶名目〕　(9C末〜10C初)
　　3)龍勒鄉

05282　高阿朶 ················· P3231⑥
　〔平康鄉官齋曆〕　乙亥年九月廿九日　(975)
　　3)平康鄉

05283　(高)阿堆子 ················ P2932
　〔出便豆曆〕　甲子年十二月十日,十一日　(964?)
　　1)口承人　3)龍勒鄉　4)十日原作「阿堆子」。十一日原作「高衍鶏弟・阿堆子」。

05284　高阿聯 ················· S04504v④
　〔行人轉帖〕　七月三日　(10C前期)

05285　高安三? ················ P3290②
　〔宋沙州人戶別都受田申請計帳(寫錄)〕　至道元年乙未歲正月一日　(995)

05286　高安三 ·················· S04172
　〔受田簿〕　至道元年乙未正月一日　(995)

05287　高安三 ············ Дx01405＋Дx01406
　〔布頭索留信等官布籍〕　(9C末期〜10C初期)

05288　高安?子 ················· S06130
　〔諸人納布曆〕　(10C)

05289　高員慶? ················ P2825v
　〔雜寫〕　(9C末)
　　4)V面③爲「乾寧二年(895)丙辰歲(896)雇馳契」。

05290　高員子 ·················· S05717
　〔人名目〕　(10C)

05291　高員住 ················· S02472v③
　〔納贈曆〕　辛巳年十月廿八日　(981)

05292　高員信 ·················· S06303
　〔便曆〕　丁未年二月五日　(947?)
　　1)兵馬使

05293　高員富 ················ P2032v⑰-8
　〔淨土寺諸色入曆〕　(940前後)
　　2)淨土寺

05294　高員粉? ················ P3556v④
　〔社戶人名目(殘)〕　(10C中期頃)
　　1)社戶

05295　高員友 ·········· 臺灣中央圖書館08815②
　〔捉磑戶高員友契〕　癸丑年正月十三日　(953)
　　1)缺顆(課)人

05296　高員祐 ·················· P4003
　〔渠社轉帖〕　壬午年十二月十八日　(922 or 982)

05297 高員祐 ·················· S02472v③
　〔納贈曆〕　辛巳年十月廿八日　(981)

05298 高員郎 ·················· S02472v③
　〔納贈曆〕　辛巳年十月廿八日　(981)

05299 高盈信 ·················· S04622v②
　〔百姓高盈信請取兄沙州任事狀〕　(9C中期)
　　1)百姓

05300 高盈信 ························ S05482
　〔佛名錄卷第9〕　(9C後半?)
　　1)弟子

05301 高英建 ························ P3441
　〔論語卷第6〕　大中七年十一月廿六日　(853)
　　1)學生判官　4)原作「大中七年十一月廿六日學生判官高英建寫記」。

05302 高延英 ······················· S11344A
　〔封戶鄉別人名目?〕　(9C前期?)
　　1)封戶　3)沙州　4)原作「沙高延英」。

05303 高延晟 ························ S06094
　〔高延晟祭宅神文〕　甲戌年正月廿二日　(914)
　　1)百姓　3)洪潤鄉

05304 高延〔近?〕祚 ················ Дx01414
　〔劉存慶換舍契〕　天復陸年丙寅歲拾壹□(月)　(906)
　　1)見人・兵馬使

05305 高延德 ···················· P2573piece1
　〔高延德狀〕　四月三日　(10C後期)
　　1)內親從都頭銀青光祿大夫檢校國子祭酒御史中丞　4)P2573本件爲「鬼園策府第一」。piece1是補修紙。

05306 高延德 ······················· P2670v
　〔高延德啓上〕　(10C)

05307 高衍鷄 ························ P2932
　〔出便豆曆〕　甲子年十二月十一日　(964?)
　　3)龍勒鄉

05308 高押衙 ························ P3037
　〔社司轉帖〕　庚寅年正月三日　(990)
　　1)押衙　2)大悲寺門前

05309 高押衙 ························ S04120
　〔布褐等破曆(殘)〕　癸亥年二月～甲子年二月　(963～964)
　　1)押衙

05310 高加盈 ························ P2766v
　〔人名列記〕　咸通十二年　(871)

05311 高加盈 ······················· P3214v
　〔洪池鄉百姓高加盈佃種契(殘稿)〕　天復年丁卯歲三月十一日　(907)
　　3)洪池鄉

05312 高加興 ······················· P4640v
　〔官入破曆〕　庚申年十一月　(900)

05313 高加興 ······················· P4640v
　〔官入破曆〕　庚申年九月　(900)

05314 高加興 ················ Дx01405＋Дx01406
　〔布頭索留信等官布籍〕　(9C末期～10C初期)
　　1)布頭

05315 高加進 ················ Дx01405＋Дx01406
　〔布頭索留信等官布籍〕　(9C末期～10C初期)

05316 高家 ························ P2032v⑫
　〔淨土寺諸色破曆〕　(940前後)
　　2)淨土寺

05317 高家 ························· Дx01320
　〔麵等付曆〕　(10C後期)

05318 高衙推 ························ S05883
　〔諸人納支粟曆〕　(10C前期?)

05319 高懷盈 ······················· P2680v⑥
　〔社司轉帖〕　六月廿三日　(10C中期)

05320 高會興 ······················· P3935v
　〔便麥粟豆返還諸判文書〕　辛卯年　(931)

05321 高會興 ······················· P3935v
　〔便麥粟豆返還諸判文書〕　壬辰年　(932)

05322 高會興 ······················· P3935v
　〔便麥粟豆返還諸判文書〕　丁酉年　(937)

05323 高會通 ························ S06309
　〔行人轉帖〕　四月八日　(10C)

05324 高憨灰 ······················ S02894v⑤
　〔社司轉帖〕　(10C後期)

05325 高憨子 ················ Дx01432＋Дx03110
　〔地子倉麥曆〕　(10C)
　　1)口承人

05326　高環 ‥‥‥‥‥‥ BD09472v①～③（發92）
〔龍興寺索僧正等五十八人就唐家蘭若請賓頭廬文〕（8〜9C）
　2)(靈)圖(寺)　3)沙州

05327　高關城 ‥‥‥‥‥‥‥‥‥ P3441v
〔社司轉帖(寫錄)〕　三月十三日　(10C前期)

05328　高願延 ‥‥‥‥‥‥‥‥ S02472v④
〔榮指揮葬巷社納贈曆(末・習書)〕　辛巳年十月廿八日　(981)

05329　高願昌 ‥‥‥‥‥‥‥‥‥ Дx01401
〔社司轉帖〕　辛未年二月七日　(911 or 971)

05330　高歸眞 ‥‥‥‥‥‥‥‥‥ P3060
〔諸寺諸色付經僧尼曆〕　(9C前期)
　1)僧尼　4)經典名「正法念經卷6」。

05331　高麴々 ‥‥‥‥‥‥‥‥‥ S06130
〔諸人納布曆〕　(10C)
　3)神沙鄉

05332　高麴友？ ‥‥‥‥‥‥‥‥ P3418v③
〔某鄉缺枝夫戶名目〕　(9C末〜10C初)

05333　高教授 ‥‥‥‥ S07939v＋S07940Bv＋S07941
〔燉煌諸寺僧尼給糧曆〕　(823以降)
　1)教授

05334　高教棟 ‥‥‥‥ Дx00285＋Дx02150＋Дx02167＋Дx02960＋Дx03020＋Дx03123v③
〔某寺破曆〕　(10C中期)
　1)教棟

05335　高鄉官 ‥‥‥‥‥‥‥‥‥ P5032v②
〔酒破曆〕　丁巳年九月廿五日　(957)
　1)鄉官

05336　高虞候 ‥‥‥‥‥‥‥‥ S02472v③
〔納贈曆〕　辛巳年十月廿八日　(981)
　1)虞候

05337　高虞候 ‥‥‥‥‥‥‥‥‥ S04472v
〔納贈曆〕　辛酉年十一月廿日　(961)
　1)虞候

05338　高君々 ‥‥‥‥‥‥‥‥ P3418v⑦
〔慈惠鄉缺枝夫戶名目〕　(9C末〜10C初)
　3)慈惠鄉

05339　高君兒 ‥‥‥‥‥‥‥‥ P2555piece4
〔諸處借付盤疊疊等曆〕　(9C?)

05340　高繼長 ‥‥‥‥‥‥‥‥ S02472v①
〔榮指揮葬巷社納贈曆〕　辛巳年十月廿八日　(981)
　1)僧　4)⇒繼長。

05341　高繼長 ‥‥‥‥‥‥‥‥ S02472v③
〔納贈曆〕　辛巳年十月廿八日　(981)
　1)僧

05342　高賢々 ‥‥‥‥‥‥‥‥‥ S02214
〔官府雜帳(名籍・黃麻・地畝・地子等曆)〕(860?)

05343　高元寧 ‥‥‥‥‥‥‥‥‥ S05883
〔諸人納支粟曆〕　(10C前期?)

05344　高胡子 ‥‥‥‥‥‥‥‥ P2049v②
〔淨土寺諸色入破曆計會牒〕　長興二年正月　(930〜931)

05345　高孔目 ‥‥‥‥‥‥‥‥ P2032v②
〔淨土寺惠安手下諸色入曆〕　甲辰年一日巳直歲　(944)
　1)孔目

05346　高孔目 ‥‥‥‥‥‥‥‥ P2032v③
〔淨土寺諸色破曆〕　(944前後)
　1)孔目　2)淨土寺

05347　高孔目 ‥‥‥‥‥‥‥‥ P2032v⑳-5
〔淨土寺麵黃麻豆布等破曆〕　(940前後)
　1)孔目　2)淨土寺

05348　高孔目 ‥‥‥‥‥‥‥‥ P2040v③-1
〔淨土寺粟入曆〕　(939)
　2)淨土寺

05349　高孔目 ‥‥‥‥‥‥‥‥ P2040v③-14
〔淨土寺褐入曆〕　(939)
　1)孔目　2)淨土寺

05350　高孔目 ‥‥‥‥‥‥‥‥ P2049v②
〔淨土寺諸色入破曆計會牒〕　長興二年正月　(930〜931)
　1)孔目

05351　高孔目 ‥‥‥‥‥‥‥‥‥ P3763v
〔淨土寺入破曆〕　(945前後)
　1)孔目　2)淨土寺

05352 高孔目 ·················· S05486②
　〔社司轉帖〕　壬寅年六月九日　(942)
　　1)孔目

05353 高孔目母 ················ P2049v②
　〔淨土寺諸色入破曆計會牒〕　長興二年正月
　(930～931)

05354 高孝宜 ·················· S03005
　〔防大佛行人名目〕　(10C)

05355 高孝順 ·················· S10848
　〔便麥曆〕　(10C)

05356 高孝通 ·················· P4063
　〔官建轉帖〕　丙寅年四月十六日　(966)

05357 高孝通 ················· S02472v④
　〔榮指揮葬巷社納贈曆(末・習書)〕　辛巳年十
　月廿八日　(981)
　　4)原作「高願延・高孝通社」。昌子甲申年(984)。
　　　存1行。

05358 高康三 ·················· S05800
　〔佛會破曆〕　光化三年庚申正月一日　(900)

05359 高康三 ················· 莫第098窟
　〔供養人題記〕　(10C中期)
　　1)節度押衙銀青光祿大夫檢校國子祭酒兼御史
　　　中丞上柱國　4)南壁。《燉》p.42。《謝》p.92。

05360 高康子 ················ BD04698v(劍98)
　〔翟信子等三人狀及判詞〕　甲戌年(～丁丑
　年)　(974～977?)
　　1)都頭　4)原作「都頭高康子」。

05361 高興子 ··············· P2040v③-2
　〔淨土寺西倉粟利入曆〕　己亥年　(939)
　　2)淨土寺

05362 高興達 ·················· P2049v①
　〔淨土寺諸色入破曆計會牒〕　同光三年
　(925)

05363 高苟子 ·················· S08402
　〔便麥曆〕　(10C前期)
　　1)外生

05364 高苟奴 ·················· S03824v①
　〔雜寫〕　乾符三年五月廿七日　(876)

05365 高苟奴 ·················· S03824v②
　〔具注曆日〕　開寶二年己巳歲　(969)

05366 高行眞 ················ BD07384(鳥84)
　〔杜都督等書幡等書支領麥布曆〕　丑年～未
　年　(821～827 or 833～839)

05367 高黑子 ·················· P3384
　〔戶籍(殘)〕　大順二年辛亥正月一日　(891)

05368 高黑子 ·················· P4989
　〔沙州戶口田地簿〕　(9C末)

05369 高黑頭 ·················· P3935
　〔田籍文書(稿)〕　(10C)
　　1)百姓　3)洪池鄉　4)V面爲「931-937年還粟麥
　　　算會文書」。

05370 高忽丈 ·················· P4640v
　〔官入破曆〕　己未年四月　(899)
　　1)衙官

05371 高忽丈 ·················· P4640v
　〔官入破曆〕　辛酉?年八月二日　(901?)

05372 高骨子 ·················· P2953v
　〔便麥豆本曆〕　(10C)

05373 高娑奴 ·················· P2049v①
　〔淨土寺諸色入破曆計會牒〕　同光三年
　(925)

05374 高娑奴 ·················· P2049v②
　〔淨土寺諸色入破曆計會牒〕　長興二年正月
　(930～931)

05375 高再榮 ·················· P3418v②
　〔燉煌鄉缺枝夫戶名目〕　(9C末～10C初)
　　3)燉煌鄉

05376 高再盈 ·················· P3231④
　〔平康鄉官齋曆〕　甲戌年十月十五日　(974)
　　3)平康鄉

05377 高再盈 ·················· P4693
　〔官齋納麵油粟曆〕　(10C後期)
　　1)羹飩頭

05378 高再晟 ·················· P2825v①
　〔押衙兼侍御史盧忠達狀(習控)〕　景福二年九
　月日　(893)
　　1)押衙

05379 高再晟 ‥‥‥‥‥‥‥‥‥ P3068
〔雜寫〕 丙午年三月廿日 (886 or 946)

05380 高再晟〔成〕‥‥‥‥‥‥ S01156
〔進奏院狀上文〕 光啓三年 (887)

05381 高再老 ‥‥‥‥‥ BD09341(周62)
〔社司轉帖〕 閏四月三日 (10C後期)

05382 高三照 ‥‥‥‥‥‥‥‥‥ S05898
〔官田地畝計會〕 閏十月頃 (860頃)

05383 高山〻 ‥‥‥‥‥‥‥ P2842piece1
〔社司轉帖〕 甲辰年［ ］月九日 (944)

05384 高山〻 ‥‥‥‥‥‥‥ P2842piece2
〔納贈曆〕 己酉年正月廿九日 (949)

05385 高殘?子 ‥‥‥‥‥‥‥‥ S04661v
〔地籍殘〕 (10C)

05386 高殘子 ‥‥‥‥‥‥‥‥‥ S04703
〔買菜人名目〕 丁亥年六月七日 (987)

05387 高四郎 ‥‥‥‥‥‥‥‥‥ S00705v
〔社司轉帖(殘)〕 (9C後期)

05388 高子 ‥‥‥‥‥‥‥‥‥ P2049v①
〔淨土寺諸色入破曆計會牒〕 同光三年 (925)

05389 高子豐 ‥‥‥‥‥‥‥‥‥ P3205
〔僧俗人寫經曆〕 (9C前期)

05390 高子豐 ‥‥‥‥‥‥‥‥‥ S02711
〔寫經人名目〕 (9C前期)
　1)寫經人　2)金光明(寺)

05391 高子豐 ‥‥‥‥‥‥‥‥‥ S04192v
〔便麥契〕 未年四月五日 (9C前期)
　1)見人

05392 (高子)豐 ‥‥‥‥‥‥‥‥ S04831v
〔寫經人名目〕 (9C前期)
　1)寫經人

05393 高師 ‥‥‥‥‥‥‥‥‥‥ S02214v
〔黃麻地畝數目〕 (9C後期?)

05394 高師奴 ‥‥‥‥‥‥‥‥ P2040v③-2
〔淨土寺西倉粟利入曆〕 己亥年 (939)
　2)淨土寺

05395 高?指撝 ‥‥‥‥‥‥‥‥ S04649
〔三公寺破曆〕 庚午年二月十日 (970)
　1)指撝　2)三公寺

05396 高指撝 ‥‥‥‥‥‥‥‥ 杏・羽688
〔法律保進於高指撝交換褐疏〕 甲戌年十月十五日 (974)
　4)文末有「押」字。

05397 高指撝都頭 ‥‥‥ BD14806③(新1006)
〔歸義軍官府貸油麵曆〕 辛未年二月二日 (971)
　1)指撝都頭

05398 高之勝 ‥‥‥‥‥‥ Дx01405＋Дx01406
〔布頭索留信等官布籍〕 (9C末期〜10C初期)

05399 高氏 ‥‥‥‥‥‥‥‥‥‥ Дx01416
〔便粟曆〕 (癸丑年)甲寅年六月・乙卯年四月 (953〜955?)
　1)口承妻

05400 高寺主 ‥‥‥‥‥‥‥‥‥ P3060
〔諸寺諸色付經僧尼曆〕 (9C前期)
　1)寺主　4)經典名「花嚴經卷2」。

05401 高社官 ‥‥‥‥‥‥‥‥‥ S04472v
〔納贈曆〕 辛酉年十一月廿日 (961)
　1)社官

05402 高闍梨 ‥‥‥‥‥‥‥‥‥ P4782
〔破除曆(2行)〕 甲申年三月十一日 (984)
　1)闍梨

05403 高闍梨 ‥‥‥‥‥‥‥‥‥ S08663
〔麥支給曆〕 (10C)

05404 高闍梨母 ‥‥‥‥‥‥‥ P2032v㉑-7
〔淨土寺麵黃麻豆布等破曆〕 (940前後)
　2)淨土寺

05405 高酒司 ‥‥‥‥‥‥‥‥‥ P3145v
〔節度使下官人名・鄉名諸姓等雜記〕 (10C)
　1)酒司

05406 高酒司 ‥‥‥‥‥‥‥‥‥ P3396
〔沙州諸渠別粟田名目〕 (10C後期)
　1)酒司

05407 高酒司 ‥‥‥‥‥‥‥‥‥ P3440
〔見納賀天子物色人名〕 丙申年三月十六日 (996)
　1)酒司

05408 高酒司 ·············· P4907
〔淨土寺?儭破曆〕 辛卯年七月卅一日 （931?）
　1）酒司　2）淨土寺

05409 高儒通 ·············· S06309
〔行人轉帖〕 四月八日 （10C）
　1）行人

05410 高儒通 ·············· Дx11196
〔渠人轉帖〕 十月九日 （983）

05411 高集子 ·············· P2766v
〔人名列記〕 咸通十二年 （871）

05412 高集子 ·············· P4640v
〔官入破曆〕 庚申年九月 （900）
　1）衙官

05413 高集子 ·············· 莫第339窟
〔供養人題記〕 （10C前期）
　1）衙前正馬使知押直官銀青光祿大夫檢校兼殿忠侍郎　4）西壁。《燉》p.139。

05414 高什德 ·············· P3989
〔立社條憑〕 景福三年甲寅歲五月十日 （894）

05415 高什德 ·············· S01285
〔賣宅契〕 清泰三年丙申十一月廿三日 （936）
　1）隣見人

05416 高什德妻 ·············· S00542v
〔燉煌諸寺丁壯車牛役部〕 戌年六月十八日 （818）
　2）金光寺

05417 高住員 ·············· S02472v①
〔榮指揮葬巷社納贈曆〕 辛巳年十月廿八日 （981）

05418 高住兒 ·············· Дx01453
〔開倉納地子麥麻曆〕 丙寅年八月廿四日 （966）

05419 高住兒 ·············· Дx02149B
〔見納缺柴人名目〕 （10C）

05420 高住德 ·············· P3556v④
〔社戶人名目(殘)〕 （10C中期頃）

05421 高十一 ·············· P3047v⑨
〔諸人諸色施捨曆〕 （9C前期）

05422 高閏成 ·············· P3441v
〔社司轉帖(寫錄)〕 三月十三日 （10C前期）

05423 高順ゝ ·············· S01386v
〔社司轉帖〕 甲辰年十一月十二日 （944）

05424 高順ゝ ·············· S05717
〔人名目〕 （10C）

05425 高女子姊妹 ········ BD09472v①~③（發92）
〔龍興寺索僧正等五十八人就唐家蘭若請賓頭廬文〕 （8~9C）
　1）姊妹　2）靈修(寺)　3）沙州

05426 高女娘 ·············· S00542v
〔燉煌諸寺丁壯車牛役部〕 戌年六月十八日 （818）
　2）大雲寺

05427 高小子 ·············· P4019piece2
〔束字等雜記〕 （9C後期）

05428 高小奴 ·············· Дx10282
〔便黃麻麥曆〕 （9C中期以降）

05429 高承?〔永?〕久 ·············· P3396
〔沙州諸渠別粟田名目〕 （10C後期）

05430 高韶 ·············· S11454D
〔春秋毛・酪・蘇・羊等算會簿〕 西・亥・子・丑年 （793~797）
　4）原作「左八高韶」。

05431 高韶? ·············· S11454E
〔收蘇算會簿〕 戌年・亥年 （794・795）
　1）左八　4）原作「左八高韶」。

05432 高娘子 ·············· S04703
〔買菜人名目〕 丁亥年 （987）

05433 高職子 ·············· P4885
〔李應子缺高職子馳價契〕 乙未年 （935? or 995?）

05434 高神德 ·············· Дx01405＋Дx01406
〔布頭索留信等官布籍〕 （9C末期~10C初期）

05435 高進盈 ·············· BD14806v（新1006）
〔義進押衙身故祭盤人名目〕 戊寅年二月十九日 （978）

05436 高進子 ･････････････････ P5546
〔神沙鄉人名目(殘)〕（900頃）
　3)神沙鄉

05437 高進達 ･････････････････ S03329
〔張淮深碑〕　大中二年　（862）
　1)押衙

05438 高進達 ･･････････････ S04622v②
〔百姓高盈信請取兄沙州任事狀〕（9C中期）
　1)加隣鎮將軍

05439 高進德 ･･････････ Дx01405＋Дx01406
〔布頭索留信等官布籍〕（9C末期～10C初期）

05440 高進和 ･････････････････ Дx01401
〔社司轉帖〕　辛未年二月七日　（911 or 971）

05441 高神政 ････････････････ P4640v
〔官入破曆〕　辛酉年二月　（901）
　1)紫亭鎮使　3)紫亭鎮

05442 高清子 ･･･････････････ S01386
〔孝經1卷〕　天福七年壬寅歲十二月十二日
（942）
　1)孝仕郎　2)永安寺

05443 高生 ･････････････････ P2040v②-25
〔淨土寺黃麻利入曆〕（940年代）
　2)淨土寺

05444 高石子 ･････････････････ S06130
〔諸人納布曆〕（10C）
　3)神沙鄉

05445 高善清 ･････････････････ P3583
〔莫高鄉百姓閻義成狀〕（10C?）
　3)莫高鄉

05446 高僧政 ･･･････････････ P2032v⑫
〔淨土寺諸色破曆〕（940前後）
　1)僧政　2)淨土寺

05447 高僧政 ･････････････････ P2054v
〔疏請僧官文〕（10C）
　1)僧政

05448 高僧政 ･･･････････････ P2250v④
〔永安寺僧唱布曆〕（925?）
　1)僧政　2)永安寺

05449 高僧政 ･･･････････････ P3234v②
〔應慶於願達手上入曆〕　壬寅年正月一日
（942）
　1)僧政　4)亡納贈。

05450 高僧政 ･･･････････････ P3234v⑫
〔直歲廣進破曆〕　癸卯年　（943）
　1)僧政

05451 高僧政 ･････････････････ Дx02146
〔請諸寺和尙僧政法律等名錄〕（10C?）
　1)僧政　2)淨土寺?

05452 高倉曹 ･･･････････････ P5032v⑧
〔社司轉帖〕　六月　（10C中期）
　1)倉曹

05453 高宗□ ･････････････････ Дx11078
〔(渠社?)轉帖〕　四月十日　（950前後）

05454 高團頭 ･･･････････････ S02472v③
〔納贈曆〕　辛巳年十月廿八日　（981）
　1)團頭

05455 高段子 ･･･････････････ S02472v③
〔納贈曆〕　辛巳年十月廿八日　（981）
　3)池

05456 高段子 ･････････････････ Дx04278
〔十一鄉諸人付麵數〕　乙亥年四月十一(日)
（915? or 975）

05457 高智光 ･････････････････ S01472v
〔雜寫(當寺轉帖等)〕（10C中期）
　1)僧正　4)原作「高僧正智光」。

05458 高張六 ･･･････････････ P2912v③
〔寫大般若經一部施銀盤子麥粟粉疏〕　四月
八日　（9C前期）

05459 高長盈 ･････････････････ S04443v
〔諸雜難字(一本)〕（10C）

05460 高長千 ･････････････････ S04443v
〔諸雜難字(一本)〕（10C）

05461 高長友 ･････････････････ 北大D215
〔見在僧名〕　廿六日　（10C後期）

05462 高通子 ･･･････････ BD09520v⑪(殷41)
〔彭順子便麥粟契〕　癸未年五月十六日
（923?）

05463 高通子 ……………… P3070v①
　〔社司轉帖(寫錄)〕　乾寧三年閏三(二)月
　(896)

05464 高通子 ……………… P3070v②
　〔社司轉帖(寫錄)〕　乾寧三年閏三(二)月
　(896)

05465 高通達 ……………… P3249v
　〔將龍光顏等隊下人名目〕　(9C中期)

05466 高定清 ……………… P3501v②
　〔兵馬使康員進貸絹契(控)(殘)〕　(戊午)年六
　月十六日　(958)
　　1)應管內都渠泊使

05467 高定清 ……………… P3501v⑫
　〔應管內都渠泊使高定清牒(控)〕　戊午年六
　月　(958)
　　1)應管內都渠泊使

05468 高定清 ……………… P3501v⑱
　〔應管內外都渠泊使高定清牒控殘(2行)〕
　(958頃)
　　1)應管內都渠泊使

05469 高定清 ……………… S09999
　〔上司觀察孔目官高定清狀上(控)〕　(10C)

05470 高天德 ……………… S05824v
　〔經坊費負担人名目〕　(8C末～9C前期)

05471 高都衙 ……… Дx01425＋Дx11192＋
　Дx11223
　〔某寺弔儀用布破曆〕　辛酉年從正月到四月
　(961)
　　1)都衙

05472 高都知 ……………… P3440
　〔見納賀天子物色人名〕　丙申年三月十六日
　(996)
　　1)都知

05473 高都頭 ……… BD15249v③(新1449)
　〔某家榮親客目〕　(10C後期)
　　4)原作「高都頭及小娘子」。

05474 高都頭 ……… BD15249v③(新1449)
　〔某家榮親客目〕　(10C後期)
　　1)主人・都頭　4)原作「高都頭及小娘子」。又有
　　注記「主人」。

05475 高都頭 …………… BD16384v(L4458)
　〔人名目〕　(10C後期)
　　1)都頭

05476 高都頭 ……………… P2032v
　〔淨土寺入破曆〕　甲辰年以後　(944?)
　　2)淨土寺

05477 高都頭 ……………… P2040v②-5
　〔淨土寺西倉粟入曆〕　(945以降)
　　1)都頭　2)淨土寺

05478 高都頭 ……………… P3234v⑧
　〔某寺西倉豆破曆〕　(940年代)

05479 高都頭 ……………… S06452④
　〔常住庫借貸油麵物曆〕　壬午年　(982?)
　　1)都頭

05480 高都頭 ……… S08445＋S08446＋
　S08468③
　〔稅巳年出羊人名目〕　丙午年二月十九日
　(946)
　　1)都頭

05481 高都頭 ……… Дx01425＋Дx11192＋
　Дx11223
　〔某寺弔儀用布破曆〕　辛酉年從正月到四月
　(961)

05482 高都頭九娘子 ……… Дx01425＋
　Дx11192＋Дx11223
　〔某寺弔儀用布破曆〕　辛酉年從正月到四月
　(961)

05483 高都頭小娘子 ……… BD15249v③(新
　1449)
　〔某家榮親客目〕　(10C後期)
　　4)原作「高都頭及小娘子」。

05484 高奴子 ……………… P3972
　〔論語卷第2〕　壬寅年歲次十一月廿九日　(882)
　　1)學事(士)　4)原作「學事高奴子寫記了」。

05485 高道初 ……………… P3047v⑧
　〔王都督勳合城僧徒名錄〕　(9C前期)
　　4)僧名「道初」。

05486 高得元 ……………… P3418v⑦
　〔慈惠鄉缺枝夫戶名目〕　(9C末～10C初)
　　3)慈惠鄉

05487 高德子 ‥‥‥‥‥‥‥‥‥ S06981⑬
〔入麥曆〕 酉年 (10C中期)

05488 高判官 ‥‥‥‥‥‥‥‥‥ S06214
〔社司轉帖〕 乙卯年四月廿八日 (955?)
　1) 判官

05489 高富員 ‥‥‥‥‥‥‥‥‥ P3379
〔社錄事陰保山等牒(團保文書)〕 顯德五年二月 (958)
　4) 有指押印。

05490 高富子 ‥‥‥‥‥‥‥‥‥ P2032v⑯-2
〔淨土寺麥利閏入曆〕 (940前後)
　2) 淨土寺

05491 高富子 ‥‥‥‥‥‥‥‥‥ P2032v⑯-4
〔淨土寺粟利閏入曆〕 (940前後)
　2) 淨土寺

05492 高富實 ‥‥‥‥‥‥‥‥‥ 北大D215
〔見在僧名〕 廿六日 (10C後期)

05493 高富全 ‥‥‥‥‥‥‥‥‥ P4997v
〔分付羊皮曆(殘)〕 (10C後期)

05494 高富奴 ‥‥‥‥‥‥‥‥‥ S08402
〔便麥曆〕 (10C前期)
　1) 便物人

05495 高粉?堆 ‥‥‥‥‥‥‥‥‥ P3236v
〔燉煌鄉官布籍〕 壬申年三月十九日 (972)
　3) 燉煌鄉

05496 高粉?□ ‥‥‥‥‥‥‥‥‥ S11360D2
〔貸粟麥曆〕 (10C中期以降?)

05497 高文勝 ‥‥‥‥‥‥‥‥‥ Дx01405＋Дx01406
〔布頭索留信等官布籍〕 (9C末期～10C初期)

05498 高文照 ‥‥‥‥‥‥‥‥‥ S05898
〔官田地畝計會〕 閏十月頃 (860頃)

05499 高文進 ‥‥‥‥‥‥‥‥‥ P2032v⑱
〔淨土寺豆利閏入曆〕 (940前後)
　2) 淨土寺

05500 高文進 ‥‥‥‥‥‥‥‥‥ P2040v②-29
〔淨土寺西倉豆利入曆〕 (940年代)
　2) 淨土寺

05501 高文進 ‥‥‥‥ 清涼寺釋迦像封藏摺本
〔彌勒菩薩像〕 甲申歲十月丁丑朔十五日辛卯雕印 (984)

05502 高文?超? ‥‥‥‥‥‥‥‥‥ S01769v
〔高文?超?狀封(1行)〕 (8～9C)
　1) 弟子・甘沙通和使　4) 紙縫押文。

05503 高兵馬使 ‥‥‥‥‥‥ BD05315(光15)
〔佛名經(背面雜字寺院名)〕 (9～10C)
　1) 兵馬使　4) 原作「高兵馬使保德」。又有「永安之寺, 報恩寺, 金光明寺, 開元寺, 蓮臺之寺, 普光寺, 龍興之寺, 大雲之寺」之寺名。

05504 高保昇 ‥‥‥‥‥‥‥‥‥ S04129
〔社司轉帖〕 (10C中期?)

05505 高保通 ‥‥‥‥‥‥‥‥‥ P2032v⑯-4
〔淨土寺粟利閏入曆〕 (940前後)
　2) 淨土寺

05506 高保定 ‥‥‥‥‥‥‥‥‥ 莫第339窟
〔供養人題記〕 (10C前期)
　1) 房弟衙前正馬使知軍糧倉曹廣使郡　4) 西壁。《燉》p.139。

05507 (高)保德 ‥‥‥‥‥‥ BD05315v(光15)
〔雜寫〕 (9～10C)
　1) 兵馬使　4) 原作「高兵馬使保德」。又有「永安之寺, 報恩寺, 金光明寺, 開元寺, 蓮臺之寺, 普光寺, 龍興之寺, 大雲之寺」之寺名。

05508 高法師 ‥‥‥‥‥‥‥‥‥ P3365
〔爲府主大王小患付經歷〕 甲戌年五月十日 (974)
　1) 法師

05509 高法律 ‥‥‥‥‥‥‥‥‥ P2032v
〔淨土寺入破曆〕 甲辰年以後 (944?)
　1) 法律　2) 淨土寺

05510 高法律 ‥‥‥‥‥‥‥‥‥ P2040v②-16
〔淨土寺粟破曆〕 乙巳年正月廿七日以後 (945以降)
　1) 法律　2) 淨土寺

05511 高法律 ‥‥‥‥‥‥‥‥‥ P3161
〔常住什物見在新附點檢曆〕 (10C前期)
　1) 法律

05512 高法律 …………… P3365
〔爲府主大王小患付經歷〕 甲戌年五月十日
（974）
　1）法律

05513 高法律 …………… P3555B piece1
〔當寺轉帖〕 （10C前期）
　1）法律

05514 高法律 …………… S03156①
〔時年轉帖〕 己卯年十二月十六日 （979）
　1）法律　2）三界寺

05515 高法律 …………… S04555
〔聲聞唱道文（末）〕 壬申年十一月二日 （972）
　1）法律　4）原作「高法律書記」。

05516 高法律 …………… Дx06621
〔第四度交勘缺字人〕 （10C後期?）
　1）法律　2）三界寺?

05517 高豐 …………… S07945
〔僧俗寫經分團人名目〕 （823以降）
　4）⇒高子豐。

05518 高冒〔買?〕郎 …………… S11360D2
〔貸粟麥曆〕 （10C中期以降?）

05519 高滿奴 …………… P3249v
〔將龍光顏等隊下人名目〕 （9C中期）

05520 高茂新 …………… S09156
〔沙州戶口地畝計簿〕 （9C前期）

05521 高友信 …………… P2032v⑯-4
〔淨土寺粟利閏入曆〕 （940前後）
　2）淨土寺

05522 高來富 …………… P3721v①
〔平康鄉堤上兄（見）點得人名目〕 庚辰年三月
廿二日 （980）
　3）平康鄉

05523 高留奴 …………… S02472v③
〔納贈曆〕 辛巳年十月廿八日 （981）

05524 高良鷄 …………… P3418v⑤
〔某鄉缺枝夫戶名目〕 （9C末～10C初）

05525 高林 …………… BD09341（周62）
〔社司轉帖〕 閏四月三日 （10C後期）

05526 高蓮子 …………… BD16111A（L4066）
〔慕容歸順?隊?下人名目〕 （9～10C）

05527 高連子 …………… 莫第339窟
〔供養人題記〕 （10C前期）
　1）檢校太子賓…侍郎　4）西壁。《燉》p.139。

05528 高郎 …………… 杏・羽669-2
〔社司轉帖名列記〕 （10C）

05529 高錄事 …………… P2842piece1
〔社司轉帖〕 甲辰年［　］月九日 （944）
　1）錄事

05530 高錄事 …………… P2842piece2
〔納贈曆〕 己酉年正月廿九日 （949）
　1）錄事

05531 高錄事 …………… P3396
〔沙州諸渠別粟田名目〕 （10C後期）
　1）錄事

05532 高錄事 …………… S09925
〔社司轉帖〕 八月廿□日 （9C?）
　1）錄事

05533 高錄事 …………… Дx01439
〔親情社轉帖〕 丙戌年九月十九日 （986?）
　1）錄事　2）報恩寺

05534 高錄事 …………… Дx01440
〔社司轉帖〕 乙巳年九月十五日 （945）
　1）錄事

05535 高崙 …………… BD01733（往33）
〔雜寫〕 （9～10C）

05536 高和子 …………… P4640v
〔官入破曆〕 庚申年五月 （900）
　1）衙官

05537 高和子 …………… S06010
〔衙前第六隊轉帖〕 九月七日 （900前後）
　1）宅官

05538 高□□ …………… BD00550v（荒50）
〔便粟曆（4行）〕 （10C?）

05539 高□ …………… 莫第257窟
〔供養人題記〕 （11C初期）
　1）社子　4）中心塔柱東向面。《燉》p.110。

05540 高□ ……… 臺灣中央圖書館08815①
〔捉磑戶高□契〕 癸丑年正月廿三日 (953)
　1)捉磑戶　4)本件②文書爲捉磑戶高員友契,本件③爲觀音經一卷(尾題)。

05541 高□ ……… 臺灣中央圖書館08815①
〔捉磑戶高□契〕 癸丑年正月廿三日 (953)
　1)見人兒

05542 高□ ……… 臺灣中央圖書館08815①
〔捉磑戶高□契〕 癸丑年正月廿三日 (953)
　1)口承人姪

05543 高 …………… BD05673v④(李73)
〔行人轉帖(寫錄)〕 今月十二日 (9C末)

05544 高 ………………………… S04831v
〔寫經人名目〕 (9C前期)
　1)寫經人　4)高子豐(高豐)?

05545 黃員兒 ………………… P3889v
〔社司轉帖〕 (10C)
　4)⇒董員兒。

05546 黃?願盈 ………………… P3396
〔沙州諸渠別粟田名目〕 (10C後期)

05547 黃?慶郎 …………… 古典籍54,圖171
〔五月五日下茱人名目〕 (10C)

05548 黃子霞 ………………… Φ230v
〔弟子黃子霞施小麥疏〕 二月十七日 (9C前期)

05549 黃像通 ………………… P5032v③
〔渠人轉帖〕 戊午年六月六日 (958)

05550 黃像通 ………………… P5032v⑤
〔渠人?轉帖(殘)〕 (10C中期)

05551 黃昌潤 ………………… P4720
〔社司轉帖〕 貞明八年(龍德二年)九月廿七日 (922)

05552 黃象通 ………………… P3234v⑮
〔淨土寺西倉豆利潤入曆〕 (940年代?)
　2)淨土寺

05553 黃娘子 ……… BD16030v(L4021)
〔郭幸者等貸便油麻曆(雜寫)〕 丙戌年正月十三日 (10C)

05554 黃頭 ………… BD14806③(新1006)
〔歸義軍官府貸油麵曆〕 庚午年?閏四月廿八日 (970?)
　1)頭

05555 黃茂兒 ………………… P3396
〔沙州諸渠別粟田名目〕 (10C後期)

05556 黃 …………… BD05673v④(李73)
〔行人轉帖(寫錄)〕 今月十二日 (9C末)

05557 黃 ………………… BD11502①(L1631)
〔燉煌十一僧寺別姓名簿并緣起經論等名目〕 (9C後期)
　2)(三)界(寺)

05558 告 …………… BD05673v④(李73)
〔行人轉帖(寫錄)〕 今月十二日 (9C末)

05559 國无染 ………………… P2638
〔懶司破曆〕 癸巳〜丙申年 (933〜936)
　4)⇒无染。

05560 黑家印兒 …………… S05465②-2
〔社關係破曆〕 庚辰年三月十四日 (980)

05561 黑眼子 ………… Дx01432＋Дx03110
〔地子倉麥曆〕 (10C)

05562 黑苟兒 ………………… S06461v①
〔社司轉帖(稿)〕 丑戌年十八日 (10C前期)

05563 黑骨兒 ………………… P3145
〔社司轉帖〕 戊子年閏五月 (988?)

05564 黑社官 ………………… P2680v⑥
〔社司轉帖〕 六月廿三日 (10C中期)
　1)社官

05565 黑住奴 ………………… S02894v⑤
〔社司轉帖〕 (10C後期)

05566 黑祥 ………………… S05406
〔僧正法律徒衆轉帖〕 辛卯年四月十四日 (991)
　1)徒衆・法律

05567 黑章二 ………………… P2832Av
〔納楊榆木人名曆〕 (10C)

05568 黑赤頭 ………………… P2032v⑯-4
〔淨土寺粟利閏入曆〕 (940前後)
　2)淨土寺

05569 黑善興 ……………… P3236v
〔燉煌鄉官布籍〕 壬申年三月十九日 (972)
　1)頭　3)燉煌鄉

05570 黑禪? ……………… S05406
〔僧正法律徒衆轉帖〕 辛卯年四月十四日
(991)
　1)僧正・法律

05571 黑曹七 ……………… P2032v⑱
〔淨土寺豆利閏入曆〕 (940前後)
　2)淨土寺

05572 黑博士 ……………… P3985
〔錄人送路物色名目〕 癸巳年七月廿五日
(933?)
　1)博士

05573 黑友住 ……………… P2032v⑱
〔淨土寺豆利閏入曆〕 (940前後)
　2)淨土寺

05574 黑流住 ……………… Дx01313
〔以褐九段塡還驢價契〕 壬申年十月廿七日
(972)

05575 紇結乞梨 ……… BD06359v③(鹹59)
〔靈樹寺衆僧慈燈等爲節兒福田轉經疏〕
(未)年七月十日 (827)

05576 紇謙贊 ……………… P5579⑯
〔得度者人名錄〕 巳年～酉年 (813～817 or
825～829)
　1)僧統

05577 紇羅捼 ……………… Дx18927
〔行軍入磧抄〕 建中六年十二月廿一日 (785)
　1)傑謝百姓

05578 紇羅捼 ……………… Дx18928
〔契〕 (8C後期)
　1)保人

05579 骨崙子 ……… BD16211(L4105)
〔僧信政狀〕 (9～10C)
　1)(信政)甥　4)原作「勘得僧信政云,其悉兒・骨
崙子,是信政姪」。

05580 骨論ミ ……………… S00542v
〔燉煌諸寺丁壯車牛役部〕 戌年六月十八日
(818)
　2)蓮臺寺

05581 渾盈子 ……………… P3989
〔立社條憑〕 景福三年甲寅歲五月十日 (894)

05582 渾家賢德 ……………… P2049v①
〔淨土寺諸色入破曆計會牒〕 同光三年
(925)

05583 渾慶順 ……………… S03005
〔防大佛行人名目〕 (10C)

05584 渾彥□ ……………… S01040v
〔雜寫(立契殘等)〕 甲戌年九月十一日 (914
or 974)
　1)百姓?　3)莫高鄉

05585 渾再興 ……………… P3745v②
〔納贈曆〕 (9C末期?)

05586 渾子盈 ……………… P3718
〔唐故歸義軍南陽郡張公寫眞讚并序〕 (10C
前期)
　1)節度押衙兼右二將頭　4)原作「渾府君:諱子
盈字英進」。

05587 渾子盈 ……………… S05448②
〔渾府君邈眞讚〕 (10C)
　1)唐故河西歸義軍節度押衙兼右二將頭　4)渾
府君:諱子盈字英進。

05588 渾子盈 ……………… 莫第098窟
〔供養人題記〕 (10C中期)
　1)節度押衙知右二將頭銀青光祿大夫檢校國子
祭酒兼御史中丞上柱國　4)北壁。《燉》p.35。
《謝》p.97。

05589 渾子集 ……………… P4640v
〔官入破曆〕 己未年六月 (899)
　1)押衙

05590 渾將頭兒 ……………… S01477v
〔地步曆〕 (10C初頃)

05591 渾鉢丹 ……………… P5038
〔納磨草人名目〕 丙午年九月一日 (886 or
946)

05592 渾鉢律 ……………… P3764v
〔麵破曆〕 (10C中期)

05593 渾鶻子 ·················· P3633v
  〔龍泉神劍歌〕（9C末～10C初）
    1)將軍 3)金山國

[さ]

05594 佐承珎 ·················· P2962
  〔張義潮變文〕（9C後期）

05595 佐蘭白 ·················· S11553③
  〔社人名?〕（10C?）

05596 左阿朶 ·················· TⅡY-46c
  〔戶籍〕端拱年頃（988～990）

05597 左安 ···················· P3205
  〔僧俗人寫經曆〕（9C前期）

05598 左安 ···················· S02711
  〔寫經人名目〕（9C前期）
    1)寫經人 2)金光明寺

05599 左安 ···················· S04831v
  〔寫經人名目〕（9C前期）
    1)寫經人

05600 左安 ···················· S07945
  〔僧俗寫經分團人名目〕（823以降）

05601 左安君 ·················· P3418v⑥
  〔洪閏鄉缺枝夫戶名目〕（9C末～10C初）
    3)洪潤(閏)鄉

05602 左員信 ·················· P2040v②-13
  〔淨土寺豆入曆〕乙巳年正月廿七日以後（945以降）
    2)淨土寺

05603 左盈建 ·················· BD02628(律28)
  〔大般若波羅蜜多經卷第226(尾)〕（9C）

05604 左盈建 ·················· BD04358(出58)
  〔大般若波羅蜜多經卷第226〕（9C）
    2)蓮(臺寺) 4)裏面有字「蓮」。

05605 左押衙 ·················· S02242
  〔親情社轉帖〕七月三日（10C）
    1)押衙

05606 左灰子 ·················· BD09325(周46)
  〔社司轉帖〕囗子?年七月十四日（10C後期）

05607 左憨子 ·········· S08445＋S08446＋S08468
〔領得羊文(1行)〕 丁未年八月廿日 （943）
　1) 常樂百姓 4) 原作「丁未(943)年八月廿日左憨子手上領得羊五十二口」。

05608 左憨多 ················ S04642v
〔某寺入破曆計會〕 （923以降）

05609 左義俊 ················ S06981⑬
〔入麥曆〕 申年 （10C中期）

05610 左義宗 ················ 羽·寫834
〔百姓趙塩久戶口請田簿〕 廣順二年正月一日 （952）

05611 左吉昌 ················ P3249v
〔將龍光顏等隊下人名目〕 （9C中期）

05612 左公 ················ P4660②
〔故前伊州刺史改授…左公讚〕 （9C）
　4) 原作「故前伊州刺史改授…左公讚」。

05613 左興兒〔見〕 ············ 莫第148窟
〔供養人題記〕 （11C中期）
　1) 窟禪三界寺釋門法律 2) 三界寺 4) 原作「窟禪三界寺釋門法律左興兒供養」。南壁。《謝》p.53.《燉》p.70。

05614 左?苟?怒 ············ Дx10289
〔部落都頭楊帖〕 丁卯年九月十五日 （967）
　4) ⇒石?苟?奴。

05615 左骨兒 ················ P2738v
〔社司轉帖(寫錄)〕 二月廿五日 （9C後期）

05616 左三方? ·············· P.tib2124v
〔人名錄〕 （9C中期?）

05617 左山榮 ················ S02894v⑤
〔社司轉帖〕 （10C後期）

05618 左贊 ················ P3192v
〔社司轉帖(寫錄)〕 大中十二年四月一日 （858）

05619 左住子 ················ P4997v
〔分付羊皮曆(殘)〕 （10C後期）

05620 左住兒 ············ BD16317（L4409）
〔行人轉帖〕 （10C）

05621 左十二 ················ P3047v⑥
〔諸人諸色施入曆〕 （9C前期）

05622 左昇ゝ ·········· BD02557v①（歲57）
〔兵馬使左昇ゝ貸絹契殘〕 丙寅年七月廿日 （9〜10C）

05623 左上坐 ················ S08443F1
〔某寺入麥粟曆〕 五月十五日 （944）

05624 左堪子 ················ P4525⑩
〔官府酒破曆〕 辛巳年 （981）

05625 左忠義 ················ S08443F1
〔某寺入麥粟曆〕 五月十五日 （944）

05626 左忠義 ················ S08443F2
〔某寺入麥粟曆〕 甲辰年五月十一日 （944）

05627 左定奴 ················ Дx01277
〔納贈曆〕 丁丑年九月四?日 （977）

05628 左不勿 ················ S06981⑤
〔親情社轉帖〕 癸亥年八月十日 （963）

05629 左富子 ················ S00766⑥
〔雜寫〕 辛巳年十一月廿一日 （981）
　4) R面爲「新集書儀」(10C後期)。

05630 左富子 ················ S00766v③
〔雜寫〕 太平興國六年歲次辛巳九月廿九日 （981）
　4) R面爲「新集書儀」(10C後期)。

05631 左佛奴 ················ S00766v③
〔雜寫〕 辛巳年十一月廿一日 （981）
　4) R面爲「新集書儀」(10C後期)。

05632 左粉?子 ·········· BD00186v（黃86）
〔便粟曆〕 （10C?）

05633 左保咸 ················ Дx06018
〔社司轉帖(殘)〕 （10C後期）

05634 左保晟 ············ BD09325（周46）
〔社司轉帖〕 □子?年七月十四日 （10C後期）

05635 左法律 ················ S04642v
〔某寺入破曆計會〕 （923以降）
　1) 法律

05636 左勿成 ············· P4525⑩
〔官府酒破曆〕 辛巳年 (981)
　1) 官建

05637 左郎 ················ S02242
〔親情社轉帖〕 七月三日 (10C)

05638 左□□ ············· P3418v①
〔□□鄉缺枝夫戶名目〕 (9C末～10C初)

05639 左□□ ············· S04444v③
〔社司轉帖（寫錄）〕 (10C)
　2) 永安寺門前

05640 沙(願)子 ······· P2915piece1·2
〔社人名錄（殘）〕 (10C)

05641 沙慶住 ············· P2155③
〔合領馳馬牛羊皮曆〕 (10C)
　4) 原作「沙慶住群」。

05642 沙慶住 ················ P2484
〔就東園竻會小印子群牧馳馬牛羊見行籍（歸義印）〕 戊辰年十月十八日 (968)
　4) 存「歸義軍節度使印」。

05643 沙慶住 ················ S03982
〔月次人名目〕 乙丑年七月 (965)

05644 沙胡子 ·············· S01477v
〔地步曆〕 (10C初頃)

05645 沙骨兒 ······ S08445＋S08446＋S08468①
〔羊司於常樂稅羊人名目〕 丙午年六月廿七日 (946)

05646 沙骨兒 ······ S08445＋S08446＋S08468④
〔羊司於常樂官稅羊數名目〕 丁未年四月十二日 (943)

05647 沙再達 ········· BD16113A(L4066)
〔地畝文書〕 (10C)

05648 莎溫(公) ······ Дx01425＋Дx11192＋Дx11223
〔某寺弔儀用布破曆〕 辛酉年從正月到四月 (961)

05649 崔阿朶子 ············ S06309
〔行人轉帖〕 四月八日 (10C)
　1) 行人

05650 崔?安?通 ········ 古典籍54,圖171
〔五月五日下菜人名目〕 (10C)

05651 崔員通 ·············· S07932
〔月次番役名簿〕 (10C後期)

05652 崔榮田 ·············· P3396
〔沙州諸渠別粟田名目〕 (10C後期)

05653 崔懷均 ········· BD11998(L2127)
〔分付冬衣簿〕 (8C中期)

05654 崔憨兒 ············· Дx02149в
〔見納缺柴人名目〕 (10C)

05655 崔骨ミ ········ BD04256v①1(玉56)
〔斷知更人名帳〕 四月廿三日夜 (9C後期)

05656 崔骨ミ ········ BD04256v①3(玉56)
〔第三次斷知更人名帳〕 (四月)十二日夜 (9C後期)

05657 崔再昌 ············· S00728v
〔雜寫〕 五月五日 (10C中期)
　4) R面 為「孝經1卷」(丙申年(936)寫,庚子年(940)記)。

05658 崔再富 ········· BD16096в(L4059)
〔便麥曆〕 (9～10C)
　1) 百姓　3) 洪潤鄉

05659 崔常進 ············· S02729①
〔燉煌應管勘牌子曆〕 辰年三月 (788)
　1) 僧　2) 普光寺　3) 沙州　4) 42行目。

05660 崔遂 ··············· Дx11193
〔天賢報告書〕 (10C後期)

05661 崔瘦兒 ············· P2680v⑥
〔社司轉帖〕 六月廿三日 (10C中期)

05662 崔大夫 ·············· S00389
〔肅州防戌都狀上〕 (9C後期?)
　1) 防禦使?

05663 崔丑奴 ············· S03540
〔宕泉修窟盟約憑〕 庚午年正月廿五日 (970)
　1) 押衙?

05664 崔定興 ・・・・・・・・・・・・・・・・・・・ S04307
〔新集嚴父敎一本(首題)〕 雍熙三年歲次丙戌
七月六日,丁亥年三月九日 (986, 987)
　1)安參謀學侍(士)郎・定難坊學□郎 4)題記二
　種有其一爲「雍熙三年…」,其二爲「丁亥年三月
　九日…」。

05665 崔婆奴 ・・・・・・・・・・・・・・・・・・・ P3418v⑥
〔洪閏鄉缺枝夫戶名目〕 (9C末～10C初)
　3)洪潤(閏)鄉

05666 崔馬兒 ・・・・・・・・・・・・・・・・・・・ P3145
〔社司轉帖〕 戊子年閏五月 (988?)

05667 崔馬兒 ・・・・・・・・・・・・・・・・・・・ P3396
〔沙州諸渠別粟田名目〕 (10C後期)

05668 崔不勿 ・・・・・・・・・・・・・・・・・・・ Дx04278
〔十一鄉諸人付麵數〕 乙亥年四月十一(日)
(915? or 975)
　3)洪潤(閏)鄉

05669 崔文備 ・・・・・・・・・・・・・・・・・・・ P3017
〔張業等敬造金字大寶積經〕 天復三年歲次癸
亥二月壬申朔廿三日 (903)

05670 崔保盈 ・・・・・・・・・・・・・・・・・・・ S04884v
〔便褐曆〕 壬申年正月廿七日 (972?)

05671 崔保盈妻 ・・・・・・・・・・・・・・・・・ S04884v
〔便褐曆〕 壬申年正月廿七日 (972?)

05672 崔祐住 ・・・・・・・・・・・・・・・・・・・ Дx02149B
〔見納缺柴人名目〕 (10C)

05673 崔郎 ・・・・・・・・・・・・・・ BD16129A(L4067)
〔社人名目〕 (9～10C)

05674 崔□ ・・・・・・・・・・・・・・・ 浙燉113(浙博088)
〔雜抄及曲子詞〕 (10C)
　1)中書門下平章事 4)雜抄中有「同光季(923～
　926)」。

05675 崔□ ・・・・・・・・・・・・・・・・・・・ 楡第19窟
〔供養人題記〕 (10C中期)
　1)清信佛弟子前□□ 4)南壁。《謝》p.460。

05676 崔□ ・・・・・・・・・・・・・・・・・・・ 楡第19窟
〔供養人題記〕 (五代末)
　1)清信佛弟子前□□ 4)南壁。《謝》p.460。

05677 崔 ・・・・・・・・・・・・・・・・ BD05673v④(李73)
〔行人轉帖(寫錄)〕 今月十二日 (9C末)

05678 崔 ・・・・・・・・・・・・・・・・・・・ BD08787(國8)
〔妙法蓮華經卷7(地脚有雜寫)〕 (9～10C)

05679 柴家娘 ・・・・・・・・・・・・・・・・・・・ S00527
〔女人社再立條件憑〕 顯德六年己未歲正月三
日 (959)
　4)原作「予定磨柴家娘」。

05680 柴犬兒 ・・・・・・・・・・・・・・・・・・・ P3418v⑦
〔慈惠鄉缺枝夫戶名目〕 (9C末～10C初)
　3)慈惠鄉

05681 柴全慶 ・・・・・・・・・・・・・・・・・・・ P2880
〔春坐局席轉帖抄等諸抄〕 庚辰年十月廿二
日 (980)

05682 柴全慶 ・・・・・・・・・・・・・・・・・・・ P3595v
〔就役名目〕 己巳年頃 (969?)

05683 柴全慶 ・・・・・・・・・・・・・・・・・・・ Дx11195
〔官衙黃麻麥油破曆〕 (10C)

05684 柴?全定 ・・・・・・・・・・・・・・・・・・ P2846
〔入破曆〕 甲寅年正月廿一日 (954)

05685 柴亭家 ・・・・・・・・・・・・・・・・・・ BD09282(周3)
〔六月到八月某寺諸色斛斗(豆麥粟)破曆〕
(10C後期)

05686 柴兵馬使 ・・・・・・・・・・・・・・・・・・ S06198
〔納贈曆〕 (10C)
　1)兵馬使

05687 (柴)予定磨 ・・・・・・・・・・・・・・・・ S00527
〔女人社再立條件憑〕 顯德六年己未歲正月三
日 (959)
　4)原作「予定磨柴家娘」。

05688 柴留信 ・・・・・・・・・・・・・・・・・・・ P2049v②
〔淨土寺諸色入破曆計牒〕 長興二年正月
(930～931)

05689 柴□胡 ・・・・・・・・・・・・・・・・・・・ S06452②
〔周僧正貸油麴曆〕 辛巳年～壬午年 (981～
982?)
　4)原作「阿柴□胡」。

05690 璀 ・・・・・・・・・・・・・・・・・・・・・・・ P3205
〔僧俗人寫經曆〕 (9C前期)

05691 宋員定 ·················· P3501v⑧
　〔百姓宋員定牒(控)〕 顯德五年四月 (958)
　　3) 莫高鄉

05692 宋家 ·················· Дx02166
　〔某社三官等麥粟破曆〕 (10C)
　　4) 原作「宋家店」。

05693 宋揭子 ·················· S08448A
　〔紫亭羊數名目〕 辛亥年正月廿七日 (951)

05694 宋憨奴 ·················· S08443B2
　〔李闍梨出便黃麻曆〕 乙巳年二月一日
　(945?)

05695 宋憨奴 ·················· S08443C1
　〔李闍梨出便黃麻(麥)曆〕 丙午年正月廿一
　日 (946?)
　　3) 通頰

05696 宋幸深 ·················· P3501v⑥
　〔平康鄉百姓宋幸深牒文(控)〕 (958頃)
　　1) 百姓　3) 平康鄉

05697 宋仙仰 ·················· S08443C1
　〔李闍梨出便黃麻(麥)曆〕 丙午年正月廿一
　日 (946?)

05698 宋僧荒? ·················· S08443B1
　〔出便黃麻曆〕 乙巳年二月一日 (945)

05699 宋丑奴 ·················· P4525⑧
　〔都頭及音聲等都共地畝細目〕 (980頃)

05700 宋定子 ·················· Stein Painting 158
　〔金藏菩薩供養題記〕 (10C後期)
　　1) 主窟幸者

05701 宋奴 ·················· P3384
　〔戶籍(殘)〕 大順二年辛亥正月一日 (891)

05702 宋魄華 ·················· S02894v⑤
　〔社司轉帖〕 (10C後期)

05703 宋富盈 ·················· P2953v
　〔便麥豆本曆〕 (10C)
　　3) 玉關鄉

05704 宋富盈 ·················· P4912
　〔某寺得換油麻曆〕 (950年代以降)

05705 宋粉堆 ·················· P3231⑥
　〔平康鄉官齋曆〕 乙亥年九月廿九日 (975)
　　3) 平康鄉

05706 宋粉忠 ·················· S06123
　〔渠人轉帖〕 戊寅年六月十四日 (978)
　　2) 普光寺

05707 宋□□ ·················· 楡第19窟
　〔供養人題記〕 (10C中期)
　　1) 清信佛弟子　4) 南壁。《謝》p. 460。

05708 蔡期 ·················· P3491v②
　〔左七將應徵突田戶納麥粟數曆〕 (9C前期)

05709 蔡期 ·················· S11454B
　〔左七將百姓張芬〻牒并判語〕 (戊)寅年二
　月 (798)

05710 蔡乞得 ·················· P3418v⑧
　〔平康鄉缺枝夫戶名目〕 (9C末〜10C初)
　　3) 平康鄉

05711 蔡集子 ·················· P3418v⑧
　〔平康鄉缺枝夫戶名目〕 (9C末〜10C初)
　　3) 平康鄉

05712 蔡進成 ·················· S08311
　〔書簡(殘?)〕 (10C?)
　　4) 殘存約4字「付蔡進成」。

05713 蔡發?〻 ·················· S05824
　〔經坊費負担人名目〕 (8C末〜9C前期)
　　1) 寫經人　3) 行人部落

05714 蔡万延 ·················· 莫第098窟
　〔供養人題記〕 (10C中期)
　　1) 節度押衙銀青光祿大夫檢校太子賓客兼監察
　御史　4) 北壁。《燉》p. 38。

05715 蔡和〻 ·················· P3491piece3
　〔突田名簿〕 (9C前期)

05716 采員住 ·················· P3153
　〔租地契〕 天復四年甲子七月十七日 (904)
　　4) 舊P3155v。

05717 采進 ·············· BD14667v⑤-2 (新0867)
　〔社司轉帖(寫錄)〕 (9C末)
　　2) 普光寺門前　4) 文中有「春座(局)席…普光寺
　門前取齊…」。

05718 采友 ……………… BD15404(簡068066)
〔千渠中下界白刺頭名目〕 (10C中期)
　1)白刺頭　3)千渠中界

05719 索婀娜 ……………………… S02669
〔管內尼寺(安國寺・大乘寺・聖光寺)籍〕
(865〜870)
　2)大乘寺　3)平康鄉　4)尼名「善持」。

05720 索阿朶 ……………………… S03978
〔納贈曆〕 丙子年七月一日 (976)

05721 (索)阿朶 ……… S05873v＋S08658②
〔靈圖寺便麥粟曆(殘)〕 戊午年九月 (10C)
　1)口承人・(索願盈)弟　2)靈圖寺　3)洪潤鄉
　4)原作「口承人弟阿朶」。

05722 索阿朶 ……………………… S08713
〔團人名目(2片)〕 (10C)
　1)第三團

05723 索阿朶 ……………………… S10537
〔團人名目(2片)〕 (10C)
　1)第三團・押衙?

05724 索阿朶? ……………… 杏・羽684v②
〔社司轉帖(寫)〕 (10C)
　4)本文中有「年支秋座局席」「限今月八日卯時,於主送納」。

05725 索阿朶子 …………………… P4525⑧
〔都頭及音聲等都共地畝細目〕 (980頃)

05726 索阿朶子 …………………… P4907
〔淨土寺?儭破曆〕 辛卯年正月 (931?)
　2)淨土寺

05727 索阿律悉鷄 ………………… S08692
〔退渾便物人名目〕 閏四月 (923?)

05728 索安君 ……………………… P2738v
〔社司轉帖(寫錄)〕 二月廿五日 (9C後期)

05729 索安住 ……………………… P3231②
〔平康鄉官齋曆〕 癸酉年九月卅日 (973)
　3)平康鄉

05730 索安住 ……………………… P3231③
〔平康鄉官齋曆〕 甲戌年五月廿九日 (974)
　3)平康鄉

05731 索安住 ……………………… P3231④
〔平康鄉官齋曆〕 甲戌年十月十五日 (974)
　3)平康鄉

05732 索安住 ……………………… P3231⑤
〔平康鄉官齋曆〕 口亥年五月十五日 (975)
　3)平康鄉

05733 索安住 ……………………… P3231⑥
〔平康鄉官齋曆〕 乙亥年九月廿九日 (975)
　3)平康鄉

05734 索安住 ……………………… P3231⑦
〔平康鄉官齋曆〕 丙子年五月十五日 (976)
　3)平康鄉

05735 索安住 ……………………… P3721v①
〔平康鄉堤上兄(見)點得人名目〕 庚辰年三月廿二日 (980)
　3)平康鄉

05736 索安住 ……………………… P4525⑧
〔都頭及音聲等都共地畝細目〕 (980頃)

05737 索安定 ……………………… S06003
〔社司轉帖〕 壬申年七月十九日 (972)

05738 索威建 ……………………… P3569
〔太公家教〕 景福二年二月十二日 (893)
　1)蓮臺寺學士　2)蓮臺寺　4)原作「景福二年二月十二日記」。

05739 索意 ………………………… S05788
〔社司轉帖〕 十一月廿一日 (9C前期)

05740 索意 ………………………… S05825
〔社司轉帖〕 十一月廿一日 (9C前期)

05741 索意娘 ……………………… S03287v
〔戶口田地申告牒〕 子年五月 (832 or 844)
　1)(女)出度　3)擊三部落

05742 索意?德 …………………… P4997v
〔分付羊皮曆(殘)〕 (10C後期)

05743 索韋者 ……………………… 燉研322
〔臘八燃燈分配窟龕名數〕 辛亥年十二月七日 (951)

05744 索員子 ………… BD06359v①(鹹59)
〔麵油蓙納贈曆〕 (9C前期)

05745 索員子 ･････････････････ P2049v①
　〔淨土寺諸色入破曆計會牒〕　同光三年
　(925)

05746 索員住 ･････････････････ S03011v
　〔雜寫〕　(10C)

05747 索員(住?) ･･････････････ Дx06051
　〔房兄索慶進兄弟等買舍契〕　(10C)

05748 索員閏 ･････････････････ P3721v①
　〔平康鄉堤上兄(見)點得人名目〕　庚辰年三月
　廿二日　(980)
　　3)平康鄉

05749 索員昌 ･････････････････ P3231①
　〔平康鄉官齋曆〕　癸酉年五月　(973)
　　3)平康鄉

05750 索員昌 ･････････････････ P3231②
　〔平康鄉官齋曆〕　癸酉年九月卅日　(973)
　　3)平康鄉

05751 索員昌 ･････････････････ P3231④
　〔平康鄉官齋曆〕　甲戌年十月十五日　(974)
　　3)平康鄉

05752 索員昌 ･････････････････ P4693
　〔官齋納麵油粟曆〕　(10C後期)
　　1)餪子頭

05753 索員昌 ･････････････････ S06123
　〔渠人轉帖〕　戊寅年六月十四日　(978)
　　2)普光寺

05754 索員信 ･････････････････ P3231③
　〔平康鄉官齋曆〕　甲戌年五月廿九日　(974)
　　3)平康鄉

05755 索員信 ･････････････････ P3231④
　〔平康鄉官齋曆〕　甲戌年十月十五日　(974)
　　3)平康鄉

05756 索員信 ･････････････････ P3231⑥
　〔平康鄉官齋曆〕　乙亥年九月廿九日　(975)
　　3)平康鄉

05757 索員宋 ･････････････････ P3231②
　〔平康鄉官齋曆〕　癸酉年九月卅日　(973)
　　3)平康鄉

05758 索員宋 ･････････････････ P3231③
　〔平康鄉官齋曆〕　甲戌年五月廿九日　(974)
　　3)平康鄉

05759 索員宋 ･････････････････ P3231④
　〔平康鄉官齋曆〕　甲戌年十月十五日　(974)
　　3)平康鄉

05760 索員宋 ･････････････････ P3231⑤
　〔平康鄉官齋曆〕　□亥年五月十五日　(975)
　　3)平康鄉

05761 索員宋 ･････････････････ P3231⑥
　〔平康鄉官齋曆〕　乙亥年九月廿九日　(975)
　　3)平康鄉

05762 索員宋 ･････････････････ P3231⑦
　〔平康鄉官齋曆〕　丙子年五月十五日　(976)
　　3)平康鄉

05763 索員宗(頭) ････････････ P4525⑧
　〔都頭及音聲等都共地畝細目〕　(980頃)

05764 索員德 ･････････････････ P2817v
　〔社司轉帖及辛巳年便絹契(殘)〕　辛巳年
　(981?)

05765 索員德 ･････････････････ P3721v①
　〔平康鄉堤上兄(見)點得人名目〕　庚辰年五月
　廿二日　(980)
　　3)平康鄉

05766 索員德 ･････････････････ P4693
　〔官齋納麵油粟曆〕　(10C後期)
　　1)餺飥頭

05767 索員滿 ･････････････････ 上博21B
　〔渠人轉帖〕　(10C中期?)

05768 索因子 ･････････････････ P3418v⑧
　〔平康鄉缺枝夫戶名目〕　(9C末～10C初)
　　3)平康鄉

05769 索陰 ･･････････････････ S03287v
　〔戶口田地申告牒〕　子年五月　(832 or 844)
　　1)妻

05770 索榮 ･･････････････････ P2162v
　〔三將納丑年突田曆〕　(9C前期)
　　4)索再榮?

05771 索榮國 ･････････････････ S02590v
　〔索榮國牒及判〕　卯年八月　(9C前期)
　　1) 錄事

05772 索榮徹 ･････････････････ P3410
　〔沙州僧崇恩析產遺囑〕　吐蕃年次未詳　(840
　　前後)
　　1) 見人・兵馬使

05773 索營田 ･････････････････ P3440
　〔見納賀天子物色人名〕　丙申年三月十六日
　　(996)
　　1) 營田

05774 索營田 ･････････････････ S04121
　〔陰家榮親客目〕　甲午年五月十五日　(994)
　　1) 營田

05775 索營田小娘子 ･･･････････ S04121
　〔陰家榮親客目〕　甲午年五月十五日　(994)

05776 索盈昌 ･････････････････ S04703
　〔買菜人名目〕　丁亥年　(987)

05777 索盈信 ･････････････････ Дx02149в
　〔見納缺柴人名目〕　(10C)

05778 索盈達 ･････････････････ S04120
　〔布褐等破曆(殘)〕　癸亥年二月～甲子年二
　　月　(963～964)

05779 索英賢 ････････････････ P2040v②-29
　〔淨土寺西倉豆利入曆〕　(940年代)
　　2) 淨土寺

05780 索圓意 ･････････････････ S02669
　〔管內尼寺(安國寺・大乘寺・聖光寺)籍〕
　　(865～870)
　　2) 大乘寺　3) 洪閏鄉　4) 姓「索」。俗名「綿ゝ」。

05781 索延慶 ････････････････ P3234v③
　〔惠安惠戒手下便物曆〕　甲辰年　(944)
　　2) 淨土寺?

05782 索延啓 ････････････････ P2032v⑬-7
　〔淨土寺黃麻利閏入曆〕　(940前後)
　　2) 淨土寺

05783 索延子 ････････････････ S04444v③
　〔社司轉帖(寫錄)〕　(10C)
　　2) 永安寺門前

05784 索延昌 ･････････････････ Дx02954
　〔戶口田地申告簿〕　廣順二年正月一日　(952)

05785 索延進 ････････････････ P3108v②
　〔三官?便社人黃麻曆〕　己未年二月十日　(899
　　or 956)

05786 索延晟 ･････････････････ P2032v
　〔淨土寺入破曆〕　甲辰年次後　(944?)
　　2) 淨土寺

05787 索延晟 ････････････････ P2032v㉑-6
　〔淨土寺麵黃麻豆布等破曆〕　(940前後)
　　2) 淨土寺

05788 索延德 ････････････ BD16230c(L4112)
　〔辰年便物曆〕　辰年二月廿日　(10C)

05789 索延德 ････････････････ P2680v⑨
　〔納色物曆〕　(10C中期)

05790 索延德 ････････････････ P3231①
　〔平康鄉官齋曆〕　癸酉年五月　(973)
　　3) 平康鄉

05791 索延德 ････････････････ P3231④
　〔平康鄉官齋曆〕　囲戌年十月十五日　(974)
　　3) 平康鄉

05792 索延德 ････････････････ P3231⑦
　〔平康鄉官齋曆〕　丙子年五月十五日　(976)
　　3) 平康鄉

05793 索延德 ･････････････････ S06123
　〔渠人轉帖〕　戊寅年六月十四日　(978)
　　2) 普光寺

05794 索延德 ･････････････････ Дx02954
　〔戶口田地申告簿〕　廣順二年正月一日　(952)

05795 索衍雞 ････････････････ P3231②
　〔平康鄉官齋曆〕　癸酉年九月卅日　(973)
　　3) 平康鄉

05796 索衍雞 ････････････････ P3231③
　〔平康鄉官齋曆〕　甲戌年五月廿九日　(974)
　　3) 平康鄉

05797 索衍雞 ････････････････ P3231④
　〔平康鄉官齋曆〕　囲戌年十月十五日　(974)
　　3) 平康鄉

05798 索衍鷄 ‥‥‥‥‥‥‥‥‥ P3231⑤
　〔平康鄉官齋曆〕　□亥年五月十五日　(975)
　　3)平康鄉

05799 索衍鷄 ‥‥‥‥‥‥‥‥‥ P3231⑥
　〔平康鄉官齋曆〕　乙亥年九月廿九日　(975)
　　3)平康鄉

05800 索衍子 ‥‥‥‥‥‥‥‥‥ Дx02143
　〔押衙索勝全換馬契〕　乙未年六月十六日
　　(995 or 935)
　　1)知見人

05801 索遠々 ‥‥‥‥‥‥‥‥‥ S03287v
　〔戸口田地申告牒〕　子年五月　(832 or 844)
　　1)男

05802 索押衙 ‥‥‥‥‥‥‥ BD03427(露27)
　〔中阿含經卷第2,第3,第5等〕　(10C?)
　　1)寫經人?・押衙

05803 索押衙 ‥‥‥‥‥‥‥ BD04495(崑95)
　〔大智度論〕　辛丑年　(881? or 941)
　　1)押衙　4)又界線外上部有「索押牙」。

05804 索押衙 ‥‥‥‥‥‥‥‥‥ P2032v⑪
　〔淨土寺西倉司願勝等入破曆〕　乙巳年三月
　　(945)
　　1)押衙　2)淨土寺

05805 索押衙 ‥‥‥‥‥‥‥‥‥ P2667v
　〔宴設使文書(梁幸德細供)〕　(10C)
　　1)押衙　3)城東

05806 索押衙 ‥‥‥‥‥‥‥‥ P3234v③
　〔惠安惠戒手下便物曆〕　甲辰年　(944)
　　1)押衙　2)淨土寺?

05807 索押衙 ‥‥‥‥‥‥‥ P3234v③-28
　〔惠安惠戒手下便物曆〕　甲辰年　(944)
　　1)押衙

05808 索押衙 ‥‥‥‥‥‥‥‥ P3234v⑧
　〔某寺西倉豆破曆〕　(940年代)
　　1)押衙

05809 索押衙 ‥‥‥‥‥‥‥‥‥ P3240①
　〔配經曆〕　壬寅年六月廿一日　(1002)
　　1)押衙

05810 索押衙 ‥‥‥‥‥‥‥‥ P3745v①
　〔榮(營)小食納油麪數〕　三月廿八日　(9C末
　　期?)
　　1)押衙

05811 索押衙 ‥‥‥‥‥‥‥‥‥ P3935
　〔田籍文書(稿)〕　(10C)
　　1)押衙

05812 索押衙 ‥‥‥‥‥‥‥‥‥ P3997
　〔都寺主法淨領得布褐曆〕　庚子年十一月卅
　　日　(940 or 1000)
　　1)押衙

05813 索押衙 ‥‥‥‥‥‥‥‥ P4975r.v
　〔沈家納贈曆〕　辛未年三月八日　(971)
　　1)押衙

05814 索押衙 ‥‥‥‥‥‥‥‥ P.tib3964
　〔便粟曆〕　辛亥年頃　(951)

05815 索押衙 ‥‥‥‥‥‥‥‥ Дx02956②
　〔諸家上缺便勿名目〕　甲申年二月四日　(984
　　or 924)
　　1)押衙

05816 索押衙妻 ‥‥‥‥‥‥‥‥ P5032v⑧
　〔社司轉帖〕　六月　(10C中期)

05817 索恩子 ‥‥‥‥‥‥‥‥ P2032v③
　〔淨土寺諸色破曆〕　(944前後)
　　2)淨土寺

05818 索溫 ‥‥‥‥‥‥‥‥‥‥ S11354
　〔雇馬曆〕　五月七日　(9C)

05819 索溫子 ‥‥‥‥‥‥‥‥ P2680v②
　〔諸鄉諸人便粟曆〕　(10C中期)
　　3)洪閏鄉

05820 索加和 ‥‥‥‥‥‥‥‥‥ P3167v
　〔安國寺道場司關于(五尼寺)沙彌戒訴狀〕
　　乾寧二年三月　(895)
　　2)普光寺?

05821 索家 ‥‥‥‥‥‥‥‥‥ P2555piece5
　〔諸親借氈褥名目〕　(9C?)

05822 索家 ‥‥‥‥‥‥‥‥‥‥ P3100③
　〔索家典玉石契?〕　戊午年五月廿七日　(898)

05823 索家 ･････････････････ P3875B
〔某寺修造諸色破曆〕 丙子年八月廿七日
(916 or 976?)
　4)原作「索家莊」。

05824 索家 ･････････････････ S00086
〔馬氏迴施疏〕 淳化二年辛卯歲四月十八日
(991)
　2)金光明寺,城西馬家索家二蘭若　4)文中有
「於金光明寺殿上施麥」及「城西馬家索家二蘭若
共施布」之句。首尾完。共21行。

05825 索家 ･････････････････ S02228②
〔於諸家邊布麥粟酒分付曆〕 巳年四月九日
(825)

05826 索家 ･････････････････ S04884v
〔便褐曆〕 壬申年正月廿七日 (972?)

05827 索家 ･････････････････ Дx00295v
〔某寺破曆〕 (9C末)
　4)原作「於索家蘭斫木用」。

05828 索家阿師子 ････････････ S08712
〔諸鎮弔孝缺布條記〕 丙戌年四月十一日
(986)

05829 索家阿抄 ･･･････････････ Дx02146
〔請諸寺和尚僧政法律等名錄〕 (10C?)

05830 索家師 ････････････････ Дx02146
〔請諸寺和尚僧政法律等名錄〕 (10C?)

05831 索家兒 ････････････････ S06829v
〔修造破曆〕 丙戌年 (806)

05832 索家充子 ･･････････････ P2040v③-16
〔淨土寺麥入曆〕 己亥年 (939)
　2)淨土寺

05833 索家小娘子 ･････････････ P3234v②
〔應慶於願達手上入曆〕 壬寅年正月一日
(942)
　4)原作「小娘子索家」。

05834 索家小娘子 ･････････････ P3234v⑤
〔直歲願通手上入曆〕 壬寅年 (942)
　4)原作「索家小娘子」。

05835 索家小娘子 ････････････ S02199
〔尼靈惠唯(遺)書(首題)〕 咸通六年十月廿三
日 (865)
　4)原作「索家小娘子」。

05836 索家娘子 ･･･････････････ P4907
〔淨土寺?儭破曆〕 辛卯年閏二月 (931?)
　2)淨土寺?

05837 索家新婦 ･･･････････････ S09462v
〔索家新婦等社司女人名〕 (10C)
　1)新婦

05838 索家留住 ･･･････････････ P2032v⑫
〔淨土寺諸色破曆〕 (940前後)
　2)淨土寺

05839 索家郎君 ･･･････････････ P2032v⑪
〔淨土寺西倉司願勝等入破曆〕 乙巳年三月
(945)
　1)郎君　2)淨土寺

05840 索家郎君 ･･･････････････ P2040v②-3
〔淨土寺西倉麥入曆〕 (945以降)
　1)郎君　2)淨土寺

05841 索家郎君 ･･･････････････ P3234v⑧
〔某寺西倉豆破曆〕 (940年代)
　1)郎君

05842 索乖繼? ････････････････ P4063
〔官建轉帖〕 丙寅年四月十六日 (966)

05843 索懷員 ･････････････････ P3236v
〔燉煌鄉官布籍〕 壬申年三月十九日 (972)
　3)燉煌鄉

05844 索懷義 ･････････････････ P3257①~③
〔牒文〕 開運二年十二月 (945)

05845 索懷義 ･････････････････ Дx01270
〔索奴ゝ便物契〕 四?月四日 (10C中期)
　1)見人

05846 索懷慶 ･････････････････ P2769v
〔行人轉帖(習書)〕 (10C前期)

05847 索懷慶 ･････････････････ P3745v①
〔榮(營)小食納油麩數〕 三月廿八日 (9C末
期?)

05848 索懷錫 ･････････････････ P2803
〔二月社不納麥人(行間書込)〕 (9C末~10C
初)

05849 索懷濟 ･････････････････ BD14607(新0867)
〔大般若波羅蜜多經卷第292(末)〕 (9C前期)

05850 索懷濟 …………… BD16387A（L4460）
〔營田使索懷濟渠提轄□通等〕　甲申年廿八日　（10C）

05851 索懷珎 ……………………… S05824v
〔經坊費負担人名目〕　（8C末〜9C前期）

05852 索懷定 ………………………… P2484
〔就東園𠴿會小印子群牧馳馬牛羊見行籍（歸義印）〕　戊辰年十月十八日　（968）
　4)存「歸義軍節度使印」。

05853 索懷定 ……………………… P4997v
〔分付羊皮曆（殘）〕　（10C後期）

05854 索懷辯 ……………………… Дx02954
〔戶口田地申告簿〕　廣順二年正月一日　（952）

05855 索懷□ ……………………… P4640v
〔官入破曆〕　己未六月　（899）
　1)都虞候

05856 索會子 ……………………… Дx11196
〔渠人轉帖〕　十月九日　（983）

05857 索會存 ……………………… 莫第148窟
〔供養人題記〕　（11C中期）
　1)窟禪…寺…法律　4)原作「窟禪…寺…法律索會存供養」。南壁。《燉》p.70。《謝》p.53。

05858 （索?）海圓 ………………… 莫第144窟
〔供養人題記〕　（9C前期）
　4)原作「亡兄海圓一心供養」。西壁。《燉》p.67。⇒海圓。

05859 索海金 ……………………… P4640v
〔官入破曆〕　辛酉?年三月　（901?）
　1)鐵匠

05860 （索?）海潤 ………………… 莫第144窟
〔供養人題記〕　（9C前期）
　1)亡兄節度衙前子虞候　4)原作「亡兄節度衙前子虞候海潤…」。西壁。《燉》p.67。⇒海潤。

05861 索海全 ……………… BD04861（巨61）
〔大般若波羅蜜多經卷第91（第1紙背面有硃書雜寫人名）〕　（8〜9C）

05862 索海朝 ……………………… P2858v
〔索海朝租田契〕　酉年二月十二日　（829 or 817）

05863 索海?朝 …………………… S06235B②
〔納贈曆〕　（9C中期）

05864 索海奴 ……………………… P2858v
〔索海朝租田契〕　酉年二月十二日　（829 or 817）
　1)（索海朝)弟

05865 索海奴 …………………… S01475v⑦
〔便麥契〕　酉年十一月　（829）

05866 索海妙 ……………………… S02669
〔管內尼寺（安國寺・大乘寺・聖光寺）籍〕　（865〜870）
　2)大乘寺　3)燉煌鄉　4)姓「索」。俗名「綿々」。

05867 索灰々 ……………………… P3418v⑥
〔洪閏鄉缺枝夫戶名目〕　（9C末〜10C初）
　3)洪閏鄉

05868 索灰々 …………………… P.tib1102v
〔社司轉帖〕　申年二月廿日　（9C前期）

05869 索開々 ………… BD09472v①〜③（發92）
〔龍興寺索僧正等五十八人就唐家蘭若請寳頭廬文〕　（8〜9C）
　2)靈修（寺）　3)沙州

05870 索畫 ………………………… P2991⑤
〔莫高窟索畫功德讚文〕　（9C）

05871 索揭搥 ……………………… S04060
〔便麥粟豆曆〕　己酉年二月十四日　（949）

05872 索揭搥 ……………………… Дx02954
〔戶口田地申告簿〕　廣順二年正月一日　（952）

05873 索憨兒 …………… BD10236（L0365）
〔人名目〕　（9〜10C）

05874 索憨奴 ……………………… P2769v
〔行人轉帖（習書）〕　（10C前期）

05875 索憨奴 ……………………… P3231③
〔平康鄉官齋曆〕　甲戌年五月廿九日　（974）
　3)平康鄉

05876 索憨奴 ……………………… P3231④
〔平康鄉官齋曆〕　囲戌年十月十五日　（974）
　3)平康鄉

05877　索憨奴 ……………… P3231⑤
　〔平康鄉官齋曆〕　□亥年五月十五日 (975)
　　3)平康鄉

05878　索憨奴 ……………… S01586v
　〔雜記(人名列記等)〕 (10C前期)

05879　索憨奴 ………… S08445＋S08446＋
　　　　　　　　　　S08468④
　〔羊司於常樂官稅羊數名目〕 丁未年四月十二
　日 (943)

05880　索諫 ………………… P3231⑤
　〔平康鄉官齋曆〕　□亥年五月十五日 (975)
　　3)平康鄉

05881　索諫昇 ……………… S06123
　〔渠人轉帖〕 戊寅年六月十四日 (978)
　　2)普光寺

05882　索關〻 ……………… S02669
　〔管內尼寺(安國寺・大乘寺・聖光寺)籍〕
　(865～870)
　　2)聖光寺　3)慈惠鄉　4)尼名「遍施花」。

05883　索顏子 ……………… P3254v
　〔令狐安子等人名狀(殘)〕　大中六年十月
　(852)

05884　索願 ………………… 北大D246v
　〔社司轉帖〕 (10C)
　　1)春座局席

05885　索願盈 ………… S05873v＋S08658②
　〔靈圖寺便麥粟曆(殘)〕　戊午年九月 (10C)
　　1)見人　2)靈圖寺　3)洪潤鄉　4)一爲「便麥
　人」二爲「見人索願盈」。

05886　索願沼 ……………… P3721v②
　〔兄(見)在巡禮都官都頭名牒〕 庚辰年正月
　十五日 (980)

05887　索願崇 ……………… P3721v③
　〔冬至自斷官員名〕　己卯年十一月廿六日
　(979)

05888　索願通 ……………… S03978
　〔納贈曆〕 丙子年七月一日 (976)

05889　索奇 ………………… BD06840v(羽40)
　〔管子斷章〕 天復二年 (902)
　　1)寫經生　4)原作「寫生索書記」。

05890　索歸眞 ……………… S02729①
　〔燉煌應管勘牌子曆〕　辰年三月 (788)
　　1)僧　2)蓮臺寺　3)沙州　4)11行目。

05891　索淇 ………………… S03873v
　〔某寺支給斛䥸僧名錄〕 〔咸〕通年十月・十一
　月 (860～873)

05892　索皈和 ……………… P2049v②
　〔淨土寺諸色入破曆計會牒〕 長興二年正月
　(930～931)

05893　索宜國 ……………… BD08176v(乃76)
　〔佛說八陽神呪經〕 (9C)
　　1)社官　3)沙州　4)原作「沙州社官索宜國書」。

05894　索宜〻 ……………… BD04256v①1(玉56)
　〔斷知更人名帳〕 四月廿一日夜 (9C後期)

05895　索宜國 ……………… BD16245B(L4113)
　〔沙州社官索宜國函〕 (9～10C)
　　1) 社官　3) 沙州　4) 與BD16245-A可綴接
　BD16245-B・BD16245-C。

05896　索欺泊 ……………… P3486v④
　〔索欺泊下種麥文書(殘)(1行)〕 丙?申年三
　月 (936?)

05897　索義盈 ……………… P3231⑤
　〔平康鄉官齋曆〕　□亥年五月十五日 (975)
　　3)平康鄉

05898　索義盈 ……………… P3721v①
　〔平康鄉堤上兄(見)點得人名目〕 庚辰年三月
　廿二日 (980)
　　3)平康鄉

05899　索義賢 ……………… S06235Bv
　〔百姓唐君盈等戶口田地申告狀〕　大中六年
　十一月日 (852)

05900　索義弘 ……………… P3231③
　〔平康鄉官齋曆〕 甲戌年五月廿九日 (974)
　　3)平康鄉

05901　索義弘 ……………… P3231④
　〔平康鄉官齋曆〕 囲戌年十月十五日 (974)
　　3)平康鄉

05902　索義弘 ……………… P3231v④
　〔平康鄉官齋曆〕 囲戌年十月十五日 (974?)
　　3)平康鄉

05903 索義弘 ·················· P5032v⑧
〔社司轉帖〕 六月 （10C中期）

05904 索義子? ·················· P3705v
〔人名錄雜記〕 中和二年頃 （882?）

05905 索義成 ·················· P3257①～③
〔牒文〕 開運二年十二月 （945）

05906 （索）義辯 ·················· P2021v
〔索（義辯）法律修功德記〕 （9C）
　　1）法律　4）⇒義辯。

05907 索義辯 ·················· 莫第012窟
〔供養人題記〕 （9C後期）
　　1）窟主沙州釋門都法律和尚金光明寺僧　2）金光明寺　4）東壁門上。《謝》p.196。

05908 索義和（弘） ·················· P5032⑤
〔社司轉帖〕 （10C後期）

05909 索教? ·················· P.tib1088A
〔燉煌諸人磑課麥曆〕 卯年～巳年間 （835～837）

05910 索教授 ·················· BD06359v②（鹹59）
〔人名目〕 （9C前期）
　　1）教授

05911 索教授 ·················· P2449v
〔祈願文等〕 （9C前期）

05912 索教授 ·················· S00520
〔報恩寺方等道場榜〕 （9C末～925以前）
　　1）教授　2）報恩寺　4）有「河西都僧院」印。

05913 索教授 ·················· S07939v＋S07940Bv＋S07941
〔燉煌諸寺僧尼給糧曆〕 （823以降）
　　1）教授

05914 （索）鏡果 ·················· P3167v
〔安國寺道場司關于（五尼寺）沙彌戒訴狀〕 乾寧二年三月 （895）
　　2）普光寺?　4）⇒鏡果。

05915 （索）金剛 ·················· S02199
〔尼靈惠唯（遺）書（首題）〕 咸通六年十月廿三日 （865）
　　1）尼・索靈惠弟　4）⇒金剛。

05916 索金娘 ·················· S03287v
〔戶口田地申告牒〕 子年五月 （832 or 844）

05917 索金澤 ·················· S02729①
〔燉煌應管勘牌子曆〕 辰年三月 （788）
　　1）僧　2）金光明寺　3）沙州　4）6行目。

05918 索金婦 ·················· P3328v①
〔付細布曆〕 （9C前期）

05919 索虞侯 ·················· P3410
〔沙州僧崇恩析產遺屬〕 吐蕃年次未詳 （840前後）
　　1）見人?・虞侯

05920 索虞候 ·················· 杏・羽703
〔某寺諸色斛斗破計會〕 辛未年 （911?）
　　1）虞候

05921 索勳 ·················· P3711
〔瓜州營田使武安君狀反判憑〕 大順四年正月日 （893）

05922 索勳 ·················· 莫第009窟
〔供養人題記〕 （890年代）
　　1）勅歸義軍節度管內觀察處置押蕃落等使銀青光祿大夫□□□□檢校右散騎常侍兼御史大夫　4）洞口南壁。《謝》p.412。

05923 索勳 ·················· 莫第098窟
〔供養人題記〕 （10C中期）
　　1）勅歸義軍…節度管內觀察處置押蕃支度營田等使…金紫光祿大夫檢校刑部…兼御史大夫守定遠將軍上柱國　4）原作「勅歸義軍…（中略）…上柱國鉅鹿郡索諱勳一心供養」。甬道北壁。《燉》p.32。

05924 索勳 ·················· 莫第098窟
〔供養人題記〕 （10C中期）
　　1）勅歸義軍節度沙瓜伊西等州管內觀察處置押蕃落營田等使守定遠將軍檢校吏部尚書兼御史大夫鉅鹿郡開國公食邑貳仟戶實封二百戶賜紫金魚袋上柱國　4）甬道北壁。《燉》p.87。

05925 索君使 ·················· S03011v
〔雜寫〕 （10C）
　　1）君使

05926 索君子 ·················· S04444v③
〔社司轉帖（寫錄）〕 （10C）
　　2）永安寺門前

05927 索君子 ……………… S05824v
〔經坊費負担人名目〕（8C末～9C前期）

05928 索惠子 ………… BD04256v①1（玉56）
〔斷知更人名帳〕 四月廿三日夜 （9C後期）

05929 索惠子 ……………… P2738v
〔社司轉帖（寫錄）〕 二月廿五日 （9C後期）

05930 索惠善 …………… BD04291v（玉91）
〔詩五首〕 巳年六月十二日 （9C）
　4）原作「己年六月十二日沙彌索惠ゝ善巳」。

05931 索慶住 ……………… Дx01344
〔索青等便黃麻曆〕 辛亥年二月九日 （951）

05932 索慶俊 ……………… P3418v⑧
〔平康鄉缺枝夫戶名目〕（9C末～10C初）
　3）平康鄉

05933 索慶進 ……………… P2738v
〔社司轉帖（寫錄）〕 二月廿五日 （9C後期）
　4）虞後⇔虞候。

05934 索慶?進 ……………… Дx06051
〔房兄索慶進兄弟等買舍契〕（10C）

05935 索慶奴 ……………… Дx02954
〔戶口田地申告簿〕 廣順二年正月一日 （952）

05936 索慶富 ……………… S08402
〔便麥曆〕（10C前期）
　1）口承人

05937 索計ゝ ……………… S02199
〔尼靈惠唯（遺）書（首題）〕 咸通六年十月廿三日 （865）
　4）原作「索計ゝ是尼靈惠外甥」。

05938 索迎 ……………… S06981⑬
〔入麥曆〕 酉年（10C中期）

05939 索堅行 ……………… 杏・羽694③
〔漏僧名目〕（9C中期）

05940 索建子 ……………… P3418v⑦
〔慈惠鄉缺枝夫戶名目〕（9C末～10C初）
　3）慈惠鄉

05941 索建成 ……………… 羽・寫834
〔百姓趙塩久戶口請田簿〕 廣順二年正月一日 （952）

05942 索建宗 ……………… S04920v
〔受田簿〕 長興二年頃 （931）
　4）V面雜記存「長興二年（931）」「丁未年（947）」等狀・田籍等之字。

05943 索建宗 ……………… S08445＋S08446＋S08468
〔羊司於常樂稅羊人名目〕 丙午年四月廿七日 （946）

05944 索憲忠 ……………… S03287v
〔戶口田地申告牒〕 子年五月 （832 or 844）
　1）百姓

05945 索縣令 ……………… S03728③
〔柴場司牒〕 乙卯年三月 （955?）
　1）縣令

05946 索賢義 ……………… P5021D
〔付物曆〕（9C末～10C初）

05947 索賢君 ……………… S00323
〔團頭名目〕 大順二年 （891）
　1）團頭

05948 索賢慶 ……………… 杏・羽684v②
〔社司轉帖（寫）〕（10C）
　4）本文中有「年支秋座局席」「限今月八日卯時，於主送納」。

05949 索賢ゝ ……………… P3418v⑨
〔効穀鄉缺枝夫戶名目〕（9C末～10C初）
　3）効穀鄉

05950 索賢者 ……………… S06452⑥
〔常住庫黃麻出便輿人名目〕 壬午年二月十三日 （982）
　2）淨土寺

05951 索賢信 ……………… P2032v⑯-4
〔淨土寺粟利閏入曆〕 （940前後）
　2）淨土寺

05952 索元孝 ……………… 古寫經尾題錄存
〔妙法蓮華經卷第6〕（10C）
　1）燉煌金曹參軍

05953 索嚴德 ……………… S02669
〔管內尼寺（安國寺・大乘寺・聖光寺）籍〕（865～870）
　2）大乘寺　3）平康鄉　4）姓「索」。俗名「伯媚」。

05954 索固 ・・・・・・・・・・・・ BD11178(L1307)
　〔燉煌縣用印事目歷〕（8C）
　　3）燉煌縣　4）V面有「燉煌縣印」,卷背兩紙騎縫
　　處下有一枚陽文硃印(5.4×5.8cm)。

05955 索胡 ・・・・・・・・・・・・・・・・・ P2032v③
　〔淨土寺諸色破曆〕（944前後）
　　2）淨土寺

05956 索胡々 ・・・・・・・・・・・・・・・・ P3249v
　〔將龍光顏等隊下人名目〕（9C中期）

05957 索胡妻 ・・・・・・・・・・・・・・・・ S04884v
　〔便褐曆〕　壬申年二月十日（972?）

05958 索胡子 ・・・・・・・・・・・・・・・・ S05750
　〔付索胡子多衣粮食麥粟曆〕　己亥年至壬寅
　年　（879～882）

05959 索胡奴 ・・・・・・・・・・・・・・・・ S06204①
　〔隊轉帖〕（10C前後）

05960 索胡奴 ・・・・・・・・・ S10002＋S10013
　〔社司轉帖〕（10C）

05961 索悟眞 ・・・・・・・・・・・・・・・・ S02729①
　〔燉煌應管勘牌子歷〕　辰年三月（788）
　　1）僧　2）大乘寺　3）沙州　4）47行目。

05962 索悟智 ・・・・・・・・・・・・・・・・ S02729①
　〔燉煌應管勘牌子歷〕　辰年三月（788）
　　1）僧　2）普光寺　3）沙州　4）40行目。

05963 索光證 ・・・・・・・・・・・・・・・・ S02729①
　〔燉煌應管勘牌子歷〕　辰年三月（788）
　　1）僧　2）永安寺　3）沙州　4）18行目。

05964 索公 ・・・・・・・・・・・・・・・・・・ P4660⑰
　〔索公邈眞讚〕（9C）
　　1）唐河西節度押衙兼…侍御史鉅鹿

05965 索公 ・・・・・・・・・・・・・・・・・・ P4986
　〔杜氏邈眞讚〕（863～893）
　　1）前河西節度押衙銀青光祿大夫檢校國子祭酒
　　兼殿中侍御史勾當沙州安司都追白使鉅鹿　4）
　　原作「悟眞撰」。

05966 索公(氏) ・・・・・・・・・・・・・・・ P3556⑪
　〔周故南陽郡娘子張氏墓誌銘〕　廣順四年甲寅
　歲　（954）
　　1）前沙州衙内都押衙前歸義軍左馬步都押衙檢
　　校工部尙書

05967 索幸宗? ・・・・・・・・ BD15405(簡068067)
　〔納贈(併粟柴)曆〕（10C）
　　1）押衙

05968 索幸宗 ・・・・・・・・・・・・・・・・ Дx02954
　〔戶口田地申告簿〕　廣順二年正月一日（952）

05969 (索?)幸通 ・・・・・・・・・・・・・ P3257①～③
　〔牒文〕　開運二年十二月（945）

05970 索幸德 ・・・・・・・・・・・・・・・・ P3231③
　〔平康鄉官齋曆〕　甲戌年五月廿九日（974）
　　3）平康鄉

05971 索幸德 ・・・・・・・・・・・・・・・・ P3231④
　〔平康鄉官齋曆〕　甲戌年十月十五日（974）
　　3）平康鄉

05972 索幸德 ・・・・・・・・・・・・・・・・ P3231⑥
　〔平康鄉官齋曆〕　乙亥年九月廿九日（975）
　　3）平康鄉

05973 索幸婆 ・・・・・・・・・・・・・・・・ P2040v②-1
　〔淨土寺勝淨等手下諸色入曆〕　乙巳年正月廿
　七日以後　（945以降）
　　2）淨土寺

05974 索孝?君 ・・・・・・・・・・・・・・・ P3418v⑥
　〔洪閏鄉缺枝夫戶名目〕（9C末～10C初）
　　3）洪閏鄉

05975 索康三 ・・・・・・・・・・・・・・・・ P3989
　〔立社條憑〕　景福三年甲寅歲五月十日
　（894）

05976 索康子 ・・・・・・・・・・・・・・・・ P3369①
　〔孝經〕　乾符三年,咸通十五年十月廿一日
　（874）

05977 索康七 ・・・・・・・・・ BD04256v①1(玉56)
　〔斷知更人名帳〕　四月廿三日夜（9C後期）

05978 索?康屯 ・・・・・・・・・・・・・・・ S02199
　〔尼靈惠唯(遺)書(首題)〕　咸通六年十月廿三
　日（865）
　　4）原作「姪男康屯」。

05979 索康八 ・・・・・・・・・・・・・・・・ P4019piece2
　〔納草束曆〕（9C後期）

05980 索廣弈 ・・・・・・・・・・・・・・・・ S05824
　〔經坊費負擔人名目〕（8C末～9C前期）
　　1）寫經人　3）行人部落

05981 索廣淨 ·········· S02729①
〔燉煌應管勘牌子歷〕 辰年三月 (788)
　1)僧　2)大乘寺　3)沙州　4)46行目。

05982 索廣通 ·········· S00614v
〔雜寫〕 (9C?)
　4)原作「索廣通…〔免〕園策府…讀…」。R面爲「免園策第一」(尾題)，又有題記「巳年四月六日學生索廣翼寫了」。

05983 索廣明 ·········· S02729①
〔燉煌應管勘牌子歷〕 辰年三月 (788)
　1)僧　2)靈修寺　3)沙州　4)未年7月23日死。36行目。

05984 索廣翼 ·········· S00614
〔菟園策第1〕 巳年四月六日 (9C)
　1)學生(寫了)

05985 索弘 ·········· 莫第199窟
〔供養人題記〕 (9C末期)
　1)同豆盧郡副使典諸城使左武衛將軍上柱國
　4)西壁。《燉》p.90。《謝》p.370。

05986 索校授 ·········· P2032v③
〔淨土寺諸色破曆〕 (944前後)
　1)校授　2)淨土寺　4)原作「索校授弟」。

05987 索校授 ·········· P2054v
〔疏請僧官文〕 (10C)
　1)校授　2)報恩寺

05988 索校授 ·········· P3234v②
〔應慶於願達手上入曆〕 壬寅年正月一日 (942)

05989 索校授 ·········· S03702
〔講經和尙頌(6通)〕 (10C?)
　1)校授

05990 索校授 ·········· S04504v①
〔願文〕 (9C後期)
　1)校授

05991 索校授弟 ·········· P2032v③
〔淨土寺諸色破曆〕 (944前後)
　2)淨土寺　4)原作「索校授弟」。

05992 索校棟 ·········· P2040v③-12
〔淨土寺布入曆〕 (939)
　1)校棟　2)淨土寺

05993 索校棟 ·········· S04659v
〔雜寫3字〕 (10C)
　1)校棟　4)R面爲「大唐京西明寺沙門道宣謹依化制二敎護僧物制」(首題)。

05994 索江進 ·········· P3745v①
〔榮(營)小食納油夛數〕 三月廿八日 (9C末期?)

05995 索洪靜 ·········· BD11997(L2126)
〔分付多衣簿〕 (8C中期)

05996 索興 ·········· BD07424v(官24)
〔大般若波羅密多經卷第64(背面勘記)〕 (8C)
　4)原作「索興勘了」。R面爲「大般若波羅蜜多經卷第64」。

05997 索興 ·········· P2912v③
〔寫大般若經一部施銀盤子麥粟粉疏〕 四月八日 (9C前期)

05998 索興 ·········· P3205
〔僧俗人寫經曆〕 (9C前期)

05999 索興 ·········· S04831v
〔寫經人名目〕 (9C前期)
　1)寫經人

06000 索興 ·········· S11454E
〔收蘇算會簿〕 戌年・亥年 (794・795)
　1)左六

06001 索苟佳 ·········· Дx06064v
〔人名目〕 (10C)

06002 索?苟ゝ ·········· P3418v③
〔某鄉缺枝夫戶名目〕 (9C末～10C初)

06003 索苟ゝ ·········· S10011
〔豆・赤界子・蔓菁子等納付曆〕 (9C)

06004 索苟兒 ·········· P2049v②
〔淨土寺諸色入破曆計會牒〕 長興二年正月 (930～931)

06005 索苟兒 ·········· S04445v③
〔便曆〕 庚寅年二月三日 (930?)

06006 索苟住 ·········· 莫第263窟
〔供養人題記〕 (10C前期)
　4)東壁門北側。《燉》p.111。《謝》p.316。

06007 索香嚴 ·············· S02729①
〔燉煌應管勘牌子歷〕 辰年三月 (788)
1)僧 2)大乘寺 3)沙州 4)50行目。

06008 索國情 ·············· P3328v①
〔付細布歷〕 (9C前期)

06009 索國清 ·············· P.tib1088Cv
〔燉煌諸人磑課麥歷〕 卯年～巳年間 (835～837)

06010 索國清 ·············· S02228①
〔絲綿部落夫丁修城使役簿〕 亥年六月十五日 (819)
1)(左九) 3)絲綿部落 4)首行作「亥年六月十五日州城所, 絲綿」。末行作「亥年六月十五日畢功」。

06011 索國忠 ·············· P2738v
〔社司轉帖(寫錄)〕 二月廿五日 (9C後期)

06012 索黑奴 ·············· P3418v②
〔燉煌鄉缺枝夫戶名目〕 (9C末～10C初)
3)燉煌鄉

06013 索黑奴 ·············· S06063
〔索黑奴·程悅子二人租地契〕 乙亥年二月十六日 (915?)
1)燉煌鄉百姓·粗地人 3)燉煌鄉

06014 索乞悉雞 ·············· P2040v②-13
〔淨土寺豆入歷〕 乙巳年正月廿七日以後 (945以降)
2)淨土寺

06015 索骨子 ·············· P2633v
〔貸絹契(殘)〕 辛巳年十二月十三日 (921 or 981?)
3)莫高鄉

06016 索骨子 ·············· P2953v
〔便麥豆本歷〕 (10C)
3)慈惠鄉

06017 索骨子 ·············· P4635③
〔便粟豆歷〕 癸卯年二月十三日 (943)

06018 索骨子 ·············· Дx02149B
〔見納缺柴人名目〕 (10C)

06019 索骨□ ·············· P3569v①
〔人名目(殘)〕 (9C末?)

06020 索骨□ ·············· P2125v
〔人名目(殘)〕 (9C末)

06021 索再 ·············· BD09370v②(周91)
〔人名目〕 (9～10C)

06022 索再 ·············· S01687v
〔地主楊文成契〕 (9C)
1)見人

06023 索再榮 ·············· S02228①
〔絲綿部落夫丁修城使役簿〕 亥年六月十五日 (819)
1)(右一) 3)絲綿部落 4)首行作「亥年六月十五日州城所, 絲綿」。末行作「亥年六月十五日畢功」。

06024 索再榮 ·············· S05824v
〔經坊費負担人名目〕 (8C末～9C前期)

06025 索再興 ·············· BD06359v①(鹹59)
〔麵油蔴納贈歷〕 (9C前期)

06026 索再住? ·············· P4525⑧
〔都頭及音聲等都共地畝細目〕 (980頃)

06027 索再如 ·············· S03287v
〔戶口田地申告牒〕 子年五月 (832 or 844)
1)男·出度 3)擘三部落

06028 索再升 ·············· S03978
〔納贈歷〕 丙子年七月一日 (976)

06029 索再昇 ·············· BD11987(L2116)
〔歸義軍官府人名目〕 (9C後期～10C)
1)押衙 4)原作「再昇索押衙」。

06030 索再昇 ·············· P3231①
〔平康鄉官齋歷〕 癸酉年五月 (973)
3)平康鄉

06031 索再昇 ·············· S06123
〔渠人轉帖〕 戊寅年六月十四日 (978)
2)普光寺

06032 索再昇〔押?〕 ·············· S12603v
〔田契(尾部)〕 (9C?)
1)見人

06033 索再昌 ·············· BD12272(L2401)
〔酒戶索再昌〕 (9～10C)
1)酒戶

06034　索再昌 ･････････････････ P2032v⑯-4
　〔淨土寺粟利閏入曆〕　(940前後)
　　2) 淨土寺

06035　索再昌 ･････････････････ Дx04278
　〔十一鄉諸人付麵數〕　乙亥年四月十一(日)
　(915? or 975)
　　3) 赤〔心〕鄉

06036　索再昌 ･････････････････ Дx06051
　〔房兄索慶進兄弟等買舍契〕　(10C)

06037　索再昌 ･････････････････ Дx11062
　〔團頭索再昌等兄弟契〕　(10C)
　　1) 團頭

06038　索再成 ･････････････････ S06123
　〔渠人轉帖〕　戊寅年六月十四日　(978)
　　2) 普光寺

06039　索再晟 ･････････････････ S00542v
　〔燉煌諸寺丁壯車牛役部〕　戊年六月十八日
　(818)
　　2) 龍興寺

06040　索再盛 ･････････････････ 莫第098窟
　〔供養人題記〕　(10C中期)
　　1) 節度押衙知六街務銀青光祿大夫檢校國子祭
　　酒兼御史中丞上柱國　4) 北壁。《燉》p.35。⇒李
　　再□。

06041　索再全 ･････････････････ P2932
　〔出便豆曆〕　乙丑年正月廿九日　(965?)
　　3) 平康鄉

06042　索再通 ･････････････････ S06123
　〔渠人轉帖〕　戊寅年六月十四日　(978)
　　2) 普光寺

06043　索再通母 ･･･････････････ S04884v
　〔便褐曆〕　壬申年正月廿七日　(972?)

06044　索再?頭? ･･･････････････ S06123
　〔渠人轉帖〕　戊寅年六月十四日　(978)
　　2) 普光寺

06045　索再德 ･････････････････ P3721v①
　〔平康鄉堤上兄(見)點得人名目〕　庚辰年三月
　廿二日　(980)
　　3) 平康鄉

06046　索再德 ･････････････････ S06123
　〔渠人轉帖〕　戊寅年六月十四日　(978)
　　2) 普光寺

06047　索再賓 ･････････････････ P3249v
　〔將龍光顏等隊下人名目〕　(9C中期)

06048　索最勝善 ･･･････････････ S02669
　〔管內尼寺(安國寺・大乘寺・聖光寺)籍〕
　(865〜870)
　　2) 聖光寺　3) 神沙鄉　4) 姓「索」。俗名「頻〻」。

06049　索彩〻 ･････････････････ BD16230A(L4112)
　〔便麥曆〕　(9〜10C)

06050　索三娘 ････････････････ 楡第33窟
　〔供養人題記〕　(10C中期)
　　1) □□弟子　4) 原作「□□弟子三娘索氏一心供
　　養」。北壁。《謝》p.480。

06051　索三奴 ･････････････････ S05073
　〔納柴曆計會〕　癸未年　(983?)

06052　索三奴 ･････････････････ 杏・羽684v②
　〔社司轉帖(寫)〕　(10C)
　　4) 本文中有「年支秋座局席」「限今月八日卯時,
　　於主送納」。

06053　索三郎 ･････････････････ S06214
　〔社司轉帖〕　乙卯年四月廿八日　(955?)

06054　索贊〻 ･････････････････ P3167v
　〔安國寺道場司關于(五尼寺)沙彌戒訴狀〕
　乾寧二年三月　(895)
　　2) 大乘寺

06055　索贊〻 ･････････････････ P3418v⑧
　〔平康鄉缺枝夫戶名目〕　(9C末〜10C初)
　　3) 平康鄉

06056　索贊忠 ･････････････････ P3547
　〔上都進奏院狀上(原題)〕　(9C後期?)
　　1) 十將

06057　索贊力 ･････････････････ P3643v
　〔雜寫〕　亥年正月廿一日　(855 or 867)
　　4) 原作「亥年正月廿一日索贊力」。又有藏文。

06058　索贊?力 ･･･････････････ Дx01306
　〔董惠明等人名目〕　(946)

06059 索殘子 ・・・・・・・・・・・・・・・・・ BD03925（生25）
　〔諸雜字一本他〕　丙子年二月廿八日　（975）

06060 索使君 ・・・・・・・・・・・・・・・・・・・・ S01824
　〔受十戒文〕　光啓肆年戊申五月八日　（888）
　　1）使君

06061 索子云 ・・・・・・・・・・・・・・・・・・・・ S09156
　〔沙州戶口地畝計簿〕　（9C前期）

06062 索?子賀? ・・・・・・・・・・・・・・・・ S03714
　〔親情社轉帖（雜寫）〕　（10C）

06063 索子弘 ・・・・・・・・・・・・・・ 杏・羽695
　〔燉煌諸鄉諸部落諸人等便麥曆〕　（10C）
　　1）箭匠　3）赤心（鄉）

06064 索子之 ・・・・・・・・・・・・・・・・・・・・ S09156
　〔沙州戶口地畝計簿〕　（9C前期）
　　4）索子如?

06065 索子鶯 ・・・・・・・・・・・・・・・・・・・ P2162v
　〔三將納丑年突田曆〕　（9C前期）

06066 索子?□ ・・・・・・・・・・・ BD10236（L0365）
　〔人名目〕　（9～10C）

06067 索志澄 ・・・・・・・・・・・・・・・・・・・ S02729①
　〔燉煌應管勘牌子歷〕　辰年三月　（788）
　　1）僧　2）靈圖寺　3）沙州　4）12行目。

06068 索指揮 ・・・・・・・・・・・・・・・・・・・ P3145v
　〔節度使下官人名・鄉名諸姓等雜記〕　（10C）
　　1）指揮

06069 索指揮 ・・・・・・・・・・・・・・・・・・・・ P3440
　〔見納賀天子物色人名〕　丙申年三月十六日
　（996）
　　1）指揮

06070 索指揮 ・・・・・・・・・・・・・・・・・・・・ P3942
　〔某家榮親客目〕　（10C?）
　　1）指揮

06071 索指揮 ・・・・・・・・・・・・・・・・・・・・ S04700
　〔陰家榮親客目〕　甲午年五月十五日　（994）
　　1）指揮　4）原作「索指揮娘子」。

06072 索指揮娘子 ・・・・・・・・・・・・・・・ P3942
　〔某家榮親客目〕　（10C?）

06073 索指揮娘子 ・・・・・・・・・・・・・・・ S04700
　〔陰家榮親客目〕　甲午年五月十五日　（994）
　　4）原作「索指揮娘子」。

06074 索指撝 ・・・・・・・・・・・・・・・・・・・・ P2916
　〔納贈曆〕　癸巳年　（993?）
　　1）指撝（指揮）?

06075 索指撝 ・・・・・・・・・・・・・・・・・・・・ S01153
　〔諸雜人名目〕　（10C後期）
　　1）指撝

06076 索氏 ・・・・・・・・・・・・・・・・・・・・・・ P2625
　〔燉煌名族志殘卷〕　（8C）

06077 索氏 ・・・・・・・・・・・・・・・・・・・・・・ P2762
　〔勅河西節度兵部尙書張公（張淮深）德政碑〕　咸通八年　（867頃）
　　1）(張議潭)夫人

06078 索氏 ・・・・・・・・・・・・・・・・・・・ 北大D162v
　〔道場施物疏〕　辰年正月十五日　（836?）

06079 索氏 ・・・・・・・・・・・・・・・・・・・ 北大D162v
　〔道場施物疏〕　辰年正月十五日　（836?）
　　1）女弟子

06080 索氏 ・・・・・・・・・・・・・・・・・・ 北大D162v⑤
　〔道場施物疏〕　辰年正月十五日　（836?）
　　1）女弟子

06081 索氏 ・・・・・・・・・・・・・・・・・・・・ 莫第053窟
　〔供養人題記〕　（10C前期）
　　1）姊　4）原作「姊小娘子索氏一心供養」。南壁。《燉》p.17。

06082 索氏 ・・・・・・・・・・・・・・・・・・・・ 莫第053窟
　〔供養人題記〕　（10C前期）
　　1）㛐甥　4）原作「㛐甥小娘子索氏一心供養」。南壁。《燉》p.19。

06083 索氏 ・・・・・・・・・・・・・・・・・・・・ 莫第061窟
　〔供養人題記〕　（10C末期）
　　4）原作「□小娘子索氏一心供養」。北壁。《燉》p.24。

06084 索氏 ・・・・・・・・・・・・・・・・・・・・ 莫第061窟
　〔供養人題記〕　（10C末期）
　　1）嫂　4）原作「嫂小娘子索氏一心供養」。北壁。《燉》p.24。

06085 索氏 ･････････････ 莫第061窟
〔供養人題記〕 (10C末期)
　　1) 故母鉅鹿郡君　4) 原作「故母鉅鹿郡君索氏一心供養」。東壁門北側。《燉》p.22。《謝》p.133。

06086 索氏 ･････････････ 莫第094窟
〔供養人題記〕 唐咸通十三年以後 (872以降)
　　1) 母武威郡太夫人　4) 原作「母[武威]郡太夫人鉅鹿索氏一心[供養]」。南壁。《燉》p.31。《謝》p.102。

06087 索氏 ･････････････ 莫第098窟
〔供養人題記〕 (10C中期)
　　1) 新婦　4) 原作「新婦小娘子索氏一心供養」。北壁。《燉》p.33。《謝》p.99。

06088 索氏 ･････････････ 莫第098窟
〔供養人題記〕 (10C中期)
　　1) 新婦　4) 原作「新婦小娘子索氏供養」。北壁。《燉》p.33。《謝》p.99。

06089 索氏 ･････････････ 莫第098窟
〔供養人題記〕 (10C中期)
　　1) 郡君　4) 原作「郡君太夫人鉅鹿國索氏一心供養」。東壁門南側。《謝》p.89。

06090 索氏 ･････････････ 莫第108窟
〔供養人題記〕 (10C中期)
　　1) □君□夫人　4) 原作「□君□夫人鉅鹿郡索氏一心供養」。東壁門南側。《燉》p.51。

06091 索氏 ･････････････ 莫第144窟
〔供養人題記〕 (9C前期)
　　4) 原作「索氏願修報恩之龕供養」。東壁門上。《燉》p.65。

06092 索氏 ･････････････ 莫第148窟
〔供養人題記〕 (9C末期)
　　4) 原作「□索氏一心供養」。西壁。《燉》p.69。

06093 索氏 ･････････････ 莫第156窟
〔供養人題記〕 (9C後期)
　　4) 原作「□夫人索氏一心□」。西壁。《燉》p.73。

06094 索氏 ･････････････ 莫第166窟
〔供養人題記〕 (10C末期)
　　4) 原作「新婦又阿索氏一心供養」。南壁。《燉》p.77。《謝》p.395。

06095 索(氏) ･････････････ 莫第166窟
〔供養人題記〕 (11C初期)
　　4) 原作「新婦阿索一心供養」。南壁。《燉》p.77。《謝》p.394。

06096 索(氏) ･････････････ 莫第166窟
〔供養人題記〕 (11C初期)
　　4) 原作「新婦阿索一心供養」。南壁。《燉》p.77。《謝》p.394。

06097 索氏 ･････････････ 莫第191窟
〔供養人題記〕 (8C後期)
　　4) 原作「亡母索氏…養」。南壁。《燉》p.83。

06098 索氏 ･････････････ 莫第197窟
〔供養人題記〕 (9C前期)
　　4) 北壁。《燉》p.89。

06099 索氏 ･････････････ 莫第199窟
〔供養人題記〕 (8C中後期)
　　4) 原作「妻索氏一心供養」。《燉》p.91。

06100 索氏 ･････････････ 莫第231窟
〔供養人題記〕 (11C初期)
　　1) 亡慈姚唐燉煌錄事孫　4) 原作「亡姥君唐丹州長松府左果毅都尉改亡慈姚唐燉煌錄事孫索氏同心供養」。東壁門上。《燉》p.105。《謝》p.106。

06101 索氏 ･････････････ 莫第256窟
〔供養人題記〕 (11C初期)
　　1) 故郡君太夫人　4) 原作「故郡君太夫人鉅鹿索氏一□」。東壁門南側。《燉》p.110。

06102 索氏 ･････････････ 莫第265窟
〔供養人題記〕 (10C前期)
　　4) 原作「阿婆索氏一心供養」。北壁。《燉》p.112。《謝》p.315。

06103 索氏 ･････････････ 莫第390窟
〔供養人題記〕 (10C前期?)
　　4) 原作「新婦索氏一心供養」。南壁。《燉》p.151。

06104 索氏娘子 ･････････ 莫第196窟
〔供養人題記〕 (9C前期)
　　1) 弟子　4) 原作「弟子宋文君敬畫菩薩四軀/一爲已亡慈母二爲己息已亡索氏娘子」。南壁。《燉》p.89。

06105 索兒〻 ･････････････ P3501v⑫
〔兵馬使康員進於兵馬使索兒〻面上貸生絹契(控)(殘)〕 戊午年六月十六日 (958)
　　1) 兵馬使

06106 索兒〻 ･････････････ 舊P5529
〔入破曆〕 壬申年六月廿四日 (972?)

06107 索兒□ ……………… S05717
　〔人名目〕（10C）

06108 索事 ……………… BD09325（周46）
　〔社司轉帖〕□子?年七月十四日（10C後期）
　　1) 事

06109 索事 ………… CH.0519v（BM.SP.228v）
　〔社司轉帖（殘）〕（10C?）
　　1) 錄事　3) 樓蘭喏

06110 索事 ……………… S04654v⑤
　〔便曆〕丙午年正月一日（946）
　　1) 錄事

06111 索寺主 ……………… BD02296（閏96）
　〔唱得布曆〕（10C）
　　1) 寺主

06112 索寺主 ……………… P2049v②
　〔淨土寺諸色入破曆計會牒〕長興二年正月
　（930〜931）
　　1) 寺主

06113 索寺主 ……………… P3370
　〔出便麥粟曆〕丙子年六月五日（928）
　　1) 尼・寺主　2) 普光寺

06114 索寺主 ……………… S05039
　〔某寺諸色破曆〕（10C後期）
　　1) 法師

06115 索悉曼力 ……… Дx01405＋Дx01406
　〔布頭索留信等官布籍〕（9C末期〜10C初期）

06116 索社長 ……………… P3305v⑥
　〔社司轉帖（寫錄）〕咸通十年正月廿日（869）

06117 索社長 ……………… S06174
　〔社司轉帖（殘）〕正月九日（9C後期?）
　　1) 社長

06118 索闍梨 ……………… BD07278（帝78）
　〔四分律卷55兌紙（末雜寫2行）〕（9C?）
　　1) 闍梨

06119 索闍梨 ……………… P3234v⑩
　〔某寺西倉粟破曆〕（940年代）
　　1) 闍梨

06120 索闍梨 ……………… P3638
　〔沙彌善勝點檢常住什物見在曆〕辛未年
　（911）
　　1) 闍梨

06121 索闍梨 ……………… P4958piece1
　〔納贈曆〕（10C前期）
　　1) 闍梨

06122 索闍梨 ……………… P5000v
　〔僧尼名目〕（9C前期）
　　1) 闍梨　2) 開元寺

06123 索闍梨 ……………… P5032v⑧
　〔社司轉帖〕六月（10C中期）
　　1) 闍梨

06124 索闍梨 ……………… P.tib1261v②
　〔諸寺僧尼支給穀物曆〕（9C前期）
　　1) 闍梨

06125 索闍梨 ……………… P.tib1261v⑤
　〔諸寺僧尼支給穀物曆〕（9C前期）
　　1) 闍梨

06126 索闍梨 ……………… Дx06016
　〔（兄）弟社轉帖〕（10C）
　　1) 闍梨　4) 原作「索闍梨」。

06127 索闍梨 ……………… Дx06016
　〔（兄）弟社轉帖〕（10C）
　　1) 闍梨　4) 原作「小索闍梨」。

06128 索闍梨 ……………… Дx06528
　〔某寺麥粟破曆〕（10C）
　　1) 闍梨

06129 索殊勝花 ……………… S02669
　〔管內尼寺（安國寺・大乘寺・聖光寺）籍〕
　（865〜870）
　　2) 大乘寺　3) 龍勒鄉　4) 姓「索」。俗名「媚子」。

06130 索周 ……………… BD08636（位36）
　〔无量壽宗要經（第3紙末有題名）〕（9C前期）

06131 索周興 ……………… S01475v⑩⑪
　〔付僧惠眼便麥契〕四月廿二日（828〜829）

06132 索岫 ……………… P3600v②
　〔燉煌普光寺等尼名申告狀〕戌年十一月
　（9C前期）
　　1) 寺唧　2) 普光寺

06133 索岫 ·············· S07060
〔都司諸色破曆〕 辰年 （9C前期）

06134 索修惠 ············ S02729①
〔燉煌應管勘牌子歷〕 辰年三月 （788）
　1）僧　2）靈修寺　3）沙州　4）36行目。

06135 索秀 ··············· P2912v③
〔寫大般若經一部施銀盤子麥栗粉疏〕 四月八日 （9C前期）

06136 索醜子 ············ S02669
〔管内尼寺（安國寺・大乘寺・聖光寺）籍〕（865～870）
　2）大乘寺　3）洪池郷　4）尼名「德定」。

06137 索醜子？ ········ 莫第263窟
〔供養人題記〕 （10C前期）
　1）社子　4）北壁。《燉》p. 111。

06138 索醜兒 ········ BD15404（簡068066）
〔千渠中下界白刺頭名目〕 （10C中期）
　1）白刺頭　3）千渠下界

06139 索醜兒 ··············· P2032v⑪
〔淨土寺西倉司願勝等入破曆〕 乙巳年三月 （945）
　2）淨土寺

06140 索醜兒 ············ Дx06051
〔房兄索慶進兄弟等買舍契〕 （10C）

06141 索醜〻 ············ S08690
〔薩毗寄倉入(破?)曆〕 （940前後）

06142 索醜住 ············ S05648
〔雜寫〕 癸酉年六月十一日・三日 （913 or 973）
　4）原作「癸酉年六月拾壹日索醜住花,癸酉年六月三日畫花」。

06143 索醜奴 ············ P3418v⑤
〔某郷缺枝夫戶名目〕 （9C末～10C初）

06144 索醜奴 ············ S00323
〔團頭名目〕 大順二年 （891）
　1）團頭

06145 索醜奴 ············ S05747v
〔社人名目〕 （10C前期）

06146 索醜奴 ············ S08647
〔便麥一石至秋一石五牛(2行,雜寫)〕 （10C前期?）

06147 索什伍 ············ S05813＋S05831
〔社司轉帖〕 二月十八日 （9C前期）

06148 （索）什子 ······ BD11987（L2116）
〔歸義軍官府人名目〕 （9C後期～10C）
　4）原作「及郷官索都料并什子押衙二人」。

06149 索什子 ············ 杏・羽172v②
〔沙州阿耶等諸親信書（殘）〕 （10C?）
　3）懸泉（鎮）

06150 索什德 ············ BD16111P（L4066）
〔押衙張再晟?隊下人名目〕 （10C）

06151 索什德 ············ P3369①
〔孝經〕 咸通十五年八月五日 （874）
　1）學生　3）沙州

06152 索什德 ············ P4500v
〔契文殘（補修紙）〕 （9C後期）
　1）見人

06153 索住子 ············ P3745v①
〔榮(營)小食納油麪數〕 三月廿八日 （9C末期?）

06154 索住子 ············ S04712
〔受田簿〕 至道元年乙未年正月一日 （995）

06155 索住子 ············ Дx02954
〔戶口田地申告簿〕 廣順二年正月一日 （952）

06156 索住兒 ············ P3231④
〔平康郷官齋曆〕 甲戌年十月十五日 （974）
　3）平康郷

06157 索住兒 ············ S07589
〔便麥曆〕 （10C中期）

06158 索住兒 ············ S07932
〔月次番役名簿〕 （10C後期）

06159 索住兒 ············ Дx02954
〔戶口田地申告簿〕 廣順二年正月一日 （952）

06160 索住奴 ············ BD16562
〔兄丑達左右決缺他人名目〕 卯年八月十三日 （9～10C）
　1）知見(人)

06161 索十四郎 ・・・・・・・・・・・・・・・・・ S06347
〔兄索進晟等尙饗文〕 癸未年十二月九日
(863)
　1)弟

06162 (索?)十二娘 ・・・・・・・・・・・・・・・ S02199
〔尼靈惠唯(遺)書(首題)〕 咸通六年十月廿三日 (865)
　4)原作「外甥十二娘」。

06163 索出兒 ・・・・・・・・・・・・・・・・・・・ S00323
〔團頭名目〕 大順二年 (891)
　1)團頭

06164 索俊 ・・・・・・・・・・・・・・・・・・・・・ S07060
〔都司諸色破曆〕 辰年 (9C前期)

06165 索潤ゝ? ・・・・・・・・・・・・・・・・・ S00747v
〔雜寫〕 (9C前期, 818頃)
　4)R面爲「論語集解」(9C前期)。

06166 索閏 ・・・・・・・・・・・・・・・・・・・・ BD07173(師73)
〔佛說无量壽宗要經(尾紙題名)〕 (9C前期)

06167 索閏 ・・・・・・・・・・・・・・・・・・・・ Дx00505
〔佛說无量壽宗要經(末)〕 (9C前期)

06168 索閏ゝ ・・・・・・・・・・・・・・・・・・ S00542v
〔燉煌諸寺丁壯車牛役部〕 戌年六月十八日 (818)
　2)(靈圖寺)蓮臺寺

06169 索閏□ ・・・・・・・・・・・・・・・・・・ Дx00998
〔尼僧名目〕 (9C末～10C)

06170 索?順興 ・・・・・・・・・・・・・・・・ S04700
〔陰家榮親客目〕 甲午年五月十五日 (994)
　1)都頭

06171 索順兒 ・・・・・・・・・・・・・・・・・・ P3249v
〔將龍光顏等隊下人名目〕 (9C中期)

06172 索順ゝ ・・・・・・・・・・・・・・・・・・ S03287v
〔戶口田地申告牒〕 子年五月 (832 or 844)
　1)男

06173 索順ゝ ・・・・・・・・・・・・・・・・・・ S07060
〔都司諸色破曆〕 辰年 (9C前期)

06174 索順忠 ・・・・・・・・・・・・・・・・・・ Дx01306
〔董惠明等人名目〕 (946)

06175 索順通 ・・・・・・・・・・・・・・・・・・ 楡第33窟
〔供養人題記〕 (10C中期)
　4)北壁。《謝》p.479。

06176 索處淨 ・・・・・・・・・・・・・・・・・・ S02729①
〔燉煌應管勘牌子歷〕 辰年三月 (788)
　1)僧　2)永安寺　3)沙州　4)19行目。午年11月18日死。

06177 索諸兒穜 ・・・・・・・・・・・・・・・・ S02214
〔官府雜帳(名籍・黃麻・地畝・地子等曆)〕 (860?)

06178 索女贊 ・・・・・・・・・・・・・・・・・・ P3369v①
〔雜寫?〕 乾符三年十月廿一日 (876)

06179 索如 ・・・・・・・・・・・・・・・・・・・・ S00542v①
〔牧〕 丑年十二月 (821)
　1)寺鄉　2)普光寺

06180 索如玢 ・・・・・・・・・・・・・・・・・・ S04491
〔地畝計會〕 (9C前期)
　3)都鄉東渠, 潤渠

06181 索如明 ・・・・・・・・・・・・・・・・・・ S02669
〔管內尼寺(安國寺・大乘寺・聖光寺)籍〕 (865～870)
　2)大乘寺　3)平康鄉　4)姓「索」。俗名「綿ゝ」。

06182 索如明 ・・・・・・・・・・・・・・・・・・ S02669
〔管內尼寺(安國寺・大乘寺・聖光寺)籍〕 (865～870)
　1)尼?　2)大乘寺　3)平康鄉　4)俗姓「索」。尼名「如明」⇒索綿ゝ。

06183 索像ゝ ・・・・・・・・・・・・・・・・・・ P3369v①
〔雜寫?〕 乾符三年十月廿一日 (876)

06184 索像通 ・・・・・・・・・・・・・・・・・・ P4640v
〔官入破曆〕 己未四月 (899)
　1)押衙

06185 索像友 ・・・・・・・・・・・・・・・・・・ P2032v③
〔淨土寺諸色破曆〕 (944前後)
　2)淨土寺

06186 索勝因 ・・・・・・・・・・・・・・・・・・ S02669
〔管內尼寺(安國寺・大乘寺・聖光寺)籍〕 (865～870)
　2)大乘寺　3)平康鄉　4)尼名「性靜因」。

06187 (索)勝盈 ················· Дx02143
〔押衙索勝全換馬契〕 乙未年六月十六日
(995 or 935)
　　1)口承人男

06188 索勝緣 ················· S02729①
〔燉煌應管勘牌子歷〕 辰年三月　(788)
　　1)僧　2)大乘寺　3)沙州　4)48行目。

06189 索勝嬌 ················· S02669
〔管內尼寺(安國寺・大乘寺・聖光寺)籍〕
(865～870)
　　2)大乘寺　3)玉關鄉　4)尼名「性福」。

06190 (索)勝賢 ················· S02199
〔尼靈惠唯(遺)書(首題)〕 咸通六年十月廿三
日　(865)
　　4)原作「姪男勝賢」。

06191 索勝住 ················· P.tib.119
〔牧羊憑〕 甲申年六月廿三日　(924?)
　　1)牧羊人・都頭

06192 索勝娘 ················· S02669
〔管內尼寺(安國寺・大乘寺・聖光寺)籍〕
(865～870)
　　2)大乘寺　3)洪閏鄉　4)尼名「寶勝花」。

06193 索勝全 ················· Дx02143
〔押衙索勝全換馬契〕 乙未年六月十六日
(995 or 935)
　　1)押衙　3)于闐

06194 索將頭 ················· S04704
〔牧羊憑〕 辛丑年三月廿日　(941?)
　　1)將頭　2)報恩寺　3)城北　4)原作「索將頭
莊」。

06195 索小弘 ················· P4063
〔官建轉帖〕 丙寅年四月十六日　(966)

06196 索小兒 ················· P4635③
〔便粟豆曆〕 癸卯年二月十三日　(943)

06197 索小兒子 ················· Дx02954
〔戶口田地申告簿〕 廣順二年正月一日　(952)

06198 索小知諸 ················· P2738v
〔社司轉帖(寫錄)〕 二月廿五日　(9C後期)
　　4)原作「索小知諸」。

06199 索小郎 ················· S02228①
〔絲綿部落夫丁修城使役簿〕 亥年六月十五
日　(819)
　　1)(左十)　3)絲綿部落　4)首行作「亥年六月
十五日州城所,絲綿」。末行作「亥年六月十五日
畢功」。

06200 索少清 ················· P3236v
〔燉煌鄉官布籍〕 壬申年三月十九日　(972)
　　1)頭　3)燉煌鄉

06201 索少得 ················· P3875
〔社司轉帖〕 癸未年　(923)
　　1)社長

06202 索少佛 ················· S08160
〔杜家親情社社條憑〕　(10C)

06203 索昇達 ········ Дx01355＋Дx03130
〔洛晟ゝ賣薗舍契〕　(9C後期)
　　1)見人

06204 索昌員 ················· P3167v
〔安國寺道場司關于(五尼寺)沙彌戒訴狀〕
乾寧二年三月　(895)
　　2)普光寺?

06205 索昌子 ················· P3290②
〔宋沙州人戶別都受田申請計帳(寫錄)〕 至
道元年乙未歲正月一日　(995)

06206 索昌子 ················· S04172
〔受田簿〕 至道元年乙未正月一日　(995)

06207 索昌振 ················· Дx06031v
〔錦綵絹破曆〕　(9C後期?)

06208 索章三 ················· EO1398
〔南无多寶如來佛供養人題記〕　(10C前期)
　　1)皮匠・縫鞋靴　4)原作「施主清信佛弟子皮匠
縫鞋靴錄事索章三一心供養」。

06209 索章三 ················· P4518⑤
〔地藏菩薩像供養人題記〕　(10C)
　　1)縫鞋靴匠　4)佛像佛畫38點中左下角有題記
「清信佛弟子縫鞋靴匠索章三一心供養」。

06210 索章三 ················· S06452④
〔常住庫借貸油麵物曆〕 壬午年正月四日
(982?)
　　1)皮匠　2)淨土寺

240

06211 索章三 ……………… S06452④
〔常住庫借貸油麵物曆〕 壬午年 (982?)
　1)皮匠　2)淨土寺

06212 索章三 ……………… Stein Painting 30
〔觀世菩薩圖供養人題記〕 (10C)
　1)清信佛弟子縫鞋匠　4)原作「清信佛弟子縫鞋匠索章三一心供養」。

06213 索章七 ……………… P2040v②-25
〔淨土寺黃麻利入曆〕 (940年代)
　2)淨土寺

06214 索章七 ……………… P2049v①
〔淨土寺諸色入破曆計會牒〕 同光三年 (925)

06215 索章七 ……………… S00323
〔團頭名目〕 大順二年 (891)
　1)團頭

06216 索章□ ……………… S06129
〔諸鄉諸人貸便粟曆〕 (10C中期以降?)
　3)平康鄉

06217 索紹員 ……………… BD07431v(官31)
〔雜寫〕 (10C後期)
　1)寫經書手　4)原作「寫經書手索紹員」,「押衙索紹員書寫記」。

06218 索上坐 ……………… Дx06064v
〔人名目〕 (10C)
　1)上座　4)索上坐。

06219 索上座 ……………… BD09295(周16)
〔孟家納色曆〕 辰年二月三日 (9C中期～10C初期)
　1)上座

06220 索上座 ……………… P2469v
〔破曆雜錄〕 戌年六月五日 (830?)
　1)上座　2)龍(興寺)

06221 索上座 ……………… P4958piece3
〔當寺轉帖(殘)〕 (10C前期)
　1)上座

06222 索上座 ……………… Дx10272①
〔便曆〕 (10C)
　1)上座

06223 索上座 ……………… Дx10272②
〔僧名目〕 (10C)
　1)上座

06224 索丞□郎君 ……………… P3418v⑤
〔某鄉缺枝夫戶名目〕 (9C末～10C初)

06225 索乘性 ……………… S02669
〔管內尼寺(安國寺・大乘寺・聖光寺)籍〕 (865～870)
　2)大乘寺　3)燉煌鄉　4)姓「索」。俗名「曼殊」。

06226 (索)常振 ……………… P4640⑤
〔索法律窟銘〕 (9C末～10C前)
　1)僧・(長振)長子　4)⇒常振。

06227 索信義 ……………… P3418v⑨
〔効穀鄉缺枝夫戶名目〕 (9C末～10C初)
　3)効穀鄉

06228 索愼言 ……………… BD00025(地25)
〔佛說无量壽宗要經(尾)〕 (9C前期)

06229 索愼言 ……………… BD00037(地37)
〔佛說无量壽宗要經(尾)〕 (9C前期)
　4)人名細字書。

06230 索愼言 ……………… BD00628(日28)
〔无量壽宗要經(尾)〕 (9C前期)

06231 索愼言 ……………… BD00628(日28)
〔佛說無量壽經(尾)〕 (9C前期)

06232 索愼言 ……………… BD02083(冬83)
〔佛說无量壽宗要經(尾)〕 (9C前期)
　2)(靈)圖(寺)　4)V面有「圖」字。

06233 索愼言 ……………… BD03594(結94)
〔无量壽宗要經〕 (9C前期)
　2)(靈)圖(寺)　4)首紙背有字「圖」。

06234 索愼言 ……………… BD06276(海76)
〔无量壽宗要經〕 (9C前期)

06235 索愼言 ……………… P4528
〔大乘無量壽經〕 (9C前期)

06236 索愼言 ……………… P4609
〔无量壽宗要經(末)〕 (9C前期)

06237 索眞意 ……………… S02729①
〔燉煌應管勘牌子曆〕 辰年三月 (788)
　1)僧　2)大乘寺　3)沙州　4)50行目。

06238 索眞一 ‥‥‥‥‥‥‥‥‥ P3047v①
〔僧名等錄〕 （9C前期）
　　4) 僧名「眞一」。

06239 索眞賢 ‥‥‥‥‥ BD04256v①1（玉56）
〔斷知更人名帳〕 四月十四日夜 （9C後期）

06240 索眞賢 ‥‥‥‥‥ BD04256v①2（玉56）
〔第二次斷知更人名帳〕 四月十四日夜 （9C後期）

06241 索眞賢 ‥‥‥‥‥ BD04256v①3（玉56）
〔第三次斷知更人名帳〕 （四月）十四日夜 （9C後期）

06242 索眞淨 ‥‥‥‥‥‥‥‥‥ S02729①
〔燉煌應管勘牌子歷〕 辰年三月 （788）
　　1) 僧　2) 大乘寺　3) 沙州　4) 47行目。

06243 索眞性 ‥‥‥‥‥‥‥‥‥‥ S02669
〔管內尼寺（安國寺・大乘寺・聖光寺）籍〕
（865～870）
　　2) 大乘寺　3) 洪池郷　4) 姓「索」。俗名「福々」。

06244 索神々 ‥‥‥‥‥‥‥‥‥‥ P2685
〔善護・遂恩兄弟分家文書〕 戊申年四月六日 （828 or 888）
　　1) 兄

06245 索神々 ‥‥‥‥‥‥‥‥‥‥ S02041
〔社約〕 丙寅年三月四日 （846）
　　4) 年號別筆(丙寅年三月四日)。ペン筆。

06246 索進君 ‥‥‥‥‥‥‥‥ P3257①～③
〔牒文〕 開運二年十二月 （945）

06247 索進國 ‥‥‥‥‥‥‥‥‥ S00542v
〔燉煌諸寺丁壯車牛役部〕 戊年六月十八日 （818）
　　2) 靈修寺

06248 索進子 ‥‥‥‥‥‥‥‥‥ P3418v⑨
〔効穀郷缺枝夫戶名目〕 （9C末～10C初）
　　3) 効穀郷

06249 索進子 ‥‥‥‥‥‥‥‥‥ Дх06051
〔房兄索慶進兄弟等買舍契〕 （10C）
　　1) 房弟

06250 索進昌 ‥‥‥‥‥‥‥‥‥ S03287v
〔戶口田地申告牒〕 子年五月 （832 or 844）

06251 索進々 ‥‥‥‥‥‥‥‥‥ P3305v⑥
〔社司轉帖(寫錄)〕 咸通十年正月廿日 （869）

06252 索進成 ‥‥‥‥‥‥‥‥‥‥ S04703
〔買菜人名目〕 丁亥年 （987）

06253 索進晟 ‥‥‥‥‥‥‥‥‥‥ P3394
〔僧張月光父子迴博田地契〕 大中六年壬申十月 （852）

06254 索進晟 ‥‥‥‥‥‥‥‥‥‥ S04060
〔便麥粟豆歷〕 己酉年二月十四日 （949）

06255 索進晟 ‥‥‥‥‥‥‥‥‥‥ S06347
〔兄索進晟等尙饗文〕 癸未年十二月九日 （863）

06256 索進淸 ‥‥‥‥‥‥‥‥‥ P3391v①
〔社司轉帖(寫錄)〕 丁酉年正月日 （937）

06257 索進盛 ‥‥‥‥‥‥‥‥‥ S04060v
〔便麥歷〕 戊申年正月五日 （948）

06258 索進達 ‥‥‥‥‥‥‥‥ 莫第098窟
〔供養人題記〕 （10C中期）
　　1) 節度押衙銀靑光祿大夫檢校太子賓客兼監察侍御史　4) 北壁。《燉》p.35。《謝》p.97。

06259 索進通 ‥‥‥‥‥‥‥‥‥ P2049v①
〔淨土寺諸色入破歷計會牒〕 同光三年 （925）

06260 索仁安 ‥‥‥‥‥‥‥‥‥‥ S00389
〔肅州防戍都狀上〕 （9C後期?）
　　1) 軍將(防禦副使)

06261 索水官 ‥‥‥‥‥‥‥ 故宮博・新152095
〔酒破歷〕 己巳年二月十六日 （969）
　　1) 水官

06262 索崇嗣 ‥‥‥‥‥‥‥‥ 莫第199窟
〔供養人題記〕 （8C中後期）
　　1) 照武校尉守右武衞翊府右郞將賜紫金魚　4) 西壁。《燉》p.90。《謝》p.370。

06263 索皺兒 ‥‥‥‥‥‥‥‥‥ TⅡY-46c
〔戶籍〕 端拱年頃 （988～990）

06264 索性靜因 ‥‥‥‥‥‥‥‥‥ S02669
〔管內尼寺（安國寺・大乘寺・聖光寺）籍〕
（865～870）
　　2) 大乘寺　3) 平康郷　4) 姓「索」。俗名「勝因」。

06265 索性奴 ················ S03287v
〔戶口田地申告牒〕 子年五月 (832 or 844)
　1) 男・出度　3) 擘三部落

06266 索性福 ················ S02669
〔管內尼寺(安國寺・大乘寺・聖光寺)籍〕
(865〜870)
　2) 大乘寺　3) 玉關鄉　4) 姓「索」。俗名「勝嬌」。

06267 (索)成眞 ················ S02199
〔尼靈惠唯(遺)書(首題)〕 咸通六年十月廿三日 (865)
　1) 左都督　4) 原作「左都督成眞」。

06268 索晟 ················ S01475v⑤
〔賣地契〕 未年十月三日 (827)
　4) 原作「南索晟」。

06269 索晟子 ················ P2858v
〔索海朝租田契〕 酉年二月十二日 (829 or 817)
　1) (海朝)弟

06270 索淸忽 ················ P3186v
〔兵馬使索淸忽狀(雜寫)〕 乙酉年六月十六日 (985)

06271 索淸子 ········ BD15759(簡071484)
〔書觀世音經題記〕 壬午年二月十八日 (982)
　1) 弟子　4) 原作「壬午年二月十八日少此弟子索淸子寫觀音經一冊書手弟子陰會深寫記」。

06272 索淸子 ················ Дx02954
〔戶口田地申告簿〕 廣順二年正月一日 (952)

06273 索淸子 ················ Дx06016
〔(兄)弟社轉帖〕 (10C)

06274 索淸子 ················ 北大D188
〔漢將王陵變(冊子)末葉〕 太平興國三年 (978)
　1) 孔目官孝仕郎　4) 原作「孔目官孝仕郎索淸子書記耳後有人讀誦者請莫恠(怪)也口口也」。

06275 索淸兒 ················ P3135
〔四分戒1卷〕 乙卯年四月十五日 (895?)

06276 索淸奴 ················ P4008
〔碨麨人名目〕 (10C中期?)

06277 索淸奴 ················ 上博21B
〔渠人轉帖〕 (10C中期?)

06278 索淸(德)子 ················ P3721v①
〔平康鄉堤上兄(見)點得人名目〕 庚辰年三月廿二日 (980)
　3) 平康鄉

06279 索盛? ················ 有鄰館56
〔城下諸色碩斜牛等入破曆〕 自戌年至子年 (9C前期)

06280 索靑? ················ Дx01344
〔索靑等便黃麻曆〕 辛亥年二月九日 (951)

06281 (索?)齊周 ················ P3774
〔僧龍藏家產分割訴牒〕 丑年十二月 (821)

06282 索石柱 ················ S02228①
〔絲綿部落夫丁修城使役簿〕 亥年六月十五日 (819)
　1) (右六)　3) 絲綿部落　4) 首行作「亥年六月十五日州城所,絲綿」。末行作「亥年六月十五日畢功」。

06283 索赤頭 ················ P3231①
〔平康鄉官齋曆〕 癸酉年五月 (973)
　3) 平康鄉

06284 索赤頭 ················ P3231③
〔平康鄉官齋曆〕 甲戌年五月十九日 (974)
　3) 平康鄉

06285 索亙?定 ················ S04654v⑤
〔便曆〕 丙午年正月一日 (946)
　1) 男

06286 (索)宣子 ················ P3774
〔僧龍藏家產分割訴牒〕 丑年十二月 (821)
　4) 宣子＝索大哥男。

06287 索遷ゝ ················ S03287v
〔戶口田地申告牒〕 子年五月 (832 or 844)
　3) 擘三部落

06288 索遷ゝ妻 ················ S03287v
〔戶口田地申告牒〕 子年五月 (832 or 844)
　1) 程弟奴・女　3) 擘三部落

06289 索遷奴 ················ S03687
〔勸善經〕 戊戌季十二月廿五日 (938?)
　1) 淸信弟子

06290 (索?)善敬 ················ Дx00998
〔尼僧名目〕 (9C末〜10C)
　4) 原作「索?流住女善敬」。

06291 索善光 ·············· S02729①
〔燉煌應管勘牌子歷〕 辰年三月 (788)
　1)僧　2)大乘寺　3)沙州　4)47行目。

06292 索善支(友?) ············ P2953v
〔便麥豆本曆〕 (10C)
　4)王家同巷。

06293 索善施 ················ P3167v
〔安國寺道場司關于(五尼寺)沙彌戒訴狀〕
乾寧二年三月 (895)
　　2)普光寺　4)⇒善施。

06294 索善兒 ················ P3131v
〔牧羊馬馳缺數曆〕 (10C後期)

06295 索善兒 ················ P4997v
〔分付羊皮曆(殘)〕 (10C後期)

06296 索善持 ················ S02669
〔管內尼寺(安國寺・大乘寺・聖光寺)籍〕
(865～870)
　2)大乘寺　3)平康鄉　4)姓「索」。俗名「婀娜」。

06297 索善勝 ·············· S02729①
〔燉煌應管勘牌子歷〕 辰年三月 (788)
　1)僧　2)大乘寺　3)沙州　4)49行目。

06298 索善信 ·············· P2032v⑪
〔淨土寺西倉司願勝等入破曆〕 乙巳年三月
(945)
　2)淨土寺

06299 索善信 ················ P3167v
〔安國寺道場司關于(五尼寺)沙彌戒訴狀〕
乾寧二年三月 (895)
　2)大乘寺　4)⇒善信。

06300 索善〻 ················ S00323
〔團頭名目〕 大順二年 (891)
　1)團頭

06301 索善通 ·············· S02894v⑤
〔社司轉帖〕 (10C後期)

06302 索善通 ················ S05717
〔人名目〕 (10C)

06303 索善通 ················ S11358
〔部落轉帖〕 (10C後期)

06304 索善通 ················ Дx06051
〔房兄索慶進兄弟等買舍契〕 (10C)
　1)兵馬使

06305 索善通 ················ Дx10289
〔部落都頭楊帖〕 丁卯年九月十五日 (967)

06306 索善奴 ·········· BD16129A(L4067)
〔社人名目〕 (9～10C)

06307 索善友 ·········· BD14806③(新1006)
〔歸義軍官府貸油麵曆〕 庚午年?八月?
(970?)

06308 索善友 ················ P3236v
〔燉煌鄉官布籍〕 壬申年三月十九日 (972)
　3)燉煌鄉

06309 索善來 ·············· S02729①
〔燉煌應管勘牌子歷〕 辰年三月 (788)
　1)僧　2)開元寺　3)沙州　4)24行目。

06310 索善□ ················ Дx11062
〔團頭索再昌等兄弟契〕 (10C)
　1)兵馬使

06311 索漸〻 ················ S02669
〔管內尼寺(安國寺・大乘寺・聖光寺)籍〕
(865～870)
　2)大乘寺　3)平康鄉　4)尼名「智相」。

06312 索僧政 ········ BD09472v①～③(發92)
〔龍興寺索僧正等五十八人就唐家蘭若請賓
頭盧文〕 (8～9C)
　1)僧政　2)龍(興)寺　3)沙州

06313 索僧政 ·············· P2040v②-17
〔淨土寺油破曆〕 乙巳年正月廿七日以後 (945
以降)
　1)僧政　2)淨土寺

06314 索僧政 ················ P2054v
〔疏請僧官文〕 (10C)
　1)僧政

06315 索僧政 ················ P2613
〔某寺常住什物交割點檢曆〕 咸通十四年正月
四日 (873)
　1)僧政

06316 索僧政 ･･････････････････････ P2914
〔王梵志詩卷第3〕 大漢天福參年歲次甲寅七月
廿九日 (938?)
　1)僧政　2)金光明寺

06317 索僧政 ･･････････････････････ P3150
〔契約文書〕 癸卯年十月廿八日 (943?)
　1)僧政　2)龍興寺

06318 索僧政 ･････････････････････ P3175v
〔麥油白麪粟貸取曆〕 癸年 (953?)
　1)僧政

06319 索僧政 ････････････････････ P3234v⑧
〔某寺西倉豆破曆〕 (940年代)
　1)僧政

06320 索僧政 ････････････････････ P3234v⑮
〔淨土寺西倉豆利潤入曆〕 (940年代?)
　2)金光明寺

06321 索僧政 ･･････････････････････ P3264
〔破麩曆〕 庚戌年四月・十二月 (950?)
　1)僧政　2)東院

06322 索僧政 ･･････････････････････ P3264
〔破麩曆〕 庚戌年四月・十二月 (950?)
　1)僧政

06323 索僧政 ･･････････････････････ P3264
〔破麩曆〕 庚戌年四月・十二月 (950?)
　1)僧政　2)西院

06324 索僧政 ･･････････････････････ P3264
〔破麩曆〕 庚戌年四月・十二月 (950?)
　1)僧政　2)淨土寺

06325 索僧政 ･･････････････････････ P3388
〔節度使曹元忠爲故兄追念請金光明寺僧
疏〕 開運四年三月九日 (946)
　1)僧政　2)金光明寺

06326 索僧政 ････････････････････ P3727v②
〔狀〕 正月廿日 (10C中期)
　1)僧政

06327 索僧政 ･････････････････････ P3763v
〔淨土寺入破曆〕 (945前後)
　1)僧政　2)淨土寺

06328 索僧政 ･･･････････････････ P3780v①②
〔雜記〕 丁巳年丙子年五月十五日 (957 or 976)
　1)僧正

06329 索僧政 ････････････････････ S00520
〔報恩寺方等道場榜〕 (9C末〜925以前)
　1)僧政　4)有「河西都僧院」印。

06330 索僧政 ･･･････････････････ S01519①
〔破曆〕 (950)
　1)僧政　2)西院

06331 索僧政 ･･･････････････････ S01519②
〔破曆〕 壬子年 (952)
　1)僧政　2)西院

06332 索僧政 ････････････････････ S01574
〔某寺入破曆〕 己未年 (899 or 959?)
　1)僧政　2)金光明寺

06333 索僧政 ････････････････････ S03702
〔講經和尙頌(6通)〕 (10C?)
　1)僧政

06334 索僧政 ････････････････････ S05937
〔破曆〕 庚子年十二月 (940 or 1000)
　1)僧正

06335 索?僧政 ･･･････････････････ S10566
〔秋季諸寺大般若轉經付配帳曆〕 壬子年十月 (952)
　1)僧政　2)淨土寺

06336 索僧政 ････････････････････ Дx02146
〔請諸寺和尙僧政法律等名錄〕 (10C?)
　1)僧政　2)報恩寺

06337 索僧政 ････････････････････ Дx02146
〔請諸寺和尙僧政法律等名錄〕 (10C?)
　1)僧政　4)原作「二索僧政」。

06338 索僧政 ････････････････････ 舊P5529
〔入破曆〕 壬申年六月廿四日 (972?)
　1)僧政　2)淨土寺?

06339 索僧正 ･･････････････････ BD11988(L2117)
〔某寺常住物檢曆〕 (10C)
　1)僧正　4)二箇所。

06340 索僧正 ･･････････････････ BD11988(L2117)
〔某寺常住物檢曆〕 (10C)
　1)僧正　4)原作「小索僧正」。

245

06341 索僧正 ·················· P2032v③
　〔淨土寺諸色破曆〕（944前後）
　　1)僧正　2)淨土寺　4)原作「索僧正小娘子」。

06342 索僧正 ·················· P2629
　〔官破曆〕　七月廿六日　（10C中期）
　　1)僧正

06343 索僧正 ·················· P2917
　〔常住什物點檢曆〕　乙未年九月十一日頃
　（935 or 995頃）
　　1)僧正

06344 索僧正 ·················· P2917
　〔常住什物點檢曆〕　乙未年九月十一日頃
　（935 or 995頃）
　　1)僧正　4)原作「小索僧正」。

06345 索僧正 ·················· P3152
　〔陳守定請僧設供疏〕　淳化三年八月日　（992）
　　1)僧正

06346 索僧正 ·················· S03067
　〔某寺常住什物點檢曆〕　（10C後期）
　　1)僧正　4)原作「小索僧正」。

06347 索僧正 ·················· S04687r.v
　〔佛會破曆〕　（9C末～10C前期）
　　1)僧正　2)報恩寺

06348 索僧正 ·················· S04702
　〔計會〕　丙申十二月九日　（996）
　　1)領廂人・僧正

06349 索僧正 ·················· S04706
　〔什物交割曆〕　（10C後期）
　　1)僧正　4)原作「小索僧正」。

06350 索僧正 ·················· S05048v
　〔破曆〕　庚子年　（940?）
　　1)僧正　4)原作「行索僧正」。

06351 索僧正 ·················· S06981⑭
　〔破曆(殘)〕　（10C後期）
　　1)僧正　2)金光明寺

06352 索僧正 ········· Дx01425＋Дx11192＋
Дx11223
　〔某寺弔儀用布破曆〕　辛酉年從正月到四月
　（961）
　　1)僧正

06353 索僧正小娘子 ············ P2032v③
　〔淨土寺諸色破曆〕（944前後）
　　2)淨土寺　4)原作「索僧正小娘子」。

06354 索僧統 ·················· P3440
　〔見納賀天子物色人名〕　丙申年三月十六日
　（996）
　　1)僧統

06355 索僧統 ·················· S04120
　〔布褐等破曆(殘)〕　癸亥年二月～甲子年二
　月　（963～964）
　　1)僧統

06356 索僧錄 ·················· S05486④
　〔榮設所由就闍梨手上領得油曆〕　丁未年二月
　八日　（947）
　　1)僧錄　4)亡。

06357 索宗□ ············ BD16384（L4458）
　〔抄錄有私駝名目〕　丙寅年八月廿九日　（966）
　　1)都頭

06358 索漱〻 ·················· S02669
　〔管内尼寺(安國寺・大乘寺・聖光寺)籍〕
　（865～870）
　　2)大乘寺　3)平康鄉　4)尼名「智相」。

06359 索草場 ·················· P2040v③-1
　〔淨土寺粟入曆〕　（939）
　　1)草場　2)淨土寺

06360 索草場 ·················· P2040v③-12
　〔淨土寺布入曆〕　（939）
　　1)草場　2)淨土寺

06361 索草場 ·················· P3037
　〔社司轉帖〕　庚寅年正月三日　（990）

06362 索他力 ·················· P3249v
　〔將龍光顏等隊下人名目〕　（9C中期）

06363 索多胡 ·········· S05813＋S05831
　〔社司轉帖〕　二月十八日　（9C前期）

06364 索埻〻 ·········· Дx01405＋Дx01406
　〔布頭索留信等官布籍〕　（9C末期～10C初期）

06365 索大夫? ················· S00619v③
　〔安懷恩奉處分趙奴〻兄弟爭論事牒〕　（10C）

246

索　さく　氏族人名篇

06366 索太ゝ ‥‥‥‥‥‥‥‥‥‥ S02669
〔管内尼寺(安國寺・大乗寺・聖光寺)籍〕
(865～870)
　　2)聖光寺　3)莫高郷　4)尼名「躰堅」。

06367 索躰堅 ‥‥‥‥‥‥‥‥‥‥ S02669
〔管内尼寺(安國寺・大乗寺・聖光寺)籍〕
(865～870)
　　2)聖光寺　3)莫高郷　4)姓「索」。俗名「太ゝ」。

06368 索穎?□ ‥‥‥‥‥‥‥‥‥‥ Дх02954
〔戸口田地申告簿〕　廣順二年正月一日 (952)

06369 索大力 ‥‥‥‥‥‥‥‥‥‥ P2803
〔索大力牒(行間雜寫)〕　景福二年二月 (895)
　　1)押衙　4)原作「押衙索大力」。行間書込。

06370 索澤子 ‥‥‥‥‥‥‥‥‥‥ P3989
〔立社條憑〕　景福三年甲寅歳五月十日 (894)

06371 索達子 ‥‥‥‥‥‥‥‥‥‥ P4500v
〔契文殘(補修紙)〕　(9C後期)
　　1)見人

06372 索達徳 ‥‥‥‥‥‥‥‥‥‥ P3231③
〔平康郷官齋暦〕　甲戌年五月廿九日 (974)
　　3)平康郷

06373 索擔娘 ‥‥‥‥‥‥‥‥‥‥ S03287v
〔戸口田地申告牒〕　子年五月 (832 or 844)
　　3)擘三部落　絲綿?

06374 索端公□ ‥‥‥‥‥‥‥‥‥ S04703
〔買菜人名目〕　丁亥年 (987)
　　4)原作「漢□索端公□」。

06375 索智岳 ‥‥‥‥ BD09472v①～③(發92)
〔龍興寺索僧正等五十八人就唐家蘭若請賓頭盧文〕(8～9C)
　　2)金光(明寺)　3)沙州

06376 (索)智岳 ‥‥‥‥‥‥‥‥‥ P4660⑱
〔索法律智岳邈眞讚〕　庚寅年七月十三日
(870)
　　1)前沙州釋門・法律　4)原作「河西都僧統…悟眞撰」。有題記「庚寅年七月十三日」。

06377 索智相 ‥‥‥‥‥‥‥‥‥‥ S02669
〔管内尼寺(安國寺・大乗寺・聖光寺)籍〕
(865～870)
　　2)大乗寺　3)平康郷　4)姓「索」。俗名「漸ゝ」。

06378 索丑子 ‥‥‥‥‥‥‥‥‥‥ P3440
〔見納賀天子物色人名〕　丙申年三月十六日
(996)
　　1)都頭

06379 索丑定 ‥‥‥‥‥‥‥‥‥‥ Дх11196
〔渠人轉帖〕　十月九日 (983)

06380 索丑奴 ‥‥‥‥‥‥‥‥‥‥ P4693
〔官齋納麵油粟暦〕　(10C後期)
　　1)羹油菜頭

06381 索丑奴 ‥‥‥‥‥‥‥‥‥‥ Дх11196
〔渠人轉帖〕　十月九日 (983)
　　1)録事

06382 索中丞 ‥‥‥‥‥‥‥‥‥‥ P4638⑨
〔索中丞讚(首尾缺)〕　(9C後期～10C後期)

06383 索忠顗 ‥‥‥‥‥‥‥‥‥‥ P4640⑤
〔索法律窟銘〕　(9C末～10C前)
　　3)沙州

06384 索忠信 ‥‥‥‥‥‥‥‥‥‥ P4640⑤
〔索法律窟銘〕　(9C末～10C前)
　　1)押衙　3)沙州

06385 索猪苟 ‥‥‥‥‥‥‥‥‥‥ S05811
〔便契〕　乙丑年三月五日 (935)

06386 索猪兒 ‥‥‥‥‥‥ BD09370v②(周91)
〔人名目〕　(9～10C)

06387 索猪兒 ‥‥‥‥‥‥‥‥‥‥ S02214
〔官府雜帳(名籍・黄麻・地畝・地子等暦)〕
(860?)

06388 索長振 ‥‥‥‥‥‥‥‥‥‥ P4640⑤
〔索法律窟銘〕　(9C末～10C前)
　　3)沙州

06389 (索)長千 ‥‥‥‥‥‥‥‥‥ Дх02143
〔押衙索勝全換馬契〕　乙未年六月十六日
(995 or 935)
　　1)口承男・押衙

06390 索直老 ‥‥‥‥‥‥ BD06359v②(鹹59)
〔人名目〕　(9C前期)
　　1)直老

06391 索通 ‥‥‥‥‥‥‥‥‥‥‥ P3418v⑦
〔慈惠郷缺枝夫戸名目〕　(9C末～10C初)
　　3)慈惠郷

06392 索通使 ·················· P4640v
　〔官入破曆〕　庚申年七月　(900)
　　1) 王門鎭使

06393 索通子 ············ BD15246① (新1446)
　〔入曆計會〕　戊寅年　(918 or 978)
　　3) 多濃　4) 同文書中四箇所。

06394 索通子 ·················· S05049
　〔某寺諸色入破計會(殘)〕　戊寅年　(918 or 978)
　　1) 多農

06395 索通子 ·················· Дx04278
　〔十一鄕諸人付麵數〕　乙亥年四月十一(日)
　(915? or 975)
　　3) 効〔穀鄕〕

06396 索通子 ·················· Дx11092
　〔阿張狀〕　庚戌年頃　(950)

06397 索通子 ············· 杏・羽684v②
　〔社司轉帖(寫)〕　(10C)
　　4) 文末有異一行「未年閏十月日, 直歳圓滿牒」。

06398 索通順 ·················· P3556v④
　〔社戶人名目(殘)〕　(10C中期頃)
　　1) 社戶

06399 索通達 ·················· P2049v②
　〔淨土寺諸色入破曆計會牒〕　長興二年正月
　(930〜931)

06400 索通達 ·················· P4694
　〔麥入曆〕　(10C中期)
　　3) 宜秋鄕

06401 索通ゞ ·················· P4640v
　〔官入破曆〕　未己七月　(899)
　　1) 衙官

06402 索通ゞ ·················· S00782v
　〔納贈曆〕　(10C)
　　4) ペン筆?

06403 索通定 ·················· Дx02166
　〔某社三官等麥粟破曆〕　(10C)

06404 索亭良 ················ 杏・羽717
　〔索亭良於吉南鄕百姓王元成面上傭工契(寫錄)〕　辛卯年二月一日　(991?)
　　3) 吉南鄕　4) V面爲「无量壽宗要經」。天界上欄有「一紙兌寫訖兌」(6字)。故V面紙爲兌經紙。本R面之契爲二次利用寫錄。

06405 索定堅 ·················· S02669
　〔管內尼寺(安國寺・大乘寺・聖光寺)籍〕
　(865〜870)
　　2) 大乘寺　3) 洪池鄕　4) 姓「索」。俗名「優柔」。

06406 索定光〔興?〕 ············ Дx10275
　〔納贈曆〕　(10C)
　　4) 原作「小索定光〔興?〕」。

06407 索定子 ·················· 上博21A
　〔平康鄕百姓索鐵子牒〕　二月日　(10C)
　　3) 平康鄕

06408 索定昌 ·················· Дx06016
　〔(兄)弟社轉帖〕　(10C)

06409 索定遷 ·················· P3290v
　〔勅歸義軍節度使(使檢校太師兼中書令天册西平王曹)牒／前子弟銀靑光祿大夫檢校太子賓客索定遷／右改補充節度押衙(寫錄)〕　至道二年三月□　(996)
　　4) R面有「至道元年受田籍」。又存「己亥年苄會契約」一件(999?)。

06410 索定奴 ·········· BD15405 (簡068067)
　〔納贈(併粟柴)曆〕　(10C)
　　1) 押衙

06411 索定德 ·················· P3146A
　〔衙前子弟州司及飜頭等留殘衹衙人數〕　辛巳年八月三日　(981)

06412 索定德 ·················· S03287v
　〔戶口田地申告牒〕　子年五月　(832 or 844)

06413 索定蕃 ············ S05813＋S05831
　〔社司轉帖〕　二月十八日　(9C前期)

06414 索庭金? ············ BD09324 (周45)
　〔某寺諸色入破歷〕　亥年十二月廿二日〜戌年　(8C末〜9C前期)

06415 索庭金 ·················· S05759
　〔行人社人狀〕　(8C〜9C前期)

06416 索庭興 ・・・・・・・・・・・・・・・・・・ P2912v③
　〔寫大般若經一部施銀盤子麥粟粉疏〕　四月
　八日　（9C前期）

06417 索庭興 ・・・・・・・・・・・・・・・・・・ Дx00159
　〔題記〕　（9C）

06418 索庭珍 ・・・・・・・・・・・・・・・・・・ P2618
　〔論語集解卷第1〕　乾符三年　（876）
　　2）靈圖寺　3）沙州　4）原作「沙州靈圖寺上座隨
　　軍弟子索庭珍寫」。

06419 索提伽 ・・・・・・・・・・・・・・・・・・ P3167v
　〔安國寺道場司關于(五尼寺)沙彌戒訴狀〕
　乾寧二年三月　（895）
　　2）普光寺

06420 索提伽 ・・・・・・・・・・・・・・・・・・ P3816v
　〔人名目〕　（10C）

06421 索㻂 ・・・・・・・・・・・・・・・・・・ P3205
　〔僧俗人寫經曆〕　（9C前期）

06422 索㻂 ・・・・・・・・・・・・・・・・・・ S02711
　〔寫經人名目〕　（9C前期）
　　1）寫經人　2）金光明寺

06423 索㻂? ・・・・・・・・・・・・・・・・・・ S04831v
　〔寫經人名目〕　（9C前期）
　　1）寫經人

06424 索㻂興 ・・・・・・・・・・・・・・・・・・ S02711
　〔寫經人名目〕　（9C前期）
　　1）寫經人　2）金光明寺

06425 索㻂子 ・・・・・・・・・・・・・・・・・・ 上博21A
　〔平康鄉百姓索鐵子牒〕　二月日　（10C）
　　1）百姓　3）平康鄉

06426 索貞固 ・・・・・・・・・・・・・・・・・・ BD11177(L1306)
　〔燉煌縣用印事目曆〕　（8C）
　　3）燉煌縣　4）V面有「燉煌縣印」，卷背兩紙騎縫
　　處下有一枚陽文硃印(5.4×5.8cm)。

06427 索鐵子 ・・・・・・・・・・・・・・・・・・ P3231⑥
　〔平康鄉官齋曆〕　乙亥年九月廿九日　（975）

06428 索鐵子 ・・・・・・・・・・・・・・・・・・ P3231⑥
　〔平康鄉官齋曆〕　乙亥年九月廿九日　（975）
　　3）平康鄉

06429 索鐵子 ・・・・・・・・・・・・・・・・・・ P3663v
　〔平康鄉百姓索鐵子狀?〕　（10C?）
　　1）百姓　3）平康鄉　4）V面爲「佛經名詞解釋」。
　　本狀爲補修紙。

06430 索鐵子 ・・・・・・・・・・・・・・・・・・ P4525⑧
　〔都頭及音聲等都共地畝細目〕　（980頃）

06431 索鐵子 ・・・・・・・・・・・・・・・・・・ S03978
　〔納贈曆〕　丙子年七月一日　（976）

06432 索鐵子 ・・・・・・・・・・・・・・・・・・ S06123
　〔渠人轉帖〕　戊寅年六月十四日　（978）
　　2）普光寺

06433 索鐵子 ・・・・・・・・・・・・・・・・・・ S06981⑬
　〔入麥曆〕　酉年　（10C中期）

06434 索都衙 ・・・・・・・・・・・・・・・・・・ P2032v⑤
　〔淨土寺布破曆〕　（940前後）
　　1）都衙　2）淨土寺

06435 索都衙家住達惶 ・・・・・・・・・・・ S02474③
　〔衙內麨油破曆〕　庚辰年?閏三月　（980）

06436 索都頭 ・・・・・・・・・・・・・・・・・・ S02578①
　〔書簡〕　十一月十九日　（10C後期）
　　1）都頭

06437 索都頭 ・・・・・・・・・・・・・・・・・・ S04700
　〔陰家榮親客目〕　甲午年五月十五日　（994）
　　1）都頭　4）原作「索都頭娘子」。他。

06438 索都頭 ・・・・・・・・・・・・・・・・・・ 沙文補31
　〔社貸曆〕　辛巳六月十六日　（921 or 981）
　　1）都頭

06439 索都頭 ・・・・・・・・・・・・・・・・・・ 莫第329窟
　〔供養人題記〕　（10C前期）
　　1）都頭　4）原作「其窟壹龕索都頭翟押衙二人同
　　修記」。甬道南壁。《燉》p.133。

06440 索都頭小娘子 ・・・・・・・・・・・・・ S04700
　〔陰家榮親客目〕　甲午年五月十五日　（994）
　　4）原作「索都頭小娘子」。

06441 索都頭娘子 ・・・・・・・・・・・・・・・ S04700
　〔陰家榮親客目〕　甲午年五月十五日　（994）
　　4）原作「索都頭娘子」。

06442 索都督 ·············· P3410
〔沙州僧崇恩析產遺囑〕 吐蕃年次未詳 (840前後)
　1) 見人?・都督

06443 索都料 ············· BD11987(L2116)
〔歸義軍官府人名目〕 (9C後期～10C)
　1) 都料　4) 原作「及鄉官索都料幷什子押衙二人」。

06444 索都料 ················ P2032v⑫
〔淨土寺諸色破曆〕 (940前後)
　1) 都料　2) 淨土寺

06445 索奴子 ············· BD09318A(周39)
〔便物曆〕 (10C)

06446 索奴子 ················ S06960v①
〔假經帙經〕 乙酉年五月十五日 (10C後期?)
　4) 原作「乙酉年五月十五日夫人西宅索奴子」。

06447 索奴子姊 ·············· P2040v②-25
〔淨土寺黃麻利入曆〕 (940年代)
　2) 淨土寺

06448 索奴〻 ················ P2049v①
〔淨土寺諸色入破曆計會牒〕 同光三年 (925)

06449 索奴〻 ················ P2049v②
〔淨土寺諸色入破曆計會牒〕 長興二年正月 (930～931)

06450 索奴〻 ················ P3369v①
〔雜寫?〕 乾符三年十月廿一日 (876)

06451 索奴〻 ················ Дx01270
〔索奴〻便物契〕 四?月四日 (10C中期)
　1) 便物人

06452 索滔 ················· P3205
〔僧俗人寫經曆〕 (9C前期)

06453 索滔 ················· S02711
〔寫經人名目〕 (9C前期)
　1) 寫經人　2) 金光明寺

06454 索滔 ················· S06028
〔寫經人名目〕 (8C末～9C前期)
　1) 寫經人

06455 索滔 ················· 莫第045窟
〔供養人題記〕 (10C前期)
　1) 清信佛弟子　4) 原作「清信佛弟子索滔為…世音菩薩一軀一心供養」。西壁。《燉》p.16。

06456 索滔 ················· 莫第045窟
〔供養人題記〕 (10C前期)
　1) 清信佛弟子　4) 原作「地藏菩薩一軀清信佛弟子□索滔奉為先亡父母及法界眾生…供養」。西壁。《燉》p.16。

06457 索滕奴 ··············· BD16485
〔付工匠料曆〕 (9～10C)

06458 索綯 ··············· BD09335(周56)
〔右一將索綯等牒及判〕 申年十月日 (9C前期)
　1) 一將　4) 原作「右一將索綯等牒」。…×26.7cm。

06459 索德定 ··············· S02669
〔管内尼寺(安國寺・大乘寺・聖光寺)籍〕 (865～870)
　2) 大乘寺　3) 洪池鄉　4) 姓「索」。俗名「醜子」。

06460 索屯郎 ··············· P2738v
〔社司轉帖(寫錄)〕 二月廿五日 (9C後期)

06461 索敦〻 ··············· 莫第192窟
〔供養人題記〕 (9C中期)
　4) 甬道北壁。《燉》p.83。

06462 索日孝 ··············· S04444v③
〔社司轉帖(寫錄)〕 (10C)
　2) 永安寺門前

06463 索日興 ··············· S04491
〔地畝計會〕 (9C前期)
　3) 孟授渠, 潤渠

06464 索日進 ··············· S02729①
〔燉煌應管勘牌子曆〕 辰年三月 (788)
　1) 僧　2) 龍興寺　3) 沙州　4) 4行目。

06465 索婆 ················ BD07630②(皇30)
〔出酥人曆〕 丙子年八月廿四日 (856 or 916)

06466 索婆 ················ P2049v②
〔淨土寺諸色入破曆計會牒〕 長興二年正月 (930～931)

06467 索買奴 ‥‥‥‥‥‥‥‥‥ P.tib1088c
〔燉煌諸人磑課麥曆〕 卯年～巳年間 (835～837)

06468 索伯媚 ‥‥‥‥‥‥‥‥‥ S02669
〔管内尼寺(安國寺・大乘寺・聖光寺)籍〕 (865～870)
　2)大乘寺　3)平康郷　4)尼名「嚴德」。

06469 索博士 ‥‥‥‥‥‥‥‥‥ P3165v
〔某寺破麥歴(殘)〕 (丁卯／戊辰年) (908?)

06470 索博士 ‥‥‥‥‥‥‥‥‥ S06981⑭
〔破曆(殘)〕 (10C後期)
　1)博士

06471 索博士 ‥‥‥‥‥‥‥‥‥ Дx00295v
〔某寺破曆〕 (9C末)
　1)博士　4)原作「索博士妾鋸用」。

06472 索八娘 ‥‥‥‥‥‥‥‥‥ S06347
〔兄索進晟等尙饗文〕 癸未年十二月九日 (863)
　1)姪

06473 索八郎 ‥‥‥‥‥‥‥‥‥ P3745v①
〔榮(營)小食納油麪數〕 三月廿八日 (9C末期?)

06474 索八郎 ‥‥‥‥‥‥‥‥‥ S04654v⑤
〔便曆〕 丙午年正月一日 (946)

06475 索鉢單 ‥‥‥‥‥‥‥‥‥ P2856v②
〔副僧統下燉煌教團諸寺百姓輸納粗草抄錄〕 景福二年癸丑歲十月十一日 (893)
　1)西團(担當)

06476 索鉢蒙 ‥‥‥‥‥‥‥‥‥ S02669
〔管内尼寺(安國寺・大乘寺・聖光寺)籍〕 (865～870)
　2)大乘寺　3)洪池郷　4)尼名「妙音」。

06477 索鉢蒙 ‥‥‥‥ BD09472v①～③(發92)
〔龍興寺索僧正等五十八人就唐家蘭若請賓頭盧文〕 (8～9C)
　2)靈修(寺)　3)沙州

06478 索判官 ‥‥‥‥‥‥‥‥‥ P2032v③
〔淨土寺諸色破曆〕 (944前後)
　1)判官　2)淨土寺

06479 索判官 ‥‥‥‥‥‥‥‥‥ P2040v③-1
〔淨土寺粟入曆〕 (939)
　1)判官　2)淨土寺

06480 索判官 ‥‥‥‥‥‥‥‥‥ P2054v
〔疏請僧官文〕 (10C)
　1)判官　2)報恩寺

06481 索判官 ‥‥‥‥‥‥‥‥‥ P2250v①
〔龍興寺僧唱布曆〕 (925?)
　2)龍興寺

06482 索判官 ‥‥‥‥‥‥‥‥‥ P3440
〔見納賀天子物色人名〕 丙申年三月十六日 (996)
　1)判官

06483 索判官 ‥‥‥‥‥‥‥‥‥ P3672
〔沙州宋僧政等狀〕 十月十日 (9C)
　1)判官　3)沙州

06484 索判官 ‥‥‥‥‥‥‥‥‥ P4004
〔某寺交割什物點檢曆〕 (940 or 1000)
　1)判官

06485 索判官 ‥‥‥‥‥‥‥‥‥ S02614v
〔燉煌應管諸寺僧尼名錄〕 (895)
　1)判官　2)龍興寺

06486 索判官 ‥‥‥‥‥‥‥‥‥ S04702
〔計會〕 丙申十二月九日 (996)
　1)判官

06487 索判官 ‥‥‥‥‥‥‥‥‥ Дx11080
〔李鎭使等便粟曆〕 (9～10C)
　1)判官

06488 索判?ミ ‥‥‥‥‥‥‥‥‥ S05824v
〔經坊費負担人名目〕 (8C末～9C前期)

06489 索犯?娘 ‥‥‥‥‥‥‥‥‥ S03287v
〔戶口田申告牒〕 子年五月 (832 or 844)
　1)(女)出度

06490 索般訥 ‥‥‥‥‥‥‥‥‥ S08448A
〔紫亭羊數名目〕 辛亥年正月廿七日 (951)

06491 索般訥 ‥‥‥‥‥‥‥‥‥ S08448B
〔紫亭羊數名目〕 (940頃)

06492 索蕃奴 ‥‥‥‥‥‥‥‥‥ P2162v
〔三將納丑年突田曆〕 (9C前期)

06493 索媚子 ·················· S02669
〔管內尼寺(安國寺・大乘寺・聖光寺)籍〕
(865～870)
　　2)大乘寺　3)龍勒鄉　4)尼名「殊勝花」。

06494 索百(富?)達 ············· S00329v
〔行人轉帖(寫)〕　十月廿八日　(9C後期)
　　1)紫將

06495 索百?友 ················ Дx06064v
〔人名目〕　(10C)

06496 索頻ゝ ·················· S02669
〔管內尼寺(安國寺・大乘寺・聖光寺)籍〕
(865～870)
　　2)聖光寺　3)神沙鄉　4)尼名「最勝善」。

06497 索不採 ············ S05813＋S05831
〔社司轉帖〕　二月十八日　(9C前期)

06498 索不藉 ················ P5032⑪
〔渠人?轉帖〕　(10C後期)

06499 索不藉子 ··············· P3231③
〔平康鄉官齋曆〕　甲戌年五月廿九日　(974)
　　3)平康鄉

06500 索不藉子 ··············· P3231④
〔平康鄉官齋曆〕　囝戌年十月十五日　(974)
　　3)平康鄉

06501 索不藉子 ··············· P3231⑤
〔平康鄉官齋曆〕　□亥年五月十五日　(975)
　　3)平康鄉

06502 索不(藉?)子 ············· S03835
〔自手記〕　庚寅年十二月　(930? or 990?)
　　1)押衙　4)原作「百鳥名一卷庚寅年十二月日押衙索不子自手記名」。

06503 索不藉子 ················ S06123
〔渠人轉帖〕　戊寅年六月十四日　(978)
　　2)普光寺

06504 索不藉奴 ················ Дx06018
〔社司轉帖(殘)〕　(10C後期)

06505 索?不藉奴 ··············· Дx11073
〔渠人轉帖〕　正月五日　(975年代以降)

06506 索富安 ·················· P2932
〔出便豆曆〕　乙丑年正月十九日　(965?)
　　1)庸平

06507 索富員 ·················· P3379
〔社錄事陰保山等牒(團保文書)〕　顯德五年二月　(958)
　　4)有指押印。

06508 索富住 ················· P3290②
〔宋沙州人戶別都受田申請計帳(寫錄)〕　至道元年乙未歲正月一日　(995)

06509 索富住 ·················· S04172
〔受田簿〕　至道元年乙未正月一日　(995)

06510 索富昌 ················· P3231②
〔平康鄉官齋曆〕　癸酉年九月卅日　(973)
　　3)平康鄉

06511 索富昌 ·················· P4693
〔官齋納麵油粟曆〕　(10C後期)

06512 索富昌 ················ Дx02149в
〔見納缺柴人名目〕　(10C)

06513 索富昌 ·················· 上博21A
〔平康鄉百姓索鐵子牒〕　二月日　(10C)
　　1)平康鄉百姓　3)平康鄉

06514 索富進 ················· P3556⑪
〔周故南陽郡娘子張氏墓誌銘〕　廣順四年甲寅歲　(954)
　　1)(張氏)亡男長子・節度檢校散騎常侍兼御史大夫壽昌縣令兼監察□□□內親從都頭知鷹坊使　4)74歲。

06515 索富清? ················ P3721v③
〔冬至自斷官員名〕　己卯年十一月廿六日　(979)

06516 索富通 ··············· P2040v③-10
〔淨土寺豆入曆〕　(939)
　　2)淨土寺

06517 索富通 ·················· P3692
〔李陵蘇武住還書〕　壬午年二月廿五日　(922)
　　1)學郎　2)金光明寺　4)原作「壬午年二月廿五日金光明寺學郎索富通書記之耳」。

06518 索富通 ················· S01586v
〔雜記(人名列記等)〕　(10C前期)

06519 索富通 ················ 杏・羽684v②
〔社司轉帖(寫)〕　(10C)
　　4)本文中有「年支秋座局席」「限今月八日卯時，於主送納」。

06520 索富定 ･････････････････ P2817v
〔社司轉帖及辛巳年便絹契(殘)〕 辛巳年
(981?)

06521 索富德 ･････････････････ P3231③
〔平康鄉官齋曆〕 甲戌年五月廿九日 (974)
　　3)平康鄉

06522 索富郎 ･････････････････ S01586v
〔雜記(人名列記等)〕 (10C前期)

06523 索普嚴 ･････････････････ S02729①
〔燉煌應管勘牌子曆〕 辰年三月 (788)
　　1)僧 2)普光寺 3)沙州 4)42行目。

06524 索普行 ･････････････････ S02729①
〔燉煌應管勘牌子曆〕 辰年三月 (788)
　　1)僧 2)普光寺 3)沙州 4)39行目。

06525 索普證 ･････････････････ S02729①
〔燉煌應管勘牌子曆〕 辰年三月 (788)
　　1)僧 2)普光寺 3)沙州 4)38行目。

06526 索普船 ･････････････････ S02729①
〔燉煌應管勘牌子曆〕 辰年三月 (788)
　　1)僧 2)靈修寺 3)沙州 4)33行目。

06527 索普滿 ･････････････････ S02729①
〔燉煌應管勘牌子曆〕 辰年三月 (788)
　　1)僧 2)普光寺 3)沙州 4)43行目。

06528 索溥 ･･･････････････････ S07060
〔都司諸色破曆〕 辰年 (9C前期)

06529 索福安 ･････････････････ BD14185(新0385)
〔大般若波羅蜜多經卷第577〕 (8～9C)
　　4)原作「索福安拾玖以」。原爲日本大谷探檢隊所得。い4。

06530 索福安 ･････････････････ S01691
〔大般若波羅密多經卷第351〕 (9C)

06531 索福ミ ･････････････････ S02669
〔管內尼寺(安國寺・大乘寺・聖光寺)籍〕
(865～870)
　　2)大乘寺 3)洪池鄉 4)尼名「眞性」。

06532 索佛奴 ･････････････････ P3231①
〔平康鄉官齋曆〕 癸酉年五月 (973)
　　3)平康鄉

06533 索佛奴 ･････････････････ P3257①～③
〔牒文〕 開運二年十二月 (945)

06534 索佛奴 ･････････････････ P4989
〔沙州戶口田地簿〕 (9C末)

06535 索?〔宋?〕佛奴 ･････････ Дx01398
〔車頭人名目〕 (10C)
　　1)車頭

06536 索佛婢 ･････････････････ P2049v①
〔淨土寺諸色入破曆計會牒〕 同光三年
(925)

06537 索粉子 ･････････････････ S03982
〔月次人名目〕 甲子年九月 (964)

06538 索粉?子 ･･･････････････ Дx06051
〔房兄索慶進兄弟等買舍契〕 (10C)
　　1)房兄

06539 索粉塠 ･････････････････ P2769v
〔行人轉帖(習書)〕 (10C前期)

06540 索糞塠 ･････････････････ Дx01306
〔董惠明等人名目〕 (946)

06541 索文俊 ･････････････････ Дx02954
〔戶口田地申告簿〕 廣順二年正月一日 (952)

06542 索文俊 ･････････････････ 莫第098窟
〔供養人題記〕 (10C中期)
　　1)節度押衙銀青光祿…酒兼御侍史上柱國 4)西壁。《燉》p.44。

06543 索文楚 ･････････････････ P4640v
〔官入破曆〕 己未年八月 (899)
　　1)倉司

06544 索文奴 ･････････････････ P5579⑯
〔得度者人名錄〕 巳年～酉年 (813～817 or 825～829)

06545 索文奴 ･････････････････ S05824
〔經坊費負担人名目〕 (8C末～9C前期)
　　1)寫經人 3)行人部落

06546 索文德 ･････････････････ Дx02954
〔戶口田地申告簿〕 廣順二年正月一日 (952)

06547 索文富 ･････････････････ P3721v③
〔冬至自斷官員名〕 己卯年十一月廿六日 (979)

06548 索文々 ············ BD04400v①（出100）
　〔張留德索文文等祭師兄文〕　維歲次辛亥十月
　朔十九日　（891 or 831）

06549 索文□ ················ P2738v
　〔社司轉帖（寫錄）〕　二月廿五日　（9C後期）

06550 索文□ ················ P3870
　〔燉煌廿詠（首題）〕　咸通十二年十一月　（871）
　　4）原作「咸通十二年十一月學生劉文端寫記讀書
　　索文□」。

06551 索兵馬 ············ S04654v⑤
　〔便曆〕　丙午年正月一日　（946）
　　1）兵馬

06552 索平々 ············ S06235B②
　〔納贈曆〕　（9C中期）

06553 索米老 ················ P2162v
　〔三將納丑年突田曆〕　（9C前期）

06554 索遍施花 ············ S02669
　〔管内尼寺（安國寺・大乘寺・聖光寺）籍〕
　（865〜870）
　　2）聖光寺　3）慈惠鄉　4）姓「索」。俗名「關々」。

06555 索保遠 ················ P2708bn
　〔社子名目〕　（10C中期）

06556 索保慶 ················ P2880
　〔春坐局席轉帖抄等諸抄〕　庚辰年十月廿二
　日　（980）

06557 索保慶 ················ P3146A
　〔衙前子弟州司及飜頭等留殘袙衙人數〕　辛
　巳年八月三日　（981）

06558 索保山 ················ P3231②
　〔平康鄉官齋曆〕　癸酉年九月卅日　（973）
　　3）平康鄉

06559 索保子 ················ P3231①
　〔平康鄉官齋曆〕　癸酉年五月　（973）
　　3）平康鄉

06560 索保子 ················ P3231⑦
　〔平康鄉官齋曆〕　丙子年五月十五日　（976）
　　3）平康鄉

06561 索保子 ················ P3236v
　〔燉煌鄉官布籍〕　壬申年三月十九日　（972）
　　3）燉煌鄉

06562 索保子 ················ Дx01278
　〔便粟社人名目〕　辛亥年五月　（951）

06563 索保住 ············ BD15405（簡068067）
　〔納贈（併粟柴）曆〕　（10C）
　　1）押衙

06564 索保住 ················ S05712v
　〔雜寫〕　（10C?）
　　1）百姓　3）洪潤（鄉）

06565 索保遂 ············ BD16097（L4060）
　〔便麥曆〕　（9〜10C）

06566 索保晟 ················ S09996
　〔便曆〕　（10C中期）

06567 索保宋 ················ P3231①
　〔平康鄉官齋曆〕　癸酉年五月　（973）
　　3）平康鄉

06568 索保宋 ················ P3231②
　〔平康鄉官齋曆〕　癸酉年九月卅日　（973）
　　3）平康鄉

06569 索保宗 ················ P4907
　〔淨土寺?儭破曆〕　辛卯年閏二月　（931?）
　　2）淨土寺

06570 索保達 ················ P2708
　〔社子名目并略押（殘）〕　（10C中期）

06571 索保定 ············ BD15405（簡068067）
　〔納贈（併粟柴）曆〕　（10C）
　　1）押衙

06572 索保定 ················ P2817v
　〔社司轉帖及辛巳年便絹契（殘）〕　辛巳年
　（981?）

06573 索保定 ················ P3234v③
　〔惠安惠戒手下便物曆〕　甲辰年　（944）
　　2）淨土寺?

06574 索保定 ················ S06309
　〔行人轉帖〕　四月八日　（10C）
　　1）行人

06575 索保定? ················ Дx01313
　〔以褐九段塡還驢價契〕　壬申年十月十七日
　（972）

06576 索?保ゝ ············ BD16363A(L4446)
　〔社司轉帖〕　戊申年　(948?)

06577 索奉祿 ·················· S02711
　〔寫經人名目〕　(9C前期)
　　1)寫經人　2)金光明寺

06578 索寶勝花 ················ S02669
　〔管內尼寺(安國寺・大乘寺・聖光寺)籍〕
　　(865～870)
　　2)大乘寺　3)洪閨鄉　4)姓「索」。俗名「勝娘」。

06579 索法 ················ P.tib1099v
　〔僧名錄〕　(9～10C)

06580 索法師 ············ BD15246①(新1446)
　〔入曆計會〕　戊寅年　(918 or 978)
　　1)法師　3)西倉　4)原作「西倉索法師團」、同文書中三箇所。

06581 索法陽 ················· P3047v①
　〔僧名等錄〕　(9C前期)
　　4)僧名「法陽」。

06582 索法律 ············ BD01979(收79)
　〔八陽神咒經(首尾完)〕　(9～10C)
　　1)法律　4)原作「索法律經卷」(首部余白落書)。

06583 索法律 ············ BD04661v(劍61)
　〔社人分付主人布曆〕　(10C)
　　1)法律

06584 索法律 ············ BD06004v①(芥4)
　〔雜寫(法律6名列記)〕　(9～10C)
　　1)法律

06585 索法律 ············ BD06776v(潛76)
　〔大般若經每卷付寫經紙曆〕　(10C)
　　1)寫經人・法律

06586 索法律 ············ BD08172v(乃72)
　〔社司轉帖(習書・殘)〕　癸未年頃　(923頃?)
　　1)法律

06587 索法律 ··············· P2032v③
　〔淨土寺諸色破曆〕　(944前後)
　　1)法律　2)淨土寺　3)懸泉

06588 索法律 ················· P2054v
　〔疏請僧官文〕　(10C)
　　1)法律　2)某寺　4)原作「二索法律」。

06589 索法律 ················· P3175v
　〔麥油白麪粟貸取曆〕　癸年　(953?)
　　1)法律

06590 索法律 ·················· P3218
　〔時年轉帖〕　八月十二日　(975以降)
　　1)法律　2)開元寺

06591 索法律 ················ P3240②
　〔付桔曆〕　壬寅年七月十六日　(1002)
　　1)法律　2)靈圖寺

06592 索法律 ················· P3250v
　〔納贈曆〕　(9C後期)
　　1)法律

06593 索法律 ·················· P3365
　〔爲府主大王小患付經曆〕　甲戌年五月十日　(974)
　　1)法律

06594 索法律 ·················· P3370
　〔出便麥粟曆〕　丙子年六月五日　(928)
　　1)法律

06595 索法律 ·················· P3388
　〔節度使曹元忠爲故兄追念請金光明寺僧疏〕　開運四年三月九日　(946)
　　1)法律　2)金光明寺　4)原作「二索法律」。

06596 索法律 ················· P3412v
　〔渠人轉帖〕　壬午年正月十五日　(982)
　　1)法律

06597 索法律 ················ P3875B
　〔某寺修造諸色破曆〕　丙子年八月廿七日
　　(916 or 976?)
　　1)法律

06598 索法律 ················ P4518㉝
　〔往西天取經僧圖一軀〕　(10C)
　　1)法律

06599 索法律 ················ P4660②
　〔故索法律邈眞讚并序〕　文德三年歲次己酉六月廿五日　(870? or 889)
　　1)法律　2)金光明寺　4)原作「悟眞撰」。

06600 索法律 ·················· P4674
　〔破曆〕　乙酉年十月十八日　(985)
　　1)法律

06601 索法律 ……………… P4754v
〔寫經記錄(存2行)〕 壬寅年九月廿六日
(1002)
　1)法律　2)(靈)圖(寺)　4)原作「圖索法律手上
　上藏經參袟雜經11卷/壬寅年九月廿六日, 在?龍
　興寺歲未入經伍拾參卷袟子六个」。

06602 索法律 ……………… P5014 piece2
〔管內都僧正通惠大師願清疏〕 顯德六年十月
七日 (959)
　1)法律

06603 索法律 ……………… S02449
〔付喬曆〕 庚寅年頃? (930 or 990頃)
　1)法律

06604 索法律 ……………… S03156①
〔時年轉帖〕 己卯年十二月十六日 (979)
　1)法律　2)開元寺

06605 索法律 ……………… S03156①
〔時年轉帖〕 己卯年十二月十六日 (979)
　1)法律　2)報恩寺　4)原作「恩索法律」。

06606 索法律 ……………… S04211
〔寫經關係文書〕 壬辰年四月十一日 (932)
　1)寫經人・法律

06607 索法律 ……………… S04687r.v
〔佛會破曆〕 (9C末～10C前期)
　1)法律

06608 索法律 ……………… S05008
〔破曆〕 (940頃)
　1)法律

06609 索法律 ……………… S05139v②
〔社司轉帖(寫錄)〕 四月十三日 (10C前期)
　1)法律

06610 索法律 ……………… S05406
〔僧正法律徒眾轉帖〕 辛卯年四月十四日
(991)
　4)原作「光索法律」。

06611 索法律 ……………… S05718
〔追福疏〕 天福十年五月廿二日 (945)
　1)法律　2)金光明寺　4)原作「二索法律」。

06612 索法律? ……………… S06031
〔付經曆〕 庚辰年十一月中 (980)
　1)法律

06613 索法律 ……………… S11601
〔諸寺僧名目〕 (10C?)
　1)法律

06614 索法律 ……………… Дx02586в
〔僧名目〕 (10C)
　1)法律　4)原作「索法律寫經錄」。

06615 索法律 ……………… Дx06621
〔第四度交勘缺字人〕 (10C後期?)
　1)法律　2)金光明寺

06616 索蓬々 ……………… S05824v
〔經坊費負担人名目〕 (8C末～9C前期)
　1)法律

06617 索厶 ……………… P3268v
〔孟受中界先祖莊西□□蘭若功德記〕 (9～
10C)
　1)施主・節度押衙　4)原作「施主節度押衙鉅鹿
　郡索厶」。

06618 索望 ……………… Дx11038
〔立社條文範〕 (10C)

06619 索万盈? ……………… 杏・羽684v②
〔社司轉帖(寫)〕 (10C)
　4)本文中有「年支秋座局席」「限今月八日卯時,
　於主送納」。

06620 索万興 ……………… S04703
〔買荄人名目〕 丁亥年 (987)
　1)亂匠

06621 索万千 ……………… P3234v③-28
〔惠安惠戒手下便物曆〕 甲辰年 (944)

06622 索万遷 ……………… P2032v⑬-7
〔淨土寺黃麻利閏入曆〕 (940前後)
　2)淨土寺

06623 索万全 ……………… 沙文補31
〔社貸曆〕 辛巳六月十六日 (921 or 981)

06624 索万通 ……………… S07932
〔月次番役名簿〕 (10C後期)

06625 索万□ ……………… Дx02954
〔戶口田地申告簿〕 廣順二年正月一日 (952)

06626 索旻殊 ……………… S02669
〔管內尼寺(安國寺・大乘寺・聖光寺)籍〕
(865～870)
　2)大乘寺　3)燉煌鄉　4)尼名「乘性」。

06627 索滿子 ……………… BD09338①(周59)
　〔索滿子祭故姉故夫吳郎文(寫)〕 癸?未年正
　月朔廿三日 (8〜9C)

06628 (索)滿兒 ……………………… S04654v⑤
　〔便曆〕 丙午年正月一日 (946)

06629 索滿奴 ………………………… S00542v
　〔燉煌諸寺丁壯車牛役部〕 戌年六月十八日
　(818)
　　1)車頭　2)靈圖寺

06630 索滿奴 ……………………… S01475v⑩⑪
　〔付僧惠眼便麥契〕 四月廿二日 (828〜829)
　　1)寺戶

06631 索滿奴妻 ……………………… S00542v
　〔燉煌諸寺丁壯車牛役部〕 戌年六月十八日
　(818)
　　2)靈圖寺

06632 索妙音 ………………………… S02669
　〔管內尼寺(安國寺・大乘寺・聖光寺)籍〕
　(865〜870)
　　2)大乘寺　3)洪池鄉　4)姓「索」。俗名「鉢蒙」。

06633 索妙性 ………………………… S02729①
　〔燉煌應管勘牌子曆〕 辰年三月 (788)
　　1)僧　2)大乘寺　3)沙州　4)48行目。

06634 索无念 ………………………… S02729①
　〔燉煌應管勘牌子曆〕 辰年三月 (788)
　　1)僧　2)普光寺　3)沙州　4)42行目。

06635 索明義 ………………………… P3418v⑥
　〔洪閏鄉缺枝夫戶名目〕 (9C末〜10C初)
　　3)洪閏鄉

06636 索明々 ………………………… P3369v①
　〔雜寫?〕 乾符三年十月廿一日 (876)

06637 索綿々 ………………………… S02669
　〔管內尼寺(安國寺・大乘寺・聖光寺)籍〕
　(865〜870)
　　2)大乘寺　3)平康鄉　4)尼名「如明」。

06638 索綿々 ………………………… S02669
　〔管內尼寺(安國寺・大乘寺・聖光寺)籍〕
　(865〜870)
　　2)大乘寺　3)洪閏鄉　4)尼名「圓意」。

06639 索綿々 ………………………… S02669
　〔管內尼寺(安國寺・大乘寺・聖光寺)籍〕
　(865〜870)
　　1)尼?　2)大乘寺　3)平康鄉　4)俗姓「索」。俗
　　名「綿々」⇒索如明。

06640 索綿々 ………………………… S02669
　〔管內尼寺(安國寺・大乘寺・聖光寺)籍〕
　(865〜870)
　　2)大乘寺　3)燉煌鄉　4)尼名「海妙」。

06641 索目々 ………………………… S03287v
　〔戶口田地申告牒〕 子年五月 (832 or 844)
　　1)婢

06642 索優柔 ………………………… S02669
　〔管內尼寺(安國寺・大乘寺・聖光寺)籍〕
　(865〜870)
　　2)大乘寺　3)洪池鄉　4)尼名「定堅」。

06643 索友慶 …………… BD16129A(L4067)
　〔社人名目〕 (9〜10C)

06644 索友慶 ………………………… P3231①
　〔平康鄉官齋曆〕 癸酉年五月 (973)
　　3)平康鄉

06645 索友慶 ………………………… P3231③
　〔平康鄉官齋曆〕 甲戌年五月廿九日 (974)
　　3)平康鄉

06646 索友慶 ………………………… P3231④
　〔平康鄉官齋曆〕 甲戌年十月十五日 (974)
　　3)平康鄉

06647 索友慶 ………………………… P3231⑥
　〔平康鄉官齋曆〕 乙亥年九月十九日 (975)
　　3)平康鄉

06648 索友慶 ………………………… P3721v①
　〔平康鄉堤上兒(見)點得人名目〕 庚辰年三月
　廿二日 (980)
　　3)平康鄉

06649 索友子 ………………………… P4063
　〔官建轉帖〕 丙寅年四月十六日 (966)

06650 索友子 ………………………… S04060
　〔便麥粟豆曆〕 己酉年二月十四日 (949)

06651 索友子 ………………………… S04060v
　〔便麥曆〕 戊申年 (948)

06652 索友子 ·············· S06614v①
〔社司轉帖〕（10C）

06653 索友定 ·············· P3379
〔社錄事陰保山等牒（團保文書）〕顯德五年二月（958）
4)有指押印。

06654 索友定 ·············· S03978
〔納贈曆〕丙子年七月一日（976）

06655 索友定 ·············· Дx02149B
〔見納缺柴人名目〕（10C）

06656 索友々 ·············· S02041
〔社約〕丙寅年三月四日（846）
4)年號別筆(丙寅年三月四日)。ペン筆。

06657 索祐慶 ·············· P3231⑤
〔平康鄉官齋曆〕□亥年五月十五日（975）

06658 索祐住 ·············· P2953v
〔便麥豆本曆〕（10C）
3)洪池鄉

06659 索祐住 ·············· P3113①
〔法體十二時（末）〕後唐清泰貳(參)年在丙申三月一日（936）
4)僧弟子禪師, 敬寫。

06660 索裕慶 ·············· P3231⑤
〔平康鄉官齋曆〕□亥年五月十五日（975）
3)平康鄉

06661 索遊巖 ·············· S03475
〔淨名經關中疏卷上〕辰年九月十六日（776）
1)俗弟子 4)原作「辰年九月十六日俗弟子索遊巖於大蕃管沙州爲普光寺比丘尼普意轉寫此卷訖」。

06662 索養々 ·············· P3418v⑥
〔洪閏鄉缺枝夫戶名目〕（9C末～10C初）
3)洪閏鄉

06663 索養力 ·············· P3369v①
〔雜寫?〕乾符三年十月廿一日（876）

06664 索養力? ·············· P3418v⑧
〔平康鄉缺枝夫戶名目〕（9C末～10C初）
3)平康鄉

06665 索鸞子 ·············· S06829v
〔修造破曆〕丙戌年（806）

06666 索離喧 ·············· S02729①
〔燉煌應管勘牌子曆〕辰年三月（788）
1)僧 2)開元寺 3)沙州 4)24行目。

06667 索力々 ·············· P3298piece1
〔歸義軍改授索力力兵馬使殘牒〕（9C後期）
1)兵馬使

06668 索力々 ·············· S02214
〔官府雜帳（名籍・黃麻・地畝・地子等曆）〕（860?）

06669 索律 ·············· Дx05534
〔禮佛見到僧等人名目〕廿日夜（10C）
4)原作「小索律」。

06670 索律 ·············· Дx05534
〔禮佛見到僧等人名目〕廿日夜（10C）
4)原作「大索律」。

06671 索流吉 ·············· P2040v③-2
〔淨土寺西倉粟利入曆〕己亥年（939）
2)淨土寺

06672 索流吉 ·············· P2040v③-10
〔淨土寺豆入曆〕（939）
2)淨土寺

06673 索流實 ·············· S06123
〔渠人轉帖〕戊寅年六月十四日（978）
2)普光寺

06674 索流住 ·············· P3004
〔缺絹契〕乙巳年六月五日丁未年三月十三日（945 or 947）

06675 索流住 ·············· P3257①～③
〔牒文〕開運二年十二月（945）

06676 索流住 ·············· P3453
〔契約文書〕乙巳年六月五日（945）

06677 索?流住 ·············· Дx00998
〔尼僧名目〕（9C末～10C）
4)原作「索?流住女善敬」。

06678 索流信 ·············· P3231②
〔平康鄉官齋曆〕癸酉年九月卅日（973）
3)平康鄉

06679 索流通 ·············· P3231②
〔平康鄉官齋曆〕 癸酉年九月卅日 (973)
　3)平康鄉

06680 索流通 ·············· P3231④
〔平康鄉官齋曆〕 甲戌年十月十五日 (974)
　3)平康鄉

06681 索流通 ·············· S06123
〔渠人轉帖〕 戊寅年六月十四日 (978)
　2)普光寺

06682 索流通? ·············· Дx10288
〔行人轉帖〕 (10C?)

06683 索流定 ·············· S06123
〔渠人轉帖〕 戊寅年六月十四日 (978)
　2)普光寺

06684 索流定 ·············· S08673
〔鄧守興請判憑狀并付判〕 丁丑年八月 (977)
　1)都頭

06685 索留吉 ·············· P2049v①
〔淨土寺諸色入破曆計會牒〕 同光三年 (925)

06686 索留彥? ·············· P2680v②
〔諸鄉諸人便粟曆〕 (10C中期)
　3)赤心鄉

06687 索留?子 ·············· P2769v
〔行人轉帖(習書)〕 (10C前期)

06688 索?留?子 ·············· P5021D
〔付物曆〕 (9C末～10C初)

06689 索囧住 ·············· P3379
〔社錄事陰保山等牒(團保文書)〕 顯德五年二月 (958)
　1)押衙　4)有指押印。

06690 索留住? ·············· Дx01405＋Дx01406
〔布頭索留信等官布籍〕 (9C末期～10C初期)

06691 索留住 ·············· Дx02149A
〔寒食座設付酒曆〕 戊午年四月廿五日 (958 or 898)

06692 索留住 ·············· Дx02149B
〔見納缺柴人名目〕 (10C)

06693 索留住 ·············· 莫第144窟
〔供養人題記〕 (9C前期)
　4)原作「叔索留住一心供養」。西壁。《燉》p. 67。

06694 索留信 ·············· P3569v①
〔人名目(殘)〕 (9C末?)

06695 索留信 ·············· Дx01405＋Дx01406
〔布頭索留信等官布籍〕 (9C末期～10C初期)
　1)布頭

06696 索留通 ·············· P3231⑥
〔平康鄉官齋曆〕 乙亥年九月廿九日 (975)
　3)平康鄉

06697 索留定 ·············· P3721v②
〔兄(見)在巡禮都官都頭名牒〕 庚辰年正月十五日 (980)
　1)司人

06698 索留奴 ·············· Дx11196
〔渠人轉帖〕 十月九日 (983)

06699 索留南 ·············· 莫第144窟
〔供養人題記〕 (9C前期)
　4)原作「亡父前沙州…索留南供養」。東壁門上。《燉》p. 65。

06700 索留□ ·············· S06010
〔衙前第六隊轉帖〕 九月七日 (900前後)
　1)□隊

06701 (索)龍奴 ·············· S08692
〔退渾便物人名目〕 閏四月 (923?)
　1)(索阿律悉雞)父

06702 索了性 ·············· S02729①
〔燉煌應管勘牌子曆〕 辰年三月 (788)
　1)僧　2)靈修寺　3)沙州　4)32行目。

06703 索諒ゝ ·············· P2738v
〔社司轉帖(寫錄)〕 二月廿五日 (9C後期)

06704 索禮□ ·············· BD16384v(L4458)
〔人名目〕 (10C後期)

06705 (索)靈惠 ·············· S02199
〔尼靈惠唯(遺)書(首題)〕 咸通六年十月廿三日 (865)
　1)尼

06706 索老宿 ･････････････････････ Дx01421
〔某寺領得粟曆〕 (10C)
　1) 老宿

06707 索老宿 ･････････････････････ Дx01423
〔索老宿團於沈法律手上領得粟曆〕 (10C)
　1) 老宿

06708 索老長 ･････････････････････ P3047v⑨
〔諸人諸色施捨曆〕 (9C前期)

06709 索老ゝ ･････････････････ BD09341(周62)
〔社司轉帖〕 閏四月三日 (10C後期)

06710 索老ゝ ･････････････････････ P4821
〔社司轉帖〕 (9C前期)
　4) ペン筆。

06711 索老ゝ ･･････････････････ S02228①
〔絲綿部落夫丁修城使役簿〕 亥年六月十五日 (819)
　1)(右六)　3)絲綿部落　4)首行作「亥年六月十五日州城所, 絲綿」。末行作「亥年六月十五日畢功」。

06712 索郎 ･･･････････････････ BD16151(L4079)
〔致索郎〕 (925?)

06713 索郎 ･･････････････････････ P3164
〔親情社轉帖〕 乙酉年十一月廿六日 (925?)

06714 索郎 ･･････････････････････ S02242
〔親情社轉帖〕 七月三日 (10C)

06715 索郎 ･････････････････････ S04274v
〔社名簿〕 (10C)

06716 索郎 ･････････････････････ S05632①
〔親情社轉帖〕 丁卯年二月八日 (967)
　2)顯德寺門　4)原作「大索郎」。

06717 索郎 ･････････････････････ S05632①
〔親情社轉帖〕 丁卯年二月八日 (967)
　1)水池　2)顯德寺門　4)原作「小索郎」。

06718 索郎 ･････････････････････ S06981⑤
〔親情社轉帖〕 癸亥年八月十日 (963)

06719 索郎子 ････････････････････ Дx01306
〔董惠明等人名目〕 (946)

06720 索郎水官 ･･･････････････････ S02199
〔尼靈惠唯(遺)書(首題)〕 咸通六年十月廿三日 (865)
　1)水官

06721 索六娘 ･････････････････････ S10530
〔納贈曆?(殘)〕 (9C前期?)

06722 索祿 ･･･････････････････････ P3205
〔僧俗人寫經曆〕 (9C前期)

06723 索祿 ･････････････････････ S07945
〔僧俗寫經分團人名目〕 (823以降)
　1)俗人　4) ⇒索奉祿。

06724 索和國 ･････････････････････ P2738v
〔社司轉帖(寫錄)〕 二月廿五日 (9C後期)

06725 索和國 ･････････････････････ P3738piece2
〔納贈人名目(殘)〕 (9C後期)

06726 索和子 ･･･････････････ BD07114(師14)
〔諸星母陀羅尼經1卷(尾)〕 (9C前期)
　4)卷尾題記「鄧英/索和子」(2行)。

06727 索和子 ･･･････････････ BD13982(新0182)
〔大般若波羅蜜多經卷第394(末)〕 (9C前期)
　1)經　4)原作「索和子經陰文ゝ寫」。

06728 索和娘 ････････････････････ P2832Av
〔納楊楡木人名曆〕 (10C)

06729 索和信 ･･････････････････････ P3908
〔慈惠鄉百姓張□子雇人契〕 丙寅年正月一日 (966?)
　1)百姓　3)慈惠鄉赤心鄉

06730 索和進 ･･････････････････ P2040v③-2
〔淨土寺西倉粟利入曆〕 己亥年 (939)
　2)淨土寺

06731 索和ゝ ･･･････････････ BD16230B(L4112)
〔便物曆〕 (9～10C)

06732 索綰? ･････････････････････ S05824v
〔經坊費負担人名目〕 (8C末～9C前期)

06733 索□ ･･･････････････ BD14806①(新1006)
〔於倉缺物人便麥名抄錄〕 辛酉年三月廿二日 (961)
　1)見人　4)原作「見人索□」。

260

06734 索□漢 ·············· P3418v⑥
〔洪閏鄉缺枝夫戶名目〕（9C末～10C初）
　3)洪閏鄉

06735 索□苟 ·············· P4640v
〔官入破曆〕 庚申十一月 （900）
　1)衙官

06736 索□支 ·············· Дx04278
〔十一鄉諸人付麵數〕 乙亥年四月十一（日）
（915? or 975）
　3)洪潤鄉

06737 索□住 ·············· Дx11062
〔團頭索再昌等兄弟契〕（10C）

06738 索□成 ·············· Дx04278
〔十一鄉諸人付麵數〕 乙亥年四月十一（日）
（915? or 975）
　3)洪潤鄉

06739 索□鼎 ·············· 莫第148窟
〔供養人題記〕（9C末期）
　1)故甥將仕郎守沙州司馬　4)西壁。《燉》p.68。
《謝》p.53。

06740 索□法 ·············· P.tib2124v
〔人名錄〕（9C中期?）

06741 索□彡 ·············· P3569v①
〔人名目(殘)〕（9C末?）

06742 索□□ ·············· 莫第144窟
〔供養人題記〕（9C前期）
　4)原作「亡兄索□□一心供養」。西壁。《燉》p.67。

06743 索□□ ·············· 上博21B
〔渠人轉帖〕（10C中期?）

06744 索□ ·············· 杏・羽684v②
〔社司轉帖(寫)〕（10C）
　4)本文中有「年支秋座局席」「限今月八日卯時,
於主送納」。

06745 索□ ·············· 莫第012窟
〔供養人題記〕（9C後期）
　4)原作「亡姑索□」。西壁。《燉》p.7。

06746 索 ·············· BD04782（號82）
〔妙法蓮華經卷7(卷尾下部有題名)〕（8C）

06747 索 ·············· BD05673v④(李73)
〔行人轉帖(寫錄)〕 今月十二日 （9C末）

06748 索 ·············· BD06830(羽30)
〔維摩詰經背面〕 天復二年 （902）
　1)寫生　4)原作「寫生索書記」。

06749 索 ·············· BD11502①（L1631）
〔燉煌十一僧寺別姓名簿并緣起經論等名
目〕（9C後期）
　2)(報)恩(寺)

06750 索 ·············· BD11502①（L1631）
〔燉煌十一僧寺別姓名簿并緣起經論等名
目〕（9C後期）
　2)龍(興)寺

06751 索 ·············· BD15174v(新1374)
〔社司轉帖〕（10C後期）
　4)V面有「丁卯年正月一日金光明寺僧玄教顗世
音菩薩經一卷」之一文。

06752 索 ·············· P2706
〔某寺常住什物點檢曆〕（10C?）

06753 索 ·············· P2769v
〔行人轉帖(習書)〕（10C前期）

06754 索 ·············· P2807
〔願文〕（9C前期）
　4)原作「故索」。

06755 索 ·············· P2917
〔常住什物點檢曆〕 乙未年九月十一日頃
（935 or 995頃）

06756 索 ·············· P3037
〔社司轉帖〕 庚寅年正月三日 （990）
　2)大悲寺門前

06757 索 ·············· P3153
〔雜寫(3行)〕（10C初期）
　1)左馬步都虞候索　4)舊P3155v。

06758 索 ·············· P3256
〔願文(贊普・太子・東軍上相・節兒・三部落使
等)〕（9C前期）
　1)都督　4)原作「故索」。

06759 索 ·············· P4004
〔某寺交割什物點檢曆〕（940 or 1000）
　1)僧正

06760 索 ･････････････････P.tib1261v⑨
〔諸寺僧尼支給穀物曆〕（9C前期）

06761 索 ･････････････････S01519①
〔破曆〕 辛亥年,壬子年（951～952）
　　1)僧正(政)

06762 索 ･････････････････S03287v
〔戶口田地申告牒〕 子年五月（832 or 844）
　　1)(戶□□卿)妻 4)原作「(戶□□卿六十)妻阿索廿」。

06763 索 ･････････････････S04701
〔某寺常住倉司算會憑〕 庚子年（1000）
　　1)僧正

06764 索 ･････････････････S05845
〔郭僧政等貸油麵麻曆〕 己亥年二月十七日（939）
　　1)上座

06765 索 ･････････････････S06226
〔某寺付徒衆各僧油一升曆〕（10C中期）
　　1)判官

06766 索 ･････････････････S06235Bv
〔百姓唐君盈等戶口田地申告狀〕 大中六年十一月日（852）
　　1)(戶主唐君盈)妻 4)原作「(戶主唐君盈年世七)妻阿索…」。

06767 索 ･････････････････S06452③
〔破曆〕 壬午年（982?）
　　1)法律 2)淨土寺

06768 索 ･････････････････羽・寫834
〔百姓趙塩久戶口請田簿〕 廣順二年正月一日（952）
　　1)(趙塩久弟留慶)新婦 4)原作「阿索」。

06769 薩歸奴 ･･････････S00542v
〔燉煌諸寺丁壯車牛役部〕 戌年六月十八日（818）
　　2)龍興寺

06770 薩氏 ･･････････････莫第144窟
〔供養人題記〕（9C前期）
　　4)原作「新婦薩氏供養」。西壁。《燉》p.66。

06771 薩闍梨 ･･････････P5000v
〔僧尼名目〕（9C前期）
　　1)闍梨 2)靈修寺？

06772 薩咤奴 ･･････････S00542v
〔燉煌諸寺丁壯車牛役部〕 戌年六月十八日（818）
　　2)龍興寺

06773 薩長章 ･･････････S04703
〔買菜人名目〕 丁亥年（987）

06774 薩董羅 ･･････････S02729①
〔燉煌應管勘牌子曆〕 辰年三月五日（788）
　　1)檢(人) 4)原作「薩董羅檢」。

06775 薩波思略 ･･････Дx18917
〔牒文〕 貞元四年五月日（788）
　　1)所由

06776 薩波思略 ･･････Дx18923
〔驢處分牒〕（8C後期?）
　　1)首領

06777 薩富全 ･･････････P3290②
〔宋沙州人戶別都受田申請計帳(寫錄)〕 至道元年乙未歲正月一日（995）

06778 山狂兒 ･･････････S08353
〔官徛麵油破曆〕（10C）

[し]

06779 （使）晟子 ……………… S01475v⑫⑬
〔付使奉仙便麥契〕 三月廿七日 （828～829）
　1）保人・使奉仙男

06780 使?追子 ……………… 古典籍54,圖171
〔五月五日下菜人名目〕 （10C）

06781 使奉仙 ……………… S01475v⑫⑬
〔付使奉仙便麥契〕 三月廿七日 （828～829）
　1）當寺人・便麥人　2）靈圖寺

06782 使錄事 ……………… BD01282v（列82）
〔社司文書（殘）〕 （10C）
　1）錄事

06783 史安吉 ……………… S08445＋S08446＋S08468④
〔羊司於常樂官稅羊數名目〕 丁未年四月十二日 （943）

06784 史安信 ……………… BD11822v（L1951）
〔社司轉帖（殘）〕 己卯年正月三日 （919 or 979）

06785 史安德 ……………… S08445＋S08446＋S08468①
〔羊司於常樂稅羊人名目〕 丙午年六月廿七日 （946）

06786 史安德 ……………… S08445＋S08446＋S08468④
〔羊司於常樂官稅羊數名目〕 丁未年四月十二日 （943）

06787 史員信 ……………… P2049v①
〔淨土寺諸色入破曆計會牒〕 同光三年 （925）

06788 史陰 ……………… P3638
〔沙彌善勝點檢常住什物見在曆〕 辛未年 （911）

06789 史盈子 ……………… S05039
〔某寺諸色破曆〕 （10C後期）

06790 史英賢 ……………… P4640v
〔官入破曆〕 辛酉年三月 （901）
　1）衙官

06791 史英賢 ……………… P4640v
〔官入破曆〕 辛酉年?五月廿三日 （901?）
　1）衙官

06792 史英秀 ……………… S06634
〔大般若波羅蜜多經卷第188〕 （9C）
　4）寫了。

06793 史英俊 ……………… S00542v
〔燉煌諸寺丁壯車牛役部〕 戌年六月十八日 （818）
　1）木匠　2）龍興寺

06794 史延慶 ……………… P2049v①
〔淨土寺諸色入破曆計會牒〕 同光三年 （925）

06795 史押衙 ……………… S04705
〔官僦破曆〕 （10C）
　1）押衙

06796 史加進 ……………… S00542v
〔燉煌諸寺丁壯車牛役部〕 戌年六月十八日 （818）
　1）團頭　2）大雲寺

06797 史加進妻 ……………… S00542v
〔燉煌諸寺丁壯車牛役部〕 戌年六月十八日 （818）
　2）大雲寺　4）原作「史加進妻」。

06798 史家 ……………… P3638
〔沙彌善勝點檢常住什物見在曆〕 辛未年 （911）

06799 史家 ……………… S01600②
〔靈修寺厨田入破曆〕 辛酉年 （961）
　2）靈修寺

06800 史家 ……………… S06981①
〔某寺入曆〕 辛酉年～癸亥年中間三年 （901～903 or 961～963）

06801 史家女 ……………… BD07630②（皇30）
〔出酥人曆〕 丙子年八月廿四日 （856 or 916）

06802 史家女 ……………… P4635②
〔社家女人便麵油曆〕 ［ ］月七日 （10C中期）

06803 史懷子 ……………… S06154
〔某寺諸色斛㪷見在計會〕 丁巳年 （957 or 897）
　1）樑戶

06804 史懷德承 ························ P4989
〔沙州戶口田地簿〕（9C末）

06805 史懷友 ·························· Дx02149в
〔見納缺柴人名目〕（10C）

06806 史憨子 ·························· P3234v⑮
〔淨土寺西倉豆利潤入曆〕（940年代?）
　2)淨土寺

06807 史憨子 ·························· P3418v⑦
〔慈惠鄉缺枝夫戶名目〕（9C末～10C初）

06808 史憨子 ·························· P3418v⑦
〔慈惠鄉缺枝夫戶名目〕（9C末～10C初）
　3)慈惠鄉

06809 史願德 ·························· Дx18936v
〔龍興寺戒果等會計文書〕乙酉年正月一日
（925?）

06810 史喜酥〔蘇〕 ··················· 羽・寫836-837
〔百姓史喜蘇買驛馬契〕癸未年十一月廿日
（983）
　1)百姓賣(買)馬人

06811 史皈漢 ·························· S09156
〔沙州戶口地畝計簿〕（9C前期）

06812 史軍擧 ·························· P2040v①-8
〔淨土寺布破曆〕（945前後）
　2)淨土寺

06813 史惠々 ·························· Дx01408
〔効穀鄉百姓康滿奴等地畝曆〕（9C末）
　1)戶(主)　3)効穀鄉

06814 史慶子 ·························· P3889
〔社司轉帖〕（10C後期?）

06815 史元興 ·························· P3945v
〔牧羊籍〕（10C?）

06816 史原々 ·························· P3249v
〔將龍光顏等隊下人名目〕（9C中期）

06817 史彥授? ························ P2968v
〔社文書斷片〕（10C）

06818 史幸豐 ·························· S02894v④
〔社司轉帖〕壬申年十二月卅日（972）

06819 史孝□ ·························· P4640v
〔官入破曆〕己未八月（899）
　1)都知

06820 史康七 ·························· P4635⑤
〔第一年至第五年於莊造瓦得斛㪷曆〕（943）

06821 史弘慶 ·························· S05717
〔人名目〕（10C）

06822 史興 ····························· BD09324（周45）
〔某寺諸色入破歷〕戌年六月日（8C末～9C前期）

06823 史興子 ·························· P2856v②
〔副僧統下燉煌教團諸寺百姓輸納粗草抄錄〕景福二年癸丑歲十月十一日（893）
　2)普光寺

06824 史興進 ·························· P3249v
〔將龍光顏等隊下人名目〕（9C中期）

06825 史興進 ·························· S00542v
〔燉煌諸寺丁壯車牛役部〕戌年六月十八日（818）
　2)大雲寺

06826 史骨子 ·························· P2629
〔官破曆〕九月一日（10C中期）
　4)有「歸義寫節度使新鑄印」四ヶ所。

06827 史骨子 ·························· P3236v
〔燉煌鄉官布籍〕壬申年三月十九日（972）
　3)燉煌鄉

06828 史骨兒 ·························· P5593
〔社司轉帖(殘)〕癸巳年十月十日（933?）
　1)社長

06829 史再盈 ·························· BD14806②（新1006）
〔渠人轉帖〕（10C中期）

06830 史再定 ·························· P2040v②-28
〔淨土寺豆入曆〕（940前後）
　2)淨土寺

06831 史再富 ·························· P3146A
〔衙前子弟州司及醼頭等留殘苽衙人數〕辛巳年八月三日（981）

06832 史三娘 ·························· P3418v⑦
〔慈惠鄉缺枝夫戶名目〕（9C末～10C初）
　3)慈惠鄉

264

06833 史殘友 ・・・・・・・・・・・・・・・・ S04525
〔付官健及諸社佛會色物數目〕 (10C後期)

06834 史謝多 ・・・・・・・・・・・・・ BD08956v(有77)
〔田籍〕 (8C?)
　4)原作「史謝多一畝綠豆康奉下」。

06835 史闍梨 ・・・・・・・・・・・・・・・・ P4958piece3
〔當寺轉帖(殘)〕 (10C前期)
　1)闍梨

06836 史闍梨 ・・・・・・・・・・・・・・・・ P5000v
〔僧尼名目〕 (9C前期)
　2)開元寺

06837 史闍梨 ・・・・・・・・・・・・・・・ P.tib1261v②
〔諸寺僧尼支給穀物曆〕 (9C前期)
　1)闍梨

06838 史闍梨 ・・・・・・・・・・・・・・・ P.tib1261v③
〔諸寺僧尼支給穀物曆〕 (9C前期)
　1)闍梨

06839 史闍梨 ・・・・・・・・・・・・・・・ P.tib1261v⑦
〔諸寺僧尼支給穀物曆〕 (9C前期)
　1)闍梨

06840 史闍梨 ・・・・・・・・・・・・・・・ P.tib1261v⑫
〔諸寺僧尼支給穀物曆〕 (9C前期)
　1)僧・闍梨

06841 史什子 ・・・・・・・・・・・・・・・・ Дx01453v
〔諸人納地子麥等曆〕 (10C後期)
　4)R面爲「丙寅年(966)八月廿四日納地麥麻曆」。

06842 史什德 ・・・・・・・・・・・・ BD09293①(周14)
〔團頭康石住米平水交付諸物憑〕 (辛)酉年十月七日 (961)
　1)領物人・押衙

06843 史什德 ・・・・・・・・・・・・・・・ P3555B piece11
〔納贈曆(殘)〕 (10C中期)

06844 史十二 ・・・・・・・・・・・・・・・・ P3047v⑥
〔諸人諸色施入曆〕 (9C前期)

06845 史潤晟 ・・・・・・・・・・・・・・・・ S09933
〔磑戶史潤晟於宅納麥憑〕 (9C?)
　1)磑戶

06846 史(敍)兒 ・・・・・・・・・・・・・・・ S05717
〔人名目〕 (10C)

06847 史像友 ・・・・・・・・・・ BD16111A(L4066)
〔暮容歸順?隊?下人名目〕 (9～10C)

06848 史勝持 ・・・・・・・・・・・・・・・・ S02669
〔管內尼寺(安國寺・大乘寺・聖光寺)籍〕 (865～870)
　2)聖光寺　3)平康鄉　4)姓「史」。俗名「心々」。

06849 史昇朝 ・・・・・・・・・・・・・・・・ S00542v
〔燉煌諸寺丁壯車牛役部〕 戌年六月十八日 (818)
　2)龍興寺

06850 史章友 ・・・・・・・・・・・・・・・・ Дx01453
〔開倉納地子麥麻曆〕 丙寅年八月廿四日 (966)

06851 史章友 ・・・・・・・・・・・・・・・・ 杏・羽069①
〔雇人主史章友雇傭李富子契〕 (10C)
　1)雇主　4)文書面有「李盛鐸印」等。

06852 史心々 ・・・・・・・・・・・・・・・・ S02669
〔管內尼寺(安國寺・大乘寺・聖光寺)籍〕 (865～870)
　2)聖光寺　3)平康鄉　4)尼名「勝持」。

06853 史心智 ・・・・・・・・・・・・・・・・ S02669
〔管內尼寺(安國寺・大乘寺・聖光寺)籍〕 (865～870)
　2)大乘寺　3)平康鄉　4)姓「史」。俗名「毛々」。

06854 史神通 ・・・・・・・・・・・・・・・・ P5026D
〔社人名目〕 (10C)

06855 史淸法 ・・・・・・・・・・・・・・・・ S02729①
〔燉煌應管勘牌子曆〕 辰年三月 (788)
　1)僧　2)開元寺　3)沙州　4)23行目。

06856 史生 ・・・・・・・・・・・・・・・・・・ P2032v②
〔淨土寺惠安手下諸色入曆〕 甲辰年一日巳直歲 (944)

06857 史生 ・・・・・・・・・・・・・・・・・・ P2032v⑫
〔淨土寺諸色破曆〕 (940前後)
　2)淨土寺

06858 史生 ・・・・・・・・・・・・・・・ P2040v②-17
〔淨土寺油破曆〕 乙巳年正月十七日以後 (945以降)
　2)淨土寺　4)原作「史生婦」。

06859 史生婦 ················ P2040v②-17
〔淨土寺油破曆〕 乙巳年正月廿七日以後 （945以降）
　　2)淨土寺　4)原作「史生婦」。

06860 史赤頭 ················ Дx01275
〔官府破紙曆〕 （9C末～10C初）

06861 史增忍和尙 ·············· P4660B
〔靈驗記〕 （9C）
　　1)和尙　3)靈州

06862 史堆子 ················ Дx01453
〔開倉納地子麥廂曆〕 丙寅年八月廿四日（966）

06863 史太淸 ················ S05824v
〔經坊費負担人名目〕 （8C末～9C前期）
　　1)頭

06864 史太平 ············ BD06359（鹹59）
〔便麥契〕 丑年二月 （821）
　　1)寺戶·團頭　2)金光明寺

06865 史?太㔻 ·············· S00542v②
〔金光明寺羊群見在數牒〕 丑年十二月廿一日 （821）
　　1)牧羊人　2)金光明寺

06866 史大頭 ················ S02894v⑤
〔社司轉帖〕 （10C後期）

06867 史丑襖 ················ S05039
〔某寺諸色破曆〕 （10C後期）
　　4)原作「史丑襖家」。

06868 史宙住 ················ S04703
〔買菜人名目〕 丁亥年 （987）

06869 史宙千 ················ S04703
〔買菜人名目〕 丁亥年 （987）

06870 史?張友 ··············· S04649
〔三公寺破曆〕 庚午年二月十日 （970）

06871 史朝〻 ················ S00542v
〔燉煌諸寺丁壯車牛役部〕 戌年六月十八日（818）
　　2)龍興寺

06872 （史）長盈 ············ 羽·寫836-837
〔百姓史喜蘇買騾馬契〕 癸未年十一月廿日（972?）
　　1)口承姪

06873 史長娘子 ·············· P2040v①-8
〔淨土寺布破曆〕 （945前後）
　　2)淨土寺

06874 史通子 ················ S00542v
〔燉煌諸寺丁壯車牛役部〕 戌年六月十八日（818）
　　2)靈圖寺

06875 史堤子 ················ S05008
〔破曆〕 （940頃）

06876 史定 ·············· BD09324（周45）
〔某寺諸色入破歷〕 丑年三月十六日 （8C末～9C前期）

06877 史定?子 ················ S08696
〔白刺送納帖〕 （977?）
　　1)白刺頭

06878 史典子 ················ S04120
〔布褐等破曆(殘)〕 癸亥年二月～甲子年二月 （978?）

06879 史都料 ················ P2032v③
〔淨土寺諸色破曆〕 （944前後）
　　1)鐵匠都料　2)淨土寺

06880 史都料 ················ P2032v⑩
〔淨土寺西倉粟破曆〕 （940前後）
　　1)都料　2)淨土寺

06881 史都料 ················ P2032v⑫
〔淨土寺諸色破曆〕 （940前後）
　　1)都料　2)淨土寺

06882 史都料 ················ P2040v
〔淨土寺入破曆〕 （945前後）
　　1)都料　2)淨土寺

06883 史都料 ················ P3234v③
〔惠安惠戒手下便物曆〕 甲辰年 （944）
　　1)都料　2)淨土寺?

06884 史都料 ················ P3234v⑦
〔淨土寺豆破曆〕 （984?）
　　1)都料　2)淨土寺

06885 史奴々 ············ BD16295A(L4132)＋
BD16298(L4133)
〔史留德出換釜子與押衙劉骨骨契〕 壬申年二
月玖日 (985?)

06886 史奴々 ················ P2032v③
〔淨土寺諸色破曆〕 (944前後)
　2)淨土寺

06887 史奴々 ············· P2040v①-7
〔淨土寺麨黃麻豆布等破曆〕 (945前後)
　1)都料　2)淨土寺

06888 史奴々 ···················· P2641
〔宴設司文書〕 丁未年六月 (947)

06889 史伯合 ················· S00542v
〔燉煌諸寺丁壯車牛役部〕 戌年六月十八日
(818)
　2)靈圖寺

06890 史伯合娘 ··············· S00542v
〔燉煌諸寺丁壯車牛役部〕 戌年六月十八日
(818)
　2)(靈圖)寺・蓮臺寺

06891 史博士 ················· P2032v③
〔淨土寺諸色破曆〕 (944前後)
　1)博士　2)淨土寺

06892 史鉢略 ················· Дx10272②
〔僧名目〕 (10C)

06893 史氾三 ··················· P3578
〔淨土寺儭破曆(梁戶史氾三沿寺諸處使用油
曆)〕 癸酉年正月十一日 (973)
　1)樑戶　2)淨土寺

06894 史氾三 ··················· P5008
〔染戶雇工契〕 戊子年二月廿九日 (988 or
928)
　1)梁戶

06895 史氾三 ·················· S03835v
〔雜寫〕 (10C)
　4)V面有「太平興國九年」之字。又有「辛卯年十月
廿八日」一行。

06896 史不勿 ················· P2708bn
〔社子名目〕 (10C中期)

06897 史富員 ················ P2040v③-2
〔淨土寺西倉粟利入曆〕 己亥年 (939)
　2)淨土寺

06898 史富通 ················ P2032v⑬-7
〔淨土寺黃麻利閏入曆〕 (940前後)
　2)淨土寺

06899 史富通 ················ P3234v③-24
〔惠安惠戒手下便物曆〕 甲辰年 (944)

06900 史富通 ·················· P3234v⑧
〔某寺西倉豆破曆〕 (940年代)

06901 史富通 ·················· P3234v⑮
〔淨土寺西倉豆利潤入曆〕 (940年代?)
　2)淨土寺

06902 史富通 ···················· P3236v
〔燉煌鄉官布籍〕 壬申年三月十九日 (972)
　3)燉煌鄉

06903 史普富 ···················· P3290②
〔宋沙州人戶別都受田申請計帳(寫錄)〕 至
道元年乙未歲正月一日 (995)

06904 史福?信 ················· P3418v②
〔燉煌鄉缺枝夫戶名目〕 (9C末～10C初)
　3)燉煌鄉

06905 史福信 ··················· S01053v
〔某寺破曆〕 戊辰年 (908)

06906 史佛奴 ··················· S08660v
〔契殘尾2行〕 癸未年 (10C)
　1)見人

06907 史文威 ··················· P3391v①
〔社司轉帖(寫錄)〕 丁酉年正月日 (937)

06908 史文信 ····················· S01156
〔進奏院狀上文〕 光啓三年 (887)

06909 史保員 ····················· P4003
〔渠社轉帖〕 壬午年十二月十八日 (922 or
982)

06910 史保盈 ··················· P3721v③
〔冬至自斷官員名〕 己卯年十一月廿六日
(979)

06911 史奉仙 ……………… S00542v
〔燉煌諸寺丁壯車牛役部〕 戌年六月十八日
(818)
　2)靈圖寺

06912 史法師 ……………… S02614v
〔燉煌應管諸寺僧尼名錄〕 (895)
　2)蓮臺寺

06913 史妹々 ……………… S00542v
〔燉煌諸寺丁壯車牛役部〕 戌年六月十八日
(818)
　2)(靈圖)蓮臺寺

06914 史万子 ……………… P3249v
〔將龍光顏等隊下人名目〕 (9C中期)

06915 史毛々 ……………… S02669
〔管內尼寺(安國寺・大乘寺・聖光寺)籍〕
(865〜870)
　2)大乘寺　3)平康鄉　4)尼名「心智」。

06916 史友子 ……………… P4887
〔袁僧定弟亡納贈歷〕 己卯年八月廿四日
(919 or 979)

06917 史里三 ……… 杏・羽034(李盛鐸舊藏)
〔城角莊算會當宅群牧見行籍〕 乙未年十月四
日 (995)

06918 史流住 ……………… P2049v①
〔淨土寺諸色入破曆計會牒〕 同光三年
(925)

06919 史流定 ……………… P3372v
〔社司轉帖并雜抄〕 壬申年 (972)

06920 史留住 ……………… P3418v⑦
〔慈惠鄉缺枝夫戶名目〕 (9C末〜10C初)
　3)慈惠鄉

06921 史留住 ……………… S03982
〔月次人名目〕 乙丑年九月 (965)

06922 史留住 ……………… 莫第098窟
〔供養人題記〕 (10C中期)
　1)節度押衙銀青光祿太夫檢校太子賓客監察御
史　4)中心佛壇背光面。《燉》p.47.《謝》p.95.

06923 史留德 ……………… BD16295A(L4132)＋
BD16298(L4133)
〔史留德出換釜子與押衙劉骨骨契〕 壬申年二
月玖日 (985?)
　4)⇒留德。

06924 史老 ……………… P2842piece4
〔渠?人?轉帖〕 五月廿八?日 (9C中期)

06925 史六子 ……………… P3167v
〔安國寺道場司關于(五尼寺)沙彌戒訴狀〕
乾寧二年三月 (895)
　2)安國道場

06926 (史)□ ……………… BD14806①(新1006)
〔於倉缺物人便麥名抄錄〕 辛酉年三月廿二
日 (961)
　1)見人

06927 史□慶 ……………… S05717
〔人名目〕 (10C)

06928 史□秀 ……………… 沙文補24
〔寺卿索再榮等牒殘判辭〕 午年正月 (9C前
期)

06929 史□□ ……………… P4003
〔渠社轉帖〕 壬午年十二月十八日 (922 or
982)

06930 史 ……………… BD05673v④(李73)
〔行人轉帖(寫錄)〕 今月十二日 (9C末)

06931 史 ……………… BD09323(周44)
〔沙州某寺分給蕃漢官僚等早・中・夜三食日
程帖〕 (820〜830)

06932 史 ……………… BD11502①(L1631)
〔燉煌十一僧寺別姓名簿并緣起經論等名
目〕 (9C後期)
　2)龍(興寺)

06933 史 ……………… P4660⑰
〔牒(1行)〕 大中十一年九月一日 (857)
　4)原作「大中十一年九月日宣婦阿史牒」。

06934 史 ……………… 杏・羽695
〔燉煌諸鄉諸部落諸人等便麥曆〕 (10C)
　1)妻

06935 司馬啟眞 ……………… P3047v①
〔僧名等錄〕 (9C前期)
　4)僧名「啟眞」。

06936 司馬啓眞 ・・・・・・・・・・・・・・ P3047v③
〔諸僧尼送納三色香於乾元寺曆〕 (9C前期)
　　2)乾元寺　4)僧名「啓眞」。

06937 司馬長史夫人 ・・・・・・・・・・・・・ S04470v
〔回施入曆〕 乾寧二年三月十日 (895)
　　4)原作「長史司馬夫人」。

06938 尸毗磨羅 ・・・・・・・・・ CONCILE DE
LHASA, PL. II
〔頓悟大乗正決敍〕 戌年正月十五日 (794)
　　1)吐蕃僧　4)本文中有「吐蕃僧, 乞奢彌尸毗磨羅等二人」之句。

06939 屠?悉貴 ・・・・・・・・・・・・・ Дx01461r.v
〔某悉貴所有羊酒首宿麵靑稞目〕 (8～9C?)

06940 師惠 ・・・・・・・・・・・・・・・・ P2912v①
〔大衆及私傭儭施布入者具數〕 丑年正(月)已後 (821?)

06941 師子 ・・・・・・・・・・・・ BD16200R(L4099)
〔僧名目錄〕 (9～10C)

06942 師子 ・・・・・・・・・・・・・・・ P3047v⑦
〔法事僧尼名錄〕 (9C前期)
　　4)俗姓「李」。

06943 師子音 ・・・・・・・・・・・・・ P.tib1261v④
〔諸寺僧尼支給穀物曆〕 (9C前期)
　　1)僧

06944 師子音 ・・・・・・・・・・・・・ P.tib1261v⑨
〔諸寺僧尼支給穀物曆〕 (9C前期)
　　1)僧

06945 師子吼 ・・・・・・・・・・・・・・・ S01438v
〔吐蕃占領燉煌初期漢族書儀〕 (8C末)
　　1)僧　4)R面爲「道敎義淵卷上」(8C)。

06946 師子吼 ・・・・・・・・・・・・・・・ S02614v
〔燉煌應管諸寺僧尼名錄〕 (895)
　　2)三界寺

06947 師子贊 ・・・・・・・ S07939v+S07940Bv+
S07941
〔燉煌諸寺僧尼給糧曆〕 (823以降)

06948 師ゝ ・・・・・・・・・・・・・・・ S06452②
〔周僧正貸油麪曆〕 辛巳年～壬午年 (981～982?)

06949 師 ・・・・・・・・・・・・・ BD09293①(周14)
〔令狐留ゝ叔姪 共東四防(房)兄弟分書(稿)〕 四月九日 (10C?)

06950 支海晟 ・・・・・・・・・・・・・・ Дx01408
〔効穀鄕百姓康滿奴等地畝曆〕 (9C末)
　　1)戶(主)　3)燉煌鄕, 効穀鄕

06951 支義深 ・・・・・・・・・・・・・・ Дx02355
〔支給僧尼斛㪷曆〕 (9C中期?)

06952 支惠眠 ・・・・・・・・・・・・・・ Дx02355
〔支給僧尼斛㪷曆〕 (9C中期?)

06953 支惠□ ・・・・・・・・・・・・・・ Дx02355
〔支給僧尼斛㪷曆〕 (9C中期?)

06954 支賢德 ・・・・・・・・・・・・・・ Дx02355
〔支給僧尼斛㪷曆〕 (9C中期?)

06955 支剛ゝ ・・・・・・・・・・・・・・ P2837v①
〔弟子支剛ゝ廻向疏〕 辰年正月卅日 (836?)

06956 支泰 ・・・・・・・・・・・・・・・・・ P2944
〔大乘寺・聖光寺等尼僧名錄〕 (10C後期?)

06957 支張三 ・・・・・・・・・・ Дx01405+Дx01406
〔布頭索留信等官布籍〕 (9C末期～10C初期)

06958 支定 ・・・・・・・・・・・・・・・ S04445v③
〔破曆〕 庚寅年 (930?)
　　1)僧

06959 氾華 ・・・・・・・・・・・・・・ BD04325(出25)
〔无量壽宗要經〕 (9C前期)

06960 氾華 ・・・・・・・・・・・・・・ BD04326(出26)
〔无量壽宗要經〕 (9C前期)

06961 氾殘子 ・・・・・・・・・ BD03170v⑥(騰70)
〔金光明最勝王經卷第1(第6紙背題記)〕 (9C?)
　　1)寫　4)⇒氾殘子。

06962 氾子昇 ・・・・・・・・・・・・・ BD07725(始25)
〔无量壽宗要經(尾紙末題記)〕 (9C前期)
　　4)原作「氾子昇寫」。

06963 介ゝ時 ・・・・・・・・・・・・ BD08678(位78)
〔无量壽宗要經(尾題後有雜寫)〕 (9C前期)

06964 似興晟 ……………… S04491
　〔地畝計會〕（9C前期）
　　3)孟授渠, 潤渠, 河北渠

06965 似杉君 ……………… P3418v⑥
　〔洪閏鄉缺枝夫戶名目〕（9C末～10C初）
　　3)洪潤鄉

06966 似氏 ………………… P2614v
　〔社官張加晟等尙饗文〕 丙午年二月（826）

06967 悉歹悉盈 …………… P2469v
　〔破曆雜錄〕 戌年六月五日（830?）

06968 悉歹終 ……………… P3730v④
　〔紇骨薩部落百姓吳瓊岳爲無糧用今於永壽
　　寺便粟契〕 未年四月三日（839 or 827）
　　1)保人男

06969 悉歹勃藏 …………… S00542v⑧
　〔燉煌諸寺丁壯車牛役部〕 戌年六月十八日
　　（818）

06970 悉歹没藏 …………… P4640v
　〔官入破曆〕 辛酉年七月廿日（901）
　　3)退渾

06971 悉歹□ ……………… P3730v④
　〔紇骨薩部落百姓吳瓊岳爲無糧用今於永壽
　　寺便粟契〕 未年四月三日（839 or 827）
　　1)保人

06972 車什一 ……………… P3047v⑥
　〔諸人諸色施入曆〕（9C前期）

06973 若比丘 …………… BD12377(L2506)
　〔佛經殘片(3字)〕（8～9C）
　　1)比丘

06974 主?庭廈 ………… BD10773v②(L0902)
　〔某寺殘曆〕（9C）

06975 朱阿孫 ……………… S00374
　〔回向文〕 至道二年正月（996）

06976 朱阿朶 ……………… S08448A
　〔紫亭羊數名目〕 辛亥年正月廿七日（951）

06977 朱阿朶 ……………… S08448Bv
　〔紫亭羊數名目〕（940頃）

06978 朱員住 ……………… P2032v⑪
　〔淨土寺西倉司願勝等入破曆〕 乙巳年三月
　　（945）
　　2)淨土寺

06979 朱員住 ……………… P2032v⑯-4
　〔淨土寺粟利閏入曆〕（940前後）
　　2)淨土寺

06980 朱員住 ……………… P2049v②
　〔淨土寺諸色入破曆計會牒〕 長興二年正月
　　（930～931）
　　2)淨土寺

06981 朱員住 ……………… P3234v⑮
　〔淨土寺西倉豆利潤入曆〕（940年代?）
　　2)淨土寺

06982 朱員住 ……………… S06237
　〔諸人見在粟黃麻曆〕 戌年～子年（10C中期
　　以降?）

06983 （朱）塩娘 …………… S00542v
　〔燉煌諸寺丁壯車牛役部〕 戌年六月十八日
　　（818）
　　2)蓮臺寺　4)⇒塩娘。

06984 朱可遮 …………… S08445＋S08446＋
　　S08468②
　〔羊司於紫亭得羊名目〕 丙午年三月九日
　　（946）

06985 朱家 ………………… 楡第34窟
　〔供養人題記〕（11C初期）
　　4)原作「修窟施主淸信佛子引鄒子田氏嫁與朱
　　家」。東壁。《謝》p.482。

06986 朱憨〻 ……………… S00542v
　〔燉煌諸寺丁壯車牛役部〕 戌年六月十八日
　　（818）
　　2)蓮臺寺

06987 朱願松 ……………… S01946
　〔賣女契〕 淳化二年辛卯十一月十二日（991）
　　1)常住百姓

06988 朱幸千 …………… S08445＋S08446＋
　　S08468⑤
　〔紫亭羊數名目〕 辛亥年正月廿七日（951）

06989 朱?幸千 …………… S08448A
　〔紫亭羊數名目〕 辛亥年正月廿七日（951）

06990 朱乞匆略 ・・・・・・・・・・・・・・・・ S08448A
〔紫亭羊數名目〕 辛亥年正月廿七日 (951)

06991 朱乞匆略 ・・・・・・・・・・・・・・・・ S08448B
〔紫亭羊數名目〕 (940頃)

06992 朱再住? ・・・・・・・・ Дx00796＋Дx01343＋
Дx01347＋Дx01395v
〔雜寫(人名列記等)〕 某月廿日 (10C)
　1)學郎? 2)龍興寺

06993 朱再靖 ・・・・・・・・・・・・・・・・ 莫第192窟
〔發願功德讚文并序〕 咸通八年丁亥二月廿六
日 (867)
　1)社官 4)原作「…大朝社官朱再靖錄事曹善
僧」等。東壁門口上方。《燉》p.85.《謝》p.376。

06994 朱三 ・・・・・・・・・・・・・・・・・・ 莫第113窟
〔供養人題記〕 (9C後期)
　1)衙前散兵馬使承人木頓悟賢者 4)原作「衙前
散兵馬使承人木頓悟賢者朱三一心供養」。

06995 朱七之 ・・・・・・・・・・・・・・・・ 莫第468窟
〔供養人題記〕 (9C中期)
　4)原作「亡口朱七之一心供養」。前室南壁。《燉》
p.176。

06996 朱悉吉略 ・・・・・・・・・ Дx01432＋Дx03110
〔地子倉麥曆〕 (10C)
　4)朱悉詰略?

06997 朱醜娘 ・・・・・・・・・・・・・・・・ S00542v
〔燉煌諸寺丁壯車牛役部〕 戌年六月十八日
(818)
　2)蓮臺寺 4)⇒醜娘。

06998 朱春苁 ・・・・・・・・・・・・・・・・ S08448A
〔紫亭羊數名目〕 辛亥年正月廿七日 (951)

06999 朱春節 ・・・・・・・・・・・・・・・・ S08448B
〔紫亭羊數名目〕 (940頃)

07000 朱春鸞 ・・・・・・・・・・・・・・・・ S00542v
〔燉煌諸寺丁壯車牛役部〕 戌年六月十八日
(818)
　2)蓮臺寺 4)⇒春鸞。

07001 朱勝過 ・・・・・・・・・・・・・・・・ S11352
〔法律道哲牓示〕 (9C)

07002 朱勝嬌 ・・・・・・・・・・・・・・・・ S02669
〔管內尼寺(安國寺・大乘寺・聖光寺)籍〕
(865〜870)
　2)大乘寺 3)燉煌鄉 4)尼名「用意」。

07003 朱勝智 ・・・・・・・・・・・・・・・・ S11352
〔法律道哲牓示〕 (9C)

07004 朱勝妙 ・・・・・・・・・・・・・・・・ S02669
〔管內尼寺(安國寺・大乘寺・聖光寺)籍〕
(865〜870)
　2)大乘寺 3)燉煌鄉 4)姓「朱」。俗名「端々」。

07005 朱淨辯 ・・・・・・・・・・・・・・・・ S02729①
〔燉煌應管勘牌子歷〕 辰年三月 (788)
　1)僧 2)龍興寺 3)沙州 4)⇒淨辯。

07006 朱淨辯 ・・・・・・・・・・・・・・・・ S02729①
〔燉煌應管勘牌子歷〕 辰年三月 (788)
　1)僧 3)僧尼部落 4)原作「辰年三月日僧尼部
落朱淨辯牒」。58行目。

07007 朱神德 ・・・・・・・・・・・・・・・・ P3638
〔沙彌善勝點檢常住什物見在曆〕 辛未年
(911)

07008 朱神德 ・・・・・・・・・・・・・・・・ S05495
〔入破曆〕 天復四年甲子歲二月一日 (904)
　1)梁戶

07009 朱神德 ・・・・・・・・・・・・・・・・ S06781②
〔北梁戶張賢君納油課曆〕 丁丑歲正月十一
日 (917)
　4)⇒神德。

07010 朱進興 ・・・・・・・・・・・・・・・・ P2583v⑨
〔女弟子張什二施入疏〕 申年正月五日 (828)

07011 朱進興 ・・・・・・・・・・・・・・・・ S00542v
〔燉煌諸寺丁壯車牛役部〕 戌年六月十八日
(818)
　2)龍興寺

07012 朱進通 ・・・・・・・・・・・・・・・・ BD09345①(周66)
〔安醜定妻亡社司轉帖〕 辛酉年四月廿四日
(961?)
　2)顯德寺門

07013 朱席 ・・・・・・・・・・・・・・・・・・ BD09345①(周66)
〔安醜定妻亡社司轉帖〕 辛酉年四月廿四日
(961?)
　1)席錄 2)顯德寺門

07014 朱善娘 ……………… S00542v
〔燉煌諸寺丁壯車牛役部〕 戌年六月十八日
(818)
　　2)蓮臺寺　4)⇒善娘。

07015 朱替子 ……………… P3234v③-54
〔惠安惠戒手下便物曆〕 甲辰年 (944)

07016 朱宅官 ……………… P3396
〔沙州諸渠別粟田名目〕 (10C後期)
　　1)漂?子・宅官

07017 朱端々 ……………… S02669
〔管内尼寺(安國寺・大乘寺・聖光寺)籍〕
(865～870)
　　2)大乘寺　3)燉煌鄉　4)尼名「勝妙」。

07018 朱寵娘 ……………… S00542v
〔燉煌諸寺丁壯車牛役部〕 戌年六月十八日
(818)
　　2)蓮臺寺

07019 朱朝子 ……………… S02228①
〔絲綿部落夫丁修城使役簿〕 亥年十月十日
(819)
　　3)絲綿部落・□部落　4)首行作「亥年六月十五日州城所,絲綿」。末行作「亥年六月十五日畢功」。

07020 朱超悟 ……………… S02729①
〔燉煌應管勘牌子歷〕 辰年三月 (788)
　　1)僧　2)靈修寺　3)沙州　4)36行目。

07021 朱奴子 ……………… S00542v
〔燉煌諸寺丁壯車牛役部〕 戌年六月十八日
(818)
　　1)翟教授手力　2)靈圖寺

07022 朱曇義 ……………… S02729①
〔燉煌應管勘牌子歷〕 辰年三月 (788)
　　1)僧　2)乾元寺　3)沙州　4)22行目。

07023 朱曇義 ……………… S02799
〔僧尼籍〕 (788)
　　2)乾元寺　4)僧名「曇義」。

07024 朱判官 ……………… S03074v
〔某寺破曆〕 六月廿六日,九月十九日,十二月九日 (9C前期)
　　1)判官

07025 朱判官 ……………… S08448A
〔紫亭羊數名目〕 辛亥年正月廿七日 (951)
　　1)判官

07026 朱糞堆 ……………… P3249v
〔將龍光顏等隊下人名目〕 (9C中期)

07027 朱米悉羅 ……………… S08446③
〔稅巳年出羊人名目〕 丙午年二月十九日
(946)

07028 朱保山 ……………… S03048
〔東界羊籍〕 丙辰年 (956)
　　1)牧羊人

07029 朱寶昌 ……………… S00542v
〔燉煌諸寺丁壯車牛役部〕 戌年六月十八日
(818)
　　1)團頭　2)龍興寺

07030 朱法師 ……………… 杏・羽694①
〔當寺應管主客僧牒〕 未年閏十月 (803)
　　4)文末有異一行「未年閏十月日,直歲圓滿牒」。

07031 朱法貞 ……………… P2912v③
〔寫大般若經一部施銀盤子麥粟粉疏〕 四月八日 (9C前期)

07032 朱没物 ……………… P5038
〔納磨草人名目〕 丙午年九月一日 (886 or 946)

07033 朱滿遠 ……………… Дx01286+Дx03424
〔社人名列記〕 丑年 (9C)

07034 朱妙政 ……………… S02729①
〔燉煌應管勘牌子歷〕 辰年三月 (788)
　　1)僧　2)靈修寺　3)沙州　4)30行目。

07035 朱?祐定 ……………… Дx10270
〔便粟麥曆〕 (946)
　　1)〔口?承?〕人

07036 朱遊弈 ……………… S01153
〔諸雜人名目〕 (10C後期)

07037 朱用意 ……………… S02669
〔管内尼寺(安國寺・大乘寺・聖光寺)籍〕
(865～870)
　　2)大乘寺　3)燉煌鄉　4)姓「朱」。俗名「勝嬌」。

07038 朱鸞々 ･････････････ S00542v
〔燉煌諸寺丁壯車牛役部〕 戌年六月十八日
(818)
　2) 蓮臺寺

07039 朱老妻 ･･････････････ P3047v⑨
〔諸人諸色施捨曆〕 (9C前期)

07040 朱□ ･････････････ BD00471(洪71)
〔維摩詰所說經卷中(卷尾有題記)〕 大唐大曆
九年七月十五日　(774)
　1) 太子通事舍人　4) 原作「大唐大曆九年七月
　十五日太子通事舍人朱□…十一年二月□…
　□亡男恭□…□讀」。

07041 朱□ ･････････････････ S09463
〔李万受等便麥曆〕 (10C)

07042 朱□ ････････････････ Дx02971
〔王都頭倉下糧食破曆〕 (10C)

07043 朱 ･･････････ BD05673v④(李73)
〔行人轉帖(寫錄)〕 今月十二日 (9C末)

07044 陳邁 ･･････････････････ P4989
〔沙州戶口田地簿〕 (9C末)

07045 周員々 ････････････････ S06452⑥
〔常住庫黃麻出便與人名目〕 壬午年 (982)
　2) 淨土寺

07046 周盈通 ･･･････････････ S00395v
〔雜寫〕 (10C)

07047 周押衙 ･････････ BD16112A(L4066)
〔某寺雜物歷〕 (10C?)
　1) 押衙

07048 周押衙 ････････････ S02894v⑤
〔社司轉帖〕 (10C後期)
　1) 押衙

07049 周押衙 ･････････････ 杏・羽672
〔新集親家名目〕 (10C?)
　1) 押衙

07050 周家 ･･････････ BD16026c(L4018)
〔周家蘭若禪僧法成便麥粟曆〕 (957～959)

07051 周家 ････････････････ P2032v⑫
〔淨土寺諸色破曆〕 (940前後)
　2) 淨土寺

07052 周家美子 ･････････････ P2944
〔大乘寺・聖光寺等尼僧名錄〕 (10C後期?)

07053 (周)願勝 ･･････････････ P2944
〔大乘寺・聖光寺等尼僧名錄〕 (10C後期?)
　4) ⇒願勝。

07054 周歸頭〔順〕 ････････ BD09298(周19)
〔納贈曆〕 (9～10C)

07055 周幸深 ･･･････････ BD16384v(L4458)
〔人名目〕 (10C後期)

07056 周幸深 ･････････････････ P3146A
〔衙前子弟州司及纛頭等留殘袙衙人數〕 辛
巳年八月三日 (981)

07057 周興國 ････････････････ S05824v
〔經坊費負担人名目〕 (8C末～9C前期)

07058 周興子 ･････････････････ P3394
〔僧張月光父子廻博田地契〕 大中六年壬申十
月 (852)

07059 周興□ ･････････････････ Дx01443
〔雜寫〕 (9C末～10C初)
　1) 勅員外散騎侍郎

07060 周行千 ･･･････････････ P2985v④
〔親使員文書〕 (10C後期)

07061 周沙 ･･････････････････ P4989
〔沙州戶口田地簿〕 (9C末)

07062 周沙々 ･････････････ S04018②
〔某寺分付宋法達與大般若經本15卷抄〕
十二月十五日 (9C?)
　1) 見人

07063 周?再住 ･･････････････ 上博21B
〔渠人轉帖〕 (10C中期?)

07064 周三子 ････････････････ S06614v①
〔社司轉帖〕 (10C)

07065 周志印 ･･････････ BD16113c(L4066)
〔地畝文書〕 (10C)

07066 周悉?□ ････････････････ P3418v③
〔某鄉缺枝夫戶名目〕 (9C末～10C初)

07067 周社官 ……………… BD09341（周62）
　〔社司轉帖〕　閏四月三日　（10C後期）
　　1)社官

07068 周闍梨 ……………… P3764piece1
　〔社司轉帖〕　乙亥年九月十六日　（915）
　　1)闍梨

07069 周娘 ………………… S00542v
　〔簿〕　戌年六月十八日　（818）

07070 周神威 ……………… BD01588v（來88）
　〔沙州給戍兵小麥曆〕　九月六日　（8C後期）
　　1)戍兵　4)R面爲「維摩詰所説經卷上（尾題,9C寫本?）」。

07071 周神奴 ……………… P3418v⑥
　〔洪閏鄉缺枝夫戶名目〕　（9C末～10C初）
　　3)洪潤鄉

07072 (周)詵 ……………… BD09339v①（周60）
　〔周詵等同社邑人祭曹氏文（寫）〕　己丑年正月　（809?）
　　4)本文與BD09332「尙饗文」同文。

07073 周清奴 ……………… S08445＋S08446＋S08468①
　〔羊司於常樂稅羊人名目〕　丙午年六月廿七日　（946）

07074 周清奴 ……………… S08445＋S08446＋S08468④
　〔羊司於常樂官稅羊數名目〕　丁未年四月十二日　（943）

07075 周千子 ……………… 杏・羽663v
　〔雜抄紙背人名等雜寫〕　（10C前期）

07076 周僧政和尙 ………… P3367
　〔弟子都押衙宋慈順爲故男追念疏〕　己巳年八月廿三日　（969）
　　1)僧政・和尙　2)三界寺

07077 周僧正 ……………… P3365
　〔爲府主大王小患付經曆〕　甲戌年五月十日　（974）
　　1)僧正

07078 周?僧正 …………… P3852v②
　〔大般若經付袟僧名目〕　（10C）
　　1)僧正

07079 周僧正 ……………… P4005
　〔智藏狀〕　大唐(長)興貳年六月　（931）
　　1)僧正

07080 周僧正 ……………… S05855
　〔追疏文〕　雍熙三年丙戌六月　（986）
　　1)僧正

07081 周僧正 ……………… S06452②
　〔周僧正貸油麵曆〕　辛巳年～壬午年　（981～982?）
　　1)僧正

07082 周僧正 ……………… Дx01365
　〔淨土寺周僧正還王都料鐺?價絹契〕　癸未年七月十九日　（983）
　　1)僧正　2)淨土(寺)

07083 周僧正 ……………… Дx01425＋Дx11192＋Дx11223
　〔某寺弔儀用布破曆〕　辛酉年從正月到四月　（961）
　　1)僧正

07084 周宗?兒 …………… Дx00796＋Дx01343＋Дx01347＋Дx01395v
　〔雜寫(人名列記等)〕　某月廿日　（10C）
　　1)學郞?　2)龍興寺

07085 周大 ………………… Дx01388
　〔社文書〕　（9C）

07086 周大妻 ……………… Дx01388
　〔社文書〕　（9C）

07087 周宅官 ……………… P2032v③
　〔淨土寺諸色破曆〕　（944前後）
　　1)宅官　2)淨土寺

07088 周宅官 ……………… P3288piece1
　〔佛現齋造餺飥人名目〕　（10C）
　　1)宅官

07089 周宅官 ……………… S03405
　〔主人付親情社色物〕　（10C後期）
　　1)宅官　4)V面有「癸未年三月十四日」。

07090 周宅官 ……………… S08443F2
　〔某寺入麥粟曆〕　甲辰年五月十一日　（944）
　　1)宅官

07091 周智藏 ・・・・・・・・・・・・・・・・・・ P3047v⑦
〔法事僧尼名錄〕 (9C前期)
　　4)僧名「智藏」。

07092 周忠孝 ・・・・・・・・・・・・・・・・・・・・ P4621
〔寫經跋文〕 (9〜10C)
　　1)都督・上柱國　4)原作「都督上柱國周忠孝」。

07093 周長支 ・・・・・・・・・・・・・・・・・・ S06452⑦
〔便粟曆〕 壬午年 (982)
　　2)淨土寺

07094 周長友 ・・・・・・・・・・・・・・・・・・ S06452⑥
〔常住庫黃麻出便與人名目〕 壬午年 (982)
　　2)淨土寺

07095 周通順 ・・・・・・・・・・・・・ BD03441(露41)
〔僧法成少有斛斗出便與人抄錄(2行)〕 辛酉年二月九日 (901?)

07096 周通順 ・・・・・・・・・・・・ BD16079(L4048)
〔便物曆〕 辛酉年二月九日 (9〜10C)

07097 周定□ ・・・・・・・・・・・・ BD16249(L4115)
〔便曆?〕 (9〜10C)
　　1)押衙

07098 周都頭 ・・・・・・・・・・・・・・・・・・ 杏・羽672
〔新集親家名目〕 (10C?)
　　1)都頭

07099 周不子 ・・・・・・・・・・・・・・・・・・・・ P4912
〔某寺得換油麻曆〕 (950年代以降)

07100 周不兒 ・・・・・・・・・・・・ BD16029(L4020)
〔周家蘭若禪僧法成便麥粟曆〕 (957〜959)
　　1)押衙　4)原作「押衙周不兒」。①丁巳:957年②己未:959年③戊午:958年。

07101 周富奴 ・・・・・・・・・・・・・・・・・・・・ P5038
〔納磨草人名目〕 丙午年九月一日 (886 or 946)

07102 周文喞 ・・・・・・・・・・・・・・・・・・ S09156
〔沙州戶口地畝計簿〕 (9C前期)
　　3)沙州

07103 周文建 ・・・・・・・・・・・・・・・・・・ P2667v
〔宴設使文書(梁幸德細供)〕 (10C)
　　1)賽馬神押衙

07104 周文建 ・・・・・・・・・・・・・・・・・・ P4640v
〔官入破曆〕 己未年十月 (899)
　　1)押衙

07105 周文昌 ・・・・・・・・・・・・・・・・・・・・ P2703
〔官牧羊人納羖羊毛牒〕 壬申年十二月 (972?)

07106 周文珎 ・・・・・・・・・・・・・・・・・・ P3418v⑤
〔某鄉缺枝夫戶名目〕 (9C末〜10C初)

07107 周保德 ・・・・・・・・・・・・ BD16079(L4048)
〔便物曆〕 辛酉年二月九日 (9〜10C)

07108 周法律 ・・・・・・・・・・・・・・・・・・・・ P3595
〔借券等〕 己巳年 (969?)
　　1)法律

07109 周法律 ・・・・・・・・・・・・・・・・・・ S00191v
〔僧智盈請周法律共立論端文〕 (10C?)
　　1)法律

07110 周法律 ・・・・・・・・・・・・・・・・・・ S04687r.v
〔佛會破曆〕 (9C末〜10C前期)
　　1)法律

07111 周明子 ・・・・・・・・・・・・・・・・・・ P2614v
〔尚饗文〕 甲辰年五月 (824)
　　4)原作「叔周明子」。

07112 周藥奴 ・・・・・・・・・・・・・・・・・・ S05549
〔百歲篇1卷(題記)〕 (10C?)
　　1)寫經人?

07113 (周)友德 ・・・・・・・・・・・・・・・・・・ S06452⑥
〔常住庫黃麻出便與人名目〕 壬午年二月十三日 (982)
　　1)口承男・(周員ミ)男　2)淨土寺　4)⇒友德。

07114 周李 ・・・・・・・・・・・・・・・・・・ S06452③
〔破曆〕 壬午年 (982?)
　　2)淨土寺

07115 周略子 ・・・・・・・・・・・・ S08445＋S08446＋S08468①
〔羊司於常樂稅羊人名目〕 丙午年六月廿七日 (946)

07116 周留住 ・・・・・・・・・・・・・・ P2040v②-28
〔淨土寺豆入曆〕 (940前後)
　　2)淨土寺

07117 周留住 ……………… 莫第098窟
　〔供養人題記〕（10C中期）
　　1)節度押衙知右四將將頭銀青光祿大夫檢校太
　　子賓客兼監察侍御史　4)北壁。《燉》p.35。《謝》
　　p.97。

07118 周老師 ……………… P3047v⑧
　〔王都督儭合城僧徒名錄〕（9C前期）
　　1)老師

07119 周郎 ……………… 杏・羽672
　〔新集親家名目〕（10C?）

07120 周郎四娘子 ……………… 杏・羽672
　〔新集親家名目〕（10C?）

07121 周祿子 ……………… BD09333v①（周54）
　〔周祿子等祭丈母文〕戊子年正月（9C）

07122 周祿子 ……………… BD09339v②（周60）
　〔周祿子等祭丈母文〕戊子年正月十四日
　（808?）
　　1)女婿　4)本文首頭有「維歲次戊子正月乙酉朔
　　十四日戊戌女婿周祿子等謹(以)清酌之奠,敬祭
　　于故丈母之靈」文。

07123 周祿子 ……………… Дx01286＋Дx03424
　〔社人名列記〕　丑年（9C）

07124 周和尚 ……………… P3365
　〔爲府主大王小患付經歷〕甲戌年五月十日
　（974）
　　1)和尚

07125 周和尚 ……………… S06452⑤
　〔破曆便曆?〕辛巳年（981）
　　1)和尚　2)淨土寺

07126 周□平? ……………… 莫第148窟
　〔供養人題記〕（11C中期）
　　1)窟禪龍興寺釋門法律　2)龍興寺　4)原作
　　「窟禪龍興寺釋門法律周□平供養」。南壁。《燉》
　　p.70。《謝》p.53。

07127 周□□ ……………… BD16336B（L4425）
　〔社司轉帖〕戊申年（948?）

07128 周□□ ……………… Дx02449＋Дx05176
　〔(時年)轉帖〕十一月十九日（10C前期）

07129 周 ……………… BD11502①（L1631）
　〔燉煌十一僧寺別姓名簿并緣起經論等名
　目〕（9C後期）
　　2)(三)界(寺)

07130 周 ……………… BD11502①（L1631）
　〔燉煌十一僧寺別姓名簿并緣起經論等名
　目〕（9C後期）
　　2)淨(土寺)

07131 周 ……………… P2049v①
　〔淨土寺諸色入破曆計會牒〕同光三年
　（925）

07132 周 ……………… S01163v
　〔社司轉帖(雜寫)〕庚戌年五月六日（10C?）
　　1)都知　4)別稿習字有「庚戌年五月六日」。

07133 周 ……………… S06452①
　〔淨土寺破曆〕辛巳年（981）
　　1)和尚　2)淨土寺

07134 周 ……………… S06452①
　〔淨土寺破曆〕辛巳年（981）
　　1)法律?　2)三界寺

07135 周 ……………… S06452③
　〔破曆〕壬午年（982?）
　　1)僧正　2)淨土寺

07136 周 ……………… S06452v①
　〔破曆〕壬午年（982）
　　1)僧正　2)淨土寺

07137 就安住 ……………… Дx10270v
　〔便麥粟曆〕（946）

07138 就盈君 ……………… S04060v①
　〔便麥粟豆曆〕己酉年（949）

07139 就盈德 ……………… P3131v
　〔牧羊馬馳缺數曆〕（10C後期）

07140 就盈德 ……………… P4997v
　〔分付羊皮曆(殘)〕（10C後期）

07141 就延度 ……………… P2680v⑨
　〔納色物曆〕（10C中期）

07142 就延德 ……………… P4997v
　〔分付羊皮曆(殘)〕（10C後期）

07143 就押衙 ·················· P4019_piece5
　〔雜寫斷片〕（9C後期）
　　1）押衙

07144 就願受 ·················· P3145
　〔社司轉帖〕戊子年閏五月（988?）

07145 就久子 ·················· S04060v①
　〔便麥粟豆曆〕己酉年（949）

07146 就九子 ·················· Дx10270v
　〔便麥粟曆〕（946）

07147 就虞侯 ·················· S06981③
　〔某寺入曆(殘)〕壬申年（912 or 972）
　　1）虞侯

07148 就〔龍〕虞侯 ············· S06003
　〔社司轉帖〕壬申年七月廿九日（972）
　　1）虞侯

07149 就?慧?兒 ················ S01845
　〔納贈曆〕丙子年四月十七日（976?）

07150 就慶宋 ·················· S04060v①
　〔便麥粟豆曆〕己酉年（949）

07151 就慶奴 ·················· P3636_piece1
　〔社人爵粟曆〕丁酉年頃（937頃）

07152 就慶奴 ·················· Дx01317
　〔衙前第一隊轉帖〕二月六日（10C中期）
　　4）⇒龍慶奴。

07153 就彥員 ·················· P2680v⑨
　〔納色物曆〕（10C中期）

07154 就彥深 ·················· S02894v⑤
　〔社司轉帖〕（10C後期）

07155 就彥貞 ·················· P4638v⑬
　〔將于闐充使達至西府大國〕辛卯年（931）
　　1）副隊頭・押衙

07156 就弘慶? ················· S11359
　〔貸絹契(末)〕（9C～10C）
　　1）貸絹人・押衙

07157 就弘子 ·················· S04504v⑥
　〔便契〕乙未年三月七日（935）
　　1）押衙

07158 就子昇 ·················· Дx01317
　〔衙前第一隊轉帖〕二月六日（10C中期）

07159 就闍梨 ·················· S05486④
　〔榮設所由就闍梨手上領得油曆〕丁未年二月八日（947）
　　1）闍梨

07160 就住兒 ·················· S04060v①
　〔便麥粟豆曆〕己酉年（949）

07161 就昌盈 ·················· 莫第098窟
　〔供養人題記〕（10C中期）
　　1）節度押衙銀青光祿大夫國子祭酒兼御史中丞上柱國　4）南壁。《燉》p.43。《謝》p.92。

07162 就神力 ·················· Дx02264
　〔押衙朗神達狀帖〕（900前後）
　　1）押衙

07163 就齊榮 ·················· 北大D162v
　〔道場施物疏〕辰年正月十五日（836?）

07164 就僧 ···················· P2736
　〔金光明最勝王經(8C)(紙上雜寫)〕（10C後期）
　　1）僧　4）牒文中有「況戒松每遊曹店」等文。

07165 就僧正 ·················· BD09282（周3）
　〔六月到八月某寺諸色斛斗(豆麥粟)破歷〕（10C後期）
　　1）僧正　2）(靈)圖(寺)　4）原作「圖就僧正亡納贈用」。

07166 就聰兒 ·················· S03877
　〔雇工契(寫)〕甲寅年五月廿八日（894?）
　　1）百姓　3）神沙鄉

07167 就蒼兒 ·················· S01845
　〔納贈曆〕丙子年四月十七日（976?）

07168 就沈 ···················· P3391v①
　〔社司轉帖(寫錄)〕丁酉年正月日（937）

07169 就通 ···················· BD07779（始79）
　〔般若心經貼付經〕（9C前期）

07170 就通 ···················· BD11469（L1598）
　〔无量壽宗要經〕（9C前期）
　　4）有一勘記「兌」。「第一光琛，第二法篤，第三談建，就通」。

07171 就通 ……………… P4587
〔諸星母陀羅尼經〕 大中十一年五月廿六日
(857)
　4)原作「沙州法成於甘州脩多寺,譯大中十一年
　五月廿六日思?經此是陽英德書記」。

07172 就通 ……………… S05909
〔般若波羅蜜多心經1卷題記〕 (9C)

07173 就通子 ……………… S00933
〔大般若波羅蜜多經卷第276〕 (9C)

07174 就通子 ……………… S01686
〔佛殿壁畫功德記稿〕 大蕃歲次辛丑年五月丙
申朔二日丁未(朔=合) (821)
　1)施主・清信佛弟子　4)原作「施主清信佛弟子
　就通子」。

07175 就東來 ……… BD14806③(新1006)
〔歸義軍官府貸油麵曆〕 庚午年?(970?)

07176 就得勝 ……………… P3418v④
〔龍勒鄉缺枝夫戶名目〕 (9C末～10C初)
　3)龍勒鄉

07177 就賓 ……………… P2633
〔崔氏夫人要(訓)女文・楊滿山詠孝經拾捌章
等〕 辛巳年正月五日 (921 or 981)
　4)原作「辛巳年正月五日氾員昌就賓上」。V面雜
　寫中有「壬午年正月九日淨土寺,南院學士郎□」
　等之字。

07178 就佛恩 ……………… S04060v①
〔便麥粟豆曆〕 己酉年 (949)

07179 就佛奴 ……………… P3328v①
〔付細布曆〕 (9C前期)

07180 就保住 ……………… S04060v①
〔便麥粟豆曆〕 己酉年 (949)

07181 就法律 ……………… P3388
〔節度使曹元忠爲故兄追念請金光明寺僧
疏〕 開運四年三月九日 (946)
　1)法律　2)金光明寺

07182 就法律 ……………… S00520
〔報恩寺方等道場榜〕 (9C末～925以前)
　1)法律　4)有「河西都僧院」印。

07183 就法律 ……………… S05718
〔追福疏〕 天福十年五月廿二日 (945)
　1)法律　2)金光明寺

07184 就万子 ……………… P.tib2204v
〔雜寫〕 丑年 (9C前期)

07185 就?友慶 …………… BD16384v(L4458)
〔人名目〕 (10C後期)

07186 就友慶 ……………… S11359
〔貸絹契(末)〕 (9C～10C)
　1)口承人

07187 就力悉□ ……………… P.tib2124v
〔人名錄〕 (9C中期?)

07188 就留德 ……………… P2738v
〔社司轉帖(寫錄)〕 二月廿五日 (9C後期)

07189 就良晟 ……………… S04060v①
〔便麥粟豆曆〕 己酉年 (949)

07190 就郎 ……………… 杏・羽669-2
〔社司轉帖名列記〕 (10C)

07191 就□弘 ……………… P3757
〔鷰子賦1首〕 (10C)
　1)孛士郎　2)金光明寺　4)原作「金光明(寺)孛
　士郎就□弘,孔引氾員定」。

07192 就□子 ……………… P3418v④
〔龍勒鄉缺枝夫戶名目〕 (9C末～10C初)
　3)龍勒鄉

07193 就 ……………… Дx11085
〔當寺轉帖〕 壬申年七月 (972)

07194 就(龍)都知 ……………… S04609v
〔付銀椀人名目〕 太平興國九年頃 (984)
　1)都知　4)R面有「大平興國六年(981)」之紀年。

07195 集張法律 ……………… S08750v
〔某寺常住什物見在曆〕 (10C)
　1)法律

07196 住孔奴押衙 ……… BD11987(L2116)
〔歸義軍官府人名目〕 (9C後期～10C)
　1)押衙　4)原作「住孔奴押衙」。

07197 柔奕〔然?〕家 ……………… P3579
〔百姓吳保住牒〕 雍熙五年戊子歲 (988)

07198 祝懷義 ……………… P3145
〔社司轉帖〕 戊子年閏五月 (988?)

07199 祝慶子 ······ S04990v
　〔社人名簿〕（10C?）

07200 祝骨子 ······ P3165v
　〔某寺破麥歷(殘)〕（丁卯／戊辰年）（908?）
　　1）博士

07201 祝骨子 ······ P3277v②
　〔龍勒鄉百姓祝骨子合種地契〕乙丑年二月廿四日（965）
　　3）龍勒鄉

07202 祝再昌 ······ S01153
　〔諸雜人名目〕（10C後期）

07203 祝子盈 ······ P2155③
　〔合領馳馬牛羊皮歷〕（10C）
　　4）原作「祝子盈群」。

07204 祝子盈 ······ P2703
　〔官牧羊人納𣓙羊毛牒〕壬申年十二月（972?）

07205 祝闍梨 ······ BD03472v（露72）
　〔祝闍梨集經(1行)〕（10C?）

07206 祝闍梨 ······ S02871
　〔維摩詰經卷中〕（9C）
　　1）僧・闍梨　2）金光明寺

07207 祝闍梨 ······ S05341v
　〔金光明寺祝闍梨記〕（9C）
　　1）闍梨　2）金光明寺

07208 祝闍梨 ······ Φ091v
　〔金光明寺僧祝闍梨集經(供養記)〕（9C?）
　　1）闍梨　2）金光明寺

07209 祝昇?富? ······ Дx01047v
　〔人名列記(1行)〕（10C後期）

07210 祝章?友 ······ BD16022c（L4018）
　〔永寧坊巷社司文書〕（10C）
　　3）永寧坊

07211 祝丑兒 ······ S04990v
　〔社人名簿〕（10C?）

07212 祝定德 ······ S01845
　〔納贈歷〕丙子年四月十七日（976?）

07213 祝二郎 ······ BD12384（L2513）
　〔分付多衣簿〕（8C中期）

07214 祝富住 ······ BD16021c（L4018）
　〔永寧坊巷社扶佛人名目〕（9C後期～10C中期）
　　3）永寧坊

07215 祝保員 ······ BD16022A（L4018）
　〔永寧坊巷社扶佛人名目〕（10C）
　　3）永寧坊

07216 祝方定 ······ P2817v
　〔社司轉帖及便絹契等(殘)〕（10C）

07217 祝?□支 ······ S04990v
　〔社人名簿〕（10C?）

07218 淳于光相 ······ S02729①
　〔燉煌應管勘牌子歷〕辰年三月（788）
　　1）僧　2）大乘寺　3）沙州　4）48行目。

07219 淳于光譚 ······ S10009v
　〔春苗歷〕（9C前期）
　　4）原作「淳汚光譚」。

07220 潤?上座 ······ P3060
　〔諸寺諸色付經僧尼歷〕（9C前期）
　　1）僧尼・上座　4）經典名「正法念經卷3」。

07221 徐?安德 ······ P3372v
　〔社司轉帖并雜抄〕壬申年（972）
　　1）社長

07222 徐盈達 ······ P3004
　〔缺絹契〕乙巳年六月五日丁未年三月十三日（945 or 947）

07223 徐盈達 ······ P3453
　〔契約文書〕乙巳年六月五日（945）

07224 徐盈達 ······ P3472
　〔借絹契〕戊申年四月十六日（948）

07225 徐盈達 ······ S05578
　〔雜寫〕（10C?）

07226 徐加晟 ······ P3812v
　〔牒狀(寫錄)〕（9C末頃）

07227 徐家 ······ Дx00011③
　〔莫高鄉?羅住子等契〕某月廿五日（10C）
　　3）莫高鄉?

07228 徐會兒 ····················· 羽・寫836-837
〔百姓史喜蘇買騾馬契〕 癸未年十一月廿日
(983)
　　1)押衙

07229 徐漢?榮 ················ Stein Painting 26
〔毗沙門圖供養人題記〕 (10C?)
　　1)施主

07230 徐緊成 ······························ S01159
〔神沙鄉散行人轉帖〕 二月四日 (10C中期)
　　1)行人　3)神沙鄉

07231 徐再興 ······························ P2439
〔雜寫(社司轉帖)〕 甲申年, 乙酉年頃 (924
or 925頃)

07232 徐再興 ····························· Дx00927③
〔雜寫(佛說大衆兒子人名列記)〕 (10C後期)

07233 徐宰者 ···························· P3108v②
〔三官?便社人黃麻曆〕 己未年二月十日 (899
or 956)

07234 徐志 ································· S10009
〔田籍〕 (吐蕃期)

07235 徐氏 ······························· 莫第402窟
〔供養人題記〕 (10C前期)
　　4)南壁。《燉》p.151。

07236 徐寺加 ···························· S03287v
〔戶口田地申告牒〕 子年五月 (832 or 844)

07237 徐社長 ····························· S06214
〔社司轉帖〕 乙卯年四月廿八日 (955?)
　　1)社長

07238 徐闍梨 ························ BD07278(帝78)
〔四分律卷55允紙(末雜寫2行)〕 (9C?)
　　1)闍梨

07239 徐闍梨 ··························· P2876piece1
〔社司轉帖(殘)〕 丙寅年 (906)
　　1)闍梨

07240 徐昌晟 ····························· P3812v
〔牒狀(寫錄)〕 (9C末頃)

07241 徐清 ······························· P5003v
〔社人納色物曆〕 (9C前期)

07242 徐僧政 ······························ P4017
〔雜寫〕 乙酉年七月廿一日 (985)
　　1)僧政

07243 徐僧正 ····························· P3240①
〔配經歷〕 壬寅年六月廿一日 (1002)
　　1)僧正

07244 徐僧正 ······························ S04117
〔寫經人・校字人名目〕 壬寅年三月廿九日
(1002)
　　1)寫經人・校字人・僧正

07245 徐僧正 ······························ S04702
〔計會〕 丙申十二月九日 (996)
　　1)僧正

07246 徐宗雲 ····················· BD15033(新1233)
〔无量壽宗要經(尾)〕 (9C前期)
　　4)原作「徐宗雲敬佛經壹卷」。

07247 徐定住 ···························· 莫第263窟
〔供養人題記〕 (10C前期)
　　1)節度押衙銀青光祿大夫檢校太子賓客　4)原
作「節度押衙銀青光祿大夫檢校太子賓客徐定住
一心供養」。《Pn》。

07248 徐富弟 ····························· Дx01261
〔社司轉帖(殘)〕 □巳年正月三日 (10C)
　　4)本件存「□巳年正月三日錄書馬帖」一文。

07249 徐保子 ···························· P3277v②
〔龍勒鄉百姓祝骨子合種地契〕 乙丑年二月廿
四日 (965)
　　3)龍勒鄉

07250 徐法眞 ···························· S02729①
〔燉煌應管勘牌子歷〕 辰年三月 (788)
　　1)僧　2)靈修寺　3)沙州　4)28行目。

07251 徐法律 ······························ P3037
〔社司轉帖〕 庚寅年正月三日 (990)
　　1)法律　2)大悲寺

07252 徐法律 ······························ S04211
〔寫經關係文書〕 壬辰年四月十一日 (932)
　　1)寫經人・法律

07253 徐法律 ···························· S04687r.v
〔佛會破曆〕 (9C末〜10C前期)
　　1)法律

07254 徐祐信 ‥‥‥‥‥‥‥‥‥ S04504v④
　〔行人轉帖〕　七月三日　（10C前期）

07255 徐遊巖 ‥‥‥‥‥‥‥‥‥ S05822
　〔地子曆〕　寅年　（8C後期?）

07256 徐流住 ‥‥‥‥‥‥‥‥‥ P2880
　〔春坐局席轉帖抄等諸抄〕　庚辰年十月廿二
　日　（980）

07257 徐留 ‥‥‥‥‥‥‥‥‥ S00705v
　〔社司轉帖（殘）〕　（9C後期）

07258 徐留慶 ‥‥‥‥‥‥‥‥‥ P3004
　〔缺絹契〕　乙巳年六月五日丁未年三月十三日
　（945 or 947）

07259 徐留慶 ‥‥‥‥‥‥‥‥‥ P3472
　〔借絹契〕　戊申年四月十六日　（948）

07260 徐留住 ‥‥‥‥‥‥‥‥‥ P3472
　〔借絹契〕　戊申年四月十六日　（948）
　　1) 見人弟

07261 徐留通 ‥‥‥‥‥‥‥‥‥ P3004
　〔缺絹契〕　乙巳年六月五日丁未年三月十三日
　（945 or 947）

07262 徐留通 ‥‥‥‥‥‥‥‥‥ P3453
　〔契約文書〕　乙巳年六月五日　（945）
　　1) 兵馬使

07263 徐留通 ‥‥‥‥‥‥‥‥‥ P3472
　〔借絹契〕　戊申年四月十六日　（948）
　　1) 兵馬使

07264 徐留通 ‥‥‥‥‥‥‥‥‥ Дx02149A
　〔寒食座設付酒曆〕　戊午年四月廿五日　（958
　or 898）
　　1) 第一（兵馬使?）

07265 徐郎君子 ‥‥‥‥‥‥‥‥‥ Дx01453v
　〔諸人納地子麥等曆〕　（10C後期）
　　4) R面爲「丙寅年（966）八月廿四日納地子麥麻
　曆」。

07266 徐和員 ‥‥‥‥‥‥‥‥‥ P2049v②
　〔淨土寺諸色入破曆計會牒〕　長興二年正月
　（930～931）

07267 徐 ‥‥‥‥‥‥‥‥‥ P3067
　〔某寺常住什物點檢曆〕　（10C後期）

07268 徐 ‥‥‥‥‥‥‥‥‥ P3290①
　〔計會簿〕　己亥年十二月二日　（999）
　　1) 黃麻人・僧正

07269 徐 ‥‥‥‥‥‥‥‥‥ S04701
　〔某寺常住倉司算會憑〕　庚子年　（1000）
　　1) 僧正

07270 除安定 ‥‥‥‥‥‥‥‥‥ BD16128A（L4067）
　〔社人名目〕　（10C）

07271 除貴怪 ‥‥‥‥‥‥‥‥‥ S02214
　〔官府雜帳（名籍・黃麻・地畝・地子等曆）〕
　（860?）

07272 除欺〻 ‥‥‥‥‥‥‥‥‥ P3418v①
　〔□□鄉缺枝夫戶名目〕　（9C末～10C初）

07273 除賢者 ‥‥‥‥‥‥‥‥‥ S01403
　〔契約文書〕　十二月十六日　（9C後期）
　　1) 見人

07274 除〔徐〕法律 ‥‥‥‥‥‥‥‥‥ S11534
　〔短册紙（習書）〕　（10C）
　　1) 法律

07275 將再住 ‥‥‥‥‥‥‥‥‥ Дx01346
　〔社司轉帖〕　（10C後期）
　　2) 顯德寺　4) 文中有「□緊子妻身亡」，「顯得
　（德）寺」。

07276 將昇達 ‥‥‥‥‥‥‥‥‥ BD16560v
　〔殘片（3字）〕　（9～10C）

07277 將石長博士 ‥‥‥‥‥‥‥‥‥ S03920v②
　〔緣取磑用破曆（殘）〕　（9C前期）
　　1) 博士

07278 將善子 ‥‥‥‥‥‥‥‥‥ P2680v⑦
　〔社司轉帖（殘）〕　丙申年四月廿六日　（936）

07279 將腹生 ‥‥‥‥‥‥‥‥‥ BD02381v（餘81）
　〔洪池鄉百姓何通史只（質）典與男善宗契
　（稿）〕　辛巳年五月八日　（921?）

07280 將養子 ‥‥‥‥‥‥‥‥‥ S05824v
　〔經坊費負担人名目〕　（8C末～9C前期）
　　4) ⇒養子。

07281 尚善子 ‥‥‥‥‥‥‥‥‥ 莫第146窟
　〔供養人題記〕　（11C中期）
　　4) 原作「故慈母尚氏善子一心供養」。中心佛壇東
　壁北側。《燉》p.67。

07282 拼〔捷〕法律 ………… P3365
〔爲府主大王小患付經歷〕 甲戌年五月十日
(974)
　　1)法律

07283 焦繼全 ………………… P3721v③
〔冬至自斷官員名〕 己卯年十一月廿六日
(979)

07284 焦都頭 ………… BD16384（L4458）
〔抄錄有私駝名目〕 丙寅年八月廿九日 (966)
　　1)都頭

07285 燒阿朶 ………………… S00527
〔女人社再立條件憑〕 顯德六年己未歲正月三
日 (959)

07286 燒阿竹咄 …………… P2049v①
〔淨土寺諸色入破曆計會牒〕 同光三年
(925)

07287 燒搗搥 ………… BD16317（L4409）
〔行人轉帖〕 (10C)

07288 燒再定 ………………… Дx01418
〔燉煌諸鄉別便豆曆〕 (10C)
　　3)玉關(鄉)

07289 燒醜子 ………………… S08426
〔官府酒破曆〕 四月十四日,十六日 (10C)
　　1)柔皮匠

07290 燒醜子 ………………… S08426D①
〔使府酒破曆〕 (10C中〜後期)
　　1)柔皮匠

07291 燒不勿 ………… BD03925（生25）
〔賣宅舍契〕 開寶八年丙子三月一日 (975)

07292 燒不勿 ………………… P2155③
〔合領馳馬牛羊皮曆〕 (10C)
　　4)原作「燒不勿群」。

07293 燒不勿 ………………… P2484⑤
〔就東園笮會小印子群牧馳馬牛羊見行籍〕
戊辰年十月十八日 (968)
　　4)存「歸義軍節度使印」。

07294 燒不勿 ………………… S02894v⑤
〔社司轉帖〕 (10C後期)

07295 燒保達 ………………… P2032v⑬-10
〔淨土寺豆入曆〕 (940前後)
　　2)淨土寺

07296 燒保達 ………………… P3234v③-45
〔惠安惠戒手下便物曆〕 甲辰年 (944)

07297 燒略丹？ …………… P3418v⑦
〔慈惠鄉缺枝夫戶名目〕 (9C末〜10C初)
　　3)慈惠鄉

07298 燒良？ ………………… P3706v
〔雜寫〕 戊寅年十月十八日 (978)
　　4)R面爲「大佛名懺悔文」(10C中期)。

07299 簫博士 ………………… Дx01427
〔官役沽酒粟破曆〕 癸亥年四月六日 (963)
　　1)博士

07300 蔣遠子 ………………… P3556v④
〔社戶人名目(殘)〕 (10C中期頃)
　　1)社戶

07301 蔣國堆 ………………… S04504v④
〔行人轉帖〕 七月三日 (10C前期)

07302 蔣再住 ………………… Дx04278
〔十一鄉諸人付麵數〕 乙亥年四月十一(日)
(915? or 975)
　　3)玉〔關鄉

07303 蔣子黨 ………… BD07675（皇75）
〔藏文无量壽宗要經(乙本)抄寫人名目〕 (9C
前期)
　　1)抄寫人　4)原藏文作「Cang-tsi-dam」。

07304 蔣師子 ………………… P3745v①
〔榮(營)小食納油麨數〕 三月廿八日 (9C末
期?)

07305 蔣倩奴 ………………… S01845
〔納贈曆〕 丙子年四月十七日 (976?)

07306 蔣富子 …… P3555B piece4 piece5＋P3288
①②
〔社司轉帖〕 丁巳年?月一日 (957)

07307 蔣富子 ………………… S08516E2
〔社司轉帖〕 丙辰年六月十日 (956)

07308 蔣保住 ………………… P2953v
〔便麥豆本曆〕 (10C)
　　3)同街龍勒鄉

07309 蔣 ･････････････････ BD05673v④（李73）
〔行人轉帖（寫錄）〕　今月十二日　（9C末）

07310 蕉?淨凝 ･･････････････････ S02729①
〔燉煌應管勘牌子歷〕　辰年三月　（788）
　1）僧　3）沙州・潘原堡　4）52行目。

07311 證寶珍 ･････････････････ 杏・羽694②
〔報恩寺所管僧名目〕　（9C前期）
　2）報恩寺　4）僧右傍有朱點, 朱字。

07312 乘安□ ･･･････････････ BD10077（L0206）
〔分付多衣歷〕　（8C中期）
　2）大乘寺?

07313 仍再晟 ･･･････････････････ P2155③
〔合領馳馬牛羊皮歷〕　（10C）
　4）原作「仍再晟群」。

07314 仍善子 ･･･････････････ Дx01432＋Дx03110
〔地子倉麥歷〕　（10C）

07315 仍鉢悉鷄 ･････････････････ Дx02971
〔王都頭倉下糧食破歷〕　（10C）

07316 仍兵馬使 ･････････････････ P3764v
〔社司轉帖〕　十一月五日及十一月十五日
（10C）
　1）兵馬使

07317 仍夜盃 ･････････････････････ S01153
〔諸雜人名目〕　（10C後期）

07318 仍綠🐎 ･･･････････････････ Дx06053v②
〔社司轉帖（殘）〕　（10C?）
　4）R面為「儒敎關係七言詩」。V面①為「行人?轉帖」。

07319 城闍梨 ････････････････････ P3396v
〔沙州諸渠別苰蘭名目〕　（10C後期）
　1）闍梨

07320 （常）阿朶 ･･････････････････ P2932
〔出便豆歷〕　乙丑年二月　（965?）
　1）弟口承

07321 常阿朶 ･･････････････････ S04884v
〔便褐歷〕　壬申年二月十日　（972?）

07322 常阿朶 ･･････････････････ S04884v
〔便褐歷〕　壬申年正月廿七日　（972?）

07323 常家 ････････････････ BD11990（L2119）
〔諸人施錢歷〕　（9〜10C）
　4）原作「餅坊常家」。

07324 常懷慶 ･･･････････････････ P2040v③-2
〔淨土寺西倉粟利入歷〕　己亥年　（939）
　2）淨土寺

07325 常喇 ･･････････････････ BD01281（列81）
〔佛說無量壽宗要經（尾）〕　（9C）

07326 常捒威 ･･･････････････ Дx05095＋Дx11088
〔社文書?〕　（9C後期?）
　1）送葬後到人

07327 常剛 ････････････････････ P4810v①
〔役簿?〕　十月二日　（9C）
　1）右十

07328 常黑?〔里?君?〕子 ･･･････ P.tib1102v
〔社司轉帖〕　申年二月廿日　（9C前期）

07329 常醜子 ･･････････････････ P2932
〔出便豆歷〕　乙丑年二月　（965?）
　3）龍勒鄉

07330 常小喇 ････････････････ BD01281（列81）
〔佛說無量壽宗要經（尾）〕　（9C）

07331 常捷威 ･･･････････････････ Дx05092
〔諸斷片雜記〕　（9〜10C）

07332 常進喇 ･････････････････ S01475v②
〔社司狀上〕　申年五月廿一日　（828）

07333 常進喇 ･････････････････ S01475v③
〔社司狀上〕　申年五月　（828）
　1）社人

07334 常精進 ･･････････････････ P4810
〔常精進爲病患尼堅忍狀上〕　三月　（9C）
　1）比丘尼　2）普光寺

07335 常專ゞ ･･････････････････ P3418v④
〔龍勒鄉缺枝夫戶名目〕　（9C末〜10C初）
　3）龍勒鄉

07336 常?判官 ････････････････ Дx02166
〔某社三官等麥粟破歷〕　（10C）
　1）判官

07337 常雷子 ·················· P2049v①
〔淨土寺諸色入破曆計會牒〕 同光三年
(925)

07338 常和尙 ·················· P2132
〔金剛般若經宣演卷下(敕隋駕講論沙門道氤
集)(奧書)〕 建中四年正月廿日〜庚寅年十一月
廿八日 (783〜810)
　1) 大德和尙　4) 原作「建中四年正月廿日僧義
　琳寫勘記。貞元十九年(803)聽得遺一遍癸未年
　十二月一日聽第二遍記。庚寅(810)第三遍了。義
　琳聽常大德和尙說」。

07339 常□□ ·················· P3060v
〔諸寺諸色付經僧尼曆〕 (9C前期)
　4) 經典名「觀佛三昧經卷1」。

07340 常 ··················· P.tib1261v⑤
〔諸寺僧尼支給穀物曆〕 (9C前期)

07341 常 ··················· P.tib1261v⑨
〔諸寺僧尼支給穀物曆〕 (9C前期)

07342 常 ··················· P.tib1261v⑩
〔諸寺僧尼支給穀物曆〕 (9C前期)

07343 常 ······················ S04710
〔沙州戶口簿〕 (9C中期以降)
　1)「戶主陰屯〻」妻　3) 沙州　4) 原作「戶主陰
　屯〻」妻阿常」。

07344 甞申 ··················· Дx02166
〔某社三官等麥粟破曆〕 (10C)

07345 疊策子 ············· BD10661(L0790)
〔書簡稿〕 (9〜10C)

07346 審家 ····················· S04782
〔乾元寺堂齋修造兩司都師文謙入破曆計
會〕 丑年 (10C後期)
　2) 乾元寺

07347 審家 ····················· 有鄰館56
〔城下諸色碩㪷牛等入破歷〕 自戌年至子年
(9C前期)
　4) 原作「漕審家」。

07348 新員住 ················ P2040v③-2
〔淨土寺西倉粟利入曆〕 己亥年 (939)
　2) 淨土寺

07349 新氏 ····················· 楡第34窟
〔供養人題記〕 (11C初期)
　1) 清信弟子　4) 東壁。《謝》p.482。

07350 新法詮 ··················· P3138v
〔諸寺付經曆〕 (9C前期)
　2) 靈圖寺　4) ⇒法詮。

07351 申員當? ············ BD16384v(L4458)
〔人名目〕 (10C後期)

07352 申衍悉雞 ················· P3145
〔社司轉帖〕 戊子年閏五月 (988?)

07353 申懷恩 ···················· S01153
〔諸雜人名目〕 (10C後期)

07354 申懷定 ··················· S01920v
〔雜寫(人名目等)〕 (10C)

07355 申骨崙 ················ P2842piece4
〔渠?人?轉帖〕 五月廿八?日 (9C中期)

07356 申實子 ··················· S01920v
〔雜寫(人名目等)〕 (10C)

07357 申社官 ···················· P3889
〔社司轉帖〕 (10C後期?)
　1) 社官

07358 申闍梨 ···················· P2944
〔大乘寺・聖光寺等尼僧名錄〕 (10C後期?)
　1) 闍梨　2) 聖光寺

07359 申儒盈 ··················· S01920v
〔雜寫(人名目等)〕 (10C)
　1) 學生

07360 申昌潤 ·················· P3108v⑤
〔千字文奧書(寫錄)〕 庚辰年前後 (860 or
920)

07361 申清?忽 ··················· P3396
〔沙州諸渠別粟田名目〕 (10C後期)

07362 申蒥興 ··················· 莫第437窟
〔供養人題記〕 (10C中期)
　1) □主　4) 東壁門北下。《燉》p.165。

07363 申?知客 ·················· S04443v
〔諸雜難字(一本)〕 (10C)
　2) 乾元寺

07364 申奴子 ················ S01920v
　〔雜寫(人名目等)〕　(10C)

07365 申留住 ················ S05104
　〔社司轉帖(寫錄)〕　(9～10C)

07366 申?和ゞ ··············· S06126
　〔附箋〕　(9C)
　　4)勘了。

07367 沈延慶 ········ BD09520v④(殷41)
　〔沈延慶雇馳契(稿)〕　癸未年四月十五日
　(923?)
　　1)百姓　3)平康鄉

07368 沈押衙 ················ Дx01428
　〔某寺諸色斛㪷破曆〕　(10C中期)
　　1)押衙

07369 沈家 ················· P4975r.v
　〔沈家納贈曆〕　辛未年三月八日　(971)

07370 沈喜子 ············· P2040v②-29
　〔淨土寺西倉豆利入曆〕　(940年代)
　　2)淨土寺

07371 沈慶ゞ ··············· P2040v②-23
　〔淨土寺豆入曆〕　(940前後)
　　2)淨土寺

07372 沈弘禮 ········ BD09520v④(殷41)
　〔貸絹契〕　癸未年三月廿八日　(923?)
　　1)押衙

07373 沈思繼 ·········· BD16336A1(L4425)
　〔社司轉帖〕　戊申年正月四日　(948?)

07374 沈侍郎 ················ P3906
　〔雜抄／字寶碎金1卷(全)〕　天福柒年壬寅歲
　肆月貳拾日　(942)
　　1)侍郎

07375 沈尙憝 ··············· S02894v⑤
　〔社司轉帖〕　(10C後期)

07376 沈善光 ················ P3004
　〔缺絹契〕　乙巳年六月五日丁未年三月十三日
　(945 or 947)
　　2)龍興寺

07377 沈長盈 ················ P3412v
　〔渠人轉帖〕　壬午年正月十五日　(982)

07378 沈?長殘 ··············· S04121
　〔陰家榮親客目〕　甲午年五月十五日　(994)
　　1)都頭

07379 沈?長殘都頭小娘子 ······· S04121
　〔陰家榮親客目〕　甲午年五月十五日　(994)

07380 沈都頭 ················ S04121
　〔陰家榮親客目〕　甲午年五月十五日　(994)
　　1)都頭

07381 沈都頭 ················ S05039
　〔某寺諸色破曆〕　(10C後期)
　　1)都頭

07382 沈都和 ·············· BD03925(生25)
　〔賣宅舍契〕　開寶八年丙子三月一日　(975)
　　1)百姓　3)慈惠鄉

07383 沈奉朝 ················ P4518㉛
　〔墨繪藥師佛一鋪〕　(10C)
　　4)「大辯邪正經一卷」。右下方畫供養人一身,有
　題記「沈奉朝一心供養」。

07384 沈奉□ ················ P3418v⑤
　〔某鄉缺枝夫戶名目〕　(9C末～10C初)
　　1)郎君

07385 沈法律 ·········· BD15246①(新1446)
　〔入曆計會〕　戊寅年　(918 or 978)
　　1)法律　3)大瀿　4)同文書中二箇所。地名或作
　「大濃」。

07386 沈法律 ·········· BD15246①(新1446)
　〔入曆計會〕　戊寅年　(918 or 978)
　　1)法律　3)西倉　4)原作「西倉沈法律團」。

07387 沈法律 ················ P3332
　〔納口承僧名目〕　(10C)
　　1)法律

07388 沈法律 ··········· P3598＋S04199
　〔某寺什物點檢見在曆〕　丁卯年　(967)
　　1)法律

07389 沈法律 ················ S04117
　〔寫經人・校字人名目〕　壬寅年三月廿九日
　(1002)
　　1)校字人・法律

07390 沈法律 ·················· S04120
　〔布褐等破曆(殘)〕　癸亥年二月～甲子年二月　(963～964)
　　1)法律

07391 沈法律 ·················· S04687r.v
　〔佛會破曆〕　(9C末～10C前期)
　　1)法律

07392 沈法律 ·················· S05039
　〔某寺諸色破曆〕　(10C後期)
　　1)法律

07393 沈法律 ·················· S05050
　〔某寺諸色入破曆計會〕　(10C中期)
　　1)法律

07394 沈法律 ·················· Дх01421
　〔某寺領得粟曆〕　(10C)
　　1)法律

07395 沈法律 ·················· Дх01423
　〔索老宿團於沈法律手上領得粟曆〕　(10C)
　　1)法律

07396 沈法律 ·················· Дх02431
　〔碩豎領入曆〕　壬申年(七月?)　(852 or 912 or 972)
　　1)法律

07397 琛泊子 ·················· P2049v①
　〔淨土寺諸色入破曆計會牒〕　同光三年　(925)

07398 眞不勿 ·················· S06307
　〔管内都僧正轉帖〕　九月一日　(10C後期)

07399 眞法師 ·················· 杏・羽076
　〔法隣於道場布僧衣等施入大衆疏〕　六月八日　(9C前期)
　　1)法師　4)文書面有「李盛鐸印」等。

07400 秦堅持 ·················· P3047v①
　〔僧名等錄〕　(9C前期)
　　4)僧名「堅持」。

07401 秦骨崙 ·················· S02214
　〔官府雜帳(名籍・黃麻・地畝・地子等曆)〕　閏十月　(860?)

07402 秦三郎 ············ BD11990(L2119)
　〔諸人施錢曆〕　(9～10C)

07403 秦俊 ·················· Дх18290
　〔節義社轉帖〕　(8C～9C)

07404 秦智云 ·················· S06806v
　〔人名目(殘)〕　(10C中期頃)

07405 秦文信 ·················· 莫第098窟
　〔供養人題記〕　(10C中期)
　　1)節度押衙知三道都遊諸使銀青光祿大夫檢校國子祭酒御史中丞上柱國　4)南壁。《燉》p.43。⇒金文信。

07406 秦 ·················· BD05673v④(李73)
　〔行人轉帖(寫錄)〕　今月十二日　(9C末)

07407 親?不菜 ·················· S02228①
　〔絲綿部落夫丁修城使役簿〕　亥年六月十五日　(819)
　　1)(左九)　3)絲綿部落　4)首行作「亥年六月十五日州城所, 絲綿」。末行作「亥年六月十五日畢功」。

07408 辛員集 ·················· 莫第128窟
　〔供養人題記〕　(10C前期)
　　1)施主弟子　4)東壁門上。《燉》p.58。《謝》p.63。

07409 辛員住 ············ BD16249(L4115)
　〔便曆?〕　(9～10C)
　　1)押衙

07410 (辛)員潤 ·················· 莫第127窟
　〔供養人題記〕　(10C前期)
　　1)姪男　4)原作「姪男員潤一心供養」。《燉》p.58。《謝》p.64。⇒員潤。

07411 辛延晟 ·················· S02894v④
　〔社司轉帖〕　癸酉年正月廿日　(973)
　　1)孝士郎　2)淨土寺

07412 辛演 ·················· S00542v
　〔燉煌諸寺丁壯車牛役部〕　戌年六月十八日　(818)
　　2)靈修寺

07413 辛押衙 ·················· P2040v①-6
　〔淨土寺麨黃麻豆布等破曆〕　(945前後)
　　1)押衙　2)淨土寺

07414 辛押衙 ·················· P2046v
　〔淨土寺入破曆〕　(945前後)
　　1)押衙

07415 辛押衙 ················ P3416piece2
〔榮葬名目〕 乙未年前後 (935?,936?前後)
  1)押衙

07416 辛押衙 ················ S05465②-2
〔社關係破曆〕 庚辰年三月十四日 (980)
  1)押衙

07417 辛(家?) ················ S05486②
〔社司轉帖〕 壬寅年六月九日 (942)
  2)蘭若 4)原作「辛(家?)蘭若」。

07418 辛家優婆夷 ············ P2040v②-2
〔淨土寺麥入曆〕 乙巳年正月卄七日以後 (945以降)
  1)優婆夷 2)淨土寺

07419 辛果清 ················ 莫第128窟
〔供養人題記〕 (10C前期)
  1)歸義軍節度押衙銀青光祿大夫檢校…上柱國知通官印 4)東壁門上。《燉》p.58。

07420 辛懷恩 ················ S02894v④
〔社司轉帖〕 壬申年十二月卅日 (972)

07421 辛懷恩 ················ S02894v⑤
〔社司轉帖〕 (10C後期)

07422 辛懷恩 ················ 莫第128窟
〔供養人題記〕 (10C前期)
  1)施主弟(子?)知內宅官銀青光祿大夫檢校…左丞御史大夫 4)東壁門上。《燉》p.59。

07423 辛願進 ················ 中村『書道博』p.20A
〔禮懺文〕 顯德貳己卯四月廿二日 (955)
  1)僧 2)大雲寺 4)僧記。⇒願進。

07424 辛義 ················ P3047v⑧
〔王都督臈合城僧徒名錄〕 (9C前期)

07425 辛胡兒 ················ Дх01409
〔辛胡兒典身契〕 貞明六年歲在庚辰十一月廿四日 (920)
  1)典人 4)原作「□歸家其胡兒自典已後…」。

07426 辛光子 ················ 莫第128窟
〔供養人題記〕 (10C前期)
  1)歸義軍節度押衙銀青光祿大夫檢校國子…知上同院孔目官 4)東壁門上。《燉》p.59。

07427 辛幸婆 ················ P3234v⑯
〔淨土寺布入曆〕 (940年代?)
  2)淨土寺

07428 辛興國 ················ S09156
〔沙州戶口地畝計簿〕 (9C前期)
  3)沙州

07429 辛興進 ················ S04476
〔佛說父母恩重經1卷〕 乾符貳年伍月日 (875)
  4)原作「爲之女辛興進」。

07430 (辛)再盈 ················ 莫第129窟
〔供養人題記〕 (10C前期)
  1)(辛實)男 4)原作「男再盈一心供養」。南壁。《燉》p.60。⇒再盈。

07431 辛再昌 ················ P3889
〔社司轉帖〕 (10C後期?)

07432 (辛)再昌 ················ 莫第129窟
〔供養人題記〕 (10C前期)
  1)(辛實)男 4)原作「弟子男再昌一心供養」。南壁。《燉》p.60。⇒再昌。

07433 (辛)再成 ················ 莫第129窟
〔供養人題記〕 (10C前期)
  1)(辛實)男知衙前正兵馬使試□監 4)原作「男知衙前正兵馬使試□監再成一心供養」。南壁。《燉》p.60。⇒再成。

07434 (辛)?再達 ················ 莫第127窟
〔供養人題記〕 (10C前期)
  4)原作「姪男再達一心供養」。南壁。《燉》p.58。

07435 辛子延 ················ S04703
〔買菜人名目〕 丁亥年 (987)

07436 辛自寬 ················ S00542v
〔燉煌諸寺丁壯車牛役部〕 戌年六月十八日 (818)
  2)靈修寺

07437 辛自寬妻 ················ S00542v
〔燉煌諸寺丁壯車牛役部〕 戌年六月十八日 (818)
  2)靈修寺

07438 辛實 ················ 莫第129窟
〔供養人題記〕 (10C前期)
  1)銀青光祿大夫檢校國子祭酒御史中丞 4)南壁。《燉》p.60。

07439 辛醜々 ……………… S02669
〔管內尼寺(安國寺・大乘寺・聖光寺)籍〕
(865～870)
　2)大乘寺　3)神沙鄕　4)尼名「善嚴」。

07440 辛什六 ……………… P3047v④
〔契?〕　辰年七月八日　(9C前期)

07441 辛住祐 ………… BD16128B(L4067)
〔社人名目〕　(9～10C)

07442 辛昌閏 ……………… P3721v③
〔冬至自斷官員名〕　己卯年十一月廿六日
(979)

07443 辛章午 ……………… P4040
〔洪潤鄕百姓辛章午牒〕　清太(泰)三年　(935)
　1)百姓　3)洪潤鄕

07444 辛數莚 ……………… S00542v
〔燉煌諸寺丁壯車牛役部〕　戊年六月十八日
(818)
　2)靈修寺

07445 (辛)清住 ……………… 莫第127窟
〔供養人題記〕　(10C前期)
　1)男　4)原作「姪男清住□…養」。南壁。《燉》
　p.58。⇒清住。

07446 辛清□ ……………… 莫第128窟
〔供養人題記〕　(10C前期)
　4)東壁南側。《燉》p.59。

07447 辛善住 ……………… P3889
〔社司轉帖〕　(10C後期?)

07448 辛善住 ……………… P5032v①
〔社司轉帖〕　戊午年六月十八日　(958)

07449 辛善住 ……………… P5032v⑦
〔社司轉帖〕　戊午年六月十八日　(958)

07450 辛太々 ……………… S00542v
〔燉煌諸寺丁壯車牛役部〕　戊年六月十八日
(818)
　2)龍興寺

07451 辛忠□ ……………… 莫第127窟
〔供養人題記〕　(10C)
　1)故施主　4)原作「㽵施主辛忠□」。南壁。《燉》
　p.58。

07452 辛忠□ ……………… 莫第128窟
〔供養人題記〕　(10C前期)
　4)南壁。《燉》p.59。

07453 辛定昌 ……………… P3396
〔沙州諸渠別粟田名目〕　(10C後期)
　1)大歌

07454 辛典人 ……………… Дx01409
〔辛胡兒典身契〕　貞明六年歲在庚辰十一月廿四日　(920)
　1)典人

07455 辛婦 ……………… Дx01388
〔社文書〕　(9C)

07456 辛 ……………… S00542v
〔燉煌諸寺丁壯車牛役部〕　戊年六月十八日
(818)
　1)尹善奴妻　2)蓮臺寺

07457 進拉夏 …………… BD15333(新1533)
〔无量壽宗要經(乙本)(藏文/尾有題記)〕
(9C前期)
　1)抄寫者

07458 仁都僧統和尚 ……………… BD16182A
(L4098)
〔上都僧統和尚牒〕　(9～10C)
　1)都僧統和尚

07459 任延朝 ……………… Stein Painting 217
〔天王菩薩等八菩薩圖發願供養題記〕　大周
顯德三年　(956)

07460 任懷保 ……………… S00542v
〔燉煌諸寺丁壯車牛役部〕　戊年六月十八日
(818)
　2)開元寺

07461 任懷保妻 ……………… S00542v
〔燉煌諸寺丁壯車牛役部〕　戊年六月十八日
(818)
　2)開元寺

07462 任?漢兒 ……………… P3175v
〔麥油白麪粟貸取曆〕　癸年　(953?)

07463 任珪 ……………… S06233
〔破曆〕　(吐蕃期)
　1)木匠

07464 任珪 ·············· S06233②
〔諸色斛斗入破曆計會〕（9C前期）

07465 任骨？ミ ·············· P3418v⑨
〔効穀鄉缺枝夫戶名目〕（9C末～10C初）
　　3）効穀鄉

07466 任骨崙 ·············· P3249v
〔將龍光顏等隊下人名目〕（9C中期）

07467 任骨崙 ·············· S02214
〔官府雜帳（名籍・黃麻・地畝・地子等曆）〕（860?）

07468 任三ミ ·············· S06806v
〔人名目（殘）〕（10C中期頃）

07469 任子宜 ·············· P4958piece3
〔淨覺注金剛般若波羅蜜多心經〕（10C前期）
　　4）⇒光範。

07470 任子孫？ ·············· S03877v
〔賣地契〕天復九年己巳十月七日（909）
　　1）進通・男

07471 任氏婆 ·············· Stein Painting 538
〔供養題記〕（10C）
　　4）原作「婆任氏」。

07472 任柴ミ ·············· S01475v⑨⑩
〔便契〕二月十四日（828～829）

07473 任秀英 ·············· Дx02151A
〔便衫契〕廣德二年五月廿九日（764）
　　1）便衫人　4）25歲。

07474 任像通 ·············· P3231②
〔平康鄉官齋曆〕癸酉年九月卅日（973）
　　3）平康鄉

07475 任少娘 ·············· S00542v
〔名簿〕戊年六月十八日（818）

07476 任承？郎 ·············· S02228①
〔絲綿部落夫丁修城使役簿〕亥年六月十五日（819）
　　1）（左九）　3）絲綿部落　4）首行作「亥年六月十五日州城所，絲綿」。末行作「亥年六月十五日畢功」。

07477 任昌進 ·············· P3145
〔社司轉帖〕戊子年閏五月（988?）

07478 任進通 ·············· S03877v
〔賣地契〕天復九年己巳十月七日（909）
　　3）洪潤鄉？

07479 任善通 ·············· P2049v①
〔淨土寺諸色入破曆計會牒〕同光三年（925）

07480 任廋子 ·············· P2680v②
〔諸鄉諸人便粟曆〕（10C中期）
　　3）平康鄉

07481 任丑撻 ·············· P3372v
〔社司轉帖并雜抄〕壬申年（972）

07482 任長使 ·············· S06981④
〔設齋納酒餅曆〕（10C後期）

07483 任長使 ·············· 燉研001
〔節度使（曹元忠?）衙內破酒曆〕（10C前期?）

07484 任婆 ·············· S04642v
〔某寺入破曆計會〕（923以降）

07485 任佛奴 ·············· P3249v
〔將龍光顏等隊下人名目〕（9C中期）

07486 任平奴 ·············· BD09341（周62）
〔社司轉帖〕閏四月三日（10C後期）

07487 任奉 ·············· S11454D
〔春秋毛・酪・蘇・羊等算會簿〕酉・亥・子・丑年（793～797）
　　1）左九

07488 任奉 ·············· S11454E
〔收蘇算會簿〕戌年・亥年（794・795）
　　1）左九

07489 任老宿 ·············· BD16388A（L4460）＋BD16388B（L4460）
〔當寺轉帖〕（9～10C）
　　1）老宿

07490 壬永繼 ·············· S01398①
〔契〕壬午年二月廿日（982）
　　1）押衙

07491 壬義延 ·············· S00329v
〔補充子弟虞候牒（雜寫）〕（9C末）

07492 壬闍梨 ・・・・・・・・・・・・・・・・・・ S04129v
　〔學郎詩等〕 己酉年正月頃 (949)
　　1)闍梨

07493 壬僧正 ・・・・・・・・・・・・・・・・・・ Дx06064v
　〔人名目〕 (10C)
　　1)僧正

07494 壬都頭 ・・・・・・・・・・・・・・・・・・ P3121v
　〔雜寫〕 (10C)
　　1)都頭　2)三界寺　4)R面爲「燉煌某万子・某胡子宅舍田園圖」(10C後期)。

07495 壬都料 ・・・・・・・・・・・・・・・・・・ Дx02431
　〔碩虯領入暦〕 壬申年(七月?) (852 or 912 or 972)

07496 壬也略 ・・・・・・・・・・ BD16111A(L4066)
　〔暮容歸順?隊?下人名目〕 (9〜10C)

07497 盡會興 ・・・・・・・・・・・・・・・・・・ S04445v③
　〔破暦〕 庚寅年 (930?)
　　4)⇒畫?會興。

07498 盡定興? ・・・・・・・・・・・・・・・・・・ S04445v③
　〔破暦〕 庚寅年 (930?)
　　4)⇒畫定興。

07499 盡保德 ・・・・・・・・・・・・・・・・・・ S03982
　〔月次人名目〕 甲子年十月 (964)

07500 盡毛子 ・・・・・・・・・・・・・・・・・・ Дx02163①
　〔女戶宋氏戶口田地申告狀〕 大中六年十一月日 (852)

[す]

07501 吹丹 ・・・・・・・・・・・・・・・・・・ P4640v
　〔官入破暦〕 辛酉年九月七日 (901)
　　1)設司

07502 水住 ・・・・・・・・・・・・・・・・・・ Дx01277
　〔納贈暦〕 丁丑年九月四?日 (977)

07503 崇都頭 ・・・・・・・・・・・・・・・・・・ S04700
　〔陰家榮親客目〕 甲午年五月十五日 (994)
　　1)都頭

07504 崇張法律 ・・・・・・・・・・・・・・・・・・ P3152
　〔陳守定請僧設供疏〕 淳化三年八月日 (992)
　　1)法律

07505 嵩充? ・・・・・・・・・・ BD15412(簡068075)1
　〔阿張殘牒〕 (9〜10C)

07506 嵩法律 ・・・・・・・・・・・・・・・・・・ P3902Bv
　〔什物還替分付控〕 (10C?)
　　1)法律

[せ]

07507 世和員 ・・・・・・・・・・・・・・・・・・ 莫第098窟
　〔供養人題記〕　（五代晉）
　　4）原作「節度押衙銀青光祿大夫檢校太子賓客兼監察侍御史世和員」。北壁。《謝》p.98。

07508 成意奴 ・・・・・・・・・・・・・・・・・・ S00542v
　〔燉煌諸寺丁壯車牛役簿〕　戌年六月十八日（818）
　　2）龍興寺

07509 成加閏 ・・・・・・・・・・・・・・・・・・ S09927
　〔貸便粟黃麻曆〕　（10C前期?）
　　1）寺後?(卿?)　4）原作「寺後(卿?)成加閏」。

07510 成加閏妻 ・・・・・・・・・・・・・・・ S09927
　〔貸便粟黃麻曆〕　（10C前期?）
　　4）原作「寺後(卿?)成加閏」。

07511 成君子 ・・・・・・・・・・・・・・・・・・ S08350
　〔便豆蚕契〕　（9～10C）

07512 成君達 ・・・・・・・・・・・・・・・・・・ BD16454
　〔領物曆〕　（9～10C）

07513 成孝義 ・・・・・・・・・・・・・・・・・・ S00542v
　〔燉煌諸寺丁壯車牛役簿〕　戌年六月十八日（818）
　　1）車頭　2）大雲寺

07514 成悉墶 ・・・・・・・・・・・・・・・・・・ S00542v
　〔燉煌諸寺丁壯車牛役簿〕　戌年六月十八日（818）
　　2）大乘寺

07515 成小九 ・・・・・・・・・・・・・・・・・・ S00542v
　〔燉煌諸寺丁壯車牛役簿〕　戌年六月十八日（818）

07516 成小九妻 ・・・・・・・・・・・・・・・ S00542v
　〔燉煌諸寺丁壯車牛役簿〕　戌年六月十八日（818）
　　2）開元寺

07517 成嵩□ ・・・・・・・・・・・・・・・・・・ Дx18939
　〔簿〕　貞元□□七月十日　（8C後期）

07518 成寂花 ・・・・・・・・・・・・・・・・・・ P4611v
　〔諸寺付帙曆〕　（9～10C）
　　2）普光寺

07519 成千榮 ・・・・・・・・・・・・・・・・・・ S01475v②
　〔社司狀上〕　申年五月廿一日　（828）
　　1）不送麥人

07520 成千榮 ・・・・・・・・・・・・・・・・・・ S01475v②
　〔社司狀上〕　申年五月廿一日　（828）

07521 成千榮 ・・・・・・・・・・・・・・・・・・ S01475v③
　〔社司狀上〕　申年五月　（828）
　　1）社人

07522 成善信 ・・・・・・・・・・・・・・・・・・ S00542v
　〔燉煌諸寺丁壯車牛役簿〕　戌年六月十八日（818）
　　2）大雲寺

07523 成善德 ・・・・・・・・・・・・・・・・・・ S00542v
　〔燉煌諸寺丁壯車牛役簿〕　戌年六月十八日（818）
　　2）大雲寺

07524 成善友 ・・・・・・・・・・・・・・・・・・ S00542v
　〔燉煌諸寺丁壯車牛役簿〕　戌年六月十八日（818）
　　2）大雲寺

07525 成通子 ・・・・・・・・・・・・・・・・・・ P5032⑫
　〔渠人轉帖〕　（10C後期）

07526 成屯郎 ・・・・・・・・・・・・・・・・・・ P3249v
　〔將龍光顏等隊下人名目〕　（9C中期）

07527 星搞搢 ・・・・・・・・・・・・・・・・・・ Дx06018
　〔社司轉帖(殘)〕　（10C後期）

07528 星再盈 ・・・・・・・・・・・・・・・・・・ P5593
　〔社司轉帖(殘)〕　癸巳年十月十日　（933?）

07529 星蔡斯 ・・・・・・・・・・・・・・・・・・ Дx04776
　〔燉煌諸鄉百姓等勞役簿〕　（9C前期?）

07530 星扮堆 ・・・・・・・・・・・・・・・・・・ S02894v⑤
　〔社司轉帖〕　（10C後期）

07531 濟怯陀 ・・・・・・・・・・・・・・・・・・ P3254v
　〔令狐安子等人名狀(殘)〕　大中六年十月（852）

07532 濟闍梨 ・・・・・・・・・・・・・・・・・・ S09416
　〔勘經人題簽〕　（10C?）
　　1）闍梨勘經人

07533 濟定德 ･･････････････････ P3234v⑧
　〔某寺西倉豆破曆〕（940年代）

07534 濟都講 ･･････････････････ S01267v
　〔某寺設齋納物名目〕（9C前期）
　　1）都講

07535 濟法師 ･･････････････････ S01267v
　〔某寺設齋納物名目〕（9C前期）
　　1）法師

07536 誠恩子 ･･････････････････ P2049v①
　〔淨土寺諸色入破曆計會牒〕 同光三年
　（925）

07537 誠慶住 ･･････････････････ P4997v
　〔分付羊皮曆(殘)〕（10C後期）

07538 鉗興 ････････････････････ P2502v②
　〔便麥契(控)〕 寅年六月（9C前期）
　　3）思董薩部落

07539 齊阿朶子 ････････････････ S08663
　〔麥支給曆〕（10C）

07540 齊威淨 ･･････････････････ S02669
　〔管内尼寺(安國寺・大乘寺・聖光寺)籍〕
　（865～870）
　　2）大乘寺　3）洪池鄉　4）姓「齊」。俗名「曼ゝ」。

07541 齊營田 ･･････････････････ P3764v
　〔社司轉帖〕 十一月五日及十一月十五日
　（10C）
　　1）營田

07542 齊?盈子 ････････････････ P3418v⑤
　〔某鄉缺枝夫戶名目〕（9C末～10C初）

07543 齊押衙 ･･････････････････ P3764v
　〔社司轉帖〕 十一月五日及十一月十五日
　（10C）
　　1）押衙

07544 齊?加盈 ････････････････ S10720v
　〔御注孝經讚(背)〕 咸通七年正月十七日
　（866）
　　1）學士

07545 齊哥尸 ･･････････････････ P3764v
　〔社司轉帖〕 十一月五日及十一月十五日
　（10C）

07546 齊家苟婦 ････････････････ P4635②
　〔社家女人便麵油曆〕［　］月七日（10C中期）

07547 齊家莖ゝ？ ･･･････････････ P4635②
　〔社家女人便麵油曆〕［　］月七日（10C中期）

07548 齊憨子 ･･････････････････ P4635②
　〔社家女人便麵油曆〕［　］月七日（10C中期）

07549 齊監使 ･･････････････････ P3764v
　〔社司轉帖〕 十一月五日及十一月十五日
　（10C）
　　1）監使

07550 齊義員 ･･････････････････ P2032v
　〔淨土寺入破曆〕 甲辰年頃（944?）
　　2）淨土寺

07551 齊義員 ･･････････････････ P2032v⑬-10
　〔淨土寺豆入曆〕（940前後）
　　2）淨土寺

07552 齊義延 ･･････････････････ P3234v⑮
　〔淨土寺西倉豆利潤入曆〕（940年代?）
　　2）淨土寺

07553 齊金印 ･･････････････････ S02729①
　〔燉煌應管勘牌子歷〕 辰年三月（788）
　　1）僧　2）蓮臺寺　3）沙州　4）⇒金印。

07554 齊啓眞 ･･････････････････ S02669
　〔管内尼寺(安國寺・大乘寺・聖光寺)籍〕
　（865～870）
　　2）大乘寺　3）洪池鄉　4）姓「齊」。俗名「蒙ゝ」。

07555 齊胡子 ･･････････････････ S05747v
　〔社人名目〕（10C前期）
　　4）⇒音胡子。

07556 齊興順 ･･････････････････ P3249v
　〔將龍光顏等隊下人名目〕（9C中期）

07557 齊興清 ･･････････････････ P3249v
　〔將龍光顏等隊下人名目〕（9C中期）

07558 齊興清 ･･････････････････ P3643
　〔出租地契〕 咸通二年三月八日（861）
　　1）保人　4）V面有「人別豆麥黃麻麥麥曆(2行殘)」。

07559 齊苟？ ･･････････････････ P4635②
　〔社家女人便麵油曆〕［　］月七日（10C中期）

07560 齊苟兒 ·············· P3167v
〔安國寺道場司關于(五尼寺)沙彌戒訴狀〕
乾寧二年三月　(895)
　　2)安國寺

07561 齊乞達 ·············· 榆第25窟
〔供養人題記〕　光化三年十二月廿二日　(900)
　　1)懸泉長史　4)外洞東壁。《謝》p. 468。

07562 齊蕓磨 ·············· 榆第25窟
〔供養人題記〕　光化三年十二月廿二日　(900)
　　4)外洞東壁。《謝》p. 468。

07563 齊莹ゞ? ·············· P4635②
〔社家女人便麵油曆〕　[ ]月七日　(10C中期)

07564 齊闍梨 ·············· BD16034(L4024)
〔龍弁謹請齊闍梨等參與大雲寺追念法會疏〕　九月十三日　(9C末～10C初)
　　1)闍梨　2)大雲寺

07565 齊?周 ·············· S10009
〔田籍〕　(吐蕃期)

07566 齊集□ ·············· Дx01286＋Дx03424
〔社人名列記〕　丑年　(9C)

07567 齊像奴 ·············· P3249v
〔將龍光顏等隊下人名目〕　(9C中期)

07568 齊像奴 ·············· P3643
〔出租地契〕　咸通二年三月八日　(861)
　　1)地主

07569 齊常淨 ·············· S02729①
〔燉煌應管勘牌子曆〕　辰年三月　(788)
　　1)僧　2)靈修寺　3)沙州　4)35行目。

07570 齊任 ·············· S03714
〔親情社轉帖(雜寫)〕　(10C)

07571 齊足娘 ·············· S02669
〔管內尼寺(安國寺・大乘寺・聖光寺)籍〕
(865～870)
　　2)大乘寺　3)洪池鄉　4)尼名「福圓」。

07572 齊多胡 ······· 京都國立博物館 守屋目
NO.255
〔金有陀羅尼經〕　(9C)
　　1)寫經人

07573 齊多子 ·············· S02669
〔管內尼寺(安國寺・大乘寺・聖光寺)籍〕
(865～870)
　　2)大乘寺　3)赤心鄉　4)尼名「念空」。

07574 齊大 ·············· Дx01388
〔社文書〕　(9C)
　　4)⇒齊大請。

07575 齊大請 ·············· Дx01388
〔社文書〕　(9C)
　　4)⇒齊大。

07576 齊端ゞ ·············· P3249v
〔將龍光顏等隊下人名目〕　(9C中期)

07577 齊張六 ·············· P3249v
〔將龍光顏等隊下人名目〕　(9C中期)

07578 齊通子 ·············· P4635②
〔社家女人便麵油曆〕　[ ]月七日　(10C中期)

07579 齊曇空 ·············· S02729①
〔燉煌應管勘牌子曆〕　辰年三月　(788)
　　1)僧　2)大雲寺　3)沙州　4)僧?名「曇空」。俗姓「齊」。8行目。

07580 齊念空 ·············· S02669
〔管內尼寺(安國寺・大乘寺・聖光寺)籍〕
(865～870)
　　2)大乘寺　3)赤心鄉　4)姓「齊」。俗名「多子」。

07581 (齊)念德 ·············· P3167v
〔安國寺道場司關于(五尼寺)沙彌戒訴狀〕
乾寧二年三月　(895)
　　2)安國寺

07582 齊鉢羅贊 ·············· 榆第25窟
〔供養人題記〕　光化三年十二月廿二日　(900)
　　1)遊奕使　4)外洞東壁。《謝》p. 468。

07583 齊品子 ·············· S02669
〔管內尼寺(安國寺・大乘寺・聖光寺)籍〕
(865～870)
　　2)大乘寺　3)赤心鄉　4)尼名「明惠」。

07584 齊福圓 ·············· S02669
〔管內尼寺(安國寺・大乘寺・聖光寺)籍〕
(865～870)
　　2)大乘寺　3)洪池鄉　4)姓「齊」。俗名「足娘」。

07585 齊粉塠 ············ P4635②
〔社家女人便麵油曆〕 〔 〕月七日 (10C中期)

07586 齊兵馬使 ············ P3764v
〔社司轉帖〕 十一月五日及十一月十五日
(10C)
　1)兵馬使

07587 齊法律 ············ P3145v
〔節度使下官人名・鄉名諸姓等雜記〕 (10C)
　1)法律

07588 齊法律 ············ P4975r.v
〔沈家納贈曆〕 辛未年三月八日 (971)
　1)法律

07589 齊法律 ············ S08750
〔某寺常住什物見在曆〕 (10C)
　1)法律

07590 齊法律 ············ S09532
〔徒衆轉帖〕 (10C)
　1)法律

07591 齊豐晟 ············ Дx01286＋Дx03424
〔社人名列記〕 丑年 (9C)
　1)錄事

07592 齊曑〻 ············ S02669
〔管內尼寺(安國寺・大乘寺・聖光寺)籍〕
(865〜870)
　2)大乘寺 3)洪池鄉 4)法名「威淨」。

07593 齊明惠 ············ S02669
〔管內尼寺(安國寺・大乘寺・聖光寺)籍〕
(865〜870)
　2)大乘寺 3)赤心鄉 4)姓「齊」。俗名「品子」。

07594 齊蒙〻 ············ S02669
〔管內尼寺(安國寺・大乘寺・聖光寺)籍〕
(865〜870)
　2)大乘寺 3)洪池鄉 4)尼名「啓眞」。

07595 齊祐啓 ············ P3234v⑮
〔淨土寺西倉豆利潤入曆〕 (940年代?)
　2)淨土寺

07596 齊老 ············ P2912v③
〔寫大般若經一部施銀盤子麥粟粉疏〕 四月
八日 (9C前期)

07597 齊老〻 ············ P4597
〔官衙酒破曆〕 九月三日 (9C後期)
　1)瓦博士 4)原作「瓦博士齊老〻」。惠水本和菩
　薩戒文等37種之貼付紙。別貼布紙有光啓三年
　(900)記事。

07598 齊□ ············ Дx01405＋Дx01406
〔布頭索留信等官布籍〕 (9C末期〜10C初期)

07599 齊 ············ BD05673v④(李73)
〔行人轉帖(寫錄)〕 今月十二日 (9C末)

07600 齊 ············ P.tib1261v⑨
〔諸寺僧尼支給穀物曆〕 (9C前期)

07601 昔家阿婆 ············ S03074v
〔某寺破曆〕 (9C前期)

07602 昔道芎 ············ BD00018(地18)
〔維摩詰所說經卷中(尾)〕 (9C前期)
　1)西州僧 3)西州 4)原作「奉爲西州僧昔道芎
　寫記經生王瀚」。

07603 石阿塠 ············ P3391v②
〔社人名列記(寫錄)〕 丁酉年頃 (937頃)

07604 石安君 ············ P2738v
〔社司轉帖(寫錄)〕 二月廿五日 (9C後期)

07605 石安君 ············ P3418v⑦
〔慈惠鄉缺枝夫戶名目〕 (9C末〜10C初)
　3)慈惠鄉

07606 石安慶 ············ S01625
〔入破曆計會〕 天福三年(戊戌)十二月六日
(938)

07607 石安子 ············ BD16231(L4112)
〔張緊子兄弟缺麥粟曆〕 辛亥年三月壹日 (9
〜10C)

07608 石安子 ············ P2667v
〔人名列記〕 (10C)

07609 石安子 ············ P3490v①
〔油破曆〕 辛巳年頃 (921頃)

07610 石安子 ············ P4542①
〔出粟豆麥充與音聲・堂子等曆(殘)〕 (10C)
　1)梁戶

07611 石威德 ·········· P3705v
　〔人名錄雜記〕　中和二年頃　(882?)

07612 石意氣 ········ BD09472v①~③(發92)
　〔龍興寺索僧正等五十八人就唐家蘭若請賓頭廬文〕　(8~9C)
　　2)靈修(寺)　3)沙州

07613 石員成 ·········· P3396
　〔沙州諸渠別粟田名目〕　(10C後期)

07614 石員通 ·········· S06781②
　〔北梁戶張賢君納油課曆〕　丁丑年正月十一日　(977)

07615 石陰盈 ·········· P2049v①
　〔淨土寺諸色入破曆計會牒〕　同光三年　(925)
　　1)折豆

07616 石盈昌 ·········· S00286
　〔某寺斛㪷入曆(殘)〕　(10C中期)
　　1)碓戶

07617 石英順 ·········· P3613①
　〔為百姓令狐子餘牒〕　申年正月　(9C前期)
　　1)百姓

07618 石衍子 ·········· S01398v③
　〔酒破曆殘〕　太平興國七年　(982)

07619 石衍子 ·········· S05509
　〔納贈曆〕　甲申年二月十七日　(924 or 984)

07620 石押衙 ········ Дx02800+Дx03183v
　〔上涼州狀〕　(9C後期~10C)
　　1)押衙

07621 石王子 ·········· S00542v
　〔永安寺僧尼錄〕　戌年六月十八日　(818)
　　2)永安寺

07622 石王子妻 ········ S00542v
　〔永安寺僧尼錄〕　戌年六月十八日　(818)
　　2)永安寺

07623 石溫漢 ·········· S00542v
　〔燉煌諸寺丁壯車牛役部〕　戌年六月十八日　(818)
　　2)蓮臺寺

07624 石溫漢妻 ········ S00542v
　〔蓮臺寺僧尼錄〕　戌年六月十八日　(818)
　　2)蓮臺寺

07625 石加政 ·········· P2049v①
　〔淨土寺諸色入破曆計會牒〕　同光三年　(925)

07626 石加政 ·········· P4640v
　〔官入破曆〕　己未年十一月　(899)
　　1)衙官

07627 石家 ·········· P3212v③
　〔惠深交物曆(殘)〕　辛丑年五月三日　(941 or 1001)

07628 石家 ·········· S00663v②
　〔便曆〕　(10C)

07629 石家女 ·········· Дx06064v
　〔人名目〕　(10C)

07630 石家留昇 ·········· 杏・羽672
　〔新集親家名目〕　(10C?)

07631 石懷信 ·········· P4640v
　〔官入破曆〕　辛酉?年九月廿日　(901?)
　　1)衙官

07632 石會如 ·········· S02729①
　〔燉煌應管勘牌子曆〕　辰年三月　(788)
　　1)僧　2)龍興寺　3)沙州　4)4行目。

07633 石會美 ·········· 榆第39窟
　〔供養人題記〕　(10C?)
　　1)清信弟子　4)洞口。《謝》p.494。

07634 石海全 ·········· S02894v④
　〔社司轉帖〕　壬申年十二月卅日　(972)

07635 石海全 ·········· S02894v⑤
　〔社司轉帖〕　(10C後期)

07636 石迴鶻 ·········· P2912v③
　〔寫大般若經一部施銀盤子麥粟粉疏〕　四月八日　(9C前期)

07637 石郝 ·········· P5003v
　〔社人納色物曆〕　(9C前期)

07638 石揭搥 ·········· P2032v⑯-4
　〔淨土寺粟利閏入曆〕　(940前後)
　　2)淨土寺

07639 石揭搥 …………… P2040v②-28
　〔淨土寺豆入曆〕（940前後）
　　2)淨土寺

07640 石揭搥 …………… P2040v③-1
　〔淨土寺粟入曆〕（939）
　　2)淨土寺

07641 石揭搥 …………… P3234v⑮
　〔淨土寺西倉豆利潤入曆〕（940年代?）
　　2)淨土寺

07642 石揭搥 …………… P3418v⑥
　〔洪閏鄉缺枝夫戶名目〕（9C末～10C初）
　　3)洪閏鄉

07643 石憨子 …………… BD09325（周46）
　〔社司轉帖〕　□子?年七月十四日（10C後期）

07644 石憨奴 …………… P2032v⑯-4
　〔淨土寺粟利閏入曆〕（940前後）
　　2)淨土寺

07645 （石?）願盈 ………… BD09299（周20）
　〔納贈曆〕（10C後期）

07646 石願通 …………… S06123
　〔渠人轉帖〕　戊寅年六月十四日（978）
　　2)普光寺

07647 石願定 …………… P3396
　〔沙州諸渠別粟田名目〕（10C後期）

07648 石義恩 …………… S07932
　〔月次番役名簿〕　正月（10C後期）

07649 石義深 …………… P2032v⑰-8
　〔淨土寺諸色入曆〕（940前後）
　　2)淨土寺

07650 石義深 …………… P2032v⑱
　〔淨土寺豆利閏入曆〕（940前後）
　　2)淨土寺

07651 石義深 …………… P2842piece1
　〔社司轉帖〕　甲辰年[　]月九日（944）

07652 石義□ …………… P2621v
　〔甲午役人名目〕　甲午年?（934?）

07653 石曲落 …………… BD06359（鹹59）
　〔便麥契〕　丑年二月（821）
　　1)寺戶　2)開元寺

07654 石玉奴 …………… S00542v⑧
　〔燉煌諸寺丁壯車牛役部〕　戌年六月十八日（818）
　　2)大乘寺

07655 石玉奴妻 …………… S00542v⑦
　〔大乘寺僧尼錄〕　丑年（821）
　　2)大乘寺

07656 石炇鉢 …………… P2856v②
　〔副僧統下燉煌教團諸寺百姓輸納粗草抄錄〕　景福二年癸丑歲十月十一日（893）
　　2)蓮臺寺

07657 石炇律鉢 …………… P3638
　〔沙彌善勝點檢常住什物見在曆〕　辛未年（911）

07658 石君々 …………… S00542v
　〔燉煌諸寺丁壯車牛役部〕　戌年六月十八日（818）
　　2)蓮臺寺

07659 石惠捷 …………… S02729①
　〔燉煌應管勘牌子歷〕　辰年三月（788）
　　1)都(僧)統　2)龍興寺　3)沙州　4)辰年3月13日死。2行目。

07660 石惠通 …………… 杏・羽694③
　〔漏僧名目〕（9C中期）

07661 石慶子 …………… P3236v
　〔燉煌鄉官布籍〕　壬申年三月十九日（972）
　　3)燉煌鄉

07662 石慶子 …………… Дx01418
　〔燉煌諸鄉別便豆曆〕（10C）
　　3)神沙鄉

07663 石慶住 …………… P3102v③
　〔社內付麵人名目〕（10C前期）

07664 石慶進 ……… Дx00796＋Дx01343＋Дx01347＋Дx01395v
　〔雜寫(人名列記等)〕　某月廿日（10C）
　　1)學郎?　2)龍興寺

07665 石慶通 ……… Дx05427＋Дx05451Bv＋Дx13599
　〔雜寫〕（10C）
　　1)百姓　4)原作「石慶通書手寫」。

07666 石慶奴 ·············· P5032v①
〔社司轉帖〕 戊午年六月十八日 (958)

07667 石慶奴 ·············· P5032v⑦
〔社司轉帖〕 戊午〔 〕 (958)

07668 石犬兒 ·············· P3305piece3
〔錄事帖(社司?轉帖)〕 咸通九年十一月十八日 (868)

07669 石賢者 ·············· P2049v①
〔淨土寺諸色入破曆計會牒〕 同光三年 (925)
　1)賢者

07670 石元俊 ·············· S09156
〔沙州戶口地畝計簿〕 (9C前期)
　3)沙州

07671 石胡ゞ ·············· P3249v
〔將龍光顏等隊下人名目〕 (9C中期)
　1)僧

07672 石光 ·············· BD09341(周62)
〔社司轉帖〕 閏四月三日 (10C後期)

07673 石光? ·············· S07060v
〔諸色破曆等〕 (9C前期)

07674 石幸者 ·············· S04120v
〔布褐等破曆(殘)〕 癸亥年二月~甲子年二月 (963~964)

07675 石幸通 ·············· P3379
〔社錄事陰保山等牒(團保文書)〕 顯德五年二月 (958)
　4)有指押印。

07676 石幸通 ·············· Дx02149B
〔見納缺柴人名目〕 (10C)

07677 石弘載 ·············· 莫第130窟
〔遊人題記〕 咸通七年三月廿八日 (866)
　1)弟子　3)魏博　4)原作「囗魏博弟子石弘載」。東壁門北側元有題記。《燉》p.62。《謝》p.60。

07678 石猯ゞ ·············· S04642v
〔某寺入破曆計會〕 (923以降)

07679 石猯奴 ·············· S08443A2
〔李闍梨出便黃麻曆〕 甲辰年二月三日 (944?)

07680 石猯奴 ·············· S08443C1
〔李闍梨出便黃麻(麥)曆〕 丙午年正月廿一日 (946?)

07681 石興元 ·············· P2856v②
〔副僧統下燉煌敎團諸寺百姓輸納粗草抄錄〕 景福二年癸丑歲十月十一日 (893)
　2)靈圖寺

07682 石興ゞ ·············· P2856v②
〔副僧統下燉煌敎團諸寺百姓輸納粗草抄錄〕 景福二年癸丑歲十月十一日 (893)
　2)開雲寺

07683 石興ゞ ·············· P3638
〔沙彌善勝點檢常住什物見在曆〕 辛未年 (911)

07684 石興達 ·············· P3418v⑨
〔効穀鄉缺枝夫戶名目〕 (9C末~10C初)
　3)効穀鄉

07685 石?苟?奴 ·············· Дx10289
〔部落都頭楊帖〕 丁卯年九月十五日 (967)
　4)⇒左?苟?怒。

07686 石苟奴 ·············· 杏・羽695
〔燉煌諸鄉諸部落諸人等便麥曆〕 (10C)
　1)通頰　3)赤心(鄉)

07687 石行者 ·············· P4693
〔官齋納麵油粟曆〕 (10C後期)

07688 石國奴 ·············· 莫第130窟
〔供養人題記〕 (不明)
　4)西壁大佛塑像後壁。《燉》p.63。

07689 石黑漢?〔漠?〕 ·············· P2556v
〔便麥曆〕 □年三月廿四日 (9C後期)

07690 石黑?兒 ·············· BD08992v(虞13)
〔粟入破曆(2行)〕 丙寅年三月廿六日 (966?)
　4)原作「石黑兒粟一石四㪷」。

07691 石黑兒 ·············· S04657①
〔破曆〕 (10C後期)

07692 石骨子 ·············· S11358
〔部落轉帖〕 (10C後期)

07693 石骨崙 ·················· P2622v
〔百姓石骨崙謹牒(雜寫)〕 大中十三年三月・四月 (859)
　　1) 百姓

07694 石骨崙 ·················· P3249v
〔將龍光顏等隊下人名目〕 (9C中期)

07695 石沙奴 ·················· P3249v
〔將龍光顏等隊下人名目〕 (9C中期)

07696 石再安 ·················· P3705v
〔人名錄雜記〕 中和二年頃 (882?)

07697 石?再員 ·············· BD16083(L4050)
〔僧談會斛斗出便與人名目〕 二月九日 (9C後期)
　　1) 口承人

07698 石再榮 ·················· P4821
〔社司轉帖〕 (9C前期)
　　4) ペン筆。

07699 石再興 ·················· S02214
〔官府雜帳(名籍・黃麻・地畝・地子等曆)〕 閏十月 (860?)
　　4) V面爲「貸便地子粟曆」。(存4行)。R・V面同時代關連文書。

07700 石再〻 ·················· BD06359(鹹59)
〔便麥契〕 丑年二月 (821)
　　1) 寺戶　2) 開元寺

07701 石再住 ·················· P2049v①
〔淨土寺諸色入破曆計會牒〕 同光三年 (925)

07702 石再成 ·················· TⅡY-46c
〔戶籍〕 端拱年頃 (988～990)

07703 石再通 ·················· P3418v⑨
〔効穀鄉缺枝夫戶名目〕 (9C末～10C初)
　　3) 効穀鄉

07704 石再通 ·················· P4635③
〔便粟豆曆〕 癸卯年二月十三日 (943)

07705 石再定 ·················· P2032v⑯-2
〔淨土寺麥利閏入曆〕 (940前後)
　　2) 淨土寺

07706 石再德 ·················· P3396
〔沙州諸渠別粟田名目〕 (10C後期)

07707 石殘奴 ·················· Дx06064v
〔人名目〕 (10C)

07708 石子君 ·················· P2880
〔春坐局席轉帖抄等諸抄〕 庚辰年十月廿二日 (980)

07709 石市令 ·················· P3145v
〔節度使下官人名・鄉名諸姓等雜記〕 (10C)
　　1) 市令

07710 石氏 ·················· 莫第192窟
〔供養人題記〕 (9C中期)
　　4) 原作「新婦石氏供養」。東壁門北側。《燉》p.83。《謝》p.376。

07711 石氏 ·················· 楡第33窟
〔供養人題記〕 (10C中期)
　　4) 北壁。《謝》p.480。

07712 石寺主 ·················· BD02296(閏96)
〔唱得布曆〕 (10C)
　　1) 寺主

07713 石寺主 ·················· S02607v
〔金光明寺?常住什物點檢見在曆〕 (9C後期)
　　1) 寺主

07714 石寺主 ·············· Дx02449＋Дx05176
〔(時年)轉帖〕 十一月十九日 (10C前期)
　　1) 寺主　2) 金光明寺

07715 石社官 ·················· P2842piece1
〔社司轉帖〕 甲辰年[　]九日 (944)
　　1) 社官

07716 石社官 ·················· P2842piece2
〔納贈曆〕 己酉年正月廿九日 (949)
　　1) 社官

07717 石社官 ·················· P4720
〔社司轉帖〕 貞明八年(龍德二年)九月廿七日 (922)
　　1) 社官

07718 石社長 ·················· P3441v
〔社司轉帖(寫錄)〕 三月十三日 (10C前期)
　　1) 社長

07719 石社長 ·············· S06174
〔社司轉帖(殘)〕 正月九日 (9C後期?)
　1)社長

07720 石闍梨 ·············· P4518⑱
〔往西天取經僧圖一軀〕 (10C)
　1)闍梨

07721 石修果 ·············· S02729①
〔燉煌應管勘牌子歷〕 辰年三月 (788)
　1)僧 2)靈修寺 3)沙州 4)34行目。

07722 石修行 ·············· S02729①
〔燉煌應管勘牌子歷〕 辰年三月 (788)
　1)僧 2)大乘寺 3)沙州 4)46行目。

07723 石修定 ·············· S02729①
〔燉煌應管勘牌子歷〕 辰年三月 (788)
　1)僧 2)靈修寺 3)沙州 4)31行目。

07724 石秀 ·············· S11454G
〔白殺羯等算會簿〕 從酉年四月十五日至亥年閏八月五日 (793～795)
　1)左三

07725 石秀金 ·············· S06233v②
〔磑戶計會〕 (9C前期)
　1)磑戶

07726 石秀々 ·············· S02228①
〔絲綿部落夫丁修城使役簿〕 亥年六月七日 (819)
　3)絲綿部落・□部落 4)首行作「亥年六月十五日州城所, 絲綿」。末行作「亥年六月十五日畢功」。

07727 石醜子 ·············· P5032v①
〔社司轉帖〕 戊午年六月十八日 (958)

07728 石集現 ·············· 榆第33窟
〔供養人題記〕 (10C末期)
　1)清信弟子 4)東壁。《謝》p. 477。

07729 石集子 ·············· P2049v①
〔淨土寺諸色入破曆計會牒〕 同光三年 (925)

07730 石集子 ·············· P2667v
〔人名列記〕 (10C)

07731 石集子 ·············· P3490v①
〔油破曆〕 辛巳年頃 (921頃)
　1)梁戶

07732 石什一 ·············· BD06359(鹹59)
〔便麥契〕 丑年二月 (821)
　1)寺戶 2)開元寺

07733 石什一 ·············· S00542v⑧
〔燉煌諸寺丁壯車牛役部〕 戌年六月十八日 (818)
　2)報恩寺興善寺

07734 石什一妻 ·············· S00542v⑦
〔永安寺僧尼名簿〕 (818)
　2)永安寺

07735 石什德 ·············· BD15404(簡068066)
〔千渠中下界白刺頭名目〕 (10C中期)
　1)白刺頭 3)千渠下界

07736 石什德 ·············· BD15404(簡068066)
〔千渠中下界白刺頭名目〕 (10C中期)
　1)(下界白刺頭) 3)沙州千渠

07737 石住兒 ·············· P2032v⑯-4
〔淨土寺粟利閏入曆〕 (940前後)
　2)淨土寺

07738 石住々 ·············· S02669
〔管內尼寺(安國寺・大乘寺・聖光寺)籍〕 (865～870)
　2)大乘寺 3)慈惠鄉 4)尼名「性靜德」。

07739 石住通 ·············· P5032v①
〔社司轉帖〕 戊午年六月十八日 (958)

07740 石住通 ·············· P5032v⑦
〔社司轉帖〕 戊午[ ] (958)

07741 石住奴 ·············· P5032v⑧
〔社司轉帖〕 六月 (10C中期)

07742 石十一 ·············· P3047v⑨
〔諸人諸色施捨曆〕 (9C前期)

07743 石十四 ·············· S06233v②
〔磑戶計會〕 (9C前期)

07744 石閏子 ·············· P2738v
〔社司轉帖(寫錄)〕 二月廿五日 (9C後期)

07745 石順子 ·············· S05631①
〔社司轉帖〕 庚辰年正月十四日 (980)
　2)普光寺門前

07746 石勝定 ·············· P3721v②
〔兄(見)在巡禮都官都頭名牒〕 庚辰年正月
十五日 (980)

07747 石勝定 ·············· P4017
〔雜字一本(人名列記)〕 乙酉年頃 (985)

07748 石勝奴 ·············· BD06359(鹹59)
〔便麥契〕 丑年二月 (821)
　1)寺戶　2)開元寺

07749 石勝奴 ·············· P5898
〔地畝曆〕 (9C?)

07750 石勝奴 ·············· S00542v
〔燉煌諸寺丁壯車牛役部〕 戌年六月十八日
(818)
　1)車頭　2)興善寺

07751 石小塩 ·············· P3047v①
〔僧名等錄〕 (9C前期)
　4)僧名「小塩」。

07752 石章午 ·············· P2040v②-5
〔淨土寺西倉粟入曆〕 (945以降)
　2)淨土寺

07753 石章七 ·············· P4063
〔官建轉帖〕 丙寅年四月十六日 (966)

07754 石章丈 ·············· P3370
〔出便麥粟曆〕 丙子年六月五日 (928)
　3)龍勒鄉

07755 石章友 ·············· P2680v⑥
〔社司轉帖〕 六月廿三日 (10C中期)

07756 石章六 ·············· P2049v①
〔淨土寺諸色入破曆計會牒〕 同光三年
(925)

07757 石章六 ·············· P2049v②
〔淨土寺諸色入破曆計會牒〕 長興二年正月
(930～931)

07758 石章六 ·············· P4640v
〔官入破曆〕 辛酉?年八月十四日 (901?)
　1)衙官

07759 石乘崇 ·············· S02669
〔管內尼寺(安國寺・大乘寺・聖光寺)籍〕
(865～870)
　2)大乘寺　3)龍勒鄉　4)姓「石」。俗名「買々」。

07760 石神々 ·············· S02174
〔分家文書〕 天復九年己巳閏八月十二日
(909)
　1)見人　4)阿舅。

07761 石進盈 ·············· P3721v②
〔兄(見)在巡禮都官都頭名牒〕 庚辰年正月
十五日 (980)

07762 石進盈 ·············· S11627
〔兄康幸深送沙州弟康勝全書簡〕 二月十六
日 (10C後期)
　1)押衙

07763 石進玉 ·············· S00542v
〔燉煌諸寺丁壯車牛役部〕 戌年六月十八日
(818)
　2)大乘寺

07764 石進子 ·············· P3705v
〔人名錄雜記〕 中和二年頃 (882?)

07765 石進子 ·············· P3889
〔社司轉帖〕 (10C後期?)

07766 石進達 ·············· P3705v
〔人名錄雜記〕 中和二年頃 (882?)

07767 石進定 ·············· Дx04278
〔十一鄉諸人付麵數〕 乙亥年四月十一(日)
(915? or 975)
　3)燉煌鄉

07768 石性靜德 ·············· S02669
〔管內尼寺(安國寺・大乘寺・聖光寺)籍〕
(865～870)
　2)大乘寺　3)慈惠鄉　4)姓「石」。俗名「住々」。

07769 石正嚴 ·············· S02729①
〔燉煌應管勘牌子曆〕 辰年三月 (788)
　1)僧　2)靈修寺　3)沙州　4)37行目。

07770 石淸忽 ·············· S01153
〔諸雜人名目〕 (10C後期)

07771 石淸屯 ·············· P2622v
〔雜寫(鄉別人名記載)〕 (9C)
　3)慈惠鄉　4)本件は別記。R面存「大中十三年三
月四日」之紀年, 又V面存「大中十三年四月」之紀
年。

07772 石ミ子? ‥‥‥‥‥‥‥‥‥ P4638v⑬
〔將于闐充使達至西府大國〕 辛卯年 （931）

07773 石赤山 ‥‥‥‥‥‥‥‥‥ P2621v
〔甲午役人名目〕 甲午年? （934?）
　1）遊奔官健

07774 石千子 ‥‥‥‥‥‥‥‥‥ P3319v②
〔社司轉帖(殘)〕 （10C）

07775 石千ミ大孃 ‥‥‥‥‥‥‥ S04703
〔買菜人名目〕 丁亥年 （987）

07776 石千達 ‥‥‥‥ BD16376（L4452）
〔釋門僧正賜紫道眞等稿〕 八月 （9～10C）
　1）押衙

07777 石專ミ ‥‥‥‥‥‥‥‥‥ S02228①
〔絲綿部落夫丁修城使役簿〕 亥年六月十五日 （819）
　3）絲綿部落・□部落　4）首行作「亥年六月十五日州城所，絲綿」。末行作「亥年六月十五日畢功」。

07778 石遷子 ‥‥‥‥‥‥‥‥‥ P5032v①
〔社司轉帖〕 戊午年六月十八日 （958）

07779 石全子 ‥‥‥‥‥‥‥‥‥ P3894v
〔人名錄等雜抄〕 （900前後）

07780 石善集 ‥‥‥‥‥‥‥‥‥ P3418v⑥
〔洪閏鄉缺枝夫戶名目〕 （9C末～10C初）
　3）洪閏鄉

07781 石僧正 ‥‥‥‥‥‥‥‥‥ Дx11193
〔天賢報告書〕 （10C後期）
　1）僧正　3）瓜州

07782 石藏 ‥‥‥‥‥‥‥‥‥‥ P2162v
〔三將納丑年突田曆〕 （9C前期）

07783 石多德 ‥‥‥‥‥‥‥‥‥ S00542v
〔燉煌諸寺丁壯車牛役部〕 戌年六月十八日 （818）
　2）報恩寺

07784 石?太ミ ‥‥‥‥‥‥‥‥ Дx03946
〔請田地簿〕 （10C?）

07785 石太平 ‥‥‥‥‥‥‥ P2842piece4
〔渠?人?轉帖〕 五月廿八?日 （9C中期）

07786 石達子 ‥‥‥‥‥‥‥‥‥ S04525
〔付官健及諸社佛會色物數目〕 （10C後期）
　1）官健

07787 石知?滿兒 ‥‥‥‥ BD14806③（新1006）
〔歸義軍官府貸油麵曆〕 壬申年 （972）

07788 石竹羅單 ‥‥‥‥‥‥‥‥ P2049v①
〔淨土寺諸色入破曆計會牒〕 同光三年 （925）

07789 石丑子 ‥‥‥‥‥‥‥‥‥ P3319v②
〔社司轉帖(殘)〕 （10C）

07790 石丑兒 ‥‥‥‥‥‥‥‥ 莫第171窟
〔供養人題記〕 （11C初期）
　1）施主　4）原作「施主石丑兒一養心供養」。西壁。《燉》p.79。《謝》p.391。

07791 石丑戌 ‥‥‥‥‥‥‥‥ 莫第171窟
〔供養人題記〕 （11C初期）
　1）施主　4）原作「施主石丑戌一心供養」。西壁。《燉》p.79。《謝》p.391。

07792 石丑定 ‥‥‥‥‥‥‥‥ 莫第171窟
〔供養人題記〕 （11C初期）
　1）施主　4）原作「施主石丑定一心供養」。西壁。《燉》p.79。《謝》p.391。

07793 石塚井 ‥‥‥‥‥‥‥‥‥ Дx01428
〔某寺諸色斛㪷破曆〕 （10C中期）

07794 石張 ‥‥‥‥‥‥‥‥‥‥ S06217v
〔某寺諸色破曆〕 乙巳年・丙午年頃 （945，946頃）

07795 石長道 ‥‥‥‥‥‥‥‥ S03920v④
〔緣取磑用破曆(殘)〕 （9C前期）

07796 石通子 ‥‥‥‥‥‥‥‥ P2032v①-4
〔淨土寺粟入曆〕 （944前後）

07797 石通子 ‥‥‥‥‥‥‥‥ P2032v⑯-4
〔淨土寺粟利閏入曆〕 （940前後）
　2）淨土寺

07798 石通子 ‥‥‥‥‥‥‥‥ P2040v③-2
〔淨土寺西倉粟利入曆〕 己亥年 （939）
　2）淨土寺

07799 石通子 ‥‥‥‥‥‥‥‥‥ P2621v
〔甲午役人名目〕 甲午年? （934?）

07800 石通子 ·············· P2680v②
　〔諸鄉諸人便粟曆〕（10C中期）

07801 石通子 ·············· P3102v③
　〔社內付麵人名目〕（10C前期）

07802 石通子 ·············· S03048
　〔東界羊籍〕 丙辰年（956）
　　1) 牧羊人

07803 石通達 ·············· 楡第33窟
　〔供養人題記〕（10C中期）
　　1) 清信弟子兵馬使　4) 東壁。《謝》p.477。

07804 石通ゝ ·············· P3418v⑧
　〔平康鄉缺枝夫戶名目〕（9C末～10C初）
　　3) 平康鄉

07805 石通ゝ ·············· Дx01453
　〔開倉納地子麥廂曆〕 丙寅年八月廿四日
　（966）

07806 石定子 ·············· P2032v⑯-4
　〔淨土寺粟利閏入曆〕（940前後）
　　2) 淨土寺

07807 石定子 ·············· S08426A
　〔使府酒破曆〕（10C中～後期）

07808 石定子 ·············· S08426B
　〔使府酒破曆〕（10C中～後期）

07809 石定子 ·············· S08426C
　〔使府酒破曆〕（10C中～後期）

07810 石定信 ·············· P3319v②
　〔社司轉帖(殘)〕（10C）
　　1) 正進　4) 原作注記有「正進石定信」(3行目)。
　　「石定信二度」(4行目)。

07811 石定信 ·············· P5032v⑦
　〔社司轉帖〕 戊午[ ]（958）

07812 石定奴 ·············· P3319v②
　〔社司轉帖(殘)〕（10C）

07813（石）定奴 ·············· P5032v①
　〔社司轉帖〕 戊午年六月十八日（958）

07814 石庭?□ ·············· P2125v
　〔人名目(殘)〕（9C末）

07815 石弟ゝ ·············· P3249v
　〔將龍光顏等隊下人名目〕（9C中期）

07816 石都ゝ ·············· P5003
　〔社司轉帖〕（9C前期）

07817 石都料 ·············· Дx11077
　〔社司轉帖〕 丑年五月八?日（9C?）
　　1) 都料

07818 石奴 ·············· S00542v⑦
　〔永安寺僧尼名簿〕（818）
　　2) 永安寺

07819 石奴妻 ·············· S00542v⑦
　〔永安寺僧尼名簿〕（818）
　　2) 永安寺

07820 石奴子 ·············· BD06359(鹹59)
　〔便麥契〕 丑年二月（821）
　　1) 寺戶　2) 開元寺

07821 石奴子 ·············· P3418v⑦
　〔慈惠鄉缺枝夫戶名目〕（9C末～10C初）
　　1) 僧　3) 慈惠鄉

07822 石奴子 ·············· S00542v
　〔燉煌諸寺丁壯車牛役部〕 戌年六月十八日
　（818）
　　2) 報恩寺興善寺

07823 石?奴ゝ ·············· P3418v⑥
　〔洪閏鄉缺枝夫戶名目〕（9C末～10C初）
　　3) 洪閏鄉

07824 石德子 ·············· P3249v
　〔將龍光顏等隊下人名目〕（9C中期）

07825 石屯 ·············· P3418v⑦
　〔慈惠鄉缺枝夫戶名目〕（9C末～10C初）
　　3) 慈惠鄉

07826 石婆 ·············· P2049v①
　〔淨土寺諸色入破曆計會牒〕 同光三年
　（925）

07827 石買ゝ ·············· S02669
　〔管內尼寺(安國寺・大乘寺・聖光寺)籍〕
　（865～870）
　　2) 大乘寺　3) 龍勒鄉　4) 尼名「乘崇」。

07828 石判官 ·················· S08426⑤
〔官府酒破曆〕 八月廿八日 (10C)
　　1)判官

07829 石媚賴 ·················· P3047v①
〔僧名等錄〕 (9C前期)
　　4)尼名「媚賴」。

07830 石不勿 ·················· S05509
〔納贈曆〕 甲申年二月十七日 (924 or 984)

07831 石富君 ·················· BD09299(周20)
〔納贈曆〕 (10C後期)

07832 石富子 ·················· P2049v②
〔淨土寺諸色入破曆計會牒〕 長興二年正月
(930～931)

07833 石富晟 ·················· S08426
〔官府酒破曆〕 六月廿七日 (10C)

07834 石富晟 ·················· S08426D②
〔使府酒破曆〕 (10C中～後期)

07835 石富通 ·················· P3379
〔社錄事陰保山等牒(團保文書)〕 顯德五年二月 (958)
　　4)有指押印。

07836 石富通 ·················· Дx01453
〔開倉納地子麥廳曆〕 丙寅年八月廿四日 (966)

07837 石富通 ·················· Дx02149B
〔見納缺柴人名目〕 (10C)
　　1)堂子

07838 (石)富定 ·············· BD09299(周20)
〔納贍曆〕 (10C後期)
　　1)主人

07839 石富定 ·················· BD09325(周46)
〔社司轉帖〕 □子?年七月十四日 (10C後期)

07840 石富定 ·················· P3231②
〔平康鄉官齋曆〕 癸酉年九月卅日 (973)
　　3)平康鄉

07841 石富定 ·················· P3231③
〔平康鄉官齋曆〕 甲戌年五月十九日 (974)
　　3)平康鄉

07842 石富定 ·················· P3231④
〔平康鄉官齋曆〕 甲戌年十月十五日 (974)
　　3)平康鄉

07843 石富定 ·················· P3231⑤
〔平康鄉官齋曆〕 □亥年五月十五日 (975)
　　3)平康鄉

07844 石富定 ·················· P3231⑥
〔平康鄉官齋曆〕 乙亥年九月廿九日 (975)
　　3)平康鄉

07845 石富定 ·················· P3231⑦
〔平康鄉官齋曆〕 丙子年五月十五日 (976)
　　3)平康鄉

07846 石富定 ·················· P3231v⑥
〔平康鄉官齋曆〕 乙亥年九月廿九日 (975?)
　　3)平康鄉

07847 石富定 ·················· Дx06038v
〔納贈曆〕 (10C)

07848 石富寧 ·············· S08445＋S08446＋S08468③
〔稅巳年出羊人名目〕 丙午年二月十九日 (946)

07849 石福員 ·················· 楡第33窟
〔供養人題記〕 (10C中期)
　　1)兵馬使　4)南壁。《謝》p.478。

07850 石?福延 ·················· P3319v②
〔社司轉帖(殘)〕 (10C)

07851 石福建 ·················· P3418v⑨
〔効穀鄉缺枝夫戶名目〕 (9C末～10C初)
　　3)効穀鄉

07852 石福順 ·················· S02174
〔分家文書〕 天復九年己巳閏八月十二日 (909)
　　1)見人・兵馬使

07853 石?福全 ·················· P3319v②
〔社司轉帖(殘)〕 (10C)

07854 石福彡 ·················· S02174
〔分家文書〕 天復九年己巳閏八月十二日 (909)
　　1)百姓

07855 石佛得 ·················· P3249v
　〔將龍光顏等隊下人名目〕（9C中期）

07856 石佛德 ·················· P2032v①-4
　〔淨土寺粟入曆〕（944前後）

07857 石佛德 ·················· P2032v⑪
　〔淨土寺西倉司願勝等入破曆〕 乙巳年三月
　（945）
　　2）淨土寺

07858 石佛德 ·················· P2032v⑯-4
　〔淨土寺粟利閏入曆〕（940前後）
　　2）淨土寺

07859 石佛德 ·················· P2040v②-28
　〔淨土寺豆入曆〕（940前後）
　　2）淨土寺

07860 石佛德 ·················· P2049v①
　〔淨土寺諸色入破曆計會牒〕 同光三年
　（925）

07861 石佛德 ·················· P2049v②
　〔淨土寺諸色入破曆計會牒〕 長興二年正月
　（930～931）

07862 石吻?子 ·················· Дx06018
　〔社司轉帖(殘)〕（10C後期）

07863 石粉彡 ·················· P2622v
　〔雜寫(鄉別人名記載)〕（9C?）
　　3）赤（心鄉） 4）本件是別記。R面存「大中十三年
　　三月四日」之紀年，又V面存「大中十三年四月」之
　　紀年。

07864 石粉彡 ·················· P3418v⑤
　〔某鄉缺枝夫戶名目〕（9C末～10C初）

07865 石文信 ·················· P3418v⑦
　〔慈惠鄉缺枝夫戶名目〕（9C末～10C初）
　　3）慈惠鄉

07866 石文信 ·················· P4640v
　〔官入破曆〕 辛酉年二月 （901）
　　1）衙官

07867 石文□ ·················· P3418v⑦
　〔慈惠鄉缺枝夫戶名目〕（9C末～10C初）
　　3）慈惠鄉

07868 石兵馬使 ·················· S08426⑤⑥
　〔官府酒破曆〕 九月十八日．十月廿八日（10C）
　　1）兵馬使

07869 石兵馬使 ·················· S08426A
　〔使府酒破曆〕（10C中～後期）
　　1）兵馬使

07870 石兵馬使 ·················· S08426E②
　〔使府酒破曆〕（10C中～後期）
　　1）兵馬使

07871 石米?□ ·················· P3666v③
　〔便粟麥契曆〕（9C中期前後）
　　1）僧 2）永康寺

07872 石保山 ·················· P4997v
　〔分付羊皮曆(殘)〕（10C後期）

07873 石保山? ·················· Дx02149B
　〔見納缺柴人名目〕（10C）

07874 石?保昌 ·················· P3319v②
　〔社司轉帖(殘)〕（10C）

07875 石保全 ·················· P3396
　〔沙州諸渠別粟田名目〕（10C後期）

07876 石保全 ·················· P3859
　〔報恩寺常住百姓老小孫息名目〕 丙申年十月
　十一日 （936?）
　　1）寺戶 2）報恩寺

07877 石寶意 ·················· S02729①
　〔燉煌應管勘牌子曆〕 辰年三月 （788）
　　1）僧 2）龍興寺 3）沙州 4）申年9月27日死。5
　行目。

07878 石寶王 ·················· P3249v
　〔將龍光顏等隊下人名目〕（9C中期）

07879 石寶嚴 ·················· S02729①
　〔燉煌應管勘牌子曆〕 辰年三月 （788）
　　1）僧 2）靈修寺 3）沙州 4）⇒寶嚴。

07880 石抱玉 ·················· S00542v⑧
　〔燉煌諸寺丁壯車牛役部〕 戌年六月十八日
　（818）
　　2）大乘寺

07881 石法 ·················· S07882
　〔就賀拔堂唱椀等曆〕 十一月廿一日 （9C前
　期）

07882 石法師 ･･････････････････ P3619①
　〔王都督儭合城僧徒名錄〕（9C）
　　1)法師

07883 石法闍梨 ････････････････ S02729①
　〔燉煌應管勘牌子歷〕 辰年三月十三日（788）
　　1)闍梨 3)沙州 4)辰年3月13日死。末尾有「贊息檢」。59行目。

07884 石法信 ････････････ Дx01405＋Дx01406
　〔布頭索留信等官布籍〕（9C末期～10C初期）

07885 石法進 ･･･････････････ S02729①
　〔燉煌應管勘牌子歷〕 辰年三月（788）
　　1)僧 2)大雲寺 3)沙州 4)8行目。

07886 石法達 ･･････････････････ 杏・羽694③
　〔漏僧名目〕（9C中期）

07887 石法律 ･････････････････ P2250v③
　〔開元寺僧唱布曆〕（925?）
　　2)開元寺

07888 石法律 ･･････････････････ P3161
　〔常住什物見在新附點檢歷〕（10C前期）
　　1)法律

07889 石法律 ･････････････････ S00366
　〔破曆〕（9C）
　　1)法律

07890 石?法律 ･･･････････････ S01472v
　〔雜寫(當寺轉帖等)〕（10C中期）
　　1)法律

07891 石没賀兒 ････････････････ P3945v
　〔牧羊籍〕（10C?）

07892 石万通 ･････････････････ P2738v
　〔社司轉帖(寫錄)〕 二月廿五日（9C後期）

07893 石无导〔碍〕 ･････････････ P3047v⑦
　〔法事僧尼名錄〕（9C前期）
　　4)僧名「无导〔碍〕」。

07894 石友子 ････････････････ P2049v①
　〔淨土寺諸色入破曆計會牒〕 同光三年（925）

07895 石友子妻 ･･･････････････ P2049v①
　〔淨土寺諸色入破曆計會牒〕 同光三年（925）

07896 石友子妻 ･･･････････････ P2049v②
　〔淨土寺諸色入破曆計會牒〕 長興二年正月（930～931）

07897 石友信 ･･･････････････ BD09325(周46)
　〔社司轉帖〕 □子?年七月十四日（10C後期）

07898 石?欲娘 ･･･････････････ S00542v①
　〔蓮臺寺僧尼名簿〕（818）
　　2)蓮臺寺

07899 石里午 ･････････････････ S07932
　〔月次番役名簿〕（10C後期）

07900 石流昇 ･･･････････････ P2032v⑪
　〔淨土寺西倉司願勝等入破曆〕 乙巳年三月（945）
　　2)淨土寺

07901 石流信 ･････････････････ P3889
　〔社司轉帖〕（10C後期?）

07902 石留住 ･･･････････････ P3418v①
　〔□□鄉缺枝夫戶名目〕（9C末～10C初）
　　3)□□鄉

07903 石留得 ･･･････････････ P3418v⑥
　〔洪閏鄉缺枝夫戶名目〕（9C末～10C初）
　　3)洪閏鄉

07904 石郎 ･･････････････････ S04120
　〔布褐等破曆(殘)〕 癸亥年二月～甲子年二月（963～964）

07905 石郎 ･･･････････････ S05632①
　〔親情社轉帖〕 丁卯年二月八日（967）
　　4)原作「大石郎」。

07906 石祿山 ･･･････････････ P3418v⑦
　〔慈惠鄉缺枝夫戶名目〕（9C末～10C初）
　　3)慈惠鄉

07907 石祿山磨 ･･･････････････ P4019piece2
　〔納草束曆〕（9C後期）
　　3)平康鄉?

07908 石和滿 ･････････････････ P5546
　〔神沙鄉人名目(殘)〕（900頃）
　　3)神沙鄉

07909 石和滿 ･･･････････････ S03330v①
　〔諸門石和滿上將軍狀〕 乾寧四年二月廿八日（897）

07910 石□住 ………………… Дx02256
〔親情社轉帖〕 丙午年七月三日 (946?)

07911 石□力 ………………… P3418v⑨
〔効穀鄉缺枝夫戶名目〕 (9C末〜10C初)
　3)効穀鄉

07912 石□ ……………………… P3666v
〔便粟麥契曆〕 (9C中期前後)
　1)僧 2)永康寺

07913 石 ………………… BD05673v④(李73)
〔行人轉帖(寫錄)〕 今月十二日 (9C末)

07914 赤書宰相 ………………… S08426A
〔使府酒破曆〕 (10C中〜後期)
　1)宰相

07915 薛安子 …………………… S01285
〔賣宅契〕 清泰三年丙申十一月廿三日 (936)

07916 薛安住 …………………… S01285
〔賣宅契〕 清泰三年丙申十一月廿三日 (936)
　1)見人

07917 薛安俊 ………………… BD08668(位68)
〔勸戒文百行章寫經題記〕 庚辰年正月廿一日 (9〜10C)
　1)札・孝使(士)郎 2)淨土寺 4)V面有雜寫「西漢金山之國」。

07918 薛安俊 …………………… P2054
〔十二時普觀四衆依教修行〕 同光二年甲申歲 (924)
　1)學子

07919 薛安俊 …………………… S02614
〔大目乾連冥間救母變文1卷幷序〕 貞明柒年辛巳歲四月十六日 (921)
　1)淨土寺學郎 2)淨土寺 4)識語有「淨土寺學郎薛安俊寫,張保達文書」。

07920 薛安勝 …………………… S01285
〔賣宅契〕 清泰三年丙申十一月廿三日 (936)
　1)見人

07921 薛安昇 …………………… S01285
〔賣宅契〕 清泰三年丙申十一月廿三日 (936)
　1)同院人

07922 薛安定 ………………… BD14806①(新1006)
〔於倉缺物人便麥名抄錄〕 辛酉年三月廿二日 (961)
　1)□戶

07923 薛惟謙 …………………… S00542v⑤
〔靈修寺狀上〕 丑年十二月 (821)
　1)寺卿

07924 薛惟謙 …………………… S04491
〔地畝計會〕 (9C前期)
　3)河北渠, 蔡田渠, 悆同渠

07925 薛員會 …………………… 莫第130窟
〔供養人題記〕 (不明)
　4)西壁大佛塑像後壁。《燉》p.63。

07926 薛員俊 …………………… P3721v③
〔冬至自斷官員名〕 己卯年十一月廿六日 (979)

07927 薛員通 …………………… S02578①
〔書簡〕 十一月十九日 (10C後期)

07928 薛員定 …………………… Дx02149A
〔寒食座設付酒曆〕 戊午年四月廿五日 (958 or 898)

07929 薛榮田 …………………… P3145v
〔節度使下官人名・鄉名諸姓等雜記〕 (10C)

07930 薛永注 …………………… P3721v③
〔冬至自斷官員名〕 己卯年十一月廿六日 (979)

07931 薛營田 …………………… S08443F5
〔散施入曆〕 (944頃)
　1)營田

07932 薛盈ゝ …………………… P2049v①
〔淨土寺諸色入破曆計會牒〕 同光三年 (925)

07933 薛英義? ………………… S11213G
〔配付人名目〕 (946)

07934 薛圓性 …………………… S02729①
〔燉煌應管勘牌子曆〕 辰年三月 (788)
　1)僧 2)大乘寺 3)沙州 4)47行目。

07935 薛延俊 …………………… S05402
〔薛延俊〕 (歸義軍期)
　1)百姓

07936 薛延唱 ･････････････ 中村『書道博』
〔閻羅王受記〕 清泰三年丙申十二月廿日
(936)
　1)清信弟子布良・寫

07937 薛應蘭 ･････････････ BD09324(周45)
〔某寺諸色入破歷〕 丑年三月 (8C末～9C前期)

07938 薛押衙 ･････････････ S06066
〔社司轉帖〕 壬辰年四月廿二日 (992)
　1)押衙　2)乾明寺

07939 薛押衙 ･････････････ S06981④
〔設齋納酒餅曆〕 (10C後期)
　1)押衙

07940 薛王三 ･････････････ S11437
〔牧羊計會〕 (10C)

07941 薛屋山 ･････････････ Дx02149B
〔見納缺柴人名目〕 (10C)

07942 薛家 ･････････････ P2912v②
〔儭家縁大衆要送路人事及都頭用使破歷〕
丑年四月已後 (821?)

07943 薛家 ･････････････ P3212v③
〔惠深交物曆(殘)〕 辛丑年五月三日 (941 or 1001)

07944 薛懷慶 ･････････････ BD08172v(乃72)
〔社司轉帖(習書・殘)〕 癸未年頃 (923頃?)
　1)虞候

07945 (薛)懷德 ･････････････ BD14806①(新1006)
〔於倉缺物人便麥名抄錄〕 辛酉年三月廿二日 (961)
　1)保人・(薛什德)弟　4)原作「保人弟懷德」。

07946 薛庭 ･････････････ BD14806①(新1006)
〔於倉缺物人便麥名抄錄〕 辛酉年三月廿二日 (961)
　1)知見人

07947 薛九安 ･････････････ S02578①
〔書簡〕 十一月十九日 (10C後期)
　1)押衙

07948 薛教授 ･････････････ 杏・羽694②
〔報恩寺所管僧名目〕 (9C前期)
　1)教授　2)報恩寺　4)僧右傍有朱點,朱字。

07949 薛緊胡 ･････････････ Дx02149B
〔見納缺柴人名目〕 (10C)

07950 薛金髻 ･････････････ P4597
〔諸寺僧尼籍〕 (788)
　2)金光明寺　4)⇒金髻。

07951 薛金髻 ･････････････ S02729①
〔燉煌應管勘牌子歷〕 辰年三月 (788)
　1)僧　2)金光明寺　3)沙州　4)16行目。

07952 薛遇納 ･････････････ S01366
〔歸義軍府下破用麵油曆〕 己卯～壬午年頃 (10C後期(980～982頃))

07953 薛唧子 ･････････････ S05824
〔經坊費負担人名目〕 (8C末～9C前期)
　1)寫經人　3)絲綿部落

07954 薛惠峯 ･････････････ P.tib1261v⑨
〔諸寺僧尼支給穀物曆〕 (9C前期)
　1)僧　4)⇒惠峯。

07955 薛慶住 ･････････････ P2680v⑥
〔社司轉帖〕 六月廿三日 (10C中期)

07956 薛謙 ･････････････ P3205
〔僧俗人寫經曆〕 (9C前期)

07957 薛謙 ･････････････ S02711
〔寫經人名目〕 (9C前期)
　1)寫經人　2)金光明寺

07958 薛謙 ･････････････ S07945
〔僧俗寫經分團人名目〕 (823以降)

07959 薛賢〻 ･････････････ S02214
〔官府雜帳(名籍・黃麻・地畝・地子等曆)〕 (860?)

07960 薛彥俊 ･････････････ S06204②
〔汝南薛彥俊詩1首〕 同光貳載沽洗之月冥生拾貳葉迷愚小子 (924)
　3)汝南

07961 薛幸昌 ･････････････ S03978
〔納贈曆〕 丙子年七月一日 (976)

07962 薛苟子 ･････････････ P3379
〔社錄事陰保山等牒(團保文書)〕 顯德五年二月 (958)
　4)有指押印。

07963 薛國成 ･････････････････ P4017
〔雜字一本(人名列記)〕 乙酉年頃 (985)

07964 薛再盈 ･････････････････ P.tib1102v
〔社司轉帖〕 申年二月廿日 (9C前期)

07965 薛最勝淨 ･････････････････ S02669
〔管内尼寺(安國寺・大乘寺・聖光寺)籍〕
(865〜870)
　2)大乘寺 3)莫高鄉 4)姓「薛」。俗名「鉢ゞ」。

07966 薛氏 ･････････････････ 莫第129窟
〔供養人題記〕 (10C前期)
　4)原作「新婦薛氏一心供養」。北壁。《燉》p.62。

07967 薛闍梨 ･････････････････ P2583v⑪
〔法會施捨疏〕 申年頃 (828頃?)
　1)闍梨

07968 薛闍梨 ･････････････････ P3491v①
〔某寺設齋勾當名目〕 壬子年十一月二日
(832 or 844)
　1)闍梨 4)原作「故薛闍梨」。

07969 薛什子 ･････････････････ S02894v②
〔社司轉帖〕 壬申年十二月 (972)

07970 薛什子 ･････････････････ S02894v⑤
〔社司轉帖〕 (10C後期)

07971 薛什得 ･････････････････ P2877v
〔行人轉帖〕 乙丑年正月十六日 (962)
　1)行人

07972 薛什德 ･････････････････ BD14806①(新1006)
〔於倉缺物人便麥名抄錄〕 辛酉年三月廿二日 (961)

07973 薛女子 ･････････････････ S01366
〔歸義軍府下破用麵油曆〕 己卯〜壬午年頃
(10C後期(980〜982頃))

07974 薛像幽 ･････････････････ S02729①
〔燉煌應管勘牌子曆〕 辰年三月 (788)
　1)僧 2)乾元寺 3)沙州 4)21行目。

07975 薛小兒 ･････････････････ Дх10282
〔便黃麻麥曆〕 (9C中期以降)

07976 薛昇達 ･････････････････ P.tib2124v
〔人名錄〕 (9C中期?)

07977 薛章七 ･････････････････ P3418v①
〔□□鄉缺枝夫戶名目〕 (9C末〜10C初)

07978 薛章七 ･････････････････ P5021D
〔付物曆〕 (9C末〜10C初)

07979 薛信〔住〕奴男 ･････････････････ Дх11072
〔社司轉帖(建福)〕 正月五日 (10C後期)
　2)於乾明寺門前

07980 薛石二 ･････････････････ P2516
〔尚書卷第5(尾)〕 (10C?)

07981 薛詮 ･････････････････ MG17667
〔供養人題記〕 (10C)

07982 (薛)全子 ･････････････････ BD14806①(新1006)
〔於倉缺物人便麥名抄錄〕 辛酉年三月廿二日 (961)
　1)口承人(薛安定)男 4)原作「口承人男全子」。

07983 薛善 ･････････････････ P2912v①
〔大衆及私傭儭施布入者具數〕 丑年正(月)已後 (821?)

07984 薛善通 ･････････････････ BD15404(簡068066)
〔千渠中下界白刺頭名目〕 (10C中期)
　1)白刺頭 3)千渠下界

07985 薛善通 ･････････････････ P3718⑯
〔薛府君邈眞讚〕 天福六年辛丑歲二月廿四日 (941)

07986 薛禪 ･････････････････ P4518v⑪
〔押牙樊繼受等狀上〕 六月日 (10C中期)
　1)閣下 4)原作「薛禪閣下謹空」。

07987 薛僧奴 ･････････････････ Дх11073
〔社司轉帖〕 正月五日 (975年代以降)

07988 薛僧奴男 ･････････････････ Дх11073
〔社司轉帖〕 正月五日 (975年代以降)
　1)男

07989 薛頹兒 ･････････････････ BD16336B(L4425)
〔社司轉帖〕 戊申年 (948?)

07990 薛智勝 ･････････････････ S02729①
〔燉煌應管勘牌子曆〕 辰年三月 (788)
　1)僧 2)大乘寺 3)沙州 4)49行目。

07991 薛癡子 ·················· Дx02149в
　〔見納缺柴人名目〕（10C）

07992 薛通 ················· P.tib1261v⑥
　〔諸寺僧尼支給穀物曆〕（9C前期）
　　1）寺主

07993 薛通々 ···················· S09465
　〔人名目〕（10C?）

07994 薛都頭 ····················· S03978
　〔納贈曆〕丙子年七月一日（976）
　　1）都頭

07995 薛奴子 ············ BD11987（L2116）
　〔歸義軍官府人名目〕（9C後期～10C）
　　1）判官　4）原作「判官薛奴子」。

07996 薛頭 ····················· Дx02166
　〔某社三官等麥粟破曆〕（10C）

07997 薛屯兒 ···················· S05788
　〔社司轉帖〕十一月廿一日（9C前期）

07998 薛屯兒 ···················· S05825
　〔社司轉帖〕四月一日（9C前期）

07999 薛曇振 ·················· S02729①
　〔燉煌應管勘牌子曆〕辰年三月（788）
　　1）僧　2）靈圖寺　3）沙州　4）14行目。

08000 薛鉢々 ····················· S02669
　〔管內尼寺（安國寺・大乘寺・聖光寺）籍〕
　（865～870）
　　2）大乘寺　3）莫高鄉　4）尼名「最勝淨」。

08001 薛鉢略 ··················· P2049v①
　〔淨土寺諸色入破曆計會牒〕同光三年
　（925）

08002 薛氾三 ···················· P2877v
　〔行人轉帖〕乙丑年正月十六日（962）
　　1）行人

08003 薛富子 ···················· S01285
　〔賣宅契〕清泰三年丙申十一月廿三日（936）

08004 薛富進 ············ BD16282в（L4124）
　〔送油文書〕（9～10C）
　　4）原作「寒食座大設酪三千,次差曹弘定／帖至限二日,於薛富進家送油者。／鄉官湯」。

08005 薛富進 ················ BD16509A
　〔延晟人名一本〕（9C前期）

08006 薛富通 ····················· S11358
　〔部落轉帖〕（10C後期）

08007 薛富寧 ··················· P3391v②
　〔社人名列記（寫錄）〕丁酉年頃（937頃）

08008 薛普持 ·················· S02729①
　〔燉煌應管勘牌子曆〕辰年三月（788）
　　1）僧　2）靈修寺　3）沙州　4）30行目。

08009 薛粉堆 ···················· Дx02149в
　〔見納缺柴人名目〕（10C）

08010 薛文通 ····················· P4640v
　〔官入破曆〕己未年十月（899）
　　1）衙判官?

08011 薛保定 ···················· Дx02149в
　〔見納缺柴人名目〕（10C）

08012 薛保德 ···················· Дx11072
　〔社司轉帖（建福）〕正月五日（10C後期）
　　2）於乾明寺門前

08013 薛保?德 ··················· Дx11073
　〔社司轉帖〕正月五日（975年代以降）

08014 薛法行 ·················· S02729①
　〔燉煌應管勘牌子曆〕辰年三月（788）
　　1）僧　2）大雲寺　3）沙州　4）7行目。

08015 薛法律 ····················· P2944
　〔大乘寺・聖光寺等尼僧名錄〕（10C後期?）
　　1）法律　2）大乘寺?

08016 薛法律 ····················· P3060
　〔諸寺諸色付經僧尼曆〕（9C前期）
　　1）僧尼　4）經典名「摩訶經卷1」。

08017 薛妙寂 ·················· S02729①
　〔燉煌應管勘牌子曆〕辰年三月（788）
　　1）僧　2）大乘寺　3）沙州　4）47行目。

08018 薛无比 ·················· S02729①
　〔燉煌應管勘牌子曆〕辰年三月（788）
　　1）僧　2）靈修寺　3）沙州　4）33行目。

08019 薛郎山 ·················· 莫第205窟
　〔供養人題記〕（8C後期）
　　1）社人　4）西壁。《燉》p.96。

08020 薛□ .... BD14667v⑥（新0867）
　〔社人名目？〕（9C後期）

08021 薛□ .... BD14806①（新1006）
　〔於倉缺物人便麥名抄錄〕　辛酉年三月廿二
　日　（961）
　　1) 見人　4) 原作「見人薛□」。

08022 薛 .... BD05673v④（李73）
　〔行人轉帖（寫錄）〕　今月十二日　（9C末）

08023 薛 .... BD11502①（L1631）
　〔燉煌十一僧寺別姓名簿幷緣起經論等名
　目〕（9C後期）
　　2)（三）界（寺）

08024 薛 P0865v
　〔社司轉帖〕（9C末）

08025 薛 P.tib1261v②
　〔諸寺僧尼支給穀物曆〕（9C前期）
　　1) 寺主

08026 薛 S00542v
　〔燉煌諸寺丁壯車牛役簿〕　戌年六月十八日
　（818）
　　4) 本件中有「李君々、丑年五月薛請僦羊…」。

08027 薛 Дx05092
　〔諸斷片雜記〕（9～10C）
　　1) 左僕射

08028 專志德 Дx01328
　〔高昌田苗曆〕　建中三年三月廿七日　（782）
　　1) 百姓

08029 泉寺主 P.tib1261v⑦
　〔諸寺僧尼支給穀物曆〕（9C前期）
　　1) 寺主

08030 泉 P.tib1261v②
　〔諸寺僧尼支給穀物曆〕（9C前期）
　　1) 寺主

08031 泉 P.tib1261v⑩
　〔諸寺僧尼支給穀物曆〕（9C前期）
　　1) 寺主

08032 尊瓊玉 Дx01328
　〔高昌田苗曆〕　建中三年三月廿七日　（782）
　　1) 青

08033 尊元近 Дx01328
　〔高昌田苗曆〕　建中三年三月廿七日　（782）
　　1) 青

08034 詮信 .... BD05673v③（李73）
　〔社司轉帖（寫錄）〕　丙辰年閏二月八日　（896）
　　2) 龍興寺門　4) 原作「詮信母」。

08035 詮禪 P2700lesv
　〔比丘法眞狀〕　五月一日　（9C前期）

08036 詮僧正 S03189
　〔轉經文〕　癸未年十月一日　（983）
　　1) 僧正

08037 詮法律 .... BD15249v①（新1449）
　〔去時人將文字名目〕（9～10C）
　　1) 法律

08038 鮮于叔明 P3620②
　〔諷諫今上破鮮于叔明令狐峘等請試僧尼及
　不許交易書（首題）〕（9C）

08039 善羮住 S02894v⑤
　〔社司轉帖〕（10C後期）

08040 善郎 S06981⑤
　〔親情社轉帖〕　癸亥年八月十日　（963）

08041 鄯家 S06981①
　〔某寺入曆〕　辛酉年～癸亥年中間三年　（901～
　903 or 961～963）

08042 鄯?麴々 S03287v
　〔戶口田地申告牒〕　子年五月　（832 or 844）
　　3) 擧三部落

08043 鄯悟眞 P3047v①
　〔僧名等錄〕（9C前期）
　　4) 僧名「悟眞」。

08044 鄯悟眞 P3047v③
　〔諸僧尼送納三色香於乾元寺曆〕（9C前期）
　　2) 乾元寺　4) 僧名「悟眞」。

08045 鄯骨?々 P2766v
　〔人名列記〕　咸通十二年　（871）

08046 鄯子員 .... BD11987（L2116）
　〔歸義軍官府人名目〕（9C後期～10C）

08047 鄯石奴 ・・・・・・・・・・・・・・ S03287v
　〔戸口田地申告牒〕　子年五月　(832 or 844)

08048 鄯曹千? ・・・・・・・・・・・・・・ S03982
　〔月次人名目〕　甲子年十一月　(964)

08049 鄯?品奴 ・・・・・・・・・・・・・・ S03287v
　〔戸口田地申告牒〕　子年五月　(832 or 844)
　　3)擘三部落

08050 鄯粉塠 ・・・・・・・・・・・・・・・ P5546
　〔神沙鄉人名目(殘)〕　(900頃)
　　3)神沙鄉

08051 鄯?扁娘 ・・・・・・・・・・・・・・ S03287v
　〔戸口田地申告牒〕　子年五月　(832 or 844)
　　3)擘三部落

08052 鄯流潤 ・・・・・・・・・・・・・・・ P3145
　〔社司轉帖〕　戊子年閏五月　(988?)

08053 鄯流定 ・・・・・・・・・・ BD11523v(L1652)
　〔社司點帖及雜寫〕　(9～10C)

[そ]

08054 蘇阿建 ・・・・・・・・・・・・・・ S06233v②
　〔礚戸計會〕　(9C前期)

08055 蘇阿建 ・・・・・・・・・・・・・・ S09156
　〔沙州戸口地畝計簿〕　(9C前期)
　　3)沙州

08056 蘇威ゝ ・・・・・・・・・・・・・・ P3418v③
　〔某鄉缺枝夫戸名目〕　(9C末～10C初)

08057 蘇永進 ・・・・・・・・・・・・・・ 津藝061r.v
　〔雇駞契(稿)〕　壬午年正月廿六日　(982?)
　　1)押衙

08058 蘇家永?富 ・・・・・・・・・・・・ S04445v③
　〔便曆〕　庚寅年二月三日　(930?)

08059 蘇海清 ・・・・・・・・・・・・・・ 沙文補24
　〔寺唧索再榮等牒殘判辭〕　午年正月　(9C前期)
　　1)僧

08060 蘇乾奴 ・・・・・・・・・・・ BD08644v(位44)
　〔大乘稻竿經(卷首背有題名)〕　(8～9C)

08061 蘇緊?子 ・・・・・・・・・ S08445＋S08446＋S08468
　〔稅巳年出羊人名目〕　丙午年二月十九日　(946)

08062 蘇金光 ・・・・・・・・・・・・・・ P3047v①
　〔僧名等錄〕　(9C前期)
　　4)僧名「金光」。

08063 蘇君 ・・・・・・・・・・・・・・・ P2162v
　〔三將納丑年突田曆〕　(9C前期)

08064 蘇慶郎 ・・・・・・・・・・・・ 古典籍54,圖171
　〔五月五日下菜人名目〕　(10C)

08065 蘇賢子 ・・・・・・・・・・・・・・ P3705v
　〔人名錄雜記〕　中和二年頃　(882?)

08066 蘇?賢通 ・・・・・・・・・・・・・ S04444v③
　〔社司轉帖(寫錄)〕　(10C)
　　2)永安寺門前

08067 蘇再ゝ ······················ S02669
〔管內尼寺(安國寺・大乘寺・聖光寺)籍〕
(865～870)
　　2)聖光寺　3)慈惠鄉　4)尼名「眞寂」。

08068 蘇師子 ······················ P3705v
〔人名錄雜記〕　中和二年頃　(882?)

08069 蘇兒 ························ S05824
〔經坊費負担人名目〕　(8C末～9C前期)
　　1)寫經人　3)絲綿部落

08070 蘇秀□ ······················ P3691piece1
〔社司轉帖(社人名目)〕　戊午年九月十一日
(958)

08071 蘇習? ······················ P4660⑥
〔河西都僧統蘇習?悟眞邈眞讚并序〕　廣明元
年　(880)
　　1)前河西節度掌書記　4)原作「前河西節度掌書
記蘇習撰」。

08072 蘇醜兒 ······················ P2629
〔官破曆〕　八月一日　(10C中期)

08073 蘇什三 ······················ 莫第126窟
〔供養人題記〕　(8C中期)
　　1)女弟子　4)原作「女弟子蘇什三一心供養」。西
壁。《燉》p. 58.《謝》p. 66。

08074 蘇什德 ······················ S01519①
〔破曆〕　(890?)
　　1)牧羊人

08075 蘇俊 ························ S08690
〔薩毗寄倉入(破?)曆〕　(940前後)

08076 蘇眞寂 ······················ S02669
〔管內尼寺(安國寺・大乘寺・聖光寺)籍〕
(865～870)
　　2)聖光寺　3)慈惠鄉　4)姓「蘇」。俗名「再ゝ」。

08077 蘇仁祐 ······················ BD16154(L4081)
〔蘇仁祐復〕　(8～9C)

08078 蘇?晟子 ····················· S06235A③
〔出得氍羊皮曆〕　某年十一月十七日　(9C前期)

08079 蘇?全子 ····················· P3418v③
〔某鄉缺枝夫戶名目〕　(9C末～10C初)

08080 蘇丑兒 ······················ S02894v⑤
〔社司轉帖〕　(10C後期)

08081 蘇鎭使 ······················ BD16384(L4458)
〔抄錄有私駝名目〕　丙寅年八月廿九日　(966)
　　1)鎭使

08082 蘇定子 ······················ P2032v④
〔淨土寺西倉斛㪷破曆〕　乙亥年　(939)
　　2)淨土寺

08083 蘇定子 ······················ P3727v①
〔狀〕　十一月日　(10C中期)

08084 蘇奴子 ······················ P3705v
〔人名錄雜記〕　中和二年頃　(882?)

08085 蘇奴子 ······················ S05898
〔官田地畝計會〕　閏十月頃　(860頃)

08086 蘇南 ························ S05824
〔經坊費負担人名目〕　(8C末～9C前期)
　　1)寫經人　3)絲綿部落

08087 蘇婆 ························ S04610v③
〔尼僧名目〕　(895以前?)

08088 蘇富昌 ······················ S08445＋S08446＋
S08468
〔羊司於常樂稅羊人名目〕　丙午年　(946)

08089 蘇富昌 ······················ S08445＋S08446＋
S08468
〔羊司於常樂官稅羊數名目〕　丁未年四月十二
日　(943)

08090 蘇富寧 ······················ P3145
〔社司轉帖〕　戊子年閏五月　(988?)

08091 蘇保山 ······················ S06123
〔渠人轉帖〕　戊寅年六月十四日　(978)
　　2)普光寺

08092 蘇法律 ······················ S04687r.v
〔佛會破曆〕　(9C末～10C前期)
　　1)法律

08093 蘇門悌 ········· HOERNLE,JASB LXX-
1,EXTRA.NO.1.PL.IV
〔擧錢契〕　唐建中七年七月廿日　(786)
　　1)□村□客擧錢人　4)39歲。

08094 蘇流奴 ················ S05509
　〔納贈曆〕　甲申年二月十七日　(924 or 984)
　　1)社官

08095 蘇流奴 ················ S05509v
　〔雇契〕　甲申年三月五日　(924 or 984)
　　1)百姓　3)燉煌鄉

08096 蘇老宿 ················ S05753
　〔靈圖寺招提司入破曆計會〕　癸巳年正月以後　(933)
　　1)老宿　2)靈圖寺

08097 蘇□□ ················ P3418v②
　〔燉煌鄉缺枝夫戶名目〕　(9C末～10C初)
　　3)燉煌鄉

08098 蘇□ゝ ················ S06130
　〔諸人納布曆〕　(10C)
　　3)神沙鄉

08099 蘇□ ··················· P2614v
　〔尚饗文〕　辛丑年十一月朔廿九日　(821?)
　　1)兄

08100 蘇 ················· 有鄰館51
　〔令狐進達戶口申告狀〕　大中四年十月庚午 (850)
　　1)(令狐進達弟嘉興)妻　4)原作「令狐進達弟嘉興」妻阿蘇」。

08101 蘇毗王 ············ CONCILE DE LHASA,PL.Ⅱ
　〔頓悟大乘正決敍〕　戌年正月十五日　(794)

08102 宋阿朵 ················ Дх02149в
　〔見納缺柴人名目〕　(10C)

08103 宋安久 ················ P3236v
　〔燉煌鄉官布籍〕　壬申年三月十九日　(972)
　　3)燉煌鄉

08104 宋安五 ················ S00705v
　〔社司轉帖(殘)〕　(9C後期)

08105 宋安子 ············ BD16111н(L4066)
　〔請人領麥曆〕　五(正?)月十一日　(10C)

08106 宋安子 ················ S05717
　〔人名目〕　(10C)

08107 宋安子 ················ S06130
　〔諸人納布曆〕　(10C)
　　3)神沙鄉

08108 宋安住 ············ BD04048v(麗48)
　〔名籍〕　(9～10C)

08109 宋安住 ············ P2032v⑯-2
　〔淨土寺麥利閏入曆〕　(940前後)
　　2)淨土寺

08110 宋安住 ············ P2032v⑯-4
　〔淨土寺粟利閏入曆〕　(940前後)
　　2)淨土寺

08111 宋安昌 ············ BD15249v③(新1449)
　〔某家榮親客目〕　(10C後期)
　　4)原作「宋安昌都頭及娘子并男四人」。

08112 宋安昌娘子 ········ BD15249v③(新1449)
　〔某家榮親客目〕　(10C後期)
　　4)原作「宋安昌都頭及娘子并男四人」。

08113 宋安昌男 ········ BD15249v③(新1449)
　〔某家榮親客目〕　(10C後期)
　　4)原作「宋安昌都頭及娘子并男四人」。

08114 宋安寧 ················ P3897piece3
　〔轉帖(殘)〕　(10C)

08115 宋安寧 ················ Дх00012②pieces
　〔[宋?]安寧等三家田土簿〕　(10C後期)

08116 宋威ゝ ············ BD09472v①～③(發92)
　〔龍興寺索僧正等五十八人就唐家蘭若請賓頭盧文〕　(8～9C)
　　2)靈修(寺)　3)沙州

08117 宋威ゝ ················ S02669
　〔管內尼寺(安國寺・大乘寺・聖光寺)籍〕　(865～870)
　　2)大乘寺　3)燉煌鄉　4)尼名「妙眞」。

08118 宋意氣 ················ S02669
　〔管內尼寺(安國寺・大乘寺・聖光寺)籍〕　(865～870)
　　2)大乘寺　3)洪池鄉　4)尼名「覺證」。

08119 宋員ゝ ················ P3418v⑧
　〔平康鄉缺枝夫戶名目〕　(9C末～10C初)
　　3)平康鄉

313

08120 宋員集 ……………………… P5593
　〔社司轉帖(殘)〕 癸巳年十月十日 (933?)

08121 宋員住 ……………… BD05924v(重24)
　〔便麥粟曆〕 戊申年天福拾肆年 (949頃)
　　4)原作「宋員住便粟肆石至秋陸石」。

08122 宋員住 ……………………… P2953v
　〔便麥豆本曆〕 (10C)

08123 宋員住 ……………………… S03005
　〔防大佛行人名目〕 (10C)

08124 宋員進 ……………………… P3805
　〔曹議金賜宋員進改補充節度押衙牒(首尾俱全)〕 同光三年六月一日 (925)

08125 宋員達 ……………………… S04706
　〔什物交割曆〕 (10C後期)
　　1)梁戶

08126 宋員定 ……………………… P3231⑥
　〔平康鄉官齋曆〕 乙亥年九月廿九日 (975)
　　3)平康鄉

08127 宋員德 ……………………… P4693
　〔官齋納麵油粟曆〕 (10C後期)
　　1)饌餘頭

08128 宋云 ………………………… S05788
　〔社司轉帖〕 十一月廿一日 (9C前期)

08129 宋云 …… S.tib.R.119.VOL.551 FOL.23
　〔社司轉帖〕 (9C前期)

08130 宋雲 ………………………… S05825
　〔社司轉帖〕 四月一日 (9C前期)

08131 宋榮 ……………………… P2912v③
　〔寫大般若經一部施銀盤子麥粟粉疏〕 四月八日 (9C前期)

08132 宋榮 ……………………… S05790②
　〔宋榮與張天乘驢一頭往瓜州抄〕 五月十六日 (9C)

08133 宋榮 ……………………… S11454F
　〔白羯等算會簿〕 亥年 (795)
　　3)絲綿部落?

08134 宋榮國 ……………………… S06829v
　〔修造破曆〕 丙戌年正月 (806)

08135 宋榮子 ……………………… P3249v
　〔將龍光顏等隊下人名目〕 (9C中期)

08136 (宋)榮清 …………………… S06829v
　〔修造破曆〕 丙戌年正月 (806)

08137 宋榮朝 ……………………… S05824v
　〔經坊費負担人名目〕 (8C末〜9C前期)

08138 宋永盈 ……………………… P3231v③
　〔平康鄉官齋曆〕 甲戌年五月廿九日 (974)
　　3)平康鄉

08139 宋永住 ……………………… P2049v②
　〔淨土寺諸色入破曆計會牒〕 長興二年正月 (930〜931)

08140 宋永住 ……………………… P3231③
　〔平康鄉官齋曆〕 甲戌年五月廿九日 (974)
　　3)平康鄉

08141 宋永住 ……………………… P3231⑥
　〔平康鄉官齋曆〕 乙亥年九月廿九日 (975)
　　3)平康鄉

08142 宋永住 ……………………… Дx04278
　〔十一鄉諸人付麵數〕 乙亥年四月十一(日) (915? or 975)
　　3)平康鄉

08143 宋永長 ……………………… S04472v
　〔納贈曆〕 辛酉年十一月二日 (961)

08144 宋營奴 ……………………… P2502v①
　〔便麥契(控)〕 寅年七月六日 (9C前期)
　　3)絲(思)董薩部落

08145 宋盈達 ……………………… 杏・羽695
　〔燉煌諸鄉諸部落諸人等便麥曆〕 (10C)
　　1)弓匠

08146 宋盈〻 ……………………… S01398
　〔契〕 太平興國七年二月廿日 (982)

08147 宋盈金 ……………………… P5579⑯
　〔得度者人名錄〕 巳年〜酉年 (813〜817 or 825〜829)

08148 宋盈達 ……………………… S06045
　〔便粟麥曆〕 丙午年正月三日 (946)

08149 宋英達 ················· P2937v
〔維大唐燉煌郡孝士郎兼充行軍除解□太孝
博士宋英達文〕 中和肆年二月廿五日 (884)

08150 宋英?達? ················· S04444v③
〔社司轉帖(寫錄)〕 (10C)
　2)永安寺門前

08151 宋圓成 ················· P5032⑤
〔社司轉帖〕 (10C後期)

08152 宋延德 ················· P2155③
〔合領馳馬牛羊皮曆〕 (10C)
　4)原作「宋延德群」。

08153 宋延德 ················· 莫第005窟
〔供養人題記〕 (10C前期)
　1)孫　4)南壁。《燉》p.5。⇒岳延德。

08154 宋緣子 ················· S06235A①
〔出付斛斗曆〕 後二月十日 (847?)
　4)丁卯年(847)閏三月(早一月)。

08155 宋衍鷄 ················· S05774v
〔人名雜寫(1行)〕 (10C)
　4)原作「…衍鷄師兄姓是宋」。R面爲「茶酒論一首
　并序」(首題,10C)。

08156 宋衍子 ················· S04643
〔陰家榮親客目〕 甲午年五月十五日 (994)

08157 宋押衙 ················· P2040v③-1
〔淨土寺粟入曆〕 (939)
　2)淨土寺

08158 宋押衙 ················· P2040v③-16
〔淨土寺麥入曆〕 己亥年 (939)
　1)押衙　2)淨土寺

08159 宋押衙 ················· P3037
〔社司轉帖〕 庚寅年正月三日 (990)
　1)押衙　2)大悲寺

08160 宋押衙 ················· P3240②
〔付喬曆〕 壬寅年七月十六日 (1002)
　1)押衙

08161 宋押衙 ················· P5032v①
〔社司轉帖〕 戊午年六月十八日 (958)
　1)押衙

08162 宋押衙 ················· P5032v⑦
〔社司轉帖〕 戊午[ ] (958)
　1)押衙

08163 宋押衙 ················· S02242
〔親情社轉帖〕 七月三日 (10C)
　1)押衙

08164 宋押衙 ················· S05691
〔令狐瘦兒妻亡納贈曆〕 丁亥年七月十二日
(987)
　1)押衙

08165 宋押衙 ········ Дx00285＋Дx02150＋
Дx02167＋Дx02960＋Дx03020＋Дx03123v③
〔某寺破曆〕 (10C中期)
　1)押衙

08166 宋押衙 ················· Дx01277
〔納贈曆〕 丁丑年九月四?日 (977)
　1)押衙

08167 宋押衙義千郎君 ············ S05486②
〔社司轉帖〕 壬寅年六月九日 (942)
　1)押衙・義千郎君

08168 宋音三 ················· P3391v①
〔社司轉帖(寫錄)〕 丁酉年正月日 (937)

08169 宋可瘦 ················· P3249v
〔將龍光顏等隊下人名目〕 (9C中期)

08170 宋家 ················· S06235A③
〔出得氎羊皮曆〕 某年十一月十七日 (9C前期)

08171 宋家 ················· 燉研322
〔臘八燃燈分配窟龕名數〕 辛亥年十二月七
日 (951)

08172 宋家盈君 ················· S06045
〔便粟麥曆〕 丙午年正月三日 (946)

08173 宋家孔姬 ················· Дx02485
〔諸家新婦名目〕 (9C)

08174 宋家昌子 ················· P3396
〔沙州諸渠別粟田名目〕 (10C後期)
　1)大歌

08175 宋家昌子 ················· P3396v
〔沙州諸渠別苽薗名目〕 (10C後期)
　1)大歌

08176 宋家進達 ……………… P2049v②
〔淨土寺諸色入破曆計會牒〕 長興二年正月
（930～931）

08177 宋家赤頭 ……………… P2049v①
〔淨土寺諸色入破曆計會牒〕 同光三年
（925）
　1)赤頭

08178 宋家宅 ………………… S05947
〔宋宅南宅官健十寺廝兒同百姓等勞役用麵曆〕（10C?）

08179 宋家宅 ………………… Дx11195
〔官衙黃麻麥油破曆〕（10C）

08180 宋家八娘子 …………… S04525
〔付官健及諸社佛會色物數目〕（10C後期）

08181 宋家郎君 ……………… BD11990(L2119)
〔諸人施錢曆〕（9～10C）

08182 宋介?子 ……………… P4083
〔買牛契〕 丁巳年正月十一日（897 or 957）
　1)知見人

08183 宋?懷 ………………… Дx01398
〔車頭人名目〕（10C）
　1)車頭

08184 宋懷建 ………………… S04643
〔陰家榮親客目〕 甲午年五月十五日（994）

08185 宋懷兒 ………………… P3418v①
〔□□鄉缺枝夫戶名目〕（9C末～10C初）
　3)□□鄉

08186 宋懷眞 ………………… BD16111p(L4066)
〔押衙張再晟?隊下人名目〕（10C）

08187 宋戒盈 ………………… P.tib1261v⑤
〔諸寺僧尼支給穀物曆〕（9C前期）
　1)僧　4)⇒戒盈。

08188 宋戒盈 ………………… S02729①
〔燉煌應管勘牌子曆〕 辰年三月（788）
　1)僧　2)乾元寺　3)沙州　4)21行目。

08189 宋海清 ………………… P2912v③
〔寫大般若經一部施銀盤子麥粟粉疏〕 四月八日（9C前期）
　4)原作「宋海清妻姊」。

08190 宋灰郎 ………………… S03048
〔東界羊籍〕 丙辰年（956）
　1)牧羊人

08191 宋覺證 ………………… S02669
〔管內尼寺(安國寺・大乘寺・聖光寺)籍〕（865～870）
　2)大乘寺　3)洪池鄉　4)姓「宋」。俗名「意氣」。

08192 宋揭搥 ………………… P3070v①②③
〔社司轉帖(寫錄)〕 乾寧三年閏三(二)月（896）

08193 宋揭搥 ………………… S01053v
〔某寺破曆〕 戊辰年（908）

08194 宋揭搥 ………………… P3418v⑦
〔慈惠鄉缺枝夫戶名目〕（9C末～10C初）
　3)平康鄉

08195 宋憨ゝ ………………… S05824v
〔經坊費負担人名目〕（8C末～9C前期）
　1)頭

08196 宋憨子 ………………… P3372v
〔社司轉帖并雜抄〕 壬申年（972）
　1)社官

08197 宋憨兒 ………………… BD15404(簡068066)
〔千渠中下界白刺頭名目〕（10C中期）
　1)白刺頭　3)千渠下界

08198 宋憨兒 ………………… S00395v
〔雜寫〕（940年代）

08199 宋憨奴 ………………… Дx02149в
〔見納缺柴人名目〕（10C）

08200 宋還子 ………………… P.tib1088Av
〔燉煌諸人磑課麥曆〕 卯年～巳年間（835～837）

08201 宋還子 ………………… P.tib1088Bv
〔燉煌諸人磑課麥曆〕 卯年～巳年間（835～837）

08202 宋關子 ………………… P3441v
〔社司轉帖(寫錄)〕 三月十三日（10C前期）

08203 宋願長 ………………… P3231⑤
〔平康鄉官齋曆〕 □亥年五月十五日（975）
　3)平康鄉

08204 宋願長 …………………… P3231⑥
　〔平康鄉官齋曆〕　乙亥年九月廿九日　(975)
　　3) 平康鄉

08205 宋暉 …………………… P2162v
　〔三將納丑年突田曆〕　(9C前期)

08206 宋貴□ …………………… S05774v
　〔人名雜寫(1行)〕　(10C)
　　4) R面爲「茶酒論一首并序」(首題, 10C)。

08207 宋欺忠 …………………… P3331
　〔張骨子家屋賣買契〕　參年丙辰歲十一月廿?八日　(896 or 956)
　　1) 兵馬使

08208 宋義員 …………………… P3231⑤
　〔平康鄉官齋曆〕　□亥年五月十五日　(975)
　　3) 平康鄉

08209 宋?義?延 …………………… P3231①
　〔平康鄉官齋曆〕　癸酉年五月　(973)
　　3) 平康鄉

08210 宋義延 …………………… P3231③
　〔平康鄉官齋曆〕　甲戌年五月廿九日　(974)
　　3) 平康鄉

08211 宋義延 …………………… P3231④
　〔平康鄉官齋曆〕　囬戌年十月十五日　(974)
　　3) 平康鄉

08212 宋義延 …………………… P3231⑦
　〔平康鄉官齋曆〕　丙子年五月十五日　(976)
　　3) 平康鄉

08213 宋義延 …………………… P3231v④
　〔平康鄉官齋曆〕　囬戌年十月十五日　(974?)
　　3) 平康鄉

08214 宋義子 …………………… P2738v
　〔社司轉帖(寫錄)〕　八月廿九日　(9C後期)

08215 宋吉昌 …………………… P2032v⑯-4
　〔淨土寺粟利閏入曆〕　(940前後)
　　2) 淨土寺

08216 宋吉昌 …………………… S05717
　〔人名目〕　(10C)

08217 宋教授 …………………… P2912v②
　〔儭家緣大衆要送路人事及都頭用使破曆〕
　　丑年四月已後　(821?)

08218 宋教授 …………………… P.tib1261v⑥
　〔諸寺僧尼支給穀物曆〕　(9C前期)
　　1) 教授

08219 宋教授 …………………… P.tib1261v⑦
　〔諸寺僧尼支給穀物曆〕　(9C前期)
　　1) 教授

08220 宋教授 …………………… P.tib1261v⑧
　〔諸寺僧尼支給穀物曆〕　(9C前期)
　　1) 教授

08221 宋教授闍梨 …………………… P.tib1261v④
　〔諸寺僧尼支給穀物曆〕　(9C前期)
　　1) 教授闍梨

08222 宋教授闍梨 …………………… P.tib1261v⑨
　〔諸寺僧尼支給穀物曆〕　(9C前期)
　　1) 闍梨

08223 宋教授和尙 …………………… P.tib1261v⑫
　〔諸寺僧尼支給穀物曆〕　(9C前期)
　　1) 僧・教授和尙

08224 宋敖々? …………………… P3249v
　〔將龍光顏等隊下人名目〕　(9C中期)

08225 宋鄉官 …………………… S04643
　〔陰家榮親客目〕　甲午年五月十五日　(994)

08226 宋虞候 …………………… P2680v⑦
　〔社司轉帖(殘)〕　丙申年四月廿六日　(936)
　　1) 虞候

08227 宋君子 …………………… S05824v
　〔經坊費負担人名目〕　(8C末～9C前期)

08228 宋惠々 …………………… P3192v
　〔便麥契(控)〕　大中十二年四月一日　(858)

08229 宋惠々 …………………… P3249v
　〔將龍光顏等隊下人名目〕　(9C中期)

08230 宋惠子 …………………… P3705v
　〔人名錄雜記〕　中和二年頃　(882?)

08231 宋惠子 …………………… S05747v
　〔社人名目〕　(10C前期)

08232 宋惠信 …………………… P4631
　〔宋惠信改官勅〕　(10C前期)

08233 宋惠信 ……………… P4632
〔金山白帝賜宋惠信改官勅(鈐金山白帝王印數方)〕（10C前期）

08234 宋惠達 …………… BD10981（L1110）
〔知馬步都虞候宋惠達求免修城役牒附判辭〕（9～10C）

08235 宋惠奴 ……………… S02228v②
〔貸麥曆〕（吐蕃期）

08236 宋惠登 ……………… S02729①
〔燉煌應管勘牌子曆〕 辰年三月 （788）
　1)僧　2)永安寺　3)沙州　4)19行目。申年9月10日向(?)□。

08237 宋慶々 ……………… P3816v
〔人名目〕（10C）

08238 宋慶住 ……………… P2049v②
〔淨土寺諸色入破曆計會牒〕 長興二年正月（930～931）

08239 宋慶信 ……………… P3231②
〔平康鄉官齋曆〕 癸酉年九月卅日 （973）
　3)平康鄉

08240 宋慶信 ……………… P3231④
〔平康鄉官齋曆〕 甲戌年十月十五日 （974）
　3)平康鄉

08241 宋慶奴 ……………… S04643
〔陰家榮親客目〕 甲午年五月十五日 （994）

08242 宋計々 ……………… P3418v②
〔燉煌鄉缺枝夫戶名目〕（9C末～10C初）
　3)燉煌鄉

08243 宋犬々 ……………… P2738v
〔社司轉帖(寫錄)〕 八月廿九日 （9C後期）

08244 宋犬々 ……………… P3281v③
〔押衙馬通達狀三件草案〕（吐蕃期）

08245 宋犬子 ……………… P3418v②
〔燉煌鄉缺枝夫戶名目〕（9C末～10C初）
　3)燉煌鄉

08246 宋賢者 ……………… P2032v③
〔淨土寺諸色破曆〕（944前後）
　1)賢者　2)淨土寺

08247 宋賢者 ……………… P3328v①
〔付細布曆〕（9C前期）
　1)賢者　4)原作「宋賢者婦」。

08248 宋元暉 ……………… S05824v
〔經坊費負擔人名目〕（8C末～9C前期）

08249 宋嚴律 ……………… S02614v
〔燉煌應管諸寺僧尼名錄〕（895）
　2)大乘寺

08250 宋嚴□ ……………… BD16503Av
〔人名目〕（9～10C）

08251 宋彥暉 ……………… P4640v
〔官入破曆〕 庚申年三月 （900）
　1)押衙　3)甘州

08252 宋源清 ……… 仁和寺大日本史料2-2 p.365-6 p.366-7
〔法華經解題〕 至道元年四月日 （995）

08253 宋胡子 ……………… P3705v
〔人名錄雜記〕 中和二年頃 （882?）

08254 宋光進 ……………… S06354v
〔官府計會文書〕（8C後期）

08255 宋光庭 ……… 東洋文庫(有鄰館舊藏)
〔沙州旌節官帖〕 文德元年十月十五日 （888）
　1)押節大夫　3)沙州

08256 宋光法 ……………… S10009
〔田籍〕（吐蕃期）

08257 宋幸通 ……………… Дx02149B
〔見納缺柴人名目〕（10C）

08258 宋孔目 ……………… P3240②
〔付斛曆〕 壬寅年七月十六日 （1002）
　1)孔目

08259 宋孔目 ……………… P3440
〔見納賀天子物色人名〕 丙申年三月十六日 （996）
　1)孔目

08260 宋孔目 ……………… S06330
〔破曆〕（10C中期）
　1)孔目

08261 宋孝宜 ･････････････････ P3231②
〔平康郷官齋暦〕 癸酉年九月卅日 (973)
　3)平康郷

08262 宋孝宜 ･････････････････ P3231③
〔平康郷官齋暦〕 甲戌年五月廿九日 (974)
　3)平康郷

08263 宋孝宜 ･････････････････ P3231⑥
〔平康郷官齋暦〕 乙亥年九月廿九日 (975)
　3)平康郷

08264 宋廣平 ･････････････････ P3047v⑥
〔諸人諸色施入暦〕 (9C前期)

08265 宋昂比? ･･･････････････ S02669
〔管内尼寺(安國寺・大乘寺・聖光寺)籍〕
(865〜870)
　2)大乘寺 3)洪池郷 4)尼名「法滿」。

08266 宋校棟 ･････････････････ P2049v②
〔淨土寺諸色入破暦計會牒〕 長興二年正月
(930〜931)
　1)校棟?

08267 宋猗奴 ･････････････････ S08443E
〔李闍梨?出便黃麻暦〕 甲辰年〜丁未年頃
(944〜947)
　3)洪池郷

08268 宋興奴 ･････････････････ P3240①
〔配經歷〕 壬寅年六月廿一日 (1002)

08269 宋苟子 ･････････････････ P4638v⑬
〔將于闐充使達至西府大國〕 辛卯年 (931)
　1)馬軍

08270 宋苟子 ･････････････････ S02041
〔社約〕 丙寅年三月四日 (846)
　4)年號別筆(丙寅年三月四日)。ペン筆。

08271 宋苟子 ･････････････････ S05691
〔令狐瘦兒妻亡納贈暦〕 丁亥年七月十二日
(987)

08272 宋苟子 ･･･････････ Дx01269＋Дx02155＋Дx02156
〔某弟身故納贈暦〕 (9C)

08273 宋苟兒 ･････････････････ S04443v
〔諸雜難字(一本)〕 (10C)
　2)乾元寺

08274 宋苟奴 ･････････････････ P2880
〔春坐局席轉帖抄等諸抄〕 庚辰年十月廿二日 (980)

08275 宋苟奴 ･････････････････ S02894v④
〔社司轉帖〕 壬申年十二月卅日 (972)

08276 宋苟奴 ･････････････････ S02894v⑤
〔社司轉帖〕 (10C後期)

08277 宋苟奴 ･････････････････ S04643
〔陰家榮親客目〕 甲午年五月十五日 (994)

08278 宋國清 ･････････････････ P2641
〔宴設司文書〕 丁未年六月 (947)
　1)都頭知晏設使

08279 宋國忠 ･････････････････ P3418v⑦
〔慈惠郷缺枝夫戶名目〕 (9C末〜10C初)
　3)慈惠郷

08280 宋國忠 ･････････････････ S01898
〔兵裝備簿〕 (10C前期)
　1)都頭

08281 宋國忠 ･････････････････ 莫第098窟
〔供養人題記〕 (10C中期)
　1)節度押衙銀青光祿大夫檢校國子祭酒兼御史中丞上柱國 4)北壁。《燉》p.35。⇒安國忠。

08282 宋國寧 ･････････････････ P2912v②
〔儭家緣大衆要送路人事及都頭用使破歷〕
丑四月已後 (821?)

08283 宋黑子 ･････････････････ S02824v
〔經坊文〕 (9C前期)

08284 宋骨〻 ･････････････････ P3418v⑦
〔慈惠郷缺枝夫戶名目〕 (9C末〜10C初)
　3)慈惠郷

08285 宋骨〻 ･････････････････ P4640v
〔官入破暦〕 辛酉?年九月十日 (901?)
　1)口承

08286 宋骨子 ･･･････････ Дx01269＋Дx02155＋Дx02156
〔某弟身故納贈暦〕 (9C)

08287 宋骨崙 ･････････････････ S05747v
〔社人名目〕 (10C前期)

08288 宋再集 ················· S05824
　〔經坊費負担人名目〕（8C末～9C前期）
　　1)寫經人　3)行人部落

08289 宋再升 ················· P3721v②
　〔兄(見)在巡禮都官都頭名牒〕庚辰年正月
　十五日　（980）

08290 宋再昇 ················· P4525⑧
　〔都頭及音聲等都共地畝細目〕（980頃）

08291 宋再成 ················· S04643
　〔陰家榮親客目〕甲午年五月十五日　（994）

08292 宋再成 ················· Дx04278
　〔十一鄉諸人付麵數〕乙亥年四月十一(日)
　（915? or 975）

08293 宋再通 ················· P2040v③-1
　〔淨土寺粟入曆〕（939）
　　2)淨土寺

08294 宋再通 ················· P2040v③-16
　〔淨土寺麥入曆〕己亥年　（939）
　　2)淨土寺

08295 宋再定 ················· S04643
　〔陰家榮親客目〕甲午年五月十五日　（994）

08296 宋再定 ············ S08445＋S08446＋
　　　　　　　　　　　　　S08468
　〔稅巳年出羊人名目〕丙午年二月十九日
　（946）

08297 宋作防判官 ·············· S03011v
　〔雜寫〕（10C）
　　1)作防判官

08298 宋三郎 ················· P5032⑬⑯⑱
　〔渠人轉帖〕甲申年二月廿日　（984）

08299 宋三郎男 ··············· P5032⑬⑯⑱
　〔渠人轉帖〕甲申年二月廿日　（984）

08300 宋三郎男 ··············· P5032⑰
　〔渠人轉帖〕甲申年二月廿九日　（984）

08301 宋贊忠 ················· S04504v④
　〔行人轉帖〕七月三日　（10C前期）

08302 宋殘子 ················· P3231④
　〔平康鄉官齋曆〕甲戌年十月十五日　（974）
　　3)平康鄉

08303 宋殘子 ················· P4693
　〔官齋納麵油粟曆〕（10C後期）
　　1)羹飩頭

08304 宋子張 ················· P3894v
　〔人名錄等雜抄〕（900前後）

08305 宋師子 ················· S06981①
　〔某寺入曆〕辛酉年～癸亥年中間三年（901～
　903 or 961～963）

08306 宋志寂 ················· S02729①
　〔燉煌應管勘牌子曆〕辰年三月　（788）
　　1)僧　2)靈圖寺　3)沙州　4)12行目。

08307 宋志貞? ················ P4660㉑
　〔宋律伯邈眞讚〕（9C?）
　　2)靈圖寺

08308 宋思永 ················· P3721v②
　〔兄(見)在巡禮都官都頭名牒〕庚辰年正月
　十五日　（980）

08309 宋氏 ·················· P2837v⑪
　〔女弟子宋氏疏〕辰年二月八日　（836?）

08310 宋氏 ·················· P3781④
　〔轉經設齋度僧舍施功德文〕（10C）
　　4)原作「廣平宋氏夫人」。

08311 宋氏 ·················· S05957①
　〔願文〕（10C前期）
　　1)廣平夫人　4)廣平夫人宋氏,卽曹議金之夫
　人。

08312 宋氏 ·················· Stein Painting 52
　〔觀世音菩薩圖供養人題記〕開寶四年壬申歲
　九月六日　（971）
　　1)(張揭搐)妻?

08313 宋氏 ·················· Дx02163①
　〔女戶宋氏戶口田地申告狀〕大中六年十一月
　日　（852）
　　1)女戶

08314 宋氏 ·················· 莫第053窟
　〔供養人題記〕（10C前期）
　　1)勅受廣平郡夫人　4)南壁。《燉》p. 16。

08315 宋氏 ·················· 莫第053窟
　〔供養人題記〕（10C前期）
　　1)姨勅受廣平郡夫人　4)南壁。《燉》p. 17。

08316 宋氏 ‥‥‥‥‥‥‥‥‥‥‥ 莫第061窟
　〔供養人題記〕（10C末期）
　　1）勅授廣平郡君太夫人　4）原作「故慈母勅授廣平郡君太夫人宋氏」。東壁門南側。《燉》p. 21。《謝》p. 134。

08317 （宋氏）？ ‥‥‥‥‥‥‥‥ 莫第061窟
　〔供養人題記〕（11C前期）
　　1）故姨廣平郡夫人　4）原作「故姨廣平郡夫人一心供養」。北壁。《燉》p. 24。《謝》p. 136。

08318 （宋氏）？ ‥‥‥‥‥‥‥‥ 莫第061窟
　〔供養人題記〕（11C前期）
　　1）故姨廣平郡夫人　4）原作「故姨廣平郡夫人一心供養」。北壁。《燉》p. 24。《謝》p. 136。

08319 （宋氏）？ ‥‥‥‥‥‥‥‥ 莫第061窟
　〔供養人題記〕（11C前期）
　　1）故姨廣平郡夫人　4）原作「故姨廣平郡夫人一心供養」。北壁。《燉》p. 24。《謝》p. 136。

08320 （宋氏）？ ‥‥‥‥‥‥‥‥ 莫第061窟
　〔供養人題記〕（11C前期）
　　1）姨廣平郡夫人　4）原作「姨廣平郡夫人一心供養」。北壁。《燉》p. 24。《謝》p. 136。

08321 宋氏 ‥‥‥‥‥‥‥‥‥‥‥ 莫第094窟
　〔供養人題記〕唐咸通十三年以後（872以降）
　　1）叔母宋國郡太夫人　4）原作「叔母宋國郡太夫人宋氏」。北壁。《燉》p. 31。《謝》p. 102。

08322 宋氏 ‥‥‥‥‥‥‥‥‥‥‥ 莫第098窟
　〔供養人題記〕（10C中期）
　　1）故姪　4）原作「故姪娘子廣平宋氏供養」。南壁。《燉》p. 38。

08323 宋氏 ‥‥‥‥‥‥‥‥‥‥‥ 莫第098窟
　〔供養人題記〕（10C中期）
　　1）郡君　4）原作「郡君太夫人廣平宋氏一心供養」。東壁門南側。《燉》p. 32。《謝》p. 89。

08324 宋氏 ‥‥‥‥‥‥‥‥‥‥‥ 莫第108窟
　〔供養人題記〕（10C中期）
　　1）□君太夫人　4）原作「□君太夫人廣平郡宋氏一心供養」。東壁門南側。《燉》p. 51。

08325 宋氏 ‥‥‥‥‥‥‥‥‥‥‥ 莫第144窟
　〔供養人題記〕（9C前期）
　　4）原作「伯母宋氏一心供養」。西壁。《燉》p. 66。

08326 宋氏 ‥‥‥‥‥‥‥‥‥‥‥ 莫第156窟
　〔出行圖題名〕（9C後期）
　　1）宋國河內郡夫人　4）原作「宋國河內郡夫人宋氏出行圖」。北壁。《燉》p. 74。

08327 宋氏 ‥‥‥‥‥‥‥‥‥‥‥ 莫第156窟
　〔供養人題記〕（9C後期）
　　1）司空夫人　4）原作「司空夫人宋氏行李車馬」。北壁。《燉》p. 74。

08328 宋氏 ‥‥‥‥‥‥‥‥‥‥‥ 莫第156窟
　〔供養人題記〕（9C末期）
　　1）勅封河內郡太夫人　4）原作「勅封河內郡君太夫人廣平宋氏一心供養」。洞口北壁。《謝》p. 402。

08329 宋氏 ‥‥‥‥‥‥‥‥‥‥‥ 莫第217窟
　〔供養人題記〕（8C中期）
　　1）（張）新婦　4）《燉》p. 100。《Pn》。

08330 宋氏 ‥‥‥‥‥‥‥‥‥‥‥ 莫第256窟
　〔供養人題記〕（11C初期）
　　1）郡君太夫人　4）原作「郡君太夫人廣平宋氏□」。東壁門南側。《燉》p. 110。

08331 宋氏 ‥‥‥‥‥‥‥‥‥‥‥ 莫第333窟
　〔供養人題記〕（10C前期）
　　4）原作「故母宋氏一心供養」。西壁馬蹄形佛床下北側。《燉》p. 136。

08332 宋氏 ‥‥‥‥‥‥‥‥‥‥‥ 莫第384窟
　〔供養人題記〕（9C末期）
　　1）故母大乘優婆夷　4）原作「故母大乘優婆夷宋氏一心供養」。北壁。《燉》p. 145。《謝》p. 233。

08333 宋兒 ‥‥‥‥‥‥‥‥‥‥‥ S04654v⑤
　〔便曆〕丙午年正月一日（946）

08334 宋寺主 ‥‥‥‥‥‥‥‥‥‥ P3060
　〔諸寺諸色付經僧尼曆〕（9C前期）
　　1）寺主　4）經典名「正法念經卷5」。

08335 宋寺主 ‥‥‥‥‥‥‥‥‥‥ P3616v
　〔納七器具名曆〕卯年九月廿四日（10C前期）
　　1）寺主　4）丁亥年(927?)五月社司轉帖以前。

08336 宋慈順 ‥‥‥‥‥‥‥‥‥‥ P3367
　〔弟子都押衙宋慈順爲故男追念疏〕己巳年八月廿三日（969）
　　1）都押衙

08337 宋慈順 ……………… P3718
　〔雜寫〕（920～940年代）
　　1）兵馬使

08338 宋自在性 ……………… S02669
　〔管内尼寺（安國寺・大乘寺・聖光寺）籍〕
　（865～870）
　　2）聖光寺　3）赤心鄉　4）姓「宋」。俗名「要子」。

08339 宋悉□兒 ……………… P3705v
　〔人名錄雜記〕　中和二年頃（882?）

08340 宋社官 ………… BD06359v①（鹹59）
　〔麵油醮納贈曆〕（9C前期）
　　1）社官

08341 宋社官 ……………… P2876piece1
　〔社司轉帖（殘）〕　丙寅年（906）
　　1）社官

08342 宋社官 ………… S05813＋S05831
　〔社司轉帖〕　二月十八日（9C前期）
　　1）社官

08343 宋闍梨 ……………… BD02537v（歲37）
　〔雜寫〕（9～10C）
　　1）闍梨

08344 宋?闍梨 ……………… P3396
　〔沙州諸渠別粟田名目〕（10C後期）
　　1）闍梨

08345 （宋?）闍梨 ……………… Дx06037
　〔納贈曆〕（10C）
　　1）闍梨

08346 宋守眞 ……………… BD02537v（歲37）
　〔雜寫〕（9～10C）

08347 宋修持 ……………… S02729①
　〔燉煌應管勘牌子曆〕　辰年三月（788）
　　1）僧　2）靈修寺　3）沙州　4）34行目。

08348 宋修善 ……………… S02729①
　〔燉煌應管勘牌子曆〕　辰年三月（788）
　　1）僧　2）靈修寺　3）沙州　4）32行目。

08349 宋修德 ……………… S02729①
　〔燉煌應管勘牌子曆〕　辰年三月（788）
　　1）僧　2）靈修寺　3）沙州　4）29行目。

08350 宋醜子 ……………… P2049v①
　〔淨土寺諸色入破曆計會牒〕　同光三年（925）

08351 宋醜々 ……………… P3418v⑥
　〔洪閏鄉缺枝夫戶名目〕（9C末～10C初）
　　3）洪閏鄉

08352 宋住子 ……………… P2032v①-4
　〔淨土寺粟入曆〕（944前後）

08353 宋住子 ……………… S05747v
　〔社人名目〕（10C前期）

08354 宋住子 ……………… Дx02166
　〔某社三官等麥粟破曆〕（10C）

08355 宋住奴 ……………… S03405
　〔主人付親情社色物〕（10C後期）
　　1）都頭?　4）V面有「癸未年三月十四日」。

08356 宋住奴 ……………… S06981④
　〔設齋納酒餅曆〕（10C後期）
　　1）都頭

08357 宋住奴 ………… Дx01269＋Дx02155＋Дx02156
　〔某弟身故納贈曆〕（9C）

08358 宋住寧 ……………… P2155③
　〔合領馳馬牛羊皮曆〕（10C）
　　4）原作「宅官宋住寧」。

08359 宋住寧 ……………… P2703
　〔官牧羊人納粘羊毛牒〕　壬申年十二月（972?）

08360 宋重?俊 ……………… P3446v
　〔沙州倉曹會計牒〕　吐蕃巳年?頃（789?）
　　3）沙州

08361 宋潤盈 ……………… S02589
　〔肅州防成都營田使等狀〕　中和四年十一月一日（884）
　　1）都營田使　3）肅州

08362 宋潤成 ……………… P3418v⑤
　〔某鄉缺枝夫戶名目〕（9C末～10C初）

08363 宋潤寧 ……………… P3698v
　〔雜寫〕　天福四年頃（939）
　　4）原作「便麥三石至秋」。（以下空）

08364 宋閏盈 ･････････････････ S01156
〔進奏院狀上文〕 光啓三年 (887)
　1)押衙

08365 宋閏子 ･････････････････ P3441v
〔社司轉帖(寫錄)〕 三月十三日 (10C前期)

08366 宋閏?成 ･･･････････････ P5032v⑧
〔社司轉帖〕 六月 (10C中期)

08367 宋像通 ････････････････ P2032v⑯-4
〔淨土寺粟利閏入曆〕 (940前後)
　2)淨土寺

08368 宋勝君 ･････････････････ P3249v
〔將龍光顏等隊下人名目〕 (9C中期)
　1)隊將

08369 宋唱進 ･･････････････････ P3370
〔出便麥粟曆〕 丙子年六月五日 (928)
　3)赤心鄉

08370 宋唱羅鉢 ･･････････････ 羽・寫836-837
〔百姓史喜蘇買驛馬契〕 癸未年十一月廿日 (983)
　1)知見人・押衙　3)肅州

08371 宋承?仙 ･････････････････ S05824v
〔經坊費負担人名目〕 (8C末～9C前期)

08372 宋昇 ････････････････ BD14103(新0303)
〔无量壽宗要經(尾題後題名)〕 (9C前期)
　1)寫

08373 宋昇 ････････････････ BD14104(新0304)
〔佛說無量壽宗要功德經(卷尾下方題名)〕 (9C前期)

08374 宋昇 ･･････････････････････ P4600
〔无量壽宗要經(末)〕 (9C前期)

08375 (宋)昇雲 ･･････････････ BD09339(周60)
〔諸人諸色破曆〕 (9C前期)

08376 宋昌盈 ･････････････････ P3236v
〔燉煌鄉官布籍〕 壬申年三月十九日 (972)
　3)燉煌鄉

08377 宋昌ミ ･････････････････ S05824v
〔經坊費負担人名目〕 (8C末～9C前期)

08378 宋照性 ･････････････････ S02729①
〔燉煌應管勘牌子歷〕 辰年三月 (788)
　1)僧　2)靈圖寺　3)沙州　4)35行目。

08379 宋常住? ････････････････ S05824v
〔經坊費負担人名目〕 (8C末～9C前期)

08380 宋眞性 ･････････････････ S02729①
〔燉煌應管勘牌子歷〕 辰年三月 (788)
　1)僧　2)大乘寺　3)沙州　4)48行目。

08381 宋眞妙 ･････････････････ S02729①
〔燉煌應管勘牌子歷〕 辰年三月 (788)
　1)僧　2)大乘寺　3)沙州　4)49行目。

08382 宋神?祐? ･･･････････････ P2658v
〔樂入山等文(末)〕 乾寧伍年(光化元年)歲次戊午七月八日 (898)
　4)原作「學士郎宋坤?祐?書記」。

08383 宋進 ･･･････････････････ 杏・羽669-2
〔社司轉帖名列記〕 (10C)

08384 宋進暉 ･････････････････ S03287v
〔戶口田地申告牒〕 子年五月 (832 or 844)
　3)擘二部落

08385 宋進再 ･････････････････ P3234v③
〔惠安惠戒手下便物曆〕 甲辰年 (944)
　2)淨土寺?

08386 宋進子 ･････････････････ P3441v
〔社司轉帖(寫錄)〕 三月十三日 (10C前期)

08387 宋進成 ･････････････････ Дx01278
〔便粟社人名目〕 辛亥年五月 (951)

08388 宋進晟 ･････････････････ P4640v
〔官入破曆〕 己未七月 (899)
　1)衙官

08389 宋仁宗 ･････････････････ S00705v
〔社司轉帖(殘)〕 (9C後期)

08390 宋晟 ･･･････････････････ BD15379v
〔雜寫(存1行)〕 (9C前期?)
　4)原作「麥馱,內壹馱半,沒立熱,宋晟□」。

08391 宋晟 ････････････････････ S05824v
〔經坊費負担人名目〕 (8C末～9C前期)

08392 宋正勤 ……………… S02729①
〔燉煌應管勘牌子歷〕 辰年三月 (788)
　1)僧　2)靈圖寺　3)沙州　4)13行目。

08393 宋清灰 ……………… S00766v②
〔貸絹契〕 壬午年七月 (982)
　1)百姓　3)赤心鄉

08394 宋清興 ……………… P5032⑭
〔渠人轉帖〕 甲申年九月廿一日 (984)

08395 宋清兒 ……………… P5032⑭
〔渠人轉帖〕 甲申年九月廿一日 (984)

08396 宋清兒 ……………… P5032⑰
〔渠人轉帖〕 甲申年二月廿九日 (984)

08397 宋清兒 ……………… 楡第35窟
〔供養人題記〕 (10C末期)
　1)節度都頭懸泉鎭遏使銀青光祿大夫檢校左散
　　騎　4)西壁。《謝》p.484。

08398 宋聖證 ……………… S02669
〔管内尼寺(安國寺・大乘寺・聖光寺)籍〕
(865〜870)
　2)安國寺?　3)洪池鄉　4)姓「宋」。俗名「能」。

08399 宋赤頭 ……………… P2040v②-28
〔淨土寺豆入曆〕 (940前後)
　2)淨土寺

08400 宋先言 ……………… 莫第216窟
〔功德記〕 (8C末期〜9C初期)
　1)右七將　4)原作「…使右七將宋先言之是也。
　　…」。西壁。《燉》p.98。

08401 宋遷嗣 ……………… P2985v④
〔親使員文書〕 (10C後期)

08402 宋遷嗣 ……………… P3160v
〔押衙知〔内宅司〕宋遷嗣牒(4件)〕 辛亥年
(951)

08403 宋遷詞 ……………… P2641
〔宴設司文書〕 丁未年六月 (947)

08404 宋善子 ……………… P4693
〔官齋納麵油粟曆〕 (10C後期)

08405 宋善子 ……………… P4975r.v
〔沈家納贈曆〕 辛未年三月八日 (971)

08406 宋善子 ……………… S05717
〔人名目〕 (10C)

08407 宋善子 ……………… S05824v
〔經坊費負担人名目〕 (8C末〜9C前期)

08408 宋奊子 ……………… S02669
〔管内尼寺(安國寺・大乘寺・聖光寺)籍〕
(865〜870)
　1)尼?　2)聖光寺　4)俗姓「宋」。俗名「奊子」。尼
　　名「能悟」。⇒宋能悟。

08409 宋僧 ……………… P3234v⑧
〔某寺西倉豆破曆〕 (940年代)
　1)僧　2)淨土寺

08410 宋僧政 ……………… BD09095v①(陶16)
〔釋門僧政轉帖〕 某月七日 (10C)
　1)僧政　2)開元寺

08411 宋僧政 ……… BD09472v①〜③(發92)
〔龍興寺索僧正等五十八人就唐家蘭若請賓
頭盧文〕 (8〜9C)
　1)僧政　2)(靈)圖(寺)　3)沙州

08412 宋僧政 ……………… P2032v⑪
〔淨土寺西倉司願勝等入破曆〕 乙巳年三月
(945)
　1)僧政　2)淨土寺

08413 宋僧政 ……………… P2032v⑳-4
〔淨土寺麵黃麻豆布等破曆〕 (940前後)
　1)僧政　2)淨土寺

08414 宋僧政 ……………… P2040v②-5
〔淨土寺西倉粟入曆〕 (945以降)
　1)僧政　2)蓮臺寺

08415 宋僧政 ……………… P2671v
〔僧名錄(河西都僧統等20數名)〕 甲辰年頃
(884頃)
　1)僧政

08416 宋僧政 ……………… P3165v
〔某寺破麥曆(殘)〕 (丁卯/戊辰年) (908?)
　1)僧政

08417 宋僧政 ……………… P3234v⑧
〔某寺西倉豆破曆〕 (940年代)
　1)僧政　2)蓮臺寺

08418 宋僧政 ·················· P3672
　〔沙州宋僧政等狀〕　十月十日　(9C)
　　1)僧政　3)沙州

08419 宋僧政 ·················· P3727v②
　〔狀〕　正月廿日　(10C中期)
　　1)僧政

08420 宋僧政 ·················· P5860
　〔佛會破曆〕　光化三年庚申正月一日　(900)
　　1)僧政

08421 宋僧政 ·················· S04642v
　〔某寺入破曆計會〕　(923以降)
　　1)僧政　2)蓮臺寺　4)亡時納贈。

08422 宋僧政 ·················· S06981②
　〔太子大師上法獎啓(2通)〕　(10C)
　　1)僧政　2)開元寺

08423 宋僧政 ·················· S11461A
　〔某寺斛斗破曆〕　(10C)
　　1)僧政

08424 (宋)僧政 ················ Дx02146
　〔請諸寺和尚僧政法律等名錄〕　(10C?)
　　1)僧政　2)報恩寺

08425 宋僧政 ·················· Дx02146
　〔請諸寺和尚僧政法律等名錄〕　(10C?)
　　1)僧政　2)連臺寺

08426 宋僧政 ·················· Дx02146
　〔請諸寺和尚僧政法律等名錄〕　(10C?)
　　1)僧政　2)蓮(臺)寺

08427 宋僧正 ·················· BD00234v(宇34)
　〔開寶三年十一月七日爲母做七啓請永安寺翟僧正等疏〕　開寶三年十一月七日　(970)
　　1)僧政　2)永安寺

08428 宋僧正 ·················· P3240②
　〔付脣曆〕　壬寅年七月十六日　(1002)
　　1)僧正

08429 宋僧正 ·················· S06452③
　〔破曆〕　壬午年　(982?)
　　1)僧正　2)淨土寺

08430 宋僧正 ·················· Дx01425＋Дx11192＋Дx11223
　〔某寺弔儀用布破曆〕　辛酉年從正月到四月　(961)
　　1)僧正

08431 宋僧統 ·················· S06981③
　〔某寺入曆(殘)〕　十一月廿一日　(912 or 972)
　　1)僧統

08432 宋僧□ ·················· S07932
　〔月次番役名簿〕　十一月　(10C後期)

08433 宋ミ ···················· S11360D2
　〔貸粟麥曆〕　(10C中期以降?)
　　1)子亭放羊

08434 宋曹子 ·················· P3234v③-67
　〔惠安惠戒手下便物曆〕　甲辰年　(944)
　　4)原作「宋曹子兒女夫」。

08435 宋多胡 ·················· Дx12012
　〔雇男契〕　丙申年正月十日　(936)
　　1)百姓　3)赤心鄉

08436 宋太平 ·················· P3491v②
　〔左七將應徵突田戶納麥粟數曆〕　(9C前期)

08437 宋大娘 ·················· S09156
　〔沙州戶口地畝計簿〕　(9C前期)
　　3)沙州

08438 宋大郎 ·················· BD11990(L2119)
　〔諸人施錢歷〕　(9～10C)

08439 宋宅 ···················· S05947
　〔宋宅南宅官健十寺廝兒同百姓等勞役用麵曆〕　(10C?)

08440 宋宅官 ·················· P3272v
　〔牧羊人兀寧狀〕　丙寅年正月　(966?)
　　1)牧羊人・宅官

08441 宋宅官 ·················· P3288piece1
　〔佛現齋造餺飩人名目〕　(10C)
　　1)宅官

08442 宋宅連?子 ················ S06981⑬
　〔入麥曆〕　申年　(10C中期)

08443 宋達子 ·················· P2049v①
　〔淨土寺諸色入破曆計會牒〕　同光三年　(925)

08444 宋智岳(使) ················ S06405v
　〔狀〕 咸通？ (860～874)
　　1)縣令　3)燉煌鄕

08445 宋竹?子 ···················· P4083
　〔買牛契〕 丁巳年正月十一日 (897 or 957)
　　1)知見人

08446 宋竹子 ····················· S11358
　〔部落轉帖〕 (10C後期)

08447 宋丑子 ····················· S04643
　〔陰家榮親客目〕 甲午年五月十五日 (994)

08448 宋丑子 ···················· Дx01277
　〔納贈曆〕 丁丑年九月四?日 (977)

08449 宋丑奴 ···················· P3231②
　〔平康鄕官齋曆〕 癸酉年九月卅日 (973)
　　3)平康鄕

08450 宋丑奴 ···················· P3231④
　〔平康鄕官齋曆〕 甲戌年十月十五日 (974)
　　3)平康鄕

08451 宋丑勿 ···················· P3231⑤
　〔平康鄕官齋曆〕 □亥年五月十五日 (975)
　　3)平康鄕

08452 宋丑勿 ····················· P4693
　〔官齋納麵油粟曆〕 (10C後期)
　　1)漿水粥兼及白粥頭

08453 宋中丞 ···················· P3633v
　〔龍泉神劍歌〕 (9C末～10C初)
　　1)中丞　3)金山國

08454 宋虫□ ···················· P2652v
　〔洪潤鄕百姓宋虫□雇馳契(寫錄)〕 丙午年正月廿二日 (946?)
　　3)洪潤鄕

08455 宋澄淸 ···················· S02228②
　〔於諸家邊布麥粟酒分付曆〕 巳年五月 (825)

08456 宋朝俊 ···················· P3446v
　〔沙州倉曹會計牒〕 吐蕃巳年?頃 (789?)
　　3)沙州

08457 宋長子 ····················· S03714
　〔親情社轉帖(雜寫)〕 (10C)
　　1)社長

08458 宋長兒 ····················· S05691
　〔令狐瘦兒妻亡納贈曆〕 丁亥年七月十二日 (987)

08459 宋長□ ····················· S08353
　〔官衙麵油破曆〕 (10C)
　　1)都頭

08460 宋鎭使 ····················· S01153
　〔諸雜人名目〕 (10C後期)
　　1)鎭使

08461 宋鎭使 ····················· S08712
　〔諸鎭弔孝缺布條記〕 丙戌年四月十一日 (986)
　　1)懸泉鎭使　3)懸泉

08462 宋?通建 ·················· P4638v⑬
　〔將于闐充使達至西府大國〕 辛卯年 (931)

08463 宋通子 ···················· S01478v
　〔雇工契(雜寫)〕 丙子年六月五日 (916 or 976)
　　1)百姓　3)赤心鄕

08464 宋定子 ·················· P2032v⑯-4
　〔淨土寺粟利閏入曆〕 (940前後)
　　2)淨土寺

08465 宋定子 ·················· P2040v③-2
　〔淨土寺西倉粟利入曆〕 己亥年 (939)
　　2)淨土寺

08466 宋定子 ···················· P2049v①
　〔淨土寺諸色入破曆計會牒〕 同光三年 (925)

08467 宋定子 ···················· P3556v④
　〔社戶人名目(殘)〕 (10C中期頃)
　　1)社戶

08468 宋定子 ···················· S04472v
　〔納贈曆〕 辛酉年十一月廿日 (961)

08469 宋定進 ···················· S06354v
　〔官府計會文書〕 (8C後期)

08470 宋定奴 ····················· P2953v
　〔便麥豆本曆〕 (10C)

08471 宋天養 ····················· P3249v
　〔將龍光顏等隊下人名目〕 (9C中期)

08472 宋都衙 ･････････････ P2040v②-16
〔淨土寺粟破曆〕 乙巳年正月廿七日以後 （945以降）
　1）都衙　2）淨土寺

08473 宋都衙 ･････････････ P3234v③-55
〔惠安惠戒手下便物曆〕 甲辰年 （944）
　1）都衙

08474 宋都衙 ･････････････ P3234v⑧
〔某寺西倉豆破曆〕 （940年代）
　1）都衙

08475 宋都頭 ･････････････ P4003
〔渠社轉帖〕 壬午年十二月十八日 （922 or 982）
　1）都頭

08476 宋都頭 ･････････････ S04362
〔肅州都頭宋富忪狀〕 三月 （10C末）
　1）都頭

08477 宋都頭 ･････････････ S08353
〔官衙麵油破曆〕 （10C）

08478 宋都頭阿婆 ･･･････ S04362
〔肅州都頭宋富忪狀〕 三月 （10C末）
　1）宋都頭阿婆

08479 宋都頭妻 ･･･････････ S08353
〔官衙麵油破曆〕 （10C）

08480 宋奴子 ･･･････････ P4640v
〔官入破曆〕 己未年六月 （899）
　1）衙官

08481 宋度 ･･････････ BD11180（L1309）
〔燉煌縣用印事目曆〕 （8C）
　3）燉煌縣，効穀鄉，神沙鄉　4）V面有「燉煌縣印」，卷背兩紙騎縫處下有一枚陽文硃印（5.4×5.8cm）。

08482 宋德子 ･････････････ S05747v
〔社人名目〕 （10C前期）

08483 宋德子 ･････････････ Дx06221
〔般若波羅蜜多心經1卷（尾）〕 （9C）

08484 宋德忍 ･････････････ S02669
〔管內尼寺（安國寺･大乘寺･聖光寺）籍〕 （865～870）
　2）大乘寺　3）洪池鄉　4）姓「宋」。俗名「蠻々」。

08485 宋曇 ･････････････ S06354v
〔官府計會文書〕 （8C後期）

08486 宋曇進 ･････････････ S02729①
〔燉煌應管勘牌子曆〕 辰年三月 （788）
　1）僧　2）乾元寺　3）沙州　4）申月7月30日死。20行目。

08487 宋南山 ･････････････ P5032⑰
〔渠人轉帖〕 甲申年二月廿九日 （984）

08488 宋二娘 ･････････････ P5032⑲
〔渠人轉帖〕 甲申年□月十七日 （984）

08489 宋日興 ･････････････ S05824v
〔經坊費負担人名目〕 （8C末～9C前期）

08490 宋日晟 ･････････････ S02228①
〔絲綿部落夫丁修城使役簿〕 亥年六月十五日 （819）
　1）（右一）　3）絲綿部落　4）首行作「亥年六月十五日州城所，絲綿」。末行作「亥年六月十五日畢功」。

08491 宋寧安 ･････････････ P2738v
〔社司轉帖（寫錄）〕 二月廿五日 （9C後期）
　4）原作「寧宋〔レ〕安」。

08492 宋能悟 ･････････････ S02669
〔管內尼寺（安國寺･大乘寺･聖光寺）籍〕 （865～870）
　1）尼？　2）聖光寺　4）俗姓「宋」。俗名「奕子」。尼名「能悟」。⇒宋奕子。

08493 宋能々 ･････････････ S02669
〔管內尼寺（安國寺･大乘寺･聖光寺）籍〕 （865～870）
　3）洪池鄉　4）尼名「聖證」。

08494 宋白兒 ･････････････ S04643
〔陰家榮親客目〕 甲午年五月十五日 （994）
　4）原作「故宋白兒」。

08495 宋鉢□ ･････････････ P3897piece3
〔轉帖（殘）〕 （10C）

08496 宋判官 ･･･････ BD16388A（L4460）＋BD16388B（L4460）
〔當寺轉帖〕 （9～10C）
　1）判官

08497 宋判官 ……………… P2537v
〔雜寫〕 癸酉年八月十一日 （973）
　1)判官

08498 宋判官 ……………… P3165v
〔某寺破麥歷(殘)〕 （丁卯／戊辰年）（908?）
　1)判官

08499 宋判官 ……………… S00663v②
〔便歷〕 （10C）
　1)判官

08500 宋判官 ……………… S02447v②
〔經坊文〕 癸丑年九月廿六日 （833）
　1)判官

08501 宋判官 ……………… S02614v
〔燉煌應管諸寺僧尼名錄〕 （895）
　1)判官　2)報恩寺

08502 宋判官 ……………… S05486②
〔社司轉帖〕 壬寅年六月九日 （942）
　1)判官

08503 宋判官 ……………… S10615v
〔人名(殘3字)〕（9C～10C）
　1)判官

08504 宋潘力 ……………… P2738v
〔社司轉帖(寫錄)〕 二月廿五日 （9C後期）

08505 宋潘力 ……………… S04504v④
〔行人轉帖〕 七月三日 （10C前期）

08506 宋蠻々 ……………… S02669
〔管內尼寺(安國寺・大乘寺・聖光寺)籍〕
（865～870）
　2)大乘寺　3)洪池鄉　4)尼名「德忍」。

08507 宋不採 ……………… S05824v
〔經坊費負担人名目〕（8C末～9C前期）

08508 宋富子 ……………… P3231①
〔平康鄉官齋曆〕 癸酉年五月 （973）
　3)平康鄉

08509 宋富子 ……………… P3231③
〔平康鄉官齋曆〕 甲戌年五月廿九日 （974）
　3)平康鄉

08510 宋富子 ……………… P3691piece1
〔社司轉帖(社人名目)〕 戊午年九月十一日
（958）

08511 宋富忪 ……………… S04362
〔肅州都頭宋富忪狀〕 三月 （10C末）
　1)都頭　3)肅州

08512 宋富忪 ……………… S04362v
〔肅州都頭宋富忪狀〕 （10C末）
　1)都頭　3)肅州

08513 宋富松 ……………… P3721v②
〔兄(見)在巡禮都官都頭名牒〕 庚辰年正月
十五日 （980）

08514 (宋)富眞 ……………… S04362v
〔肅州都頭宋富忪狀〕（10C末）
　1)都頭　3)肅州　4)原作「附弟都頭富眞」。

08515 宋富進 ……………… Дх05475
〔轉帖(殘)〕 某月八日 （10C）
　1)押衙　4)原作「富進宋押衙」。

08516 宋富寧 ……………… S05717
〔人名目〕 （10C）

08517 宋普賢 ……………… S02729①
〔燉煌應管勘牌子歷〕 辰年三月 （788）
　1)僧　2)普光寺　3)沙州　4)39行目。

08518 宋佛奴 ……………… P2032v③
〔淨土寺諸色破曆〕 （944前後）
　2)淨土寺

08519 宋佛奴 ……………… P2040v③-16
〔淨土寺麥入曆〕 己亥年 （939）
　2)淨土寺

08520 宋佛奴 ……………… 浙燉132(浙博107)
〔宋佛奴等捐諸木條記〕 （10C）
　4)本件諸木條記「白楊木・柳木宋佛?奴複寫」。

08521 宋粉子 ……………… P4997v
〔分付羊皮曆(殘)〕 （10C後期）

08522 宋粉子 ……………… Дх11094
〔納贈曆〕 （10C）

08523 宋粉堆 ……………… P4063
〔官建轉帖〕 丙寅年四月十六日 （966）

08524 宋文英 ……………… P4821
〔社司轉帖〕（9C前期）
　4)ペン筆。

08525 宋文暉 ･････････････････ Дx06007
　〔作坊使宋文暉等請處分狀并鄉司判辭〕（9C
　後期～10C?）
　　1）作坊使

08526 宋文君 ･････････････････ P3418v⑥
　〔洪閏鄉缺枝夫戶名目〕（9C末～10C初）
　　3）洪閏鄉

08527 宋文君 ･････････････････ 莫第196窟
　〔供養人題記〕 景福年間（892～893）
　　1）弟子　4）原作「弟子宋文君敬畫菩薩四軀一爲
　　已亡慈母二爲已息已亡索氏娘子」。南壁。《燉》
　　p.89。

08528 宋文獻 ･････････････････ S00705
　〔開蒙要訓1卷〕 大中五年辛未三月廿三日
　（851）
　　1）學生

08529 宋文顯 ･････････････････ P2825
　〔太公家教文〕 大中四年庚午正月十五日
　（850）
　　1）學生

08530 宋文子 ･････････････････ Дx03863
　〔賣買駝契〕（10C）
　　1）百姓

08531 宋文秀 ･････････････････ P2953v
　〔便麥豆本曆〕（10C）

08532 宋文秀 ･････････････････ S04700
　〔陰家榮親客目〕 甲午年五月十五日（994）

08533 宋文宗 ･････････････････ P3705v
　〔人名錄雜記〕 中和二年頃（882?）

08534 宋文端 ･････････････････ P3153
　〔兄弟文書(雜寫)〕（10C初期）
　　4）舊P3155v。

08535 宋文得 ･････････････････ P4058
　〔貸粟豆曆〕（9C）

08536 宋文々 ･････････････････ P3249v
　〔將龍光顏等隊下人名目〕（9C中期）

08537 宋文和 ･････････････････ P2049v①
　〔淨土寺諸色入破曆計會牒〕 同光三年
　（925）

08538 宋兵馬使 ････････････････ S06198
　〔納贈曆〕（10C）
　　1）兵馬使

08539 宋平水 ･･･････ BD09472v①～③（發92）
　〔龍興寺索僧正等五十八人就唐家蘭若請賓
　頭盧文〕（8～9C）
　　1）平水　2）靈修(寺)　3）沙州

08540 宋保員 ･････････････････ P2680v⑨
　〔納色物曆〕（10C中期）

08541 宋保盈 ･････････････････ S04643
　〔陰家榮親客目〕 甲午年五月十五日（994）

08542 宋保岳 ･････････････････ P5032v⑩～⑫
　〔渠人轉帖〕 甲申年十月三日（984）

08543 宋保子 ･････････････････ P3231①
　〔平康鄉官齋曆〕 癸酉年五月（973）
　　3）平康鄉

08544 宋保子 ･････････････････ P3231③
　〔平康鄉官齋曆〕 甲戌年五月廿九日（974）
　　3）平康鄉

08545 宋保子 ･････････････････ P3231⑤
　〔平康鄉官齋曆〕 □亥年五月十五日（975）
　　3）平康鄉

08546 宋保子 ･････････････････ S04643
　〔陰家榮親客目〕 甲午年五月十五日（994）
　　4）原作「故宋保子」。

08547 宋保住 ･････････････････ P2032v①-4
　〔淨土寺粟入曆〕（944前後）

08548 宋保通 ･････････････････ S04643
　〔陰家榮親客目〕 甲午年五月十五日（994）
　　1）都頭

08549 宋保定 ･････････････････ P2877v
　〔行人轉帖〕 乙丑年正月十六日（962）
　　1）行人

08550 宋保定 ･････････････････ P3231①
　〔平康鄉官齋曆〕 癸酉年五月（973）
　　3）平康鄉

08551 宋保定 ･････････････････ P3698v
　〔雜寫〕 天福四年頃（939）

08552 宋保定 ･･････････････････ P3721v③
〔冬至自斷官員名〕 己卯年十一月廿六日
(979)

08553 宋保定 ･･････････････････ 莫第005窟
〔供養人題記〕 （10C前期）
　1)銀青光祿大夫檢校太子賓客　4)東壁門南側。
　《燉》p.4。

08554 宋保德 ･････････････････ P2040v②-25
〔淨土寺黃麻利入曆〕 （940年代）
　2)淨土寺

08555 宋法眞 ･･････････････････ 莫第098窟
〔供養人題記〕 （10C中期）
　1)節度押衙銀青光祿大夫檢校太子賓客兼監察
　御史　4)西壁。《燉》p.46。

08556 宋法達 ･･････････････････ S04018②
〔某寺分付宋法達與大般若經本15卷抄〕
十二月十五日　(9C?)

08557 宋法滿 ･･････････････････ S02669
〔管內尼寺(安國寺・大乘寺・聖光寺)籍〕
(865～870)
　2)大乘寺　3)洪池鄉　4)姓「宋」。俗名「昂比」。

08558 宋法律 ･･････････････ BD00234v(宇34)
〔開寶三年十一月七日爲母做七啟請永安寺
翟僧正等疏〕　開寶三年十一月七日 (970)
　1)法律　2)永安寺

08559 宋法律 ･･････････････ BD05308v(光8)
〔雜寫〕 (10C)
　1)法律

08560 宋法律 ･････････････････ P2032v②
〔淨土寺惠安手下諸色入曆〕 甲辰年一日巳直
歲 (944)
　1)法律

08561 宋法律 ･････････････････ P2032v③
〔淨土寺諸色破曆〕 (944前後)
　1)法律　2)淨土寺

08562 宋法律 ･････････････････ P2032v⑫
〔淨土寺諸色破曆〕 (940前後)
　1)法律　2)淨土寺

08563 宋法律 ･････････････････ P2032v⑲
〔淨土寺麵破曆〕 (940前後)
　1)法律　2)靈圖寺

08564 宋法律 ･･････････････････ P2054v
〔疏請僧官文〕 (10C)
　1)法律　2)靈圖寺　4)原作「小宋法律」。

08565 宋法律 ･･････････････････ P2054v
〔疏請僧官文〕 (10C)
　1)法律　2)靈圖寺

08566 宋法律 ･･････････････････ P2054v
〔疏請僧官文〕 (10C)
　1)法律　2)淨土寺

08567 宋法律 ･･････････････････ P2376v
〔雜記〕 戊子年正月廿九日 (988 or 928)
　1)法律　4)V面爲「戊子年(928)正月廿九日法律
宋書□」及詩一首等。

08568 宋法律 ･････････････････ P2680v⑧
〔付經曆〕 丙申年四月十七日 (936)
　1)法律

08569 宋法律 ･･････････････････ P3037
〔社司轉帖〕 庚寅年正月三日 (990)
　1)法律　2)大悲寺

08570 宋法律 ･････････････････ P3234v⑩
〔某寺西倉粟破曆〕 (940年代)
　1)法律

08571 宋法律 ･･････････････････ S00520
〔報恩寺方等道場榜〕 (9C末～925以前)
　1)法律　2)靈圖寺　4)有「河西都僧院」印。

08572 宋法律 ･･････････････････ S00520
〔報恩寺方等道場榜〕 (9C末～925以前)
　1)法律　2)淨土寺　4)有「河西都僧院」印。

08573 宋法律 ･･････････････････ S00520
〔報恩寺方等道場榜〕 (9C末～925以前)
　1)法律　2)靈圖寺　4)原作「大宋法律」。R面有
「河西都僧院印」。

08574 宋法律 ･････････････････ S01823v③
〔徒衆轉帖(殘)〕 (10C前期)
　1)法律

08575 宋法律 ･･････････････････ S02449
〔付昏曆〕 庚寅年頃? (930 or 990頃)
　1)法律

08576 宋法律 ･････････････････ S03156①
〔時年轉帖〕 己卯年十二月十六日 (979)
　1)法律　2)靈修寺　4)原作「修宋法律」。

08577 宋法律 ・・・・・・・・・・・・・・・・・・・・ S10566
〔秋季諸寺大般若轉經付配帳曆〕 壬子年十月 (952)
　　1)法律　2)龍興寺

08578 宋法律 ・・・・・・・・・・・・・・・・・・・・ S10566
〔秋季諸寺大般若轉經付配帳曆〕 壬子年十月 (952)
　　1)法律　2)大雲寺

08579 宋法(律?) ・・・・・ Дx01425＋Дx11192＋Дx11223
〔某寺弔儀用布破曆〕 辛酉年從正月到四月 (961)
　　1)法律?

08580 宋法律 ・・・・・・・・・ Дx01425＋Дx11192＋Дx11223
〔某寺弔儀用布破曆〕 辛酉年從正月到四月 (961)
　　1)法律　2)龍(興寺)　4)原作「龍宋法律母亡弔」。

08581 宋法律 ・・・・・・ ギメ美術館藏寶勝如來一軀裏文書
〔賜紫法行狀〕 (10C前期 or 9C末)
　　1)法律

08582 宋法律 ・・・・・・・・・・・・・・・・・・ 沙文補31
〔社貸曆〕 辛巳六月十六日 (921 or 981)
　　1)法律

08583 宋法和尚 ・・・・・・・・・・・・・・・・・ P4660㉔
〔宋律伯瀕眞讚〕 (9C?)
　　1)和尚　2)靈圖寺

08584 宋僕射 ・・・・・・・・・・・・・・・・・・ P3438v④
〔王馬狀〕 (9C後期?)
　　1)客都・僕射　3)沙州

08585 宋万岳 ・・・・・・・・・・・・・・・・・・ P5032v⑧
〔社司轉帖〕 六月 (10C中期)

08586 宋滿成 ・・・・・・・・・・・・・・・・・・ S05558v①
〔社司轉帖(雜寫)〕 (10C)

08587 宋妙喜 ・・・・・・・・・・・・・・・・・・ S02729①
〔燉煌應管勘牌子曆〕 辰年三月 (788)
　　1)僧　2)大乘寺　3)沙州　4)48行目。

08588 宋妙眞 ・・・・・・・・・・・・・・・・・・ S02669
〔管内尼寺(安國寺・大乘寺・聖光寺)籍〕 (865～870)
　　2)大乘寺　3)燉煌鄉　4)尼名「威々」。

08589 宋明善 ・・・・・・・・・・・・・・・・・・ S02729①
〔燉煌應管勘牌子曆〕 辰年三月 (788)
　　1)僧　2)靈修寺　3)沙州　4)33行目。

08590 宋明々 ・・・・・・・・ BD16295A(L4132)＋BD16298(L4133)
〔史留德出換釜子與押衙劉骨骨契〕 壬申年二月玖日 (985?)

08591 宋輸略 ・・・・・・・・・・・・・・・・・・ S02589
〔肅州防戍都營田使等狀〕 中和四年十一月一日 (884)
　　3)肅州

08592 宋友子 ・・・・・・・・・・・・・・・・・・ P4997v
〔分付羊皮曆(殘)〕 (10C後期)

08593 宋友兒 ・・・・・・・・・・・・・・・・・・ P3706v
〔雜寫〕 甲辰年正月廿八日 (944)
　　1)百姓　3)(莫)高(鄉)　4)R面爲「大佛名懺悔文」(10C中期)。

08594 宋友長 ・・・・・・・・・・・・・・・・・・ P3372v
〔社司轉帖并雜抄〕 壬申年 (972)

08595 宋友長 ・・・・・・・・・・・・・・・・・・ S02894v①
〔社司轉帖〕 壬申年十二月十二日 (972)

08596 宋友々 ・・・・・・・・・・・・・・・・・・ P2912v③
〔寫大般若經一部施銀盤子麥粟粉疏〕 四月八日 (9C前期)
　　4)原作「宋友々妻」。

08597 宋湧?岳 ・・・・・・・・・・・・・・・・・ P5032⑫
〔渠人轉帖〕 (10C後期)

08598 宋湧岳 ・・・・・・・・・・・・・・・・・・ P5032⑫
〔渠人轉帖〕 甲申年十月四日 (984)

08599 宋祔?信 ・・・・・・・・・・・・・・・・・ P5593
〔社司轉帖(殘)〕 癸巳年十月十日 (933?)

08600 宋遊弈 ・・・・・・・・・・・・・・・・・・ P2040v②-16
〔淨土寺粟破曆〕 乙巳年正月廿七日以後 (945以降)
　　2)淨土寺

08601 宋遊弈 ·················· P3234v③-8
　〔惠安惠戒手下便物曆〕 甲辰年 （944）

08602 宋要子 ·················· S02669
　〔管內尼寺（安國寺・大乘寺・聖光寺）籍〕
　（865〜870）
　　2）聖光寺　3）慈惠鄉　4）尼名「能悟」。

08603 宋要子 ·················· S02669
　〔管內尼寺（安國寺・大乘寺・聖光寺）籍〕
　（865〜870）
　　2）聖光寺　3）赤心鄉　4）尼名「自在性」。

08604 宋律伯 ·················· P4660㉔
　〔宋律伯邈眞讚〕 咸通八年歲次丁亥六月五日
　（867）
　　1）燉煌唱導法將兼毗尼藏主・律伯　4）原作「隨
　州龍支縣堅明福德寺前令公門徒釋惠苑述恒安
　書」。

08605 宋略名 ·················· P2032v①
　〔淨土寺麥入曆〕 （944前後）
　　2）淨土寺

08606 宋略名 ·················· S11311
　〔人名（殘存5字）〕 （10C中期）

08607 宋略明 ·················· P3234v③-71
　〔惠安惠戒手下便物曆〕 甲辰年 （944）

08608 宋流住 ·················· S08516c4
　〔新鄉鎮口承人名目〕 廣順三年十一月十九
　日 （954）
　　3）玉關鄉

08609 宋流通 ·················· S05717
　〔人名目〕 （10C）

08610 宋留住 ·················· P2040v②-28
　〔淨土寺豆入曆〕 （940前後）
　　2）淨土寺

08611 宋留住 ·················· S05717
　〔人名目〕 （10C）

08612 宋留住母 ················ P2040v②-28
　〔淨土寺豆入曆〕 （940前後）
　　2）淨土寺

08613 宋留信? ·················· S07589
　〔便麥曆〕 （10C中期）

08614 宋留德 ·················· 莫第005窟
　〔供養人題記〕 （10C前期）
　　1）孫　4）南壁。《燉》p.5。⇒岳留德。

08615 宋良金 ·················· BD04910(闕10)
　〔无量壽宗要經（尾有題記）〕 （9C前期）
　　4）尾有題記「宋良金寫記」。

08616 宋良金 ·················· BD06242(海42)
　〔无量壽宗要經〕 （9C前期）
　　4）原作「宋良金寫」。

08617 宋良金 ·················· BD07374(鳥74)
　〔無量壽宗要經（末）〕 （9C前期）

08618 宋良金 ·················· BD07712(始12)
　〔无量壽宗要經（尾）〕 （9C前期）

08619 宋良昇 ·················· BD(于39)
　〔佛說无量壽宗要經（尾）〕 （9C前期）

08620 宋良昇 ·················· BD00329(宙29)
　〔佛說無量壽宗要經〕 （9C前期）
　　2）靈（修）寺　4）寫經人名筆蹟極細字體。紙背端
　有「修」字。

08621 宋良昇 ·················· BD04564(崗64)
　〔无量壽宗要經〕 （9C前期）

08622 宋良昇 ·················· BD08235(服35)
　〔无量壽宗要經（尾紙末題記）〕 （9C前期）
　　4）尾紙末有題記「宋良昇」。

08623 宋良全 ·················· BD05197(稱97)
　〔佛說無量壽宗要經（尾）〕 （9C前期）

08624 宋良念 ·················· BD01197(宿97)
　〔佛說无量壽經（尾）〕 （9C）

08625 宋良友 ·················· BD08644v(位44)
　〔大乘稻竿經（卷首背有題名）〕 （8〜9C）

08626 宋老 ·················· S08426
　〔官府酒破曆〕 十月廿五日 （10C）

08627 宋老 ·················· S08426E②
　〔使府酒破曆〕 （10C中〜後期）

08628 宋郎 ·················· P3707
　〔親情社轉帖〕 戊午年四月廿四日 （958）

08629 宋郎 ·················· P.tib3964
　〔社司轉帖〕　庚戌年九月日　（950）

08630 宋郎 ·················· S06981⑤
　〔親情社轉帖〕　癸亥年八月十日　（963）

08631 宋郎 ··················· 杏・羽669-2
　〔社司轉帖名列記〕　（10C）

08632 宋郎㽞 ················· 杏・羽672
　〔新集親家名目〕　（10C?）

08633 宋六〻 ··················· S05824
　〔經坊費負担人名目〕　（8C末～9C前期）
　　1)寫經人　3)行人部落

08634 宋祿子 ··················· Дx01439
　〔親情社轉帖〕　丙戌年九月十九日　（986?）
　　2)報恩寺

08635 宋錄事 ············· BD06222v（海22）
　〔雜寫〕　（8～9C）
　　1)事

08636 宋錄事 ················ P3897piece3
　〔轉帖（殘）〕　（10C）
　　1)錄事

08637 宋和信 ················ P3636piece1
　〔社人爵粟曆〕　丁酉年頃　（937頃）

08638 宋和信 ·················· P4638v⑬
　〔將于闐充使達至西府大國〕　辛卯年　（931）
　　1)馬軍

08639 宋和信 ··················· S09996
　〔便曆〕　（10C中期）

08640 宋和〻 ··················· P3047v⑨
　〔諸人諸色施捨曆〕　（9C前期）

08641 宋□ ··················· 莫第387窟
　〔供養人題記〕　清泰元年頃　（936頃）
　　4)原作「女三娘子出適宋□」。東壁門北側。《燉》
　　p.148。《謝》p.236。

08642 宋?□撻? ················ P3418v⑧
　〔平康鄉缺枝夫戶名目〕　（9C末～10C初）
　　3)平康鄉

08643 宋□定 ··················· P3396v
　〔沙州諸渠別芿薗名目〕　（10C後期）
　　1)闍梨　2)顯德寺

08644 宋□奴 ············ Дx01269＋Дx02155＋
　　　　　　　　　　　　Дx02156
　〔某弟身故納贈曆〕　（9C）

08645 宋□奴 ·················· 莫第005窟
　〔供養人題記〕　（10C前期）
　　1)孫　4)南壁。《燉》p.5。⇒岳□奴。

08646 宋□□ ···················· P3231③
　〔平康鄉官齋曆〕　甲戌年五月廿九日　（974）
　　3)平康鄉

08647 宋□□ ···················· Дx11073
　〔社司轉帖〕　正月五日　（975年代以降）

08648 宋□ ···················· P4019piece2
　〔納草束曆〕　（9C後期）
　　3)平康鄉?

08649 宋 ················ BD11502①（L1631）
　〔燉煌十一僧寺別姓名簿并緣起經論等名
　　目〕　（9C後期）
　　2)（大）雲（寺）

08650 宋 ················ BD15412（簡068075）1
　〔阿張殘牒〕　（9～10C）
　　4)原作「阿宋」。BD1512-2爲「趙元亮等殘名歷」3
　　行。

08651 宋 ················ BD16181v（L4097）
　〔阿張殘牒〕　（9～10C）
　　4)原作「阿宋」。BD1512-2爲「趙元亮等殘名歷」3
　　行。

08652 宋 ····················· P2583v⑥
　〔箭兒論奔熱疏〕　申年頃正月七日　（828頃?）
　　2)靈圖寺　4)⇒宋正勤。

08653 宋 ······················ P3153
　〔雜寫(3行)〕　（10C初期）
　　4)舊P3155v。

08654 宋 ····················· S02894v②
　〔社司轉帖〕　壬申年十二月　（972）
　　1)錄事

08655 宋 ······················ S04710
　〔沙州戶口簿〕　（9C中期以降）
　　1)(戶主王鷹子)母　3)沙州　4)原作「(戶主王
　　鷹子)妻阿宋」。

08656 宋 ·················· S06452③
〔破曆〕 壬午年 (982?)
　1)判官　2)淨土寺

08657 宋 ·················· S11213F
〔配付人名目〕 (946)
　1)(□奴子)妻　4)原作「□奴子之妻宋」。

08658 宗家蘭者〔喏〕 ·········· S06583v
〔社司轉帖〕 (10C)

08659 宗硯蹟 ········· BD11995(L2124)
〔諸人買馬價納練曆〕 (8C)

08660 宗良興 ················ S05824v
〔經坊費負担人名目〕 (8C末〜9C前期)

08661 宗□ ·················· Дx11072
〔社司轉帖(建福)〕 正月五日 (10C後期)
　2)乾明寺門前　4)本件存「於乾明寺門前取齊」一文。

08662 曹阿 ··················· P3889
〔社司轉帖〕 (10C後期?)

08663 曹阿朶子 ········ S10273+S10274+
S10276+S10277+S10279+S10290
〔出便麥與人名目〕 丁巳年二月一日 (957?)

08664 曹阿朶鉢 ············ P2040v③-2
〔淨土寺西倉粟利入曆〕 己亥年 (939)
　2)淨土寺

08665 曹阿堆 ················ P3236v
〔燉煌鄉官布籍〕 壬申年三月十九日 (972)
　3)燉煌鄉

08666 曹安子 ············· P2032v⑯-4
〔淨土寺粟利閏入曆〕 (940前後)
　2)淨土寺

08667 曹安子 ············· P2040v③-2
〔淨土寺西倉粟利入曆〕 己亥年 (939)
　2)淨土寺

08668 曹安子 ················ S03048
〔東界羊籍〕 丙辰年 (956)
　1)牧羊人

08669 曹安住 ············· P2040v②-5
〔淨土寺西倉粟入曆〕 (945以降)
　2)淨土寺

08670 曹安住 ············· P3234v⑮
〔淨土寺西倉豆利潤入曆〕 (940年代?)
　2)淨土寺

08671 曹安住 ················ P5593
〔社司轉帖(殘)〕 癸巳年十月十日 (933?)

08672 曹安信 ············· P2032v⑪
〔淨土寺西倉司願勝等入破曆〕 乙巳年三月 (945)
　2)淨土寺

08673 曹安信 ············ P2032v⑬-10
〔淨土寺豆入曆〕 (940前後)
　2)淨土寺

08674 曹安信 ············· P2032v⑯-4
〔淨土寺粟利閏入曆〕 (940前後)
　2)淨土寺

08675 曹安信 ············ P2040v②-13
〔淨土寺豆入曆〕 乙巳年正月廿七日以後 (945以降)
　2)淨土寺

08676 曹安信 ············ P2040v②-29
〔淨土寺西倉豆利曆〕 (940年代)
　2)淨土寺

08677 曹安信 ············· P3234v③
〔惠安惠戒手下便物曆〕 甲辰年 (944)
　2)淨土寺?　3)莫高鄉

08678 曹安信 ············· P3234v⑮
〔淨土寺西倉豆利潤入曆〕 (940年代?)
　2)淨土寺

08679 曹安定 ················ 舊P5529
〔入破曆〕 壬申年六月廿四日 (972?)

08680 曹安寧 ········· BD16137A(L4072)
〔付物曆〕 (9〜10C)
　1)阿娘

08681 曹安寧 ················ 莫第098窟
〔供養人題記〕 (10C中期)
　1)節度押衙銀青光祿大夫檢校太子賓客兼監察侍御史　4)北壁。《燉》p.36。《謝》p.97。

08682 曹安六 ············· P2032v①-4
〔淨土寺粟入曆〕 (944前後)

08683 曹意氣 ·············· S02669
〔管內尼寺(安國寺・大乘寺・聖光寺)籍〕
(865〜870)
　2)聖光寺　3)莫高鄉　4)尼名「圓藏」。

08684 曹爲玉 ············ BD09341(周62)
〔社司轉帖〕　閏四月三日　(10C後期)

08685 曹印定 ·············· S06198
〔納贈曆〕　(10C)

08686 曹員慶 ·············· P3764v
〔社司轉帖〕　十一月五日及十一月十五日
(10C)

08687 曹員昌 ·············· P3721v②
〔兄(見)在巡禮都官都頭名牒〕　庚辰年正月
十五日　(980)

08688 曹員昌 ············ P4093①-4
〔龍勒鄉百姓曹員昌貸帛契(稿)〕　庚寅年四月
五日,九日　(990?)
　1)百姓　3)龍勒鄉　4)原作「龍勒鄉百姓曹員昌
於赤心鄉百姓安全子面上」。

08689 曹員信 ·············· P2680v⑥
〔社司轉帖〕　六月廿三日　(10C中期)

08690 曹榮 ················ S03287v
〔戶口田地申告牒〕　子年五月　(832 or 844)

08691 曹永興 ············ BD09325(周46)
〔社司轉帖〕　□子?年七月十四日　(10C後期)

08692 曹永田 ·············· S04443v
〔諸雜難字(一本)〕　(10C)
　1)田知客

08693 曹盈君 ·············· P3418v①
〔□□鄉缺枝夫戶名目〕　(9C末〜10C初)

08694 曹盈君 ·············· P5021E
〔便粟豆曆〕　(9C末〜10C初)

08695 曹盈達 ·············· P3718⑤
〔曹公寫眞贊〕　(10C)
　4)原作「張公第十六之子諱公諱盈達字盈達則故
燉煌郡首張公第十六之子賀矣」。⇒曹公。

08696 曹圓藏 ·············· S02669
〔管內尼寺(安國寺・大乘寺・聖光寺)籍〕
(865〜870)
　2)聖光寺　3)莫高鄉　4)姓「曹」。法名「意氣」。

08697 曹延ゝ ·············· S00395v
〔雜寫〕　(940年代)

08698 曹延ゝ ·············· S00766v④
〔平康鄉百姓曹延ゝ貸絹契〕　甲申年五月廿二
日　(984)
　1)百姓?　3)平康鄉?

08699 曹延恭 ·············· 莫第444窟
〔供養人題記〕　開寶九年歲次丙子正月戊辰朔七
日甲戌　(976)
　1)勅歸義軍節度瓜沙等州觀察處置管內營押蕃
落等使特進檢校太傅兼中書令譙郡開國公食邑
一千五百戶實封三百戶　4)原作「維開寶九年…
(中略)…勅歸義軍節度…(中略)…實封三百戶
曹延恭之世籾建紀」。宿櫓橫梁。《燉》p. 168。

08700 (曹)延恭 ············ 莫第454窟
〔供養人題記〕　太平興國五年頃　(980)
　1)窟主勅歸義軍節度瓜沙等州觀察處置管內
營田押蕃落等□□□中書令譙郡開國公食邑
一千五百戶食實封五百戶　4)甬道南壁。《燉》
p. 171。《謝》p. 305。

08701 曹延昌 ············ BD01950v(收50)
〔雜寫1行〕　(9〜10C)

08702 曹延昌 ·············· S00766v④
〔平康鄉百姓曹延ゝ貸絹契〕　甲申年五月廿二
日　(984)
　1)百姓?・口承人　3)平康鄉

08703 曹延瑞 ·············· P4622
〔曹延瑞就大云寺設會請疏〕　雍熙三年十月
(986)
　1)弟子・墨靜軍諸諸軍事守瓜州團練使金紫光祿
大夫檢校司徒兼御史大夫　2)大雲寺　4)R面有
「瓜州團練使印」。

08704 曹延瑞 ·············· 楡第35窟
〔供養人題記〕　(10C初期)
　1)節度副使守瓜州團練使金紫光祿大夫檢校司
徒兼御史大夫譙郡開國男食邑三百戶　4)洞口
南壁。《謝》p. 488。

08705 曹延晟 ············ BD15229(新1429)
〔大般若波羅蜜多經卷第277〕　乾德四年丙寅
歲五月一日　(966)
　4)贋作寫本?

08706 曹延定 ················· P2115v
〔當道差親從都□…檢校太傅兼中書令曹元忠狀上(致回鶻可汗狀)〕（10C後期）

08707 曹延德 ················· S00395v
〔雜寫〕（940年代）

08708 曹延德 ················· S00395v
〔雜寫〕 甲辰(開運三年)（944）

08709 曹延葉 ················· S00785v
〔雜寫〕（10C）
　1)學郎　2)靈圖寺　4)原作「靈圖寺學郎曹延葉題記之身」。R面爲「李陵與蘇武書」（10C後期）等。

08710 曹延祿 ················· P2649
〔曹延祿醮奠文〕 大宋太平興國九年歲次甲申三月辛亥朔廿二日壬申（984）

08711 曹延祿 ················· P3202v
〔人名錄(2行)〕（10C）
　4)R面爲「龍祿內無名經律論」（10C）。

08712 曹延祿 ················· P3576
〔節度使曹延祿禮佛疏〕 端拱二年三月（989）
　1)歸義軍節度使

08713 曹延祿 ················· P3660v①
〔曹延祿牒〕 太平興國四年四月（981）
　1)權歸義軍節度兵馬留後金紫光祿大夫檢校司空兼御史大夫上柱國譙縣開國男食邑三百戶
　4)R面爲「大寶積經內梵音名詞」。

08714 曹延祿 ················· 杏‧羽063v
〔雜抄紙背人名等雜寫〕（10C前期）
　1)學郎　2)淨土寺

08715 (曹)延祿 ··············· 莫第205窟
〔供養人題記〕（10C前期）
　1)姪男　4)原作「姪男延祿…」。東壁門南側。《燉》p.94。《謝》p.360。

08716 曹延祿 ················· 莫第431窟
〔供養人題記〕 太平興國五年（980）
　1)勅歸義軍節度瓜沙等州觀察處置管內營田押蕃落等使特進檢校太傅同中書門下平章事譙郡開國公食邑一阡五百戶實封七佰戶　4)窟檐前梁。《燉》p.165。《謝》p.281。

08717 (曹)延祿 ··············· 莫第454窟
〔供養人題記〕 太平興國五年頃（980）
　1)弟新受勅歸義軍節度使光祿大夫檢校太保凪郡開國公食邑五百戶實封三百戶　4)甬道南壁。《燉》p.172。《謝》p.305。

08718 (曹)延祿 ··············· 楡第19窟
〔供養人題記〕（10C中期）
　1)將仕郎　4)洞口南壁。《謝》p.462。

08719 曹延祿 ················· 楡第35窟
〔供養人題記〕（10C末期）
　1)推誠奉化功臣歸義軍節度瓜沙等州觀察處置管營田押蕃落等使特進檢校太師中書令燉煌王譙郡開□□食邑一千七百□　4)洞口南壁。《謝》p.487。

08720 (曹)延祿 ··············· 楡第36窟
〔供養人題記〕（10C末期）
　1)男司馬　4)洞口南壁。《謝》p.491。

08721 曹延□ ················· 莫天王堂
〔功德記〕（10C後期）
　1)歸義軍節度使特進檢校大師兼中書令燉煌王　4)東壁。《燉》p.178。

08722 曹延□ ················· 莫第342窟
〔供養人題記〕（11C前期）
　1)西平王　4)原作「□西平王曹延□一心供養」。甬道南壁。《燉》p.139。

08723 曹延□ ················· 楡第25窟
〔供養人題記〕（900）
　1)姪…檢校司空兼　4)洞口南壁。《謝》p.467。

08724 曹衍雞 ················· P2880
〔春坐局席轉帖抄等諸抄〕 庚辰年十月廿二日（980）

08725 曹押衙 ················· BD09325(周46)
〔社司轉帖〕 □子?年七月十四日（10C後期）
　1)押衙　4)原作「曹押衙」。

08726 曹押衙 ················· P2032v⑫
〔淨土寺諸色破曆〕（940前後）
　1)押衙　2)淨土寺

08727 曹押衙 ················· P3240①
〔配經曆〕 壬寅年六月廿一日（1002）
　1)押衙

08728 曹押衙 ·················· P3763v
〔淨土寺入破曆〕（945前後）
　1)押衙（莊）　2)淨土寺　4)原作「曹押衙莊」。

08729 曹押衙 ·················· S04211
〔寫經關係文書〕　壬辰年四月十一日（932）
　1)寫經人・押衙　4)木家。

08730 曹押衙 ·················· S04654v⑤
〔便曆〕　丙午年正月一日（946）
　1)押衙

08731 曹（押衙?）············· S08713
〔團人名目（2片）〕（10C）
　1)第四團・押衙?

08732 曹押衙 ·················· S08714
〔窟上書經兌紙人名目〕（10C後期?）
　1)押衙

08733 曹（押衙?）············· S10537
〔團人名目（2片）〕（10C）
　1)第四團・押衙

08734 曹王件? ················ P3418v⑦
〔慈惠鄉缺枝夫戶名目〕（9C末～10C初）
　3)慈惠鄉

08735 曹王行 ·················· P3418v⑦
〔慈惠鄉缺枝夫戶名目〕（9C末～10C初）
　3)慈惠鄉

08736 曹王是 ············ BD16083（L4050）
〔僧談會斛㪷出便與人名目〕　二月九日（9C後期）
　1)契勿（物）人

08737 曹恩子 ············ BD09325（周46）
〔社司轉帖〕　□子?年七月十四日（10C後期）

08738 曹恩子 ·················· P2049v②
〔淨土寺諸色入破曆計會牒〕　長興二年正月（930～931）

08739 曹恩子 ······· S10273＋S10274＋S10276＋S10277＋S10279＋S10290
〔出便麥與人名目〕　丁巳年二月一日（957?）

08740 曹加盈 ·················· S03982
〔月次人名目〕　乙丑年正月（965）

08741 曹加進 ·················· S06237
〔諸人見在粟黃麻曆〕　戌年～子年（10C中期以降?）

08742 曹媧娃 ·················· S02669
〔管內尼寺（安國寺・大乘寺・聖光寺）籍〕（865～870）
　2)安國寺?　3)莫高鄉　4)尼名「淨忍」。

08743 曹家 ···················· P2032v㉑-1
〔淨土寺麵黃麻豆布等破曆〕（940前後）
　2)淨土寺

08744 曹家 ···················· P2555piece4
〔諸處借付盤疊罍等曆〕（9C?）

08745 曹家 ···················· P3388
〔節度使曹元忠爲故兄追念請金光明寺僧疏〕　開運四年三月九日（946）
　2)金光明寺

08746 曹家 ···················· P3396
〔沙州諸渠別粟田名目〕（10C後期）

08747 曹家 ···················· P3396v
〔沙州諸渠別苽蘭名目〕（10C後期）
　1)无窮

08748 曹家 ···················· P3942
〔某家榮親客目〕（10C?）
　2)安國寺　4)原作「娘子大曹家」。

08749 曹家 ···················· P4907
〔淨土寺?儭破曆〕　辛卯年正月十七日（931?）
　2)淨土寺

08750 曹家 ···················· S01525v
〔什物交割曆〕（10C）

08751 曹家 ···················· S02041
〔社約〕　丙寅年三月四日（846）
　4)年號別筆（丙寅年三月四日）。ペン筆。

08752 曹家 ···················· S02894v⑮
〔社司轉帖〕　壬申年十二月廿二日，十二月廿六日（972）

08753 曹家 ···················· S04121
〔陰家榮親客目〕　甲午年五月十五日（994）

08754 曹家 ···················· S04525
〔付官健及諸社佛會色物數目〕（10C後期）

08755 曹家 …………………… S04700
〔陰家榮親客目〕 甲午年五月十五日 (994)
　2)安國寺

08756 曹家 …………………… S05855
〔追疏文〕 雍熙三年丙戌六月 (986)

08757 曹家 …………………… S06452④
〔常住庫借貸油麵物曆〕 壬午年 (982?)

08758 曹家 …………………… S08426
〔官府酒破曆〕 十二月廿五日 (10C)

08759 曹家 ………… 故宮博・新156153
〔佛說延壽命經・佛說續命經(首尾題)〕 乾得
(德)肆年二月十五(日) (966)
　4)題記「曹家捨經了,…」。

08760 曹家阿舅 …………………… S08426
〔官府酒破曆〕 十一月十四日 (10C)

08761 曹家阿舅 …………………… S08426
〔官府酒破曆〕 三月? (10C)

08762 曹家阿舅 …………………… S08426②
〔使府酒破曆〕 (10C中～後期)

08763 曹家阿舅 …………………… S08426B
〔使府酒破曆〕 (10C中～後期)

08764 曹家阿舅 …………………… S08426F②
〔使府酒破曆〕 (10C中～後期)

08765 曹家阿□ …………………… S06981④
〔設齋納酒餅曆〕 (10C後期)

08766 曹家一娘子 ……… BD16100v(L4063)
〔雜寫〕 (9～10C)

08767 曹家㒵 ………… BD16230B(L4112)
〔便物曆〕 (9～10C)

08768 曹家支泰阿師子 …………… P2944
〔大乘寺・聖光寺等尼僧名錄〕 (10C後期)
　2)大乘寺

08769 曹家娘子 …………………… P3942
〔某家榮親客目〕 (10C?)
　2)安國寺　4)原作「娘子大曹家」。

08770 曹家娘子 …………………… S04700
〔陰家榮親客目〕 甲午年五月十五日 (994)
　4)原作「曹家娘子」。

08771 曹家娘子 …………………… S06452④
〔常住庫借貸油麵物曆〕 壬午年 (982?)
　4)原作「娘子曹家」。

08772 曹家大娘子 …………………… P3942
〔某家榮親客目〕 (10C?)

08773 曹家保荌 …………………… P4635②
〔社家女人便麵油曆〕 〔　〕月七日 (10C中期)

08774 曹家郎君 …………………… P2032v③
〔淨土寺諸色破曆〕 (944前後)
　1)郎君　2)淨土寺

08775 曹花子 …………………… P2032v①-2
〔淨土寺西倉麥入曆〕 (944前後)
　2)淨土寺

08776 曹懷玉 …………………… S00542v
〔燉煌諸寺丁壯車牛役部〕 戌年六月十八日
(818)
　2)永安寺

08777 曹會長 …………………… P3721v②
〔兄(見)在巡禮都官都頭名牒〕 庚辰年正月
十五日 (980)

08778 曹會長 …………………… P3942
〔某家榮親客目〕 (10C?)
　1)都頭

08779 曹會長 …………………… S04703
〔買菜人名目〕 丁亥年六月七日 (987)
　1)都頭

08780 曹會長都頭娘子 …………… P3942
〔某家榮親客目〕 (10C?)
　4)原作「會長曹都頭娘子」。

08781 曹海員 ………… 浙燉134(浙博109)
〔曹海員訴狀幷判〕 (10C)
　1)獄子燉煌鄉百姓　3)燉煌鄉　4)有押署「議」。

08782 曹灰ゞ …………… BD04698v(劍98)
〔翟信子等三人狀及判詞〕 甲戌年(～丁丑
年) (974～977?)
　1)(金銀匠?)

08783 曹灰ゞ …………… BD09174(陶95)
〔雜寫(6行)〕 (10C)

08784 曹灰子 …………… S02894v⑤
〔社司轉帖〕 (10C後期)

08785 曹憨子 …………… P3396
〔沙州諸渠別粟田名目〕 (10C後期)

08786 曹憨子 …………… P3396v
〔沙州諸渠別苽薗名目〕 (10C後期)

08787 曹憨奴 …………… P2049v①
〔淨土寺諸色入破曆計會牒〕 同光三年 (925)

08788 曹漢子 …………… 杏・羽063
〔神沙鄉百姓吳山子便麥粟契〕 某年某月一日 (10C)
  1) 見人

08789 曹含〻 …………… S02669
〔管內尼寺(安國寺・大乘寺・聖光寺)籍〕 (865~870)
  2) 大乘寺 3) 赤心鄉 4) 尼名「善意花」。

08790 曹含娘 …………… P2595②
〔買地契殘別記〕 乾符二年 (875)

08791 曹願盈 …………… P3372v
〔社司轉帖幷雜抄〕 壬申年 (972)

08792 曹願盈 …………… S02894v①
〔社司轉帖〕 壬申年十二月廿二日 (972)

08793 曹願昌 …………… P2953v
〔便麥豆本曆〕 (10C)

08794 曹願昌 …………… S04703
〔買菜人名目〕 丁亥年 (987)
  4) 原作「曹願昌男」。

08795 曹願昌 …………… S05632①
〔親情社轉帖〕 丁卯年二月八日 (967)
  2) 顯德寺門

08796 曹願昌 …………… S08445＋S08446＋S08468②
〔羊司於紫亭得羊名目〕 丙午年三月九日 (946)

08797 曹願長 …………… S02894v⑦
〔社司轉帖〕 壬申年正月一日 (972)
  1) 淨土寺南院齋士郎?轉經僧 2) 淨土寺

08798 曹願追 …………… P3721v②
〔兄(見)在巡禮都官都頭名牒〕 庚辰年正月十五日 (980)

08799 曹願通 …………… S01485v
〔雇工契(殘／雜寫)〕 己亥年六月五日 (939?)
  1) 百姓 3) 赤心鄉

08800 曹義 …………… P2841v
〔勑歸義軍節度使牒(雜寫)〕 太平興國二年頃 (977頃)
  1) 使光祿大夫檢校太保兼御史 4) 原作「使光祿大夫檢校太保兼御史曹義」。

08801 曹義信? …………… P2680v④
〔納贈曆〕 (10C中期)

08802 曹義信 …… P3555B piece4 piece5＋P3288①②
〔社司轉帖〕 丁巳年?月一日 (957)

08803 曹義成 …………… S05549
〔百歲篇1卷(題記)〕 (10C?)

08804 曹議金 …………… P2704
〔廻向疏〕 長興四年・長興五年 (933・934)
  4) 長興四年(1通)・長興五年(3通)。

08805 曹議金 …………… P3805
〔曹議金賜宋員進改補充節度押衙牒(首尾俱全)〕 同光三年六月一日 (925)

08806 (曹)議金 …………… 莫第055窟
〔供養人題記〕 宋建隆三年間 (962)
  1) 勑河西隴右伊西庭樓蘭金滿等州節度使檢校太尉兼中書令托西大王 4) 洞口南壁。《謝》p.147。《燉》p.18。

08807 (曹)議金 …………… 莫第100窟
〔供養人題記〕 (10C中期)
  1) 勑授河西隴右伊西庭樓蘭金滿等州節度使檢校中書令□ 4) 原作「故勑河西隴右伊西庭樓蘭金滿等州節度使檢校中書令…諱議金」。甬道南壁。《燉》p.49。

08808 (曹)議金 …………… 莫第108窟
〔供養人題記〕 (10C中期)
  1) 勑河西隴右伊西庭樓蘭金滿等州節度使…(托)西大(王) 4) 甬道南壁。《燉》p.51。《謝》p.82。

08809 曹議?金? ・・・・・・・・・・・・・・・ 莫第244窟
〔供養人題記〕（10C前期）
　1)…伊西,節度使檢校中書令… 4)原作「二伊西…節度使檢校中書令…曹□□」。甬道南壁。《燉》p.108。

08810 曹議金 ・・・・・・・・・・・・・・・・・・ 莫第401窟
〔供養人題記〕 壬午年六月五 （922?）
　1)勅…拓西大王 4)甬道南壁。《燉》p.151。同室内存「壬午年六月五日盡畢功記也」之紀年。

08811 (曹)議金 ・・・・・・・・・・・・・・・ 莫第454窟
〔供養人題記〕 太平興國五年頃 （980）
　1)皇祖勅河西隴右伊西庭樓蘭金滿等州節度使檢校侍中兼中書令□□托西平王 4)原作「諱議金」。甬道南壁。《燉》p.171。《謝》p.305。

08812 曹議金 ・・・・・・・・・・・・・・・・・・ 榆第06窟
〔供養人題記〕（10C初期）
　1)皇考勅推誠奉國保塞功臣歸義軍…王 4)洞口南壁。《謝》p.446。

08813 曹議金 ・・・・・・・・・・・・・・・・・・ 榆第16窟
〔供養人題記〕（10C中期）
　1)勅歸義軍節度使檢校太師兼托西大王譙郡開國公 4)裏洞洞口南壁。《謝》p.455。

08814 (曹議金?) ・・・・・・・・・・ 臺灣中央圖書館
08755v
〔延德書狀等雜寫〕（10C?）
　1)勅河西隴右樓蘭金滿等州節度觀察

08815 曹吉成 ・・・・・・・・・・・・・・・・・・ S00766v④
〔平康鄉百姓曹延々貸絹契〕 甲申年五月廿二日 （984）
　1)口承人 4)R面爲「新集書儀」(10C後期)。

08816 曹教順 ・・・・・・・・・・・・・・・・・・ P2738v
〔社司轉帖(寫錄)〕 八月廿九日 （9C後期）
　2)淨土寺門前 4)淨土寺門前取齊。

08817 曹鄉官 ・・・・・・・・・・・・・・・・・・ S04120
〔布褐等破曆(殘)〕 癸亥年二月～甲子年二月 （963～964）
　1)鄉官

08818 曹鄉官? ・・・・・・・・・・・・・・・・・・ S06130
〔諸人納布曆〕（10C）
　1)鄉官

08819 曹(曲?)住 ・・・・・・・・・・・・・・・ P3418v①
〔□□鄉缺枝夫戶名目〕（9C末～10C初）
　3)□□鄉 4)⇒曹留住。

08820 曹金々 ・・・・・・・・・・・・・・・・・・ S02669
〔管内尼寺(安國寺・大乘寺・聖光寺)籍〕（865～870）
　2)大乘寺 3)赤心鄉 4)尼名「善意花」。

08821 曹金樞 ・・・・・・・・・・・・・・・・・・ S02729①
〔燉煌應管勘牌子曆〕 辰年三月 （788）
　1)僧 2)金光明寺 3)沙州 4)申年月25日死。

08822 曹虞侯 ・・・・・・・・・・・・・・・・・・ P2040v①-7
〔淨土寺西倉豆破曆〕（945前後）
　2)淨土寺

08823 曹虞侯 ・・・・・・・・・・・・・・・・・・ P2040v③-2
〔淨土寺西倉粟利入曆〕 己亥年 （939）
　2)淨土寺

08824 曹虞侯 ・・・・・・・・・・・ BD09472v①～③(發92)
〔龍興寺索僧正等五十八人就唐家蘭若請賓頭廬文〕（8～9C）
　1)虞侯 2)(靈)圖(寺) 3)沙州

08825 曹虞侯 ・・・・・・・・・・・・・・・・・・ P2040v②-29
〔淨土寺西倉豆利入曆〕（940年代）
　1)虞侯 2)淨土寺

08826 曹虞侯 ・・・・・・・・・・・・・・・・・・ P2880
〔春坐局席轉帖抄等諸抄〕 庚辰年十月廿二日 （980）
　1)虞侯

08827 曹虞侯 ・・・・・・・・・・・・・・・・・・ P3763v
〔淨土寺入破曆〕（945前後）
　1)虞侯 2)淨土寺

08828 曹虞侯 ・・・・・・・・・・・・・・・・・・ S05486②
〔社司轉帖〕 壬寅年六月九日 （942）
　1)虞侯

08829 曹虞侯妻 ・・・・・・・・・ BD09472v①～③(發92)
〔龍興寺索僧正等五十八人就唐家蘭若請賓頭廬文〕（8～9C）
　2)靈修(寺) 3)沙州

08830 曹虞侯母 ・・・・・・・・・ BD09472v①～③(發92)
〔龍興寺索僧正等五十八人就唐家蘭若請賓頭廬文〕（8～9C）
　2)靈修(寺) 3)沙州

08831 曹君慶 ・・・・・・・・・・・・・・・ 浙燉134(浙博109)
〔曹海員訴狀并判〕（10C）
　1)阿父 4)有押署「議」。

08832 曹惠悟 ················· S02729①
〔燉煌應管勘牌子歷〕 辰年三月 (788)
　1)僧　2)普光寺　3)沙州　4)41行目。

08833 曹惠深 ················· S02729①
〔燉煌應管勘牌子歷〕 辰年三月 (788)
　1)僧　2)開元寺　3)沙州　4)24行目。

08834 曹慶達 ················· Дx02149в
〔見納缺柴人名目〕 (10C)

08835 曹慶忠 ················· P2032v⑱
〔淨土寺豆利閏入歷〕 (940前後)
　2)淨土寺

08836 曹結 ·················· P3047v⑨
〔諸人諸色施捨歷〕 (9C前期)

08837 曹月清 ················· P3418v⑤
〔某鄉缺枝夫戶名目〕 (9C末〜10C初)

08838 曹月□ ················· P3418v⑤
〔某鄉缺枝夫戶名目〕 (9C末〜10C初)

08839 曹賢者 ················· P4821
〔社司轉帖〕 (9C前期)
　4)ペン筆。

08840 曹賢□ ················· S06130
〔諸人納布歷〕 (10C)
　3)神沙鄉

08841 曹元潤 ················· S00785v
〔雜寫〕 (10C)
　1)郎君　4)原作「郎君曹元潤,李陵」。R面爲「李陵與蘇武書」(10C後期)等。

08842 曹元深 ················· P4046
〔捨施廻向疏〕 天福七年 (942)

08843 曹元深 ················· S00707
〔孝經1卷(末)(首缺)〕 同光三年乙酉歲十一月八日 (925)
　1)學士郎・郎君　2)三界寺　4)原作「同光三年乙酉歲十一月八日三界寺學士郎郎君曹元深寫記」。

08844 曹元清 ················· P3882
〔府君元清邈眞讚并序〕 (10C)
　1)(曹議金)外甥

08845 曹元忠 ················· BD04278(玉78)
〔四分律比丘尼含注戒本(末)〕 (10C後期)
　1)勅受河西應　4)卷末識題有「勅受河西應曹元忠」。

08846 曹元忠 ················· BD16192(L4099)
〔曹元忠薦亡法事疏〕 □年九月□ (10C)

08847 曹(元忠) ··············· P2703v②
〔舅燉煌王曹(元忠)狀〕 (972年頃)
　1)舅燉煌王　4)文中有「今西天大師去,輒附音書」。

08848 曹元忠 ················· P2736v
〔勅歸義軍節度使(曹延祿)牒(寫錄)〕 (10C後期)
　4)牒文中有「況戒松每遊曹店」等文。

08849 曹元忠 ················· P3388
〔節度使曹元忠爲故兄追念請金光明寺僧疏〕 開運四年三月九日 (946)
　1)弟子歸義軍節度使檢校太保　4)原作「開運四年三月九日弟子歸義軍節度使檢校太保曹元忠疏」。

08850 曹元忠 ················· P4514(6)
〔刻本繪本佛畫(二大聖毗沙門天王像)〕 開運四年頃 (947頃)
　1)歸義軍節度使檢校太傅　4)原作「歸義軍節度使檢校太傅曹元忠彫造」。

08851 曹元忠 ················· P4515
〔印本金剛般若波羅蜜經(尾題)〕 天福十五(四)年乙酉歲五月十日記 (949)
　1)弟子歸義軍節度使特進檢校太傅兼御史大夫譙郡開國侯

08852 曹(元忠) ··············· S02974
〔曹元忠爲亡父忌辰追念設供疏〕 建隆二年二月十日 (961)
　1)弟子歸義軍節度使特進檢校太傅同中書門下平章事　4)本件中有「大周國沙州」之文字。

08853 曹元忠 ················· S04632
〔曹元忠追福疏〕 乾德六年四月日 (968)
　1)弟子歸義軍節度使檢校太師兼中書令燉煌王　4)原作「弟子歸義軍節度使檢校太師兼中書令燉煌王曹元忠」。

08854 曹元忠 ･･････････････ Stein Painting 77v
〔曹元忠夫婦修北大像功德記〕 乾德四年五月九日 (966)
　1) 敕歸義軍節度使特進檢校大師兼中書令托西大王

08855 曹元忠 ･･････････････ Stein Painting 242
〔救菩薩觀世音菩薩圖題記〕 大晉開運四年丁未歲七月十五日 (947)
　1) 弟子歸義軍節度瓜沙州觀察處置管內營田押蕃落等使特進檢校太傅譙郡開國侯　4) 原作「弟子歸義軍節度瓜沙州觀察處置管內營田押蕃落等使特進檢校太傅譙郡開國侯曹元忠」。

08856 曹元忠 ･･････････････ Stein Painting 245
〔兜跋毗沙門天像題記〕 大晉開運四年丁未歲七月十五日 (947)
　1) 弟子歸義軍節度使特進檢校太傅譙郡

08857 曹元忠 ･･････････････ 杏・羽686
〔皇帝賜曹元忠, 玉・玉製鞦轡馬鐙〕 (10C後期)
　4) 皇帝印爾朱, 2顆。

08858 曹元忠 ･･････････････ 莫第427窟
〔供養人題記〕 宋乾德八年歲次庚午正月癸卯朔二十六日戊辰 (970)
　1) 勅推誠奉國保塞功臣歸義軍節度使特進檢校太師兼中書令西平王　4) 窟檐橫梁。《燉》p. 160。

08859 曹元忠 ･･････････････ 莫第427窟
〔供養人題記〕 宋乾德八年頃 (970頃)
　1) 檢校大師兼(中?)書令西平王　4) 甬道南壁。《燉》p. 155。

08860 曹元忠 ･･････････････ 莫第427窟
〔題記〕 (10C中期)
　1) 歸義軍節…西平王　4) 甬道南壁。《燉》p. 165。

08861 (曹)元忠 ･･････････････ 莫第454窟
〔供養人題記〕 太平興國五年頃 (980)
　1) 叔父勅推誠奉國保塞功臣歸義軍節度(使特進檢校太師兼中書令天册西平王)　4) 原作「叔父勅推誠奉國保塞功臣歸義軍節度使特進檢校太師兼中書令天册西平王諱元忠供養」。甬道南壁。《燉》p. 171。《謝》p. 305。

08862 曹(元德) ･･････････････ P2692
〔禮佛疏(檢校司空曹謹疏)〕 天福五年 (940)
　1) 弟子歸義軍節度留後使檢校司空　4) 原作「弟子歸義軍節度留後使檢校司空曹謹疏」。

08863 曹元德 ･･････････････ P3260
〔狀〕 (10C中期)
　1) 歸義軍節度留後使

08864 曹(元德) ･･････････････ P3347
〔歸義軍節度使牒〕 天福參年十一月五日 (938)
　1) 使檢校司空兼御史大夫

08865 曹元德 ･･････････････ P3556v①
〔曹元德迴向疏〕 淸泰三年正月廿一日 (936)
　1) 弟子歸義軍節度留後使檢校司空　4) 原作「淸泰三年正月廿一日弟子歸義軍節度留後使檢校司空曹元德謹疏」。

08866 曹元德 ･･････････････ S04240
〔佛說佛名經卷第4(寫記)〕 大梁貞明六年歲次庚辰五月十五日寫記 (920)
　1) 府主尙書　4) 原作「府主尙書曹公」。

08867 曹元德 ･･････････････ 莫第100窟
〔供養人題記〕 (10C中期)
　1) 勅河西歸義軍節度押蕃落等使檢校司空譙郡開國公　4) 甬道南壁。《燉》p. 49。《謝》p. 86。

08868 曹元德 ･･････････････ 莫第108窟
〔供養人題記〕 (10C中期)
　1) 勅河西歸義等軍節度押蕃落等使檢校司空譙郡開國公　4) 甬道南壁。《燉》p. 51。《謝》p. 82。

08869 曹元德 ･･････････････ 莫第244窟
〔供養人題記〕 (10C前期)
　1) 男勅河西歸義軍節度押□　4) 原作「男勅河西歸義軍節度押…國…曹元德一心供養」。甬道北壁。《燉》p. 108。

08870 曹元德 ･･････････････ 楡第16窟
〔供養人題記〕 (10C中期)
　1) □□□歸義軍節度瓜沙等州□□譙郡開國侯食邑□□□戶食實封參伯戶　4) 洞口南壁。《謝》p. 453。

08871 曹元□ ･･････････････ BD15412(簡068075)2
〔趙元亮等殘名目〕 (9～10C)

08872 曹庫官 ･･････････････ P2916
〔納贈曆〕 癸巳年 (993?)
　1) 庫官

08873 曹庫官 ･･････････････ P3440
〔見納賀天子物色人名〕 丙申年三月十六日 (996)
　1) 庫官

08874 曹庫官 ・・・・・・・・・・・・・・・・・・ S01153
〔諸雜人名目〕 (10C後期)
　1)庫官

08875 曹庫官 ・・・・・・・・・・・・・・・・・・ S04706
〔什物交割曆〕 (10C後期)
　1)庫官

08876 曹胡〻 ・・・・・・・・・・・・・・・・・・ P2738v
〔社司轉帖(寫錄)〕 八月廿九日 (9C後期)
　2)淨土寺門前　4)淨土寺門前取齊。

08877 曹胡子 ・・・・・・・・・・・・・・・・・・ P2049v②
〔淨土寺諸色入破曆計會牒〕 長興二年正月 (930～931)

08878 曹胡子 ・・・・・・・・・・・・・・・・・・ P3745v①
〔榮(營)小食納油麨數〕 三月廿八日 (9C末期?)

08879 曹胡兒 ・・・・・・・・・・・・・・・・・・ P2049v①
〔淨土寺諸色入破曆計會牒〕 同光三年 (925)

08880 曹五?玉 ・・・・・・・・・・・・・・・・・・ BD09332v(周53)
〔己丑(年)正月十二日(曹)仁德妻亡納贈曆(稿)〕 己丑(年)正月十二日 (809? or 869?)

08881 曹午 ・・・・・・・・・・・・・・・・・・ Дx01378
〔當團轉帖〕 (10C中期)

08882 曹光嗣 ・・・・・・・・・・・・・・・・・・ P4640v
〔官入破曆〕 辛酉年正月 (901)
　1)都押衙

08883 曹光進 ・・・・・・・・・・・・・・・・・・ P3547
〔上都進奏院狀上(原題)〕 (9C後期?)
　1)衙前兵馬使

08884 曹光進 ・・・・・・・・・・・・・・・・・・ P4640v
〔官入破曆〕 己未年五月 (899)
　1)押衙　4)(王)助葬。

08885 曹光晟 ・・・・・・・・・・・・・・・・・・ P2618v
〔雜寫〕 三月廿六日 (9C後期)
　4)『論語集解』卷第1裏面。

08886 曹光晟 ・・・・・・・・・・・・・・・・・・ P4019④
〔鷰子賦1卷(尾)〕 (9C後期)
　4)尾題「曹光晟書記」。

08887 曹光奴 ・・・・・・・・・・・・・・・・・・ Дx10270v
〔便麥粟曆〕 (946)

08888 曹公 ・・・・・・・・・・・・・・・・・・ BD06824(羽24)
〔佛說佛名經卷第3記(寫記)〕 大梁貞明六年歲次庚辰五月十五日 (920)
　4)原作「敬寫大佛名經貳百捌拾捌卷。伏願城隍安泰,百姓康寧,府主尚書曹公己躬永壽,繼紹長年,合宅枝羅,常然慶吉。干時大梁貞明六年歲次庚辰五月十五日記有「瓜沙州大圣印」。

08889 曹公 ・・・・・・・・・・・・・・・・・・ BD15289(新1489)
〔現在賢刦千佛經卷上(題記)〕 大梁貞(明)陸年歲次庚辰伍月拾伍日 (960)
　1)府主　4)原作「府主曹公」而無「尚書」官名。源紀年缺「明」字。

08890 曹公 ・・・・・・・・・・・・・・・・・・ P2312
〔佛名經卷第13(寫記)〕 大梁貞明六年庚辰歲五月十五日 (920)
　1)公

08891 曹公 ・・・・・・・・・・・・・・・・・・ P3718⑤
〔曹公寫眞贊〕 (10C)
　4)⇒曹盈達。

08892 曹公 ・・・・・・・・・・・・・・・・・・ P3882
〔府君元淸邈眞讚并序〕 (10C)
　1)前河西一十一州節度使承天托西大王　4)曹公=曹議金。

08893 曹公 ・・・・・・・・・・・・・・・・・・ P4660③
〔燉煌管內僧政兼勾當三窟曹公邈眞讚〕 (9C)
　1)燉煌管內僧政兼勾當三窟　4)原作「河西都僧統悟眞撰」。

08894 曹公 ・・・・・・・・・・・・・・・・・・ S06255
〔敬寫大佛名經(兩卷題記)〕 某歲六月廿六日 (10C中期)
　1)府主太保曹(元忠?)　4)參看「開運四年(946)三月九日弟子歸義節度使檢校太保曹元忠疏」。

08895 曹公 ・・・・・・・・・・・・・・・・・・ Ф032①
〔施入報恩寺疏〕 大宋咸平五年壬寅歲七月十五日 (1002)
　1)施主燉煌王　4)⇒曹宗壽。

08896 曹公 ・・・・・・・・・・・・・・・・・・ 中村『書道博』p.196
〔佛名經第6(寫記)〕 大梁貞明六年庚辰伍月十五日寫記 (920)
　1)府主尚書

08897 曹公 ·············· 莫第166窟
〔供養人題記〕 乙亥年七月十三日 (975)
　1) 清平郡王〔主〕尚書　4) 原作「時唐□亥年七月□□□日釋門法律臨壇大德勝明奉爲國界清平郡王〔主〕尚書曹公□□□亡考妣神生□□□□□霑斯福□」。東壁門北側。《燉》p.78。《謝》p.394。

08898 曹公 ·············· 莫第387窟
〔功德記〕 清泰元年 (936)
　4) 原作「奉帝主永坐中天府主大王曹公保安」。西壁。《燉》p.147。《謝》p.238。

08899 曹幸怛 ············· S02894v④
〔社司轉帖〕 壬申年十二月卅日 (972)

08900 曹幸婆 ············· S06045
〔便粟麥曆〕 丙午年正月三日 (946)

08901 曹孝敢? ············ P3418v②
〔燉煌鄉缺枝夫戶名目〕 (9C末〜10C初)
　3) 燉煌鄉

08902 曹孝義 ············· P3249v
〔將龍光顏等隊下人名目〕 (9C中期)

08903 曹孝俊 ············· 有鄰館56
〔城下諸色碩斛牛等入破歷〕 自戌年至子年 (9C前期)

08904 曹弘子 ············· P3249v
〔將龍光顏等隊下人名目〕 (9C中期)

08905 曹弘定 ············ BD16282A(L4124)
〔送刺文書〕 (9〜10C)
　1) 車頭　4) 原作「車頭曹弘定,語吳山兒已上／二人共刺一車,於宋家立送／油者」。

08906 曹弘定 ············ BD16282B(L4124)
〔送油文書〕 (9〜10C)
　4) 原作「寒食座大設酪三千,次差曹弘定,／帖至限二日,於薛富進家送油者。／鄉官湯」。

08907 曹興〻 ············· P3249v
〔將龍光顏等隊下人名目〕 (9C中期)

08908 曹興國 ············· S05822
〔地子曆〕 寅年 (8C後期?)

08909 曹興朝 ············ BD02653(律53)
〔大般若波羅蜜多經卷第196〕 (9C前期)

08910 曹興朝 ············ BD03276(致76)
〔无量壽宗要經(尾紙有題名)〕 (9C前期)

08911 曹興朝 ············ BD04330(出30)
〔无量壽宗要經〕 (9C前期)

08912 曹興朝 ············ BD05862(菜62)
〔佛說无量壽宗要經(尾紙有題名)〕 (9C前期)

08913 曹興朝 ············ BD06141(薑41)
〔无量壽宗要經(卷尾勘記)〕 (9C前期)

08914 曹興朝 ············ BD08428(裳28)
〔般若波羅蜜多心經(末)〕 (9C前期)

08915 曹興朝 ············· S00176
〔佛說無量壽經(尾)〕 (9C前期)

08916 曹興朝 ············· S06357
〔大般若波羅蜜多經卷第195〕 (9C前期)

08917 曹興定 ············· S02894v①
〔社司轉帖〕 壬申年十二月廿二日 (972)

08918 曹苟〻 ············· P.tib1102v
〔社司轉帖〕 申年二月廿日 (9C前期)

08919 曹苟奴 ············· S04121
〔陰家榮親客目〕 甲午年五月十五日 (994)
　1) 郎君　4) 原作「曹苟奴郎君」。

08920 曹苟奴郎君小娘子 ········ S04121
〔陰家榮親客目〕 甲午年五月十五日 (994)

08921 曹苟奴郎君母娘子 ········ S04121
〔陰家榮親客目〕 甲午年五月十五日 (994)

08922 曹國昌 ············· 莫第098窟
〔供養人題記〕 (10C中期)
　1) 節度押衙知四大馬□使銀青光祿大夫檢校國子祭酒兼御史中丞上柱國　4) 南壁。《燉》p.43。《謝》p.93。

08923 曹黑碩 ············ BD09802①(朝23)
〔大般若波羅蜜多經卷591(兌紙)〕 (9〜10C)
　4) 原作「曹黑碩兌」。

08924 曹骨〻 ············· P3418v②
〔燉煌鄉缺枝夫戶名目〕 (9C末〜10C初)

08925 曹再昌 ············· S04703
〔買柴人名目〕 丁亥年 (987)

344

08926 曹再晟 ……………… S08445＋S08446＋S08468
〔稅巳年出羊人名目〕 丙午年二月十九日 (946)

08927 曹再晟 ……………… S08445＋S08446＋S08468②
〔羊司於紫亭得羊名目〕 辛亥年正月廿七日 (951)

08928 曹再晟 ……………… S08448Bv
〔紫亭羊數名目〕 (940頃)
　1)官牧羊人　4)原作「官牧羊人曹再晟」。

08929 曹三 ………………… S08448A
〔紫亭羊數名目〕 辛亥年正月廿七日 (951)

08930 (曹?)三娘子 ……… 故宮博·新156153
〔佛說延壽命經·佛說續命經(首尾題)〕 乾得(德)肆年二月十五(日) (966)
　1)女弟子　4)題記「女弟子三娘子發心敬寫」。

08931 曹三奴 ……………… P3418v⑤
〔某鄉缺枝夫戶名目〕 (9C末～10C初)

08932 曹三奴 ……………… Дx05307v
〔雜寫〕 (9C末～10C初)
　1)兵馬使

08933 曹三郎 ……………… S02214
〔官府雜帳(名籍·黃麻·地畝·地子等曆)〕 (860?)

08934 曹司徒 ……………… BD16509A
〔延晟人名一本〕 (9C前期)
　1)司徒

08935 曹四大口 …………… P3145v
〔節度使下官人名·鄉名諸姓等雜記〕 (10C)

08936 曹子盈 ……………… P3418v⑧
〔平康鄉缺枝夫戶名目〕 (9C末～10C初)
　3)平康鄉

08937 曹子盈 ……………… S00619v①
〔懸泉鎮使□?玉門軍使曹子盈牒〕 (10C)
　1)懸泉鎮使□?玉門軍使

08938 曹子金 ……………… P4640v
〔官入破曆〕 辛酉年?五月廿三日 (901?)
　1)懸泉鎮使

08939 曹子妻 ……………… S08443B2
〔李闍梨出便黃麻曆〕 乙巳年二月一日 (945?)
　1)口承人　4)原作「口承人曹子妻」。

08940 曹子?昇? …………… P3418v⑧
〔平康鄉缺枝夫戶名目〕 (9C末～10C初)
　3)平康鄉

08941 曹志湛 ……………… S02729①
〔燉煌應管勘牌子曆〕 辰年三月 (788)
　1)僧　2)大雲寺　3)沙州　4)13行目。

08942 曹志忠 ……………… P3418v①
〔□□鄉缺枝夫戶名目〕 (9C末～10C初)
　3)効穀鄉

08943 曹指撝 ……………… P2049v①
〔淨土寺諸色入破曆計會牒〕 同光三年 (925)
　1)指撝(指揮?)

08944 曹氏 ………………… EO1173
〔大悲千手眼菩薩及被帽地藏菩薩十王圖供養人題記〕 (10C後期)

08945 曹氏 ………………… Stein Painting 54
〔觀世音菩薩圖像題記〕 太平興國八年七月十七日 (983)
　4)原作「米新婦曹氏」。

08946 曹氏 ………………… 莫天王堂
〔功德記〕 (10C後期)
　1)燉煌王曹　4)東壁。《燉》p.178。《謝》p.418。

08947 曹氏 ………………… 莫第061窟
〔供養人題記〕 (10C末期)
　1)姪甥新婦　4)原作「姪甥新婦小娘子曹氏一心供養」。南壁。《燉》p.24。《謝》p.136。

08948 (曹氏) ……………… 莫第061窟
〔供養人題記〕 (11C前期)
　1)姊甘州聖天可汗天公主　4)原作「姊甘州聖天可汗天公主一心供養」。東壁門南側。《燉》p.21。

08949 (曹氏) ……………… 莫第061窟
〔供養人題記〕 (11C前期)
　1)姊·大朝大于闐國大政大明天冊全封至孝皇帝天皇后　4)原作「姊大朝大于闐國大政大明天冊全封至孝皇帝皇后一心供養」。東壁門南側。《燉》p.21。

08950 （曹氏）·················· 莫第061窟
　〔供養人題記〕（11C前期）
　　1）故姊譙縣夫人　4）原作「故姊譙縣夫人一心供養出適陰氏」。東壁門南側。《燉》p.21。《謝》p.134⇒陰氏。

08951 （曹氏）·················· 莫第061窟
　〔供養人題記〕（11C前期）
　　1）姊譙縣夫人　4）原作「姊譙縣夫人一心供養出適鄧氏」。東壁門南側。《燉》p.21。《謝》p.134⇒鄧氏。

08952 （曹氏）·················· 莫第061窟
　〔供養人題記〕（11C前期）
　　1）故姊譙郡夫人　4）原作「故姊譙郡夫人一心供養出適翟氏」。東壁門南側。《燉》p.22。《謝》p.134⇒翟氏。

08953 （曹氏）·················· 莫第061窟
　〔供養人題記〕（11C前期）
　　1）故譙縣夫人　4）原作「故譙縣夫人一心供養出適慕容氏」。東壁門北側。《燉》p.22。《謝》p.134。

08954 （曹氏）·················· 莫第061窟
　〔供養人題記〕（11C前期）
　　1）故譙縣夫人　4）原作「故譙縣夫人一心供養出適翟氏」。東壁門北側。《燉》p.22。《謝》p.134。

08955 （曹氏）·················· 莫第061窟
　〔供養人題記〕（11C前期）
　　1）故姊譙縣夫人　4）原作「故姊譙縣夫人一心供養出適翟氏」。南壁東向。《燉》p.22。《謝》p.134。

08956 （曹氏）·················· 莫第061窟
　〔供養人題記〕（11C前期）
　　1）姊譙縣夫人　4）原作「姊譙縣夫人一心供養出適慕容氏」。南壁。《燉》p.23。《謝》p.134。

08957 （曹氏）·················· 莫第061窟
　〔供養人題記〕（11C前期）
　　1）故姑譙縣夫人　4）原作「故姑譙縣夫人一心供養」。北壁。《燉》p.24。《謝》p.136。

08958 （曹氏）·················· 莫第061窟
　〔供養人題記〕（11C前期）
　　1）姑譙縣夫人　4）原作「姑譙縣夫人一心供養出適□氏」。北壁。《燉》p.24。《謝》p.136。

08959 曹氏 ····················· 莫第098窟
　〔供養人題記〕（10C中期）
　　1）大朝大于闐大政大明天册全封至孝皇帝天皇后　4）東壁門南側。《燉》p.32。《謝》p.90。

08960 曹氏 ····················· 莫第108窟
　〔供養人題記〕（10C中期）
　　4）原作「女第十五小娘子一心供養出適曹氏」。南壁。《燉》p.52。《謝》p.81。

08961 曹氏 ····················· 莫第449窟
　〔供養人題記〕（10C後期）
　　4）西壁。《燉》p.170。

08962 曹氏 ····················· 楡第12窟
　〔供養人題記〕（10C初期）
　　1）曾皇妣　4）洞口南壁。《謝》p.448。

08963 曹氏 ····················· 楡第35窟
　〔供養人題記〕（10C末期）
　　4）東壁。《謝》p.486。

08964 （曹氏）第十一小娘子 ········ 莫第098窟
　〔供養人題記〕（10C中期）
　　4）原作「故女第十一小娘子一心供養出適翟氏」。東壁門南側。《燉》p.32。《謝》p.89⇒翟氏。

08965 （曹氏）第十一小娘子 ········ 莫第098窟
　〔供養人題記〕（10C中期）
　　1）故姊　4）原作「故姊第十一小娘子一心供養出適慕容氏」。南壁。《燉》p.38。《謝》p.93。

08966 （曹氏）第十一娘子 ········ 莫第108窟
　〔供養人題記〕（10C中期）
　　4）原作「故姊第十一娘子一心供養出適慕容氏」。東壁門南側。《燉》p.51。《謝》p.80。

08967 （曹氏）第十五小娘子 ········ 莫第098窟
　〔供養人題記〕（10C中期）
　　4）原作「女第十五小娘子一心供養出適陳氏」。北壁。《燉》p.33。《謝》p.98。⇒陳氏。

08968 （曹氏）第十五小娘子 ········ 莫第098窟
　〔供養人題記〕（10C中期）
　　1）故妹　4）原作「故妹第十五小娘子供養出適閻氏」。南壁。《燉》p.38。《謝》p.93。

08969 （曹氏）第十五小娘子 ········ 莫第108窟
　〔供養人題記〕（10C中期）
　　4）原作「女第十五小娘子一心供養出適曹氏」。南壁。《燉》p.52。《謝》p.80。

08970 （曹氏）第十三小娘子 ……… 莫第098窟
　〔供養人題記〕（10C中期）
　　4）原作「女第十三小娘子一心供養出適翟氏」。東壁門南側。《燉》p.33。《謝》p.90。⇒翟氏。

08971 （曹氏）第十四小娘子 ……… 莫第098窟
　〔供養人題記〕（10C中期）
　　4）原作「故女第十四小娘子一心供養出適翟氏」。北壁。《燉》p.33。《謝》p.98。⇒翟氏。

08972 （曹氏）第十四小娘子 ……… 莫第098窟
　〔供養人題記〕（10C中期）
　　1）妹　4）原作「妹第十四小娘子一心供養出適氾氏」。南壁。《燉》p.38。《謝》p.93。

08973 （曹氏）第十四娘子 ……… 莫第108窟
　〔供養人題記〕（10C中期）
　　4）原作「姊第十四娘子一心供養出適氾氏」。東壁門南側。《燉》p.51。《謝》p.80。

08974 （曹氏）第十七小娘子 ……… 莫第098窟
　〔供養人題記〕（10C中期）
　　1）妹　4）原作「妹第十七小娘子供養出適羅氏」。南壁。《燉》p.38。《謝》p.93。

08975 （曹氏）第十七娘子 ……… 莫第108窟
　〔供養人題記〕（10C中期）
　　4）原作「妹第十七娘子一心供養出適羅氏」。南壁。《燉》p.52。《謝》p.80。

08976 （曹氏）第十二小娘子 ……… 莫第098窟
　〔供養人題記〕（10C中期）
　　4）原作「女第十二小娘子一心供養出適陰氏」。東壁門南側。《燉》p.32。《謝》p.98。⇒陰氏。

08977 （曹氏）第十二小娘子 ……… 莫第108窟
　〔供養人題記〕（10C中期）
　　4）原作「女第十二小娘子一心供養出適氾氏」。南壁。《燉》p.52。《謝》p.81。

08978 （曹氏）第十六小娘子 ……… 莫第098窟
　〔供養人題記〕（10C中期）
　　4）原作「女第十六小娘子一心供養出適慕容氏」。北壁。《燉》p.33。《謝》p.98。⇒慕容氏。

08979 （曹氏）第十六小娘子 ……… 莫第098窟
　〔供養人題記〕（10C中期）
　　1）妹　4）原作「妹第十六小娘子供養出適張氏」。南壁。《燉》p.38。《謝》p.93。

08980 曹兒子 ……… P4720
　〔社司轉帖〕　貞明八年（龍德二年）九月廿七日（922）

08981 曹兒□ ……… S05717
　〔人名目〕（10C）

08982 曹寺主 ……… BD00244（宇44）
　〔佛名經卷第12〕（9C前期）
　　1）寺主

08983 曹寺主 ……… P3060
　〔諸寺諸色付經僧尼曆〕（9C前期）
　　1）寺主　4）原作「曺寺主」。經典名：「正法念經卷5」。

08984 曹寺主 ……… S01313v
　〔破曆〕　辛未年（971?）
　　1）寺主

08985 曹式? ……… S04291
　〔度牒〕　清泰五年二月十日（天福三年）（938）
　　1）使檢校司空兼御史大夫歸義軍節度使　4）司空＝「曹元德」。

08986 曹悉歹子 ……… Дх01355＋Дх03130
　〔洛晟ゝ賣薗舍契〕（9C後期）
　　1）見人

08987 曹悉歹忠 ……… P.tib2124v
　〔人名錄〕（9C中期?）

08988 曹社官 ……… P2716v
　〔社司轉帖（寫）〕（9C末～10C初）
　　1）社官

08989 曹社官 ……… S02894v①
　〔社司轉帖〕　壬申年十二月廿二日（972）
　　1）社官

08990 曹闍梨 ……… P.tib1261v⑩
　〔諸寺僧尼支給穀物曆〕（9C前期）
　　1）闍梨

08991 曹闍梨 ……… S03156①
　〔時年轉帖〕　己卯年十二月十六日（979）
　　1）闍梨　2）乾明寺　4）原作「乾明寺曹闍梨」。

08992 曹闍梨 ················· 舊P5529
　〔入破曆〕　壬申年六月廿四日　(972?)
　　1)闍梨

08993 曹住 ··················· S02228②
　〔於諸家邊布麥粟酒分付曆〕　巳年四月九日
　(825)

08994 曹住子 ················· P2032v⑯-4
　〔淨土寺粟利閏入曆〕　(940前後)
　　2)淨土寺

08995 曹住子 ················· P2049v①
　〔淨土寺諸色入破曆計會牒〕　同光三年
　(925)

08996 曹住子 ·········· Дx01432＋Дx03110
　〔地子倉麥曆〕　(10C)

08997 曹住兒 ················· P3418v⑤
　〔某鄉缺枝夫戶名目〕　(9C末～10C初)

08998 曹住信 ················· P3288piece1
　〔佛現齋造餕餅人名目〕　(10C)

08999 曹住信 ················· S03011v
　〔雜寫〕　(10C)
　　1)都頭

09000 曹俊之 ················· P2763①
　〔沙州倉曹趙瓊璋等會計曆〕　辰年九月四日已
　後至十二月卅日　(788)
　　4)縫背有「河西支度/…印」。

09001 曹潤成 ················· Дx01275
　〔官府破紙曆〕　(9C末～10C初)
　　1)押衙

09002 曹?閏成 ············· BD09325(周46)
　〔社司轉帖〕　□子?年七月十四日　(10C後期)

09003 曹閏成 ················· P3231①
　〔平康鄉官齋曆〕　癸酉年五月　(973)
　　3)平康鄉

09004 曹閏成 ················· P3231②
　〔平康鄉官齋曆〕　癸酉年九月卅日　(973)
　　3)平康鄉

09005 曹閏成 ················· P3231④
　〔平康鄉官齋曆〕　甲戌年十月十五日　(974)
　　3)平康鄉

09006 曹閏成 ················· P3231⑤
　〔平康鄉官齋曆〕　□亥年五月十五日　(975)
　　3)平康鄉

09007 曹閏成 ················· P3231⑦
　〔平康鄉官齋曆〕　丙子年五月十五日　(976)
　　3)平康鄉

09008 曹閏成 ················· P3579
　〔百姓吳保住牒〕　雍熙五年戊子歲　(988)
　　1)押衙

09009 曹閏成 ················· P4525⑧
　〔都頭及音聲等都共地畝細目〕　(980頃)

09010 曹順興 ················· S04121
　〔陰家榮親客目〕　甲午年五月十五日　(994)
　　1)都頭　4)原作「曹順興都頭」。

09011 曹順興都頭小娘子 ············ S04121
　〔陰家榮親客目〕　甲午年五月十五日　(994)

09012 曹順德 ················· S04525
　〔付官健及諸社佛會色物數目〕　(10C後期)

09013 曹女子 ················· S02214
　〔官府雜帳(名籍・黃麻・地畝・地子等曆)〕
　(860?)

09014 曹女々 ················· P3167v
　〔安國寺道場司關于(五尼寺)沙彌戒訴狀〕
　乾寧二年三月　(895)
　　2)(大乘寺)

09015 曹像支 ················· S00214v
　〔行人轉帖〕　甲申年　(10C)

09016 曹像友 ················· P4720
　〔社司轉帖〕　貞明八年(龍德二年)九月廿七日
　(922)

09017 曹勝眞 ················· S02669
　〔管內尼寺(安國寺・大乘寺・聖光寺)籍〕
　(865～870)
　　2)安國寺?　3)慈惠鄉　4)姓「曹」。俗名「寵眞」。

09018 曹勝智 ················· P3167v
　〔安國寺道場司關于(五尼寺)沙彌戒訴狀〕
　乾寧二年三月　(895)
　　2)普光寺　4)⇒勝智。

09019 曹將頭 ·················· S04060v
　〔便麥曆〕　戊申年正月五日　(948)
　　1)將頭

09020 曹小?玉 ················ P3491piece3
　〔突田名簿〕　(9C前期)

09021 曹?小娘子 ················ S04700
　〔陰家榮親客目〕　甲午年五月十五日　(994)
　　1)曹?友賓都頭·女?

09022 曹?小娘子 ················ S04700
　〔陰家榮親客目〕　甲午年五月十五日　(994)
　　1)曹?友順都頭·新婦

09023 曹?小都頭 ················ S04700
　〔陰家榮親客目〕　甲午年五月十五日　(994)
　　1)(曹?友順都頭)弟·都頭

09024 曹小奴 ·················· S00542v
　〔燉煌諸寺丁壯車牛役部〕　戊年六月十八日
　(818)
　　2)龍興寺

09025 曹小奴子 ················· 楡第33窟
　〔供養人題記〕　(10C中期)
　　1)押衙　4)北壁。《謝》p.479。

09026 曹尚書 ···················· P3985
　〔錄人迯路物色名目〕　癸巳年七月廿五日
　(933?)
　　1)尚書

09027 曹尚書 ··················· 莫第085窟
　〔供養人題記〕　(10C前期)
　　1)河西節度使尚書　4)原作「新婦小娘子卽(今)
　　河西節度使曹尚書長女一心供養」。東壁門北側。
　　《燉》p.29。《謝》p.118。

09028 曹昌晟 ··············· BD06359(鹹59)
　〔便麥契〕　丑年二月　(821)
　　1)寺戶·團頭　2)龍興寺

09029 曹章三 ···················· P3889
　〔社司轉帖〕　(10C後期?)

09030 曹逍遙 ···················· S02669
　〔管內尼寺(安國寺·大乘寺·聖光寺)籍〕
　(865～870)
　　2)大乘寺　3)龍勒鄉　4)尼名「善賢」。

09031 曹上座 ················· P.tib1261v⑥
　〔諸寺僧尼支給穀物曆〕　(9C前期)
　　1)上座

09032 曹娘子 ···················· P3942
　〔某家榮親客目〕　(10C?)
　　2)安國寺　4)原作「安國寺大曹家娘子」。

09033 曹?娘子 ·················· S04700
　〔陰家榮親客目〕　甲午年五月十五日　(994)
　　1)曹?友賓都頭·慈母

09034 曹常侍 ··················· S06417
　〔願文〕　(10C前期)
　　1)常侍

09035 曹淨忍 ··················· S02669
　〔管內尼寺(安國寺·大乘寺·聖光寺)籍〕
　(865～870)
　　2)安國寺?　3)莫高鄉　4)姓「曹」。俗名「媧娃」。

09036 曹遶愧 ···················· P4907
　〔淨土寺?儭破曆〕　辛卯年二月　(931?)
　　2)淨土寺?

09037 曹信盈 ···················· P2049v①
　〔淨土寺諸色入破曆計會牒〕　同光三年
　(925)

09038 曹信子 ···················· P3418v①
　〔□□鄉缺枝夫戶名目〕　(9C末～10C初)
　　3)〔効穀〕鄉?

09039 曹眞 ····················· Дx18290
　〔節義社轉帖〕　(8C～9C)

09040 曹神達 ··················· Дx02149в
　〔見納缺柴人名目〕　(10C)

09041 曹進員 ··················· P2032v①-4
　〔淨土寺粟入曆〕　(944前後)

09042 曹進玉 ··················· S00542v
　〔燉煌諸寺丁壯車牛役部〕　戊年六月十八日
　(818)
　　2)龍興寺

09043 曹進玉 ···················· S05822
　〔地子曆〕　寅年　(8C後期?)

09044 曹進興 ………………… S00542v
　〔燉煌諸寺丁壯車牛役部〕　戌年六月十八日
　(818)
　　2)龍興寺

09045 曹進々 ………………… S00542v
　〔燉煌諸寺丁壯車牛役部〕　戌年六月十八日
　(818)
　　2)龍興寺

09046 曹仁貴 ………………… P4638v⑨
　〔權知歸義軍節度兵馬留後守沙州長吏曹仁
　貴狀〕　八月十五日　(10C)
　　1)權知歸義軍節度兵馬留後守沙州長吏銀青光
　　祿大夫檢校吏部尚書兼御史大夫上柱國　3)沙
　　州

09047 (曹)仁德 ………… BD09332v(周53)
　〔己丑(年)正月十二日(曹)仁德妻亡納贈歷
　(稿)〕　己丑(年)正月十二日　(809? or 869?)

09048 曹(仁裕) ………………… S08665
　〔應管内外都指揮兼都押衙曹牒〕　正月四日
　(920～925頃)
　　1)應管内外都指揮兼都押衙　4)原作「應管内外
　　都指揮兼都押衙曹」。

09049 曹仁裕 ………………… S08683
　〔算會燉煌十一鄉及通頰退渾所收物〕　(10C
　初期)
　　1)應管内外諸司都指撝使知左馬步都衙

09050 曹仁裕 ………………… S11343
　〔獻酒狀〕　(10C初?)
　　1)衙内都押衙守玉門軍使銀青光祿大夫上柱國

09051 曹水官 ………………… P3165v
　〔某寺破麥歷(殘)〕　(丁卯／戊辰年)　(908?)
　　1)水官

09052 曹水官 ………………… P3763v
　〔淨土寺入破歷〕　(945前後)
　　1)水官　2)淨土寺

09053 曹清 ……………… BD09344(周65)
　〔諸色破歷〕　(9～10C)

09054 曹清忽 ………… BD15249v②(新1449)
　〔曹清忽貸帛生絹契(稿)〕　(9～10C)
　　1)百姓　3)洪池鄉　4)原作「洪池鄉百姓曹清
　　忽」。

09055 曹清?兒 ………………… P3721v③
　〔多至自斷官員名〕　己卯年十一月廿六日
　(979)

09056 曹?淸兒 ………………… S05750v
　〔曹淸兒申述龍家馬主追索狀〕　(9C末～10C前
　期)

09057 曹清淨 ………………… S06264
　〔戒牒〕　天興十二年正月八日　(961)
　　1)授戒弟子

09058 曹清奴 ………………… S01291
　〔便契〕　二月一日　(9C前期)
　　1)便種子豆麥人

09059 曹赤胡 ………………… Дx01451①
　〔曹赤胡還得黃麻歷〕　癸酉年九月十九日・甲戌
　年十月三日　(973 or 913 or 974 or 914)

09060 曹先玉 ……………… 北京歷史博物館
　〔便小麥契(草稿)〕　吐蕃丑年十二月廿八日
　(821?)
　　1)百姓

09061 曹全子 ………………… P3418v②
　〔燉煌鄉缺枝夫戶名目〕　(9C末～10C初)
　　3)燉煌鄉

09062 曹善 ………………… S05824v
　〔經坊費負担人名目〕　(8C末～9C前期)

09063 曹善意花 ………………… S02669
　〔管内尼寺(安國寺・大乘寺・聖光寺)籍〕
　(865～870)
　　2)大乘寺　3)赤心鄉　4)姓「曹」。俗名「含々」。

09064 曹善賢 ………………… S02669
　〔管内尼寺(安國寺・大乘寺・聖光寺)籍〕
　(865～870)
　　2)大乘寺　3)龍勒鄉　4)姓「曹」。俗名「逍遙」。

09065 曹善住 ………………… S06045
　〔便粟麥歷〕　丙午年正月三日　(946)

09066 曹善昌 ……… 杏・羽617(李盛鐸舊藏)
　〔孔子項託相問1卷(尾)末〕　天福八年十二月
　七日　(943)
　　1)孝郎　2)靈圖(寺)　4)原作「維大晉天福八歲
　　次癸卯十二月七日,靈圖孝郎曹善昌寫過之耳書
　　手」。

09067 曹善僧 ················ 莫第192窟
　〔供養人題記〕（9C中期）
　　1)錄事　4)原作「…大朝社官朱再靖錄事曹善僧」等。東壁門口上方。《燉》p.85。《謝》p.376。

09068 曹善達 ················ S04920
　〔書簡(雜寫)〕　長興二年（931）
　　1)押衙

09069 曹僧宜 ················ P4974
　〔神力牒〕　天復年（936～943）
　　4)原作「故曹僧宜」。

09070 曹僧政 ········ BD09095v①(陶16)
　〔釋門僧政轉帖〕　某月七日（10C）
　　1)僧政　4)R面爲「般若波羅蜜多心經」(尾題)，「靈圖寺沙門大德閻僧戒弁一心供養」。V面②爲「五台山讚」。

09071 曹僧政 ········ BD09472v①～③(發92)
　〔龍興寺索僧正等五十八人就唐家蘭若請賓頭廬文〕（8～9C）
　　1)僧政　2)開元(寺)　3)沙州

09072 曹僧政 ················ P4660④
　〔管內都僧政賜紫沙門故曹僧政邈眞讚〕　中和三年歲次癸卯五月廿日（883）
　　1)僧政管內都僧政賜紫沙門　4)原作「河西都僧統悟眞撰恒安書」。

09073 曹僧政? ·············· S11601
　〔諸寺僧名目〕（10C?）
　　1)僧政?

09074 曹僧政 ·········· 浙燉116(浙博091)②
　〔某寺修赤岸窟圈堂人夫粮用破曆〕　六月廿一日（9C中期）
　　1)僧政

09075 曹僧政和尙 ······· BD14093(新0293)
　〔淨名經集解關中疏卷下(2行尾題)〕（8～9C）
　　1)和尙　2)靈圖寺

09076 曹僧正 ················ P3037
　〔社司轉帖〕　庚寅年正月三日（990）
　　1)僧正　2)大悲寺門前

09077 曹僧正 ················ P3942
　〔某家榮親客目〕（10C?）
　　1)僧正　2)金光寺

09078 曹僧正 ················ S03189
　〔轉經文〕　癸未年十月一日（983）
　　1)僧正

09079 曹僧正 ················ S05039
　〔某寺諸色破曆〕（10C後期）
　　1)僧正

09080 曹僧統 ················ S06330
　〔破曆〕（10C中期）
　　1)僧統

09081 曹倉曹 ·········· 西域文獻遺珍(圖207)
　〔入破曆(殘1行)〕（9～10C）
　　1)倉曹

09082 (曹)宗守 ·············· S11530
　〔雜寫〕（11C初）

09083 (曹)宗壽?〔守?〕 ······· S11530v
　〔雜寫〕（11C初）

09084 曹宗壽 ················ Φ032①
　〔施入報恩寺疏〕　大宋咸平五年壬寅歲七月十五日（1002）
　　1)燉煌王　4)⇒曹公。

09085 曹?相公 ·············· S03880①
　〔二十四節氣詩(末)〕　甲辰年夏月上旬（944?）
　　4)原作「元相公撰」。

09086 曹太保 ·············· S05139v①
　〔涼州節院使押衙劉少晏狀(寫錄)〕　乙酉年六月日（925?）
　　1)太保

09087 曹大王 ················ P3556④
　〔故大乘寺法律尼臨壇賜紫大德沙門乞邈眞讚幷序〕（10C?）
　　1)前河西十州節度使・大王　4)原作「曹大王之姪女」。

09088 曹大王夫人 ············· P4638v⑬
　〔寫錄〕（10C）
　　1)前河西十一州節度使大王夫人　4)原作「曹大王之姪女」。

09089 曹大行 ·············· S03877v③
　〔換舍地契〕　天復二年壬戌十三日（902）
　　1)百姓　3)赤心鄉

09090 曹宅官 ················· S05465②-2
　〔社關係破曆〕　庚辰年三月十四日　(980)
　　1)宅官

09091 曹達悝 ················· S02894v⑤
　〔社司轉帖〕　(10C後期)

09092 曹段ゝ ················· P2842piece4
　〔渠?人?轉帖〕　五月廿八?日　(9C中期)

09093 曹知盈 ················· P3370
　〔出便麥粟曆〕　丙子年六月五日　(928)
　　1)兵馬使

09094 曹丑子 ················· P2953v
　〔便麥豆本曆〕　(10C)

09095 曹丑奴 ················· P3721v②
　〔兄(見)在巡禮都官都頭名牒〕　庚辰年正月十五日　(980)

09096 曹忠受 ················· Дx01328
　〔高昌田苗曆〕　建中三年三月廿七日　(782)
　　1)高?昌人

09097 曹忠□? ·········· Дx01355+Дx03130
　〔洛晟ゝ賣薗舍契〕　(9C後期)
　　1)見人

09098 曹虫?ゝ ················· P2738v
　〔社司轉帖(寫錄)〕　八月廿九日　(9C後期)

09099 曹寵眞 ················· S02669
　〔管内尼寺(安國寺・大乘寺・聖光寺)籍〕　(865〜870)
　　2)安國寺？　3)慈惠鄉　4)尼名「勝眞」。

09100 曹長寶? ················ 有鄰館56
　〔城下諸色碩㪷牛等入破歷〕　自戌年至子年　(9C前期)

09101 曹通玄 ················· 莫第098窟
　〔供養人題記〕　(10C中期)
　　1)節度押衙知左厢子弟虞候銀青光祿大夫檢校太子賓客兼監察御史　4)西壁,《燉》p.45。

09102 曹通子 ················· S03048
　〔東界羊籍〕　丙辰年　(956)
　　1)牧羊人

09103 曹通順 ················· P3721v③
　〔多至自斷官員名〕　己卯年十一月廿六日　(979)

09104 曹定安 ················· P2155③
　〔合領馳馬牛羊皮曆〕　(10C)
　　4)原作「曹定安群」。

09105 曹定安 ············ P.tib.119 CHI.002／A
　〔牧羊憑〕　甲申年二月十一日　(924?)
　　1)牧羊人

09106 曹定昌 ················· P3288piece1
　〔佛現齋造饆饠人名目〕　(10C)
　　1)都頭

09107 曹定昌 ················· S04121
　〔陰家榮親客目〕　甲午年五月十五日　(994)
　　1)都頭

09108 曹定昌都頭小娘子 ············ S04121
　〔陰家榮親客目〕　甲午年五月十五日　(994)

09109 曹定千 ················· P4606v
　〔納粟人名目〕　(9C)
　　4)R面爲「二月八日文」。

09110 曹定ゝ ················· P3249v
　〔將龍光顏等隊下人名目〕　(9C中期)

09111 曹定德 ················· P3556v②
　〔押衙曹保昇牒〕　顯德六年十二月　(959)
　　1)(保昇)弟

09112 曹定德 ················· Дx18936v
　〔龍興寺戒果等會計文書〕　乙酉年正月一日　(925?)
　　2)大雲寺

09113 曹定富 ················· 舊P5529
　〔入破曆〕　壬申年六月廿四日　(972?)

09114 曹定祐 ················· S04703
　〔買菜人名目〕　丁亥年　(987)

09115 曹庭保 ················· S00542v
　〔燉煌諸寺丁壯車牛役部〕　戌年六月十八日　(818)
　　2)大乘寺

09116 曹庭保妻 ················· S00542v
　〔燉煌諸寺丁壯車牛役部〕　戌年六月十八日　(818)
　　2)大乘寺

09117 曹庭寶 ……………… S00542v
〔燉煌諸寺丁壯車牛役部〕 戌年六月十八日
(818)
　　2)大乘寺

09118 曹貞順 ……………… S00542v
〔燉煌諸寺丁壯車牛役部〕 戌年六月十八日
(818)

09119 曹天德 ……………… P3249v
〔將龍光顏等隊下人名目〕 (9C中期)

09120 曹都衙 ……………… P3875B
〔某寺修造諸色破曆〕 丙子年八月廿七日
(916 or 976?)
　　1)都衙　2)某寺

09121 曹都知 ……………… P3440
〔見納賀天子物色人名〕 丙申年三月十六日
(996)
　　1)都知

09122 曹都知 ……………… S08445＋S08446＋S08468
〔羊司於紫亭得羊名目〕 丙午年三月九日
(946)
　　1)都知　4)原作「大曹都知」。

09123 曹都頭 ……………… BD11988（L2117）
〔某寺常住物檢曆〕 (10C)
　　1)都頭

09124 曹都頭 ……………… P2641v④
〔莫高窟再修功德記〕 去戊申歲末發其心願至己酉歲 (948〜949)
　　1)都頭

09125 曹都頭 ……………… P3727
〔常樂縣令羅眞定狀上〕 十一月日 (10C中期)
　　1)都頭・軍事都知

09126 曹都頭 ……………… P4525⑧
〔都頭及音聲等都共地畝細目〕 (980頃)
　　1)都頭

09127 曹都頭 ……………… S04121
〔陰家榮親客目〕 甲午年五月十五日 (994)
　　1)都頭　4)原作「曹順興都頭弟」。

09128 曹都頭 ……………… Дx01428
〔某寺諸色斛㪷破曆〕 (10C中期)
　　4)原作「布三尺曹都頭娘子亡弔孝張僧統用」。

09129 曹都頭 ……………… 杏・羽172v②
〔沙州阿耶等諸親信書(殘)〕 (10C?)
　　1)都頭

09130 曹都頭 ……………… 燉研322
〔臘八燃燈分配窟龕名數〕 辛亥年十二月七日 (951)
　　1)都頭

09131 曹都頭娘子 ……………… Дx01428
〔某寺諸色斛㪷破曆〕 (10C中期)
　　4)原作「布三尺曹都頭娘子亡弔孝張僧統用」。

09132 曹奴子 ……………… S05760
〔社人官齊納蘇油麥等帖〕 七月廿一日 (9C前期)

09133 曹道珪? ……………… P3249v
〔將龍光顏等隊下人名目〕 (9C中期)

09134 曹曇恩 ……………… S06829v
〔修造破曆〕 丙戌年 (806)

09135 曹二娘 ……………… P3047v⑥
〔諸人諸色施入曆〕 (9C前期)

09136 曹日新 ……………… S06101
〔齋曆〕 (10C)
　　4)原作「曹日新寫」。

09137 曹日新 ……………… Φ224
〔大般若波羅蜜多經卷第277(末)〕 (9C前半)
　　4)原作「曹日新寫第一校第二校法緣第三□□勘了」。

09138 曹日新 ……………… Φ244
〔大般若波羅蜜多經卷第277(末)〕 (9C前期)
　　4)原作「曹日新寫第一校第二校法緣第三□□勘了」。

09139 曹寧兒 ……………… P4063
〔官建轉帖〕 丙寅年四月十六日 (966)

09140 曹寧々 ……………… Дx00012② pieces
〔[宋?]安寧等三家田土簿〕 (10C後期)

09141 (曹)能定 ……………… P3167v
〔安國寺道場司關于(五尼寺)沙彌戒訴狀〕
乾寧二年三月 (895)
　　2)大乘寺

09142　曹波星 ………………… S06066
〔社司轉帖〕　壬辰年四月廿二日　(992)
　　2)乾明寺

09143　曹婆 ………………… BD01826(秋26)
〔便麥粟曆〕　辛亥年?　(891 or 951)
　　4)原作「南巷曹婆」。

09144　曹婆 ………………… BD16044$_{Av}$(L4027)
〔便麥粟曆〕　辛亥年　(891?)

09145　曹婆南巷 ………… BD01826(秋26)
〔便麥粟曆〕　辛亥年?　(891 or 951)
　　4)金光明經背面貼付。

09146　曹莫分 ………………… S00542v
〔燉煌諸寺丁壯車牛役簿〕　戌年六月十八日 (818)
　　2)龍興寺

09147　曹捌 ………………… S00542v
〔燉煌諸寺丁壯車牛役簿〕　戌年六月十八日 (818)
　　2)永安寺

09148　曹判官 ………………… P.tib2204v
〔雜寫〕　子年十一月　(9C前期)
　　1)判官

09149　曹判ミ ………………… S02669
〔管内尼寺(安國寺・大乘寺・聖光寺)籍〕 (865〜870)
　　2)大乘寺　3)龍勒鄉　4)曹判ミ=尼德淨花。

09150　曹汜仵 ………………… P3249v
〔將龍光顏等隊下人名目〕　(9C中期)

09151　曹賓慶 ………………… 莫第192窟
〔供養人題記〕　(11C初期)
　　1)社子…殿中監　4)原作「社子…殿中監曹賓慶一心供養」。北壁。《燉》p.84。

09152　曹不子 ………………… S04121
〔陰家榮親客目〕　甲午年五月十五日　(994)
　　1)都頭

09153　曹富員 ………………… P4975r.v
〔沈家納贈曆〕　辛未年三月八日　(971)
　　2)淨土寺

09154　曹富盈 ………………… P2504$_{piece1}$
〔龍勒鄉百姓曹富盈買賣訴狀〕　(10C中期頃)
　　1)百姓　3)龍勒鄉　4)原作「龍勒鄉百姓曹富盈」。

09155　曹富住 ………………… P2032$_{v⑰}$-5
〔淨土寺諸色入曆〕　(940前後)
　　2)淨土寺

09156　曹富住 ………………… P3234$_{v⑮}$
〔淨土寺西倉豆利潤入曆〕　(940年代?)
　　2)淨土寺

09157　曹富千 ………………… P3288$_{piece1}$
〔佛現齋造饊餅人名目〕　(10C)
　　1)都頭

09158　曹?富達 ………………… Дx06695
〔諸人便(領)粟曆〕　(10C前中期)

09159　曹富定 ………………… P3231①
〔平康鄉官齋曆〕　癸酉年五月　(973)
　　3)平康鄉

09160　曹富定 ………………… P3231②
〔平康鄉官齋曆〕　癸酉年九月卅日　(973)
　　3)平康鄉

09161　曹富定 ………………… P3231④
〔平康鄉官齋曆〕　甲戌年十月十五日　(974)
　　3)平康鄉

09162　曹富定 ………………… P3231⑤
〔平康鄉官齋曆〕　囗亥年五月十五日　(975)
　　3)平康鄉

09163　曹富定 ………………… P3231⑥
〔平康鄉官齋曆〕　乙亥年九月廿九日　(975)
　　3)平康鄉

09164　曹富定 ………………… P3231v⑥
〔平康鄉官齋曆〕　丙子年十月十一日　(976?)
　　3)平康鄉

09165　曹富得 ………………… P4063
〔官建轉帖〕　丙寅年四月十六日　(966)

09166　曹富德 ………………… P2629
〔官破曆〕　九月十八日　(10C中期)

09167 曹普畏 ·················· S02729①
〔燉煌應管勘牌子歷〕 辰年三月 (788)
  1)僧 2)普光寺 3)沙州 4)44行目。

09168 曹福善 ·················· P3249v
〔將龍光顏等隊下人名目〕 (9C中期)

09169 曹弗昏支 ················ S00542v①
〔燉煌諸寺丁壯車牛役部〕 (818)
  2)大雲寺

09170 曹佛奴 ·················· P2877v
〔行人轉帖〕 乙丑年正月十六日 (962)
  1)行人

09171 曹粉堆 ······ Дx01311v＋Дx05741v＋
Дx05808＋Дx09818v
〔滿月文願文・行間雜寫〕 (10C?)
  4)R面爲「某寺破曆」(850-60年代)。

09172 曹粉德 ·················· Дx02149B
〔見納缺柴人名目〕 (10C)
  1)烽子

09173 曹糞塠 ·················· P3249v
〔將龍光顏等隊下人名目〕 (9C中期)

09174 曹文君 ·················· P3167v
〔安國寺道場司關于(五尼寺)沙彌戒訴狀〕
乾寧二年三月 (895)
  2)安國寺?,普光寺?

09175 曹文君 ·················· P3418v④
〔龍勒鄉缺枝夫戶名目〕 (9C末～10C初)
  3)龍勒鄉

09176 曹文子 ·················· P2680v⑦
〔社司轉帖(殘)〕 丙申年四月廿六日 (936)

09177 曹文殊 ·················· S06806v
〔人名目(殘)〕 (10C中期頃)

09178 曹文達 ·················· P2040v③-2
〔淨土寺西倉粟利入曆〕 己亥年 (939)
  2)淨土寺

09179 曹文達 ·················· P2049v②
〔淨土寺諸色入破曆計會牒〕 長興二年正月
(930～931)

09180 曹文達 ·················· P3418v⑦
〔慈惠鄉缺枝夫戶名目〕 (9C末～10C初)
  3)慈惠鄉

09181 曹文德 ·················· P2032v⑯-4
〔淨土寺粟利閏入曆〕 (940前後)
  2)淨土寺

09182 曹文德 ·················· P2040v③-2
〔淨土寺西倉粟利入曆〕 己亥年 (939)
  2)淨土寺

09183 曹保慶 ·················· P2932
〔出便豆曆〕 乙丑年二月二日 (965?)
  3)神沙鄉

09184 曹保瑩? ················· P4635②
〔社家女人便麵油曆〕 [ ]月七日 (10C中期)

09185 曹保昇 ·················· P3556v②
〔押衙曹保昇牒〕 顯德六年十二月 (959)
  1)押衙

09186 曹保遂 ·················· P3240①
〔配經曆〕 壬寅年六月廿一日 (1002)
  1)押衙

09187 曹保晟 ·················· P2049v②
〔淨土寺諸色入破曆計會牒〕 長興二年正月
(930～931)

09188 曹保晟 ·················· P3370
〔出便麥粟曆〕 丙子年六月五日 (928)
  1)口承人 3)莫高鄉

09189 曹保盛 ·················· P2049v①
〔淨土寺諸色入破曆計會牒〕 同光三年
(925)

09190 曹保忠 ·················· P3418v⑤
〔某鄉缺枝夫戶名目〕 (9C末～10C初)
  1)押衙

09191 曹保通 ·················· P2817v
〔社司轉帖及便絹契等(殘)〕 (10C)

09192 曹保定 ·················· P3556v②
〔押衙曹保昇牒〕 顯德六年十二月 (959)
  1)(保昇)弟

09193 曹保定 ·················· S03982
〔月次人名目〕 癸亥年十二月 (963)

09194 曹保奴 ·················· P3145
〔社司轉帖〕 戊子年閏五月 (988?)

09195 曹保德 ···················· S02228①
〔絲綿部落夫丁修城使役簿〕 亥年六月十五日 (819)
1)(右六) 3)絲綿部落 4)首行作「亥年六月十五日州城所,絲綿」。末行作「亥年六月十五日畢功」。

09196 曹保〻 ················ BD09318B(周39)
〔莫高鄉戶口人戶付物歷〕 (946)

09197 曹保〻 ···················· P4640v
〔官入破歷〕 辛酉?年八月廿九日 (901?)

09198 曹奉進 ···················· S00542v
〔燉煌諸寺丁壯車牛役部〕 戌年六月十八日 (818)
2)龍興寺

09199 曹寶〻 ···················· S11454E
〔收蘇算會簿〕 戌年・亥年 (794・795)

09200 曹寶〻 ···················· S11454G
〔白殺羯等算會簿〕 從酉年四月十五日至亥年閏八月五日 (793〜795)
1)左三

09201 曹法進 ···················· P3047v⑧
〔王都督儭合城僧徒名錄〕 (9C前期)
4)僧名「法進」。

09202 曹法律 ···················· P3240②
〔付㤅歷〕 壬寅年七月十六日 (1002)
1)法律

09203 曹法律 ···················· P3556v⑦
〔道場思惟簿〕 (10C)
1)法律

09204 曹法律 ···················· P4981
〔當寺轉帖〕 閏三月十三日 (961)
1)法律

09205 曹法律 ···················· S01776②
〔某寺常住什物交割點檢歷〕 顯德五年戊午十一月十三日 (958)
1)法律

09206 曹法律 ···················· S04687r.v
〔佛會破歷〕 (9C末〜10C前期)
1)法律

09207 曹法律 ···················· Дx06528
〔某寺麥粟破歷〕 (10C)
1)法律

09208 曹法律 ···················· Дx06621
〔第四度交勘缺字人〕 (10C後期?)
1)法律

09209 曹法(律) ···················· Дx10283v
〔雜寫〕 (10C)
1)法(律) 4)R面爲「佛典」(6C頃)。

09210 曹法律尼 ···················· P3556③
〔陳法巖和尙邈眞讚〕 (10C)
1)法律尼賜紫大德沙門・(曹大王)姪 2)大乘寺

09211 曹法律尼 ···················· P3556④
〔故大乘寺法律尼臨壇賜紫大德沙門乞邈眞讚并序〕 (10C?)
1)法律尼法律尼臨壇賜紫大德沙門 2)大乘寺

09212 曹某 ···················· Stein Painting 206
〔短册紙(習書)〕 (9C)

09213 曹万成 ···················· P3569v③
〔押衙陰季豐牒〕 光啓三年四月 (887)
1)涼州使

09214 曹滿奴 ···················· P2856v②
〔副僧統下燉煌敎團諸寺百姓輸納粗草抄錄〕 景福二年癸丑歲十月十一日 (893)
1)中團(担當) 2)大雲寺

09215 曹妙令 ···················· P3290②
〔宋沙州人戶別都受田申請計帳(寫錄)〕 至道元年乙未歲正月一日 (995)

09216 曹茂晟 ···················· S01475v④
〔便契〕 酉年三月一日 (829)
1)百姓・便豆人 3)下部落

09217 曹友子 ···················· P2817v
〔社司轉帖及辛巳年便絹契(殘)〕 辛巳年 (981?)

09218 曹友子 ···················· P3236v
〔燉煌鄉官布籍〕 壬申年三月十九日 (972)
3)燉煌鄉

09219 曹友實 ···················· P3721v②
〔兄(見)在巡禮都官都頭名牒〕 庚辰年正月十五日 (980)

09220 曹友住 ················ BD05914v（重14）
　〔金剛般若波羅蜜經（紙背有雜寫）〕 （8C）

09221 曹?友順 ················ S04700
　〔陰家榮親客目〕 甲午年五月十五日 （994）
　　1）都頭

09222 曹友昌 ················ P3721v②
　〔兄（見）在巡禮都官都頭名牒〕 庚辰年正月
　十五日 （980）

09223 曹?友崇 ················ S04700
　〔陰家榮親客目〕 甲午年五月十五日 （994）
　　1）都頭

09224 曹?友仙 ················ S04700
　〔陰家榮親客目〕 甲午年五月十五日 （994）
　　1）都頭

09225 曹友仙娘子 ············· S04700
　〔陰家榮親客目〕 甲午年五月十五日 （994）

09226 曹友宗 ················ P3721v②
　〔兄（見）在巡禮都官都頭名牒〕 庚辰年正月
　十五日 （980）

09227 曹?友賓 ················ S04700
　〔陰家榮親客目〕 甲午年五月十五日 （994）
　　1）都頭

09228 曹游弈 ················ P3816v
　〔人名目〕 （10C）

09229 曹祐昌 ················ P3721v③
　〔冬至自斷官員名〕 己卯年十一月廿六日
　（979）

09230 曹祐崇 ················ S00289③
　〔李存惠墓誌銘并序〕 太平興國五年庚辰歲二
　月三日 （980）
　　1）都頭李存惠外弟

09231 曹離名 ················ S02729①
　〔燉煌應管勘牌子歷〕 辰年三月 （788）
　　1）僧 2）靈圖寺 3）沙州 4）13行目。

09232 曹流德 ················ S05728
　〔酒戶曹流德支酒狀〕 壬申年五月日 （912）
　　1）酒戶

09233 曹留住 ················ P2049v①
　〔淨土寺諸色入破曆計會牒〕 同光三年
　（925）

09234 曹留住 ················ P3418v①
　〔□□鄉缺枝夫戶名目〕 （9C末～10C初）
　　3）□□鄉 4）⇒曹（曲?）住。

09235 曹留信 ················ P2049v②
　〔淨土寺諸色入破曆計會牒〕 長興二年正月
　（930～931）

09236 曹留德 ················ P5021D
　〔付物曆〕 （9C末～10C初）

09237 曹良進 ················ Дx02264
　〔押衙朗神達狀帖〕 （900前後）
　　1）押衙

09238 曹老宿 ················ P3391v①
　〔社司轉帖（寫錄）〕 丁酉年正月日 （937）
　　1）老宿

09239 曹老宿 ················ S01653v
　〔付麵曆佛會支出簿〕 （10C）
　　1）老宿

09240 曹郎 ················ S02242
　〔親情社轉帖〕 七月三日 （10C）
　　1）郎

09241 曹郎 ················ S05632①
　〔親情社轉帖〕 丁卯年二月八日 （967）
　　1）郎 4）原作「大曹郎」。

09242 曹郎 ················ S05632①
　〔親情社轉帖〕 丁卯年二月八日 （967）
　　1）郎 2）顯德寺門

09243 曹郎 ················ S08448A
　〔紫亭羊數名目〕 辛亥年正月十七日 （951）
　　1）郎

09244 曹郎 ················ Дx01439
　〔親情社轉帖〕 丙戌年九月十九日 （986?）
　　1）郎 2）報恩寺

09245 曹?郎君 ················ S04700
　〔陰家榮親客目〕 甲午年五月十五日 （994）
　　1）郎君

09246 曹錄司〔事〕 ·········· BD09325（周46）
　〔社司轉帖〕 □子?年七月十四日 （10C後期）
　　1）錄司（事） 4）原作「司（事）曹」。

09247 曹和盈 ……………… P2032v⑯-4
〔淨土寺粟利閏入曆〕（940前後）
　2)淨土寺

09248 曹和盈 ……………… P2040v②-30
〔淨土寺布入曆〕（945以降）
　2)淨土寺

09249 曹和盈 ……………… P2708bn
〔社子名目〕（10C中期）

09250 曹和子 ……………… P3698v
〔雜寫〕　天福四年頃（939）

09251 曹和尙 ……………… P2079
〔淨名經關中釋抄卷上（末）〕　壬辰年正月一日
～至二月廿三日（872）
　1)河西管內都僧政京城進論朝天賜紫大德　2)
　開元寺　4)曹和尙就開元寺爲城埠禳災講維摩
　經,…。

09252 曹和尙 ……………… P2838
〔安國寺上座比丘尼躰圓等入破曆計會牒幷
判辭〕　中和四年（884）
　4)遷化。

09253 曹和尙 ……………… 杏・羽734r.v
〔瑜伽師地義注釋〕（9C?）
　1)和尙　4)第3紙末端餘白有別筆「曹和尙」3字。

09254 曹和通 ……………… 舊P5529
〔入破曆〕　壬申年六月廿四日（972?）

09255 曹□ ……………… BD09174（陶95）
〔雜寫(6行)〕（10C）

09256 曹?□ ……………… BD14806③（新1006）
〔歸義軍官府貸油麵曆〕　庚午年?八月?十四
日（970?）
　1)旋匠　3)西州　4)原作「西州旋匠曹□」。

09257 曹□ ……………… BD15412（簡068075）2
〔趙元亮等殘名目〕（9〜10C）

09258 曹□〔花押〕 ……………… P4525v⑨
〔歸義軍節度使曹□狀〕（980頃）

09259 曹□達 ……………… 莫第098窟
〔供養人題記〕（10C中期）
　1)節度押衙銀靑光祿大夫檢校國子祭酒兼御史
　中丞上柱國　4)南壁。《燉》p.42。《謝》p.92。⇒曾
　盈達。

09260 曹□□ ……………… P3239
〔勅歸義軍節度兵馬留後使牒(首題)〕　甲戌
季十月十八日（914）
　1)使檢校吏部尙書兼御史大夫

09261 曹□□ ……………… P3691piece1
〔社司轉帖(社人名目)〕　戊午年九月十一日
（958）

09262 曹□□ ……………… Дx10287②
〔牒〕　廣順四年八月日（954）
　1)歸義軍節度觀察留後…譙縣開國男

09263 曹□□ ……………… 莫第108窟
〔供養人題記〕（10C中期）
　1)故兄歸義軍節度使應管內二州六鎭馬步軍諸
　司都管將使檢校司空兼御史大夫上柱國　4)甬
　道北壁。《燉》p.51。《謝》p.82。

09264 曹□ ……………… S08426③
〔使府酒破曆〕（10C中〜後期）

09265 曹□ ……………… S08426c
〔使府酒破曆〕（10C中〜後期）

09266 曹□ ……………… Дx02149в
〔見納缺柴人名目〕（10C）

09267 曹□ ……………… 楡第36窟
〔供養人題記〕（10C末期）
　1)□□軍節度押衙銀靑光祿大夫太子賓客兼太
　□　4)東壁。《謝》p.490。

09268 曹 ……………… BD05673v④（李73）
〔行人轉帖(寫錄)〕　今月十二日（9C末）

09269 曹 ……………… BD10773v②（L0902）
〔某寺殘曆〕（9C）

09270 曹 ……………… P2638
〔儭司破曆〕　癸巳〜丙申年（933〜936）
　1)大王・僕射

09271 曹 ……………… P2680v⑥
〔社司轉帖〕　六月廿三日（10C中期）
　1)押衙　4)原作「押衙曹」。

09272 曹 ……………… P2736v
〔勅歸義軍節度使(曹延祿)牒(寫錄)〕（10C
後期）
　4)牒文中有「況戒松每遊曹店」等文。

09273 曹 ·················· P2736v
〔勅歸義軍節度使(曹延祿)牒(寫錄)〕（10C後期）
　1）勅歸義軍節度瓜沙等州觀察處置管內營押蕃落等使特進檢校太師兼中書令譙郡開國公食邑一千五百戶食實封七百戶燉煌郡王　4）牒文中有「況戒松每遊曹店」等文。

09274 曹 ·················· P2992v①
〔歸義軍節度兵馬留後使曹(元深)牒〕　天福十年乙巳月二月（945以前）
　1）歸義軍節度兵馬留後使檢校司徒兼御大夫

09275 曹 ·················· S01519①
〔破曆〕（890?）
　1）縣令

09276 曹 ·················· S05632①
〔親情社轉帖〕丁卯年二月八日（967）
　4）原作「小曹」。

09277 曹 ·················· S05952v
〔破曆〕長興三年八月十六日（932）
　1）檢校左僕射兼御史大夫

09278 曹 ·················· S05952v①
〔曹祈福疏?〕長興三年四月十六日（932）
　1）弟子檢校左僕射兼御史大夫　4）本件所記曹氏依榮新江考證，爲曹良才(曹議金之兄)。

09279 曹 ·················· S08516C4
〔新鄉鎮口承人名目〕廣順三年十一月十九日（954）
　1）使光祿大夫檢校太保兼御史大夫歸義軍節度使

09280 曹 ·········· 臺灣中央圖書館08755v
〔延德書狀等雜寫〕（10C?）
　1）勅歸義軍節度留後使檢校司空兼御史大夫

09281 曾盈達 ·············· 莫第098窟
〔供養人題記〕（10C中期）
　1）節度押衙銀青光祿大夫檢校國子祭酒御史中丞上柱國　4）南壁。《燉》p.42。《謝》p.92。⇒曹□達。

09282 曾捷 ·········· BD16085A(L4052)
〔酒等破曆〕壬申年三月一日（972?）

09283 桑阿戀 ·············· S02894v⑤
〔社司轉帖〕（10C後期）

09284 桑盈君 ·············· Дх11200
〔渠人轉帖〕（10C前後）
　1）闍梨

09285 桑住兒 ········· BD15404(簡068066)
〔千渠中下界白刺頭名目〕（10C中期）
　1）白刺頭　3）千渠中界

09286 桑小安 ·············· S11213G
〔配付人名目〕（946）

09287 桑□彼單 ············· P3418v①
〔□□鄉缺枝夫戶名目〕（9C末〜10C初）

09288 湊篁子 ·············· P2032v⑫
〔淨土寺諸色破曆〕（940前後）
　2）淨土寺

09289 漕家 ·················· 有鄰館56
〔城下諸色碩斜牛等入破歷〕自戌年至子年（9C前期）
　4）原作「漕審家」。

09290 相里漢 ·············· S00542v
〔燉煌諸寺丁壯車牛役部〕戌年六月十八日（818）
　2）金光明寺

09291 遭延祿 ·············· 莫第061窟
〔供養人題記〕（10C末期）
　1）新受太傳　4）原作「大朝大于闐天冊皇帝第三女天公主李氏爲新受太傳遭延祿姬供養」。東壁門北側。《謝》p.133。

09292 雙搔 ·············· P3234v③-17
〔惠安惠戒手下便物曆〕甲辰年（944）

09293 雙富奴 ·············· P3418v④
〔龍勒鄉缺枝夫戶名目〕（9C末〜10C初）
　3）龍勒鄉

09294 雙佛住 ·············· P5032v①
〔社司轉帖〕戊午年六月十八日（958）

09295 雙佛?奴 ·············· P3418v④
〔龍勒鄉缺枝夫戶名目〕（9C末〜10C初）
　3）龍勒鄉

09296 雙佛德 ·············· S02894v⑤
〔社司轉帖〕（10C後期）
　1）佛德

09297 雙文惠 ･････････････････ P3372v
〔社司轉帖并雜抄〕 壬申年 (972)

09298 速丁公主 ･････････････ P2641
〔宴設司文書〕 丁未年六月 (947)
　1)公主

09299 孫安德 ･･････････ BD16137A(L4072)
〔付物歷〕 (9〜10C)
　1)阿娘

09300 孫惟興 ･････････････ S06233v②
〔礦戶計會〕 (9C前期)
　1)礦戶

09301 孫惟濟 ･･･････････････ S02729①
〔燉煌應管勘牌子歷〕 辰年三月 (788)
　1)僧 3)沙州・潘原堡 4)26行目。⇒惟濟。

09302 孫員?祐 ･････････････ P3691piece1
〔社司轉帖(社人名目)〕 戊午年九月十一日
(958)

09303 孫雨共 ･･･････････････ Дx01374
〔便麥契〕 (9C前期)

09304 孫?榮子 ･･････････････ P5579⑯
〔得度者人名錄〕 巳年〜酉年 (813〜817 or
825〜829)

09305 孫英岳 ･･･････････････ 莫第205窟
〔供養人題記〕 (8C後期)
　1)社人 4)西壁。《燉》p. 95。

09306 孫英興? ････････････････ S05824v
〔經坊費負担人名目〕 (8C末〜9C前期)

09307 孫延子 ･･･････････････ P2049v①
〔淨土寺諸色入破曆計會牒〕 同光三年
(925)

09308 孫延太? ･･････････････ P3234v⑮
〔淨土寺西倉豆利潤入曆〕 (940年代?)
　2)淨土寺

09309 孫延滔 ･･････････････ S04571v②
〔孫延滔謝僧吊儀狀〕 三月 (9C後期〜10C?)
　1)隨使宅案孔目官

09310 孫延福 ･･････････････ P3234v⑧
〔某寺西倉豆破曆〕 (940年代)

09311 孫延友 ････････････ P2032v⑯-4
〔淨土寺粟利閏入曆〕 (940前後)
　2)淨土寺

09312 孫?應員 ･･･････････ Дx04278
〔十一鄉諸人付麵數〕 乙亥年四月十一(日)
(915? or 975)
　3)効穀鄉

09313 孫灰子 ･･･････････ P5032v③
〔渠人轉帖〕 戊午年六月六日 (958)

09314 孫灰子 ･･･････････ P5032v⑤
〔渠人?轉帖(殘)〕 (10C中期)

09315 孫擖搥 ････････････ P2032v⑯-4
〔淨土寺粟利閏入曆〕 (940前後)
　2)淨土寺

09316 孫擖搥 ････････････ P2040v②-5
〔淨土寺西倉粟入曆〕 (945以降)
　2)淨土寺

09317 孫擖搥 ･･････････････ P3234v⑮
〔淨土寺西倉豆利潤入曆〕 (940年代?)
　2)淨土寺

09318 孫願奴 ････････････････ P2964
〔康悉杓家令狐善奴便刈價麥契〕 巳年二月十
日 (837?)
　2)龍興寺 4)25歲。

09319 孫義成 ･･････････････ P5032v②
〔酒破曆〕 丁巳年九月廿五日 (957)

09320 孫義成 ･･････････････ S04472v
〔納贈曆〕 辛酉年十一月廿日 (961)

09321 孫景華 ････････････････ P2614v
〔尚饗文〕 甲辰年(正)月(辛亥)朔二日壬子
(824)

09322 孫景?平? ･･････････････ S05824v
〔經坊費負担人名目〕 (8C末〜9C前期)

09323 孫公子 ･･････････････ P3047v⑥
〔諸人諸色施入曆〕 (9C前期)

09324 孫興晟 ･･････････ 臺灣中央圖書館08780
〔小鈔〕 乾符貳年四月十七日 (875)
　1)納色判官

09325 孫骨崙 ·················· Дx01408
〔効穀鄉百姓康滿奴等地畝曆〕 （9C末）
　3)効穀鄉

09326 孫再山? ················· Дx03946
〔請田地簿〕 （10C?）

09327 孫氏 ···················· 莫第191窟
〔供養人題記〕 （9C前期）
　4)原作「亡母孫氏一心供養」。《燉》p.90。《Pn》。

09328 孫寺主 ···················· P3638
〔沙彌善勝點檢常住什物見在曆〕 辛未年
（911）
　1)寺主

09329 孫寺主 ················· P4958piece1
〔納贈曆〕 （10C前期）
　1)寺主

09330 孫寺主 ················· P4958piece3
〔當寺轉帖(殘)〕 （10C前期）
　1)寺主

09331 孫寺主 ···················· S09927
〔貸便粟黃麻曆〕 （10C前期?）

09332 孫闍梨 ················· P3764piece1
〔社司轉帖〕 乙亥年九月十六日 （915）
　1)闍梨

09333 孫醜子 ············ Stein Painting 54
〔觀世音菩薩圖像題記〕 太平興國八年七月
十七日 （983）

09334 (孫)醜兒 ··········· Stein Painting 54
〔觀世音菩薩圖像題記〕 太平興國八年七月
十七日 （983）

09335 孫醜𤞤 ············ Stein Painting 54
〔觀世音菩薩圖像題記〕 太平興國八年七月
十七日 （983）

09336 (孫)醜定 ··········· Stein Painting 54
〔觀世音菩薩圖像題記〕 太平興國八年七月
十七日 （983）

09337 孫女十二娘 ················ S00381v⑤
〔孫女十二娘祭故婆〻文〕 歲次丁亥五月庚子
朔十五日甲寅 （867）

09338 孫勝明 ············ Stein Painting 28
〔觀世音菩薩圖題記〕 大順參年歲次壬子十二
月甲朔三日 （892）

09339 孫承太 ···················· S00542v
〔燉煌諸寺丁壯車牛役部〕 戌年六月十八日
（818）
　2)龍興寺

09340 孫承?太妻 ··················· S00542v
〔龍興寺?簿〕 戌年六月十八日 （818）
　2)龍興寺

09341 孫昌晟 ··················· S02894v⑤
〔社司轉帖〕 （10C後期）

09342 (孫)昌晟 ·········· Stein Painting 54
〔觀世音菩薩圖像題記〕 太平興國八年七月
十七日 （983）

09343 孫昌奴 ······················ P4648
〔契〕 二月廿三日 （9C前期）

09344 孫昌奴 ····················· P4686v
〔便佛物粟契〕 二月廿三日 （9C前期）
　1)保人　2)永壽寺　3)悉董薩部落

09345 孫昌奴 ····················· S01291
〔便契〕 子年二月廿三日 （9C前期）
　1)奴?

09346 孫上座 ··················· P.tib1261v③
〔諸寺僧尼支給穀物曆〕 （9C前期）
　1)上座

09347 孫上座 ··················· P.tib1261v⑤
〔諸寺僧尼支給穀物曆〕 （9C前期）
　1)上座

09348 孫上座 ··················· P.tib1261v⑦
〔諸寺僧尼支給穀物曆〕 （9C前期）
　1)上座

09349 孫上座 ··················· P.tib1261v⑩
〔諸寺僧尼支給穀物曆〕 （9C前期）

09350 孫上座闍梨 ··············· P.tib1261v⑨
〔諸寺僧尼支給穀物曆〕 （9C前期）
　1)上座闍梨

09351 孫清 ······················· P4686v
〔便佛物粟契〕 二月廿三日 （9C前期）
　1)便粟人　2)永壽寺　3)悉董薩部落

09352 孫清々 ················ BD09341(周62)
　〔社司轉帖〕　閏四月三日　(10C後期)

09353 孫?全 ···················· S05760
　〔社人官齊納蘇油麥等帖〕　七月廿一日　(9C前期)
　　4)原作「阿孫?全」。

09354 孫前都師 ················· P2613
　〔某寺常住什物交割點檢曆〕　咸通十四年正月四日　(873)
　　1)都師?

09355 孫善護 ···················· S03768
　〔佛說藥師經1卷〕　(9C)
　　1)菩薩戒弟子・受持

09356 孫倉々 ················· P5032v④
　〔渠人轉帖〕　(957〜958前後)

09357 孫倉曹 ········· BD14806③(新1006)
　〔歸義軍官府貸油麵曆〕　庚午年?十月廿日　(970?)

09358 孫倉曹 ················· P2032v⑪
　〔淨土寺西倉司願勝等入破曆〕　乙巳年三月　(945)
　　1)倉曹　2)淨土寺

09359 孫倉曹 ················· P2032v⑱
　〔淨土寺豆利閏入曆〕　(940前後)
　　2)淨土寺

09360 孫倉曹 ············· P3234v③-23
　〔惠安惠戒手下便物曆〕　甲辰年　(944)
　　4)原作「孫倉曹男」。

09361 孫太平 ············· BD06359(鹹59)
　〔便麥契〕　丑年二月　(821)
　　1)安國寺戶　2)安國寺

09362 孫智顗 ················· P3047v⑦
　〔法事僧尼名錄〕　(9C前期)

09363 孫長興 ············· Stein Painting 54
　〔觀世音菩薩圖像題記〕　太平興國八年七月十七日　(983)

09364 孫長泰(女) ········· Stein Painting 54
　〔觀世音菩薩圖像題記〕　太平興國八年七月十七日　(983)

09365 孫定々 ················ P2049v①
　〔淨土寺諸色入破曆計會牒〕　同光三年　(925)

09366 孫定々 ················ P5032v③
　〔渠人轉帖〕　戊午年六月六日　(958)

09367 孫奴子 ················ P2049v①
　〔淨土寺諸色入破曆計會牒〕　同光三年　(925)

09368 孫同具 ················ S09953
　〔社司?轉帖〕　(9C)

09369 孫道悟 ············ BD16130(L4067)
　〔楊老老便麥曆〕　亥年三月十八日　(9C)
　　1)保人

09370 孫判官 ················ P2040v③-1
　〔淨土寺粟入曆〕　(939)
　　1)判官　2)淨土寺

09371 孫不勿 ················ P5032v③
　〔渠人轉帖〕　戊午年六月六日　(958)

09372 孫不勿 ················ P5032v⑤
　〔渠?轉帖(殘)〕　(10C中期)

09373 孫富住 ················ P2032v⑬-7
　〔淨土寺黃廊利閏入曆〕　(940前後)
　　2)淨土寺

09374 孫富住 ················ P2032v⑯-4
　〔淨土寺粟利閏入曆〕　(940前後)
　　2)淨土寺

09375 孫富住 ················ P2040v②-10
　〔淨土寺黃廊入曆〕　乙巳年正月廿七日以後　(945以降)
　　2)淨土寺

09376 孫富住 ················ P3234v③-23
　〔惠安惠戒手下便物曆〕　甲辰年　(944)

09377 孫富昌 ················ BD16509A
　〔延晟人名一本〕　(9C前期)

09378 孫富通 ················ P5032v③
　〔渠人轉帖〕　戊午年六月六日　(958)

09379 孫兵馬使 ·············· P5032v③
　〔渠人轉帖〕　戊午年六月六日　(958)
　　1)兵馬使

09380 孫兵馬使 ･････････････････ P5032v⑤
〔渠人?轉帖(殘)〕 (10C中期)
　1)兵馬使

09381 孫法律 ･･････････････････ P2638
〔儭司破曆〕 癸巳～丙申年 (933～936)
　1)法律

09382 孫法律 ･･････････････････ S09533
〔徒衆轉帖〕 (10C)
　1)法律

09383 孫法律 ･･････････････････ S10566
〔秋季諸寺大般若轉經付配帙曆〕 壬子年十
月 (952)
　1)法律

09384 孫妙法 ･･････････････････ S02729①
〔燉煌應管勘牌子曆〕 辰年三月 (788)
　1)尼　3)沙州・潘原堡　4)申年6月7日死。53行
　目。

09385 孫妙法 ･･････････････････ S02729①
〔燉煌應管勘牌子曆〕 六月七日 (792)
　1)莘?亭尼　3)沙州・莘亭　4)(申年)6月7日死。
67行目。

09386 孫流德 ･･････････････････ P5032v③
〔渠人轉帖〕 戊午年六月六日 (958)

09387 孫老 ････････ BD10773v②(L0902)
〔某寺殘曆〕 (9C)

09388 (孫)和子 ･･･････････ Stein Painting 28
〔觀世音菩薩圖題記〕 大順參年歲次壬子十二
月甲申朔三日 (892)
　1)尼　4)⇒和子。

09389 孫□ ････････ BD10773v②(L0902)
〔某寺殘曆〕 (9C)

09390 孫□? ･･･････････････････ S04012
〔大唐五台山曲子附五台寺名(末)〕 天成四年
五月五日午際 (929)

09391 孫□ ････････････････････ S09927
〔貸便粟黃麻曆〕 (10C前期?)

09392 孫 ･･･････････････････････ S00381v④
〔孫女十二娘祭故婆々文〕 歲次丁亥五月庚子
朔十五日甲寅 (867)

09393 遜?通?進? ･･････････････ P2669v
〔音韻表記末〕 大順貳年伍月十九日 (891)

[た]

09394 多聞 ……………… Дx00492v
〔佛圖幷僧名等〕 (9C)

09395 多祐兒 ……………… S08516c4
〔新鄉鎮口承人名目〕 廣順三年十一月十九日 (954)
 1) 押衙

09396 對? ………… BD15412(簡068075)1
〔阿張殘牒〕 (9～10C)
 4) BD1512-2爲「趙元亮等殘名歷」3行。⇒劉?

09397 戴?進男 ………… BD16111p(L4066)
〔押衙張再晟?隊下人名目〕 (10C)

09398 拓拔王子 ……………… S01438v
〔吐蕃占領燉煌初期漢族書儀〕 (8C末)
 4) R面爲「道教義淵卷上」(8C)。

09399 拓拔守節 ……………… S04448
〔思益梵天所問經抄〕 丙戌年三月二日 (806)
 1) 寫經人 4) 原作「大乘密嚴經卷中守節寫」。

09400 達家 ……………… BD10981v(L1110)
〔諸家納贈物曆殘〕 (10C)
 4) R面有「知馬步都虞候宋惠達求免修城役牒附判詞」。

09401 達家 ……………… P2629
〔官破曆〕 九月廿四日 (10C中期)
 4) 原作「達家·小娘子」。

09402 達家 ……………… P4907
〔淨土寺?儭破曆〕 庚寅年 (930?)
 4) 弔孝。

09403 達家 ……………… S04649
〔破曆〕 庚午年 (970)
 3) 罍薗

09404 達家 ……………… S06981①
〔某寺入曆〕 辛酉年～癸亥年中間三年 (901～961 or 903～963)

09405 達家 ……………… Дx01425＋Дx11192＋Дx11223
〔某寺弔儀用布破曆〕 辛酉年從正月到四月 (961)
 4) 原作「達家大孃子葬就墓頭弔夫人囗」。

09406 達家漢兒 ……………… P3212v③
〔惠深交物曆(殘)〕 辛丑年五月三日 (941 or 1001)

09407 達家小娘子 ……………… P2629
〔官破曆〕 九月廿四日 (10C中期)

09408 達家娘子 ……………… S04649
〔破曆〕 庚午年 (970)
 3) 罍薗

09409 達家娘子 ……………… S06981①
〔某寺入曆〕 辛酉年～癸亥年中間三年 (901～961 or 903～963)

09410 達家大孃子 ……… Дx01425＋Дx11192＋Дx11223
〔某寺弔儀用布破曆〕 辛酉年從正月到四月 (961)
 4) 原作「達家大孃子葬就墓頭弔夫人囗」。

09411 達家夫人 ……………… P4907
〔淨土寺?儭破曆〕 庚寅年 (930?)
 4) 弔孝。

09412 達麴麵 ……………… S02894v⑤
〔社司轉帖〕 (10C後期)

09413 達但 ……………… S08426A～H
〔官府酒破曆〕 (10C中～後期)

09414 達怛押牙 ……… BD15249v③(新1449)
〔某家榮親客目〕 (10C後期)
 1) 押衙·主人 4) 原作「達怛押牙幷新婦」。又有注記「主人」。

09415 達怛押牙新婦 ……… BD15249v③(新1449)
〔某家榮親客目〕 (10C後期)
 4) 原作「達怛押牙幷新婦」。又有注記「主人」。

09416 達怛 ……………… 故宮博·新152095
〔酒破曆〕 己巳年二月十六日 (969)

09417 達捏朝定 ……………… S06452②
〔周僧正貸油麴曆〕 辛巳年～壬午年 (981～982?)
 2) 淨土寺

09418 達捏〔坦?〕 ……………… P4061v
〔都頭知內庫官曹囗牒〕 壬午年十二月日 (982)

09419 達票阿吳 ·················· S00389
〔肅州防戍都狀上〕（9C後期?）
　1)退渾　3)肅州

09420 達票拱楡? ················ S00389
〔肅州防戍都狀上〕（9C後期?）
　1)退渾　3)肅州

09421 淡佛奴 ················ P2040v②-28
〔淨土寺豆入曆〕（940前後）
　2)淨土寺

09422 湛上座 ·················· S10967
〔敎團付經諸寺僧尼名目〕（9C前期）
　1)上座　4)湛＝智湛乃至志湛？ 參看S2729「辰年(788)等使勘牌子曆」。

09423 端公 ··················· S08646v
〔某人上端公狀上〕（9C前期）

09424 譚仵子 ················· P2049v①
〔淨土寺諸色入破曆計會牒〕 同光三年（925）

09425 譚孝順 ··············· P2032v⑯-4
〔淨土寺粟利閏入曆〕（940前後）
　2)淨土寺

09426 譚孝順 ················· P2032v⑱
〔淨土寺豆利閏入曆〕（940前後）
　2)淨土寺

09427 譚廣昇 ················· P2049v①
〔淨土寺諸色入破曆計會牒〕 同光三年（925）

09428 譚悉羽? ················· S07932
〔月次番役名簿〕 十一月 （10C後期）

09429 譚闍梨 ·················· P3365
〔爲府主大王小患付經曆〕 甲戌年五月十日（974）
　1)闍梨

09430 譚醜子 ················· P2049v①
〔淨土寺諸色入破曆計會牒〕 同光三年（925）

09431 譚什德 ················ S02894v⑤
〔社司轉帖〕（10C後期）

09432 譚淸子 ················· P2032v⑱
〔淨土寺豆利閏入曆〕（940前後）
　2)淨土寺

09433 譚淸兒 ·················· S06309
〔行人轉帖〕 四月八日 （10C）

09434 譚定德 ··············· P2040v②-3
〔淨土寺西倉麥入曆〕（945以降）
　2)淨土寺

09435 譚富盈 ··················· P2953v
〔便麥豆本曆〕（10C）
　4)同王家同巷。

09436 譚法師 ··················· P3365
〔爲府主大王小患付經曆〕 甲戌年五月十日（974）
　1)法師

09437 譚法律 ················· S06452④
〔常住庫借貸油麵物曆〕 壬午年 （982?）
　1)法律

09438 譚蒙 ·················· S04473v③
〔譚象啓〕 晉國天福六年歲次辛丑至壬寅歲二月十九日以前 （941～942以前）
　1)鄕貢進士

09439 譚 ··············· BD11502①(L1631)
〔燉煌十一僧寺別姓名簿并緣起經論等名目〕（9C後期）
　2)淨(土寺)

09440 譚? ··················· S06452①
〔淨土寺破曆〕 辛巳年 （981）
　1)法律？　2)三界寺

09441 段意〻 ·················· S01156
〔進奏院狀上文〕 光啓三年 （887）

09442 段英賢 ··················· P3547
〔上都進奏院狀上(原題)〕（9C後期?）
　1)十將

09443 段君子 ·············· BD06359(鹹59)
〔便麥契〕 丑年二月 （821）
　1)寺戶・團頭　2)龍興寺

09444 段慶佳 ·················· Дх01344
〔索靑等便黃麻曆〕 辛亥年二月九日（951）

09445 段慶住 ················· P4525v⑩
〔官府酒破曆背面〕 辛巳年 （981）

09446 段慶明? ········· BD14806③（新1006）
〔歸義軍官府貸油麵曆〕 辛未年 （971）

09447 段弘百? ················· Дx06064v
〔人名目〕 （10C）

09448 段興々 ············ BD04256v①1（玉56）
〔斷知更人名帳〕 四月十五日夜 （9C後期）

09449 段興々 ············ BD04256v①3（玉56）
〔第三次斷知更人名帳〕 （四月）十五日夜 （9C後期）

09450 段興子 ················· S01291
〔便契〕 二月一日 （9C前期）
　　1)保人

09451 段寺主 ················· P2469v
〔破曆雜錄〕 戌年六月五日 （830?）
　　1)寺主

09452 段寺主 ················· P3947
〔龍興寺應轉經僧分兩蕃定名牒〕 亥年八月 （819 or 831）
　　1)寺主　2)龍興寺　4)V面爲「9C前半大雲寺僧所有田籍簿」。

09453 段周德 ················· S00542v
〔燉煌諸寺丁壯車牛役部〕 戌年六月十八日 （818）
　　2)龍興寺

09454 段住 ················· P3418v⑧
〔平康鄉缺枝夫戶名目〕 （9C末～10C初）
　　3)平康鄉

09455 段小達 ················· P.tib1102v
〔社司轉帖〕 申年二月廿日 （9C前期）

09456 段昇子 ················· P.tib1102v
〔社司轉帖〕 申年二月廿日 （9C前期）

09457 段昇子 ················· S04782
〔乾元寺堂齋修造兩司都師文謙入破曆計會〕 丑年 （10C後期）
　　2)乾元寺

09458 段淨通 ················· S02729①
〔燉煌應管勘牌子曆〕 辰年三月 （788）
　　1)僧　2)龍興寺　3)沙州　4)3行目。

09459 段晟奴 ················· P3418v④
〔龍勒鄉缺枝夫戶名目〕 （9C末～10C初）
　　3)龍勒鄉

09460 段善住 ················· S06129
〔諸鄉諸人貸便粟曆〕 （10C中期以降?）
　　3)龍勒鄉

09461 段長子 ················· Дx06064v
〔人名目〕 （10C）

09462 段福員 ················· S09463
〔李万受等便麥曆〕 （10C）

09463 段郎 ············ BD16129A（L4067）
〔社人名目〕 （9～10C）

09464 段□子 ················· P3418v⑦
〔慈惠鄉缺枝夫戶名目〕 （9C末～10C初）
　　3)慈惠鄉

09465 荧王再 ············ BD02823v（調23）
〔雜寫〕 （9～10C）
　　4)原作「孔目荧王再」。

09466 談廣昇 ················· S08402
〔便麥曆〕 （10C前期）
　　1)口承人

09467 談定弘 ················· Дx06064v
〔人名目〕 （10C）

09468 談法律 ················· Дx02146
〔請諸寺和尚僧政法律等名錄〕 （10C?）
　　1)法律

09469 談法□ ················· Дx02146
〔請諸寺和尚僧政法律等名錄〕
　　2)淨土寺?　4)原本在「談法□」。3字上有墨線。

09470 談 ············ BD05673v④（李73）
〔行人轉帖（寫錄）〕 今月十二日 （9C末）

[ち]

09471 竹阿朶 ·················· S01845
〔納贈曆〕 丙子年四月十七日 （976?）

09472 竹員兒? ············ BD16022A（L4018）
〔永寧坊巷社扶佛人名目〕 （10C）
　3)永寧坊

09473 竹員昌 ·················· S01845
〔納贈曆〕 丙子年四月十七日 （976?）

09474 竹（延?）德 ········· BD16021A（L4018）
〔永寧坊巷社扶佛人名目〕 （10C）
　3)永寧坊

09475 竹延德 ············ BD16022A（L4018）
〔永寧坊巷社扶佛人名目〕 （10C）
　3)永寧坊

09476 竹衍子 ·················· S01845
〔納贈曆〕 丙子年四月十七日 （976?）

09477 竹王午 ·················· S01845
〔納贈曆〕 丙子年四月十七日 （976?）

09478 竹加準 ·················· S01403
〔契約文書〕 十二月十六日 （9C後期）
　1)行人・見人

09479 竹喜々 ·················· S00542v
〔燉煌諸寺丁壯車牛役部〕 戊年六月十八日
（818）

09480 竹胡奴 ·················· P3666v
〔社人名目?〕 （9C後期）

09481 竹胡奴 ·················· S00329v
〔社司轉帖〕 正月十三日 （9C末）
　2)普光寺門

09482 竹再君 ·················· P3418v④
〔龍勒鄉缺枝夫戶名目〕 （9C末～10C初）
　3)龍勒鄉

09483 竹再富 ·················· S01845
〔納贈曆〕 丙子年四月十七日 （976?）

09484 竹殘子 ············ BD16021A（L4018）
〔永寧坊巷社扶佛人名目〕 （10C）
　3)永寧坊

09485 竹子昌 ·················· S01845
〔納贈曆〕 丙子年四月十七日 （976?）

09486 竹寺主 ·················· P3250v
〔納贈曆〕 （9C後期）
　1)寺主

09487 竹闍梨 ·················· S01845
〔納贈曆〕 丙子年四月十七日 （976?）
　1)闍梨

09488 竹什子 ·················· S01845
〔納贈曆〕 丙子年四月十七日 （976?）

09489 竹上座 ·················· P3047v⑧
〔王都督儭合城僧徒名錄〕 （9C前期）
　1)上座

09490 竹清子 ·················· S01845
〔納贈曆〕 丙子年四月十七日 （976?）

09491 竹團頭 ·················· Дх11073
〔社司轉帖〕 正月五日 （975年代以降）
　1)團頭

09492 竹丑奴 ············ BD16021A（L4018）
〔永寧坊巷社扶佛人名目〕 （10C）
　3)永寧坊

09493 竹定奴 ·················· S01845
〔納贈曆〕 丙子年四月十七日 （976?）

09494 竹庭欽 ·················· 莫第205窟
〔供養人題記〕 （8C後期）
　1)社人　4)西壁。《燉》p. 94.《謝》p. 361。

09495 竹曇濟 ·················· P3047v①
〔僧名等錄〕 （9C前期）
　4)僧名「曇濟」。

09496 竹万定 ·················· S01845
〔納贈曆〕 丙子年四月十七日 （976?）

09497 竹盧研心 ·················· P3418v⑨
〔効穀鄉缺枝夫戶名目〕 （9C末～10C初）
　3)効穀鄉

09498 竹盧□奴 ·················· P3418v⑦
〔慈惠鄉缺枝夫戶名目〕 （9C末～10C初）
　3)慈惠鄉

09499 竹?□平 ·············· P3047v⑤
〔取麥等曆〕 辰年七月 （9C前期）

09500 竹□ ················ S07384B
〔作坊使牒并淮深判（2通）〕 光啓三年二月・三月 （887）
　　3）退渾　4）原作「阿竹□」。

09501 竹 ············· BD05673v④（李73）
〔行人轉帖（寫錄）〕 今月十二日 （9C末）

09502 猪狗 ··········· BD04232v（玉32）
〔猪狗致哥嫂狀〕 丑年二月十三日 （9C）

09503 褚行 ············· 于闐R.8. VOL.1
〔便曆〕 （9C～10C）
　　1）僧

09504 兆?住子 ·············· P3418v⑥
〔洪閏鄉缺枝夫戶名目〕 （9C末～10C初）
　　3）洪潤鄉

09505 兆?像子 ·············· P3418v⑥
〔洪閏鄉缺枝夫戶名目〕 （9C末～10C初）
　　3）洪潤鄉

09506 兆利濟 ················ P4597
〔釋利濟唐三藏贊〕 （788）
　　2）金光明寺　4）⇒利濟。

09507 兆利濟 ················ S02729①
〔燉煌應管勘牌子曆〕 辰年三月 （788）
　　1）僧　2）金光明寺　3）沙州　4）15行目。

09508 張阿安 ·············· P3797v①
〔張富清戶口籍（殘）〕 開寶九年丙子歲前後 （976頃）
　　1）（張富清）妻

09509 （張）阿孃 ············ S04445v③
〔破曆〕 庚寅年 （930?）
　　1）（張家）女

09510 張阿石 ··············· P3859
〔報恩寺常住百姓老小孫息名目〕 丙申年十月十一日 （936?）
　　2）報恩寺

09511 張阿瘦 ·············· P2680v②
〔諸鄉諸人便粟曆〕 （10C中期）

09512 張阿孫 ················ S03048
〔東界羊籍〕 丙辰年 （956）
　　1）牧羊人

09513 張?阿朶 ·········· BD16097（L4060）
〔便麥曆〕 （9～10C）

09514 張阿朶 ·············· P2032v①-4
〔淨土寺粟入曆〕 （944前後）

09515 張阿朶 ············· P2040v③-10
〔淨土寺豆入曆〕 （939）
　　2）淨土寺

09516 張阿朶 ··············· S04884v
〔便褐曆〕 壬申年二月十日 （972?）

09517 張阿朶 ················ S06045
〔便粟麥曆〕 丙午年正月三日 （946）

09518 張阿朶 ················ S11442
〔人名目〕 （10C）

09519 張阿朶 ················ 莫第262窟
〔供養人題記〕 （10C前期）
　　1）社子

09520 張阿婆子 ·············· S06003
〔社司轉帖〕 壬申年七月廿九日 （972）

09521 張阿婆子 ·············· S08696
〔白刺送納帖〕 （977?）

09522 （張）阿孟 ············ P3047v①
〔僧名等錄〕 （9C前期）
　　4）原作「阿孟」。俗姓：張。

09523 張阿□子 ·············· S06003
〔社司轉帖〕 壬申年七月廿九日 （972）

09524 張惡眠 ··············· S06452④
〔常住庫借貸油麵物曆〕 壬午年 （982?）
　　1）金銀匠　2）淨土寺

09525 張安 ············· BD04530v①（崗30）
〔習書〕 （8～9C）

09526 張安牛 ··············· P2556v
〔團頭文書〕 咸通十年頃 （869頃）
　　1）第一（團?）頭　4）⇒張安午。

09527 張安仵 ·············· P3167v
〔安國寺道場司關于(五尼寺)沙彌戒訴狀〕
乾寧二年三月 (895)
　2)普光寺

09528 張安仵? ·············· P3418v⑧
〔平康鄉缺枝夫戶名目〕 (9C末～10C初)
　3)平康鄉

09529 張安仵 ·············· P3468v
〔雜寫〕 (900年前後頃)
　3)莫高鄉

09530 張安仵 ·············· P4640v
〔官入破曆〕 乙未年六月 (899)
　1)宅官・押衙

09531 張安午 ·············· P2556v
〔團頭文書〕 咸通十年正月十八日 (869頃)
　1)第一(團?)頭 4)⇒張安牛。

09532 張安孔 ·············· ZSD060v
〔社司轉帖及詩(3首)〕 癸未年十?月 (923?)
　1)社人

09533 張安行 ·············· P4640v
〔官入破曆〕 辛酉年九月十日 (901?)
　1)押衙 4)張安行＝張安仵?

09534 張安左 ·············· P3633v②
〔張安左生前邈眞讚〕 (10C初期)
　1)西漢金山國左神策引駕押衙, 兼大内支度使, …御史中丞, …清河 4)原作「大宰相吏部尚書兼御史大夫張厶撰」。

09535 張安三 ·············· P3372v
〔社司轉帖并雜抄〕 壬申年 (972)

09536 張安三 ·············· S04474v
〔燉煌鄉信士賢者張安三父子敬造佛堂功德記〕 天復八年?十月 (908?)
　3)燉煌鄉

09537 張安子 ·············· P2738v
〔社司轉帖(寫錄)〕 二月廿五日 (9C後期)
　4)官樓蘭若門取齊。

09538 張安子 ·············· P3418v⑧
〔平康鄉缺枝夫戶名目〕 (9C末～10C初)
　3)平康鄉

09539 張安子 ·············· 莫第129窟
〔供養人題記〕 (10C前期)
　1)(安存立)子跉 4)原作「子跉張安子一心供養」。南壁。《燉》p.60。

09540 張安子 ·············· 楡第35窟
〔供養人題記〕 (10C末期)
　1)□□節度押衙□□□□大夫檢校太子賓客

09541 張安之? ·············· S03330v①
〔諸門石和滿上將軍狀〕 乾寧四年二月廿八日 (897)
　1)礠戶

09542 張安住 ·············· P3616v
〔社司轉帖(人名目)〕 丁亥年頃 (927?)

09543 張安住 ·············· P4638v⑬
〔雜寫〕 (10C中期)

09544 張安住 ·············· S06614v①
〔社司轉帖〕 (10C)

09545 張安信 ·············· BD16381(L4455)
〔諸家磚曆〕 (10C)

09546 張安信 ·············· P2040v②-25
〔淨土寺黃廡利入曆〕 (940年代)
　2)淨土寺

09547 張安信 ·············· P2049v②
〔淨土寺諸色入破曆計會牒〕 長興二年正月 (930～931)

09548 張安信 ·············· P3390③
〔張安信邈眞讚〕 天福十年乙巳歲二月日題記 (945)
　1)晉故歸義軍節度左班都頭銀青光祿大夫檢校左散騎常侍兼御史大夫上柱國

09549 張安信 ·············· P4588v
〔社戶名目(2行)〕 (10C中期)
　1)社戶

09550 張安信妻 ·············· P2049v②
〔淨土寺諸色入破曆計會牒〕 長興二年正月 (930～931)

09551 張安振 ·············· 莫第098窟
〔供養人題記〕 (10C中期)
　1)節度押衙銀青光祿大夫太子賓客監察侍御史 4)北壁。《燉》p.35。

09552 張安人 ·················· P2712
〔貳師泉賦, 漁父賦歌共一卷〕 貞明六年庚辰
歲次二月十九日 (920)
　1)學郎　2)龍興寺　4)原作「龍興寺學郎張安人
寫記之耳」。

09553 張安正 ·················· S01159
〔神沙鄉散行人轉帖〕 二月四日 (10C中期)
　1)行人　3)神沙鄉

09554 張安多 ············ P2842piece4
〔渠?人?轉帖〕 五月廿八?日 (9C中期)

09555 張安定 ·················· P3273
〔付麥粟曆〕 (10C中期)

09556 張安定 ······ P3555B piece4 piece5＋P3288①②
〔社司轉帖〕 丁巳年?月一日 (957)

09557 張安定 ·············· S08516E2
〔社司轉帖〕 丙辰年六月十日 (956)

09558 張安定 ················· Дx01410
〔社司轉帖〕 庚戌年閏四月 (950)

09559 張安定 ················ Дx06038v
〔納贈曆〕 (10C)

09560 張安德 ············ P2040v③-10
〔淨土寺豆入曆〕 (939)
　2)淨土寺

09561 張安德 ················ P3231④
〔平康鄉官齋曆〕 囲戌年十月十五日 (974)
　3)平康鄉

09562 張安德 ················ P3231⑤
〔平康鄉官齋曆〕 囗亥年五月十五日 (975)
　3)平康鄉

09563 張安德 ················ P3231⑥
〔平康鄉官齋曆〕 乙亥年九月廿九日 (975)
　3)平康鄉

09564 張安德 ················ P3231⑦
〔平康鄉官齋曆〕 丙子年五月十五日 (976)
　3)平康鄉

09565 張安德 ·················· S05691
〔令狐瘦兒妻亡納贈曆〕 丁亥年七月十二日 (987)

09566 張安德 ················ 莫第129窟
〔供養人題記〕 (10C前期)
　4)原作「孫張安德一心供養」。東壁門南側。《燉》p.59。

09567 張安屯 ·················· S02041
〔社約〕 丙寅年三月四日 (846)
　4)年號別筆(丙寅年三月四日)。ペン筆。

09568 張安屯 ··············· Дx02163②
〔百姓福勝戶口田地申告狀〕 大中六年十一月日 (852)
　1)百姓

09569 張安寧? ··············· P3418v⑧
〔平康鄉缺枝夫戶名目〕 (9C末～10C初)
　3)平康鄉

09570 張安寧 ··············· P5032v⑧
〔社司轉帖〕 六月 (10C中期)

09571 張安寧 ·················· S06130
〔諸人納布曆〕 (10C)

09572 張安佑 ················ 莫第098窟
〔供養人題記〕 (10C中期)
　1)節度押衙知西道遊守使銀青光祿大夫檢校太子賓客兼監察御史　4)西壁。《燉》p.44。

09573 張安老 ················ Дx04278
〔十一鄉諸人付麵數〕 乙亥年四月十一(日)
(915? or 975)
　3)莫高鄉

09574 張安六 ············ BD01943v(收43)
〔杜通價便麥粟契殘(3行)〕 〔天〕復九年歲次己巳十二月二日 (909)

09575 張安六 ·················· BD16563
〔便麥粟歷(首部3行殘)〕 天復九年歲次己巳十二月三日 (909)
　4)原作「杜通信今緣家/內闕少年糧,依張安六面上便奇粟兩/碩,至午秋肆碩。又奇麥兩石四斗,至秋」(尾缺)。

09576 張安六? ·············· P2622v
〔雜寫〕 大中十三年三月日 (859)
　4)原作「大中十三年三月日百姓張安六牒(控)」。

09577 張安六 ·············· P3636piece1
〔社人罰粟曆〕 丁酉年頃 (937頃)

09578 張安六 ………………… S00782v
〔納贈曆〕（10C）
　　4）ペン筆?

09579 張威賢 ………………… S01285
〔賣宅契〕 清泰三年丙申十一月廿三日 （936）
　　1）隣見人

09580 張威賢 ………………… S01898
〔兵裝備簿〕（10C前期）

09581 張威賢 ………………… S10858v
〔捉道役牒?〕 九月九日 （10C）

09582 張威儒 ………………… S02669
〔管內尼寺(安國寺・大乘寺・聖光寺)籍〕
（865～870）
　　2）大乘寺　3）龍勒鄉　4）尼名「戒眞」。

09583 張威進 ………………… S10858v
〔捉道役牒?〕 九月九日 （10C）

09584 張意氣 ………………… S02669
〔管內尼寺(安國寺・大乘寺・聖光寺)籍〕
（865～870）
　　2）大乘寺　3）洪池鄉　4）尼名「精進藏」。

09585 張意子 ………………… P2837v⑪
〔女弟子宋氏疏〕 辰年二月八日 （836?）
　　1）弟子

09586 張意子 ………………… P2837v⑫
〔弟子張意子疏〕 辰年二月八日 （836?）

09587 張意順 ………………… P3236v
〔燉煌鄉官布籍〕 壬申年三月十九日 （972）
　　3）燉煌鄉

09588 張詣ゝ ………………… S02669
〔管內尼寺(安國寺・大乘寺・聖光寺)籍〕
（865～870）
　　2）大乘寺　3）洪池鄉　4）尼名「見淨」。

09589 張詣ゝ ………………… S02669
〔管內尼寺(安國寺・大乘寺・聖光寺)籍〕
（865～870）
　　2）大乘寺　3）平康鄉　4）尼名「定心」。

09590 張詣娘 ………………… S02669
〔管內尼寺(安國寺・大乘寺・聖光寺)籍〕
（865～870）
　　2）大乘寺　3）燉煌鄉　4）尼名「妙戒」。

09591 張一卿 ………………… Дx10327
〔一切諸星經抄〕（9C?）
　　1）書寫人

09592 張一□ ………………… S03880v
〔雜寫(書牘殘1行)〕 大順元年十一月十七日
（890）

09593 張逸 ………………… P2162v
〔三將納丑年突田曆〕（9C前期）

09594 張尹 ………………… Дx18290
〔節義社轉帖〕（8C～9C）

09595 張員 ………………… P3698v
〔雜寫〕 天福四年頃 （939）

09596 張員ゝ ………………… P2803
〔二月社不納麥人(行間書込)〕（9C末～10C
初）

09597 張?員繼 ………………… S04121
〔陰家榮親客目〕 甲午年五月十五日 （994）
　　1）郎君

09598 張員子 ………… BD14806②（新1006）
〔渠人轉帖〕（10C中期）

09599 張員子 ………………… S06010
〔衙前第六隊轉帖〕 九月七日 （900前後）
　　1）宅官

09600 張員思 ………………… P4991
〔社司轉帖〕 壬申年六月廿四日 （972）

09601 張員住 ………… BD04571v（崗71）
〔雜寫〕（9C）

09602 張員住 ………………… P2032v⑯-1
〔淨土寺麥入曆〕（940前後）
　　2）淨土寺

09603 張員住 ………………… P2032v⑯-3
〔淨土寺粟入曆〕（940前後）
　　2）淨土寺

09604 張員住 ………………… P2049v①
〔淨土寺諸色入破曆計會牒〕 同光三年
（925）

09605 張員?住 ………………… S01823v②
〔入破曆〕 癸卯年正月一日 （943）
　　1）梁戶

09606 張員住 ·············· S02032v
　〔淨土寺破曆〕　中和四年　(884)
　　2)淨土寺

09607 張員住 ·············· S02078v
　〔社司轉帖〕　(10C?)
　　4)習字?

09608 張員住 ·········· Stein Painting 52
　〔觀世音菩薩圖供養人題記〕　開寶四年壬申歲
　九月六日　(971)
　　1)故父清信弟子大乘賢者

09609 張員住 ·············· Дx06695
　〔諸人便(領)粟曆〕　(10C前中期)

09610 張員俊 ·············· 莫第098窟
　〔供養人題記〕　(10C中期)
　　1)節度押衙銀青光祿大夫檢校太子賓客兼監察
　御史　4)西壁。《燉》p.45。

09611 張員閏 ·············· P3231⑤
　〔平康鄉官齋曆〕　□亥年五月十五日　(975)
　　3)平康鄉

09612 張員昌 ·········· BD15249v②(新1449)
　〔曹清忽貸帛生絹契(稿)〕　(9～10C)
　　1)百姓　3)効穀鄉　4)原作「効穀鄉百姓張員
　昌」。

09613 張員昌 ·············· Дx11196
　〔渠人轉帖〕　十月九日　(983)

09614 張員松 ·············· P3721v①
　〔平康鄉堤上兄(見)點得人名目〕　庚辰年三月
　廿二日　(980)
　　3)平康鄉

09615 張員松 ·············· P4525⑧
　〔都頭及音聲等都共地畝細目〕　(980頃)

09616 張員進 ·············· P2769v
　〔行人轉帖(習書)〕　(10C前期)

09617 張員進 ·············· P3347
　〔歸義軍節度使牒〕　天福參年十一月五日
　(938)
　　1)歸義軍節度使・作坊隊副隊・衙前正十將　4)
　改前作「坊隊副隊張員進補充衙前正十將牒」。R
　面有「歸義軍印」數方。

09618 張員遂 ·············· P3721v①
　〔平康鄉堤上兄(見)點得人名目〕　庚辰年三月
　廿二日　(980)
　　3)平康鄉

09619 張員遂 ·············· Дx06018
　〔社司轉帖(殘)〕　(10C後期)

09620 張員遂 ·············· Дx11072
　〔社司轉帖(建福)〕　正月五日　(10C後期)
　　2)乾明寺門前　4)本件存「於乾明寺門前取齊」
　一文。

09621 張員遂 ·············· Дx11073
　〔社司轉帖〕　正月五日　(975年代以降)

09622 張員盛 ·············· P2040v③-10
　〔淨土寺豆入曆〕　(939)
　　2)淨土寺

09623 張員宗 ·············· P2049v②
　〔淨土寺諸色入破曆計會牒〕　長興二年正月
　(930～931)

09624 張員宗 ·············· P3236v
　〔燉煌鄉官布籍〕　壬申年三月十九日　(972)
　　1)鄉官　3)燉煌鄉

09625 張員宗 ·············· P3889
　〔社司轉帖〕　(10C後期?)

09626 張員宗 ·············· P4003
　〔渠社轉帖〕　壬午年十二月十八日　(922 or
　982)

09627 張員宗 ·············· S05747v
　〔社人名目〕　(10C前期)

09628 張員通 ·············· S05139v③
　〔親情社轉帖〕　(924頃)
　　2)多寶蘭若内

09629 張員定 ·············· P3231⑥
　〔平康鄉官齋曆〕　乙亥年九月廿九日　(975)
　　3)平康鄉

09630 張員定 ·············· S04642v
　〔某寺入破曆計會〕　(923以降)

09631 張員度 ·············· P2032v⑰-8
　〔淨土寺諸色入曆〕　(940前後)
　　2)淨土寺

09632 張員德 ‥‥‥‥‥‥‥‥ P3878B
〔都頭知軍資庫官張富高牒并判〕 己卯年
(979)
　1)都頭・知軍資庫官

09633 張員德 ‥‥‥‥‥‥‥‥ P4991
〔社司轉帖〕 壬申年六月廿四日 (972)
　3)慈惠鄉

09634 張員保 ‥‥‥‥‥‥‥‥ P3424
〔王都判下磑羅麥粟乾麥曆〕 己丑年 (869?)

09635 張員保 ‥‥‥‥‥‥‥‥ P3721v③
〔冬至自斷官員名〕 己卯年十一月廿六日
(979)

09636 張員滿 ‥‥‥‥‥ S08445＋S08446＋
S08468④
〔羊司於常樂官稅羊數名目〕 丁未年四月十二
日 (943)
　1)羊司・常樂官

09637 張員□ ‥‥‥‥‥‥‥ P2915piece1・2
〔社人名錄(殘)〕 (10C)

09638 張員□ ‥‥‥‥‥‥‥‥ S11558
〔人名(殘2字)〕 (10C)

09639 張于子 ‥‥‥‥‥ BD14667v⑥(新0867)
〔社人名目?〕 (9C後期)

09640 張榮々 ‥‥‥‥‥‥‥‥ P3418v⑤
〔某鄉缺枝夫戶名目〕 (9C末～10C初)

09641 張榮々 ‥‥‥‥‥‥‥‥ S00542v
〔燉煌諸寺丁壯車牛役部〕 戌年六月十八日
(818)
　2)龍興寺

09642 張榮々 ‥‥‥‥‥‥‥‥ S00542v
〔燉煌諸寺丁壯車牛役部〕 戌年六月十八日
(818)
　2)蓮臺寺

09643 張榮々 ‥‥‥‥‥‥‥‥ S05747v
〔社人名目〕 (10C前期)

09644 張榮子 ‥‥‥‥‥‥‥‥ 杏・羽703
〔某寺諸色斛斗破計會〕 辛未年 (911?)

09645 張榮奴 ‥‥‥‥‥‥‥‥ S05824
〔經坊費負担人名目〕 (8C末～9C前期)
　1)寫經人　3)行人部落

09646 張永住 ‥‥‥‥‥‥‥‥ P2667v
〔人名列記〕 (10C)

09647 張永住 ‥‥‥‥‥ Дx05444＋Дx06547
〔官衙請烽子等處分狀并押判(鳥)〕 甲寅年十
月 (954)
　1)烽子

09648 張永昌 ‥‥‥‥‥ BD15249v③(新1449)
〔某家榮親客目〕 (10C後期)
　4)原作「都頭張永昌」。

09649 張永昌 ‥‥‥‥‥‥‥‥ P3721v③
〔冬至自斷官員名〕 己卯年十一月廿六日
(979)

09650 張永進 ‥‥‥‥‥‥‥‥ P2594v
〔白雀歌〕 (10C初)
　4)原作「三楚漁人張永進上五代西漢金山國開國
大臣」。

09651 張永進 ‥‥‥‥‥‥‥‥ P2864v
〔金山國文件〕 (10C初)
　1)三楚漁人　4)原作「三楚漁人張永進上五代西
漢金山國開國大臣」。

09652 張永全 ‥‥‥‥‥‥‥‥ P3616v
〔社司轉帖(人名目)〕 丁亥年頃 (927?)

09653 張永長 ‥‥‥‥‥‥‥‥ P3231⑦
〔平康鄉官齋曆〕 丙子年五月十五日 (976)
　3)平康鄉

09654 張瀛 ‥‥‥‥‥‥‥‥ BD00096(地96)
〔无量壽宗要經(第4紙尾題之後)〕 (9C前期)
　1)寫

09655 張瀛 ‥‥‥‥‥‥‥‥ BD00103(黃3)
〔无量壽宗要經(第4紙尾行題名)〕 (9C前期)

09656 張瀛 ‥‥‥‥‥‥‥‥ BD01064(辰64)
〔佛說無量壽宗要經(尾)〕 (9C前期)

09657 張瀛 ‥‥‥‥‥‥‥‥ BD01136(宿36)
〔佛說無量壽宗要經(尾)〕 (9C前期)

09658 張瀛 ‥‥‥‥‥‥‥‥ BD02525(歲25)
〔无量壽宗要經〕 (9C前期)

09659 張瀛 ‥‥‥‥‥‥‥‥ BD03141(騰41)
〔无量壽宗要經(首紙・尾紙二箇所有雜寫)〕
(9C前期)

09660 張瀛 ·················· BD04382(出82)
〔无量壽宗要經〕 （9C前期）

09661 張瀛 ·················· BD04935(闕35)
〔佛說無量壽宗要經〕 （9C前期）

09662 張瀛 ·················· BD06272(海72)
〔无量壽宗要經〕 （9C前期）

09663 張瀛 ·················· BD07858(制58)
〔无量壽宗要經〕 （9C前期）
　4)原作「張瀛寫」。

09664 張瀛 ·················· BD08134(乃34)
〔无量壽宗要經(尾題後題名)〕 （9C前期）

09665 張瀛 ·················· BD09064(虞84)
〔佛說無量壽宗要經(尾)〕 （9C前期）

09666 張?瀛? ················ S00121
〔大乘無量壽經(首)〕 （9C）

09667 張瀛 ····················· S02939
〔觀世音經〕 （9C前期）

09668 張瀛 ····················· S02981
〔金光明經卷第4〕 （9C前期）

09669 張瀛 ····················· S06592
〔大般若波羅蜜多經卷第123〕 （9C前期）

09670 張盈達 ················· S05631①
〔社司轉帖〕 庚辰年正月十四日 （980）
　2)普光寺門前

09671 張盈子 ················· P3418v④
〔龍勒鄉缺枝夫戶名目〕 （9C末～10C初）
　3)龍勒鄉

09672 張盈子 ················· 杏・羽068
〔某寺酒戶張盈子酒破曆〕 某年正月廿日至三月十四日 （10C）
　4)文書面有「李盛鐸印」等。

09673 張盈實 ··················· P3616v
〔社司轉帖(人名目)〕 丁亥年頃 （927?）

09674 張盈受 ···················· P2980
〔社文書雜寫〕 庚辰年十月廿二日 （920 or 980）

09675 張盈受 ·················· 莫第437窟
〔供養人題記〕 （9～10C）
　1)節度押衙知術院錄事　4)《P》。

09676 張盈潤 ···················· P3616v
〔社司轉帖(人名目)〕 丁亥年頃 （927?）

09677 張盈潤 ···················· P5011
〔某書題(尾)〕 丁亥年 （927?）

09678 張盈潤? ········· Дx00302＋Дx00494v
〔雜記〕 戊子年十一月 （868?）

09679 張盈潤 ·················· 莫第108窟
〔節度押衙張盈潤題記〕 乾祐二年六月廿三日 （948）
　1)節度押衙　4)窟檐南壁外側。《燉》p.54。

09680 張盈閏 ···················· P3390②
〔孟受上祖莊上浮圖功德記并序〕 大漢乾祐三年 （950）
　1)節度押衙　4)原作「閹茂仲呂之月莫」。生三葉題記。

09681 張盈昌 ···················· P3236v
〔燉煌鄉官布籍〕 壬申年三月十九日 （972）
　1)頭　3)燉煌鄉

09682 張盈信 ···················· P4588
〔太公家教1卷(奧書)〕 壬申年十月十四(日) （912 or 972）
　4)原作「壬申年十月十四李子郎張盈信紀書之」。

09683 張盈達 ·················· 莫第098窟
〔供養人題記〕 （10C中期）
　1)節度押衙(都知?)…僧使銀青光祿大夫檢校太子□□(賓客)兼監察御史　4)北壁。《燉》p.36。《謝》p.97。

09684 張盈德 ················ P2032v⑯-4
〔淨土寺粟利閏入曆〕 （940前後）
　2)淨土寺

09685 張英環 ················ BD01389(張89)
〔佛說無量壽宗要經(尾)〕 （9C）

09686 張英環 ················ BD04642(劍42)
〔无量壽宗要經(末)〕 （9C前期）
　1)寫(經人)　4)原作「張英環寫」。

09687 張英環 ················ BD07744(始44)
〔无量壽宗要經(尾末題名)〕 （9C前期）
　4)无量壽宗要經尾紙末有題記「張英環」。

09688 張英環 ‥‥‥‥‥‥ BD14099(新0299)
〔无量壽宗要經(尾題後題名)〕 (9C前期)

09689 張英環 ‥‥‥‥‥‥ BD14105(新0305)
〔无量壽宗要經(尾題後題名)〕 (9C前期)
　1)寫

09690 張英環 ‥‥‥‥‥‥‥‥‥ S02711
〔寫經人名目〕 (9C前期)
　1)寫經人　2)金光明寺

09691 張英還 ‥‥‥‥‥‥‥‥‥ P3205
〔僧俗人寫經曆〕 (9C前期)
　4)⇒張還。

09692 張英還 ‥‥‥‥‥‥‥‥ S04831②
〔寫經人名目〕 (9C前期)
　1)寫經人

09693 張英還 ‥‥‥‥‥‥‥‥‥ S07945
〔僧俗寫經分團人名目〕 (823以降)

09694 張英義 ‥‥‥‥‥‥‥‥ S11213G
〔配付人名目〕 (946)

09695 張英?子 ‥‥‥‥‥‥‥ S02228①
〔絲綿部落夫丁修城使役簿〕 亥年六月十五日 (819)
　1)(右四)　3)絲綿部落　4)首行作「亥年六月十五日州城所,絲綿」。末行作「亥年六月十五日畢功」。

09696 張英俊 ‥‥‥‥‥‥‥‥‥ S00173
〔李陵與蘇武書〕 乙亥年六月八日 (975?)
　1)孝士郎　2)三界寺　4)原作「張英俊書記之也」。

09697 張英娘 ‥‥‥‥‥‥‥‥‥ S02669
〔管内尼寺(安國寺・大乘寺・聖光寺)籍〕 (865～870)
　2)聖光寺　3)平康鄉

09698 張英達 ‥‥‥‥‥‥‥‥ P2049v①
〔淨土寺諸色入破曆計會牒〕 同光三年 (925)

09699 張英鸞 ‥‥‥‥‥‥‥‥‥ S04491
〔地畝計會〕 (9C前期)

09700 張英□ ‥‥‥‥‥ BD15779(簡068080)
〔佛處出便豆曆〕 丑年二月卅日 (9C前期)
　2)乾元寺

09701 張園子 ‥‥‥‥‥‥‥‥‥ S00542v
〔燉煌諸寺丁壯車牛役部〕 戌年六月十八日 (818)
　2)龍興寺

09702 張園通 ‥‥‥‥‥‥‥‥‥ P3783
〔燉煌郡孝士書『論語』〕 文德元年正月十三日 (888)

09703 張塩々 ‥‥‥‥‥‥‥‥‥ S02669
〔管内尼寺(安國寺・大乘寺・聖光寺)籍〕 (865～870)
　2)大乘寺　3)玉關鄉　4)尼名「勝相」。

09704 (張)塩娘 ‥‥‥‥‥‥‥‥ S00542v
〔僧尼籍〕 戌年六月十八日 (818)
　2)永安寺

09705 張延々 ‥‥‥‥‥‥‥‥‥ P2629
〔官破曆〕 七月八日 (10C中期)

09706 (張)延鍔 ‥‥‥‥‥‥‥ P2913v②
〔張府君(淮深)墓誌銘〕 大順元年二月廿二日 (890)
　1)(張淮深)四子

09707 張延鍔 ‥‥‥‥‥‥ S.CH.XVIII002
〔寫經題記〕 龍紀二載二月十八日 (890)
　1)將任郎・守左神武軍長史・兼御史中丞・上柱國・賜緋魚袋　4)原作「弟子將任郎守左神武軍長史兼御史中丞上柱國賜緋魚袋張延鍔敬心寫畫此經一冊」。

09708 張延鍔 ‥‥‥‥‥‥ Stein Painting 431
〔四天王圖(冊子)〕 龍紀二載二月十八日 (890)
　1)弟子將任郎守左神武軍長史兼御史中丞上柱國賜緋魚袋

09709 (張)延暉 ‥‥‥‥‥‥‥ P2913v②
〔張府君(淮深)墓誌銘〕 大順元年二月廿二日 (890)
　1)(張淮深)長子

09710 張延暉 ‥‥‥‥‥‥‥‥‥ S05630
〔張淮深造窟記〕 (歸義軍期)

09711 張延慶 ‥‥‥‥‥‥‥‥ P3418v④
〔龍勒鄉缺枝夫戶名目〕 (9C末～10C初)
　3)龍勒鄉

09712 張延?侯 …………… BD16381（L4455）
〔諸家磚曆〕（10C）

09713 張延嗣 …………………… S05630
〔張淮深造窟記〕（歸義軍期）

09714 張延子 …………………… P3935
〔田籍文書(稿)〕（10C）
　4）V面爲「931-937年選粟麥算會文書」。

09715 張延子 …………………… P4003
〔渠社轉帖〕 壬午年十二月十八日（922 or 982）

09716 張延思 …………………… S05630
〔張淮深造窟記〕（歸義軍期）

09717 張延受 ………………… P3231⑦
〔平康鄉官齋曆〕 丙子年五月十五日（976）
　3）平康鄉

09718 張延受 …………… 羽・寫814-821
〔王梵志卷1(首尾題)〕 辛巳年十月六日（921）

09719 張延受 ……… 杏・羽030（李盛鐸舊藏）
〔王梵志1卷(尾)〕（921年頃）
　4）尾題爲「辛巳年(921?)十月六日金光明寺學部梁員宗寫記之耳」。別筆大字押書署「張延受書卷」。

09720 （張）延壽 ……………… P2913v②
〔張府君(淮深)墓誌銘〕 大順元年二月廿二日（890）
　1）(張淮深)三子

09721 張延綬 …………………… P2568
〔南陽張延綬別傳〕 光啓三年閏十二月十五日（887）

09722 張延住 ………………… P3412v
〔渠人轉帖〕 壬午年正月十五日（982）

09723 張延潤 ………………… P3231①
〔平康鄉官齋曆〕 癸酉年五月（973）
　3）平康鄉

09724 張延順 ………………… S05631①
〔社司轉帖〕 庚辰年正月十四日（980）
　2）普光寺門前

09725 （張）延信 ……………… P2913v②
〔張府君(淮深)墓誌銘〕 大順元年二月廿二日（890）
　1）(張淮深)五子

09726 張延進 ………………… P3189v
〔雜記〕（10C）

09727 張延定 …………………… P3396
〔沙州諸渠別粟田名目〕（10C後期）

09728 張延得 ………… S08445＋S08446＋S08468①
〔羊司於常樂稅羊人名目〕 丙午年三月九日（946）
　1）押衙

09729 張延德 …………… BD16363A（L4446）
〔社司轉帖〕 戊申年（948?）

09730 張延德 ………………… P4997v
〔分付羊皮曆(殘)〕（10C後期）

09731 （張）延武 ……………… P2913v②
〔張府君(淮深)墓誌銘〕 大順元年二月廿二日（890）
　1）(張淮深)六子

09732 張延保 …………………… S00395
〔孔子項托記〕 天福八年癸卯歲十一月十日（943）
　2）淨土寺

09733 張延?令 ………………… P3396
〔沙州諸渠別粟田名目〕（10C後期）

09734 （張）延禮 ……………… P2913v②
〔張府君(淮深)墓誌銘〕 大順元年二月廿二日（890）
　1）(張淮深)次子

09735 張延禮 …………………… S05630
〔張淮深造窟記〕（歸義軍期）

09736 張衍雞 …………… BD09299（周20）
〔納贈曆〕（10C後期）

09737 張衍雞 ………………… P3231①
〔平康鄉官齋曆〕 癸酉年五月（973）
　3）平康鄉

09738 張衍鶏 ·············· P3231②
　〔平康鄉官齋曆〕　癸酉年九月卅日　(973)
　　3)平康鄉

09739 張衍鶏 ·············· P3231③
　〔平康鄉官齋曆〕　甲戌年五月廿九日　(974)
　　3)平康鄉

09740 張衍鶏 ·············· P3231④
　〔平康鄉官齋曆〕　甲戌年十月十五日　(974)
　　3)平康鄉

09741 張衍鶏 ·············· P3231⑤
　〔平康鄉官齋曆〕　乙亥年五月十五日　(975)
　　3)平康鄉

09742 張衍鶏 ·············· P3231⑥
　〔平康鄉官齋曆〕　乙亥年九月廿九日　(975)
　　3)平康鄉

09743 張衍鶏 ·············· P3231⑦
　〔平康鄉官齋曆〕　丙子年五月十五日　(976)
　　3)平康鄉

09744 張衍鶏 ········ P3598＋S04199
　〔某寺什物點檢見在曆〕　丁卯年　(967)

09745 張衍鶏 ·············· S05774v
　〔人名雜寫(1行)〕　(10C)
　　4)R面爲「茶酒論一首并序」(首題, 10C)。

09746 張衍鶏 ··············· S06198
　〔納贈曆〕　(10C)

09747 張衍鶏 ··············· Дx06017
　〔便粟曆〕　(10C)

09748 張衍住? ·············· S06003
　〔社司轉帖〕　壬申年七月廿九日　(972)

09749 張衍奴 ·············· P3236v
　〔燉煌鄉官布籍〕　壬申年三月十九日　(972)
　　1)頭　3)燉煌鄉

09750 (張)衍羅 ·············· P4987
　〔兄弟社轉帖〕　戊子年七月　(988)

09751 張閻子 ··············· S02669
　〔管內尼寺(安國寺・大乘寺・聖光寺)籍〕
　　(865～870)
　　2)大乘寺　4)尼名「法因」。

09752 張押牙 ·········· BD09705v(坐26)
　〔題記・雜寫〕　(9～10C)
　　1)押衙

09753 張押衙 ·········· BD02823v(調23)
　〔雜寫〕　(9～10C)
　　1)押衙

09754 張押衙 ·········· BD09325(周46)
　〔社司轉帖〕　□子?年七月十四日　(10C後期)
　　1)押衙

09755 張押衙 ·············· P2032v⑦
　〔淨土寺西倉豆破曆〕　(940前後)
　　1)押衙　2)淨土寺

09756 張押衙 ··············· P3153
　〔租地契〕　天復四年甲子七月十七日　(904)
　　1)押衙　4)舊P3155v。

09757 張押衙 ··············· P3164
　〔親情社轉帖〕　乙酉年十一月廿六日　(925?)
　　1)押衙

09758 張押衙 ·············· P3400v
　〔尚書管領左右筆名目(3行)〕　大唐廣順參年
　　癸丑歲三月十五　(953)
　　1)押衙

09759 張押衙 ·············· P3745v①
　〔榮(營)小食納油麫數〕　三月廿八日　(9C末
　　期?)
　　1)押衙

09760 張押衙 ·············· P4525⑩
　〔官府酒破曆〕　辛巳年　(981)
　　1)押衙

09761 張押衙 ·············· P5032⑰
　〔渠人轉帖〕　甲申年二月廿九日　(984)
　　1)押衙

09762 張押衙 ·············· S01522v③
　〔破曆〕　(9C)
　　1)押衙

09763 張押衙 ·············· S04445v③
　〔便曆〕　庚寅年二月三日　(930?)
　　1)押衙

09764 張押衙 ··············· S08713
　〔團人名目(2片)〕　(10C)
　　1)押衙

09765 張押衙 ……………………… S10537
〔團人名目(2片)〕　(10C)

09766 張押衙 ……………………… S11350v
〔張押衙書付沙州馬家女條記〕　(10C?)
　1)押衙

09767 張押衙 ………… Дx01359v＋Дx03114v
〔社司轉帖〕　二辰年正月廿九日　(980?)
　1)錄事・押衙

09768 張押衙 ………… Дx01425＋Дx11192＋
Дx11223
〔某寺弔儀用布破曆〕　辛酉年從正月到四月
(961)
　1)押衙

09769 張押衙 ……………………… Дx03114v
〔錄事張押牙社司轉帖〕　二辰年正〔月〕廿九
日　(980?)
　1)錄事・押衙

09770 張押衙 ……………………… Дx11072
〔社司轉帖(建福)〕　正月五日　(10C後期)
　1)押衙　4)原作「張押牙」。

09771 張押衙 ……………………… Дx11073
〔社司轉帖〕　正月五日　(975年代以降)
　1)押衙

09772 張押衙社官 ……………………… P4063
〔官建轉帖〕　丙寅年四月十六日　(966)
　1)社官・押衙

09773 張王々 ……………………… P3249v
〔將龍光顏等隊下人名目〕　(9C中期)

09774 張王仵 ……………… BD15337(新1537)
〔十王經(尾題後有2行)〕　(9〜10C)
　1)行者　4)尾題後有2行「行者張王仵發心敬寫
此經一卷」。

09775 張王伍 ……………………… P3764v
〔社司轉帖〕　十一月五日及十一月十五日
(10C)

09776 張王三 ……………………… P4525⑧
〔都頭及音聲等都共地畝細目〕　(980頃)

09777 張王三 ………… S08445＋S08446＋
S08468①
〔羊司於常樂稅羊人名目〕　丙午年六月廿七
日　(946)

09778 張王三 ………… S08445④＋S08446＋
S08468
〔羊司於常樂官稅羊數名目〕　丁未年四月十二
日　(943)

09779 張王三 ……………………… S11353
〔社司?轉帖〕　(10C)

09780 張王八 ……………………… P2912v③
〔寫大般若經一部施銀盤子麥粟粉疏〕　四月
八日　(9C前期)

09781 張王?□ ……………………… S05104
〔社司轉帖(寫錄)〕　(9〜10C)

09782 張恩會 ……………………… S03595v
〔雜寫〕　丙戌年六月一日　(986)
　1)押衙

09783 張恩會 ……………………… S05032v
〔雜寫〕　辛巳年九月廿八日　(981)
　4)原作「張恩會自手記耳」。

09784 張恩子 ……………………… P2032v⑳-7
〔淨土寺麵黃麻豆布等破曆〕　(940前後)
　2)淨土寺

09785 張恩子 ……………………… Дx04278
〔十一鄉諸人付麵數〕　乙亥年四月十一(日)
(915? or 975)
　3)神沙鄉

09786 張恩兒 ……………………… P2040v③-10
〔淨土寺豆入曆〕　(939)
　2)淨土寺

09787 張恩舍 ……………………… 杏・羽675v
〔雜記〕　(10C?)
　4)原作「張恩舍文字」(存5字)。

09788 張溫 ……………………… P3491piece3
〔突田名簿〕　(9C前期)

09789 張溫 ……………………… S01475v②
〔社司狀上〕　申年五月十一日　(828)

09790 張溫 ……………………… S01475v③
〔社司狀上〕　申年五月　(828)
　1)社人

09791 張溫々 ……………………… 羽・寫834
〔百姓趙塩久戶口請田簿〕　廣順二年正月一
日　(952)

09792 張溫子 ·············· P2040v②-5
〔淨土寺西倉粟入曆〕（945以降）
　2）淨土寺

09793 張何?子 ·············· P.tib2124v
〔人名錄〕（9C中期?）

09794 張加興 ·············· P3249v
〔將龍光顏等隊下人名目〕（9C中期）

09795 張加寺 ·············· BD02127（藏27）
〔无量壽宗要經（末）〕（9C前期）

09796 張加閏 ·············· S03877v②
〔賣舍契（寫）〕 乾寧四年丁巳正月廿九日
（897）

09797 張加閏 ·············· S03877v④
〔賣舍契（寫）〕 乾寧四年丁巳正月十二日
（897）

09798 張加進 ·············· BD09318A（周39）
〔便物曆〕（10C）

09799 張加進 ·············· P2040v②-25
〔淨土寺黃麻利入曆〕（940年代）
　2）淨土寺

09800 張加進 ·············· Дx01405＋Дx01406
〔布頭索留信等官布籍〕（9C末期～10C初期）

09801 張加晟 ·············· S02214
〔官府雜帳（名籍・黃麻・地畝・地子等曆）〕
（860?）

09802 張加晟 ·············· S02614Av
〔尚饗文〕 丙午年二月（己）亥朔十六日甲寅
（826）
　1）社長（社官）

09803 張加善 ·············· P3205
〔僧俗人寫經曆〕（9C前期）

09804 張加善 ·············· S03602
〔金剛般若寫經曆〕（9C）

09805 張加珎 ·············· P2162v
〔三將納丑年突田曆〕（9C前期）

09806 張加珎 ·············· S02228①
〔絲綿部落夫丁修城使役簿〕 亥年六月十五日（819）
　1）(右七) 3）絲綿部落 4）首行作「亥年六月十五日州城所, 絲綿」, 末行作「亥年六月十五日畢功」。

09807 張加珎 ·············· S03920v④
〔緣取磑用破曆（殘）〕（9C前期）

09808 張哥子 ·············· 杏・羽677
〔入破歷算會（殘）〕 癸酉・甲戌二年（973・974）

09809 張哥兒 ·············· P2032v⑯-4
〔淨土寺粟利閏入曆〕（940前後）
　2）淨土寺

09810 張嘉興 ·············· S05813＋S05831
〔社司轉帖〕 二月十八日（9C前期）

09811 張嘉禮 ·············· P4072③
〔張嘉禮祠部告牒〕 乾元元年頃（758頃）
　4）本文中有「張嘉禮年拾伍, 法名□□, 沙州燉煌縣, 神沙鄉, 靈[ ], 兄慶爲戶」。

09812 張媧娃 ·············· S02669
〔管內尼寺（安國寺・大乘寺・聖光寺）籍〕
（865～870）
　1）尼 2）安國寺? 3）玉關鄉 4）姓「張」。尼名「如意」。

09813 張家 ·············· BD06375（鹹75）
〔佛說閻羅王授記勸修七齋功德經（末）〕
（10C）

09814 張家 ·············· BD07179v（師79）
〔佛名經卷2（題記）〕 [ ]月廿日（9C）

09815 張家 ·············· BD12731（L2860）
〔張家書袟〕（9～10C）

09816 張家 ·············· P2161③
〔張氏換舍契〕 丁卯年九月十□日（907?）

09817 張家 ·············· P3774
〔僧龍藏家產分割訴牒〕 丑年十二月（821）

09818 張家 ·············· P4525
〔什物交割曆〕（10C後期?）

09819 張家 ………………… S02041
〔社約〕 丙寅年三月四日 （846）
　4）年號別筆（丙寅年三月四日）。ペン筆。

09820 張家 ………………… S04700
〔陰家榮親客目〕 甲午年五月十五日 （994）

09821 張家 ………………… S08426
〔官府酒破曆〕 八月十九日 （10C）
　1）墓頭頓

09822 張家 ………………… S08426A
〔使府酒破曆〕 （10C中～後期）

09823 張家 ………………… Дx10264
〔諸人貸便粟麥曆〕 （10C）

09824 張家阿婚 ……………… P2953v
〔便麥豆本曆〕 （10C）

09825 張家阿師子 …………… S03180v
〔爲追念設供請僧疏〕 （9C末頃）

09826 張家阿婆 ……………… P2049v②
〔淨土寺諸色入破曆計會牒〕 長興二年正月 （930～931）

09827 張家阿婆 ……………… Дx11059B
〔人名目〕 （10C）
　1）阿婆

09828 張家七郎 ……………… P3161
〔常住什物見在新附點檢曆〕 （10C前期）

09829 張家女 ………………… S04445v③
〔便曆〕 庚寅年二月三日 （930?）

09830 張家女 ………………… Дx06016
〔(兄)弟社轉帖〕 （10C）
　1）女

09831 張家勝麥 ……………… S04703
〔買菜人名目〕 丁亥年 （987）

09832 張家小娘子 …………… P2032v③
〔淨土寺諸色破曆〕 （944前後）
　2）淨土寺

09833 張家進 ………………… BD09345①（周66）
〔安醜定妻亡社司轉帖〕 辛酉年四月廿四日 （961?）
　2）顯德寺門

09834 張家清子 ……………… P2049v①
〔淨土寺諸色入破曆計會牒〕 同光三年 （925）

09835 張家達悓 ……………… S04700
〔陰家榮親客目〕 甲午年五月十五日 （994）

09836 張家長富 ……………… P2944
〔大乘寺・聖光寺等尼僧名錄〕 （10C後期?）
　2）大乘寺

09837 張家鎭 ………………… BD13841①（新0041）
〔大般涅槃經(北本)卷第1(首)〕 （9～10C）
　4）原作「張家鎭宅」。

09838 張家潘寧 ……………… P4635③
〔便粟豆曆〕 癸卯年二月十三日 （943）

09839 張家富子 ……………… S00527
〔女人社再立條件憑〕 顯德六年己未歲正月三日 （959）

09840 張家友定 ……………… S04700
〔陰家榮親客目〕 甲午年五月十五日 （994）

09841 張家和勝 ……………… P3985
〔錄人送路物色名目〕 癸巳年七月廿五日 （933?）
　1）錄人

09842 張家□子 ……………… P4635②
〔社家女人便麵油曆〕 [ ]月七日 （10C中期）

09843 張華 …………………… S11454A
〔牧羊破曆計會〕 癸酉～乙亥年 （793～795）

09844 張華 …………………… S11454G
〔白羖羯等算會簿〕 從酉年四月十五日至亥年閏八月五日 （793～795）

09845 張華奴 ………………… S09156
〔沙州戶口地畝計簿〕 （9C前期）
　3）沙州

09846 張袈裟 ………………… BD05673v①（李73）
〔雜寫〕 （9C末）

09847 張賈子 ………………… S06829v③
〔便契〕 卯年四月 （811?）
　1）(張和子)弟

09848 張賈子 ･････････････････ S06829v④
〔悉董薩部落百姓張和子取造苋蘺價麥契〕
卯年四月一日 （811? or 835?）
1)保人弟

09849 張賈六 ･････････････････ P2040v②-29
〔淨土寺西倉豆利入曆〕 （940年代）
2)淨土寺

09850 張衙推 ･････････････････ S06417
〔願文〕 （10C前期）

09851 張廻君 ･････････････････ P2049v①
〔淨土寺諸色入破曆計會牒〕 同光三年
（925）

09852 張廻子 ･････････････････ P3418v⑤
〔某鄉缺枝夫戶名目〕 （9C末～10C初）

09853 張廻通 ･････････････････ P3721v②
〔兄(見)在巡禮都官都頭名牒〕 庚辰年正月
十五日 （980）
1)巡禮都官都頭

09854 張廻通 ･････････････････ P4525⑧
〔都頭及音聲等都共地畝細目〕 （980頃）

09855 張廻德 ･････････････････ P4525⑧
〔都頭及音聲等都共地畝細目〕 （980頃）

09856 張懷恩 ･････････････････ P3416piece2
〔榮葬名目〕 乙未年前後 （935?,936?前後）

09857 張懷〻 ･･･････････････････ 杏･羽703
〔某寺諸色斛斗破計會〕 辛未年 （911?）

09858 張懷義 ･････････････････ P2161③
〔張氏換舍契〕 丁卯年九月十□日 （907?）
1)舍主叔 4)原作「舍主叔張懷義」。

09859 張懷義 ･････････････････ S02041
〔社約〕 丙寅年三月四日 （846）
4)年號別筆（丙寅年三月四日）。ペン筆。

09860 張懷欽 ･････････････････ P2547piece1
〔燉煌郡張懷欽等告身〕 （9C?）
4)有文頭「門下」2字及官印。

09861 張懷惠 ･････････････････ P4640v
〔官入破曆〕 辛酉?年八月廿九日 （901?）
1)樂營使

09862 張懷慶 ･････････････････ P2482⑤
〔張府君邈眞讚并序〕 （10C）
1)歸義軍應管內衙前都押衙銀青光祿大夫檢校
左散騎常侍兼御史大夫上柱國

09863 張懷慶 ･････････････････ P6015v
〔張懷慶請僧爲娘子就靈圖寺開法會疏〕 □
亥年正月九日 （10C）
1)哀子･應管內都押衙

09864 張懷潤 ･････････････････ S02041
〔社約〕 丙寅年三月四日 （846）
4)年號別筆（丙寅年三月四日）。ペン筆。

09865 張懷政 ･････････････････ P3288v
〔張懷政邈眞讚并序(雜寫3行)〕 （9C前期）
1)河西節度馬步都虞侯銀青光祿大夫檢校太子
賓客兼監察御史上柱國 4)原作「河西節度馬步
都虞侯銀青光祿大夫檢校太子賓客兼監察御史
上柱國張懷政邈眞讚并序」。

09866 張懷政 ･････････････････ P3418v⑧
〔平康鄉缺枝夫戶名目〕 （9C末～10C初）
3)平康鄉

09867 張懷通 ･････････････････ S01519①
〔破曆〕 （890?）
1)押衙

09868 張懷德 ･････････････････ P3547
〔上都進奏院狀上(原題)〕 （9C後期?）
1)押衙

09869 張懷德 ･････････････････ P3556v④
〔社戶人名目(殘)〕 （10C中期頃）
1)社戶

09870 張懷普 ･････････････････ P3547
〔上都進奏院狀上(原題)〕 （9C後期?）
1)押衙副使

09871 張懷滿 ･････････････････ BD09298(周19)
〔納贈曆〕 （9～10C）

09872 張懷滿 ･････････････････ P2049v①
〔淨土寺諸色入破曆計會牒〕 同光三年
（925）

09873 張懷滿 ･････････････････ P3236v
〔燉煌鄉官布籍〕 壬申年三月十九日 （972）
3)燉煌鄉

09874 張懷滿 ･････････････ Дx05444＋Дx06547
〔官衙請烽子等處分狀并押判(鳥)〕 甲寅年十月 (954)
　　1)烽子

09875 (張)戒惠 ････････････････ P3167v
〔安國寺道場司關于(五尼寺)沙彌戒訴狀〕
乾寧二年三月 (895)
　　4)⇒戒惠。

09876 (張)戒珠 ････････････････ P3556⑦
〔周故燉煌郡靈修寺闍梨君臨壇大德沙門張氏香號戒珠邈眞讚并序〕 (10C)
　　1)周故燉煌郡靈修寺闍梨君臨壇大德沙門　2)靈修寺　3)燉煌鄕　4)原作「前河西隴右一十一州張太保之貴姪也」。⇒戒珠(張)＝戒珠。

09877 張戒集 ･･････････････････ 莫第196窟
〔供養人題記〕 景福年間 (892～893)
　　1)沙門　2)乾元寺　4)原作「乾元寺□□沙門戒集一心供養俗姓張氏」。東壁門南側。《燉》p.88。⇒戒集。

09878 張戒眞 ･････････････････ S02669
〔管內尼寺(安國寺・大乘寺・聖光寺)籍〕 (865～870)
　　2)大乘寺　3)莫高鄕　4)姓「張」。俗名「金圓」。

09879 張戒淸 ･････････････････ S02729①
〔燉煌應管勘牌子歷〕 (788)
　　2)普光寺　4)41行目。

09880 張戒聖 ･････････････････ S02669
〔管內尼寺(安國寺・大乘寺・聖光寺)籍〕 (865～870)
　　2)大乘寺　3)洪潤鄕　4)姓「張」。俗名「團々」。

09881 (張)戒寧 ････････････････ P2944
〔大乘寺・聖光寺等尼僧名錄〕 (10C後期?)
　　2)大乘寺　4)⇒戒寧。

09882 張戒保 ･････････････････ Дx11085
〔當寺轉帖〕 壬申年七月 (972)
　　1)法律　4)⇒戒保。

09883 張會興 ･････････････････ P3859
〔報恩寺常住百姓老小孫息名目〕 丙申年十月十一日 (936?)
　　1)常住百姓　2)報恩寺

09884 張會興 ･････････････････ P4525⑧
〔都頭及音聲等都共地畝細目〕 (980頃)

09885 張會興 ･････････････････ Дx05658
〔雜寫〕 庚辰年五月一日 (980)
　　1)百姓

09886 張會支? ････････････････ P3859
〔報恩寺常住百姓老小孫息名目〕 丙申年十月十一日 (936?)
　　1)常住百姓　2)報恩寺

09887 張會兒 ･････････････････ P3110②
〔佛說延壽命經(尾)〕 丁亥年四月十四日 (927?)
　　4)原作「淸信弟子張會兒敎馮摩利支天經一卷延壽命經一卷」。

09888 張會長 ･････････････････ S04685
〔沙州兄李丑兒與伊州弟李奴子書狀〕 (10C後期)

09889 張會長 ･････････････････ S04685v
〔沙州兄李丑兒與伊州弟李奴子書狀〕 (10C後期)

09890 張海恩? ････････････････ P2700v
〔雜記〕 丁亥年頃? (927?)

09891 張海々 ･････････････････ P3418v④
〔龍勒鄕缺枝夫戶名目〕 (9C末～10C初)
　　3)龍勒鄕

09892 張海々 ･････････････････ P.tib2204v
〔雜寫〕 子年十月 (9C前期)

09893 張海君 ･････････････････ P3418v⑧
〔平康鄕缺枝夫戶名目〕 (9C末～10C初)
　　3)平康鄕

09894 張海閏 ･････････････････ S06045
〔便粟麥曆〕 丙午年正月三日 (946)

09895 張海性 ･････････････････ S02669
〔管內尼寺(安國寺・大乘寺・聖光寺)籍〕 (865～870)
　　2)大乘寺　3)赤心鄕　4)姓「張」。俗名「顏子」。

09896 張海晟 ･････････････････ BD06261(海61)
〔觀世音經1卷(尾)〕 壬申年三月廿七日 (912?)
　　1)淸信弟子　4)卷尾有供養人題記「壬申年三月廿七日行者傾心慈悲，敬寫大聖觀世音經一卷，一爲先亡父母，二爲合家永聖吉昌，願亡靈神生淨土，法界蒼生，同霑此福，淸信弟子張海晟一心供養，信事僧蓮臺寺沙彌靈進書寫記」。

09897 張海清 ………… BD15405(簡068067)
　〔納贈(併粟柴)曆〕（10C）
　　1)押衙

09898 張海清 ………… P2641
　〔宴設司文書〕　丁未年六月（947）

09899 張海清 ………… P2985v④
　〔親使員文書〕（10C後期）

09900 張海清 ………… P3544
　〔社條再立文書〕　大中九年九月（855）
　　1)社官

09901 張海清 ………… P4640v
　〔官入破曆〕　己未年十一月（899）
　　1)管内都知

09902 張海全 ………… BD04256v①1(玉56)
　〔斷知更人名帳〕　四月十五日夜（9C後期）

09903 張海全 ………… BD04256v①3(玉56)
　〔第三次斷知更人名帳〕（四月)十五日夜（9C後期）

09904 張海全 ………… P3193v
　〔田土(畝)地子紛糾牒及判〕　咸通拾貳年（871?）

09905 張海全 ………… P3231②
　〔平康鄉官齋曆〕　癸酉年九月卅日（973）
　　3)平康鄉

09906 張海全 ………… P3231③
　〔平康鄉官齋曆〕　甲戌年五月十九日（974）
　　3)平康鄉

09907 張海全 ………… P3231④
　〔平康鄉官齋曆〕　甲戌年十月十五日（974）
　　3)平康鄉

09908 張海?全? ………… P3231⑤
　〔平康鄉官齋曆〕　□亥年五月十五日（975）
　　3)平康鄉

09909 張海全 ………… P3231⑥
　〔平康鄉官齋曆〕　乙亥年九月十九日（975）
　　3)平康鄉

09910 張灰々 ………… BD14806②(新1006)
　〔渠人轉帖〕（10C中期）

09911 張灰々 ………… P3236v
　〔燉煌鄉官布籍〕　壬申年三月十九日（972）
　　3)燉煌鄉

09912 張灰々 ………… ZSD060v
　〔社司轉帖及詩(3首)〕　癸未年十?月（923?）
　　1)社人

09913 張灰子 ………… P3418v④
　〔龍勒鄉缺枝夫戶名目〕（9C末～10C初）
　　3)龍勒鄉

09914 張灰子 ………… S01898
　〔兵裝備簿〕（10C前期）

09915 張灰子 ………… Дx02149A
　〔寒食座設付酒曆〕　戊午年四月廿五日（958 or 898）

09916 張灰兒 ………… P3231②
　〔平康鄉官齋曆〕　癸酉年九月卅日（973）
　　3)平康鄉

09917 張灰兒 ………… P3231③
　〔平康鄉官齋曆〕　甲戌年五月十九日（974）
　　3)平康鄉

09918 張灰兒 ………… Дx04278
　〔十一鄉諸人付麵數〕　乙亥年四月十一(日)（915? or 975）
　　3)平康鄉

09919 張灰奴 ………… P3859
　〔報恩寺常住百姓老小孫息名目〕　丙申年十月十一日（936?）
　　1)常住百姓　2)報恩寺

09920 張覺心 ………… BD02126v⑦(藏26)
　〔爲覺心妹函稿〕（9C後期）
　　1)優婆姨　4)原作「阿張優婆姨覺心」。⇒覺心。

09921 張學 ………… BD07760v(始60)
　〔社司轉帖〕（9～10C）

09922 張揭子 ………… P2680v⑥
　〔社司轉帖〕　六月廿三日（10C中期）

09923 張揭子 ………… P3164
　〔親情社轉帖〕　乙酉年十一月廿六日（925?）

09924 張揭捲 ………… P3418v④
　〔龍勒鄉缺枝夫戶名目〕（9C末～10C初）
　　3)龍勒鄉

09925 張掦摧 ·················· P5032⑩⑫
〔渠人轉帖〕 甲申年十月三日, 四日 (984)

09926 張掦摧 ·················· P5032⑬⑯⑱⑲
〔渠人轉帖〕 甲申年□月十七日／二月廿日 (984)

09927 張掦摧 ·················· P5032⑭
〔渠人轉帖〕 甲申年九月廿一日 (984)

09928 張掦摧 ·················· P5032⑰
〔渠人轉帖〕 甲申年二月廿九日 (984)

09929 張掦摧 ·················· P5032⑲
〔渠人轉帖〕 甲申年四月十二日 (984)

09930 張掦摧 ·················· P5032⑳
〔渠人轉帖〕 甲申年四月十四日 (984)

09931 張掦摧 ·················· Stein Painting 52
〔觀世音菩薩圖供養人題記〕 開寶四年壬申歲九月六日 (971)
　1) 施主兄燉煌步軍隊頭

09932 張匃眞 ·················· P3418v⑦
〔慈惠鄉缺枝夫戶名目〕 (9C末〜10C初)
　3) 慈惠鄉

09933 張勸音 ·················· S02669
〔管内尼寺(安國寺・大乘寺・聖光寺)籍〕 (865〜870)
　2) 大乘寺　3) 玉關鄉　4) 尼名「平等性」。

09934 張勸奴 ·················· S00542v
〔燉煌諸寺丁壯車牛役部〕 戌年六月十八日 (818)
　2) 龍興寺

09935 張寬 ·················· P3205
〔僧俗人寫經曆〕 (9C前期)

09936 張寬 ·················· S02711
〔寫經人名目〕 (9C前期)

09937 張寬 ·················· S07945
〔僧俗寫經分團人名目〕 (823以降)

09938 張寬〻 ·················· S11454A
〔牧羊破曆計會〕 癸酉〜乙亥年 (793〜795)
　1) 悉㔟心兒奴

09939 張憨子 ·················· BD15404(簡068066)
〔千渠中下界白刺頭名目〕 (10C中期)

09940 張憨子 ·················· S06452⑥
〔常住庫黃廊出便與人名目〕 壬午年 (982)
　1) 押衙　2) 淨土寺

09941 張憨兒 ·················· BD16021A(L4018)
〔永寧坊巷社扶佛人名目〕 (10C)
　3) 永寧坊

09942 張憨兒 ·················· P2484
〔就東園笶會小印子群牧馳馬牛羊見行籍(歸義印)〕 戊辰年十月十八日 (968)
　4) 存「歸義軍節度使印」。

09943 張憨兒 ·················· P2680v②
〔諸鄉諸人便粟曆〕 (10C中期)

09944 張憨兒 ·················· P3231①
〔平康鄉官齋曆〕 癸酉年五月 (973)
　3) 平康鄉

09945 張憨兒 ·················· P3231③
〔平康鄉官齋曆〕 甲戌年五月廿九日 (974)
　3) 平康鄉

09946 張憨兒 ·················· P3231④
〔平康鄉官齋曆〕 甲戌年十月十五日 (974)
　3) 平康鄉

09947 張憨兒 ·················· P3231⑤
〔平康鄉官齋曆〕 □亥年五月十五日 (975)
　3) 平康鄉

09948 張憨兒 ·················· P3231⑥
〔平康鄉官齋曆〕 乙亥年九月廿九日 (975)
　3) 平康鄉

09949 張憨兒 ·················· P3231⑦
〔平康鄉官齋曆〕 丙子年五月十五日 (976)
　3) 平康鄉

09950 張憨兒 ·················· P3231v⑦
〔平康鄉官齋曆〕 丙子年五月十五日 (976?)
　3) 平康鄉

09951 張憨兒 ·················· P4525⑧
〔都頭及音聲等都共地畝細目〕 (980頃)

09952 張憨兒 ·················· P4693
〔官齋納麵油粟曆〕 (10C後期)
　1) 食布(頭)

09953 張憨兒 ················ P4991
〔社司轉帖〕 壬申年六月廿四日 (972)

09954 張憨兒? ··············· P4997v
〔分付羊皮曆(殘)〕 (10C後期)

09955 張憨兒 ··············· S02474①
〔張憨兒判憑〕 庚辰年八月, 九月 (980?)
　1) 駞官

09956 張憨兒 ··············· S04884v
〔便褐曆〕 壬申年正月十七日 (972?)

09957 張憨兒 ··············· S05632①
〔親情社轉帖〕 丁卯年二月八日 (967)

09958 張憨兒 ··············· S06998①
〔牧羊人文書〕 (10C後期)

09959 張憨兒 ················ S11353
〔社司?轉帖〕 (10C)

09960 張憨兒女 ············· S04884v
〔便褐曆〕 壬申年正月十七日 (972?)

09961 張憨多 ··············· S10858v
〔捉道役牒?〕 九月九日 (10C)

09962 張憨通 ··············· S08448B v
〔紫亭羊數名目〕 (940頃)

09963 張憨奴 ··············· BD15628
〔王憨奴少有斛㪷出便麥粟曆〕 某年(子年・辰年)二月十九日 (9～10C)

09964 張憨奴 ··············· P2049v②
〔淨土寺諸色入破曆計會牒〕 長興二年正月 (930～931)

09965 張憨奴 ··············· P3418v⑧
〔平康鄉缺枝夫戶名目〕 (9C末～10C初)
　3) 平康鄉

09966 張憨奴 ··············· Дx06695
〔諸人便(領)粟曆〕 (10C前中期)

09967 張漢君 ··············· P2049v①
〔淨土寺諸色入破曆計會牒〕 同光三年 (925)

09968 張漢子 ··············· Дx01306
〔董惠明等人名目〕 (946)

09969 張漢通 ··············· P2049v①
〔淨土寺諸色入破曆計會牒〕 同光三年 (925)

09970 張?漢訥 ·············· S08443F4
〔散施入曆〕 二月一日 (944頃)

09971 張灌□ ················ P2766v
〔人名列記〕 咸通十二年 (871)

09972 張環 ············· BD11181(L1310)
〔典張環等爲納草事牒〕 天福七年十一月 (942)

09973 張環 ················ 莫第201窟
〔供養人題記〕 (8C後期)
　1) 五品子別將前都知兵馬使　4) 原作「五品子別將前都知兵馬使張環一心供養」。西壁。《燉》p.92。

09974 張瑾後 ················ P3126
〔冥報記〕 中和二年四月八日, 五月十二日 (882)

09975 張觀音 ··············· P3047v⑦
〔法事僧尼名錄〕 (9C前期)
　4) 僧名「勸音」。

09976 張觀〻 ················ P2641
〔宴設司文書〕 丁未年六月 (947)

09977 張諫全 ··············· Дx01275
〔官府破紙曆〕 (9C末～10C初)

09978 張諫全 ··············· 莫第265窟
〔供養人題記〕 (10C前期)
　1) 故清弟子節度押衙銀青光祿大夫檢校內宅官　4) 南壁。《燉》p.112。《謝》p.314。

09979 張諫?宗 ·············· S00692v
〔雜寫(人名)〕 (10C)
　4) R面爲「秦婦吟一卷」(貞明伍年(919))。

09980 張還 ················· S07945
〔僧俗寫經分團人名目〕 (823以降)
　4) ⇒張英還。

09981 張?含?子 ············· P3396
〔沙州諸渠別粟田名目〕 (10C後期)

09982 張岸 ················· P3047v⑤
〔取麥等曆〕 (辰年)七月八日 (9C前期)

09983 張岸 ……………………… P3047v⑨
〔諸人諸色施捨曆〕 （9C前期）

09984 張岸妻 …………………… P3047v⑨
〔諸人諸色施捨曆〕 （9C前期）

09985 張眼子 …………………… P2049v①
〔淨土寺諸色入破曆計會牒〕 同光三年
（925）

09986 張眼兒 …………………… S09949
〔階和渠田籍〕 （10C?）
　　3）階和渠

09987 張眼□ …………………… P3691piece1
〔社司轉帖(社人名目)〕 戊午年九月十一日
（958）

09988 張顏昌 …………………… P3721v①
〔平康鄉堤上兄(見)點得人名目〕 庚辰年三月
廿二日 （980）
　　3）平康鄉

09989 張顏德 …………………… P3721v①
〔平康鄉堤上兄(見)點得人名目〕 庚辰年三月
廿二日 （980）
　　3）平康鄉

09990 張願 ……………………… S05824v
〔經坊費負担人名目〕 （8C末～9C前期）
　　1）頭

09991 張願盈 …………………… P3396
〔沙州諸渠別粟田名目〕 （10C後期）

09992 張願盈 …………………… P3396v
〔沙州諸渠別苽薗名目〕 （10C後期）

09993 張願盈 …………………… S06452⑥
〔常住庫黃麻出便與人名目〕 壬午年 （982）
　　2）淨土寺

09994 張願會 …………………… P2944
〔大乘寺・聖光寺等尼僧名錄〕 （10C後期?）
　　2）聖光寺　4）⇒張明會＝明會＝願會。

09995 張願弘 …………………… P3797v①
〔張富清戶口籍(殘)〕 開寶九年丙子歲前後
（976頃）
　　4）R面有題記「太公家敎，新集嚴父敎。維太宗開
　　寶九年丙子歲三月十三日寫子文書了」。

09996 張願興 …………………… P4651
〔張願興・王祐進投社狀〕 （10C）

09997 張願子 …………………… S02228①
〔絲綿部落夫丁修城使役簿〕 亥年六月十五
日 （819）
　　1）(左七)　3）絲綿部落　4）首行作「亥年六月
　　十五日州城所，絲綿」。末行作「亥年六月十五日
　　畢功」。

09998 張願子 …………………… S02669
〔管內尼寺(安國寺・大乘寺・聖光寺)籍〕
（865～870）
　　2）大乘寺　3）赤心鄉　4）尼名「海性」。

09999 張願受 …………………… Дx01317
〔衙前第一隊轉帖〕 二月六日 （10C中期）
　　1）將頭

10000 (張)願昌 ………………… P4987
〔兄弟社轉帖〕 戊子年七月 （988）

10001 張?願昌 ………………… P4987
〔兄弟社轉帖〕 戊子年七月 （988）
　　4）⇒願昌。

10002 張願昌 …………………… P5032⑩⑪⑫
〔渠人轉帖〕 甲申年十月三日 （984）

10003 張願昌 …………………… P5032⑫
〔渠人轉帖〕 甲申年十月四日 （984）

10004 張願昌 …………………… P5032⑬⑯⑱
〔渠人轉帖〕 甲申年二月廿日 （984）

10005 張願昌 …………………… P5032⑭
〔渠人轉帖〕 甲申年九月廿一日 （984）

10006 張願昌 …………………… P5032⑲
〔渠人轉帖〕 甲申年□月十七日 （984）

10007 張願昌 …………………… P5032⑲
〔渠人轉帖〕 甲申年四月十二日 （984）

10008 張願昌 …………………… P5032⑳
〔渠人轉帖〕 甲申年四月十四日 （984）

10009 張願昌 …………………… Дx01313
〔以褐九段塡還驢價契〕 壬申年十月廿七日
（972）

10010 張願進 ············· P4525⑩
〔官府酒破曆〕 辛巳年 (981)

10011 張願達 ············· P5032⑳
〔渠人轉帖〕 甲申年四月十四日 (984)

10012 張願長 ············· BD11523v(L1652)
〔社司點帖及雜寫〕 (9～10C)
　　1)長?

10013 張願長 ············· P3231⑦
〔平康鄉官齋曆〕 丙子年五月十五日 (976)
　　3)平康鄉

10014 張願長 ············· S06452⑦
〔便粟曆〕 壬午年 (982)
　　2)淨土寺

10015 張願通 ············· P2932
〔出便豆曆〕 乙丑年二月十日 (965?)

10016 張願通 ············· P3859
〔報恩寺常住百姓老小孫息名目〕 丙申年十月十一日 (936?)
　　1)寺戶 2)報恩寺

10017 張願通 ············· P3859
〔報恩寺常住百姓老小孫息名目〕 丙申年十月十一日 (936?)
　　1)寺戶 2)報恩寺 4)⇒會支。

10018 張願通 ············· P3859
〔報恩寺常住百姓老小孫息名目〕 丙申年十月十一日 (936?)
　　1)寺戶 2)報恩寺 4)⇒會興。

10019 張願通 ············· P4063
〔官建轉帖〕 丙寅年四月十六日 (966)

10020 張願通 ············· P5032⑬⑯⑱
〔渠人轉帖〕 甲申年二月廿日 (984)

10021 張願通 ············· P5032⑭
〔渠人轉帖〕 甲申年九月廿一日 (984)

10022 張願通 ············· P5032⑰
〔渠人轉帖〕 甲申年二月廿九日 (984)

10023 張願得 ············· P3418v⑤
〔某鄉缺枝夫戶名目〕 (9C末～10C初)

10024 張願德 ············· P3231③
〔平康鄉官齋曆〕 甲戌年五月廿九日 (974)
　　3)平康鄉

10025 (張)願德 ············· P4987
〔兄弟社轉帖〕 戊子年七月 (988)

10026 張願德 ············· P5032⑩⑪⑫
〔渠人轉帖〕 甲申年十月三日 (984)

10027 張願德 ············· P5032⑫
〔渠人轉帖〕 甲申年十月四日 (984)

10028 張願德 ············· P5032⑭
〔渠人轉帖〕 甲申年九月廿一日 (984)

10029 張願德 ············· P5032⑲
〔渠人轉帖〕 甲申年四月十二日 (984)

10030 張願友 ············· S06452⑦
〔便粟曆〕 壬午年 (982)
　　2)淨土寺

10031 張願□ ············· Дx02431
〔碩斛領入曆〕 壬申年(七月?) (852 or 912 or 972)
　　1)千渠

10032 (張)喜首 ············· P3718
〔張和尚寫眞讚序〕 (後梁907～922)
　　1)僧政 4)俗姓「張」。原作「香號喜首…轉釋門僧政己卯歲九月二日題記(919)」。⇒喜首。

10033 張喜首 ············· P3718⑧
〔賜紫沙門張和尚寫眞讚〕 己卯歲九月二日(題記) (919?)

10034 張喜順 ············· P2040v③-10
〔淨土寺豆入曆〕 (939)
　　2)淨土寺

10035 張喜進 ············· P2618
〔論語集解卷第1〕 乾符三年 (876)

10036 張喜進 ············· P2681
〔論語集解卷第1〕 大唐乾符二年二月廿四日～三年 (875～876)

10037 張喜望 ············· P3402
〔論語卷第6(尾題)〕 二月十三日 (9C後期?)

氏族人名篇　ちよう　張

10038　張期 ・・・・・・・・・・・・・・・・・・・ Дx04776
〔燉煌諸鄉百姓等勞役簿〕（9C前期?）

10039　張歸眞 ・・・・・・・・・・・・・・・・・・・ P3047v⑦
〔法事僧尼名錄〕（9C前期）
　4）僧名「歸眞」。

10040　張龜□ ・・・・・・・・・・・・・・・・・・・ P3381
〔秦婦吟，沙州人戶都受田申請狀〕天復五年
乙丑歲十二月十五日（905）
　2）金光明寺　3）燉煌郡

10041　張儀懷 ・・・・・・・・・・・・・・・・・・・ P3234v②
〔應慶於願達手上入曆〕壬寅年正月一日
（942）

10042　張宜丈 ・・・・・・・・・・・・・・・・・・・ P3249v
〔將龍光顏等隊下人名目〕（9C中期）

10043　張宜々 ・・・・・・・・・・・・・・・・・・・ P2631piece1
〔付絹羅綾曆〕（9C後期）

10044　張宜來 ・・・・・・・・・・・・・・・・・・・ S00542v
〔燉煌諸寺丁壯車牛役部〕戊年六月十八日
（818）
　1）車頭　2）永安寺

10045　張宜來妻 ・・・・・・・・・・・・・・・・・・・ S00542v
〔燉煌諸寺丁壯車牛役部〕戊年六月十八日
（818）
　2）永安寺

10046　張欹 ・・・・・・・・・・・・・・・・・・・ S01453v
〔社司轉帖（寫錄）〕光啓二年丙午歲十日
（886）
　1）錄事　2）於節加蘭若門

10047　張欹中 ・・・・・・・・・・・・・・・・・・・ P3236v
〔燉煌鄉官布籍〕壬申年三月十九日（972）
　3）燉煌鄉

10048　張欹忠 ・・・・・・・・・・・・・・・・・・・ S01285
〔賣宅契〕清泰三年丙申十一月廿三日（936）

10049　張祇三 ・・・・・・・・・・・・・・・・・・・ P2222B①
〔張祇三等狀〕咸通六年正月（865）
　1）燉煌鄉百姓　3）燉煌鄉

10050　張義 ・・・・・・・・・・・・・・・・・・・ P2161piece1
〔客將張幸端典地貸絹契〕庚辰年六月十三?
日（920?）
　4）原作「義〔レ〕張」。

10051　張義君 ・・・・・・・・・・・・・・・・・・・ P2040v③-2
〔淨土寺西倉粟利入曆〕己亥年（939）
　2）淨土寺

10052　張義弘 ・・・・・・・・・・・・・・・・・・・ 杏・羽695
〔燉煌諸鄉諸部落諸人等便麥曆〕（10C）
　1）里正　3）赤心（鄉）

10053　張義信 ・・・・・・・・・・・・・・・・・・・ P2049v①
〔淨土寺諸色入破曆計會牒〕同光三年
（925）

10054　張義信 ・・・・・・・・・・・・・・・・・・・ S08402
〔便麥曆〕（10C前期）

10055　張義成 ・・・・・・・・・・・・・・・・・・・ P3859
〔報恩寺常住百姓老小孫息名目〕丙申年十月
十一日（936?）
　1）寺戶・「張保山」男　2）報恩寺

10056　張義成 ・・・・・・・・・・・・・・・・・・・ S05937
〔破曆〕庚子年十二月（940）

10057　張義全 ・・・・・・・・・・・・・・・・・・・ S03877v②
〔賣舍契（寫）〕乾寧四年丁巳正月廿九日
（897）
　1）百姓・舊舍主　3）平康鄉　4）原作「平康鄉百
姓張義全」「舊舍主張義全」他數所。

10058　張義全 ・・・・・・・・・・・・・・・・・・・ S03877v④
〔賣舍契（寫）〕乾寧四年丁巳正月十二日
（897）
　1）百姓・舊舍主　3）平康鄉　4）原作「平康鄉百
姓張義全」「舊舍主張義全」他數所。

10059　張義全 ・・・・・・・・・・・・・・・・・・・ S03982
〔月次人名目〕乙丑年六月（965）

10060　張義全 ・・・・・・・・・・・・・・・・・・・ S06237
〔諸人見在粟黃麻曆〕戌年～子年（10C中期
以降?）

10061　張義朝 ・・・・・・・・・・・・・・・・・・・ BD05259（夜59）
〔佛說無量壽宗要經（尾）〕（9C前期）
　4）末題後有細字題記「張義朝本」。

10062　張義朝 ・・・・・・・・・・・・・・・・・・・ S05835
〔佛說大乘稻竿經釋〕（9C）

10063　張義通 ・・・・・・・・・・・・・・・・・・・ P2040v②-29
〔淨土寺西倉豆利入曆〕（940年代）
　2）淨土寺

10064 張義通 ············· P3108v②
〔三官?便社人黃麻曆〕 己未年二月十日 (899 or 956)

10065 張義□ ············· 莫第188窟
〔供養人題記〕 (10C末)
1) 六弟試殿監 4) 甬道北壁。《燉》p.82。

10066 張議廣 ············· P4660㉓
〔唐河西節度押衙…清河張府君諱議廣邈眞讚〕 (9C)

10067 張議潭 ············· P2762
〔勅河西節度兵部尙書張公(張淮深)德政碑〕 咸通八年 (867頃)

10068 張議潭 ············· P3556⑪
〔周故南陽郡娘子張氏墓誌銘〕 廣順四年甲寅歲 (954)

10069 (張)議潭 ············· 莫第094窟
〔供養人題記〕 唐咸通十三年以後 (872以降)
1) 金紫光祿大夫檢校戶部尙書直左金吾衞大將軍兼御史大夫賜紫金魚袋南陽郡開國公 4) 甬道南壁。《燉》p.31。《謝》p.102。

10070 (張)議譚 ············· P2913v②
〔張府君(淮深)墓誌銘〕 大順元年二月廿二日 (890)
1) (張淮深)考・贈散騎常侍

10071 張議潮 ············· P3556⑪
〔周故南陽郡娘子張氏墓誌銘〕 廣順四年甲寅歲 (954)

10072 張議潮 ············· P3620④
〔無名歌(學生張議潮寫)〕 未年三月十五日 (9C前期)
1) 學生 4) 原作「學生張義潮寫」。

10073 張議潮 ············· S00788v
〔沙州志〕 (9C後期)
3) 沙州

10074 張議潮 ············· S06342
〔答張議潮上表勅書〕 咸通二年直後 (861直後)

10075 張議潮 ············· Дx05870
〔大興孝皇帝(睿宗)遠忌文〕 (9C)
1) 節度使

10076 (張)議潮 ············· 莫第094窟
〔供養人題記〕 唐咸通十三年以後 (872以降)
1) 叔前河西一十一州節度管內觀察處置等使金紫光祿大夫檢校吏部尙書兼御史大夫河西萬戶侯賜紫金魚袋右神武將軍南陽郡開國公食邑二千戶實封二百戶司徒 4) 甬道北壁。《燉》p.31。《謝》p.102。

10077 張議潮 ············· 莫第098窟
〔供養人題記〕 (10C中期)
1) 故外王父前河西一十一州節度管內觀察處置押蕃落支度營田等使金紫光祿大夫檢校司空食邑二□戶實封伍伯戶…節授右神武將軍太保河西萬戶侯賜紫金魚袋上柱國 4) 原作「故外王父前河西一十一州節度…(中略)…上柱國南陽郡張議潮一心供養」。甬道北壁。《燉》p.32。

10078 張議潮 ············· 莫第156窟
〔出行圖題名〕 (9C後期)
1) 河西節度使檢校司空兼御史大夫 4) 原作「河西節度使檢校司空兼御史大夫張議潮統軍□除吐蕃收復河西一道行圖」。《燉》p.74。

10079 張麴子 ············· P2032v①-4
〔淨土寺粟入曆〕 (944前後)

10080 張麴子 ············· P2032v⑯-4
〔淨土寺粟利閏入曆〕 (940前後)
2) 淨土寺

10081 張麴子 ············· P2032v⑱
〔淨土寺豆利閏入曆〕 (940前後)
2) 淨土寺

10082 張麴子 ············· P2040v②-28
〔淨土寺豆入曆〕 (940前後)
2) 淨土寺

10083 張麴子 ············· P2040v③-10
〔淨土寺豆入曆〕 (939)
2) 淨土寺

10084 張麴子 ············· P2049v①
〔淨土寺諸色入破曆計會牒〕 同光三年 (925)

10085 (張)麴子 ············· P3234v③
〔惠安惠戒手下便物曆〕 甲辰年 (944)
2) 淨土寺?

10086 張吉昌 ············· S03011v
〔社司轉帖〕 (10C)

10087 張吉昌 ·················· S05632①
〔親情社轉帖〕 丁卯年二月八日 （967）

10088 張久子 ·············· BD16381（L4455）
〔諸家磚曆〕 （10C）

10089 張久子 ·················· S01898
〔兵裝備簿〕 （10C前期）

10090 張九 ·················· P3047v⑥
〔諸人諸色施入曆〕 （9C前期）

10091 張九 ·················· S05788
〔社司轉帖〕 十一月廿一日 （9C前期）

10092 張九 ·················· S05825
〔社司轉帖〕 四月一日 （9C前期）

10093 張九妻 ·················· P3047v⑥
〔諸人諸色施入曆〕 （9C前期）

10094 張九子 ·················· S10858v
〔捉道役牒？〕 九月九日 （10C）

10095 張俅 ·················· P2568
〔南陽張延綬別傳〕 光啓三年閏十二月十五日 （887）

10096 張球 ·············· BD06800（潛100）
〔大佛頂陁羅尼經有十卷，呪在第七卷內（尾）〕 中和元年五月十八日 （885）
　4) 原作「弟子張球手自寫呪，終身頂戴，乞願加備」。

10097 張球 ·················· P2537
〔略出籤金卷第1〕 （9C）

10098 張球 ·················· P2913v②
〔張府君（淮深）墓誌銘〕 大順元年二月廿二日 （890）
　1) 節度掌書記兼御史中丞柱國賜緋魚袋

10099 張球 ·················· P2913v③
〔大唐燉煌譯經三藏吳和尙邈眞讚〕 咸通十年歲次乙丑七月十八日 （869）
　1) 弟子節度判官朝議郞檢校尙書主客員外郞柱國賜緋魚袋

10100 張球 ·················· P3288v
〔張懷政邈眞讚幷序（雜寫3行）〕 （9C前期）
　1) 節度判官宣德□□□丞柱國　4) 原作「節度判官宣德□□□丞柱國淸河張球撰」。R面有「天鏡」（9C前期）。

10101 張球 ·················· P3425
〔金光明變相一鋪銘幷序〕 （9C）

10102 張球 ·················· P4660⑫
〔陰處士邈眞讚幷序〕 （9C）
　1) 歸義軍諸軍事判官

10103 張球 ·················· P4660⑯
〔張府君諱祿邈眞讚〕 咸通十二年季春月 （871）
　1) 從姪・沙州軍事判官

10104 張球 ·················· P4660㉕
〔大唐沙州譯經三藏大德吳和尙邈眞讚〕 （9C）
　1) 軍事判官將仕郞守監

10105 張球 ·················· P4660㉓
〔凝公邈眞讚〕 咸通五歲季春月 （864）
　1) 故釋門法律大德　3) 沙州

10106 張球 ·················· P4660㉘
〔翟神慶邈眞讚〕 咸通五歲四月廿五日記 （864）
　1) 燉煌縣尉　4) 原作「張球撰」。

10107 張匡鄴 ·················· P2213piece
〔類書〕 二月五日 （10C前期）
　4) P2213類書（?）之補強紙。

10108 張匡鄴 ·················· P4046
〔捨施廻向疏〕 天福七年 （942）
　3) 于闐國

10109 張嬌娘 ·················· S02669
〔管內尼寺（安國寺・大乘寺・聖光寺）籍〕 （865～870）
　2) 大乘寺　3) 赤心鄉　4) 尼名「明心」。

10110 張嬌娘 ·················· S02669
〔管內尼寺（安國寺・大乘寺・聖光寺）籍〕 （865～870）
　2) 大乘寺　3) 平康鄉　4) 尼名「善悟」。

10111 張教〻 ·················· P3167v
〔安國寺道場司關于（五尼寺）沙彌戒訴狀〕 乾寧二年三月 （895）

10112 張敎授 ·············· BD09323（周44）
〔沙州某寺分給蕃漢官僚等早・中・夜三食日程帖〕 （820～830）
　1) 敎授

10113 張教授 ……………… BD10160（L0289）
〔佛典流通〕　子年四月十日　（8～9C）
　1）教授

10114 張教授闍梨 ……………… P2358v
〔清河彭城教授公願文〕（9C前半）
　1）教授闍梨

10115 張教授闍梨 ……………… P2807
〔願文〕（9C前期）
　1）教授闍梨

10116 張鄉 ……………… S03920v④
〔縁取磑用破曆（殘）〕（9C前期）

10117 張鄉官 ……………… P2032v⑫
〔淨土寺諸色破曆〕（940前後）
　1）鄉官　2）淨土寺

10118 張鄉官 ……………… P3636piece1
〔社人罸粟曆〕　丁酉年頃　（937頃）
　1）鄉官

10119 張鄉官 ……………… P3763v
〔淨土寺入破曆〕（945前後）
　1）鄉官？　4）原作「張鄉官莊」。

10120 張鄉官 ……………… P3875B
〔某寺修造諸色破曆〕　丙子年八月廿七日
（916 or 976?）
　1）鄉官

10121 張鄉官 ……………… S06252
〔付絹曆〕（10C中期頃）
　1）鄉官

10122 張鄉官 ……………… Дx10286
〔鄉官張帖（記）〕　三月十一日　（10C後期）
　1）鄉官

10123 （張）鏡因 ……………… P3167v
〔安國寺道場司關于（五尼寺）沙彌戒訴狀〕
乾寧二年三月　（895）
　2）安國寺　4）⇒鏡因。

10124 張業 ……………… P3017
〔張業等敬造金字大寶積經〕天復三年歲次癸
亥二月壬申朔廿三日　（903）

10125 張玉 ……………… S05825
〔社司轉帖〕（9C前期）

10126 張緊胡 ……………… P3249v
〔將龍光顏等隊下人名目〕（9C中期）

10127 張緊子 ……………… BD16231（L4112）
〔張緊子兄弟缺麥粟曆〕辛亥年三月壹日（9
～10C）

10128 張緊子 ……………… P4640v
〔官入破曆〕　己未年五月　（899）
　1）衙官

10129 張緊子 ……………… P5593
〔社司轉帖（殘）〕　癸巳年十月十日　（933?）

10130 張緊兒 ……………… P3070v①②
〔社司轉帖（寫錄）〕　乾寧三年閏三（二）月
（896）

10131 張緊兒 ……………… S06003
〔社司轉帖〕　壬申年七月廿九日　（972）

10132 張金圓 ……………… S02669
〔管內尼寺（安國寺・大乘寺・聖光寺）籍〕
（865～870）
　2）大乘寺　3）莫高鄉　4）尼名「戒眞」。

10133 張金圓 ……………… S02669
〔管內尼寺（安國寺・大乘寺・聖光寺）籍〕
（865～870）
　2）大乘寺　3）莫高鄉　4）尼名「妙定」。

10134 張金谿 ……………… S02729①
〔燉煌應管勘牌子曆〕　辰年三月　（788）
　1）僧　2）永安寺　3）沙州　4）19行目。

10135 張金炫 ……………… S02729①
〔燉煌應管勘牌子曆〕　辰年三月　（788）
　1）僧　2）乾元寺　3）沙州　4）21行目。

10136 張金光 ……………… Дx01410
〔社司轉帖〕　庚戌年閏四月　（950）

10137 張金光奴 ……………… P3959
〔貸粟曆〕（10C）

10138 張金剛 ……………… BD06359（鹹59）
〔便麥契〕　丑年二月　（821）
　1）寺戶・團頭　2）龍興寺

10139 張金剛奴 ……………… P3757v
〔雜記(1行)〕　天福八年歲次癸卯七月一日
（943）
　1）百姓　3）慈惠鄉

10140 張金剛奴 ・・・・・・・・・・・・・・・ P4635③
〔便粟豆曆〕 癸卯年二月十三日 (943)

10141 張金妻 ・・・・・・・・・・・・・・・・・・ S00542v
〔燉煌諸寺丁壯車牛役部〕 戌年六月十八日
(818)
　2)大乘寺　4)(何)張金。

10142 張金妻 ・・・・・・・・・・・・・・・・・・ S00542v
〔燉煌諸寺丁壯車牛役部〕 戌年六月十八日
(818)
　2)大乘寺

10143 張金山 ・・・・・・・・・・・・・ IOL.CH.1,0021b
〔張金山窟頭燃燈文〕 壬申年十二月廿一日
(982)

10144 張金洞 ・・・・・・・・・・・・・・・・・ S02729①
〔燉煌應管勘牌子曆〕 辰年三月 (788)
　1)僧　2)金光明寺　3)沙州　4)16行目。

10145 張金曜 ・・・・・・・・・・・・・・・・・ S02729①
〔燉煌應管勘牌子曆〕 辰年三月 (788)
　1)僧　2)金光明寺　3)沙州　4)15行目。

10146 張崟? ・・・・・・・・・・・・・・・・・・ S02711
〔寫經人名目〕 (9C前期)
　2)金光明寺

10147 張崟 ・・・・・・・・・・・・・・・・・・・ S04831v
〔寫經人名目〕 (9C前期)
　1)寫經人

10148 張崟 ・・・・・・・・・・・・・・・・・・・ S07945
〔僧俗寫經分團人名目〕 (823以降)

10149 張閻子 ・・・・・・・・・・・・・・・・・ S02669
〔管內尼寺(安國寺・大乘寺・聖光寺)籍〕
(865～870)
　2)大乘寺　3)平康鄉　4)尼名「靈忍」。

10150 張虞候 ・・・・・・・・・・・・・・・・・ P3145v
〔節度使下官人名・鄉名諸姓等雜記〕 (10C)
　1)虞候

10151 張虞候 ・・・・・・・・・・・・・・・・・ S00327v
〔社司轉帖〕 (10C)
　1)虞候

10152 張虞候 ・・・・・・・・・・・・・・・・・ Дx01277
〔納贈曆〕 丁丑年九月四?日 (977)
　1)虞候

10153 張空兒 ・・・・・・・・・・・・・・・・・・ P3396
〔沙州諸渠別粟田名目〕 (10C後期)

10154 張空明 ・・・・・・・・・・・・・・・・・ P3047v⑦
〔法事僧尼名錄〕 (9C前期)
　4)僧名「空明」。

10155 張君 ・・・・・・・・・・・・・・・・・・・・ P5546
〔神沙鄉人名目(殘)〕 (900頃)
　3)神沙鄉

10156 張君々 ・・・・・・・・・・・・・・・・・ S00542v
〔燉煌諸寺丁壯車牛役部〕 戌年六月十八日
(818)
　2)永安寺

10157 張君々妻 ・・・・・・・・・・・・・・・ S00542v
〔燉煌諸寺丁壯車牛役部〕 戌年六月十八日
(818)
　2)永安寺

10158 張君子 ・・・・・・・・・・・・・・・・・ P4640v
〔官入破曆〕 己未年四月 (899)
　1)衙官

10159 張君勝 ・・・・・・・・・・・・ BD13984(新0184)
〔大般若波羅蜜多經卷第404(末)〕 (9C前期)

10160 張下□ ・・・・・・・・・・・・ BD16111p(L4066)
〔押衙張再晟?隊下人名目〕 (10C)

10161 張嘟 ・・・・・・・・・・・・・・・ BD01835(秋35)
〔佛說無量壽宗要經(尾)〕 (9C前期)

10162 張惠?延 ・・・・・・・・・・・・・・・ P3418v⑥
〔洪閏鄉缺枝夫戶名目〕 (9C末～10C初)
　3)洪閏鄉

10163 (張)惠覺 ・・・・・・・・・・・ BD09089v(陶10)
〔雜寫〕 (9～10C)

10164 張惠劍 ・・・・・・・・・・・・・・・・・ P3047v①
〔僧名等錄〕 (9C前期)
　4)僧名「惠劍」。

10165 張惠藏 ・・・・・・・・・・・・・・・・・ S02729①
〔燉煌應管勘牌子曆〕 辰年三月 (788)
　1)僧　2)大雲寺　3)沙州　4)15行目。

10166 張慶 ・・・・・・・・・・・・・・・・・・・ P4072③
〔張嘉禮祠部告牒〕 乾元元年頃 (758頃)
　4)本文中有「張嘉禮年拾伍, 法名□□, 沙州燉煌
縣, 神沙鄉, 靈[　], 兄慶爲戶」。

10167 張慶 …………………… Дх01332v
〔人名(2字)〕 (10C?)
　　4) R面爲「佛說八陽神咒經」(9C)。

10168 張慶意 …………………… S02669
〔管內尼寺(安國寺・大乘寺・聖光寺)籍〕
(865～870)
　　3) 平康鄕　4) 姓「張」。俗名「嫂々」。

10169 張慶興? …………………… P3448v
〔雇駝契〕 辛卯年九月廿日 (931?)
　　1) 口承人・押衙

10170 張慶子 …………………… Дх02149A
〔寒食座設付酒曆〕 戊午年四月廿五日 (958 or 898)

10171 張慶住 …………… BD09345①(周66)
〔安醜定妻亡社司轉帖〕 辛酉年四月廿四日 (961?)
　　2) 顯德寺門

10172 張慶住 …………………… P2032v⑱
〔淨土寺豆利閏入曆〕 (940前後)
　　2) 淨土寺

10173 張慶住 …………………… P3889
〔社司轉帖〕 (10C後期?)

10174 張慶住 …………………… Дх02149B
〔見納缺柴人名目〕 (10C)

10175 張慶達 …………………… P2049v①
〔淨土寺諸色入破曆計會牒〕 同光三年 (925)

10176 張慶達 …………………… P3616v
〔社司轉帖(人名目)〕 丁亥年頃 (927?)

10177 張慶達 …………………… 莫第098窟
〔供養人題記〕 (10C中期)
　　1) 節度押衙銀靑光祿大夫檢校國子祭酒兼御史中丞上柱國　4) 北壁。《燉》p.34。《謝》p.96。

10178 張慶通 …………………… P2703
〔官牧羊人納粘羊毛牒〕 壬申年十二月 (972?)

10179 張慶道 …………………… S02922
〔韓朋賊1卷〕 癸巳年三月八日 (933)

10180 張慶郞 …………………… S01898
〔兵裝備簿〕 (10C前期)

10181 張慶□ …………………… Дх05699
〔社司?轉帖〕 二申年四月六日 (10C中期)

10182 張慶□ …………………… 莫第098窟
〔供養人題記〕 (10C中期)
　　1) 節度押衙銀靑光祿大夫檢校太子賓客兼監察御史　4) 北壁。《燉》p.36。

10183 張啓行 …………………… S02729①
〔燉煌應管勘牌子曆〕 辰年三月 (788)
　　1) 僧　2) 大乘寺　3) 沙州　4) 50行目。

10184 張景球 …………………… P3902A
〔靈驗記〕 (9C)

10185 張瓊俊 …………………… S04309v
〔張瓊俊請龍興僧一十人設齋疏〕 二月廿日 (9C)
　　2) 龍興寺　4) ⇒瓊俊。

10186 張繼縱 …………………… S02669
〔管內尼寺(安國寺・大乘寺・聖光寺)籍〕
(865～870)
　　2) 大乘寺　3) 平康鄕　4) 尼名「勝心」。

10187 張繼?崇 …………………… MG17662
〔『被帽地藏菩薩十王圖(絹本)著邑』下部；太平興國八年歲次癸未十一月題記『供養銘』(22行)〕 太平興國八年歲次癸未十一月 (983)

10188 張月光 …………………… P3394
〔僧張月光父子廻博田地契〕 大中六年壬申十月 (852)
　　1) 園舍田地主僧　4) 原作「園舍田地主僧張月光」他數個。

10189 張劍奴 …………………… P3774
〔僧龍藏家產分割訴牒〕 丑年十二月 (821)

10190 張堅 …………………… S05632②
〔貸絹契〕 辛酉年九月一日 (961)
　　1) 僧

10191 張堅戒 …………………… S02729①
〔燉煌應管勘牌子曆〕 (788)
　　2) 普光寺　4) 40行目。

10192 張堅君 …………………… S08402
〔便麥曆〕 (10C前期)
　　1) 見人

10193 （張）堅ゝ ……………… P3394
〔僧張月光父子廻博田地契〕 大中六年壬申十月 （852）
　　1)(張月光)男・保人　4)原作「保人男堅ゝ」。

10194 張堅ゝ ………………… P3433
〔論語集解卷第8(題記)〕 丁未年十月十六日 （887）

10195 張堅智 ………………… S02669
〔管内尼寺(安國寺・大乘寺・聖光寺)籍〕 （865～870）
　　2)大乘寺　3)平康鄉　4)姓「張」。俗名「曨ゝ」。

10196 張堅法 ………………… S02669
〔管内尼寺(安國寺・大乘寺・聖光寺)籍〕 （865～870）
　　2)大乘寺　3)洪池鄉　4)姓「張」。俗名「太娘」。

10197 張建ゝ ………………… P3418v⑧
〔平康鄉缺枝夫戶名目〕 （9C末～10C初）

10198 張建子 ………………… P3234v③-48
〔惠安惠戒手下便物曆〕 甲辰年 （944）
　　1)行者

10199 張建子 ………………… S00329v
〔社司轉帖〕 （9C末）

10200 張建津 ………………… P2766v
〔人名列記〕 咸通十二年 （871）

10201 張建宗 ………………… P2032v⑱
〔淨土寺豆利閏入曆〕 （940前後）
　　2)淨土寺

10202 張建宗 ………………… P3490v①
〔油破曆〕 辛巳年頃 （921頃）
　　1)塑匠

10203 張建宗 ………………… 羽703
〔某寺諸色㪷斗破計會〕 辛未年 （911?）

10204 張憲? ………………… P3491piece3
〔突田名簿〕 （9C前期）

10205 張憲之 ………………… S11454D
〔春秋毛・酪・蘇・羊等算會簿〕 酉・亥・子・丑年 （793～797）
　　4)⇒張之。

10206 張涓 ………………… BD02574（歲74）
〔无量壽宗要經〕 （9C前期）
　　2)(靈)修(寺)　4)V面有「修」字。

10207 張涓? ………………… BD02939（陽39）
〔佛說無量壽經(尾殘)〕 （9C前期）
　　4)尾題末後有「張涓?」(極細字)名。

10208 張涓 ………………… BD04335（出35）
〔无量壽宗要經〕 （9C前期）

10209 張涓 ………………… BD04671（劍71）
〔大般若波羅蜜多經卷第467(尾)〕 （9C前期）

10210 張涓 ………………… BD07101（師1）
〔无量壽宗要經(尾紙末題名)〕 （9C前期）

10211 張涓 ………………… BD13912（新0112）
〔大般若波羅蜜多經卷第55〕 （9C前期）
　　4)「報恩寺／藏經印」(卷首・尾)。原爲日本大谷探檢隊所得。登錄番號1001。

10212 張涓 ………………… S04346
〔大般若波羅蜜多經卷第230〕 （9C前期）

10213 張涓子 ………………… BD01920（收20）
〔佛說無量壽要經(尾)〕 （9C前期）
　　2)金(光明寺)　4)V面有「金(光明寺)」之字。

10214 張涓子 ………………… BD03139（騰39）
〔无量壽宗要經(尾紙末有雜寫)〕 （9C前期）
　　1)寫

10215 張涓子 ………………… BD04621（劍21）
〔无量壽宗要經(末)〕 （9C前期）
　　4)原作「張涓子」朱書。

10216 張涓子 ………………… BD05750（奈50）
〔无量壽宗要經(末)〕 （9C前期）

10217 張涓子 ………………… BD05999（重99）
〔佛說无量壽宗要經(尾紙有題名)〕 （9C前期）

10218 張涓子 ………………… BD06216（海16）
〔大乘无量壽宗要經〕 （9C前期）

10219 張涓子 ………………… BD06243A（海43）
〔无量壽宗要經〕 （9C前期）
　　4)首紙和第5紙尾題後有「張涓子」。

10220 張涓子 ………………… BD07491（官91）
〔无量壽宗要經〕 （9C前期）

10221 張涓子 ············ BD07855（制55）
〔无量壽宗要經〕（9C前期）
　4）原作「張涓子寫」。

10222 張涓子 ············ BD08279（服79）
〔佛說无量壽宗要經（尾紙後有題名）〕（9C前期）

10223 張涓子 ············ BD12203（L2332）
〔无量壽宗要經〕（9C前期）
　4）原作「張涓子寫」。

10224 張涓子 ················· P3131
〔大乘無量壽經〕（9C前期）

10225 張犬兒 ················ S01453v
〔社司轉帖（寫錄）〕 光啓二年丙午歲十日（886）
　2）於節加蘭若門

10226 張獻 ················· P3205
〔僧俗人寫經曆〕（9C前期）

10227 張獻 ················· S02711
〔寫經人名目〕（9C前期）
　1）寫經人　2）金光明寺

10228 （張）獻 ············· S04831②
〔寫經人名目〕（9C前期）
　1）寫經人　2）金光明寺

10229 （張）獻 ············· S04831v
〔寫經人名目〕（9C前期）
　1）寫經人　2）金光明寺

10230 張獻 ················· S07945
〔僧俗寫經分團人名目〕（823以降）

10231 張獻 ············ 浙燉127（浙博120）
〔大般若波羅密多經卷第134（允紙）〕（9C前期）
　4）上欄有「錯」字，又下欄有「張獻」（逆書）。

10232 張獻 ············ 浙燉159（浙博134）
〔大般若波羅密多經（允紙）〕（9C前期）
　4）上欄有「允」字，又下欄有「張獻」（逆書）。

10233 張絹? ················ S05788
〔社司轉帖〕 十一月廿一日（9C前期）

10234 張絹 ······ チベット文獻裏文書／榎カタログ整理番號C64ch.0327
〔佛說無量壽宗要經〕（9C前期）

10235 張縣丞 ················· P6002②
〔某寺破曆〕（9C中期頃）
　1）縣丞

10236 張縣令 ················· P2032v⑫
〔淨土寺諸色破曆〕（940前後）
　1）縣令　2）淨土寺

10237 張縣令 ··············· P2032v⑯-1
〔淨土寺麥入曆〕（940前後）
　1）縣令　2）淨土寺

10238 張縣令 ················· P2049v②
〔淨土寺諸色入破曆計會牒〕 長興二年正月（930～931）
　1）縣令

10239 張縣令 ················· P3727v②
〔狀〕 正月廿日 （10C中期）
　1）縣令

10240 張見子 ··············· P2032v⑬-7
〔淨土寺黃麻利閏入曆〕（940前後）
　2）淨土寺

10241 張見淨 ················ S02669
〔管內尼寺(安國寺・大乘寺・聖光寺)籍〕（865～870）
　2）大乘寺　3）洪池鄉　4）姓「張」。俗名「詔々」。

10242 張謙逸 ················ S00767v
〔送上張部落使,經紙墨,經筆(1行)文〕（9C前期）

10243 張賢威 ················· P2049v①
〔淨土寺諸色入破曆計會牒〕 同光三年（925）

10244 張賢君 ··············· P2040v③-2
〔淨土寺西倉粟利入曆〕 己亥年 （939）
　2）淨土寺

10245 張賢君 ················ P3167v
〔安國寺道場司關于(五尼寺)沙彌戒訴狀〕 乾寧二年三月 （895）
　2）聖光寺

10246 張賢君 ·················· S06781②
〔北梁戶張賢君納油課曆〕 丁丑年正月十一日 (917)
  1)北樑戶

10247 張賢君 ············ Дx01405＋Дx01406
〔布頭索留信等官布籍〕 (9C末期～10C初期)

10248 張賢惠 ·················· S04884v
〔便褐曆〕 壬申年正月廿七日 (972?)

10249 張賢惠女 ················· S04884v
〔便褐曆〕 壬申年正月廿七日 (972?)

10250 張賢慶 ·················· P3288v
〔((馬)步軍都知兵馬使識(試)殿中□張賢慶文(1行)〕 乾寧參季丙辰歲正月日 (896)
  1)(馬)步軍都知兵馬使識(試)殿中□

10251 張賢慶 ················· 莫第098窟
〔供養人題記〕 (10C中期)
  1)節度押衙銀青光祿大夫檢校國子祭酒兼御史中丞上柱國　4)北壁。《燉》p.34。《謝》p.96。

10252 張賢ゞ ··············· BD09344(周65)
〔諸色破曆〕 (9～10C)

10253 張賢ゞ ··················· P2685
〔善護・逐恩兄弟分家文書〕 戊申年四月六日 (828 or 888)
  1)兄

10254 張賢ゞ ·················· P3249v
〔將龍光顏等隊下人名目〕 (9C中期)

10255 張賢ゞ ·················· P3616v①
〔諸人納什物曆〕 戊申年四月六日 (888)

10256 張賢ゞ ·················· P3616v②
〔諸人納什物曆〕 丁亥年 (927?)

10257 張賢子 ·················· P3418v④
〔龍勒鄉缺枝夫戶名目〕 (9C末～10C初)
  3)龍勒鄉

10258 張賢子 ·················· P3418v⑧
〔平康鄉缺枝夫戶名目〕 (9C末～10C初)
  3)平康鄉

10259 張賢者 ············· BD00550v(荒50)
〔便粟曆(4行)〕 (10C?)
  1)賢者

10260 張賢者 ················ P2040v③-14
〔淨土寺褐入曆〕 (939)
  1)賢者　2)淨土寺

10261 張賢者 ··················· P2049v①
〔淨土寺諸色入破曆計會牒〕 同光三年 (925)
  1)賢者

10262 (張)賢者 ················· P3189v
〔雜記〕 (10C)
  1)賢者

10263 張賢者 ·················· S06981⑤
〔親情社轉帖〕 癸亥年八月十日 (963)

10264 張賢住 ················ P2032v①-4
〔淨土寺粟入曆〕 (944前後)

10265 張賢住 ··················· P4635②
〔社家女人便麵油曆〕 [　]月七日 (10C中期)

10266 張賢進 ················ 莫第098窟
〔供養人題記〕 (10C中期)
  1)節度押衙銀青光祿大夫檢校太子賓客兼監察侍御史　4)北壁。《燉》p.36。《謝》p.97。

10267 張元暉 ·················· P3446v
〔沙州倉曹會計牒〕 吐蕃巳年?頃 (789?)

10268 張元嵩 ·················· S00542v
〔燉煌諸寺丁壯車牛役部〕 戊年六月十八日 (818)
  1)團頭　2)永安寺

10269 張元嵩妻 ················· S00542v
〔燉煌諸寺丁壯車牛役部〕 戊年六月十八日 (818)
  2)永安寺

10270 張元□ ················ 莫第197窟
〔供養人題記〕 (8C中後期)
  1)上柱國　4)《P》。《燉》p.91。

10271 張嚴藏 ··················· S02669
〔管內尼寺(安國寺・大乘寺・聖光寺)籍〕 (865～870)
  2)安國寺?　3)玉關鄉　4)姓「張」。俗名「端ゞ」。

10272 張彥威 ··················· S11346
〔智貞於牧羊人羖皮腔抄錄憑〕 (10C前期前後)
  1)牧羊人

10273 張彥堯 ……………… P2968v
〔社文書斷片〕 (10C)

10274 張彥宋 ……………… P3189v
〔開蒙要訓1卷(末)〕 (10C)
　2)三界寺

10275 張彥容 ……………… S01366
〔歸義軍府下破用麵油曆〕 己卯～壬午年頃
(10C後期(980～982頃))

10276 張玄逸 ……………… S01864
〔維摩詰經卷下〕 歲次甲戌年九月卅日 (794)
　1)百姓

10277 張玄?盈 ……………… Дx04278
〔十一鄉諸人付麵數〕 乙亥年四月十一(日)
(915? or 975)
　3)赤〔心鄉〕

10278 張言頭? ……………… 有鄰館56
〔城下諸色碩斗牛等入破歷〕 自戌年至子年
(9C前期)

10279 張(庫) ……………… S08750
〔某寺常住什物見在曆〕 (10C)

10280 張故兒 ……………… BD09298(周19)
〔納贈曆〕 (9～10C)

10281 張胡々 ……………… P2032v⑯-4
〔淨土寺粟利閏入曆〕 (940前後)
　2)淨土寺

10282 張胡々 ……………… P2049v①
〔淨土寺諸色入破曆計會牒〕 同光三年
(925)

10283 張胡々 ……………… P2049v②
〔淨土寺諸色入破曆計會牒〕 長興二年正月
(930～931)

10284 張胡々 ……………… S09949
〔階和渠田籍〕 (10C?)
　3)階和渠

10285 張胡々 ……………… S11353
〔社司?轉帖〕 (10C)

10286 張胡子 ……………… S05394
〔宰相兼御史大夫臣張文徹上啓〕 六月日
(900前後)
　1)(張文徹)姪男

10287 (張?)胡子妻 ……………… S00542v
〔燉煌諸寺丁壯車牛役部〕 戌年六月十八日
(818)
　2)乾元寺

10288 張胡兒 ……………… P3878B
〔都頭知軍資庫官張富高牒并判〕 己卯年
(979)
　3)燉煌鄉

10289 張胡僧 ……………… Дx01277
〔納贈曆〕 丁丑年九月四?日 (977)
　1)胡僧

10290 張胡奴 ……………… S00214v
〔行人轉帖〕 甲申年 (10C)

10291 張胡奴 ……………… S05717
〔人名目〕 (10C)

10292 張顧子 ……………… S00542v
〔燉煌諸寺丁壯車牛役部〕 戌年六月十八日
(818)
　2)乾元寺

10293 張午子 ……………… BD11988(L2117)
〔某寺常住物檢曆〕 (10C)

10294 張午子 ……………… S04706
〔什物交割曆〕 (10C後期)

10295 張午成 ……………… S11353
〔社司?轉帖〕 (10C)

10296 張悟眞 ……………… S02711
〔寫經人名目〕 (9C前期)
　1)寫經人 2)金光明寺

10297 張光圓 ……………… S02729①
〔燉煌應管勘牌子歷〕 辰年三月 (788)
　1)僧 2)大雲寺 3)沙州 4)8行目。

10298 張光子 ……………… S00542v
〔燉煌諸寺丁壯車牛役部〕 戌年六月十八日
(818)
　2)龍興寺

10299 張光照 ……………… S02729①
〔燉煌應管勘牌子歷〕 辰年三月 (788)
　1)僧 2)靈圖寺 3)沙州 4)13行目。

10300 張光進 ・・・・・・・・・・・・・・・・・・・・ S00542v
〔燉煌諸寺丁壯車牛役簿〕 戌年六月十八日
(818)
　2)龍興寺

10301 張光(進?)妻 ・・・・・・・・・・・・・・・ S00542v
〔燉煌諸寺丁壯車牛役簿〕 戌年六月十八日
(818)
　2)金光明寺

10302 張光寂 ・・・・・・・・・・・・・・・・・・・・ S02729①
〔燉煌應管勘牌子歷〕 辰年三月 (788)
　1)僧　2)蓮臺寺　3)沙州　4)10行目。

10303 張公 ・・・・・・・・・・・・・・・・・・・ BD04525v(崗25)
〔雜寫〕 (8～9C)
　4)原作「張公把酒李公取」。

10304 張公 ・・・・・・・・・・・・・・・・・・・ BD06091v(芥91)
〔雜寫(1行)〕 (9C後期)
　4)V面雜寫有「勅河西節度兵部尚書張公德政知
　　(之)碑」。

10305 張公 ・・・・・・・・・・・・・・・・・・・・・ P2991④
〔燉煌社人平詘子一十人捨於宕泉建窟一所
功德記〕 (10C)
　1)西漢金山國頭聽大宰相　4)原作「西漢金山國
　　頭聽大宰相清河張公撰」。

10306 張公 ・・・・・・・・・・・・・・・・・・・・・ P3425
〔前節度押衙兼侍御史…建龕功德銘〕 景福
二年正月十五日(記) (895)
　1)前節度押衙兼侍御史…

10307 張公 ・・・・・・・・・・・・・・・・・・・・ P3556⑩
〔靈修寺闍梨尼戒珠邈眞讚并序〕 (10C)
　2)靈修寺

10308 張公 ・・・・・・・・・・・・・・・・・・・・・ P3718③
〔張公生前寫眞讚〕 天成肆年歲己丑 (929)
　1)唐河西節度押衙知應管內外都牢城使銀青光
　　祿大夫檢校國子祭酒兼御史大夫上柱國清河郡
　　公　4)⇒張良眞。

10309 張公 ・・・・・・・・・・・・・・・・・・・・ 莫第138窟
〔供養人題記〕 (10C)
　1)河西節度使　4)原作「河西節度使張公夫人後
　　敕授武威郡君太夫人陰氏一心供養」。北壁。《燉》
　　p.64。《謝》p.40。

10310 張公 ・・・・・・・・・・・・・・・・・・・・ 莫第156窟
〔供養人題記〕 (9C後期)
　4)原作「□張公一心供養」。前室北壁。《燉》p.73。

10311 張公 ・・・・・・・・・・・・・・・・・・・・ 莫第192窟
〔發願功德讚文并序〕 (8C後期)
　1)河西節度使萬戶侯□司空　4)原作「河西節
　　度使萬戶侯□司空張公」。東壁門口上方。《燉》
　　p.85。

10312 張公 ・・・・・・・・・・・・・・・・・・・・ 莫第201窟
〔張公功德記〕 (8C後期)
　1)信士　4)原作「清信士清河張公」。西壁龕下中
　　央。《燉》p.91。

10313 張更嬌 ・・・・・・・・・・・・・・・・・・・ S02669
〔管內尼寺(安國寺・大乘寺・聖光寺)籍〕
(865～870)
　2)大乘寺　3)洪池鄉　4)尼名「菩提藏」。

10314 張幸恩 ・・・・・・・・・・・・・・・・・・ S05465②-1
〔社關係破曆〕 乙卯・丁丑・癸辰 (955～980?)
　2)龍興寺

10315 張幸心 ・・・・・・・・・・・・・・・・・・・ S04884v
〔便褐曆〕 壬申年正月廿七日 (972?)

10316 張幸心妻 ・・・・・・・・・・・・・・・・・ S04884v
〔便褐曆〕 壬申年正月廿七日 (972?)

10317 張幸深 ・・・・・・・・・・・・・・・・・・・ S04884v
〔便褐曆〕 壬申年正月廿七日 (972?)

10318 張幸深母? ・・・・・・・・・・・・・・・・ S04884v
〔便褐曆〕 壬申年正月廿七日 (972?)

10319 張幸成 ・・・・・・・・・・・・・・・・・・・ P3236v
〔燉煌鄉官布籍〕 壬申年三月十九日 (972)
　3)燉煌鄉

10320 張幸千 ・・・・・・・・・・・・・・・・・ BD09325(周46)
〔社司轉帖〕 □子?年七月十四日 (10C後期)

10321 張幸遷 ・・・・・・・・・・・・・・・・・ BD06277v(海77)
〔五言詩1首, 雜寫〕 (10C?)

10322 張幸全 ・・・・・・・・・・・・・・・・・・・ S02894v①
〔社司轉帖〕 壬申年十二月廿二日 (972)

10323 張幸宗 ・・・・・・・・・・・・・・・・・・・ P3418v⑧
〔平康鄉缺枝夫戶名目〕 (9C末～10C初)
　3)平康鄉

10324 張幸端 ・・・・・・・・・・・・・・・・・・・ P2161piece1
〔客將張幸端典地貸絹契〕 庚辰年六月十三?
日 (920?)
　1)貸絹客?將

10325 張幸端 ……………… 杏・羽707①
　〔千字文・大寶積經等雜寫〕（10C）

10326 張幸通 ……………… P3146A
　〔衙前子弟州司及齓頭等留殘袍衙人數〕辛
　巳年八月三日 （981）

10327 張幸通 ……………… Дx04278
　〔十一鄉諸人付麵數〕乙亥年四月十一（日）
　（915? or 975）

10328 張幸通 ……………… Дx10286
　〔鄉官張帖（記）〕三月十一日 （10C後期）

10329 張幸定 ……………… P3231③
　〔平康鄉官齋曆〕甲戌年五月廿九日（974）
　　3）平康鄉

10330 張幸定 ……………… P3231④
　〔平康鄉官齋曆〕甲戌年十月十五日（974）
　　3）燉煌鄉

10331 張幸定 ……………… P3231⑤
　〔平康鄉官齋曆〕□亥年五月十五日（975）
　　3）平康鄉

10332 張幸定 ……………… P3231⑥
　〔平康鄉官齋曆〕乙亥年九月廿九日（975）
　　3）平康鄉

10333 張幸奴 ……………… S09156
　〔沙州戶口地畝計簿〕（9C前期）

10334 張幸德 ……………… P3236v
　〔燉煌鄉官布籍〕壬申年三月十九日（972）
　　3）燉煌鄉

10335 張幸德 ……………… P4803
　〔張幸德賣出斜褐契〕癸未年正月廿二日
　（923 or 983）

10336 張幸論？ ……………… P3721v①
　〔平康鄉堤上兄（見）點得人名目〕庚辰年三月
　廿二日 （980）
　　3）平康鄉

10337 （張）好子 ……………… P3603v
　〔龍勒鄉百姓張定住貸絹契（習）〕乙未年
　（935? or 995?）
　　1）知見人　3）龍勒鄉

10338 張孔目 ……………… BD16085A（L4052）
　〔酒等破曆〕壬申年三月一日 （972?）
　　1）孔目

10339 張孔目 ……………… BD16112A（L4066）
　〔某寺雜物曆〕（10C?）
　　1）孔目

10340 張孔目 ……………… P3440
　〔見納賀天子物色人名〕丙申年三月十六日
　（996）
　　1）孔目

10341 張孔目 ……………… P3598＋S04199
　〔某寺什物點檢見在曆〕丁卯年 （967）

10342 張孔目 ……………… P4525⑩
　〔官府酒破曆〕辛巳年 （981）
　　1）孔目

10343 張孔目 ……………… S03405
　〔主人付親情社色物〕（10C後期）
　　1）孔目　4）V面有「癸未年三月十四日」。

10344 張孔目 ……………… Дx01216v
　〔藏經點檢曆〕（10C後期）

10345 張孔目 ……………… Дx02146
　〔請諸寺和尚僧政法律等名錄〕（10C?）
　　1）孔目（官）　4）原作「張孔目女師」。

10346 張孔目 ……………… Дx04278
　〔十一鄉諸人付麵數〕乙亥年四月十一（日）
　（915? or 975）
　　1）孔目（官）

10347 張孔目女師 ……………… Дx02146
　〔請諸寺和尚僧政法律等名錄〕（10C?）
　　1）孔目女師

10348 張孝順 ……………… P4989
　〔沙州戶口田地簿〕（9C末）
　　1）百姓

10349 張康三 ……………… BD09520v（殷41）
　〔社人張康三身亡轉帖抄〕（10C前期?）

10350 張康七 ……………… P2769v
　〔行人轉帖（習書）〕（10C前期）

10351 張康七 ……………… P3889
　〔社司轉帖〕（10C後期?）

10352 張廣潤 ………………… S02729①
〔燉煌應管勘牌子歷〕 辰年三月 (788)
　1)僧　2)龍興寺　3)沙州　4)4行目。

10353 張廣照 ………………… S02729①
〔燉煌應管勘牌子歷〕 辰年三月 (788)
　1)僧　2)靈修寺　3)沙州　4)未年6月10日死。
　36行目。

10354 張廣眞 ………………… S03651
〔大般若波羅蜜多經(寫)〕 子年二月八日 (9C前期)

10355 (張)廣眞 ………………… S04831②
〔寫經人名目〕 (9C前期)
　1)寫經人

10356 張廣通 ………………… P4821
〔社司轉帖〕 (9C前期)
　4)ペン筆。

10357 張廣珽 ………………… Дx04776
〔燉煌諸鄉百姓等勞役簿〕 (9C前期?)
　2)金光明寺

10358 張弘恩 ………………… P3146A
〔衙前子弟州司及鬮頭等留殘袄衙人數〕 辛巳年八月三日 (981)

10359 張弘恩 ………………… 莫第129窟
〔供養人題記〕 (10C前期)
　1)(安存立)子昚‧衙前正兵馬使兼繪畫手銀青光祿大夫檢校太子賓客試殿中監　4)南壁。《燉》p.60。

10360 張弘慶 ………………… S03011v
〔雜寫〕 (10C)
　1)兵馬使

10361 張弘?受 ………………… BD09089v(陶10)
〔雜寫〕 (9〜10C)
　1)和尚

10362 張弘信 ………………… P3863
〔狀〕 (887?)
　1)押衙

10363 張弘和 ………………… S02474①
〔張憨兒判憑〕 庚辰年八月,九月 (980?)
　1)牧駝人

10364 張恒子 ………………… BD14667v⑤-2(新0867)
〔社司轉帖(寫錄)〕 (9C末)
　2)普光寺門前　4)文中有「春座(局)席,…普光寺門前,取齊」。

10365 張恒子 ………………… BD14667v⑥(新0867)
〔社人名目?〕 (9C後期)

10366 張恒子 ………………… Дx06695
〔諸人便(領)粟曆〕 (10C前中期)

10367 張恒昌 ………………… P2040v②-3
〔淨土寺西倉麥入曆〕 (945以降)
　2)淨土寺

10368 張恒昌 ………………… P3234v⑮
〔淨土寺西倉豆利潤入曆〕 (940年代?)
　2)淨土寺

10369 張恒滿 ………………… S00542v
〔燉煌諸寺丁壯車牛役部〕 戊年六月十八日 (818)
　2)金光明寺

10370 張昂子 ………………… S10530
〔納贈曆?(殘)〕 (9C前期?)

10371 張校授 ………………… P2054v
〔疏請僧官文〕 (10C)
　1)校授　2)靈圖寺

10372 張江子 ………………… P3598+S04199
〔某寺什物點檢見在曆〕 丁卯年 (967)

10373 張江子 ………………… S06998①
〔牧羊人文書〕 (10C後期)
　1)牧羊人

10374 張江(閏?) ………………… S05073
〔納柴曆計會〕 癸未年 (983?)
　3)洪池鄉

10375 張江?進 ………………… P3595v
〔雜寫(1行)〕 己巳年頃 (969?)

10376 張皎 ………………… S00542v
〔燉煌諸寺丁壯車牛役部〕 戊年六月十八日 (818)
　2)永安寺

10377 張皎妻 ············· S00542v
　〔燉煌諸寺丁壯車牛役部〕　戌年六月十八日
　（818）
　　　2）永安寺

10378 張興 ············· P3396v
　〔沙州諸渠別芯薗名目〕　（10C後期）

10379 張興國 ············· BD02397（餘97）
　〔佛說無量壽宗經（尾）〕　（9C）

10380 張興國 ············· BD02468v（成68）
　〔无量壽宗要經（卷末有題名）〕　（9C前期）

10381 張興國 ············· BD03062（雲62）
　〔无量壽宗要經（末）〕　（9C前期）

10382 張興國 ············· BD03393②（雨93）
　〔无量壽宗要經〕　（9C前期）

10383 張興國 ············· BD07109（師9）
　〔无量壽宗要經（尾紙末題名）〕　（9C前期）

10384 張興國 ············· P4530
　〔大乘無量壽經〕　（9C前期）

10385 （張）興國 ············· S00542v
　〔燉煌諸寺丁壯車牛役部〕　戌年六月十八日
　（818）
　　　1)（龍興寺ゝ戶）持韋皮匠　2）龍興寺　4）張興
　　　國的名有大乘無量經題記中。

10386 張興?子 ············· S05824
　〔經坊費負担人名目〕　（8C末～9C前期）
　　　1）寫經人　3）行人部落

10387 張興順 ············· P2700v
　〔雜記〕　丁亥年頃？（927?）

10388 張興昇 ············· Дx02163②
　〔百姓福勝戶口田地申告狀〕　大中六年十一月
　日　（852）

10389 張興信 ············· P4660⑨
　〔前河西節度…兼沙州都押衙張興信邀眞
　讚〕　乾符六年九月一日題　（879）

10390 張興晟 ············· P3418v①
　〔□□鄉缺枝夫戶名目〕　（9C末～10C初）

10391 張興晟 ············· P5021D
　〔付物曆〕　（9C末～10C初）

10392 張興晟 ············· S06174
　〔社司轉帖（殘）〕　正月九日　（9C後期?）

10393 張興□ ············· 莫第098窟
　〔供養人題記〕　（10C中期）
　　　1）節度押衙銀青光祿大夫太子賓客兼監察御
　　　使　4）北壁。《燉》p. 37。《謝》p. 98。

10394 張苟ゝ ············· P3070v①
　〔社司轉帖（寫錄）〕　乾寧三年閏三（二）月
　（896）

10395 張苟ゝ ············· P3418v⑧
　〔平康鄉缺枝夫戶名目〕　（9C末～10C初）
　　　3）平康鄉

10396 張苟ゝ ············· P4640v
　〔官入破曆〕　辛酉?年六月廿一日　（901?）

10397 張苟子 ············· P2040v③-10
　〔淨土寺豆入曆〕　（939）
　　　2）淨土寺

10398 張苟兒 ············· P2556v
　〔團頭文書〕　咸通十年正月十八日　（869頃）

10399 張苟兒 ············· P2842piece4
　〔渠?人?轉帖〕　五月廿八?日　（9C中期）

10400 張苟兒 ············· P3418v⑧
　〔平康鄉缺枝夫戶名目〕　（9C末～10C初）
　　　3）平康鄉

10401 張苟兒 ············· P4019piece2
　〔納草束曆〕　（9C後期）

10402 張苟兒 ············· Дx10282
　〔便黃麻麥曆〕　（9C中期以降）

10403 張苟奴 ············· P2040v②-28
　〔淨土寺豆入曆〕　（940前後）
　　　2）淨土寺

10404 張苟奴 ············· Дx01278v
　〔張苟奴等茱一步曆〕　辛亥年頃　（951年頃）

10405 張行宗 ············· 莫第098窟
　〔供養人題記〕　（10C中期）
　　　1）節度押衙銀青光祿大夫檢校國子祭酒兼御史
　　　中丞上柱國　4）北壁。《燉》p. 34。《謝》p. 96。

10406 張黄眞 ················ S03651
　〔金剛般若波羅蜜經〕　子年二月八日　(9C前期)
　　1)寫記

10407 張黄頭 ················ P2953v
　〔便麥豆本曆〕　(10C)

10408 張黄頭 ················ S04703
　〔買菜人名目〕　丁亥年　(987)

10409 張剛々 ················ P3418v④
　〔龍勒鄉缺枝夫戸名目〕　(9C末～10C初)
　　3)龍勒鄉

10410 張敖 ················ P2556
　〔新定吉凶書儀上下兩卷并序〕　(9C後期)

10411 張敖 ················ P2646r.v
　〔新集吉凶書儀上下兩卷并序(首題)〕　天復八年歲次戊辰二月廿日　(908)

10412 張敖 ················ P3502v②
　〔新集諸家九族尊卑書儀一卷(首題)〕　(9C)
　　1)河西節度掌書記太常寺協律郎

10413 張敖 ················ P4019③
　〔新集吉凶書儀上下兩卷并序(首題)〕　(9C後期)
　　1)河西節度掌書記儒林郎試太常寺協律郎　4)原作「張敖撰」。

10414 張敖々 ················ S11561
　〔轉帖(殘)?〕　(10C?)

10415 張國清 ················ P5003
　〔社司轉帖〕　(9C前期)

10416 張國清 ················ S04192v
　〔便麥契〕　未年四月五日　(9C前期)
　　1)便麥人

10417 張國朝 ················ S02228①
　〔絲綿部落夫丁修城使役簿〕　亥年六月十五日　(819)
　　1)(右五)　3)絲綿部落　4)首行作「亥年六月十五日州城所, 絲綿」。末行作「亥年六月十五日畢功」。

10418 張國通 ················ S00782v
　〔納贈曆〕　(10C)
　　4)ペン筆?

10419 張國奴 ················ S02228①
　〔絲綿部落夫丁修城使役簿〕　亥年六月十五日　(819)
　　1)(右八)　3)絲綿部落　4)首行作「亥年六月十五日州城所, 絲綿」。末行作「亥年六月十五日畢功」。

10420 張黑兒 ················ S05680②
　〔納贈曆(殘)〕　(10C中期)

10421 張黑奴 ················ S01475v⑦
　〔便麥契〕　酉年十一月　(829)

10422 張黑奴 ················ S02228①
　〔絲綿部落夫丁修城使役簿〕　亥年六月十五日　(819)
　　1)(左八)　3)絲綿部落　4)首行作「亥年六月十五日州城所, 絲綿」。末行作「亥年六月十五日畢功」。

10423 張骨 ················ P3369v①
　〔雜寫?〕　乾符三年十月廿一日　(876)

10424 張骨々 ················ P2738v
　〔社司轉帖(寫錄)〕　二月廿五日　(9C後期)
　　4)官樓蘭若門取齊。

10425 張骨々 ················ P3249v
　〔將龍光顏等隊下人名目〕　(9C中期)

10426 張骨々 ················ S04710
　〔沙州戸口簿〕　(9C中期以降)

10427 張骨々 ················ S11213F
　〔配付人名目〕　(946)

10428 張骨子 ················ BD00248v(宇48)
　〔雜寫〕　(8～9C)

10429 張骨子 ················ P2032v③
　〔淨土寺諸色破曆〕　(944前後)
　　2)淨土寺

10430 張骨子 ················ P2049v②
　〔淨土寺諸色入破曆計會牒〕　長興二年正月　(930～931)

10431 張骨子 ················ P3234v⑮
　〔淨土寺西倉豆利潤入曆〕　(940年代?)
　　2)淨土寺

10432 張骨子 ·················· P3331
〔張骨子家屋賣買契〕 參年丙辰歲十一月廿?八日 (896 or 956)

10433 張骨子 ············· P4514(3)Av
〔常住百姓張骨子於靈圖寺倉便麥契〕 癸未年二月十九日 (983)
　1)常住百姓・便物人

10434 張骨子 ················ ZSD060v
〔社司轉帖及詩(3首)〕 癸未年十?月 (923?)
　1)社人

10435 張骨兒 ·············· P2032v①-1
〔淨土寺麥入曆〕 (944前後)
　2)淨土寺

10436 張骨兒 ·············· P2032v①-4
〔淨土寺粟入曆〕 (944前後)

10437 張骨兒 ············ P3234v③-56
〔惠安惠戒手下便物曆〕 甲辰年 (944)

10438 張骨兒 ················ S07589
〔便麥曆〕 (10C中期)

10439 張骨兒 ············ S10273＋S10274＋S10276＋S10277＋S10279＋S10290
〔出便麥與人名目〕 丁巳年二月一日 (957?)

10440 張骨兒 ················ ZSD060v
〔社司轉帖及詩(3首)〕 癸未年十?月 (923?)
　1)社人

10441 張骨崙 ·············· P3418v⑧
〔平康鄉缺枝夫戶名目〕 (9C末～10C初)
　3)平康鄉

10442 張骨崙 ················ S04710
〔沙州戶口簿〕 (9C中期以降)

10443 張鶻兒 ··············· 羽・寫834
〔百姓趙塩久戶口請田簿〕 廣順二年正月一日 (952)

10444 張今ゝ ·········· BD05879(菜79)
〔金有陀羅尼經1卷(卷尾上部題名)〕 (8～9C)
　4)卷尾有藏文題記「cang-kim-kim-bris(張今ゝ寫)」。

10445 張崑崙 ·············· P3047v⑥
〔諸人諸色施入曆〕 (9C前期)

10446 張沙〔河〕俊 ············ 莫第205窟
〔供養人題記〕 (10C前期)
　1) 社人　4)《謝》作「張河俊」。西壁。《燉》p.95。《謝》p.361。

10447 張沙奴 ··············· S00542v
〔燉煌諸寺丁壯車牛役部〕 戌年六月十八日 (818)

10448 張沙奴妻 ············· S00542v
〔燉煌諸寺丁壯車牛役部〕 戌年六月十八日 (818)
　2)開元寺

10449 張沙門 ········· BD16328(L4419)
〔鄧某請地狀〕 大順二年正月一日 (891)
　1)沙門　3)(燉煌縣)宜秋鄉?

10450 張再員 ··············· P5032v①
〔社司轉帖〕 戌午年六月十八日 (958)

10451 張再榮 ··············· P3418v②
〔燉煌鄉缺枝夫戶名目〕 (9C末～10C初)
　3)燉煌鄉

10452 張再榮 ············· P.tib1088Bv
〔燉煌諸人磑課麥曆〕 卯年～巳年間 (835～837)

10453 張再盈 ········· BD04256v①1(玉56)
〔斷知更人名帳〕 四月十五日夜 (9C後期)

10454 張再盈 ·········· BD09298(周19)
〔納贈曆〕 (9～10C)

10455 張再盈 ··············· P2769v
〔行人轉帖(習書)〕 (10C前期)

10456 張再盈 ··············· P3418v②
〔燉煌鄉缺枝夫戶名目〕 (9C末～10C初)
　3)燉煌鄉

10457 張再盈? ············ 杏・羽703⑤
〔雜記〕 (10C後期)
　4)①～⑤;雜記。1紙完存(25.1×48.0cm)。V面爲「增壹阿含經卷第十」。存25行＋3行別記。此V面爲正面,兌經紙(10C後半寫經)。

403

10458 張再盈 ……………… 杏・羽707①
　〔千字文・大寶積經等雜寫〕（10C）

10459 張再宜 ……………… P2049v②
　〔淨土寺諸色入破曆計會牒〕 長興二年正月
　（930～931）

10460 張再宜 ……………… P3418v④
　〔龍勒鄉缺枝夫戶名目〕（9C末～10C初）
　　3) 龍勒鄉

10461 張再議? ……………… S08445＋S08446＋
　S08468①
　〔羊司於常樂稅羊人名目〕 丙午年六月廿七
　日（946）

10462 張再佳〔住?〕 ……………… Дx01344
　〔索青等便黃麻曆〕 辛亥年二月九日（951）

10463 張再慶 ……………… P2155③
　〔合領馳馬牛羊皮曆〕（10C）

10464 張再慶 ……………… P2703
　〔官牧羊人納粘羊毛牒〕 壬申年十二月
　（972?）

10465 張再弘 ……………… P2708bn
　〔社子名目〕（10C中期）

10466 張再興 ……………… P2842piece4
　〔渠?人?轉帖〕 五月廿八?日（9C中期）

10467 張再興 ……………… S06303
　〔便曆〕 丁未年二月五日（947?）

10468 張再ミ ……………… S05824
　〔經坊費負担人名目〕（8C末～9C前期）
　　1) 寫經人　3) 絲綿部落

10469 張再子 ……………… P2842piece4
　〔渠?人?轉帖〕 五月廿八?日（9C中期）

10470 張再集 ……………… P4640v
　〔官入破曆〕 辛酉年?六月六日（901?）
　　1) 酒戶

10471 張再住 ……………… BD09298（周19）
　〔納贈曆〕（9～10C）

10472 張再住 ……………… BD15246②（新1446）
　〔破曆〕（10C中期）

10473 張再住 ……………… BD15404（簡068066）
　〔千渠中下界白刺頭名目〕（10C中期）
　　1) 白刺頭　3) 千渠下界

10474 張再住 ……………… P2032v⑯-4
　〔淨土寺粟利閏入曆〕（940前後）
　　2) 淨土寺

10475 張再住 ……………… P2032v⑱
　〔淨土寺豆利閏入曆〕（940前後）
　　2) 淨土寺

10476 張再住 ……………… P3231①
　〔平康鄉官齋曆〕 癸酉年五月（973）
　　3) 平康鄉

10477 張再住 ……………… P3231②
　〔平康鄉官齋曆〕 癸酉年九月卅日（973）
　　3) 平康鄉

10478 張再住 ……………… P3231③
　〔平康鄉官齋曆〕 甲戌年五月廿九日（974）
　　3) 平康鄉

10479 張再住 ……………… P3231④
　〔平康鄉官齋曆〕 甲戌年十月十五日（974）
　　3) 平康鄉

10480 張再住 ……………… P3231⑤
　〔平康鄉官齋曆〕 □亥年五月十五日（975）
　　3) 平康鄉

10481 張再住 ……………… P3231⑥
　〔平康鄉官齋曆〕 乙亥年九月廿九日（975）
　　3) 平康鄉

10482 張再住 ……………… P3236v
　〔燉煌鄉官布籍〕 壬申年三月十九日（972）
　　3) 燉煌鄉

10483 張再住 ……………… P4514(3)Av
　〔常住百姓張骨子於靈圖寺倉便麥契〕 癸未
　年二月十九日（983）
　　1) 見人叔

10484 張再住 ……………… P4525⑧
　〔都頭及音聲等都共地畝細目〕（980頃）

10485 張再住 ……………… P4635③
　〔便粟豆曆〕 癸卯年二月十三日（943）

10486　張再[住] ·················· S01586v
　〔雜記（人名列記等）〕（10C前期）
　　1）金光明寺孝郎　2）金光明寺

10487　張再住 ···················· S03982
　〔月次人名目〕　乙丑年十一月　（965）

10488　張再昇 ·················· P2032v③
　〔淨土寺諸色破曆〕（944前後）
　　2）淨土寺

10489　張再昇 ·················· P2032v④
　〔淨土寺西倉斜㲼破曆〕　乙亥年　（939）
　　2）淨土寺

10490　張再昇 ················ P2040v③-2
　〔淨土寺西倉粟利入曆〕　己亥年　（939）
　　2）淨土寺

10491　張再昇 ···················· Дx01277
　〔納贈曆〕　丁丑年九月四?日　（977）

10492　張再昌 ···················· P3372v
　〔社司轉帖并雜抄〕　壬申年　（972）

10493　張再昌 ····················· P3396
　〔沙州諸渠別粟田名目〕（10C後期）

10494　張再昌 ····················· P3859
　〔報恩寺常住百姓老小孫息名目〕　丙申年十月
　　十一日　（936?）
　　1）(張願通)弟

10495　張再昌 ····················· P4693
　〔官齋納麵油菜曆〕（10C後期）

10496　張再涉 ········ S05813＋S05831
　〔社司轉帖〕　二月十八日　（9C前期）

10497　張再進 ···················· S01586v
　〔雜記（人名列記等）〕（10C）
　　1）金光明寺學郎　2）金光明寺

10498　張再成 ················ P2032v⑰-8
　〔淨土寺諸色入曆〕（940前後）
　　2）淨土寺

10499　張再成 ······ P3555B piece4 piece5＋P3288
　①②
　〔社司轉帖〕　丁巳年?月一日　（957）

10500　(張)再成 ···················· P4987
　〔兄弟社轉帖〕　戊子年七月　（988）

10501　張再成 ····················· P4991
　〔社司轉帖〕　壬申年六月廿四日　（972）

10502　張再成 ············· P5032⑩⑪⑫
　〔渠人轉帖〕　甲申年十月三日　（984）

10503　張再成 ················· P5032⑫
　〔渠人轉帖〕（10C後期）

10504　張再成 ················· P5032⑫
　〔渠人轉帖〕　甲申年十月四日　（984）

10505　張再成 ················· P5032⑭
　〔渠人轉帖〕　甲申年九月廿一日　（984）

10506　張再成 ················· P5032⑰
　〔渠人轉帖〕　甲申年二月廿九日　（984）

10507　張再成 ················· P5032⑲
　〔渠人轉帖〕　甲申年四月十二日　（984）

10508　張再成 ················· P5032⑳
　〔渠人轉帖〕　甲申年四月十四日　（984）

10509　張再成 ················· S06452⑥
　〔常住庫黃麻出便與人名目〕　壬午年　（982）
　　2）淨土寺

10510　張再成 ················ S08516E2
　〔社司轉帖〕　丙申年六月十日　（956）

10511　張冉晟? ········ BD16111p（L4066）
　〔押衙張冉晟?隊下人名目〕（10C）
　　1）押衙

10512　張再晟 ················ P2040v②-28
　〔淨土寺豆入曆〕（940前後）
　　2）淨土寺

10513　張再晟 ··················· P2049v①
　〔淨土寺諸色入破曆計會牒〕　同光三年
　（925）

10514　(張?)再晟 ················ P3764piece1
　〔社司轉帖〕　乙亥年九月十六日　（915）

10515　張再晟 ········ S05813＋S05831
　〔社司轉帖〕　二月十八日　（9C前期）

10516 張再清 …………… S05813＋S05831
〔社司轉帖〕 二月十八日 （9C前期）

10517 張再通 ………………………… P3706v
〔張再通雇安万定男契(殘)〕 丙午年六月廿日 （946）
　1) 百姓　3) 莫高鄉　4) R面爲「大佛名懺悔文」（10C中期）。

10518 張再通 ……………………… 楡第36窟
〔供養人題記〕 （10C末期）
　4) 東壁。《謝》p. 490。

10519 （張）再定 …… P.tib.119 CHI.002／A
〔牧羊憑〕 甲申年三月一日 （924?）
　1) 牧羊人

10520 （張）再德 …………………… P4987
〔兄弟社轉帖〕 戊子年七月 （988）

10521 張再德 ………………… P5032⑬⑯⑱
〔渠人轉帖〕 甲申年二月廿日 （984）

10522 張再德 …………………… P5032⑳
〔渠人轉帖〕 甲申年四月十四日 （984）

10523 張再德 ……………………… S03982
〔月次人名目〕 甲子年十月, 乙丑九月 （964, 965）

10524 張再德 ……………………… S06045
〔便粟麥曆〕 丙午年正月三日 （946）

10525 張(再)德 ……………… Stein Painting 52
〔觀世音菩薩圖供養人題記〕 開寶四年壬申歲九月六日 （971）
　1) 施主清信弟子

10526 張再犮 …………………… P.tib1088B
〔燉煌諸人磑課麥曆〕 卯年～巳年間 （835～837）

10527 張再富 ……………………… P4693
〔官齋納麵油粟曆〕 （10C後期）
　1) 羹飩頭

10528 張再留? …………………… S02474③
〔衙内麨油破曆〕 庚辰年?閏三月 （980）
　1) 百姓　3) 莫高鄉

10529 張再和 …………………… P2738v
〔社司轉帖(寫錄)〕 二月廿五日 （9C後期）
　4) 官樓蘭若門取齊。

10530 張最ゞ ……………………… ZSD060v
〔社司轉帖及詩(3首)〕 癸未年十?月 （923?）
　1) 錄事

10531 張最勝意 …………………… S02669
〔管内尼寺(安國寺・大乗寺・聖光寺)籍〕 （865～870）
　2) 大乗寺　3) 洪潤鄉　4) 姓「張」。俗名「小娘」。

10532 張最遷 ……………………… ZSD060v
〔社司轉帖及詩(3首)〕 癸未年十?月 （923?）
　1) 社人

10533 張宰興 ……………………… S05824v
〔經坊費負担人名目〕 （8C末～9C前期）

10534 張柴塲 ……………………… P3440
〔見納賀天子物色人名〕 丙申年三月十六日 （996）

10535 張瑾 ………………………… P5003v
〔社人納色物曆〕 （9C前期）

10536 張作坊 ……………………… S04121
〔陰家榮親客目〕 甲午年五月十五日 （994）
　1) 作坊

10537 張作坊娘子 ………………… S04121
〔陰家榮親客目〕 甲午年五月十五日 （994）

10538 張察兒 ……………………… P3396
〔沙州諸渠別粟田名目〕 （10C後期）

10539 張察?□ …………………… Дх02149в
〔見納缺柴人名目〕 （10C）

10540 張擦籠 …………………… S06235B②
〔納贈曆〕 （9C中期）

10541 張薩羅贊 …………………… S04453
〔旅行公驗?〕 淳化二年十月八日 （991）
　1) 壽昌都頭　3) 壽昌鄉

10542 張三 …………………… P2912v③
〔寫大般若經一部施銀盤子麥粟粉疏〕 四月八日 （9C前期）

10543 張三子 ……………………… P3441v
〔社司轉帖(寫錄)〕 三月十三日 （10C前期）

10544 張三娘 ……………………… P3047v⑨
〔諸人諸色施捨曆〕 （9C前期）

10545 張三娘子 ……………… 西千佛洞第12窟
〔供養人題記〕（11C）
　1）清信佛弟子　4）原作「清信佛弟子・張三娘子一心□□」。南壁女像第1身。《謝》p. 433。

10546 張三奴 ………………… P2680v⑥
〔社司轉帖〕　六月廿三日　（10C中期）

10547 （張?）三奴 …………… P3189v
〔雜記〕（10C）

10548 張山海 ……………… BD07384（鳥84）
〔杜都督等書幡等書支領麥布曆〕　丑年〜未年　（821〜827 or 833〜839）

10549 張山子 ………………… S11358
〔部落轉帖〕（10C後期）

10550 張山定 ………………… P2880
〔春坐局席轉帖抄等諸抄〕　庚辰年十月廿二日　（980）

10551 張珊?鷄 ……… BD14806③（新1006）
〔歸義軍官府貸油麵曆〕　庚午年?　（970?）

10552 張珊瑚 ………………… P3249v
〔將龍光顏等隊下人名目〕（9C中期）

10553 張贊〻 ………………… S00782v
〔納贈曆〕（10C）
　4）ペン筆?

10554 張贊子 ………………… P2040v②-28
〔淨土寺豆入曆〕（940前後）
　2）淨土寺

10555 張贊忠 ………………… S04504v④
〔行人轉帖〕　七月三日　（10C前期）

10556 張殘兒 ………………… P4693
〔官齋納麵油粟曆〕（10C後期）

10557 張殘昌 ………………… S08649
〔某寺沿道場麵油破曆〕（10C後期）
　2）三界寺

10558 張殘定 ………………… S05631①
〔社司轉帖〕　庚辰年正月十四日　（980）
　2）普光寺門前

10559 張殘奴 ………………… S05629
〔別燉煌郡等厶乙社條壹道（樣文）雜寫2行〕（10C後半?）

10560 張殘卑 ………………… P3859
〔報恩寺常住百姓老小孫息名目〕　丙申年十月十一日　（936?）
　1）寺戶・(張保山)孫女　2）報恩寺

10561 張殘□ ………………… S06998④
〔馳官文書（印アリ）〕　丙申年頃　（996頃）
　1）都頭

10562 張使君 ………………… P2803
〔索大力牒(行間雜寫)〕　景福二年二月　（895）

10563 張使君 ………………… P4640v
〔官入破曆〕　己未年七月　（899）

10564 張司馬 ………………… S01153
〔諸雜人名目〕（10C後期）
　1）司馬

10565 張四娘 ………………… Дx01277
〔納贈曆〕　丁丑年九月四?日　（977）

10566 張四娘子 ……………… Дx01328
〔高昌田苗曆〕　建中三年三月廿七日　（782）

10567 張子盈 ………………… P5032v⑧
〔社司轉帖〕　六月　（10C中期）

10568 張子溫 ………………… S02041
〔社約〕　丙寅年三月四日　（846）
　4）年號別筆(丙寅年三月四日)。ペン筆。

10569 張子慶 ………………… P2040v②-25
〔淨土寺黃廊利入曆〕（940年代）
　2）淨土寺

10570 張子慶 ………………… P2049v①
〔淨土寺諸色入破曆計會牒〕　同光三年（925）

10571 張子昇 ………………… P3146A
〔衙前子弟州司及氈頭等留殘袄衙人數〕　辛巳年八月三日　（981）

10572 張?子乘? ……………… P3328v①
〔付細布曆〕（9C前期）

10573 張子慎 ………………… S10009v
〔春苗曆〕（9C前期）

10574 張子全 ………………… S09949
〔階和渠田籍〕（10C?）
　1）押衙　3）階和渠

10575 張子?德 ……………… S00323
〔團頭名目〕 大順二年 (891)
　1)團頭

10576 張師 ………………… P3234v⑩
〔某寺西倉粟破曆〕 (940年代)
　1)師

10577 張師 ………………… P3328v①
〔付細布曆〕 (9C前期)

10578 張師子 ………………… P3578
〔淨土寺儭破曆(梁戶史氾三沿寺諸處使用油曆)〕 癸酉年正月十一日 (973)

10579 張師子 ……………… S06981①
〔某寺入曆〕 辛酉年〜癸亥年中間三年 (901〜903 or 961〜963)

10580 張師天 ……………… Дx01258他
〔天竿鬼鏡圖并推得病日法(首題)〕 (10C? or 11C?)
　4)首題下段爲張師天撰。

10581 張師奴 ……………… S02214
〔官府雜帳(名籍・黃麻・地畝・地子等曆)〕 (860?)

10582 張師奴 ……………… S06354v
〔官府計會文書〕 (8C後期)

10583 張志殷 ……………… S02729①
〔燉煌應管勘牌子曆〕 辰年三月 (788)
　1)僧　2)靈圖寺　3)沙州　4)13行目。

10584 張志?ゝ ……………… P3418v⑥
〔洪閏鄉缺枝夫戶名目〕 (9C末〜10C初)
　3)洪閏鄉

10585 張志豐 ………………… P5000
〔女婿張志豐祭丈母馮氏文〕 維歲次癸巳九月辛亥朔廿三癸酉 (813)
　1)女婿　2)諸寺

10586 張思賢 ……………… S02263v
〔葬錄卷上并序〕 大唐乾寧三年五月日 (896)
　1)歸義軍節度押衙兼參謀守州學博士將仕郎

10587 張思鋼 ……………… BD02853(調53)
〔无量壽宗要經〕 (9C前期)
　4)藏文題記。

10588 張思鋼 ……………… BD08401(裳1)
〔金有陀羅尼經1卷(尾有藏文題記)〕 (9C前期)
　4)尾有藏文題記「Cang-se-ka-bris(張思鋼)」。

10589 張思鋼 ……………… BD08508(推8)
〔无量壽宗要經(尾紙末有藏文題記)〕 (9C前期)
　1)寫　4)尾紙末有藏文題記「Cang-sl-ka-ris」(張思鋼寫)。

10590 張思?勝 ……………… P4640v
〔官入破曆〕 己未年十月 (899)
　1)衙官

10591 張指撝 ……………… S08445＋S08446＋S08468
〔使府酒破曆〕 (10C中〜後期)
　1)指撝

10592 張指撝 ……………… S08445＋S08446＋S08468
〔官府酒破曆〕 九月廿日 (10C)
　1)指撝(揮?)

10593 張支亥 ……………… S03978
〔納贈曆〕 丙子年七月一日 (976)

10594 張支?子 ……………… P2032v⑬-7
〔淨土寺黃麻利閏入曆〕 (940前後)
　2)淨土寺

10595 (張)支子 ……………… S03877v④
〔賣舍契(寫)〕 乾寧四年丁巳正月十二日 (897)
　1)(張義全)男　4)原作「男支子」。

10596 張支全 ……………… ZSD060v
〔社司轉帖及詩(3首)〕 癸未年十?月 (923?)
　1)社人

10597 張是□ ……………… BD11502①(L1631)
〔燉煌十一僧寺別姓名簿并緣起經論等名目〕 (9C後期)
　2)龍(興寺)

10598 張之 ……………… S11454E
〔收蘇算會簿〕 戌年・亥年 (794・795)
　1)左十　4)⇒張憲之。

10599 張之懷 ……………… BD09341(周62)
〔社司轉帖〕 閏四月三日 (10C後期)

10600 張氏 ·············· BD00210（宇10）
〔供養人題記〕 癸囧?年十二月 （863 or 923）

10601 張氏 ·············· BD15411（簡068072）
〔張氏譜系〕 （8C）

10602 張氏 ···················· MG17695
〔觀世音菩薩圖〕 大周顯德二年 （955）
  4) 又有「出適鄧氏」。

10603 張氏 ···················· MG23079
〔鄧幸全敬造不空羂索觀音菩薩立像〕 庚戌年四月日 （950）
  1) (鄧幸全)母 4) 原作「(慈母)張氏」。

10604 張氏 ······················· P3238
〔三界寺授戒牒〕 乾德二年 （920）
  2) 三界寺

10605 張氏 ······················· P3320
〔三界寺授五戒牒〕 乾德二年 （895）
  2) 三界寺

10606 張氏 ······················ P3556⑪
〔周故南陽郡娘子張氏墓誌銘〕 廣順四年甲寅歲 （954）

10607 張氏 ······················ S00532②
〔戒牒〕 乾德二年五月廿三日 （964）
  2) 三界寺 4) 原作「三界寺授戒弟女」。

10608 張氏 ······················ S00532③
〔戒牒〕 乾德三年正月十五日 （965）
  2) 三界寺 4) 原作「三界寺授戒弟女」。

10609 張氏 ············· Stein Painting 54
〔觀世音菩薩圖像題記〕 太平興國八年七月十七日 （983）
  1) (孫醜定)新婦

10610 張氏 ············ Stein Painting 391
〔觀音圖供養題記〕 甲申年十一月 （865?）
  4) 原作「故母張氏」。

10611 張氏 ············ Stein Painting 391
〔觀音圖供養題記〕 甲申年十一月 （865?）

10612 張氏 ···················· 杏・羽063
〔神沙鄉百姓吳山子便麥粟契〕 某年某月一日 （10C）
  1) (便物人)母

10613 張氏 ···················· 莫第012窟
〔供養人題記〕 （9C後期）
  4) 原作「姪男新婦張氏一心供養」。西壁。《燉》p. 7。

10614 張氏 ···················· 莫第012窟
〔供養人題記〕 （9C後期）
  4) 原作「姪男新婦張氏一心供養」。西壁。《謝》p. 178。

10615 張氏 ···················· 莫第098窟
〔供養人題記〕 （10C中期）
  4) 原作「妹第十六小娘子供養出適張氏」。南壁。《燉》p. 38。《謝》p. 93。

10616 張氏 ···················· 莫第098窟
〔供養人題記〕 （10C中期）
  4) 原作「新婦小娘子張氏供養」。北壁。《燉》p. 33。《謝》p. 98。

10617 張氏 ···················· 莫第098窟
〔供養人題記〕 （10C中期）
  4) 原作「新婦小娘子·張氏供養」。北壁。《燉》p. 33。《謝》p. 98。

10618 張氏 ···················· 莫第117窟
〔供養人題記〕 （11C中期）
  4) 原作「□張氏供養」。西壁。《燉》p. 55。

10619 張氏 ···················· 莫第121窟
〔供養人題記〕 （10C前期）
  4) 原作「都頭娘子張氏□」。北壁。《燉》p. 56。

10620 張氏 ···················· 莫第129窟
〔供養人題記〕 （10C前期）
  4) 原作「新婦張氏一心供養」。北壁。《燉》p. 63。

10621 張氏 ···················· 莫第144窟
〔供養人題記〕 （9C前期）
  4) 原作「亡母清河張氏供養」。東壁門上方。《燉》p. 65。

10622 張氏 ···················· 莫第148窟
〔供養人題記〕 （9C末～10C初）
  4) 原作「嫂張氏一心供養」。西壁。《燉》p. 69。

10623 張氏 ···················· 莫第148窟
〔供養人題記〕 （9C末～10C初）
  4) 原作「姪新婦張氏供養」。北壁。《燉》p. 69。

10624 張氏 ・・・・・・・・・・・・・・・・・・・ 莫第159窟
　〔供養人題記〕（9C末期）
　　1）姪孫　4）原作「姪孫張氏十三娘」。西壁。《燉》
　　p.75。

10625 張(氏) ・・・・・・・・・・・・・・・・・・ 莫第166窟
　〔供養人題記〕（10C末期）
　　1）新婦　4）原作「新婦阿張一心供養」。南壁。
　　《燉》p.77。《謝》p.394。

10626 張(氏) ・・・・・・・・・・・・・・・・・・ 莫第166窟
　〔供養人題記〕（11C初期）
　　1）新婦　4）原作「新婦阿張一心供養」。南壁。
　　《燉》p.77。《謝》p.394。

10627 張氏 ・・・・・・・・・・・・・・・・・・・ 莫第217窟
　〔供養人題記〕（8C中期）
　　1）新婦　4）原作「顏新婦張氏」。西壁。《燉》
　　p.100。《謝》p.352。

10628 張氏 ・・・・・・・・・・・・・・・・・・・ 楡第16窟
　〔供養人題記〕（10C中期）
　　4）外洞洞口。《謝》p.454。

10629 張氏 ・・・・・・・・・・・・・・・・・・・ 楡第33窟
　〔供養人題記〕（10C中期）
　　1）清信弟子優婆姨張氏一心供養(文)　4）南壁。
　　《謝》p.478。

10630 張氏 ・・・・・・・・・・・・・・・・・・・ 楡第34窟
　〔供養人題記〕（11C初期）
　　1）清信女弟子　4）東壁。《謝》p.483。

10631 張氏 ・・・・・・ 講談社『中國の博物館 四川
省博物館』圖版119
　〔觀音經變相,供養者〕建隆二年（961）
　　1）(樊再界)妻

10632 張氏小娘子 ・・・・・・・・・・・・・・・ S00532②
　〔戒牒〕乾德二年五月廿三日（964）
　　2）三界寺　4）原作「三界寺授戒弟女」。

10633 張氏娘子 ・・・・・・・・・・・・・・・・・ S00532③
　〔戒牒〕乾德三年正月十五日（965）
　　2）三界寺　4）原作「三界寺授戒弟女」。

10634 張臘午 ・・・・・・・・・・・・・・・・・・ P3721v①
　〔平康鄉堤上兄(見)點得人名目〕庚辰年三月
廿二日（980）

10635 張似嘉 ・・・・・・・・・・・・・・・・・・ P2912v①
　〔大衆及私傭僦施布入者具數〕丑年正(月)已
後（821?）

10636 張兒々 ・・・・・・・・・・・・・・・・・・ P2040v②-25
　〔淨土寺黃麻利入曆〕（940年代）
　　2）淨土寺

10637 張兒々 ・・・・・・・・・・・・・・・・・・ P2641
　〔宴設司文書〕丁未年六月（947）

10638 張兒々 ・・・・・・・・・・・・・・・・・・ P3418v⑥
　〔洪閏鄉缺枝夫戶名目〕（9C末～10C初）
　　3）洪閏鄉

10639 張寺加 ・・・・・・・・・・・・・・・・・・ BD04343（出43）
　〔无量壽宗要經〕（9C前期?）

10640 張寺加 ・・・・・・・・・・・・・・・・・・ BD13920（新0120）
　〔大般若波羅蜜多經卷第69(尾)〕（9C前期）
　　4）原爲日本大谷探檢隊所得。登錄番號1061。

10641 張寺加 ・・・・・・・・・・・・・・・・・・ P2162v
　〔三將納丑年突田曆〕（9C前期）

10642 張寺加 ・・・・・・・・・・・・・・・・・・ P2583v⑪
　〔法會施捨疏〕申年頃（828頃?）

10643 張寺加 ・・・・・・・・・・・・・・・・・・ S00283
　〔大般若波羅蜜多經卷第452(尾)〕（9C）
　　1）金光明寺經寫人　2）金光明寺

10644 張寺加 ・・・・・・・・・・・・・・・・・・ S02214
　〔官府雜帳(名籍・黃麻・地畝・地子等曆)〕
（860?）

10645 張寺嘉 ・・・・・・・・・・・・・・・・・・ S05129
　〔金光明最勝王經卷第10(寫?)〕（9C前期）

10646 張寺主 ・・・・・・・・・・・・・・・・・・ BD08172v（乃72）
　〔社司轉帖(習書・殘)〕癸未年頃（923頃?）
　　1）寺主

10647 張寺主 ・・・・・・・・・・・・・・・・・・ P2469v
　〔破曆雜錄〕戌年六月五日（830?）
　　1）寺主　2）開(元寺)

10648 張寺主 ・・・・・・・・・・・・・・・・・・ P3250v
　〔納贈曆〕（9C後期）
　　1）寺主

10649 張寺主 ・・・・・・・・・・・・・・・・・・ P5000v
　〔僧尼名目〕（9C前期）
　　1）寺主　2）開元寺

10650 張寺主 ……………… P.tib1261v⑩
〔諸寺僧尼支給穀物曆〕（9C前期）
  1)寺主

10651 張寺主 ……………… S05139v②
〔社司轉帖(寫錄)〕 四月十三日 (10C前期)
  1)寺主

10652 張寺主 ……………… 北大D204
〔堅法請靈修寺陰法律等追念疏〕 某月廿二日 (9C前期)
  1)寺主 2)靈修寺

10653 張寺主苑 …… BD09472v①～③(發92)
〔龍興寺索僧正等五十八人就唐家蘭若請賓頭盧文〕(8～9C)
  1)寺主 2)大雲(寺) 3)沙州

10654 張寺主建 …… BD09472v①～③(發92)
〔龍興寺索僧正等五十八人就唐家蘭若請賓頭盧文〕(8～9C)
  1)寺主 2)開元(寺) 3)沙州

10655 張寺□ ……………… BD11577(L1706)
〔某寺破曆〕(8C末期～9C前期)

10656 張自訥 ……………… S05596
〔佛名經卷第1(尾)〕(8C)
  3)伊吾軍 4)題記有「佛弟子伊吾軍副使張自訥爲亡妻皇甫氏寫此佛名經」。

10657 張自訥 ……………… S05596
〔佛名經卷第1(尾)〕(8C)
  1)伊吾軍副使 3)伊吾軍 4)題記有「佛弟子伊吾軍副使張自訥爲亡妻皇甫氏寫此佛名經」。

10658 張七卿 ……………… S00115
〔佛說無量壽宗要經(尾)〕(9C)

10659 張七ミ ……………… P3047v①
〔僧名等錄〕(9C前期)
  4)僧名「七ミ」。

10660 張七奴 ……………… S01475v⑦
〔便麥契〕酉年十一月 (829)
  1)百姓 3)行人部落

10661 張七德 ……………… P3047v①
〔僧名等錄〕(9C前期)
  4)僧名「七德」。

10662 張執藥 ……………… S02228①
〔絲綿部落夫丁修城使役簿〕亥年六月十五日 (819)
  1)(右八) 3)絲綿部落 4)首行作「亥年六月十五日州城所,絲綿」。末行作「亥年六月十五日畢功」。

10663 張悉歹忠 ……………… P3418v⑥
〔洪閏鄉缺枝夫戶名目〕(9C末～10C初)
  3)洪閏鄉

10664 張悉歹力 ……………… P2556v
〔便麥曆〕某年三月廿四日 (9C後期)

10665 張悉子 ……………… S06045
〔便栗麥曆〕丙午年正月三日 (946)

10666 張悉忠 ……………… S08692
〔退渾便物人名目〕閏四月 (923?)

10667 張悉不 ……………… S06577v
〔官晏設破曆〕(10C)

10668 張實 ……………… BD06359v①(鹹59)
〔麵油蘸納贈曆〕(9C前期)

10669 張社官 ……………… BD04546v(崗46)
〔社司轉帖〕(9C後期～10C前期)
  1)社官

10670 張社官 ……………… BD16381(L4455)
〔諸家磚曆〕(10C)
  1)社官

10671 張社官 ……………… P3305v⑥
〔社司轉帖(寫錄)〕 咸通十年正月廿日 (869)
  1)社官

10672 張社官 ……………… S03978
〔納贈曆〕丙子年七月一日 (976)
  1)社官

10673 張社官 ……………… Дx01410
〔社司轉帖〕庚戌年閏四月 (950)
  1)社官

10674 張社長 ……………… S05813＋S05831
〔社司轉帖〕二月十八日 (9C前期)
  1)社長

10675 張社長 ……………… Дx11072
〔社司轉帖(建福)〕正月五日 (10C後期)
  1)社長

10676 張社長 ・・・・・・・・・・・・・・・・・・・・・ Дx11073
　〔社司轉帖〕 正月五日 （975年代以降）
　　1）社長

10677 張闍（梨） ・・・・・・・・・・・・ BD02296（閏96）
　〔唱得布曆〕 （10C）
　　1）闍（梨）

10678 張闍梨 ・・・・・・・・・・・・・ BD09095v①（陶16）
　〔釋門僧政轉帖〕 某月七日 （10C）
　　1）闍梨　2）（靈）修（寺）　4）有題記「靈圖寺沙門大德闍僧戒辯一心供養」。

10679 張闍梨 ・・・・・・・・・・・・・・・ BD16231（L4112）
　〔張緊子兄弟缺麥粟曆〕 辛亥年三月壹日 （9〜10C）
　　1）闍梨　2）靈圖寺

10680 張闍梨 ・・・・・・・・・・・・・・・・・・・ P2032v⑫
　〔淨土寺諸色破曆〕 （940前後）
　　1）闍梨　2）淨土寺

10681 張闍梨 ・・・・・・・・・・・・・・・・・ P2040v②-16
　〔淨土寺粟破曆〕 乙巳年正月廿七日以後 （945以降）
　　1）闍梨　2）淨土寺

10682 張闍梨 ・・・・・・・・・・・・・・・・・ P2504piece3v
　〔釋道堅牒〕 （10C中期頃）
　　1）闍梨

10683 張闍梨 ・・・・・・・・・・・・・・・・・・・・・・ P2803
　〔二月社不納麥人（行間書込）〕 （9C末〜10C初）
　　1）闍梨

10684 張闍梨 ・・・・・・・・・・・・・・・・・・・・・・ P2944
　〔大乘寺・聖光寺等尼僧名錄〕 （10C後期?）
　　1）闍梨　2）聖光寺

10685 張闍梨 ・・・・・・・・・・・・・・・・・・・・・・ P2944
　〔大乘寺・聖光寺等尼僧名錄〕 （10C後期?）
　　1）闍梨　2）大乘寺

10686 張闍梨 ・・・・・・・・・・・・・・・・・・ P3764piece1
　〔社司轉帖〕 乙亥年九月十六日 （915）
　　1）社官

10687 張闍梨 ・・・・・・・・・・・・・・・・・・・・・ P5000v
　〔僧尼名目〕 （9C前期）
　　1）闍梨　2）開元寺

10688 張闍梨 ・・・・・・・・・・・・・・・・・ P.tib1261v②
　〔諸寺僧尼支給穀物曆〕 （9C前期）
　　1）闍梨

10689 張闍梨 ・・・・・・・・・・・・・・・・・ P.tib1261v③
　〔諸寺僧尼支給穀物曆〕 （9C前期）
　　1）闍梨

10690 張闍梨 ・・・・・・・・・・・・・・・・・ P.tib1261v④
　〔諸寺僧尼支給穀物曆〕 （9C前期）
　　1）闍梨

10691 張闍梨 ・・・・・・・・・・・・・・・・・ P.tib1261v⑤
　〔諸寺僧尼支給穀物曆〕 （9C前期）
　　1）闍梨

10692 張闍梨 ・・・・・・・・・・・・・・・・・ P.tib1261v⑦
　〔諸寺僧尼支給穀物曆〕 （9C前期）
　　1）闍梨

10693 張闍梨 ・・・・・・・・・・・・・・・・・ P.tib1261v⑧
　〔諸寺僧尼支給穀物曆〕 （9C前期）
　　1）闍梨

10694 張闍梨 ・・・・・・・・・・・・・・・・・ P.tib1261v⑨
　〔諸寺僧尼支給穀物曆〕 （9C前期）
　　1）闍梨

10695 張闍梨 ・・・・・・・・・・・・・・・・・・・・ S01776②
　〔某寺常住什物交割點檢曆〕 顯德五年戊午十一月十三日 （958）
　　1）闍梨

10696 張闍梨 ・・・・・・・・・・・・・・・・・・・・・・ S01845
　〔納贈曆〕 丙子年四月十七日 （976?）
　　1）闍梨

10697 張闍梨 ・・・・・・・・・・・・・・・・・・・・・・ S06066
　〔社司轉帖〕 壬辰年四月廿二日 （992）
　　2）乾明寺

10698 張闍梨 ・・・・・・・・・・・・・・・・・・・・・・ S06252
　〔付絹曆〕 （10C中期頃）
　　1）闍梨

10699 張闍梨 ・・・・・・・・・・・・・・・・・・・・ S06452v①
　〔破曆〕 壬午年 （982）
　　2）淨土寺

10700 張闍梨 ・・・・・・・・・・・・ Дx01303＋Дx06708
　〔馬軍馬海宜貸絹契〕 己卯年五月九日 （979 or 919）
　　1）闍梨

10701 張闍梨 ････････････････ Дx02146
〔請諸寺和尙僧政法律等名錄〕（10C?）
　1)闍梨

10702 張闍梨 ････････････････ Дx06037
〔納贈曆〕（10C）
　1)闍梨

10703 張闍梨 ････････････････ Дx11072
〔社司轉帖(建福)〕　正月五日（10C後期）
　1)闍梨

10704 張闍梨 ････････････････ Дx11073
〔社司轉帖〕　正月五日（975年代以降）
　1)闍梨

10705 張?守淸 ･････････････ S04121
〔陰家榮親客目〕　甲午年五月十五日（994）
　1)都頭

10706 張?守淸都頭小娘子 ･･････ S04121
〔陰家榮親客目〕　甲午年五月十五日（994）

10707 (張)手堅 ･････････････ P3394
〔僧張月光父子廻博田地契〕　大中六年壬申十月（852）
　1)(張月光)男・保人　4)原作「保人男手堅」。

10708 張儒通 ･･･････････ P2032v⑬-7
〔淨土寺黃麻利閏入曆〕（940前後）
　2)淨土寺

10709 張儒通 ･･････････ P3234v③-46
〔惠安惠戒手下便物曆〕　甲辰年（944）

10710 張儒通 ･･････････････ P3716v①
〔新集書儀1卷(尾)〕　天成五年庚寅歲五月十五日（930）
　1)燉煌伎術院禮生

10711 (張)儒奴 ･････････････ P3394
〔僧張月光父子廻博田地契〕　大中六年壬申十月（852）
　1)(張日興)男・保人　4)原作「保人男儒奴」。

10712 張壽々 ･･･････････････ S02041
〔社約〕　丙寅年三月四日（846）
　4)年號別筆(丙寅年三月四日)。ペン筆。

10713 張壽?昌 ･･････････ BD07760v(始60)
〔社司轉帖〕（9～10C）

10714 張修空 ･････････････ S02729①
〔燉煌應管勘牌子歷〕　辰年三月（788）
　1)僧　2)靈修寺　3)沙州　4)28行目。

10715 張修造 ･･････････ BD09520v⑤(殷41)
〔張修造雇馳契(稿)〕　癸未年四月十五日（923?）

10716 張修造 ･･････････ BD09520v⑥(殷41)
〔張修造雇馳契(稿)〕　癸未年四月十五日（923?）

10717 張修?達 ･･･････････ P3418v②
〔燉煌鄕缺枝夫戶名目〕（9C末～10C初）
　3)燉煌鄕

10718 張習顯 ･･････････････ S06126
〔附箋〕（9C）

10719 張習頭 ･･････････････ S06777
〔寫經人名目〕（9～10C）

10720 張醜胡 ･･･････････ P2040v②-29
〔淨土寺西倉豆利入曆〕（940年代）
　2)淨土寺

10721 張醜子 ･････････････ P3286v
〔社司轉帖(殘)〕　己卯年二月十日（919?）

10722 張醜子 ･･････････････ P3305v⑥
〔社司轉帖(寫錄)〕　咸通十年正月廿日（869）

10723 張醜子 ･･････････････ P3859
〔報恩寺常住百姓老小孫息名目〕　丙申年十月十一日（936?）
　1)(張保山)男　2)報恩寺

10724 張醜子 ･･････････････ P4017
〔雜字一本(人名列記)〕　乙酉年頃（985）

10725 張醜子 ･･････････････ S09463
〔李万受等便麥曆〕（10C）

10726 張醜兒 ･･････････････ P3234v⑮
〔淨土寺西倉豆利潤入曆〕（940年代?）
　2)淨土寺

10727 張醜々 ･････････････ P3418v⑥
〔洪閏鄕缺枝夫戶名目〕（9C末～10C初）
　3)洪閏鄕

10728 張醜々 ·············· S02669
〔管內尼寺(安國寺・大乘寺・聖光寺)籍〕
(865～870)
　　2)大乘寺　3)青水鄉　4)尼名「香嚴」。

10729 張醜々 ·············· S02669
〔管內尼寺(安國寺・大乘寺・聖光寺)籍〕
(865～870)
　　2)安國寺?　3)効穀鄉　4)尼名「遍施」。

10730 張醜々 ·············· S02669
〔管內尼寺(安國寺・大乘寺・聖光寺)籍〕
(865～870)
　　2)大乘寺　3)平康鄉　4)尼名「妙心」。

10731 張?醜々? ············ S08690
〔薩毗寄倉入(破?)曆〕(940前後)

10732 張醜女 ·············· S02669
〔管內尼寺(安國寺・大乘寺・聖光寺)籍〕
(865～870)
　　2)大乘寺　3)平康鄉　4)尼名「順忍」。

10733 張醜奴 ············· P2049v①
〔淨土寺諸色入破曆計會牒〕　同光三年
(925)

10734 張醜奴 ·············· P5032⑫
〔渠人轉帖〕(10C後期)

10735 張醜奴 ············· Дx10257v
〔社司轉帖(稿)〕(10C後期?)

10736 張醜□ ······ BD16363A(L4446)
〔社司轉帖〕　戊申年 (948?)

10737 張集子 ············· P3418v⑧
〔平康鄉缺枝夫戶名目〕(9C末～10C初)
　　3)平康鄉

10738 張集兒 ·············· P3616v
〔社司轉帖(人名目)〕　丁亥年頃 (927?)

10739 張集昇 ·············· P3616v
〔社司轉帖(人名目)〕　丁亥年頃 (927?)

10740 張飄颭 ············· S01475v⑦
〔便麥契〕　酉年十一月 (829)

10741 張什三 ········ BD06359v②(鹹59)
〔人名目〕(9C前期)

10742 張什德 ············· P2032v⑯-2
〔淨土寺麥利閏入曆〕(940前後)
　　2)淨土寺

10743 張什二 ·············· P2583v⑨
〔女弟子張什二施入疏〕　申年正月五日 (828)
　　1)女弟子

10744 張什二 ·············· S00542v
〔燉煌諸寺丁壯車牛役部〕　戌年六月十八日
(818)
　　2)乾元寺

10745 張什二 ·············· S00542v
〔燉煌諸寺丁壯車牛役部〕　戌年六月十八日
(818)
　　2)永安寺

10746 張什二 ·············· S03074v
〔某寺破曆〕　十一月廿四日,十二月一日,三月
(9C前期)

10747 (張)住盈 ············· Дx01386
〔書簡稿〕(10C)
　　1)(張僧統)弟

10748 張住往? ············ P3721v①
〔平康鄉堤上兄(見)點得人名目〕　庚辰年三月
廿二日 (980)
　　3)平康鄉

10749 張住子 ········ BD14667v⑤-2(新0867)
〔社司轉帖(寫錄)〕(9C末)
　　2)普光寺門前　4)文中有「春座(局)席,…普光
　　寺門前,取齊」。

10750 張住子 ········ BD14667v⑥(新0867)
〔社人名目?〕(9C後期)

10751 張住子 ·············· P2032v⑱
〔淨土寺豆利閏入曆〕(940前後)
　　2)淨土寺

10752 張住子 ············· P2040v③-2
〔淨土寺西倉粟利入曆〕　己亥年 (939)
　　2)淨土寺

10753 張住子 ·············· P2680v⑦
〔社司轉帖(殘)〕　丙申年四月廿六日 (936)

10754 張住子 ·············· P2708bn
〔社子名目〕(10C中期)

10755 張住子 ……………… P3146A
〔衙前子弟州司及醼頭等留殘祗衙人數〕 辛
巳年八月三日 (981)

10756 張住子 ……………… P3273
〔付麥粟曆〕 (10C中期)

10757 張住子 ……………… P3372v
〔社司轉帖幷雜抄〕 壬申年 (972)

10758 張住子 ……………… P3555B piece11
〔納贈曆(殘)〕 (10C中期)

10759 張住子 ……………… P3959
〔貸粟麻曆〕 (10C)

10760 張住子 ……………… P4063
〔官建轉帖〕 丙寅年四月十六日 (966)

10761 張住子 ……………… P4588v
〔社戶名目(2行)〕 (10C中期)

10762 張?住子? ……………… P4638v⑬
〔雜寫〕 (10C中期)

10763 張住子 ……………… Дх01410
〔社司轉帖〕 庚戌年四月 (950)
　　1) 佛堂頭壘園墻人

10764 張住兒 ……………… P2040v③-2
〔淨土寺西倉粟利入曆〕 己亥年 (939)
　　2) 淨土寺

10765 張住兒 ……………… P3231③
〔平康鄉官齋曆〕 甲戌年五月廿九日 (974)
　　3) 平康鄉

10766 張住兒 ……………… P3231⑥
〔平康鄉官齋曆〕 乙亥年九月廿九日 (975)
　　3) 平康鄉

10767 張住兒 ……………… P3236v
〔燉煌鄉官布籍〕 壬申年三月十九日 (972)
　　3) 燉煌鄉

10768 張住千 ……………… S11358
〔部落轉帖〕 (10C後期)

10769 張住奴 ……………… P3231①
〔平康鄉官齋曆〕 癸酉年五月 (973)
　　3) 平康鄉

10770 張住奴 ……………… P3231②
〔平康鄉官齋曆〕 癸酉年九月卅日 (973)
　　3) 平康鄉

10771 張住奴 ……………… P3231③
〔平康鄉官齋曆〕 甲戌年五月廿九日 (974)
　　3) 平康鄉

10772 張住德 ……………… P2032v⑯-4
〔淨土寺粟利閏入曆〕 (940前後)
　　2) 淨土寺

10773 張住德 ……………… P3231③
〔平康鄉官齋曆〕 甲戌年五月廿九日 (974)
　　3) 平康鄉

10774 張十一 ……………… P3047v⑥
〔諸人諸色施入曆〕 (9C前期)

10775 張十二 ……………… P3047v⑨
〔諸人諸色施捨曆〕 (9C前期)

10776 張從?武 ……………… P4640v
〔官入破曆〕 己未年五月 (899)
　　1) 新城鎮使

10777 張戎昌 ……………… P3396
〔沙州諸渠別粟田名目〕 (10C後期)
　　2) 龍興寺?

10778 張戎昌 ……………… P3396v
〔沙州諸渠別苽薗名目〕 (10C後期)

10779 張縱々 ……………… S02669
〔管內尼寺(安國寺・大乘寺・聖光寺)籍〕
(865～870)
　　2) 大乘寺　3) 平康鄉　4) 尼名「勝心」。

10780 張重 ……………… S04831②
〔寫經人名目〕 (9C前期)
　　1) 寫經人

10781 張重潤 ……………… BD07346v(鳥46)
〔大般若波羅蜜多經卷第24(背面題記)〕 (9C
前期)

10782 張重潤 ……………… P3205
〔僧俗人寫經曆〕 (9C前期)

10783 張重潤 ……………… S02711
〔寫經人名目〕 (9C前期)
　　1) 寫經人　2) 金光明寺

10784 張重潤 ……………………… S07945
〔僧俗寫經分團人名目〕 (823以降)

10785 張俊義 ……………………… S02041
〔社約〕 丙寅年三月四日 (846)
　　4)年號別筆(丙寅年三月四日)。ペン筆。

10786 張俊奴 ……………………… S04491
〔地畝計會〕 (9C前期)
　　3)千渠・菜田・宋渠

10787 張潤子 ……………………… P3205
〔僧俗人寫經曆〕 (9C前期)

10788 張潤子 ……………………… S02711
〔寫經人名目〕 (9C前期)
　　1)寫經人　2)金光明寺

10789 張潤石 ……………………… S11333
〔便物曆〕 庚戌年 (950?)

10790 張閏 ………………………… P2162v
〔三將納丑年突田曆〕 (9C前期)

10791 張閏 ………………………… S00542v②
〔金光明寺羊群見在數牒〕 丑年十二月廿一日 (821)
　　1)寺卿　2)金光明寺

10792 張閏國 ……………………… P4525⑧
〔都頭及音聲等共地畝細目〕 (980頃)

10793 張閏子 ……………………… P2032v㉑-2
〔淨土寺籾黃麻查破曆〕 甲辰年頃? (940前後)
　　2)淨土寺

10794 張閏子 ……………………… P3146A
〔衙前子弟州司及顧頭等留殘袒衙人數〕 辛巳年八月三日 (981)

10795 張閏子 ……………………… P3491 piece3
〔突田名簿〕 (9C前期)

10796 張閏子 ……………………… P3721v①
〔平康鄉堤上兄(見)點得人名目〕 庚辰年三月廿二日 (980)
　　3)平康鄉

10797 張閏子 ……………………… P4635③
〔便粟豆曆〕 癸卯年二月十三日 (943)

10798 張閏子 ……………………… P4640v
〔官入破曆〕 庚申年二月 (900)

10799 張閏子 ……………………… S00381③
〔龍興寺毗沙門天王靈驗記〕 大蕃歲次辛巳閏二月十五日 (801)
　　1)寺卿　2)龍興寺　4)此靈驗記的後記有「本寺(龍興寺)大德附口抄」文。但此抄本中有咸通十四年(873)四月廿六日書寫紀年。

10800 張閏子 ……………………… S05824
〔經坊費負担人名目〕 (8C末～9C前期)
　　1)寫經人

10801 張順 ………………………… Дx18916
〔帖文〕 大曆五年四月一日 (770)
　　1)知鎭官大將軍

10802 張順盈 …… 首都(北京)博物館藏燉煌吐魯番文獻
〔佛說藥師經〕 壬辰歲七月七日 (932 or 992?)
　　4)原作「壬辰歲七月七日清信弟子張順盈寫」。

10803 張順?興 …………………… P2556v
〔雜寫〕 咸通十年正月十八日 (869)

10804 張順興 ……………………… P2944
〔大乘寺・聖光寺等尼僧名錄〕 (10C後期?)
　　4)原作「張順興女」。

10805 張順興 ……………………… Дx02162
〔社司轉帖〕 庚子年八月十四日 (940?)

10806 張順子 ……………………… P.tib1088B
〔燉煌諸人磑課麥曆〕 卯年～巳年間 (835～837)

10807 張順子 ……………………… S02669
〔管內尼寺(安國寺・大乘寺・聖光寺)籍〕 (865～870)
　　2)大乘寺　3)燉煌鄉　4)尼名「善護」。

10808 張順〻 ……………………… S04491
〔地畝計會〕 (9C前期)
　　3)盃授・千渠

10809 張順進 ……………………… S01163
〔太公家教1卷〕 庚戌年十二月十七日 (950)
　　2)永安寺

10810 張順大德 ‥‥‥‥‥‥‥‥‥ S01366
〔歸義軍府下破用麵油曆〕 己卯～壬午年頃
(10C後期(980～982頃))

10811 張順忍 ‥‥‥‥‥‥‥‥‥‥ S02669
〔管內尼寺(安國寺・大乘寺・聖光寺)籍〕
(865～870)
　　2)大乘寺　3)平康鄉　4)姓「張」。俗名「醜女」。

10812 張書慶 ‥‥‥‥‥‥‥‥‥‥ P5032⑲
〔渠人轉帖〕 甲申年□月十七日 (984)

10813 張處空 ‥‥‥‥‥‥‥‥‥‥ S02669
〔管內尼寺(安國寺・大乘寺・聖光寺)籍〕
(865～870)
　　2)大乘寺　3)平康鄉　4)姓「張」。俗名「德娘」。

10814 張女々 ‥‥‥‥‥‥‥‥‥‥ S02669
〔管內尼寺(安國寺・大乘寺・聖光寺)籍〕
(865～870)
　　2)安國寺?　3)慈惠鄉　4)尼名「聖嚴」。

10815 張女郎 ‥‥‥‥‥‥‥‥‥‥ S06315v
〔願文等〕 (9C前期)

10816 張如意 ‥‥‥‥‥‥‥‥‥‥ S02669
〔管內尼寺(安國寺・大乘寺・聖光寺)籍〕
(865～870)
　　1)尼　2)安國寺?　3)玉關鄉　4)姓「張」。俗名「媧娃」。

10817 張像德 ‥‥‥‥‥‥‥‥‥‥ P2040v③-7
〔淨土寺黃麻入曆〕 (939)
　　2)淨土寺

10818 張像德 ‥‥‥‥‥‥‥‥‥‥ P2040v③-10
〔淨土寺豆入曆〕 (939)
　　2)淨土寺

10819 張像德 ‥‥‥‥‥‥‥‥‥‥ P3556v④
〔社戶人名目(殘)〕 (10C中期頃)
　　1)社戶

10820 張像德 ‥‥‥‥‥‥‥‥‥‥ P3763v
〔淨土寺入破曆〕 (945前後)
　　1)寫□

10821 張像法 ‥‥‥‥‥‥‥‥‥‥ S00542v
〔燉煌諸寺丁壯車牛役部〕 戌年六月十八日 (818)
　　2)龍興寺

10822 張像法 ‥‥‥‥‥‥‥‥‥‥ S02729①
〔燉煌應管勘牌子曆〕 辰年三月 (788)
　　1)僧　2)乾元寺　3)沙州　4)21行目。

10823 張像友? ‥‥‥‥‥‥‥‥‥‥ S05486②
〔社司轉帖〕 壬寅年六月九日 (942)
　　1)錄事・押衙

10824 張像□ ‥‥‥‥‥‥‥‥‥‥ S06130
〔諸人納布曆〕 (10C)
　　1)押衙　3)神沙鄉

10825 張勝安 ‥‥‥‥‥‥‥‥‥‥ P3249v
〔將龍光顏等隊下人名目〕 (9C中期)

10826 張勝因 ‥‥‥‥‥‥‥‥‥‥ P3167v
〔安國寺道場司關于(五尼寺)沙彌戒訴狀〕
乾寧二年三月 (895)
　　2)靈修寺　4)⇒勝因。

10827 張勝因 ‥‥‥‥‥‥‥‥‥‥ S02669
〔管內尼寺(安國寺・大乘寺・聖光寺)籍〕
(865～870)
　　2)大乘寺　3)平康鄉　4)尼名「性靜因」。

10828 張勝盈 ‥‥‥‥‥‥‥‥‥‥ P2953v
〔便麥豆本曆〕 (10C)

10829 張勝果 ‥‥‥‥‥‥‥‥‥‥ P3167v
〔安國寺道場司關于(五尼寺)沙彌戒訴狀〕
乾寧二年三月 (895)
　　2)聖光寺　4)⇒勝果。

10830 張勝戒 ‥‥‥‥‥‥‥‥‥‥ P3167v
〔安國寺道場司關于(五尼寺)沙彌戒訴狀〕
乾寧二年三月 (895)
　　2)普光寺　4)⇒勝戒。

10831 張勝嬌 ‥‥‥‥‥‥‥‥‥‥ S02669
〔管內尼寺(安國寺・大乘寺・聖光寺)籍〕
(865～870)
　　2)大乘寺　3)平康鄉　4)尼名「菩提惠」。

10832 張勝堅 ‥‥‥‥‥‥‥‥‥‥ S02669
〔管內尼寺(安國寺・大乘寺・聖光寺)籍〕
(865～870)
　　2)大乘寺　3)神沙鄉　4)姓「張」。俗名「要々」。

10833 張勝子 ‥‥‥‥‥‥‥‥‥‥ P3859
〔報恩寺常住百姓老小孫息名目〕 丙申年十月十一日 (936?)
　　2)報恩寺　4)僧名「願通」。

10834 張?勝々 …………… P3249v
〔將龍光顏等隊下人名目〕 (9C中期)

10835 張勝心 …………… S02669
〔管內尼寺(安國寺・大乘寺・聖光寺)籍〕
(865〜870)
　2)大乘寺　3)平康鄉　4)姓「張」。俗名「縱々」。

10836 張勝全 …………… 杏・羽068
〔某寺酒戶張盈子酒破曆〕　某年正月廿日至三月十四日 (10C)
　1)社虞候

10837 張勝相 …………… S02669
〔管內尼寺(安國寺・大乘寺・聖光寺)籍〕
(865〜870)
　2)大乘寺　3)玉關鄉　4)姓「張」。俗名「塩々」。

10838 張勝朝 …………… BD06359(鹹59)
〔便麥契〕　丑年二月 (821)
　1)寺戶　2)安國寺

10839 張勝妙 …………… S02669
〔管內尼寺(安國寺・大乘寺・聖光寺)籍〕
(865〜870)
　2)安國寺?　3)平康鄉　4)姓「張」。名「媧娃」。

10840 張勝蓮 …………… S04291
〔度牒〕　清泰五年二月十日(天福三年) (938)
　1)百姓(張留子)女　3)洪潤鄉　4)11歲。

10841 張將頭 …………… P3234v⑮
〔淨土寺西倉豆利潤入曆〕 (940年代?)
　1)將頭　2)淨土寺

10842 張將頭 …………… P3391v①
〔社司轉帖(寫錄)〕　丁酉年正月十日 (937)
　1)將頭

10843 張將頭 …………… S11353
〔社司?轉帖〕 (10C)
　1)將頭

10844 張將頭 …………… S11360D2
〔貸粟麥曆〕 (10C中期以降?)
　1)將頭

10845 張將頭 …………… Φ335b
〔納黃麻等曆〕　己巳年三月十九日 (969 or 919)
　1)將頭

10846 張小漢 …………… S00542v
〔燉煌諸寺丁壯車牛役部〕　戌年六月十八日 (818)
　1)車頭　2)龍興寺

10847 張小喞 …………… BD07733(始33)
〔无量壽宗要經(尾末題名)〕 (9C前期)
　4)无量壽宗要經尾紙末有題記「張小喞」。

10848 張小興 …………… S02041
〔社約〕　丙寅年三月四日 (846)
　4)年號別筆(丙寅年三月四日)。ペン筆。

10849 張小苟 …………… P3249v
〔將龍光顏等隊下人名目〕 (9C中期)

10850 張小苟 …………… P3418v⑤
〔某鄉缺枝夫戶名目〕 (9C末〜10C初)

10851 張小骨 …………… ZSD060v
〔社司轉帖及詩(3首)〕　癸未年十?月 (923?)
　1)社人

10852 張小々 …………… P3353v
〔張小々迴向疏(3行)〕　正月 (9C?)

10853 張小娘 …………… S02669
〔管內尼寺(安國寺・大乘寺・聖光寺)籍〕
(865〜870)
　2)大乘寺　3)洪潤鄉　4)尼名「最勝意」。

10854 張小德 …………… P3745v
〔榮小食納油麵米蘇等曆〕　年次未詳三月廿八日 (9C末期?)

10855 張小德 …………… P3745v②
〔納贈曆〕 (9C末期?)

10856 張小滿 …………… S02669
〔管內尼寺(安國寺・大乘寺・聖光寺)籍〕
(865〜870)
　2)大乘寺　3)平康鄉　4)尼名「明了藏」。

10857 張小郎 …………… BD11990(L2119)
〔諸人施錢曆〕 (9〜10C)

10858 張少清 …………… Дx01410
〔社司轉帖〕　庚戌年閏四月 (950)

10859 張承奉 …………… S02263
〔葬錄記〕 (896)
　4)原作「歸義軍節度使南陽張公諱承奉」。

10860 張承奉 ·············· S02263v
〔葬錄卷上并序〕 大唐乾寧三年五月日 (896)
　1)歸義軍節度使・南陽張公

10861 張承奉 ·············· S04470v
〔回施入曆〕 乾寧二年三月十日 (895)
　1)歸義軍節度使 4)原作「弟子歸義軍節度使張
　承奉副使李弘願□牒」。

10862 張承奉 ·············· 莫第009窟
〔供養人題記〕 (890年代)
　1)…光祿大夫檢校司徒同中書門下平章事…南
　陽郡開國公 4)甬道北壁。《燉》p.6。《謝》p.201。

10863 張昇朝 ·············· S06233v②
〔磑戶計會〕 (9C前期)
　1)磑戶

10864 張昌進 ·············· S02242
〔親情社轉帖〕 七月三日 (10C)

10865 張昌晟 ·············· P3047v④
〔契?〕 辰年七月八日 (9C前期)

10866 張昌德 ·············· S02894v②
〔社司轉帖〕 壬申年十二月 (972)

10867 張昌邦 ·············· P3054
〔開蒙要訓1卷〕 大唐天福三(四)年歲次己亥九
　月五日 (939)

10868 張照空 ·············· S02669
〔管內尼寺(安國寺・大乘寺・聖光寺)籍〕
　(865～870)
　2)聖光寺 3)玉關鄉 4)姓「張」。俗名「六ゝ」。

10869 張祥鄰 ·············· BD09341(周62)
〔社司轉帖〕 閏四月三日 (10C後期)

10870 張章件 ·············· P2040v③-2
〔淨土寺西倉粟利入曆〕 己亥年 (939)
　2)淨土寺

10871 張章兒 ·············· S04525
〔付官健及諸社佛會色物數目〕 (10C後期)

10872 張詔ゝ ·············· S02669
〔管內尼寺(安國寺・大乘寺・聖光寺)籍〕
　(865～870)
　2)大乘寺 3)洪池鄉 4)尼名「見淨」。

10873 張逍遙 ·············· S02669
〔管內尼寺(安國寺・大乘寺・聖光寺)籍〕
　(865～870)
　2)大乘寺 3)燉煌鄉 4)尼名「相凝」。

10874 張上座 ·············· P3161
〔常住什物見在新附點檢曆〕 (10C前期)
　1)上座

10875 張上座 ·············· P4611
〔諸寺付經曆〕 (9C末～10C初)
　1)上座 2)永安寺

10876 張上座 ·············· P.tib1261v⑥
〔諸寺僧尼支給穀物曆〕 (9C前期)
　1)上座

10877 張上座 ·············· P.tib1261v⑦
〔諸寺僧尼支給穀物曆〕 (9C前期)
　1)上座

10878 張上座 ·············· S06226
〔某寺付徒眾各僧油一升曆〕 (10C中期)
　1)上座

10879 張上座 ·············· S06350
〔破計〕 大中十年 (856)
　1)上座

10880 張上座 ·············· Дx02449＋Дx05176
〔(時年)轉帖〕 十一月十九日 (10C前期)
　1)上座 2)蓮臺寺

10881 張常清 ·········· Дx01305＋Дx02154＋
　Дx03026
〔僧等付絹等曆〕 (9C前期)
　4)⇒常清。

10882 張淨陰 ·············· S02729①
〔燉煌應管勘牌子曆〕 辰年三月 (788)
　1)僧 2)龍興寺 3)沙州 4)2行目。

10883 張淨行 ·············· S02729①
〔燉煌應管勘牌子曆〕 辰年三月 (788)
　1)僧 2)大乘寺 3)沙州 4)午年3月10日死。
　50行目。

10884 張淨潤 ·············· S02729①
〔燉煌應管勘牌子曆〕 辰年三月 (788)
　1)僧 2)龍興寺 3)沙州 4)辰年3月10日死。
　3・5行目。

10885 張淨深 ················ S02729①
〔燉煌應管勘牌子歷〕 辰年三月十日 (788)
　1)僧　2)龍興寺　3)沙州　4)辰年3月10日死。3行目。

10886 張淨深 ················ S02729①
〔燉煌應管勘牌子歷〕 辰年三月十日 (788)
　1)僧　2)龍興寺　3)沙州　4)辰年3月10日死。末尾有「吐番贊息檢」。59行目。

10887 張信盈 ················ P4638v⑬
〔陳謝狀〕 (931)
　1)都頭

10888 張信子 ················ P3705v
〔人名錄雜記〕 中和二年頃 (882?)

10889 張信達 ············ BD09089(虞84)
〔佛說无量壽宗要經(尾)〕 (9C前期)
　1)僧　4)有尾題「沙弥張信達寫經一本」又有「僧張信達」。

10890 張岑 ·················· S04831v
〔寫經人名目〕 (9C前期)

10891 張眞勝 ················ S02729①
〔燉煌應管勘牌子歷〕 辰年三月 (788)
　1)僧　2)靈修寺　3)沙州　4)36行目。

10892 張神々 ················ P3643v
〔習書〕 (9C後期?)

10893 張神德 ············ BD16162A(L4084)
〔出賣房舍契〕 (9〜10C)
　1)叔伯兄

10894 張進員 ················ P2680v⑥
〔社司轉帖〕 六月廿三日 (10C中期)

10895 張進暉 ················ S01475v②
〔社司狀上〕 申年五月廿一日 (828)

10896 張進暉 ················ S01475v③
〔社司狀上〕 申年五月 (828)
　1)社人

10897 張進玉 ················ S00542v
〔燉煌諸寺丁壯車牛役部〕 戌年六月十八日 (818)

10898 張進君 ············ BD04256v①1(玉56)
〔斷知更人名帳〕 四月十三日夜 (9C後期)

10899 張進君 ············ BD04256v①2(玉56)
〔第二次斷知更人名帳〕 四月十三日夜 (9C後期)

10900 張進君 ············ BD04256v①3(玉56)
〔第三次斷知更人名帳〕 (四月)十三日夜 (9C後期)

10901 張進卿 ················ P2162v
〔三將納丑年突田曆〕 (9C前期)

10902 張進岡? ············ BD09332v(周53)
〔己丑(年)正月十二日(曹)仁德妻亡納贈歷(稿)〕 己丑(年)正月十二日 (809? or 869?)

10903 張進國 ················ S00542v
〔燉煌諸寺丁壯車牛役部〕 戌年六月十八日 (818)
　2)龍興寺

10904 張進國 ················ S05824v
〔經坊費負担人名目〕 (8C末〜9C前期)

10905 張進子 ··········· BD14667v⑥(新0867)
〔社人名目?〕 (9C後期)

10906 張進子 ················ P3306v②
〔雜記〕 開運四年丁未歲三月廿六日 (947)

10907 張進昇 ················ S03405v
〔便計曆〕 癸未年三月十四日 (923? or 983?)

10908 張進々 ············ BD04256v①2(玉56)
〔第二次斷知更人名帳〕 四月十三日夜 (9C後期)

10909 張進々 ················ S02228①
〔絲綿部落夫丁修城使役簿〕 亥年六月十五日 (819)
　1)(右八)　3)絲綿部落　4)首行作「亥年六月十五日州城所,絲綿」。末行作「亥年六月十五日畢功」。

10910 張進成 ················ S06003
〔社司轉帖〕 壬申年七月十九日 (972)

10911 張進成 ················ Дx02636
〔地藏菩薩經1卷(尾)〕末先奉爲亡夫都料張進成供養記〕 開寶九年歲次丙子五月廿一日 (976)
　1)都料　4)原作「弟子幸婆開寶九年歲次丙子五月廿一日弟子幸婆趙／先奉爲亡夫都料張進成神生淨土與?落三／塗風在諸羅永充除念題記」。

10912 張進晟 ·················· S05824v
〔經坊費負担人名目〕 (8C末～9C前期)

10913 張進達 ·················· P2680v⑨
〔納色物曆〕 (10C中期)

10914 張進達 ·················· P2915piece1・2
〔社人名錄(殘)〕 (10C)

10915 張進達 ·················· P3167v
〔安國寺道場司關于(五尼寺)沙彌戒訴狀〕
乾寧二年三月 (895)
　2) 普光寺

10916 張進達 ·················· P3418v⑥
〔洪閏鄉缺枝夫戶名目〕 (9C末～10C初)

10917 張進達 ·················· P4640v
〔官入破曆〕 辛酉年二月 (901)
　1) 王門副使

10918 張進朝 ·················· S00542v
〔燉煌諸寺丁壯車牛役部〕 戌年六月十八日
(818)
　2) 龍興寺

10919 張進朝 ·················· S00542v
〔燉煌諸寺丁壯車牛役部〕 戌年六月十八日
(818)
　2) 蓮臺寺

10920 張進朝妻 ················ S00542v
〔燉煌諸寺丁壯車牛役部〕 戌年六月十八日
(818)
　2) 開元寺

10921 張進通 ·················· P2032v⑬-7
〔淨土寺黃麻利閏入曆〕 (940前後)
　2) 淨土寺

10922 張進通 ·················· P3234v③
〔惠安惠戒手下便物曆〕 甲辰年 (944)
　2) 淨土寺?

10923 張進通 ·················· P3234v③-20
〔惠安惠戒手下便物曆〕 甲辰年 (944)

10924 張進通 ·················· S02214
〔官府雜帳(名籍・黃麻・地畝・地子等曆)〕
(860?)

10925 張進通 ·················· S05008
〔破曆〕 (940頃)
　1) 牧羊人

10926 張進通 ·················· 莫第160窟
〔張進通功德記〕 (9C中期)
　1) 清信弟子前河西招撫監　4) 南壁。《燉》p.75。

10927 張進明 ·················· P2040v②-25
〔淨土寺黃麻利入曆〕 (940年代)
　2) 淨土寺

10928 張進明 ·················· P2040v②-29
〔淨土寺西倉豆利入曆〕 (940年代)
　2) 淨土寺

10929 張進明 ·················· P2049v②
〔淨土寺諸色入破曆計會牒〕 長興二年正月
(930～931)

10930 張進□ ·················· P3418v⑧
〔平康鄉缺枝夫戶名目〕 (9C末～10C初)
　3) 平康鄉

10931 張進□ ·················· 莫第206窟
〔供養人題記〕 (11C中期)
　1) 故施主父僧　4) 東壁門北側。《燉》p.96。

10932 張水長 ·················· P3231⑦
〔平康鄉官齋曆〕 丙子年五月十五日 (976)
　1) 水長

10933 張崇景 ·················· P4640v
〔官入破曆〕 辛酉年?六月四日 (901?)
　1) 押衙

10934 張崇信 ·················· P3425
〔本居宅西壁上建龕功德銘〕 景福二祀正月
十五日 (893)
　1) 學士　4) 原作「于時景福二祀正月十五日畢功
記,釋靈俊文,學士張崇信書」。

10935 張崇□ ·················· S11444
〔社司轉帖〕 (9C末～10C初)
　1) 押衙

10936 張嵩敬 ·················· P3425
〔本居宅西壁上建龕功德銘〕 景福二祀正月
十五日 (893)
　1) 兵馬使兼指槽使

10937 張嵩峻 ·················· 莫第205窟
〔供養人題記〕（8C後期）
　　4)西壁。《燉》p.95。《謝》p.361。

10938 張性靜花 ················ S02669
〔管内尼寺(安國寺・大乘寺・聖光寺)籍〕
(865～870)
　　2)大乘寺　3)平康鄉　4)姓「張」。俗名「寵眞」。

10939 張成子 ···················· P3170
〔千字文1卷(尾題)〕二歲三月十九日（10C後期）
　　2)顯德寺

10940 張政子 ·················· Дx01418
〔燉煌諸鄉別便豆曆〕（10C）
　　3)龍勒鄉

10941 張晟子 ················· S02228①
〔絲綿部落夫丁修城使役簿〕亥年六月十五日（819）
　　1)(右四)　3)絲綿部落　4)首行作「亥年六月十五日州城所,絲綿」。末行作「亥年六月十五日畢功」。

10942 張晟〻 ··················· S05824v
〔經坊費負担人名目〕（8C末～9C前期）

10943 張晟奴 ············· BD06359(鹹59)
〔便麥契〕丑年二月（821）
　　1)寺戶　2)開元寺

10944 張正信 ················· S02729①
〔燉煌應管勘牌子曆〕辰年三月（788）
　　1)僧　2)法性寺　3)沙州・潘原堡　4)53行目。

10945 張正相 ················· S02729①
〔燉煌應管勘牌子曆〕辰年三月（788）
　　1)僧　2)普光寺　3)沙州　4)42行目。

10946 張清 ··················· P3491v②
〔左七將應徵突田戶納麥粟數曆〕（9C前期）

10947 張清 ··················· S01438v
〔吐蕃占領燉煌初期漢族書儀〕（8C末）
　　1)玉關驛戶　4)R面爲「道教義淵卷上」(8C)。

10948 張清海 ··················· P2556v
〔團頭文書〕咸通十年頃（869頃）

10949 張?清?漢清消兒 ············ P3396
〔沙州諸渠別粟田名目〕（10C後期）

10950 張清忽 ··················· P4907
〔淨土寺?儭破曆〕辛卯年閏二月／五月廿三日（931?)
　　2)淨土寺?

10951 張清山 ·················· 舊P5529
〔入破曆〕壬申年六月廿四日（972?)

10952 張清子 ·················· P3231①
〔平康鄉官齋曆〕癸酉年五月（973）
　　3)平康鄉

10953 張清子 ·················· P3231②
〔平康鄉官齋曆〕癸酉年九月卅日（973）
　　3)平康鄉

10954 張清子 ·················· P3231③
〔平康鄉官齋曆〕甲戌年五月廿九日（974）
　　3)平康鄉

10955 張清子 ·················· P3231④
〔平康鄉官齋曆〕囲戌年十月十五日（974）
　　3)平康鄉

10956 張清子 ·················· P3231⑤
〔平康鄉官齋曆〕口亥年五月十五日（975）
　　3)平康鄉

10957 張清子 ·················· P3231⑥
〔平康鄉官齋曆〕乙亥年九月廿九日（975）
　　3)平康鄉

10958 張清子 ·················· P3231⑦
〔平康鄉官齋曆〕丙子年五月十五日（976）
　　3)平康鄉

10959 張清子 ·················· P3231v⑦
〔平康鄉官齋曆〕丙子年五月十五日（976?)
　　3)平康鄉

10960 張清子 ·················· P3418v⑥
〔洪閏鄉缺枝夫戶名目〕（9C末～10C初）
　　3)洪潤鄉

10961 張清子 ·················· S02474③
〔衙内麸油破曆〕庚辰年?閏三月（980）
　　1)都頭

10962 張清兒 ················ P2040v②-28
〔淨土寺豆入曆〕（940前後）
　　2)淨土寺

10963 張清兒 ……………… P3231⑤
〔平康鄉官齋曆〕 □亥年五月十五日 (975)

10964 張?清兒 ……………… S04472v
〔納贈曆〕 辛酉年十一月廿日 (961)

10965 張清兒 ……………… S04642v
〔某寺入破曆計會〕 (923以降)
 3)赤心鄉

10966 張清兒 ……………… S08445＋S08446＋
S08468②
〔羊司於紫亭得羊名目〕 丙午年三月九日
(946)

10967 張清兒 ……………… S08448Bv
〔紫亭羊數名目〕 (940頃)

10968 張清住 ……………… Дx01378
〔當團轉帖〕 (10C中期)

10969 張清〻 ……………… P3418v③
〔某鄉缺枝夫戶名目〕 (9C末～10C初)

10970 張清〻 ……………… P4640v
〔官入破曆〕 辛酉年?七月十六日 (901?)
 1)衙官

10971 張清〻 ……………… S00542v
〔燉煌諸寺丁壯車牛役部〕 戊年六月十八日
(818)
 2)龍興寺

10972 張清〻 ……………… S03287v
〔戶口田地申告牒〕 子年五月 (832 or 844)

10973 張清〻 ……………… ZSD060v
〔社司轉帖及詩(3首)〕 癸未年十?月 (923?)
 1)社人

10974 張清忽 ……………… P3231②
〔平康鄉官齋曆〕 癸酉年九月卅日 (973)
 3)平康鄉

10975 張清忽 ……………… P3231④
〔平康鄉官齋曆〕 甲戌年十月十五日 (974)
 3)平康鄉

10976 張清忽 ……………… P3231⑥
〔平康鄉官齋曆〕 乙亥年九月廿九日 (975)
 3)平康鄉

10977 張清忽 ……………… P3721v①
〔平康鄉堤上兄(見)點得人名目〕 庚辰年三月
廿二日 (980)
 3)平康鄉

10978 張清忽 ……………… S04472v
〔納贈曆〕 辛酉年十一月廿日 (961)

10979 張清通 ……………… P3718⑨
〔閻府君寫眞讚〕 (10C)

10980 張清奴 ……………… P2556v
〔雜寫〕 咸通十年正月十八日 (869)

10981 張清奴 ……………… P3231①
〔平康鄉官齋曆〕 癸酉年五月 (973)
 3)平康鄉

10982 張清奴 ……………… P3231②
〔平康鄉官齋曆〕 癸酉年九月卅日 (973)
 3)平康鄉

10983 張清奴 ……………… P3231③
〔平康鄉官齋曆〕 甲戌年五月十九日 (974)
 3)平康鄉

10984 張清奴 ……………… P3231④
〔平康鄉官齋曆〕 甲戌年十月十五日 (974)
 3)平康鄉

10985 張清奴 ……………… P3231⑤
〔平康鄉官齋曆〕 □亥年五月十五日 (975)
 3)平康鄉

10986 張清奴 ……………… P3231⑥
〔平康鄉官齋曆〕 乙亥年九月廿九日 (975)
 3)平康鄉

10987 張清奴 ……………… P3231⑦
〔平康鄉官齋曆〕 丙子年五月十五日 (976)
 3)平康鄉

10988 張清奴 ……………… P3231v②
〔平康鄉官齋曆〕 癸酉年九月卅日 (973)
 3)平康鄉

10989 張清奴 ……………… P3231v⑦
〔平康鄉官齋曆〕 丙子年五月十五日 (976?)
 3)平康鄉

10990 張清奴 ･････････････････ P3721v①
〔平康鄉隄上兄(見)點得人名目〕 庚辰年三月
十二日 (980)
　　3)平康鄉

10991 張清奴 ･････････････････ P3889
〔社司轉帖〕 (10C後期?)

10992 張清奴 ･････････････････ S03876①
〔慶深牒〕 乾德六年九月 (968)

10993 張清奴 ･････････････････ S03982
〔月次人名目〕 乙丑年五月 (965)

10994 張清奴 ･････････････････ S04654v⑤
〔便曆〕 丙午年正月一日 (946)

10995 張清奴 ･････････････････ S06129
〔諸鄉諸人貸便粟曆〕 (10C中期以降?)
　　3)洪閏鄉

10996 張清佛 ･････････････････ S00286
〔某寺斛斗入曆(殘)〕 (10C中期)

10997 張清□ ･････････････････ S10848
〔便麥曆〕 (10C)

10998 張精進藏 ･･･････････････ S02669
〔管內尼寺(安國寺・大乘寺・聖光寺)籍〕
(865〜870)
　　2)大乘寺　3)洪池鄉　4)姓「張」。俗名「意氣」。

10999 張聖嚴 ･･･････････････ S02669
〔管內尼寺(安國寺・大乘寺・聖光寺)籍〕
(865〜870)
　　2)安國寺?　3)慈惠鄉　4)姓「張」。俗名「女々」。

11000 張西豹 ･･･････････････ P3633v
〔龍泉神劍歌〕 (9C末〜10C初)

11001 張西豹 ･･･････････････ P4640v
〔官入破曆〕 庚申年十一月 (900)
　　1)押衙・甘州充使

11002 張青兒 ･･････ P3555B piece4 piece5＋P3288
①②
〔社司轉帖〕 丁巳年?月一日 (957)

11003 張青兒 ･･･････････････ S03048
〔東界羊籍〕 丙辰年 (956)
　　1)牧羊人

11004 張青兒 ･･･････････････ S08516E2
〔社司轉帖〕 丙申年六月十日 (956)

11005 張青兒 ･･･････････････ Дx04278
〔十一鄉諸人付麵數〕 乙亥年四月十一(日)
(915? or 975)
　　3)神沙鄉

11006 張齊榮 ･･･････････････ P2763①
〔沙州倉曹趙瓊璋等會計曆〕 辰年九月四日已
後至十二月卅日 (788)
　　4)縫背有「河西支度/…印」。

11007 張席錄 ･･･････････････ S06066
〔社司轉帖〕 壬辰年四月廿二日 (992)
　　1)席錄

11008 張石集? ･･･････････････ P5593
〔社司轉帖(殘)〕 癸巳年十月十日 (933?)

11009 張石住 ･･･････････････ P3234v⑮
〔淨土寺西倉豆利潤入曆〕 (940年代?)
　　2)淨土寺

11010 張赤頭 ･･･････････････ P2049v①
〔淨土寺諸色入破曆計會牒〕 同光三年
(925)

11011 張夔羅贊 ･･･････････････ S04453
〔使帖壽昌都頭張夔羅贊副使翟哈丹等〕 淳
化二年十月八日 (991)
　　1)壽昌都頭　4)本件中有鳥型押署。

11012 張拙玨?膳 ･･･････････････ Дx06064v
〔人名目〕 (10C)

11013 (張)仙子 ･･･････････････ P4514(3)Av
〔常住百姓張骨子於靈圖寺倉便麥契〕 癸未
年二月十九日 (983)
　　1)只(質)典女　4)⇒仙子。

11014 張仙進 ･･･････････････ S00542v
〔燉煌諸寺丁壯車牛役部〕 戌年六月十八日
(818)
　　1)木匠　2)龍興寺

11015 張仙寧 ･･･････････････ P2680v②
〔諸鄉諸人便粟曆〕 (10C中期)
　　3)燉煌鄉

11016 張千?子 ･･･････････････ P3418v②
〔燉煌鄉缺枝夫戶名目〕 (9C末〜10C初)
　　3)燉煌鄉

11017 張千子 ·················· P3721v①
　〔平康鄉堤上兄(見)點得人名目〕 庚辰年三月
　廿二日 （980）
　　3）平康鄉

11018 張千子 ·················· P3889
　〔社司轉帖〕 （10C後期?）

11019 張千子 ·················· Дx04278
　〔十一鄉諸人付麵數〕 乙亥年四月十一(日)
　（915? or 975）

11020 張千兒 ·················· P3231⑦
　〔平康鄉官齋曆〕 丙子年五月十五日 （976）
　　3）平康鄉

11021 張尖三 ·················· P3372v
　〔社司轉帖并雜抄〕 壬申年 （972）

11022 張泉々 ·················· P2738v
　〔社司轉帖(寫錄)〕 二月廿五日 （9C後期）
　　4）官樓蘭若門取齊。

11023 張泉々 ············ Дx01405＋Дx01406
　〔布頭索留信等官布籍〕 （9C末期～10C初期）

11024 張潛建 ·················· P4640⑧
　〔讚文〕 （9C末～10C前）
　　1）苾蒭僧　2）金光明寺　4）⇒潛建。

11025 張選郎 ·················· S05717
　〔人名目〕 （10C）

11026 張全惠 ·················· Дx00277v
　〔龍興寺孝(學)侍(士)郎以全惠1行〕 歲次己
　卯六月十六日 （919?）
　　1）學侍郎　2）龍興寺　4）R面爲「佛說地藏菩薩
　　經1卷」（10C後半）。

11027 張全慶 ········· 西域文獻遺珍（圖202）
　〔入破曆(殘3字)〕 （9～10C）

11028 張全子 ·········· BD15405（簡068067）
　〔納贈(併粟柴)曆〕 （10C）
　　1）押衙

11029 張全子 ·················· MG25486
　〔供養人題記〕 顯德陸年歲次己囲年八月廿五
　日□ （959）
　　1）男涌信佛子

11030 張全子? ·················· P2249v②
　〔雜寫(悉達太子修道因緣等)〕 （10C後期?）
　　4）原作「全子張」。

11031 張全子 ·················· P2484
　〔就東園笘會小印子群牧馳馬牛羊見行籍(歸
　義印)〕 戊辰年十月十八日 （968）
　　4）存「歸義軍節度使印」。

11032 張全子 ·················· P3131v
　〔牧羊馬馳缺數曆〕 （10C後期）

11033 張全子 ·················· P3231①
　〔平康鄉官齋曆〕 癸酉年五月 （973）
　　3）平康鄉

11034 張全子 ·················· P3231②
　〔平康鄉官齋曆〕 癸酉年九月卅日 （973）
　　3）平康鄉

11035 張全子 ·················· P3231⑥
　〔平康鄉官齋曆〕 乙亥年九月十九日 （975）
　　3）平康鄉

11036 張全子 ·················· P3721v①
　〔平康鄉堤上兄(見)點得人名目〕 庚辰年三月
　廿二日 （980）
　　3）平康鄉

11037 張全子 ·················· S02894v①
　〔社司轉帖〕 壬申年十二月廿二日 （972）

11038 張全兒〔見〕 ·················· 莫第265窟
　〔供養人題記〕 （10C前期）
　　1）清弟子衙內官□　4）南壁。《燉》p.112。《謝》
　　p.314。

11039 張全々 ·················· S04444v③
　〔社司轉帖(寫錄)〕 （10C）
　　2）永安寺門前

11040 張全々 ·················· S06237
　〔諸人見在粟黃麻曆〕 戌年～子年 （10C中期
　以降?）

11041 張全々 ·················· 杏・羽677
　〔入破歷算會(殘)〕 癸酉・甲戌二年 （973・
　974）

11042 張善 ·················· S02711
　〔寫經人名目〕 （9C前期）
　　1）寫經人　2）金光明寺

11043 張善 ……………………… S06028
〔寫經人名目〕（8C末～9C前期）
　1)寫經人

11044 張善盈 ……………………… P2032v①-1
〔淨土寺麥入曆〕（944前後）
　2)淨土寺

11045 張善盈 ……………………… P2032v②
〔淨土寺惠安手下諸色入曆〕 甲辰年一日巳直歲 （944）

11046 張善盈 ……………………… P5032⑬⑯⑱
〔渠人轉帖〕 甲申年二月廿日 （984）

11047 張善盈 ……………………… P5032⑰
〔渠人轉帖〕 甲申年二月廿九日 （984）

11048 張善盈 ……………………… Дx01277
〔納贈曆〕 丁丑年九月四?日 （977）

11049 張善緣 ……………………… P3989
〔立社條憑〕 景福三年甲寅歲五月十日 （894）

11050 張善慶 ……………………… P3234v③-66
〔惠安惠戒手下便物曆〕 甲辰年 （944）

11051 （張）善慶 ……………………… P4987
〔兄弟社轉帖〕 戊子年七月 （988）

11052 張善慶 ……………………… P5032⑩⑪⑫
〔渠人轉帖〕 甲申年十月三日 （984）

11053 張善慶 ……………………… P5032⑫
〔渠人轉帖〕 甲申年十月四日 （984）

11054 張善慶 ……………………… P5032⑭
〔渠人轉帖〕 甲申年九月廿一日 （984）

11055 張善慶 ……………………… P5032⑰
〔渠人轉帖〕 甲申年四月十二日 （984）

11056 張善慶 ……………………… S11353
〔社司?轉帖〕（10C）

11057 張善啓 ……………………… P2032v①-1
〔淨土寺麥入曆〕（944前後）
　2)淨土寺

11058 張善見 ……………………… S02729①
〔燉煌應管勘牌子歷〕 辰年三月 （788）
　1)僧　3)沙州・潘原堡　4)25行目。

11059 張善悟 ……………………… S02669
〔管內尼寺(安國寺・大乘寺・聖光寺)籍〕（865～870）
　2)大乘寺　3)平康鄉　4)姓「張」。俗名「嬌娘」。

11060 張善護 ……………………… S02669
〔管內尼寺(安國寺・大乘寺・聖光寺)籍〕（865～870）
　2)大乘寺　3)燉煌鄉　4)姓「張」。俗名「順子」。

11061 張善才 ……………………… P3541
〔張善才邈眞讚〕（9C?）
　1)僧政兼賜授恩榮仍封京城內外之名唐故歸義軍釋門管內僧政京城內外臨壇[　]主兼闡揚三教大法師賜紫沙門　4)⇒善才。

11062 張善子 ……………………… P3379
〔社錄事陰保山等牒(團保文書)〕 顯德五年二月 （958）
　4)有指押印。

11063 張善子 ……………………… Дx02149в
〔見納缺柴人名目〕（10C）

11064 張善子 ……………………… 莫第129窟
〔供養人題記〕（10C前期）
　4)原作「孫子-張善子」。南壁。《燉》p.61。

11065 張善兒? ……………………… S01084v
〔雜寫(人名等)〕（10C）

11066 張善證 ……………………… S02669
〔管內尼寺(安國寺・大乘寺・聖光寺)籍〕（865～870）
　2)大乘寺　3)燉煌鄉　4)姓「張」。俗名「擔娘」。

11067 張善娘 ……………………… S02669
〔管內尼寺(安國寺・大乘寺・聖光寺)籍〕（865～870）
　2)安國寺?　3)赤心鄉　4)尼名「妙德」。

11068 （張）善清 ……………… BD11987(L2116)
〔歸義軍官府人名目〕（9C後期～10C）
　1)押衙　4)原作「善清張押衙」。

11069 張善〻 ……………………… P2032v⑯-2
〔淨土寺麥利閏入曆〕（940前後）
　2)淨土寺

11070 張善〻 ……………………… P2040v②-3
〔淨土寺西倉麥入曆〕（945以降）
　2)淨土寺

11071 張善〻 ･･････････････････ P2049v②
　〔淨土寺諸色入破曆計會牒〕　長興二年正月
　（930～931）

11072 張善〻 ･･････････････････ S02041
　〔社約〕　丙寅年三月四日　（846）
　　4) 年號別筆(丙寅年三月四日)。ペン筆。

11073 張善想 ･･････････････････ S02669
　〔管内尼寺(安國寺・大乘寺・聖光寺)籍〕
　（865～870）
　　2) 大乘寺　3) 洪池郷　4) 姓「張」。俗名「憂談」。

11074 張善通 ･･････････････････ P3231⑥
　〔平康郷官齋曆〕　乙亥年九月廿九日　（975）
　　3) 平康郷

11075 張善通 ･･････････････ S08445＋S08446＋
　　　　　　　　　　　　　　　　　S08468
　〔稅巳年出羊人名目〕　丙午年二月十九日
　（946）

11076 張善通 ･･････････････ S08445＋S08446＋
　　　　　　　　　　　　　　　　　S08468
　〔紫亭羊數名目〕　辛亥年正月廿七日　（951）

11077 張善奴 ･･････････････････ S05824v
　〔經坊費負担人名目〕　（8C末～9C前期）

11078 張善得 ･･････････････････ S04663v
　〔社司轉帖(寫殘)〕　（9C後期）

11079 張善德 ･･････････････････ P3305v⑥
　〔社司轉帖(寫錄)〕　咸通十年正月廿日　（869）

11080 張善德 ･･････････････････ S00542v
　〔燉煌諸寺丁壯車牛役部〕　戊年六月十八日
　（818）
　　1) 團頭　2) 龍興寺

11081 張善富 ･･････････････････ P3231②
　〔平康郷官齋曆〕　癸酉年九月卅日　（973）
　　3) 平康郷

11082 張善富 ･･････････････････ P3231③
　〔平康郷官齋曆〕　甲戌年五月十九日　（974）
　　3) 平康郷

11083 張善富 ･･････････････････ P3231④
　〔平康郷官齋曆〕　囲戌年十月十五日　（974）
　　3) 平康郷

11084 張善保 ･･････････････････ P3448v
　〔雇駝契〕　辛卯年九月廿日　（931?）
　　1) 百姓・雇人

11085 張善和 ･･････････････････ P.tib1100
　〔行人部落百姓張善和爲參粮用今拾文〕　戊
　年五月乙寅?四日　（9C前期）

11086 張善和 ･･････････････････ S03011v
　〔雜寫〕　（10C）
　　1) 押衙

11087 張漸進 ･･････････････････ S09156
　〔沙州戶口地畝計簿〕　（9C前期）
　　3) 沙州

11088 張祖子 ･･････････････････ S00542v
　〔燉煌諸寺丁壯車牛役部〕　戊年六月十八日
　（818）
　　2) 乾元寺

11089 張祚 ･････････････････････ S11354
　〔雇馬曆〕　五月七日　（9C）

11090 張祚後 ･･････････････････ P3126
　〔冥報記〕　中和二年四月八日，五月十二日
　（882）

11091 張僧政 ･･････････ BD09472v①～③（發92）
　〔龍興寺索僧正等五十八人就唐家蘭若請賓
　頭廬文〕　（8～9C）
　　1) 僧政　2) 龍(興寺)　3) 沙州

11092 張僧政 ･･････････ BD09472v①～③（發92）
　〔龍興寺索僧正等五十八人就唐家蘭若請賓
　頭廬文〕　（8～9C）
　　1) 僧政　2) 大雲(寺)　3) 沙州

11093 張僧政 ･･････････････････ P2032v⑨
　〔淨土寺粟破曆〕　（940前後）
　　1) 僧政　2) 淨土寺

11094 張僧政 ･･････････････････ P2250v①
　〔龍興寺僧唱布曆〕　（925?）
　　1) 僧政

11095 張僧政 ･･････････････････ P2613
　〔某寺常住什物交割點檢曆〕　咸通十四年正月
　四日　（873）
　　1) 僧政

11096 張僧政 ……………………… P2638
　〔儭司破曆〕　癸巳～丙申年　（933～936）
　　1）僧政　2）龍興寺

11097 張僧政 ……………………… P2671v
　〔僧名錄（河西都僧統等20數名）〕　甲辰年頃
　（884頃）
　　1）僧政

11098 張僧政 ……………………… P3165v
　〔某寺破麥歷（殘）〕　（丁卯／戊辰年）　（908?）
　　1）僧政

11099 張僧政 ……………………… P3763v
　〔淨土寺入破曆〕　（945前後）
　　1）僧政　4）原作「張僧政莊」。

11100 張僧政 ……………………… P4660⑬
　〔張僧政讚〕　乾符二歲二月十三日　（876）
　　1）僧政

11101 張僧政 ……………………… S02614v
　〔燉煌應管諸寺僧尼名錄〕　（895）
　　1）僧政　2）報恩寺

11102 張僧政 ……………………… S02614v
　〔燉煌應管諸寺僧尼名錄〕　（895）
　　1）僧政　2）開元寺

11103 張僧政 ……………………… S02614v
　〔燉煌應管諸寺僧尼名錄〕　（895）
　　1）僧政　2）乾元寺

11104 張（僧政） ………………… S03702
　〔講經和尚頌（6通）〕　（10C?）
　　1）僧政　2）開元寺

11105 張僧政 ……………………… S04642v
　〔某寺入破曆計會〕　（923以降）
　　1）僧政

11106 張僧政 ……………………… S05494②
　〔張僧政將去法華經抄等分付記〕　乙丑年三月
　廿三日　（965）
　　1）僧政　2）三界寺　4）S05494①爲乾德三年
　（965）具注曆日（開端褾紙）。

11107 張僧政 ……………………… S06252
　〔付絹曆〕　（10C中期頃）
　　1）僧政

11108 張僧政 ……………………… S08583
　〔都僧統龍辯牓〕　天福八年二月十九日　（943）
　　1）僧正　2）三界寺　4）原作「界張僧政」。

11109 張僧政? ……………………… S11601
　〔諸寺僧名目〕　（10C?）
　　1）僧政?

11110 張僧政 ………… Дx01425＋Дx11192＋
　Дx11223
　〔某寺弔儀用布破曆〕　辛酉年從正月到四月
　（961）
　　1）僧政　2）（三）界（寺）

11111 張僧政 ……………………… Дx01426
　〔某寺諸色斛㪷破曆〕　（10C中期）
　　1）僧政

11112 張僧政 ……………………… 燉研322
　〔臘八燃燈分配窟龕名數〕　辛亥年十二月七
　日　（951）
　　1）僧正

11113 張僧政和尚 ………………… P3367
　〔弟子都押衙宋慈順爲故男追念疏〕　己巳年八
　月廿三日　（969）
　　1）僧政・和尚

11114 張僧正 ……………………… P3152
　〔陳守定請僧設供疏〕　淳化三年八月日　（992）
　　1）僧正

11115 張僧正 ……………………… P3400v
　〔尚書管領左右筆名目（3行）〕　大唐廣順參年
　癸丑歲三月十五日　（953）
　　1）僧正

11116 張僧正 ……………………… P4525②
　〔雜阿含經（紙背將兌紙人目）〕　（980頃）
　　1）僧正

11117 張僧正 ……………………… P4525③
　〔增壹阿含經（紙背）〕　（980頃）
　　1）僧正

11118 張僧正 ……………………… P4525④
　〔佛說長阿含經（紙背將兌紙人目）〕　癸未年八
　月廿二日　（983）
　　1）僧正

11119 張僧正 ……………………… P4674
　〔破曆〕　乙酉年十月十八日　（985）
　　1）僧正

11120 張僧正 ･････････････････ S03189
　〔轉經文〕 癸未年十月一日 （983）
　　1) 僧正　4) 原作「第一護張僧正」。

11121 張僧正 ･････････････････ S03189
　〔轉經文〕 癸未年十月一日 （983）
　　1) 僧正　2) 大雲寺

11122 張僧正 ･････････････････ S03189
　〔轉經文〕 癸未年十月一日 （983）
　　1) 僧正　4) 原作「藏張僧正」。

11123 張僧正 ･････････････････ S05855
　〔追疏文〕 雍熙三年丙戌六月 （986）
　　1) 僧正

11124 張僧正 ･････････････････ S06452①
　〔淨土寺破曆〕 辛巳年 （981）
　　1) 僧正　2) 三界寺／淨土寺　4) 原作「大張僧正」。

11125 張僧正 ･････････････････ S06452①
　〔淨土寺破曆〕 辛巳年 （981）
　　1) 僧政　2) 三界寺／淨土寺

11126 張僧正 ･････････････････ S06452②
　〔周僧正貸油麴曆〕 辛巳年～壬午年 （981～982?）
　　1) 僧政　2) 淨土寺

11127 張僧正 ･････････････････ S06452②
　〔周僧正貸油麴曆〕 辛巳年～壬午年 （981～982?）
　　1) 僧政　2) 大雲寺

11128 張(僧正) ････････････････ S06452③
　〔破曆〕 壬午年 （982?）
　　1) 僧正　2) 淨土寺　4) 原作「小張(僧正)」。

11129 張僧正 ･････････････････ S06452③
　〔破曆〕 壬午年 （982?）
　　1) 僧正　2) 三界寺／淨土寺

11130 張僧正 ･････････････････ S06452④
　〔常住庫借貸油麵物曆〕 壬午年 （982?）
　　1) 僧正　2) 三界寺／淨土寺　4) 原作「大張僧正」。

11131 張僧正 ･････････････････ S06452④
　〔常住庫借貸油麵物曆〕 壬午年 （982?）
　　1) 僧正　2) 三界寺／淨土寺

11132 張僧正 ･････････････････ S08713
　〔團人名目(2片)〕 （10C）
　　1) 第三團・僧正

11133 張僧正 ･････････････････ S10537
　〔團人名目(2片)〕 （10C）
　　1) 第三團・僧正

11134 張僧正 ･････････････････ S11601
　〔諸寺僧名目〕 （10C?）
　　1) 僧正

11135 張僧正 ･････････････････ Дx01268
　〔第二團僧名目〕 （10C）
　　1) 僧正

11136 張僧(正?) ･････ Дx01425＋Дx11192＋Дx11223
　〔某寺弔儀用布破曆〕 辛酉年從正月到四月 （961）
　　1) 僧正

11137 張僧正和尙 ･･･････････ BD05866v(柰66)
　〔陰存祐就弊居請僧正等爲亡母追福疏(3行)〕 乾德六年(戊辰)九月 （968）
　　1) 僧正和尙　4) 原作「張僧正和尙,董僧正和尙,楊襌,米襌」。

11138 張僧奴 ･････････････････ BD06359(鹹59)
　〔便麥契〕 丑年二月 （821）
　　1) 寺戶・僧奴　2) 開元寺

11139 張(僧奴) ････････････････ P3231①
　〔平康鄕官齋曆〕 癸酉年五月 （973）
　　3) 平康鄕

11140 張僧奴 ･････････････････ P3231②
　〔平康鄕官齋曆〕 癸酉年九月卅日 （973）
　　1) 僧奴　3) 平康鄕

11141 張僧奴 ･････････････････ P3231⑤
　〔平康鄕官齋曆〕 □亥年五月十五日 （975）
　　3) 平康鄕

11142 張僧奴 ･････････････････ P3231⑥
　〔平康鄕官齋曆〕 乙亥年九月廿九日 （975）
　　3) 平康鄕

11143 張僧奴 ･････････････････ P3231v①
　〔平康鄕官齋曆〕 癸酉年五月 （973）
　　3) 平康鄕

11144 張僧奴 ‥‥‥‥‥‥‥‥‥‥‥ P3721v①
〔平康鄉堤上兄(見)點得人名目〕 庚辰年三月
廿二日 (980)
　3)平康鄉

11145 張僧奴 ‥‥‥‥‥‥‥‥‥‥‥ S00542v
〔燉煌諸寺丁壯車牛役部〕 戌年六月十八日
(818)
　1)車頭　2)開元寺

11146 張僧奴 ‥‥‥‥‥‥‥‥‥‥‥ Дx06636v
〔人名目〕 (10C)

11147 張僧統 ‥‥‥‥‥‥‥‥‥‥‥ P3440
〔見納賀天子物色人名〕 丙申年三月十六日
(996)
　1)僧統

11148 張僧統 ‥‥‥‥‥‥‥‥‥‥‥ Дx01386
〔書簡稿〕 (10C)
　1)僧統

11149 張僧統 ‥‥‥‥‥‥‥‥‥‥‥ Дx01428
〔某寺諸色斛㪷破曆〕 (10C中期)
　1)僧統

11150 張僧婢 ‥‥‥‥‥‥‥‥‥‥‥ P3859
〔報恩寺常住百姓老小孫息名目〕 丙申年十月
十一日 (936?)
　1)寺戶　2)報恩寺　4)⇒張保山。

11151 張僧錄 ‥‥‥‥‥‥‥‥‥‥‥ P3440
〔見納賀天子物色人名〕 丙申年三月十六日
(996)
　1)僧錄

11152 張嫂〻 ‥‥‥‥‥‥‥‥‥‥‥ S02669
〔管內尼寺(安國寺・大乘寺・聖光寺)籍〕
(865～870)
　3)平康鄉　4)尼名「慶意」。

11153 張宗潤 ‥‥‥‥‥‥‥‥‥‥‥ P6022B
〔納贈曆(殘)〕 (10C?)

11154 張宗進 ‥‥‥‥‥‥‥‥‥‥‥ P3124
〔鄧善子貸絹契〕 甲午年八月十八日 (934)

11155 張宗〻 ‥‥‥‥‥‥‥‥‥‥‥ ZSD060v
〔社司轉帖及詩(3首)〕 癸未年十?月 (923?)
　1)學士郎　2)永安寺

11156 張宗(忠?) ‥‥‥‥‥‥‥‥ Stein Painting 28
〔觀世音菩薩圖題記〕 (10C中期)
　1)(張佛奴)故父

11157 張宗訥 ‥‥‥‥‥‥‥‥‥‥‥ P2040v③-2
〔淨土寺西倉粟利入曆〕 己亥年 (939)
　2)淨土寺

11158 張曹及 ‥‥‥‥‥‥‥‥‥‥‥ P3616v
〔社司轉帖(人名目)〕 丁亥年頃 (927?)

11159 張曹午 ‥‥‥‥‥‥‥‥‥‥‥ P3131v
〔牧羊馬馳缺數曆〕 (10C後期)

11160 張曹三 ‥‥‥‥‥‥‥‥‥‥‥ Дx11064
〔契文署名〕 (10C?)

11161 張曹奴 ‥‥‥‥‥‥‥‥‥‥‥ P3351②
〔觀世音菩薩普門品(首題)、多心經(首題)〕
開寶七(十一?)年戊寅正月廿八日 (978)
　4)原作「金光明寺僧王會長、張僧奴、令狐富通、
閻延定四人等舍觀音多心經一卷」。

11162 張?曹二 ‥‥‥‥‥‥‥‥‥‥‥ P3249v
〔將龍光顏等隊下人名目〕 (9C中期)

11163 張曹二 ‥‥‥‥‥‥‥‥‥‥‥ S02041
〔社約〕 丙寅年三月四日 (846)
　4)年號別筆(丙寅年三月四日)。ペン筆。

11164 張曹六 ‥‥‥‥‥‥‥‥‥‥‥ P2049v①
〔淨土寺諸色入破曆計會牒〕 同光三年
(925)

11165 張瘦子 ‥‥‥‥‥‥‥‥‥‥‥ S04504v④
〔行人轉帖〕 七月三日 (10C前期)

11166 張瘦兒 ‥‥‥‥‥‥‥‥‥‥‥ P2953v
〔便麥豆本曆〕 (10C)

11167 張瘦兒 ‥‥‥‥‥‥‥‥‥‥‥ P3231②
〔平康鄉官齋曆〕 癸酉年九月卅日 (973)
　3)平康鄉

11168 張瘦兒 ‥‥‥‥‥‥‥‥‥‥‥ P3231④
〔平康鄉官齋曆〕 囲戌年十月十五日 (974)
　3)平康鄉

11169 張瘦兒 ‥‥‥‥‥‥‥‥‥‥‥ P3231⑤
〔平康鄉官齋曆〕 □亥年五月十五日 (975)
　3)平康鄉

11170 張瘦兒 ････････････････････P3231⑥
〔平康鄉官齋曆〕 乙亥年九月廿九日 (975)
　　3)平康鄉

11171 張瘦兒 ････････････････････P3721v①
〔平康鄉堤上兄(見)點得人名目〕 庚辰年三月
廿二日 (980)
　　3)平康鄉

11172 張瘦兒 ････････････････････P3889
〔社司轉帖〕 (10C後期?)

11173 張瘦兒 ････････････････････S11353
〔社司?轉帖〕 (10C)

11174 張相凝 ････････････････････S02669
〔管内尼寺(安國寺・大乘寺・聖光寺)籍〕
(865～870)
　　2)大乘寺　3)燉煌鄉　4)姓「張」。俗名「逍遙」。

11175 張存子 ････････････････････P3859
〔報恩寺常住百姓老小孫息名目〕 丙申年十月
十一日 (936?)
　　1)(張願通)女　2)報恩寺

11176 張他沒贊 ･･････････････････P3666v⑥
〔張他沒贊典驢便粟麥契〕 (9C中期前後)
　　4)R面爲「鶯子賦一卷」(首題)。又有「咸通八年
(867)正月」之紀年。P3666v③爲「永康寺僧石米?
國便粟契」。

11177 張㮈屯 ････････････････････P3643v
〔人別麥豆黄麻靑麥等曆(2行殘)〕 咸通二
年? (861?)

11178 張太安 ････････････････････P4019piece2
〔納草束曆〕 (9C後期)

11179 張太娃 ････････････････････S02669
〔管内尼寺(安國寺・大乘寺・聖光寺)籍〕
(865～870)
　　3)平康鄉　4)尼名「最勝護」。

11180 張太娘 ････････････････････S02669
〔管内尼寺(安國寺・大乘寺・聖光寺)籍〕
(865～870)
　　2)大乘寺　3)洪池鄉　4)尼名「堅法」。

11181 張太平 ････････････････････P5579⑯
〔得度者人名録〕 巳年～酉年 (813～817 or
825～829)
　　4)僧名「法高」。

11182 張太保 ････････････････････P3556⑥
〔邈眞讚〕 (10C)
　　1)太保

11183 張太保 ････････････････････P3556⑧
〔大周故普光寺法律尼臨壇沙門清淨戒邈眞
讚〕 (10C)
　　1)太保　4)原作「張太保貴孫」。

11184 張太保 ････････････････････P3556⑩
〔靈修寺闍梨尼戒珠邈眞讚并序〕 (10C)
　　2)靈修寺　4)原作「張太保之貴姪」。

11185 張太保 ････････････････････S05139v①
〔涼州節院使押衙劉少晏狀(寫錄)〕 乙酉年六
月日 (925?)
　　1)太保

11186 張隊頭 ････････････････････S01477v
〔地步曆〕 (10C初項)
　　1)隊頭

11187 張體如 ････････････････････S02729①
〔燉煌應管勘牌子歷〕 辰年三月 (788)
　　1)僧　2)靈修寺　3)沙州　4)35行目。

11188 張大慶 ････････････････････P3322
〔卜筮書〕 庚辰年正月十七日 (860)
　　1)學生

11189 張大慶 ････････････････････P3451
〔張淮深變文〕 (9C後期)

11190 張大慶 ････････････････････P3485
〔目連變文(首題)〕 (9C)

11191 張大慶 ････････････････････P5546
〔神沙鄉人名目(殘)〕 (900頃)

11192 張大慶 ････････････････････S00367
〔沙州伊州地誌(未)〕 光啓元年十二月廿五
日 (886)

11193 張大娘 ････････････････････P3047v⑥
〔諸人諸色施入曆〕 (9C前期)

11194 張大娘 ････････････････････S04491
〔地畝計會〕 (9C前期)
　　3)潤渠・悆同渠

11195 張大ゞ〔六ゞ?〕 ………… Дx01405＋
　　 Дx01406
　　〔布頭索留信等官布籍〕（9C末期〜10C初期）

11196 張宅官 ……………………… S04120
　　〔布褐等破曆（殘）〕 癸亥年二月〜甲子年二
　　月 （963〜964）
　　　1) 宅官

11197 張宅官 …………………… S05486②
　　〔社司轉帖〕 壬寅年六月九日 （942）
　　　1) 宅官

11198 張達子 ………………………… P3394
　　〔僧張月光父子廻博田地契〕 大中六年壬申十
　　月 （852）
　　　1)(知)見人 4) 原作「見人張達子」。

11199 張達子 ……………………… S02103
　　〔渠水田地訴牒〕 酉年十二月 （817?）
　　　1) 灌進渠百姓

11200 (張)達怛 ……………………… S04700
　　〔陰家榮親客目〕 甲午年五月十五日 （994）

11201 張擔娘 ……………………… S02669
　　〔管內尼寺（安國寺・大乘寺・聖光寺）籍〕
　　（865〜870）
　　　2) 大乘寺 3) 燉煌鄉 4) 尼名「善證」。

11202 張擔奴 ……………………… S00542v
　　〔燉煌諸寺丁壯車牛役部〕 戌年六月十八日
　　（818）
　　　2) 安國寺

11203 張擔奴妻 ……………………… S00542v
　　〔燉煌諸寺丁壯車牛役部〕 戌年六月十八日
　　（818）
　　　2) 開元寺

11204 張端 …………… BD16200D（L4099）
　　〔契約文書〕（9〜10C）
　　　1) 弟

11205 張端ゞ ……………………… P3249v
　　〔將龍光顏等隊下人名目〕（9C中期）

11206 張端ゞ ……………………… S02669
　　〔管內尼寺（安國寺・大乘寺・聖光寺）籍〕
　　（865〜870）
　　　2) 安國寺? 3) 玉關鄉 4) 尼名「嚴藏」。

11207 張團ゞ ……………………… S02669
　　〔管內尼寺（安國寺・大乘寺・聖光寺）籍〕
　　（865〜870）
　　　2) 大乘寺 3) 洪閏鄉 4) 尼名「戒聖」。

11208 張團頭 ……………………… Дx11072
　　〔社司轉帖（建福）〕 正月五日 （10C後期）
　　　1) 團頭

11209 張團頭 ……………………… Дx11073
　　〔社司轉帖〕 正月五日 （975年代以降）
　　　1) 團頭

11210 張智 ………………………… P2026v
　　〔人名目〕 天福十年乙巳歲（別記） （945）
　　　4) 余白：ペン筆。

11211 張智?榮 …………………… S06981③
　　〔某寺入曆（殘）〕 壬申年十一月十七日 （912
　　or 972）
　　　1) 老宿 4) 原作「智?榮張老宿」。

11212 張智興 ………… Дx01286＋Дx03424
　　〔社人名列記〕 丑年 （9C）

11213 張智剛 ……………………… S01725v④
　　〔祭風伯文（社關係）〕（9C?）

11214 張智性 ……………………… S02729①
　　〔燉煌應管勘牌子曆〕 辰年三月 （788）
　　　1) 僧 2) 靈修寺 3) 沙州 4) 31行目。

11215 張智相 ……………………… S02729①
　　〔燉煌應管勘牌子曆〕 辰年三月 （788）
　　　1) 僧 2) 靈修寺 3) 沙州 4) 35行目。

11216 張智湛 ……………………… S02729①
　　〔燉煌應管勘牌子曆〕 辰年三月 （788）
　　　1) 僧 2) 龍興寺 3) 沙州 4) 3行目。

11217 (張)智通 …………………… P.tib1261v⑥
　　〔諸寺僧尼支給穀物曆〕（9C前期）
　　　1) 僧

11218 張智燈 ……………………… P2222B①
　　〔張智燈狀〕（9C後期?）

11219 張智用 ……………………… S02729①
　　〔燉煌應管勘牌子曆〕 辰年三月 （788）
　　　1) 僧 2) 靈修寺 3) 沙州 4) 28行目。

11220 張癡子 ·················· P2040v③-1
〔淨土寺粟入曆〕（939）
　2）淨土寺

11221 張癡子 ·················· P2040v③-16
〔淨土寺麥入曆〕 己亥年（939）
　2）淨土寺

11222 張知客 ·················· P2049v①
〔淨土寺諸色入破曆計會牒〕 同光三年
（925）
　1）知客

11223 張知客 ·················· P3764v
〔社司轉帖〕 十一月五日及十一月十五日
（10C）

11224 張畜々 ·················· S11360D2
〔貸粟麥曆〕（10C中期以降?）

11225 張竹訥 ·················· P2032v⑬-7
〔淨土寺黃麻利閏入曆〕（940前後）
　2）淨土寺

11226 張竹訥 ·················· P2032v⑬-10
〔淨土寺豆入曆〕（940前後）
　2）淨土寺

11227 張竹訥 ·················· P3005
〔防佛行人名目〕（10C）

11228 張竹訥 ·················· P3234v③-30
〔惠安惠戒手下便物曆〕 甲辰年（944）

11229 張竹訥 ·················· P3234v③-37
〔惠安惠戒手下便物曆〕 甲辰年（944）

11230 張竹訥 ·················· S03005
〔防大佛行人名目〕（10C）

11231 張丑勘〔憨〕 ·············· P5032⑯
〔渠人轉帖〕 甲申年九月廿一日（984）

11232 （張）丑憨 ·················· P4987
〔兄弟社轉帖〕 戊子年七月（988）

11233 張丑憨 ·················· P5032④
〔渠人轉帖〕 甲申年月十七日（984）

11234 張丑憨 ·················· P5032⑩⑪⑫
〔渠人轉帖〕 甲申年十月三日（984）

11235 張丑憨 ·················· P5032⑬⑯
〔渠人轉帖〕 甲申年十月廿日（984）

11236 張丑憨 ·················· P5032⑬⑯⑱
〔渠人轉帖〕 甲申年二月廿日（984）

11237 張丑憨 ·················· P5032⑰
〔渠人轉帖〕 甲申年二月廿九日（984）

11238 張丑憨 ·················· P5032⑲
〔渠人轉帖〕 甲申年四月十二日（984）

11239 張丑憨 ·················· P5032⑳
〔渠人轉帖〕 甲申年四月十四日（984）

11240 張丑子 ·················· BD11987（L2116）
〔歸義軍官府人名目〕 9C後期～10C
　1）判官　4）原作「丑子-張判官」。

11241 張丑子 ·················· P3319v②
〔社司轉帖（殘）〕（10C）
　1）正進　4）原作有注記「正進張丑子」（3行目）。
　「張丑子二度」（4行目）。

11242 張丑子 ·················· P3721v①
〔平康鄉堤上兄（見）點得人名目〕 庚辰年三月
廿二日（980）
　3）平康鄉

11243 張丑子 ·················· S03978
〔納贈曆〕 丙子年七月一日（976）

11244 張丑子 ·················· Дx01277
〔納贈曆〕 丁丑年九月四?日（977）
　1）押衙

11245 張丑子 ·················· 羽・寫836-837
〔百姓史喜蘇買騍馬契〕 癸未年十一月廿日
（983）
　1）口承弟

11246 張丑兒 ·················· P3231⑥
〔平康鄉官齋曆〕 乙亥年九月廿九日（975）
　3）平康鄉

11247 張丑兒 ·················· S03978
〔納贈曆〕 丙子年七月一日（976）

11248 張丑兒 ·················· S08663
〔麥支給曆〕（10C）

11249 張丑兒 ················· S11358
〔部落轉帖〕 (10C後期)

11250 張丑通 ················· P5032⑩⑪⑫
〔渠人轉帖〕 甲申年十月三日 (984)

11251 張丑奴 ················· P2817v
〔社司轉帖及辛巳年便絹契(殘)〕 辛巳年
(981?)

11252 (張)丑奴 ··············· P4987
〔兄弟社轉帖〕 戊子年七月 (988)

11253 張丑奴 ················· P5032④
〔渠人轉帖〕 甲申年月十七日 (984)

11254 張丑奴 ················· P5032⑩⑪⑫
〔渠人轉帖〕 甲申年十月三日 (984)

11255 張丑奴 ················· P5032⑫
〔渠人轉帖〕 甲申年十月四日 (984)

11256 張丑奴 ················· P5032⑬⑯⑱
〔渠人轉帖〕 甲申年二月廿日 (984)

11257 張丑奴 ················· P5032⑭
〔渠人轉帖〕 甲申年九月廿一日 (984)

11258 張丑奴 ················· P5032⑰
〔渠人轉帖〕 甲申年二月廿九日 (984)

11259 張丑奴 ················· P5032⑲
〔渠人轉帖〕 甲申年四月十二日 (984)

11260 張丑奴 ················· P5032⑳
〔渠人轉帖〕 甲申年四月十四日 (984)

11261 張中 ················· BD07760v(始60)
〔社司轉帖〕 (9〜10C)

11262 張冲洹 ················· 莫第018窟
〔供養人題記〕 (9C後期)
　4)原作「□□張冲洹一心供養」。東壁門上中央。
《燉》p.8。

11263 (張)忠奇 ··············· 莫第201窟
〔供養人題記〕 (8C後期)
　1)(張)環姪・都虞候 4)原作「姪都虞候忠奇一心供養」。西壁。《燉》p.92。

11264 張忠均 ················· P3410
〔沙州僧崇恩析產遺屬〕 吐蕃年次未詳 (840前後)
　1)(知)見人

11265 張忠賢 ················· P4640v
〔官入破曆〕 己未年十一月 (899)
　1)押衙

11266 張忠賢 ················· S02263
〔葬錄記〕 (896)

11267 張忠賢 ················· 杏・羽728
〔修禪要決冊五條(尾題)〕 光化二年四月日 (899)
　4)原作「于時大唐光化二年四月日下節度押衙兼參謀守州學博士張忠賢記」。

11268 張忠信 ················· P3410
〔沙州僧崇恩析產遺屬〕 吐蕃年次未詳 (840前後)
　1)姪女夫(知)見人

11269 張忠信 ················· Stein Painting 391
〔觀音圖供養題記〕 甲申年十一月 (865?)
　1)清信佛弟子 4)甲申年11月1日＝西曆12月3日(864)。甲申年11月29日＝西曆1月1日(865)。

11270 (張)忠信 ··············· 莫第201窟
〔供養人題記〕 (8C後期)
　1)(張)環男・都知兵馬使 4)原作「男都知兵馬使忠信一心供養」。西壁。《燉》p.92。

11271 張忠?□ ················· S05879v
〔社司轉帖(春座局席)殘〕 (9C後期?)

11272 張猪苟 ················· P3418v③
〔某鄉缺枝夫戶名目〕 (9C末〜10C初)

11273 張猪子 ················· P2049v①
〔淨土寺諸色入破曆計會牒〕 同光三年 (925)

11274 張猪子 ················· P3234v③-21
〔惠安惠戒手下便物曆〕 甲辰年 (944)

11275 張猪子 ················· P3249v
〔將龍光顏等隊下人名目〕 (9C中期)

11276 張猪信 ················· P3418v⑦
〔慈惠鄉缺枝夫戶名目〕 (9C末〜10C初)
　3)効穀鄉

434

11277 張緒〔猪〕子 ·············· S04710
〔沙州戶口簿〕（9C中期以降）

11278 張寵眞 ················ S02669
〔管內尼寺(安國寺・大乘寺・聖光寺)籍〕
（865～870）
　2)大乘寺　3)平康鄉　4)尼名「性靜花」。

11279 張々 ·············· BD02057(冬57)
〔无量壽宗要經(末)〕（9C前期）

11280 張超進 ············· P.tib1088B
〔燉煌諸人磑課麥曆〕卯年～巳年間（835～837）

11281 張長繼 ················ S02073
〔盧山遠公話末〕開寶五年（972）

11282 張長使 ············· P.tib1118v
〔磑家納磑稞(課)等麥曆〕（9C前期）
　1)長使

11283 張長子 ·············· P3797v①
〔張富淸戶口籍(殘)〕開寶九年丙子歲前後（976頃）
　4)R面有題記「太公家敎,新集嚴父敎。維太宗開寶九年丙子歲三月十三日寫子文書了」。

11284 (張)長勝 ················ P2944
〔大乘寺・聖光寺等尼僧名錄〕（10C後期?）
　4)原作「長勝張順興女」。

11285 張長千 ················ Дx01377
〔莫高鄉張保全貸絹契(寫錄)〕乙酉年五月十二日（925 or 985 or 865）
　1)百姓・口承人・(張保全)男　3)莫高鄉

11286 張長友 ·············· S06452⑦
〔便粟曆〕壬午年（982）
　1)弟　2)淨土寺

11287 張長友 ················ Дx11196
〔渠人轉帖〕十月九日（983）

11288 張長有 ················ P2817v
〔社司轉帖及辛巳年便絹契(殘)〕辛巳年（981?）

11289 張珍 ·················· P4989
〔沙州戶口田地簿〕（9C末）

11290 張追子 ··········· 古典籍54,圖171
〔五月五日下菜人名目〕（10C）

11291 張通盈 ··············· S03405v
〔便計曆〕癸未年三月十四日（923? or 983?）

11292 張通盈 ··············· S05509
〔納贈曆〕甲申年二月十七日（924 or 984）

11293 張通溫 ················ P3627
〔書儀(啓・狀)〕癸卯年正月廿三日（939頃）

11294 張通建 ············· P2040v②-25
〔淨土寺黃麻利入曆〕（940年代）
　2)淨土寺

11295 張通(妻) ············· P3490v①
〔油破曆〕辛巳年頃（921頃）

11296 張通子 ················ P4588v
〔社戶名目(2行)〕（10C中期）
　1)社戶・兵馬使

11297 張通子 ··············· S03287v
〔戶口田地申告牒〕子年五月（832 or 844）

11298 張通子 ················ S03982
〔月次人名目〕甲子年七月（964）

11299 張通子 ················ S11358
〔部落轉帖〕（10C後期）

11300 張通兒 ··············· S04504v④
〔行人轉帖〕七月三日（10C前期）

11301 張通信 ················ P3212
〔牒文〕辛丑年五月三日（941 or 1001）

11302 張通信 ········· S05873v＋S08658②
〔靈圖寺便麥粟曆(殘)〕戊午年九月（10C）
　2)靈圖寺　3)洪潤鄉

11303 張通達 ············· P2032v⑯-4
〔淨土寺粟利閏入曆〕（940前後）
　2)淨土寺

11304 張通達 ················ P2155③
〔合領馳馬牛羊皮曆〕（10C）
　4)原作「張通達群」。

11305 張通達 ················ P2703
〔官牧羊人納粘羊毛牒〕壬申年十二月（972?）

11306 張通達 ……………… P3418v⑥
　〔洪閏鄉缺枝夫戶名目〕（9C末～10C初）
　　3）洪閏鄉

11307 張通達 ……………… P3418v⑧
　〔平康鄉缺枝夫戶名目〕（9C末～10C初）
　　3）平康鄉

11308 張通達 ……………… P4640v
　〔官入破曆〕 己未年十月 （899）
　　1）衙官

11309 張通（達） ……………… S05717
　〔人名目〕 （10C）

11310 張通達 ……………… S06129
　〔諸鄉諸人貸便粟曆〕（10C中期以降?）
　　3）洪閏鄉

11311 張通〻 ………… BD16145A（L4074）
　〔請人地畝別納枝橛曆〕（9～10C）

11312 張定 ………… BD11523v（L1652）
　〔社司點帖及雜寫〕（9～10C）

11313 張定 ……………… P2032v①-3
　〔淨土寺粟入曆〕（944前後）
　　2）淨土寺

11314 張定戒 ……………… S00705v
　〔社司轉帖（殘）〕（9C後期）
　　1）錄事?

11315 （張）定興 ……………… P3603v
　〔龍勒鄉百姓張定住貸絹契（習）〕 乙未年
　（935? or 995?）
　　1）百姓　3）龍勒鄉

11316 張定興 ……………… 莫第437窟
　〔供養人題記〕（10C中期）
　　1）施主　4）北壁。《燉》p.166。

11317 張定?子? ………… BD09174v（陶95）
　〔雜寫（6行）〕（10C）

11318 張定子 ………… BD16332A（L4423）
　〔渠人轉帖〕（10C）

11319 張定子 ………… BD16363A（L4446）
　〔社司轉帖〕 戊申年 （948?）

11320 張定子 ……………… P2032v①-4
　〔淨土寺粟入曆〕（944前後）

11321 張定子 ……………… P3234v⑩
　〔某寺西倉粟破曆〕（940年代）

11322 張定子 ……………… P3396v
　〔沙州諸渠別苽薗名目〕（10C後期）

11323 張定子 ……………… P4063
　〔官建轉帖〕 丙寅年四月十六日 （966）

11324 張定子 ……………… S03714
　〔親情社轉帖（雜寫）〕（10C）

11325 張定子 ……………… S05753
　〔靈圖寺招提司入破曆計會〕 癸巳年正月以
　後 （933）
　　2）靈圖寺

11326 張定住 ……………… P3603v
　〔龍勒鄉百姓張定住貸絹契（習）〕 乙未年
　（935? or 995?）

11327 張定女 ……………… P3859
　〔報恩寺常住百姓老小孫息名目〕 丙申年十月
　十一日 （936?）
　　1）張顏通妻　2）報恩寺

11328 張定昌 ……………… BD07760v（始60）
　〔社司轉帖〕（9～10C）

11329 張定昌 ……………… P3231①
　〔平康鄉官齋曆〕 癸酉年五月 （973）
　　3）平康鄉

11330 張定昌 ……………… P3231②
　〔平康鄉官齋曆〕 癸酉年九月卅日 （973）
　　3）平康鄉

11331 張定昌 ……………… P3231③
　〔平康鄉官齋曆〕 甲戌年五月廿九日 （974）
　　3）平康鄉

11332 張定松 ………… BD16384v（L4458）
　〔人名目〕（10C後期）

11333 張定崇 ………… BD16336A1（L4425）
　〔社司轉帖〕 戊申年正月四日 （948?）

11334 張定清 ……………… P3231③
　〔平康鄉官齋曆〕 甲戌年五月廿九日 （974）
　　3）平康鄉

11335 張定淸 ・・・・・・・・・・・・・・・・・・・・ P3231⑤
〔平康鄕官齋曆〕 □亥年五月十五日 （975）
　3）平康鄕

11336 張定淸 ・・・・・・・・・・・・・・・・・・・・ P3231⑥
〔平康鄕官齋曆〕 乙亥年九月廿九日 （975）
　3）平康鄕

11337 張?定千 ・・・・・・・・・・・・・・・・・・・・ P4889
〔□定千頌當地司空口號（擬題）〕 （10C?）

11338 張定千 ・・・・・・・・・・・・・・・・・・・・ P5032⑩⑪⑫
〔渠人轉帖〕 甲申年十月三日 （984）

11339 張定千 ・・・・・・・・・・・・・・・・・・・・ P5032⑫
〔渠人轉帖〕 甲申年十月四日 （984）

11340 張定千 ・・・・・・・・・・・・・・・・・・・・ P5032⑭
〔渠人轉帖〕 甲申年九月廿一日 （984）

11341 張定千 ・・・・・・・・・・・・・・・・・・・・ P5032⑰
〔渠人轉帖〕 甲申年二月廿九日 （984）

11342 張定千 ・・・・・・・・・・・・・・・・・・・・ P5032⑲
〔渠人轉帖〕 甲申年四月十二日 （984）

11343 張定千 ・・・・・・・・・・・・・・・・・・・・ S00152
〔妙法蓮華經卷第1（尾）〕 （10C）
　4）原作「張定千自手」。（記）。

11344 張定千 ・・・・・・・・・・・・・・・・・・・・ S01527
〔妙法蓮華經觀世音菩薩普門品第25〕 （10C）
　4）原作「張定千自手」。（記）。

11345 張定千? ・・・・・・・・・・・・・・・・・・・・ S04643
〔陰家榮親客目〕 甲午年五月十五日 （994）

11346 張?定千 ・・・・・・・・・・・・・・・・・・・・ Дx01047v
〔人名列記（1行）〕 （10C後期）

11347 張定遷 ・・・・・・・・・・・・・・ BD06222v（海22）
〔雜寫〕 （8〜9C）
　1）事

11348 張定長 ・・・・・・・・・・・・・・・・・・・・ P3231⑤
〔平康鄕官齋曆〕 □亥年五月十五日 （975）
　3）平康鄕

11349 張定長 ・・・・・・・・・・・・・・・・・・・・ P3231⑥
〔平康鄕官齋曆〕 乙亥年九月廿九日 （975）
　3）平康鄕

11350 張定長 ・・・・・・・・・・・・・・・・・・・・ P4525⑧
〔都頭及音聲等都共地畝細目〕 （980頃）

11351 張定長 ・・・・・・・・・・・・・・・・・・・・ P5032④
〔渠人轉帖〕 甲申年月十七日 （984）

11352 張定長 ・・・・・・・・・・・・・・・・・・・・ P5032⑩⑪⑫
〔渠人轉帖〕 甲申年十月三日 （984）

11353 張定長 ・・・・・・・・・・・・・・・・・・・・ P5032⑫
〔渠人轉帖〕 甲申年十月四日 （984）

11354 張定長 ・・・・・・・・・・・・・・・・・・・・ P5032⑬⑯⑱
〔渠人轉帖〕 甲申年二月廿日 （984）

11355 張定長 ・・・・・・・・・・・・・・・・・・・・ P5032⑭
〔渠人轉帖〕 甲申年九月廿一日 （984）

11356 張定長 ・・・・・・・・・・・・・・・・・・・・ P5032⑰
〔渠人轉帖〕 甲申年二月廿九日 （984）

11357 張定長 ・・・・・・・・・・・・・・・・・・・・ P5032⑳
〔渠人轉帖〕 甲申年四月十四日 （984）

11358 張定奴 ・・・・・・・・・・・ BD15405（簡068067）
〔納贈（併粟柴）曆〕 （10C）
　1）押衙

11359 張定奴 ・・・・・・・・・・・・・・・・・・・・ P3236v
〔燉煌鄕官布籍〕 壬申年三月十九日 （972）
　3）燉煌鄕

11360 張定奴 ・・・・・・・・・・・・・・・・・・・・ P3603v
〔龍勒鄕百姓張定住貸絹契（習）〕 乙未年
（935? or 995?）

11361 張定奴 ・・・・・・・・・・・・・・・・・・・・ P3721v①
〔平康鄕堤上兄（見）點得人名目〕 庚辰年三月
廿二日 （980）
　3）平康鄕

11362 張定奴 ・・・・・・・・・・・・・・・・・・・・ P4693
〔官齋納麵油粟曆〕 （10C後期）
　1）食布（頭）

11363 張定奴 ・・・・・・・・・・・・・・・・・・・・ P4693
〔官齋納麵油粟曆〕 （10C後期）
　1）羹飩頭

11364 張定奴 ・・・・・・・・・・・・・・・・・・・・ S01386v
〔契（雜寫）〕 甲辰年十一月十二日 （944）
　3）慈惠鄕

11365 張定奴 ····················· S04920v
〔受田簿〕 長興二年頃 (931)
　1)筆匠　4)V面雜記存「長興二年(931)」「丁未年(947)」等狀・田籍等之字。

11366 張定奴 ············ S08445＋S08446＋S08468
〔使府酒破曆〕 十二月廿一日／廿七日 (10C中～後期)

11367 張定奴 ············ S08445＋S08446＋S08468
〔使府酒破曆〕 五月十七日 (10C中～後期)

11368 張定德 ············ BD14806②(新1006)
〔渠人轉帖〕 (10C中期)

11369 張定德 ····················· P3231⑤
〔平康鄉官齋曆〕 囗亥年五月十五日 (975)
　3)平康鄉

11370 張定德 ····················· P4063
〔官建轉帖〕 丙寅年四月十六日 (966)

11371 (張)定德 ····················· P4987
〔兄弟社轉帖〕 戊子年七月 (988)

11372 張定德 ················· P5032⑩⑪⑫
〔渠人轉帖〕 甲申年十月三日 (984)

11373 張定德 ····················· P5032⑫
〔渠人轉帖〕 甲申年十月四日 (984)

11374 張定德 ················· P5032⑬⑯⑱
〔渠人轉帖〕 甲申年二月廿日 (984)

11375 張定德 ····················· P5032⑭
〔渠人轉帖〕 甲申年九月廿一日 (984)

11376 張定德 ····················· P5032⑰
〔渠人轉帖〕 甲申年二月廿九日 (984)

11377 張定德 ····················· P5032⑲
〔渠人轉帖〕 甲申年四月十二日 (984)

11378 張定德 ····················· S00705v
〔雜寫〕 (9C後期)

11379 張定德 ····················· S11353
〔社司?轉帖〕 (10C)

11380 張定友 ····················· P3231①
〔平康鄉官齋曆〕 癸酉年五月 (973)
　3)平康鄉

11381 張定友 ····················· P3231③
〔平康鄉官齋曆〕 甲戌年五月廿九日 (974)
　3)平康鄉

11382 張定友 ····················· P3231v⑥
〔平康鄉官齋曆〕 丙子年十月十一日 (976?)
　3)平康鄉

11383 張定祐 ····················· Дx11072
〔社司轉帖(建福)〕 正月五日 (10C後期)
　2)乾明寺門前　4)本件存「於乾明寺門前取齊」一文。

11384 張定祐 ····················· Дx11073
〔社司轉帖〕 正月五日 (975年代以降)

11385 張庭暉 ················ P3491piece3
〔突田名簿〕 (9C前期)

11386 張庭暉 ····················· S04491
〔地畝計會〕 (9C前期)

11387 張庭休 ············ BD05584(珍84)
〔金剛般若波羅蜜經〕 未年正月 (8～9C)
　1)社人　4)原作「未年正月社人張庭休寫」。

11388 張庭金 ····················· S05824v
〔經坊費負担人名目〕 (8C末～9C前期)

11389 張庭金 ····················· 有鄰館56
〔城下諸色碩㪷牛等入破曆〕 自戌年至子年 (9C前期)

11390 張庭?鷄 ··················· S04504v④
〔行人轉帖〕 七月三日 (10C前期)

11391 張庭趍 ············ BD15079(新1279)
〔妙法蓮華經卷第2〕 天寶六載六月十五日 (747)
　1)弟子　4)原作「天寶六載六月十五日弟子張庭趍寫」。

11392 張庭俊 ····················· S02228①
〔絲綿部落夫丁修城使役簿〕 亥年六月十五日 (819)
　1)(左七)　3)絲綿部落　4)首行作「亥年六月十五日州城所,絲綿」。末行作「亥年六月十五日畢功」。

11393 張庭千 ‥‥‥‥‥‥‥‥ S07060
〔都司諸色破曆〕 辰年 （9C前期）

11394 張庭超? ‥‥‥‥‥‥‥ Дx04776
〔燉煌諸鄉百姓等勞役簿〕 （9C前期?）

11395 張弟々 ‥‥‥‥‥‥‥ BD06359（鹹59）
〔便麥契〕 丑年二月 （821）
　1) 寺戶　2) 開元寺

11396 張貞 ‥‥‥‥‥‥‥ BD02467v（成67）
〔无量壽宗要經（卷尾有題名）〕 （9C前期）

11397 張貞 ‥‥‥‥‥‥‥‥ S11354
〔雇馬曆〕 五月七日 （9C）

11398 張迪? ‥‥‥‥‥‥‥ P2162v
〔三將納丑年突田曆〕 （9C前期）

11399 張鐵山 ‥‥‥‥‥‥‥ P3418v⑥
〔洪閏鄉缺枝夫戶名目〕 （9C末〜10C初）
　3) 洪閏鄉

11400 張鐵子 ‥‥‥‥‥‥‥ Дx04547
〔嚲子頭人名目〕 （10C?）
　1) 嚲子頭

11401 張鐵兒? ‥‥‥‥‥‥ S05073
〔納柴曆計會〕 癸未年 （983?）
　3) 赤心?鄉

11402 張天顏 ‥‥‥‥‥‥‥ S02228v②
〔貸麥曆〕 八月五日 （吐蕃期）

11403 張天乘 ‥‥‥‥‥‥‥ S05790②
〔宋榮與張天乘驢一頭往瓜州抄〕 五月十六日 （9C）

11404 張天養 ‥‥‥‥‥‥‥ P2856v②
〔副僧統下燉煌教團諸寺百姓輸納粗草抄錄〕 景福二年癸丑歲十月十一日 （893）
　2) 永安寺

11405 張天養 ‥‥‥‥‥‥‥ P5003
〔社司轉帖〕 （9C前期）

11406 張田定 ‥‥‥‥‥ BD15249v③（新1449）
〔某家榮親客目〕 （10C後期）

11407 張都衙 ‥‥‥‥‥‥‥ P2026v
〔人名目〕 天福十年乙巳歲（別記） （945）
　1) 都衙　4) 余白：ペン筆。

11408 張都衙 ‥‥‥‥‥‥‥ P3875B
〔某寺修造諸色破曆〕 丙子年八月廿七日 （916 or 976?）
　1) 都衙

11409 張都衙 ‥‥‥‥‥ S08445＋S08446＋S08468
〔使府酒破曆〕 （10C中〜後期）
　1) 都衙　3) 瓜州　4) 原作「瓜州張都衙」。

11410 張都衙 ‥‥‥‥‥‥‥ 燉研322
〔臘八燃燈分配窟龕名數〕 辛亥年十二月七日 （951）
　1) 押衙

11411 張都知 ‥‥‥‥‥‥‥ P2049v①
〔淨土寺諸色入破曆計會牒〕 同光三年 （925）
　1) 都知

11412 張都知 ‥‥‥‥‥‥‥ P3440
〔見納賀天子物色人名〕 丙申年三月十六日 （996）
　1) 都知

11413 張都知 ‥‥‥‥‥‥‥ S06252
〔付絹曆〕 （10C中期頃）
　1) 都知

11414 張都知押衙 ‥‥‥‥‥ 臺灣中央圖書館08755v
〔延德書狀等雜寫〕 （10C?）
　1) 都知押衙　4) 原作「李夏極熱, 伏惟都知張押衙同行上下等, 竝尊體起居萬福, …」。

11415 張都頭 ‥‥‥‥‥‥‥ BD16384v（L4458）
〔人名目〕 （10C後期）
　1) 都頭

11416 張都頭 ‥‥‥‥‥‥‥ P2032v③
〔淨土寺諸色破曆〕 （944前後）
　1) 都頭　2) 淨土寺

11417 張都頭 ‥‥‥‥‥‥‥ P2032v⑫
〔淨土寺諸色破曆〕 （940前後）
　1) 都頭　2) 淨土寺　3) 肅州

11418 張都頭 ‥‥‥‥‥‥‥ P3745v①
〔榮（營）小食納油麪數〕 三月廿八日 （9C末期?）
　1) 都頭

11419 張都頭 ･･････････････････ P4907v
　〔淨土寺?儭破曆〕　辛卯年六月十三日　(931?)
　　1)都頭　2)淨土寺?

11420 張都頭 ･･････････････････ S02578①
　〔書簡〕　十一月十九日　(10C後期)
　　1)都頭

11421 張?都頭 ････････････････ S04121
　〔陰家榮親客目〕　甲午年五月十五日　(994)
　　1)都頭

11422 張都頭 ･･････････････････ S04660
　〔兄弟社轉帖〕　戊子年六月廿六日　(988)
　　1)都頭　2)於燉煌蘭喏門

11423 張都頭 ･･････････････････ S04660v
　〔社人缺色物曆〕　戊子年六月廿六日　(988)
　　1)都頭

11424 張都頭 ･･････････････････ S05939
　〔社司轉帖〕　(10C後期?)
　　1)押衙

11425 張都頭 ･･････････････････ S06003
　〔社司轉帖〕　壬申年七月廿九日　(972)
　　1)押衙

11426 張都頭 ･･････････････････ S08443F4
　〔散施入曆〕　二月一日　(944頃)
　　1)押衙

11427 張都頭 ･･････････ Дx01425＋Дx11192＋
　Дx11223
　〔某寺弔儀用布破曆〕　辛酉年從正月到四月
　(961)
　　1)都頭

11428 張都頭 ･･････････････････ Дx11196
　〔渠人轉帖〕　十月九日　(983)
　　1)都頭

11429 張都督 ･･････････････････ S09156
　〔沙州戶口地畝計簿〕　(9C前期)
　　1)都督

11430 張都督妻 ････････････････ S09156
　〔沙州戶口地畝計簿〕　(9C前期)

11431 張奴子 ･････････････ BD16137A(L4072)
　〔付物曆〕　(9C後期)
　　1)阿娘

11432 張奴子 ･･････････････････ P2738v
　〔社司轉帖(寫錄)〕　二月廿五日　(9C後期)
　　4)官樓蘭若門取齊。

11433 張奴子 ･･････････････････ P3418v②
　〔燉煌鄉缺枝夫戶名目〕　(9C末～10C初)

11434 張奴子 ･･････････････････ S00542v
　〔燉煌諸寺丁壯車牛役部〕　戊年六月十八日
　(818)
　　2)靈圖寺

11435 張奴子 ･･････････････････ S00542v
　〔燉煌諸寺丁壯車牛役部〕　戊年六月十八日
　(818)
　　2)安國寺

11436 張奴子 ･･････････････････ S05747v
　〔社人名目〕　(10C前期)

11437 張奴子 ･･････････ S08445＋S08446＋
　S08468
　〔便曆〕　(10C中期～10C後期)
　　1)見人

11438 張奴子阿娘 ･･････････ BD16137A(L4072)
　〔付物曆〕　(9～10C)
　　1)阿娘

11439 張奴〻 ･･････････････････ P2680v⑨
　〔納色物曆〕　(10C中期)

11440 張奴〻 ･･････････････････ P3236v
　〔燉煌鄉官布籍〕　壬申年三月十九日　(972)
　　3)燉煌鄉

11441 張奴〻 ････････････････ P.tib1088Bv
　〔燉煌諸人磑課麥曆〕　卯年～巳年間　(835～
　837)

11442 張奴〻 ････････････････ P.tib1088Cv
　〔燉煌諸人磑課麥曆〕　卯年～巳年間　(835～
　837)

11443 張奴〻 ･･････････････････ S02214
　〔官府雜帳(名籍・黃麻・地畝・地子等曆)〕
　(860?)

11444 張奴〻 ･･････････････････ S04812
　〔行像司善德所缺麥粟算會憑〕　天福六年辛丑
　歲二月廿一日　(941)
　　1)社人・押衙

11445 張奴々? ･･････････････････････ S11360D2
〔貸粟麥曆〕 (10C中期以降?)

11446 張荅哈 ････････････････････ S02228①
〔絲綿部落夫丁修城使役簿〕 亥年六月十五日 (819)
　1)(右八) 3)絲綿部落 4)首行作「亥年六月十五日州城所, 絲綿」。末行作「亥年六月十五日畢功」。

11447 張頭?□ ･･････････････････ S02041
〔社約〕 丙寅年三月四日 (846)
　4)年號別筆(丙寅年三月四日)。ペン筆。

11448 張道子 ･･････････････ BD16052A(L4028)
〔通查渠口轉帖〕 丙午年 (946?)

11449 張道慈 ･･････････････････････ P3249v
〔將龍光顏等隊下人名目〕 (9C中期)

11450 張道宗 ･･････････････････････ S00782v
〔納贈曆〕 (10C)
　4)ペン筆?

11451 張道達 ･･････････････････ P3491piece3
〔突田名簿〕 (9C前期)

11452 (張)道通 ･･･････････ 西域文化研究6,圖20
〔法照和尙念佛讚(裏雜寫)〕 (9C前期)
　1)僧 2)龍興寺

11453 張德子 ･･････････････････････ P3556v④
〔社戶人名目(殘)〕 (10C中期頃)
　1)社戶

11454 (張)德子 ･･･････････････････ P3603v
〔龍勒鄉百姓張定住貸絹契(習)〕 乙未年 (935? or 995?)
　1)貸絹人･(張定住)男 3)龍勒鄉

11455 張德從 ･････････････････ IOL.CH.1,0021b
〔張金山窟頭燃燈文〕 壬申年十二月廿一日 (982)

11456 張德娘 ････････････････････ S02669
〔管內尼寺(安國寺･大乘寺･聖光寺)籍〕 (865〜870)
　2)大乘寺 3)平康鄉 4)尼名「處空」。

11457 張德進 ････････････････････ P3161
〔常住什物見在新附點檢曆〕 (10C前期)

11458 張德成 ･････････････････ Дx04278
〔十一鄉諸人付麵數〕 乙亥年四月十一(日) (915? or 975)

11459 張德政 ･･･････････････ 有鄰館46v
〔百姓張德政爲貧乞賜多少糧牒付判(控)〕 乾寧四年三月 (897)
　1)百姓

11460 張德々 ･･････････････････ S05760
〔社人官齊納蘇油麥等帖〕 七月廿一日 (9C前期)
　1)社人

11461 張咄子 ･･････････････････ P3234v③
〔惠安惠戒手下便物曆〕 甲辰年 (944)
　2)淨土寺? 4)原作「張咄子弟」。

11462 張咄子 ･･････････････････ P3418v③
〔某鄉缺枝夫戶名目〕 (9C末〜10C初)

11463 張咄子 ････････････････････ S05008
〔破曆〕 (940頃)

11464 張訥雞 ････････････････････ S03877
〔雇工契(寫)〕 甲寅年五月廿八日 (894?)
　1)龍勒鄉百姓 3)龍勒鄉

11465 張訥(兒?) ･･････････････････ S02214
〔官府雜帳(名籍･黃麻･地畝･地子等曆)〕 (860?)

11466 張屯 ･････････････････････････ P3254
〔人名簿(殘)〕 (9C中期頃)

11467 張屯々 ････････････････････ S04292
〔佛說無量壽經〕 (9C)

11468 張那々 ････････････････････ S02669
〔管內尼寺(安國寺･大乘寺･聖光寺)籍〕 (865〜870)
　2)聖光寺 3)莫高鄉 4)尼名「戒慈」。

11469 張南山 ････････････････････ P2953v
〔便麥豆本曆〕 (10C)

11470 張南山 ････････････････････ P4063
〔官建轉帖〕 丙寅年四月十六日 (966)

11471 張南?□ ･････････････････ S05747v
〔社人名目〕 (10C前期)

11472 張二郎 ·········· BD09472v①〜③（發92）
〔龍興寺索僧正等五十八人就唐家蘭若請賓頭廬文〕（8〜9C）
　2)靈修(寺)　3)沙州

11473 張日興 ················ P3394
〔僧張月光父子廻博田地契〕 大中六年壬申十月（852）
　1)(張月光)弟・保人　4)原作「保人弟張日興」。

11474 張日興 ················ S00542v
〔燉煌諸寺丁壯車牛役部〕 戌年六月十八日（818）
　1)張皎男　2)永安寺

11475 張日藏 ················ S02729①
〔燉煌應管勘牌子歷〕 辰年三月（788）
　1)僧　2)開元寺　3)沙州　4)午年2月10日死。23行目。

11476 張寧 ················ S11298
〔田籍〕（吐蕃期）

11477 張寧兒 ·············· P3290②
〔宋沙州人戶別都受田申請計帳(寫錄)〕 至道元年乙未歲正月一日（995）

11478 張念々 ·············· S03287v
〔戶口田地申告牒〕 子年五月（832 or 844）
　1)(氾國珎)妻　4)原作「戶主氾國珎妻張念々」。

11479 張破勿 ············· S01519①
〔破歷〕（890?）
　1)新婦

11480 張馬步 ················ P3942
〔某家榮親客目〕（10C?）
　1)馬步

11481 張馬步 ················ S04121
〔陰家榮親客目〕 甲午年五月十五日（994）
　1)馬步

11482 張馬步五娘子 ········ S04121
〔陰家榮親客目〕 甲午年五月十五日（994）

11483 張鈤 ········ BD11180（L1309）
〔燉煌縣用印事目歷〕（8C）
　3)燉煌縣、効穀鄉、神沙鄉　4)V面有「燉煌縣印」，卷背兩紙騎縫處下有一枚陽文硃印(5.4×5.8cm)。

11484 張買察 ················ P3859
〔報恩寺常住百姓老小孫息名目〕 丙申年十月十一日（936?）

11485 張買兒 ········ BD15405（簡068067）
〔納贈(併粟柴)歷〕（10C）
　1)押衙

11486 張買兒 ··············· P4635③
〔便粟豆歷〕 癸卯年二月十三日（943）

11487 張買得 ·············· P3418v②
〔燉煌鄉缺枝夫戶名目〕（9C末〜10C初）
　3)燉煌鄉

11488 張買德 ··············· S00542v
〔燉煌諸寺丁壯車牛役部〕 戌年六月十八日（818）
　1)車頭　2)龍興寺

11489 張伯盈 ················ P4640v
〔官入破歷〕 庚申年六月（900）
　1)押衙

11490 張伯醜 ·············· S06452⑥
〔常住庫黃麻出便與人名目〕 壬午年（982）
　2)淨土寺

11491 張伯倫 ················ S05825
〔社司轉帖〕 四月一日（9C前期）

11492 張伯倫 ········ S.tib.R.119.VOL.551 FOL.23
〔社司轉帖〕（9C前期）

11493 張白子 ·············· P2155③
〔合領馳馬牛羊皮歷〕（10C）
　4)原作「張白子群」。

11494 張白子 ················ P2484
〔就東園笶會小印子群牧馳馬牛羊見行籍(歸義印)〕 戊辰年十月十八日（968）
　4)存「歸義軍節度使印」。

11495 張麥竹 ·············· S05540②
〔人名目(殘片)〕（10C前期）

11496 張八 ················· S07060
〔都司諸色破歷〕 辰年（9C前期）

11497 張八 ················ 有鄰館56
〔城下諸色碩剅牛等入破歷〕 自戌年至子年（9C前期）

11498 張八子 ·················· P5032v①
　〔社司轉帖〕 戊午年六月十八日 （958）

11499 張八子 ·················· P5032v⑦
　〔社司轉帖〕 戊午年六月十八日 （958）

11500 張八娘 ·················· P2832Av
　〔納楊榆木人名曆〕 （10C）

11501 張鉢子 ·············· P3416piece2
　〔榮葬名目〕 乙未年前後 （935?，936?前後）

11502 張鉢々 ·················· S02669
　〔管内尼寺（安國寺・大乘寺・聖光寺）籍〕
　（865～870）
　　2）大乘寺　3）燉煌鄉　4）尼名「福滿」。

11503 張判官 ············ BD04495v（崑95）
　〔雜寫〕 辛丑年頃 （10C後期）
　　1）判官　4）別記「五判官」。

11504 張判官 ············ BD09089v（陶10）
　〔雜寫〕 （9～10C）
　　1）判官

11505 張判官 ············ BD09323（周44）
　〔沙州某寺分給蕃漢官僚等早・中・夜三食日
　程帖〕 （820～830）
　　1）判官

11506 張判官 ············ BD16175F（L4092）
　〔納贈曆〕 （9～10C）
　　1）判官

11507 張判官 ·················· P2838
　〔安國寺上座比丘尼躰圓等入破曆計會牒并
　判辭〕 中和四年 （884）
　　1）判官

11508 張判官 ·················· P3207
　〔安國寺上座比丘尼入破曆〕 中和四年正月
　（884）
　　2）安國寺

11509 張判官 ················· P3234v⑧
　〔某寺西倉豆破曆〕 （940年代）
　　1）判官　2）蓮臺寺

11510 張判官 ················· P3234v⑮
　〔淨土寺西倉豆利潤入曆〕 （940年代?）
　　1）判官　2）淨土寺

11511 張判官 ·················· P3250v
　〔納贈曆〕 （9C後期）
　　1）判官

11512 張判官 ·················· P3258
　〔願文〕 （9C前期）
　　1）判官

11513 張判官 ·············· P3288piece1
　〔佛現齋造䭔餅人名目〕 （10C）
　　1）䭔餅・判官

11514 張判官 ················· P5032v③
　〔酒破曆〕 丁巳年九月廿五日 （957）
　　1）判官

11515 張判官 ················· S01600②
　〔靈修寺廚田入破曆〕 辛酉年 （961）
　　2）靈修寺

11516 張判官 ·················· S04642v
　〔某寺入破曆計會〕 （923以降）
　　1）判官　2）龍興寺

11517 張判官 ················· S05486②
　〔社司轉帖〕 壬寅年六月九日 （942）
　　1）判官

11518 張判官 ················· S05486②
　〔社司轉帖〕 壬寅年六月九日 （942）
　　1）押衙

11519 張判官 ·················· S05800
　〔佛會破曆〕 光化三年庚申正月一日 （900）
　　1）判官

11520 張判官 ·················· S06214
　〔社司轉帖〕 乙卯年四月廿八日 （955?）
　　1）判官

11521 張判官 ················· S06981⑭
　〔破曆（殘）〕 （10C後期）
　　1）判官

11522 張判官 ················· S06981⑭
　〔破曆（殘）〕 （10C後期）
　　1）判官　2）靈圖寺

11523 張判官 ········ Дx00285＋Дx02150＋
　Дx02167＋Дx02960＋Дx03020＋Дx03123v③
　〔某寺破曆〕 （10C中期）
　　1）判官

11524 張判官 ……… Дx01425＋Дx11192＋
　　　　　Дx11223
　〔某寺弔儀用布破曆〕　辛酉年從正月到四月
　　(961)
　　　1)判官　2)(靈)圖(寺)　4)原作「圖張判官亡
　　　弔」。

11525 張判官 …………………… Дx02146
　〔請諸寺和尚僧政法律等名錄〕　(10C?)
　　　1)判官　2)蓮臺寺?

11526 張判(官) …………………… Дx02146
　〔請諸寺和尚僧政法律等名錄〕　(10C?)
　　　1)判官

11527 張判官 …………………… Дx02166
　〔某社三官等麥粟破曆〕　(10C)
　　　1)判官

11528 張判官闍梨 ………………… P3367
　〔弟子都押衙宋慈順爲故男追念疏〕　己巳年八
　　月廿三日　(969)
　　　1)判官・闍梨　2)三界寺

11529 張判〻 …………………… S02669
　〔管內尼寺(安國寺・大乘寺・聖光寺)籍〕
　　(865〜870)
　　　2)大乘寺　3)平康鄉　4)尼名「功德惠」。

11530 張蠻子 …………………… S02669
　〔管內尼寺(安國寺・大乘寺・聖光寺)籍〕
　　(865〜870)
　　　2)聖光寺　3)莫高鄉　4)尼名「菩提花」。

11531 張鬘〻 …………………… S04710
　〔沙州戶口簿〕　(9C中期以降)
　　　1)尼　4)⇒鬘〻。

11532 張媚〻 …………………… S02669
　〔管內尼寺(安國寺・大乘寺・聖光寺)籍〕
　　(865〜870)
　　　2)大乘寺　3)神沙鄉　4)尼名「了空」。

11533 張美興 ………………… P3721v②
　〔兄(見)在巡禮都官都頭名牒〕　庚辰年正月
　　十五日　(980)
　　　1)司人

11534 張美子 …………………… S02669
　〔管內尼寺(安國寺・大乘寺・聖光寺)籍〕
　　(865〜870)
　　　2)聖光寺　3)慈惠鄉　4)尼名「法戒」。

11535 張百瀾 …………………… P2766v
　〔人名列記〕　咸通十二年　(871)

11536 張嚩伽 …………………… S02041
　〔社約〕　丙寅年三月四日　(846)
　　　4)年號別筆(丙寅年三月四日)。ペン筆。

11537 張不子 …………………… S03978
　〔納贈曆〕　丙子年七月一日　(976)

11538 張不子 …………………… S04121
　〔陰家榮親客目〕　甲午年五月十五日　(994)
　　　1)都頭

11539 張不子 …………………… S05717
　〔人名目〕　(10C)

11540 張不子幸者 ……… BD11987(L2116)
　〔歸義軍官府人名目〕　(9C後期〜10C)
　　　1)幸者　4)原作「不子張幸者」。

11541 張不兒 …………………… S09949
　〔階和渠田籍〕　(10C?)
　　　3)階和渠

11542 張不藉 …………………… 舊P5529
　〔入破曆〕　壬申年六月廿四日　(972?)

11543 張不藉奴 ………………… P3231⑦
　〔平康鄉官齋曆〕　丙子年五月十五日　(976)
　　　3)平康鄉

11544 張不匆 ………………… P3231③
　〔平康鄉官齋曆〕　甲戌年五月廿九日　(974)

11545 張不匆 ………………… P3231④
　〔平康鄉官齋曆〕　甲戌年十月十五日　(974)

11546 張不奴 …………………… S04121
　〔陰家榮親客目〕　甲午年五月十五日　(994)
　　　1)押衙

11547 張不勿 ……… BD11523v(L1652)
　〔社司點帖及雜寫〕　(9〜10C)

11548 張不勿 ………………… P2032v⑯-4
　〔淨土寺粟利閏入曆〕　(940前後)
　　　2)淨土寺

11549 張不勿 ………………… P3231①
　〔平康鄉官齋曆〕　癸酉年五月　(973)
　　　3)平康鄉

11550 張不勿 ·················· P3231③
〔平康鄉官齋曆〕 甲戌年五月廿九日 (974)
　3) 平康鄉

11551 張不勿 ·················· P3231④
〔平康鄉官齋曆〕 甲戌年十月十五日 (974)
　3) 平康鄉

11552 張不勿 ·················· Дx01378
〔當團轉帖〕 (10C中期)

11553 張不要 ·················· S00542v
〔燉煌諸寺丁壯車牛役部〕 戌年六月十八日 (818)
　2) 乾元寺

11554 張不要妻 ················ S00542v
〔燉煌諸寺丁壯車牛役部〕 戌年六月十八日 (818)
　2) 乾元寺

11555 張不□ ············ BD09325(周46)
〔社司轉帖〕 □子?年七月十四日 (10C後期)

11556 張不□ ·················· S06116
〔白荊頭名簿〕 (10C後期)

11557 張不□ ·················· S10644v
〔殘片〕 (10C後期)
　1) 郎君

11558 張富盈 ·················· P3386②
〔楊滿山詠孝經一十八章五言(末題)〕 大晉天福七年壬寅歲七月廿二日 (942)

11559 張富盈 ·················· P4997v
〔分付羊皮曆(殘)〕 (10C後期)

11560 張富?盈 ········ Дx01269＋Дx02155＋Дx02156v
〔付餅粟曆〕 (9C)

11561 張富延 ·················· P2680v⑦
〔社司轉帖(殘)〕 丙申年四月廿六日 (936)

11562 張富恩 ·················· 舊P5529
〔入破曆〕 壬申年六月廿四日 (972?)

11563 張富弘 ·················· S03540
〔宕泉修窟盟約憑〕 庚午年正月十五日 (970)
　1) 押衙

11564 張富興 ·················· P3859
〔報恩寺常住百姓老小孫息名目〕 丙申年十月十一日 (936?)
　1) (張願通)男

11565 張富蒿? ················· P3721v②
〔兄(見)在巡禮都官都頭名牒〕 庚辰年正月十五日 (980)

11566 張富高 ·················· P3721v③
〔冬至自斷官員名〕 己卯年十一月廿六日 (979)

11567 張富高 ·················· P3878B
〔都頭知軍資庫官張富高牒并判〕 己卯年 (979)
　1) 都頭・知軍資庫官

11568 張富子 ·················· Дx01344
〔索青等便黃麻曆〕 辛亥年二月九日 (951)

11569 張富住 ·················· P3231⑥
〔平康鄉官齋曆〕 乙亥年九月廿九日 (975)
　3) 平康鄉

11570 張富住 ·················· P3797v①
〔張富清戶口籍(殘)〕 開寶九年丙子歲前後 (976頃)
　4) R面有題記「太公家教,新集嚴父教。維太宗開寶九年丙子歲三月十三日寫子文書了」。

11571 張富住 ·················· S11358
〔部落轉帖〕 (10C後期)

11572 張富昌 ·················· P3146A
〔衙前子弟州司及氈頭等留殘袚衙人數〕 辛巳年八月三日 (981)

11573 張富昌 ·················· P3231③
〔平康鄉官齋曆〕 甲戌年五月廿九日 (974)
　3) 平康鄉

11574 張富昌 ·················· P3231④
〔平康鄉官齋曆〕 甲戌年十月十五日 (974)
　3) 平康鄉

11575 張富昌 ·················· P3231v④
〔平康鄉官齋曆〕 甲戌年十月十五日 (974?)
　3) 平康鄉

11576 張富昌 ·················· P3721v①
〔平康鄉堤上兄(見)點得人名目〕 庚辰年三月
廿二日 (980)
　　3)平康鄉

11577 張富昌 ·················· S00286
〔某寺斛㪷入曆(殘)〕 (10C中期)
　　1)磑戶

11578 張富昌 ·················· S01574
〔某寺入破曆〕 乙未年 (899 or 959?)
　　1)磑戶

11579 張富昌 ·················· S04172
〔受田簿〕 至道元年乙未正月一日 (995)

11580 張富昌 ·················· S06003
〔社司轉帖〕 壬申年七月廿九日 (972)

11581 張富昌 ·················· S06154
〔某寺諸色斛㪷見在計會〕 丁巳年 (957 or 897)
　　1)磑戶

11582 張富昌 ·················· S06452④
〔常住庫借貸油麵物曆〕 壬午年 (982?)
　　2)淨土寺

11583 張富深 ·················· Дx12012
〔養男契〕 淸泰貳年乙未歲正月 (935)

11584 張富進 ·················· 舊P5529
〔入破曆〕 壬申年六月廿四日 (972?)

11585 張富淸 ·················· P3396
〔沙州諸渠別粟田名目〕 (10C後期)
　　1)押衙

11586 張富淸 ·················· P3797v①
〔張富淸戶口籍(殘)〕 開寶九年丙子歲前後 (976頃)
　　1)戶主　4)R面有題記「太公家敎,新集嚴父敎。維太宗開寶九年丙子歲三月十三日寫子文書了」。

11587 張富千 ·················· P3721v③
〔冬至自斷官員名〕 己卯年十一月廿六日 (979)

11588 張富千 ·················· S00728v
〔雜寫〕 五月五日 (10C中期)
　　1)學郞大歌　4)R面爲「孝經1卷」(丙申年(936)寫,庚子年(940)記)。

11589 張富全 ·················· P3231③
〔平康鄉官齋曆〕 甲戌年五月廿九日 (974)
　　3)平康鄉

11590 張富全 ·················· P3231⑤
〔平康鄉官齋曆〕 □亥年五月十五日 (975)
　　3)平康鄉

11591 張富全 ·················· P4693
〔官齋納麵油粟曆〕 (10C後期)
　　1)羹油菜頭

11592 張富善 ·················· P3231③
〔平康鄉官齋曆〕 甲戌年五月廿九日 (974)

11593 張富通 ·················· P2032v⑯-4
〔淨土寺粟利閏入曆〕 (940前後)
　　2)淨土寺

11594 張富通 ·················· P2040v②-5
〔淨土寺西倉粟入曆〕 (945以降)
　　2)淨土寺

11595 張富通 ·················· P2888
〔用本千字文〕 (10C)

11596 張富通 ·················· P3236v
〔燉煌鄉官布籍〕 壬申年三月十九日 (972)
　　3)燉煌鄉

11597 張富通 ·················· P3379
〔社錄事陰保山等牒(團保文書)〕 顯德五年二月 (958)
　　4)有指押印。

11598 張富通 ·················· P3698v
〔雜寫〕 庚子年正月二日 (940)
　　1)書記

11599 張富通 ·················· P3706v
〔雜寫〕 (10C後期)
　　4)原作「樓上酒壹瓮付張?富通」等。R面爲「大佛名懺悔文」(10C中期)。

11600 張富通 ·················· P5032⑩⑪⑫
〔渠人轉帖〕 甲申年十月三日 (984)

11601 張富通 ·················· P5032⑫
〔渠人轉帖〕 甲申年十月四日 (984)

11602 張富通 ·················· P5032⑭
〔渠人轉帖〕 甲申年九月廿一日 (984)

11603 張富通 ·················· P5032⑲
〔渠人轉帖〕甲申年四月十二日 (984)

11604 張富通 ·················· S03982
〔月次人名目〕乙丑年十二月 (965)

11605 張富通 ·················· Дx02149B
〔見納缺柴人名目〕(10C)

11606 張富定 ·············· BD16021A (L4018)
〔永寧坊巷社扶佛人名目〕(10C)
　3) 永寧坊

11607 張富定 ·················· P2641
〔宴設司文書〕丁未年六月 (947)

11608 張富定 ·················· S04601
〔佛說賢劫千佛名經卷上〕雍熙貳年乙酉歲十一月廿八日 (985)

11609 張富定 ·················· S05139v③
〔親情社轉帖〕(924頃)

11610 張富定 ·················· S06045
〔便粟麥曆〕丙午年正月三日 (946)

11611 張富定 ·················· Дx04278
〔十一鄉諸人付麵數〕乙亥年四月十一(日) (915? or 975)

11612 張富奴 ·················· P3797v①
〔張富淸戶口籍(殘)〕開寶九年丙子歲前後 (976頃)
　4) R面有題記「太公家教,新集嚴父教。維太宗開寶九年丙子歲三月十三日寫子文書了」。

11613 張富奴 ·················· 舊P5529
〔入破曆〕壬申年六月廿四日 (972?)

11614 張富德 ·············· BD06110v②(薑10)
〔便粟曆(習書)〕天成五年庚寅歲正月五日 (930)

11615 張富德 ·················· P3231③
〔平康鄉官齋曆〕甲戌年五月十九日 (974)
　3) 平康鄉

11616 張富德 ·················· P3721v③
〔冬至自斷官員名〕己卯年十一月廿六日 (979)

11617 張富德 ·················· P4003
〔渠社轉帖〕壬午年十二月十八日 (922 or 982)

11618 張富德 ·················· S02894v⑤
〔社司轉帖〕(10C後期)

11619 張富德 ·················· S04884v
〔便褐曆〕壬申年正月廿七日 (972?)
　1) 口?承?人

11620 張富郎 ·············· BD16381 (L4455)
〔諸家磚曆〕(10C)

11621 張富郎 ·················· S11353
〔社司?轉帖〕(10C)

11622 張富□ ·················· S05977v
〔懺悔文〕□子年六月九日 (10C)
　2) 靈圖寺

11623 張富□ ·················· 莫第005窟
〔供養人題記〕(10C前期)
　1) 女登　4) 原作「女登張富□一心供養」。南壁。《燉》p.5.《謝》p.204.

11624 張府君 ·················· P2482⑤
〔張府君邈眞讚并序〕(10C)

11625 張普行 ·················· S02729①
〔燉煌應管勘牌子曆〕辰年三月 (788)
　1) 僧　3) 沙州・潘原堡　4) 52行目。

11626 張普集 ·················· S02729①
〔燉煌應管勘牌子曆〕辰年三月 (788)
　1) 僧　2) 普六寺　3) 沙州　4) 40行目。

11627 張普定 ·················· S02669
〔管內尼寺(安國寺・大乘寺・聖光寺)籍〕(865~870)
　1) 尼　2) 大乘寺　3) 燉煌鄉　4) 俗姓「張」。俗名「龍女」,尼名「普定」⇒張龍女。

11628 張普德 ·················· S02729①
〔燉煌應管勘牌子曆〕辰年三月 (788)
　1) 僧　2) 靈修寺　3) 沙州　4) 35行目。

11629 張普妙 ·················· S02729①
〔燉煌應管勘牌子曆〕辰年三月 (788)
　1) 僧　2) 普光寺　3) 沙州　4) 39行目。

11630 張釜 ……………………… P3205
〔僧俗人寫經曆〕（9C前期）

11631 張副隊 ………………… S04504v④
〔行人轉帖〕 七月三日 （10C前期）

11632 張福員 …………… BD11987（L2116）
〔歸義軍官府人名目〕（9C後期～10C）
　1）都頭　4）原作「福員張都頭」。

11633 張福盈 ……………… P2040v②-25
〔淨土寺黃麻利入曆〕（940年代）
　2）淨土寺　4）原作「張福盈妻」。

11634 張福盈妻 …………… P2040v②-25
〔淨土寺黃麻利入曆〕（940年代）
　2）淨土寺　4）原作「張福盈妻」。

11635 張福信 ………………… P3418v⑧
〔平康鄉缺枝夫戶名目〕（9C末～10C初）
　3）平康鄉

11636 張福善 ………………… P3418v⑧
〔平康鄉缺枝夫戶名目〕（9C末～10C初）
　3）平康鄉

11637 張福通 ………………… P4635③
〔便粟豆曆〕 癸卯年二月十三日 （943）

11638 張福田 ………………… S05540⑤
〔雜寫（册子）〕（10C）
　3）懸泉鄉

11639 張福滿 ………………… S02669
〔管內尼寺（安國寺・大乘寺・聖光寺）籍〕
（865～870）
　2）大乘寺　3）燉煌鄉　4）姓「張」。俗名「鉢ミ」。

11640 張福□ …………… BD16128c（L4067）
〔社人名目〕（9～10C）

11641 張佛相 ………………… P4019piece2
〔納草束曆〕（9C後期）
　3）平康鄉？

11642 張佛朶 ………………… P3721v①
〔平康鄉堤上兄(見)點得人名目〕 庚辰年三月
廿二日 （980）
　3）平康鄉

11643 張佛?定 ……… Дx01269＋Дx02155＋
Дx02156
〔某弟身故納贈曆〕（9C）
　4）R面爲「某弟身故納贈曆」。

11644 張佛奴 ………… BD15405（簡068067）
〔納贈（併粟柴）曆〕（10C）
　1）押衙

11645 張佛奴 ………………… P2040v③-2
〔淨土寺西倉粟利入曆〕 己亥年 （939）
　2）淨土寺

11646 張佛奴 …………………… P2932
〔出便豆曆〕 甲子年十二月十一日 （964?）
　3）洪地鄉

11647 張佛奴 ………………… P3418v④
〔龍勒鄉缺枝夫戶名目〕（9C末～10C初）
　3）龍勒鄉

11648 張佛奴 …………………… P3720
〔雜寫〕 咸通年間 （860～873）
　3）神沙鄉?

11649 張佛奴 …………………… P4989
〔沙州戶口田地簿〕（9C末）

11650 張佛奴 ………………… S02472v③
〔納贈曆〕 辛巳年十月廿八日 （981）

11651 張佛奴 …………………… S03540
〔宕泉修窟盟約憑〕 庚午年正月廿五日 （970）
　1）押衙?

11652 張佛奴 ………………… S03728②
〔柴場司牒〕 乙卯年三月 （955?）
　4）原作「張佛奴妻」。

11653 張佛奴 …………… Stein Painting 28
〔觀世音菩薩圖題記〕（10C中期）
　1）兵馬使

11654 張佛奴妻 ……………… S03728②
〔柴場司牒〕 乙卯年三月 （955?）
　4）原作「張佛奴妻」。

11655 張佛德 ………… BD14806②（新1006）
〔渠人轉帖〕（10C中期）

11656 張粉?惟 ············· P3379
〔社錄事陰保山等牒(團保文書)〕 顯德五年二月 (958)
　4)有指押印。

11657 (張)粉子 ············· S03877v②
〔賣舍契(寫)〕 乾寧四年丁巳正月廿九日 (897)
　1)(張義全)男　4)原作「男粉子」。

11658 (張)粉子 ············· S03877v④
〔賣舍契(寫)〕 乾寧四年丁巳正月十二日 (897)
　1)(張義全)男　4)原作「男粉子」。

11659 張粉堆 ············· P2680v②
〔諸鄉諸人便粟曆〕 (10C中期)
　3)赤心鄉

11660 張粉堆 ············· P3234v③-60
〔惠安惠戒手下便物曆〕 甲辰年 (944)

11661 張粉堆 ············· S08516E2
〔社司轉帖〕 丙辰年六月十日 (956)

11662 張粉堆 ············· 莫第098窟
〔供養人題記〕 (10C中期)
　1)節度押衙知西道遊…青光祿大夫檢校太子賓客兼監察御使　4)西壁。《謝》p.94。

11663 張粉塠 ············· P2032v①
〔淨土寺麥入曆〕 (944前後)
　2)淨土寺

11664 張粉塠 ············· P2040v③-2
〔淨土寺西倉粟利入曆〕 己亥年 (939)
　2)淨土寺

11665 張糞定 ············· P2680v⑦
〔社司轉帖(殘)〕 丙申年四月廿六日 (936)

11666 張芬々 ············· S11454B
〔左七將百姓張芬々牒并判語〕 (戊)寅年二月 (798)
　1)左七將百姓

11667 張賁 ············· P2912v③
〔寫大般若經一部施銀盤子麥粟粉疏〕 四月八日 (9C前期)

11668 張賁 ············· P3205
〔僧俗人寫經曆〕 (9C前期)

11669 張賁 ············· S07945
〔僧俗寫經分團人名目〕 (823以降)

11670 張文榮 ············· P3745
〔論語集解卷第8(尾題)〕 咸通三年廿五日 (862)
　1)學生

11671 張文英 ············· P4640v
〔官入破曆〕 辛酉?年六月十六日 (901?)
　1)園子　2)城東寺

11672 張文會 ············· BD02265v(閏65)
〔雜寫〕 (8C)

11673 張文暉 ············· BD09472v①〜③(發92)
〔龍興寺索僧正等五十八人就唐家蘭若請賓頭廬文〕 (8〜9C)
　2)(靈)圖(寺)　3)沙州

11674 張文惠 ············· S02729①
〔燉煌應管勘牌子曆〕 辰年三月 (788)
　1)僧　2)靈圖寺　3)沙州　4)14行目。

11675 張文建 ············· P2032v⑯-4
〔淨土寺粟利閏入曆〕 (940前後)
　2)淨土寺

11676 張文建 ············· P4640v
〔官入破曆〕 辛酉年四月十二日 (901?)
　1)衙官

11677 張文建 ············· S08445＋S08446＋S08468①
〔羊司於常樂稅羊人名目〕 丙午年六月廿七日 (946)

11678 張文建 ············· S11443
〔契(殘)?〕 (940前後)

11679 張文誼 ············· S02041
〔社約〕 丙寅年三月四日 (846)
　4)年號別筆(丙寅年三月四日)。ペン筆。

11680 張文秀 ············· P3394
〔僧張月光父子迴博田地契〕 大中六年壬申十月 (852)

11681 張文勝 ············· S02214
〔官府雜帳(名籍・黃麻・地畝・地子等曆)〕 (860?)

11682 張文信 ……………… P4640v
〔官入破曆〕 庚申年七月 （900）
　1）廂虞候

11683 張文信 ……………… S05394
〔宰相兼御史大夫臣張文徹上啓〕 六月日
（900前後）
　1）押衙

11684 張文成 ……………… P3780v①②
〔雜記〕 丁巳年丙子年五月十五日 （957 or 976）

11685 張?文?晟? ……………… P3418v⑥
〔洪閏鄉缺枝夫戶名目〕 （9C末～10C初）
　3）洪閏鄉

11686 張文晟 ……………… P3418v⑧
〔平康鄉缺枝夫戶名目〕 （9C末～10C初）
　3）平康鄉

11687 張文宣 ……………… S04696v
〔雜寫(千文字等)〕 （9～10C）
　4）R面爲「論語集解」(9C)。

11688 張文達 ……………… P2556v
〔雜寫〕 咸通十年正月十八日 （869）

11689 張文端 ……………… P0925
〔西倉粟利入簿〕 （9C）

11690 張文端 ……………… P2049v①
〔淨土寺諸色入破曆計會牒〕 同光三年（925）

11691 張文端 ……………… S05898
〔官田地畝計會〕 閏十月頃 （860頃）

11692 張文徹 ……………… P3633v①
〔謹撰龍泉神掣劍歌一首〕 （10C初期）
　1）西漢金山國宰相尚書檢校吏部　3）西漢金山國　4）原作「張厶乙」。

11693 張文徹 ……………… S01156
〔進奏院狀上文〕 光啓三年 （887）

11694 張文徹 ……………… S05394
〔宰相兼御史大夫臣張文徹上啓〕 六月日（900前後）
　1）宰相兼御史大夫

11695 張文徹 ……………… Дх11063
〔兵馬使張文徹狀〕 （900前後）
　1）兵馬使

11696 張文奴 ……………… P3418v⑦
〔慈惠鄉缺枝夫戶名目〕 （9C末～10C初）
　3）慈惠鄉

11697 張文得 ……………… P3416piece2
〔榮葬名目〕 乙未年前後 （935?, 936?前後）

11698 張文德 ……………… S05139v③
〔親情社轉帖〕 （924頃）
　4）原作「文德張郎」。

11699 張文〻 ……………… P3249v
〔將龍光顏等隊下人名目〕 （9C中期）

11700 張文〻 ……………… P3418v⑦
〔慈惠鄉缺枝夫戶名目〕 （9C末～10C初）
　3）慈惠鄉

11701 張文〻 ……………… P.tib1082v
〔三官名目〕 （9C）
　1）社錄(事)

11702 張文〻 ……………… S04692
〔金光明經卷第4〕 （10C）
　1）施主賢者

11703 張文〻 ……………… S11213F
〔配付人名目〕 （946）

11704 張文養 ……………… P5003
〔社司轉帖〕 （9C前期）

11705 張兵馬使 ……………… BD16363A(L4446)
〔社司轉帖〕 戊申年 （948?）
　1）兵馬使

11706 張兵馬使 ……………… P2049v②
〔淨土寺諸色入破曆計會牒〕 長興二年正月（930～931）
　1）兵馬使

11707 張兵馬使 ……………… P2680v①
〔人名列記(5名)〕 （10C中期）
　1）兵馬使

11708 張兵馬使 ……………… P2832Av
〔納楊楡木人名曆〕 （10C）
　1）兵馬使

11709 張兵馬使 ……………… S05747v
〔社人名目〕 (10C前期)
　1)兵馬使

11710 張兵馬使 ……………… S08426E②
〔使府酒破曆〕 (10C中～後期)
　1)兵馬使

11711 張兵馬使 ……… S08445＋S08446＋
S08468
〔官府酒破曆〕 十月廿二日 (10C)
　1)兵馬使

11712 張平 ……………… BD06359v①(鹹59)
〔麵油藨納贈曆〕 (9C前期)

11713 張平永 ……………… P2040v③-13
〔淨土寺布入曆〕 (939)
　2)淨土寺

11714 張平子 ……………… Дx01306
〔董惠明等人名目〕 (946)

11715 張平水 ……………… S04443v
〔諸雜難字(一本)〕 (10C)

11716 張平等性 …………… S02669
〔管內尼寺(安國寺・大乘寺・聖光寺)籍〕
(865～870)
　2)大乘寺　3)玉關鄉　4)姓「張」。俗名「觀音」。

11717 (張)扁磨 ……………… S08692
〔退渾便物人名目〕 閏四月 (923?)
　1)口承人・(張悉忠)男

11718 張遍施 ……………… S02669
〔管內尼寺(安國寺・大乘寺・聖光寺)籍〕
(865～870)
　2)安國寺?　3)効穀鄉　4)姓「張」。俗名「醜々」。

11719 張遍淨 ……………… S02669
〔管內尼寺(安國寺・大乘寺・聖光寺)籍〕
(865～870)
　2)大乘寺　3)赤心鄉　4)姓「張」。俗名「蒙々」。

11720 張辯集 ……………… S00329v
〔雜寫〕 (癸丑?／景福?)二年五月廿(日)
(893?)

11721 張辯々 ……………… S01453v
〔社司轉帖(寫錄)〕 光啟二年丙午歲十日
(886)
　1)社長　2)於節加蘭若門

11722 張保 ……………… BD00210(字10)
〔天地八陽神咒經〕 癸亥年十二月 (843 or 903)
　4)原作「癸亥年二月張保」。

11723 張保員 ……………… P.tib0411v
〔雜記〕 (10C?)
　2)龍興寺

11724 張保員 ……………… Дx01410
〔社司轉帖〕 庚戌年閏四月 (950)
　1)佛堂頭壘□人

11725 張保盈 ……………… BD15249v③(新1449)
〔某家榮親客目〕 (10C後期)
　1)都知・主人　4)原作「保盈張都知及新婦」。又有注記「主人」。

11726 張保盈 ……………… P2953v
〔便麥豆本曆〕 (10C)

11727 張保盈 ……………… P3721v③
〔冬至自斷官員名〕 己卯年十一月廿六日
(979)

11728 張保盈 ……………… P5032v①
〔社司轉帖〕 戊午年六月十八日 (958)

11729 張保盈 ……………… P5032v⑦
〔社司轉帖〕 戊午[ ] (958)

11730 (張)保盈 ……… S05873v＋S08658②
〔靈圖寺便麥粟曆(殘)〕 戊午年九月 (10C)
　1)口承人・(張通信)弟　2)靈圖寺　3)洪潤鄉
　4)原作「口承男保盈」。

11731 張保盈新婦 ………… BD15249v③(新1449)
〔某家榮親客目〕 (10C後期)
　4)原作「保盈張都知及新婦」。

11732 張保岳 ……………… BD14806②(新1006)
〔渠人轉帖〕 (10C中期)

11733 張保呂 ……………… P2155③
〔合領馳馬牛羊皮曆〕 (10C)
　4)原作「張保呂群」。

11734 張保貴 ……………… BD16384(L4458)
〔抄錄有私駝名目〕 丙寅年八月廿九日 (966)
　1)押衙

11735 張保勳 ………… Дx01400＋Дx02148＋
　　　　　　　　　　　Дx06069①
　〔右馬步都押衙檢校戶部尙書兼御史大夫張
　　保勳牒〕　天壽二年九月日　(962)
　　　1)右馬步都押衙檢校戶部尙書兼御史大夫

11736 張保山 ………… BD15246①(新1446)
　〔入曆計會〕　戊寅年　(918 or 978)
　　　3)千渠　4)同文書中四箇所。

11737 張保山 ………… BD15246④(新1446)
　〔諸糧食入曆及三年中閒沿寺破曆計會〕
　　(10C中期)
　　　3)千渠

11738 張保山 …………………… P3518v③
　〔故張府君邈眞讚幷序〕　(10C)

11739 張保山 …………………… P3518v③
　〔故張府君邈眞讚幷序〕　(10C)
　　　1)大唐河西歸義軍節度左馬步部都押衙錄(銀)
　　　青光祿大夫檢校右散騎常侍兼御史大夫上柱國

11740 張保山 …………………… P3718
　〔唐故歸義軍南陽郡張公寫眞讚幷序〕　(10C
　　前期)
　　　1)節度押衙兼右馬步都押衙

11741 張保山 …………………… P3859
　〔報恩寺常住百姓老小孫息名目〕　丙申年十月
　　十一日　(936?)
　　　2)報恩寺　4)⇒灰奴。

11742 張保山 …………………… P3859
　〔報恩寺常住百姓老小孫息名目〕　丙申年十月
　　十一日　(936?)
　　　1)寺戶　2)報恩寺　4)⇒買祭。

11743 張保山 …………………… P4640v
　〔官入破曆〕　庚申年九月　(900)
　　　1)押衙

11744 張保山 …………………… S05049
　〔某寺諸色入破計會(殘)〕　戊寅年　(918 or
　　978)

11745 張(保山) ………………… S08665
　〔應管內外都指揮兼都押衙曹牒〕　正月四日
　　(920～925頃)
　　　1)都押衙　4)原作「都押衙張」。

11746 張保山 …………………… S08683
　〔算會燉煌十一鄕及通頰退渾所收物〕　(10C
　　初期)
　　　1)右馬步都押衙

11747 張保山 …………………… Дx02431
　〔磑䇷領入曆〕　壬申年(七月?)　(852 or 912
　　or 972)
　　　3)千渠

11748 張保子 …………………… S07589
　〔便麥曆〕　(10C中期)

11749 張保子婦 ………………… S07589
　〔便麥曆〕　(10C中期)

11750 張保住 …………………… P3231①
　〔平康鄕官齋曆〕　癸酉年五月　(973)
　　　3)平康鄕

11751 張保住 …………………… P3231②
　〔平康鄕官齋曆〕　癸酉年九月卅日　(973)
　　　3)平康鄕

11752 張保住 …………………… P3231③
　〔平康鄕官齋曆〕　甲戌年五月廿九日　(974)
　　　3)平康鄕

11753 張保住 …………………… P3231④
　〔平康鄕官齋曆〕　囲戌年十月十五日　(974)
　　　3)平康鄕

11754 張保住 …………………… P3231⑤
　〔平康鄕官齋曆〕　囗亥年五月十五日　(975)
　　　3)平康鄕

11755 張保住 …………………… P3231⑥
　〔平康鄕官齋曆〕　乙亥年九月廿九日　(975)
　　　3)平康鄕

11756 張保住 …………………… P3231⑦
　〔平康鄕官齋曆〕　丙子年五月十五日　(976)
　　　3)平康鄕

11757 張保住 …………………… P4693
　〔官齋納麵油粟曆〕　(10C後期)

11758 (張?)保住 ……………… 莫第265窟
　〔供養人題記〕　(10C前期)
　　　1)淸弟子　4)南壁。《燉》p.112.《謝》p.314.⇒保
　　住。

11759 張保昇 …………………… P4640v
　〔官入破曆〕　辛酉?年九月七日　(901)

11760 張保昌 …………………… Дx11196
　〔渠人轉帖〕　十月九日　(983)

11761 張保清 …………………… P2932
　〔出便豆曆〕　乙丑年二月九日　(965?)
　　1)口承人

11762 張保千 …………………… 舊P5529
　〔入破曆〕　壬申年六月廿四日　(972?)

11763 張保全 …………………… Дx01377
　〔莫高鄉張保全貸絹契(寫錄)〕　乙酉年五月
　十二日　(925 or 985 or 865)
　　1)百姓　3)莫高鄉

11764 張保達 …………………… S02614
　〔大目乾連冥間救母變文1卷并序〕　貞明柒年
　辛巳歲四月十六日　(921)
　　4)識語有「淨土寺學郎薛安俊寫, 張保達文書」。

11765 張保定 …………………… P3231⑥
　〔平康鄉官齋曆〕　乙亥年九月廿九日　(975)
　　3)平康鄉

11766 張保定 …………………… P4525⑧
　〔都頭及音聲等都共地畝細目〕　(980頃)

11767 張保定 …………………… P4693
　〔官齋納麵油粟曆〕　(10C後期)
　　1)餻餶頭

11768 張保德 …………………… BD16128B(L4067)
　〔社人名目〕　(9～10C)

11769 張保德 …………………… P2877v
　〔行人轉帖〕　乙丑年正月十六日　(962)
　　1)行人

11770 張保富 …………………… P2484
　〔就東園笇會小印子群牧馳馬牛羊見行籍(歸
　義印)〕　戊辰年十月十八日　(968)
　　4)存「歸義軍節度使印」。

11771 張保富 …………………… P2703
　〔官牧羊人納粘羊毛牒〕　壬申年十二月
　(972?)

11772 張保彡 …………………… P.tib2124v
　〔人名錄〕　(9C中期?)

11773 張保友 …………………… P3231②
　〔平康鄉官齋曆〕　癸酉年九月卅日　(973)
　　3)平康鄉

11774 張保友 …………………… P3231③
　〔平康鄉官齋曆〕　甲戌年五月廿九日　(974)
　　3)平康鄉

11775 張保友 …………………… P3231④
　〔平康鄉官齋曆〕　甲戌年十月十五日　(974)
　　3)平康鄉

11776 張菩提 …………………… S02729①
　〔燉煌應管勘牌子曆〕　辰年三月　(788)
　　1)僧　2)龍興寺　3)沙州　4)⇒菩提。

11777 張菩提惠 …………………… S02669
　〔管內尼寺(安國寺・大乘寺・聖光寺)籍〕
　(865～870)
　　2)大乘寺　3)平康鄉　4)姓「張」。俗名「勝嬌」。

11778 張菩提藏 …………………… S02669
　〔管內尼寺(安國寺・大乘寺・聖光寺)籍〕
　(865～870)
　　2)大乘寺　3)洪地鄉

11779 張奉朔〔朝?〕 …………………… Дx01328
　〔高昌田苗曆〕　建中三年三月廿七日　(782)
　　1)「青」

11780 張奉章 …………………… P3559
　〔穀支給簿〕　(710～780)

11781 張奉進 …………………… S06829v
　〔修造破曆〕　丙戌年　(806)

11782 張寶山? …………………… 古典籍54,圖171
　〔五月五日下茶人名目〕　(10C)

11783 張寶達 …………………… P4989
　〔沙州戶口田地簿〕　(9C末)

11784 張抱玉 …………………… S05820+S05826
　〔尼明相賣牛契〕　未年閏十月廿五日　(803)
　　1)買牛人

11785 張法晏 …………………… P4638v⑬
　〔雜寫〕　(10C中期)

11786 張法因 …………………… S02669
　〔管內尼寺(安國寺・大乘寺・聖光寺)籍〕
　(865～870)
　　2)大乘寺　4)姓「張」。俗名「閻子」。

11787 張法戒 …………………… S02669
〔管内尼寺(安國寺・大乘寺・聖光寺)籍〕
(865～870)
　　2)聖光寺　3)慈惠郷　4)姓「張」。俗名「子」。

11788 張法喜 …………………… S02729①
〔燉煌應管勘牌子歷〕　辰年三月　(788)
　　1)僧　2)普光寺　3)沙州　4)44行目。

11789 張法惠? …………………… P4907
〔淨土寺?儭破曆〕　辛卯年正月十七日　(931?)
　　2)靈圖寺?

11790 張法堅 …………………… P3047v①
〔僧名等錄〕　(9C前期)
　　4)僧名「法堅」。

11791 張法堅 …………………… P.tib1261v⑧
〔諸寺僧尼支給穀物曆〕　(9C前期)
　　1)僧　4)⇒法堅。

11792 張法堅 …………………… S02729①
〔燉煌應管勘牌子歷〕　辰年三月　(788)
　　1)僧　2)大乘寺　3)沙州　4)45行目。

11793 張法賢 …………………… P.tib1261v⑧
〔諸寺僧尼支給穀物曆〕　(9C前期)

11794 張法原 …………………… P3394
〔僧張月光父子廻博田地契〕　大中六年壬申十月　(852)
　　1)見人・僧　4)原作「見人僧張法源(法源(自署))」他。

11795 張法行 …………………… P3047v①
〔僧名等錄〕　(9C前期)
　　4)僧名「法行」。

11796 張法師 …………………… BD08172v(乃72)
〔社司轉帖(習書・殘)〕　癸未年頃　(923頃?)
　　1)法師

11797 張法師 …………………… P2953v
〔便麥豆本曆〕　(10C)
　　1)法師　2)顯德寺

11798 張法師 …………………… P4981
〔當寺轉帖〕　閏三月十三日　(961)
　　1)法師

11799 張法師 …………………… S00520
〔報恩寺方等道場榜〕　(9C末～925以前)
　　1)法師　2)靈圖寺

11800 張法師 …………………… S00520
〔報恩寺方等道場榜〕　(9C末～925以前)
　　1)法師　2)蓮臺寺

11801 張法師 …………………… S01519②
〔破曆〕　辛亥年　(951)
　　1)法師

11802 張法師 …………………… S05139v②
〔社司轉帖(寫錄)〕　四月十三日　(10C前期)
　　1)法師

11803 張法師 …………………… S10566
〔秋季諸寺大般若轉經付配帙曆〕　壬子年十月　(952)
　　1)法師　2)三界寺

11804 張法師 …………………… Дx05534
〔禮佛見到僧等人名目〕　廿日夜　(10C)
　　1)法師

11805 張法潤 …………………… S02729①
〔燉煌應管勘牌子歷〕　辰年三月　(788)
　　1)僧　2)龍興寺　3)沙州　4)6行目。

11806 張法常 …………………… S02729①
〔燉煌應管勘牌子歷〕　辰年三月　(788)
　　1)僧　2)大雲寺　3)沙州　4)9行目。

11807 張法性 …………………… S02729①
〔燉煌應管勘牌子歷〕　辰年三月　(788)
　　1)僧　2)大乘寺　3)沙州　4)45行目。

11808 張法晟 …………………… P3047v①
〔僧名等錄〕　(9C前期)
　　4)僧名「法晟」。

11809 張法船 …………………… S02729①
〔燉煌應管勘牌子歷〕　辰年三月　(788)
　　1)僧　2)永安寺　3)沙州　4)18行目。

11810 張法藏 …………………… 沙文補24
〔寺卿索再榮等牒殘判辭〕　午年正月　(9C前期)

11811 張法達 …………………… B63 NO.366
〔往西天取菩薩戒僧智堅記〕　端拱二年歲次己丑八月十九日　(989)
　　1)大師　4)朔方人,年可三十七歲。⇒法達。

11812 張法達大師 …………………… B63 NO.366
〔往西天取菩薩戒僧智堅記〕　端拱二年歲次己丑八月十九日　(989)

11813 張法寶 ·················· S11552
〔納贈曆〕（10C）
　4）舊S10637。

11814 張法昻 ·················· S02729①
〔燉煌應管勘牌子曆〕 辰年三月 （788）
　1）僧　2）開元寺　3）沙州　4）23行目。

11815 張法滿 ·················· P3483
〔三界寺戒牒〕 雍熙二年五月十三日 （985）
　1）授戒女弟子 2）三界寺 4）⇒法滿。

11816 張法祐 ·················· P3047v①
〔僧名等錄〕（9C前期）
　4）僧名「法祐」。

11817 張法律 ·················· BD07767v(始67)
〔僧人直番歷?〕（9～10C）
　1）法律

11818 張法律 ·················· BD09095v①(陶16)
〔釋門僧政轉帖〕 某月七日 （10C）
　1）法律　2）蓮（臺）寺　4）有題記「靈圖寺沙門大德閣僧戒辯一心供養」。

11819 張法律 ·········· BD09472v①～③(發92)
〔龍興寺索僧正等五十八人就唐家蘭若請賓頭廬文〕（8～9C）
　1）法律　2）永安（寺）　3）沙州

11820 張法律 ·················· BD11988（L2117）
〔某寺常住物檢曆〕（10C）
　1）法律

11821 張法律 ·················· BD14806②(新1006)
〔渠人轉帖〕（10C中期）
　1）法律

11822 張法律 ·················· BD16461
〔超法律名殘〕（10C?）

11823 張法律 ·················· P2032v⑫
〔淨土寺諸色破曆〕（940前後）
　1）法律　2）淨土寺

11824 張法律 ·················· P2032v⑲
〔淨土寺麵破曆〕（940前後）
　1）法律　2）靈圖寺

11825 張法律 ·················· P2054v
〔疏請僧官文〕（10C）
　1）法律　2）報恩寺

11826 張法律 ·················· P2054v
〔疏請僧官文〕（10C）
　1）法律　2）靈圖寺

11827 張法律 ·················· P2054v
〔疏請僧官文〕（10C）
　1）法律　2）龍興寺

11828 張法律 ·················· P2054v
〔疏請僧官文〕（10C）
　1）法律　2）大雲寺

11829 張法律 ·················· P2054v
〔疏請僧官文〕（10C）
　1）法律　2）某寺

11830 張法律 ·················· P2250v①
〔龍興寺僧唱布曆〕（925?）
　1）法律　2）龍興寺

11831 張法律 ·················· P2671v
〔僧名錄(河西都僧統等20數名)〕 甲辰年頃（884頃）
　1）法律

11832 張法律 ·················· P2769v
〔雜寫(釋子文範)〕（10C?）
　1）法律

11833 張法律 ·················· P2917
〔常住什物點檢曆〕 乙未年九月十一日頃（935 or 995頃）
　1）法律

11834 張法律 ·················· P3218
〔時年轉帖〕 八月廿二日 （975以降）
　1）法律　2）乾元寺

11835 張法律 ·················· P3218
〔時年轉帖〕 八月廿二日 （975以降）
　1）法律　2）開元寺

11836 張法律 ·················· P3352v
〔入破曆計會簿(殘)〕 乙巳年～丙午年 （945～946）
　1）法律　2）三界寺

11837 張法律 ·················· P3388
〔節度使曹元忠爲故兄追念請金光明寺僧疏〕 開運四年三月九日 （946）
　1）法律　2）金光明寺

11838 張法律 ……………………… P3388
〔節度使曹元忠爲故兄追念請金光明寺僧疏〕 開運四年三月九日 （946）
　1)僧政　2)金光明寺　4)原作「二張法律」。

11839 張法律 ……………………… P3418v①
〔□□鄕缺枝夫戶名目〕 （9C末～10C初）

11840 張法律 ……………………… P3578
〔淨土寺儭破曆(梁戶史氾三沿寺諸處使用油曆)〕 癸酉年正月十一日 （973）
　1)法律　2)淨土寺

11841 張法律 ……………………… P4908
〔某寺交割什物點檢曆〕 庚子年頃 （10C?）
　1)法律

11842 張法律 ……………………… P4981
〔當寺轉帖〕 閏三月十三日 （961）
　1)法律

11843 張法律 ……………………… P6005v
〔釋門帖諸寺綱管〕 （9C）
　1)法律

11844 張法律 ……………………… P6005v
〔釋門帖諸寺綱管〕 （9C）
　1)法律　4)原作「二張法律」。

11845 張法律 ……………………… P.tib1118v
〔磑家納磑稞(課)等麥曆〕 （9C前期）
　1)法律

11846 張法律 ……………………… S00286
〔某寺斛㪷入曆(殘)〕 （10C中期）
　1)法律

11847 張法律 ……………………… S00520
〔報恩寺方等道場榜〕 （9C末～925以前）
　1)法律　2)金光明寺　4)原作「大張法律」。

11848 張法律 ……………………… S00520
〔報恩寺方等道場榜〕 （9C末～925以前）
　1)法律　2)龍興寺

11849 張法律 ……………………… S00520
〔報恩寺方等道場榜〕 （9C末～925以前）
　1)法律　2)開元寺

11850 張法律 ……………………… S00520
〔報恩寺方等道場榜〕 （9C末～925以前）
　1)法律　2)報恩寺

11851 張法律 ……………………… S00520
〔報恩寺方等道場榜〕 （9C末～925以前）
　1)法律　2)金光明寺

11852 張法律 ……………………… S02214
〔官府雜帳(名籍・黃廍・地畝・地子等曆)〕 （860?）
　1)法律

11853 張法律 ……………………… S02607v
〔金光明寺?常住什物點檢見在曆〕 （9C後期）
　1)法律　4)原作「慶張法律」。

11854 張法律 ……………………… S03156①
〔時年轉帖〕 己卯年十二月十六日 （979）
　1)法律　2)普光寺　4)原作「普張法律」。

11855 張法律 ……………………… S03156①
〔時年轉帖〕 己卯年十二月十六日 （979）
　1)法律　2)聖光寺　4)原作「聖張法律」。

11856 張法律 ……………………… S03156①
〔時年轉帖〕 己卯年十二月十六日 （979）
　1)法律　2)靈圖寺

11857 張法律 ……………………… S03156①
〔時年轉帖〕 己卯年十二月十六日 （979）
　1)法律　2)開元寺　4)原作「開張法律」。

11858 張法律 ……………………… S03156①
〔時年轉帖〕 己卯年十二月十六日 （979）
　1)法律　2)乾元寺　4)原作「乾張法律」。

11859 張法律 ……………………… S04215
〔什物交割曆〕 （10C）
　1)法律

11860 張法律 ……………………… S04525
〔付官健及諸社佛會色物數目〕 （10C後期）
　1)法律

11861 張法律 ……………………… S04642v
〔某寺入破曆計會〕 （923以降）
　1)法律

11862 張法律 ……………………… S04687r.v
〔佛會破曆〕 （9C末～10C前期）
　1)法律

11863 張法律 ……………………… S05406
〔僧正法律徒衆轉帖〕 辛卯年四月十四日 （991）
　1)法律

11864 張法律 ·················· S05707
〔付紙曆〕 壬寅年十二月十八日 （942?）
　1)法律

11865 張法律 ·················· S05718
〔追福疏〕 天福十年五月廿二日 （945）
　1)法律　2)金光明寺　4)原作「二張法律」。

11866 張法律 ·················· S05811
〔便契〕 乙丑年三月五日 （935）
　1)僧正　2)龍興寺

11867 張法律 ·················· S05855
〔追疏文〕 雍熙三年丙戌六月 （986）
　1)法律　4)原作「大張法律」。

11868 張法律 ·················· S05855
〔追疏文〕 雍熙三年丙戌六月 （986）
　1)法律

11869 張法律 ·················· S06226
〔某寺付徒衆各僧油一升曆〕 （10C中期）
　1)法律

11870 張法律 ·················· S06235v
〔摩訶迦□延論議〕 （9〜10C）
　1)法律

11871 張法律 ·················· S06981①
〔某寺入曆〕 辛酉年〜癸亥年中間三年 （901〜903 or 961〜963）
　1)法律

11872 張法律 ·················· S08583
〔都僧統龍辯牓〕 天福八年二月十九日 （943）
　1)法律　2)報恩寺　4)原作「恩張法律」。

11873 張法律 ·················· S08750v
〔某寺常住什物見在曆〕 （10C）
　1)法律　4)原作「集張法律」。

11874 張法律 ·················· S10281
〔納贈曆(殘)〕 （10C）
　1)法律

11875 張法律 ·················· S10566
〔秋季諸寺大般若轉經付配帙曆〕 壬子年十月 （952）
　2)三界寺

11876 張法律 ·················· S10618
〔酒頭大張法律等名目〕 （10C）
　1)法律　4)原作「大張法律」。

11877 張法律 ············ Stein ch74.VI.30.calumn19.Vol.56.fol.37
〔報恩寺般若經用付紙曆(寫)〕 （10C後期）
　1)法律　2)乾元寺

11878 張法律 ·················· Дx01378
〔當團轉帖〕 （10C中期）
　1)法律

11879 張法律 ·················· Дx02146
〔請諸寺和尙僧政法律等名錄〕 （10C?）
　1)法律　2)三界寺?

11880 張法律 ············ Дx02449＋Дx05176
〔(時年)轉帖〕 十一月十九日 （10C前期）
　1)法律

11881 張法律 ·················· Дx03000
〔張法律諸雜經(一本爲定)〕 戊子年三月廿一日 （988）
　1)法律

11882 張法律 ·················· Дx06528
〔某寺麥粟破曆〕 （10C）
　1)法律

11883 張法律 ·················· Дx10283v
〔雜寫〕 （10C）
　1)法律　4)R面爲「佛典」(6C頃)。

11884 張法律 ·················· Дx11085
〔當寺轉帖〕 壬申年七月 （972）
　1)僧正　4)原作「小張法律」。

11885 張法律 ·················· Дx11085
〔當寺轉帖〕 壬申年七月 （972）
　1)法律

11886 張法律(晏) ············ Дx11085
〔當寺轉帖〕 壬申年七月 （972）
　1)法律

11887 張法律闍梨 ········ BD09472v①〜③(發92)
〔龍興寺索僧正等五十八人就唐家蘭若請賓頭盧文〕 （8〜9C）
　1)法律闍梨　2)(靈)圖(寺)　3)沙州

11888 張法律尼 ·················· P3556⑥
〔邈眞讚〕 （10C）
　1)法律尼・(張太保)孫　2)普光寺

11889 張法□ ……………… P3047v⑦
〔法事僧尼名錄〕 (9C前期)
　4)僧名「法□」。

11890 張法□ ……………… S08037v
〔未納經人名目〕 (10C後期)

11891 張鳳 ………………… S01575
〔大般若波羅蜜多經卷第384(寫)〕 (9C前期)

11892 張(乞) ……………… P3633v①
〔謹撰龍泉神揮劍歌一首〕 (10C初期)
　1)大宰相江東吏部尙書臣　4)原作「大宰相江東
　吏部尙書臣張厶乙撰進」。R面爲「辛未年(911)七
　月日,沙州百姓等一萬人上回鶻可汗」。

11893 張(乞) ……………… P4638v⑬
〔寫錄〕 (10C)
　1)節度押衙…御史中丞

11894 張(乞)乙 ……………… P3490
〔當居創造佛刹功德記(寫)〕 天成三年歲次戊
子九月壬申朔十五日丙戌(題記) (928)

11895 張沒略 ……………… BD08436(裳36)
〔佛說无量壽宗要經(尾紙末題記)〕 (9C前期)
　4)尾紙末題記「張沒略藏寫畢」。

11896 張沒略藏 ………… BD08563(推63)
〔无量壽宗要經(卷尾題名)〕 (9C前期)

11897 張万?盈 ……………… Дx04278
〔十一鄉諸人付麵數〕 乙亥年四月十一(日)
(915? or 975)
　3)赤〔心鄉〕

11898 張万興 ………… BD09333v③(周54)
〔百姓張万興牒(稿)〕 (9C前期)
　1)百姓

11899 張万行 ………… BD09333v①3(周54)
〔百姓張万行牒〕 (9C前期)

11900 張万子 ……………… P3236v
〔燉煌鄉官布籍〕 壬申年三月十九日 (972)
　3)燉煌鄉

11901 張万子 ……………… P3889
〔社司轉帖〕 (10C後期?)

11902 張万事盈 …………… P5032v①
〔社司轉帖〕 戊午年六月十八日 (958)

11903 張万事盈 …………… P5032v⑦
〔社司轉帖〕 戊午年[ ] (958)

11904 張万千 ……………… S04901v
〔貸絹?契(雜寫・殘)〕 (10C)

11905 張万詮 ……………… P2049v①
〔淨土寺諸色入破曆計會牒〕 同光三年
(925)

11906 張万達 ………… BD16200Q(L4099)
〔張万達貸絹契〕 (9～10C)

11907 張万達 …………… P2032v①-2
〔淨土寺西倉麥入曆〕 (944前後)
　2)淨土寺

11908 張万達 …………… P2032v①
〔淨土寺西倉司願勝等入破曆〕 乙巳年三月
(945)
　2)淨土寺

11909 張万達 …………… P2040v③-2
〔淨土寺西倉粟利入曆〕 己亥年 (939)
　2)淨土寺

11910 張万達 …………… P2040v③-10
〔淨土寺豆入曆〕 (939)
　2)淨土寺

11911 張万達 …………… P2049v②
〔淨土寺諸色入破曆計會牒〕 長興二年正月
(930～931)

11912 張万達 ……………… P3763v
〔淨土寺入破曆〕 (945前後)
　2)淨土寺

11913 張万張 …………… P2040v②-28
〔淨土寺豆入曆〕 (940前後)
　2)淨土寺

11914 張万張 ……………… P3234v⑤
〔直歲願通手上入曆〕 壬寅年 (942)

11915 張万通 ……………… P2953v
〔便麥豆本曆〕 (10C)

11916 張万通 ……………… S04884v
〔便褐曆〕 壬申年正月廿七日 (972?)

11917 張万通妻 ・・・・・・・・・・・・・・・・・・・・ S04884v
〔便褐曆〕 壬申年正月廿七日 （972?）

11918 張万々 ・・・・・・・・・・・・・・・・・・・・・・・ P3418v⑤
〔某郷缺枝夫戸名目〕 （9C末～10C初）

11919 張万□ ・・・・・・・・・・・・・・・・・・・・・・ P3234v②
〔應慶於願達手上入曆〕 壬寅年正月一日
（942）

11920 張曼々 ・・・・・・・・・・・・・・・・・・・・・・・ S02669
〔管内尼寺（安國寺・大乘寺・聖光寺）籍〕
（865～870）
　2）大乘寺　3）洪潤郷　4）尼名「蓮花妙」。

11921 張慢兒 ・・・・・・・・・・・・・・・・・・・・・・ S08443C1
〔李闍梨出便黃麻（麥）曆〕 丙午年正月廿一
日 （946?）

11922 張滿子 ・・・・・・・・・・・・・・・・・・・・・・・ P3249v
〔將龍光顏等隊下人名目〕 （9C中期）

11923 張妙解 ・・・・・・・・・・・・・・・・・・・・・・・ S02669
〔管内尼寺（安國寺・大乘寺・聖光寺）籍〕
（865～870）
　2）大乘寺　3）平康郷　4）尼名「妙淨花」。

11924 張妙施 ・・・・・・・・・・・・・・・・・・・・・・ P4640⑧
〔讃文〕 （9C末～10C前）
　1）（潛建）妹　2）普光寺

11925 張妙慈 ・・・・・・・・・・・・・・・・・・・・・・・ P3167v
〔安國寺道場司關于（五尼寺）沙彌戒訴狀〕
乾寧二年三月 （895）
　2）普光寺　4）⇒妙慈。

11926 張妙淨花 ・・・・・・・・・・・・・・・・・・・・ S02669
〔管内尼寺（安國寺・大乘寺・聖光寺）籍〕
（865～870）
　2）大乘寺　3）平康郷　4）姓「張」。俗名「妙解」。

11927 張妙信 ・・・・・・・・・・・・・・・・・・・・・・・ P3167v
〔安國寺道場司關于（五尼寺）沙彌戒訴狀〕
乾寧二年三月 （895）
　2）安國寺　4）⇒妙信。

11928 張妙心 ・・・・・・・・・・・・・・・・・・・・・・・ S02669
〔管内尼寺（安國寺・大乘寺・聖光寺）籍〕
（865～870）
　2）大乘寺　3）平康郷　4）姓「張」。俗名「醜々」。

11929 張妙性 ・・・・・・・・・・・・・・・・・・・・・・ P3047v①
〔僧名等錄〕 （9C前期）

11930 張妙定 ・・・・・・・・・・・・・・・・・・・・・・・ S02669
〔管内尼寺（安國寺・大乘寺・聖光寺）籍〕
（865～870）
　2）大乘寺　3）莫高郷　4）姓「張」。俗名「金圓」。

11931 張妙德 ・・・・・・・・・・・・・・・・・・・・・・・ S02669
〔管内尼寺（安國寺・大乘寺・聖光寺）籍〕
（865～870）
　2）安國寺?　3）赤心郷　4）姓「張」。俗名「善娘」。

11932 張眠兒 ・・・・・・・・・・・・・・・・・・・・ P2040v②-28
〔淨土寺豆入曆〕 （940前後）
　2）淨土寺

11933 張无垢 ・・・・・・・・・・・・・・・・・・・・・・・ S02729①
〔燉煌應管勘牌子歷〕 （788）
　2）靈修寺　4）31行目。

11934 張无垢 ・・・・・・・・・・・・・・・・・・・・・・・ S02729①
〔燉煌應管勘牌子歷〕 辰年三月 （788）
　1）僧　2）開元寺　3）沙州　4）24・31行目。

11935 張明意 ・・・・・・・・・・・・・・・・・・・・・・・ S02669
〔管内尼寺（安國寺・大乘寺・聖光寺）籍〕
（865～870）
　2）大乘寺　3）赤心郷　4）姓「張」。俗名「要々」。

11936 張明會 ・・・・・・・・・・・・・・・・・・・・・・・ P2944
〔大乘寺・聖光寺等尼僧名錄〕 （10C後期?）
　2）聖光寺　4）⇒張願會＝明會＝願會。

11937 張明兒 ・・・・・・・・・・・・・・・ BD16384（L4458）
〔抄錄有私駝名目〕 丙寅年八月廿九日 （966）

11938 張明集 ・・・・・・・・・・・・・・・・・・・・・・ P3718①
〔張公寫眞讃〕 （10C）
　1）（曹太保）親外男甥・唐故歸義軍節度押衙・銀
青光祿大夫・檢校國子祭酒兼侍御史・上柱國南
陽郡公

11939 張明閏 ・・・・・・・・・・・・・・・・・・・・・・ S04444v③
〔社司轉帖（寫錄）〕 （10C）

11940 張明照 ・・・・・・・・・・・・・・・・・ BD06251（海51）
〔釋氏雜文卷首余紙〕 （9C?）
　1）僧　4）原作「僧張明照」。

11941 張明照 ·················· Дx01610
〔瑜伽師地論本地分中獨覺地卷第14〕 大中十一年九(月)七日 (857)
　　1)比丘　4)原作「比丘張明照隨聽寫記」⇒明照。

11942 張明信 ·················· P3418v⑤
〔某鄉缺枝夫戶名目〕 (9C末～10C初)

11943 張明心 ··················· S02669
〔管内尼寺(安國寺・大乘寺・聖光寺)籍〕 (865～870)
　　2)大乘寺　3)赤心鄉　4)姓「張」。俗名「嬌娘」。

11944 張明眞 ·················· S02729①
〔燉煌應管勘牌子歷〕 辰年三月 (788)
　　1)僧　2)龍興寺　3)沙州　4)6行目。

11945 張明德 ··················· P3718⑭
〔張府君邈眞讚〕 (10C)

11946 張明々 ·················· P3418v⑨
〔効穀鄉缺枝夫戶名目〕 (9C末～10C初)
　　3)効穀鄉

11947 張明々 ··················· Дx01306
〔董惠明等人名目〕 (946)

11948 張明了藏 ················· S02669
〔管内尼寺(安國寺・大乘寺・聖光寺)籍〕 (865～870)
　　2)大乘寺　3)平康鄉　4)姓「張」。俗名「小滿」。

11949 張孟子 ·················· P3167v
〔安國寺道場司關于(五尼寺)沙彌戒訴狀〕 乾寧二年三月 (895)
　　2)安國寺

11950 張蒙? ············· BD00550v(荒50)
〔便粟曆(4行)〕 (10C?)
　　4)裱補紙上原作「子張蒙□碩」。

11951 張蒙々 ··················· S02669
〔管内尼寺(安國寺・大乘寺・聖光寺)籍〕 (865～870)
　　2)大乘寺　3)赤心鄉　4)尼名「遍淨」。

11952 張目憲 ·················· P3047v⑥
〔諸人諸色施入曆〕 (9C前期)

11953 (張)勿成 ··················· P4987
〔兄弟社轉帖〕 戊子年七月 (988)

11954 張勿成 ··················· P5032⑩
〔渠人轉帖〕 甲申年十月三日 (984)

11955 張勿成 ··················· P5032⑫
〔渠人轉帖〕 甲申年十月四日 (984)

11956 張勿成 ················ P5032⑬⑯⑱
〔渠人轉帖〕 甲申年二月廿日 (984)

11957 張勿成 ··················· P5032⑭
〔渠人轉帖〕 甲申年九月廿一日 (984)

11958 張勿成 ··················· P5032⑮
〔渠人轉帖〕 甲申年二月廿九日 (984)

11959 張勿成 ··················· P5032⑰
〔渠人轉帖〕 甲申年四月十二日 (984)

11960 張勿成 ··················· P5032⑲
〔渠人轉帖〕 甲申年□月十七日 (984)

11961 張夜鷄 ·················· S04504v④
〔行人轉帖〕 七月三日 (10C前期)

11962 張約 ······················ S05898
〔官田地畝計會〕 閏十月頃 (860頃)

11963 張優柔 ····················· P4989
〔沙州戶口田地簿〕 (9C末)

11964 張友 ············· BD05673v①(李73)
〔雜寫〕 (9C末)

11965 張友子 ···················· P2032v
〔淨土寺入破曆〕 甲辰年? (944?)
　　2)淨土寺

11966 張友子 ···················· P3231①
〔平康鄉官齋曆〕 癸酉年五月 (973)
　　3)平康鄉

11967 張友子 ···················· P3231②
〔平康鄉官齋曆〕 癸酉年九月卅日 (973)
　　3)平康鄉

11968 張友子 ···················· P3231③
〔平康鄉官齋曆〕 甲戌年五月廿九日 (974)
　　3)平康鄉

11969 張友子 ···················· P3231④
〔平康鄉官齋曆〕 甲戌年十月十五日 (974)
　　3)平康鄉

11970 張友子 ………………… P3231⑤
〔平康鄉官齋曆〕 □亥年五月十五日 (975)
　3)平康鄉

11971 張友子 ………………… P3231⑥
〔平康鄉官齋曆〕 乙亥年九月廿九日 (975)
　3)平康鄉

11972 張友子 ………………… P3231⑦
〔平康鄉官齋曆〕 丙子年五月十五日 (976)
　3)平康鄉

11973 張友子 ………………… P3236v
〔燉煌鄉官布籍〕 壬申年三月十九日 (972)
　1)頭　3)燉煌鄉

11974 張友子 ………………… S04472v
〔納贈曆〕 辛酉年十一月廿日 (961)

11975 張友住 ………………… P3231④
〔平康鄉官齋曆〕 甲戌年十月十五日 (974)
　3)平康鄉

11976 張友住 ………………… P3379
〔社錄事陰保山等牒(團保文書)〕 顯德五年二月 (958)
　4)有指押印。

11977 張友信 ………………… P2032v⑯-4
〔淨土寺粟利閏入曆〕 (940前後)
　2)淨土寺

11978 張友信 ………………… P3070v①
〔社司轉帖(寫錄)〕 乾寧三年閏三(二)月 (896)

11979 張友?信 ………………… P4638v⑬
〔雜寫〕 (10C中期)

11980 張友信 ………………… S02041
〔社約〕 丙寅年三月四日 (846)
　4)年號別筆(丙寅年三月四日)。ペン筆。

11981 張友信 ………………… S03982
〔月次人名目〕 甲子年二月,四月 (964)

11982 張友信 ………………… S03982
〔月次人名目〕 乙丑年四月 (965)

11983 張友全 ………………… P3231①
〔平康鄉官齋曆〕 癸酉年五月 (973)
　3)平康鄉

11984 張友全 ………………… P3231⑥
〔平康鄉官齋曆〕 乙亥年九月廿九日 (975)
　3)平康鄉

11985 張友全 ………………… P3236v
〔燉煌鄉官布籍〕 壬申年三月十九日 (972)
　1)頭　3)燉煌鄉

11986 張友通 ………………… P4912
〔某寺得換油麻曆〕 (950年代以降)

11987 張友定 ………………… S03982
〔月次人名目〕 甲子年十二月 (964)

11988 張(友?德?) ………………… P3569v①
〔人名目(殘)〕 (9C末?)

11989 張友々 ………………… S06235B②
〔納贈曆〕 (9C中期)

11990 張友□ ………………… P4635③
〔便粟豆曆〕 癸卯年二月十三日 (943)

11991 張憂談 ………………… S02669
〔管內尼寺(安國寺・大乘寺・聖光寺)籍〕 (865～870)
　2)大乘寺　3)洪池鄉　4)尼名「善想」。

11992 張祐慶 ………………… P3379
〔社錄事陰保山等牒(團保文書)〕 顯德五年二月 (958)
　4)有指押印。

11993 張祐慶 ………………… P3721v③
〔冬至自斷官員名〕 己卯年十一月廿六日 (979)

11994 張祐子 ………………… S03876①
〔慶深牒〕 乾德六年九月 (968)

11995 張祐子 ………………… Дх01277
〔納贈曆〕 丁丑年九月四?日 (977)

11996 張祐信 ………………… BD16260(L0116)
〔便曆?〕 (9～10C)

11997 張祐成 ………………… S11353
〔社司?轉帖〕 (10C)

11998 張祐全 ………………… P3231⑤
〔平康鄉官齋曆〕 □亥年五月十五日 (975)
　3)平康鄉

11999 張祐□ ······················· S00214v
　〔行人轉帖〕　甲申年　（10C）

12000 張有信 ······················· S08850v
　〔金光明最勝王經滅業部品第5（背面）〕
　（10C）

12001 張遊弈 ··············· BD11987（L2116）
　〔歸義軍官府人名目〕　（9C後期～10C）

12002 張遊弈 ······················· P2680v④
　〔納贈曆〕　（10C中期）

12003 張遊弈 ························· P3440
　〔見納賀天子物色人名〕　丙申年三月十六日
　（996）

12004 張要 ············· Дx00961＋Дx02104
　〔雜寫（佛說大衆兒子人名列記）〕　（10C後期）

12005 張要ゝ ··················· BD05941（重41）
　〔佛說无量壽宗要經（尾紙有題記）〕　（9C）
　　4）原作「張要ゝ寫」。

12006 張要ゝ ················· BD14598（新0798）
　〔无量壽宗要經〕　（9C）
　　2）永安寺　4）原作「張要ゝ寫」背面有「永安」勘記。

12007 張要ゝ ························ P4532
　〔大乘無量壽經〕　（9C）
　　2）大乘寺

12008 張要ゝ ···················· P.tib1088Bv
　〔燉煌諸人磑課麥曆〕　卯年～巳年間　（835～837）

12009 張要ゝ ························ S02669
　〔管內尼寺（安國寺・大乘寺・聖光寺）籍〕
　（865～870）
　　2）大乘寺　3）神沙鄉　4）尼名「勝堅」。

12010 張要ゝ ························ S02669
　〔管內尼寺（安國寺・大乘寺・聖光寺）籍〕
　（865～870）
　　2）大乘寺　3）赤心鄉　4）尼名「明意」。

12011 張要ゝ ······················· Дx02104
　〔佛說無量壽宗要經〕　（9C）

12012 張孕千 ······················ Дx02149A
　〔寒食座設付酒曆〕　戊午年四月廿五日　（958 or 898）
　　1）左廂第一兵馬使

12013 張曜 ····················· BD03455（露55）
　〔大般若波羅蜜多經卷第252（尾）〕　（9C前期）
　　1）寫　4）末紙經名後有題記「張曜寫第一校」。

12014 張曜 ····················· BD03458（露58）
　〔大般若波羅蜜多經卷第206（尾）〕　（9C）
　　4）原作「張曜寫」。

12015 張曜 ························· P3134
　〔大乘無量壽經（寫）〕　（9C前期）

12016 張曜 ························· S01575
　〔大般若波羅蜜多經卷第384（寫）〕　（9C前期）

12017 張曜ゝ ··················· BD04659（劍59）
　〔无量壽宗要經（末）〕　（9C前期）
　　4）原作「張曜ゝ寫畢」。

12018 張曜ゝ ··················· BD05402（菓2）
　〔大般若波羅蜜多經卷第240〕　（9C前期）
　　1）寫（經人）　4）原作「張曜ゝ寫」。

12019 張曜ゝ ··················· BD06260（海60）
　〔无量壽宗要經〕　（9C前期）
　　4）原作「張曜ゝ寫」。

12020 張曜ゝ ························ P4533
　〔大乘無量壽經（寫）〕　（9C前期）

12021 張囝子 ·················· BD16384（L4458）
　〔抄錄有私駝名目〕　丙寅年八月廿九日　（966）

12022 張養德 ························ S05691
　〔令狐瘦兒妻亡納贈曆〕　丁亥年七月十二日　（987）

12023 張養□ ························ P2738v
　〔社司轉帖（寫錄）〕　二月廿五日　（9C後期）
　　4）官樓蘭若門取齊。

12024 張來官 ······················· 舊P5529
　〔入破曆〕　壬申年六月廿四日　（972?）

12025 張來兒 ······················· S02092v
　〔賣宅舍契?〕　（9C?）
　　3）壁三（部落?）　4）原作「壁三張來兒舍一口」。

12026 張洛々 ············· P3249v
〔將龍光顏等隊下人名目〕 （9C中期）

12027 張蘭奴 ············· P3047v⑨
〔諸人諸色施捨曆〕 （9C前期）

12028 張鸞々 ········· BD02126v⑦（藏26）
〔爲覺心妹函稿〕 （9C後期）
　4）原作「阿張鸞々」。

12029 張鸞々 ············ IOL.T.J915
〔羅織人張鸞々訴訟狀〕 （821頃）
　1）羅織人

12030 張鸞々 ·············· S05812
〔令狐大娘爲田宅糾訴狀〕 丑年八月 （821）
　1）絲綿部落無賴

12031 張鸞々 ············· S05824v
〔經坊費負担人名目〕 （8C末～9C前期）
　1）頭

12032 張履九 ·············· S05825
〔社司轉帖〕 （9C前期）

12033 張履玖 ············· S03074v
〔某寺破曆〕 八月一日 （9C前期）

12034 張履屯 ·············· S02041
〔社約〕 丙寅年三月四日 （846）
　4）年號別筆（丙寅年三月四日）。ペン筆。

12035 張履六 ············· S02228①
〔絲綿部落夫丁修城使役簿〕 亥年六月十五日 （819）
　1）（右四） 3）絲綿部落 4）首行作「亥年六月十五日州城所,絲綿」。末行作「亥年六月十五日畢功」。

12036 張李五 ············· P2738v
〔社司轉帖（寫錄）〕 二月廿五日 （9C後期）
　4）官樓蘭若門取齊。

12037 張李林 ············· P3249v
〔將龍光顏等隊下人名目〕 （9C中期）

12038 張李璘 ············ S06208v③
〔「右賢集」書記〕 二月七日 （9C後期?）

12039 張李六 ············· P2738v
〔社司轉帖（寫錄）〕 二月廿五日 （9C後期）
　4）官樓蘭若門取齊。

12040 張里五〔仵〕 ········· P.tib3964
〔團頭計會文書（殘）〕 辛亥年九月廿八日 （951）

12041 張里三 ············· P2049v①
〔淨土寺諸色入破曆計會牒〕 同光三年 （925）

12042 張里三 ········ Дx01405＋Дx01406
〔布頭索留信等官布籍〕 （9C末期～10C初期）

12043 張里七 ············ P3636piece1
〔社人罰粟曆〕 丁酉年頃 （937頃）

12044 張里六 ············· P3418v⑧
〔平康鄉缺枝夫戶名目〕 （9C末～10C初）
　3）平康鄉

12045 張里六 ·············· S02214
〔官府雜帳（名籍・黃麻・地畝・地子等曆）〕 （860?）

12046 張離念 ············· S02729①
〔燉煌應管勘牌子歷〕 辰年三月 （788）
　1）僧　2）靈修寺　3）沙州　4）34行目。

12047 張離煩 ············· S02729①
〔燉煌應管勘牌子歷〕 辰年三月 （788）
　1）僧　2）報恩寺　3）沙州　4）25行目。

12048 張力沒藏 ········· BD01998（收98）
〔佛說無量壽宗要經（尾）〕 （9C前期）
　1）寫　4）原作「張力沒藏寫」。

12049 張力々 ·············· P3394
〔僧張月光父子廻博田地契〕 大中六年壬申十月 （852）
　1）（張月光）姪

12050 張律 ·············· Дx05534
〔禮佛見到僧等人名目〕 廿日夜 （10C）

12051 張立 ··············· P3591v
〔左第一指揮第四都頭張立牒（2通）〕 天福八年八月 （943）

12052 張略設藏 ········· BD07903（文3）
〔无量壽宗要經〕 （9C前期）
　4）原作「張略設藏寫」。

12053 張略沒藏 ············ BD00194(黃94)
　〔无量壽宗要經〕　(9C前期)
　　2)金(光明寺)　4)原作「張略沒藏寫」。V面有字
　　「金」。

12054 張略沒藏 ············ BD02044(冬44)
　〔无量壽宗要經(末)〕　(9C前期)
　　2)金(光明寺)　4)原作「張略沒藏寫」。背面有
　　「金」字。

12055 張略沒藏 ············ BD02531(歲31)
　〔无量壽宗要經〕　(9C前期)
　　4)原作「張略沒藏寫」。

12056 張略沒藏 ············ BD05297(夜97)
　〔无量壽宗要經〕　(9C前期)
　　4)原作「張略沒藏寫」。

12057 張略沒藏 ············ BD07067(龍67)
　〔佛說无量壽宗要經(尾紙末題記)〕　(9C前期)

12058 (張)略沒藏 ······ BD14715②(新0915)
　〔佛說无量壽經(尾)〕　(9C)
　　4)尾題「張略沒藏寫」。主題「大乘无量壽宗要
　　經」。

12059 張略沒藏 ················ Ф227
　〔佛說无量壽宗要經(末)〕　(9C前期)
　　4)原作「張略沒藏寫」。

12060 張略彡 ················ P3418v④
　〔龍勒鄉缺枝夫戶名目〕　(9C末～10C初)
　　3)龍勒鄉

12061 張流慶 ················ S05717
　〔人名目〕　(10C)

12062 張流信 ················ S00286
　〔某寺斛㪷入曆(殘)〕　(10C中期)

12063 (張)流定 ··············· P4987
　〔兄弟社轉帖〕　戊子年七月　(988)

12064 張流定 ················ S09412v
　〔人名3字籤〕　(10C?)

12065 張流奴 ················ Дx11196
　〔渠人轉帖〕　十月九日　(983)

12066 張流德 ·············· P2040v③-2
　〔淨土寺西倉粟利入曆〕　己亥年　(939)
　　2)淨土寺

12067 張流德 ················ Дx01428
　〔某寺諸色斛㪷破曆〕　(10C中期)

12068 張流謨 ················ P2680v②
　〔諸鄉諸人便粟曆〕　(10C中期)

12069 張留慶 ·············· P2040v③-1
　〔淨土寺粟入曆〕　(939)
　　2)淨土寺

12070 張留殘 ················ S05774v
　〔人名雜寫(1行)〕　(10C)
　　4)原作「留殘師兄姓是張,…」。R面為「茶酒論一
　　首并序」(首題,10C)。

12071 張留子 ·············· P2032v⑯-4
　〔淨土寺粟利閏入曆〕　(940前後)
　　2)淨土寺

12072 張留子 ················ P2049v①
　〔淨土寺諸色入破曆計會牒〕　同光三年
　(925)

12073 張留子 ················ P3167v
　〔安國寺道場司關于(五尼寺)沙彌戒訴狀〕
　乾寧二年三月　(895)
　　2)安國寺

12074 張留子 ················ P3418v④
　〔龍勒鄉缺枝夫戶名目〕　(9C末～10C初)
　　3)龍勒鄉

12075 張留子 ················ P4640v
　〔官入破曆〕　庚申年正月　(900)
　　1)押衙

12076 張留子 ················ S04291
　〔度牒〕　清泰五年二月十日(天福三年)　(938)
　　1)百姓　3)洪潤鄉

12077 張留住 ················ P2032v③
　〔淨土寺諸色破曆〕　(944前後)
　　1)泥匠　2)淨土寺

12078 張留住 ················ P2049v①
　〔淨土寺諸色入破曆計會牒〕　同光三年
　(925)

12079 張留住 ················ P2049v②
　〔淨土寺諸色入破曆計會牒〕　長興二年正月
　(930～931)

12080 張留住 ……………………… P2708bn
〔社子名目〕（10C中期）

12081 張留住 ……………………… S05845
〔郭僧政等貸油麵麻曆〕 己亥年二月十七日
（939）
  1）紙匠

12082 張留閏 ……………………… P3231⑦
〔平康鄉官齋曆〕 丙子年五月十五日 （976）
  3）平康鄉

12083 張留信 ……………………… P2032v③
〔淨土寺諸色破曆〕（944前後）
  2）淨土寺

12084 張留信 ……………………… P2049v①
〔淨土寺諸色入破曆計會牒〕 同光三年
（925）

12085 張留信 ……………………… S03982
〔月次人名目〕 甲子年二月, 乙丑年八月 （964, 965）

12086 張留晟 ……………… BD16137A（L4072）
〔付物曆〕（9〜10C）
  1）阿娘

12087 張留通 ……………… BD14806③（新1006）
〔歸義軍官府貸油麵曆〕 庚午年?十二月二十五日 （970?）

12088 張留通 ……………………… Дx01277
〔納贈曆〕 丁丑年九月四?日 （977）

12089 張留奴 ……………………… S02894v⑥
〔親情社轉帖〕 壬申年十二月廿一日 （972）

12090 張留德 ……………… BD04400v①（出100）
〔張留德索文文等祭師兄文〕 維歲次辛亥十月朔十九日 （891 or 831）

12091 張留德 ……………… BD09174v（陶95）
〔雜寫（6行）〕（10C）

12092 張留德 ……………………… P2049v①
〔淨土寺諸色入破曆計會牒〕 同光三年
（925）

12093 張留德 ……………………… P3234v⑮
〔淨土寺西倉豆利潤入曆〕（940年代?）
  2）淨土寺

12094 張留□ ……………………… P5546
〔神沙鄉人名目（殘）〕（900頃）
  3）神沙鄉

12095 張龍女 ……………………… S02669
〔管內尼寺（安國寺・大乘寺・聖光寺）籍〕
（865〜870）
  2）大乘寺 3）燉煌鄉 4）尼名「普定」。

12096 張龍女 ……………………… S02669
〔管內尼寺（安國寺・大乘寺・聖光寺）籍〕
（865〜870）
  1）尼 2）大乘寺 3）燉煌鄉 4）尼名「普定」⇒
張普定。

12097 （張）了義 ……………………… S00542v
〔燉煌諸寺丁壯車牛役簿〕 戊年六月十八日
（818）
  2）金光明寺

12098 張了空 ……………………… S02669
〔管內尼寺（安國寺・大乘寺・聖光寺）籍〕
（865〜870）
  2）大乘寺 3）神沙鄉 4）姓「張」。俗名「媚々」。

12099 張了性 ……………………… S02729①
〔燉煌應管勘牌子曆〕 辰年三月 （788）
  1）僧 2）大乘寺 3）沙州 4）50行目。

12100 張良 ……………………… BD07559（人59）
〔大般若波羅蜜多經卷第123〕（9C前期）
  4）原作「張良兌一」。

12101 張良 ……………………… BD15305（新1505）
〔大方等大集經卷第8（尾）〕（9C?）
  4）原作「張良」。本件有「瓜州大圣印」。

12102 （張）良 ……………………… S11454A
〔牧羊破曆計會〕 癸酉〜乙亥年 （793〜795）

12103 張良 ……………………… S11454G
〔白殺羯等算會簿〕 從西年四月十五日至亥年閏八月五日 （793〜795）
  1）左三

12104 張良遠 ……………… BD09323（周44）
〔沙州某寺分給蕃漢官僚等早・中・夜三食日程帖〕（820〜830）

12105 張良義 ……………………… P4640v
〔官入破曆〕 庚申年二月 （900）
  1）衙官

12106（張）良涓 ……………… S01976
〔（狀）〕（10C?）

12107 張良勝 ……………… S02228①
〔絲綿部落夫丁修城使役簿〕 亥年六月十五日 （819）
　1)（右九） 3）絲綿部落 4）首行作「亥年六月十五日州城所,絲綿」。末行作「亥年六月十五日畢功」。

12108 張良眞 ……………… P2803
〔二月社不納麥人（行間書込）〕（9C末～10C初）
　1）押衙

12109 張良眞 ……………… P3718
〔張和尙寫眞讚序〕（後梁907～922）

12110 張良文 …………… BD15212（新1413）
〔大般若波羅蜜多經卷第524〕（8～9C）
　4）原作「第一校第二校,第三校張良文寫」。

12111 張良文?〔丈?〕 ……………… S01558
〔舊雜譬喩經卷下〕（8～9C）

12112 張良友 …………… BD00389v（宙89）
〔无量壽宗要經（第5紙末有題名）〕（9C前期）

12113 張良友 …………… BD00641（日41）
〔大寶積經卷第103〕（9C前期）
　4）原作「張良友寫」。

12114 張良友 …………… BD00641（日41）
〔善住意天子所問經卷第103（尾）〕（9C前期）
　4）尾題後有「張良友寫」。

12115 張良友 …………… BD02840（調40）
〔无量壽宗要經〕（9C前期）
　2）永安（寺） 4）存有字「永安」。

12116 張良友 …………… BD02905（陽5）
〔佛說無量壽宗經（尾）〕（9C前期）
　4）尾題末有「張良友」(小字)。

12117 張良友 …………… BD04313（出13）
〔无量壽宗要經〕（9C前期）
　4）原作「張良友寫」。

12118 張良友 …………… BD04548①（崗48）
〔无量壽宗要經〕（9C前期）

12119 張良友 …………… BD04548②（崗48）
〔无量壽宗要經〕（9C前期）
　4）原作「張良友寫」。

12120 張良友 …………… BD06128（董28）
〔无量壽宗要經〕（9C前期）
　4）原作「張良友寫」。首紙背面有燉煌寺院名勘記「圖」與「智崇」。

12121 張良友 …………… BD06279（海79）
〔无量壽宗要經〕（9C前期）
　4）原作「張良友寫」。

12122 張良友 …………… BD14100（新0300）
〔无量壽宗要經（尾題後題名）〕（9C前期）
　1）寫

12123 張良友 ……………… P4541
〔无量壽宗要經（末）〕（9C前期）
　1）寫 4）原作「張良友寫」。

12124 張良友 ……………… S01475v⑤
〔賣地契〕 未年十月三日 （827）
　1）見人 4）原作「見人張良友」。

12125 張良友 …………… 故宮博·新121247
〔佛說无量壽宗要經（尾）（末）〕（9C前期）
　1）寫

12126 張良友 …………… 浙燉134（浙博109）
〔佛說多心經（尾）末〕 子年六月六日 （9C前期）
　4）題記「張良友爲亡考寫了」。

12127 張獵兒 …………… BD09345①（周66）
〔安醜定妻亡社司轉帖〕 辛酉年四月廿四日（961?）
　2）顯德寺門

12128 張倫? ……………… S05788
〔社司轉帖〕 十一月廿一日 （9C前期）

12129 張倫子 ……………… P3396
〔沙州諸渠別粟田名目〕（10C後期）

12130 張令 ……………… BD（蔡79）
〔金有陀羅尼經（末）〕（9C）

12131 張令狐?兒 ……………… S08663
〔麥支給曆〕（10C）
　1）趁物人

12132 張禮子 ･･････････････････ ZSD060v
　〔社司轉帖及詩(3首)〕 癸未年十?月 (923?)
　　1)社人

12133 張靈俊 ･･････････････････ P2991③
　〔張和尙寫眞讚并序〕 (9C)
　　4)本卷書「淸河郡天錫之貴系矣」。

12134 張靈進 ･･････････････････ S02104v
　〔雜寫〕 (10C中期)
　　1)和尙

12135 張靈忍 ･･････････････････ S02669
　〔管內尼寺(安國寺・大乘寺・聖光寺)籍〕
　(865～870)
　　2)大乘寺　3)平康鄕　4)姓「張」。俗名「閨子」。

12136 張靈妙 ･･････････････････ S02669
　〔管內尼寺(安國寺・大乘寺・聖光寺)籍〕
　(865～870)
　　2)大乘寺　3)莫高鄕　4)⇒靈妙。

12137 張蓮花妙 ･･････････････････ S02669
　〔管內尼寺(安國寺・大乘寺・聖光寺)籍〕
　(865～870)
　　2)大乘寺　3)洪潤鄕　4)姓「張」。俗名「曼々」。

12138 張勞成? ･･････････････････ S04120
　〔布褐等破曆(殘)〕 癸亥年二月～甲子年二月 (963～964)

12139 張朧々 ･･････････････････ S02669
　〔管內尼寺(安國寺・大乘寺・聖光寺)籍〕
　(865～870)
　　2)大乘寺　3)平康鄕　4)尼名「堅智」。

12140 張籠眞 ･･････････････････ S02669
　〔管內尼寺(安國寺・大乘寺・聖光寺)籍〕
　(865～870)
　　2)大乘寺　3)平康鄕　4)尼名「靜花」。

12141 張老 ･･････････････････ S02228②
　〔於諸家邊布麥粟酒分付曆〕 巳年 (825)

12142 張老 ･･････････････････ S06204③
　〔張老將物麥粟曆(1行)〕 乙亥年二月々生六日 (915)

12143 張老 ･･････････ Дx00476＋Дx05937＋Дx06058v②
　〔貸粟麥曆〕 (9C前期)
　　4)V面①爲「開元七年沙州燉煌縣籍」。

12144 張老宿 ･･････････････････ P3631
　〔把物團善因等還入常住斛㪷曆〕 辛亥年 (891 or 951)
　　1)老宿

12145 張老宿 ･･････････････････ S04782
　〔乾元寺堂齋修造兩司都師文謙入破曆計會〕 丑年 (10C後期)
　　1)老宿　2)乾元寺

12146 張老宿 ･･････････････････ S06981③
　〔某寺入曆(殘)〕 壬申年十一月十七日 (912 or 972)
　　1)老宿

12147 張老宿 ･･････････････････ S11360D2
　〔貸粟麥曆〕 (10C中期以降?)
　　1)老宿

12148 張老宿(團) ･･････････････････ S06330
　〔破曆〕 (10C中期)
　　1)老宿(團)

12149 張老々 ･･････････････････ S02041
　〔社約〕 丙寅年三月四日 (846)
　　4)年號別筆(丙寅年三月四日)。ペン筆。

12150 張郞 ･･････････････････ P3164
　〔親情社轉帖〕 乙酉年十一月廿六日 (925?)

12151 張郞 ･･････････････････ S04274v
　〔社名簿〕 (10C)

12152 張郞 ･･････････････････ S05632①
　〔親情社轉帖〕 丁卯年二月八日 (967)
　　2)顯德寺門

12153 張郞 ･･････････････････ S05723v
　〔雜寫(智進與張郞書狀抄等)〕 (10C)

12154 張郞 ･･････････････････ S05876
　〔氈子名簿〕 (10C?)
　　1)氈子

12155 張郞 ･･････････････････ S08426
　〔官府酒破曆〕 四月十七日／五月十日 (10C)

12156 張郞 ･･････････････････ S08426D①
　〔使府酒破曆〕 (10C中～後期)

氏族人名篇　ちよう　張

12157 張郎 ……………… Дx01265＋Дx01457
〔沙州丈母等上于闐押衙張郎及兵馬使狀〕
孟多　(10C)
　4)本件文頭爲「孟多漸寒」。

12158 張郎 ……………… Дx01265＋Дx01457
〔沙州丈母等上于闐押衙張郎及兵馬使狀〕
孟多　(10C)
　1)于闐押衙　4)本件文頭爲「孟多漸寒」。

12159 張郎 ………………………… Дx01439
〔親情社轉帖〕　丙戌年九月十九日　(986?)

12160 張郎 …………………………… 杏・羽672
〔新集親家名目〕　(10C?)

12161 張郎君 ………………………… P2040v①-8
〔淨土寺布破曆〕　(945前後)
　2)淨土寺

12162 張郎知客 ………………………… S05139v③
〔親情社轉帖〕　(924頃)
　1)知客

12163 張郎二娘子 ………………… 杏・羽672
〔新集親家名目〕　(10C?)

12164 張郎ミ ………………………… P3418v⑦
〔慈惠鄕缺枝夫戶名目〕　(9C末～10C初)
　3)慈惠鄕

12165 張郎ミ ………………………… S02214
〔官府雜帳(名籍・黃麻・地畝・地子等曆)〕
(860?)

12166 張六歸 …………………………… P4003
〔渠社轉帖〕　壬午年十二月十八日　(922 or 982)

12167 張六子 ………………………… P3416piece2
〔榮葬名目〕　乙未年前後　(935?,936?前後)

12168 張六子 …………………………… S01898
〔兵裝備簿〕　(10C前期)

12169 張六ミ …………………………… S02669
〔管內尼寺(安國寺・大乘寺・聖光寺)籍〕
(865～870)
　2)聖光寺　3)玉關鄕　4)尼名「照空」。

12170 張祿子 ………………………… P2842piece4
〔渠?人?轉帖〕　五月廿八?日　(9C中期)

12171 張祿子 …………………………… P3544
〔社條再立文書〕　大中九年九月　(855)

12172 張祿府君 ………………………… P4660⑯
〔咸通十二年季春一題〕　咸通十二年季春
(871)
　1)故前河西節度押衙

12173 張錄事 …………………………… P3145
〔社司轉帖〕　戊子年閏五月　(988?)
　1)錄事

12174 張錄事 ………………………… P3764piece1
〔社司轉帖〕　乙亥年九月十六日　(915)
　1)錄事

12175 張錄事 …………………………… P3889
〔社司轉帖〕　(10C後期?)

12176 張錄事 …………………………… P4975r.v
〔沈家納贈曆〕　辛未年三月八日　(971)
　1)錄事

12177 張錄事 …………………………… P4987
〔兄弟社轉帖〕　戊子年七月　(988)
　1)事　4)原作「事張」。

12178 張錄事 …………………………… P5032⑫
〔渠人轉帖〕　甲申年十月四日　(984)
　1)錄事

12179 張錄事 …………………………… P5032⑭
〔渠人轉帖〕　甲申年九月廿一日　(984)
　1)錄事

12180 張錄事 …………………………… S02894v①
〔社司轉帖〕　壬申年十二月廿二日　(972)
　1)錄事

12181 張錄事 …………………………… S04444v③
〔社司轉帖(寫錄)〕　(10C)
　1)錄事　2)永安寺門前

12182 張錄事 …………………………… S04472v
〔納贈曆〕　辛酉年十一月廿日　(961)
　1)錄事

12183 張錄事 …………………………… S05747v
〔社人名目〕　(10C前期)
　1)錄事

12184 張䂝歸 ･････････････････ P3889
〔社司轉帖〕（10C後期?）

12185 張和榮 ･･････････ Stein Painting 27
〔藥師如來圖供養題記〕（10C?）
　1)佛弟子・節度押衙銀青光祿大夫守左遷牛衞終郎將檢校國子祭酒兼殿中侍御史

12186 張和ゝ ･･･････････････ P3418v④
〔龍勒鄉缺枝夫戶名目〕（9C末～10C初）
　3)龍勒鄉

12187 張和ゝ ･････････････････ S05682
〔觀音經1卷(尾)〕（10C）

12188 張和ゝ ･･･････ Дх00476＋Дх05937＋Дх06058v②
〔貸粟麥曆〕（9C前期）
　4)V面①爲「開元七年沙州燉煌縣籍」。

12189 張和君 ･････････････ BD00550v(荒50)
〔便粟曆(4行)〕（10C?）

12190 張和子 ･･･････････････ P3234v③
〔惠安惠戒手下便物曆〕 甲辰年 （944）
　2)淨土寺?

12191 張和子 ･･･････････････ P3394
〔僧張月光父子迴博田地契〕 大中六年壬申十月 （852）

12192 張和子 ･･･････････････ S06829
〔地契〕 卯年 （811?）

12193 張和子 ･･･････････････ S06829v③
〔便契〕 卯年四月 （811?）
　1)悉萯?(董?)薩部落百姓 3)悉萯?(董?)薩部落

12194 張和子 ･･･････････････ S06829v④
〔悉董薩部落百姓張和子取造苄蘿價麥契〕
卯年四月一日 （811? or 835?）
　1)取麥人

12195 張和尚 ･･･････････････ P3792v
〔河西燉煌郡釋門法律…三教毗尼藏沙門俗姓張氏邈眞讚〕 于晉歲(乙)(巳)正月廿六日 （954）
　1)和尚

12196 張和尚 ･･･････････････ S00375v
〔付經文〕（909?）
　1)和尚 2)三界寺 4)R面有「己巳年五月九日」之記年。

12197 張和尚 ･･･････････････ S02104v
〔某贈道淸和尚詩〕（10C中期）
　1)和尚

12198 張?和尚 ･･･････････････ Дх02146
〔請諸寺和尚僧政法律等名錄〕（10C?）
　1)和尚

12199 張和通 ･･･････････････ S00089v
〔雜寫3件(背面補修紙)〕（10C）

12200 張和奴 ･･･････････････ S06235A③
〔出得氎羊皮曆〕 某年十一月十七日 （9C前期）

12201 張和屯 ･･･････････････ P3249v
〔將龍光顏等隊下人名目〕（9C中期）

12202 張和滿 ･･･････････････ P2040v③-2
〔淨土寺西倉粟利入曆〕 己亥年 （939）
　2)淨土寺

12203 張和□ ･･･････････････ 莫第206窟
〔供養人題記〕（11C中期）
　1)故施主聖光寺院主僧 4)東壁門北側。《燉》p.96。

12204 張淮?謨 ･･･････････････ P2766v
〔人名列記〕 咸通十二年 （871）

12205 張淮興 ･･･････････ Stein Painting 31
〔畫表慶記〕 乾寧四年正月八日 （897）

12206 張淮深 ･･･････････････ P2709
〔賜張淮深收瓜州勅〕（9C後期）
　4)共20字「勅沙州刺史張淮深□所沿奏自領甲兵再收瓜州」。

12207 張淮深 ･･･････････････ P2762
〔勅河西節度兵部尚書張公(張淮深)德政碑〕 咸通八年 （867頃）
　1)河西節度兵部尚書

12208 (張)淮深 ･･･････････････ P2913v②
〔張府君(淮深)墓誌銘〕 大順元年二月廿二日 （890）
　1)軍節度使檢校司徒

12209 張淮深 ……………… P3556⑧
〔墓誌銘〕 （10C）

12210 張淮深 ……………… P3556⑪
〔周故南陽郡娘子張氏墓誌銘〕 廣順四年甲寅歲 （954）

12211 （張）淮深 ……………… S07384B
〔作坊使牒并淮深判（2通）〕 光啓三年二月・三月 （887）
　1）尚書？

12212 （張）淮深 ……………… 莫第156窟
〔供養人題記〕 （9C末期）
　1）姪男銀青光祿大夫檢校太子賓客上柱國…大將軍持節諸軍…賜紫金魚袋　4）甬道南壁。《燉》p.73。《謝》p.401。

12213 張□ ……………… BD04048v（麗48）
〔名籍〕 （9〜10C）

12214 張□ ……………… BD09341（周62）
〔社司轉帖〕 閏四月三日 （10C後期）

12215 張□ ……………… BD13204（L3333）
〔殘牒〕 廿一日 （9C？）
　1）老男

12216 張□ ……………… BD14667v⑥（新0867）
〔社人名目？〕 （9C後期）

12217 張□ ……………… IOL.Vol.69.fol.47-48v
〔納贈布絹褐曆〕 （9C）
　4）R面爲「論語集解」（8C）。

12218 張□ ……………… P2161③
〔張氏換舍契〕 丁卯年九月十□日 （907？）
　1）舍主　4）原作「舍主張□」。

12219 張□ ……………… 莫第130窟
〔遊人題記〕 咸通七年三月廿八日 （866）
　1）弟子　3）浙江東道　4）原作「浙江東道弟子張□」。東壁門北側元有題記。《燉》p.62。《謝》p.60。

12220 張□ ……………… 楡第34窟
〔供養人題記〕 （11C初期）
　1）□子衞前正兵馬□兼本鎭鄕官　4）東壁。《謝》p.483。

12221 張□羽 ……………… P3446v
〔沙州倉曹會計牒〕 吐蕃巳年？頃 （789？）

12222 張□久 ……………… Дx04278
〔十一鄕諸人付麵數〕 乙亥年四月十一（日） （915？ or 975）
　3）慈〔惠〕鄕

12223 張□向 ……………… 莫第147窟
〔供養人題記〕 （9C後期）
　1）社人　4）原作「社人張□向一心供養」。西壁。《燉》p.67。

12224 張□子 ……………… P2944
〔大乘寺・聖光寺等尼僧名録〕 （10C後期？）

12225 張□子 ……………… P3231⑦
〔平康鄕官齋曆〕 丙子年五月十五日 （976）
　3）平康鄕

12226 張（□）子 ……………… S05747v
〔社人名目〕 （10C前期）

12227 張□兒 ……………… P3231⑤
〔平康鄕官齋曆〕 □亥年五月十五日 （975）
　3）平康鄕

12228 張□住 ……………… 楡第33窟
〔供養人題記〕 （10C中期）
　1）淸信弟子　4）南壁。《謝》p.478。

12229 張□信 ……………… P3047v⑦
〔法事僧尼名録〕 （9C前期）
　4）僧名「□信」。

12230 張□信？ ……………… P4525⑧
〔都頭及音聲等共地畝細目〕 （980頃）

12231 張□淸 ……………… Дx01388
〔社文書〕 （9C）

12232 張□？全 ……………… S03048
〔東界羊籍〕 丙辰年 （956）

12233 張□讀 ……………… P3192
〔論語集解卷第6（寫録）〕 丙子年三月五日 （856？）

12234 張□兵馬使 ……………… S08426E②
〔使府酒破曆〕 （10C中〜後期）
　1）兵馬使

12235 張□流 ……………… S04884v
〔便褐曆〕 壬申年二月十日 （972？）

12236 張□留 ·············· P3234v⑧
〔某寺西倉豆破曆〕（940年代）

12237 張□郎 ·············· S08426D①
〔使府酒破曆〕（10C中～後期）

12238 張□郎 ·············· 楡第33窟
〔供養人題記〕（10C中期）
　1）清信弟子使一近□□　4）東壁。《謝》p. 477。

12239 張□□ ·············· BD11287v（L1416）
〔尚書郎君將仕郎張某狀〕（9C）

12240 張□□ ·············· BD16111A（L4066）
〔慕容歸順?隊?下人名目〕（9～10C）

12241 張□□ ·············· BD16111P（L4066）
〔押衙張再晟?隊下人名目〕（10C）

12242 張□□ ·············· BD16332A（L4423）
〔渠人轉帖〕（10C）

12243 張□□ ·············· P2716v
〔社司轉帖（寫）〕（9C末～10C初）

12244 張□□ ·············· P3764
〔太公家教文（首題）〕　天復九年己巳歲十一月八日（909）
　1）學士郎・寫記

12245 張□□ ·············· P4003
〔渠社轉帖〕　壬午年十二月十八日（922 or 982）

12246 張□□ ·············· P.tib2124v
〔人名錄〕（9C中期?）

12247 張□□ ·············· 杏・羽663v
〔雜抄紙背人名等雜寫〕（10C前期）

12248 張□□ ·············· 杏・羽677
〔入破歷算會（殘）〕　癸酉・甲戌二年（973・974）
　1）都頭

12249 張□□ ·············· 莫第098窟
〔供養人題記〕（10C中期）
　1）節度押衙銀青光祿大夫太子賓客兼監察御使　4）北壁。《燉》p. 37。《謝》p. 98。

12250 張□□ ·············· 莫第192窟
〔供養人題記〕（8C後期）
　1）（社）子　4）原作「□子張□□一心供養」。南壁。《燉》p. 84。

12251 張□□ ·············· 莫第263窟
〔供養人題記〕（10C前期）
　1）社子　4）東壁門北側。《燉》p. 112。《謝》p. 316。

12252 張□□ ·············· 莫第263窟
〔供養人題記〕（10C前期）
　1）社子　4）北壁。《燉》p. 111。《謝》p. 317。

12253 張□□ ·············· 莫第437窟
〔供養人題記〕（10C中期）
　1）故節度押衙知街院□事　4）北壁。《燉》p. 166。

12254 張□□ ······ P3555B piece4 piece5＋P3288①②
〔社司轉帖〕　丁巳年?月一日（957）

12255 張□□ ·············· 莫第263窟
〔供養人題記〕（10C前期）
　1）社子　4）北壁。《燉》p. 111。《謝》p. 317。

12256 張□ ·············· P2578
〔開蒙要訓末〕　天成四年九（月）十八日（929）

12257 張□ ·············· P3100①
〔某寺徒衆供英等請律師善才光寺主牒并都僧統（悟眞）判辭〕　景福貳年十月廿七日（893）
　1）徒衆

12258 張□ ·············· Дx01352
〔歸義軍節度使補充張氏某官牒〕（10C）

12259 張□ ·············· Дx01425＋Дx11192＋Дx11223
〔某寺弔儀用布破曆〕　辛酉年從正月到四月（961）
　2）（大）雲（寺）

12260 張□ ·············· Дx11078
〔（渠社?）轉帖〕　四月十日（950前後）

12261 張□ ·············· 杏・羽672
〔新集親家名目〕（10C?）

12262 張□ ·············· 莫第098窟
〔供養人題記〕（10C中期）
　1）節度押衙銀青光祿大…酒兼御史中丞上柱國　4）北壁。《燉》p. 34。《謝》p. 96。

12263 張□ ・・・・・・・・・・・・・・・・・・・ 莫第098窟
　〔供養人題記〕（10C中期）
　　1）節度…燉煌都官銀青光祿大夫檢校太子賓客
　　兼監察御使　4）北壁。《燉》p. 37。《謝》p. 98。

12264 張□ ・・・・・・・・・・・・・・・・・・・ 莫第098窟
　〔供養人題記〕（10C中期）
　　1）節度押衙知北道遊[弈銀青光祿大夫]檢校國
　　子祭酒兼御史[中丞]上柱國　4）中心佛壇背屛
　　後壁。《燉》p. 47。《謝》p. 95。

12265 張 ・・・・・・・・・・・・・・・ BD00588①（荒88）
　〔佛說無量壽宗要經(尾)〕（9C前期）

12266 張 ・・・・・・・・・・・・・・・ BD05673v④（李73）
　〔行人轉帖(寫錄)〕　今月十二日　（9C末）

12267 張 ・・・・・・・・・・・・・・・・・ BD08112v（乃12）
　〔雜寫〕（9C?）

12268 張 ・・・・・・・・・・・・・・・ BD11502①（L1631）
　〔燉煌十一僧寺別姓名簿并緣起經論等名
　目〕（9C後期）
　　2）龍(興寺)　4）原作「小張」。

12269 張 ・・・・・・・・・・・・・・・ BD11502①（L1631）
　〔燉煌十一僧寺別姓名簿并緣起經論等名
　目〕（9C後期）
　　2）龍(興寺)

12270 張 ・・・・・・・・・・・・・・・ BD11502①（L1631）
　〔燉煌十一僧寺別姓名簿并緣起經論等名
　目〕（9C後期）
　　2）(三)界(寺)

12271 張 ・・・・・・・・・・・・・・・ BD11502①（L1631）
　〔燉煌十一僧寺別姓名簿并緣起經論等名
　目〕（9C後期）
　　2）(靈)圖(寺)

12272 張 ・・・・・・・・・・・・ BD15412（簡068075）1
　〔阿張殘牒〕（9～10C）
　　1）嫁　4）原作「阿張」。BD1512-2爲「趙元亮等殘
　　名歷」3行。

12273 張 ・・・・・・・・・・・・・・・ BD16148A（L4077）
　〔社司轉帖(習書)〕（9～10C）
　　1）都頭

12274 張 ・・・・・・・・・・・・・・・・・ BD16212（L4105）
　〔雜寫(3字)〕（9～10C）

12275 張 ・・・・・・・・・・・・・・・・・・・・・・・・・・ P2825v
　〔雜寫〕（9C末）
　　1）使檢校國子祭酒兼御史大夫　4）原作「使檢校
　　國子祭酒兼御史大夫張」。

12276 張 ・・・・・・・・・・・・・・・・・・・・・・・・ P2992v②
　〔朔方軍節度使牒〕　天福十年乙巳(以前)
　（945以前）
　　1）朔方軍節度使檢校太傅兼御史大夫

12277 張 ・・・・・・・・・・・・・・・・・・・・・・・・・・ P3384
　〔戶籍(殘)〕　大順二年辛亥正月一日　（891）
　　1）(戶主范保德)母　4）原作「(戶主范保德)母阿
　　張年卅三」。

12278 張 ・・・・・・・・・・・・・・・・・・・・・・・・・・ P3384
　〔戶籍(殘)〕　大順二年辛亥正月一日　（891）
　　1）(戶主杜常住)妻　4）原作「(戶主杜常住)妻阿
　　張年卅三」。

12279 張 ・・・・・・・・・・・・・・・・・・・・・・・ P4019piece2
　〔納草束曆〕（9C後期）

12280 張 ・・・・・・・・・・・・・・・・・・・・・・・・・・ P4989
　〔沙州戶口田地簿〕（9C末）
　　1）(戶主傅興子,兄興談)娌　3）沙州　4）原作
　　「(戶主傅興子,兄興談)娌阿張,年卅七」。

12281 張 ・・・・・・・・・・・・・・・・・・・・・・・ P.tib0411v
　〔雜記〕（10C?）
　　1）僧　2）龍興寺

12282 張 ・・・・・・・・・・・・・・・・・・・・・・・・・ S00329v
　〔雜寫〕（9C後期）
　　1）歸義軍節度兵馬留後使觀察御史大夫

12283 張 ・・・・・・・・・・・・・・・・・・・・・・・・ S00619v③
　〔安懷恩奉處分趙奴ゝ兄弟爭論事牒〕（10C）
　　1）使守左溒圍將軍兼御史大夫

12284 張 ・・・・・・・・・・・・・・・・・・・・・・・・・ S00865v
　〔社司轉帖(寫錄殘・3行)〕（10C?）

12285 張 ・・・・・・・・・・・・・・・・・・・・・・・・・ S02092v
　〔賣宅舍契?〕（9C?）
　　3）壁三(部落)　4）原作「計重張地一百三十一尺
　　四寸」。

12286 張 ・・・・・・・・・・・・・・・・・・・・・・・・・・ S02669
　〔管內尼寺(安國寺・大乘寺・聖光寺)籍〕
　（865～870）
　　2）大乘寺　3）莫高鄕　4）尼名「靈妙」。

12287 張 ……………………………… S04057v
〔大般若經(雜寫,斷片,背)〕 乾符六年正月十三日 (879)
　1)沙州燉煌縣學士

12288 張 ……………………………… S04710
〔沙州戶口簿〕 (9C中期以降)
　1)(戶主王鷹子)嫂　3)沙州　4)原作「戶主王鷹子」嫂阿張」。

12289 張 ……………………………… S04831v
〔寫經人名目〕 (9C前期)
　1)寫經人

12290 張 ……………………………… S05747
〔祭風伯文〕 天復五年歲次乙丑正月壬(戌)朔四日 (905)
　1)勅歸義軍節度沙瓜伊西管內觀察處置押蕃落等使金紫光祿大夫檢校司空兼御史大夫　4)張承奉之署名?

12291 張 ……………………………… S08404v
〔狀(殘)〕 (10C?)
　1)左馬步都虞候

12292 張 ……………………………… Дx11092
〔阿張狀〕 庚戌年頃 (950)
　4)原作「阿張」。

12293 張 ……………………………… 有鄰館51
〔令狐進達戶口申告狀〕 大中四年十月庚午 (850)
　1)(令狐進達)妻　4)原作「(令狐進達)妻阿張」。

12294 張 ……………………………… 有鄰館51
〔沙州令狐進達戶口申告狀〕 大中四年十月庚午 (850)
　1)(戶主令狐進達)妻　3)沙州　4)原作「(戶主令狐進達)妻阿張…」。

12295 張 ……………………………… 有鄰館51
〔沙州令狐進達戶口申告狀〕 大中四年十月庚午 (850)
　1)(兄令狐興晟)妻　3)沙州　4)原作「(兄令狐興晟)妻阿張…」。

12296 張 ……………………………… 杏・羽695
〔燉煌諸鄉諸部落諸人等便麥曆〕 (10C)
　1)妻・便物人　3)赤心(鄉)

12297 超開國 ……………………………… P3047v①
〔僧名等錄〕 (9C前期)
　4)僧名「開國」。

12298 超再住 ……………………………… P3396
〔沙州諸渠別粟田名目〕 (10C後期)

12299 趙阿嬸 ……………………………… P3370
〔出便麥粟曆〕 丙子年六月五日 (928)
　1)口承(人)　4)原作「阿嬸趙」。

12300 趙阿朶 ……………………………… P3231④
〔平康鄉官齋曆〕 甲戌年十月十五日 (974)
　3)平康鄉

12301 趙阿朶 ……………………………… P3231⑤
〔平康鄉官齋曆〕 □亥年五月十五日 (975)
　3)平康鄉

12302 趙阿朶 ……………………………… P3231⑥
〔平康鄉官齋曆〕 乙亥年九月廿九日 (975)
　3)平康鄉

12303 趙阿朶 ……………………………… P3231⑦
〔平康鄉官齋曆〕 丙子年五月十五日 (976)
　3)平康鄉

12304 趙阿朶 ……………………………… P4525⑧
〔都頭及音聲等都共地畝細目〕 (980頃)

12305 趙阿朶 ……………………………… S04504v④
〔行人轉帖〕 七月三日 (10C前期)

12306 趙阿朶 ……………………………… S04703
〔買菜人名目〕 丁亥年六月七日 (987)
　1)梁戶

12307 趙阿朶 ……………………………… S06981⑭
〔破曆(殘)〕 (10C後期)
　1)梁戶

12308 趙阿朶 ……………………………… Дx02149B
〔見納缺柴人名目〕 (10C)

12309 趙安久 ……………………………… P3396
〔沙州諸渠別粟田名目〕 (10C後期)

12310 趙安久 ……………………………… P4997v
〔分付羊皮曆(殘)〕 (10C後期)

12311 趙安九 ……………………………… P5031㉚
〔社司轉帖(殘)〕 五月二日 (10C?)
　1)錄事

12312 趙安君 ……………………………… P3418v④
〔龍勒鄉缺枝夫戶名目〕 (9C末～10C初)
　3)龍勒鄉

12313 趙安君 ･････････････････ S06237
〔諸人見在粟黃麻曆〕 戌年〜子年 （10C中期
以降?）

12314 趙安子 ･････････････････ S02228①
〔絲綿部落夫丁修城使役簿〕 亥年六月十五
日 （819）
　1)（左七） 3)絲綿部落 4)首行作「亥年六月
十五日州城所，絲綿」。末行作「亥年六月十五日
畢功」。

12315 趙安子 ･････････････････ Дx02149A
〔寒食座設付酒曆〕 戊午年四月廿五日 （958
or 898）

12316 趙安住 ･････････････････ P4525⑧
〔都頭及音聲等都共地畝細目〕 （980頃）

12317 趙安住 ･････････････････ S09949
〔階和渠田籍〕 （10C?）
　3)階和渠

12318 趙安定 ･････････････････ P3234v⑮
〔淨土寺西倉豆利潤入曆〕 （940年代?）
　2)淨土寺

12319 趙威德 ･････････････････ S02669
〔管內尼寺（安國寺・大乘寺・聖光寺）籍〕
（865〜870）
　2)大乘寺 3)效穀鄉 4)尼名「勝惠」。

12320 趙員子 ･････････････････ BD09325（周46）
〔社司轉帖〕 □子?年七月十四日 （10C後期）

12321 趙員子 ･････････････････ P2032v⑯-2
〔淨土寺麥利閏入曆〕 （940前後）
　2)淨土寺

12322 趙員子 ･････････････････ P2641
〔宴設司文書〕 丁未年六月 （947）

12323 趙員子 ･････････････････ P3764v
〔社司轉帖〕 十一月五日及十一月十五日
（10C）
　1)錄事

12324 趙員住 ･････････････････ P3910
〔秦婦吟（末）〕 癸未年二月六日 （923）
　1)沙彌? 2)淨土寺 4)原作「淨土寺（沙脫?）
彌，右手書」。

12325 趙員信 ･････････････････ 上博21B
〔渠人轉帖〕 （10C中期?）

12326 趙員進 ･････････････････ Дx11196
〔渠人轉帖〕 十月九日 （983）

12327 趙員定 ･････････････････ S08516C4
〔新鄉鎮口承人名目〕 廣順三年十一月十九
日 （954）

12328 趙?員德 ･････････････････ BD16021C（L4018）
〔永寧坊巷社扶佛人名目〕 （9C後期〜10C中期）
　3)永寧坊

12329 趙員婢 ･････････････････ P3859
〔報恩寺常住百姓老小孫息名目〕 丙申年十月
十一日 （936?）
　1)常住百姓 2)報恩寺

12330 趙殷 ･････････････････ BD06277v（海77）
〔五言詩1首，雜寫〕 （10C?）

12331 趙圓?滿 ･････････････････ S07060v
〔諸色破曆等〕 （9C前期）
　1)使令

12332 趙塩久 ･････････････････ 羽･寫834
〔百姓趙塩久戶口請田簿〕 廣順二年正月一
日 （952）
　1)百姓

12333 趙衍子 ･････････････････ Дx06038v
〔納贈曆〕 （10C）

12334 趙押衙 ･････････････････ BD16363A（L4446）
〔社司轉帖〕 戊申年 （948?）

12335 趙押衙 ･････････････････ P3164
〔親情社轉帖〕 乙酉年十一月廿六日 （925?）
　1)押衙

12336 （趙?）王三 ･････････････････ 莫第320窟
〔供養人題記〕 （11C前期）
　1)孫 4)原作「孫王三一心供養」。東壁門南側。
《燉》p.129。⇒王三。

12337 趙溫孝 ･････････････････ Дx01328
〔高昌田苗曆〕 建中三年三月廿七日 （782）
　1)百姓

12338 趙溫子 ･････････････････ P4640v
〔官入破曆〕 庚申年七月 （900）
　1)衙官

12339 趙音七 ……………………… P3249v
〔將龍光顏等隊下人名目〕（9C中期）

12340 趙加進 ……………………… P2040v②-28
〔淨土寺豆入曆〕（940前後）
　2）淨土寺

12341 （趙）加進 …………………… S00542v
〔燉煌諸寺丁壯車牛役部〕戊年六月十八日
（818）
　2）龍興寺　4）⇒加進。

12342 趙加進 ……………………… S06204①
〔隊轉帖〕（10C前後）

12343 趙家 ………………………… P2032v⑫
〔淨土寺諸色破曆〕（940前後）
　2）淨土寺

12344 趙家 ………………………… P2912v③
〔寫大般若經一部施銀盤子麥粟粉疏〕四月
八日（9C前期）

12345 趙家 ………………………… S06452①
〔淨土寺破曆〕辛巳年（981）

12346 趙家女 ……………………… S04060v
〔便麥曆〕戊申年正月五日（948）

12347 趙家女 ……………………… S06452④
〔常住庫借貸油麵物曆〕壬午年（982?）

12348 趙家富子歌 ………………… S06981④
〔設齋納酒餅曆〕（10C後期）

12349 趙懷詠? …………………… Дx06053v①
〔行人?轉帖〕（10C?）
　4）R面爲「儒教關係七言詩」。V面②爲「社司轉帖
（殘）」。

12350 趙懷諫 ……………………… P2049v①
〔淨土寺諸色入破曆計會牒〕同光三年
（925）

12351 趙懷?多? ………… BD16052A（L4028）
〔通查渠口轉帖〕丙午年（946?）

12352 趙懷通 ……………………… P2646r.v
〔新集吉凶書儀上下兩卷并序（首題）〕天復
八年歲次戊辰二月廿日（908）
　1）學郎　4）原作「天復八年歲次戊辰二月廿日學
郎趙懷通寫記」。

12353 趙懷通 ……………………… P2646v
〔雜寫〕（10C）
　4）R面有「天復八年歲次戊辰二月廿日學郎趙懷
通寫記」之題記。

12354 趙懷□ ……………………… S10561
〔社司轉帖〕（10C）

12355 趙海盈 ……………………… P3418v②
〔燉煌鄉缺枝夫戶名目〕（9C末～10C初）
　3）燉煌鄉

12356 趙搗搥 ……………………… P4017
〔雜字一本（人名列記）〕乙酉年頃（985）

12357 趙憨子 ……………………… P4635②
〔社家女人便麵油曆〕〔　〕月七日（10C中期）

12358 趙漢子 ……………………… P3418v⑦
〔慈惠鄉缺枝夫戶名目〕（9C末～10C初）
　3）慈惠鄉

12359 趙眼々 ……………………… S02669
〔管內尼寺（安國寺・大乘寺・聖光寺）籍〕
（865～870）
　2）大乘寺　3）效穀鄉　4）尼名「堅藏」。

12360 趙願海 ……………………… P3859
〔報恩寺常住百姓老小孫息名目〕丙申年十月
十一日（936?）
　1）寺戶・（願德）弟　2）報恩寺

12361 趙願山 ……………………… P3859
〔報恩寺常住百姓老小孫息名目〕丙申年十月
十一日（936?）
　1）寺戶・（願德）弟　2）報恩寺

12362 趙願昌 ……………………… P3859
〔報恩寺常住百姓老小孫息名目〕丙申年十月
十一日（936?）
　2）報恩寺

12363 趙願通 ……………………… S08663
〔麥支給曆〕（10C）

12364 趙願德 ……………………… P3859
〔報恩寺常住百姓老小孫息名目〕丙申年十月
十一日（936?）
　2）報恩寺

12365 趙飯達 ……………… BD15404（簡068066）
〔千渠中下界白刺頭名目〕（10C中期）
　1）白刺頭・平水　3）千渠中界

12366 趙欺子 ·················· P4640v
　〔官入破曆〕　己未年五月　(899)
　　1)衙官

12367 趙義盈 ·················· P3636piece1
　〔社人罸粟曆〕　丁酉年頃　(937頃)

12368 趙義盈 ·················· S03982
　〔月次人名目〕　癸亥年十二月　(963)

12369 趙義超 ·················· P3491piece2
　〔絲綿(部落)百姓陰海淸便麥粟契〕　寅年二月十四日　(822)
　　1)見人・僧　3)絲綿部落　4)⇒義超。

12370 趙久?〔欠?〕子 ············ P3108v⑤
　〔千字文奧書(寫錄)〕　庚辰年前後　(860 or 920)

12371 趙匡濟 ·················· S08240
　〔觀世音經一卷(末)〕　癸亥年九月十八日　(963?)
　　1)弟子　4)原作「弟子趙匡齊自抄寫記之」。

12372 趙嬌々 ·················· S02669
　〔管内尼寺(安國寺・大乘寺・聖光寺)籍〕　(865〜870)
　　2)大乘寺　3)燉煌鄕　4)尼名「眞定」。

12373 趙緊听 ·················· P2249v①
　〔康保住雇男契〕　壬午年正月一日　(982 or 922)
　　1)莫高鄕百姓　3)莫高鄕

12374 趙金子 ·················· S05747v
　〔社人名目〕　(10C前期)

12375 趙金田? ················· S02729①
　〔燉煌應管勘牌子曆〕　辰年三月　(788)
　　1)僧　2)乾元寺　3)沙州　4)20行目。

12376 趙跑? ··················· Дx18917
　〔牒文〕　貞元四年五月日　(788)
　　1)(前)遊弈副使

12377 趙君々 ·················· P4019piece2
　〔納草束曆〕　(9C後期)
　　3)平康鄕?

12378 趙卿 ···················· P2162v
　〔三將納丑年突田曆〕　(9C前期)

12379 趙卿々 ·················· S00542v
　〔燉煌諸寺丁壯車牛役部〕　戌年六月十八日　(818)
　　2)報恩寺

12380 趙卿々 ·················· S00542v
　〔燉煌諸寺丁壯車牛役部〕　戌年六月十八日　(818)
　　1)寺戸　2)報恩寺　4)龍興寺々戸→報恩寺々戸。

12381 趙卿々 ·················· S01475v⑫⑬
　〔付使奉仙便麥契〕　三月廿七日　(828〜829)
　　1)百姓・便麥人

12382 趙惠光 ·················· S02729①
　〔燉煌應管勘牌子曆〕　辰年三月　(788)
　　1)僧　2)蓮臺寺　3)沙州　4)11行目。

12383 趙惠信 ·················· 楡第38窟
　〔供養人題記〕　(11C初期)
　　1)…頓悟大乘賢者　4)北壁。《謝》p.493。

12384 趙惠澄 ·················· S02729①
　〔燉煌應管勘牌子曆〕　辰年三月　(788)
　　1)僧　2)開元寺　3)沙州　4)23行目。

12385 趙惠念 ·················· 楡第38窟
　〔供養人題記〕　(11C初期)
　　4)北壁。《謝》p.493。

12386 趙慶閣? ················· S04642v
　〔某寺入破曆計會〕　(923以降)

12387 趙瓊璋 ·················· P2763①
　〔沙州倉曹趙瓊璋等會計曆〕　辰年九月四日已後至十二月卅日　(788)
　　1)典

12388 趙瓊璋 ·················· P2763②
　〔沙州倉曹楊恒謙等牒〕　巳年　(789)
　　1)典

12389 趙瓊璋 ·················· P2763②
　〔沙州倉曹楊恒謙等牒〕　巳年　(789)
　　4)縫背有「河西支度/…印」。

12390 趙瓊璋 ·················· P2763③
　〔河西勾覆所倉曹典趙瓊璋會計牒〕　午年三月　(790)
　　4)縫背有「河西支度/…印」。

12391 趙月□? ･････････････････ S05104
〔社司轉帖(寫錄)〕 (9～10C)

12392 趙堅藏 ･････････････････ S02669
〔管內尼寺(安國寺・大乘寺・聖光寺)籍〕
(865～870)
　2)大乘寺　3)效穀鄉　4)姓「趙」。俗名「眼〻」。

12393 趙元貞 ････････ BD11998(L2127)
〔分付多衣簿〕 (8C中期)

12394 趙元明 ･････････････････ S05824v
〔經坊費負担人名目〕 (8C末～9C前期)

12395 趙元亮 ･･････ BD15412(簡068075)2
〔趙元亮等殘名目〕 (9～10C)

12396 趙彥賓 ･････････････････ P3918③
〔佛金剛壇廣大清淨陀羅尼經(奧書)〕 乙亥
年癸酉年十月十五日 (795・793)
　1)唐伊西庭節度留後使判官朝散大夫試大僕卿

12397 趙彥賓 ･････････････････ S03918②
〔金剛檀廣大清淨陀羅尼經(曇倩于安西譯)
題記〕 大唐貞元九年,癸酉歲十月十五日 (793)
　1)寺戶・沒落官　2)甘州寺　3)西州　4)原作
「趙彥賓寫,及廣林闍梨審勘校正」。

12398 趙彥賓 ･････････････････ S03918②
〔金剛檀廣大清淨陀羅尼經(曇倩于安西譯)
題記〕 大唐貞元九年, 乙亥年秋 (795)
　1)寺戶・沒落官　2)甘州寺　3)西州　4)原作
「趙彥賓寫,及廣林闍梨審勘校正」。

12399 趙玄貞 ･････････････ BD09280(周1)
〔給翟敬愛等多衣曆〕 (8C?)

12400 趙胡兒 ･････････････････ S05747v
〔社人名目〕 (10C前期)

12401 趙胡奴 ･･････････････ BD09299(周20)
〔納贈曆〕 (10C後期)

12402 趙護子 ･････････････････ S09996
〔便曆〕 (10C中期)

12403 趙幸者 ･････････････････ S06452⑥
〔常住庫黃麻出便與人名目〕 壬午年 (982)
　2)淨土寺

12404 趙幸□ ･････････････････ S09925
〔社司轉帖〕 八月廿□日 (9C?)
　1)寺主

12405 趙孝義 ･････････････････ P3418v①
〔□□鄉缺枝夫戶名目〕 (9C末～10C初)

12406 趙孝義 ･････････････････ S11213F
〔配付人名目〕 (946)

12407 趙孝謙 ･････････････････ S00542v
〔燉煌諸寺丁壯車牛役部〕 戌年六月十八日
(818)
　2)大雲寺

12408 趙後槽 ･････････････････ P4997v
〔分付羊皮曆(殘)〕 (10C後期)
　1)後槽

12409 趙江子 ･････････････････ P2040v②-3
〔淨土寺豆入曆〕 (945以降)
　2)淨土寺

12410 趙江子 ･･･････････････ P2040v②-25
〔淨土寺黃麻利入曆〕 (940年代)
　2)淨土寺

12411 趙江子 ･････････････････ P2049v①
〔淨土寺諸色入破曆計會牒〕 同光三年
(925)

12412 趙芶子 ･････････････････ P3964
〔趙僧子典兒(芶子)契〕 乙未年十一月三日
(935 or 995)
　1)(塑匠僧子)男

12413 趙芶?寧 ･････････････････ P2766v
〔人名列記〕 咸通十二年 (871)

12414 趙黑子 ･････････････････ P2222B①
〔張智燈狀〕 (9C後期?)
　3)玉關鄉

12415 趙黑子 ･････････････････ 榆第36窟
〔供養人題記〕 (10C末期)
　1)兵馬使知□□鄉官　4)東壁。《謝》p.490。

12416 趙黑奴 ･････････････････ 羽・寫834
〔百姓趙塩久戶口請田簿〕 廣順二年正月一
日 (952)
　1)(趙塩久)男

12417 趙骨子 ･････････････････ P3569v
〔雜寫(1行)〕 (9C末?)
　1)百姓

12418 趙再 ……………… BD14667（新0867）
〔趙再等便豆一馱曆〕 □年二月十日 （9C前期）

12419 趙再住 ……………… BD09345①（周66）
〔安醜定妻亡社司轉帖〕 辛酉年四月廿四日（961?）
　2) 顯德寺門

12420 趙再住 ……………… BD09345②（周66）
〔隊頭趙再住等轉帖〕 二月六日 （10C後期）
　1) 隊頭

12421 趙再住 ……………………… P3396v
〔沙州諸渠別苽薗名目〕 （10C後期）

12422 趙再成 ……………………… P3231⑥
〔平康鄉官齋曆〕 乙亥年九月廿九日 （975）
　3) 平康鄉

12423 趙再成 ……………………… P3412
〔安再勝等牒〕 太平興國六年十月 （981）
　1) 都衙

12424 趙再成 ……………………… P4693
〔官齋納麵油粟曆〕 （10C後期）
　1) 羹飩頭

12425 趙再通 ……………………… S09462
〔社司?轉帖〕 （10C）

12426 趙再富 ……………………… P3396
〔沙州諸渠別粟田名目〕 （10C後期）

12427 趙再和 ……………………… P3391v①
〔社司轉帖（寫錄）〕 丁酉年正月日 （937）

12428 趙再□ ……………………… 楡第33窟
〔供養人題記〕 （10C中期）
　1) 兵馬使□□司　4) 北壁。《謝》p.478。

12429 趙最賢 ……………………… S02669
〔管內尼寺(安國寺・大乘寺・聖光寺)籍〕
（865～870）
　2) 聖光寺　3) 慈惠鄉　4) 姓「趙」。俗名「曼陀」。

12430 趙索二 ……………………… P3236v
〔燉煌鄉官布籍〕 壬申年三月十九日 （972）
　1) 頭　3) 燉煌鄉

12431 趙三榮 ……………… BD00381v（宙81）
〔巷社趙社官男亡榮凶納贈曆〕 己亥年二月廿二日 （939? or 879）

12432 趙珊瑚 ……………………… 莫第054窟
〔供養人題記〕 （9C後期）
　4) 北壁。《燉》p.17。

12433 趙殘奴 ……………………… 羽・寫834
〔百姓趙塩久戶口請田簿〕 廣順二年正月一日 （952）
　1) (趙塩久)男

12434 趙殘友? ……………………… Дx11073
〔渠人轉帖〕 正月五日 （975年代以降）

12435 趙子通 ……………… BD09325（周46）
〔社司轉帖〕 □子?年七月十四日 （10C後期）

12436 趙師 ……………………… S06235A②
〔貸便粟麥曆〕 子年四月十日 （844?）

12437 趙之□ ……………………… P2915piece1・2
〔社人名錄（殘）〕 （10C）
　4) ⇒趙文□。

12438 趙氏 ……………………… P3370
〔出便麥粟曆〕 丙子年六月五日 （928）
　1) 口承人　4) 原作「阿婿趙氏」。

12439 趙氏 ……………………… Stein Painting 5
〔文殊普賢四觀音圖題記〕 咸通五年 （864）

12440 趙氏 ……………………… Stein Painting 5
〔文殊普賢四觀音圖題記〕 咸通五年 （864）
　1) (唐小晟)母　4) 原作「母趙〔氏〕一心供養」。

12441 趙氏 ……………………… 莫第129窟
〔供養人題記〕 （10C前期）
　4) 原作「新婦〔趙〕氏供養」。北壁。《燉》p.62。

12442 趙(氏) ……………………… 莫第166窟
〔供養人題記〕 （11C初期）
　1) 施主　4) 原作「施主故新婦阿趙一心供養」。西壁。《燉》p.76。

12443 趙(氏) ……………………… 莫第166窟
〔供養人題記〕 （11C初期）
　1) 施主　4) 原作「施主新婦阿趙一心供養」。南壁。《燉》p.77。《謝》p.394。

12444 趙氏 ……………………… 莫第387窟
〔供養人題記〕 清泰元年頃 （936頃）
　1) 故大母　4) 原作「故阿婆趙氏一心供養」。北壁。《燉》p.149。《謝》p.237。

12445 趙氏 ················· 莫第387窟
　〔供養人題記〕　清泰元年頃　(936頃)
　　4)《謝》作「故阿婆趙氏一心供養」。北壁。《謝》
　　　p.239。

12446 趙寺□ ················· S03871
　〔觀善經1卷中雜寫〕　貞元十九年甲申歲正月廿
　三日　(9C)
　　1)和尙　2)乾元寺　4)末筆有「貞元十九年甲申
　　　歲正月廿三日寫」。

12447 趙社官 ············· BD00381v(宙81)
　〔巷社趙社官男亡榮凶納贈曆〕　己亥年二月廿
　二日　(939? or 879)
　　1)社官

12448 趙社官 ················· P3764v
　〔社司轉帖〕　十一月五日及十一月十五日
　(10C)
　　1)社官

12449 趙社官 ·················· P5593
　〔社司轉帖(殘)〕　癸巳年十月十日　(933?)
　　1)社官

12450 趙社長 ·················· P4887
　〔袁僧定弟亡納贈曆〕　己卯年八月廿四日
　(919 or 979)
　　1)社長

12451 趙闍梨 ·················· P3396
　〔沙州諸渠別粟田名目〕　(10C後期)
　　1)闍梨　2)三界寺

12452 趙闍梨 ·················· P3396v
　〔沙州諸渠別苨薗名目〕　(10C後期)
　　1)闍梨　2)三界寺

12453 趙闍梨 ················· P4810v②
　〔爲亡妣請僧疏〕　(9C前期)
　　1)闍梨　2)金光明寺

12454 趙闍梨 ·················· P5000v
　〔僧尼名目〕　(9C前期)
　　1)闍梨　2)靈修寺

12455 趙闍梨 ·················· Дx06017
　〔便粟曆〕　(10C)
　　1)闍梨

12456 趙醜子 ·················· P2641
　〔宴設司文書〕　丁未年六月　(947)

12457 趙什一 ·················· S00542v
　〔燉煌諸寺丁壯車牛役部〕　戊年六月十八日
　(818)
　　2)金光明寺

12458 (趙)什三娘 ············ CH.LV.0023(BM.
　SP5)
　〔唐安諫等願文幷供養題記〕　咸通五年
　(864)

12459 趙什七 ·················· S00542v
　〔燉煌諸寺丁壯車牛役部〕　戊年六月十八日
　(818)
　　2)報恩寺

12460 趙什七 ·················· S00542v
　〔燉煌諸寺丁壯車牛役部〕　戊年六月十八日
　(818)
　　2)大雲寺

12461 趙什德 ·················· P3249v
　〔將龍光顏等隊下人名目〕　(9C中期)

12462 趙什德 ·················· S05824
　〔經坊費負擔人名目〕　(8C末～9C前期)
　　1)寫經人　3)絲綿部落

12463 趙什德 ·················· S11521
　〔新菩薩經1卷(末)〕　乙未年二月七日　(875?)
　　1)佛弟子

12464 趙什德 ··················· Φ215
　〔新菩薩經1卷(首)〕　乙未年二月七日　(875
　or 935)
　　1)佛弟子　4)原作「佛弟子趙什德謹依原本寫,
　　　願合家大小, 永保平安无諸灾障」。

12465 趙什二 ·················· S00542v
　〔燉煌諸寺丁壯車牛役部〕　戊年六月十八日
　(818)
　　2)大乘寺

12466 趙住?子 ················ Дx04547
　〔畢子頭人名目〕　(10C?)

12467 趙住兒 ················· P2040v③-2
　〔淨土寺西倉粟利入曆〕　己亥年　(939)

12468 趙住兒 ·················· Дx10257v
　〔社司轉帖(稿)〕　(10C後期?)

12469 趙住兒 ················· Дx10270
〔便粟麥曆〕 (946)

12470 趙住成 ················· 莫第285窟
〔供養人題記〕 (9～10C)
　4)《Pn》作「施主燉煌客?匠錄趙住成一心供養」。

12471 趙住得 ················· P2877v
〔行人轉帖〕 乙丑年正月十六日 (962)
　1)行人

12472 趙住法? ················· 莫第320窟
〔供養人題記〕 (11C前期)
　4)《燉》原作「□趙住□供養」。南壁。《燉》p. 129。《Pn》作「趙住法?」。

12473 趙春草 ················· S00542v
〔燉煌諸寺丁壯車牛役部〕 戌年六月十八日 (818)
　2)金光明寺　4)⇒春草。

12474 趙閏子 ················· P4640v
〔官入破曆〕 辛酉年八月十七日 (901?)
　1)衙官

12475 趙閏子 ················· P4640v
〔官入破曆〕 辛酉年五月十日 (901?)
　1)衙官　3)新城人

12476 趙閏子 ················· 上博21B
〔渠人轉帖〕 (10C中期?)

12477 趙女 ················· P3047v⑨
〔諸人諸色施捨曆〕 (9C前期)

12478 趙像奴 ················· S02228①
〔絲綿部落夫丁修城使役簿〕 亥年六月十五日 (819)
　1)(右九)　3) 絲綿部落　4)首行作「亥年六月十五日州城所, 絲綿」。末行作「亥年六月十五日畢功」。

12479 趙勝盈 ········· BD05883v②(菜83)
〔雜記〕 庚寅年五月七日頃 (930頃?)
　4)別記有「庚寅年五月七日」。

12480 趙勝君 ················· P3418v③
〔某鄉缺枝夫戶名目〕 (9C末～10C初)

12481 趙勝君 ················· S06130
〔諸人納布曆〕 (10C)

12482 趙勝惠 ················· S02669
〔管內尼寺(安國寺・大乘寺・聖光寺)籍〕 (865～870)
　2)大乘寺　3) 効穀鄉　4)姓「趙」。俗名「威德」。

12483 趙勝住 ················· P3108v⑤
〔千字文奧書(寫錄)〕 庚辰年前後 (860 or 920)

12484 趙將頭 ········· BD16384(L4458)
〔抄錄有私駝名目〕 丙寅年八月廿九日 (966)
　1)將頭

12485 趙小花 ················· S00542v
〔燉煌諸寺丁壯車牛役部〕 戌年六月十八日 (818)
　2)報恩寺　4)⇒小花。

12486 趙小君 ········· BD06359(鹹59)
〔便麥契〕 丑年二月 (821)
　1)寺戶　2)安國寺

12487 趙小君 ················· P.tib1088A
〔燉煌諸人磑課麥曆〕 卯年～巳年間 (835～837)

12488 趙小奴 ················· S00619v③
〔安懷恩奉處分趙奴ゝ兄弟爭論事牒〕 (10C)

12489 趙庄?ゝ ················· P3418v④
〔龍勒鄉缺枝夫戶名目〕 (9C末～10C初)
　3)龍勒鄉

12490 趙承恩 ········· BD15246①(新1446)
〔入曆計會〕 戊寅年 (918 or 978)
　3)千渠　4)同文書中二箇所。

12491 趙承恩 ················· S05049
〔某寺諸色入破計會(殘)〕 戊寅年 (918 or 978)

12492 趙承?恩 ················· S05050
〔某寺諸色入破曆計會〕 (10C中期)

12493 趙承恩 ················· Дx02431
〔磧卧領入曆〕 壬申年(七月?) (852 or 912 or 972)
　3)千渠

12494 趙昇ゝ ················· S02669
〔管內尼寺(安國寺・大乘寺・聖光寺)籍〕 (865～870)
　2)大乘寺　3)効穀鄉　4)尼名「性嚴」。

12495 趙章三 ……………………… S06003
〔社司轉帖〕 壬申年七月廿九日 (972)

12496 趙上座 ……………………… P2912v③
〔寫大般若經一部施銀盤子麥粟粉疏〕 四月八日 (9C前期)
 1)上座

12497 趙娘 ………………………… P3047v①
〔僧名等錄〕 (9C前期)
 4)原作「阿趙娘」。

12498 趙娘子 ……………………… P3047v①
〔僧名等錄〕 (9C前期)

12499 趙娘子 …………………… 榆第33窟
〔供養人題記〕 (10C中期)
 4)原作「娘子趙氏一心供養」。北壁。《謝》p.479。

12500 趙眞性 ………………… 杏・羽694v①
〔諸寺僧尼唱儭物曆〕 (9C中期)
 2)永安寺? 4)R①爲「未年閏十月當寺(永安寺?)應管主客僧牒」。

12501 趙眞定 ……………………… S02669
〔管內尼寺(安國寺・大乘寺・聖光寺)籍〕 (865～870)
 2)大乘寺 3)燉煌郷 4)姓「趙」。俗名「嬌々」。

12502 趙進興 ……………………… S00542v
〔燉煌諸寺丁壯車牛役部〕 戊年六月十八日 (818)
 1)車頭 2)蓮臺寺

12503 趙進興妻 ……………………… S00542v
〔燉煌諸寺丁壯車牛役部〕 戊年六月十八日 (818)
 2)蓮臺寺

12504 趙進奴 ……………………… Дх02149B
〔見納缺柴人名目〕 (10C)

12505 趙進明 ……………………… P3234v⑮
〔淨土寺西倉豆利潤入曆〕 (940年代?)
 2)淨土寺

12506 趙性嚴 ……………………… S02669
〔管內尼寺(安國寺・大乘寺・聖光寺)籍〕 (865～870)
 2)大乘寺 3)効穀郷 4)姓「趙」。俗名「昇々」。

12507 趙晟子 ……………………… P.tib1088B
〔燉煌諸人磑課麥曆〕 卯年～巳年間 (835～837)

12508 趙清漢 ……………………… P4525v⑦
〔都頭呂富定牒(稿)〕 辛巳年八月日 (981)
 1)知客・都頭

12509 趙清兒 ……………………… P3231②
〔平康郷官齋曆〕 癸酉年九月卅日 (973)
 3)平康郷

12510 趙清奴 ……………………… S06614v①
〔社司轉帖〕 (10C)

12511 趙清奴 …………………… 羽・寫834
〔百姓趙塩久戶口請田簿〕 廣順二年正月一日 (952)
 1)百姓(趙塩久)男

12512 趙(席錄) ……………………… P2680v⑦
〔社司轉帖(殘)〕 丙申年四月廿六日 (936)
 1)席錄

12513 趙石老 ……………………… P3432
〔龍興寺卿趙石老脚下佛像佛具經目錄等曆〕 (9C)
 2)龍興寺

12514 趙千女 ……………………… P3047v⑨
〔諸人諸色施捨曆〕 (9C前期)

12515 趙詮 …………………… BD09324(周45)
〔某寺諸色入破曆〕 亥年四月十六日 (8C末～9C前期)

12516 趙全子 …………………… BD09174v(陶95)
〔雜寫(6行)〕 (10C)

12517 趙善因 ……………………… S00542v
〔燉煌諸寺丁壯車牛役部〕 戊年六月十八日 (818)
 2)報恩寺 4)⇒善因。

12518 趙善信 ……………………… P2049v①
〔淨土寺諸色入破曆計會牒〕 同光三年 (925)

12519 趙善通 ……………………… P3370
〔出便麥粟曆〕 丙子年六月五日 (928)

12520 趙祚 ……………… P2912v③
〔寫大般若經一部施銀盤子麥粟粉疏〕 四月八日 （9C前期）

12521 趙僧子 ……………… P3964
〔趙僧子典兒（芶子）契〕 乙未年十一月三日 （935 or 995）
　1) 塑匠都料

12522 趙僧子 ……………… S04899
〔破曆〕 戊寅年 （918 or 978）
　1) 塑匠

12523 趙僧正 ……………… P2921
〔和戒文一本（寫錄）〕 乙未年九月十一日頃 （10C）
　1) 僧正

12524 趙瘦兒 ……………… P4063
〔官建轉帖〕 丙寅年四月十六日 （966）

12525 趙騷々 ……………… S05822
〔地子曆〕 寅年 （8C後期?）

12526 趙藏 ……………… BD14006（新0206）
〔大般若波羅蜜多經卷第590〕 （9C前期）
　4) 末尾有「靈秀・趙藏」。

12527 趙存慶 ……………… P3164
〔親情社轉帖〕 乙酉年十一月廿六日 （925?）

12528 趙存定 ……………… P3859
〔報恩寺常住百姓老小孫息名目〕 丙申年十月十一日 （936?）
　1) 常住百姓　2) 報恩寺

12529 趙存奴 ……………… 莫第320窟
〔供養人題記〕 （11C前期）
　1) 孫　4) 南壁。《燉》p.129。

12530 （趙?）存德 ……………… 莫第320窟
〔供養人題記〕 （11C前期）
　1) 孫　4) 原作「孫存德一心供養」。東壁門南側。《燉》p.129。⇒存德。

12531 趙太平 ……………… BD16137Av（L4072）
〔付物曆〕 （9C前期）

12532 趙太平 ……………… P5003v
〔社人納色物曆〕 （9C前期）

12533 趙達々 ……………… P3418v①
〔□□鄉缺枝夫戶名目〕 （9C末〜10C初）

12534 趙單□ ……………… P.tib2124v
〔人名錄〕 （9C中期?）

12535 趙知馬官 ……………… P4008
〔磑麨人名目〕 （10C中期?）
　1) 知馬官

12536 趙丑兒 ……………… S03714
〔親情社轉帖（雜寫）〕 （10C）

12537 趙丑獞 ……………… Дx01453
〔開倉納地子麥麻曆〕 丙寅年八月廿四日 （966）

12538 趙帳使 ……………… P3145v
〔節度使下官人名・鄉名諸姓等雜記〕 （10C）
　1) 帳使

12539 趙帳使 ……………… P3764v
〔社司轉帖〕 十一月五日及十一月十五日 （10C）
　1) 帳使

12540 趙長盈 ……………… P3935
〔田籍文書（稿）〕 （10C）
　4) V面為「931-937年還粟麥算會文書」。

12541 趙長子 ……………… P3859
〔報恩寺常住百姓老小孫息名目〕 丙申年十月十一日 （936?）
　1) 常住百姓　2) 報恩寺

12542 趙長支 ……………… P3859
〔報恩寺常住百姓老小孫息名目〕 丙申年十月十一日 （936?）
　1) （願昌）妻　2) 報恩寺

12543 趙通子 ……………… P3236v
〔燉煌鄉官布籍〕 壬申年三月十九日 （972）
　3) 燉煌鄉

12544 趙通信 ……………… P3418v⑤
〔某鄉缺枝夫戶名目〕 （9C末〜10C初）

12545 趙通達 ……………… P3418v①
〔□□鄉缺枝夫戶名目〕 （9C末〜10C初）

12546 趙通達 ……………… P3418v⑦
〔慈惠鄉缺枝夫戶名目〕 （9C末〜10C初）
　3) 慈惠鄉

12547 趙定興 ·················· P3859
〔報恩寺常住百姓老小孫息名目〕 丙申年十月十一日 (936?)
　2)報恩寺

12548 趙定昌 ·················· P3859
〔報恩寺常住百姓老小孫息名目〕 丙申年十月十一日 (936?)
　1)(願昌)男　2)報恩寺

12549 趙定信 ·················· P3721v③
〔冬至自斷官員名〕 己卯年十一月廿六日 (979)

12550 趙庭淋 ·················· P2912v③
〔寫大般若經一部施銀盤子麥粟粉疏〕 四月八日 (9C前期)

12551 趙庭琳 ·················· S01475v①
〔社司狀上(末4行)〕 申年五月廿三日 (828)

12552 趙庭琳 ·················· S01475v②
〔社司狀上〕 申年五月廿一日 (828)

12553 趙都頭 ·················· P3164
〔親情社轉帖〕 乙酉年十一月廿六日 (925?)
　1)都頭

12554 趙都頭 ·················· P3234v③-35
〔惠安惠戒手下便物曆〕 甲辰年 (944)
　1)都頭　4)原作「趙都頭弟」。

12555 趙奴〻 ·················· S00619v③
〔安懷恩奉處分趙奴〻兄弟爭論事牒〕 (10C)

12556 趙德全 ·················· P3396v
〔沙州諸渠別苁薗名目〕 (10C後期)

12557 趙德全 ·················· Дx06038v
〔納贈曆〕 (10C)

12558 趙德全 ·················· 莫第392窟
〔供養人題記〕 (10C前期)
　1)受(節)(度)押衙銀青光祿大夫檢校國子祭酒　4)西壁。《燉》p.151。

12559 趙德明? ·················· S05824v
〔經坊費負担人名目〕 (8C末～9C前期)

12560 趙曇顯 ·················· P3047v①
〔僧名等錄〕 (9C前期)
　4)僧名「曇顯」。

12561 趙日進 ·················· S01475v⑥
〔賣牛契〕 寅年正月廿日 (822)
　1)保人　4)原作「保人趙日進年卌五」。

12562 趙寧子 ·················· P2621v
〔甲午役人名目〕 甲午年? (934?)

12563 趙八娘 ·················· S00542v
〔燉煌諸寺丁壯車牛役部〕 戌年六月十八日 (818)
　2)蓮臺寺

12564 趙富子 ·················· S08426
〔官府酒破曆〕 十月廿七日 (10C)

12565 趙富子 ·················· S08426E②
〔使府酒破曆〕 (10C中～後期)

12566 趙富住 ·················· Дx11072
〔社司轉帖(建福)〕 正月五日 (10C後期)

12567 趙富住 ·················· Дx11073
〔渠人轉帖〕 正月五日 (975年代以降)

12568 趙富昌 ·················· P2708bn
〔社子名目〕 (10C中期)

12569 趙富晟 ·················· P3878B
〔都頭知軍資庫官張富高牒并判〕 己卯年 (979)
　1)弩家・都頭知軍資庫　3)燉煌鄉

12570 趙富誓 ·················· P5032v⑧
〔社司轉帖〕 六月 (10C中期)

12571 趙富通 ·················· P5032v⑧
〔社司轉帖〕 六月 (10C中期)

12572 趙富通 ·················· 羽・寫834
〔百姓趙塩久戶口請田簿〕 廣順二年正月一日 (952)
　1)(趙塩久)姪

12573 趙富德 ·················· 羽・寫834
〔百姓趙塩久戶口請田簿〕 廣順二年正月一日 (952)
　1)(趙塩久)姪

12574 趙普賢 ·················· P3047v①
〔僧名等錄〕 (9C前期)
　4)僧名「普賢」。

12575 趙伏奴 …………………… S08690
　〔薩毗寄倉入(破?)曆〕（940前後）

12576 趙佛 ……………………… S03437v
　〔便契〕（9C前期）
　　1)保人

12577 趙佛奴 ……………… BD07327v(鳥27)
　〔勘記〕（9C前期）

12578 趙佛奴 …………………… P3964
　〔趙僧子典兒(芍子)契〕 乙未年十一月三日
　（935 or 995）
　　1)塑匠僧子

12579 趙粉埿 …………………… S11358
　〔部落轉帖〕（10C後期）

12580 趙糞全 …………………… P5593
　〔社司轉帖(殘)〕 癸巳年十月十日 （933?）
　　4)原作「虞候」。

12581 趙文?子 ………………… P3108v⑤
　〔千字文奧書(寫錄)〕 庚辰年前後 （860 or 920）

12582 趙文住 …………………… S04060
　〔便麥粟豆曆〕 己酉年二月十四日 （949）

12583 趙文□ …………………… P2915piece1・2
　〔社人名錄(殘)〕（10C）
　　4)⇒趙之□。

12584 趙平水 …………………… P3764v
　〔社司轉帖〕 十一月五日及十一月十五日
　（10C）
　　1)平水

12585 趙平水 …………………… S05747v
　〔社人名目〕（10C前期）
　　1)平水

12586 趙保盈 …………………… P3396
　〔沙州諸渠別粟田名目〕（10C後期）

12587 趙保盈 …………………… P3396v
　〔沙州諸渠別茝薗名目〕（10C後期）

12588 趙保定 ……………… BD06222v(海22)
　〔雜寫〕（8～9C）
　　1)事

12589 趙保德 ………………… 羽・寫834
　〔百姓趙塩久戶口請田簿〕 廣順二年正月一日 （952）
　　1)(趙塩久)姪?

12590 趙法性 ………………… P.tib1261v⑨
　〔諸寺僧尼支給穀物曆〕（9C前期）
　　1)尼　4)⇒法性。

12591 趙法律 …………………… S04472v
　〔納贈曆〕 辛酉年十一月廿日 （961）
　　1)法律

12592 趙法律 …………………… S04687r.v
　〔佛會破曆〕（9C末～10C前期）
　　1)法律

12593 趙法律 …………………… S04687v
　〔佛會破曆〕（9C末～10C前期）
　　1)法律

12594 趙法律 ……………… Stein Painting 76
　〔甲戌年四月日沙州鄧慶連〕 甲戌年?四月日 （974）
　　1)法律　4)原作「申戌年」應爲「甲戌年」。

12595 趙法律 …………………… Дx06621
　〔第四度交勘缺字人〕（10C後期?）
　　1)法律

12596 趙朋々 …………………… P3444v
　〔上部落百姓趙朋々便豆契〕 寅年四月五日
　（8C末～9C前期）
　　1)百姓　3)上部落

12597 趙沒利 …………………… S02894v②
　〔社司轉帖〕 壬申年十二月 （972）

12598 趙沒利 …………………… S02894v⑤
　〔社司轉帖〕（10C後期）

12599 趙万宜? ………………… Дx05941
　〔酒破曆〕（10C）

12600 趙万通 …………………… S06981⑬
　〔入麥曆〕 酉年 （10C中期）

12601 趙曼陀 …………………… S02669
　〔管內尼寺(安國寺・大乘寺・聖光寺)籍〕
　（865～870）
　　2)聖光寺　3)慈惠鄉　4)尼名「最賢」。

12602 趙滿子 ······ P4989
〔沙州戶口田地簿〕（9C末）

12603 趙妙虛敬 ······ Дx18527
〔女官趙妙虛敬寫太玄眞1本際經第1〕（8C?）
 1)女官

12604 趙友子 ······ BD16363A（L4446）
〔社司轉帖〕 戊申年（948?）

12605 趙友子 ······ P3231②
〔平康鄉官齋曆〕 癸酉年九月卅日（973）
 3)平康鄉

12606 趙友子 ······ P3231③
〔平康鄉官齋曆〕 甲戌年五月廿九日（974）
 3)平康鄉

12607 趙友子 ······ P3231④
〔平康鄉官齋曆〕 囲戌年十月十五日（974）
 3)平康鄉

12608 趙履屯 ······ P3249v
〔將龍光顏等隊下人名目〕（9C中期）

12609 趙里三 ······ P2032v⑬-7
〔淨土寺黃麻利閏入曆〕（940前後）
 2)淨土寺

12610 趙里三 ······ P3234v③-35
〔惠安惠戒手下便物曆〕 甲辰年（944）

12611 趙里三 ······ P3418v②
〔燉煌鄉缺枝夫戶名目〕（9C末～10C初）
 3)燉煌鄉

12612 趙流子 ······ BD15404（簡068066）
〔千渠中下界白刺頭名目〕（10C中期）
 1)白刺頭 3)千渠中界

12613 趙流子 ······ S06614v①
〔社司轉帖〕（10C）

12614 趙流信 ······ BD15404（簡068066）
〔千渠中下界白刺頭名目〕（10C中期）
 1)白刺頭 3)千渠下界

12615 趙流德 ······ P2032v①-4
〔淨土寺粟入曆〕（944前後）

12616 趙留慶 ······ 羽・寫834
〔百姓趙塩久戶口請田簿〕 廣順二年正月一日（952）
 1)(趙塩久)弟

12617 趙留子 ······ S00542v
〔燉煌諸寺丁壯車牛役部〕 戊年六月十八日（818）
 2)報恩寺

12618 趙留住 ······ Дx02149B
〔見納缺柴人名目〕（10C）

12619 趙留信 ······ P3418v⑤
〔某鄉缺枝夫戶名目〕（9C末～10C初）

12620 趙留全 ······ P3453
〔契約文書〕 辛丑年十月廿五日（941）

12621 趙龍□ ······ P3047v①
〔僧名等錄〕（9C前期）
 4)僧名「龍□」。

12622 趙虜?子 ······ BD16052A（L4028）
〔通查渠口轉帖〕 丙午年（946?）

12623 趙令全 ······ P2570
〔毛詩故訓傳卷9〕 寅年（9C）
 2)淨土寺 4)讀□。

12624 趙連子 ······ P3859
〔報恩寺常住百姓老小孫息名目〕 丙申年十月十一日（936?）
 1)(願昌)妻 2)報恩寺

12625 趙老宿 ······ S00474v
〔都僧統法嚴等算會〕 戊寅年三月十三日（918）
 1)老宿

12626 趙郎 ······ P2680v④
〔納贈曆〕（10C中期）

12627 趙郎々 ······ S00542v
〔燉煌諸寺丁壯車牛役部〕 戊年六月十八日（818）
 2)大雲寺

12628 趙六郎 ······ P3859
〔報恩寺常住百姓老小孫息名目〕 丙申年十月十一日（936?）
 1)(願昌)長子 2)報恩寺

12629 趙□子 ·········· S06235Bv
〔百姓唐君盈等戸口田地申告狀〕 大中六年十一月日 (852)

12630 趙□奴 ·········· S02041
〔社約〕 丙寅年三月四日 (846)
　4)年號別筆(丙寅年三月四日)。ペン筆。

12631 趙□平 ·········· P3418v④
〔龍勒鄉缺枝夫戸名目〕 (9C末～10C初)
　3)龍勒鄉

12632 趙□明 ·········· S05824v
〔經坊費負担人名目〕 (8C末～9C前期)

12633 趙□□ ·········· BD16363A(L4446)
〔社司轉帖〕 戊申年 (948?)

12634 趙□□ ·········· S06003
〔社司轉帖〕 壬申年七月廿九日 (972)

12635 趙□□ ·········· Дx11072
〔社司轉帖(建福)〕 正月五日 (10C後期)

12636 趙□□ ·········· 楡第36窟
〔供養人題記〕 (10C末期)
　1)社子　4)東壁。《謝》p.490。

12637 趙□□子 ·········· BD16137Av(L4072)
〔付物歷〕 (9～10C)

12638 趙?□ ·········· BD16111A(L4066)
〔慕容歸順?隊?下人名目〕 (9～10C)

12639 趙□ ·········· 上博21B
〔渠人轉帖〕 (10C中期?)

12640 趙 ·········· BD05673v④(李73)
〔行人轉帖(寫錄)〕 今月十二日 (9C末)

12641 趙 ·········· BD16181v(L4097)
〔姓氏雜寫〕 (9～10C)

12642 趙 ·········· S00865v
〔社司轉帖(寫錄殘・3行)〕 (10C?)

12643 趙 ·········· Дx02636
〔地藏菩薩經1卷(尾)末先奉爲亡夫都料張進成供養記〕 開寶九年歲次丙子五月廿一日 (976)
　1)弟子幸婆　4)原作「弟子幸婆開寶九年歲次丙子五月廿一日弟子幸婆趙／先奉爲亡夫都料張進成神生淨土與?落三／塗風在諸羅永充除念題記」。

12644 趙 ·········· 楡第34窟
〔供養人題記〕 (11C初期)
　4)原作「清信弟子郭氏媳與趙一心供養」。東壁。《謝》p.482。

12645 長察榮 ·········· Дx02355
〔支給僧尼斛斗曆〕 (9C中期?)

12646 長德顏 ·········· S04609
〔付銀椀人名目〕 太平興國九年頃 (984)
　1)銀椀人

12647 陳威進 ·········· P3305v⑥
〔社司轉帖(寫錄)〕 咸通十年正月廿日 (869)

12648 陳榮國 ·········· S06233
〔破曆〕 (吐蕃期)

12649 陳榮(津?) ·········· Дx02959
〔寺卿陳榮□牒〕 □年十一月日 (9C前期)
　1)寺卿　4)本件末存判字「支付五日承恩」。

12650 陳營田 ·········· S09949
〔階和渠田籍〕 (10C?)
　1)營田　3)階和渠

12651 陳英瑾 ·········· P3205
〔僧俗人寫經曆〕 (9C前期)

12652 陳英奴 ·········· S09156
〔沙州戸口地畝計簿〕 (9C前期)
　3)沙州

12653 陳押衙 ·········· P3161
〔常住什物見在新附點檢曆〕 (10C前期)
　1)押衙

12654 陳押衙 ·········· S01519①
〔破曆〕 (890?)
　1)押衙

12655 陳王戎 ·········· S03982
〔月次人名目〕 甲子年正月 (964)

12656 陳家 ·············· BD03461（露61）
〔殘文書〕 （10C）

12657 陳家 ·············· P2912v③
〔寫大般若經一部施銀盤子麥粟粉疏〕 四月八日 （9C前期）

12658 陳家 ·············· P3763v
〔淨土寺入破曆〕 （945前後）
 2)淨土寺

12659 陳家 ·············· S06233②
〔諸色斛斗入破曆計會〕 （9C前期）

12660 陳家 ·············· Дx01320
〔麵等付曆〕 （10C後期）

12661 陳家廻鶻 ········ BD14806③（新1006）
〔歸義軍官府貸油麵曆〕 壬申年 （972）

12662 陳家漢 ·············· S01477v
〔地步曆〕 （10C初頃）

12663 陳家（窟）·············· 燉研322
〔臘八燃燈分配窟龕名數〕 辛亥年十二月七日 （951）

12664 陳家七娘子 ·············· Дx01320
〔麵等付曆〕 （10C後期）

12665 陳家十二娘 ·············· P2469v
〔破曆雜錄〕 戊年六月五日 （830?）

12666 陳家小娘子 ········ S08445v+S08446v
〔領得新稅羊文〕 丁未年頃 （943）

12667 陳家娘子 ·············· S04121
〔陰家榮親客目〕 甲午年五月十五日 （994）

12668 陳家婆 ·············· P4912
〔某寺得換油麻曆〕 （950年代以降）

12669 陳瓜? ·············· P3418v⑦
〔慈惠鄉缺枝夫戶名目〕 （9C末～10C初）
 3)慈惠鄉

12670 陳懷諫 ·············· P3391v①
〔社司轉帖（寫錄）〕 丁酉年正月一日 （937）

12671 陳懷義 ·············· P2032v③
〔淨土寺諸色破曆〕 （944前後）
 2)淨土寺

12672 陳海閏 ·············· P3418v⑥
〔洪閏鄉缺枝夫戶名目〕 （9C末～10C初）
 3)洪閏鄉

12673 陳岳馬 ·············· 莫第192窟
〔供養人題記〕 （11C初期）
 1)社子 4)北壁。《燉》p.84。

12674 陳揭攂 ·············· P2032v①-4
〔淨土寺粟入曆〕 （944前後）

12675 陳遏略 ·············· P2049v②
〔淨土寺諸色入破曆計會牒〕 長興二年正月 （930～931）

12676 陳願長 ·············· S01845v
〔納贈曆〕 丙子年四月十七日 （976?）

12677 陳願通 ·············· P3231④
〔平康鄉官齋曆〕 甲戌年十月十五日 （974）
 3)平康鄉

12678 陳願德 ·············· S04703
〔買茱人名目〕 丁亥年 （987）

12679 陳喜昌 ·············· S02894v⑤
〔社司轉帖〕 （10C後期）

12680 陳喜昌 ·············· S03978
〔納贈曆〕 丙子年七月一日 （976）

12681 陳義盈 ·············· Дx10257v
〔社司轉帖（稿）〕 （10C後期?）

12682 陳義支 ·············· S03978
〔納贈曆〕 丙子年七月一日 （976）

12683 陳渠牙郎 ·············· P2032v④
〔淨土寺西倉斛汜破曆〕 乙亥年 （939）
 1)衙郎 2)淨土寺

12684 陳教練 ·············· BD16509A
〔延晟人名一本〕 （9C前期）
 1)教練

12685 陳繼機? ·············· S04920v
〔契文（雜寫／殘）〕 丁未年正月十四日 （947）
 1)百姓 3)燉煌鄉 4)V面雜記「長興二年（931）」「丁未年（947）」等狀・田籍等。

12686 陳繼松 ･････････････････ S04920v
　〔契文(雜寫／殘)〕 丁未年正月十四日 (947)
　　1) 百姓　3) 燉煌鄉　4) V面雜記存「長興二年
　　(931)」「丁未年(947)」等狀・田籍等之字。

12687 陳懸令 ･････････････････ S04121
　〔陰家榮親客目〕 甲午年五月十五日 (994)
　　1) 懸令

12688 陳懸令小娘子 ･････････････ S04121
　〔陰家榮親客目〕 甲午年五月十五日 (994)

12689 陳暄 ････････････････････ S11354
　〔雇馬曆〕 五月七日 (9C)

12690 陳縣令 ･････････････････ P3145v
　〔節度使下官人名・鄉名諸姓等雜記〕 (10C)
　　1) 縣令

12691 陳縣令 ･････････････････ S01153
　〔諸雜人名目〕 (10C後期)
　　1) 縣令

12692 陳縣令 ･････････････････ S08661
　〔軍資庫司大箭破曆〕 癸丑年五月十一日・八月
　　二日・九月八日 (953)
　　1) 縣令

12693 陳元弘 ･････････････････ P2962
　〔張義潮變文〕 (9C後期)

12694 陳彥□ ･････････････････ P2621v
　〔甲午役人名目〕 甲午年? (934?)

12695 陳彥□ ･････････････････ P4638v②
　〔右馬步都押衙陳彥□等牒〕 清泰四年十一月
　　十八日 (937)

12696 陳胡兒 ･････････････････ P3889
　〔社司轉帖〕 (10C後期?)

12697 陳孝通 ･････････････････ S08402
　〔便麥曆〕 (10C前期)
　　1) 口承人

12698 陳弘慶 ･････････････････ P3989
　〔立社條憑〕 景福三年甲寅歲五月十日 (894)

12699 陳校棟 ･････････････････ P3288piece1
　〔佛現齋造餺飥人名目〕 (10C)
　　1) 校棟

12700 陳興晟 ･････････････････ S00782v
　〔納贈曆〕 (10C)
　　4) ペン筆?

12701 陳興晟 ･････････････････ S01453v
　〔社司轉帖(寫錄)〕 光啓二年丙午歲十日
　　(886)
　　2) 於節加蘭若門

12702 陳黑子 ･････････････････ P2032v⑬-7
　〔淨土寺黃麻利閏入曆〕 (940前後)
　　2) 淨土寺

12703 陳黑子 ･････････････････ P2032v⑱
　〔淨土寺豆利閏入曆〕 (940前後)
　　2) 淨土寺

12704 陳黑子 ･････････････････ P2040v③-10
　〔淨土寺豆入曆〕 (939)
　　2) 淨土寺

12705 陳黑子 ･････････････････ P3234v③-9
　〔惠安惠戒手下便物曆〕 甲辰年 (944)

12706 陳骨子 ･････････････････ S04121
　〔陰家榮親客目〕 甲午年五月十五日 (994)

12707 陳再清 ･････････････････ P4821
　〔社司轉帖〕 (9C前期)
　　4) ペン筆。

12708 陳瑾 ････････････････････ S02711
　〔寫經人名目〕 (9C前期)
　　1) 寫經人　2) 金光明寺

12709 陳瑾 ････････････････････ S04831②
　〔寫經人名目〕 (9C前期)
　　1) 寫經人

12710 陳三姐昭 ･･･････････････ S09944
　〔書簡?〕 (10C?)
　　4) 原作「委曲付守昭」。

12711 陳贊々 ･････････････････ P4019piece2
　〔納草束曆〕 (9C後期)

12712 陳贊々 ･････････････････ P4019piece2
　〔納草束曆〕 (9C後期)
　　3) 平康鄉?

12713 陳贊々 ･････････････････ S00782v
　〔納贈曆〕 (10C)
　　4) ペン筆?

12714 陳殘友 ················· P3290②
〔宋沙州人戶別都受田申請計帳(寫錄)〕 至
道元年乙未歲正月一日 (995)

12715 陳師姉妹 ······ BD09472v①~③(發92)
〔龍興寺索僧正等五十八人就唐家蘭若請實
頭廬文〕 (8~9C)
　1)姉妹　2)靈修(寺)　3)沙州

12716 陳氏 ················· P2913v②
〔張府君(淮深)墓誌銘〕 大順元年二月廿二
日 (890)
　1)(張淮深)夫人

12717 陳氏 ················· 莫第061窟
〔供養人題記〕 (10C末期)
　1)故姊・譙縣夫人　4)原作「故姊譙縣夫人一心
供養出適陳氏」。南壁。《燉》p. 22。《謝》p. 134。

12718 陳氏 ················· 莫第098窟
〔供養人題記〕 (10C中期)
　4)原作「女第十五小娘子一心供養出適陳氏」。北
壁。《燉》p. 33。《謝》p. 98。⇒(曹氏)第十五小娘
子。

12719 陳氏 ················· 莫第108窟
〔供養人題記〕 (10C中期)
　4)原作「姪女第十五小娘子一心供養出適陳氏」。
南壁。《燉》p. 52。《謝》p. 81。

12720 陳氏 ················· 莫第156窟
〔供養人題記〕 (9C後期)
　4)原作「亡母贈宋國太夫人陳氏一心供養」。東壁
門上。《燉》p. 73。

12721 陳氏 ················· 楡第33窟
〔供養人題記〕 (10C中期)
　1)娘　4)北壁。《謝》p. 479。

12722 陳闍梨 ················· S00782v
〔納贈曆〕 (10C)
　1)闍梨　4)ペン筆？

12723 陳闍梨 ················· S05549
〔百歲篇1卷(題記)〕 (10C?)
　1)闍利

12724 陳守定 ················· P3152
〔陳守定請僧設供疏〕 淳化三年八月日 (992)
　1)哀子內親從都頭　4)原作「哀子內親從都頭陳
守定疏」。

12725 陳守定 ················· P3721v③
〔冬至自斷官員名〕 己卯年十一月廿六日
(979)

12726 陳守定 ················· S05696
〔追福疏〕 淳化三年八月日 (992)
　1)內親從都頭　4)原作「內親從都頭陳守定疏」。

12727 陳醜々 ················· P.tib2124v
〔人名錄〕 (9C中期?)

12728 陳醜?颺 ················· P5003v
〔社人納色物曆〕 (9C前期)

12729 陳什德 ················· P2040v③-2
〔淨土寺西倉粟利入曆〕 己亥年 (939)
　2)淨土寺

12730 陳什德 ················· P5032v③
〔渠人轉帖〕 戊午年六月六日 (958)

12731 陳什德 ················· P5032v⑤
〔渠人?轉帖(殘)〕 (10C中期)

12732 陳順通 ················· P2049v②
〔淨土寺諸色入破曆計會牒〕 長興二年正月
(930~931)

12733 陳順德 ················· P2484
〔就東園笇會小印子群牧馳馬牛羊見行籍(歸
義印)〕 戊辰年十月十八日 (968)
　4)存「歸義軍節度使印」。

12734 陳順德 ········ 杏・羽034(李盛鐸舊藏)
〔城角莊算會當宅群牧見行籍〕 乙未年十月四
日 (995)

12735 陳勝傳 ················· S05631①
〔社司轉帖〕 庚辰年正月十四日 (980)
　2)普光寺門前

12736 陳小灰 ················· P2040v③-10
〔淨土寺豆入曆〕 (939)
　2)淨土寺

12737 陳小骨 ················· S00782v
〔納贈曆〕 (10C)
　4)ペン筆？

12738 陳小娘子 ················· ＴⅡY-46A
〔戶籍〕 端拱三年 (990)
　1)(戶主鄧守存)妻　4)原作「(戶主鄧守存)妻小
娘子陳氏」。

12739 陳小□ ……………… Дx11072
〔社司轉帖(建福)〕 正月五日 （10C後期）

12740 陳小□ ……………… Дx11073
〔渠人轉帖〕 正月五日 （975年代以降）
　1)押衙

12741 陳章六 ……………… P2049v①
〔淨土寺諸色入破曆計會牒〕 同光三年
（925）

12742 陳淨圓 ……………… S00542v
〔燉煌諸寺丁壯車牛役部〕 戌年六月十八日
（818）
　2)報恩寺

12743 陳淨圓妻 ……………… S00542v
〔燉煌諸寺丁壯車牛役部〕 戌年六月十八日
（818）
　2)報恩寺

12744 陳?信子 ……………… P2915piece1・2
〔社人名錄(殘)〕 （10C）

12745 陳水官 ……………… P2032v⑳-6
〔淨土寺麵黃麻豆布等破曆〕 （940前後）
　1)水官　2)淨土寺

12746 陳水官 ……………… P3234v⑫
〔直歲廣進破曆〕 癸卯年 （943）
　1)水官

12747 陳清子 ……………… P2040v②-10
〔淨土寺黃麻入曆〕 乙巳年正月廿七日以後
（945以降）
　2)淨土寺

12748 陳清子 ……………… P2040v③-2
〔淨土寺西倉粟利入曆〕 己亥年 （939）
　2)淨土寺

12749 陳清?子 ……………… P5032v③
〔渠人轉帖〕 戊午年六月六日 （958）

12750 陳清?子 ……………… P5032v⑤
〔渠人?轉帖(殘)〕 （10C中期）

12751 陳清兒 ……………… S03005
〔防大佛行人名目〕 （10C）

12752 陳生 ……………… P4525v④
〔將兌紙人目〕 癸未年八月廿二日 （983）

12753 陳青子 ……………… P2049v①
〔淨土寺諸色入破曆計會牒〕 同光三年
（925）

12754 陳?千實 ……………… P3721v②
〔兄(見)在巡禮都官都頭名牒〕 庚辰年正月
十五日 （980）
　1)司人

12755 陳千實 ……………… S03540
〔宕泉修窟盟約憑〕 庚午年正月廿五日 （970）

12756 陳善嚴 ……………… S02669
〔管內尼寺(安國寺・大乘寺・聖光寺)籍〕
（865〜870）
　2)大乘寺　3)洪池鄉　4)姓「陳」。俗名「偏々」。

12757 陳僧政和尚 ……………… P3367
〔弟子都押衙宋慈順爲故男追念疏〕 己巳年八
月廿三日 （969）
　1)僧政・和尚　2)三界寺

12758 陳僧正 ……………… BD15249v①(新1449)
〔去時人將文字名目〕 （9〜10C）
　1)僧正

12759 陳僧正 ……………… P3152
〔陳守定請僧設供疏〕 淳化三年八月日 （992）
　1)僧正

12760 陳僧正 ……………… P3218
〔時年轉帖〕 八月十二日 （975以降）
　1)僧正　2)金光明寺

12761 陳僧正 ……………… P3218
〔時年轉帖〕 八月廿二日 （975以降）
　1)僧正

12762 陳僧正 ……………… S03189
〔轉經文〕 癸未年十月一日 （983）
　1)僧正

12763 陳僧正 ……………… 杏・羽682
〔諸儒仕轉帖〕 （10C）
　1)僧正　2)淨土寺

12764 陳丑子 ……………… S06452③
〔破曆〕 壬午年 （982?）
　1)鐵匠　2)淨土寺

12765 陳丑獹 ……………… S04445②
〔便褐契〕 己丑年十二月十三日 （929?）
　1)(佛德)男・口承人

12766 陳丑定 ·············· P3679
〔唵字讚(弟子陳丑定一心受持)〕 (10C?)
　1)弟子　4)原作「弟子陳丑定一心受持」。

12767 陳帳使 ·············· CH.0014
〔雜寫〕 (10C中期)

12768 陳帳使 ·············· CH.8212(78)
〔雜寫〕 (10C半頃)

12769 陳帳吏 ·············· P3440
〔見納賀天子物色人名〕 丙申年三月十六日 (996)
　1)帳吏

12770 陳張晟 ·············· P3202v
〔人名錄(2行)〕 (10C)
　4)R面爲「龍祿內無名經律論」(10C)。

12771 陳長晟 ·············· TⅡY-46c
〔戶籍〕 端拱年頃 (988～990)
　1)戶(主)

12772 陳定昌 ·············· P3231①
〔平康鄉官齋曆〕 癸酉年五月 (973)
　3)平康鄉

12773 陳定昌 ·············· P3231②
〔平康鄉官齋曆〕 癸酉年九月卅日 (973)
　3)平康鄉

12774 陳都押衙 ·············· S02472v④
〔隊官破曆〕 辛巳年十月三日 (981)
　1)都押衙

12775 陳都牙 ·············· S04525v
〔付官健及諸社佛會色物數目〕 (10C後期)
　1)都衙

12776 陳都衙 ·············· P3145v
〔節度使下官人名・鄉名諸姓等雜記〕 (10C)
　1)都衙

12777 陳都衙 ·············· Дx01365v
〔什物分付曆〕 六月十二日 (10C末)
　1)都衙　4)R面爲「癸未年(983)七月十九日淨土寺周僧正還鑑?價絹曆」。

12778 陳都衙 ·············· Дx06064v
〔人名目〕 (10C)
　1)都衙

12779 陳都知 ·············· P2595①
〔陳都知賣知契(殘)〕 乾符二年 (875)
　1)都知

12780 陳都頭 ·············· BD16052B(L4028)
〔酒破曆〕 四月十一日 (10C?)
　1)都頭　4)原作「四月十一日送路陳都頭用酒一瓮」。

12781 陳奴子 ·············· S05824
〔經坊費負担人名目〕 (8C末～9C前期)
　1)寫經人　3)絲綿部落

12782 陳奴々 ·············· P.tib2124v
〔人名錄〕 (9C中期?)

12783 陳咄々 ·············· S02214
〔官府雜帳(名籍・黃麻・地畝・地子等曆)〕 (860?)

12784 陳南山 ·············· S08445＋S08446＋S08468①
〔羊司於常樂稅羊人名目〕 丙午年六月廿七日 (946)

12785 陳南山 ·············· S08445＋S08446＋S08468④
〔羊司於常樂官稅羊數名目〕 丁未年四月十二日 (943)

12786 陳二 ·············· P2912v③
〔寫大般若經一部施銀盤子麥粟粉疏〕 四月八日 (9C前期)

12787 陳二娘 ·············· P2032v⑯-4
〔淨土寺粟利閏入曆〕 (940前後)
　2)淨土寺

12788 陳婆 ·············· P2049v②
〔淨土寺諸色入破曆計會牒〕 長興二年正月 (930～931)

12789 陳敗納 ·············· P3598＋S04199
〔某寺什物點檢見在曆〕 丁卯年 (967)
　3)肅州

12790 陳博士 ·············· Дx10839
〔製碑兼自書等文〕 (9C?)
　1)博士

12791 陳鉢倉 ·············· S06577v
〔官晏設破曆〕 (10C)

12792 陳判官 ……………… P4907
〔淨土寺?儭破曆〕 辛卯年七月 (931?)
　1)判官　2)淨土寺

12793 陳判官 ……………… S05486②
〔社司轉帖〕 壬寅年六月九日 (942)
　1)判官

12794 陳不兒 ……………… P2032v①-4
〔淨土寺粟入曆〕 (944前後)

12795 陳富盈 ……… Дx00285＋Дx02150＋
Дx02167＋Дx02960＋Дx03020＋Дx03123v③
〔某寺破曆〕 (10C中期)
　1)押衙

12796 陳富君 ……………… Дx11072
〔社司轉帖(建福)〕 正月五日 (10C後期)

12797 陳富君 ……………… Дx11073
〔渠人轉帖〕 正月五日 (975年代以降)

12798 陳富子 ……………… P2032v⑯-4
〔淨土寺粟利閏入曆〕 (940前後)
　2)淨土寺

12799 陳富實 ……………… P3721v③
〔冬至自斷官員名〕 己卯年十一月廿六日
(979)

12800 陳富昌 ……………… P3231①
〔平康鄉官齋曆〕 癸酉年五月 (973)
　3)平康鄉

12801 陳富長 ……………… P4693
〔官齋納麵油粟曆〕 (10C後期)
　1)淨草

12802 (陳)富長 ……………… S05632②
〔貸絹契〕 辛酉年九月一日 (961)
　1)便絹人

12803 陳富長 ……………… Дx01277
〔納贈曆〕 丁丑年九月四?日 (977)

12804 陳富通 ……………… 杏・羽684v②
〔社司轉帖(寫)〕 (10C)
　4)本文中有「年支秋座局席」「限今月八日卯時,
　於主送納」。

12805 陳佛德 ……………… S04445②
〔便褐契〕 己丑年十二月十三日 (929?)

12806 陳佛德 ……………… Дx10289
〔部落都頭楊帖〕 丁卯年九月十五日 (967)

12807 陳糞〻 ……………… Дx01408
〔効穀鄉百姓康滿奴等地畝曆〕 (9C末)
　1)戶(主)　3)効穀鄉

12808 陳文端 ……………… P3556v④
〔社戶人名目(殘)〕 (10C中期頃)
　1)社戶

12809 陳偏〻 ……………… S02669
〔管內尼寺(安國寺・大乘寺・聖光寺)籍〕
(865～870)
　2)大乘寺　3)洪池鄉　4)尼名「善嚴」。

12810 陳保實 ……………… S03978
〔納贈曆〕 丙子年七月一日 (976)

12811 陳保實 ……………… Дx02149в
〔見納缺柴人名目〕 (10C)

12812 陳保晟 ……………… P2049v①
〔淨土寺諸色入破曆計會牒〕 同光三年
(925)

12813 陳保達 ……………… P3231②
〔平康鄉官齋曆〕 癸酉年九月卅日 (973)
　3)平康鄉

12814 陳保達 ……………… P3231③
〔平康鄉官齋曆〕 甲戌年五月廿九日 (974)
　3)平康鄉

12815 陳保達 ……………… P3231④
〔平康鄉官齋曆〕 甲戌年十月十五日 (974)
　3)平康鄉

12816 陳保達 ……………… P3231⑤
〔平康鄉官齋曆〕 □亥年五月十五日 (975)
　3)平康鄉

12817 陳保達 ……………… P3231⑦
〔平康鄉官齋曆〕 丙子年五月十五日 (976)
　3)平康鄉

12818 陳保定 ……… S08445＋S08446＋
S08468
〔稅巳年出羊人名目〕 丙午年二月十九日
(946)
　1)副使

12819 陳保德? ……………… P4997v
〔分付羊皮曆(殘)〕 (10C後期)

12820 陳保富 ……………… S03978
〔納贈曆〕 丙子年七月一日 (976)

12821 陳報山 ……………… S05632②
〔貸絹契〕 辛酉年九月一日 (961)
　1)貸絹人

12822 陳法巖 ……………… P3556②
〔張氏香號戒珠邈眞讚并序〕 (10C)
　1)和尚・都僧統　4)⇒陳和尚。

12823 陳法詮 ……………… S02729①
〔燉煌應管勘牌子歷〕 辰年三月 (788)
　1)僧　2)大雲寺　3)沙州　4)12行目。

12824 陳法律 ……………… P2032v②
〔淨土寺惠安手下諸色入曆〕 甲辰年一日巳直
歲 (944)
　1)法律

12825 陳法律 ……………… P3250v
〔納贈曆〕 (9C後期)
　1)法律

12826 陳法律 ……………… P5014piece2
〔管内都僧正通惠大師願清疏〕 顯德六年十月
七日 (959)
　1)法律・僧　2)顯德寺

12827 陳法律 ……………… S04117
〔寫經人・校字人名目〕 壬寅年三月廿九日
(1002)
　1)寫經人・校字人・法律

12828 陳法律 ……………… S04687r.v
〔佛會破曆〕 (9C末〜10C前期)
　1)法律

12829 陳法律 ……………… S05406
〔僧正法律徒衆轉帖〕 辛卯年四月十四日
(991)
　1)法律

12830 陳法律 ……………… Дx02146
〔請諸寺和尚僧政法律等名錄〕 (10C?)
　1)法律　2)淨土寺?

12831 陳法律 ……………… Дx05534
〔禮佛見到僧等人名目〕 廿日夜 (10C)
　1)法律

12832 陳法律 ……………… Дx06621
〔第四度交勘缺字人〕 (10C後期?)
　1)法律　2)淨土寺

12833 陳朋〻 ……………… P3167v
〔安國寺道場司關于(五尼寺)沙彌戒訴狀〕
乾寧二年三月 (895)
　2)靈修寺

12834 陳万 ……………… ＴⅡY-46A
〔戶籍〕　端拱三年 (990)

12835 (陳?)万盈 ……………… Дx11073
〔渠人轉帖〕 正月五日 (975年代以降)

12836 陳万晟 ……………… BD09325(周46)
〔社司轉帖〕 □子?年七月十四日 (10C後期)

12837 陳万通 ……………… 莫第098窟
〔供養人題記〕 (10C中期)
　1)節度押衙銀青光祿大夫檢校國子祭酒兼侍史
中丞上柱國　4)北壁。《燉》p.34。⇒程万通。

12838 陳万□ ……………… Дx10270
〔便粟麥曆〕 (946)

12839 陳妙智 ……………… P3167v
〔安國寺道場司關于(五尼寺)沙彌戒訴狀〕
乾寧二年三月 (895)
　2)靈修寺　4)⇒妙智。

12840 陳友子 ……………… S07589
〔便麥曆〕 (10C中期)

12841 陳流信 ……………… S05632②
〔貸絹契〕 辛酉年九月一日 (961)
　1)知見人・兵馬使

12842 陳流晟 ……………… Дx01313
〔以褐九段塡還驢價契〕 壬申年十月廿七日
(972)

12843 陳留信 ……………… P2032v④
〔淨土寺西倉斛汜破曆〕 乙亥年 (939)
　2)淨土寺

12844 陳留信 ……………… P2040v②-28
〔淨土寺豆入曆〕 (940前後)
　2)淨土寺

12845 陳留信 ……………… P2040v②-29
〔淨土寺西倉豆利入曆〕 (940年代)
　2)淨土寺

12846 陳留信 ･････････････ P2049v①
〔淨土寺諸色入破曆計會牒〕 同光三年
(925)

12847 陳留信 ･････････････ P2049v②
〔淨土寺諸色入破曆計會牒〕 長興二年正月
(930〜931)

12848 陳留晟 ･･･････････････ Дx01277
〔納贈曆〕 丁丑年九月四?日 (977)

12849 陳連願 ･････････････････ P2944
〔大乘寺・聖光寺等尼僧名錄〕 (10C後期?)
　2)大乘寺

12850 陳魯脩 ･･･････････････ S00076v①
〔陳魯脩牒〕 長興五年正月一日 (934)
　1)行首

12851 陳浪郎 ･･･････････････ P2953v
〔便麥豆本曆〕 (10C)
　4)龍家。

12852 陳老 ･････････ BD06359v②(鹹59)
〔人名目〕 (9C前期)

12853 陳郎 ･････････････････ S05753
〔靈圖寺招提司入破曆計會〕 癸巳年正月以後 (933)

12854 陳和尚 ･････････････ P3556②
〔張氏香號戒珠邈眞讚并序〕 (10C)
　4)⇒陳法巖。

12855 陳和尚 ･････････････ P3556③
〔陳法巖和尚邈眞讚〕 (914〜924)
　1)和尚

12856 陳和尚 ･････････････ P3556v⑦
〔道場思惟簿〕 (10C)
　1)和尚

12857 陳和尚 ･････････････ P4007v
〔寫錄〕 (10C)
　1)和尚　4)原作「切囑陳和尚經寫人…」。

12858 陳和尚 ･････････････ S01284
〔西州弟師昌富上靈圖寺陳和尚〕 二月日 (10C)
　2)靈圖寺　4)原作「二月日…孟春猶寒」。

12859 陳□兒 ･･････････････ BD00104(黃4)
〔妙法蓮華經妙音菩薩易第24〕 壬子年十一月二日 (925?)

12860 陳□□ ････････････ BD09345①(周66)
〔安醜定妻亡社司轉帖〕 辛酉年四月廿四日 (961?)
　2)顯德寺門

12861 陳 ････････････････ BD05673v④(李73)
〔行人轉帖(寫錄)〕 今月十二日 (9C末)

12862 陳 ･･････････････ BD16376(L4452)
〔釋門僧正賜紫道眞等稿〕 八月 (9〜10C)
　1)起居

12863 陳 ･･････････････････････ P4989
〔沙州戸口田地簿〕 (9C末)
　1)(戸主張孝順)妻　3)沙州　4)原作「(戸主張孝順)妻阿陳, 年二十五」。

12864 陳 ･･････････････････ Дx01377v
〔契文殘〕 (10C)
　4)R面爲「乙酉年(925or985)五月十二日莫高鄉張保全貸絹契」(寫錄)。

[て]

12865 丁四郎 ……………… S11344A
〔封戸郷別人名目?〕 (9C前期?)
　3)効穀郷?

12866 丁守 ……………… S04976②
〔右衙都知兵馬使丁守牒〕 (10C?)
　1)右衙都知兵馬使

12867 丁守勳 ……………… P2804v
〔右衙都知兵馬使丁守勳牒〕 開寶六年三月日 (973)

12868 丁守勳 ……………… P2985v②
〔右衙都知兵馬使丁守勳牒〕 開寶五年十二月日 (972)
　1)右衙都知兵馬使

12869 呈團子 ……………… S02669
〔管内尼寺(安國寺・大乘寺・聖光寺)籍〕 (865～870)
　2)大乘寺　3)洪池郷　4)尼名「能定」。⇒呈能定。

12870 呈能定 ……………… S02669
〔管内尼寺(安國寺・大乘寺・聖光寺)籍〕 (865～870)
　1)尼?　2)大乘寺　4)俗姓「呈(程)」。尼?名「能定」。⇒呈團子。

12871 定光幢 ……… BD09472v①～③(發92)
〔龍興寺索僧正等五十八人就唐家蘭若請賞頭牘文〕 (8～9C)
　2)報恩(寺)　3)沙州

12872 桯〔程?〕乞頭 ……………… Дx01337
〔桯(程?)乞頭粟昌褐破曆〕 丁巳年十月五日・十一月廿三日 (957)

12873 程阿朶 ……………… S01845
〔納贈曆〕 丙子年四月十七日 (976?)

12874 程安住 ……………… P2032v⑯-4
〔淨土寺粟利閏入曆〕 (940前後)
　2)淨土寺

12875 程安六 ……………… P2738v
〔社司轉帖(寫錄)〕 八月廿九日 (9C後期)
　4)官樓蘭若門取齊。

12876 程威子 ……………… BD00417Av(洪17)
〔田籍(1行)〕 (9C後期～10C)
　4)本文有一行「口程名宗, 更又壹段四畦, 東至程名宗, 西至程威子口」。

12877 (程)永春 ……………… BD16083(L4050)
〔僧談會斛斗出便與人名目〕 二月九日 (9C後期)
　1)知見人同坊弟

12878 程永千 ……………… S01845
〔納贈曆〕 丙子年四月十七日 (976?)

12879 程永德 ……………… S01845
〔納贈曆〕 丙子年四月十七日 (976?)

12880 程悅子 ……………… S06063
〔索黑奴・程悅子二人租地契〕 乙亥年二月十六日 (915?)
　1)百姓　3)燉煌郷

12881 程延昌 ……………… P2040v②-5
〔淨土寺西倉粟入曆〕 (945以降)
　2)淨土寺

12882 程延昌 ……………… P3234v⑮
〔淨土寺西倉豆利潤入曆〕 (940年代?)
　2)淨土寺

12883 程押衙 ……………… P3273
〔付麥粟曆〕 (10C中期)
　1)押衙

12884 程押衙 ……………… S08426
〔官府酒破曆〕 五月八日 (10C)
　1)押衙

12885 程押衙 ……………… S08426D①
〔使府酒破曆〕 (10C中～後期)
　1)押衙

12886 程押衙 ……………… Дx01410
〔社司轉帖〕 庚戌年閏四月 (950)
　1)押衙

12887 程恩子 ……………… P3234v③-52
〔惠安惠戒手下便物曆〕 甲辰年 (944)

12888 程恩子 ……………… P3234v⑮
〔淨土寺西倉豆利潤入曆〕 (940年代?)
　2)淨土寺

12889 程恩子 ……………… P3370
〔出便麥粟曆〕 丙子年六月五日 (928)
　3)龍勒鄉

12890 程恩信 ……………… MG17778
〔十一面觀音圖供養題記〕 (10C)
　1)衙前節度押衙銀青光祿大夫檢校太子賓客兼御史大夫上柱國

12891 程恩信 ……………… 莫第098窟
〔供養人題記〕 (10C中期)
　1)節度押衙［　］光祿大夫太子賓客　4)中心佛壇背屏後壁.《燉》p. 47.《謝》p. 95.

12892 程加晟? ……………… Дх03867v
〔學仕郎等人名目〕 □(咸?)通三年十一月八日 (862?)

12893 程家阿父 ……………… 杏・羽672
〔新集親家名目〕 (10C?)

12894 程家兒 ………… BD14806③(新1006)
〔歸義軍官府貸油麵曆〕 辛未年 (971)

12895 程懷諫 ……………… P3555B piece11
〔納贈曆(殘)〕 (10C中期)

12896 程揭子 ………… S08448A
〔紫亭羊數名目〕 辛亥年正月廿七日 (951)

12897 程憨多 ………… BD16022c(L4018)
〔永寧坊巷社司文書〕 (10C)
　3)永寧坊

12898 程憨多 ……………… P2932
〔出便豆曆〕 甲子年十二月十一日 (964?)

12899 程憨多 ……………… S01845
〔納贈曆〕 丙子年四月十七日 (976?)

12900 程憨奴 ……………… S01403
〔契約文書〕 十二月十六日 (9C後期)
　1)見人・隊頭

12901 程願富 ……… Дх01432＋Дх03110
〔地子倉麥曆〕 (10C)

12902 程義員 ……………… P2032v⑰-8
〔淨土寺諸色入曆〕 (940前後)
　2)淨土寺

12903 程義員 ……………… P3234v③
〔惠安惠戒手下便物曆〕 甲辰年 (944)
　2)淨土寺?

12904 程義員 ……………… P3234v③-25
〔惠安惠戒手下便物曆〕 甲辰年 (944)

12905 程虞候 ……………… P3416piece1
〔程虞候家榮葬名目〕 乙未年二月十八日 (935)
　1)虞候

12906 程虞候 ……………… P3416piece2
〔榮葬名目〕 乙未年前後 (935?,936?前後)
　1)虞候　4)原作「虞候程」.

12907 程惠意 ……………… S00330
〔戒牒〕 雍熙二年五月十四日 (985)
　2)三界寺　3)沙州　4)原作「沙州三界寺授戒女弟子」「惠意程氏」.

12908 程惠意 ……………… S00330①
〔沙州三界寺授八戒牒(6通)〕 雍熙二年五月十四日 (985)
　3)沙州　4)原作「授戒女弟子惠意程氏」.亦末尾有「授戒師主沙門道眞」署名.

12909 程惠意 ……………… S00330②
〔沙州三界寺授八戒牒(6通)〕 太平興國九年正月十五日 (984)
　1)授戒女弟子　3)沙州　4)原作「授戒女弟子程惠意」.亦有末尾「授戒師主沙門道眞」署名.

12910 程惠意 ……………… S00330④
〔沙州三界寺授八戒牒(6通)〕 太平興國七年正月八日 (982)
　1)授戒女弟子　3)沙州　4)原作「授戒女弟子程氏惠意」.亦末尾「授戒師主沙門道眞」署名.

12911 程惠意 ……………… S00330⑤
〔沙州三界寺授八戒牒(6通)〕 太平興國九年正月廿八日 (984)
　1)授戒女弟子

12912 程慶ミ ……………… S01403
〔契約文書〕 十二月十六日 (9C後期)
　1)(住兒)父・口承人・兵馬使

12913 程嚴淨 ……………… P3167v
〔安國寺道場司關于(五尼寺)沙彌戒訴狀〕 乾寧二年三月 (895)
　2)靈修寺　4)⇒嚴淨.

12914 程仵々 ·············· 莫第205窟
〔供養人題記〕（8C後期）
　　1) 社人　4) 西壁。《燉》p. 94。《謝》p. 361。

12915 程仵子 ·············· BD16052A(L4028)
〔通查渠口轉帖〕　丙午年　(946?)

12916 程弘員 ·············· Дx02149B
〔見納缺柴人名目〕（10C）

12917 程校授 ·············· P3440
〔見納賀天子物色人名〕丙申年三月十六日
(996)
　　1) 校授

12918 程興子 ·············· P3418v④
〔龍勒鄉缺枝夫戶名目〕（9C末～10C初）
　　3) 龍勒鄉

12919 程(興?)晟 ·············· Дx06012
〔領物契〕（9C前期）
　　4) V面有「二月一日悉董薩部落百姓」一行。

12920 程再宜 ·············· P3167v
〔安國寺道場司關于(五尼寺)沙彌戒訴狀〕
乾寧二年三月　(895)

12921 程再々 ·············· P3418v④
〔龍勒鄉缺枝夫戶名目〕（9C末～10C初）
　　3) 龍勒鄉

12922 程師子 ·············· BD09472v①～③(發92)
〔龍興寺索僧正等五十八人就唐家蘭若請實
頭廬文〕（8～9C）
　　2) 靈修(寺)　3) 沙州

12923 程氏 ·············· S00330③
〔沙州三界寺授八戒牒(6通)〕太平興國七年
五月廿四日　(982)
　　1) 授戒女弟子　2) 三界寺　3) 沙州　4) 原作
「(末尾)授戒女弟子程氏惠意」。亦有末尾「授戒
師主沙門道眞」署名。第三紙(14行)。

12924 程氏 ·············· 莫第039窟
〔供養人題記〕（10C前期）
　　1) 新婦　4) 原作「新婦娘子程氏一心供養」。南
壁。《燉》p. 11。

12925 程悉難 ·············· 榆第33窟
〔供養人題記〕（10C中期）
　　1) 清信弟子　4) 南壁。《謝》p. 478。

12926 程社官 ·············· P3416piece2
〔榮葬名目〕　乙未年前後　(935?,936?前後)
　　1) 社官　4) 原作「社官程」。

12927 程闍梨 ·············· S01624v
〔什物交割曆〕（942頃）
　　1) 闍梨

12928 程闍梨 ·············· S01776②
〔某寺常住什物交割點檢曆〕顯德五年戊午
十一月十三日　(958)
　　1) 闍梨

12929 程闍梨 ·············· S01845
〔納贈曆〕丙子年四月十七日　(976?)
　　1) 闍梨

12930 程闍梨 ·············· Дx06037
〔納贈曆〕（10C）
　　1) 闍梨

12931 程醜子 ·············· S01845
〔納贈曆〕丙子年四月十七日　(976?)

12932 程什德 ·············· P4597
〔惠水本和菩薩戒文等37種〕（8C後期?）
　　1) 放駝人　4) 惠水本和菩薩戒文等37種貼付紙
別貼付紙片有光啓三年(900)。記事。

12933 程住兒 ·············· S01403
〔契約文書〕十二月十六日　(9C後期)
　　1) 雇驢人・隊頭

12934 程住德 ·············· BD16022C(L4018)
〔永寧坊巷社司文書〕（10C）
　　3) 永寧坊

12935 程住德 ·············· S01845
〔納贈曆〕丙子年四月十七日　(976?)

12936 程巡信 ·············· BD02823v(調23)
〔雜寫〕（9～10C）

12937 程順興 ·············· P3372v
〔社司轉帖并雜抄〕壬申年　(972)

12938 程?小遷 ·············· P4640v
〔官入破曆〕辛酉?年九月十日　(901?)
　　1) 杞鷹人

12939 程章完 ·············· S07932
〔月次番役名簿〕（10C後期）

12940 程丞 ············ P3591v
〔隨使押衙充臨河鎭使程丞狀〕 四月 (943頃)

12941 程?神海 ············ P4640v
〔官入破曆〕 辛酉年?五月廿三日 (901?)
 1)邑歸鎭使

12942 程進賢 ············ S06010
〔衙前第六隊轉帖〕 九月七日 (900前後)
 1)宅官

12943 程進〻 ············ P2685
〔善護・逐恩兄弟分家文書〕 戊申年四月六日 (828 or 888)
 1)諸親兄

12944 程政信 ············ P3718⑪
〔程和尙政信邀眞讚并序〕 己卯歲九月二日(題記) (919?)
 4)原作「和尙俗姓程氏香政信…」。

12945 程淸山 ············ S04703
〔買菜人名目〕 丁亥年 (987)

12946 程?淸?子 ············ P3555B piece11
〔納贈曆(殘)〕 (10C中期)

12947 程淸兒 ············ S06307
〔管內都僧正轉帖〕 九月一日 (10C後期)

12948 程淸?兒 ············ S11358
〔部落轉帖〕 (10C後期)

12949 程淸兒 ············ 杏・羽676
〔囑兵馬使王富慶信札(殘)〕 (10C)

12950 程淸娘? ············ S04703
〔買菜人名目〕 丁亥年 (987)

12951 程淸奴? ············ S04703
〔買菜人名目〕 丁亥年 (987)

12952 程善護 ············ P3167v
〔安國寺道場司關于(五尼寺)沙彌戒訴狀〕 乾寧二年三月 (895)
 1)(程文威)女 2)普光寺 4)⇒善護。

12953 程善住 ············ S01403
〔契約文書〕 十二月十六日 (9C後期)
 1)見人

12954 程善保 ············ S01845
〔納贈曆〕 丙子年四月十七日 (976?)

12955 程漸春 ············ P2556v
〔雜寫〕 咸通十年正月十八日 (869)

12956 程僧昻 ············ P2040v③-2
〔淨土寺西倉粟利入曆〕 己亥年 (939)
 2)淨土寺

12957 程僧政 ············ P3881v
〔招提司惠覺諸色斛㪷計會〕 太平興國六年 (981)
 1)僧正

12958 程?僧政 ········ Дх00285+Дх02150+Дх02167+Дх02960+Дх03020+Дх03123v③
〔某寺破曆〕 (10C中期)
 1)僧政

12959 程僧正 ············ P3852v②
〔大般若經付袟僧名目〕 (10C)
 1)僧正

12960 程僧正 ············ Дх11085
〔當寺轉帖〕 壬申年七月 (972)
 1)僧正

12961 程早廻 ············ P2040v①-7
〔淨土寺西倉豆破曆〕 (945前後)
 2)淨土寺

12962 程早廻 ············ P3763v
〔淨土寺入破曆〕 (945前後)
 2)淨土寺

12963 程多胡 ············ P4989
〔沙州戶口田地簿〕 (9C末)

12964 程太勿 ············ S06235B②
〔納贈曆〕 (9C中期)

12965 程太□ ············ P.tib2124v
〔人名錄〕 (9C中期?)

12966 程大圓智 ············ 杏・羽669-1
〔四分戒一卷比丘尼戒一卷〕 子年四月三日 (9C?)
 1)尼

12967 程大眼? ············ S11358
〔部落轉帖〕 (10C後期)

12968 程大娘? ………………… S11358
〔部落轉帖〕（10C後期）

12969 程智常 ………………… 莫第192窟
〔發願功德讚文并序〕（咸通）八年丁亥二月廿六日（867）
1）僧 4）東壁門口上方。《燉》p.85。

12970 程丑子 ………………… Дx11196
〔渠人轉帖〕十月九日（983）

12971 程丑兒 ………………… S04990v
〔社人名簿〕（10C?）

12972 程猪子 ………………… BD16021C（L4018）
〔永寧坊巷社扶佛人名目〕（9C後期～10C中期）
1）社官押衙 3）永寧坊 4）原作「永寧坊社官押衙程猪子」。

12973 程猪信 ………………… 莫第098窟
〔供養人題記〕（10C中期）
1）節度押衙銀青光祿大夫檢校太子賓客 4）中心佛壇背屏後壁。《謝》p.95。⇒程福信。

12974 程長盈 ………………… P3164
〔親情社轉帖〕乙酉年十一月廿六日（925?）

12975 程通子 ………………… P2049v①
〔淨土寺諸色入破曆計會牒〕同光三年（925）

12976 程定海 ………………… S01845
〔納贈曆〕丙子年四月十七日（976?）

12977 程弟奴 ………………… S03287v
〔戶口田地申告牒〕子年五月（832 or 844）
3）擊二部落

12978 程奴々 ………………… P3418v④
〔龍勒鄉缺枝夫戶名目〕（9C末～10C初）
3）龍勒鄉

12979 程唐?德 ………………… BD16083（L4050）
〔僧談會斜斟出便與人名目〕二月九日（9C後期）

12980 程道英 ………………… BD06110v②（薑10）
〔便粟曆(習書)〕天成五年庚寅歲正月五日（930）

12981 程鉢子 ………………… P2207piece3v
〔雜記〕（10C?）

12982 程富子 ………………… P3763v
〔淨土寺入破曆〕（945前後）
2）淨土寺

12983 程富住 ………………… BD15434①
〔社司轉帖〕（10C?）
2）普光寺

12984 程富住 ………………… P3234v⑮
〔淨土寺西倉豆利潤入曆〕（940年代?）
2）淨土寺

12985 程富住阿耶 ………………… BD15434①
〔社司轉帖〕（10C?）
1）阿耶 2）普光寺

12986 程富奴 ………………… Дx01432＋Дx03110
〔地子倉麥曆〕（10C）
1）口承人 4）原作「程願富壹石口承人程富奴」。

12987 程?富奴 ………………… Дx02971
〔王都頭倉下糧食破曆〕（10C）

12988 程福信 ………………… 莫第098窟
〔供養人題記〕（10C中期）
1）節度押衙銀青光祿大夫檢校太子賓客 4）中心佛壇背屏後壁。《燉》p.48,《謝》p.95。⇒程猪信。

12989 程佛奴 ………………… BD16113A（L4066）
〔地畝文書〕（10C）

12990 程糞槌 ………………… P3418v④
〔龍勒鄉缺枝夫戶名目〕（9C末～10C初）
3）龍勒鄉

12991 程賁 ………………… P2912v③
〔寫大般若經一部施銀盤子麥粟粉疏〕四月八日（9C前期）
4）原作「程賁母」。

12992 程文威 ………………… P3167v
〔安國寺道場司關于(五尼寺)沙彌戒訴狀〕乾寧二年三月（895）
2）普光寺?

12993 程文威 ………………… P4640v
〔官入破曆〕庚申年七月（900）
1）兵馬使

12994 程兵馬使 ……… P3555B piece4 piece5＋P3288①②
　〔社司轉帖〕 丁巳年?月一日 (957)
　　1)兵馬使

12995 程兵馬使 ……………… P3636piece1
　〔社人嚼粟曆〕 丁酉年頃 (937頃)
　　1)兵馬使

12996 程兵馬使 ……………… S08516E2
　〔社司轉帖〕 丙辰年六月十日 (956)
　　1)兵馬使

12997 程平水 ………………… S11353
　〔社司?轉帖〕 (10C)
　　1)平水

12998 程保? …………… BD07129v(師29)
　〔納物曆〕 (10C)

12999 程保住 ………………… P4063
　〔官建轉帖〕 丙寅年四月十六日 (966)

13000 程保成 …………… BD16026B(L4018)
　〔人名目〕 (10C)

13001 程保成 ………………… S01845
　〔納贈曆〕 丙子年四月十七日 (976?)

13002 程保通 ………………… S01845
　〔納贈曆〕 丙子年四月十七日 (976?)

13003 程方定? ……………… P3070v②
　〔社司轉帖(寫錄)〕 乾寧三年閏三(二)月 (896)

13004 程法?惠 ………… BD16145A(L4074)
　〔請人地畝別納枝橛曆〕 (9～10C)

13005 程法達 ………………… P3047v①
　〔僧名等錄〕 (9C前期)
　　4)僧名「法達」。

13006 程法達 ………………… P3047v⑧
　〔王都督儭合城僧徒名錄〕 (9C前期)
　　4)僧名「法達」。

13007 程法律 …………… BD06004v①(芥4)
　〔雜寫(法律6名列記)〕 (9～10C)
　　1)法律

13008 程法律 ………………… P2049v②
　〔淨土寺諸色入破曆計會牒〕 長興二年正月 (930～931)
　　1)法律　2)安國寺

13009 程法律 ………………… P3218
　〔時年轉帖〕 八月廿二日 (975以降)
　　2)乾元寺

13010 程法律 ………………… S03156①
　〔時年轉帖〕 己卯年十二月十六日 (979)
　　1)法律　2)乾元寺

13011 程法律 ………………… S04657②
　〔破曆〕 (970～990年代)
　　1)法律

13012 程法律 ………………… S08583
　〔都僧統龍辯牓〕 天福八年二月十九日 (943)
　　1)法律　2)報恩寺

13013 程法律 ………………… S10281
　〔納贈曆(殘)〕 (10C)
　　1)法律

13014 程法律 ………………… S10566
　〔秋季諸寺大般若轉經付配帙曆〕 壬子年十月 (952)
　　1)法律

13015 程法律 ………………… Дx01378
　〔當團轉帖〕 (10C中期)
　　1)法律

13016 程法律 ………………… Дx10272②
　〔僧名目〕 (10C)
　　1)法律

13017 程法律 ………………… Дx10273
　〔僧名目〕 (10C?)
　　1)法律

13018 程万 …………………… S06129
　〔諸鄉諸人貸便粟曆〕 (10C中期以降?)
　　1)押衙

13019 程万子 ………………… S05964
　〔羊𠂇計會簿〕 (8C末～9C前期)
　　1)牧羊人

13020 程万通 ………………… P2738v
　〔社司轉帖(寫錄)〕 咸通十年己丑六月八日頃 (869前後)

13021 程万通 ·················· 莫第098窟
〔供養人題記〕(10C中期)
　1)節度押衙銀青光祿大夫檢校國子祭酒兼御史中丞上柱國　4)北壁。《謝》p.94。⇒陳万通。

13022 程慢兒 ·················· S01845
〔納贈曆〕丙子年四月十七日 (976?)

13023 程滿福 ·················· S02894v⑤
〔社司轉帖〕(10C後期)

13024 程名宗 ·················· BD00417Av(洪17)
〔田籍(1行)〕(9C後期〜10C)
　4)本文有一行「□程名宗,更又壹段四畦,東至程名宗,西至程威子□」。

13025 程友兒 ·················· P3706v
〔雜寫〕丙午年正月廿八日 (946)
　1)百姓　3)莫高鄉　4)R面爲「大佛名懺悔文」(10C中期)。

13026 程祐住 ·················· P3145
〔社司轉帖〕戊子年閏五月 (988?)

13027 程里?子 ·················· P2207piece2v
〔雜記〕(10C)

13028 程力贊 ·················· S11354
〔雇馬曆〕五月七日 (9C)

13029 程流定 ·················· S05465②-3
〔社關係破曆〕丁丑年十月十一日 (977)

13030 程郎 ·················· S06981⑤
〔親情社轉帖〕癸亥年八月十日 (963)

13031 程郎阿朶子 ·················· 杏·羽672
〔新集親家名目〕(10C?)

13032 程祿兒 ·················· P3418v④
〔龍勒鄉缺枝夫戶名目〕(9C末〜10C初)
　3)龍勒鄉

13033 程□兒 ·················· Дx04278
〔十一鄉諸人付麵數〕乙亥年四月十一(日) (915? or 975)
　3)龍〔勒鄉〕

13034 程?□清 ·················· 濱田
〔雜記(佛說八陽神呪經等)〕甲申年六月廿三日 (984)
　1)僧　2)報恩寺　4)原作「報恩寺僧」。

13035 程?□□ ·················· P3691piece1
〔社司轉帖(社人名目)〕戊午年九月十一日 (958)

13036 程□□ ·················· 莫第281窟
〔供養人題記〕(10C前期)
　1)□(光)祿大夫檢校太子　4)原作「□祿大夫檢校太子…/程□□一心供養」。前室西壁門北側。《燉》p.113。

13037 程 ·················· BD11502①(L1631)
〔燉煌十一僧寺別姓名簿幷緣起經論等名目〕(9C後期)
　2)乾(元寺)

13038 程 ·················· BD11502①(L1631)
〔燉煌十一僧寺別姓名簿幷緣起經論等名目〕(9C後期)
　2)開(元寺)

13039 程 ·················· S06297
〔破曆〕丙子年 (976)
　1)法律

13040 茝憨子 ·················· S03485v②
〔尚書倉入曆〕(10C後期)
　4)V面①「功德記」內存「丁卯年(967?)7月17日記」之文。

13041 茝友奴 ·················· S03485v②
〔尚書倉入曆〕丁卯年七月十七日 (967)
　4)⇒友奴。

13042 提二郎 ·················· P2049v①
〔淨土寺諸色入破曆計會牒〕同光三年 (925)

13043 貞闍梨 ·················· BD11493(L1622)
〔十僧寺三尼寺勘教付經曆(首尾全)〕亥年四月廿九日 (9C前期)
　1)闍梨

13044 鄭家 ·················· S03663
〔文選卷第9〕(9C)
　4)原作「鄭家爲景點訖」。朱書。

13045 鄭家 ·················· S03663
〔文選卷第9〕(9C)

13046 鄭覺體 ·················· S02669
〔管內尼寺(安國寺·大乘寺·聖光寺)籍〕(865〜870)
　2)大乘寺　3)神沙鄉　4)姓「鄭」。俗名「餂々」。

氏族人名篇　てぃーてき　鄭擲翟

13047　鄭鉗ゞ ………………… S02669
〔管內尼寺(安國寺・大乘寺・聖光寺)籍〕
(865～870)
　　2)大乘寺　3)神沙鄉　4)尼名「覺體」。

13048　鄭希 ………………… BD09280(周1)
〔給糴敬愛等多衣曆〕(8C?)

13049　鄭銀子 ……………… S02669
〔管內尼寺(安國寺・大乘寺・聖光寺)籍〕
(865～870)
　　2)大乘寺　3)洪池鄉　4)尼名「賢覺」。

13050　鄭繼溫 ……………… P4093①-1
〔燉煌鄉百姓鄭繼溫貸絹契(稿)〕丁亥年及庚
寅年四月六日 (987・990)
　　1)百姓　3)燉煌鄉

13051　鄭繼溫 ……………… P4093①-2
〔燉煌鄉百姓鄭繼溫貸絹契(稿)〕丁亥年及庚
寅年四月六日 (987・990)
　　1)百姓　3)燉煌鄉

13052　鄭賢覺 ……………… S02669
〔管內尼寺(安國寺・大乘寺・聖光寺)籍〕
(865～870)
　　2)大乘寺　3)洪池鄉　4)姓「鄭」。俗名「銀子」。

13053　鄭興光 ……………… S02228①
〔絲綿部落夫丁修城使役簿〕亥年六月十五
日 (819)
　　1)(右十)　3)絲綿部落　4)首行作「亥年六月
十五日州城所, 絲綿」。末行作「亥年六月十五日
畢功」。

13054　鄭苟子 ……………… Дx01408
〔劾穀鄉百姓康滿奴等地畝曆〕(9C末)
　　1)戶(主)　3)劾穀鄉

13055　鄭醜撻 ……………… BD03925(生25)
〔賣宅舍契〕開寶八年丙子三月一日 (975)
　　1)百姓　3)莫高鄉

13056　鄭從嗣 ……………… BD14667v①②(新0867)
〔鄭從嗣上常侍記〕三月八日 (9C末期以降)

13057　鄭順 ………………… P4810v①
〔役簿?〕十月七日 (9C)
　　1)右十

13058　鄭小得 ……………… P3047v⑨
〔諸人諸色施捨曆〕(9C前期)

13059　鄭尚書 ……………… S02589
〔肅州防戍都營田使等狀〕中和四年十一月一
日 (884)
　　1)尚書　3)肅州

13060　鄭清 ………………… IOL.Vol.69.fol.47-48v
〔納贈布絹褐曆〕(9C)
　　4)R面爲「論語集解」(8C)。

13061　鄭孿鷄 ……………… S02894v⑤
〔社司轉帖〕壬申年 (10C後期)

13062　鄭相公 ……………… P3547
〔上都進奏院狀上(原題)〕(9C後期?)

13063　(鄭?)丑撻 ………… BD03925(生25)
〔賣地契〕開寶八年丙子三月一日 (975)
　　4)⇒丑撻。

13064　鄭二娘 ……………… P2259v
〔龍勒鄉部落戶口狀上〕(9C前期)
　　3)龍勒鄉

13065　鄭□ ………………… 莫第399窟
〔供養人題記〕(11C後期)
　　1)施主　4)西壁。《燉》p.151。

13066　鄭 …………………… BD05673v④(李73)
〔行人轉帖(寫錄)〕今月十二日 (9C末)

13067　擲孿鷄 ……………… S01153
〔諸雜人名目〕(10C後期)

13068　翟阿朵 ……………… S03982
〔月次人名目〕乙丑年七月 (965)

13069　翟阿馬 ……………… P3384
〔戶籍(殘)〕大順二年辛亥正月一日 (891)
　　4)20歲。

13070　翟娃子 ……………… S02669
〔管內尼寺(安國寺・大乘寺・聖光寺)籍〕
(865～870)
　　2)安國寺?　3)神沙鄉　4)尼名「智忍花」。

13071　翟安住 ……………… P2032v⑯-2
〔淨土寺麥利閏入曆〕(940前後)
　　2)淨土寺

13072　翟安住 ……………… S08445v＋S08446v
〔羊數名目〕丁未年 (943)

502

13073 翟安和 ·················· P3384
〔戶籍(殘)〕 大順二年辛亥正月一日 (891)
　4) 27歲。

13074 翟維明 ·················· S02729①
〔燉煌應管勘牌子歷〕 辰年三月 (788)
　1) 僧 2) 大雲寺 3) 沙州 4) 巳年7月11日死。7
行目。

13075 翟員外 ·················· P3868
〔管公明卜要訣(末)〕 (10C?)
　1) 員外

13076 翟員子 ·················· P3935
〔田籍文書(稿)〕 (10C)
　4) V面爲「931-937年還粟麥算會文書」。

13077 翟員通 ·················· P2680v②
〔諸鄉諸人便粟曆〕 (10C中期)

13078 翟員定 ·················· P2040v②-5
〔淨土寺西倉粟入曆〕 (945以降)
　2) 淨土寺

13079 翟員德 ·················· S09929
〔社司轉帖(殘)〕 □月十六日 (10C)
　1) 社□

13080 翟榮胡? ·················· S05824
〔經坊費負担人名目〕 (8C末〜9C前期)
　1) 寫經人 3) 絲綿部落 4) ⇒翟榮朝。

13081 翟榮昌 ·················· 莫第098窟
〔供養人題記〕 (10C中期)
　1) 節度押衙知右廂子弟虞侯銀青光祿大夫檢
校國子祭酒兼御史中丞上柱國 4) 南壁。《燉》
p.43。《謝》p.93。

13082 翟榮朝 ·················· S05824
〔經坊費負担人名目〕 (8C末〜9C前期)
　1) 絲綿部落 3) 絲綿部落 4) ⇒翟榮胡。

13083 翟榮老 ·················· S02228v②
〔貸麥曆〕 (吐蕃期)

13084 翟永吉 ·················· P3721v③
〔冬至自斷官員名〕 己卯年十一月廿六日
(979)

13085 翟永□ ·················· 杏・羽701
〔防禦使帖瓜州衙推永□(稿)〕 (10C)
　1) 防禦使帖瓜州衙推

13086 翟營田 ·················· P3396v
〔沙州諸渠別䒷薗名目〕 (10C後期)
　1) 營田

13087 翟英玉 ·················· P2614v
〔尙饗文〕 甲辰年四月庚辰朔廿九日戊甲
(824)

13088 翟英玉 ·················· S02041
〔社約〕 丙寅年三月四日 (846)
　4) 年號別筆(丙寅年三月四日)。ペン筆。

13089 翟圓照 ·················· S02729①
〔燉煌應管勘牌子歷〕 辰年三月 (788)
　1) 僧 2) 靈修寺 3) 沙州 4) 申年3月20日死。
29行目。

13090 翟押衙 ·················· P3240②
〔付唇歷〕 壬寅年七月十六日 (1002)
　1) 押衙

13091 翟押衙 ·················· S09458
〔翟押牙於柴場領柴憑〕 丙戌年五月・六月
(926 or 986)
　1) 押衙

13092 翟押衙 ·········· Дх01425＋Дх11192＋
Дх11223
〔某寺弔儀用布破曆〕 辛酉年從正月到四月
(961)
　1) 押衙 4) 原作「翟押衙亡弔」。

13093 翟押衙 ·················· Дх02143
〔押衙索勝全換馬契〕 乙未年六月十六日
(995 or 935)
　1) 押衙

13094 翟押衙 ·················· 莫第329窟
〔修造題記〕 (10C前期)
　1) 押衙 4) 原作「其窟壹龕索都頭翟押衙二人同
修記」。甬道南壁。《燉》p.133。

13095 翟王久 ·················· P2032v①
〔淨土寺麥入曆〕 (944前後)
　2) 淨土寺

13096 翟王久 ·················· P3234v③-58
〔惠安惠戒手下便物曆〕 甲辰年 (944)

13097 翟恩?ミ ·················· Дх05944
〔納贈曆?〕 (10C)

13098 翟恩進 ············· Дx04278
〔十一鄉諸人付麵數〕 乙亥年四月十一(日)
(915? or 975)
　3)莫高鄉

13099 翟溫子 ············· 莫第220窟
〔供養人題記〕 (10C前期)
　1)(翟奉達)亡兄・處士　4)原作「亡兄燉煌處士
　翟溫子一心供養」。甬道北壁。《燉》p. 103。

13100 翟溫政 ············· 莫第220窟
〔供養人題記〕 (10C前期)
　1)(翟奉達)弟・步軍隊頭　4)原作「弟步軍隊頭
　翟溫政供養」。甬道北壁。《燉》p. 103。

13101 翟家 ················ P2104
〔保定五季歲次乙酉「十地義疏卷第3」(尾
題)〕 庚辰年五月廿八日 (980)
　4)原作「…庚辰年五月廿八日翟家寫經記之耳也
　押牙董文業?…願受保定五季」。

13102 翟家 ················ P4008
〔礎麵人名目〕 (10C中期?)

13103 翟家 ················ S06031
〔付經曆〕 庚辰年十一月中 (980)

13104 翟家 ················ S06452③
〔破曆〕 壬午年 (982?)
　2)淨土寺

13105 翟家 ············· Дx01451②
〔韓定昌等便黃麻曆〕 戊寅年三月七日 (978
or 918)

13106 翟家 ················ 燉研322
〔臘八燃燈分配窟龕名數〕 辛亥年十二月七
日 (951)

13107 翟家阿師子 ·········· P4693
〔官齋納麵油粟曆〕 (10C後期)

13108 翟家阿郎子 ·········· P3364
〔某寺白麵圓麵油破曆(殘)〕 (959前後)

13109 翟家進通 ········· P2049v①
〔淨土寺諸色入破曆計會牒〕 同光三年
(925)

13110 翟(家人) ············ S06452③
〔破曆〕 壬午年 (982?)
　2)淨土寺　4)⇒翟。

13111 翟家□ ············ P3288piece1
〔佛現齋造餺飩人名目〕 (10C)
　1)餺飩人

13112 翟衙推 ············· P2916
〔納贈曆〕 癸巳年 (993?)
　1)衙推

13113 翟衙推 ············· P3440
〔見納賀天子物色人名〕 丙申年三月十六日
(996)
　1)衙推

13114 翟衙推 ············· P3942
〔某家榮親客目〕 (10C?)
　1)衙推

13115 翟衙推小娘子 ········ S04643
〔陰家榮親客目〕 甲午年五月十五日 (994)
　4)當人是翟保興都頭之家嚩。

13116 翟衙推娘子 ·········· P3942
〔某家榮親客目〕 (10C?)
　4)原作「娘子翟衙推」。

13117 翟悔通 ······ S08445＋S08446＋
S08468①
〔羊司於常樂稅羊人名目〕 丙午年六月廿七
日 (946)

13118 翟懷恩 ············· P4640③
〔翟家碑(唐僧統述文)〕 (9C末〜10C前)
　1)僧統・次姪

13119 (翟)懷恩 ··········· 莫第085窟
〔供養人題記〕 (10C前期)
　1)姪男河西節度押衙兼監察御史　4)甬道北壁。
　《燉》p. 29。⇒懷恩。

13120 翟會興 ············· P3655v
〔兒郎偉等雜記〕 (10C)

13121 翟會興 ······ コペンハーゲン博物館
藏・燉煌文獻背面(OA102,MS2)
〔佛典兌紙雜記〕 (10C後期)
　1)書手

13122 翟灰奴 ············· S00542v
〔燉煌諸寺丁壯車牛役部〕 戊年六月十八日
(818)
　2)金光明寺

13123 翟憨兒 ……………… Дx04278
〔十一鄉諸人付麵數〕 乙亥年四月十一(日)
(915? or 975)
　3)慈惠鄉

13124 翟漢君 ……………… P2680v⑥
〔社司轉帖〕 六月廿三日 (10C中期)

13125 翟願彥 ……………… P3721v②
〔兄(見)在巡禮都官都頭名牒〕 庚辰年正月
十五日 (980)

13126 翟宜來 ……………… S09156
〔沙州戶口地畝計簿〕 (9C前期)

13127 翟喫 ……………… Дx01277
〔納贈曆〕 丁丑年七月十日 (977)

13128 翟丘 ……………… P2912v③
〔寫大般若經一部施銀盤子麥粟粉疏〕 四月
八日 (9C前期)

13129 翟丘 ……………… P3205
〔僧俗人寫經曆〕 (9C前期)
　1)俗人

13130 翟丘 ……………… S02711
〔寫經人名目〕 (9C前期)
　1)寫經人　2)金光明寺

13131 翟丘 ……………… S04831②
〔寫經人名目〕 (9C前期)
　1)寫經人

13132 (翟)丘 ……………… S04831v
〔寫經人名目〕 (9C前期)
　1)寫經人

13133 翟丘 ……………… S07945
〔僧俗寫經分團人名目〕 (823以降)

13134 翟教授闍梨 ……………… P2807
〔願文〕 (9C前期)
　1)教授闍梨

13135 翟教授闍梨 ……………… P4660
〔願文〕 (9C前後)
　1)教授闍梨　4)翟和尚邈眞讚中「三學教授」。

13136 翟鄉官 ……………… S08445＋S08446＋
S08468
〔羊司於常樂稅羊人名目〕 丙午年六月廿七
日 (946)
　1)鄉官

13137 翟玉 ……………… S02041
〔社約〕 丙寅年三月四日 (846)
　4)年號別筆(丙寅年三月四日)。ペン筆。

13138 翟緊子 ……………… Дx11078
〔(渠社?)轉帖〕 四月十日 (950前後)

13139 翟金 ……………… P3205
〔僧俗人寫經曆〕 (9C前期)
　1)俗人

13140 翟金 ……………… S07945
〔僧俗寫經分團人名目〕 (823以降)
　1)寫經人

13141 翟金子 ……………… S08445＋S08446＋
S08468②
〔羊司於紫亭得羊名目〕 丙午年三月九日
(946)

13142 翟君使 ……………… P3145v
〔節度使下官人名・鄉名諸姓等雜記〕 (10C)

13143 翟慶德 ……………… S09929
〔社司轉帖(殘)〕 □月十六日 (10C)

13144 翟慶(德) ……………… Дx01418
〔燉煌諸鄉別便豆曆〕 (10C)
　1)官徒

13145 翟慶郎 ……………… BD16381(L4455)
〔諸家磚曆〕 (10C)

13146 翟敬愛 ……………… BD09280(周1)
〔給翟敬愛等多衣曆〕 (8C?)

13147 翟縣令 ……………… P3440
〔見納賀天子物色人名〕 丙申年三月十六日
(996)
　1)縣令

13148 翟元嗣 ……………… P4640v
〔官入破曆〕 庚申年十一月 (900)
　1)押衙

氏族人名篇　てき　翟

13149 翟元?嗣 ………………… P5546
〔神沙鄉人名目(殘)〕（900頃）
　3)神沙鄉

13150 翟元祠 ………………… S06130
〔諸人納布曆〕（10C）

13151 翟嚴 ………………… 莫第199窟
〔供養人題記〕（9C末期）
　1)社人　4)原作「南無地藏菩薩社人休嚴等爲亡社人李通濟敬造」。南壁。《燉》p.90。

13152 翟胡 ………………… S04703
〔買菜人名目〕丁亥年（987）

13153 翟胡 ………………… S06452②
〔周僧正貸油麴曆〕辛巳年～壬午年（981～982?）

13154 翟胡兒 ………………… S09713v
〔人名目(3名)〕（9C?）

13155 翟孔目 ………………… S08448Bv
〔紫亭羊數名目〕（940頃）

13156 翟弘慶 ………………… S01898
〔兵裝備簿〕（10C前期）
　1)押衙

13157 翟後槽 ………………… S05486②
〔社司轉帖〕壬寅年六月九日（942）
　1)後槽

13158 翟苟兒 ………………… S00542v
〔燉煌諸寺丁壯車牛役部〕戌年六月十八日（818）
　2)金光明寺

13159 翟行者 ………………… BD16381（L4455）
〔諸家磚曆〕（10C）

13160 翟哭?口 ………………… S04643
〔陰家榮親客目〕甲午年五月十五日（994）

13161 (翟)國淸 ………………… 莫第220窟
〔供養人題記〕（8C末期～9C初期）
　1)請信佛弟子　4)甬道南壁。《燉》p.101。⇒國淸。

13162 翟今 ………………… S04831②
〔寫經人名目〕（9C前期）
　1)寫經人

13163 翟今 ………………… S07945
〔僧俗寫經分團人名目〕（823以降）

13164 翟再盈 ………………… P3384
〔戶籍(殘)〕大順二年辛亥正月一日（891）

13165 翟再溫 ………………… P3441v
〔社司轉帖(寫錄)〕三月十三日（10C前期）

13166 翟再溫 ………………… 劫餘錄續編0836
〔逆刺占〕天復貳載歲在壬戌四月丁丑朔七日（902）
　1)河西燉煌郡州學上足子　4)字奉達。

13167 翟再順 ………………… BD04621v(劍21)
〔書簡稿〕今月廿日（9～10C）
　4)原作「報副使王永興監使翟再順都衙董祐德等右奉處分今月廿日」。在同紙上有「壬辰年二月四日」等紀年。

13168 翟再順 ………………… P2938v
〔雜寫〕（10C）
　1)都衙

13169 翟再成 ………………… P3384
〔戶籍(殘)〕大順二年辛亥正月一日（891）
　4)8歲。

13170 翟宰相 ………………… P2026v
〔人名目〕天福十年乙巳歲（別記）（945）
　1)宰相　4)余白：ペン筆。

13171 翟參謀 ………………… P2216
〔行間雜記〕淸泰二年乙未歲六月五日頃（935）
　1)參謀　4)「金剛波羅蜜經」行間落書。

13172 翟殘奴 ………………… Дx05534
〔禮佛見到僧等人名目〕廿日夜（10C）

13173 翟使君 ………………… P2734v
〔翟使君狀〕辛巳年三月廿四日（981）
　4)R面爲「十二時」(10C後半)。

13174 翟使君 ………………… P3288piece1
〔佛現齋造餺飥人名目〕（10C）

13175 翟使君 ………………… P3721v③
〔冬至自斷官員名〕己卯年十一月廿六日（979）

翟　てき　氏族人名篇

13176　翟使君 ························ S01153
〔諸雜人名目〕（10C後期）

13177　翟使君 ························ S04443v
〔諸雜難字（一本）〕（10C）

13178　翟使君 ························ S04700
〔陰家榮親客目〕甲午年五月十五日（994）
　　1）使君

13179　翟使君 ························ S05039
〔某寺諸色破曆〕（10C後期）
　　1）使君

13180　翟使君 ························ S08661
〔軍資庫司大箭破曆〕癸丑年五月十一日・八月二日・九月八日（953）
　　1）使君

13181　翟四大口 ······················ P3440
〔見納賀天子物色人名〕丙申年三月十六日（996）

13182　翟四大口 ······················ S04643
〔陰家榮親客目〕甲午年五月十五日（994）

13183　翟師子 ············· BD03740（霜40）
〔大般若波羅蜜多經卷第293〕（9C）

13184　翟指撝 ······················ P3490v①
〔油破曆〕辛巳年頃（921頃）
　　1）指撝

13185　翟指撝 ····················· S06981①
〔某寺入曆〕辛酉年〜癸亥年中間三年（901〜903 or 961〜963）
　　1）指撝

13186　翟氏 ··············· BD09015v（虞36）
〔書啓稿雜記〕（10C後半）
　　4）原作「勅受涼國夫人潯陽翟氏」。

13187　翟氏 ·························· P2982
〔梁國夫人潯陽翟氏疏〕顯德四年九月日（957）

13188　翟氏 ··················· Stein Painting 77v
〔曹元忠夫婦修北大像功德記〕乾德四年五月九日（966）
　　1）勅受涼國夫人

13189　翟氏 ······················· 莫第005窟
〔供養人題記〕（10C前期）
　　1）勅受涼國夫人　4）甬道北壁。《燉》p.3。

13190　翟氏 ······················· 莫第055窟
〔供養人題記〕宋建隆三年間（962）
　　1）姊　4）原作「翟小娘子翟氏一心供養」。東壁門北側。《燉》p.18。《謝》p.146。

13191　翟氏 ······················· 莫第061窟
〔供養人題記〕（10C末期）
　　4）原作「故譙縣夫人一心供養出適翟氏」。東壁門北側。《燉》p.22。《謝》p.134。

13192　翟氏 ······················· 莫第061窟
〔供養人題記〕（10C末期）
　　1）新婦　4）原作「新婦小娘子翟氏一心供養」。南壁。《燉》p.24。《謝》p.136。

13193　翟氏 ······················· 莫第061窟
〔供養人題記〕（10C末期）
　　4）原作「故姊譙縣夫人一心供養出適翟氏」。東壁門南側。《燉》p.21。《謝》p.134⇒（曹氏）。

13194　翟氏 ······················· 莫第061窟
〔供養人題記〕（10C末期）
　　1）施主・勅授潯陽郡夫人　4）原作「施主勅授潯陽郡夫人翟氏一心供養」。南壁。《燉》p.23。《謝》p.131。

13195　翟氏 ······················· 莫第061窟
〔供養人題記〕（10C末期）
　　4）原作「故姊譙郡夫人一心供養出適翟氏」。東壁門南側。《燉》p.21。《謝》p.134⇒（曹氏）。

13196　翟氏 ······················· 莫第061窟
〔供養人題記〕（10C末期）
　　4）原作「姨甥小娘子長泰一心供養出適翟氏」。北壁。《燉》p.25。

13197　翟氏 ······················· 莫第098窟
〔供養人題記〕（10C中期）
　　4）原作「女第十三小娘子一心供養出適翟氏」。東壁門北側。《燉》p.33。《謝》p.90⇒（曹氏）第十三小娘子。

13198　翟氏 ······················· 莫第098窟
〔供養人題記〕（10C中期）
　　4）原作「故女第十四小娘子一心供養出適翟氏」。北壁。《燉》p.33。《謝》p.98。⇒（曹氏）第十四小娘子。

13199 翟氏 ·················· 莫第098窟
〔供養人題記〕（10C中期）
　4)原作「故女第十一小娘子一心供養出適翟氏」。
　東壁門北側。《燉》p.32。《謝》p.89⇒(曹氏)第
　十一小娘子。

13200 翟氏 ·················· 莫第098窟
〔供養人題記〕（10C中期）
　4)原作「新婦小娘子翟氏供養」。北壁。《燉》p.33。
　《謝》p.99。

13201 翟氏 ·················· 莫第098窟
〔供養人題記〕（10C中期）
　1)故新婦　4)原作「故新婦娘子休氏供養」。南
　壁。《燉》p.38。《謝》p.93。

13202 翟氏 ·················· 莫第108窟
〔供養人題記〕（10C中期）
　4)原作「故姪第十一小娘子一心供養出適翟氏」。
　南壁。《燉》p.52。《謝》p.81。

13203 翟氏 ·················· 莫第108窟
〔供養人題記〕（10C中期）
　4)原作「故姪女第十四小娘子是北方大廻國聖天
　可汗的孫一心供養出適翟氏」。南壁。《燉》p.52。
　《謝》p.81。

13204 翟氏 ·················· 莫第108窟
〔供養人題記〕（10C中期）
　4)原作「新婦翟氏一心供養」。南壁。《燉》p.53。
　《謝》p.81。

13205 翟氏 ·················· 莫第220窟
〔供養人題記〕（五代）
　1)僧　4)《謝》作「□□寺僧□□一心供養俗姓翟
　氏」。西壁。《謝》p.354。

13206 翟氏 ·················· 莫第231窟
〔供養人題記〕（11C初期）
　4)原作「□□小娘子翟氏一心供養」。西壁。《燉》
　p.105。《謝》p.107。

13207 翟氏 ·················· 莫第427窟
〔供養人題記〕　宋乾德八年頃　（970頃）
　4)甬道北壁。《Pn》作「勅受□□□□翟氏一〔心〕
　供養」。

13208 翟氏 ·················· 莫第437窟
〔供養人題記〕（10C中期）
　1)勅受涼國夫人　4)原作「勅受涼國夫人潯陽翟
　氏一心…」。甬道北壁。《燉》p.165。《謝》p.293。

13209 翟氏 ·················· 楡第33窟
〔供養人題記〕（10C中期）
　1)勅受涼國夫人　4)洞口。《謝》p.481。

13210 翟氏 ·················· 楡第34窟
〔供養人題記〕（11C初期）
　1)勅受涼國夫人　4)洞口。《謝》p.483。

13211 翟寺主 ················· P3947
〔龍興寺應轉經僧分兩蕃定名牒〕　亥年八月
（819 or 831）
　1)寺主　2)龍興寺　4)V面爲「9C前半大雲寺僧
　所有田籍簿」。

13212 翟闍梨 ················· P2944
〔大乘寺・聖光寺等尼僧名錄〕（10C後期?）
　1)闍梨　2)大乘寺

13213 翟闍梨 ················· S06981⑭
〔破曆(殘)〕（10C後期）
　1)闍梨

13214 翟闍(梨?) ··············· Дx02146
〔請諸寺和尙僧政法律等名錄〕（10C?）
　1)闍(梨)?　2)報恩寺

13215 翟闍□ ················ Дx02146
〔請諸寺和尙僧政法律等名錄〕（10C?）
　2)報恩寺

13216 翟儒秀 ················· S05073
〔納柴曆計會〕　癸未年　（983?）

13217 翟醜兒 ················· S01386v
〔雜寫〕　甲辰年十一月十二日　（944）

13218 翟集子 ················· P2667v
〔宴設使文書(梁幸德細供)〕　大順年　（890～
891）

13219 翟飈颫 ················· P2746
〔孝經1卷(尾)及有五言詩一首〕　歲至庚辰月
造秋季日　（860）

13220 翟住?郎 ················ S11602v
〔田地契〕（10C前期）
　1)見人・孫?

13221 翟十一 ················· P3047v⑨
〔諸人諸色施捨曆〕（9C前期）

13222 翟?十?榮 ·················· P.tib2124v
〔人名錄〕 (9C中期?)

13223 翟勝覺 ······················ S02669
〔管內尼寺(安國寺・大乘寺・聖光寺)籍〕
(865～870)
2)大乘寺 3)神沙鄉 4)姓「翟」。俗名「足娘」。

13224 翟勝子 ····················· S02228①
〔絲綿部落夫丁修城使役簿〕 亥年六月十五日 (819)
1)(右九) 3)絲綿部落 4)首行作「亥年六月十五日州城所, 絲綿」。末行作「亥年六月十五日畢功」。

13225 翟勝子 ····················· S02228①
〔絲綿部落夫丁修城使役簿〕 亥年六月十五日 (819)
3)絲綿部落 4)首行作「亥年六月十五日州城所, 絲綿」。末行作「亥年六月十五日畢功」。

13226 翟將軍 ············· BD16112G(L4066)
〔某寺雜物歷〕 (10C?)
1)將軍

13227 翟小清 ······················ Дx10270
〔便粟麥歷〕 (946)

13228 (翟)承慶 ···················· 莫第085窟
〔供養人題記〕 (10C前期)
1)弟將仕郎守燉煌縣尉 4)甬道北壁。《燉》p.29。⇒承慶。

13229 翟章定 ······················ P4776v
〔供養文〕 (9～10C)
1)歸義軍節度押衙內都攝指銀青光祿大夫檢校禮部尚書上柱國 4)原作「歸義軍節度押衙內都攝指銀青光祿大夫檢校禮部尚書上柱國翟章定一心供養」。

13230 翟常奴 ······················ P5003v
〔社人納色物歷〕 (9C前期)

13231 翟信 ························ 莫第220窟
〔供養人題記〕 (10C前期)
1)(翟奉達)亡父・衙前正兵馬使銀青光祿大夫檢校太子賓客 4)原作「亡父衙前正兵馬使銀青光祿大夫檢校太子賓客翟諱信供養」。甬道北壁。《燉》p.102。

13232 翟信子 ················ BD04698v(劍98)
〔翟信子等三人狀及判詞〕 甲戌年(～丁丑年) (974～977?)
1)金銀匠

13233 翟信子 ······················ P3860
〔翟信子定君父子缺麥粟憑〕 丙午年六月廿四日 (946?)
1)缺物人

13234 翟神慶 ····················· P4660⑫
〔翟神慶邈真讚〕 咸通五載四月廿五日 (864)
1)燉煌縣尉 4)原作「第將仕郎守燉煌縣尉承慶大唐河西道沙州燉煌郡…燉煌縣尉翟」。公諱時咸通五載四月廿五日記?家窟867年修營。

13235 翟神慶 ······················ S02041
〔社約〕 丙寅年三月四日 (846)
4)年號別筆(丙寅年三月四日)。ペン筆。

13236 翟神德 ······················ P3384
〔戶籍(殘)〕 大順二年辛亥正月一日 (891)

13237 翟神德 ··················· 莫第220窟
〔供養人題記〕 (10C前期)
1)樂住持行者・(翟奉達)宗叔 4)原作「樂住持行者宗叔翟神德敬畫觀音菩薩一軀。」甬道北壁。《燉》p.103。

13238 翟水官 ······················ P4003
〔渠社轉帖〕 壬午年十二月十八日 (922 or 982)
1)水官

13239 翟水官 ····················· S01519②
〔破歷〕 壬子年 (952)
1)水官

13240 翟水官 ······················ S04700
〔陰家榮親客目〕 甲午年五月十五日 (994)
1)水官

13241 翟正因 ····················· S02729①
〔燉煌應管勘牌子歷〕 辰年三月 (788)
1)僧 2)靈修寺 3)沙州 4)33行目。

13242 翟清子 ················ BD05163v(稱63)
〔金有陀羅尼經(背)〕 (9C)

13243 翟清子 ················ BD05195v(稱95)
〔金有陀羅尼經1卷(尾)〕 (9C)
4)尾題背面紙端部有細字「翟清子」。

13244 翟清淨林 ･････････････････ S02669
〔管内尼寺(安國寺・大乘寺・聖光寺)籍〕
(865〜870)
2)大乘寺　3)燉煌鄉　4)姓「翟」。俗名「足娘」。

13245 翟清〔倩?〕奴 ･････････････ Дx01317
〔衙前第一隊轉帖〕　二月六日　(10C中期)

13246 翟?生 ･･･････････････････ P4542
〔便麥粟曆(殘)〕　(10C)

13247 翟迦覩 ･････････････････ P3047v①
〔僧名等錄〕　(9C前期)
4)僧名「迦覩」。

13248 翟善員 ･････････ S08445＋S08446＋
S08468④
〔羊司於常樂官稅羊數名目〕　丁未年四月十二
日　(943)

13249 翟善住 ･････････････････ P3547
〔上都進奏院狀上(原題)〕　(9C後期?)
1)衙前兵馬使

13250 (翟)善住 ･･･････････････ 莫第220窟
〔供養人題記〕　(10C前期)
1)(翟奉達)亡男　4)原作「亡男善住一心供
養」。甬道北壁。《燉》作「善□」。《謝》p. 354。《燉》
p. 103。⇒善住。(翟)善□。善□。

13251 翟善通 ･････････････････ P3705v
〔人名錄雜記〕　中和二年頃　(882?)

13252 翟善德 ･････････････････ P3396
〔沙州諸渠別粟田名目〕　(10C後期)

13253 翟善德 ･････････ S08445＋S08446＋
S08468④
〔羊司於常樂官稅羊數名目〕　丁未年四月十二
日　(943)

13254 翟善賓 ･････････････････ P3721v③
〔冬至自斷官員名〕　己卯年十一月廿六日
(979)

13255 翟善保 ･････････････････ P3153
〔兄弟文書(雜寫)〕　(10C初期)
4)舊P3155v。

13256 翟善友 ･････････････････ P3167v
〔安國寺道場司關于(五尼寺)沙彌戒訴狀〕
乾寧二年三月　(895)

13257 (翟)善□ ･･･････････････ 莫第220窟
〔供養人題記〕　(10C前期)
1)(翟奉達)亡男　4)原作「亡男善□一心供養」。
甬道北壁。《燉》p. 103。《謝》p. 354。⇒(翟)善住。
善住。善□。

13258 翟僧政 ･･････････････ BD09095v①(陶16)
〔釋門僧政轉帖〕　某月七日　(10C)
1)僧政　2)永安寺　4)有題記「靈圖寺沙門大德
閻僧戒辯一心供養」。

13259 翟僧政 ･････････････････ S02614v
〔燉煌應管諸寺僧尼名錄〕　(895)
1)僧政　2)龍興寺

13260 翟僧政 ･････････････････ Дx02146
〔請諸寺和尚僧政法律等名錄〕　(10C?)
1)僧正　2)報恩寺

13261 翟僧政 ･････････････････ Дx02146
〔請諸寺和尚僧政法律等名錄〕　(10C?)
1)僧政

13262 翟僧正 ･････････････････ P3037
〔社司轉帖〕　庚寅年正月三日　(990)
1)僧正　2)大悲寺門前

13263 翟僧正 ･････････････････ P3218
〔時年轉帖〕　八月廿二日　(975以降)
1)僧正　2)永安寺　4)原作「小翟僧正」。

13264 翟僧正 ･････････････････ P3218
〔時年轉帖〕　八月廿二日　(975以降)
2)永安寺

13265 翟僧正 ･････････････････ P3942
〔某家榮親客目〕　(10C?)
1)僧正

13266 翟僧正 ･････････････････ S03156①
〔時年轉帖〕　己卯年十二月十六日　(979)
1)僧正　2)顯德寺

13267 翟僧正 ･････････････････ S03156①
〔時年轉帖〕　己卯年十二月十六日　(979)
1)僧正　2)永安寺　4)原作「永翟僧正」。

13268 翟僧正 ･････････････････ S05406
〔僧正法律徒衆轉帖〕　辛卯年四月十四日
(991)
1)僧正

翟　てき　氏族人名篇

13269 翟僧正 ・・・・・・・・・・・・・・・・・ S06031
〔付經曆〕 庚辰年十一月中　（980）
　1）僧正　4）原作「西翟僧正」。

13270 翟僧正 ・・・・・・・・・・・・・・・・・ S06031
〔付經曆〕 庚辰年十一月中　（980）
　1）僧正　4）原作「東翟僧正」。

13271 翟僧正 ・・・・・・・・・・・・・・・・・ S06981v②
〔太子大師上法獎啓（2通）〕　（10C）
　1）僧正　2）永安寺

13272 翟僧正 ・・・・・・・・・・・・・・・・・ Дx01277
〔納贈曆〕 丁丑年七月十日　（977）
　1）僧正　4）與納贈曆逆文字。

13273 翟僧正 ・・・・・・・ Дx01425＋Дx11192＋Дx11223
〔某寺弔儀用布破曆〕 辛酉年從正月到四月（961）
　1）僧正

13274 翟僧正和上 ・・・・・・・・ BD00234v（宇34）
〔開寶三年十一月七日爲母做七啓請永安寺翟僧正等疏〕 開寶三年十一月七日　（970）
　1）僧正和上　2）永安寺

13275 翟僧統 ・・・・・・・・・・・・・・・・・ P3410
〔沙州僧崇恩析產遺囑〕 吐蕃年次未詳 （840前後）

13276 翟足娘 ・・・・・・・・・・・・・・・・・ S02669
〔管内尼寺（安國寺・大乘寺・聖光寺）籍〕（865～870）
　2）大乘寺　3）燉煌鄉　4）尼名「清淨林」。

13277 翟足娘 ・・・・・・・・・・・・・・・・・ S02669
〔管内尼寺（安國寺・大乘寺・聖光寺）籍〕（865～870）
　2）大乘寺　3）神沙鄉　4）尼名「勝覺」。

13278 翟速不丹 ・・・・・・・・・・・・・・・ P2629
〔官破曆〕 八月四日　（10C中期）

13279 翟大歌 ・・・・・・・・・・・・・・・・・ P2680v④
〔納贈曆〕（10C中期）

13280 翟大眼 ・・・・・・・・・・・・・・・・・ P3372v
〔社司轉帖并雜抄〕 壬申年　（972）

13281 翟大眼 ・・・・・・・・・・・・・・・・・ S02894v⑤
〔社司轉帖〕（10C後期）

13282 翟大□ ・・・・・・・・・・・・・・・・・ P3047v⑤
〔取麥等曆〕 辰年七月　（9C前期）

13283 翟第奴 ・・・・・・・・・・・・・・・・・ S05760
〔社人官齊納蘇油麥等帖〕 七月廿一日　（9C前期）

13284 翟端々 ・・・・・・・・・・・・・・・・・ P3249v
〔將龍光顏等隊下人名目〕（9C中期）

13285 翟端々 ・・・・・・・・・・・・・・・・・ P3418v⑤
〔某鄉缺枝夫戶名目〕（9C末～10C初）

13286 翟智忍花 ・・・・・・・・・・・・・・・ S02669
〔管内尼寺（安國寺・大乘寺・聖光寺）籍〕（865～870）
　2）安國寺？　3）神沙鄉　4）姓「翟」。俗名「娃子」。

13287 翟知馬官 ・・・・・・・・・・・・・・・ S06452②
〔周僧正貸油麨曆〕 辛巳年～壬午年　（981～982?）
　1）知馬官

13288 翟丑撻 ・・・・・・・・・・・・・・・・・ P3396v
〔沙州諸渠別苽薗名目〕（10C後期）

13289 翟朝 ・・・・・・・・・・・・・・・・・・・ S06829v
〔修造破曆〕 丙戌年　（806）

13290 翟長千 ・・・・・・・・・・・・・・・・・ P3721v②
〔兄（見）在巡禮都官都頭名牒〕 庚辰年正月十五日　（980）

13291 翟鎭使 ・・・・・・・・・・・・・・・・・ P3396v
〔沙州諸渠別苽薗名目〕（10C後期）
　1）鎭使

13292 翟?鎭使 ・・・・・・・・・・・・・・・ Дx01451②
〔韓定昌等便黃麻曆〕 戊寅年三月七日　（978 or 918）
　1）鎭使

13293 翟通子 ・・・・・・・・・・・・・・・・・ P3384
〔戶籍（殘）〕 大順二年辛亥正月一日　（891）

13294 翟定君 ・・・・・・・・・・・・・・・・・ P3384
〔戶籍（殘）〕 大順二年辛亥正月一日　（891）

13295 翟定君 ・・・・・・・・・・・・・・・・・ P3721v③
〔冬至自斷官員名〕 己卯年十一月廿六日　（979）

13296 翟定君 ······ P3860
〔翟信子定君父子缺麥粟憑〕 丙午年六月廿四日 (946?)
　1)缺物人

13297 翟定惠智 ······ S02669
〔管內尼寺(安國寺・大乘寺・聖光寺)籍〕 (865～870)
　2)大乘寺　3)神沙鄉　4)姓「翟」。俗名「蓮花」。

13298 (翟)定子 ······ 莫第220窟
〔供養人題記〕 (10C前期)
　1)(翟奉達)亡孫　4)原作「亡孫定子一心供養」。甬道北壁。《燉》p.103。⇒定子。

13299 翟?定住 ······ Дх11072
〔社司轉帖(建福)〕 正月五日 (10C後期)
　2)乾明寺門前　4)本件存「於乾明寺門前取齊」一文。

13300 翟定友 ······ BD15337(新1537)
〔十王經(尾題後有2行)〕 (9～10C)
　4)尾題後有2行「翟定友經一卷」。

13301 翟田捷 ······ P3396
〔沙州諸渠別粟田名目〕 (10C後期)

13302 翟都衙 ······ P2049v①
〔淨土寺諸色入破曆計會牒〕 同光三年 (925)

13303 翟都衙 ······ P3501v⑧
〔百姓榮員定牒(控)〕 顯德五年四月 (958)
　1)都衙　3)莫高鄉

13304 翟都知 ······ P3875B
〔某寺修造諸色破曆〕 丙子年八月廿七日 (916 or 976?)
　1)都知

13305 翟都頭 ······ P3875B
〔某寺修造諸色破曆〕 丙子年八月廿七日 (916 or 976?)
　1)都頭

13306 翟奴兒 ······ P5546
〔神沙鄉人名目(殘)〕 (900頃)
　3)神沙鄉

13307 翟德盈 ······ P3384
〔戶籍(殘)〕 大順二年辛亥正月一日 (891)

13308 翟突厥 ······ S01475v⑭⑮-2
〔便契〕 卯年四月十八日 (823?)
　1)保人・(翟米老)弟

13309 翟南光 ······ P3721v③
〔多至自斷官員名〕 己卯年十一月廿六日 (979)

13310 翟日俊 ······ S02729①
〔燉煌應管勘牌子曆〕 辰年三月 (788)
　1)僧　2)開元寺　3)沙州　4)23行目。

13311 翟馬步 ······ Дх01418
〔燉煌諸鄉別便豆曆〕 (10C)
　1)馬步

13312 翟買奴 ······ S02228①
〔絲綿部落夫丁修城使役簿〕 亥年六月十五日 (819)
　1)(左七)　3)絲綿部落　4)首行作「亥年六月十五日州城所,絲綿」。末行作「亥年六月十五日畢功」。

13313 翟八娘 ······ BD16381(L4455)
〔諸家磚曆〕 (10C)
　1)八娘

13314 翟判官 ······ P3234v③-58
〔惠安惠戒手下便物曆〕 甲辰年 (944)
　1)判官　4)原作「翟判官弟」。

13315 翟不兒 ······ P4997v
〔分付羊皮曆(殘)〕 (10C後期)

13316 翟不勿 ······ S06981④
〔設齋納酒餅曆〕 (10C後期)

13317 翟富住 ······ P4997v
〔分付羊皮曆(殘)〕 (10C後期)

13318 (翟)富全 ······ P2932
〔出便豆曆〕 乙丑年正月十八日 (965?)
　1)口承男　4)⇒富全。

13319 翟富達 ······ BD09345①(周66)
〔安醜定妻亡社司轉帖〕 辛酉年四月廿四日 (961?)
　2)顯德寺門

13320 翟普緣 ······ S02729①
〔燉煌應管勘牌子曆〕 辰年三月 (788)
　1)僧　2)大乘寺　3)沙州　4)51行目。

13321 翟武陽 ·················· P3418v②
〔燉煌鄉缺枝夫戶名目〕（9C末～10C初）
　　3) 燉煌鄉

13322 翟福々 ·················· S02669
〔管內尼寺(安國寺・大乘寺・聖光寺)籍〕
(865～870)
　　2) 大乘寺　3) 燉煌鄉　4) 尼名「明宗」。

13323 翟文英 ·············· BD06302(鹹2)
〔无量壽宗要經(尾)〕（9C前期）

13324 翟文英 ·················· P4552
〔无量壽宗要經(末)〕（9C前期）
　　4) 原作「翟文英寫」。

13325 翟文慶 ·················· P3989
〔立社條憑〕　景福三年甲寅歲五月十日（894）
　　1) 衆請社長

13326 翟文才 ·················· Ф013
〔大般若波羅蜜多經卷第419(末)〕（9C）
　　4) 存首尾竝經題,亦有欄外二箇所「兑」字。

13327 翟文歲 ·················· S01772
〔般若波羅蜜多經卷414〕（9C）

13328 翟文習 ·············· BD04708(號8)
〔諸星母陀羅尼經卷1(卷尾上部有題)〕（9C）

13329 翟文勝 ·················· P3418v①
〔□□鄉缺枝夫戶名目〕（9C末～10C初）

13330 翟文勝 ·················· S11213G
〔配付人名目〕（946）

13331 翟文進 ·················· P2821v③
〔買雇契〕　乾寧二年丙辰年　（895, 896）

13332 翟文進 ·················· P2825v②
〔社司轉帖〕（9C末）

13333 翟文進 ·················· P3721v③
〔冬至自斷官員名〕　己卯年十一月廿六日（979）

13334 翟文進 ·················· S00095
〔具注曆幷序〕　顯德三年丙辰歲（956）
　　4) 原作「寫勘校子弟翟文進書」。

13335 翟文達 ·················· S08696
〔白刺送納帖〕（977?）

13336 翟米老 ·············· S01475v⑭⑮-2
〔便契〕　卯年四月十八日（823?）
　　1) 百姓・便麥人　3) 悉董薩部落

13337 翟保員 ·················· P2932
〔出便豆曆〕　甲子年十二月十一日（964?）

13338 翟保員 ·················· P2932
〔出便豆曆〕　己丑年正月十八日（965?）

13339 翟保興 ·················· P3721v②
〔兄(見)在巡禮都官都頭名牒〕　庚辰年正月十五日（980）

13340 翟保興 ·················· S04643
〔陰家榮親客目〕　甲午年五月十五日（994）
　　1) 都頭

13341 翟保定 ·················· P3721v②
〔兄(見)在巡禮都官都頭名牒〕　庚辰年正月十五日（980）

13342 翟奉達 ·················· P2055③
〔佛說善惡因果經(題記)〕　顯德伍年歲次戊午三月一日以後（961頃）
　　1) 弟子朝議郎檢校尚書工部員外郎

13343 翟奉達 ·················· P2094①
〔持誦金剛經靈驗功德記及開元皇帝讚金剛經功德1卷〕　戊辰年四月九日（908）
　　1) 布衣　4) 原作「于唐天復八歲在戊辰四月九日,布衣翟奉達寫」。

13344 翟奉達 ·················· P2094②
〔金剛般若波羅蜜經(奧書)〕　戊辰年四月九日（908）
　　1) 布衣弟子

13345 翟奉達 ·················· P2623
〔具注曆〕　顯德六年己未歲（859）
　　1) 朝議郎檢校尚書工部員外行沙州經學博士兼殿中侍御史賜緋魚袋　4) 原作「朝議郎檢校工部員外行沙州經學博士兼殿中侍御史賜緋魚袋翟奉達撰」。

13346 翟奉達 ·················· P2668v
〔布衣翟奉達詠莫高窟七言詩1首〕　乙亥年四月八日（915）
　　1) 布衣

13347 翟奉達 ‥‥‥‥‥‥‥‥‥‥‥‥ P3247v
〔後唐大唐同光四年具注曆1卷〕 同光四年(天
城元年) (926)
　4)原作「隨軍參謀翟奉達撰」。

13348 翟奉達 ‥‥‥‥‥‥‥‥‥‥‥‥ S00095
〔具注曆幷序〕 顯德三年丙辰歲 (956)
　1)登仕郎守州學博士　4)原作「登仕郎守州學博
　士翟奉達算上」。

13349 翟奉達 ‥‥‥‥‥‥‥‥‥‥‥‥ S02404
〔甲申歲具注曆〕 同光二年甲申歲 (924)
　1)〔押〕衙守隨軍參謀　4)原作「翟奉達撰」。

13350 翟奉達 ‥‥‥‥‥‥‥‥‥‥‥‥ 津藝
〔佛說無常經卷中(題記)〕 顯德五年歲次戊午
三月一日 (958)
　1)檢校尚書工部員外郎　4)原作「夫翟奉達為家
　母阿婆馬氏身故, 敬寫无常經一卷, 敬寫如來佛
　一鋪,…」。

13351 翟奉達 ‥‥‥‥ 津195(天津市藝術博物
館)
〔敬寫无常經1卷(題記)〕 顯德伍年歲次戊午三
月一日以後 (961頃)
　1)夫檢校尚書工部員外郎

13352 翟奉達 ‥‥‥‥‥‥‥‥‥‥‥ 莫第098窟
〔供養人題記〕 (10C中期)
　1)節度押衙行軍參謀銀青光祿大夫國子祭酒兼
　御史中丞上柱國　4)西壁。《燉》p. 44。《謝》p. 94。

13353 翟奉達 ‥‥‥‥‥‥‥‥‥‥‥ 莫第220窟
〔文殊師利變下彩繪發願文〕 大唐同光三年歲
次乙酉三月廿五日 (925)
　1)清士弟子節度押衙守隨軍參謀銀青光祿大夫
　檢校國子祭酒兼御史中丞上柱國　4)題記末存
　「大唐同光三年歲次乙酉三月廿五日辛巳」紀年。
　甬道北壁。《燉》p. 101。

13354 翟奉達 ‥‥‥‥‥‥‥‥‥‥‥ 莫第220窟
〔供養人題記〕 (10C前期)
　1)九代曾孫節□□□守隨軍參謀兼侍御史　4)
　甬道南壁。《燉》p. 101。

13355 翟奉達 ‥‥‥‥‥‥‥‥‥‥‥ 莫第220窟
〔供養人題記〕 (10C前期)
　1)施主節度押衙行隨軍參謀兼御史中丞　4)甬
　道北壁。

13356 翟法榮 ‥‥‥‥‥‥‥‥‥‥‥‥ P4640
〔故和尚邈眞讚〕 (869?)
　1)前河西都僧統京城內外臨壇大德三學教授兼
　毗尼藏主賜紫

13357 翟(法)榮 ‥‥‥‥‥‥‥‥‥ 莫第085窟
〔供養人題記〕 (10C前期)
　1)都僧統兼京城內…大法律沙門　4)原作「都僧
　統兼京城內…大法律沙門□榮俗姓翟敬造□」。
　甬道北壁。《燉》p. 29。⇒法榮。

13358 翟法炬 ‥‥‥‥‥‥‥‥‥‥‥ S02729①
〔燉煌應管勘牌子曆〕 辰年三月 (788)
　1)僧　2)靈修寺　3)沙州　4)28行目。

13359 翟法松 ‥‥‥‥‥‥‥‥‥‥‥ 莫第033窟
〔供養人題記〕 (10C中後期)
　1)釋門法律臨壇供奉大德兼表白大法師沙門
　4)原作「釋門法律臨壇供奉大德兼表白大法師沙
　門法松一心供養俗姓翟氏」。東壁門北側。⇒法
　松。《燉》p. 10。

13360 翟法清 ‥‥‥‥‥‥‥‥‥‥‥ S02729①
〔燉煌應管勘牌子曆〕 辰年三月 (788)
　1)僧　2)靈圖寺　3)沙州　4)14行目。

13361 翟法(律) ‥‥‥‥‥‥ BD16200R(L4099)
〔僧名目錄〕 (9～10C)
　1)法(律)

13362 翟法律 ‥‥‥‥‥‥‥‥‥‥‥‥ P2932
〔出便豆曆〕 甲子(乙丑)年十二月十一日
(964?)
　1)法律

13363 翟法律 ‥‥‥‥‥‥‥‥‥‥‥‥ P3060
〔諸寺諸色付經僧尼曆〕 (9C前期)
　1)僧尼・法律　4)經典名「般若經卷45」。

13364 翟法律 ‥‥‥‥‥‥‥‥‥‥ P5014piece2
〔管內都僧正通惠大師願淸疏〕 顯德六年十月
七日 (959)
　1)法律

13365 翟法律 ‥‥‥‥‥‥‥‥‥‥‥‥ P6015v
〔張懷慶請僧爲娘子就靈圖寺開法會疏〕 □
亥年正月九日 (10C)
　1)法?律?

13366 翟法律 ‥‥‥‥‥‥‥‥‥‥‥‥ S00520
〔報恩寺方等道場榜〕 (9C末～925以前)
　1)法律　4)有「河西都僧院」印。

13367 翟法律 ·················· S02614v
〔燉煌應管諸寺僧尼名錄〕（895）
　1)法律　2)龍興寺

13368 翟法律 ·················· S03156①
〔時年轉帖〕 己卯年十二月十六日 （979）
　1)法律　2)大乘寺　4)原作「乘翟法律」。

13369 翟法律 ·················· S04120
〔布褐等破曆(殘)〕 癸亥年二月～甲子年二月 （963～964）
　1)法律

13370 翟法律 ·················· S04504v①
〔願文〕（9C後期）
　1)法律

13371 翟法律 ·················· Дx01383
〔翟法律領得粟麥記〕（壬)戌年十月日 （962）
　1)領物人・法律

13372 翟法律 ·················· Дx01428
〔某寺諸色斛䥽破曆〕（10C中期）
　1)法律

13373 翟摩添 ············ BD15481（簡068107）
〔壇場懺法〕（9C?）
　4)原作「受持呪時先踊千遍然後淨室中翟摩添地作小壇場隨時飲食」。

13374 翟麻晟 ·················· P4640v
〔官入破曆〕 己未年八月 （899）
　1)衙官

13375 翟万住 ·················· S04472v
〔納贈曆〕 辛酉年十一月廿日 （961）

13376 翟万住 ·················· Дx01401
〔社司轉帖〕 辛未年二月七日 （911 or 971）

13377 翟妙勝 ·················· S02729①
〔燉煌應管勘牌子歷〕 辰年三月 （788）
　1)僧　2)靈修寺　3)沙州　4)31行目。

13378 翟明宗 ·················· S02669
〔管内尼寺(安國寺・大乘寺・聖光寺)籍〕（865～870）
　2)大乘寺　3)燉煌鄉　4)姓「翟」。俗名「福々」。

13379 翟明々 ·················· P3384
〔戶籍(殘)〕 大順二年辛亥正月一日 （891）
　4)35歲。

13380 翟明々 ·················· S02041
〔社約〕 丙寅年三月四日 （846）
　4)年號別筆(丙寅年三月四日)。ペン筆。

13381 翟唯 ·················· Дx01428
〔某寺諸色斛䥽破曆〕（10C中期）
　1)都衙

13382 翟唯受 ·················· P4063
〔官建轉帖〕 丙寅年四月十六日 （966）

13383 翟友子 ·················· P2766v
〔人名列記〕 咸通十二年 （871）

13384 翟㚽弈 ·············· BD16381（L4455）
〔諸家磚曆〕（10C）

13385 翟要娘 ·················· S00542v
〔燉煌諸寺丁壯車牛役部〕 戌年六月十八日 （818）
　2)金光明寺

13386 翟離因 ·················· S02729①
〔燉煌應管勘牌子歷〕 辰年三月 （788）
　1)僧　2)乾元寺　3)沙州　4)22行目。

13387 翟良清 ·················· S03074v
〔某寺破曆〕 六月廿六日 （9C前期）

13388 翟良友 ············ BD09344v（周65）
〔社長翟良友祭王丈人文(寫)〕 丁未年十月卅日 （827?）
　1)社長　4)首頭題記「維歲次丁未十月朔, 卅日, 社長翟良友等謹以□疏之奠, 敬祭於太原王丈人之靈」。

13389 翟蓮花 ·················· S02669
〔管内尼寺(安國寺・大乘寺・聖光寺)籍〕（865～870）
　2)大乘寺　3)神沙鄉　4)尼名「定惠智」。

13390 翟郎 ·············· BD15249v③（新1449）
〔某家榮親客目〕（10C後期）
　4)原作「阿難九娘子及翟郎」。

13391 翟郎 ·················· P2573 piece1
〔高延德狀〕 四月三日 （10C後期）
　4)P2573本件爲「鬼園策府第一」。piece1は補修紙。

13392 翟郎 ·················· S05139v③
〔親情社轉帖〕（924頃）

13393 翟錄事 ……………… P2680v⑥
〔社司轉帖〕 六月廿三日 (10C中期)
　1) 錄事

13394 翟錄事 ……………… Дx11072
〔社司轉帖(建福)〕 正月五日 (10C後期)
　1) 錄事　2) 乾明寺門前　4) 本件存「於乾明寺門前取齊」一文。

13395 翟錄事 ……………… Дx11073
〔社司轉帖〕 正月五日 (975年代以降)
　1) 錄事

13396 翟和勝 ……………… P3384
〔戶籍(殘)〕 大順二年辛亥正月一日 (891)

13397 翟和尚 ……………… P4660㉑
〔前河西都僧統…故翟和尚邈眞讚〕 (9C)
　1) 和尚　4) 原作「都僧統悟眞撰恒安題」。

13398 翟□ ……………… S.P6
〔唐乾符四年(877)丁酉歲具注曆日(補修文書)〕 四月廿六日 (10C中期)
　1) 都頭守州學博士兼御史中丞　4) 唐乾符四年丁酉歲具注曆(補修文書)。

13399 翟□ ……………… Дx01451③
〔翟□便黃麻曆〕 己卯年三月廿六日 (979 or 919)

13400 翟□興 ……………… 莫第437窟
〔供養人題記〕 (10C中期)
　1) 故弟子　4) 北壁。《燉》p.166。

13401 翟□□ ……………… P3418v③
〔某鄉缺枝夫戶名目〕 (9C末～10C初)

13402 翟□□ ……………… P4063
〔官建轉帖〕 丙寅年四月十六日 (966)

13403 翟□ ……………… P2496piece1
〔牒〕 (10C)
　1) 親從都頭知二州八鎮管內都渠泊使兼御史大夫　4) 原作「親從都頭知二州八鎮管內都渠泊使兼御史大夫翟謹牒」。

13404 翟□ ……………… S11602v
〔田地契〕 (10C前期)
　1) 保人・孫?

13405 翟□ ……………… 莫第098窟
〔供養人題記〕 (10C中期)
　1) 節度押衙銀青光祿大夫檢校[太子賓客]…兼監察侍[御史]　4) 北壁。《燉》p.36。《謝》p.97。

13406 翟□ ……………… 榆第19窟
〔供養人題記〕 (10C中期)
　1) 勅受涼國夫人　4) 洞口。《謝》p.462。

13407 翟 ……………… BD11502①(L1631)
〔燉煌十一僧寺別姓名簿并緣起經論等名目〕 (9C後期)
　2) 開(元寺)

13408 翟 ……………… BD11502①(L1631)
〔燉煌十一僧寺別姓名簿并緣起經論等名目〕 (9C後期)
　2) 永安寺

13409 翟 ……………… S06452③
〔破曆〕 壬午年 (982?)
　2) 淨土寺　4) ⇒翟(家人)。

13410 翟 ……………… 莫第171窟
〔供養人題記〕 (11C初期)
　4) 原作「新婦翟一心供養」。西壁。《燉》p.79。《謝》p.391。

13411 翟 ……………… 榆第35窟
〔供養人題記〕 (10C末期)
　4) 原作「施主小娘子陰氏出息休一心供養」。東壁。《謝》p.487。

13412 鐵晟力 ……………… BD16113B(L4066)
〔地畝文書〕 (10C)

13413 顚大夫 ……………… BD09688v(坐9)
〔雜寫〕 (9C)
　1) 大夫

13414 (傳)福勝 ……………… P4989
〔沙州戶口田地簿〕 (9C末)

13415 傳流□ ……………… BD16317(L4409)
〔行人轉帖〕 (10C)

13416 田阿朵子 ……………… S06003
〔社司轉帖〕 壬申年七月廿九日 (972)

13417 田安?子 ……………… P4019piece2
〔納草束曆〕 (9C後期)
　3) 平康鄉?

13418　田安住 ……………… P3236v
〔燉煌鄉官布籍〕 壬申年三月十九日 (972)
　3)燉煌鄉

13419　田安德 ……………… BD15249v③(新1449)
〔某家榮親客目〕 (10C後期)

13420　田安德?〔遂?〕……………… P3440
〔見納賀天子物色人名〕 丙申年三月十六日 (996)

13421　田威娘 ……………… S02669
〔管内尼寺(安國寺・大乘寺・聖光寺)籍〕 (865〜870)
　2)大乘寺　3)燉煌鄉　4)尼名「光嚴」。

13422　田員住 ……………… BD00550v(荒50)
〔便粟曆(4行)〕 (10C?)

13423　田員住 ……………… P3418v④
〔龍勒鄉缺枝夫戶名目〕 (9C末〜10C初)
　3)龍勒鄉

13424　田員宗 ……………… P2482v
〔啓文〕 (10C)
　1)常樂副使

13425　田員宗 ……………… S08445v＋S08446v
〔領得新稅羊文〕 丁未年十一月廿五日 (943)
　1)常樂副使

13426　田員保 ……………… P3236v
〔燉煌鄉官布籍〕 壬申年三月十九日 (972)
　3)燉煌鄉

13427　田永住 ……………… S08445＋S08446＋S08468①
〔羊司於常樂稅羊人名目〕 丙午年六月廿七日 (946)

13428　田盈子 ……………… P2032v③
〔淨土寺諸色破曆〕 (944前後)
　1)寫匠　2)淨土寺

13429　田盈子 ……………… P2032v⑫
〔淨土寺諸色破曆〕 (940前後)
　2)淨土寺

13430　田盈子? ……………… S06003
〔社司轉帖〕 壬申年七月十九日 (972)

13431　田盈順 ……………… Дx11200
〔渠人轉帖〕 (10C前後)

13432　田王九 ……………… P3636piece1
〔社人罰粟曆〕 丁酉年頃 (937頃)

13433　田王仵 ……………… BD16336A1(L4425)
〔社司轉帖〕 戊申年正月四日 (948?)

13434　田王三 ……………… P2953v
〔便麥豆本曆〕 (10C)
　3)神沙鄉

13435　田王三 ……………… S03982
〔月次人名目〕 甲子年六月 (964)

13436　田家 ……………… S02228③
〔貸黃麻曆〕 四月廿六日 (吐蕃期)

13437　田廻平 ……………… S06003
〔社司轉帖〕 壬申年七月十九日 (972)

13438　田樂榮 ……………… S06003
〔社司轉帖〕 壬申年七月十九日 (972)

13439　田義弘? ……………… S04884v
〔便褐曆〕 壬申年正月廿七日 (972?)

13440　田義弘 ……………… S06003
〔社司轉帖〕 壬申年七月十九日 (972)

13441　田義信 ……………… P3636piece1
〔社人罰粟曆〕 丁酉年頃 (937頃)

13442　田義信 ……………… S05680②
〔納贈曆(殘)〕 (10C中期)

13443　田義信 ……………… S06003
〔社司轉帖〕 壬申年七月十九日 (972)

13444　田義信 ……………… S08655v
〔戶別地子曆〕 (10C)
　1)戶主・音聲人　4)原作「戶(主)田義信音聲(朱書)」。

13445　田義成 ……………… P3555B piece11
〔納贈曆(殘)〕 (10C中期)

13446　田苣子 ……………… 楡第33窟
〔供養人題記〕 (10C中期)
　1)清信弟子　4)南壁。《謝》p.477。

13447 田繼長 ·················· S05441
〔捉季布傳文封面雜寫〕 戊寅年二月十七日
(978)

13448 田繼長 ·················· 杏·羽703v①
〔增壹阿含經卷第十(兌紙)〕 (10C後期)

13449 田繼長阿娘 ············ 杏·羽703v①
〔增壹阿含經卷第十(兌紙)〕 (10C後期)
　1)田繼長阿娘

13450 田光潤 ·················· P2912v③
〔寫大般若經一部施銀盤子麥粟粉疏〕 四月
八日 (9C前期)

13451 田光德 ·················· P5003v
〔社人納色物曆〕 (9C前期)

13452 田幸通 ·················· 楡第33窟
〔供養人題記〕 (10C中期)
　1)□□使 4)北壁。《謝》p.479。

13453 田廣 ···················· BD14176(新0376)
〔无量壽宗要經〕 (9C前期)
　4)原爲日本大谷探檢隊所得。卷首背貼紙簽類別
8, 番號387, ろ28。

13454 田廣兒? ················ S02228①
〔絲綿部落夫丁修城使役簿〕 亥年六月十五
日 (819)
　1)(右五) 3)絲綿部落 4)首行作「亥年六月
十五日州城所, 絲綿」。末行作「亥年六月十五日
畢功」。

13455 田廣談 ·················· BD00098(地98)
〔无量壽宗要經(尾題後有寫經生題名)〕 (9C
前期)

13456 田廣談 ············· BD00876v②(盈76)
〔佛說无量壽宗要經(尾)〕 (9C前期)

13457 田廣談 ················ BD01005(辰5)
〔无量壽宗要經(末)〕 (9C前期)

13458 田廣談 ················ BD01988(收88)
〔无量壽宗要經(末)〕 (9C前期)

13459 田廣談 ················ BD02078(冬78)
〔佛說无量壽宗要經(尾)〕 (9C前期)

13460 田廣談 ················ BD02200(藏100)
〔无量壽宗要經(末)〕 (9C前期)
　2)龍興寺

13461 田廣談 ················ BD02323(餘23)
〔佛說無量壽宗經(尾)〕 (9C前期)
　2)永安寺 4)首紙背面有寺名「永安寺」。

13462 田廣談 ················ BD02722(呂22)
〔佛說無量壽宗經(尾)〕 (9C前期)

13463 田廣談 ················ BD02729(呂29)
〔佛說無量壽宗經(尾)〕 (9C前期)

13464 田廣談 ················ BD03800(霜100)
〔无量壽宗要經(尾紙末有題名)〕 (9C前期)

13465 田廣談 ················ BD04109(水9)
〔佛說無量壽宗經(尾)〕 (9C前期)

13466 田廣談 ················ BD04155(水55)
〔佛說無量壽宗經(尾)〕 (9C前期)

13467 田廣談 ················ BD04316(出16)
〔无量壽宗要經〕 (9C前期)

13468 田廣談 ················ BD05547(珍47)
〔无量壽宗要經(尾紙有題記)〕 (9C前期)

13469 田廣談 ················ BD05871(菜71)
〔佛說无量壽宗要經〕 (9C前期)

13470 田廣談 ················ BD05959(重59)
〔佛說无量壽宗要經(尾紙有題名)〕 (9C前期)
　4)原作「田廣談寫」。

13471 田廣談 ················ BD06086(芥86)
〔大乘无量壽宗要經〕 (9C前期)
　4)原作「田廣談寫」。

13472 田廣談 ················ BD06172(薑72)
〔无量壽宗要經(尾題名)〕 (9C前半)
　4)尾題後有題名「田廣談」。

13473 田廣談 ················ BD06208(海6)
〔大乘无量壽宗要經〕 (9C前半)
　4)原作「田廣談寫」。

13474 田廣談 ················ BD07373(鳥73)
〔無量壽宗要經(末)〕 (9C前半)

13475 田廣談 ················ BD07856(制56)
〔无量壽宗要經〕 (9C前半)

13476 田廣談 ················ BD14097(新0297)
〔无量壽宗要經(尾題後題名)〕 (9C前期)

13477 田廣談 ………… BD15349（新1549）
〔无量壽宗要經〕　（9C前期）

13478 田廣談 ………… P4531
〔无量壽宗要經(末)〕　（9C前期）

13479 田廣談 ………… S01883
〔大般若波羅蜜多經卷第286〕　（9C前期）

13480 田廣談 ………… S04171
〔大乘无量壽經〕　（9C前期）
　　1)寫經人

13481 田廣林 ………… P3918③
〔佛金剛壇廣大清淨陀羅尼經(奧書)〕　癸酉年　（793）
　　1)勘校・闍梨　4)⇒廣林。

13482 田廣林 ………… S03918②
〔金剛檀廣大清淨陀羅尼經(曇倩于安西譯)題記〕　大唐貞元九年, 癸酉歲十月十五日　（793）
　　1)僧・闍梨　4)原作「西州没落官趙彥賓及田廣林闍梨審勘校正」。俗姓：田。

13483 田廣林 ………… S03918②
〔金剛檀廣大清淨陀羅尼經(曇倩于安西譯)題記〕　大唐貞元九年, 乙亥年秋　（795）
　　1)僧・闍梨　4)原作「西州没落官趙彥賓及田廣林闍梨審勘校正」。俗姓：田。

13484 田弘約 ………… BD16214（L4105）
〔田弘約牒〕　（9～10C）
　　1)節度押衙守回鶻長史充孔目官　4)原作「節度押衙守回鶻長史充孔目官田弘約牒」。

13485 田苟兒 ………… BD04256v①1（玉56）
〔斷知更人名帳〕　四月十一日　（9C後期）

13486 田苟兒 ………… BD04256v①2（玉56）
〔第二次斷知更人名帳〕　四月十五日夜　（9C後期）

13487 田骨子 ………… P3875A piece1
〔契文(殘)〕　丙子年　（916 or 976?）

13488 田骨子 ………… P3875A piece1
〔契文(殘)〕　癸未年　（923?）

13489 田師 ………… P2912v③
〔寫大般若經一部施銀盤子麥粟粉疏〕　四月八日　（9C前期）

13490 田氏 ………… 楡第34窟
〔供養人題記〕　（11C初期）
　　1)修窟施主清信佛子　4)原作「修窟施主清信佛子引鄒子田氏嫁與朱家」。東壁。《謝》p. 482。

13491 田?七娘 ………… P3418v②
〔燉煌鄉缺枝夫戶名目〕　（9C末～10C初）
　　3)燉煌鄉

13492 田悉歹力 ………… S02214v
〔黃麻地畝數目〕　閏十月頃　（860頃）

13493 田悉的力 ………… S05898
〔官田地畝計會〕　閏十月頃　（860頃）

13494 田闍梨 ………… S03156①
〔時年轉帖〕　己卯年十二月十六日　（979）
　　1)闍梨　2)報恩寺

13495 田秀 ………… S02228②
〔於諸家邊布麥粟酒分付曆〕　辰年　（824）
　　4)原作「田秀婦平意」。

13496 田醜子 ………… BD05308v（光8）
〔雜寫〕　（10C）

13497 田醜兒 ………… BD05308v（光8）
〔雜寫〕　（10C）

13498 田像奴 ………… P2629
〔官破曆〕　十月十四日　（10C中期）

13499 田像奴 ………… P3636 piece1
〔社人罰粟曆〕　丁酉年頃　（937頃）

13500 田像奴 ………… S05680②
〔納贈曆(殘)〕　（10C中期）

13501 田像奴 ………… S06981⑬
〔入麥曆〕　申年　（10C中期）

13502 田小兒 ………… P3555B piece11
〔納贈曆(殘)〕　（10C中期）

13503 田上座 ………… P2912v③
〔寫大般若經一部施銀盤子麥粟粉疏〕　四月八日　（9C前期）
　　1)上座

13504 田進子 ………… P3418v⑥
〔洪閏鄉缺枝夫戶名目〕　（9C末～10C初）
　　3)洪閏鄉

13505 田進〻 ………… BD04256v①1(玉56)
〔斷知更人名帳〕 四月十一日 (9C後期)

13506 田進〻 ………… BD04256v①3(玉56)
〔第三次斷知更人名帳〕 四月十一日夜 (9C後期)

13507 田進晟 ………… BD01830(秋30)
〔觀世音經題記〕 咸通十二年六月廿九日 (871)
　1)清信弟子　3)沙州　4)原作「沙州清信弟子田進晟敬寫此經/咸通十二年六月廿九日寫畢」。

13508 田進晟 ………………… S05898
〔官田地畝計會〕 閏十月頃 (860頃)

13509 田進明 ………………… P3249v
〔將龍光顏等隊下人名目〕 (9C中期)

13510 田生 …………………… S04703
〔買菜人名目〕 丁亥年 (987)
　1)畫匠

13511 田禪 …………………… S04642v
〔某寺入破曆計會〕 (923以降)
　2)大雲寺　4)亡時納贈。

13512 田禪師 ………………… S05139v②
〔社司轉帖(寫錄)〕 四月十三日 (10C前期)
　1)禪師

13513 田曹九 ………………… P3418v⑦
〔慈惠鄉缺枝夫戶名目〕 (9C末～10C初)
　3)慈惠鄉

13514 田達兒 ………………… P2032v①-4
〔淨土寺粟入曆〕 (944前後)

13515 田達兒 ………………… S10848
〔便麥曆〕 (10C)

13516 田丑子 ………………… S06981⑬
〔入麥曆〕 申年 (10C中期)

13517 田猪子 ……… BD15404(簡068066)
〔千渠中下界白刺頭名目〕 (10C中期)
　1)白刺頭　3)千渠下界

13518 田德 ………………… 莫第265窟
〔供養人題記〕 (10C前期)
　1)清弟子　4)南壁。《燉》p.112。《謝》p.314。

13519 田特囉祿 ………………… S00389
〔肅州防戍都狀上〕 (9C後期?)
　3)涼州, 肅州

13520 田伯醜 ………………… P3418v⑥
〔洪閏鄉缺枝夫戶名目〕 (9C末～10C初)
　3)洪閏鄉

13521 田羕〔美〕奴 ………………… P2614v
〔尚饗文〕 甲辰年五月己酉朔十日戊午 (824)
　1)女聟

13522 (田)(富?)昌 …… BD16043B(L4027)
〔便粟曆〕 (9～10C)

13523 田武俊 ………………… BD09280(周1)
〔給翟敬愛等多衣曆〕 (8C?)

13524 田副使 ………… S08445＋S08446＋S08468①
〔羊司於常樂稅羊人名目〕 丙午年六月廿七日 (946)
　1)副使

13525 田副使 ………… S08445＋S08446＋S08468④
〔羊司於常樂官稅羊數名目〕 丁未年四月十二日 (943)
　1)副使

13526 田福子 ………………… S05822
〔地子曆〕 寅年 (8C後期?)

13527 田福郎 ………………… S11299
〔雜寫〕 (10C)

13528 田文信 ………… BD00550v(荒50)
〔便粟曆(4行)〕 (10C?)

13529 田文通 ………………… P4640v
〔官入破曆〕 辛酉?年九月廿日 (901?)
　1)衙官

13530 田文□ ………………… 莫第098窟
〔供養人題記〕 (10C中期)
　1)節度押衙銀青光祿大夫檢校太子賓客兼監察御史　4)北壁。《燉》p.36。《謝》p.97。

13531 田遍行 ………………… S02729①
〔燉煌應管勘牌子曆〕 辰年三月 (788)
　1)僧　2)靈修寺　3)沙州　4)35行目。

13532 田保員 ················ S10002＋S10013
〔社司轉帖〕（10C）

13533 田法律 ················ S08750
〔某寺常住什物見在曆〕（10C）
　1) 法律

13534 田法律 ················ Дx01365v
〔什物分付曆〕 六月十二日 （10C末）
　1) 法律

13535 田友子 ················ P3889
〔社司轉帖〕（10C後期?）

13536 田用彡 ················ S05824
〔經坊費負担人名目〕（8C末〜9C前期）
　1) 寫經人　3) 行人部落

13537 田留仵 ················ Дx10282
〔便黃麻麥曆〕（9C中期以降）

13538 田老宿 ················ S06226
〔某寺付徒衆各僧油一升曆〕（10C中期）
　1) 老宿

13539 田和國 ················ P3636piece1
〔社人罰粟曆〕 丁酉年頃 （937頃）

13540 田和晟 ················ P3636piece1
〔社人罰粟曆〕 丁酉年頃 （937頃）

13541 田和?晟 ················ Дx10270
〔便粟麥曆〕（946）

13542 田和晟? ················ Дx10270v
〔便麥粟曆〕（946）

13543 田和彡 ················ S06777
〔寫經人名目〕（9〜10C）

13544 田□賢 ················ P3418v①
〔□□鄉缺枝夫戶名目〕（9C末〜10C初）

13545 田□城 ················ BD04048v（麗48）
〔名籍〕（9〜10C）

13546 田 ················ BD10773v②（L0902）
〔某寺殘曆〕（9C）

[と]

13547 戶牛山 ················ BD16536
〔渠人文書殘片〕（9〜10C）

13548 杜惡兒 ················ S05691
〔令狐瘦兒妻亡納贈曆〕 丁亥年七月十二日
（987）

13549 杜惡兒 ················ S08663
〔麥支給曆〕（10C）

13550 杜安彡 ················ S05104
〔社司轉帖（寫錄）〕（9〜10C）

13551 杜安仵 ················ P3418v④
〔龍勒鄉缺枝夫戶名目〕（9C末〜10C初）
　3) 龍勒鄉

13552 杜安子 ················ P.tib1102v
〔社司轉帖〕 申年二月廿日 （9C前期）

13553 杜員住 ················ S04649
〔破曆〕 庚午年 （970）
　3) 北薗子

13554 杜員閏 ················ P3231⑥
〔平康鄉官齋曆〕 乙亥年九月廿九日 （975）
　3) 平康鄉

13555 杜員瑞 ················ S06066
〔社司轉帖〕 壬辰年四月十二日 （992）
　2) 乾明寺

13556 杜員□ ················ P3418v④
〔龍勒鄉缺枝夫戶名目〕（9C末〜10C初）
　3) 龍勒鄉

13557 （杜）永昌 ················ 莫第005窟
〔供養人題記〕（10C前期）
　1) 孫　4) 原作「孫永昌一心供養」。南壁。《燉》
　p. 4。

13558 杜盈 ················ Дx01453v
〔諸人納地子麥等曆〕（10C後期）
　4) R面為「丙寅年(966)八月廿四日納地子麥麻
　曆」。

13559 杜盈潤 ················ P3231⑤
〔平康鄉官齋曆〕 □亥年五月十五日 （975）

13560 杜盈潤 ············· P3231⑤
〔平康鄉官齋曆〕 □亥年五月十五日 (975)
　　3)平康鄉

13561 杜盈閏 ············· P4693
〔官齋納麵油粟曆〕 (10C後期)
　　1)漿水粥兼及白粥頭

13562 杜閻子 ············· P.tib1102v
〔社司轉帖〕 申年二月廿日 (9C前期)
　　1)社官

13563 杜應子 ············· P.tib1102v
〔社司轉帖〕 申年二月廿日 (9C前期)

13564 杜?押衙 ············· 燉研322
〔臘八燃燈分配窟龕名數〕 辛亥年十二月七日 (951)
　　1)押衙

13565 杜恩子 ············· S04472v
〔納贈曆〕 辛酉年十一月廿日 (961G, I)

13566 杜家 ············· BD07384(鳥84)
〔杜都督等書幡等書支領麥布曆〕 丑年～未年 (821～827 or 833～839)
　　3)北蘭若,書佛堂

13567 杜家 ············· S05812
〔令狐大娘爲田宅糾訴狀〕 丑年八月 (821)

13568 杜家 ············· S06452②
〔周僧正貸油麪曆〕 辛巳年～壬午年 (981～982?)
　　1)取粟人

13569 杜家阿婆 ············· P.tib1102v
〔社司轉帖〕 申年二月廿日 (9C前期)

13570 杜灰々 ············· P3418v③
〔某鄉缺枝夫戶名目〕 (9C末～10C初)

13571 杜願盈 ············· S05691
〔令狐瘦兒妻亡納贈曆〕 丁亥年七月十二日 (987)

13572 杜願弘 ············· P5008
〔染戶雇工契〕 戊子年二月廿九日 (988 or 928)
　　1)平康百姓　3)平康鄉

13573 杜願長 ············· P5008
〔染戶雇工契〕 戊子年二月廿九日 (988 or 928)
　　1)平康百姓　3)平康鄉

13574 杜戲子 ············· S06235B②
〔納贈曆〕 (9C中期)

13575 杜義盈 ············· Дx01269＋Дx02155＋Дx02156
〔某弟身故納贈曆〕 (9C)

13576 (杜)義會 ············· 莫第005窟
〔供養人題記〕 (10C前期)
　　1)姪　4)原作「姪義會一心供養」。南壁。《燉》p.4。⇒義會。

13577 杜義弘 ············· P3231④
〔平康鄉官齋曆〕 甲戌年十月十五日 (974)
　　3)平康鄉

13578 杜義全 ············· BD16238(L4113)
〔洪池鄉百姓安員進賣舍契〕 甲辰年十一月十二日 (944)
　　1)莊客　3)洪池鄉

13579 杜義通 ············· P3721v②
〔兄(見)在巡禮都官都頭名牒〕 庚辰年正月十五日 (980)

13580 (杜)義□ ············· 莫第005窟
〔供養人題記〕 (10C前期)
　　1)姪　4)原作「姪義□」。南壁。《燉》p.4。

13581 杜玖宗? ············· Дx01401
〔社司轉帖〕 辛未年二月七日 (911 or 971)

13582 杜君々 ············· P3418v④
〔龍勒鄉缺枝夫戶名目〕 (9C末～10C初)
　　3)龍勒鄉

13583 杜惠□ ············· S02228①
〔絲綿部落夫丁修城使役簿〕 亥年六月十五日 (819)
　　1)(右五)　3)絲綿部落　4)首行作「亥年六月十五日州城所,絲綿」。末行作「亥年六月十五日畢功」。

13584 杜慶兒 ············· P2032v⑯-4
〔淨土寺粟利閏入曆〕 (940前後)
　　2)淨土寺

13585 杜慶兒 ·················· 上博21B
　〔渠人轉帖〕 (10C中期?)

13586 杜慶信 ·················· P2032v⑱
　〔淨土寺豆利閏入曆〕 (940前後)
　　2)淨土寺

13587 杜啓兒 ·················· P3234v⑮
　〔淨土寺西倉豆利潤入曆〕 (940年代?)
　　2)淨土寺

13588 杜賢者 ·················· S04642v
　〔某寺入破曆計會〕 (923以降)
　　1)常藥

13589 杜彥圭 ·············· 宋史卷5,太宗紀
　〔宋史太宗紀〕 雍熙三年正月庚寅 (986)
　　1)沙州觀察使 3)沙州

13590 杜彥弘 ·················· 莫第005窟
　〔供養人題記〕 (10C前期)
　　1)窟主・都頭知版築使銀青光祿大夫檢校國子祭酒兼御史大夫上柱國 4)西壁。《燉》p.3。

13591 杜彥思 ·················· 莫第005窟
　〔供養人題記〕 (10C前期)
　　1)故兄・節度押衙知洪沙將務銀青光祿大夫檢校國子祭酒兼御史大夫上柱國 4)西壁。《燉》p.3。

13592 杜彥思 ·················· 莫第098窟
　〔供養人題記〕 (10C中期)
　　1)節度押衙銀青光祿大夫…御史中丞上柱國 4)西壁。《燉》p.45。

13593 杜伍子 ·········· S08445＋S08446＋S08468③
　〔杜伍子納羊曆〕 丁未年十一月十九日 (943)

13594 杜午信 ·········· S08445＋S08446＋S08468④
　〔羊司於常樂官稅羊數名目〕 丁未年四月十二日 (943)

13595 杜公 ·················· P2358v
　〔清河彭城敎授公願文〕 (9C前半)
　　1)都督 4)原作「都督京北杜公」。

13596 杜幸深 ·········· S08445＋S08446＋S08468
　〔羊司於常樂稅羊人名目〕 丙午年六月廿七日 (946)

13597 杜幸德 ·················· P3231①
　〔平康鄉官齋曆〕 癸酉年五月 (973)
　　3)平康鄉

13598 杜幸德 ·················· P3231②
　〔平康鄉官齋曆〕 癸酉年九月卅日 (973)
　　3)平康鄉

13599 杜幸德 ·················· P3231③
　〔平康鄉官齋曆〕 甲戌年五月廿九日 (974)
　　3)平康鄉

13600 杜幸德 ·················· P3231④
　〔平康鄉官齋曆〕 甲戌年十月十五日 (974)
　　3)平康鄉

13601 杜幸德 ·················· P3231⑥
　〔平康鄉官齋曆〕 乙亥年九月廿九日 (975)
　　3)平康鄉

13602 杜幸德 ·················· P3231⑦
　〔平康鄉官齋曆〕 丙子年五月十五日 (976)
　　3)平康鄉

13603 杜幸德 ·················· P3231v①
　〔平康鄉官齋曆〕 癸酉年五月 (973)
　　3)平康鄉

13604 杜幸德 ·················· P3231v⑦
　〔平康鄉官齋曆〕 丙子年五月十五日 (976?)
　　3)平康鄉

13605 杜幸德 ·················· S02472v⑤
　〔官破計會〕 辛巳年十月三日 (981)
　　1)押衙・第五隊頭

13606 杜孝子 ·················· P3231③
　〔平康鄉官齋曆〕 甲戌年五月廿九日 (974)
　　3)平康鄉

13607 杜廣奴 ·················· 北大D162v
　〔道場施物疏〕 辰年正月十五日 (836?)

13608 杜廣奴 ·················· 北大D162v
　〔道場施物疏〕 辰年正月十五日 (836?)
　　1)弟子

13609 杜廣奴 ·················· 北大D162v⑨
　〔道場施物疏〕 辰年正月十五日 (836?)
　　1)弟子

13610 杜弘恩 ················· P2703
〔官牧羊人納粘羊毛牒〕 壬申年十二月
 (972?)

13611 杜弘進 ············· 羽·寫836-837
〔百姓史喜蘇買騍馬契〕 癸未年十一月廿日
 (983)
  1)知見人

13612 杜弘富 ················ Дx01317
〔衙前第一隊轉帖〕 二月六日 (10C中期)

13613 杜江進 ················ 莫第098窟
〔供養人題記〕 (10C中期)
  1)節度押衙知都客將銀青光祿大夫檢校太子賓
  客監察 4)中心佛壇背屏後壁。《燉》p. 47.《謝》
  p. 95。

13614 杜苟々 ················· P2880
〔春坐局席轉帖抄等諸抄〕 庚辰年十月廿二
 日 (980)

13615 杜合丹 ········· Дx01432＋Дx03110
〔地子倉麥曆〕 (10C)
  1)口承人 4)原作「杜悉吉子壹石口承人杜合
  丹」。

13616 杜國盈 ················· P4997v
〔分付羊皮曆(殘)〕 (10C後期)

13617 杜國興 ················· P4997v
〔分付羊皮曆(殘)〕 (10C後期)

13618 杜黑?子 ················ P2162v
〔三將納丑年突田曆〕 (9C前期)

13619 杜再々 ················ P3418v④
〔龍勒鄉缺枝夫戶名曆〕 (9C末～10C初)
  3)龍勒鄉

13620 杜再晟 ················ P.tib1102v
〔社司轉帖〕 申年二月廿日 (9C前期)

13621 杜再通 ················ 杏·羽695
〔燉煌諸鄉諸部落諸人等便麥曆〕 (10C)
  3)赤心(鄉)

13622 杜宰相 ················ Дx01335
〔都虞候司奉判令追勘押衙康文達牒〕 (9C後
 期～10C初期)
  1)宰相 3)伊州

13623 杜子 ················ BD01826(秋26)
〔便麥粟曆〕 辛亥年? (891 or 951)
  4)金光明經背面貼付。

13624 杜師 ············ Дx01432＋Дx03110
〔地子倉麥曆〕 (10C)
  1)口承人 4)原作「王不勿子壹石口承人杜師」。

13625 杜氏 ·················· MG23079
〔鄧幸全敬造不空羅索觀音菩薩立像〕 庚戌
 年四月日 (950)
  4)原作「新娘杜氏」。

13626 杜氏 ··················· P4986
〔杜氏邈眞讚〕 (863～893)
  4)原作「鉅鹿索公故賢妻京北」。(兆)。

13627 杜(氏) ··············· 莫第166窟
〔供養人題記〕 (10C末期)
  1)施主大乘幸婆 4)原作「施主大乘幸婆阿杜一
  心供養」。南壁。《燉》p. 77。《謝》p. 394。

13628 杜寺主 ·················· P3370
〔出便麥粟曆〕 丙子年六月五日 (928)
  1)寺主 4)戊子?

13629 杜寺主 ········· S07939v＋S07940Bv＋
  S07941
〔燉煌諸寺僧尼給糧曆〕 (823以降)
  1)寺主

13630 杜悉吉子 ······· Дx01432＋Дx03110
〔地子倉麥曆〕 (10C)

13631 杜社長 ············ BD09345①(周66)
〔安醜定妻亡社司轉帖〕 辛酉年四月廿四日
 (961?)
  1)社長·席 2)顯德寺門 4)原作「社長杜」。

13632 杜闍梨 ·········· BD09472v①～③(發92)
〔龍興寺索僧正等五十八人就唐家蘭若請賓
 頭盧文〕 (8～9C)
  2)(靈)圖(寺) 3)沙州

13633 杜闍梨 ················ P3491v③
〔祭文〕 戊申年三月十八日 (828 or 888)
  1)闍梨

13634 杜闍梨 ··············· P.tib1261v②
〔諸寺僧尼支給穀物曆〕 (9C前期)
  1)闍梨

13635 杜闍梨 ·················· P.tib1261v④
〔諸寺僧尼支給穀物曆〕 (9C前期)
　1)闍梨

13636 杜闍梨 ·················· P.tib1261v⑤
〔諸寺僧尼支給穀物曆〕 (9C前期)
　1)闍梨

13637 杜闍梨 ······················ S03323
〔布破曆〕 (9C)
　1)闍梨

13638 杜闍梨 ··················· S08443F1
〔某寺入麥粟曆〕　五月十五日 (944)
　1)闍梨

13639 杜闍梨阿娘 ········ BD09472v①～③(發92)
〔龍興寺索僧正等五十八人就唐家蘭若請賔頭廬文〕 (8～9C)
　1)娘　2)(靈)圖(寺)　3)沙州

13640 杜(颸?)颺 ················ P.tib1102v
〔社司轉帖〕　申年二月廿日 (9C後期)

13641 杜像奴 ··················· P.tib1102v
〔社司轉帖〕　申年二月廿日 (9C後期)

13642 杜勝惠 ····················· S02669
〔管內尼寺(安國寺・大乘寺・聖光寺)籍〕 (865～870)
　2)大乘寺　3)平康鄉　4)姓「杜」。俗名「媚々」。

13643 杜勝賢 ····················· S02199
〔尼靈惠唯(遺)書(首題)〕　咸通六年十月廿三日 (865)

13644 杜昇堅 ····················· Дx02163②
〔百姓福勝戶口田地申告狀〕　大中六年十一月日 (852)
　1)百姓

13645 杜昇賢 ····················· Дx02163①
〔女戶宋氏戶口田地申告狀〕　大中六年十一月日 (852)

13646 杜昌子 ······················ P3231①
〔平康鄉官齋曆〕　癸酉年五月 (973)
　3)平康鄉

13647 杜昌子 ······················ P3231②
〔平康鄉官齋曆〕　癸酉年九月卅日 (973)
　3)平康鄉

13648 杜昌子 ······················ P3231③
〔平康鄉官齋曆〕　甲戌年五月廿九日 (974)
　3)平康鄉

13649 杜昌子 ······················ P3231④
〔平康鄉官齋曆〕　甲戌年十月十五日 (974)
　3)平康鄉

13650 杜章三 ····················· S08160
〔杜家親情社社條憑〕 (10C)
　1)社長?

13651 杜常住 ······················ P3384
〔戶籍(殘)〕　大順二年辛亥正月一日 (891)
　1)戶(主)

13652 杜常住 ·················· P4019piece2
〔納草束曆〕 (9C後期)
　3)平康鄉?

13653 杜眞空 ···················· P3047v③
〔諸僧尼送納三色香於乾元寺曆〕 (9C前期)
　2)乾元寺　4)僧名「眞空」。

13654 杜神慶 ············ S08445＋S08446＋S08468①
〔羊司於常樂稅羊人名目〕　丙午年六月廿七日 (946)

13655 杜神慶 ············ S08445＋S08446＋S08468④
〔羊司於常樂官稅羊數名目〕　丁未年四月十二日 (943)

13656 杜神好 ············ S08445＋S08446＋S08468①
〔羊司於常樂稅羊人名目〕　丙午年 (946)

13657 杜神好 ············ S08445＋S08446＋S08468④
〔羊司於常樂官稅羊數名目〕　丁未年四月十二日 (943)

13658 杜進 ······················· S02228①
〔絲綿部落夫丁修城使役簿〕　亥年六月十五日 (819)
　1)(右七)　3)絲綿部落　4)首行作「亥年六月十五日州城所,絲綿」。末行作「亥年六月十五日畢功」。

13659 杜進榮 ····················· S05760
〔社人官齊納蘇油麥等帖〕　七月廿一日 (9C前期)

13660 杜清山 ……………… P3146A
〔衙前子弟州司及颩頭等留殘袚衙人數〕 辛巳年八月三日 (981)

13661 杜清?山 ……………… S10538
〔紙片〕 (10C)
　4)有「杜清?山」3字。

13662 杜清兒 ……………… P3418v②
〔燉煌鄉缺枝夫戶名目〕 (9C末〜10C初)
　3)燉煌〔鄉〕

13663 杜清奴 ……………… P3372v
〔社司轉帖并雜抄〕 壬申年 (972)

13664 杜盛?子 ……………… S06235B②
〔納贈曆〕 (9C中期)

13665 杜盛子 ……………… S06236②
〔納贈曆〕 (9C前期)

13666 杜青見 ……………… 莫第005窟
〔供養人題記〕 (10C前期)
　1)姪・□主錄事兼□史中□　4)原作「姪十行□主錄事兼□史中□杜青見一心□養」。南壁。《燉》p.4。⇒杜青兒。

13667 杜青子 ……………… P2049v②
〔淨土寺諸色入破曆計會牒〕 長興二年正月 (930〜931)

13668 杜青兒? ……………… 莫第005窟
〔供養人題記〕 (10C前期)
　1)□主錄事兼□史中□　4)原作「姪十行□主錄事兼□史中□杜青見一心□養」。南壁。《燉》p.4。⇒杜青見。

13669 杜席錄 ……………… S06214
〔社司轉帖〕 乙卯年四月廿八日 (955?)
　1)席錄

13670 杜善兒 ……………… S04472v
〔納贈曆〕 辛酉年十一月廿日 (961)

13671 杜善和 ……………… P2837v⑥
〔弟子杜善和疏〕 辰年二月八日 (836?)
　1)弟子

13672 杜禪 ……………… P3060
〔諸寺諸色付經僧尼曆〕 (9C前期)
　1)僧尼　4)經典名「般若經卷22」。

13673 杜太初 ……………… S08683
〔算會燉煌十一鄉及通頰退渾所收物〕 (10C初期)
　1)燉煌計使知上司都孔目官

13674 杜太平 ……………… P2162v
〔三將納丑年突田曆〕 (9C前期)

13675 杜隊?頭 ……………… P3396v
〔沙州諸渠別苽薗名目〕 (10C後期)
　1)隊頭

13676 杜大?眼 ……… Дx01269＋Дx02155＋Дx02156
〔某弟身故納贈曆〕 (9C)

13677 杜丑兒 ……………… Дx04278
〔十一鄉諸人付麵數〕 乙亥年四月十一(日) (915? or 975)
　3)龍〔勒鄉〕

13678 杜通價?〔信?〕 …… BD01943v(收43)
〔杜通價便麥粟契殘(3行)〕〔天〕復九年歲次己巳十二月二日 (909)

13679 杜通順 ……………… P4640v
〔官入破曆〕 庚申年十一月 (900)
　1)衙官

13680 杜通信 ……………… BD16563
〔便麥粟曆(首部3行殘)〕 天復九年歲次己巳十二月三日 (909)
　4)原作「杜通信今緣家/內闕少年糧, 依張安六面上便奇粟兩/碩, 至午秋肆碩。又奇麥兩石四斗, 至秋/」(尾缺)。

13681 杜通信 ……………… P2049v①
〔淨土寺諸色入破曆計會牒〕 同光三年 (925)

13682 杜定員 ……………… P2953v
〔便麥豆本曆〕 (10C)
　3)洪池鄉

13683 杜定延 ……………… P2953v
〔便麥豆本曆〕 (10C)
　4)王家同巷。

13684 杜都頭 ……………… P2040v②-30
〔淨土寺布入曆〕 (945以降)
　1)都頭　2)淨土寺

13685 杜都頭 ························ S05691
〔令狐瘦兒妻亡納贈曆〕 丁亥年七月十二日
(987)
　1)都頭

13686 杜都督 ················ BD07384(鳥84)
〔杜都督等書幡等書支領麥布曆〕 丑年～未
年 (821～827 or 833～839)
　1)都督

13687 杜都督 ······················ S02447v①
〔散施入曆〕 〔辛〕亥年十月一日 (831?)
　1)都督

13688 杜都督 ························ S04525v
〔付官健及諸社佛會色物數目〕 (10C後期)
　1)都督

13689 杜都督 ······················ 有鄰館56
〔城下諸色碩斗牛等入破曆〕 自戌年至子年
(9C前期)
　1)都督

13690 杜德幸 ······················ P3231⑤
〔平康鄉官齋曆〕 □亥年五月十五日 (975)
　3)平康鄉

13691 杜日新 ························ S02469
〔金光明經卷第4〕 丙戌年五月十四日 (866?)
　1)弟子

13692 杜寧 ········ S08445＋S08446＋S08468
〔稅巳年出羊人名目〕 丙午年二月十九日
(946)

13693 杜漢歸 ······················· P3249v
〔將龍光顏等隊下人名目〕 (9C中期)

13694 杜媚〻 ······················ S02669
〔管內尼寺(安國寺・大乘寺・聖光寺)籍〕
(865～870)
　2)大乘寺　3)平康鄉　4)尼名「勝惠」。

13695 (杜?)不勿 ··················· P2932
〔出便豆曆〕 乙丑年正月十二日 (965?)
　1)口承人　2)洪池鄉　4)⇒不勿。

13696 杜富盈 ······················· P4997v
〔分付羊皮曆(殘)〕 (10C後期)

13697 杜富昌 ······················· 燉研001
〔節度使(曹元忠?)衙內破酒曆〕 (10C前期)

13698 杜富千 ······················· Дх01317
〔衙前第一隊轉帖〕 二月六日 (10C中期)

13699 杜富德 ······················· P3721v①
〔平康鄉堤上兄(見)點得人名目〕 庚辰年三月
廿二日 (980)
　3)平康鄉

13700 杜富保 ······················· S05691
〔令狐瘦兒妻亡納贈曆〕 丁亥年七月十二日
(987)

13701 杜福子 ······················ S02228①
〔絲綿部落夫丁修城使役簿〕 亥年六月十五
日 (819)
　1)(右五)　3)絲綿部落　4)首行作「亥年六月
十五日州城所, 絲綿」。末行作「亥年六月十五日
畢功」。

13702 杜福勝 ······················ Дх02163②
〔百姓福勝戶口田地申告狀〕 大中六年十一月
日 (852)
　1)百姓

13703 杜福晟 ······················· S02199
〔尼靈惠唯(遺)書(首題)〕 咸通六年十月廿三
日 (865)
　1)(靈惠)姪男　4)原作「姪男福晟」。

13704 杜福友 ······················ P3305v⑥
〔社司轉帖(寫錄)〕 咸通十年正月廿日 (869)

13705 杜平 ························· P2162v
〔三將納丑年突田曆〕 (9C前期)

13706 杜保成 ····················· Дх06636v
〔人名目〕 (10C)

13707 杜保晟 ······················ P3234v⑮
〔淨土寺西倉豆利潤入曆〕 (940年代?)
　2)淨土寺

13708 杜法律 ······················· P3947
〔龍興寺應轉經僧分兩蕃定名牒〕 亥年八月
(819 or 831)
　1)法律　2)龍興寺　4)V面為「9C前半大雲寺僧
所有田籍簿」。

13709 杜法律 ···················· P.tib1261v⑤
〔諸寺僧尼支給穀物曆〕 (9C前期)
　1)法律

13710 杜法律 ·················· P.tib1261v⑥
〔諸寺僧尼支給穀物曆〕（9C前期）
　1)法律

13711 杜法律 ·················· P.tib1261v⑦
〔諸寺僧尼支給穀物曆〕（9C前期）
　1)法律

13712 杜飽子 ······················ S01153
〔諸雜人名目〕（10C後期）

13713 杜无旱〔碍〕················ S02729①
〔燉煌應管勘牌子曆〕 辰年三月 （788）
　1)僧　2)靈修寺　3)沙州　4)31行目。

13714 杜友遂 ······················ S00214
〔鷰子賦〕 癸未年十二月十一日 （923?）
　1)孛士郎・書記・校記　2)永安寺　4)三ヶ所。

13715 杜友遂 ······················ S00214
〔鷰子賦〕 甲申年三月廿三日 （924?）
　1)孛士郎・書記・校記　2)永安寺　4)三ヶ所。

13716 杜友遂 ····················· S00214v
〔社司轉帖〕 甲申年十一月廿日 （924?）
　1)錄事　4)原作「杜友遂帖」。

13717 杜邑 ······················· S05822
〔地子曆〕 寅年 （8C後期?）

13718 杜離珍 ···················· S02729①
〔燉煌應管勘牌子曆〕 辰年三月 （788）
　1)僧　2)乾元寺　3)沙州　4)20行目。

13719 杜流信 ······················ 上博21B
〔渠人轉帖〕（10C中期?）

13720 杜留住 ····················· P3418v④
〔龍勒鄉缺枝夫戸名目〕（9C末～10C初）
　3)龍勒鄉

13721 杜留定 ····················· Дх02149B
〔見納缺柴人名目〕（10C）

13722 杜倫子 ····················· P.tib1102v
〔社司轉帖〕 申年二月廿日 （9C前期）

13723 杜倫子 ····················· S06235B②
〔納贈曆〕（9C中期）

13724 杜老 ······················ S06233①
〔吐蕃期某寺諸色斛斗出曆〕（9C前期）

13725 杜老 ······················· S07060v
〔諸色破曆等〕（9C前期）

13726 杜?老子 ··················· P.tib1088Av
〔燉煌諸人磑課麥曆〕 卯年～巳年間 （835～837）

13727 杜郎 ························ P3164
〔親情社轉帖〕 乙酉年十一月廿六日 （925?）

13728 杜郎 ························ P3707
〔親情社轉帖〕 戊午年四月廿四日 （958）
　3)龍勒鄉

13729 杜和尚 ······················ P3726
〔故前釋門都法律京兆杜和尚寫眞讚〕（9C前期）
　1)和尚

13730 杜□進 ····················· P3418v④
〔龍勒鄉缺枝夫戸名目〕（9C末～10C初）
　3)龍勒鄉

13731 杜□ ························ 上博21B
〔渠人轉帖〕（10C中期?）

13732 杜 ··················· BD05673v④(李73)
〔行人轉帖（寫錄）〕 今月十二日 （9C末）

13733 杜 ···················· BD09323(周44)
〔沙州某寺分給蕃漢官僚等早・中・夜三食日程帖〕（820～830）
　1)判官

13734 杜 ························· 杏・羽671
〔杜散騎常侍御史大夫杜〕（9～10C）

13735 努家 ······················· Дх01313
〔以褐九段塡還驢價契〕 壬申年十月廿七日 （972）

13736 唐阿桃 ···················· P2040v②-28
〔淨土寺豆入曆〕（940前後）
　2)淨土寺

13737 唐安諫 ················ Stein Painting 5
〔文殊普賢四觀音圖題記〕 咸通五年 （864）
　1)衙前處候　4)原作「衙前處候唐安諫」。

13738 唐案?□ ···················· P.tib2124v
〔人名錄〕（9C中期?）

13739 唐威建 ……………… P3418v⑦
〔慈惠鄉缺枝夫戶名目〕（9C末～10C初）
　　3)慈惠鄉

13740 唐威娘 ……………… S02669
〔管內尼寺（安國寺・大乘寺・聖光寺）籍〕
（865～870）
　　2)大乘寺　3)洪潤鄉　4)尼名「最勝戒」。

13741 唐威信 ……………… S11602v
〔田地契〕（10C前期）
　　1)地主

13742 唐印定 ……………… S06198
〔納贈曆〕（10C）

13743 唐員醜 ……………… P3391v①
〔社司轉帖（寫錄）〕丁酉年正月日（937）

13744 唐員奴 ……………… Дx10267
〔諸人貸便粟麥曆〕（10C）

13745 唐韻及 …………… BD15249v①（新1449）
〔去時人將文字名目〕（9～10C）

13746 唐雲 ………………… S07060
〔都司諸色破曆〕辰年（9C前期）

13747 唐榮德 ……………… P3167v
〔安國寺道場司關于（五尼寺）沙彌戒訴狀〕
乾寧二年三月（895）
　　2)普光寺

13748 唐榮德 ……………… S03877v
〔賣地契〕天復九年己巳十月七日（909）

13749 唐盈金 ……………… S00747v
〔雜寫〕（9C前期,818頃）
　　4)R面爲「論語集解」（9C前期）。

13750 唐衍雞 ……………… P3105v
〔衙內漢,唐衍雞狀〕（10C）

13751 唐押衙 ……………… P3959
〔貸粟廩曆〕（10C）
　　1)押衙

13752 唐押衙 ……………… S06981④
〔設齋納酒餅曆〕（10C後期）
　　1)押衙

13753 唐押衙 ……………… S07060v
〔諸色破曆等〕（9C前期）

13754 唐押衙 ……………… Дx01410
〔社司轉帖〕庚戌年閏四月（950）
　　1)押衙

13755 唐押衙娘子 ………… S07060v
〔諸色破曆等〕（9C前期）

13756 唐（王）彥通 ……… P3234v⑮
〔淨土寺西倉豆利潤入曆〕（940年代?）
　　2)淨土寺

13757 （唐?）音三 ……… 楡第19窟
〔供養人題記〕（10C中期）
　　1)清信佛弟子　4)西壁。《謝》p.461。

13758 唐家 ………… BD09472v①～③（發92）
〔龍興寺索僧正等五十八人就唐家蘭若請賓
頭盧文〕（8～9C）
　　2)靈修(寺)・唐家蘭若　3)沙州　4)原作「唐家
蘭若」。本文14行,抄寫在背面,倒寫。

13759 唐家 ………………… P3716v①
〔新集書儀1卷（尾）〕天成五年庚寅歲五月十五
日（930）

13760 唐家 ………………… S04884v
〔便褐曆〕壬申年正月廿七日（972?）

13761 唐家 ………………… 杏・羽695
〔燉煌諸鄉諸部落諸人等便麥曆〕（10C）
　　1)馳麥人　3)赤心(鄉)

13762 唐家阿父 …………… 杏・羽672
〔新集親家名目〕（10C?）
　　1)阿父

13763 唐家優婆 …………… S04610v③
〔尼僧名目〕（895以前?）

13764 唐懷恩 ……………… P4640v
〔官入破曆〕辛酉?年九月十日（901?）
　　1)衙官

13765 唐海照 ……………… S02669
〔管內尼寺（安國寺・大乘寺・聖光寺）籍〕
（865～870）
　　2)大乘寺　3)神沙鄉　4)姓「唐」。俗名「綿々」。

13766 唐海滿 ·············· P2671v
〔白描畫〕 甲辰年頃 （884頃）
　　4)原作「勅河西節度使唐海滿書記之也」。

13767 唐勸音 ·············· S02669
〔管內尼寺(安國寺・大乘寺・聖光寺)籍〕
（865～870）
　　1)尼　2)大乘寺　3)慈惠鄉　4)尼名「性靜緣」。

13768 唐憨々 ·············· P2032v⑯-4
〔淨土寺粟利閏入曆〕 （940前後）
　　2)淨土寺

13769 唐憨々 ·············· P2846
〔入破曆〕 甲寅年正月廿一日 （954）
　　1)官人戶

13770 唐憨兒 ·············· P3396
〔沙州諸渠別粟田名目〕 （10C後期）

13771 唐憨兒 ·············· P3412
〔安再勝等牒〕 太平興國六年十月 （981）
　　1)押衙

13772 唐觀音 ·············· S02669
〔管內尼寺(安國寺・大乘寺・聖光寺)籍〕
（865～870）
　　2)大乘寺　3)慈惠鄉　4)尼名「性靜緣」。

13773 唐欺忠 ·············· P4640v
〔官入破曆〕 己未年五月 （899）
　　1)衙官

13774 唐義 ·············· Stein Painting 5
〔文殊普賢四觀音圖題記〕 咸通五年 （864）
　　1)(唐安諫)兄?　4)原作「兄唐義一心供養」。⇒唐戎々。

13775 唐鄉官 ·············· P5032v⑥
〔酒破曆〕 （10C中期）
　　1)鄉官

13776 唐緊々 ·············· P3418v⑧
〔平康鄉缺枝夫戶名目〕 （9C末～10C初）
　　3)平康鄉

13777 唐君盈? ·············· S06235Bv
〔百姓唐君盈等戶口田地申告狀〕 大中六年十一月日 （852）
　　4)37歲。

13778 唐君寂? ·············· S06235Bv
〔百姓唐君盈等戶口田地申告狀〕 大中六年十一月日 （852）
　　1)(君盈)弟僧　4)35歲。

13779 唐奚振 ·············· P2863②
〔唐奚振施入疏〕 正月一日 （9C前期）
　　1)弟子

13780 唐慶住 ·············· S02894v②
〔社司轉帖〕 壬申年十二月 （972）

13781 唐慶住 ·············· S02894v⑤
〔社司轉帖〕 （10C後期）

13782 唐繼通 ·············· S01898
〔兵裝備簿〕 （10C前期）
　　1)第四隊頭押衙

13783 唐劍奴 ·············· S06235A③
〔出得氈羊皮曆〕 某年十一月十七日 （9C前期）

13784 唐建□ ·············· P2680v⑥
〔社司轉帖〕 六月廿三日 （10C中期）

13785 唐?賢得 ·············· S01477v
〔地步曆〕 （10C初頃）

13786 唐胡々 ·············· Дx10269
〔諸人貸便粟麥曆〕 （10C）

13787 唐午子 ·············· P2539
〔計會(殘)〕 （9C?）

13788 唐幸午 ·············· P3691piece1
〔社司轉帖(社人名目)〕 戊午年九月十一日
（958）

13789 唐孝義 ·············· S02214
〔官府雜帳(名籍・黃麻・地畝・地子等曆)〕
（860?）

13790 唐孝燉 ·············· S02214
〔官府雜帳(名籍・黃麻・地畝・地子等曆)〕
（860?）

13791 唐康三 ·············· BD16113A(L4066)
〔地畝文書〕 （10C）

13792 唐康□ ·············· P3418v③
〔某鄉缺枝夫戶名目〕 （9C末～10C初）

13793 唐弘子 …………… P2049v①
〔淨土寺諸色入破曆計會牒〕 同光三年
(925)

13794 唐弘子妻 …………… P2049v①
〔淨土寺諸色入破曆計會牒〕 同光三年
(925)

13795 唐興盛 …………… P3649v
〔慈惠鄉百姓便貸帛契(存1行)〕 己卯年八月
三日 (957?)
　　1)百姓　3)慈惠鄉

13796 唐苟子 …………… P.tib3964
〔社司轉帖〕 庚戌年九月日 (950)

13797 唐行如 …………… S02729①
〔燉煌應管勘牌子歷〕 辰年三月 (788)
　　1)僧　2)開元寺　3)沙州　4)23行目。

13798 唐國晟 …………… S02228①
〔絲綿部落夫丁修城使役簿〕 亥年六月十五
日 (819)
　　1)(右二)　3)絲綿部落　4)首行作「亥年六月
十五日州城所,絲綿」。末行作「亥年六月十五日
畢功」。

13799 唐紇桃 …………… P3234v③-12
〔惠安惠戒手下便物曆〕 甲辰年 (944)
　　4)原作「唐紇桃男」。

13800 唐骨?子 …………… Дx06053v①
〔行人?轉帖〕 (10C?)
　　4)R面爲「儒敎關係七言詩」。V面②爲「社司轉帖
(殘)」。

13801 唐再 …………… BD01547(來47)
〔佛說无量壽宗要經1卷(尾)〕 (9C前期)

13802 唐再々 …………… BD00581(荒81)
〔佛說無量壽宗要經(卷末尾有題名)〕 (8〜
9C)

13803 唐再々 …………… BD06159(薑59)
〔无量壽宗要經(尾紙題名)〕 (9C前期)
　　4)尾紙有題名「唐再々寫」。

13804 唐再々 …………… BD06218(海18)
〔大乘无量壽宗要經〕 (9C前期)
　　4)原作「唐再々寫」。

13805 唐再々 …………… BD15034(新1234)
〔大般若波羅蜜多經卷第203(末)〕 (9C前半)
　　4)原作「唐再々寫」。

13806 唐再々 …………… BD15113(新1313)
〔大般若波羅蜜多經卷第206(尾題有題記)〕
(9C前半)

13807 唐再々 …………… P.tib2124v
〔人名錄〕 (9C中期?)

13808 唐再々 …………… S04495
〔諸星陀羅尼經1卷〕 (9C前期)

13809 唐再々 …………… S06819
〔大般若波羅蜜多經卷第201〕 (9C前期)
　　1)寫

13810 唐再々 …………… S11546
〔寫經人名〕 (9C前期)

13811 唐再子 …………… Дx06053v①
〔行人?轉帖〕 (10C?)
　　4)R面爲「儒敎關係七言詩」。V面②爲「社司轉帖
(殘)」。

13812 唐再昌 …………… S05632①
〔親情社轉帖〕 丁卯年二月八日 (967)
　　2)顯德寺門

13813 唐最勝戒 …………… S02669
〔管內尼寺(安國寺・大乘寺・聖光寺)籍〕
(865〜870)
　　2)大乘寺　3)洪潤鄉　4)姓「唐」。俗名「威娘」。

13814 唐在々 …………… S02669
〔管內尼寺(安國寺・大乘寺・聖光寺)籍〕
(865〜870)
　　2)大乘寺　3)玉關鄉　4)尼名「菩提堅」。

13815 唐山定 …………… S11358
〔部落轉帖〕 (10C後期)

13816 唐子進 …………… S00542v⑥
〔點算見在及缺羊牒〕 丑年十二月 (821)
　　1)寺嘲　2)大乘寺

13817 唐師 …………… S05508v
〔雜寫〕 (10C後期)

13818 唐氏 ·················· BD08679（位79）
〔高士廉等條擧氏族奏。別說：姓氏錄（末）〕
大蕃歲次丙辰後三月庚午朔十六日乙酉 （836）
　3）魯國　4）尾有題記「大蕃歲次丙辰（836）後三
月庚午朔十六日乙酉魯國唐氏苾蒭悟眞記」。

13819 唐氏 ·················· Дx00292
〔般若多心經1卷末題〕 （9C?）
　1）清信弟子　4）原作「清信佛弟子唐氏一心供
養」。

13820 唐氏 ·········· 矢吹『宗教界』13-5 p.408
〔般若多心經1卷〕 （10C）
　1）清信佛弟子

13821 唐氏 ·················· 莫第201窟
〔張公功德記〕 （8C後期）
　4）原作「妣父前唐壯武將軍左金吾衞大將軍
亡妣寧塞郡夫人唐氏…」。西壁。《燉》p.91。《謝》
p.367。

13822 唐氏 ·················· 莫第387窟
〔供養人題記〕 清泰元年頃 （936頃）
　4）原作「新婦唐氏供養」。東壁門北側。《燉》
p.149。《謝》p.237。

13823 唐氏 ·················· 楡第33窟
〔供養人題記〕 （10C中期）
　4）北壁。《謝》p.480。

13824 唐寺主 ·············· S01475v⑧⑨
〔沙州寺戶嚴君便麥契〕 四月十五日 （828～
829）
　1）寺主

13825 唐持乾 ·············· P2040v②-29
〔淨土寺西倉豆利入曆〕 （940年代）
　2）淨土寺

13826 唐悉歹子 ············ BD00649（日49）
〔佛說無量壽經（尾）〕 （9C前期）
　4）原作「唐悉歹子寫」。

13827 唐悉索番 ·············· S00747v
〔雜寫〕 （9C前期, 818頃）
　1）絲綿〔部落〕百姓　3）絲綿〔部落〕　4）R面爲
「論語集解」（9C前期）。

13828 唐悉門?力 ·············· P.tib2124v
〔人名錄〕 （9C中期?）

13829 唐社長 ·············· P2869piece3
〔納贈曆（殘）〕 （10C前期）
　1）（社）長　4）原作「囧長唐」。

13830 唐闍梨 ·············· BD08007（字7）
〔付筆曆（2行）〕 （9～10C）
　1）闍梨

13831 唐闍梨 ·············· P3145v
〔節度使下官人名・鄉名諸姓等雜記〕 （10C）
　1）闍梨

13832 唐闍梨 ·············· P3396v
〔沙州諸渠別苽菌名目〕 （10C後期）
　1）闍梨

13833 唐醜兒 ·············· P2032v②
〔淨土寺惠安手下諸色入曆〕 甲辰年一日巳直
歲 （944）

13834 唐醜兒 ·············· S08445＋S08446＋
S08468
〔羊司於紫亭得羊名目〕 丙午年三月九日
（946）
　1）押衙

13835 唐醜兒 ·············· S08445＋S08446＋
S08468
〔稅巳年出羊人名目〕 丙午年二月十九日
（946）
　1）押衙

13836 唐醜ゝ ·············· S06614v②
〔雇契（稿）〕 庚辰年三月十七日 （10C）
　1）百姓　3）洪池鄉　4）原作「洪池鄉百姓唐醜
ゝ」。

13837 唐醜奴 ·············· P3418v③
〔某鄉缺枝夫戶名目〕 （9C末～10C初）

13838 唐醜奴 ·············· S08234v
〔寫人名（3字）〕 （9C?）

13839 唐住ゝ ·············· S08443F5
〔散施入曆〕 （944頃）

13840 唐戎〔義?〕 ············ Stein Painting 5
〔文殊普賢四觀音圖題記〕 咸通五年 （864）
　1）（唐安諫）兄?　4）原作「兄唐戎一心供養」。

13841 唐戎ゝ? ·············· Stein Painting 5
〔文殊普賢四觀音圖題記〕 咸通五年 （864）
　1）唐安諫之兄?　4）⇒唐義。

13842 唐紐?奴 ・・・・・・・・・・・・・・・・・・・・ S06235Bv
〔百姓唐君盈等戶口田地申告狀〕 大中六年
十一月日 (852)

13843 唐順子 ・・・・・・・・・・・・・・・・・・・・・・ P.tib3964
〔社司轉帖〕 庚戌年九月日 (950)

13844 唐順?通 ・・・・・・・・・・・・・・・・・・・・・ S04211v
〔寫經關係文書〕 壬辰年 (932)
　　1) 寫經人

13845 唐像奴 ・・・・・・・・・・・・・・・・・・・ P2040v②-29
〔淨土寺西倉豆利入曆〕 (940年代)
　　2) 淨土寺

13846 唐像奴 ・・・・・・・・・・・・・・・・・・・・ P2049v①
〔淨土寺諸色入破曆計會牒〕 同光三年
(925)

13847 唐像奴 ・・・・・・・・・・・・・・・・・・・・・ P3124v
〔貸麥粟(契?)(1行)〕 甲寅年四月廿三日
(954)

13848 唐勝威 ・・・・・・・・・・・・・・・・・・・・・ S02669
〔管內尼寺(安國寺・大乘寺・聖光寺)籍〕
(865〜870)
　　1) 尼　2) 大乘寺　3) 洪閏鄉　4) 尼名「眞念」。

13849 唐勝乘 ・・・・・・・・・・・・・・・・・・・・・ S02669
〔管內尼寺(安國寺・大乘寺・聖光寺)籍〕
(865〜870)
　　2) 大乘寺　3) 神沙鄉　4) 尼名「乘妙」。

13850 唐小ゝ ・・・・・・・・・・・・・・・・・・・・・ S00782v
〔納贈曆〕 (10C)
　　4) ペン筆?

13851 唐小晟 ・・・・・・・・・・・・・ Stein Painting 5
〔文殊普賢四觀音圖題記〕 咸通五年 (864)
　　1) (唐安諫)兄?　4) 原作「兄唐小晟一心供養」。

13852 唐章午 ・・・・・・・・・・・・・・・・・・・・・・ P4693
〔官齋納麵油粟曆〕 (10C後期)
　　1) 餺飥頭

13853 唐乘妙 ・・・・・・・・・・・・・・・・・・・・・ S02669
〔管內尼寺(安國寺・大乘寺・聖光寺)籍〕
(865〜870)
　　2) 大乘寺　3) 神沙鄉　4) 姓「唐」。俗名「勝娘」。

13854 唐眞勝行 ・・・・・・・・・・・・・・・・・・・ S02669
〔管內尼寺(安國寺・大乘寺・聖光寺)籍〕
(865〜870)
　　2) 大乘寺　3) 洪池鄉　4) 姓「唐」。俗名「判娘」。

13855 唐眞念 ・・・・・・・・・・・・・・・・・・・・・ S02669
〔管內尼寺(安國寺・大乘寺・聖光寺)籍〕
(865〜870)
　　2) 大乘寺　3) 洪潤鄉　4) 姓「唐」。俗名「勝威」。

13856 唐神威 ・・・・・・・・・・・・・ Stein Painting 5
〔文殊普賢四觀音圖題記〕 咸通五年 (864)
　　1) 僧

13857 唐神奴 ・・・・・・・・・・・・・・・・・・・・・・ P3544
〔社條再立文書〕 大中九年九月 (855)
　　1) 錄事

13858 唐性靜緣 ・・・・・・・・・・・・・・・・・・・ S02669
〔管內尼寺(安國寺・大乘寺・聖光寺)籍〕
(865〜870)
　　2) 大乘寺　3) 慈惠鄉　4) 姓「唐」。俗名「觀音」。

13859 唐成?朝? ・・・・・・・・・・・・・・・・・・・ S05104
〔社司轉帖(寫錄)〕 (9〜10C)

13860 唐淸奴 ・・・・・・・・・・・・・・・・・・・・・ P3763v
〔淨土寺入破曆〕 (945前後)
　　2) 淨土寺

13861 唐淸奴 ・・・・・・・・・・・・・・・・・・・・・・ P4083
〔買牛契〕 丁巳年正月十一日 (897 or 957)
　　1) 百姓・買牛人　3) 通頰鄉

13862 唐薛兵 ・・・・・・・・・・・・・・・・・・・・ P2049v①
〔淨土寺諸色入破曆計會牒〕 同光三年
(925)
　　1) 兵?

13863 唐千進 ・・・・・・・・・・・・・・・・・・・・ P3600v②
〔燉煌普光寺等尼名申告狀〕 戌年十一月
(9C前期)
　　1) 寺卿

13864 唐千進 ・・・・・・・・・・・・・・・・・・・・ P.tib2124v
〔人名錄〕 (9C中期?)

13865 唐遷進 ・・・・・・・・・・・・・・・・・・・・ P5579⑪
〔大乘寺應道場尼名牒〕 酉年十月 (829 or
841)
　　1) 寺卿　2) 大乘寺

13866 唐善子 ·················· S08158v
　〔人名等雜寫〕（10C?）

13867 唐善照 ·················· S02669
　〔管內尼寺(安國寺・大乘寺・聖光寺)籍〕
　(865～870)
　　　2)大乘寺　3)神沙鄉　4)姓「唐」。俗名「大眞」。

13868 唐僧政 ·················· P3364
　〔某寺白麵圓麵油破曆(殘)〕（959前後）
　　1)僧政

13869 唐僧政 ·················· Дx02146
　〔請諸寺和尙僧政法律等名錄〕（10C?）
　　1)僧?政?

13870 唐僧正 ·················· S01153
　〔諸雜人名目〕（10C後期）
　　1)僧正

13871 唐僧正 ·················· S02449
　〔付餙曆〕庚寅年頃?（930 or 990頃）
　　1)僧正

13872 唐僧正 ·················· Дx11196
　〔渠人轉帖〕十月九日（983）
　　1)僧正

13873 唐僧統 ·················· P4640③
　〔翟家碑(唐僧統述文)〕（9C末～10C前）
　　1)僧統

13874 唐僧?□ ················ S06235B②
　〔納贈曆〕（9C中期）

13875 唐瘦兒 ·················· P3146A
　〔衙前子弟州司及饟頭等留殘袍衣人數〕辛
　巳年八月三日（981）

13876 唐瘦兒 ·················· P3721v①
　〔平康鄉堤上兄(見)點得人名目〕庚辰年三月
　十二日（980）
　　3)平康鄉

13877 唐大眞 ·················· S02669
　〔管內尼寺(安國寺・大乘寺・聖光寺)籍〕
　(865～870)
　　　1)尼　2)大乘寺　3)神沙鄉　4)尼名「善照」。

13878 唐大眞 ·················· S02669
　〔管內尼寺(安國寺・大乘寺・聖光寺)籍〕
　(865～870)
　　　2)大乘寺　3)神沙鄉　4)尼名「善照」。

13879 唐單子 ·················· P3165v
　〔某寺破麥曆(殘)〕（丁卯／戊辰年）（908?）

13880 唐端子 ·················· P3418v⑥
　〔洪閏鄉缺枝夫戶名目〕（9C末～10C初）
　　3)洪閏鄉

13881 唐團頭 ·················· Дx02162
　〔社司轉帖〕庚子年八月十四日（940?）
　　1)團頭

13882 唐猪兒 ·················· P3249v
　〔將龍光顏等隊下人名目〕（9C中期）

13883 唐通之? ················ P3418v⑧
　〔平康鄉缺枝夫戶名目〕（9C末～10C初）
　　3)平康鄉

13884 唐定山 ·················· P4083
　〔買牛契〕丁巳年正月十一日（897 or 957）
　　1)(淸奴)男・買牛人

13885 唐定山 ·················· S00274①
　〔社司轉帖(寫錄)〕戊子年四月十三日
　(928?)

13886 唐定奴 ·················· P2155③
　〔合領馳馬牛羊皮曆〕（10C）

13887 唐定奴 ·········· Дx01359＋Дx03114
　〔牧羊人唐定奴狀〕己卯年六月(三)日（979）
　　1)牧羊人　4)⇒康定奴。

13888 唐都頭 ·········· BD11987(L2116)
　〔歸義軍官府人名目〕（9C後期～10C）
　　1)都頭

13889 唐奴?國? ·············· S05104
　〔社司轉帖(寫錄)〕（9～10C）

13890 唐奴子 ············ BD16036v(L4025)
　〔付弟神友書〕（9～10C）

13891 唐奴子 ················ P3451piece1
　〔氾慶子狀〕（9C後期）
　　1)人戶

13892 唐奴子 ·················· S03005
　〔防大佛行人名目〕（10C）

13893 唐奴子 ·················· S08402
　〔便麥曆〕（10C前期）
　　1)口承人

534

13894 唐ゞ?信 ‥‥‥‥‥‥‥‥‥ P4640v
〔官入破曆〕 辛酉?年九月十日 (901?)
　1) 口承杞道人

13895 唐二娘 ‥‥‥‥‥‥‥‥‥ S04491
〔地畝計會〕 (9C前期)
　3) 澗渠

13896 唐日英 ‥‥‥‥‥‥‥‥‥ S04491
〔地畝計會〕 (9C前期)
　3) 孟授, 澗渠, 第一渠

13897 唐博士 ‥‥‥‥‥‥‥‥‥ Дх11095
〔會計報告書簡〕 (9～10C)
　1) 博士

13898 唐鉢會? ‥‥‥‥‥‥‥‥ S04504v④
〔行人轉帖〕 七月三日 (10C前期)

13899 唐判娘 ‥‥‥‥‥‥‥‥‥ S02669
〔管內尼寺(安國寺・大乘寺・聖光寺)籍〕
(865～870)
　2) 大乘寺　3) 洪池鄉　4) 尼名「眞勝行」。

13900 唐不成 ‥‥‥‥‥‥‥‥‥ S08448c
〔雜寫〕 (10C)
　1) 釋門法律

13901 唐不梳頭 ‥‥‥‥ S08445＋S08446＋
S08468
〔稅巳年出羊人名目〕 丙午年二月十九日
(946)

13902 唐富通 ‥‥‥‥‥‥‥‥‥ S04884v
〔便褐曆〕 壬申年正月廿七日 (972?)

13903 唐富通 ‥‥‥‥‥‥‥‥‥ Дх01277
〔納贈曆〕 丁丑年九月四?日 (977)

13904 唐富通 ‥‥‥‥‥‥‥‥‥ Дх01344
〔索靑等便黃麻曆〕 辛亥年二月九日 (951)

13905 唐普勸 ‥‥‥‥‥‥‥‥‥ S02729①
〔燉煌應管勘牌子曆〕 辰年三月 (788)
　1) 僧　2) 普光寺　3) 沙州　4) 38行目。

13906 唐普勝 ‥‥‥‥‥‥‥‥‥ S02729①
〔燉煌應管勘牌子曆〕 辰年三月 (788)
　1) 僧　2) 普光寺　3) 沙州　4) 40行目。

13907 唐普定 ‥‥‥‥‥‥‥‥‥ S02729①
〔燉煌應管勘牌子曆〕 辰年三月 (788)
　1) 僧　2) 普光寺　3) 沙州　4) 42行目。

13908 唐福員 ‥‥‥‥‥‥‥‥‥ P2932
〔出便豆曆〕 乙丑正月九日 (965?)
　1) 口承人

13909 唐福員 ‥‥‥‥‥‥‥‥‥ P2932
〔出便豆曆〕 乙丑年正月九日 (965?)
　1) 口承人

13910 唐福妙 ‥‥‥‥‥‥‥ Stein Painting 5
〔文殊普賢四觀音圖題記〕 咸通五年 (864)
　1) 尼　4) 原作「尼福妙一心供養」。

13911 唐佛奴 ‥‥‥‥‥‥‥‥‥ S04884v
〔便褐曆〕 壬申年正月廿七日 (972?)

13912 唐佛?奴 ‥‥‥‥‥‥‥‥ S06235B②
〔納贈曆〕 (9C中期)

13913 唐佛奴妻 ‥‥‥‥‥‥‥‥ S04884v
〔便褐曆〕 壬申年正月廿七日 (972?)

13914 唐粉子 ‥‥‥‥‥‥‥‥‥ P3236v
〔燉煌鄉官布籍〕 壬申年三月十九日 (972)
　1) 頭　3) 燉煌鄉

13915 唐粉子 ‥‥‥‥‥‥‥‥‥ P.tib3964
〔社司轉帖〕 庚戌年九月日 (950)

13916 唐粉子 ‥‥‥‥‥‥‥‥‥ S05632①
〔親情社轉帖〕 丁卯年二月八日 (967)
　2) 顯德寺門

13917 唐粉堆 ‥‥‥‥‥‥‥‥‥ Дх02149B
〔見納缺柴人名目〕 (10C)

13918 唐粉塠 ‥‥‥‥‥‥‥‥ P3234v③-12
〔惠安惠戒手下便物曆〕 甲辰年 (944)

13919 唐粉德 ‥‥‥‥‥‥‥‥‥ Дх02149B
〔見納缺柴人名目〕 (10C)

13920 唐紛塠 ‥‥‥‥‥‥‥‥‥ P2032v
〔淨土寺入破曆〕 甲辰年頃 (944?)
　2) 淨土寺

13921 唐文英 ‥‥‥‥‥‥‥‥ BD00248(宇48)
〔无量壽宗要經〕 (9C前期)

13922 唐文英 ‥‥‥‥‥‥‥‥ BD02408(成8)
〔无量壽宗要經(尾紙末有題記)〕 (9C前期)
　1) 寫

13923 唐文英 ·············· BD03186(騰86)
〔无量壽宗要經(尾有題記)〕 (9C前期)
　　1)寫

13924 唐文英 ·············· BD03829(金29)
〔大般若波羅蜜多經卷第270(尾紙末2行有題記)〕 (9C)
　　4)原作「第二超藏校。/唐文英」。

13925 唐文英 ·············· BD04584(岡84)
〔觀世音經〕 辛巳年四月廿八日 (821?)
　　1)學生童子　4)原作「辛丑年七月廿八日學生童子唐文英爲妹久患寫畢功記」。

13926 唐文英 ·············· BD04584(岡84)
〔觀世音經(奧書)〕　辛丑年七月廿八日 (821?)
　　1)學生童子

13927 唐文英 ·············· BD05208(衣8)
〔无量壽宗要經〕 (9C前期)

13928 唐文英 ·············· BD05737(奈37)
〔无量壽宗要經(末)〕 (9C前期)
　　4)原作「唐文英寫」。

13929 唐文英 ·············· BD14101(新0301)
〔无量壽宗要經(尾題後題名)〕 (9C前期)
　　1)寫

13930 唐文英 ·············· BD15177(新1377)
〔无量壽宗要經〕 (9C前期)
　　4)原作「唐文英寫」。

13931 唐文英 ·············· BD15199(新1399)
〔无量壽宗要經〕 (9C前期)
　　4)原作「唐文英寫」。

13932 唐文惠 ················ 楡第19窟
〔供養人題記〕 (10C中期)
　　1)清信佛弟子　4)西壁。《謝》p.461。

13933 唐文建 ················ P3418v⑦
〔慈惠鄕缺枝夫戶名目〕 (9C末～10C初)
　　3)慈惠鄕

13934 唐文通 ················ P4640v
〔官入破曆〕 庚申年八月 (900)
　　1)衙官

13935 唐文通 ················ S02894v④
〔社司轉帖〕 壬申年十二月卅日 (972)

13936 唐文通 ················ S02894v⑤
〔社司轉帖〕 (10C後期)

13937 唐文德 ················ 杏・羽677
〔入破歷算會(殘)〕 癸酉・甲戌二年 (973・974)

13938 唐兵馬使 ················ P3126v
〔狀〕 二月十八日 (9C後期?)
　　1)兵馬使

13939 唐兵馬使 ················ P.tib3964
〔社司轉帖〕 庚戌年九月日 (950)
　　1)兵馬使

13940 唐兵馬使 ················ S08516E2
〔社司轉帖〕 丙辰年六月十日 (956)
　　1)兵馬使

13941 唐兵馬使 ················ 杏・羽672
〔新集親家名目〕 (10C?)
　　1)兵馬使

13942 唐平子 ················ P4810v①
〔役簿?〕 十月一日 (9C)
　　1)右十

13943 唐平子 ················ S06235B②
〔納贈曆〕 (9C中期)

13944 唐平子 ················ S06235Bv
〔百姓唐君盈等戶口田地申告狀〕 大中六年十一月日 (852)
　　1)(君盈)父　4)63歲。

13945 唐平水 ················ BD09325(周46)
〔社司轉帖〕 □子?年七月十四日 (10C後期)
　　1)平水

13946 唐平水 ············ BD14806v(新1006)
〔義進押衙身故祭盤人名目〕 戊寅年二月十九日 (978)

13947 唐辯悟 ················ S02729①
〔燉煌應管勘牌子歷〕 辰年三月 (788)
　　1)僧　2)大乘寺　3)沙州　4)48行目。

13948 唐保子 ················ P2040v②-5
〔淨土寺西倉粟入曆〕 (945以降)
　　2)淨土寺

13949 唐菩提堅 ················ S02669
〔管內尼寺(安國寺・大乘寺・聖光寺)籍〕
(865～870)
　　2)大乘寺　3)玉關鄉　4)姓「唐」。俗名「在ゝ」。

13950 唐法律 ············ BD06004v①(芥4)
〔雜寫(法律6名列記)〕 (9～10C)
　　1)法律

13951 唐法律 ················ P2049v②
〔淨土寺諸色入破曆計會牒〕 長興二年正月
(930～931)
　　1)法律

13952 唐法律 ················ P2054v
〔疏請僧官文〕 (10C)
　　1)法律　2)靈圖寺

13953 唐法律 ················ P3240②
〔付疇曆〕 壬寅年七月十六日 (1002)
　　1)法律

13954 唐法律 ················ P4525v②
〔將允紙人目〕 (980頃)
　　1)法律

13955 唐万子 ················ S04700
〔陰家榮親客目〕 甲午年五月十五日 (994)
　　1)押衙

13956 唐万住 ·········· S08445＋S08446
〔紫亭羊數名目〕 辛亥年正月廿七日 (951)

13957 唐万住 ················ S08448A
〔紫亭羊數名目〕 辛亥年正月廿七日 (951)

13958 唐万中? ········ BD16085A(L4052)
〔酒等破曆〕 [　]月十三日 (972?)

13959 唐万定 ················ S08448A
〔紫亭羊數名目〕 辛亥年正月廿七日 (951)

13960 唐万定 ················ S08448B
〔紫亭羊數名目〕 (940頃)

13961 唐綿ゝ ················ S02669
〔管內尼寺(安國寺・大乘寺・聖光寺)籍〕
(865～870)
　　2)大乘寺　3)神沙鄉　4)尼名「海照」。

13962 唐祐子 ················ S04120
〔布褐等破曆(殘)〕 癸亥年二月～甲子年二月 (963～964)

13963 唐祐住 ················ P4693
〔官齋納麵油粟曆〕 (10C後期)

13964 唐遊弈 ·········· S08445v＋S08446v
〔羊數名目〕 丁未年頃 (943)

13965 唐養子 ················ S06308
〔便曆〕 丙辰年 (956)
　　1)地主取物人

13966 唐蘭若 ················ P.tib1261v①
〔諸寺僧尼支給穀物曆〕 (9C前期)
　　1)蘭若

13967 唐老宿 ················ S01653v
〔付麵曆佛會支出簿〕 (10C)
　　1)老宿

13968 唐老宿 ················ S05486①
〔諸寺僧尼付油麵曆〕 (10C中期)
　　1)老宿　2)三界寺?

13969 唐郎 ················ Дx01439
〔親情社轉帖〕 丙戌年九月十九日 (986?)

13970 唐□ ················ S10005
〔人名目〕 (10C)
　　1)押衙

13971 唐□ ················ S11602v
〔田地契〕 (10C前期)
　　1)保人・孫?

13972 唐 ············ BD05673v④(李73)
〔行人轉帖(寫錄)〕 今月十二日 (9C末)

13973 唐 ················ S00865v
〔社司轉帖(寫錄殘・3行)〕 (10C?)

13974 唐 ················ S08402
〔便麥曆〕 (10C前期)
　　1)口承人妻

13975 湯?天保 ················ Дx01328
〔高昌田苗曆〕 建中三年三月廿七日 (782)
　　1)百姓

13976 湯□ ············ BD16282B(L4124)
〔送油文書〕 (9～10C)
　　1)鄉官　4)原作「寒食座大設酪三千,次差曹弘定,／帖至限二日,於薛富進家送油者。／鄉官湯」。

13977 燈闍梨 ·················· P2342piece3
〔故上座燈闍梨齋文〕 丙午年四月 (826)
　1)上座・闍梨　4)原作「上座燈闍梨」。

13978 燈判官 ····················· P3947
〔龍興寺應轉經僧分兩蕃定名牒〕 亥年八月 (819 or 831)
　1)判官　2)龍興寺

13979 燈判官 ·············· S01475v⑪⑫
〔便契〕 二月一日 (828〜829)
　1)判官

13980 燈 ················· P.tib1261v②
〔諸寺僧尼支給穀物曆〕 (9C前期)

13981 燈 ················· P.tib1261v⑤
〔諸寺僧尼支給穀物曆〕 (9C前期)

13982 燈 ················· P.tib1261v⑥
〔諸寺僧尼支給穀物曆〕 (9C前期)

13983 燈 ················· P.tib1261v⑦
〔諸寺僧尼支給穀物曆〕 (9C前期)

13984 燈 ················· P.tib1261v⑨
〔諸寺僧尼支給穀物曆〕 (9C前期)

13985 燈 ················· P.tib1261v⑩
〔諸寺僧尼支給穀物曆〕 (9C前期)

13986 當寅拙 ············· 羽・寫836-837
〔百姓史喜蘇買騍馬契〕 癸未年十一月廿日 (983)
　1)口承人甘州家　3)甘州　4)原作「口承人甘州家當寅拙」。

13987 當王 ············ Дx01323＋Дx05942
〔押衙劉雇牧羊人契〕 (9C後半〜10C?)
　1)牧羊(人)

13988 登〔鄧?〕··········· BD11502①(L1631)
〔燉煌十一僧寺別姓名簿并緣起經論等名目〕 (9C後期)
　2)(大)雲(寺)

13989 寶含ミ ················· S02669
〔管內尼寺(安國寺・大乘寺・聖光寺)籍〕 (865〜870)
　2)大乘寺　3)洪閏鄉　4)尼名「嚴持」。

13990 寶願興 ·················· S04121
〔陰家榮親客目〕 甲午年五月十五日 (994)

13991 寶閏ミ ················· S02669
〔管內尼寺(安國寺・大乘寺・聖光寺)籍〕 (865〜870)
　2)大乘寺　3)洪閏鄉　4)尼名「聖悟」。

13992 寶慶安 ·················· S01898
〔兵裝備簿〕 (10C前期)
　1)押衙

13993 寶堅悟 ················· S02669
〔管內尼寺(安國寺・大乘寺・聖光寺)籍〕 (865〜870)
　2)大乘寺　3)洪閏鄉　4)姓「寶」。俗名「閏ミ」。

13994 寶嚴持 ················· S02669
〔管內尼寺(安國寺・大乘寺・聖光寺)籍〕 (865〜870)
　2)大乘寺　3)洪閏鄉　4)姓「寶」。俗名「含ミ」。

13995 寶彥盈 ················· Дx02149A
〔寒食座設付酒曆〕 戊午年四月廿五日 (958 or 898)

13996 寶彥貞 ·················· S01153
〔諸雜人名目〕 (10C後期)

13997 寶慈願 ················· S02669
〔管內尼寺(安國寺・大乘寺・聖光寺)籍〕 (865〜870)
　2)大乘寺　3)洪閏鄉　4)姓「寶」。俗名「心ミ」。

13998 寶社官 ················· P4975r.v
〔沈家納贈曆〕 辛未年三月八日 (971)
　1)社官

13999 寶闍梨 ················· P5032v⑧
〔社司轉帖〕 六月 (10C中期)
　1)闍梨

14000 寶小骨 ·················· S05717
〔人名目〕 (10C)

14001 寶昌子 ················· P5032v⑧
〔社司轉帖〕 六月 (10C中期)
　1)押衙

14002 寶淨惠 ················· S02729①
〔燉煌應管勘牌子歷〕 辰年三月 (788)
　1)僧　2)大乘寺　3)沙州　4)49行目。

14003 寶心ゞ ・・・・・・・・・・・・・・・・・・ S02669
〔管内尼寺(安國寺・大乘寺・聖光寺)籍〕
(865～870)
　2)大乘寺　3)洪潤鄉　4)尼名「慈願」。

14004 寶太寧 ・・・・・・・・・・・・・・・・・・ S02103
〔渠水田地訴訟牒〕　酉年十二月　(817?)

14005 寶討擊 ・・・・・・・・・・・・・・・・・・ S02894v⑤
〔社司轉帖〕　(10C後期)

14006 寶跛蹄 ・・・・・・・・・・・・・ BD03925(生25)
〔雇契〕　甲戌年正月一日　(974)
　1)百姓　3)慈惠鄉

14007 寶不藉奴 ・・・・・・・・・・・・・・・・ P3145
〔社司轉帖〕　戊子年閏五月　(988?)

14008 寶富全 ・・・・・・・・・・・・・・・・・・ S07932
〔月次番役名簿〕　正月　(10C後期)

14009 寶良器 ・・・・・・・・・・・・・・・・・・ P3425
〔金光明最勝五會功德之讚〕　(9C末)

14010 寶良驥 ・・・・・・・・・・・・・・・・・・ P4640④
〔大蕃沙州釋門教授和尚洪辯修功德碑〕　大中五年　(851)
　1)國子監博士　4)原作「大蕃國子監博士撰」。

14011 寶良驥 ・・・・・・・・・・・・・・・・・ S00779v
〔毗沙門天功德記(末)〕　(9C末～10前)
　1)大蕃國臨壇博士　4)原作「大蕃國沙州釋門教授和尚洪辯修德大蕃國臨壇博士寶良驥」。

14012 寶 ・・・・・・・・・・・・・・・・・・・・ P3391v②
〔社人名列記(寫錄)〕　丁酉年頃　(937頃)

14013 董安ゞ ・・・・・・・・・・・・・・・・ P3418v①
〔□□鄉缺枝夫戶名目〕　(9C末～10C初)
　3)□□鄉

14014 董?安ゞ ・・・・・・・・・・・・・・・・ S11213G
〔配付人名目〕　(946)

14015 董安三 ・・・・・・・・・・・・・・・・・ S11213G
〔配付人名目〕　(946)

14016 董安?子? ・・・・・・・・・・・・・・・・ Дx01388
〔社文書〕　(9C)

14017 董安住 ・・・・・・・・・・・・・・・・ S06614v①
〔社司轉帖〕　(10C)

14018 董安信 ・・・・・・・・・・・・・・・・・ Дx01306
〔董惠明等人名目〕　(946)

14019 董安德 ・・・・・・・・・・・・・・・・ P2040v③-2
〔淨土寺西倉粟利入曆〕　己亥年　(939)
　2)淨土寺

14020 董晏奴 ・・・・・・・・・・・・・・・・ P5579⑯
〔得度者人名錄〕　巳年～酉年　(813～817 or 825～829)
　4)僧名「法如」。

14021 董意君 ・・・・・・・・・・・・・・・・ S11213F
〔配付人名目〕　(946)

14022 董逸兒 ・・・・・・・・・・・・ BD15404(簡068066)
〔千渠中下界白刺頭名目〕　(10C中期)
　1)白刺頭　3)千渠中界

14023 董員兒 ・・・・・・・・・・・・・・・・・ P3889v
〔社司轉帖〕　(10C)
　4)⇒黃員兒。

14024 董員住 ・・・・・・・・・・・・・・・・・ S08426
〔官府酒破曆〕　十月廿七日　(10C)

14025 董員住 ・・・・・・・・・・・・・・・・ S08426E②
〔使府酒破曆〕　(10C中～後期)

14026 董員長 ・・・・・・・・・・・・・・・・・ P3400v
〔尚書管領左右筆名目(3行)〕　大唐廣順參年癸丑歲三月十五日　(953)

14027 董員通? ・・・・・・・・・・・・・・・・・ P3764v
〔社司轉帖〕　十一月五日及十一月十五日　(10C)

14028 董員頭? ・・・・・・・・・・・・・・・ 杏・羽695
〔燉煌諸鄉諸部落諸人等便麥曆〕　(10C)
　1)衙前第六隊(頭?)　3)赤心(鄉)

14029 董榮 ・・・・・・・・・・・・・・・・・・・ P4989
〔沙州戶口田地簿〕　(9C末)

14030 董永興 ・・・・・・・・・・・・・・ BD09318B(周39)
〔莫高鄉戶口人戶付物曆〕　(946)

14031 董英朝 ・・・・・・・・・・・・・・・・・ P2763①
〔沙州倉曹趙瓊璋等會計曆〕　辰年九月四日已後至十二月卅日　(788)
　4)壹碩麥十二月廿八日牒貸…。

14032 董英朝 ····················· P2763①
〔沙州倉曹趙瓊璋等會計曆〕 辰年九月四日已
後至十二月卅日 (788)
　4)縫背有「河西支度/…印」。

14033 董延進 ··················· P2032v①-2
〔淨土寺西倉麥入曆〕 (944前後)
　2)淨土寺

14034 董延進 ··················· P2032v⑯-4
〔淨土寺粟利閏入曆〕 (940前後)
　2)淨土寺

14035 董延進 ····················· P3266v
〔董延進請投社牒〕 (10C中期)

14036 董延長 ···················· P2841r.v
〔董延長寫小乘三科題記〕 太平興國二年丁丑
歲二月廿九日 (977)

14037 董延長 ················ 杏・羽703③
〔雜記〕 (10C後期)
　1)弟子節度押衙知案司書手銀青光祿大夫檢校
太子賓客　4)①～⑤;雜記。1紙完存(25.1×
48.0cm)。V面爲「增壹阿含經卷第十」。存25行＋3
行別記。此V面爲正面,兌經紙(10C後半寫經)。

14038 董延長 ················ 杏・羽707①
〔千字文・大寶積經等雜寫〕 (10C)
　1)節度押衙知案司書手

14039 董往々 ····················· Дx01306
〔董惠明等人名目〕 (946)

14040 董往了 ····················· Дx01306
〔董惠明等人名目〕 (946)

14041 董押衙 ····················· P2032v⑱
〔淨土寺豆利閏入曆〕 (940前後)
　1)押衙　2)淨土寺

14042 董押衙 ···················· P3234v⑮
〔淨土寺西倉豆利潤入曆〕 (940年代?)
　1)押衙　2)淨土寺

14043 董押衙 ····················· Дx01277
〔納贈曆〕 丁丑年九月四?日 (977)
　1)押衙

14044 董押衙 ····················· Дx01278
〔便粟社人名目〕 辛亥年五月 (951)
　1)押衙　4)金剛經天祐三年四月寫。

14045 董押衙 ····················· Дx01278v
〔張苟奴等菜一步曆〕 辛亥年頃 (951年頃)
　1)押衙

14046 董王仵 ····················· P2049v①
〔淨土寺諸色入破曆計會牒〕 同光三年
(925)

14047 董王仵 ····················· Дx02149B
〔見納缺柴人名目〕 (10C)

14048 董溫々 ····················· Дx01306
〔董惠明等人名目〕 (946)

14049 董加盈 ····················· S02174
〔分家文書〕 天復九年己巳閏八月十二日
(909)
　1)百姓・領物人　3)神沙鄉

14050 董加和 ····················· S02174
〔分家文書〕 天復九年己巳閏八月十二日
(909)
　1)百姓　3)神沙鄉

14051 董俄?出? ·················· S06577v
〔官晏設破曆〕 (10C)

14052 董俄都督 ··················· S02474③
〔衙內麨油破曆〕 庚辰年?閏三月 (980)
　1)都督

14053 董懷盈 ····················· S02174
〔分家文書〕 天復九年己巳閏八月十二日
(909)
　1)百姓　3)神沙鄉

14054 董懷々 ····················· P4720
〔社司轉帖〕 貞明八年(龍德二年)九月廿七日
(922)

14055 董懷子 ····················· S02174
〔分家文書〕 天復九年己巳閏八月十二日
(909)
　1)見人・兵馬使　3)神沙鄉

14056 董海珎 ····················· P5021D
〔付物曆〕 (9C末～10C初)

14057 董揭搥 ····················· P3418v①
〔□□鄉缺枝夫戶名目〕 (9C末～10C初)

14058 董完德 …………………… S08663
〔麥支給曆〕 (10C)

14059 董憨奴 …………………… S05788
〔社司轉帖〕 十一月廿一日 (9C前期)

14060 董眼〻 …………………… S11213G
〔配付人名目〕 (946)

14061 董願盈 …………………… P3396
〔沙州諸渠別粟田名目〕 (10C後期)

14062 董願昌 …………………… P3146A
〔衙前子弟州司及麵頭等留殘祗衙人數〕 辛巳年八月三日 (981)

14063 董願德〔清?〕 …………… P3721v③
〔冬至自斷官員名〕 己卯年十一月廿六日 (979)

14064 董義員 …………………… P2484
〔就東園笯會小印子群牧馳馬牛羊見行籍(歸義印)〕 戊辰年十月十八日 (968)
  4)存「歸義軍節度使印」。

14065 董颭颰 …………………… P4640v
〔官入破曆〕 庚申年十月 (900)
  1)箭匠 4)母助葬。

14066 董緊〻 …………………… P2856v②
〔副僧統下燉煌教團諸寺百姓輸納粗草抄錄〕 景福二年癸丑歲十月十一日 (893)
  2)大乘寺

14067 董?緊子 …………………… S11213G
〔配付人名目〕 (946)

14068 董金液 …………………… S02729①
〔燉煌應管勘牌子曆〕 辰年三月 (788)
  1)僧 2)金光明寺 3)沙州 4)15行目。

14069 董金振 …………………… S02729①
〔燉煌應管勘牌子曆〕 辰年三月 (788)
  1)僧 2)靈圖寺 3)沙州 4)12行目。

14070 董闍〻 …………………… S02669
〔管內尼寺(安國寺・大乘寺・聖光寺)籍〕 (865〜870)
  1)尼 2)大乘寺 3)玉關鄉 4)尼名「無畏心」。

14071 董惠明 …………………… Дx01306
〔董惠明等人名目〕 (946)

14072 董慶子 …………………… P2032v①-2
〔淨土寺西倉麥入曆〕 (944前後)
  2)淨土寺

14073 董慶子 …………………… Дx10270
〔便粟麥曆〕 (946)

14074 董慶子 …………………… Дx10270v
〔便麥粟曆〕 (946)

14075 董犬〻 …………………… BD09318B(周39)
〔莫高鄉戶口人戶付物曆〕 (946)

14076 董賢義 …………………… S11213F
〔配付人名目〕 (946)

14077 董賢〻 …………………… S11213F
〔配付人名目〕 (946)

14078 董賢者 …………………… S00782v
〔納贈曆〕 (10C)
  4)ペン筆?

14079 董賢定 …………………… S02669
〔管內尼寺(安國寺・大乘寺・聖光寺)籍〕 (865〜870)
  2)大乘寺 3)玉關鄉 4)姓「董」。俗名「最〻」。

14080 董元忠 …………………… S05822
〔地子曆〕 寅年 (8C後期?)

14081 董胡 ……………………… S08445v+S08446v
〔紫亭羊數名目〕 辛亥年正月廿七日 (946)
  4)⇒董胡八。

14082 董胡子 …………………… P3418v⑦
〔慈惠鄉缺枝夫戶名目〕 (9C末〜10C初)
  3)慈惠鄉

14083 董胡八 …………………… S02894v⑤
〔社司轉帖〕 (946)

14084 董胡八 …………………… S08448A
〔紫亭羊數名目〕 辛亥年正月廿七日 (951)
  4)⇒董胡。

14085 董光順 …………………… S04491
〔地畝計會〕 (9C前期)
  3)辛渠.陽開渠

14086 董公海 …… 北大D195＋北大D202＋P3984
〔社官董海等廿三人重修唐家佛堂功德記〕（946）
　1）社官

14087 董幸昌 ………………… P4693
〔官齋納麵油粟曆〕（10C後期）
　1）麥油菜頭

14088 董孝順 ………………… P3418v①
〔□□鄉缺枝夫戶名目〕（9C末～10C初）
　3）□□鄉

14089 董狥子 ………………… S06614v①
〔社司轉帖〕（10C）

14090 董興子 ………………… P3384
〔戶籍（殘）〕大順二年辛亥正月一日（891）

14091 董興晟 ………………… BD09318B（周39）
〔莫高鄉戶口人戶付物曆〕（946）

14092 董苟兒 ………………… S04654v⑤
〔便曆〕丙午年正月一日（946）

14093 董骨子 ………………… P3418v④
〔龍勒鄉缺枝夫戶名目〕（9C末～10C初）
　3）龍勒鄉

14094 董?鵲兒 ……………… P5021D
〔付物曆〕（9C末～10C初）

14095 董渾 …… S.tib.R.119.VOL.551 FOL.23
〔社司轉帖〕（946）

14096 董再興 ………………… BD09318B（周39）
〔莫高鄉戶口人戶付物曆〕（946）

14097 董再住 ………………… S08445＋S08446＋S08468
〔羊司於常樂稅羊人名目〕丙午年六月廿七日（946）

14098 董?再住 ……………… S11213G
〔配付人名目〕（946）

14099 董再清 ………………… BD00292（宇92）
〔金有陀羅尼經〕（946）

14100 董再清 ………………… BD01343（張43）
〔金有陀羅尼經1卷（尾）〕（946）
　4）原作「董再清寫」。

14101 董再清 ………………… BD08092（字92）
〔全有陀羅尼（末）〕（946）
　4）原作「董再清寫」，又有藏文署名。

14102 董再通? ……………… P3764v
〔社司轉帖〕十一月五日及十一月十五日（10C）

14103 董再德 ………………… S10273＋S10274＋S10276＋S10277＋S10279＋S10290
〔出便麥與人名目〕丁巳年二月一日（957?）

14104 董再寧 ………………… P2032v⑱
〔淨土寺豆利閏入曆〕（940前後）
　2）淨土寺

14105 董最嚴 ………………… S02669
〔管內尼寺（安國寺・大乘寺・聖光寺）籍〕（865～870）
　2）聖光寺　3）慈惠鄉　4）姓「董」。俗名「勝君」。

14106 董最〻 ………………… S02669
〔管內尼寺（安國寺・大乘寺・聖光寺）籍〕（865～870）
　1）尼　2）大乘寺　3）玉關鄉　4）尼名「賢定」。

14107 董在仵 ………………… Дx02149B
〔見納缺柴人名目〕（10C）

14108 董山〻 ………………… S03330v①
〔諸門石和滿上將軍狀〕乾寧四年二月廿八日（897）
　1）磑戶

14109 董殘?兒 ……………… P3396v
〔沙州諸渠別苽蘭名目〕（10C後期）

14110 董殘兒 ………………… S11358
〔部落轉帖〕（10C後期）

14111 董子達? ……………… S05998
〔契約文（雜寫）〕（丑）年（9C前期）

14112 董子建 ………………… S05998①
〔雜寫〕（9C前期吐蕃期）
　4）本件表裏兩面文書寫全部朱筆。

14113 董師 …………………… P3047v⑧
〔王都督儭合城僧徒名錄〕（9C前期）

14114 董師 …………………… P3745v②
〔納贈曆〕（9C末期?）

14115 董師 ·············· S08677v
〔防北門頭僧牒〕 (9C前期)

14116 董師子 ············ S02607v
〔金光明寺?常住什物點檢見在曆〕 (9C後期)

14117 董氏 ············ 莫第144窟
〔供養人題記〕 (9C前期)
　4)原作「新婦董氏一心供養」。東壁門北側。《燉》p.65。

14118 董悉昇 ·············· P3711
〔瓜州營田使武安君狀反判憑〕 大順四年正月　日 (893)
　1)通頰　3)瓜州

14119 董闍梨 ············· P3250v
〔納贈曆〕 (9C後期)

14120 董闍梨 ·········· P.tib1261v⑩
〔諸寺僧尼支給穀物曆〕 (9C前期)

14121 董住兒 ············· P3236v
〔燉煌鄉官布籍〕 壬申年三月十九日 (972)
　3)燉煌鄉

14122 董潤清 ············· S03595v
〔造經卷(雜寫?)〕 丙戌年五月十日 (986)

14123 董閏恩 ············ P5032v⑥
〔酒破曆〕 (10C中期)
　1)皮匠

14124 董勝君 ·············· S02669
〔管內尼寺(安國寺・大乘寺・聖光寺)籍〕 (865～870)
　2)聖光寺　3)慈惠鄉　4)尼名「最嚴」。

14125 董小兒子 ············ P2680v⑥
〔社司轉帖〕 六月廿三日 (10C中期)

14126 董荘□ ············ Дx01306
〔董惠明等人名目〕 (946)

14127 董章〔意?〕君 ······· P3418v①
〔□□鄉缺枝夫戶名目〕 (9C末～10C初)

14128 董章□? ·········· P3691piece1
〔社司轉帖(社人名目)〕 戊午年九月十一日 (958)

14129 董神々 ········ BD09318B(周39)
〔莫高鄉戶口人戶付物曆〕 (946)

14130 董進盈 ············· P3290②
〔宋沙州人戶別都受田申請計帳(寫錄)〕 至道元年乙未歲正月一日 (995)

14131 董性靜行 ············ S02669
〔管內尼寺(安國寺・大乘寺・聖光寺)籍〕 (865～870)
　2)大乘寺　3)赤心鄉　4)姓「董」。俗名「太眞」。

14132 董政?子 ············· S06141
〔陰好忠契〕 (9C)
　1)見人

14133 董清 ·············· P2162v
〔三將納丑年突田曆〕 (9C前期)

14134 董清子 ··········· P2032v⑯-4
〔淨土寺粟利閏入曆〕 (940前後)
　2)淨土寺

14135 董清兒 ········· S08445＋S08446＋S08468
〔羊司於常樂稅羊人名目〕 丙午年六月廿七日 (946)

14136 董清奴 ············· S08924B
〔社司出便麥曆〕 己未年十一月廿日 (959)

14137 董清奴 ·············· S11358
〔部落轉帖〕 (10C後期)

14138 董石奴 ············· S02228①
〔絲綿部落夫丁修城使役簿〕 亥年六月十五日 (819)
　1)(右九)　3)絲綿部落　4)首行作「亥年六月十五日州城所,絲綿」。末行作「亥年六月十五日畢功」。

14139 董赤 ·············· P3236v
〔燉煌鄉官布籍〕 壬申年三月十九日 (972)
　3)燉煌鄉

14140 董赤頭 ········ S10273＋S10274＋S10276＋S10277＋S10279＋S10290
〔出便麥與人名目〕 丁巳年二月一日 (957?)

14141 董善住 ··········· P2032v⑯-3
〔淨土寺粟入曆〕 (940前後)
　2)淨土寺

14142 董善住男 ……………… P2032ᵥ⑯-1
〔淨土寺麥入曆〕（940前後）
　2)淨土寺

14143 董善通 ……………………… P3448ᵥ
〔雇駝契〕 辛卯年九月廿日 (931?)
　1)百姓・雇人

14144 董禪眞 ………………………… S02669
〔管內尼寺(安國寺・大乘寺・聖光寺)籍〕
(865～870)
　2)大乘寺　3)玉關鄉　4)姓「董」。俗名「用々」。

14145 董僧政和尙 ………………… P3367
〔弟子都押衙宋慈順爲故男追念疏〕 己巳年八月廿三日 (969)
　1)僧政・和尙　2)三界寺

14146 董僧正 ……………………… S05039
〔某寺諸色破曆〕（10C後期）
　1)僧正　2)三界寺

14147 董僧正和尙 ……… BD05866ᵥ(菜66)
〔陰存祐就弊居請僧正等爲亡母追福疏(3行)〕 乾德六年(戊辰)九月 (968)
　1)僧正和尙

14148 董僧正和尙 ……… BD05866ᵥ(菜66)
〔陰存祐就弊居請僧正等爲亡母追福疏(3行)〕 乾德六年(戊辰)九月 (968)
　1)僧正和尙　4)原作「張僧正和尙,董僧正和尙,楊禪,米禪」。

14149 董聰進 …………………… P3234ᵥ⑮
〔淨土寺西倉豆利潤入曆〕（940年代?）
　1)賢者　2)淨土寺

14150 董存子 …… P3555B piece4 piece5＋P3288①②
〔社司轉帖〕 丁巳年?月一日 (957)

14151 董存子 ……………………… S08516E2
〔社司轉帖〕 丙辰年六月十日 (956)

14152 董太眞 ………………………… S02669
〔管內尼寺(安國寺・大乘寺・聖光寺)籍〕
(865～870)
　1)尼　2)大乘寺　3)赤心鄉　4)尼名「性靜行」。

14153 董大 ……………… BD06359ᵥ②(鹹59)
〔人名目〕（9C前期）

14154 董宅官 ………………………… S06981④
〔設齋納酒餅曆〕（10C後期）
　1)宅官

14155 董智堅 …………………… B63 NO.366
〔往西天取菩薩戒僧智堅記〕 端拱二年歲次己丑八月十九日 (989)
　1)漢大師・往西天取菩薩戒僧　3)賽亭莊　4)俗姓「董」。其漢宋國人是也。年可廿四歲。⇒智堅。

14156 董畜子 …………………… S04504ᵥ④
〔行人轉帖〕 七月三日 （10C前期）

14157 董丑成 …………………… S02894ᵥ①
〔社司轉帖〕 壬申年十二月廿二日 (972)

14158 董帖啓 ……………………… P3037
〔社司轉帖〕 庚寅年正月三日 (990)

14159 董長興 …………………… S04644ᵥ
〔雜寫(1行)〕 （10C末期）
　1)(董流定)男

14160 董長兒 …………………… P3290②
〔宋沙州人戶別都受田申請計帳(寫錄)〕 至道元年乙未歲正月一日 (995)

14161 董通子 …………………… P2049ᵥ①
〔淨土寺諸色入破曆計會牒〕 同光三年 (925)

14162 董定德 …………………… S08663
〔麥支給曆〕 (10C)

14163 董都衙 …………………… S01181ᵥ
〔發願文〕 （10C中期）
　1)都衙

14164 董都頭 …………………… P3240②
〔付帋曆〕 壬寅年七月十六日 (1002)
　1)都頭

14165 董奴子 …………………… P.tib1088Aᵥ
〔燉煌諸人磑課麥曆〕 卯年～巳年間 (835～837)

14166 董奴子 …………………… S06141
〔陰好忠契〕 (9C)
　1)見人

14167 董?奴子 …………………… S11213F
〔配付人名目〕 (946)

董　とう　氏族人名篇

14168 董德才？ ……………… P3249v
　〔將龍光顏等隊下人名目〕（9C中期）
　　4）⇒董德丈？

14169 董德子 ……………… P3418v②
　〔燉煌鄉缺枝夫戶名目〕（9C末〜10C初）
　　3）燉煌鄉

14170 董德丈 ……………… P3249v
　〔將龍光顏等隊下人名目〕（9C中期）
　　4）⇒董德才？

14171 董燉々 ……………… P3249v
　〔將龍光顏等隊下人名目〕（9C中期）

14172 董婆 ……………… P4635②
　〔社家女人便麵油曆〕［ ］月七日（10C中期）

14173 董八子 ……………… P3418v⑤
　〔某鄉缺枝夫戶名目〕（9C末〜10C初）

14174 董不兒 ……………… Дx02149B
　〔見納缺柴人名目〕（10C）

14175 董富員 ……………… P2040v③-2
　〔淨土寺西倉粟利入曆〕己亥年（939）
　　2）淨土寺

14176 董富住大子 ……………… S04884v
　〔便褐曆〕壬申年正月廿七日（972？）

14177 董佛護 ……………… P4640v
　〔官入破曆〕辛酉年三月（901）
　　1）押衙

14178 董佛奴 ……………… P3418v②
　〔燉煌鄉缺枝夫戶名目〕（9C末〜10C初）
　　3）燉煌鄉

14179 董佛奴 ……………… P3418v⑤
　〔某鄉缺枝夫戶名目〕（9C末〜10C初）

14180 董粉子 ……………… S03005
　〔防大佛行人名目〕（10C）

14181 董文員 ……………… BD08007（字7）
　〔付筆曆（2行）〕（9〜10C）
　　4）原作「都司書手董文員（押）」。

14182 董文員 …… P3555B piece4 piece5＋P3288①②
　〔社司轉帖〕丁巳年？月一日（957）
　　1）兵馬使・知（判）？錄事

14183 董文員 ……………… S08516E2
　〔社司轉帖〕丙辰年六月十日（956）
　　1）錄事

14184 董文員 ……………… Stein Painting 3
　〔觀世音菩薩圖二軀供養人題記〕（9C）
　　1）信弟子兼技術子弟　4）原作「信弟子兼技術子弟董文員一心供養」。

14185 董文員 ……………… 久保惣太郎氏所藏本
　〔佛說十王經壹卷〕辛未年十二月十日（971 or 911？）
　　4）原作「辛未年十二月十日書畫畢年六十八寫弟子董文員供養」。

14186 董文業？ ……………… P2104
　〔保定五季歲次乙酉十地義疏卷第3〕(尾題)〕庚辰年五月廿八日（980）
　　4）末紙有落書「漢寫經庚辰年五月廿八日翟家寫經記之耳也」。

14187 董文受 ……………… P2566v
　〔禮佛懺滅寂記〕開寶九年正月十六日（976）
　　4）書。

14188 董平水 ……………… P3145v
　〔節度使下官人名・鄉名諸姓等雜記〕（10C）
　　1）平水

14189 董覺？々 ……………… P2869piece4
　〔寶香等納贈曆〕（10C前期）

14190 董保住 ……………… S06614v②
　〔雇契（稿）〕庚辰年三月十七日（10C）
　　1）勅義軍節散十將

14191 董保晟 ……………… P2484
　〔就東園笘會小印子群牧馳馬牛羊見行籍（歸義印）〕戊辰年十月十八日（968）
　　4）存「歸義軍節度使印」。

14192 董保晟 ……………… P4525v⑪
　〔董保晟群用得六白羯(1行)〕（980頃）

14193 董保德 ……………… P3721v③
　〔冬至自斷官員名〕己卯年十一月廿六日（979）

14194 董保德 ……………… S03929v
　〔創建曹氏蘭若願文〕（10C後期？）
　　1）節度押衙・知畫行都料

14195 董保德 ················· Дх01448
　〔都料董保德磑淘麥曆(一行)〕　戊辰年四月十日　(968)
　　1)都料

14196 董奉安 ················· S06614v①
　〔社司轉帖〕　(10C)
　　1)錄事

14197 董法建 ················· S02711
　〔寫經人名目〕　(9C前期)
　　1)寫經人　2)金光明寺

14198 董?法?藏 ············· P.tib1261v⑥
　〔諸寺僧尼支給穀物曆〕　(9C前期)
　　1)僧

14199 董法藏 ················· P.tib1261v⑨
　〔諸寺僧尼支給穀物曆〕　(9C前期)
　　1)僧

14200 董法藏 ················· P.tib1261v⑨
　〔諸寺僧尼支給穀物曆〕　(9C前期)
　　1)僧　4)原作「法藏董」。

14201 董法藏 ················· 沙文補24
　〔寺卿索再榮等牒殘判辭〕　午年正月　(9C前期)

14202 董法通 ················· 沙文補24
　〔寺卿索再榮等牒殘判辭〕　午年正月　(9C前期)
　　1)僧

14203 董法律 ················· S04642v
　〔某入破曆計會〕　(923以降)
　　1)法律

14204 董法律 ················· S04649
　〔破曆〕　庚午年　(970)
　　1)法律

14205 董法律 ················· S04687r.v
　〔佛會破曆〕　(9C末〜10C前期)
　　1)法律　2)乾元寺

14206 董法律 ·········· Дх00285＋Дх02150＋Дх02167＋Дх02960＋Дх03020＋Дх03123v③
　〔某寺破曆〕　(10C中期)

14207 董法律 ················· Дх04953
　〔佛說解百生怨家陀羅尼經(首題)〕　丙戌年南月卄三日　(986 or 926)
　　1)法律　4)原作「丙戌年南月卄三日僧董法律自手書記者也」。

14208 董万遷 ················· P2032v④
　〔淨土寺西倉斛㪷氾破曆〕　乙亥年　(939)
　　1)木匠　2)淨土寺

14209 董无相 ················· S02729①
　〔燉煌應管勘牌子曆〕　辰年三月　(788)
　　1)僧　2)大乘寺　3)沙州　4)46行目。

14210 董無畏心 ············· S02669
　〔管內尼寺(安國寺‧大乘寺‧聖光寺)籍〕　(865〜870)
　　2)大乘寺　3)玉關鄉　4)姓「董」。俗名「闇ゝ」。

14211 董友?□ ··············· Дх11078
　〔(渠社?)轉帖〕　四月十日　(950前後)

14212 董祐德 ················· BD04621v(劍21)
　〔書簡稿〕　今月卄日　(9〜10C)
　　4)原作「報副使王永興監使翟再順都衙董祐德等右奉處分今月卄日」。

14213 董祐德 ················· BD04621v(劍21)
　〔書簡稿〕　今月卄日　(9〜10C)
　　4)原作「報副使王永興監使董祐德」。

14214 董倖 ················· S05788
　〔社司轉帖〕　十一月卄一日　(9C前期)

14215 董倖 ················· S05825
　〔社司轉帖〕　四月一日　(9C前期)

14216 董用ゝ ················· S02669
　〔管內尼寺(安國寺‧大乘寺‧聖光寺)籍〕　(865〜870)
　　2)大乘寺　3)玉關鄉　4)尼名「禪眞」。

14217 董流進? ··············· S04472v
　〔納贈曆〕　辛酉年十一月卄日　(961)

14218 董流達 ················· S04373
　〔破曆〕　癸酉年六月一日〜八月三日　(973 or 913)
　　1)磑戶

14219 董流定 ················· P3290②
　〔宋沙州人戶別都受田申請計帳(寫錄)〕　至道元年乙未歲正月一日　(995)

14220 董流定 ·················· P4063
〔官建轉帖〕 丙寅年四月十六日 (966)

14221 董流定 ·················· S04644v
〔勅歸義軍節度使牒(雜寫)〕 (10C末期)
  1) 押衙

14222 董流定 ·················· Дx11072
〔社司轉帖(建福)〕 正月五日 (10C後期)
  2) 乾明寺門前 4) 本件存「於乾明寺門前取齊」一文。

14223 董流定 ·················· Дx11073
〔社司轉帖〕 正月五日 (975年代以降)

14224 董留信 ·················· P2641
〔宴設司文書〕 丁未年六月 (947)

14225 董留定 ·················· Дx01401
〔社司轉帖〕 辛未年二月七日 (911 or 971)

14226 董老宿 ·················· S08443F2
〔某寺入麥粟曆〕 甲辰年五月十一日 (944)
  1) 老宿

14227 董郎 ·················· P3164
〔親情社轉帖〕 乙酉年十一月廿六日 (925?)

14228 董郎 ·················· Дx01439
〔親情社轉帖〕 丙戌年九月十九日 (986?)
  1) 月直

14229 董錄事 ·················· P3037
〔社司轉帖〕 庚寅年正月三日 (990)
  1) 錄事 2) 大悲寺

14230 董和通 ·················· S04642v
〔某寺入破曆計會〕 (923以降)

14231 董和通 ·················· S10273＋S10274＋S10276＋S10277＋S10279＋S10290
〔出便麥與人名目〕 丁巳年二月一日 (957?)

14232 董□ ·················· BD14806v(新1006)
〔義進押衙身故祭盤人名目〕 戊寅年二月十九日 (978)

14233 董□定 ·················· S08520
〔納贈曆(殘)〕 (10C)

14234 董□□ ·················· 莫第383窟
〔供養人題記〕 (10C前期)
  1) 弟子比丘僧 4) 原作「弟子比丘僧董□□一心供養」。北壁。《燉》p.145。

14235 董□ ·················· Дx10270v
〔便麥粟曆〕 (946)

14236 董 ·················· BD05673v④(李73)
〔行人轉帖(寫錄)〕 今月十二日 (9C末)

14237 董? ·················· BD11502①(L1631)
〔燉煌十一僧寺別姓名簿并緣起經論等名目〕 (9C後期)
  2) (三)界(寺)

14238 董 ·················· S06452③
〔破曆〕 壬午年 (982?)
  1) 都料 2) 淨土寺

14239 鄧阿朶 ·················· S06198
〔納贈曆〕 (10C)

14240 鄧安 ·················· BD02552v(歲52)
〔金有陀羅尼經〕 (8〜9C)
  4) 藏文題記「鄧安寫」。

14241 鄧安(久) ·················· P3370
〔出便麥粟曆〕 丙子年六月五日 (928)
  3) 洪池鄉

14242 鄧安信 ·················· P2049v①
〔淨土寺諸色入破曆計會牒〕 同光三年 (925)

14243 鄧安忠 ·················· P3441v
〔社司轉帖(寫錄)〕 三月十三日 (10C前期)
  1) 社官

14244 鄧安定 ·················· BD14806③(新1006)
〔歸義軍官府貸油麵曆〕 庚午年? (970?)

14245 (鄧)員泰 ·················· MG17780
〔金剛界五佛〕 曹延祿期 (977〜1002)

14246 鄧員通 ·················· P4690
〔社司轉帖(殘)〕 戊午年六月十八日 (958)

14247 鄧員德 ·················· P2032v⑬-7
〔淨土寺黃廊利閏入曆〕 (940前後)
  2) 淨土寺

14248 鄧員德 ················· P3234v③-26
〔惠安惠戒手下便物曆〕 甲辰年 (944)

14249 鄧宇悉雞 ················ Дx02971
〔王都頭倉下糧食破曆〕 (10C)

14250 鄧榮 ··················· P4624
〔鄧榮為其弟夫亡捨施疏〕 大中七年八月廿六日 (853)

14251 鄧永興 ················· S04125
〔受田簿〕 雍熙二年乙酉正月一日 (985)

14252 鄧營田 ············· P3288piece1
〔佛現齋造餪併人名目〕 (10C)
　1) 營田

14253 鄧盈德 ················ P2887v①
〔鄧盈德破油曆〕 癸丑年十二月廿二日 (953)

14254 鄧英 ············· BD02441v(成41)
〔大般若波羅蜜多經卷第337〕 (9C前期)
　1) 寫

14255 鄧英 ············· BD02475v(成75)
〔无量壽宗要經(尾紙有題名)〕 (9C前期)

14256 鄧英 ·············· BD06073(芥73)
〔大乘无量壽宗要經〕 (9C前期)

14257 鄧英 ············· BD06665(鱗65)
〔大般若波羅蜜多經卷第97〕 (9C前期)

14258 鄧英 ·············· BD07114(師14)
〔諸星母陀羅尼經1卷(尾)〕 (9C前期)
　4) 卷尾題記「鄧英/索和子」(2行)。

14259 鄧英 ·············· BD07282(帝82)
〔無量壽宗要經〕 (9C前期)
　2) 靈修寺 4) 裏面有「修」字(靈修寺)。

14260 鄧英 ·············· BD08325(衣25)
〔諸星母陀羅尼經1卷(尾)〕 (9C前期)
　4) 卷尾題記「鄧英」。

14261 鄧英 ············· BD15206(新1406)
〔无量壽宗要經〕 (9C前期)

14262 鄧英 ············· BD15252(新1452)
〔大般若波羅蜜多經卷第398(末)〕 (9C前期)
　1) 寫(人) 4) 原作「鄧英寫」。

14263 鄧英 ··················· P2909
〔大般若波羅蜜多經卷第60〕 (9C前期)
　1) 寫 4) 卷尾題記「鄧英寫,靈秀第一校義泉第二校,海智第三校」。

14264 鄧英 ··················· P4527
〔大乘無量壽經〕 (9C前期)

14265 鄧英 ··················· P4528
〔无量壽宗要經(末)〕 (9C前期)

14266 鄧英 ··················· P4594
〔无量壽宗要經(末)〕 (9C前期)

14267 鄧英 ·················· S02069
〔金有陀羅尼經1卷(尾)〕 (9C前期)
　1) 寫 4) 卷尾題記有藏文若干字。又有漢文題記「鄧英寫」。

14268 鄧英 ················ 中医學院001
〔大般若波羅蜜多經卷第175(尾)〕 (9C前期)
　1) 寫 4) 勘了。

14269 鄧英 ················· 唐招提寺11
〔佛說无量壽宗要經〕 (9C前期)
　4) 寫。

14270 鄧英子 ··········· BD02439v(成39)
〔无量壽宗要經(卷末有雜寫)〕 (9C前期)
　1) 寫

14271 鄧英子 ··········· BD05254v(夜54)
〔佛說六字咒王經藏文雜寫〕 (9C前期)

14272 鄧英子 ··········· BD06198(薑98)
〔无量壽宗要經(尾紙題名)〕 (9C前期)
　4) 尾題後有題名「鄧英子寫」。

14273 鄧英子 ················ P2992
〔佛說无量壽宗要經(末)〕 (9C前期)

14274 鄧益子 ··············· 莫第098窟
〔供養人題記〕 (10C中期)
　1) 節[　]祿太夫檢校太子賓客 4) 中心佛壇背屏後壁。《燉》p. 47,《謝》p. 95。

14275 鄧延子 ··············· S05961v②
〔地畝籍〕 (10C?)
　4) 原作「城東大讓渠中界有地壹畦貳畝,東至子渠…」。

14276 （鄧）延受 ·············· BD03925（生25）
〔雇契〕 甲戌年正月一日 （974）
　1)百姓男　3)慈惠鄉

14277 鄧延晟 ················ S06229v
〔鄧延晟牒〕 丙子年五月日 （916?）
　1)法曹官

14278 鄧押衙 ················ S01183v
〔署名〕 太平興國九年某月廿八日 （984）
　1)幸者・授戒弟子・押衙　4)R面爲「三界寺授戒
　師主道眞授八戒牒」。

14279 鄧押衙 ················ 上博21B
〔渠人轉帖〕 （10C中期?）
　1)押衙

14280 鄧王子 ················ S02228①
〔絲綿部落夫丁修城使役簿〕 亥年六月十五
日 （819）
　1)(左九)　3)絲綿部落　4)首行作「亥年六月
　十五日州城所,絲綿」。末行作「亥年六月十五日
　畢功」。

14281 鄧恩子 ················ P3384
〔戶籍(殘)〕 大順二年辛亥正月一日 （891）

14282 鄧恩子 ················ S00782v
〔納贈曆〕 （10C）
　4)ペン筆?

14283 鄧恩兒 ················ 杏・羽224②
〔鄧恩兒缺闕物紙片(存7字)〕 （9C後期）
　1)二使　4)杏・羽224①爲「金有陁羅尼經一卷」
　(完,3紙9C寫)。

14284 鄧音三 ················ P4640v
〔官入破曆〕 辛酉?年五月十三日 （901?）
　1)押衙

14285 鄧音三 ················ S04125
〔受田簿〕 雍熙二年乙酉正月一日 （985）

14286 鄧音參 ················ S01386v
〔契(雜寫)〕 甲辰年十一月十二日 （944）
　1)僧　4)⇒慈惠。

14287 鄧加興 ················ P3167v
〔安國寺道場司關于(五尼寺)沙彌戒訴狀〕
　乾寧二年三月 （895）
　2)大乘寺

14288 鄧加興 ················ P3547
〔上都進奏院狀上(原題)〕 （9C後期?）
　1)衙前兵馬使

14289 鄧加和 ················ P3418v①
〔□□鄉缺枝夫戶名目〕 （9C末～10C初）

14290 鄧家 ················ BD10981v(L1110)
〔諸家納贈物曆殘〕 （10C）
　4)R面有「知馬步都虞侯宋惠達求免修城役牒附
　判詞」。

14291 鄧家 ················ P3234v④
〔牧羊籍〕 甲辰年三月廿四日 （944?）
　4)原作「鄧家莊」。

14292 鄧家 ················ S01398v③
〔酒破曆殘〕 太平興國七年 （982）

14293 鄧家 ················ S04609
〔付銀椀人名目〕 太平興國九年頃 （984）

14294 鄧家 ················ S04643
〔陰家榮親客目〕 甲午年五月十五日 （994）
　4)原作「鄧家兄弟六十人」。

14295 鄧家 ················ S06981⑭
〔破曆(殘)〕 （10C後期）

14296 鄧家 ················ Дx01431
〔諸家斛㪷破除計會〕 （10C）

14297 鄧家吾麼 ················ P3231⑦
〔平康鄉官齋曆〕 丙子年五月十五日 （976）
　3)平康鄉

14298 鄧家阿師子 ················ P4907
〔淨土寺?儭破曆〕 辛卯年三月 （931?）
　2)淨土寺　4)舊P552912。

14299 鄧家願連阿師子 ················ S04525
〔付官健及諸社佛會色物數目〕 （10C後期）

14300 鄧家三娘子 ················ S06981①
〔某寺入曆〕 辛酉年～癸亥年中間三年間 （901
～903 or 961～963）

14301 鄧家女 ················ BD16499C
〔便物曆〕 （9～10C）

14302 鄧家郎君 ················ P4525⑧
〔都頭及音聲等都共地畝細目〕 （980頃）

14303 鄧華友 ·············· 莫第390窟
〔供養人題記〕 (10C前期?)
　　1)弟　4)原作「弟鄧華友□」。北壁。《燉》p.149作「鄧善友」。《謝》p.243。⇒鄧善友。

14304 鄧懷□ ·············· 莫第390窟
〔供養人題記〕 (10C前期?)
　　1)弟衙前散兵馬使　4)原作「弟衙前散兵馬使兼…鄧懷□一心供養」。西壁。《燉》p.150。《謝》p.243。

14305 (鄧)戒勝 ············ 莫第196窟
〔供養人題記〕 景福年間 (892～893)
　　1)比丘沙門　2)乾元寺　4)原作「乾元寺比丘沙門戒勝一心供養俗姓鄧氏」。東壁門南側。《燉》p.88。⇒戒勝。

14306 鄧戒□ ·············· 莫第196窟
〔供養人題記〕 景福年間 (892～893)
　　1)比丘沙門　2)乾元寺　4)原作「乾元寺比丘沙門戒□一心供養俗姓鄧氏」。東壁門南側。《燉》p.88。⇒戒□。

14307 鄧會進 ················ S04125
〔受田簿〕 雍熙二年乙酉正月一日 (985)

14308 (鄧)會清 ·············· S04125
〔受田簿〕 雍熙二年乙酉正月一日 (985)
　　1)僧　4)⇒會清。

14309 鄧海君 ················ P3547
〔上都進奏院狀上(原題)〕 (9C後期?)

14310 鄧搗搥 ············· BD16509A
〔延晟人名一本〕 (9C前期)

14311 鄧搗搥 ·············· S00663v②
〔便曆〕 (10C)

14312 鄧搗□ ·············· TⅡY-46A
〔戶籍〕 端拱三年 (990)

14313 鄧憨子 ················ S05509
〔納贈曆〕 甲申年二月十七日 (924 or 984)
　　1)席錄

14314 鄧憨兒 ················ P4991
〔社司轉帖〕 壬申年六月廿四日 (972)

14315 鄧憨多 ················ S04125
〔受田簿〕 雍熙二年乙酉正月一日 (985)

14316 鄧願興 ················ MG17695
〔觀世音菩薩圖〕 大周顯德二年 (955)
　　4)原作「鄧願?發心敬□觀世音菩薩圖并從一軀」。

14317 鄧願興 ················ P3396
〔沙州諸渠別粟田名目〕 (10C後期)
　　1)押衙

14318 鄧願千 ················ S04525v
〔付官健及諸社佛會色物數目〕 (10C後期)

14319 鄧義子 ················ S06130
〔諸人納布曆〕 (10C)

14320 鄧義之 ·············· 楡第35窟
〔供養人題記〕 (10C末期)
　　1)敕歸義軍節度内親□都頭守縣泉鎭遏使銀青光祿大夫檢校…兼□騎都尉南陽　4)西壁。《謝》p.489。

14321 鄧義昌 ················ MG17780
〔金剛界五佛〕 曹延祿期 (977～1002)
　　1)施主亡過父

14322 鄧義昌 ················ P2985v④
〔親使員文書〕 (10C後期)

14323 鄧義昌 ················ 上博21B
〔渠人轉帖〕 (10C中期?)

14324 鄧義成 ················ S08655v
〔戶別地子曆〕 (10C)
　　1)戶主

14325 鄧義通 ················ S07932
〔月次番役名簿〕 (10C後期)

14326 鄧義保 ················ 上博21B
〔渠人轉帖〕 (10C中期?)

14327 鄧義□?忠 ············· S05747v
〔社人名目〕 (10C前期)

14328 鄧訖德 ················ S03920v④
〔緣取磑用破曆(殘)〕 (9C前期)

14329 鄧鄉官 ················ Дx10282
〔便黃麻麥曆〕 (9C中期以降)
　　1)鄉官

14330 鄧緊胡 ·············· P4997v
〔分付羊皮曆(殘)〕 (10C後期)

14331 鄧銀々 ·············· S02669
〔管內尼寺(安國寺・大乘寺・聖光寺)籍〕
(865～870)
　　2)大乘寺　3)神沙鄉　4)尼名「性圓」。

14332 鄧虞候 ·············· S06198
〔納贈曆〕 (10C)
　　1)虞候

14333 鄧屈立?單 ··········· P.tib2124v
〔人名錄〕 (9C中期?)

14334 鄧軍使 ·············· P4635⑤
〔第一年至第五年於莊造瓦得斛㪷曆〕 (943)
　　1)軍使　4)原作「鄧軍使莊」。

14335 鄧軍使 ·············· P4995
〔兒郎偉文〕 (10C中期)
　　1)軍使

14336 鄧惠集 ·············· P3203
〔三界寺受戒牒〕 太平興國七年 (982)
　　2)三界寺

14337 鄧惠寂 ·············· P3249v
〔將龍光顏等隊下人名目〕 (9C中期)
　　1)僧　4)⇒惠寂。

14338 (鄧)慶住 ············ 莫第390窟
〔供養人題記〕 (10C前期?)
　　1)孫　4)原作「孫□慶住供養」。北壁。《燉》
　　p.150。⇒慶住。

14339 鄧慶順 ·············· S00289③
〔李存惠墓誌銘并序〕 太平興國五年庚辰歲二月三日 (980)
　　1)都頭　4)妹婿。

14340 鄧慶相? ············· BD16499B
〔鄧慶相?請乾元寺何僧政等疏〕 (9～10C)

14341 鄧慶長 ·············· S00778v
〔雜寫〕 壬戌年十一月五日 (962?)
　　1)孝仕郎　2)大雲寺　4)「王梵志詩集上」。

14342 鄧慶連 ·············· Stein Painting 76
〔甲戌年四月日沙州鄧慶連〕 甲戌年?四月日 (974)
　　1)鄧定子駱駝官妻　4)原作「申戌年」應爲「甲戌年」。

14343 鄧?繼?長? ·········· Дx01451②
〔韓定昌等便黃麻曆〕 戊寅年三月七日 (978 or 918)
　　1)(口承人)

14344 鄧堅 ·············· BD06231(海31)
〔金有陀羅尼經(末)〕 (9C)
　　4)卷尾有藏文。

14345 鄧堅々 ············· BD07751(始51)
〔金有陀羅尼經(尾末藏文題名)〕 (8～9C)
　　4)尾末藏文題名「ding-kyen-kyen-bris」(鄧堅々寫)。

14346 鄧建昌 ·············· S04120
〔布褐等破曆(殘)〕 癸亥年二月～甲子年二月 (963～964)
　　1)石匠

14347 鄧懸令 ············· P3288piece1
〔佛現齋造餓併人名目〕 (10C)
　　1)懸令

14348 鄧懸令 ·············· P3997
〔都寺主法淨領得布褐曆〕 庚子年十一月卅日 (940 or 1000)
　　1)懸令

14349 鄧懸令 ·············· P4908
〔某寺交割什物點檢曆〕 庚子年頃 (10C?)
　　1)懸令　2)和茶院

14350 鄧懸令 ·············· S04975
〔沈家納贈曆〕 辛未年三月八日 (851 or 911 or 971)
　　1)懸令

14351 鄧懸令 ·············· S05039
〔某寺諸色破曆〕 (10C後期)
　　1)懸令　2)和尚院

14352 鄧縣令 ·············· P4975r.v
〔沈家納贈曆〕 辛未年三月八日 (971)
　　1)縣令

14353 鄧縣令 ·············· S04215
〔什物交割曆〕 (10C)
　　1)縣令

14354 鄧賢子 ·············· S06130
〔諸人納布曆〕 (10C)

14355 鄧賢子 ……………… Дx04278
〔十一鄉諸人付麵數〕 乙亥年四月十一(日)
(915? or 975)
　3)莫〔高鄉〕

14356 鄧元 ……………… BD14020(新0210)
〔摩訶般若波羅蜜經(30卷本)卷第29〕 (9C前期)
　1)菩薩戒弟子　4)末尾有「菩薩戒弟子鄧元穆敬寫」文。

14357 鄧元 ……………… BD14021(新0211)
〔摩訶般若波羅蜜經(40卷本)卷第32〕 (9C前期)
　1)菩薩戒弟子　4)末尾有「菩薩戒弟子鄧元穆敬寫」文。

14358 鄧元穆 …………… BD15016(新1216)
〔摩訶般若波羅密經(尾)〕 (7～8C)
　1)菩薩戒弟子　4)原作「菩薩戒弟子鄧元穆敬寫」。

14359 鄧彥弘 ………………………… S05845
〔郭僧政等貸油麵麻曆〕 己亥年二月十七日 (939)

14360 鄧胡子 …………… BD16111A(L4066)
〔慕容歸順?隊?下人名目〕 (9～10C)

14361 鄧胡子 ………………… P3418v⑧
〔平康鄉缺枝夫戶名目〕 (9C末～10C初)
　3)平康鄉

14362 鄧胡子 ………………… Дx05567
〔人名目(殘)〕 (10C)

14363 鄧仵子 ………………… P2415②
〔乾元寺僧寶香雇鄧仵子契〕 乙酉年二月十二日 (925 or 865)

14364 鄧幸者 ………………… S01183
〔沙州三界寺授八戒牒(6通)〕 大平興國九年某月廿八日 (984)
　1)押衙　2)三界寺

14365 鄧幸全 ………………… MG23079
〔鄧幸全敬造不空羂索觀音菩薩立像〕 庚戌年四月日 (950)
　1)清信弟子・男

14366 鄧幸德 …………… Stein Painting 76
〔甲戌年四月日沙州鄧慶連〕 甲戌年?四月日 (974)
　1)李闍梨弟　4)原作「申戌年」應爲「甲戌年」。

14367 鄧弘慶 ………………… S06452⑥
〔常住庫黃麻出便與人名目〕 壬午年 (982)
　2)淨土寺

14368 鄧弘嗣 ………………… P3239
〔勅歸義軍節度兵馬留後使牒(首題)〕 甲戌季十月十八日 (914)
　1)前正兵馬使銀青光祿大夫檢校太子賓客改補充左廂第五將ゝ頭

14369 鄧弘嗣 ………………… P3239
〔歸義軍節度吏部尙書曹仁貴賜鄧弘嗣牒(尾題)(押署)〕 甲戌年十月十八日 (914)
　1)歸義軍節度吏部尙書

14370 鄧弘嗣 ………………… 莫第098窟
〔供養人題記〕 (937～946)
　1)節度押衙銀青光祿大夫檢校國子祭酒兼御史中丞上柱國　4)南壁。《燉》p.43。《謝》p.93。

14371 鄧弘嗣? ………………… 莫第390窟
〔供養人題記〕 (10C前期?)
　1)姪節度押衙□□□光祿大□□□□□酒兼監□御史　4)北壁。《燉》p.150。《謝》p.243。

14372 鄧弘子 ………………… Дx04278
〔十一鄉諸人付麵數〕 乙亥年四月十一(日) (915? or 975)
　3)莫〔高鄉〕

14373 鄧興(受) …… 三井文庫燉煌寫經25-10-52
〔金光明最勝王經(奧書)〕 乾德三年歲次丙寅六月五日 (965)
　4)原作「鄧興受〔持〕供養」。

14374 鄧興俊 ………………… S01285
〔賣宅契〕 清泰三年丙申十一月廿三日 (936)
　1)隣見人・兵馬使

14375 鄧苟奴 ………………… P3418v⑤
〔某鄉缺枝夫戶名目〕 (9C末～10C初)

14376 鄧苟奴 ………………… S05804
〔門僧智弁請阿郎被支給春衣布狀并判〕 (10C初)

14377 鄧苟奴 ･････････････ S11358
〔部落轉帖〕 (10C後期)

14378 鄧骨崙 ･････････････ P2622v
〔雜寫〕 (9C?)
 1)判官 3)沙州 4)原作「沙州判官鄧骨崙」。本件是別記。R面存「大中十三年三月四日」之紀年，又V面存「大中十三年四月」之紀年。

14379 鄧再盈 ･････････････ P5032v⑧
〔社司轉帖〕 六月 (10C中期)

14380 鄧再慶 ･････････････ P5032⑤
〔社司轉帖〕 (10C後期)

14381 (鄧)再住 ･････････････ 莫第390窟
〔供養人題記〕 (10C前期?)
 1)孫子 4)原作「孫子再住供養」。北壁。《燉》p.150。⇒再住。

14382 鄧再昇 ･････････････ P3418v⑤
〔某鄉缺枝夫戶名目〕 (9C末～10C初)

14383 鄧再昇 ･････････････ S05747v
〔社人名目〕 (10C前期)

14384 鄧再昇 ･････････････ 莫第098窟
〔供養人題記〕 (10C中期)
 1)節度押衙知…銀青光祿大夫檢校國子祭酒兼御史中丞上柱國 4)南壁。《燉》p.43。《謝》p.92。

14385 鄧?再成妻 ･････････････ S04703
〔買菜人名目〕 丁亥年 (987)

14386 鄧再清 ･････････････ S00782v
〔納贈曆〕 (10C)
 4)ペン筆?

14387 鄧再通 ･････････････ P3236v
〔燉煌鄉官布籍〕 壬申年三月十九日 (972)
 3)燉煌鄉

14388 鄧再通 ･････････････ S04657②
〔破曆〕 (970～990年代)
 1)木匠

14389 鄧最勝妙 ･････････････ S02669
〔管內尼寺(安國寺・大乘寺・聖光寺)籍〕
 (865～870)
 2)大乘寺 3)赤心鄉 4)姓「鄧」。俗名「蒙ゝ」。

14390 鄧栽連 ･････････････ 津藝061r.v
〔雁駝契(稿)〕 壬午年正月廿六日 (982?)
 1)都頭

14391 鄧茶奴 ･････････････ P3384
〔戶籍(殘)〕 大順二年辛亥正月一日 (891)

14392 鄧作坊 ･････････････ P3440
〔見納賀天子物色人名〕 丙申年三月十六日 (996)
 1)作坊

14393 鄧作坊 ･････････････ P3942
〔某家榮親客目〕 (10C?)
 1)作坊

14394 鄧作坊 ･････････････ S01153
〔諸雜人名目〕 (10C後期)
 1)作坊

14395 鄧作坊娘子 ･････････････ P3942
〔某家榮親客目〕 (10C?)

14396 鄧薩訥 ･････････････ P3131v
〔牧羊馬馳缺數曆〕 (10C後期)

14397 鄧三郎 ･････････････ P2555piece4
〔諸處借付盤疊疊等曆〕 (9C?)

14398 鄧贊 ･････････････ S01453v
〔社司轉帖(寫錄)〕 光啓二年丙午歲十日 (886)
 2)於節加蘭若門

14399 鄧子延 ･････････････ S05747v
〔社人名目〕 (10C前期)

14400 鄧子延 ･････････････ S06583v
〔社司轉帖〕 (10C)

14401 鄧子剛 ･････････････ S00782v
〔納贈曆〕 (10C)
 4)ペン筆?

14402 鄧?子昇? ･････････････ Дx01346
〔社司轉帖〕 (10C後期)
 2)顯德寺 4)文中有「□繁子妻身亡」,「顯得(德)寺」。

14403 鄧師贊 ･････････････ P2766v
〔人名列記〕 咸通十二年 (871)

14404 鄧氏 ············· 莫第061窟
〔供養人題記〕（10C末期）
　4）原作「姊譙縣夫人一心供養出適鄧氏」。東壁門南側。《燉》p. 21.《謝》p. 134⇒〈曹氏〉。

14405 鄧氏 ············· 莫第061窟
〔供養人題記〕（10C末期）
　1）新婦　4）原作「新婦小娘子鄧氏一心供養」。南壁。《燉》p. 24.《謝》p. 136。

14406 鄧氏 ············· 莫第144窟
〔供養人題記〕（9C前期）
　4）原作「亡母鄧氏一心供養」。西壁。《燉》p. 66。

14407 鄧氏 ············· 莫第148窟
〔供養人題記〕（9C末～10C初）
　4）原作「嫂鄧氏一心供養」。西壁。《燉》p. 69。

14408 鄧氏 ············· 莫第148窟
〔供養人題記〕（9C末～10C初）
　4）原作「姪新婦鄧氏供養」。北壁。《燉》p. 69。

14409 鄧氏 ············· 莫第171窟
〔供養人題記〕（11C初期）
　4）原作「新婦鄧氏一心供養」。西壁。《燉》p. 79。《謝》p. 391。

14410 鄧氏 ············· 莫第231窟
〔供養人題記〕（11C初期）
　4）原作「（故）新婦小娘子鄧氏一心供養」。西壁。《燉》p. 105.《謝》p. 106。

14411 鄧寺主 ············· P2613
〔某寺常住什物交割點檢曆〕咸通十四年正月四日（873）
　1）寺主

14412 鄧悉子 ············· Дx02971
〔王都頭倉下糧食破曆〕（10C）

14413 鄧社官 ············· P2880
〔春坐局席轉帖抄等諸抄〕庚辰年十月廿二日（980）
　1）社官

14414 鄧社官 ············· P3441v
〔社司轉帖(寫錄)〕三月十三日（10C前期）
　1）社官

14415 鄧社長 ············· S00705v
〔社司轉帖(殘)〕十月十八日（9C後期？）
　1）社長　4）V面有「天復八年（908）落書」。

14416 鄧闍梨 ············· P4763
〔分付物色名目〕丁未年三月十三日（947?）
　1）闍梨

14417 鄧闍梨 ············· S01776②
〔某寺常住什物交割點檢曆〕顯德五年戊午十一月十三日（958）
　1）闍梨

14418 鄧闍梨 ············· Дx00503＋Дx00504
〔姪圓信牒〕某月廿二日（9C?）
　1）闍梨

14419 鄧闍梨 ············· Дx10269
〔諸人貸便粟麥曆〕（10C）
　1）闍梨

14420 鄧守興 ············· S08666
〔鄧守興請判憑狀并付判〕戊寅年七月（978）
　1）都頭知作坊使

14421 鄧守興 ············· S08673
〔鄧守興請判憑狀并付判〕丁丑年八月（977）
　1）都頭知作坊使

14422 鄧守興 ············· S09455
〔都頭作坊使鄧守興牒并付判〕丁丑年九月十七日（977）
　1）都頭作坊使

14423 鄧守清 ············· P3942
〔某家榮親客目〕（10C？）
　1）都頭

14424 鄧守存 ············· ＴⅡY-46A
〔戶籍〕端拱三年（990）
　1）戶（主）

14425 鄧修智 ············· S02729①
〔燉煌應管勘牌子曆〕辰年三月（788）
　1）僧　2）靈修寺　3）沙州　4）32行目。

14426 鄧住子 ············· P2032v①-4
〔淨土寺粟入曆〕（944前後）

14427 鄧住子 ············· P2032v③
〔淨土寺諸色破曆〕（944前後）
　2）淨土寺

14428 鄧住子 ············· P2032v⑪
〔淨土寺西倉司願勝等入破曆〕乙巳年三月（945）
　2）淨土寺

14429 鄧住子 ·················· P2032v⑬-7
　〔淨土寺黃麻利閏入曆〕（940前後）
　　2）淨土寺

14430 鄧住子 ·················· P2032v⑯-4
　〔淨土寺粟利閏入曆〕（940前後）
　　2）淨土寺

14431 鄧住子 ·················· P2040v②-5
　〔淨土寺西倉粟入曆〕（945以降）
　　2）淨土寺

14432 鄧住子 ·················· P2040v②-28
　〔淨土寺豆入曆〕（940前後）
　　2）淨土寺

14433 鄧住子 ·················· P2040v③-1
　〔淨土寺粟入曆〕（939）
　　2）淨土寺

14434 鄧住子 ·················· P3234v③-19
　〔惠安惠戒手下便物曆〕甲辰年（944）

14435 鄧住子 ·················· P3234v③-53
　〔惠安惠戒手下便物曆〕甲辰年（944）

14436 鄧住子 ·················· P4997v
　〔分付羊皮曆(殘)〕（10C後期）
　　2）淨土寺

14437 鄧住兒 ·················· P2032v①-4
　〔淨土寺粟入曆〕（944前後）

14438 鄧住疋？ ················· S03405
　〔主人付親情社色物〕（10C後期）
　　4）V面有「癸未年三月十四日」。

14439 鄧住奴 ·················· P3206
　〔三界寺道眞授戒牒〕太平興國九年正月十五日（984）
　　2）三界寺

14440（鄧）住奴 ················ S01183
　〔沙州三界寺授八戒牒(6通)〕大平興國九年某月廿八日（984）
　　1）授戒弟子・押衙　4）原作「授戒住奴」。V面有「幸者鄧押衙」。

14441 鄧住德 ·················· P3440
　〔見納賀天子物色人名〕丙申年三月十六日（996）
　　1）庫官

14442 鄧潤 ···················· BD03137v（騰37）
　〔无量壽宗要經（雜寫）〕（9C前期）

14443 鄧潤〔閏〕子 ············· 莫第390窟
　〔供養人題記〕（10C前期？）
　　1）姪　4）原作「鄧閏子」。北壁。《燉》p.149。《謝》p.243。

14444 鄧像通 ················· BD15404（簡068066）
　〔千渠中下界白刺頭名目〕（10C中期）
　　1）白刺頭　3）千渠下界

14445 鄧像通 ·················· P3236v
　〔燉煌鄉官布籍〕壬申年三月十九日（972）
　　1）頭　3）燉煌鄉

14446 鄧像通 ·················· P3391v①
　〔社司轉帖(寫錄)〕丁酉年正月日（937）

14447 鄧像通 ·················· P5032v⑧
　〔社司轉帖〕六月（10C中期）
　　1）錄事

14448 鄧像奴 ·················· 莫第390窟
　〔供養人題記〕（10C前期？）
　　1）姪　4）北壁。《燉》p.150。《謝》p.243。

14449 鄧小胡 ·················· P3047v⑥
　〔諸人諸色施入曆〕（9C前期）

14450 鄧承〔永？〕宗 ············ P3396
　〔沙州諸渠別粟田名目〕（10C後期）

14451 鄧昌支 ·················· P3889
　〔社司轉帖〕（10C後期？）

14452 鄧章三 ·················· S04125
　〔受田簿〕雍熙二年乙酉正月一日（985）

14453 鄧章定 ·················· MG17695
　〔觀世音菩薩圖〕大周顯德二年（955）
　　4）原作「故慈父清信弟子衙前散十將」。

14454 鄧章屯 ·················· S00782v
　〔納贈曆〕（10C）
　　4）ペン筆？

14455 鄧上座 ·················· P3472
　〔借絹契〕戊申年四月十六日（948）
　　1）上座

14456 鄧上座 ･････････････ S05845
〔郭僧政等貸油麵曆〕 己亥年二月十七日 (939)
　　1) 上座

14457 鄧淨勝 ･････････････ P3047v①
〔僧名等錄〕 (9C前期)
　　4) 僧名「淨勝」。

14458 鄧信?願 ･･････････ S08443D
〔李闍梨出便黃麻(麥)曆〕 丁未年正月三日 (947?)
　　3) 通頰鄉

14459 鄧愼使 ･･････ BD09520v⑧(殷41)
〔社司轉帖〕 (923?)
　　1) 愼使

14460 鄧神照 ･････････････ S02729①
〔燉煌應管勘牌子曆〕 辰年三月 (788)
　　1) 僧　2) 靈修寺　3) 沙州　4) 31行目。

14461 鄧進盈 ･････････････ S01898
〔兵裝備簿〕 (10C前期)
　　1) 押衙

14462 鄧進〻 ･･････ BD04256v①1(玉56)
〔斷知更人名帳〕 四月十三日夜 (9C後期)

14463 鄧進〻 ･･････ BD04256v③(玉56)
〔第三次斷知更人名帳〕 (四月)十三日夜 (9C後期)

14464 鄧進〻 ･････････････ P3249v
〔將龍光顏等隊下人名目〕 (9C中期)

14465 鄧進〻 ･････････････ S00782v
〔納贈曆〕 (10C)
　　4) ペン筆?

14466 鄧進成 ･････････････ S04125
〔受田簿〕 雍熙二年乙酉正月一日 (985)

14467 鄧進達 ･････････････ P3236v
〔燉煌鄉官布籍〕 壬申年三月十九日 (972)
　　3) 燉煌鄉

14468 鄧性圓 ･････････････ S02669
〔管內尼寺(安國寺・大乘寺・聖光寺)籍〕 (865〜870)
　　2) 大乘寺　3) 神沙鄉　4) 姓「鄧」。俗名「銀〻」。

14469 鄧淸一 ･････････････ 杏・羽691v①
〔雜記〕 (10C?)

14470 鄧淸子 ･････････････ P2040v②-25
〔淨土寺黃麻利入曆〕 (940年代)
　　2) 淨土寺

14471 鄧?淸子 ･････････････ P2415②
〔乾元寺僧寶香雇鄧仵子契〕 乙酉年二月十二日 (925 or 865)

14472 (鄧)淸子 ･････････････ P3886
〔書儀殘卷(末)〕 維大周顯德七年歲次庚申七月一日 (960)
　　1) 孝郎　2) 大雲寺　4) 原作「大雲孝郎鄧淸子自手記」。

14473 鄧淸兒 ･････････････ Дx01354
〔某人種田契〕 (9C末〜10C前期)
　　1) 知見人

14474 鄧接子 ･････････････ S00782v
〔納贈曆〕 (10C)
　　4) ペン筆?

14475 鄧千子 ･････････････ S11358
〔部落轉帖〕 (10C後期)

14476 鄧詵 ･････････････ P2863⑥
〔鄧詵施入疏〕 正月一日 (9C前期)

14477 鄧全慶 ･････････････ P3441v
〔社司轉帖(寫錄)〕 三月十三日 (10C前期)

14478 鄧善行 ･････････････ S02729①
〔燉煌應管勘牌子曆〕 辰年三月 (788)
　　1) 僧　2) 靈修寺　3) 沙州　4) 33行目。

14479 鄧善子 ･････････････ P3124
〔鄧善子貸絹契〕 甲午年八月十八日 (934)

14480 鄧善昌 ･････････････ P3231③
〔平康鄉官齋曆〕 甲戌年五月廿九日 (974)
　　3) 平康鄉

14481 鄧善昌 ･････････････ P3231⑤
〔平康鄉官齋曆〕 □亥年五月十五日 (975)
　　3) 平康鄉

14482 鄧善昌 ･････････････ P3231⑥
〔平康鄉官齋曆〕 乙亥年九月廿九日 (975)
　　3) 平康鄉

14483 鄧善友 ·············· 莫第390窟
〔供養人題記〕 (10C前期?)
　　1)弟　4)原作「弟鄧善友□」。北壁。《燉》p. 149。
　《謝》p. 243作「鄧善華」。⇒鄧華友。

14484 鄧苂堆 ·············· P5032v⑧
〔社司轉帖〕 六月 (10C中期)

14485 鄧僧政 ·············· BD03106v(騰6)
〔雜寫〕 天福拾年正月一日 (945)
　　1)僧政　4)原作「道會法律, 鄧僧政, 故僧政」又
　有「故和尚天福拾年正月一日燉煌」字。

14486 鄧僧政 ·············· P2032v⑳-7
〔淨土寺麵黃麻豆布等破曆〕 (940前後)
　　1)僧政　2)淨土寺

14487 鄧僧政 ·············· P2040v②-17
〔淨土寺油破曆〕 乙巳年正月廿七日以後 (945
以降)
　　1)僧政　2)淨土寺

14488 鄧僧政 ·············· S03702
〔講經和尚頌(6通)〕 (10C?)
　　1)僧政

14489 鄧僧政 ·············· S06981②
〔太子大師上法獎啓(2通)〕 (10C)
　　1)僧政　2)開元寺

14490 鄧僧政 ·············· S08583
〔都僧統龍辯牓〕 天福八年二月十九日 (943)
　　1)僧政

14491 鄧僧政 ·········· Дx00285＋Дx02150＋
Дx02167＋Дx02960＋Дx03020＋Дx03123v③
〔某寺破曆〕 (10C中期)
　　1)僧政

14492 鄧僧政 ·············· Дx02146
〔請諸寺和尚僧政法律等名錄〕 (10C?)
　　1)僧政　2)報恩寺

14493 鄧僧正 ·············· BD00342(宙42)
〔佛說八種聖道經(允廢稿)〕 (10C?)
　　1)僧正

14494 鄧僧正 ·············· BD07714v(始14)
〔雜寫〕 (8C?)
　　1)僧正

14495 鄧僧正 ·············· BD09282v(周3)
〔把紙人手上配經付紙曆〕 (10C末)
　　1)僧正　2)永(安)寺

14496 鄧僧(正?) ·············· BD12003(L2132)
〔某寺麥粟付得曆〕 五月～(七)月 (10C)
　　1)僧(正)?

14497 鄧僧正 ·············· P3240②
〔付帋曆〕 壬寅年七月十六日 (1002)
　　1)僧正　2)開元寺

14498 鄧僧正 ·············· P3240②
〔付帋曆〕 壬寅年七月十六日 (1002)
　　1)僧正

14499 鄧僧正 ·············· P3240②
〔付帋曆〕 壬寅年七月十六日 (1002)
　　1)僧正　2)永安寺

14500 鄧僧正 ·············· S04117
〔寫經人・校字人名目〕 壬寅年三月廿九日
(1002)
　　1)寫經人・校字人・僧正

14501 鄧僧正 ·············· S04211
〔寫經關係文書〕 壬辰年四月十一日 (932)
　　1)寫經人・僧正

14502 鄧僧正 ·············· S04687r.v
〔佛會破曆〕 (9C末～10C前期)
　　1)僧正　2)開元寺

14503 鄧僧正 ·············· S04687r.v
〔佛會破曆〕 (9C末～10C前期)
　　1)僧正　2)永安寺

14504 鄧僧正 ·············· S11371
〔起世因本經附箋〕 (10C後期)
　　1)僧正　2)永安寺

14505 鄧爪原 ·············· P4640v
〔官入破曆〕 庚申年三月 (900)

14506 鄧爪宋 ·············· P3396
〔沙州諸渠別粟田名目〕 (10C後期)

14507 鄧存慶 ·············· S08516G1
〔狀(殘?)〕 (10C後期)

14508 鄧存慶 ･････････････ 莫第098窟
〔供養人題記〕（10C中期）
   1)節度押衙銀青光祿大夫檢校大子賓客兼監察御史 4)北壁。《燉》p.37。《謝》p.98。

14509 鄧隊頭 ･･･････････････ P4635⑤
〔第一年至第五年於莊造瓦得斛㪷曆〕（943）
   1)隊頭 4)原作「鄧隊頭莊」。

14510 鄧隊頭 ･･･････････････ Дx01387
〔黃麻靑麥便曆〕 囗亥年三月廿日（10C）
   1)隊頭

14511 鄧大眼 ･･･････････････ P3145v
〔節度使下官人名・鄉名諸姓等雜記〕（10C）

14512 鄧託?德 ･･･････････････ S03920v④
〔緣取磑用破曆（殘）〕（9C前期）

14513 鄧端娘 ･･･････ BD09472v①～③（發92）
〔龍興寺索僧正等五十八人就唐家蘭若請賓頭盧文〕（8～9C）
   2)靈修（寺） 3)沙州

14514 鄧端々 ･････････････ S02669
〔管内尼寺（安國寺・大乘寺・聖光寺）籍〕（865～870）
   2)安國寺? 3)慈惠鄉 4)尼名「蓮花戒」。

14515 鄧智妙 ･･･････････････ S02729①
〔燉煌應管勘牌子曆〕 辰年三月（788）
   1)僧 2)靈修寺 3)沙州 4)36行目。

14516 鄧丑子 ･･････････････ P2916
〔納贈曆〕 癸巳年（993?）

14517 鄧?丑撻小娘子 ･････････ S04121
〔陰家榮親客目〕 甲午年五月十五日（994）

14518 鄧丑撻 ･･･････････････ S04121
〔陰家榮親客目〕 甲午年五月十五日（994）
   1)都頭

14519 鄧丑奴 ･･･････････････ P3231②
〔平康鄉官齋曆〕 癸酉年九月卅日（973）
   3)平康鄉

14520 鄧丑奴 ･･･････････････ P3231③
〔平康鄉官齋曆〕 甲戌年五月廿九日（974）
   3)平康鄉

14521 鄧丑奴 ･･･････････････ P3231④
〔平康鄉官齋曆〕 甲戌年十月十五日（974）
   3)平康鄉

14522 鄧丑奴 ･･･････････････ P4693
〔官齋納麵油粟曆〕（10C後期）
   1)漿水粥兼及白粥頭

14523 鄧猪苟 ･･･････････････ P3816v
〔人名目〕（10C）

14524 鄧猪子 ･･･････････････ P2049v①
〔淨土寺諸色入破曆計會牒〕 同光三年（925）

14525 (鄧)長延 ･････････ Stein Painting 76
〔甲戌年四月日沙州鄧慶連〕 甲戌年?四月日（974）
   1)鄧慶連娘 4)原作「申戌年」應為「甲戌年」。

14526 鄧長慶 ･･･････････････ P4525⑧
〔都頭及音聲等共地畝細目〕（980頃）

14527 鄧長順 ･･･････････････ P2985v④
〔親使員文書〕（10C後期）

14528 (鄧)長美 ･････････ Stein Painting 76
〔甲戌年四月日沙州鄧慶連〕 甲戌年?四月日（974）
   1)鄧慶連娘 4)原作「申戌年」應為「甲戌年」。

14529 鄧鎭使 ･･･････････････ Дx10282
〔便黃麻麥曆〕（9C中期以降）
   1)鎭使

14530 鄧通達 ･･････････ BD16332A（L4423）
〔渠人轉帖〕（10C）

14531 鄧定子 ･････････････ P2032v⑬-10
〔淨土寺豆入曆〕（940前後）
   2)淨土寺

14532 鄧定子 ･････････････ P2032v⑯-4
〔淨土寺粟利閏入曆〕（940前後）
   2)淨土寺

14533 鄧定子 ･･･････････････ P3231④
〔平康鄉官齋曆〕 甲戌年十月十五日（974）
   3)平康鄉

14534 鄧定子 ･･･････････････ P3231⑥
〔平康鄉官齋曆〕 乙亥年九月廿九日（975）
   3)平康鄉

14535 鄧定子 ……………… P3234v③-50
　〔惠安惠戒手下便物曆〕 甲辰年 (944)

14536 鄧定子 ……………… Stein Painting 76
　〔甲戌年四月日沙州鄧慶連〕 甲戌年?四月
　日 (974)
　　1)駱駝官　3)沙州　4)原作「申戌年」應爲「甲戌
　　年」。

14537 鄧定子 ……………… Дx11195
　〔官衙黃麻麥油破曆〕 (10C)

14538 鄧哲 ……………… S11454E
　〔收蘇算會簿〕 戌年・亥年 (794・795)
　　1)左五

14539 鄧都衙 ……………… P3288piece1
　〔佛現齋造䴵餅人名目〕 (10C)
　　1)都衙

14540 鄧都衙 ……………… P3440
　〔見納賀天子物色人名〕 丙申年三月十六日
　 (996)
　　1)都衙

14541 鄧都衙 ……………… P3942
　〔某家榮親客目〕 (10C?)
　　1)都衙

14542 鄧都衙 ……………… P4975r.v
　〔沈家納贈曆〕 辛未年三月八日 (971)
　　1)都衙

14543 鄧都衙 ……………… S04121
　〔陰家榮親客目〕 甲午年五月十五日 (994)
　　1)都衙

14544 鄧都衙娘子 ……………… P3942
　〔某家榮親客目〕 (10C?)

14545 鄧都衙娘子 ……………… S04121
　〔陰家榮親客目〕 甲午年五月十五日 (994)

14546 鄧都知 ……………… S04525
　〔付官健及諸社佛會色物數目〕 (10C後期)
　　1)都知

14547 鄧都頭 ……………… P2032v⑤
　〔淨土寺布破曆〕 (940前後)
　　1)都頭　2)淨土寺

14548 鄧都頭 ……………… P4975r.v
　〔沈家納贈曆〕 辛未年三月八日 (971)
　　1)都頭

14549 鄧都頭 ……………… S04443v
　〔諸雜難字(一本)〕 (10C)
　　1)都頭

14550 鄧都頭 ……………… S06981⑭
　〔破曆(殘)〕 (10C後期)
　　1)都頭

14551 鄧奴子 ……………… S03714
　〔親情社轉帖(雜寫)〕 (10C)

14552 鄧頭連阿師 ……………… S04525
　〔付官健及諸社佛會色物數目〕 (10C後期)

14553 鄧道 ……………… S03287v
　〔戶口田地申告牒〕 子年五月 (832 or 844)

14554 鄧道〻 ……………… P2469
　〔書簡稿〕 (9C前期)
　　4)「道經」行間(逆書)。

14555 鄧道〻 ……………… P.tib1088c
　〔燉煌諸人磑課麥曆〕 卯年〜巳年間 (835〜
　837)

14556 鄧德子 ………… BD14806①(新1006)
　〔於倉缺物人便麥名抄錄〕 辛酉年三月廿二
　日 (961)
　　1)見人・朾匠　4)原作「見人朾匠鄧德子」。

14557 鄧訥兒鉢 ……………… BD03925(生25)
　〔雇契〕 甲戌年正月一日 (974)
　　3)龍勒鄉

14558 鄧南山 ……………… BD12304(L2433)
　〔(社)司轉帖〕 丁卯年四月二日 (967)
　　4)原作「鄧南山母亡,准例合有弔酒一瓫,」。

14559 鄧南山 ……………… P4975r.v
　〔沈家納贈曆〕 辛未年三月八日 (971)

14560 鄧南山 ……………… Дx04278
　〔十一鄉諸人付麵數〕 乙亥年四月十一(日)
　(915? or 975)
　　3)赤心鄉

14561 鄧坡山 ……………… S01285
　〔賣宅契〕 清泰三年丙申十一月廿三日 (936)
　　1)同院人

14562 鄧頗山 ················· S06198
　〔納贈曆〕　(10C)

14563 鄧馬步 ·········· BD14806③(新1006)
　〔歸義軍官府貸油麵曆〕 辛未年二月十四日
　(971)
　　1)馬步

14564 鄧馬步 ················ P3440
　〔見納賀天子物色人名〕 丙申年三月十六日
　(996)
　　1)馬步

14565 鄧馬步 ················ S04120
　〔布褐等破曆(殘)〕 癸亥年二月～甲子年二
　月　(963～964)
　　1)馬步

14566 鄧馬步 ········· S08681v＋S08702
　〔釋門法律惠德還納練牒〕　(10C)
　　1)馬步

14567 鄧判官 ················ P2985v②
　〔右衙都知兵馬使丁守勳牒〕 開寶五年十二月
　日　(972)
　　1)判官

14568 鄧美昌 ················ S06123
　〔渠人轉帖〕 戊寅年六月十四日　(978)
　　2)普光寺

14569 鄧不奴 ················ P3240①
　〔配經曆〕 壬寅年六月廿一日　(1002)

14570 鄧不奴 ················ P3240②
　〔付帋曆〕 壬寅年七月十六日　(1002)

14571 鄧不奴 ················ P4779②
　〔配經人名目〕　(1002頃)

14572 鄧不奴 ················ S08714
　〔窟上書經兌紙人名目〕　(10C後期?)

14573 鄧不奴 ················ S10543
　〔付箋〕　(10C?)
　　4)原作「鄧不奴」。(存3字)。

14574 鄧不奴 ········ 西域文紡然究第1(p.241
　圖版)寫經生試筆集
　〔兌字付名〕　(10C後期?)
　　4)名有允(兌)字之下。

14575 鄧富員 ················ 杏・羽684v②
　〔社司轉帖(寫)〕　(10C)
　　4)本文中有「年支秋座局席」「限今月八日卯時,
　於主送納」。

14576 (鄧)富盈 ················ Дx01317
　〔衙前第一隊轉帖〕 二月六日　(10C中期)

14577 鄧富延 ················ P5032v⑧
　〔社司轉帖〕 六月　(10C中期)

14578 鄧富遷 ················ P5032v⑧
　〔社司轉帖〕 六月　(10C中期)

14579 鄧富通 ················ P3131v
　〔牧羊馬馳缺數曆〕　(10C後期)

14580 鄧富通 ················ P4525⑧
　〔都頭及音聲等都共地畝細目〕　(980頃)

14581 鄧富通 ················ S01366
　〔歸義軍府下破用麵油曆〕 己卯～壬午年頃
　(10C後期(980～982頃))

14582 鄧富通 ················ S02474②
　〔鄧富通給憑〕 己卯年十一月　(979)
　　1)駞官

14583 鄧福勝 ················ S02894v②
　〔社司轉帖〕 壬申年十二月　(972)

14584 鄧福勝 ················ S02894v⑤
　〔社司轉帖〕　(10C後期)

14585 鄧福昌 ················ S04525v
　〔付官健及諸社佛會色物數目〕　(10C後期)

14586 鄧佛願 ················ S04060
　〔便麥粟豆曆〕 己酉年二月十四日　(949)

14587 鄧粉堆 ················ P3721v①
　〔平康鄉堤上兄(見)點得人名目〕 庚辰年三月
　廿二日　(980)
　　3)平康鄉

14588 鄧文銳 ················ S00782v
　〔納贈曆〕　(10C)
　　4)ペン筆?

14589 鄧文建 ················ S05961v②
　〔地畝籍〕　(10C?)

14590 鄧文政 ················ MG23079
〔鄧幸全敬造不空羂索觀音菩薩立像〕 庚戌年四月日 (950)
　　1)(鄧幸全)父

14591 鄧文德 ················ P3236v
〔燉煌鄉官布籍〕 壬申年三月十九日 (972)
　　3)燉煌鄉

14592 鄧兵馬使 ·············· P4975r.v
〔沈家納贈曆〕 辛未年三月八日 (971)
　　1)兵馬使

14593 鄧兵馬使 ·············· S00705v
〔社司轉帖(殘)〕 十月十八日 (9C後期?)
　　4)V面有「天復八年(908)落書」。

14594 鄧平永漢 ·············· P3396v
〔沙州諸渠別苄薗名目〕 (10C後期)

14595 鄧保盈 ················ Дx04278
〔十一鄉諸人付麵數〕 乙亥年四月十一(日) (915? or 975)
　　3)燉煌鄉

14596 鄧保子 ················ S11358
〔部落轉帖〕 (10C後期)

14597 鄧保住 ········ BD08668(位68)
〔勸戒文百行章寫經題記〕 庚辰年正月十六日 (9~10C)
　　1)寫記述・孝使(士)郎　2)淨土寺　4)V面有雜寫「西漢金山之國」。

14598 鄧保定 ················ P2032v⑯-4
〔淨土寺粟利閏入曆〕 (940前後)
　　2)淨土寺

14599 鄧保定 ················ P4063
〔官建轉帖〕 丙寅年四月十六日 (966)

14600 鄧法君 ················ P3305v⑥
〔社司轉帖(寫錄)〕 咸通十年正月廿日 (869)

14601 鄧法律 ················ P2054v
〔疏請僧官文〕 (10C)
　　1)法律　4)都司?

14602 鄧法律 ················ P2376v
〔雜記〕 (10C)
　　1)法律　4)V面爲「戊子年(928)正月廿九日法律宋書□」及詩一首等。

14603 鄧法律 ················ P3223
〔永安寺老宿紹建狀并判辭〕 (9C末~10C初)
　　1)法律　2)永安寺

14604 鄧法律 ················ S00376
〔書狀〕 正月廿四日 (10C)
　　1)法律

14605 鄧法律 ················ S04687r.v
〔佛會破曆〕 (9C末~10C前期)
　　1)法律　2)淨土寺

14606 鄧法律 ················ S05691
〔令狐瘦兒妻亡納贈曆〕 丁亥年七月十二日 (987)
　　1)法律

14607 鄧法律 ················ S05845
〔郭僧政等貸油麵廠曆〕 己亥年二月十七日 (939)
　　1)法律

14608 鄧法律 ················ S10566
〔秋季諸寺大般若轉經付配帳曆〕 壬子年十月 (952)
　　1)法律　2)大雲寺

14609 鄧法律 ················ S10618
〔酒頭大張法律等名目〕 (10C)
　　1)法律　4)原作「小鄧法律」。

14610 鄧法律 ················ S10618
〔酒頭大張法律等名目〕 (10C)
　　1)法律　4)原作「大鄧法律」。

14611 鄧万延 ················ S01285
〔賣宅契〕 清泰三年丙申十一月廿三日 (936)
　　1)見人・押衙

14612 鄧万通 ················ 舊P5529
〔入破曆〕 壬申年六月廿四日 (972?)

14613 鄧万定 ················ S06452④
〔常住庫借貸油麵物曆〕 壬午年 (982?)
　　2)淨土寺

14614 鄧妙惠 ················ P3167v
〔安國寺道場司關于(五尼寺)沙彌戒訴狀〕 乾寧二年三月 (895)
　　2)大乘寺　4)⇒妙惠。

14615 鄧蒙々 ……………… S02669
〔管內尼寺(安國寺・大乘寺・聖光寺)籍〕
(865～870)
　2)大乘寺　3)赤心鄉　4)尼名「最勝妙」。

14616 鄧祐住 ……………… S03982
〔月次人名目〕　乙丑年十一月　(965)

14617 鄧?利?德 ……… Дx10281＋Дx11060
〔綾絹紬等納贈曆〕　(9C末)

14618 鄧里三 ……………… 上博21B
〔渠人轉帖〕　(10C中期?)

14619 鄧流定 ……………… S04525v
〔付官健及諸社佛會色物數目〕　(10C後期)

14620 鄧留子 ……………… S05747v
〔社人名目〕　(10C前期)

14621 鄧留住 ……………… P4640v
〔官入破曆〕　庚申年十二月　(900)
　1)押衙

14622 鄧蓮花戒 …………… S02669
〔管內尼寺(安國寺・大乘寺・聖光寺)籍〕
(865～870)
　2)安國寺?　3)慈惠鄉　4)姓「鄧」。俗名「端々」。

14623 鄧郎 ………………… P3164
〔親情社轉帖〕　乙酉年十一月廿六日　(925?)

14624 鄧郎□ ……………… P.tib2124v
〔人名錄〕　(9C中期?)

14625 鄧錄事 ……………… BD12304(L2433)
〔(社)司轉帖〕　丁卯年四月二日　(967)
　1)錄事　4)原作「錄事鄧帖」。

14626 鄧□ ………………… BD16240(L4113)
〔便曆(2行殘)〕　(8～9C)

14627 鄧□子 ……………… S03714
〔親情社轉帖(雜寫)〕　(10C)

14628 鄧□住 ……………… S08445＋S08446
〔稅巳年出羊人名目〕　丙午年二月十九日
(946)

14629 鄧□住 ……………… 莫第390窟
〔供養人題記〕　(10C前期?)
　1)節度押衙銀青光祿大夫檢校太子賓客　4)北
壁。《燉》p.150。《謝》p.243。

14630 鄧□□ ……………… BD16328(L4419)
〔鄧某請地狀〕　大順二年正月一日　(891)
　1)百(姓)　3)(燉煌縣)宜秋鄉?

14631 鄧□□ ……………… 莫第390窟
〔供養人題記〕　(10C前期?)
　4)原作「□鄧□□一心供養」。北壁。《燉》p.150。

14632 鄧□□ ……………… 莫第390窟
〔供養人題記〕　(10C前期?)
　1)節度押衙銀青光祿大夫檢校國子祭酒守紫亭
鎮遏使　4)北壁。《燉》p.150。《謝》p.243。

14633 鄧□ ………………… P2716v
〔社司轉帖(寫)〕　(9C末～10C初)

14634 鄧 …………………… BD05673v④(李73)
〔行人轉帖(寫錄)〕　今月十二日　(9C末)

14635 鄧 …………………… BD11502①(L1631)
〔燉煌十一僧寺別姓名簿并緣起經論等名
目〕　(9C後期)
　2)永(安寺)

14636 鄧 …………………… BD11502①(L1631)
〔燉煌十一僧寺別姓名簿并緣起經論等名
目〕　(9C後期)
　2)開(元寺)

14637 鄧 …………………… P3176v
〔雜記〕　(10C)

14638 鄧 …………………… P4995
〔兒郎偉文〕　(10C中期)
　1)押衙勾當酒料

14639 洞闍梨 ……………… S08662
〔某□喜送與洞闍梨遺敎一卷等狀〕　(10C?)
　1)闍梨

14640 獨狐播 ……………… P3812v
〔獨狐播狀〕　(9C末頃)
　1)河西道宣諭告裏使

14641 咄沙彌 ……………… BD16381(L4455)
〔諸家磚曆〕　(10C)
　1)沙彌

14642 突厥 ………………… S00542v
〔普光寺文〕　戊年六月十八日　(818)
　2)普光寺

14643 燉?師女賢娘 ……… BD09472v①~③（發92）
〔龍興寺索僧正等五十八人就唐家蘭若請賓頭盧文〕（8~9C）
　1）女賢娘　2）靈修(寺)　3)沙州

14644 燉悉力 ………………… 莫第014窟
〔供養人題記〕（9C後期）
　1）妮子　4）原作「妮子阿燉悉力供養」。中心龕柱北向面。《燉》p.8。

14645 燉替力 ………………… S03330v①
〔諸門石和滿上將軍狀〕乾寧四年二月廿八日　（897）

[な]

14646 南醜胡 ………… S08445＋S08446＋S08468
〔稅巳年出羊人名目〕丙午年二月十九日（946）

14647 南謨阿彌達 ………… BD07675（皇75）
〔尾雜寫人名目〕（9C前期）
　4）原藏文作「na-mo-a-myi-da-phur」。

14648 軟勒匐強 ………………… P2654v⑤
〔沙州倉曹上勾覆所會計牒〕巳年（789?）
　4）原文中有「十月廿三日牒,貸吐蕃監使」之一文。

14649 軟勒匐強 ………………… P2763①
〔沙州倉曹趙瓊璋等會計曆〕辰年九月四日已後至十二月卅日（788）
　4）縫背有「河西支度/…印」。

[に]

14650 忍大師 ················ BD08475（裳75）
　〔澄心論後儀（尾）〕（9〜10C）
　　1)大師　3)蘄州

[ね]

14651 寧吉令 ····················· P2040v②-29
　〔淨土寺西倉豆利入曆〕（940年代）
　　2)淨土寺

14652 寧虜柱 ····················· 楡第25窟
　〔供養人題記〕光化三年十二月廿二日（900）
　　4)洞口東壁。

[は]

14653 馬?阿婆奴 ……………… S10562
〔阿婆奴取物色憑〕 戊子年七月 (928 or 988)
　1)取物色人

14654 馬安七 ……………… P3249v
〔將龍光顏等隊下人名目〕 (9C中期)

14655 馬安住 ……………… Дх12012
〔雇男契〕 丙申年正月十日 (936)
　1)百姓　3)洪池鄉

14656 馬安定 ……………… P3636piece1
〔社人罰粟曆〕 丁酉年頃 (937頃)

14657 馬安定 ……………… Дх01317
〔衙前第一隊轉帖〕 二月六日 (10C中期)

14658 馬安良 ……………… P3070v
〔行人轉帖(寫錄)〕 乾寧三年閏三(二)月 (896)

14659 馬威進 ……………… S08160
〔杜家親情社社條憑〕 (10C)

14660 馬意奴 ……………… S08690
〔薩毗寄倉入(破?)曆〕 (940前後)

14661 馬員松 ……………… S06003
〔社司轉帖〕 壬申年七月廿九日 (972)

14662 馬員定 ……………… S05873v＋S08658②
〔靈圖寺便麥粟曆(殘)〕 戊午年九月 (10C)
　2)靈圖寺　3)洪潤鄉　4)原作「員(レ)馬定」。

14663 馬員湯? ……………… P4640v
〔官入破曆〕 辛酉年三月 (901)
　1)衙官

14664 馬榮國 ……………… S01475v②
〔社司狀上〕 申年五月廿一日 (828)

14665 馬榮國 ……………… S01475v③
〔社司狀上〕 申年五月 (828)
　1)社人

14666 馬永長 ……………… BD16128c(L4067)
〔社人名目〕 (9～10C)

14667 馬永隆 ……………… BD02823v(調23)
〔雜寫〕 (9～10C)
　1)僧

14668 馬永隆 ……………… S03011
〔論語集解卷7子路卷頭〕 戊寅年十一月六日 (918)
　1)僧手寫　4)原作「戊寅年十一月六日僧馬永隆寫論語一卷之耳」。

14669 馬盈子 ……………… P3440
〔見納賀天子物色人名〕 丙申年三月十六日 (996)
　1)都頭

14670 馬盈德 ……………… P2887v②
〔莫高鄉百姓孟再定雇二人契〕 癸酉年正月五日 (973)
　1)百姓・雇人　3)龍勒鄉

14671 馬英員 ……………… BD16111p(L4066)
〔押衙張再晟?隊下人名目〕 (10C)

14672 馬延德 ……………… P2032v⑪
〔淨土寺西倉司願勝等入破曆〕 乙巳年三月 (945)
　2)淨土寺

14673 馬延德 ……………… P2040v②-5
〔淨土寺西倉粟入曆〕 (945以降)
　2)淨土寺

14674 馬衍〔行?〕子 ……………… S00374
〔回向文〕 至道二年正月 (996)
　1)都衙

14675 馬押牙 ……………… BD02767(呂67)
〔灌頂七萬二千神王護比丘咒經卷1(兌廢稿)〕 (10C)
　1)押衙　4)一紙末余白有大字「馬押牙兌」。有武周新字「人」、「國」。

14676 馬押衙 ……………… P3037
〔社司轉帖〕 庚寅年正月三日 (990)
　1)押衙　2)大悲寺門前

14677 馬押衙 ……………… P3234v③-66
〔惠安惠戒手下便物曆〕 甲辰年 (944)

14678 馬押衙 ················ S05554①
〔妙法蓮華經普門品題記〕 己丑年七月月生五
日 (989?)
　　1)押衙　2)寶恩寺　4)原作「就寶恩寺內馬押衙
　觀音經寫了」。

14679 馬押衙 ················ S08443F5
〔散施入曆〕 (944頃)
　　1)押衙

14680 馬押衙 ················ S08713
〔團人名目(2片)〕 (10C)
　　1)第三團・押衙

14681 馬押衙 ················ S10537
〔團人名目(2片)〕 (10C)
　　1)第三團・押衙

14682 馬加盈 ················ P2049v①
〔淨土寺諸色入破曆計會牒〕 同光三年
(925)

14683 馬加盈 ················ P3234v③
〔惠安惠戒手下便物曆〕 甲辰年 (944)
　　2)淨土寺?

14684 馬家 ···················· P2032v③
〔淨土寺諸色破曆〕 (944前後)
　　2)淨土寺

14685 馬家 ···················· P2049v①
〔淨土寺諸色入破曆計會牒〕 同光三年
(925)

14686 馬家 ···················· S00086
〔馬氏廻施疏〕 淳化二年辛卯歲四月廿八日
(991)
　　2)金光明寺,城西馬家索家二蘭若　4)文中有
　「於金光明寺殿上施麥」及「城西馬家索家二蘭若
　共施布」之句。首尾完。共21行。

14687 馬家 ···················· S01519②
〔破曆〕 壬子年 (952)
　　4)原作「馬家莊」。

14688 馬家女 ·············· P4635②
〔社家女人便麵油曆〕 [　]月七日 (10C中期)

14689 馬家女 ·············· S11350v
〔張押衙書付沙州馬家女條記〕 (10C?)
　　3)沙州

14690 馬家二嫂 ········· P2040v②-28
〔淨土寺豆入曆〕 (940前後)
　　2)淨土寺

14691 馬家二嫂 ········· P2049v①
〔淨土寺諸色入破曆計會牒〕 同光三年
(925)

14692 馬懷□ ············· BD05512v①(珍12)
〔便麥曆(殘3行)〕 (9～10C)

14693 馬?懷□ ·········· P3418v①
〔□□鄉缺枝夫戶名目〕 (9C末～10C初)

14694 馬海定 ············· S04060
〔便麥曆〕 戊申年正月 (948)

14695 馬憨兒 ············· S11359
〔貸絹契(末)〕 (9C～10C)
　　1)見人

14696 馬瑾 ················· S05788
〔社司轉帖〕 十一月廿一日 (9C前期)

14697 馬瑾 ················· S05825
〔社司轉帖〕 四月一日 (9C前期)

14698 馬願清 ············· S04472v
〔納贈曆〕 辛酉年十一月廿日 (961)

14699 馬其隣 ············· S01475v⑭⑮-2
〔便契〕 卯年二月十一日 (823?)
　　1)百姓・便麥人　3)阿骨薩部落

14700 馬宜奴 ············· P3394
〔僧張月光父子廻博田地契〕 大中六年壬申十
月 (852)
　　1)見人　4)原作「見人馬宜奴」。

14701 馬君〻 ·············· P3418v④
〔龍勒鄉缺枝夫戶名目〕 (9C末～10C初)
　　3)龍勒鄉

14702 馬慶住 ············· P2049v①
〔淨土寺諸色入破曆計會牒〕 同光三年
(925)

14703 馬堅固花 ········· S02669
〔管內尼寺(安國寺・大乘寺・聖光寺)籍〕
(865～870)
　　2)安國寺?　3)莫高鄉　4)姓「馬」。俗名「優柔」。

566

14704 馬犬奴 ·················· S05788
〔社司轉帖〕 十一月廿一日 （9C前期）

14705 馬賢?義 ············ BD16111o(L4066)
〔人名目〕 （10C）

14706 馬賢?〔聖?〕者 ·············· P2668v
〔弟子馬賢者造窟一龕發願文〕 同光四年
（925）

14707 馬賢者 ················ P3234v⑮
〔淨土寺西倉豆利潤入曆〕 （940年代?）
 2）淨土寺

14708 馬賢住 ················ P3234v⑮
〔淨土寺西倉豆利潤入曆〕 （940年代?）
 2）淨土寺

14709 馬賢信 ············ BD16113A(L4066)
〔地畝文書〕 （10C）

14710 馬賢信 ················ P3418v③
〔某鄉缺枝夫戶名目〕 （9C末～10C初）

14711 馬幸員 ············ BD07310（鳥10）
〔勸戒文(末)〕 甲午年七月七日 （934?）
 1）書手 4）原作「書手馬幸員共同作」。

14712 馬幸德 ············ BD09970(L0099)
〔玉關馬幸德戶名〕 （9～10C）
 3）玉關?鄉

14713 馬孔目 ·················· P3881v
〔招提司惠覺諸色斛㪷計會〕 太平興國六年
（981）
 1）孔目

14714 馬孔目 ················ S06452①
〔淨土寺破曆〕 辛巳年 （981）
 1）孔目 2）淨土寺

14715 馬孔目 ·················· Дx01321v
〔七言呈上馬孔目詩（首題）〕 （10C?）
 1）孔目

14716 馬孔目 ·················· Дx02586B
〔僧名目〕 （10C）
 1）孔目 4）原作「馬孔目男二法律」。

14717 馬興子 ············ Stein ch74.VI.30.
calumn19.Vol.56.fol.37
〔報恩寺般若經用付紙曆（寫）〕 （10C後期）
 2）報恩寺

14718 馬興晟 ·················· S02041
〔社約〕 丙寅年三月四日 （846）
 4）年號別筆(丙寅年三月四日)。ペン筆。

14719 馬興晟 ·················· S05824
〔經坊費負担人名目〕 （8C末～9C前期）

14720 馬苟子 ················ P2049v②
〔淨土寺諸色入破曆計會牒〕 長興二年正月
（930～931）

14721 馬苟子 ·················· P4640v
〔官入破曆〕 辛酉年二月 （901）
 1）衙官

14722 馬苟子 ·················· S02041
〔社約〕 丙寅年三月四日 （846）
 4）年號別筆(丙寅年三月四日)。ペン筆。

14723 馬苟子 ·················· S06010
〔衙前第六隊轉帖〕 九月七日 （900前後）
 1）宅官

14724 馬苟子 ·················· S06237
〔諸人見在粟黃麻曆〕 戌年～子年 （10C中期
以降?）
 1）西宅

14725 馬行子 ·················· S03978
〔納贈曆〕 丙子年七月一日 （976）

14726 馬剛 ·················· S05825
〔社司轉帖〕 五月 （9C前期）

14727 馬剛 ·················· S05825
〔社司轉帖〕 十一月一日 （9C前期）

14728 馬國清 ·················· S02103
〔渠水田地訴訟牒〕 酉年十二月 （817?）
 4）酉年十二月灌進渠百姓李進評等渠水田地關
係。

14729 馬黑〻 ·················· P3249v
〔將龍光顏等隊下人名目〕 （9C中期）

14730 馬鵲子 ·················· P2049v①
〔淨土寺諸色入破曆計會牒〕 同光三年
（925）

14731 馬再榮 ················· S02228①
〔絲綿部落夫丁修城使役簿〕 亥年六月十五日 (819)
　　1)(右二) 3)絲綿部落 4)首行作「亥年六月十五日州城所,絲綿」.末行作「亥年六月十五日畢功」.

14732 (馬)再昇 ········· S05873v＋S08658②
〔靈圖寺便麥粟曆(殘)〕 戊午年九月 (10C)
　　1)口承人·(馬員定)男 2)靈圖寺 3)洪潤鄉
　　4)原作「口承男再昇」.

14733 馬再清 ···················· P2614v
〔尚饗文〕 丁未年二月癸巳朔廿九日辛酉 (827)

14734 馬再定 ····················· S04472v
〔納贈曆〕 辛酉年十一月廿日 (961)

14735 馬再定 ····················· Дх01401
〔社司轉帖〕 辛未年二月七日 (911 or 971)

14736 馬宰相 ····················· P2026v
〔人名目〕 天福十年乙巳歲(別記) (945)
　　1)宰相 4)余白:ペン筆.

14737 馬三娘 ··················· P3569v②③
〔官酒馬三娘龍粉堆牒〕 光啓三年四月 (887)

14738 馬三娘 ······················ S05871
〔便粟契〕 大曆十七年閏正月? (782)
　　1)同便人妻 4)35歲.

14739 馬市令 ···················· P2680v⑦
〔社司轉帖(殘)〕 丙申年四月廿六日 (936)
　　1)市令?

14740 馬支子 ······················ S08402
〔便麥曆〕 (10C前期)
　　1)見人

14741 馬支?信 ···················· P3418v③
〔某鄉缺枝夫戶名目〕 (9C末～10C初)

14742 馬氏 ············· BD04544①～③(崗44)
〔①佛說閻羅王受記1卷②護諸童子陀羅尼經③般若波羅蜜多心經〕 四月五日,十二日,十九日 (10C後期)
　　4)三經文中有「寫此經以阿娘馬氏追福…文」.

14743 馬氏 ······················· EO1135
〔彌勒淨土圖〕 大晉(天福)伍年七月十四日 (940)
　　4)原作「慈母馬氏一心供養」.

14744 馬氏 ······················· P2055②
〔大般涅槃摩耶夫人品經(題記)〕 (961頃)
　　1)佛弟子(翟奉達)妻? 4)原作「佛弟子馬氏一心供養」.

14745 馬氏 ······················· P2055③
〔佛說善惡因果經(題記)〕 顯德伍年歲次戊午三月一日以後 (961頃)
　　1)(翟奉達)亡過妻

14746 馬氏 ························ 津藝
〔佛說無常經卷中(題記)〕 顯德五年歲次戊午三月一日 (958)
　　1)家母阿婆 4)原作「夫檢校尚書工部員外郎翟奉達念,敬寫无常經一卷,敬畫如來佛一鋪,…」.

14747 馬氏 ······················ 莫第188窟
〔供養人題記〕 (10C末)
　　4)東壁門南側.《燉》p.83.

14748 馬氏 ······················ 莫第427窟
〔供養人題記〕 宋乾德八年頃 (970頃)
　　1)清信弟子 4)北壁.《燉》p.159.

14749 馬寺主 ······················ P2613
〔某寺常住什物交割點檢曆〕 咸通十四年正月四日 (873)
　　1)寺主

14750 馬寺主 ···················· S01313v
〔都師領得麥粟曆〕 辛未年十一月廿日 (971?)
　　1)寺主

14751 馬治 ······················ P3108v⑤
〔千字文奧書(寫錄)〕 庚辰年前後 (860 or 920)

14752 馬自在 ····················· S02669
〔管內尼寺(安國寺·大乘寺·聖光寺)籍〕 (865～870)
　　2)大乘寺 3)青水鄉 4)姓「馬」.俗名「醜婢」.

14753 馬闍利〔梨〕 ·················· S06003
〔社司轉帖〕 壬申年七月廿九日 (972)
　　1)闍(梨)利

14754 馬闍梨 ·················· P2944
〔大乘寺・聖光寺等尼僧名録〕（10C後期?）
　1）闍梨　2）大乘?寺

14755 馬闍梨 ·················· Дx02956②
〔諸家上缺便勿名目〕甲申年二月四日（984
or 924）
　1）闍梨

14756 馬珠子 ·················· S01366
〔歸義軍府下破用麵油曆〕己卯～壬午年頃
（10C後期（980～982頃））

14757 馬醜 ····················· BD06632(翔40)
〔中阿含經卷第36（并雜記1紙）〕（10C後期）
　1）寫經人？　4）本件有「此束諸部帙内兑落經
　并缺頭尾」之一文。V面爲「般若波羅蜜多心經」
　（9C）。

14758 馬醜子 ·················· P3418v④
〔龍勒鄉缺枝夫戶名目〕（9C末～10C初）
　3）龍勒鄉

14759 馬醜兒 ·················· P2498v
〔投社人王醜兒狀〕廣?順?貳?年（952）

14760 馬醜女 ·················· S00086
〔馬氏迴施疏〕淳化二年辛卯歲四月廿八日
（991）
　2）金光明寺　4）原作「亡女弟子馬氏名醜女」。文
　中有「於金光明寺殿上施麥」之一句。

14761 馬醜定 ·················· S04472v
〔納贈曆〕辛酉年|　月廿日（961）

14762 馬醜婢 ·················· S02669
〔管内尼寺（安國寺・大乘寺・聖光寺）籍〕
（865～870）
　2）大乘寺　3）靑水鄉　4）尼名「自在」。

14763 馬集子 ·················· P2049v①
〔淨土寺諸色入破曆計會牒〕同光三年
（925）

14764 馬什一 ·················· S00542v
〔燉煌諸寺丁壯車牛役部〕戌年六月十八日
（818）
　2）大乘寺

14765 馬什一 ·················· S00542v
〔燉煌諸寺丁壯車牛役部〕戌年六月十八日
（818）
　2）開元寺

14766 馬什德 ·················· P2032v①-4
〔淨土寺粟入曆〕（944前後）

14767 馬住盈 ·················· S06204①
〔隊轉帖〕（10C前後）

14768 馬住兒 ·················· P2680v⑦
〔社司轉帖（殘）〕丙申年四月廿六日（936）

14769 馬住兒 ·················· Дx02166
〔某社三官等麥粟破曆〕（10C）
　4）原作「馬住兒店」。

14770 馬十一 ·················· P3047v⑨
〔諸人諸色施捨曆〕（9C前期）

14771 馬駿義 ·················· 莫第205窟
〔供養人題記〕（8C後期）
　1）社人　4）西壁。《燉》p.94。

14772 馬閏定 ·················· BD16384(L4458)
〔抄録有私駞名目〕丙寅年八月廿九日（966）
　1）押衙

14773 馬順〻 ·················· S06235A③
〔出得氈羊皮曆〕某年十一月十七日（9C前期）

14774 馬女〻 ·················· S02669
〔管内尼寺（安國寺・大乘寺・聖光寺）籍〕
（865～870）
　2）大乘寺　3）龍勒鄉　4）尼名「善念」。

14775 馬像進 ·················· BD16381(L4455)
〔諸家磚曆〕（10C）

14776 馬像奴 ·················· P3666v
〔社人名目?〕（9C後期）

14777 馬像奴 ·················· 羽・寫834
〔百姓趙塩久戶口請田簿〕廣順二年正月一
日（952）

14778 馬勝性 ·················· S02669
〔管内尼寺（安國寺・大乘寺・聖光寺）籍〕
（865～870）
　2）大乘寺　3）神沙鄉　4）姓「馬」。俗名「品〻」。

14779 馬?小兒 ················ S07589
〔便麥曆〕（10C中期）

14780 馬松慶 ·················· S06003
〔社司轉帖〕壬申年七月十九日（972）

氏族人名篇　ば　馬

14781　馬照心 ･････････････････ S02669
〔管内尼寺(安國寺・大乘寺・聖光寺)籍〕
(865～870)
　　2)安國寺?　3)慈惠鄉　4)姓「馬」。俗名「物々」。

14782　馬章三 ･････････････････ P2680v⑥
〔社司轉帖〕　六月廿三日　(10C中期)

14783　馬章六 ･････････････････ P3418v⑦
〔慈惠鄉缺枝夫戶名目〕　(9C末～10C初)
　　3)慈惠鄉

14784　馬常悟 ･････････････････ P3047v⑧
〔王都督儭合城僧徒名錄〕　(9C前期)
　　4)僧名「常悟」。

14785　馬進盈 ･････････････････ S06204①
〔隊轉帖〕　(10C前後)

14786　馬清 ･･･････････････････ P5003v
〔社人納色物曆〕　(9C前期)

14787　馬清 ･･･････････････････ S02041
〔社約〕　丙寅年三月四日　(846)
　　4)年號別筆(丙寅年三月四日)。ペン筆。

14788　馬清子 ･････････････････ P3636piece1
〔社人罰粟曆〕　丁酉年頃　(937頃)

14789　馬清子 ･････････････････ P4693
〔官齋納麵油粟曆〕　(10C後期)

14790　馬清子 ･････････････････ P4694
〔麥入曆〕　(10C中期)
　　3)孟受

14791　馬清兒 ･････････････････ P4003
〔渠社轉帖〕　壬午年十二月十八日　(922 or 982)

14792　馬生 ･･･････････････ BD16381(L4455)
〔諸家磚曆〕　(10C)

14793　馬生 ･･･････････････････ S01477v
〔地步曆〕　(10C初頃)

14794　馬千進 ･････････････････ MG17775
〔千手千眼觀世音菩薩圖絹本〕　天福八年歲次癸卯七月十三日　(943)
　　1)節度押衙知副後營使

14795　馬千進 ･････････････････ S05486②
〔社司轉帖〕　壬寅年六月九日　(942)
　　1)押衙

14796　馬顒 ･････････････････ 莫第205窟
〔供養人題記〕　(8C後期)
　　1)社人　4)西壁。《燉》p.95,《謝》p.361。

14797　馬善子 ･････････････････ P2049v②
〔淨土寺諸色入破曆計會牒〕　長興二年正月
(930～931)

14798　馬善住 ･････････････････ S08516D
〔馬善住牒并判辭〕　丁丑年十月　(977)
　　1)百姓

14799　馬善昌 ･････････････････ P2737
〔馳官馬善昌狀并判憑四件〕　癸巳年　(993)

14800　馬善昌 ･････････････････ S06998①
〔牧羊人文書〕　(10C後期)
　　1)馳官

14801　馬善昌 ･････････････････ 羽・寫841-847
〔馳官馬善昌狀〕　丙申年正月日　(996)
　　1)馳官

14802　馬善念 ･････････････････ S02669
〔管内尼寺(安國寺・大乘寺・聖光寺)籍〕
(865～870)
　　2)大乘寺　3)龍勒鄉　4)姓「馬」。俗名「女々」。

14803　馬善友 ･････････････････ Дx01453
〔開倉納地子麥麻曆〕　丙寅年八月廿四日
(966)

14804　馬僧政 ･････････････････ P2040v②-16
〔淨土寺粟破曆〕　乙巳年正月廿七日以後　(945以降)
　　1)僧政　2)淨土寺

14805　馬僧政 ･････････････････ P3388
〔節度使曹元忠爲故兄追念請金光明寺僧疏〕　開運四年三月九日　(946)
　　1)僧政　2)金光明寺

14806　馬僧政 ･････････････････ S02669
〔管内尼寺(安國寺・大乘寺・聖光寺)籍〕
(865～870)
　　1)僧政　4)本卷爲大乘聖光等寺尼籍(9C後半)。本卷雜寫「此是馬僧政本尙書寫取記之耳」。

570

14807 馬僧政 ·············· S05718
〔追福疏〕 天福十年五月廿二日 （945）
　1）僧政　2）金光明寺

14808 馬僧正 ·············· BD09282v（周3）
〔把紙人手上配經付紙歷〕 （10C末）
　1）僧正　4）原作「大馬僧正」。

14809 馬僧正 ·············· P3218
〔時年轉帖〕 八月廿二日 （975以降）
　1）僧正　2）金光明寺

14810 馬僧正 ·············· P3240②
〔付帒歷〕 壬寅年七月十六日 （1002）
　1）僧正　4）原作「小馬僧正」。

14811 馬僧正 ·············· P3240②
〔付帒歷〕 壬寅年七月十六日 （1002）
　1）僧正　4）原作「大馬僧正」。

14812 馬僧正 ·············· S03156①
〔時年轉帖〕 己卯年十二月十六日 （979）
　1）僧正　2）金光明寺　4）原作「金馬僧正」。

14813 馬僧正 ·············· S03189
〔轉經文〕 癸未年十月一日 （983）
　1）僧正

14814 馬僧正 ·············· S04117
〔寫經人・校字人名目〕 壬寅年三月廿九日 （1002）
　1）寫經人校字人　4）原作「小馬僧正」。

14815 馬僧正 ·············· S04117
〔寫經人・校字人名目〕 壬寅年三月廿九日 （1002）
　1）寫經人・校字人・僧正　4）原作「大馬僧正」。

14816 馬僧正 ·············· S11550
〔佛說無量大慈教經經帙題簽〕 （10C後期）
　1）僧正

14817 馬僧錄 ·············· BD15246②（新1446）
〔破歷〕 （10C中期）
　1）僧錄

14818 馬僧錄 ·············· P3264
〔破麨歷〕 庚戌年四月・十二月 （950？）
　1）僧政

14819 馬僧錄 ·············· S04120
〔布褐等破歷（殘）〕 癸亥年二月～甲子年二月 （963～964）
　1）僧錄　4）原作「馬僧錄姪男」。

14820 馬曹五 ·············· P.tib1088Av
〔燉煌諸人磑課麥歷〕 卯年～巳年間 （835～837）

14821 馬曹仵 ·············· S02041
〔社約〕 丙寅年三月四日 （846）
　4）年號別筆（丙寅年三月四日）。ペン筆。

14822 馬多子 ·············· P2049v①
〔淨土寺諸色入破歷計會牒〕 同光三年 （925）

14823 馬駝官 ·············· S06998③
〔駝官文書〕 丙申年八月日 （996）
　1）駝官

14824 馬塠 ·············· P2622v
〔雜寫（鄉別人名記載）〕 （9C？）
　3）莫（高鄉）　4）本件是別記。R面存「大中十三年三月四日」之紀年，又V面存「大中十三年四月」之紀年。

14825 馬大師 ·············· Дх02953
〔馬大師書記一本〕 丙戌年正月日 （926 or 986）
　1）大師

14826 馬太清 ·············· P5003
〔社司轉帖〕 （9C前期）

14827 馬段娘 ·············· S02669
〔管內尼寺（安國寺・大乘寺・聖光寺）籍〕 （865～870）
　2）大乘寺　3）莫高鄉　4）尼名「乘淨」。

14828 馬智扣 ·············· P3047v①
〔僧名等錄〕 （9C前期）
　4）僧名「智扣」。

14829 馬竹訥 ·············· S08445＋S08446＋S08468
〔羊司於紫亭得羊名目〕 丙午年三月九日 （946）

14830 馬竹訥 ·············· S08445＋S08446＋S08468
〔紫亭羊數名目〕 辛亥年正月廿七日 （951）

14831 馬竹訥 ·················· S08448A
　〔紫亭羊數名目〕　辛亥年正月廿七日 (951)

14832 馬丑奴 ············ BD14806③(新1006)
　〔歸義軍官府貸油麵曆〕　庚午年?八月？
　(970?)

14833 (馬)丑奴 ·········· BD14806v(新1006)
　〔義進押衙身故祭盤人名目〕　戊寅年二月十九
　日　(978)

14834 馬丑奴 ······················· P2953v
　〔便麥豆本曆〕　(10C)
　　3) 効穀鄉

14835 馬忠信 ························ P5546
　〔神沙鄉人名目(殘)〕　(900頃)
　　3) 神沙鄉

14836 馬猪子 ······················ P2049v①
　〔淨土寺諸色入破曆計會牒〕　同光三年
　(925)

14837 馬通子 ···················· P2040v③-10
　〔淨土寺豆入曆〕　(939)
　　2) 淨土寺

14838 馬通信 ······················ P2049v①
　〔淨土寺諸色入破曆計會牒〕　同光三年
　(925)

14839 馬通達 ······················· P3281v③
　〔押衙馬通達狀三件草案〕　(吐蕃期)
　　1) 押衙

14840 馬定興 ······················ Дx06621
　〔第四度交勘缺字人〕　(10C後期?)
　　2) 蓮臺寺　4) 原作「荸馬定興」。

14841 馬定子 ···················· P3636piece1
　〔社人罰粟曆〕　丁酉年頃 (937頃)

14842 馬定子 ······················· 上博21A
　〔平康鄉百姓索鐵子牒〕　二月日　(10C)
　　1) 百姓・押衙　3) 平康鄉

14843 馬定奴 ························ P3273
　〔付麥粟曆〕　(10C中期)
　　1) 兵馬使

14844 馬定奴 ························ P3959
　〔貸粟麻曆〕　(10C)
　　1) 兵馬使

14845 馬定奴 ·············· S05873v＋S08658②
　〔靈圖寺便麥粟曆(殘)〕　戊午年九月　(10C)
　　2) 靈圖寺　3) 洪潤鄉

14846 馬定奴 ······················ Дx01410
　〔社司轉帖〕　庚戌年閏四月 (950)
　　1) 兵馬使

14847 馬定德 ························ P3273
　〔付麥粟曆〕　(10C中期)

14848 馬定德 ························ P3396
　〔沙州諸渠別粟田名目〕　(10C後期)

14849 馬定德 ······················· P3396v
　〔沙州諸渠別苽薗名目〕　(10C後期)

14850 馬定德 ························ P3959
　〔貸粟麻曆〕　(10C)

14851 馬典倉 ······················· S00542v
　〔燉煌諸寺丁壯車牛役部〕　戊年六月十八日
　(818)
　　2) 蓮臺寺

14852 馬兔兒 ············· BD05512v①(珍12)
　〔便麥曆(殘3行)〕　(9～10C)

14853 馬圖□ ············ BD10773v②(L0902)
　〔某寺殘曆〕　(9C)

14854 馬都料 ····················· B63 NO.366
　〔往西天取菩薩戒僧智堅記〕　端拱二年歲次己
　丑八月十九日　(989)
　　1) 都料　3) 賽亭莊

14855 馬都料 ························ P4697
　〔某寺酒粟破曆〕　辛丑年 (941 or 1001)
　　1) 都料

14856 馬都料 ······················· S03905
　〔金光明寺造龕窟上樑文〕　大唐天復元年辛酉
　歲十二月六日　(901)
　　1) 都料

14857 馬都料 ······················· S06452②
　〔周僧正貸油麴曆〕　辛巳年～壬午年　(981～
　982?)
　　1) 都料　4) 酒壹瓮(家助葬用)。

14858 馬奴子 ····················· P3441piece2
　〔人名〕　(9C前期)

14859 馬奴子 ·················· P.tib2204v
〔雜寫〕 丑年 （9C前期）

14860 馬德子 ·················· P2621v
〔甲午役人名目〕 甲午年？（934？）

14861 馬德勝 ·················· S02113v③
〔馬德勝宕泉創修功德記〕 乾寧三年丙辰歲四月八日（896）
　1）上座沙門　2）龍興寺　3）沙州

14862 馬咄子 ·················· P3418v④
〔龍勒鄉缺枝夫戶名目〕（9C末～10C初）
　3）龍勒鄉

14863 馬曇辯 ·················· S02729①
〔燉煌應管勘牌子歷〕 辰年三月（788）
　1）僧　2）靈圖寺　3）沙州　4）12行目。

14864 馬南山 ·················· Дx04278
〔十一鄉諸人付麵數〕 乙亥年四月十一（日）
（915？or 975）
　3）洪池鄉

14865 馬二娘 ·················· S05867
〔擧錢契〕 唐建中三年七月十二日（782）
　1）同取人妹　4）12歲。

14866 馬日?□ ·················· P2738v
〔社司轉帖（寫錄）〕 八月廿九日（9C後期）

14867 馬買子 ·················· BD16096B（L4059）
〔便麥歷〕（9～10C）
　1）百姓　3）慈惠（鄉）

14868 馬鉢子 ·················· P3305v⑥
〔社司轉帖（寫錄）〕 咸通十年正月廿日（869）

14869 馬判官 ·················· P4092
〔新集雜別紙（首題），別紙書竟〕 乙丑年四月七日（965）
　1）判官　4）首題末有原作「別紙馬判官本」。

14870 馬判官 ·················· S04761v
〔社司轉帖〕 十月十日（10C）
　1）判官

14871 馬潘子 ·················· P2040v②-29
〔淨土寺西倉豆利入歷〕（940年代）
　2）淨土寺

14872 馬潘子 ·················· P2040v③-2
〔淨土寺西倉粟利入歷〕 己亥年（939）
　2）淨土寺

14873 馬祕子 ·················· S06235B②
〔納贈歷〕（9C中期）

14874 馬百松 ·················· S01163v
〔雜寫〕 庚戌年以後（950後）

14875 馬品々 ·················· S02669
〔管内尼寺（安國寺・大乘寺・聖光寺）籍〕
（865～870）
　2）大乘寺　3）神沙鄉　4）尼名「勝性」。

14876 馬富盈 ·················· S06003
〔社司轉帖〕 壬申年七月廿九日（972）

14877 馬富應 ·················· S10562
〔阿婆奴取物色憑〕 戊子年七月（928 or 988）
　1）口承人

14878 馬富慶 ·················· P3959
〔貸粟麻歷〕（10C）
　1）口承人

14879 馬富千 ·················· P2944
〔大乘寺・聖光寺等尼僧名錄〕（10C後期？）
　2）大乘寺

14880 馬富德 ·················· P3780
〔秦婦吟1卷（末）〕 顯德二（四？）年丁巳歲二月十七日（957）
　1）學士郎　4）原作「顯德二年丁巳歲二月十七日就家孝士郎馬富德書記。大周顯德四年丁巳歲二月十九日學士童兒馬富德書記」。

14881 馬富郎 ·················· P2887v②
〔莫高鄉百姓孟再定雇二人契〕 癸酉年正月五日（973）
　1）百姓　3）龍勒鄉

14882 馬普因 ·················· S02729①
〔燉煌應管勘牌子歷〕 辰年三月（788）
　1）僧　2）靈修寺　3）沙州　4）30行目。

14883 馬風一 ·················· BD09322v②（周43）
〔某寺大般若波羅蜜多經藏本點勘〕 午年六月七日（838？）

14884 馬福員 ･････････････････ P3070v
　〔行人轉帖(寫錄)〕　乾寧三年閏三(二)月
　(896)

14885 馬佛住 ･･････････････････ S04472v
　〔納贈曆〕　辛酉年十一月廿日　(961)

14886 馬佛?住 ････････････････ S08520
　〔納贈曆(殘)〕　(10C)

14887 馬佛住 ････････････････ Дx01401
　〔社司轉帖〕　辛未年二月七日　(911 or 971)

14888 馬佛奴 ･････････････････ Дx01408v
　〔効穀鄉請粟子曆〕　(9C)
　　3)効穀鄉

14889 馬物彡 ･･････････････････ S02669
　〔管內尼寺(安國寺・大乘寺・聖光寺)籍〕
　(865～870)
　　3)慈惠鄉　4)尼名「照心」。

14890 馬糞堆 ････････････････ P4640v
　〔官入破曆〕　己未年十一月　(899)
　　1)衙官

14891 馬文緣 ････････････････ P2738v
　〔社司轉帖(寫錄)〕　二月廿五日　(9C後期)

14892 馬文勝 ･････････････････ P3418v④
　〔龍勒鄉缺枝夫戶名目〕　(9C末～10C初)
　　3)龍勒鄉

14893 馬文斌 ･･････････････････ S02973
　〔節度押衙知上司書手馬斌牒〕　開寶三年八
　月　(970)
　　1)節度押衙

14894 馬文斌 ･･････････････････ S03540
　〔宕泉修窟盟約憑〕　庚午年正月廿五日　(970)
　　1)押衙?

14895 馬兵馬使 ･････････････ P3764v
　〔社司轉帖〕　十一月五日及十一月十五日
　(10C)
　　1)兵馬使

14896 馬平水 ････････････････ P3372v
　〔社司轉帖并雜抄〕　壬申年　(972)

14897 馬平水 ････････････････ S05465②-3
　〔社關係破曆〕　丁丑年十月十一日　(977)

14898 馬平水 ･････････････････ S06886v
　〔具注曆日并序〕　大平興國六年辛巳歲　(981)
　　1)平水　4)本件原文:於「(六月)廿六壬辰水收」
　下部有朱書「馬平水身亡」之字。

14899 馬保盈 ･･････････････････ P2629
　〔官破曆〕　十月十日　(10C中期)

14900 馬保子 ････････････････ Дx01401
　〔社司轉帖〕　辛未年二月七日　(911 or 971)

14901 馬保昇 ･･････････････････ S06003
　〔社司轉帖〕　壬申年七月廿九日　(972)

14902 馬保長 ･･････････ BD15405(簡068067)
　〔納贈(併粟柴)曆〕　(10C)
　　1)押衙

14903 馬保定 ････････････････ S03835v②
　〔地契〕　太平興國九年甲申四月二日　(984)
　　1)百姓　3)莫高鄉

14904 馬保彡 ･････････････ Дx01405＋Дx01406
　〔布頭索留信等官布籍〕　(9C末期～10C初期)

14905 馬報達 ･･････････････ 古寫經尾題錄存
　〔佛說如來相好經・天請問經〕　辛未歲六月一
　日　(971?)
　　1)塑匠作客　3)伊州　4)寫記。

14906 馬法堅 ････････････････ P.tib1261v⑨
　〔諸寺僧尼支給穀物曆〕　(9C前期)
　　1)僧　4)⇒法堅。

14907 馬法堅 ････････････････ S02113v③
　〔馬德勝宕泉創修功德記〕　乾寧三年丙辰歲四
　月八日　(896)
　　1)(馬德勝)亡伯・僧・前三窟敎授

14908 馬法行 ････････････････ S02729①
　〔燉煌應管勘牌子曆〕　辰年三月　(788)
　　1)僧　2)大雲寺　3)沙州　4)10行目。

14909 馬法師 ･････････････････ P3881v
　〔招提司惠覺諸色斛㪷計會〕　太平興國六年
　(981)
　　1)法師

14910 馬法師 ････････････････ Дx01268
　〔第二團僧名目〕　(10C)
　　1)法師　4)原作「大馬法師」。

14911 馬法眞 ·················· S02113v③
〔馬德勝宕泉創修功德記〕 乾寧三年丙辰歲四月八日 (896)
　1)(馬德勝)弟・臨壇大德　2)龍興寺

14912 馬法律 ········ BD15249v①(新1449)
〔去時人將文字名目〕 (9〜10C)
　1)法律　2)金光明寺　4)原作「小馬法律」。

14913 馬法律 ·················· P2250v①
〔龍興寺僧唱布曆〕 (925?)
　1)法律　2)金光明寺

14914 馬法律 ·················· P3037
〔社司轉帖〕 庚寅年正月三日 (990)
　1)法律　2)大悲寺門前

14915 馬法律 ·················· P3152
〔陳守定請僧設供疏〕 淳化三年八月日 (992)
　1)法律

14916 馬法律 ·················· P3713v
〔粟破曆〕 七月廿六日 (10C後期)
　1)法律

14917 馬法律 ·················· P4981
〔當寺轉帖〕 閏三月十三日 (961)
　1)法律

14918 馬法律 ·················· S01053v
〔某寺破曆〕 戊辰年 (908)
　1)法律

14919 馬法律 ·················· S01519①
〔破曆〕 (10C末期?)
　1)法律

14920 馬法律 ·················· S02449
〔付嗃曆〕 庚寅年頃? (930 or 990頃)
　1)法律

14921 馬法律 ·················· S04687r.v
〔佛會破曆〕 (9C末〜10C前期)
　1)法律　2)金光明寺

14922 馬法律 ·················· S11527
〔勘經點檢曆〕 (10C)
　1)勘經人?・法律

14923 馬法律 ·················· Дx02586в
〔僧名目〕 (10C)
　1)法律　4)原作「馬孔目男二法律」。

14924 馬法律 ·················· Дx10272②
〔僧名目〕 (10C)
　1)法律　4)原作「大馬法律」。

14925 馬法律 ·················· Дx10273
〔僧名目〕 (10C?)
　1)法律　4)原作「大馬法律」。

14926 馬豐 ················ BD00355(宙55)
〔佛說无量壽宗要經(尾)〕 (9C前期)

14927 馬豐 ················ BD00649(日49)
〔佛說無量壽經(尾)〕 (9C前期)

14928 馬豐 ················ BD08064(字64)
〔无量壽宗要經(末)〕 (9C前期)
　4)原作「馬豐寫」。

14929 馬豐 ············· BD14098(新0298)
〔无量壽宗要經(尾題後題名)〕 (9C前期)

14930 馬務兒 ··········· BD16052A(L4028)
〔通查渠口轉帖〕 丙午年 (946?)

14931 馬明 ·················· P2964
〔康悉朾家令狐善奴便刈價麥契〕 巳年二月十日 (837?)

14932 馬孟子 ·················· S00274①
〔社司轉帖(寫錄)〕 戊子年四月十三日 (928?)

14933 馬優柔 ·················· S02669
〔管內尼寺(安國寺・大乘寺・聖光寺)籍〕 (865〜870)
　3)莫高鄉　4)尼名「堅固花」。

14934 馬友子 ·················· S08402
〔便麥曆〕 (10C前期)
　1)見人

14935 馬友住 ·················· P2049v②
〔淨土寺諸色入破曆計會牒〕 長興二年正月 (930〜931)

14936 馬友順 ·················· S04472v
〔納贈曆〕 辛酉年十一月廿日 (961G, I)

14937 馬友順 ·················· S08520
〔納贈曆(殘)〕 (10C)

14938 馬友?信 ·············· P3418v③
〔某鄉缺枝夫戶名目〕（9C末～10C初）

14939 馬養奴 ················ S06237
〔諸人見在粟黃麻曆〕 戌年～子年（10C中期
以降?）

14940 馬攞眞 ················ Дx01383
〔翟法律領得粟麥記〕（壬）戌年十月日（962）

14941 馬力彡 ··············· P3418v④
〔龍勒鄉缺枝夫戶名目〕（9C末～10C初）
  3) 龍勒鄉

14942 馬劉 ··················· S05788
〔社司轉帖〕 十一月廿一日（9C前期）

14943 馬流三 ················ S04705v
〔官儭破曆〕（10C）

14944 馬流住 ················ S11358
〔部落轉帖〕（10C後期）

14945 馬流信 ················ P3889
〔社司轉帖〕（10C後期?）

14946 馬流定? ············ BD16228v（L4111）
〔便麥曆〕（9～10C）

14947 馬流了 ················ P3889
〔社司轉帖〕（10C後期?）

14948 馬留子 ············ Дx01405＋Дx01406
〔布頭索留信等官布籍〕（9C末期～10C初期）

14949 馬留住 ················ P2049v①
〔淨土寺諸色入破曆計會牒〕 同光三年
（925）

14950 馬留住 ················ P.tib3964
〔團頭計會文書(殘)〕 辛亥年九月廿八日
（951）
  1) 團頭

14951 馬留信 ················ S09996
〔便曆〕（10C中期）

14952 馬留德 ················ P.tib3964
〔團頭計會文書(殘)〕 辛亥年九月廿八日
（951）
  1) 團頭

14953 馬留德 ················ Дx02149в
〔見納缺柴人名目〕（10C）

14954 馬良興 ················ S02894v⑤
〔社司轉帖〕（10C後期）

14955 馬良信 ················ Дx01433
〔某寺入破曆計會〕（10C）
  1) 押衙 4) 原作「(布)貳拾尺馬良信押衙車頭施入」。

14956 馬令庄〔莊〕 ·········· S05867
〔舉錢契〕 唐建中三年七月十二日（782）
  1) 舉錢人・健兒 4) 20歲。

14957 馬靈信 ················ P3718⑦
〔賜紫沙門和尙邀眞讚〕 天成二年丁亥歲十月
廿五日（927）
  1) 沙門・和尙 4) 原作「和尙俗姓馬氏香號靈信
…門人靈後上」。

14958 馬老宿 ················ Дx11085
〔當寺轉帖〕 壬申年七月（972）
  1) 老宿

14959 馬郎 ··················· S04274v
〔社名簿〕（10C）
  4) 原作「小馬郎」。

14960 馬錄事 ················ Дx01261
〔社司轉帖(殘)〕 □巳年正月三日（10C）
  1) 錄事 4) 原作「□巳年正月三日錄書馬帖」。

14961 馬□ ····· S.tib.R.119.VOL.551 FOL.23
〔社司轉帖〕（946）

14962 馬□延 ················ S06305
〔便還契〕 丙辰年（896 or 956）

14963 馬□信 ················ 莫第194窟
〔供養人題記〕（9C末期）
  4) 原作「故亡…清信弟子馬□信一心供養」。前室
南壁。《燉》p. 86。

14964 馬□ ··················· 莫第449窟
〔供養人題記〕（10C後期）
  1) 社子頓悟大乘賢者 4) 西壁。《燉》p. 170。

14965 馬 ····················· BD05673v④（李73）
〔行人轉帖(寫錄)〕 今月十二日（9C末）

14966 馬 ‥‥‥‥‥‥‥‥‥‥‥‥‥ S04710
〔沙州戸口簿〕（9C中期以降）
　1)（戸主張猪子）妻　3)沙州　4)原作「（戸主張猪子）母阿馬」。

14967 裴員信 ‥‥‥‥‥‥ S08445＋S08446＋S08468
〔羊司於常樂税羊人名目〕　丙午年六月廿七日（946）

14968 裴員信 ‥‥‥‥‥‥ S08445＋S08446＋S08468
〔羊司於常樂官税羊數名目〕　丁未年四月十二日（943）

14969 裴員辯 ‥‥‥‥‥‥‥‥‥‥ S03978
〔納贈曆〕　丙子年七月一日（976）

14970 裴衍子 ‥‥‥‥‥‥‥‥‥‥ P3396
〔沙州諸渠別粟田名目〕（10C後期）

14971 裴憨子 ‥‥‥‥‥‥‥‥‥‥ P2953v
〔便麥豆本曆〕（10C）
　3)赤心鄉

14972 裴義通 ‥‥‥‥‥‥‥‥‥‥ S03005
〔防大佛行人名目〕（10C）

14973 裴狂拙 ‥‥‥‥‥‥‥‥‥‥ S01153
〔諸雜人名目〕（10C後期）

14974 裴興云 ‥‥‥‥‥‥‥‥‥‥ P3249v
〔將龍光顏等隊下人名目〕（9C中期）

14975 裴氏 ‥‥‥‥‥‥‥‥‥‥‥ P3370
〔出便麥粟曆〕　丙子年六月五日（928）
　1)口承人　4)原作「安友妻裴氏」。

14976 裴秀子 ‥‥‥‥‥‥‥‥‥‥ S04504v④
〔行人轉帖〕　七月三日（10C前期）

14977 裴俊 ‥‥‥‥‥‥‥‥‥‥‥ P3774
〔僧龍藏家產分割訴牒〕　丑年十二月（821）

14978 裴?深?德 ‥‥‥‥‥‥‥‥ Дx18936v
〔龍興寺戒果等會計文書〕　乙酉年正月一日（925?）

14979 裴進定 ‥‥‥‥‥‥‥‥‥‥ P3234v⑮
〔淨土寺西倉豆利潤入曆〕（940年代?）
　2)淨土寺

14980 裴赤山 ‥‥‥‥‥‥‥‥‥‥ P2953v
〔便麥豆本曆〕（10C）
　3)赤心鄉

14981 裴全兒 ‥‥‥‥‥‥ BD14806②（新1006）
〔渠人轉帖〕（10C中期）

14982 裴頹壽 ‥‥‥‥‥‥‥‥‥‥ P3391v②
〔社人名列記（寫錄）〕　丁酉年頃（937頃）

14983 裴張兒 ‥‥‥‥‥‥‥‥‥‥ S05509
〔納贈曆〕　甲申年二月十七日（924 or 984）
　1)社老

14984 裴長得 ‥‥‥‥‥‥‥‥‥‥ S04443v
〔諸雜難字（一本）〕（10C）

14985 裴度 ‥‥‥‥‥‥‥ BD10773v②（L0902）
〔某寺殘曆〕（9C）

14986 裴曇深 ‥‥‥‥‥‥‥‥‥‥ P3249v
〔將龍光顏等隊下人名目〕（9C中期）

14987 裴富定 ‥‥‥ P3555B piece4 piece5＋P3288①②
〔社司轉帖〕　丁巳年?月一日（957）

14988 裴文勝 ‥‥‥‥‥‥ Дx00503＋Дx00504v
〔人名點檢錄〕（9C?）

14989 裴文達 ‥‥‥‥‥‥‥‥ BD00450（洪50）
〔佛說無量壽宗要經（尾）〕　辛巳年四月十五日（801頃 or 861頃）
　4)第1紙背有雜寫「辛巳年四月十五日」。

14990 裴文達 ‥‥‥‥‥‥‥‥ BD04824（巨24）
〔无量壽宗要經（尾）〕（9C）

14991 裴文達 ‥‥‥‥‥‥‥‥ BD05698（李98）
〔无量壽宗要經（末）〕（9C）

14992 裴文達 ‥‥‥‥‥‥‥‥ BD06221（海21）
〔大乘无量壽宗要經〕（9C）

14993 裴文達 ‥‥‥‥‥‥‥‥ BD08515（推15）
〔无量壽宗要經（略咒本）（尾題後有題名）〕（9C）

14994 裴文達 ‥‥‥‥‥‥‥‥‥‥ P2766v
〔人名列記〕　咸通十二年（871）

14995 裴文達 ……………… S05075
〔大般若波羅蜜多經卷第224(寫錄)〕 (9C)

14996 裴文達? ……………… S05266
〔大般若波羅蜜多經卷第165〕 (9C)

14997 裴文達 ……………… ZSD060
〔無量壽宗要經(尾)〕 (9C)

14998 裴平水 ……………… S08516_E2
〔社司轉帖〕 丙辰年六月十日 (956)

14999 裴法達 ……………… BD00244(宇44)
〔佛名經卷第12〕 (9C前期)
　1)佛弟子僧

15000 裴万通 ……………… S02472v④
〔隊官破曆〕 辛巳年十月三日 (981)
　1)隊頭

15001 裴略忠 ……………… BD03048(雲48)
〔雜寫〕 (9～10C)

15002 裴略忠 ……………… S04504v④
〔行人轉帖〕 七月三日 (10C前期)

15003 裴略忠 ……………… 杏・羽677
〔入破歷算會(殘)〕 癸酉・甲戌二年 (973・974)

15004 梅捺 ……………… S09464v
〔舉錢契〕 大曆十五年四月廿八日 (780)

15005 博壽昌 ……………… S07060
〔都司諸色破曆〕 辰年 (9C前期)
　3)吐渾 4)原作「博壽昌住吐渾」。

15006 泊押衙 ……………… P2985v①
〔牧羊人王阿朵牒〕 己卯年四月日 (979)
　1)押衙

15007 泊麴國 ……………… S08448_A
〔紫亭羊數名目〕 辛亥年正月廿七日 (951)

15008 泊麴國 ……………… S08448_B
〔紫亭羊數名目〕 (940頃)

15009 泊再昌 ……………… P3319v②
〔社司轉帖(殘)〕 (10C)
　1)正進

15010 泊再定 ……………… BD11987(L2116)
〔歸義軍官府人名目〕 (9C後期～10C)

15011 泊社長 ……………… Дx11077
〔社司轉帖〕 丑年五月八?日 (9C?)
　1)社長

15012 泊上座 ……………… S05139v②
〔社司轉帖(寫錄)〕 四月十三日 (10C前期)
　1)上座

15013 泊夔羅 ……………… S08448_A
〔紫亭羊數名目〕 辛亥年正月廿七日 (951)

15014 泊善友 ……………… P3379
〔社錄事陰保山等牒(團保文書)〕 顯德五年二月 (958)
　4)有指押印。

15015 泊善友 ……………… S11358
〔部落轉帖〕 (10C後期)

15016 泊善友 ……………… Дx02149_B
〔見納缺柴人名目〕 (10C)

15017 泊知客 ……………… P3145v
〔節度使下官人名・鄉名諸姓等雜記〕 (10C)
　1)知客

15018 泊知客 ……………… S02894v④
〔社司轉帖〕 壬申年十二月卅日 (972)
　1)知客

15019 泊知客 ……………… S02894v⑤
〔社司轉帖〕 (10C後期)
　1)知客

15020 泊帳設 ……………… S05486②
〔社司轉帖〕 壬寅年六月九日 (942)
　1)帳設

15021 泊都知 ……………… S08448_A
〔紫亭羊數名目〕 辛亥年正月廿七日 (951)
　1)都知

15022 泊都知 ……………… S08448_B
〔紫亭羊數名目〕 (940頃)
　1)都知

15023 泊判官 ……………… P2763②
〔沙州倉曹楊恒謙等牒〕 巳年 (789)
　1)判官

白　はく　氏族人名篇

15024 白安七 ·················· S05747v
〔社人名目〕（10C前期）

15025 白一?兒 ·················· Дx06064v
〔人名目〕（10C）

15026 白胤 ·················· S05825
〔社司轉帖〕（9C前期）

15027 白永吉 ·················· S02589
〔肅州防戍都營田使等狀〕中和四年十一月一日（884）
　1）遊弈使

15028 白遠志 ·················· S04491
〔地畝計會〕（9C前期）

15029 白家 ·················· S06452
〔破曆・便曆〕辛巳年（981）

15030 白家女 ·················· S06452④
〔常住庫借貸油麵物曆〕壬午年（982?）

15031 白揭搥 ·················· P2032v⑯-4
〔淨土寺粟利閏入曆〕（940前後）
　2）淨土寺

15032 白揭搥 ·················· S02894v④
〔社司轉帖〕壬申年十二月卅日（972）

15033 白揭搥 ·················· S02894v⑤
〔社司轉帖〕（10C後期）

15034 白吉招失鷄 ·················· P3533piece31
〔牒狀并參軍王判辭〕（9～10C）

15035 白吉昌 ·················· P3231⑤
〔平康鄉官齋曆〕囗亥年五月十五日（975）

15036 白強 ·················· Дx01278
〔便粟社人名目〕辛亥年五月（951）

15037 白君達 ·················· P2049v①
〔淨土寺諸色入破曆計會牒〕同光三年（925）

15038 白佳德 ·················· Дx06064v
〔人名目〕（10C）

15039 白午子 ·················· Дx01428
〔某寺諸色斛㪷破曆〕（10C中期）

15040 白光胤 ·················· S09156
〔沙州戶口地畝計簿〕（9C前期）
　3）沙州

15041 白光進 ·················· S09156
〔沙州戶口地畝計簿〕（9C前期）
　3）沙州

15042 白孝順 ·················· P2049v②
〔淨土寺諸色入破曆計會牒〕長興二年正月（930～931）

15043 白行豐 ·················· P2992v③
〔曹議金致順化可汗牒〕天福十年乙巳以前（945以前）

15044 白國?子 ·················· P3418v⑦
〔慈惠鄉缺枝夫戶名目〕（9C末～10C初）
　3）慈惠鄉

15045 白黑兒 ·················· S04125
〔受田簿〕雍熙二年乙酉正月一日（985）

15046（白）骨子 ·················· S10619
〔雇驢契〕（10C）
　1）口承男

15047 白骨雷 ·················· P3533piece31
〔牒狀并參軍王判辭〕（9～10C）

15048 白贊寧 ·················· P3418v⑥
〔洪閏鄉缺枝夫戶名目〕（9C末～10C初）
　3）洪閏鄉

15049 白𡈼通 ·················· 莫第199窟
〔供養人題記〕（8C中後期）
　1）涇州四門府別將上柱國　4）《燉》p.91。

15050 白師子 ·················· S04703
〔買榮人名目〕丁亥年（987）

15051 白志清 ·················· S00542v
〔燉煌諸寺丁壯車牛役部〕戌年六月十八日（818）
　2）靈修寺

15052 白志清妻 ·················· S00542v
〔燉煌諸寺丁壯車牛役部〕戌年六月十八日（818）
　2）靈修寺

579

15053 白?支子 …………… BD16228v（L4111）
〔便麥曆〕（9～10C）

15054 白支陀 ……………… P3533piece31
〔牒狀并參軍王判辭〕（9～10C）

15055 白侍郎 ………………………… P3906
〔雜抄／字寶碎金1卷(全)〕 天福柒年壬寅歲
肆月貳拾日 （942）
　1)侍郎

15056 白侍郎 ……………………… P4525v⑪
〔白侍郎文書稿(2行)〕 太平興國七年壬午歲二
月十一日（982）
　1)侍郎

15057 白悉 …………… BD10773v②（L0902）
〔某寺殘曆〕（9C）

15058 白醜子 ……………………… P2680v②
〔諸鄉諸人便粟曆〕（10C中期）

15059 白住德 ………………………… P3231②
〔平康鄉官齋曆〕 癸酉年九月卅日（973）
　3)平康鄉

15060 白住德 ………………………… P3231③
〔平康鄉官齋曆〕 甲戌年五月十九日（974）
　3)平康鄉

15061 白住德 ………………………… P3231④
〔平康鄉官齋曆〕 甲戌年十月十五日（974）
　3)平康鄉

15062 白住德 ………………………… P3231⑥
〔平康鄉官齋曆〕 乙亥年九月廿九日（975）
　3)平康鄉

15063 白住德 ………………………… P4693
〔官齋納麵油粟曆〕（10C後期）
　1)淨草

15064 白女七 ………………………… S05747v
〔社人名目〕（10C前期）

15065 白勝目 ………………………… P3047v①
〔僧名等錄〕（9C前期）
　4)僧名「勝目」。

15066 白昌住 …………… BD09345①(周66)
〔安醜定妻亡社司轉帖〕 辛酉年四月廿四日
（961?）
　2)顯德寺門

15067 白昌文 …………… BD16381（L4455）
〔諸家磚曆〕（10C）

15068 白昌友 ………………………… P2032v①-2
〔淨土寺西倉麥入曆〕（944前後）
　2)淨土寺

15069 白娘 …………… BD07630②（皇30）
〔出酥人曆〕 丙子年八月廿四日（856 or 916）

15070 白娘 …………………………… S00542v
〔燉煌諸寺丁壯車牛役部〕 戌年六月十八日
（818）
　2)大雲寺

15071 白清く ………………………… S02228①
〔絲綿部落夫丁修城使役簿〕 亥年六月十五
日（819）
　1)(右七) 3)絲綿部落 4)首行作「亥年六月
十五日州城所, 絲綿」。末行作「亥年六月十五日
畢功」。

15072 白蕪畢 ………………………… P3533piece31
〔牒狀并參軍王判辭〕（9～10C）

15073 白僧錄 ………………………… S04642v
〔某寺入破曆計會〕（923以降）
　1)僧錄　3)瓜州

15074 白僧錄 ………………………… S04649
〔破曆〕 庚午年（970）
　1)僧錄　3)瓜州

15075 白團頭 ………………………… Дx11072
〔社司轉帖(建福)〕 正月五日（10C後期）
　1)團頭　2)乾明寺門前　4)本件存「於乾明寺門
前取齊」一文。

15076 白通吉 ………………………… P3451
〔張淮深變文〕（9C後期）
　1)遊弈使

15077 白庭興 ………………………… P2259v
〔龍勒鄉部落戶口狀上〕（9C前期）
　3)龍勒鄉部落

15078 白天養 ………………………… S00542v
〔燉煌諸寺丁壯車牛役部〕 戌年六月十八日
（818）
　2)靈修寺

15079 白奴子 ·················· P3418v⑧
〔平康鄉缺枝夫戶名目〕（9C末～10C初）
　3）平康鄉

15080 白道 ················· BD06359v①（鹹59）
〔麵油蓆納贈曆〕（9C前期）

15081 白道興 ················ S02729①
〔燉煌應管勘牌子曆〕 辰年三月 （788）
　1）僧　2）金光明寺　3）沙州　4）未年7月11日向
　甘州。17行目。

15082 白德子 ················ P2842piece4
〔渠?人?轉帖〕 五月廿八?日 （9C中期）

15083 白屯?咄 ··············· S10619
〔雇驢契〕（10C）
　1）雇驢人

15084 白氾三 ················ S05631①
〔社司轉帖〕 庚辰年正月十四日 （980）
　2）普光寺門前

15085 白般繼 ················ 楡第33窟
〔供養人題記〕（10C中期）
　4）東壁。

15086 白富君 ················ P2040v②-25
〔淨土寺黃麻利入曆〕（940年代）
　2）淨土寺

15087 白佛奴 ················ P4063
〔官建轉帖〕 丙寅年四月十六日 （966）

15088 白佛奴 ················ Дx04278
〔十一鄉諸人付麵數〕 乙亥年四月十一（日）
（915? or 975）
　3）慈惠鄉

15089 白保富 ················ S05631①
〔社司轉帖〕 庚辰年正月十四日 （980）
　1）社錄　2）普光寺門前

15090 白法律 ················ S05406
〔僧正法律徒衆轉帖〕 辛卯年四月十四日
（991）
　1）法律

15091 白妙行 ················ P3060
〔諸寺諸色付經僧尼曆〕（9C前期）
　1）僧尼　4）經典名「般若經卷10」。

15092 白明兒 ················ P3691piece1
〔社司轉帖（社人名目）〕 戊午年九月十一日
（958）

15093 白面子 ················ BD14806①（新1006）
〔於倉缺物人便麥名抄錄〕 辛酉年三月廿二
日 （961）
　1）口承人　4）原作「口承人弟沙弥白面子」。

15094 白優曇 ················ S02729①
〔燉煌應管勘牌子曆〕 辰年三月 （788）
　1）僧　2）普光寺　3）沙州　4）申年3月7日死。42
　行目。

15095 白友慶 ················ P3721v②
〔兄(見)在巡禮都官都頭名牒〕 庚辰年正月
十五日 （980）

15096 白友信 ················ BD16381（L4455）
〔諸家磚曆〕（10C）

15097 白?友定 ··············· Дx01313
〔以褐九段塡還驢價契〕 壬申年十月廿七日
（972）

15098 白祐慶 ················ P2761v③
〔牧羊人王阿朶牒, 爲憑十八日〕 己卯年四月
日 （979）

15099 白祐慶 ············· Дx01359＋Дx03114
〔牧羊人唐定奴狀〕 己卯年六月（三）日 （979）

15100 白祐達 ················ P3878B
〔都頭知軍資庫官張富高牒并判〕 己卯年
（979）
　3）莫高鄉

15101 白遊弈 ················ S02214
〔官府雜帳（名籍・黃麻・地畝・地子等曆）〕
（860?）
　4）⇒白永吉。

15102 白流 ·················· S05788
〔社司轉帖〕 十一月十一日 （9C前期）

15103 白流? ················· S05825
〔社司轉帖〕 四月一日 （9C前期）

15104 白流子 ················ Дx01275
〔官府破紙曆〕（9C末～10C初）

15105 白□昌 ･････････････････ P3231⑤
〔平康鄉官齋曆〕 □亥年五月十五日 (975)
　3)平康鄉

15106 白□ ････････････････････ 楡第19窟
〔供養人題記〕 (10C中期)
　1)清信佛弟子　4)南壁第5身。《謝》p.460。

15107 白 ･･････････････ BD05673v④(李73)
〔行人轉帖(寫錄)〕 今月十二日 (9C末)

15108 白 ･･････････････････････ P2763②
〔沙州倉曹楊恒謙等牒〕 巳年 (789)
　4)縫背有「河西支度/…印」。

15109 鉢倉 ･････････････････････ P5014v
〔書簡〕 (10C後期)

15110 鉢單布 ･･････････････････ P2583v⑥
〔節兒論奔熱疏〕 申年頃正月七日 (828頃?)

15111 鉢單福 ･･････････････････ P2583v⑥
〔節兒論奔熱疏〕 申年頃正月七日 (828頃?)

15112 鉢湯 ････････････････････ P3047v⑧
〔王都督懇合城僧徒名錄〕 (9C前期)

15113 鉢利 ････････････････････ P3047v①
〔僧名等錄〕 (9C前期)

15114 樊安昇 ･･････････････････ P3145v
〔節度使下官人名・鄉名諸姓等雜記〕 (10C)

15115 樊安昇 ･･････････････････ S01920v
〔雜寫(人名目等)〕 (10C)

15116 樊安信 ･･････････････････ Дx01453
〔開倉納地子麥麻曆〕 丙寅年八月廿四日
(966)

15117 樊安定 ･･････････････････ BD15628
〔王憨奴少有斛䣉出便麥粟曆〕 某年(子年・辰
年)二月十九日 (9～10C)

15118 樊員會 ･･････････････････ S04443v
〔諸雜難字(一本)〕 (10C)

15119 樊員久 ･･････････････････ Дx02162
〔社司轉帖〕 庚子年八月十四日 (940?)

15120 (樊)員昌 ･･････････････ P3164
〔親情社轉帖〕 乙酉年十一月廿六日 (925?)

15121 樊英俊 ･･････････････････ S04491
〔地畝計會〕 (9C前期)
　3)潤渠, 茱田渠, 第一渠

15122 樊延昌 ･･････････････････ S01920v
〔雜寫(人名目等)〕 (10C)

15123 樊延清 ･･････････････････ S01920v
〔雜寫(人名目等)〕 (10C)

15124 樊押衙 ･･････････････････ P3240②
〔付㮎曆〕 壬寅年七月十六日 (1002)
　1)押衙

15125 樊押衙 ･･････････････････ P3400v
〔尚書管領左右筆名目(3行)〕 大唐廣順參年
癸丑歲三月十五日 (953)
　1)押衙

15126 樊押衙 ･･････････････････ Дx01439
〔親情社轉帖〕 丙戌年九月十九日 (986?)
　1)押衙　2)於報恩寺

15127 樊憨子 ･･････････････････ S06129
〔諸鄉諸人貸便粟曆〕 (10C中期以降?)
　3)玉關鄉

15128 樊丸子 ･･････････････････ 莫第263窟
〔供養人題記〕 (10C前期)
　1)社子　4)《燉》原作「社子□丸子一心供養文」。
《Pn》作「樊光子」。北壁。《燉》p.111。

15129 樊願盈 ･･････････････････ Дx02162
〔社司轉帖〕 庚子年八月十四日 (940?)

15130 樊迣?兒 ････････････････ Дx02162
〔社司轉帖〕 庚子年八月十四日 (940?)

15131 樊虞候 ･･････････････････ P2842piece2
〔納贈曆〕 己酉年正月十九日 (949)
　1)虞候

15132 樊繼受 ･･････････････････ P4518v⑪
〔押牙樊繼受等狀上〕 六月日 (10C中期)

15133 樊繼壽 ･･････････････････ MG17659
〔千手千眼觀音圖下段被帽地藏菩薩圖供養
人題記(絹本)〕 太平興國六年六月十五日
(981)
　1)施主　4)原作「施主節度都頭銀青光祿大夫檢
校國子祭酒兼御史中丞樊繼壽一心供養」。

15134 (樊)繼千 ·············· P3164
〔親情社轉帖〕 乙酉年十一月廿六日 (925?)

15135 (樊?)繼全 ·············· P3164
〔親情社轉帖〕 乙酉年十一月廿六日 (925?)

15136 樊賢者 ·············· S01920v
〔雜寫(人名目等)〕 (10C)

15137 樊賢者 ·············· S02894v⑤
〔社司轉帖〕 (10C後期)
　1)賢者

15138 (樊?)苟兒 ·············· P3164
〔親情社轉帖〕 乙酉年十一月廿六日 (925?)

15139 樊苟?兒 ·············· S00274v
〔社司轉帖(雜寫)〕 戊子年四月十三日頃
(928?)

15140 樊再昇 ·············· S06452v①
〔契〕 癸未年正月一日 (983)
　1)百姓　3)龍勒鄉

15141 樊再昇 ·············· S06452v②
〔契〕 癸未年四月一日 (983?)
　1)百姓　3)龍勒鄉

15142 樊再昇 ······· 講談社『中國の博物館 四川省博物館』圖版119
〔觀音經變相,供養者〕 建隆二年 (961)

15143 樊師 ·············· P2469v
〔破曆雜錄〕 戊年六月五日 (830?)
　1)師

15144 樊自達 ·············· P3047v①
〔僧名等錄〕 (9C前期)
　4)僧名「自達」。

15145 樊者 ·············· BD02858(調58)
〔雜寫〕 (8〜9C)

15146 樊住通 ·············· P4003
〔渠社轉帖〕 壬午年十二月十八日 (922 or 982)

15147 樊勝惠 ·············· P3167v
〔安國寺道場司關于(五尼寺)沙彌戒訴狀〕
乾寧二年三月 (895)
　2)靈修寺　4)⇒勝惠。

15148 樊勝子 ·············· S02669
〔管內尼寺(安國寺・大乘寺・聖光寺)籍〕
(865〜870)
　2)聖光寺　3)玉關鄉

15149 樊勝眞 ·············· P3167v
〔安國寺道場司關于(五尼寺)沙彌戒訴狀〕
乾寧二年三月 (895)
　2)靈修寺　4)⇒勝眞。

15150 樊小子 ·············· P3418v⑦
〔慈惠鄉缺枝夫戶名目〕 (9C末〜10C初)
　3)慈惠鄉

15151 樊進延 ·············· P2040v③-2
〔淨土寺西倉粟利入曆〕 己亥年 (939)
　2)淨土寺

15152 樊進賢 ·············· P2032v①-4
〔淨土寺粟入曆〕 (944前後)

15153 樊崇聖 ·············· S04411
〔納筆曆〕 (10C?)

15154 樊清兒 ·············· S01920v
〔雜寫(人名目等)〕 (10C)

15155 樊善友 ·············· S05945
〔便曆〕 丁亥年四月三日 (987 or 927)

15156 樊善友 ·············· S06981③
〔某寺入曆(殘)〕 壬申年十一月廿一日 (912 or 972)
　1)下磑戶

15157 樊曹五 ·············· S05927v②
〔租地契〕 天復二年壬戌十一月九日 (902)
　1)百姓　3)慈惠鄉

15158 樊曹仵 ·············· P3167v
〔安國寺道場司關于(五尼寺)沙彌戒訴狀〕
乾寧二年三月 (895)
　2)靈修寺?

15159 樊團頭 ·············· Дx02162
〔社司轉帖〕 庚子年八月十四日 (940?)
　1)團頭

15160 (樊?)長意 ·············· P3164
〔親情社轉帖〕 乙酉年十一月廿六日 (925?)

15161 （樊?)長意阿娘 ·············· P3164
〔親情社轉帖〕 乙酉年十一月廿六日 (925?)

15162 樊定延 ············ 故宮博·新152095
〔酒破曆〕 己巳年二月十六日 (969)
　1)酒戶

15163 （樊)定昌 ················ P3164
〔親情社轉帖〕 乙酉年十一月廿六日 (925?)

15164 樊定眞 ················ P3167v
〔安國寺道場司關于(五尼寺)沙彌戒訴狀〕
乾寧二年三月 (895)
　2)靈修寺?

15165 樊奴子 ··········· BD01282v(列82)
〔社司文書(殘)〕 (10C)

15166 樊奴子 ············ P2555piece4
〔諸處借付盤疊疊等曆〕 (9C?)

15167 樊寧子 ················ P4044③
〔卅八家社人彩畫畢功文〕 光啓參年丁未歲次五月拾日 (887)
　1)社官

15168 樊鉢略 ·············· P4093①-3
〔洪潤鄉百姓樊鉢略貸帛練契(稿)〕 丁亥年及庚寅年四月六日 (987·990)
　1)百姓　3)洪潤鄉

15169 樊判官 ················ P3164
〔親情社轉帖〕 乙酉年十一月廿六日 (925?)
　1)判官

15170 樊富盈 ················ S00274v
〔社司轉帖(雜寫)〕 戊子年四月十三日頃 (928?)

15171 樊普敬 ················ S02729①
〔燉煌應管勘牌子歷〕 辰年三月 (788)
　1)僧　2)大乘寺　3)沙州　4)51行目。

15172 樊佛奴 ················ S00864v
〔般若波羅蜜多心經〕 壬午年九月七日 (982?)
　4)R面有「壬午年九月七日(落書?)」之字。

15173 樊佛奴 ················ S04037v
〔社司轉帖〕 乙亥年正月十日 (975?)

15174 樊佛奴 ············ 名古屋,住田智見
〔金剛經讚〕 丁卯年三月十一日 (967?)
　1)學仕郎　2)三界寺

15175 樊文昇 ················ BD16460
〔節度押衙樊文昇致表兄狀〕 五月十二日 (9C)
　1)節度押衙

15176 樊文昇 ················ P4094
〔玉梵志詩集1卷(樊文昇寫本)〕 大漢乾祐二年歲當己酉 (949)
　1)節度押衙

15177 樊平子 ················ P4810v①
〔役簿?〕 (9C)

15178 樊保昇 ················ S01920v
〔雜寫(人名目等)〕 (10C)

15179 樊法林 ············ BD00244(字44)
〔佛名經卷第12〕 (9C前期)
　1)佛弟子僧

15180 樊万盈 ················ S01920v
〔雜寫(人名目等)〕 (10C)

15181 樊万延南山 ············ S01920v
〔雜寫(人名目等)〕 (10C)

15182 樊万通 ················ P5032⑪
〔渠人?轉帖〕 (10C後期)

15183 樊万通 ················ S01920v
〔雜寫(人名目等)〕 (10C)

15184 樊明俊 ················ P2763①
〔沙州倉曹趙瓊璋等會計曆〕 辰年九月四日後至十二月卅日 (788)
　4)縫背有「河西支度/…印」。

15185 樊孟安 ················ 莫第205窟
〔供養人題記〕 (8C後期)
　1)社人　4)西壁。《燉》p.96.《謝》p.362。

15186 樊鶯々 ················ S00542v
〔燉煌諸寺丁壯車牛役部〕 戊年六月十八日 (818)
　2)大雲寺

15187 樊里午 ················ Дx02162
〔社司轉帖〕 庚子年八月十四日 (940?)

15188 樊流子 ‥‥‥‥‥‥‥ BD15628
〔王憨奴少有斛㪷出便麥粟曆〕 某年(子年・辰年)二月十九日 (9〜10C)

15189 樊錄事 ‥‥‥‥‥‥‥ P3164
〔親情社轉帖〕 乙酉年十一月廿六日 (925?)
 1)錄事

15190 樊和々 ‥‥‥‥‥‥‥ P5579⑯
〔得度者人名錄〕 巳年〜酉年 (813〜817 or 825〜829)
 4)僧名「智秀」。

15191 樊□ ‥‥‥‥‥‥‥ S09471v
〔每戶種苗(麻・紅)地畝曆〕 (9C前期)

15192 樊 ‥‥‥‥‥‥‥ S02669
〔管內尼寺(安國寺・大乘寺・聖光寺)籍〕 (865〜870)
 2)聖光寺 3)玉關鄉 4)姓「樊」。俗名「勝子」。

15193 樊 ‥‥‥‥‥‥‥ S04710
〔沙州戶口簿〕 (9C中期以降)
 1)(戶主劉再榮弟再安)新婦 3)沙州 4)原作「(戶主劉再榮,弟再安)新婦阿樊」。

15194 氾阿師子 ‥‥‥‥‥‥‥ S04643
〔陰家榮親客目〕 甲午年五月十五日 (994)
 4)當人是氾善俊虞候之家嘱。

15195 氾阿朶 ‥‥‥‥‥‥‥ P3396v
〔沙州諸渠別菰蘭名目〕 (10C後期)

15196 氾阿朶 ‥‥‥‥‥‥‥ S06981⑬
〔入麥曆〕 酉年 (10C中期)

15197 (氾)阿朶 ‥‥‥‥‥‥‥ Дх02149A
〔寒食座設付酒曆〕 戊午年四月廿五日 (958 or 898)

15198 氾阿槌? ‥‥‥‥‥ BD16129A(L4067)
〔社人名目〕 (9〜10C)

15199 氾安々 ‥‥‥‥ BD15779(簡068080)
〔佛處出便豆曆〕 丑年二月卅日 (9C前期)
 1)保人・男 4)原作「保人男氾安々」。

15200 氾安員? ‥‥‥‥‥‥‥ P2040v②-10
〔淨土寺黃麻入曆〕 乙巳年正月十七日以後 (945以降)
 2)淨土寺 4)⇒氾安欠。

15201 氾安久 ‥‥‥‥‥‥‥ P2032v⑰-8
〔淨土寺諸色入曆〕 (940前後)
 2)淨土寺

15202 氾安久 ‥‥‥‥‥‥‥ P3234v③-52
〔惠安惠戒手下便物曆〕 甲辰年 (944)

15203 氾安君 ‥‥‥‥‥‥‥ S03287v
〔戶口田地申告牒〕 子年五月 (832 or 844)

15204 氾安欠 ‥‥‥‥‥‥‥ P2040v②-10
〔淨土寺黃麻入曆〕 乙巳年正月十七日以後 (945以降)
 2)淨土寺 4)⇒氾安員?

15205 氾安胡 ‥‥‥‥‥ BD16381(L4455)
〔諸家磚曆〕 (10C)

15206 氾安住 ‥‥‥‥‥‥‥ P2049v①
〔淨土寺諸色入破曆計會牒〕 同光三年 (925)

15207 氾安住 ‥‥‥‥‥‥‥ P2618v
〔雜寫〕 (10C前期)
 2)蓮臺寺

15208 氾安勝 ‥‥‥‥‥‥‥ P5021D
〔付物曆〕 (9C末〜10C初)

15209 氾安信 ‥‥‥‥‥‥‥ S08426
〔官府酒破曆〕 四月廿二日,六月二日 (10C)

15210 氾安信 ‥‥‥‥‥‥‥ S08426D①
〔使府酒破曆〕 (10C中〜後期)
 4)⇒安信。

15211 氾安信 ‥‥‥‥‥‥‥ S08426D②
〔使府酒破曆〕 (10C中〜後期)

15212 氾安?德 ‥‥‥‥‥‥‥ P3691v
〔雜寫(1行)〕 (970〜980前後)
 1)學仕郎 2)淨土寺 4)原作「淨土寺孝士郎氾安?德筆記」。R面爲「天福伍年(940)新集書儀」。

15213 氾安寧 ‥‥‥‥‥‥‥ P3418v④
〔龍勒鄉缺枝夫戶名目〕 (9C末〜10C初)
 3)龍勒鄉

15214 氾安寧 ‥‥‥‥‥‥‥ S06726
〔金剛般若波羅蜜經〕 丙戌年四月十七日 (926?)
 1)寫經弟子 4)又有「年可七十二」之字。

15215 氾威ゞ ……………… S02669
〔管内尼寺(安國寺・大乘寺・聖光寺)籍〕
(865〜870)
　　2)大乘寺　3)洪池鄉　4)尼名「惠意」。

15216 氾意泉 ……………… 莫第098窟
〔供養人題記〕　(10C中期)
　　1)節度押衙銀青光祿大夫檢校國子祭酒兼御史
　中丞上柱國　4)南壁。《燉》p. 43。《謝》p. 93。

15217 氾意全 ……… BD09318B(周39)
〔莫高鄉戶口人戶付物歷〕　(946)

15218 氾員久 ……………… P2032v⑬-10
〔淨土寺豆入曆〕　(940前後)
　　2)淨土寺

15219 氾員君 ………… BD16384(L4458)
〔抄錄有私駝名目〕　丙寅年八月廿九日　(966)

15220 氾員君 ……………… P3692v
〔雜寫〕　壬午年頃　(922)

15221 氾員君 ……………… P3721v②
〔兄(見)在巡禮都官都頭名牒〕　庚辰年正月
十五日　(980)

15222 氾員興 ……………… Дx04032
〔社司轉帖〕　□巳?年七月九日　(10C)

15223 氾員子 ……………… P3418v④
〔龍勒鄉缺枝夫戶名目〕　(9C末〜10C初)
　　3)龍勒鄉

15224 氾員子 ……………… P5032⑩⑪⑫
〔渠人轉帖〕　甲申年十月三日　(984)

15225 氾員子 ……………… P5032⑬⑯⑱
〔渠人轉帖〕　甲申年二月廿日　(984)

15226 氾員子 ……………… P5032⑰
〔渠人轉帖〕　甲申年二月廿九日　(984)

15227 氾員子 ……………… P5032⑲
〔渠人轉帖〕　甲申年四月十二日　(984)

15228 氾員子 ……………… P5032⑲
〔渠人轉帖〕　甲申年□月十七日　(984)

15229 氾員子 ……………… Дx11201v
〔氾家兄(弟社?)便斛䉼曆〕　壬戌年頃　(962頃)

15230 氾員昌 ……………… P2633
〔崔氏夫人要(訓)女文・楊滿山詠孝經拾捌章
等〕　辛巳年正月五日　(921 or 981)

15231 氾員昌 ……………… P3231①
〔平康鄉官齋曆〕　癸酉年五月　(973)
　　3)平康鄉

15232 氾員昌 ……………… P3231②
〔平康鄉官齋曆〕　癸酉年九月卅日　(973)
　　3)平康鄉

15233 氾員昌 ……………… P3231④
〔平康鄉官齋曆〕　甲戌年十月十五日　(974)
　　3)平康鄉

15234 氾員昌 ……………… P3231⑤
〔平康鄉官齋曆〕　□亥年五月十五日　(975)
　　3)平康鄉

15235 氾員昌 ……………… P3231⑥
〔平康鄉官齋曆〕　乙亥年九月廿九日　(975)
　　3)平康鄉

15236 氾員昌 ……………… P3231⑦
〔平康鄉官齋曆〕　丙子年五月十五日　(976)
　　3)平康鄉

15237 氾?員昌 ……………… Дx01449
〔王法律小有斛䉼出便人名目〕　某月十八日
(10C後期)

15238 氾員遂 ……………… P3231①
〔平康鄉官齋曆〕　癸酉年五月　(973)
　　3)平康鄉

15239 氾員遂 ……………… P3231③
〔平康鄉官齋曆〕　甲戌年五月廿九日　(974)
　　3)平康鄉

15240 氾員遂 ……………… Дx04278
〔十一鄉諸人付麵數〕　乙亥年四月十一(日)
(915? or 975)
　　3)洪池鄉?

15241 氾員宗 ……………… S00395
〔社司轉帖〕　天福八年　(943)

15242 氾員宗 ……………… 羽・寫814-821
〔王梵志卷1(首尾題)〕　辛巳年十月六日
(921)
　　1)金光明寺學郎　2)金光明寺　4)原作「辛巳年
十月六日,氾員宗寫記之耳」。

15243 氾員達 ……………… P3231③
〔平康鄉官齋曆〕 甲戌年五月廿九日 (974)
　3)平康鄉

15244 氾員通 ……………… P3146A
〔衙前子弟州司及轢頭等留殘袚衙人數〕 辛巳年八月三日 (981)
　1)第三轢

15245 氾員定? …………… P3757
〔鷰子賦1首〕 (10C)
　1)孔目(官)

15246 氾陰屯 ……………… P3369v①
〔雜寫?〕 乾符三年十月廿一日 (876)

15247 氾榮宗 ……………… P3249v
〔將龍光顏等隊下人名目〕 (9C中期)

15248 氾榮□ ……………… P3394
〔僧張月光父子迴博田地契〕 大中六年壬申十月 (852)

15249 氾永千 ……………… P2484
〔就東園竿會小印子群牧馳馬牛羊見行籍(歸義印)〕 戊辰年十月十八日 (968)
　1)孝生　2)淨土寺　4)原作「伏以今月十六日淨土寺孝生氾永千到此院記」。

15250 氾營田娘子 ………… S04643
〔陰家榮親客目〕 甲午年五月十五日 (994)
　4)原作「氾營田娘子」當人是氾定存都頭之家嫗。

15251 氾盈子 ……………… P3231②
〔平康鄉官齋曆〕 癸酉年九月卅日 (973)
　3)平康鄉

15252 氾盈子 ……………… P3231③
〔平康鄉官齋曆〕 甲戌年五月廿九日 (974)
　3)平康鄉

15253 氾盈子 ……………… P3231⑥
〔平康鄉官齋曆〕 乙亥年九月廿九日 (975)
　3)平康鄉

15254 氾盈子 ……………… S05632①
〔親情社轉帖〕 丁卯年二月八日 (967)

15255 氾盈達 ……………… P2032v
〔淨土寺入破曆〕 甲辰年頃? (944?)
　2)淨土寺

15256 氾盈達 ……………… P2032v①-2
〔淨土寺西倉麥入曆〕 (944前後)
　2)淨土寺

15257 氾盈達 ……………… P2032v⑬-10
〔淨土寺豆入曆〕 (940前後)
　2)淨土寺

15258 氾盈達 ……………… P3234v③-38
〔惠安惠戒手下便物曆〕 甲辰年 (944)

15259 氾盈達 ……………… P3236v
〔燉煌鄉官布籍〕 壬申年三月十九日 (972)
　1)頭　3)燉煌鄉

15260 氾盈達 ……………… S03048
〔東界羊籍〕 丙辰年 (956)
　1)牧羊人

15261 氾盈達 ……………… S05632①
〔親情社轉帖〕 丁卯年二月八日 (967)

15262 氾盈達 ……………… Дx11201v
〔氾家兄(弟社?)便斛斗曆〕 壬戌年頃 (962頃)

15263 氾盈得 ……………… P3418v⑧
〔平康鄉缺枝夫戶名目〕 (9C末～10C初)
　3)平康鄉

15264 氾英信 ……………… P4640v
〔官入破曆〕 庚申年正月 (900)
　1)押衙

15265 氾英振 ……………… BD06359(鹹59)
〔造佛堂契〕 寅年八月七日 (822)
　1)百姓　3)悉東薩部落　4)32歲。

15266 氾英進 ……………… P.tib1078bis
〔土地關係文書(藏文)〕 子年 (9C前期)

15267 氾英達 ……………… S02041
〔社約〕 丙寅年三月四日 (846)
　4)年號別筆(丙寅年三月四日)。ペン筆。

15268 氾延久 ……………… P3396
〔沙州諸渠別粟田名目〕 (10C後期)

15269 氾延玉 ……………… S05818
〔氾延玉地畝殘卷〕 (9C前期)
　4)本件有「南沙莊南地一段」記述。

15270 氾延慶 ･･････････････ P4640v
　〔官入破曆〕 己未年七月 (899)
　　1)押衙

15271 氾延子 ･･････････････ P5032⑫
　〔渠人轉帖〕 甲申年十月四日 (984)

15272 氾延子 ･･････････････ P5032⑭
　〔渠人轉帖〕 甲申年九月廿一日 (984)

15273 氾延子 ･･････････････ S01845
　〔納贈曆〕 丙子年四月十七日 (976?)
　　1)押衙

15274 氾延受 ･･････････････ S05632①
　〔親情社轉帖〕 丁卯年二月八日 (967)
　　2)顯德寺門

15275 氾延定 ･･････････････ E03566
　〔寫經題記〕 (8C?)
　　1)弟子衙前正十將　4)原作「弟子衙前正十將延□定□奉□□古□到于闐發心敬寫觀？…一卷摩利支天經一卷父母恩重經一卷…」。

15276 氾延德 ･･････････････ Дx01313
　〔以褐九段塡還驢價契〕 壬申年十月廿七日 (972)

15277 氾衍子 ･･････････････ P2944
　〔大乘寺・聖光寺等尼僧名錄〕 (10C後期？)
　　2)大乘?寺

15278 氾押衙 ･･････････････ BD16381（L4455）
　〔諸家磚曆〕 (10C)
　　1)押衙

15279 氾押衙 ･･････････････ P3763v
　〔淨土寺入破曆〕 (945前後)
　　1)押衙　2)淨土寺　4)原作「氾押衙莊」。

15280 氾押衙 ･･････････････ S04211
　〔寫經關係文書〕 壬辰年四月十一日 (932)
　　1)寫經人・押衙

15281 氾押衙 ･･････････････ S06452⑤
　〔破曆便曆？〕 辛巳年 (981)
　　1)押衙　2)淨土寺　4)原作「氾押衙店」。

15282 氾?押衙 ･･････････････ S07060v
　〔諸色破曆等〕 (9C前期)

15283 氾押衙 ･･････････････ S08711v
　〔付第六卷廿一舂簽〕 (10C)
　　1)押衙　4)原作「大氾押衙」。

15284 氾押衙 ･･････････････ Дx01428
　〔某寺諸色斛㪷破曆〕 (10C中期)
　　1)押衙

15285 氾?押衙夫人 ･･････････ S07060v
　〔諸色破曆等〕 (9C前期)

15286 氾王 ･･････ ギメ美術館藏寶勝如來一軀裏文書
　〔賜紫法行狀〕 (10C前期 or 9C末)
　　4)寶勝如來一軀裏文書。

15287 氾王三 ･･････････････ S05632①
　〔親情社轉帖〕 丁卯年二月八日 (967)

15288 （氾？）王三 ･･････････ Дx11201r.v
　〔氾家兄(弟社?)便斛㪷曆〕 壬戌年二月一日 (962)
　　4)⇒王三。

15289 氾恩子 ･･････････････ S03287v
　〔戶口田地申告牒〕 子年五月 (832 or 844)
　　1)(氾見子)女

15290 氾恩信 ･･････････････ S05632①
　〔親情社轉帖〕 丁卯年二月八日 (967)
　　2)顯德寺門

15291 氾恩□ ･･････････････ S07932
　〔月次番役名簿〕 二月 (10C後期)

15292 氾溫 ･･････････････ S05788
　〔社司轉帖〕 十一月廿一日 (9C前期)

15293 氾溫 ･･････････････ S05825
　〔社司轉帖〕 四月一日 (9C前期)

15294 氾溫子 ･･････････････ S03877v
　〔賣地契〕 天復九年己巳十月七日 (909)

15295 氾音九 ･･････････････ Дx02954
　〔戶口田地申告簿〕 廣順二年正月一日 (952)

15296 氾加慶 ･･････････････ P3231②
　〔平康鄉官齋曆〕 癸酉年九月卅日 (973)
　　3)平康鄉

15297 氾加慶 ･････････････････ P3231⑥
　〔平康鄉官齋曆〕 乙亥年九月廿九日　(975)
　　3)平康鄉

15298 氾加慶 ･････････････････ P3721v①
　〔平康鄉堤上兒(見)點得人名目〕 庚辰年三月
　廿六日　(980)
　　3)平康鄉

15299 氾加進 ･････････････････ P2912v③
　〔寫大般若經一部施銀盤子麥粟粉疏〕　四月
　八日　(9C前期)

15300 氾家 ･･･････････････ BD07384(鳥84)
　〔杜都督等書幡等書支領麥布曆〕 丑年～未
　年　(821~827 or 833~839)

15301 氾家 ･････････････････････ P3774
　〔僧龍藏家產分割訴牒〕 丑年十二月 (821)

15302 氾家 ････････････････････ P3875B
　〔某寺修造諸色破曆〕 丙子年八月廿七日
　(916 or 976?)
　　4)原作「氾家庄」。

15303 氾家 ･･･････････････････ S04654v⑤
　〔便曆〕 丙午年正月一日 (946)

15304 氾家 ･･･････････････････ S06452③
　〔破曆〕 壬午年 (982?)

15305 氾家 ････････････････････ S08426
　〔官府酒破曆〕 十月十七日 (10C)

15306 氾家 ･･･････････････････ S08426E②
　〔使府酒破曆〕 (10C中～後期)

15307 氾家阿貳? ･･･････････････ 杏・羽672
　〔新集親家名目〕 (10C?)

15308 氾家印兒 ････････････････ S06303
　〔便曆〕 丁未年二月五日 (947?)

15309 氾家舅 ･････････････････ S04274v
　〔社名簿〕 (10C)

15310 氾家四郎 ････････････････ P2032v
　〔淨土寺入破曆〕 甲辰年頃 (944?)
　　2)淨土寺

15311 氾家四郎 ･･････････････ P2040v③-12
　〔淨土寺布入曆〕 (939)
　　1)車頭　2)淨土寺

15312 氾家女勝?娘 ･･････････････ Дx11077
　〔社司轉帖〕　丑年五月八?日　(9C?)

15313 氾家大歌 ･････････････････ P3396v
　〔沙州諸渠別芯薗名目〕 (10C後期)
　　1)大歌

15314 氾家李六 ････････････ P2040v②-28
　〔淨土寺豆入曆〕 (940前後)
　　2)淨土寺

15315 氾華 ････････････････ BD01971(收71)
　〔无量壽宗要經(末)〕 (9C前期)

15316 氾華 ････････････････････ S02976
　〔佛設无量壽宗要經(裏)〕 (9C前期)

15317 氾華 ････････････････････ S05250
　〔大般若波羅蜜多經卷第302〕 (9C前期)

15318 氾衛推 ･･･････････････ P3288piece1
　〔佛現齋造餪併人名目〕 (10C)
　　1)衛推

15319 氾懷恩 ･･････････････････ S04121
　〔陰家榮親客目〕 甲午年五月十五日 (994)

15320 氾懷恩 ･････････････････ Дx01317
　〔衙前第一隊轉帖〕 二月六日 (10C中期)

15321 氾懷恩 ･････････････････ Дx02149A
　〔寒食座設付酒曆〕 戊午年四月廿五日 (958
　or 898)

15322 氾懷義 ･････････････････ Дx11086
　〔氾懷義等便粟曆〕 (9~10C)
　　3)莫高鄉

15323 氾懷興 ･････････････････ Дx01317
　〔衙前第一隊轉帖〕 二月六日 (10C中期)

15324 氾懷住 ･･････････････ BD16022A(L4018)
　〔永寧坊巷社扶佛人名目〕 (10C)
　　3)永寧坊

15325 氾懷住 ･･････････････ BD16022Av(L4018)
　〔永寧坊巷社扶佛人名目〕 (10C)
　　3)永寧坊

15326 氾懷住 ････････････････････ P3565
　〔氾懷通兄弟貸絹契〕 甲子年三月一日 (904
　or 964)
　　1)貸絹人

15327 氾懷進 ……………… S11213ɢ
〔配付人名目〕（946）

15328 氾懷達 ……………… P3565
〔氾懷通兄弟貸絹契〕 甲子年三月一日（904 or 964）
　　1）貸絹人

15329 氾懷通 ……………… P3565
〔氾懷通兄弟貸絹契〕 甲子年三月一日（904 or 964）

15330 氾戒定 ……………… S02669
〔管內尼寺（安國寺・大乘寺・聖光寺）籍〕（865〜870）
　2）大乘寺　3）洪潤鄉　4）姓「氾」。俗名「嚴娘」。

15331 氾海員 ……………… P3757v
〔納麥名目（7字）〕 天福五年（940）

15332 氾海盈 ……………… S06237
〔諸人見在粟黃麻曆〕 戌年〜子年（10C中期以降?）

15333 氾海奴 ……………… P3249v
〔將龍光顏等隊下人名目〕（9C中期）

15334 氾海保 ……………… S06063
〔契〕 乙亥年二月十六日（915?）
　　1）見人

15335 氾乹眞 ……………… P4640v
〔官入破曆〕 己未年五月（899）
　　4）助葬。

15336 氾乹眞 ……………… S02098
〔不知名復?疏（問答體）〕（9〜10C）
　　1）百姓　3）龍勒鄉　4）原作「龍勒鄉百姓氾?眞」。

15337 氾憨子 ……………… P2049v①
〔淨土寺諸色入破曆計會牒〕 同光三年（925）

15338 氾憨子 ……………… 北大D246v
〔社司轉帖〕 亥年正月十二日（927 or 987）

15339 氾憨子 ……………… 羽・寫834
〔百姓趙塩久戶口請田簿〕 廣順二年正月一日（952）

15340 氾憨兒 ……………… S06981⑬
〔入麥曆〕 酉年（10C中期）

15341 氾?憨訥 ……………… S04700
〔陰家榮親客目〕 甲午年五月十五日（994）
　　1）都頭

15342 氾?憨訥小娘子 ……… S04700
〔陰家榮親客目〕 甲午年五月十五日（994）
　　1）氾?憨訥・小娘子

15343 氾願盈 ……………… P3721v②
〔兄(見)在巡禮都官都頭名牒〕 庚辰年正月十五日（980）

15344（氾?）願盈 …………… S05467
〔雜寫（册子）〕（10C）

15345 氾願昌 ……………… S02472v③
〔納贈曆〕 辛巳年十月廿八日（981）

15346 氾願昌 ……………… S06066
〔社司轉帖〕 壬辰年四月廿二日（992）
　　2）乾明寺

15347 氾願信 ……………… P2985v④
〔親使員文書〕（10C後期）

15348 氾願淸 ……………… S01845
〔納贈曆〕 丙子年四月十七日（976?）

15349 氾願長 ……………… P2943
〔瓜州衙推氾願長等狀〕 開寶四年（971）
　　3）瓜州

15350 氾願長 ……………… Дx03168
〔燉煌管內磋輪關係文書〕 丁丑・戊寅年（977・978）
　　1）都衙

15351 氾願德 ……………… P3691v
〔雜寫（1行）〕（970〜980前後）

15352 氾願德 ……………… S01845
〔納贈曆〕 丙子年四月十七日（976?）

15353 氾沂 ………………… BD09344（周65）
〔諸色破曆〕（9〜10C）

15354 氾義興 ……………… S04443v
〔諸雜難字（一本）〕（10C）

15355 氾義成 ……………………… P3396
〔沙州諸渠別粟田名目〕（10C後期）

15356 氾義成 ……………………… P5032⑩⑪⑫
〔渠人轉帖〕 甲申年十月三日 （984）

15357 氾義成 ……………………… P5032⑫
〔渠人轉帖〕 甲申年十月四日 （984）

15358 氾義成 ……………………… P5032⑬⑯⑱
〔渠人轉帖〕 甲申年二月廿日 （984）

15359 氾義成 ……………………… P5032⑭
〔渠人轉帖〕 甲申年九月廿一日 （984）

15360 氾義成 ……………………… P5032⑰
〔渠人轉帖〕 甲申年二月廿九日 （984）

15361 氾義成 ……………………… P5032⑲
〔渠人轉帖〕 甲申年四月十二日 （984）

15362 氾義成 ……………………… P5032⑲
〔渠人轉帖〕 甲申年□月十七日 （984）

15363 氾義同 ……………… BD16381（L4455）
〔諸家磚曆〕 （10C）

15364 氾麴子 ……………………… P3384
〔戶籍（殘）〕 大順二年辛亥正月一日 （891）

15365 氾吉安 ………… BD04256v①1（玉56）
〔斷知更人名帳〕 四月十四日夜 （9C後期）

15366 氾吉安 ………… BD04256v①2（玉56）
〔第二次斷知更人名帳〕 四月十四日夜 （9C後期）

15367 氾吉安 ………… BD04256v①3（玉56）
〔第三次斷知更人名帳〕 （四月）十四日夜 （9C後期）

15368 氾久穎 ……………………… P2932
〔出便豆曆〕 乙丑年二月二日 （965?）
　1)口承人

15369 氾休子 ……………………… S03287v
〔戶口田地申告牒〕 子年五月 （832 or 844）
　3)擘三部落

15370 氾嬌々 ……………………… S02669
〔管內尼寺(安國寺・大乘寺・聖光寺)籍〕（865〜870）
　2)大乘寺　3)龍勒鄉　4)尼名「眞勝」。

15371 氾嬌々 ……………………… S02669
〔管內尼寺(安國寺・大乘寺・聖光寺)籍〕（865〜870）
　2)大乘寺　3)玉關鄉　4)尼名「靈智」。

15372 氾嬌々 ……………………… S02669
〔管內尼寺(安國寺・大乘寺・聖光寺)籍〕（865〜870）
　2)大乘寺　3)莫高鄉　4)尼名「嚴行」。

15373 氾教授 ……………………… P3165v
〔某寺破麥曆（殘）〕 （丁卯／戊辰年）（908?）
　1)教授

15374 氾教授 ……… S07939v＋S07940Bv＋S07941
〔燉煌諸寺僧尼給糧曆〕 （823以降）
　1)教授

15375 氾鄉官 ……………………… S04643
〔陰家榮親客目〕 甲午年五月十五日 （994）
　1)鄉官

15376 氾鄉官 ……… S08445＋S08446＋S08468
〔羊司於紫亭得羊名目〕 丙午年三月九日 （946）
　1)鄉官

15377 氾緊子 ……………………… S03287v
〔戶口田地申告牒〕 子年五月 （832 or 844）
　1)(國玠)奴論悉殉夕將去

15378 氾緊兒 ……………………… P3234v⑮
〔淨土寺西倉豆利潤入曆〕 （940年代?）
　2)淨土寺

15379 氾金 ……………………… P2162v
〔三將納丑年突田曆〕 （9C前期）

15380 氾金鏡 ……………………… S02729①
〔燉煌應管勘牌子曆〕 辰年三月 （788）
　1)僧　2)大雲寺　3)沙州　4)16行目。

15381 氾金剛 ……………………… P4638v⑧
〔買車契〕 丁酉年正月十九日 （937）
　1)兵馬使

15382 氾金剛 ……………………… S03287v
〔戶口田地申告牒〕 子年五月 （832 or 844）
　1)(國玠)奴　3)擘三部落

15383 汜金藏 ·················· P4686v
〔便佛物粟契〕 四月二日 （9C前期）
　2)永壽寺

15384 汜闍ゞ ·················· S02669
〔管內尼寺(安國寺・大乘寺・聖光寺)籍〕
（865～870）
　2)大乘寺　3)平康鄉　4)尼名「定堅」。

15385 汜虞候 ············· BD16112A(L4066)
〔某寺雜物歷〕 （10C?）
　1)虞侯

15386 汜虞候 ··················· P3942
〔某家榮親客目〕 （10C?）
　1)虞侯・都頭

15387 汜虞候都頭 ··············· P3942
〔某家榮親客目〕 （10C?）
　1)虞侯・都頭

15388 汜君子 ·················· S03287v
〔戶口田地申告牒〕 子年五月 （832 or 844）

15389 汜惠意 ··················· S02669
〔管內尼寺(安國寺・大乘寺・聖光寺)籍〕
（865～870）
　2)大乘寺　3)洪池鄉　4)姓「汜」。俗名「威ゞ」。

15390 汜惠雲 ·················· S02729①
〔燉煌應管勘牌子歷〕 辰年三月 （788）
　1)僧　2)乾元寺　3)沙州　4)21行目。

15391 汜惠淨 ·················· S01774v
〔寺門首立禪師頌〕 天福七年 （942）
　1)寺門首立禪師　4)⇒惠淨。

15392 汜惠朗 ·················· S02729①
〔燉煌應管勘牌子歷〕 辰年六月十九日 （788）
　1)僧　2)龍興寺　3)沙州　4)辰年6月19日死。
末尾有「贊息檢」。61行目。

15393 汜慶子 ················· P3451piece1
〔汜慶子狀〕 （9C後期）
　1)百姓　3)洪潤鄉

15394 汜慶周 ············· BD16191A(L4099)
〔地契殘片〕 （9～10C）
　1)見人

15395 汜慶潤 ············ Дx05444＋Дx06547
〔官衙請烽子等處分狀并押判(鳥)〕 甲寅年十
月 （954）
　1)烽子

15396 汜慶達 ·················· P3418v⑥
〔洪閏鄉缺枝夫戶名目〕 （9C末～10C初）
　3)洪閏鄉

15397 汜慶達 ·················· P3418v⑨
〔効穀鄉缺枝夫戶名目〕 （9C末～10C初）
　3)効穀鄉

15398 汜慶達 ··················· Дx10270
〔便粟麥曆〕 （946）

15399 汜慶達 ··················· Дx10270v
〔便麥粟曆〕 （946）

15400 汜?慶長 ················· S04700
〔陰家榮親客目〕 甲午年五月十五日 （994）
　1)都頭

15401 汜景君? ················· P4588v
〔社戶名目(2行)〕 （10C中期）
　1)社戶

15402 汜景詢? ················· S06704
〔大般若波羅蜜多經卷第424(寫)〕 （9C）

15403 汜景詢 ··················· P2675
〔陰陽書殘卷〕 咸通二年歲次辛巳十二月廿五
日 （861）
　4)原作「咸通二年歲次辛巳十二月廿五日衙前通
引立通事舍人范子盈,陰陽汜景詢二人寫記」。

15404 汜繼 ················ BD07079(龍79)
〔大般若波羅蜜多經卷第120〕 （9C）

15405 汜繼受 ············· BD07076A(龍76)
〔雜寫〕 （9C）

15406 汜堅ゞ ·················· S02041
〔社約〕 丙寅年三月四日 （846）
　4)年號別筆(丙寅年三月四日)。ペン筆。

15407 汜建立 ··················· S00389
〔肅州防戍都狀上〕 （9C後期?）

15408 汜賢威 ·········· BD09472v①～③(發92)
〔龍興寺索僧正等五十八人就唐家蘭若請賓
頭廬文〕 （8～9C）
　2)(靈)圖(寺)　3)沙州

15409 氾賢云? ……………… P2832Av
〔納楊楡木人名曆〕（10C）

15410 氾賢々 ……………… S08445＋S08446＋S08468①
〔羊司於常樂税羊人名目〕 丙午年六月廿七日（946）

15411 氾賢々 ……………… S08445＋S08446＋S08468④
〔羊司於常樂官税羊數名目〕 丁未年四月十二日（943）

15412 氾賢子 ……………… S01890
〔般若波羅蜜多經卷第261(寫)〕（9C）

15413 氾賢子 …………… 古寫經尾題錄存
〔維摩詰經卷上(寫記)〕 丁未年正月廿三日（887?）

15414 氾賢者 ……………… S04812
〔破曆〕 辛丑年（941）
　1)社人

15415 氾賢信 ……………… S08445＋S08446＋S08468①
〔羊司於常樂税羊人名目〕 丙午年六月廿七日（946）

15416 氾賢信 ……………… S08445＋S08446＋S08468④
〔羊司於常樂官税羊數名目〕 丁未年四月十二日（943）

15417 氾賢德 ……………… P3167v
〔安國寺道場司關于(五尼寺)沙彌戒訴狀〕 乾寧二年三月（895）

15418 氾元光 ……………… S06829v
〔牒〕 戌年八月（9C前期）
　2)乾元寺

15419 氾元進 ……………… P3234v③-22
〔惠安惠戒手下便物曆〕 甲辰年（944）

15420 氾元?明 ……………… 莫第205窟
〔供養人題記〕（8C後期）
　1)社人　4)西壁。《燉》p.95。

15421 氾嚴行 ……………… S02669
〔管内尼寺(安國寺・大乘寺・聖光寺)籍〕（865～870）
　2)大乘寺　3)莫高鄉　4)姓「氾」。俗名「嬌々」。

15422 氾嚴子 ……………… S03287v
〔戸口田地申告牒〕 子年五月（832 or 844）
　3)擊三部落

15423 氾嚴娘 ……………… S02669
〔管内尼寺(安國寺・大乘寺・聖光寺)籍〕（865～870）
　2)大乘寺　3)洪潤鄉　4)尼名「戒定」。

15424 氾嚴妙 ……………… S02669
〔管内尼寺(安國寺・大乘寺・聖光寺)籍〕（865～870）
　2)大乘寺　3)莫高鄉　4)姓「氾」。俗名「鉢々」。

15425 氾彦興 ……………… MG17659
〔大悲菩薩鋪變邈眞功德記并序〕 太平興國六年六月十五日（981）
　1)節度押衙知上司書手銀青光祿大夫檢校國子祭酒

15426 氾彦宗 ……………… P3989
〔立社條憑〕 景福三年甲寅歲五月十日（894）
　1)衆請錄事

15427 氾彦唐 ……………… P4640v
〔官入破曆〕 辛酉?年六月十二日（901?）
　1)常樂縣令

15428 氾玄索 ……………… BD06457(河57)
〔妙法蓮華經卷6(尾)〕（8C）
　1)清信弟子　4)原作「清信弟子氾玄索奉爲亡考/敬寫法華經」。

15429 氾胡 ……………… P3070v②
〔社司轉帖(寫錄)〕 乾寧三年丙辰閏二月（896）

15430 氾胡僧 ……………… S05632①
〔親情社轉帖〕 丁卯年二月八日（967）

15431 氾忤々 ……………… S06130
〔諸人納布曆〕（10C）
　3)神沙鄉

15432 氾吳 ……………… P3638
〔沙彌善勝點檢常住什物見在曆〕 辛未年（911）

15433 氾光秀 ……………… 莫第216窟
〔功德記〕（8C末期～9C初期）
　1)社長　4)西壁。《燉》p.98。

15434 氾光秀 ……………… 莫第379窟
〔供養人題記〕(8C末期～9C初期)
　　1)(社)□□衝都(尉)上柱國　4)原作「(社)□□衝都(尉)上柱國氾光秀」。西壁。《燉》p.144。

15435 氾句々 ……………… 羽・寫834
〔百姓趙塩久戶口請田簿〕 廣順二年正月一日 (952)

15436 氾幸恩 ……………… P3418v⑧
〔平康鄉缺枝夫戶名目〕(9C末～10C初)
　　3)平康鄉

15437 氾幸恩 ……………… S00323
〔團頭名目〕 大順二年 (891)
　　1)團頭

15438 氾幸者 ……………… P2040v②-1
〔淨土寺勝淨等手下諸色入曆〕 乙巳年正月廿七日以後 (945以降)
　　2)淨土寺

15439 氾幸者 ……………… P2680v⑥
〔社司轉帖〕 六月廿三日 (10C中期)

15440 氾幸者 ……………… P3234v⑯
〔淨土寺布入曆〕(940年代?)
　　1)幸者　2)淨土寺

15441 氾幸通 ……………… 舊P5529
〔入破曆〕 壬申年六月廿四日 (972?)

15442 氾幸同 ……………… BD16381(L4455)
〔諸家磚曆〕(10C)

15443 氾孔目 ……………… P4525⑩
〔官府酒破曆〕 辛巳年 (981)
　　1)孔目

15444 氾孔目 ……………… S01153
〔諸雜人名目〕(10C後期)
　　1)孔目

15445 氾孔目 ……………… S03405
〔主人付親情社色物〕(10C後期)
　　1)孔目　4)V面有「癸未年三月十四日」。

15446 氾孔目 ……………… S05441
〔捉季布傳文封面雜寫〕 戊寅年二月十七日 (978)
　　1)孔目　4)本件識語爲「氾孔目學仕郎陰奴兒自手寫季布一卷」。

15447 氾孝順 ……………… P.tib3964
〔便粟曆〕 辛亥年頃 (951)

15448 氾康員 ……………… S08445＋S08446＋S08468①
〔羊司於常樂稅羊人名目〕 丙午年六月廿七日 (946)

15449 氾康員 ……………… S08445＋S08446＋S08468④
〔羊司於常樂官稅羊數名目〕 丁未年四月十二日 (943)

15450 氾弘信 ……………… P4693
〔官齋納麵油粟曆〕(10C後期)
　　1)餯餘頭

15451 氾弘相 ……………… P3115
〔佛說續命經〕 天復元年五月十六日 (901)
　　4)女。

15452 氾恒 ……………… BD16113A(L4066)
〔地畝文書〕(10C)

15453 氾恒安 ……………… P2680v⑨
〔納色物曆〕(10C中期)

15454 氾恒信 ……………… Дx03161
〔文書(殘)〕(9～10C)

15455 氾恒世 ……………… P3153
〔租地契〕 天復四年甲子七月十七日 (904)
　　4)舊P3155v。

15456 氾惶達〔達恒?〕 ……………… S06123
〔渠人轉帖〕 戊寅年六月十四日 (978)
　　2)普光寺

15457 氾校授 ……………… S00520
〔報恩寺方等道場榜〕(9C末～925以前)
　　1)校授　4)有「河西都僧院」印。

15458 氾校棟 ……………… BD10981v(L1110)
〔諸家納贈物曆殘〕(10C)
　　1)校棟　4)R面有「知馬步都虞候宋惠達求免修城役牒附判詞」。

15459 氾校棟 ……………… P2032v②
〔淨土寺惠安手下諸色入曆〕 甲辰年一日巳直歲 (944)
　　1)校棟

15460 氾校棟 ·············· P2032v⑯-3
〔淨土寺粟入曆〕（940前後）
　1)校棟　2)淨土寺

15461 氾校棟 ·············· P2032v⑳-5
〔淨土寺麵黃麻豆布等破曆〕（940前後）
　1)校棟　2)淨土寺

15462 氾興〻 ········ BD15779（簡068080）
〔佛處出便豆曆〕　丑年二月卅日（9C前期）
　2)乾元寺　4)原作「丑年二月卅日氾興〻於乾元寺佛物處便豆」。

15463 氾興國 ················ P2912v③
〔寫大般若經一部施銀盤子麥粟粉疏〕　四月八日（9C前期）

15464 氾苟子 ·················· S06129
〔諸鄉諸人貸便粟曆〕（10C中期以降?）
　3)洪閏鄉人

15465 氾苟子 ········ S08445＋S08446＋S08468
〔羊司於常樂官稅羊數名目〕　丁未年四月十二日（943）

15466 氾苟子 ················ Дх10270v
〔便麥粟曆〕（946）

15467 氾香 ··················· S00973
〔大般若波羅蜜多經卷第120（寫錄）〕（9C）

15468 氾香 ··················· S03604
〔大般若波羅蜜多經卷第541〕（9C）

15469 氾國忠 ················· S01438v
〔吐蕃占領燉煌初期漢族書儀〕（8C末）
　1)玉關驛戶　4)R面爲「道教義淵卷上」(8C)。

15470 氾國珎 ················· S03287v
〔戶口田地申告牒〕　子年五月（832 or 844）
　3)擊三部落

15471 氾乞藍 ·········· BD16381（L4455）
〔諸家磚曆〕（10C）

15472 氾骨子 ·················· P3231①
〔平康鄉官齋曆〕　癸酉年五月（973）
　3)平康鄉

15473 氾骨子 ················ S05632①
〔親情社轉帖〕　丁卯年二月八日（967）

15474 氾骨子 ················ Дх11201v
〔氾家兄(弟社?)便斛斗曆〕　壬戌年頃（962頃）

15475 氾骨兒? ················ BD16536
〔渠人文書殘片〕（9～10C）

15476 氾骨崙 ················· P3418v⑦
〔慈惠鄉缺枝夫戶名目〕（9C末～10C初）
　3)慈惠鄉

15477 氾骨崙 ················ P.tib1088Av
〔燉煌諸人磑課麥曆〕　卯年～巳年間（835～837）

15478 氾骨崙 ··················· S02041
〔社約〕　丙寅年三月四日（846）
　4)年號別筆(丙寅年三月四日)。ペン筆。

15479 氾沙彌 ··················· S06307
〔管內都僧正轉帖〕　九月一日（10C後期）
　1)徒衆・沙彌

15480 氾再員 ··················· P3164
〔親情社轉帖〕　乙酉年十一月廿六日（925?）

15481 氾再員 ·················· P3231⑥
〔平康鄉官齋曆〕　乙亥年九月廿九日（975）
　3)平康鄉

15482 氾再員 ················· P3231v⑦
〔平康鄉官齋曆〕　丙子年五月十五日（976?）
　3)平康鄉

15483 氾再?員 ················· P5032⑪
〔渠人?轉帖〕（10C後期）

15484 氾再員 ················· S06452v②
〔契〕　癸未年四月一日（983?）
　1)百姓　3)効穀鄉

15485 氾再盈? ··············· 杏・羽703⑤
〔雜記〕（10C後期）
　4)①～⑤;雜記。1紙完存(25.1×48.0cm)。V面爲「增壹阿含經卷第十」。存25行＋3行別記。此V面爲正面,兌經紙(10C後半寫經)。

15486 氾再盈 ················ 杏・羽707①
〔千字文・大寶積經等雜寫〕（10C）

15487 氾再恩 ················ Дх02149B
〔見納缺柴人名目〕（10C）

15488 氾再溫 ……………… P2622v
〔雜寫(鄉別人名記載)〕（9C?）
　　3)龍(勒鄉)　4)本件是別記。R面存「大中十三年
　三月四日」之紀年, 又V面存「大中十三年四月」之
　紀年。

15489 氾再住 ……………… P3164
〔親情社轉帖〕 乙酉年十一月廿六日 （925?）

15490 氾再住 ……………… P3636piece1
〔社人罰粟曆〕 丁酉年頃 （937頃）

15491 氾再昇 ……………… P3763v
〔淨土寺入破曆〕 （945前後）
　　2)淨土寺

15492 氾再昌 ……………… P3372v
〔社司轉帖并雜抄〕 壬申年 （972）
　　1)大歌

15493 氾再昌 ……………… S02894v⑨
〔親情社轉帖〕 壬申年十二月廿八日 （972）

15494 氾再昌 ……………… Дx06064v
〔人名目〕 （10C）

15495 氾再晟 ……………… BD16384(L4458)
〔抄錄有私駞名目〕 丙寅年八月廿九日 （966）
　　1)平水

15496 氾?再晟 ……………… P3418v⑧
〔平康鄉缺枝夫戶名目〕 （9C末～10C初）
　　3)平康鄉

15497 氾再晟 ……………… P4810v①
〔役簿?〕 九月廿七日 （9C）
　　1)右十

15498 氾再達 ……………… P3636piece1
〔社人罰粟曆〕 丁酉年頃 （937頃）

15499 氾策?ゝ ……………… S06235B②
〔納贈曆〕 （9C中期）

15500 氾索二 ……………… P3131v
〔牧羊馬駞缺數曆〕 （10C後期）

15501 氾索二 ……………… P4997v
〔分付羊皮曆(殘)〕 （10C後期）

15502 氾察ゝ ……………… P2680v②
〔諸鄉諸人便粟曆〕 （10C中期）
　　3)洪池鄉

15503 氾山ゝ ……………… P2646v
〔雜寫〕 （10C）
　　4)R面有「天復八年歲次戊辰二月廿日書儀寫記」
　之字。

15504 氾山ゝ ……………… P2716v
〔社司轉帖(寫)〕 （9C末～10C初）

15505 氾瘦?子 ……………… S06981⑬
〔入麥曆〕 酉年 （10C中期）

15506 氾殘子 ……………… BD03170v⑥（騰70）
〔金光明最勝王經卷第1(第6紙背題記)〕
（9C?）
　　1)寫　4)⇒氾殘子。

15507 氾殘子 ……………… P3231②
〔平康鄉官齋曆〕 癸酉年九月卅日 （973）
　　3)平康鄉

15508 氾殘子 ……………… P3231③
〔平康鄉官齋曆〕 甲戌年五月廿九日 （974）
　　3)平康鄉

15509 氾殘子 ……………… P3231⑦
〔平康鄉官齋曆〕 丙子年五月十五日 （976）
　　3)平康鄉

15510 氾殘子 ……………… P4693
〔官齋納麵油粟曆〕 （10C後期）
　　1)淨草

15511 氾?殘□ ……………… P3418v④
〔龍勒鄉缺枝夫戶名目〕 （9C末～10C初）
　　3)龍勒鄉

15512 氾嗣宗 ……………… S00390
〔氾嗣宗讚〕 （9～10C）
　　4)⇒嗣宗。

15513 氾子盈 ……………… S03287v
〔戶口田地申告牒〕 子年五月 （832 or 844）

15514 氾子啷 ……………… S03287v
〔戶口田地申告牒〕 子年五月 （832 or 844）

15515 氾子昂 ……………… S03287v
〔戶口田地申告牒〕 子年五月 （832 or 844）

15516 氾子昇 ……………… BD00460①②（洪60）
〔佛說無量壽宗要經(尾)〕 （9C前期）
　　4)第4紙及第8紙有尾題「氾子昇寫」。

15517 氾子昇 ·············· BD00863（盈63）
〔佛說无量壽宗要經（尾）〕（9C前期）
　4）原作「氾子昇寫」。

15518 氾子昇 ·············· BD01879（秋79）
〔无量壽宗要經末〕（9C前期）
　2）(靈)修(寺) 4）V面有「修」字。

15519 氾子昇 ·············· BD02831（調31）
〔无量壽宗要經〕（9C前期）

15520 氾子昇 ·············· BD03102②（騰2）
〔無量壽宗要經（末）〕（9C前期）

15521 氾子昇 ·············· BD06245（海45）
〔无量壽宗要經〕（9C前期）

15522 氾子昇 ························ P2142
〔大乘无量壽經（末）〕（9C前期）

15523 氾子昇 ··········· S05813＋S05831
〔社司轉帖〕 二月十八日 （9C前期）
　1）坐社

15524 氾子通 ······················ S06614v②
〔雇契(稿)〕 庚辰年三月十七日 （10C）
　1）百姓 3）慈惠鄉 4）原作「慈惠鄉百姓氾子通」。

15525 氾子昴〔昇〕 ············ P.tib1078bis
〔土地關係文書(藏文)〕 子年 （9C前期）

15526 氾師子 ······················ P3579v
〔將取西州去物色目〕 十一月廿七日 （10C後期）

15527 氾志漸 ······················ P3418v④
〔龍勒鄉缺枝夫戶名目〕（9C末～10C初）
　3）龍勒鄉 4）原作「僧氾志漸」。

15528 氾氏 ··························· S01899
〔燉煌氾氏傳〕（10C）

15529 氾氏 ················ Stein Painting 52
〔觀世音菩薩圖供養人題記〕 開寶四年壬申歲九月六日 （971）
　1)(張再德)妻？ 4）原作「新婦氾氏一心供養」。

15530 氾氏 ················ Stein Painting 63
〔十一面觀音圖供養題記〕（10C）
　1）清信大乘優(婆)姨

15531 氾氏 ·························· Ф032①
〔施入報恩寺疏〕 大宋咸平五年壬寅歲七月十五日 （1002）
　4）原作「洺北郡夫人大宗咸平五年壬寅歲五月十五日記」。

15532 氾氏 ······················ 莫第098窟
〔供養人題記〕（10C中期）
　4）原作「妹第十四小娘子一心供養出適氾氏」。南壁。《燉》p.38。《謝》p.93。

15533 氾氏 ······················ 莫第098窟
〔供養人題記〕（10C中期）
　4）原作「姪女小娘子出適氾氏」。南壁。《燉》p.39。《謝》p.94。

15534 氾氏 ······················ 莫第098窟
〔供養人題記〕（10C中期）
　1）故婆・沙州諸軍事夫人 4）南壁。《燉》p.38。《謝》p.93。

15535 氾氏 ······················ 莫第108窟
〔供養人題記〕（10C中期）
　4）原作「姊第十四娘子一心供養出適氾氏」。東壁門南側。《燉》p.51。《謝》p.80。

15536 氾氏 ······················ 莫第108窟
〔供養人題記〕（10C中期）
　4）原作「女第十二小娘子一心供養出適氾氏」。南壁。《燉》p.52。《謝》p.80。

15537 氾氏 ······················ 莫第231窟
〔供養人題記〕（11C初期）
　4）原作「新婦小娘子氾氏一心供養」。西壁。《燉》p.105。《謝》p.106。

15538 氾寺主 ······················ P2912v③
〔寫大般若經一部施銀盤子麥粟粉疏〕 四月八日 （9C前期）
　1）寺主

15539 氾寺主 ························ P3138
〔諸寺維那請大般若經袟〕（9C前期）
　1）寺主 2）龍興寺

15540 氾寺主 ························ P3587
〔某寺常住什物點檢見在曆(殘)〕（9C）
　1）寺主

15541 氾寺主 ···················· P.tib1118v
〔磑家納磑䅭(課)等麥曆〕（9C前期）
　1）寺主

15542 氾寺主 ·············· P.tib1261v⑨
〔諸寺僧尼支給穀物曆〕 （9C前期）
　1）寺主（尼）

15543 氾悉歹患 ·············· P.tib2124v
〔人名錄〕 （9C中期？）

15544 氾悉歹力 ········ BD15493v（簡057870）
〔雜寫〕 （9C後期？）

15545 氾悉裏 ·········· BD04256v①1（玉56）
〔斷知更人名帳〕 四月十四日夜 （9C後期）

15546 氾悉裏 ·········· BD04256v①3（玉56）
〔第三次斷知更人名帳〕 （四月）十三日夜 （9C後期）

15547 氾悉多鷄 ·············· P3418v①
〔□□鄉缺枝夫戶名目〕 （9C末～10C初）

15548 氾悉曇 ·············· S02669
〔管內尼寺（安國寺・大乘寺・聖光寺）籍〕 （865～870）
　2）大乘寺 3）莫高鄉 4）尼名「性靜香」。

15549 氾社官 ·············· P2738v
〔社司轉帖（寫錄）〕 八月廿九日 （9C後半）
　1）社官

15550 氾社官 ·············· S01845
〔納贈曆〕 丙子年四月十七日 （976？）
　1）社官

15551 氾社官 ·············· S09929
〔社司轉帖（殘）〕 □月十六日 （10C）
　1）社官

15552 氾社官 ·············· Дx01278
〔便粟社人名目〕 辛亥年五月 （951）
　1）社官

15553 氾社官 ·············· Дx01278v
〔張苟奴等菜一步曆〕 辛亥年頃 （951年頃）
　1）社官

15554 氾社官 ·············· Дx02978
〔辛亥年五月董押衙等便粟名目〕 辛亥年五月 （951頃）
　1）社官

15555 氾（社）□ ·············· Дx11072
〔社司轉帖（建福）〕 正月五日 （10C後期）
　2）乾明寺門前 4）本件存「於乾明寺門前取齊」一文。

15556 氾闍 ·············· P2469v
〔破曆雜錄〕 戌年六月五日 （830？）
　1）（蘭）闍？

15557 氾闍梨 ·············· BD07278（帝78）
〔四分律卷55兌紙（末雜寫2行）〕 （9C？）
　1）闍梨

15558 氾闍梨 ·········· BD09472v①～③（發92）
〔龍興寺索僧正等五十八人就唐家蘭若請賓頭廬文〕 （8～9C）
　1）闍梨 2）金光（明寺） 3）沙州

15559 氾闍梨 ·············· P2049v②
〔淨土寺諸色入破曆計會牒〕 長興二年正月 （930～931）
　1）闍梨

15560 氾闍梨 ·············· P2944
〔大乘寺・聖光寺等尼僧名錄〕 （10C後期？）
　1）闍梨 2）大乘寺

15561 氾闍梨 ·············· P3218
〔時年轉帖〕 八月廿二日 （975以降）
　1）闍梨 2）普光寺

15562 氾闍梨 ·············· P3638
〔沙彌善勝點檢常住什物見在曆〕 辛未年 （911）
　1）闍梨

15563 氾闍梨 ·············· P4810v②
〔爲亡妣請僧疏〕 （9C前期）
　1）闍梨 2）金光明寺

15564 氾闍梨 ·············· P5000v
〔僧尼名目〕 （9C前期）
　1）闍梨 2）光明寺

15565 氾闍梨 ·············· P.tib1261v③
〔諸寺僧尼支給穀物曆〕 （9C前期）
　1）闍梨

15566 氾闍梨 ·············· Дx06037
〔納贈曆〕 （10C）
　1）闍梨

15567 氾闍梨 …………………… Дx10275
〔納贈曆〕（10C）
　1）闍梨

15568 氾闍梨四娘 ……… BD09472v①〜③（發92）
〔龍興寺索僧正等五十八人就唐家蘭若請賓頭盧文〕（8〜9C）
　1）闍梨　2）金光（明寺）　3）沙州

15569 氾醜?子 …………………… Ф126v
〔雜寫〕（9C）

15570 氾醜兒 …………………… P2484
〔就東園笘會小印子群牧馳馬牛羊見行籍（歸義印）〕戊辰年十月十八日（968）
　4）存「歸義軍節度使印」。

15571 氾醜兒 …………………… S05632①
〔親情社轉帖〕丁卯年二月八日（967）
　2）顯德寺門

15572 （氾?）醜兒 …………… Дx11201r
〔氾家兒（弟社?）便斛斗曆〕壬戌年二月一日（962）
　4）⇒醜兒。

15573 氾醜〻 …………………… S00747v
〔雜寫〕（9C前期, 818頃）
　4）R面爲「論語集解」（9C前期）。

15574 氾醜奴 …………………… P3776
〔地段四至記載（2行）〕（9C後期）

15575 氾集君 …………………… P3418v④
〔龍勒鄉缺枝夫戶名目〕（9C末〜10C初）
　3）龍勒鄉

15576 氾什子 …………………… P2040v②-29
〔淨土寺西倉豆利入曆〕（940年代）
　2）淨土寺

15577 氾什德 …………………… P2912v③
〔寫大般若經一部施銀盤子麥粟粉疏〕四月八日（9C前期）
　4）原作「氾什德妻」。

15578 氾什德 …………………… P3234v⑮
〔淨土寺西倉豆利潤入曆〕（940年代?）
　2）淨土寺

15579 氾住興 …………………… S05467
〔雜寫（册子）〕（10C）

15580 氾住子 …………………… S05486r.v④
〔榮設所由就闍梨手上領得油曆〕丁未年二月八日（947）
　1）闍梨

15581 氾住兒 …………………… BD04661v（劍61）
〔社人分付主人布曆〕（10C）

15582 氾住兒 …………………… BD16137Av（L4072）
〔付物歷〕（10C?）

15583 氾住兒 …………………… S04121
〔陰家榮親客目〕甲午年五月十五日（994）

15584 氾住〻 …………………… S03287v
〔戶口田地申告牒〕子年五月（832 or 844）
　3）擘三部落

15585 氾住進 …………………… Дx11094
〔納贈曆〕（10C）

15586 氾住奴 …………………… P3556v④
〔社戶人名目（殘）〕（10C中期頃）
　1）社戶

15587 氾?俊? …………………… P3328v①
〔付細布曆〕（9C前期）

15588 氾准兒 …………………… 上博21B
〔渠人轉帖〕（10C中期?）

15589 氾潤盈 …………………… P3231⑦
〔平康鄉官齋曆〕丙子年五月十五日（976）
　3）平康鄉

15590 氾潤子 …………………… S05691
〔令狐瘦兒妻亡納贈曆〕丁亥年七月十二日（987）

15591 氾潤寧 …………………… P4638v⑬
〔將于闐充使達至西府大國〕辛卯年（931）
　1）押衙

15592 氾閏德 …………………… P3231v⑥
〔平康鄉官齋曆〕乙亥年九月廿九日（975?）
　3）平康鄉

15593 氾順 …………………… P.tib1088B
〔燉煌諸人磑課麥曆〕卯年〜巳年間（835〜837）

15594 氾順子 ……………… P3328v①
〔付細布曆〕 (9C前期)

15595 氾順子 ……………… S01163v
〔便麥契?(稿殘1行)〕 庚戌年五月六日 (950)
　　3)莫高鄉

15596 氾像 ……………… BD16191A(L4099)
〔地契殘片〕 (9〜10C)
　　1)見人

15597 氾像海 ……………… S02729①
〔燉煌應管勘牌子曆〕 辰年三月 (788)
　　1)僧 2)金光明寺 3)沙州 4)17行目。

15598 氾勝嬌 ……………… S02669
〔管內尼寺(安國寺・大乘寺・聖光寺)籍〕
(865〜870)
　　2)大乘寺 3)洪閏鄉 4)尼名「福勝」。

15599 氾勝君 ……………… S06130
〔諸人納布曆〕 (10C)
　　3)神沙鄉

15600 氾勝〻 ……………… S00782v
〔納贈曆〕 (10C)
　　4)ペン筆?

15601 氾勝奴 …………… BD16113B(L4066)
〔地畝文書〕 (10C)

15602 氾小胡 …………… BD16191A(L4099)
〔地契殘片〕 (9〜10C)
　　1)叔・見人

15603 氾小黑 ……………… P3418v④
〔龍勒鄉缺枝夫戶名目〕 (9C末〜10C初)
　　3)龍勒鄉

15604 氾小兒 ……………… S01845
〔納贈曆〕 丙子年四月十七日 (976?)

15605 氾小□ ……………… S10716v
〔狀?〕 丁巳年 (957)

15606 氾昇君 ……………… P4588v
〔社戶名目(2行)〕 (10C中期)
　　1)社戶

15607 氾昇弟? ……………… Дx06064v
〔人名目〕 (10C)

15608 氾昌子 ……………… BD09345①(周66)
〔安醜定妻亡社司轉帖〕 辛酉年四月廿四日
(961?)
　　2)顯德寺門

15609 氾昌友 ……………… BD16381(L4455)
〔諸家磚曆〕 (10C)

15610 氾昌□ ……………… Дx11078
〔(渠社?)轉帖〕 四月十日 (950前後)

15611 氾沼?淸 ……………… P3721v②
〔兄(見)在巡禮都官都頭名牒〕 庚辰年正月
十五日 (980)

15612 氾章午 ……………… S01159
〔神沙鄉散行人轉帖〕 二月四日 (10C中期)
　　1)行人 3)神沙鄉

15613 氾章三 ……………… Дx05474
〔轉帖(殘)〕 〔　〕月八日 (10C)

15614 氾章友 ……………… P3070v
〔行人轉帖(寫錄)〕 乾寧三年閏三(二)月
(896)

15615 氾章友 ……………… S01159
〔神沙鄉散行人轉帖〕 二月四日 (10C中期)
　　1)行人 3)神沙鄉

15616 氾章六 ……………… S00323
〔團頭名目〕 大順二年 (891)
　　1)團頭

15617 氾上座 ……………… P3391v①
〔社司轉帖(寫錄)〕 丁酉年正月日 (937)
　　1)上座

15618 氾淨林 ……………… S02729①
〔燉煌應管勘牌子曆〕 辰年三月 (788)
　　1)僧 2)龍興寺 3)沙州 4)5行目。

15619 氾心娘 ……………… S03287v
〔戶口田地申告牒〕 子年五月 (832 or 844)

15620 氾瑧川 ……………… 杏・羽663v
〔雜抄紙背人名等雜寫〕 (10C前期)

15621 氾神通 ……………… P3418v①
〔□□鄉缺枝夫戶名目〕 (9C末〜10C初)

15622 氾辰 ············· P3115
〔佛說續命經〕 天復元年五月十六日 （901）
　1)（氾清子）母

15623 氾進員 ············ BD16230B（L4112）
〔便物曆〕 （9～10C）

15624 氾進員 ············ BD16381（L4455）
〔諸家磚曆〕 （10C）

15625 氾（進）玉 ············ S05818v②
〔田籍〕 （吐蕃期）

15626 氾進賢 ············ S09948v
〔右廂都虞候氾進賢狀上〕 （10C）
　1)右廂都虞候兼觀察御史

15627 氾進元進 ············ P2032v⑬-7
〔淨土寺黃麻利閏入曆〕 （940前後）
　2)淨土寺

15628 氾進達 ············ S03982
〔月次人名目〕 癸亥年十一月 （963）

15629 氾逐 ············ BD16113B（L4066）
〔地畝文書〕 （10C）

15630 氾逐子 ············ BD11987（L2116）
〔歸義軍官府人名目〕 （9C後期～10C）
　1)押衙　4)原作「逐子氾押衙」。

15631 氾性娘 ············ S03287v
〔戶口田地申告牒〕 子年五月 （832 or 844）
　3)擘三部落

15632 氾性靜香 ············ S02669
〔管內尼寺(安國寺・大乘寺・聖光寺)籍〕
（865～870）
　2)大乘寺　3)莫高鄉　4)姓「氾」。俗名「悉曼」。

15633 氾政子 ············ BD16021c（L4018）
〔永寧坊巷社扶佛人名目〕 （9C後期～10C中期）
　1)事兵馬子　3)永寧坊　4)原作「事兵馬子氾政子」。

15634 氾政子 ············ P4693
〔官齋納麵油粟曆〕 （10C後期）
　4)舊P552930／30。

15635 氾正遍 ············ S02729①
〔燉煌應管勘牌子曆〕 辰年三月 （788）
　1)僧　2)大乘寺　3)沙州　4)45行目。

15636 氾清 ············ P2162v
〔三將納丑年突田曆〕 （9C前期）

15637 氾清子 ············ P3231①
〔平康鄉官齋曆〕 癸酉年五月 （973）
　3)平康鄉

15638 氾清子 ············ S05632①
〔親情社轉帖〕 丁卯年二月八日 （967）

15639 氾清兒 ············ P2032v⑪
〔淨土寺西倉司願勝等入破曆〕 乙巳年三月
（945）
　2)淨土寺

15640 氾清兒 ············ P3231①
〔平康鄉官齋曆〕 癸酉年五月 （973）
　3)平康鄉

15641 氾清兒 ············ P3231②
〔平康鄉官齋曆〕 癸酉年九月卅日 （973）
　3)平康鄉

15642 氾清兒 ············ S05632①
〔親情社轉帖〕 丁卯年二月八日 （967）
　2)顯德寺門

15643 氾清兒 ············ Дx02971
〔王都頭倉下糧食破曆〕 （10C）

15644 氾清々 ············ BD14666v④（新0866）
〔麥粟納付曆(4行半)〕 （9C前期）

15645 氾清々 ············ S02228①
〔絲綿部落夫丁修城使役簿〕 亥年六月十五日 （819）
　1)(右五)　3)絲綿部落　4)首行作「亥年六月十五日州城所,絲綿」。末行作「亥年六月十五日畢功」。

15646 氾生? ············ P3231①
〔平康鄉官齋曆〕 癸酉年五月 （973）
　3)平康鄉

15647 氾生 ············ P3231②
〔平康鄉官齋曆〕 癸酉年九月卅日 （973）
　3)平康鄉

15648 氾生 ············ P3231④
〔平康鄉官齋曆〕 甲戌年十月十五日 （974）
　3)平康鄉

15649 氾生 …………………… P3231⑦
〔平康鄉官齋曆〕 丙子年五月十五日 （976）
　3）平康鄉

15650 氾生 …………………… S06003
〔社司轉帖〕 壬申年七月廿九日 （972）

15651 氾誠 …………………… P3047v⑨
〔諸人諸色施捨曆〕 （9C前期）

15652 氾青兒 ………………… P2049v①
〔淨土寺諸色入破曆計會牒〕 同光三年 （925）

15653 氾善威?（斌）………… S02630v
〔人名〕 天復六年丙寅歲閏十二月廿六日 （907）
　1）書記

15654 氾善盈 ………………… P2633v
〔便麥曆（殘）〕 （921～923 or 981～983頃）

15655 氾善恩 ………………… BD16026A（L4018）
〔人名目〕 （10C）

15656 氾善恩 ………………… BD16026c（L4018）
〔周家蘭若禪僧法成便麥粟曆〕 （957～959）
　3）永寧坊

15657 氾善恩 ………………… P2629
〔官破曆〕 九月十六日 （10C中期）
　4）原作「氾善恩」。

15658 氾善興 ………………… P3721v③
〔冬至自斷官員名〕 己卯年十一月廿六日 （979）

15659 氾善子 ………………… P3240②
〔付耠曆〕 壬寅年七月十六日 （1002）

15660 氾善住 ………………… P.tib3964
〔便粟曆〕 辛亥年（九月）頃 （951）

15661 氾善住 ………………… Дx06018
〔社司轉帖（殘）〕 （10C後期）

15662 氾善俊 ………………… P3881v
〔招提司惠覺諸色斛㪷計會〕 太平興國六年 （981）
　1）押衙

15663 氾善俊 ………………… S04643
〔陰家榮親客目〕 甲午年五月十五日 （994）

15664 氾善昌 ………………… P3721v②
〔兄（見）在巡禮都官都頭名牒〕 庚辰年正月十五日 （980）

15665 （氾?）善昌 …………… Дx01449
〔王法律小有斛㪷出便人名目〕 某月十八日 （10C後期）
　1）口承弟・（氾?員昌）弟

15666 氾善娘 ………………… S03287v
〔戶口田地申告牒〕 子年五月 （832 or 844）
　1）（國珎）婢 3）擘三部落

15667 氾善進 ………………… S01845
〔納贈曆〕 丙子年四月十七日 （976?）
　1）郎君

15668 氾善通 ………………… P2633v
〔便麥曆（殘）〕 （921～923 or 981～983頃）

15669 氾善奴 ………………… S06003
〔社司轉帖〕 壬申年七月廿九日 （972）

15670 氾善富 ………………… P4997v
〔分付羊皮曆（殘）〕 （10C後期）

15671 氾善祐 ………………… S10273＋S10274＋S10276＋S10277＋S10279＋S10290
〔出便麥與人名目〕 丁巳年二月一日 （957?）

15672 氾僧政 ………………… P2040v③-7
〔淨土寺黃麻入曆〕 （939）
　1）僧政　2）淨土寺

15673 氾僧政 ………………… P2049v②
〔淨土寺諸色入破曆計會牒〕 長興二年正月 （930～931）
　1）僧政　2）靈圖寺

15674 氾僧政 ………………… P3490v②
〔麵破曆〕 辛巳年 （921）
　1）僧政

15675 氾僧政 ………………… S03702
〔講經和尚頌（6通）〕 （10C?）
　1）僧政　2）大雲寺

15676 氾僧正 ………………… P3218
〔時年轉帖〕 八月廿二日 （975以降）
　1）僧正　2）大雲寺

15677 氾僧正 ・・・・・・・・・・・・・・・・・・・・・・ P3881v
 〔招提司惠覺諸色斛㪷計會〕 太平興國六年 (981)
  1)僧正

15678 氾僧正 ・・・・・・・・・・・・・・・・・・・・・・ P4981
 〔當寺轉帖〕 閏三月十三日 (961)
  1)僧正

15679 氾僧正 ・・・・・・・・・・・・・・・・・・・・・・ S05050
 〔某寺諸色入破曆計會〕 (10C中期)
  1)僧正 4)亡納贈。

15680 氾僧正 ・・・・・・・・・・・・・・・・・・・・・・ Дx02164
 〔某寺麵油等破曆〕 (10C)
  1)僧正 2)金光明寺 4)本件中存「(八月)廿二日…金光明寺氾僧正身亡納贈用」之句。

15681 氾僧正 ・・・・・・・・・・・・・・・・・・・・・・ Дx06064v
 〔人名目〕 (10C)
  1)僧正

15682 氾僧統 ・・・・・・・・・・・・・・・・・・・・・・ P2032v⑨
 〔淨土寺粟破曆〕 (940前後)
  1)僧統 2)淨土寺

15683 氾僧統 ・・・・・・・・・・・・・・・・・・・・・・ P2040v②-1
 〔淨土寺勝淨等手下諸色入曆〕 乙巳年正月廿七日以後 (945以降)
  1)僧統 2)淨土寺

15684 氾僧統 ・・・・・・・・・・・・・・・・・・・・・・ P3165v
 〔某寺破麥曆(殘)〕 (丁卯／戊辰年) (908?)
  1)僧統

15685 氾僧統 ・・・・・・・・・・・・・・・・・・・・・・ P3556v⑦
 〔道場思惟簿〕 (10C)

15686 氾僧錄 ・・・・・・・・・・・・・・・・・・・・・・ P3745v②
 〔納贈曆〕 (9C末期?)
  1)僧錄

15687 氾僧錄 ・・・・・・・・・・・・・・・・・・・・・・ S02614v
 〔燉煌應管諸寺僧尼名錄〕 (895)
  1)僧錄 2)大雲寺

15688 氾倉曹 ・・・・・・・・・・・・・・・・・・・・・・ S02214v
 〔黃麻地畝數目〕 (9C後期?)
  1)倉曹

15689 氾草傷 ・・・・・・・・・・・・・・・・・・・・・・ P3440
 〔見納賀天子物色人名〕 丙申年三月十六日 (996)

15690 氾草塲 ・・・・・・・・・・・・・・・・・・・・・・ S04643
 〔陰家榮親客目〕 甲午年五月十五日 (994)
  4)當人氾達恒的家囑。

15691 氾藏子 ・・・・・・・・・・・・・・・・・・・・・・ P3249v
 〔將龍光顏等隊下人名目〕 (9C中期)

15692 氾堆子 ・・・・・・・・・・・・・・・・・ BD11523v(L1652)
 〔社司點帖及雜寫〕 (9～10C)

15693 氾太娘 ・・・・・・・・・・・・・・・・・・・・・・ S03287v
 〔戶口田地申告牒〕 子年五月 (832 or 844)

15694 氾大學 ・・・・・・・・・・・・・・・・・ BD12580(L2709)
 〔雜寫(4文字)〕 (9～10C)

15695 氾宅官 ・・・・・・・・・・・・・・・・・・・・・・ S02472v③
 〔納贈曆〕 辛巳年十月廿八日 (981)
  1)宅官

15696 氾宅官 ・・・・・・・・・・・・・・・・・・・・・・ S08448Bv
 〔紫亭羊數名目〕 (940頃)
  1)宅官

15697 氾達恒 ・・・・・・・・・・・・・・・・・・・・・・ S04643
 〔陰家榮親客目〕 甲午年五月十五日 (994)
  4)氾恒達?

15698 氾達兒 ・・・・・・・・・・・・・・・・・・・・・・ S04504v④
 〔行人轉帖〕 七月三日 (10C前期)

15699 氾達怛 ・・・・・・・・・・・・・・・・・・・・・・ P3579
 〔百姓吳保住牒〕 雍熙五年戊子歲 (988)
  1)百姓

15700 氾達ゞ? ・・・・・・・・・・・・・・・・・・・・・・ S05691
 〔令狐瘦兒妻亡納贈曆〕 丁亥年七月十二日 (987)

15701 氾擔奴 ・・・・・・・・・・・・・・・・・ BD06359(鹹59)
 〔便麥契〕 丑年二月 (821)
  1)寺戶 2)安國寺

15702 氾端兒 ・・・・・・・・・・・・・・・・・・・・・・ BD16509A
 〔延晟人名一本〕 (9C前期)

15703 氾團娘 ・・・・・・・・・・・・・・・・・・・・・・ S03287v
 〔戶口田地申告牒〕 子年五月 (832 or 844)

15704 氾團ゞ ・・・・・・・・・・・・・・・・・・・・・・ S03287v
 〔戶口田地申告牒〕 子年五月 (832 or 844)
  3)擘三部落

15705 氾團頭 ･････････････････ S02472v③
　〔納贈曆〕　辛巳年十月廿八日　(981)
　　1)團頭

15706 氾知馬官 ･････････････ P3145v
　〔節度使下官人名・鄉名諸姓等雜記〕　(10C)
　　1)知馬官

15707 氾畜?支 ･････････････ P4997v
　〔分付羊皮曆(殘)〕　(10C後期)

15708 氾丑子 ･･･････････････ S04700
　〔陰家榮親客目〕　甲午年五月十五日　(994)
　　1)都頭

15709 氾丑兒 ･･･････････････ P3131v
　〔牧羊馬馳缺數曆〕　(10C後期)

15710 氾丑兒 ･･･････････････ P3231④
　〔平康鄉官齋曆〕　囲戌年十月十五日　(974)
　　3)平康鄉

15711 氾丑兒 ･･･････････････ P3231⑤
　〔平康鄉官齋曆〕　□亥年五月十五日　(975)
　　3)平康鄉

15712 氾丑兒 ･･･････････････ P4997v
　〔分付羊皮曆(殘)〕　(10C後期)

15713 氾丑奴 ･･･････････････ P3396
　〔沙州諸渠別粟田名目〕　(10C後期)

15714 氾丑奴 ･･･････････････ P4525⑩
　〔官府酒破曆〕　辛巳年　(981)
　　1)油染博士

15715 氾丑奴 ･･･････････････ S05691
　〔令狐瘦兒妻亡納贈曆〕　丁亥年七月十二日　(987)

15716 氾丑奴 ･･･････････････ S08663
　〔麥支給曆〕　(10C)

15717 氾忠信 ･･･････････････ S00323
　〔團頭名目〕　大順二年　(891)
　　1)團頭

15718 氾?忠信 ･･･････････････ S06116
　〔白荊頭名簿〕　(10C後期)

15719 氾幀 ･･････････････ BD16191A(L4099)
　〔地契殘片〕　(9～10C)
　　1)地主・兄

15720 氾張三 ････････････････ S06614v①
　〔社司轉帖〕　(10C)

15721 氾張八 ････････････････ P2912v③
　〔寫大般若經一部施銀盤子麥粟粉疏〕　四月八日　(9C前期)

15722 氾超 ･･････････････････ P2162v
　〔三將納丑年突田曆〕　(9C前期)

15723 氾長盈 ････････････････ P4699
　〔新集書儀1卷(首題)〕　辛巳年正月廿日　(981)
　　4)原作「辛巳年正月廿日氾長盈書記者」。

15724 氾長盈 ････････････････ S08663
　〔麥支給曆〕　(10C)

15725 氾長子 ････････････････ Дx02162
　〔社司轉帖〕　庚子年八月十四日　(940?)

15726 氾猪盈 ････････････････ P2766v
　〔人名列記〕　咸通十二年　(871)

15727 氾通子 ････････････････ P2032v①-4
　〔淨土寺粟入曆〕　(944前後)

15728 氾通子 ････････････････ P3164
　〔親情社轉帖〕　乙酉年十一月廿六日　(925?)

15729 氾通子 ････････････････ P3490
　〔當居創造佛利功德記(寫)〕　天成三年歲次戊子九月壬申朔十五日丙戌(題記)　(928)
　　4)原作「天成三年戊子歲九月十七日題記」。

15730 氾?通子 ････････････････ Ф126v
　〔雜寫〕　(9C)

15731 氾通順 ･･･････ BD16363A(L4446)
　〔社司轉帖〕　戊申年　(948?)

15732 氾通達 ････････････････ P2766v
　〔人名列記〕　咸通十二年　(871)

15733 氾通達 ････････････････ P3231⑤
　〔平康鄉官齋曆〕　□亥年五月十五日　(975)
　　3)平康鄉

15734 氾通定 ････････････････ Дx02149A
　〔寒食座設付酒曆〕　戊午年四月廿五日　(958 or 898)

15735 氾定興 ············ P3721v①
〔平康鄉堤上兄(見)點得人名目〕 庚辰年三月
廿二日 (980)
　3)平康鄉

15736 氾定興 ············ P4693
〔官齋納麵油粟曆〕 (10C後期)
　1)䭔子頭

15737 氾定子 ············ P3231④
〔平康鄉官齋曆〕 囲戌年十月十五日 (974)
　3)平康鄉

15738 氾定子 ············ P3231⑤
〔平康鄉官齋曆〕 囗亥年五月十五日 (975)
　3)平康鄉

15739 氾?定子 ············ P3372v
〔社司轉帖并雜抄〕 壬申年 (972)
　1)大歌

15740 氾定子 ············ S05632①
〔親情社轉帖〕 丁卯年二月八日 (967)

15741 氾定昌 ············ S04445v③
〔破曆〕 庚寅年 (930?)

15742 (氾?)定千 ············ P3812v
〔雜寫〕 (9C末頃)

15743 氾定千 ············ S00263v
〔雜寫(1行)〕 辛卯年六月七日 (931)
　1) 師　4)R面 爲「无相禮」及「大乘六根讚」
(10C?)。

15744 氾定遷 ············ S05632①
〔親情社轉帖〕 丁卯年二月八日 (967)
　2)顯德寺門

15745 氾定全 ············ 莫第444窟
〔題記〕 太平興國三年戊寅歲正月初三日 (978)
　4)原作「太平興國三年戊寅歲正月初三日和尚畫
窟三人壹氾定全」。《燉》p.169。

15746 氾定存 ············ S04643
〔陰家榮親客目〕 甲午年五月十五日 (994)

15747 氾弟ゝ ············ BD06359(鹹59)
〔便麥契〕 丑年二月 (821)
　1)寺戶　2)安國寺

15748 氾弟ゝ ············ P.tib1088Av
〔燉煌諸人磑課麥曆〕 卯年～巳年間 (835～
837)

15749 氾鐵奴 ············ P4908
〔某寺交割什物點檢曆〕 庚子年頃 (10C?)

15750 氾鐵奴 ············ S04215
〔什物交割曆〕 庚子年頃 (940 or 1000)

15751 氾天奴 ············ BD11988(L2117)
〔某寺常住物檢曆〕 (10C)

15752 氾渡子 ············ S06981⑬
〔入麥曆〕 酉年 (10C中期)

15753 氾都牙 ············ P3721v③
〔多至自斷官員名〕 己卯年十一月廿六日
(979)
　1)都衙

15754 氾都牙 ············ S04525
〔付官健及諸社佛會色物數目〕 (10C後期)
　1)都衙

15755 氾都衙 ············ S06452①
〔淨土寺破曆〕 辛巳年 (981)
　1)都衙　2)淨土寺　4)原作「氾都衙家」。

15756 氾都衙 ········ Дх00285＋Дх02150＋
Дх02167＋Дх02960＋Дх03020＋Дх03123v③
〔某寺破曆〕 (10C中期)
　1)都衙

15757 氾都僧統 ············ S02614v
〔燉煌應管諸寺僧尼名錄〕 (895)
　1)都僧統　2)安國寺　4)安國寺籍末行細字書
込。

15758 氾都知? ············ P3875B
〔某寺修造諸色破曆〕 囲子年八月十七日
(916 or 976?)
　1)都知　4)原作「氾都知?莊」。

15759 氾都知 ············ P4638v④
〔馬軍武達兒狀〕 丙申年正月日 (936)
　1)都知

15760 氾都頭 ············ P4907
〔淨土寺?闕破曆〕 辛卯年十七日 (931?)
　1)都頭　2)淨土寺?

15761 氾都頭 ……………… S04643
〔陰家榮親客目〕 甲午年五月十五日 (994)
　1)都頭　4)原作「氾都頭小娘子」。

15762 氾?都頭 ……………… S04700
〔陰家榮親客目〕 甲午年五月十五日 (994)
　1)(氾?慶長)男・都頭

15763 氾都頭 ……………… S06452①
〔淨土寺破曆〕 辛巳年 (981)
　1)都頭　2)淨土寺

15764 氾?都頭小娘子 ……………… S04700
〔陰家榮親客目〕 甲午年五月十五日 (994)
　1)氾?都頭・小娘子

15765 氾都料 ……………… S06452②
〔周僧正貸油麴曆〕 辛巳年～壬午年 (981～982?)
　1)都料

15766 氾奴子 ……… BD14666v⑤(新0866)
〔氾奴子等戌年不作曆〕 戌年三月・四月・五月・七月・九月・正月 (9C前期)

15767 氾奴ゞ ……………… P3418v⑥
〔洪閏鄉缺枝夫戶名目〕 (9C末～10C初)
　3)洪閏鄉

15768 氾奴ゞ ……………… P3757v
〔社司轉帖(殘)〕 天福八年前後 (943前後)

15769 氾唐彥 ……………… S02113v③
〔馬德勝宕泉創修功德記〕 乾寧三年丙辰歲四月八日 (896)

15770 氾塘彥 ……………… P3573
〔論語義疏卷第1,2(背)〕 (9～10C)
　1)宣諭使・判官・尋覽　4)有「圖書記」朱印。

15771 氾燈花 ……………… S02669
〔管內尼寺(安國寺・大乘寺・聖光寺)籍〕 (865～870)
　2)大乘寺　3)洪潤鄉　4)姓「氾」。俗名「媚子」。

15772 氾德子 ……………… P4997v
〔分付羊皮曆(殘)〕 (10C後期)

15773 氾德子 ……………… S05632①
〔親情社轉帖〕 丁卯年二月八日 (967)
　1)社官

15774 氾德子 ……………… Дx02149в
〔見納缺柴人名目〕 (10C)

15775 氾德兒 ……………… BD11987(L2116)
〔歸義軍官府人名目〕 (9C後期～10C)

15776 氾德信 ……………… P4640v
〔官入破曆〕 辛酉年四月 (901)
　1)兵馬使

15777 氾德進 ……………… P3418v①
〔□□鄉缺枝夫戶名目〕 (9C末～10C初)

15778 氾德進 ……………… P4063
〔官建轉帖〕 丙寅年四月十六日 (966)

15779 氾日興 ……… BD10773v②(L0902)
〔某寺殘曆〕 (9C)

15780 氾日助 ……………… S05813＋S05831
〔社司轉帖〕 二月十八日 (9C前期)

15781 氾寧ゞ ……………… P3249v
〔將龍光顏等隊下人名目〕 (9C中期)

15782 氾?婆子 ……………… Дx03946v
〔缺粟麥人名目〕 (10C)

15783 氾馬步 ……………… P3440
〔見納賀天子物色人名〕 丙申年三月十六日 (996)
　1)馬步

15784 氾馬步 ……………… P3942
〔某家榮親客目〕 (10C?)
　1)馬步

15785 氾馬步 ……………… S04643
〔陰家榮親客目〕 甲午年五月十五日 (994)
　1)馬步　4)原作「氾馬步娘子」。

15786 氾馬步娘子 ……………… P3942
〔某家榮親客目〕 (10C?)

15787 氾馬步娘子 ……………… S04643
〔陰家榮親客目〕 甲午年五月十五日 (994)

15788 氾買(奴) ……………… Дx02971
〔王都頭倉下糧食破曆〕 (10C)

15789 氾博士 ……………… S01519①
〔破曆〕 (890?)
　1)博士

15790 氾泊達 ················ P.tib3964
〔便粟曆〕 辛亥年頃 (951)

15791 氾鉢單 ················ P3369v①
〔雜寫?〕 乾符三年十月廿一日 (876)

15792 氾鉢ゞ ················ P3369v①
〔雜寫?〕 乾符三年十月廿一日 (876)

15793 氾鉢ゞ ················ S02669
〔管內尼寺(安國寺・大乘寺・聖光寺)籍〕
(865〜870)
 2)大乘寺 3)莫高鄉 4)尼名「嚴妙」。

15794 氾判官 ········ BD02258v③(閏58)
〔建隆元年哀子某延僧爲母追念疏〕 建元年四月三日 (960)
 1)判官 2)乾元寺

15795 氾判官 ············ BD04407v(崑7)
〔雜寫〕 (9〜10C)
 1)判官・闍梨 2)普光寺 4)本文中有「咨氾判官闍梨,普光寺城南地戶伏請與」。

15796 氾判官 ············ P2040v②-16
〔淨土寺粟破曆〕 乙巳年正月廿七日以後 (945以降)
 1)判官 2)淨土寺

15797 氾判官 ················ P3852v②
〔大般若經付袟僧名目〕 (10C)
 1)判官

15798 氾判官 ················ S01600②
〔靈修寺廚田入破曆〕 辛酉年 (961)
 1)判官 2)靈修寺

15799 氾判官 ················· S05039
〔某寺諸色破曆〕 (10C後期)
 1)判官 2)乾元寺 4)亡納贈。

15800 氾判官 ················· S06981①
〔某寺入曆〕 辛酉年〜癸亥年中間三年 (901〜903 or 961〜963)
 1)判官

15801 氾判官闍梨 ········ BD04407v(崑7)
〔雜寫〕 (9〜10C)
 1)判官・闍梨 2)普光寺 4)本文中有「咨氾判官闍梨,普光寺城南地戶伏請與」。

15802 氾判子 ················ S03287v
〔戶口田地申告牒〕 子年五月 (832 or 844)
 3)擘三部落

15803 氾媚子 ················ S02669
〔管內尼寺(安國寺・大乘寺・聖光寺)籍〕
(865〜870)
 2)大乘寺 3)洪潤鄉 4)尼名「智燈花」。

15804 氾媚子 ················ S02669
〔管內尼寺(安國寺・大乘寺・聖光寺)籍〕
(865〜870)
 2)大乘寺 3)洪閏鄉 4)尼名「智燈花」。

15805 氾美娘 ················ S03287v
〔戶口田地申告牒〕 子年五月 (832 or 844)
 3)擘三部落

15806 氾不採 ················ S03287v
〔戶口田地申告牒〕 子年五月 (832 or 844)
 3)擘三部落

15807 氾不子 ················· P3812v
〔雜寫〕 (9C末頃)

15808 氾不子 ················· P5032⑲
〔渠人轉帖〕 甲申年四月十二日 (984)

15809 氾不兒 ················ Дx06064v
〔人名目〕 (10C)

15810 氾不羨 ················ S03287v
〔戶口田地申告牒〕 子年五月 (832 or 844)
 1)(定德)男

15811 氾不勿 ················ Дx04278
〔十一鄉諸人付麵數〕 乙亥年四月十一(日)
(915? or 975)
 3)玉〔關鄉〕

15812 氾富盈 ················ Дx10275
〔納贈曆〕 (10C)

15813 氾富言? ·············· S07932
〔月次番役名簿〕 二月 (10C後期)

15814 氾富昌 ················· P3231③
〔平康鄉官齋曆〕 甲戌年五月廿九日 (974)
 3)平康鄉

15815 氾富昌 ················· P3231⑤
〔平康鄉官齋曆〕 囗亥年五月十五日 (975)
 3)平康鄉

15816 氾富川 ‥‥‥‥‥‥‥‥ S02710②
　〔洪閏鄉百姓氾富川賣牛?契〕　清泰四年十二月　(938)
　　1)百姓　3)洪閏鄉

15817 氾富川 ‥‥‥‥‥‥‥‥ S02710v
　〔王梵志詩一卷題記〕　清泰四年頃　(938頃)
　　4)原作「氾富川王梵志詩一卷」。

15818 氾富達 ‥‥‥‥‥‥‥‥ P4987
　〔兄弟社轉帖〕　戊子年七月　(988)

15819 氾富達 ‥‥‥‥‥‥‥‥ P5032①
　〔渠人轉帖〕　戊午年六月十八日　(982)

15820 氾富達 ‥‥‥‥‥‥‥‥ P5032⑫
　〔渠人轉帖〕　甲申年十月四日　(984)

15821 氾富達 ‥‥‥‥‥‥‥ P5032⑬⑯⑱
　〔渠人轉帖〕　甲申年二月廿日　(984)

15822 氾富達 ‥‥‥‥‥‥‥‥ P5032⑭
　〔渠人轉帖〕　甲申年九月廿一日　(984)

15823 氾富達 ‥‥‥‥‥‥‥‥ P5032⑰
　〔渠人轉帖〕　甲申年二月廿九日　(984)

15824 氾富達 ‥‥‥‥‥‥‥‥ P5032⑲
　〔渠人轉帖〕　甲申年四月十二日　(984)

15825 氾富達 ‥‥‥‥‥‥‥‥ P5032⑲
　〔渠人轉帖〕　甲申年□月十七日　(984)

15826 氾富通 ‥‥‥‥‥‥‥ BD09325(周46)
　〔社司轉帖〕　□子?年七月十四日　(10C後期)

15827 氾富通 ‥‥‥‥‥‥‥‥ S02472v③
　〔納贈曆〕　辛巳年十月廿八日　(981)

15828 氾富定 ‥‥‥‥‥‥‥‥ P3231③
　〔平康鄉官齋曆〕　甲戌年五月廿九日　(974)
　　3)平康鄉

15829 氾富定 ‥‥‥‥‥‥‥‥ P3231⑤
　〔平康鄉官齋曆〕　□亥年五月十五日　(975)
　　3)平康鄉

15830 氾富定 ‥‥‥‥‥ S08445＋S08446＋S08468
　〔羊司於常樂稅羊人名目〕　丙午年六月廿七日　(946)

15831 氾富奴 ‥‥‥‥‥‥‥‥ Дx04278
　〔十一鄉諸人付麵數〕　乙亥年四月十一(日)　(915? or 975)
　　3)龍〔勒鄉〕

15832 氾富德 ‥‥‥‥‥‥‥ BD09325(周46)
　〔社司轉帖〕　□子?年七月十四日　(10C後期)

15833 氾富德 ‥‥‥‥‥‥‥‥ P3231①
　〔平康鄉官齋曆〕　癸酉年五月　(973)
　　3)平康鄉

15834 氾富德 ‥‥‥‥‥‥‥‥ P3231②
　〔平康鄉官齋曆〕　癸酉年九月卅日　(973)
　　3)平康鄉

15835 氾富德 ‥‥‥‥‥‥‥‥ P3231③
　〔平康鄉官齋曆〕　甲戌年五月廿九日　(974)
　　3)平康鄉

15836 氾富德 ‥‥‥‥‥‥‥‥ P3231④
　〔平康鄉官齋曆〕　甲戌年十月十五日　(974)
　　3)平康鄉

15837 氾富德 ‥‥‥‥‥‥‥‥ P3231⑥
　〔平康鄉官齋曆〕　乙亥年九月廿九日　(975)
　　3)平康鄉

15838 氾富德 ‥‥‥‥‥‥‥‥ P3231⑦
　〔平康鄉官齋曆〕　丙子年五月十五日　(976)
　　3)平康鄉

15839 氾富德 ‥‥‥‥‥‥‥‥ P4525⑧
　〔都頭及音聲等都共地畝細目〕　(980頃)

15840 氾府君 ‥‥‥‥‥‥‥‥ P2482⑥
　〔氾府君圖眞讚并序〕　(10C)

15841 氾普願 ‥‥‥‥‥‥‥‥ S02729①
　〔燉煌應管勘牌子歷〕　辰年三月　(788)
　　1)僧　2)普光寺　3)沙州　4)40行目。

15842 氾副隊押衙 ‥‥‥‥‥‥ Дx01317
　〔衙前第一隊轉帖〕　二月六日　(10C中期)
　　1)副隊押衙

15843 氾副隊頭 ‥‥‥‥‥‥‥ Дx01317
　〔衙前第一隊轉帖〕　二月六日　(10C中期)
　　1)副隊頭

15844 氾福盈 ‥‥‥‥‥‥‥‥ Дx01411
　〔氾福盈奠敬祭文〕　〔歲〕次戊午十二月乙丑朔廿一日乙酉　(898)

15845 氾福奴 ……………… S06066
〔社司轉帖〕 壬辰年四月廿二日 (992)
　2)乾明寺

15846 氾粉子 ……………… S11552
〔納贈曆〕 (10C)
　4)舊S10637。

15847 氾糞槌 ……………… P3418v④
〔龍勒鄉缺枝夫戶名目〕 (9C末～10C初)
　3)龍勒鄉

15848 氾文 ……………… P3418v④
〔龍勒鄉缺枝夫戶名目〕 (9C末～10C初)
　3)龍勒鄉

15849 氾文 …………… Дx00796＋Дx01343＋
　　　　　　　　Дx01347＋Дx01395v
〔雜寫(人名列記等)〕 某月廿日 (10C)

15850 氾文英 ……………… P3894v
〔人名錄等雜抄〕 (900前後)

15851 氾文君 ……………… P4640v
〔官入破曆〕 己未年五月 (899)
　1)押衙

15852 氾文君 ……………… S03877v②
〔賣舍契(寫)〕 乾寧四年丁巳正月廿九日 (897)

15853 氾文君 ……………… S03877v④
〔賣舍契(寫)〕 乾寧四年丁巳正月十二日 (897)

15854 氾文惠 ……………… S04643
〔陰家榮親客目〕 甲午年五月十五日 (994)

15855 氾文惠 ……………… S06123
〔渠人轉帖〕 戊寅年六月十四日 (978)
　2)普光寺

15856 氾文傑 ……………… P3231③
〔平康鄉官齋曆〕 甲戌年五月十九日 (974)
　3)平康鄉

15857 氾文傑 ……………… P3231⑥
〔平康鄉官齋曆〕 乙亥年九月十九日 (975)
　3)平康鄉

15858 氾文傑 ……………… S04643
〔陰家榮親客目〕 甲午年五月十五日 (994)
　1)押衙

15859 氾文信 ……………… P3502v②
〔氾文信謹狀(尾題)(寫錄)〕 大中十六年五月廿七日 (861)

15860 氾文進 ……………… 莫第098窟
〔供養人題記〕 (10C中期)
　1)節度押衙知左右廂子弟虞侯銀青光祿大夫檢校國子祭酒兼御史中丞上柱國　4)南壁。《燉》p.43。《謝》p.92。

15861 氾文晟 ……………… P3816v
〔人名目〕 (10C)

15862 氾文達 ……………… BD07092(龍92)
〔佛妙經鈔〕 (9～10C)

15863 氾文達 ……………… P3565
〔氾懷通兄弟貸絹契〕 甲子年三月一日 (904 or 964)
　1)貸絹人

15864 氾文通 ……………… P4019v
〔社司轉帖(雜寫)〕 乙巳年三?月十三?日 (885)

15865 氾文德 ……………… P3972v
〔情添器具名他雜記〕 辰年四月十一日 (884?)
　4)R面爲「論語卷第2」。題記有「壬寅年(882)十一月廿九日學事高奴子寫記了」。

15866 氾文德 ……………… P4640v
〔官入破曆〕 庚申年七月 (900)
　1)都知

15867 氾文德 ……………… S01159
〔神沙鄉散行人轉帖〕 二月四日 (10C中期)
　1)行人　3)神沙鄉

15868 氾文德 ……………… Дx10862v
〔人名目〕 (10C?)

15869 氾文彡 ……………… P3167v
〔安國寺道場司關于(五尼寺)沙彌戒訴狀〕 乾寧二年三月 (895)
　2)普光寺?

15870 氾文彡 ……………… P.tib1118v
〔磑家納磑稞(課)等麥曆〕 (9C前期)

15871 氾文□ ……………… P2915piece1·2
〔社人名錄(殘)〕 (10C)

15872 氾平水 ……………… P4008
〔碨麵人名目〕（10C中期?）
　1）平水

15873 氾平水 ……………… S06003
〔社司轉帖〕 壬申年七月廿九日 （972）

15874 氾平水 ………… S08445＋S08446＋
　　S08468
〔常梨氾平水手上領得羊廿六口（2行）〕 丁未年十一月十九日 （943）
　1）平水

15875 氾辯 ………………… P2162v
〔三將納丑年突田曆〕（9C前期）

15876 氾辯々 ……………… S07060
〔都司諸色破曆〕 辰年 （9C前期）

15877 氾保違 ……………… S03287v
〔戶口田地申告牒〕 子年五月 （832 or 844）

15878 氾保員 ……………… S06308
〔便曆〕 丙辰年 （956）
　1）見人・押衙

15879 氾保盈 …………… BD02265v（閏65）
〔雜寫〕（8C）

15880 （氾）保盈 ………… BD11987（L2116）
〔歸義軍官府人名目〕（9C後期～10C）
　4）原作「遂子氾押衙及保盈二人」。

15881 氾保盈 ……………… S06452⑥
〔常住庫黃麻出便與人名目〕 壬午年 （982）
　2）淨土寺

15882 氾保盈 ……………… S10002＋S10013
〔社司轉帖〕（10C）

15883 氾保子 ……………… P3234v⑮
〔淨土寺西倉豆利潤入曆〕（940年代?）
　2）淨土寺

15884 氾保子 ……………… 上博21B
〔渠人轉帖〕（10C中期?）

15885 氾保住 ……………… P3636piece1
〔社人爵粟曆〕 丁酉年頃 （937頃）

15886 氾保晟 ……………… P3418v⑦
〔慈惠鄉缺枝夫戶名目〕（9C末～10C初）
　3）慈惠鄉

15887 氾保德 ……………… P.tib1088A
〔燉煌諸人碨課麥曆〕 卯年～巳年間 （835～837）

15888 氾保富 ……………… P2953v
〔便麥豆本曆〕（10C）
　3）玉關鄉

15889 氾保々 …………… BD15434v②
〔社司轉帖〕（10C後期?）
　2）三界寺門

15890 氾保々 …………… BD16384v（L4458）
〔人名目〕（10C後期）

15891 氾保々 ……………… P3418v⑥
〔洪閏鄉缺枝夫戶名目〕（9C末～10C初）
　3）洪閏鄉

15892 氾奉世 …………… BD06359（鹹59）
〔便麥契〕 丑年二月 （821）
　1）人戶　2）安國寺

15893 氾法惠 ……………… S02729①
〔燉煌應管勘牌子曆〕 辰年三月 （788）
　1）僧　2）大乘寺　3）沙州　4）50行目。

15894 氾法師 ……………… P4958piece3
〔當寺轉帖（殘）〕（10C前期）
　1）法師

15895 氾法師 ……………… S01284
〔西州弟師昌富上靈圖寺陳和尚〕 二月日 （10C）
　1）法師　4）原作「二月日…孟春猶寒」。

15896 氾法師 ……………… Дx02586B
〔僧名目〕（10C）
　1）法師　3）西州　4）原作「氾法律,武法律二人西州」。

15897 氾法清 ……………… S02103
〔渠水田地訴訟牒〕 酉年十二月 （817?）

15898 氾法通 ………… S07939v＋S07940Bv＋
　　S07941
〔燉煌諸寺僧尼給糧曆〕（823以降）
　1）法律?

15899 氾法律 …………… BD15249v①（新1449）
〔去時人將文字名目〕（9～10C）
　1）法律

15900 氾法律 ·················· P2032v⑫
　〔淨土寺諸色破曆〕（940前後）
　　1）法律　2）淨土寺

15901 氾法律 ·················· P2049v①
　〔淨土寺諸色入破曆計會牒〕　同光三年
　（925）
　　1）法律

15902 氾法律 ·················· P2054v
　〔疏請僧官文〕（10C）
　　1）法律　2）靈圖寺

15903 氾法律 ·················· P2054v
　〔疏請僧官文〕（10C）
　　1）法律　2）龍興寺

15904 氾法律 ·················· P2054v
　〔疏請僧官文〕（10C）
　　1）法律　2）大雲寺

15905 氾法律 ·················· P3037
　〔社司轉帖〕　庚寅年正月三日　（990）
　　1）法律　2）大悲寺

15906 氾法律 ·················· P3490v①
　〔油破曆〕　辛巳年頃（921頃）
　　1）法律

15907 氾法律 ·················· P3578
　〔淨土寺僦破曆（梁戶史氾三沿寺諸處使用油
　曆）〕　癸酉年正月十一日　（973）
　　1）法律　2）淨土寺

15908 氾法律 ·················· P3860
　〔翟信子定君父子缺麥粟憑〕　丙午年六月廿四
　日　（946?）
　　1）法律

15909 氾法律 ·················· P3875B
　〔某寺修造諸色破曆〕　丙子年八月廿七日
　（916 or 976?）
　　1）法律　4）原作「氾法律庄」。

15910 氾法律 ·················· P3935
　〔田籍文書(稿)〕（10C）
　　1）法律

15911 氾法律 ·················· P5014piece2
　〔管內都僧正通惠大師願清疏〕　顯德六年十月
　七日　（959）
　　1）法律

15912 氾法律 ·················· S00520
　〔報恩寺方等道場榜〕（9C末～925以前）
　　1）法律　2）龍興寺　4）有「河西都僧院」印。

15913 氾法律 ·················· S00520
　〔報恩寺方等道場榜〕（9C末～925以前）
　　1）法律　2）大雲寺　4）有「河西都僧院」印。

15914 氾法律 ·················· S00520
　〔報恩寺方等道場榜〕（9C末～925以前）
　　1）法律　2）靈圖寺　4）有「河西都僧院」印。

15915 氾法律 ·················· S00520
　〔報恩寺方等道場榜〕（9C末～925以前）
　　1）法律　2）乾元寺　4）有「河西都僧院」印。

15916 氾法律 ·················· S02449
　〔付㕑曆〕　庚寅年頃？（930 or 990頃）
　　1）法律

15917 氾法律 ·················· S02614v
　〔燉煌應管諸寺僧尼名錄〕（895）
　　1）法律　2）大雲寺

15918 氾法律 ·················· S04687r.v
　〔佛會破曆〕（9C末～10C前期）
　　1）法律

15919 氾法律 ·················· S05753
　〔靈圖寺招提司入破曆計會〕　癸巳年正月以
　後　（933）
　　1）法律　2）靈圖寺

15920 氾法律 ·················· S05845
　〔郭僧政等貸油麵麻曆〕　己亥年二月十七日
　（939）
　　1）法律

15921 氾法律 ·················· S06452⑤
　〔破曆便曆?〕　辛巳年　（981）
　　1）法律　2）淨土寺

15922 氾法律 ·················· S06981③
　〔某寺入曆(殘)〕　壬申年　（912 or 972）
　　1）法律

15923 氾法律 ·················· S09947v＋S10557v
　〔右廂都虞候氾進賢狀上〕（10C）
　　1）法律

15924 氾法律妹 ················ S04884v
　〔便褐曆〕　壬申年正月廿七日　（972?）
　　1）氾法律妹段女

15925 氾厶〔某〕 ····· P3660v②
〔孔目官氾厶狀〕 大平興國四年頃六月 (981頃)
  1)節度觀察孔目官檢校國子兼御史大夫 4)R面爲「大寶積經內梵音名詞」。

15926 氾万盈 ····· P3231③
〔平康鄉官齋曆〕 甲戌年五月廿九日 (974)
  3)平康鄉

15927 氾万盈 ····· P3721v①
〔平康鄉堤上兄(見)點得人名目〕 庚辰年三月廿二日 (980)
  3)平康鄉

15928 氾万盈 ····· P4063
〔官建轉帖〕 丙寅年四月十六日 (966)

15929 氾万盈 ····· S06123
〔渠人轉帖〕 戊寅年六月十四日 (978)
  1)錄事 2)普光寺

15930 氾万興 ····· S01159
〔神沙鄉散行人轉帖〕 二月四日 (10C中期)
  1)行人 3)神沙鄉

15931 氾万成 ····· P3146A
〔衙前子弟州司及麨頭等留殘袌衙人數〕 辛巳年八月三日 (981)
  1)第二麨

15932 氾万端 ····· P3816v
〔人名目〕 (10C)

15933 氾万□ ····· BD04661v(劍61)
〔社人分付主人布曆〕 (10C)

15934 氾万□ ····· Дх11200
〔渠人轉帖〕 (10C前後)
  1)兵馬使

15935 氾妙行 ····· S02729①
〔燉煌應管勘牌子曆〕 辰年三月 (788)
  1)僧 2)大乘寺 3)沙州 4)47行目。

15936 氾妙眞 ····· S02729①
〔燉煌應管勘牌子曆〕 辰年三月 (788)
  1)僧 2)普光寺 3)沙州 4)43行目。

15937 氾妙德 ····· S02729①
〔燉煌應管勘牌子曆〕 辰年三月 (788)
  1)僧 2)普光寺 3)沙州 4)41行目。

15938 氾妙法 ····· S02729①
〔燉煌應管勘牌子曆〕 辰年三月 (788)
  1)僧 2)靈修寺 3)沙州 4)31行目。

15939 氾明順 ····· S02729①
〔燉煌應管勘牌子曆〕 辰年三月 (788)
  1)僧 2)大乘寺 3)沙州 4)49行目。

15940 氾明照 ····· S02729①
〔燉煌應管勘牌子曆〕 辰年三月 (788)
  1)僧 2)大乘寺 3)沙州 4)46行目。

15941 氾明相 ····· S02729①
〔燉煌應管勘牌子曆〕 辰年三月 (788)
  1)僧 2)普光寺 3)沙州 4)44行目。

15942 氾佑子 ····· BD16021C(L4018)
〔永寧坊巷社扶佛人名目〕 (9C後期～10C中期)
  3)永寧坊

15943 氾友子 ····· BD16021A(L4018)
〔永寧坊巷社扶佛人名目〕 (10C)
  3)永寧坊

15944 氾友住 ····· BD16043B(L4027)
〔便粟曆〕 (9～10C)

15945 氾友住 ····· P3372v
〔社司轉帖并雜抄〕 壬申年 (972)

15946 氾友住 ····· P4997v
〔分付羊皮曆(殘)〕 (10C後期)

15947 氾友信 ····· P2915piece1・2
〔社人名錄(殘)〕 (10C)

15948 氾友通 ····· S00528v
〔各鄉設齋負担控〕 (10C後期)

15949 氾祐主 ····· BD07076B(龍76)
〔大般若波羅蜜多經(兌廢稿)卷第420〕 (8～9C)

15950 氾祐積 ····· P3878v
〔人名目〕 (10C)
  1)孔目官 2)報恩寺 4)布帙傍有「歸義軍,節度使」新鑄印,朱印三顆。

15951 氾養子 ····· P4821
〔社司轉帖〕 (9C前期)
  4)ペン筆。

15952 氾落娘 ················ S03287v
〔戶口田地申告牒〕 子年五月 (832 or 844)
　1)(國珎)奴論悉殉息將去　3)擎三部落

15953 氾履勗 ················ S03287v
〔戶口田地申告牒〕 子年五月 (832 or 844)

15954 氾履倩 ················ S03287v
〔戶口田地申告牒〕 子年五月 (832 or 844)
　1)百姓　3)沙州

15955 氾流慶 ·········· Дx03136＋Дx04929
〔官衙酒破曆〕 二月三日等 (10C)

15956 氾流潤 ················ Дx02162
〔社司轉帖〕 庚子年八月十四日 (940?)

15957 氾流定 ··············· P3416piece1
〔程虞候家榮葬名目〕 乙未年二月十八日
(935)

15958 氾流定 ··············· P3555B piece11
〔納贈曆(殘)〕 (10C中期)

15959 氾流□ ··········· BD09293②(周14)
〔兵馬使氾流出買(賣)鐺契殘(5行余)〕 丙辰
年十二月十八日 (956)
　1)百姓・兵馬使　3)神沙鄉

15960 氾溜々 ············ BD16381(L4455)
〔諸家磚曆〕 (10C)

15961 氾留德 ················ 莫第098窟
〔供養人題記〕 (10C中期)
　1)節度押衙銀青光祿大夫檢校太子賓客兼監察
御史　4)北壁。《燉》p.37.《謝》p.98。

15962 氾龍屯 ················ S03287v
〔戶口田地申告牒〕 子年五月 (832 or 844)
　3)擎三部落

15963 氾禮□ ············· BD01588v(來88)
〔沙州給戍兵小麥曆〕 九月六日 (8C後期)
　3)沙州　4)R面爲「維摩詰所說經卷上(尾題,9C
寫本?)」。

15964 氾靈智 ················ S02669
〔管內尼寺(安國寺・大乘寺・聖光寺)籍〕
(865〜870)
　2)大乘寺　3)玉關鄉　4)姓「氾」。俗名「嬌々」。

15965 氾連兒 ················ P3231③
〔平康鄉官齋曆〕 甲戌年五月廿九日 (974)
　3)平康鄉

15966 氾連兒 ················ S06123
〔渠人轉帖〕 戊寅年六月十四日 (978)
　2)普光寺

15967 氾寵々 ················ S03287v
〔戶口田地申告牒〕 子年五月 (832 or 844)
　1)小婦出度　3)擎三部落

15968 氾老 ················· S06829v
〔修造破曆〕 卯年 (811 or 799?)

15969 氾老 ················ S06829v③
〔便契〕 卯年四月 (811?)

15970 氾郎 ············ BD15249v③(新1449)
〔某家榮親客目〕 (10C後期)

15971 氾郎 ············· BD16129A(L4067)
〔社人名目〕 (9〜10C)

15972 氾郎 ················· S04274v
〔社名簿〕 (10C)

15973 氾郎 ················· S05876
〔豎子名簿〕 (10C?)
　1)豎子

15974 氾郎 ················· Дx01439
〔親情社轉帖〕 丙戌年九月十九日 (986?)
　2)報恩寺

15975 氾郎起 ················ P2629
〔官破曆〕 九月廿日 (10C中期)

15976 氾錄事 ················ P4003
〔渠社轉帖〕 壬午年十二月十八日 (922 or
982)
　1)錄事

15977 氾和子 ················ S04121
〔陰家榮親客目〕 甲午年五月十五日 (994)

15978 氾和尙 ················ P3556②
〔張氏香號戒珠邈眞讚并序〕 (10C)
　1)大唐勅授歸義條應官內外都僧統充佛法主京
城內外臨壇供奉大德兼闡揚三敎大法師賜紫抄
門　4)行中見「金山白帝國(張承奉卽位905年〜
914年?)」等語。

15979 氾和尚 ·········· P4660②
〔沙州釋門都法律大德氾和尚寫眞讚〕（9C）
　1)和尚・都法律　2)大德寺　3)沙州

15980 氾和々 ·········· BD09318B（周39）
〔莫高鄉戶口人戶付物曆〕（946）

15981 氾和々 ·········· S02228①
〔絲綿部落夫丁修城使役簿〕 亥年六月十五日（819）
　1)(左十)　3)絲綿部落　4)首行作「亥年六月十五日州城所, 絲綿」。末行作「亥年六月十五日畢功」。

15982 氾□ ·········· P2763①
〔沙州倉曹趙瓊璋等會計曆〕 辰年九月四日已後至十二月卅日（788）

15983 氾□謙 ·········· S05956
〔般若多心經〕（9C）
　1)弟子

15984 氾□子 ·········· P5032⑲
〔渠人轉帖〕 甲申年□月十七日（984）

15985 氾□主 ·········· BD07076（龍76）
〔大般若波羅蜜多經〕（9～10C）
　4)經文中存「氾□主用紙兌」之1行。

15986 氾□信 ·········· BD03925（生25）
〔賣宅舍契〕 開寶八年丙子三月一日（975）

15987 氾□達 ·········· S06130
〔諸人納布曆〕（10C）
　3)神沙鄉

15988 氾□奴 ·········· P.tib2124v
〔人名錄〕（9C中期?）

15989 氾□婦 ·········· P3328v①
〔付細布曆〕（9C前期）

15990 氾□□ ·········· BD16536
〔渠人文書殘片〕（9～10C）

15991 氾□□ ·········· P2716v
〔社司轉帖(寫)〕（9C末～10C初）

15992 氾□□ ·········· P2763②
〔沙州倉曹楊恒謙等牒〕 巳年（789）
　4)縫背有「河西支度/…印」。

15993 氾□□ ·········· P3418v③
〔某鄉缺枝夫戶名目〕（9C末～10C初）

15994 氾□□ ·········· P2876piece1
〔社司轉帖(殘)〕 丙寅年（906）

15995 氾□ ·········· Дх02149B
〔見納缺柴人名目〕（10C）

15996 氾 ·········· BD05673v④（李73）
〔行人轉帖(寫錄)〕 今月十二日（9C末）

15997 氾 ·········· BD11502①（L1631）
〔燉煌十一僧寺別姓名簿并緣起經論等名目〕（9C後期）
　2)(靈)圖(寺)　4)原作「小氾」。

15998 氾 ·········· BD11502①（L1631）
〔燉煌十一僧寺別姓名簿并緣起經論等名目〕（9C後期）
　2)金(光明寺)

15999 氾 ·········· P2912v③
〔寫大般若經一部施銀盤子麥粟粉疏〕 四月八日（9C前期）

16000 氾 ·········· S06235Bv
〔百姓唐君盈等戶口田地申告狀〕 大中六年十一月日（852）
　1)(戶主唐君盈父乎平子)妻　4)原作「(戶主唐君盈, 父乎平子年六十三)妻阿氾…」。

16001 氾 ·········· S10737
〔麥入曆計會〕（9C前期）

16002 氾 ·········· Дх021366
〔①百姓唐君盈等戶口田地申告狀〕 大中六年十一月日（852）
　1)(弟杜昇堅)母・百姓　4)原作「(弟杜昇堅年四歲)母阿氾…」。

16003 氾 ·········· Дх02163②
〔百姓福勝戶口田地申告狀〕 大中六年十一月日（852）
　1)百姓　4)原作「母阿氾」。

16004 氾 ·········· 羽・寫834
〔百姓趙塩久戶口請田簿〕 廣順二年正月一日（952）
　1)(戶主張塩久)妻　4)原作「(戶主張塩久)妻阿氾」。妻原姓;氾。

16005 汜 ·············· 楡第19窟
　〔供養人題記〕（10C中期）
　　1)清信佛弟子　4)西壁第6身。《謝》p. 461。

16006 汜 ·············· 楡第19窟
　〔供養人題記〕（10C中期）
　　1)清信佛弟子　4)西壁第7身。《謝》p. 461。

16007 汎弘□ ············ 莫第098窟
　〔供養人題記〕（10C中期）
　　1)節度押衙銀靑光祿大夫國子祭酒兼御史中丞
　　上柱國　4)南壁。《燉》p. 43。《謝》p. 92。

16008 潘家郎君 ········ BD11990（L2119）
　〔諸人施錢歷〕（9～10C）

16009 潘秀瑞 ········· BD11997（L2126）
　〔分付多衣簿〕（8C中期）

16010 潘布 ·············· Дх01413
　〔社條〕七月十九日 （10C）
　　1)虞候?

16011 潘□ ············· S00076v④
　〔潘□致秀才十三兄狀〕十二月廿四日 （10C
　前期）

16012 攀通子 ············ P2032v①-4
　〔淨土寺粟入歷〕（944前後）

16013 攀粉塠 ············ P2842piece1
　〔社司轉帖〕甲辰年［　］月九日 （944）

16014 攀保富 ············· P3881v
　〔招提司惠覺諸色斛斗計會〕太平興國六年
　（981）

16015 范英賢 ············ 莫第205窟
　〔供養人題記〕（8C後期）
　　1)社人　4)西壁。《燉》p. 96。

16016 范延昌 ············· P3391v①
　〔社司轉帖(寫錄)〕丁酉年正月日 （937）

16017 范衍子 ········ BD09325（周46）
　〔社司轉帖〕□子?年七月十四日 （10C後期）

16018 范懷? ·············· S09953
　〔社司?轉帖〕（9C）

16019 范懷進 ·············· S04060
　〔便麥粟豆歷〕己酉年二月十四日 （949）

16020 范戒寂 ············ 莫第196窟
　〔供養人題記〕景福年間 （892～893）
　　1)比丘沙門　2)乾元寺　4)原作「乾元寺比丘沙
　　門戒寂一心供養俗姓范氏」。東壁門南側。《燉》
　　p. 88。《謝》p. 412。⇒戒寂。

16021 范海印 ············· P3718②
　〔賜紫沙門范和尙寫眞讚〕長興二年辛卯歲正
　月十三日 （931）

16022 范欺忠 ············· S01156
　〔進奏院狀上文〕光啓三年 （887）

16023 范慶住 ············· P3458
　〔貸絹契〕辛丑年四月三日 （941?）
　　1)押衙

16024 范犬子 ············· S04504v④
　〔行人轉帖〕七月三日 （10C前期）

16025 范賢德 ············· P2556v
　〔雜寫〕咸通十年正月十八日 （869）

16026 范午子 ············· P3691piece1
　〔社司轉帖(社人名目)〕戊午年九月十一日
　（958）

16027 范梧 ············· P3782
　〔靈棋卜法1卷〕壬申年 （912?）
　　4)原作「壬申年寫了。范梧記」。

16028 范興晟 ············· P2259v
　〔龍勒鄕部落戶口狀上〕（9C前期）
　　3)龍勒鄕

16029 范再盈 ············· P5032v③
　〔渠人轉帖〕戊午年六月六日 （958）

16030 范再盈 ············· P5032v⑤
　〔渠人?轉帖(殘)〕（10C中期）

16031 范再溫 ············· S00274①
　〔社司轉帖(寫錄)〕戊子年四月十三日
　（928?）

16032 范再晟 ············· P4992
　〔狀人名〕（10C）

16033 范柴章 ············· P3234v③-70
　〔惠安惠戒手下便物歷〕甲辰年 （944）

16034 范子盈 ……………… P2675
〔陰陽書殘卷〕 咸通二年歲次辛巳十二月廿五日 （861）
　1）衙前通引並通事舍人　4）原作「咸通二年歲次辛巳十二月廿五日衙前通引並通事舍人范子盈，陰陽汜景詢二人寫記」。

16035 范什八 ……………… S00542v
〔燉煌諸寺丁壯車牛役簿〕 戌年六月十八日（818）
　2）開元寺

16036 范小兒 ……………… P3047v①
〔僧名等錄〕 （9C前期）
　4）僧名「小兒」。

16037 范清 ……………… P3249v
〔將龍光顏等隊下人名目〕 （9C中期）

16038 范善興 ……………… P3145v
〔節度使下官人名・鄉名諸姓等雜記〕 （10C）

16039 范丑奴 ……………… I2894v⑤
〔社司轉帖〕 （972?）

16040 范椿 ……………… P3205
〔僧俗人寫經曆〕 （9C前期）

16041 范椿 ……………… S02711
〔寫經人名目〕 （9C前期）
　1）寫經人　2）金光明寺

16042 范椿 ……………… S04831v
〔寫經人名目〕 （9C前期）
　1）寫經人

16043 范椿 ……………… S06028
〔寫經人名目〕 （8C末～9C前期）
　1）寫經人

16044 范椿 ……………… S07945
〔僧俗寫經分團人名目〕 （823以降）

16045 范庭順 ……………… S00542v
〔燉煌諸寺丁壯車牛役簿〕 戌年六月十八日（818）
　2）永安寺

16046 范庭順妻 ……………… S00542v
〔燉煌諸寺丁壯車牛役簿〕 戌年六月十八日（818）
　2）永安寺

16047 范奴子 ……………… P3234v③-53
〔惠安惠戒手下便物曆〕 甲辰年 （944）

16048 范奴子 ……………… S04443v
〔諸雜難字（一本）〕 （10C）

16049 范二娘 ……………… S05867
〔舉錢契〕 唐建中三年七月十二日 （782）
　1）同取人母　4）五十口?歲。

16050 范白擇 ……………… P.tib1088Av
〔燉煌諸人礚課麥曆〕 卯年～巳年間（835～837）

16051 （范）不勿 ………… BD16083（L4050）
〔僧談會斛斗出便與人名目〕 二月九日 （9C後期）
　1）便麥人弟　4）⇒不勿。

16052 范富德 ……………… P4997v
〔分付羊皮曆（殘）〕 （10C後期）

16053 范富郎 ……………… S09463
〔李万受等便麥曆〕 （10C）

16054 范文建 ……………… P3249v
〔將龍光顏等隊下人名目〕 （9C中期）

16055 范平々 ……………… P3418v④
〔龍勒鄉缺枝夫戶名目〕 （9C末～10C初）
　3）龍勒鄉

16056 范保德 ……………… P3384
〔戶籍（殘）〕 大順二年辛亥正月一日 （891）
　1）戶（主）

16057 范?妹娘 ……………… S00542v
〔燉煌諸寺丁壯車牛役簿〕 戌年六月十八日（818）
　2）開元寺，安國寺

16058 范万成 ………… BD16083（L4050）
〔僧談會斛斗出便與人名目〕 二月九日 （9C後期）
　1）便麥（人）

16059 范友信 ……………… S04060
〔便麥粟豆曆〕 己酉年二月十四日 （949）

16060 范來兒 ……………… P2880
〔春坐局席轉帖抄等諸抄〕 庚辰年十月廿二日 （980）

16061 范郎 ……………… P3164
〔親情社轉帖〕 乙酉年十一月廿六日 (925?)

16062 范郎六娘子 ……………… 杏・羽672
〔新集親家名目〕 (10C?)

16063 范和尚 ……………… P3718②
〔寫眞讚并序(首題)〕 長興二年辛卯歲五月十三日 (931)
　1)唐河西釋門故僧政京城內外臨壇供奉大德兼闡揚三教大法師賜紫沙門

16064 范□ ……………… Дx01328
〔高昌田苗曆〕 建中三年三月廿七日 (782)

16065 范 ……………… BD05673v④(李73)
〔行人轉帖(寫錄)〕 今月十二日 (9C末)

16066 伴福ゝ ……………… BD09472v①〜③(發92)
〔龍興寺索僧正等五十八人就唐家蘭若請賓頭盧文〕 (8〜9C)
　2)靈修(寺) 3)沙州

[ひ]

16067 妣鉢力 ……………… Дx01329в＋Дx02151v②
〔某寺破曆〕 (10C中期)
　1)酒看 4)原作「酒看妣鉢力」。R面爲「方等道場司狀上」(10C)。

16068 烎〔羙〕大子 ……………… S02894v⑤
〔社司轉帖〕 (10C後期)

16069 必 ……………… BD05673v④(李73)
〔行人轉帖(寫錄)〕 今月十二日 (9C末)

16070 憑常安 ……………… P2641
〔宴設司文書〕 丁未年六月 (947)

16071 憑善慶 ……………… 杏・羽663v
〔雜抄紙背人名等雜寫〕 (10C前期)

16072 憑友ゝ ……………… P2032v①-2
〔淨土寺西倉麥入曆〕 (944前後)
　2)淨土寺

16073 表苟兒 ……………… P3418v①
〔□□鄉缺枝夫戶名目〕 (9C末〜10C初)

16074 表小興 ……………… P3418v①
〔□□鄉缺枝夫戶名目〕 (9C末〜10C初)

16075 表善 ……………… P5003v
〔社人納色物曆〕 (9C前期)

16076 表善奴 ……………… P5003
〔社司轉帖〕 (9C前期)

16077 表文信 ……………… P3666v
〔莫高鄉百姓表文信牒〕 (9C後期)
　3)莫高鄉

16078 賓都頭 ……………… S04700
〔陰家榮親客目〕 甲午年五月十五日 (994)
　1)都頭

16079 賓利通 ……………… S05760
〔社人官齊納蘇油麥等帖〕 七月廿一日 (9C前期)

[ふ]

16080 不荆曹 ················ P4635②
〔社家女人便麵油曆〕 [ ]月七日 (10C中期)

16081 付願盈 ················ BD09299(周20)
〔納贈曆〕 (10C後期)

16082 付富定 ················ BD09299(周20)
〔納贈曆〕 (10C後期)

16083 傅奧 ················ BD01904v(收4)
〔梵網經記并序傅奧述(首題)〕 (995)
　3) 北京石壁沙門　4) V面爲「至道元年(995)十一月廿四日靈圖寺僧寄住道猷牒(控)」。

16084 傅憨子 ················ P4989
〔沙州戶口田地簿〕 (9C末)

16085 傅憨子 ················ S08667
〔李都頭母亡納贈曆〕 (10C)

16086 傅願通 ················ BD14806②(新1006)
〔渠人轉帖〕 (10C中期)

16087 傅嬌子 ················ P4989
〔沙州戶口田地簿〕 (9C末)

16088 傅惠安 ················ P4989
〔沙州戶口田地簿〕 (9C末)

16089 傅見義 ················ P3234v⑮
〔淨土寺西倉豆利潤入曆〕 (940年代?)
　2) 淨土寺

16090 傅賢子 ················ S09496v
〔破曆〕 (9C?)

16091 傅喦 ················ S04491
〔地畝計會〕 (9C前期)
　3) 千渠, 潤渠

16092 傅興子 ················ P4989
〔沙州戶口田地簿〕 (9C末)
　1) 百姓

16093 傅興閏 ················ P4989
〔沙州戶口田地簿〕 (9C末)

16094 傅興談 ················ P4989
〔沙州戶口田地簿〕 (9C末)

16095 傅骨子 ················ P2049v①
〔淨土寺諸色入破曆計會牒〕 同光三年 (925)

16096 傅山ゞ ················ P3418v⑦
〔慈惠鄉缺枝夫戶名目〕 (9C末～10C初)
　3) 慈惠鄉

16097 傅子郎 ················ P4989
〔沙州戶口田地簿〕 (9C末)

16098 傅氏 ················ 莫第156窟
〔供養人題記〕 (9C末期)
　4) 西壁。《燉》p.73。《謝》p.401。

16099 傅自在 ················ P4989
〔沙州戶口田地簿〕 (9C末)

16100 傅僧子 ················ BD14806②(新1006)
〔渠人轉帖〕 (10C中期)

16101 (傅)僧子 ········· BD14806v(新1006)
〔義進押衙身故祭盤人名目〕 戊寅年二月十九日 (978)

16102 傅僧正 ················ BD11988(L2117)
〔某寺常住物檢曆〕 (10C)
　1) 僧正

16103 傅太平 ················ S02228①
〔絲綿部落夫丁修城使役簿〕 亥年六月十五日 (819)
　1) (左八)　3) 絲綿部落　4) 首行作「亥年六月十五日州城所, 絲綿」。末行作「亥年六月十五日畢功」。

16104 傅定子 ················ Дx02149B
〔見納缺柴人名目〕 (10C)

16105 傅奴子 ················ S02894v⑤
〔社司轉帖〕 (10C後期)

16106 傅粉堆 ················ P3145
〔社司轉帖〕 戊子年閏五月 (988?)

16107 傅文達 ················ P4989
〔沙州戶口田地簿〕 (9C末)

16108 傅保通 ················ BD14806②(新1006)
〔渠人轉帖〕 (10C中期)
　4) 原作「押衙傅保通」。

16109 傅法律 ·················· S04687r.v
〔佛會破曆〕（9C末～10C前期）
　1)法律　2)蓮臺寺

16110 傅流住 ·················· P3370
〔出便麥粟曆〕　丙子年六月五日（928）
　3)玉關鄉

16111 傅郎 ···················· P3707
〔親情社轉帖〕　戊午年四月廿四日（958）

16112 富安平 ·················· P2932
〔出便豆曆〕　乙丑年正月十九日（965?）
　1)口承(人)　2)金光明寺

16113 富願盈 ·················· S06327
〔借絹抄〕　某年九月十三日（9～10C）
　1)(富支子)男　3)莫高鄉

16114 富支子 ·················· S06327
〔借絹抄〕　某年九月十三日（9～10C）
　1)百姓　3)莫高鄉

16115 符?福圓 ··········· BD05402(菓2)
〔大般若波羅蜜多經卷第240〕（9C前期）
　4)原作「符?福圓勘」。

16116 苻押衙 ················ S04443v
〔諸雜難字(一本)〕　(10C)
　1)押衙

16117 苻虞候 ············· P2040v②-14
〔淨土寺麥破曆〕　乙巳年正月廿七日以後（945以降）
　1)虞候　2)淨土寺

16118 苻恒定 ················· P4057v
〔納贈曆〕　(10C後期)

16119 苻僧正 ·················· P4908
〔某寺交割什物點檢曆〕　庚子年頃（10C?）
　1)僧正

16120 苻僧正 ········· Дx01746＋Дx05360
〔佛經點檢曆(末)〕（10C?）
　1)僧正　4)原作「已上並苻僧正」。

16121 苻僧正和尚 ·············· S11349
〔瓜州門弟智光上苻僧正狀封〕（10C?）
　　僧正和尚

16122 苻大德 ·············· P2836piece
〔弟子節度押衙賈奉玖爲父追念請諸僧疏〕
天福肆年正月十七日（939）

16123 武安君 ·················· P3711
〔瓜州營田使武安君狀反判憑〕　大順四年正月日（893）
　3)瓜州

16124 (武)瀶子 ········· BD11986③(L2115)
〔仲多會稽(鎭)武醜奴等書狀〕（9C後期～10C）
　3)會稽(鎭)　4)本狀中有「阿姉夫武醜奴,阿姉瀶子,男保成,王三等」之記錄。

16125 武押衙 ·········· BD11523v(L1652)
〔社司點帖及雜寫〕（9～10C）
　1)押衙　4)原作「武押牙」。

16126 (武)王三 ········· BD11986③(L2115)
〔仲多會稽(鎭)武醜奴等書狀〕（9C後期～10C）
　3)會稽(鎭)　4)本狀中有「阿姉夫武醜奴,阿姉瀶子,男保成,王三等」之記錄。

16127 武何子 ················· S00542v
〔燉煌諸寺丁壯車牛役部〕　戊年六月十八日（818）
　2)安國寺

16128 武何子妻 ··············· S00542v
〔燉煌諸寺丁壯車牛役部〕　戊年六月十八日（818）
　2)開元寺,安國寺

16129 武家 ·················· Дx06016
〔(兄)弟社轉帖〕（10C）
　2)武家蘭喏門前　4)文中有「於武家蘭喏門前取齊」。

16130 武家親家翁 ············· S06981⑤
〔親情社轉帖〕　癸亥年八月十日（963）

16131 武懷俊 ················· P3391v①
〔社司轉帖(寫錄)〕　丁酉年正月日（937）

16132 武懷俊 ·················· S06005
〔立社條約〕（10C前期以降）

16133 武懷進 ················· P3556v④
〔社戶人名目(殘)〕（10C中期頃）
　1)社戶・兵馬使

16134 武懷通 ……………… P2032v⑯-4
　〔淨土寺粟利閏入曆〕（940前後）
　　2）淨土寺

16135 武懷德 ……………… P3231①
　〔平康鄉官齋曆〕 癸酉年五月 （973）
　　3）平康鄉

16136 武懷德 ……………… P3231②
　〔平康鄉官齋曆〕 癸酉年九月卅日 （973）
　　3）平康鄉

16137 武懷德 ……………… P3231③
　〔平康鄉官齋曆〕 甲戌年五月廿九日 （974）
　　3）平康鄉

16138 武懷德 ……………… P3231v①
　〔平康鄉官齋曆〕 癸酉年五月 （973）
　　1）餺飥團　3）平康鄉

16139 武懷德 ……………… P3556v④
　〔社戶人名目(殘)〕（10C中期頃）
　　1）社戶

16140 武懷德 ……………… S04884v
　〔便褐曆〕 壬申年正月廿七日 （972?）

16141 武懷德妻 …………… S04884v
　〔便褐曆〕 壬申年正月廿七日 （972?）

16142 武懷保 ……………… P3556v④
　〔社戶人名目(殘)〕（10C中期頃）
　　1）社戶

16143 武海山 ……………… 楡第35窟
　〔供養人題記〕（10C末期）
　　1）施主・節度…銀青光祿大夫檢校太子賓客兼□
　　　□　4）東壁。《謝》p. 484。

16144 武海清 ……………… BD11822v（L1951）
　〔社司轉帖(殘)〕 己卯年正月三日 （919 or 979）

16145 武海清? ………… BD16128A（L4067）
　〔社人名目〕（10C）

16146 武海清 ……………… 莫第370窟
　〔供養人題記〕（11C初期）
　　1）社長　4）東壁門南側。《燉》p. 144。《謝》p. 219。

16147 武揭搔 ……………… S08516c4
　〔新鄉鎭口承人名目〕 廣順三年十一月十九日 （954）
　　3）平康鄉

16148 武眼藤 ……………… S02894v⑤
　〔社司轉帖〕（10C後期）

16149 武願昌 ……………… P3231④
　〔平康鄉官齋曆〕 囲戌年十月十五日 （974）
　　3）平康鄉

16150 武願昌 ……………… P3231⑥
　〔平康鄉官齋曆〕 乙亥年九月廿九日 （975）
　　3）平康鄉

16151 武願昌 ……………… P3231⑦
　〔平康鄉官齋曆〕 丙子年五月十五日 （976）
　　3）平康鄉

16152 武願昌 ……………… P3231v⑥
　〔平康鄉官齋曆〕 乙亥年九月廿九日 （975?）
　　3）平康鄉

16153 武願昌 ……………… P3721v①
　〔平康鄉堤上兄(見)點得人名目〕 庚辰年三月廿二日 （980）
　　3）平康鄉

16154 武願昌 ……………… P4525⑧
　〔都頭及音聲等都共地畝細目〕（980頃）

16155 武堅嚴 ……………… S02669
　〔管内尼寺(安國寺・大乘寺・聖光寺)籍〕（865～870）
　　3）平康鄉　4）姓「武」。俗名「醜々」。

16156 武誼々 ……………… S02041
　〔社約〕 丙寅年三月四日 （846）
　　4）年號別筆(丙寅年三月四日)。ペン筆。

16157 武五娘 ……………… P3422v
　〔武光子便麥契〕 卯年正月十九日 （9C前期）
　　1）保人　2）靈圖寺

16158 武光暉 ……………… S01475v②
　〔社司狀上〕 申年五月廿一日 （828）

16159 武光暉 ……………… S01475v③
　〔社司狀上〕 申年五月 （828）
　　1）社人

16160 武光暉 ･･････････････ S01475v⑥
〔賣牛契〕 寅年正月廿日 （822）
　1）買牛人

16161 武光子 ･･････････････ P3422v
〔武光子便麥契〕 卯年正月十九日 （9C前期）
　1）百姓　3）曷骨薩部落

16162 武光兒 ･･････････････ P2162v
〔三將納丑年突田曆〕 （9C前期）

16163 武光兒？ ･･････････････ P3422v
〔武光子便麥契〕 卯年正月十九日 （9C前期）
　1）百姓　3）曷骨薩部落

16164 武光兒 ･･････････････ S01475v⑫⑬
〔付使奉仙便麥契〕 三月廿七日 （828～829）
　1）保人　4）釋錄作「武充兒」。

16165 武光照 ･･････････････ P3422v
〔武光子便麥契〕 卯年正月十九日 （9C前期）
　1）百姓　2）靈圖寺　3）曷骨薩部落

16166 武恒員 ･･････････････ S03835v②
〔地契〕 太平興國九年甲申四月二日 （984）
　1）百姓　3）平康鄉

16167 武苟々 ･･････････････ P2049v②
〔淨土寺諸色入破曆計會牒〕 長興二年正月 （930～931）

16168 武國 ･･････････････ 莫第281窟
〔供養人題記〕 （10C前期）
　1）節度衙前正兵馬使銀□…御史中丞上柱國
　4）前室西壁門北側。《燉》p. 113。

16169 武國子 ･･････････････ S01475v⑤
〔賣地契〕 未年十月三日 （827）
　1）上部落人　3）上部落　4）原作「同部落人武國子」。

16170 武再々 ･･････････････ S01475v⑤
〔賣地契〕 未年十月三日 （827）
　4）原作「北武再々」。

16171 武再昌 ･･････････････ P3231①
〔平康鄉官齋曆〕 癸酉年五月 （973）
　3）平康鄉

16172 武再昌 ･･････････････ P3231③
〔平康鄉官齋曆〕 甲戌年五月廿九日 （974）
　3）平康鄉

16173 武殘子 ･･････････････ BD02863v（調63）
〔安延子書〕 癸酉年十一月二日 （973）

16174 武氏 ･･････････････ 莫第045窟
〔供養人題記〕 （10C前期）
　1）女弟子　4）原作「女弟子武氏在爲在／都督窟修造營撰食飲」。西壁。《燉》p. 14。

16175 武氏 ･･････････････ 莫第129窟
〔供養人題記〕 （10C前期）
　4）原作「[新婦]武氏永充供養」。北壁。《燉》p. 62。

16176 武社長 ･･････････････ P2842piece1
〔社司轉帖〕 甲辰年[　]月九日 （944）
　1）社長

16177 武社長 ･･････････････ P2842piece2
〔納贈曆〕 己酉年正月十九日 （949）
　1）社長

16178 武闍梨 ･･････････････ P3616v
〔納七器具名曆〕 卯年九月廿四日 （10C?）
　1）闍梨

16179 武醜兒 ･･････････････ P3556v④
〔社戶人名目（殘）〕 （10C中期頃）
　1）社戶

16180 武醜々 ･･････････････ S02669
〔管內尼寺（安國寺・大乘寺・聖光寺）籍〕 （865～870）
　2）大乘寺　3）平康鄉　4）尼名「堅嚴」。

16181 武醜奴 ･･････････････ BD11986③（L2115）
〔仲多會稽（鎭）武醜奴等書狀〕 （9C後期～10C）
　3）會稽（鎭）　4）本狀中有「阿姊夫武醜奴,阿姊鹽子,男保成,王三等」之記錄。

16182 武醜奴 ･･････････････ BD15405（簡068067）
〔納贈（併粟柴）曆〕 （10C）
　1）押衙

16183 武小波 ･･････････････ S00542v
〔燉煌諸寺丁壯車牛役部〕 戌年六月十八日 （818）
　2）安國寺

16184 武小波妻 ･･････････････ S00542v
〔名簿〕 戌年六月十八日 （818）
　2）開元寺

16185 武涉 …………… P3047v④
〔契?〕辰年七月八日　(9C前期)

16186 武進通 …………… BD13203(L3332)
〔寺戶武進通請地牒及龍安判〕　九月八日
(9C前期)
　1)寺戶

16187 武成就 …………… S02729①
〔燉煌應管勘牌子曆〕　辰年三月　(788)
　1)僧　2)普光寺　3)沙州　4)41行目。

16188 武達兒 …………… P4638v
〔馬軍武達兒狀〕　丙申年正月日　(936)
　1)馬軍

16189 武張三 …………… P3422v
〔武光子便麥契〕　卯年正月十九日　(9C前期)
　1)保人　2)靈圖寺

16190 武朝嗣 …………… S09156
〔沙州戶口地畝計簿〕　(9C前期)
　3)沙州

16191 武朝□ …………… P3047v⑥
〔諸人諸色施入曆〕　(9C前期)

16192 武通子 …………… P2032v⑬-10
〔淨土寺豆入曆〕　(940前後)
　2)淨土寺

16193 武通子 …………… P2049v①
〔淨土寺諸色入破曆計會牒〕　同光三年
(925)

16194 武通子 …………… P3234v③-14
〔惠安惠戒手下便物曆〕　甲辰年　(944)
　3)玉關鄉

16195 武通子 …………… P5032v③
〔渠人轉帖〕　戊午年六月六日　(958)
　1)虞候

16196 武通達 …………… P2814
〔安進通狀(7件)〕　天成三年二月廿日　(928)

16197 武定昌 …………… P3231④
〔平康鄉官齋曆〕　甲戌年十月十五日　(974)
　3)平康鄉

16198 武定昌母 …………… S04884v
〔便褐曆〕　壬申年正月廿七日　(972?)

16199 武定成 …………… P3903
〔武定成改充瓜州軍事押衙知孔目事殘牒〕
(10C)
　1)瓜州軍事押衙知孔目

16200 武都知 …………… P3764v
〔社司轉帖〕　十一月五日及十一月十五日
(10C)
　1)都知

16201 武買德 …………… P2040v②-5
〔淨土寺西倉粟入曆〕　(945以降)
　2)淨土寺

16202 武文威 …………… P2049v①
〔淨土寺諸色入破曆計會牒〕　同光三年
(925)

16203 武文進 …………… P4990
〔武文進狀〕　(9～10C)

16204 武文晟 …………… P4597v
〔雜記〕　咸通九年　(868)

16205 武文達 …………… P3418v⑧
〔平康鄉缺枝夫戶名目〕　(9C末～10C初)
　3)平康鄉

16206 武保會 …………… BD05819v(菜19)
〔妙法蓮華經普門品第25〕　己巳年三月十六
日　(969?)
　3)懸泉

16207 武保子 …………… P3231①
〔平康鄉官齋曆〕　癸酉年五月　(973)
　3)平康鄉

16208 武保子 …………… P3231②
〔平康鄉官齋曆〕　癸酉年九月卅日　(973)
　3)平康鄉

16209 武保子 …………… P3231④
〔平康鄉官齋曆〕　甲戌年十月十五日　(974)
　3)平康鄉

16210 武保子 …………… P3231⑥
〔平康鄉官齋曆〕　乙亥年九月廿九日　(975)
　3)平康鄉

16211 武保瑞 …………… BD05819v(菜19)
〔妙法蓮華經普門品第25〕　己巳年三月十六
日　(969?)

16212 （武）保成 ………… BD11986③（L2115）
〔仲多會稽(鎭)武醜奴等書狀〕（9C後期～
10C）
　3）會稽(鎭)　4）本狀中有「阿姉夫武醜奴,阿姉
　灆子,男保成,王三等」之記錄。

16213 武法師 …………………………… P4981
〔當寺轉帖〕 閏三月十三日 （961）
　1）法師

16214 武法律 ………………… BD00288（宇88）
〔金光明經卷第1(卷頭,標紙題記)〕（9C?）
　1）法律　2）(靈)圖(寺)　4）標紙題記「圖武法律
　不是同帙雜函」。

16215 武法律 …………………………… P3935
〔契約文書〕 至癸巳年 （933）
　1）法律　2）蓮臺寺

16216 武法律 …………………………… S05406
〔僧正法律徒衆轉帖〕 辛卯年四月十四日
（991）
　1）法律

16217 武法律 ………… Дx00285＋Дx02150＋
Дx02167＋Дx02960＋Дx03020＋Дx03123v③
〔某寺破曆〕（10C中期）
　1）法律

16218 武法律 ………………………… Дx02586B
〔僧名目〕（10C）
　1）法律　3）西州　4）原作「氾法律,武法律二人
　西州」。

16219 武法律 ………………………… Дx11085
〔當寺轉帖〕 壬申年七月 （972）
　1）法律

16220 武友子 ………………………… P3556v④
〔社戶人名目(殘)〕（10C中期頃）
　1）社戶

16221 武流全 ………… S10273＋S10274＋
S10276＋S10277＋S10279＋S10290
〔出便麥與人名目〕 丁巳年二月一日 （957?）

16222 武流定 ………………………… P3231⑦
〔平康鄉官齋曆〕 丙子年五月十五日 （976）
　3）平康鄉

16223 武留定 ………………………… P3231⑤
〔平康鄉官齋曆〕 □亥年五月十五日 （975）
　3）平康鄉

16224 武留定 …………………………… S04884v
〔便褐曆〕 壬申年正月廿七日 （972?）
　1）女師・押衙

16225 武□法律 ………………………… S10566
〔秋季諸寺大般若轉經付配帙曆〕 壬子年十
月 （952）
　1）法律

16226 武□□ ………………………… BD16509A
〔延晟人名一本〕（9C前期）

16227 武□ ……………………………… S09465
〔人名目〕（10C?）

16228 武□ ……………………………… Дx10287
〔佛典諸論名〕 大順二年四月 （891）

16229 武 ………………………… BD11502①（L1631）
〔燉煌十一僧寺別姓名簿并緣起經論等名
目〕（9C後期）
　2）金(光明寺)

16230 武 ………………………… BD16181v（L4097）
〔姓氏雜寫〕（9～10C）

16231 凂進達 …………………………… P3236v
〔燉煌鄉官布籍〕 壬申年三月十九日 （972）
　3）燉煌鄉

16232 凂達子 …………………………… P2703
〔官牧羊人納秙羊毛牒〕 壬申年十二月
（972?）

16233 凂明 ……………………………… S06354v
〔官府計會文書〕（8C後期）

16234 馮阿察 ………………………… S02894v⑤
〔社司轉帖〕（10C後期）

16235 馮阿四 ………………… BD10077（L0206）
〔分付多衣曆〕（8C中期）

16236 馮云子 …………………………… S02669
〔管內尼寺(安國寺・大乗寺・聖光寺)籍〕
（865～870）
　2）大乗寺　3）燉煌鄉　4）尼名「乗定」。

16237 馮英進 …………………………… S06808v
〔人名目(殘)〕（10C中期頃）

16238 馮王三 ･････････････････P3236v
〔燉煌鄉官布籍〕 壬申年三月十九日 (972)
　3)燉煌鄉

16239 馮媧娃 ･････････････････S02669
〔管内尼寺(安國寺・大乘寺・聖光寺)籍〕
(865～870)
　2)大乘寺　3)燉煌鄉　4)尼名「自在燈」。

16240 馮鍋々 ･････････････････S04504v④
〔行人轉帖〕 七月三日 (10C前期)

16241 馮願定 ･････････････････S01153
〔諸雜人名目〕 (10C後期)

16242 馮闇々 ･････････････････S02669
〔管内尼寺(安國寺・大乘寺・聖光寺)籍〕
(865～870)
　2)大乘寺　3)燉煌鄉　4)尼名「淨念」。

16243 馮惠藏 ･･･････････BD11998(L2127)
〔分付多衣簿〕 (8C中期)

16244 馮桂娘 ･････････････････S02669
〔管内尼寺(安國寺・大乘寺・聖光寺)籍〕
(865～870)
　2)聖光寺　3)燉煌鄉　4)尼名「嚴持花」。

16245 馮嚴子 ･････････････････S02669
〔管内尼寺(安國寺・大乘寺・聖光寺)籍〕
(865～870)
　2)聖光寺　3)燉煌鄉　4)尼名「性淨遍」。

16246 馮嚴持花 ･･･････････････S02669
〔管内尼寺(安國寺・大乘寺・聖光寺)籍〕
(865～870)
　2)大乘寺　3)燉煌鄉　4)姓「馮」。俗名「桂娘」。

16247 馮玄宗 ･･･････････BD12384(L2513)
〔分付多衣簿〕 (8C中期)

16248 馮玄表 ･･･････････BD11997(L2126)
〔分付多衣簿〕 (8C中期)

16249 馮行者 ･････････････････P4912
〔某寺得換油廊歷〕 (950年代以降)

16250 馮國清 ･････････････････P3047v⑨
〔諸人諸色施捨歷〕 (9C前期)

16251 馮宰榮 ･････････････････S05824
〔經坊費負担人名目〕 (8C末～9C前期)
　1)寫經人　3)行人部落

16252 馮師 ･････････BD09472v①～③(發92)
〔龍興寺索僧正等五十八人就唐家蘭若請賓
頭廬文〕 (8～9C)
　2)(靈)圖(寺)　3)沙州

16253 馮氏 ･････････････････P5000
〔女婿張志豐祭丈母馮氏文〕 維歲次癸巳九月
辛亥朔廿三癸酉 (813)

16254 馮氏 ･････････････････榆第33窟
〔供養人題記〕 (10C中期)
　4)北壁。《謝》p.480。

16255 馮自在燈 ･･･････････････S02669
〔管内尼寺(安國寺・大乘寺・聖光寺)籍〕
(865～870)
　2)大乘寺　3)燉煌鄉　4)姓「馮」。俗名「媧娃」。

16256 馮如珪 ･････････････････P3593v
〔佛說相好經〕 (9～10C)
　1)清信佛弟子燉煌郡司法參軍　4)原作「清信佛
弟子燉煌郡司法參軍馮如珪在任所自寫記之」。

16257 馮像有 ･････････････････P3369v①
〔雜寫?〕 乾符三年十月廿一日 (876)

16258 馮小君 ･･･････････BD05924v(重24)
〔便麥粟曆〕 戊申年天福拾肆年 (949頃)
　4)原作「馮小君便麥兩名至秋參石」。

16259 馮乘定 ･････････････････S02669
〔管内尼寺(安國寺・大乘寺・聖光寺)籍〕
(865～870)
　2)大乘寺　3)燉煌鄉　4)姓「馮」。俗名「云子」。

16260 馮常安 ･････････････････P3236v
〔燉煌鄉官布籍〕 壬申年三月十九日 (972)
　3)燉煌鄉

16261 馮常安 ･････････････････P3985
〔錄人送路物色名目〕 癸巳年七月廿五日
(933?)
　1)木匠

16262 馮常悟 ･････････････････P3047v①
〔僧名等錄〕 (9C前期)
　4)僧名「常悟」。

16263 馮淨廣 ･････････････････S02729①
〔燉煌應管勘牌子歷〕 辰年三月 (788)
　1)僧　2)龍興寺　3)沙州　4)3行目。

624

16264 馮淨念 ················· S02669
〔管内尼寺(安國寺・大乘寺・聖光寺)籍〕
(865～870)
 2)大乘寺　3)燉煌鄉　4)姓「馮」。俗名「閨〻」。

16265 馮神德 ················· P3236v
〔燉煌鄉官布籍〕　壬申年三月十九日　(972)
 3)燉煌鄉

16266 馮神德 ················· P3379
〔社錄事陰保山等牒(團保文書)〕　顯德五年二月　(958)
 4)有指押印。

16267 馮性淨遍 ··············· S02669
〔管内尼寺(安國寺・大乘寺・聖光寺)籍〕
(865～870)
 2)聖光寺　3)燉煌鄉　4)姓「馮」。俗名「嚴子」。

16268 馮善通 ·············· P2040v③-2
〔淨土寺西倉粟利入曆〕　己亥年　(939)
 2)淨土寺

16269 馮僧正 ················· P3152
〔陳守定請僧設供疏〕　淳化三年八月日　(992)
 1)僧正

16270 馮達子 ················· P3595
〔借券等〕　己巳年　(969?)
 1)牧羊人

16271 馮傳登 ················ S02729①
〔燉煌應管勘牌子曆〕　辰年三月　(788)
 1)僧　2)龍興寺　3)沙州　4)6行目。

16272 馮訥崙略 ·············· S04622v③
〔王康七等十人狀〕　(9C中期)
 1)瓜州人戶　3)瓜州

16273 馮鉢略 ················ 楡第25窟
〔供養人題記〕　光化三年十二月廿二日　(900)
 1)都知兵馬使　4)洞口東壁。《謝》p.468。

16274 馮普遵 ················ P3047v①
〔僧名等錄〕　(9C前期)
 4)僧名「普遵」。

16275 馮福田 ················· P3764v
〔社司轉帖〕　十一月五日及十一月十五日　(10C)
 1)錄事

16276 馮文達 ··············· P2825v③
〔平康鄉百姓馮文達雇駝契(控)〕　乾寧二年二月十七日　(895)
 1)百姓　3)平康鄉

16277 馮保德 ················· P3396
〔沙州諸渠別粟田名目〕　(10C後期)

16278 馮保德 ················· P3396v
〔沙州諸渠別苽薗名目〕　(10C後期)

16279 馮?法律 ·········· BD16200R(L4099)
〔僧名目錄〕　(9～10C)
 1)法律

16280 馮友〻 ·············· P2032v⑬-10
〔淨土寺豆入曆〕　(940前後)
 2)淨土寺

16281 馮友〻 ················· P3236v
〔燉煌鄉官布籍〕　壬申年三月十九日　(972)
 3)燉煌鄉

16282 馮友祐 ·············· P3234v③-8
〔惠安惠戒手下便物曆〕　甲辰年　(944)

16283 馮老宿 ················ P3391v①
〔社司轉帖(寫錄)〕　丁酉年正月日　(937)
 1)老宿

16284 馮□ ················· S04571v①
〔馮某謝僧狀〕　十月　(9C後期～10C?)
 1)衙内都部署使銀青光錄大夫檢校上部尚書兼御史大夫上柱國　4)原作「衙内都部署使銀青光錄大夫檢校上部尚書兼御史大夫上柱國馮」。

16285 仸通〻 ················ S02214v
〔黃麻地畞數目〕　(9C後期?)
 4)⇒侯通〻。

16286 文阿羅 ··········· BD07630②(皇30)
〔出酥人曆〕　丙子年八月廿四日　(856 or 916)

[へ]

16287 平威建 ……………… P2049v①
〔淨土寺諸色入破曆計會牒〕 同光三年
(925)

16288 平盈子 ……………… S06309
〔行人轉帖〕 四月八日 (10C)
　1)行人

16289 平押衙 ……………… S06981⑤
〔親情社轉帖〕 癸亥年八月十日 (963)

16290 平押衙 ……………… Дх01412
〔卯辰巳三年沿寺黃麻等入破曆〕 (10C中期)
　1)押衙

16291 平家 ………………… P3388
〔節度使曹元忠爲故兄追念請金光明寺僧疏〕 開運四年三月九日 (946)
　2)金光明寺　4)原作「平家新戒」。

16292 平懷信 ……………… P3418v⑥
〔洪閏鄉缺枝夫戶名目〕 (9C末〜10C初)

16293 平?繋子 …………… P4640v
〔官入破曆〕 庚申年二月 (900)
　1)衙官

16294 平慶?子 …………… P2641
〔宴設司文書〕 丁未年六月 (947)
　4)⇒平瘦?子。

16295 平慶達 ……………… P2629
〔官破曆〕 九月十七日 (10C中期)

16296 平縣令 ……………… P3942
〔某家榮親客目〕 (10C?)
　1)縣令

16297 平縣令娘子 ………… P3942
〔某家榮親客目〕 (10C?)
　4)原作「故平縣令娘子」。

16298 平元通 ……………… 西千佛洞第12窟
〔供養人題記〕 (11C)
　4)原作「□□□長史平元通一心供養」。南壁。《謝》p.432。

16299 平孔目 ……………… P3288piece1
〔佛現齋造餪併人名目〕 (10C)
　1)孔目

16300 平孝君 ……………… P3418v④
〔龍勒鄉缺枝夫戶名目〕 (9C末〜10C初)
　3)龍勒鄉

16301 平弘住 ……………… P3234v⑮
〔淨土寺西倉豆利潤入曆〕 (940年代?)
　2)淨土寺

16302 平弘住 ……………… S04472v
〔納贈曆〕 辛酉年十一月廿日 (961)

16303 平骨子 ……………… P3706v
〔雜寫〕 (10C後期)
　1)百姓　3)龍勒(鄉)　4)R面爲「大佛名懺悔文」(10C中期)。

16304 平再定 ……………… P2032v⑪
〔淨土寺西倉司願勝等入破曆〕 乙巳年三月 (945)
　2)淨土寺

16305 平再定 ……………… P2032v⑰-5
〔淨土寺諸色入曆〕 (940前後)
　2)淨土寺

16306 平再定 ……………… P5032v⑥
〔酒破曆〕 (10C中期)

16307 平山多 ……………… P2877v
〔行人轉帖〕 乙丑年正月十六日 (962)
　1)行人

16308 平?秀君 …………… P3418v④
〔龍勒鄉缺枝夫戶名目〕 (9C末〜10C初)
　3)龍勒鄉

16309 平集君 ……………… P4640v
〔官入破曆〕 庚申年三月 (900)
　1)衙官

16310 平章鐵衙郎 ………… P2040v②-16
〔淨土寺粟破曆〕 乙巳年正月廿七日以後 (945以降)
　1)衙郎　2)淨土寺

16311 平遷達 ……………… P2985v④
〔親使員文書〕 (10C後期)
　4)同紙開寶五年(972)文書。

16312 平善達 ……………… P2992v
〔牒狀〕 天福十年乙巳以前 (945以前)
　3)沙州

16313 平瘦?子 ……………… P2641
〔宴設司文書〕 丁未年六月 (947)
　　4)⇒平慶?子。

16314 平詘子 ……………… P2991④
〔燉煌社人平詘子一十人糿於宕泉建窟一所功德記〕 (10C)
　　1)社人　3)燉煌鄉

16315 平定女 …………… BD01063v(辰63)
〔金剛般若波羅蜜經(背)〕 乾符六年二月二日 (879)

16316 平都頭 ……………… P2916
〔納贈曆〕 癸巳年 (993?)
　　1)都頭

16317 平白?郎 …………… BD00550v(荒50)
〔便粟曆(4行)〕 (10C?)

16318 平富通 ……………… P5038
〔納磨草人名目〕 丙午年九月一日 (886 or 946)

16319 平富德 …………… BD10570(L0699)
〔洪潤鄉平富德簽條〕 (9～10C)
　　3)洪潤鄉

16320 平富德 ……………… P2621
〔雜記〕 庚子年廿(ママ)月廿日 (940?)
　　4)原作「庚子年廿(ママ)月廿日祿事平富德」。

16321 平富德 ……………… P4694
〔麥入曆〕 (10C中期)
　　3)階和　4)原作「階和平富德」。

16322 平福通 ……………… S06981⑤
〔親情社轉帖〕 癸亥年八月十日 (963)

16323 平法律 ……………… P4694
〔麥入曆〕 (10C中期)
　　1)法律

16324 平法律 ……………… P4981
〔當寺轉帖〕 閏三月十三日 (961)
　　1)法律

16325 平法律 ……………… S01519②
〔破曆〕 (951)
　　1)法律

16326 平履宖 ……………… 莫第205窟
〔供養人題記〕 (8C後期)
　　4)西壁。《燉》p.95。

16327 平履海 ……………… 莫第205窟
〔供養人題記〕 (8C後期)
　　1)社人　4)《Pn》作「孔履玉」。西壁。《燉》p.95。

16328 平留德 ……………… S06981⑤
〔親情社轉帖〕 癸亥年八月十日 (963)

16329 平老宿 ……………… P2769v
〔雜寫(釋子文範)〕 (10C?)
　　1)老宿

16330 平 ………………… BD11502①(L1631)
〔燉煌十一僧寺別姓名簿并緣起經論等名目〕 (9C後期)
　　2)金(光明寺)

16331 米安久 ……………… S08445＋S08446＋S08468
〔羊司於常樂稅羊人名目〕 丙午年六月廿七日 (946)

16332 米安久 ……………… S08445＋S08446＋S08468
〔羊司於常樂官稅羊數名目〕 丁未年四月十二日 (943)

16333 米安定 ……………… S08445＋S08446＋S08468
〔羊司於常樂稅羊人名目〕 丙午年六月廿七日 (946)

16334 米安定 ……………… S08445＋S08446＋S08468
〔羊司於常樂官稅羊數名目〕 丁未年四月十二日 (943)

16335 米員喜 ……………… P3391v①
〔社司轉帖(寫錄)〕 丁酉年正月日 (937)

16336 米員喜牛 …………… S03982
〔月次人名目〕 甲子年三月,六月,乙丑年三月 (964, 965)

16337 米員住 ……………… P2049v①
〔淨土寺諸色入破曆計會牒〕 同光三年 (925)

16338 米員德 ················ Stein Painting 54
〔觀世音菩薩圖像題記〕 太平興國八年七月
十七日 (983)
　1)施主清信佛子・知燉煌都蘭官兼大行蘭(國?)
　家錄事

16339 米因 ················ BD01282v(列82)
〔社司文書(殘)〕 (10C)

16340 米盈?昇 ················ P3503v
〔立契燉煌鄉百姓米盈?昇爲家中(1行)〕 辛
未年四月十五日 (911 or 971)
　1)百姓 3)燉煌鄉

16341 米盈德 ················ P2049v①
〔淨土寺諸色入破曆計會牒〕 同光三年
(925)

16342 米延德 ················ S04649
〔三公寺破曆〕 庚午年二月十日 (970)

16343 米延德 ················ Stein Painting 54
〔觀世音菩薩圖像題記〕 太平興國八年七月
十七日 (983)
　1)施主

16344 米押衙 ················ P4975r.v
〔沈家納贈曆〕 辛未年三月八日 (971)
　1)押衙

16345 米王三 ················ S05632①
〔親情社轉帖〕 丁卯年二月八日 (967)
　2)顯德寺門

16346 米海順 ················ P3416piece1
〔程虞候家榮葬名目〕 乙未年二月十八日
(935)

16347 米海順 ················ P3555B piece11
〔納贈曆(殘)〕 (10C中期)

16348 米願盈 ················ P3964
〔趙僧子典兒(芶子)契〕 乙未年十一月三日
(935 or 995)

16349 米願盈 ················ Stein Painting 54
〔觀世音菩薩圖像題記〕 太平興國八年七月
十七日 (983)
　1)(米延德)男 4)原作「男願盈一心供養」。

16350 米願昌 ················ Stein Painting 54
〔觀世音菩薩圖像題記〕 太平興國八年七月
十七日 (983)
　1)(米延德)男 4)原作「男願昌一心供養」。

16351 米義升 ················ P2484
〔就東園笇會小印子群牧馳馬牛羊見行籍(歸
義印)〕 戊辰年十月十八日 (968)
　4)存「歸義軍節度使印」。

16352 米麴□ ················ S09998
〔牒文(殘)〕 (10C)
　1)押衙

16353 米近? ················ P4019piece2
〔納草束曆〕 (9C後期)
　1)(匠?) 3)平康鄉?

16354 米庫官 ················ BD08992v(虞13)
〔粟入破曆(2行)〕 丙寅年三月廿六日 (966?)
　1)庫官 4)原作「米庫官店」。

16355 米庫官 ················ BD14806③(新1006)
〔歸義軍官府貸油麵曆〕 庚午年?六月廿五日
(970?)
　1)庫官

16356 米庫官 ················ BD14806③(新1006)
〔歸義軍官府貸油麵曆〕 壬申年十一月九日
(972)
　1)庫官

16357 米胡 ················ P2040v③-11
〔淨土寺豆入曆〕 (939)
　2)淨土寺

16358 米胡 ················ P3234v③-47
〔惠安惠戒手下便物曆〕 甲辰年 (944)
　4)原作「米胡男」。

16359 米幸者 ················ BD16052A(L4028)
〔通查渠口轉帖〕 丙午年 (946?)
　1)幸者

16360 米幸者 ················ P2680v⑥
〔社司轉帖〕 六月廿三日 (10C中期)

16361 米黑堆 ················ P2766v
〔人名列記〕 咸通十二年 (871)

16362 米乞子 ················ P3396
〔沙州諸渠別粟田名目〕 (10C後期)

16363 米再員 ·················· S06452⑦
〔便粟曆〕 壬午年 (982)
　　2)淨土寺

16364 米?再?昇 ················ P3503v
〔立契燉煌鄉百姓米盈?昇爲家中(1行)〕 辛未年四月十五日 (911 or 971)
　　1)燉煌鄉百姓　4)原作「辛未年四月十五日立契燉煌鄉百姓米再昇爲家中」。R面有「齋文」(22行庚午年(910))。

16365 米山ゝ ·················· P3418v②
〔燉煌鄉缺枝夫戶名目〕 (9C末～10C初)
　　3)燉煌鄉

16366 米山ゝ ·················· S02214
〔官府雜帳(名籍・黃麻・地畝・地子等曆)〕 閏十月 (860?)
　　4)V面爲「貸便地子粟曆」。(存4行)。R・V面同時代關連文書。

16367 米?殘奴 ················· P3503v
〔雜寫〕 辛未年四月十五日 (911 or 971)
　　4)原作「辛未年四月十五日米?殘奴自手書記」(1行,寫錄)。

16368 米醜子 ·················· P2049v②
〔淨土寺諸色入破曆計會牒〕 長興二年正月 (930～931)

16369 米醜子 ·············· Stein Painting 54
〔觀世音菩薩圖像題記〕 太平興國八年七月十七日 (983)
　　1)(米員德)孫　4)原作「孫醜子一心供養」。

16370 米醜兒 ·············· Stein Painting 54
〔觀世音菩薩圖像題記〕 太平興國八年七月十七日 (983)
　　1)(米員德)孫　4)原作「孫醜兒孫長興供養」。

16371 米醜撻 ·············· Stein Painting 54
〔觀世音菩薩圖像題記〕 太平興國八年七月十七日 (983)
　　1)(米員德)孫　4)原作「孫醜撻一心供養」。

16372 米醜定 ·············· Stein Painting 54
〔觀世音菩薩圖像題記〕 太平興國八年七月十七日 (983)
　　1)(米員德)孫　4)原作「孫醜定一心供養」。

16373 米住兒 ·················· P3396
〔沙州諸渠別粟田名目〕 (10C後期)

16374 米勝德 ·················· S02669
〔管內尼寺(安國寺・大乘寺・聖光寺)籍〕 (865～870)
　　2)聖光寺　3)慈惠鄉　4)姓「米」。俗名「媚子」。

16375 米小ゝ ·················· S02214
〔官府雜帳(名籍・黃麻・地畝・地子等曆)〕 (860?)

16376 米新婦 ·············· Stein Painting 54
〔觀世音菩薩圖像題記〕 太平興國八年七月十七日 (983)
　　4)原作「新婦曹氏」。

16377 米新婦 ·············· Stein Painting 54
〔觀世音菩薩圖像題記〕 太平興國八年七月十七日 (983)
　　4)原作「新婦王氏」。

16378 米新婦 ·············· Stein Painting 54
〔觀世音菩薩圖像題記〕 太平興國八年七月十七日 (983)
　　4)原作「新婦陰氏」。

16379 米進榮 ·················· P3047v⑨
〔諸人諸色施捨曆〕 (9C前期)

16380 米進達 ·················· P3249v
〔將龍光顏等隊下人名目〕 (9C中期)

16381 米水〔永?〕興 ·············· S04525
〔付官健及諸社佛會色物數目〕 (10C後期)

16382 (米)清婢 ············ Stein Painting 54
〔觀世音菩薩圖像題記〕 太平興國八年七月十七日 (983)
　　1)(米延德)女　4)原作「女清婢出適李氏」。

16383 米?全兒 ················· P3503v
〔立契燉煌鄉百姓米盈?昇爲家中(1行)〕 辛未年四月十五日 (911 or 971)
　　4)V面有「辛未年四月十五日立契赤心鄉百姓米全兒庚午年(910)1行落書」。

16384 米?全奴 ················· P3503v
〔齋文〕 辛未年二月□□□ (911 or 971)
　　4)原作「辛未年二月□□□米全奴齋文一本」。

16385 米禪 ·············· BD05866v(菜66)
〔陰存祐就弊居請僧正等爲亡母追福疏(3行)〕 乾德六年(戊辰)九月 (968)

16386 米達ゝ ……………… P3418v①
〔□□鄉缺枝夫戶名目〕（9C末～10C初）

16387 米襌 ……………… BD05866v(菜66)
〔陰存祐就弊居請僧正等爲亡母追福疏(3行)〕 乾德六年(戊辰)九月 （968）
　4)原作「張僧正和尙,董僧正和尙,楊襌,米襌」。

16388 米帳使 ……………… S01153
〔諸雜人名目〕（10C後期）
　1)帳使

16389 米長興 ……………… Stein Painting 54
〔觀世音菩薩圖像題記〕 太平興國八年七月十七日 （983）
　1)(米員德)孫　4)原作「孫醜兒孫長興供養」。

16390 米長泰 ……………… Stein Painting 54
〔觀世音菩薩圖像題記〕 太平興國八年七月十七日 （983）
　1)(米員德)孫　4)原作「孫長泰一心供養」。

16391 米定興 ……………… S04125
〔受田簿〕 雍熙二年乙酉正月一日 （985）

16392 米定興 ……………… S05945
〔便曆〕丁亥年四月三日 （987 or 927）
　1)長史

16393 米?定子 ……………… P3306v②
〔雜記〕 開運四年丁未歲三月廿六日 （947）

16394 米定子 ……………… Φ319・Φ361・Φ342
〔十二時普觀四衆依敎修行(奧書)〕 辛亥年正月八日 （951）
　1)學郞　4)奧書「學郞米定子自寫之耳也」。

16395 米定長 ……………… BD12301v②(L2430)
〔人名雜寫〕（9～10C）

16396 米都維 ……………… S06981①
〔某寺入曆〕 辛酉年～癸亥年中間三年 （901～903 or 961～963）

16397 米都頭 ……………… S02325v
〔入破曆計會〕（10C）
　1)都頭

16398 米都頭 ……………… 羽・寫836-837
〔百姓史喜蘇買騾馬契〕 癸未年十一月廿日 （983）
　1)都頭

16399 米奴子 ……………… S02228①
〔絲綿部落夫丁修城使役簿〕 亥年六月十五日 （819）
　1)(左十)　3)絲綿部落　4)首行作「亥年六月十五日州城所,絲綿」。末行作「亥年六月十五日畢功」。

16400 米訥兒 ……………… P3418v⑤
〔某鄉缺枝夫戶名目〕（9C末～10C初）

16401 米訥悉雞 ……………… P3418v⑥
〔洪閏鄉缺枝夫戶名目〕（9C末～10C初）
　3)洪閏鄉

16402 米屯ゝ ……………… S02228①
〔絲綿部落夫丁修城使役簿〕 亥年六月十五日 （819）
　1)(右十)　3)絲綿部落　4)首行作「亥年六月十五日州城所,絲綿」。末行作「亥年六月十五日畢功」。

16403 米屯郞 ……………… P3249v
〔將龍光顏等隊下人名目〕（9C中期）

16404 米寧ゝ ……………… P3249v
〔將龍光顏等隊下人名目〕（9C中期）

16405 米判官 ……………… P3145v
〔節度使下官人名・鄉名諸姓等雜記〕（10C）
　1)判官

16406 米判官 ……………… P3396
〔沙州諸渠別粟田名目〕（10C後期）
　1)判官

16407 米媚子 ……………… S02669
〔管內尼寺(安國寺・大乘寺・聖光寺)籍〕（865～870）
　2)聖光寺　3)慈惠鄉　4)尼名「勝德」。

16408 米不勿 ……………… S02849v④
〔社司轉帖〕 壬申年十二月卅日 （972）

16409 米不勿 ……………… S02849v⑤
〔社司轉帖〕（972?）

16410 米富興 ……………… P3721v②
〔兄(見)在巡禮都官都頭名牒〕 庚辰年正月十五日 （980）
　1)司人

16411 米富昌 ······················ S11442
〔人名目〕 (10C)

16412 米富宗 ······················ ZSD067
〔四分戒本(首尾題)背〕 丙戌(年?)六月廿一日 (926?)
　4)原作「丙戌?六月廿一日米富宗道西間戒壹本(押?)」。

16413 米富長 ············ Stein Painting 54
〔觀世音菩薩圖像題記〕 太平興國八年七月十七日 (983)
　1)(米延德)男　4)原作「男富長一心供養」。

16414 米文信 ······················ P2766v
〔人名列記〕 咸通十二年 (871)

16415 米?兵馬妻 ··········· 古典籍54,圖171
〔五月五日下菜人名目〕 (10C)

16416 米平水 ············· BD09293①(周14)
〔團頭康石住米平水交付諸物憑〕 (辛)酉年十月七日 (961)
　1)第五團頭・領物人・平水・押衙

16417 米保富 ······················ P2155③
〔合領駞馬牛羊皮曆〕 (10C)
　4)原作「米保富群」。

16418 米保富 ······················ P3396
〔沙州諸渠別粟田名目〕 (10C後期)

16419 米法達 ············· BD02024①(冬24)
〔七階佛名經(末)〕 乾德參年歲次丙寅十二月九日 (966?)
　4)原作「大宋乾德參年歲次丙寅十二月九日米法達自誌」。V面爲「社司轉帖」4行。

16420 米法律 ······················ P2944
〔大乘寺・聖光寺等尼僧名錄〕 (10C後期?)
　1)法律　2)(聖光寺)　4)原作「大米法律」。

16421 米无量 ······················ P3047v①
〔僧名等錄〕 (9C前期)
　4)僧名「无量」。

16422 米命略 ······················ S08448Bv
〔紫亭羊數名目〕 (940頃)

16423 米里久 ······················ P2032v⑬-7
〔淨土寺黃麻利閏入曆〕 (940前後)
　2)淨土寺

16424 米里久 ······················ P3234v③-47
〔惠安惠戒手下便物曆〕 甲辰年 (944)

16425 米流定 ···············BD09282(周3)
〔六月到八月某寺諸色斛斗(豆麥粟)破歷〕 (10C後期)
　1)薗子　4)原作「粟柒斛…春糧用」。

16426 米流定 ······················ S04657②
〔破曆〕 (970～990年代)
　1)薗子

16427 米流ゝ ······················ P4635②
〔社家女人便麵油曆〕 [ ]月七日 (10C中期)

16428 米老 ······················ S07060
〔都司諸色破曆〕 辰年 (9C前期)

16429 米和兒 ······················ P3070v①②③
〔社司轉帖(寫錄)〕 乾寧三年閏三(二)月 (896)

16430 米和兒 ······················ P4640v
〔官入破曆〕 庚申年十二月 (900)
　1)衙官

16431 米和清 ···················· 莫第098窟
〔供養人題記〕 (10C中期)
　1)節度押衙知右五將將頭銀青光祿大夫檢校太子賓客兼監察御史　4)北壁。《燉》p.36。《謝》p.97。

16432 米和ゝ ······················ S02228①
〔絲綿部落夫丁修城使役簿〕 亥年六月十五日 (819)
　1)(左十)　3)絲綿部落　4)首行作「亥年六月十五日州城所, 絲綿」。末行作「亥年六月十五日畢功」。

16433 米 ·············· BD05673v④(李73)
〔行人轉帖(寫錄)〕 今月十二日 (9C末)

[ほ]

16434 保清程 ‥‥‥‥‥‥‥‥ S06307
　〔管内都僧正轉帖〕　九月一日　(10C後期)
　　1)徒衆

16435 保□? ‥‥‥‥‥ BD16052D(L4028)
　〔僧名目〕　(10C)

16436 保 ‥‥‥‥‥‥‥ BD05673v④(李73)
　〔行人轉帖(寫錄)〕　今月十二日　(9C末)

16437 慕庫官 ‥‥‥‥‥‥‥‥ P3145v
　〔節度使下官人名・鄕名諸姓等雜記〕(10C)
　　1)庫官

16438 慕容員〔貞?〕順 ‥‥‥‥ 莫第098窟
　〔供養人題記〕　(10C中期)
　　1)節度押衙銀青光祿大夫檢校太子賓客　4)中
　　心佛壇背屛後壁。《燉》p.47。《謝》p.95。

16439 慕容(營田) ‥‥‥‥‥‥ S04472v
　〔納贈曆〕　辛酉年十一月廿日　(961)
　　1)營田

16440 慕容歸?盈 ‥‥‥‥‥‥ P3418v①
　〔□□鄕缺枝夫戶名目〕(9C末～10C初)
　　3)沙州

16441 慕容貴隆 ‥‥‥‥‥‥ 莫第256窟
　〔供養人題記〕　(11C初期)
　　1)男節度都頭銀青光祿大夫檢校左散騎常侍御
　　史大夫　4)東壁門北側。《燉》p.109。《謝》p.325。

16442 慕容虞候 ‥‥‥‥‥‥ P2049v①
　〔淨土寺諸色入破曆計會牒〕　同光三年
　　(925)
　　1)虞候

16443 慕容縣令 ‥‥‥‥‥‥ BD16509A
　〔延晟人名一本〕　(9C前期)
　　1)縣令

16444 慕容縣令 ‥‥‥‥‥‥ S04120
　〔布褐等破曆(殘)〕　癸亥年二月～甲子年二
　　月　(963～964)
　　1)縣令　4)亡弟。

16445 慕容言長 ‥‥‥‥‥‥ 莫第256窟
　〔供養人題記〕　(11C初期)
　　1)窟主玉門諸軍事守玉門使君銀青光祿大夫檢
　　校尙書左僕射兼御史大夫上柱國　4)東壁門南
　　側。《燉》p.110。

16446 慕容苟婦 ‥‥‥‥‥‥ S08448A
　〔紫亭羊數名目〕　辛亥年正月廿七日　(951)

16447 慕容苟婦 ‥‥‥‥‥‥ S08448B
　〔紫亭羊數名目〕　(940頃)

16448 慕容氏 ‥‥‥‥‥‥‥ 莫第053窟
　〔供養人題記〕　(10C前期)
　　4)原作「□□慕容氏一心供養」。北壁。《燉》p.16。

16449 慕容氏 ‥‥‥‥‥‥‥ 莫第053窟
　〔供養人題記〕　(10C前期)
　　1)新婦　4)原作「新婦慕容氏一心供養」。北壁。
　　《燉》p.16。

16450 慕容氏 ‥‥‥‥‥‥‥ 莫第061窟
　〔供養人題記〕　(10C末期)
　　4)原作「故譙縣夫人一心供養出適慕容氏」。東壁
　　門北側。《燉》p.22。《謝》p.134。

16451 慕容氏 ‥‥‥‥‥‥‥ 莫第061窟
　〔供養人題記〕　(10C末期)
　　4)原作「姊譙縣夫人一心供養出適慕容氏」。南
　　壁。《燉》p.23。《謝》p.134。

16452 慕容氏 ‥‥‥‥‥‥‥ 莫第098窟
　〔供養人題記〕　(10C中期)
　　4)原作「女第十六小娘子一心供養出適慕容氏」。
　　北壁。《燉》p.33。《謝》p.98。⇒(曹氏)第十六小娘
　　子。

16453 慕容氏 ‥‥‥‥‥‥‥ 莫第098窟
　〔供養人題記〕　(10C中期)
　　4)原作「故姊第十一小娘子出適慕容氏一心供
　　養」。南壁。《燉》p.38。《謝》p.93。

16454 慕容氏 ‥‥‥‥‥‥‥ 莫第108窟
　〔供養人題記〕　(10C中期)
　　4)原作「故姊第十一娘子一心供養出適慕容氏」。
　　東壁門南側。《燉》p.51。《謝》p.80。

16455 慕容氏 ‥‥‥‥‥‥‥ 莫第108窟
　〔供養人題記〕　(10C中期)
　　4)原作「姪女第十六小娘子一心供養出適慕容
　　氏」。南壁。《燉》p.52。《謝》p.81。

16456 慕容氏 ·················· 莫第454窟
〔供養人題記〕 太平興國五年頃 (980)
  1)窟主勅授清河郡夫人 4)南壁。《燉》p.172。
《謝》p.304。

16457 慕容氏 ·················· 楡第25窟
〔供養人題記〕 (900)
  1)勅受清河郡夫人 4)洞口。《謝》p.448。

16458 慕容氏 ·················· 楡第33窟
〔供養人題記〕 (10C中期)
  1)節度押衙謙都知 4)北壁。《謝》p.479。

16459 慕容住子 ········· S08445＋S08446＋
S08468②
〔羊司於紫亭得羊名目〕 丙午年三月九日
(946)

16460 慕容丹珠? ············· S00447v
〔太子大師告紫亭副使等帖〕 (10C)
  1)都衙

16461 (慕容)丑奴 ············ P5032⑨
〔沙州闍梨保道致瓜州慕容郎阿姉書〕 壬申
年閏正月十三日 (972)

16462 慕容中盈 ·············· 莫第256窟
〔供養人題記〕 (11C初期)
  1)皇祖墨釐軍諸軍事…銀青光祿大夫檢校…中
書令 4)東壁門南側。《燉》p.110。

16463 慕容長永 ·············· P2985v④
〔親使員文書〕 (10C後期)

16464 (慕容)長勝 ············ P5032⑨
〔沙州闍梨保道致瓜州慕容郎阿姉書〕 壬申
年閏正月十三日 (972)

16465 慕容長政 ·············· 莫第202窟
〔供養人題記〕 (11C初期)
  1)故管內都押衙行常樂縣令銀青光祿大夫檢校
右散騎常侍兼御史大夫 4)西壁。《燉》p.93。

16466 慕容鎭使 ············· P2032v⑳-3
〔淨土寺麵黃麻豆布等破曆〕 (940前後)
  1)鎭使 2)淨土寺

16467 慕容都押衙 ············ S02472v④
〔隊官破曆〕 辛巳年十月三日 (981)
  1)都押衙

16468 慕容都衙 ················ P3942
〔某家榮親客目〕 (10C?)
  1)都衙

16469 慕容都衙 ················ S01153
〔諸雜人名目〕 (10C後期)
  1)都衙

16470 慕容都衙 ················ S04700
〔陰家榮親客目〕 甲午年五月十五日 (994)
  1)都衙

16471 慕容都衙 ··············· S06998②
〔知馬官陰章兒文書〕 丙申年二月日 (996?)
  1)都衙

16472 慕容都衙娘子 ············ P3942
〔某家榮親客目〕 (10C?)
  1)慕容都衙(娘子)

16473 慕容都衙娘子 ··········· S04700
〔陰家榮親客目〕 甲午年五月十五日 (994)
  1)慕容都衙娘子

16474 慕容祐子 ··············· P2155③
〔合領馳馬牛羊皮曆〕 (10C)

16475 慕容祐子 ··············· P2703
〔官牧羊人納𣬠羊毛牒〕 壬申年十二月
(972?)
  4)原作「宅官慕容祐子」。

16476 慕容郎 ················· P3812v
〔雜寫〕 (9C末頃)
  3)瓜州 4)原作「瓜州慕容郎」。

16477 慕容郎 ················· P5032⑨
〔沙州闍梨保道致瓜州慕容郎阿姉書〕 壬申
年閏正月十三日 (972)

16478 慕容郎阿姉 ············· P5032⑨
〔沙州闍梨保道致瓜州慕容郎阿姉書〕 壬申
年閏正月十三日 (972)

16479 慕容郎君 ··············· S04700
〔陰家榮親客目〕 甲午年五月十五日 (994)
  1)郎君

16480 慕容□ ················ 莫第053窟
〔供養人題記〕 (10C前期)
  4)原作「…一心供養出適慕容□」。北壁。《燉》
p.16。

16481 慕?容?□ゞ ……………… S03405
〔主人付親情社色物〕（10C後期）
　4）V面有「癸未年三月十四日」。

16482 暮容略羅 ……………… S08443B2
〔李闍梨出便黄麻曆〕 乙巳年二月一日
（945?）

16483 暮容略羅 ……………… S08443C1
〔李闍梨出便黄麻(麥)曆〕 丙午年正月廿一
日 （946?）

16484 （暮）容略羅 ……………… S08443C2
〔出便黄麻(麥)曆〕 甲辰年〜丁未年頃 （944
〜947）

16485 暮容略羅 ……………… S08443D
〔李闍梨出便黄麻(麥)曆〕 丁未年正月三日
（947?）

16486 暮容□三 ……………… P3418v⑤
〔某郷缺枝夫戸名目〕（9C末〜10C初）

16487 暮容□□ ……………… P3418v⑤
〔某郷缺枝夫戸名目〕（9C末〜10C初）

16488 彭安三 ……………… P3070v①
〔社司轉帖(寫錄)〕 乾寧三年閏三(二)月
（896）

16489 彭安三 ……………… P3070v②
〔社司轉帖(寫錄)〕 乾寧三年閏三(二)月
（896）

16490 彭安定 ……………… P2032v①-4
〔淨土寺粟入曆〕（944前後）

16491 彭員幸(達) ……………… P2032v①-1
〔淨土寺麥入曆〕（944前後）
　2）淨土寺

16492 彭員再 ……………… P2049v①
〔淨土寺諸色入破曆計會牒〕 同光三年
（925）

16493 彭員住 ……………… P2040v③-2
〔淨土寺西倉粟利入曆〕 己亥年 （939）
　2）淨土寺

16494 彭員住 ……………… P3234v⑮
〔淨土寺西倉豆利潤入曆〕（940年代?）
　2）淨土寺

16495 彭員達 ……………… P2032v①-4
〔淨土寺粟入曆〕（944前後）

16496 彭員達 ……………… P2049v②
〔淨土寺諸色入破曆計會牒〕 長興二年正月
（930〜931）

16497 彭員達 ……………… P3234v③-63
〔惠安惠戒手下便物曆〕 甲辰年 （944）

16498 彭員通 ……………… P2049v②
〔淨土寺諸色入破曆計會牒〕 長興二年正月
（930〜931）

16499 彭員通 ……………… P3234v⑧
〔某寺西倉豆破曆〕（940年代）

16500 彭員通 ……………… P3234v⑮
〔淨土寺西倉豆利潤入曆〕（940年代?）
　2）淨土寺

16501 彭員通 ……………… P3370
〔出便麥粟曆〕 丙子年六月五日 （928）

16502 彭家 ……………… P4907
〔淨土寺?儭破曆〕 辛卯年三月 （931?）
　4）舊P552912。

16503 彭?懷恩 ……………… Дx04278
〔十一郷諸人付麵數〕 乙亥年四月十一(日)
（915? or 975）
　3）神沙郷

16504 彭憨子 ……………… P2032v①
〔淨土寺麥入曆〕（944前後）
　2）淨土寺

16505 彭憨子 ……………… P2040v③-2
〔淨土寺西倉粟利入曆〕 己亥年 （939）
　2）淨土寺

16506 彭憨子 ……………… P2049v①
〔淨土寺諸色入破曆計會牒〕 同光三年
（925）

16507 彭憨子 ……………… P3234v③-34
〔惠安惠戒手下便物曆〕 甲辰年 （944）
　2）淨土寺

16508 彭憨子 ……………… P3234v③-69
〔惠安惠戒手下便物曆〕 甲辰年 （944）

16509　彭憨子母 …………………… P2049v①
〔淨土寺諸色入破曆計會牒〕　同光三年
（925）

16510　彭義和 ………………………… P4640v
〔官入破曆〕　庚申年五月　（900）
　　1）衙官

16511　彭賢 …………………………… S07060
〔都司諸色破曆〕　辰年　（9C前期）

16512　彭元興 ……………………… 莫第199窟
〔供養人題記〕　（9C末期）
　　1）陪戎副尉左金吾衞涇州任賢府別將　4）西壁。
　　《燉》p.90。《謝》p.371。

16513　彭光謙 ………………………… P2912v③
〔寫大般若經一部施銀盤子麥粟粉疏〕　四月
八日　（9C前期）
　　4）原作「彭光謙妻」。

16514　彭山? ………………………… BD09318B（周39）
〔莫高鄉戶口人戶付物曆〕　（946）

16515　（彭?）殘兒 ………………… 杏・羽695
〔燉煌諸鄉諸部落諸人等便麥曆〕　（10C）
　　1）弟　3）赤心(鄉)

16516　彭氏 ………………… Stein Painting 27
〔藥師如來圖供養題記〕　（10C?）
　　1）(張和榮)妻?　4）原作「佛弟子彭氏供養」。

16517　彭悉勍 ………………………… S02894v⑤
〔社司轉帖〕　（10C後期）

16518　彭醜兒 ………………………… P2032v①
〔淨土寺麥入曆〕　（944前後）
　　2）淨土寺

16519　彭醜兒 ………………………… P2049v②
〔淨土寺諸色入破曆計會牒〕　長興二年正月
（930～931）

16520　彭醜兒 ……………………… P3234v③-68
〔惠安惠戒手下便物曆〕　甲辰年　（944）

16521　彭醜奴 ………………………… S02472v③
〔納贈曆〕　辛巳年十月廿八日　（981）

16522　彭住子 ………………………… P2049v②
〔淨土寺諸色入破曆計會牒〕　長興二年正月
（930～931）

16523　彭順子 …………………… BD09520v⑪（殷41）
〔彭順子便麥粟契〕　癸未年五月十六日
（923?）
　　1）百姓　3）平康鄉

16524　彭章仟 ………………………… P3145
〔社司轉帖〕　戊子年閏五月　（988?）

16525　彭章仟 ………………………… S05747v
〔社人名目〕　（10C前期）

16526　彭眞定 ……………………… P2040v③-1
〔淨土寺粟入曆〕　（939）
　　2）淨土寺

16527　彭神奴 ……………………… P2032v⑬-10
〔淨土寺豆入曆〕　（940前後）
　　2）淨土寺

16528　彭神奴 ……………………… P2040v②-29
〔淨土寺西倉豆利入曆〕　（940年代）
　　2）淨土寺

16529　彭神奴 ……………………… P2040v③-1
〔淨土寺粟入曆〕　（939）
　　2）淨土寺

16530　彭神奴 ……………………… P3234v③-51
〔惠安惠戒手下便物曆〕　甲辰年　（944）

16531　彭神奴 ………………………… S08426
〔官府酒破曆〕　三月　（10C）

16532　彭神奴 ………………………… S08426②
〔使府酒破曆〕　（10C中～後期）

16533　彭神奴 ……………………… S08426F②
〔使府酒破曆〕　（10C中～後期）

16534　彭善友 ………………………… P3249v
〔將龍光顏等隊下人名目〕　（9C中期）

16535　彭丑胡 ………………………… P3396
〔沙州諸渠別粟田名目〕　（10C後期）

16536　彭通信 ……………………… P2040v②-29
〔淨土寺西倉豆利入曆〕　（940年代）
　　2）淨土寺

16537　彭通信 ………………………… P2049v②
〔淨土寺諸色入破曆計會牒〕　長興二年正月
（930～931）

16538 彭定連 ················ P3595
〔借券等〕 己巳年 (969?)

16539 彭庭賢 ················ S06829v
〔修造破曆〕 丙戌年 (806)

16540 彭鐵子 ················ S05578②
〔雇工契〕 戊申年正月十六日 (948?)
　1)百姓　3)赤心鄉

16541 彭道專 ················ P3249v
〔將龍光顏等隊下人名目〕 (9C中期)

16542 彭德? ················ P3070v①
〔社司轉帖(寫錄)〕 乾寧三年閏三(二)月
(896)

16543 彭不藉 ················ S04504v④
〔行人轉帖〕 七月三日 (10C前期)

16544 彭不藉奴 ·············· S02472v③
〔納贈曆〕 辛巳年十月廿八日 (981)

16545 彭保定 ················ P2032v⑬-7
〔淨土寺黃麻利閏入曆〕 (940前後)
　2)淨土寺

16546 彭保定 ················ P3234v③-29
〔惠安惠戒手下便物曆〕 甲辰年 (944)

16547 彭保定 ················ Дх02164
〔某寺麵油等破曆〕 (10C)

16548 彭林子 ················ P2049v①
〔淨土寺諸色入破曆計會牒〕 同光三年
(925)

16549 彭林子 ················ P2049v②
〔淨土寺諸色入破曆計會牒〕 長興二年正月
(930～931)

16550 彭□ ················· Дх01354
〔某人種田契〕 (9C末～10C前期)
　1)大儆知見(人)

16551 彭 ···················· 杏・羽695
〔燉煌諸鄉諸部落諸人等便麥曆〕 (10C)
　1)口承人妻　3)赤心(鄉)

16552 澎?界? ··············· Дх18915
〔帖文〕 九月十七日 (8C～9C)
　1)判官別將

16553 邦緊听 ················ S01153
〔諸雜人名目〕 (10C後期)

16554 邦醜撻 ················ S02894v④
〔社司轉帖〕 壬申年十二月卅日 (972)

16555 邦醜撻 ················ S02894v⑤
〔社司轉帖〕 (10C後期)

16556 龐潤 ·················· Дх04776
〔燉煌諸鄉百姓等勞役簿〕 (9C前期?)
　3)〔慈〕惠〔鄉〕

16557 龐且德 ················ BD07410v(官10)
〔節度押衙兼尚侍龐致新師狀〕 五月日 (9～
10C)

16558 龐保 ·················· S02228①
〔絲綿部落夫丁修城使役簿〕 亥年六月十五
日 (819)
　1)(右三)　3)絲綿部落　4)首行作「亥年六月
十五日州城所,絲綿」。末行作「亥年六月十五日
畢功」。

16559 厶乙 ·················· BD14546①(新0746)
〔十大弟子贊〕 (9～10C)
　1)弟子　3)常樂縣　4)原作「弟子常樂縣兼節度
押衙遣水交錄檢太子賓客兼監察御史上柱國厶
乙」。

16560 房鵲子 ················ BD01325(張25)
〔妙法蓮華經卷第7(尾)〕 (8C?)
　4)原作「弟子房鵲子爲己身一心供養」。

16561 僕固俊 ················ BD11287(L1416)
〔歸義軍節度使表?〕 (9C後期)
　4)『資治通鑑250』咸通7年(866)「僕固俊獨守西
州」。

16562 僕固天王 ·············· P5007
〔詩四種(首尾缺)〕 乾符參年四月廿四日
(876)
　4)第三詩「僕固天王,乾符三年四月廿四日打破
伊州…錄打劫酒泉,後劫…」。V面爲「改年孟春伏
惟判官寧體狀(9C後期)」。

16563 穆盈通 ················ S04884
〔買絹契〕 辛未年四月二日 (971?)
　3)洪閏鄉

16564 穆押衙 ················ P3889
〔社司轉帖〕 (10C後期?)
　1)押衙

16565 穆家女 ……………… P4635②
　〔社家女人便麵油曆〕［　］月七日　(10C中期)

16566 穆灰〻 ……………… P3418v⑥
　〔洪閏鄉缺枝夫戶名目〕(9C末～10C初)
　　3)洪閏鄉

16567 穆憨奴 ……………… P2880
　〔春坐局席轉帖抄等諸抄〕庚辰年十月廿二日　(980)

16568 穆敬 ……………… BD14020(新0210)
　〔摩訶般若波羅蜜經(30卷本)卷第29〕(9C前期)
　　1)菩薩戒弟子　4)末尾有「菩薩戒弟子鄧元穆敬寫」文。

16569 穆敬 ……………… BD14021(新0211)
　〔摩訶般若波羅蜜經(40卷本)卷第32〕(9C前期)
　　1)菩薩戒弟子　4)末尾有「菩薩戒弟子鄧元穆敬寫」文。

16570 穆再溫?〔滉?〕……………… P3145
　〔社司轉帖〕戊子年閏五月　(988?)

16571 穆舍?〻 ……………… P3418v⑥
　〔洪閏鄉缺枝夫戶名目〕(9C末～10C初)
　　3)洪閏鄉

16572 穆秀榮 ……………… P3047v①
　〔僧名等錄〕(9C前期)
　　4)僧名「秀榮」。

16573 穆醜奴 ……………… P5546
　〔神沙鄉人名目(殘)〕(900頃)
　　3)神沙鄉

16574 穆住兒 ……………… P2040v②-25
　〔淨土寺黃麻利入曆〕(940年代)
　　2)淨土寺

16575 穆諸子 ……………… P3706v
　〔雜寫(立契殘)〕丙午年六月廿日　(946)
　　1)百姓　3)莫高鄉　4)R面爲「大佛名懺悔文」(10C中期)。

16576 穆如玉 ……………… P3047v①
　〔僧名等錄〕(9C前期)
　　4)僧名「如玉」。

16577 穆章之 ……………… P2703
　〔官牧羊人納粘羊毛牒〕壬申年十二月　(972?)

16578 穆單忠 ……………… P2040v②-25
　〔淨土寺黃麻利入曆〕(940年代)
　　2)淨土寺

16579 穆富盈 ……………… P3706v
　〔雜寫〕(10C後期)
　　1)百姓　4)R面爲「大佛名懺悔文」(10C中期)。

16580 穆富通 ……………… P4063
　〔官建轉帖〕丙寅年四月十六日　(966)

16581 穆平水 ……………… P2680v④
　〔納贈曆〕(10C中期)
　　1)平水

16582 穆友〻 ……………… P3418v⑥
　〔洪閏鄉缺枝夫戶名目〕(9C末～10C初)
　　3)洪閏鄉

16583 穆略忠 ……………… P3418v⑥
　〔洪閏鄉缺枝夫戶名目〕(9C末～10C初)
　　3)洪閏鄉

16584 穆留子 ……………… P3418v⑥
　〔洪閏鄉缺枝夫戶名目〕(9C末～10C初)
　　3)洪閏鄉

16585 穆留住 ……………… P2049v①
　〔淨土寺諸色入破曆計會牒〕同光三年　(925)

16586 穆□□ ……………… BD16128B(L4067)
　〔社人名目〕(9～10C)

16587 穆 ……………… BD05673v④(李73)
　〔行人轉帖(寫錄)〕今月十二日　(9C末)

16588 勃延?仰 ……………… Дx18928
　〔契〕(8C後期)
　　1)保人

16589 勃門羅?齊 ……………… Дx18928
　〔契〕(8C後期)
　　1)百姓

16590 勃浪君〻 ……………… S05824
　〔經坊費負担人名目〕(8C末～9C前期)
　　1)寫經人　3)絲綿部落

16591 没沙 …………………… P5017
〔祭文〕 壬辰年八月八日 （10C）

16592 没底板 ………………… P3396v
〔沙州諸渠別芿薗名目〕 （10C後期）

16593 没立熱 ………………… BD15379v
〔雜寫（存1行）〕 （9C前期?）
　4）原作「麥馱,内壹馱牛,没立熱,宋晟□」。

[ま]

16594 磨慶住 ………………… P3897piece5
〔佃種契?〕 （10C?）
　1）内宅　4）原作「阿磨慶住」。

16595 麻鷄胡 ………………… S04685r.v
〔沙州兄李丑兒與伊州弟李奴子書狀〕 （10C後期）

16596 麻鷄胡 ………………… S04685v
〔沙州兄李丑兒與伊州弟李奴子書狀〕 （10C後期）

16597 麻胡 …………………… P2049v①
〔淨土寺諸色入破曆計會牒〕 同光三年 （925）

16598 麻胡弟 ………………… P2049v①
〔淨土寺諸色入破曆計會牒〕 同光三年 （925）

16599 麻胡弟妻 ……………… P2049v①
〔淨土寺諸色入破曆計會牒〕 同光三年 （925）

16600 麻?法師 ……………… 杏・羽694①
〔當寺應管主客僧牒〕 未年閏十月 （803）
　4）文末有異一行「未年閏十月日,直歲圓滿牒」。

16601 末揭龍 ………………… P3875
〔社司轉帖〕 癸未年 （923）
　1）社官

16602 滿阿婆 ………………… P3490v①
〔油破曆〕 辛巳年頃 （921頃）
　4）②爲「辛巳年麴破曆」。

16603 滿法師 ………………… P3854v
〔諸寺付經曆〕 （9C前期）
　1）法師

[め]

16604 明家進 ……………… BD09345①（周66）
〔安醜定妻亡社司轉帖〕 辛酉年四月廿四日
（961?）
　2)顯德寺門

16605 明義全 ……………………… S06237
〔諸人見在粟黃麻曆〕 戌年〜子年 （10C中期
以降?）

16606 明骨子 ……………………… P3889
〔社司轉帖〕 （10C後期?）

16607 明?閏〻 ………… BD09293①（周14）
〔令狐留〻叔姪共東四防(房)兄弟分書
(稿)〕 四月九日 （10C?）

16608 明信子 ……………………… S06237
〔諸人見在粟黃麻曆〕 戌年〜子年 （10C中期
以降?）

16609 明全〻 ……………………… S06237
〔諸人見在粟黃麻曆〕 戌年〜子年 （10C中期
以降?）

16610 明獵兒 ………… BD09345①（周66）
〔安醜定妻亡社司轉帖〕 辛酉年四月廿四日
（961?）
　2)顯德寺門

[も]

16611 孟安〻 ……………………… S02214
〔官府雜帳（名籍・黃麻・地畝・地子等曆）〕
（860?）

16612 孟安〻 ……………………… S05898
〔官田地畝計會〕 閏十月頃 （860頃）

16613 孟員昌 ……………………… Дx00927③
〔雜寫（佛說大衆兒子人名列記）〕 （10C後期）

16614 孟員昌 ……………………… Дx03189
〔朝淸淨偈（末）〕 丙戌年五月九日 （926?）
　1)僧　2)開元寺

16615 孟衍中 ……………………… P4063
〔官建轉帖〕 丙寅年四月十六日 （966）
　1)押衙

16616 孟押衙 ………… S08445＋S08446＋
S08468
〔紫亭羊數名目〕 辛亥年正月廿七日 （951）
　1)押衙

16617 孟押衙 ………… S08445＋S08446＋
S08468②
〔紫亭羊數名目〕 （10C中期〜10C後期）
　1)押衙

16618 孟押衙 ……………………… S08448A
〔紫亭羊數名目〕 辛亥年正月廿七日 （951）
　1)押衙

16619 孟恩子 ……………………… P3391v①
〔社司轉帖（寫錄）〕 丁酉年正月日 （937）

16620 孟家 …………………… BD09295（周16）
〔孟家納色曆〕 辰年二月三日 （9C中期〜10C初
期）

16621 孟家 ……………………… S06829v
〔修造破曆〕 丙戌年 （806）

16622 孟壞會 ……………………… P5021D
〔付物曆〕 （9C末〜10C初）

16623 孟壞睞 ………………… BD08489（裳89）
〔多心經1卷(尾)〕 （9C）

16624 孟壞眎 ……………… S01067
〔般若波羅蜜多心經1卷(寫?)〕 (9C)

16625 孟壞金 ……………… Дx01275
〔官府破紙曆〕 (9C末～10C初)

16626 孟孛君 ……………… P2049v①
〔淨土寺諸色入破曆計會牒〕 同光三年 (925)

16627 孟喝悉雞 ……………… S00447v
〔太子大師告紫亭副使等帖〕 (10C)
　1)紫亭(鎭)副使

16628 孟憨奴 ……………… P3192v
〔便麥契(控)〕 大中十二年四月一日 (858)
　3)燉煌鄕

16629 孟金太 ……………… P5003
〔社司轉帖〕 (9C前期)

16630 孟金太 ……………… P5003v
〔社人納色物曆〕 (9C前期)

16631 孟卿官 ……………… S01153
〔諸雜人名目〕 (10C後期)
　1)鄕官

16632 孟卿子 ……………… P4821
〔社司轉帖〕 (9C前期)
　4)ペン筆。

16633 孟慶遂 ……………… P2040v②-29
〔淨土寺西倉豆利入曆〕 (940年代)
　2)淨土寺

16634 孟慶郎 ……………… P2040v③-2
〔淨土寺西倉粟利入曆〕 己亥年 (939)
　2)淨土寺

16635 孟慶郎 ……………… S08443C1
〔李闍梨出便黃麻(麥)曆〕 丙午年正月廿一日 (946?)
　3)通頰

16636 孟慶郎 ……………… S08443D
〔李闍梨出便黃麻(麥)曆〕 丁未年正月三日 (947?)
　3)通頰 4)原作「通頰孟慶郎」。

16637 孟堅持 ……………… S02729①
〔燉煌應管勘牌子曆〕 辰年三月 (788)
　1)僧 3)沙州・潘原堡 4)54行目。

16638 孟賢威 ……………… BD05016v(珠16)
〔社人色物分付曆〕 (10C?)

16639 孟賢々 ……………… P4821
〔社司轉帖〕 (9C前期)
　4)ペン筆。

16640 孟賢者 ……………… BD04661v(劍61)
〔社人分付主人布曆〕 (10C)

16641 孟元立 ……………… P2539
〔沙州令公書等〕 (10C前)

16642 孟嚴々 ……………… BD09341(周62)
〔社司轉帖〕 閏四月三日 (10C後期)

16643 孟胡子 ……………… S01477v
〔地步曆〕 (10C初頃)

16644 孟興?通 ……………… P3379
〔社錄事陰保山等牒(團保文書)〕 顯德五年二月 (958)
　4)有指押印。

16645 孟鶻子 ……………… P3372v
〔社司轉帖并雜抄〕 壬申年 (972)

16646 孟再定 ……………… P2887v②
〔莫高鄕百姓孟再定雇二人契〕 癸酉年正月五日 (973)
　1)百姓 3)莫高鄕 4)落書,癸酉年(973)正月五日立契。

16647 孟殘?姜 ……………… Дx00927③
〔雜寫(佛說大衆兒人名列記)〕 (10C後期)

16648 孟殘?奴 ……………… Дx00927③
〔雜寫(佛說大衆兒人名列記)〕 (10C後期)

16649 孟子盈 ……………… S08445＋S08446＋S08468
〔羊司於紫亭得羊名目〕 丙午年三月九日 (946)

16650 孟子盈 ……………… S08445＋S08446＋S08468
〔稅巳年出羊人名目〕 丙午年二月十九日 (946)

16651 孟氏 ……………… Stein Painting 12
〔釋迦如來圖供養題記〕 (9C)
　1)淸信優婆姨

640

16652 孟闍梨 ・・・・・・・・・・・・・・・・・・・・ S04654v⑤
〔便曆〕 丙午年正月一日 （946）
　1)闍梨

16653 孟闍梨 ・・・・・・・・・・・・・・・・・・・・ S05804v
〔僧智弁遣堂子送赴孟闍梨母吊儀狀〕（10C
初）
　1)闍梨

16654 孟闍梨 ・・・・・・・・・・・・・・・・・・・・ Дx00927③
〔雜寫(佛說大衆兒子人名列記)〕（10C後期）
　1)闍梨

16655 孟醜子 ・・・・・・・・・・・・・・・・・・・・ P3273
〔付麥粟曆〕（10C中期）

16656 孟醜奴 ・・・・・・・・・・・・・・・ BD07129v(師29)
〔納物曆〕（10C）

16657 孟醜奴 ・・・・・・・・・・・・・・・・・・・・ P3273
〔付麥粟曆〕（10C中期）

16658 孟醜奴 ・・・・・・・・・・・・・・・・・・・ Дx11078
〔(渠社?)轉帖〕 四月十日 （950前後）

16659 孟什德 ・・・・・・・・・・・・・・・・・・・・ S02214
〔官府雜帳(名籍・黃麻・地畝・地子等曆)〕
（860?）

16660 孟住兒 ・・・・・・・・・・・・・・・・・・・・ Дx02971
〔王都頭倉下糧食破曆〕（10C）

16661 孟順通 ・・・・・・・・・・・・・・・・・・・ P5032v⑧
〔社司轉帖〕 六月 （10C中期）
　1)兵馬使

16662 孟常君 ・・・・・・・・・・・・・・・・・・・・ P2825v
〔雜寫〕 大順元年十二月頃 （890頃）
　1)百姓　4)原作「百姓孟常君上」。

16663 孟性靜義 ・・・・・・・・・・・・・・・・・・ S02669
〔管內尼寺(安國寺・大乗寺・聖光寺)籍〕
（865～870）
　2)大乗寺　3)燉煌鄕　4)姓「孟」。俗名「端々」。

16664 孟達子 ・・・・・・・・・・・・・・・・・・・・ P4821
〔社司轉帖〕（9C前期）
　4)ペン筆。

16665 孟達子 ・・・・・・・・・・・・・・・・・・・ S05824v
〔經坊費負担人名目〕（8C末～9C前期）
　1)頭

16666 孟堪□ ・・・・・・・・・・・・・・・・・・・・ Дx02971
〔王都頭倉下糧食破曆〕（10C）

16667 孟端々 ・・・・・・・・・・・・・・・・・・・・ S02669
〔管內尼寺(安國寺・大乗寺・聖光寺)籍〕
（865～870）
　2)大乗寺　3)燉煌鄕　4)尼名「性靜義」。

16668 孟澄照 ・・・・・・・・・・・・・・・・・・・ S02729①
〔燉煌應管勘牌子曆〕 辰年三月 （788）
　1)僧　2)普光寺　3)沙州　4)39行目。

16669 孟通信 ・・・・・・・・・・・・・・・・・・ P2032v①-4
〔淨土寺粟入曆〕（944前後）

16670 孟定奴 ・・・・・・・・・・・・・・・・・・・・ P3236v
〔燉煌鄕官布籍〕 壬申年三月十九日 （972）
　3)燉煌鄕

16671 孟定德 ・・・・・・・・・・・・・・・・・・・ S08448A
〔紫亭羊數名目〕 辛亥年正月廿七日 （951）

16672 孟定德 ・・・・・・・・・・・・・・・・・・・ S08448B
〔紫亭羊數名目〕（940頃）

16673 孟都鄕 ・・・・・・・・・・・・・・・ BD16387A(L4460)
〔營田使索懷濟渠提轄□通等〕 甲申年廿八
日 （10C）

16674 孟都頭 ・・・・・・・・・・・・・・・・・・・・ Дx00927③
〔雜寫(佛說大衆兒子人名列記)〕（10C後期）
　1)都頭

16675 孟都料 ・・・・・・・・・・・・・・・・・・・・ S05039
〔某寺諸色破曆〕（10C後期）
　1)都料

16676 孟伯通 ・・・・・・・・・・・・・・・・・・・・ P3379
〔社錄事陰保山等牒(團保文書)〕 顯德五年二
月 （958）
　4)有指押印。

16677 孟博士 ・・・・・・・・・・・・・・・・・・・ P5032v⑧
〔社司轉帖〕 六月 （10C中期）

16678 孟鉢盈 ・・・・・・・・・・・・・・・・ BD16384(L4458)
〔抄錄有私駞名目〕 丙寅年八月廿九日 （966）
　1)押衙

16679 孟伏奴 ・・・・・・・・・・・・・・・・・・・ S05824v
〔經坊費負担人名目〕（8C末～9C前期）

氏族人名篇　もう　孟毛

16680 孟福忠 ……………… S08443D
〔李闍梨出便黃麻(麥)曆〕　丁未年正月三日
(947?)
　　1)(孟慶郎)男・口承人　3)通頰　4)原作「口承
　　人男福忠」。

16681 孟法師 ……………… P3555B
〔當寺轉帖〕　(10C中期)
　　1)法師

16682 孟法律 ……………… P2049v①
〔淨土寺諸色入破曆計會牒〕　同光三年
(925)
　　1)法律　2)乾元寺

16683 孟法律 ……………… S02614v
〔燉煌應管諸寺僧尼名錄〕　(895)
　　1)法律　2)開元寺

16684 孟流三 ……………… S04472v
〔納贈曆〕　辛酉年十一月廿日　(961)

16685 孟留三 ……………… Дx02149B
〔見納缺柴人名目〕　(10C)

16686 孟留々 ……………… S04444v③
〔社司轉帖(寫錄)〕　(10C)
　　2)永安寺門前

16687 孟狼苟 ……………… BD09341(周62)
〔社司轉帖〕　閏四月三日　(10C後期)

16688 孟老宿 ……………… P3161
〔常住什物見在新附點檢曆〕　(10C前期)
　　1)老宿

16689 孟老宿 ……………… P3555B
〔當寺轉帖〕　(10C中期)
　　1)老宿

16690 孟老宿 ……………… S00474v
〔都僧統法嚴等算會〕　戊寅年三月十三日
(918)
　　1)老宿

16691 孟郎 ……………… BD15154①(新1354)
〔无量壽宗要經〕　(9C)
　　4)原作「孟郎寫」。

16692 孟郎子 ……………… BD06110(薑10)
〔无量壽宗要經〕　(9C)
　　4)原作「孟郎子寫」。

16693 孟郎子 ……………… BD08078(字78)
〔无量壽宗要經(末)〕　(9C)

16694 孟郎子 ……………… BD14096(新0296)
〔无量壽宗要經(尾題後題名)〕　(9C前期)

16695 孟郎子 ……………… BD16455
〔無量壽宗要經(尾)〕　(9C)

16696 孟郎子 ……………… S05042
〔大般若波羅蜜多經卷第77〕　(9C)

16697 孟錄事 ……………… P4063
〔官建轉帖〕　丙寅年四月十六日　(966)
　　1)錄事　4)原作「錄事孟帖」。

16698 孟□□ ……………… Дx02256
〔親情社轉帖〕　丙午年七月三日　(946?)
　　1)祿事

16699 孟 ……………… BD07640v(皇40)
〔補紙上記載人名斷簡〕　(9～10C)

16700 孟 ……………… BD11502①(L1631)
〔燉煌十一僧寺別姓名簿幷緣起經論等名
目〕　(9C後期)
　　2)開(元寺)

16701 毛永堅 ……………… 故宮博・新153380
〔賢劫千佛名卷下(首尾題)〕　咸通十年五月
(869)
　　1)清信弟子　4)題記「清信弟子毛永堅爲亡父母
　　早生天界敬寫大佛名貳拾貳卷,供養於沙州龍興
　　寺」。

16702 毛玼妻宋 ……………… S00542v
〔龍興寺?簿〕　戌年六月十八日　(818)
　　2)龍興寺?

16703 毛屯智 ……………… BD09334(周55)
〔分付多衣簿〕　(8C中期)

16704 毛養々 ……………… S02228①
〔絲綿部落夫丁修城使役簿〕　亥年六月十五
日　(819)
　　1)(左十)　3)絲綿部落　4)首行作「亥年六月
　　十五日州城所,絲綿」。末行作「亥年六月十五日
　　畢功」。

16705 毛璘 ……………… P3446v
〔沙州倉曹會計牒〕　吐蕃巳年?頃　(789?)

642

16706 目員子 ·················· 莫第098窟
〔供養人題記〕（10C中期）
　　1)節度押衙知北界平水銀青光祿大夫檢校太子賓客兼監察御史　4)西壁。《燉》p.45。

16707 目盈子 ·················· P3011v①
〔牧羊人目盈子群等羊籍〕　丁亥年（987?）

16708 目?盈昌 ················ S06998①
〔牧羊人文書〕（10C後期）

16709 目盈昌 ··················· S11437
〔牧羊計會〕（10C）

16710 目盈昌 ·················· Дx11195
〔官衙黃麻麥油破曆〕（10C）

16711 目盈昌 ·················· Дx11196
〔渠人轉帖〕　十月九日（983）

16712 目盈通 ·················· Дx11196
〔渠人轉帖〕　十月九日（983）

16713 目家 ····················· P3763v
〔淨土寺入破曆〕（945前後）
　　2)淨土寺　4)原作「目家莊」。

16714 目願晟 ·················· Дx11196
〔渠人轉帖〕　十月九日（983）

16715 目?繼章 ················ P3721v③
〔多至自斷官員名〕　己卯年十一月廿六日（979）

16716 目功德娘 ················· S02669
〔管內尼寺（安國寺·大乘寺·聖光寺）籍〕（865～870）
　　2)大乘寺　3)平康鄉　4)尼名「常意」。

16717 目幸成 ··················· S06309
〔行人轉帖〕　四月八日（10C）
　　1)行人

16718 目忽 ···················· P4525⑩
〔官府酒破曆〕　辛巳年（981）

16719 目贊ミ ··················· P3249v
〔將龍光顏等隊下人名目〕（9C中期）

16720 目醜奴 ··········· BD04256v①1（玉56）
〔斷知更人名帳〕　四月十二日夜（9C後期）

16721 目醜奴 ··········· BD04256v①1（玉56）
〔斷知更人名帳〕　四月廿三日夜（9C後期）

16722 目醜奴 ··········· BD04256v①2（玉56）
〔第二次斷知更人名帳〕　四月十二日夜（9C後期）

16723 目醜奴 ··········· BD04256v①2（玉56）
〔第二次斷知更人名帳〕　四月十三日夜（9C後期）

16724 目章三 ··················· P3424
〔王都判下碨䃺麥粟乾麥曆〕　己丑年（869?）

16725 目章三 ·················· Дx11196
〔渠人轉帖〕　十月九日（983）

16726 目常意 ··················· S02669
〔管內尼寺（安國寺·大乘寺·聖光寺）籍〕（865～870）
　　2)大乘寺　3)平康鄉　4)姓「目」。俗名「功德娘」。

16727 目曹八 ·················· P3047v⑨
〔諸人諸色施捨曆〕（9C前期）

16728 目妙法 ·················· P3047v①
〔僧名等錄〕（9C前期）
　　4)僧名「妙法」。

16729 目明俊 ··················· S00542v
〔燉煌諸寺丁壯車牛役部〕　戌年六月十八日（818）
　　2)大雲寺

16730 勿苟其? ················· Дx18928
〔契〕（8C後期）
　　1)保人　4)34歲。

16731 勿薩隆? ················· Дx18928
〔契〕（8C後期）
　　1)保人

[ゆ]

16732 游阿朶 ……………… Дx01277
〔納贈曆〕 丁丑年九月四?日 （977）

16733 游意奴 ……………… Дx01374
〔便麥契〕 （9C前期）
　1)便麥人百姓　4)契文中有「便麥人游意奴年卅二(畫指)」。

16734 游懷潤 ……………… P2049v②
〔淨土寺諸色入破曆計會牒〕 長興二年正月 （930～931）

16735 游懷閏 ……………… P3370
〔出便麥粟曆〕 丙子年六月五日 （928）
　3)洪閏鄉

16736 游昌子 ……………… P3146A
〔衙前子弟州司及麨頭等留殘祗衙人數〕 辛巳年八月三日 （981）
　1)第一麨

16737 游進胡 ……………… BD09341（周62）
〔社司轉帖〕 閏四月三日 （10C後期）

16738 游善奴 ……………… BD09335v（周56）
〔劉賀老・游善奴等殘名目(殘)〕 （9～10C）

16739 游富住 ………… BD14806②（新1006）
〔渠人轉帖〕 （10C中期）

16740 游兵馬使 …………… S00329v
〔行人轉帖(寫)〕 十月廿八日 （9C後期）
　1)副隊・兵馬使

16741 游流住 ……………… P2842piece2
〔納贈曆〕 己酉年正月廿九日 （949）

16742 游留住 ……………… P2842piece1
〔社司轉帖〕 甲辰年[ ]月九日 （944）

16743 遊再緊? ……………… Дx02149B
〔見納缺柴人名目〕 （10C）

16744 遊氏 ………………… 莫第387窟
〔供養人題記〕 清泰元年頃 （936頃）
　4)原作「故慈母遊氏供養」。謝p.237。東壁門北側。《燉》p.149.《謝》p.237。

16745 遊醜子 ……………… 杏・羽663v
〔雜抄紙背人名等雜寫〕 （10C前期）

16746 遊?通信 ……………… P0001v
〔書簡〕 九月一日 （9C後期）

16747 遊?通信 ……………… P0006v
〔社司轉帖〕 正月十三日 （9C末頃）

16748 遊通信 ……………… P3666v
〔社人名目?〕 （9C後期）

16749 遊?通信 ……………… S00329v
〔書簡〕 九月一日 （9C後期）

16750 遊福兒 ……………… P2953v
〔便麥豆本曆〕 （10C）

16751 遊保達 ……………… P3935
〔田籍文書(稿)〕 （10C）
　4)V面爲「931-937年還粟麥算會文書」。

16752 遊 ………………… BD05673v④（李73）
〔行人轉帖(寫錄)〕 今月十二日 （9C末）

16753 雄咄ゝ ……………… S02894v⑤
〔社司轉帖〕 （10C後期）

[よ]

16754 余慶達 ・・・・・・・・・・・・・・・・・ 莫第098窟
〔供養人題記〕（10C中期）
  1)節度押衙銀青光祿大夫檢校太子兼監察侍御史　4)北壁。《燉》p.37。《謝》p.98。

16755 姚安仵 ・・・・・・・・・・・・・・・・・・・・・・ S06130
〔諸人納布曆〕（10C）
  3)神沙鄉

16756 姚安德 ・・・・・・・・・・・・・・ P2040v③-10
〔淨土寺豆入曆〕（939）
  2)淨土寺

16757 姚安□ ・・・・・・・・・・・・・・・・・・・・・・ P5546
〔神沙鄉人名目(殘)〕（900頃）
  3)神沙鄉

16758 姚延郎 ・・・・・・・・・・・・・・・・・・・・・ P3889
〔社司轉帖〕（10C後期?）

16759 姚延郎 ・・・・・・・・・・・・・・・・・・・ S02894v⑤
〔社司轉帖〕（10C後期）

16760 姚王九 ・・・・・・・・・・・・・・・・・・・ P3418v②
〔燉煌鄉缺枝夫戶名目〕（9C末〜10C初）
  3)燉煌鄉

16761 姚義盈 ・・・・・・・・・・・・・・・・・・・ S05540⑥
〔百姓姚義盈買契(殘)〕　天成肆年十月五日（929）
  1)百姓

16762 姚義盈 ・・・・・・・・・・・・ S08445＋S08446＋S08468
〔稅巳年出羊人名目〕　丙午年二月十九日（946）

16763 姚義盈 ・・・・・・・・・・・・ S08445＋S08446＋S08468②
〔羊司於紫亭得羊名目〕　丙午年三月九日（946）

16764 姚義恩 ・・・・・・・・・・・・・・・・・ 莫第098窟
〔供養人題記〕（10C中期）
  1)節度押衙銀青光祿大夫檢校太子賓客　4)中心佛壇背屏後壁。《燉》p.48。⇒姚承恩。

16765 姚義分 ・・・・・・・・・・・・・・・・・・・・ S05104
〔社司轉帖(寫錄)〕（9〜10C）

16766 姚公子 ・・・・・・・・・・・・・・・・・・・・ S02669
〔管內尼寺(安國寺・大乘寺・聖光寺)籍〕（865〜870）
  2)大乘寺　3)効穀鄉　4)尼名「神秀」。

16767 姚弘慶 ・・・・・・・・・・・・・・・・・・・・ P3108v②
〔三官?便社人黃麻曆〕　己未年二月十日（899 or 956）

16768 姚興清 ・・・・・・・・・・・・・・・・・・・・ P3249v
〔將龍光顏等隊下人名目〕（9C中期）

16769 姚骨ゞ ・・・・・・・・・・・・・・・・・・・・・・ P5546
〔神沙鄉人名目(殘)〕（900頃）
  3)神沙鄉

16770 姚侍御 ・・・・・・・・・・・・・・・・・・・ S01164r.v
〔廻向願文〕（9C後期）
  1)侍御

16771 姚侍御 ・・・・・・・・・・・・・・・・・・・ S04504v⑨
〔廻向願文〕（9C後期）
  1)侍御

16772 姚時清 ・・・・・・・・・・・・・・・・・・・ S05486②
〔社司轉帖〕　壬寅年六月九日（942）
  1)押衙

16773 姚什德 ・・・・・・・・・・・・・・・・・・・・ Дx04278
〔十一鄉諸人付麵數〕　乙亥年四月十一(日)（915? or 975）
  3)神沙鄉

16774 姚小兒 ・・・・・・・・・・・・・・・・・・・・・ P2846
〔入破曆〕　甲寅年正月廿一日（954）

16775 姚小俊 ・・・・・・・・・・・・・・・・・・ P2842piece4
〔渠?人?轉帖〕　五月廿八?日（9C中期）

16776 姚承恩 ・・・・・・・・・・・・・・・・・ 莫第098窟
〔供養人題記〕（10C中期）
  1)節度押衙銀青光祿大夫檢校太子賓客　4)中心佛壇背屏後壁。《謝》p.96。⇒姚義恩。

16777 姚神秀 ・・・・・・・・・・・・・・・・・・・・ S02669
〔管內尼寺(安國寺・大乘寺・聖光寺)籍〕（865〜870）
  2)大乘寺　3)効穀鄉　4)姓「姚」。俗名「公子」。

16778 姚進晟 ・・・・・・・・・・・・・・・・・・・・ S01477v
〔地步曆〕（10C初頃）

16779 姚淸 ……………………… P2680v②
〔諸鄕諸人便粟曆〕 (10C中期)

16780 姚淸子 ……………………… Дx01453
〔開倉納地子麥廠曆〕 丙寅年八月廿四日
(966)

16781 姚善吉 ……………………… P3384
〔戶籍(殘)〕 大順二年辛亥正月一日 (891)

16782 姚曹 ……………………… P2880
〔春坐局席轉帖抄等諸抄〕 庚辰年十月廿二
日 (980)
　1)社長

16783 姚擔娘 ……………………… S02669
〔管內尼寺(安國寺・大乘寺・聖光寺)籍〕
(865〜870)
　2)大乘寺　3)玉關鄕　4)尼名「般若心」。

16784 姚擔娘 ……………………… S02669
〔管內尼寺(安國寺・大乘寺・聖光寺)籍〕
(865〜870)
　1)尼　2)大乘寺　4)俗姓「姚」,俗名「擔娘」。

16785 姚團頭 ……………………… P3108v②
〔三官?便社人黃廠曆〕 己未年二月十日 (899
or 956)
　1)團頭

16786 姚丑兒 ……………………… P3290②
〔宋沙州人戶別都受田申請計帳(寫錄)〕 至
道元年乙未歲正月一日 (995)

16787 姚長子 ……………………… P3108v④
〔雜寫〕 庚辰年前後 (860 or 920)

16788 姚通信 ……………………… Дx01306
〔董惠明等人名目〕 (946)

16789 姚都料 ………… BD15249v③(新1449)
〔某家榮親客目〕 (10C後期)
　1)都料

16790 姚般若心 ……………………… S02669
〔管內尼寺(安國寺・大乘寺・聖光寺)籍〕
(865〜870)
　1)尼　2)大乘寺　3)玉關郡　4)俗姓「姚」。俗名
「擔娘」,尼名「般若心」。

16791 姚糞堆 ……………………… P3391v②
〔社人名列記(寫錄)〕 丁酉年頃 (937頃)

16792 姚文淸 ……………………… S05700
〔買宅舍契〕 (10C)

16793 姚辯 ……………………… S02228①
〔絲綿部落夫丁修城使役簿〕 亥年六月十五
日 (819)
　1)(左九)　3)絲綿部落　4)首行作「亥年六月
十五日州城所,絲綿」。末行作「亥年六月十五日
畢功」。

16794 姚友兒 ……………………… Дx04278
〔十一鄕諸人付麵數〕 乙亥年四月十一(日)
(915? or 975)
　3)洪潤鄕

16795 姚力悉公經? ………… BD15493v(簡
057870)
〔雜寫〕 (9C後期?)

16796 姚流吉 ……………………… P3396
〔沙州諸渠別粟田名目〕 (10C後期)

16797 姚流子 ……………………… P3384
〔戶籍(殘)〕 大順二年辛亥正月一日 (891)

16798 姚良 ……………………… BD00587(荒87)
〔佛說無量壽宗要經(尾)〕 (9C前期)
　4)極細廐名。

16799 姚良 ……………………… BD00837(盈37)
〔无量壽宗要經〕 (9C前期)

16800 姚良 ……………………… BD01822(秋22)
〔无量壽宗要經(尾)〕 (9C前期)

16801 姚良 ……………………… BD02134(藏34)
〔无量壽宗要經(末)〕 (9C前期)

16802 姚良 ……………………… BD04366(出66)
〔大般若波羅蜜多經卷第190〕 (9C前期)
　4)原作「姚良寫」。

16803 姚郎 ……………………… P3707
〔親情社轉帖〕 戊午年四月廿四日 (958)

16804 姚郎々 ……………………… P3384
〔戶籍(殘)〕 大順二年辛亥正月一日 (891)

16805 姚?□□ ……………………… P3328v①
〔付細布曆〕 (9C前期)

16806 楊阿朶 ……………………… S02474
〔歸義軍麵油破曆〕 (980～982)

16807 楊阿朶 ……………………… S11358
〔部落轉帖〕 (10C後期)

16808 楊阿朶妻 …………………… S02474
〔歸義軍麵油破曆〕 (980～982)

16809 楊阿朶子 …………………… S11358
〔部落轉帖〕 (10C後期)

16810 楊阿羅 ……………………… P2155③
〔合領馳馬牛羊皮曆〕 (10C)

16811 楊阿羅 ……………………… P2484
〔就東園竿會小印子群牧馳馬牛羊見行籍(歸義印)〕 戊辰年十月十八日 (968)
　4)存「歸義軍節度使印」。

16812 楊律丹 ……………………… S06185
〔官破曆〕 (歸義軍期)
　1)牧羊人

16813 楊惡子 ……………………… P.tib2124v
〔人名錄〕 (9C中期?)

16814 楊安忤 ……………………… P3418v⑥
〔洪閏鄉缺枝夫戶名目〕 (9C末～10C初)
　3)洪潤鄉

16815 楊安三 ……………………… P5546
〔神沙鄉人名目(殘)〕 (900頃)
　3)神沙鄉

16816 楊安政 ……………………… P3379
〔社錄事陰保山等牒(團保文書)〕 顯德五年二月 (958)
　4)有指押印。

16817 楊威□得 …… BD09472v①～③(發92)
〔龍興寺索僧正等五十八人就唐家蘭若請賓頭盧文〕 (8～9C)
　2)靈修(寺) 3)沙州

16818 楊員慶 ……………………… P3234v⑩
〔某寺西倉粟破曆〕 (940年代)

16819 楊員子 ……………………… P3379
〔社錄事陰保山等牒(團保文書)〕 顯德五年二月 (958)
　4)有指押印。

16820 楊員子 ……………………… Дx02149в
〔見納缺柴人名目〕 (10C)

16821 楊員昌 ……………………… P2155③
〔合領馳馬牛羊皮曆〕 (10C)

16822 楊員定 ……………………… P3234v⑮
〔淨土寺西倉豆利潤入曆〕 (940年代?)
　2)淨土寺

16823 楊英得〔德〕…… 書林會主催,西武古書展示卽賣會目錄16頁(圖)50律部斷卷
〔孝生畫首楊英得爲修之寺揚美志〕 咸通十年三月十五日 (869)

16824 楊英德 ……………………… S03252
〔般若波羅蜜多心經〕 (10C)
　1)押衙 4)原作「弟子押衙楊英德敬寫」。

16825 楊延光 ……………………… 北大D184
〔弟子楊延光發願疏〕 十一月廿三日 (9C～10C)
　4)ペン筆。

16826 楊延子 ……………………… BD09299(周20)
〔納贈曆〕 (10C後期)

16827 楊延閏 ……………………… S05667v
〔大佛名經頭首佛像畫(背面雜寫)〕 (10C?)

16828 楊延閏 ……………………… Дx04032
〔社司轉帖〕 □巳?年七月九日 (10C)
　1)錄事

16829 楊押衙 ……………………… BD03888(金88)
〔觀世音經(卷尾有題記)〕 (9～10C)
　1)弟子 4)原作「押衙楊」。

16830 楊押衙 ……………………… P3400v
〔尙書管領左右筆名目(3行)〕 大唐廣順參年癸丑歲三月十五日 (953)
　1)押衙

16831 楊押衙 ……………………… S00705v
〔社司轉帖(殘)〕 (9C後期)
　1)押衙 4)V面有「天復八年(908)落書」。

16832 楊押衙 ……………………… S04117
〔寫經人・校字人名目〕 壬寅年三月廿九日 (1002)
　1)寫經人・校字人・押衙

16833 楊押衙 ……………… Дx01428
〔某寺諸色斛斗破曆〕 （10C中期）
　1)押衙　4)原作「楊押牙妻亡弔孝張僧統用」。

16834 楊家 ……………… Дx01943v
〔雜寫〕 （10C）

16835 楊家阿舅員信 ……… Дx02485
〔諸家新婦名目〕 （9C）

16836 楊家阿舅員信新婦 …… Дx02485
〔諸家新婦名目〕 （9C）

16837 楊家依婆 ……………… S08448A
〔紫亭羊數名目〕 辛亥年正月廿七日 （915）

16838 楊家依婆 ……………… S08448B
〔紫亭羊數名目〕 （940頃）

16839 楊家兒 ……………… P2032v⑮-2
〔淨土寺黃麻破曆〕 （940前後）
　2)淨土寺

16840 楊懷慶 ……………… BD09334(周55)
〔分付多衣簿〕 （8C中期）

16841 楊懷興 ……………… S01475v②
〔社司狀上〕 申年五月廿一日 （828）

16842 楊懷興 ……………… S01475v③
〔社司狀上〕 申年五月 （828）
　1)社人

16843 楊海神 ……………… P4640v
〔官入破曆〕 辛酉年三月 （901）
　1)邑歸鎭使

16844 楊海清 ……………… P3231②
〔平康鄉官齋曆〕 癸酉年九月卅日 （973）
　3)平康鄉

16845 楊海清 ……………… P3231③
〔平康鄉官齋曆〕 甲戌年五月廿九日 （974）
　3)平康鄉

16846 楊揭搥 ……………… P3616v
〔納七器具名歷〕 卯年九月廿四日 （10C?）

16847 楊憨兒 ……………… S04643
〔陰家榮親客目〕 甲午年五月十五日 （994）

16848 楊憨兒 ……………… S11358
〔部落轉帖〕 （10C後期）

16849 楊漢兒 ……………… P3396v
〔沙州諸渠別苴蘭名目〕 （10C後期）

16850 楊漢兒 ……………… S08445＋S08446＋S08468
〔稅巳年出羊人名目〕 丙午年二月十九日 （946）

16851 楊岸 ……………… S05788
〔社司轉帖〕 十一月廿一日 （9C前期）
　1)社長

16852 楊岸 ……………… S05825
〔社司轉帖〕 四月一日 （9C前期）
　1)社長

16853 楊岸 ……………… S06354v
〔官府計會文書〕 （8C後期）

16854 楊願子 ……………… P3231②
〔平康鄉官齋曆〕 癸酉年九月卅日 （973）
　3)平康鄉

16855 楊願子 ……………… P3231③
〔平康鄉官齋曆〕 甲戌年五月廿九日 （974）
　3)平康鄉

16856 楊願子 ……………… P3231④
〔平康鄉官齋曆〕 甲戌年十月十五日 （974）
　3)平康鄉

16857 楊願子 ……………… P3231⑤
〔平康鄉官齋曆〕 □亥年五月十五日 （975）
　3)平康鄉

16858 楊願受 ……………… BD00876(盈76)
〔大目犍連冥間求母變文〕 太平興國二年歲在丁丑閏六月五日 （977）
　1)學仕郎　2)顯德寺　4)原作「…顯德寺學仕郎楊願受…」。

16859 楊願受 ……………… P3835①
〔觀世音菩薩祕蜜藏無障礙如意心輪陀羅尼經1卷(完)首題, 不空羂索神呪心經〕 戊寅年八月五日 （978）
　4)題記有「清信弟子楊願受寫此經再文記也。後代流傳, 利益從生, 莫墮三塗」。則天文字使用。

16860 楊願受 ··················· S05631①
〔社司轉帖〕 庚辰年正月十四日 (980)
　1)社官　2)普光寺門前

16861 楊葵子 ··················· S00542v
〔燉煌諸寺丁壯車牛役部〕 戌年六月十八日 (818)
　1)車頭　2)靈修寺, 普光寺

16862 楊葵子妻 ················· S00542v
〔普光寺文〕 戌年六月十八日 (818)
　2)普光寺

16863 楊義興 ··················· P3721v③
〔冬至自斷官員名〕 己卯年十一月廿六日 (979)

16864 楊義昌 ··················· S04121
〔陰家榮親客目〕 甲午年五月十五日 (994)
　1)都頭

16865 楊義長 ··················· P3721v②
〔兄(見)在巡禮都官都頭名牒〕 庚辰年正月十五日 (980)
　1)司人

16866 楊敎? ··················· S01580
〔大般若波羅蜜多經卷第212(寫)〕 (9C)

16867 楊敎 ··················· S06385
〔大般若波羅蜜多經卷第141〕 (9C)

16868 楊橋?撻? ··················· P3379
〔社錄事陰保山等牒(團保文書)〕 顯德五年二月 (958)
　4)有指押印。

16869 楊願 ··················· BD08034(字34)
〔佛說尊勝陀羅尼神咒(末)〕 (9～10C)
　4)原作「破洛官前同河西節度副使銀青光祿大夫試鴻臚卿兼肅州刺史楊願寫施」。

16870 楊虞候 ··················· BD09325(周46)
〔社司轉帖〕 □子?年七月十四日 (10C後期)
　1)虞候

16871 楊欵律丹 ··················· P2484
〔就東園笇會小印子群牧馳馬牛羊見行籍(歸義印)〕 戊辰年十月十八日 (968)
　4)存「歸義軍節度使印」。

16872 楊君 ··················· P3384
〔戶籍(殘)〕 大順二年辛亥正月一日 (891)

16873 楊君子 ··················· P2826
〔于闐王致沙州節度令公書〕 (9～10C)

16874 楊君寧 ··················· P2766v
〔人名列記〕 咸通十二年 (871)

16875 楊慶(界) ··················· S05822
〔地子曆〕 寅年 (8C後期?)

16876 楊慶子 ··················· Дx02149в
〔見納缺柴人名目〕 (10C)

16877 楊繼瑀 ··················· P3451
〔張淮深變文〕 (9C後期)
　1)品官

16878 楊繼恩 ··················· P2482②
〔羅府君邈眞讚〕 天福八年歲次癸卯九月十日 (943)
　1)節度管內諸司都勾押孔目官兼御史大夫

16879 楊繼恩 ··················· P2482④
〔閻府君邈眞讚并序〕 大晉開運三年十二月丁巳朔三日 (946)
　1)節度管內諸司都勾押孔目官兼御史大夫　4)原作「楊繼恩述」。V面有「大晉天福八年(943)癸卯歲九月朔十五日」之紀年。

16880 楊繼恩 ··················· P2970
〔陰府君邈眞讚并序〕 (937?)
　1)節度押衙知上司孔目官　4)原作「節度押衙知上司孔目官楊繼恩述」。

16881 楊繼恩 ··················· P3718⑮
〔閻府君寫眞讚〕 天福七年四月廿日 (942)
　1)節度孔目官兼管內諸司都勾押使兼御史中丞　4)原作「節度孔目官兼管內諸司都勾押使兼御史中丞楊繼恩撰」。

16882 楊繼崇 ··················· P3234v③-13
〔惠安惠戒手下便物曆〕 甲辰年 (944)

16883 楊謙謹 ··················· S02228①
〔絲綿部落夫丁修城使役簿〕 亥年六月十五日 (819)
　1)(右一)　3)絲綿部落　4)首行作「亥年六月十五日州城所, 絲綿」。末行作「亥年六月十五日畢功」。

16884 楊謙謹 ……………… S05824v
〔經坊費負担人名目〕（8C末～9C前期）

16885 楊謙讓 ……………… S05788
〔社司轉帖〕 十一月廿一日 （9C前期）

16886 楊謙讓 ……………… S05813＋S05831
〔社司轉帖〕 二月十八日 （9C前期）

16887 楊謙讓 ……………… S05816
〔李條順打傷楊謙讓爲楊養傷契〕 寅年八月
十九日 （834 or 822?）

16888 楊謙讓 ……………… S05824
〔經坊費負担人名目〕（8C末～9C前期）
　1)寫經人　3)絲綿部落

16889 楊謙讓 ……………… S05825
〔社司轉帖〕 四月一日 （9C前期）

16890 楊謙讓 ……………… S.tib.R.119.VOL.551
FOL.23
〔社司轉帖〕 （946）

16891 楊元進 ……………… BD09324（周45）
〔某寺諸色入破歷〕 亥年十二月廿二日～戌
年 （8C末～9C前期）

16892 楊元進 ……………… S01475v②
〔社司狀上〕 申年五月廿一日 （828）
　4)釋錄作「楊万進」。

16893 楊元進 ……………… S01475v③
〔社司狀上〕 申年五月 （828）
　1)社人

16894 楊元(進) ……………… Дx04776
〔燉煌諸鄉百姓等勞役簿〕 （9C前期?）
　1)封戶　3)玉〔關鄉〕

16895 楊吳德 ……………… BD14576（新0775）
〔金剛般若波羅密經〕 （9～10C）
　1)弟子　4)原作「弟子押衙楊吳德爲常患風疾敬
寫金剛般若波羅密經一卷願患消散」。

16896 楊悟眞 ……………… S02729①
〔燉煌應管勘牌子歷〕 辰年三月 （788）
　1)僧　3)沙州・潘原堡　4)53行目。

16897 楊幸深? ……………… BD11987（L2116）
〔歸義軍官府人名目〕 （9C後期～10C）
　1)押衙　4)原作「幸深?楊押衙」。

16898 楊孔目 ……………… BD03448（露48）
〔佛名護首下部有題記〕 （9～10C）

16899 楊孔目 ……………… P2032v⑪
〔淨土寺西倉司願勝等入破曆〕 乙巳年三月
（945）
　2)淨土寺

16900 楊孔目 ……………… P2040v③-12
〔淨土寺布入曆〕 （939）
　1)孔目　2)淨土寺

16901 楊孔目 ……………… P2250v①
〔龍興寺僧唱布曆〕 （925?）

16902 楊孔目 ……………… P3234v⑧
〔某寺西倉豆破曆〕 （940年代）
　1)孔目

16903 楊孔目 ……………… S03405
〔主人付親情社色物〕 （10C後期）
　1)孔目　4)V面有「癸未年三月十四日」。

16904 楊孔目 ……………… S06452③
〔破曆〕 壬午年 （982?）
　1)孔目・僧正　2)淨土寺

16905 楊孔目 ……………… S06452④
〔常住庫借貸油麵物曆〕 壬午年 （982?）
　1)孔目

16906 楊孔目 ……………… Дx11198
〔兄弟分書〕 （10C後期）
　1)孔目

16907 楊恒議 ……………… P2763②
〔沙州倉曹楊恒謙等牒〕 巳年 （789）
　4)縫背有「河西支度/…印」。

16908 楊恒議 ……………… P2763③
〔河西勾覆所倉曹典趙瓊璋會計牒〕 午年三
月 （790）
　4)縫背有「河西支度/…印」。

16909 楊興遂 ……………… P3240②
〔付桼曆〕 壬寅年七月十六日 （1002）

16910 楊國?忠 ……………… P4956v
〔造文書破紙曆〕 （9C）

16911 楊乞悉啫 ……………… S08448A
〔紫亭羊數名目〕 辛亥年正月廿七日 （951）

16912 楊忽律元 ・・・・・・・・・・・・・・・・・・ P4083
　〔買牛契〕　丁巳年正月十一日　（897 or 957）
　　1）百姓　3）通頰鄉

16913 楊忽律哺 ・・・・・・・・・・・・・・・・・・ S01285
　〔賣宅契〕　清泰三年丙申十一月廿三日　（936）
　　4）原作「母阿張出賣舍主」。

16914 楊娑略 ・・・・・・・・・・・・・・・・・・ P2049v②
　〔淨土寺諸色入破曆計會牒〕　長興二年正月
　（930～931）

16915 楊沙奴 ・・・・・・・・・・・・・・・・・・ S06130
　〔諸人納布曆〕　（10C）
　　3）神沙鄉

16916 楊再盈 ・・・・・・・・・・・・ BD16328（L4419）
　〔鄧某請地狀〕　大順二年正月一日　（891）
　　3）(燉煌縣)宜秋鄉？

16917 楊再住 ・・・・・・・・・・・・・・・・・・ S06981③
　〔某寺入曆(殘)〕　壬申年十二月十七日　（912 or 972）
　　1）梁戶

16918 楊再晟 ・・・・・・・・・・・・・・・・・・ P3547
　〔上都進奏院狀上(原題)〕　（9C後期？）
　　1）衙前兵馬使

16919 楊再晟 ・・・・・・・・・・・・・・・・・・ S05898
　〔官田地畝計會〕　閏十月頃　（860頃）

16920 楊再定 ・・・・・・・・・・・・・・・・・・ S01159
　〔神沙鄉散行人轉帖〕　二月四日　（10C中期）
　　1）行人　3）神沙鄉

16921 楊再定 ・・・・・・・・・・・・・・・・・・ S03978
　〔納贈曆〕　丙子年七月一日　（976）

16922 楊最顯 ・・・・・・・・・・・・・・・・・・ S02669
　〔管內尼寺(安國寺・大乘寺・聖光寺)籍〕
　（865～870）
　　2）大乘寺　3）平康鄉　4）姓「楊」。俗名「娘子」。

16923 楊宰相 ・・・・・・・・・・・・・・・・・・ P2026v
　〔人名目〕　天福十年乙巳歲(別記)　（945）
　　1）宰相　4）余白：ペン筆。

16924 楊歲〻 ・・・・・・・・・・・・・・・・・・ P3418v⑨
　〔効穀鄉缺枝夫戶名目〕　（9C末～10C初）
　　3）効穀鄉

16925 楊山海兒 ・・・・・・・・・・・・・・・・・・ S01477v
　〔地步曆〕　（10C初頃）

16926 楊山雞 ・・・・・・・・・・ S08445＋S08446＋S08468③
　〔稅巳年出羊人名目〕　丙午年二月十九日
　（946）

16927 楊山雞 ・・・・・・・・・・・・・・・・・・ S08448A
　〔紫亭羊數名目〕　辛亥年正月廿七日　（951）

16928 楊山雞 ・・・・・・・・・・・・・・・・・・ S08448B
　〔紫亭羊數名目〕　（940頃）

16929 楊山宋 ・・・・・・・・・・・・・・・・・・ P2912v③
　〔寫大般若經一部施銀盤子麥粟粉疏〕　四月八日　（9C前期）
　　4）原作「楊山宋妻」。

16930 楊殘奴 ・・・・・・・・・・・・・・・・・・ P4987
　〔兄弟社轉帖〕　戊子年七月　（988）

16931 楊子法言 ・・・・・・・・・・・・ BD12744②（L2873）
　〔楊子法言鈔〕　（9～10C）

16932 楊師 ・・・・・・・・・・・・・・・・・・ S03047v
　〔某寺出白麨等曆〕　（9C？）

16933 楊氏 ・・・・・・・・・・・・・・・ Stein Painting 203
　〔藥師圖題記〕　（10C）
　　4）原作「慈母楊」。⇒楊⼆。

16934 楊七娘子 ・・・・・・・・・・・・・・・・・・ P4907
　〔淨土寺?懶破曆〕　庚寅～辛卯　（930?）
　　2）淨土寺

16935 楊舍人 ・・・・・・・・・・・・・・・・・・ S02729①
　〔燉煌應管勘牌子曆〕　辰年三月五日　（788）
　　1）舍人檢(人)　4）原作「楊舍人檢」。

16936 楊闍梨 ・・・・・・・・・・・・・・・・・・ P3353v
　〔靈圖寺謹請教授和尚闍梨等(殘2行雜寫)〕
　（9C？）
　　1）闍梨・和尚　2）靈圖寺

16937 楊闍梨 ・・・・・・・・・・・・・・・・・・ P5000v
　〔僧尼名目〕　（9C前期）
　　1）闍梨

16938 楊闍梨 ・・・・・・・・・・・・・・・・・・ S04125
　〔受田簿〕　雍熙二年乙酉正月一日　（985）
　　1）闍梨

16939 楊闍梨 ･････････････ S05486④
〔榮設所由就闍梨手上領得油曆〕 丁未年二月
八日 (947)
  4)亡。

16940 楊主 ････････････････ P3047v⑨
〔諸人諸色施捨曆〕 (9C前期)

16941 楊醜漢 ･･････････････ P2641
〔宴設司文書〕 丁未年六月 (947)

16942 楊集子 ･････････････ P2049v①
〔淨土寺諸色入破曆計會牒〕 同光三年
(925)

16943 楊什得 ･････････････ P3418v①
〔□□鄉缺枝夫戶名目〕 (9C末〜10C初)

16944 楊什德 ･････････････ P3721v①
〔平康鄉堤上兄(見)點得人名目〕 庚辰年三月
廿二日 (980)
  3)平康鄉

16945 楊住子 ･････････････ P2049v①
〔淨土寺諸色入破曆計會牒〕 同光三年
(925)

16946 楊住成 ･････････････ P2155③
〔合領馳馬牛羊皮曆〕 (10C)

16947 楊住成 ･････････････ P2484
〔就東園笒會小印子群牧馳馬牛羊見行籍(歸
義印)〕 戊辰年十月十八日 (968)
  4)存「歸義軍節度使印」。

16948 楊住成 ･････････････ S06998①
〔牧羊人文書〕 (10C後期)
  1)牧羊人

16949 楊十三 ･････････････ P3047v⑥
〔諸人諸色施入曆〕 (9C前期)

16950 楊十子 ･････････････ P3047v①
〔僧名等錄〕 (9C前期)
  4)僧名「十子」。

16951 楊閏子 ･････････････ P3894v
〔人名錄等雜抄〕 (900前後)

16952 楊女子 ･････････････ S01285
〔賣宅契〕 清泰三年丙申十一月十三日 (936)

16953 楊女々 ･････････････ S02669
〔管內尼寺(安國寺・大乘寺・聖光寺)籍〕
(865〜870)
  2)大乘寺 3)平康鄉 4)尼名「定思」。

16954 楊勝住 ･････････････ S11358
〔部落轉帖〕 (10C後期)

16955 楊勝全 ･････････････ P2880
〔春坐局席轉帖抄等諸抄〕 庚辰年十月廿二
日 (980)

16956 楊將頭 ･････････････ BD11993(L2122)
〔楊將頭領得弩箭現在延超手上記錄〕 壬申
年十一月八日 (972)
  1)將頭

16957 楊將頭 ･････････････ S04577
〔楊將頭遺物分配憑〕 癸酉年十月五日 (973
or 913)
  1)將頭

16958 楊章友 ･････････････ P2049v①
〔淨土寺諸色入破曆計會牒〕 同光三年
(925)

16959 楊章友 ･････････････ P2049v②
〔淨土寺諸色入破曆計會牒〕 長興二年正月
(930〜931)

16960 楊上座 ･････････････ 杏・羽676
〔囑兵馬使王富慶信札(殘)〕 (10C)
  1)上座

16961 楊娘子 ･････････････ S02669
〔管內尼寺(安國寺・大乘寺・聖光寺)籍〕
(865〜870)
  2)大乘寺 3)平康鄉 4)尼名「最顯」。

16962 楊讓 ･････････････････ S05788
〔社司轉帖〕 十一月廿一日 (9C前期)

16963 楊晉光 ･････････････ P3047v①
〔僧名等錄〕 (9C前期)
  4)僧名「晉光」。

16964 楊眞藏 ･････････････ S02669
〔管內尼寺(安國寺・大乘寺・聖光寺)籍〕
(865〜870)
  2)大乘寺 3)平康鄉 4)姓「楊」。俗名「八娘」。

16965 楊神贊 …………………… P3249v
　〔將龍光顏等隊下人名目〕（9C中期）
　　4）⇒神贊。

16966 楊神祐 …………………… 莫第098窟
　〔供養人題記〕（10C中期）
　　1）節度押衙知通判五部落副使銀青光祿大夫檢
　　校國子祭酒兼御史中丞上柱國　4）北壁。《燉》
　　p.34。《謝》p.96。

16967 楊進子 …………………… P3418v①
　〔□□鄉缺枝夫戶名目〕（9C末～10C初）

16968 楊進朝 …………………… S00542v
　〔燉煌諸寺丁壯車牛役簿〕戊年六月十八日
　（818）
　　2）蓮臺寺

16969 楊進朝妻 ………………… S00542v
　〔燉煌諸寺丁壯車牛役簿〕戊年六月十八日
　（818）
　　2）蓮臺寺

16970 楊水官 …………………… P3131v
　〔牧羊馬駝缺數曆〕（10C後期）
　　1）水官　3）紫亭　4）壹足在紫亭楊水官。

16971 楊清兒 …………………… P3764v
　〔社司轉帖〕十一月五日及十一月十五日
　（10C）

16972 楊清忽 …………………… P3964
　〔趙僧子典兒（芶子）契〕乙未年十一月三日
　（935 or 995）
　　1）知見竝畔村人

16973 楊清奴 …………………… S03982
　〔月次人名目〕甲子年十月 （964）

16974 楊仙章 …………………… S00542v
　〔燉煌諸寺丁壯車牛役簿〕戊年六月十八日
　（818）
　　1）修倉車頭　2）蓮臺寺

16975 楊千榮 …………………… P3394
　〔僧張月光父子迴博田地契〕大中六年壬申十
　月 （852）
　　1）見人　4）原作「見人楊千榮」。

16976 楊千子 …………………… P3231①
　〔平康鄉官齋曆〕癸酉年五月 （973）
　　3）平康鄉

16977 楊千子 …………………… P3231②
　〔平康鄉官齋曆〕癸酉年九月卅日 （973）
　　3）平康鄉

16978 楊千子 …………………… P3231③
　〔平康鄉官齋曆〕甲戌年五月廿九日 （974）
　　3）平康鄉

16979 楊千子 …………………… P3231④
　〔平康鄉官齋曆〕甲戌年十月十五日 （974）
　　3）平康鄉

16980 楊千子 …………………… P3231⑥
　〔平康鄉官齋曆〕乙亥年九月廿九日 （975）
　　3）平康鄉

16981 楊千子 …………………… P4525⑧
　〔都頭及音聲等都共地畝細目〕（980頃）

16982 楊梅檀林 ………………… S02729①
　〔燉煌應管勘牌子曆〕辰年三月 （788）
　　1）僧　3）沙州・潘原堡　4）53行目。

16983 楊遷子 …………………… P3231⑤
　〔平康鄉官齋曆〕□亥年五月十五日 （975）
　　3）平康鄉

16984 楊禪 ……………………… BD05866v（菜66）
　〔陰存祐就弊居請僧正等為亡母追福疏(3
　行)〕乾德六年(戊辰)九月 （968）

16985 楊宗子 …………………… P3555B piece11
　〔納贈曆（殘）〕（10C中期）

16986 楊宗子 …………………… 羽・寫834
　〔百姓趙塩久戶口請田簿〕廣順二年正月一
　日 （952）

16987 楊相女 …………………… S00542v
　〔燉煌諸寺丁壯車牛役簿〕戊年六月十八日
　（818）
　　2）靈圖寺?，蓮臺寺

16988 楊聰進 …………………… S03982
　〔月次人名目〕癸亥年十一月 （963）

16989 楊粟子 …………………… P3047v⑨
　〔諸人諸色施捨曆〕（9C前期）

16990 楊他悉□ ………………… P3418v③
　〔某鄉缺枝夫戶名目〕（9C末～10C初）
　　1）平水

氏族人名篇　よう　楊

16991 楊他倉 ················ P2049v①
　〔淨土寺諸色入破曆計會牒〕　同光三年
　(925)

16992 楊太清 ················ P4019piece14
　〔書簡(斷片)〕　(9C後期)

16993 楊大勔 ············ BD13836(新0036)
　〔妙法蓮華經卷第6(題記)〕　寶應元年九月廿
　六日　(762)
　　1)弟子　4)原作「寶應元年九月廿六日弟子楊大
　　勔爲亡姥寫法華經一部…」。

16994 楊托星 ················ P2049v①
　〔淨土寺諸色入破曆計會牒〕　同光三年
　(925)

16995 楊達貫 ················ S04654v①
　〔贈沙州都法師悟眞上人詩(寫錄)〕　(9C後期
　～10C前期)

16996 楊襌 ············ BD05866v(菜66)
　〔陰存祐就弊居請僧正等爲亡母追福疏(3
　行)〕　乾德六年(戊辰)九月　(968)
　　4)原作「張僧正和尙，董僧正和尙，楊襌，米襌」。

16997 楊智光 ················ S02729①
　〔燉煌應管勘牌子曆〕　辰年三月　(788)
　　1)僧　2)靈修寺　3)沙州　4)32行目。

16998 楊竹丹 ················ S00447v
　〔太子大師告紫亭副使等帖〕　(10C)
　　1)監使

16999 楊丑奴 ················ S03978
　〔納贈曆〕　丙子年七月一日　(976)

17000 楊朝〻 ················ S00542v
　〔燉煌諸寺丁壯車牛役部〕　戌年六月十八日
　(818)
　　2)普光寺

17001 楊通引 ··········· BD15249v③(新1449)
　〔某家榮親客目〕　(10C後期)
　　1)主人　4)原作「楊通引及新婦」。又有注記「主
　　人」。

17002 楊通引新婦 ········· BD15249v③(新
　1449)
　〔某家榮親客目〕　(10C後期)
　　4)原作「楊通引及新婦」。

17003 楊通信 ················ P3721v③
　〔多至自斷官員名〕　己卯年十一月廿六日
　(979)
　　1)押衙

17004 楊通達 ················ S03982
　〔月次人名目〕　癸亥年，甲子年十二月，乙丑年十
　月　(963, 964, 965)

17005 楊定孔? ················ 莫第108窟
　〔題記〕　開寶□丙子年三月廿四日　(976)
　　4)原作「大宋開寶□丙子三月廿四日乾明…
　　(記)」。窟檐南壁外側題記。《燉》p.55。

17006 楊定住 ················ S03835v②
　〔地契〕　太平興國九年甲申四月二日　(984)

17007 (楊)定女 ················ S04577
　〔楊將頭遺物分配憑〕　癸酉年十月五日　(973
　or 913)

17008 (楊)定勝 ················ S04577
　〔楊將頭遺物分配憑〕　癸酉年十月五日　(973
　or 913)

17009 楊定千 ················ P4065
　〔歸義軍曹氏表文稿(3件)〕　乙亥年十一月
　十六日　(975)
　　4)原作「乾明寺學士郎楊定千自手書記」。

17010 楊定千 ················ S03978
　〔納贈曆〕　丙子年七月一日　(976)

17011 (楊)定千 ················ S04577
　〔楊將頭遺物分配憑〕　癸酉年十月五日　(973
　or 913)

17012 楊定遷 ················ P3780
　〔秦婦吟1卷(末)〕　顯德二(四?)年丁巳歲二月
　十七日　(957)
　　1)學士郎　4)原作「孝士郎楊定遷自手書記之耳
　　也」。

17013 楊定奴 ················ Дx06064v
　〔人名目〕　(10C)

17014 楊定德 ················ S11358
　〔部落轉帖〕　(10C後期)

17015 楊都知 ················ P3391v②
　〔社人名列記(寫錄)〕　丁酉年頃　(937頃)
　　1)都知

17016 楊都頭 ……………… P2040v②-5
〔淨土寺西倉粟入曆〕（945以降）
  1）都頭　2）淨土寺

17017 楊都頭 ……………… P3234v③-20
〔惠安惠戒手下便物曆〕甲辰年（944）
  1）都頭

17018 楊都頭 ……………… P3234v⑧
〔某寺西倉豆破曆〕（940年代）
  1）都頭

17019 楊都頭 ……………… P4525⑩
〔官府酒破曆〕辛巳年（981）
  1）都頭

17020 楊都頭 ……… Дx01425＋Дx11192＋Дx11223
〔某寺弔儀用布破曆〕辛酉年從正月到四月（961）
  1）都頭

17021 楊滔〻 ……………… S00542v
〔燉煌諸寺丁壯車牛役部〕戊年六月十八日（818）
  2）蓮臺寺

17022 楊滔〻妻 ……………… S00542v
〔燉煌諸寺丁壯車牛役部〕戊年六月十八日（818）
  2）蓮臺寺

17023 楊洞芉 ……………… P3721
〔瓜沙兩郡大事記〕（10C後期）
  1）節度孔目官兼御史中承（丞）

17024 楊洞芉 ……………… Stein Painting 246
〔普賢菩薩圖〕（10C）
  1）節度押衙　4）原作「弟子歸義軍節度押衙楊洞芉」。

17025 楊突□ ……………… BD16509A
〔延晟人名一本〕（9C前期）

17026 楊灘倉 ……………… P2049v①
〔淨土寺諸色入破曆計會牒〕同光三年（925）

17027 楊難倉 ……………… P2049v②
〔淨土寺諸色入破曆計會牒〕長興二年正月（930～931）

17028 楊二子 ……………… P3047v⑨
〔諸人諸色施捨曆〕（9C前期）

17029 楊白胡 ……………… P2040v②-29
〔淨土寺西倉豆利入曆〕（940年代）
  2）淨土寺

17030 楊八娘 ……………… S02669
〔管內尼寺（安國寺・大乘寺・聖光寺）籍〕（865～870）
  2）大乘寺　3）平康鄉　4）尼名「眞藏」。

17031 楊鉢羅丹 ……………… P2049v①
〔淨土寺諸色入破曆計會牒〕同光三年（925）

17032 楊汜五 ……………… P3379
〔社錄事陰保山等牒（團保文書）〕顯德五年二月（958）
  4）有指押印。

17033 楊費?料? ……………… Дx18915
〔帖文〕九月十七日（8C～9C）
  1）鎭官將軍

17034 楊（富?）宗 ……………… Дx11073
〔渠人轉帖〕正月五日（975年代以降）

17035 楊富奴 ……… Дx01432＋Дx03110
〔地子倉麥曆〕（10C）
  1）口承人　4）原作「清㮂壹石口承人楊富奴」。

17036 楊富郎 …… P3555B piece4 piece5＋P3288①②
〔社司轉帖〕丁巳年?月一日（957）

17037 楊富郎 ……………… S08516E2
〔社司轉帖〕丙辰年六月十日（956）

17038 楊伏?德 ……………… P4997v
〔分付羊皮曆（殘）〕（10C後期）

17039 楊佛奴 ……………… 楡第25窟
〔供養人題記〕光化三年十二月廿二日（900）
  1）兵馬使　4）洞口東壁。《謝》p. 468。

17040 楊文 ……………… BD09324（周45）
〔某寺諸色入破歷〕戌年（8C末～9C前期）

17041 楊文威 ……………… BD01695v（暑95）
〔楊文威佃種契〕（9C後期～10C）

655

17042 楊文玉 ……………… BD06390(鹹90)
〔大般若波羅蜜經卷第600(卷首)〕 (9C)

17043 楊文勝 ……………… S12603A
〔田地契〕 (9C?)
　1)保人

17044 楊文成 ……………… S01687v
〔地主楊文成契〕 (9C)
　1)地主

17045 楊文成〔政?〕 ……… S12603A
〔田地契〕 (9C?)
　1)地主

17046 楊文德 ……………… P3379
〔社錄事陰保山等牒(團保文書)〕 顯德五年二月 (958)
　4)有指押印。

17047 楊文□ ……………… S01687v
〔地主楊文成契〕 (9C)
　1)保人

17048 楊兵馬使 ………… P3305piece3
〔錄事帖(社司?轉帖)〕 咸通九年十一月十八日 (868)
　1)兵馬使

17049 楊平水 ……………… S08448A
〔紫亭羊數名目〕 辛亥年正月廿七日 (951)
　1)平水

17050 楊平水 ……………… S08448B
〔紫亭羊數名目〕 (940頃)
　1)平水

17051 (楊?)保光 …………… S00542v
〔燉煌諸寺丁壯車牛役部〕 戌年六月十八日 (818)
　2)蓮臺寺

17052 楊保德 ……………… P2484
〔就東園笮會小印子群牧馳馬牛羊見行籍(歸義印)〕 戊辰年十月十八日 (968)
　4)存「歸義軍節度使印」。

17053 楊保德 ……………… S11350r.v
〔楊保德上鎮使及娘子狀封及條記〕 (10C)
　1)押衙

17054 楊保富 ……………… P2846
〔入破曆〕 甲寅年正月廿一日 (954)

17055 楊法意 ……………… S02729①
〔燉煌應管勘牌子曆〕 辰年三月 (788)
　1)僧　2)靈修寺　3)沙州　4)28行目。

17056 楊法超 ……………… P3047v①
〔僧名等錄〕 (9C前期)
　4)僧名「法超」。

17057 楊法律 ……………… P3037
〔社司轉帖〕 庚寅年正月三日 (990)
　1)法律　2)大悲寺門前

17058 楊法律 ……………… S04677
〔弟楊法律與僧兄戒滿書狀〕 六月廿七日 (10C後期)
　1)法律

17059 楊法律 ……………… S09413
〔楊法律將去受寫經名目〕 (10C)
　1)法律

17060 楊法輪 ……………… P3047v①
〔僧名等錄〕 (9C前期)
　4)僧名「法輪」。

17061 楊万達? ……………… P2680v⑨
〔納色物曆〕 (10C中期)

17062 楊友員 ……………… P3379
〔社錄事陰保山等牒(團保文書)〕 顯德五年二月 (958)
　4)有指押印。

17063 楊友員 ……………… S03978
〔納贈曆〕 丙子年七月一日 (976)

17064 楊略奴 ……………… S00389
〔肅州防戌都狀上〕 (9C後期?)
　3)甘州

17065 楊令公 ……………… P2026v
〔人名目〕 天福十年乙巳歲(別記) (945)
　1)令公　4)余白:ペン筆。

17066 楊老宿 ……………… S11360D2
〔貸粟麥曆〕 (10C中期以降?)

17067 楊老〻 ……………… BD16130(L4067)
〔楊老老便麥曆〕 亥年三月十八日 (9C)
　1)便麥人

17068　楊老々 ‥‥‥‥‥‥‥‥‥‥‥ S02103
〔渠水田地訴訟牒〕　酉年十二月　(817?)
　1)百姓　3)灌進渠

17069　楊郎 ‥‥‥‥‥‥‥‥‥‥‥ S05139v③
〔親情社轉帖〕　(924頃)

17070　楊郎 ‥‥‥‥ S08445＋S08446＋S08468
〔紫亭羊數名目〕　辛亥年正月廿七日　(951)

17071　楊郎 ‥‥‥‥‥‥‥‥‥‥ S08448A
〔紫亭羊數名目〕　辛亥年正月廿七日　(951)

17072　楊□宜子 ‥‥‥‥‥‥‥‥ P3418v⑤
〔某鄕缺枝夫戶名目〕　(9C末～10C初)

17073　楊□子 ‥‥‥‥‥‥‥‥ P4019piece2
〔納草束曆〕　(9C後期)

17074　楊□(信?) ‥‥‥‥‥‥‥‥ Дx01417
〔領得地價物抄〕　丙子年十二月四日　(976)

17075　楊□德 ‥‥‥‥‥‥‥‥ P.tib2124v
〔人名錄〕　(9C中期?)

17076　楊□文 ‥‥‥‥‥‥‥‥‥ P5546
〔神沙鄕人名目(殘)〕　(900頃)
　3)神沙鄕

17077　楊□□ ‥‥‥‥‥‥‥‥‥ Дx11072
〔社司轉帖(建福)〕　正月五日　(10C後期)

17078　楊□ ‥‥‥‥‥‥‥‥‥‥ P4698
〔牒(殘)〕　(10C)
　1)太常唧御史大夫

17079　楊□ ‥‥‥‥‥‥‥ Stein Painting 203
〔藥師圖題記〕　(10C)

17080　楊 ‥‥‥‥‥‥‥‥ BD00342(宙42)
〔阿毗曇毗婆沙雜揵度無義品第7(允廢稿)〕
(10C)

17081　楊 ‥‥‥‥‥‥‥‥‥‥‥ P2992v
〔牒狀〕　天福十年乙巳以前　(945以前)
　1)前沙州都知兵馬使又朝廷遣使得商語大夫
　檢校司馬銀青光祿　4)義楊(落書)父(元深)曹
　(元忠)文書の首頭落書。

17082　楊 ‥‥‥‥‥‥‥‥‥‥‥ P3859
〔報恩寺常住百姓老小孫息名目〕　丙申年十月
十一日　(936?)
　1)(張保山)妻　2)報恩寺　4)原作「妻阿楊」。

17083　楊 ‥‥‥‥‥‥‥‥‥‥ P.tib1261v⑥
〔諸寺僧尼支給穀物曆〕　(9C前期)

17084　楊 ‥‥‥‥‥‥‥‥‥‥ P.tib1261v⑦
〔諸寺僧尼支給穀物曆〕　(9C前期)

17085　楊 ‥‥‥‥‥‥‥‥‥‥ P.tib1261v⑩
〔諸寺僧尼支給穀物曆〕　(9C前期)

17086　膺 ‥‥‥‥‥‥‥‥‥‥‥ P2049v①
〔淨土寺諸色入破曆計會牒〕　同光三年
(925)
　2)淨土寺

17087　葉氏 ‥‥‥‥‥‥‥‥‥‥ 莫第387窟
〔供養人題記〕　清泰元年頃　(936頃)
　1)故大母　4)原作「故大母葉氏一心供養」。北
　壁。《燉》p.149。《謝》p.237。

17088　陽安住 ‥‥‥‥‥‥‥‥‥ S03005
〔防大佛行人名目〕　(10C)

17089　陽安德 ‥‥‥‥ S08445＋S08446＋
S08468
〔羊司於常樂官稅羊數名目〕　丁未年四月十二
日　(943)

17090　陽惟子 ‥‥‥‥‥‥‥‥‥ S06781
〔入油曆〕　(917?)
　1)(陽王三)男・口承人

17091　陽員外 ‥‥‥‥‥‥‥‥‥ S01153
〔諸雜人名目〕　(10C後期)
　1)員外

17092　陽員信 ‥‥‥‥‥‥‥‥‥ S06237
〔諸人見在粟黃麻曆〕　戌年～子年　(10C中期
以降?)

17093　陽英德 ‥‥‥‥‥‥‥‥‥ P4587
〔諸星母陀羅尼經〕　大中十一年五月廿六日
(857)
　1)書記　4)原作「恩經此是陽英德書記沙門法成
　於甘州脩多寺譯」。

17094　陽延子 ‥‥‥‥‥‥‥‥‥ S04884v
〔便褐曆〕　壬申年正月廿七日　(972?)

17095　陽延子妻 ‥‥‥‥‥‥‥‥ S04884v
〔便褐曆〕　壬申年正月廿七日　(972?)
　1)妻

17096 陽押衙 ……………………… P2032v⑫
〔淨土寺諸色破曆〕 （940前後）
　1) 押衙　2) 淨土寺

17097 陽王三 ……………………… S06781
〔入油曆〕 （917?）
　1) 缺油人

17098 陽恩住 ……………………… P3698v
〔雜寫〕 天福四年頃 （939）

17099 陽戒深 ……………………… 莫第196窟
〔供養人題記〕 景福年間 （892～893）
　1) 比丘沙門　2) 大雲寺　4) 原作「大雲寺比丘沙門戒深一心供養俗姓陽氏」。東壁門南側。《燉》p. 88。⇒戒深。

17100 陽海清 ……………………… P3231①
〔平康鄉官齋曆〕 癸酉年五月 （973）
　3) 平康鄉

17101 陽覺 …………………………… S11553③
〔社人名?〕 （10C?）

17102 陽憨奴 ……………………… P3234v⑮
〔淨土寺西倉豆利潤入曆〕 （940年代?）
　2) 淨土寺

17103 陽監使 …………… S08445＋S08446＋S08468
〔羊司於常樂稅羊人名目〕 丙午年六月廿七日 （946）

17104 陽願子 ……………………… P2953v
〔便麥豆本曆〕 （10C）
　3) 平康鄉

17105 陽願進 ……………………… P3277v②
〔龍勒鄉百姓祝骨子合種地契〕 乙丑年二月廿四日 （965）

17106 陽顯 …………………… BD00234v（宇34）
〔般若波羅蜜多心經（末）〕 （10C）
　1) 刺史　3) 肅州

17107 陽玖全 ……………………… 榆第33窟
〔供養人題記〕 （10C中期）
　1) 清信弟子　4) 北壁。《謝》p. 479。

17108 陽敬崇 ……………………… P2032v⑳-5
〔淨土寺麵黃麻豆布等破曆〕 （940前後）
　2) 淨土寺

17109 陽繼受 ……………………… S02894v⑤
〔社司轉帖〕 （10C後期）

17110 陽孔目 ……………………… P2032v⑫
〔淨土寺諸色破曆〕 （940前後）
　2) 淨土寺

17111 陽孔目 ……………………… P2040v①-2
〔淨土寺麵黃麻豆布等破曆〕 （945前後）
　1) 孔目　2) 淨土寺

17112 陽孔目 ……………………… P3145v
〔節度使下官人名・鄉名諸姓等雜記〕 （10C）
　1) 孔目

17113 陽孔目 ……………………… P3763v
〔淨土寺入破曆〕 （945前後）
　1) 孔目　2) 淨土寺

17114 陽孔目阿婆 …………………… P2032v⑫
〔淨土寺諸色破曆〕 （940前後）
　2) 淨土寺

17115 陽苟 …………………………… P.tib1088A
〔燉煌諸人碾課麥曆〕 卯年～巳年間 （835～837）

17116 陽?國進 ……………………… P.tib1088Av
〔燉煌諸人碾課麥曆〕 卯年～巳年間 （835～837）

17117 陽忽律哺 ……………………… Дx00084
〔通頰百姓吳員宋佃種契〕 某年某月一日 （9C）
　1) 百姓　3) 通頰鄉

17118 陽再子 …………… S08445＋S08446＋S08468
〔羊司於常樂官稅羊數名目〕 丁未年四月十二日 （943）

17119 陽再通 ……………………… P3234v⑮
〔淨土寺西倉豆利潤入曆〕 （940年代?）
　2) 淨土寺

17120 陽氏 …………………………… 榆第33窟
〔供養人題記〕 （10C中期）
　4) 北壁。《謝》p. 480。

17121 陽?什德 ……………………… S00323
〔團頭名目〕 大順二年 （891）
　1) 團頭

17122 陽潤寧 ············· S08445＋S08446＋S08468
〔羊司於常樂稅羊人名目〕 丙午年六月廿七日 （946）

17123 陽將頭 ············· Дx01313
〔以褐九段塡還驢價契〕 壬申年十月廿七日 （972）
　1）將頭　3）瓜州　4）原作「鎭城兵馬楊將頭」。

17124 陽善兒？ ············· P2738v
〔社司轉帖（寫錄）〕 二月廿五日 （9C後期）

17125 陽善兒 ············· P3418v①
〔□□鄉缺枝夫戶名目〕 （9C末～10C初）

17126 陽僧繼 ············· P3372v
〔社司轉帖并雜抄〕 壬申年 （972）

17127 陽僧正 ············· S04687r.v
〔佛會破曆〕 （9C末～10C前期）
　1）僧正

17128 陽僧德 ············· P4912
〔某寺得換油廊曆〕 （950年代以降）

17129 陽長殘 ············· S02894v①
〔社司轉帖〕 壬申年十二月廿二日 （972）

17130 陽追子 ············· 古典籍54,圖171
〔五月五日下菜人名目〕 （10C）

17131 陽都衙 ············· P3163v
〔齋文（大祥設齋）〕 （9～10C）
　1）都衙

17132 陽買有 ············· P2738v
〔社司轉帖（寫錄）〕 二月廿五日 （9C後期）

17133 陽賣奴 ············· P2738v
〔社司轉帖（寫錄）〕 二月廿五日 （9C後期）

17134 陽白胡 ············· P2049v②
〔淨土寺諸色入破曆計會牒〕 長興二年正月 （930～931）

17135 陽富子 ············· P2539
〔計會（殘）〕 （9C？）

17136 陽糞子 ············· BD16328(L4419)
〔鄧某請地狀〕 大順二年正月一日 （891）
　3）（燉煌縣)宜秋鄉？

17137 陽法詮 ············· B63 NO.366
〔往西天取菩薩戒僧智堅記〕 端拱二年歲次己丑八月十九日 （989）
　1）大師　4）朔方人,年可廿八歲。⇒法詮。

17138 陽万ゝ ············· P2040v③-2
〔淨土寺西倉粟利入曆〕 己亥年 （939）
　2）淨土寺

17139 陽友信 ············· S08445＋S08446＋S08468①
〔羊司於常樂稅羊人名目〕 丙午年六月廿七日 （946）

17140 陽友信 ············· S08445＋S08446＋S08468④
〔羊司於常樂官稅羊數名目〕 丁未年四月十二日 （943）

17141 陽李屯 ············· P2738v
〔社司轉帖（寫錄）〕 二月廿五日 （9C後期）

17142 陽略羅 ············· P2032v①-4
〔淨土寺粟入曆〕 （944前後）

17143 陽留信 ············· P2040v②-29
〔淨土寺西倉豆利入曆〕 （940年代）
　2）淨土寺

17144 陽□果 ············· 莫第098窟
〔供養人題記〕 （10C中期）
　1）節度押衙知內宅官銀青光祿大夫檢校太子賓客兼監察御史　4）西壁。《燉》p. 44。

17145 陽□子 ············· 楡第33窟
〔供養人題記〕 （10C中期）
　1）清信弟子　4）北壁。《謝》p. 479。

17146 陽 ············· BD05673v④（李73）
〔行人轉帖（寫錄）〕 今月十二日 （9C末）

[ら]

17147 羅安久 ·················· P2032v⑯-2
〔淨土寺麥利閏入曆〕（940前後）
　2)淨土寺

17148 羅安久 ·················· P2032v⑯-4
〔淨土寺粟利閏入曆〕（940前後）
　2)淨土寺

17149 羅安住 ·················· S01898
〔兵裝備簿〕（10C前期）
　1)副隊押衙

17150 羅安信 ·················· 莫第098窟
〔供養人題記〕（10C中期）
　1)節度押衙銀青光祿大夫檢校太子賓客　4)中心佛壇背屏後壁。《燉》p.47。《謝》p.95。

17151 羅安進 ·················· S00466
〔典地契〕廣順三年癸丑十月廿二日（953）
　1)知見人・押衙

17152 羅安定 ·················· P3236v
〔燉煌鄉官布籍〕壬申年三月十九日（972）
　3)燉煌鄉

17153 羅員幸 ·················· Дx04278
〔十一鄉諸人付麵數〕乙亥年四月十一（日）（915？or 975）
　3)龍〔勒鄉〕

17154 羅員子 ·················· P3418v①
〔□□鄉缺枝夫戶名目〕（9C末～10C初）
　3)□□鄉

17155 羅員定 ·················· P3727
〔內親從都頭知常樂縣令(狀上)書狀〕十一月日（10C中期）
　1)內親從都頭知常樂縣令

17156 羅盈々 ·················· P3636piece1
〔社人罸粟曆〕丁酉年頃（937頃）

17157 羅盈達 ·················· P2482②
〔羅府君邈眞讚〕天福八年歲次癸卯九月十日（943）
　1)河西應管內外諸司馬步軍都指撝使銀青光祿大夫檢校工部尚書兼御史大夫上柱國　4)原作「天福八年歲次癸卯九月十日壽卒於懷安坊之私宅也期十六日葬于莫高里楊開河北原之也夫人河西節度使曹大王之貴妹也」。

17158 羅盈達 ·················· P2482③
〔羅府君墓誌銘〕天福八年頃（943頃）
　1)河西應管內外諸司馬步軍都指撝使銀青光祿大夫檢校工部尚書兼御史大夫上柱國　4)V面有「大晉天福八年癸卯歲九月朔十五日」之紀年。⇒羅府君。

17159 羅盈達 ·················· P3718
〔唐故歸義軍南陽郡張公寫眞讚幷序〕（10C前期）
　1)內外諸司馬步郡都指揮使

17160 羅英達 ·················· P2842piece1
〔社司轉帖〕甲辰年[　]月九日（944）

17161 羅英達 ·················· P2842piece2
〔納贈曆〕己酉年正月廿九日（949）

17162 羅圓悟 ·················· S02729①
〔燉煌應管勘牌子曆〕辰年三月（788）
　1)僧　2)靈修寺　3)沙州　4)34行目。

17163 羅延德 ·················· S06003
〔社司轉帖〕壬申年七月廿九日（972）

17164 羅袁子 ·················· BD10981v（L1110）
〔諸家納贈物曆殘〕（10C）
　4)R面有「知馬步都虞候宋惠達求免修城役牒附判詞」。

17165 羅應子 ·················· 楡第33窟
〔供養人題記〕（10C中期）
　1)兵馬使　4)北壁。《謝》p.479。

17166 羅押(牙) ·················· Дx02956①
〔諸家上缺便物名目〕甲申年一月四日（984 or 924）
　1)押衙

17167 羅押衙 ·················· S03978
〔納贈曆〕丙子年七月一日（976）
　1)押衙

17168 羅何錄? ·················· S11627
〔兄康幸深送沙州弟康勝全書簡〕二月十六日（10C後期）
　1)押衙

17169 羅家 ·················· P2032v⑩
〔淨土寺西倉粟破曆〕（940前後）
　2)淨土寺

17170 羅家 ············· P2049v①
〔淨土寺諸色入破曆計會牒〕 同光三年
(925)

17171 羅家 ············· P2944
〔大乘寺・聖光寺等尼僧名録〕 (10C後期?)

17172 羅家 ············· P3388
〔節度使曹元忠爲故兄追念請金光明寺僧疏〕 開運四年三月九日 (946)
 1)法律 2)金光明寺 4)原作「羅家新戒」。

17173 羅家 ············· P3490v①
〔油破曆〕 辛巳年頃 (921頃)
 1)沙彌

17174 羅家 ············· S02894v④
〔社司轉帖〕 壬申年十二月卅日 (972)
 1)酒店

17175 羅家員勝 ············· P2944
〔大乘寺・聖光寺等尼僧名録〕 (10C後期?)

17176 羅家娘子 ······· Дx01425＋Дx11192＋Дx11223
〔某寺弔儀用布破曆〕 辛酉年從正月到四月 (961)

17177 羅家大富易 ············· S06981⑬
〔入麥曆〕 申年 (10C中期)

17178 羅家祐□ ············· Дx00011③
〔莫高鄉?羅住子等契〕 某月廿五日 (10C)
 3)莫高鄉?

17179 (羅)戒德 ············· P2944
〔大乘寺・聖光寺等尼僧名録〕 (10C後期?)
 4)俗姓「羅」。⇒戒德。

17180 羅海歸 ············· P3418v④
〔龍勒鄉缺枝夫戶名目〕 (9C末～10C初)
 3)龍勒鄉

17181 羅海歸妻 ············· P3418v④
〔龍勒鄉缺枝夫戶名目〕 (9C末～10C初)
 3)龍勒鄉

17182 羅揭搥 ············· P2032v⑪
〔淨土寺西倉司願勝等入破曆〕 乙巳年三月 (945)
 2)淨土寺

17183 羅乾祐 ············· S03540
〔宕泉修窟盟約憑〕 庚午年正月廿五日 (970)
 1)將頭

17184 羅官 ············· S03074v
〔某寺破曆〕 (9C前期)

17185 羅義子 ············· S05698
〔社狀〕 癸酉年三月十九日 (913?)
 1)社戶

17186 羅九郎 ············· S05747v
〔社人名目〕 (10C前期)

17187 羅鄉官 ············· P3940v
〔油破曆〕 (921頃)
 1)鄉官

17188 羅堯?俊 ············· S05824v
〔經坊費負担人名目〕 (8C末～9C前期)

17189 羅(業?)光 ······ Дx00020＋Дx03803＋Дx04285＋Дx04308＋Дx10513＋Дx10520
〔觀音經1卷(尾題識語)〕 乾寧二年乙卯歲十月十五日 (895)
 1)比丘僧

17190 羅虞候 ············· S05691
〔令狐瘦兒妻亡納贈曆〕 丁亥年七月十二日 (987)
 1)虞候

17191 羅君子 ············· BD04256v①1(玉56)
〔斷知更人名帳〕 四月十三日夜 (9C後期)

17192 羅君子 ············· BD04256v①2(玉56)
〔第二次斷知更人名帳〕 四月十三日夜 (9C後期)

17193 羅君子 ············· BD04256v①3(玉56)
〔第三次斷知更人名帳〕 (四月)十三日夜 (9C後期)

17194 羅君二 ············· BD16162A(L4084)
〔出賣房舍契〕 (9～10C)
 1)叔伯兄

17195 羅縣令 ············· P3440
〔見納賀天子物色人名〕 丙申年三月十六日 (996)
 1)縣令

17196 羅縣令 ……………… Дх01428
〔某寺諸色斛㪷破曆〕（10C中期）
　1)縣令

17197 羅賢信 ……………… P3458
〔貸絹契〕 辛丑年四月三日 （941?）
　1)押衙

17198 羅賢信 ……………… S01898
〔兵裝備簿〕（10C前期）
　1)押衙

17199 羅嚴眞 ……………… S02669
〔管內尼寺(安國寺・大乘寺・聖光寺)籍〕
（865～870）
　2)聖光寺　3)莫高鄉　4)姓「羅」。俗名「六ゝ」。

17200 羅光進 ……………… S01475v②
〔社司狀上〕 申年五月廿一日 （828）
　1)行香不倒人

17201 羅光進 ……………… S01475v②
〔社司狀上〕 申年五月廿一日 （828）
　4)釋錄作「羅彥進」。

17202 羅光進 ……………… S01475v③
〔社司狀上〕 申年五月 （828）
　1)社人

17203 羅光朝 ……………… S00542v⑧
〔燉煌諸寺丁壯車牛役部〕 戌年六月十八日
（818）
　2)靈修寺

17204 羅光朝妻 ……………… S00542v⑦
〔靈修寺僧尼名簿〕（818）
　2)靈修寺

17205 羅公 ……………… P3633v
〔龍泉神劍歌〕（9C末～10C初）
　1)公

17206 羅恒ゝ ……………… P3458
〔貸絹契〕 辛丑年四月三日 （941?）
　1)口承人・兵馬使

17207 羅恒信 ……………… P2049v①
〔淨土寺諸色入破曆計會牒〕 同光三年
（925）

17208 羅行者 ……………… Дх01416
〔便粟曆〕（癸丑年)甲寅年六月・乙卯年四月
（953～955?）
　1)行者

17209 羅黑子 ……………… P2040v②-28
〔淨土寺豆入曆〕（940前後）
　2)淨土寺

17210 羅黑子 ……………… P2049v①
〔淨土寺諸色入破曆計會牒〕 同光三年
（925）

17211 羅黑子 ……………… P2049v②
〔淨土寺諸色入破曆計會牒〕 長興二年正月
（930～931）

17212 羅黑頭 ……………… S04443v
〔諸雜難字(一本)〕（10C）
　2)乾元寺

17213 羅黑頭 ……………… S06981⑬
〔入麥曆〕 申年 （10C中期）

17214 羅忽〔鶻〕子 ……………… S09463
〔李万受等便麥曆〕（10C）

17215 羅再寧 ……………… P3372v
〔社司轉帖并雜抄〕 壬申年 （972）

17216 羅山胡 ……………… P3236v
〔燉煌鄉官布籍〕 壬申年三月十九日 （972）
　1)頭　3)燉煌鄉

17217 羅山兒 ……………… P3234v⑮
〔淨土寺西倉豆利潤入曆〕（940年代?）
　2)淨土寺

17218 羅思朝 ……………… S00466
〔典地契〕 廣順三年癸丑十月廿二日 （953）
　1)典地人・押衙

17219 羅指搞 ……………… P2032v⑤
〔淨土寺布破曆〕（940前後）
　1)指搞(指揮?)　2)淨土寺

17220 羅氏 ……………… 莫第098窟
〔供養人題記〕（10C中期）
　4)原作「妹第十七小娘子供養出適羅氏」。南壁。
《燉》p.38。《謝》p.93。

17221 羅氏 ·················· 莫第108窟
〔供養人題記〕（10C中期）
　4）原作「姊第十七娘子一心供養出適羅氏」。南壁。《燉》p.52。《謝》p.80。

17222 羅寺主 ················ P2912v③
〔寫大般若經一部施銀盤子麥粟粉疏〕　四月八日　（9C前期）
　1）寺主

17223 羅寺主 ················· S10537
〔團人名目（2片）〕（10C）
　1）第五團・寺主

17224 羅悉雞 ················· S05824
〔經坊費負担人名目〕（8C末～9C前期）
　1）寫經人・判官　3）行人部落　4）原作「判羅悉雞」。

17225 羅闍梨 ·········· BD13069（L3198）
〔無常經護首（雜寫）〕（8～9C）
　1）闍梨　4）原作「少羅闍梨」。

17226 羅闍梨 ················ P3578
〔淨土寺儭破曆（梁戶史氾三沿寺諸處使用油曆）〕　癸酉年正月十一日（973）
　1）闍梨　2）淨土寺

17227 羅闍梨 ················ P5000v
〔僧尼名目〕（9C前期）
　1）闍梨　2）靈修寺

17228 羅闍梨 ················ S01366
〔歸義軍府下破用麵油曆〕　己卯～壬午年頃（10C後期（980～982頃））
　1）闍梨

17229 羅闍梨 ················ S06577v
〔官晏設破曆〕（10C）
　1）闍梨

17230 羅闍梨 ················ 燉研322
〔臘八燃燈分配窟龕名數〕　辛亥年十二月七日　（951）
　1）闍梨

17231 羅守忠 ··············· 莫第098窟
〔供養人題記〕（10C中期）
　1）節度押衙銀青光祿大夫檢校太子賓客兼監察御史　4）北壁。《燉》p.37。⇒羅□惠。

17232 羅什三 ················ S00542v
〔金光明寺僧尼名簿〕　戊年六月十八日（818）
　2）金光明寺

17233 羅什得 ················ P3418v⑦
〔慈惠鄉缺枝夫戶名目〕（9C末～10C初）
　3）慈惠鄉

17234 羅什德 ················ S03696
〔勸善經（末）〕　戊戌年十二月廿五日（938?）
　1）清信弟子　4）原作「清信弟子羅什德受持讀誦」。

17235 羅住子 ············· Дx00011③
〔莫高鄉?羅住子等契〕　某月廿五日（10C）
　3）莫高鄉?　4）⇒住子。

17236 羅住?□ ············ Дx06017
〔便粟曆〕（10C）
　1）取物人

17237 羅十一 ··············· P3047v⑨
〔諸人諸色施捨曆〕（9C前期）

17238 羅俊?歸 ·············· P3070v②
〔社司轉帖（寫錄）〕　乾寧三年閏三(二)月（896）

17239 羅順通 ············ P2032v⑯-4
〔淨土寺粟利閏入曆〕（940前後）
　2）淨土寺

17240 羅小兒 ············· P2032v⑱
〔淨土寺豆利閏入曆〕（940前後）
　2）淨土寺

17241 （羅）昌進 ······· BD11987（L2116）
〔歸義軍官府人名目〕（9C後期～10C）
　4）原作「羅都料及昌進押衙二人」。

17242 羅象?子 ·············· S11414
〔殘（1行）〕（9C?）

17243 羅上座 ················ P3060v
〔諸寺諸色付經僧尼曆〕（9C前期）
　1）上座　4）經典名「大集經卷3」。

17244 羅上座 ················ 杏・羽677
〔入破曆算會（殘）〕　癸酉・甲戌二年（973・974）
　1）上座

17245 羅眞寂 ………………………… S02729①
　〔燉煌應管勘牌子歷〕　辰年三月　(788)
　　1)僧　2)普光寺　3)沙州　4)41行目。

17246 羅神政 ………………………… P3547
　〔上都進奏院狀上(原題)〕　(9C後期?)
　　1)衙前兵馬使

17247 羅神奴 ………………………… S05698
　〔社狀〕　癸酉年三月十九日　(913?)
　　1)社戶

17248 羅神德 ………………………… S04609v
　〔付銀椀人名目〕　太平興國九年頃　(984)
　　1)銀椀人　4)R面有「大平興國六年(981)」之紀年。

17249 羅進通 ………………………… P2482②
　〔羅府君邈眞讚〕　天福八年歲次癸卯九月十日 (943)
　　1)(盈達)次兄

17250 羅水官 ………………………… P3764v
　〔社司轉帖〕　十一月五日及十一月十五日 (10C)
　　1)水官

17251 羅水官 ………………………… S06981①
　〔某寺入曆〕　辛酉年～癸亥年中間三年　(901～903 or 961～963)
　　1)水官

17252 羅水官娘子 ………………… S06981①
　〔某寺入曆〕　辛酉年～癸亥年中間三年　(901～903 or 961～963)

17253 羅石德 ………………………… S05824v
　〔經坊費負担人名目〕　(8C末～9C前期)

17254 羅藉奴 ………………………… Дx11072
　〔社司轉帖(建福)〕　正月五日　(10C後期)
　　4)文中存「於乾明寺門前取齊」之句。

17255 羅藉奴 ………………………… Дx11073
　〔社司轉帖〕　正月五日　(975年代以降)

17256 羅赤頭 ………………………… P2040v③-10
　〔淨土寺豆入曆〕　(939)
　　2)淨土寺

17257 羅僧政 ………………………… S00520
　〔報恩寺方等道場榜〕　(9C末～925以前)
　　1)僧政　4)有「河西都僧院」印。

17258 羅僧正 ………………………… P3037
　〔社司轉帖〕　庚寅年正月三日　(990)
　　1)僧正　2)大悲寺

17259 羅僧正 ………………………… S03189
　〔轉經文〕　癸未年十月一日　(983)
　　1)僧正

17260 羅僧正 ………………………… S04687r.v
　〔佛會破曆〕　(9C末～10C前期)
　　1)僧正　2)三界寺

17261 羅僧正 …… コペンハーゲン博物館藏・燉煌文獻背面(OA102,MS2)
　〔佛典兌紙雜記〕　(10C後期)
　　1)僧正

17262 羅廈兒 ………………………… S02894v④
　〔社司轉帖〕　壬申年十二月卅日　(972)

17263 羅廈兒 ………………………… S02894v⑤
　〔社司轉帖〕　(10C後期)

17264 羅瘦子 ………………………… P2040v③-2
　〔淨土寺西倉粟利入曆〕　己亥年　(939)
　　2)淨土寺

17265 羅他悉賨 ……………………… P3418v①
　〔□□鄉缺枝夫戶名目〕　(9C末～10C初)

17266 羅智廣 ………………………… S02729①
　〔燉煌應管勘牌子歷〕　辰年三月　(788)
　　1)僧　2)大雲寺　3)沙州　4)7行目。

17267 羅丑奴 ………………………… Дx11072
　〔社司轉帖(建福)〕　正月五日　(10C後期)
　　2)乾明寺門前　4)本件存「於乾明寺門前取齊」一文。

17268 羅丑奴 ………………………… Дx11073
　〔社司轉帖〕　正月五日　(975年代以降)

17269 羅中々 ………………………… S03048
　〔東界羊籍〕　丙辰年　(956)
　　1)牧羊人

17270 (羅)長盈 ……………………… S00766v②
　〔平康鄉百姓某甲於羅不奴面上雇男長盈契〕　壬午年七月十五日　(982)
　　1)(羅不奴)男　3)赤心鄉　4)原作「男長盈」。R面爲「新集書儀」(10C後期)。

664

17271 羅長泰 ・・・・・・・・・・・・・・・・・・・ P2944
　〔大乘寺・聖光寺等尼僧名錄〕（10C後期?）

17272 羅鎮使 ・・・・・・・・・・・・・・・・・・・ P2916
　〔納贈曆〕　癸巳年（993?）

17273 羅鎮使 ・・・・・・・・・・・・・・・・・・・ P3145v
　〔節度使下官人名・鄉名諸姓等雜記〕（10C）
　　1) 鎮使

17274 羅鎮使 ・・・・・・・・・・・・・・・・・・・ P3942
　〔某家榮親客目〕（10C?）
　　1) 鎮使

17275 羅鎮使 ・・・・・・・・・・・・・・・・・・・ S00286
　〔某寺斛斗入曆（殘）〕（10C中期）
　　1) 鎮使

17276 羅鎮使 ・・・・・・・・・・・・・・・・・・・ S04700
　〔陰家榮親客目〕　甲午年五月十五日（994）
　　1) 鎮使　4) ⇒羅祐通。

17277 羅鎮使娘子 ・・・・・・・・・・・・・・・ P3942
　〔某家榮親客目〕（10C?）

17278 羅通順 ・・・・・・・・・・・・・・・・・・・ P2482②
　〔羅府君邈眞讚〕　天福八年歲次癸卯九月十日（943）
　　1)（盈達）故弟

17279 羅通信 ・・・・・・・・・・・・・・・・・・・ P2482②
　〔羅府君邈眞讚〕　天福八年歲次癸卯九月十日（943）
　　1)（盈達）次兄

17280 羅通達 ・・・・・・・・・・・・・・・・・・・ P2482③
　〔羅府君墓誌銘〕　天福八年頃（943頃）
　　1)（盈達）堂兄

17281 羅通達 ・・・・・・・・・・・・・・・・・・・ P3633
　〔沙州百姓一万人狀上〕　辛未年七月（911）
　　1) 百姓　3) 沙州

17282 羅通達 ・・・・・・・・・・・・・・・・・・・ P4640v
　〔官入破曆〕　己未年十月（899）
　　1) 都押衙

17283 羅都衙 ・・・・・・・・・・・・・・・・・・・ P2026v
　〔人名目〕　天福十年乙巳歲（別記）（945）
　　1) 都衙　4) 余白：ペン筆。

17284 羅都衙 ・・・・・・・・・・・・・・・・・・・ P4640v
　〔禮讚文?（祝文?）〕　己未年～辛酉年（899～901頃）
　　1) 都衙

17285 羅都衙 ・・・・・・・・・・・・・・・・・・・ S02482
　〔禮讚文?（祝文?）〕（943頃）
　　1) 都衙

17286 羅都衙 ・・・・・・・・・・・・・・・・・・・ S03633
　〔禮讚文?（祝文?）〕（911頃）
　　1) 都衙

17287 羅都知 ・・・・・・・・・・・・・・・・・・・ P3875B
　〔某寺修造諸色破曆〕　丙子年八月廿七日（916 or 976?）
　　1) 都知

17288 羅都頭 ・・・・・・・・・・・・・・・・・・・ P2032v③
　〔淨土寺諸色破曆〕（944前後）
　　1) 都頭　2) 淨土寺

17289 羅都料 ・・・・・・・・・・・・・・・・・・・ BD11987（L2116）
　〔歸義軍官府人名目〕（9C後期～10C）
　　1) 都料　4) 原作「羅都料及昌進押衙二人」。

17290 羅都料 ・・・・・・・・・・・・・・・・・・・ P2944
　〔大乘寺・聖光寺等尼僧名錄〕（10C後期?）
　　1) 都料　2) 大乘寺

17291 羅奴子 ・・・・・・・・・・・・・・・・・・・ P3384
　〔戶籍（殘）〕　大順二年辛亥正月一日（891）

17292 羅那信 ・・・・・・・・・・・・・・・・・・・ P5021D
　〔付物曆〕（9C末～10C初）

17293 羅鉢□ ・・・・・・・・・・・・・・・・・・・ P2814
　〔安進通狀(7件)〕　天成三年二月廿日（928）

17294 羅判官 ・・・・・・・・・・・・・・・・・・・ S05050
　〔某寺諸色入破曆計會〕（10C中期）
　　1) 判官　2) 靈圖寺

17295 羅般若 ・・・・・・・・・・・・・・・・・・・ S02729①
　〔燉煌應管勘牌子歷〕　辰年三月（788）
　　1) 僧　2) 龍興寺　3) 沙州　4) 6行目。

17296 羅不奴 ・・・・・・・・・・・・・・・・・・・ S00766v②
　〔平康鄉百姓某甲於羅不奴面上雇男長盈契〕　壬午年七月廿五日（982）
　　1) 赤心鄉百姓　3) 赤心鄉　4) R面爲「新集書儀」（10C後期）。

17297 羅府君 ………………………… P2482③
〔羅府君墓誌銘〕 天福八年頃 (943頃)
　1)河西應管內外諸司馬步軍都指撝使銀青光祿
　大夫檢校工部尙書兼御史大夫上柱國　4)V面有
　「大晉天福八年癸卯歲九月朔十五日」之紀年。⇒
　羅盈達。

17298 羅普戒 ………………………… S02729①
〔燉煌應管勘牌子歷〕 辰年三月 (788)
　1)僧　2)普光寺　3)沙州　4)41行目。

17299 羅普明 ………………………… P3047v①
〔僧名等錄〕 (9C前期)
　4)僧名「普明」。

17300 羅福海 ………………………… P2068v
〔羅福海戒1卷〕 (9C?)

17301 羅佛利子 ……………………… P3391v①
〔社司轉帖(寫錄)〕 丁酉年正月日 .(937)

17302 羅文英 ………………………… S05698
〔社狀〕 癸酉年三月十九日 (913?)
　1)社戶

17303 羅文進 ………………………… P2040v②-28
〔淨土寺豆入曆〕 (940前後)
　2)淨土寺

17304 羅文進 ………………………… P2049v①
〔淨土寺諸色入破曆計會牒〕 同光三年
(925)

17305 羅文達 ………………………… P4640v
〔官入破曆〕 辛酉年四月廿七日 (901?)
　1)押衙　4)助?葬。

17306 羅平水 ………………………… P2032v⑫
〔淨土寺諸色破曆〕 (940前後)
　1)平水　2)淨土寺

17307 羅平水 ………………………… P2032v⑯-2
〔淨土寺麥利閏入曆〕 (940前後)
　1)平水　2)淨土寺

17308 羅平水 ………………………… P2040v①-2
〔淨土寺剢黃麻豆布等破曆〕 (945前後)
　1)平水　2)淨土寺　4)原作「羅平水蘭」。

17309 羅平水 ………………………… P2040v②-16
〔淨土寺粟破曆〕 乙巳年正月廿七日以後 (945
以降)
　1)平水　2)淨土寺

17310 羅平水 ………………………… P3763v
〔淨土寺入破曆〕 (945前後)
　1)平水　2)淨土寺

17311 羅保連 ………………………… S04703
〔買菜人名目〕 丁亥年 (987)

17312 羅枹玉 ………………………… S04192v
〔便麥契〕 未年四月五日 (9C前期)
　1)保人

17313 羅法光 ………………………… P3952
〔受度告牒〕 附・乾元元年奏 (758)

17314 羅法光 ………………………… S02729①
〔燉煌應管勘牌子歷〕 辰年三月 (788)
　1)僧　2)靈修寺　3)沙州　4)34行目。

17315 羅法律 ………………………… P4981
〔當寺轉帖〕 閏三月十三日 (961)
　1)法律　4)原作「大羅法律」。

17316 羅法律 ………………………… S05855
〔追疏文〕 雍熙三年丙戌六月 (986)
　1)法律

17317 羅法律 ………………………… S09463
〔李万受等便麥曆〕 (10C)
　1)法律

17318 羅法律 ………………………… S10281
〔納贈曆(殘)〕 (10C)
　1)法律

17319 羅法律 ………………………… S10566
〔秋季諸寺大般若轉經付配帙曆〕 壬子年十
月 (952)
　1)法律　2)靈圖寺

17320 羅磨興 ………………………… P5014v
〔書簡〕 (10C後期)

17321 羅磨令 ………………………… P4640v
〔官入破曆〕 己未年四月 (899)

17322 (羅)万事 ……………………… Дx00011③
〔莫高鄉?羅住子等契〕 某月廿五日 (10C)
　3)莫高鄉?

17323 羅妙空 ………………………… S02729①
〔燉煌應管勘牌子歷〕 辰年三月 (788)
　1)僧　2)靈修寺　3)沙州　4)29行目。

17324 羅妙□ ……………… P3047v⑦
〔法事僧尼名錄〕（9C前期）
　4)僧名「妙□」。

17325 羅友〻 ……………… P3236v
〔燉煌鄉官布籍〕　壬申年三月十九日（972）
　3)燉煌鄉

17326 羅祐員 ……………… S03540
〔宕泉修窟盟約憑〕　庚午年正月廿五日（970）
　1)都頭

17327 羅祐清 ……………… S03540
〔宕泉修窟盟約憑〕　庚午年正月廿五日（970）
　1)都頭?

17328 羅祐通 ……………… P3721v③
〔冬至自斷官員名〕　己卯年十一月廿六日（979）
　1)押衙

17329 羅祐通 ……………… P4060
〔墨繪觀音像下題〕（10C）
　1)施主・鎮遏使　4)⇒羅鎮使。

17330 羅留住 ……………… P2049v①
〔淨土寺諸色入破曆計會牒〕　同光三年（925）

17331 羅靈辯 ……………… S02729①
〔燉煌應管勘牌子曆〕　辰年三月（788）
　1)僧　2)報恩寺　3)沙州　4)25行目。

17332 羅老宿 ……………… P3365
〔爲府主大王小患付經曆〕　甲戌年五月十日（974）
　1)老宿

17333 羅六〻 ……………… S02669
〔管内尼寺(安國寺・大乘寺・聖光寺)籍〕（865～870）
　2)聖光寺　3)莫高鄉　4)尼名「嚴眞」。

17334 羅和君 ……………… P3418v①
〔□□鄉缺枝夫戶名目〕（9C末～10C初）

17335 羅和君 ……………… P3418v⑦
〔慈惠鄉缺枝夫戶名目〕（9C末～10C初）
　3)慈惠鄉

17336 羅□ ……………… BD04048v(麗48)
〔名籍〕（9～10C）

17337 羅□惠 ……………… 莫第098窟
〔供養人題記〕（10C中期）
　1)節度押衙銀青光祿大夫檢校太子賓客兼監察侍御史　4)北壁。《謝》p.98。⇒羅守忠。

17338 羅□法 ……………… 莫第192窟
〔發願功德讚文并序〕（咸通）八年丁亥二月廿六日（867）
　1)僧　4)東壁門口上方。《燉》p.85。

17339 羅□□ ……………… P2842piece1
〔社司轉帖〕　甲辰年[　]月九日（944）

17340 羅□〻 ……………… P3418v①
〔□□鄉缺枝夫戶名目〕（9C末～10C初）

17341 羅□□ ……………… P4638v②
〔右馬步都押衙陳彥□等牒〕　清泰四年十一月十八日（937）

17342 羅□ ……………… BD07630②(皇30)
〔出酥人曆〕　丙子年八月廿四日（856 or 916）
　4)原作「阿羅□」。

17343 羅□ ……………… Дx01425＋Дx11192＋Дx11223
〔某寺弔儀用布破曆〕　辛酉年從正月到四月（961）

17344 羅 ……………… BD05673v④(李73)
〔行人轉帖(寫錄)〕　今月十二日（9C末）

17345 羅 ……………… BD11502①(L1631)
〔燉煌十一僧寺別姓名簿并緣起經論等名目〕（9C後期）
　2)金(光明寺)

17346 羅 ……………… BD11502①(L1631)
〔燉煌十一僧寺別姓名簿并緣起經論等名目〕（9C後期）
　2)(靈)圖(寺)

17347 羅 ……………… BD16148A(L4077)
〔社司轉帖(習書)〕（9～10C）
　1)社老

17348 羅 ……………… Дx18998
〔賈族一覽一行斷片〕（10C後期?）
　1)(賈永存)母　4)原作「母阿羅」。

17349 羅 ……………… 杏・羽695
〔燉煌諸鄉諸部落諸人等便麥曆〕（10C）
　1)口承人妻　3)赤心(鄉)　4)原作「慈母羅」。

17350 來押衙 ·············· S10002＋S10013
〔社司轉帖〕（10C）
　　1)社官・押衙

17351 來俄斯難芝 ············· P3047v②
〔來俄斯難芝爲孃子及父母施入髮疏〕（9C中期）
　　4)V面又有「僧名」等。

17352 來寺主 ·············· BD09346(周67)
〔令知蕃法師廚費帖〕 十一月一日 （9C前期）
　　1)寺主

17353 來 ······················ P3138v
〔諸寺付經曆〕（9C前期）
　　2)開元寺 4)索善來。

17354 賴乞立 ·············· BD02296(閏96)
〔唱得布曆〕（10C）
　　4)⇒穎乞立。

17355 雷延美 ················ P4514(6)
〔刻本繪本佛畫(二大聖毗沙門天王像)〕 開運四年頃 （947頃）
　　1)匠人

17356 雷延美 ·················· P4515
〔印本金剛般若波羅蜜經(尾題)〕 天福十五年己酉歲五月十五日 （949）
　　1)押衙 4)印本金剛般若波羅蜜經尾題。原作「弟子歸義節度使…曹元忠普施受持天福十五年己酉歲五月十五日記雕版押衙雷延美」。

17357 雷延爰 ············· Stein Painting 242
〔救菩薩觀世音菩薩圖題記〕 大晉開運四年丁未歲七月十五日 （947）
　　1)匠人

17358 雷教授 ················· P2049v①
〔淨土寺諸色入破曆計會牒〕 同光三年 （925）
　　1)教授

17359 雷緊?子 ················· P2912v③
〔寫大般若經一部施銀盤子麥粟粉疏〕 四月八日 （9C前期）
　　4)原作「雷緊?子妻」。

17360 雷廣 ···················· P2162v
〔三將納丑年突田曆〕（9C前期）

17361 雷廣典〔興〕············ 莫第205窟
〔供養人題記〕（8C後期）
　　1)社人 4)西壁。《燉》p.95。《謝》p.361。

17362 雷志德 ················ P2837v⑭
〔弟子男雷志德疏〕 辰年二月八日 （836?）

17363 雷闍梨 ················· P2049v①
〔淨土寺諸色入破曆計會牒〕 同光三年 （925）
　　1)闍梨

17364 雷闍梨 ················· P3490v②
〔麵破曆〕 辛巳年 （921）
　　1)闍梨

17365 雷善兒 ················· S02228①
〔絲綿部落夫丁修城使役簿〕 亥年六月十五日 （819）
　　1)(右二) 3)絲綿部落 4)首行作「亥年六月十五日州城所,絲綿」。末行作「亥年六月十五日畢功」。

17366 雷僧政 ················· P2032v③
〔淨土寺諸色破曆〕（944前後）
　　1)僧政 2)淨土寺

17367 雷僧政 ················· P2032v⑫
〔淨土寺諸色破曆〕（940前後）
　　1)僧政 2)淨土寺

17368 雷僧政 ················· P2032v⑲
〔淨土寺麵破曆〕（940前後）
　　1)僧政 2)淨土寺

17369 雷僧政 ············· P2040v②-17
〔淨土寺油破曆〕 乙巳年正月廿七日以後 （945以降）
　　2)淨土寺

17370 雷僧政 ················· P2049v②
〔淨土寺諸色入破曆計會牒〕 長興二年正月 （930～931）
　　1)僧政

17371 雷僧政 ················· P3234v②
〔應慶於願達手上入曆〕 壬寅年正月一日 （942）
　　1)僧政

17372 雷僧政 ················· P3234v⑫
〔直歲廣進破曆〕 癸卯年 （943）
　　1)僧政

17373 雷僧正 ·················· P2040v①-1
〔淨土寺麨黃麻豆布等破曆〕（945前後）
　1) 僧正　2) 淨土寺

17374 雷大眼 ·················· P3776
〔地段四至記載(2行)〕（9C後期）

17375 雷粉槌 ·················· S06341
〔契〕壬辰年十月生六日（932?）
　1) 百姓　3) 洪池鄉

17376 雷文晟 ·················· S05883
〔諸人納支粟曆〕（10C前期?）

17377 樂興奴 ········ BD16295A(L4132)＋
BD16298(L4133)
〔史留德出換釜子與押衙劉骨骨契〕壬申年二月玖日（985?）
　1) 口承人・阿舅

17378 樂小娘 ·················· P3047v①
〔僧名等錄〕（9C前期）

17379 樂寶巖 ·················· S02041
〔社約〕丙寅年三月四日（846）
　4) 年號別筆(丙寅年三月四日)。ペン筆。

17380 樂法律 ············ BD08172v(乃72)
〔社司轉帖(習書・殘)〕癸未年頃（923頃?）
　1) 法律

17381 樂法律 ·················· P3490v①
〔油破曆〕辛巳年頃（921頃）
　1) 法律

17382 樂法律 ·················· S05139v②
〔社司轉帖(寫錄)〕四月十三日（10C前期）
　1) 法律

17383 洛骨崙 ·················· P5003
〔社司轉帖〕（9C前期）

17384 洛骨崙 ·················· P5003v
〔社人納色物曆〕（9C前期）

17385 洛晟ゞ ·················· P3249v
〔將龍光顏等隊下人名目〕（9C中期）

17386 洛晟ゞ ············ Дx01355＋Дx03130
〔洛晟ゞ賣蘭舍契〕（9C後期）
　1) 口丞(承)人・賣蘭舍人弟・出買蘭舍人

17387 洛法律 ·················· P2049v①
〔淨土寺諸色入破曆計會牒〕同光三年（925）
　1) 法律

17388 落 ················ BD05673v④(李73)
〔行人轉帖(寫錄)〕今月十二日（9C末）

17389 雒乖子 ·················· P2032v⑯-4
〔淨土寺粟利閏入曆〕（940前後）
　2) 淨土寺

17390 雒乖子 ·················· P2040v②-25
〔淨土寺黃麻利入曆〕（940年代）
　2) 淨土寺

17391 雒搥子 ············ Дx05444＋Дx06547
〔官衙請烽子等處分狀并押判(鳥)〕甲寅年十月（954）
　1) 烽子

17392 雒法律 ·················· P2054v
〔疏請僧官文〕（10C）
　1) 法律　2) 報恩寺

17393 雒法律 ·················· P3175v
〔麥油白麨粟貸取曆〕癸年（953?）
　1) 法律

17394 雒法律 ·················· P3234v⑫
〔直歲廣進破曆〕癸卯年（943）
　1) 法律

17395 雒 ················ BD11502①(L1631)
〔燉煌十一僧寺別姓名簿并緣起經論等名目〕（9C後期）
　2) (報)恩(寺)

[り]

17396 吏〔史〕喜子 ･････････････ S02669
〔管内尼寺(安國寺・大乘寺・聖光寺)籍〕
(865～870)
2) 大乘寺 3) 莫高鄉 4) 尼名「喜樂花」。

17397 吏〔史〕喜樂花 ･････････････ S02669
〔管内尼寺(安國寺・大乘寺・聖光寺)籍〕
(865～870)
2) 大乘寺 3) 莫高鄉 4) 姓「吏(＝史)」。俗名「喜子」。

17398 吏(史) ･･････････････ P.tib1261v⑥
〔諸寺僧尼支給穀物曆〕 (9C前期)
1) 闍梨

17399 吏張友 ････････････････ S04649
〔破曆〕 庚午年 (970)

17400 吏 ･･･････････････ P.tib1261v⑧
〔諸寺僧尼支給穀物曆〕 (9C前期)

17401 吏 ･･･････････････ P.tib1261v⑩
〔諸寺僧尼支給穀物曆〕 (9C前期)
1) 闍梨

17402 李阿金 ････････････････ P3249v
〔將龍光顏等隊下人名目〕 (9C中期)

17403 李阿察 ･･････････････ Дx01377
〔莫高鄉張保全貸絹契(寫錄)〕 乙酉年五月十二日 (925 or 985 or 865)
1) 百姓 3) 慈惠鄉

17404 李阿朶 ････････ S08445＋S08446＋S08468
〔羊司於紫亭得羊名目〕 丙午年三月九日 (946)

17405 李阿朶 ････････ S08445＋S08446＋S08468
〔稅巳年出羊人名目〕 丙午年二月十九日 (946)

17406 李阿朶奴 ･･････････････ Дx02143
〔押衙索勝全換馬契〕 乙未年六月十六日 (995 or 935)
1) 押衙

17407 李阿竹子 ････････････ P2032v③
〔淨土寺諸色破曆〕 (944前後)
2) 淨土寺

17408 李阿竹子 ････････････ P2032v⑫
〔淨土寺諸色破曆〕 (940前後)
2) 淨土寺

17409 李安君 ････････････････ P3894v
〔人名錄等雜抄〕 (900前後)

17410 李安子 ･･････････ BD14667v⑥(新0867)
〔社人名目？〕 (9C後期)

17411 李安子 ････････････････ P2716v
〔社司轉帖(寫)〕 (9C末～10C初)

17412 李安子 ･･････････････ S08516E2
〔社司轉帖〕 丙辰年六月十日 (956)

17413 李安七 ････････････････ P2738v
〔社司轉帖(寫錄)〕 二月廿五日 (9C後期)

17414 李安住 ････････････････ P3372v
〔社司轉帖并雜抄〕 壬申年 (972)

17415 李安住 ･･･････････ P3416piece1
〔程虞候家榮葬名目〕 乙未年二月十八日 (935)

17416 李安住 ･･････････ P3555B piece11
〔納贈曆(殘)〕 (10C中期)

17417 李安住 ････････････････ P3894v
〔人名錄等雜抄〕 (900前後)

17418 李安信 ････････････ Stein Painting 24
〔觀音圖題記〕 建隆四年癸亥歲九月七日 (963)
1) 佛弟子

17419 李安定 ････････････････ P3418v①
〔□□鄉缺枝夫戶名目〕 (9C末～10C初)

17420 李安定 ････････････････ P3556v④
〔社戶人名目(殘)〕 (10C中期頃)
1) 社戶

17421 李安定 ·················· S00289③
〔李存惠墓誌銘并序〕 太平興國五年庚辰歲二月三日 (980)
　　1)節度押衙銀青光祿大夫檢校國子祭酒兼御史中丞　4)原作「亡叔節度押衙銀青光祿大夫檢校國子祭酒兼御史中丞諱安定」。

17422 李安定 ·················· S05717
〔人名目〕 (10C)

17423 李安定 ·················· S06235A②
〔貸便粟麥曆〕 大中六年(壬申)四月 (852)
　　1)都營田

17424 李安定 ·················· S06235B①
〔李安定檢先荒空閑無主地牒〕 大中六年四月　日 (852)
　　1)都營田

17425 李安定 ·················· S11213F
〔配付人名目〕 (946)

17426 李安屯? ················ P.tib2124v
〔人名錄〕 (9C中期?)
　　1)營田(使?)

17427 李安六 ·················· P2738v
〔社司轉帖(寫錄)〕 二月廿五日 (9C後期)

17428 李安六 ·················· P3370
〔出便麥粟曆〕 丙子年六月五日 (928)
　　1)口承人　3)赤心鄉

17429 李安□ ·················· P3894v
〔人名錄等雜抄〕 (900前後)

17430 李安□ ·················· S00289③
〔李存惠墓誌銘并序〕 太平興國五年庚辰歲二月三日 (980)
　　1)節度都頭城鎮遏使銀青光祿大夫檢校左散騎常都尉　4)原作「皇考歸義軍節度都頭攝石城鎮遏使銀青光祿大夫檢校左散騎常侍上騎都尉諱安□」。

17431 李安□ ·················· S05717
〔人名目〕 (10C)

17432 李威〻 ·················· S02669
〔管內尼寺(安國寺・大乘寺・聖光寺)籍〕 (865～870)
　　2)大乘寺　3)燉煌鄉　4)尼名「普藏」。

17433 李威〻 ·················· S02669
〔管內尼寺(安國寺・大乘寺・聖光寺)籍〕 (865～870)
　　2)大乘寺　3)燉煌鄉　4)尼?名「普藏」⇒李普藏。

17434 李威子 ·················· P3468v
〔雜寫〕 (900年前後頃)
　　3)玉開(關)鄉

17435 李意〻 ·················· S01475v⑫⑬
〔付使奉仙便麥契〕 三月廿七日 (828～829)
　　1)見人

17436 李意氣 ·················· S02669
〔管內尼寺(安國寺・大乘寺・聖光寺)籍〕 (865～870)
　　2)大乘寺　3)慈惠鄉　4)尼名「聖智」。

17437 李員慶 ·················· Дх02149B
〔見納缺柴人名目〕 (10C)

17438 李員住 ·················· BD09174v(陶95)
〔雜寫(6行)〕 (10C)

17439 李員住 ·················· P2032v③
〔淨土寺諸色破曆〕 (944前後)
　　2)淨土寺

17440 李員住 ·················· P2040v②-13
〔淨土寺豆入曆〕 乙巳年正月廿七日以後 (945以降)
　　2)淨土寺

17441 李員住 ·················· P2049v②
〔淨土寺諸色入破曆計會牒〕 長興二年正月 (930～931)

17442 李員住 ·················· P2680v⑥
〔社司轉帖〕 六月廿三日 (10C中期)

17443 李員住 ·················· P3556v④
〔社戶人名目(殘)〕 (10C中期頃)
　　1)社戶

17444 李員住 ·················· S04812
〔破曆〕 辛丑年 (941)
　　1)社人・兵馬使

17445 李員住 ·················· S06330
〔破曆〕 (10C中期)
　　1)金銀匠

17446 李員住 ……………………… S08850v
　〔金光明最勝王經滅業部品第5(背面)〕
　(10C)

17447 李員住 ……………………… Дx11196
　〔渠人轉帖〕 十月九日 (983)

17448 李員昌 ……………………… S05578②
　〔雇工契〕 戊申年正月十六日 (948?)
　　1)百姓　3)燉煌鄉

17449 李員信 ……………… BD03736(霜36)
　〔佛頂尊勝陀羅尼經(佛陀波利本)(第6紙上
　邊有雜寫)〕(10C?)
　　4)寫本:7〜8C。雜寫:10C?

17450 李員信 ……………………… P2049v①
　〔淨土寺諸色入破曆計會牒〕 同光三年
　(925)

17451 李員信 ……………………… S04060
　〔便麥曆〕 戊申年?月十二日 (948)

17452 李員泰 ……………………… P3859
　〔報恩寺常住百姓老小孫息名目〕 丙申年十月
　十一日 (936?)
　　1)(定支)妻

17453 李員通 ……………………… S05747v
　〔社人名目〕 (10C前期)

17454 李員定 ……………………… 杏・羽752
　〔社司轉帖(寫錄)〕 (10C)
　　4)本文中有「春座局席」,「次至主人家李員定
　軍?」,「帖至,限今月十日卯時,於主人送納」。

17455 李員友 ……………………… S01159
　〔神沙鄉散行人轉帖〕 二月四日 (10C中期)
　　1)行人　3)神沙鄉

17456 李榮一 ……………………… P3666v
　〔便粟麥契曆〕 (9C中期前後)

17457 李榮?子 …… コペンハーゲン博物館
　藏・燉煌文獻背面(OA102,MS2)
　〔佛典兌紙雜記〕 (10C後期)
　　4)⇒李策?子。

17458 李永吉 ……………………… P2832Av
　〔納楊楡木人名曆〕 (10C)

17459 李永受 ……………………… P3721v②
　〔兄(見)在巡禮都官都頭名牒〕 庚辰年正月
　十五日 (980)

17460 李永受 ……………………… P3721v③
　〔冬至自斷官員名〕 己卯年十一月廿六日
　(979)

17461 李永受 ……………………… P4525⑧
　〔都頭及音聲等都共地畝細目〕 (980頃)

17462 李營田 …………… S08445＋S08446＋
　S08468
　〔羊司於紫亭得羊名目〕 丙午年三月九日
　(946)
　　1)營田

17463 李盈子 ……………………… P2032v①-4
　〔淨土寺粟入曆〕 (944前後)

17464 李盈子 ……………………… P2032v⑬-7
　〔淨土寺黃麻利閏入曆〕 (940前後)
　　2)淨土寺

17465 李盈子 ……………………… P2738v
　〔社司轉帖(寫錄)〕 二月廿五日 (9C後期)

17466 李盈子 ……………………… P3234v③-41
　〔惠安惠戒手下便物曆〕 甲辰年 (944)

17467 李盈達 ……………………… P2049v②
　〔淨土寺諸色入破曆計會牒〕 長興二年正月
　(930〜931)

17468 李英?德 ……………………… P3418v⑤
　〔某鄉缺枝夫戶名目〕 (9C末〜10C初)

17469 李英辯 ……………………… P4722
　〔永壽寺主靈賢等狀并判辭殘〕 甲午歲五月
　日 (934 or 994)
　　4)原作「甲午歲五月日謹牒」。「李英弁狀殘」。(1
　行)934994。

17470 (李)液子 ……………………… S06203
　〔隴西李氏莫高窟修功德碑記〕 大曆十一年龍
　集景辰八月日建 (776)

17471 李延 ……………………… P2162v
　〔三將納丑年突田曆〕 (9C前期)

17472 李延 ·············· P3797v③
〔雜寫〕 開寶九年四月八日 (976・977)
　1)學郎大歌　4)R面有題記「太公家教,新集嚴父教。維太宗開寶九年丙子歲三月十三日寫子文書了」。

17473 李延會 ·············· S03540
〔宕泉修窟盟約憑〕 庚午年正月廿五日 (970)
　1)鄉官

17474 李延奴 ·············· P2162v
〔三將納丑年突田曆〕 (9C前期)

17475 李延德 ········ BD14667v⑤-2(新0867)
〔社司轉帖(寫錄)〕 (9C末)
　2)普光寺門前　4)文中有「春座(局)席,…普光寺門前,取清」。

17476 李延德 ·············· P3364
〔某寺白麵圓麵油破曆(殘)〕 (959前後)
　4)原作「付李延德拾伍日節料用」。

17477 李延德 ·············· P3441v
〔社司轉帖(寫錄)〕 三月十三日 (10C前期)

17478 李延德 ·············· S00527
〔女人社再立條件憑〕 顯德六年己未歲正月三日 (959)

17479 李延德 ·············· S05008
〔破曆〕 (940頃)

17480 李延德 ·············· S11358
〔部落轉帖〕 (10C後期)

17481 李梴憚 ·········· BD09334(周55)
〔分付多衣簿〕 (8C中期)

17482 李衍 ············ BD16085A(L4052)
〔酒等破曆〕 壬申年三月一日 (972?)
　1)押衙

17483 李衍鷄 ·············· P3231③
〔平康鄉官齋曆〕 甲戌年五月廿九日 (974)
　3)平康鄉

17484 李衍鷄 ·············· P3231⑥
〔平康鄉官齋曆〕 乙亥年九月廿九日 (975)
　3)平康鄉

17485 李衍鷄 ·············· P3721v①
〔平康鄉堤上兄(見)點得人名目〕 庚辰年三月廿二日 (980)
　3)平康鄉

17486 李衍鷄 ·············· P4693
〔官齋納麵油粟曆〕 (10C後期)

17487 李衍鷄 ·············· S08426
〔官府酒破曆〕 十月十九日 (10C)
　1)校棟

17488 李衍鷄 ·············· S08426B
〔使府酒破曆〕 (10C中～後期)
　1)校棟

17489 李衍鷄 ·············· S11358
〔部落轉帖〕 (10C後期)

17490 李衍鷄 ·············· 舊P5529 24／33
〔付曆〕 (10C後期)
　4)舊P552924。

17491 李衍悉鷄 ·············· P3412
〔安再勝等牒〕 太平興國六年十月 (981)
　1)都衙?

17492 李衍奴 ·········· BD15249v③(新1449)
〔某家榮親客目〕 (10C後期)
　4)原作「都頭李衍奴」。

17493 李應子 ·············· P4885
〔李應子缺高職子馳價契〕 乙未年 (935? or 995?)

17494 李應紹 ·············· S05441
〔捉季布傳文封面雜寫〕 戊寅年二月十七日 (978)

17495 李押衙 ·············· P2032v⑬-7
〔淨土寺黃麻利閏入曆〕 (940前後)
　1)押衙　2)淨土寺　4)原作「李押衙妻」。

17496 李押衙 ·············· P2944
〔大乘寺・聖光寺等尼僧名錄〕 (10C後期?)
　1)押衙

17497 李押衙 ·············· P3234v③-43
〔惠安惠戒手下便物曆〕 甲辰年 (944)
　1)押衙　4)原作「李押衙妻」。

17498 李押衙 ················ S04362
　〔肅州都頭宋富悆狀〕　三月　(10C末)

17499 李押衙 ················ S04705
　〔官儭破曆〕　(10C)
　　1)押衙

17500 李押衙 ················ S05064
　〔貸入粟豆黃麻曆〕　(10C)
　　1)便人・押衙

17501 李押衙 ················ S05071
　〔某寺貸入斛斗曆〕　(10C後期)
　　1)押衙

17502 李押衙 ················ S06217②
　〔某寺諸色斛㪷破曆〕　丙午年頃八月廿三日
　(946頃)
　　1)押衙

17503 李押衙 ················ S09462
　〔社司?轉帖〕　(10C)
　　1)押衙

17504 李押衙 ················ S11353
　〔社司?轉帖〕　(10C)
　　1)月直・押衙

17505 李押衙妻 ············ P2032v⑬-7
　〔淨土寺黃麻利閏入曆〕　(940前後)
　　2)淨土寺　4)原作「李押衙妻」。

17506 李王五? ········· BD15404(簡068066)
　〔千渠中下界白刺頭名目〕　(10C中期)
　　1)白刺頭　3)千渠中界

17507 李王午 ·············· P2032v⑯-4
　〔淨土寺粟利閏入曆〕　(940前後)
　　2)淨土寺

17508 李王三 ·············· P2032v①-4
　〔淨土寺粟入曆〕　(944前後)

17509 李王子 ·············· S00542v
　〔燉煌諸寺丁壯車牛役部〕　戊年六月十八日
　(818)
　　2)龍興寺?

17510 李王七 ·············· P2049v①
　〔淨土寺諸色入破曆計會牒〕　同光三年
　(925)

17511 李恩七 ············· S05717
　〔人名目〕　(10C)

17512 李恩十? ············· S05717
　〔人名目〕　(10C)

17513 李加興 ············· BD02343(餘43)
　〔佛說无量壽宗要經(尾)〕　(9C前期)
　　4)尾題末「李加興寫」。

17514 李加興 ············· BD06694(鱗94)
　〔无量壽宗要經〕　(9C前期)

17515 李加興 ············· BD07459(官59)
　〔无量壽宗要經〕　(9C前期)
　　4)原作「李加興寫」。

17516 李加興 ············· BD07919(文19)
　〔无量壽宗要經〕　(9C前期)
　　4)原作「李加興寫」。

17517 李加興 ············· BD08087(字87)
　〔无量壽宗要經(尾)〕　(9C前期)

17518 李加興 ············· S00542v
　〔燉煌諸寺丁壯車牛役部〕　戊年六月十八日
　(818)
　　2)大雲寺

17519 李加晟 ············· P3721v③
　〔冬至自斷官員名〕　己卯年十一月廿六日
　(979)

17520 李可瘦 ············· P3249v
　〔將龍光顏等隊下人名目〕　(9C中期)

17521 李哥奴 ············· P3491piece3
　〔突田名簿〕　(9C前期)

17522 李家 ············· BD05512v②(珍12)
　〔僧法海殘文書〕　(9〜10C)

17523 李家 ············· BD09318A(周39)
　〔便物曆〕　(10C)

17524 李家 ············· P3272v
　〔牧羊人兀寧狀〕　丙寅年二月　(966?)

17525 李家 ············· S03714
　〔親情社轉帖(雜寫)〕　(10C)
　　1)門内

17526 李家 ······ S05700
〔買宅舍契〕 (10C)

17527 李家 ······ S06217②
〔某寺諸色斛斗破曆〕 丙午年頃八月廿三日
(946頃)
　1)磑門　4)原作「李家磑門修河用」。

17528 李家 ······ S11454F
〔白羯等算會簿〕 亥年 (795)
　1)宅官　3)絲綿部落?

17529 李家 ······ Дx01302
〔付粳米華豆曆〕 (10C)

17530 李家 ······ Дx01320
〔麵等付曆〕 (10C後期)

17531 李家支瑩 ······ P4635②
〔社家女人便麵油曆〕 [ ]月七日 (10C中期)

17532 李家住?祐 ······ P3288piece1
〔佛現齋造饐餠人名目〕 (10C)
　4)原作「李家住?祐小娘子」。

17533 李家住?祐小娘子 ······ P3288piece1
〔佛現齋造饐餠人名目〕 (10C)
　4)原作「李家住?祐小娘子」。

17534 李家娘子 ······ BD05512v②(珍12)
〔僧法海殘文書〕 (9~10C)

17535 李家娘子 ······ Дx01302
〔付粳米華豆曆〕 (10C)

17536 李家念 ······ BD02296(閏96)
〔唱得布曆〕 (10C)

17537 李峨 ······ P3205
〔僧俗人寫經曆〕 (9C前期)

17538 李峨 ······ S02711
〔寫經人名目〕 (9C前期)
　1)寫經人　2)金光明寺

17539 李峨 ······ S04831②
〔寫經人名目〕 (9C前期)
　1)寫經人

17540 李峨 ······ S04831v
〔寫經人名目〕 (9C前期)
　1)寫經人

17541 李峨 ······ S07945
〔僧俗寫經分團人名目〕 (823以降)

17542 李衙推 ······ P3763v
〔淨土寺入破曆〕 (945前後)
　1)衙推　2)淨土寺

17543 李廻鶻 ······ P3212v③
〔惠深交物曆(殘)〕 辛丑年五月三日 (941 or 1001)

17544 李懷盈 ······ P3418v⑥
〔洪閏鄉缺枝夫戶名目〕 (9C末~10C初)
　3)洪潤鄉

17545 李懷子 ······ Дx10289
〔部落都頭楊帖〕 丁卯年九月十五日 (967)

17546 李懷德 ······ Дx11200
〔渠人轉帖〕 (10C前後)

17547 李會子 ······ P2621v
〔甲午役人名目〕 甲午年? (934?)

17548 李會子 ······ P3894v
〔人名錄等雜抄〕 (900前後)

17549 李會深 ······ S02729①
〔燉煌應管勘牌子曆〕 辰年三月 (788)
　1)僧　2)龍興寺　3)沙州　4)5行目。

17550 李會棚 ······ P3047v①
〔僧名等錄〕 (9C前期)
　4)僧名「會棚」。

17551 李海潤 ······ P5593
〔社司轉帖(殘)〕 癸巳年十月十日 (933?)

17552 李海滿 ······ P4640v
〔官入破曆〕 己未年十一月十四日辛酉年五月十六日 (899~901頃)
　1)衙官

17553 李海滿 ······ S06010
〔衙前第六隊轉帖〕 九月七日 (900前後)
　1)兵馬使

17554 李海滿 ······ S11360D2
〔貸粟麥曆〕 (10C中期以降?)

17555 李樂榮 ······ P4995
〔兒郎偉文〕 (10C中期)
　1)樂行尊長

17556 李掲搥 ·················· P2040v③-10
〔淨土寺豆入曆〕（939）
　2）淨土寺

17557 李掲搥 ·················· S05073
〔納柴曆計會〕　癸未年　（983?）
　3）劾

17558 李憨子 ·················· S03978
〔納贈曆〕　丙子年七月一日　（976）

17559 李?憨子 ················· Дx01453v
〔諸人納地子麥等曆〕　（10C後期）
　4）R面爲「丙寅年（966）八月廿四日納地麥廍曆」。

17560 李憨子 ······· 杏・羽034（李盛鐸舊藏）
〔城角莊算會當宅群牧見行籍〕　乙未年十月四日　（995）

17561 李憨兒 ·················· P2032v⑱
〔淨土寺豆利閏入曆〕（940前後）
　2）淨土寺

17562 李憨兒 ·················· P2994
〔李憨兒在三界寺受八關齋戒牒〕　甲子年（964）

17563 李憨兒 ·················· P3140
〔三界寺受李憨兒戒牒〕　乾德四年正月十五日　（966）
　2）三界寺

17564 李憨兒 ·················· P3207
〔三界寺受八關齋戒牒〕　太平興國八年　（983）
　2）三界寺

17565 李憨兒 ·················· P3231③
〔平康鄉官齋曆〕　甲戌年五月廿九日　（974）
　3）平康鄉

17566 李憨兒 ·················· P3414
〔三界寺授八關齋戒牒〕　甲子年　（964）
　2）三界寺

17567 李憨兒 ·················· P3455
〔三界寺授五戒牒〕　乾德三年　（965）
　2）三界寺

17568 李憨兒 ·················· P4959
〔沙州三界寺授八（戒）牒〕　太平興國□年（10C後期）
　1）授戒弟子　2）三界寺　3）沙州　4）原作「授戒弟子李憨兒」。

17569 李憨兒 ·················· S00532①
〔戒牒〕　乾德二年五月十四日　（964）
　1）授戒弟子　2）三界寺

17570 李憨兒 ·················· S05717
〔人名目〕　（10C）

17571 李憨兒 ·················· S08426
〔官府酒破曆〕　三月二日　（10C）

17572 李憨兒 ·················· S08426①
〔使府酒破曆〕　（10C中～後期）

17573 李憨兒 ·················· S08426F①
〔使府酒破曆〕　（10C中～後期）

17574 李憨兒 ·········· Дx03136＋Дx04929
〔官衙酒破曆〕　二月三日等　（10C）

17575 李憨奴 ·················· S08443B1
〔李闍梨出便黃廍曆〕　甲辰年～丁未年頃（944～947）

17576 李漢史 ·················· P3418v⑥
〔洪閠鄉缺枝夫戶名目〕　（9C末～10C初）
　3）洪閠鄉

17577 李顔昌 ·················· S05691
〔令狐瘦兒妻亡納贈曆〕　丁亥年七月十二日（987）

17578 李顔富 ·················· Дx01317
〔衙前第一隊轉帖〕　二月六日　（10C中期）

17579 （李）願 ··········· BD14806①（新1006）
〔於倉缺物人便麥名抄錄〕　辛酉年三月廿二日　（961）
　1）口承人・（李稟子）弟　4）原作「口承弟願」。

17580 李願盈 ··············· BD16384（L4458）
〔抄錄有私駝名目〕　丙寅年八月廿九日　（966）
　1）押衙

17581 李願朶 ·················· P4975r.v
〔沈家納贈曆〕　辛未年三月八日　（971）

17582 （李）願友 ················ 杏・羽695
〔燉煌諸鄉諸部落諸人等便麥曆〕　（10C）
　1）女　3）赤心（鄉）

676

17583 李喜娘 …………………… S02669
〔管内尼寺（安國寺・大乘寺・聖光寺）籍〕
(865～870)
　2)大乘寺　3)洪潤鄉　4)尼名「嚴律」。

17584 李希朝 …………………… P3047v①
〔僧名等錄〕（9C前期）
　4)僧名「希朝」。

17585 李暉 ………………… BD11993(L2122)
〔楊將頭領得弩箭現在延超手上記錄〕　壬申年十一月八日（972）

17586 李杞倉僧〔曹〕 …………… S05806
〔麥人算會倉司麥交付憑〕　庚辰年十一月廿日（920 or 980）
　1)杞倉僧李

17587 李皈漢 …………………… P3234v③-18
〔惠安惠戒手下便物曆〕　甲辰年（944）
　2)淨土寺

17588 李皈達 …………………… P2032v
〔淨土寺入破曆〕　甲辰年頃（944?）
　2)淨土寺

17589 李皈達 …………………… P2032v⑬-7
〔淨土寺黃廔利閏入曆〕（940前後）
　2)淨土寺

17590 李皈達 …………………… P3234v③-18
〔惠安惠戒手下便物曆〕　甲辰年（944）
　2)淨土寺　4)原作「李皈達弟」。

17591 李宜米 …………………… S02214
〔官府雜帳（名籍・黃廔・地畝・地子等曆）〕
(860?)

17592 李嶬 …………………… S00542v
〔燉煌諸寺丁壯車牛役部〕　戊年六月十八日（818）
　2)大雲寺

17593 李欺泊 …………………… P2040v②-3
〔淨土寺西倉麥入曆〕（945以降）
　2)淨土寺

17594 李欺泊 …………………… P2049v②
〔淨土寺諸色入破曆計會牒〕　長興二年正月（930～931）

17595 李欺泊 …………………… P3234v⑧
〔某寺西倉豆破曆〕（940年代）

17596 李義 ………………… BD01039(辰39)
〔大般若波羅蜜多經卷第51〕（9C）
　1)(寫)

17597 李義 ………………… BD08389(衣89)
〔无量壽宗要經(尾紙題記)〕（9C）

17598 李義員 ………………… BD16127B(L4067)
〔親情社轉帖〕　戊寅年正月十日（978?）
　1)闍梨

17599 李義延 …………………… P2032v①-4
〔淨土寺粟入曆〕（944前後）

17600 李義延 …………………… P2032v⑬-1
〔淨土寺入破曆〕（940前後）
　2)淨土寺

17601 李義延 …………………… P2032v⑬-7
〔淨土寺黃廔利閏入曆〕（940前後）
　2)淨土寺

17602 李義延 …………………… P3234v③
〔惠安惠戒手下便物曆〕　甲辰年（944）
　2)淨土寺?

17603 李義延妻 ………………… S05845
〔郭僧政等貸油麵麻曆〕　己亥年二月十七日（939）

17604 李義信 ………………… BD16021C(L4018)
〔永寧坊巷社扶佛人名目〕（9C後期～10C中期）
　3)永寧坊

17605 李義深 ………………… BD16021A(L4018)
〔永寧坊巷社扶佛人名目〕（10C）
　3)永寧坊

17606 李義成〔誠〕 …………… P2049v①
〔淨土寺諸色入破曆計會牒〕　同光三年（925）

17607 李義成 …………………… Дх02149B
〔見納缺柴人名目〕（10C）

17608 李吉子 …………………… P2863①
〔李吉子施入疏〕　正月一日（9C前期）

17609 李吉順 ………………… P2054
〔十二時普觀四衆依教修行〕 同光二年甲申歲 （924）
　　4)原作「信心弟子李吉順專持念誦」。

17610 李吉順 ………………… 北大D102
〔佛說八陽咒經(尾)〕 甲戌年七月三日 （914?）
　　1)兵馬使　4)尾題「甲戌年七月三日,兵馬使李吉順・兵馬使康奴子二人奉命充使甘州。…發心寫此八陽神咒經一卷。」(以下略)。

17611 李吉昌 ………………… S08445＋S08446＋S08468
〔羊司於紫亭得羊名目〕 丙午年三月九日 （946）

17612 李嬌々 ………………… S02669
〔管內尼寺(安國寺・大乘寺・聖光寺)籍〕 （865～870）
　　3)慈惠鄉　4)尼名「嚴戒」。

17613 李教授 ………………… P4660⑧
〔故李教授和尙讚〕 （9C）
　　1)教授　4)原作「善來述」。

17614 李教授 ………………… P4660⑥
〔燉煌都教授兼攝三學法主隴西李教授闍梨寫眞讚〕 （9C）
　　1)教授　4)原作「洪營述」。

17615 李教授 ………………… P.tib1261v③
〔諸寺僧尼支給穀物曆〕 （9C前期）
　　1)教授

17616 李教授 ………………… P.tib1261v⑥
〔諸寺僧尼支給穀物曆〕 （9C前期）
　　1)教授

17617 李教授 ………………… S03156①
〔時年轉帖〕 己卯年十二月十六日 （979）
　　1)教授　2)淨土寺　4)原作「土李教授」。

17618 李教授 ………………… S06604
〔四分戒本疏卷第1〕 亥年十月廿三日 （9C前期）
　　1)教授闍梨　2)報恩寺　4)原作「起首于報恩寺李教授闍梨講說此疏」。

17619 李教授 ……… S07939v＋S07940Bv＋S07941
〔燉煌諸寺僧尼給糧曆〕 （823以降）
　　1)教授

17620 李教授 ………………… 杏・羽673v
〔聖光寺僧崇英請轉經卷數目〕 午年七月五日 （8C?）
　　1)教授　4)第12行。

17621 李羌德 ………………… Дx04278
〔十一鄉諸人付麵數〕 乙亥年四月十一(日) （915? or 975）
　　3)燉煌鄉

17622 (李)鏡行 ………………… P3167v
〔安國寺道場司關于(五尼寺)沙彌戒訴狀〕 乾寧二年三月 （895）
　　2)安國道場,普光寺　4)⇒鏡行。

17623 李金皷 ………………… S02729①
〔燉煌應管勘牌子曆〕 辰年三月 （788）
　　1)僧　2)靈圖寺　3)沙州　4)12行目。

17624 李金剛 ………………… S00542v
〔燉煌諸寺丁壯車牛役部〕 戌年六月十八日 （818）
　　2)普光寺

17625 李金剛妻 ………………… S00542v
〔燉煌諸寺丁壯車牛役部〕 戌年六月十八日 （818）
　　2)普光寺

17626 李虞?候? ………………… P3764piece1
〔社司轉帖〕 乙亥年九月六日 （915）
　　1)虞候

17627 李虞候 ………………… 舊P5529
〔入破曆〕 壬申年六月廿四日 （972?）
　　1)虞候

17628 李虞□ ………………… BD16148A(L4077)
〔社司轉帖(習書)〕 （9～10C）
　　1)虞㑔?

17629 李屈迊 ………………… S08448B
〔紫亭羊數名目〕 （940頃）

17630 李勳 ………………… P3240②
〔付喬曆〕 壬寅年七月十六日 （1002）
　　1)押衙

17631 李君々 ………………… P2040v②-28
〔淨土寺豆入曆〕 （940前後）
　　2)淨土寺

17632 李君々 …………………… P2040v②-29
〔淨土寺西倉豆利入曆〕（940年代）
　2）淨土寺

17633 李君々 …………………… P2049v①
〔淨土寺諸色入破曆計會牒〕 同光三年
（925）

17634 李君々 …………………… P3234v③-40
〔惠安惠戒手下便物曆〕 甲辰年（944）

17635 李君々 …………………… P3638
〔沙彌善勝點檢常住什物見在曆〕 辛未年
（911）

17636 李君々 …………………… S00542v
〔燉煌諸寺丁壯車牛役部〕 戌年六月十八日
（818）
　2）龍光寺

17637 李君子 …………………… P2766v
〔人名列記〕 咸通十二年 （871）

17638 李佳兒 …………………… P3441v
〔社司轉帖(寫錄)〕 三月十三日 （10C前期）

17639 李唧々 …………… Дx01286＋Дx03424
〔社人名列記〕 丑年 （9C）
　1）社官

17640 李惠因 …………………… S02729①
〔燉煌應管勘牌子曆〕 辰年三月 （788）
　1）僧　3）沙州・潘原堡　4）26行目。

17641 李慶恩 …………………… P2032v①-2
〔淨土寺西倉麥入曆〕 （944前後）
　2）淨土寺

17642 李慶恩 …………………… P2040v③-2
〔淨土寺西倉粟利入曆〕 己亥年 （939）
　2）淨土寺

17643 李慶恩 …………………… P3234v⑮
〔淨土寺西倉豆利潤入曆〕 （940年代?）
　2）淨土寺

17644 李慶君 …………………… S03880①
〔二十四節氣詩(末)〕 甲辰年夏月上旬
（884?）
　4）原作「甲辰年夏月上旬寫記。元相公撰。李慶君書。」

17645 李慶子 …………………… P3102v③
〔社内付麵人名目〕 （10C前期）

17646 李慶子 …………………… P3763v
〔淨土寺入破曆〕 （945前後）
　1）押衙　2）淨土寺

17647 李慶?兒 ………………… P3396v
〔沙州諸渠別苽菌名目〕 （10C後期）

17648 李慶宗? ………………… P3418v⑤
〔某鄉缺枝夫戶名目〕 （9C末～10C初）

17649 李慶達 …………………… P2032v
〔淨土寺入破曆〕 甲辰年頃 （944?）

17650 李慶達 …………………… P2032v①-2
〔淨土寺西倉麥入曆〕 （944前後）
　2）淨土寺

17651 李慶達 …………………… P2032v⑯-2
〔淨土寺麥利閏入曆〕 （940前後）
　2）淨土寺

17652 李慶達 …………………… P2032v⑯-4
〔淨土寺粟利閏入曆〕 （940前後）
　2）淨土寺

17653 李慶達 …………………… P2040v②-28
〔淨土寺豆入曆〕 （940前後）
　2）淨土寺

17654 李慶達 …………………… P2040v③-10
〔淨土寺豆入曆〕 （939）
　2）淨土寺

17655 李慶達 …………………… P2049v①
〔淨土寺諸色入破曆計會牒〕 同光三年
（925）

17656 李慶郎 …………… BD15404（簡068066）
〔千渠中下界白刺頭名目〕 （10C中期）
　1）白刺頭　3）千渠中界

17657 李慶郎 …………………… S03728②
〔柴場司牒〕 乙卯年三月 （955?）
　1）礪戶?

17658 李慶郎 …………………… 杏・羽703⑤
〔雜記〕 （10C後期）
　4）①～⑤；雜記。1紙完存(25.1×48.0cm)。V面爲「增壹阿含經卷第十」。存25行＋3行別記。此V面爲正面，兌經紙(10C後半寫經)。

17659 李慶郎 ····················· 杏·羽707①
〔千字文·大寶積經等雜寫〕（10C）

17660 李啓恩 ····················· P2040v②-5
〔淨土寺西倉粟入曆〕（945以降）
  2) 淨土寺

17661 李啓恩 ····················· P3234v⑮
〔淨土寺西倉豆利潤入曆〕（940年代?）
  2) 淨土寺

17662 李啓勝 ····················· P3167v
〔安國寺道場司關于（五尼寺）沙彌戒訴狀〕
乾寧二年三月 （895）
  2) 普光寺 4) ⇒啓勝。

17663 李啓心 ····················· S02669
〔管內尼寺（安國寺·大乘寺·聖光寺）籍〕
（865～870）
  2) 大乘寺 3) 洪池鄉 4) 姓「李」。俗名「心々」。

17664 李景超 ····················· BD09306（周27）
〔佛頂尊勝陀羅尼經變榜題〕（9～10C）

17665 李繼興 ····················· P3396
〔沙州諸渠別粟田名目〕（10C後期）

17666 李繼昌 ····················· S03011v③
〔雇傭契（寫）〕 辛酉年十二月十五日 （901 or 961）
  1) 百姓 3) 神沙鄉

17667 李繼晟 ····················· S03978
〔納贈曆〕 丙子年七月一日 （976）

17668 李峴 ····················· S00542v
〔燉煌諸寺丁壯車牛役部〕戊年六月十八日 （818）
  2) 大雲寺

17669 李建宋 ····················· S04654v⑤
〔便曆〕 丙午年正月一日 （946）

17670 李憲?朝 ····················· P3491piece3
〔突田名簿〕（9C前期）

17671 李暄 ····················· P2469v
〔破曆雜錄〕戊年六月五日 （830?）

17672 李涓 ····················· S06028
〔寫經人名目〕（8C末～9C前期）
  1) 寫經人

17673 李絹〔涓?〕 ····················· S04831②
〔寫經人名目〕（9C前期）
  1) 寫經人

17674 李賢威 ····················· P2766v
〔人名列記〕 咸通十二年 （871）

17675 李賢君 ····················· S06204①
〔隊轉帖〕（10C前後）

17676 李賢者 ····················· BD06110v②（薑10）
〔便粟曆（習書）〕 天成五年庚寅歲正月五日 （930）
  1) 賢者

17677 李賢定 ············ BD14806②（新1006）
〔渠人轉帖〕（10C中期）

17678 李賢定 ····················· S04812
〔破曆〕 辛丑年 （941）
  1) 社人·兵馬使

17679 李嚴戒 ····················· S02669
〔管內尼寺（安國寺·大乘寺·聖光寺）籍〕
（865～870）
  3) 慈惠鄉 4) 姓「李」。俗名「嬌々」。

17680 李嚴律 ····················· S02669
〔管內尼寺（安國寺·大乘寺·聖光寺）籍〕
（865～870）
  2) 大乘寺 3) 洪潤鄉 4) 姓「李」。俗名「喜娘」。

17681 李彥威 ····················· P2040v②-4
〔淨土寺黃麻利入曆〕（945以降）
  2) 淨土寺

17682 李胡子 ····················· P2738v
〔社司轉帖（寫錄）〕 二月廿五日 （9C後期）

17683 李胡兒 ····················· P3894v
〔人名錄等雜抄〕（900前後）

17684 李胡奴 ····················· S06204①
〔隊轉帖〕（10C前後）

17685 李公 ····················· BD04525v（崗25）
〔雜寫〕（8～9C）
  4) 原作「張公把酒李公取」。

17686 李幸恩 ····················· BD06135v（薑35）
〔人名雜寫〕（10C後期）

17687 李幸思 ·················· P2498
〔李陵與蘇武書(奧書)〕 天成三年戊子歲正月
七日 (928)
　　4)原作「天成三年(928)戊子歲正月七日學郎李
　　幸思書記」。

17688 李幸思?〔恩?〕 ······ Stein Painting 77v
〔曹元忠夫婦修北大像功德記〕 乾德四年五月
九日 (966)
　　1)都頭知子弟虞候

17689 李幸端 ············· P2032v⑬-10
〔淨土寺豆入曆〕 (940前後)
　　2)淨土寺

17690 李幸端 ················ P2049v①
〔淨土寺諸色入破曆計會牒〕 同光三年
(925)

17691 李幸端 ················ P2049v②
〔淨土寺諸色入破曆計會牒〕 長興二年正月
(930〜931)

17692 李幸端 ················ P3234v③
〔惠安惠戒手下便物曆〕 甲辰年 (944)
　　2)淨土寺?

17693 李幸端 ················ P3234v⑮
〔淨土寺西倉豆利潤入曆〕 (940年代?)
　　2)淨土寺

17694 李幸通 ············ Stein Painting 16
〔釋迦如來圖供養題記〕 天成年間 (926〜
930?)

17695 李幸得 ············· BD09299(周20)
〔納贈曆〕 (10C後期)

17696 李幸婆 ················ S00330v
〔人名〕 太平興國七年 (982)
　　4)R面爲「太平興國七年受戒牒」。

17697 李孔目 ················ P2049v②
〔淨土寺諸色入破曆計會牒〕 長興二年正月
(930〜931)
　　1)孔目

17698 李孝?子 ·················· P3249v
〔將龍光顏等隊下人名目〕 (9C中期)

17699 李孝順 ·················· S00741
〔大般若波羅蜜多經卷第150(寫)〕 (9C)

17700 (李)廣宣 ················· 莫第386窟
〔供養人題記〕 (8C後期)
　　1)沙彌　4)原作「□弥道宣一心□養俗姓李氏」。
　　東壁門北側。《燉》p.146。⇒廣宣。

17701 李弘 ····················· P3705v
〔人名錄雜記〕 中和二年頃 (882?)

17702 李弘諫 ················ P3418v②
〔燉煌鄉缺枝夫戶名目〕 (9C末〜10C初)
　　1)長吏　3)燉煌鄉

17703 李弘諫 ················· 莫第009窟
〔供養人題記〕 (890年代)
　　1)朝散大夫沙州軍使銀青光祿大夫檢校左散騎
　　常侍兼御史大夫上柱國　4)原作「朝散大夫沙州
　　軍使銀青光祿大夫檢校左散騎常侍兼御史大夫
　　隴西郡李弘諫一心供養」。甬道南壁。《燉》p.6。
　　《謝》p.200。

17704 李弘願 ·················· S04470v
〔回施入曆〕 乾寧二年三月十日 (895)
　　1)副使　4)原作「弟子歸義軍節度使張承奉副使
　　李弘願□牒」。

17705 李弘願? ················· Дx01435
〔牒〕 乾寧二年十月十日 (895)
　　1)〔節〕度副使兼御史大夫　4)原作「李〔花押〕」。
　　「十月十日」之上鈐「沙州節度使印」。

17706 李弘慶 ·················· S11353
〔社司?轉帖〕 (10C)

17707 李弘忽 ··················· P3668
〔金光明最勝王經卷第9(尾)〕 辛未年二月四
日 (911)

17708 李弘住 ················· P5032v⑧
〔社司轉帖〕 六月 (10C中期)

17709 李弘住 ················ TⅡY-46ʙ
〔戶籍〕 端拱年頃 (988〜990)

17710 李弘信 ·················· S11353
〔社司?轉帖〕 (10C)

17711 李弘定 ·················· S11353
〔社司?轉帖〕 (10C)

17712 李弘定 ················· 莫第009窟
　〔供養人題記〕（890年代）
　　1)…瓜州刺史…光祿大夫檢校左散騎常侍兼
　　御史大夫上柱國　4)甬道北壁。《燉》p.6。《謝》
　　p.200。

17713 李弘□ ················· P3418v⑤
　〔某鄉缺枝夫戶名目〕（9C末〜10C初）
　　1)郎君

17714 李忼 ··················· P5003v
　〔社人納色物曆〕（9C前期）

17715 李恒子 ················· Дx01416
　〔便粟曆〕（癸丑年）・甲寅年六月・乙卯年四月
　（953〜955?）
　　1)百姓　2)大乘寺

17716 李晪 ············· BD02148(藏48)
　〔金光明最勝王經卷第10〕乙丑年（905?）
　　1)弟子　4)原作「弟子李晪」。

17717 李晪 ············· BD03228(致28)
　〔金光明最勝王經卷第3(題記)〕乙丑年
　（905）
　　1)弟子

17718 李晅 ············· BD02148(藏48)
　〔金光明最勝王經卷第10〕乙丑年（905?）
　　1)弟子　2)金光明寺

17719 李校教 ················ S06452①
　〔淨土寺破曆〕辛巳年（981）
　　1)校教　2)淨土寺

17720 李校授 ················· S05806
　〔麥人算會倉司麥交付憑〕庚辰年十一月廿
　日（920 or 980）
　　1)校授・舊記倉僧

17721 李洪願 ·················· P2738v
　〔社司轉帖(寫錄)〕二月廿五日（9C後期）

17722 李洪亮 ············ BD09334(周55)
　〔分付多衣簿〕（8C中期）

17723 李洪□ ·················· P2738v
　〔社司轉帖(寫錄)〕二月廿五日（9C後期）

17724 李㹥?子 ················· P3894v
　〔人名錄等雜抄〕（900前後）

17725 李紅住 ·················· P5032⑤
　〔社司轉帖〕（10C後期）

17726 李興住 ·················· S04172
　〔受田簿〕至道元年乙未正月一日（995）

17727 李興晟 ·················· P3047v⑥
　〔諸人諸色施入曆〕（9C前期）

17728 李苟奴 ················ P2717piece2
　〔立社條(殘)〕（9〜10C）

17729 李苟子 ·················· P4638v⑬
　〔將于闐充使達至西府大國〕辛卯年（931）
　　1)押衙

17730 李苟兒 ·················· S06204①
　〔隊轉帖〕（10C前後）

17731 李苟奴 ·················· Дx10289
　〔部落都頭楊帖〕丁卯年九月十五日（967）

17732 李苟奴 ·················· 北大D193
　〔羯羊曆〕丙申年・丁酉年（936 or 937）

17733 李苟奴母 ················ S07060v
　〔諸色破曆等〕（9C前期）

17734 李行恩 ·················· S02589
　〔肅州防戍都營田使等狀〕中和四年十一月一
　日（884）
　　1)防戍都營田　3)肅州

17735 李行者 ··········· BD05924v(重24)
　〔便麥粟曆〕戊申年天福拾肆年（949頃）
　　1)行者　4)原作「李行者便粟五石至秋柒伍斗」。

17736 李顯(宅) ················ S11454F
　〔白羯等算會簿〕亥年（795）
　　3)絲綿部落?

17737 李國堅 ·················· P3249v
　〔將龍光顏等隊下人名目〕（9C中期）
　　1)隊將

17738 李國子 ·················· S02214
　〔官府雜帳(名籍・黃麻・地畝・地子等曆)〕
　（860?）

17739 李穀?單 ················· P3418v②
　〔燉煌鄉缺枝夫戶名目〕（9C末〜10C初）
　　3)燉煌鄉

17740 李黑ミ ……………… P3418v⑥
〔洪閏鄉缺枝夫戶名目〕（9C末～10C初）
　3）洪潤鄉

17741 李黑ミ ……………… P.tib1088B
〔燉煌諸人磑課麥曆〕卯年～巳年間（835～837）

17742 李骨ミ ……………… P2856v②
〔副僧統下燉煌教團諸寺百姓輸納粗草抄錄〕景福二年癸丑歲十月十一日（893）
　2）報恩寺

17743 李骨子 ……………… P3595v
〔就役名目〕己巳年頃（969?）

17744 李骨子 ……………… P3875B
〔某寺修造諸色破曆〕丙子年八月廿七日（916 or 976?）

17745 李骨子 ……………… P.tib2204v
〔雜寫〕子年十月（9C前期）

17746 李骨子 ……………… S09949
〔階和渠田籍〕（10C?）
　3）階和渠

17747 李骨□ ……………… P3418v⑤
〔某鄉缺枝夫戶名目〕（9C末～10C初）

17748 李再安 ……………… P3418v⑥
〔洪閏鄉缺枝夫戶名目〕（9C末～10C初）
　3）洪閏鄉

17749 李再員 ……………… P2040v③-1
〔淨土寺粟入曆〕（939）
　2）淨土寺

17750 李再榮 ……………… P3249v
〔將龍光顏等隊下人名目〕（9C中期）

17751 李再盈 ……………… P3418v⑨
〔効穀鄉缺枝夫戶名目〕（9C末～10C初）
　3）効穀鄉

17752 李再盈 ……………… S07932
〔月次番役名簿〕九月（10C後期）

17753 李再延 ……………… Дx10282
〔便黃麻麥曆〕（9C中期以降）

17754 李再恩 ……………… S11358
〔部落轉帖〕（10C後期）

17755 李再宜 ……………… P.tib2204v
〔雜寫〕子年十一月（9C前期）

17756 李再興 ……………… P3047v⑤
〔取麥等曆〕辰年七月（9C前期）

17757 李再興 ……………… P3070v②③
〔社司轉帖(寫錄)〕乾寧三年閏三(二)月（896）

17758 李再興? ……………… P3418v⑤
〔某鄉缺枝夫戶名目〕（9C末～10C初）

17759 李再集 ……………… P3070v②
〔社司轉帖(寫錄)〕乾寧三年閏三(二)月（896）

17760 李再集 ……………… P3418v⑤
〔某鄉缺枝夫戶名目〕（9C末～10C初）

17761 李再住 ……………… P2032v①-4
〔淨土寺粟入曆〕（944前後）

17762 李再住 ……………… P2032v⑯-4
〔淨土寺粟利閏入曆〕（940前後）
　2）淨土寺

17763 李再住 ……………… P3231⑥
〔平康鄉官齋曆〕乙亥年九月廿九日（975）
　3）平康鄉

17764 李再住 ……………… P3236v
〔燉煌鄉官布籍〕壬申年三月十九日（972）
　3）燉煌鄉

17765 李再住 ……………… P3306v②
〔雜記〕開運四年丁未歲三月廿六日（947）

17766 李再住 ……………… P3556v④
〔社戶人名目(殘)〕（10C中期頃）
　1）社戶

17767 李再?住? ……………… Stein Painting 63
〔十一面觀音圖供養題記〕（10C）
　1）隊頭　4）原作「清信佛弟先□卒軍隊頭」。

17768 李再初 ……………… S00542v
〔燉煌諸寺丁壯車牛役部〕戌年六月十八日（818）
　2）報恩寺

17769 李再升 ……………… P3231⑤
〔平康鄉官齋曆〕 □亥年五月十五日 (975)
　3)平康鄉

17770 李再昇 ……………… P3231①
〔平康鄉官齋曆〕 癸酉年五月 (973)
　3)平康鄉

17771 李再昇 ……………… P3231⑥
〔平康鄉官齋曆〕 乙亥年九月廿九日 (975)
　3)平康鄉

17772 李再昇 ……………… P3231v③
〔平康鄉官齋曆〕 甲戌年五月廿九日 (974)
　3)平康鄉

17773 李再昇 ……………… P3231v⑥
〔平康鄉官齋曆〕 乙亥年九月廿九日 (975?)
　3)平康鄉

17774 李再昇 ……………… P5032v⑧
〔社司轉帖〕 六月 (10C中期)

17775 李再昇? ……………… S12603A
〔田地契〕 (9C?)
　1)見人

17776 李再昌 ……………… S00728
〔孝經1卷(首)〕 庚子年二月十五日 (940)
　1)孝郎　2)靈圖寺

17777 李再昌 ……………… S00728v
〔雜寫〕 五月五日 (10C中期)
　4)R面 爲「孝 經1卷」(丙申年(936)寫,庚子年(940)記)。

17778 李再成? ……………… P3881v
〔招提司惠覺諸色斛㪷計會〕 太平興國六年 (981)

17779 李再清 ……………… P5003
〔社司轉帖〕 (9C前期)

17780 李再清 ……………… P5003v
〔社人納色物曆〕 (9C前期)

17781 李再清 ……………… S02228①
〔絲綿部落夫丁修城使役簿〕 亥年六月十五日 (819)
　3)絲綿部落・□部落　4)首行作「亥年六月十五日州城所,絲綿」。末行作「亥年六月十五日畢功」。

17782 李再通 ……………… P2049v①
〔淨土寺諸色入破曆計會牒〕 同光三年 (925)

17783 李再德 ……………… Дx01047v
〔人名列記(1行)〕 (10C後期)

17784 李再□ ……………… 莫第098窟
〔供養人題記〕 (10C中期)
　1)節度押衙知六衞丞銀青光祿大夫檢校國子祭酒兼御史中丞上柱國　4)北壁。《謝》p.97。⇒索再盛。

17785 李宰相 ……………… P2026v
〔人名目〕 天福十年乙巳歲(別記) (945)
　1)宰相　4)余白:ペン筆。

17786 李策?子 …… コペンハーゲン博物館藏・燉煌文獻背面(OA102,MS2)
〔佛典兌紙雜記〕 (10C後期)
　4)⇒李榮?子。

17787 李蘡羅 ……………… S08448B
〔紫亭羊數名目〕 (940頃)

17788 李察兒 ……………… S01159
〔神沙鄉散行人轉帖〕 二月四日 (10C中期)
　1)行人　3)神沙鄉

17789 李三 ……………… P3418v⑦
〔慈惠鄉缺枝夫戶名目〕 (9C末～10C初)
　3)慈惠鄉

17790 李山?ゝ ……………… P4058
〔貸粟豆曆〕 (9C)
　4)存藏文署名。

17791 李山ゝ ……………… 杏・羽064
〔舍主李山ゝ賣舍屋契〕 (10C中期)

17792 李山ゝ ……………… 浙燉116(浙博091)③
〔都頭貸絹布分付與李山ゝ抄〕 子年四月廿五日 (9C中期)

17793 李贊ゝ ……………… S10737
〔麥入曆計會〕 (9C前期)

17794 李贊忠 ……………… P3894v
〔人名錄等雜抄〕 (900前後)

17795 李贊?寧? ……………… Дx03867v
〔學仕郎等人名目〕 □(咸?)通三年十一月八日 (862?)

17796 李贊力 ·················· P2738v
　〔社司轉帖(寫錄)〕　二月廿五日　(9C後期)

17797 李殘子 ·················· P2953v
　〔便麥豆本曆〕　(10C)
　　3)洪池鄉

17798 李殘子 ·················· S02472v③
　〔納贈曆〕　辛巳年十月廿八日　(981)

17799 李殘兒 ·················· P4991
　〔社司轉帖〕　壬申年六月廿四日　(972)

17800 李四兄 ·················· S01475v②
　〔社司狀上〕　申年五月廿一日　(828)
　　1)社官　4)釋錄作「李四兒」。

17801 李子 ····················· S01475v③
　〔社司狀上〕　申年五月　(828)
　　1)社人　4)李子＝李子榮。

17802 (李)子羽 ················ S06203
　〔隴西李氏莫高窟修功德碑記〕　大曆十一年龍集景辰八月日建　(776)
　　4)望。

17803 李子榮 ·················· S01475v②
　〔社司狀上〕　申年五月廿一日　(828)
　　1)齋(主)

17804 李子榮 ·················· S01475v②
　〔社司狀上〕　申年五月廿一日　(828)

17805 李子榮 ·················· S01475v③
　〔社司狀上〕　申年五月　(828)
　　1)社人

17806 李子榮 ·········· Дx01286＋Дx03424
　〔社人名列記〕　丑年　(9C)

17807 李?子延 ············ P3598＋S04199
　〔某寺什物點檢見在曆〕　丁卯年　(967)

17808 李?子延 ·················· S06154
　〔某寺諸色斛㪷見在計會〕　丁巳年　(957 or 897)
　　1)磑戶

17809 李子華 ·················· 莫第205窟
　〔供養人題記〕　(8C後期)
　　1)社人　4)西壁。《燉》p. 95.《謝》p. 361。

17810 李子卿 ·················· Дx01388
　〔社文書〕　(9C)

17811 李子昇 ·················· P5032v⑧
　〔社司轉帖〕　六月　(10C中期)

17812 李子全 ·················· P3935
　〔田籍文書(稿)〕　(10C)
　　4)V面爲「931-937年選粟麥算會文書」。

17813 (李)子良 ················ S06203
　〔隴西李氏莫高窟修功德碑記〕　大曆十一年龍集景辰八月日建　(776)
　　1)姪

17814 李師 ····················· P3935
　〔田籍文書(稿)〕　(10C)
　　4)V面爲「931-937年選粟麥算會文書」。

17815 李師子 ·················· P3047v⑦
　〔法事僧尼名錄〕　(9C前期)
　　4)僧名「師子」。

17816 李師兒 ·················· S01477v
　〔地步曆〕　(10C初頃)

17817 李志貞 ·················· S02729①
　〔燉煌應管勘牌子歷〕　辰年三月　(788)
　　1)僧　2)龍興寺　3)沙州　4)3行目。

17818 李志貞 ·················· S02729①
　〔燉煌應管勘牌子歷〕　巳年三月卅日　(789)
　　1)僧　2)龍興寺　3)沙州　4)巳年3月30日死。末尾有「贊息檢」。62-63行目。

17819 李志念 ·················· S02729①
　〔燉煌應管勘牌子歷〕　辰年三月　(788)
　　1)僧　2)普光寺　3)沙州　4)39行目。

17820 李志平 ·················· Дx01408
　〔効穀鄉百姓康滿奴等地畝曆〕　(9C末)
　　1)戶(主)　3)効穀鄉

17821 李思順 ············ BD13155①(L3280)
　〔某州某縣木牆鄉感化村稅戶李思順等田種申告〕　天福七年八月日　(942)
　　3)(木牆鄉感)化村

17822 李指撝 ·················· S04443v
　〔諸雜難字(一本)〕　(10C)
　　1)指撝

17823 李攴攴 ············ BD16026c（L4018）
〔周家蘭若禪僧法成便麥粟曆〕（957～959）

17824 李氏 ··············· BD05937（重37）
〔佛說無量壽宗觀經（題記）〕（9C）
　1）弟子　4）原作「第子李氏受持」。

17825 李氏 ····················· MG17780
〔金剛界五佛〕 曹延祿期 （977～1002）
　1）（鄧義昌）妻

17826 李氏 ····················· MG23078
〔藥師如來像文〕（9C後期）
　4）原作「小娘子李氏」。

17827 李氏 ················ Stein Painting 52
〔觀世音菩薩圖供養人題記〕 開寶四年壬申歲九月六日 （971）
　1）故慈母優婆姨・（張員住）妻？

17828 李氏 ······················ Дx01270
〔索奴攴便物契〕 四?月四日 （10C中期）
　1）便物人（索奴攴）妻　4）原作「便物人索奴攴，便物人妻李氏」。

17829 李氏 ··················· 北大D162v
〔道場施物疏〕 辰年正月十五日 （836?）
　1）女弟子

17830 李氏 ·················· 北大D162v⑦
〔道場施物疏〕 辰年正月十五日 （836?）
　1）女弟子

17831 李氏 ······················ 莫第055窟
〔供養人題記〕 宋建隆三年間 （962）
　1）勅受秦國天公主　4）原作「故北方大迴鶻國聖天的子勅受秦國天公主隴西李氏一心□□」。甬道北壁。《燉》p.18。《謝》p.147。

17832 李氏 ······················ 莫第061窟
〔供養人題記〕（10C末期）
　1）嫂　4）原作「嫂小娘子李氏一心供養」。北壁。《燉》p.24。

17833 李氏 ······················ 莫第061窟
〔供養人題記〕（10C末期）
　1）大朝大于闐天册皇帝第三女天公主　4）原作「大朝大于闐天册皇帝第三女天公主李氏爲新受太傅遭延祿姬供養」。東壁門北側。《燉》p.22。《謝》p.133。

17834 李氏 ······················ 莫第098窟
〔供養人題記〕（10C中期）
　1）新婦　4）原作「新婦小娘子李氏供養」。北壁。《燉》p.33。《謝》p.98。

17835 李氏 ······················ 莫第098窟
〔供養人題記〕（10C中期）
　4）原作「姪女小娘子出適李氏」。南壁。《燉》p.39。《謝》p.94。

17836 李氏 ······················ 莫第100窟
〔供養人題記〕（10C中期）
　4）原作「…□聖天可汗的子隴西李氏一心供養」。甬道北壁。《燉》p.49。《謝》p.87。

17837 李氏 ······················ 莫第202窟
〔供養人題記〕（11C初期）
　1）大朝于闐國天公主　4）原作「大朝于闐國天公主…李氏供養」。西壁。《燉》p.93。

17838 李氏 ······················ 莫第384窟
〔供養人題記〕（9C後期）
　4）原作「主一娘子李氏」。南壁。《燉》p.145。《謝》p.233。

17839 李氏 ······················ 莫第384窟
〔供養人題記〕（9C末期）
　1）妹□官細女子□□子　4）原作「妹□官細女子□□（子）李（氏）一心供養」。南壁。《燉》p.145。《謝》p.233。

17840 李氏 ······················ 楡第16窟
〔供養人題記〕（10C中期）
　1）北方大迴鶻國聖天公主　4）《謝》p.456。

17841 李氏 ······················ 楡第33窟
〔供養人題記〕（10C中期）
　4）北壁。《謝》p.480。

17842 李至? ············ BD16100（L4063）
〔雜寫〕（9～10C）

17843 李寺加 ···················· P3328v①
〔付細布曆〕（9C前期）

17844 李寺家 ····················· S08690
〔薩毗寄倉入（破?）曆〕（940前後）

17845 李寺主 ····················· P2469v
〔破曆雜錄〕 戌年六月五日 （830?）
　1）寺主

686

17846 李寺主 …………………… P3947
〔龍興寺應轉經僧分兩蕃定名牒〕 亥年八月
(819 or 831)
　1) 寺主　2) 龍興寺　4) V面爲「9C前半大雲寺僧
所有田籍簿」。

17847 李寺主 …………………… P.tib1261v⑤
〔諸寺僧尼支給穀物曆〕（9C前期）
　1) 寺主

17848 李寺主 …………………… P.tib1261v⑦
〔諸寺僧尼支給穀物曆〕（9C前期）
　1) 寺主

17849 李慈惠 …………………… S02669
〔管内尼寺（安國寺・大乘寺・聖光寺）籍〕
(865～870)
　2) 大乘寺　3) 燉煌鄉　4) 姓「李」。俗名「詔く」。

17850 李自昇 …………………… P3047v⑨
〔諸人諸色施捨曆〕（9C前期）

17851 (李)七娘子 ……… Stein Painting 63
〔十一面觀音圖供養題記〕（10C）
　1)（李再住）女？　4) 原作「女七娘子一心供養」。

17852 (李?)執心 …………………… S00542v
〔燉煌諸寺丁壯車牛役部〕 戌年六月十八日
(818)
　1) 寺戶　2) 大云寺

17853 李悊 …………………… S06577v
〔官晏設破曆〕（10C）

17854 李悉歹忠 …………… P2040v②-28
〔淨土寺豆入曆〕（940前後）
　2) 淨土寺

17855 李社官 …………………… P3691piece1
〔社司轉帖(社人名目)〕 戊午年九月十一日
(958)
　1) 社官

17856 李社官 …………………… S02472v③
〔納贈曆〕 辛巳年十月廿八日（981）
　1) 社官

17857 李社長 …………………… P2716v
〔社司轉帖(寫)〕（9C末～10C初）
　1) 社長

17858 李社長 …………………… P4991
〔社司轉帖〕 壬申年六月廿四日（972）
　1) 社長

17859 李闍梨 …………………… BD02296（閏96）
〔唱得布曆〕（10C）
　1) 闍梨

17860 李闍梨 …………………… P3396
〔沙州諸渠別粟田名目〕（10C後期）
　1) 闍梨　2) 永安寺

17861 李闍梨 …………………… S04472v
〔納贈曆〕 辛酉年十一月廿日（961）
　1) 闍梨

17862 李闍梨 …………………… S04504v①
〔願文〕（9C後期）
　1) 闍梨　2) 報恩寺

17863 李闍梨 …………………… S05927v①
〔某寺諸色斛㪷破曆〕 戌年（吐蕃期）
　1) 闍梨

17864 李闍梨 …………………… S08443A2
〔李闍梨出便黃麻曆〕 甲辰年二月三日
(944?)
　1) 闍梨

17865 李闍梨 …………………… S08443C1
〔李闍梨出便黃麻(麥)曆〕 丙午年正月廿一日（946?）
　1) 闍梨

17866 李闍梨 …………………… S08443D
〔李闍梨出便黃麻(麥)曆〕 丁未年正月三日
(947?)
　1) 闍梨

17867 李闍梨 …………… Stein Painting 76
〔甲戌年四月日沙州鄧慶連〕 甲戌年?四月
日（974）
　1) 闍梨　4) 原作「申戌年」應爲「甲戌年」。

17868 李闍梨 …………………… Дx10269
〔諸人貸便粟麥曆〕（10C）
　1) 闍梨

17869 李受 …………………… P2162v
〔三將納丑年突田曆〕（9C前期）

17870 李受〻 …………………… P3249v
〔將龍光顏等隊下人名目〕 （9C中期）

17871 李秀緯? …………………… P4698
〔牒(殘)〕 （10C）
　1)太常卿侍御史知留後　4)原作「太常卿兼御史大夫」。

17872 李醜子 …………………… P2738v
〔社司轉帖(寫錄)〕　二月廿五日　（9C後期）

17873 李醜子 …………………… Дx11081
〔社司轉帖〕 （9C後期?）

17874 (李)醜兒 ……… BD14806①(新1006)
〔於倉缺物人便麥名抄錄〕　辛酉年三月廿二日　（961）
　1)口承人・(李達子)弟　4)原作「口承人弟醜兒」。

17875 李醜兒 …………………… P3167v
〔安國寺道場司關于(五尼寺)沙彌戒訴狀〕
乾寧二年三月 （895）
　2)普光寺

17876 李醜兒 …………………… P3231③
〔平康鄉官齋曆〕　甲戌年五月廿九日　（974）
　3)平康鄉

17877 李醜〻 …………………… S02669
〔管內尼寺(安國寺・大乘寺・聖光寺)籍〕
（865～870）
　2)大乘寺　3)燉煌鄉　4)尼名「巧德滿」。

17878 李醜□ …………………… Дx11082
〔社司轉帖〕 （9C後期?）

17879 李集子 …………………… P5032v③
〔渠人轉帖〕　戊午年六月六日　（958）

17880 李集子 …………………… P5032v⑤
〔渠人?轉帖(殘)〕 （10C中期）

17881 李集子男 ………………… S04120
〔布褐等破曆(殘)〕　癸亥年二月～甲子年二月　（963～964）
　1)(李集子)男

17882 李什一 …………………… S00542v
〔燉煌諸寺丁壯車牛役部〕　戊年六月十八日 （818）
　2)報恩寺

17883 李什齋 ………… BD04530v①(崗30)
〔習書〕 （8～9C）

17884 李什子 ………… BD14806①(新1006)
〔於倉缺物人便麥名抄錄〕　辛酉年三月廿二日　（961）
　3)平康鄉

17885 李什八 …………………… P5579⑫
〔麥稻等破曆〕 （9C?）

17886 李住慶 …………………… Дx18936v
〔龍興寺戒果等會計文書〕　乙酉年正月一日 （925?）

17887 李住子 …………………… P3894v
〔人名錄等雜抄〕 （900前後）

17888 李?住子 …………………… S09463
〔李万受等便麥曆〕 （10C）

17889 李住子 …………………… Дx02149B
〔見納缺柴人名目〕 （10C）

17890 李住兒 …………………… P2629
〔官破曆〕 （10C中期）
　4)歸義軍節度使新鑄印。

17891 李住兒 …………………… P3441v
〔社司轉帖(寫錄)〕　三月十三日　（10C前期）

17892 李住進 …………………… P3721v③
〔多至自斷官員名〕　己卯年十一月廿六日　（979）

17893 李住奴 …………………… 舊P5529
〔入破曆〕　壬申年六月廿四日　（972?）

17894 李住德 …………………… P5032v⑧
〔社司轉帖〕　六月　（10C中期）

17895 李住德 ………… Дx01432＋Дx03110
〔地子倉麥曆〕 （10C）
　1)口承人

17896 李住祐 ………………… P3288piece1
〔佛現齋造餤併人名目〕 （10C）
　4)原作「李家住?祐小娘子」。

17897 李從德 …………………… P3510
〔從德太師發願文(于闐文)〕 （10C中期）
　1)從德太子　4)于闐押李聖天男,曹議金娘長子。

17898 李從德 ・・・・・・・・・・・・・・・・・・ P3513
〔從德太子禮懺文〕 （10C中期）
　　1)從德太子　4)于闐國王大師住德。于闐國王李聖天男,曹議金娘長子。

17899 李重華 ・・・・・・・・・・・・・・・・・・ P3249v
〔將龍光顏等隊下人名目〕 （9C中期）

17900 李俊 ・・・・・・・・・・・・・・・・ BD09341（周62）
〔社司轉帖〕 閏四月三日 （10C後期）
　　1)五月齋頭　4)原作「五月齋頭李俊」。

17901 李俊ゝ ・・・・・・・・・・・・・・・・・・ S00542v
〔燉煌諸寺丁壯車牛役簿〕 戌年六月十八日 （818）

17902 李俊ゝ ・・・・・・・・・・・・・・・・・・ S00542v
〔燉煌諸寺丁壯車牛役簿〕 戌年六月十八日 （818）
　　2)普光寺

17903 李潤子 ・・・・・・・・・・・・・ BD07291v（帝91）
〔契約文書〕 大順元年正?月十七日 （890）
　　1)百姓

17904 李潤成 ・・・・・・・・・・・・・・・・・ P2049v①
〔淨土寺諸色入破曆計會牒〕 同光三年 （925）

17905 （李）潤成 ・・・・・・・・・・・・・・・ P3391v①
〔社司轉帖（寫錄）〕 丁酉年正月日 （937）
　　4)⇒潤成。

17906 （李）閏?盈 ・・・・・・・・・・・・・・ 杏・羽064
〔舍主李山ゝ賣舍屋契〕 （9C中期）
　　1)保人男　4)年廿二,有畫指。

17907 李閏國 ・・・・・・・・・・・・・・・・ P3418v⑨
〔劾穀鄉缺枝夫戶名目〕 （9C末～10C初）
　　3)劾穀鄉

17908 （李）閏晟 ・・・・・・・・・・・・・・・・ S05071
〔某寺貸入斛斗曆〕 （10C後期）

17909 李順子 ・・・・・・・・・・・・・・・・・・ P3136
〔佛說般若波羅蜜多心經(首)〕 （10C）

17910 李順子 ・・・・・・・・・・・・・・・・・・ S02981
〔金光明經卷第4〕 （9C前期）
　　2)金光明寺

17911 李順ゝ ・・・・・・・・・・・・・・・・・・ S00542v
〔燉煌諸寺丁壯車牛役簿〕 戌年六月十八日 （818）
　　2)大雲寺

17912 李順通 ・・・・・・・・・・・・・・・・・ S02228①
〔絲綿部落夫丁修城使役簿〕 亥年六月十五日 （819）
　　1)(右十)　3)絲綿部落　4)首行作「亥年六月十五日州城所,絲綿」。末行作「亥年六月十五日畢功」。

17913 李曙 ・・・・・・・・・・・・・・・ BD02625（律25）
〔无量壽宗要經〕 （9C前期）

17914 李曙 ・・・・・・・・・・・・・・・ BD07691（皇91）
〔佛說无量壽宗要經(尾)〕 （9C前期）

17915 李曙 ・・・・・・・・・・・・・・・ BD13922（新0122）
〔大般若波羅蜜多經卷第73〕 （9C前期）
　　1)寫(經人)　4)原作「懷惠勘李曙寫」。原爲日本大谷探檢隊所得。登錄番號988。

17916 李曙 ・・・・・・・・・・・・・・・・・・・・ P2282
〔諸星母陀羅尼經〕 （9C前半）
　　4)原作「沙門法成於甘州脩條寺譯」。

17917 李曙 ・・・・・・・・・・・・・・・・・・・・ S06835
〔般若波羅蜜多經卷第71〕 （9C前期）
　　1)寫經生

17918 李曙□ ・・・・・・・・・・・・・・・・・・・ Φ146
〔佛說无量壽宗要經(末)〕 （9C前期）
　　4)尾題末:李曙作?本寫。

17919 李像子 ・・・・・・・・・・・・・・・・・ P4635②
〔社家女人便麵油曆〕 〔　〕月七日 （10C中期）

17920 李像子母 ・・・・・・・・・・・・・・・ P4635②
〔社家女人便麵油曆〕 〔　〕月七日 （10C中期）

17921 李像奴 ・・・・・・・・・・・・・・・・・・ P3236v
〔燉煌鄉官布籍〕 壬申年三月十九日 （972）
　　1)頭　3)燉煌鄉

17922 李勝 ・・・・・・・・・・・・・・・・・・・ S04192v
〔便麥契〕 未年四月五日 （9C前期）
　　1)見人

17923 李勝太 ・・・・・・・・・・・・・・・・・・ P2944
〔大乘寺・聖光寺等尼僧名錄〕 （10C後期?）
　　2)大乘寺

17924 李勝隊? ……………… P3047v⑦
〔法事僧尼名錄〕（9C前期）
　　4)僧名「勝隊」。

17925 李勝奴 ……………… P.tib2124v
〔人名錄〕（9C中期?）

17926 李勝妙 ……………… S02729①
〔燉煌應管勘牌子歷〕 辰年三月 (788)
　　1)僧　2)靈修寺　3)沙州　4)32行目。

17927 李將頭 ……………… P3145v
〔節度使下官人名・鄉名諸姓等雜記〕（10C）
　　1)將頭

17928 李小胡 ……………… P2737v
〔施物疏〕（辰年）二月八日 （9C前期）

17929 李小胡 ……………… P2837v⑩
〔弟子李小胡疏〕辰年二月八日 （836?）

17930 李小胡 ……………… Дх01388
〔社文書〕（9C）

17931 李小兒 ……………… P2738v
〔社司轉帖(寫錄)〕 二月廿五日 （9C後期）

17932 李昌子 ……………… P3595v
〔就役名目〕 己巳年頃 （969?）

17933 李昌子 ……………… S08663
〔麥支給曆〕（10C）

17934 李昌子? ……………… S11358
〔部落轉帖〕（10C後期）

17935 李昌晟? ………… BD03102v(騰2)
〔雜寫〕（9C）

17936 李昌晟 ……………… S06200v
〔紙數〕（9C）
　　1)寫經生?

17937 李松晟 ……………… P3396
〔沙州諸渠別粟田名目〕（10C後期）

17938 李祥 ……………… S05788
〔社司轉帖〕 十一月廿一日 （9C前期）
　　1)社官

17939 李(祥) ……………… S05825
〔社司轉帖〕 四月一日 （9C前期）
　　1)社官

17940 李祥 …… S.tib.R.119.VOL.551 FOL.23
〔社司轉帖〕（9C前期）
　　1)社官

17941 李章七 ……………… S01845
〔納贈曆〕 丙子年四月十七日 （976?）

17942 李章友 ……………… P3234v③-42
〔惠安惠戒手下便物曆〕 甲辰年 （944）
　　4)原作「李章友婦」。

17943 李章友 ……………… P3881v
〔招提司惠覺諸色斛䅵計會〕 太平興國六年 （981）

17944 李章友 ……………… S06981③
〔某寺入曆(殘)〕 壬申年 （912 or 972）
　　1)下磑戶

17945 李章祐 ……………… S06981③
〔某寺入曆(殘)〕 壬申年十二月十四日 （912 or 972）
　　1)磑戶

17946 李章六 ……………… S06130
〔諸人納布曆〕（10C）

17947 李紹丘 ……………… S00289③
〔李存惠墓誌銘并序〕 太平興國五年庚辰歲二月三日 （980）
　　4)原作「皇祖管內都計使銀青光祿大夫檢校兵部常侍兼御史大夫上柱國諱紹丘」。李存惠墓誌銘并序,(太平興國五年庚辰歲二月三日)題記。

17948 李紹丘 ……………… S04504v④
〔行人轉帖〕 七月三日 （10C前期）

17949 李紹宗 ……………… P3718⑦
〔李府君邈眞讚〕 天福七年五月癸未朔十四日丙申 （942）
　　1)刺史　銀青光祿大夫　檢校左散騎常侍　3)瓜州　4)原作「諸軍事守瓜州刺史銀青光祿大夫檢校左散騎常侍李公長子矣前河西十一州節度使張太保孫于時大書天福七年五月癸未朔十四日丙申題記」。

17950 李紹?宗 ……………… P5598
〔觀世音菩薩像(題起)〕 大唐貞元十三年六月十九日 （797）
　　3)沙州　4)原作「大唐貞元十三年六月十九日沙州東南隅修文坊就事宅」。(右邊欄外一行)。「寫記使君男李紹宗敬造供養」。(左邊欄外一行)。

17951 李紹宋 ………………… S05598
〔李紹扨宗造菩薩像題記〕 大唐貞元十三年六月十九日 (797)
　　1)使君男　3)沙州　4)題記有「沙州東南隅修文坊就事宅寫記。使君男李,紹宗敬造供養」。

17952 李詔ゝ ………………… S02669
〔管内尼寺(安國寺・大乘寺・聖光寺)籍〕 (865～870)
　　2)大乘寺　3)燉煌鄉　4)尼名「慈惠」。

17953 李上座 ………………… BD07322v①(鳥22)
〔納贈歷〕 (9～10C)
　　1)上座

17954 李上座 ………………… P3638
〔沙彌善勝點檢常住什物見在歷〕 辛未年 (911)
　　1)上座

17955 李乘會 ………………… S02669
〔管内尼寺(安國寺・大乘寺・聖光寺)籍〕 (865～870)
　　2)大乘寺　3)燉煌鄉　4)姓「李」。俗名「判ゝ」。

17956 李娘子 ………………… S07060v
〔諸色破歷等〕 (9C前期)

17957 李常淨 ………………… P3047v⑦
〔法事僧尼名錄〕 (9C前期)
　　4)僧名「常淨」。

17958 李常忱 ………………… P5003
〔社司轉帖〕 (9C前期)

17959 李條順 ………………… S05816
〔李條順打傷楊謙讓爲楊養傷契〕 寅年八月十九日 (834 or 822?)

17960 李淨? ………………… S10493A
〔李淨?狀〕 (9～10C)
　　1)囗道門大德

17961 李淨戒 ………………… S02729①
〔燉煌應管勘牌子歷〕 辰年三月 (788)
　　1)僧　2)普光寺　3)沙州　4)未年2月11日向甘州。43行目。

17962 李淨勝 ………………… P3047v⑦
〔法事僧尼名錄〕 (9C前期)
　　4)僧名「淨勝」。

17963 李讓 ………………… Дх02151A
〔便衫契〕 廣德二年五月廿九日 (764)

17964 李信子 ………………… P2040v③-1
〔淨土寺粟入歷〕 (939)
　　2)淨土寺

17965 李信子 ………………… P2049v②
〔淨土寺諸色入破歷計會牒〕 長興二年正月 (930～931)

17966 李信住 ………………… P3439
〔三界寺授八戒牒(4件)〕 太平興國八年 (983)
　　2)三界寺

17967 李信定 ………………… P3319v②
〔社司轉帖(殘)〕 (10C)

17968 李寢?昆? ………………… P3396
〔沙州諸渠別粟田名目〕 (10C後期)

17969 李心ゝ ………………… S02669
〔管内尼寺(安國寺・大乘寺・聖光寺)籍〕 (865～870)
　　2)大乘寺　3)洪池鄉　4)尼名「啓心」。

17970 李忱 ………………… P5003v
〔社人納色物歷〕 (9C前期)

17971 李愼言 ………………… CH.0043
〔佛說无量壽宗要經(末)〕 (9C前期)

17972 李眞行 ………………… P3047v①
〔僧名等錄〕 (9C前期)
　　4)僧名「眞行」。

17973 李眞淨 ………………… Dx3047v①
〔僧名等錄〕 (9C前期)
　　4)僧名「眞淨」。

17974 李神好 ………………… P3490
〔供養文〕 天成三年頃 (928頃)
　　1)弟子歸義軍節度押衙知當州左馬部都虞候銀青光錄大夫檢校太子賓客兼監察御史　4)原作「弟子歸義軍節度押衙知當州左馬部都虞候銀青光錄大夫檢校太子賓客兼監察御史李神好秦爲國界安寧人民樂業,…遂敬繪万廻大師…」。

17975 李神奴 ･････････････････ S04307
〔新集嚴父教一本(首題)〕 雍熙三年歲次丙戌
七月六日, 丁亥年三月九日 (986, 987)
1)學侍郎・自手書記 4)題記二種中有訂正二个
所, 卽兩个姓名「崔定興」改訂「李神奴」。

17976 李進益 ･････････････････ S09156
〔沙州戶口地畝計簿〕 (9C前期)

17977 李進唧 ･････････････････ S05824v
〔經坊費負担人名目〕 (8C末～9C前期)

17978 李進盎 ･････････････････ S09156
〔沙州戶口地畝計簿〕 (9C前期)

17979 李進昂? ････････････････ P3306v②
〔雜記〕 開運四年丁未歲三月廿六日 (947)

17980 李進子 ･････････････････ P2680v⑥
〔社司轉帖〕 六月廿三日 (10C中期)

17981 李進子 ･････････････････ S00705v
〔雜寫〕 (9C後期)

17982 李進昇 ･････････････････ 莫第205窟
〔供養人題記〕 (8C後期)
1)社人 4)西壁。《燉》p.94。

17983 李進達 ･････････････････ P3730⑪
〔慈惠鄉百姓李進達狀上〕 寅年八月 (834 or 846)
1)百姓 3)慈惠鄉

17984 李進朝 ･････････････････ P3047v⑥
〔諸人諸色施入曆〕 (9C前期)

17985 李進通 ･････････････････ S04654v⑤
〔便曆〕 丙午年正月一日 (946)

17986 李進泙 ･････････････････ S02103
〔渠水田地訴訟牒〕 酉年十二月 (817?)
1)百姓 3)灌進渠

17987 李崇翼 ･････････････････ 莫第199窟
〔供養人題記〕 (8C中後期)
1)節度副將左武衞秦州淸德府果毅都尉 4)西壁。《燉》p.90。《謝》p.370。

17988 李成子 ･････････････････ P3418v④
〔龍勒鄉缺枝夫戶名目〕 (9C末～10C初)
3)龍勒鄉

17989 李政々 ････････ BD15404(簡068066)
〔千渠中下界白刺頭名目〕 (10C中期)
1)白刺頭 3)千渠中界

17990 李晟子 ･････････････････ Дх03946
〔請田地簿〕 (10C?)

17991 李淸 ･････････････････ P3446v
〔沙州倉曹會計牒〕 吐蕃巳年?頃 (789?)

17992 李淸子 ･････････････････ 杏・羽663v
〔雜抄紙背人名等雜寫〕 (10C前期)

17993 李淸兒 ･････････････････ S06307
〔管內都僧正轉帖〕 九月一日 (10C後期)
1)徒衆

17994 李淸々 ･････････････････ P3205
〔僧俗人寫經曆〕 (9C前期)

17995 李淸々 ･････････････････ P3418v⑧
〔平康鄉缺枝夫戶名目〕 (9C末～10C初)
3)平康鄉

17996 李淸々 ･････････････････ S02228①
〔絲綿部落夫丁修城使役簿〕 亥年六月十五日 (819)
3)絲綿部落・□部落 4)首行作「亥年六月十五日州城所, 絲綿」。末行作「亥年六月十五日畢功」。

17997 李淸々 ･････････････････ S02711
〔寫經人名目〕 (9C前期)
1)寫經人

17998 李淸々 ･････････････････ S07945
〔僧俗寫經分團人名目〕 (823以降)

17999 李淸奴 ･････････････････ P3894v
〔人名錄等雜抄〕 (900前後)

18000 李淸奴 ･････････････････ S09713v
〔人名目(3名)〕 (9C?)

18001 李聖智 ･････････････････ S02669
〔管內尼寺(安國寺・大乘寺・聖光寺)籍〕 (865～870)
2)大乘寺 3)慈惠鄉 4)姓「李」。俗名「氣」。

18002 李靖々 ･････････････････ 莫第205窟
〔供養人題記〕 (8C後期)
1)社人 4)西壁。《燉》p.95。《謝》p.360。

18003 李石光 ･･････････････ P4019piece2
〔納草束曆〕（9C後期）
　3）平康鄉?

18004 李稆?山? ････････････ P4017
〔雜字一本（人名列記）〕 乙酉年頃（985）

18005 李切認 ･･････････････ Дx01401
〔社司轉帖〕 辛未年二月七日（911 or 971）

18006 李仙光 ･･････････････ S00542v
〔燉煌諸寺丁壯車牛役部〕 戌年六月十八日
（818）
　2）乾元寺

18007 李千子 ･･････････････ P3319v②
〔社司轉帖（殘）〕（10C）

18008 李千定 ･･････････････ P3964
〔趙僧子典兒（芶子）契〕 乙未年十一月三日
（935 or 995）

18009 李顒 ･･････････････ P2583v⑪
〔法會施捨疏〕 申年頃（828頃?）

18010 李顒 ･･････････････ P3205
〔僧俗人寫經曆〕（9C前期）

18011 李顒 ･･････････････ P4660㉜
〔沙州釋門都法律大德汜和尚寫眞讚〕（9C）
　1）宰相判官・太學博士・和尚　3）沙州　4）原作
「隴宰相判官兼太學博士隴西李顒撰」。

18012 李顒 ･･････････････ P4660㉞
〔故沙州李和尚三學法主李和尚寫眞贊〕
（9C）
　1）宰相判官・太學博士　4）原作「宰相判官兼太
學博士・從兄宰相判官兼太學博士從兄李顒撰」。

18013 李顒 ･･････････････ S00831②
〔寫經〕（9C）
　1）寫經人

18014 李顒 ･･････････････ S02711
〔寫經人名目〕（9C前期）
　1）寫經人　2）金光明寺

18015 李顒 ･･････････････ S07945
〔僧俗寫經分團人名目〕（823以降）

18016 李全偉? ････････････ P3451
〔張淮深變文〕（9C後期）
　1）供奉官

18017 李全辛 ･･････････････ BD16111o（L4066）
〔人名目〕（10C）

18018 李善通 ･･････････････ S08443D
〔李闍梨出便黃麻（麥）曆〕 丁未年正月三日
（947?）

18019 李善奴 ･･････････････ S05788
〔社司轉帖〕 十一月廿一日（9C前期）

18020 李善德 ･･････････････ P3236v
〔燉煌鄉官布籍〕 壬申年三月十九日（972）
　3）燉煌鄉

18021 李善友 ･･････････････ S05824v
〔經坊費負担人名目〕（8C末～9C前期）

18022 李善祐 ･･････････････ P3234v⑮
〔淨土寺西倉豆利潤入曆〕（940年代?）
　2）淨土寺

18023 李漸 ･･････････････ S05883
〔諸人納支粟曆〕（10C前期?）

18024 李琎 ･･････････････ BD11996（L2125）
〔某州（某）縣木塩鄉感?化村稅戶李琎全田種
申告狀〕 天福七年十一月日（942）

18025 李禪 ･･････････････ P4518v⑪
〔押牙樊繼受等狀上〕 六月日（10C中期）

18026 李禪 ･･････････････ 燉研322
〔臘八燃燈分配窟龕名數〕 辛亥年十二月七
日（951）
　1）禪

18027 李禪 ･･････････････ 燉研322
〔臘八燃燈分配窟龕名數〕 辛亥年十二月七
日（951）

18028 李禪使 ･･････････ BD16388A（L4460）＋
BD16388B（L4460）
〔當寺轉帖〕（9～10C）
　1）禪師

18029 李僧政 ･･････････ BD09095v①（陶16）
〔釋門僧政轉帖〕 某月七日（10C）
　1）僧政・法律　2）（大）雲（寺）　4）有題記「靈圖
寺沙門大德閻僧戒辯一心供養」。

18030 李僧政 ･･････････････ P2054v
〔疏請僧官文〕（10C）
　1）僧政

18031 李僧政 ……………… P2250v②
〔乾元寺僧唱布曆〕 辛未年四月十二日
(925?)
　　2)乾元寺

18032 李僧政 ……………… P3578
〔淨土寺儭破曆(梁戶史汜三沿寺諸處使用油
曆)〕 癸酉年正月十一日 (973)
　　1)僧政　2)報恩寺淨土?寺

18033 李僧政 ……………… S02614v
〔燉煌應管諸寺僧尼名錄〕 (895)
　　1)僧政　2)淨土寺

18034 李僧(政) ……………… Дx02146
〔請諸寺和尚僧政律律等名錄〕 (10C?)
　　1)僧政　2)三界寺

18035 李僧政 ……………… Дx02146
〔請諸寺和尚僧政律律等名錄〕 (10C?)
　　1)僧政　2)蓮臺寺?

18036 李僧正 ……………… BD11988(L2117)
〔某寺常住物檢曆〕 (10C)
　　1)僧正　4)同文書中二箇所。

18037 李僧正 ……………… P3598＋S04199
〔某寺什物點檢見在曆〕 丁卯年 (967)
　　1)僧正

18038 李僧正 ……………… P4005
〔智藏狀〕 大唐(長)興貳年六月 (931)
　　1)僧正

18039 李僧正 ……………… P5012
〔信封1箇〕 (10C前半)
　　1)僧正　2)淨土寺

18040 李僧正 ……………… S03189
〔轉經文〕 癸未年十月一日 (983)
　　1)僧正

18041 李僧正 ……………… S04120
〔布褐等破曆(殘)〕 癸亥年二月～甲子年二
月 (963～964)
　　1)僧正

18042 李僧正 ……………… S04472v
〔納贈曆〕 辛酉年十一月廿日 (961)
　　1)僧正

18043 李僧正 ……………… S04657①
〔破曆〕 (10C後期)
　　1)僧正

18044 李僧正 ……………… S04706
〔什物交割曆〕 (10C後期)
　　1)僧正

18045 李僧正 ……………… S06452③
〔破曆〕 壬午年 (982?)
　　1)僧正　2)淨土寺

18046 李僧正 ……………… Дx01425＋Дx11192＋
Дx11223
〔某寺弔儀用布破曆〕 辛酉年從正月到四月
(961)
　　1)僧正

18047 李僧正 ……………… Дx06064v
〔人名目〕 (10C)
　　1)僧正　4)原作「大(李)僧正」。

18048 李僧正 ……………… Дx06064v
〔人名目〕 (10C)
　　1)僧正　4)原作「少李僧正」。

18049 李僧正 ……………… 舊P5529
〔入破曆〕 壬申年六月廿四日 (972?)
　　1)社官・僧正

18050 李僧錄 ……………… P3556v⑦
〔道場思惟簿〕 (10C)
　　1)僧錄

18051 李僧錄 ……………… P4640⑩
〔李僧錄讚〕 (9C末～10C前)
　　1)僧錄　4)原作「故臨壇三學毗君教主福慧尚和
之嗣姪也」。

18052 李宗子 ……………… P2738v
〔社司轉帖(寫錄)〕 二月廿五日 (9C後期)

18053 李曹子 ……………… P3416piece1
〔程虞候家榮葬名目〕 乙未年二月十八日
(935)

18054 李瘦子 ……………… P3396v
〔沙州諸渠別芿薗名目〕 (10C後期)

18055 李瘦兒 ……………… P2953v
〔便麥豆本曆〕 (10C)
　　1)部落百姓

18056 李蒼曹 ·················· P5032v⑫
〔渠人轉帖〕（980年代）
　1）蒼曹

18057 李騷ゝ ·················· P3422v
〔武光子便麥契〕卯年正月十九日（9C前期）
　1）見人　4）原爲「卯年正月十九日曷骨薩部落百姓武光□便疊圖寺麥契」。

18058 李藏興 ·················· S10617
〔僧人訴狀〕（9C～10C）
　1）僧・闍梨　4）舊S10636。

18059 李存惠 ·················· P3721v③
〔冬至自斷官員名〕己卯年十一月廿六日（979）

18060 李存惠 ·················· S00289②
〔李存惠邈眞讚并序〕太平興國五年庚辰歲二月三日（980）

18061 李存子 ·········· BD15249v③（新1449）
〔某家榮親客目〕（10C後期）
　4）原作「存子李都頭及小娘子」。

18062 李存子 ·················· S03714
〔親情社轉帖（雜寫）〕（10C）

18063 李存子小娘子 ········ BD15249v③（新1449）
〔某家榮親客目〕（10C後期）
　4）原作「存子李都頭及小娘子」。

18064 李存德 ·················· P3145v
〔節度使下官人名・鄕名諸姓等雜記〕（10C）

18065 李多嬌 ·················· S02669
〔管內尼寺（安國寺・大乘寺・聖光寺）籍〕（865～870）
　2）大乘寺　3）龍勒鄕　4）尼名「德行」。

18066 李大師 ·················· P3367
〔弟子都押衙宋慈順爲故男追念疏〕己巳年八月廿三日（969）
　1）大師　2）三界寺

18067 李太子 ················ P.tib2204v
〔雜寫〕子年十月（9C前期）

18068 李太平 ·················· P3102v②
〔沙州耆壽李太平差充攝燉煌郡司馬牒〕（9C末）
　3）沙州,燉煌郡

18069 李太平 ·················· P3167v
〔安國寺道場司關于（五尼寺）沙彌戒訴狀〕乾寧二年三月（895）
　2）普光寺

18070 李太平 ·················· P3972v
〔情添器具名他雜記〕辰年四月十一日（884?）
　4）R面爲「論語卷第2」。題記有「壬寅年（882）十一月廿九日學事高奴子寫記了」。

18071 李詒ゝ ·················· S02669
〔管內尼寺（安國寺・大乘寺・聖光寺）籍〕（865～870）
　2）大乘寺　3）燉煌鄕　4）尼名「慈惠」。

18072 李頹兒 ·················· P4017
〔雜字一本（人名列記）〕乙酉年頃（985）

18073 （李）大賓 ·················· S06203
〔隴西李氏莫高窟修功德碑記〕大曆十一年龍集景辰八月日建（776）
　1）兄・大賓

18074 李達 ·················· P3249v
〔將龍光顏等隊下人名目〕（9C中期）
　1）僧

18075 李達子 ············ BD14806①（新1006）
〔於倉缺物人便麥名抄錄〕辛酉年三月廿二日（961）
　1）口承人　4）原作「口承人李達子」。

18076 李達子 ·················· P4997v
〔分付羊皮曆（殘）〕（10C後期）

18077 李達子 ·················· S02228①
〔絲綿部落夫丁修城使役簿〕亥年六月十五日（819）
　3）絲綿部落　4）首行作「亥年六月十五日州城所,絲綿」。末行作「亥年六月十五日畢功」。

18078 李達兒 ·················· P4991
〔社司轉帖〕壬申年六月廿四日（972）

18079 李譚〔譚?〕件子 ·········· P3418v⑥
〔洪閏鄕缺枝夫戶名目〕（9C末～10C初）
　3）洪閏鄕

18080 李團頭 ·················· S02472v③
〔納贈曆〕辛巳年十月廿八日（981）
　1）團頭

18081 李智成 ·········· P3249v
〔將龍光顏等隊下人名目〕 （9C中期）

18082 李智明 ·········· P3047v⑧
〔王都督懹合城僧徒名錄〕 （9C前期）
　4)僧名「智明」。

18083 李知官 ·········· P4997v
〔分付羊皮曆(殘)〕 （10C後期）
　1)知官

18084 李知順 ·········· EO3639
〔大隨求陀羅尼輪曼荼羅〕 太平興國五年六月廿五日 （980）
　1)施主

18085 李知順 ·········· Stein Painting 249
〔木版大隨求陀羅尼輪曼荼羅(紙本)版本〕 太平興國五年六月廿五日 （980）
　1)施主

18086 李竹子 ·········· S08445＋S08446＋S08468
〔稅巳年出羊人名目〕 丙午年二月十九日 （946）

18087 李竹子 ·········· S08448A
〔紫亭羊數名目〕 辛亥年正月廿七日 （951）

18088 李竹子 ·········· S08448B
〔紫亭羊數名目〕 （940頃）

18089 李丑子 ·········· S11442
〔人名目〕 （10C）

18090 李丑兒 ·········· P3231⑥
〔平康鄉官齋曆〕 乙亥年九月廿九日 （975）
　3)平康鄉

18091 李丑兒 ·········· P4693
〔官齋納麵油粟曆〕 （10C後期）
　1)淨草

18092 李丑兒 ·········· S04121
〔陰家榮親客目〕 甲午年五月十五日 （994）

18093 李丑兒 ·········· S04685
〔沙州兄李丑兒與伊州弟李奴子書狀〕 （10C後期）

18094 李丑兒 ·········· S04685v
〔沙州兄李丑兒與伊州弟李奴子書狀〕 （10C後期）

18095 李丑奴 ·········· P3231①
〔平康鄉官齋曆〕 癸酉年五月 （973）
　3)平康鄉

18096 李丑奴 ·········· P3721v①
〔平康鄉堤上兄(見)點得人名目〕 庚辰年三月廿二日 （980）
　3)平康鄉

18097 李丑奴 ·········· S06309
〔行人轉帖〕 四月八日 （10C）
　1)行人

18098 李丑奴 ·········· Дx01432＋Дx03110
〔地子倉麥曆〕 （10C）

18099 李丑奴 ·········· Дx06064v
〔人名目〕 （10C）

18100 李丑婢 ·········· Дx06064v
〔人名目〕 （10C）

18101 李稠 ·········· BD13155①（L3280）
〔某州某縣木牆鄉感化村稅戶李思順等田種申告〕 天福七年八月日 （942）
　1)稅戶　3)木牆鄉感化村

18102 李兆々 ·········· S03365v
〔社司?轉帖(殘3行)〕 （9C）

18103 李帳設 ·········· S09949
〔階和渠田籍〕 （10C?）
　3)階和渠

18104 李張仵 ·········· S06614v
〔社司轉帖〕 （10C）

18105 李澄淸 ·········· S02729①
〔燉煌應管勘牌子歷〕 （788）
　3)沙州・潘原堡　4)52行目。

18106 李朝 ·········· P3047v⑧
〔王都督懹合城僧徒名錄〕 （9C前期）

18107 (李)朝英 ·········· S06203
〔隴西李氏莫高窟修功德碑記〕 大曆十一年龍集景辰八月日建 （776）
　1)弟

18108 李調順 ·········· P.tib1088Av
〔燉煌諸人磑課麥曆〕 卯年～巳年間 （835～837）

18109 李長盈 ·················· P3396v
〔沙州諸渠別芘蘭名目〕（10C後期）
  1)僧 2)乾明寺

18110 李長喜 ·················· S04685
〔沙州兄李丑兒與伊州弟李奴子書狀〕（10C後期）
  1)李奴子・姪女

18111 李長喜 ·················· S04685v
〔沙州兄李丑兒與伊州弟李奴子書狀〕（10C後期）
  1)李奴子・姪女

18112 李長使〔史〕·············· P4597
〔官衙酒破曆〕 九?月廿七日（9C後期）
  1)長使

18113 李長使娘子 ·············· P4597
〔官衙酒破曆〕 九?月廿七日（9C後期）
  4)別貼付紙片有光啓三年(900)記事。

18114 李長子 ·················· S04601
〔佛說賢劫千佛名經卷上〕 雍熙貳年乙酉歲十一月廿八日（985）

18115 李長定 ·············· BD15249v③（新1449）
〔某家榮親客目〕（10C後期）
  1)主人 4)原作「長定都頭及小娘子」。又有注記「主人」。

18116 李長定 ·················· P3942
〔某家榮親客目〕（10C？）
  1)都頭 4)原作「長定李」。

18117 李長定小娘子 ·········· BD15249v③（新1449）
〔某家榮親客目〕（10C後期）
  4)原作「長定都頭及小娘子」。

18118 李珎札 ·················· S06445
〔大般若波羅蜜多經卷第217〕（9C）
  3)隴西

18119 李鎭使 ·················· Дx11080
〔李鎭使等便粟曆〕（9～10C）
  1)鎭使

18120 李通子 ·················· S01625
〔入破曆計會〕 天福三年（戊戌）十二月六日（938）
  1)厨田人 4)原作「天福三年,丁酉至戊戌年二年中間法律判官眞意入破曆算會簿」。

18121 李通信 ·········· S08445＋S08446＋S08468
〔羊司於常樂稅羊人名目〕 丙午年六月廿七日（946）

18122 李通信 ·················· Дx11200
〔渠人轉帖〕（10C前後）

18123 李通濟 ·················· 莫第199窟
〔造像題記〕（9C末期）
  1)社人 4)原作「南無地藏菩薩社人休嚴等爲亡社人李通濟敬造」。南壁。《燉》p.90。晚唐窟,東壁門左帳門に地藏一區。

18124 李通達 ·················· P2032v⑱
〔淨土寺豆利閏入曆〕（940前後）
  2)淨土寺

18125 李通達 ·················· P2049v①
〔淨土寺諸色入破曆計會牒〕 同光三年（925）

18126 李通達 ·················· P3108v②
〔三官?便社人黃麻曆〕 己未年二月十日（899 or 956）

18127 李通達 ·················· P3234v⑮
〔淨土寺西倉豆利潤入曆〕（940年代?）
  2)淨土寺

18128 李通達 ·················· P3418v④
〔龍勒鄉缺枝夫戶名目〕（9C末～10C初）
  3)龍勒鄉

18129 李通ゝ ·················· P3249v
〔將龍光顏等隊下人名目〕（9C中期）

18130 李定?子 ·················· Дx06064v
〔人名目〕（10C）

18131 李定子 ·················· Дx10275
〔納贈曆〕（10C）

18132 李定住 ·················· BD06135v（薑35）
〔人名雜寫〕（10C後期）

18133 李定住 ·················· S04649
〔破曆〕 庚午年（970）

18134 李定住 ·················· Дx01453
〔開倉納地子麥麻曆〕 丙寅年八月廿四日（966）

氏族人名篇　り　李

18135 李定昌 …………………… S03290
〔計會〕 己亥年十二月二日 (999?)
　1)黃麻人・寺主

18136 李定清 …………………… P3234v⑮
〔淨土寺西倉豆利潤入曆〕 (940年代?)
　2)淨土寺

18137 李定保 …………………… P3396v
〔沙州諸渠別茋蘭名目〕 (10C後期)

18138 李定友 …………………… P3859
〔報恩寺常住百姓老小孫息名目〕 丙申年十月十一日 (936?)
　2)報恩寺

18139 李定友 …………………… S04899
〔破曆〕 戊寅年 (918 or 978)
　1)甘州使

18140 李帝密辛 ………………… P3945v
〔牧羊籍〕 (10C?)

18141 李庭 ……………………… P3047v⑨
〔諸人諸色施捨曆〕 (9C前期)

18142 李庭玉 …………………… P3491piece3
〔突田名簿〕 (9C前期)

18143 李庭光 …………………… S01523
〔窟碑〕 (9C?)
　1)通義大夫使持節沙州諸軍事沙州刺史兼豆盧軍使上柱國　4)R面爲「隴西李庭光(府君)莫高靈巖佛窟之碑并序」。

18144 李庭興 …………………… P3446v
〔沙州倉曹會計牒〕 吐蕃巳年?頃 (789?)

18145 李庭秀 …………………… BD06359(鹹59)
〔便麥契〕 丑年二月 (821)
　1)寺戶團頭　2)龍興寺

18146 李庭秀 …………………… S00542v
〔燉煌諸寺丁壯車牛役部〕 戌年六月十八日 (818)
　1)團頭　2)龍興寺

18147 李莛 ……………………… P2049v①
〔淨土寺諸色入破曆計會牒〕 同光三年 (925)

18148 李貞順 …………………… P3418v⑤
〔某鄉缺枝夫戶名目〕 (9C末〜10C初)

18149 李都衙 …………………… S06981④
〔設齋納酒餅曆〕 (10C後期)

18150 李都頭 …………………… BD07630②(皇30)
〔出酥人曆〕 丙子年八月廿四日 (856 or 916)
　1)都頭

18151 李都頭 …………………… P4908
〔某寺交割什物點檢曆〕 庚子年頃 (10C?)
　1)都頭

18152 李都頭 …………………… S00286
〔某寺斛㪷入曆(殘)〕 (10C中期)
　1)都頭

18153 李都頭 …………………… S03714
〔親情社轉帖(雜寫)〕 (10C)
　1)都頭

18154 李都頭 …………………… S08667
〔李都頭母亡納贈曆〕 (10C)
　1)都頭

18155 李都(頭?) …… Дx01425＋Дx11192＋Дx11223
〔某寺弔儀用布破曆〕 辛酉年從正月到四月 (961)
　1)都團?

18156 李都頭 …………………… Дx11196
〔渠人轉帖〕 十月九日 (983)
　1)都頭

18157 李都料 …………… BD14806③(新1006)
〔歸義軍官府貸油麵曆〕 庚午年? (970?)
　1)都料

18158 李都料 …………………… P2032v
〔淨土寺入破曆〕 甲辰年以後 (944?)
　2)淨土寺

18159 李都□ …………… BD12003(L2132)
〔某寺麥粟付得曆〕 五月〜(七)月 (10C)

18160 李奴 ……………………… P3070v①②③
〔社司轉帖(寫錄)〕 乾寧三年閏三(二)月 (896)

698

18161 李奴子 ·················· P2040v②-25
〔淨土寺黃麻利入曆〕 (940年代)
　1) 押衙　2) 淨土寺　4) 原作「李奴子押衙」。

18162 李奴子 ·················· P2738v
〔社司轉帖(寫錄)〕 二月廿五日 (9C後期)

18163 李奴子 ·················· P3167v
〔安國寺道場司關于(五尼寺)沙彌戒訴狀〕
乾寧二年三月 (895)
　2) 靈修寺

18164 李奴子 ·················· P3418v①
〔□□鄉缺枝夫戶名目〕 (9C末~10C初)

18165 李奴子 ·················· S04685
〔沙州兄李丑兒與伊州弟李奴子書狀〕 (10C後期)

18166 李奴子 ·················· S04685v
〔沙州兄李丑兒與伊州弟李奴子書狀〕 (10C後期)

18167 李奴子 ·················· S08445+S08446+S08468③
〔稅巳年出羊人名目〕 丙午年二月十九日 (946)
　1) 營田(使)

18168 李唐三? ·················· P3231①
〔平康鄉官齋曆〕 癸酉年五月 (973)
　3) 平康鄉

18169 李唐三 ·················· P3231⑤
〔平康鄉官齋曆〕 □亥年五月十五日 (975)
　3) 平康鄉

18170 李唐三 ·················· P3231⑦
〔平康鄉官齋曆〕 丙子年五月十五日 (976)
　3) 平康鄉

18171 李德行 ·················· S02669
〔管內尼寺(安國寺・大乘寺・聖光寺)籍〕 (865~870)
　1) 尼　2) 大乘寺　3) 龍勒鄉　4) 尼名「德行」。俗名「多嬌」。

18172 李德子 ·················· P2040v②-29
〔淨土寺西倉豆利入曆〕 (940年代)
　2) 淨土寺　4) 原作「李德子妻」。

18173 李德子 ·················· P2715v
〔便曆(殘)〕 丑年頃 (9C前期)

18174 李德子 ·················· P.tib1102v
〔社司轉帖〕 申年二月廿日 (9C前期)

18175 李德子妻 ·················· P2040v②-29
〔淨土寺西倉豆利入曆〕 (940年代)
　2) 淨土寺

18176 李德念 ·················· S02669
〔管內尼寺(安國寺・大乘寺・聖光寺)籍〕 (865~870)
　1) 尼　2) 大乘寺　3) 赤心鄉　4) 俗姓;李。俗名;吟矓。

18177 李屯々 ·················· P2686①
〔借麥契〕 丑年二月六日 (吐蕃期)
　2) 普光寺

18178 李南山 ·················· S01159
〔神沙鄉散行人轉帖〕 二月四日 (10C中期)
　1) 行人　3) 神沙鄉

18179 李二夫 ·················· BD04232v(玉32)
〔豬狗致哥嫂狀〕 丑年二月十三日 (9C)

18180 李二夫妻 ·················· BD04232v(玉32)
〔豬狗致哥嫂狀〕 丑年二月十三日 (9C)

18181 李二郎 ·················· BD11990(L2119)
〔諸人施錢曆〕 (9~10C)

18182 李日榮 ·················· S02228②
〔於諸家邊布麥粟酒分付曆〕 巳年四月九日 (825)

18183 李日榮 ·················· S02729①
〔燉煌應管勘牌子曆〕 辰年三月 (788)
　1) 僧　2) 乾元寺　3) 沙州　4) 午年8月向伊州。22行目。

18184 李日興 ·················· S00542v
〔燉煌諸寺丁壯車牛役部〕 戌年六月十八日 (818)
　2) 大雲寺

18185 李能 ·················· Дx01428
〔某寺諸色斛㪷破曆〕 (10C中期)

18186 李婆 ·················· P2032v⑬-7
〔淨土寺黃麻利閏入曆〕 (940前後)
　2) 淨土寺

699

18187 李婆 …………………… P3108v②
〔三官?便社人黃麻曆〕 己未年二月十日 (899 or 956)

18188 李婆 …………………… P3234v③-42
〔惠安惠戒手下便物曆〕 甲辰年 (944)

18189 李馬步 ……… Дx01425＋Дx11192＋Дx11223
〔某寺弔儀用布破曆〕 辛酉年從正月到四月 (961)
　1)馬步　4)原作「李馬步亡身」。

18190 李馬路 …………………… S02472v③
〔納贈曆〕 辛巳年十月廿八日 (981)

18191 李買子 …………………… P2049v①
〔淨土寺諸色入破曆計會牒〕 同光三年 (925)

18192 李買子 …………………… 杏・羽069①
〔雇人主史章友雇庸李富子契〕 (10C)
　1)雇口雇人　4)文書面有「李盛鐸印」等。

18193 李買婦 …………………… S03287v
〔戶口田地申告牒〕 子年五月 (832 or 844)

18194 李伯盈 …………………… S01156
〔進奏院狀上文〕 光啓三年 (887)

18195 李伯醜 …………………… P3249v
〔將龍光顏等隊下人名目〕 (9C中期)

18196 李白虎 …………………… S02214
〔官府雜帳(名籍・黃麻・地畝・地子等曆)〕 (860?)

18197 李八子 …………………… P4019piece2
〔納草束曆〕 (9C後期)
　3)平康鄉?

18198 李判官 …………………… P2537v
〔雜寫〕 癸酉年八月十一日 (973)
　1)判官

18199 李判彡 …………………… S02669
〔管內尼寺(安國寺・大乘寺・聖光寺)籍〕 (865～870)
　2)大乘寺　3)燉煌鄉　4)尼名「乘曾」。

18200 李婢子 ………… BD14667v⑥(新0867)
〔社人名目?〕 (9C後期)

18201 李毗沙 …………………… S00542v
〔燉煌諸寺丁壯車牛役部〕 戌年六月十八日 (818)
　2)普光寺

18202 李栢盈 …………………… P2766v
〔人名列記〕 咸通十二年 (871)

18203 李百德 …………………… S04703
〔買菜人名目〕 丁亥年 (987)
　1)梁戶

18204 李評妻 …………………… P2912v③
〔寫大般若經一部施銀盤子麥粟粉疏〕 四月八日 (9C前期)
　4)原作「李評妻」。

18205 李斌 …………………… P3491v②
〔左七將應徵突田戶納麥粟數曆〕 (9C前期)

18206 李不勿 …………………… P4991
〔社司轉帖〕 壬申年六月廿四日 (972)

18207 李富盈 ………… BD16022A(L4018)
〔永寧坊巷社扶佛人名目〕 (10C)
　3)永寧坊

18208 李富盈 …………………… P3236v
〔燉煌鄉官布籍〕 壬申年三月十九日 (972)
　1)頭　3)燉煌鄉

18209 李富盈 …………………… P3595v
〔就役名目〕 己巳年頃 (969?)

18210 李富盈 …………………… S11353
〔社司?轉帖〕 (10C)

18211 李富延 …………………… P2032v①-2
〔淨土寺西倉麥入曆〕 (944前後)
　2)淨土寺

18212 李富寬? …………………… S01084v
〔雜寫(人名等)〕 (10C)

18213 李富君 …………………… Дx02149B
〔見納缺柴人名目〕 (10C)
　1)煒子

18214 (李)富子 …………………… 杏・羽069①
〔雇人主史章友雇庸李富子契〕 (10C)
　1)雇口雇人　4)原作「李買子男富子」。文書面有「李盛鐸印」等。

18215 李?富子 ·················· 莫第005窟
〔供養人題記〕（10C前期）
　1) 孫女嬖　4) 原作「孫女嬖李?富子一心供養」。
　南壁。《燉》p.5。

18216 李富住? ·················· P3556v④
〔社戶人名目（殘）〕（10C中期頃）
　1) 社戶　4) ⇒李富信?

18217 李富勝 ··················· S06981④
〔設齋納酒餅曆〕（10C後期）
　4) 原作「富勝李家阿朶」。

18218 李富昌 ··················· S01845
〔納贈曆〕丙子年四月十七日（976?）

18219 李富信? ·················· P3556v④
〔社戶人名目（殘）〕（10C中期頃）
　1) 社戶　4) ⇒李富住?

18220 李富進 ··················· P3290②
〔宋沙州人戶別都受田申請計帳（寫錄）〕至
道元年乙未歲正月一日（995）

18221 李富進 ··················· P4638v⑬
〔將于闐充使達至西府大國〕辛卯年（931）
　1) 押衙

18222 李富進 ··················· S03540
〔宕泉修窟盟約憑〕庚午年正月廿五日（970）

18223 李富全 ··················· P2817v
〔社司轉帖及便絹契等（殘）〕（10C）

18224 李富全 ··················· Дx01047v
〔人名列記（1行）〕（10C後期）

18225 李富宋 ··················· Дx06063v
〔李富宋身亡社司轉帖（寫錄）〕（10C）

18226 李富通 ··················· P3595v
〔就役名目〕己巳年頃（969?）

18227 李富通 ··················· P4991
〔社司轉帖〕壬申年六月廿四日（972）

18228 李富通 ··················· S09949
〔階和渠田籍〕（10C?）
　3) 階和渠

18229 李富德 ··················· P3231④
〔平康鄉官齋曆〕囬戌年十月十五日（974）
　3) 平康鄉

18230 李富德 ··················· P3231⑥
〔平康鄉官齋曆〕乙亥年九月廿九日（975）
　3) 平康鄉

18231 李富德 ··················· P4525⑧
〔都頭及音聲等都共地畝細目〕（980頃）
　1) 都頭

18232 李富德 ··················· P4693
〔官齋納麵油粟曆〕（10C後期）
　1) 羹餺頭

18233 李富?德 ··················· S00286
〔某寺斛㪷入曆（殘）〕（10C中期）
　1) 梁戶　4) ⇒李留?德。

18234 李富郎 ··················· P2040v③-10
〔淨土寺豆入曆〕（939）
　2) 淨土寺

18235 李富郎 ··················· 舊P5529
〔入破曆〕壬申年六月廿四日（972?）

18236 李富□ ··················· BD00186v(黃86)
〔便粟曆〕（10C?）
　1) 百姓?　3) 龍勒鄉

18237 李富□ ··················· S11353
〔社司?轉帖〕（10C）
　1) 錄事

18238 李普喜 ··················· S02729①
〔燉煌應管勘牌子曆〕辰年三月（788）
　1) 僧　2) 普光寺　3) 沙州　4) 39行目。

18239 李普藏 ··················· S02669
〔管內尼寺（安國寺・大乘寺・聖光寺）籍〕
（865～870）
　2) 大乘寺　3) 燉煌鄉　4) 尼?名「普藏」⇒李威
　ζ。

18240 李副使 ··················· S08448A
〔紫亭羊數名目〕辛亥年正月廿七日（951）
　1) 副使

18241 李副使 ··················· S08448B
〔紫亭羊數名目〕（940頃）
　1) 副使

18242 (李)福員 ··················· Дx05567
〔人名目（殘）〕（10C）

18243 李福員 ·················· 杏・羽416
〔大雲寺僧友成請書手李福員寫諸雜經十卷文〕 雍熙二年歳次乙酉七月十日 (985)
　1) 書手　2) 大雲寺

18244 李福延 ·················· P3604
〔法界十二時〕 大宋乾德八年歳次庚午正月廿六日 (970)
　1) 隨身判官　3) 燉煌鄉　4) 原作「燉煌鄉書手兼隨身判官」。

18245 李福遠 ············ S08445＋S08446＋S08468
〔羊司於常樂官税羊數名目〕 丁未年四月十二日 (943)

18246 李福?願? ················ P3418v③
〔某鄉缺枝夫戶名目〕 (9C末〜10C初)

18247 李福住 ·················· S09949
〔階和渠田籍〕 (10C?)
　3) 階和渠

18248 李福紹 ·················· S06300
〔李福紹結爲兄弟契〕 丙子年二月十一日 (976?)
　1) 鄉司判官　2) 乾元寺

18249 李佛住 ·················· S11358
〔部落轉帖〕 (10C後期)

18250 李佛奴 ·········· BD09338②(周59)
〔尹寶々齋上行香不到人物條記〕 五月八日 (8〜9C)

18251 李佛奴 ·················· P2049v①
〔淨土寺諸色入破曆計會牒〕 同光三年 (925)

18252 李佛奴 ·················· P2703
〔官牧羊人納粘羊毛牒〕 壬申年十二月 (972?)

18253 李佛奴 ·················· P2708
〔社子名目幷略押(殘)〕 (10C中期)

18254 李佛奴 ·················· P3649v
〔赤心鄉百姓李佛奴名錄(存1行)〕 己卯年六月六日 (957?)

18255 李佛奴 ·················· P.tib1088Av
〔燉煌諸人磑課麥曆〕 卯年〜巳年間 (835〜837)

18256 李佛奴 ·················· S02041
〔社約〕 丙寅年三月四日 (846)
　4) 年號別筆(丙寅年三月四日)。ペン筆。

18257 李佛奴 ·················· S02474③
〔衙内麴油破曆〕 庚辰年?閏三月 (980)
　1) 人戶　4) 男身故。

18258 李佛奴 ·················· S04060
〔便麥粟豆曆〕 己酉年二月十四日 (949)
　1) 押衙

18259 李佛奴 ·················· S08516c4
〔新鄉鎮口承人名目〕 廣順三年十一月十九日 (954)

18260 李佛寶 ·················· P3249v
〔將龍光顏等隊下人名目〕 (9C中期)

18261 李粉堆 ·················· P2049v①
〔淨土寺諸色入破曆計會牒〕 同光三年 (925)

18262 李粉堆 ·················· P3236v
〔燉煌鄉官布籍〕 壬申年三月十九日 (972)
　3) 燉煌鄉

18263 李粉堆 ·················· P4991
〔社司轉帖〕 壬申年六月廿四日 (972)

18264 李粉堆 ·················· S04472v
〔納贈曆〕 辛酉年十一月廿日 (961G, I)

18265 李粉堆 ·················· S06998①
〔牧羊人文書〕 (10C後期)
　1) 駝官

18266 李粉堆 ·················· 羽・寫841-847
〔駝官李粉堆狀2件〕 丙申年九月 (996)
　1) 駝官

18267 李粉堆 ········ 杏・羽034(李盛鐸舊藏)
〔城角莊算會當宅群牧見行籍〕 乙未年十月四日 (995)

18268 李粉㙙 ·················· S01776②
〔某寺常住什物交割點檢曆〕 顯德五年戊午十一月十三日 (958)
　1) 磑戶

18269 李粉定 ·················· S04472v
〔納贈曆〕 辛酉年十一月廿日 (961)

18270 李糞□ ················ P3418v⑧
〔平康鄉缺枝夫戶名目〕（9C末～10C初）
　　3）平康鄉

18271 李文 ····················· P2738v
〔社司轉帖（寫錄）〕 二月廿五日 （9C後期）

18272 李文繼 ················ Дx01384
〔書簡（寫錄）〕 （10C）
　　1）押衙　4）原作「押牙李文繼自手耳也」。

18273 李文建 ··················· P2738v
〔社司轉帖（寫錄）〕 二月廿五日 （9C後期）

18274 李文建 ··················· P4044③
〔冊八家社人彩畫畢功文〕 光啓參年丁未歲次
五月拾日 （887）
　　1）李郎　4）原作「都勾當伎術院孝郎」。

18275 李文建 ··················· S00329v
〔勅歸義軍河西（雜寫）〕 今月廿三日 （9C後
期）

18276 李文興 ··················· P2049v①
〔淨土寺諸色入破曆計會牒〕 同光三年
（925）

18277 李文興 ··················· P3070v①
〔社司轉帖（寫錄）〕 乾寧三年閏三（二）月
（896）

18278 李文子 ··················· Дx11200
〔渠人轉帖〕 （10C前後）

18279 李文俊 ··················· P2040v②-15
〔淨土寺西倉麥破曆〕 乙巳年正月廿七日以
後 （945以降）
　　2）淨土寺

18280 李文昌 ··················· P2049v②
〔淨土寺諸色入破曆計會牒〕 長興二年正月
（930～931）

18281 李文信 ··················· P2032v⑩
〔淨土寺西倉粟破曆〕（940前後）
　　2）淨土寺

18282 李文信 ··················· P2032v⑪
〔淨土寺西倉司願勝等入破曆〕 乙巳年三月
（945）
　　2）淨土寺

18283 李文信 ··················· P.tib2204v
〔雜寫〕 丑年三月五日 （9C前期）

18284 李文進 ··················· P2622v
〔雜寫（鄉別人名記載）〕（9C?）
　　4）本件是別記。R面存「大中十三年三月四日」之
紀年，又V面存「大中十三年四月」之紀年。

18285 李文進 ··················· P3418v⑥
〔洪閏鄉缺枝夫戶名目〕（9C末～10C初）
　　3）洪閏鄉

18286 李文進 ··················· S03721
〔大般若波羅蜜多經卷第287〕（9C）
　　1）學手寫記

18287 李文定 ············ Stein Painting 113
〔觀音圖供養題記〕（10C前期）
　　1）書手　4）原作「燉煌書手李文定」。

18288 （李）文得 ··················· P3705v
〔人名錄雜記〕 中和二年頃 （882?）

18289 李文德 ··················· P2738v
〔社司轉帖（寫錄）〕 二月廿五日 （9C後期）

18290 李文德 ··················· P3705v
〔人名錄雜記〕 中和二年頃 （882?）

18291 李文德 ··················· P4640v
〔官入破曆〕 辛酉?年九月十九日 （901?）
　　1）衙官

18292 李文彡 ··················· Дx03863
〔賣買駝契〕（10C）
　　1）百姓

18293 李兵馬使 ··········· BD16083（L4050）
〔僧談會斛斗出便與人名目〕 二月九日 （9C
後期）
　　1）知見人・兵馬使

18294 李兵馬使兼鄉官 ··············· P3331
〔張骨子家屋賣買契〕 參年丙辰歲十一月廿?
八日 （896 or 956）
　　1）見人・兵馬使・鄉官

18295 李米七 ············· S05813＋S05831
〔社司轉帖〕 二月十八日 （9C前期）

18296 李篇彡 ··················· P3249v
〔將龍光顏等隊下人名目〕（9C中期）

18297 李辯 ·············· BD00242(宇42)
〔无量壽宗要經〕 (9C前期)

18298 李辯 ·············· BD08588(推87)
〔无量壽宗要經(尾有題名)〕 (9C前期)

18299 李辯 ·············· BD11007(L1136)
〔无量壽宗要經〕 (9C前期)

18300 李保盈 ·············· P2877v
〔行人轉帖〕 乙丑年正月十六日 (962)
　　1)行人

18301 李保盈 ·············· P3231②
〔平康鄉官齋曆〕 癸酉年九月卅日 (973)
　　3)平康鄉

18302 李保盈 ·············· Дх06018
〔社司轉帖(殘)〕 (10C後期)

18303 李保行 ·············· S01931
〔歸敬文(末)〕 天福(開運?)參年丙午歲四月廿二日 (946)
　　1)僧　2)蓮臺寺　4)原作「李保行手記之耳」。

18304 李保山 ·············· P3236v
〔燉煌鄉官布籍〕 壬申年三月十九日 (972)
　　1)頭　3)燉煌鄉

18305 李保?子 ·············· P2621v
〔甲午役人名目〕 甲午年? (934?)

18306 李保子 ·············· S04525v
〔付官健及諸社佛會色物數目〕 (10C後期)

18307 李保子 ·············· S11358
〔部落轉帖〕 (10C後期)

18308 李保住 ·············· S04121
〔陰家榮親客目〕 甲午年五月十五日 (994)
　　1)都頭

18309 李保成 ·············· S02472v③
〔納贈曆〕 辛巳年十月廿八日 (981)

18310 李保遷 ·············· Stein Painting 63
〔十一面觀音圖供養題記〕 (10C)
　　1)(李文定)兄　4)原作「保遷一心供養」。⇒保遷。

18311 李保藏 ·············· S02214
〔官府雜帳(名籍・黃麻・地畝・地子等曆)〕 (860?)

18312 李保定 ·············· P2040v③-2
〔淨土寺西倉粟利入曆〕 己亥年 (939)
　　2)淨土寺

18313 李保定 ·············· P3231①
〔平康鄉官齋曆〕 癸酉年五月 (973)
　　3)平康鄉

18314 李保定 ·············· P3231⑤
〔平康鄉官齋曆〕 □亥年五月十五日 (975)
　　3)平康鄉

18315 李保?友 ·············· P4991
〔社司轉帖〕 壬申年六月廿四日 (972)

18316 李保祐 ·············· Stein Painting 76
〔甲戌年四月日沙州鄧慶連〕 甲戌年?四月日 (974)
　　1)僧　3)肅州　4)原作「申戌年」應爲「甲戌年」。

18317 李仿?子 ·············· P2032v①-4
〔淨土寺粟入曆〕 (944前後)

18318 李奉子 ·············· P3894v
〔人名錄等雜抄〕 (900前後)

18319 李法殷 ·············· S02729①
〔燉煌應管勘牌子歷〕 辰年三月 (788)
　　1)僧　2)龍興寺　3)沙州　4)4行目。

18320 李法照 ·············· S02729①
〔燉煌應管勘牌子歷〕 辰年三月 (788)
　　1)僧　2)永安寺　3)沙州　4)18行目。

18321 李法眞 ·············· P3047v⑦
〔法事僧尼名錄〕 (9C前期)
　　4)僧名「法眞」。

18322 李法眞 ·············· P3047v⑧
〔王都督儭合城僧徒名錄〕 (9C前期)
　　4)僧名「法眞」。

18323 李法通 ·············· P3047v③
〔諸僧尼送納三色香於乾元寺曆〕 (9C前期)
　　2)乾元寺　4)僧名「法通」。

18324 李法定 ·············· S00289③
〔李存惠墓誌銘并序〕 太平興國五年庚辰歲二月三日 (980)
　　4)原作「兄釋門僧正臨壇供奉大德兼義學法師紫賜沙門法定」。

18325 李法律 ············ BD06004v①(芥4)
　〔雜寫(法律6名列記)〕(9～10C)
　　1)法律

18326 李法律 ············ BD13069(L3198)
　〔無常經護首(雜寫)〕(8～9C)

18327 李法律 ················ P2032v⑤
　〔淨土寺布破曆〕(940前後)
　　1)法律　2)淨土寺

18328 李法律 ·················· P2054v
　〔疏請僧官文〕(10C)
　　1)法律　2)蓮臺寺

18329 李法律 ·················· P3175v
　〔麥油白麪粟貸取曆〕癸年(953?)
　　1)法律

18330 李法律 ··················· P3364
　〔某寺白麵麨麵油破曆(殘)〕(959前後)
　　1)法律

18331 李法律 ··················· P3365
　〔爲府主大王小患付經曆〕甲戌年五月十日
　(974)
　　1)法律

18332 李法律 ··················· P3565
　〔氾懷通兄弟貸絹契〕甲子年三月一日(904
　or 964)
　　1)法律

18333 李法律 ··················· P3631
　〔把物團善因等還入常住斛㪷曆〕辛亥年
　(891 or 951)
　　1)法律

18334 李法律 ·················· P3852v②
　〔大般若經付袟僧名目〕(10C)
　　1)法律　2)大雲寺　4)原作「云李法律」。

18335 李法律 ·················· P3852v②
　〔大般若經付袟僧名目〕(10C)
　　1)法律　4)原作「云李法律」。

18336 李法律 ··················· P4907
　〔淨土寺?儭破曆〕辛卯年正月十七日(931?)
　　1)法律　2)靈圖寺?　4)原作「故李法律」。

18337 李法律 ················ P5014piece2
　〔管內都僧正通惠大師願淸疏〕顯德六年十月
　七日(959)
　　1)法律

18338 李法律 ··················· S00520
　〔報恩寺方等道場榜〕(9C末～925以前)
　　1)法律　2)蓮臺寺　4)有「河西都僧院」印。

18339 李法律 ··················· S02449
　〔付鬲曆〕庚寅年頃?(930 or 990頃)
　　1)法律

18340 李法律 ·················· S03156①
　〔時年轉帖〕己卯年十二月十六日(979)
　　1)法律　2)淨土寺

18341 李法律 ·················· S03156①
　〔時年轉帖〕己卯年十二月十六日(979)
　　1)法律　2)安國寺　4)原作「國李法律」。

18342 李法律 ·················· S03156①
　〔時年轉帖〕己卯年十二月十六日(979)
　　1)法律　2)蓮臺寺

18343 李法律 ·················· S04472v
　〔納贈曆〕辛酉年十一月廿日(961)
　　1)法律

18344 李法律 ·················· S04687r.v
　〔佛會破曆〕(9C末～10C前期)
　　1)法律

18345 李法律 ··················· S05050
　〔某寺諸色入破曆計會〕(10C中期)
　　1)法律　2)蓮臺寺　4)亡納贈。

18346 李法律 ··················· S05406
　〔僧正法律徒衆轉帖〕辛卯年四月十四日
　(991)
　　1)法律

18347 李法律 ··················· S05718
　〔追福疏〕天福十年五月廿二日(945)
　　1)法律　2)金光明寺

18348 李法律? ················ S06452①
　〔淨土寺破曆〕辛巳年(981)
　　1)法律?　2)淨土寺

18349 李法律 ·················· S06452④
　〔常住庫借貸油麵物曆〕壬午年(982?)
　　1)法律　2)淨土寺

18350 李法律 …………… S06452⑥
〔常住庫黃麻出便與人名目〕 壬午年 (982)
　1)法律　2)淨土寺

18351 李法律 …………… S08583
〔都僧統龍辯牓〕 天福八年二月十九日 (943)
　1)法律　2)大雲寺　4)原作「云李法律」。

18352 李法律 …………… S08750v
〔某寺常住什物見在曆〕 (10C)
　1)法律

18353 李法律 …………… S09414
〔驢頭李法律等名目〕 (10C)
　1)驢頭・法律

18354 李法律 …………… Дx01380v
〔僧名目〕 (10C後期)
　1)法律　4)R面爲「七月廿八日獻信狀」(10C後期)。

18355 李法律 …………… Дx01428
〔某寺諸色斛㪷破曆〕 (10C中期)

18356 李法律 …………… Дx06621
〔第四度交勘缺字人〕 (10C後期?)
　1)法律　2)乾元寺

18357 李法?律? …………… Дx10291
〔書簡宛名書〕 (10C)
　1)法律　4)①甘州…,沙州…②太子大王。

18358 李法律 …………… Дx11085
〔當寺轉帖〕 壬申年七月 (972)
　1)法律　4)原作「小李法律」。

18359 李法律 …………… Дx11085
〔當寺轉帖〕 壬申年七月 (972)
　1)法律　4)原作「大李法律」。

18360 李万 …………… S00123v
〔雜寫(八比丘尼名目等)〕 (10C)
　1)百姓　3)〔神〕沙鄉

18361 李万受 …………… S09463
〔李万受等便麥曆〕 (10C)

18362 李万定 …………… S02894v②
〔社司轉帖〕 壬申年十二月 (972)

18363 李万定 …………… S02894v⑤
〔社司轉帖〕 (10C後期)

18364 李万?祐 …………… Дx01277
〔納贈曆〕 丁丑年九月四?日 (977)

18365 李妙相 …………… P3047v①
〔僧名等錄〕 (9C前期)
　4)僧名「妙相」。

18366 李妙福 …………… P3167v
〔安國寺道場司關于(五尼寺)沙彌戒訴狀〕 乾寧二年三月 (895)
　2)靈修寺　4)⇒妙福。

18367 李明戒 …………… 端方氏舊藏
〔供養題記〕 開寶八年七月乙亥歲七月六日 (975)
　1)法律尼臨壇大德　2)靈修寺　4)⇒明戒。

18368 李明秀 …………… S07060
〔都司諸色破曆〕 辰年 (9C前期)

18369 李明俊 …………… S01475v③
〔社司狀上〕 申年五月 (828)
　1)社人

18370 李明振 …………… P3192v
〔社司轉帖(寫錄)〕 大中十二年四月一日 (858)

18371 李明振 …………… P4640②
〔隴西李家先代碑記〕 (9C末～10C前)
　4)字九皋楊授述字九皋。

18372 李明振 …………… 莫第148窟
〔供養人題記〕 (9C末～10C初)
　1)弟子銀青光祿大夫檢校國子祭酒守涼州左司馬兼御史大夫上柱國　4)西壁。《燉》p.68。

18373 李明□ …………… P3047v⑤
〔取麥等曆〕 辰年七月 (9C前期)

18374 李綿子 …………… S02669
〔管內尼寺(安國寺・大乘寺・聖光寺)籍〕 (865～870)
　3)神沙鄉　4)尼名「慈力」。

18375 李友慶 …………… P3894v
〔人名錄等雜抄〕 (900前後)

18376 李友成 …………… P4912
〔某寺得換油麻曆〕 (950年代以降)

18377 李友淸 ················ S04121
〔陰家榮親客目〕 甲午年五月十五日 (994)

18378 李友連 ········· BD15404(簡068066)
〔千渠中下界白刺頭名目〕 (10C中期)
　1)白刺頭　3)千渠中界

18379 李友連 ················ P2040v③-2
〔淨土寺西倉粟利入曆〕 己亥年 (939)
　2)淨土寺

18380 李憂□宗 ················ P2766v
〔人名列記〕 咸通十二年 (871)

18381 李祐慶 ················ Дx04278
〔十一鄉諸人付麵數〕 乙亥年四月十一(日) (915? or 975)
　3)洪潤鄉

18382 李遊弈 ················ P3440
〔見納賀天子物色人名〕 丙申年三月十六日 (996)

18383 李遊弈 ········· BD11987(L2116)
〔歸義軍官府人名目〕 (9C後期～10C)

18384 李來奴 ················ P3249v
〔將龍光顏等隊下人名目〕 (9C中期)

18385 李利寬 ················ S02729①
〔燉煌應管勘牌子歷〕 辰年三月 (788)
　1)僧　2)永安寺　3)沙州　4)19行目。

18386 李利貞 ················ P3918③
〔佛金剛壇廣大淸淨陀羅尼經(奧書)〕 乙亥年 (795)
　1)寫勘·比丘僧　4)又存「乙亥年寫勘」之一文。
　⇒利貞。

18387 (李)利貞 ················ S03918②
〔金剛檀廣大淸淨陀羅尼經(曇倩于安西譯)題記〕 大唐貞元九年, 癸酉歲十月十五日 (793)
　1)比丘僧　4)原作「比丘利貞勘校了」。⇒利貞。

18388 李利?放? ················ P3945v
〔牧羊籍〕 (10C?)

18389 李離相 ················ S02729①
〔燉煌應管勘牌子歷〕 辰年三月 (788)
　1)僧　2)開元寺　3)沙州　4)24行目。

18390 李力子 ················ P2049v①
〔淨土寺諸色入破曆計會牒〕 同光三年 (925)

18391 李力子妻 ················ P2049v①
〔淨土寺諸色入破曆計會牒〕 同光三年 (925)

18392 李流安 ················ S01845
〔納贈曆〕 丙子年四月十七日 (976?)

18393 李流子 ················ P2680v②
〔諸鄉諸人便粟曆〕 (10C中期)

18394 李流信 ················ P3231②
〔平康鄉官齋曆〕 癸酉年九月卅日 (973)
　3)平康鄉

18395 李流信 ················ P3231③
〔平康鄉官齋曆〕 甲戌年五月廿九日 (974)
　3)平康鄉

18396 李流信 ················ P3231④
〔平康鄉官齋曆〕 甲戌年十月十五日 (974)
　3)平康鄉

18397 李流德 ················ S04657①
〔破曆〕 (10C後期)

18398 李流德 ········ S05873v＋S08658②
〔靈圖寺便麥粟曆(殘)〕 戊午年九月 (10C)
　2)靈圖寺　3)莫高鄉

18399 李流富啓 ················ P2032v①-4
〔淨土寺粟入曆〕 (944前後)

18400 李留安 ········ BD16021c(L4018)
〔永寧坊巷社扶佛人名目〕 (9C後期～10C中期)
　3)永寧坊

18401 李留住 ················ P4640v
〔官入破曆〕 庚申年六月 (900)
　1)衙官

18402 李留通 ················ P3875A
〔社司轉帖〕 癸未年 (923?)

18403 李留奴? ········ BD06277v(海77)
〔五言詩1首, 雜寫〕 (10C?)

18404 李留?德 ················ S00286
〔某寺斛斗入曆(殘)〕 (10C中期)
　1)梁戶　4)⇒李富?德。

18405 李留德 ·················· S04649
〔三公寺破曆〕 庚午年二月十日 (970)

18406 李留德 ·················· S04703
〔買菜人名目〕 丁亥年六月七日 (987)
　　1) 梁戶

18407 李留德 ·················· S02472v③
〔納贈曆〕 辛巳年十月廿八日 (981)

18408 李綠君 ·················· P2738v
〔社司轉帖(寫錄)〕 二月廿五日 (9C後期)

18409 李令公 ·················· P2026v
〔人名目〕 天福十年乙巳歲 (別記) (945)
　　1) 令公　4) 余白:ペン筆。

18410 李昤朧 ·················· S02669
〔管內尼寺(安國寺・大乘寺・聖光寺)籍〕
(865〜870)
　　2) 大乘寺　3) 赤心鄉　4) 尼名「德念」。

18411 李老宿 ·················· P2032v③
〔淨土寺諸色破曆〕 (944前後)
　　1) 老宿　2) 乾元寺

18412 李老宿 ·················· P3638
〔沙彌善勝點檢常住什物見在曆〕 辛未年
(911)
　　1) 老宿

18413 李老宿 ·················· P4958piece3
〔當寺轉帖(殘)〕 (10C前期)
　　1) 老宿

18414 李老宿 ·················· Дx01380v
〔僧名目〕 (10C後期)
　　1) 老宿　4) R面爲「七月廿八日獻信狀」(10C後期)。

18415 李郎 ·················· P2049v②
〔淨土寺諸色入破曆計會牒〕 長興二年正月
(930〜931)

18416 李郎 ·················· P3707
〔親情社轉帖〕 戊午年四月廿四日 (958)

18417 李郎 ·················· P4610
〔夫人劉上李郎書狀〕 八月一日 (10C?)
　　4) 本書內有「李郎…昨知差使邠州」。

18418 李郎 ·················· S05139v③
〔親情社轉帖〕 (924頃)

18419 李郎 ·················· S05876
〔鬮子名簿〕 (10C?)
　　1) 鬮子

18420 李郎好 ·················· BD15434①
〔社司轉帖〕 (10C?)
　　2) 普光寺

18421 李郎通慶 ·················· BD04661v(劍61)
〔社人分付主人布曆〕 (10C)

18422 李郎〻 ·················· P3418v⑦
〔慈惠鄉缺枝夫戶名目〕 (9C末〜10C初)
　　3) 慈惠鄉

18423 李六子 ·················· P4019piece2
〔納草束曆〕 (9C後期)
　　3) 平康鄉?

18424 李六娘 ·················· P3249v
〔將龍光顏等隊下人名目〕 (9C中期)
　　1) 隊將

18425 李六娘 ·················· 浙燉132(浙博107)
〔宋佛奴等捐諸木條記〕 (10C)

18426 (李)六娘子 ·········· Stein Painting 63
〔十一面觀音圖供養題記〕 (10C)
　　1) (李再住・女?)　4) 原作「女六娘子一心供養」。

18427 李六〻 ·················· S02228①
〔絲綿部落夫丁修城使役簿〕 亥年六月十五日 (819)
　　1) (左七)　3) 絲綿部落　4) 首行作「亥年六月十五日州城所, 絲綿」。末行作「亥年六月十五日畢功」。

18428 李錄事 ·················· P.tib3964
〔社司轉帖〕 庚戌年九月日 (950)
　　1) 錄事

18429 李錄事 ·················· S01845
〔納贈曆〕 丙子年四月十七日 (976?)
　　1) 錄事

18430 李錄事 ·················· S08663
〔麥支給曆〕 (10C)
　　1) 錄事

18431 李錄事 ················ Дx01401
〔社司轉帖〕 辛未年二月七日 （911 or 971）
　1）錄事

18432 李和子 ············ BD11989(L2118)
〔李和子便佛紙三帖契〕 丑年六月十一日 （9C前期）
　4）V面有「燉煌縣印」，卷背兩紙騎縫處下有一枚陽文硃印(5.4×5.8cm)。

18433 李和子 ················ P2715v
〔便曆(殘)〕 丑年頃 （9C前期）

18434 李和尚 ················· P3365
〔爲府主大王小患付經歷〕 甲戌年五月十日 （974）
　1）和尚

18435 李和尚 ············· P4660④
〔故沙州李和尚三學法主李和尚寫眞贊〕 （9C）
　1）和尚　4）原作「李顒撰」。

18436 李和尚 ··············· S01164r.v
〔廻向願文〕 （9C後期）
　1）和尚

18437 李和尚 ··············· S06452③
〔破曆〕 壬午年 （982?）
　1）和尚　2）淨土寺

18438 李和ゞ ················ P2686①
〔借麥契〕 丑年二月六日 （吐蕃期）
　2）普光寺

18439 (李)和ゞ ········ 浙燉116(浙博091)③
〔都頭貸絹布分付與和ゞ等抄〕 子年四月廿五日 （9C中期）

18440 李碗 ················· S04472
〔雲辯進十慈悲偈〕 顯德元年季春月?開三葉 （954）
　1）長白山人　4）原作「長白山人李碗蒙沙州大德請抄記」。

18441 李□ ············ BD11992(L2121)
〔某州某縣木牆鄉感化村稅戶李□田種申告〕 天福七年十一月 （942）
　3）木牆鄉感?化村

18442 李□ ············ BD14806①(新1006)
〔於倉缺物人便麥名抄錄〕 辛酉年三月廿二日 （961）
　1）見人　4）原作「見人李□」。

18443 李□ ················· P3894v
〔人名錄等雜抄〕 （900前後）

18444 李□安 ················ P3108v②
〔三官?便社人黃麻曆〕 己未年二月十日 （899 or 956）

18445 李□安 ················ Дx04278
〔十一鄉諸人付麵數〕 乙亥年四月十一(日) （915? or 975）
　3）龍[勒鄉]

18446 李□行 ··············· P3047v①
〔僧名等錄〕 （9C前期）
　4）僧名「□行」。

18447 李□根 ··············· P3418v①
〔□□鄉缺枝夫戶名目〕 （9C末～10C初）

18448 李□子 ················ P3705v
〔人名錄雜記〕 中和二年頃 （882?）

18449 李□子 ················· S03714
〔親情社轉帖(雜寫)〕 （10C）

18450 李□子 ················ Дx10275
〔納贈曆〕 （10C）

18451 李□住 ··············· P3691piece1
〔社司轉帖(社人名目)〕 戊午年九月十一日 （958）

18452 李□住 ················ Дx01453
〔開倉納地子麥麻曆〕 丙寅年八月廿四日 （966）

18453 李□得 ··············· P3418v⑤
〔某鄉缺枝夫戶名目〕 （9C末～10C初）

18454 李□德 ················ P3441v
〔社司轉帖(寫錄)〕 三月十三日 （10C前期）

18455 李?□甫 ················ P3451
〔張淮深變文〕 （9C後期）
　1）左散騎常侍

氏族人名篇　り　李

18456 李□□ ……………… 水峽口第4
〔供養人題記〕（宋）
　　1)賢者　4)原作「□□大乘賢者李□□一心供養」。《謝》p.499。西壁第2／4身。

18457 李□□ ……………… 莫第216窟
〔功德記〕（8C末期〜9C初期）
　　1)皇太子判官郎・(編者)　4)西壁。《燉》p.98。

18458 李□ ……………… BD07630②(皇30)
〔出酥人曆〕　丙子年八月廿四日　(856 or 916)

18459 李□ ……………… P.tib2124v
〔人名錄〕（9C中期?）

18460 李□ ……………… Дx04278
〔十一鄉諸人付麵數〕　乙亥年四月十一(日)
(915? or 975)
　　3)燉煌鄉

18461 李□ ……………… 莫第061窟
〔供養人題記〕（10C末期）
　　1)故母・勅授秦國天公主　4)原作「故母北方大迴鶻國聖天的子勅授秦國天公主隴西李□」。東壁南側。《燉》p.21。《謝》p.134。

18462 李 ……………… BD00973(民73)
〔金光明最勝王經卷第3末雜寫〕（9〜10C）

18463 李 ……………… BD05673v④(李73)
〔行人轉帖(寫錄)〕　今月十二日　(9C末)

18464 李 ……………… BD11502①(L1631)
〔燉煌十一僧寺別姓名簿并緣起經論等名目〕（9C後期）
　　2)(靈)圖(寺)　4)原作「大李」。

18465 李 ……………… BD11502①(L1631)
〔燉煌十一僧寺別姓名簿并緣起經論等名目〕（9C後期）
　　2)淨(土寺)

18466 李 ……………… BD11502①(L1631)
〔燉煌十一僧寺別姓名簿并緣起經論等名目〕（9C後期）
　　2)(報)恩(寺)

18467 李 ……………… BD11502①(L1631)
〔燉煌十一僧寺別姓名簿并緣起經論等名目〕（9C後期）
　　2)(大)雲(寺)

18468 李 ……………… BD11502①(L1631)
〔燉煌十一僧寺別姓名簿并緣起經論等名目〕（9C後期）
　　2)蓮(臺寺)

18469 李 ……………… BD11502①(L1631)
〔燉煌十一僧寺別姓名簿并緣起經論等名目〕（9C後期）
　　2)(三)界(寺)

18470 李 ……………… BD16026B(L4018)
〔人名目〕（10C）

18471 李 ……………… BD16034(L4024)
〔龍弁謹請齊闍梨等參與大雲寺追念法會疏〕　九月十三日　(9C末〜10C初)
　　2)大雲寺

18472 李 ……………… S00361v
〔書儀〕　乾寧貳年乙卯三月廿二日　(895)

18473 李 ……………… S00865v
〔社司轉帖(寫錄殘・3行)〕（10C?）

18474 李 ……………… S04710
〔沙州戶口簿〕（9C中期以降）
　　1)(戶主某)妻　3)沙州　4)原作「(戶主某)妻阿李」。

18475 李 ……………… S05806
〔麥人算會倉司麥交付憑〕　庚辰年十一月廿日　(920 or 980)
　　1)杞倉僧　4)原作「杞倉僧李」。

18476 李 ……………… S08696
〔白刺送納帖〕（977?）

18477 李 ……………… 有鄰館51
〔令狐進達戶口申告狀〕　大中四年十月庚午 (850)
　　1)(令狐進達姪男清々)妻　4)原作「(令狐進達姪男清々)妻阿李」。

18478 李 ……………… 有鄰館51
〔沙州令狐進達戶口申告狀〕　大中四年十月庚午　(850)
　　1)(戶主令狐進達)姪男　3)沙州　4)原作「(戶主令狐進達)姪男,清々,妻阿李」。

18479 李 ……………… 杏・羽695
〔燉煌諸鄉諸部落諸人等便麥曆〕（10C）
　　1)口承人妻　3)赤心(鄉)

710

18480 里次則 ‥‥‥‥‥‥ BD15201（新1401）
〔金有陀羅尼經〕 （9～10C）
　4)藏文題記。

18481 里修善 ‥‥‥‥‥‥‥‥‥ S02669
〔管内尼寺(安國寺・大乘寺・聖光寺)籍〕
（865～870）
　2)大乘寺　3)燉煌鄉　4)姓「里」俗名「留々」。

18482 里留々 ‥‥‥‥‥‥‥‥‥ S02669
〔管内尼寺(安國寺・大乘寺・聖光寺)籍〕
（865～870）
　2)大乘寺　3)燉煌鄉　4)尼名「修善」。

18483 陸老 ‥‥‥‥‥‥‥ BD09341（周62）
〔社司轉帖〕　閏四月三日　（10C後期）

18484 劉阿四 ‥‥‥‥‥‥ BD11998（L2127）
〔分付多衣簿〕 （8C中期）

18485 劉阿朶子 ‥‥‥‥‥‥‥‥ S06981①
〔某寺入曆〕　辛酉年～癸亥年中間三年　（901～
903 or 961～963）

18486 劉阿氾 ‥‥‥‥‥‥‥‥‥ S04710
〔沙州戶口簿〕 （9C中期以降）

18487 劉安子 ‥‥‥‥‥‥‥‥‥ S01159
〔神沙鄉散行人轉帖〕　二月四日　（10C中期）
　1)行人　3)神沙鄉

18488 劉安住 ‥‥‥‥‥‥‥‥ P2032v⑱
〔淨土寺豆利閏入曆〕 （940前後）
　2)淨土寺

18489 劉安住 ‥‥‥‥‥‥‥‥ Дx02149B
〔見納缺柴人名目〕 （10C）

18490 (劉)安俊 ‥‥‥‥‥‥‥‥ S00542v
〔燉煌諸寺丁壯車牛役部〕　戊年六月十八日
（818）
　2)報恩寺

18491 劉衣錦 ‥‥‥‥‥‥‥‥‥ P3870
〔燉煌廿詠(尾題)〕　咸通十二年十一月廿日
（871）

18492 劉違昌 ‥‥‥‥‥‥‥‥‥ S04120
〔布褐等破曆(殘)〕　癸亥年二月～甲子年二
月　（963～964）
　1)石匠

18493 劉員會 ‥‥‥‥‥‥‥‥‥ P3146A
〔衙前子弟州司及麤頭等留殘袩衙人數〕　辛
巳年八月三日　（981）

18494 劉員會 ‥‥‥‥‥‥‥‥ Дx01439
〔親情社轉帖〕　丙戌年九月十九日　（986?）
　2)報恩寺

18495 劉員遂 ‥‥‥‥‥‥‥‥‥ P4063
〔官建轉帖〕　丙寅年四月十六日　（966）

18496 劉員遂 ‥‥‥‥‥‥‥‥‥ S01159
〔神沙鄉散行人轉帖〕　二月四日　（10C中期）
　1)行人　3)神沙鄉

18497 劉員通 ‥‥‥‥‥‥‥‥ P3894v
〔人名錄等雜抄〕 （900前後）

18498 劉員通 ‥‥‥‥‥‥‥‥ P5032v①
〔社司轉帖〕　戊午年六月十八日　（958）

18499 劉員通 ‥‥‥‥‥‥‥‥ P5032v⑦
〔社司轉帖〕　戊午〔　〕　（958）

18500 劉員通 ‥‥‥‥‥‥‥‥‥ 羽・寫834
〔百姓趙塩久戶口請田簿〕　廣順二年正月一
日　（952）

18501 劉員定 ‥‥‥‥‥‥‥‥‥ S04703
〔買菜人名目〕　丁亥年　（987）

18502 劉員定 ‥‥‥‥‥‥‥‥ Дx01439
〔親情社轉帖〕　丙戌年九月十九日　（986?）
　2)報恩寺

18503 劉員友 ‥‥‥‥‥‥‥‥‥ S01159
〔神沙鄉散行人轉帖〕　二月四日　（10C中期）
　1)行人　3)神沙鄉

18504 劉員□ ‥‥‥‥‥‥‥‥ BD16509A
〔延晟人名一本〕 （9C前期）

18505 劉永住 ‥‥‥‥‥‥‥‥ P2832Av
〔納楊榆木人名曆〕 （10C）

18506 劉永成 ‥‥‥‥‥‥‥‥‥ S04703
〔買菜人名目〕　丁亥年　（987）

18507 劉盈信 ‥‥‥‥‥‥‥‥‥ S06130
〔諸人納布曆〕 （10C）
　3)神沙鄉　4)施入。

18508 劉盈德 ············ S05873v＋S08658②
　〔靈圖寺便麥粟曆(殘)〕　戊午年九月　(10C)
　　2)靈圖寺　3)神沙鄉

18509 劉英集 ······················ P4640v
　〔官入破曆〕　辛酉?年八月十六日　(901?)
　　1)兵馬使

18510 劉英全 ······················ S04479
　〔救諸衆生1切苦難經(1卷)〕　(879)
　　1)佛弟子

18511 劉英達 ············ BD16145A(L4074)
　〔請人地畝別納枝概曆〕　(9～10C)

18512 劉驛彡 ···················· P2842piece4
　〔渠?人?轉帖〕　五月廿八?日　(9C中期)

18513 劉押衙 ············ Дx01323＋Дx05942
　〔押衙劉雇牧羊人契〕　(9C後半～10C?)
　　1)羊主・押衙　4)原作「押衙劉」。

18514 劉王三 ···················· 莫第098窟
　〔供養人題記〕　(10C中期)
　　1)節度押衙銀青光祿大夫檢校太子賓客兼監察
　　御史　4)西壁。《燉》p.46。

18515 劉加?興 ····················· P3418v⑦
　〔慈惠鄉缺枝夫戶名目〕　(9C末～10C初)
　　3)慈惠鄉

18516 劉加興 ···················· P4019piece2
　〔納草束曆〕　(9C後期)
　　3)平康鄉?

18517 劉加興 ······················ S05927v②
　〔租地契〕　天復二年壬戌十一月九日　(902)
　　1)百姓　3)慈惠鄉

18518 劉和子 ···················· 楡第33窟
　〔供養人題記〕　(10C中期)
　　1)清信弟子　4)南壁。《謝》p.478。

18519 劉家 ······················ S06981④
　〔設齋納酒餅曆〕　(10C後期)
　　4)原作「阿朶劉家」。

18520 劉賀老 ············ BD09335v(周56)
　〔劉賀老・游善奴等殘名目(殘)〕　(9～10C)

18521 劉懷德 ···················· 莫第217窟
　〔供養人題記〕　(9C末期)
　　1)男節度…兵馬使銀青光祿大夫檢校太子賓客
　　兼試殿中監　4)原作「男節度…兵馬使銀青光祿
　　大夫檢校太子/賓客兼試殿中監劉懷德再續□□
　　□□」。甬道北壁。《燉》p.100。

18522 劉懷念 ···················· 莫第217窟
　〔供養人題記〕　(9C末期)
　　1)上柱國　4)《燉》p.100。

18523 (劉)戒惠 ···················· P3167v
　〔安國寺道場司關于(五尼寺)沙彌戒訴狀〕
　乾寧二年三月　(895)
　　2)大乘寺

18524 (劉)戒惠 ···················· P3167v
　〔安國寺道場司關于(五尼寺)沙彌戒訴狀〕
　乾寧二年三月　(895)
　　2)大乘寺　4)⇒戒惠。

18525 劉海盈 ······················ S04710
　〔沙州戶口簿〕　(9C中期以降)

18526 劉海巖 ······················ S10512
　〔便曆〕　(10C)

18527 劉海藏 ············ BD16332A(L4423)
　〔渠人轉帖〕　(10C)

18528 劉海珎 ···················· P3721v②
　〔兄(見)在巡禮都官都頭名牒〕　庚辰年正月
　十五日　(980)
　　1)司人

18529 (劉)灰子 ···················· S00542v
　〔燉煌諸寺丁壯車牛役部〕　戊年六月十八日
　(818)
　　2)報恩寺　4)⇒灰子。

18530 (劉)覺意花 ···················· S04710
　〔沙州戶口簿〕　(9C中期以降)
　　1)尼　4)⇒覺意花。

18531 劉揭摺 ···················· S01477v
　〔地步曆〕　(10C初頃)

18532 劉揭摺 ······················ S03048
　〔東界羊籍〕　丙辰年　(956)
　　1)牧羊人

18533 劉憨子 ············ BD16332A(L4423)
〔渠人轉帖〕 (10C)

18534 劉憨子 ················ S04705
〔官儭破曆〕 (10C)

18535 劉憨兒 ················ TⅡY-46A
〔戶籍〕 端拱三年 (990)

18536 劉憨兒 ················ Дx02149B
〔見納缺柴人名目〕 (10C)

18537 劉含?過 ············ BD16111o(L4066)
〔人名目〕 (10C)

18538 劉願昌 ············ BD09345①(周66)
〔安醜定妻亡社司轉帖〕 辛酉年四月廿四日 (961?)
　2) 顯德寺門

18539 (劉)願成 ············ BD11987(L2116)
〔歸義軍官府人名目〕 (9C後期～10C)
　4) 原作「劉骨子及願成二人」。

18540 劉歸子 ················ S01475v⑧⑨
〔沙州寺戶嚴君便麥契〕 四月十五日 (828～829)

18541 劉飯漢 ················ P3441v
〔社司轉帖(寫錄)〕 三月十三日 (10C前期)

18542 劉欺ミ ················ P3666v
〔便粟麥契曆〕 (9C中期前後)
　1) 見人

18543 劉欺伯 ················ P2032v①-4
〔淨土寺粟入曆〕 (944前後)

18544 劉欺泊 ················ P2032v⑬-7
〔淨土寺黃麻利閏入曆〕 (940前後)
　2) 淨土寺

18545 劉欺泊 ················ P3234v③-10
〔惠安惠戒手下便物曆〕 甲辰年 (944)

18546 劉教授 ················ BD09283(周4)
〔某寺(乾元寺)道場出唱曆〕 (9C前期)
　1) 教授 4)『條記目』(p.40) 按「法國法圓均爲吐蕃統治時期乾元寺僧人」。

18547 劉教授 ················ S00542v
〔燉煌諸寺丁壯車牛役部〕 戌年六月十八日 (818)
　1) 教授 2) 大雲寺

18548 劉金雲 ················ S02729①
〔燉煌應管勘牌子歷〕 辰年四月廿日 (788)
　1) 僧 2) 大雲寺 3) 沙州 4) 辰年4月20日死。末尾有「贊息檢」。60行目。

18549 劉金雲 ················ S02729①
〔燉煌應管勘牌子歷〕 辰年三月 (788)
　1) 僧 2) 大雲寺 3) 沙州 4) 辰年4月20日死。9行目。

18550 劉金霞 ················ P3677
〔沙州報恩寺故大德禪和尚金霞遷神志銘并序(首題)〕 蕃中辛巳五月一日葬 (801)
　1) 大德禪和尚 2) 報恩寺 3) 沙州 4) 俗姓「劉」。原作「洛陽人。四月廿八日死」。57歲⇒金霞。膠琳。

18551 劉金霞 ················ S02729①
〔燉煌應管勘牌子歷〕 辰年三月 (788)
　1) 僧 2) 報恩寺 3) 沙州 4) 25行目。

18552 (劉)金吾 ················ S04710
〔沙州戶口簿〕 (9C中期以降)
　1) 尼

18553 劉君子 ················ S02228①
〔絲綿部落夫丁修城使役簿〕 亥年六月十五日 (819)
　1)(右七) 3) 絲綿部落 4) 首行作「亥年六月十五日州城所,絲綿」。末行作「亥年六月十五日畢功」。

18554 劉惠進 ················ P3418v④
〔龍勒鄉缺枝夫戶名目〕 (9C末～10C初)
　3) 龍勒鄉

18555 劉慶力 ················ P3718⑥
〔沙門劉和尚生前邈真讚〕 天成三年戊子歲三月八日 (928)
　1) 和尚 4) 原作「和尚俗姓劉氏香名慶力…」。

18556 劉堅行 ················ P3047v⑦
〔法事僧尼名錄〕 (9C前期)
　4) 僧名「堅行」。

18557 劉建昌 ················ S02894v⑤
〔社司轉帖〕 (10C後期)

18558 劉建昌 ····················· S04120
〔布褐等破曆(殘)〕 癸亥年二月～甲子年二月 （963～964）

18559 劉賢者 ············· BD16332A(L4423)
〔渠人轉帖〕 （10C）

18560 劉賢者 ····················· S00782v
〔納贈曆〕 （10C）
　4)ペン筆?

18561 劉賢德 ···················· 莫第147窟
〔供養人題記〕 （9C後期）
　1)社人 4)原作「社人劉賢德一心供養」。西壁。《燉》p.68。

18562 劉元振 ····················· S01475v②
〔社司狀上〕 申年五月廿一日 （828）
　1)齋麥不送納人

18563 劉元振 ····················· S01475v②
〔社司狀上〕 申年五月廿一日 （828）

18564 劉彥進 ····················· P2040v②-10
〔淨土寺黃麻入曆〕 乙巳年正月廿七日以後 （945以降）
　2)淨土寺

18565 劉胡兒 ····················· P2049v①
〔淨土寺諸色入破曆計會牒〕 同光三年 （925）

18566 劉胡兒 ····················· P3666v
〔便粟麥契曆〕 （9C中期前後）
　1)見人?

18567 劉胡兒 ····················· P4640v
〔官入破曆〕 庚申年六月 （900）
　1)衙官

18568 劉胡兒 ····················· S04710
〔沙州戶口簿〕 （9C中期以降）

18569 劉仵子 ····················· P2716v
〔社司轉帖(寫)〕 （9C末～10C初）

18570 劉午子 ············· BD16111A(L4066)
〔暮容歸順?隊?下人名目〕 （9～10C）

18571 劉吳ゞ ····················· S02669
〔管內尼寺(安國寺・大乘寺・聖光寺)籍〕 （865～870）
　1)尼? 2)大乘寺 3)玉關鄉 4)俗姓「劉」。俗名「吳ゞ」。 尼名「能嚴」。⇒劉能嚴。

18572 劉吳ゞ ····················· S02669
〔管內尼寺(安國寺・大乘寺・聖光寺)籍〕 （865～870）
　2)大乘寺 3)玉關鄉 4)尼名「能嚴」。

18573 劉?吳娘 ····················· S04710
〔沙州戶口簿〕 （9C中期以降）

18574 劉幸深 ····················· S01159
〔神沙鄉散行人轉帖〕 二月四日 （10C中期）
　1)行人 3)神沙鄉

18575 劉幸深 ····················· TⅡY-46A
〔戶籍〕 端拱三年 （990）

18576 劉幸進 ····················· S01159
〔神沙鄉散行人轉帖〕 二月四日 （10C中期）
　1)行人 3)神沙鄉

18577 劉孝順 ····················· S00542v
〔燉煌諸寺丁壯車牛役部〕 戌年六月十八日 （818）
　2)大雲寺

18578 劉孝仙 ····················· S00542v
〔燉煌諸寺丁壯車牛役部〕 戌年六月十八日 （818）
　1)團頭 2)大雲寺

18579 劉孝忠 ····················· S00542v
〔燉煌諸寺丁壯車牛役部〕 戌年六月十八日 （818）
　2)大雲寺

18580 劉巧言 ····················· Дx01328
〔高昌田苗曆〕 建中三年三月廿七日 （782）
　3)高昌

18581 劉狗奴 ················ P3555B piece11
〔納贈曆(殘)〕 （10C中期）

18582 劉苟子 ····················· P2032v①-4
〔淨土寺粟入曆〕 （944前後）

18583 劉苟子 ····················· P2049v②
〔淨土寺諸色入破曆計會牒〕 長興二年正月 （930～931）

18584 劉?苟?奴 ‥‥‥‥‥‥‥‥ P3418v⑤
〔某鄉缺枝夫戶名目〕（9C末～10C初）

18585 劉克敬 ‥‥‥‥‥‥‥‥ 榆第19窟
〔巡禮題記〕（10C中期）
　4）洞口。《謝》p.462。

18586 劉黑子 ‥‥‥‥‥‥‥‥‥‥ P3394
〔僧張月光父子迴博田地契〕 大中六年壬申十月 （852）

18587 劉骨々 ‥‥‥‥‥‥ BD16295A（L4132）＋BD16298（L4133）
〔史留德出換釜子與押衙劉骨骨契〕 壬申年二月玖日 （985?）
　1）押衙

18588 劉骨々 ‥‥‥‥‥‥‥‥‥‥ P3894v
〔人名錄等雜抄〕（900前後）

18589 劉骨子 ‥‥‥‥‥‥ BD11987（L2116）
〔歸義軍官府人名目〕（9C後期～10C）
　4）原作「劉骨子及願成二人」。

18590 劉骨子 ‥‥‥‥‥‥ BD16052A（L4028）
〔通查渠口轉帖〕 丙午年 （946?）

18591 劉骨子 ‥‥‥‥‥‥‥‥‥‥ P3396v
〔沙州諸渠別苃蘭名目〕（10C後期）

18592 劉骨子 ‥‥‥‥‥‥‥‥‥‥ S03978
〔納贈曆〕 丙子年七月一日 （976）

18593 劉沙々 ‥‥‥‥‥‥ BD06359（鹹59）
〔使麥契〕 丑年二月 （821）
　1）團頭・報恩寺戶　2）報恩寺

18594 （劉）沙州 ‥‥‥‥‥‥‥‥ S00542v
〔燉煌諸寺丁壯車牛役部〕 戌年六月十八日 （818）
　2）報恩寺

18595 劉再安 ‥‥‥‥‥‥‥‥‥‥ P2832Av
〔納楊榆木人名曆〕（10C）

18596 劉再安 ‥‥‥‥‥‥‥‥‥‥ S04710
〔沙州戶口簿〕（9C中期以降）

18597 劉再榮 ‥‥‥‥‥‥ BD04744（號44）
〔无量壽宗要經（尾有題記）〕（9C）

18598 劉再榮 ‥‥‥‥‥‥‥‥‥‥ S04710
〔沙州戶口簿〕（9C中期以降）

18599 劉再興 ‥‥‥‥‥‥‥‥‥‥ S02228①
〔絲綿部落夫丁修城使役簿〕 亥年六月十五日 （819）
　1）（左八）　3）絲綿部落　4）首行作「亥年六月十五日州城所，絲綿」。末行作「亥年六月十五日畢功」。

18600 劉再國? ‥‥‥‥‥‥‥‥‥‥ S06130
〔諸人納布曆〕（10C）
　3）神沙鄉

18601 劉再々 ‥‥‥‥‥‥‥‥ P.tib1088Cv
〔燉煌諸人磑課麥曆〕 卯年～巳年間 （835～837）

18602 劉再住 ‥‥‥‥‥‥‥‥ P2032v⑯-2
〔淨土寺麥利閏入曆〕（940前後）
　2）淨土寺

18603 劉再住 ‥‥‥‥‥‥ S10273＋S10274＋S10276＋S10277＋S10279＋S10290
〔出便麥與人名目〕 丁巳年二月一日 （957?）

18604 劉再昇 ‥‥‥‥‥‥‥‥‥‥ P3547
〔上都進奏院狀上（原題）〕（9C後期?）
　1）衙前兵馬使?

18605 劉再昇 ‥‥‥‥‥‥‥‥‥‥ P5032
〔于闐文七行中有漢文（1行云）〕（10C後期）
　1）于闐作奏使司空　3）于闐

18606 劉再松 ‥‥‥‥‥‥‥‥‥‥ P3236v
〔燉煌鄉官布籍〕 壬申年三月十九日 （972）
　1）頭　3）燉煌鄉

18607 劉再晟 ‥‥‥‥‥‥‥‥‥‥ P2838
〔安國寺上座比丘尼躰圓等入破曆計會牒并判辭〕 中和四年 （884）

18608 劉再□ ‥‥‥‥‥‥‥‥‥‥ S06130
〔諸人納布曆〕（10C）

18609 劉宰相 ‥‥‥‥‥‥‥‥‥‥ P2026v
〔人名目〕 天福十年乙巳歲（別記）（945）
　1）宰相　4）余白：ペン筆。

18610 劉薩訶堂人 ‥‥‥‥‥‥‥‥ Дx01428
〔某寺諸色斛㪷破曆〕（10C中期）

18611 劉三奴 ……………… S04504v④
〔行人轉帖〕 七月三日 （10C前期）

18612 劉三奴 ……………… Дx01414
〔劉存慶換舍契〕 天復陸年丙寅歲拾壹□（月）
（906）
　1)見人同院弟　4)劉三奴與劉存慶是兄弟。

18613 劉氏 ………………… EO1143
〔延壽命菩薩圖供養人題記〕 （10C後期）
　1)施主　4)原作「新婦劉氏一心供養」。

18614 劉慈心 ……………… S02729①
〔燉煌應管勘牌子歷〕 辰年三月 （788）
　1)僧　2)靈修寺　3)沙州　4)28行目。

18615 劉悉歹咄令 ………… P4640v
〔歸義軍節慶使諸處計用布紙破曆計會〕 己
未年～辛酉年 （899～901）
　1)琮徵引路人(1.248)

18616 劉社官 ……………… Дx01439
〔親情社轉帖〕 丙戌年九月十九日 （986?）
　1)社官・闍梨

18617 劉社長 ……………… Дx01410
〔社司轉帖〕 庚戌年閏四月 （950）
　1)社長

18618 劉社長 ……………… Дx01439
〔親情社轉帖〕 丙戌年九月十九日 （986?）
　1)社長・闍梨　4)原作「小劉社長」。

18619 劉社老 ……………… Дx01440
〔社司轉帖〕 乙巳年九月十五日 （945）
　1)社老

18620 劉闍梨 ……………… BD09472v①～③（發92）
〔龍興寺索僧正等五十八人就唐家蘭若請賓
頭廬文〕 （8～9C）
　1)闍梨　2)靈修(寺)　3)沙州

18621 劉闍梨 ……………… P2689
〔寺僧唱得物支給曆〕 （9C前期）
　1)闍梨

18622 劉闍梨 ……………… P3353v
〔靈圖寺謹請教授和尚闍梨等(殘2行雜寫)〕
（9C?）
　1)闍梨　2)靈圖寺

18623 劉闍梨 ……………… P4518㉝
〔往西天取經僧圖一軀〕 （10C）
　1)闍梨

18624 劉闍梨 ……………… S11527
〔勘經點檢曆〕 （10C）
　1)闍梨

18625 劉闍梨 ……………… Дx07224
〔乾?明寺小祥追念設供疏〕 （10C後期）
　1)闍梨　2)〔乾〕明寺

18626 劉周小 ……………… Дx01439
〔親情社轉帖〕 丙戌年九月十九日 （986?）
　1)社老　2)報恩寺

18627 劉醜子 ……………… P3273
〔付麥粟曆〕 （10C中期）

18628 劉住子 ……………… P2049v②
〔淨土寺諸色入破曆計會牒〕 長興二年正月
（930～931）

18629 劉住子 ……………… P2817v
〔社司轉帖及便絹契等(殘)〕 （10C）

18630 劉住子 ……………… S01898
〔兵裝備簿〕 （10C前期）

18631 劉住娘 ……………… S04710
〔沙州戶口簿〕 （9C中期以降）

18632 劉縱娘 ……………… S04710
〔沙州戶口簿〕 （9C中期以降）

18633 劉閏德 ……………… S01159
〔神沙鄉散行人轉帖〕 二月四日 （10C中期）
　1)行人　3)神沙鄉

18634 劉像眞 ……………… S02729①
〔燉煌應管勘牌子歷〕 辰年三月 （788）
　1)僧　2)乾元寺　3)沙州　4)辰年4月26日死。
20行目。

18635 劉像眞 ……………… S02729①
〔燉煌應管勘牌子歷〕 辰年四月廿六日 （788）
　1)僧　2)乾元寺　3)沙州　4)辰年4月26日死。
末尾有「贊息檢」。60-61行目。

18636 劉勝覺 ……………… P3167v
〔安國寺道場司關于(五尼寺)沙彌戒訴狀〕
乾寧二年三月 （895）
　2)安國寺　4)⇒勝覺。

18637 劉勝嬌 ……………… S04710
〔沙州戶口簿〕（9C中期以降）

18638 劉勝藏 ……………… S02669
〔管內尼寺(安國寺・大乘寺・聖光寺)籍〕
(865～870)
2)大乘寺 3)玉關鄉 4)姓「劉」。俗名「娘子」。

18639 劉小兒子 ……… BD16332A(L4423)
〔渠人轉帖〕（10C）

18640 劉?小?咒?子 ……………… Дx04547
〔氍子頭人名目〕（10C?）

18641 劉少晏 ……………… S05139v①
〔涼州節院使押衙劉少晏狀(寫錄)〕 乙酉年六月日 (925?)

18642 劉承化 ……………… 莫第217窟
〔供養人題記〕（9C末期）
1)男清信□ 4)《燉》p.100。

18643 劉昇々 ……………… P3666v
〔便粟麥契曆〕（9C中期前後）
1)見人?

18644 劉昇々 ……………… S04710
〔沙州戶口簿〕（9C中期以降）

18645 劉昌母 ……………… P2912v③
〔寫大般若經一部施銀盤子麥粟粉疏〕 四月八日 （9C前期）
4)原作「劉昌母」。

18646 劉稱心 ……………… S04710
〔沙州戶口簿〕（9C中期以降）

18647 劉章仵 ……………… P3418v⑥
〔洪閏鄉缺枝夫戶名目〕（9C末～10C初）
3)洪潤鄉

18648 劉章仵 ……………… 杏・羽069①
〔雇人主史章友雇庸李富子契〕（10C）
1)見人 4)文書面有「李盛鐸印」等。

18649 劉上座 ……………… S11601
〔諸寺僧名目〕（10C?）
1)上座

18650 劉娘子 ……………… S02669
〔管內尼寺(安國寺・大乘寺・聖光寺)籍〕
(865～870)
2)大乘寺 3)玉關鄉 4)尼名「勝藏」。

18651 劉常安? ……………… P3666v
〔便粟麥契曆〕（9C中期前後）
1)百姓

18652 劉常清 ……………… P3666v
〔便粟麥契曆〕（9C中期前後）
1)百姓

18653 劉淨覺 ……………… S02729①
〔燉煌應管勘牌子曆〕 辰年三月 (788)
1)僧 2)靈修寺 3)沙州 4)29行目。

18654 劉神奴 ……………… S11358
〔部落轉帖〕（10C後期）

18655 劉進盈 ……………… P2040v③-2
〔淨土寺西倉粟利入曆〕 己亥年 (939)
2)淨土寺

18656 劉進盈 ……………… S03982
〔月次人名目〕 乙丑年四月 (965)

18657 劉進盈 ……………… Дx02169
〔貧窮緣去〕（9C中期）

18658 劉進玉 ……………… 莫第205窟
〔供養人題記〕（8C後期）
1)社人 4)西壁。《燉》p.94。

18659 劉進國 ……………… BD06359(鹹59)
〔便麥契〕 丑年二月 (821)
1)團頭 2)靈修寺

18660 劉進子 ……………… P3418v④
〔龍勒鄉缺枝夫戶名目〕（9C末～10C初）
3)龍勒鄉

18661 劉進子 ……………… P3666v
〔雜寫〕（9C後期）

18662 劉進朝 ……………… P3047v①
〔僧名等錄〕（9C前期）
4)僧名「進朝」。

18663 劉湛? ……………… Дx04776
〔燉煌諸鄉百姓等勞役簿〕（9C前期?）

18664 劉成子 ……………… P2705＋S03985
〔具注曆日〕 端拱二年(己丑歲) (989)
1)勘了(人)

18665 劉晟昌 ……………… S01159
〔神沙鄉散行人轉帖〕 二月四日 （10C中期）
　1)行人　3)神沙鄉

18666 劉栖祐 ……………… Дx01328
〔高昌田苗曆〕 建中三年三月廿七日 （782）
　1)百姓

18667 劉清?憨 ……………… P3396v
〔沙州諸渠別茋薗名目〕 （10C後期）

18668 劉清子 ……………… BD16145A（L4074）
〔請人地畝別納枝橛曆〕 （9〜10C）

18669 劉清〻 ……………… S02228①
〔絲綿部落夫丁修城使役簿〕 亥年六月十五日 （819）
　1)(左十) 3)絲綿部落 4)首行作「亥年六月十五日州城所,絲綿」。末行作「亥年六月十五日畢功」。

18670 劉生 ……………… P4995
〔兒郎偉文〕 （10C中期）
　1)社內錄事

18671 劉生 ……………… S01600②
〔靈修寺厨田入破曆〕 辛酉年 （961）
　1)判官　2)靈修寺

18672 劉生婦 ……………… S06981⑭
〔破曆(殘)〕 （10C後期）

18673 劉千〻 ……………… S04710
〔沙州戶口簿〕 （9C中期以降）

18674 (劉?)善興 ……………… BD11987（L2116）
〔歸義軍官府人名目〕 （9C後期〜10C）
　4)原作「劉富昌及善興二人」。

18675 劉善子 ……………… S03978
〔納贈曆〕 丙子年七月一日 （976）

18676 劉善子 ……………… S04710
〔沙州戶口簿〕 （9C中期以降）

18677 劉善藏 ……………… S02669
〔管內尼寺(安國寺・大乘寺・聖光寺)籍〕 （865〜870）
　2)大乘寺　3)神沙鄉　4)姓「劉」。俗名「端嚴」。

18678 劉善郎 ……………… BD16332A（L4423）
〔渠人轉帖〕 （10C）

18679 劉僧政 ……………… P3161
〔常住什物見在新附點檢曆〕 （10C前期）
　1)僧政

18680 劉僧正 ……………… P3067
〔某寺常住什物點檢曆〕 （10C後期）
　1)僧正

18681 劉僧正 ……………… P3152
〔陳守定請僧設供疏〕 淳化三年八月日 （992）
　1)僧正

18682 劉僧正 ……………… P3218
〔時年轉帖〕 八月廿二日 （975以降）
　1)僧正　2)龍興寺

18683 劉僧正 ……………… S03156①
〔時年轉帖〕 己卯年十二月十六日 （979）
　1)僧正　2)三界寺　4)原作「界劉僧正」。

18684 劉僧正 ……………… S03156①
〔時年轉帖〕 己卯年十二月十六日 （979）
　1)僧正　2)龍興寺　4)原作「龍劉僧正」。

18685 劉僧正 ……………… S03189
〔轉經文〕 癸未年十月一日 （983）
　1)僧正

18686 劉僧正 ……………… S05855
〔追疏文〕 雍熙三年丙戌六月 （986）
　1)僧正

18687 劉僧正 ……………… Дx01431
〔諸家斛㪷破除計會〕 （10C）
　1)僧正

18688 (劉)宗緒 ……………… S00076v⑤
〔宗緒書狀2通〕 （10C前期）
　1)從弟

18689 劉瘦〻 ……………… S04710
〔沙州戶口簿〕 （9C中期以降）
　1)尼　4)⇒瘦〻。

18690 劉藏〻 ……………… 莫第147窟
〔供養人題記〕 （9C後期）
　1)社人　4)原作「社人劉藏〻一心供養」。西壁。《燉》p.67。

18691 劉存慶 ……………… P4640v
〔官入破曆〕 庚申年二月 （900）
　1)羊司・押衙

18692 劉存慶 ························ Дx01414
〔劉存慶換舍契〕 天復陸年丙寅歲拾壹口(月)
(906)
　1)博換舍兄・押衙　4)劉三奴與劉存慶是兄弟。

18693 劉大師 ························ S05855
〔追疏文〕 雍熙三年丙戌六月　(986)
　1)大師

18694 劉大口 ······················ S02228v①
〔貸麥曆〕 七月十四日　(吐蕃期)

18695 劉宅官 ······················ S05486②
〔社司轉帖〕 壬寅年六月九日　(942)
　1)宅官

18696 劉達子 ······················ P2040v③-2
〔淨土寺西倉粟利入曆〕 己亥年　(939)
　2)淨土寺

18697 劉達子 ······················ P3448v
〔雇駝契〕 辛卯年九月廿日　(931?)
　1)馳主・百姓

18698 劉達子 ······················ S01898
〔兵裝備簿〕 (10C前期)
　1)十將

18699 劉端嚴 ······················ S02669
〔管內尼寺(安國寺・大乘寺・聖光寺)籍〕
(865～870)
　2)大乘寺　3)神沙鄉　4)尼名「善藏」。

18700 劉知?信 ····················· P4640v
〔官入破曆〕 辛酉?九月十日　(901?)
　4)助葬。⇒劉和?信。

18701 劉丑兒 ······················ Дx01453
〔開倉納地子麥麻曆〕 丙寅年八月廿四日
(966)

18702 劉定子 ······················ P3379
〔社錄事陰保山等牒(團保文書)〕 顯德五年二
月　(958)
　4)有指押印。

18703 劉定子 ······················ P4638v⑬
〔將于闐充使達至西府大國〕 辛卯年　(931)
　1)隨身官

18704 劉定子 ······················ P4907
〔淨土寺?儭破曆〕 庚寅年九月十一日　(930?)
　2)淨土寺

18705 劉定子 ······················ S01159
〔神沙鄉散行人轉帖〕 二月四日　(10C中期)
　1)行人　3)神沙鄉

18706 劉定昌 ······················ P2817v
〔社司轉帖及辛巳年便絹契(殘)〕 辛巳年
(981?)

18707 劉定奴 ······················ P3418v①
〔□□鄉缺枝夫戶名目〕 (9C末～10C初)

18708 劉廷堅 ······················ S00076v③
〔上詩2首〕 (10C前期)
　1)前吉州館驛巡官

18709 劉鐵子 ······················ BD16332A(L4423)
〔渠人轉帖〕 (10C)

18710 劉添敬 ······················ 楡第19窟
〔巡禮題記〕 (10C中期)
　1)男弟子　4)洞口。《謝》p.462。

18711 劉奴子 ······················ P2738v
〔社司轉帖(寫錄)〕 二月廿五日　(9C後期)

18712 劉奴子 ······················ P3167v
〔安國寺道場司關于(五尼寺)沙彌戒訴狀〕
乾寧二年三月　(895)
　2)大乘寺?

18713 劉奴子 ······················ P3666v
〔便粟麥契曆〕 (9C中期前後)
　1)見人?

18714 劉道行 ······················ 莫第033窟
〔供養人題記〕 (10C中後期)
　1)釋門法律臨壇大德宣白法師　4)原作「釋門法
律臨壇大德宣白法師道行一心供養。俗姓劉氏」。
東壁門北側。⇒道行。

18715 劉德兒 ······················ BD16332A(L4423)
〔渠人轉帖〕 (10C)

18716 劉德政 ······················ S11552
〔納贈曆〕 (10C)
　4)舊S10637。

18717 劉屯子 ······················ P.tib1088A
〔燉煌諸人磑課麥曆〕 卯年～巳年間　(835～
837)

18718 劉屯子 ……………… S02103
〔渠水田地訴訟牒〕 酉年十二月 (817?)

18719 劉曇倩 ……………… S03918②
〔金剛檀廣大清淨陀羅尼經(曇倩于安西譯)題記〕 大唐貞元九年 (793)
　1)和尚　4)本文中有「近劉和尚法諱曇倩于安西翻譯,至今大唐貞元年約四十年矣」之文。

18720 劉能嚴 ……………… S02669
〔管内尼寺(安國寺・大乘寺・聖光寺)籍〕(865～870)
　1)尼?　2)大乘寺　3)玉關鄉　4)俗姓「劉」。俗名「吳々」。尼名「能嚴」。⇒劉吳々。

18721 劉婆 ……………… S09996
〔便曆〕 (10C中期)

18722 劉伯醜 ……………… S04710
〔沙州戶口簿〕 (9C中期以降)

18723 (劉)鉢々 ……………… S04710
〔沙州戶口簿〕 (9C中期以降)
　1)尼

18724 劉判官 ……………… BD15246⑤(新1446)
〔寺主延會沿寺破曆抄〕 丁丑年三月廿一日 (920)
　1)判官

18725 劉判官 ……………… P3367
〔弟子都押衙宋慈順爲故男追念疏〕 己巳年八月廿三日 (969)
　1)判官・闍梨　2)三界寺

18726 劉判官 ……………… P3713v
〔粟破曆〕 七月廿六日 (10C後期)
　1)判官

18727 劉富子 ……………… P4640v
〔官入破曆〕 庚申年十一月 (900)
　1)衙官

18728 劉富昌 ……………… BD11987(L2116)
〔歸義軍官府人名目〕 (9C後期～10C)

18729 劉富昌 ……………… P4525⑩
〔官府酒破曆〕 辛巳年 (981)
　1)官健

18730 劉富昌 ……………… S03714
〔親情社轉帖(雜寫)〕 (10C)

18731 劉富昌 ……………… Дx02149в
〔見納缺柴人名目〕 (10C)

18732 劉富娘 ……………… S04710
〔沙州戶口簿〕 (9C中期以降)

18733 劉富寧 ……………… P3146A
〔衙前子弟州司及翻頭等留殘祆衙人數〕 辛巳年八月三日 (981)

18734 劉伏奴 ……………… Дx18919v
〔契〕 大曆十七年閏三月廿九日 (782)
　1)保人兄

18735 劉福威 ……………… P3666v
〔便粟麥契曆〕 (9C中期前後)
　1)見人?

18736 劉福惠 ……………… S04710
〔沙州戶口簿〕 (9C中期以降)

18737 劉佛奴 ……………… P3418v⑥
〔洪閏鄉缺枝夫戶名目〕 (9C末～10C初)
　3)洪潤鄉

18738 劉佛奴 ……………… S01316
〔破曆〕 (9C末～10C初)

18739 劉佛奴 ……………… S02214
〔官府雜帳(名籍・黃麻・地畝・地子等曆)〕(860?)

18740 劉文顯 ……………… S04710
〔沙州戶口簿〕 (9C中期以降)

18741 劉文集 ……………… S04710
〔沙州戶口簿〕 (9C中期以降)

18742 劉文端 ……………… P3167v
〔安國寺道場司關于(五尼寺)沙彌戒訴狀〕 乾寧二年三月 (895)
　2)安國寺

18743 劉文端 ……………… P3870
〔燉煌廿詠(首題)〕 咸通十二年十一月 (871)
　1)學生　3)燉煌鄉　4)原作「學生劉文端寫記讀書索文□」。

18744 劉文□ ……………… P3418v⑥
〔洪閏鄉缺枝夫戶名目〕 (9C末～10C初)
　3)洪潤鄉

18745 劉兵馬使 ･････････････ S06214
〔社司轉帖〕乙卯年四月廿八日 (955?)
　4)原作「劉兵馬使男」。

18746 劉兵馬使 ･････････････ 杏･羽692
〔祭文〕（10C）
　1)兵馬使　4)原作「尙響文」。

18747 劉兵馬使男 ･････････････ S06214
〔社司轉帖〕乙卯年四月廿八日 (955?)
　4)原作「劉兵馬使男」。

18748 劉辯 ････････････････････ P2606
〔太上洞玄靈寶無量度人上品妙經〕（10C?）
　4)校。

18749 劉保奇 ･･･････････････ S00542v
〔燉煌諸寺丁壯車牛役部〕戌年六月十八日 (818)
　2)報恩寺

18750 劉保?奇妻善娘 ･･････ S00542v
〔燉煌諸寺丁壯車牛役部〕戌年六月十八日 (818)
　2)報恩寺

18751 劉保期 ･････････････････ S07060
〔都司諸色破曆〕辰年（9C前期）

18752 劉保子 ･････････････････ P3379
〔社錄事陰保山等牒（團保文書）〕顯德五年二月 (958)
　4)有指押印。

18753 劉保達 ････････････････ S09462
〔社司?轉帖〕（10C）

18754 劉保通 ･･････････････････ P2629
〔官破曆〕八月九日（10C中期）
　4)妻助莖。

18755 劉保定 ･･･････････････ P2032v⑱
〔淨土寺豆利閏入曆〕（940前後）
　2)淨土寺

18756 劉保定 ･･････････････････ P3290②
〔宋沙州人戶別都受田申請計帳（寫錄）〕至道元年乙未歲正月一日 (995)

18757 劉保德 ･･････････････････ P3396
〔沙州諸渠別粟田名目〕（10C後期）

18758 劉寶琦 ･･････････････････ S07060
〔都司諸色破曆〕辰年（9C前期）

18759 劉法應 ･･････････････････ P3047v①
〔僧名等錄〕（9C前期）
　4)僧名「法應」。

18760 劉法璨 ･･････････････････ P3047v①
〔僧名等錄〕（9C前期）
　4)僧名「法璨」。

18761 劉法師 ･･････････････････ P3702
〔師書簡殘（寫錄）〕（10C中期）
　1)法師　4)袁兄･劉法。

18762 劉法律 ･･････････ BD09282v(周3)
〔把紙人手上配經付紙歷〕（10C末）
　1)法律

18763 劉法律 ･･････････････････ P3240②
〔付鞦歷〕壬寅年七月十六日 (1002)
　1)法律　2)三界寺

18764 劉法律 ･･････････････････ P3388
〔節度使曹元忠爲故兄追念請金光明寺僧疏〕開運四年三月九日 (946)
　1)法律　2)金光明寺

18765 劉法律 ･････････････ P3555B piece1
〔當寺轉帖〕（10C前期）
　1)法律

18766 劉法律 ･･････････････････ P4981
〔當寺轉帖〕閏三月十三日 (961)
　1)法律　4)原作「大劉法律」。

18767 劉法律 ･･････････････････ S00520
〔報恩寺方等道場榜〕（9C末〜925以前）
　1)法律　4)有「河西都僧院」印。

18768 劉法律 ･････････････････ S01328v③
〔徒衆轉帖殘〕（10C前期）
　1)法律

18769 劉法律 ･････････････････ S01823v③
〔徒衆轉帖（殘）〕（10C前期）
　1)法律

18770 劉法律 ････････････････ S04117
〔寫經人･校字人名目〕壬寅年三月廿九日 (1002)
　1)法律

18771 劉法律 ……………… S05139v②
〔社司轉帖(寫錄)〕 四月十三日 （10C前期）
　1)法律

18772 劉法律 ……………… S08713
〔團人名目(2片)〕 （10C）
　1)第四團・法律

18773 劉法律 ……………… S10537
〔團人名目(2片)〕 （10C）
　1)第四團・法律

18774 劉法律 ……………… Дx01412
〔卯辰巳三年沿寺黃麻等入破曆〕 （10C中期）
　1)法律

18775 劉法律 ……… Дx01425＋Дx11192＋
Дx11223
〔某寺弔儀用布破曆〕 辛酉年從正月到四月
（961）
　1)法律　2)金(光明寺)　4)原作「金全劉法律母亡弔」。

18776 劉法?(律) ……………… Дx02146
〔請諸寺和尙僧政法律等名錄〕 （10C?）
　1)法律

18777 劉法和 ……………… S05711v
〔龍勒鄉百姓王再慶狀(寫字)〕 （9C中期）
　1)百姓　3)龍勒鄉

18778 劉騗□ ……………… S02241
〔狀〕 顯德五年三月? （958?）
　1)兵馬使

18779 劉万子 ……………… P3273
〔付麥粟曆〕 （10C中期）

18780 劉万子 ……………… Дx01410
〔社司轉帖〕 庚戌年閏四月 （950）
　1)不般墼人

18781 劉万住 ……………… P3164
〔親情社轉帖〕 乙酉年十一月廿六日 （925?）

18782 劉万定 ……………… S06452⑤
〔破曆便曆?〕 辛巳年 （981）
　2)淨土寺　4)⇒万定。

18783 劉万友 ……………… P3379
〔社錄事陰保山等牒(團保文書)〕 顯德五年二月 （958）
　4)有指押印。

18784 劉滿子 ……………… P2162v
〔三將納丑年突田曆〕 （9C前期）

18785 劉滿子 ……………… S02228①
〔絲綿部落夫丁修城使役簿〕 亥年六月十五日 （819）
　1)(右七)　3)絲綿部落　4)首行作「亥年六月十五日州城所, 絲綿」, 末行作「亥年六月十五日畢功」。

18786 (劉)明々 ……………… S04710
〔沙州戶口簿〕 （9C中期以降）
　1)僧

18787 劉友主 ……………… P4640v
〔官入破曆〕 辛酉?年九月廿九日 （901?）
　1)口承人　3)玉門

18788 劉友住 ………… BD16332A(L4423)
〔渠人轉帖〕 （10C）

18789 劉友信 ……………… P4640v
〔官入破曆〕 庚申年十二月 （900）

18790 劉養□ ……………… S02071v
〔請處分得王買德等承料地狀〕 （8C後期?）
　3)慈惠鄉　4)R面爲「切韻」(8C)。

18791 劉鷹々 ……………… S04710
〔沙州戶口簿〕 （9C中期以降）
　4)⇒鷹々。

18792 劉力々 ……………… P3418v⑦
〔慈惠鄉缺枝夫戶名目〕 （9C末～10C初）
　3)慈惠鄉

18793 劉力々 ……………… P3666v
〔便粟麥契曆〕 （9C中期前後）
　1)見人?

18794 劉力々 ……………… S04710
〔沙州戶口簿〕 （9C中期以降）

18795 劉留住 ………… BD16332A(L4423)
〔渠人轉帖〕 （10C）

18796 劉旅?惲 ………… BD09334(周55)
〔分付多衣簿〕 （8C中期）

18797 劉歷收 ……………… S06829v
〔修造破曆〕 丙戌年 （806）

18798　劉郎 ・・・・・・・・・・・・・・・・・・・・・ S06981⑤
〔親情社轉帖〕 癸亥年八月十日 （963）

18799　劉郎 ・・・・・・・・・・・・・・・・・・・・・ 杏・羽172v②
〔沙州阿耶等諸親信書（殘）〕 （10C?）

18800　劉和尚 ・・・・・・・・・・・・・・・・・・・・ P3667
〔沙州報恩寺故劉大德禪和尚金霞遷神誌銘并序〕 蕃中辛巳歲五月一日葬 （801）
　1）和尚　2）報恩寺　3）沙州鄉

18801　劉和尚 ・・・・・・・・・・・・・・・・・・・・ P3718⑥
〔沙門劉和尚生前邈眞讚〕 天成三年戊子歲三月八日 （928）
　1）生前邈眞讚并序, 故唐河西燉煌府釋門法律臨壇供奉大德兼通三學法師毗尼藏主沙門

18802　劉和?信 ・・・・・・・・・・・・・・・・・・ P4640v
〔官入破曆〕 辛酉?九月十日 （901?）
　1）衙官　4）助葬。⇒劉知?信。

18803　劉□ ・・・・・・・・・・・・・・・・・・・・・・ P2162v
〔三將納丑年突田曆〕 （9C前期）

18804　劉□ ・・・・・・・・・・・・・・・・・・・・・・ P4610
〔夫人劉上李郎書狀〕 八月一日 （10C?）
　1）夫人

18805　劉□ ・・・・・・・・・・・・・・・・・・・・・・ S00076v⑥
〔劉□書狀〕 閏正月日 （10C前期）
　1）鄉貢進士

18806　劉□朝 ・・・・・・・・・・・・・・・・・・・・ 莫第217窟
〔供養人題記〕 （9C末期）
　1）亡祖父前節度押衙銀青光祿大夫檢校國子祭酒□察□□　4）甬道南壁。《燉》p.99。

18807　劉□面 ・・・・・・・・・・・・・・・・・・・・ TⅡY-46A
〔戶籍〕 端拱三年 （990）

18808　劉□ ・・・・・・・・・・・・・・・・・・・・・・ S08426
〔官府酒破曆〕 三月? （10C）

18809　劉□ ・・・・・・・・・・・・・・・・・・・・・・ S08426F②
〔使府酒破曆〕 （10C中～後期）

18810　劉□ ・・・・・・・・・・・・・・・・・・・・・・ 莫第217窟
〔供養人題記〕 （9C末期）
　1）男□□□□度押□銀青光…察兼御史中丞　4）甬道北壁。《燉》p.99。

18811　劉 ・・・・・・・・・・・・・・・・・・・・・・・・ BD05673v④（李73）
〔行人轉帖（寫錄）〕 今月十二日 （9C末）

18812　劉? ・・・・・・・・・・・・・・・・・・・・・・・ BD15412（簡068075）1
〔阿張殘牒〕 （9～10C）
　4）BD1512-2為「趙元亮等殘名歷」3行。⇒對?

18813　劉 ・・・・・・・・・・・・・・・・・・・・・・・・ P2914
〔王梵志詩卷第3〕 大漢天福參年歲次甲寅七月廿九日 （938?）
　2）金光明寺

18814　劉 ・・・・・・・・・・・・・・・・・・・・・・・・ S04649
〔破曆〕 庚午年 （970）
　1）法律　2）金光明寺

18815　劉 ・・・・・・・・・・・・・・・・・・・・・・・・ Stein Painting 67
〔觀音圖供養題記〕 （10C中期）
　4）原作「慈母阿劉一心供養」。

18816　柳蝎く ・・・・・・・・・・・・・・・・・・・・ S05549
〔百歲篇1卷（題記）〕 （10C?）
　4）原作「蝎く阿柳」。

18817　柳緊 ・・・・・・・・・・・・・・・・・・・・・・ 莫第090窟
〔供養人題記〕 （10C前期）
　1）社老・□□士　4）原作「社老□□𡈼柳緊一心供養」。西壁。《燉》p.30。

18818　柳緊子 ・・・・・・・・・・・・・・・・・・・・ P3391v②
〔社人名列記（寫錄）〕 丁酉年頃 （937頃）

18819　柳晟 ・・・・・・・・・・・・・・・・・・・・・・ BD01583v（來83）
〔將作監柳晟〕 （9C前期）
　1）檢校工部尚書兼將作監

18820　柳 ・・・・・・・・・・・・・・・・・・・・・・・・ BD05673v④（李73）
〔行人轉帖（寫錄）〕 今月十二日 （9C末）

18821　柳 ・・・・・・・・・・・・・・・・・・・・・・・・ S05549
〔百歲篇1卷（題記）〕 （10C?）
　4）原作「阿柳」。

18822　隆善通 ・・・・・・・・・・・・・・・・・・・・ BD05546v（珍46）
〔雜寫〕 （9～10C）
　1）隨身

18823　龍安官 ・・・・・・・・・・・・・・・・・・・・ Дx02256
〔親情社轉帖〕 丙午年七月三日 （946?）

18824　龍安久 ・・・・・・・・・・・・・・・・・・・・ Дx02256
〔親情社轉帖〕 丙午年七月三日 （946?）

18825 龍安成 ……………… BD16381(L4455)
〔諸家磚曆〕（10C）

18826 龍意山 ……………… BD14806①(新1006)
〔於倉缺物人便麥名抄錄〕 辛酉年三月廿二日 （961）
　3)洪池鄉

18827 龍意山 ……………… BD16381(L4455)
〔諸家磚曆〕（10C）

18828 龍意山 ……………… P2032v⑯-4
〔淨土寺粟利閏入曆〕（940前後）
　2)淨土寺

18829 (龍)意全 ……… BD14806①(新1006)
〔於倉缺物人便麥名抄錄〕 辛酉年三月廿二日 （961）
　1)口承人・(龍再昇)父 4)原作「口承人父意全」。

18830 龍意全 ……………… Дx02256
〔親情社轉帖〕 丙午年七月三日 （946?）
　1)虞侯

18831 龍員昌 ……………… S02472v⑤
〔官破計會〕 辛巳年十月三日 （981）
　1)押衙・第一隊頭

18832 龍員遂 ……………… S02472v③
〔納贈曆〕 辛巳年十月廿八日 （981）

18833 龍員定 ……………… P3649v
〔契〕 丁巳年四月七日 （957?）
　1)百姓 3)赤心鄉

18834 龍永紹 ……………… S08583
〔都僧統龍辯牓〕 天福八年二月十九日 （943）
　1)都僧統

18835 龍盈通 ……………… S06003
〔社司轉帖〕 壬申年七月廿九日 （972）

18836 龍盈德 ……………… S06309
〔行人轉帖〕 四月八日 （10C）
　1)行人

18837 龍盈德 ……………… Дx01453v
〔諸人納地子麥等曆〕（10C後期）
　4)R面為「丙寅年(966)八月廿四日納地麥廓曆」。

18838 龍延昌 ……………… S05529①
〔孔子項託相問書封面題記〕（10C）
　4)原作「龍文晟文書册子龍延昌文書」。

18839 龍應々 ……………… S04474v
〔燉煌鄉信士賢者張安三父子敬造佛堂功德記〕 天復八年?十月 （908?）
　3)燉煌鄉

18840 龍押衙 ……………… P2680v①
〔人名列記(5名)〕（10C中期）
　1)押衙

18841 龍押衙 ……………… P3240②
〔付柴曆〕 壬寅年七月十六日 （1002）
　1)押衙

18842 龍押衙 ……………… S02472v③
〔納贈曆〕 辛巳年十月廿八日 （981）
　1)押衙

18843 龍押衙 ……………… S04117
〔寫經人・校字人名目〕 壬寅年三月廿九日 （1002）
　1)寫經人・校字人・押衙

18844 龍押衙 ……………… S07235v
〔書?上生經1卷〕 辛卯年五月十八日 （991）
　1)押衙

18845 龍家 ……………… P2641
〔宴設司文書〕 丁未年六月 （947）

18846 龍家 ……………… P3763v
〔淨土寺入破曆〕（945前後）
　2)淨土寺

18847 龍家 ……………… S04525v
〔付官健及諸社佛會色物數目〕（10C後期）

18848 龍家馬主 ……………… S05750v
〔曹清兒申述龍家馬主追索狀〕（9C末～10C前期）
　1)馬主

18849 龍家福郎 ……………… P4008
〔磑麵人名目〕（10C中期?）

18850 龍家佛德 ……………… Дx01364
〔瓜州盧流奴還續價羊囑〕（10C?）
　1)沙門 3)瓜州

18851 龍華子 …………………… P3730v
　〔紇骨薩百姓龍華子便捌㪷貳勝曆〕 未年四月
　四日（9C前期）
　　1）百姓　3）紇骨薩

18852 龍海潤 …………………… P3249v
　〔將龍光顏等隊下人名目〕（9C中期）

18853 龍海存 …………………… P2985v④
　〔親使員文書〕（10C後期）

18854 龍義子 …………………… P2032v①-4
　〔淨土寺粟入曆〕（944前後）

18855 龍鄉官 …………………… S06003
　〔社司轉帖〕 壬申年七月十九日（972）
　　1）錄事・鄉官　4）錄事就鄉官帖。

18856 龍慶奴 …………………… Дx01317
　〔衙前第一隊轉帖〕 二月六日（10C中期）
　　4）⇒就慶奴。

18857 龍繼思 …………………… Дx01275
　〔官府破紙曆〕（9C末～10C初）
　　1）押衙

18858 龍繼德? ………… BD16384v（L4458）
　〔人名目〕（10C後期）

18859 龍光願 …………………… P3249v
　〔將龍光顏等隊下人名目〕（9C中期）
　　1）隊將

18860 龍歾〻 …………………… P5021D
　〔付物曆〕（9C末～10C初）

18861 龍江閏 …………………… P3816v
　〔人名目〕（10C）

18862 龍江?達 ………………… P3418v②
　〔燉煌鄉缺枝夫戶名目〕（9C末～10C初）
　　3）燉煌鄉

18863 龍苟兒 ………… BD07431v（官31）
　〔雜寫〕（10C後期）
　　4）原作「龍苟兒家」。

18864 龍骨子 …………………… S08443D
　〔李闍梨出便黃麻（麥）曆〕 丁未年正月三日
　（947?）

18865 龍再延 …………………… P2032v⑯-4
　〔淨土寺粟利閏入曆〕（940前後）
　　2）淨土寺

18866 龍再宜 …………………… S12603A
　〔田地契〕（9C?）
　　1）見人

18867 龍再宜 ………… BD16036v（L4025）
　〔付弟神友書〕（9～10C）

18868 龍再宜 …………………… S01687v
　〔地主楊文成契〕（9C）
　　1）見人

18869 龍再昇 ………… BD14806①（新1006）
　〔於倉缺物人便麥名抄錄〕 辛酉年三月廿二
　日（961）
　　3）莫高鄉

18870 龍再昇 …………………… S06003
　〔社司轉帖〕 壬申年七月十九日（972）

18871 龍三山 …………………… S04211
　〔寫經關係文書〕 壬辰年四月十一日（932）
　　1）寫經人

18872 龍三山 …………………… S06135
　〔長阿含第二袟〕（10C）
　　4）龍三山題簽。

18873 龍三塠〔堆〕……… BD16021A（L4018）
　〔永寧坊巷社扶佛人名目〕（10C）
　　3）永寧坊

18874 龍子成 …………………… Дx11078
　〔（渠社?）轉帖〕 四月十日（950前後）

18875 龍子遷 …………………… Дx01313
　〔以褐九段塡還驢價契〕 壬申年十月廿七日
　（972）

18876 龍子□ ………… BD16381（L4455）
　〔諸家磚曆〕（10C）

18877 龍師男 …………………… Дx01380v
　〔僧名目〕（10C後期）
　　4）R面爲「七月廿八日獻信狀」(10C後期)。

18878 龍氏 …………………… 楡第33窟
　〔供養人題記〕（10C中期）
　　1）清信弟子君□□　4）北壁。《謝》p.480。

18879 龍社長 ･･････････････ S02472v③
　〔納贈曆〕　辛巳年十月廿八日　(981)
　　1)社長

18880 龍闍梨 ･･････････････ P2680v④
　〔納贈曆〕　(10C中期)
　　1)闍梨

18881 龍闍梨 ･･････････････ P2944
　〔大乘寺・聖光寺等尼僧名錄〕　(10C後期?)
　　1)闍梨　2)大乘?寺

18882 龍儒德 ･･････････････ S01920v
　〔雜寫(人名目等)〕　(10C)
　　1)學生大歌

18883 龍修證 ･･････････････ S02729①
　〔燉煌應管勘牌子曆〕　辰年三月　(788)
　　1)僧　2)靈修寺　3)沙州　4)29行目。

18884 龍什德 ･･････････････ S08443B2
　〔李闍梨出便黃麻曆〕　乙巳年二月一日
　(945?)
　　3)洪池鄉

18885 龍什德 ･･････････････ S08443E
　〔李闍梨?出便黃麻曆〕　甲辰年〜丁未年頃
　(944〜947)
　　3)洪池鄉

18886 龍將頭 ･･････････････ P3396
　〔沙州諸渠別粟田名目〕　(10C後期)
　　1)將頭

18887 龍章祐 ･･････････････ S00466
　〔典地契〕　廣順三年癸丑十月十二日　(953)
　　1)百姓　3)莫高鄉

18888 龍眞英 ･･････････････ S03074v
　〔某寺破曆〕　七月廿六日　(9C前期)

18889 龍眞英妻 ････････････ S00542v
　〔乾元寺破曆〕　戊年六月十八日　(818)
　　2)乾元寺

18890 龍進子 ･･････････････ P2680v④
　〔納贈曆〕　(10C中期)

18891 龍眘榮 ･･････････････ S01475v⑭⑮-2
　〔便契〕　卯年二月十一日　(823?)
　　1)見人

18892 龍清兒 ･･････････････ P2877v
　〔行人轉帖〕　乙丑年正月十六日　(962)
　　1)行人

18893 龍清?襲? ･･････････ P3396
　〔沙州諸渠別粟田名目〕　(10C後期)

18894 龍善住 ･･････････････ P3234v⑮
　〔淨土寺西倉豆利潤入曆〕　(940年代?)
　　2)淨土寺

18895 龍僧政 ･･････････････ BD09705①(坐26)
　〔金光明最勝王經卷第8(兌紙)〕　(9〜10C)
　　1)僧政　4)原作「龍僧政兌」。

18896 龍僧正 ･･････････ Дx01425＋Дx11192＋
　　Дx11223
　〔某寺弔儀用布破曆〕　辛酉年從正月到四月
　(961)
　　1)僧正

18897 龍宗ゝ ････････････ S08445＋S08446＋
　　S08468②
　〔羊司於紫亭得羊名目〕　丙午年三月九日
　(946)

18898 龍宗ゝ ････････････ S08445＋S08446＋
　　S08468③
　〔稅巳年出羊人名目〕　丙午年二月十九日
　(946)

18899 龍藏子 ･･････････････ P3249v
　〔將龍光顏等隊下人名目〕　(9C中期)

18900 龍太清 ･･････････････ 浙燉132(浙博107)
　〔宋佛奴等捐諸木條記〕　(10C)

18901 龍大德 ･･････････････ S02528
　〔龍大德狀〕　(9〜10C)
　　1)大德僧　3)于闐

18902 龍大力 ･･････････････ Дx02256
　〔親情社轉帖〕　丙午年七月三日　(946?)

18903 龍宅官 ･･････････････ S03405
　〔主人付親情社色物〕　(10C後期)
　　1)宅官　4)V面有「癸未年三月十四日」。

18904 龍團頭 ･･････････････ Дx11072
　〔社司轉帖(建福)〕　正月五日　(10C後期)
　　1)團頭　2)乾明寺門前　4)本件存「於乾明寺門
　　前取齊」一文。

18905 龍團頭 ……………………… Дx11073
〔社司轉帖〕 正月五日 (975年代以降)
　1)團頭

18906 龍竹鉢 ……………………… BD16111A(L4066)
〔暮容歸順?隊?下人名目〕 (9～10C)

18907 龍聽兒 ……………………… S03877
〔雇工契(寫)〕 戊戌年正月廿五日 (878?)
　1)百姓　3)龍勒鄕

18908 龍定奴 ……………………… P3627③
〔龍鉢略貸借契(寫錄)〕 壬寅年二月十五日
(942)
　1)口承人

18909 龍定德 ……………………… S02472v③
〔納贈曆〕 辛巳年十月十八日 (981)

18910 龍都頭 ……………………… S01284
〔西州弟師昌富上靈圖寺陳和尙〕 二月日
(10C)
　1)都頭　4)原作「二月日…孟春猶寒」。

18911 龍屯 ……………………… S05825
〔社司轉帖〕 四月一日 (9C前期)

18912 龍屯〻 ……………………… S05788
〔社司轉帖〕 十一月廿一日 (9C前期)

18913 龍馬坊 ……………………… Дx11080
〔李鎭使等便粟曆〕 (9～10C)
　1)馬坊

18914 龍鉢略 ……………………… P3627③
〔龍鉢略貸借契(寫錄)〕 壬寅年二月十五日
(942)
　1)百姓　3)莫高鄕

18915 (龍?)富盈 ……………………… Дx01380v
〔僧名目〕 (10C後期)
　4)原作「龍師男富盈」。R面爲「七月廿八日獻信
狀」(10C後期)。⇒富盈。

18916 龍富淸 ……………………… S06003
〔社司轉帖〕 壬申年七月廿九日 (972)

18917 龍佛奴 ……………………… P5032v①
〔社司轉帖〕 戊午年六月十八日 (958)

18918 龍粉塠 ……………………… P3569v②③
〔官酒馬三娘龍粉塠牒〕 光啓三年四月 (887)
　1)官酒戶

18919 龍粉塠 ……………………… P5021D
〔付物曆〕 (9C末～10C初)

18920 龍糞推 ……………………… P3569v②③
〔官酒馬三娘龍粉塠牒〕 光啓三年四月 (887)
　1)官酒戶

18921 龍文晟 ……………………… S05529①
〔孔子項託相問書封面題記〕 (10C)
　4)原作「龍文晟文書册子龍延昌文書」。

18922 龍平水 ……………………… S08448B
〔紫亭羊數名目〕 (940頃)
　1)平水

18923 龍保慶 ……………………… S04472v
〔納贈曆〕 辛酉年十一月廿日 (961)

18924 龍保慶 ……………………… Дx10289
〔部落都頭楊帖〕 丁卯年九月十五日 (967)

18925 龍保達 ……………………… S06003
〔社司轉帖〕 壬申年七月廿九日 (972)

18926 龍保實 ……………………… S06003
〔社司轉帖〕 壬申年七月廿九日 (972)

18927 龍法藏 ……………………… P3854r.v
〔諸寺付經曆〕 (9C前期)
　4)原作「法藏龍」。⇒法藏。

18928 龍法律 ……………………… BD08172v(乃72)
〔社司轉帖(習書・殘)〕 癸未年頃 (923頃?)
　1)法律

18929 龍法律 ……………………… P3240①
〔配經歷〕 壬寅年六月十一日 (1002)
　1)法律

18930 龍法律 ……………………… P3396
〔沙州諸渠別粟田名目〕 (10C後期)
　1)法律

18931 龍法律 ……………………… P3490v①
〔油破曆〕 辛巳年頃 (921頃)
　1)法律

18932 龍法律 ……………………… S04211v
〔寫經關係文書〕 壬辰年 (932)
　1)法律

18933 龍法律 ·················· S06452④
　〔常住庫借貸油麵物曆〕　壬午年　(982?)
　　1)法律

18934 龍法律 ·················· S11527
　〔勘經點檢曆〕　(10C)
　　1)法律

18935 龍勃論 ·················· S00542v
　〔燉煌諸寺丁壯車牛役部〕　戌年六月十八日
　(818)
　　2)普光寺

18936 龍勃論妻 ················ S00542v
　〔燉煌諸寺丁壯車牛役部〕　戌年六月十八日
　(818)
　　2)普光寺

18937 龍磨骨悉鷄 ············· P2680v②
　〔諸鄉諸人便粟曆〕　(10C中期)

18938 龍万盈 ·············· P2032v①-4
　〔淨土寺粟入曆〕　(944前後)

18939 龍万成 ················· P4997v
　〔分付羊皮曆(殘)〕　(10C後期)

18940 龍友信 ················· S04060v
　〔便麥粟豆曆〕　己酉年　(949)

18941 龍祐定 ·················· S00466
　〔典地契〕　廣順三年癸丑十月廿二日　(953)
　　1)百姓　3)莫高鄉

18942 龍律師 ················· S06235v
　〔摩訶迦□延論議〕　(9〜10C)
　　1)律師

18943 龍連子? ················ P2894v
　〔出便黃麻曆〕　(10C)

18944 龍錄事 ·············· P3070v①②③
　〔社司轉帖(寫錄)〕　乾寧三年閏三(二)月
　(896)

18945 龍錄事 ················ S02472v③
　〔納贈曆〕　辛巳年十月廿八日　(981)
　　1)錄事

18946 龍□ ············· BD04048v(麗48)
　〔名籍〕　(9〜10C)

18947 龍□ ·················· Дx02256
　〔親情社轉帖〕　丙午年七月三日　(946?)
　　1)社長

18948 龍□維 ················· Дx06037
　〔納贈曆〕　(10C)

18949 龍□盈 ················ Дx02144v
　〔雜寫〕　(10C?)

18950 龍□社長 ··············· Дx02256
　〔親情社轉帖〕　丙午年七月三日　(946?)
　　1)社長

18951 龍 ·················· P3257①〜③
　〔牒文〕　開運二年十二月　(945)
　　4)原作「寡婦阿龍」。

18952 呂阿鸞 ·················· S01398
　〔契〕　太平興國七年壬午二月廿日　(982)
　　1)百姓　3)赤心鄉

18953 呂安吉 ················· S02214v
　〔黃麻地畝數目〕　(9C後期?)

18954 呂意〻 ·················· S02669
　〔管內尼寺(安國寺・大乘寺・聖光寺)籍〕
　(865〜870)
　　2)大乘寺　3)赤心鄉　4)尼名「智嚴」。

18955 呂維寂 ················· S02729①
　〔燉煌應管勘牌子曆〕　辰年三月　(788)
　　1)僧　2)大雲寺　3)沙州　4)7行目。

18956 呂維寂 ················· S02729①
　〔燉煌應管勘牌子曆〕　巳年七月十一日　(789)
　　1)僧　2)大雲寺　3)沙州　4)巳年7月11日死。
　　末尾有「贊息檢」。63行目。

18957 呂員住 ············ BD09293②(周14)
　〔神沙鄉氾流□賣鐺與赤心鄉百姓呂員住
　契〕　丙辰年十二月十八日　(956?)
　　1)百姓　3)赤心鄉

18958 呂延嗣 ················ Дx02149A
　〔寒食座設付酒曆〕　戊午年四月廿五日　(958
　or 898)

18959 呂會興 ·················· S03714
　〔親情社轉帖(雜寫)〕　(10C)

18960 呂漢骨似 ･････････････ P2953v
〔便麥豆本曆〕 (10C)

18961 呂均 ･････････････････ P3906②
〔字寶碎金1卷(末)〕 天福柒年壬寅歲肆拾日 (942)
　1)伎術院學郎知慈惠鄉書手 4)見葉形冊子本。他存亡言詩･書儀等。

18962 呂金鸞 ･････････････ S02729①
〔燉煌應管勘牌子曆〕 辰年三月 (788)
　1)僧 2)大雲寺 3)沙州 4)8行目。

18963 呂君達 ･････････････ S06130
〔諸人納布曆〕 (10C)

18964 呂惠達 ･････････････ P2622v
〔雜寫〕 (9C?)
　1)判官 3)赤心鄉 4)原作「赤心鄉判官呂惠達」。本件は別記。R面存「大中十三年三月四日」之紀年、又V面存「大中十三年四月」之紀年。

18965 呂惠達 ･････････････ Дx02955v
〔五言詩書寫〕 庚午年十月日 (850 or 910?)
　1)學生 4)原作「庚午年十月日學生呂惠達書寫」。

18966 呂惠達 ･････････････ Дx17447
〔雜寫〕 九月日 (9～10C)
　1)書記 4)本文有「□敎一卷」。

18967 呂惠□ ･･･････ Дx01609＋Дx02035
〔①救諸衆生苦難經1卷及②新菩薩經1卷末題記〕 乾符六年歲次己亥五月十三日 (879)

18968 呂縣令 ･････････････ P3763v
〔淨土寺入破曆〕 (945前後)
　1)縣令 2)淨土寺

18969 呂賢威 ･･･････････ P2040v②-28
〔淨土寺豆入曆〕 (940前後)
　2)淨土寺

18970 呂賢意 ･････････････ S02669
〔管內尼寺(安國寺･大乘寺･聖光寺)籍〕 (865～870)
　2)大乘寺 3)赤心鄉 4)姓「呂」。俗名「寵々」。

18971 呂胡兒 ･････････････ P3249v
〔將龍光顏等隊下人名目〕 (9C中期)

18972 呂康三 ･････････････ S00479
〔太公家敎1卷(尾)〕 乾符六年正月廿八日 (879)
　1)學生 4)尾題有「學生呂康三讀誦記」。

18973 呂恒安 ･････････････ P3249v
〔將龍光顏等隊下人名目〕 (9C中期)

18974 呂江晴 ･････････････ P2912v③
〔寫大般若經一部施銀盤子麥栗粉疏〕 四月八日 (9C前期)
　4)原作「呂江晴妻」。

18975 呂興奴 ･････････････ S09156
〔沙州戶口地畝計簿〕 (9C前期)

18976 呂興日 ･････････････ BD07585(人85)
〔无量壽宗要經〕 (9C前期)

18977 呂行郎 ･････････････ P6007
〔油麵蘇栗等破曆〕 酉年三月十日 (9C)

18978 呂再盈 ･････････････ P3418v③
〔某鄉缺枝夫戶名目〕 (9C末～10C初)

18979 呂師 ･････････････････ S06235A②
〔貸便粟麥曆〕 子年四月十日 (844?)

18980 呂什德 ･････････････ Дx01416
〔便粟曆〕 (癸丑年)甲寅年六月･乙卯年四月 (953～955?)

18981 呂住盈 ･････････････ S01398
〔契〕 太平興國七年 (982)
　1)百姓 3)赤心鄉 4)⇒住盈。

18982 呂像々 ･････････････ P3167v
〔安國寺道場司關于(五尼寺)沙彌戒訴狀〕 乾寧二年三月 (895)
　2)普光寺

18983 呂像奴 ･････････････ P4989
〔沙州戶口田地簿〕 (9C末)

18984 呂?章七 ･････････････ S03982
〔月次人名目〕 癸亥年閏十二月 (963)

18985 呂鍾奴 ･････････････ S04121
〔陰家榮親客目〕 甲午年五月十五日 (994)
　1)都頭

18986 呂鍾奴都頭小娘子 ………… S04121
　〔陰家榮親客目〕 甲午年五月十五日 (994)
　　1)呂鍾奴都頭・小娘子

18987 呂神友 ……………………… P3236v
　〔燉煌鄉官布籍〕 壬申年三月十九日 (972)
　　3)燉煌鄉

18988 呂進通 …………………… S06981④
　〔設齋納酒餅曆〕 (10C後期)
　　1)押衙

18989 呂善因 ……………………… P3167v
　〔安國寺道場司關于(五尼寺)沙彌戒訴狀〕
　乾寧二年三月 (895)
　　2)普光寺 4)⇒善因。

18990 呂智 …………………… BD08080(字80)
　〔七階佛名經(末)〕 乙巳年後五月十五日 (8
　～9C)
　　1)比丘 4)原作「比丘呂智寫畢記之也」。

18991 呂智通 ……………………… P3394
　〔僧張月光父子廻博田地契〕 大中六年壬申十
　月 (852)
　　1)僧 4)原作「智通」。

18992 呂寵々 ……………………… S02669
　〔管內尼寺(安國寺・大乘寺・聖光寺)籍〕
　(865～870)
　　2)大乘寺 3)赤心鄉 4)尼名「賢意」。

18993 呂徵 ………………………… P4958③
　〔般若波羅蜜多心經簿〕 (10C前期)
　　4)⇒光苑。

18994 呂超 ………………………… Дx04776
　〔燉煌諸鄉百姓等勞役簿〕 (9C前期?)
　　3)〔洪〕池〔鄉〕

18995 呂通盈 ……………………… S00214v
　〔墨筆抹消文〕 甲申年八月廿日 (924?)
　　4)V面第1行有目墨筆抹消文。

18996 呂定德 ……………………… P3476
　〔曆書(寫)〕 (9C末)

18997 呂都牙 ……………………… P3721v③
　〔冬至自斷官員名〕 己卯年十一月廿六日
　(979)
　　1)都衙

18998 呂都衙 ………… BD14806③(新1006)
　〔歸義軍官府貸油麵曆〕 庚午年?閏四月廿八
　日 (970?)

18999 呂都衙 ………… Дx00285＋Дx02150＋
　Дx02167＋Дx02960＋Дx03020＋Дx03123v③
　〔某寺破曆〕 (10C中期)
　　1)都衙

19000 呂都指撝使 ………………… S01159
　〔神沙鄉散行人轉帖〕 二月四日 (10C中期)
　　1)行人・都指撝使 3)神沙鄉

19001 呂都知 ……………………… P3727v②
　〔狀〕 正月廿日 (10C中期)
　　1)軍事都知

19002 呂都知 ……………………… P3727v③
　〔狀〕 乙卯年正月廿日 (955)
　　1)都知

19003 呂得延 ……………………… P3254
　〔人名簿(殘)〕 (9C中期頃)
　　4)原作「呂得延弟?」。

19004 呂?德?奴 ………………… P.tib2124v
　〔人名錄〕 (9C中期?)

19005 呂曇祕 …………………… S02729①
　〔燉煌應管勘牌子曆〕 辰年三月 (788)
　　1)僧 2)乾元寺 3)沙州 4)22行目。

19006 呂日興 …………… BD00831①(盈31)
　〔佛說无量壽宗要經(尾)〕 (9C前期)

19007 呂日興 …………… BD00831②(盈31)
　〔佛說无量壽宗要經(尾)〕 (9C前期)

19008 呂日興 …………… BD00831③(盈31)
　〔佛說无量壽宗要經(尾)〕 (9C前期)

19009 呂日興 ………… BD02440v(成40)
　〔无量壽宗要經(第2紙・第4紙末有題名)〕
　(9C前期)
　　1)寫

19010 呂日興 …………… BD02745(呂45)
　〔佛說无量壽宗要經(尾)〕 (9C前期)

19011 呂日興 …………… BD04311(出11)
　〔无量壽宗要經〕 (9C前期)
　　2)(靈)修(寺) 4)V面有「修」(靈修寺)字。

19012 呂日興 ･････････････ BD05332(光32)
〔無量壽宗要經(首尾題)〕 (9C前期)
  2) 金光明寺 4) 首題背面有燉煌寺院題名「金」
  字。

19013 呂日興 ･････････････ BD05682(李82)
〔无量壽宗要經(末)〕 (9C前期)
  2) (靈) 修(寺) 4) 在V面有勘記「修」(＝靈修
  寺)。

19014 呂日興 ･････････････ BD05891(菜91)
〔佛說无量壽宗要經(尾紙有題名)〕 (9C前期)

19015 呂日興 ･････････････ BD06138(薑38)
〔无量壽宗要經(尾紙題名)〕 (9C前期)

19016 呂日興 ･････････････ BD07023v(龍23)
〔(無量壽)宗要經(尾紙題名)〕 (9C前期)

19017 呂日興 ･････････････ BD07154(師54)
〔无量壽宗要經(尾紙題名)〕 (9C前期)

19018 呂日興 ･････････････ BD14609(新0809)
〔大般若波羅蜜多經卷第447(末)〕 (9C前期)

19019 呂日興 ･････････････ BD14609v(新0809)
〔大般若波羅蜜多經卷第447(勘記)〕 (9C前期)
  4) 原作「呂日興寫」。

19020 呂日興 ･････････････････ P3087
〔佛說无量壽宗要經(末)〕 (9C前期)

19021 呂判官 ･･････････････ S02214v
〔黃麻地畝數目〕 (9C後期?)
  1) 判官

19022 呂判々 ････････････････ S02669
〔管內尼寺(安國寺・大乘寺・聖光寺)籍〕
(865〜870)
  2) 大乘寺 3) 平康鄉 4) 尼名「巧德惠」。

19023 呂富延 ･･･････････････ P3727v④
〔都知兵馬使呂富延・陰義進狀〕 廣順五年正
月日 (955)
  1) 都知兵馬使

19024 呂富定 ･･･････････････ P4525v⑦
〔都頭呂富定牒(稿)〕 辛巳年八月 (981)
  1) 都頭

19025 呂富定 ････････････････ S04121
〔陰家榮親客目〕 甲午年五月十五日 (994)
  1) 都頭

19026 呂富定都頭小娘子 ･･････････ S04121
〔陰家榮親客目〕 甲午年五月十五日 (994)
  1) 呂富定都頭・小娘子

19027 呂粉堆 ････････････････ S07932
〔月次番役名簿〕 十二月 (10C後期)
  4) 原作「土呂粉堆」。

19028 呂粉堆 ････････････････ S07932
〔月次番役名簿〕 十二月 (10C後期)

19029 呂粉椎 ･･･････････････ S04654v⑤
〔便曆〕 丙午年正月一日 (946)

19030 呂文賢 ･･･････････････ P2842piece3
〔徒衆轉帖〕 某月七日 (10C前期)

19031 呂?文勝 ････････････････ P3254
〔人名簿(殘)〕 (9C中期頃)

19032 呂文□ ････････････････ P3249v
〔將龍光顏等隊下人名目〕 (9C中期)

19033 呂辯均 ････････････････ P2859
〔冊書逆刺帖〕 天復四載歲在甲子閏三月十二
日 (904)
  1) 州學陰陽子弟

19034 呂寶 ･･･････････････ BD07161(師61)
〔无量壽宗要經(尾紙題名)〕 (9C前期)

19035 呂万盈 ･･･････････････ P3418v⑤
〔某鄉缺枝夫戶名目〕 (9C末〜10C初)

19036 呂祐住 ････････････････ P3146A
〔衙前子弟州司及翻頭等留殘祗衙人數〕 辛
巳年八月三日 (981)

19037 呂留々 ････････････････ P2738v
〔社司轉帖(寫錄)〕 二月廿五日 (9C後期)

19038 呂龍吼 ････････････････ S02729①
〔燉煌應管勘牌子歷〕 辰年三月 (788)
  1) 僧 2) 乾元寺 3) 沙州 4) 21行目。

19039 呂龍々 ････････････････ P3249v
〔將龍光顏等隊下人名目〕 (9C中期)

19040 呂□ ·················· BD16239（L4113）
〔呂某出社契〕 辛酉年十二月一日 （961）

19041 呂□子 ·················· Дx04032
〔社司轉帖〕 □巳?年七月九日 （10C）

19042 呂□□ ·················· S06235A①
〔出付斛斗曆〕 後二月十日 （847?）
　　4) 丁卯年(847)閏三月(早一月)。

19043 呂□ ·················· BD09293①（周14）
〔呂某出社憑〕 （辛）酉年十月七日 （961?）
　　4) 沙知, 契約戌31, 416～417頁, 沙氏推定901?TTD. SUPP. TEXT62頁。

19044 呂□ ·················· Дx04032
〔社司轉帖〕 □巳?年七月九日 （10C）

19045 呂 ·················· P2014v
〔狀〕 清泰五年 （938?）
　　3) 燉煌縣

19046 呂 ·················· S04710
〔沙州戶口簿〕 （9C中期以降）
　　1)（戶主陰屯ミ男君達）新婦　3) 沙州　4) 原作「（戶主陰屯ミ, 男君達）新婦阿呂」。

19047 廖願富 ·················· Дx01317
〔衙前第一隊轉帖〕 二月六日 （10C中期）

19048 廖翔老 ·················· BD09324（周45）
〔某寺諸色入破歷〕 亥年十二月廿二日～戌年 （8C末～9C前期）

19049 良布校 ·················· BD07675（皇75）
〔藏文无量壽宗要經(乙本)抄寫人名目〕 （9C前期）
　　1) 抄寫人　4) 原藏文作「Leng-pevu-zhus」。

19050 梁阿婆 ·················· BD07630②（皇30）
〔出酥人曆〕 丙子年八月廿四日 （856 or 916）

19051 （梁）阿婆子 ·················· P2932
〔出便豆曆〕 乙丑正月九日 （965?）
　　1) 口承人

19052 梁阿婆子 ·················· P3231①
〔平康鄉官齋曆〕 癸酉年五月 （973）
　　3) 平康鄉

19053 梁阿婆子 ·················· P3231④
〔平康鄉官齋曆〕 囝戌年十月十五日 （974）
　　3) 平康鄉

19054 梁阿婆子 ·················· P3231⑤
〔平康鄉官齋曆〕 □亥年五月十五日 （975）
　　3) 平康鄉

19055 梁阿婆子 ·················· P3231⑥
〔平康鄉官齋曆〕 乙亥年九月廿九日 （975）
　　3) 平康鄉

19056 梁阿婆子 ·················· P3231⑦
〔平康鄉官齋曆〕 丙子年五月十五日 （976）
　　3) 平康鄉

19057 梁阿婆子 ·················· P3231v⑥
〔平康鄉官齋曆〕 乙亥年九月廿九日 （975?）
　　3) 平康鄉

19058 梁員宗 ·················· 杏・羽030（李盛鐸舊藏）
〔王梵志1卷(尾)〕 辛巳年十月六日 （921?）
　　4) 原作「辛巳年十月六日金光明寺學部梁員宗寫記之耳」。

19059 梁榮娘 ·················· S03287v
〔戶口田地申告牒〕 子年五月 （832 or 844）
　　1) 婢

19060 梁永受 ·················· 莫第098窟
〔供養人題記〕 （10C中期）
　　1) 節度押衙銀青光祿大夫檢校…監察御史　4) 西壁。《燉》p. 44。

19061 梁永遷 ·················· P3372v
〔社司轉帖并雜抄〕 壬申年 （972）

19062 梁延會 ·················· P3372v
〔社司轉帖并雜抄〕 壬申年 （972）

19063 梁延會 ·················· S02894v①
〔社司轉帖〕 壬申年十二月廿二日 （972）

19064 梁押衙 ·················· S04472v
〔納贈曆〕 辛酉年十一月廿日 （961）
　　1) 押衙

19065 梁押衙 ·················· S08038v
〔未納經人名目〕 （10C後期）
　　1) 押衙

19066 梁押衙 ·················· Дx01401
〔社司轉帖〕 辛未年二月七日 （911 or 971）
　　1) 押衙

19067 梁恩定 ‥‥‥‥‥‥‥‥‥‥ Дх01317
〔衙前第一隊轉帖〕 二月六日 （10C中期）

19068 梁加進 ‥‥‥‥‥‥‥‥‥‥ P3989
〔立社條憑〕 景福三年甲寅歲五月十日 （894）

19069 梁家神德 ‥‥‥‥‥‥ P3234v③-30
〔惠安惠戒手下便物曆〕 甲辰年 （944）

19070 梁懷玉 ‥‥‥‥‥‥‥‥‥ Дх18919v
〔契〕 大曆十七年閏三月廿九日 （782）
　1）保人・姉夫　4）R面有「大曆十七年閏三月廿九日」之紀年。

19071 梁懷玉 ‥‥‥‥‥‥‥‥‥ Дх18920
〔抄文（習書）〕 大曆十四年十月內 （779）

19072 梁海俊 ‥‥‥‥‥‥‥‥‥‥ P3989
〔立社條憑〕 景福三年甲寅歲五月十日 （894）

19073 梁海潤 ‥‥‥‥‥‥‥‥‥‥ P3989
〔立社條憑〕 景福三年甲寅歲五月十日 （894）
　1）眾請社官

19074 （梁）海清 ‥‥‥‥‥‥ 莫第039窟
〔供養人題記〕 （10C前期）
　1）孫　4）原作「孫…官海清一心供養」。北壁。《燉》p.12。⇒海清。

19075 （梁）海□ ‥‥‥‥‥‥ 莫第039窟
〔供養人題記〕 （10C前期）
　1）孫・衙前子弟兼試殿中監　4）原作「孫衙前子弟兼試殿中監□□一心供養」。北壁。《Pn》作「海□」。《燉》p.13。

19076 梁寬妻 ‥‥‥‥‥‥‥‥‥‥ S00542v
〔金光寺文〕 戌年六月十八日 （818）
　2）金光寺

19077 梁憨々 ‥‥‥‥‥‥‥‥‥‥ S03287v
〔戶口田地申告牒〕 子年五月 （832 or 844）

19078 梁憨兒 ‥‥‥‥‥‥‥‥‥‥ S08520
〔納贈曆（殘）〕 （10C）

19079 梁含々 ‥‥‥‥‥‥‥‥‥‥ S02669
〔管內尼寺（安國寺・大乘寺・聖光寺）籍〕
（865〜870）
　2）大乘寺　3）玉關鄉　4）尼名「勝果」。

19080 （梁）願清 ‥‥‥‥‥‥‥‥‥‥ P3564
〔莫高窟功德記（首題）（寫錄）〕 （10C中期頃）
　1）弟子釋門僧政臨壇供奉大德闡揚三教大法師沙門　4）原作「父，梁幸德弟子釋門僧政臨壇供奉大德闡揚三教大法師沙門願清釋」。⇒願清＝釋願成。

19081 （梁）願清 ‥‥‥‥‥‥‥ P5014piece2
〔管內都僧正通惠大師願清疏〕 顯德六年十月七日 （959）
　1）管內釋門都僧政通惠大師

19082 梁妃娘 ‥‥‥‥‥‥‥‥‥‥ S03287v
〔戶口田地申告牒〕 子年五月 （832 or 844）
　1）出度

19083 梁亘娘 ‥‥‥‥‥‥‥‥‥‥ S03287v
〔戶口田地申告牒〕 子年五月 （832 or 844）
　1）婢

19084 梁義深 ‥‥‥‥‥‥‥‥‥‥ P3989
〔立社條憑〕 景福三年甲寅歲五月十日 （894）

19085 梁喫 ‥‥‥‥‥‥‥‥‥‥‥ S08426
〔官府酒破曆〕 六月廿四日 （10C）

19086 梁求千 ‥‥‥‥‥‥‥‥‥ S02894v①
〔社司轉帖〕 壬申年十二月廿二日 （972）

19087 梁金剛 ‥‥‥‥‥‥‥‥‥‥ S03287v
〔戶口田地申告牒〕 子年六月 （832 or 844）

19088 梁金頂 ‥‥‥‥‥‥‥‥‥‥ S02729①
〔燉煌應管勘牌子曆〕 辰年三月 （788）
　1）僧　2）金光明寺　3）沙州　4）16行目。

19089 梁矩 ‥‥‥‥‥‥‥‥‥‥‥ S04397
〔觀世音經1卷（尾）〕 廣明元年肆月拾陸日 （880）
　4）原作「平軍涼州第五般防戍深蕃，發願寫此經」。

19090 梁君儼 ‥‥‥‥‥‥‥‥ BD11998（L2127）
〔分付多衣簿〕 （8C中期）

19091 梁卿 ‥‥‥‥‥‥‥‥‥‥‥ P3258
〔願文〕 （9C前期）

19092 梁惠超 ‥‥‥‥‥‥‥‥‥‥ S00964
〔天寶九載,十載某部軍人衣裝簿〕 （750〜751）

19093 梁慶住 ・・・・・・・・・・・・・・・・・・ S04472v
〔納贈曆〕 辛酉年十一月廿日 （961）

19094 梁慶宋 ・・・・・・・・・・・・・・・・・・ S04504v④
〔行人轉帖〕 七月三日 （10C前期）

19095 梁景儒 ・・・・・・・・・・・・・・・・・・ P4640v
〔官入破曆〕 己未年十月 （899）
　1)北地使

19096 梁景信 ・・・・・・・・・・・・・・・・・・ 莫第098窟
〔供養人題記〕 （10C中期）
　1)節度押衙銀青光祿大夫檢校太子賓客　4)中心佛壇背屏後壁。《燉》p. 47.《謝》p. 95。

19097 梁繼紹 ・・・・・・・・・・・・・・・・・・ P3145
〔社司轉帖〕 戊子年閏五月 （988?）

19098 梁元?迷? ・・・・・・・・・ Stein ch74.VI.30.calumn19.Vol.56.fol.37
〔報恩寺般若經用付紙曆(寫)〕 （10C後期）

19099 梁原盈 ・・・・・・・・・・・・・・・・・・ P3146A
〔衙前子弟州司及饢頭等留殘袙衙人數〕 辛巳年八月三日 （981）

19100 梁幸者 ・・・・・・・・・・・・・・・・・・ S08443C1
〔李闍梨出便黃麻(麥)曆〕 丙午年正月廿一日 （946?）

19101 梁幸者 ・・・・・・・・・・・・・・・・・・ S08443D
〔李闍梨出便黃麻(麥)曆〕 丁未年正月三日 （947?）

19102 梁幸德 ・・・・・・・・・・・・・・・・・・ P2161③
〔張氏換舍契〕 丁卯年九月十□日 （907?）
　1)都?頭

19103 梁幸德 ・・・・・・・・・・・・・・・・・・ P2667v
〔宴設使文書(梁幸德細供)〕 大順年 （890〜891）

19104 梁幸德 ・・・・・・・・・・・・・・・・・・ P3564
〔莫高窟功德記(首題)(寫錄)〕 （10C中期頃）
　4)原作「左馬步都虞侯銀青光祿大夫檢校國子祭酒兼御史中丞上柱國・女左馬步都虞侯銀青光祿大夫檢校國子祭酒兼御史中丞上柱國」。

19105 梁幸德 ・・・・・・・・・・・・・・・・・・ P3718⑫
〔梁府君邈眞讚(靈俊撰)〕 清泰二年乙未歲四月九日 （935）
　4)原作「府君諱幸德字仁寵…」。于時清泰二年乙未歲四月九日題記。

19106 梁幸婆 ・・・・・・・・・・・・・・・・・・ S08443C1
〔李闍梨出便黃麻(麥)曆〕 丙午年正月廿一日 （946?）

19107 梁弘敬 ・・・・・・・・・・・・・・・・・・ BD11998(L2127)
〔分付多衣簿〕 （8C中期）

19108 梁校授 ・・・・・・・・・・・・・・・・・・ P3672
〔沙州宋僧政等狀〕 十月十日 （9C）

19109 梁狗ゝ ・・・・・・・・・・・・・・・・・・ S01453v
〔社司轉帖(寫錄)〕 光啓二年丙午歲十日 （886）
　2)於節加蘭若門

19110 梁狗奴 ・・・・・・・・・・・・・・・・・・ S04472v
〔納贈曆〕 辛酉年十一月廿日 （961）

19111 梁興 ・・・・・・・・・・・・・・・・・・ S05825
〔社司轉帖〕 （9C前期）

19112 梁苟子 ・・・・・・・・・・・・ Дx01405＋Дx01406
〔布頭索留信等官布籍〕 （9C末期〜10C初期）

19113 梁行者 ・・・・・・・・・・・・・・・・・・ S08443B2
〔李闍梨出便黃麻曆〕 乙巳年二月一日 （945?）

19114 梁黃頭 ・・・・・・・・・・・・・・・・・・ P4997v
〔分付羊皮曆(殘)〕 （10C後期）

19115 梁沙子 ・・・・・・・・・・・・・・・・・・ S03287v
〔戶口田地申告牒〕 子年五月 （832 or 844）

19116 梁沙門 ・・・・・・・・・・・・・・・・・・ S03287v
〔戶口田地申告牒〕 子年五月 （832 or 844）

19117 梁再溫 ・・・・・・・・・・・・・・・・・・ P3234v⑮
〔淨土寺西倉豆利潤入曆〕 （940年代?）
　2)淨土寺

19118 梁再慶 ・・・・・・・・・・・・・・・・・・ P2032v⑯-4
〔淨土寺粟利閏入曆〕 （940前後）
　2)淨土寺

19119 梁再慶 ・・・・・・・・・・・・・・・・・・ P2680v⑨
〔納色物曆〕 （10C中期）

19120 梁再子 ・・・・・・・・・・・・・・・・・・ Дx02149B
〔見納缺柴人名目〕 （10C）

19121 梁再昌?〔平?〕……… BD03922(生22)
〔四分比丘尼戒本(末)〕 戊寅年五月十六日
(858?)

19122 梁?再晟 ……………… P3418v⑤
〔某鄉缺枝夫戶名目〕 (9C末～10C初)

19123 梁再晟 ……………… S01453v
〔社司轉帖(寫錄)〕 光啓二年丙午歲十日
(886)
 1)社官 2)於節加蘭若門

19124 梁再定 ……………… Дх04278
〔十一鄉諸人付麵數〕 乙亥年四月十一(日)
(915? or 975)
 3)洪潤鄉

19125 梁苿 ……………… P3391v②
〔社人名列記(寫錄)〕 丁酉年頃 (937頃)

19126 梁?子 ………… BD09332v(周53)
〔己丑(年)正月十二日(曹)仁德妻亡納贈歷
(稿)〕 己丑(年)正月十二日 (809? or 869?)

19127 梁子松 ……………… S00728
〔孝經1卷(尾)〕 丙申年五月四日 (936)
 1)後輩弟子 2)靈圖寺?

19128 梁子松 ……………… S00728v
〔雜寫〕 五月五日 (10C中期)
 1)學郎 4)R面爲「孝經1卷」(丙申年(936)寫,庚子年(940)記)。

19129 梁之信 ……………… P3418v③
〔某鄉缺枝夫戶名目〕 (9C末～10C初)

19130 梁(氏) ……………… 莫第166窟
〔供養人題記〕 (11C初期)
 4)原作「新婦阿梁一心供養」。南壁。《燉》p. 77。《謝》p. 395。

19131 梁悉達 ……………… P4989
〔沙州戶口田地簿〕 (9C末)

19132 梁舍人 ……………… P3774
〔僧龍藏家產分割訴牒〕 丑年十二月 (821)
 1)舍人

19133 梁闍梨 ………… BD16175D(L4092)
〔納贈歷〕 (9～10C)
 1)闍梨

19134 梁闍梨 ……………… P2932
〔出便豆曆〕 乙丑年正月九日 (965?)
 1)闍梨

19135 梁闍梨 ……………… S02041
〔社約〕 丙寅年三月四日 (846)
 1)闍梨 4)年號別筆(丙寅年三月四日)。ペン筆。

19136 梁闍梨 ……………… S06197
〔燉煌願文〕 (10C後期)
 1)闍梨 2)顯德寺

19137 梁闍梨 ……………… S06452②
〔周僧正貸油麴曆〕 辛巳年～壬午年 (981～982?)
 1)闍梨 2)淨土寺

19138 梁受子 ……………… P4640v
〔官入破曆〕 己未年七月 (899)
 1)衙官

19139 梁周?興 ……………… S05788
〔社司轉帖〕 十一月廿一日 (9C前期)

19140 梁(周)興? ……………… S05825
〔社司轉帖〕 四月一日 (9C前期)

19141 梁修應 ……………… S02669
〔管內尼寺(安國寺・大乘寺・聖光寺)籍〕
(865～870)
 2)聖光寺 3)効穀鄉 4)姓「梁」。俗名「心ゝ」。

19142 梁醜ゝ ……………… P3418v⑨
〔効穀鄉缺枝夫戶名目〕 (9C末～10C初)
 3)効穀鄉

19143 梁什一 ……………… S00542v
〔蓮臺寺文〕 戊年六月十八日 (818)
 2)靈圖寺?蓮臺寺

19144 梁什七 ……………… S00542v
〔燉煌諸寺丁壯車牛役部〕 戊年六月十八日
(818)
 2)報恩寺

19145 梁住?子 ……………… P2738v
〔社司轉帖(寫錄)〕 二月廿五日 (9C後期)

19146 （梁)住?善? ‥‥‥‥‥‥‥‥ 莫第039窟
〔供養人題記〕（10C前期）
1)孫・衙前□□□中監 4)原作「孫衙前□□□中監□□一心供養」。《Pn》作「住善」。北壁。《燉》p.13。

19147 梁住奴 ‥‥‥‥‥‥‥‥‥‥ S06309
〔行人轉帖〕 四月八日 （10C）
1)行人

19148 梁女々 ‥‥‥‥‥‥‥‥‥‥ S03287v
〔戶口田地申告牒〕 子年五月 （832 or 844）

19149 （梁)像支 ‥‥‥‥‥‥‥‥ 莫第039窟
〔供養人題記〕（10C前期）
1)孫・步軍隊頭 4)原作「孫步軍隊頭義像□一心供養」。《Pn》作「梁像支」。北壁。⇒義像□。

19150 （梁)像奴 ‥‥‥‥‥‥‥‥ 莫第039窟
〔供養人題記〕（10C前期）
1)孫・木行都料兼步軍隊頭 4)原作「孫木行都料兼步軍隊頭像奴一心供養」。北壁。《燉》p.12。⇒像奴。

19151 梁勝果 ‥‥‥‥‥‥‥‥‥‥ S02669
〔管內尼寺(安國寺・大乘寺・聖光寺)籍〕（865〜870）
2)大乘寺 3)玉關鄉 4)姓「梁」。俗名「含々」。

19152 梁小晟 ‥‥‥‥‥‥‥‥‥‥ P3249v
〔將龍光顏等隊下人名目〕 （9C中期）

19153 梁小奴 ‥‥‥‥‥‥‥‥‥ 楡第33窟
〔供養人題記〕（10C中期）
1)弟子兵馬使 4)北壁。《謝》p.479。

19154 梁昭々 ‥‥‥‥‥‥‥‥‥‥ P4640v
〔官入破曆〕 辛酉年三月 （901）
1)于闐使

19155 梁心々 ‥‥‥‥‥‥‥‥‥‥ S02669
〔管內尼寺(安國寺・大乘寺・聖光寺)籍〕（865〜870）
2)聖光寺 3)效穀鄉 4)尼名「修應」。

19156 梁眞 ‥‥‥‥‥‥‥‥‥‥ Дx01439v
〔狀(殘)〕 （10C後期?）
4)R面爲「社司轉帖」(丙戌年(986))。

19157 梁眞行 ‥‥‥‥‥‥‥‥‥‥ S02729①
〔燉煌應管勘牌子歷〕 辰年三月 （788）
1)僧 2)普光寺 3)沙州 4)43行目。

19158 梁神德 ‥‥‥‥‥‥‥‥ P3234v③-32
〔惠安惠戒手下便物曆〕 甲辰年 （944）

19159 梁進子 ‥‥‥‥‥‥‥‥‥‥ P2049v①
〔淨土寺諸色入破曆計會牒〕 同光三年 （925）

19160 梁進子 ‥‥‥‥‥‥‥‥‥ P3234v⑮
〔淨土寺西倉豆利潤入曆〕 （940年代?）
2)淨土寺

19161 梁進通 ‥‥‥‥‥‥‥‥ P2032v⑯-4
〔淨土寺粟利閏入曆〕 （940前後）
2)淨土寺

19162 梁進通 ‥‥‥‥‥‥‥‥ P2040v③-2
〔淨土寺西倉粟利入曆〕 己亥年 （939）
2)淨土寺

19163 梁進通 ‥‥‥‥‥‥‥ Stein Painting 493
〔釋迦如來圖供養題記〕 乾祐二年己酉七月 （949）
4)原作「故父梁進通一心供養」。

19164 梁進通 ‥‥‥‥‥‥‥‥‥‥ Дx04032
〔社司轉帖〕 □巳?年七月九日 （10C）

19165 梁星々 ‥‥‥‥‥‥‥‥‥‥ S03287v
〔戶口田地申告牒〕 子年五月 （832 or 844）
1)婢

19166 梁淸子 ‥‥‥‥‥‥‥‥‥‥ P2953v
〔便麥豆本曆〕 （10C）
3)洪潤鄉

19167 梁淸□ ‥‥‥‥‥‥‥‥‥‥ S04884v
〔便褐曆〕 壬申年二月十日 （972?）

19168 梁靖?子 ‥‥‥‥‥‥‥‥‥ S04884v
〔便褐曆〕 壬申年二月十日 （972?）

19169 梁靖?子妻 ‥‥‥‥‥‥‥‥ S04884v
〔便褐曆〕 壬申年二月十日 （972?）

19170 梁靜藏 ‥‥‥‥‥‥‥ BD09334(周55)
〔分付多衣簿〕 （8C中期）

19171 梁善啓 ‥‥‥‥‥‥‥‥ P2032v①-4
〔淨土寺粟入曆〕 （944前後）

19172 梁善定 ‥‥‥‥‥‥‥‥‥‥ S08678
〔枝送納帖〕 （10C）

19173 梁僧政 ·········· P3165v
〔某寺破麥歷(殘)〕（丁卯／戊辰年）（908?）
　1)僧政

19174 梁僧政 ·········· P3410
〔沙州僧崇恩析產遺囑〕 吐蕃年次未詳（840前後）
　1)僧正

19175 梁僧政 ·········· P4660㉒
〔故沙州釋門賜紫梁僧政邈眞讚〕 大中十二年歲次戊寅二月十四日（858）
　1)僧政　4)原作「大唐大中十二年歲次戊寅都僧錄悟眞撰…記」。

19176 梁僧政 ·········· S01053v
〔某寺破歷〕 戊辰年（908）
　1)僧政

19177 梁僧政 ·········· S03702
〔講經和尚頌(6通)〕（10C?）
　1)僧政

19178 梁僧政 ·········· S04642v
〔某寺入破歷計會〕（923以降）
　1)僧政

19179 梁僧政 ·········· S05800
〔佛會破歷〕 光化三年庚申正月一日（900）
　1)僧政

19180 梁僧?政? ·········· Дx02146
〔請諸寺和尚僧政法律等名錄〕（10C?）
　1)僧?政?

19181 梁僧政 ·········· 燉研322
〔臘八燃燈分配窟龕名數〕 辛亥年十二月七日（951）
　1)僧政

19182 梁僧正 ·········· P3218
〔時年轉帖〕 八月廿二日（975以降）

19183 梁僧正 ·········· S03156①
〔時年轉帖〕 己卯年十二月十六日（979）
　1)僧正　2)顯德寺　4)原作「顯梁僧正」。

19184 梁僧正 ·········· S05406
〔僧正法律徒衆轉帖〕 辛卯年四月十四日（991）
　1)僧正

19185 梁僧正 ·········· S06031
〔付經曆〕 庚辰年十一月中（980）
　1)僧正

19186 梁僧正 ·········· Дx05534
〔禮佛見到僧等人名目〕 廿日夜（10C）
　1)僧正

19187 梁僧統大師 ·········· S06981v
〔司徒司空僕射都僧統僧統等官僚願文〕（10C中期）
　1)僧統大師

19188 梁宗?遷 ·········· P3372v
〔社司轉帖幷雜抄〕 壬申年（972）

19189 梁他悉頻 ·········· P2125v
〔人名目(殘)〕（9C末）

19190 梁達 ·········· BD10773v②（L0902）
〔某寺殘歷〕（9C）

19191 梁廳? ·········· S08426D②
〔使府酒破歷〕（10C中～後期）

19192 梁長盈 ·········· 莫第285窟
〔供養人題記〕（9～10C）
　4)《Pn》作「清信弟子□行梁長盈一心供養」。

19193 梁定國 ·········· S03287v
〔戶口田地申告牒〕 子年五月（832 or 844）

19194 梁定信 ·········· S06981⑬
〔入麥歷〕 申年（10C中期）

19195 梁定奴 ·········· S03287v
〔戶口田地申告牒〕 子年五月（832 or 844）
　1)奴

19196 梁定奴 ·········· S04472v
〔納贈歷〕 辛酉年十一月廿日（961）

19197 梁庭蘭 ·········· S03287v
〔戶口田地申告牒〕 子年五月（832 or 844）

19198 梁都維 ·········· Дx06037
〔納贈歷〕（10C）
　1)都維

19199 梁都頭 ·········· P2932
〔出便豆歷〕 乙丑年正月九日（965?）
　1)都頭　3)山巷

19200 梁都頭 ·················· S04884
〔買絹契〕 辛未年四月二日 (971?)
　1)都頭

19201 梁都頭 ·················· 杏・羽063
〔神沙鄉百姓吳山子便麥粟契〕 某年某月一日 (10C)

19202 (梁)道琳 ·················· P3564
〔莫高窟功德記(首題)(寫錄)〕 (936～937)
　1)法律　4)道琳是願淸之弟。

19203 梁曇璨 ·················· P3047v①
〔僧名等錄〕 (9C前期)
　4)僧名「曇璨」。 原作「梁曇璨」。

19204 梁馬步 ·················· P2638
〔儭司破曆〕 癸巳～丙申年 (933～936)
　1)馬步

19205 梁伯明 ·········· S.tib.R.119.VOL.551 FOL.23
〔社司轉帖〕 (9C前期)

19206 梁博士 ·················· S04060
〔便麥粟豆曆〕 己酉年二月十四日 (949)

19207 梁鉢蒙 ·················· S02669
〔管內尼寺(安國寺・大乘寺・聖光寺)籍〕 (865～870)
　2)大乘寺　3)洪潤鄉　4)尼名「明眞」。

19208 梁猫ミ ·················· S01453v
〔社司轉帖(寫錄)〕 光啓二年丙午歲十日 (886)
　2)於節加蘭若門

19209 梁不匆 ·················· P3231④
〔平康鄉官齋曆〕 甲戌年十月十五日 (974)
　3)平康鄉

19210 梁不匆 ·················· P3231v④
〔平康鄉官齋曆〕 甲戌年十月十五日 (974?)
　3)平康鄉

19211 梁不匆 ·················· P3231v⑥
〔平康鄉官齋曆〕 乙亥年九月廿九日 (975?)
　3)平康鄉

19212 梁不匆阿婆 ·················· P3231③
〔平康鄉官齋曆〕 甲戌年五月廿九日 (974)
　3)平康鄉

19213 梁不匆 ·················· P3231⑥
〔平康鄉官齋曆〕 乙亥年九月廿九日 (975)
　3)平康鄉

19214 梁富淸 ·················· S08678
〔枝送納帖〕 (10C)

19215 梁粉堆 ·················· Дx02149в
〔見納缺柴人名目〕 (10C)

19216 梁文和 ·················· S01477v
〔地步曆〕 (10C初頃)

19217 梁?文□ ·················· P2738v
〔社司轉帖(寫錄)〕 八月廿九日 (9C後期)

19218 梁辯奴 ·················· S03287v
〔戶口田地申告牒〕 子年五月 (832 or 844)
　1)奴

19219 梁保盈 ·················· Дx01317
〔衙前第一隊轉帖〕 二月六日 (10C中期)

19220 梁保杲? ············ BD16332в(L4423)
〔雜寫〕 (10C)
　1)弟子

19221 梁保昇? ·················· 杏・羽172v①
〔契文斷簡(2行)〕 (9～10C)
　1)押衙

19222 梁保㮋 ·················· Дx01317
〔衙前第一隊轉帖〕 二月六日 (10C中期)

19223 梁保通 ·················· P4525⑧
〔都頭及音聲等都共地畝細目〕 (980頃)

19224 梁保定 ·················· P2700v
〔雜記〕 丁亥年頃? (927?)

19225 梁保德 ·················· S04884
〔買絹契〕 辛未年四月二日 (971?)
　1)押衙

19226 梁保德 ·················· Дx01401
〔社司轉帖〕 辛未年二月七日 (911 or 971)

19227 梁法 ·················· P3631v
〔把物團善因等還入常住斛㪷曆背面〕 辛亥年 (891 or 951)
　2)於節加蘭若門

19228 梁法師闍梨 ‥‥‥‥‥ 臺灣中央圖書館08755v
〔延德書狀等雜寫〕（10C?）
　1）法師闍梨　4）文中存「二月仲春漸暄,伏惟梁法師闍梨法體起居萬福,…。」,「伏蒙梁法師闍梨特賜善筆…」等之文。

19229 梁法律 ‥‥‥‥‥‥‥ BD06004v①（芥4）
〔雜寫（法律6名列記）〕（9～10C）
　1）法律

19230 梁法律 ‥‥‥‥‥‥‥‥‥ P2054v
〔疏請僧官文〕（10C）
　1）法律　2）靈圖寺　4）原作「二梁法律」。

19231 梁法律 ‥‥‥‥‥‥‥‥‥ P2054v
〔疏請僧官文〕（10C）
　1）法律　2）報恩寺

19232 梁法律 ‥‥‥‥‥‥‥‥‥ P2671v
〔僧名錄（河西都僧統等20數名）〕 甲辰年頃（884頃）
　1）法律

19233 梁法律 ‥‥‥‥‥‥‥‥‥ P2838
〔安國寺上座比丘尼躰圓等入破曆計會牒并判辭〕 中和四年（884）
　1）法律

19234 梁法律 ‥‥‥‥‥‥‥‥‥ S00520
〔報恩寺方等道場榜〕（9C末～925以前）
　1）法律　2）報恩寺　4）有「河西都僧院」印。

19235 梁法律 ‥‥‥‥‥‥‥‥‥ S04687r.v
〔佛會破曆〕（9C末～10C前期）
　1）法律

19236 梁法律 ‥‥‥‥‥‥‥‥‥ S06031
〔付經曆〕 庚辰年十一月中（980）
　1）法律

19237 梁法律 ‥‥‥‥‥‥‥‥‥ S06050
〔什物交割曆〕（10C）
　1）法律

19238 梁法律 ‥‥‥‥‥‥‥‥‥ S07963
〔公廨司出便物名目〕 後肆月十八日（942）
　1）法律

19239 梁法律 ‥‥‥‥‥‥‥‥‥ S07963v
〔公廨司出便物名目〕 後肆月十八日（942）
　1）見人・法律

19240 梁法律 ‥‥‥‥‥‥‥‥‥ S10916
〔金光明最勝經卷第10（經扉）〕（10C）
　1）法律　2）報恩寺　4）經扉題記下部有「恩梁法律經」之一文。

19241 梁法律 ‥‥‥‥‥‥‥‥‥ S11461A
〔某寺斛斗破曆〕（10C）
　1）法律

19242 梁法律 ‥‥‥‥‥‥‥‥‥ S11601
〔諸寺僧名目〕（10C?）
　1）法律

19243 梁法律 ‥‥‥‥‥ Дx01425＋Дx11192＋Дx11223
〔某寺弔儀用布破曆〕 辛酉年從正月到四月（961）
　1）法律　2）（三）界（寺）

19244 梁法律 ‥‥‥‥‥‥‥‥‥ Дx01586B
〔惠通下僧名目〕（9C後期）
　1）法律

19245 梁（法律）‥‥‥‥‥‥‥‥ Дx02146
〔請諸寺和尚僧政法律等名錄〕（10C?）
　1）法律　2）（報）恩寺

19246 梁万端 ‥‥‥‥‥‥‥‥‥ P2880
〔春坐局席轉帖抄等諸抄〕 庚辰年十月廿二日（980）

19247 梁万端 ‥‥‥‥‥‥‥‥‥ S04060
〔便麥粟豆曆〕 己酉年二月十四日（949）
　1）兵馬使

19248 梁滿奴 ‥‥‥‥‥‥‥‥‥ P3047v⑥
〔諸人諸色施入曆〕（9C前期）

19249 （梁）萬盈 ‥‥‥‥‥‥‥ 莫第039窟
〔供養人題記〕（10C前期）
　1）孫衙前兼試殿中監　4）《Pn》作「孫衙前兼試殿中監萬盈一心供養」。北壁。⇒蒲盈。

19250 （梁）萬端 ‥‥‥‥‥‥‥ 莫第039窟
〔供養人題記〕（10C前期）
　1）孫・衙前兼試殿中監　4）《Pn》作「孫衙前兼試殿中監萬端一心供養」。北壁。⇒蒲端。

19251 梁明 ‥‥‥‥‥‥‥‥‥‥ S05788
〔社司轉帖〕 十一月十一日（9C前期）
　4）⇒伯明?

19252 梁明 ……………………… S05825
〔社司轉帖〕（9C前期）

19253 梁明眞 ……………………… S02669
〔管内尼寺(安國寺・大乘寺・聖光寺)籍〕
(865～870)
　2)大乘寺　3)洪潤鄉　4)姓「梁」。俗名「鉢蒙」。

19254 梁明彡 ……………………… P4640v
〔官入破曆〕辛酉年三月十二日 (901)
　1)于闐使

19255 梁友子 ……………………… P3707
〔親情社轉帖〕戊午年四月廿四日 (958)

19256 梁友信 ……………………… P3707
〔親情社轉帖〕戊午年四月廿四日 (958)
　1)兵馬使

19257 梁祐子 ……………………… S04642v
〔某寺入破曆計會〕(923以降)

19258 梁祐信 ……………………… S01519①
〔破曆〕(890?)

19259 梁有達 ……………………… S02228①
〔絲綿部落夫丁修城使役簿〕亥年六月十五日 (819)
　1)(右十)　3)絲綿部落　4)首行作「亥年六月十五日州城所,絲綿」。末行作「亥年六月十五日畢功」。

19260 梁律 ……………………… S05406
〔僧正法律徒衆轉帖〕辛卯年四月十四日 (991)
　4)原作「小梁律」。

19261 梁律 ……………………… S05406
〔僧正法律徒衆轉帖〕辛卯年四月十四日 (991)
　4)原作「大梁律」。

19262 梁律 ……………………… Дx05534
〔禮佛見到僧等人名目〕廿日夜 (10C)

19263 梁流慶 ……………………… BD09299(周20)
〔納贈曆〕(10C後期)

19264 梁流慶 ……………………… P3393
〔雜抄1卷(末?)〕辛巳季十一月十一日 (981 or 921 or 861?)
　4)原作「三界寺孝士郎…書記之也」。

19265 梁流慶 ……………………… S04663v
〔社司轉帖(寫殘)〕(9C後期)

19266 梁留信 ……………………… P2049v①
〔淨土寺諸色入破曆計會牒〕同光三年 (925)

19267 梁郎 ……………………… BD14806v(新1006)
〔義進押衙身故祭盤人名目〕戊寅年二月十九日 (978)

19268 梁和國 ……………………… P3418v⑥
〔洪閏鄉缺枝夫戶名目〕(9C末～10C初)
　3)洪潤鄉

19269 梁和德 ……………………… P3878B
〔都頭知軍資庫官張富高牒并判〕己卯年 (979)
　3)慈惠鄉

19270 梁?□ ……………………… Дx18916
〔帖文〕大曆十五年四月一日 (780)
　1)判官

19271 (梁)□住 ……………………… 莫第039窟
〔供養人題記〕(10C前期)
　1)…節度押衙知北界都□□銀青光祿大夫…子賓客兼御史中丞上柱國　4)原作「…節度押[衙]知北界都]□□[銀青光祿大夫]…子賓客兼御史中丞上柱國□住一心供養」。北壁。《燉》p.12。⇒□住。

19272 梁□□ ……………………… 杏・羽677
〔入破歷算會(殘)〕癸酉・甲戌二年 (973・974)

19273 梁□ ……………………… Дx11095
〔會計報告書簡〕(9～10C)
　1)(會稽押衙某氏)兄

19274 諒孝順 ……………………… Дx10281＋Дx11060
〔綾絹紬等納贈曆〕(9C末)

19275 諒咄子 ……………………… Дx10281＋Дx11060
〔綾絹紬等納贈曆〕(9C末)

19276 林寺主 ……………………… P3060
〔諸寺諸色付經僧尼曆〕(9C前期)
　1)寺主　4)經典名「花嚴經卷4」。

[れ]

19277 令堅々 ………… Дx01323＋Дx05942
〔押衙劉雇牧羊人契〕（9C後半〜10C?）
　1) 孔目

19278 令狐 ……………………… S04710
〔沙州戶口簿〕（9C中期以降）
　1)〔戶主劉再榮〕妻　3) 沙州　4) 原作「(戶主劉再榮)妻阿令狐」。

19279 令狐阿朶 ……… Дx01269＋Дx02155＋
　Дx02156
〔某弟身故納贈曆〕（9C）

19280 令狐阿堆 ………………… P3231①
〔平康鄉官齋曆〕癸酉年五月　(973)
　3) 平康鄉

19281 令狐阿堆 ………………… P3231②
〔平康鄉官齋曆〕癸酉年九月卅日　(973)
　3) 平康鄉

19282 令狐阿變 ………………… P2953v
〔便麥豆本曆〕（10C）
　3) 効穀鄉

19283 令狐晏兒 ………… BD07116B(師16)
〔无量壽宗要經〕（9C前期）

19284 令狐安 ……………………… S05676
〔付經目錄〕巳年七月十四日　(吐蕃期)

19285 令狐安子 ………………… P3254v
〔令狐安子等人名狀(殘)〕大中六年十月　(852)
　1) 百姓

19286 令狐安信 ……………… Дx02149B
〔見納缺柴人名目〕（10C）

19287 令狐安定 ……………………… S03877
〔雇工契(寫)〕戊戌年正月廿五日　(878?)
　1) 百姓　3) 洪潤鄉

19288 令狐安屯 ……………………… S00782v
〔納贈曆〕（10C）
　4) ペン筆?

19289 令狐安富 ……………………… S03982
〔月次人名目〕甲子年九月, 乙丑年六月　(964, 965)

19290 令狐晏 ……………… BD02098(冬98)
〔佛說无量壽宗要經(尾)〕（9C前期）

19291 令狐晏兒 ………… BD00558v(荒58)
〔佛說無量壽宗要經(第1紙首下有題記)〕（9C前期）
　4) 第1紙首下有題記「令狐晏兒寫」。

19292 令狐晏兒 ………… BD02357(餘57)
〔佛說无量壽宗要經(尾)〕（9C前期）

19293 令狐晏兒 ………… BD02425v(成25)
〔无量壽宗要經(卷尾有題記)〕（9C前期）
　1) 寫

19294 令狐晏兒 ………… BD02456v(成56)
〔无量壽宗要經(第4紙末有題記)〕（9C前期）
　1) 寫

19295 令狐晏兒 ………… BD03060(雲60)
〔无量壽宗要經(末)〕（9C前期）
　4) 原作「令狐晏兒寫」。

19296 令狐晏兒 ………… BD03103(騰3)
〔無量壽宗要經(末)〕（9C前期）
　4) 原作「令狐晏兒寫」。

19297 令狐晏兒 ………… BD03349(雨49)
〔无量壽宗要經〕（9C前期）
　4) 首端有「令狐晏兒」。

19298 令狐晏兒 ………… BD05128(稱28)
〔佛說无量壽宗要經(尾)〕（9C前期）
　1) 寫　2) 靈修寺　4) 第1紙首端背面有寺院名「修」字。

19299 令狐晏兒 ………… BD05701(奈1)
〔无量壽宗要經(末)〕（9C前期）
　4) 原作「令狐晏兒寫」。

19300 令狐晏兒 ………… BD05746(奈46)
〔无量壽宗要經(末)〕（9C前期）
　4) 原作「令狐晏兒寫」。

19301 令狐晏兒 ………… BD05757(奈57)
〔无量壽宗要經(末)〕（9C前期）
　4) 原作「令狐晏兒寫」。

19302 令狐晏兒 ………… BD06725(潛25)
〔无量壽宗要經〕（9C前期）
　4) 原作「令狐晏兒寫」。

19303　令狐晏兒 ･････････ BD07887（制87）
　〔无量壽宗要經〕（9C前期）
　　4)原作「令狐晏兒寫」。

19304　令狐晏兒 ･････････ BD07951（文51）
　〔无量壽宗要經〕（9C前期）
　　4)原作「令狐晏兒寫」。

19305　令狐晏兒 ･････････ BD08621（位21）
　〔无量壽宗要經(尾紙末有題記)〕（9C前期）
　　1)寫

19306　令狐晏兒 ･･････････ BD15090（新1290）
　〔无量壽宗要經〕（9C前期）
　　4)原作「令狐晏兒寫」。

19307　令狐晏兒 ･･････････ BD15214（新1414）
　〔无量壽宗要經〕（9C前期）
　　4)原作「令狐晏兒寫」。

19308　令狐晏兒 ････････････････ P4601
　〔无量壽宗要經(末)〕（9C前期）
　　1)寫人　2)大乘寺

19309　令狐員住 ････････････････ S03048
　〔東界羊籍〕丙辰年（956）
　　1)牧羊人

19310　令狐員閏 ･･････････････ P3349piece1
　〔書簡〕（10C）

19311　令狐員昌 ･････････････ P3231⑥
　〔平康鄉官齋曆〕乙亥年九月廿九日（975）
　　3)平康鄉

19312　令狐員昌 ･･････････････ P3536v③
　〔令狐員昌等便麥曆(3行)〕丙子年三月廿日（976?）
　　3)神沙鄉

19313　令狐員松 ････････････････ S03978
　〔納贈曆〕丙子年七月一日（976）

19314　令狐員清 ･･････････････ P3764piece1
　〔社司轉帖〕乙亥年九月十六日（915）

19315　令狐員清 ･･････････････ P3764v
　〔社司轉帖〕十一月五日及十一月十五日（10C）

19316　令狐員德 ････････････････ S01845
　〔納贈曆〕丙子年四月十七日（976?）

19317　令狐員保 ････････････････ P3396
　〔沙州諸渠別粟田名目〕（10C後期）

19318　令狐榮子 ････････････････ S06237
　〔諸人見在粟黃麻曆〕戌年～子年（10C中期以降?）

19319　令狐營田 ････････････････ P2738v
　〔社司轉帖(寫錄)〕八月廿九日（9C後期）
　　1)營田

19320　(令狐)盈々 ･･･････････････ 有鄰館51
　〔令狐進達戶口申告狀〕大中四年十月庚午（850）

19321　令狐盈君 ････････････････ P3379
　〔社錄事陰保山等牒(團保文書)〕顯德五年二月（958）
　　4)有指押印。

19322　令狐盈君 ････････････････ S04060①
　〔便麥曆〕戊申年正月五日（948）

19323　令狐盈信 ････････････････ P4997v
　〔分付羊皮曆(殘)〕（10C後期）

19324　令狐盈信 ････････････････ S04060①
　〔便麥曆〕戊申年正月五日（948）
　　1)兵馬使

19325　令狐盈達 ･･･････････････ P2032v①-4
　〔淨土寺粟入曆〕（944前後）

19326　令狐盈德 ････････････････ S04472v
　〔納贈曆〕辛酉年十一月廿日（961）

19327　令狐英永 ････････････････ S09156
　〔沙州戶口地畝計簿〕（9C前期）
　　3)沙州

19328　令狐英子 ････････････････ P2832Av
　〔納楊榆木人名曆〕（10C）

19329　令狐塩々 ････････････････ S02669
　〔管內尼寺(安國寺･大乘寺･聖光寺)籍〕（865～870）
　　2)大乘寺　3)効穀鄉　4)尼名「啓如」。

19330　(令狐)塩子 ･･･････････････ 有鄰館51
　〔令狐進達戶口申告狀〕大中四年十月庚午（850）
　　1)(令狐進達)女

19331 令狐延子 ·················· S06116
〔白莿頭名簿〕(10C後期)

19332 令狐延住 ·············· 楡第20窟
〔供養人題記〕端拱元年戊子(年)三月十五日
(988)
　1) 押衙　2) 汐州寺　4) 窟門外南壁龕西壁。

19333 令狐衍經 ·················· S04060①
〔便麥曆〕戊申年 (948)

19334 令狐衍鷄 ·················· S04060v
〔便麥曆〕戊申年正月五日 (948)

19335 令狐閻骨子 ················· P4907
〔淨土寺?儭破曆〕辛卯年正月九日 (931?)
　2) 淨土寺　4) 舊P552912。

19336 令狐押衙 ·················· S02242
〔親情社轉帖〕七月三日 (10C)
　1) 錄事・押衙

19337 令狐押衙 ·················· S06066
〔社司轉帖〕壬辰年四月廿二日 (992)
　1) 押衙　2) 乾明寺

19338 令狐押衙 ·················· Дx01401
〔社司轉帖〕辛未年二月七日 (911 or 971)
　1) 押衙

19339 令狐恩子 ········ BD15405(簡068067)
〔納贈(併粟柴)曆〕(10C)
　1) 押衙

19340 令狐音三 ·················· S11358
〔部落轉帖〕(10C後期)

19341 令狐加義? ················· P2803
〔二月社不納麥人(行間書込)〕(9C末～10C初)
　4) 二月社不納麥人(行間(p.6)書込)。

19342 (令狐)嘉興 ··············· 有鄰館51
〔令狐進達戶口申告狀〕大中四年十月庚午 (850)
　1) (令狐進達)弟

19343 令狐家 ··················· S06452④
〔常住庫借貸油麵物曆〕壬午年 (982?)

19344 令狐家 ··················· Дx02166
〔某社三官等麥粟破曆〕(10C)
　4) 原作「令狐家店」。

19345 令狐家女 ················· S06452④
〔常住庫借貸油麵物曆〕壬午年 (982?)

19346 (令狐)華奴 ··············· 有鄰館51
〔令狐進達戶口申告狀〕大中四年十月庚午 (850)
　1) (令狐進達)弟

19347 令狐廻子 ·················· P4640v
〔官入破曆〕辛酉?年三月 (901?)
　1) 衙官

19348 令狐戒行 ·················· P3047v①
〔僧名等錄〕(9C前期)
　4) 僧名「戒行」。

19349 令狐戒定 ··················· P3167v
〔安國寺道場司關于(五尼寺)沙彌戒訴狀〕
乾寧二年三月 (895)
　2) 大乘寺　4) ⇒戒定。

19350 令狐海員 ··········· BD16128B(L4067)
〔社人名目〕(9～10C)

19351 令狐海員 ················ 莫第370窟
〔供養人題記〕(11C初期)
　1) 社戶・知木匠　4) 原作「社戶令狐海員知木匠
(一)(心)供養」。南壁。《燉》p.144。《謝》p.219。

19352 令狐海國 ··················· P2621v
〔甲午役人名目〕甲午年? (934?)

19353 令狐海受 ··················· P2766v
〔人名列記〕咸通十二年 (871)

19354 令狐海潤 ················· P2040v③-2
〔淨土寺西倉粟利入曆〕己亥年 (939)
　2) 淨土寺

19355 令狐海閏 ··················· S09996
〔便曆〕(10C中期)

19356 令狐海清 ··················· Дx01317
〔衙前第一隊轉帖〕二月六日 (10C中期)

19357 令狐海全 ··················· S01159
〔神沙鄉散行人轉帖〕二月四日 (10C中期)
　1) 行人　3) 神沙鄉

19358 令狐海通 ··················· P3145v
〔節度使下官人名・鄉名諸姓等雜記〕(10C)

19359 令狐海通 ·················· S04443v
〔諸雜難字(一本)〕 (10C)

19360 令狐海寧 ·················· P3418v①
〔□□鄉缺枝夫戶名目〕 (9C末～10C初)

19361 令狐揭搥 ·················· P2032v①-2
〔淨土寺西倉麥入曆〕 (944前後)
　　2)淨土寺

19362 令狐憨子 ·················· P2040v③-2
〔淨土寺西倉粟利入曆〕 己亥年 (939)
　　2)淨土寺

19363 令狐憨子 ·················· 莫第263窟
〔供養人題記〕 (10C前期)
　1)社子　4)東壁門北側。《燉》p.111。《謝》p.316。

19364 令狐憨奴 ·················· P3379
〔社錄事陰保山等牒(團保文書)〕 顯德五年二月 (958)
　4)有指押印。

19365 令狐憨奴 ·················· P4997v
〔分付羊皮曆(殘)〕 (10C後期)

19366 令狐憨奴 ·················· Дx10288
〔行人轉帖〕 (10C?)

19367 令狐憨□ ·················· Дx10288
〔行人轉帖〕 (10C?)

19368 (令狐)含奴 ················· 有鄰館51
〔令狐進達戶口申告狀〕 大中四年十月庚午 (850)
　1)(令狐進達兄興晟)男

19369 令狐眼全 ·················· Дx02954v
〔請得令狐眼全造笔壹管狀稿〕 三日 (10C後期)
　4)R面爲「廣順二年(952)壬子歲正月一日百姓索慶奴戶請受田狀」。

19370 令狐願 ·················· P3595v
〔雜寫(1行)〕 己巳年正月廿一日 (969?)
　1)押衙

19371 令狐願盈 ·················· S03982
〔月次人名目〕 乙丑年十月 (965)

19372 令狐願恩 ·················· Дx11077
〔社司轉帖〕 丑年五月八?日 (9C?)

19373 令狐願興 ·················· S02894v①
〔社司轉帖〕 壬申年十二月廿二日 (972)

19374 令狐願興 ·················· S05504
〔令狐願興便付陰願德身價麥粟憑〕 丙戌年正月廿九日 (986)

19375 令狐願松 ·················· S02894v①
〔社司轉帖〕 壬申年十二月廿二日 (972)

19376 令狐願男 ·················· Дx11077
〔社司轉帖〕 丑年五月八?日 (9C?)
　1)男

19377 令狐願通 ········ BD15249v③(新1449)
〔某家榮親客目〕 (10C後期)

19378 令狐願通 ·················· P2953v
〔便麥豆本曆〕 (10C)

19379 令狐願通 ·················· Дx02149B
〔見納缺柴人名目〕 (10C)
　3)神沙鄉

19380 令狐願德 ·················· P3440
〔見納賀天子物色人名〕 丙申年三月十六日 (996)
　1)都頭

19381 令狐願德 ·················· 羽・寫841-847
〔都頭令狐願德文書〕 乙未年,丙申年頃 (995, 996前後)
　1)都頭

19382 (令狐)歸奴 ················· 有鄰館51
〔令狐進達戶口申告狀〕 大中四年十月庚午 (850)
　1)(令狐進達兄興晟)男

19383 令狐亘ゞ ·················· P3249v
〔將龍光顏等隊下人名目〕 (9C中期)

19384 令狐義員 ·········· BD16317(L4409)
〔行人轉帖〕 (10C)

19385 令狐義ゞ ·················· S11213F
〔配付人名目〕 (946)

19386 令狐義全 ·················· S06981
〔親情社轉帖〕 癸亥年八月十日 (963)

19387 令狐義忠 ……………… P3265
〔報恩寺開溫室浴僧記〕（9C後期?）
　2)報恩寺

19388 (令狐)吉 ………… BD09300(周21)
〔令狐留ゝ叔姪等分產書〕（10C）
　1)(令狐留ゝ)兄

19389 (令狐)嬌ゝ ……………… 有鄰館51
〔令狐進達戶口申告狀〕 大中四年十月庚午
（850）
　1)(令狐進達)女

19390 令狐鄉官 ……………… P3396
〔沙州諸渠別粟田名目〕（10C後期）

19391 令狐窘子 ……………… S08663
〔麥支給曆〕（10C）

19392 (令狐)銀ゝ ……………… 有鄰館51
〔令狐進達戶口申告狀〕 大中四年十月庚午
（850）
　1)(令狐進達)姪男清ゝ)妹　3)沙州

19393 令狐惠?一 ……………… S06806v
〔人名目(殘)〕（10C中期頃）

19394 (令狐)惠滿 ……… BD09293①(周14)
〔令狐留ゝ叔姪 共東四防(房)兄弟分書
(稿)〕 四月九日 （10C?）
　1)僧

19395 (令狐)惠滿 ……… BD09300(周21)
〔令狐留ゝ叔姪等分產書〕（10C）
　1)僧

19396 令狐慶住 ……………… P3379
〔社錄事陰保山等牒(團保文書)〕 顯德五年二
月 （958）
　4)有指押印。

19397 令狐慶達 ……………… P2032v②
〔淨土寺惠安手下諸色入曆〕 甲辰年一日巳直
歲 （944）

19398 令狐慶達 …… Дx01269＋Дx02155＋
Дx02156
〔某弟身故納贈曆〕（9C）

19399 令狐慶□ ……………… P2915piece1・2
〔社人名錄(殘)〕（10C）
　1)將頭

19400 令狐啓如 ……………… S02669
〔管內尼寺(安國寺・大乘寺・聖光寺)籍〕
（865～870）
　2)大乘寺　3)效穀鄉　4)姓「令狐」。俗名「塩
ゝ」。

19401 令狐啓達 ……………… P2032v①-1
〔淨土寺麥入曆〕（944前後）
　2)淨土寺

19402 令狐建宗 ……………… S01477v
〔地步曆〕（10C初頃）

19403 令狐賢威 ……………… P3153
〔神沙鄉百姓令狐賢威狀〕 天福四年? （939）
　3)神沙鄉　4)V面①爲「天福四年(904)令狐法性
契文」。

19404 令狐賢威 ……………… P5546
〔神沙鄉人名目(殘)〕（900頃）
　3)神沙鄉

19405 令狐賢ゝ ……………… P2738v
〔社司轉帖(寫錄)〕 八月廿九日 （9C後期）

19406 令狐賢ゝ ……………… S06130
〔諸人納布曆〕（10C）
　3)神沙鄉

19407 令狐胡 ……………… Дx06053v①
〔行人?轉帖〕（10C?）
　4)R面爲「儒教關係七言詩」。V面②爲「社司轉帖
(殘)」。

19408 令狐胡子 ……………… P.tib1088A
〔燉煌諸人礎課麥曆〕 卯年～巳年間 （835～
837）

19409 令狐公 ……………… P4660⑧
〔前河西節度都押衙兼騎都知兵馬使令狐公
邈眞讚〕 廣明元年庚子 （880）
　1)節度都押衙?都知兵馬使　4)原作「前河西節
度都押衙兼馬朱都知兵馬使…令狐邈眞讚廣明
元年庚子孟夏…題記恒安書」。

19410 令狐幸深 ……………… S05556①
〔觀音經卷(尾)〕 戊申年七月十三日 （948）
　1)弟子　4)原作「弟子令狐幸深寫書讀誦願深讀
誦」。

19411 令狐幸□ ……………… P5032v③
〔渠人轉帖〕 戊午年六月六日 （958）

19412 （令狐）恒璨 ·············· 有鄰館51
　〔令狐進達戶口申告狀〕　大中四年十月庚午
　（850）
　　1)（令狐進達)弟・僧　3)沙州

19413 令狐祜奴 ················ S03074v
　〔某寺破曆〕　十一月廿日　（9C前期）

19414 令狐興榮 ················ Дx01388
　〔社文書〕　(9C)

19415 令狐興晟 ········ BD06276v（海76）
　〔題名〕　(9C)

19416 （令狐）興晟 ············· 有鄰館51
　〔令狐進達戶口申告狀〕　大中四年十月　(850)
　　1)（令狐進達）兄

19417 令狐興晟 ················ 莫第054窟
　〔供養人題記〕　(9C後期)
　　4)西壁。《燉》p.17。

19418 令狐苟兒 ················ P3379
　〔社錄事陰保山等牒（團保文書)〕　顯德五年二月　(958)
　　4)有指押印。

19419 令狐苟兒 ·············· P3418v③
　〔某鄉缺枝夫戶名目〕　(9C末〜10C初)

19420 （令狐）合子 ····· BD09293①（周14）
　〔令狐留ゝ叔姪共東四防（房）兄弟分書（稿)〕　四月九日　(10C?)
　　1)令狐留ゝ姪男

19421 （令狐）合子 ······· BD09300（周21）
　〔令狐留ゝ叔姪等分產書〕　(10C)
　　1)（令狐留ゝ）姪男

19422 令狐骨子 ················ S06469v
　〔便曆〕　(10C後期)

19423 令狐骨子 ················ S07932
　〔月次番役名簿〕　九月　(10C後期)

19424 令狐再安 ················ 羽・寫834
　〔百姓趙塩久戶口請田簿〕　廣順二年正月一日　(952)

19425 令狐再盈 ················ P3379
　〔社錄事陰保山等牒（團保文書)〕　顯德五年二月　(958)
　　4)有指押印。

19426 （令狐）再盈 ············· 有鄰館51
　〔令狐進達戶口申告狀〕　大中四年十月庚午　(850)
　　1)（令狐進達）男

19427 令狐再子 ········ BD16022c（L4018）
　〔永寧坊巷社司文書〕　(10C)
　　3)永寧坊

19428 令狐再子 ················ S01845
　〔納贈曆〕　丙子年四月十七日　(976?)

19429 令狐再集 ················ P2738v
　〔社司轉帖（寫錄)〕　八月十九日　(9C後期)

19430 令狐再集 ················ P3418v⑧
　〔平康鄉缺枝夫戶名目〕　(9C末〜10C初)
　　3)平康鄉

19431 令狐再初？ ·············· S11561
　〔轉帖（殘)?〕　(10C?)

19432 令狐再晟 ················ P2716
　〔論語集解卷第7〕　大中九年三月廿二日　(855)

19433 令狐再定 ················ P3881v
　〔招提司惠覺諸色斛㪷計會〕　太平興國六年　(981)

19434 令狐再定 ·············· S06981③
　〔某寺入曆（殘)〕　壬申年　(912 or 972)
　　1)下礭戶

19435 令狐再□ ·········· BD16113A（L4066）
　〔地畝文書〕　(10C)

19436 令狐再□ ············ P2915piece1・2
　〔社人名錄（殘)〕　(10C)

19437 令狐再□ ················ Дx06636v
　〔人名目〕　(10C)

19438 令狐最□ ·········· BD16074（L4040）
　〔殘片〕　(9〜10C)

19439 令狐贊忠 ·············· P3418v⑨
　〔効穀鄉缺枝夫戶名目〕　(9C末〜10C初)
　　3)効穀鄉

19440 令狐贊忠 ················ P4640v
　〔官入破曆〕　己未年十月　(899)
　　1)衙官

令　れい　氏族人名篇

19441 令狐殘兒 ·············· P4907
〔淨土寺?儭破曆〕　辛卯年閏二月　(931?)
　2)淨土寺　4)舊P552912。

19442 令狐殘奴 ·············· S01159
〔神沙鄉散行人轉帖〕　二月四日　(10C中期)
　1)行人　3)神沙鄉

19443 令狐殘奴 ·············· Дx02956②
〔諸家上缺便勿名目〕　甲申年二月四日　(984 or 924)

19444 令狐子盈 ·············· P5546
〔神沙鄉人名目(殘)〕　(900頃)
　3)神沙鄉

19445 令狐子盈 ·············· S06130
〔諸人納布曆〕　(10C)
　3)神沙鄉

19446 令狐子英 ·············· P3167v
〔安國寺道場司關于(五尼寺)沙彌戒訴狀〕
乾寧二年三月　(895)
　2)普光寺

19447 令狐子興 ·············· P2484
〔就東園笇會小印子群牧馳馬牛羊見行籍(歸義印)〕　戊辰年十月十八日　(968)

19448 令狐子興 ·············· P4693
〔官齋納麵油粟曆〕　(10C後期)
　1)羹飩頭

19449 令狐?子ミ? ·············· P3254
〔人名簿(殘)〕　(9C中期頃)

19450 令狐子順 ·············· S03978
〔納贈曆〕　丙子年七月一日　(976)

19451 令狐子餘 ·············· P3613①
〔爲百姓令狐子餘牒〕　申年正月　(9C前期)
　4)原作「申年爲百姓令狐子餘土地事」。

19452 令狐子餘 ·············· P3613②
〔營田副使闞口牒〕　申年正月　(9C前期)
　1)水官　4)原作「水官令狐子餘」。

19453 (令狐)師 ·············· BD09293①(周14)
〔令狐留ミ叔姪共東四防(房)兄弟分書(稿)〕　四月九日　(10C?)
　1)(令狐留ミ)妹

19454 令狐師 ·············· S04498v
〔大般若波羅蜜多經卷第522(背)〕　(9C)

19455 令狐師子 ·············· P3745v①
〔榮(營)小食納油麨數〕　三月廿八日　(9C末期?)

19456 令狐師子 ·············· Дx02956②
〔諸家上缺便勿名目〕　甲申年二月四日　(984 or 924)

19457 令狐思?信 ·········· BD16111P(L4066)
〔押衙張再晟?隊下人名目〕　(10C)

19458 令狐氏 ·············· 莫第217窟
〔供養人題記〕　(8C中期)
　1)(袁)新婦　4)西壁。《燉》p.100。謝p.351。

19459 令狐氏 ·············· 莫第217窟
〔供養人題記〕　(8C中期)
　1)(許)新婦　4)西壁。《燉》p.100。《謝》p.351。

19460 令狐氏 ·············· 莫第265窟
〔供養人題記〕　(10C前期)
　4)原作「阿婆令狐氏一心供養」。北壁。《燉》p.112。《謝》p.315。

19461 令狐氏 ·············· 莫第320窟
〔供養人題記〕　(10C前期)
　4)原作「新婦令狐氏一心供養」。北壁。《燉》p.130。

19462 令狐兒慶 ·············· P2040v③-1
〔淨土寺粟入曆〕　(939)
　2)淨土寺

19463 令狐社官 ·············· S06066
〔社司轉帖〕　壬辰年四月廿二日　(992)
　2)於乾明寺

19464 令狐社老 ·············· Дx11077
〔社司轉帖〕　丑年五月八?日　(9C?)
　1)社老

19465 令狐闍梨 ·············· P2049v②
〔淨土寺諸色入破曆計會牒〕　長興二年正月　(930～931)
　1)造傘骨?・闍梨　2)淨土寺

19466 令狐闍梨 ·············· P4058
〔貸粟豆曆〕　(9C)
　1)闍梨

19467 令狐修定 ·············· S02669
〔管內尼寺(安國寺・大乘寺・聖光寺)籍〕
(865〜870)
　2)大乘寺　3)洪潤鄉　4)姓「令狐」。俗名「昤曨」。

19468 (令狐)脩□ ············ 有鄰館51
〔令狐進達戶口申告狀〕　大中四年十月庚午
(850)
　1)(令狐進達姪男清ゞ)妹・尼

19469 令狐醜胡 ······· BD15405(簡068067)
〔納贈(併粟柴)曆〕　(10C)
　1)押衙

19470 令狐醜子 ·············· S05933
〔端午造扇差令狐醜子帖〕　四月十九日　(9C)
　4)第二行爲「四月十九日鄉官(蕃字署名)」。

19471 令狐醜ゞ ············· P3418v①
〔□□鄉缺枝夫戶名目〕　(9C末〜10C初)

19472 令狐醜ゞ ············ S06235B②
〔納贈曆〕　(9C中期)

19473 (令狐)醜奴 ········ Stein Painting 203
〔藥師圖題記〕　(10C)
　1)(令狐和君)兒？　4)原作「兒醜奴」。

19474 令狐醜婢 ·············· P5546
〔神沙鄉人名目(殘)〕　(900頃)
　3)神沙鄉

19475 令狐什德 ············· S06981⑤
〔親情社轉帖〕　癸亥年八月十日　(963)

19476 令狐什德 ············· S06981⑬
〔入麥曆〕　酉年　(10C中期)

19477 令狐什德 ············· S08153v
〔地價麥粟抄〕　(10C後期)
　3)洪閏(潤)鄉　4)本件有「1畝半地價麥粟玖碩伍斗」之文字。

19478 令狐什德 ······ S08445＋S08446＋S08468
〔羊司於常樂官稅羊數名目〕　丁未年四月十二日　(944)

19479 令狐什六 ·············· S00542v
〔燉煌諸寺丁壯車牛役部〕　戌年六月十八日
(818)
　2)永安寺

19480 令狐住延 ·············· S06003
〔社司轉帖〕　壬申年七月廿九日　(972)

19481 令狐住子 ············ P2032v①-2
〔淨土寺西倉麥入曆〕　(944前後)
　2)淨土寺

19482 令狐住子 ·············· S03982
〔月次人名目〕　癸亥年閏十二月　(963)

19483 令狐住子 ·············· S06146
〔佛說呪魅經〕　(10C中期?)

19484 令狐住子 ············· 莫第322窟
〔供養人題記〕　(10C前期)
　1)社人隊頭　4)西壁。《燉》p.131。

19485 令狐住兒 ············· P2049v②
〔淨土寺諸色入破曆計會牒〕　長興二年正月
(930〜931)

19486 (令狐)住ゞ ········ BD09293①(周14)
〔令狐留ゞ叔姪共東四防(房)兄弟分書(稿)〕　四月九日　(10C?)
　1)令狐留ゞ弟

19487 (令狐)住ゞ ········ BD09300(周21)
〔令狐留ゞ叔姪等分產書〕　(10C)
　1)(令狐留ゞ)弟

19488 令狐住ゞ ············· P2738v
〔社司轉帖(寫錄)〕　八月廿九日　(9C後期)

19489 令狐住ゞ ············· P3418v⑥
〔洪閏鄉缺枝夫戶名目〕　(9C末〜10C初)
　3)洪閏鄉

19490 令狐住德 ·············· S06003
〔社司轉帖〕　壬申年七月廿九日　(972)

19491 令狐戎ゞ ············· P2832Av
〔納楊榆木人名曆〕　(10C)

19492 令狐潤子 ············· S06204①
〔隊轉帖〕　(10C前後)

19493 令狐閏寧 ············· P5032v③
〔渠人轉帖〕　戊午年六月六日　(958)

19494 令狐順 ·············· P2912v③
〔寫大般若經一部施銀盤子麥粟粉疏〕　四月八日　(9C前期)

19495 令狐女 ……………… P2614v
〔社官張加晟等尙饗文〕 丙午年二月 (826)

19496 令狐像照 ……………… S02729①
〔燉煌應管勘牌子歷〕 辰年三月 (788)
　1)僧　2)乾元寺　3)沙州　4)22行目。

19497 (令狐)勝君 ……… BD09293①(周14)
〔令狐留ゝ叔姪共東四防(房)兄弟分書
(稿)〕 四月九日 (10C?)
　1)兄

19498 (令狐)勝君 ……… BD09300(周21)
〔令狐留ゝ叔姪等分產書〕 (10C)
　1)(令狐留ゝ)兄

19499 (令狐)勝君 ……………… 有鄰館51
〔令狐進達戶口申告狀〕 大中四年十月庚午
(850)
　1)(令狐進達)弟?

19500 令狐勝心 ……………… P3167v
〔安國寺道場司關于(五尼寺)沙彌戒訴狀〕
乾寧二年三月 (895)
　2)普光寺　4)⇒勝心。

19501 (令狐)勝奴 ……………… 有鄰館51
〔令狐進達戶口申告狀〕 大中四年十月庚午
(850)
　1)(令狐進達姪男淸ゝ)弟?

19502 (令狐)勝福 ……………… 有鄰館51
〔令狐進達戶口申告狀〕 大中四年十月庚午
(850)
　1)(令狐進達)妹・尼　4)姉＝令狐勝福。

19503 (令狐)勝□ ……………… 有鄰館51
〔令狐進達戶口申告狀〕 大中四年十月庚午
(850)
　1)(令狐進達兄興晟)女・尼

19504 令狐將頭 ……………… P3234v⑮
〔淨土寺西倉豆利潤入曆〕 (940年代?)
　1)將頭　2)淨土寺

19505 令狐小憨 ……………… S03978
〔納贈曆〕 丙子年七月一日 (976)

19506 令狐小山 ………… BD11987(L2116)
〔歸義軍官府人名目〕 (9C後期～10C)
　4)原作「令狐小山及保盈」。

19507 令狐小郎 ……………… P2162v
〔三將納丑年突田曆〕 (9C前期)

19508 令狐小郎 ……………… S01475v⑥
〔賣牛契〕 寅年正月廿日 (822)
　1)保人　4)原作「保人令狐小郎年卅九」。

19509 令狐昇賢 ……………… P4640v
〔官入破曆〕 己未年七月 (899)
　1)衙官

19510 令狐昌子 ……………… S04060
〔便麥粟豆曆〕 己酉年二月十四日 (949)

19511 令狐昌子 ……………… S04060v
〔便麥粟豆曆〕 己酉年 (949)

19512 令狐昌信 ……………… P4640v
〔官入破曆〕 庚申年五月 (900)
　1)衙官

19513 令狐昌信 ……………… S06010
〔衙前第六隊轉帖〕 九月七日 (900前後)
　1)宅官

19514 (令狐)照惠 ……………… 有鄰館51
〔令狐進達戶口申告狀〕 大中四年十月庚午
(850)
　1)(令狐進達兄興晟)女・尼　4)妹＝照惠。

19515 令狐章午 ……………… S01153
〔諸雜人名目〕 (10C後期)

19516 令狐章友 ……… BD14806②(新1006)
〔渠人轉帖〕 (10C中期)

19517 令狐章祐 ……………… S04472v
〔納贈曆〕 辛酉年十一月廿日 (961)

19518 令狐上座 ……………… P4611
〔諸寺付經曆〕 (9C末～10C初)
　1)上座　2)蓮臺寺

19519 令狐信通 ……………… S03877v④
〔賣兒契〕 丙子年正月十五日 (916 or 856)
　1)百姓　3)洪潤鄉

19520 令狐信通 ……………… S03877v④
〔賣舍契(寫)〕 乾寧四年丁巳正月十二日
(897)
　1)百姓　3)洪潤鄉　4)原作「洪潤鄉百姓令狐信
通兄弟」。

19521 令狐神慶 ・・・・・・・・・・・・・・ P3379
〔社錄事陰保山等牒(團保文書)〕 顯德五年二月 (958)
　4)有指押印。

19522 令狐神慶 ・・・・・・・・・・・・・・ S03982
〔月次人名目〕 癸亥年十一月 (963)

19523 (令狐)神奴 ・・・・・・・・ BD09293①(周14)
〔令狐留々叔姪 共東四防(房)兄弟分書(稿)〕 四月九日 (10C?)
　1)令狐留々弟

19524 (令狐)神奴 ・・・・・・・・・ BD09300(周21)
〔令狐留々叔姪等分產書〕 (10C)
　1)(令狐留々)弟

19525 令狐進義 ・・・・・・・・・・・・ 莫第258窟
〔供養人題記〕 (10C前期)
　1)亡父衙前正兵馬使銀青光祿試殿中監　4)西壁。《燉》p. 110。

19526 令狐進子 ・・・・・・・・・・・・・・ S02517
〔佛說呪魅經〕 (10C)

19527 令狐進子 ・・・・・・・・・・・・・・ S03982
〔月次人名目〕 癸亥年閏十二月 (963)

19528 令狐進子 ・・・・・・・・・・・・・・ S03982
〔月次人名目〕 甲子年七月 (964)

19529 令狐進子 ・・・・・・・・・・・・・・ Дx04278
〔十一鄉諸人付麵數〕 乙亥年四月十一(日) (915? or 975)
　3)玉〔關鄉〕

19530 令狐進袖 ・・・・・・・・・・・・・・ Дx01328
〔高昌田苗曆〕 建中三年三月廿七日 (782)
　3)高昌

19531 令狐進達 ・・・・・・・・・・・・・ P5032v③
〔渠人轉帖〕 戊午年六月六日 (958)

19532 令狐進達 ・・・・・・・・・・・・・ P5032v⑤
〔渠人?轉帖(殘)〕 (10C中期)

19533 令狐進達 ・・・・・・・・・・・・・ 有鄰館51
〔令狐進達戶口申告狀〕 大中四年十月庚午 (850)
　1)戶(主)

19534 令狐進通 ・・・・・・・・・・・・・ S03877v
〔賣地契〕 天復九年己巳十月七日 (909)
　1)百姓　3)洪潤鄉

19535 令狐進通 ・・・・・・・・・・・・・ S03877v③
〔換舍地契〕 天復二年壬戌十三日 (902)
　1)百姓　3)洪潤鄉

19536 令狐進通 ・・・・・・・・・・・・・ S03877v④
〔賣兒契〕 丙子年正月廿五日 (916 or 856)

19537 令狐進明 ・・・・・・・・・・・・・ S05781v
〔雜寫〕 (9C後期)
　4)原作「令狐進明書記之也」。

19538 令狐水 ・・・・・・・・・・・・・・ P.tib1261v⑧
〔諸寺僧尼支給穀物曆〕 (9C前期)
　1)僧(尼?)

19539 令狐崇清 ・・・・・・・・・・・・・ P3721v②
〔兄(見)在巡禮都官都頭名牒〕 庚辰年正月十五日 (980)

19540 令狐崇清 ・・・・・・・・・・・・・・ S01398
〔契〕 太平興國七年壬午二月廿日 (982)
　1)都頭

19541 令狐成官 ・・・・・・・・・・・・・ S04504v④
〔行人轉帖〕 七月三日 (10C前期)

19542 (令狐)晟子 ・・・・・・・・・ BD09300(周21)
〔令狐留々叔姪等分產書〕 (10C)
　1)(令狐留々)兄

19543 令狐晟子 ・・・・・・・・・・・・・・ S05827
〔令狐晟子借功直憑〕 (9C前期)

19544 令狐晟々 ・・・・・・・・・・・・・・ S10512
〔便曆〕 (10C)

19545 令狐正見 ・・・・・・・・・・・・・ S02729①
〔燉煌應管勘牌子曆〕 辰年三月 (788)
　1)僧　2)大乘寺　3)沙州　4)45行目。

19546 令狐清子 ・・・・・・・・・・・・・・ P3440
〔見納賀天子物色人名〕 丙申年三月十六日 (996)
　1)都頭

19547 令狐清兒 ・・・・・・・・・・・・・・ S01159
〔神沙鄉散行人轉帖〕 二月四日 (10C中期)
　1)行人　3)神沙鄉

19548 令狐清〻 …………… P3246v
　〔磑課納得曆(1行)〕　庚辰年頃一日　(860?)
　　1)磑戶

19549 (令狐)清〻 ……………… 有鄰館51
　〔令狐進達戶口申告狀〕　大中四年十月庚午
　(850)
　　1)(令狐進達)姪男

19550 令狐清息 ……… Дх01269＋Дх02155＋
　Дх02156
　〔某弟身故納贈曆〕　(9C)

19551 令狐清奴 …………… P4019piece2
　〔納草束曆〕　(9C後期)
　　3)平康鄉?

19552 令狐赤頭 ……… Дх01269＋Дх02155＋
　Дх02156
　〔某弟身故納贈曆〕　(9C)

19553 令狐峘 ……………… P3620②
　〔諷諫今上破鮮于叔明令狐峘等請試僧尼及
　不許交易書(首題)〕　(9C)

19554 令狐全兒 ……………… S09450
　〔令狐全兒等典當名目〕　辛酉年正月廿二
　(961)

19555 令狐善慶 ………… BD04661v(劍61)
　〔社人分付主人布曆〕　(10C)

19556 令狐善慶 ………… BD05016v(珠16)
　〔領得紫繡帔子等曆〕　(10C?)

19557 令狐善行 ……………… P3047v①
　〔僧名等錄〕　(9C前期)
　　4)僧名「善行」。

19558 令狐善兒 ……………… P3236v
　〔燉煌鄉官布籍〕　壬申年三月十九日　(972)
　　1)鄉官　3)燉煌鄉

19559 令狐善信 ……………… P3418v③
　〔某鄉缺枝夫戶名目〕　(9C末～10C初)

19560 令狐善奴 ……………… P2964
　〔康悉朼家令狐善奴便刈價麥契〕　巳年二月十
　日　(837?)
　　4)31歲。

19561 令狐善明? ……………… S05781v
　〔雜寫〕　(9C後期)

19562 令狐善友 ……………… S05781v
　〔雜寫〕　(9C後期)

19563 令狐禪 ……………… Дх11085
　〔當寺轉帖〕　壬申年七月　(972)

19564 令狐僧子 ……… BD14806②(新1006)
　〔渠人轉帖〕　(10C中期)

19565 令狐僧正 ……………… 北大D185
　〔靈圖寺寄住僧道猷狀牒稿〕　(995前後)
　　1)僧正　2)金光明寺靈圖寺

19566 令狐僧奴 ……………… P3396
　〔沙州諸渠別粟田名目〕　(10C後期)
　　1)僧　2)連臺寺

19567 令狐僧奴 ……………… P3396v
　〔沙州諸渠別苽薗名目〕　(10C後期)
　　1)僧　2)連臺寺

19568 令狐曹六 ……………… P3418v⑥
　〔洪閏鄉缺枝夫戶名目〕　(9C末～10C初)
　　3)洪潤鄉

19569 令狐瘦兒 ……………… P3146A
　〔衙前子弟州司及鞦頭等留殘袄衙人數〕　辛
　巳年八月三日　(981)

19570 令狐瘦兒 ……………… P3231③
　〔平康鄉官齋曆〕　甲戌年五月廿九日　(974)
　　3)平康鄉

19571 令狐瘦兒 ……………… P3231④
　〔平康鄉官齋曆〕　甲戌年十月十五日　(974)
　　3)平康鄉

19572 令狐瘦兒 ……………… P3231⑤
　〔平康鄉官齋曆〕　口亥年五月十五日　(975)
　　3)平康鄉

19573 令狐瘦兒 ……………… P3231⑥
　〔平康鄉官齋曆〕　乙亥年九月十九日　(975)
　　3)平康鄉

19574 令狐瘦?兒 ……………… S06309
　〔行人轉帖〕　四月八日　(10C)
　　1)行人

19575 令狐瘦兒 ……… Дx01269＋Дx02155＋Дx02156
〔某弟身故納贈曆〕 (9C)

19576 令狐存進 ……………… Дx02149B
〔見納缺柴人名目〕 (10C)

19577 令狐大娘 ………………… S05812
〔令狐大娘爲田宅糾訴狀〕 丑年八月 (821)

19578 令狐宅官 ………………… P3288piece1
〔佛現齋造饙併人名目〕 (10C)
　　1)宅官

19579 令狐丑胡 ………………… S06981⑬
〔入麥曆〕 申年 (10C中期)

19580 令狐丑兒 ………………… P3396
〔沙州諸渠別粟田名目〕 (10C後期)

19581 令狐丑撻 ………………… P3146A
〔衙前子弟州司及齳頭等留殘袛衙人數〕 辛巳年八月三日 (981)

19582 令狐猪子 ………………… S02228①
〔絲綿部落夫丁修城使役簿〕 亥年六月十五日 (819)
　　1)(右二) 3)絲綿部落 4)首行作「亥年六月十五日州城所,絲綿」、末行作「亥年六月十五日畢功」。

19583 令狐寵々 ………………… S01475v⑥
〔賣牛契〕 寅年正月廿日 (822)
　　1)牛主 4)原作「令狐寵々」及「牛主令狐寵々年廿九」。

19584 令狐長友 ………………… S06003
〔社司轉帖〕 壬申年七月廿九日 (972)

19585 令狐珎々 ………………… P3254
〔人名簿(殘)〕 (9C中期頃)

19586 令狐通子 ………………… P2832Av
〔納楊楡木人名曆〕 (10C)

19587 令狐通達 ………………… P2953v
〔便麥豆本曆〕 (10C)

19588 令狐定子 ………………… S09999
〔上司觀察孔目官高定清狀上(控)〕 (10C)

19589 令狐都頭 ………………… S00286
〔某寺斛斗入曆(殘)〕 (10C中期)
　　1)都頭 4)原作「令狐都頭倉」。

19590 令狐都頭 ………………… S03405
〔主人付親情社色物〕 (10C後期)
　　1)都頭 4)V面有「癸未年三月十四日」。

19591 令狐都頭 ………………… S04899
〔破曆〕 戊寅年 (918 or 978)
　　1)都頭

19592 令狐都料 ………………… P2032v
〔淨土寺入破曆〕 己亥年 (939?)
　　1)都料

19593 令狐都料 ………………… P2040v③-2
〔淨土寺西倉粟利入曆〕 己亥年 (939)
　　1)都料 2)淨土寺

19594 令狐都料 ………………… P2049v②
〔淨土寺諸色入破曆計會牒〕 長興二年正月 (930～931)
　　1)都料 2)淨土寺

19595 令狐道奴 ………………… P3328v①
〔付細布曆〕 (9C前期)
　　4)原作「令狐道奴婦」。

19596 令狐得盛 ………………… P3418v③
〔某鄉缺枝夫戶名目〕 (9C末～10C初)

19597 令狐德子 ………………… 羽・寫834
〔百姓趙塩久戶口請田簿〕 廣順二年正月一日 (952)

19598 令狐德住 ………………… P3146A
〔衙前子弟州司及齳頭等留殘袛衙人數〕 辛巳年八月三日 (981)

19599 令狐曇隱 ………………… S02729①
〔燉煌應管勘牌子曆〕 辰年三月 (788)
　　1)僧 2)永安寺 3)沙州 4)19行目。

19600 令狐寧々 ………………… P3418v③
〔某鄉缺枝夫戶名目〕 (9C末～10C初)

19601 (令狐)寧々 ………………… 有鄰館51
〔令狐進達戶口申告狀〕 大中四年十月庚午 (850)
　　1)(令狐進達)男 3)沙州

19602 （令狐）寧々 ･････････････････ 有鄰館51
〔令狐進達戸口申告狀〕 大中四年十月庚午
(850)
　　1)（令狐進達）男

19603 令狐買子 ････････････････････ S06045
〔便粟麥曆〕 丙午年正月三日 (946)

19604 令狐博士 ･････････････････ P3490v①
〔油破曆〕 辛巳年頃 (921頃)
　　1)塑匠・博士

19605 令狐判官 ････････････････････ S01845
〔納贈曆〕 丙子年四月十七日 (976?)
　　1)判官

19606 令狐潘子 ････････････････････ P3254
〔人名簿（殘）〕 (9C中期頃)

19607 令狐潘忠 ････････････････････ P3254
〔人名簿（殘）〕 (9C中期頃)

19608 令狐富員 ･････････････････ P3391v①
〔社司轉帖（寫錄）〕 丁酉年正月日 (937)

19609 令狐富盈 ････････････････････ P3379
〔社錄事陰保山等牒（團保文書）〕 顯德五年二月 (958)
　　4)有指押印。

19610 令狐富盈 ･････････････････ P3721v③
〔冬至自斷官員名〕 己卯年十一月廿六日 (979)

19611 令狐富盈 ･･･････････････････ Дx02149B
〔見納缺柴人名目〕 (10C)
　　1)酒戸

19612 令狐富盈 ･･･････････････････ Дx02149B
〔見納缺柴人名目〕 (10C)
　　1)門子

19613 令狐富悅 ････････････････････ P3379
〔社錄事陰保山等牒（團保文書）〕 顯德五年二月 (958)
　　4)有指押印。

19614 令狐富悅 ･･･････････････････ Дx02149B
〔見納缺柴人名目〕 (10C)
　　1)酒戸

19615 令狐富子 ･･･････････････････ 莫第263窟
〔供養人題記〕 (10C前期)
　　1)社子　4)東壁門北側。《燉》p. 111。《謝》p. 316。

19616 令狐富昌 ････････････････････ S06667
〔佛說八陽神呪經1卷〕 天福柒年歲在壬寅五月廿八日 (942)
　　1)弟子

19617 令狐富千 ････････････････ P2032v⑯-4
〔淨土寺粟利閏入曆〕 (940前後)
　　2)淨土寺

19618 令狐富千 ･････････････････ P2953v
〔便麥豆本曆〕 (10C)
　　3)玉關鄕

19619 令狐富達 ････････････････････ P3379
〔社錄事陰保山等牒（團保文書）〕 顯德五年二月 (958)
　　4)有指押印。

19620 令狐富達 ･･･････････････････ Дx02149B
〔見納缺柴人名目〕 (10C)
　　1)酒戸

19621 令狐富通 ･････････････････ P3351②
〔觀世音菩薩普門品(首題),多心經(首題)〕
開寶七(十一?)年戊寅正月十八日 (978)
　　4)原作「金光明寺僧王會長, 張僧奴, 令狐富通, 閻延定四人等舍觀音多心經一卷」。

19622 令狐富奴 ･･････････････ P2915piece1・2
〔社人名錄（殘）〕 (10C)

19623 令狐富蓮 ･････････････････ Дx11089
〔便粟曆（殘2行）〕 戊午年二月三?日 (898 or 958)

19624 令狐富連 ･･････････････････ P3636piece1
〔社人罸粟曆〕 丁酉年頃 (937頃)

19625 令狐普修 ･････････････････ P3047v①
〔僧名等錄〕 (9C前期)
　　4)僧名「普修」。

19626 （令狐）福子 ･････････････ 有鄰館51
〔令狐進達戸口申告狀〕 大中四年十月庚午 (850)
　　1)（令狐進達）女

19627　令狐福集 ·················· P2738v
　　〔社司轉帖(寫錄)〕　八月廿九日　(9C後期)

19628　(令狐)福集 ·················· 有鄰館51
　　〔令狐進達戶口申告狀〕　大中四年十月庚午
　　(850)
　　　1)(令狐進達)弟

19629　(令狐)福成 ·················· 有鄰館51
　　〔令狐進達戶口申告狀〕　大中四年十月庚午
　　(850)
　　　1)(令狐進達)弟

19630　令狐佛護 ·················· P3234v⑮
　　〔淨土寺西倉豆利潤入曆〕　(940年代?)
　　　2)淨土寺

19631　(令狐)佛奴 ·················· 有鄰館51
　　〔令狐進達戶口申告狀〕　大中四年十月庚午
　　(850)
　　　1)(令狐進達兄興晟)男

19632　令狐佛德 ·················· Дх01275
　　〔官府破紙曆〕　(9C末～10C初)
　　　1)兵馬使

19633　令狐粉堆 ·················· P2680v④
　　〔納贈曆〕　(10C中期)

19634　令狐粉堆 ·················· P3379
　　〔社錄事陰保山等牒(團保文書)〕　顯德五年二月　(958)
　　　4)有指押印。

19635　令狐粉堆 ·················· S06003
　　〔社司轉帖〕　壬申年七月廿九日　(972)

19636　令狐粉堆 ·················· Дх05699
　　〔社司?轉帖〕　□申年四月六日　(10C中期)

19637　令狐文子 ·················· P5546
　　〔神沙鄉人名目(殘)〕　(900頃)
　　　3)神沙鄉

19638　令狐文進 ·················· P2716
　　〔論語集解卷第7〕　咸通五年四月十二日
　　(864)

19639　令狐文進 ·················· P2738v
　　〔社司轉帖(寫錄)〕　二月廿五日　(9C後期)

19640　令狐文進 ·················· P3167v
　　〔安國寺道場司關于(五尼寺)沙彌戒訴狀〕
　　乾寧二年三月　(895)
　　　2)大乘寺?

19641　令狐文晟 ·················· P3418v④
　　〔龍勒鄉缺枝夫戶名目〕　(9C末～10C初)
　　　3)龍勒鄉

19642　令狐文達 ·················· S06130
　　〔諸人納布曆〕　(10C)
　　　4)施入。

19643　(令狐)文ゝ ·············· BD09293①(周14)
　　〔令狐留ゝ叔姪共東四防(房)兄弟分書
　　(稿)〕　四月九日　(10C?)
　　　1)兄

19644　(令狐)文ゝ ·············· BD09300(周21)
　　〔令狐留ゝ叔姪等分產書〕　(10C)
　　　1)(令狐留ゝ)兄

19645　令狐兵馬使 ·················· Дх01383
　　〔翟法律領得粟麥記〕　(壬)戌年十月日　(962)
　　　1)兵馬使

19646　令狐平水 ·················· P2953v
　　〔便麥豆本曆〕　(10C)
　　　1)平水　3)赤心鄉

19647　令狐平水 ·················· P3231②
　　〔平康鄉官齋曆〕　癸酉年九月卅日　(973)
　　　1)平水　3)平康鄉

19648　令狐平水 ·················· P3231③
　　〔平康鄉官齋曆〕　甲戌年五月廿九日　(974)
　　　1)平水　3)平康鄉

19649　令狐平水 ·················· P3231④
　　〔平康鄉官齋曆〕　囲戌年十月十五日　(974)
　　　1)平水　3)平康鄉

19650　令狐平水 ·················· P3231⑥
　　〔平康鄉官齋曆〕　乙亥年九月廿九日　(975)
　　　1)平水　3)平康鄉

19651　令狐平水 ·················· S00705v
　　〔社司轉帖(殘)〕　(9C後期)
　　　1)平水　4)V面有「天復八年(908)落書」。

19652　令狐平ゝ ·················· P2469v
　　〔破曆雜錄〕　戌年六月五日　(830?)

令　れい　氏族人名篇

19653　令狐辯々 ･････････････････ S02214
　〔官府雜帳(名籍・黃麻・地畝・地子等曆)〕
　(860?)

19654　(令狐)保盈 ･･･････ BD11987(L2116)
　〔歸義軍官府人名目〕　(9C後期～10C)
　　4)原作「令狐小山及保盈」。

19655　令狐保住 ･････････････････ P3379
　〔社錄事陰保山等牒(團保文書)〕　顯德五年二
　月　(958)
　　4)有指押印。

19656　令狐保住 ･････････････････ Дx02149B
　〔見納缺柴人名目〕　(10C)
　　1)聽子

19657　令狐保昇 ･････････････････ P3379
　〔社錄事陰保山等牒(團保文書)〕　顯德五年二
　月　(958)
　　4)有指押印。

19658　令狐保昇 ･････････････････ Дx02149B
　〔見納缺柴人名目〕　(10C)

19659　令狐保前? ･･･････ BD11523v(L1652)
　〔社司點帖及雜寫〕　(9～10C)

19660　令狐保富 ･････････････････ S06003
　〔社司轉帖〕　壬申年七月廿九日　(972)

19661　令狐保留 ･････････････････ Дx04278
　〔十一鄉諸人付麵數〕　乙亥年四月十一(日)
　(915? or 975)
　　3)神沙鄉

19662　令狐奉瓊 ･････････････････ Дx01328
　〔高昌田苗曆〕　建中三年三月廿七日　(782)

19663　令狐奉仙 ･････････････････ Дx01328
　〔高昌田苗曆〕　建中三年三月廿七日　(782)

19664　令狐方通 ･････････････････ P2880
　〔春坐局席轉帖抄等諸抄〕　庚辰年十月廿二
　日　(980)

19665　令狐法性 ･････････････････ P3153
　〔租地契〕　天復四年甲子七月十七日　(904)
　　3)神沙鄉　4)舊P3155v。

19666　令狐法律 ･････････････････ P2054v
　〔疏請僧官文〕　(10C)
　　1)法律　2)蓮華寺

19667　令狐法律 ･････････････････ S00520
　〔報恩寺方等道場榜〕　(9C末～925以前)
　　1)法律　4)有「河西都僧院」印。

19668　令狐法律 ･････････････････ S04687r.v
　〔佛會破曆〕　(9C末～10C前期)
　　1)法律

19669　令狐法律 ･････････････････ S05406
　〔僧正法律徒衆轉帖〕　辛卯年四月十四日
　(991)
　　1)法律

19670　令狐法律 ･････････････････ S06452①
　〔淨土寺破曆〕　辛巳年　(981)
　　1)法律　2)淨土寺　4)亡納贈。

19671　令狐法律 ･････････････････ S06452v
　〔納贈曆〕　壬午年十二月十三日　(982)
　　1)法律　2)大雲寺

19672　令狐法律 ･････････････････ S08750
　〔某寺常住什物見在曆〕　(10C)
　　1)法律

19673　令狐万盈 ･････････････････ 羽・寫834
　〔百姓趙塩久戶口請田簿〕　廣順二年正月一
　日　(952)

19674　令狐万子 ･････････････････ S04445v③
　〔便曆〕　庚寅年二月三日　(930?)

19675　令狐万昇 ･････････････････ P2680v④
　〔納贈曆〕　(10C中期)

19676　令狐万達 ･････････････････ S06185
　〔官破曆〕　(歸義軍期)
　　1)都頭

19677　令狐万端 ･････････････････ S02894v⑤
　〔社司轉帖〕　(10C後期)

19678　令狐万友 ･････････････････ S01159
　〔神沙鄉散行人轉帖〕　二月四日　(10C中期)
　　1)行人　3)神沙鄉

19679　令狐滿々 ･････････････････ S05824v
　〔經坊費負担人名目〕　(8C末～9C前期)

19680　令狐明信 ･････････････････ Дx03867v
　〔學仕郎等人名目〕　□(咸?)通三年十一月八
　日　(862?)

755

19681 令狐明德 ·············· S06204①
〔隊轉帖〕（10C前後）

19682 令狐友 ············ BD16113A（L4066）
〔地畝文書〕（10C）

19683 令狐友慶 ············· S03982
〔月次人名目〕甲子年三月（964）

19684 令狐友德 ············ BD09282（周3）
〔六月到八月某寺諸色斛斗（豆麥粟）破歷〕
（10C後期）
　1）泥匠

19685 令狐友德 ············· S05039
〔某寺諸色破歷〕（10C後期）
　1）塹匠

19686 令狐履四 ········· BD06359v②（鹹59）
〔人名目〕（9C前期）

19687 令狐流定 ············· P2032v⑯-4
〔淨土寺粟利閏入歷〕（940前後）
　2）淨土寺

19688 令狐留住 ·········· BD16128B（L4067）
〔社人名目〕（9〜10C）

19689 令狐留定 ············· P2040v③-2
〔淨土寺西倉粟利入歷〕己亥年（939）
　2）淨土寺

19690 令狐留定 ············· 燉研001
〔節度使（曹元忠?）衙內破酒曆〕（10C前期?）
　1）節度使

19691 令狐留丶 ·········· BD09293①（周14）
〔令狐留丶叔姪共東四防（房）兄弟分書（稿）〕四月九日（10C?）

19692 令狐留丶 ············ BD09300（周21）
〔令狐留丶叔姪等分產書〕（10C）

19693 令狐留（龍?）·········· P5546
〔神沙鄉人名目（殘）〕（900頃）
　3）神沙鄉

19694 令狐良晟 ············· P3418v⑥
〔洪閏鄉缺枝夫戶名目〕（9C末〜10C初）
　3）洪潤鄉

19695 令狐胎朧 ············· S02669
〔管內尼寺（安國寺・大乘寺・聖光寺）籍〕
（865〜870）
　2）大乘寺　3）洪潤鄉　4）尼名「修定」。

19696 令狐郎 ·············· P3164
〔親情社轉帖〕乙酉年十一月廿六日（925?）

19697 令狐郎 ·············· P3707
〔親情社轉帖〕戊午年四月廿四日（958）
　4）原作「大令狐郎男」。

19698 令狐郎 ·············· S05632①
〔親情社轉帖〕丁卯年二月八日（967）
　4）原作「少令狐郎」。

19699 令狐郎 ·············· S05632①
〔親情社轉帖〕丁卯年二月八日（967）
　2）顯德寺門

19700 令狐郎男 ············· P3707
〔親情社轉帖〕戊午年四月廿四日（958）
　4）原作「大令狐郎男」。

19701 令狐和君 ··········· Stein Painting 203
〔藥師圖題記〕（10C）

19702 （令狐）和丶 ··········· S01475v⑥
〔賣牛契〕寅年正月廿日（822）
　1）（寵丶）兄　4）原作「兄和丶年卅四」。

19703 令狐□家 ············· 燉研322
〔臘八燃燈分配窟龕名數〕辛亥年十二月七日（951）

19704 令狐□鷄 ············· S04060
〔便麥粟豆曆〕己酉年二月十四日（949）

19705 令狐□奴 ············· P3379
〔社錄事陰保山等牒（團保文書）〕顯德五年二月（958）
　4）有指押印。

19706 令狐□□ ············· S06003
〔社司轉帖〕壬申年七月十九日（972）

19707 令狐□?□? ········· Stein Painting 203
〔藥師圖題記〕（10C）

19708 令狐□□ ············· 莫第322窟
〔供養人題記〕（10C前期）
　1）社人隊頭　4）西壁。《燉》p.131。

19709 令狐 ･･････････････ BD02439v(成39)
〔无量壽宗要經(卷末有雜寫)〕（9C前期）
　1)寫

19710 令狐 ･･････････････ Stein Painting 493
〔釋迦如來圖供養題記〕 乾祐二年七月 （949）
　4)原作「故婆阿令狐」。

19711 令狐 ･･････････････ Дx02954
〔戶口田地申告簿〕 廣順二年正月一日 （952）
　1)(戶主索慶奴)妻　4)原作「(戶主索慶奴)妻阿令狐」。

19712 令狐 ･･････････････ 杏・羽744
〔大中十一年丁丑六月令狐〕 大中十一年丁丑六月 （857）

19713 連興押 ･･････････････ P2032v②
〔淨土寺惠安手下諸色入曆〕 甲辰年一日巳直歲 （944）

[ろ]

19714 盧安多 ･･････････････ 濱田
〔佛說八陽神呪經(尾)〕 （9C）
　1)清信俗弟子瓜州行軍兵馬都倉曹　4)原作「清信俗弟子瓜州行軍兵馬都倉曹盧安多發心抄寫持誦一心受持」。

19715 盧員□ ･･････････････ S07932
〔月次番役名簿〕 九月 （10C後期）

19716 盧永住 ･･････････････ BD05303v(光3)
〔殘文書〕 （9C）

19717 盧延慶 ･･････････････ S05731v
〔百姓盧延慶令差廻鶻牒〕 乾符六年己亥歲頃 （879）
　1)百姓

19718 盧延閏 ･･････････････ P2032v⑯-4
〔淨土寺粟利閏入曆〕 （940前後）
　2)淨土寺

19719 盧溫子 ･･････････････ P2049v①
〔淨土寺諸色入破曆計會牒〕 同光三年 （925）

19720 盧溫子 ･･････････････ S00366
〔破曆〕 （9C）

19721 盧君々 ･･････････････ P3418v⑥
〔洪閏鄉缺枝夫戶名目〕 （9C末～10C初）
　3)洪閏鄉

19722 盧胡□ ･･････････････ P2825v②
〔社司轉帖〕 （9C末）

19723 盧黃 ･･････････････ S05286
〔兌紙〕 （9C）

19724 盧再□ ･･････････････ P3418v⑤
〔某鄉缺枝夫戶名目〕 （9C末～10C初）

19725 盧颭 ･･････････････ S00542v
〔燉煌諸寺丁壯車牛役部〕 戌年六月十八日 （818）
　2)大雲寺

19726 盧颭 ･･････････････ S00542v
〔燉煌諸寺丁壯車牛役部〕 戌年六月十八日 （818）
　2)開元寺

19727 盧氏 ·················· 莫第094窟
〔供養人題記〕 唐咸通十三年以後 (872以降)
　1)叔母　4)原作「叔母范陽盧氏」。北壁。《燉》
　p. 31。《謝》p. 102。

19728 盧(氏) ·················· 莫第166窟
〔供養人題記〕 (10C末期)
　4)原作「新婦阿梁一心供養」。南壁。《燉》p. 77。
　《謝》p. 395。

19729 盧悉頰子 ·················· P2703
〔官牧羊人納粘羊毛牒〕 壬申年十二月
(972?)

19730 盧社官 ·················· Дx11077
〔社司轉帖〕 丑年五月八?日 (9C?)
　1)社官

19731 盧小興 ·················· P3249v
〔將龍光顏等隊下人名目〕 (9C中期)

19732 盧潘 ·················· S04359v
〔奉送盈尙書詞(3首)〕 大梁貞明九(五)年四月
日 (919)
　1)撰(者)・押衙

19733 盧漸勝 ·················· S02894v⑤
〔社司轉帖〕 (10C後期)

19734 盧相公 ·················· P3547
〔上都進奏院狀上(原題)〕 (9C後期?)

19735 盧淡 ·················· BD05405(菓5)
〔无量壽宗要經(末)〕 (9C前期)

19736 盧淡 ·················· P2711
〔僧俗人寫經曆〕 (9C前期)

19737 盧淡 ·················· P4831
〔僧俗人寫經曆〕 (9C前期)
　1)俗人

19738 盧淡 ·················· P.tib1173v
〔雜記〕 (9C前期)
　4)本件有「金剛經十卷共一帙」及「盧淡紙十四」
　之字。

19739 盧淡 ·················· S02711
〔寫經人名目〕 (9C前期)
　1)寫經人　2)金光明寺

19740 盧淡 ·················· P3205
〔僧俗人寫經曆〕 (9C前期)

19741 盧淡 ·················· S03755
〔大般若波羅蜜多經卷第1〕 (9C)
　1)寫?　4)有「三界寺藏經」印。

19742 盧淡 ·················· S03784
〔大般若波羅蜜多經卷第5〕 (9C)

19743 盧淡 ·················· S04831②
〔寫經人名目〕 (9C前期)
　1)寫經人

19744 盧淡 ·················· S07945
〔僧俗寫經分團人名目〕 (823以降)

19745 盧忠達 ·················· P2825v①
〔押衙兼侍御史盧忠達狀(習控)〕 景福二年九
月日 (893)
　1)百姓

19746 盧忠達 ·················· P3989
〔立社條憑〕 景福三年甲寅歲五月十日 (894)

19747 盧都虞候 ·················· P3153
〔租地契〕 天復四年甲子七月十七日 (904)
　1)都虞候　4)舊P3155v。

19748 盧德保 ·················· P5032⑪
〔渠人?轉帖〕 (10C後期)

19749 盧二娘 ·················· S01963
〔金光明經卷第2?(1)〕 (9C)
　1)女佛弟子　4)原作「淸信女佛弟子,爲身陷在
　異番．．．」。

19750 盧氾ゝ ·················· P4640v
〔官入破曆〕 辛酉年三月 (901)
　1)衙官

19751 盧潘 ·················· S04359v
〔詩詞三首(撰)〕 大梁貞明九年四月日 (923)
　1)尙書

19752 盧富盈 ·················· BD15249v③(新1449)
〔某家榮親客目〕 (10C後期)
　1)主客

19753 盧富盈 ·················· S01153
〔諸雜人名目〕 (10C後期)

19754 盧富盈 ·················· S04443v
　〔諸雜難字(一本)〕　(10C)

19755 盧友信 ·················· Дx01278
　〔便粟社人名目〕　辛亥年五月　(951)

19756 盧流奴 ·················· Дx01364
　〔瓜州盧流奴還絭價羊嘱〕　(10C?)
　　1)牧羊人？　3)瓜州

19757 盧和信 ·················· P3391v①
　〔社司轉帖(寫錄)〕　丁酉年正月日　(937)

19758 盧□仁 ·················· 莫第437窟
　〔供養人題記〕　(9～10C)
　　1)銀青光祿大夫檢校國子祭酒御史大夫　4)原作「銀青光祿大夫檢校國子祭酒兼御史大夫盧□仁」。

19759 盧 ·················· BD05673v④(李73)
　〔行人轉帖(寫錄)〕　今月十二日　(9C末)

19760 魯才安 ·················· BD07038(龍38)
　〔金有陀羅尼經(卷尾)〕　(8～9C)
　　4)卷尾寫藏文題記「Lav?n-dze-hwan-bris」。

19761 婁惠觀 ·················· S02729①
　〔燉煌應管勘牌子歷〕　辰年三月　(788)
　　1)僧　2)金光明寺　3)沙州　4)午年7月25日死。15行目。

19762 婁惠觀 ·················· S02729①
　〔燉煌應管勘牌子歷〕　午年七月廿五日　(790)
　　1)僧　2)金光明寺　3)沙州　4)午年7月25日死。末尾有「楊舍人檢」。64行目。

19763 朗神達 ·················· P4974
　〔神力牒〕　天復年　(936～943)
　　1)押衙

19764 朗神達 ·················· Дx02264
　〔支給僧尼斛㪷曆〕　(9C中期?)
　　1)押衙

19765 郎光暉 ·················· BD09341(周62)
　〔社司轉帖〕　閏四月三日　(10C後期)

[□]

19766 □阿朶 ·················· Дx01277
　〔納贈曆〕　丁丑年九月四?日　(977)

19767 □愛進 ·················· 莫第005窟
　〔供養人題記〕　(10C前期)
　　1)孫　4)南壁。《謝》p.205。⇒岳愛進。

19768 □晏設 ·················· BD16112B(L4066)
　〔某寺雜物歷〕　(10C?)

19769 □安九 ·················· P3418v③
　〔某鄉缺枝夫戶名目〕　(9C末～10C初)
　　4)⇒安九。

19770 □安慶 ·················· P3418v①
　〔□鄉缺枝夫戶名目〕　(9C末～10C初)
　　4)⇒安慶。

19771 □安仵 ·················· S06130
　〔諸人納布曆〕　(10C)
　　4)⇒安仵。

19772 □安子 ·················· S06130
　〔諸人納布曆〕　(10C)
　　4)⇒安子。

19773 □安定 ·················· S00327v
　〔社司轉帖〕　(10C)
　　4)⇒安定。

19774 □安定 ·················· S05845
　〔郭僧政等貸油麵麻曆〕　己亥年二月十七日　(939)

19775 □安定 ·················· 楡第34窟
　〔供養人題記〕　(11C初期)
　　1)□□鎮兵馬使兼□□都料　4)東壁。《謝》p.483。

19776 □安寧 ·················· BD09370v②(周91)
　〔人名目〕　(9～10C)

19777 □安六 ·················· P3418v①
　〔□□鄉缺枝夫戶名目〕　(9C末～10C初)
　　4)⇒安六。

19778 □安六 ·················· P3418v②
　〔燉煌鄉缺枝夫戶名目〕　(9C末～10C初)
　　3)燉煌鄉　4)⇒安六。

19779 □意花 ……… BD09472v①～③(發92)
〔龍興寺索僧正等五十八人就唐家蘭若請賓頭廬文〕(8～9C)
　　2)靈修(寺)　3)沙州

19780 □意藏 ………… BD10077(L0206)
〔分付多衣曆〕(8C中期)
　　4)⇒□善藏。

19781 □印定 ……………… S06198
〔納贈曆〕(10C)

19782 □員 ……… BD09370v②(周91)
〔人名目〕(9～10C)

19783 □員繼 ……………… Дх10275
〔納贈曆〕(10C)

19784 □員受 ……… Дх01269＋Дх02155＋Дх02156
〔某弟身故納贈曆〕(9C)

19785 □員集 ……… S08445＋S08446＋S08468v
〔常樂副使田員宗手上領得稅羊名目〕丁未年十一月廿五日 (943)

19786 □員宗 ……………… S07963v
〔公廨司出便物名目〕後肆月十八日 (942)

19787 □永受 ……………… S06998①
〔牧羊人文書〕(10C後期)
　　1)牧羊人

19788 □盈子 ……… BD14806③(新1006)
〔歸義軍官府貸油麵曆〕庚午年八月 (970)

19789 □延受 ……………… S05632①
〔親情社轉帖〕丁卯年二月八日 (967)
　　2)顯德寺門

19790 □恩子 ……………… Дх10270v
〔便麥粟曆〕(946)

19791 □何羅拙 …………… S08446v
〔領得新稅羊文〕丁未年頃 (943)

19792 □加義 ……… Дх01405＋Дх01406
〔布頭索留信等官布籍〕(9C末期～10C初期)

19793 □家恩子 …………… P4635②
〔社家女人便麵油曆〕[ ]月七日 (10C中期)

19794 □懷德 ……………… P3556v④
〔社戶人名目(殘)〕(10C中期頃)
　　1)社戶　4)⇒懷德。

19795 □戒成 …………… BD15174v(新1374)
〔社司轉帖〕(10C後期)
　　4)V面有「丁卯年正月一日金光明寺僧玄教顧世音菩薩經一卷」之一文。

19796 □會長 ……………… 莫第148窟
〔供養人題記〕(11C中期)
　　1)窋禪□□寺法律　4)原作「窋禪□□寺法律□會長供養」。南壁。《燉》p.70。

19797 □會通 ……………… S06309
〔行人轉帖〕四月八日 (10C)
　　1)行人　4)⇒會通。

19798 □海員 ……………… 莫第113窟
〔供養人題記〕(9C後期)
　　4)西壁。《燉》p.55。

19799 □海君 ………… BD16328(L4419)
〔鄧某請地狀〕大順二年正月一日 (891)
　　3)(燉煌縣)宜秋鄉?

19800 □海保 ……… Дх01269＋Дх02155＋Дх02156
〔某弟身故納贈曆〕(9C)

19801 □喝吉那 …………… S09463
〔李万受等便麥曆〕(10C)

19802 □搗揰 ……………… S10005
〔人名目〕(10C)

19803 □搗揰 ……………… Дх01440
〔社司轉帖〕乙巳年九月十五日 (945)

19804 □憨奴 ……………… S08443B2
〔李闍梨出便黃麻曆〕乙巳年二月一日 (945?)

19805 □韓 ……………… BD11990(L2119)
〔諸人施錢曆〕(9～10C)

19806 □願 ……………… BD15174v(新1374)
〔社司轉帖〕(10C後期)
　　4)V面有「丁卯年正月一日金光明寺僧玄教顧世音菩薩經一卷」之一文。

氏族人名篇

19807 □願成 ······ S03714
〔親情社轉帖(雜寫)〕 (10C)
　4)⇒願成。

19808 □願德 ······ BD14806②(新1006)
〔渠人轉帖〕 (10C中期)

19809 □喜 ······ S08662
〔某□喜送與洞闍梨遺教一卷等狀〕 (10C?)

19810 □義全 ······ BD11822v(L1951)
〔社司轉帖(殘)〕 己卯年正月三日 (919 or 979)

19811 □義和 ······ P4640v
〔官入破曆〕 辛酉?六月廿一日 (901?)
　1)衙官

19812 □緊子 ······ Дx01346
〔社司轉帖〕 (10C後期)
　4)文中有「□緊子妻身亡」,「顯得(德)寺」。

19813 □緊子妻 ······ Дx01346
〔社司轉帖〕 (10C後期)
　2)顯德寺　4)文中有「□緊子妻身亡」,「顯得(德)寺」。

19814 □金山 ······ Дx02163①
〔女戶宋氏戶口田地申告狀〕 大中六年十一月　日 (852)
　4)⇒金山。

19815 □君子 ······ BD16328(L4419)
〔鄧某請地狀〕 大順二年正月一日 (891)
　3)(燉煌縣)宜秋鄉?

19816 □君子 ······ S05820v＋S05826v
〔經坊關係文書〕 (吐蕃期)

19817 □京 ······ BD01821(秋21)
〔唯摩詰所說經題記〕 (9～10C)
　4)原作「□京書已」。

19818 □惠ゝ ······ P3418v②
〔燉煌鄉缺枝夫戶名目〕 (9C末～10C初)

19819 □慶佳 ······ BD09345①(周66)
〔安醜定妻亡社司轉帖〕 辛酉年四月廿四日 (961?)
　2)顯德寺門

19820 □慶子 ······ Дx10270
〔便粟麥曆〕 (946)

19821 □慶兒 ······ S08445＋S08446＋S08468④
〔羊司於常樂官稅羊數名目〕 丁未年四月十二日 (943)

19822 □慶兒 ······ Дx01269＋Дx02155＋Дx02156
〔某弟身故納贈曆〕 (9C)

19823 □慶□ ······ BD11180(L1309)
〔燉煌縣用印事目曆〕 (8C)
　3)燉煌縣　4)V面有「燉煌縣印」,卷背兩紙騎縫處下有一枚陽文硃印(5.4×5.8cm)。

19824 □景員 ······ 莫第278窟
〔供養人題記〕 (10C前期)
　1)社官　4)原作「社官□景員」。南壁。《燉》p.113。

19825 □建子 ······ S05747v
〔社人名目〕 (10C前期)

19826 □虔誠 ······ Stein Painting 24
〔觀音圖題記〕 建隆四年癸亥歲九月七日 (963)

19827 □顯信 ······ P2161piece1
〔客將張幸端典地貸絹契〕 庚辰年六月十三?日 (920?)
　1)貸絹人

19828 □元暉 ······ S05824v
〔經坊費負擔人名目〕 (8C末～9C前期)

19829 □元諸 ······ S05104
〔社司轉帖(寫錄)〕 (9～10C)

19830 □玄□ ······ BD11998(L2127)
〔分付多衣簿〕 (8C中期)

19831 □胡兒 ······ P4640v
〔官入破曆〕 己未八月 (899)
　1)衙官

19832 □胡奴 ······ S05717
〔人名目〕 (10C)

19833 □悟 ······ P3138v
〔諸寺付經曆〕 (9C前期)
　2)大雲寺

19834 □光俊 …………… BD09339(周60)
〔諸人諸色破歷〕 (9C前期)

19835 □廣德 …………… S01475v⑪⑫
〔便契〕 二月一日 (828～829)
　　1)(義英)父

19836 □興順 …………… P3418v②
〔燉煌鄉缺枝夫戶名目〕 (9C末～10C初)
　　3)燉煌鄉

19837 □興晟 …………… S05824v
〔經坊費負担人名目〕 (8C末～9C前期)

19838 □興奴 …………… 浙燉132(浙博107)
〔宋佛奴等捐諸木條記〕 (10C)

19839 □茍子 …………… S08443c2
〔出便黃麻(麥)曆〕 甲辰年～丁未年頃 (944～947)

19840 □茍奴 …………… S08443c2
〔出便黃麻(麥)曆〕 甲辰年～丁未年頃 (944～947)

19841 □高 …………… P3249v
〔將龍光顏等隊下人名目〕 (9C中期)

19842 □國子 …………… P.tib1088Bv
〔燉煌諸人磑課麥曆〕 卯年～巳年間 (835～837)

19843 □黑ゞ …………… P.tib1088Bv
〔燉煌諸人磑課麥曆〕 卯年～巳年間 (835～837)

19844 □骨奴 …………… Дx11072
〔社司轉帖(建福)〕 正月五日 (10C後期)

19845 □骨崙 …………… P.tib1088Av
〔燉煌諸人磑課麥曆〕 卯年～巳年間 (835～837)

19846 □再員 …………… P3231⑦
〔平康鄉官齋曆〕 丙子年五月十五日 (976)
　　3)平康鄉

19847 □再盈 …………… S06136
〔麥麵羊皮破曆〕 (10C)

19848 □再興 …………… BD15469
〔糧油破歷〕 (10C)

19849 □再興 …………… P.tib1088Cv
〔燉煌諸人磑課麥曆〕 卯年～巳年間 (835～837)

19850 □再住 …………… P2161③
〔張氏換舍契〕 丁卯年九月十□日 (907?)

19851 □再昌 …………… Дx01277
〔納贈曆〕 丁丑年九月四?日 (977)

19852 □再成 …………… BD10236(L0365)
〔人名目〕 (9～10C)

19853 □再成 …………… BD16083(L4050)
〔僧談會斛㪷出便與人名目〕 二月九日 (9C後期)

19854 □再誠 …………… Дx06007
〔作坊使宋文暉等請處分狀并鄉司判辭〕 (9C後期～10C?)
　　4)⇒安再誠。

19855 □再德 …………… 楡第33窟
〔供養人題記〕 (10C中期)
　　1)押衙謙瓜州校□□　4)北壁.《謝》p.479.

19856 □索員? ………… BD16128c(L4067)
〔社人名目〕 (9～10C)

19857 □三嫂 …………… S08443B1
〔出便黃麻曆〕 甲辰年～丁未年頃 (944～947)

19858 □璨 …………… P3850
〔支給僧斛㪷曆等〕 (9C前期)

19859 □殘子 …………… Дx01432＋Дx03110
〔地子倉麥曆〕 (10C)

19860 □殘兒 …………… BD16363A(L4446)
〔社司轉帖〕 戊申年 (948?)

19861 □子晏 …………… Дx01346
〔社司轉帖〕 (10C後期)
　　2)顯德寺　4)文中有「□緊子妻身亡」,「顯得(德)寺」.

19862 □子晟 …………… Дx01346
〔社司轉帖〕 (10C後期)
　　2)顯德寺　4)文中有「□緊子妻身亡」,「顯得(德)寺」.

19863 □師子 ·········· Дх01320
〔麵等付曆〕（10C後期）
　　4）原作「□師子一盛子」。

19864 □思達 ······ BD14667v⑥（新0867）
〔社人名目?〕（9C後期）

19865 □支子 ·········· P3556v④
〔社戶人名目(殘)〕（10C中期頃）
　　1）社戶

19866 □守眞 ········ BD09339（周60）
〔諸人諸色破曆〕（9C前期）

19867 □朱 ············ 楡第33窟
〔供養人題記〕（10C中期）
　　1）兵馬使　4）南壁。《謝》p. 478。

19868 □醜子 ············ S08443B2
〔李闍梨出便黃麻曆〕乙巳年二月一日
（945?）

19869 □醜兒 ······ Дх01269＋Дх02155＋
Дх02156
〔某弟身故納贈曆〕（9C）

19870 □醜々 ·········· BD11577（L1706）
〔某寺破曆〕（8C末期～9C前期）

19871 □醜仁 ·············· Дх01277
〔納贈曆〕丁丑年九月四?日（977）

19872 □醜奴 ·············· Дх01277
〔納贈曆〕丁丑年九月四?日（977）

19873 □集子 ·············· P3418v①
〔□□鄉缺枝夫戶名目〕（9C末～10C初）

19874 □什得 ············ P4019piece2
〔束字等雜記〕（9C後期）

19875 □住子 ········ BD09345①（周66）
〔安醜定妻亡社司轉帖〕辛酉年四月廿四日
（961?）
　　2）顯德寺門

19876 □住兒 ·············· BD15628
〔王憨奴少有斟敍出便麥粟曆〕某年（子年・辰年）二月十九日（9～10C）

19877 □住德 ············ ＴⅡY-46A
〔戶籍〕端拱三年（990）

19878 □小安 ·············· P3418v①
〔□□鄉缺枝夫戶名目〕（9C末～10C初）
　　4）原作「□小安」。

19879 □小骨 ·············· S05717
〔人名目〕（10C）

19880 □昇子 ·············· S04782
〔乾元寺堂齋修造兩司都師文謙入破曆計會〕丑年（10C後期）
　　2）乾元寺

19881 □章三 ·············· S11213F
〔配付人名目〕（946）

19882 □章七 ·············· Дх01277
〔納贈曆〕丁丑年九月四?日（977）

19883 □章六 ·············· Дх03946
〔請田地簿〕（10C?）

19884 □神 ············ BD05661（李61）
〔大般若波羅蜜多經卷第250(末)〕（9C）

19885 □神奴 ·············· 莫第251窟
〔供養人題記〕（10C前期）
　　1）妙高勝嚴寺弟子　2）勝嚴寺　3）妙高　4）原作「妙高勝嚴寺弟子□神奴供養」。中心塔柱北向面。《燉》p. 109。

19886 □神德 ········ BD16332A（L4423）
〔渠人轉帖〕（10C）

19887 □神寶 ············ P.tib1088Av
〔燉煌諸人磑課麥曆〕卯年～巳年間（835～837）

19888 □進 ·············· 莫第098窟
〔供養人題記〕（10C中期）
　　1）節度押衙知赤心鄉官銀青光祿大夫國子祭酒兼御史中丞上柱國　4）南壁。《燉》p. 44。《謝》p. 93。

19889 □進 ·············· 莫第205窟
〔供養人題記〕（8C後期）
　　1）社人　4）西壁。《謝》p. 361。

19890 □進日 ·············· 莫第098窟
〔供養人題記〕（10C中期）
　　1）節度押衙銀青…檢校[太子]賓客　4）西壁。《燉》p. 45。

19891 □進〻 …………………… P2912v③
〔寫大般若經一部施銀盤子麥粟粉疏〕 四月八日 （9C前期）

19892 □進通 …………………… Дx01416
〔便粟曆〕（癸丑年）甲寅年六月·乙卯年四月（953～955?）
　1) 知見人·押衙

19893 □壬章 …………………… S00327v
〔社司轉帖〕（10C）

19894 □水住 …………………… Дx01277
〔納贈曆〕 丁丑年九月四?日 （977）

19895 □政之 …………………… 楡第33窟
〔供養人題記〕（10C中期）
　1) 清信弟子·節度押衙銀青光大夫檢校□　4) 東壁。《謝》p. 477。

19896 □寂 …………………… BD02126v⑨（藏26）
〔雜寫習書〕（9C後期）

19897 □遷〻 …………………… Дx01405＋Дx01406
〔布頭索留信等官布籍〕（9C末期～10C初期）

19898 □全子 …………………… P3231⑤
〔平康鄉官齋曆〕 □亥年五月十五日 （975）
　3) 平康鄉

19899 □善住 …………………… BD16332A（L4423）
〔渠人轉帖〕（10C）

19900 □善〻 …………………… P3418v②
〔燉煌鄉缺枝夫戶名目〕（9C末～10C初）

19901 □善藏 …………………… BD10077（L0206）
〔分付多衣曆〕（8C中期）
　4) ⇒ □意藏。

19902 □善通 …………………… BD16381（L4455）
〔諸家磚曆〕（10C）

19903 □善通 …………………… S05717
〔人名目〕（10C）

19904 □僧奴 …………………… P3231v⑦
〔平康鄉官齋曆〕 丙子年五月十五日 （976?）
　3) 平康鄉

19905 □瘦子 …………………… BD04542v①（崗42）
〔便麥歷稿〕 辰年三月日 （8～9C）

19906 □達 …………………… BD11523v（L1652）
〔社司點帖及雜寫〕（9～10C）

19907 □端絕 …………………… S02894v⑤
〔社司轉帖〕（972）

19908 □智 …………………… P3138v
〔諸寺付經曆〕（9C前期）
　2) 大雲寺

19909 □張 …………………… BD00588（荒88）
〔佛說無量壽宗要經（第1紙末下有題記）〕（9C）

19910 □張三 …………………… BD11187v①（L1316）
〔某寺破曆〕（9～10C）

19911 □長盈 …………………… S11442
〔人名目〕（10C）

19912 □長殘 …………………… S02894v①
〔社司轉帖〕 壬申年十二月廿二日 （972）

19913 □通子 …………………… BD04542v①（崗42）
〔便麥歷稿〕 巳年二月九日 （8～9C）

19914 □通子 …………………… BD16317（L4409）
〔行人轉帖〕（10C）

19915 □通信 …………………… S00329v
〔社司轉帖〕（9C末）
　2) 普光寺門前

19916 □通達 …………………… P.tib1088Bv
〔燉煌諸人磑課麥曆〕 卯年～巳年間 （835～837）

19917 □定興 …………………… 莫第437窟
〔供養人題記〕（10C中期）
　1) 故衙前正兵馬使　4) 原作「故衙前正兵馬使□定興一心供養」。北壁。《燉》p. 166。

19918 □定住 …………………… Дx11073
〔社司轉帖〕 正月五日 （975年代以降）

19919 □定眞 …………………… S04654v②
〔老病孝僧尼名錄（殘）〕（10C中期）
　1) 病

19920 □定奴 …………………… BD04542v①（崗42）
〔便麥歷稿〕 辰年三月日 （8～9C）

764

氏族人名篇

19921 □定奴 ·············· P4690
〔社司轉帖(殘)〕 戊午年六月十八日 (958)

19922 □奴子 ·············· BD16115H(L4066)
〔殘片〕 (9〜10C)

19923 □奴子 ·············· S11213F
〔配付人名目〕 (946)

19924 □滔光 ·············· BD09339(周60)
〔諸人諸色破歷〕 (9C前期)

19925 □道慈 ·············· P3249v
〔將龍光顏等隊下人名目〕 (9C中期)

19926 □二娘子孔郎 ·········· Дx02485
〔諸家新婦名目〕 (9C)

19927 □忍 ·············· BD02126v⑨(藏26)
〔雜寫習書〕 (9C後期)

19928 □賣奴 ·············· P.tib1088B
〔燉煌諸人磑課麥曆〕 卯年〜巳年間 (835〜837)

19929 □飛 ·············· S05893
〔管内僧寺(報恩寺・淨土寺)籍〕 (865〜875)
　2)淨土寺 3)洪潤鄉

19930 □不子 ·············· Дx06528
〔某寺麥粟破曆〕 (10C)

19931 □不藉奴 ············· Дx11072
〔社司轉帖(建福)〕 正月五日 (10C後期)

19932 □不勿 ·············· S00663v②
〔便曆〕 (10C)

19933 □富進 ·············· Дx01277
〔納贈曆〕 丁丑年九月四?日 (977)

19934 □富定 ·············· BD16026A(L4018)
〔人名目〕 (10C)

19935 □福住 ·············· S06981③
〔某寺入曆(殘)〕 壬申年 (912 or 972)
　1)上磑戶

19936 □糞子 ·············· Дx01277
〔納贈曆〕 丁丑年九月四?日 (977)

19937 □文德 ·············· BD09520v②(殷41)
〔雇工契〕 癸未年三月廿八日 (923)
　1)百姓 3)龍勒鄉

19938 □文德 ·············· Дx10270
〔便粟麥曆〕 (946)

19939 □籾五 ·············· BD04451v(崑51)
〔阿彌陀經裏面雜寫〕 (9〜10C)
　4)原作「磑上造作□籾五」。

19940 □保盈 ·············· BD02858(調58)
〔雜寫〕 (8〜9C)

19941 □保全 ·············· Дx01449
〔王法律小有斛㪷出便人名目〕 某月十八日
(10C後期)

19942 □保德 ·············· BD14806②(新1006)
〔渠人轉帖〕 (10C中期)

19943 □保法? ·············· BD16003A(L4004)
〔人名目〕 (9C前期)

19944 □法律 ·············· P3060v
〔諸寺諸色付經僧尼曆〕 (9C前期)
　1)法律 4)經典名「光讚經」。

19945 □防力 ·············· S11213F
〔配付人名目〕 (946)

19946 □万盈 ·············· Дx11072
〔社司轉帖(建福)〕 正月五日 (10C後期)

19947 □滿 ·············· P.tib1261v②
〔諸寺僧尼支給穀物曆〕 (9C前期)
　1)僧(尼) 4)⇒法滿＝惠滿。

19948 □野苟 ·············· BD11998(L2127)
〔分付多衣簿〕 (8C中期)

19949 □友子 ·············· S04060①
〔便麥曆〕 戊申年 (948)

19950 □友住 ·············· BD09325(周46)
〔社司轉帖〕 □子?年七月十四日 (10C後期)

19951 □履光 ·············· S09471v
〔每戶種苗(麻・紅)地畝曆〕 (9C前期)

19952 □留住 ·············· BD02557v②(歲57)
〔□留住等契殘〕 (9〜10C)

765

19953 □留堤單 ‥‥‥‥‥‥‥ P3418v⑦
　〔慈惠鄉缺枝夫戶名目〕（9C末～10C初）
　　3)慈惠鄉

19954 □留定 ‥‥‥‥‥‥‥‥ S04884v
　〔便褐曆〕 壬申年二月十日 （972?）

19955 □老々 ‥‥‥‥‥ BD06359v①（鹹59）
　〔麵油蕎納贈曆〕 （9C前期）

19956 □和皮 ‥‥‥‥‥ Дx10281＋Дx11060
　〔綾絹紬等納贈曆〕 （9C末）

19957 □(和)滿 ‥‥‥‥‥‥‥‥ Дx10270
　〔便粟麥曆〕 （946）

19958 □□阿孃 ‥‥‥‥‥‥‥ S08426D②
　〔使府酒破曆〕 （10C中～後期）
　　3)瓜州　4)原作「瓜州□□阿孃」。

19959 □□安 ‥‥‥‥‥‥‥‥ 莫第098窟
　〔供養人題記〕 （10C中期）
　　1)節度押衙銀青光祿大夫檢校太子賓客兼監察
　　御史　4)西壁。《燉》p.45。

19960 □□瑧 ‥‥‥‥‥‥‥‥ 莫第205窟
　〔供養人題記〕 （8C後期）
　　4)西壁。《燉》p.95。

[コ]

19961 コ曇進 ‥‥‥‥‥‥‥‥ S02729①
　〔燉煌應管勘牌子曆〕 （792）
　　1)尼　3)沙州　4)(6月)死。67行目。

人名篇

[あ]

50001 阿審 ･････････････････ P3146B
　〔遺産分割憑〕　某月廿八日　(10C後期)
　　4)本件A紙爲辛巳年(981)八月三日「衙前子弟州
　　司及飜頭等留殘袽衙人數」。

50002 阿朶奴 ･･･････････････ 莫第427窟
　〔供養人題記〕　宋乾德八年頃　(970頃)
　　1)(王粉难)男　4)原作「兄王粉难一心供養男阿
　　朶奴男會□」。西壁。《燉》p.157。⇒(王)阿朶奴。

50003 愛福 ････････････ BD02296(閏96)
　〔唱得布曆〕　(10C)

50004 惡天去 ･･････････････ P2032v③
　〔淨土寺諸色破曆〕　(944前後)
　　2)淨土寺

50005 安九 ････････････････ P3418v③
　〔某鄉缺枝夫戶名目〕　(9C末～10C初)
　　4)⇒□安九。

50006 安三 ････････････････ P4674
　〔破曆〕　乙酉年十月十八日　(985)

50007 安三 ････････････････ S10612
　〔付箋僧名目〕　(10C)

50008 安住 ･････････ BD16162A(L4084)
　〔出賣房舍契〕　(9～10C)
　　1)叔伯兄

50009 安住 ････････････････ P4765
　〔都僧錄帖〕　(10C後期)
　　1)第一翻・沙彌

50010 安上 ････････････････ S08426B
　〔使府酒破曆〕　(10C中～後期)

50011 安信 ････････････････ S02614v
　〔燉煌應管諸寺僧尼名錄〕　(895)
　　2)龍興寺

50012 安信 ････････････････ S08426D①
　〔使府酒破曆〕　(10C中～後期)
　　4)⇒氾安信。

50013 安通 ････････････････ P4981
　〔當寺轉帖〕　閏三月十三日　(961)

50014 安屯 ････････････････ S04710
　〔沙州戶口簿〕　(9C中期以降)

50015 安羅僧正 ･･･････ ギメ美術館藏寶勝如
　　　　　　　　　　　來一軀裏文書
　〔賜紫法行狀〕　(10C前期 or 9C末)
　　1)僧正

50016 晏 ･･････････････････ P3855
　〔諸寺付經曆〕　(9C初頭)
　　2)蓮臺寺　4)⇒自晏。

50017 晏淨 ････････････････ P2250v①
　〔龍興寺僧唱布曆〕　(925?)
　　2)龍興寺

50018 晏張 ････････････････ Дx11085
　〔當寺轉帖〕　壬申年七月　(972)
　　1)法律

50019 晏定 ････････････････ P2250v①
　〔龍興寺僧唱布曆〕　(925?)
　　2)龍興寺

[い]

50020 依願 ·················· P3319v②
　〔社司轉帖(殘)〕 (10C)
　　1)正進

50021 依願 ·················· S05953
　〔奉唐寺僧依願上令公阿郎狀〕 (9C後期)
　　1)僧　2)奉唐寺

50022 依願 ············· 浙燉168(浙博143)
　〔諸寺僧名目〕 (10C中期)
　　2)(淨)土(寺)

50023 依賴 ················ P.tib1261v⑨
　〔諸寺僧尼支給穀物曆〕 (9C前期)
　　1)僧

50024 姨子 ············ Stein Painting 76
　〔甲戌年四月日沙州鄧慶連〕 甲戌年四月日
　(974)
　　4)原作「甲戌年」爲「申戌年」。

50025 姨小有 ··········· BD16230A(L4112)
　〔便麥曆〕 (9～10C)
　　1)孫

50026 姨有少 ············ BD16230B(L4112)
　〔便物曆〕 (9～10C)

50027 威ゝ ·················· S02669
　〔管內尼寺(安國寺・大乘寺・聖光寺)籍〕
　(865～870)
　　2)大乘寺　3)燉煌鄉　4)⇒宋妙眞。

50028 威戒 ················· S04444v②
　〔燉煌大乘寺僧尼申告(稿)〕 (905)
　　2)大乘寺

50029 威戒 ················· Дx11085
　〔當寺轉帖〕 壬申年七月 (972)

50030 威覺 ·················· P3100
　〔社司轉帖(殘)〕 (9C後期)
　　1)僧政

50031 威覺 ·················· P6005v
　〔釋門帖諸寺綱管〕 (9C)
　　1)僧政

50032 威覺 ················· 杏・羽082
　〔道場司智惠弁等乞請都僧統悟眞處分牒〕
　□(廣)明二年辛丑歲〔　〕月日 (881)
　　1)都檢校大德僧政　4)文書面有「李盛鐸印」等。

50033 威行 ········· S07939v＋S07940Bv＋
　S07941
　〔燉煌諸寺僧尼給糧曆〕 (823以降)
　　1)尼　2)聖光寺

50034 威證 ············· 浙燉168(浙博143)
　〔諸寺僧名目〕 (10C中期)

50035 威淨 ·················· S02614v
　〔燉煌應管諸寺僧尼名錄〕 (895)
　　2)龍興寺

50036 威淨 ·················· S02669
　〔管內尼寺(安國寺・大乘寺・聖光寺)籍〕
　(865～870)
　　2)大乘寺　3)洪池鄉　4)姓「齊」。俗名「曼ゝ」。

50037 威淨 ·················· Дx10287
　〔威淨狀〕 大順二年四月 (891)

50038 威信 ················· S00381v①
　〔僧威信祭故嬸ゝ文〕 己卯年～丁亥年頃
　(859～867)
　　1)僧

50039 威振 ·················· P2178
　〔戒疏卷第1(末)〕 (9C)
　　1)比丘

50040 威則 ·················· P3100
　〔社司轉帖(殘)〕 (9C後期)
　　1)法律

50041 威則 ·················· P6005v
　〔釋門帖諸寺綱管〕 (9C)
　　1)法律

50042 威德 ·················· S02614v
　〔燉煌應管諸寺僧尼名錄〕 (895)
　　2)安國寺

50043 威德 ················· S04444v②
　〔燉煌大乘寺僧尼申告(稿)〕 (905)
　　2)大乘寺

50044 威德花 ················ S02614v
　〔燉煌應管諸寺僧尼名錄〕 (895)
　　2)靈修寺

50045 威明 ················ Stein Painting 278
　〔絲繡佛像供養題記〕（9C?）
　　1)維那

50046 威勇 ····················· S03611
　〔大般若波羅蜜多經卷124〕（9C）

50047 惟英 ····················· P3213v
　〔尙嚳文〕　庚寅年十一月（810）

50048 惟英 ····················· P3850
　〔支給僧斛㪷曆等〕（9C前期）

50049 惟英 ····················· P3947
　〔龍興寺應轉經僧分兩蕃定名牒〕　亥年八月
　（819 or 831）
　　2)龍興寺　4)V面爲「9C前半大雲寺僧所有田籍
　　簿」。

50050 惟英 ················ P.tib1261v⑤
　〔諸寺僧尼支給穀物曆〕（9C前期）
　　1)僧

50051 惟英 ················ P.tib1261v⑥
　〔諸寺僧尼支給穀物曆〕（9C前期）
　　1)僧

50052 惟休 ···················· S05572①
　〔隨心歎西方讚〕（9〜10C）
　　1)沙門　4)原作「沙門惟休述」。

50053 惟淨 ····················· 濱田074
　〔佛說護國經〕　大宋咸平二年十一月（999）
　　1)賜紫沙門臣

50054 惟淨 ····················· 濱田075
　〔多大敎王經卷下〕　大宋淳化五年正月日
　（994）
　　1)光梵大師賜紫沙門臣　4)高山寺印。

50055 惟眞 ················ BD03347(雨47)
　〔四分戒本疏卷第1〕　未年五月廿三日（9C）
　　1)比丘　4)原作「未年五月廿三日比丘惟眞寫」。

50056 惟濟 ···················· S02729①
　〔燉煌應管勘牌子歷〕　辰年三月（788）
　　1)僧　3)沙州・潘原堡　4)俗姓「孫」。26行目。

50057 惟泉? ·················· 杏・羽694①
　〔當寺應管主客僧牒〕　未年閏十月（803）
　　4)文末有異一行「未年閏十月,直歲圓滿牒」。

50058 惟達 ················ P.tib1261v⑤
　〔諸寺僧尼支給穀物曆〕（9C前期）
　　1)僧

50059 惟達 ················ P.tib1261v⑥
　〔諸寺僧尼支給穀物曆〕（9C前期）
　　1)僧

50060 惟達 ················ P.tib1261v⑨
　〔諸寺僧尼支給穀物曆〕（9C前期）
　　1)僧

50061 意賢 ···················· S02614v
　〔燉煌應管諸寺僧尼名錄〕（895）
　　2)大乘寺

50062 意賢 ···················· S04444v②
　〔燉煌大乘寺僧尼申告(稿)〕（905）
　　2)大乘寺

50063 意嚴 ················ P.tib1261v⑥
　〔諸寺僧尼支給穀物曆〕（9C前期）
　　1)尼

50064 意勝 ···················· 楡第35窟
　〔供養人題記〕（10C末期）
　　1)淸信弟子大乘優婆姨　4)裏洞東壁。《謝》
　　p.486。

50065 意娘 ····················· P3047v⑨
　〔諸人諸色施捨曆〕（9C前期）

50066 意娘 ···················· S00542v
　〔燉煌諸寺丁壯車牛役部〕　戌年六月十八日
　（818）
　　2)大雲寺

50067 意全 ············· BD14806①(新1006)
　〔於倉缺物人便麥名抄錄〕　辛酉年三月廿二
　日（961）
　　1)口承人・(龍再昇)父　4)原作「口承人父意
　　全」。

50068 意通 ····················· S06233
　〔某寺麥粟等分付曆〕（吐蕃期）

50069 意定 ····················· S00527
　〔女人社再立條件憑〕　顯德六年己未歲正月三
　日（959）

50070 意郎 ····················· S08426B
　〔使府酒破曆〕（10C中〜後期）

50071 維英 ･････････････････ S08071
〔龍興寺付維英抄〕 四月廿七日 （9C）
　　2)龍興寺　4)ペン筆。

50072 維眞 ･････････････ BD05081v（珠81）
〔大般若波羅蜜多經卷第130（尾）（背面）〕
（9C前期）
　　4)尾題左端紙背面下部有「維眞」2字。

50073 維濟 ･････････････････ S10967
〔教團付經諸寺僧尼名目〕 （9C前期）

50074 維寂 ･････････････････ S02729①
〔燉煌應管勘牌子歷〕 辰年三月 （788）
　　1)僧　2)大雲寺　3)沙州　4)俗姓「呂」。7行目。

50075 維寂 ･････････････････ S02729①
〔燉煌應管勘牌子歷〕 巳年七月十一日 （789）
　　1)僧　2)大雲寺　3)沙州　4)俗姓「呂」。63行目。巳年7月11日死。末尾有「贊息檢」。

50076 維祕 ･････････････････ S02729①
〔燉煌應管勘牌子歷〕 辰年三月 （788）
　　1)僧　2)大雲寺　3)沙州・潘原堡　4)俗姓「王」。26行目。

50077 維祕 ･･･････････ 臺灣中央圖書館08849
〔淨名經關中疏卷上〕 己巳年四月廿三日
（789）
　　1)京福壽寺沙門　2)京福壽寺沙州報恩寺　4)原作「…維祕於沙州報恩寺爲僧尼道俗敷演此淨名經,…。龍興寺僧明眞寫…」。

50078 維明 ･････････････････ P3947v
〔大雲寺僧所有田籍簿〕 （9C前期）
　　1)僧　4)R面爲「亥年(819or831)八月龍興寺應轉經僧分兩蕃定名牒」。

50079 維明 ･････････････････ S02729①
〔燉煌應管勘牌子歷〕 辰年三月 （788）
　　1)僧　2)大雲寺　3)沙州　4)俗姓「翟」。7行目。巳年7月11日死。

50080 維宥 ･････････････････ 莫第387窟
〔供養人題記〕 清泰元年 （936）
　　1)釋門都僧統兼門□□□京城□□臨□供奉大德闡揚三教大法師賜紫沙門　4)原作「釋門都僧統兼門□□□京城□□臨□供奉大德闡揚三教大法師賜紫沙門(香)□維宥供養俗姓康氏」。西壁。《燉》p.147。⇒(康)維宥。

50081 壹進奴 ･･･････････････ S04060v
〔便麥粟豆歷〕 己酉年 （949）

50082 一娘 ･････････････････ P3047v⑨
〔諸人諸色施捨歷〕 （9C前期）

50083 一眞 ･･･････････ BD00291v①②（宇91）
〔背面紙縫上署名〕 （9C）
　　4)卷背兩紙騎縫處有五處署名「一眞」3處,「沙門一眞」2處。

50084 一眞 ･････････････ BD09340（周61）
〔龍興寺藏大般若分付廿秩足缺點檢數目〕
亥年四月二十四日 （9C中期）

50085 一眞 ･････････････････ M1288①
〔淨名經關中釋批〕 卯年十月 （847）
　　1)比丘　4)原作「卯年十月□生日比丘一眞寫記」。

50086 一眞 ･････････････････ P6005v
〔釋門帖諸寺綱管〕 （9C）
　　2)僧政

50087 一眞 ･････････････････ S06788
〔瑜伽師地論分門記7A卷第下18A卷第下〕
（9C）
　　1)沙門

50088 一眞 ･････････ 西域文化研究6,圖20
〔雜寫〕 （9C）
　　1)禪師　4)原作「此是壹眞禪師…」,「此是一眞禪師」。

50089 一眞 ･････････････ 澄懷堂目卷1(p.5)
〔瑜伽師地論卷第1〕 （9C）
　　1)學問沙彌　4)原作「一眞本」。

50090 一眞 ･････････････････ 橘目
〔瑜珈師地論卷第7〕 大中九年十月 （855）
　　1)沙彌　4)原作「大中九年十月一眞書記」。

50091 一眞 ･････････････････ 橘目
〔瑜珈師地論卷第31〕 丁丑年七月十日 （857）
　　1)沙彌

50092 一眞 ･････････････････ 橘目
〔瑜珈師地論卷第51〕 （9C）
　　1)沙彌

50093 一眞(本) ･･･････････････ 橘目
〔瑜珈師地論卷第4〕 （9C）
　　1)學問沙彌

50094 逸那應難 ·············· S08661
〔軍資庫司大箭破曆〕 癸丑年五月十一日・八月
二日・九月八日 （953）

50095 印子 ·················· P3161
〔常住什物見在新附點檢曆〕 （10C前期）

50096 印子 ················ S05818v
〔沙州兩部落寫經紙分納曆〕 子年七月已後至
丑年十二月已前頃 （9C前期）
　1) 蕃卿

50097 印子 ·········· S10285＋S10286
〔常住什物見在新附點檢曆〕 （10C中期）

50098 印子下 ················ P2613
〔某寺常住什物交割點檢曆〕 咸通十四年正月
四日 （873）

50099 印子二娘子 ··········· S04362
〔肅州都頭宋富松狀〕 三月 （10C末）
　1) 印子二・娘子

50100 印定 ················· S06198
〔納贈曆〕 （10C）

50101 員意 ·················· P3489
〔翟坊巷女人社社條〕 戊辰年正月廿四日
（908）
　1) 社人

50102 員戒 ·················· P3067
〔某寺常住什物點檢曆〕 （10C後期）

50103 員戒 ················· P3556v⑦
〔道場思惟簿〕 （10C）

50104 員戒 ················· S02575②
〔任命牒(狀)〕 天復五年八月 （905）
　1) 式叉尼

50105 員戒 ········ Дx01329в＋Дx02151v①
〔應管內雌統厶乙令置方等葦場蒱〕 （10C前
期）
　1) 法律　2) 報恩(寺)　4) 本文書內容「受新戒諸
　　寺僧尼名目」。

50106 員會 ··········· BD11988（L2117）
〔某寺常住物檢曆〕 （10C）
　4) 原作「寺主員會」。

50107 員會 ············ BD14806v（新1006）
〔義進押衙身故祭盤人名目〕 戊寅年二月十九
日 （978）
　1) 押衙　4) 原作「員會押牙」。

50108 員會 ·················· P2545v
〔破曆〕 丙戌年六月十七日 （986?）

50109 員會 ············ P3598＋S04199
〔某寺什物點檢見在曆〕 丁卯年 （967）
　1) 寺主

50110 員會 ·················· P4908
〔某寺交割什物點檢曆〕 庚子年頃 （10C?）
　1) 寺主　4) 原作「員會寺主」。

50111 員會 ·················· S04215
〔什物交割曆〕 （10C）
　1) 寺主

50112 員會 ················· S04644v
〔僧名錄(2行雜寫)〕 （10C後期）

50113 員會 ·················· S04706
〔什物交割曆〕 （10C後期）
　1) 寺主

50114 員會 ·················· Дx11085
〔當寺轉帖〕 壬申年七月 （972）

50115 員會 ················· 杏・羽711
〔大乘淨土讚一本(尾題)〕 癸未年三月五日
（983?）
　1) 法律　2) 蓮臺寺

50116 員義 ·················· P2621
〔事森(奧書)〕 戊子年四月十日 （928）
　1) 學郎　4) 原作「孝郎員義寫書」。

50117 員啓 ················· Дx01378
〔當團轉帖〕 （10C中期）

50118 員行 ·················· P3290①
〔計會簿〕 己亥年十二月二日 （999）
　1) 僧正

50119 員子 ············· BD08172v（乃72）
〔社司轉帖(習書・殘)〕 癸未年頃 （923頃?）

50120 員受 ·················· S04660
〔兄弟社轉帖〕 戊子年六月廿六日 （988）
　2) 於燉煌蘭喏門　4) ⇒(安)員受。

50121 員受 ………………………… S04660v
〔社人缺色物曆〕 戊子年六月廿六日 （988）
  4）⇒（安）員受。

50122 員受 ………………………… S08402
〔便麥曆〕 （10C前期）
  1）取物見人

50123 員壽 ………………………… Дx11194
〔便麥曆〕 戊午年 （958）

50124 員集 ………………………… S08426D②
〔使府酒破曆〕 （10C中～後期）

50125 員集 ………………………… Дx05534
〔禮佛見到僧等人名目〕 廿日夜 （10C）

50126 員住 ………………… BD05303v（光3）
〔殘文書〕 （9C）

50127 員住 ………………………… S04642v
〔某寺入破曆計會〕 （923以降）

50128 員住再兒 ………………… S04647
〔破曆〕 庚午年 （970）

50129 員俊 ………………………… S08402
〔便麥曆〕 （10C前期）
  1）口承人男

50130 員潤 ……………………… 莫第127窟
〔供養人題記〕 （10C前期）
  4）原作「姪男員潤一心供養」。南壁。《燉》p.58。《謝》p.64。⇒（辛）員潤。

50131 員昌 …………… BD16384v（L4458）
〔人名目〕 （10C後期）

50132 員昌 ………………………… P3942
〔某家榮親客目〕 （10C？）
  1）都頭 4）原作「員昌都頭娘子」。

50133 員昌 ………………………… S04657①
〔破曆〕 （10C後期）
  4）原作「員昌店」。

50134 員昌 ………………………… S04660
〔兄弟社轉帖〕 戊子年六月十六日 （988）
  2）於燉煌蘭喏門 4）⇒（安）員昌。

50135 員昌 ………………………… S05406
〔僧正法律徒衆轉帖〕 辛卯年四月十四日（991）

50136 員昌 ………………………… S06981④
〔設齋納酒餅曆〕 （10C後期）
  1）酒戶

50137 員昌都頭娘子 ……………… P3942
〔某家榮親客目〕 （10C？）

50138 員松 ………………………… P2049v①
〔淨土寺諸色入破曆計會牒〕 同光三年（925）

50139 員松 ………………………… S02242
〔親情社轉帖〕 七月三日 （10C）

50140 員孃 ………… Дx01400＋Дx02148＋
       Дx06069②
〔弱婢員孃祐定上天女公主狀〕 天壽二年九月日 （962）

50141 員信 ………………………… S03631v
〔僧人名目〕 （10C中～後期）

50142 員信 ………………………… S08402
〔便麥曆〕 （10C前期）
  1）取物見人弟

50143 員信 ………………………… S08426E②
〔使府酒破曆〕 （10C中～後期）

50144 員進 ………………………… BD16509A
〔延晟人名一本〕 （9C前期）

50145 員進 ………… Дx02449＋Дx05176
〔（時年）轉帖〕 十一月十九日 （10C前期）
  2）大乘寺 4）原作「乘員進」。

50146 員遂 ………………………… P3942
〔某家榮親客目〕 （10C？）

50147 員遂 ………………………… P4912
〔某寺得換油麻曆〕 （950年代以降）

50148 員遂 ………………………… S05465
〔入破曆裏表紙〕 （10C末期）
  4）本件爲「乙卯年・庚辰年・丁丑年油入破曆」（册子本）。

50149 員遂 ………………………… S06452②
〔周僧正貸油麴曆〕 辛巳年～壬午年 （981～982？）
  1）法律

50150 **員遂** ……………… 北大D215
〔見在僧名〕廿六日（10C後期）
  4)⇒陰員遂。

50151 **員遂娘子** ……………… P3942
〔某家榮親客目〕（10C?）

50152 **員?誠** ……………… 杏・羽694②
〔報恩寺所管僧名目〕（9C前期）
  2)報恩寺 4)僧右傍有朱點,朱字。

50153 **員宗** ……………… S07963v
〔公廨司出便物名目〕後肆月十八日（942）

50154 **員泰** ……………… P3489
〔翟坊巷女人社社條〕戊辰年正月廿四日（908）
  1)社人 4)R面有「戊辰年正月廿四日」之紀年。

50155 **員長** ……………… S04644v
〔僧名錄(2行雜寫)〕（10C後期）

50156 **員長** ……………… S04660
〔兄弟社轉帖〕戊子年六月廿六日（988）
  2)於燉煌蘭喏門

50157 **員長** ……………… S04660v
〔社人缺色物曆〕戊子年六月廿六日（988）

50158 **員長** ……………… S06452④
〔常住庫借貸油麵物曆〕壬午年（982?）
  1)取麩人 2)淨土寺

50159 **員定** ……………… BD16257(L4116)
〔便曆?〕（9～10C）
  4)⇒賀員定。

50160 **員定** ……………… S01776②
〔某寺常住什物割點檢曆〕顯德五年戊午十一月十三日（958）

50161 **員定** ……………… S05437
〔願通等缺升人名抄(封題面)〕（10C）

50162 **員定** ……………… Дx00894③
〔社司轉帖〕丁卯年八月十七日（967）

50163 **員奴** ……………… S00542v
〔燉煌諸寺丁壯車牛役部〕戊年六月十八日（818）
  2)大雲寺 4)原作「員奴妻」。

50164 **員奴妻** ……………… S00542v
〔燉煌諸寺丁壯車牛役部〕戊年六月十八日（818）
  2)大雲寺

50165 **員德** ……………… BD16388A(L4460)＋BD16388B(L4460)
〔當寺轉帖〕（9～10C）

50166 **員德** ……………… P3370
〔出便麥粟曆〕丙子年六月五日（928）

50167 **員德太子** ……………… S08924B
〔社司出便麥曆〕己未年十一月廿日（959）
  1)太子

50168 **員婢** ……………… P3859
〔報恩寺常住百姓老小孫息名目〕丙申年十月十一日（936?）
  2)報恩寺

50169 **員富** ……………… BD14806③(新1006)
〔歸義軍官府貸油麵曆〕庚午年六月廿五日（970）

50170 **員滿** ……………… BD16388A(L4460)＋BD16388B(L4460)
〔當寺轉帖〕（9～10C）

50171 **員友** ……………… S06005
〔立社條約〕（10C前期以降）

50172 **員友** ……………… Дx06016
〔(兄)弟社轉帖〕（10C）
  1)押衙

50173 **因會** ……………… P2032v⑯-4
〔淨土寺粟利閏入曆〕（940前後）
  1)僧 2)淨土寺

50174 **因會** ……………… P2032v⑱
〔淨土寺豆利閏入曆〕（940前後）
  1)僧 2)淨土寺

50175 **因會** ……………… P2040v②-5
〔淨土寺西倉粟入曆〕（945以降）
  2)淨土寺

50176 **因會** ……………… P2040v②-26
〔淨土寺豆入曆〕（940前後）
  2)淨土寺

50177 因會 ……………… P2040v③-2
〔淨土寺西倉粟利入曆〕 己亥年 (939)
　　2)淨土寺

50178 因會 ……………… P2049v①
〔淨土寺諸色入破曆計會牒〕 同光三年 (925)
　　1)徒衆　2)淨土寺

50179 因會 ……………… P2049v②
〔淨土寺諸色入破曆計會牒〕 長興二年正月 (930～931)
　　1)手上　2)淨土寺

50180 因會 ……………… P3234v⑮
〔淨土寺西倉豆利潤入曆〕 (940年代?)
　　2)淨土寺

50181 因會 ……………… P3353v
〔爲弟南行廻向疏(殘2行)〕 (9C)

50182 因勝 ……………… S02614v
〔燉煌應管諸寺僧尼名錄〕 (895)

50183 因勝 ……………… Дx01459
〔第一判諸寺尼僧名錄〕 (9C末～10C初)

[う]

50184 圬相 ……………… 莫第144窟
〔供養人題記〕 (9C前期)
　　1)妹尼普光寺律師　2)普光寺　4)原作「妹尼普光寺律師圬相一心供養」。西壁。《燉》p.66。

50185 鬱遲佛德 ……………… S00374
〔回向文〕 至道二年正月 (996)
　　1)監使　4)原作「道至元二年」。

50186 鬱遲寶令 ……………… 楡第34窟
〔供養人題記〕 (11C初期)
　　4)東壁。

50187 云被 ……………… P3391v①
〔社司轉帖(寫錄)〕 丁酉年正月日 (937)

50188 雲勝 ……………… P4640④
〔大蕃沙州釋門教授和尙洪辯修功德碑〕 大中五年 (851)
　　4)⇒王雲勝。

50189 雲勝 ……………… 濱田074
〔佛說護國經〕 大宋咸平二年十一月 (999)
　　1)賜紫沙門臣

50190 雲勝 ……………… 濱田075
〔多大教王經卷下〕 大宋淳化五年正月日 (994)
　　1)賜紫沙門臣　4)高山寺印。

50191 雲淸 ……………… P.tib1261v⑩
〔諸寺僧尼支給穀物曆〕 (9C前期)
　　1)僧

50192 雲丕 ……………… P2250v③
〔開元寺僧唱布曆〕 (925?)

50193 雲辯 ……………… S04472
〔雲辯進十慈悲偈〕 顯德元年季春月莫開三葉 (954)
　　1)左街僧錄圓鑒大師　4)雲辯:時廣順元年(951)六月十八日遷。

[え]

50194 拽贊 ·················· P3028
〔羊口數計會帖〕（9C前期）

50195 榮國 ·················· S06829v
〔修造破曆〕 丙戌年（806）

50196 榮子 ·················· S03074v
〔某寺破曆〕 十二月七日（9C前期）

50197 榮子 ·················· S06235Av
〔僧榮子等尙饗文〕 歲次□子正月（9C前期）
　1）僧

50198 榮照 ·················· P2837v①〜⑭
〔施物疏二種押署〕 辰年正月卅日〜二月八日（836?）
　4）原作「已前壹拾柒道疏卅日榮照」。及押縫六所。

50199 榮照 ·················· P3060
〔諸寺諸色付經僧尼曆〕（9C前期）
　4）經典名「般若經卷25」。

50200 榮照 ·················· P3138v
〔諸寺付經曆〕（9C前期）

50201 榮照 ·················· P3205
〔僧俗人寫經曆〕（9C前期）

50202 榮照 ·················· P3730①
〔維那懷英等牒付洪辯判〕 酉年正月（841 or 829）

50203 榮照 ·················· P5000v
〔僧尼名目〕 癸巳以後（9C前期）

50204 榮照 ·················· P.tib1261v③
〔諸寺僧尼支給穀物曆〕（9C前期）
　4）⇒照。

50205 榮照 ·················· P.tib1261v⑥
〔諸寺僧尼支給穀物曆〕（9C前期）
　1）僧

50206 榮照 ·················· P.tib1261v⑦
〔諸寺僧尼支給穀物曆〕（9C前期）
　4）⇒照。

50207 榮照 ·················· P.tib1261v⑧
〔諸寺僧尼支給穀物曆〕（9C前期）

50208 榮照 ·················· P.tib1261v⑩
〔諸寺僧尼支給穀物曆〕（9C前期）
　1）僧　4）⇒照判。

50209 榮照 ·················· S00476B
〔諸寺付經僧尼曆〕（9C前期）
　1）僧　2）靈圖寺

50210 榮照 ·················· S01267v
〔某寺設齋納物名目〕（9C前期）

50211 榮照 ·················· S02711
〔寫經人名目〕（9C前期）
　1）寫經人　2）金光明寺

50212 榮照 ·················· S04831②
〔寫經人名目〕（9C前期）
　1）寫經人

50213 榮照 ·················· Дх00732v
〔大般若波羅蜜多經卷第403（首題）（背面題記）〕（9C前期）

50214 榮照 ·················· 北大D162v
〔道場施物疏〕 辰年正月十五日（836?）

50215 榮（照） ·················· 北大D162v⑧
〔道場施物疏（紙縫押署）〕 辰年正月十五日（836?）

50216 榮照 ·················· 杏・羽694①
〔當寺應管主客僧牒〕 未年閏十月（803）
　4）文末有異一行「未年閏十月日，直歲圓滿牒」。

50217 榮清 ·················· P3730②
〔僧海覺牒〕 後十一月（838）

50218 榮清 ·················· S06829v
〔修造破曆〕 丙戌年（806）

50219 榮宗 ·················· P2671v
〔僧名錄（河西都僧統等20數名）〕 甲辰年頃（884頃）

50220 榮聽 ·················· S10400
〔乾元寺榮聽文書〕 甲午年二月五日（936）
　2）乾元寺

50221 榮通 ················· P2032v⑪
〔淨土寺西倉司願勝等入破曆〕 乙巳年三月 (945)
　　2)淨土寺

50222 榮定 ················ BD16052D(L4028)
〔僧名目〕 (10C)

50223 榮獨 ················ S06672v
〔四分戒本(背)〕 (9C)
　　1)比丘戒僧

50224 永 ·············· S04689＋S11293
〔功德司願德勘算斛㪷緤布等狀〕 顯德元年甲寅歲正月壹日 (954)
　　1)同監　4)原作「同監永(自署)」。

50225 永安 ················ BD05303v(光3)
〔殘文書〕 (9C)

50226 永吉 ················· 北大D215
〔見在僧名〕 廿六日 (10C後期)
　　4)⇒陰永吉。

50227 永慶 ················· S08426E①
〔使府酒破曆〕 (10C中～後期)

50228 永慶 ················· S08426E②
〔使府酒破曆〕 (10C中～後期)
　　1)兵馬使

50229 永建 ················· P3092v
〔誦經曆〕 (10C)

50230 (永)護 ················ Дx06695
〔諸人便(領)粟曆〕 (10C前中期)

50231 永興 ················· P3440
〔見納賀天子物色人名〕 丙申年三月十六日 (996)
　　1)庫官

50232 永興 ················· P4017
〔雜字一本(人名列記)〕 乙酉年頃 (985)

50233 永興 ················· S04660
〔兄弟社轉帖〕 戊子年六月十六日 (988)
　　1)都頭　2)於燉煌蘭喏門　4)原作「永興都頭」。⇒(安)永興。

50234 永興 ················· S04660v
〔社人缺色物曆〕 戊子年六月十六日 (988)
　　1)都頭　4)⇒(安)永興。

50235 永興 ················· S06233v①
〔某寺麥粟等分付曆〕 (9C前期)

50236 永興 ················· S06233v②
〔磑戶計會〕 (9C前期)

50237 永興 ················· S06577v
〔官晏設破曆〕 (10C)

50238 永興 ················· Дx05534
〔禮佛見到僧等人名目〕 廿日夜 (10C)

50239 永子 ················· P2944
〔大乘寺・聖光寺等尼僧名錄〕 (10C後期?)
　　2)大乘寺

50240 永受 ················ BD02008v(冬8)
〔補紙雜寫〕 (8～9C)
　　4)原作「永受弟永德同…」。

50241 永受 ················ BD16083(L4050)
〔僧談會斛㪷出便與人名目〕 二月九日 (9C後期)
　　1)談會弟

50242 永受 ················· P2629
〔官破曆〕 八月十七日 (10C中期)

50243 永勝 ················· P2944
〔大乘寺・聖光寺等尼僧名錄〕 (10C後期?)

50244 永紹 ················· P2250v①
〔龍興寺僧唱布曆〕 (925?)
　　2)龍興寺

50245 永紹 ················· P3440
〔見納賀天子物色人名〕 丙申年三月十六日 (996)
　　1)都頭

50246 永紹 ················· S08583
〔都僧統龍辯牓〕 天福八年二月十九日 (943)
　　2)龍興寺　4)原作「龍永紹」。

50247 永進 ················ BD15387(新1587)
〔佛說無常經1卷(尾)〕 大宋開寶四年 (971)
　　4)印文爲□「淨土寺藏經」。

50248 永進 ······ 首都(北京)博物館藏燉煌吐魯番文獻
〔佛說無常經〕 大宋開寶四年二月八日 (971)
　　1)僧　4)原作「僧永進寫」。

50249 永千 ·················· Дх11085
〔當寺轉帖〕 壬申年七月 （972）

50250 永張 ·················· S05064
〔貸入粟豆黃麻曆〕 （10C）
　1)便人

50251 永張 ·················· S05071
〔某寺貸入斛斗曆〕 （10C後期）
　4)原作「永川」。

50252 永長 ·············· BD00234v（宇34）
〔雜寫〕 （10C）

50253 永長 ·················· P3824
〔諸經贊文題記〕 辛未年四月十二日 （971）
　1)僧　2)三界寺

50254 永通 ·················· P2250v①
〔龍興寺僧唱布曆〕 （925?）
　2)龍興寺

50255 永通 ·················· P4983v
〔社官納色曆〕 戊午年十二月廿日 （886 or 946）

50256 永定 ·················· P2708bn
〔社子名目〕 （10C中期）
　4)⇒安永定。

50257 永定安 ················ S11351B
〔西窟斷上水僧目〕 （10C前期）
　1)僧

50258 永定因 ················ P3556v⑦
〔道場思惟簿〕 （10C）

50259 永定音 ················ S02614v
〔燉煌應管諸寺僧尼名錄〕 （895）
　2)安國寺

50260 永定果 ················ P3556v⑦
〔道場思惟簿〕 （10C）

50261 永定願 ················ S04444v②
〔燉煌大乘寺僧尼申告（稿）〕 （905）
　2)大乘寺

50262 永定行 ················ P3556v⑦
〔道場思惟簿〕 （10C）

50263 永定性 ················ S01624v
〔什物交割曆〕 天福七年壬寅十二月十日 （942）
　1)前所由・寺主

50264 永定性 ················ S01774
〔某寺常住什物交割點檢曆〕 天福榮年壬寅歲十二月十日 （942）
　1)前所由・寺主

50265 永德 ·············· BD02008v（冬8）
〔補紙雜寫〕 （8～9C）
　1)(永受)弟　4)原作「永受弟永德同…」。

50266 永德 ············ S05873v＋S08658②
〔靈圖寺便麥粟曆（殘）〕 戊午年九月 （10C）
　1)口承人　2)靈圖寺

50267 永富 ·················· P2944
〔大乘寺・聖光寺等尼僧名錄〕 （10C後期?）
　2)大乘寺

50268 永保 ·············· BD08172v（乃72）
〔社司轉帖（習書・殘）〕 癸未年頃 （923頃?）

50269 永保 ·················· P2708bn
〔社子名目〕 （10C中期）
　4)⇒畫永保。

50270 永保 ·················· S05139v②
〔社司轉帖（寫錄）〕 四月十三日 （10C前期）

50271 永明 ·················· S01624v
〔什物交割曆〕 顯德五年戊午十一月十三日 （958）
　1)前所由　2)都維

50272 永明 ·················· S01774
〔某寺常住什物交割點檢曆〕 天福榮年壬寅歲十二月十日 （942）
　1)典座

50273 永明 ·················· S01776①
〔某寺常住什物交割點檢曆〕 顯德五年戊午十一月十三日 （958）
　1)前所由　2)都維

50274 永隆 ·················· P2250v⑤
〔金光明寺僧唱布曆〕 （925?）
　2)金光明寺　4)原作「永隆法律」。

50275 永隆 ･････････････････････ P3687②
　〔書狀殘〕　（10C前期）

50276 永連 ･･････････････････････ P2944
　〔大乘寺・聖光寺等尼僧名錄〕　（10C後期?）
　　2）大乘寺

50277 盈君 ･････････････････････ S04060
　〔便麥粟豆曆〕　己酉年二月十四日　（949）

50278 盈君 ････････････････････ S04060v
　〔便麥曆〕　戊申年　（948）

50279 盈子 ･････････････････････ S04120
　〔布褐等破曆（殘）〕　癸亥年二月～甲子年二月　（963～964）
　　1）寺主　4）原作「寺主盈子」。

50280 盈子 ･････････････････････ Дx11194
　〔便麥曆〕　戊午年　（958）

50281 盈兒 ････････････････････ S00542v
　〔燉煌諸寺丁壯車牛役簿〕　戊年六月十八日　（818）
　　2）靈修寺　4）原作「女盈兒」。⇒（安）女盈兒。

50282 盈娘 ････････････････････ S00542v
　〔燉煌諸寺丁壯車牛役簿〕　戊年六月十八日　（818）
　　2）靈修寺　4）⇒安盈娘。

50283 盈宗 ･････････････････････ S04660
　〔兄弟社轉帖〕　戊子年六月廿六日　（988）
　　2）於燉煌蘭喏門

50284 盈宗 ････････････････････ S04660v
　〔社人缺色物曆〕　戊子年六月廿六日　（988）

50285 盈德 ･･･････････････････ BD05802（菜2）
　〔常住百姓盈德手上於南宅內送納柴曆〕　乙巳年　（945）
　　1）常住百姓

50286 盈德 ･･･････････････････ BD05802v（菜2）
　〔佛說佛名經卷第5（尾）背面〕　乙巳年八月一日　（945）
　　1）常住百姓造食人　4）原作「柴五束常住百姓造食人盈德手上於南南宅內送納（金文）」。

50287 盈德 ･･･････････････････ P2032v①-4
　〔淨土寺粟入曆〕　（944前後）

50288 盈德 ･････････････････････ Дx10257v
　〔社司轉帖（稿）〕　（10C後期?）

50289 英賢 ･･････････････････ BD09346（周67）
　〔令知蕃法師廚費帖〕　十一月一日　（9C前期）
　　1）僧

50290 英際 ･････････････････････ P3060
　〔諸寺諸色付經僧尼曆〕　（9C前期）
　　1）僧尼　4）經典名「寶積經卷7」。

50291 英?子 ････････････････････ 杏・羽694①
　〔當寺應管主客僧牒〕　未年閏十月　（803）
　　4）文末有異一行「未年閏十月日,直歲圓滿牒」。

50292 英秀 ･････････････････････ P3947
　〔龍興寺應轉經僧分兩蕃定名牒〕　亥年八月　（819 or 831）
　　2）龍興寺　4）V面爲「9C前半大雲寺僧所有田籍簿」。

50293 英照 ･････････････････････ P3853
　〔諸寺付經曆〕　（9C前期,819）
　　2）靈圖寺

50294 英乘 ････････････････････ S01733v
　〔入曆計會〕　子丑寅年　（9C）

50295 英達 ･･････････････････ BD11493（L1622）
　〔十僧寺三尼寺勘敎付經曆（首尾全）〕　亥年四月廿九日　（9C前期）
　　2）乾（元寺）

50296 英達 ････････････････････ P3491piece1
　〔某寺設齋勾當名目〕　（9C前期）
　　2）普光寺

50297 英達 ･･･････････････････ P.tib1261v④
　〔諸寺僧尼支給穀物曆〕　（9C前期）
　　1）僧

50298 英達 ･･･････････････････ P.tib1261v⑥
　〔諸寺僧尼支給穀物曆〕　（9C前期）
　　1）僧

50299 英達 ･･･････････････････ P.tib1261v⑩
　〔諸寺僧尼支給穀物曆〕　（9C前期）
　　1）僧

50300 英奴 ･････････････････････ S04710
　〔沙州戶口簿〕　（9C中期以降）

50301 詠詮 ……………………… P3112
　〔願戒等入麥粟豆黃麻曆〕（10C）

50302 易郎 ……………………… S08443B2
　〔李闍梨出便黃麻曆〕乙巳年二月一日
　（945?）

50303 剡智 ……………………… S05893
　〔管內僧寺（報恩寺・淨土寺）籍〕（865～875）
　　2）淨土寺　3）玉關鄉

50304 圓意 ……………………… S02614v
　〔燉煌應管諸寺僧尼名錄〕（895）
　　2）聖光寺

50305 圓意 ……………………… S02669
　〔管內尼寺（安國寺・大乘寺・聖光寺）籍〕
　（865～870）
　　2）大乘寺　3）洪閏鄉　4）姓「索」。俗名「綿々」。

50306 圓應 ……………………… P.tib1261v⑦
　〔諸寺僧尼支給穀物曆〕（9C前期）
　　1）尼

50307 圓戒 ……………………… S02614v
　〔燉煌應管諸寺僧尼名錄〕（895）
　　2）大乘寺

50308 圓會 ……………………… P3977v
　〔諸寺入布曆〕（9C）
　　2）大乘寺

50309 圓會 ……………………… S02614v
　〔燉煌應管諸寺僧尼名錄〕（895）
　　2）大乘寺

50310 圓覺 ……………………… P.tib1261v⑥
　〔諸寺僧尼支給穀物曆〕（9C前期）
　　1）尼

50311 圓覺 ……………………… P.tib1261v⑨
　〔諸寺僧尼支給穀物曆〕（9C前期）
　　1）尼

50312 圓監 ……………………… 莫第009窟
　〔供養人題記〕（大順年間）
　　1）(禮)女　4）原作「禮女圓監供養」。東壁門北側。《燉》p.6。

50313 圓喜 ……………………… S02614v
　〔燉煌應管諸寺僧尼名錄〕（895）

50314 圓喜 ……………………… S11461B
　〔圓喜日誦觀音經等記〕（10C）
　　1）新菩薩戒僧

50315 圓鏡 ……………………… P3600v②
　〔燉煌普光寺等尼名申告狀〕戌年十一月
　（9C前期）
　　2）普光寺

50316 圓鏡 ……………………… S02614v
　〔燉煌應管諸寺僧尼名錄〕（895）
　　2）靈修寺

50317 圓鏡 ……………………… S04444v②
　〔燉煌大乘寺僧尼申告（稿）〕（905）
　　2）大乘寺

50318 圓具 ……………………… Дx01439
　〔親情社轉帖〕丙戌年九月十九日（986?）
　　2）報恩寺

50319 圓空 ……………………… Дx01305＋Дx02154＋
　　　　　　　　　　　Дx03026
　〔僧等付絹等曆〕（9C前期）

50320 圓惠 ……………………… S02614v
　〔燉煌應管諸寺僧尼名錄〕（895）
　　2）靈修寺

50321 圓啓 ……………………… BD16453A
　〔水則道場轉經兩翻名目〕（9～10C）
　　1）第二翻

50322 圓啓 ……………………… S02614v
　〔燉煌應管諸寺僧尼名錄〕（895）
　　2）靈修寺

50323 圓繼 ……………………… P3942
　〔某家榮親客目〕（10C?）
　　1）郎君

50324 圓堅 ……………………… Дx02449＋Дx05176
　〔((時年))轉帖〕十一月十九日（10C前期）
　　2）大乘寺　4）原作「乘圓堅」。

50325 圓悟 ……………………… P3060
　〔諸寺諸色付經僧尼曆〕（9C前期）
　　1）僧尼　4）經典名「般若經卷42」。

50326 圓悟 ……………………… P3060
　〔諸寺諸色付經僧尼曆〕（9C前期）
　　4）經典名「般若經卷48」。

50327 圓悟 ················ S02729①
〔燉煌應管勘牌子歷〕 辰年三月 (788)
　1) 僧　2) 靈修寺　3) 沙州　4) 俗姓「羅」。34行目。

50328 圓洪 ············ 井上目57,圖版1背
〔釋門敎授帖〕 子年項 (820 or 832頃)
　1) 僧・檢校道場律師　2) 安國寺　4) 原作「僧圓洪律師」。

50329 圓行 ················ BD16453A
〔水則道場轉經兩翻名目〕 (9〜10C)
　1) 第一翻

50330 圓行 ················ S02614v
〔燉煌應管諸寺僧尼名錄〕 (895)
　2) 大乘寺

50331 圓行 ················ S02614v
〔燉煌應管諸寺僧尼名錄〕 (895)
　2) 靈修寺

50332 圓行 ················ S02614v
〔燉煌應管諸寺僧尼名錄〕 (895)
　2) 聖光寺

50333 圓住 ················ P.tib1261v⑥
〔諸寺僧尼支給穀物曆〕 (9C前期)
　1) 尼

50334 圓如 ··········· Дх02449＋Дх05176
〔(時年)轉帖〕 十一月十九日 (10C前期)

50335 圓勝 ················ S02614v
〔燉煌應管諸寺僧尼名錄〕 (895)
　2) 大乘寺

50336 圓勝 ················ S02614v
〔燉煌應管諸寺僧尼名錄〕 (895)
　2) 聖光寺

50337 圓照 ··········· BD09472v①〜③(發92)
〔龍興寺索僧正等五十八人就唐家蘭若請賓頭廬文〕 (8〜9C)
　2) 靈修(寺)　3) 沙州

50338 圓照 ················ S02729①
〔燉煌應管勘牌子歷〕 辰年三月 (788)
　1) 僧　2) 靈修寺　3) 沙州　4) 俗姓「翟」。29行目。申年3月20日死。

50339 圓照 ················ 智恩院譯場列位
〔佛說遺塔延命功德經〕 (9C)
　1) 大德賜紫沙門　2) 西明寺　4) 筆。

50340 圓證 ················ S06417r
〔任命狀〕 長興二年正月 (931)
　1) 尼徒衆　2) 普光寺

50341 圓淨 ················ P3600v①
〔燉煌某寺尼名申告狀〕 (9C前期)
　2) 大乘寺

50342 圓淨 ················ P.tib1261v③
〔諸寺僧尼支給穀物曆〕 (9C前期)
　1) 尼

50343 圓淨 ················ S01073v
〔任命狀〕 光化三年四月 (900)
　1) 寺主

50344 圓淨 ················ S02614v
〔燉煌應管諸寺僧尼名錄〕 (895)
　2) 聖光寺

50345 圓淨 ················ S02614v
〔燉煌應管諸寺僧尼名錄〕 (895)
　2) 大乘寺

50346 圓信 ················ Дх00503＋Дх00504
〔姪圓信牒〕 某月廿二日 (9C?)

50347 圓信阿孃 ·········· Дх00503＋Дх00504
〔姪圓信牒〕 某月廿二日 (9C?)

50348 圓眞 ················ BD16453A
〔水則道場轉經兩翻名目〕 (9〜10C)
　1) 第一翻

50349 圓眞 ················ P3600v②
〔燉煌普光寺等尼名申告狀〕 戌年十一月 (9C前期)
　2) 普光寺

50350 圓眞 ················ S02614v
〔燉煌應管諸寺僧尼名錄〕 (895)
　2) 靈修寺

50351 圓眞 ················ S02729①
〔燉煌應管勘牌子歷〕 辰年三月 (788)
　1) 僧　2) 永安寺　3) 沙州　4) 俗姓「胡」。19行目。

50352 圓眞證 ・・・・・・・・・・・・・・・・・・ S00800v
〔出曆〕 五年正月十九日 （9C）

50353 圓進 ・・・・・・・・・・・・・・・・・・・・・ S02614v
〔燉煌應管諸寺僧尼名錄〕 （895）
　2) 大乘寺

50354 圓性 ・・・・・・・・・・・・・・・・・・ P.tib1261v⑧
〔諸寺僧尼支給穀物曆〕 （9C前期）
　1) 尼

50355 圓性 ・・・・・・・・・・・・・・・・・・ P.tib1261v⑩
〔諸寺僧尼支給穀物曆〕 （9C前期）
　1) 尼

50356 圓性 ・・・・・・・・・・・・・・・・・・・・ S02729①
〔燉煌應管勘牌子曆〕 辰年三月 （788）
　1) 僧　2) 大乘寺　3) 沙州　4) 俗姓「薛」。47行目。

50357 圓性 ・・・・・・・・・・・・ 井上目57,圖版1背
〔釋門教授帖〕 子年頃 （820 or 832頃）
　1) 尼・檢校道場律師　2) 大乘寺　4) 原作「大乘寺檢校道場律師尼圓性律師」。

50358 圓寂 ・・・・・・・・・・・・・・・・ BD09309（周30）
〔六門陀羅尼經1卷（首題下有題記）〕 （9～10C）

50359 圓寂 ・・・・・・・・・・・・・・・・ BD09309（周30）
〔六門陀羅尼經1卷（首題下有題記）〕 （9～10C）
　1) 比丘

50360 圓寂 ・・・・・・・・・・・・・・・・・・・ P4958piece1
〔納贈曆〕 （10C前期）

50361 圓寂 ・・・・・・・・・・・・・・・・・・・・・ S02614v
〔燉煌應管諸寺僧尼名錄〕 （895）
　2) 開元寺

50362 圓寂 ・・・・・・・・・・・・・・・・・・・・ S02729①
〔燉煌應管勘牌子曆〕 辰年三月 （788）
　1) 僧　2) 大乘寺　3) 沙州　4) 俗姓「王」。50行目。

50363 圓?寂 ・・・・・・・・・・・・・・・・・・・ 杏・羽694②
〔報恩寺所管僧名目〕 （9C前期）
　2) 報恩寺　4) 僧右傍有朱點, 朱字。

50364 圓宗 ・・・・・・・・・・・・・・・・・・・・ P2250v④
〔永安寺僧唱布曆〕 （925?）
　2) 永安寺　4) 原作圓宗法律。

50365 圓相 ・・・・・・・・・・・・・・・・・・・・・ S02614v
〔燉煌應管諸寺僧尼名錄〕 （895）
　2) 大乘寺

50366 圓藏 ・・・・・・・・・・・・・・・・・・ P.tib1202v
〔僧尼名目〕 （9C前期）

50367 圓藏 ・・・・・・・・・・・・・・・・・・・・・ S02614v
〔燉煌應管諸寺僧尼名錄〕 （895）
　2) 安國寺　4) ⇒〔賢〕圓藏。

50368 圓藏 ・・・・・・・・・・・・・・・・・・・・・ S02669
〔管内尼寺（安國寺・大乘寺・聖光寺）籍〕 （865～870）
　2) 聖光寺　3) 莫高鄉　4) 姓「曹」。法名「意氣」。

50369 圓躰 ・・・・・・・・・・・・・・・・・・・・・ S02614v
〔燉煌應管諸寺僧尼名錄〕 （895）
　2) 靈修寺

50370 圓智 ・・・・・・・・・・・・・・・・・・・・・ S02614v
〔燉煌應管諸寺僧尼名錄〕 （895）
　2) 安國寺

50371 圓智 ・・・・・・・・・・・・・・・・・・・・・ S02614v
〔燉煌應管諸寺僧尼名錄〕 （895）
　2) 聖光寺

50372 圓智 ・・・・・・・・・・・・・・・・・・・・・ S02614v
〔燉煌應管諸寺僧尼名錄〕 （895）
　2) 靈修寺

50373 圓智 ・・・・・・・・・・・・・・・・・・・・ S02729①
〔燉煌應管勘牌子曆〕 辰年三月 （788）
　1) 僧　2) 靈修寺　3) 沙州　4) 俗姓「陰」。34行目。

50374 圓智 ・・・・・・・・・・・・・・・・・・・・・ S11352
〔法律道哲牓示〕 （9C）

50375 圓通 ・・・・・・・・・・・・・・・・・・・・・ P4019v
〔當寺轉帖〕 （9C後期）

50376 圓通 ・・・・・・・・・・・・・・・・・・ 莫第188窟
〔供養人題記〕 （10C末）
　1) 檢校窟禪師　4) 原作「檢校窟禪師圓通一心供養」。西壁。《燉》p. 82。

50377 圓滿 ・・・・・・・・・・・・・・・・ BD02895（調95）
〔大般若波羅蜜多經卷第510（尾）〕 （9C）
　1) 比丘　4) 尾題末有「比丘圓滿」（小字）名。

50378 圓滿 ·················· BD09346(周67)
〔令知蕃法師廚費帖〕 十一月一日 (9C前期)

50379 圓滿 ·················· P3491₁
〔某寺設齋勾當名目〕 (9C前期)

50380 圓滿 ·················· P5587④
〔某寺徒衆牒〕 丑年四月日 (809 or 821)
　1)法律

50381 圓滿 ·················· S00381③
〔龍興寺毗沙門天王靈驗記〕 大蕃歲次辛巳閏二月十五日 (801)
　1)家人　2)龍興寺　4)原文中有「寺卿張閏子家人圓滿」。此靈驗記的後記有「本寺大德口進附口抄」的文。此抄本中有咸通十四年(873)四月廿六日的書寫紀年。

50382 圓滿 ·················· S02614v
〔燉煌應管諸寺僧尼名錄〕 (895)
　2)聖光寺

50383 圓滿 ·················· S07882
〔就賀拔堂唱椀等曆〕 十一月廿一日 (9C前期)

50384 圓滿 ·················· 杏・羽694①
〔當寺應管主客僧牒〕 未年閏十月 (803)
　1)直歲　4)文末有異一行「未年閏十月日,直歲圓滿牒」。

50385 圓滿 ·················· 莫第112窟
〔供養人題記〕 (8C末期～9C前期)
　1)釋門開元寺蒼座沙門　2)開元寺　4)《P》。《燉》p.55。

50386 圓妙 ·················· P2689
〔寺僧唱得物支給曆〕 (9C前期)

50387 圓妙 ·················· S02614v
〔燉煌應管諸寺僧尼名錄〕 (895)
　2)聖光寺

50388 圓妙 ·················· S02614v
〔燉煌應管諸寺僧尼名錄〕 (895)
　2)大乘寺

50389 圓累 ·················· S02614v
〔燉煌應管諸寺僧尼名錄〕 (895)
　2)靈修寺

50390 圓□ ·················· S02614v
〔燉煌應管諸寺僧尼名錄〕 (895)
　2)大乘寺

50391 圓□ ·················· 莫第044窟
〔供養人題記〕 (10C前期)
　1)□門法律臨壇大德沙門　4)北壁。《燉》p.15。

50392 圓□ ·················· 莫第144窟
〔供養人題記〕 (9C前期)
　4)原作「孫子女圓□」。東壁門南側。《燉》p.65。

50393 塩子 ·················· S06577v
〔官晏設破曆〕 (10C)

50394 塩子紋 ·················· P3328v①
〔付細布曆〕 (9C前期)

50395 塩子磨 ·················· S06452⑤
〔破曆便曆?〕 辛巳年 (981)
　2)淨土寺　4)原作「塩子磨店」。

50396 塩娘 ·················· S00542v
〔燉煌諸寺丁壯車牛役部〕 戌年六月十八日 (818)
　2)蓮臺寺　4)⇒(朱)塩娘。

50397 塩捋 ·················· 莫第148窟
〔供養人題記〕 (11C中期)
　1)窟禪報恩寺釋門法律　2)報恩寺　4)原作「窟禪報恩寺釋門法律塩捋供養」。北壁。《燉》p.69。

50398 延蔭 ·················· 莫第061窟
〔供養人題記〕 (10C末期)
　1)姪　4)原作「姪小娘子延蔭一心供養」。南壁。《燉》p.23。《謝》p.136。

50399 延蔭 ·················· 莫第098窟
〔供養人題記〕 (10C中期)
　4)原作「第十二小娘子延蔭一心供養出適陰氏」。北壁。《燉》p.33。《謝》p.99。⇒陰氏。

50400 延應 ·················· 莫第061窟
〔供養人題記〕 (10C末期)
　1)姪　4)原作「姪小娘子延應一心供養」。南壁。《燉》p.23。

50401 延戒 ·················· P3332
〔納口承僧名目〕 (10C)

50402 延戒 ·················· P3598＋S04199
〔某寺什物點檢見在曆〕 丁卯年 (967)
　1)寺主

50403 延會 ············ BD15246⑤(新1446)
〔寺主延會沿寺破曆抄〕 丁丑年三月廿一日
(920)

50404 延會 ················ P2821
〔報恩寺入破曆〕 丁丑～庚辰年正月 (920)
　2)報恩寺

50405 延會 ················ P3332
〔納口承僧名目〕 (10C)

50406 延惠 ················ S02614v
〔燉煌應管諸寺僧尼名錄〕 (895)
　2)安國寺

50407 延慶 ················ S02614v
〔燉煌應管諸寺僧尼名錄〕 (895)
　2)靈修寺

50408 延彥 ············ BD08367v(衣67)
〔罰約(1行)〕 (9～10C)

50409 延興 ············ BD04495v(崑95)
〔雜寫〕 辛丑年頃 (10C後期)
　4)V面雜寫中有「健兒是延興」。

50410 延行 ············ BD09369(周90)
〔散花樂讚(寫)〕 開寶二年己巳年二月一日
(969)
　1)僧　2)報恩寺

50411 延行 ················ P3332
〔納口承僧名目〕 (10C)

50412 延在 ················ 莫第061窟
〔供養人題記〕 (10C末期)
　1)姪　4)原作「姪小娘子延在一心供養」。南壁。
《燉》p.23。

50413 延受 ················ S05632①
〔親情社轉帖〕 丁卯年二月八日 (967)
　2)顯德寺門

50414 延俊 ············ P3598+S04199
〔某寺什物點檢見在曆〕 丁卯年 (967)

50415 延俊 ················ S06297
〔破曆〕 丙子年 (976)
　1)寺主

50416 延春 ················ P3167v
〔安國寺道場司關于(五尼寺)沙彌戒訴狀〕
乾寧二年三月 (895)
　2)靈修寺

50417 延春 ················ S02614v
〔燉煌應管諸寺僧尼名錄〕 (895)
　2)靈修寺

50418 延勝 ················ 莫第098窟
〔供養人題記〕 (10C中期)
　4)原作「第十一小娘子延勝一心供養出適陰
(氏)」。北壁。《燉》p.33。《謝》p.99。⇒陰(氏)。

50419 延祥 ················ 莫第412窟
〔功德記〕 天福口年 (936～944)
　1)府主司空　4)原作「府主司(空)延祥」。西壁。
《燉》p.153。

50420 延眞 ················ 濱田
〔佛說八陽神呪經(尾)〕 (9C)
　1)比丘　4)原作「比丘延眞勘定」。

50421 延晟 ················ BD16509A
〔延晟人名一本〕 (9C前期)

50422 延晟 ················ P3202v
〔人名錄(2行)〕 (10C)
　4)R面爲「龍祿內無名經律論」(10C)。

50423 延晟 ················ 北大D215
〔見在僧名〕 廿六日 (10C後期)
　4)⇒(韓)延晟。

50424 延晟 ················ 北大D215
〔見在僧名〕 廿六日 (10C後期)

50425 延清 ················ 北大D215
〔見在僧名〕 廿六日 (10C後期)

50426 延藏 ················ P3332
〔納口承僧名目〕 (10C)

50427 延藏 ················ S10401
〔僧名目〕 (10C)

50428 延鼐 ················ 楡第25窟
〔供養人題記〕 (900)
　1)長女小娘子・出適慕容氏　4)外洞洞口。《謝》
p.468。

50429 延超 ·············· BD11993（L2122）
〔楊將頭領得弩箭現在延超手上記錄〕 壬申年十一月八日 （972）

50430 延長 ····················· S00092
〔兌紙1紙〕 （10C）
　4）原作「延長兌」。

50431 延定 ···················· P2250v③
〔開元寺僧唱布曆〕 （925?）
　2）大乘寺,開元寺

50432 延定 ···················· P3108v④
〔雜寫〕 庚辰年前後 （860 or 920）
　4）原作延定闍梨。

50433 延定 ···················· S05652①
〔辭道場讚〕 辛巳年十二月廿二日 （982）
　1）僧 2）金光明寺 4）原作「僧延定自手尓記,後有人見□□持也」。

50434 延德 ·········· 臺灣中央圖書館08755v
〔延德書狀等雜寫〕 （10C?）

50435 延美 ·················· 莫第014窟
〔供養人題記〕 （9C後期）
　1）妮子 4）原作「妮子延美供養」。中央龕柱北向面。《燉》p.8。

50436 延福 ···················· S04444v②
〔燉煌大乘寺僧尼申告(稿)〕 （905）
　2）大乘寺

50437 延福 ···················· S05486①
〔諸寺僧尼付油麵曆〕 （10C中期）
　2）蓮臺寺

50438 延芳 ················ BD00103（黃3）
〔无量壽宗要經(第4紙尾行題名)〕 （9C前期）

50439 延友 ·················· 莫第061窟
〔供養人題記〕 （10C末期）
　1）姪 4）原作「姪小娘子延友一心供養」。南壁。《燉》p.23。

50440 延隆 ·················· 莫第061窟
〔供養人題記〕 （10C末期）
　1）姪 4）原作「姪小娘子延隆一心供養」。南壁。《燉》p.23。

50441 延□ ·················· 莫第061窟
〔供養人題記〕 （10C末期）
　1）女 4）原作「女小娘子延□」。南壁。《燉》p.23。

50442 沿淨 ····················· S00474v
〔都僧統法嚴等算會〕 戊寅年三月十三日 （918）
　1）僧

50443 緣證 ············· Дx02449＋Дx05176
〔(時年)轉帖〕 十一月十九日 （10C前期）
　2）普光寺 4）原作「普光緣證」。

50444 莚惠 ····················· S11352
〔法律道哲牓示〕 （9C）

50445 薗子 ··················· P2032v㉑-2
〔淨土寺麨黃麻查破曆〕 甲辰年頃？ （940前後）
　2）淨土寺

50446 薗子 ······················ Дx05534
〔禮佛見到僧等人名目〕 廿日夜 （10C）

50447 衍鷄 ······················· P2932
〔出便豆曆〕 乙丑年二月二日 （965?）
　1）口承人

50448 衍子 ······················· P2932
〔出便豆曆〕 甲子年十二月十七日 （964?）
　1）口承人 4）⇒（王）衍子。

50449 衍訥 ············· Дx01432＋Дx03110
〔地子倉麥曆〕 （10C）

50450 遠眞 ····················· S00545v
〔永安寺僧名申告狀〕 戊年九月 （9C前期）
　1）主客僧 2）永安寺

50451 遠道 ··················· S01475v⑭⑮-3
〔付便麥記錄〕 卯年三月十四日 （823?）
　1）見人

50452 鍐號 ······················ S01364
〔付經曆〕 （9C）
　1）僧

[お]

50453 應戒 ·················· P3370
〔出便麥粟曆〕 丙子年六月五日 (928)

50454 應戒 ·················· S09532
〔徒衆轉帖〕 (10C)

50455 應戒 ·················· Дx11085
〔當寺轉帖〕 壬申年七月 (972)

50456 應會 ·················· S05806
〔麥人算會倉司麥交付憑〕 庚辰年十一月廿日 (920 or 980)
　1) 舊杞倉僧

50457 應願 ·················· P2250v②
〔乾元寺僧唱布曆〕 辛未年四月十二日 (925?)
　2) 乾元寺

50458 應願 ·················· P2250v③
〔開元寺僧唱布曆〕 (925?)
　2) 開元寺

50459 應願 ·················· P3391v①
〔社司轉帖(寫錄)〕 丁酉年正月日 (937)

50460 應願 ·················· S02651v
〔雜寫(師兄好念經詩等)〕 (10C)

50461 應願 ·················· S10566
〔秋季諸寺大般若轉經付配帙曆〕 壬子年十月 (952)
　2) 開元寺

50462 應願 ·················· 莫第387窟
〔供養人題記〕 清泰元年頃 (936頃)
　4) 原作「…律師兼大衆都維那應願一心供養俗姓康氏」。西壁。《燉》p.147。⇒(康)應願。

50463 應求 ·················· BD02496v②(成96)
〔儭司唱得布支給曆〕 (10C前期)

50464 應教 ·················· Дx10272②
〔僧名目〕 (10C)

50465 應教 ·················· Дx10273
〔僧名目〕 (10C?)

50466 應教 ·················· Дx11085
〔當寺轉帖〕 壬申年七月 (972)

50467 應慶 ·················· BD02496v②(成96)
〔儭司唱得布支給曆〕 (10C前期)
　1) 僧　2) (靈)圖(寺)

50468 應慶 ·················· P3234v①
〔應慶於願達手上入曆〕 (10C前期)

50469 應啓 ·················· P2032v⑳-7
〔淨土寺麵黃麻豆布等破曆〕 (940前後)
　2) 淨土寺

50470 應啓 ·················· P3234v⑩
〔某寺西倉粟破曆〕 (940年代)

50471 應啓 ·················· P3365
〔爲府主大王小患付經曆〕 甲戌年五月十日 (974)

50472 應啓姉 ·················· P2032v⑳-7
〔淨土寺麵黃麻豆布等破曆〕 (940前後)
　2) 淨土寺

50473 應子 ·················· P4525⑩
〔官府酒破曆〕 辛巳年 (981)

50474 應集 ·················· P3881v
〔招提司惠覺諸色斛㪷計會〕 太平興國六年 (981)

50475 應集 ·················· Дx01380v
〔僧名目〕 (10C後期)
　4) R面爲「七月廿八日獻信狀」(10C後期)。

50476 應集 ·················· Дx11085
〔當寺轉帖〕 壬申年七月 (972)

50477 應昌 ·················· P3706v
〔雜寫〕 庚午年四月十五日 (970)
　4) R面爲「大佛名懺悔文」(10C中期)。

50478 應昌 ·················· Дx11085
〔當寺轉帖〕 壬申年七月 (972)

50479 應祥 ·················· BD02496v②(成96)
〔儭司唱得布支給曆〕 (10C前期)
　2) (靈)圖(寺)

50480 應祥 ·················· P2250v⑤
〔金光明寺僧唱布曆〕 (925?)
　2) 金光明寺

50481 應祥 ……………………… S01519
〔破曆〕 辛亥年十二月,壬子年正月 (951～952)

50482 應祥 ……………………… S04429
〔五台山讚文(末)〕 戊辰年六月四日 (848 or 908)
　1)僧　2)蓮臺寺

50483 應祥 ……………………… Дx01380v
〔僧名目〕 (10C後期)
　4)R面爲「七月廿八日獻信狀」(10C後期)。

50484 應祥 ……………………… Дx11085
〔當寺轉帖〕 壬申年七月 (972)

50485 應淨 ……………………… P2250v②
〔乾元寺僧唱布曆〕 辛未年四月十二日 (925?)
　2)乾元寺

50486 應淨 ……………………… P3881v
〔招提司惠覺諸色斛㪷計會〕 太平興國六年 (981)

50487 應淨 ……………………… P3882v
〔破除斛㪷與都師等曆殘卷〕 庚午年至甲戌年 (910～914 or 970～974)
　1)都師

50488 應淨 ……………………… S05632①
〔親情社轉帖〕 丁卯年二月八日 (967)
　2)顯德寺門

50489 應淨 ……………………… Дx11085
〔當寺轉帖〕 壬申年七月 (972)

50490 應眞 ……………………… S10410
〔僧名(2字)〕 (10C)

50491 應瑞 ……………………… Дx11085
〔當寺轉帖〕 壬申年七月 (972)

50492 應清 ……………………… P2250v②
〔乾元寺僧唱布曆〕 辛未年四月十二日 (925?)
　2)乾元寺

50493 應清 ……………………… S06981③
〔某寺入曆(殘)〕 壬申年二月二日 (912 or 972)

50494 應善 ……………………… Дx11085
〔當寺轉帖〕 壬申年七月 (972)

50495 應宗 ……………………… P3881v
〔招提司惠覺諸色斛㪷計會〕 太平興國六年 (981)

50496 應宗 ……………………… Дx11085
〔當寺轉帖〕 壬申年七月 (972)

50497 應度 ……………………… Дx01380v
〔僧名目〕 (10C後期)
　4)R面爲「七月廿八日獻信狀」(10C後期)。

50498 應德 ……………………… P2032v
〔淨土寺入破曆〕 甲辰年頃 (944?)
　1)僧　2)淨土寺　4)原作「僧應德」。

50499 應德 ……………………… P2032v⑯-2
〔淨土寺麥利閏入曆〕 (940前後)
　1)僧　2)淨土寺

50500 應德 ……………………… P2250v②
〔乾元寺僧唱布曆〕 辛未年四月十二日 (925?)
　2)乾元寺

50501 應難逸那 ……………………… S08661
〔軍資庫司大箭破曆〕 癸丑年五月十一日・八月二日・九月八日 (953)

50502 應辯 ……………………… Дx11085
〔當寺轉帖〕 壬申年七月 (972)

50503 應保 ……………………… Дx01376
〔沙州住蓮臺寺律僧應保牒(稿)〕 (10C後期)
　1)律僧　2)蓮臺寺　3)沙州

50504 應保 ……………………… Дx01380v
〔僧名目〕 (10C後期)
　4)R面爲「七月廿八日獻信狀」(10C後期)。

50505 應寶 ……………………… Дx01438r.v
〔律僧應寶請求當州藏内允落經本狀(稿)〕 (10C後期)
　1)律僧　2)蓮臺寺　3)沙州

50506 應妙 ……………………… S03180v
〔爲追念設供請僧疏〕 (9C末頃)

50507 應理 ……………………… 浙燉168(浙博143)
〔諸寺僧名目〕 (10C中期)

788

50508 應林 ·········· P4981
〔當寺轉帖〕 閏三月十三日 (961)

50509 王件 ·········· P3234v①
〔應慶於願達手上入曆〕 (10C前期)

50510 王件 ·········· S08924B
〔社司出便麥曆〕 己未年十一月廿日 (959)

50511 王件 ·········· 莫第387窟
〔供養人題記〕 清泰元年頃 (936頃)
　1)姪　4) 南壁。《燉》p.148。謝p.238。⇒(康)王件。

50512 乙子 ·········· P3859
〔報恩寺常住百姓老小孫息名目〕 丙申年十月十一日 (936?)
　1)(閻海全)妻　2)報恩寺

50513 恩會 ·········· P3240②
〔付帋曆〕 壬寅年七月十六日 (1002)
　1)法律　4) 原作「恩會法律」。

50514 恩會 ·········· S02754
〔僧伽和尚經〕 (10C)

50515 恩會 ·········· S04117
〔寫經人・校字人名目〕 壬寅年三月廿九日 (1002)
　1)寫經人・校字人・法律　4) 原作「恩會法律」。

50516 恩會 ·········· S06946v
〔契稿(寫錄・殘)〕 太平興國九年 (984)
　3)莫高鄉　4) 原作「太平興國九年六月立契莫高鄉。百姓押衙陰廿撻」。

50517 恩議 ·········· P3391v①
〔社司轉帖(寫錄)〕 丁酉年正月日 (937)

50518 恩行 ·········· S04654v②
〔老病孝僧尼名錄(殘)〕 (10C中期)
　4)病氣。

50519 恩子 ·········· P2032v③
〔淨土寺諸色破曆〕 (944前後)
　2)淨土寺

50520 恩子 ·········· P2032v⑩
〔淨土寺西倉粟破曆〕 (940前後)
　2)淨土寺

50521 恩子 ·········· P2032v⑪
〔淨土寺西倉司願勝等入破曆〕 乙巳年三月 (945)
　2)淨土寺

50522 恩子 ·········· P2032v⑫
〔淨土寺諸色破曆〕 (940前後)
　2)淨土寺

50523 恩子 ·········· P2032v⑲
〔淨土寺麵破曆〕 (940前後)
　2)淨土寺

50524 恩子 ·········· P2040v①-1
〔淨土寺麵黃麻豆布等破曆〕 (945前後)
　2)淨土寺

50525 恩子 ·········· P2040v②-15
〔淨土寺西倉麥破曆〕 乙巳年正月廿七日以後 (945以降)
　2)淨土寺

50526 恩子 ·········· P3234v⑩
〔某寺西倉粟破曆〕 (940年代)

50527 恩子 ·········· P3391v①
〔社司轉帖(寫錄)〕 丁酉年正月日 (937)

50528 恩子 ·········· P3489
〔翟坊巷女人社社條〕 戊辰年正月廿四日 (908)
　1)社人

50529 恩勝 ·········· P4635②
〔社家女人便麵油曆〕〔　〕月七日 (10C中期)

50530 音員住 ·········· S03714
〔親情社轉帖(雜寫)〕 (10C)

50531 音九□ ·········· S06199
〔兄弟轉帖(殘)〕 (10C?)

[か]

50532 伽嚴 ………………… P5579⑪
〔大乘寺應道場尼名牒〕 酉年十月 (829 or 841)
　2)大乘寺

50533 何ゝ ………………… S00542v
〔燉煌諸寺丁壯車牛役部〕 戌年六月十八日 (818)
　2)大雲寺

50534 加喜 ………………… S00542v
〔燉煌諸寺丁壯車牛役部〕 戌年六月十八日 (818)
　2)大雲寺

50535 加勝 ………………… S00542v
〔燉煌諸寺丁壯車牛役部〕 戌年六月十八日 (818)
　2)大雲寺

50536 加進 ………………… S00542v
〔燉煌諸寺丁壯車牛役部〕 戌年六月十八日 (818)
　2)龍興寺　4)⇒趙加進。

50537 可瘦 ………………… S07060v
〔諸色破曆等〕 (9C前期)

50538 哥嫂 ………………… BD04232v(玉32)
〔猪狗致哥嫂狀〕 丑年二月十三日 (9C)

50539 嘉璋 ………………… BD16522
〔嘉璋老病牒〕 (9～10C)
　4)年登80已上。

50540 歌郎 ………………… S05486②
〔社司轉帖〕 壬寅年六月九日 (942)
　1)博士

50541 渦子 ………………… S00527
〔女人社再立條件憑〕 顯德六年己未歲正月三日 (959)

50542 瓜州家 ………………… S08426B
〔使府酒破曆〕 (10C中～後期)

50543 花嚴 ………………… P.tib1261v④
〔諸寺僧尼支給穀物曆〕 (9C前期)
　1)尼

50544 花嚴 ………………… S02614v
〔燉煌應管諸寺僧尼名錄〕 (895)
　2)安國寺

50545 花嚴 ………………… S02614v
〔燉煌應管諸寺僧尼名錄〕 (895)
　2)靈修寺

50546 花嚴 ………………… S02614v
〔燉煌應管諸寺僧尼名錄〕 (895)
　2)大乘寺

50547 花嚴 ………………… S02614v
〔燉煌應管諸寺僧尼名錄〕 (895)

50548 花嚴 ………………… S04444v②
〔燉煌大乘寺僧尼申告(稿)〕 (905)
　2)大乘寺

50549 花嚴 ………………… S08252①
〔僧名目〕 (10C)

50550 花光 ………………… P3556v⑦
〔道場思惟簿〕 (10C)
　4)⇒蓮花光。

50551 花國 ………………… S00542v
〔燉煌諸寺丁壯車牛役部〕 戌年六月十八日 (818)
　1)(辛男)妻　2)靈修寺　4)原作「辛男妻花國」。

50552 花子 ………………… 北京萃文齋
〔河西支度營田使戶口給穀簿〕 (8C後期)
　1)(宋光華)婢　4)原作「(戶宋光華冊四)婢花子四」。

50553 花勝 ………………… BD16453A
〔水則道場轉經兩翻名目〕 (9～10C)
　1)第二翻

50554 花勝 ………………… S02614v
〔燉煌應管諸寺僧尼名錄〕 (895)
　2)靈修寺

50555 花勝 ………………… S04444v②
〔燉煌大乘寺僧尼申告(稿)〕 (905)
　2)大乘寺

50556 花心 ………………… S00542v
〔燉煌諸寺丁壯車牛役部〕 戌年六月十八日 (818)
　2)靈修寺　4)⇒(何)花心。

50557 花正 …… P3556v⑦
〔道場思惟簿〕 (10C)
　4)⇒蓮花正。

50558 花藏 …… S02614v
〔燉煌應管諸寺僧尼名錄〕 (895)
　2)大乘寺

50559 花德 …… S02614v
〔燉煌應管諸寺僧尼名錄〕 (895)
　2)安國寺

50560 訶大 …… 杏・羽694①
〔當寺應管主客僧牒〕 未年閏十月 (803)
　4)文末有異一行「未年閏十月日,直歲圓滿牒」。

50561 回命 …… P2049v②
〔淨土寺諸色入破曆計會牒〕 長興二年正月 (930～931)
　2)淨土寺

50562 廻富 …… P2944
〔大乘寺・聖光寺等尼僧名錄〕 (10C後期?)
　2)大乘寺

50563 懷員 …… S07882
〔就賀拔堂唱椀等曆〕 十一月廿一日 (9C前期)

50564 懷英 …… P3730④
〔狀〕 酉年正月 (829)
　1)維那　2)金光明寺

50565 懷恩 …… P3060
〔諸寺諸色付經僧尼曆〕 (9C前期)
　1)僧尼　4)經典名「般若經卷32」。

50566 懷恩? …… P3060
〔諸寺諸色付經僧尼曆〕 (9C前期)
　1)僧尼　4)經典名「般若經卷15」。

50567 懷恩 …… P3138v
〔諸寺付經曆〕 (9C前期)
　2)報恩寺

50568 懷恩 …… P4640③
〔翟家碑(唐僧統述文)〕 (9C末～10C前)

50569 懷恩 …… S10672
〔禮懺僧名狀〕 (9C前期)

50570 懷恩 …… S10967
〔教團付經諸寺僧尼名目〕 (9C前期)

50571 懷恩 …… 莫第085窟
〔供養人題記〕 (10C前期)
　1)姪男河西節度押衙兼監察御史　4)甬道北壁。《燉》p.29。⇒(翟)懷恩。

50572 懷蕚 …… P4640①
〔大蕃故燉煌郡莫高窟陰處士公修功德記〕 歲次己未年四月壬子朔十五日丙寅 (839?)
　1)僧　4)⇒(陰)懷蕚。

50573 懷惠 …… BD13922(新0122)
〔大般若波羅蜜多經卷第73〕 (9C前期)
　4)原作「懷惠勘李曙寫」。

50574 懷惠 …… S03841
〔大般若波羅蜜多經卷第132〕 (9C)
　1)勘

50575 懷惠 …… S04346
〔大般若波羅蜜多經卷第230〕 (9C前期)
　1)勘

50576 懷惠 …… S05437
〔願通等缺升人名抄(封題面)〕 (10C)

50577 懷惠 …… S06493
〔大般若波羅蜜多經卷第78〕 (9C)
　1)勘

50578 懷惠 …… 故宮博・新087165
〔大般若波羅蜜多經卷第77(首尾題)〕 (9C)
　1)勘　4)題記「懷惠勘」。

50579 懷惠 …… 濱田041
〔大般若波羅蜜多經卷第67〕 (9C)
　1)勘

50580 懷慶 …… S05644
〔方角書(詩)1首〕 (10C)
　4)原作「懷慶書」。

50581 懷光智? …… P4640③
〔翟家碑(唐僧統述文)〕 (9C末～10C前)
　1)僧統・姪男

50582 懷察 …… P4810v②
〔爲亡妣請僧疏〕 (9C前期)
　2)金光明寺

50583 懷兒 ･････････････････ Дx01317
〔衙前第一隊轉帖〕 二月六日 （10C中期）

50584 懷秀 ･････････････････ P4810v②
〔爲亡姒請僧疏〕 （9C前期）
　2）金光明寺

50585 懷俊 ･････････････････ S06417⑱
〔金光明寺徒衆等狀并龍晉判辭〕 清泰二年三月 （935）
　2）金光明寺

50586 懷俊 ･････････････････ S06417⑳
〔寺徒衆等狀并龍晉判辭〕 清泰二年三月 （935）
　2）金光明寺

50587 懷勝 ･････････････････ 莫第201窟
〔張公功德記〕 （8C後期）
　1）男僧　4）原作「男僧廣眞懷勝等」。西壁。《燉》p.91。

50588 懷淨 ･････････････････ 濱田115v
〔付經僧曆〕 午年 （9C前期）
　2）金光明寺

50589 懷深 ･････････････････ S04504v⑧
〔雜寫〕 （9C）

50590 懷眞 ･････････ S02447＋S06314
〔付經僧曆〕 （吐蕃期）
　1）僧

50591 懷進 ･････････ BD16083（L4050）
〔僧談會斛㪷出便與人名目〕 二月九日 （9C後期）
　1）口承人　4）原作「阿耶懷進」。

50592 懷進 ･････････････････ Дx05567
〔人名目（殘）〕 （10C）

50593 懷正 ･････････ Дx01355＋Дx03130
〔洛晟ゝ賣薗舍契〕 （9C後期）
　1）僧・見人

50594 懷清 ･････････････････ P4810v②
〔爲亡姒請僧疏〕 （9C前期）
　2）金光明寺

50595 懷濟 ･････････････････ P.tib1261v⑪
〔諸寺僧尼支給穀物曆〕 （9C前期）
　1）僧

50596 懷濟 ･････････････････ P.tib1261v⑫
〔諸寺僧尼支給穀物曆〕 （9C前期）

50597 懷生 ･････････････････ P2732
〔絕觀論1卷（尾題）〕 大唐貞元十年歲甲戌仲夏八日 （794）
　3）西州落蕃　4）原作「西州落蕃僧懷生□／於甘州大寧寺南所居再校（朱字2行）。河志澄闍梨各執一本校勘訖（墨筆細字）」。

50598 懷寂 ･････････････････ P.tib1096v
〔緣方等道場付沙彌等曆〕 酉年四月一日 （9C前期）

50599 懷智 ･････････････････ S04962
〔佛頂尊勝陀羅尼呪（末）〕 （9C）

50600 懷貞 ･････････････････ P2469v
〔破曆雜錄〕 戌年六月五日 （830?）

50601 懷哲 ･････････････････ 濱田074
〔佛說護國經〕 大宋咸平二年十一月 （999）
　1）賜紫沙門臣

50602 懷德 ･････････ BD14806①（新1006）
〔於倉缺物人便麥名抄錄〕 辛酉年三月廿二日 （961）
　1）保人・（薛什德）弟　4）原作「保人弟懷德」。

50603 懷德 ･････････････････ P3556v④
〔社戶人名目（殘）〕 （10C中期頃）
　1）社戶　4）⇒□懷德。

50604 懷□ ･････････････････ 莫第220窟
〔供養人題記〕 （10C前期）
　1）後勅授歸義軍節□隨軍參謀行州…銀靑光祿大夫檢校左散騎常侍兼御史大夫　4）甬道北壁。《燉》p.103。

50605 戒 ･･････････････････ 杏・羽067
〔備席主人理通等并勾當司人等各着食飯數目歷〕 （10C）
　1）僧　4）文書面有「李盛鐸印」等。

50606 戒安 ･････････ BD01036③（辰36）
〔大乘四法經（末）〕 （8～9C）
　4）原作「爲師僧父母國戒安」。

50607 戒安 ･････････ BD16281Kv（L4123）
〔某寺社司轉帖〕 （9～10C）

50608 戒安 ·················· S04613
〔破曆〕 庚申年 （960）

50609 戒安 ················ S06452②
〔周僧正貸油麪曆〕 辛巳年～壬午年 （981～982?）

50610 戒安 ················· Дх10272②
〔僧名目〕 （10C）

50611 戒安 ················· Дх10273
〔僧名目〕 （10C?）

50612 戒安 ············ 浙燉168（浙博143）
〔諸寺僧名目〕 （10C中期）
　1)法律

50613 戒威 ··················· P2944
〔大乘寺・聖光寺等尼僧名錄〕 （10C後期?）
　2)大乘寺

50614 戒威 ················· S02614v
〔燉煌應管諸寺僧尼名錄〕 （895）
　2)大乘寺

50615 戒意 ············· BD01047（辰47）
〔四分律比丘尼戒本末〕 （9C）

50616 戒違 ················· S05406
〔僧正法律徒衆轉帖〕 辛卯年四月十四日 （991）
　1)僧

50617 戒因 ············ BD16281Bv（L4123）
〔某寺社司轉帖〕 （9～10C）

50618 戒因 ················· P3779v②
〔徒衆轉帖〕 乙酉年四月廿七日 （985?）
　2)乾元寺

50619 戒因 ················· S02614v
〔燉煌應管諸寺僧尼名錄〕 （895）
　2)蓮臺寺

50620 戒因 ················ S04444v②
〔燉煌大乘寺僧尼申告（稿）〕 （995F）
　2)大乘寺

50621 戒因 ················ S08750v
〔某寺常住什物見在曆〕 （10C）

50622 戒因 ················· Дх10272②
〔僧名目〕 （10C）

50623 戒因 ················· Дх10273
〔僧名目〕 （10C?）

50624 戒云 ············ BD02496v④（成96）
〔儭司唱得布支給曆〕 （10C前期）
　1)僧　2)(大)雲(寺)

50625 戒榮 ················· P3047v③
〔諸僧尼送納三色香於乾元寺曆〕 （9C前期）
　2)乾元寺

50626 戒榮 ················· P3047v⑧
〔王都督儭合城僧徒名錄〕 （9C前期）

50627 戒榮 ··················· P3060
〔諸寺諸色付經僧尼曆〕 （9C前期）
　1)僧尼　4)經典名「花嚴經卷3」。

50628 戒榮 ··················· P3060
〔諸寺諸色付經僧尼曆〕 （9C前期）
　1)僧尼　4)經典名「摩訶經卷3」。

50629 戒榮 ················· P3138v
〔諸寺付經曆〕 （9C前期）
　2)大雲寺

50630 戒榮 ················· P3947v
〔大雲寺僧所有田籍簿〕 （9C前期）
　1)僧　4)R面爲「亥年(819or831)八月龍興寺應轉經僧分兩蕃定名牒」。

50631 戒榮 ················· S01267v
〔某寺設齋納物名目〕 （9C前期）

50632 戒榮 ················· S02729①
〔燉煌應管勘牌子曆〕 辰年三月 （788）
　1)僧　2)大雲寺　3)沙州　4)俗姓「陰」。9行目。

50633 戒榮 ··················· S06417
〔吳戒榮本願文〕 （10C前期）
　4)尾記「吳戒榮本」。

50634 戒榮 ··············· S06417⑥～⑧
〔書儀〕 貞明陸年庚辰歲二月十六日 （920）
　1)僧　2)金光明寺　4)⇒(吳)戒榮。

50635 戒榮 ················· S06672v
〔雜記〕 （9C後期～10C前期）
　1)僧比丘　4)原作「僧比丘戒榮獨得一卷」。

50636 戒榮 ……………………… 天禧塔記
〔「天禧塔記」《隴石金石錄補》〕 大宋天禧參年歲次乙未三月二十七日 （1019）
　1）法律團頭　2）龍興寺

50637 戒盈 ……………………… P3138v
〔諸寺付經曆〕（9C前期）
　2）乾元寺

50638 戒盈 ……………………… P3423r.v
〔乾元寺新登戒僧次第曆〕 丙戌年五月七日 （986）
　2）乾元寺

50639 戒盈 ……………………… P.tib1261v⑤
〔諸寺僧尼支給穀物曆〕（9C前期）
　1）僧　4）⇒宋戒盈。

50640 戒盈 ……………………… P.tib1261v⑧
〔諸寺僧尼支給穀物曆〕（9C前期）
　1）僧

50641 戒盈 ……………………… S02729①
〔燉煌應管勘牌子曆〕 辰年三月 （788）
　1）僧　2）乾元寺　3）沙州　4）俗姓「宋」。21行目。

50642 戒盈 ……………………… S08674
〔某寺僧誦經曆〕（9C前期）

50643 戒盈 ……………………… S10967
〔教團付經諸寺僧尼名目〕（9C前期）

50644 戒盈 ……………………… Дx06621
〔第四度交勘缺字人〕（10C後期?）
　2）乾元寺

50645 戒圓 ……………………… P3167v
〔安國寺道場司關于（五尼寺）沙彌戒訴狀〕 乾寧二年三月 （895）
　2）普光寺　4）⇒（安）戒圓。

50646 戒圓 ……………………… P3556v⑦
〔道場思惟簿〕（10C）

50647 戒圓 ……………………… P3556v⑧
〔道場思惟簿〕（9C末～10C初）

50648 戒圓 ……………………… P.tib1261v②
〔諸寺僧尼支給穀物曆〕（9C前期）
　1）尼

50649 戒圓 ……………………… P.tib1261v⑨
〔諸寺僧尼支給穀物曆〕（9C前期）
　1）尼

50650 戒圓 ……………………… S01624v
〔什物交割曆〕 天福七年壬寅十二月十日 （942）
　1）法律・後所由

50651 戒圓 ……………………… S02614v
〔燉煌應管諸寺僧尼名錄〕（895）
　2）靈修寺

50652 戒圓 ……………………… S03180v
〔爲追念設供請僧疏〕（9C末頃）

50653 戒延 ……………… BD07579v②（人79）
〔顯德寺僧戒延等雜寫〕 至六月八日斷記耳 （10C後期）
　1）僧・比丘　2）顯德寺　4）原作「僧戒延」，「比丘戒延」。又有「至六月八日斷記耳」之文。

50654 戒延 ……………………… S06031
〔付經曆〕 庚辰年十一月中 （980）

50655 戒恩 ……………………… S08252①
〔僧名目〕（10C）

50656 戒果 ……………………… BD16263（L0116）
〔納贈曆〕（9～10C）

50657 戒果 ……………………… P3779v②
〔徒衆轉帖〕 乙酉年四月廿七日 （985?）
　2）乾元寺

50658 戒果 ……………………… S04443v
〔諸雜難字（一本）〕（10C）

50659 戒果 ……………………… S04525v
〔付官健及諸社佛會色物數目〕（10C後期）

50660 戒果 ……………………… S04654v②
〔老病孝僧尼名錄（殘）〕（10C中期）
　1）尼　4）病氣。

50661 戒會 ……………… BD11988（L2117）
〔某寺常住物檢曆〕（10C）
　4）原作「寺主戒會」三箇所。

50662 戒會 ……………………… P2944
〔大乘寺・聖光寺等尼僧名錄〕（10C後期?）
　2）大乘寺

50663 戒會 ·············· P4908
〔某寺交割什物點檢曆〕 庚子年頃 （10C?）
　1）寺主

50664 戒會 ·············· Дx01378
〔當團轉帖〕（10C中期）

50665 戒會 ·············· 北大D215
〔見在僧名〕 廿六日 （10C後期）

50666 戒品 ·············· P3423r.v
〔乾元寺新登戒僧次第曆〕 丙戌年五月七日 （986）
　2）乾元寺

50667 戒願 ·············· BD16052D（L4028）
〔僧名目〕（10C）

50668 戒願 ·············· P3556v⑦
〔道場思惟簿〕（10C）

50669 戒顯 ·············· P3365
〔爲府主大王小患付經曆〕 甲戌年五月十日 （974）

50670 戒薰 ·············· P3818v
〔觀音偈（R面）〕（10C中期）
　1）法律　4）V面有「觀音偈一卷法律戒薰書記」。

50671 戒薰 ·············· P3842②
〔大德沙（門）戒薰改補充釋門法律牒（殘）〕 丁亥年六月卅日頃 （927?）
　1）釋門法律　2）大雲寺　4）大雲寺臨壇供奉大德沙門本卷。①爲禮佛懺文（10C）。

50672 戒惠 ·············· P2250v⑤
〔金光明寺僧唱布曆〕（925?）
　2）金光明寺

50673 戒惠 ·············· P3167v
〔安國寺道場司關于（五尼寺）沙彌戒訴狀〕 乾寧二年三月 （895）
　2）大乘寺　4）⇒（劉）戒惠。

50674 戒惠 ·············· P3167v
〔安國寺道場司關于（五尼寺）沙彌戒訴狀〕 乾寧二年三月 （895）
　4）⇒（張）戒惠。

50675 戒惠 ·············· P3370
〔出便麥粟曆〕 丙子年六月五日 （928）
　1）口承人

50676 戒惠 ·············· P4640④
〔大蕃沙州釋門教授和尙洪辯修功德碑〕 大中五年 （851）

50677 戒惠 ·············· S08451
〔戒惠臺山參禮狀〕（10C）

50678 戒惠 ·············· Дx01268
〔第二團僧名目〕（10C）

50679 戒惠元 ·············· P2040v
〔淨土寺入破曆〕 乙巳年正月七日 （945）
　2）淨土寺

50680 戒月 ·············· P4058
〔貸粟豆曆〕（9C）

50681 戒月 ·············· S02614v
〔燉煌應管諸寺僧尼名錄〕（895）
　2）開元寺

50682 戒賢 ·············· S02614v
〔燉煌應管諸寺僧尼名錄〕（895）

50683 戒賢 ·············· S04444v②
〔燉煌大乘寺僧尼申告（稿）〕（905）
　2）大乘寺

50684 戒嚴 ·············· P2671v
〔僧名錄（河西都僧統等20數名）〕 甲辰年頃 （884頃）

50685 戒嚴 ·············· P3423r.v
〔乾元寺新登戒僧次第曆〕 丙戌年五月七日 （986）

50686 戒嚴 ·············· P3431r.v
〔乾元寺新登戒僧次第曆〕 丙戌年五月七日 （926 or 866 or 986）
　2）乾元寺

50687 戒嚴 ·············· P3556v⑦
〔道場思惟簿〕（10C）

50688 戒嚴 ·············· P5579⑪
〔大乘寺應道場尼名牒〕 酉年十月 （829 or 841）
　2）大乘寺

50689 戒護 ·············· P3556v⑦
〔道場思惟簿〕（10C）

50690 戒護 ·················· S05060
〔救諸衆生苦難經・新菩薩經(末)〕　(10C)
　1)僧　2)永安寺　4)自寫。

50691 戒護 ·················· Дx01362
〔施入大寶積經永安寺疏畢功斷手題記〕
太平興國三年戊寅歲次三月十五日下手北至六月
十五日　(978)
　1)法師

50692 戒護 ·················· 上海圖088
〔法律法壽等施入大寶積經永安寺題記〕　太
平興國三年戊寅歲三月十五日　(978)
　1)法師

50693 戒護 ·················· 浙燉168(浙博143)
〔諸寺僧名目〕　(10C中期)
　1)法律

50694 戒護憧 ················ S11514
〔寫經人名目〕　(9C)

50695 戒光 ·················· P3060
〔諸寺諸色付經僧尼曆〕　(9C前期)
　1)僧尼　4)經典名「正法念經卷3」。

50696 戒光 ·················· P3365
〔爲府主大王小患付經曆〕　甲戌年五月十日
(974)

50697 戒行 ·················· P3047v①
〔僧名等錄〕　(9C前期)
　4)俗姓「令狐」。

50698 戒行 ·················· P3047v③
〔諸僧尼送納三色香於乾元寺曆〕　(9C前期)
　2)乾元寺

50699 戒行 ·················· P3779v②
〔徒衆轉帖〕　乙酉年四月廿七日　(985?)
　2)乾元寺

50700 戒行 ·················· P.tib1261v②
〔諸寺僧尼支給穀物曆〕　(9C前期)
　1)尼　4)⇒戒眞。

50701 戒行 ·················· S04443v
〔諸雜難字(一本)〕　(10C)

50702 戒行 ·················· S05406
〔僧正法律徒衆轉帖〕　辛卯年四月十四日
(991)

50703 戒行 ·················· Дx05534
〔禮佛見到僧等人名目〕　廿日夜　(10C)

50704 戒香 ·················· S02614v
〔燉煌應管諸寺僧尼名錄〕　(895)
　2)安國寺

50705 戒香 ·················· S04444v②
〔燉煌大乘寺僧尼申告(稿)〕　(905)
　2)大乘寺

50706 戒香 ·················· 濱田115v
〔付經曆〕　十月三日　(9C前期)
　2)靈圖寺

50707 戒香慶 ················ S04444v②
〔燉煌大乘寺僧尼申告(稿)〕　(905)
　2)大乘寺

50708 戒債 ·················· P2583v⑤
〔亡尼堅正衣物施入疏〕　申年正月十七日
(828?)

50709 戒薩 ·················· S00476A
〔諸寺付經僧尼曆〕　(9C前期)
　1)僧　2)龍興寺

50710 戒只 ·················· S04444v②
〔燉煌大乘寺僧尼申告(稿)〕　(905)
　2)大乘寺

50711 戒志 ·················· P2944
〔大乘寺・聖光寺等尼僧名錄〕　(10C後期?)
　2)大乘寺

50712 戒思 ·················· P2944
〔大乘寺・聖光寺等尼僧名錄〕　(10C後期?)

50713 戒慈 ·················· P3556v⑦
〔道場思惟簿〕　(10C)

50714 戒慈 ·················· P3600v②
〔燉煌普光寺等尼名申告狀〕　戌年十一月
(9C前期)
　2)普光寺

50715 戒慈 ·················· P3706v
〔三界寺僧戒慈略懺一部〕　(10C後期)
　1)僧　2)三界寺　4)R面爲「大佛名懺悔文」(10C
中期)。

50716 戒慈 ･････････････････････ S02669
〔管内尼寺(安國寺・大乘寺・聖光寺)籍〕
(865～870)
　2)聖光寺　3)莫高鄉　4)姓「張」。俗名「那〻」。

50717 戒慈 ･････････････････････ S04760
〔聖光寺尼光法律任命狀〕　太平興國六年辛巳
歲十一月　(981)
　2)聖光寺

50718 戒慈 ･････････････････････ Дх01362
〔施入大寶積經永安寺疏畢功斷手題記〕
太平興國三年戊寅歲次三月十五日下手北至六月
十五日　(978)
　1)法律　2)永安寺

50719 戒慈 ･････････････････････ 上海圖088
〔法律法壽等施入大寶積經永安寺題記〕　太
平興國三年戊寅歲三月十五日　(978)
　1)法律

50720 戒慈 ･････････････････ 浙燉070(浙博045)
〔諸寺僧尼缺經請經帳目〕　(9C前期)
　2)聖光(寺)

50721 戒珠 ･････････････････････ P3556②
〔張氏香號戒珠邈眞讚并序〕　(10C)
　1)闍梨尼臨壇大德沙門　2)靈修寺　3)燉煌
郡　4)原作「前河西隴右一十一州張太保之貴姪
也」。張戒珠。

50722 戒珠 ･････････････････････ P3556⑦
〔周故燉煌郡靈修寺闍梨君臨壇大德沙門張
氏香號戒珠邈眞讚并序〕　(10C)
　1)周故燉煌郡靈修寺闍梨君臨壇大德沙門　2)
靈修寺　3)燉煌鄉　4)原作「前河西隴右一十一
州張太保之貴姪也」。⇒(張)戒珠。

50723 戒修 ･････････････････････ P2944
〔大乘寺・聖光寺等尼僧名錄〕　(10C後期?)
　2)大乘寺

50724 戒集 ･････････････････････ S05833
〔般若波羅蜜多心經(尾)〕　(9～10C)
　1)比丘　4)原作「末學比丘戒集書」。

50725 戒集 ･････････････････････ 莫第196窟
〔供養人題記〕　景福年間　(892～893)
　1)沙門　2)乾元寺　4)原作「乾元寺□□沙門戒
集一心供養俗姓張氏」。東壁門南側。《燉》p.88。
⇒張戒集。

50726 戒住 ･････････････････････ P2250v①
〔龍興寺僧唱布曆〕　(925?)
　2)龍興寺

50727 戒初 ･････････････････････ P3779v②
〔徒衆轉帖〕　乙酉年四月廿七日　(985?)
　2)乾元寺

50728 戒初 ･････････････････････ S04443v
〔諸雜難字(一本)〕　(10C)
　1)僧　2)乾元寺

50729 戒勝 ･････････････････････ P2944
〔大乘寺・聖光寺等尼僧名錄〕　(10C後期?)
　2)大乘寺

50730 戒勝 ･････････････････････ P3431r.v
〔乾元寺新登戒僧次第曆〕　丙戌年五月七日
(926 or 866 or 986)
　2)乾元寺

50731 戒勝 ･････････････････････ P3779v①-1
〔請乾元寺主戒勝狀〕　酉年　(985?)
　1)寺主　2)乾元寺

50732 戒勝 ･････････････････････ 莫第196窟
〔供養人題記〕　景福年間　(892～893)
　1)比丘沙門　2)乾元寺　4)原作「乾元寺比丘沙
門戒勝一心供養俗姓鄧氏」。東壁門南側。《燉》
p.88。⇒鄧戒勝。

50733 戒勝花 ････････････････････ S01364
〔付經曆〕　(9C)
　1)僧　2)靈修寺

50734 戒昇 ･････････････････････ BD02095v(冬95)
〔永安寺有戒昇闍梨書記〕　乙丑年正月九日
(845)
　1)闍梨　2)永安寺　4)原作「永安寺有戒昇闍梨
書記」。

50735 戒昌 ･････････････････････ BD07009v(龍9)
〔妙法蓮華經觀世音菩薩普門品第25〕　天福
拾肆年九月廿六日　(949)
　1)僧　2)靈圖寺

50736 戒昌 ･････････････････････ P3423r.v
〔乾元寺新登戒僧次第曆〕　丙戌年五月七日
(986)
　2)乾元寺

50737 戒昌 ························ S01472v
　〔願德經卷戒昌借書寫爲記〕　(10C中期)
　　4) R面爲「佛說八陽神咒經」(855)寫。

50738 戒昌 ························ S06307
　〔管內都僧正轉帖〕　九月一日　(10C後期)

50739 戒昌 ························ 上海圖088
　〔法律法壽等施入大寶積經永安寺題記〕　太平興國三年戊寅歲三月十五日　(978)
　　1) 法律　2) 永安寺

50740 戒昌 ························ 北大D215
　〔見在僧名〕　廿六日　(10C後期)

50741 戒昌 ························ 莫第443窟
　〔供養人題記〕　(11C初期)
　　1) 住窟禪師三界寺沙門　2) 三界寺　4) 西壁。
　　《燉》p.167。

50742 戒松 ························ P2736v
　〔勅歸義軍節度使(曹延祿)牒(寫錄)〕　(10C後期)
　　4) 牒文中有「況戒松每遊曹店」等文。

50743 戒松 ························ P3365
　〔爲府主大王小患付經歷〕　甲戌年五月十日　(974)

50744 戒松 ························ P3423r.v
　〔乾元寺新登戒僧次第曆〕　丙戌年五月七日　(986)
　　2) 乾元寺

50745 戒松 ························ P3431r.v
　〔乾元寺新登戒僧次第曆〕　丙戌年五月七日　(926 or 866 or 986)
　　2) 乾元寺

50746 戒松 ························ P3707
　〔親情社轉帖〕　戊午年四月廿四日　(958)
　　1) 闍梨

50747 戒祥 ························ P3423r.v
　〔乾元寺新登戒僧次第曆〕　丙戌年五月七日　(986)
　　2) 乾元寺

50748 戒祥 ························ P3431r.v
　〔乾元寺新登戒僧次第曆〕　丙戌年五月七日　(926 or 866 or 986)
　　2) 乾元寺

50749 戒祥 ························ S10542
　〔六七追念疏〕　(10C)

50750 戒祥 ························ 北大D215
　〔見在僧名〕　廿六日　(10C後期)

50751 戒紹 ························ S05486①
　〔諸寺僧尼付油麵曆〕　(10C中期)
　　2) 開元寺

50752 戒紹 ························ Дx10272②
　〔僧名目〕　(10C)

50753 戒證 ························ S03180v
　〔爲追念設供請僧疏〕　(9C末頃)
　　2) 聖光寺

50754 戒乘 ························ P5579⑪
　〔大乘寺應道場尼名牒〕　酉年十月　(829 or 841)

50755 戒乘 ························ P.tib1261v⑨
　〔諸寺僧尼支給穀物曆〕　(9C前期)
　　1) 尼

50756 戒乘 ························ S02614v
　〔燉煌應管諸寺僧尼名錄〕　(895)
　　2) 安國寺

50757 戒乘 ························ S02669
　〔管內尼寺(安國寺·大乘寺·聖光寺)籍〕　(865～870)
　　2) 大乘寺　3) 神沙鄉　4) 姓「胡」。俗名「要娘」。

50758 戒乘 ························ S04444v②
　〔燉煌大乘寺僧尼申告(稿)〕　(905)
　　2) 大乘寺

50759 戒乘 ························ S11352
　〔法律道哲牓示〕　(9C)

50760 戒條 ························ P2944
　〔大乘寺·聖光寺等尼僧名錄〕　(10C後期?)
　　1) 式叉尼　2) 大乘寺

50761 戒淨 ························ P2944
　〔大乘寺·聖光寺等尼僧名錄〕　(10C後期?)

50762 戒淨 ························ P3047v⑦
　〔法事僧尼名錄〕　(9C前期)
　　4) 俗姓「康」。

50763 戒淨 ·················· P3431r.v
　〔乾元寺新登戒僧次第曆〕 丙戌年五月七日
　(926 or 866 or 986)
　　2)乾元寺

50764 戒淨 ·················· S02614v
　〔燉煌應管諸寺僧尼名錄〕 (895)
　　2)安國寺

50765 戒淨 ·················· S04444v②
　〔燉煌大乘寺僧尼申告(稿)〕 (905)
　　2)大乘寺

50766 戒淨 ·················· S04642v
　〔某寺入破曆計會〕 (923以降)

50767 戒淨 ·················· 北大D215
　〔見在僧名〕 廿六日 (10C後期)

50768 戒淨 ·················· 沙文補21
　〔法華經普門品度相〕 開寶八年七月乙亥歲七
　月六日 (975)
　　1)法律尼臨壇乘義大德　2)靈修寺　4)原作「靈
　修寺法律尼臨壇乘義大德香號戒淨侶姓李氏敬
　繪觀音菩薩戒供養」。李戒淨。

50769 戒淨 ·················· 端方氏舊藏
　〔供養題記〕 開寶八年七月乙亥歲七月六日
　(975)
　　1)法律尼臨壇乘義大德　2)靈修寺　4)原作「法
　華經普門品變相靈修寺香號戒淨侶姓李氏敬繪
　觀音菩薩□供養」。

50770 戒信 ·················· BD05870v①(菜70)
　〔信狀〕 (9〜10C)
　　4)原作「□戒信神定莫在」。

50771 戒信 ·················· P3556v⑦
　〔道場思惟簿〕 (10C)

50772 戒心 ·················· S02614v
　〔燉煌應管諸寺僧尼名錄〕 (895)

50773 戒心 ·················· S02669
　〔管內尼寺(安國寺・大乘寺・聖光寺)籍〕
　(865〜870)
　　2)大乘寺　3)燉煌鄉　4)姓「陰」。俗名「娜々」。

50774 戒深 ·················· 莫第196窟
　〔供養人題記〕 景福年間 (892〜893)
　　1)比丘沙門　2)大雲寺　4)原作「大雲寺比丘沙
　門戒深一心供養俗姓陽氏」。東壁門南側。《燉》
　p.88。⇒陽戒深。

50775 戒眞 ·················· BD09296v(周16)
　〔孟家納色曆〕 (9C中期〜10C初期)
　　4)原作「戒眞家」。此行與BD9295(周16)正面最後
　一行應爲同一行。

50776 戒眞 ·················· P3240①
　〔配經曆〕 壬寅年六月廿一日 (1002)
　　1)法律

50777 戒眞 ·················· P3240②
　〔付唇曆〕 壬寅年七月十六日 (1002)
　　1)法律

50778 戒眞 ·················· P.tib1261v②
　〔諸寺僧尼支給穀物曆〕 (9C前期)
　　1)尼　4)⇒戒行。

50779 戒眞 ·················· P.tib1261v⑪
　〔諸寺僧尼支給穀物曆〕 (9C前期)
　　1)尼

50780 戒眞 ·················· P.tib1261v⑫
　〔諸寺僧尼支給穀物曆〕 (9C前期)
　　1)尼

50781 戒眞 ·················· S02614v
　〔燉煌應管諸寺僧尼名錄〕 (895)

50782 戒眞 ·················· S02669
　〔管內尼寺(安國寺・大乘寺・聖光寺)籍〕
　(865〜870)
　　2)大乘寺　3)莫高鄉　4)姓「張」。俗名「金圓」。
　姓「張」。俗名「戒眞」。

50783 戒眞 ·················· S04444v②
　〔燉煌大乘寺僧尼申告(稿)〕 (905)
　　2)大乘寺

50784 戒進 ·················· P2944
　〔大乘寺・聖光寺等尼僧名錄〕 (10C後期?)
　　2)大乘寺

50785 戒進 ·················· 浙燉168(浙博143)
　〔諸寺僧名目〕 (10C中期)
　　1)沙彌　2)(淨)土(寺)

50786 戒瑞 ·················· Дx01268
　〔第二團僧名目〕 (10C)

50787 戒隨 ·················· P3037
　〔社司轉帖〕 庚寅年正月三日 (990)
　　2)大悲寺門前

50788 戒隨 …………………… S04687r.v
　〔佛會破曆〕（9C末～10C前期）
　　1）師兄

50789 戒姓 …………………… S01624v
　〔什物交割曆〕 天福七年壬寅十二月十日
　（942）
　　1）直歲・前所由

50790 戒姓 …………………… S01774
　〔某寺常住什物交割點檢曆〕 天福柒年壬寅歲
　十二月十日（942）
　　1）直歲・前所由

50791 戒性 …………………… P3060
　〔諸寺諸色付經僧尼曆〕（9C前期）
　　1）僧尼　4）經典名「般若經卷24」。

50792 戒性 …………………… P.tib1261v⑥
　〔諸寺僧尼支給穀物曆〕（9C前期）
　　1）尼

50793 戒性 …………………… P.tib1261v⑦
　〔諸寺僧尼支給穀物曆〕（9C前期）
　　1）尼

50794 戒性 …………………… S01624v
　〔什物交割曆〕 顯德五年戊午十一月十三日
　（958）
　　1）後所由尼・法律

50795 戒性 …………………… S01776
　〔某寺常住什物交割點檢曆〕 顯德五年戊午
　十一月十三日（958）
　　1）後所由尼・法律

50796 戒性 …………………… S01776①
　〔某寺常住什物交割點檢曆〕 顯德五年戊午
　十一月十三日（958）
　　1）尼・後所由・法律

50797 戒性 …………………… S02614v
　〔燉煌應管諸寺僧尼名錄〕（895）
　　2）大乘寺

50798 戒性 …………………… S02614v
　〔燉煌應管諸寺僧尼名錄〕（895）
　　2）安國寺

50799 戒性 …………………… 杏・羽694v②
　〔諸寺僧尼唱儭物曆〕（9C中期）
　　2）永安寺？

50800 戒成 …………………… S10566
　〔秋季諸寺大般若轉經付配帙曆〕 壬子年十
　月（952）
　　2）圖（靈圖寺）

50801 戒清 …………………… P3431r.v
　〔乾元寺新登戒僧次第曆〕 丙戌年五月七日
　（926 or 866 or 986）

50802 戒清 …………………… S02614v
　〔燉煌應管諸寺僧尼名錄〕（895）
　　2）大乘寺

50803 戒清 …………………… S02729①
　〔燉煌應管勘牌子曆〕 辰年三月（788）
　　1）僧　2）普光寺　3）沙州　4）俗姓「張」。41行
　目。

50804 戒清 …………………… 北大D215
　〔見在僧名〕 廿六日（10C後期）
　　2）乾元寺

50805 戒聖 …………………… S02669
　〔管內尼寺（安國寺・大乘寺・聖光寺）籍〕
　（865～870）
　　2）大乘寺　3）洪潤鄉　4）姓「張」。俗名「團々」。

50806 戒寂 …………………… BD16281Jv（L4123）
　〔某寺社司轉帖〕（9～10C）

50807 戒寂 …………………… P3779v②
　〔徒眾轉帖〕 乙酉年四月廿七日（985?）
　　2）乾元寺

50808 戒寂 …………………… 莫第196窟
　〔供養人題記〕 景福年間（892～893）
　　1）比丘沙門　2）乾元寺　4）原作「乾元寺比丘沙
　門戒寂一心供養俗姓范氏」。東壁門南側。《燉》
　p.88.《謝》p.412.⇒范戒寂。

50809 戒全 …………………… BD00502v（荒2）
　〔梵網經盧舍那佛說菩薩心地戒品第第10卷
　下〕 丙寅年十一月日／天復六年丙寅歲十一月廿
　日（903）
　　2）靈圖寺　4）背面裱補紙上有題名，第一條「丙
　寅年十一月日，就靈圖寺靈圖寺施經布戒全記」，
　第二條「天復六年丙寅歲十一月廿日，接囊布戒
　全還，惠永記」。

50810 戒善 …………………… P2944
　〔大乘寺・聖光寺等尼僧名錄〕（10C後期？）
　　2）聖光寺

50811 戒善 ························ S05753
〔靈圖寺招提司入破曆計會〕 癸巳年正月以後 (933)

50812 戒善 ························ 北大D215
〔見在僧名〕 廿六日 (10C後期)

50813 戒然 ························ P3060
〔諸寺諸色付經僧尼曆〕 (9C前期)
　1)僧尼　4)經典名「寶積經卷10」。

50814 戒然 ························ P3205
〔僧俗人寫經曆〕 (9C前期)

50815 戒然 ························ S02711
〔寫經人名目〕 (9C前期)
　2)金光明寺

50816 戒然 ························ S04831v
〔寫經人名目〕 (9C前期)
　1)寫經人

50817 戒然 ······················ 杏・羽694①
〔當寺應管主客僧牒〕 未年閏十月 (803)
　4)文末有異一行「未年閏十月日,直歲圓滿牒」。

50818 戒宋 ················· BD16263(L0116)
〔納贈曆〕 (9〜10C)

50819 戒宋 ··············· BD16281Bv(L4123)
〔某寺社司轉帖〕 (9〜10C)

50820 戒宗 ························ P3779v②
〔徒衆轉帖〕 乙酉年四月廿七日 (985?)
　2)乾元寺

50821 戒宗 ························ S02669
〔管內尼寺(安國寺・大乘寺・聖光寺)籍〕
　(865〜870)
　2)大乘寺　3)燉煌鄉　4)姓「吳」。俗名「嚴々」。

50822 戒宗 ························ S04443v
〔諸雜難字(一本)〕 (10C)

50823 戒宗 ························ S05486①
〔諸寺僧尼付油麵曆〕 (10C中期)
　2)開元寺

50824 戒想 ························ P2944
〔大乘寺・聖光寺等尼僧名錄〕 (10C後期?)
　2)大乘寺

50825 戒藏 ························ P3730v
〔承恩判辭(3行)〕 (9C前期)
　1)僧

50826 戒藏 ······················ P.tib1261v⑧
〔諸寺僧尼支給穀物曆〕 (9C前期)
　1)僧

50827 戒藏 ························ S00476A
〔諸寺付經僧尼曆〕 (9C前期)
　1)僧　2)龍興寺

50828 戒藏 ························ S03180v
〔爲追念設供請僧疏〕 (9C末頃)

50829 戒藏 ························ S03621
〔大般若波羅蜜多經卷第23〕 (9C)
　1)寫經人

50830 戒藏 ························ S04192
〔儭支給曆〕 丑年 (9C前期)

50831 戒達 ························ S05406
〔僧正法律徒衆轉帖〕 辛卯年四月十四日 (991)
　1)僧正

50832 戒達 ························ S05648
〔道情詩如意蘭4首〕 (10C)
　1)僧政

50833 戒段□ ······················· P3947
〔龍興寺應轉經僧分兩蕃定名牒〕 亥年八月
　(819 or 831)

50834 戒智 ················· BD16003A(L4004)
〔人名目〕 (9C前期)

50835 戒智 ························ P3423r.v
〔乾元寺新登戒僧次第曆〕 丙戌年五月七日 (986)
　2)乾元寺

50836 戒智 ························ P3431r.v
〔乾元寺新登戒僧次第曆〕 丙戌年五月七日
　(926 or 866 or 986)
　2)乾元寺

50837 戒智 ························ S02614v
〔燉煌應管諸寺僧尼名錄〕 (895)
　2)安國寺

50838 □戒智 ……………… 莫第196窟
〔供養人題記〕 景福年間 （892～893）
　　1) 窟主管內釋門都法□京城內外臨壇供奉大德闡揚三敎大法師沙門　4) 東壁門南側。《燉》p.88。⇒□智。

50839 戒超 ……………… S02614v
〔燉煌應管諸寺僧尼名錄〕 （895）
　　2) 龍興寺

50840 戒通 ……………… Дx11061
〔不赴城經僧〕 壬戌年十一月十日 （962 or 1022）

50841 戒定 ……………… P3092v
〔誦經曆〕 （10C）

50842 戒定 ……………… P3167v
〔安國寺道場司關于(五尼寺)沙彌戒訴狀〕 乾寧二年三月 （895）
　　2) 大乘寺　4) ⇒令狐戒定。

50843 戒定 ……………… P3556v⑦
〔道場思惟簿〕 （10C）

50844 戒定 ……………… P5579⑪
〔大乘寺應道場尼名牒〕 酉年十月 （829 or 841）
　　2) 大乘寺

50845 戒定 ……………… S02614v
〔燉煌應管諸寺僧尼名錄〕 （895）
　　2) 安國寺

50846 戒定 ……………… S02669
〔管內尼寺(安國寺・大乘寺・聖光寺)籍〕 （865～870）
　　2) 大乘寺　3) 洪潤鄉　4) 姓「氾」。俗名「嚴娘」。

50847 戒定 ……………… S04443v
〔諸雜難字(一本)〕 （10C）

50848 戒定 ……………… S04654v②
〔老病孝僧尼名錄(殘)〕 （10C中期）
　　4) 病氣。

50849 戒定 ……………… 杏・羽067v
〔法律理通等四人備幞屈請徒衆等(看供)給食文〕 至此月廿八日 （10C）
　　1) 僧　4) 文書面有「李盛鐸印」等。

50850 戒度 ……………… P2944
〔大乘寺・聖光寺等尼僧名錄〕 （10C後期?）
　　2) 大乘寺

50851 戒度 ……………… S10612
〔付箋僧名目〕 （10C）

50852 戒東 ……………… 故宮博・新156153
〔佛說延壽命經・佛說續命經(首尾題)〕 顯德三年七月畫日 （956）
　　1) 負鈸沙彌　2) 三界寺　4) 題記「沙彌戒東記之耳」。

50853 戒得 ……………… BD16263（L0116）
〔納贈曆〕 （9～10C）

50854 戒德 ……………… P2944
〔大乘寺・聖光寺等尼僧名錄〕 （10C後期?）
　　4) ⇒戒德(羅)＝(羅)戒德。

50855 戒德 ……………… S04613
〔入曆什會〕 庚申年至甲酉年 （960～961）

50856 戒忍 ……………… P2944
〔大乘寺・聖光寺等尼僧名錄〕 （10C後期?）
　　2) 大乘寺

50857 戒忍 ……………… P3600v②
〔燉煌普光寺等尼名申告狀〕 戌年十一月 （9C前期）
　　2) 普光寺

50858 戒忍 ……………… P3753①
〔普光寺尼等牒并判辭〕 大順二年正月 （891）
　　1) 直歲　2) 普光寺

50859 戒忍 ……………… S02614v
〔燉煌應管諸寺僧尼名錄〕 （895）
　　2) 大乘寺

50860 戒忍 ……………… S05406
〔僧正法律徒衆轉帖〕 辛卯年四月十四日 （991）
　　1) 僧

50861 戒忍 ……………… S09986
〔法師造像功德記〕 （9C）
　　1) 法師

50862 戒忍 ……………… ОΠ.Ⅱ.p.679 Рис.19
〔施入大寶積經永安寺疏題記〕 太平興國三年戊寅歲次三月十五日下手北至六月十五日 （978）

50863 戒忍 ･････････････････････ 上海圖088
〔法律法壽等施入大寶積經永安寺題記〕　太平興國三年戊寅歲三月十五日　(978)
　1) 法律　2) 永安寺

50864 戒忍 ･････････････････････ 北大D187
〔翻, 僧尼名〕　(9C後期～10C前期)
　1) 第二翻

50865 戒寧 ･････････････････････ P2944
〔大乘寺・聖光寺等尼僧名錄〕　(10C後期?)
　2) 大乘寺　4)⇒(張)戒寧。

50866 戒寧 ･････････････････････ P3290①
〔計會簿〕　己亥年十二月二日　(999)
　1) 黃麻人・都師

50867 戒寧 ･････････････････････ S04701
〔某寺常住倉司算會憑〕　庚子年　(1000)
　1) 寺主

50868 戒佾 ･････････････････････ P2944
〔大乘寺・聖光寺等尼僧名錄〕　(10C後期?)
　2) 大乘寺

50869 戒福 ･････････････････････ P3290①
〔計會簿〕　己亥年十二月二日　(999)
　1) 黃麻人・寺主

50870 戒福 ･････････････････････ P3431r.v
〔乾元寺新登戒僧次第曆〕　丙戌年五月七日　(926 or 866 or 986)
　2) 乾元寺

50871 戒福 ･････････････････････ P3997
〔都寺主法淨領得布褐曆〕　庚子年十一月卅日　(940 or 1000)

50872 戒福 ･････････････････････ S04701
〔某寺常住倉司算會憑〕　庚子年　(1000)
　1) 寺主

50873 戒福 ･････････････････････ 北大D125
〔見在僧名〕　廿六日　(10C末)

50874 戒福 ･････････････････････ 杏・羽067
〔備席主人理通等并勾當司人等各着食飯數目歷〕　(10C)
　1) 僧　4) 文書面有「李盛鐸印」等。

50875 戒福 ･････････････････････ 杏・羽067v
〔法律理通等四人備幣屈請徒衆等(看供)給食文〕　至此月廿八日　(10C)
　1) 僧　4) 文書面有「李盛鐸印」等。

50876 戒文 ･････････････････････ 莫第196窟
〔供養人題記〕　景福年間　(892～893)
　1) 釋門法律　4) 原作「釋門法律…(中略)…沙門戒文供□」。東壁門南側。《燉》p.88。

50877 戒辯 ･････････････････････ P4081
〔入破曆計會(首)〕　從丁卯年正月壹日已後至戊辰年正月壹日已前　(967～968)
　2) 淨土寺

50878 戒辯 ･････････････････････ S05753
〔靈圖寺招提司入破曆計會〕　癸巳年正月以後　(933)
　2) 靈圖寺

50879 戒辯 ･････････････････････ 天禧塔記
〔「天禧塔記」《隴石金石錄補》〕　大宋天禧參年歲次乙未三月二十七日　(1019)
　1) 法律　2) 永安寺

50880 戒辯 ･････････････････････ 北大D215
〔見在僧名〕　廿六日　(10C後期)

50881 戒保 ･････････････････････ P2944
〔大乘寺・聖光寺等尼僧名錄〕　(10C後期?)

50882 戒保 ･････････････････････ Дx11085
〔當寺轉帖〕　壬申年七月　(972)
　4)⇒張戒保。

50883 戒保 ･････････････････････ 浙燉168(浙博143)
〔諸寺僧名目〕　(10C中期)

50884 戒法 ･････････････････････ P2944
〔大乘寺・聖光寺等尼僧名錄〕　(10C後期?)
　2) 大乘寺

50885 戒法 ･････････････････････ P2944
〔大乘寺・聖光寺等尼僧名錄〕　(10C後期?)

50886 戒法 ･････････････････････ S04444v②
〔燉煌大乘寺僧尼申告(稿)〕　(905)
　2) 大乘寺

50887 戒滿 ･････････････････････ P3431r.v
〔乾元寺新登戒僧次第曆〕　丙戌年五月七日　(926 or 866 or 986)
　2) 乾元寺

50888 戒滿 ……………………… S04677
〔弟楊法律與僧兄戒滿書狀〕 六月廿七日
(10C後期)
　1)僧

50889 戒妙 ……………………… P2944
〔大乘寺・聖光寺等尼僧名錄〕 (10C後期?)
　2)大乘寺

50890 戒明 ……………………… P3431r.v
〔乾元寺新登戒僧次第曆〕 丙戌年五月七日
(926 or 866 or 986)
　2)乾元寺

50891 戒羅 ……………………… P2944
〔大乘寺・聖光寺等尼僧名錄〕 (10C後期?)

50892 戒力 ……………………… S06154
〔某寺諸色斛䣂見在計會〕 丁巳年 (957 or 897)

50893 戒林 ……………………… S05406
〔僧正法律徒衆轉帖〕 辛卯年四月十四日 (991)

50894 戒臨 ……………………… P3047v③
〔諸僧尼送納三色香於乾元寺曆〕 (9C前期)
　2)乾元寺

50895 戒輪 ……………………… P3779v②
〔徒衆轉帖〕 乙酉年四月廿七日 (985?)
　2)乾元寺

50896 戒輪 ……………………… P3919B
〔戒輪書三界寺善惠受持〕 己未年三月廿八日 (959)
　2)三界寺

50897 戒輪 ……………………… P3919B①
〔菩薩修行四法經1卷〕 己未年三月廿八日 (959)
　1)沙彌　4)原作「沙彌戒輪書」。

50898 戒輪 ……………………… P3919B②
〔十想經1卷〕 己未年三月廿八日 (959)
　1)沙彌　4)原作「沙彌戒輪書」。

50899 戒輪 ……………………… P3919B④
〔佛頂尊勝陀羅尼呪意〕 己未年三月廿八日 (959)
　2)三界寺觀音院　4)原作「三界寺觀音院僧戒輪書記」。

50900 戒輪 ……………………… P3919B⑤
〔大威儀經請問說〕 己未年三月廿八日 (959)
　4)原作「戒輪書」。

50901 戒輪 ……………………… S04443v
〔諸雜難字(一本)〕 (10C)

50902 戒輪 ……………………… 上海圖086
〔父母恩重經〕 顯德六年正月十九日 (959)
　1)沙彌　2)三界寺　4)原作「沙彌戒輪書」。

50903 戒輪 ……………………… 上海圖088
〔法律法壽等施入大寶積經永安寺題記〕 太平興國三年戊寅歲三月十五日 (978)
　1)法律　4)「識語」p.508-09。

50904 戒靈 ……………………… P3047v③
〔諸僧尼送納三色香於乾元寺曆〕 (9C前期)
　2)乾元寺

50905 戒靈 ……………………… P3047v⑧
〔王都督㑩合城僧徒名錄〕 (9C前期)

50906 戒朖 ……………………… P3337
〔諸寺付經曆〕 (9C前期)
　2)永安寺

50907 戒朗 ……………………… P3855
〔諸寺付經曆〕 (9C初頭)
　2)龍興寺

50908 戒朗 ……………………… P3855v
〔諸寺付經曆〕 (9C初頭)
　2)永安寺

50909 戒朗 ……………………… S00545v
〔永安寺僧名申告狀〕 戌年九月 (9C前期)
　1)主客僧　2)永安寺

50910 戒朗 ……………………… S02712v
〔諸寺付經僧尼曆〕 (9C前期)
　1)僧　2)龍興寺

50911 戒朗 ……………………… S03437v
〔便契〕 (9C前期)
　1)見人・僧

50912 戒朗 ……………………… S11425v
〔諸寺僧尼給糧曆〕 (9C前期)

50913 戒論 ……………………… S04613
〔破曆〕 庚申年 (960)
　1)法律

50914 戒論 ·············· ОП.Ⅱ.p.679 Рис.19
〔施入大寶積經永安寺疏記〕　太平興國三年戊寅歲次三月十五日下手北至六月十五日　(978)

50915 戒□ ·············· BD16281Bv(L4123)
〔某寺社司轉帖〕　(9～10C)

50916 戒□ ························ P3332
〔納口承僧名目〕　(10C)

50917 戒□ ····················· 莫第196窟
〔供養人題記〕　景福年間　(892～893)
　1) 比丘沙門　2) 乾元寺　4) 原作「乾元寺比丘沙門戒□一心供養俗姓鄧氏」。東壁門南側。《燉》p.88。⇒鄧戒□。

50918 改 ························· 莫第231窟
〔供養人題記〕　(8C末期～9C初期)
　4) 原作「亡妣君唐丹州長松府左果毅都尉改/亡慈姚唐燉煌錄事孫索氏同心供養」。東壁門上。《燉》p.105。《謝》p.106。

50919 會員 ·························· P3123
〔壬辰年正月十七日便物曆(11字)壬辰年八月十一日用油壹㪷(12字)〕　壬辰年正月十七日壬辰年八月十一日　(992)
　4) 落書「勑」字「正法念處」。

50920 會員 ························ P4525v②
〔將兌紙人目〕　(980頃)

50921 會員 ························ Дx05534
〔禮佛見到僧等人名目〕　廿日夜　(10C)

50922 會陰法律 ···················· P4004
〔某寺交割什物點檢曆〕　(940 or 1000)
　1) 法律

50923 會恩 ··············· BD09346(周67)
〔令知蕃法師廚費帖〕　十一月一日　(9C前期)

50924 會恩 ···················· P.tib1261v⑪
〔諸寺僧尼支給穀物曆〕　(9C前期)
　1) 僧

50925 會光 ·························· P2944
〔大乘寺·聖光寺等尼僧名錄〕　(10C後期?)
　2) 大乘寺

50926 會興 ······················· P3423r.v
〔乾元寺新登戒僧次第曆〕　丙戌年五月七日　(986)
　2) 乾元寺

50927 會興 ······················· P3431r.v
〔乾元寺新登戒僧次第曆〕　丙戌年五月七日　(926 or 866 or 986)
　2) 乾元寺

50928 會興 ······················· P3779v②
〔徒衆轉帖〕　乙酉年四月廿七日　(985?)
　2) 乾元寺

50929 會興 ·························· P3859
〔報恩寺常住百姓老小孫息名目〕　丙申年十月十一日　(936?)
　1) 寺戶　2) 報恩寺　4) ⇒張願通。

50930 會興 ·························· S05406
〔僧正法律徒衆轉帖〕　辛卯年四月十四日　(991)

50931 會興 ························ Дx01380v
〔僧名目〕　(10C後期)
　4) R面爲「七月廿八日獻信狀」(10C後期)。

50932 會興 ························ Дx11085
〔當寺轉帖〕　壬申年七月　(972)

50933 會興 ························ 北大D215
〔見在僧名〕　廿六日　(10C後期)
　4) ⇒(吳)會興。

50934 會興 ····················· 莫第427窟
〔供養人題記〕　宋乾德八年頃　(970頃)
　1) 弟　4) 原作「弟會興一心供養」。中心塔柱南向面。《燉》p.159。⇒(王)會興。

50935 會志 ························ Дx01268
〔第二團僧名目〕　(10C)

50936 會思 ················ BD16090(L4054)
〔殘文書(1行)〕　(9～10C)

50937 會支 ·························· P3859
〔報恩寺常住百姓老小孫息名目〕　丙申年十月十一日　(936?)
　1) 寺戶　2) 報恩寺　4) ⇒張願通。

50938 會兒 ························ P3110v②
〔佛說延壽命經(首題)〕　丁亥年四月十四日　(927?)
　4) 題記「書寫經人僧會兒題記之耳」。

50939 會兒 ·························· P3240②
〔付梣曆〕　壬寅年七月十六日　(1002)
　1) 法律

50940 會慈 …………………… S02142
〔當寺上藏内諸雜部帙録〕 大唐(宋)乾德二年歲次甲子四月廿三日 (964)
　1)經司法律

50941 會集 …………………… P4981
〔當寺轉帖〕 閏三月十三日 (961)

50942 會如 …………………… P3060
〔諸寺諸色付經僧尼曆〕 (9C前期)
　2)龍興寺　4)俗姓「石」。

50943 會如 …………………… S02729①
〔燉煌應管勘牌子曆〕 辰年三月 (788)
　1)僧　2)龍興寺　3)沙州　4)俗姓「石」。4行目。

50944 會昌 …………………… S04700
〔陰家榮親客目〕 甲午年五月十五日 (994)
　1)押衙

50945 會乘 …………………… P3600v①
〔燉煌某寺尼名申告狀〕 (9C前期)
　2)大乘寺

50946 會乘 …………………… P.tib1261v⑫
〔諸寺僧尼支給穀物曆〕 (9C前期)
　1)尼

50947 會深 …………………… S02729①
〔燉煌應管勘牌子曆〕 辰年三月 (788)
　1)僧　2)龍興寺　3)沙州　4)俗姓「李」。5行目。

50948 會眞 …………………… Дx01378
〔當團轉帖〕 (10C中期)

50949 會進 …………………… S06452②
〔周僧正貸油麨曆〕 辛巳年～壬午年 (981～982?)
　1)用取酒人　2)大乘寺

50950 會清 …………………… P3240②
〔付㪷曆〕 壬寅年七月十六日 (1002)
　1)法律

50951 會清 …………………… S04125
〔受田簿〕 雍熙二年乙酉正月一日 (985)
　1)僧　4)⇒(鄧)會清。

50952 會清 …………………… Дx01380v
〔僧名目〕 (10C後期)
　4)R面爲「七月廿八日獻信狀」(10C後期)。

50953 會相 …………………… P3047v⑧
〔王都督儭合城僧徒名録〕 (9C前期)

50954 會長 …………………… S04700
〔陰家榮親客目〕 甲午年五月十五日 (994)
　1)都頭　4)原作「會長都頭」。

50955 會通 …………………… S06309
〔行人轉帖〕 四月八日 (10C)
　1)行人　4)⇒□會通。

50956 會德 …………………… P3092v
〔誦經曆〕 (10C)

50957 會棚 …………………… P3047v①
〔僧名等録〕 (9C前期)
　4)俗姓「李」。

50958 會□ …………………… 莫第320窟
〔供養人題記〕 (10C前期)
　1)孫　4)原作「孫會□一心供養」。東壁南側。《燉》p. 130。

50959 會□ …………………… 莫第427窟
〔供養人題記〕 宋乾德八年頃 (970頃)
　1)(王粉难)男　4)原作「兄王粉难一心供養男阿朶奴男會□」。西壁。《燉》p. 157。⇒(王)會□。

50960 海晏 …………………… BD14584(新0784)
〔大般若波羅蜜多經卷第574(尾)〕 (8～9C)
　1)寫(人)　4)尾題後有「安國興寫」又有「海晏勘」。

50961 海晏 …………………… BD14587(新0785)
〔大般若波羅蜜多經卷第549(允紙)〕 (8～9C)
　4)原作「安顯寫第一校海晏勘第二校第三校」。

50962 海晏 …………………… P2342piece3
〔故上座燈閣梨齋文〕 丙午年四月 (826)

50963 海晏 …………………… P2469v
〔破曆雜録〕 戌年六月五日 (830?)

50964 海晏 …………………… P2927
〔大般若波羅蜜多經卷第101〕 (9C前期)
　1)勘

50965 海晏 …………………… P.tib1261v②
〔諸寺僧尼支給穀物曆〕 (9C前期)
　1)僧

806

50966 海晏 ················· P.tib1261v⑦
　〔諸寺僧尼支給穀物曆〕（9C前期）
　　1）僧

50967 海晏 ················· P.tib1261v⑧
　〔諸寺僧尼支給穀物曆〕（9C前期）
　　1）僧

50968 海晏 ················· P.tib1261v⑨
　〔諸寺僧尼支給穀物曆〕（9C前期）
　　1）僧

50969 海晏 ················· P.tib1261v⑩
　〔諸寺僧尼支給穀物曆〕（9C前期）
　　1）僧

50970 海晏 ··················· S02575③
　〔徵求什物帖〕 天成三年七月十二日 （928）
　　1）都僧統

50971 海晏 ··················· S02614v
　〔燉煌應管諸寺僧尼名錄〕（895）
　　2）乾元寺

50972 海晏 ··················· S02690
　〔大般若波羅蜜多經卷第413〕（9C）
　　1）勘

50973 海晏 ··················· S04914
　〔付經曆〕 卯年九月七日 （835 or 847）
　　1）僧　2）靈圖寺

50974 海晏 ··················· S06417⑰
　〔任命狀〕 長興二年正月 （931）
　　1）都僧統

50975 海晏 ··················· S06592
　〔大般若波羅蜜多經卷第123〕（9C前期）
　　1）勘了

50976 海意 ················· P3336v①
　〔瓜州節度轉經付維那曆〕 寅年正月卅日
　　（834）
　　2）大乘寺　3）瓜州

50977 海意 ··················· S02614v
　〔燉煌應管諸寺僧尼名錄〕（895）
　　2）大乘寺

50978 海印 ············· BD07384（鳥84）
　〔杜都督等書幡等書支領麥布曆〕 丑年～未
　　年 （821～827 or 833～839）
　　1）僧

50979 海印 ··················· P3718
　〔故范(海印)和尚寫眞讚〕 後唐,長興二年
　　（931）
　　1）僧政

50980 海印 ················· P.tib1261v⑨
　〔諸寺僧尼支給穀物曆〕（9C前期）
　　1）僧

50981 海印 ············ Дх02449＋Дх05176
　〔(時年)轉帖〕 十一月十九日 （10C前期）
　　2）靈圖寺　4）原作「圖海印」。

50982 海云 ··················· P3854
　〔諸寺付經曆〕（9C前期）
　　4）⇒海潤。

50983 海云 ················· P.tib1261v②
　〔諸寺僧尼支給穀物曆〕（9C前期）
　　1）僧

50984 海云 ············ S07939v＋S07940Bv＋
　　　　　　　　　　S07941
　〔燉煌諸寺僧尼給糧曆〕（823以降）
　　1）亡僧

50985 海盈 ··················· P3384
　〔戶籍殘〕 大順二年辛亥(歲)正月一日 （891）
　　4）原作「女海盈」。

50986 海圓 ················ 莫第107窟
　〔供養人題記〕 咸通十二年頃 （821頃）
　　1）孫男　4）原作「孫男海圓一心供養」。《燉》
　　p. 51。

50987 海圓 ················ 莫第144窟
　〔供養人題記〕（9C前期）
　　4）原作「亡兄海圓一心供養」。西壁。《燉》p. 67。⇒
　　（索?）海圓。

50988 海苑 ··················· P5000v
　〔僧尼名目〕（9C前期）
　　2）開元寺,龍興寺

50989 海覺 ··················· P3730③
　〔牒〕（9C）
　　1）尼

50990 海覺 ··················· P3730③
　〔牒〕 後十一月 （838）
　　1）尼

50991 海覺 ……………… P.tib1261v⑥
〔諸寺僧尼支給穀物曆〕（9C前期）
　1)僧

50992 海覺 ……………… P.tib1261v⑨
〔諸寺僧尼支給穀物曆〕（9C前期）
　1)僧

50993 海覺 ……………… P.tib1261v⑩
〔諸寺僧尼支給穀物曆〕（9C前期）
　1)僧

50994 海覺 ……………………… S11540
〔寫經人名〕（9C）

50995 海巖 ……………………… S02614v
〔燉煌應管諸寺僧尼名錄〕（895）
　2)報恩寺

50996 海巖 ……………………… 莫第098窟
〔供養人題記〕（10C中期）
　1)釋門法律臨壇供奉大德沙門　4)南壁。《燉》p.40。《謝》p.91。

50997 海眼 ……………………… P4765
〔都僧錄帖〕（10C後期）
　1)第一翻

50998 海眼 ……………………… S02614v
〔燉煌應管諸寺僧尼名錄〕（895）
　2)報恩寺

50999 海巨 ……………………… P3047v⑧
〔王都督懞合城僧徒名錄〕（9C前期）

51000 海鏡 ……………………… S02614v
〔燉煌應管諸寺僧尼名錄〕（895）
　2)淨土寺

51001 海仰 ……………………… P3947
〔龍興寺應轉經僧分兩蕃定名牒〕亥年八月（819 or 831）
　2)龍興寺　4)V面為「9C前半大雲寺僧所有田籍簿」。

51002 海金 ……………………… P3853v
〔諸寺付經曆〕（9C前期）
　4)⇒海潤。

51003 海賢 ……………………… S02614v
〔燉煌應管諸寺僧尼名錄〕（895）
　2)大乘寺

51004 海嚴 ……………… BD16388A（L4460）＋BD16388B（L4460）
〔當寺轉帖〕（9～10C）

51005 海興 ……………………… BD02970（陽70）
〔大般若波羅蜜多經卷第331（尾）〕（9C前期）

51006 海興 ……………………… BD07195（師95）
〔大般若波羅蜜多經（末）〕（10C）
　1)寫經人　4)經文中存「兊」字。

51007 海興 ……………………… BD11626（L1755）
〔大般若波羅蜜多經卷第506（兊廢稿）〕（9～10C）
　4)原作「兊, 海興」。

51008 海興 ……………………… P4525v②
〔將兊紙人目〕（980頃）
　1)押衙

51009 海子 ……………………… BD00111（黃11）
〔佛說八陽神呪經1卷（首缺尾完）（題記）〕（10C）
　1)僧沙彌　2)三界寺　4)原作「三界寺僧沙彌海子讀八陽經」（末）。

51010 海集 ……………… S07939v＋S07940Bv＋S07941
〔燉煌諸寺僧尼給糧曆〕（823以降）

51011 海住 ……………………… P2250v⑤
〔金光明寺僧唱布曆〕（925?）
　2)金光明寺

51012 海住 ……………………… S05139v②
〔社司轉帖（寫錄）〕四月十三日（10C前期）

51013 海住 ……………………… S11351B
〔西窟斷上水僧目〕（10C前期）
　1)僧

51014 海潤 ……………………… P3853v
〔諸寺付經曆〕（9C前期）
　2)金光明寺　4)⇒海金。

51015 海潤 ……………………… P3854
〔諸寺付經曆〕（9C前期）
　2)大雲寺　4)⇒海云。

51016 海潤 ················ 莫第144窟
〔供養人題記〕（9C前期）
　1)亡兄節度衙前子弟虞候　4)原作「亡兄節度衙前子弟虞候海潤…」。西壁。《燉》p. 67。⇒(索?)海潤。

51017 海昌 ·················· S06307
〔管内都僧正轉帖〕　九月一日　(10C後期)

51018 海照 ·················· S02669
〔管内尼寺(安國寺・大乘寺・聖光寺)籍〕（865～870）
　2)大乘寺　3)神沙鄉　4)姓「唐」。俗名「綿々」。

51019 海證 ··················· 濱田
〔付經曆〕　午年七月十一日　(9C前期)
　2)開元寺

51020 海證 ················ 濱田115v
〔付經曆〕　午年七月十一日　(9C前期)
　2)開元寺

51021 海淨 ········· BD16177c(L4094)
〔海淨祭文〕　辛酉十一月乙酉～十八日甲寅　(9～10C)
　1)僧政

51022 海淨 ················· P4597v
〔海淨等上都僧政狀〕　(10C初期)
　4)原作「惠水文一本」。

51023 海淨 ················· P4597v
〔請和尚狀殘(2行)〕　(10C初期)
　1)僧

51024 海淨 ············ P.tib1261v⑦
〔諸寺僧尼支給穀物曆〕　(9C前期)
　1)僧(尼)

51025 海淨 ·················· S00282
〔大般若波羅蜜多經卷第322(首)〕　(9C)
　1)校

51026 海淨 ······ Дx01305＋Дx02154＋Дx03026
〔僧等付絹等曆〕　(9C前期)

51027 海眞 ················ S02614v
〔燉煌應管諸寺僧尼名錄〕（895）
　2)大乘寺

51028 海身 ················ 莫第107窟
〔供養人題記〕　咸通十二年頃（821頃）
　1)衙前使子弟虞候　4)南壁。《燉》p. 51。

51029 海人 ·········· BD16134B(L4070)
〔契約文書〕　(8～9C)

51030 海性 ················ S02614v
〔燉煌應管諸寺僧尼名錄〕（895）
　2)大乘寺

51031 海性 ·················· S02669
〔管内尼寺(安國寺・大乘寺・聖光寺)籍〕（865～870）
　2)大乘寺　3)赤心鄉　4)姓「張」。俗名「顏子」。

51032 海清 ············ BD08172v(乃72)
〔社司轉帖(習書・殘)〕　癸未年頃（923頃?）

51033 海清 ·················· P3619①
〔王都督儭合城僧徒名錄〕　(9C)

51034 海清 ············ P.tib1261v⑨
〔諸寺僧尼支給穀物曆〕　(9C前期)
　1)僧

51035 海清 ············ P.tib1261v⑪
〔諸寺僧尼支給穀物曆〕　(9C前期)
　1)僧

51036 海清 ·················· S00520
〔報恩寺方等道場榜〕　(9C末～925以前)
　2)靈圖寺　4)有「河西都僧院」印。

51037 海清 ················ S01475v④
〔便契〕　酉年三月一日　(829)
　1)僧・豆主人

51038 海清 ················ S01475v⑦
〔便麥契〕　酉年十一月　(829)
　1)僧　2)靈圖寺

51039 海清 ·············· S01475v⑪⑫
〔便契〕　二月一日　(828～829)

51040 海清 ············ S01475v⑭⑮-1
〔付僧義英便麻契〕　卯年二月十一日　(823?)
　1)僧・便床人　2)靈圖寺

51041 海清 ·················· S06809
〔淨名經關中疏卷上〕　酉年十一月十五日　(9C)
　1)比丘　4)原作「比丘海清記」。

51042 海清 ·············· 井上目57,圖版1背
〔釋門教授帖〕 子年頃 (820 or 832頃)
　1)僧・大乘寺檢校道場律師　2)大乘寺

51043 海清 ·················· 莫第039窟
〔供養人題記〕 (10C前期)
　4)原作「孫…官海清一心供養」。北壁。《燉》p. 12。
　⇒(梁)海清。

51044 海濟 ················ 井上目57,圖版1
〔計料海濟受戒衣鉢具色目〕 子年三月五日
　(820〜832)
　1)僧

51045 海西 ················· BD07286(帝86)
〔比丘發露錄〕 (9C前期)

51046 海青 ····················· S05139v②
〔社司轉帖(寫錄)〕 四月十三日 (10C前期)

51047 海齊 ······················· P3616v
〔納七器具名歷〕 卯年九月廿四日 (10C?)

51048 海齊 ······················· S04852v
〔付諸僧給麵蘇歷〕 (9C末〜10C初)
　2)永安寺

51049 海詮 ······················· S02142
〔當寺上藏內諸雜部帙錄〕 大唐(宋)乾德二年
歲次甲子四月十三日 (964)
　1)法律

51050 海詮 ················ S04689＋S11293
〔功德司願德勘算斛㪷縹布等狀〕 顯德元年甲
寅歲正月壹日 (954)
　1)法律

51051 海詮 ······················ Дx05843
〔斷片(7字)〕 (10C後期)
　1)僧　2)報恩寺

51052 海藏 ······················· P2879
〔僧尼籍〕 (9C前期?)
　1)河西應管內外都僧錄普濟大師　2)龍興寺

51053 海藏 ························ P4611
〔諸寺付經歷〕 (9C末〜10C初)
　1)惟那　2)三界(寺)

51054 海藏 ························ S01364
〔付經歷〕 (9C)
　1)僧　2)靈圖寺

51055 海藏 ······················· S02614v
〔燉煌應管諸寺僧尼名錄〕 (895)
　2)乾元寺

51056 海藏 ························ S04914
〔付經歷〕 卯年九月七日 (835 or 847)
　1)僧　2)三界寺

51057 海台 ························ S06226
〔某寺付徒衆各僧油一升歷〕 (10C中期)

51058 海智 ·············· BD06359v②(鹹59)
〔人名目〕 (9C前期)
　1)僧

51059 海智 ················· BD07286(帝86)
〔比丘發露錄〕 (9C前期)

51060 海智 ················ BD15252(新1452)
〔大般若波羅蜜多經第398(末)〕 (9C前期)
　1)第三校　4)原作「海智第三校」。

51061 海智 ························ P2909
〔大般若波羅蜜多經卷第60〕 (9C前期)
　1)第三校　4)卷尾題記「鄧英寫,靈秀第一校義
泉第二校,海智第三校」。

51062 海智 ······················ P.tib1261v⑨
〔諸寺僧尼支給穀物歷〕 (9C前期)
　1)僧

51063 海智 ······················ P.tib1261v⑪
〔諸寺僧尼支給穀物歷〕 (9C前期)
　1)僧

51064 海智 ············· Дx01305＋Дx02154＋
Дx03026
〔僧等付絹等歷〕 (9C前期)

51065 海智 ················ 井上目57,圖版1
〔計料海濟受戒衣鉢具色目〕 子年三月五日
　(820〜832)

51066 海智 ················ 故宮博・新153373
〔大般若波羅蜜多經卷第388(首尾題)〕 (9C)
　1)第一校　4)原作「第一校海智,第二校法濟,第
三惠眼」。

51067 海澄 ················· BD09346(周67)
〔令知蕃法師廚費帖〕 十一月一日 (9C前期)

51068 海澄 ……………… P.tib1261v⑨
〔諸寺僧尼支給穀物曆〕（9C前期）
　1）僧

51069 海澄 ……………… S02614v
〔燉煌應管諸寺僧尼名錄〕（895）
　2）蓮臺寺

51070 海澄 ……………… 沙文補24
〔寺卿索再榮等牒殘判辭〕 午年正月（9C前期）
　1）僧

51071 海珎 ……………… P4525v④
〔將兌紙人目〕 癸未年八月廿二日（983）

51072 海珎 ……………… P.tib1261v⑨
〔諸寺僧尼支給穀物曆〕（9C前期）
　1）僧

51073 海定 ……………… S04060①
〔便麥曆〕 戊申年（948）

51074 海定 ……………… S04060v
〔便麥曆〕 戊申年正月五日（948）

51075 海(定) ……………… Φ335b
〔納黃麻等曆〕 己巳年三月十九日（969 or 919）

51076 海德 ……………… BD06359（鹹59）
〔造佛堂契〕 寅年八月七日（822）
　1）僧・見人

51077 海德 ……………… P2469v
〔破曆雜錄〕 戊年六月五日（830?）

51078 海德 ……………… P.tib1261v⑥
〔諸寺僧尼支給穀物曆〕（9C前期）
　1）僧

51079 海德 ……………… P.tib1261v⑦
〔諸寺僧尼支給穀物曆〕（9C前期）
　1）僧

51080 海德 ……………… P.tib1261v⑪
〔諸寺僧尼支給穀物曆〕（9C前期）
　1）僧

51081 海德 ……………… P.tib1261v⑫
〔諸寺僧尼支給穀物曆〕（9C前期）
　1）僧

51082 海德 ……………… 上海圖068
〔溫室經疏〕 歲次癸卯四月五日（823）
　1）沙門　4）原作「沙門海德寫記(812510)」。

51083 海德 ……………… 井上目57,圖版1背
〔釋門教授帖〕 子年頃（820 or 832頃）
　1）僧・安國寺檢校道場律師　2）安國寺

51084 海辯 ……………… P.tib1261v⑥
〔諸寺僧尼支給穀物曆〕（9C前期）
　1）僧

51085 海辯 ……………… P.tib1261v⑧
〔諸寺僧尼支給穀物曆〕（9C前期）
　1）僧

51086 海辯 ……………… S06226
〔某寺付徒衆各僧油一升曆〕（10C中期）

51087 海辯 ……………… 井上目57,圖版1背
〔釋門教授帖〕 子年頃（820 or 832頃）
　1）大乘寺檢校道場律師　2）大乘寺

51088 海寶 ……………… P.tib1261v⑥
〔諸寺僧尼支給穀物曆〕（9C前期）
　1）僧

51089 海寶 ……………… P.tib1261v⑧
〔諸寺僧尼支給穀物曆〕（9C前期）
　1）僧

51090 海寶 ……………… P.tib1261v⑨
〔諸寺僧尼支給穀物曆〕（9C前期）
　1）僧

51091 海滿 ……………… S03054
〔觀世音經1卷題記〕 貞明參年歲次戊寅十一月廿八日（917 or 918）
　1）僧　2）報恩寺　4）原作「報恩寺僧海滿發心敬寫此經一卷奉爲先亡考妣,…」。

51092 海滿 ……………… S06005
〔立社條約〕（10C前期以降）

51093 海滿 ……………… Дx01586в
〔惠通下僧名目〕（9C後期）

51094 海妙 ……………… P.tib1261v⑧
〔諸寺僧尼支給穀物曆〕（9C前期）
　1）尼

51095 海妙 ······················· S00329v
　〔雜寫〕 大中十一年五月廿三日 (857)
　　2)大雲寺

51096 海妙 ······················· S02669
　〔管內尼寺(安國寺・大乘寺・聖光寺)籍〕
　(865〜870)
　　2)大乘寺　3)燉煌鄉　4)姓「索」。俗名「綿ゝ」。

51097 海流 ······················· S06526
　〔四分戒本1卷〕 中和元年 (881)

51098 海朗 ················ BD02496v②(成96)
　〔儭司唱得布支給歷〕 (10C前期)
　　2)(靈)圖(寺)

51099 海朗 ······················· P6015v
　〔張懷慶請僧爲娘子就靈圖寺開法會疏〕 □
　亥年正月九日 (10C)
　　2)(靈)圖(寺)

51100 海朗 ······················· S06237
　〔諸人見在粟黃麻歷〕 戌年〜子年 (10C中期
　以降?)

51101 海浪 ·············· BD14670(新0870)
　〔靈圖寺徒衆擧綱首牒及都僧統判辭〕 廣順
　二年四月二日 (952)
　　1)徒衆　2)靈圖寺

51102 海浪 ······················· S10281
　〔納贈歷(殘)〕 (10C)

51103 海□ ······················· P2912v②
　〔儭家緣大衆要送路人事及都頭用使破歷〕
　丑年四月已後 (821?)

51104 海□ ······················· P4518⑲
　〔色繪千手千眼觀音〕 (10C後期)
　　1)淸信弟子・沙彌　2)大雲寺　4)原作「淸信弟
　子大雲寺沙彌海□律持念金光經」。

51105 灰子 ······················· S00542v
　〔燉煌諸寺丁壯車牛役部〕 戌年六月十八日
　(818)
　　2)報恩寺　4)⇒(劉)灰子。

51106 灰奴 ······················· P3391v①
　〔社司轉帖(寫錄)〕 丁酉年正月日 (937)

51107 灰奴 ······················· P3859
　〔報恩寺常住百姓老小孫息名目〕 丙申年十月
　十一日 (936?)
　　2)報恩寺　4)⇒張保山。

51108 皆成 ······················· BD16504H
　〔雜寫〕 (9〜10C)

51109 解沙 ······················· S01475v⑩⑪
　〔付僧惠眼便麥契〕 四月廿二日 (828〜829)
　　1)保人

51110 解脫 ······················· P.tib1261v③
　〔諸寺僧尼支給穀物歷〕 (9C前期)
　　1)僧

51111 解脫 ······················· P.tib1261v⑥
　〔諸寺僧尼支給穀物歷〕 (9C前期)
　　1)僧

51112 解脫 ······················· P.tib1261v⑧
　〔諸寺僧尼支給穀物歷〕 (9C前期)
　　1)僧

51113 解脫 ······················· P.tib1261v⑪
　〔諸寺僧尼支給穀物歷〕 (9C前期)
　　1)僧

51114 解脫 ······················· S00545v
　〔永安寺僧名申告狀〕 戌年九月 (9C前期)
　　1)主客僧　2)永安寺

51115 迴嚴 ······················· P2671v
　〔僧名錄(河西都僧統等20數名)〕 甲辰年頃
　(884頃)

51116 開眼 ······················· P2944
　〔大乘寺・聖光寺等尼僧名錄〕 (10C後期?)

51117 開國 ······················· P3047v①
　〔僧名等錄〕 (9C前期)
　　4)俗姓「趙」。

51118 開國 ······················· P3047v⑧
　〔王都督儭合城僧徒名錄〕 (9C前期)

51119 外生他略 ······················ P3370
　〔出便麥粟歷〕 丙子年六月五日 (928)

51120 外定奴 ······················ S03405
　〔主人付親情社色物〕 (10C後期)
　　4)V面有「癸未年三月十四日」。

51121 客法行 ・・・・・・・・・・・・・・・・・・・・・ S10967
〔敎團付經諸寺僧尼名目〕（9C前期）

51122 覺意 ・・・・・・・・・・・・・・・・・・・・・・・・ P3600v①
〔燉煌某寺尼名申告狀〕（9C前期）
　2)大乘寺

51123 覺意 ・・・・・・・・・・・・・・・・・・・・・・・・ P5579⑪
〔大乘寺應道場尼名牒〕 酉年十月（829 or 841）
　2)大乘寺

51124 覺意 ・・・・・・・・・・・・・・・・・・・・・ P.tib1261v③
〔諸寺僧尼支給穀物曆〕（9C前期）
　1)尼

51125 覺意 ・・・・・・・・・・・・・・・・・・・・・ P.tib1261v④
〔諸寺僧尼支給穀物曆〕（9C前期）
　1)尼

51126 覺意 ・・・・・・・・・・・・・・・・・・・・・ P.tib1261v⑩
〔諸寺僧尼支給穀物曆〕（9C前期）
　1)尼

51127 覺意 ・・・・・・・・・・・・・・・・・・・・・・・・ S02669
〔管內尼寺(安國寺・大乘寺・聖光寺)籍〕（865〜870）
　2)大乘寺　3)神沙鄕　4)姓「吳」。俗名「閻子」。

51128 覺意花 ・・・・・・・・・・・・・・・・・・・・・・ S04710
〔沙州戶口簿〕（9C中期以降）
　1)尼　4)⇒(劉)覺意花。

51129 覺因 ・・・・・・・・・・・・・・・・・・・・・・・ S02614v
〔燉煌應管諸寺僧尼名錄〕（895）

51130 覺圓 ・・・・・・・・・・・・・・・・・・・・・・・ S05248
〔金剛般若波羅蜜經〕（10C）
　4)原作「弟子優婆夷覺圓書寫」。

51131 覺緣 ・・・・・・・・・・・・・・・・・・・・・ P.tib1202v
〔僧尼名目〕（9C前期）

51132 覺緣 ・・・・・・・・・・・・・・・・・・・・・・・・ S02669
〔管內尼寺(安國寺・大乘寺・聖光寺)籍〕（865〜870）
　2)大乘寺　3)神沙鄕　4)姓「吳」。俗名「品子」。

51133 覺海 ・・・・・・・・・・・・・・・・・・・・・ P.tib1261v⑥
〔諸寺僧尼支給穀物曆〕（9C前期）
　1)尼

51134 覺海 ・・・・・・・・・・・・・・・・・・・・・・・・ S02669
〔管內尼寺(安國寺・大乘寺・聖光寺)籍〕（865〜870）
　2)大乘寺　3)赤心鄕　4)姓「王」。俗名「悉曼」。

51135 覺岸 ・・・・・・・・・・・・・・・・・・・・・・・・ P4640①
〔大蕃故燉煌郡莫高窟陰處士公修功德記〕
歲次己未年四月壬子朔十五日丙寅（839?）
　1)僧　3)燉煌郡　4)⇒(陰)覺岸。

51136 覺惠 ・・・・・・・・・・・・・・・・・・・・・ P.tib1261v③
〔諸寺僧尼支給穀物曆〕（9C前期）
　1)尼

51137 覺惠 ・・・・・・・・・・・・・・・・・・・・・ P.tib1261v④
〔諸寺僧尼支給穀物曆〕（9C前期）
　1)尼

51138 覺惠 ・・・・・・・・・・・・・・・・・・・・・・ S04610v③
〔尼僧名目〕（895以前?）

51139 覺惠 ・・・・・・・・・・・・・・・・・・・ Stein Painting 3
〔觀世音菩薩圖二軀供養人題記〕（9C）
　1)憂婆姨　4)原作「憂婆姨覺惠同修觀世音菩薩」。

51140 覺賢 ・・・・・・・・・・・・・・・・・・・・・・・・ S02669
〔管內尼寺(安國寺・大乘寺・聖光寺)籍〕（865〜870）
　2)大乘寺　3)神沙鄕　4)姓「吳」。俗名「公圭」。

51141 覺嚴 ・・・・・・・・・・・・・・・・・・・・・ P.tib1261v⑥
〔諸寺僧尼支給穀物曆〕（9C前期）
　1)尼

51142 覺悟 ・・・・・・・・・・・・・・・・・・・・・・・ S02614v
〔燉煌應管諸寺僧尼名錄〕（895）

51143 覺悟 ・・・・・・・・・・・・・・・・・・・・・・・ S02614v
〔燉煌應管諸寺僧尼名錄〕（895）
　2)聖光寺

51144 覺護 ・・・・・・・・・・・・・・・・・・・・・・・ S02614v
〔燉煌應管諸寺僧尼名錄〕（895）
　2)聖光寺

51145 覺行 ・・・・・・・・・・・・・・・・・・・・・・ 杏・羽694v①
〔諸寺僧尼唱儭物曆〕（9C中期）
　2)永安寺?　4)R①爲「未年閏十月當寺(永安寺?)應管主客僧牒」。

51146 覺行 ················· 杏・羽699
〔報恩寺僧等行事役割〕 （9C?）

51147 覺住 ················· P.tib1261v⑥
〔諸寺僧尼支給穀物曆〕 （9C前期）
　　1)尼　4)⇒覺性。

51148 覺如 ················· S02669
〔管内尼寺(安國寺・大乘寺・聖光寺)籍〕
（865～870）
　　2)大乘寺　3)洪池鄉　4)姓「陰」。俗名「含子」。

51149 覺如 ················· S04167
〔略抄律疏(末)〕　比丘尼,受持　（9C）
　　1)比丘尼

51150 覺勝 ················· P.tib1261v③
〔諸寺僧尼支給穀物曆〕 （9C前期）
　　1)尼

51151 覺照 ················· P.tib1261v⑥
〔諸寺僧尼支給穀物曆〕 （9C前期）
　　1)尼

51152 覺照 ············ S07939v＋S07940Bv＋S07941
〔燉煌諸寺僧尼給糧曆〕 （823以降）
　　1)尼　2)聖光寺

51153 覺證 ················ P3600v②
〔燉煌普光寺等尼名申告狀〕　戌年十一月
（9C前期）
　　2)普光寺

51154 覺證 ················ P.tib1202v
〔僧尼名目〕 （9C前期）

51155 覺證 ················ P.tib1261v③
〔諸寺僧尼支給穀物曆〕 （9C前期）
　　1)尼

51156 覺證 ················ S02669
〔管内尼寺(安國寺・大乘寺・聖光寺)籍〕
（865～870）
　　2)大乘寺　3)洪池鄉　4)姓「宋」。俗名「意氣」。

51157 覺證 ············ 井上目57,圖版1背
〔釋門教授帖〕　子年頃　（820 or 832頃）
　　1)尼・檢校道場律師　2)大乘寺

51158 覺心 ················· BD02126v⑦（藏26）
〔爲覺心妹函稿〕 （9C後期）
　　1)優婆姨　4)原作「阿張優婆姨覺心」。⇒張覺心。

51159 覺眞 ················· P3600v②
〔燉煌普光寺等尼名申告狀〕　戌年十一月
（9C前期）

51160 覺眞 ················· P3619①
〔王都督儭合城僧徒名錄〕 （9C）

51161 覺性 ················· P.tib1261v⑥
〔諸寺僧尼支給穀物曆〕 （9C前期）
　　1)尼　4)⇒覺住。

51162 覺性 ················· S04444v②
〔燉煌大乘寺僧尼申告(稿)〕 （905）
　　2)大乘寺

51163 覺藏 ················· S02614v
〔燉煌應管諸寺僧尼名錄〕 （895）
　　2)聖光寺

51164 覺藏 ················· S02669
〔管内尼寺(安國寺・大乘寺・聖光寺)籍〕
（865～870）
　　2)大乘寺　3)赤心鄉　4)姓「王」。名「漱々」。

51165 覺體 ················· S02669
〔管内尼寺(安國寺・大乘寺・聖光寺)籍〕
（865～870）
　　2)大乘寺　3)神沙鄉　4)姓「郭」。俗名「鉗々」。

51166 覺智 ················· P.tib1202v
〔僧尼名目〕 （9C前期）

51167 覺智 ················· S03071v
〔燉煌諸尼寺付諸經曆〕 （9C前期）
　　2)靈修寺　4)⇒覺明。

51168 覺芝 ················· P3600v②
〔燉煌普光寺等尼名申告狀〕　戌年十一月
（9C前期）
　　2)普光寺

51169 覺滿 ················· P.tib1261v⑩
〔諸寺僧尼支給穀物曆〕 （9C前期）
　　1)尼

51170 覺滿 ················· 杏・羽699
〔報恩寺僧等行事役割〕 （9C?）

51171 覺明 ·············· P.tib1261v⑦
〔諸寺僧尼支給穀物曆〕 (9C前期)
　　1)尼

51172 覺明 ·············· P.tib1261v⑨
〔諸寺僧尼支給穀物曆〕 (9C前期)
　　1)尼

51173 覺明 ·············· S03071v
〔燉煌諸尼寺付諸經曆〕 (9C前期)
　　2)靈修寺　4)⇒覺智(F)。

51174 覺用 ·············· S02669
〔管内尼寺(安國寺・大乘寺・聖光寺)籍〕
(865〜870)
　　2)大乘寺　3)神沙鄉　4)姓「吳」。俗名「嬌々」。

51175 覺[了] ············ P3060
〔諸寺諸色付經僧尼曆〕 (9C前期)
　　4)經典名「般若經卷30」。

51176 覺了 ············· P5579⑪
〔大乘寺應道場尼名牒〕 酉年十月 (829 or 841)
　　2)大乘寺

51177 覺了 ············· P.tib1261v⑪
〔諸寺僧尼支給穀物曆〕 (9C前期)
　　1)尼

51178 覺了 ········ 井上目57,圖版1背
〔釋門教授帖〕 子年頃 (820 or 832頃)
　　1)尼・檢校道場律師　2)大乘寺

51179 覺[□] ············ P3060
〔諸寺諸色付經僧尼曆〕 (9C前期)
　　1)僧尼　4)經典名「般若經卷46」。

51180 學食 ············· P3047v⑦
〔法事僧尼名錄〕 (9C前期)

51181 割祿女 ··········· S08353
〔官衙麵油破曆〕 (10C)
　　4)原作「牽諾家割祿女」。

51182 喝慌 ············· S08426E①
〔使府酒破曆〕 (10C中〜後期)

51183 搗□ ············· Дx00295v
〔某寺破曆〕 (9C末)
　　4)原作「粟石與搗□」。

51184 乾支 ············· S05653v
〔僧保眞貸紅繪契〕 辛巳年前後 (982前後)
　　1)僧　2)三界(寺)　4)原作「保眞於三界僧乾支面上貸紅□」。

51185 完昌 ············· S04701
〔某寺常住倉司算會憑〕 庚子年 (1000)
　　1)寺主

51186 完千 ············· S04211
〔寫經關係文書〕 壬辰年四月十一日 (932)

51187 憨漢 ············· S02009
〔官府什物交割曆〕 (10C後期)

51188 憨子 ············· P4525⑩
〔官府酒破曆〕 辛巳年 (981)

51189 憨子 ············· S03485v②
〔尚書倉入曆〕 丁卯年七月十七日 (967)
　　4)本件①「功德記」存「丁卯年(967)七月十七日記,弟」。

51190 憨子 ············· Дx11085
〔當寺轉帖〕 壬申年七月 (972)

51191 憨子 ············· Дx11198
〔兄弟分書〕 (10C後期)

51192 憨子押衙 ········· P4525⑩
〔官府酒破曆〕 辛巳年 (981)
　　1)押衙

51193 憨兒 ············· P2032v⑤
〔淨土寺布破曆〕 (940前後)
　　2)淨土寺

51194 憨兒 ············· P2032v⑯-3
〔淨土寺粟入曆〕 (940前後)
　　1)僧　2)淨土寺

51195 憨兒 ············· P3234v⑫
〔直歲廣進破曆〕 癸卯年 (943)

51196 憨兒 ············· P3942
〔某家榮親客目〕 (10C?)
　　1)都頭　4)原作「憨兒都頭阿師子」。

51197 憨兒 ············· S04120
〔布褐等破曆(殘)〕 癸亥年二月〜甲子年二月 (963〜964)

51198 憨兒都頭阿師子 ……………… P3942
　〔某家榮親客目〕（10C?）
　　1) 都頭

51199 憨吹 ……………………… P3234v②
　〔應慶709願達手上入曆〕 壬寅年正月一日
　（942）

51200 憨多 ……………………… S04660
　〔兄弟社轉帖〕 戊子年六月廿六日 （988）
　　2) 於燉煌蘭嗒門 4)⇒（安）憨多。

51201 憨多 ……………………… S04660v
　〔社人缺色物曆〕 戊子年六月廿六日 （988）
　　4)⇒（安）憨多。

51202 憨奴 ……………………… S04660
　〔兄弟社轉帖〕 戊子年六月廿六日 （988）
　　2) 於燉煌蘭嗒門 4)⇒（安）憨奴。

51203 憨奴 ……………………… S04660v
　〔社人缺色物曆〕 戊子年六月廿六日 （988）
　　4) 原作「小都頭憨奴」。

51204 憨訥 ……………………… S04700
　〔陰家榮親客目〕 甲午年五月十五日 （994）
　　1) 都頭

51205 漢阿亭 …………………… S04703
　〔買菜人名目〕 丁亥年 （987）
　　1) 司徒

51206 漢兒 ……………………… P2040v①-5
　〔淨土寺麨黃麻豆布等破曆〕 （945前後）
　　2) 淨土寺

51207 漢兒 ……………………… S08426E②
　〔使府酒破曆〕 （10C中～後期）

51208 漢兒延朝 ………………… S10848
　〔便麥曆〕 （10C）

51209 漢大師 …………………… S10542
　〔六七追念疏〕 （10C）
　　1) 大師

51210 觀音 ……………………… P3047v⑦
　〔法事僧尼名錄〕 （9C前期）
　　4) 俗姓「張」。

51211 還眞 ……………… BD03160（騰60）
　〔金光明寺王經卷4(末)〕 （9C）

51212 還眞 ……………………… 濱田
　〔佛說八陽神呪經(尾)〕 （9C）
　　1) 勘定・比丘

51213 含ゝ ……………… BD02126v⑦（藏26）
　〔爲覺心妹函稿〕 （9C後期）

51214 含閏 ……………………… S02729①
　〔燉煌應管勘牌子曆〕 辰年三月 （788）
　　1) 僧 2) 普光寺 3) 沙州 4) 俗姓「元」。42行目。

51215 喦深 ……………………… Дx10282
　〔便黃麻麥曆〕 （9C中期以降）

51216 眼子 ……………………… P2049v①
　〔淨土寺諸色入破曆計會牒〕 同光三年
　（925）

51217 眼子 ……………………… S04884v
　〔便褐曆〕 壬申年正月廿七日 （972?）

51218 眼子 ……………………… 杏・羽677
　〔入破曆算會(殘)〕 癸酉・甲戌二年 （973・974）

51219 眼子兒 ………………… P3234v③-60
　〔惠安惠戒手下便物曆〕 甲辰年 （944）

51220 眼智 ……………………… P4810v②
　〔爲亡妣請僧疏〕 （9C前期）
　　2) 金光明寺

51221 顏娘 ……………………… Дx06037
　〔納贈曆〕 （10C）

51222 願安 ……………………… P3092v
　〔誦經曆〕 （10C）

51223 願安 ……………………… P4981
　〔當寺轉帖〕 閏三月十三日 （961）

51224 願安 ……………………… S04654v⑤
　〔便曆〕 丙午年正月一日 （946）
　　1) 法律 4)⇒願安福林。

51225 願安 ……………………… Дx11061
　〔不赴城經僧〕 壬戌年十一月十日 （962 or 1022）
　　4) 城。

51226 願安福林 ·············· S04654v⑤
　〔便曆〕 丙午年正月一日 (946)
　　4)⇒願安。

51227 願威 ·················· P3631
　〔把物團善因等還入常住斛㪷曆〕 辛亥年
　(891 or 951)

51228 願威 ·················· S06226
　〔某寺付徒衆各僧油一升曆〕 (10C中期)

51229 願員 ·················· P3423
　〔乾元寺新登戒僧次第曆〕 丙戌年五月七日
　(986)
　　2)乾元寺

51230 願員 ·················· P3423v
　〔乾元寺新登戒僧次第曆〕 丙戌年五月七日
　(986)
　　2)乾元寺

51231 願員 ·················· P3431r.v
　〔乾元寺新登戒僧次第曆〕 丙戌年五月七日
　(926 or 866 or 986)
　　1)乾元寺

51232 願員 ·················· P3942
　〔某家榮親客目〕 (10C?)
　　1)都頭　4)原作「願員都頭新婦」。

51233 願員 ·················· S04700
　〔陰家榮親客目〕 甲午年五月十五日 (994)
　　1)都頭

51234 願員新婦 ············ P3942
　〔某家榮親客目〕 (10C?)
　　4)原作「願員都頭新婦」。

51235 願因 ·················· P2944
　〔大乘寺・聖光寺等尼僧名錄〕 (10C後期?)
　　2)大乘寺

51236 願因 ·················· P2944
　〔大乘寺・聖光寺等尼僧名錄〕 (10C後期?)

51237 願因 ·················· P3431r.v
　〔乾元寺新登戒僧次第曆〕 丙戌年五月七日
　(926 or 866 or 986)
　　2)乾元寺

51238 願榮 ·················· P2187
　〔破魔變1卷〕 天福九年甲辰 (944)
　　2)淨土寺

51239 願榮 ·················· S01612r.v
　〔願榮所轉得經抄數〕 丙午年十月廿七日
　(946)
　　1)比丘

51240 願盈 ·················· P2250v①
　〔龍興寺僧唱布曆〕 (925?)
　　2)龍興寺

51241 願盈 ·················· P3092v
　〔誦經曆〕 (10C)

51242 願盈 ·················· S04660
　〔兄弟社轉帖〕 戊子年六月廿六日 (988)
　　2)於燉煌蘭喏門

51243 願盈 ·················· S04701
　〔某寺常住倉司算會憑〕 庚子年 (1000)
　　1)執物僧

51244 願盈 ·················· S04760
　〔任命牒〕 太平興國六年辛巳歲十一月 (981)
　　1)尼・典座　2)聖光寺

51245 願盈 ·················· S06452④
　〔常住庫借貸油麵物曆〕 壬午年正月四日
　(982?)
　　1)取麵人　2)淨土寺

51246 願盈 ·················· Дx01378
　〔當團轉帖〕 (10C中期)

51247 願盈 ·················· 北大D215
　〔見在僧名〕 廿六日 (10C後期)
　　4)⇒(郭)願盈。

51248 願延 ·················· P3779v①-2
　〔雜寫〕 乙酉年四月廿七日 (985?)
　　1)僧正　2)龍興寺

51249 願應 ·················· P2250v⑤
　〔金光明寺僧唱布曆〕 (925?)
　　2)金光明寺

51250 願恩 ·················· P3423
　〔乾元寺新登戒僧次第曆〕 丙戌年五月七日
　(986)
　　2)乾元寺

51251 願恩 ·················· P3423v
　〔乾元寺新登戒僧次第曆〕 丙戌年五月七日
　(986)
　　2)乾元寺

51252 願恩 ·················· P3431r.v
〔乾元寺新登戒僧次第曆〕 丙戌年五月七日
(926 or 866 or 986)
　2)乾元寺

51253 願恩 ·················· P3779v②
〔徒眾轉帖〕 乙酉年四月廿七日 (985?)
　1)沙彌　2)乾元寺　4)原作「沙彌願恩」。

51254 願果 ·················· P2032v③
〔淨土寺諸色破曆〕 (944前後)
　2)淨土寺

51255 願果 ·················· P3234v⑮
〔淨土寺西倉豆利潤入曆〕 (940年代?)
　2)淨土寺

51256 願果 ·················· S05486①
〔諸寺僧尼付油麵曆〕 (10C中期)
　2)開元寺

51257 願戒 ·················· P2250v①
〔龍興寺僧唱布曆〕 (925?)
　2)龍興寺

51258 願戒 ·················· P3112
〔願戒等入麥粟豆黃麻曆〕 (10C)

51259 願戒 ·················· P3423
〔乾元寺新登戒僧次第曆〕 丙戌年五月七日
(986)
　2)乾元寺

51260 願戒 ·················· P3423v
〔乾元寺新登戒僧次第曆〕 丙戌年五月七日
(986)
　2)乾元寺

51261 願戒 ·················· P3431r.v
〔乾元寺新登戒僧次第曆〕 丙戌年五月七日
(926 or 866 or 986)
　2)乾元寺

51262 願戒 ·················· S01760v
〔雜寫〕 (10C)

51263 願戒 ·················· S05064
〔貸入粟豆黃麻曆〕 (10C)
　1)便人

51264 願戒 ·················· S05071
〔某寺貸入斛斗曆〕 (10C後期)

51265 願會 ·················· BD14679（新0879）
〔觀音經一卷(尾)〕 天復貳年壬戌歲七月廿五
日 (902)
　4)原作「天復二年(902)壬戌歲七月廿五日住持
　三峗禪師願會發心刺血敬寫此金剛經一卷觀音
　經一卷…」。

51266 願會 ·················· P2250v②
〔乾元寺僧唱布曆〕 辛未年四月十二日
(925?)
　2)乾元寺

51267 願會 ·················· P2944
〔大乘寺・聖光寺等尼僧名錄〕 (10C後期?)

51268 願會 ·················· P2944
〔大乘寺・聖光寺等尼僧名錄〕 (10C後期?)
　2)聖光寺　4)⇒明會＝張明會＝張願會。

51269 願會 ·················· P3555B piece1
〔當寺轉帖〕 (10C前期)
　2)永安寺

51270 願會 ·················· S00474v
〔都僧統法嚴等算會〕 戊寅年三月十三日
(918)
　1)僧

51271 願會 ·················· S04644v
〔僧名錄(2行雜寫)〕 (10C後期)

51272 願解 ·················· S02614v
〔燉煌應管諸寺僧尼名錄〕 (895)
　2)報恩寺

51273 願學 ·················· BD13800（簡68138）
〔便糧食歷〕 (9～10C)

51274 願學 ·················· S00394
〔文書〕 至道元年 (995)

51275 願學 ·················· S04220
〔上司徒娘子,小娘書簡〕 (10C後期)

51276 願學 ·················· S04332v
〔便麥訴訟書(稿)〕 壬午年三月卅日,己卯年
十一月廿二日 (982, 979)
　1)僧　2)龍興寺

51277 願孝 ·················· P2250v⑤
〔金光明寺僧唱布曆〕 (925?)
　2)金光明寺

51278 願孝 ·············· P3423
〔乾元寺新登戒僧次第曆〕 丙戌年五月七日 (986)
  2)乾元寺

51279 願孝 ·············· P3431r.v
〔乾元寺新登戒僧次第曆〕 丙戌年五月七日 (926 or 866 or 986)
  2)乾元寺

51280 願憨 ·············· P3812v
〔雜寫〕 (9C末頃)

51281 願喜 ·············· TⅡY-46A
〔戶籍〕 端拱三年 (990)
  1)(鄧守存)婢

51282 願教 ·············· P3092v
〔誦經曆〕 (10C)

51283 願教 ·············· P3423
〔乾元寺新登戒僧次第曆〕 丙戌年五月七日 (986)
  2)乾元寺

51284 願教 ·············· P3423v
〔乾元寺新登戒僧次第曆〕 丙戌年五月七日 (986)
  2)乾元寺

51285 願教 ·············· P3431r.v
〔乾元寺新登戒僧次第曆〕 丙戌年五月七日 (926 or 866 or 986)
  2)乾元寺

51286 願惠 ·············· BD16096A(L4059)
〔便斜豆曆〕 (9～10C)
  2)(金)光明寺

51287 願惠 ·············· P2944
〔大乘寺・聖光寺等尼僧名錄〕 (10C後期?)
  2)大乘寺

51288 願惠 ·············· P3092v
〔誦經曆〕 (10C)

51289 願惠 ·············· P3423
〔乾元寺新登戒僧次第曆〕 丙戌年五月七日 (986)
  2)乾元寺

51290 願惠 ·············· P3423v
〔乾元寺新登戒僧次第曆〕 丙戌年五月七日 (986)
  2)乾元寺

51291 願惠 ·············· P3431r.v
〔乾元寺新登戒僧次第曆〕 丙戌年五月七日 (926 or 866 or 986)
  2)乾元寺

51292 願惠 ·············· S01185
〔救諸衆生苦難經末〕 天福四年歲當己亥正月四日 (939)
  1)僧・持念

51293 願惠 ·············· S01653v
〔付麵曆佛會支出簿〕 (10C)

51294 願惠 ·············· S06781②
〔入破曆〕 丁丑年正月十一日 (917)
  1)都師

51295 願惠 ·············· Дx11061
〔不赴城經僧〕 壬戌年十一月十日 (962 or 1022)

51296 願慶 ·············· P3223
〔永安寺老宿紹建狀幷判辭〕 (9C末～10C初)
  2)永安寺

51297 願慶 ·············· S06226
〔某寺付徒衆各僧油一升曆〕 (10C中期)
  4)⇒願交。

51298 願啓 ·············· Stein Painting 77v
〔曹元忠夫婦修北大像功德記〕 乾德四年五月九日 (966)
  1)釋門僧正

51299 願建 ·············· S02614v
〔燉煌應管諸寺僧尼名錄〕 (895)

51300 願源 ·············· P2250v②
〔乾元寺僧唱布曆〕 辛未年四月十二日 (925?)
  2)乾元寺

51301 願護 ·············· BD02496v②(成96)
〔儭司唱得布支給曆〕 (10C前期)
  2)(靈)圖(寺)

51302 願護 ·············· BD14670(新0870)
〔靈圖寺徒衆舉綱首牒及都僧統判辭〕 廣順
二年四月二日 (952)
　1)徒衆　2)靈圖寺

51303 願護 ·················· P6015v
〔張懷慶請僧爲娘子就靈圖寺開法會疏〕 □
亥年正月九日 (10C)
　2)(靈)圖(寺)

51304 願護 ·················· S01653v
〔付麵曆佛會支出簿〕 (10C)

51305 願護 ·················· S06237
〔諸人見在粟黃麻曆〕 戌年～子年 (10C中期
以降?)

51306 願護 ·················· S10281
〔納贈曆(殘)〕 (10C)

51307 願交 ·················· S06226
〔某寺付徒衆各僧油一升曆〕 (10C中期)
　4)⇒願慶。

51308 願興 ·················· P3423
〔乾元寺新登戒僧次第曆〕 丙戌年五月七日
(986)
　2)乾元寺

51309 願興 ·················· P3423v
〔乾元寺新登戒僧次第曆〕 丙戌年五月七日
(986)
　2)乾元寺

51310 願興 ·················· P3431r.v
〔乾元寺新登戒僧次第曆〕 丙戌年五月七日
(926 or 866 or 986)
　2)乾元寺

51311 願興 ·················· S04701
〔某寺常住倉司算會憑〕 庚子年 (1000)
　1)執物僧

51312 願興 ·················· Дx11196
〔渠人轉帖〕 十月九日 (983)
　4)原作「阿願興」。

51313 願行 ·················· P2250v③
〔開元寺僧唱布曆〕 (925?)
　2)開元寺

51314 願行 ·················· P2944
〔大乘寺・聖光寺等尼僧名錄〕 (10C後期?)

51315 願行 ·················· P3391v①
〔社司轉帖(寫錄)〕 丁酉年正月日 (937)

51316 願行 ·················· P3423
〔乾元寺新登戒僧次第曆〕 丙戌年五月七日
(986)
　2)乾元寺

51317 願行 ·················· P3423v
〔乾元寺新登戒僧次第曆〕 丙戌年五月七日
(986)
　2)乾元寺

51318 願行 ·················· P3431r.v
〔乾元寺新登戒僧次第曆〕 丙戌年五月七日
(926 or 866 or 986)
　2)乾元寺

51319 願行 ·················· S02614v
〔燉煌應管諸寺僧尼名錄〕 (895)
　2)開元寺

51320 願作 ·················· P4981
〔當寺轉帖〕 閏三月十三日 (961)
　4)⇒願保。

51321 願子 ·················· P2944
〔大乘寺・聖光寺等尼僧名錄〕 (10C後期?)
　2)大乘寺

51322 願子 ·················· S04687r.v
〔佛會破曆〕 (9C末～10C前期)
　1)闍梨

51323 願子 ·················· S06981⑭
〔破曆(殘)〕 (10C後期)

51324 願志 ·················· P2944
〔大乘寺・聖光寺等尼僧名錄〕 (10C後期?)

51325 願志 ·················· P3336v②
〔監軍轉經付維那曆〕 (寅年)二月廿日 (834)
　2)普光寺　4)朱書。

51326 願志 ·················· Дx11061
〔不赴城經僧〕 壬戌年十一月十日 (962 or
1022)

51327 願實 ……………… P3431r.v
〔乾元寺新登戒僧次第曆〕 丙戌年五月七日
(926 or 866 or 986)
　2)乾元寺

51328 願受 ……………… BD16504c
〔雜寫〕 (9～10C)

51329 願壽 ……………… P2250v⑤
〔金光明寺僧唱布曆〕 (925?)
　2)金光明寺

51330 願授 ……………… P3423
〔乾元寺新登戒僧次第曆〕 丙戌年五月七日
(986)
　2)乾元寺

51331 願授 ……………… P3423v
〔乾元寺新登戒僧次第曆〕 丙戌年五月七日
(986)
　2)乾元寺

51332 願授 ……………… P3431r.v
〔乾元寺新登戒僧次第曆〕 丙戌年五月七日
(926 or 866 or 986)
　2)乾元寺

51333 願就 ……………… S02614v
〔燉煌應管諸寺僧尼名錄〕 (895)
　2)開元寺

51334 願就 ……………… 莫第036窟
〔供養人題記〕 (10C前期)
　1)僧　2)龍興寺　4)西壁。《燉》p. 10。

51335 願修 ……………… P3092v
〔誦經曆〕 (10C)

51336 願修 ……………… P3431r.v
〔乾元寺新登戒僧次第曆〕 丙戌年五月七日
(926 or 866 or 986)
　2)乾元寺

51337 願收 ……………… Дx01378
〔當團轉帖〕 (10C中期)

51338 願秀 ……………… P3556v⑦
〔道場思惟簿〕 (10C)

51339 願集 ……………… P3423
〔乾元寺新登戒僧次第曆〕 丙戌年五月七日
(986)
　2)乾元寺

51340 願集 ……………… P3423v
〔乾元寺新登戒僧次第曆〕 丙戌年五月七日
(986)
　2)乾元寺

51341 願集 ……………… P3431r.v
〔乾元寺新登戒僧次第曆〕 丙戌年五月七日
(926 or 866 or 986)
　2)乾元寺

51342 願集 ……………… Дx11061
〔不赴城經僧〕 壬戌年十一月十日 (962 or 1022)
　4)⇒願宗。

51343 願住 ……………… BD03211v(致11)
〔雜寫〕 (8～9C)

51344 願住 ……………… BD08172v(乃72)
〔社司轉帖(習書・殘)〕 癸未年頃 (923頃?)

51345 願住 ……………… P3631
〔把物團善因等還入常住斛㪷曆〕 辛亥年
(891 or 951)

51346 願住 ……………… S05139v②
〔社司轉帖(寫錄)〕 四月十三日 (10C前期)
　4)⇒願件。

51347 願住 ……………… Дx11061
〔不赴城經僧〕 壬戌年十一月十日 (962 or 1022)

51348 願俊 ……………… S05873＋S08658v
〔嘲胡僧詩〕 (10C)
　1)僧

51349 願勝 ……………… P2032v③
〔淨土寺諸色破曆〕 (944前後)
　2)淨土寺

51350 願勝 ……………… P2032v⑪
〔淨土寺西倉司願勝等入破曆〕 乙巳年三月
(945)
　2)淨土寺

51351 願勝 ……………… P2040v③-1
〔淨土寺粟入曆〕 (939)
　2)淨土寺

51352 願勝 ……………… P2040v③-16
〔淨土寺麥入曆〕 己亥年 (939)
　2)淨土寺

51353　願勝 ·············· P2250v⑤
　〔金光明寺僧唱布曆〕　(925?)

51354　願勝 ·············· P2680v⑧
　〔付經曆〕　丙申年四月十七日　(936)

51355　願勝 ·············· P2944
　〔大乘寺・聖光寺等尼僧名錄〕　(10C後期?)
　　4)⇒(周)願勝。

51356　願勝 ·············· P2944
　〔大乘寺・聖光寺等尼僧名錄〕　(10C後期?)
　　2)大乘寺

51357　願勝 ·············· P3234v③-64
　〔惠安惠戒手下便物曆〕　甲辰年　(944)

51358　願勝 ·············· P3250v
　〔納贈曆〕　(9C後期)

51359　願勝 ·············· P3431r.v
　〔乾元寺新登戒僧次第曆〕　丙戌年五月七日
　(926 or 866 or 986)
　　2)乾元寺

51360　願勝 ·············· S06417⑱
　〔金光明寺徒衆等狀并龍晉判辭〕　清泰二年三月　(935)
　　1)徒衆　2)金光明寺

51361　願勝 ·············· S06417⑳
　〔寺徒衆等狀并龍晉判辭〕　清泰二年三月
　(935)
　　1)徒衆　2)金光明寺

51362　願勝 ·············· 浙燉168(浙博143)
　〔諸寺僧名目〕　(10C中期)
　　2)(淨)土(寺)

51363　願昌 ·············· P4987
　〔兄弟社轉帖〕　戊子年七月　(988)

51364　願昌 ·············· P4987
　〔兄弟社轉帖〕　戊子年七月　(988)
　　4)⇒張願昌。

51365　願昌 ·············· Дx01268
　〔第二團僧名目〕　(10C)

51366　願昌 ·············· Дx05534
　〔禮佛見到僧等人名目〕　廿日夜　(10C)

51367　願昌 ·············· Дx06016
　〔(兄)弟社轉帖〕　(10C)
　　1)新婦

51368　願松 ·············· BD05883v②(菜83)
　〔雜記〕　庚寅年五月七日頃　(930頃?)

51369　願松 ·············· P3423
　〔乾元寺新登戒僧次第曆〕　丙戌年五月七日
　(986)
　　2)乾元寺

51370　願松 ·············· P3423v
　〔乾元寺新登戒僧次第曆〕　丙戌年五月七日
　(986)
　　2)乾元寺

51371　願松 ·············· P3431r.v
　〔乾元寺新登戒僧次第曆〕　丙戌年五月七日
　(926 or 866 or 986)
　　2)乾元寺

51372　願松 ·············· S06452②
　〔周僧正貸油麵曆〕　辛巳年～壬午年　(981～982?)
　　1)取人　2)淨土寺

51373　願祥 ·············· P3112
　〔願戒等入麥粟豆黃麻曆〕　(10C)

51374　願祥 ·············· P3423
　〔乾元寺新登戒僧次第曆〕　丙戌年五月七日
　(986)
　　2)乾元寺

51375　願祥 ·············· P3423v
　〔乾元寺新登戒僧次第曆〕　丙戌年五月七日
　(986)
　　2)乾元寺

51376　願祥 ·············· P3431r.v
　〔乾元寺新登戒僧次第曆〕　丙戌年五月七日
　(926 or 866 or 986)
　　2)乾元寺

51377　願祥 ·············· S05064
　〔貸入粟豆黃麻曆〕　(10C)
　　1)便人

51378　願祥 ·············· S05071
　〔某寺貸入斛斗曆〕　(10C後期)

51379 願紹 ················· P6015v
〔張懷慶請僧爲娘子就靈圖寺開法會疏〕 □
亥年正月九日 (10C)
　　2)(靈)圖(寺)

51380 願紹 ················· S11389D
〔不禮佛僧名目及罰剉升數〕 (9C後期)

51381 願紹 ················· Дx11061
〔不赴城經僧〕 壬戌年十一月十日 (962 or 1022)

51382 願證 ················· Дx11061
〔不赴城經僧〕 壬戌年十一月十日 (962 or 1022)

51383 願丞〔承〕 ·············· S05584
〔開蒙要訓1卷寫記〕 清泰貳年乙未歲二月十五日 (935)
　　1)比丘　2)蓮臺寺　4)原作「比丘願承略述寫記」。

51384 願乘 ················· P3431r.v
〔乾元寺新登戒僧次第曆〕 丙戌年五月七日 (926 or 866 or 986)
　　2)乾元寺

51385 願乘 ················· S06417⑱
〔尼徒衆等狀并海晏判辭〕 長興二年正月 (931)
　　1)充都維　2)普光寺

51386 願淨 ················· P3092v
〔誦經曆〕 (10C)

51387 願淨 ················· P4058
〔貸粟豆曆〕 (9C)

51388 願淨 ················· S02614v
〔燉煌應管諸寺僧尼名錄〕 (895)
　　2)開元寺

51389 願信 ················· BD16052D(L4028)
〔僧名目〕 (10C)

51390 願信 ················· P3423v
〔乾元寺新登戒僧次第曆〕 丙戌年五月七日 (986)
　　2)乾元寺

51391 願信 ················· P3431r.v
〔乾元寺新登戒僧次第曆〕 丙戌年五月七日 (926 or 866 or 986)
　　2)乾元寺

51392 願深 ················· P2250v①
〔龍興寺僧唱布曆〕 (925?)
　　2)龍興寺

51393 願深 ················· P2944
〔大乘寺・聖光寺等尼僧名錄〕 (10C後期?)

51394 願深 ················· P2944
〔大乘寺・聖光寺等尼僧名錄〕 (10C後期?)
　　2)大乘寺

51395 願深 ················· P3423
〔乾元寺新登戒僧次第曆〕 丙戌年五月七日 (986)
　　2)乾元寺

51396 願深 ················· P3423v
〔乾元寺新登戒僧次第曆〕 丙戌年五月七日 (986)
　　2)乾元寺

51397 願深 ················· P3431r.v
〔乾元寺新登戒僧次第曆〕 丙戌年五月七日 (926 or 866 or 986)
　　2)乾元寺

51398 願深 ················· P5556①
〔觀音經1卷(尾)〕 戊申年七月十三日 (948)
　　4)有題記「(前略)弟子令狐幸深寫書讀誦,願深讀誦」。

51399 願深 ················· Дx11061
〔不赴城經僧〕 壬戌年十一月十日 (962 or 1022)

51400 願眞 ················· P2032v③
〔淨土寺諸色破曆〕 (944前後)
　　2)淨土寺

51401 願眞 ················· P2032v⑬-7
〔淨土寺黃麻利閏入曆〕 (940前後)
　　2)淨土寺

51402 願眞 ················· P2032v⑲
〔淨土寺麵破曆〕 (940前後)
　　2)淨土寺

51403 願眞 ·········· P2049v①
〔淨土寺諸色入破曆計會牒〕 同光三年 (925)
　1)徒衆　2)淨土寺

51404 願眞 ·········· P2049v②
〔淨土寺諸色入破曆計會牒〕 長興二年正月 (930～931)
　1)徒衆　2)淨土寺

51405 願眞 ·········· P2680v⑧
〔付經曆〕 丙申年四月十七日 (936)

51406 願眞 ·········· P2944
〔大乘寺・聖光寺等尼僧名錄〕 (10C後期?)
　2)大乘寺

51407 願眞 ·········· P3234v②
〔應慶於願達手上入曆〕 壬寅年正月一日 (942)

51408 願眞 ·········· P3234v③-44
〔惠安惠戒手下便物曆〕 甲辰年 (944)

51409 願眞 ·········· P3234v③-57
〔惠安惠戒手下便物曆〕 甲辰年 (944)

51410 願眞 ·········· P3234v⑤
〔直歲願通手上入曆〕 壬寅年 (942)
　4)原作「願眞母」。

51411 願眞 ·········· P3490v①
〔油破曆〕 辛巳年頃 (921頃)

51412 願眞 ·········· S01600①
〔靈修寺厨田入破曆〕 庚申年～癸亥年 (960～963)
　2)靈修寺

51413 願眞兄 ·········· P2032v③
〔淨土寺諸色破曆〕 (944前後)
　2)淨土寺

51414 願進 ·········· P2250v⑤
〔金光明寺僧唱布曆〕 (925?)
　2)金光明寺

51415 願進 ·········· P3250v
〔納贈曆〕 (9C後期)

51416 願進 ·········· P3423
〔乾元寺新登戒僧次第曆〕 丙戌年五月七日 (986)
　2)乾元寺

51417 願進 ·········· P3423v
〔乾元寺新登戒僧次第曆〕 丙戌年五月七日 (986)
　2)乾元寺

51418 願進 ·········· P3431r.v
〔乾元寺新登戒僧次第曆〕 丙戌年五月七日 (926 or 866 or 986)
　2)乾元寺

51419 願進 ·········· S06154
〔某寺諸色斛䥈見在計會〕 丁巳年 (957 or 897)
　1)都師

51420 願進 ·········· Дx01380v
〔僧名目〕 (10C後期)
　4)R面爲「七月廿八日獻信狀」(10C後期)。

51421 願進 ·········· 中村『書道博』173
〔禮懺文一本〕 顯德貳年乙卯歲四月廿二日 (955)
　1)僧　2)大雲寺　4)⇒辛願進。

51422 願遂 ·········· P2250v⑤
〔金光明寺僧唱布曆〕 (925?)
　2)金光明寺

51423 願遂 ·········· P3423v
〔乾元寺新登戒僧次第曆〕 丙戌年五月七日 (986)
　2)乾元寺

51424 願遂 ·········· P4981
〔當寺轉帖〕 閏三月十三日 (961)

51425 願遂 ·········· S04644v
〔僧名錄(2行雜寫)〕 (10C後半)

51426 願遂 ·········· Дx01380v
〔僧名目〕 (10C後期)
　4)R面爲「七月廿八日獻信狀」(10C後期)。

51427 願瑞 ·········· P2944
〔大乘寺・聖光寺等尼僧名錄〕 (10C後期?)
　1)尼　2)大乘寺

51428 願崇 ‥‥‥‥‥‥‥‥‥‥ Дх11061
〔不赴城經僧〕　壬戌年十一月十日　(962 or 1022)

51429 願成 ‥‥‥‥‥‥‥‥‥‥ BD09295(周16)
〔孟家納色曆〕　辰年二月三日　(9C中期～10C初期)

51430 願成 ‥‥‥‥‥‥‥‥‥‥ P2250v②
〔乾元寺僧唱布曆〕　辛未年四月十二日 (925?)
　2) 乾元寺

51431 願成 ‥‥‥‥‥‥‥‥‥‥ P2515
〔辯才家教卷上(奧書)〕　甲子年四月廿五日 (964)
　2) 顯德寺　4) 原作「甲子年四月廿五日顯比丘僧願成俗姓王保全記」。⇒王願成⇔王保全。

51432 願成 ‥‥‥‥‥‥‥‥‥‥ P3643
〔出租地契〕　咸通二年三月八日　(861)
　1) 見人僧

51433 願成 ‥‥‥‥‥‥‥‥‥‥ P4611
〔諸寺付經曆〕　(9C末～10C初)
　2) 龍興寺

51434 願成 ‥‥‥‥‥‥‥‥‥‥ S02614v
〔燉煌應管諸寺僧尼名錄〕　(895)
　2) 三界寺

51435 願成 ‥‥‥‥‥‥‥‥‥‥ S02614v
〔燉煌應管諸寺僧尼名錄〕　(895)
　2) 大雲寺

51436 願成 ‥‥‥‥‥‥‥‥‥‥ S02614v
〔燉煌應管諸寺僧尼名錄〕　(895)
　2) 開元寺

51437 願成 ‥‥‥‥‥‥‥‥‥‥ S08750
〔某寺常住什物見在曆〕　(10C)

51438 願成 ‥‥‥‥‥‥ Stein Painting 158
〔金藏菩薩供養題記〕　(10C後期)
　1) 僧　2) 靈圖寺　4) 原作「靈圖寺僧願成一心供養」。

51439 願成 ‥‥‥‥‥‥‥‥‥‥ TⅡY-46A
〔戶籍〕　端拱三年　(990)
　1) (鄧守存)奴

51440 願成 ‥‥‥‥‥‥‥‥‥‥ Дх01378
〔當團轉帖〕　(10C中期)

51441 願成 ‥‥‥‥‥‥‥‥‥‥ Дх04408
〔佛頂尊勝陀羅尼咒(首尾題)〕　(9C)
　1) 比丘　4) 原作「比丘願成咒本」。

51442 願成 ‥‥‥‥‥‥‥‥‥‥ 北大D193
〔羯羊曆〕　丙申年・丁酉年　(936 or 937)
　1) 大子

51443 願成 ‥‥‥‥‥‥‥‥‥‥ 杏・羽067
〔備席主人理通等并勾當司人等各着食飯數目曆〕　(10C)
　1) 僧　4) 文書面有「李盛鐸印」等。

51444 願成 ‥‥‥‥‥‥‥‥‥‥ 杏・羽067v
〔法律理通等四人備幕屈請徒衆等(看供)給食文〕　至此月十八日　(10C)
　1) 僧　4) 文書面有「李盛鐸印」等。

51445 願清 ‥‥‥‥‥‥‥‥ BD02496v②(成96)
〔儭司唱得布支給曆〕　(10C前期)

51446 願清 ‥‥‥‥‥‥‥‥‥‥ P2638
〔儭司破曆〕　癸巳～丙申年　(933～936)

51447 願清 ‥‥‥‥‥‥‥‥‥‥ P2846
〔入破曆〕　甲寅年正月廿一日　(954)

51448 願清 ‥‥‥‥‥‥‥‥‥‥ P3092v
〔誦經曆〕　(10C)

51449 願清 ‥‥‥‥‥‥‥‥‥‥ P3423
〔乾元寺新登戒僧次第曆〕　丙戌年五月七日 (986)
　2) 乾元寺

51450 願清 ‥‥‥‥‥‥‥‥‥‥ P3423v
〔乾元寺新登戒僧次第曆〕　丙戌年五月七日 (986)
　2) 乾元寺

51451 願清 ‥‥‥‥‥‥‥‥‥‥ P3431r.v
〔乾元寺新登戒僧次第曆〕　丙戌年五月七日 (926 or 866 or 986)
　2) 乾元寺

人名篇　がん　願

51452 願清 …………………… P3564
〔莫高窟功德記(首題)(寫錄)〕（10C中期頃）
　1)弟子釋門僧政臨壇供奉大德闡揚三教大法師沙門　4)原作「父,梁幸德弟子釋門僧政臨壇供奉大德闡揚三教大法師沙門願清釋」。⇒梁願清＝釋願成。

51453 願清 …………………… P5014piece2
〔管內都僧正通惠大師願清疏〕 顯德六年十月七日 （959）
　1)都僧正通惠大師

51454 願濟 …………………… BD09318A（周39）
〔便物曆〕（10C）

51455 願濟 …………………… P2049v①
〔淨土寺諸色入破曆計會牒〕 同光三年（925）
　2)淨土寺

51456 願濟 …………………… P2049v②
〔淨土寺諸色入破曆計會牒〕 長興二年正月（930〜931）
　2)淨土寺

51457 願濟 …………………… P3214v
〔洪池鄉百姓高加盈佃種契(殘稿)〕 天復年丁卯歲三月十一日 （907）
　3)洪池鄉

51458 願濟 …………………… P3894v
〔人名錄等雜抄〕（900前後）

51459 願濟 …………………… P4767
〔狀〕（10C）
　1)福田判官　2)淨土寺

51460 願濟 …………………… S02614v
〔燉煌應管諸寺僧尼名錄〕（895）
　2)淨土寺

51461 願濟 ………… Дx01329B＋Дx02151v①
〔應管內雌統厶乙令置方等葦蕚〕（10C前期）
　2)淨土(寺)　4)原作「淨土(寺)法律願濟」。

51462 願濟 …………………… Дx02151A
〔管內僧統牓〕（10C前期）
　1)法律　2)淨土(寺)　4)本文書内容「受新戒僧尼名目」。

51463 願寂 …………………… P3092v
〔誦經曆〕（10C）

51464 願寂 …………………… S02614v
〔燉煌應管諸寺僧尼名錄〕（895）
　2)開元寺

51465 願寂 …………………… Дx11061
〔不赴城經僧〕 壬戌年十一月十日 （962 or 1022）

51466 願千 …………………… P3094v
〔社司轉帖〕（10C後期?）

51467 願千 …………………… S04117
〔寫經人・校字人名目〕 壬寅年三月廿九日（1002）
　1)寫經人・校字人・法律

51468 願千 …………………… S04660
〔兄弟社轉帖〕 戊子年六月廿六日 （988）
　2)於燉煌蘭喏門

51469 願千 …………………… S04687r.v
〔佛會破曆〕（9C末〜10C前期）

51470 願善 …………………… P2032v⑪
〔淨土寺西倉司願勝等入破曆〕 乙巳年三月（945）
　2)淨土寺

51471 願善 …………………… P2032v⑬-1
〔淨土寺入破曆〕（940前後）
　2)淨土寺

51472 願善 …………………… P2032v⑰-5
〔淨土寺諸色入曆〕（940前後）
　2)淨土寺

51473 願善 …………………… P2250v①
〔龍興寺僧唱布曆〕（925?）
　2)龍興寺

51474 願善 …………………… P2250v②
〔乾元寺僧唱布曆〕 辛未年四月十二日（925?）
　2)乾元寺

51475 願宗 …………………… P2204
〔佛說楞伽經禪門悉談章(奧書)〕 天福陸年辛丑歲十二月十九日 （941）
　1)僧　2)淨土寺

願　がん　人名篇

51476 願宗 ･････････････････ Дх11061
〔不赴城經僧〕　壬戌年十一月十日　(962 or 1022)
　4)⇒願集。

51477 願存 ･････････････････ P3423
〔乾元寺新登戒僧次第曆〕　丙戌年五月七日 (986)
　2)乾元寺

51478 願存 ･････････････････ P3423v
〔乾元寺新登戒僧次第曆〕　丙戌年五月七日 (986)
　2)乾元寺

51479 願存 ･････････････････ P3431r.v
〔乾元寺新登戒僧次第曆〕　丙戌年五月七日 (926 or 866 or 986)
　2)乾元寺

51480 願存 ･････････････････ P3859
〔報恩寺常住百姓老小孫息名目〕　丙申年十月十一日　(936?)
　2)報恩寺　4)⇒閻海全。

51481 願宅 ･････････････････ Дх01378
〔當團轉帖〕　(10C中期)

51482 願達 ･････････････････ P2032v⑤
〔淨土寺布破曆〕　(940前後)
　2)淨土寺

51483 願達 ･････････････････ P2032v⑪
〔淨土寺西倉司願勝等入破曆〕　乙巳年三月 (945)
　2)淨土寺

51484 願達 ･････････････････ P2049v①
〔淨土寺諸色入破曆計會牒〕　同光三年 (925)
　1)僧　2)淨土寺

51485 願達 ･････････････････ P2049v②
〔淨土寺諸色入破曆計會牒〕　長興二年正月 (930〜931)
　2)淨土寺

51486 願達 ･････････････････ P2680v⑧
〔付經曆〕　丙申年四月十七日　(936)

51487 願達 ･････････････････ P3234v
〔淨土寺入破曆〕　(943)
　2)淨土寺

51488 願達 ･････････････････ P3234v①
〔應慶於願達手上入曆〕　(10C前期)

51489 願達 ･････････････････ S06946
〔契稿(寫錄・殘)〕　丙戌年六月一日　(986)
　2)開元寺

51490 願智 ･････････････････ P2250v①
〔龍興寺僧唱布曆〕　(925?)
　2)龍興寺

51491 願智 ･････････････････ P3490
〔供養文〕　天成三年頃　(928頃)
　4)原作「弟子當府釋門禪師沙門願智奉爲國界安寧法輪常轉尙書万歲…減拾衣鉢敬繪聖員一心供養」。

51492 願智 ･････････････････ P4983v
〔社官納色曆〕　戊午年十二月廿日　(886 or 946)

51493 願智□ ･････････････ BD16052D(L4028)
〔僧名目〕　(10C)

51494 願澄 ･････････････････ S03540
〔宕泉修窟盟約憑〕　庚午年正月廿五日　(970)
　1)比丘

51495 願超 ･････････････････ P3423
〔乾元寺新登戒僧次第曆〕　丙戌年五月七日 (986)
　2)乾元寺

51496 願超 ･････････････････ P3423v
〔乾元寺新登戒僧次第曆〕　丙戌年五月七日 (986)
　2)乾元寺

51497 願超 ･････････････････ P3431r.v
〔乾元寺新登戒僧次第曆〕　丙戌年五月七日 (926 or 866 or 986)
　2)乾元寺

51498 願長 ････････････ P3598＋S04199
〔某寺什物點檢見在曆〕　丁卯年　(967)

51499 願長 ･････････････････ S04215
〔什物交割曆〕　(10C)

51500 願長 ･････････････････ S04609v
〔付銀椀人名目〕　太平興國九年頃　(984)
　1)銀椀人　4)R面有「大平興國六年(981)」之紀年。

827

51501 願長 ……………… S04660
〔兄弟社轉帖〕 戊子年六月廿六日 (988)
　2)於燉煌蘭喏門　4)⇒(安)願長。

51502 願長 ……………… S04660v
〔社人缺色物曆〕 戊子年六月廿六日 (988)
　2)燉煌蘭喏門

51503 願長 ……………… S05437
〔願通等缺升人名抄(封題面)〕 (10C)

51504 願通 …………… BD05308v(光8)
〔雜寫〕 (10C)
　4)原作「勅授河西節度使滌願通」。

51505 願通 ………… BD15246③(新1446)
〔都師願通領得官倉麥証〕 辛□年八月十二日 (10C中期)
　4)原作「都師願通」。

51506 願通 ……………… P2032v㉑-7
〔淨土寺麵黃麻豆布等破曆〕 (940前後)
　2)淨土寺

51507 願通 ……………… P2250v②
〔乾元寺僧唱布曆〕 辛未年四月十二日 (925?)
　2)乾元寺

51508 願通 ……………… P3234v
〔淨土寺入破曆〕 (943)

51509 願通 ……………… P3234v②
〔應慶於願達手上入曆〕 壬寅年正月一日 (942)

51510 願通 ……………… P3234v⑫
〔直歲廣進破曆〕 癸卯年 (943)

51511 願通 ……………… P3423
〔乾元寺新登戒僧次第曆〕 丙戌年五月七日 (986)
　2)乾元寺

51512 願通 ……………… P3423v
〔乾元寺新登戒僧次第曆〕 丙戌年五月七日 (986)
　2)乾元寺

51513 願通 ……………… P3431r.v
〔乾元寺新登戒僧次第曆〕 丙戌年五月七日 (926 or 866 or 986)
　2)乾元寺

51514 願通 ……………… P3631
〔把物團善因等還入常住斛㪷曆〕 辛亥年 (891 or 951)

51515 願通 ……………… P3964
〔契約文書〕 乙未年十一月三日 (935 or 995)
　1)僧・知見親情　2)開元寺

51516 願通 ……………… S02472v①②
〔榮指揮葬巷社納贈曆〕 (981)

51517 願通 ……………… S02614v
〔燉煌應管諸寺僧尼名錄〕 (895)

51518 願通 ……………… S05008
〔破曆〕 (940頃)

51519 願通 ……………… S05406
〔僧正法律徒衆轉帖〕 辛卯年四月十四日 (991)
　1)僧

51520 願通 ……………… S05437
〔願通等缺升人名抄(封題面)〕 (10C)

51521 願通 ……………… S05486①
〔諸寺僧尼付油麵曆〕 (10C中期)
　2)蓮臺寺

51522 願通 ……………… S05486①
〔諸寺僧尼付油麵曆〕 (10C中期)
　2)三界寺

51523 願通 ……………… S05937
〔破曆〕 庚子年十二月 (940)
　1)都師

51524 願通 ……………… S10618
〔酒頭大張法律等名目〕 (10C)

51525 願通 ……………… Дx11085
〔當寺轉帖〕 壬申年七月 (972)

51526 願定 ……………… P2250v①
〔龍興寺僧唱布曆〕 (925?)
　2)龍興寺

51527 願定 ……………… P3092v
〔誦經曆〕 (10C)

51528 願定 ·················· P3423
〔乾元寺新登戒僧次第曆〕 丙戌年五月七日
(986)
　2)乾元寺

51529 願定 ·················· P3423v
〔乾元寺新登戒僧次第曆〕 丙戌年五月七日
(986)
　2)乾元寺

51530 願定 ·················· P3431r.v
〔乾元寺新登戒僧次第曆〕 丙戌年五月七日
(926 or 866 or 986)
　2)乾元寺

51531 願(定) ················ Дx05534
〔禮佛見到僧等人名目〕 廿日夜 (10C)

51532 願定 ·················· Дx11061
〔不赴城經僧〕 壬戌年十一月十日 (962 or 1022)

51533 願奴 ·················· Дx01378
〔當團轉帖〕 (10C中期)
　1)僧

51534 願度 ·················· P3423
〔乾元寺新登戒僧次第曆〕 丙戌年五月七日
(986)
　2)乾元寺

51535 願度 ·················· P3423v
〔乾元寺新登戒僧次第曆〕 丙戌年五月七日
(986)
　2)乾元寺

51536 願度 ·················· P3431r.v
〔乾元寺新登戒僧次第曆〕 丙戌年五月七日
(926 or 866 or 986)
　2)乾元寺

51537 願度 ·················· P4765
〔都僧錄帖〕 (10C後期)
　1)第一翻

51538 願度 ·················· S02614v
〔燉煌應管諸寺僧尼名錄〕 (895)
　2)報恩寺

51539 願道 ·················· Дx11061
〔不赴城經僧〕 壬戌年十一月十日 (962 or 1022)

51540 願得 ·················· P3112
〔願戒等入麥粟豆黃麻曆〕 (10C)

51541 願得 ·················· S05064
〔貸入粟豆黃麻曆〕 (10C)
　1)沙彌

51542 願得 ·················· S05071
〔某寺貸入斛斗曆〕 (10C後期)
　1)沙彌

51543 願德 ·················· BD02496v②(成96)
〔儭司唱得布支給曆〕 (10C前期)
　2)(靈)圖(寺)

51544 願德 ·················· BD03211v(致11)
〔雜寫〕 (8～9C)

51545 願德 ·················· P2250v⑤
〔金光明寺僧唱布曆〕 (925?)
　2)金光明寺

51546 願德 ·················· P2708bn
〔社子名目〕 (10C中期)

51547 願德 ·················· P3161
〔常住什物見在新附點檢曆〕 (10C前期)

51548 願德 ·················· P3175
〔星占書〕 天福十四年戊申歲 (948)
　2)報恩寺　4)原作「天福十四年戊申歲報恩寺僧願德寫記耳」。

51549 願德 ·················· P3396v
〔沙州諸渠別苽薗名目〕 (10C後期)

51550 願德 ·················· P3396v
〔沙州諸渠別苽薗名目〕 (10C後期)
　1)大歌　4)⇒願德大歌。

51551 願德 ·················· P4987
〔兄弟社轉帖〕 戊子年七月 (988)

51552 願德 ·················· S01472v
〔願德經卷戒昌借書寫爲記〕 (10C中期)
　4)R面爲「佛說八陽神咒經」(855)寫。

51553 願德 ·················· S02614v
〔燉煌應管諸寺僧尼名錄〕 (895)

51554 願德 ·················· S02614v
〔燉煌應管諸寺僧尼名錄〕 (895)
　2)大雲寺

51555 願德 ·············· S04689＋S11293
  〔功德司願德勘算斛㪷緤布等狀〕 顯德元年甲
  寅歲正月壹日 (954)
    1)功德司

51556 願德 ···················· S05008
  〔破曆〕 (940頃)
    4)原作「阿孃願德」。

51557 願德 ···················· S05406
  〔僧正法律徒衆轉帖〕 辛卯年四月十四日
  (991)
    4)原作「小願德」。

51558 願德 ···················· S05406
  〔僧正法律徒衆轉帖〕 辛卯年四月十四日
  (991)
    1)僧 4)原作「大願德」。

51559 願德 ···················· S06417
  〔寺徒衆等狀并龍晉〕 清泰二年三月 (935)
    2)金光明寺

51560 願德 ··················· S08426D①
  〔使府酒破曆〕 (10C中〜後期)

51561 願德 ··················· S08426D②
  〔使府酒破曆〕 (10C中〜後期)

51562 願德 ···················· Дx05534
  〔禮佛見到僧等人名目〕 廿日夜 (10C)
    4)原作「小願德」。

51563 願德 ···················· Дx05534
  〔禮佛見到僧等人名目〕 廿日夜 (10C)
    4)原作「大願德」。

51564 願德 ···················· Дx06064v
  〔人名目〕 (10C)

51565 願德 ················ 故宮博·新152094v
  〔雜記〕 (10C)
    1)師兄 4)別有題記「維大宋太平興國十年乙酉
    歲(985)三月廿二日記者」。

51566 願德大歌 ················ P3396v
  〔沙州諸渠別芑薗名目〕 (10C後期)
    4)原作「…翟鎭使願德大歌…」。⇒願德。

51567 願寧 ···················· P3423
  〔乾元寺新登戒僧次第曆〕 丙戌年五月七日
  (986)
    2)乾元寺

51568 願寧 ···················· P3423v
  〔乾元寺新登戒僧次第曆〕 丙戌年五月七日
  (986)
    2)乾元寺

51569 願寧 ···················· P3431r.v
  〔乾元寺新登戒僧次第曆〕 丙戌年五月七日
  (926 or 866 or 986)
    2)乾元寺

51570 願能 ···················· P3423
  〔乾元寺新登戒僧次第曆〕 丙戌年五月七日
  (986)
    2)乾元寺

51571 願能 ···················· P3423v
  〔乾元寺新登戒僧次第曆〕 丙戌年五月七日
  (986)
    2)乾元寺

51572 願能 ···················· P3431r.v
  〔乾元寺新登戒僧次第曆〕 丙戌年五月七日
  (926 or 866 or 986)
    2)乾元寺

51573 願伴 ···················· S05139v②
  〔社司轉帖(寫錄)〕 四月十三日 (10C前期)
    4)⇒願住。

51574 願富 ···················· S05486①
  〔諸寺僧尼付油麵曆〕 (10C中期)

51575 願富 ···················· S08426A
  〔使府酒破曆〕 (10C中〜後期)

51576 願富 ···················· S08426B
  〔使府酒破曆〕 (10C中〜後期)

51577 願富 ···················· S08426D①
  〔使府酒破曆〕 (10C中〜後期)

51578 願富 ···················· S08426D②
  〔使府酒破曆〕 (10C中〜後期)

51579 願富 ···················· S08426F②
  〔使府酒破曆〕 (10C中〜後期)

51580 願富 ···················· Дx11085
  〔當寺轉帖〕 壬申年七月 (972)

51581 願保 ……………………… P3423
〔乾元寺新登戒僧次第曆〕 丙戌年五月七日
(986)
　2)乾元寺

51582 願保 ……………………… P3423v
〔乾元寺新登戒僧次第曆〕 丙戌年五月七日
(986)
　2)乾元寺

51583 願保 ……………………… P3431r.v
〔乾元寺新登戒僧次第曆〕 丙戌年五月七日
(926 or 866 or 986)
　2)乾元寺

51584 願保 ……………………… P3779v②
〔徒衆轉帖〕 乙酉年四月廿七日 (985?)
　2)乾元寺

51585 願保 ……………………… P4981
〔當寺轉帖〕 閏三月十三日 (961)
　4)⇒願作。

51586 願保 ……………………… S04443v
〔諸雜難字(一本)〕 (10C)

51587 願法 ……………………… S04760
〔任命牒〕 太平興國六年辛巳歲十一月 (981)
　1)直歲　2)聖光寺

51588 願滿 ……………………… S02614v
〔燉煌應管諸寺僧尼名錄〕 (895)
　2)報恩寺

51589 願滿 ……………… 浙燉168(浙博143)
〔諸寺僧名目〕 (10C中期)

51590 願妙 ……………… BD16052D(L4028)
〔僧名目〕 (10C)

51591 願明 ……………………… P3423
〔乾元寺新登戒僧次第曆〕 丙戌年五月七日
(986)
　2)乾元寺

51592 願明 ……………………… P3423v
〔乾元寺新登戒僧次第曆〕 丙戌年五月七日
(986)
　2)乾元寺

51593 願明 ……………………… P3431r.v
〔乾元寺新登戒僧次第曆〕 丙戌年五月七日
(926 or 866 or 986)
　2)乾元寺

51594 願明 ……………………… Дx11079
〔筵席文書〕 (10C後期)

51595 願養 ……………………… 楡第35窟
〔供養人題記〕 (10C末期)
　1)清信弟子新婦　4)裏洞北壁。《謝》p. 487。

51596 願力 ……………… BD02126v②(藏26)
〔人名目(1行6名)〕 (9C後期)

51597 願力 ……………………… P2250v①
〔龍興寺僧唱布曆〕 (925?)
　2)龍興寺

51598 願力 ……………………… P6023
〔僧願力狀(存2行)〕 (9C後期～10C前期)
　1)僧

51599 願力 ……………………… S02614v
〔燉煌應管諸寺僧尼名錄〕 (895)
　2)龍興寺

51600 願林 ……………………… P2250v⑤
〔金光明寺僧唱布曆〕 (925?)
　2)金光明寺

51601 願林 ……………………… P2769
〔僧家(上座)設次着當寺沙彌帖〕 (10C前期)

51602 願連 ……………………… P2944
〔大乘寺・聖光寺等尼僧名錄〕 (10C後期?)

51603 願連 ……………………… P3431r.v
〔乾元寺新登戒僧次第曆〕 丙戌年五月七日
(926 or 866 or 986)
　2)乾元寺

51604 願□ ……………… BD14670(新0870)
〔靈圖寺徒衆擧綱首牒及都僧統判辭〕 廣順
二年四月二日 (952)
　1)徒衆　2)靈圖寺

51605 願□ ……………… 故宮博・新156153
〔佛說延壽命經・佛說續命經(首尾題)〕 乾得
(德)肆年二月十五日 (966)
　1)大歌　4)題記「…大歌・願□大歌二人捨了」。

[き]

51606 喜圓 ････････････････････ S02614v
〔燉煌應管諸寺僧尼名錄〕 (895)
　2)安國寺

51607 喜延 ････････････････････ P2944
〔大乘寺・聖光寺等尼僧名錄〕 (10C後期?)
　2)大乘寺

51608 喜延阿師子 ････････････････ P2944
〔大乘寺・聖光寺等尼僧名錄〕 (10C後期?)
　2)大乘寺

51609 喜海 ･･････････････ BD11406(L1535)
〔某弟子從沙州龍興寺神卓受菩薩戒牒〕 (8C)
　2)龍興寺　3)沙州

51610 喜〻 ････････････････････ P3370
〔出便麥粟曆〕 丙子年六月五日 (928)
　1)口承人

51611 喜慶 ･･･････････････････ P2856v①
〔營葬牓〕 乾寧二年三月十一日乙卯年 (895)
　1)律師

51612 喜慶 ････････････････････ P3250v
〔納贈曆〕 (9C後期)

51613 喜慶 ･･･････････････ S11284＋S11288
〔便黃麻曆〕 (9C)

51614 喜捨 ････････････････････ S02614v
〔燉煌應管諸寺僧尼名錄〕 (895)

51615 喜首 ････････････････････ P3718
〔張和尙寫眞讚序〕 (後梁907～922)
　1)僧政　4)俗姓「張」。原作「香號喜首…轉釋門僧政己卯歲九月二日題記(919)」。⇒(張)喜首。

51616 喜集 ････････････････････ S02614v
〔燉煌應管諸寺僧尼名錄〕 (895)

51617 喜信 ････････････････････ S02614v
〔燉煌應管諸寺僧尼名錄〕 (895)
　2)大乘寺

51618 喜寂 ･･･････････････････ P2856v①
〔營葬牓〕 乾寧二年三月十一日乙卯 (895)
　1)率師

51619 喜寂 ････････････････････ S02614v
〔燉煌應管諸寺僧尼名錄〕 (895)
　2)報恩寺

51620 喜寂 ･･･････････････････ Дx03002
〔親情給與放書(1件)〕 丁巳年十一月十七日 (897)
　4)背縫押署。

51621 喜寂 ･･･････････････････ Дx05716
〔首缺遺產曆〕 (10C)

51622 喜端 ･･････････････････ P2250v③
〔開元寺僧唱布曆〕 (925?)
　2)開元寺

51623 喜端 ･･････････････････ P3391v①
〔社司轉帖(寫錄)〕 丁酉年正月日 (937)

51624 喜奴 ････････････････････ P3205v
〔燉煌十三寺付經曆〕 (9C前期)
　2)蓮臺寺

51625 喜滿 ････････････････････ S08152
〔某寺僧奴等麵破曆〕 (10C)

51626 喜孟 ･･････････････････ P3391v①
〔社司轉帖(寫錄)〕 丁酉年正月日 (937)

51627 喜樂花 ･･･････････････････ S02669
〔管內尼寺(安國寺・大乘寺・聖光寺)籍〕 (865～870)
　2)大乘寺　3)莫高鄉　4)姓「吏(史)」。俗名「喜子」。

51628 喜郞 ････････････････････ P2040v②-16
〔淨土寺粟破曆〕 乙巳年正月廿七日以後 (945以降)
　2)淨土寺

51629 喜和 ･･････････････････ 莫第107窟
〔供養人題記〕 咸通十二年頃 (821頃)
　4)東壁門北側。《燉》p.50。

51630 妃娘 ････････････････････ S00542v
〔燉煌諸寺丁壯車牛役部〕 戌年六月十八日 (818)
　2)靈修寺

51631 季藏 ･･･････････････ BD02296(閏96)
〔唱得布曆〕 (10C)

51632 寄住 ·············· BD01904v(收4)
〔奉宣往西天取經僧道猷等牒稿〕 至道元年
十一月廿四日 （995）
　1)僧　2)靈圖寺

51633 希溢 ·················· P3353v
〔女弟子希溢廻向疏(5行)〕 正月十五日
(9C)
　1)女弟子

51634 希溢 ················ P3353v①④
〔散施疏文〕 正月十五日 (9C)
　1)女弟子

51635 希朝 ·················· P3047v①
〔僧名等錄〕 (9C前期)
　4)俗姓「李」。

51636 希友 ············ Дx02449＋Дx05176
〔(時年)轉帖〕 十一月十九日 (10C前期)
　2)靈圖寺　4)原作「圖希友」。

51637 徹達 ················ P.tib1261v④
〔諸寺僧尼支給穀物曆〕 (9C前期)
　1)僧　4)⇒徹達。

51638 暉惠 ·················· P3619①
〔王都督懺合城僧徒名錄〕 (9C)

51639 歸依 ··················· P3060
〔諸寺諸色付經僧尼曆〕 (9C前期)
　1)僧尼　4)經典名「般若經卷47」。

51640 歸依 ·················· S02729①
〔燉煌應管勘牌子曆〕 辰年三月 (788)
　1)僧　2)大乘寺　3)沙州　4)俗姓「孔」。45行目。

51641 歸圓 ·················· P5579⑪
〔大乘寺應道場尼名牒〕 酉年十月 (829 or 841)
　2)大乘寺

51642 歸賢 ················ P.tib1261v⑥
〔諸寺僧尼支給穀物曆〕 (9C前期)
　1)尼

51643 歸賢 ················ P.tib1261v⑩
〔諸寺僧尼支給穀物曆〕 (9C前期)
　1)尼

51644 歸原 ················ P.tib1261v⑦
〔諸寺僧尼支給穀物曆〕 (9C前期)
　1)尼

51645 歸證 ·················· P3600v②
〔燉煌普光寺等尼名申告狀〕 戌年十一月
(9C前期)
　2)普光寺

51646 歸信 ·················· P3047v⑧
〔王都督懺合城僧徒名錄〕 (9C前期)

51647 歸信 ··················· S00545v
〔永安寺僧名申告狀〕 戌年九月 (9C前期)
　1)主客僧　2)永安寺

51648 歸眞 ················· P0476r.v
〔淨名經集解關中疏卷上〕 庚辰十月六日
(800)
　1)寫經生

51649 歸眞 ··················· P2222
〔淨名經集解關中疏卷上〕 庚辰十月六日
(800)

51650 歸眞 ·················· P3047v⑦
〔法事僧尼名錄〕 (9C前期)

51651 歸眞 ·················· P3047v⑧
〔王都督懺合城僧徒名錄〕 (9C前期)

51652 歸眞 ··················· P3060v
〔諸寺諸色付經僧尼曆〕 (9C前期)
　2)蓮臺寺　4)俗姓「索」。

51653 歸眞 ··················· P3947
〔龍興寺應轉經僧分兩蕃定名牒〕 亥年八月
(819 or 831)
　2)龍興寺　4)V面爲「9C前半大雲寺僧所有田籍簿」。

51654 歸眞 ················ P.tib1261v⑤
〔諸寺僧尼支給穀物曆〕 (9C前期)

51655 歸眞 ················ P.tib1261v⑦
〔諸寺僧尼支給穀物曆〕 (9C前期)

51656 歸眞 ················ P.tib1261v⑩
〔諸寺僧尼支給穀物曆〕 (9C前期)
　1)僧

51657 歸眞 ·················· S00476A
〔諸寺付經僧尼曆〕（9C前期）
　1）僧　2）龍興寺

51658 歸眞 ·················· S00476Bv
〔諸寺付經僧尼曆〕（9C前期）
　1）僧　2）金光明寺

51659 歸眞 ·················· S02729①
〔燉煌應管勘牌子曆〕 辰年三月（788）
　1）僧　2）蓮臺寺　3）沙州　4）俗姓「索」。11行目。

51660 歸眞 ·················· S07882
〔就賀拔堂唱椀等曆〕 十一月廿一日（9C前期）

51661 歸眞 ·················· S08566
〔某寺歸眞上師兄狀〕（9C前期）

51662 歸進 ·················· P.tib1261v⑥
〔諸寺僧尼支給穀物曆〕（9C前期）
　1）尼

51663 歸進 ·················· P.tib1261v⑦
〔諸寺僧尼支給穀物曆〕（9C前期）
　1）尼

51664 歸性 ·················· P3600v②
〔燉煌普光寺等尼名申告狀〕 戌年十一月（9C前期）
　2）普光寺

51665 歸正 ·················· BD15358（新1558）
〔大乘稻竿經隨聽手鏡記(尾)〕 卯年十二月廿五日（847?）
　1）沙彌　2）永康寺　3）大蕃國沙州　4）卷尾有題記「大蕃國沙州永康寺沙弥於卯年十二月廿五日寫記,歸正」。

51666 歸正 ·················· P2469v
〔破曆雜錄〕 戌年六月五日（830?）

51667 歸正 ·················· 向達西征小記p.370
〔大乘稻竿經隨聽手鏡記〕 卯年十二月廿五日（9C）
　1）沙彌　2）永康寺　4）原作「大番國沙州永康寺沙彌歸正寫記」。

51668 歸寂 ·················· P.tib1261v⑥
〔諸寺僧尼支給穀物曆〕（9C前期）
　1）尼

51669 歸寂 ·················· P.tib1261v⑦
〔諸寺僧尼支給穀物曆〕（9C前期）
　1）尼

51670 歸寂 ·················· P.tib1261v⑨
〔諸寺僧尼支給穀物曆〕（9C前期）
　1）尼

51671 歸藏 ·················· P3600v①
〔燉煌某寺尼名申告狀〕（9C前期）
　2）大乘寺

51672 歸藏 ·················· P.tib1261v⑪
〔諸寺僧尼支給穀物曆〕（9C前期）
　1）尼

51673 歸定 ·················· P3600v②
〔燉煌普光寺等尼名申告狀〕 戌年十一月（9C前期）
　2）普光寺

51674 歸德 ·················· P.tib1261v①
〔諸寺僧尼支給穀物曆〕（9C前期）
　1）僧

51675 歸德 ·················· P.tib1261v④
〔諸寺僧尼支給穀物曆〕（9C前期）
　1）僧

51676 歸忍 ·················· P3600v②
〔燉煌普光寺等尼名申告狀〕 戌年十一月（9C前期）
　2）普光寺

51677 歸忍 ·················· Дx10290
〔僧歸忍狀上〕（9C）
　1）僧

51678 歸文 ·················· S00529①
〔定州開元寺比丘歸文到某和尙狀〕 五月廿九日（10C前期）
　1）三學比丘　2）開元寺　3）定州

51679 歸文 ·················· S00529②
〔定州開元寺僧歸文候某令公牒〕 同光二年六月日（924）
　1）僧　2）開元寺　3）定州

51680 歸文 ·················· S00529③
〔定州開元寺僧歸文德全等狀稿(殘)〕（10C前期）

51681 歸文 ················ S00529④
〔定州開元寺僧歸文德全狀稿(殘)〕（10C前期）
　1)僧　2)開元寺　3)定州

51682 歸文 ················ S00529⑥
〔定州開元寺僧歸文牒〕　同光二年五月日（924）
　1)僧　2)開元寺　3)定州

51683 皈因 ················ S02614v
〔燉煌應管諸寺僧尼名錄〕（895）
　2)安國寺

51684 皈元 ············ S07939v＋S07940Bv＋S07941
〔燉煌諸寺僧尼給糧曆〕（823以降）
　1)尼　2)聖光寺

51685 皈順 ················ S04710
〔沙州戶口簿〕（9C中期以降）
　1)僧　4)⇒(陰)皈順。

51686 皈順 ················ Дx01428
〔某寺諸色斛㪷破曆〕（10C中期）

51687 皈淨 ················ S02614v
〔燉煌應管諸寺僧尼名錄〕（895）
　2)大乘寺

51688 皈信 ················ S02614v
〔燉煌應管諸寺僧尼名錄〕（895）

51689 皈心 ················ S02614v
〔燉煌應管諸寺僧尼名錄〕（895）
　2)靈修寺

51690 皈性 ················ S02614v
〔燉煌應管諸寺僧尼名錄〕（895）
　2)靈修寺

51691 皈德 ················ P.tib1261v②
〔諸寺僧尼支給穀物曆〕（9C前期）
　1)僧

51692 皈德 ················ P.tib1261v⑫
〔諸寺僧尼支給穀物曆〕（9C前期）
　1)僧

51693 皈忍 ················ S02614v
〔燉煌應管諸寺僧尼名錄〕（895）
　2)龍興寺

51694 皈忍 ················ S02614v
〔燉煌應管諸寺僧尼名錄〕（895）
　2)靈修寺

51695 皈滿 ················ S02614v
〔燉煌應管諸寺僧尼名錄〕（895）
　2)安國寺

51696 皈妙 ················ S02614v
〔燉煌應管諸寺僧尼名錄〕（895）
　2)靈修寺

51697 宜々 ················ 有鄰館51
〔令狐進達戶口申告狀〕　大中四年十月庚午（850）
　1)(令狐進達兄興晟女)婢　4)原作「(戶令狐進達)婢宜々」。

51698 宜春 ················ S00542v
〔燉煌諸寺丁壯車牛役部〕　戊年六月十八日（818）
　2)大乘寺　4)⇒安宜春。

51699 宜娘 ················ P3410
〔沙州僧崇恩析產遺屬〕　吐蕃年次未詳（840前後）
　1)沙彌

51700 宜娘 ················ S00542v
〔燉煌諸寺丁壯車牛役部〕　戊年六月十八日（818）
　2)大乘寺　4)⇒(王)宜娘。

51701 宜奴 ················ S00542v
〔燉煌諸寺丁壯車牛役部〕　戊年六月十八日（818）
　2)靈修寺

51702 宜得 ················ S09496
〔常住什物點檢曆〕（9C）

51703 疑定 ·········· Дx01305＋Дx02154＋Дx03026
〔僧等付絹等曆〕（9C前期）

51704 義 ················ P3205
〔僧俗人寫經曆〕（9C前期）
　4)⇒義眞。

51705 義威 ················ P4810v②
〔爲亡妣請僧疏〕（9C前期）
　2)金光明寺

51706 義員 ·················· P2032v③
〔淨土寺諸色破曆〕（944前後）
　2)淨土寺

51707 義員 ·················· P2032v④
〔淨土寺西倉斛㪷破曆〕乙亥年（939）
　2)淨土寺

51708 義員 ·················· P2032v⑪
〔淨土寺西倉司願勝等入破曆〕乙巳年三月
（945）
　2)淨土寺

51709 義員 ·················· P2049v①
〔淨土寺諸色入破曆計會牒〕同光三年
（925）

51710 義員 ·················· P2049v②
〔淨土寺諸色入破曆計會牒〕長興二年正月
（930〜931）

51711 義員 ·················· P3234v①
〔應慶於願達手上入曆〕（10C前期）

51712 義員 ·················· P3234v⑫
〔直歲廣進破曆〕癸卯年（943）

51713 義員 ·················· 莫第387窟
〔供養人題記〕清泰元年頃（936頃）
　1)姪男　4)南壁。《燉》p.147。《謝》p.237。⇒(康)
　義員。

51714 義員新婦 ············· P2032v③
〔淨土寺諸色破曆〕（944前後）
　2)淨土寺　4)原作「義員新婦」。

51715 義員婦 ··············· P2032v③
〔淨土寺諸色破曆〕（944前後）
　2)淨土寺　4)原作「義員婦」。

51716 義盈 ··················· P3850
〔支給僧斛㪷曆等〕（9C前期）

51717 義盈 ·················· Дx01416
〔便粟曆〕(癸丑年)甲寅年六月·乙卯年四月
（953〜955?）

51718 義盈 ·················· Дx10257v
〔社司轉帖(稿)〕（10C後期?）

51719 義盈〔養〕············ 莫第387窟
〔供養人題記〕清泰元年頃（936頃）
　4)原作「姪男義盈供養」。南壁。《謝》作「義養」。
　《燉》p.148。《謝》p.238。⇒(康)義盈〔養〕。

51720 義英 ··················· P2689
〔寺僧唱得物支給曆〕（9C前期）

51721 義英 ·················· P3205v
〔燉煌十三寺付經曆〕（9C前期）
　2)靈圖寺

51722 義英 ················ S01475v⑪⑫
〔便契〕二月一日（828〜829）
　1)僧

51723 義英 ············· S01475v⑭⑮-1
〔付僧義英便麻契〕卯年二月十一日（823?）
　1)僧　2)靈圖寺

51724 義延 ·················· P2049v②
〔淨土寺諸色入破曆計會牒〕長興二年正月
（930〜931）

51725 義延 ··················· S04914
〔付經曆〕卯年九月七日（835 or 847）
　1)僧　2)永安寺

51726 義會 ················· 莫第005窟
〔供養人題記〕（10C前期）
　1)姪　4)原作「姪義會一心供養」。南壁。《燉》
　p.4。《謝》p.205。⇒杜義會。

51727 義海 ··················· P3619①
〔王都督㜫合城僧徒名錄〕（9C）

51728 義海 ················· P.tib1261v⑤
〔諸寺僧尼支給穀物曆〕（9C前期）
　1)僧

51729 義海 ················· P.tib1261v⑥
〔諸寺僧尼支給穀物曆〕（9C前期）
　1)僧

51730 義海 ················· P.tib1261v⑦
〔諸寺僧尼支給穀物曆〕（9C前期）
　1)僧

51731 義海 ················· P.tib1261v⑧
〔諸寺僧尼支給穀物曆〕（9C前期）
　1)僧

義　ぎ　人名篇

51732　義海 ……………… P.tib1261v⑨
〔諸寺僧尼支給穀物曆〕（9C前期）
　1）僧（尼）

51733　義海 ……………… P.tib1261v⑩
〔諸寺僧尼支給穀物曆〕（9C前期）
　1）僧

51734　義海律師 ………… BD10864（L0993）
〔小鈔〕（9～10C）
　1）律師

51735　義空 ………………… P3336v①
〔瓜州節度轉經付維那曆〕　寅年正月卅日
（834）
　2）普光寺　3）瓜州

51736　義勳 …………… ОП.Ⅱ.p.679 Рис.19
〔施入大寶積經永安寺疏題記〕　太平興國三年
戊寅歲次三月十五日下手北至六月十五日　（978）
　1）法律

51737　義勳 ………………… 上海圖088
〔法律法壽等施入大寶積經永安寺題記〕　太
平興國三年戊寅歲三月十五日　（978）
　1）法律　2）永安寺

51738　義賢 ………………… S03873v
〔某寺支給斛㪷僧名錄〕（9C）

51739　義弘 ………………… P3391v①
〔社司轉帖（寫錄）〕　丁酉年正月日　（937）
　1）沙彌　2）開元寺

51740　義周 ………………… S05893
〔管內僧寺（報恩寺・淨土寺）籍〕（865～875）
　3）平康鄉

51741　義修 ………………… P3017
〔張業等敬造金字大寶積經〕　天復三年歲次癸
亥二月壬申朔廿三日　（903）

51742　義舟 ………………… S02614v
〔燉煌應管諸寺僧尼名錄〕（895）
　2）報恩寺

51743　義勝 ………………… P2944
〔大乘寺・聖光寺等尼僧名錄〕（10C後期?）
　2）大乘寺

51744　義昌 ………………… P3942
〔某家榮親客目〕（10C?）
　1）都頭

51745　義昌 ………………… S08426E①
〔使府酒破曆〕（10C中～後期）

51746　義淨 ………………… BD07167（師67）
〔金光明最勝王經無染著陀羅尼品13,7
（首）〕（9～10C）

51747　義淨 ………………… S03873v
〔某寺支給斛㪷僧名錄〕（9C）

51748　義淨 ………………… Дx01586в
〔惠通下僧名目〕（9C後期）

51749　義信 ………………… BD05870v①（菜70）
〔信狀〕（9～10C）
　4）原作「□義信神達兄通信之□…□」。

51750　義信 ………………… 莫第387窟
〔供養人題記〕　清泰元年頃　（936頃）
　1）姪男　4）南壁。《燉》p.148.《謝》p.237.⇒（康）
義信。

51751　義深 ………………… BD14806v（新1006）
〔義進押衙身故祭盤人名目〕　戊寅年二月十九
日　（978）

51752　義深 ………………… P2671v
〔僧名錄（河西都僧統等20數名）〕　甲辰年頃
（884頃）

51753　義深 ………………… P3060
〔諸寺諸色付經僧尼曆〕（9C前期）
　1）僧尼　4）經典名「般若經卷25」。

51754　義深 ………………… P3854r.v
〔諸寺付經曆〕（9C前期）

51755　義深 ………………… S02575②
〔任命牒（狀）〕　天復五年八月　（905）
　1）上座　2）靈圖寺

51756　義深 ………………… S03873v
〔某寺支給斛㪷僧名錄〕（9C）

51757　義深 ………………… S04191v
〔任命牒（狀）〕　天復五年八月　（905）
　1）上座　2）靈圖寺

51758　義深 ………………… S04191v①
〔糴支給曆〕　亥年三月寺主義深謹牒　（10C?）
　1）寺主

51759 義深 ·············· Дx01586в
〔惠通下僧名目〕（9C後期）

51760 義深 ·············· Дx02355
〔支給僧尼斛斗曆〕（9C中期?）

51761 義眞 ·············· P3205
〔僧俗人寫經曆〕（9C前期）
　　4）⇒義。

51762 義眞 ·············· S02711
〔寫經人名目〕（9C前期）
　　1）寫經人　2）金光明寺

51763 義眞 ·············· S04831v
〔寫經人名目〕（9C前期）
　　1）寫經人

51764 義眞 ·············· S07945
〔僧俗寫經分團人名目〕（823以降）

51765 義眞 ·············· S08674
〔某寺僧誦經曆〕（9C前期）

51766 義進 ·············· P2613
〔某寺常住什物交割點檢曆〕咸通十四年正月四日（873）

51767 義進押牙 ········ BD14806v（新1006）
〔義進押衙身故祭盤人名目〕戊寅年二月十九日（978）
　　1）押衙

51768 義成 ············ BD15473（簡068104）
〔贊普新加水則道場付諸寺維那官「大般若經」錄〕子年後六月十三日以後（9C前期）
　　1）維那　2）（報）恩（寺）　4）原作「恩維那義成」及「義成」。

51769 義成 ·············· S08426в
〔使府酒破曆〕（10C中～後期）

51770 義千 ·············· S05486②
〔社司轉帖〕壬寅年六月九日（942）
　　1）郎君

51771 義泉 ············ BD14161（新0361）
〔大般若波羅蜜多經卷第312〕（8～9C）
　　4）原作「義泉第一校」。原爲日本大谷探檢隊所得。卷首背貼紙簽類別8, 番號367, わ7。

51772 義泉 ············ BD15252（新1452）
〔大般若波羅蜜多經卷第398(末)〕（9C前期）
　　1）第二校　4）原作「義泉第二校」。

51773 義泉 ·············· P2909
〔大般若波羅蜜多經卷第60〕（9C前期）
　　1）第二校　4）卷尾題記「鄧英寫, 靈秀第一校義泉第二校, 海智第三校」。

51774 義泉 ·············· P.tib1261v③
〔諸寺僧尼支給穀物曆〕（9C前期）
　　1）僧

51775 義泉 ·············· P.tib1261v⑥
〔諸寺僧尼支給穀物曆〕（9C前期）
　　1）僧

51776 義泉 ·············· S01594
〔大般若波羅蜜多經卷第216〕（9C）
　　1）第二校

51777 義泉 ·············· S01883
〔大般若波羅蜜多經卷第286〕（9C前期）
　　1）勘

51778 義泉 ·············· S04831v
〔寫經人名目〕（9C前期）
　　1）寫經人

51779 義泉 ·············· S06028
〔寫經人名目〕（8C末～9C前期）
　　1）寫經人

51780 義像□ ·············· 莫第039窟
〔供養人題記〕（10C前期）
　　1）孫步軍隊頭　4）原作「孫步軍隊頭義像□一心供養」。北壁,《燉》p. 12. ⇒梁像支。

51781 義藏 ·············· P3730④
〔狀〕酉年正月（829）
　　1）徒衆　2）金光明寺

51782 義藏 ·············· 沙文補24
〔寺唧索再榮等牒殘判辭〕午年正月（9C前期）
　　1）僧

51783 義忠 ·············· P2032v①-4
〔淨土寺粟入曆〕（944前後）
　　1）僧

51784 義忠 ·················· P2032v⑪
〔淨土寺西倉司願勝等入破曆〕 乙巳年三月
(945)
　2)淨土寺

51785 義忠 ················ P2032v⑯-2
〔淨土寺麥利閏入曆〕 (940前後)
　2)淨土寺

51786 義忠 ················ P2032v⑯-4
〔淨土寺粟利閏入曆〕 (940前後)
　1)僧　2)淨土寺

51787 義忠 ·················· P2032v⑱
〔淨土寺豆利閏入曆〕 (940前後)
　1)僧　2)淨土寺

51788 義忠 ······················ P3370
〔出便麥粟曆〕 丙子年六月五日 (928)
　1)僧

51789 義超 ····················· P3444v
〔上部落百姓趙朋々便豆契〕 寅年四月五日
(8C末～9C前期)
　1)保人

51790 義超 ·················· P3491piece1
〔某寺設齋勾當名目〕 (9C前期)

51791 義超 ·················· P3491piece2
〔絲綿(部落)百姓陰海清便麥粟契〕 寅年二月
十四日 (822)
　1)見人　3)絲綿部落　4)⇒趙義超。

51792 義長 ······················ P3440
〔見納賀天子物色人名〕 丙申年三月十六日
(996)
　1)都頭

51793 義通 ···················· Дx10269
〔諸人貸便粟麥曆〕 (10C)

51794 義通 ···················· 沙文補24
〔寺卿索再榮等牒殘判辭〕 午年正月 (9C前
期)
　1)僧

51795 義念 ············· S燉煌CH,X.0026
〔佛說廻向輪經1卷〕 (10C)
　1)比丘　4)原作「比丘義念記」。有罫冊子本。

51796 義辯 ···················· P2021v
〔索(義辯)法律修功德記〕 (9C)
　1)法律　4)⇒(索)義辯。

51797 義辯 ···················· P3730v
〔承恩判辭(3行)〕 (9C前期)
　1)僧

51798 義辯 ···················· P4660㉑
〔前沙州釋門義和尚邈眞讚〕 (9C)
　1)法律　3)沙州

51799 義辯 ··················· P4810v②
〔爲亡妣請僧疏〕 (9C前期)
　2)金光明寺

51800 義辯 ················ P.tib1261v⑥
〔諸寺僧尼支給穀物曆〕 (9C前期)
　1)僧

51801 義辯 ················ P.tib1261v⑪
〔諸寺僧尼支給穀物曆〕 (9C前期)
　1)僧

51802 義峯 ···················· P3853v
〔諸寺付經曆〕 (9C前期)
　4)⇒(金)義峯。

51803 義峯 ····················· P3854
〔諸寺付經曆〕 (9C前期)
　4)⇒(乾)義峯。

51804 義豐 ····················· P3850
〔支給僧斛㪷曆等〕 (9C前期)

51805 義豐 ················ P.tib1261v⑦
〔諸寺僧尼支給穀物曆〕 (9C前期)
　1)僧

51806 義明 ········· PAINTING FROM TUN-
HUANG STEIN COLLECTION II
〔幡供養〕 (9～10C)
　1)維那

51807 義幽 ····················· P2469v
〔破曆雜錄〕 戌年六月五日 (830?)

51808 義幽 ······················ P2689
〔寺僧唱得物支給曆〕 (9C前期)

51809 義遊 ····················· P5000v
〔僧尼名目〕 (9C前期)

人名篇　ぎ—きよう　義菊吉九休芁虛虜供嬌

51810 義容 …………………… P3047v⑧
〔王都督懇合城僧徒名錄〕 （9C前期）

51811 義琳 …………………… P2132
〔金剛般若經宣演卷下（敕隋駕講論沙門道氤集）（奧書）〕 建中四年正月廿日～庚寅年十一月廿八日 （783～810）
　4）原作「建中四年正月廿日僧義琳寫勘記。貞元十九年(803)聽得遺一遍癸未年十二月一日聽第二遍記。庚寅(810)第三遍了。義琳聽常大德和尙說」。

51812 義□ …………………… 沙文補24
〔寺卿索再榮等牒殘判辭〕 午年正月 （9C前期）
　1）僧

51813 義□ …………………… Stein Painting 3
〔觀世音菩薩圖二軀供養人題記〕 （9C）
　1）律師　2）永安寺　4）原作「淸信弟子男永安寺律師義□」。

51814 菊花 …………………… S00542v
〔燉煌諸寺丁壯車牛役部〕 戌年六月十八日 (818)
　1）婢　2）大雲寺　4）⇒婢菊花＝菊花婢。

51815 吉昌 …………………… S08402
〔便麥曆〕 （10C前期）
　1）口承人男

51816 吉祥 …………………… MG17688
〔西天寶安寺三藏賜紫佛頂阿闍梨吉祥自對大隨求陀羅尼輪曼荼羅〕 （10C）
　1）三藏賜紫佛頂阿闍梨　2）西天寶安寺　3）西天（竺）

51817 吉祥花 …………………… P5568
〔諸寺付經曆〕 （9C前期）
　2）聖光寺

51818 吉德 …………………… P3384
〔戶籍殘〕 大順二年辛亥(歲)正月一日 (891)

51819 吉□ …………………… BD08567v(推67)
〔大般若波羅蜜多經卷第478(背有1行藏文雜寫)〕 （8C末～9C前期）
　4）原作「親教師吉□」。背有1行藏文雜寫「mkhan-po-cucu-zhas-na」(親教師吉□)。

51820 九娘 ………… CH.ⅩⅧ.0003(BM.SP7)
〔觀音圖像絹畫供養題記〕 （8～9C）
　1）女弟子　4）題記爲女弟子九娘永爲供養。

51821 九娘子 ………… BD15249v③(新1449)
〔某家榮親客目〕 （10C後期）
　4）原作「阿難九娘子及翟郎」。

51822 九娘子 …………………… S07060v
〔諸色破曆等〕 （9C前期）

51823 九娘子 …………………… S08426D②
〔使府酒破曆〕 （10C中～後期）

51824 休ゝ …………………… S00542v
〔燉煌諸寺丁壯車牛役部〕 戌年六月十八日 (818)
　2）大云寺

51825 休女 …………………… P3384
〔戶籍殘〕 大順二年辛亥(歲)正月一日 (891)
　4）原作「女休女」。8歲。

51826 芁子阿耶 …………………… S08448Bv
〔紫亭羊數名目〕 （940頃）

51827 虛寂 …………………… BD04401(崑1)
〔大般若波羅蜜多經卷第163〕 （9C）

51828 虛寂 …………………… BD06262(海62)
〔金香陀羅尼經(末)〕 （9C）

51829 虜淡 …………………… BD01234(列34)
〔佛說无量壽經(尾)〕 （9C）

51830 供英 …………………… P3100①
〔某寺徒衆供英等請律師善才光寺主牒并都僧統(悟眞)判辭〕 景福貳年十月廿七日 (893)
　1）徒衆

51831 供〔洪〕忍 …………………… S00474v
〔都僧統法嚴等算會〕 戊寅年三月十三日 (918)
　1）法律

51832 嬌ゝ …………………… BD07630②(皇30)
〔出酥人曆〕 丙子年八月廿四日 (856 or 916)

51833 嬌娘 …………………… S00542v
〔燉煌諸寺丁壯車牛役部〕 戌年六月十八日 (818)
　2）大雲寺

51834 嬌娘 ················· S00542v
〔燉煌諸寺丁壯車牛役部〕 戌年六月十八日
(818)
　　2)靈修寺

51835 嬌心 ················· S00542v
〔簿〕 戌年六月十八日 (818)

51836 嬌多 ················· Дx02163②
〔百姓福勝戶口田地申告狀〕 大中六年十一月
日 (852)
　　1)婢　4)原作「婢嬌多」。

51837 教威 ················· S06452②
〔周僧正貸油麵曆〕 辛巳年～壬午年 (981～
982?)

51838 教威 ················· S06452⑥
〔常住庫黃麻出便與人名目〕 壬午年 (982)
　　2)淨土寺

51839 教會 ················· Дx11085
〔當寺轉帖〕 壬申年七月 (972)

51840 教興 ················· P4981
〔當寺轉帖〕 閏三月十三日 (961)

51841 教行 ················· Дx11085
〔當寺轉帖〕 壬申年七月 (972)

51842 教心 ················· Дx05534
〔禮佛見到僧等人名目〕 廿日夜 (10C)

51843 教心 ················· Дx05534v
〔貸麵記〕 (10C)

51844 教深 ················· S05406
〔僧正法律徒衆轉帖〕 辛卯年四月十四日
(991)

51845 教眞 ················· BD11988(L2117)
〔某寺常住物檢曆〕 (10C)

51846 教眞 ················· P3332
〔納口承僧名目〕 (10C)

51847 教眞 ················· P3598＋S04199
〔某寺什物點檢見在曆〕 丁卯年 (967)

51848 教眞 ················· S02917
〔常住什物點檢曆〕 乙未年頃 (995 or 935)
　　1)僧正

51849 教眞 ················· S04215
〔什物交割曆〕 (10C)

51850 教眞 ················· S04706
〔什物交割曆〕 (10C後期)

51851 教眞 ················· S05039
〔某寺諸色破曆〕 (10C後期)
　　1)寺主

51852 教珎 ················· S04706
〔什物交割曆〕 (10C後期)
　　1)寺主

51853 教通 ················· P4004
〔某寺交割什物點檢曆〕 (940 or 1000)
　　1)後寺主

51854 教能 ················· Дx11085
〔當寺轉帖〕 壬申年七月 (972)

51855 鏡意 ················· S02614v
〔燉煌應管諸寺僧尼名錄〕 (895)

51856 鏡因 ················· P3167v
〔安國寺道場司關于(五尼寺)沙彌戒訴狀〕
乾寧二年三月 (895)
　　2)安國寺　4)⇒(張)鏡因。

51857 鏡果 ················· P3167v
〔安國寺道場司關于(五尼寺)沙彌戒訴狀〕
乾寧二年三月 (895)
　　2)普光寺　4)⇒(索)鏡果。

51858 鏡行 ················· P3167v
〔安國寺道場司關于(五尼寺)沙彌戒訴狀〕
乾寧二年三月 (895)
　　2)普光寺　4)⇒(李)鏡行。

51859 鏡羞 ················· P3167v
〔安國寺道場司關于(五尼寺)沙彌戒訴狀〕
乾寧二年三月 (895)
　　2)聖光寺　4)⇒(王)鏡羞。

51860 鏡相 ················· S02614v
〔燉煌應管諸寺僧尼名錄〕 (895)

51861 鏡忍 ················· S02614v
〔燉煌應管諸寺僧尼名錄〕 (895)

51862 凝空 ･････････････････ P3600v②
　〔燉煌普光寺等尼名申告狀〕　戌年十一月
　(9C前期)
　　2)普光寺

51863 凝惠 ･････････････････ P3600v②
　〔燉煌普光寺等尼名申告狀〕　戌年十一月
　(9C前期)
　　2)普光寺

51864 凝惠 ･････････････････ P3619①
　〔王都督儭合城僧徒名錄〕　(9C)

51865 凝惠 ･･････････････ P.tib1261v③
　〔諸寺僧尼支給穀物曆〕　(9C前期)
　　1)尼

51866 凝志 ･････････････････ P3600v②
　〔燉煌普光寺等尼名申告狀〕　戌年十一月
　(9C前期)
　　2)普光寺

51867 凝淨 ･･････････････････ P2689
　〔寺僧唱得物支給曆〕　(9C前期)

51868 凝淨 ･････････････････ S02614v
　〔燉煌應管諸寺僧尼名錄〕　(895)
　　2)靈修寺

51869 凝神 ･･････････････ P.tib1261v④
　〔諸寺僧尼支給穀物曆〕　(9C前期)
　　1)尼

51870 凝神 ･･････････････ P.tib1261v⑥
　〔諸寺僧尼支給穀物曆〕　(9C前期)
　　1)尼

51871 凝神 ･･････････････ P.tib1261v⑩
　〔諸寺僧尼支給穀物曆〕　(9C前期)
　　1)尼

51872 凝神 ･････････････････ S04914v
　〔付經曆〕　(835 or 847)
　　1)僧　4)R面有「卯年九月七日」之紀年。

51873 凝政 ･････････････････ S02614v
　〔燉煌應管諸寺僧尼名錄〕　(895)
　　2)靈修寺

51874 凝清 ･･･････････････ P.tib1202v
　〔僧尼名目〕　(9C前期)

51875 凝清 ･････････････････ S02614v
　〔燉煌應管諸寺僧尼名錄〕　(895)

51876 凝清 ･････････････････ S04444v②
　〔燉煌大乘寺僧尼申告(稿)〕　(905)
　　2)大乘寺

51877 凝定 ･･････････････ P.tib1261v⑦
　〔諸寺僧尼支給穀物曆〕　(9C前期)
　　1)尼

51878 凝德 ･････････････････ P3336①
　〔贊普轉經付諸寺維那曆〕　丑年九月卅日
　(833)
　　2)靈圖寺

51879 凝然 ･･････････････ P.tib1261v⑧
　〔諸寺僧尼支給穀物曆〕　(9C前期)
　　1)僧

51880 凝然 ･････････････････ S00545v
　〔永安寺僧名申告狀〕　戌年九月　(9C前期)
　　1)主客僧　2)永安寺

51881 凝妙 ･････････････････ S04444v②
　〔燉煌大乘寺僧尼申告(稿)〕　(905)
　　2)大乘寺

51882 堯鍾 ･････････････････ 北大D162v
　〔道場施物疏〕　辰年正月十五日　(836?)
　　1)吐蕃人

51883 堯鍾 ･････････････････ 北大D162v
　〔道場施物疏〕　辰年正月十五日　(836?)
　　1)吐蕃弟子

51884 堯鐘 ････････････････ 北大D162v③
　〔道場施物疏〕　辰年正月十五日　(836?)
　　1)吐蕃弟子

51885 玉女 ･････････････････ S00542v
　〔燉煌諸寺丁壯車牛役部〕　戌年六月十八日
　(818)
　　2)開元寺,安國道場

51886 泃賓 ･････････････････ S08353
　〔官衙麵油破曆〕　(10C)

51887 緊胡 ･････････････････ S00542v
　〔燉煌諸寺丁壯車牛役部〕　戌年六月十八日
　(818)
　　2)靈圖寺

51888 緊胡妻 ·················· S00542v
〔燉煌諸寺丁壯車牛役部〕 戌年六月十八日
(818)
　2)靈圖寺,蓮臺寺

51889 緊子 ······················ S04660
〔兄弟社轉帖〕 戊子年六月廿六日 (988)
　2)於燉煌蘭喏門

51890 緊子 ······················ S04660v
〔社人缺色物曆〕 戊子年六月廿六日 (988)
　4)⇒(安)緊子。

51891 緊子 ················ 北京萃文齋
〔河西支度營田使戶口給穀簿〕 (8C後期)
　1)(宋光華)奴　4)原作「(戶宋光華冊四)奴緊子六」。

51892 緊卓 ····················· S04274v
〔社名簿〕 (10C)

51893 緊奴 ······················ S04660
〔兄弟社轉帖〕 戊子年六月十六日 (988)
　2)於燉煌蘭喏門　4)⇒(安)緊奴。

51894 緊奴 ····················· S04660v
〔社人缺色物曆〕 戊子年六月廿六日 (988)
　2)於燉煌蘭喏門

51895 金印 ······················ P3060
〔諸寺諸色付經僧尼曆〕 (9C前期)
　1)僧尼　4)經典名「般若經卷43」。

51896 金印 ····················· S02729①
〔燉煌應管勘牌子曆〕 辰年二月 (788)
　1)僧　2)蓮臺寺　3)沙州　4)俗姓「齊」。10行目。

51897 金因 ···················· P2912v③
〔寫大般若經一部施銀盤子麥粟粉疏〕 四月八日 (9C前期)

51898 金雲 ···················· S02729①
〔燉煌應管勘牌子曆〕 辰年四月廿日 (788)
　1)僧　2)大雲寺　3)沙州　4)俗姓「劉」。60行目。辰年4月20日死。末尾有「贊息檢」。

51899 金雲 ···················· S02729①
〔燉煌應管勘牌子曆〕 辰年三月 (788)
　1)僧　2)大雲寺　3)沙州　4)俗姓「劉」。9行目。辰年4月20日死。

51900 金液 ······················ P3060
〔諸寺諸色付經僧尼曆〕 (9C前期)
　1)僧尼　4)經典名「花嚴經卷8」。

51901 金液 ···················· S02729①
〔燉煌應管勘牌子曆〕 辰年三月 (788)
　1)僧　2)金光明寺　3)沙州　4)俗姓「董」。15行目。

51902 金霞 ······················ P3677
〔沙州報恩寺故大德禪和尚金霞遷神志銘并序(首題)〕 蕃中辛巳五月一日葬 (801)
　1) 大德禪和尚　2)報恩寺　3)沙州　4)俗姓「劉」。原作「洛陽人。四月廿八日死」。57歲。⇒劉金霞。

51903 金霞 ······················ P3677
〔沙州報恩寺故大德禪和尚金霞遷神志銘并序(首題)〕 蕃中辛巳五月一日葬 (801)
　1) 故大德禪和尚　2)報恩寺　3)沙州　4)文中有「葬于南沙陽開渠北原之禮也」。

51904 金霞 ···················· S02729①
〔燉煌應管勘牌子曆〕 辰年三月 (788)
　1)僧　2)報恩寺　3)沙州　4)俗姓「劉」。25行目。

51905 金霞 ······················ S11313
〔僧名錄(殘)〕 (9C前期)

51906 金海 ······················ P3060
〔諸寺諸色付經僧尼曆〕 (9C前期)
　1)僧尼　4)經典名「寶積經卷4」。

51907 金海 ···················· S02729①
〔燉煌應管勘牌子曆〕 辰年三月 (788)
　1)僧　2)靈圖寺　3)沙州　4)俗姓「康」。14行目。

51908 金暉 ···················· S02729①
〔燉煌應管勘牌子曆〕 辰年三月 (788)
　1)僧　2)乾元寺　3)沙州　4)俗姓「陰」。20行目。申年6月20日死。⇒陰金暉。

51909 金鏡 ···················· S02729①
〔燉煌應管勘牌子曆〕 (788)
　2)金光明寺　4)俗姓「氾」。16行目。

51910 金摳 ····················· P3138v
〔諸寺付經曆〕 (9C前期)
　2)金光明寺

51911 金軀 ·············· P3205
〔僧俗人寫經曆〕 (9C前期)
　　4) ⇒軀。

51912 金谿 ·············· S02729①
〔燉煌應管勘牌子曆〕 辰年三月 (788)
　　1)僧　2)永安寺　3)沙州　4)俗姓「張」。19行目。

51913 金髻 ·············· P4597
〔諸寺僧尼籍〕 (788)
　　2)金光明寺　4)⇒薛金髻。cf.釋金髭副教授。

51914 金髻 ·············· S02729①
〔燉煌應管勘牌子曆〕 辰年三月 (788)
　　1)僧　2)金光明寺　3)沙州　4)俗姓「薛」。16行目。

51915 金炫 ·············· S02729①
〔燉煌應管勘牌子曆〕 辰年三月 (788)
　　1)僧　2)乾元寺　3)沙州　4)俗姓「張」。21行目。

51916 金炫 ·············· 杏‧羽729
〔沙彌尼威儀一卷(尾題)〕 (8C末～9C前期)
　　1)比丘　4)原作「比丘金炫會諸部律勘完記(朱書)」。

51917 金炫 ·············· 莫第155窟
〔供養人題記〕 (8C後期)
　　1)前沙州釋門都教授乾元寺沙門　2)乾元寺
　　4)原作「前沙州釋門都教授乾元寺沙門金炫就此窟內一心供養」。西壁。《燉》p.72。

51918 金皷 ·············· P3138v
〔諸寺付經曆〕 (9C前期)
　　2)靈圖寺

51919 金皷 ·············· S02729①
〔燉煌應管勘牌子曆〕 辰年三月 (788)
　　1)僧　2)靈圖寺　3)沙州　4)俗姓「李」。12行目。

51920 金皷 ·············· S10976
〔某寺付經僧曆〕 (9C前期)

51921 金光 ·············· P3047v①
〔僧名等錄〕 (9C前期)
　　4)俗姓「蘇」。

51922 金光會 ·············· S05845
〔郭僧政等貸油麵廠曆〕 己亥年二月十七日 (939)
　　4)金剛會。

51923 金光惠 ·············· BD14670(新0870)
〔靈圖寺徒衆舉綱首牒及都僧統判辭〕 廣順二年四月二日 (952)
　　1)徒衆　2)靈圖寺

51924 金光惠 ·············· C.110(IOL)
〔金光惠帖〕 廿三日 (10C前期)

51925 金剛 ·············· BD02496v③(成96)
〔儭司唱得布支給曆〕 (10C前期)
　　1)僧　2)(靈)圖(寺)

51926 金剛 ·············· P3047v⑧
〔王都督儭合城僧徒名錄〕 (9C前期)

51927 金剛 ·············· S02199
〔尼靈惠唯(遺)書(首題)〕 咸通六年十月廿三日 (865)
　　4)原作「弟金剛」。

51928 金剛 ·············· S07060
〔都司諸色破曆〕 辰年 (9C前期)

51929 金剛 ·············· Дx02869B
〔福眞等粟破曆(1行)〕 (9C)
　　4) Дx2869bV:雜寫(己巳年849)(五月十日等)。

51930 金剛銳 ·············· P2846
〔入破曆〕 甲寅年正月廿一日 (954)

51931 金剛會 ·············· P2250v①
〔龍興寺僧唱布曆〕 (925?)
　　1)僧　2)龍興寺

51932 金剛會 ·············· P3540
〔天王文1卷(尾題)〕 貞明陸年庚辰十二月四日 (920)
　　1)比丘

51933 金剛會 ·············· S01781①
〔散花樂末〕 己卯年二月三日 (919)
　　1)比丘僧‧書記

51934 金剛惠 ·············· P2040v②-28
〔淨土寺豆入曆〕 (940前後)
　　2)淨土寺

51935 金剛惠 ・・・・・・・・・・・・・・・ P2250v①
〔龍興寺僧唱布曆〕 (925?)
　1)僧　2)龍興寺

51936 金剛惠 ・・・・・・・・・・・・・・・ P3047v①
〔僧名等錄〕 (9C前期)
　4)俗姓「王」。

51937 金剛惠 ・・・・・・・・・・・・・・・ P3047v⑧
〔王都督儭合城僧徒名錄〕 (9C前期)

51938 金剛惠 ・・・・・・・・・・・・・・・ S01781②
〔便麥曆〕 庚辰年正月二日 (920)

51939 金剛慶 ・・・・・・・・・・・・・・・ Дx01586B
〔惠通下僧名目〕 (9C後期)

51940 金剛藏 ・・・・・・・・・・・・・・ P2671v
〔僧名錄(河西都僧統等20數名)〕 甲辰年頃
(884頃)

51941 金剛輪 ・・・・・・・・・・・・・・ P.tib1261v⑤
〔諸寺僧尼支給穀物曆〕 (9C前期)
　1)僧

51942 金剛輪 ・・・・・・・・・・・・・・ P.tib1261v⑥
〔諸寺僧尼支給穀物曆〕 (9C前期)
　1)僧

51943 金剛輪 ・・・・・・・・・・・・ S11284＋S11288
〔便黃麻曆〕 (9C)

51944 金山 ・・・・・・・・・・・・・・・・・ P4640v
〔官入破曆〕 庚申年六月 (900)

51945 金山 ・・・・・・・・・・・・・・・・ TⅡY-46C
〔戶籍〕 端拱年頃 (988〜990)
　1)奴

51946 金山白帝 ・・・・・・・ BD15427(簡071054)2
〔二月八日文〕 (911)
　3)金山(國)　4)取910年稱帝,911年撤號說。

51947 金彭 ・・・・・・・・・・・・・・・・・ S06631v
〔義淨三藏讚〕 (9C)
　1)釋門副教授

51948 金芝? ・・・・・・・・・・・・・・・ S03074v
〔某寺破曆〕 六月一,廿日,七月十三,十六日,八
月一,十六日,九月六,十一,十二,十九日,十月一
日,十一月三日,十二月三,六,十六日 (9C前期)

51949 金茲 ・・・・・・・・・・・・・・・・ S02711
〔寫經人名目〕 (9C前期)
　1)僧　2)金光明寺

51950 金振 ・・・・・・・・・・・・・・・ P2912v③
〔寫大般若經一部施銀盤子麥粟粉疏〕 四月
八日 (9C前期)

51951 金振 ・・・・・・・・・・・・・・・・ P3138v
〔諸寺付經曆〕 (9C前期)
　2)靈圖寺　4)⇒金振?

51952 金振 ・・・・・・・・・・・・・・・・ P3853v
〔諸寺付經曆〕 (9C前期)
　4)⇒(金)金振。

51953 金振 ・・・・・・・・・・・・・・・ S02729①
〔燉煌應管勘牌子曆〕 辰年三月 (788)
　1)僧　2)靈圖寺　3)沙州　4)俗姓「董」。12行
目。

51954 (金)進 ・・・・・・・・・・・・・・ Дx01412
〔卯辰巳三年沿寺黃麻等入破曆〕 (10C中期)
　1)法律

51955 金樞 ・・・・・・・・・・・・・ BD00666Av(日66)
〔大般若波羅密多經卷第232(尾題A)(背面寫
經人)〕 (9C)
　4)V面尾端有「金樞寫,惠舟□(勘)□□」。

51956 金樞 ・・・・・・・・・・・・・・・ S02729①
〔燉煌應管勘牌子曆〕 辰年三月 (788)
　1)僧　2)金光明寺　3)沙州　4)俗姓「曹」。17行
目。申年月25日死。

51957 金粟 ・・・・・・・・・・・・・・・ 沙文補25
〔金光明寺直歲等向都頭倉貸便麥粟牒〕 丑
年五月 (821)
　1)寺主　2)金光明寺

51958 金澤 ・・・・・・・・・・・・・・・・ P3855
〔諸寺付經曆〕 (9C初頭)
　2)金光明寺

51959 金澤 ・・・・・・・・・・・・・・・ S02729①
〔燉煌應管勘牌子曆〕 (788)
　2)金光明寺　4)俗姓「索」。16行目。

51960 金檀 ・・・・・・・・・・・・・・・ S02729①
〔燉煌應管勘牌子曆〕 辰年三月 (788)
　1)僧　2)金光明寺　3)沙州　4)俗姓「王」。

51961 金檀 ………………………… S10967
〔教團付經諸寺僧尼名目〕（9C前期）

51962 金頂 ………………………… P3060
〔諸寺諸色付經僧尼曆〕（9C前期）
　1)僧尼　2)金光明寺　4)俗姓「梁」。

51963 金頂 ………………………… S02729①
〔燉煌應管勘牌子曆〕　辰年三月（788）
　1)僧　2)金光明寺　3)沙州　4)俗姓「梁」。16行目。

51964 金髻 ………………………… P4597⑭⑮
〔義淨三藏贊及羅什法師贊(首題)〕（9C後期）
　1)釋門・副教授　4)本卷爲「惠水文一本」。

51965 金振? ………………………… P3138v
〔諸寺維那請大般若經袟〕（9C前期）
　2)靈圖寺　4)⇒金振。

51966 金田 ………………………… P3060
〔諸寺諸色付經僧尼曆〕（9C前期）
　2)乾元寺　4)俗姓「趙」。

51967 金田? ………………………… S02729①
〔燉煌應管勘牌子曆〕　辰年三月（788）
　1)僧　2)乾元寺　3)沙州　4)俗姓「趙」。20行目。

51968 金田 ………………………… S10967
〔教團付經諸寺僧尼名目〕（9C前期）

51969 金洞? ………………………… P3060
〔諸寺諸色付經僧尼曆〕（9C前期）
　1)僧尼　4)經典名「正法念經卷2」。

51970 金洞 ………………………… S02729①
〔燉煌應管勘牌子曆〕　辰年三月（788）
　1)僧　2)金光明寺　3)沙州　4)俗姓「張」。16行目。

51971 金祕 ………………………… P3060
〔諸寺諸色付經僧尼曆〕（9C前期）
　1)僧尼　4)經典名「花嚴經卷8」。

51972 金封? ………………………… P3060
〔諸寺諸色付經僧尼曆〕（9C前期）
　1)僧尼　4)經典名「般若經卷5」。

51973 金封 ………………………… P3060v
〔諸寺諸色付經僧尼曆〕（9C前期）
　4)經典名「大集經卷1」。

51974 金曜 ………………………… S02729①
〔燉煌應管勘牌子曆〕　辰年三月（788）
　1)僧　2)金光明寺　3)沙州　4)俗姓「張」。15行目。

51975 金耀 ………………………… BD01046（辰46）
〔四分律比丘尼戒本末〕　午年五月八日・六月三日（790 or 802）
　1)上座　2)本寺(金光明寺)　4)原作「本寺上座金耀」。

51976 金戀 ………………………… Дx01330
〔(大雲寺)直歲曇空等當寺僧破除見在牒〕
申年三月日　（792 or 852 or 912）

51977 金鸞 ………………………… P3947v
〔大雲寺僧所有田籍簿〕（9C前期）
　3)行(人部落)　4)R面爲「亥年(819or831) 八月龍興寺應轉經僧分兩蕃定名牒」。

51978 金鸞 ………………………… S02729①
〔燉煌應管勘牌子曆〕　辰年三月（788）
　1)僧　2)大雲寺　3)沙州　4)俗姓「呂」。8行目。

51979 金栗 ………………………… S02712v
〔諸寺付經僧尼曆〕（9C前期）
　1)僧　2)金光明寺

[く]

51980 瞿圓 ……………… S02729①
〔燉煌應管勘牌子歷〕 申年三月十日 (788)

51981 軀 ……………… P3205
〔僧俗人寫經歷〕 (9C前期)
　　4)⇒金軀。

51982 具足 ……………… 北京萃文齋
〔河西支度營田使戶口給穀簿〕 (8C後期)
　　1)(李光俊)婢　4)原作「(戶李光俊卅九)婢具足卌一」。

51983 空惠 ……………… 杏·羽694①
〔當寺應管主客僧牒〕 未年閏十月 (803)
　　4)文末有異一行「未年閏十月日,直歲圓滿牒」。

51984 空寂花 ……………… S02669
〔管內尼寺(安國寺·大乘寺·聖光寺)籍〕 (865～870)
　　2)大乘寺　3)燉煌鄉　4)姓「陰」。俗名「女々」。

51985 空没熱 ……………… S02228②
〔於諸家邊布麥粟酒分付歷〕 巳年四月九日 (825)

51986 空明 ……………… P3047v⑦
〔法事僧尼名錄〕 (9C前期)
　　4)俗姓「張」。

51987 窟法行 ……………… P3730v
〔支破歷(2行)〕 (9C前期)
　　4)⇒法行。

51988 君盈 ……………… S06235A③
〔出得氈羊皮歷〕 某年十一月十七日 (9C前期)
　　1)將二　4)俗姓「唐」。參看S6235bV「唐君盈辭」。

51989 君々 ……………… P2162v
〔三將納丑年突田歷〕 (9C前期)

51990 君淨 ……………… P3047v⑨
〔諸人諸色施捨歷〕 (9C前期)

51991 訓㞯 ……………… S05832
〔請便佛麥牒〕 (9C前期)
　　1)都僧統

[け]

51992 下藏 ……………… BD07143(師43)
〔大般若波羅蜜多經卷第327(勘記)〕 (9C前期)

51993 下藏 ……………… BD07149v(師49)
〔大般若波羅蜜多經卷第182(勘記)〕 (9C前期)

51994 下藏 ……………… BD07150v(師50)
〔大般若波羅蜜多經卷第518(勘記)〕 (9C前期)

51995 係昌 ……………… P3319v②
〔社司轉帖(殘)〕 (10C)
　　1)正進

51996 惠 ……………… BD11493(L1622)
〔十僧寺三尼寺勘教付經歷(首尾全)〕 亥年四月廿九日 (9C前期)
　　2)(大)雲(寺)

51997 惠安 ……………… P2032v
〔淨土寺入破歷〕 甲辰年一月 (944)
　　1)直歲　2)淨土寺

51998 惠安 ……………… P3234v③-10
〔惠安惠戒手下便物歷〕 甲辰年 (944)

51999 惠安 ……………… P3336③
〔瓜州節度轉經付維那歷〕 寅年正月卅日 (834)
　　2)永康寺

52000 惠晏 ……………… BD15438(簡039388)
〔道深爲弟惠晏分割債負上神亳牒〕 (10C後期)
　　1)法律

52001 惠晏 ……………… S02142
〔當寺上藏內諸雜部帳錄〕 大唐(宋)乾德二年歲次甲子四月廿三日 (964)
　　1)經司僧政

52002 惠晏 ……………… S04689＋S11293
〔功德司願德勘算斛豆繰布等狀〕 顯德元年甲寅歲正月壹日 (954)
　　1)法律

847

52003 惠晏 ……………………… S06226
〔某寺付徒衆各僧油一升曆〕（10C中期）

52004 惠威 ……………………… P.tib1261v⑪
〔諸寺僧尼支給穀物曆〕（9C前期）
　　1）僧

52005 惠威 ……………………… 濱田115v
〔付經曆〕（未年）二月廿二日（9C前期）
　　2）永康寺

52006 惠意 ……………………… S02614v
〔燉煌應管諸寺僧尼名錄〕（895）
　　2）大乘寺

52007 惠意 ……………………… S02669
〔管內尼寺（安國寺・大乘寺・聖光寺）籍〕
（865〜870）
　　2）大乘寺　3）洪池鄉　4）姓「氾」。俗名「威〻」。

52008 惠意 ……………………… 莫第146窟
〔供養人題記〕（11C中期）
　　4）原作「故女惠意一心供養」。中心佛壇東壁北側。《燉》p. 67。

52009 惠意 ……………………… 榆第38窟
〔供養人題記〕（11C初期）
　　1）…頓悟大〻賢者　4）裏洞北壁。《謝》p. 493。

52010 惠昱 ……………………… P.tib1261v④
〔諸寺僧尼支給穀物曆〕（9C前期）
　　1）僧　4）⇒惠星。

52011 惠育 ……………………… P.tib1261v⑥
〔諸寺僧尼支給穀物曆〕（9C前期）
　　1）僧

52012 惠溢 ……………………… P3491piece1
〔某寺設齋勾當名目〕（9C前期）

52013 惠員 ……………………… P3108v⑥
〔僧名錄(2名)〕庚辰年十二月廿日（860 or 920）
　　2）金光明寺

52014 惠因? ……………………… P3060
〔諸寺諸色付經僧尼曆〕（9C前期）
　　2）報恩寺　4）俗姓「李」。

52015 惠因 ……………………… S02729①
〔燉煌應管勘牌子曆〕辰年三月（788）
　　1）僧　3）沙州・潘原堡　4）俗姓「李」。26行目。

52016 惠因 ……………………… 杏・羽067
〔備席主人理通等并勾當司人等各着食飯數目曆〕（10C）
　　1）僧・塩酢司　4）文書面有「李盛鐸印」等。

52017 惠陰 ……………………… S04701
〔某寺常住倉司算會憑〕庚子年（1000）
　　1）法律

52018 惠陰 ……………………… S04702
〔計會〕丙申十二月九日（996）
　　1）法律

52019 惠雲 ……………………… BD11493（L1622）
〔十僧寺三尼寺勘教付經曆(首尾全)〕亥年四月廿九日（9C前期）
　　2)(靈)圖(寺)

52020 惠雲 ……………………… P2469v
〔破曆雜錄〕戌年六月五日（830?）

52021 惠雲 ……………………… P4638v③
〔都僧統弘辯等上司空牒(3通)〕清泰四年十一月十八日（937）
　　1）都僧錄

52022 惠雲 ……………………… P.tib1261v③
〔諸寺僧尼支給穀物曆〕（9C前期）
　　1）僧

52023 惠雲 ……………………… P.tib1261v⑦
〔諸寺僧尼支給穀物曆〕（9C前期）
　　1）僧

52024 惠雲 ……………………… S01475v⑬⑭
〔便契〕三月六日（828〜829）
　　1）見人

52025 惠雲 ……………………… S01475v⑬⑭
〔便契〕三月六日（828〜829）

52026 惠雲 ……………………… S02575v⑤
〔普光寺道場司惠雲等狀〕（929）
　　1）道場司僧政　2）普光寺

52027 惠雲 ……………………… S02729①
〔燉煌應管勘牌子曆〕辰年三月（788）
　　1）僧　2）乾元寺　3）沙州　4）俗姓「氾」。21行目。

52028 惠雲 ……………………… S06086
〔比丘惠雲狀〕（9C?）
　　1）比丘

52029 惠雲 ・・・・・・・・・・・・ 井上目57,圖版1
〔計料海濟受戒衣鉢具色目〕 子年三月五日
(820〜832)

52030 惠榮 ・・・・・・・・・・・・・・・・・・ P3619①
〔王都督儭合城僧徒名錄〕 (9C)

52031 惠永 ・・・・・・・・・・・・・・ BD00502v(荒2)
〔梵網經盧舍那佛說菩薩心地戒品第第10卷下〕 丙寅年十一月日/天復六年丙寅歲十一月廿日 (903)
　2)靈圖寺　4)背面裱補紙上有題名,第一條「丙寅年十一月日,就靈圖寺靈圖寺施經布戒全記」,第二條「天復六年丙寅歲十一月廿日,接囊布戒全選,惠永記」。

52032 惠永 ・・・・・・・・・・・・・・・・ 濱田115v
〔付經曆〕 (未年)二月廿二日 (9C前期)
　2)蓮臺寺

52033 惠英 ・・・・・・・・・・・・・・・・ P.tib1261v②
〔諸寺僧尼支給穀物曆〕 (9C前期)
　1)僧

52034 惠英 ・・・・・・・・・・・・・・・・ P.tib1261v③
〔諸寺僧尼支給穀物曆〕 (9C前期)
　1)僧

52035 惠英 ・・・・・・・・・・・・・・・・ P.tib1261v④
〔諸寺僧尼支給穀物曆〕 (9C前期)
　1)僧

52036 惠英 ・・・・・・・・・・・・・・・・ P.tib1261v⑤
〔諸寺僧尼支給穀物曆〕 (9C前期)
　1)僧

52037 惠英 ・・・・・・・・・・・・・・・・ P.tib1261v⑥
〔諸寺僧尼支給穀物曆〕 (9C前期)
　1)僧

52038 惠英 ・・・・・・・・・・・・・・・・ P.tib1261v⑦
〔諸寺僧尼支給穀物曆〕 (9C前期)
　1)僧

52039 惠英 ・・・・・・・・・・・・・・・・ P.tib1261v⑨
〔諸寺僧尼支給穀物曆〕 (9C前期)
　1)僧

52040 惠英 ・・・・・・・・・・・・・・・・ P.tib1261v⑩
〔諸寺僧尼支給穀物曆〕 (9C前期)
　1)僧

52041 惠英 ・・・・・・・・・・・・・・・・ P.tib1261v⑫
〔諸寺僧尼支給穀物曆〕 (9C前期)
　1)僧

52042 惠英 ・・・・・・・・・・・・・・・・・・ S06126
〔附箋〕 (9C)
　4)寫(地)勘了。

52043 惠英 ・・・・・・・・・・・・・・ 井上目57,圖版1背
〔釋門教授帖〕 子年頃 (820 or 832頃)
　1)僧・檢校道場律師　2)安國寺

52044 惠圓 ・・・・・・・・・・・・・・・・・・ S04482
〔戒牒〕 雍熙四年 (987)
　1)授菩薩戒男弟子　2)靈圖寺

52045 惠琬 ・・・・・・・・・・・・・・ 井上目57,圖版1背
〔釋門教授帖〕 子年頃 (820 or 832頃)
　1)僧・檢校道場律師　2)大乘寺

52046 惠緣 ・・・・・・・・・・・・・・・・ 杏・羽067
〔備席主人理通等并勾當司人等各着食飯數目歷〕 (10C)
　1)勾當食司・法律　4)文書面有「李盛鐸印」等。

52047 惠菀 ・・・・・・・・・・・・・・・・・・ P3720
〔龍友聖朋福德寺僧〕 (9C)
　1)僧　2)福德寺

52048 惠菀 ・・・・・・・・・・・・・・・・ P4660㉔
〔宋律伯邈眞讚〕 咸通八年歲次丁亥六月五日 (867)
　1)前令公門徒　2)福德寺　3)隰州龍支縣　4)原作「隰州龍支縣一福德寺前令公門徒釋惠苑述恒安書」。

52049 惠菀 ・・・・・・・・・・・・・・・・ P4660㉘
〔前燉煌都毗尼惠菀陰律伯眞儀讚〕 (9C)
　1)前燉煌都毗尼　3)燉煌　4)原作「龍友聖明福德寺僧惠菀述」。⇒慧苑。

52050 惠菀 ・・・・・・・・・・・・・・・・ P.tib1261v④
〔諸寺僧尼支給穀物曆〕 (9C前期)
　1)僧

52051 惠遠? ・・・・・・・・・・・・・・・・ 杏・羽694②
〔報恩寺所管僧名目〕 (9C前期)
　2)報恩寺　4)僧右傍有朱點,朱字。

52052 惠恩 ・・・・・・・・・・・・・・・・ P2250v①
〔龍興寺僧唱布曆〕 (925?)
　1)僧　2)龍興寺

人名篇 けい 惠

52053 惠恩 ･････････････････ P3017
〔張業等敬造金字大寶積經〕 天復三年歲次癸
亥二月壬申朔廿三日 (903)
　　4)⇒惠思。

52054 惠恩 ･････････････････ P3305piece3
〔錄事帖(社司?轉帖)〕 咸通九年十一月十八
日 (868)
　　4)⇒惠思。

52055 惠恩 ･････････････････ S02614v
〔燉煌應管諸寺僧尼名錄〕 (895)
　　2)龍興寺

52056 惠恩 ･････････････････ S09997v
〔僧名錄〕 (9C)

52057 惠恩 ･････････････････ 有鄰館56
〔城下諸色碩豆十牛等入破歷〕 自戌年至子年
(9C前期)

52058 惠恩? ･････････････････ 杏‧羽694②
〔報恩寺所管僧名目〕 (9C前期)
　　2)報恩寺　4)僧右傍有朱點,朱字。

52059 惠溫 ･････････････････ 濱田075
〔多大敎王經卷下〕 大宋淳化五年正月日
(994)
　　1)左街副僧錄知敎門事　4)高山寺印。

52060 惠果 ･････････････････ S02614v
〔燉煌應管諸寺僧尼名錄〕 (895)
　　2)龍興寺

52061 惠禾 ･････････････････ S01653v
〔付麵曆佛會支出簿〕 (10C)

52062 惠花 ･････････････････ S02669
〔管內尼寺(安國寺‧大乘寺‧聖光寺)籍〕
(865～870)
　　2)大乘寺　3)赤心鄕　4)姓「王」。俗名「嬌々」。

52063 惠戒 ･････････････････ P2032v⑪
〔淨土寺西倉司願勝等入破歷〕 乙巳年三月
(945)
　　2)淨土寺

52064 惠戒 ･････････････････ P2207piece4
〔僧名錄〕 (10C)

52065 惠戒 ･････････････････ P2250v②
〔乾元寺僧唱布曆〕 辛未年四月十二日
(925?)
　　2)乾元寺

52066 惠戒 ･････････････････ P3234v③
〔惠安惠戒手下便物曆〕 甲辰年 (944)
　　2)淨土寺

52067 惠戒 ･････････････････ Дx01380v
〔僧名目〕 (10C後期)
　　4)R面爲「七月廿八日獻信狀」(10C後期)。

52068 惠戒 ･････････････････ 浙燉168(浙博143)
〔諸寺僧名目〕 (10C中期)
　　2)(淨)土(寺)

52069 惠海 ･････････････････ P2912v②
〔懶家緣大衆要送路人事及都頭用使破歷〕
丑年四月已後 (821?)
　　4)朱書。

52070 惠海 ･････････････････ P3047v③
〔諸僧尼送納三色香於乾元寺曆〕 (9C前期)
　　2)乾元寺

52071 惠海 ･････････････････ P3491piece1
〔某寺設齋勾當名目〕 (9C前期)
　　2)普光寺

52072 惠海 ･････････････････ P3947
〔龍興寺應轉經僧分兩蕃定名牒〕 亥年八月
(819 or 831)
　　2)龍興寺　4)V面爲「9C前半大雲寺僧所有田籍
簿」。

52073 惠海 ･････････････････ P.tib1261v⑩
〔諸寺僧尼支給穀物曆〕 (9C前期)
　　1)僧

52074 惠海 ･････････････････ P.tib1261v⑪
〔諸寺僧尼支給穀物曆〕 (9C前期)
　　1)僧

52075 惠海 ･････････････････ S05663
〔中論卷第2〕 己亥年七月十五日 (879)
　　1)律大德沙門　2)三界寺

52076 惠覺 ･････････････････ BD09089v(陶10)
〔雜寫〕 (9～10C)

850

52077 惠覺 ……………………… P3881v
〔招提司惠覺諸色斛㪷計會〕太平興國六年
(981)
　1)招提司

52078 惠覺 ……………………… Дx11085
〔當寺轉帖〕壬申年七月 (972)

52079 惠孝 ……………………… P3556v⑦
〔道場思惟簿〕(10C)

52080 惠觀 ……………………… S02729①
〔燉煌應管勘牌子歷〕辰年三月 (788)
　1)僧 2)金光明寺 3)沙州 4)俗姓「婁」。15行
　目。午年7月25日死。

52081 惠觀 ……………………… S02729①
〔燉煌應管勘牌子歷〕午年七月廿五日 (790)
　1)僧 2)金光明寺 3)沙州 4)俗姓「婁」。64行
　目。午年7月25日死。末尾有「楊舍人檢」。

52082 惠諫 ……………………… S02614v
〔燉煌應管諸寺僧尼名錄〕(895)
　2)乾元寺

52083 惠巖 ……………………… P2583v④
〔尼明謙疏〕申年頃正月三日 (828頃?)

52084 惠巖 ……………………… P.tib1261v⑩
〔諸寺僧尼支給穀物歷〕(9C前期)
　1)僧

52085 惠巖 ……………………… 杏・羽077
〔吐蕃國家安寧佛會祈願文抄錄(若干)〕(9C
中期)
　4)第2文頭有「惠巖聞我大師妙力難思,神威罕
　側,…。」。文面有「李盛鐸印」等。

52086 惠眼 ……………………… P2112
〔般若波羅蜜多經卷第119〕(9C)
　1)第一校

52087 惠眼 ……………………… P3619①
〔王都督懍合城僧徒名錄〕(9C)

52088 惠眼 ……………………… P.tib1261v⑪
〔諸寺僧尼支給穀物歷〕(9C前期)
　1)僧

52089 惠眼 ……………………… S01475v⑩⑪
〔付僧惠眼便麥契〕四月廿二日 (828〜829)
　1)便麥人

52090 惠眼 ……………………… S01475v⑩⑪
〔付僧惠眼便麥契〕四月廿二日 (828〜829)
　1)僧・見人

52091 惠眼 ……………………… Дx02355
〔支給僧尼斛㪷歷〕(9C中期?)

52092 惠眼 ……………………… 故宮博・新153373
〔大般若波羅蜜多經卷第388(首尾題)〕(9C
前期)
　1)第三校 4)原作「第一校海智,第二校法濟,第
　三惠眼」。

52093 惠願 ……………………… P3423
〔乾元寺新登戒僧次第曆〕丙戌年五月七日
(986)
　2)乾元寺

52094 惠暉 ……………………… P.tib1261v⑨
〔諸寺僧尼支給穀物歷〕(9C前期)
　1)僧

52095 惠歸 ……………………… P3491piece1
〔某寺設齋勾當名目〕(9C前期)

52096 惠歸 ……………………… P3947
〔龍興寺應轉經僧分兩蕃定名牒〕亥年八月
(819 or 831)
　2)龍興寺 4)V面爲「9C前半大雲寺僧所有田籍
　簿」。

52097 惠歸 ……………………… P.tib1261v②
〔諸寺僧尼支給穀物歷〕(9C前期)
　1)僧

52098 惠氤 ……………………… 杏・羽694②
〔報恩寺所管僧名目〕(9C前期)
　2)報恩寺 4)僧右傍有朱點,朱字。

52099 惠九 ……………………… P2671v
〔僧名錄(河西都僧統等20數名)〕甲辰年頃
(884頃)

52100 惠及 ……………………… P3855
〔諸寺付經曆〕(9C初頭)
　2)龍興寺

52101 惠炬 ……………………… P3855
〔諸寺付經曆〕(9C初頭)
　2)某寺

52102 惠炬 ·········· S03074v
〔某寺破曆〕 六月廿六日十月三日 (9C前期)

52103 惠炬 ·········· S06028
〔寫經人名目〕 (8C末～9C前期)
　1)寫經人

52104 惠鏡 ·········· P.tib1261v⑨
〔諸寺僧尼支給穀物曆〕 (9C前期)
　1)僧(尼)

52105 惠鏡 ·········· P.tib1261v⑫
〔諸寺僧尼支給穀物曆〕 (9C前期)
　1)僧

52106 惠欽 ·········· S02614v
〔燉煌應管諸寺僧尼名錄〕 (895)
　2)三界寺

52107 惠吟 ·········· S03631v
〔僧人名目〕 (10C中～後期)

52108 惠崟 ·········· 杏・羽694①
〔當寺應管主客僧牒〕 未年閏十月 (803)
　4)文末有異一行「未年閏十月日,直歲圓滿牒」。

52109 惠矩 ·········· P3060
〔諸寺諸色付經僧尼曆〕 (9C前期)
　1)僧尼 4)經典名「大菩薩藏經卷2」。

52110 惠空 ·········· S02712
〔諸寺付經僧尼曆〕 (9C前期)
　1)僧 2)蓮臺寺

52111 惠々 ·········· BD02126v②(藏26)
〔人名目(1行6名)〕 (9C後期)

52112 惠劍 ·········· P2912v①
〔大衆及私傭儭施布入者具數〕 丑年正(月)已後 (821?)

52113 惠劍 ·········· P3047v④
〔契?〕 辰年七月八日 (9C前期)

52114 惠劍 ·········· P3047v⑧
〔王都督儭合城僧徒名錄〕 (9C前期)

52115 惠劍 ·········· P4810v②
〔爲亡妣請僧疏〕 (9C前期)
　2)金光明寺

52116 惠劍 ·········· P.tib1261v③
〔諸寺僧尼支給穀物曆〕 (9C前期)
　1)僧

52117 惠劍 ·········· P.tib1261v⑪
〔諸寺僧尼支給穀物曆〕 (9C前期)
　1)僧

52118 惠劍 ·········· P3047v①
〔僧名等錄〕 (9C前期)
　4)俗姓「張」。

52119 惠堅 ·········· BD15174v(新1374)
〔社司轉帖〕 (10C後期)
　4)V面有「丁卯年正月一日金光明寺僧玄敎覩世音菩薩經一卷」之一文。

52120 惠堅 ·········· P3491piece1
〔某寺設齋勾當名目〕 (9C前期)

52121 惠建 ·········· 濱田115v
〔付經曆〕 (未年)二月廿二日 (9C前期)
　2)報恩寺

52122 惠憲 ·········· S00387v
〔雜寫及畫〕 (10C後期)

52123 惠顯 ·········· P3491piece1
〔某寺設齋勾當名目〕 (9C前期)

52124 惠顯 ·········· P.tib1261v⑦
〔諸寺僧尼支給穀物曆〕 (9C前期)
　1)僧

52125 惠嚴 ·········· Дx04126
〔書狀〕 (9～10C)
　1)禪師 4)文中有季夏極熱之句。

52126 惠源 ·········· P3017
〔張業等敬造金字大寶積經〕 天復三年歲次癸亥二月壬申朔廿三日 (903)

52127 惠悟 ·········· P3047v⑧
〔王都督儭合城僧徒名錄〕 (9C前期)

52128 惠悟 ·········· P3138v
〔諸寺付經曆〕 (9C前期)
　2)大雲寺

52129 惠悟 ·········· S02729①
〔燉煌應管勘牌子曆〕 辰年三月 (788)
　1)僧 2)普光寺 3)沙州 4)俗姓「曹」。41行目。

52130 惠悟 ・・・・・・・・・・・・・・・・・ 杏・羽067
〔備席主人理通等并勾當司人等各着食飯數目歷〕 (10C)
　1) 勾當羹飥司・法律　4) 文書面有「李盛鐸印」等。

52131 惠光 ・・・・・・・・・・・・・・・・・ P2250v②
〔乾元寺僧唱布歷〕 辛未年四月十二日 (925?)
　2) 乾元寺

52132 惠光 ・・・・・・・・・・・・・・・・・ P2374③
〔佛說延壽命經(末)〕 大周顯德陸年四月八日 (959)
　4) 原作「瓜州永興禪院禪師惠光敬寫」。

52133 惠光 ・・・・・・・・・・・・・・・・・ P2953v
〔便麥豆本歷〕 (10C)
　2) 顯德寺

52134 惠光 ・・・・・・・・・・・・・・・・・ P3138
〔諸寺維那請大般若經袟〕 (9C前期)
　2) 乾元寺

52135 惠光 ・・・・・・・・・・・・・・・・・ P.tib1261v②
〔諸寺僧尼支給穀物歷〕 (9C前期)
　1) 僧

52136 惠光 ・・・・・・・・・・・・・・・・・ P.tib1261v③
〔諸寺僧尼支給穀物歷〕 (9C前期)
　1) 僧

52137 惠光 ・・・・・・・・・・・・・・・・・ S02614v
〔燉煌應管諸寺僧尼名錄〕 (895)
　2) 乾元寺

52138 惠光 ・・・・・・・・・・・・・・・・・ S02729①
〔燉煌應管勘牌子歷〕 辰年三月 (788)
　1) 僧　2) 蓮臺寺　3) 沙州　4) 俗姓「趙」。11行目。

52139 惠光 ・・・・・・・・・・・・・・・・・ S10967
〔教團付經諸寺僧尼名目〕 (9C前期)

52140 惠光 ・・・・・・・・・・・・・・・・・ Дx05534v
〔貸麵記〕 (10C)

52141 惠光師 ・・・・・・・・・・・・・・・ S07060
〔都司諸色破歷〕 辰年 (9C前期)

52142 惠廣 ・・・・・・・・・・・・・・・・・ S02614v
〔燉煌應管諸寺僧尼名錄〕 (895)
　2) 開元寺

52143 惠廣 ・・・・・・・・・・・・・・・・・ S05713
〔惠廣等謝過境供給狀抄〕 (9C後期?)

52144 惠廣 ・・・・・・・・・・・・・・・・・ S06307
〔管內都僧正轉帖〕 九月一日 (10C後期)
　1) 徒衆

52145 惠弘 ・・・・・・・・・・・・・・・・・ S00330
〔戒牒〕 太平興國七年正月八日 (982)
　1) 授戒弟子　2) 三界寺

52146 惠弘 ・・・・・・・・・・・・・・・・・ S00330⑥
〔沙州三界寺授八戒牒(6通)〕 太平興國七年正月八日 (982)
　1) 授戒弟子　2) 三界寺　3) 沙州　4) 原作「授戒女弟子惠弘」。無「程」字。亦有「(末尾)授戒師主釋門道眞」署名。

52147 惠興 ・・・・・・・・・・・・・・・ BD14806③(新1006)
〔歸義軍官府貸油麵歷〕 庚午年 (970)

52148 惠興 ・・・・・・・・・・・・・・・・・ P3067
〔某寺常住什物點檢歷〕 (10C後期)

52149 惠興 ・・・・・・・・・・・・・・・・・ P3290①
〔計會簿〕 己亥年十二月二日 (999)
　1) 黃麻人・法律

52150 惠興 ・・・・・・・・・・・・・・・・・ S04642v
〔某寺入破歷計會〕 (923以降)

52151 惠興 ・・・・・・・・・・・・・・・・・ S04701
〔某寺常住倉司算會憑〕 庚子年十二月十四日 (1000)
　1) 執物團頭法律

52152 惠香 ・・・・・・・・・・・・・・・・・ P3600v②
〔燉煌普光寺等尼名申告狀〕 戌年十一月 (9C前期)
　2) 普光寺

52153 惠劫 ・・・・・・・・・・・・・・・・・ Дx01428
〔某寺諸色斛㪷破歷〕 (10C中期)

52154 惠索 ・・・・・・・・・・・・・・・・・ P3067
〔某寺常住什物點檢歷〕 (10C後期)

52155 惠索 ・・・・・・・・・・・・・・・・・ S04215
〔什物交割歷〕 (10C)
　1) 僧正

52156 惠索 ·············· S04706
〔什物交割曆〕（10C後期）
　　1)僧正

52157 惠思 ·············· P3017
〔張業等敬造金字大寶積經〕 天復三年歲次癸
亥二月壬申朔廿三日 （903）
　　4)⇒惠恩。

52158 惠思 ············ P3305piece3
〔錄事帖(社司?轉帖)〕 咸通九年十一月十八
日 （868）
　　4)⇒惠恩。

52159 惠慈 ·············· S04613
〔破曆〕 庚申年 （960）
　　1)法律

52160 惠舟 ·········· BD00666Av（日66）
〔大般若波羅密多經卷第232(尾題A)(背面寫
經人)〕 （9C）
　　4)V面尾端有「金樞寫,惠舟□(勘)□□」。

52161 惠舟 ·············· S02729①
〔燉煌應管勘牌子曆〕 （788）
　　1)僧　2)大雲寺　3)沙州　4)俗姓「孔」。8行目。

52162 惠俊 ·············· P3854
〔諸寺付經曆〕 （9C前期）
　　2)淨土寺

52163 惠俊 ·············· S02729①
〔燉煌應管勘牌子曆〕 辰年三月 （788）
　　1)僧　2)龍興寺　3)沙州　4)俗姓「王」。4行目。

52164 惠峻 ············· P3047v⑧
〔王都督儭合城僧徒名錄〕 （9C前期）

52165 惠峻 ·············· P3853v
〔諸寺付經曆〕 （9C前期）
　　2)金光明寺

52166 惠峻 ·············· P3854
〔諸寺付經曆〕 （9C前期）
　　2)金光明寺

52167 惠潤 ············· Дx03858v
〔都僧統帖殘等〕 （9C後期～10C前期）
　　1)僧　2)金光明寺　4)金光明寺僧。

52168 惠閏 ·············· P3112
〔願戒等入麥粟豆黃麻曆〕 （10C）

52169 惠閏 ·············· S02614v
〔燉煌應管諸寺僧尼名錄〕 （895）
　　2)龍興寺

52170 惠閏 ·············· S02614v
〔燉煌應管諸寺僧尼名錄〕 （895）
　　2)大雲寺

52171 惠閏 ·············· S02614v
〔燉煌應管諸寺僧尼名錄〕 （895）
　　2)開元寺

52172 惠勝 ·············· P3060
〔諸寺諸色付經僧尼曆〕 （9C前期）
　　1)僧尼　4)經典名「般若經卷54」。

52173 惠勝 ·············· S02729①
〔燉煌應管勘牌子曆〕 辰年三月 （788）
　　1)僧　2)靈修寺　3)沙州　4)俗姓「陰」。29行
目。

52174 惠勝 ············ 杏・羽694v②
〔諸寺僧尼唱儭物曆〕 （9C中期）
　　2)永安寺?

52175 惠捷 ·············· S02729①
〔燉煌應管勘牌子曆〕 辰年三月 （788）
　　1)僧　2)龍興寺　3)沙州　4)俗姓「石」。2行目。
辰年3月13日死。

52176 惠昌 ·············· P4907
〔淨土寺?儭破曆〕 辛卯年二月 （931?）
　　1)都頭　2)淨土寺

52177 惠昌 ·············· P4975
〔淨土寺儭破曆〕 （931）
　　1)都頭　2)淨土寺

52178 惠昌 ·············· 莫第231窟
〔供養人題記〕 （11C初期）
　　1)孫內親從都頭銀青光祿大夫檢校…上柱國
　　4)西壁。《燉》p.105。《謝》p.106。⇒(陰?)惠昌。

52179 惠照 ·············· P2863
〔施捨疏押縫〕 正月一日 （9C前期）

52180 惠照 ············· P3047v⑦
〔法事僧尼名錄〕 （9C前期）

52181 惠照 ············· P3047v⑧
〔王都督儭合城僧徒名錄〕 （9C前期）

52182 惠照 ……………………… P3205
〔僧俗人寫經曆〕（9C前期）

52183 惠照 ……………………… P.tib1261v③
〔諸寺僧尼支給穀物曆〕（9C前期）
　1）僧

52184 惠照 ……………………… P.tib1261v④
〔諸寺僧尼支給穀物曆〕（9C前期）
　1）僧

52185 惠照 ……………………… P.tib1261v⑥
〔諸寺僧尼支給穀物曆〕（9C前期）
　1）僧

52186 惠照 ……………………… P.tib1261v⑦
〔諸寺僧尼支給穀物曆〕（9C前期）
　1）僧

52187 惠照 ……………………… P.tib1261v⑩
〔諸寺僧尼支給穀物曆〕（9C前期）
　1）僧

52188 惠照 ……………………… S00545v
〔永安寺僧名申告狀〕 戌年九月（9C前期）
　1）主客僧　2）永安寺

52189 惠照 ……………………… S02228②
〔於諸家邊布麥粟酒分付曆〕 巳年四月十日
（825）
　1）上座　4）R面爲「戌年永安寺狀上僧惠照牒」。

52190 惠照 ……………………… S02711
〔寫經人名目〕（9C前期）
　1）寫經人　2）金光明寺

52191 惠照 ……………………… S04831v
〔寫經人名目〕（9C前期）
　1）寫經人

52192 惠照 ……………………… S07945
〔僧俗寫經分團人名目〕（823以降）

52193 惠照 ……………………… Дх02355
〔支給僧尼斛斗曆〕（9C中期?）

52194 惠祥 ……………………… S06981⑬
〔入麥曆〕 申年（10C中期）

52195 惠證 ……………………… P4058
〔貸粟豆曆〕（9C）
　1）沙彌

52196 惠證 ……………………… S02614v
〔燉煌應管諸寺僧尼名錄〕（895）
　2）開元寺

52197 惠常 ……………………… P3947
〔龍興寺應轉經僧分兩蕃定名牒〕 亥年八月
（819 or 831）
　2）龍興寺　4）V面爲「9C前半大雲寺僧所有田籍簿」。

52198 惠常 ……………………… P.tib1096v
〔緣方等道場付沙彌等曆〕 酉年四月一日（9C前期）

52199 惠淨 ……………………… P2250v①
〔龍興寺僧唱布曆〕（925?）
　2）龍興寺

52200 惠淨 ……………………… P3060
〔諸寺諸色付經僧尼曆〕（9C前期）
　1）僧尼　4）經典名「寶積經卷5」。

52201 惠淨? ……………………… P3060
〔諸寺諸色付經僧尼曆〕（9C前期）
　1）僧尼　4）經典名「摩訶經卷2」。

52202 惠淨 ……………………… S01774v
〔寺門首立禪師頌〕 天福七年（942）
　1）寺門首立禪師　4）⇒氾惠淨。

52203 惠淨 ……………………… S02614v
〔燉煌應管諸寺僧尼名錄〕（895）
　2）龍興寺

52204 惠淨 ……………………… 莫第098窟
〔供養人題記〕（10C中期）
　1）釋門法律知福田判官臨壇大德沙門　4）南壁。
《燉》p.41.《謝》p.91.

52205 惠植 ……………………… S02614v
〔燉煌應管諸寺僧尼名錄〕（895）
　2）蓮臺寺

52206 惠信 ……………………… P2032v⑯-1
〔淨土寺麥入曆〕（940前後）
　2）淨土寺

52207 惠信 ……………………… S00476Bv
〔諸寺付經僧尼曆〕（9C前期）
　1）僧　2）大雲寺

52208 惠信 ················· S06537v
〔諸雜要緣字〕 正月廿五日 （10C）
　1)□僧　2)淨土寺

52209 惠信 ················· Дx01380v
〔僧名目〕 （10C後期）
　4)R面爲「七月廿八日獻信狀」(10C後期)。

52210 惠心 ················· Дx05534
〔禮佛見到僧等人名目〕 廿日夜 （10C）

52211 惠振 ················· Дx05348
〔支給斛㪷曆〕 （9C前期）

52212 惠深 ················· P3092v
〔誦經曆〕 （10C）

52213 惠深 ················· P3212v③
〔惠深交物曆(殘)〕 辛丑年五月三日 （941 or 1001）

52214 惠深 ················· S02729①
〔燉煌應管勘牌子曆〕 辰年三月 （788）
　1)僧　2)開元寺　3)沙州　4)俗姓「曹」。24行目。

52215 惠深 ················· S03708
〔與師主大師狀〕 太平興國六年九月 （981）
　1)弟子‧監使　4)原作「弟子監使惠深」。

52216 惠深 ················· S05406
〔僧正法律徒衆轉帖〕 辛卯年四月十四日 （991）

52217 惠深 ················· 濱田115v
〔付經曆〕 未年正月十一日 （9C前期）
　2)大雲寺

52218 惠眞 ················· BD01048v（辰48）
〔佛說菩薩廿四戒經卷末〕 （9C）
　1)比丘　2)脩多寺　3)甘州　4)於甘州脩多寺寫。

52219 惠眞 ················· BD11493（L1622）
〔十僧寺三尼寺勘敎付經曆(首尾全)〕 亥年四月廿九日 （9C前期）
　2)龍(興)寺

52220 惠眞 ················· P3047v①
〔僧名等錄〕 （9C前期）
　4)俗姓「陰」。

52221 惠眞 ················· P3047v⑧
〔王都督䚷合城僧徒名錄〕 （9C前期）

52222 惠眞 ················· P.tib1261v⑪
〔諸寺僧尼支給穀物曆〕 （9C前期）
　1)尼

52223 惠眞 ················· S02614v
〔燉煌應管諸寺僧尼名錄〕 （895）
　2)淨土寺

52224 惠進 ················· P2032v⑪
〔淨土寺西倉司願勝等入破曆〕 乙巳年三月 （945）
　2)淨土寺

52225 惠進 ················· P2032v⑬-1
〔淨土寺入破曆〕 （940前後）
　2)淨土寺

52226 惠進 ················· P2032v⑯-4
〔淨土寺粟利閏入曆〕 （940前後）
　2)淨土寺

52227 惠進 ················· P2250v②
〔乾元寺僧唱布曆〕 辛未年四月十二日 （925?）
　2)乾元寺

52228 惠進 ················· P3108v⑥
〔僧名錄(2名)〕 庚辰年十二月十日 （860 or 920）
　2)金光明寺

52229 惠進 ················· P.tib1261v⑧
〔諸寺僧尼支給穀物曆〕 （9C前期）
　1)僧

52230 惠進 ················· S00236
〔禮懺文〕 辛巳年十月二日 （921）
　1)寫記弟子‧僧

52231 惠進 ················· S02614v
〔燉煌應管諸寺僧尼名錄〕 （895）
　2)報恩寺

52232 惠進 ················· S08706
〔法行唱儭曆〕 （9C）
　1)僧　2)三界寺

52233 惠進 ················· 杏‧羽694②
〔報恩寺所管僧名目〕 （9C前期）
　2)報恩寺　4)僧右傍有朱點,朱字。

856

52234 惠水 ·················· BD07610(皇10)
〔金剛般若波羅蜜經〕（10C後期）
　1)寫經人　4)欄存「兌」字。

52235 惠水 ·················· P4525
〔釋子歌唱讚文集本〕（10C後期?）
　4)惠水文一本。

52236 惠水 ·················· P.tib1261v②
〔諸寺僧尼支給穀物曆〕（9C前期）
　1)僧

52237 惠水 ·················· P.tib1261v③
〔諸寺僧尼支給穀物曆〕（9C前期）
　1)僧

52238 惠水 ·················· P.tib1261v⑤
〔諸寺僧尼支給穀物曆〕（9C前期）
　1)僧

52239 惠水 ·················· P.tib1261v⑥
〔諸寺僧尼支給穀物曆〕（9C前期）
　1)僧

52240 惠水 ·················· P.tib1261v⑦
〔諸寺僧尼支給穀物曆〕（9C前期）
　1)僧

52241 惠水 ·················· P.tib1261v⑨
〔諸寺僧尼支給穀物曆〕（9C前期）
　1)僧

52242 惠水 ·················· P.tib1261v⑩
〔諸寺僧尼支給穀物曆〕（9C前期）
　1)僧

52243 惠水 ·················· S04597①
〔和菩薩戒文〕（10C）
　4)原作「和菩薩戒文惠水□一本」。

52244 惠水 ·················· S04597v
〔釋子歌唱贊偈集本紙縫押署〕（10C）
　4)紙縫背面押署有「惠水」2字。

52245 惠水 ·················· S11389D
〔不禮佛僧名目及罰豆升數〕（9C後期）

52246 惠嵩 ·················· S02614v
〔燉煌應管諸寺僧尼名錄〕（895）
　2)開元寺

52247 惠嵩 ·················· Дx05348
〔支給斛豆曆〕（9C前期）

52248 惠性 ·················· P3060
〔諸寺諸色付經僧尼曆〕（9C前期）
　1)僧尼　4)經典名「正法念經卷4」。

52249 惠性 ·················· P3619①
〔王都督懺合城僧徒名錄〕（9C）

52250 惠性 ·················· P3730⑥⑦
〔尼惠性牒〕　寅年正月（834 or 846）
　1)尼

52251 惠性 ·················· P.tib1202v
〔僧尼名目〕（9C前期）

52252 惠性 ·················· P.tib1261v⑦
〔諸寺僧尼支給穀物曆〕（9C前期）
　1)尼

52253 惠性 ·················· P.tib1261v⑨
〔諸寺僧尼支給穀物曆〕（9C前期）
　1)尼

52254 惠性 ·················· S07882
〔就賀拔堂唱椀等曆〕　十一月廿一日（9C前期）

52255 惠性? ·················· 杏·羽694①
〔當寺應管主客僧牒〕　未年閏十月（803）
　4)文末有異一行「未年閏十月日,直歲圓滿牒」。

52256 惠性 ·················· 莫第159窟
〔供養人題記〕（9C末期）
　1)尼·法律　2)靈修寺　4)原作「姪尼靈修寺法律惠性」。西壁。《燉》p.75。

52257 惠星 ·················· P.tib1261v④
〔諸寺僧尼支給穀物曆〕（9C前期）
　1)僧　4)⇒惠昱。

52258 惠清 ·················· BD05494v(菓94)
〔四分律比丘戒本〕（9～10C）
　4)1,3,～8紙背面共阿利處『四分戒本』經文雜寫。有僧人「惠清」。

52259 惠清 ·················· P2032v⑪
〔淨土寺西倉司願勝等入破曆〕　乙巳年三月（945）
　2)淨土寺

52260 惠清 ················· P2207piece4
〔僧名錄〕 （10C）

52261 惠清 ················· P2250v⑤
〔金光明寺僧唱布曆〕 （925?）
　2)金光明寺

52262 惠清 ·················· P4518①
〔中書門下牒〕 （10C）
　1)法律沙門　2)金光明寺　4)原作「先沙州金光
　明寺法律沙門惠清／宜加賜紫僧政者」。

52263 惠清 ·················· S04613
〔破曆〕　庚申年 （960）
　1)法律

52264 惠清 ·················· Дx01412
〔卯辰巳三年沿寺黃麻等入破曆〕 （10C中期）
　1)僧

52265 惠清 ············ 浙燉168（浙博143）
〔諸寺僧名目〕 （10C中期）

52266 惠㖉? ················ P3060
〔諸寺諸色付經僧尼曆〕 （9C前期）
　1)僧尼　4)經典名「寶積經卷9」。

52267 惠寂 ·················· P3249v
〔將龍光顏等隊下人名目〕 （9C中期）
　1)僧　4)⇒鄧惠寂。

52268 惠寂 ················ P.tib1261v⑥
〔諸寺僧尼支給穀物曆〕 （9C前期）
　1)僧

52269 惠寂 ·················· S00545v
〔永安寺僧名申告狀〕　戌年九月 （9C前期）
　1)主客僧　2)永安寺

52270 惠寂 ·················· S02614v
〔燉煌應管諸寺僧尼名錄〕 （895）

52271 惠寂 ·················· S04831②
〔寫經人名目〕 （9C前期）
　1)寫經人

52272 惠泉 ·················· P3850
〔支給僧斛㪷曆等〕 （9C前期）

52273 惠泉 ················ P.tib1261v①
〔諸寺僧尼支給穀物曆〕 （9C前期）
　1)僧

52274 惠泉 ················ P.tib1261v⑪
〔諸寺僧尼支給穀物曆〕 （9C前期）
　1)僧

52275 惠詮 ·················· P2939
〔觀音偈(首題)〕 （10C）
　2)永安寺　4)題記「永安寺僧正惠詮書記／(等3
　行)永安寺僧正」。

52276 惠詮 ·················· P3161
〔常住什物見在新附點檢曆〕 （10C前期）

52277 惠詮 ·················· P3842v
〔雜寫〕　丁亥年六月卅日 （926?）
　1)僧・法律　2)永安寺　4)原作「永安寺僧法律
　惠詮自手書記題之」。

52278 惠詮 ················ P.tib1261v⑪
〔諸寺僧尼支給穀物曆〕 （9C前期）
　1)僧

52279 惠全 ·················· P5578①
〔小王法律取驢契〕 （10C）
　1)法律　4)原作「小王法律惠全云ゝ」。

52280 惠善 ·················· P2250v②
〔乾元寺僧唱布曆〕　辛未年四月十二日
（925?）
　2)乾元寺

52281 惠善 ·················· S05806
〔麥人算會倉司麥交付憑〕　庚辰年十一月廿
日 （920 or 980）

52282 惠善 ·················· Дx01380v
〔僧名目〕 （10C後期）
　4)R面爲「七月廿八日獻信狀」(10C後期)。

52283 惠素 ·················· P3947
〔龍興寺應轉經僧分兩蕃定名牒〕　亥年八月
（819 or 831）
　2)龍興寺　4)V面爲「9C前半大雲寺僧所有田籍
　簿」。

52284 惠素 ·················· S03323
〔布破曆〕 （9C）

52285 惠素 ·················· S03621
〔大般若波羅蜜多經卷第23〕 （9C）
　1)比丘・受持

52286 惠爽 ･･････････････････ P3017
〔張業等敬造金字大寶積經〕 天復三年歲次癸
亥二月壬申朔廿三日 （903）

52287 惠宗 ･･････････････････ P2469v
〔破曆雜錄〕 戌年六月五日 （830?）

52288 惠宗 ･･････････････････ P5000v
〔僧尼名目〕 （9C前期）

52289 惠宗 ･･････････････････ P.tib1261v③
〔諸寺僧尼支給穀物曆〕 （9C前期）
 1) 僧

52290 惠宗 ･･････････････････ P.tib1261v⑥
〔諸寺僧尼支給穀物曆〕 （9C前期）
 1) 僧

52291 惠宗 ･･････････････････ P.tib1261v⑩
〔諸寺僧尼支給穀物曆〕 （9C前期）
 1) 僧

52292 惠琮 ･･････････････････ S00545v
〔永安寺僧名申告狀〕 戌年九月 （9C前期）
 1) 主客僧 2) 永安寺

52293 惠聰 ･･････････････････ P3092v
〔誦經曆〕 （10C）

52294 惠聰 ･･････････････････ 榆第16窟
〔僧惠聰窟記〕 國慶五年歲次癸丑十二月十七
日 （1073）
 1) 釋門賜紫僧 2) 阿育王寺 4) 原作「阿育王寺
釋門賜紫僧惠聰俗姓張住持」。洞口北壁。《謝》
p. 454。

52295 惠檠 ･･････････････････ P3241
〔七言佛家觀善歌〕 乾寧二年乙卯歲六月廿三
日 （895）
 1) 比丘 2) 靈圖寺 4) 原作「乾寧二年乙卯歲六
月廿三日靈圖寺比丘惠檠念記」。

52296 惠檠 ･･････････････････ S00476A
〔諸寺付經僧尼曆〕 （9C前期）
 1) 僧 2) 永安寺

52297 惠藏 ･･････････････････ P3047v①
〔僧名等錄〕 （9C前期）
 4) 姓「王」。

52298 惠藏 ･･････････････････ P3047v③
〔諸僧尼送納三色香於乾元寺曆〕 （9C前期）
 2) 乾元寺

52299 惠藏 ･･････････････････ P3047v⑧
〔王都督儭合城僧徒名錄〕 （9C前期）

52300 惠藏 ･･････････････････ P5579⑯
〔得度者人名錄〕 巳年～酉年 （813～817 or
825～829）
 2) 永安寺

52301 惠藏 ･･････････････････ S02729①
〔燉煌應管勘牌子歷〕 辰年三月 （788）
 1) 僧 2) 大雲寺 3) 沙州 4) 俗姓「張」。15行
目。

52302 惠藏 ･･････････････････ S05406
〔僧正法律徒衆轉帖〕 辛卯年四月十四日
（991）
 1) 僧

52303 惠藏 ･･････････････････ S11297
〔上肅州宰相娘子狀封〕 （10C）
 1) 姪

52304 惠藏 ･･････････････････ 天禧塔記
〔「天禧塔記」《隴石金石錄補》〕 大宋天禧參年
歲次乙未三月二十七日 （1019）
 1) 法律 2) 靈圖寺

52305 惠澤 ･･････････････････ P.tib1261v⑧
〔諸寺僧尼支給穀物曆〕 （9C前期）
 1) 僧

52306 惠澤 ･･････････････････ P.tib1261v⑨
〔諸寺僧尼支給穀物曆〕 （9C前期）
 1) 僧

52307 惠澤 ･･････････････････ S00381v②
〔僧惠澤妹什娘子等祭表姊什二娘文〕 己卯
年十二月癸未朔廿四日丙午 （859）
 1) 僧

52308 惠澤 ･･････････････････ S01594
〔大般若波羅蜜多經卷第216〕 （9C）

52309 惠澤 ･･････････････････ 橘目
〔大般若波羅蜜多經卷第505〕 （9C）
 1) 寫人

52310 惠達 ･･････････････････ BD11493（L1622）
〔十僧寺三尼寺勘敎付經曆(首尾全)〕 亥年
四月十九日 （9C前期）

52311 惠達 ……………… BD16001（L4003）
　〔殘曆〕　（9〜10C）

52312 惠達 ……………………… P3853
　〔諸寺付經曆〕　（9C前期）
　　2）報恩寺

52313 惠達 ……………………… S02614v
　〔燉煌應管諸寺僧尼名錄〕　（895）
　　2）龍興寺

52314 惠達 ……………………… S05806
　〔麥人算會倉司麥交付憑〕　庚辰年十一月廿日　（920 or 980）
　　1）新杞麥人倉司

52315 惠達 ……………………… S08567Av
　〔報恩寺・大乘寺付經曆〕　（9C前期）
　　2）報恩寺

52316 惠達 ……………………… 濱田075
　〔多大教王經卷下〕　大宋淳化五年正月日（994）

52317 惠談 ……………………… Дx11085
　〔當寺轉帖〕　壬申年七月　（972）

52318 惠智 ……………………… Дx01428
　〔某寺諸色斛㪷破曆〕　（10C中期）

52319 惠治 ……………………… P5578①
　〔小王法律取驢契〕　（10C）

52320 惠徵 ……………………… P3337v
　〔諸寺付經曆〕　（9C前期）
　　2）金光明寺

52321 惠徵 ……………………… P3854
　〔諸寺付經曆〕　（9C前期）
　　2）金光明寺

52322 惠徵 ……………………… P.tib1261v③
　〔諸寺僧尼支給穀物曆〕　（9C前期）
　　1）僧

52323 惠徵 ……………………… S00476A
　〔諸寺付經僧尼曆〕　（9C前期）
　　1）僧　2）金光明寺

52324 惠徵 ……………………… S00476B
　〔諸寺付經僧尼曆〕　（9C前期）
　　1）僧　2）蓮臺寺

52325 惠徵 ……………………… S00542v②
　〔金光明寺羊群見在數牒〕　丑年十二月廿一日　（821）
　　1）寺主　2）金光明寺

52326 惠澄 ……………………… P3138v
　〔諸寺付經曆〕　（9C前期）
　　2）報恩寺

52327 惠澄 ……………………… P3859v
　〔習書〕　（10C?）
　　1）法律　2）永安寺　4）R面爲「丙申年（936）報恩寺常住百姓名目」。

52328 惠澄 ……………………… S02729①
　〔燉煌應管勘牌子曆〕　辰年三月　（788）
　　1）僧　2）開元寺　3）沙州　4）俗姓「趙」。23行目。

52329 惠澄 ……………………… S04613
　〔破曆〕　庚申年　（960）
　　1）法律

52330 惠澄 ……………………… S10672
　〔禮懺僧名狀〕　（9C前期）

52331 惠超 ……………………… BD14728（新0928）
　〔大乘百法明門論開宗義記1卷（末）〕　乙丑年五月一日　（845 or 905）
　　4）原爲「比丘惠超就軍將寺夏居之此寫竟記事」。

52332 惠超 ……………………… P2469v
　〔破曆雜錄〕　戊年六月五日　（830?）

52333 惠超 ……………………… P.tib1261v②
　〔諸寺僧尼支給穀物曆〕　（9C前期）
　　1）僧

52334 惠超 ……………………… P.tib1261v⑦
　〔諸寺僧尼支給穀物曆〕　（9C前期）
　　1）僧

52335 惠超 ……………………… P.tib1261v⑧
　〔諸寺僧尼支給穀物曆〕　（9C前期）
　　1）僧

52336 惠超 ……………………… P.tib1261v⑩
　〔諸寺僧尼支給穀物曆〕　（9C前期）
　　1）僧

52337 惠通 ············ BD04351v（出51）
〔大順三年僧惠通狀及吳眞判〕 大順三年正月
日 （892）
　1）僧

52338 惠通 ············ BD13915（新0115）
〔大般若波羅蜜多經卷第65〕 （9C前期）
　4）存二個「兑」字。

52339 惠通 ················ P2671v
〔僧名錄（河西都僧統等20數名）〕 甲辰年頃
（884頃）

52340 惠通 ··············· P3047v⑦
〔法事僧尼名錄〕 （9C前期）

52341 惠通 ··············· P3047v⑧
〔王都督懷合城僧徒名錄〕 （9C前期）

52342 惠通 ················ P3100①
〔某寺徒衆供英等請律師善才光寺主牒幷
都僧統（悟眞）判辭〕 景福貳年十月廿七日
（893）

52343 惠通 ············· P.tib1261v⑧
〔諸寺僧尼支給穀物曆〕 （9C前期）
　1）僧

52344 惠通 ················ S02614v
〔燉煌應管諸寺僧尼名錄〕 （895）
　2）開元寺

52345 惠通 ················ S03074v
〔某寺破曆〕 四月 （9C前期）

52346 惠通 ················· S06233
〔某寺麥粟等分付曆〕 （吐蕃期）

52347 惠通 ················· S08674
〔某寺僧誦經曆〕 （9C前期）

52348 惠通 ··············· Дx01586B
〔惠通下僧名目〕 （9C後期）

52349 惠定 ················ P2250v⑤
〔金光明寺僧唱布曆〕 （925?）
　2）金光明寺

52350 惠定 ················· P2769
〔僧家（上座）設次着當寺沙彌帖〕 （10C前期）

52351 惠定 ················ S00548v
〔佛本行集經變（題記）〕 長興伍年甲午歲八月
十九日 （934）
　1）僧　2）蓮臺寺　4）原作「僧惠定池（持）念讀
誦」。

52352 惠禎 ············ BD01062v（辰62）
〔麵麥油計會〕 （10C）

52353 惠貞 ················ P3108v⑥
〔僧名錄（2名）〕 庚辰年十二月十日 （860 or
920）
　2）金光明寺

52354 惠貞 ················· P4765
〔都僧錄帖〕 （10C後期）
　1）第一翻・沙彌

52355 惠貞 ··············· S05139v②
〔社司轉帖（寫錄）〕 四月十三日 （10C前期）
　1）上座

52356 惠哲 ················ S00545v
〔永安寺僧名申告狀〕 戌年九月 （9C前期）
　1）主客僧　2）永安寺

52357 惠徹 ················· P3017
〔張業等敬造金字大寶積經〕 天復三年歲次癸
亥二月壬申朔廿三日 （903）

52358 惠燈 ················ P3336①
〔贊普轉經付諸寺維那曆〕 丑年九月卅日
（833）
　2）永安寺

52359 惠燈 ················· P4611v
〔諸寺付帙曆〕 （9～10C）
　2）（報）恩（寺）

52360 惠燈 ················ S03873v
〔某寺支給斛䉼僧名錄〕 （9C）

52361 惠燈 ··············· S03920v④
〔緣取磑用破曆（殘）〕 （9C前期）

52362 惠燈 ················· S05893
〔管內僧寺（報恩寺・淨土寺）籍〕 （865～875）
　2）淨土寺　3）燉煌鄉

52363 惠登 ················ P2250v⑤
〔金光明寺僧唱布曆〕 （925?）
　2）金光明寺

52364 惠登 ・・・・・・・・・・・・・・・・・・ S02729①
〔燉煌應管勘牌子歷〕 辰年三月 (788)
    1)僧 2)永安寺 3)沙州 4)俗姓「宋」。19行
    目。申年9月10日向〔　〕。

52365 惠登 ・・・・・・・・・・・・・・・・・・ 杏・羽039v②
〔寺主惠登書狀(寫)〕 (10C中期)
    1)寺主 2)金光明寺 4)R面爲「七階佛名經」。
    (李盛鐸舊藏)。

52366 惠德 ・・・・・・・・・・・・・・・・・・ S08681
〔惠德還納練牒〕 (10C)
    1)釋門法律

52367 惠德 ・・・・・・・・・・ S08681v＋S08702
〔釋門法律惠德還納練牒〕 (10C)
    1)釋門法律

52368 惠德 ・・・・・・・・・・・・・・・・・・ 濱田115v
〔付經曆〕 (未年)二月廿二日 (9C前期)

52369 惠日 ・・・・・・・・・・・・・・・・・・ P3619①
〔王都督懴合城僧徒名錄〕 (9C)

52370 惠日 ・・・・・・・・・・・・・・・・ P.tib1261v⑦
〔諸寺僧尼支給穀物曆〕 (9C前期)
    1)僧

52371 惠忍 ・・・・・・・・・・・・ BD02126v②(藏26)
〔人名目(1行6名)〕 (9C後期)

52372 惠能 ・・・・・・・・・・・・・ BD11493(L1622)
〔十僧寺三尼寺勘教付經曆(首尾全)〕 亥年
四月廿九日 (9C前期)
    2)金(光明寺)

52373 惠倍 ・・・・・・・・・・・・・・・・・・ P3047v③
〔諸僧尼送納三色香於乾元寺曆〕 (9C前期)
    2)乾元寺

52374 惠丕 ・・・・・・・・・・・・・・・・・・ P3850
〔支給僧斛㪷曆等〕 (9C前期)

52375 惠微〔徵〕 ・・・・・・・・・・・・・・ 沙文補25
〔金光明寺直歲等向都頭倉貸便麥粟牒〕 丑
年五月 (821)
    1)都維那

52376 惠美 ・・・・・・・・・・・・・・・・・・ S00387v
〔雜寫及畫〕 (10C後期)

52377 惠文 ・・・・・・・・・・・・・・・・・・ S04701
〔某寺常住倉司算會憑〕 庚子年 (1000)
    1)法律

52378 惠文 ・・・・・・・・・・・・・・・・・・ Дх01378
〔當團轉帖〕 (10C中期)

52379 惠辯 ・・・・・・・・・・・・・ BD07053v(龍53)
〔正法念處經第27(允廢稿)背面勘記〕 (9C)

52380 惠辯 ・・・・・・・・・・・・・・・・・・ P2250v②
〔乾元寺僧唱布曆〕 辛未年四月十二日
(925?)
    2)乾元寺

52381 惠辯 ・・・・・・・・・・・・・・・・・・ P2469v
〔破曆雜錄〕 戌年六月五日 (830?)

52382 惠辯 ・・・・・・・・・・・・・・・・・・ P2917
〔常住什物點檢曆〕 乙未年九月十一日頃
(935 or 995頃)

52383 惠辯 ・・・・・・・・・・・・・・・・・・ P3010v
〔新寫藏經目錄背面雜寫〕 (9C前期)

52384 惠辯 ・・・・・・・・・・・・・・・・・・ P3067
〔某寺常住什物點檢曆〕 (10C後期)

52385 惠辯 ・・・・・・・・・・・・・・・・・・ P3205v
〔燉煌十三寺付經曆〕 (9C前期)
    2)大雲寺

52386 惠辯 ・・・・・・・・・・・・・・・・・・ P3491piece1
〔某寺設齋勾當名目〕 (9C前期)

52387 惠辯 ・・・・・・・・・・・・・・・・・・ P4004
〔某寺交割什物點檢曆〕 (940 or 1000)

52388 惠辯 ・・・・・・・・・・・・・・・・・・ S10542
〔六七追念疏〕 (10C)

52389 惠辯 ・・・・・・ 三井八郎右衛門第25回大藏
會展觀目錄
〔佛說心王菩薩說投陀經卷上〕 (10C)
    1)禪師 4)原作「五陰山空寺惠辯注」。

52390 惠保 ・・・・・・・・・・・・・・・・・・ P2250v④
〔永安寺僧唱布曆〕 (925?)
    2)永安寺

52391 惠寶 ・・・・・・・・・・・・・・・・・・ P5000v
〔僧尼名目〕 (9C前期)

862

52392 惠寶 ············· S03166
〔大般若波羅蜜多經卷第219〕 (9C)

52393 惠峯 ············· P.tib1261v⑦
〔諸寺僧尼支給穀物曆〕 (9C前期)
　1)僧

52394 惠峯 ············· P.tib1261v⑨
〔諸寺僧尼支給穀物曆〕 (9C前期)
　1)僧　4)⇒薛惠峯。

52395 惠峯 ············· P.tib1261v⑩
〔諸寺僧尼支給穀物曆〕 (9C前期)
　1)僧

52396 惠法 ············· P2250v③
〔開元寺僧唱布曆〕 (925?)
　2)金光明寺

52397 惠法 ············· P2250v⑤
〔金光明寺僧唱布曆〕 (925?)
　2)金光明寺

52398 惠法 ············· P4960
〔窟頭修佛堂社再請三官條約〕 甲辰年五月廿一日 (944)

52399 惠法 ············· S05048
〔破曆〕 庚子年 (940?)
　1)都師

52400 惠没 ············· P3047v③
〔諸僧尼送納三色香於乾元寺曆〕 (9C前期)
　2)乾元寺

52401 惠滿 ············· BD04232v(玉32)
〔猪狗致哥嫂狀〕 丑年二月十三日 (9C)
　1)畫師

52402 惠滿 ············· BD09293①(周14)
〔令狐留〻叔姪共東四防(房)兄弟分書(稿)〕 四月九日 (10C?)
　1)僧　4)⇒令狐惠滿。

52403 惠滿 ············· BD09300(周21)
〔令狐留〻叔姪等分產書〕 (10C)
　1)僧

52404 惠滿 ············· P3850
〔支給僧斛㪷曆等〕 (9C前期)

52405 惠滿 ············· P.tib1261v①
〔諸寺僧尼支給穀物曆〕 (9C前期)
　1)僧

52406 惠滿 ············· P.tib1261v②
〔諸寺僧尼支給穀物曆〕 (9C前期)
　1)僧(尼)　4)⇒□滿＝法滿。

52407 惠滿 ············· P.tib1261v⑦
〔諸寺僧尼支給穀物曆〕 (9C前期)
　1)僧

52408 惠滿 ············· P.tib1261v⑪
〔諸寺僧尼支給穀物曆〕 (9C前期)
　1)僧

52409 惠滿 ············· S09997v
〔僧名錄〕 (9C)

52410 惠滿嫂 ············· P3328v①
〔付細布曆〕 (9C前期)

52411 惠明 ············· P.tib1261v②
〔諸寺僧尼支給穀物曆〕 (9C前期)
　1)僧

52412 惠明 ············· S01780
〔於沙州龍興寺受菩薩戒牒〕 元年建末月七日 (8C)
　2)龍興寺　3)沙州

52413 惠明 ············· S02614v
〔燉煌應管諸寺僧尼名錄〕 (895)
　2)淨土寺

52414 惠明 ············· S05878＋S05896
〔子年領得什物見在曆〕 子年 (9C前期)

52415 惠明 ············· 井上目57,圖版1背
〔釋門教授帖〕 子年頃 (820 or 832頃)
　1)尼・檢校道場律師　2)大乘寺

52416 惠明 ············· 天禧塔記
「「天禧塔記」《隴石金石錄補》〕 大宋天禧參年歲次乙未㠯月二十七日 (1019)
　1)法律　2)大乘寺

52417 惠明 ············· 浙燉070(浙博045)
〔諸寺僧尼缺經請經帳目〕 (9C前期)
　2)三界寺

52418 惠幽 ……………………… P2250v③
〔開元寺僧唱布曆〕 (925?)
　2)開元寺

52419 惠幽 ……………………… S02614v
〔燉煌應管諸寺僧尼名錄〕 (895)
　2)開元寺

52420 惠猷 ……………………… S00387v
〔雜寫及畫〕 (10C後期)

52421 惠鑾 ……………………… S02566
〔佛頂尊勝加句靈驗陀羅尼〕 戊寅歲一月十七
日 (978)
　1)比丘　2)三界寺觀音內院

52422 惠鑾 ……………………… S04378v
〔佛頂尊勝加句靈驗陀羅尼末〕 己未年十二月
八日 (959)
　1)比丘

52423 惠力 ……………………… P2250v⑤
〔金光明寺僧唱布曆〕 (925?)
　2)金光明寺

52424 惠力 ……………………… S11552
〔納贈曆〕 (10C)
　1)僧　4)舊S10637。⇒荊惠力。

52425 惠力 ……………………… Дx01416
〔便粟曆〕 (癸丑年)甲寅年六月・乙卯年四月
(953〜955?)
　1)常樂僧　2)大乘寺

52426 惠林 ……………………… P2250v②
〔乾元寺僧唱布曆〕 辛未年四月十二日
(925?)
　2)乾元寺

52427 惠林 ……………………… S00545v
〔永安寺僧名申告狀〕 戌年九月 (9C前期)
　1)主客僧　2)永安寺

52428 惠林 ……………………… S03074v
〔某寺破曆〕 十月十五, 二十一, 二十三日 (9C
前期)

52429 惠林 ……………………… S05893
〔管內僧寺(報恩寺・淨土寺)籍〕 (865〜875)
　3)肅州酒泉鄉

52430 惠朗 ……………………… P2250v③
〔開元寺僧唱布曆〕 (925?)
　2)開元寺

52431 惠朗 ……………………… P3391v①
〔社司轉帖(寫錄)〕 丁酉年正月日 (937)

52432 惠朗 ……………………… P3410
〔沙州僧崇恩析產遺囑〕 吐蕃年次未詳 (840
前後)
　1)見人・僧

52433 惠朗 ……………………… P3444v
〔上部落百姓趙朋〻便豆契〕 寅年四月五日
(8C末〜9C前期)
　1)見人・僧

52434 惠朗 ……………………… P3491 piece1
〔某寺設齋勾當名目〕 (9C前期)

52435 惠朗 ……………………… P.tib1261v③
〔諸寺僧尼支給穀物曆〕 (9C前期)
　1)僧

52436 惠朗 ……………………… S02729①
〔燉煌應管勘牌子曆〕 辰年六月十九日 (788)
　1)僧　2)龍興寺　3)沙州　4)俗姓「汜」。61行
目。辰年6月19日死。末尾有「贊息檢」。

52437 惠朗 ……………………… S02729①
〔燉煌應管勘牌子曆〕 辰年三月 (788)
　1)僧　2)龍興寺　3)沙州　4)俗姓「汜」。2行目。
辰年6月19日死。

52438 惠郎 ……………………… S05845
〔郭僧政等貸油麵廊曆〕 己亥年二月十七日
(939)
　1)上座　4)原作「上座惠郎」。

52439 惠□ ……………………… BD03355⑤(雨55)
〔佛說大乘稻竿經(末)〕 (9C)
　2)永康寺

52440 惠?□ ……………………… P3060
〔諸寺諸色付經僧尼曆〕 (9C前期)
　4)經典名「般若經卷19」。

52441 惠□ ……………………… P3060
〔諸寺諸色付經僧尼曆〕 (9C前期)
　4)經典名「般若經卷55」。

52442 惠□ ･･････････････ P3060
〔諸寺諸色付經僧尼曆〕（9C前期）
　4)經典名「般若經卷59」。

52443 惠□ ･･････････････ P.tib1261v⑦
〔諸寺僧尼支給穀物曆〕（9C前期）
　1)僧

52444 惠□ ･･････････････ S03074v
〔某寺破曆〕（9C前期）

52445 惠□ ･･････････････ 杏・羽067
〔備席主人理通等并勾當司人等各着食飯數目曆〕（10C）
　1)勾當酒司・法律　4)文書面有「李盛鐸印」等。

52446 惠□ ･･････････････ 莫第443窟
〔供養人題記〕（11C初期）
　1)住窟禪僧賢德寺沙門　2)顯德寺　4)西壁。《燉》p. 167。

52447 惠□法門 ･･････････ P3060v
〔諸寺諸色付經僧尼曆〕（9C前期）
　1)法門　4)原作「法門惠□」。經典名：「光讚經」。

52448 惠□ ･･････････････ P.tib1261v①
〔諸寺僧尼支給穀物曆〕（9C前期）
　1)僧

52449 惠□ ･･････････････ 莫第044窟
〔供養人題記〕（10C前期）
　1)釋門法律毗尼教主臨壇大德沙門　4)北壁。《燉》p. 14。

52450 慧苑 ･･････････････ P2991⑥
〔報恩吉祥之窟記〕（9C）

52451 慧苑 ･･････････････ 杜牧『樊川文集』卷20
〔燉煌郡僧正慧苑除臨壇大德制〕　大中五年頃（851頃）
　1)僧正臨壇大德　3)燉煌郡

52452 慧覺 ･･････････････ 中村『書道博』
〔諸經摘錄〕　武成三年六月八日（909）
　1)寫記・沙門

52453 慧淨 ･･････････････ 莫第346窟
〔供養人題記〕（10C前期）
　1)知福田[司判官]闡揚三…臨壇大德沙門　4)甬道南壁。《燉》p. 140。

52454 慧達 ･･････････････ 高野山藏元祐五年板經
〔寶光明經卷第1(末)〕　元祐五年（1090）
　1)沙門臣・證義

52455 慧智 ･･････････････ S05008
〔破曆〕（940頃）

52456 慧保山 ･･･････････ Дx02431
〔碩剝領入曆〕　壬申年(七月?)（852 or 912 or 972）
　3)千渠

52457 慧□ ･･････････････ Дx10702
〔衆戒本疏(卷1)〕（9C?）
　1)沙門

52458 慶安 ･･････････････ S02614v
〔燉煌應管諸寺僧尼名錄〕（895）
　2)淨土寺

52459 慶安 ･･････････････ S09227
〔永安寺僧紹進上表并都僧統判〕（9C後期, 895以前）
　1)僧　2)淨土寺

52460 慶安 ･･････････････ 莫第010窟
〔供養人題記〕（9C）
　1)門弟・寺主　2)永安寺　4)原作「門弟永安寺主慶安」。北壁。《燉》p. 7。

52461 慶意 ･･････････････ S02614v
〔燉煌應管諸寺僧尼名錄〕（895）
　2)安國寺

52462 慶意 ･･････････････ S02669
〔管內尼寺(安國寺・大乘寺・聖光寺)籍〕（865〜870）
　3)平康鄉　4)姓「張」。俗名「嫂々」。

52463 慶員 ･･････････････ 莫第044窟
〔供養人題記〕（10C前期）
　1)…論法師沙門　2)金光明寺　4)南壁。《燉》p. 14。

52464 慶因 ･･････････････ ОП.Ⅱ.p.679 Рис.19
〔施入大寶積經永安寺疏題記〕　太平興國三年戊寅歲次三月十五日下手北至六月十五日（978）
　1)法律

52465 慶因 ･･････････････ 上海圖088
〔法律法壽等施入大寶積經永安寺題記〕　太平興國三年戊寅歲三月十五日（978）
　1)法律

52466 慶圓 ············· S02614v
〔燉煌應管諸寺僧尼名錄〕 (895)
　2)龍興寺

52467 慶延 ············· P2250v④
〔永安寺僧唱布曆〕 (925?)
　2)永安寺

52468 慶恩 ············· S02614v
〔燉煌應管諸寺僧尼名錄〕 (895)

52469 慶恩 ············· 杏・羽064
〔舍主李山ゝ賣舍屋契〕 (9C中期)

52470 慶果 ············· P2856v①
〔營葬牓〕 乾寧二年三月十一日乙卯 (895)

52471 慶果 ············· P2974v
〔某寺諸色斛斗入破曆計會(稿)〕 乾寧四年丁巳正月十九日 (897)

52472 慶果 ············· S02614v
〔燉煌應管諸寺僧尼名錄〕 (895)

52473 慶果 ········ Дx01329B＋Дx02151v①
〔應管內雌統厶乙令置方等薹場幫〕 (10C前期)
　2)普光(寺) 4)本文書內容「受新戒諸寺僧尼名目」。

52474 慶果家 ············ S06104
〔社司轉帖(寫)〕 (10C後期)
　4)習字。

52475 慶戒 ············· P2250v⑤
〔金光明寺僧唱布曆〕 (925?)
　2)金光明寺

52476 慶戒 ············· P2846
〔入破曆〕 甲寅年正月廿一日 (954)

52477 慶戒 ············· P4960
〔窟頭修佛堂社再請三官條約〕 甲辰年五月廿一日 (944)
　1)錄司

52478 慶戒 ············· S04654v⑤
〔便曆〕 丙午年正月一日 (946)
　1)僧 2)金光明寺

52479 慶會 ············· P2250v②
〔乾元寺僧唱布曆〕 辛未年四月十二日 (925?)
　2)乾元寺

52480 慶會 ············· P2250v④
〔永安寺僧唱布曆〕 (925?)
　2)永安寺

52481 慶會 ············· S01823v③
〔徒衆轉帖(殘)〕 (10C前期)

52482 慶會 ············· S02432v
〔淨名經集解關中疏卷上(紙表)〕 丁未年三月廿日 (827)
　1)僧 2)蓮臺寺

52483 慶海 ······ BD16388A(L4460)＋BD16388B(L4460)
〔當寺轉帖〕 (9〜10C)

52484 慶海 ············· S02614v
〔燉煌應管諸寺僧尼名錄〕 (895)
　2)報恩寺

52485 慶願 ············· P2250v④
〔永安寺僧唱布曆〕 (925?)
　2)永安寺

52486 慶願 ············· S01823v③
〔徒衆轉帖(殘)〕 (10C前期)

52487 慶願 ············· S05486①
〔諸寺僧尼付油麵曆〕 (10C中期)
　2)開元寺

52488 慶喜 ············· S02614v
〔燉煌應管諸寺僧尼名錄〕 (895)
　2)大乘寺

52489 慶喜 ············· S02614v
〔燉煌應管諸寺僧尼名錄〕 (895)

52490 慶ゝ ············· S08402
〔便麥曆〕 (10C前期)
　1)取物麥人男

52491 慶悟 ············· S02614v
〔燉煌應管諸寺僧尼名錄〕 (895)

52492 慶弘 ············· P3391v①
〔社司轉帖(寫錄)〕 丁酉年正月日 (937)
　1)沙彌 2)開元寺

52493 慶子 ·············· P2049v①
〔淨土寺諸色入破曆計會牒〕 同光三年 (925)

52494 慶子? ············ P3100①
〔某寺徒眾供英等請律師善才光寺主牒并都僧統(悟眞)判辭〕 景福貳年十月廿七日 (893)
  1) 徒眾

52495 慶子 ·············· S09496v
〔破曆〕 (9C?)
  4) 原作「阿子慶子」。

52496 慶子 ·············· Дx10270
〔便粟麥曆〕 (946)

52497 慶子禪師 ·········· P3234v③-48
〔惠安惠戒手下便物曆〕 甲辰年 (944)
  1) 禪師

52498 慶之 ·············· S05139v②
〔社司轉帖(寫錄)〕 四月十三日 (10C前期)

52499 慶兒 ········ S08445＋S08446＋S08468④
〔米羊司常樂官稅年數名目〕 戊子年六月廿六日 (943)

52500 慶兒 ············ Дx01269＋Дx02155＋Дx02156
〔某弟身故納贈曆〕 (9C)

52501 慶慈 ·············· P2250v②
〔乾元寺僧唱布曆〕 辛未年四月十二日 (925?)
  2) 乾元寺

52502 慶殊 ·············· S06417⑳
〔任命狀〕 戊年九月 (935)
  1) 徒眾 2) 金光明寺

52503 慶壽 ·············· S02614v
〔燉煌應管諸寺僧尼名錄〕 辰年巳年 (895)
  2) 大雲寺

52504 慶住 ·············· 莫第390窟
〔供養人題記〕 (10C前期?)
  1) 孫 4) 原作「孫□慶住供養」。北壁。《燉》p.150。→(鄧)慶住。

52505 慶俊 ·············· S04274v
〔社名簿〕 (10C)

52506 慶照 ····· 仁和寺大日本史料2-2 p.365-6 p.366-7
〔法華經解題〕 至道元年四月日 (995)
  1) 學生僧

52507 慶祥 ·············· P2250v④
〔永安寺僧唱布曆〕 (925?)
  2) 永安寺

52508 慶祥 ·············· P3598＋S04199
〔某寺什物點檢見在曆〕 丁卯年 (967)

52509 慶祥 ·············· Дx01426
〔某寺諸色斛㪷破曆〕 (10C中期)
  4) 文中存「付慶祥團搥菌用(押)」。

52510 慶淨 ·············· S04667
〔僧智杲上僧錄狀〕 (10C)
  1) 當鎭僧

52511 慶信 ·············· BD06437v①(河37)
〔燉煌僧尼名〕 (9～10C)

52512 慶信 ·············· BD16453A
〔水則道場轉經兩翻經名目〕 (9～10C)
  1) 第一翻

52513 慶信 ·············· S02614v
〔燉煌應管諸寺僧尼名錄〕 (895)
  2) 龍興寺

52514 慶心 ·············· S02614v
〔燉煌應管諸寺僧尼名錄〕 (895)
  2) 靈修寺

52515 慶深 ·············· BD16492A
〔水則道場轉經兩翻名目〕 (9～10C)

52516 慶深 ·············· P2250v④
〔永安寺僧唱布曆〕 (925?)
  2) 永安寺

52517 慶深 ·············· P2250v⑤
〔金光明寺僧唱布曆〕 (925?)
  2) 金光明寺

52518 慶深 ·············· S03876①
〔慶深牒〕 乾德六年九月 (968)
  1) 釋門法律

52519 慶進 ·············· P2250v④
〔永安寺僧唱布曆〕 (925?)
  2) 永安寺

52520 慶進 ·················· P2250v⑤
〔金光明寺僧唱布曆〕 (925?)
　2)金光明寺

52521 慶進 ·················· S01823v③
〔徒衆轉帖(殘)〕 (10C前期)

52522 慶進 ·················· S02614v
〔燉煌應管諸寺僧尼名錄〕 (895)
　2)大雲寺

52523 慶進 ·················· S02614v
〔燉煌應管諸寺僧尼名錄〕 (895)
　2)龍興寺

52524 慶進 ············ 故宮博·新151452
〔佛說无常三啓經1卷(尾)〕 天福柒年十二月
十一日 (942)
　1)沙彌　2)龍興寺　4)原作「龍興寺沙彌慶進讀
　誦之耳」。

52525 慶邃 ·················· P2250v①
〔龍興寺僧唱布曆〕 (925?)
　2)龍興寺

52526 慶邃 ·················· P3812v
〔雜寫〕 (9C末頃)

52527 慶邃 ·················· S05718
〔追福疏〕 天福十年五月廿二日 (945)
　1)比丘　2)金光明寺　4)原作「比丘慶邃疏」。

52528 慶寂 ·················· P2250v⑤
〔金光明寺僧唱布曆〕 (925?)
　2)金光明寺

52529 慶寂 ·················· S06417⑲
〔任命狀〕 同光四年三月 (926)
　1)徒衆　2)金光明寺

52530 慶寂 ············ Дx02449+Дx05176
〔(時年)轉帖〕 十一月十九日 (10C前期)
　2)金光明寺

52531 慶宗 ·················· S04060
〔便麥粟豆曆〕 己酉年二月十四日 (949)

52532 慶宗 ·················· S04060①
〔便麥曆〕 戊申年 (948)

52533 慶宗 ·················· S04060v
〔便麥粟豆曆〕 己酉年 (949)

52534 慶相 ·················· S02614v
〔燉煌應管諸寺僧尼名錄〕 (895)
　2)大乘寺

52535 慶達 ·················· P2250v⑤
〔金光明寺僧唱布曆〕 (925?)
　2)金光明寺

52536 慶達 ·················· P3391v①
〔社司轉帖(寫錄)〕 丁酉年正月日 (937)

52537 慶達 ·················· S03905
〔金光明寺造龕窟上樑文〕 大唐天復元年辛酉
歲十二月六日 (901)
　2)金光明寺

52538 慶達 ·················· Дx02363
〔付披子紅暈曆〕 (10C)

52539 慶達 ················ 莫第044窟
〔供養人題記〕 (10C前期)
　1)釋門法律臨壇大德寺主持毗尼教主沙門　2)
　金光明寺　4)北壁。《燉》p.15。

52540 慶達 ················ 莫第098窟
〔供養人題記〕 (10C中期)
　1)釋門法律臨壇供奉大德沙門　4)南壁。《燉》
　p.40。《謝》p.91。

52541 慶張法律 ·············· S02607v
〔金光明寺?常住什物點檢見在曆〕 (9C後期)
　1)法律

52542 慶長 ·················· P3942
〔某家榮親客目〕 (10C?)
　1)都頭

52543 慶長 ·················· S04660
〔兄弟社轉帖〕 戊子年六月十六日 (988)
　1)都頭　2)於燉煌蘭喏門　4)原作「慶長都頭」。

52544 慶長 ·················· S04700
〔陰家榮親客目〕 甲午年五月十五日 (994)
　1)都頭

52545 慶通 ············ BD02258v③(閏58)
〔建隆元年哀子某延僧爲母追念疏〕 建元年四
月三日 (960)
　2)乾元寺

52546 慶通 ……………………… P2250v②
〔乾元寺僧唱布曆〕 辛未年四月十二日
(925?)
　2)乾元寺

52547 慶通 ……………………… P2250v④
〔永安寺僧唱布曆〕 (925?)
　2)永安寺

52548 慶通 ……………………… Дx01586в
〔惠通下僧名目〕 (9C後期)

52549 慶度 ……………………… P2250v⑤
〔金光明寺僧唱布曆〕 (925?)
　2)金光明寺

52550 慶度 ……………………… P4960
〔窟頭修佛堂社再請三官條約〕 甲辰年五月廿一日 (944)
　1)社官

52551 慶度 ……………………… S01156v
〔大漢三年季布罵陣詞1卷末〕 天福肆季己亥歲十四日記 (939)
　1)沙彌

52552 慶道 ……………………… P2250v③
〔開元寺僧唱布曆〕 (925?)
　2)開元寺

52553 慶道 ……………………… P4058
〔貸粟豆曆〕 (9C)

52554 慶道 ……………………… S02614v
〔燉煌應管諸寺僧尼名錄〕 (895)
　2)開元寺

52555 慶得 ……………………… S11389D
〔不禮佛僧名目及罰豆升數〕 (9C後期)

52556 慶德 ……………………… BD16504c
〔雜寫〕 (9～10C)

52557 慶德 ……………………… P2250v④
〔永安寺僧唱布曆〕 (925?)
　2)永安寺

52558 慶德 ……………………… S11335
〔書狀〕 (10C)

52559 慶德 ……………… Дx02449＋Дx05176
〔(時年)轉帖〕 十一月十九日 (10C前期)
　2)靈圖寺

52560 慶富 ……………………… S08443в2
〔李闍梨出便黃麻曆〕 乙巳年二月一日
(945?)

52561 慶富阿娘 ………………… S08443в2
〔李闍梨出便黃麻曆〕 乙巳年二月一日
(945?)

52562 慶福 ……………………… BD02296(閏96)
〔唱得布曆〕 (10C)

52563 慶福 ……………………… P2992v
〔牒狀〕 天福十年乙巳以前 (945以前)

52564 慶福 ……………………… S02614v
〔燉煌應管諸寺僧尼名錄〕 (895)

52565 慶福 ……………………… 莫第044窟
〔供養人題記〕 (10C前期)
　1)大德□沙門…法師　4)南壁。《燉》p.14。

52566 慶福 ……………………… 莫第098窟
〔供養人題記〕 (10C中期)
　1)釋門法律臨壇供奉大德沙門　4)南壁。《燉》p.39。《謝》p.90。

52567 慶辯 ……………………… P2250v⑤
〔金光明寺僧唱布曆〕 (925?)
　2)金光明寺

52568 慶辯 ……………………… P4765
〔都僧錄帖〕 (10C後期)
　1)第一翻

52569 慶辯 ……………………… S02614v
〔燉煌應管諸寺僧尼名錄〕 (895)
　2)報恩寺

52570 慶辯 ……………………… S09512
〔報恩寺常住什物見在曆〕 (10C前期)
　2)報恩寺

52571 慶辯 ……………………… Дx04896
〔請處牒〕 (9C末～10C後期)

52572 慶妙 ……………………… S02614v
〔燉煌應管諸寺僧尼名錄〕 (895)
　2)安國寺

52573 慶妙 ……………………… S04444v②
〔燉煌大乘寺僧尼申告(稿)〕 (905)
　2)大乘寺

52574 慶牟 ･････････ BD16388A(L4460)＋
BD16388B(L4460)
〔當寺轉帖〕 (9～10C)

52575 慶力 ･････････ BD16388A(L4460)＋
BD16388B(L4460)
〔當寺轉帖〕 (9～10C)

52576 慶力 ････････････････ S02614v
〔燉煌應管諸寺僧尼名錄〕 (895)
　　2)報恩寺

52577 慶力 ････････････････ 莫第098窟
〔供養人題記〕 (10C中期)
　　1)釋門法律臨壇供奉大德沙門　4)南壁.《燉》
　　p.41。《謝》p.91。

52578 慶略 ････････････････ P.tib0411v
〔雜記〕 (10C?)
　　2)龍興寺

52579 慶林 ････････････････ P2856v①
〔營葬牓〕 乾寧二年三月十一日乙卯 (895)

52580 慶林 ････････････････ S02614v
〔燉煌應管諸寺僧尼名錄〕 (895)
　　2)龍興寺

52581 慶林 ･･････････ Дх01287＋Дх01324
〔(靈圖寺)方等道場司知藏等狀〕 中和四年甲
辰歲四月日 (884)
　　1)沙彌　2)靈圖寺

52582 慶林 ････････････････ 莫第098窟
〔供養人題記〕 (10C中期)
　　1)釋門法律臨壇供奉大德沙門　4)南壁.《燉》
　　p.39。《謝》p.90。

52583 慶蓮 ････････････････ Дх02363
〔付披子紅暈曆〕 (10C)

52584 慶連 ････････････････ P2250v⑤
〔金光明寺僧唱布曆〕 (925?)
　　2)金光明寺

52585 啓圓 ････････････････ S02614v
〔燉煌應管諸寺僧尼名錄〕 (895)
　　2)安國寺

52586 啓圓 ････････････････ 北大D187
〔安國寺・大乘寺等尼名錄。〕 (9C後期～10C前
期)
　　1)第一翻

52587 啓緣 ････････････････ P2912v②
〔儭家緣大衆要送路人事及都頭用使破歷〕
丑年四月已後 (821?)

52588 啓緣 ････････････････ P5579①
〔大乘寺應道場尼名牒〕 酉年十月 (829 or
841)
　　2)大乘寺

52589 啓緣 ････････････････ P.tib1261v④
〔諸寺僧尼支給穀物歷〕 (9C前期)
　　1)尼

52590 啓緣 ････････････････ S11425v
〔諸寺僧尼給糧歷〕 (9C前期)

52591 啓會 ････････････････ Дх01380v
〔僧名目〕 (10C後期)
　　4)R面爲「七月廿八日獻信狀」(10C後期)。

52592 啓元 ･･･････････ BD16281Bv(L4123)
〔某寺社司轉帖〕 (9～10C)

52593 啓悟 ････････････････ P3600v②
〔燉煌普光寺等尼名申告狀〕 戌年十一月
(9C前期)
　　2)普光寺

52594 啓悟 ･･･････････ 井上目57,圖版1背
〔釋門敎授帖〕 子年頃 (820 or 832頃)
　　1)尼・檢校道場律師　2)大乘寺

52595 啓弘 ････････････････ P3779v②
〔徒衆轉帖〕 乙酉年四月廿七日 (985?)
　　2)乾元寺

52596 啓行 ････････････････ P3060
〔諸寺諸色付經僧尼曆〕 (9C前期)
　　1)僧尼　4)經典名「般若經卷23」。

52597 啓行 ････････････････ P3600v②
〔燉煌普光寺等尼名申告狀〕 戌年十一月
(9C前期)
　　2)普光寺

52598 啓行 ････････････････ S02614v
〔燉煌應管諸寺僧尼名錄〕 (895)
　　2)靈修寺

52599 啓行 ････････････････ S02729①
〔燉煌應管勘牌子歷〕 辰年三月 (788)
　　1)僧　2)大乘寺　3)沙州　4)俗姓「張」。50行
目。

52600 啓行 ･････････････････ S04444v②
〔燉煌大乘寺僧尼申告(稿)〕（905）
　2) 大乘寺

52601 啓行 ･････････････････ Дx01459
〔第一判諸寺尼僧名錄〕（9C末～10C初）
　2) 普(光寺)　4) ⇒普啓行。

52602 啓思 ･････････････････ S02614v
〔燉煌應管諸寺僧尼名錄〕（895）

52603 啓如 ･････････････････ S02614v
〔燉煌應管諸寺僧尼名錄〕（895）
　2) 大乘寺

52604 啓如 ･････････････････ S02614v
〔燉煌應管諸寺僧尼名錄〕（895）
　2) 靈修寺

52605 啓如 ･････････････････ S02669
〔管內尼寺(安國寺･大乘寺･聖光寺)籍〕（865～870）
　2) 大乘寺　3) 効穀鄉　4) 姓「令狐」。俗名「塩々」。

52606 啓如 ･････････････････ S02729①
〔燉煌應管勘牌子歷〕辰年三月（788）
　1) 僧　2) 靈修寺　3) 沙州　4) 俗姓「賈」。33行目。

52607 啓勝 ･････････････････ P3167v
〔安國寺道場司關于(五尼寺)沙彌戒訴狀〕乾寧二年三月（895）
　2) 普光寺　4) ⇒李啓勝。

52608 啓淨 ･････････････････ S02614v
〔燉煌應管諸寺僧尼名錄〕（895）

52609 啓信 ･････････････････ S09532
〔徒衆轉帖〕（10C）

52610 啓心 ･････････････････ P3047v⑧
〔王都督儭合城僧徒名錄〕（9C前期）

52611 啓心 ･････････････････ S02669
〔管內尼寺(安國寺･大乘寺･聖光寺)籍〕（865～870）
　2) 大乘寺　3) 洪池鄉　4) 姓「李」。俗名「心々」。

52612 啓深 ･････････ BD16281Bv(L4123)
〔某寺社司轉帖〕（9～10C）

52613 啓眞 ･････････････････ P2912v③
〔寫大般若經一部施銀盤子麥粟粉疏〕四月八日（9C前期）

52614 啓眞 ･････････････････ P3047v①
〔僧名等錄〕（9C前期）
　4) 俗姓「司馬」。

52615 啓眞 ･････････････････ P3047v①
〔僧名等錄〕（9C前期）
　4) 俗姓「魏」。

52616 啓眞 ･････････････････ P3047v③
〔諸僧尼送納三色香於乾元寺曆〕（9C前期）
　2) 乾元寺

52617 啓眞 ･････････････････ P3047v③
〔諸僧尼送納三色香於乾元寺曆〕（9C前期）
　2) 乾元寺　4) 俗姓「魏」。

52618 啓眞 ･････････････････ P3060
〔諸寺諸色付經僧尼曆〕（9C前期）
　1) 僧尼　4) 經典名「般若經卷23」。

52619 啓眞 ･････････････････ P3060
〔諸寺諸色付經僧尼曆〕（9C前期）
　4) 經典名「般若經卷23」。

52620 啓眞 ･････････････････ P3491piece1
〔某寺設齋勾當名目〕（9C前期）

52621 啓眞 ･････････････････ S02614v
〔燉煌應管諸寺僧尼名錄〕（895）

52622 啓眞 ･････････････････ S02669
〔管內尼寺(安國寺･大乘寺･聖光寺)籍〕（865～870）
　2) 大乘寺　3) 洪池鄉　4) 姓「齊」。俗名「蒙々」。

52623 啓隨 ･････････････････ P3779v②
〔徒衆轉帖〕乙酉年四月廿七日（985?）
　2) 乾元寺

52624 啓隨 ･････････････････ S09532
〔徒衆轉帖〕（10C）

52625 啓相 ･････････････････ S02614v
〔燉煌應管諸寺僧尼名錄〕（895）

52626 啓相 ･････････････････ S02614v
〔燉煌應管諸寺僧尼名錄〕（895）
　2) 大乘寺

52627 啓相 ·················· S02669
〔管內尼寺(安國寺・大乘寺・聖光寺)籍〕
(865～870)
　　2)大乘寺　3)玉關鄉　4)姓「郭」。俗名「勝ゞ」。

52628 啓通 ·················· S09532
〔徒衆轉帖〕　(10C)

52629 啓通 ·········· 臺灣中央圖書館09026
〔領得官粟曆〕　辛巳年正月十日　(921 or 981)
　　1)上座　4)V面爲「辛巳年(921or981)正月十日
領得官粟曆」。

52630 啓田 ·················· S02614v
〔燉煌應管諸寺僧尼名錄〕　(895)
　　2)靈修寺

52631 啓得 ·················· S04429
〔五台山讚文(末)〕　戊辰年六月四日　(848 or 908)
　　2)蓮臺寺

52632 啓理 ·················· S02614v
〔燉煌應管諸寺僧尼名錄〕　(895)
　　2)安國寺

52633 啓理 ·················· 北大D187
〔安國寺・大乘寺等尼名錄。〕　(9C後期～10C前期)
　　1)第二翻

52634 啓里 ·················· S02614v
〔燉煌應管諸寺僧尼名錄〕　(895)

52635 敬戒 ·················· S02614v
〔燉煌應管諸寺僧尼名錄〕　(895)
　　2)靈修寺

52636 敬賢 ·················· S02669
〔管內尼寺(安國寺・大乘寺・聖光寺)籍〕
(865～870)
　　2)大乘寺　3)神沙鄉　4)姓「吳」。俗名「威ゞ」。

52637 敬行 ·················· S02614v
〔燉煌應管諸寺僧尼名錄〕　(895)
　　2)大乘寺

52638 敬信 ·················· P3556v⑦
〔道場思惟簿〕　(10C)

52639 敬信 ·················· P4765
〔都僧錄帖〕　(10C後期)
　　1)第一翻・沙彌

52640 敬信 ·················· S02614v
〔燉煌應管諸寺僧尼名錄〕　(895)
　　2)靈修寺

52641 敬信 ·················· S02614v
〔燉煌應管諸寺僧尼名錄〕　(895)

52642 敬福 ·················· S02614v
〔燉煌應管諸寺僧尼名錄〕　(895)
　　2)靈修寺

52643 敬□ ·············· 浙燉168(浙博143)
〔諸寺僧名目〕　(10C中期)

52644 溪超 ·················· 杏・羽694①
〔當寺應管主客僧牒〕　未年閏十月　(803)
　　4)文末有異一行「未年閏十月日,直歲圓滿牒」。

52645 瓊岊 ·················· P2250v③
〔開元寺僧唱布曆〕　(925?)
　　2)開元寺龍興寺

52646 瓊巖 ·················· P2250v①
〔龍興寺僧唱布曆〕　(925?)
　　2)龍興寺

52647 瓊巖 ·················· P2250v②
〔乾元寺僧唱布曆〕　辛未年四月十二日　(925?)
　　2)乾元寺

52648 瓊俊 ·················· S04309v
〔張瓊俊請龍興僧一十人設齋疏〕　二月廿日
(9C?)
　　2)龍興寺　4)⇒張瓊俊。

52649 繼興 ·················· BD00342(宙42)
〔阿毗達磨大毗婆沙論卷第161〕　(10C?)
　　4)欄外書入。則天文字。

52650 繼興 ·················· 莫第148窟
〔供養人題記〕　(11C中期)
　　4)東壁門北側。《燉》p.70。

52651 繼興 ·················· 莫第148窟
〔供養人題記〕　(西夏)
　　1)釋門法律　2)三界寺　4)東壁門北側。

52652 繼從 ·················· BD13802(新0002)
〔妙法蓮華經卷第2〕　乾德六年二月日　(968)
　　1)西天取經僧　4)原作「西天取經僧繼從乾德六年二月科記」朱筆。

52653 繼從 ···················· P3023
〔妙法蓮華經序品〕 太平興國三年 (978)

52654 繼從 ···················· 橘目
〔妙法蓮華經卷第二〕 乾德六年二月日 (968)
　　1)西天取經僧　4)原作朱記「西天取經僧,乾德六年二月日科記」。

52655 繼昌 ···················· P3824
〔諸經贊文題記〕 辛未年四月十二日 (971)

52656 繼松 ···················· S04660
〔兄弟社轉帖〕 戊子年六月廿六日 (988)
　　4)⇒安繼松。

52657 繼松 ···················· S04660v
〔社人缺色物曆〕 戊子年六月廿六日 (988)
　　2)燉煌蘭喏門

52658 繼紹 ···················· P3092v
〔誦經曆〕 (10C)

52659 繼千 ···················· TⅡY-46A
〔戶籍〕 端拱三年 (990)
　　1)(鄧守存)奴

52660 繼長 ···················· S02472v①
〔榮指揮葬巷社納贈曆〕 辛巳年十月十八日 (981)
　　1)僧　4)⇒高繼長。

52661 繼長 ···················· 北大D215
〔見在僧名〕 廿六日 (10C後期)
　　4)⇒陰繼長。

52662 迥秀 ···················· P2342piece3
〔故上座燈闍梨齋文〕 丙午年四月 (826)

52663 迥秀 ···················· P3730④
〔狀〕 酉年正月 (829)
　　1)徒衆　2)金光明寺

52664 迥秀 ···················· P4810v②
〔爲亡妣請僧疏〕 (9C前期)
　　2)金光明寺

52665 迥秀 ···················· P.tib1261v③
〔諸寺僧尼支給穀物曆〕 六月十二日 (9C前期)
　　1)僧

52666 迥秀 ···················· P.tib1261v⑥
〔諸寺僧尼支給穀物曆〕 (9C前期)
　　1)僧

52667 迥秀 ···················· P.tib1261v⑦
〔諸寺僧尼支給穀物曆〕 (9C前期)
　　1)僧

52668 迥秀 ···················· Дx02355
〔支給僧尼斛㪷曆〕 (9C中期?)

52669 迎勝 ···················· P2944
〔大乘寺・聖光寺等尼僧名錄〕 (10C後期?)

52670 月光 ···················· BD07286(帝86)
〔比丘發露錄〕 (9C前期)

52671 月光 ···················· P3336v②
〔監軍轉經付維那曆〕 (寅年)二月廿日 (834)
　　2)三界寺　4)朱書。

52672 月光 ···················· P3744
〔僧月光日興兄弟析產契〕 (10C前期)
　　1)僧

52673 月光 ···················· S02614v
〔燉煌應管諸寺僧尼名錄〕 (895)

52674 月光 ···················· Ф207
〔金有陀羅尼經1卷〕 戊午年後十一月 (838以降)
　　1)沙門・比丘　4)月光奉資聖神替普及法界蒼生一心受持談建於瓜州龍泉寺寫記。

52675 月燈 ···················· P2469v
〔破曆雜錄〕 戌年六月五日 (830?)

52676 月燈 ···················· P3853v
〔諸寺付經曆〕 (9C前期)

52677 月燈 ···················· P.tib1261v⑦
〔諸寺僧尼支給穀物曆〕 (9C前期)
　　1)僧

52678 月燈 ···················· 濱田115v
〔付經曆〕 十月三日 (9C前期)
　　2)報恩寺

52679 月德 ···················· BD09324(周45)
〔某寺諸色入破歷〕 戌年六日 (8C末～9C前期)

52680 喧(開) ·········· P3853
　〔諸寺付經曆〕（9C前期）

52681 堅意 ·········· P2689
　〔寺僧唱得物支給曆〕（9C前期）
　　4)⇒康堅意。

52682 堅意 ·········· P3600v②
　〔燉煌普光寺等尼名申告狀〕 戌年十一月
　（9C前期）

52683 堅意 ·········· P3600v②
　〔燉煌普光寺等尼名申告狀〕 戌年十一月
　（9C前期）
　　2)普光寺

52684 堅意 ·········· P.tib1261v⑫
　〔諸寺僧尼支給穀物曆〕（9C前期）
　　1)尼

52685 堅意 ·········· S00542v⑤
　〔狀〕（818）
　　1)所由

52686 堅戒 ·········· P3600v②
　〔燉煌普光寺等尼名申告狀〕 戌年十一月
　（9C前期）
　　2)普光寺

52687 堅戒 ·········· S02729①
　〔燉煌應管勘牌子曆〕（788）
　　2)普光寺　4)俗姓「張」。40行目。

52688 堅戒 ·········· S04444v②
　〔燉煌大乘寺僧尼申告(稿)〕（905）
　　2)大乘寺

52689 堅戒 ·········· 井上目57,圖版1背
　〔釋門教授帖〕 子年頃（820 or 832頃）
　　1)尼・檢校道場律師　2)大乘寺

52690 堅惠 ·········· S07882
　〔就賀拔堂唱椀等曆〕 十一月廿一日（9C前期）

52691 堅嚴 ·········· S02669
　〔管内尼寺(安國寺・大乘寺・聖光寺)籍〕
　（865～870）
　　2)大乘寺　3)平康鄉　4)姓「武」。俗名「醜々」。

52692 堅固 ·········· P3047v③
　〔諸僧尼送納三色香於乾元寺曆〕（9C前期）
　　2)乾元寺

52693 堅固花 ·········· S02669
　〔管内尼寺(安國寺・大乘寺・聖光寺)籍〕
　（865～870）
　　2)安國寺　3)莫高鄉　4)姓「馬」。俗名「優柔」。

52694 堅固藏 ·········· S02614v
　〔燉煌應管諸寺僧尼名錄〕（895）
　　2)大雲寺

52695 堅固藏 ·········· S02669
　〔管内尼寺(安國寺・大乘寺・聖光寺)籍〕
　（865～870）
　　2)大乘寺　3)神沙鄉　4)姓「沙」。俗名「太平娘」。

52696 堅固定 ·········· S01774
　〔某寺常住什物交割點檢曆〕 天福柒年壬寅歲
　十二月十日（942）
　　1)都維那

52697 堅固林 ·········· S02614v
　〔燉煌應管諸寺僧尼名錄〕（895）
　　2)靈修寺

52698 堅悟 ·········· P3060
　〔諸寺諸色付經僧尼曆〕（9C前期）
　　1)僧尼　4)經典名「般若經卷57」。

52699 堅悟 ·········· P3060
　〔諸寺諸色付經僧尼曆〕（9C前期）
　　4)經典名「般若經卷21」。

52700 堅悟 ·········· P3600v②
　〔燉煌普光寺等尼名申告狀〕 戌年十一月
　（9C前期）
　　2)普光寺

52701 堅悟 ·········· P3619①
　〔王都督翾合城僧徒名錄〕（9C）

52702 堅悟 ·········· S02614v
　〔燉煌應管諸寺僧尼名錄〕（895）
　　2)大乘寺

52703 堅悟 ·········· S02614v
　〔燉煌應管諸寺僧尼名錄〕（895）
　　2)安國寺

52704 堅悟 ·········· S02669
　〔管内尼寺(安國寺・大乘寺・聖光寺)籍〕
　（865～870）
　　2)大乘寺　3)洪潤鄉　4)姓「寶」。俗名「闍々」。

52705 堅悟 ·················· 北大D187
〔翻, 僧尼名〕 （9C後期〜10C前期）
　1)第一翻

52706 堅護 ·············· BD13967（新0167）
〔大般若波羅蜜多經卷第266（末）〕 （9C前期）
　1)尼　4)原作「尼堅護經」。

52707 堅護 ················ P.tib1202v
〔僧尼名目〕 （9C前期）

52708 堅護 ················ P.tib1261v⑨
〔諸寺僧尼支給穀物曆〕 （9C前期）
　1)尼

52709 堅護 ················· S00476Av
〔諸寺付經僧尼曆〕 （9C前期）
　1)僧　2)靈修寺

52710 堅護 ·················· S02614v
〔燉煌應管諸寺僧尼名錄〕 （895）
　2)安國寺

52711 堅護 ·················· S04444v②
〔燉煌大乘寺僧尼申告（稿）〕 （905）
　2)大乘寺

52712 堅行 ············· BD02126v⑨（藏26）
〔雜寫習書〕 （9C後期）

52713 堅行 ·················· P3047v⑦
〔法事僧尼名錄〕 （9C前期）
　4)俗姓「劉」。

52714 堅志 ···················· P3060
〔諸寺諸色付經僧尼曆〕 （9C前期）
　1)僧尼　4)經典名「般若經卷31」。

52715 堅志 ················· P.tib1202v
〔僧尼名目〕 （9C前期）

52716 堅志 ················ P.tib1261v⑥
〔諸寺僧尼支給穀物曆〕 （9C前期）
　1)尼

52717 堅志 ············ 井上目57,圖版1背
〔釋門教授帖〕 子年頃 （820 or 832頃）
　1)尼・檢校道場律師　2)大乘寺

52718 堅志 ················ 杏・羽694v①
〔諸寺僧尼唱儭物曆〕 （9C中期）
　2)永安寺?　4)R①爲「未年閏十月當寺（永安寺?）應管主客僧牒」。

52719 堅持 ···················· P3047v①
〔僧名等錄〕 （9C前期）
　4)俗姓「秦」。

52720 堅持 ···················· P3047v③
〔諸僧尼送納三色香於乾元寺曆〕 （9C前期）
　2)乾元寺

52721 堅持 ···················· P3060
〔諸寺諸色付經僧尼曆〕 （9C前期）
　1)僧尼　4)經典名「般若經卷55」。

52722 堅持 ···················· P5000v
〔僧尼名目〕 （9C前期）
　2)靈修寺

52723 堅持 ················ P.tib1261v④
〔諸寺僧尼支給穀物曆〕 （9C前期）
　1)尼

52724 堅持 ···················· S02614v
〔燉煌應管諸寺僧尼名錄〕 （895）
　2)安國寺

52725 堅持 ···················· S02729①
〔燉煌應管勘牌子歷〕 辰年三月 （788）
　1)僧　3)沙州・潘原堡　4)俗姓「孟」。54行目。

52726 堅持 ···················· S04444v②
〔燉煌大乘寺僧尼申告（稿）〕 （905）
　2)大乘寺

52727 堅持 ················· 杏・羽699
〔報恩寺僧等行事役割〕 （9C?）

52728 堅修 ···················· P2912v②
〔儭家緣大衆要送路人事及都頭用使破歷〕
丑年四月已後 （821?）

52729 堅勝 ···················· P3660v②
〔普光寺等尼衆名錄〕 戌年十一月 （9C）
　2)普光寺

52730 堅勝 ···················· S00515
〔齋文文範（首尾缺）〕 （9C前期）
　1)檀越

52731 堅勝 ···················· S04444v②
〔燉煌大乘寺僧尼申告（稿）〕 （905）
　2)大乘寺

52732 堅證 ·················· S02614v
〔燉煌應管諸寺僧尼名錄〕 (895)
　2)安國寺

52733 堅淨 ·················· P3600v②
〔燉煌普光寺等尼名申告狀〕　戌年十一月
(9C前期)
　2)普光寺

52734 堅淨 ·················· P3619①
〔王都督儭合城僧徒名錄〕 (9C)

52735 堅淨 ·················· S04444v②
〔燉煌大乘寺僧尼申告(稿)〕 (905)
　2)大乘寺

52736 堅信 ·············· BD02126v②(藏26)
〔人名目(1行6名)〕 (9C後期)

52737 堅信 ·················· P3600v②
〔燉煌普光寺等尼名申告狀〕　戌年十一月
(9C前期)
　2)普光寺

52738 堅信 ·················· P3977
〔諸寺入布曆〕 (9C)

52739 堅信 ·················· P.tib1202v
〔僧尼名目〕 (9C前期)
　1)和尚

52740 堅信 ·················· S01973v①
〔社司轉帖(習書)〕 (9C末)
　2)永安寺

52741 堅信 ·················· S02614v
〔燉煌應管諸寺僧尼名錄〕 (895)
　2)開元寺

52742 堅信 ·················· S02614v
〔燉煌應管諸寺僧尼名錄〕 (895)
　2)大雲寺

52743 堅信 ·················· S02729①
〔燉煌應管勘牌子曆〕　辰年三月 (788)
　1)僧　3)沙州·潘原堡　4)俗姓「賀拔」。26行目。

52744 堅信 ·················· S10967
〔教團付經諸寺僧尼名目〕 (9C前期)

52745 堅信 ·············· 井上目57,圖版1背
〔釋門敎授帖〕　子年頃 (820 or 832頃)
　1)尼·律師檢校道場律師　2)大乘寺

52746 堅心 ·················· P3060
〔諸寺諸色付經僧尼曆〕 (9C前期)
　1)僧尼　4)經典名「般若經卷11」。

52747 堅眞 ·············· BD11493(L1622)
〔十僧寺三尼寺勘敎付經曆(首尾全)〕　亥年
四月廿九日 (9C前期)
　2)(靈)修(寺)

52748 堅眞 ·················· P5000v
〔僧尼名目〕 (9C前期)
　2)靈修寺

52749 堅眞 ·················· P.tib1261v④
〔諸寺僧尼支給穀物曆〕 (9C前期)
　1)尼

52750 堅眞 ·················· 北大D204
〔堅法請靈修寺陰法律等追念疏〕　某月廿二
日 (9C前期)
　1)闍梨

52751 堅眞 ·················· 杏·羽694v②
〔諸寺僧尼唱儭物曆〕 (9C中期)
　2)永安寺?

52752 堅進 ·················· P3600v②
〔燉煌普光寺等尼名申告狀〕　戌年十一月
(9C前期)
　2)普光寺

52753 堅進 ·················· 莫第085窟
〔供養人題記〕 (10C前期)
　1)囗師　2)普光寺　4)東壁門南側。《燉》p.30。
《謝》p.119。

52754 堅性 ·················· P3600v②
〔燉煌普光寺等尼名申告狀〕　戌年十一月
(9C前期)
　2)普光寺

52755 堅性 ·················· S02614v
〔燉煌應管諸寺僧尼名錄〕 (895)
　2)聖光寺

52756 堅性 ·················· S02614v
〔燉煌應管諸寺僧尼名錄〕 (895)
　2)大乘寺

52757 堅性 ·················· S02669
〔管內尼寺(安國寺·大乘寺·聖光寺)籍〕
(865〜870)
　2)大乘寺　3)燉煌鄕　4)姓「陰」。俗名「心娘」。

52758 堅性 ……………………… S04444v②
〔燉煌大乘寺僧尼申告(稿)〕（905）
　2)大乘寺

52759 堅正 ……………………… P2583v⑤
〔亡尼堅正衣物施入疏〕申年正月十七日
(828?)

52760 堅正 ……………………… P3619①
〔王都督僦合城僧徒名錄〕（9C）

52761 堅正 ……………………… S02729①
〔燉煌應管勘牌子歷〕辰年三月（788）
　1)僧　2)普光寺　3)沙州　4)俗姓「王」。44行目。

52762 堅然 ………… S07939v＋S07940Bv＋
　S07941
〔燉煌諸寺僧尼給糧歷〕（823以降）
　1)尼　2)聖光寺

52763 堅相 ……………………… P3616v
〔納七器具名歷〕卯年九月廿四日（10C?）

52764 堅相 ……………………… P.tib1261v④
〔諸寺僧尼支給穀物歷〕（9C前期）
　1)尼

52765 堅相 ……………………… 北大D204
〔堅法請靈修寺陰法律等追念疏〕某月廿二日（9C前期）
　1)闍梨

52766 堅藏 ……………………… S02614v
〔燉煌應管諸寺僧尼名錄〕（895）
　2)安國寺

52767 堅藏 ……………………… S02669
〔管內尼寺(安國寺・大乘寺・聖光寺)籍〕
(865〜870)
　2)大乘寺　3)效穀鄉　4)姓「趙」。俗名「眼ゝ」。

52768 堅藏 ……………………… S11352
〔法律道哲牓示〕（9C）

52769 堅智 ……………………… P.tib1261v④
〔諸寺僧尼支給穀物歷〕（9C前期）
　1)尼

52770 堅智 ……………………… P.tib1261v⑥
〔諸寺僧尼支給穀物歷〕（9C前期）
　1)尼

52771 堅智 ……………………… P.tib1261v⑩
〔諸寺僧尼支給穀物歷〕（9C前期）
　1)尼

52772 堅智 ……………………… P.tib1261v⑪
〔諸寺僧尼支給穀物歷〕（9C前期）
　1)尼

52773 堅智 ……………………… P.tib1261v⑫
〔諸寺僧尼支給穀物歷〕（9C前期）
　1)尼

52774 堅智 ……………………… S02669
〔管內尼寺(安國寺・大乘寺・聖光寺)籍〕
(865〜870)
　2)大乘寺　3)平康鄉　4)姓「張」。俗名「朧ゝ」。

52775 堅智 ……………………… S04444v②
〔燉煌大乘寺僧尼申告(稿)〕（905）
　2)大乘寺

52776 堅智 ………… S07939v＋S07940Bv＋
　S07941
〔燉煌諸寺僧尼給糧歷〕（823以降）
　1)尼　2)聖光寺

52777 堅定 ……………………… S04444v②
〔燉煌大乘寺僧尼申告(稿)〕（905）
　2)大乘寺

52778 堅定 ……………………… 杏・羽699
〔報恩寺僧等行事役割〕（9C?）

52779 堅德 ……………………… P3060
〔諸寺諸色付經僧尼歷〕（9C前期）
　1)僧尼　4)經典名「般若經卷28」。

52780 堅德 ……………………… P3060
〔諸寺諸色付經僧尼歷〕（9C前期）
　4)經典名「般若經卷28」。

52781 堅德 ……………………… P.tib1261v⑫
〔諸寺僧尼支給穀物歷〕（9C前期）
　1)尼

52782 堅忍 ……………… BD02126v⑧(藏26)
〔僧尼名目(2行10名)〕（9C後期）

52783 堅忍 ……………………… P3600v②
〔燉煌普光寺等尼名申告狀〕戌年十一月
(9C前期)
　2)普光寺

52784 堅忍 ･････････････････ P4810
〔常精進爲病患尼堅忍狀上〕 三月 (9C)
　1)尼　2)普光寺

52785 堅忍 ･････････････････ S02614v
〔燉煌應管諸寺僧尼名錄〕 (895)
　2)安國寺

52786 堅忍 ･････････････････ S04444v②
〔燉煌大乘寺僧尼申告(稿)〕 (905)
　2)大乘寺

52787 堅忍 ･････････････････ S11352
〔法律道哲牓示〕 (9C)

52788 堅法 ････････････ BD06437v①(河37)
〔燉煌僧尼名〕 (9～10C)

52789 堅法 ････････････ BD11493(L1622)
〔十僧寺三尼寺勘教付經曆(首尾全)〕 亥年四月卄九日 (9C前期)
　2)(大)乘(寺)

52790 堅法 ･････････････････ P3060
〔諸寺諸色付經僧尼曆〕 (9C前期)
　1)僧尼　4)經典名「般若經卷28」。

52791 堅法 ･････････････････ P.tib1261v⑪
〔諸寺僧尼支給穀物曆〕 (9C前期)
　1)僧

52792 堅法 ･････････････････ S02669
〔管內尼寺(安國寺・大乘寺・聖光寺)籍〕 (865～870)
　2)大乘寺　3)洪池鄕　4)姓「張」。俗名「太娘」。

52793 堅法 ･･････････ 井上目57,圖版1背
〔釋門教授帖〕 子年頃 (820 or 832頃)
　1)尼・檢校道場律師　2)大乘寺

52794 堅法 ･････････････････ 北大D187
〔安國寺・大乘寺等尼名錄。〕 (9C後期～10C前期)
　1)第一翻

52795 堅法 ･････････････････ 北大D204
〔堅法請靈修寺陰法律等追念疏〕 某月卄二日 (9C前期)

52796 堅滿 ･････････････････ P3619①
〔王都督儭合城僧徒名錄〕 (9C)

52797 堅妙 ･････････････････ S02614v
〔燉煌應管諸寺僧尼名錄〕 (895)
　2)安國寺　4)⇒眞智。

52798 堅妙 ･････････････････ S04444v②
〔燉煌大乘寺僧尼申告(稿)〕 (905)
　2)大乘寺

52799 堅妙 ･････････････････ 北大D187
〔安國寺・大乘寺等尼名錄。〕 (9C後期～10C前期)
　1)第一翻

52800 堅律 ･････････････････ P3600v②
〔燉煌普光寺等尼名申告狀〕 戌年十一月 (9C前期)
　2)普光寺

52801 堅律 ･････････････････ P3619①
〔王都督儭合城僧徒名錄〕 (9C)

52802 堅林 ･････････････････ P3060
〔諸寺諸色付經僧尼曆〕 (9C前期)
　1)僧尼　4)經典名「般若經卷57」。

52803 建 ･････････････････ P.tib1261v③
〔諸寺僧尼支給穀物曆〕 (9C前期)

52804 建ゝ ･････････････････ BD04642(劍42)
〔无量壽宗要經(末)〕 (9C前期)
　1)第三校　4)原作「第三校建ゝ」。

52805 建昌 ････････ Дх00285＋Дх02150＋Дх02167＋Дх02960＋Дх03020＋Дх03123v③
〔某寺破曆〕 (10C中期)

52806 建紹 ･････････････････ P3249v
〔將龍光顏等隊下人名目〕 (9C中期)
　1)僧

52807 建娘 ･････････････････ S00542v
〔簿〕 戌年六月十八日 (818)

52808 建眞 ･････････････････ P3060v
〔諸寺諸色付經僧尼曆〕 (9C前期)
　4)經典名「十輪經」。

52809 建福 ･････････････････ S02894v①③
〔社司轉帖〕 壬申年十二月 (972)

52810 建律 ･････････････････ P.tib1261v⑤
〔諸寺僧尼支給穀物曆〕 (9C前期)
　1)僧

52811 獻 ……………………… P3205
　〔僧俗人寫經曆〕（9C前期）

52812 獻信 ……………………… S10622
　〔獻信狀〕（9C～10C）

52813 虔英 ……………………… S05867
　〔舉錢契〕唐建中三年七月十二日（782）
　　1)錢主・僧　2)護國寺

52814 虔英 ……………………… S05871
　〔便粟契〕大曆十七年閏正月？（782）
　　1)僧・粟主　2)護國寺　4)護國寺僧。

52815 虔英 ……………………… S05871
　〔便粟契〕大曆十七年閏正月？（782）
　　1)粟主・僧　2)護國寺

52816 虔愈 ……………… S10180＋S10240
　〔官人虔愈狀上〕（10C?）
　　1)官人

52817 虔祐 ……………………… Дx02966v
　〔僧虔祐書寫諸雜讚文一本〕辛巳年正月廿二日（981）
　　1)僧

52818 見祥 ……………………… P3060v
　〔諸寺諸色付經僧尼曆〕（9C前期）
　　4)經典名「小品般若經」。

52819 見祥師 …………………… P3060
　〔諸寺諸色付經僧尼曆〕（9C前期）
　　1)僧尼　4)經典名「花嚴經卷4」。

52820 見淨 ……………………… S02669
　〔管内尼寺(安國寺・大乘寺・聖光寺)籍〕（865～870）
　　2)大乘寺　3)洪池鄉　4)姓「張」。俗名「詔ゝ」。

52821 見性 ……………………… S02669
　〔管内尼寺(安國寺・大乘寺・聖光寺)籍〕（865～870）
　　1)尼　2)大乘寺　3)平康鄉　4)姓「價」。俗名「端ゝ」。

52822 見了 ……………… BD02858(調58)
　〔雜寫〕（8～9C）

52823 謙ゝ ……………………… S00381v③
　〔弟常惠謙ゝ等祭故姉ゝ文〕丁亥(年)五月庚子朔十五日甲寅（867）

52824 賢 ……………………… 杏・羽081②
　〔都衙奉爲故賢氏娘子小祥追念疏(稿)〕（10C）
　　4)原作「奉爲故賢氏娘子…」。燉「李盛鐸印」等無印。燉煌遺書散錄0267。

52825 賢意 ……………………… S02614v
　〔燉煌應管諸寺僧尼名錄〕（895）
　　2)大乘寺

52826 賢意 ……………………… S02669
　〔管内尼寺(安國寺・大乘寺・聖光寺)籍〕（865～870）
　　2)大乘寺　3)赤心鄉　4)姓「呂」。俗名「寵ゝ」。

52827 (賢)圓藏 …………………… S02614v
　〔燉煌應管諸寺僧尼名錄〕（895）
　　2)安國寺　4)⇒圓藏。

52828 賢覺 ……………………… S02669
　〔管内尼寺(安國寺・大乘寺・聖光寺)籍〕（865～870）
　　2)大乘寺　3)洪池鄉　4)姓「鄭」。俗名「銀子」。

52829 賢惠 ……………… BD02496v④(成96)
　〔儭司唱得布支給曆〕（10C前期）
　　2)(大)雲(寺)

52830 賢ゝ ……………………… P3205
　〔僧俗人寫經曆〕（9C前期）

52831 賢ゝ ……………………… S02711
　〔寫經人名目〕（9C前期）
　　1)寫經人　2)金光明寺

52832 賢ゝ ……………………… S04831②
　〔寫經人名目〕（9C前期）
　　1)寫經人

52833 賢ゝ ……………………… S06028
　〔寫經人名目〕（8C末～9C前期）
　　1)寫經人

52834 賢護 ……………………… P.tib1261v④
　〔諸寺僧尼支給穀物曆〕（9C前期）
　　1)尼

52835 賢首 ……………………… P.tib1202v
　〔僧尼名目〕（9C前期）

52836 賢修 ……………………… S05486①
　〔諸寺僧尼付油麵曆〕（10C中期）
　　2)聖光寺

52837 賢勝 ·················· P.tib1261v④
　〔諸寺僧尼支給穀物曆〕（9C前期）
　　1）尼

52838 賢勝 ·········· Дx01305＋Дx02154＋
　　Дx03026
　〔僧等付絹等曆〕（9C前期）

52839 賢勝 ·················· 莫第159窟
　〔供養人題記〕（9C末期）
　　1）尼・法律　2）靈修寺　4）原作「孫尼靈修寺法
　　律賢勝」。西壁。《燉》p.75。

52840 賢照 ·················· P2856v①
　〔營葬牓〕　乾寧二年三月十一日乙卯　（895）

52841 賢照 ·················· P4597v
　〔雜記〕　光化四年九月三日　（901）
　　1）管內都僧統

52842 賢淨 ·················· P3060v
　〔諸寺諸色付經僧尼曆〕（9C前期）
　　4）經典名「道行經」。

52843 賢信 ·················· P3619①
　〔王都督儭合城僧徒名錄〕（9C）

52844 賢折 ·················· P5000v
　〔僧尼名目〕（9C前期）
　　2）靈修寺

52845 賢智 ·················· P.tib1261v④
　〔諸寺僧尼支給穀物曆〕（9C前期）
　　1）尼

52846 賢智 ·················· P.tib1261v⑥
　〔諸寺僧尼支給穀物曆〕（9C前期）
　　1）尼

52847 賢智 ·················· P.tib1261v⑧
　〔諸寺僧尼支給穀物曆〕（9C前期）
　　1）尼

52848 賢智 ·················· 北大D168
　〔戒本含注一卷末比丘尼賢智受持〕　申年十月
　　七日　（9C前期）
　　1）比丘尼　4）申年十月七日寫記。

52849 賢智法律 ·············· BD16566
　〔賢智法律寫官經〕　寅年十一月十四日　（8～
　　9C）
　　1）法律

52850 賢定 ·················· S02669
　〔管內尼寺（安國寺・大乘寺・聖光寺）籍〕
　　（865～870）
　　2）大乘寺　3）玉關鄉　4）姓「董」。俗名「最々」。

52851 賢奴 ·················· P3047v⑨
　〔諸人諸色施捨曆〕（9C前期）

52852 賢德 ·················· P.tib1261v⑧
　〔諸寺僧尼支給穀物曆〕（9C前期）
　　1）尼

52853 賢德 ·················· Дx02355
　〔支給僧尼斜豆曆〕（9C中期？）

52854 賢德 ·················· 杏・羽699
　〔報恩寺僧等行事役割〕（9C？）

52855 賢德 ·············· 浙燉041（浙博016）
　〔大般若波羅蜜多經卷第169（縹紙經題下
　　段）〕（9C末～10C初）

52856 賢忍 ·················· P.tib1261v⑫
　〔諸寺僧尼支給穀物曆〕（9C前期）
　　1）尼

52857 元□ ·················· S02151v
　〔應管內雌統厶乙令置方等葦場苐〕（10C）
　　2）聖光（寺）

52858 原集 ·················· S05406
　〔僧正法律徒衆轉帖〕　辛卯年四月十四日
　　（991）
　　1）僧

52859 原德 ·················· S02614v
　〔燉煌應管諸寺僧尼名錄〕（895）
　　2）蓮臺寺

52860 嚴意 ·················· S02614v
　〔燉煌應管諸寺僧尼名錄〕（895）
　　2）聖光寺

52861 嚴意 ·················· S02614v
　〔燉煌應管諸寺僧尼名錄〕（895）
　　2）大乘寺

52862 嚴意 ·················· S02614v
　〔燉煌應管諸寺僧尼名錄〕（895）
　　2）靈修寺

52863 嚴意 ・・・・・・・・・・・・・・・・・・ S02669
〔管內尼寺(安國寺・大乘寺・聖光寺)籍〕
(865～870)
　2)安國寺　3)莫高鄉　4)姓「康」。俗名「司曼」。

52864 嚴意 ・・・・・・・・・・・・・・・・・・ S04444v②
〔燉煌大乘寺僧尼申告(稿)〕(905)
　2)大乘寺

52865 嚴戒 ・・・・・・・・・・・・・・・・・・ S02614v
〔燉煌應管諸寺僧尼名錄〕(895)
　2)安國寺

52866 嚴戒 ・・・・・・・・・・・・・・・・・・ S02669
〔管內尼寺(安國寺・大乘寺・聖光寺)籍〕
(865～870)
　2)聖光寺　3)慈惠鄉　4)姓「王」。俗名「太々」。

52867 嚴戒 ・・・・・・・・・・・・・・・・・・ S02669
〔管內尼寺(安國寺・大乘寺・聖光寺)籍〕
(865～870)
　3)慈惠鄉　4)姓「李」。俗名「嬌々」。

52868 嚴戒 ・・・・・・・・・・・・・・・・・・ S04444v②
〔燉煌大乘寺僧尼申告(稿)〕(905)
　2)大乘寺

52869 嚴會 ・・・・・・・・・・・・・・ Stein Painting 14
〔觀音圖供養題記〕天復拾載庚午歲七月十五日 (910)
　1)法律臨壇尼大德　2)普光寺

52870 嚴會 ・・・・・・・・・・・・・・・・・・ 北大D187
〔安國寺・大乘寺等尼名錄。〕(9C後期～10C前期)
　1)第二翻

52871 嚴覺 ・・・・・・・・・・・・・・・・・・ S02669
〔管內尼寺(安國寺・大乘寺・聖光寺)籍〕
(865～870)
　2)大乘寺　3)神沙鄉　4)姓「吳」。俗名「寵子」。

52872 嚴君 ・・・・・・・・・・・・・・・・・・ S01475v⑧⑨
〔沙州寺戶嚴君便麥契〕四月十五日 (828～829)
　1)寺戶　3)沙州

52873 嚴護 ・・・・・・・・・・・・・・・・・・ P3556v⑦
〔道場思惟簿〕(10C)

52874 嚴護 ・・・・・・・・・・・・・・・・・・ S01624v
〔什物交割曆〕(942頃)

52875 嚴護 ・・・・・・・・・・・・・・・・・・ S01774
〔某寺常住什物交割點檢曆〕天福柒年壬寅歲十二月十日 (942)

52876 嚴護 ・・・・・・・・・・・・・・・・・・ S03180v
〔爲追念設供請僧疏〕(9C末頃)

52877 嚴護 ・・・・・・・・・・・・・・・・・・ S04654v②
〔老病孝僧尼名錄(殘)〕(10C中期)
　4)老病孝。

52878 嚴行 ・・・・・・・・・・・・・・・・・・ S02614v
〔燉煌應管諸寺僧尼名錄〕(895)
　2)大乘寺

52879 嚴行 ・・・・・・・・・・・・・・・・・・ S02669
〔管內尼寺(安國寺・大乘寺・聖光寺)籍〕
(865～870)
　2)大乘寺　3)莫高鄉　4)姓「氾」。俗名「嬌々」。

52880 嚴持 ・・・・・・・・・・・・・・・・・・ S02669
〔管內尼寺(安國寺・大乘寺・聖光寺)籍〕
(865～870)
　2)大乘寺　3)洪閏鄉　4)姓「寶」。俗名「含々」。

52881 嚴持花 ・・・・・・・・・・・・・・・・・・ S02669
〔管內尼寺(安國寺・大乘寺・聖光寺)籍〕
(865～870)
　2)聖光寺　3)燉煌鄉　4)姓「馮」。俗名「桂娘」。

52882 嚴持花 ・・・・・・・・・・・・・・・・・・ S02669
〔管內尼寺(安國寺・大乘寺・聖光寺)籍〕
(865～870)
　2)聖光寺　3)燉煌鄉　4)姓「馮」。俗名「桂娘」。

52883 嚴勝 ・・・・・・・・・・・・・・・・・・ P3619①
〔王都督憊合城僧徒名錄〕(9C)

52884 嚴勝 ・・・・・・・・・・・・・・・・・・ P5579⑪
〔大乘寺應道場尼名牒〕酉年十月 (829 or 841)
　2)大乘寺

52885 嚴勝 ・・・・・・・・・・・・・・・・・・ S02614v
〔燉煌應管諸寺僧尼名錄〕(895)
　2)大乘寺

52886 嚴勝 ・・・・・・・・・・・・・・・・・・ S10912
〔佛名經卷第1經扉題記〕(10C)
　1)尼

52887 嚴淨 …………………… BD16453A
　〔水則道場轉經兩翻名目〕（9〜10C）
　　1）第二翻

52888 嚴淨 …………………… P3167v
　〔安國寺道場司關于(五尼寺)沙彌戒訴狀〕
　乾寧二年三月（895）
　　2）靈修寺　4）⇒程嚴淨。

52889 嚴淨 …………………… S00542v
　〔燉煌諸寺丁壯車牛役部〕戌年六月十八日
　（818）
　　2）大雲寺

52890 嚴淨 …………………… S02614v
　〔燉煌應管諸寺僧尼名錄〕（895）
　　2）大乘寺

52891 嚴淨 …………………… S02614v
　〔燉煌應管諸寺僧尼名錄〕（895）
　　2）靈修寺

52892 嚴淨 …………………… S04610v③
　〔尼僧名目〕（895以前？）

52893 嚴信 …………………… S02614v
　〔燉煌應管諸寺僧尼名錄〕（895）
　　2）靈修寺

52894 嚴眞 …………………… S02614v
　〔燉煌應管諸寺僧尼名錄〕（895）
　　2）大乘寺

52895 嚴眞 …………………… S02614v
　〔燉煌應管諸寺僧尼名錄〕（895）
　　2）聖光寺

52896 嚴眞 …………………… S02669
　〔管內尼寺(安國寺・大乘寺・聖光寺)籍〕
　（865〜870）
　　2）聖光寺　3）莫高鄉　4）姓「羅」。俗名「六々」。

52897 嚴性 …………………… S02614v
　〔燉煌應管諸寺僧尼名錄〕（895）
　　2）大乘寺

52898 嚴藏 …………………… S02669
　〔管內尼寺(安國寺・大乘寺・聖光寺)籍〕
　（865〜870）
　　2）安國寺　3）玉關鄉　4）姓「張」。俗名「端々」。

52899 嚴定 …………………… P3410
　〔沙州僧崇恩析產遺屬〕吐蕃年次未詳（840
　前後）
　　1）尼

52900 嚴定 …………………… S02614v
　〔燉煌應管諸寺僧尼名錄〕（895）
　　2）大乘寺

52901 嚴德 …………………… P3336v①
　〔瓜州節度轉經付維那曆〕寅年正月卅日
　（834）
　　2）安國寺　3）瓜州

52902 嚴德 …………………… S02614v
　〔燉煌應管諸寺僧尼名錄〕（895）
　　2）大乘寺

52903 嚴德 …………………… S02669
　〔管內尼寺(安國寺・大乘寺・聖光寺)籍〕
　（865〜870）
　　2）大乘寺　3）平康鄉　4）姓「索」。俗名「伯媚」。

52904 嚴忍 …………………… S01776②
　〔某寺常住什物交割點檢曆〕顯德五年戊午
　十一月十三日（958）

52905 嚴忍 …………………… S02614v
　〔燉煌應管諸寺僧尼名錄〕（895）

52906 嚴忍花 …………………… S02614v
　〔燉煌應管諸寺僧尼名錄〕（895）
　　2）聖光寺

52907 嚴念 …………………… S02614v
　〔燉煌應管諸寺僧尼名錄〕（895）

52908 嚴福 …………………… S02614v
　〔燉煌應管諸寺僧尼名錄〕（895）
　　2）大乘寺

52909 嚴福 …………………… S04444v②
　〔燉煌大乘寺僧尼申告(稿)〕（905）
　　2）大乘寺

52910 嚴妙 …………………… S02614v
　〔燉煌應管諸寺僧尼名錄〕（895）
　　2）靈修寺

52911 嚴妙 …………………… S02669
　〔管內尼寺(安國寺・大乘寺・聖光寺)籍〕
　（865〜870）
　　2）大乘寺　3）莫高鄉　4）姓「氾」。俗名「鉢々」。

52912 嚴律 ……………… S02614v
〔燉煌應管諸寺僧尼名錄〕（895）
  2）聖光寺

52913 嚴律 ……………… S02614v
〔燉煌應管諸寺僧尼名錄〕（895）
  2）大乘寺

52914 嚴律 ……………… S02669
〔管內尼寺（安國寺・大乘寺・聖光寺）籍〕
（865～870）
  2）大乘寺　3）洪閏鄉　4）姓「李」。俗名「喜娘」。

52915 嚴律 ……………… S04444v②
〔燉煌大乘寺僧尼申告（稿）〕（905）
  2）大乘寺

52916 彥熙 ……………… P2605
〔燉煌郡慈戒不雜德政序〕（9C）
  1）西天取經賜紫沙門　4）原作「洛京左街福先寺講唯識百法因明論曾修文珠法界觀西天取經賜紫沙門彥熙述」。

52917 彥思 ……………… S03457②
〔雜寫（①末端付紙）〕（10C）
  1）僧　2）金光明寺

52918 彥討 ……………… P3364
〔某寺白麵圓麵油破曆（殘）〕（959前後）
  4）原作「付彥討拾伍日節料用」。

52919 玄應 ……………… P.tib1261v⑨
〔諸寺僧尼支給穀物曆〕（9C前期）
  1）僧

52920 玄覺 ……………… S07939v＋S07940Bv＋S07941
〔燉煌諸寺僧尼給糧曆〕（823以降）

52921 玄歸 ……………… BD04471v(崑71)
〔大乘蜜嚴經卷中〕（8～9C）
  1）比丘　4）原作「比丘玄歸」。

52922 玄敩 ……………… BD15174v(新1374)
〔題記・雜寫〕丁卯年正月一日（967）
  2）金光明寺　4）原作「丁卯年正月一日金光明寺僧玄敩顧世音菩薩經一卷」。

52923 玄敩 ……………… Дx11061
〔不赴城經僧〕壬戌年十一月十日（962 or 1022）

52924 玄敩 ……………… 劫餘錄續編1346
〔金剛般若波羅蜜經卷第2(末)〕　甲寅年十一月十五日（954 or 1014）
  2）金明寺　4）尾題「…金光明寺玄敩集金剛經十卷年交弟子轉經件記(2行)」。

52925 玄鏡 ……………… P6015v
〔張懷慶請僧爲娘子就靈圖寺開法會疏〕□亥年正月九日（10C）
  2）(靈)圖(寺)

52926 玄鏡 ……………… S00520
〔報恩寺方等道場榜〕（9C末～925以前）
  4）有「河西都僧院」印。

52927 玄照 ……………… P3060
〔諸寺諸色付經僧尼曆〕（9C前期）
  1）僧尼　4）經典名「花嚴經卷6」。

52928 玄照 ……………… P3060
〔諸寺諸色付經僧尼曆〕（9C前期）
  4）經典名「般若經卷40」。

52929 玄照 ……………… P3060
〔諸寺諸色付經僧尼曆〕（9C前期）
  4）經典名「般若經卷51」。

52930 玄照 ……………… S01267v
〔某寺設齋納物名目〕（9C前期）

52931 玄照 ……………… Дx00110v
〔大乘百法明門論開宗義決行間雜寫〕（9C）

52932 玄照 ……………… 杏・羽694①
〔當寺應管主客僧牒〕　未年閏十月（803）
  4）文末有異一行「未年閏十月十日, 直歲圓滿牒」。

52933 玄淨 ……………… P3336②
〔轉經分付維那曆〕寅年正月八日（834）
  2）蓮臺寺

52934 玄深 ……………… S02614v
〔燉煌應管諸寺僧尼名錄〕（895）
  2）蓮臺寺

52935 玄眞 ……………… P4810v②
〔爲亡姒請僧疏〕（9C前期）
  2）金光明寺

52936 玄寂 ……………… S02614v
〔燉煌應管諸寺僧尼名錄〕（895）
  2）大雲寺

52937 玄宋 ·················· P4810v②
〔爲亡妣請僧疏〕（9C前期）
　2)金光明寺

52938 玄通 ·················· P3491piece1
〔某寺設齋勾當名目〕（9C前期）

52939 玄通 ·················· P.tib1261v⑤
〔諸寺僧尼支給穀物曆〕（9C前期）
　1)僧

52940 玄通 ·················· P.tib1261v⑥
〔諸寺僧尼支給穀物曆〕（9C前期）
　1)僧

52941 玄通 ·················· P.tib1261v⑦
〔諸寺僧尼支給穀物曆〕（9C前期）
　1)僧

52942 玄通 ·················· P.tib1261v⑧
〔諸寺僧尼支給穀物曆〕（9C前期）
　1)僧

52943 玄通 ·················· P.tib1261v⑨
〔諸寺僧尼支給穀物曆〕（9C前期）
　1)僧

52944 玄通 ·················· S02614v
〔燉煌應管諸寺僧尼名錄〕（895）
　2)乾元寺

52945 玄通 ·················· S02691
〔弟僧玄通祭姊師尙饗文〕 歲次丁酉十一月丙戌朔六日辛卯（871）

52946 玄德 ·················· 莫第098窟
〔供養人題記〕（10C中期）
　1)釋門法律臨壇供奉大德沙門　4)南壁。《燉》p.41。《謝》p.91。

52947 玄祕 ·················· P3730④
〔狀〕 酉年正月（829）
　1)徒衆　2)金光明寺　4)⇒定祕。

52948 玄祕 ·················· P4810v②
〔爲亡妣請僧疏〕（9C前期）
　2)金光明寺

52949 玄法 ·················· P3138v
〔諸寺付經曆〕（9C前期）
　2)報恩寺

52950 玄妙 ·················· S02614v
〔燉煌應管諸寺僧尼名錄〕（895）

52951 玄力 ·················· 莫第010窟
〔供養人題記〕（9C）
　1)門弟法師　4)原作「門弟法師玄力」。北壁。《燉》p.7。

[こ]

52952 固妙 ・・・・・・・・・・・・・・・・・・ P.tib1261v⑫
〔諸寺僧尼支給穀物曆〕（9C前期）
　4)僧尼不明。

52953 姑々 ・・・・・・・・・・・・・・・・・・ S02228③
〔貸黃麻曆〕　四月廿六日　（吐蕃期）
　4)原作「姑々」。

52954 胡々 ・・・・・・・・・・・・・・・・・・ P3249v
〔將龍光顏等隊下人名目〕（9C中期）
　1)僧

52955 胡々 ・・・・・・・・・・・・・・・・・・ S03920v④
〔緣取磑用破曆（殘)〕（9C前期）

52956 胡子 ・・・・・・・・・・・・・・・・・・ P2641
〔宴設司文書〕　丁未年六月　（947）

52957 胡子 ・・・・・・・・・・・・・・・・・・ P3121
〔燉煌某万子・某胡子宅舍田園圖〕（10C後期）
　4)原作「十一月七日陵司官?□…壬都頭,三界寺內…」。V面爲「雜寫」(10C)。

52958 胡子 ・・・・・・・・・・・・・・・・・・ 北京萃文齋
〔河西支度營田使戶口給穀簿〕（8C後期）
　1)(李光俊)奴　4)原作「(戶李光俊卅九)奴胡子四」。

52959 胡兒 ・・・・・・・・・・・・・・・・・・ P2641
〔宴設司文書〕　丁未年六月　（947）

52960 胡兒 ・・・・・・・・・・・・・・・・・・ Дx01409
〔辛胡兒典身契〕　貞明六年歲在庚辰十一月廿四日　（920）

52961 胡孫 ・・・・・・・・・・・・・・・・・・ S00542v
〔燉煌諸寺丁壯車牛役部〕　戌年六月十八日　（818）
　2)永安寺

52962 胡奴 ・・・・・・・・・・・・・・・・・・ P2032v③
〔淨土寺諸色破曆〕（944前後）
　2)淨土寺

52963 胡奴 ・・・・・・・・・・・・・・・・・・ S00214v
〔行人轉帖〕　甲申年　（10C）

52964 胡奴 ・・・・・・・・・・・・・・・・・・ S06981④
〔設齋納酒餅曆〕（10C後期）

52965 五娘 ・・・・・・・・・・・・・・・・・・ 北大D204
〔堅法請靈修寺陰法律等追念疏〕　某月廿二日　（9C前期）
　2)靈修寺　4)原作「阿師子五娘」。

52966 五娘子 ・・・・・・・・・・・・・・・・・・ S07060v
〔諸色破曆等〕（9C前期）

52967 五婦阿婆 ・・・・・・・・・・・・・・・・・・ P5032v⑧
〔社司轉帖〕　六月　（10C中期）

52968 仵々 ・・・・・・・・・・・・・・・・・・ P4019piece2
〔納草束曆〕（9C後期）
　3)平康鄉

52969 仵子 ・・・・・・・・・・・・・・・・・・ P2032v③
〔淨土寺諸色破曆〕（944前後）
　2)淨土寺

52970 伍眞 ・・・・・・・・・・・・・・・・・・ S01364
〔付經曆〕（9C）
　1)僧　2)靈圖寺

52971 吾〔悟〕 ・・・・・・・・・・・・・・・・・・ S09227
〔永安寺僧紹進上表幷都僧統判〕（9C後期,895以前）
　1)都僧統　3)河西　4)「吾」字可以看讀判辭中。吾卽爲悟眞(869～895)。

52972 悟育? ・・・・・・・・・・・・・・・・・・ P3060
〔諸寺諸色付經僧尼曆〕（9C前期）
　4)經典名「般若經卷35」。

52973 悟因 ・・・・・・・・・・・・・・・・・・ 莫第231窟
〔供養人題記〕（11C初期）
　1)伯僧甘州報林寺上座兼法師　2)報林寺　3)甘州　4)原作「伯僧甘州報林寺上座兼法師□□悟因一心供養」。《燉》p.105。《謝》p.106。

52974 悟?恩 ・・・・・・・・・・・・・・・・・・ 杏・羽694②
〔報恩寺所管僧名目〕（9C前期）
　2)報恩寺　4)本文中有「年支秋座局席」「限今月八日卯時,於主送納」。

52975 悟空 ・・・・・・・・・・・・・・・・・・ P.tib1261v①
〔諸寺僧尼支給穀物曆〕（9C前期）
　1)僧

52976 悟心 ・・・・・・・・・・・・・・・・・・ P3600v②
〔燉煌普光寺等尼名申告狀〕　戌年十一月　（9C前期）
　2)普光寺

52977 悟心 ·················· S00476Av
〔諸寺付經僧尼曆〕 (9C前期)
　1)僧　2)普光寺

52978 悟眞 ·················· BD08679(位79)
〔高士廉等條擧氏族奏。別說：姓氏錄(末)〕
大蕃歲次丙辰後三月庚午朔十六日乙酉　(836)
　1)苾蒭　4)尾有題記「大蕃歲次丙辰(836)後三月庚午朔十六日乙酉魯國唐氏苾蒭悟眞記」。

52979 悟眞 ·················· BD08679(位79)
〔高士廉等條擧氏族奏。別說：姓氏錄(末)〕
大蕃歲次丙辰後三月庚午朔十六日乙酉　(836)

52980 悟眞 ·················· BD13936(新0136)
〔大般若波羅蜜多經卷第127〕 (9C前期)
　4)原作「悟眞寫」。

52981 悟眞 ·················· P2236
〔瑜伽師地論卷第1〕 (9C)

52982 悟眞 ·················· P2838
〔安國寺上座比丘尼躰圓等入破曆計會牒并判辭〕 中和四年 (884)
　1)都僧統

52983 悟眞 ·················· P3047v①
〔僧名等錄〕 (9C前期)
　4)俗姓「鄗」。

52984 悟眞 ·················· P3047v③
〔諸僧尼送納三色香於乾元寺曆〕 (9C前期)
　2)乾元寺　4)俗姓「鄗」。

52985 悟眞 ·················· P3060
〔諸寺諸色付經僧尼曆〕 (9C前期)
　1)僧尼　4)經典名「花嚴經卷6」。

52986 悟眞 ·················· P3100①
〔某寺徒衆供英等請律師善才光寺主牒并都僧統(悟眞)判辭〕 景福貳年十月廿七日 (893)

52987 悟眞 ·················· P3100④
〔寺主道行諸都僧統和尙牒并判辭〕 乙巳年十二月十一日 (885)

52988 悟眞 ·················· P3205
〔僧俗人寫經曆〕 (9C前期)

52989 悟眞 ·················· P3554
〔十二時序〕 (9C)
　1)勅授沙州釋門義學都法師兼攝京城臨壇供奉大德賜紫

52990 悟眞 ·················· P3600v②
〔燉煌普光寺等尼名申告狀〕　戌年十一月 (9C前期)
　2)普光寺

52991 悟眞 ·················· P3720
〔告身他〕　大中五年五月廿一日 (851)
　1)(沙州釋門義學都法師)

52992 悟眞 ·················· P3720
〔第三件副僧統告身〕 咸通三年六月廿八日 (862)
　1)都法師・僧錄・副僧統　4)原作「勅京城內外臨壇供奉大德沙州釋門義學都法師兼僧錄賜紫沙門悟眞」。

52993 悟眞 ·················· P3753①
〔普光寺尼等牒并判辭〕 大順二年正月 (891)

52994 悟眞 ·················· P3770⑥
〔張族慶寺文(首題)〕 (9C後期)
　4)本文首題有「悟眞聞…」。

52995 悟眞 ·················· P3770v③
〔勅河西節度使(僧悟眞充沙州釋門義學都法師)牒〕 (9C後期)
　1)都法師　2)靈圖寺　4)俗姓「唐」。

52996 悟眞 ·················· P4660②
〔金光明寺故索法律邈眞讚并序〕 文德三年歲次己酉六月廿五日記 (890 or 889)
　1)河西都僧統賜紫沙門　4)原作「河西都僧統賜紫沙門悟眞撰」。

52997 悟眞 ·················· P4660③
〔燉煌管內僧政兼勾當三窟曹公邈眞讚〕 (9C)
　1)河西都僧統　4)原作「河西都僧統悟眞撰」。

52998 悟眞 ·················· P4660④
〔管內都僧政賜紫沙門故曹僧政邈眞讚〕　中和三年歲次癸卯五月廿日 (883)
　1)河西都僧　4)原作「河西都僧統…撰中和三年歲次癸卯五月廿日恒安書」。

52999 悟眞 ………… P4660⑤
〔營田都知兵馬使康公邈眞讚都僧統悟眞撰法師恒安書〕 中和元年歲次辛丑仲冬 (881)
　1)河西都僧統　4)原作「河西都僧統…撰中和元年歲次辛丑仲冬…恒安書」。

53000 悟眞 ………… P4660⑥
〔河西都僧統蘇習?悟眞邈眞讚并序〕 廣明元年 (880)
　1)河西都僧統…賜紫沙門　4)原作「河西都僧統…賜紫沙門悟眞邈眞讚并序廣明元年…恒安書」。

53001 悟眞 ………… P4660⑩
〔福田判官李辛升邈生讚〕 (9C)
　1)河西都僧統　4)原作「河西都僧統…撰恒安書」。

53002 悟眞 ………… P4660⑪
〔…瓜州諸軍事守瓜州刺使…康使君邈眞讚〕 (9C)
　1)河西都僧統　4)原作「河西都僧統…撰恒安書」。

53003 悟眞 ………… P4660⑱
〔索法律智岳邈眞讚〕 庚寅年七月十三日 (870)
　4)原作「河西都僧統…悟眞撰」。有題記「庚寅年七月十三日」。

53004 悟眞 ………… P4660⑳
〔前河西都僧統…故罋和尚邈眞讚〕 (9C)
　1)河西都僧統　4)原作「前河西都僧統…故罋和尚邈眞讚河西都僧統…悟眞撰恒安書」。

53005 悟眞 ………… P4660㉑
〔前沙州釋門義和尚邈眞讚〕 (9C)
　1)河西都僧統　4)原作「河西都僧統…悟眞撰沙門法律恒安書」。

53006 悟眞 ………… P4660㉗
〔陰文通邈眞讚〕 (9C)
　1)燉煌內外…釋門都僧錄兼河西道副僧統賜紫沙門　4)原作「燉煌內外…釋門都僧錄兼河西道副僧統賜紫沙門…撰」。

53007 悟眞 ………… P4660㉘
〔故沙州釋門賜紫梁僧政邈眞讚〕 大中十二年歲次戊寅二月十四日 (858)
　1)兼沙州釋門義學都法師都僧錄賜紫　4)原作「兼沙州釋門義學都法師都僧錄賜…撰」。

53008 悟眞 ………… P4986
〔杜氏邈眞讚〕 (863～893)
　1)河西都僧統京城內外臨壇供奉大德闡揚三敎大法師賜紫沙門　4)原作「河西都僧統京城內外臨壇供奉大德闡揚三敎大法師賜紫沙門悟眞撰」。

53009 悟眞 ………… S02064
〔八波羅夷(寫記)〕 歲次乙卯四月廿日 (835)
　1)荀

53010 悟眞 ………… S02729①
〔燉煌應管勘牌子歷〕 辰年三月 (788)
　1)僧　2)大乘寺　3)沙州　4)俗姓「索」。47行目。

53011 悟眞 ………… S02729①
〔燉煌應管勘牌子歷〕 辰年三月 (788)
　1)僧　3)沙州・潘原堡　4)俗姓「楊」。53行目。

53012 悟眞 ………… S04654v①
〔贈沙州都法師悟眞上人詩(寫錄)〕 (9C後期～10C前期)
　1)沙州都法師

53013 悟眞 ………… S10468
〔悟眞自序〕 (9C)

53014 悟眞 ………… Stein Painting 206
〔悟眞狀上〕 (9C)

53015 悟眞 ………… 杏・羽082
〔道場司智惠弁等乞請都僧統悟眞處分牒〕
□(廣)明二年辛丑歲[　]月日 (881)
　4)文書面有「李盛鐸印」等。

53016 悟眞 ………… 杏・羽694①
〔當寺應管主客僧牒〕 未年閏十月 (803)
　4)文末有異一行「未年閏十月日,直歲圓滿牒」。

53017 悟眞 ………… 散錄0268
〔都僧統悟天(眞)道場文〕 (850年代)
　1)都僧統　4)⇒悟天。

53018 悟性 ………… P3205v
〔燉煌十三寺付經歷〕 (9C前期)
　2)普光寺

53019 悟性 ………… P.tib1261v⑨
〔諸寺僧尼支給穀物曆〕 (9C前期)
　1)尼

53020 悟性 ·················· 杏・羽694v②
〔諸寺僧尼唱儭物曆〕（9C中期）
　　2)永安寺？

53021 悟智 ·················· P3060
〔諸寺諸色付經僧尼曆〕（9C前期）
　　1)僧尼　4)經典名「般若經卷26」。

53022 悟智 ·················· P3600v②
〔燉煌普光寺等尼名申告狀〕戌年十一月
(9C前期)
　　2)普光寺

53023 悟智 ·················· S02729①
〔燉煌應管勘牌子曆〕辰年三月（788）
　　1)僧　2)普光寺　3)沙州　4)俗姓「索」。40行
　　目。

53024 悟超 ·················· P.tib1261v③
〔諸寺僧尼支給穀物曆〕（9C前期）
　　1)僧

53025 悟超 ·················· P.tib1261v⑤
〔諸寺僧尼支給穀物曆〕（9C前期）
　　1)僧

53026 悟超 ·················· P.tib1261v⑥
〔諸寺僧尼支給穀物曆〕（9C前期）
　　1)僧

53027 悟超 ·················· P.tib1261v⑧
〔諸寺僧尼支給穀物曆〕（9C前期）
　　1)僧

53028 悟超 ·················· P.tib1261v⑨
〔諸寺僧尼支給穀物曆〕（9C前期）
　　1)僧

53029 悟徹 ·················· P3060v
〔諸寺諸色付經僧尼曆〕（9C前期）
　　4)經典名「大集經卷3」。

53030 悟天 ·················· 散錄0268
〔都僧統悟天(眞)道場文〕（850年代）
　　1)都僧統　4)⇒悟眞。

53031 悟道 ·················· S02614v
〔燉煌應管諸寺僧尼名錄〕（895）
　　2)蓮臺寺

53032 悟寶 ·················· Дx00530
〔陀羅尼〕顯德元年甲寅三歲二月丙午（954）
　　1)僧

53033 光 ·················· S00542v
〔燉煌諸寺丁壯車牛役部〕戌年六月十八日
(818)
　　2)大雲寺

53034 光韻 ·················· P3812v
〔獨狐播狀〕（9C末頃）

53035 光圓 ·················· P3947v
〔大雲寺僧所有田籍簿〕（9C前期）
　　3)行(人部落)　4)R面爲「亥年(819or831)八月
　　龍興寺應轉經僧分兩蕃定名牒」。

53036 光圓 ·················· S02729①
〔燉煌應管勘牌子曆〕辰年三月（788）
　　1)僧　2)大雲寺　3)沙州　4)俗姓「張」。8行目。

53037 光苑 ·················· P4958piece3
〔當寺轉帖(殘)〕（10C前期）
　　4)⇒呂徵。

53038 光鏡 ·················· P.tib1261v⑤
〔諸寺僧尼支給穀物曆〕（9C前期）

53039 光鏡 ·················· S01350
〔負儭布契〕大中五年二月十三日（851）
　　1)僧　4)原作「負儭布人僧光鏡(押)」。

53040 光顯 ·················· P3600v②
〔燉煌普光寺等尼名申告狀〕戌年十一月
(9C前期)
　　2)普光寺

53041 光顯 ·················· S00542v③
〔燉煌諸寺丁壯車牛役部〕丑年十二月（821）
　　1)尼　2)普光寺

53042 光顯 ·················· S01364
〔付經曆〕（9C）
　　1)僧

53043 光顯 ·················· S04782
〔乾元寺堂齋修造兩司都師文謙入破曆計
會〕丑年（10C後期）
　　2)乾元寺

53044 光嚴 ·················· BD16453A
〔水則道場轉經兩翻名目〕（9～10C）
　　1)第二翻

53045 光嚴 ·················· P3047v①
〔僧名等錄〕（9C前期）

53046 光嚴 ・・・・・・・・・・・・・・・・・・・・ P3047v⑧
〔王都督儭合城僧徒名錄〕（9C前期）

53047 光嚴 ・・・・・・・・・・・・・・・・・・・・ P3600v①
〔燉煌某寺尼名申告狀〕（9C前期）
　　2)大乘寺

53048 光嚴 ・・・・・・・・・・・・・・・・・・・・ P3600v②
〔燉煌普光寺等尼名申告狀〕 戊年十一月
（9C前期）
　　2)普光寺

53049 光嚴 ・・・・・・・・・・・・・・・・・・・・ S02614v
〔燉煌應管諸寺僧尼名錄〕 （895）
　　2)靈修寺

53050 光嚴 ・・・・・・・・・・・・・・・・・・・・ S02669
〔管内尼寺(安國寺・大乘寺・聖光寺)籍〕
（865〜870）
　　2)大乘寺　3)燉煌鄉　4)姓「田」。俗名「威娘」。

53051 光嚴 ・・・・・・・・・・・・・・・・・・・・ P3047v⑦
〔法事僧尼名錄〕（9C前期）

53052 光渾 ・・・・・・・・・・・・・・・・・・・・ P5000v
〔僧尼名目〕（9C前期）

53053 光(璨) ・・・・・・・・・・・・・・ BD09322v②(周43)
〔某寺大般若波羅蜜多經藏本點勘〕 午年六月
七日（838?）
　　4)人名之右有勾。

53054 光璨 ・・・・・・・・・・・・・・・ BD11469（L1598）
〔无量壽宗要經〕（9C前期）
　　4)有一勘記「兌」。「第一光璨, 第二法篤, 第三談
　　建, 就通」。

53055 光際 ・・・・・・・・・・・・・・・ BD04642（劍42）
〔无量壽宗要經(末)〕（9C前期）
　　1)第一校　4)原作「第一校光際」。

53056 光際 ・・・・・・・・・・・・・・・・・・・・ 濱田051
〔寫大般若波羅蜜多經卷第593〕（9C前期）

53057 光璨 ・・・・・・・・・・・・・・・・・・・・ P3947
〔龍興寺應轉經僧分兩蕃定名牒〕 亥年八月
（819 or 831）
　　2)龍興寺　4)V面爲「9C前半大雲寺僧所有田籍
　　簿」。

53058 光璨 ・・・・・・・・・・・・・・・・・・ P.tib1261v④
〔諸寺僧尼支給穀物曆〕（9C前期）
　　1)僧

53059 光璨 ・・・・・・・・・・・・・・・・・・・・ S02447
〔前知經藏所由伯明刘割經論律記等〕 壬子
年二月二日（832 or 820）

53060 光璨 ・・・・・・・・・・・・・・・・・・・・ S03983
〔經藏點檢曆〕（壬子年頃）十二月五日（832
頃）

53061 光贊 ・・・・・・・・・・・・・・・・・・・・ P2689
〔寺僧唱得物支給曆〕（9C前期）

53062 光贊 ・・・・・・・・・・・・・・・・・・・・ P3947
〔龍興寺應轉經僧分兩蕃定名牒〕 亥年八月
（819 or 831）
　　2)龍興寺　4)V面爲「9C前半大雲寺僧所有田籍
　　簿」。

53063 光嗣 ・・・・・・・・・・・・・・・・・・・・ S11302
〔轉帖(殘)〕（9〜10C）
　　2)於節加蘭若門

53064 光住 ・・・・・・・・・・・・・・・・・・・・ P3047v⑧
〔王都督儭合城僧徒名錄〕（9C前期）

53065 光俊妻 ・・・・・・・・・・・・・・・・・・ S00542v
〔燉煌諸寺丁壯車牛役部〕 戊年六月十八日
（818）
　　2)靈修寺

53066 光勝 ・・・・・・・・・・・・・・・・・・・・ P3060
〔諸寺諸色付經僧尼曆〕（9C前期）
　　1)僧尼　4)經典名「般若經卷20」。

53067 光勝 ・・・・・・・・・・・・・・・・・・・・ P3600v②
〔燉煌普光寺等尼名申告狀〕 戊年十一月
（9C前期）
　　2)普光寺

53068 光勝 ・・・・・・・・・・・・・・・・・・ P.tib1261v⑥
〔諸寺僧尼支給穀物曆〕（9C前期）
　　1)尼

53069 光照 ・・・・・・・・・・・・・・・・・・・・ S02729①
〔燉煌應管勘牌子曆〕 辰年三月（788）
　　1)僧　2)靈圖寺　3)沙州　4)俗姓「張」。13行
　　目。

53070 光照 ・・・・・・・・・・・・・・・・・・・・ S10967
〔教團付經諸寺僧尼名目〕（9C前期）

53071 光證 ・・・・・・・・・・・・・・・・・・・・ S00476A
〔諸寺付經僧尼曆〕（9C前期）
　　1)僧　2)永安寺

53072 光證 ……………………… S00545v
〔永安寺僧名申告狀〕 戌年九月　(9C前期)
　1)主客僧　2)永安寺

53073 光證 ……………………… S02729①
〔燉煌應管勘牌子歷〕 辰年三月　(788)
　1)僧　2)永安寺　3)沙州　4)俗姓「索」。18行目。

53074 光淨 ……………………… P3047v⑧
〔王都督牒合城僧徒名錄〕　(9C前期)

53075 光進 ……………………… P3855
〔諸寺付經曆〕　(9C初頭)
　2)靈圖寺

53076 光寂 ……………………… S02729①
〔燉煌應管勘牌子歷〕 辰年三月　(788)
　1)僧　2)蓮臺寺　3)沙州　4)俗姓「張」。10行目。

53077 (光)先擇 ……………… P.tib1261v⑦
〔諸寺僧尼支給穀物曆〕　(9C前期)
　1)僧

53078 光善 ……………………… S06005
〔立社條約〕　(10C前期以降)

53079 光相 ……………………… P3047v⑦
〔法事僧尼名錄〕　(9C前期)

53080 光相 ……………………… S02729①
〔燉煌應管勘牌子歷〕 辰年三月　(788)
　1)僧　2)大乘寺　3)沙州　4)俗姓「淳于」。48行目。

53081 光相 ……………………… Дx01200v
〔僧名點檢錄〕　(10C後期)

53082 光澤 ……………………… P.tib1261v③
〔諸寺僧尼支給穀物曆〕　(9C前期)
　1)僧

53083 光澤 ……………………… P.tib1261v⑥
〔諸寺僧尼支給穀物曆〕　(9C前期)
　1)僧

53084 光澤 ……………………… P.tib1261v⑧
〔諸寺僧尼支給穀物曆〕　(9C前期)
　1)僧

53085 光澤 ……………………… P.tib1261v⑩
〔諸寺僧尼支給穀物曆〕　(9C前期)
　1)僧

53086 光?澤 ……………………… 杏・羽694②
〔報恩寺所管僧名目〕　(9C前期)
　2)報恩寺　4)僧右傍有朱點,朱字。

53087 光智 ……………………… P4958piece3
〔當寺轉帖(殘)〕　(10C前期)

53088 光智 ……………………… P5579⑪
〔大乘寺應道場尼名牒〕 酉年十月　(829 or 841)
　2)大乘寺

53089 光智 ……………………… P.tib1261v⑨
〔諸寺僧尼支給穀物曆〕　(9C前期)
　1)尼

53090 光天 ……………………… P3047v③
〔諸僧尼送納三色香於乾元寺曆〕　(9C前期)
　2)乾元寺

53091 光天 ……………………… P3047v⑧
〔王都督牒合城僧徒名錄〕　(9C前期)

53092 光範 ……………………… P4958piece3
〔淨覺注金剛般若波羅蜜多心經〕　(10C前期)
　4)⇒任子宜。

53093 光遍 ……………………… S02729①
〔燉煌應管勘牌子歷〕 辰年三月　(788)
　1)僧　2)大雲寺　3)沙州　4)俗姓「陰」。17行目。

53094 光辯 ……………………… BD11493(L1622)
〔十僧寺三尼寺勘敎付經曆(首尾全)〕 亥年四月廿九日　(9C前期)

53095 光辯 ……………………… 杏・羽694②
〔報恩寺所管僧名目〕　(9C前期)
　2)報恩寺　4)僧右傍有朱點,朱字。

53096 光明 ……………………… P2912v③
〔寫大般若經一部施銀盤子麥粟粉疏〕 四月八日　(9C前期)

53097 光明 ……………………… P3047v①
〔僧名等錄〕　(9C前期)

53098 光明藏 ………………… P3619①
〔王都督僦合城僧徒名錄〕 (9C)

53099 光明藏 ………… 井上目57,圖版1背
〔釋門教授帖〕 子年頃 (820 or 832頃)
　1) 大乘寺檢校道場律師　2) 大乘寺

53100 公度 …………………… P3017
〔張業等敬造金字大寶積經〕 天復三年歲次癸亥二月壬申朔廿三日 (903)

53101 功德雲 ………… BD11406 (L1535)
〔某弟子從沙州龍興寺神卓受菩薩戒牒〕 (8C)
　2) 龍興寺　3) 沙州

53102 功德惠 ………………… S02669
〔管內尼寺(安國寺・大乘寺・聖光寺) 籍〕 (865～870)
　2) 大乘寺　3) 平康鄉　4) 姓「張」。俗名「判々」。

53103 功德進 ………… BD16052D (L4028)
〔僧名目〕 (10C)

53104 句兒 ………………… Дx02163②
〔百姓福勝戶口田地申告狀〕 大中六年十一月日 (852)
　1) 奴

53105 句端 ………………… 濱田074
〔佛說護國經〕 大宋咸平二年十一月 (999)
　1) 賜紫沙門

53106 吼?師 ………………… P3060
〔諸寺諸色付經僧尼曆〕 (9C前期)
　1) 僧尼　4) 經典名「花嚴經卷2」。

53107 幸子 ………………… S06307
〔管內都僧正轉帖〕 九月一日 (10C後期)

53108 幸長 ………… BD02095v (冬95)
〔佛名經懺悔文背面〕 乙丑年正月九日 (845)
　4) 乙丑年正月九日…書記木筆。

53109 幸長闍梨 ……… BD02095v (冬95)
〔大佛名略出懺悔(書記)〕 乙丑年正月九日 (965 or 905)
　1) 闍梨

53110 幸通 ………………… P3370
〔出便麥粟曆〕 丙子年六月五日 (928)
　1) 口承人・沙彌

53111 幸德 …………… BD14806①(新1006)
〔於倉缺物人便麥名抄錄〕 辛酉年三月廿二日 (961)
　4) 原作「入幸德」。

53112 幸德 ………………… P2161③
〔張氏換舍契〕 丁卯年九月十□日 (907)
　4) 俗姓「梁」。

53113 幸德 ………………… S08426B
〔使府酒破曆〕 (10C中～後期)

53114 幸(德) ………………… S08426D①
〔使府酒破曆〕 (10C中～後期)

53115 好慈 ………………… P2250v①
〔龍興寺僧唱布曆〕 (925?)
　1) 勾　2) 普光寺

53116 孝順 ………………… P2162v
〔三將納丑年突田曆〕 (9C前期)

53117 孝順 ………………… S10005
〔人名目〕 (10C)

53118 孝心 ………………… S00542v
〔燉煌諸寺丁壯車牛役部〕 戌年六月十八日 (818)
　2) 大雲寺

53119 孝便 ………………… S04060v
〔便麥粟豆曆〕 己酉年 (949)

53120 孝□ ………………… P2032v①-4
〔淨土寺粟入曆〕 (944前後)

53121 巧意 ………………… S02614v
〔燉煌應管諸寺僧尼名錄〕 (895)

53122 巧惠 ………………… P3167v
〔安國寺道場司關于(五尼寺)沙彌戒訴狀〕 乾寧二年三月 (895)
　2) 普光寺　4) 俗姓「安」。

53123 巧惠 ………………… S02614v
〔燉煌應管諸寺僧尼名錄〕 (895)

53124 巧信 ………………… S02614v
〔燉煌應管諸寺僧尼名錄〕 (895)
　2) 大乘寺

53125 巧聖 ·················· S02614v
〔燉煌應管諸寺僧尼名錄〕 (895)
　2)安國寺

53126 巧智 ·················· S02614v
〔燉煌應管諸寺僧尼名錄〕 (895)
　2)大乘寺

53127 巧德 ·················· S02614v
〔燉煌應管諸寺僧尼名錄〕 (895)
　2)大乘寺

53128 巧德花 ················ S02614v
〔燉煌應管諸寺僧尼名錄〕 (895)
　2)靈修寺

53129 巧德花 ················ S02614v
〔燉煌應管諸寺僧尼名錄〕 (895)
　2)聖光寺

53130 巧德進 ··········· BD00535(荒35)
〔佛說無常經首二行別記〕 (10C中期頃)

53131 巧德進 ··············· S00527
〔女人社再立條件憑〕 顯德六年己未歲正月三
日 (959)
　1)社官・尼

53132 巧德藏 ·············· P5579⑪
〔大乘寺應道場尼名牒〕 酉年十月 (829 or 841)

53133 巧德藏 ················ S02614v
〔燉煌應管諸寺僧尼名錄〕 (895)
　2)大乘寺

53134 巧德藏 ·············· S04444v②
〔燉煌大乘寺僧尼申告(稿)〕 (905)
　2)大乘寺

53135 巧德滿 ················ S02669
〔管內尼寺(安國寺・大乘寺・聖光寺)籍〕
(865〜870)
　2)大乘寺　3)燉煌鄉　4)姓「李」。俗名「醜ゝ」。

53136 巧德□水 ·············· S00800
〔尼僧帖〕 (9C?)
　4)本件是卷末補添紙。R面爲「論語述而第7」
(8C)。

53137 巧能 ················· S02614v
〔燉煌應管諸寺僧尼名錄〕 (895)
　2)大乘寺

53138 巧明 ················· S02614v
〔燉煌應管諸寺僧尼名錄〕 (895)

53139 廣逸 ················ P2912v③
〔寫大般若經一部施銀盤子麥粟粉疏〕 四月
八日 (9C前期)
　4)原作「廣逸妹」。

53140 廣果 ················· S02614v
〔燉煌應管諸寺僧尼名錄〕 (895)
　2)乾元時

53141 廣惠 ················· P2686②
〔借粟契〕 (吐蕃期)

53142 廣惠 ················· S02614v
〔燉煌應管諸寺僧尼名錄〕 (895)
　2)大雲寺

53143 廣惠 ················ 杏・羽064
〔舍主李山ゝ賣舍屋契〕 (9C中期)
　1)徒眾

53144 廣惠憧 ················ P2686②
〔借粟契〕 (吐蕃期)

53145 廣再 ·················· P4568
〔无量壽宗要經(末)〕 (9C前期)
　4)原作「廣再寫」。

53146 廣(璨) ··············· S02729①
〔燉煌應管勘牌子歷〕 辰年三月 (788)
　1)僧　3)沙州・潘原堡　4)俗姓「赫連」。52行目。

53147 廣祭 ··········· BD09346(周67)
〔令知蕃法師廚費帖〕 十一月一日 (9C前期)
　1)僧

53148 廣際 ··················· P3060
〔諸寺諸色付經僧尼曆〕 (9C前期)
　1)僧尼　4)經典名「般若經卷55」。

53149 廣修 ················· P3047v①
〔僧名等錄〕 (9C前期)

53150 廣潤 ················· S02729①
〔燉煌應管勘牌子歷〕 辰年三月 (788)
　1)僧　2)龍興寺　3)沙州　4)俗姓「張」。4行目。

53151 廣照 ················· S02729①
〔燉煌應管勘牌子歷〕 辰年三月 (788)
　1)僧　2)靈圖寺　3)沙州　4)俗姓「張」。36行目。未年6月10日死。

53152 廣紹 ·················· P2161③
〔張氏換舍契〕 丁卯年九月十□日 (907?)
　1)禪門　4)原作「禪門法師廣紹」。

53153 廣紹 ·················· P4765
〔都僧錄帖〕 (10C後期)
　1)第一翻

53154 廣紹 ·················· S02614v
〔燉煌應管諸寺僧尼名錄〕 (895)
　2)報恩寺

53155 廣紹 ·················· 莫第044窟
〔供養人題記〕 (10C前期)
　1)釋門法律臨壇大德沙門　4)北壁。《燉》p.15。

53156 廣淨 ·················· P3060
〔諸寺諸色付經僧尼曆〕 (9C前期)
　1)僧尼　4)經典名「般若經卷5」。

53157 廣淨 ·················· P3060
〔諸寺諸色付經僧尼曆〕 (9C前期)
　1)僧尼　4)經典名「般若經卷36」。

53158 廣淨 ·················· S02729①
〔燉煌應管勘牌子曆〕 辰年三月 (788)
　1)僧　2)大乘寺　3)沙州　4)俗姓「索」。46行目。

53159 廣淨 ·················· 杏・羽694v①
〔諸寺僧尼唱嚫物曆〕 (9C中期)
　2)永安寺?　4)R①爲「未年閏十月當寺(永安寺?)應管主客僧牒」。

53160 廣信 ·················· P3188
〔乾元寺前經司大慈手上藏內經現分付後經司廣信牒〕 (9C末〜10C初)
　1)經司　2)乾元寺

53161 廣信 ·················· S02614v
〔燉煌應管諸寺僧尼名錄〕 (895)
　2)乾元寺

53162 廣信 ·················· S08252①
〔僧名目〕 (10C)

53163 廣信 ·················· Дx01329в＋Дx02151v①
〔應管內雌統厶乙令置方等蕐場牓〕 (10C前期)
　1)法律　2)乾元(寺)　4)本文書內容「受新戒諸寺僧尼名目」。

53164 廣信 ·················· 莫第044窟
〔供養人題記〕 (10C前期)
　1)釋門法律臨壇大德兼□講大法師沙門　4)北壁。《燉》p.15。

53165 廣信 ·················· 莫第098窟
〔供養人題記〕 (10C中期)
　1)釋門法律臨壇供奉大德闡揚三敎講論大法師　4)南壁。《燉》p.40。《謝》p.91。

53166 廣深 ·················· S01973v①
〔社司轉帖(習書)〕 (9C末)

53167 廣眞 ·················· P3491piece1
〔某寺設齋勾當名目〕 (9C前期)

53168 廣眞 ·················· P3619①
〔王都督懺合城僧徒名錄〕 (9C)

53169 廣眞 ·················· P.tib1261v②
〔諸寺僧尼支給穀物曆〕 (9C前期)
　1)僧

53170 廣眞 ·················· P.tib1261v⑥
〔諸寺僧尼支給穀物曆〕 (9C前期)
　1)僧

53171 廣眞 ·················· S04831v
〔寫經人名目〕 (9C前期)
　1)寫經人

53172 廣眞 ·················· 中村『書道博』086
〔大般若波羅蜜多經卷第168〕 (9C前期)
　1)第一校(人)・第二校(人)

53173 廣眞 ·················· 中村『書道博』p.17A
〔金剛般若波羅蜜多經卷168〕 子年二月八日 (9C)
　1)第一校　4)原作「子年二月八日張廣眞寫記」。

53174 廣眞 ·················· 莫第201窟
〔張公功德記〕 (8C後期)
　1)男僧　4)原作「男僧廣眞懷勝等」。西壁。《燉》p.91。

53175 廣進 ·················· BD02496v②(成96)
〔儭司唱得布支給曆〕 (10C前期)
　1)僧　2)(靈)圖(寺)

53176 廣進 ·················· P2032v⑩
〔淨土寺西倉粟破曆〕 (940前後)
　2)淨土寺

53177 廣進 ················ P2032ᵥ⑪
〔淨土寺西倉司願勝等入破曆〕 乙巳年三月
（945）
　2）淨土寺

53178 廣進 ················ P2032ᵥ⑳-3
〔淨土寺麵黃麻豆布等破曆〕（940前後）
　2）淨土寺

53179 廣進 ················ P2032ᵥ⑳-7
〔淨土寺麵黃麻豆布等破曆〕（940前後）
　2）淨土寺

53180 廣進 ················ P2680ᵥ⑧
〔付經曆〕 丙申年四月十七日 （936）

53181 廣進 ················ P3234ᵥ③
〔惠安惠戒手下便物曆〕 甲辰年 （944）
　2）淨土寺

53182 廣進 ················ P3234ᵥ⑩
〔某寺西倉粟破曆〕（940年代）

53183 廣濟 ················ P4058
〔貸粟豆曆〕（9C）

53184 廣濟 ················ P5000ᵥ
〔僧尼名目〕（9C前期）
　2）開元寺・龍興寺

53185 廣濟 ················ S00545ᵥ
〔永安寺僧名申告狀〕 戌年九月 （9C前期）
　1）主客僧　2）永安寺

53186 廣濟 ················ S02614ᵥ
〔燉煌應管諸寺僧尼名錄〕（895）
　2）開元寺

53187 廣濟 ················ S11389ᴅ
〔不禮佛僧名目及罰㕛升數〕（9C後期）

53188 廣宣 ················ 莫第386窟
〔供養人題記〕（8C中期）
　1）沙彌　4）原作「□弥道宣一心□養俗姓李氏」。
　東壁門北側。《燉》p. 146。⇒（李）廣宣。

53189 廣宗 ················ S04831ᵥ
〔寫經人名目〕（9C前期）
　1）寫經人

53190 廣藏 ················ P2912ᵥ②
〔懺家緣大衆要送路人事及都頭用使破曆〕
丑年四月已後　（821?）
　4）朱書。

53191 廣智 ················ P3047ᵥ③
〔諸僧尼送納三色香於乾元寺曆〕（9C前期）
　2）乾元寺

53192 廣澄 ················ P3047ᵥ⑧
〔王都督懺合城僧徒名錄〕（9C前期）

53193 廣德 ················ BD15779（簡068080）
〔佛處出便豆曆〕 丑年二月卅日 （9C前期）

53194 廣曇 ················ P3047ᵥ③
〔諸僧尼送納三色香於乾元寺曆〕（9C前期）
　2）乾元寺

53195 廣曇 ················ P3047ᵥ⑧
〔王都督懺合城僧徒名錄〕（9C前期）

53196 廣曇 ················ S02729①
〔燉煌應管勘牌子曆〕 辰年三月 （788）
　1）僧　3）沙州・潘原堡　4）俗姓「賀拔」。25行目。

53197 廣曇惠 ················ 杏・羽694②
〔報恩寺所管僧名目〕（9C前期）
　1）僧　2）報恩寺　4）僧右傍有朱點, 朱字。

53198 廣白在 ················ S01780
〔於沙州龍興寺受菩薩戒牒〕 元年建末月七日　（8C）
　2）龍興寺　3）沙州

53199 廣辯 ················ P3047ᵥ③
〔諸僧尼送納三色香於乾元寺曆〕（9C前期）
　2）乾元寺

53200 廣辯 ················ P3047ᵥ⑥
〔諸人諸色施入曆〕（9C前期）

53201 廣明 ················ S02729①
〔燉煌應管勘牌子曆〕 辰年三月 （788）
　1）僧　2）靈修寺　3）沙州　4）俗姓「索」。36行目。未年7月23日死。

53202 廣免 ················ 濱田115ᵥ
〔付經曆〕 十月三日 （9C前期）

53203 廣林 ･････････････････ P3918③
〔佛金剛壇廣大清淨陀羅尼經(奧書)〕　癸酉年, 乙亥年　(793・795)
　　1)勘校・闍梨　4)⇒田廣林。

53204 廣林 ･････････････････ S03918②
〔金剛檀廣大清淨陀羅尼經(曇倩于安西譯)題記〕　大唐貞元九年, 癸酉歲十月十五日　(793)
　　1)僧・闍梨　4)原作「西州沒落官趙彥賓及田廣林闍梨審勘校正」。俗姓:田。

53205 廣林 ･････････････････ S03918②
〔金剛檀廣大清淨陀羅尼經(曇倩于安西譯)題記〕　大唐貞元九年, 乙亥年秋　(795)
　　1)僧・闍梨　4)原作「西州沒落官趙彥賓及田廣林闍梨審勘校正」。俗姓:田。

53206 廣□ ･･･････････････････ 榆第38窟
〔供養人題記〕　(11C初期)
　　1)供奉大德沙門　4)裏洞東壁。《謝》p.492。

53207 廣□惠 ･･････････････････ P3977v
〔諸寺入布曆〕　(9C)

53208 弘岺 ･･･････････････････ 莫第148窟
〔供養人題記〕　(9C末～10C初)
　　1)宣奉郎守左武衛長史賜緋魚袋上柱國　4)西壁。《燉》p.68。《謝》p.53。

53209 弘演 ･･･････････････････ P2603
〔正音請普滿偈十首〕　開運三年正月日　(945)
　　2)相國寺

53210 弘遠 ･･････････････････ S00223②
〔大德弘遠讚六宅王坐化詩〕　(10C)
　　1)右街內供奉賜紫大德

53211 弘恩 ･･･････････････････ P3205
〔僧俗人寫經曆〕　(9C前期)

53212 弘恩 ･･････････････････ S00476Bv
〔諸寺付經僧尼曆〕　(9C前期)
　　1)僧　2)報恩寺

53213 弘恩 ･･････････････････ S00545v
〔永安寺僧名申告狀〕　戌年九月　(9C前期)
　　1)主客僧　2)永安寺

53214 弘恩 ･･････････････････ S02711
〔寫經人名目〕　(9C前期)
　　1)寫經人　2)金光明寺

53215 弘恩 ･･････････････････ 杏・羽694②
〔報恩寺所管僧名目〕　(9C前期)
　　2)報恩寺　4)僧右傍有朱點, 朱字。

53216 弘願 ･･････････････････ 天禧塔記
「天禧塔記」《隴石金石錄補》　大宋天禧參年歲次乙未三月二十七日　(1019)
　　1)法律　2)靈圖寺

53217 弘義 ･････････････････ P3161
〔常住什物見在新附點檢曆〕　(10C前期)

53218 弘建 ･･････････････････ BD00481(洪81)
〔金光明最勝王經卷第2(尾)〕　(8C)
　　4)尾有「弘建勘定」。

53219 弘建 ･･････････････････ BD06591(淡91)
〔四分律刪補羯磨卷上〕　辰年九月十七日　(9C前期)
　　1)寫記並勘校定・比丘

53220 弘建 ････････････････ P2040v②-25
〔淨土寺黃麻利入曆〕　(940年代)
　　2)淨土寺

53221 弘建 ････････････････ P2040v③-11
〔淨土寺豆入曆〕　(939)
　　2)淨土寺

53222 弘建 ･････････････････ P2049v①
〔淨土寺諸色入破曆計會牒〕　同光三年　(925)

53223 弘建 ･････････････････ P2583v②
〔比丘尼修德疏〕　申年頃十二月十五日　(828頃?)

53224 弘建 ･････････････････ P3234v
〔淨土寺入破曆〕　(943)
　　2)淨土寺

53225 弘建 ･････････････････ P3234v①
〔應慶於願達手上入曆〕　(10C前期)

53226 弘建 ･････････････････ P3234v②
〔應慶於願達手上入曆〕　壬寅年正月一日　(942)

53227 弘建 ･････････････････ P3234v⑫
〔直歲廣進破曆〕　癸卯年　(943)

53228 弘建 ·············· P4047
〔寫經記錄〕 (9C前期)

53229 弘建 ·············· P.tib1261v⑫
〔諸寺僧尼支給穀物曆〕 (9C前期)
　1)僧　4)原作「弘建闍梨」。

53230 弘建 ·············· S06448
〔大般若波羅蜜多經卷第251〕 (9C)
　1)勘

53231 弘建 ·············· S06798
〔金光明經卷第7〕 (9C)
　1)勘定

53232 弘忽 ·············· S00980
〔金光最勝王經卷第2〕　辛未年二月四日
(911)
　4)原作「弟子皇太子日恒爲男弘忽染痢疾…遂發
　　願寫此金光最勝王經卷二卷九」。

53233 弘(忽) ·············· 龍谷大學510
〔妙法蓮華經卷第6〕　辛未年二月七日 (911)
　1)(弟子皇太子日恒)男　4)燉煌佛教傀料
　　p.138.235。

53234 弘志 ·············· P4981
〔當寺轉帖〕　閏三月十三日 (961)

53235 弘兒 ·············· S06452③
〔破曆〕　壬午年 (982?)
　2)淨土寺

53236 弘兒 ·············· 北大D215
〔見在僧名〕　廿六日 (10C後期)
　1)沙彌

53237 弘種 ·············· BD02296(閏96)
〔唱得布曆〕 (10C)

53238 弘淨 ·············· P2769
〔僧家(上座)設次着當寺沙彌帖〕 (10C前期)

53239 弘眞 ·············· P.tib1099v
〔僧名錄〕 (9～10C)

53240 弘遂 ·············· S00520
〔報恩寺方等道場榜〕 (9C末～925以前)
　2)乾元寺　4)有「河西都僧院」印。

53241 弘正 ·············· S09994v
〔諸寺僧尼付經曆〕 (9C)
　2)安國寺

53242 弘濟 ·············· P.tib1261v⑥
〔諸寺僧尼支給穀物曆〕 (9C前期)

53243 弘漸 ·············· S05845
〔郭僧政等貸油麵麻曆〕　己亥年二月十七日
(939)

53244 弘張 ·············· S00520
〔報恩寺方等道場榜〕 (9C末～925以前)
　1)河西都僧統法律　2)金光明寺　4)有「河西都
　　僧院」印。

53245 弘道 ·············· P.tib1261v⑤
〔諸寺僧尼支給穀物曆〕 (9C前期)
　1)僧

53246 弘福 ·············· 浙燉070(浙博045)
〔諸寺僧尼缺經請經帳目〕 (9C前期)
　2)龍興(寺)

53247 弘文 ·············· P4505
〔佛律(脩)末〕 (9～10C)
　1)沙門　4)原作「手書誦讀」。

53248 弘辯 ·············· 天禧塔記
〔「天禧塔記」《隴石金石錄補》〕　大宋天禧參年
歲次乙未三月二十七日 (1019)
　1)法律知都司判官　2)靈圖寺

53249 恒安 ·············· BD08418(裳18)
〔金光明最勝王經(允廢稿尾末題記2行)〕
(9C?)
　1)沙門　3)沙州　4)卷尾有題記「河西節度門徒
　　兼攝沙州釋門法師沙門恒安與亡孔侍御寫此」。

53250 恒安 ·············· BD09472v①～③(發92)
〔龍興寺索僧正等五十八人就唐家蘭若請賓
頭盧文〕 (8～9C)
　2)(靈)圖(寺)　3)沙州

53251 恒安 ·············· BD14676(新0876)
〔靈圖寺所藏點檢諸經論疏曆〕　咸通六年正月
三日 (865)
　1)知藏僧　2)靈圖寺　4)原作「靈圖寺知藏僧恒
　　安寫」。

53252 恒安 ·············· P3770v
〔蕃漢皇帝及贊普以下廻向諸發願文等一卷
(擬題)騎縫簽押〕 (9C後期)
　1)法師

53253 恒安 ………………… P4660④
〔管内都僧政賜紫沙門故曹僧政邈眞讚〕 中和三年歲次癸卯五月廿日 (883)
　1)釋門法師

53254 恒安 ………………… P4660⑤
〔營田都知兵馬使康公邈眞讚都僧統悟眞撰法師恒安書〕 中和元年歲次辛丑仲冬 (881)
　4)原作「都僧統悟眞撰釋門法師, 書」。

53255 恒安 ………………… P4660⑥
〔河西都僧統蘇𦣞?悟眞邈眞讚并序〕 廣明元年 (880)
　4)原作「沙州釋門法師沙書廣明元年…記, 書」。

53256 恒安 ………………… P4660⑧
〔前河西節度使押衙兼騎都知兵馬使令狐公邈眞讚〕 廣明元年庚子孟夏 (880)
　4)原作「沙州釋門法師沙門恒安書」。有題記「廣明元年庚子夏…」。

53257 恒安 ………………… P4660⑩
〔福田判官李辛升邈生讚〕 (9C)
　1)法師沙門　3)沙州　4)原作「河西都僧統…撰…恒安書」。

53258 恒安 ………………… P4660⑳
〔前河西都僧統…故翟和尚邈眞讚〕 (9C)
　4)原作「沙州釋門法師恒安題」。

53259 恒安 ………………… P4660㉑
〔前沙州釋門義和尙邈眞讚〕 (9C)
　1)法師　3)沙州　4)原作「河西都僧統…悟眞撰沙門法律恒安書」。

53260 恒安 ………………… P4660㉒
〔故前伊州刺史改授…左公讚〕 (9C)
　1)法師　4)原作「河西都僧統…悟眞撰沙門法律恒安書」。

53261 恒安 ………………… P4660㉔
〔宋律伯邈眞讚〕 咸通八年歲次丁亥六月五日 (867)
　1)弟子比丘　4)原作「釋惠覺述」。

53262 恒安 ………………… P4660㉕
〔大唐沙州譯經三藏大德吳和尙邈眞讚〕 (9C)
　1)法學弟子比丘　4)原作「張球撰」。

53263 恒安 ………………… S05309
〔瑜伽師地論卷第30〕 大中十一年歲次丁丑六月廿二日 (857)
　1)比丘

53264 恒安 …… 三井八郎右衞門第25回大藏會展觀目錄
〔瑜伽師地論卷第22〕 大中十年十月廿三日 (856)
　1)比丘

53265 恒安 ……… 三井文庫燉煌寫經25-14-13
〔瑜伽師地論卷22(末)〕 大中十年十月廿三日 (856)
　1)比丘　4)奧書「…比丘恒安隨聽寫記」。

53266 恒安 …………………… 橘目
〔瑜伽師地論卷第23〕 大中十年十一月廿四日 (856)
　1)苾芻

53267 恒威 ………………… P3336v②
〔監軍轉經付維那曆〕 (寅年)二月廿日 (834)
　2)(永)康(寺)　4)朱書。

53268 恒願 ………………… BD03365(雨65)
〔大般若波羅蜜多經卷第568〕 (9C)
　1)比丘・勘定　2)金光明寺　4)原作「比丘金光明寺恒願勘定」。有武周新字「正」。

53269 恒願 ………………… P4810v②
〔爲亡妣請僧疏〕 (9C前期)
　2)金光明寺

53270 恒子 ………………… P3234v⑮
〔淨土寺西倉豆利潤入曆〕 (940年代?)
　2)淨土寺

53271 恒子 ………………… S01776①
〔某寺常住什物交割點檢曆〕 顯德五年戊午十一月十三日 (958)

53272 恒子 ………………… Дx01416
〔便粟曆〕 (癸丑年)甲寅年六月・乙卯年四月 (953〜955?)

53273 恒秀 ………………… P4810v②
〔爲亡妣請僧疏〕 (9C前期)
　2)金光明寺

53274 恒信 ………………… S01697
〔大般若波羅蜜多經卷第441〕 (9C)

53275 恒清 ･････････････ BD00834v（盈34）
〔題記〕（8～9C）
　　4）原作「…恒清受用也」。

53276 恒清 ･････････ BD16388A（L4460）＋
BD16388B（L4460）
〔當寺轉帖〕（9～10C）

53277 恒清 ･･･････････････ P3047v③
〔諸僧尼送納三色香於乾元寺曆〕（9C前期）
　　2）乾元寺

53278 恒清 ･･･････････････ S02614v
〔燉煌應管諸寺僧尼名錄〕（895）
　　2）龍興寺

53279 恒傳 ･････････････ S05878＋S05896
〔子年領得什物見在曆〕子年（9C前期）

53280 恒傳 ･････････････････ S05880①
〔南梁課取油曆抄〕卯年十一月十八日（9C前期）

53281 恒傳 ･････････････････ S05880②
〔福圓取油曆抄〕卯年十一月十八日（9C前期）

53282 恒辯 ･････････････････ 杏・羽082
〔道場司智惠弁等乞請都僧統悟眞處分牒〕
　　□（廣）明二年辛丑歲〔　〕月日（881）
　　4）文書面有「李盛鐸印」等。

53283 恒明 ･････････････････ S02614v
〔燉煌應管諸寺僧尼名錄〕（895）
　　2）淨土寺

53284 恒明 ･････････････････ 莫第098窟
〔供養人題記〕（10C中期）
　　1）釋門法律知□使…表白法師沙門　4）南壁。
　　《燉》p.41。《謝》p.91。

53285 㬌 ･･･････････････････ P3205
〔僧俗人寫經曆〕（9C前期）

53286 杭居 ･････････････ BD06137（薑37）
〔无量壽宗要經（尾紙題名）〕（9C前期）
　　4）尾紙有藏文題記「heng-jovu-bris（杭居寫）」。

53287 校子 ･･･････････････ 楡第33窟
〔供養人題記〕（10C中期）
　　1）清信弟子　4）南壁。《謝》p.478。

53288 洪〔供・紅〕英 ･･･････････ P2671v
〔僧名錄（河西都僧統等20數名）〕甲辰年頃（884頃）

53289 洪演 ･････････････････ S02729①
〔燉煌應管勘牌子曆〕辰年三月（788）
　　1）僧　2）龍興寺　3）沙州　4）俗姓「王」。4行目。
　　未年11月3日死。

53290 洪恩 ･････････････････ S02614v
〔燉煌應管諸寺僧尼名錄〕（895）
　　2）開元寺

53291 洪恩 ･･･････････････ S08567Av
〔報恩寺・大乘寺付經曆〕（9C前期）
　　2）報恩寺

53292 洪義 ･････････････････ P2250v④
〔永安寺僧唱布曆〕（925?）
　　2）永安寺

53293 洪溪 ･････････････････ Дx01586B
〔惠通下僧名目〕（9C後期）

53294 洪兒 ･････････････････ P2032v⑫
〔淨土寺諸色破曆〕（940前後）
　　2）淨土寺

53295 洪兒 ･･････････････ P2032v⑯-4
〔淨土寺粟利閏入曆〕（940前後）
　　2）淨土寺

53296 洪紹 ･････････････････ S02614v
〔燉煌應管諸寺僧尼名錄〕（895）
　　2）報恩寺

53297 洪淨 ･････････････････ P2250v⑤
〔金光明寺僧唱布曆〕（925?）
　　2）金光明寺

53298 洪深 ･････････････････ Дx01586B
〔惠通下僧名目〕（9C後期）

53299 洪眞 ･････････････････ BD（各72）
〔瑜伽師地論隨聽手記卷第33～37（背面押縫）〕八月卅日（9C中期）
　　1）本・沙門　4）原作「沙門洪眞」。

53300 洪眞 ･･･････････････ BD01857（秋57）
〔瑜伽師地論隨聽手記卷37～39（背面押縫）〕（9C中期）
　　4）原作「沙門洪眞」。

53301 洪眞 ……………… BD01857v①(秋57)
〔瑜伽師地論分門記卷37(背面押縫)〕 (9〜10C)
　1)沙門　4)原作「沙門洪眞本」。

53302 洪眞 ……………… BD01857v②(秋57)
〔瑜伽師地論分門記卷38(背面押縫)〕 (9〜10C)
　1)沙門　4)原作「沙門洪眞本」。

53303 洪眞 ……………… BD01857v③(秋57)
〔瑜伽師地論分門記卷39(背面押縫)〕 (9〜10C)
　1)沙門　4)原作「沙門洪眞本」。

53304 洪眞 ……………… BD02298v(閏98)
〔瑜伽師地論隨聽手記卷第39〜41卷(末)(背面押縫)〕 (858)
　1)沙門　4)原作「沙門洪眞」。

53305 洪眞 ……………… BD03482v(露82)
〔瑜伽師地論隨聽手記卷21(背面押縫)〕 (9C中期)
　1)沙門　4)原作「沙門洪眞」。

53306 洪眞 ……………… BD05326v(光26)
〔瑜伽師地論隨聽手記(背面押縫)〕 (9C中期)
　1)沙門　4)原作「沙門洪眞」。

53307 洪〔供・紅〕眞 ……… P2671v
〔僧名錄(河西都僧統等20數名)〕 甲辰年頃 (884頃)

53308 洪眞 ……………… P3716
〔瑜伽記卷第31,第32(手記)〕 (9C)
　1)沙門

53309 洪眞 ……………… S06440
〔瑜伽論手記卷第21〜26〕 (9C)
　1)沙門

53310 洪瑞 ……………… P2250v②
〔乾元寺僧唱布曆〕 辛未年四月十二日 (925?)
　2)乾元寺

53311 洪政 ……………… P2342piece4
〔僧洪政祭亡考文〕 丁未年九月廿六日 (827)

53312 洪正 ……………… P3336②
〔轉經分付維那曆〕 寅年正月八日 (834)
　2)永安寺

53313 洪正 ……………… P.tib1261v⑪
〔諸寺僧尼支給穀物曆〕 (9C前期)
　1)僧

53314 洪濟 ……………… P3587
〔某寺常住什物點檢見在曆(殘)〕 (9C)

53315 洪濟 ……………… S02614v
〔燉煌應管諸寺僧尼名錄〕 (895)
　2)乾元寺

53316 洪濟 ……………… S04153
〔維摩詰經卷下〕 申年四月五日 (9C)
　1)比丘　4)原作「比丘洪濟共福勝點勘了」。

53317 洪漸 ……………… P2250v①
〔龍興寺僧唱布曆〕 (925?)
　1)僧　2)龍興寺

53318 洪漸 ……………… S05845
〔郭僧政等貸油麵麻曆〕 己亥年二月十七日 (939)

53319 洪澤 ……………… P2842piece3
〔徒衆轉帖〕 某月七日 (10C前期)

53320 洪端 ……………… S01162v
〔燉煌某寺僧名錄〕 (10C前期)

53321 洪認 ……………… 莫第217窟
〔供養人題記〕 (10C前期)
　1)應管內釋門都僧政京城內臨壇供奉大德毗尼藏主闡揚三敎大法師賜紫沙門　4)東壁門北側。《燉》p.101。《謝》p.351。

53322 洪福 ……………… P3370
〔出便麥粟曆〕 丙子年六月五日 (928)

53323 洪福 ……………… S00548v
〔佛本行集經變(題記)〕 長興伍年甲午歲八月十九日 (934)
　1)僧　2)蓮臺寺　4)原作「長興伍年甲午歲八月十九日,蓮臺寺僧洪福寫記諸耳」。

53324 洪福 ……………… S02614v
〔燉煌應管諸寺僧尼名錄〕 (895)
　2)龍興寺

53325 洪辯 ……………… P3720
〔告身贈詩〕 大中五年至咸通十年 (851〜869)

53326 洪辯 ·················· P3730④
〔狀〕 酉年正月 (829)
　2)金光明寺

53327 洪辯 ·················· P3730⑥
〔尼惠性牒付洪辯判〕 寅年正月 (834 or 846)
　2)金光明寺

53328 洪辯 ·················· P3730⑦
〔大乘寺尼眞濟等牒付洪辯判〕 九月八日 (834 or 846)
　2)金光明寺

53329 洪辯 ·················· P4660⑤
〔燉煌都教授兼攝三學法主隴西李教授闍梨寫眞讚〕 (9C)
　1)釋門都法律兼副教矧 4)原作「燉煌都教授…」。

53330 洪辯 ··············· P.tib1261v③
〔諸寺僧尼支給穀物曆〕 (9C前期)
　1)僧

53331 洪辯 ··············· P.tib1261v⑥
〔諸寺僧尼支給穀物曆〕 (9C前期)
　1)僧

53332 洪辯 ··············· P.tib1261v⑦
〔諸寺僧尼支給穀物曆〕 (9C前期)
　1)僧

53333 洪辯 ··············· P.tib1261v⑩
〔諸寺僧尼支給穀物曆〕 (9C前期)
　1)僧

53334 洪辯 ·················· S00779v
〔雜寫〕 (9C末～10前)
　1)大蕃沙州釋門教授和尚 4)原作「大蕃沙州釋門教授和尚洪辯修德大蕃國臨壇博士寶良驥」。

53335 洪辯 ·················· S06028
〔寫經人名目〕 (8C末～9C前期)
　1)寫經人

53336 洪辯 ·················· Дx06167
〔釋洪辯上大郎幕下狀上〕 未年三月八日 (9C中期)
　1)釋

53337 洪辯 ·········· 井上目57,圖版1背
〔釋門教授帖〕 子年頃 (820 or 832頃)
　1)僧・安國寺檢校道場律師 2)安國寺

53338 洪辯 ·················· 杏・羽076
〔法隣於道場布僧衣等施入大衆疏〕 六月八日 (9C前期)
　4)文書面有「李盛鐸印」等。

53339 洪辯修德 ·············· S00779v
〔毗沙門天功德記(末)〕 (9C末～10前)
　1)教授・和尚 3)沙州

53340 狗ゝ ·················· S04642v
〔某寺入破曆計會〕 (923以降)

53341 珩瑧 ·················· 莫第201窟
〔張公功德記〕 (8C後期)
　1)季弟 4)原作「□公及季弟珩瑧」。西壁,《燉》p.91。

53342 紅道 ··············· P.tib1261v④
〔諸寺僧尼支給穀物曆〕 (9C前期)
　1)僧

53343 膠琳 ·················· P3677
〔沙州報恩寺故大德禪和尚金霞遷神志銘并序(首題)〕 蕃中辛巳五月一日葬 (801)
　1)前沙州法曹參軍 4)俗姓「劉」。原作「洛陽人。四月廿八日死」。57歲⇒劉金霞。

53344 興菩女子 ············· S00542v
〔燉煌諸寺丁壯車牛役部〕 戌年六月十八日 (818)
　2)永安寺

53345 芶奴 ·················· P3240②
〔付耗曆〕 壬寅年七月十六日 (1002)
　1)師兄

53346 苟ゝ ·················· P3146B
〔遺產分割憑〕 某月廿八日 (10C後期)
　4)本件A紙爲辛巳年(981)八月三日「衙前子弟州司及氈頭等留殘袦衠人數」。

53347 苟子 ············ BD07630②(皇30)
〔出酥人曆〕 丙子年八月廿四日 (856 or 916)

53348 苟子 ············ BD16211(L4105)
〔僧信政狀〕 (9～10C)

53349 苟子 ·················· 莫第387窟
〔供養人題記〕 清泰元年頃 (936頃)
　1)男 4)東壁門南側。《燉》p.148。《謝》p.237。⇒(康)苟子。

900

53350 苟兒 ‥‥‥‥‥‥‥‥‥‥ BD16485
〔付工匠料曆〕（9～10C）

53351 苟兒 ‥‥‥‥‥‥‥‥‥‥ P2667v
〔土地文書(殘)〕（10C）
　4)原作「叔苟兒」。

53352 苟住 ‥‥‥‥‥‥‥‥‥‥ 莫第387窟
〔供養人題記〕　清泰元年頃（936頃）
　1)男　4)東壁門南側。《燉》p. 148。《謝》p. 237。⇒
　(康)苟住。

53353 苟奴 ‥‥‥‥‥‥‥‥‥‥ P4981
〔當寺轉帖〕　閏三月十三日（961）

53354 苟了 ‥‥‥‥‥‥‥‥‥‥ S00782v
〔納贈曆〕（10C）
　4)ペン筆？

53355 行義 ‥‥‥‥‥‥‥‥‥‥ P.tib1261v⑦
〔諸寺僧尼支給穀物曆〕（9C前期）
　1)僧　4)⇒法義。

53356 行玉□德 ‥‥‥‥‥‥‥‥ S06452④
〔常住庫借貸油麵物曆〕　壬午年（982?）
　1)西宅(取麵人)　2)淨土寺

53357 行堅 ‥‥‥‥‥‥‥‥‥‥ P.tib1261v⑦
〔諸寺僧尼支給穀物曆〕（9C前期）
　1)僧　4)⇒法堅。

53358 行四娘 ‥‥‥‥‥‥‥‥‥ 莫第012窟
〔供養人題記〕（9C後期）
　4)原作「亡妹行四娘一心供養」。西壁。《燉》p. 7。

53359 行子 ‥‥‥‥‥‥‥‥‥‥ S04643
〔陰家榮親客目〕　甲午年五月十五日（994）
　1)押衙

53360 行者 ‥‥‥‥‥‥‥‥‥‥ Дx01277
〔納贈曆〕　丁丑年九月四?日（977）
　1)行者

53361 行如 ‥‥‥‥‥‥‥‥‥‥ P3060
〔諸寺諸色付經僧尼曆〕（9C前期）
　1)僧尼　4)經典名「般若經卷19」。

53362 行如 ‥‥‥‥‥‥‥‥‥‥ P3060
〔諸寺諸色付經僧尼曆〕（9C前期）
　2)開元寺　4)俗姓「唐」。

53363 行如 ‥‥‥‥‥‥‥‥‥‥ S00476B
〔諸寺付經僧尼曆〕（9C前期）
　1)僧　2)開元寺

53364 行如 ‥‥‥‥‥‥‥‥‥‥ S02729①
〔燉煌應管勘牌子曆〕　辰年三月（788）
　1)僧　2)開元寺　3)沙州　4)俗姓「唐」。23行
　目。

53365 行深 ‥‥‥‥‥‥‥‥‥‥ Дx12012②
〔書狀文範〕（10C）

53366 行進 ‥‥‥‥‥‥‥‥‥‥ S08750
〔某寺常住什物見在曆〕（10C）

53367 行正 ‥‥‥‥‥‥‥‥‥‥ BD05917(重17)
〔諸經兌廢綴稿(勘記)〕（9C?）

53368 鋼惠 ‥‥‥‥‥‥‥‥‥‥ P3553
〔都僧統鋼惠等牒〕　太平興國三年四月（978）

53369 鋼惠 ‥‥‥‥‥‥‥‥ Stein Painting 77v
〔曹元忠夫婦修北大像功德記〕　乾德四年五月
九日（966）
　1)應管內外都僧統辯正大師

53370 鋼慧 ‥‥‥‥‥‥‥‥‥‥ P2879
〔僧尼籍〕（9C前期?）
　2)龍興寺

53371 降魔 ‥‥‥‥‥‥‥‥‥‥ P3047v③
〔諸僧尼送納三色香於乾元寺曆〕（9C前期）
　2)乾元寺

53372 香嚴 ‥‥‥‥‥‥‥‥‥‥ P3600v②
〔燉煌普光寺等尼名申告狀〕　戌年十一月
(9C前期)
　2)普光寺

53373 香嚴 ‥‥‥‥‥‥‥‥‥‥ S02669
〔管內尼寺(安國寺・大乘寺・聖光寺)籍〕
（865～870）
　2)大乘寺　3)青水鄉　4)姓「張」。俗名「醜々」。

53374 香嚴 ‥‥‥‥‥‥‥‥‥‥ S02729①
〔燉煌應管勘牌子曆〕　辰年三月（788）
　1)僧　2)大乘寺　3)沙州　4)俗姓「索」。50行
　目。

53375 香嚴 ‥‥‥‥‥‥‥‥‥‥ S09994v
〔諸寺僧尼付經曆〕（9C）
　2)聖光寺

53376 香山 ·················· P3060
〔諸寺諸色付經僧尼曆〕（9C前期）
　1)僧尼　4)經典名「般若經卷4」。

53377 香山 ·················· P3060v
〔諸寺諸色付經僧尼曆〕（9C前期）
　4)經典名「大寶積經卷8」。

53378 香女 ·················· 北京萃文齋
〔河西支度營田使戶口給穀簿〕（8C後期）
　1)(李光俊)婢　4)原作「(戶李光俊卅九)婢香女五十八」。

53379 香女 ·················· 北京萃文齋
〔河西支度營田使戶口給穀簿〕（8C後期）
　1)婢　4)李香女。

53380 黃居 ·················· BD08224(服24)
〔无量壽宗要經(尾紙末題記)〕（9C前期）
　4)尾紙末有藏文題記「heng-Jeve-bris(黃居寫)」。

53381 合子 ·················· BD09293①(周14)
〔令狐留々叔姪共東四防(房)兄弟分書(稿)〕　四月九日　（10C?）
　1)姪男　4)⇒令狐合子。

53382 合子 ·················· BD09300(周21)
〔令狐留々叔姪等分產書〕（10C）
　1)(令狐留々)姪男

53383 國戒 ·················· P3556v⑦
〔道場思惟簿〕（10C）
　4)⇒安國戒。

53384 國興 ·················· 有鄰館56
〔城下諸色碩斗牛等入破歷〕　自戌年至子年（9C前期）

53385 國清 ·················· P3727v①
〔狀〕　十一月日　（10C中期）

53386 國清 ·················· 莫第220窟
〔供養人題記〕（10C前期）
　1)請信佛弟子　4)甬道南壁。《燉》p.101。⇒(翟)國清。

53387 黑子 ·················· S02228③
〔貸黃麻曆〕　四月卄六日　（吐蕃期）
　4)原作「黑子邊」。

53388 黑兒 ·················· S04649
〔破曆〕　庚午年　（970）

53389 黑女 ·················· S06233v①
〔某寺麥粟等分付曆〕（9C前期）

53390 黑女 ·················· 有鄰館56
〔城下諸色碩斗牛等入破歷〕　自戌年至子年（9C前期）

53391 黑奴 ·················· S01475v⑦
〔便麥契〕　酉年十一月　（829）
　1)保人

53392 黑頭 ·················· P2944
〔大乘寺・聖光寺等尼僧名錄〕（10C後期?）
　2)大雲寺

53393 黑頭 ·················· S11301
〔破曆〕（10C）

53394 乞結夕 ·················· S05824
〔經坊費負担人名目〕（8C末～9C前期）
　1)寫經人　3)行人部落

53395 乞奢彌 ·················· CONCILE DE LHASA,PL.Ⅱ
〔頓悟大乘正決敍〕　戌年正月十五日　（794）
　1)吐蕃僧　4)本文中有「吐蕃僧,乞奢彌尸毗磨羅等二人」之句。

53396 乞心兒 ·················· BD09323(周44)
〔沙州某寺分給蕃漢官僚等早・中・夜三食日程帖〕（820～830）

53397 乞心兒 ·················· P3774
〔僧龍藏家產分割訴牒〕　丑年十二月　（821）
　1)部落使

53398 乞里寧 ·················· P2469v
〔破曆雜錄〕　戌年六月五日　（830?）

53399 乞律本 ·················· P3770③
〔發願文〕（9C前期）

53400 乞養 ·················· S00542v
〔簿〕　戌年六月十八日　（818）

53401 骨子 ·················· Дx01387
〔黃麻青麥便曆〕　□亥年三月卄日　（10C）

53402 骨子 ·················· Дx11194
〔便麥曆〕 戊午年 (958)

53403 骨子 ·················· 杏・羽695
〔燉煌諸鄉諸部落諸人等便麥曆〕 (10C)
　1)弟　3)赤心(鄉)

53404 骨子心兒 ············· S05139v①
〔涼州節院使押衙劉少晏狀(寫錄)〕 乙酉年六月日 (925?)
　3)沙州(人)

53405 骨娘 ·············· BD16230c(L4112)
〔辰年便物曆〕 辰年二月廿日 (10C)

53406 鶻戒 ·················· S02009
〔官府什物交割曆〕 (10C後期)

53407 鶻子 ················· 北京萃文齋
〔河西支度營田使戶口給穀簿〕 (8C後期)
　1)(宋光華)奴　4)原作「(戶宋光華卌四)奴鶻子一」。

53408 兀寧 ·················· P3272v
〔牧羊人兀寧狀〕 丙寅年正月 (966?)
　1)牧羊人

53409 崑崙 ················· 北京萃文齋
〔河西支度營田使戶口給穀簿〕 (8C後期)
　1)(王子進)奴　4)原作「(戶王子進十五)奴崑崙二」。

[さ]

53410 娑悉力 ················ S05824
〔經坊費負担人名目〕 (8C末～9C前期)
　1)寫經人　3)絲綿部落

53411 沙堅固藏 ·············· S02669
〔管內尼寺(安國寺・大乘寺・聖光寺)籍〕 (865～870)
　2)大乘寺　3)神沙鄉　4)姓「沙」。俗名「太平娘」。

53412 沙太平娘 ·············· S02669
〔管內尼寺(安國寺・大乘寺・聖光寺)籍〕 (865～870)
　2)大乘寺　3)神沙鄉　4)尼名「堅固藏」。

53413 再員 ·················· S06307
〔管內都僧正轉帖〕 九月一日 (10C後期)

53414 再榮 ············ BD06359v①(鹹59)
〔麵油蔗納贈曆〕 (9C前期)

53415 再盈 ·················· S06136
〔麥麵羊皮破曆〕 (10C)

53416 再盈 ·················· Дx01453v
〔諸人納地子麥等曆〕 (10C後期)
　4)R面爲「丙寅年(966)八月廿四日納地子麥廂曆」。

53417 再盈 ················· 莫第129窟
〔供養人題記〕 (10C前期)
　1)(辛實)男　4)原作「男再盈一心供養」。南壁。《燉》p.60。⇒(辛)再盈。

53418 再溫 ··············· Stein Painting 3
〔觀世音菩薩圖二軀供養人題記〕 (9C)
　4)原作「清信弟子再溫爲已身落」。

53419 再宜 ·················· S06537
〔放良書〕 (10C)
　1)家童

53420 再慶 ·················· S04660
〔兄弟社轉帖〕 戊子年六月廿六日 (988)
　2)於燉煌蘭喏門　4)⇒安再慶。

53421 再興 ················· P.tib1088Av
〔燉煌諸人磑課麥曆〕 卯年～巳年間 (835～837)

53422 再興 ……………………… 杏・羽677
〔入破歷算會(殘)〕 癸酉・甲戌二年 (973・974)

53423 再興 ……………………… 杏・羽703
〔某寺諸色斛斗破計會〕 辛未年 (911?)

53424 再兒 ……………………… S04642v
〔某寺入破曆計會〕 (923以降)
　4)原作「再兒妻平安」。

53425 再兒 ……………………… S04647
〔破曆〕 庚午年 (970)
　4)原作「再兒妻平安」。

53426 再集 ……………………… P3391v①
〔社司轉帖(寫錄)〕 丁酉年正月日 (937)

53427 再住 ……………………… 莫第390窟
〔供養人題記〕 (10C前期?)
　1) 孫子 4)原作「孫子再住供養」。北壁。《燉》p.150。⇒(鄧)再住。

53428 再昇 ……………………… P2825v
〔雜寫〕 (9C末)

53429 再昇 ……………………… S04060
〔便麥曆〕 戊申年正月 (949)

53430 再昇 ……………………… S04060①
〔便麥曆〕 戊申年 (948)

53431 再昇 ……………………… S04060v
〔便麥曆〕 戊申年正月 (948)

53432 再昇 ……………………… Дx10272②
〔僧名目〕 (10C)

53433 再昌 ……………………… BD16281Cv(L4123)
〔某寺社司轉帖〕 (9～10C)

53434 再昌 ……………………… P2032v①-4
〔淨土寺粟入曆〕 (944前後)

53435 再昌 ……………………… P2032v⑪
〔淨土寺西倉司願勝等入破曆〕 乙巳年三月 (945)
　2)淨土寺

53436 再昌 ……………………… S02242
〔親情社轉帖〕 七月三日 (10C)

53437 再昌 ……………………… S08426E①
〔使府酒破曆〕 (10C中～後期)

53438 再昌 ……………………… S08426E②
〔使府酒破曆〕 (10C中～後期)

53439 再昌 ……………………… Дx01277
〔納贈曆〕 丁丑年九月四?日 (977)

53440 再昌 ……………………… 莫第129窟
〔供養人題記〕 (10C前期)
　1)(辛實)男 4)原作「弟子男再昌一心供養」。南壁。《燉》p.60。⇒(辛)再昌。

53441 再成 ……………………… P4987
〔兄弟社轉帖〕 戊子年 (988)

53442 再成 ……………………… S05406
〔僧正法律徒衆轉帖〕 辛卯年四月十四日 (991)
　1)僧

53443 再成 ……………………… Дx01380v
〔僧名目〕 (10C後期)
　4)R面爲「七月廿八日獻信狀」(10C後期)。

53444 再成 ……………………… 莫第129窟
〔供養人題記〕 (10C前期)
　1)(辛實)男・知衙前正兵馬使試□監 4)原作「男知衙前正兵馬使試□監再成一心供養」。南壁。《燉》p.60。⇒(辛)再成。

53445 再成阿孃 ……………………… S07589
〔便麥曆〕 (10C中期)

53446 再成安 ……………………… P4987
〔兄弟社轉帖〕 戊子年 (988)

53447 再晟母□□ ……………………… S02228②
〔於諸家邊布麥粟酒分付曆〕 巳年五月 (825)
　4)原作「再晟母□□」。

53448 再全 ……………………… P2932
〔出便豆曆〕 乙丑年正月廿九日 (965?)
　1)口承(人) 4)原作「叔再全」。

53449 再太 ……………………… S05937
〔破曆〕 庚子年十二月 (940)
　3)千渠莊

53450 再達 ··················· 莫第127窟
〔供養人題記〕（10C前期）
　　4）原作「姪男再達一心供養」。南壁。《燉》p.58。

53451 再定 ··············· BD16281Dv（L4123）
〔某寺社司轉帖〕（9～10C）

53452 再定 ······················ P2032v④
〔淨土寺西倉斛㪷泍破曆〕 乙亥年（939）
　　2）淨土寺

53453 再定 ··················· 莫第387窟
〔供養人題記〕 清泰元年頃（936頃）
　　1）男　4）東壁門南側。《燉》p.148。《謝》p.237。⇒
　　（康）再定。

53454 再德 ··············· BD14806v（新1006）
〔義進押衙身故祭盤人名目〕 戊寅年二月十九
日（978）

53455 再德 ························ P3388
〔節度使曹元忠爲故兄追念請金光明寺僧
疏〕 開運四年三月九日（946）
　　2）金光明寺

53456 再德 ························ P4987
〔兄弟社轉帖〕 戊子年七月（988）

53457 再德安 ······················ P4987
〔兄弟社轉帖〕 戊子年（988）

53458 再富 ························ P4981
〔當寺轉帖〕 閏三月十三日（961）

53459 再富 ······················ S04660v
〔社人缺色物曆〕 戊子年六月廿六日（988）
　　4）⇒（安）再富。

53460 再富 ······················ Дх01380v
〔僧名目〕（10C後期）
　　4）R面爲「七月廿八日獻信狀」（10C後期）。

53461 最威 ······················ S02669
〔管內尼寺（安國寺・大乘寺・聖光寺）籍〕
（865～870）
　　2）大乘寺　3）平康鄉　4）姓「閻」。俗名「意娘」。

53462 最賢 ······················ S02669
〔管內尼寺（安國寺・大乘寺・聖光寺）籍〕
（865～870）
　　2）聖光寺　3）慈惠鄉　4）姓「趙」。俗名「曼陀」。

53463 最賢 ····················· S04444v②
〔燉煌大乘寺僧尼申告（稿）〕（905）
　　2）大乘寺

53464 最顯 ······················ S02669
〔管內尼寺（安國寺・大乘寺・聖光寺）籍〕
（865～870）
　　2）大乘寺　3）平康鄉　4）姓「楊」。俗名「娘子」。

53465 最嚴 ······················ S02669
〔管內尼寺（安國寺・大乘寺・聖光寺）籍〕
（865～870）
　　2）大乘寺　3）神沙鄉　4）姓「吳」。俗名「圭娘」。

53466 最嚴 ······················ S02669
〔管內尼寺（安國寺・大乘寺・聖光寺）籍〕
（865～870）
　　2）聖光寺　3）慈惠鄉　4）姓「董」。俗名「勝君」。

53467 最顧 ······················ S02669
〔管內尼寺（安國寺・大乘寺・聖光寺）籍〕
（865～870）
　　2）大乘寺　3）平康鄉　4）姓「楊」。俗名「娘子」。

53468 最行 ······················ S02614v
〔燉煌應管諸寺僧尼名錄〕（895）
　　2）大乘寺

53469 最行 ······················ S02614v
〔燉煌應管諸寺僧尼名錄〕（895）
　　2）靈修寺

53470 最勝意 ···················· S02614v
〔燉煌應管諸寺僧尼名錄〕（895）
　　2）大乘寺

53471 最勝意 ···················· S02669
〔管內尼寺（安國寺・大乘寺・聖光寺）籍〕
（865～870）
　　2）大乘寺　3）洪閏鄉　4）姓「張」。俗名「小娘」。

53472 最勝因 ···················· P3556v⑦
〔道場思惟簿〕（10C）

53473 最勝音 ···················· P3356v⑦
〔道場思惟簿〕（9C末期）

53474 最勝音 ···················· S02614v
〔燉煌應管諸寺僧尼名錄〕（895）
　　2）安國寺

53475 最勝音 ················· S04914
〔付經曆〕 卯年九月七日　(835 or 847)
　　2)安國寺

53476 最勝戒 ················· S02669
〔管內尼寺(安國寺・大乘寺・聖光寺)籍〕
(865～870)
　　2)大乘寺　3)洪閏鄉　4)姓「唐」。俗名「威娘」。

53477 最勝喜 ················· 莫第108窟
〔供養人題記〕 (10C中期)
　　1)法律尼　2)普光寺　4)原作「故女普光寺法律尼最勝喜」。東壁門北側。《燉》p.52。《謝》p.80。

53478 最勝惠 ················· S02669
〔管內尼寺(安國寺・大乘寺・聖光寺)籍〕
(865～870)
　　2)大乘寺　3)平康鄉　4)姓「閻」。俗名「招君」。

53479 最勝賢 ················· S04444v②
〔燉煌大乘寺僧尼申告(稿)〕 (905)
　　2)大乘寺

53480 最勝護 ················· S02669
〔管內尼寺(安國寺・大乘寺・聖光寺)籍〕
(865～870)
　　2)安國寺　3)燉煌鄉

53481 最勝護 ················· S02669
〔管內尼寺(安國寺・大乘寺・聖光寺)籍〕
(865～870)
　　3)平康鄉　4)姓「張」。俗名「太娃」。

53482 最勝護 ················· S04444v②
〔燉煌大乘寺僧尼申告(稿)〕 (905)
　　2)大乘寺

53483 最勝行 ················· S02669
〔管內尼寺(安國寺・大乘寺・聖光寺)籍〕
(865～870)
　　2)大乘寺　3)洪池鄉　4)姓「唐」。俗名「判娘」。

53484 最勝修 ················· S02614v
〔燉煌應管諸寺僧尼名錄〕 (895)
　　2)靈修寺

53485 最勝淨 ················· S02669
〔管內尼寺(安國寺・大乘寺・聖光寺)籍〕
(865～870)
　　2)大乘寺　3)莫高鄉　4)姓「薛」。俗名「鉢〻」。

53486 最勝眞 ················· S01625
〔入破曆計會〕 天福三年(戊戌)十二月六日 (938)
　　1)徒奴

53487 最勝善 ················· BD09296v(周16)
〔孟家納色曆〕 (9C中期～10C初期)
　　4)原作「最勝善家」。此行與BD9295(周16)正面最後一行應爲同一行。

53488 最勝善 ················· S02614v
〔燉煌應管諸寺僧尼名錄〕 (895)
　　2)大乘寺

53489 最勝善 ················· S02669
〔管內尼寺(安國寺・大乘寺・聖光寺)籍〕
(865～870)
　　2)聖光寺　3)神沙鄉　4)姓「索」。俗名「頻〻」。

53490 最勝善 ················· S02669
〔管內尼寺(安國寺・大乘寺・聖光寺)籍〕
(865～870)
　　2)大乘寺　3)洪池鄉　4)姓「安」。俗名「判〻」。

53491 最勝智 ················· P3556v⑦
〔道場思惟簿〕 (10C)

53492 最勝智 ················· S02669
〔管內尼寺(安國寺・大乘寺・聖光寺)籍〕
(865～870)
　　2)大乘寺　3)神沙鄉　4)姓「閻」。俗名「巖娘」。

53493 最勝燈 ················· S02669
〔管內尼寺(安國寺・大乘寺・聖光寺)籍〕
(865～870)
　　2)大乘寺　3)燉煌鄉　4)姓「吳」。俗名「歸〻」。

53494 最勝德 ················· BD06437v①(河37)
〔燉煌僧尼名〕 (9～10C)

53495 最勝德 ················· S02614v
〔燉煌應管諸寺僧尼名錄〕 (895)
　　2)靈修寺

53496 最勝德 ················· S02614v
〔燉煌應管諸寺僧尼名錄〕 (895)
　　2)大乘寺

53497 最勝德 ················· S02669
〔管內尼寺(安國寺・大乘寺・聖光寺)籍〕
(865～870)
　　2)大乘寺　3)神沙鄉　4)姓「王」。俗名「含嬌」。

53498 最勝念 ························ P3556v⑦
〔道場思惟簿〕 (10C)

53499 最勝福 ························ S02614v
〔燉煌應管諸寺僧尼名錄〕 (895)

53500 最勝妙 ························ P3556v⑦
〔道場思惟簿〕 (10C)

53501 最勝妙 ························ S02669
〔管內尼寺(安國寺・大乘寺・聖光寺)籍〕
(865～870)
　　2)大乘寺　3)赤心鄉　4)姓「鄧」。俗名「蒙ミ」。

53502 最心 ························· S04444v②
〔燉煌大乘寺僧尼申告(稿)〕 (905)
　　2)大乘寺

53503 最福 ············ BD09472v①～③(發92)
〔龍興寺索僧正等五十八人就唐家蘭若請賓
頭廬文〕 (8～9C)
　　2)靈修(寺)　3)沙州

53504 最寶 ························· S02669
〔管內尼寺(安國寺・大乘寺・聖光寺)籍〕
(865～870)
　　2)大乘寺　3)神沙鄉　4)姓「王」。俗名「倫子」。

53505 最連 ························· S04884v
〔便褐曆〕 壬申年正月廿七日 (972?)

53506 崔師 ························· P3047v⑧
〔王都督儭合城僧徒名錄〕 (9C前期)

53507 細抴 ······················ 北京萃文齋
〔河西支度營田使戶口給穀簿〕 (8C後期)
　　1)(王子進)婢　4)原作「(戶王子進十五)婢細抴
世四」。

53508 際晏 ·························· P2469v
〔破曆雜錄〕 戌年六月五日 (830?)

53509 察子 ··················· BD02126v⑦(藏26)
〔為覺心妹函稿〕 (9C後期)

53510 撚籠 ························ S00542v⑧
〔燉煌諸寺丁壯車牛役部〕 戌年六月十八日
(818)
　　1)部落使

53511 三空 ·························· P3854v
〔客尼三空牒并判〕 大曆七年九月日 (772)
　　1)客尼

53512 三娘 ················· BD05870v①(茶70)
〔信狀〕 (9～10C)
　　4)原作「妹三娘□…□」。

53513 三娘子 ······················· S00086
〔馬氏廻施疏〕 淳化二年辛卯歲四月廿八日
(991)
　　2)金光明寺　4)原作「亡過三娘子」。文中有「於
金光明寺殿上施麥」之一句。首尾完。共21行。

53514 三娘子 ················· 故宮博・新156153
〔佛說延壽命經・佛說續命經(首尾題)〕 乾得
(德)肆年二月十五日 (966)
　　1)女弟子　4)題記「(曹)女弟子三娘子發心敬
寫」。

53515 三娘子 ······················ 莫第039窟
〔供養人題記〕 (10C前期)
　　4)原作「…三娘子…」。南壁。《燉》p. 12。

53516 三娘子 ······················ 莫第039窟
〔供養人題記〕 (10C前期)
　　1)孫新婦　4)原作「孫新婦三娘子一心供養」。西
壁。《燉》p. 12。

53517 三孃子 ··············· Дx01432＋Дx03110
〔地子倉麥曆〕 (10C)
　　1)口承女　4)原作「癡面壹石口承女三孃子」。

53518 三昧 ··················· BD11406(L1535)
〔某弟子從沙州龍興寺神卓受菩薩戒牒〕
(8C)
　　2)龍興寺　3)沙州

53519 三昧 ······················· P.tib1261v⑦
〔諸寺僧尼支給穀物曆〕 (9C前期)
　　1)尼

53520 三昧 ······················· P.tib1261v⑩
〔諸寺僧尼支給穀物曆〕 (9C前期)
　　1)尼

53521 山惠 ······················· 莫第370窟
〔供養人題記〕 (11C初期)
　　1)社戶□廟□老宿　4)南壁。《燉》p. 144。《謝》
p. 219。

53522 山ミ定奴 ······················· P3028
〔羊口數計會帖〕 (9C前期)

53523 山子 ························· S08402
〔便麥曆〕 (10C前期)
　　1)口承男

53524 山娘 ·············· P6002①
〔某寺破曆〕 (9C前期)

53525 山娘 ·············· S04782
〔乾元寺堂齋修造兩司都師文謙入破曆計
會〕 丑年 (10C後期)
　　2)乾元寺

53526 山多 ·············· S08402
〔便麥曆〕 (10C前期)
　　1)便物口承人

53527 山多 ·············· S08426A
〔使府酒破曆〕 (10C中～後期)

53528 山多 ·············· S08426B
〔使府酒破曆〕 (10C中～後期)

53529 山多 ·············· S08426C
〔使府酒破曆〕 (10C中～後期)

53530 山多 ·············· S08426D①
〔使府酒破曆〕 (10C中～後期)

53531 山多 ·············· S08426D②
〔使府酒破曆〕 (10C中～後期)

53532 璨師 ·············· P2469v
〔破曆雜錄〕 戌年六月五日 (830?)

53533 璨律師 ············ S02291
〔佛說佛名經卷第12(尾)〕 卯年五月廿六日
(9C)
　　1)律師　4)題記「(前略)解生與璨律師對勘定」。

53534 贊息 ·············· S02729①
〔燉煌應管勘牌子曆〕 辰年三月五日 (788)
　　1)檢(人)　4)原作「吐蕃贊息檢」。

53535 贊福 ············ BD09295(周16)
〔孟家納色曆〕 辰年二月三日 (9C中期～10C初期)

53536 殘子 ·············· S05437
〔願通等缺升人名抄(封題面)〕 (10C)

53537 殘子 ·············· Дx02146
〔請諸寺和尙僧政法律等名錄〕 (10C?)
　　2)淨土寺

53538 殘子 ············ 北大D215
〔見在僧名〕 廿六日 (10C後期)

53539 殘兒 ·············· Дx05534
〔禮佛見到僧等人名目〕 廿日夜 (10C)

53540 殘娘 ·············· 莫第166窟
〔供養人題記〕 (11C初期)
　　4)原作「女殘娘一心供養」。東壁門南側。《燉》
　　p.78。

53541 殘定 ·············· S04700
〔陰家榮親客目〕 甲午年五月十五日 (994)
　　1)都頭

53542 殘奴 ·············· P4912
〔某寺得換油麻曆〕 (950年代以降)
　　1)僧　2)顯(德寺)

53543 殘奴 ·············· S04644v
〔僧名錄(2行雜寫)〕 (10C後期)

53544 殘奴 ·············· S05406
〔僧正法律徒衆轉帖〕 辛卯年四月十四日
(991)
　　1)僧・法律

[し]

53545 史王 ················ Дx18918
〔團主捉帖文〕 五月□日 (8C～9C)
　1)團主捉

53546 嗣勤 ················ P3017
〔張業等敬造金字大寶積經〕 天復三年歲次癸
亥二月壬申朔廿三日 (903)

53547 嗣宗 ················ S00390
〔氾嗣宗讚〕 (9～10C)
　4)⇒氾嗣宗。

53548 四娘子 ············ 莫第039窟
〔供養人題記〕 (10C前期)
　1)孫新婦　4)原作「孫新婦四娘子一心供養」。南
壁。《燉》p. 11。

53549 四大口 ············· P3942
〔某家榮親客目〕 (10C?)

53550 四郎 ·············· S08152
〔某寺僧奴等麵破曆〕 (10C)

53551 四郎子 ············ S04274v
〔社名簿〕 (10C)

53552 子昇 ············· 北大D215
〔見在僧名〕 廿六日 (10C後期)
　4)⇒陰子昇。

53553 子昇押牙 ········ BD14806v(新1006)
〔義進押衙身故祭盤人名目〕 戊寅年二月十九
日 (978)
　1)押衙

53554 子昌 ·············· P4782
〔破除曆(2行)〕 甲申年三月十一日 (984)
　1)僧

53555 子全 ············· S04274v
〔社名簿〕 (10C)

53556 子富 ·············· P3489
〔翟坊巷女人社社條〕 戊辰年正月廿四日
(908)
　1)社人

53557 子連 ············· S04274v
〔社名簿〕 (10C)

53558 志員 ············· S01475v⑧⑨
〔沙州寺戶嚴君便麥契〕 四月十五日 (828～
829)
　1)僧

53559 志因 ············ 浙燉168(浙博143)
〔諸寺僧名目〕 (10C中期)

53560 志殷 ············ BD04496(崑96)
〔七階佛名經〕 上元元年正月～ (760～)
　2)靈圖寺　4)原作「志殷沙彌」。

53561 志殷 ············ BD04496(崑96)
〔七階佛名經〕 上元二年七月廿八日 (761)
　1)僧　2)靈圖寺　4)原作「上元三年正月五日靈
圖寺僧志殷書寫了奉上」。

53562 志殷 ············ BD04496(崑96)
〔七階佛名經〕 上元三年正月五日 (762)
　1)僧　2)靈圖寺　4)原作「上元三年正月五日靈
圖寺僧志殷書寫了奉上」。

53563 志殷 ············· S02729①
〔燉煌應管勘牌子曆〕 辰年三月 (788)
　1)僧　2)靈圖寺　3)沙州　4)俗姓「張」。13行
目。

53564 志圓 ············ BD09322①(周43)
〔沙州諸寺僧尼配付大般若經點勘曆〕 午年
五月五㈤ (838?)
　2)三界(寺)　3)沙州

53565 志圓 ············ BD09322②(周43)
〔龍興寺大般若經每經袟點勘〕 午年五月一
㈤ (838?)
　2)三界(寺)　3)沙州

53566 志遠 ············· P2912v②
〔儭家緣大衆要途路人事及都頭用使破曆〕
丑年四月已後 (821?)
　4)朱書。

53567 志會 ·············· P2944
〔大乘寺・聖光寺等尼僧名錄〕 (10C後期?)
　1)式叉尼　2)大乘寺

53568 志覺 ············· P.tib1202v
〔僧尼名目〕 (9C前期)

53569 志孝 ·············· P2944
〔大乘寺・聖光寺等尼僧名錄〕 (10C後期?)
　2)大乘寺

53570 志願 …………………… P3600v②
〔燉煌普光寺等尼名申告狀〕 戌年十一月
(9C前期)
　2)普光寺

53571 志勤 …………………… P2384
〔大元帥啓請〕 應順元年六月改爲淸泰元年
(934)
　4)本件爲「時當歲次甲午,天旱故記之耳」。

53572 志空 …………………… P3047v③
〔諸僧尼送納三色香於乾元寺曆〕 (9C前期)
　2)乾元寺

53573 志空 …………………… 北大D204
〔堅法請靈修寺陰法律等追念疏〕 某月廿二
日 (9C前期)

53574 志惠 …………………… P2944
〔大乘寺・聖光寺等尼僧名錄〕 (10C後期?)
　2)大乘寺

53575 志惠 …………………… P2944
〔大乘寺・聖光寺等尼僧名錄〕 (10C後期?)
　1)式叉尼　2)大乘寺　4)⇒志陳。

53576 志堅 …………………… P.tib1261v⑥
〔諸寺僧尼支給穀物曆〕 (9C前期)

53577 志堅 …………………… P.tib1261v⑦
〔諸寺僧尼支給穀物曆〕 (9C前期)
　1)僧

53578 志堅 …………………… P.tib1261v⑪
〔諸寺僧尼支給穀物曆〕 (9C前期)
　1)僧

53579 志堅 …………………… S03424v
〔受菩薩戒作法稿(末)〕 端拱二年九月十六
日 (989)
　1)兼傳授戒僧

53580 志憲 …………………… S02729①
〔燉煌應管勘牌子曆〕 辰年三月 (788)
　1)僧　2)蓮臺寺　3)沙州　4)俗姓「胡」。11行
　目。

53581 志悟 …………………… P3047v①
〔僧名等錄〕 (9C前期)
　4)俗姓「安」。

53582 志悟 …………………… P3047v③
〔諸僧尼送納三色香於乾元寺曆〕 (9C前期)
　2)乾元寺

53583 志公和尙 …………… BD00207(宇7)
〔雜寫〕 丙戌年五月廿一日 (878)
　1)和尙　4)原作「志公和尙十念誦」。V面爲「晏子
　賦」。

53584 志行 …………………… P2944
〔大乘寺・聖光寺等尼僧名錄〕 (10C後期?)
　1)式叉尼　2)大乘寺

53585 志集 …………………… Дx10273
〔僧名目〕 (10C?)

53586 志順 …………………… S05457
〔[和]誡文一本之封面〕 (10C)

53587 志淨 …………………… P3047v③
〔諸僧尼送納三色香於乾元寺曆〕 (9C前期)
　2)乾元寺

53588 志淨 …………………… P3047v⑧
〔王都督儭合城僧徒名錄〕 (9C前期)

53589 志信 …………………… P2944
〔大乘寺・聖光寺等尼僧名錄〕 (10C後期?)
　2)大乘寺

53590 志心 …………………… S02899v
〔破入曆〕 未年三月廿五日 (9C前期)
　1)上座　4)依北倉內,破入。

53591 志眞 …………………… P3047v⑦
〔法事僧尼名錄〕 (9C前期)
　4)俗姓「王」。

53592 志眞 …………………… P3947
〔龍興寺應轉經僧分兩蕃定名牒〕 亥年八月
(819 or 831)
　2)龍興寺　4)V面爲「9C前半大雲寺僧所有田籍
　簿」。

53593 志眞 …………………… S00545v
〔永安寺僧名申告狀〕 戌年九月 (9C前期)
　1)主客僧　2)永安寺

53594 志崇 …………………… BD09322①(周43)
〔沙州諸寺僧尼配付大般若經點勘曆〕 午年
五月五日 (838?)
　2)金(光明寺)　3)沙州

53595 志崇 ……………… BD09322②(周43)
〔龍興寺大般若經每經袂點勘〕 午年五月一
日 (838?)
　　2)金(光明寺)　3)沙州

53596 志崇 ……………… BD15241⑤(新1441)
〔無盡意菩薩經卷第6(末)〕 (8～9C)
　　1)比丘　4)原作「比丘志崇寫記」。

53597 志清 ……………… S02729①
〔燉煌應管勘牌子歷〕 辰年三月 (788)
　　1)僧　3)沙州・潘原堡　4)俗姓「王」。53行目。

53598 志清 ……………… Дx01200v
〔僧名點檢錄〕 (10C後期)

53599 志清 ……………… 濱田115v
〔付經歷〕 午年七月十一日 (9C前期)
　　2)蓮臺寺

53600 志寂 ……………… S02729①
〔燉煌應管勘牌子歷〕 辰年三月 (788)
　　1)僧　2)靈圖寺　3)沙州　4)俗姓「宋」。12行目。

53601 志全 ……………… BD14540(新0740)
〔五門禪經要法(末)〕 (9C?)
　　1)一校　4)原作「志全一校」。

53602 志湛 ……………… S02729①
〔燉煌應管勘牌子歷〕 辰年三月 (788)
　　1)僧　2)大雲寺　3)沙州　4)俗姓「曹」。13行目。

53603 志澄 ……………… P2732v
〔絕觀論1卷(尾題)〕 大唐貞元十年歲甲戌仲夏八日 (794)
　　4)原作「西州落蕃僧懷生□／於甘州大寧寺南所居再校」(朱字2行)。河志澄闍梨各執一本校勘訖(墨筆細字)」。

53604 志澄 ……………… S02729①
〔燉煌應管勘牌子歷〕 辰年三月 (788)
　　1)僧　2)靈圖寺　3)沙州　4)俗姓「索」。12行目。

53605 志澄 ……………… S10967
〔教團付經諸寺僧尼名目〕 (9C前期)

53606 志陳 ……………… P2944
〔大乘寺・聖光寺等尼僧名錄〕 (10C後期?)
　　1)式叉尼　2)大乘寺　4)⇒志惠。

53607 志通 ……………… P2049v②
〔淨土寺諸色入破曆計會牒〕 長興二年正月 (930～931)
　　1)僧

53608 志通 ……………… S02614v
〔燉煌應管諸寺僧尼名錄〕 (895)
　　1)沙彌　2)乾元寺

53609 志定 ……………… S02729①
〔燉煌應管勘牌子歷〕 辰年三月 (788)
　　1)僧　2)靈圖寺　3)沙州　4)俗姓「康」。13行目。

53610 志定 ……………… S04445v③
〔便曆〕 庚寅年二月三日 (930?)
　　1)僧

53611 志貞 ……………… P2689
〔寺僧唱得物支給曆〕 (9C前期)

53612 志貞 ……………… P3850
〔支給僧斛㪷曆等〕 (9C前期)

53613 志貞 ……………… P.tib1261v⑪
〔諸寺僧尼支給穀物曆〕 (9C前期)
　　1)僧

53614 志貞 ……………… S01475v⑭⑮-2
〔便契〕 卯年四月十八日 (823?)
　　1)書契人・僧　2)靈圖寺　4)R面⑨有「見人志員四月十五日」。

53615 志貞 ……………… S02729①
〔燉煌應管勘牌子歷〕 辰年三月 (788)
　　1)僧　2)龍興寺　3)沙州　4)俗姓「李」。3行目。

53616 志貞 ……………… S02729①
〔燉煌應管勘牌子歷〕 巳年三月卅日 (789)
　　1)僧　2)龍興寺　3)沙州　4)俗姓「李」。62-63行目。巳年3月30日死。末尾有「贊息檢」。

53617 志貞 ……………… S10826
〔寫經(人名2字)〕 (9C)

53618 志貞 ……………… S11511
〔寫經人名目〕 (9C)

53619 志貞 ……………… Дx00105＋Дx10299
〔僧志貞・法舟五言詩(2首)〕 (9C前期)

53620 志德 ·················· P2944
〔大乘寺・聖光寺等尼僧名錄〕（10C後期?）
　2)大乘寺

53621 志德 ·················· P3600v②
〔燉煌普光寺等尼名申告狀〕 戌年十一月
（9C前期）
　2)普光寺

53622 志忍 ·················· Дx01362
〔施入大寶積經永安寺疏畢功斷手題記〕
太平興國三年戊寅歲次三月十五日下手北至六月
十五日 （978）
　2)永安寺

53623 志念 ·················· P2944
〔大乘寺・聖光寺等尼僧名錄〕（10C後期?）
　1)式叉尼　2)大乘寺

53624 志念 ·················· S02729①
〔燉煌應管勘牌子歷〕 辰年三月 （788）
　1)僧　2)普光寺　3)沙州　4)俗姓「李」。39行
目。

53625 志妙 ·················· P2944
〔大乘寺・聖光寺等尼僧名錄〕（10C後期?）
　2)大乘寺

53626 志明 ············· BD16398Av（L4465）
〔人名目(2行)〕 （9～10C）

53627 志明 ·················· P2049v②
〔淨土寺諸色入破曆計會牒〕 長興二年正月
（930～931）

53628 志明 ·················· S04687r.v
〔佛會破曆〕（9C末～10C前期）

53629 志融 ·················· S06203
〔隴西李氏莫高窟修功德碑記〕 大曆十一年龍
集景辰八月日建 （776）
　1)姪僧　4)俗姓「李」。

53630 志樂 ·················· P3138v
〔諸寺付經曆〕（9C前期）
　2)蓮臺寺

53631 志樂 ·················· S00476A
〔諸寺付經僧尼曆〕（9C前期）
　1)僧　2)蓮臺寺

53632 志□ ············ BD06359v②（鹹59）
〔人名目〕（9C前期）
　1)僧

53633 志□ ·················· P3060
〔諸寺諸色付經僧尼曆〕（9C前期）
　1)僧尼　4)經典名「寶積經卷4」。

53634 志□ ·················· 莫第322窟
〔供養人題記〕（10C前期）
　1)臨壇大德沙門　4)原作「□臨壇大德沙門志
□」。西壁。《燉》p. 131。

53635 思雲 ·················· 莫第188窟
〔供養人題記〕（10C末）
　1)就修建立三龕施主河西應管内都僧錄…外臨
壇大德僧政律闡揚三教大法師僧政沙門　4)
甬道南壁。《燉》p. 82。

53636 思覺 ·················· S02669
〔管内尼寺(安國寺・大乘寺・聖光寺)籍〕
（865～870）
　2)大乘寺　3)龍勒鄉　4)姓「閻」。俗名「足娘」。

53637 思義 ·················· S02669
〔管内尼寺(安國寺・大乘寺・聖光寺)籍〕
（865～870）
　2)聖光寺　3)莫高鄉　4)姓「康」。俗名「嚴々」。

53638 思義 ············ S07939v＋S07940Bv＋
　　S07941
〔燉煌諸寺僧尼給糧曆〕（823以降）
　1)尼　2)聖光寺

53639 思惠 ·················· P3619①
〔王都督儭合城僧徒名錄〕（9C）

53640 思惠 ·················· S02614v
〔燉煌應管諸寺僧尼名錄〕（895）
　2)大乘寺

53641 思行 ·················· P2944
〔大乘寺・聖光寺等尼僧名錄〕（10C後期?）
　2)大乘寺

53642 思抄 ············ BD11497（L1626）
〔吐蕃時期佛典流通雜錄〕（8～9C）

53643 思忚 ············ BD11177（L1306）
〔燉煌縣用印事目歷〕（8C）
　3)燉煌縣　4)V面有「燉煌縣印」，卷背兩紙騎縫
處下有一枚陽文硃印(5.4×5.8cm)。

53644 思妃 ‥‥‥‥‥‥‥ BD11178(L1307)
〔燉煌縣用印事目歷〕 (8C)
　3)燉煌縣　4)V面有「燉煌縣印」,卷背兩紙騎縫處下有一枚陽文硃印(5.4×5.8cm)。

53645 思妃 ‥‥‥‥‥‥‥ BD11180(L1309)
〔燉煌縣用印事目歷〕 (8C)
　3)燉煌縣,効穀鄉,神沙鄉　4)V面有「燉煌縣印」,卷背兩紙騎縫處下有一枚陽文硃印(5.4×5.8cm)。

53646 思寂 ‥‥‥‥‥‥‥‥‥‥ S02669
〔管内尼寺(安國寺・大乘寺・聖光寺)籍〕
(865～870)
　2)大乘寺　3)神沙鄉　4)姓「吳」。俗名「龍女」。

53647 思臧 ‥‥‥‥‥‥‥‥ BD07286(帝86)
〔比丘發露錄〕 (9C前期)

53648 思澤 ‥‥‥‥‥‥‥‥ BD07286(帝86)
〔比丘發露錄〕 (9C前期)

53649 思妙 ‥‥‥‥‥‥‥‥‥‥ S02614v
〔燉煌應管諸寺僧尼名錄〕 (895)
　2)靈修寺

53650 斯略 ‥‥‥‥‥ HOERNLE,JASB LXX-1,EXTRA.NO.1.PL.Ⅳ
〔擧錢契〕 建中七年十月五日 (786)

53651 至堅 ‥‥‥‥‥‥‥‥‥ P3047v⑧
〔王都督懇合城僧徒名錄〕 (9C前期)

53652 詞榮 ‥‥‥‥‥‥‥‥‥ P2222B①
〔張祇三等狀〕 咸通六年正月 (865)
　1)地主僧

53653 兒郎偉 ‥‥‥‥‥‥ BD12301②(L2430)
〔人名雜寫〕 (9～10C)

53654 寺加 ‥‥‥‥‥‥‥‥‥‥ P3205
〔僧俗人寫經曆〕 (9C前期)

53655 寺加 ‥‥‥‥‥‥‥‥‥‥ P4047
〔寫經記錄〕 (9C前期)

53656 寺加 ‥‥‥‥‥‥‥‥‥‥ S02711
〔寫經人名目〕 (9C前期)
　1)寫經人　2)金光明寺

53657 寺加 ‥‥‥‥‥‥‥‥‥‥ S04831②
〔寫經人名目〕 (9C前期)
　1)寫經人

53658 寺加 ‥‥‥‥‥‥‥‥‥‥ S08701
〔寫經人勘經人名簽〕 (9C前期)
　1)寫經人

53659 慈威 ‥‥‥‥‥‥‥ BD06437v①(河37)
〔燉煌僧尼名〕 (9～10C)

53660 慈因 ‥‥‥‥‥‥‥‥‥‥ P3047v①
〔僧名等錄〕 (9C前期)

53661 慈因 ‥‥‥‥‥‥‥‥‥‥ P3556v⑦
〔道場思惟簿〕 (10C)
　1)沙彌

53662 慈因 ‥‥‥‥‥‥‥‥‥‥ P3556v⑦
〔道場思惟簿〕 (10C)

53663 慈陰?子 ‥‥‥‥‥‥ BD16111ᴘ(L4066)
〔押衙張再晟?隊下人名目〕 (10C)

53664 慈銳 ‥‥‥‥‥‥‥‥‥‥ S08672v
〔慈銳請上和尚爲亡弟鄉官迴向疏狀〕 (10C)
　1)門弟姪僧

53665 慈恩 ‥‥‥‥‥‥‥‥‥‥ P3047v③
〔諸僧尼送納三色香於乾元寺曆〕 (9C前期)
　2)乾元寺

53666 慈恩 ‥‥‥‥‥‥‥‥‥‥ P3638
〔沙彌善勝點檢常住什物見在曆〕 辛未年 (911)
　1)都師

53667 慈恩 ‥‥‥‥‥‥‥‥‥‥ S01973v①
〔社司轉帖(習書)〕 (9C末)

53668 慈恩 ‥‥‥‥‥‥‥‥‥‥ S02614v
〔燉煌應管諸寺僧尼名錄〕 (895)
　2)淨土寺

53669 慈恩 ‥‥‥‥‥‥‥‥‥ 莫第044窟
〔供養人題記〕 (10C前期)
　1)釋門法律臨壇大德沙門　4)北壁。《燉》p.14。

53670 慈恩 ‥‥‥‥‥‥‥‥‥ 莫第098窟
〔供養人題記〕 (10C中期)
　1)釋門法律臨壇供奉大德沙門　4)南壁。《燉》p.39。《謝》p.91。

53671 慈音 ‥‥‥‥‥‥‥‥‥‥ P2250v④
〔永安寺僧唱布曆〕 (925?)
　2)永安寺

53672 慈音 ·················· P2856v①
〔營葬牓〕 乾寧二年三月十一日乙卯 (895)

53673 慈音 ·················· S02614v
〔燉煌應管諸寺僧尼名錄〕 (895)
　2)開元寺

53674 慈音 ·················· S09227
〔永安寺僧紹進上表幷都僧統判〕 (9C後期,895以前)
　1)僧　2)開元寺

53675 慈覺 ·················· S02614v
〔燉煌應管諸寺僧尼名錄〕 (895)
　2)安國寺

53676 慈眼 ·················· P2250v①
〔龍興寺僧唱布曆〕 (925?)
　1)僧　2)龍興寺

53677 慈眼 ·················· S02614v
〔燉煌應管諸寺僧尼名錄〕 (895)
　2)靈修寺

53678 慈願 ·················· BD07805②(制5)
〔和戒文(背紙)〕 建隆三年歲次癸亥五月四日 (963)
　1)誦

53679 慈願 ·················· BD07805②(制5)
〔散花樂讚文〕 建隆三年歲次癸亥五月四日 (963)
　1)比丘僧　4)原作「建隆三年歲次癸亥五月四日律師僧保德自手題記。比丘僧慈願誦」。

53680 慈願 ·················· P2944
〔大乘寺・聖光寺等尼僧名錄〕 (10C後期?)
　1)式叉尼　2)大乘寺

53681 慈願 ·················· P3250v
〔納贈曆〕 (9C後期)

53682 慈願 ·················· P3779v②
〔徒衆轉帖〕 乙酉年四月廿七日 (985?)
　2)乾元寺

53683 慈願 ·················· S02669
〔管內尼寺(安國寺・大乘寺・聖光寺)籍〕 (865～870)
　2)大乘寺　3)洪閏鄉　4)姓「竇」。俗名「心々」。

53684 慈惠 ·················· P4765
〔都僧錄帖〕 (10C後期)
　1)第一翻

53685 慈惠 ·················· S01386v
〔契(雜寫)〕 甲辰年十一月十二日 (944)
　1)僧　4)⇒鄧音參。

53686 慈惠 ·················· S02614v
〔燉煌應管諸寺僧尼名錄〕 (895)
　2)安國寺

53687 慈惠 ·················· S02614v
〔燉煌應管諸寺僧尼名錄〕 (895)
　2)報恩寺

53688 慈惠 ·················· S02669
〔管內尼寺(安國寺・大乘寺・聖光寺)籍〕 (865～870)
　2)大乘寺　3)燉煌鄉　4)姓「李」。俗名「詔々」。

53689 慈惠 ·················· S04474v
〔燉煌鄉信士賢者張安三父子敬造佛堂功德記〕 天復八年?十月 (908?)
　1)僧

53690 慈惠 ·················· 莫第346窟
〔供養人題記〕 (10C前期)
　1)□官報恩寺首座尊宿沙門　2)報恩寺　4)甬道南壁。《燉》p.140。

53691 慈見 ·················· S01973v①
〔社司轉帖(習書)〕 (9C末)
　2)永安寺　4)⇒慈見恩。

53692 慈見恩 ················ S01973v①
〔社司轉帖(習書)〕 (9C末)
　2)永安寺　4)⇒慈見。

53693 慈嚴 ·················· S02614v
〔燉煌應管諸寺僧尼名錄〕 (895)
　2)聖光寺

53694 慈光 ·················· BD04450(崑50)
〔金光明最勝王經卷第7(末)〕 (9C?)
　1)弟子　4)原作「弟子沙弥慈光」。

53695 慈光 ·················· BD09295(周16)
〔孟家納色曆〕 辰年二月三日 (9C中期～10C初期)

53696 慈光 ················ BD15386(新1586)
〔大乘法門名義集1卷(尾)〕 (9C)
　1)沙彌　4)原作「慈光沙弥書也」。

53697 慈光 ·························· P3250v
〔納贈曆〕 (9C後期)

53698 慈光 ·························· S01973v①
〔社司轉帖(習書)〕 (9C末)
　2)永安寺

53699 慈光 ·························· S02614v
〔燉煌應管諸寺僧尼名錄〕 (895)
　1)式叉尼　2)普光寺

53700 慈光 ·························· S05893
〔管內僧寺(報恩寺・淨土寺)籍〕 (865～875)
　3)燉煌鄉

53701 慈光 ·························· S06672v
〔四分戒本(背)〕 (9C)
　1)比丘戒　4)原作「聲聞比丘戒慈光書記之」。

53702 慈光 ·························· Дx00599①
〔靈圖寺僧慈光問法師帖寫記〕 大順四年癸丑正月廿八日 (893)
　1)僧　2)靈圖寺

53703 慈光 ·························· Дx00599①
〔靈圖寺僧慈光問法師帖寫記〕 大順四年癸丑正月廿八日 (893)
　1)寫記僧　2)靈圖寺

53704 慈行 ·························· Дx01459
〔第一判諸寺尼僧名錄〕 (9C末～10C初)
　2)(靈)修(寺)

53705 慈志 ·························· P4981
〔當寺轉帖〕 閏三月十三日 (961)

53706 慈周 ·························· S02614v
〔燉煌應管諸寺僧尼名錄〕 (895)
　2)開元寺

53707 慈照悲 ······················ P2671v
〔僧名錄(河西都僧統等20數名)〕 甲辰年頃 (884頃)

53708 慈淨 ·························· P3753①
〔普光寺尼等牒幷判辭〕 大順二年正月 (891)
　1)寺主　2)普光寺

53709 慈心 ·························· P2583v⑦
〔比丘尼慈心疏〕 申年正月十五日 (828?)
　1)比丘尼

53710 慈心 ·························· P5000v
〔僧尼名目〕 (9C前期)
　2)靈修寺

53711 慈心 ·························· S00542v
〔燉煌諸寺丁壯車牛役部〕 戌年六月十八日 (818)
　2)開元寺

53712 慈心 ·························· S02729①
〔燉煌應管勘牌子歷〕 辰年三月 (788)
　1)僧　2)靈修寺　3)沙州　4)俗姓「劉」。28行目。

53713 慈深 ·························· S05486①
〔諸寺僧尼付油麵歷〕 (10C中期)
　1)僧　2)三界寺　4)⇒慈保。

53714 慈濟 ·························· P2250v②
〔乾元寺僧唱布曆〕 辛未年四月十二日 (925?)
　2)乾元寺

53715 慈濟 ·························· S02614v
〔燉煌應管諸寺僧尼名錄〕 (895)
　2)安國寺

53716 慈濟 ·························· S02614v
〔燉煌應管諸寺僧尼名錄〕 (895)

53717 慈濟 ·························· Дx01459
〔第一判諸寺尼僧名錄〕 (9C末～10C初)
　2)普(光寺)

53718 慈善 ·························· S01162v
〔燉煌某寺僧名錄〕 (10C前期)

53719 慈善 ·························· 莫第468窟
〔初糊建內龕記〕 二元年歲次丁卯五月廿五日 (847)
　1)亡祖父乾元寺老宿　2)乾元寺　4)前室南壁。《燉》p.176。

53720 慈善 ·························· 莫第468窟
〔供養人題記〕 二元年歲次丁卯五月廿五日 (847)
　1)大乘寺法律　2)大乘寺　4)西壁。《燉》p.177。

53721 慈相 ·················· P3167v
〔安國寺道場司關于(五尼寺)沙彌戒訴狀〕
乾寧二年三月 (895)
　2)普光寺　4)⇒王慈相。

53722 慈相 ·················· S02614v
〔燉煌應管諸寺僧尼名錄〕 (895)

53723 慈相 ·················· S06417⑱
〔尼徒衆等狀并海晏判辭〕 長興二年正月
(931)
　1)充直歲　2)普光寺

53724 慈相 ·················· S06417v
〔普光寺尼徒衆等狀并海晏判辭〕 長興二年正
月 (931)
　1)直歲　2)普光寺

53725 慈相 ············ 浙燉168(浙博143)
〔諸寺僧名目〕 (10C中期)

53726 慈藏 ············ BD06437v①(河37)
〔燉煌僧尼名〕 (9～10C)

53727 慈藏 ·················· S02614v
〔燉煌應管諸寺僧尼名錄〕 (895)
　2)安國寺

53728 慈藏 ··················· S11352
〔法律道哲牓示〕 (9C)

53729 慈智 ·················· P2250v⑤
〔金光明寺僧唱布曆〕 (925?)
　2)金光明寺

53730 慈定 ············· BD02295(閏95)
〔藥師瑠璃光如來本願功德經〕 (8C)
　1)僧　2)龍興寺　4)原作「龍興寺僧慈定受持
記」。

53731 慈燈 ············· BD06359(鹹59)
〔造佛堂契〕 寅年八月七日 (822)
　1)僧

53732 慈燈 ··········· BD06359v③(鹹59)
〔靈樹寺衆僧慈燈等爲節兒福田轉經疏〕
(未)年七月十日 (827)
　1)衆僧　2)靈修寺

53733 慈燈 ··················· P2469v
〔破曆雜錄〕 戌年六月五日 (830?)

53734 慈燈 ··················· P2912v②
〔儭家緣大衆要送路人事及都頭用使破曆〕
丑年四月已後 (821?)
　4)原作「都頭慈燈」。

53735 慈燈 ···················· P4983v
〔社官納色曆〕 戊午年十二月廿日 (946)

53736 慈燈 ·················· P.tib1261v⑧
〔諸寺僧尼支給穀物曆〕 (9C前期)

53737 慈燈 ··················· S01475v④
〔便契〕 酉年三月一日 (829)
　1)僧·見人

53738 慈燈 ············ 井上目57,圖版1
〔計料海濟受戒衣鉢具色目〕 子年三月五日
(820～832)

53739 慈德 ··················· S02614v
〔燉煌應管諸寺僧尼名錄〕 (895)
　2)安國寺

53740 慈德 ··················· Дx01586в
〔惠通下僧名目〕 (9C後期)

53741 慈念 ··················· S02729①
〔燉煌應管勘牌子歷〕 辰年三月 (788)
　1)僧　2)普光寺　3)沙州　4)俗姓「靳」。43行
目。

53742 慈保 ···················· S00520
〔報恩寺方等道場榜〕 (9C末～925以前)
　2)三界寺　4)有「河西都僧院」印。

53743 慈保 ···················· S01776①
〔某寺常住什物交割點檢曆〕 顯德五年戊午
十一月十三日 (958)
　1)典座

53744 慈保 ···················· S03631v
〔僧人名目〕 (10C中～後期)

53745 慈保 ···················· S05486①
〔諸寺僧尼付油麵曆〕 (10C中期)
　2)三界寺

53746 慈保 ···················· S05486②
〔社司轉帖〕 壬寅年六月九日 (942)
　4)⇒慈深。

53747 慈寶 ·················· P3556v⑦
　〔道場思惟簿〕　(10C)

53748 慈朋 ·················· S04444v②
　〔燉煌大乘寺僧尼申告(稿)〕　(905)
　　2)大乘寺

53749 慈滿 ·················· S02614v
　〔燉煌應管諸寺僧尼名錄〕　(895)
　　2)靈修寺

53750 慈力 ············· BD02126v②(藏26)
　〔人名目(1行6名)〕　(9C後期)

53751 慈力 ··················· P4058
　〔貸粟豆曆〕　(9C)

53752 慈力 ·················· S02614v
　〔燉煌應管諸寺僧尼名錄〕　(895)

53753 慈力 ·················· S02614v
　〔燉煌應管諸寺僧尼名錄〕　(895)
　　2)開元寺

53754 慈力 ··················· S02669
　〔管內尼寺(安國寺・大乘寺・聖光寺)籍〕
　(865〜870)
　　3)神沙鄉　4)姓「李」。俗名「綿子」。

53755 慈力 ·················· S04444v②
　〔燉煌大乘寺僧尼申告(稿)〕　(905)
　　2)大乘寺

53756 慈力 ············· Stein Painting 3
　〔觀世音菩薩圖二軀供養人題記〕　(9C)
　　1)老宿　2)永安寺　4)原作「永安字老宿慈力發心敬畫觀世音菩薩」。

53757 持蓮 ················ 莫第427窟
　〔供養人題記〕　宋乾德八年頃　(970頃)
　　4)北壁。《謝》p. 276。

53758 時清 ············ BD06277v(海77)
　〔五言詩1首,雜寫〕　(10C?)

53759 時[金]闡?晴? ············ P2583v①
　〔施捨疏〕　申年十月五日　(828?)

53760 自安 ·················· P3854
　〔諸寺付經曆〕　(9C前期)

53761 自晏 ·················· P3060v
　〔諸寺諸色付經僧尼曆〕　(9C前期)
　　4)經典名「大集經卷2」。

53762 自晏 ················ P3853r.v
　〔諸寺付經曆〕　(9C前期)
　　2)蓮臺寺・金光明寺

53763 自晏 ·················· P3855
　〔諸寺付經曆〕　(9C初頭)
　　2)蓮臺寺　4)⇒晏。

53764 自晏法師 ············· S01267v
　〔某寺設齋納物名目〕　(9C前期)
　　1)法師

53765 自意 ·················· S01563
　〔押衙知隨軍參謀鄧傅氏嗣女西漢燉煌國聖文神武王勅〕　甲戌年五月十四日　(914)
　　4)文書面捺印「燉煌國/天王印」。

53766 自在 ·················· S00800v
　〔便曆〕　五年正月十九日　(9C)

53767 自在 ·················· S02669
　〔管內尼寺(安國寺・大乘寺・聖光寺)籍〕
　(865〜870)
　　2)大乘寺　3)青水鄉　4)姓「馬」。俗名「醜婢」。

53768 自在喜 ················ S02614v
　〔燉煌應管諸寺僧尼名錄〕　(895)
　　2)靈修寺

53769 自在行 ················ S02614v
　〔燉煌應管諸寺僧尼名錄〕　(895)
　　2)靈修寺

53770 自在行 ················ S03180v
　〔爲追念設供請僧疏〕　(9C末頃)

53771 自在性 ················· S02669
　〔管內尼寺(安國寺・大乘寺・聖光寺)籍〕
　(865〜870)
　　2)聖光寺　3)赤心鄉　4)姓「宋」。俗名「要子」。

53772 自在燈 ················ S02614v
　〔燉煌應管諸寺僧尼名錄〕　(895)
　　2)安國寺

53773 自在燈 ················· S02669
　〔管內尼寺(安國寺・大乘寺・聖光寺)籍〕
　(865〜870)
　　2)大乘寺　3)燉煌鄉　4)姓「馮」。俗名「媧娃」。

53774 自在德 ·················· S02614v
　〔燉煌應管諸寺僧尼名錄〕（895）
　　2）大乘寺

53775 自在滿 ·················· S02614v
　〔燉煌應管諸寺僧尼名錄〕（895）

53776 自在滿 ·················· S04444v②
　〔燉煌大乘寺僧尼申告（稿）〕（905）
　　2）大乘寺

53777 自在妙 ·················· P3336v②
　〔監軍轉經付維那曆〕（寅年）二月廿日（834）
　　2）大乘寺　4）朱書。

53778 自證 ···················· S11425v
　〔諸寺僧尼給糧曆〕（9C前期）

53779 自性 ···················· P3047v⑧
　〔王都督儭合城僧徒名錄〕（9C前期）

53780 自省 ···················· P3043v③
　〔諸僧尼送納三色香於乾元寺曆〕（9C前期）
　　2）乾元寺

53781 自達 ···················· P3047v①
　〔僧名等錄〕（9C前期）
　　4）俗姓「樊」。

53782 自達 ···················· P3047v⑧
　〔王都督儭合城僧徒名錄〕（9C前期）

53783 辭榮 ············ BD09322①（周43）
　〔沙州諸寺僧尼配付大般若經點勘曆〕　午年五月五日（838?）
　　2）（龍）恩（寺）　3）沙州

53784 辭榮 ············ BD09322②（周43）
　〔龍興寺大般若經每經袟點勘〕　午年五月一日（838?）
　　2）（龍）恩（寺）　3）沙州

53785 辭榮 ············ BD13183（L3312）
　〔開元寺徒衆請補辭榮充寺主狀〕　大中十一年十二月（857）
　　1）僧　2）開元寺

53786 辭辯 ············ BD09295（周16）
　〔孟家納色曆〕　辰年二月三日（9C中期～10C初期）
　　4）原作「辭辯」。

53787 辭辯 ··················· P4660⑩
　〔福田判官李辛升邀生讚〕（9C）
　　1）沙州釋門勾當福田判官　3）沙州　4）原作「河西都僧統…撰…恒安書」。

53788 七々 ··················· P3047v①
　〔僧名等錄〕（9C前期）
　　4）俗姓「張」。

53789 七娘子 ········· BD15249v③（新1449）
　〔某家榮親客目〕（10C後期）
　　4）原作「長女七娘子及氾郎」。

53790 七娘子 ················· S01946
　〔賣女契〕　淳化二年辛卯十一月十二日（991）
　　1）（韓願定）妻・出賣女人娘主

53791 七得 ··················· P3047v③
　〔諸僧尼送納三色香於乾元寺曆〕（9C前期）
　　2）乾元寺

53792 七德 ··················· P3047v①
　〔僧名等錄〕（9C前期）
　　4）俗姓「張」。

53793 七郎 ··················· P2032v③
　〔淨土寺諸色破曆〕（944前後）
　　2）淨土寺

53794 七郎子 ················· P3047v⑥
　〔諸人諸色施入曆〕（9C前期）

53795 悉元 ··················· S12791
　〔文書〕（9～10C）

53796 悉乞略 ················· P2680v①
　〔人名列記（5名）〕（10C中期）

53797 悉兒 ············ BD16211（L4105）
　〔僧信政狀〕（9～10C）
　　1）（信政）甥　4）原作「勘得僧信政云，其悉兒・骨崙子，是信政甥」。

53798 悉汈〔歹〕 ············· P2912v②
　〔儭家緣大衆要送路人事及都頭用使破歷〕　丑年四月已後（821?）

53799 悉殉心兒 ··············· S11454A
　〔牧羊破曆計會〕　癸酉～乙亥年（793～795）
　　1）奴張□

53800 悉殉心兒 ・・・・・・・・・・・・・ S11454c
　〔便蘇曆〕　子年四月十一日　(796)

53801 悉諾悉獨 ・・・・・・・・・・・・・ Дx01462
　〔大蕃沙州行人三部落兼防禦兵馬及行營留後某功德記〕（9C前期）
　　1）先任朔方軍兵馬使後改北同城任宰相幕府兼度支使

53802 悉諾羅 ・・・・・・・・・・・・・・・ P3028
　〔羊口數計會帖〕（9C前期）

53803 悉難 ・・・・・・・・・・・・・・・・・ S04525v
　〔付官健及諸社佛會色物數目〕（10C後期）
　　4）原作「阿朶悉難」。

53804 悉兵略 ・・・・・・・・・・・・・・・ P4640v
　〔官入破曆〕　辛酉年五月二日　(901)
　　1）卜師

53805 悉麼遮 ・・・・・・・・・・・・・・・ P4640v
　〔官入破曆〕　庚申年二月　(900)

53806 悉末羅再 ・・・・・ S08445＋S08446＋S08468
　〔稅巳年出羊人名目〕　丙午年二月十九日　(946)

53807 悉蘭 ・・・・・・・・・・・・・・・・・ P2049v①
　〔淨土寺諸色入破曆計會牒〕　同光三年　(925)
　　4）原作「姊阿悉蘭」。

53808 悉蘭子 ・・・・・・・・・・・・・・・ S10716v
　〔狀?〕　丁巳年　(957)

53809 實照 ・・・・・・・・・・ S05820＋S05826
　〔尼明相賣牛契〕　未年閏十月廿五日　(803)
　　1）保人・僧　4）原作「保人僧實空年二十六」。

53810 實濟 ・・・・・・・・・・・・・・・・・ P2250v①
　〔龍興寺僧唱布曆〕（925?）
　　1）勾當　2）聖光寺

53811 實濟 ・・・・・・・・・・・・・・・・・ P2250v①
　〔龍興寺僧唱布曆〕（925?）
　　1）僧　2）龍興寺

53812 實濟 ・・・・・・・・・・・・・・・・・ S02614v
　〔燉煌應管諸寺僧尼名錄〕（895）
　　2）安國寺

53813 捨俗 ・・・・・・・・・・・・・・・・・ P3047v③
　〔諸僧尼送納三色香於乾元寺曆〕（9C前期）
　　2）乾元寺

53814 捨俗 ・・・・・・・・・・・・・・・・・ P3047v⑧
　〔王都督懶合城僧徒名錄〕（9C前期）

53815 捨俗 ・・・・・・・・・・・・・・・・・ P3060v
　〔諸寺諸色付經僧尼曆〕（9C前期）
　　4）經典名「大集經卷19」。

53816 釋普遵 ・・・・・・・・・・・・・・・ S02436
　〔金剛般若經旨贊（曇曠述）（末）〕　應德二年六月五日　(764)
　　2）龍興寺　3）沙州　4）原作「應德二年六月五日釋普遵於沙州龍興寺寫記」。

53817 釋靈俊 ・・・・・・・・・・・・・・・ P3425
　〔建龕功德銘末〕　景福二祀正月十五日　(893)
　　4）⇒靈俊。

53818 取和 ・・・・・・・・・・・・・・・・・ 莫第144窟
　〔供養人題記〕（9C前期）
　　4）原作「姪取和一心供養」。西壁。《燉》p.67。

53819 守溫 ・・・・・・・・・・・・・・・・・ P2012v
　〔韻書(平聲・入聲)〕（10C前後）
　　1）南梁漢比丘

53820 守懷 ・・・・・・・・・・・・・・・・・ S03556
　〔大般若波羅蜜多經卷25〕（9C）
　　1）寫

53821 守行 ・・・・・・・・・・・・・・・・・ S02614v
　〔燉煌應管諸寺僧尼名錄〕（895）
　　2）大雲寺

53822 守行 ・・・・・・・・・・・・・・・・・ S02614v
　〔燉煌應管諸寺僧尼名錄〕（895）
　　2）龍興寺

53823 守志 ・・・・・・・・・・・・・・・・・ S03156①
　〔時年轉帖〕　己卯年十二月十六日　(979)
　　1）僧正

53824 守志 ・・・・・・・・・・・・・・・・・ Дx06024
　〔法願請道會爲和上道眞爲阿闍梨守志爲校授師(1行)〕（10C）
　　1）阿闍梨

53825 守秀 ·················· 上海圖088
〔法律法壽等施入大寶積經永安寺題記〕 太
平興國三年戊寅歲三月十五日 (978)
　　1)僧　2)永安寺

53826 守淨 ·················· S02614v
〔燉煌應管諸寺僧尼名錄〕 (895)
　　2)龍興寺

53827 守眞 ·················· S02614v
〔燉煌應管諸寺僧尼名錄〕 (895)
　　2)龍興寺

53828 守眞 ·················· S02669
〔管內尼寺(安國寺・大乘寺・聖光寺)籍〕
(865〜870)
　　2)大乘寺　3)赤心鄕　4)姓「王」。俗名「媧娃」。

53829 守晟 ·················· S09944
〔書簡?〕 (10C?)
　　4)原作「委曲付守晟」。

53830 守節 ·················· S04448
〔大乘密嚴經卷中〕 (9C)
　　4)原作「守節寫」。

53831 殊勝果 ················ S02614v
〔燉煌應管諸寺僧尼名錄〕 (895)
　　2)大乘寺

53832 殊勝果 ················ S02614v
〔燉煌應管諸寺僧尼名錄〕 (895)
　　2)安國寺

53833 殊勝花 ················ S02669
〔管內尼寺(安國寺・大乘寺・聖光寺)籍〕
(865〜870)
　　2)大乘寺　3)龍勒鄕　4)姓「索」。俗名「媚子」。

53834 殊勝戒 ················ S02614v
〔燉煌應管諸寺僧尼名錄〕 (895)
　　2)安國寺

53835 殊勝戒 ················ Дx01459
〔第一判諸寺尼僧名錄〕 (9C末〜10C初)
　　2)普(光寺)　4)孟氏目錄(ОП.p.683)作「殊勝
戒」。

53836 殊勝惠 ················ S02614v
〔燉煌應管諸寺僧尼名錄〕 (895)
　　2)大乘寺

53837 殊勝成 ················ Дx01459
〔第一判諸寺尼僧名錄〕 (9C末〜10C初)

53838 殊勝智 ················ S02614v
〔燉煌應管諸寺僧尼名錄〕 (895)
　　2)安國寺

53839 殊勝智 ················ Дx01459
〔第一判諸寺尼僧名錄〕 (9C末〜10C初)
　　2)(安)國(寺)

53840 殊勝定 ················ S02614v
〔燉煌應管諸寺僧尼名錄〕 (895)
　　2)靈修寺

53841 殊保 ·················· P4981
〔當寺轉帖〕 閏三月十三日 (961)

53842 珠善住 ················ P3424
〔王都判下磑羅麥粟乾麥曆〕 己丑年 (869?)

53843 首嚴 ·················· 浙燉031(浙博006)
〔大般若波羅蜜多經卷第一(尾)〕 (9C)
　　1)比丘尼　2)大乘寺　4)原作「大乘寺比丘尼首
嚴寫記」。題記末有「勘了」2字。

53844 儒進 ·················· P2985v③
〔分宅舍書〕 (10C)

53845 儒德 ·················· S08426
〔官府酒破曆〕 九月七日 (10C)

53846 儒德 ·················· S08426A
〔使府酒破曆〕 (10C中〜後期)

53847 受索 ·················· S00520
〔報恩寺方等道場榜〕 (9C末〜925以前)
　　1)法律　2)金光明寺　4)有「河西都僧院」印。

53848 壽昌家 ··············· BD09282(周3)
〔六月到八月某寺諸色斛斗(豆麥粟)破曆〕
(10C後期)

53849 壽昌家 ··············· S04657②
〔破曆〕 (970〜990年代)

53850 周誐 ·················· BD09332(周53)
〔社老己丑(年)正月十二日周誐等同社邑人
祭曹氏文〕 己丑年正月己卯朔十二日 (809?
or 869?)
　　1)社老　4)原作「維歲次己丑正月己卯朔十二日
庚寅。社老周誐等謹以清酌之奠,敬祭于曹氏之
靈」。

53851 修意 ……………………… S02614v
〔燉煌應管諸寺僧尼名錄〕 (895)

53852 修因 ……………………… P3600v②
〔燉煌普光寺等尼名申告狀〕 戌年十一月
(9C前期)
　2)普光寺

53853 修因 ……………………… P3619①
〔王都督儭合城僧徒名錄〕 (9C)

53854 修因 ……………………… S02614v
〔燉煌應管諸寺僧尼名錄〕 (895)
　2)聖光寺

53855 修因 ……………………… S02614v
〔燉煌應管諸寺僧尼名錄〕 (895)
　2)大乘寺

53856 修因 ……………………… S02614v
〔燉煌應管諸寺僧尼名錄〕 (895)
　2)靈修寺

53857 修應 ……………………… S02669
〔管內尼寺(安國寺・大乘寺・聖光寺)籍〕
(865～870)
　2)聖光寺　3)效穀鄉　4)姓「梁」。俗名「心ゝ」。

53858 修果 ……………………… S01625
〔入破曆計會〕 天福三年(戊戌)十二月六日
(938)
　1)法律判官徒奴

53859 修果 ……………………… S02614v
〔燉煌應管諸寺僧尼名錄〕 (895)
　2)大乘寺

53860 修果 ……………………… S02729①
〔燉煌應管勘牌子曆〕 辰年三月 (788)
　1)僧　2)靈修寺　3)沙州　4)俗姓「石」。34行目。

53861 修戒 ……………………… P3556v⑦
〔道場思惟簿〕 (10C)

53862 修戒 ……………………… S02614v
〔燉煌應管諸寺僧尼名錄〕 (895)
　2)安國寺

53863 修觀 ……………………… P3060
〔諸寺諸色付經僧尼曆〕 (9C前期)
　1)僧尼　4)經典名「般若經卷42」。

53864 修空 ……………………… S02729①
〔燉煌應管勘牌子曆〕 辰年三月 (788)
　1)僧　2)靈修寺　3)沙州　4)俗姓「張」。28行目。

53865 修惠 ……………………… P3060
〔諸寺諸色付經僧尼曆〕 (9C前期)
　1)僧尼　4)經典名「般若經卷15」。

53866 修惠 ……………………… P3060v
〔諸寺諸色付經僧尼曆〕 (9C前期)
　4)經典名「大寶積經卷11」。

53867 修惠 ……………………… S02614v
〔燉煌應管諸寺僧尼名錄〕 (895)

53868 修惠 ……………………… S02729①
〔燉煌應管勘牌子曆〕 辰年三月 (788)
　1)僧　2)靈修寺　3)沙州　4)俗姓「索」。36行目。

53869 修惠 ……………………… S10976
〔某寺付經僧曆〕 (9C前期)

53870 修廣 ……………………… P.tib1261v③
〔諸寺僧尼支給穀物曆〕 (9C前期)
　1)尼

53871 修廣 ……………………… P.tib1261v⑥
〔諸寺僧尼支給穀物曆〕 (9C前期)
　1)尼

53872 修廣 ……………………… P.tib1261v⑦
〔諸寺僧尼支給穀物曆〕 (9C前期)
　1)尼

53873 修廣 ……………………… P.tib1261v⑨
〔諸寺僧尼支給穀物曆〕 (9C前期)
　1)尼

53874 修廣 ……………………… P.tib1261v⑩
〔諸寺僧尼支給穀物曆〕 (9C前期)
　1)尼

53875 修廣 ……………………… S02729①
〔燉煌應管勘牌子曆〕 辰年三月 (788)
　1)僧　2)靈修寺　3)沙州　4)俗姓「陰」。32行目。

53876 修廣 ……………………… 井上目57,圖版1背
〔釋門教授帖〕 子年頃 (820 or 832頃)
　1)尼・檢校道場律師　2)安國寺

53877 修行 ············ P3060
〔諸寺諸色付經僧尼曆〕 (9C前期)
    1)僧尼　4)經典名「般若經卷1」。

53878 修行 ············ P3060v
〔諸寺諸色付經僧尼曆〕 (9C前期)
    4)經典名「大寶積經卷10」。

53879 修行 ············ S02729①
〔燉煌應管勘牌子曆〕 辰年三月 (788)
    1)僧　2)大乘寺　3)沙州　4)俗姓「石」。46行目。

53880 修行 ············ 杏・羽694v①
〔諸寺僧尼唱儭物曆〕 (9C中期)
    2)永安寺?　4)R①爲「未年閏十月當寺(永安寺?)應管主客僧牒」。

53881 修志 ············ P2944
〔大乘寺・聖光寺等尼僧名錄〕 (10C後期?)

53882 修志 ············ P.tib1261v②
〔諸寺僧尼支給穀物曆〕 (9C前期)
    1)尼

53883 修志 ············ P.tib1261v⑨
〔諸寺僧尼支給穀物曆〕 (9C前期)
    1)尼

53884 修志 ············ 杏・羽699
〔報恩寺僧等行事役割〕 (9C?)

53885 修慈行 ············ Дx01459
〔第一判諸寺尼僧名錄〕 (9C末～10C初)

53886 修持 ············ P3060
〔諸寺諸色付經僧尼曆〕 (9C前期)
    1)僧尼　4)經典名「般若經卷21」。

53887 修持 ············ P3060
〔諸寺諸色付經僧尼曆〕 (9C前期)
    1)僧尼　4)經典名「般若經卷34」。

53888 修持 ············ S02729①
〔燉煌應管勘牌子曆〕 辰年三月 (788)
    1)僧　2)靈修寺　3)沙州　4)俗姓「宗」。34行目。

53889 修庶 ············ P5000v
〔僧尼名目〕 (9C前期)
    1)闍梨　2)靈修寺

53890 修勝 ············ P3060
〔諸寺諸色付經僧尼曆〕 (9C前期)
    1)僧尼　4)經典名「般若經卷29」。

53891 修勝 ············ P5000v
〔僧尼名目〕 (9C前期)
    2)靈修寺

53892 修勝 ············ P.tib1261v⑨
〔諸寺僧尼支給穀物曆〕 (9C前期)
    1)尼

53893 修勝 ············ P.tib1261v⑩
〔諸寺僧尼支給穀物曆〕 (9C前期)
    1)僧(尼)

53894 修勝 ············ 杏・羽699
〔報恩寺僧等行事役割〕 (9C?)

53895 修證 ············ P3060v
〔諸寺諸色付經僧尼曆〕 (9C前期)
    4)經典名「大寶積經卷1」。

53896 修證 ············ S02729①
〔燉煌應管勘牌子曆〕 辰年三月 (788)
    1)僧　2)靈修寺　3)沙州　4)俗姓「龍」。29行目。

53897 修淨 ············ P3556v⑦
〔道場思惟簿〕 (10C)

53898 修淨 ············ S02729①
〔燉煌應管勘牌子曆〕 辰年三月 (788)
    1)僧　2)靈修寺　3)沙州　4)俗姓「袁」。35行目。未年10月29日死。

53899 修淨 ············ S02729①
〔燉煌應管勘牌子曆〕 辰年三月 (788)
    1)僧　2)大乘寺　3)沙州　4)俗姓「陰」。51行目。

53900 修心 ············ S02614v
〔燉煌應管諸寺僧尼名錄〕 (895)

53901 修眞 ············ BD16200L(L4099)
〔僧名目錄〕 (9～10C)
    4)原作「修眞,聖」(3字)。

53902 修眞 ············ P5000v
〔僧尼名目〕 (9C前期)
    2)靈修寺

53903 修正 ……………… P.tib1202v
〔僧尼名目〕 （9C前期）
　1)和尚

53904 修正 ……………… P.tib1261v②
〔諸寺僧尼支給穀物曆〕 （9C前期）
　1)尼

53905 修正 ……………… P.tib1261v⑥
〔諸寺僧尼支給穀物曆〕 （9C前期）
　1)尼

53906 修正 ………… S07939v＋S07940Bv＋
　　S07941
〔燉煌諸寺僧尼給糧曆〕 （823以降）
　1)尼　2)聖光寺

53907 修靜 ……………… S02729①
〔燉煌應管勘牌子曆〕　未年十一月十五日
　（791）
　1)尼　3)沙州　4)未年11月15日死。65行目。

53908 修善 ……………… BD16052D（L4028）
〔僧名目〕 （10C）

53909 修善 ……………… P2944
〔大乘寺・聖光寺等尼僧名錄〕 （10C後期?）

53910 修善 ……………… S02669
〔管內尼寺（安國寺・大乘寺・聖光寺）籍〕
　（865〜870）
　2)大乘寺　3)燉煌鄉　4)姓「里」。俗名「留ゝ」。

53911 修善 ……………… S02729①
〔燉煌應管勘牌子曆〕　辰年三月 （788）
　1)僧　2)靈修寺　3)沙州　4)俗姓「宗」。32行
　目。

53912 修善 ……………… S03180v
〔爲追念設供請僧疏〕 （9C末頃）
　2)聖光寺

53913 修善 ……………… S05486①
〔諸寺僧尼付油麵曆〕 （10C中期）
　1)尼　2)聖光寺

53914 修智 ……………… P2469v
〔破曆雜錄〕　戌年六月五日 （830?）

53915 修智 ……………… P.tib1261v⑥
〔諸寺僧尼支給穀物曆〕 （9C前期）
　1)尼

53916 修智 ……………… P.tib1261v⑦
〔諸寺僧尼支給穀物曆〕 （9C前期）
　1)尼

53917 修智 ……………… S02729①
〔燉煌應管勘牌子曆〕　辰年三月 （788）
　1)僧　2)靈修寺　3)沙州　4)俗姓「鄧」。32行
　目。

53918 修智 ……………… 杏・羽694v②
〔諸寺僧尼唱儭物曆〕 （9C中期）
　2)永安寺?

53919 修定 ……………… P3060
〔諸寺諸色付經僧尼曆〕 （9C前期）
　1)僧尼　4)經典名「般若經卷6」。

53920 修定 ……………… S02614v
〔燉煌應管諸寺僧尼名錄〕 （895）

53921 修定 ……………… S02614v
〔燉煌應管諸寺僧尼名錄〕 （895）
　2)靈修寺

53922 修定 ……………… S02669
〔管內尼寺（安國寺・大乘寺・聖光寺）籍〕
　（865〜870）
　2)大乘寺　3)洪潤鄉　4)姓「令狐」。俗名「胗
　朧」。

53923 修定 ……………… S02729①
〔燉煌應管勘牌子曆〕　辰年三月 （788）
　1)僧　2)靈修寺　3)沙州　4)俗姓「石」。31行
　目。

53924 修定 ……………… 杏・羽694v①
〔諸寺僧尼唱儭物曆〕 （9C中期）
　1)大乘　2)永安寺?　4)原作「大乘修定」。原作
　「大乘修定」。R①面爲「未年閏十月當寺（永安
　寺?）應管主客僧牒」。

53925 修燈 ……………… P3060
〔諸寺諸色付經僧尼曆〕 （9C前期）
　1)僧尼　4)經典名「般若經卷40」。

53926 修德 ……………… P2583v②
〔比丘尼修德疏〕　申年頃十二月十五日 （828
頃?）
　1)比丘尼

53927 修德 ……………… P5000v
〔僧尼名目〕 （9C前期）
　2)靈修寺

53928 修德 ・・・・・・・・・・・・・・・・・・・・ S02729①
〔燉煌應管勘牌子歷〕 辰年三月 (788)
　1) 僧　2) 靈修寺　3) 沙州　4) 俗姓「宗」。29行目。

53929 修忍 ・・・・・・・・・・・・・・・・・・・・ P3600v②
〔燉煌普光寺等尼名申告狀〕 戌年十一月 (9C前期)
　2) 普光寺

53930 修忍 ・・・・・・・・・・・・・・・・・・・・ S02614v
〔燉煌應管諸寺僧尼名錄〕 (895)
　2) 靈修寺

53931 修忍花 ・・・・・・・・・・・・・・・・・・ S04236
〔八波羅夷法(末)〕 (9C)
　4) 寫。

53932 修念 ・・・・・・・・・・・・・・・・・・ P.tib1261v⑤
〔諸寺僧尼支給穀物曆〕 (9C前期)
　1) 尼

53933 修念 ・・・・・・・・・・・・・・・・・・ P.tib1261v⑥
〔諸寺僧尼支給穀物曆〕 (9C前期)
　1) 尼

53934 修念 ・・・・・・・・・・・・・・・・・・ P.tib1261v⑩
〔諸寺僧尼支給穀物曆〕 (9C前期)
　1) 尼

53935 修念 ・・・・・・・・・・・・・・・・・・ P.tib1261v⑫
〔諸寺僧尼支給穀物曆〕 (9C前期)
　1) 尼

53936 修妙 ・・・・・・・・・・・・・・・・・・・・ S02669
〔管內尼寺(安國寺・大乘寺・聖光寺)籍〕 (865〜870)
　2) 大乘寺　3) 神沙鄉　4) 姓「閻」、俗名「再ゝ」。

53937 修律 ・・・・・・・・・・・・・・・・・・・・ S02729①
〔燉煌應管勘牌子歷〕 辰年三月 (788)
　1) 僧　2) 靈修寺　3) 沙州　4) 俗姓「孔」。37行目。

53938 秀 ・・・・・・・・・・・・・・・・・・・・ P.tib1261v⑩
〔諸寺僧尼支給穀物曆〕 (9C前期)
　1) 寺主

53939 秀榮 ・・・・・・・・・・・・・・・・・・ P3047v①
〔僧名等錄〕 (9C前期)
　4) 俗姓「穆」。

53940 秀榮 ・・・・・・・・・・・・・・・・・・ P3047v⑧
〔王都督儭合城僧徒名錄〕 (9C前期)

53941 秀喦 ・・・・・・・・・・・・・・・・・・ S10493A
〔李淨?狀〕 (9〜10C)

53942 秀嚴 ・・・・・・・・・・・・・・・・・・ S02614v
〔燉煌應管諸寺僧尼名錄〕 (895)

53943 秀守 ・・・・・・・・・・・・・・・・・・ 上海圖088
〔法律法壽等施入大寶積經永安寺題記〕 太平興國三年戊寅歲三月十五日 (978)
　1) 僧

53944 秀道 ・・・・・・・・・・・・・・・・・・ 杏・羽694①
〔當寺應管主客僧牒〕 未年閏十月 (803)
　4) 文末有異一行「未年閏十月日,直歲圓滿牒」。

53945 秀林 ・・・・・・・・・・・・・・・・・・ P3616v
〔納七器具名歷〕 卯年九月廿四日 (10C?)

53946 脩善 ・・・・・・・・・・・・・・・・・・ S04760
〔任命牒〕 太平興國六年亥巳歲十一月 (981)
　1) 闍梨尼　2) 聖光寺

53947 酬恩 ・・・・・・・・・・・・・・・・・・ 杏・羽694②
〔報恩寺所管僧名目〕 (9C前期)
　2) 報恩寺　4) 僧右傍有朱點,朱字。

53948 醜 ・・・・・・・・・・・・・・・・・・ P3391v①
〔社司轉帖(寫錄)〕 丁酉年正月日 (937)

53949 醜恩 ・・・・・・・・・・・・・・・・・・ P3138v
〔諸寺付經曆〕 (9C前期)
　2) 報恩寺

53950 醜胡 ・・・・・・・・・・・・・・・・・・ P4981
〔當寺轉帖〕 閏三月十三日 (961)

53951 醜子 ・・・・・・・・・・・・・・・・・・ P4635②
〔社家女人便麵油曆〕 [　]月七日 (10C中期)

53952 醜子 ・・・・・・・・・・・・・・・・・・ S08924C
〔社司出便曆〕 (10C)

53953 醜子 ・・・・・・・・・・・・ Дx01400＋Дx02148＋Дx06069①
〔新婦小娘子陰氏上某公主狀〕 天壽二年九月日 (962)

53954 醜兒 ・・・・・・・・・・ BD14806①（新1006）
〔於倉缺物人便麥名抄錄〕辛酉年三月廿二日 (961)
　1)口承人(李達子)弟　4)原作「口承人弟醜兒」。

53955 醜兒 ・・・・・・・・・・・・・・・・ P4981
〔當寺轉帖〕閏三月十三日 (961)

53956 醜兒 ・・・・・・・・・・ Дx01269＋Дx02155＋Дx02156
〔某弟身故納贈曆〕(9C)

53957 醜兒 ・・・・・・・・・・・・・・ Дx11201r
〔氾家兒(弟社?)便斛斗曆〕壬戌年二月一日 (962)
　4)⇒(氾)醜兒。

53958 醜〻 ・・・・・・・・・・ BD09472v①〜③(發92)
〔龍興寺索僧正等五十八人就唐家蘭若請賓頭盧文〕(8〜9C)
　2)靈修(寺)　3)沙州

53959 醜〻 ・・・・・・・・・・・・・・ S00542v
〔燉煌諸寺丁壯車牛役部〕戌年六月十八日 (818)
　2)大雲寺

53960 醜女 ・・・・・・・・・・・・・・ S00542v
〔靈修寺文〕戌年六月十八日 (818)
　1)(白天養)妻　2)靈修寺　4)原作「白天養妻醜娘」。

53961 醜娘 ・・・・・・・・・・・・・・ S00542v
〔燉煌諸寺丁壯車牛役部〕戌年六月十八日 (818)
　2)蓮臺寺　4)⇒朱醜娘。

53962 醜娘 ・・・・・・・・・・・・・・ S00542v
〔靈修寺文〕戌年六月十八日 (818)
　1)白天養妻　2)靈修寺　4)⇒朱醜娘。

53963 醜仁 ・・・・・・・・・・・・・・ Дx01277
〔納贈曆〕丁丑年九月四?日 (977)

53964 醜定 ・・・・・・・・・・・・・・ Дx11085
〔當寺轉帖〕壬申年七月 (972)

53965 醜奴 ・・・・・・・・・・・・・・ Дx01277
〔納贈曆〕丁丑年九月四?日 (977)

53966 醜婢 ・・・・・・・・・・・・・ P2032v⑬-7
〔淨土寺黃麻利閏入曆〕(940前後)
　2)淨土寺

53967 醜婢 ・・・・・・・・・・・・・ P3234v③-17
〔惠安惠戒手下便物曆〕甲辰年 (944)

53968 醜婢 ・・・・・・・・・・・・・・ S04710
〔沙州戶口簿〕(9C中期以降)
　1)尼

53969 醜美 ・・・・・・・・・・・・・・ P2049v①
〔淨土寺諸色入破曆計會牒〕同光三年 (925)

53970 集子 ・・・・・・・・・・・・・・ S05050
〔某寺諸色入破曆計會〕(10C中期)

53971 什一娘 ・・・・・・・・・・・・ 北大D202v
〔姪女什一娘祭叔〻文〕(9C)
　4)R面有「社長陰公光進神碑」(9C)。

53972 什三娘 ・・・・・・・・・・ Stein Painting 5
〔文殊普賢四觀音圖題記〕咸通五年 (864)
　4)原作「阿婦什三娘一心供養」。姓：唐。

53973 什子 ・・・・・・・・・・・・・・ S08426B
〔使府酒破曆〕(10C中〜後期)

53974 什子 ・・・・・・・・・・・・・・ S08426D②
〔使府酒破曆〕(10C中〜後期)

53975 什子 ・・・・・・・・・・・・・・ S08426E①
〔使府酒破曆〕(10C中〜後期)

53976 什娘子 ・・・・・・・・・・・・・ P3214④
〔孫尼靈智及孫女什娘子祭文〕戊辰後梁十一月 (908)
　4)原作「孫(女)什娘子」。

53977 什娘子 ・・・・・・・・・・・・・ S00381v②
〔僧惠澤妹什娘子等祭表姉什二娘文〕己卯年十二月癸未朔廿四日丙午 (859)
　1)(僧惠澤)妹

53978 什德 ・・・・・・・・・・・・・・ S00542v
〔簿〕戌年六月十八日 (818)

53979 什德 ・・・・・・・・・・・・・ 莫第387窟
〔供養人題記〕清泰元年頃 (936頃)
　1)男　4)東壁。《燉》p.148。《謝》p.237。⇒(康)什德。

53980 什二 ・・・・・・・・・・・・・・ P3047v①
〔僧名等錄〕(9C前期)
　4)俗姓「王」。

53981 什二娘 ·················· S00381v②
　〔僧惠澤妹什娘子等祭表姉什二娘文〕　己卯
　年十二月癸未朔廿四日丙午　(859)

53982 什郎 ·················· BD02126v⑤(藏26)
　〔祭妹文〕　丁未年七月癸酉朔一日　(887)

53983 住盈 ·················· P3319v②
　〔社司轉帖(殘)〕　(10C)
　　1)正進

53984 住盈 ·················· S01398
　〔契〕　太平興國七年　(982)
　　1)百姓　3)赤心鄉　4)⇒呂住盈。

53985 住延 ·················· S05039
　〔某寺諸色破曆〕　(10C後期)

53986 住興 ·················· S04644v
　〔僧名錄(2行雜寫)〕　(10C後期)

53987 住興 ·················· S04701
　〔某寺常住倉司算會憑〕　庚子年　(1000)
　　1)執物僧

53988 住興 ·················· S09414
　〔驢頭李法律等名目〕　(10C)

53989 住興 ·················· 北大D215
　〔見在僧名〕　廿六日　(10C後期)

53990 住子 ·················· S04120
　〔布褐等破曆(殘)〕　癸亥年二月～甲子年二
　月　(963～964)

53991 住子 ············ S07939v＋S07940Bv＋
　S07941
　〔燉煌諸寺僧尼給糧曆〕　(823以降)

53992 住子 ·················· S08516E2
　〔社司轉帖〕　丙辰年六月十日　(956)

53993 住子 ·················· Дx00011③
　〔莫高鄉?羅住子等契〕　某月廿五日　(10C)
　　3)莫高鄉　4)⇒羅住子。

53994 住子 ·················· Дx02163②
　〔百姓福勝戶口田地申告狀〕　大中六年十一月
　日　(852)
　　1)奴

53995 住子 ·················· 莫第387窟
　〔供養人題記〕　清泰元年頃　(936頃)
　　1)姪　4)南壁。《燉》p.148。《謝》p.238。⇒(康)住
　　子。

53996 住兒 ·················· S04060
　〔便麥粟豆曆〕　己酉年二月十四日　(949)

53997 住ゝ ·················· BD09293①(周14)
　〔令狐留ゝ叔姪共東四防(房)兄弟分書
　(稿)〕　四月九日　(10C?)
　　1)弟　4)⇒令狐住ゝ。

53998 住ゝ ·················· BD09300(周21)
　〔令狐留ゝ叔姪等分產書〕　(10C)
　　1)(令狐留ゝ)弟

53999 住ゝ ·················· P3638
　〔沙彌善勝點檢常住什物見在曆〕　辛未年
　(911)

54000 住ゝ ·················· S00542v
　〔燉煌諸寺丁壯車牛役部〕　戊年六月十八日
　(818)
　　2)普光寺

54001 住勝 ·················· MG23079
　〔鄧幸全敬造不空羂索觀音菩薩立像〕　庚戌
　年四月日　(950)
　　1)(鄧幸全)女

54002 住勝 ·················· S10618
　〔酒頭大張法律等名目〕　(10C)

54003 住成 ·················· 北大D215
　〔見在僧名〕　廿六日　(10C後期)
　　4)⇒陰住成。

54004 住千 ·················· P4887
　〔袁僧定弟亡納贈曆〕　己卯年八月廿四日
　(919 or 979)
　　1)僧

54005 住千 ·················· S04644v
　〔僧名錄(2行雜寫)〕　(10C後期)

54006 住太 ·················· TⅡY-46A
　〔戶籍〕　端拱三年　(990)
　　1)(鄧守存)婢

54007 住泰 ·················· 楡第35窟
　〔供養人題記〕　(10C末期)
　　1)清信□□新婦　4)東壁。《謝》p.486。

54008 住通 ·················· Дx05534
　〔禮佛見到僧等人名目〕　廿日夜　(10C)

54009 住奴 ············ BD11987(L2116)
　〔歸義軍官府人名目〕　(9C後期～10C)

54010 住奴 ········· BD15404(簡068066)
　〔千渠中下界白刺頭名目〕　(10C中期)
　　1)白刺頭　3)千渠中界

54011 住奴 ···················· P3727v①
　〔狀〕　十一月日　(10C中期)

54012 住奴 ······················ S01183
　〔沙州三界寺授八戒牒(6通)〕　太平興國九年某月廿八日　(984)
　　1)授戒弟子

54013 住奴 ······················ S04060
　〔便麥粟豆曆〕　己酉年二月十四日　(949)

54014 住奴 ····················· S04060v
　〔便麥粟豆曆〕　己酉年　(949)

54015 住奴 ·········· Дx01269＋Дx02155＋Дx02156
　〔某弟身故納贈曆〕　(9C)

54016 住奴 ···················· 散錄0215
　〔三界寺住奴戒牒〕　太平興國八年　(983)
　　2)三界寺

54017 住友 ······················ S05406
　〔僧正法律徒衆轉帖〕　辛卯年四月十四日　(991)
　　1)僧・法律

54018 住連 ······················· P2932
　〔出便豆曆〕　甲子年十二月十四日　(964?)
　　1)口承人　3)退渾　4)⇒何住連。

54019 住連 ······················ S00527
　〔女人社再立條件憑〕　顯德六年己未歲正月三日　(959)

54020 十一兄 ···················· S07989v
　〔守左龍武軍長〔史〕妹夫某上大夫十一兄狀〕　(10C?)
　　1)大夫

54021 十一娘 ···················· P2614v
　〔尙饗文〕　壬寅年十二月丁亥朔廿日丙午　(822)
　　1)表姊

54022 十一娘 ···················· S07060
　〔都司諸色破曆〕　辰年　(9C前期)

54023 十九 ····················· P3047v⑨
　〔諸人諸色施捨曆〕　(9C前期)

54024 十三 ······················ P5000v
　〔僧尼名目〕　(9C前期)
　　1)闍梨　2)靈修寺

54025 十三小兒 ·················· P3047v⑧
　〔王都督懃合城僧徒名錄〕　(9C前期)

54026 十子 ····················· P3047v①
　〔僧名等錄〕　(9C前期)
　　4)俗姓「楊」。

54027 十舟 ····················· S00476A
　〔諸寺付經僧尼曆〕　(9C前期)
　　1)僧　2)龍興寺

54028 十二娘 ··················· P2837v④
　〔女弟子十二娘施物疏〕　(辰年)二月八日　(836?)

54029 十二娘 ··················· S00381v④
　〔孫女十二娘祭故婆〻文〕　歲次丁亥五月庚子朔十五日甲寅　(867)

54030 十二郎 ···················· S04274v
　〔社名簿〕　(10C)

54031 十郎 ····················· P2032v③
　〔淨土寺諸色破曆〕　(944前後)
　　2)淨土寺

54032 十郎子娘子 ················ S07060v
　〔諸色破曆等〕　(9C前期)

54033 十郎妹師 ··············· 杏・羽694v①
　〔諸寺僧尼唱儭物曆〕　(9C中期)
　　2)永安寺?　4)R①爲「未年閏十月當寺(永安寺?)應管主客僧牒」。

54034 十六娘 ··················· P2912v③
　〔寫大般若經一部施銀盤子麥粟粉疏〕　四月八日　(9C前期)

54035 從兒 ·············· S08426B
〔使府酒破曆〕 (10C中～後期)

54036 從政 ·············· P2161piece1
〔客將張幸端典地貸絹契〕 庚辰年六月十三?日 (920?)

54037 從德太子 ············ P3510
〔從德太師發願文(于闐文)〕 (10C中期)
　1)太子

54038 從連 ············· 莫第444窟
〔供養人題記〕 開寶九年 (976)
　1)于闐皇太子　4)東壁門上。《燉》p. 168。

54039 重師 ·············· P3047v⑧
〔王都督儦合城僧徒名錄〕 (9C前期)
　4)姓「王」。

54040 重信 ············ BD05870v①(菜70)
〔信狀〕 (9～10C)
　4)原作「口合有重信」。

54041 重成 ·············· S05750v
〔曹清兒申述龍家馬主追索狀〕 (9C末～10C前期)
　4)原作「阿重成」。

54042 叔ゝ ·············· S06252
〔付絹曆〕 (10C中期頃)

54043 叔ゝ ············· 北大D202v
〔姪女什一娘祭叔ゝ文〕 (9C)
　4)R面有「社長陰公光進神碑」(9C)。

54044 宿墨 ············ BD04926(闕26)
〔大般若波羅蜜多經卷第142(第4紙背端寫有勘記)〕 (8～9C)
　4)第4紙背端寫有勘記「此經宿墨寫,黃(潢)時去」。

54045 俊之 ·············· P3047v⑧
〔王都督儦合城僧徒名錄〕 (9C前期)

54046 俊誠 ·············· P4640v
〔官入破曆〕 辛酉年三月 (901)

54047 俊德 ·············· S02575②
〔任命牒(狀)〕 天復五年八月 (905)
　1)僧　2)靈圖寺

54048 俊法 ············ BD09346(周67)
〔令知蕃法師廚費帖〕 十一月一日 (9C前期)
　1)僧

54049 春娘 ·············· S00542v
〔簿〕 戌年六月十八日 (818)

54050 春草 ·············· S00542v
〔燉煌諸寺丁壯車牛役部〕 戌年六月十八日 (818)
　2)金光明寺　4)⇒趙春草。

54051 春鶯 ·············· S00542v
〔燉煌諸寺丁壯車牛役部〕 戌年六月十八日 (818)
　2)蓮臺寺　4)⇒朱春鶯。

54052 春鶯 ·············· S00542v
〔燉煌諸寺丁壯車牛役部〕 戌年六月十八日 (818)
　2)大雲寺

54053 濬 ················ P3060
〔諸寺諸色付經僧尼曆〕 (9C前期)
　1)僧尼　4)經典名「寶積經卷11」。

54054 准 ············· P.tib1261v③
〔諸寺僧尼支給穀物曆〕 (9C前期)

54055 准寶 ············· 杏・羽064
〔舍主李山ゝ賣舍屋契〕 (9C中期)

54056 潤 ············· P.tib1261v⑤
〔諸寺僧尼支給穀物曆〕 (9C前期)
　4)⇒常閏。

54057 潤盈 ············ BD00981v(辰81)
〔雜寫〕 (9～10C)

54058 潤子 ·············· P2032v③
〔淨土寺諸色破曆〕 (944前後)
　2)淨土寺

54059 潤成 ············ BD16492A
〔水則道場轉經兩翻名目〕 (9～10C)

54060 潤成 ·············· P3391v①
〔社司轉帖(寫錄)〕 丁酉年正月日 (937)
　4)⇒李潤成。

54061 潤成 ·············· Дx11201
〔氾家兄(弟社)便斛斗曆〕 壬戌年二月一日 (962)

54062 閏 ·················· P.tib1261v⑫
〔諸寺僧尼支給穀物曆〕 (9C前期)
　1) 僧

54063 閏子 ················ S00381③
〔龍興寺毗沙門天王靈驗記〕 大蕃歲次辛巳閏二月十五日 (801)
　1) 寺卿　2) 龍興寺　4) 俗姓「張」。此靈驗記的後記有「本寺大德日進附口抄」的文。此抄本是咸通14年(873)4月26日的書寫紀年。

54064 閏成 ················ P2250v③
〔開元寺僧唱布曆〕 (925?)
　2) 開元寺

54065 閏晟 ················ S05064
〔貸入粟豆黃麻曆〕 (10C)
　1) 郎君

54066 閏晟 ················ S05071
〔某寺貸入斛斗曆〕 (10C後期)

54067 順興 ·················· P3942
〔某家榮親客目〕 (10C?)
　1) 都頭

54068 順興都頭娘子 ············ P3942
〔某家榮親客目〕 (10C?)

54069 順子 ················ P3779v②
〔徒衆轉帖〕 乙酉年四月廿七日 (985?)
　2) 乾元寺

54070 順子 ················ S04601
〔佛說賢劫千佛名經卷上〕 雍熙貳年乙酉歲十一月廿八日 (985)
　1) 僧　4) 原作「施入僧順子道場內」。

54071 順々 ················ P3249v
〔將龍光顏等隊下人名目〕 (9C中期)
　1) 僧　4) ⇒王順々。

54072 順娘 ················ S00542v
〔簿〕 戊年六月十八日 (818)

54073 順成 ················ S05406
〔僧正法律徒衆轉帖〕 辛卯年四月十四日 (991)

54074 順通 ········ BD16281Cv(L4123)
〔某寺社司轉帖〕 (9〜10C)
　1)(沙)彌

54075 順德 ················ S05406
〔僧正法律徒衆轉帖〕 辛卯年四月十四日 (991)

54076 順德 ················ Дx05534
〔禮佛見到僧等人名目〕 廿日夜 (10C)

54077 順忍 ················ P3047v③
〔諸僧尼送納三色香於乾元寺曆〕 (9C前期)
　2) 乾元寺

54078 順忍 ················ P3600v②
〔燉煌普光寺等尼名申告狀〕 戌年十一月 (9C前期)
　2) 普光寺

54079 順忍 ················ S02669
〔管內尼寺(安國寺・大乘寺・聖光寺)籍〕 (865〜870)
　2) 大乘寺　3) 平康鄉　4) 姓「張」。俗名「醜女」。

54080 初(半) ················ P4019②
〔仲夏十七日初半狀〕 (9C後期)

54081 梳□ ················ P3328v①
〔付細布曆〕 (9C前期)

54082 處空 ·················· P3060v
〔諸寺諸色付經僧尼曆〕 (9C前期)
　4) 經典名「金光明經卷1」。

54083 處空 ················ S02669
〔管內尼寺(安國寺・大乘寺・聖光寺)籍〕 (865〜870)
　2) 大乘寺　3) 平康鄉　4) 姓「張」。俗名「德娘」。

54084 處淨 ·················· P3060
〔諸寺諸色付經僧尼曆〕 (9C前期)
　1) 僧尼　4) 經典名「花嚴經卷1」。

54085 處淨 ·················· P3060
〔諸寺諸色付經僧尼曆〕 (9C前期)
　1) 僧尼　4) 經典名「正法念經卷7」。

54086 處淨 ················ S02729①
〔燉煌應管勘牌子曆〕 辰年三月 (788)
　1) 僧　2) 永安寺　3) 沙州　4) 俗姓「索」。19行目。午年11月18日死。

54087 處訥 ················ S.P2／13
〔書狀(金剛般若波羅蜜多經(刻本)末部補修紙)〕 咸通九年四月十五日以後 (9C)

54088 處訥 ·············· S.P2／13
〔書狀(金剛般若波羅蜜多經(刻本)末部補修紙)〕 咸通九年四月十五日以後 (868)

54089 諸々 ·············· P3705v
〔人名錄雜記〕 中和二年頃 (882?)

54090 女九娘子 ·········· Stein Painting 361
〔觀音圖供養題記〕 甲申年十一月 (865?)
4)原作「陳子・九娘子出適陳氏一心供養」。

54091 女休 ·············· S00542v
〔燉煌諸寺丁壯車牛役部〕 戌年六月十八日 (818)
2)開元寺

54092 女子 ·············· P3384
〔戶籍殘〕 大順二年辛亥(歲)正月一日 (891)
4)原作「女々子」。12歲。

54093 女子 ·············· S00527
〔女人社再立條件憑〕 顯德六年己未歲正月三日 (959)
1)社老

54094 女々 ·············· P2049v①
〔淨土寺諸色入破曆計會牒〕 同光三年 (925)

54095 如意 ·············· P5579⑪
〔大乘寺應道場尼名牒〕 酉年十月 (829 or 841)

54096 如意 ·············· S02614v
〔燉煌應管諸寺僧尼名錄〕 (895)
1)尼 2)安國寺

54097 如意 ·············· S02614v
〔燉煌應管諸寺僧尼名錄〕 (895)
1)尼 2)蓮臺寺

54098 如意 ·············· S02669
〔管內尼寺(安國寺・大乘寺・聖光寺)籍〕 (865〜870)
1)尼 2)安國寺 3)玉關鄉 4)姓「張」。俗名「媧娃」。

54099 如意 ··········· S07939v＋S07940Bv＋S07941
〔燉煌諸寺僧尼給糧曆〕 (823以降)
2)聖光寺

54100 如意 ·············· S11352
〔法律道哲牓示〕 (9C)

54101 如意花 ············ P.tib1261v⑫
〔諸寺僧尼支給穀物曆〕 (9C前期)
1)尼

54102 如願 ·············· P2250v②
〔乾元寺僧唱布曆〕 辛未年四月十二日 (925?)
2)乾元寺

54103 如願 ·············· P.tib1261v②
〔諸寺僧尼支給穀物曆〕 (9C前期)
1)僧

54104 如願 ·············· S02614v
〔燉煌應管諸寺僧尼名錄〕 (895)
2)靈修寺

54105 如玉 ·············· P3047v①
〔僧名等錄〕 (9C前期)
4)俗姓「穆」。

54106 如玉 ·············· P3047v⑧
〔王都督牒合城僧徒名錄〕 (9C前期)

54107 如惠 ·············· S02614v
〔燉煌應管諸寺僧尼名錄〕 (895)

54108 如惠 ·············· S11352
〔法律道哲牓示〕 (9C)

54109 如闍梨 ············ BD11493(L1622)
〔十僧寺三尼寺勘教付經曆(首尾全)〕 亥年四月廿九日 (9C前期)
1)闍梨

54110 如祥弟 ············ 莫第144窟
〔供養人題記〕 (9C前期)
1)修行頓悟優婆姨如祥 4)原作「夫人番任瓜州都督□倉□曹參軍金銀間告身大蟲皮康公之女修行頓悟優婆姨如祥□(弟)一心供養」。東壁門南側。《燉》p.65。《謝》p.45。

54111 如心 ·············· P.tib1261v⑦
〔諸寺僧尼支給穀物曆〕 (9C前期)
1)尼

54112 如心 ·············· P.tib1261v⑨
〔諸寺僧尼支給穀物曆〕 (9C前期)
1)尼

54113 如眞 ·················· P3047v③
〔諸僧尼送納三色香於乾元寺曆〕（9C前期）
　　2）乾元寺

54114 如眞 ·················· S02614v
〔燉煌應管諸寺僧尼名錄〕（895）
　　2）大乘寺

54115 如眞 ············· Stein Painting 12
〔釋迦如來圖供養題記〕（9C）
　　1）尼　2）大乘寺

54116 如姓 ·················· P5579⑪
〔大乘寺應道場尼名牒〕　酉年十月（829 or 841）
　　1）尼　2）大乘寺

54117 如性 ·················· BD16453A
〔水則道場轉經兩翻名目〕（9～10C）
　　1）第一翻

54118 如性 ····················· P3060
〔諸寺諸色付經僧尼曆〕（9C前期）
　　1）僧尼　4）經典名「般若經卷11」。

54119 如性 ····················· S00800
〔尼僧帖〕（9C?）
　　4）本件是卷末補添紙。R面爲「論語述而第7」（8C）。

54120 如性 ··················· S02614v
〔燉煌應管諸寺僧尼名錄〕（895）
　　2）靈修寺

54121 如相 ····················· S00800
〔尼僧帖〕（9C?）
　　4）本件是卷末補添紙。R面爲「論語述而第7」（8C）。

54122 如寶 ··················· P3556v⑦
〔道場思惟簿〕（10C）

54123 如法 ················· BD07009v（龍9）
〔妙法蓮華經觀世音菩薩普門品第25〕　天福拾肆年九月十六日（949）
　　1）僧　2）靈圖寺

54124 如（法）················· S04831v
〔寫經人名目〕（9C前期）
　　1）寫經人

54125 如法 ···················· Дx01200v
〔僧名點檢錄〕（10C後期）

54126 如妙 ··················· S02614v
〔燉煌應管諸寺僧尼名錄〕（895）
　　1）尼　2）大乘寺

54127 如妙 ···················· S07882
〔就賀拔堂唱椀等曆〕　十一月廿一日（9C前期）

54128 如明 ···················· S02669
〔管內尼寺（安國寺・大乘寺・聖光寺）籍〕（865～870）
　　2）大乘寺　3）平康鄉　4）姓「索」。俗名「綿ゝ」。

54129 如明 ···················· S02669
〔管內尼寺（安國寺・大乘寺・聖光寺）籍〕（865～870）
　　1）尼　2）大乘寺　3）平康鄉　4）俗姓「索」。俗名「綿ゝ」。

54130 如來淨 ·················· S02614v
〔燉煌應管諸寺僧尼名錄〕（895）
　　2）靈修寺

54131 （像）··················· S06233v③
〔報恩寺主像如博換驢牛契〕　寅年正月十八日（822?）
　　1）寺主僧　2）報恩寺　4）原作「寺主僧口如」。

54132 像英 ···················· P3616v
〔納七器具名曆〕　卯年九月廿四日（10C?）

54133 像英 ·················· P.tib1261v②
〔諸寺僧尼支給穀物曆〕（9C前期）
　　1）僧

54134 像英 ···················· S01364
〔付經曆〕（9C）
　　1）僧　2）靈圖寺　4）⇒像花。

54135 像英 ··················· S04852v
〔付諸僧給麵蘇曆〕（9C末～10C初）
　　2）永安寺

54136 像花 ···················· S01364
〔付經曆〕（9C）
　　1）僧　2）靈圖寺　4）⇒像英。

54137 像海 ·············· BD13966（新0166）
〔大般若波羅蜜多經卷第249(尾)〕（9C前期）
　　1）勘　4）原作「王昌寫像海勘兩遍」。

54138 像海 ·········· P3060v
〔諸寺諸色付經僧尼曆〕（9C前期）
　2)金光明寺　4)俗姓「氾」。

54139 像海 ·········· S02729①
〔燉煌應管勘牌子曆〕 辰年三月 （788）
　1)僧　2)金光明寺　3)沙州　4)俗姓「氾」。17行目。

54140 像海 ·········· S04831v
〔寫經人名目〕（9C前期）
　1)寫經人

54141 像海 ·········· S06028
〔寫經人名目〕（8C末〜9C前期）
　1)寫經人

54142 像海 ·········· 橘目
〔大般若波羅蜜多經卷第249〕（9C前期）
　1)勘兩遍

54143 像空 ·········· S02729①
〔燉煌應管勘牌子曆〕 辰年三月 （788）
　1)僧　2)乾元寺　3)沙州　4)俗姓「王」。20行目。巳年8月14日死。

54144 像空 ·········· S02729①
〔燉煌應管勘牌子曆〕 巳年八月十四日 （789）
　1)僧　2)乾元寺　3)沙州　4)俗姓「王」。63〜64行目。巳年8月14日死。末尾有「薩董羅檢」。

54145 像如 ·········· S06226v③
〔報恩寺主博換驢牛契〕 寅年正月十八日 （822）
　1)僧・寺主　2)報恩寺

54146 像照 ·········· P3060v
〔諸寺諸色付經僧尼曆〕（9C前期）

54147 像照 ·········· P3677
〔沙州報恩寺故大德禪和尚金霞遷神志銘并序(首題)〕 蕃中辛巳五月一日葬 （801）
　4)原作「金霞・弟子洛陽人四月八日死」。57歲。

54148 像照 ·········· P3855
〔諸寺付經曆〕（9C初頭）
　2)乾元寺

54149 像照 ·········· S00476B v
〔諸寺付經僧尼曆〕（9C前期）
　1)僧　2)乾元寺

54150 像照 ·········· S02729①
〔燉煌應管勘牌子曆〕 辰年三月 （788）
　1)僧　2)乾元寺　3)沙州　4)俗姓「令狐」。22行目。

54151 像眞 ·········· S02729①
〔燉煌應管勘牌子曆〕 辰年三月 （788）
　1)僧　2)乾元寺　3)沙州　4)俗姓「劉」。20行目。辰年4月26日死。

54152 像眞 ·········· S02729①
〔燉煌應管勘牌子曆〕 辰年四月廿六日 （788）
　1)僧　2)乾元寺　3)沙州　4)俗姓「劉」。60-61行目。辰年4月26日死。末尾有「贊息檢」。

54153 像奴 ·········· 莫第039窟
〔供養人題記〕（10C前期）
　4)原作「孫木行都料兼步軍隊頭像奴一心供養」。北壁。《燉》p. 12。⇒(梁)像奴。

54154 像法 ·········· S02729①
〔燉煌應管勘牌子曆〕 辰年三月 （788）
　1)僧　2)乾元寺　3)沙州　4)俗姓「張」。21行目。

54155 像幽 ·········· P3060v
〔諸寺諸色付經僧尼曆〕（9C前期）
　2)乾元寺　4)俗姓「薛」。S6028S4831②。

54156 像幽 ·········· P3205
〔僧俗人寫經曆〕（9C前期）

54157 像幽 ·········· P4597⑱
〔裯禪師解庫贊〕（9C後期）
　4)本卷爲「惠水文一本」。

54158 像幽 ·········· S02729①
〔燉煌應管勘牌子曆〕 辰年三月 （788）
　1)僧　2)乾元寺　3)沙州　4)俗姓「薛」。21行目。

54159 像幽 ·········· S04831v
〔寫經人名目〕（9C前期）
　1)寫經人

54160 像幽 ·········· S06028
〔寫經人名目〕（8C末〜9C前期）
　1)寫經人

54161 勝 ·········· 杏・羽694v①
〔諸寺僧尼唱儭物曆〕（9C中期）
　2)永安寺?　4)R①爲「未年閏十月當寺(永安寺?)應管主客僧牒」。

54162 勝威 ･･････････････････ BD05978（重78）
　〔大般若波羅蜜多經卷第239（尾題後有勘記）〕（9C）
　　4）原作「勝威勘」。

54163 勝威 ･･････････････････････ S02614v
　〔燉煌應管諸寺僧尼名錄〕（895）
　　2）安國寺

54164 勝意 ･･････････････････････ P3600v②
　〔燉煌普光寺等尼名申告狀〕 戌年十一月（9C前期）
　　2）普光寺

54165 勝意 ･･････････････････････ S02614v
　〔燉煌應管諸寺僧尼名錄〕（895）
　　2）大乘寺

54166 勝意 ･･････････････････････ S02669
　〔管內尼寺（安國寺・大乘寺・聖光寺）籍〕（865〜870）
　　2）安國寺 3）龍勒鄉 4）姓「王」。俗名「他家」。

54167 勝因 ･････････････････････ BD16453A
　〔水則道場轉經兩翻名目〕（9〜10C）
　　1）第二翻

54168 勝因 ････････････････････････ P2944
　〔大乘寺・聖光寺等尼僧名錄〕（10C後期?）
　　2）大乘寺

54169 勝因 ････････････････････････ P3167v
　〔安國寺道場司關于（五尼寺）沙彌戒訴狀〕
　　乾寧二年三月（895）
　　2）靈修寺 4）⇒張勝因。

54170 勝因 ･･････････････････ P.tib1261v⑪
　〔諸寺僧尼支給穀物曆〕（9C前期）
　　1）尼

54171 勝因 ････････････････････････ S02614v
　〔燉煌應管諸寺僧尼名錄〕（895）
　　2）安國寺

54172 勝因 ････････････････････････ S02729①
　〔燉煌應管勘牌子曆〕 辰年三月（788）
　　1）僧 2）普光寺 3）沙州 4）41行目。

54173 勝圓 ･･････････････････ P.tib1261v⑨
　〔諸寺僧尼支給穀物曆〕（9C前期）
　　1）尼

54174 勝緣 ･･････････････････ P.tib1261v⑥
　〔諸寺僧尼支給穀物曆〕（9C前期）
　　1）尼

54175 勝緣 ･･････････････････ P.tib1261v⑩
　〔諸寺僧尼支給穀物曆〕（9C前期）
　　1）尼

54176 勝緣 ････････････････････････ S02729①
　〔燉煌應管勘牌子曆〕 辰年三月（788）
　　1）僧 2）大乘寺 3）沙州 4）俗姓「索」。48行目。

54177 勝恩 ････････････････････････ P3556v⑦
　〔道場思惟簿〕（10C）

54178 勝果 ･････････････････････････ P3060
　〔諸寺諸色付經僧尼曆〕（9C前期）
　　1）僧尼 4）經典名「般若經卷13」。

54179 勝果 ････････････････････････ P3167v
　〔安國寺道場司關于（五尼寺）沙彌戒訴狀〕
　　乾寧二年三月（895）
　　2）聖光寺 4）⇒張勝果。

54180 勝果 ････････････････････････ S02669
　〔管內尼寺（安國寺・大乘寺・聖光寺）籍〕（865〜870）
　　2）大乘寺 3）玉關鄉 4）姓「梁」。俗名「含ゝ」。

54181 勝花 ････････････････････････ S02614v
　〔燉煌應管諸寺僧尼名錄〕（895）
　　2）靈修寺

54182 勝戒 ････････････････････････ P3167v
　〔安國寺道場司關于（五尼寺）沙彌戒訴狀〕
　　乾寧二年三月（895）
　　2）普光寺 4）⇒張勝戒。

54183 勝會 ････････････････････････ P3167v
　〔安國寺道場司關于（五尼寺）沙彌戒訴狀〕
　　乾寧二年三月（895）
　　2）安國寺 4）⇒尹勝會。

54184 勝會 ･･････････････････ P.tib1261v④
　〔諸寺僧尼支給穀物曆〕（9C前期）
　　1）尼

54185 勝會 ･･････････････････ P.tib1261v⑥
　〔諸寺僧尼支給穀物曆〕（9C前期）
　　1）尼

54186 勝會 ･････････････････････ S02669
〔管内尼寺(安國寺・大乘寺・聖光寺)籍〕
(865～870)
　　2)大乘寺　3)慈惠鄉　4)姓「闔」。俗名「宜ゝ」。

54187 勝海 ･････････････････････ S02669
〔管内尼寺(安國寺・大乘寺・聖光寺)籍〕
(865～870)
　　2)大乘寺　3)神沙鄉　4)姓「王」。俗名「饒塩」。

54188 勝覺 ･････････････････････ P3071v
〔付經曆〕(909?)
　　2)普光寺

54189 勝覺 ･････････････････････ P3167v
〔安國寺道場司關于(五尼寺)沙彌戒訴狀〕
乾寧二年三月　(895)
　　2)安國寺　4)⇒劉勝覺。

54190 勝覺 ･････････････････････ P3600v②
〔燉煌普光寺等尼名申告狀〕戊年十一月
(9C前期)
　　2)普光寺

54191 勝覺 ･････････････････････ S02669
〔管内尼寺(安國寺・大乘寺・聖光寺)籍〕
(865～870)
　　2)大乘寺　3)神沙鄉　4)姓「翟」。俗名「足娘」。

54192 勝覺 ･････････････････････ S03071v
〔燉煌諸尼寺付諸經曆〕(9C前期)
　　1)尼　2)普光寺　4)R面爲「靈寶金錄齋儀」
(8C)。

54193 勝願 ･････････････････････ P3431r.v
〔乾元寺新登戒僧次第曆〕丙戌年五月七日
(926 or 866 or 986)
　　2)乾元寺

54194 勝願 ･････････････････････ P3556v⑦
〔道場思惟簿〕(10C)

54195 勝願 ･････････････････････ P3600v②
〔燉煌普光寺等尼名申告狀〕戊年十一月
(9C前期)
　　2)普光寺

54196 勝願 ･････････････････････ S02614v
〔燉煌應管諸寺僧尼名錄〕(895)
　　2)安國寺

54197 勝義 ･････････････････････ P.tib1261v③
〔諸寺僧尼支給穀物曆〕(9C前期)
　　1)僧

54198 勝義 ･････････････････････ P.tib1261v⑥
〔諸寺僧尼支給穀物曆〕(9C前期)
　　1)僧

54199 勝君 ･････････････････････ BD09293①(周14)
〔令狐留ゝ叔姪共東四防(房)兄弟分書
(稿)〕四月九日　(10C?)
　　1)兄　4)⇒令狐勝君。

54200 勝君 ･････････････････････ BD09300(周21)
〔令狐留ゝ叔姪等分產書〕(10C)
　　1)(令狐留ゝ)兄

54201 勝惠 ･････････････････････ P3167v
〔安國寺道場司關于(五尼寺)沙彌戒訴狀〕
乾寧二年三月　(895)
　　2)靈修寺　4)⇒樊勝惠。

54202 勝惠 ･････････････････････ S02614v
〔燉煌應管諸寺僧尼名錄〕(895)
　　2)靈修寺

54203 勝惠 ･････････････････････ S02614v
〔燉煌應管諸寺僧尼名錄〕(895)
　　2)安國寺

54204 勝惠 ･････････････････････ S02614v
〔燉煌應管諸寺僧尼名錄〕(895)
　　2)聖光寺

54205 勝惠 ･････････････････････ S02669
〔管内尼寺(安國寺・大乘寺・聖光寺)籍〕
(865～870)
　　2)大乘寺　3)神沙鄉　4)姓「吳」。俗名「嬌ゝ」。

54206 勝惠 ･････････････････････ S02669
〔管内尼寺(安國寺・大乘寺・聖光寺)籍〕
(865～870)
　　2)大乘寺　3)効穀鄉　4)姓「安」。俗名「女子」。

54207 勝惠 ･････････････････････ S02669
〔管内尼寺(安國寺・大乘寺・聖光寺)籍〕
(865～870)
　　2)大乘寺　3)平康鄉　4)姓「杜」。俗名「媚ゝ」。

54208 勝惠 ･････････････････････ S02669
〔管内尼寺(安國寺・大乘寺・聖光寺)籍〕
(865～870)
　　2)大乘寺　3)効穀鄉　4)姓「趙」。俗名「威德」。

54209 勝惠 ‥‥‥‥‥‥‥‥‥‥‥ S04444v②
　〔燉煌大乘寺僧尼申告(稿)〕　(905)
　　2)大乘寺

54210 勝惠花 ‥‥‥‥‥‥‥‥‥‥ S02669
　〔管内尼寺(安國寺・大乘寺・聖光寺)籍〕
　(865〜870)
　　2)大乘寺　3)赤心鄕　4)姓「王」。俗名「嬌々」。

54211 勝惠憧 ‥‥‥‥‥‥‥‥‥‥ S02041
　〔社約〕　丙寅年三月四日　(846)
　　1)僧　4)年號別筆(丙寅年三月四日)。ペン筆。

54212 勝堅 ‥‥‥‥‥‥‥‥‥‥ P3600v①
　〔燉煌某寺尼名申告狀〕　(9C前期)
　　2)大乘寺

54213 勝堅 ‥‥‥‥‥‥‥‥‥‥ S02669
　〔管内尼寺(安國寺・大乘寺・聖光寺)籍〕
　(865〜870)
　　2)大乘寺　3)神沙鄕　4)姓「張」。俗名「要々」。

54214 勝賢 ‥‥‥‥‥‥‥‥‥‥ P3600v②
　〔燉煌普光寺等尼名申告狀〕　戌年十一月
　(9C前期)
　　2)普光寺

54215 勝賢 ‥‥‥‥‥‥‥‥‥‥ S02199
　〔尼靈惠唯(遺)書(首題)〕　咸通六年十月廿三
　日　(865)
　　1)姪男　4)原作「姪男勝賢」。

54216 勝賢 ‥‥‥‥‥‥‥‥‥‥ S02614v
　〔燉煌應管諸寺僧尼名錄〕　(895)
　　2)靈修寺

54217 勝賢 ‥‥‥‥‥‥‥‥‥‥ Дx02163①
　〔女戶宋氏戶口田地申告狀〕　大中六年十一月
　日　(852)

54218 勝嚴 ‥‥‥‥‥‥‥‥‥‥ P3600v①
　〔燉煌某寺尼名申告狀〕　(9C前期)
　　2)大乘寺

54219 勝嚴 ‥‥‥‥‥‥‥‥‥‥ P5579⑪
　〔大乘寺應道場尼名牒〕　酉年十月　(829 or
　841)
　　2)大乘寺

54220 勝嚴 ‥‥‥‥‥‥‥‥‥ P.tib1261v④
　〔諸寺僧尼支給穀物曆〕　(9C前期)
　　1)尼

54221 勝嚴 ‥‥‥‥‥‥‥‥‥ P.tib1261v⑪
　〔諸寺僧尼支給穀物曆〕　(9C前期)
　　1)尼

54222 勝嚴 ‥‥‥‥‥‥‥‥‥‥ S02614v
　〔燉煌應管諸寺僧尼名錄〕　(895)
　　2)靈修寺

54223 勝嚴 ‥‥‥‥‥‥‥‥‥ S04444v②
　〔燉煌大乘寺僧尼申告(稿)〕　(905)
　　2)大乘寺

54224 勝固 ‥‥‥‥‥‥‥‥‥‥ P3047v③
　〔諸僧尼送納三色香於乾元寺曆〕　(9C前期)
　　2)乾元寺

54225 勝光 ‥‥‥‥‥‥‥‥‥‥‥ P3060
　〔諸寺諸色付經僧尼曆〕　(9C前期)
　　1)僧尼　4)經典名「寶積經卷6」。

54226 勝光 ‥‥‥‥‥‥‥‥‥‥ 杏・羽694①
　〔當寺應管主客僧牒〕　未年閏十月　(803)
　　4)文末有異一行「未年閏十月日,直歲圓滿牒」。

54227 勝行 ‥‥‥‥‥‥‥‥‥‥ P3600v②
　〔燉煌普光寺等尼名申告狀〕　戌年十一月
　(9C前期)
　　2)普光寺

54228 勝行 ‥‥‥‥‥‥‥‥‥‥ S02614v
　〔燉煌應管諸寺僧尼名錄〕　(895)

54229 勝行 ‥‥‥‥‥‥‥‥‥‥ S02614v
　〔燉煌應管諸寺僧尼名錄〕　(895)
　　2)聖光寺

54230 勝行 ‥‥‥‥‥‥‥‥‥‥ S02614v
　〔燉煌應管諸寺僧尼名錄〕　(895)
　　2)大乘寺

54231 勝行 ‥‥‥‥‥‥‥‥‥ S04444v②
　〔燉煌大乘寺僧尼申告(稿)〕　(905)
　　2)大乘寺

54232 勝最 ‥‥‥‥‥‥‥‥‥‥‥ P2944
　〔大乘寺・聖光寺等尼僧名錄〕　(10C後期?)
　　2)大乘寺

54233 勝子 ‥‥‥‥‥‥‥‥‥‥ P2049v①
　〔淨土寺諸色入破曆計會牒〕　同光三年
　(925)

54234 勝子 ················· P2944
　〔大乘寺・聖光寺等尼僧名録〕（10C後期?）
　　2)(大乘寺)

54235 勝子 ················· P3489
　〔翟坊巷女人社社條〕　戊辰年正月廿四日
　(908)
　　1)社人

54236 勝子 ················ S08426F①
　〔使府酒破暦〕（10C中～後期）

54237 勝子 ················ ТⅡY-46A
　〔戸籍〕　端拱三年（990）
　　1)(鄧守存)婢

54238 勝子 ················ Дх02163①
　〔女戸宋氏戸口田地申告状〕　大中六年十一月
　　日　(852)
　　1)婢　4)10歳。

54239 勝師 ········ BD09472v①～③(發92)
　〔龍興寺索僧正等五十八人就唐家蘭若請賓
　　頭盧文〕（8～9C）
　　2)(靈)圖(寺)　3)沙州

54240 勝支 ················· P2944
　〔大乘寺・聖光寺等尼僧名録〕（10C後期?）
　　2)大乘寺

54241 勝詞 ················ S08677v
　〔防北門頭僧牒〕（9C前期）

54242 勝持 ················ S02669
　〔管内尼寺(安國寺・大乘寺・聖光寺)籍〕
　(865～870)
　　2)聖光寺　3)平康郷　4)姓「史」。俗名「心ゝ」。

54243 勝住 ················ P3319v②
　〔社司轉帖(殘)〕（10C）
　　1)正進

54244 勝住 ················ 莫第387窟
　〔供養人題記〕　清泰元年頃（936頃）
　　1)男　4)東壁門南側。《燉》p.148。《謝》p.237。⇒
　　(康)勝住。

54245 勝春 ················ S06417⑱
　〔尼徒衆等状并海晏判辭〕　長興二年正月
　(931)
　　1)充典座　2)普光寺

54246 勝ゝ ················ S00542v
　〔燉煌諸寺丁壮車牛役部〕　戊年六月十八日
　(818)
　　2)大雲寺

54247 勝娘 ················ S00542v
　〔燉煌諸寺丁壮車牛役部〕　戊年六月十八日
　(818)

54248 勝淨 ················ P2032v⑯-4
　〔淨土寺粟利閏入暦〕（940前後）
　　2)淨土寺

54249 勝淨 ················ P3092v
　〔誦經暦〕（10C）

54250 勝淨 ················ P3207
　〔安國寺上座比丘尼入破暦〕　中和四年正月
　(884)
　　2)安國寺

54251 勝淨 ················ P5000v
　〔僧尼名目〕（9C前期）
　　2)靈修寺

54252 勝淨 ················ S02614v
　〔燉煌應管諸寺僧尼名録〕（895）
　　2)聖光寺

54253 勝淨 ················ S04444v②
　〔燉煌大乘寺僧尼申告(稿)〕（905）
　　2)大乘寺

54254 勝心 ················ P3167v
　〔安國寺道場司關于(五尼寺)沙彌戒訴状〕
　乾寧二年三月　(895)
　　2)普光寺　4)⇒令狐勝心。

54255 勝心 ················ S02614v
　〔燉煌應管諸寺僧尼名録〕（895）
　　2)大乘寺

54256 勝心 ················ S02669
　〔管内尼寺(安國寺・大乘寺・聖光寺)籍〕
　(865～870)
　　2)大乘寺　3)平康郷　4)姓「張」。俗名「縱ゝ」。

54257 勝心 ················ S04444v②
　〔燉煌大乘寺僧尼申告(稿)〕（905）
　　2)大乘寺

54258 勝眞 ……………………… P3167v
　〔安國寺道場司關于(五尼寺)沙彌戒訴狀〕
　　乾寧二年三月　(895)
　　　2)靈修寺　4)⇒樊勝眞。

54259 勝眞 ……………………… S02669
　〔管内尼寺(安國寺・大乘寺・聖光寺)籍〕
　　(865～870)
　　　2)安國寺　3)慈惠鄉　4)姓「曹」。俗名「寵眞」。

54260 勝眞 ……………………… S04654v②
　〔老病孝僧尼名錄(殘)〕　(10C中期)
　　　4)病氣。

54261 勝眞 ……………………… Stein Painting 12
　〔釋迦如來圖供養題記〕　(9C)
　　　1)沙彌尼

54262 勝神 ……………… S07939v＋S07940Bv＋S07941
　〔燉煌諸寺僧尼給糧曆〕　(823以降)
　　　1)寺主

54263 勝進 ……………………… P3060
　〔諸寺諸色付經僧尼曆〕　(9C前期)
　　　1)僧尼　4)經典名「般若經卷54」。

54264 勝進 ……………………… S02729①
　〔燉煌應管勘牌子曆〕　辰年三月　(788)
　　　1)僧　2)靈修寺　3)沙州　4)俗姓「陰」。37行目。

54265 勝進 ……………………… 杏・羽694v②
　〔諸寺僧尼唱儭物曆〕　(9C中期)
　　　2)永安寺？

54266 勝瑞 ……………………… P3859
　〔報恩寺常住百姓老小孫息名目〕　丙申年十月十一日　(936?)
　　　1)(閻海全)妻　2)報恩寺

54267 勝性 ……………………… S01364
　〔付經曆〕　(9C)
　　　1)僧　2)大乘寺

54268 勝性 ……………………… S02669
　〔管内尼寺(安國寺・大乘寺・聖光寺)籍〕
　　(865～870)
　　　2)大乘寺　3)神沙鄉　4)姓「馬」。俗名「品〻」。

54269 勝清 ……………………… P4525v②
　〔將兌紙人目〕　(980頃)
　　　1)法律

54270 勝清 ……………………… P4525v⑭
　〔佛典兌紙片末尾余白2行〕　(980頃)
　　　1)法律

54271 勝濟 ……………… S00579＋S00039v＋S07940Bv
　〔某寺什物見在曆〕　(9C前期)
　　　1)亡僧

54272 勝濟 ……………… S07939v＋S07940Bv＋S07941
　〔燉煌諸寺僧尼給糧曆〕　(823以降)
　　　1)亡僧

54273 勝仙 ……………………… S00542v
　〔燉煌諸寺丁壯車牛役部〕　戌年六月十八日　(818)
　　　2)大雲寺

54274 勝全 ……………………… S05437
　〔願通等缺升人名抄(封題面)〕　(10C)

54275 勝善 ……………………… P3556v⑦
　〔道場思惟簿〕　(10C)

54276 勝相 ……………………… S02614v
　〔燉煌應管諸寺僧尼名錄〕　(895)
　　　2)安國寺

54277 勝相 ……………………… S02669
　〔管内尼寺(安國寺・大乘寺・聖光寺)籍〕
　　(865～870)
　　　2)大乘寺　3)玉關鄉　4)姓「張」。俗名「塩〻」。

54278 勝相 ……………………… S08706
　〔法行唱儭曆〕　(9C)

54279 勝藏 ……………………… BD01139(宿39)
　〔戒律名數節抄末〕　寅年七月十五日　(9C)
　　　1)比丘尼　4)於東山寫訖。

54280 勝藏 ……………………… S02614v
　〔燉煌應管諸寺僧尼名錄〕　(895)
　　　2)聖光寺

54281 勝藏 ……………………… S02614v
　〔燉煌應管諸寺僧尼名錄〕　(895)
　　　2)靈修寺

54282 勝藏 ……………………… S02669
　〔管内尼寺(安國寺・大乘寺・聖光寺)籍〕
　　(865～870)
　　　2)大乘寺　3)玉關鄉　4)姓「劉」。俗名「娘子」。

54283 勝藏 ・・・・・・・・・・・・・・・・・ S04444v②
　〔燉煌大乘寺僧尼申告(稿)〕（905）
　　2)大乘寺

54284 勝藏 ・・・・・・・・・・・・・・・・・ S07882
　〔就賀拔堂唱椀等曆〕 十一月廿一日（9C前期）

54285 勝藏 ・・・・・・・・・・・・・・・・・ S08252①
　〔僧名目〕（10C）

54286 勝隊 ・・・・・・・・・・・・・・・・・ P3047v⑦
　〔法事僧尼名錄〕（9C前期）
　　4)俗姓「李」。

54287 勝智 ・・・・・・・・・・・・・・・・・ P3167v
　〔安國寺道場司關于(五尼寺)沙彌戒訴狀〕
　乾寧二年三月（895）
　　2)普光寺　4)⇒曹勝智。

54288 勝智 ・・・・・・・・・・・・・・・・・ S03054
　〔觀世音經1卷題記〕 貞明參年歲次戊寅十一月
　廿八日（917 or 918）
　　1)比丘僧　4)原作「比丘僧勝智手寫」。

54289 勝智 ・・・・・・・・・・・・・・・・・ Дx03988
　〔書簡殘〕（9C末～10C初）

54290 勝頂 ・・・・・・・・・・・・・・・・・ S04710
　〔沙州戶口簿〕（9C中期以降）
　　1)僧　4)⇒(陰)勝頂。

54291 勝定 ・・・・・・・・・・・・・・・・・ P3431r.v
　〔乾元寺新登戒僧次第曆〕 丙戌年五月七日
　（926 or 866 or 986）
　　2)乾元寺

54292 勝定 ・・・・・・・・・・・・・・・・・ P3600v②
　〔燉煌普光寺等尼名申告狀〕 戌年十一月
　（9C前期）
　　2)普光寺

54293 勝定 ・・・・・・・・・・・・・・・・・ P.tib1261v③
　〔諸寺僧尼支給穀物曆〕（9C前期）
　　1)尼

54294 勝定 ・・・・・・・・・・・・・・・・・ S04274v
　〔社名簿〕（10C）
　　1)俗人

54295 勝定 ・・・・・・・・・・・・・・・・・ S04444v②
　〔燉煌大乘寺僧尼申告(稿)〕（905）
　　2)大乘寺

54296 勝都 ・・・・・・・・・・・・・・・・・ P3047v⑧
　〔王都督磾合城僧徒名錄〕（9C前期）

54297 勝燈 ・・・・・・・・・・・・・・・・・ P2842piece3
　〔徒眾轉帖〕 某月七日（10C前期）

54298 勝燈 ・・・・・・・・・・・・・・・・・ S05893
　〔管內僧寺(報恩寺・淨土寺)籍〕（865～875）
　　2)淨土寺　3)玉關鄉

54299 勝德 ・・・・・・・・・・・・・・・・・ P3600v②
　〔燉煌普光寺等尼名申告狀〕 戌年十一月
　（9C前期）
　　2)普光寺

54300 勝德 ・・・・・・・・・・・・・・・・・ P.tib1261v②
　〔諸寺僧尼支給穀物曆〕（9C前期）
　　1)尼

54301 勝德 ・・・・・・・・・・・・・・・・・ S02669
　〔管內尼寺(安國寺・大乘寺・聖光寺)籍〕
　（865～870）
　　2)聖光寺　3)慈惠鄉　4)姓「米」。俗名「媚子」。

54302 勝念 ・・・・・・・・・・・・・・・・・ P3600v②
　〔燉煌普光寺等尼名申告狀〕 戌年十一月
　（9C前期）
　　2)普光寺

54303 勝美 ・・・・・・・・・・・・・・・・・ P2944
　〔大乘寺・聖光寺等尼僧名錄〕（10C後期?）

54304 勝美 ・・・・・・・・・・・・・・・・・ S08516H1
　〔書狀(殘)〕（10C後期）

54305 勝富 ・・・・・・・・・・・・・・・・・ BD16030v(L4021)
　〔郭幸者等貸便油廝曆(雜寫)〕 丙戌年正月
　十三日（10C）

54306 勝富 ・・・・・・・・・・・・・・・・・ P3431r.v
　〔乾元寺新登戒僧次第曆〕 丙戌年五月七日
　（926 or 866 or 986）
　　2)乾元寺

54307 勝富□ ・・・・・・・・・・・・・・・ S04609
　〔付銀椀人名目〕 太平興國九年頃（984）
　　1)銀椀人

54308 勝福 ・・・・・・・・・・・・・・・・・ 有鄰館51
　〔令狐進達戶口申告狀〕 大中四年十月庚午
　（850）
　　1)(令狐進達)妹・尼

54309 勝滿 ・・・・・・・・・・・・・・・・・・ P3600v②
〔燉煌普光寺等尼名申告狀〕 戌年十一月
(9C前期)
　　2)普光寺

54310 勝纈 ・・・・・・・・・・・・・・・・・・・・ S03180v
〔爲追念設供請僧疏〕 (9C末頃)

54311 勝妙 ・・・・・・・・・・・・・・・・・・・・・ P3060
〔諸寺諸色付經僧尼曆〕 (9C前期)
　　1)僧尼　4)經典名「般若經卷15」。

54312 勝妙 ・・・・・・・・・・・・・・・・・・・・ P3213v
〔故外生尼勝妙律師之靈〕 壬辰二月壬辰朔廿
四日甲寅 (812)

54313 勝妙 ・・・・・・・・・・・・・・・・・・ P3556v⑦
〔道場思惟簿〕 (10C)
　　2)永安寺

54314 勝妙 ・・・・・・・・・・・・・・・・・・ P3600v②
〔燉煌普光寺等尼名申告狀〕 戌年十一月
(9C前期)
　　2)普光寺

54315 勝妙 ・・・・・・・・・・・・・・・・・・・・ S02614v
〔燉煌應管諸寺僧尼名錄〕 (895)
　　2)大乘寺

54316 勝妙 ・・・・・・・・・・・・・・・・・・・・ S02614v
〔燉煌應管諸寺僧尼名錄〕 (895)
　　2)安國寺

54317 勝妙 ・・・・・・・・・・・・・・・・・・・・・ S02669
〔管內尼寺(安國寺・大乘寺・聖光寺)籍〕
(865～870)
　　2)大乘寺　3)燉煌鄉　4)姓「朱」。俗名「端〻」。

54318 勝妙 ・・・・・・・・・・・・・・・・・・・・・ S02669
〔管內尼寺(安國寺・大乘寺・聖光寺)籍〕
(865～870)
　　2)安國寺　3)平康鄉　4)姓「張」。俗名「媧娃」。

54319 勝妙 ・・・・・・・・・・・・・・・・・・・ S02729①
〔燉煌應管勘牌子曆〕 辰年三月 (788)
　　1)僧　2)靈修寺　3)沙州　4)俗姓「李」。32行
　　目。

54320 勝妙 ・・・・・・・・・・・・・・・・・・ S04444v②
〔燉煌大乘寺僧尼申告(稿)〕 (905)
　　2)大乘寺

54321 勝妙 ・・・・・・・・・・・・・・・・・・・ S08252①
〔僧名目〕 (10C)

54322 勝妙 ・・・・・・・・・・・・・・・・・・ 杏・羽694v②
〔諸寺僧尼唱㦘物曆〕 (9C中期)
　　2)永安寺?

54323 勝明 ・・・・・・・・・・・・・・・・・・ BD16453A
〔水則道場轉經兩翻名目〕 (9～10C)
　　1)第一翻

54324 勝明 ・・・・・・・・・・・・・・・・・・・ P3336①
〔贊普轉經付諸寺維那曆〕 丑年九月卅日
(833)
　　2)普光寺

54325 勝明 ・・・・・・・・・・・・・・・・・・・・ S02614v
〔燉煌應管諸寺僧尼名錄〕 (895)
　　2)靈修寺

54326 勝明 ・・・・・・・・・・・・・・・・・・・・ S02614v
〔燉煌應管諸寺僧尼名錄〕 (895)
　　2)聖光寺

54327 勝明 ・・・・・・・・・・・・・・・ Stein Painting 28*
〔觀世音菩薩圖題記〕 大順參年歲次壬子十二
月甲申朔三日 (892)
　　1)孫

54328 勝明 ・・・・・・・・・・・・・・・・・・・ 莫第098窟
〔供養人題記〕 (10C中期)
　　1)釋門法律臨壇供奉大德沙門　4)南壁。《燉》
　　p. 39。《謝》p. 90。

54329 勝明 ・・・・・・・・・・・・・・・・・・・ 莫第166窟
〔勝明發願文〕 乙亥年七月十三日 (975)
　　1)釋門法律臨壇大德　4)原作「時唐□亥年七
　　月□□日釋門法律臨壇大德勝明奉爲國界清平
　　郡王〔主〕尙書曹公□□先亡考妣神生□□法界
　　衆生□霑斯福□」。東壁門北側。《燉》p. 78。《謝》
　　p. 394。

54330 勝目 ・・・・・・・・・・・・・・・・・・・ P3047v①
〔僧名等錄〕 (9C前期)
　　4)俗姓「白」。

54331 勝鷥 ・・・・・・・・・・・・・・・・・・・・ S00542v
〔燉煌諸寺丁壯車牛役部〕 戌年六月十八日
(818)
　　2)安國寺(開元寺)

54332 勝了 ……………… S04444v②
　〔燉煌大乘寺僧尼申告(稿)〕 (905)
　　2)大乘寺

54333 勝連 ……………… BD14806③(新1006)
　〔歸義軍官府貸油麵曆〕 庚午年六月六日
　(970)

54334 勝連 ……………… P2944
　〔大乘寺・聖光寺等尼僧名錄〕 (10C後期?)

54335 勝連 ……………… S03180v
　〔爲追念設供請僧疏〕 (9C末頃)

54336 勝□ ……………… 濱田115v
　〔付經曆〕 午年七月十一日 (9C前期)
　　2)大乘寺

54337 升 ……………… S06237
　〔諸人見在粟黃麻曆〕 戌年～子年 (10C中期以降?)

54338 小塩 ……………… P3047v①
　〔僧名等錄〕 (9C前期)
　　4)俗姓「石」。

54339 小花 ……………… S00542v
　〔燉煌諸寺丁壯車牛役部〕 戌年六月十八日 (818)
　　2)報恩寺　4)⇒趙小花。

54340 小花 ……………… S06233①
　〔吐蕃期某寺諸色斛斗出曆〕 (9C前期)

54341 小漢子 ……………… P4525⑩
　〔官府酒破曆〕 辛巳年 (981)

54342 小願 ……………… S05406
　〔僧正法律徒衆轉帖〕 辛卯年四月十四日 (991)

54343 小金 ……………… S00542v
　〔燉煌諸寺丁壯車牛役部〕 戌年六月十八日 (818)
　　2)大乘寺　4)⇒王小金。

54344 小卿 ……………… P2162v
　〔三將納丑年突田曆〕 (9C前期)

54345 小卿 ……………… S05824
　〔經坊費負担人名目〕 (8C末～9C前期)
　　1)寫經人　3)行人部落

54346 小侯安住 ……………… P5038
　〔納磨草人名目〕 丙午年九月一日 (886 or 946)

54347 小骨 ……………… P2040v①-8
　〔淨土寺布破曆〕 (945前後)
　　2)淨土寺

54348 小骨 ……………… P3234v②
　〔應慶於願達手上入曆〕 壬寅年正月一日 (942)

54349 小骨 ……………… P3234v⑤
　〔直歲願通手上入曆〕 壬寅年 (942)

54350 小師子 ……………… S04831v
　〔寫經人名目〕 (9C前期)
　　1)寫經人

54351 小兒 ……………… P3047v①
　〔僧名等錄〕 (9C前期)
　　4)俗姓「范」。

54352 小娘 ……………… P3047v①
　〔僧名等錄〕 (9C前期)

54353 小娘 ……………… S00542v
　〔燉煌諸寺丁壯車牛役部〕 戌年六月十八日 (818)
　　2)安國寺(開元寺)

54354 小娘 ……………… S04710
　〔沙州戶口簿〕 (9C中期以降)
　　1)尼

54355 小娘子 ……………… P2032v⑯-3
　〔淨土寺粟入曆〕 (940前後)
　　2)淨土寺

54356 小娘子 ……………… S08426B
　〔使府酒破曆〕 (10C中～後期)

54357 小石郎 ……………… S05632①
　〔親情社轉帖〕 丁卯年二月八日 (967)

54358 小婦什二 ……………… S00542v
　〔燉煌諸寺丁壯車牛役部〕 戌年六月十八日 (818)
　　2)大乘寺

54359 尚起心兒 ············· P3699
〔齋文〕 （9C前期）
　1)宰相　4)本件中有「贊普永垂闡化」(841or815年)。

54360 尚起律心兒 ········ P.tib1070(P2555)
〔聖光寺功德頌〕 （9C前期）
　4)大蕃勅尚書令賜大瑟ゝ告身。

54361 尚結囉 ················· P3699
〔齋文〕 （9C前期）
　1)宰相　4)本件中有「贊普永垂闡化」(841or815年)。

54362 尚結力絲 ············ P3770③
〔發願文〕 （9C前期）
　1)宰相

54363 尚乞悉 ············· P3770③
〔發願文〕 （9C前期）
　1)何周節度

54364 尚乞心兒 ············ P2974
〔宰相患病開道場文〕 （9C前期）

54365 尚乞心兒 ··········· P5579⑯
〔得度者人名錄〕 巳年～酉年 （813～817 or 825～829)
　1)宰相　4)原作「宰相尚乞心兒印」。

54366 尚乞心兒 ············· 杏・羽077
〔吐蕃國家安寧佛會祈願文抄錄（若干)〕 （9C中期）
　1)國相

54367 尚乞心兒 ············· 杏・羽077
〔國相尚乞心兒節度高官等佛會祈願文（稿)〕 （大蕃）國相 （9C前期）
　4)文書面有「李盛鐸印」等。

54368 尚仙 ················ S00542v
〔簿〕 戊年六月十八日 （818)

54369 尚熱麿 ··············· S05824
〔經坊費負担人名目〕 （8C末～9C前期）
　1)寫經人

54370 尚皮 ················ S05946
〔尚皮狀〕 （10C?）
　1)光祿大夫守左司馬知府事兼御史大夫上柱國清河縣開國男食邑三百戶

54371 尚臈藏噓律鉢 ············ P2974
〔宰相患病開道場文〕 （9C前期）

54372 承恩 ············ BD05673v②（李73）
〔社司轉帖抄〕 丙辰年二月八日 （896)
　2)龍興寺門　4)原作「錄事承恩帖」。⇒遂恩。

54373 承恩 ················ P3138
〔諸寺維那請大般若經袟〕 （9C前期）
　2)報恩寺

54374 承恩 ················ P3337v
〔諸寺付經曆〕 （9C前期）
　2)報恩寺

54375 承恩 ················ P3677
〔沙州報恩寺故大德禪和尚金霞遷神志銘并序(首題)〕 蕃中辛巳五月一日葬 （801）
　2)報恩寺　4)R面爲「吊守墓弟子沙州報恩寺故大德禪和尚金霞遷神誌銘并序」。

54376 承恩 ················ P3730v⑤
〔承恩判辭(3行)〕 申年十月 （828）

54377 承恩 ················ S05039
〔某寺諸色破曆〕 （10C後期）
　4)原作「承恩店」。

54378 承恩 ················ S08567Av
〔報恩寺・大乘寺付經曆〕 （9C前期）
　2)報恩寺

54379 承恩 ················ Дх02959
〔寺卿陳榮□牒〕 □年十一月日 （9C前期）

54380 承恩 ············· 杏・羽694②
〔報恩寺所管僧名目〕 （9C前期）
　2)報恩寺　4)僧右傍有朱點,朱字。

54381 承恩 ················ 沙文補24
〔寺卿索再榮等牒殘判辭〕 午年正月 （9C前期）
　1)教授

54382 承回 ················ S01625
〔入破曆計會〕 天福三年（戊戌)十二月六日 (938)
　1)徒奴

54383 承戒 ················ S05486①
〔諸寺僧尼付油麵曆〕 （10C中期）
　2)蓮臺寺

54384 承會 ·················· P2250v⑤
〔金光明寺僧唱布曆〕 (925?)

54385 承願 ·················· S06307
〔管內都僧正轉帖〕 九月一日 (10C後期)
　1)徒衆

54386 承勳 ·················· 莫第196窟
〔供養人題記〕 (9C前期)
　1)男故太保孫朝議郎守沙州長史兼御史中丞
　4)原作「男故太保孫朝議郎守沙州長史兼御史中丞□承一心供養」。甬道北壁。《燉》p. 87。⇒□承。

54387 承惠 ·················· P2250v②
〔乾元寺僧唱布曆〕 辛未年四月十二日 (925?)
　2)乾元寺

54388 承惠 ·················· P.tib1261v⑩
〔諸寺僧尼支給穀物曆〕 (9C前期)
　1)尼

54389 承慶 ·················· P2250v②
〔乾元寺僧唱布曆〕 辛未年四月十二日 (925?)
　2)乾元寺

54390 承慶 ·················· P3779v②
〔徒衆轉帖〕 乙酉年四月廿七日 (985?)
　1)老宿　2)乾元寺

54391 承慶 ·················· 莫第085窟
〔供養人題記〕 (10C前期)
　1)弟將仕郎守燉煌縣尉　4)甬道北壁。《燉》p. 29。⇒(翟)承慶。

54392 承受 ·················· P2250v②
〔乾元寺僧唱布曆〕 辛未年四月十二日 (925?)
　2)乾元寺

54393 承淨 ·················· BD02823v(調23)
〔雜寫〕 (9～10C)

54394 承寂 ·················· P2250v②
〔乾元寺僧唱布曆〕 辛未年四月十二日 (925?)
　2)乾元寺

54395 承宗 ·················· Дx01405+Дx01406
〔布頭索留信等官布籍〕 (9C末期～10C初期)
　1)郎君

54396 承智 ·················· S04677
〔弟楊法律與僧兄戒滿書狀〕 六月廿七日 (10C後期)
　1)僧

54397 承定 ·················· P4981
〔當寺轉帖〕 閏三月十三日 (961)

54398 承德 ·················· BD05965v(重65)
〔金光明最勝王經卷1(背有雜寫)〕 (8～9C)
　1)僧　4)原作「十二日僧承德」。

54399 承德 ·················· P2250v②
〔乾元寺僧唱布曆〕 辛未年四月十二日 (925?)
　2)乾元寺

54400 承保 ·················· P2250v②
〔乾元寺僧唱布曆〕 辛未年四月十二日 (925?)
　2)乾元寺

54401 承洋 ·················· S06307
〔管內都僧正轉帖〕 九月一日 (10C後期)

54402 承連 ·················· S06981⑭
〔破曆(殘)〕 (10C後期)

54403 昇賢 ·················· BD09472v①～③(發92)
〔龍興寺索僧正等五十八人就唐家蘭若請賓頭盧文〕 (8～9C)
　2)(靈)圖(寺)　3)沙州

54404 昇奴 ·················· S06233①
〔吐蕃期某寺諸色斛斗出曆〕 (9C前期)

54405 昌ゝ ·················· P4640v
〔官入破曆〕 辛酉年八月十四日 (901)
　1)設司人

54406 昌富 ·················· S01284
〔西州弟師昌富上靈圖寺陳和尚〕 二月日 (10C)
　1)西州法師　3)西州　4)原作「二月日…孟春猶寒」。

54407 松粮 ·················· P3047v①
〔僧名等錄〕 (9C前期)

54408 照 ·················· BD01302(張2)
〔大般若波羅蜜多經卷第193(尾)〕 (9C)
　1)比丘　4)原作「比丘照寫」。

54409 照 ･････････････ BD14008（新0208）
〔大般若波羅蜜多經卷第81〕（9C前期）
　　1)比丘(尼)　4)末尾有「比丘照寫」及「三界寺藏
　　經」印。

54410 照 ･････････････････ P.tib1261v③
〔諸寺僧尼支給穀物曆〕（9C前期）
　　4)⇒榮照。

54411 照 ･････････････････ P.tib1261v⑦
〔諸寺僧尼支給穀物曆〕（9C前期）
　　4)⇒榮照。

54412 照 ･･････････････ 井上目57,圖版1背
〔釋門教授帖〕　子年頃（820 or 832頃）
　　1)法律檢校道場律師　2)大乘寺

54413 照榮 ･････････････････････ S11977
〔大般若波羅蜜多經題記(末)〕（10C）
　　2)於節加蘭若門

54414 照空 ･････････････････････ S02669
〔管内尼寺(安國寺・大乘寺・聖光寺)籍〕
（865～870）
　　2)聖光寺　3)玉關鄉　4)姓「張」。俗名「六ゝ」。

54415 照惠 ････････････････････ S02614v
〔燉煌應管諸寺僧尼名錄〕（895）
　　2)安國寺

54416 照惠 ････････････････････ Дx01459
〔第一判諸寺尼僧名錄〕（9C末～10C初）
　　2)安國寺

54417 照惠 ･････････････････････ 有鄰館51
〔令狐進達戶口申告狀〕　大中四年十月庚午
（850）
　　1)尼

54418 照嚴 ･････････････････････ S02669
〔管内尼寺(安國寺・大乘寺・聖光寺)籍〕
（865～870）
　　2)大乘寺　3)赤心鄉　4)姓「王」。俗名「福ゝ」。

54419 照嚴 ･････････････････････ S02669
〔管内尼寺(安國寺・大乘寺・聖光寺)籍〕
（865～870）
　　2)大乘寺　3)燉煌鄉　4)姓「王」。俗名「福滿」。

54420 照嚴 ････････････････････ S04444v②
〔燉煌大乘寺僧尼申告(稿)〕（905）
　　2)大乘寺

54421 照住〔性〕 ･･････････････ P.tib1261v⑥
〔諸寺僧尼支給穀物曆〕（9C前期）
　　1)尼

54422 照心 ･････････････････････ S02614v
〔燉煌應管諸寺僧尼名錄〕（895）
　　2)安國寺

54423 照心 ･････････････････････ S02669
〔管内尼寺(安國寺・大乘寺・聖光寺)籍〕
（865～870）
　　2)安國寺　3)慈惠鄉　4)姓「馬」。俗名「物ゝ」。

54424 照心 ･････････････････････ S11352
〔法律道哲牓示〕（9C）

54425 照任 ･････････････････････ P5000v
〔僧尼名目〕（9C前期）
　　1)闍梨　2)靈修寺

54426 照性 ･････････････････････ P2689
〔寺僧唱得物支給曆〕（9C前期）

54427 照性 ･････････････････････ P3060
〔諸寺諸色付經僧尼曆〕（9C前期）
　　1)僧尼　4)經典名「般若經卷12」。

54428 照性 ･････････････････ P.tib1261v⑦
〔諸寺僧尼支給穀物曆〕（9C前期）
　　1)尼

54429 照性 ･････････････････ P.tib1261v⑨
〔諸寺僧尼支給穀物曆〕（9C前期）
　　1)尼

54430 照性 ･････････････････････ S02712
〔諸寺付經僧尼曆〕（9C前期）
　　1)僧　2)靈修寺

54431 照性 ････････････････････ S02729①
〔燉煌應管勘牌子曆〕　辰年三月（788）
　　1)僧　2)靈修寺　3)沙州　4)俗姓「宗」。35行
　　目。

54432 照性 ･････････････････････ S07882
〔就賀拔堂唱椀等曆〕　十一月廿一日（9C前
期）

54433 照判 ･････････････････ P.tib1261v⑩
〔諸寺僧尼支給穀物曆〕（9C前期）
　　1)僧　4)⇒榮照。

54434 照法師 ‥‥‥‥‥‥‥‥‥‥ S01267v
〔某寺設齋納物名目〕 （9C前期）
　1)法師

54435 照林 ‥‥‥‥‥‥‥‥‥‥‥ P3491piece1
〔某寺設齋勾當名目〕 （9C前期）

54436 照林 ‥‥‥‥‥‥‥‥‥‥‥ S02669
〔管內尼寺(安國寺・大乘寺・聖光寺)籍〕
（865〜870）
　3)燉煌鄉　4)姓「陰」。俗名「桂蘭」。

54437 沍嚴 ‥‥‥‥‥‥‥‥‥ BD03342（雨42）
〔妙法蓮華經卷第6(尼)〕 （9〜10C）

54438 沍嚴 ‥‥‥‥‥‥‥‥‥‥‥ S01780
〔於沙州龍興寺受菩薩戒牒〕 元年建末月七日 （8C）
　2)龍興寺　3)沙州

54439 省空 ‥‥‥‥‥‥‥‥‥‥‥ P3017
〔張業等敬造金字大寶積經〕 天復三年歲次癸亥二月壬申朔廿三日 （903）

54440 祥因？ ‥‥‥‥‥‥ BD16003B（L4004）
〔人名目〕 （9C前期）

54441 祥應 ‥‥‥‥‥‥‥ 浙燉168（浙博143）
〔諸寺僧名目〕 （10C中期）
　1)法律　2)(淨)土(寺)

54442 祥會 ‥‥‥‥‥‥‥‥‥‥ P2250v②
〔乾元寺僧唱布曆〕 辛未年四月十二日
（925?）
　2)乾元寺

54443 祥會 ‥‥‥‥‥‥‥‥‥‥ P3234v⑧
〔某寺西倉豆破曆〕 （940年代）

54444 祥慶 ‥‥‥‥‥‥‥‥‥‥ P2250v⑤
〔金光明寺僧唱布曆〕 （925?）
　2)金光明寺

54445 祥慶 ‥‥‥‥‥‥‥‥‥‥ P3234v③
〔惠安惠戒手下便物曆〕 甲辰年 （944）
　2)淨土寺

54446 祥慶 ‥‥‥‥‥‥‥‥‥ P3234v③-11
〔惠安惠戒手下便物曆〕 甲辰年 （944）

54447 祥啟 ‥‥‥‥‥‥‥‥‥ P2032v⑬-7
〔淨土寺黃麻利閏入曆〕 （940前後）
　2)淨土寺

54448 祥啟 ‥‥‥‥‥‥‥‥‥‥ 杏・羽723
〔佛說閻羅王經(尾題)〕 （10C）
　4)卷末識語「祥」。

54449 祥嚴 ‥‥‥‥‥‥‥‥‥‥ Дx01418
〔燉煌諸鄉別便豆曆〕 （10C）

54450 祥護 ‥‥‥‥‥‥‥‥‥‥ P2270v
〔寫書〕 （10C中期）

54451 祥護 ‥‥‥‥‥‥‥‥‥‥ S10566
〔秋季諸寺大般若轉經付配帳曆〕 壬子年十月 （952）
　2)龍興寺

54452 祥政 ‥‥‥‥‥‥‥‥‥‥ P2250v⑤
〔金光明寺僧布曆〕 （925?）
　2)金光明寺

54453 祥政 ‥‥‥‥‥‥‥‥‥‥ S01162v
〔燉煌某寺僧名錄〕 （10C前期）

54454 祥絕 ‥‥‥‥‥‥‥‥‥ P.tib1261v⑧
〔諸寺僧尼支給穀物曆〕 （9C前期）
　1)僧　4)⇒祥池。

54455 祥池 ‥‥‥‥‥‥‥‥‥ P.tib1261v⑧
〔諸寺僧尼支給穀物曆〕 （9C前期）
　1)僧　4)⇒祥絕。

54456 祥通 ‥‥‥‥‥‥‥‥ BD02496v④(成96)
〔僆司唱得布支給曆〕 （10C前期）
　1)僧　2)(大)雲(寺)

54457 祥定 ‥‥‥‥‥‥‥‥ BD02496v④(成96)
〔僆司唱得布支給曆〕 （10C前期）
　1)僧　2)(靈)圖(寺)

54458 祥定 ‥‥‥‥‥‥‥ BD13800(簡68138)
〔便糧食曆〕 （9〜10C）

54459 祥定 ‥‥‥‥‥‥‥‥‥‥ S00520
〔報恩寺方等道場榜〕 （9C末〜925以前）
　2)大雲寺　4)有「河西都僧院」印。

54460 祥定 ‥‥‥‥‥‥ Дx01303＋Дx06708
〔馬軍馬海宜貸絹契〕 己卯年五月九日 （979 or 919）
　1)(馬海宜)弟・法律

54461 祥定 ……………… Дx06708
〔馬軍馬海宜貸絹契〕 己卯年五月九日 (979 or 919)
　1) 法律　4) 祥定:馬海宜弟 (Дx1303・6708)。

54462 祥能 ……………… P2638
〔儭司破曆〕 癸巳～丙申年 (933～936)
　2) 普光寺

54463 祥寶 ……………… P2250v②
〔乾元寺僧唱布曆〕 辛未年四月十二日 (925?)
　2) 乾元寺

54464 祥法達 ……………… P3047v⑦
〔法事僧尼名錄〕 (9C前期)

54465 祥妙 ……………… P3556v⑦
〔道場思惟簿〕 (10C)

54466 祥□ ……………… 浙燉168(浙博143)
〔諸寺僧名目〕 (10C中期)
　2)(淨)土(寺)

54467 稱心 ……………… S00542v
〔龍興寺簿〕 戌六月十八日 (818)
　2) 龍興寺

54468 章三 ……………… P3365
〔爲府主大王小患付經曆〕 甲戌年五月十日 (974)

54469 章三 ……………… P3384
〔戶籍殘〕 大順二年辛亥(歲)正月一日 (891)
　1) 百姓

54470 章三 ……………… S06452④
〔常住庫借貸油麵物曆〕 壬午年 (982?)
　1) 皮匠

54471 章三 ……………… S11213F
〔配付人名目〕 (946)

54472 章三 ……………… 北大D215
〔見在僧名〕 廿六日 (10C後期)
　1) 沙彌

54473 章七 ……………… Дx01277
〔納贈曆〕 丁丑年九月四?日 (977)

54474 章七 ……………… 莫第387窟
〔供養人題記〕 清泰元年頃 (936頃)
　1) 姪　4) 南壁。《燉》p.148。《謝》p.237。⇒(康)章七。

54475 章信奴 ……………… BD09341(周62)
〔社司轉帖〕 閏四月三日 (10C後期)

54476 章友 ……………… Дx01269＋Дx02155＋Дx02156
〔某弟身故納贈曆〕 (9C)

54477 章六 ……………… Дx00084
〔通頰百姓吳員宋佃種契〕 某年某月一日 (9C)
　1) 換地人男・(吳員宋)男　3) 通頰鄉　4) ⇒(吳)章六。

54478 章六 ……………… 北大D215
〔見在僧名〕 廿六日 (10C後期)
　1) 沙彌

54479 粧嚴 ……………… Stein Painting 496
〔觀音圖題記〕 (10C)

54480 紹安 ……………… P3850
〔支給僧斜䭾曆等〕 (9C前期)

54481 紹安 ……………… P.tib1261v③
〔諸寺僧尼支給穀物曆〕 (9C前期)
　1) 僧

54482 紹安 ……………… P.tib1261v⑥
〔諸寺僧尼支給穀物曆〕 (9C前期)
　1) 僧

54483 紹安 ……………… P.tib1261v⑦
〔諸寺僧尼支給穀物曆〕 (9C前期)
　1) 僧

54484 紹安 ……………… P.tib1261v⑧
〔諸寺僧尼支給穀物曆〕 (9C前期)
　1) 僧

54485 紹安 ……………… P.tib1261v⑪
〔諸寺僧尼支給穀物曆〕 (9C前期)
　1) 僧

54486 紹安 ……………… 濱田115v
〔付經曆〕 未年二月廿二日 (9C前期)
　2) 金光明寺

54487 紹員 ……………… BD05917(重17)
〔諸經允廢綴稿(勘記)〕（9C?）

54488 紹員 ……………… BD06632(翔40)
〔中阿含經卷第36(并雜記1紙)〕（10C後期）
　1)寫經人　4)V面爲「般若波羅蜜多心經」（9C）。

54489 紹圓 ……………… S02614v
〔燉煌應管諸寺僧尼名錄〕（895）

54490 紹戒 ……………… P2049v①
〔淨土寺諸色入破曆計會牒〕　同光三年
（925）

54491 紹戒 ……………… P3638
〔沙彌善勝點檢常住什物見在曆〕　辛未年
（911）

54492 紹戒 ……………… P4958 piece3
〔當寺轉帖(殘)〕（10C前期）

54493 紹戒 ……………… S02614v
〔燉煌應管諸寺僧尼名錄〕（895）

54494 紹建 ……………… P2250v④
〔永安寺僧唱布曆〕（925?）
　2)永安寺

54495 紹建 ……………… P3223
〔永安寺老宿紹建狀并判辭〕（9C末～10C初）
　2)永安寺

54496 紹建 ……………… P3555B piece1
〔當寺轉帖〕（10C前期）

54497 紹建 ……………… P4765
〔都僧錄帖〕（10C後期）
　1)第一翻

54498 紹建 ……………… S00474v
〔都僧統法嚴等算會〕　戊寅年三月十三日
（918）
　1)僧

54499 紹建 ……………… S02614v
〔燉煌應管諸寺僧尼名錄〕（895）
　1)新沙彌　2)報恩寺

54500 紹見 ……………… P3947
〔龍興寺應轉經僧分兩蕃定名牒〕　亥年八月
（819 or 831）
　2)龍興寺　4)V面爲「9C前半大雲寺僧所有田籍簿」。

54501 紹見 ……………… P.tib1261v⑥
〔諸寺僧尼支給穀物曆〕（9C前期）
　1)僧

54502 紹見 ……………… P.tib1261v⑦
〔諸寺僧尼支給穀物曆〕（9C前期）
　1)僧

54503 紹見 ……………… P.tib1261v⑩
〔諸寺僧尼支給穀物曆〕（9C前期）
　1)僧

54504 紹見 ……………… P.tib1261v⑪
〔諸寺僧尼支給穀物曆〕（9C前期）
　1)僧

54505 紹見 ……………… S05927v①
〔某寺諸色斛㪷破曆〕　戌年　（吐蕃期）
　1)闍梨

54506 紹洪 ……………… P.tib1261v⑥
〔諸寺僧尼支給穀物曆〕（9C前期）
　1)僧

54507 紹淨 ……………… P3161
〔常住什物見在新附點檢曆〕（10C前期）

54508 紹淨 ……………… P3555B piece1
〔當寺轉帖〕（10C前期）

54509 紹淨 ……………… S00474v
〔都僧統法嚴等算會〕　戊寅年三月十三日
（918）

54510 紹淨 ……………… S01073v
〔任命狀〕　光化三年四月　（900）
　1)徒衆

54511 紹淨 ……………… S02614v
〔燉煌應管諸寺僧尼名錄〕（895）

54512 紹眞 ……………… 天禧塔記
〔「天禧塔記」《隴石金石錄補》〕　大宋天禧參年歲次乙未三月二十七日　（1019）
　1)釋門僧正賜紫　2)報恩寺

54513 紹進 ……………… S00474v
〔都僧統法嚴等算會〕　戊寅年三月十三日
（918）
　1)法律

54514 紹進 ·················· S01023
〔佛說阿彌陀經〕 (10C)
　1)弟子釋門法律

54515 紹進 ·················· S02614v
〔燉煌應管諸寺僧尼名錄〕 (895)

54516 紹進 ·················· S09227
〔永安寺僧紹進上表并都僧統判〕 (9C後期,895以前)
　1)僧　2)永安寺

54517 紹進 ·············· 羅福萇『錄』
〔佛頂尊勝陀羅尼經〕 甲申年六月十七日 (924)
　1)信心弟子釋門法律香號

54518 紹性 ·················· S02614v
〔燉煌應管諸寺僧尼名錄〕 (895)

54519 紹清 ·················· Дx01288v
〔每畦田步集計簿〕 (10C後期)
　1)都頭

54520 紹宗 ·················· P2049v①
〔淨土寺諸色入破曆計會牒〕 同光三年 (925)
　2)淨土寺

54521 紹宗 ·················· P2049v②
〔淨土寺諸色入破曆計會牒〕 長興二年正月 (930～931)
　2)淨土寺

54522 紹宗 ·················· P2697
〔比丘僧紹宗爲亡母設供疏〕 清泰二年九月十四日 (935)

54523 紹宗 ·················· P3630
〔都僧政會恩和尚邈眞讚并序〕 梁貞明九年癸未 (923)
　1)沙門

54524 紹宗 ·················· P3850
〔支給僧斛斗曆等〕 (9C前期)

54525 紹宗 ·················· P4638v③
〔都僧統斛辯等上司空牒(3通)〕 清泰四年十一月十八日 (937)
　1)都僧政

54526 紹宗 ·················· S02614v
〔燉煌應管諸寺僧尼名錄〕 (895)
　2)淨土寺

54527 紹宗 ·················· 莫第098窟
〔供養人題記〕 (10C中期)
　1)釋門法律臨壇供奉大德闡揚三教講論大法師沙門　4)南壁。《燉》p.40。《謝》p.91。

54528 紹智 ·················· S02614v
〔燉煌應管諸寺僧尼名錄〕 (895)
　1)舊沙彌　2)靈圖寺永安寺

54529 紹智 ·················· S05890r.v
〔紹智莊上發名目〕 丙寅年二月廿三日 (906)

54530 紹智 ·················· S09227
〔永安寺僧紹進上表并都僧統判〕 (9C後期,895以前)
　1)僧　2)永安寺

54531 紹聽 ·················· 天禧塔記
「天禧塔記」《隴石金石錄補》 大宋天禧參年歲次乙未三月二十七日 (1019)
　1)法律　2)報恩寺

54532 紹通 ·················· S02614v
〔燉煌應管諸寺僧尼名錄〕 (895)
　2)龍興寺

54533 紹燈 ·················· BD09322①(周43)
〔沙州諸寺僧尼配付大般若經點勘曆〕 午年五月五日 (838?)
　2)(大)雲(寺)　3)沙州

54534 紹燈 ·················· P.tib1261v⑪
〔諸寺僧尼支給穀物曆〕 (9C前期)
　1)僧

54535 紹燈 ·················· S02614v
〔燉煌應管諸寺僧尼名錄〕 (895)
　2)大雲寺

54536 紹登 ·················· S02614v
〔燉煌應管諸寺僧尼名錄〕 (895)
　2)開元寺

54537 紹德 ·················· S02614v
〔燉煌應管諸寺僧尼名錄〕 (895)
　2)報恩寺

54538 紹忍 ・・・・・・・・・・・・・・・・・・・・・・ S02614v
　〔燉煌應管諸寺僧尼名錄〕（895）

54539 紹法 ・・・・・・・・・・・・・・・・・・・・・・ S06005
　〔立社條約〕（10C前期以降）

54540 紹法 ・・・・・・・・・・・・・・・・・・・・・・ S10288
　〔報恩寺沙彌等上孔法律狀稿〕（9C?）
　　1)沙彌　2)報恩寺

54541 紹滿 ・・・・・・・・・・・・・・・・・・・・・・ P3161
　〔常住什物見在新附點檢歷〕（10C前期）

54542 紹滿 ・・・・・・・・・・・・・・・・・・・・・ P3555B piece1
　〔當寺轉帖〕（10C前期）

54543 紹滿 ・・・・・・・・・・・・・・・・・・・・・・ S02614v
　〔燉煌應管諸寺僧尼名錄〕（895）

54544 紹明 ・・・・・・・・・・・・・・・・・・・・・ 天禧塔記
　〔「天禧塔記」《隴石金石錄補》〕　大宋天禧參年歲次乙未三月二十七日（1019）
　　1)法律　2)蓮臺寺

54545 紹隆 ・・・・・・・・・・・・・・・・・・・・ P3491piece1
　〔某寺設齋勾當名目〕（9C前期）
　　2)靈修寺

54546 紹隆 ・・・・・・・・・・・・・・・・・・・・ P.tib1261v②
　〔諸寺僧尼支給穀物歷〕（9C前期）
　　1)僧

54547 紹隆 ・・・・・・・・・・・・・・・・・・・・ P.tib1261v⑨
　〔諸寺僧尼支給穀物歷〕（9C前期）
　　1)僧

54548 紹隆 ・・・・・・・・・・・・・・・・・・・・ P.tib1261v⑪
　〔諸寺僧尼支給穀物歷〕（9C前期）
　　1)僧

54549 紹隆 ・・・・・・・・・・・・・・・・・・・・・・ S02614v
　〔燉煌應管諸寺僧尼名錄〕（895）

54550 紹龍 ・・・・・・・・・・・・・・・・・・・・・・ P3250v
　〔納贈歷〕（9C後期）
　　1)沙彌

54551 紹龍 ・・・・・・・・・・・・・・・・・・・・・・ P4983v
　〔社官納色歷〕戊午年十二月廿日（946）

54552 紹□ ・・・・・・・・・・・・・・・・・・・・・ 莫第386窟
　〔供養人題記〕（8C後期）
　　1)釋門義學士(郎)兼臨壇大德沙門　4)原作「釋門(義)學士(郎)兼臨壇大德沙門紹□一心供養」。北壁。《燉》p.146。

54553 證因 ・・・・・・・・・・・・・・・・・・・・・・ S00545v
　〔永安寺僧名申告狀〕戌年九月（9C前期）
　　1)主客僧　2)永安寺

54554 證因 ・・・・・・・・・・・・・・・・・・・・・・ S11425v
　〔諸寺僧尼給糧歷〕（9C前期）

54555 證圓 ・・・・・・・・・・・・・・・・・ Дх02449＋Дх05176
　〔(時年)轉帖〕十一月十九日（10C前期）
　　2)大乘寺

54556 證果 ・・・・・・・・・・・・・・・・・・・・・ 莫第036窟
　〔供養人題記〕（10C前期）
　　4)西壁。《燉》p.11。

54557 證顯 ・・・・・・・・・・・・・・・・・・・・・・ S03983
　〔經藏點檢歷〕（壬子年頃)十二月五日（832頃）
　　1)律師

54558 證淨 ・・・・・・・・・・・・・・・・・・・・・・ S02614v
　〔燉煌應管諸寺僧尼名錄〕（895）
　　2)靈修寺

54559 證信 ・・・・・・・・・・・・・・・・・・・・・・ S02614v
　〔燉煌應管諸寺僧尼名錄〕（895）

54560 證信 ・・・・・・・・・・・・・・・・・・・・・・ S04914
　〔付經歷〕卯年九月七日（835 or 847）
　　2)聖光寺

54561 證信 ・・・・・・・・・・・・・・・・・・・・・ 莫第144窟
　〔供養人題記〕（9C前期）
　　1)妹尼普光寺都維　4)原作「妹尼普光寺都維證信一心供養」。西壁。《燉》p.66。

54562 證性 ・・・・・・・・・・・・・・・・・・・・・・ S02614v
　〔燉煌應管諸寺僧尼名錄〕（895）
　　2)大乘寺

54563 象如 ・・・・・・・・・・・・・・・・・・・・ 杏・羽694②
　〔報恩寺所管僧名目〕（9C前期）
　　2)報恩寺　4)僧右傍有朱點,朱字。

54564 逍遙 ・・・・・・・・・・・・・・・・・・・・・・ P4640v
　〔官入破歷〕辛酉年八月十四日（901）
　　1)設司人

54565 鐘愛 ････････････････ P3730v
〔契〕 未年四月 （9C前期）

54566 上惠 ･･････････････････ S01780
〔於沙州龍興寺受菩薩戒牒〕 元年建末月七日 （8C）
　　2) 龍興寺　3) 沙州

54567 上乞心兒 ････････････ P2583v①
〔施捨疏〕 申年十月五日 （828?）

54568 上乞心兒 ･･････････････ P5579⑯
〔得度者人名錄〕 巳年～酉年 （813～817 or 825～829）
　　4) 原作「上乞心兒印」。

54569 上乞里心兒 ･･････････････ P2449v
〔祈願文等〕 （9C前期）

54570 上紇絡羅 ････････････････ P5579⑯
〔得度者人名錄〕 巳年～酉年 （813～817 or 825～829）

54571 上悉歹夕 ･････････････ Дx06036
〔上悉歹夕亡建福疏〕 （9C前期）
　　1) 節度使　3) 瓜州

54572 上進 ･･････････････ BD11406（L1535）
〔某弟子從沙州龍興寺神卓受菩薩戒牒〕（8C）
　　2) 龍興寺　3) 沙州

54573 上仙 ･･････････････････ S01780
〔於沙州龍興寺受菩薩戒牒〕 元年建末月七日 （8C）
　　2) 龍興寺　3) 沙州

54574 上僧政 ･･････････ Дx00285＋Дx02150＋Дx02167＋Дx02960＋Дx03020＋Дx03123v③
〔某寺破曆〕（10C中期）
　　1) 僧政

54575 上智 ･･････････････････ S01780
〔於沙州龍興寺受菩薩戒牒〕 元年建末月七日 （8C）
　　2) 龍興寺　3) 沙州

54576 上裴結羅 ････････････ P2583v①
〔施捨疏〕 申年十月五日 （828?）

54577 上品 ･･････････････ BD11406（L1535）
〔某弟子從沙州龍興寺神卓受菩薩戒牒〕（8C）
　　2) 龍興寺　3) 沙州

54578 上妙 ･･････････････ BD11406（L1535）
〔某弟子從沙州龍興寺神卓受菩薩戒牒〕（8C）
　　2) 龍興寺　3) 沙州

54579 上論悉歹乞利塞去囉 ････････ P2449v
〔祈願文等〕 （9C前期）

54580 丞願□ ･･････････ BD09383①（發4）
〔念佛讚文一本（尾）〕 長興三年壬辰歲六月五日 （932）
　　2) 蓮臺寺

54581 乘因 ･･････････････････ S02614v
〔燉煌應管諸寺僧尼名錄〕 （895）
　　2) 大乘寺

54582 乘圓戒 ･･････････････ P3556v⑦
〔道場思惟簿〕 （10C）

54583 乘會 ･･････････････････ S02669
〔管內尼寺（安國寺・大乘寺・聖光寺）籍〕（865～870）
　　2) 大乘寺　3) 燉煌鄉　4) 姓「李」。俗名「判々」。

54584 乘覺 ･･････････････ P.tib1261v③
〔諸寺僧尼支給穀物曆〕 （9C前期）
　　1) 尼

54585 乘惠 ･･････････････ BD09322①（周43）
〔沙州諸寺僧尼配付大般若經點勘曆〕 午年五月五日 （838?）
　　2) 安國(寺)　3) 沙州

54586 乘惠 ･･････････････ BD09322②（周43）
〔龍興寺大般若經每經袟點勘〕 午年五月一日 （838?）
　　2) 安國(寺)　3) 沙州

54587 乘惠 ･･････････････････ P3328v①
〔付細布曆〕 （9C前期）

54588 乘惠 ･･････････････ P.tib1261v⑥
〔諸寺僧尼支給穀物曆〕 （9C前期）
　　1) 尼

54589 乘惠 ……………………… P.tib1261v⑦
〔諸寺僧尼支給穀物曆〕（9C前期）
　1)尼

54590 乘惠 ……………… 浙燉070（浙博045）
〔諸寺僧尼缺經請經帳目〕（9C前期）
　2)安國(寺)

54591 乘慧 ……………… BD00131（黃31）
〔維摩詰經卷中(尾)〕（9C）

54592 乘啓 ……………………… S09532
〔徒衆轉帖〕（10C）

54593 乘賢 ……………………… P5579⑪
〔大乘寺應道場尼名牒〕酉年十月（829 or 841）
　2)大乘寺

54594 乘受 ……………………… S09533
〔徒衆轉帖〕（10C）

54595 乘紹 ……………………… P2250v①
〔龍興寺僧唱布曆〕（925?）
　2)龍興寺

54596 乘淨 ……………… BD02823v（調23）
〔雜寫〕（9～10C）

54597 乘淨 ……………………… S02614v
〔燉煌應管諸寺僧尼名錄〕（895）
　2)靈修寺

54598 乘淨 ……………………… S02669
〔管内尼寺(安國寺・大乘寺・聖光寺)籍〕（865～870）
　2)大乘寺　3)莫高郷　4)姓「馬」。俗名「段娘」。

54599 乘淨 ……………………… S04444v②
〔燉煌大乘寺僧尼申告(稿)〕（905）
　2)大乘寺

54600 乘崇 ……………………… S02669
〔管内尼寺(安國寺・大乘寺・聖光寺)籍〕（865～870）
　2)大乘寺　3)龍勒郷　4)姓「石」。俗名「買々」。

54601 乘性 ……………………… S02669
〔管内尼寺(安國寺・大乘寺・聖光寺)籍〕（865～870）
　2)大乘寺　3)燉煌郷　4)姓「索」。俗名「曼殊」。

54602 乘藏 ……………………… P5579⑪
〔大乘寺應道場尼名牒〕酉年十月（829 or 841）
　2)大乘寺

54603 乘藏 ……………………… P.tib1261v⑪
〔諸寺僧尼支給穀物曆〕（9C前期）
　1)尼

54604 乘智 ……………………… P.tib1261v⑥
〔諸寺僧尼支給穀物曆〕（9C前期）
　1)尼

54605 乘智 ……………………… S02614v
〔燉煌應管諸寺僧尼名錄〕（895）
　2)安國寺

54606 乘定 ……………………… P.tib1261v⑥
〔諸寺僧尼支給穀物曆〕（9C前期）
　1)尼

54607 乘定 ……………………… S02669
〔管内尼寺(安國寺・大乘寺・聖光寺)籍〕（865～870）
　2)大乘寺　3)燉煌郷　4)姓「馮」。俗名「云子」。

54608 乘定 ……………………… 濱田115v
〔付經曆〕十月三日（9C前期）
　2)安國寺

54609 乘妙 ……………………… P2689
〔寺僧唱得物支給曆〕（9C前期）

54610 乘妙 ……………………… S02669
〔管内尼寺(安國寺・大乘寺・聖光寺)籍〕（865～870）
　2)大乘寺　3)神沙郷　4)姓「唐」。俗名「勝娘」。

54611 乘妙 ………… S07939v＋S07940Bv＋S07941
〔燉煌諸寺僧尼給糧曆〕（823以降）
　1)尼　2)聖光寺

54612 娘阿師 …………………… BD16230B（L4112）
〔便物曆〕（9～10C）

54613 娘子 …………………… BD11988（L2117）
〔某寺常住物檢曆〕（10C）

54614 娘子 ……………………… P3047v①
〔僧名等錄〕（9C前期）

54615 娘子 ……………………… P3942
〔某家榮親客目〕 (10C?)
　4)原作「員昌都頭娘子」。

54616 娘子 ……………………… P3942
〔某家榮親客目〕 (10C?)
　4)原作「員邃娘子」。

54617 娘子 ……………………… S08152
〔某寺僧奴等麵破曆〕 (10C)

54618 娘頭 …………………… 莫第166窟
〔供養人題記〕 (10C末期)
　4)原作「女娘頭一心供養」。東壁門南側。《燉》
　p.78。

54619 常晏 ……………………… P3336②
〔轉經分付維那曆〕 寅年正月八日 (834)
　3)平康鄉

54620 常意 ……………………… S02669
〔管内尼寺(安國寺・大乘寺・聖光寺)籍〕
(865~870)
　2)大乘寺　3)平康鄉　4)姓「因」。俗名「功德娘」。

54621 常㧑 ……………………… P3305piece3
〔錄事帖(社司?轉帖)〕 咸通九年十一月十八日 (868)

54622 常液 ……………………… P5568
〔諸寺付經曆〕 (823年以降)
　2)靈圖寺

54623 常戒 ……………………… P3060
〔諸寺諸色付經僧尼曆〕 (9C前期)
　1)僧尼　4)經典名「般若經卷16」。

54624 常覺 ……………………… S02729①
〔燉煌應管勘牌子曆〕 巳年七月廿一日 (788)
　1)僧　2)永安寺　3)沙州　4)俗姓「賀」。63行目。巳年7月21日死。末尾有「薩董羅檢」。

54625 常覺 ……………………… S02729①
〔燉煌應管勘牌子曆〕 辰年三月 (788)
　1)僧　2)永安寺　3)沙州　4)俗姓「何」。18行目。巳年7月21日死。

54626 常喜 ……………………… S04444v②
〔燉煌大乘寺僧尼申告(稿)〕 (905)
　2)大乘寺

54627 常均 ……………………… P3336②
〔轉經分付維那曆〕 寅年正月八日 (834)
　2)大雲寺

54628 常空 ……………………… P3336v①
〔瓜州節度轉經付維那曆〕 寅年正月卅日
(834)
　2)大雲寺　3)瓜州

54629 常君 ……………………… P4640①
〔大蕃故燉煌郡莫高窟陰處士公修功德記〕
歲次己未年四月壬子朔十五日丙寅 (839?)
　1)僧

54630 常惠 ……………………… P5568
〔諸寺付經曆〕 (823年以降)
　2)金光明寺

54631 常惠 ……………………… S00381v③
〔弟常惠謙々等祭故姊々文〕 丁亥(年)五月庚子朔十五日甲寅 (867)

54632 常悟 ……………………… BD05742②(奈42)
〔金剛經陀羅尼咒題記〕 巳年六月廿三日 (9C前後?)
　1)亡比丘尼　4)原作「爲亡比丘尼常悟寫法華經一部金光明經一部,金剛經一卷…」。

54633 常悟 ……………………… P3047v①
〔僧名等錄〕 (9C前期)
　4)俗姓「馮」。

54634 常悟 ……………………… P3047v③
〔諸僧尼送納三色香於乾元寺曆〕 (9C前期)
　2)乾元寺

54635 常悟 ……………………… P3047v⑧
〔王都督㝵合城僧徒名錄〕 (9C前期)

54636 常悟 ……………………… P3336②
〔轉經分付維那曆〕 寅年正月八日 (834)
　2)永壽寺

54637 常悟 ……………………… Дx16448
〔納贈經曆〕 (9C前期)

54638 常吼 ……………………… S03873v
〔某寺支給斛㪷僧名錄〕 (9C)

54639 常興 ……………………… S02712v
〔諸寺付經僧尼曆〕 (9C前期)
　1)僧　2)龍興寺

54640 常興 ･････････････････････ 濱田111
〔淨名關中釋批卷上〕 乙丑年 (845)
　4)原作「乙丑年(常興記)」。

54641 常贊 ･････････････････････ S09997v
〔僧名錄〕 (9C)

54642 常持 ･････････････････････ P3060
〔諸寺諸色付經僧尼曆〕 (9C前期)
　1)僧尼　4)經典名「般若經卷53」。

54643 常潤 ･････････････････････ P3619①
〔王都督儭合城僧徒名錄〕 (9C)

54644 常潤 ･････････････････････ P.tib1261v③
〔諸寺僧尼支給穀物曆〕 (9C前期)
　1)僧

54645 常閏 ･････････････････････ P5000v
〔僧尼名目〕 (9C前期)
　2)開元寺

54646 常閏 ･････････････････････ P5587④
〔某寺徒衆牒〕 丑年四月日 (809 or 821)
　1)徒衆

54647 常閏 ･････････････････････ P.tib1261v⑤
〔諸寺僧尼支給穀物曆〕 (9C前期)
　1)僧　4)⇒潤。

54648 常閏 ･････････････････････ S05824
〔經坊費負担人名目〕 (8C末～9C前期)
　1)寫經人　3)絲綿部落

54649 常照 ･････････････････････ P5568
〔諸寺付經曆〕 (823年以降)
　2)開元寺

54650 常證 ･････････････････････ 劫餘錄續編0246
〔四分戒本疏卷第1〕 丁卯年十一月十八日 (847)
　1)尼　4)原作「僧常證於講堂簷下書寫記(1行)」。

54651 常淨 ･････････････････････ P3047v⑦
〔法事僧尼名錄〕 (9C前期)
　4)俗姓「李」。

54652 常?淨 ･････････････････････ P3060
〔諸寺諸色付經僧尼曆〕 (9C前期)
　1)僧尼　4)經典名「般若經卷29」。

54653 常淨 ･････････････････････ P3060
〔諸寺諸色付經僧尼曆〕 (9C前期)
　1)僧・尼　2)永安寺・靈修寺　4)永安寺(俗姓:閻)・靈修寺(俗姓:齊)經典名:「般若經卷29」。

54654 常淨 ･････････････････････ S02729①
〔燉煌應管勘牌子曆〕 辰年三月 (788)
　1)僧　2)永安寺　3)沙州　4)俗姓「閻」。18行目。

54655 常淨 ･････････････････････ S02729①
〔燉煌應管勘牌子曆〕 辰年三月 (788)
　1)僧　2)靈修寺　3)沙州　4)俗姓「齊」。35行目。

54656 常信 ･････････････････････ P3047v⑧
〔王都督儭合城僧徒名錄〕 (9C前期)

54657 常信 ･････････････････････ S00165
〔尊勝陀羅尼神咒〕 (9C)

54658 常振 ･････････････････････ P3336v①
〔瓜州節度轉經付維那曆〕 寅年正月卅日 (834)
　2)金光明寺　3)瓜州

54659 常振 ･････････････････････ P4640⑤
〔索法律窟銘〕 (9C末～10C前)
　1)僧・(長振)長子　4)⇒索常振。

54660 常振 ･････････････････････ S11282＋S11283
〔都師寶德入破曆計會牒〕 中和三年頃 (883)

54661 常振 ･････････････････････ S11284＋S11288
〔便黃麻曆〕 (9C)

54662 常進 ･････････････････････ P3047v③
〔諸僧尼送納三色香於乾元寺曆〕 (9C前期)
　2)乾元寺

54663 常進 ･････････････････････ P3060
〔諸寺諸色付經僧尼曆〕 (9C前期)
　1)僧尼　4)經典名「般若經卷37」。

54664 常進 ･････････････････････ P3060v
〔諸寺諸色付經僧尼曆〕 (9C前期)
　4)經典名「大寶積經卷3」。

54665 常進 ･････････････････････ P3600v②
〔燉煌普光寺等尼名申告狀〕 戌年十一月 (9C前期)
　2)普光寺

54666 常進 ……………………… S02729①
〔燉煌應管勘牌子歷〕 辰年三月 （788）
　1）僧　2）普光寺　3）沙州　4）俗姓「崔」。42行目。

54667 常性 ……………………… P3947
〔龍興寺應轉經僧分兩蕃定名牒〕 亥年八月
（819 or 831）
　2）龍興寺　4）V面爲「9C前半大雲寺僧所有田籍簿」。

54668 常正 ……………………… P.tib1261v⑧
〔諸寺僧尼支給穀物歷〕 （9C前期）
　1）僧

54669 常清 ……………………… S10288
〔報恩寺沙彌等上孔法律狀稿〕 （9C?）
　1）沙彌　2）報恩寺

54670 常清 …………… Дx01305＋Дx02154＋Дx03026
〔僧等付絹等歷〕 （9C前期）
　4）⇒張常清。

54671 常清 …………… Дx01305＋Дx02154＋Дx03026
〔僧等付絹等歷〕 （9C前期）
　4）⇒尹常清。

54672 常清 ……………………… 杏・羽694①
〔當寺應管主客僧牒〕 未年閏十月 （803）
　4）文末有異一行「未年閏十月日，直歲圓滿牒」。

54673 常濟 ……………… S07939v＋S07940Bv＋S07941
〔燉煌諸寺僧尼給糧歷〕 （823以降）

54674 常詮 ……………………… P4611
〔諸寺付經歷〕 （9C末～10C初）
　2）開元寺

54675 常詮 ……………………… S08677v
〔防北門頭僧牒〕 （9C前期）

54676 常全 …………… BD14892（新1092）
〔沙彌常全爲東行寫六門多心經共兩〕 巳年十月十五日 （837）
　1）沙彌　4）原作「沙彌恒安寫」。

54677 常達 …………… BD09346（周67）
〔令知蕃法師廚費帖〕 十一月一日 （9C前期）

54678 常達 ……………………… P.tib1261v⑪
〔諸寺僧尼支給穀物歷〕 （9C前期）
　1）僧

54679 常哲 ……………………… S00410
〔大般若波羅蜜多經卷第576〕 （9C）
　1）寫

54680 常忍 ……………………… S10672
〔禮懺僧名狀〕 （9C前期）

54681 常念 ……………………… S02614v
〔燉煌應管諸寺僧尼名錄〕 （895）
　2）靈修寺

54682 常祕 …………… BD01500（寒100）
〔四分尼戒本（尾）〕 （9～10C）
　1）比丘

54683 常祕 …………… BD01500（寒100）
〔四分尼戒本（尾）〕 （9～10C）
　1）寫・比丘

54684 常祕 ……………………… P3167v
〔安國寺道場司關于（五尼寺）沙彌戒訴狀〕
乾寧二年三月 （895）
　2）安國寺

54685 常祕 ……………………… S02614v
〔燉煌應管諸寺僧尼名錄〕 （895）
　2）開元寺

54686 常祕 ……………………… Дx01443
〔龍光（興）寺僧智惠并常祕等狀〕 （9C末～10C初）
　1）僧　2）龍興寺

54687 常辯 ……………………… P.tib1261v⑥
〔諸寺僧尼支給穀物歷〕 （9C前期）
　1）僧

54688 常辯 ……………………… S05824
〔經坊費負担人名目〕 （8C末～9C前期）
　1）寫經人　3）絲綿部落

54689 常滿 ……………………… P3855
〔諸寺付經歷〕 （9C初頭）
　2）龍興寺

54690 常名 …………… BD09346（周67）
〔令知蕃法師廚費帖〕 十一月一日 （9C前期）

54691 常樂家 ············ Дx03136＋Дx04929
〔官衙酒破曆〕 二月三日等 (10C)

54692 常?□ ················· P3060
〔諸寺諸色付經僧尼曆〕 (9C前期)
　　1)僧尼　4)經典名「寶積經卷7」。

54693 淨意 ·················· S02614v
〔燉煌應管諸寺僧尼名錄〕 (895)
　　2)聖光寺

54694 淨陰 ·················· S02729①
〔燉煌應管勘牌子曆〕 辰年三月 (788)
　　1)僧　2)龍興寺 3)沙州　4)俗姓「張」。2行目。

54695 淨延 ················· Дx01380v
〔僧名目〕 (10C後期)
　　4)R面爲「七月廿八日獻信狀」(10C後期)。

54696 淨戒 ················· P2032v②
〔淨土寺惠安手下諸色入曆〕 甲辰年一日巳直歲 (944)

54697 淨戒 ·················· P2040v
〔淨土寺入破曆〕 乙巳年正月七日 (945)
　　2)淨土寺

54698 淨戒 ················· P2049v①
〔淨土寺諸色入破曆計會牒〕 同光三年 (925)
　　1)徒衆　2)淨土寺

54699 淨戒 ················· P2049v②
〔淨土寺諸色入破曆計會牒〕 長興二年正月 (930〜931)
　　1)徒衆　2)淨土寺

54700 淨戒 ················· P2680v⑧
〔付經曆〕 丙申年四月十七日 (936)

54701 淨戒 ················· P3047v⑦
〔法事僧尼名錄〕 (9C前期)

54702 淨戒 ·················· S02729①
〔燉煌應管勘牌子曆〕 辰年三月 (788)
　　1)僧　2)普光寺 3)沙州　4)俗姓「李」。43行目。未年2月11日向甘州。

54703 淨戒 ············ 浙燉168(浙博143)
〔諸寺僧名目〕 (10C中期)
　　2)(淨)土(寺)

54704 淨覺 ·················· S02729①
〔燉煌應管勘牌子曆〕 辰年三月 (788)
　　1)僧　2)靈修寺 3)沙州　4)俗姓「劉」。29行目。

54705 淨覺 ········ 呂徵「現代佛學」1961,4期 p.36 1961-10
〔般若波羅蜜多心經注〕 (10C)
　　1)沙門釋

54706 淨凝 ·················· S02729①
〔燉煌應管勘牌子曆〕 辰年三月 (788)
　　1)僧　2)大乘寺 3)沙州　4)俗姓「賀」。46行目。

54707 淨凝 ·················· S02729①
〔燉煌應管勘牌子曆〕 辰年三月 (788)
　　1)僧　3)沙州・潘原堡　4)俗姓「蕉?」。52行目。

54708 淨空 ················· P3047v⑦
〔法事僧尼名錄〕 (9C前期)

54709 淨空 ················· P3047v⑧
〔王都督懴合城僧徒名錄〕 (9C前期)

54710 淨惠 ·················· S02729①
〔燉煌應管勘牌子曆〕 辰年三月 (788)
　　1)僧　2)大乘寺 3)沙州　4)俗姓「寶」。49行目。

54711 淨惠 ·················· S04114v
〔大般若波羅密多經卷第566(背)〕 (10C)

54712 淨嚴 ··················· S04192
〔懴支給曆〕 丑年 (9C前期)

54713 淨光 ················ P.tib1202v
〔僧尼名目〕 (9C前期)

54714 淨光 ··················· S02669
〔管内尼寺(安國寺・大乘寺・聖光寺)籍〕 (865〜870)
　　2)聖光寺　3)玉關鄉　4)姓「尹」。俗名「喜々」。

54715 淨光 ············ 故宮博・新153377
〔佛說大乘稻竿經(尾)〕 天福四年歲次癸亥四月十五日 (939)
　　1)僧　2)大雲寺

54716 淨廣 ·················· S02729①
〔燉煌應管勘牌子曆〕 辰年三月 (788)
　　1)僧　2)龍興寺 3)沙州　4)俗姓「馮」。3行目。

54717 淨行 ·················· P3619①
　〔王都督儭合城僧徒名錄〕　(9C)

54718 淨行 ·················· P4611
　〔諸寺付經曆〕　(9C末～10C初)
　　1)惟那　2)聖光寺

54719 淨行 ·················· S02729①
　〔燉煌應管勘牌子曆〕　辰年三月　(788)
　　1)僧　2)大乘寺　3)沙州　4)俗姓「張」。50行目。午年3月10日死。

54720 淨修 ·················· P3060
　〔諸寺諸色付經僧尼曆〕　(9C前期)
　　1)僧尼　4)經典名「般若經卷14」。

54721 淨修 ·················· S07882
　〔就賀拔堂唱椀等曆〕　十一月廿一日　(9C前期)

54722 淨潤 ·················· S02729①
　〔燉煌應管勘牌子曆〕　辰年三月　(788)
　　1)僧　2)龍興寺　3)沙州　4)俗姓「張」。5行目。

54723 淨勝 ·················· P2032v③
　〔淨土寺諸色破曆〕　(944前後)
　　2)淨土寺

54724 淨勝 ·················· P2032v⑯-1
　〔淨土寺麥入曆〕　(940前後)
　　2)淨土寺

54725 淨勝 ·················· P2032v⑯-3
　〔淨土寺粟入曆〕　(940前後)
　　2)淨土寺

54726 淨勝 ·················· P2040v①-1
　〔淨土寺䴸黃麻豆布等破曆〕　(945前後)
　　2)淨土寺

54727 淨勝 ·················· P2040v①-4
　〔淨土寺䴸黃麻豆布等破曆〕　(945前後)
　　2)淨土寺

54728 淨勝 ·················· P2680v⑧
　〔付經曆〕　丙申年四月十七日　(936)

54729 淨勝 ·················· P3047v①
　〔僧名等錄〕　(9C前期)
　　4)俗姓「鄧」。

54730 淨勝 ·················· P3047v③
　〔諸僧尼送納三色香於乾元寺曆〕　(9C前期)
　　2)乾元寺

54731 淨勝 ·················· P3047v⑦
　〔法事僧尼名錄〕　(9C前期)
　　4)俗姓「李」。

54732 淨勝 ·················· P3234v⑫
　〔直歲廣進破曆〕　癸卯年　(943)

54733 淨勝 ·················· P3763v
　〔淨土寺入破曆〕　(945前後)
　　2)淨土寺

54734 淨勝 ·················· S02614v
　〔燉煌應管諸寺僧尼名錄〕　(895)
　　2)靈修寺

54735 淨情 ·················· S05820v＋S05826v
　〔尼明相賣牛契〕　未年閏十月　(803)
　　1)保人　4)原作「保人尼僧淨情年十八」。

54736 淨信 ·················· P.tib1202v
　〔僧尼名目〕　(9C前期)

54737 淨心 ·················· P1475v⑭
　〔便契〕　(828～829)
　　4)40歲。

54738 淨心 ·················· P2469v
　〔破曆雜錄〕　戌年六月五日　(830?)

54739 淨心 ·················· P2912v③
　〔寫大般若經一部施銀盤子麥粟粉疏〕　四月八日　(9C前期)

54740 淨心 ·················· P3779v②
　〔徒衆轉帖〕　乙酉年四月廿七日　(985?)
　　1)法律　2)乾元寺

54741 淨心 ·················· P3853
　〔諸寺付經曆〕　(9C前期)
　　2)靈圖寺

54742 淨心 ·················· P3854
　〔諸寺付經曆〕　(9C前期)
　　2)龍興寺

54743 淨心 ·················· P.tib1261v⑧
　〔諸寺僧尼支給穀物曆〕　(9C前期)
　　1)僧

54744 淨心 ･････････････････ S01475v⑬⑭
　〔便契〕 三月六日 （828～829）
　　1)僧・保人

54745 淨心 ･････････････････ S01780
　〔於沙州龍興寺受菩薩戒牒〕 元年建末月七
　日 （8C）
　　2)龍興寺　3)沙州

54746 淨深 ･････････････････ S02729①
　〔燉煌應管勘牌子歷〕 辰年三月 （788）
　　1)僧　2)龍興寺　3)沙州　4)俗姓「張」。3行目。
　　辰年3月10日死。

54747 淨深 ･････････････････ S02729①
　〔燉煌應管勘牌子歷〕 辰年三月十日 （788）
　　1)僧　2)龍興寺　3)沙州　4)俗姓「張」。59行
　　目。辰年3月10日死。末尾有「吐番贊息檢」。

54748 淨眞 ･････････････････ P3138v
　〔諸寺付經曆〕 （9C前期）
　　2)乾元寺

54749 淨眞 ･････････････････ P3205
　〔僧俗人寫經曆〕 （9C前期）

54750 淨眞 ･････････････････ S02711
　〔寫經人名目〕 （9C前期）
　　1)寫經人　2)金光明寺

54751 淨眞 ･････････････････ S04831②
　〔寫經人名目〕 （9C前期）

54752 淨眞 ･････････････････ S07945
　〔僧俗寫經分團人名目〕 （823以降）

54753 淨眞 ･････････････････ S08674
　〔某寺僧誦經曆〕 （9C前期）

54754 淨淸 ･････････････････ Ф040v
　〔雜寫(2行)〕 （9～10C）

54755 淨寂 ･････････････････ P3043v③
　〔諸僧尼送納三色香於乾元寺曆〕 （9C前期）
　　2)乾元寺

54756 淨寂 ･････････････････ P3047v⑧
　〔王都督懺合城僧徒名錄〕 （9C前期）

54757 淨相 ･････････････････ P3600v②
　〔燉煌普光寺等尼名申告狀〕 戌年十一月
　（9C前期）
　　2)普光寺

54758 淨相 ･････････････････ P3619①
　〔王都督懺合城僧徒名錄〕 （9C）

54759 淨相 ･････････････････ P.tib1261v⑥
　〔諸寺僧尼支給穀物曆〕 （9C前期）
　　1)尼

54760 淨相 ･････････････････ S02729①
　〔燉煌應管勘牌子歷〕 辰年三月 （788）
　　1)尼　2)大乘寺　3)沙州　4)俗姓「陰」。47行
　　目。申年7月22日死。

54761 淨相 ･････････････････ S02729①
　〔燉煌應管勘牌子歷〕 七月廿二日 （792）
　　1)尼　2)大乘寺　3)沙州　4)俗姓「陰」。68行
　　目。7月22日死。

54762 淨太 ･････････････････ BD06437v①(河37)
　〔燉煌僧尼名〕 （9～10C）

54763 淨太 ･････････････････ P3619①
　〔王都督懺合城僧徒名錄〕 （9C）

54764 淨泰 ･････････････････ P.tib1261v⑪
　〔諸寺僧尼支給穀物曆〕 （9C前期）
　　1)僧

54765 淨泰 ･････････････････ S02729①
　〔燉煌應管勘牌子歷〕 辰年三月 （788）
　　1)僧　2)龍興寺　3)沙州　4)俗姓「王」。4行目。

54766 淨端 ･････････････････ P2832
　〔書儀(末)〕 （9C後期?）

54767 淨智 ･････････････････ S02669
　〔管內尼寺(安國寺・大乘寺・聖光寺)籍〕
　（865～870）
　　2)聖光寺　3)效穀鄉　4)姓「康」。俗名「塩子」。

54768 淨智 ･････････････････ S02729①
　〔燉煌應管勘牌子歷〕 辰年三月 （788）
　　1)僧　2)靈修寺　3)沙州　4)俗姓「哥舒」。36行
　　目。

54769 淨智 ･････････････････ Дx01385
　〔書簡〕 （10C）
　　1)律師

54770 淨通 ･････････････････ S02712v
　〔諸寺付經僧尼曆〕 （9C前期）
　　1)僧　2)龍興寺

54771 淨通 ························ S02729①
〔燉煌應管勘牌子歷〕 辰年三月 (788)
　　1)僧　2)龍興寺　3)沙州　4)俗姓「段」。3行目。

54772 淨忍 ························ S02669
〔管内尼寺(安國寺・大乘寺・聖光寺)籍〕
(865～870)
　　2)安國寺　3)莫高鄉　4)姓「曹」。俗名「娼娃」。

54773 淨忍花 ······················ S02669
〔管内尼寺(安國寺・大乘寺・聖光寺)籍〕
(865～870)
　　2)大乘寺　3)燉煌鄉　4)姓「陰」。俗名「偏娘」。

54774 淨念 ························ P4611
〔諸寺付經歷〕 (9C末～10C初)
　　1)惟那　2)大乘寺

54775 淨念 ························ S01780
〔於沙州龍興寺受菩薩戒牒〕 元年建末月七日 (8C)
　　2)龍興寺　3)沙州

54776 淨念 ························ S02669
〔管内尼寺(安國寺・大乘寺・聖光寺)籍〕
(865～870)
　　2)大乘寺　3)燉煌鄉　4)姓「馮」。俗名「闍々」。

54777 淨辯 ························ S02729①
〔燉煌應管勘牌子歷〕 辰年三月 (788)
　　1)僧　2)龍興寺　3)沙州　4)俗姓「朱」。2行目。

54778 淨辯 ························ S02729①
〔燉煌應管勘牌子歷〕 辰年三月日 (788)
　　1)僧　3)僧尼部落　4)原作「辰年三月日僧尼部落朱淨辯牒」。58行目。俗姓：朱。池田籍帳爲米。

54779 淨法 ························ S02729①
〔燉煌應管勘牌子歷〕 辰年三月 (788)
　　1)尼　2)靈修寺　3)沙州　4)俗姓「安」。34行目。午年1月6日死。

54780 淨法 ························ S02729①
〔燉煌應管勘牌子歷〕 午年正月六日 (790)
　　1)尼　2)靈修寺　3)沙州　4)俗姓「安」。63～64行目。午年正月6日死。末尾有「楊舍人檢」。

54781 淨法律 ······················ S08750
〔某寺常住什物見在歷〕 (10C)
　　1)法律

54782 淨明 ························ S01600①
〔靈修寺厨田入破歷〕 庚申年～癸亥年 (960～963)
　　1)典座　2)靈修寺

54783 淨林 ························ S02729①
〔燉煌應管勘牌子歷〕 辰年三月 (788)
　　1)僧　2)龍興寺　3)沙州　4)俗姓「氾」。5行目。

54784 淨輪 ························ P3047v③
〔諸僧尼送納三色香於乾元寺歷〕 (9C前期)
　　2)乾元寺

54785 淨□ ······················ 莫第098窟
〔供養人題記〕 (10C中期)
　　1)釋門法律臨壇供奉大德沙門　4)南壁。《燉》p.40。《謝》p.91。

54786 觸堅 ························ P3699
〔祈願文稿〕 (9C前期)
　　1)天下僧統

54787 觸堅 ························ S00542v
〔燉煌諸寺丁壯車牛役部〕 戌年六月十八日 (818)

54788 觸臘 ························ S05824
〔經坊費負担人名目〕 (8C末～9C前期)
　　1)寫經人　3)絲綿部落

54789 辱精 ·················· BD02126v⑨(藏26)
〔雜寫習書〕 (9C後期)

54790 信 ··························· S05549
〔百歲篇1卷(題記)〕 (10C?)
　　4)原作「阿信」。

54791 信員 ······················· S01477v
〔地步歷〕 (10C初頃)
　　4)原作「信員阿娘」。⇒信員阿娘。

54792 信員阿娘 ··················· S01477v
〔地步歷〕 (10C初頃)
　　4)⇒信員。

54793 信因 ················ BD16052D(L4028)
〔僧名目〕 (10C)
　　1)沙彌

54794 信因 ························ P3638
〔沙彌善勝點檢常住什物見在歷〕 辛未年 (911)

54795 信果 ·················· P3167v
〔安國寺道場司關于(五尼寺)沙彌戒訴狀〕
乾寧二年三月 (895)
　　4)⇒吳信果。

54796 信戒 ············ BD16388A(L4460)＋
　　　BD16388B(L4460)
〔當寺轉帖〕 (9～10C)

54797 信戒 ·················· P4765
〔都僧錄帖〕 (10C後期)
　　1)第一翻・沙彌

54798 信戒 ·················· S05139v②
〔社司轉帖(寫錄)〕 四月十三日 (10C前期)

54799 信界 ············ BD08172v(乃72)
〔社司轉帖(習書・殘)〕 癸未年頃 (923頃?)

54800 信惠 ············ BD09319B(周40)
〔納贈歷〕 (9C)

54801 信惠 ············ BD15473v(簡068104)
〔贊普福田出「大般若經」付諸寺維那錄及付經雜錄〕 子年後六月十三日以後 (9C前期)
　　4)原作「付信惠」。

54802 信惠 ·················· P3214
〔祭文〕 丁卯年十一月卅日 (907)

54803 信惠 ·················· P.tib1096v
〔緣方等道場付沙彌等歷〕 酉年四月一日 (9C前期)

54804 信惠 ·················· S02614v
〔燉煌應管諸寺僧尼名錄〕 (895)
　　2)淨土寺

54805 信敬 ············ BD16388A(L4460)＋
　　　BD16388B(L4460)
〔當寺轉帖〕 (9～10C)

54806 信悟 ············ BD14486(新0686)
〔金光明經卷第3(尾)〕 (897)
　　1)弟子 2)萬壽寺 4)原作「弟子信悟持此經乾寧四載丁巳歲二月八日因吉成/於萬壽寺請得轉讀乞甘雨其年甚熟後五/亦少雨更一遍亦熟不可思議」。

54807 信行 ·················· P3249v
〔將龍光顏等隊下人名目〕 (9C中期)
　　1)僧 4)⇒安信行。

54808 信子 ·················· P2032v①-4
〔淨土寺粟入曆〕 (944前後)

54809 信子 ·················· P2040v③-2
〔淨土寺西倉粟利入曆〕 己亥年 (939)
　　2)淨土寺

54810 信修 ·················· S03180v
〔為追念設供請僧疏〕 (9C末頃)
　　2)聖光寺

54811 信修 ·················· S05486①
〔諸寺僧尼付油麵曆〕 (10C中期)
　　2)聖光寺

54812 信乘 ············ BD15473(簡068104)
〔贊普新加水則道場付諸寺維那官「大般若經」錄〕 子年後六月十三日以後 (9C前期)

54813 信乘 ·················· P3336①
〔贊普轉經付諸寺維那曆〕 丑年九月卅日 (833)
　　2)龍興寺

54814 信岑 ············ BD08172v(乃72)
〔社司轉帖(習書・殘)〕 癸未年頃 (923頃?)

54815 信深 ············ BD16052D(L4028)
〔僧名目〕 (10C)

54816 信性 ·················· Дx01385
〔書簡〕 (10C)
　　1)律師

54817 信政 ············ BD16211(L4105)
〔僧信政狀〕 (9～10C)
　　1)僧

54818 信政 ·················· S03631v
〔僧人名目〕 (10C中～後期)

54819 信清 ·················· MG17665
〔法華經普門品變相〕 (10C後期)
　　1)施主女・(陰願昌)姊 4)原作「施主子弟銀青光祿大夫檢校太子賓客陰願昌姊信清」。

54820 信清 ·················· P2944
〔大乘寺・聖光寺等尼僧名錄〕 (10C後期?)

54821 信寂 ·················· P2671v
〔僧名錄(河西都僧統等20數名)〕 甲辰年頃 (884頃)

信　しん　人名篇

54822 信寂 ……………… Дx01586в
　〔惠通下僧名目〕（9C後期）

54823 信相 ……………… S02614v
　〔燉煌應管諸寺僧尼名錄〕（895）

54824 信達 ……………… P4765
　〔都僧錄帖〕（10C後期）
　　1) 第一翻

54825 信達 ……………… S02614v
　〔燉煌應管諸寺僧尼名錄〕（895）
　　2) 乾元寺

54826 信達 ……………… Дx04899
　〔都師信達什物勘會牒(存2行)〕 四月九日
　（10C）
　　1) 都師　4) 文中存「以四月九日都師信達幡」。

54827 信智 ……………… BD16453A
　〔水則道場轉經兩翻名目〕（9～10C）
　　1) 第二翻

54828 信智 ……………… S01653v
　〔付麵曆佛會支出簿〕（10C）

54829 信智 ……………… S04504v③
　〔願文〕（10C前期）

54830 信定 ……………… BD00535(荒35)
　〔佛說無常經首二行別記〕（10C中期頃）

54831 信定 ……………… BD16052D(L4028)
　〔僧名目〕（10C）

54832 信定 ……………… S02614v
　〔燉煌應管諸寺僧尼名錄〕（895）
　　2) 大乘寺

54833 信定 ……………… S03180v
　〔為追念設供請僧疏〕（9C末頃）

54834 信苐 ……………… P3336①
　〔贊普轉經付諸寺維那曆〕 丑年九月卅日
　（833）
　　2) 安國寺

54835 信德 ………… BD16388A(L4460)＋
　BD16388B(L4460)
　〔當寺轉帖〕（9～10C）

54836 信德 ……………… BD16553
　〔人名目〕（9C）

54837 信德 ……………… P3336v②
　〔監軍轉經付維那曆〕（寅年)二月廿日（834）
　　2) 靈圖寺

54838 信德 ……………… P4765
　〔都僧錄帖〕（10C後期）
　　1) 第一翻

54839 信德 ……………… S02614v
　〔燉煌應管諸寺僧尼名錄〕（895）
　　2) 報恩寺

54840 信德 ……………… S09997v
　〔僧名錄〕（9C）

54841 信德 ………… Дx02449＋Дx05176
　〔(時年)轉帖〕 十一月十九日（10C前期）
　　2) 報恩寺

54842 信念 ……………… BD16453A
　〔水則道場轉經兩翻名目〕（9～10C）
　　1) 第二翻

54843 信力 ……………… BD13800(簡68138)
　〔便糧食曆〕（9～10C）

54844 信力 ……………… P2250v①
　〔龍興寺僧唱布曆〕（925?）
　　2) 龍興寺

54845 信力 ……………… S05845
　〔郭僧政等貸油麵曆〕 己亥年二月十七日
　（939）

54846 信力 ……………… Stein Painting 77v
　〔曹元忠夫婦修北大像功德記〕 乾德四年五月
　九日（966）
　　1) 釋門僧正

54847 信力 ……………… Дx01385
　〔書簡〕（10C）
　　1) 律師

54848 信連 ……………… BD08172v(乃72)
　〔社司轉帖(習書・殘)〕 癸未年頃（923頃?）
　　4) 原作「信達」。

959

54849 信□ ‥‥‥‥‥‥‥‥‥‥ 莫第386窟
〔供養人題記〕（8C後期）
　　1)僧　4)原作「僧信□一心(供)養俗姓安(氏)」。東壁門北側。《燉》p.146。⇒安信□。

54850 嬪ゝ ‥‥‥‥‥‥‥‥‥‥ S00381v①
〔僧威信祭故嬪ゝ文〕 己卯年～丁亥年頃（859～867）

54851 心 ‥‥‥‥‥‥‥‥‥‥ P.tib1261v③
〔諸寺僧尼支給穀物曆〕（9C前期）
　　1)寺主

54852 心 ‥‥‥‥‥‥‥‥‥‥ P.tib1261v⑤
〔諸寺僧尼支給穀物曆〕（9C前期）
　　1)寺主

54853 心 ‥‥‥‥‥‥‥‥‥‥ P.tib1261v⑦
〔諸寺僧尼支給穀物曆〕（9C前期）
　　1)寺主

54854 心惠 ‥‥‥‥‥‥‥‥‥‥ P.tib1261v⑥
〔諸寺僧尼支給穀物曆〕（9C前期）
　　1)尼

54855 心惠 ‥‥‥‥‥‥‥‥‥‥ P.tib1261v⑦
〔諸寺僧尼支給穀物曆〕（9C前期）
　　1)尼

54856 心惠 ‥‥‥‥‥ S07939v＋S07940Bv＋S07941
〔燉煌諸寺僧尼給糧曆〕（823以降）
　　1)尼

54857 心淨 ‥‥‥‥‥‥‥‥‥‥ P4983v
〔社官納色曆〕 戊午年十二月廿日（886 or 946）

54858 心淨 ‥‥‥‥‥‥‥‥‥‥ S01053v
〔某寺破曆〕 戊辰年（908）

54859 心ゝ ‥‥‥‥‥‥‥‥‥‥ S00542v
〔簿〕 戊年六月十八日（818）

54860 心眞 ‥‥‥‥‥‥‥‥‥‥ S02614v
〔燉煌應管諸寺僧尼名錄〕（895）
　　2)靈修寺

54861 心善 ‥‥‥‥‥‥‥‥‥‥ P2250v①
〔龍興寺僧唱布曆〕（925?）
　　2)龍興寺

54862 心智 ‥‥‥‥‥‥‥‥‥‥ S01364
〔付經曆〕（9C）
　　1)僧　2)大乘寺

54863 心智 ‥‥‥‥‥‥‥‥‥‥ S02669
〔管內尼寺(安國寺・大乘寺・聖光寺)籍〕（865～870）
　　2)大乘寺　3)平康鄉　4)姓「史」。俗名「毛ゝ」。

54864 心德 ‥‥‥‥‥‥‥‥‥‥ 莫第036窟
〔供養人題記〕（10C前期）
　　4)原作「□□寺…心德…」。北壁。《燉》p.11。

54865 愼惠 ‥‥‥‥‥‥‥‥‥‥ S03841
〔大般若波羅密多經卷第232〕（9C）
　　1)勘

54866 振威 ‥‥‥‥‥‥‥‥‥‥ BD08599(推99)
〔大般若波羅蜜多經卷第147(兌廢稿上邊有)〕（9C）

54867 振晉 ‥‥‥‥‥‥‥‥‥‥ 杏・羽694①
〔當寺應管主客僧牒〕 未年閏十月（803）
　　4)文末有異一行「未年閏十月日,直歲圓滿牒」。

54868 晉光 ‥‥‥‥‥‥‥‥‥‥ P3047v①
〔僧名等錄〕（9C前期）
　　4)俗姓「楊」。

54869 晉光 ‥‥‥‥‥‥‥‥‥‥ P3047v①
〔僧名等錄〕（9C前期）

54870 津法 ‥‥‥‥‥‥‥‥‥‥ 濱田115v
〔付經曆〕 未年二月廿二日（9C前期）
　　2)聖光寺

54871 深信 ‥‥‥‥‥‥‥‥‥‥ S02614v
〔燉煌應管諸寺僧尼名錄〕（895）
　　2)龍興寺

54872 深信 ‥‥‥‥‥‥‥‥‥‥ S05495
〔入破曆〕 天復四年甲子歲二月一日（904）
　　1)燈司　都師

54873 深性 ‥‥‥‥‥‥‥‥‥‥ Дx02888
〔女弟子深性於靈圖寺受菩薩戒〕 周德十七年二月一日（782）
　　1)女弟子　2)靈圖寺

54874 眞意 ‥‥‥‥‥‥‥‥‥‥ P2583v③
〔比丘尼眞意散施疏〕 申年頃十二月廿日（828頃）
　　1)比丘尼

54875 眞意 ······················ P3167v
〔安國寺道場司關于(五尼寺)沙彌戒訴狀〕
乾寧二年三月 (895)
2)大乘寺 4)⇒王眞意。

54876 眞意 ······················ P3556v⑦
〔道場思惟簿〕 (10C)

54877 眞意 ······················ P.tib1261v⑩
〔諸寺僧尼支給穀物曆〕 (9C前期)
1)尼

54878 眞意 ······················ S01625
〔入破曆計會〕 天福三年(戊戌)十二月六日
(938)
1)徒奴衆

54879 眞意 ······················ S02614v
〔燉煌應管諸寺僧尼名錄〕 (895)
2)大乘寺

54880 眞意 ······················ S02614v
〔燉煌應管諸寺僧尼名錄〕 (895)
2)靈修寺

54881 眞意 ······················ S02614v
〔燉煌應管諸寺僧尼名錄〕 (895)
2)安國寺

54882 眞意 ······················ S02614v
〔燉煌應管諸寺僧尼名錄〕 (895)

54883 眞意 ······················ S02729①
〔燉煌應管勘牌子曆〕 辰年三月 (788)
1)僧 2)大乘寺 3)沙州 4)俗姓「索」。50行目。

54884 眞意 ······················ S04444v②
〔燉煌大乘寺僧尼申告(稿)〕 (905)
2)大乘寺

54885 眞意 ······················ Дx01459
〔第一判諸寺尼僧名錄〕 (9C末～10C初)
2)普(光寺)

54886 眞意 ······················ 井上目57,圖版1背
〔釋門教授帖〕 子年頃 (820 or 832頃)
1)尼・律師檢校道場律師 2)大乘寺

54887 眞意 ······················ 杏・羽694v①
〔諸寺僧尼唱儭物曆〕 (9C中期)
2)永安寺? 4)R①爲「未年閏十月當寺(永安寺?)應管主客僧牒」。

54888 眞一 ······················ P3047v①
〔僧名等錄〕 (9C前期)
4)俗姓「索」。

54889 眞一 ······················ P3047v⑧
〔王都督儭合城僧徒名錄〕 (9C前期)

54890 眞一 ······················ P3947
〔龍興寺應轉經僧分兩蕃定名牒〕 亥年八月
(819 or 831)
2)龍興寺 4)V面爲「9C前半大雲寺僧所有田籍簿」。

54891 眞圓 ······················ S02614v
〔燉煌應管諸寺僧尼名錄〕 (895)
2)安國寺

54892 眞應 ······················ P.tib1261v③
〔諸寺僧尼支給穀物曆〕 (9C前期)
1)僧(尼)

54893 眞觀 ······················ P3047v③
〔諸僧尼送納三色香於乾元寺曆〕 (9C前期)
2)乾元寺

54894 眞願 ······················ S11352
〔法律道哲牓示〕 (9C)

54895 眞空 ······················ P3047v①
〔僧名等錄〕 (9C前期)
4)俗姓「郭」。

54896 眞空 ······················ P3047v③
〔諸僧尼送納三色香於乾元寺曆〕 (9C前期)
2)乾元寺 4)俗姓「杜」。

54897 眞空 ······················ P3060
〔諸寺諸色付經僧尼曆〕 (9C前期)
1)僧尼 4)經典名「般若經卷6」。

54898 眞空 ······················ P3060
〔諸寺諸色付經僧尼曆〕 (9C前期)
1)僧尼 4)經典名「般若經卷4」。

54899 眞空 ······················ P.tib1261v⑪
〔諸寺僧尼支給穀物曆〕 (9C前期)
1)僧

54900 眞惠 ······················ P2912v③
〔寫大般若經一部施銀盤子麥粟粉疏〕 四月八日 (9C前期)

54901 眞惠 ·············· P3491v①
〔某寺設齋勾當名目〕 壬子年十一月二日
(832 or 844)
　1)比丘尼

54902 眞惠 ·············· P3600v②
〔燉煌普光寺等尼名申告狀〕 戌年十一月
(9C前期)
　2)普光寺

54903 眞惠 ·············· P3619①
〔王都督僢合城僧徒名錄〕 (9C)

54904 眞惠 ·············· P5579⑪
〔大乘寺應道場尼名牒〕 酉年十月 (829 or 841)
　2)大乘寺

54905 眞惠 ·············· P.tib1202v
〔僧尼名目〕 (9C前期)

54906 眞惠 ·············· S02614v
〔燉煌應管諸寺僧尼名錄〕 (895)
　2)安國寺

54907 眞惠 ·············· S11352
〔法律道哲牓示〕 (9C)

54908 眞惠 ·············· 井上目57,圖版1背
〔釋門教授帖〕 子年頃 (820 or 832頃)
　1)尼・律師檢校道場律師　2)大乘寺

54909 眞賢 ·············· S02614v
〔燉煌應管諸寺僧尼名錄〕 (895)
　2)大乘寺

54910 眞賢 ·············· S02669
〔管內尼寺(安國寺・大乘寺・聖光寺)籍〕
(865~870)
　2)大乘寺　3)燉煌鄉　4)姓「陰」。俗名「閏子」。

54911 眞元 ·············· P3138
〔諸寺維那請大般若經袟〕 (9C前期)
　2)大乘寺

54912 眞原 ·············· P2469v
〔破曆雜錄〕 戌年六月五日 (830?)

54913 眞原 ·············· P.tib1261v⑥
〔諸寺僧尼支給穀物曆〕 (9C前期)
　1)尼

54914 眞原 ·············· P.tib1261v⑦
〔諸寺僧尼支給穀物曆〕 (9C前期)
　1)尼

54915 眞原 ·············· S02614v
〔燉煌應管諸寺僧尼名錄〕 (895)
　2)安國寺

54916 眞嚴 ·············· S00800
〔尼僧帖〕 (9C?)
　4)本件是卷末補添紙。R面為「論語述而第7」(8C)。

54917 眞嚴 ·············· S02614v
〔燉煌應管諸寺僧尼名錄〕 (895)

54918 眞彥 ·············· P3047v③
〔諸僧尼送納三色香於乾元寺曆〕 (9C前期)
　2)乾元寺

54919 眞悟 ·············· P2689
〔寺僧唱得物支給曆〕 (9C前期)
　2)普光寺

54920 眞悟 ·············· P3060
〔諸寺諸色付經僧尼曆〕 (9C前期)
　1)僧尼　4)經典名「寶積經卷10」。

54921 眞悟 ·············· P3060
〔諸寺諸色付經僧尼曆〕 (9C前期)
　1)僧尼　4)經典名「般若經卷6」。

54922 眞悟 ·············· P3600v②
〔燉煌普光寺等尼名申告狀〕 戌年十一月
(9C前期)
　2)普光寺

54923 眞悟 ·············· 杏・羽694①
〔當寺應管主客僧牒〕 未年閏十月 (803)
　4)文末有異一行「未年閏十月日,直歲圓滿牒」。

54924 眞廣 ·············· P.tib1261v⑩
〔諸寺僧尼支給穀物曆〕 (9C前期)
　1)僧

54925 眞行 ·············· P3047v①
〔僧名等錄〕 (9C前期)
　4)俗姓「李」。

54926 眞行 ·············· P3047v③
〔諸僧尼送納三色香於乾元寺曆〕 (9C前期)
　2)乾元寺

54927 眞行 ·················· P3600v②
〔燉煌普光寺等尼名申告狀〕 戌年十一月
(9C前期)
　　1)寺主　2)普光寺

54928 眞行 ·················· S00800
〔尼僧帖〕 (9C?)
　　4)本件是卷末補添紙。R面爲「論語述而第7」
　　(8C)。

54929 眞行 ·················· S02614v
〔燉煌應管諸寺僧尼名錄〕 (895)
　　2)靈修寺

54930 眞行 ·················· S02614v
〔燉煌應管諸寺僧尼名錄〕 (895)
　　2)安國寺

54931 眞行 ·················· S02729①
〔燉煌應管勘牌子歷〕 辰年三月 (788)
　　1)僧　2)普光寺　3)沙州　4)俗姓「梁」。43行
　　目。

54932 眞行 ·················· S11352
〔法律道哲牓示〕 (9C)

54933 眞行 ·················· Дx01459
〔第一判諸寺尼僧名錄〕 (9C末～10C初)
　　2)安國寺

54934 眞實 ·················· S00800
〔尼僧帖〕 (9C?)
　　4)本件是卷末補添紙。R面爲「論語述而第7」
　　(8C)。

54935 眞修 ·················· P3047v③
〔諸僧尼送納三色香於乾元寺曆〕 (9C前期)
　　2)乾元寺

54936 眞秀 ·················· P3047v⑧
〔王都督牒合城僧徒名錄〕 (9C前期)

54937 眞如 ·················· P2286
〔梵網經述記卷1〕 (9C)

54938 眞如 ·················· P5579⑪
〔大乘寺應道場尼名牒〕 酉年十月 (829 or 841)
　　2)大乘寺

54939 眞如 ·················· S01776②
〔某寺常住什物交割點檢曆〕 顯德五年戊午
十一月十三日 (958)

54940 眞如 ·················· S02614v
〔燉煌應管諸寺僧尼名錄〕 (895)
　　2)靈修寺

54941 眞如 ·················· S02614v
〔燉煌應管諸寺僧尼名錄〕 (895)
　　2)安國寺

54942 眞如 ·················· S04444v②
〔燉煌大乘寺僧尼申告(稿)〕 (905)
　　2)大乘寺

54943 眞如 ·················· S11352
〔法律道哲牓示〕 (9C)

54944 眞如恩 ·················· S11425v
〔諸寺僧尼給糧曆〕 (9C前期)

54945 眞如見 ·················· P5579⑪
〔大乘寺應道場尼名牒〕 酉年十月 (829 or 841)
　　2)大乘寺

54946 眞如見 ·················· S11163
〔大般若波羅蜜多經卷第284(經扉題記)〕
(9C)

54947 眞如燈 ·················· P.tib1261v④
〔諸寺僧尼支給穀物曆〕 (9C前期)
　　1)尼

54948 眞如□ ·················· S11425v
〔諸寺僧尼給糧曆〕 (9C前期)

54949 眞勝 ·················· S02614v
〔燉煌應管諸寺僧尼名錄〕 (895)
　　2)安國寺

54950 眞勝 ·················· S02669
〔管內尼寺(安國寺・大乘寺・聖光寺)籍〕
(865～870)
　　2)大乘寺　3)龍勒鄉　4)姓「氾」。俗名「嬌〻」。

54951 眞勝 ·················· S02729①
〔燉煌應管勘牌子歷〕 辰年三月 (788)
　　1)僧　2)靈修寺　3)沙州　4)俗姓「張」。36行
　　目。

54952 眞勝 ·················· S04444v②
〔燉煌大乘寺僧尼申告(稿)〕 (905)
　　2)大乘寺

54953 眞勝行 ·············· S02669
〔管内尼寺(安國寺・大乘寺・聖光寺)籍〕
(865～870)
　　2)大乘寺　3)洪池鄉　4)姓「唐」。俗名「判娘」。

54954 眞淨 ·············· P3047v①
〔僧名等録〕（9C前期）
　　4)俗姓「李」。

54955 眞淨 ·············· P3047v③
〔諸僧尼送納三色香於乾元寺曆〕（9C前期）
　　2)乾元寺

54956 眞淨 ·············· P3491v①
〔某寺設齋勾當名目〕壬子年十一月二日
(832 or 844)
　　1)比丘尼

54957 眞淨 ·············· P3619①
〔王都督儭合城僧徒名録〕（9C）

54958 眞淨 ·············· P5579①
〔大乘寺應道場尼名牒〕酉年十月（829 or 841)
　　2)大乘寺

54959 眞淨 ·············· P.tib1261v②
〔諸寺僧尼支給穀物曆〕（9C前期）
　　1)尼

54960 眞淨 ·············· P.tib1261v③
〔諸寺僧尼支給穀物曆〕（9C前期）
　　1)尼

54961 眞淨 ·············· P.tib1261v⑧
〔諸寺僧尼支給穀物曆〕（9C前期）
　　1)尼

54962 眞淨 ·············· S02729①
〔燉煌應管勘牌子曆〕辰年三月（788）
　　1)僧　2)大乘寺　3)沙州　4)俗姓「索」。47行目。

54963 眞淨 ·············· S07882
〔就賀拔堂唱椀等曆〕十一月廿一日（9C前期）

54964 眞淨 ·············· 莫第176窟
〔供養人題記〕（8C末期～9C初期）
　　1)女弟子　4)北壁。《燉》p.80。

54965 眞淨智 ············ P5579⑪
〔大乘寺應道場尼名牒〕酉年十月（829 or 841)
　　2)大乘寺

54966 眞心 ·············· P2595②
〔買地契殘別記〕乾符二年（875）

54967 眞心 ·············· P3556v⑦
〔道場思惟簿〕（10C）

54968 眞心 ·············· S02729①
〔燉煌應管勘牌子曆〕辰年三月（788）
　　1)尼　2)大乘寺　3)沙州　4)俗姓「閻」。48行目。辰年8月4日死。

54969 眞心 ·············· S02729①
〔燉煌應管勘牌子曆〕辰年八月四日（788）
　　1)尼　2)大乘寺　3)沙州　4)俗姓「閻」。61-62行目。辰年8月4日死。末尾有「贊息檢」。

54970 眞性 ·············· P3619①
〔王都督儭合城僧徒名録〕（9C）

54971 眞性 ·············· S02614v
〔燉煌應管諸寺僧尼名録〕（895）
　　2)大乘寺

54972 眞性 ·············· S02614v
〔燉煌應管諸寺僧尼名録〕（895）
　　2)安國寺

54973 眞性 ·············· S02669
〔管内尼寺(安國寺・大乘寺・聖光寺)籍〕
(865～870)
　　2)大乘寺　3)洪池鄉　4)姓「索」。俗名「福々」。

54974 眞性 ·············· S02729①
〔燉煌應管勘牌子曆〕辰年三月（788）
　　1)僧　2)大乘寺　3)沙州　4)俗姓「宋」。48行目。

54975 眞性 ·············· Дx01329r.v
〔上令公牒〕（10C前期）
　　1)尼　2)大乘(寺)

54976 眞濟 ·············· P3730⑨
〔牒〕寅年九月（9C）
　　2)大乘寺

54977　眞濟 ·················· P5579⑪
　〔大乘寺應道場尼名牒〕　酉年十月　(829 or 841)
　　2)大乘寺

54978　眞寂 ·················· S02614v
　〔燉煌應管諸寺僧尼名錄〕　(895)
　　2)安國寺

54979　眞寂 ·················· S02614v
　〔燉煌應管諸寺僧尼名錄〕　(895)
　　2)大乘寺

54980　眞寂 ·················· S02669
　〔管内尼寺(安國寺・大乘寺・聖光寺)籍〕
　(865～870)
　　2)聖光寺　3)慈惠鄉　4)姓「蘇」。俗名「再ゝ」。

54981　眞寂 ·················· S02729①
　〔燉煌應管勘牌子歷〕　辰年三月　(788)
　　1)僧　2)普光寺　3)沙州　4)俗姓「羅」。41行目。

54982　眞詮 ············ BD15473(簡068104)
　〔贊普新加水則道場付諸寺維那官「大般若經」錄〕　子年後六月十三日以後　(9C前期)
　　1)維那　2)(大)雲(寺)　4)原作「云維那眞詮」。

54983　眞詮 ·················· P2912v③
　〔寫大般若經一部施銀盤子麥粟粉疏〕　四月八日　(9C前期)

54984　眞?詮 ················· P3060
　〔諸寺諸色付經僧尼歷〕　(9C前期)
　　1)僧尼　4)經典名「般若經卷7」。

54985　眞詮 ·················· S00476A
　〔諸寺付經僧尼歷〕　(9C前期)
　　1)僧　2)蓮臺寺

54986　眞詮 ·················· S00476Bv
　〔諸寺付經僧尼歷〕　(9C前期)
　　1)僧　2)大雲寺

54987　眞詮 ·················· S08677v
　〔防北門頭僧牒〕　(9C前期)

54988　眞相 ·················· P3047v①
　〔僧名等錄〕　(9C前期)
　　4)俗姓「郭」。

54989　眞相 ·················· P3047v③
　〔諸僧尼送納三色香於乾元寺歷〕　(9C前期)
　　2)乾元寺

54990　眞相 ·················· S00800
　〔尼僧帖〕　(9C?)
　　4)本件是卷末補添紙。R面爲「論語述而第7」(8C)。

54991　眞相 ·················· S02614v
　〔燉煌應管諸寺僧尼名錄〕　(895)
　　2)安國寺

54992　眞藏 ·················· S02614v
　〔燉煌應管諸寺僧尼名錄〕　(895)

54993　眞藏 ·················· S02669
　〔管内尼寺(安國寺・大乘寺・聖光寺)籍〕
　(865～870)
　　2)大乘寺　3)平康鄉　4)姓「楊」。俗名「八娘」。

54994　眞躰 ·················· S04444v②
　〔燉煌大乘寺僧尼申告(稿)〕　(905)
　　2)大乘寺

54995　眞智 ·················· P2689
　〔寺僧唱得物支給歷〕　(9C前期)

54996　眞智 ·················· P3600v②
　〔燉煌普光寺等尼名申告狀〕　戌年十一月
　(9C前期)
　　2)普光寺

54997　眞智 ·················· P3947v
　〔大雲寺僧所有田籍簿〕　(9C前期)
　　1)尼・佃人　4)R面爲「亥年(819or831)八月龍興寺應轉經僧分兩蕃定名牒」。

54998　眞頂 ·················· S02614v
　〔燉煌應管諸寺僧尼名錄〕　(895)
　　2)安國寺

54999　眞頂 ·················· S11352
　〔法律道哲牓示〕　(9C)

55000　眞定 ·················· P3060
　〔諸寺諸色付經僧尼歷〕　(9C前期)
　　1)僧尼　4)經典名「般若經卷40」。

55001　眞定 ·················· S00800
　〔尼僧帖〕　(9C?)
　　4)本件是卷末補添紙。R面爲「論語述而第7」(8C)。

55002 眞定 ·················· S02614v
　〔燉煌應管諸寺僧尼名錄〕（895）
　　2）大乘寺

55003 眞定 ·················· S02614v
　〔燉煌應管諸寺僧尼名錄〕（895）
　　2）聖光寺

55004 眞定 ·················· S02669
　〔管内尼寺（安國寺・大乘寺・聖光寺）籍〕
　（865～870）
　　2）大乘寺　3）燉煌鄕　4）姓「趙」。俗名「嬌々」。

55005 眞定 ········· S07939v＋S07940Bv＋
　　　　　　　　　　　　S07941
　〔燉煌諸寺僧尼給糧曆〕（823以降）
　　1）尼　2）聖光寺

55006 眞轉 ·················· S00476A
　〔諸寺付經僧尼曆〕（9C前期）
　　1）僧　2）大雲寺

55007 眞念 ·················· S02669
　〔管内尼寺（安國寺・大乘寺・聖光寺）籍〕
　（865～870）
　　2）大乘寺　3）洪閏鄕　4）姓「唐」。俗名「勝威」。

55008 眞法 ·················· S02729①
　〔燉煌應管勘牌子歷〕 辰年三月（788）
　　1）僧　2）大乘寺　3）沙州　4）俗姓「陰」。49行目。

55009 眞妙 ·················· S01625
　〔入破曆計會〕 天福三年（戊戌）十二月六日
　（938）
　　1）徒奴衆

55010 眞妙 ·················· S01776②
　〔某寺常住什物交割點檢曆〕 顯德五年戊午
　十一月十三日（958）

55011 眞妙 ·················· S02614v
　〔燉煌應管諸寺僧尼名錄〕（895）
　　2）靈修寺

55012 眞妙 ·················· S02729①
　〔燉煌應管勘牌子歷〕 辰年三月（788）
　　1）僧　2）大乘寺　3）沙州　4）俗姓「宋」。49行目。

55013 眞妙 ················· 杏・羽694v①
　〔諸寺僧尼唱儭物曆〕（9C中期）
　　2）永安寺？　4）R①爲「未年閏十月當寺（永安寺？）應管主客僧牒」。

55014 眞明 ·················· S02614v
　〔燉煌應管諸寺僧尼名錄〕（895）
　　2）靈修寺

55015 眞明 ·················· S04444v②
　〔燉煌大乘寺僧尼申告（稿）〕（905）
　　2）大乘寺

55016 神威 ············ BD02114（藏14）
　〔大般若波羅蜜多經卷第286（寫記）〕（9～10C）

55017 神威 ·················· P2250v⑤
　〔金光明寺僧唱布曆〕（925？）
　　2）金光明寺

55018 神威 ·················· P2974v
　〔某寺諸色斛斗入破曆計會（稿）〕 乾寧五年戊午正月廿五日（897）

55019 神威 ················ P3491piece1
　〔某寺設齋勾當名目〕（9C前期）

55020 神威 ·················· P.tib1261v②
　〔諸寺僧尼支給穀物曆〕（9C前期）
　　1）僧

55021 神威 ·················· P.tib1261v③
　〔諸寺僧尼支給穀物曆〕（9C前期）
　　1）僧

55022 神威 ·················· P.tib1261v④
　〔諸寺僧尼支給穀物曆〕（9C前期）
　　1）僧

55023 神威 ·················· P.tib1261v⑥
　〔諸寺僧尼支給穀物曆〕（9C前期）
　　1）僧

55024 神威 ·················· P.tib1261v⑦
　〔諸寺僧尼支給穀物曆〕（9C前期）
　　1）僧

55025 神威 ·················· P.tib1261v⑧
　〔諸寺僧尼支給穀物曆〕（9C前期）
　　1）僧

55026 神威 ·········· P.tib1261v⑨
〔諸寺僧尼支給穀物曆〕 (9C前期)
　1)僧

55027 神威 ·········· P.tib1261v⑩
〔諸寺僧尼支給穀物曆〕 (9C前期)
　1)僧

55028 神威 ·········· P.tib1261v⑪
〔諸寺僧尼支給穀物曆〕 (9C前期)
　1)僧

55029 神威 ·········· P.tib1261v⑫
〔諸寺僧尼支給穀物曆〕 (9C前期)
　1)僧

55030 神威 ············ S02614v
〔燉煌應管諸寺僧尼名錄〕 (895)
　2)蓮臺寺

55031 神威 ············· S02701
〔淨名經開中疏卷上〕 戊戌年四月一日 (878)
　1)記

55032 神威 ········· S06417⑰⑱
〔任命狀〕 同光四年三月 (926)
　1)徒衆・上座　2)金光明寺

55033 神威 ········ Stein Painting 5
〔文殊普賢四觀音圖題記〕 咸通五年 (864)
　1)(唐安諫)父　4)原作「父僧神威一心供養」。⇒唐神威。

55034 神英 ··············· P2689
〔寺僧唱得物支給曆〕 (9C前期)

55035 神英 ·········· P.tib1261v⑪
〔諸寺僧尼支給穀物曆〕 (9C前期)
　1)僧

55036 神英 ············· S11425v
〔諸寺僧尼給糧曆〕 (9C前期)

55037 神挾 ············· S01350
〔負儭布契〕 大中五年二月十三日 (851)
　1)僧　4)原作「於僧神挾邊」。

55038 神應 ············· S06503
〔淨名經開中疏卷上〕 蕃中歲次乙酉冬未月下旬二日 (805)
　1)比丘　2)報恩寺

55039 神會 ············· P3490v①
〔油破曆〕 辛巳年頃 (921頃)

55040 神會 ············· P3490v②
〔麵破曆〕 辛巳年 (921)

55041 神會 ··············· P3638
〔沙彌善勝點檢常住什物見在曆〕 辛未年 (911)

55042 神會 ··········· P4958piece3
〔當寺轉帖(殘)〕 (10C前期)

55043 神會 ·········· P.tib1261v⑩
〔諸寺僧尼支給穀物曆〕 (9C前期)
　1)尼

55044 神會 ············· S02614v
〔燉煌應管諸寺僧尼名錄〕 (895)
　2)淨土寺

55045 神會 ············· S05893
〔管內僧寺(報恩寺・淨土寺)籍〕 (865～875)
　3)肅州酒泉鄉

55046 神敢 ············· S04852v
〔付諸僧給麵蘇曆〕 (9C末～10C初)
　2)永安寺

55047 神希 ········· BD03355⑤(雨55)
〔佛說大乘稻竿經(末)〕 (9C)
　2)永壽寺　3)大番國沙州　4)原作「大番國沙州永康寺律師神希記」。

55048 神暉 ·········· P.tib1261v⑨
〔諸寺僧尼支給穀物曆〕 (9C前期)
　1)僧

55049 神歸 ··············· P2689
〔寺僧唱得物支給曆〕 (9C前期)

55050 神歸 ··············· P3947
〔龍興寺應轉經僧分兩蕃定名牒〕 亥年八月 (819 or 831)
　2)龍興寺　4)V面爲「9C前半大雲寺僧所有田籍簿」。

55051 神飯 ············· S03873v
〔某寺支給斛㪷僧名錄〕 (9C)

55052 神輝 ··············· P3850
〔支給僧斛㪷曆等〕 (9C前期)

神　しん　人名篇

967

55053 神惠 ·············· P3616v
〔納七器具名歷〕 卯年九月廿四日 (10C前期)
　4)丁亥年(927)社轉以前。

55054 神惠 ·············· P.tib1261v⑦
〔諸寺僧尼支給穀物歷〕 (9C前期)
　1)僧

55055 神惠 ·············· S04852v
〔付諸僧給麵蘇歷〕 (9C末～10C初)
　2)永安寺

55056 神惠 ·············· 濱田115v
〔付經歷〕 十月三日 (9C前期)
　2)靈圖寺

55057 神慧 ·············· S06670
〔瑜伽論疏卷第13卷第15〕 丙子年四月十三日 (856?)
　1)比丘　4)原作「丙子年四月十三日終比丘神慧記」。

55058 神慶 ·············· S02614v
〔燉煌應管諸寺僧尼名錄〕 (895)
　2)報恩寺

55059 神慶 ·············· S10005
〔人名目〕 (10C)

55060 神建 ·············· S03873v
〔某寺支給斛斗僧名錄〕 (9C)

55061 神建 ·············· S03983
〔經藏點檢歷〕 (壬子年頃)十二月五日 (832頃)
　2)報恩寺

55062 神建 ·············· S05893
〔管內僧寺(報恩寺・淨土寺)籍〕 (865～875)
　2)淨土寺　3)慈惠鄉

55063 神交 ·············· BD06359v②(鹹59)
〔人名目〕 (9C前期)

55064 神光 ·············· P4810v②
〔爲亡妣請僧疏〕 (9C前期)
　2)金光明寺

55065 神吼 ·············· S02614v
〔燉煌應管諸寺僧尼名錄〕 (895)
　2)龍興寺

55066 神皎 ·············· P.tib1261v④
〔諸寺僧尼支給穀物歷〕 (9C前期)
　1)僧(尼)

55067 神潔 ·············· S02041
〔社約〕 丙寅年三月四日 (846)
　1)僧　4)年號別筆(丙寅年三月四日)。ペン筆。

55068 神贊 ·············· P2842piece3
〔徒衆轉帖〕 某月七日 (10C前期)

55069 神贊 ·············· P3249v
〔將龍光顏等隊下人名目〕 (9C中期)
　4)⇒楊神贊。

55070 神秀 ·············· P4058
〔貸粟豆歷〕 (9C)

55071 神秀 ·············· S02614v
〔燉煌應管諸寺僧尼名錄〕 (895)
　2)開元寺

55072 神秀 ·············· S02669
〔管內尼寺(安國寺・大乘寺・聖光寺)籍〕 (865～870)
　2)大乘寺　3)效穀鄉　4)姓「姚」。俗名「公子」。

55073 神秀 ·············· T.7.(P515v②)
〔神秀補元攝法師牒〕 十月廿日 (9C後半)
　1)律師沙門　2)開元寺

55074 神舜 ·············· S04852v
〔付諸僧給麵蘇歷〕 (9C末～10C初)
　2)永安寺

55075 神招 ·············· S06350
〔破計〕 大中十年 (856)
　1)上座

55076 神照 ·············· S02729①
〔燉煌應管勘牌子歷〕 辰年三月 (788)
　1)僧　2)靈修寺　3)沙州　4)俗姓「鄧」。31行目。

55077 神照 ·············· S07882
〔就賀拔堂唱椀等歷〕 十一月廿一日 (9C前期)

55078 神淨 ·············· P3600v②
〔燉煌普光寺等尼名申告狀〕 戌年十一月 (9C前期)
　2)普光寺

神　しん　人名篇

55079　神心 ················· P2250v③
〔開元寺僧唱布曆〕（925?）
　2）開元寺

55080　神心 ················· P4058
〔貸粟豆曆〕（9C）

55081　神心 ················· S02614v
〔燉煌應管諸寺僧尼名錄〕（895）
　2）開元寺

55082　神心 ················· Дx01329Av
〔上令公牒〕（10C前期）
　1）法律　2）開元（寺）　4）原作「開元（寺）法律神心」。R面爲「釋門文範」（10C）。

55083　神心 ················· 莫第044窟
〔供養人題記〕（10C前期）
　1）釋門法律臨壇大德沙門　4）南壁。《燉》p.14。

55084　神寂 ················· BD01554（來54）
〔四分律比丘戒本〕（8C）
　4）卷背兩紙接縫押署名「神寂」。

55085　神寂 ················· P.tib1261v⑪
〔諸寺僧尼支給穀物曆〕（9C前期）
　1）僧

55086　神寂 ················· S01475v⑨⑩
〔便契〕二月十四日（828〜829）
　1）僧　4）21歲。

55087　神寂 ················· S01475v⑬⑭
〔便契〕三月六日（828〜829）
　1）僧・便麥人

55088　神寂 ················· S01475v⑭⑮-4
〔付便麥記錄〕卯年四月廿七日（823?）
　1）見人

55089　神寂 ················· S02614v
〔燉煌應管諸寺僧尼名錄〕（895）
　2）淨土寺

55090　神寂 ················· S04852v
〔付諸僧給麵蘇曆〕（9C末〜10C初）
　2）永安寺

55091　神寂 ················· S08252①
〔僧名目〕（10C）

55092　神宗惠 ················· S02614v
〔燉煌應管諸寺僧尼名錄〕（895）
　2）龍興寺

55093　神藏 ················· P2250v⑤
〔金光明寺僧唱布曆〕（925?）
　2）金光明寺

55094　神藏 ················· P3947
〔龍興寺應轉經僧分兩蕃定名牒〕亥年八月（819 or 831）
　2）龍興寺　4）V面爲「9C前半大雲寺僧所有田籍簿」。

55095　神卓 ················· BD11406（L1535）
〔某弟子從沙州龍興寺神卓受菩薩戒牒〕（8C）
　1）和上　2）龍興寺　3）沙州　4）原作「和上神卓」。

55096　神卓 ················· S01780
〔於沙州龍興寺受菩薩戒牒〕元年建末月七日（8C）
　1）法師　2）龍興寺　3）沙州　4）原作「爲傳戒和上（向）」。

55097　神達 ················· BD05870v①（菜70）
〔信狀〕（9〜10C）
　4）原作「□義信神達兄通信之□…□」。

55098　神智 ················· P.tib1261v④
〔諸寺僧尼支給穀物曆〕（9C前期）
　1）尼

55099　神智 ················· P.tib1261v⑩
〔諸寺僧尼支給穀物曆〕（9C前期）
　1）尼

55100　神智 ················· P.tib1261v⑪
〔諸寺僧尼支給穀物曆〕（9C前期）
　1）尼

55101　神智 ················· S02614v
〔燉煌應管諸寺僧尼名錄〕（895）
　2）龍興寺

55102　神智 ················· S02620v
〔陰陽人神智請官處分狀〕（9C）
　1）陰陽人　4）R面爲「唐年神方位圖」（8C）。

55103　神智 ················· S03330v②
〔中春神智信書〕（9C末）

55104 神智 ·············· S03330v③
　〔季[春]神智上使君信書〕（9C末）

55105 神智 ·············· S04444v②
　〔燉煌大乘寺僧尼申告（稿）〕（905）
　　2)大乘寺

55106 神智 ·············· S06169
　〔大唐新定皇帝宅經1卷等雜寫〕（9C後期）
　　1)沙門　2)龍興寺

55107 神定 ·············· BD05870v①（菜70）
　〔信狀〕（9〜10C）
　　4)原作「口戒信神定莫在」。

55108 神奴 ·············· BD09293①（周14）
　〔令狐留ゝ叔姪共東四防(房)兄弟分書（稿）〕四月九日（10C?）
　　1)弟　4)⇒令狐神奴。

55109 神奴 ·············· BD09300（周21）
　〔令狐留ゝ叔姪等分産書〕（10C）
　　1)(令狐留ゝ)弟

55110 神德 ·············· S06781②
　〔北梁戶張賢君納油課曆〕丁丑歲正月十一日（917）
　　4)⇒朱神德。

55111 神邈 ·············· 濱田115v
　〔付經曆〕午年（9C前期）

55112 神福 ·············· P3850
　〔支給僧斜豆曆等〕（9C前期）

55113 神福 ·············· P.tib1261v⑩
　〔諸寺僧尼支給穀物曆〕（9C前期）
　　1)僧

55114 神福 ·············· P.tib1261v⑪
　〔諸寺僧尼支給穀物曆〕（9C前期）
　　1)僧

55115 神福 ·············· S10746Av
　〔僧人轉帖〕（9C）
　　4)R面爲「漢蕃對譯「瑜伽師地論」語彙表」。

55116 神辯 ·············· P3491piece1
　〔某寺設齋勾當名目〕（9C前期）

55117 神辯 ·············· P.tib1261v②
　〔諸寺僧尼支給穀物曆〕（9C前期）
　　1)僧

55118 神辯 ·············· P.tib1261v⑥
　〔諸寺僧尼支給穀物曆〕（9C前期）
　　1)僧

55119 神辯 ·············· P.tib1261v⑩
　〔諸寺僧尼支給穀物曆〕（9C前期）
　　1)僧

55120 神辯 ·············· S03637
　〔佛說大方廣菩薩十地經〕（9C）
　　1)比丘

55121 神辯 ·············· S07939v＋S07940Bv＋S07941
　〔燉煌諸寺僧尼給糧曆〕（823以降）
　　3)莫高窟

55122 神辯 ·············· 井上目57,圖版1背
　〔釋門教授帖〕子年頃（820 or 832頃）
　　1)僧檢校道場律師　2)大乘寺

55123 神辯 ·············· 橘目
　〔四分律刪繁補闕行事鈔中卷之上〕（9C）
　　1)比丘・勘了

55124 神寶 ·············· S01475v⑨⑩
　〔便契〕二月十四日（828〜829）
　　1)僧

55125 神寶 ·············· S01475v⑩⑪
　〔付僧惠眼便麥契〕四月廿二日（828〜829）
　　1)僧・見人

55126 神寶 ·············· S01475v⑫⑬
　〔付使奉仙便麥契〕三月廿七日（828〜829）
　　1)見人

55127 神寶 ·············· S01475v⑭⑮-2
　〔便契〕卯年二月十一日（823?）
　　1)保人・僧

55128 神寶 ·············· S01475v⑭⑮-3
　〔付便麥記錄〕卯年三月十四日（823?）
　　1)僧・便麥人

55129 神寶 ·············· S01475v⑭⑮-4
　〔付便麥記錄〕卯年四月十七日（823?）
　　1)僧・便輿人

55130 神寶憧 ·············· S04782
　〔乾元寺堂齋修造兩司都師文謙入破曆計會〕丑年（10C後期）
　　1)都師　2)乾元寺

55131 神妙 ·················· P3600v②
〔燉煌普光寺等尼名申告狀〕 戌年十一月
(9C前期)
　2) 普光寺

55132 神妙 ·················· P3619①
〔王都督覰合城僧徒名錄〕 (9C)

55133 神喻 ·················· S06350
〔破計〕 大中十年 (856)
　1) 寺主

55134 神逾 ·················· P2689
〔寺僧唱得物支給曆〕 (9C前期)

55135 神友 ············ BD16036v(L4025)
〔付弟神友書〕 (9～10C)
　1) 弟

55136 神友 ·················· S02614v
〔燉煌應管諸寺僧尼名錄〕 (895)
　2) 龍興寺

55137 神友 ·················· S06235A②
〔貸便栗麥曆〕 子年四月十日 (844?)
　2) 靈圖寺

55138 神力 ·················· P4974
〔神力牒〕 天復年 (936～943)

55139 神力 ·················· S02614v
〔燉煌應管諸寺僧尼名錄〕 (895)
　2) 蓮臺寺

55140 辛胡? ················· 有鄰館56
〔城下諸色碩㪷牛等入破曆〕 自戌年至子年
(9C前期)
　4) 原作「阿〔河?〕辛胡桐淚」。

55141 辛男妻花國 ············ S00542v
〔靈修寺文〕 戌年六月十八日 (818)
　2) 靈修寺

55142 進員 ·················· P2032v①-4
〔淨土寺粟入曆〕 (944前後)

55143 進員 ·················· P2032v⑪
〔淨土寺西倉司願勝等入破曆〕 乙巳年三月
(945)
　2) 淨土寺

55144 進員 ·················· S06307
〔管內都僧正轉帖〕 九月一日 (10C後期)
　1) 徒衆

55145 進員 ·················· S11360D2
〔貸粟麥曆〕 (10C中期以降?)

55146 進盈 ············ Дx01291＋Дx01298
〔某甲奉牒補充節度押衙兼龍勒鄉務〕 (10C)

55147 進英 ·················· P5579⑪
〔大乘寺應道場尼名牒〕 酉年十月 (829 or 841)
　2) 大乘寺

55148 進英 ·················· P.tib1261v⑨
〔諸寺僧尼支給穀物曆〕 (9C前期)
　1) 尼

55149 進延 ············ BD15246⑤(新1446)
〔寺主延會沿寺破曆抄〕 丁丑年三月廿一日 (920)
　4) 原作「都師進延」。

55150 進君 ·················· P2049v②
〔淨土寺諸色入破曆計會牒〕 長興二年正月 (930～931)

55151 進光 ············ BD09324(周45)
〔某寺諸色入破曆〕 丑年三月 (8C末～9C前期)

55152 進光 ·················· S01475v⑫⑬
〔付使奉仙便麥契〕 三月廿七日 (828～829)
　1) 見人

55153 進光澤 ················ P2469v
〔破曆雜錄〕 戌年六月五日 (830?)

55154 進興 ·················· S05824v
〔經坊費負担人名目〕 (8C末～9C前期)
　1) 頭

55155 進子 ·················· 有鄰館51
〔令狐進達戶口申告狀〕 大中四年十月庚午 (850)
　1) (令狐進達姪男淸々妹)奴

55156 進々 ·················· P2912v③
〔寫大般若經一部施銀盤子麥粟粉疏〕 四月八日 (9C前期)

55157 進々 ……………… S00542v
〔永安寺僧尼錄〕 戌年六月十八日 (818)
2)永安寺

55158 進成 ……………… S09533
〔徒衆轉帖〕 (10C)

55159 進朝 ……………… P3047v①
〔僧名等錄〕 (9C前期)
4)俗姓「劉」。

55160 進朝 ……………… P3047v⑧
〔王都督瀱合城僧徒名錄〕 (9C前期)

55161 進通 ……………… Дx01416
〔便粟曆〕 (癸丑年)甲寅年六月・乙卯年四月 (953～955?)
1)知見人・押衙

55162 進通 ……………… Ф126v
〔雜寫〕 (9C)

55163 進定 ……………… P4765
〔都僧錄帖〕 (10C後期)
1)第一翻・沙彌

55164 進番 ……………… 楡第38窟
〔供養人題記〕 (11C初期)
4)東壁。《謝》p. 492。

55165 任祐 ……………… 莫第061窟
〔供養人題記〕 (10C末期)
1)姊甥 4)原作「姊甥小娘子任祐一心供養」。北壁。《燉》p. 25。

55166 任□ ……………… 莫第061窟
〔供養人題記〕 (10C末期)
1)姊甥 4)原作「姊甥小娘子任□一心供養出適□氏」。北壁。《燉》p. 25。

[す]

55167 水郎 ……………… Дx01439
〔親情社轉帖〕 丙戌年九月十九日 (986?)
2)報恩寺

55168 遂恩 ……………… BD05673v③(李73)
〔社司轉帖(寫錄)〕 丙辰年間二月八日 (896)
1)錄事 2)龍興寺門 4)原作「錄事遂恩帖」。⇒承恩。

55169 遂恩 ……………… P2685
〔善護・遂恩兄弟分家文書〕 戊申年四月六日 (828 or 888)
1)弟?

55170 遂恩 ……………… S02614v
〔燉煌應管諸寺僧尼名錄〕 (895)
2)龍興寺

55171 遂子 ……………… P3779v②
〔徒衆轉帖〕 乙酉年四月廿七日 (985?)
2)乾元寺

55172 隋喜 ……………… 莫第437窟
〔供養人題記〕 (10C中期)
1)清信弟子 4)原作「清信弟子隋喜二娘子□氏一心供養」。南壁。《燉》p. 165。

55173 隋求 ……………… S05486①
〔諸寺僧尼付油麵曆〕 (10C中期)
2)三界寺

55174 隨願 ……………… S03631v
〔僧人名目〕 (10C中～後期)

55175 隨願 ……………… S04332v
〔便麥訴訟書(稿)〕 壬午年三月卅日,己卯年十一月十二日 (982, 979)
1)法師 2)乾元寺

55176 隨願 ……………… S06300
〔李福紹結爲兄弟契〕 丙子年二月十一日 (976?)
1)上座 2)乾元寺

55177 隨願 ……………… Дx10334
〔般若心經〕 辛未年三月廿七日 (971 or 911)
4)原作「隨願自手書記」。

55178 隨(願)・・・・・・・・・・・・・・・・・・・・Дx10334v
〔父母恩重經等雜寫〕　辛未年三月廿七日
(971 or 911)

55179 隨願・・・・・・・・・・・・・・・・・・・莫第196窟
〔供養人題記〕　景福年間　(892～893)
　1) 比丘沙門　2) 乾元寺　4) 原作「乾元寺比丘沙門隨願一心供養俗姓王氏」。東壁門南側。《燉》p.88。⇒王隨願。

55180 隨松・・・・・・・・・・・西域文獻遺珍(圖201)
〔應在人上缺穀曆〕　(9～10C)

55181 隨藏・・・・・・・・・・・・・・・・・・・・・S06495
〔瑜伽師地論卷第42〕　正月廿日　(9C)
　1) 苾蒭僧

55182 崇英・・・・・・・・・・・・・・・・・・P.tib1261v③
〔諸寺僧尼支給穀物曆〕　(9C前期)
　1) 僧

55183 崇英・・・・・・・・・・・・・・・・・・・杏・羽673v
〔聖光寺僧崇英請轉經卷數目〕　午年正月十八日　(8C?)
　1) 僧　4) 第3行。

55184 崇恩・・・・・・・・・・・・・・・・・・・・・P3060
〔諸寺諸色付經僧尼曆〕　(9C前期)
　1) 僧尼　4) 經典名「般若經卷32」。

55185 崇恩・・・・・・・・・・・・・・・・・・・・P3138v
〔諸寺付經曆〕　(9C前期)
　2) 報恩寺

55186 崇恩・・・・・・・・・・・・・・・・・・・・・P3410
〔沙州僧崇恩析產遺屬〕　吐蕃年次未詳　(840前後)
　1) 僧

55187 崇恩・・・・・・・・・・・・・・・・・・・・P5579①
〔諸寺所由寺卿帖〕　未年頃　(815 or 827)
　1) 教授　2) 報恩寺

55188 崇恩・・・・・・・・・・・・・・・・・・・S04831②
〔寫經人名目〕　(9C前期)
　1) 寫經人

55189 崇恩・・・・・・・・・・・・・・・・・・・・・S06028
〔寫經人名目〕　(8C末～9C前期)
　1) 寫經人

55190 崇恩・・・・・・・・・・・・・・・・・・・・・S07945
〔僧俗寫經分團人名目〕　(823以降)

55191 崇恩・・・・・・・・・・・・・・・・・・・杏・羽694①
〔當寺應管主客僧牒〕　未年閏十月　(803)
　4) 文末有異一行「未年閏十月日,直歲圓滿牒」。

55192 崇會・・・・・・・・・・・・・・・・・・・・P4525⑫
〔養女契(稿)〕　太平興國八年癸未歲　(983)
　1) 僧正

55193 崇教・・・・・・・・・・・・・・・・・・・・P2250v①
〔龍興寺僧唱布曆〕　(925?)
　2) 龍興寺

55194 崇教・・・・・・・・・・・・・・・・・・・・P2250v①
〔龍興寺僧唱布曆〕　(925?)
　1) 僧　2) 龍興寺

55195 崇經・・・・・・・・・・・・・・・・・・・・・濱田
〔雜記(佛說八陽神呪經等)〕　太平興國九年歲次甲申一月一日又,同年五月六日　(984)
　2) 報恩寺　4) 原作「…報恩寺崇經提記…」。R面爲「佛經韻文」(8C後半～9C前半)。

55196 崇光・・・・・・・・・・・・・・・・・・P4958piece3
〔當寺轉帖(殘)〕　(10C前期)

55197 崇順・・・・・・・・・・・・・・・・・・・・P3047v⑧
〔王都督儭合城僧徒名錄〕　(9C前期)

55198 崇信・・・・・・・・・・・・・・・・・・・・P2250v①
〔龍興寺僧唱布曆〕　(925?)
　2) 龍興寺

55199 崇信・・・・・・・・・・・・・・・・・・・・P2250v①
〔龍興寺僧唱布曆〕　(925?)
　1) 僧　2) 龍興寺

55200 崇眞・・・・・・・・・・・・・・・・・・・・S02614v
〔燉煌應管諸寺僧尼名錄〕　(895)
　2) 三界寺

55201 崇聖・・・・・・・・・・・・・・・・・・・・P3730⑤
〔報恩寺崇聖牒付承恩判狀〕　申年十月　(840 or 828)
　1) 僧　2) 報恩寺

55202 崇聖・・・・・・・・・・・・・・・・・・P.tib1261v④
〔諸寺僧尼支給穀物曆〕　(9C前期)
　1) 僧

55203 崇聖 ……………… P.tib1261v⑦
　〔諸寺僧尼支給穀物曆〕（9C前期）
　　1)僧

55204 崇聖 ……………… P.tib1261v⑩
　〔諸寺僧尼支給穀物曆〕（9C前期）
　　1)僧

55205 崇折 ……………… P5000v
　〔僧尼名目〕（9C前期）
　　2)開元寺 or 龍興寺

55206 崇善 ……………… P3687②
　〔書狀殘〕（10C前期）

55207 崇達 ……………… P.tib1261v⑧
　〔諸寺僧尼支給穀物曆〕（9C前期）
　　1)僧

55208 崇智 ……………… Дx11079
　〔莚席文書〕（10C後期）

55209 崇哲 ……………… BD09346（周67）
　〔令知蕃法師廚費帖〕 十一月一日 （9C前期）

55210 崇哲 ……………… P2583v⑨
　〔女弟子張什二施入疏〕申年正月五日 （828）

55211 崇德 ……………… P2250v②
　〔乾元寺僧唱布曆〕辛未年四月十二日
　（925?）
　　2)乾元寺

55212 崇福 …………… BD11493（L1622）
　〔十僧寺三尼寺勘教付經曆（首尾全）〕 亥年
　四月廿九日 （9C前期）
　　2)(報)恩(寺)

55213 崇福 ……………… P2250v①
　〔龍興寺僧唱布曆〕（925?）
　　1)僧　2)龍興寺

55214 樞 ……………… P.tib1261v③
　〔諸寺僧尼支給穀物曆〕（9C前期）

[せ]

55215 丼々 ……………… S05549
　〔百歲篇1卷（題記）〕（10C?）

55216 性意 ……………… S02614v
　〔燉煌應管諸寺僧尼名錄〕（895）
　　2)大乘寺

55217 性圓 ……………… S02669
　〔管内尼寺(安國寺・大乘寺・聖光寺)籍〕
　（865〜870）
　　2)大乘寺　3)神沙鄉　4)姓「鄧」。俗名「銀々」。

55218 性戒 ……………… S02614v
　〔燉煌應管諸寺僧尼名錄〕（895）

55219 性喜 ……………… S02614v
　〔燉煌應管諸寺僧尼名錄〕（895）
　　2)靈修寺

55220 性懃 ……………… S02614v
　〔燉煌應管諸寺僧尼名錄〕（895）
　　2)靈修寺

55221 性空 ……………… P2893
　〔報恩經卷第4〕（10C）
　　1)傭人・僧寫記

55222 性空 ……………… P2893
　〔僧性空與道圓雇人寫記〕（10C）
　　1)和尚

55223 性空 ……………… Дx01200v
　〔僧名點檢錄〕（10C後期）

55224 性賢 ……………… P3556v⑦
　〔道場思惟簿〕（10C）

55225 性嚴 ……………… S02669
　〔管内尼寺(安國寺・大乘寺・聖光寺)籍〕
　（865〜870）
　　2)大乘寺　3)效穀鄉　4)姓「趙」。俗名「昇々」。

55226 性杲 ……………… BD16453A
　〔水則道場轉經兩翻名目〕（9〜10C）
　　1)第一翻

55227 性行 ……………… S02614v
　〔燉煌應管諸寺僧尼名錄〕（895）
　　2)靈修寺

55228 性慈 ･･････････････････････ S02614v
〔燉煌應管諸寺僧尼名錄〕（895）
　2）安國寺

55229 性修 ･･････････････････････ S02614v
〔燉煌應管諸寺僧尼名錄〕（895）

55230 性如 ･･････････････････････ S02614v
〔燉煌應管諸寺僧尼名錄〕（895）
　2）靈修寺

55231 性淨 ･･････････････････････ S02614v
〔燉煌應管諸寺僧尼名錄〕（895）
　2）靈修寺

55232 性淨花 ････････････････････ S02614v
〔燉煌應管諸寺僧尼名錄〕（895）
　2）大乘寺

55233 性淨眼 ････････････････････ S02614v
〔燉煌應管諸寺僧尼名錄〕（895）
　2）靈修寺

55234 性淨惠 ････････････････････ S02614v
〔燉煌應管諸寺僧尼名錄〕（895）
　2）安國寺

55235 性淨賢 ････････････････････ S04444v②
〔燉煌大乘寺僧尼申告（稿）〕（905）
　2）大乘寺

55236 性淨顯 ････････････････････ S02614v
〔燉煌應管諸寺僧尼名錄〕（895）
　2）大乘寺

55237 性淨讚 ････････････････････ S02614v
〔燉煌應管諸寺僧尼名錄〕（895）
　2）靈修寺

55238 性淨藏 ････････････････････ S02614v
〔燉煌應管諸寺僧尼名錄〕（895）
　2）靈修寺

55239 性淨藏 ････････････････････ S04444v②
〔燉煌大乘寺僧尼申告（稿）〕（905）
　2）大乘寺

55240 性淨遍 ････････････････････ S02614v
〔燉煌應管諸寺僧尼名錄〕（895）
　2）聖光寺

55241 性淨遍 ････････････････････ S02669
〔管内尼寺（安國寺・大乘寺・聖光寺）籍〕
（865～870）
　2）聖光寺　3）燉煌郷　4）姓「馮」。俗名「嚴子」。

55242 性眞 ･･････････････････････ S02614v
〔燉煌應管諸寺僧尼名錄〕（895）
　2）靈修寺

55243 性眞 ･･････････････････････ S02614v
〔燉煌應管諸寺僧尼名錄〕（895）
　2）安國寺

55244 性眞 ･･････････････････････ S02614v
〔燉煌應管諸寺僧尼名錄〕（895）
　2）大乘寺

55245 性眞 ･･････････････････････ S04444v②
〔燉煌大乘寺僧尼申告（稿）〕（905）
　2）大乘寺

55246 性眞 ････････････････････ 莫第053窟
〔供養人題記〕（10C前期）
　1）姨・法律尼臨壇大德沙門　2）安國寺　4）原作「故姨安國寺法律尼臨壇大德沙門性眞□」。南壁。《燉》p.16。

55247 性眞 ････････････････････ 莫第055窟
〔供養人題記〕 宋建隆三年間（962）
　1）姨・法律尼臨壇大德　2）安國寺　4）原作「故姨…法律尼臨壇大德性眞一心供養」。東壁門北側。《燉》p.18。

55248 性眞 ････････････････････ 莫第061窟
〔供養人題記〕（10C末期）
　1）故姨・法律尼臨壇大德沙門　2）安國寺　4）原作「故姨安國寺法律尼臨壇大德沙門性眞供養」。東壁門北側。《燉》p.21。《謝》p.133。

55249 性靜 ･･････････････････････ P3336①
〔贊普轉經付諸寺維那暦〕 丑年九月卅日（833）
　2）安國寺

55250 性靜因 ････････････････････ S02669
〔管内尼寺（安國寺・大乘寺・聖光寺）籍〕
（865～870）
　2）大乘寺　3）平康郷　4）姓「索」。俗名「勝因」。

55251 性靜因 ････････････････････ S02669
〔管内尼寺（安國寺・大乘寺・聖光寺）籍〕
（865～870）
　2）大乘寺　3）平康郷　4）姓「張」。俗名「勝因」。

55252 性靜緣 ・・・・・・・・・・・・・ S02669
〔管内尼寺(安國寺・大乘寺・聖光寺)籍〕
(865～870)
　2)大乘寺　3)慈惠鄕　4)姓「唐」。俗名「觀音」。

55253 性靜花 ・・・・・・・・・・・・・ S02669
〔管内尼寺(安國寺・大乘寺・聖光寺)籍〕
(865～870)
　2)大乘寺　3)平康鄕　4)姓「張」。俗名「籠眞」。

55254 性靜義 ・・・・・・・・・・・・・ S02669
〔管内尼寺(安國寺・大乘寺・聖光寺)籍〕
(865～870)
　2)大乘寺　3)燉煌鄕　4)姓「孟」。俗名「端〻」。

55255 性靜行 ・・・・・・・・・・・・・ S02669
〔管内尼寺(安國寺・大乘寺・聖光寺)籍〕
(865～870)
　2)大乘寺　3)赤心鄕　4)姓「董」。俗名「太眞」。

55256 性靜香 ・・・・・・・・・・・・・ S02669
〔管内尼寺(安國寺・大乘寺・聖光寺)籍〕
(865～870)
　2)大乘寺　3)莫高鄕　4)姓「氾」。俗名「悉曼」。

55257 性寂 ・・・・・・・・・・・・・・・・ S02614v
〔燉煌應管諸寺僧尼名錄〕 (895)
　2)安國寺

55258 性善 ・・・・・・・・・・・・・・・・ P3047v⑦
〔法事僧尼名錄〕 (9C前期)

55259 性善 ・・・・・・・・・・・・・・・・ P3556v⑦
〔道場思惟簿〕 (10C)

55260 性善 ・・・・・・・・・・・・・・・・ S02614v
〔燉煌應管諸寺僧尼名錄〕 (895)
　2)大乘寺

55261 性智 ・・・・・・・・・・・・・・・・ S02614v
〔燉煌應管諸寺僧尼名錄〕 (895)
　2)安國寺

55262 性德 ・・・・・・・・・・・・・・・・ S02614v
〔燉煌應管諸寺僧尼名錄〕 (895)
　2)靈修寺

55263 性忍 ・・・・・・・・・・・・・・・・ S02614v
〔燉煌應管諸寺僧尼名錄〕 (895)

55264 性念 ・・・・・・・・・・・・・・・・ S04444v②
〔燉煌大乘寺僧尼申告(稿)〕 (905)
　2)大乘寺

55265 性福 ・・・・・・・・・・・・・・・・ S02614v
〔燉煌應管諸寺僧尼名錄〕 (895)

55266 性福 ・・・・・・・・・・・・・・・・ S02669
〔管内尼寺(安國寺・大乘寺・聖光寺)籍〕
(865～870)
　2)大乘寺　3)玉關鄕　4)姓「索」。俗名「勝嬌」。

55267 性本 ・・・・・・・・・・・・・・・・ P3047v⑧
〔王都督懇合城僧徒名錄〕 (9C前期)

55268 性滿 ・・・・・・・・・・・・・・・・ S02614v
〔燉煌應管諸寺僧尼名錄〕 (895)

55269 性妙 ・・・・・・・・・・・・・・・・ P.tib1202v
〔僧尼名目〕 (9C前期)

55270 成子 ・・・・・・・・・・・・・・・・ S05855
〔追疏文〕 雍熙三年丙戌六月 (986)
　1)闍梨

55271 成子 ・・・・・・・・・・・・・・・・ Дx01439
〔親情社轉帖〕 丙戌年九月十九日 (986?)
　2)於報恩寺

55272 成子闍梨 ・・・・・・・・・・・ P3388
〔節度使曹元忠爲故兄追念請金光明寺僧疏〕 開運四年三月九日 (946)
　1)闍梨　2)金光明寺

55273 成就 ・・・・・・・・・・・・・・・・ P3060
〔諸寺諸色付經僧尼歷〕 (9C前期)
　1)僧尼　4)經典名「般若經卷35」。

55274 成就 ・・・・・・・・・・・・・・・・ P3600v②
〔燉煌普光寺等尼名申告狀〕 戌年十一月
(9C前期)
　2)普光寺

55275 成就 ・・・・・・・・・・・・・・・・ S02729①
〔燉煌應管勘牌子歷〕 辰年三月 (788)
　1)僧　2)普光寺　3)沙州　4)俗姓「武」。41行目。

55276 成眞 ・・・・・・・・・・・・・・・・ S02199
〔尼靈惠唯(遺)書(首題)〕 咸通六年十月廿三日 (865)
　1)左都督　4)原作「左都督成眞」。

55277 成福 ・・・・・・・・・・・・・・・・ Дx01380v
〔僧名目〕 (10C後期)
　4)R面爲「七月廿八日獻信狀」(10C後期)。

55278 政意 ・・・・・・・・・・・・・・・・・・・ P3556v⑦
　〔道場思惟簿〕（10C）

55279 政意 ・・・・・・・・・・・・・・・・・・・ S02614v
　〔燉煌應管諸寺僧尼名錄〕（895）
　　2)大乘寺

55280 政意 ・・・・・・・・・・・・・・・・・・・ S02614v
　〔燉煌應管諸寺僧尼名錄〕（895）
　　2)安國寺

55281 政因 ・・・・・・・・・・・・・・・・・・・ S02614v
　〔燉煌應管諸寺僧尼名錄〕（895）
　　2)安國寺

55282 政圓 ・・・・・・・・・・・・・・・・・・・ P3556v⑦
　〔道場思惟簿〕（10C）

55283 政戒 ・・・・・・・・・・・・・・・・・・・ S02614v
　〔燉煌應管諸寺僧尼名錄〕（895）

55284 政會 ・・・・・・・・・・ BD02496v①（成96）
　〔儭司唱得布支給歷〕（10C前期）

55285 政惠 ・・・・・・・・・・・・・・・・・・・ S02614v
　〔燉煌應管諸寺僧尼名錄〕（895）
　　2)安國寺

55286 政惠 ・・・・・・・・・・・・・・・・・・・ S02614v
　〔燉煌應管諸寺僧尼名錄〕（895）
　　2)靈修寺

55287 政惠 ・・・・・・・・・・・・・・・・・・・ S02614v
　〔燉煌應管諸寺僧尼名錄〕（895）
　　2)報恩寺

55288 政惠 ・・・・・・・・・・・・・・・・・・・ S11352
　〔法律道哲牓示〕（9C）

55289 政行 ・・・・・・・・・・・・・・・・・・・ S02614v
　〔燉煌應管諸寺僧尼名錄〕（895）
　　2)靈修寺

55290 政思 ・・・・・・・・・・・・・・・・・・・ S02614v
　〔燉煌應管諸寺僧尼名錄〕（895）
　　2)靈修寺

55291 政思 ・・・・・・・・・・・・・・・・・・・ S02614v
　〔燉煌應管諸寺僧尼名錄〕（895）
　　2)安國寺

55292 政思 ・・・・・・・・・・・・・・・・・・・ S11352
　〔法律道哲牓示〕（9C）

55293 政思 ・・・・・・・・・・・・・・・・・・・ Дx01459
　〔第一判諸寺尼僧名錄〕（9C末～10C初）
　　2)(安)國(寺)

55294 政修 ・・・・・・・・・・・・・・・・・・・ S02614v
　〔燉煌應管諸寺僧尼名錄〕（895）
　　2)大乘寺

55295 政信 ・・・・・・・・・・・・・・・・・・・ P3718⑧
　〔和尙俗程氏番政信則武昌之貴瓜矣邈眞
　　讚〕己卯歲九月二日(題記)（919）
　　4)⇒程政信。

55296 政信 ・・・・・・・・・・・・・・・・・・・ S02575②
　〔任命牒(狀)〕天復五年八月（905）
　　1)僧徒衆　2)靈圖寺

55297 政信 ・・・・・・・・・・・・・・・・・・・ S02614v
　〔燉煌應管諸寺僧尼名錄〕（895）
　　2)安國寺

55298 政信 ・・・・・・・・・・・・・・・・・・・ S11352
　〔法律道哲牓示〕（9C）

55299 政心 ・・・・・・・・・・・・・・・・・・・ S02614v
　〔燉煌應管諸寺僧尼名錄〕（895）
　　2)安國寺

55300 政心 ・・・・・・・・・・・・・・・・・・・ S02614v
　〔燉煌應管諸寺僧尼名錄〕（895）
　　2)大乘寺

55301 政性 ・・・・・・・・・・・・・・・・・・・ S02614v
　〔燉煌應管諸寺僧尼名錄〕（895）
　　2)安國寺

55302 政性 ・・・・・・・・・・・・・・・・・・・ S02729①
　〔燉煌應管勘牌子歷〕辰年三月（788）
　　1)僧　2)普光寺　3)沙州　4)俗姓「王」。43行
　　目。

55303 政智 ・・・・・・・・・・・・・・ BD13683（L3812）
　〔誦經錄〕（9～10C）

55304 政智 ・・・・・・・・・・・・・・・・・・・ S02614v
　〔燉煌應管諸寺僧尼名錄〕（895）

55305 政定 ・・・・・・・・・・・・・・・・・・・ S02614v
　〔燉煌應管諸寺僧尼名錄〕（895）

55306 政念 ・・・・・・・・・・・・・・・・・・・・ S02614v
　〔燉煌應管諸寺僧尼名錄〕（895）

55307 政念 ・・・・・・・・・・・・・・・・・・・・ S02614v
　〔燉煌應管諸寺僧尼名錄〕（895）
　　2）安國寺

55308 政妙 ・・・・・・・・・・・・・・・・・・・・ S03180v
　〔爲追念設供請僧疏〕（9C末頃）

55309 晟子 ・・・・・・・・・・・・ BD09293①（周14）
　〔令狐留〻叔姪共東四防（房）兄弟分書
　（稿）〕四月九日（10C?）
　　1）兄

55310 晟子 ・・・・・・・・・・・・・・ BD09300（周21）
　〔令狐留〻叔姪等分產書〕（10C）
　　1）（令狐留〻）兄

55311 晟子 ・・・・・・・・・・・・・・・・・・・ S02228v②
　〔貸麥曆〕午年七月一日（吐蕃期）

55312 晟〻 ・・・・・・・・・・・・・・・・・・・・・ S04710
　〔沙州戶口簿〕（9C中期以降）

55313 正意 ・・・・・・・・・・・・・・・・・・・ S04444v②
　〔燉煌大乘寺僧尼申告（稿）〕（905）
　　2）大乘寺

55314 正因 ・・・・・・・・・・・・・・・・・・・・・ P3060
　〔諸寺諸色付經僧尼曆〕（9C前期）
　　1）僧尼　4）經典名「般若經卷48」。

55315 正因 ・・・・・・・・・・・・・・・・・・・・・ S01587
　〔大般若波羅蜜多經卷第440〕（9C）
　　4）R面有「三界寺藏經印」。

55316 正因 ・・・・・・・・・・・・・・・・・・・・ S02729①
　〔燉煌應管勘牌子歷〕辰年三月（788）
　　1）僧　2）靈修寺　3）沙州　4）俗姓「翟」。33行
　　目。

55317 正因 ・・・・・・・・・・・・・・・・・・・・ S11425v
　〔諸寺僧尼給糧曆〕（9C前期）

55318 正因 ・・・・・・・・・・・・・・・・・・・ Дx00661
　〔大般若波羅蜜多經卷第396（袖紙題記）〕
　（9C前期）
　　2）蓮（臺寺）　4）題目下段有「蓮」字。

55319 正戒 ・・・・・・・・・・・・・・・・・・・・ P3600v②
　〔燉煌普光寺等尼名申告狀〕戌年十一月
　（9C前期）
　　2）普光寺

55320 正會 ・・・・・・・・・・・・・・・・・・・・・ P2944
　〔大乘寺・聖光寺等尼僧名錄〕（10C後期?）
　　2）大乘寺

55321 正覺 ・・・・・・・・・・・・・・・・・ P.tib1261v⑥
　〔諸寺僧尼支給穀物曆〕（9C前期）
　　1）尼

55322 正覺 ・・・・・・・・・ Дx01305＋Дx02154＋
　Дx03026
　〔僧等付絹等曆〕（9C前期）

55323 正勤 ・・・・・・・・・・・・・・・ BD06359（鹹59）
　〔便麥契〕丑年二月（821）

55324 正勤 ・・・・・・・・・・・・・・・・・・・・ P2583v⑫
　〔諸人施捨疏〕申年頃（828頃?）

55325 （正）勤 ・・・・・・・・・・・・・・・・・・ P3541v
　〔弟子无名等人施捨疏(8件)〕正月廿三日,正
　月卅日（9C前期）

55326 正勤 ・・・・・・・・・・・・・・・・・・・・・ P3855
　〔諸寺付經曆〕（9C初頭）
　　2）靈圖寺

55327 正勤 ・・・・・・・・・・・・・・・・・・・・ S02729①
　〔燉煌應管勘牌子歷〕辰年三月（788）
　　1）僧　2）靈圖寺　3）沙州　4）俗姓「宋」。13行
　　目。

55328 正勤 ・・・・・・・・・・・・・・・・・・・・ S03920v
　〔狀〕乙未年五月辛未年十二月（815）
　　2）靈圖寺

55329 正勤 ・・・・・・・・・・・・・・・・・・・・・ S10967
　〔教團付經諸寺僧尼名目〕（9C前期）

55330 正惠 ・・・・・・・・・・・・・・・・・・・ S04444v②
　〔燉煌大乘寺僧尼申告（稿）〕（905）
　　2）大乘寺

55331 正見 ・・・・・・・・・・・・・・・・・・・・ S02729①
　〔燉煌應管勘牌子歷〕辰年三月（788）
　　1）僧　2）大乘寺　3）沙州　4）俗姓「令狐」。45行
　　目。

55332 正嚴 ·················· P2912v①
〔大衆及私備儭施布入者具數〕 丑年正(月)已後 (821?)

55333 正嚴 ·················· P3060
〔諸寺諸色付經僧尼曆〕 (9C前期)
　1)僧尼　4)經典名「般若經卷17」。

55334 正嚴 ·················· P.tib1261v⑨
〔諸寺僧尼支給穀物曆〕 (9C前期)
　1)尼

55335 正嚴 ·················· S00542v
〔燉煌諸寺丁壯車牛役部〕 戌年六月十八日 (818)
　2)大雲寺

55336 正嚴 ·················· S02729①
〔燉煌應管勘牌子曆〕 辰年三月 (788)
　1)僧　2)靈修寺　3)沙州　4)俗姓「石」。37行目。

55337 正嚴 ·················· 井上目57,圖版1背
〔釋門教授帖〕 子年頃 (820 or 832頃)
　1)尼・律師檢校道場律師　2)安國寺

55338 正行 ·················· P.tib1261v⑨
〔諸寺僧尼支給穀物曆〕 (9C前期)
　1)尼

55339 正行 ·················· S04444v②
〔燉煌大乘寺僧尼申告(稿)〕 (905)
　2)大乘寺

55340 正慈 ·················· P.tib1261v⑨
〔諸寺僧尼支給穀物曆〕 (9C前期)
　1)尼

55341 正慈 ·················· S07939v＋S07940Bv＋S07941
〔燉煌諸寺僧尼給糧曆〕 (823以降)
　1)尼

55342 正慈 ·················· 莫第201窟
〔供養人題記〕 (8C後期)
　1)妹・律師尼　2)安國寺　4)原作「妹安國寺律師尼正慈一心供養」。西壁。《燉》p.92。

55343 正室 ·················· P3600v②
〔燉煌普光寺等尼名申告狀〕 戌年十一月 (9C前期)
　2)普光寺

55344 正信 ·················· P2912v③
〔寫大般若經一部施銀盤子麥粟粉疏〕 四月八日 (9C前期)

55345 正信 ·················· P3060
〔諸寺諸色付經僧尼曆〕 (9C前期)
　1)僧尼　4)經典名「般若經卷47」。

55346 正信 ·················· S02729①
〔燉煌應管勘牌子曆〕 (788)
　2)法性寺　3)潘原堡　4)俗姓「張」。53行目。

55347 正信 ·················· S02729①
〔燉煌應管勘牌子曆〕 辰年三月 (788)
　1)僧　2)大乘寺　3)沙州　4)俗姓「孔」。45行目。

55348 正信 ·················· 杏・羽694v①
〔諸寺僧尼唱儭物曆〕 (9C中期)
　2)永安寺?　4)R①爲「未年閏十月當寺(永安寺?)應管主客僧牒」。

55349 正心 ·················· S04444v②
〔燉煌大乘寺僧尼申告(稿)〕 (905)
　2)大乘寺

55350 正眞 ·················· P3600v②
〔燉煌普光寺等尼名申告狀〕 戌年十一月 (9C前期)
　2)普光寺

55351 正世 ·················· BD16052D(L4028)
〔僧名目〕 (10C)

55352 正性 ·················· P.tib1261v⑪
〔諸寺僧尼支給穀物曆〕 (9C前期)
　1)尼

55353 正相 ·················· S02729①
〔燉煌應管勘牌子曆〕 辰年三月 (788)
　1)僧　2)普光寺　3)沙州　4)俗姓「張」。42行目。

55354 正智 ·················· P3047v①
〔僧名等錄〕 (9C前期)
　4)俗姓「王」。

55355 正智 ·················· P3047v③
〔諸僧尼送納三色香於乾元寺曆〕 (9C前期)
　2)乾元寺

55356 正智 ·············· P3060
〔諸寺諸色付經僧尼曆〕（9C前期）
　1）僧尼　4）經典名「般若經卷59」。

55357 正智 ·············· P3213v
〔故外生尼勝妙律師之靈〕　壬辰二月壬辰朔廿四日甲寅　（812）

55358 正智 ·············· P.tib1261v⑨
〔諸寺僧尼支給穀物曆〕（9C前期）
　1）尼

55359 正智 ·············· S02729①
〔燉煌應管勘牌子曆〕　辰年三月　（788）
　1）僧　2）靈修寺　3）沙州　4）俗姓「王」。30行目。

55360 正忍 ·············· S02669
〔管内尼寺（安國寺・大乘寺・聖光寺）籍〕（865～870）
　2）聖光寺　3）慈惠鄉　4）姓「王」。俗名「勝如」。

55361 正忍 ·············· S07939v＋S07940Bv＋S07941
〔燉煌諸寺僧尼給糧曆〕（823以降）
　1）尼　2）聖光寺

55362 正念 ·············· S07939v＋S07940Bv＋S07941
〔燉煌諸寺僧尼給糧曆〕（823以降）

55363 正念 ·············· Дx01459
〔第一判諸寺尼僧名錄〕（9C末～10C初）
　1）第一判　2）普光寺

55364 正遍 ·············· S02729①
〔燉煌應管勘牌子曆〕　辰年三月　（788）
　1）僧　2）大乘寺　3）沙州　4）俗姓「氾」。45行目。

55365 正无尋 ·············· S01780
〔於沙州龍興寺受菩薩戒牒〕　元年建末月七日　（8C）
　2）龍興寺　3）沙州

55366 正明 ······ ギメ東洋美術館展　秋山『美術研究』238
〔行脚僧畫像裏文書〕（9C末～10C初）

55367 清漢 ·············· P2629
〔官破曆〕　十月二日　（10C中期）

55368 清願 ·············· S01973v①
〔社司轉帖（習書）〕（9C末）
　2）永安寺

55369 清忽 ·············· S06307
〔管内都僧正轉帖〕　九月一日　（10C後期）

55370 清子 ·············· BD15404（簡068066）
〔千渠中下界白刺頭名目〕（10C中期）

55371 清子 ·············· P3440
〔見納賀天子物色人名〕　丙申年三月十六日（996）
　1）都頭

55372 清子 ·············· P4606v
〔納粟人名目〕（9C）
　4）R面爲「二月八日文」。

55373 清子 ·············· S06307
〔管内都僧正轉帖〕　九月一日　（10C後期）
　1）徒衆

55374 清子 ·············· S06452④
〔常住庫借貸油麵物曆〕　壬午年　（982?）
　2）淨土寺

55375 清子 ·············· Дx11085
〔當寺轉帖〕　壬申年七月　（972）
　1）法律

55376 清子 ·············· 北大D215
〔見在僧名〕　廿六日　（10C後期）
　1）沙彌　4）⇒韓清子。

55377 清兒 ·············· S04654v⑤
〔便曆〕　丙午年正月一日　（946）

55378 清兒 ·············· S05437
〔願通等缺升人名抄（封題面）〕（10C）

55379 清兒 ·············· S05750v
〔曹清兒申述龍家馬主追索狀〕（9C末～10C前期）

55380 清兒 ·············· S06307
〔管内都僧正轉帖〕　九月一日　（10C後期）
　1）徒衆

55381 清住 ·············· 莫第127窟
〔供養人題記〕（10C）
　4）原作「姪男清住□…養」。南壁。《燉》p.58。⇒（辛）清住。

55382 清俊 ············· 沙文補24
〔寺卿索再榮等牒殘判辭〕 午年正月 (9C前期)
　1)僧

55383 清女 ················ S06452④
〔常住庫借貸油麵物曆〕 壬午年 (982?)
　2)淨土寺

55384 清證 ················ S05899
〔什物交割曆〕 丙寅年十二月 (966?)

55385 清證 ················ S06034
〔報恩寺請處分安國寺尼亡清證祭盤狀〕 (9C前期)
　1)尼　2)安國寺

55386 清淨 ············ 浙燉168(浙博143)
〔諸寺僧名目〕 (10C中期)

55387 清淨意 ············· P3410
〔沙州僧崇恩析產遺囑〕 吐蕃年次未詳 (840前後)
　1)師

55388 清淨意 ············· S03798
〔戒牒〕 雍熙四年五月廿六日 (987)
　1)授菩薩戒女弟子　2)靈圖寺

55389 清淨果 ············· P3556v⑦
〔道場思惟簿〕 (10C)

55390 清淨花 ············· S04654v②
〔老病孝僧尼名錄(殘)〕 (10C中期)
　4)病氣。

55391 清淨戒 ············· P3556⑧
〔大周故普光寺法律尼臨壇沙門清淨戒邈眞讚〕 (10C)
　1)法律尼臨壇沙門　2)普光寺　4)原作「前河西一十一州節度使爪太保之貴孫矣」。

55392 清淨願 ············· P2944
〔大乘寺・聖光寺等尼僧名錄〕 (10C後期?)
　2)大乘寺

55393 清淨惠 ············· P4611v
〔諸寺付帙曆〕 (9～10C)
　2)安國寺

55394 清淨信 ············ BD06437v①(河37)
〔燉煌僧尼名〕 (9～10C)

55395 清淨藏 ············· S02614v
〔燉煌應管諸寺僧尼名錄〕 (895)
　2)聖光寺

55396 清淨藏 ············· S02669
〔管內尼寺(安國寺・大乘寺・聖光寺)籍〕 (865～870)
　2)聖光寺　3)効穀鄉　4)姓「康」。俗名「含娘」。

55397 清淨林 ············· S02669
〔管內尼寺(安國寺・大乘寺・聖光寺)籍〕 (865～870)
　2)大乘寺　3)燉煌鄉　4)姓「翟」。俗名「足娘」。

55398 清ゝ ················ S04215
〔什物交割曆〕 (10C)
　1)寺主

55399 清朵 ··········· Дх01432＋Дх03110
〔地子倉麥曆〕 (10C)

55400 清貞 ················ P2483v
〔雜寫〕 己卯年四月廿七日 (979)

55401 清奴 ················ S04710
〔沙州戶口簿〕 (9C中期以降)

55402 清奴 ················ S06307
〔管內都僧正轉帖〕 九月一日 (10C後期)
　1)徒衆

55403 清奴 ················ S08924B
〔社司出便麥曆〕 己未年十一月廿日 (959)
　1)虞候

55404 清奴 ······ S10273＋S10274＋S10276＋S10277＋S10279＋S10290
〔出便麥與人名目〕 丁巳年二月一日 (957?)
　1)口承人男　4)原作「口承人男清奴」。

55405 清法 ················ S02729①
〔燉煌應管勘牌子曆〕 辰年三月 (788)
　1)僧　2)開元寺　3)沙州　4)俗姓「史」。23行目。

55406 清法 ················ 杏・羽694①
〔當寺應管主客僧牒〕 未年閏十月 (803)
　4)文末有異一行「未年閏十月日,直歲圓滿牒」。

55407 清法住 ············· P3410
〔沙州僧崇恩析產遺囑〕 吐蕃年次未詳 (840前後)
　1)僧

55408 清密 ············ P2133v
　〔散勸文金剛般若經講經文〕　貞明六年正月
　日　（920）
　　4)原作「…食堂後面書抄清密故記之爾」。

55409 清□ ············ BD06437v①（河37）
　〔燉煌僧尼名〕　（9～10C）

55410 清□□ ············ Дx11077
　〔社司轉帖〕　丑年五月八?日　（9C?）

55411 濟實 ············ S11352
　〔法律道哲牓示〕　（9C）

55412 生英 ············ S02711
　〔寫經人名目〕　（9C前期）
　　1)寫經人　2)金光明寺

55413 精勝妙 ············ BD16052D（L4028）
　〔僧名目〕　（10C）

55414 精進 ············ P2638
　〔儭司破曆〕　癸巳～丙申年　（933～936）
　　2)普光寺

55415 精進 ············ S02614v
　〔燉煌應管諸寺僧尼名錄〕　（895）

55416 精進 ············ Дx01459
　〔第一判諸寺尼僧名錄〕　（9C末～10C初）
　　2)普光寺

55417 精進藏 ············ S02614v
　〔燉煌應管諸寺僧尼名錄〕　（895）
　　2)大乘寺

55418 精進藏 ············ S02614v
　〔燉煌應管諸寺僧尼名錄〕　（895）
　　2)靈修寺

55419 精進藏 ············ S02669
　〔管內尼寺（安國寺・大乘寺・聖光寺）籍〕
　（865～870）
　　2)大乘寺　3)洪池鄉　4)姓「張」。俗名「意氣」。

55420 聖意 ············ S02614v
　〔燉煌應管諸寺僧尼名錄〕　（895）
　　2)靈修寺

55421 聖意 ············ S04444v②
　〔燉煌大乘寺僧尼申告（稿）〕　（905）
　　2)大乘寺

55422 聖覺 ············ S04444v②
　〔燉煌大乘寺僧尼申告（稿）〕　（905）
　　2)大乘寺

55423 聖惠 ············ BD16453A
　〔水則道場轉經兩翻名目〕　（9～10C）
　　1)第一翻

55424 聖惠 ············ S02614v
　〔燉煌應管諸寺僧尼名錄〕　（895）
　　2)靈修寺

55425 聖惠 ············ S04444v②
　〔燉煌大乘寺僧尼申告（稿）〕　（905）
　　2)大乘寺

55426 聖賢 ············ S02614v
　〔燉煌應管諸寺僧尼名錄〕　（895）
　　2)聖光寺

55427 聖賢 ············ S02669
　〔管內尼寺（安國寺・大乘寺・聖光寺）籍〕
　（865～870）
　　2)聖光寺　3)効穀鄉　4)姓「康」。俗名「嬌々」。

55428 聖賢 ············ S04654v②
　〔老病孝僧尼名錄（殘）〕　（10C中期）
　　4)老。

55429 聖嚴 ············ S02669
　〔管內尼寺（安國寺・大乘寺・聖光寺）籍〕
　（865～870）
　　2)安國寺　3)慈惠鄉　4)姓「張」。俗名「女々」。

55430 聖悟 ············ S02669
　〔管內尼寺（安國寺・大乘寺・聖光寺）籍〕
　（865～870）
　　2)大乘寺　3)洪閏鄉　4)姓「寶」。俗名「闍々」。

55431 聖行 ············ S02614v
　〔燉煌應管諸寺僧尼名錄〕　（895）

55432 聖行 ············ S04444v②
　〔燉煌大乘寺僧尼申告（稿）〕　（905）
　　2)大乘寺

55433 聖慈 ············ P4611
　〔諸寺付經曆〕　（9C末～10C初）
　　1)惟那　2)靈修寺

55434 聖修 ·················· P3167v
〔安國寺道場司關于(五尼寺)沙彌戒訴狀〕
乾寧二年三月 (895)
　2)普光寺　4)⇒陰聖修。

55435 聖證 ·················· S02669
〔管內尼寺(安國寺・大乘寺・聖光寺)籍〕
(865～870)
　2)安國寺　3)洪池鄉　4)姓「宋」。俗名「能」。

55436 聖性 ·················· S02614v
〔燉煌應管諸寺僧尼名錄〕 (895)
　2)靈修寺

55437 聖藏 ············· BD15362(新1562)
〔四分戒本1卷(尾)〕 癸亥(年)四月四日 (9～10C)
　1)比丘尼　4)尾題後有題記「癸亥四月四日比丘尼聖藏興心寫此戒爲已身一生讀誦護持。現代僞造。歸義軍時代寫本上有題答「唐比丘尼聖藏寫四分戒」。

55438 聖智 ·················· S02614v
〔燉煌應管諸寺僧尼名錄〕 (895)
　2)安國寺

55439 聖智 ·················· S02669
〔管內尼寺(安國寺・大乘寺・聖光寺)籍〕
(865～870)
　2)大乘寺　3)慈惠鄉　4)姓「李」。俗名「意氣」。

55440 聖妙 ·················· S02614v
〔燉煌應管諸寺僧尼名錄〕 (895)
　2)大乘寺

55441 聖妙 ················· S04444v②
〔燉煌大乘寺僧尼申告(稿)〕 (905)
　2)大乘寺

55442 聖□ ············ BD16200L(L4099)
〔僧名目錄〕 (9～10C)
　4)原作「修眞,聖」(3字)。

55443 西寺 ················· S04831②
〔寫經人名目〕 (9C前期)
　1)寫經人

55444 西宅僕射 ············· P3942
〔某家榮親客目〕 (10C?)
　1)僕射

55445 西宅僕射娘子 ·········· P3942
〔某家榮親客目〕 (10C?)

55446 青算 ········· 第七回大藏會(京都)目1921-2
〔掌中樞要記(末)〕 太宗大平興國九年八月十七日 (984)
　1)扶桑巡禮五台沙門　2)大相國寺釋迦院
　3)東京梁苑城左街

55447 青龍 ·············· BD02823v(調23)
〔雜寫〕 (9～10C)

55448 靖通 ·················· S02292
〔某院主比丘靖通狀〕 (10C中期前後)
　1)比丘　4)西川靜眞禪院。

55449 靜泰 ················ P.tib1261v③
〔諸寺僧尼支給穀物曆〕 (9C前期)
　1)僧

55450 靜忍 ············ BD02126v⑨(藏26)
〔雜寫習書〕 (9C後期)

55451 齊生 ·················· S06829v
〔修造破曆〕 卯年 (811 or 799?)

55452 齊生 ················· S06829v③
〔便契〕 卯年四月 (811?)

55453 寂寺主 ················ S10967
〔敎團付經諸寺僧尼名目〕 (9C前期)
　1)寺主

55454 寂淨藏 ················ S02614v
〔燉煌應管諸寺僧尼名錄〕 (895)
　2)大乘寺

55455 寂淨藏 ··············· S04444v②
〔燉煌大乘寺僧尼申告(稿)〕 (905)
　2)大乘寺

55456 寂智 ················ 杏・羽694①
〔當寺應管主客僧牒〕 未年閏十月 (803)
　4)文末有異一行「未年閏十月,直歲圓滿牒」。

55457 赤胡 ················· S04654⑤
〔金剛明寺僧慶戒出便斛斗曆〕 丙午年正月九日 (946)

55458 赤山 ················· P2032v③
〔淨土寺諸色破曆〕 (944前後)
　2)淨土寺

55459 赤山 ……………… P2040v③-1
　〔淨土寺粟入曆〕　(939)
　　2)淨土寺

55460 赤旦 ……………… S06045
　〔便粟麥曆〕　丙午年正月三日　(946)
　　1)金銀匠

55461 拙及弟 ……………… S08353
　〔官衙麵油破曆〕　(10C)

55462 薛兒 ……………… BD06359v②(鹹59)
　〔人名目〕　(9C前期)

55463 薛兒 ……………… P4008
　〔磑麨人名目〕　(10C中期?)
　　1)孔目

55464 仙子 ……………… P4514(3)Av
　〔常住百姓張骨子於靈圖寺倉便麥契〕　癸未年二月十九日　(983)
　　1)只(質)典女　4)⇒張仙子。

55465 仙子 ……………… S04577
　〔楊將頭遺物分配憑〕　癸酉年十月五日　(973 or 913)
　　1)(楊將頭)妻

55466 仙□ ……………… BD16398Av(L4465)
　〔人名目(2行)〕　(9～10C)

55467 千?載 ……………… 杏・羽694①
　〔當寺應管主客僧牒〕　未年閏十月　(803)
　　4)文末有異一行「未年閏十月日,直歲圓滿牒」。

55468 宣昌 ……………… S00092v
　〔買鞋文書殘〕　己卯年八月八日　(982?)

55469 宣奴 ……………… 有鄰館56
　〔城下諸色碩斜牛等入破曆〕　自戌年至子年
　(9C前期)

55470 梅檀林 ……………… S02729①
　〔燉煌應管勘牌子曆〕　辰年三月　(788)
　　1)僧　3)沙州・潘原堡　4)俗姓「楊」。53行目。

55471 潛漪 ……………… S10530
　〔納贈曆?(殘)〕　(9C前期?)

55472 潛應 ……………… S11516
　〔寫經人名目〕　(9C)

55473 潛應 ……………… 天津市文物公司藏
　〔比丘含注戒本并序末題記〕　申年九月十五日　(9～10C)
　　1)僧　4)題記「申年九月十五日僧潛應初學手書以記」。

55474 潛會 ……………… S04914
　〔付經曆〕　卯年九月七日　(835 or 847)
　　1)僧　2)金光明寺

55475 潛覺 ……………… P2706
　〔某寺常住什物點檢曆〕　(10C?)

55476 潛歸 ……………… BD12029(L2158)
　〔龍興寺出藏本經〕　光化三年庚申歲二月廿三日　(900)
　　4)本記末有「其經付潛歸潛飯」。

55477 潛飯 ……………… S02614v
　〔燉煌應管諸寺僧尼名錄〕　(895)
　　2)大雲寺

55478 潛均 ……………… S06329
　〔字書〕　戌年七月十日　(9C前期)
　　1)比丘　4)原作「比丘潛均書記」。

55479 潛惠 ……………… P4810v②
　〔為亡妣請僧疏〕　(9C前期)
　　2)金光明寺

55480 潛建 ……………… P4640⑧
　〔讚文〕　(9C末～10C前)
　　1)苾蒭僧　2)金光明寺　4)⇒張潛建。

55481 潛潤 ……………… S01364
　〔付經曆〕　(9C)
　　1)僧　2)靈圖寺

55482 潛閏 ……………… S07939v＋S07940Bv＋S07941
　〔燉煌諸寺僧尼給糧曆〕　(823以降)

55483 潛達 ……………… P4640④
　〔大蕃沙州釋門教授和尚洪辯修功德碑〕　大中五年　(851)

55484 潛智 ……………… BD05652(李52)
　〔沙彌潛智為寺維那求布施歡喜文〕　(8～9C)
　　4)原作「奪衆憶念我沙弥潛智當爲十五日維那…」等三箇所。

55485 潛智 ························· P2612v
〔上座潛智(社司)諸帖〕 七月廿八日 （10C?）
　　4)本件R面爲「新集文詞敎林卷上」(首題,10C半頃)貼付紙。V面爲「兒郎偉」(全13行)。

55486 潛智 ························· S02614v
〔燉煌應管諸寺僧尼名錄〕 （895）
　　2)永安寺

55487 潛智 ············· 羅福萇『錄』
〔佛頂尊勝陀羅尼經〕 甲申年六月十七日
（924）
　　1)當寺比丘知都上座・寫

55488 潛愍 ························· S02614v
〔燉煌應管諸寺僧尼名錄〕 （895）
　　2)大雲寺

55489 潛辯 ···················· P4958piece1
〔納贈歷〕 （10C前期）

55490 潛辯 ························· S02614v
〔燉煌應管諸寺僧尼名錄〕 （895）
　　2)大雲寺

55491 辿觀 ······················· P3047v①
〔僧名等錄〕 （9C前期）

55492 全子 ············ BD14806①(新1006)
〔於倉缺物人便麥名抄錄〕 辛酉年三月廿二日 （961）
　　1)口承人(辥安定)男　4)原作「口承人男全子」。

55493 全子 ························· P4525⑮
〔佛典兌紙(末尾余白2行)〕 （980頃）
　　1)押衙

55494 全娘 ························· S00542v
〔燉煌諸寺丁壯車牛役部〕 戌年六月十八日
（818）
　　2)普光寺

55495 全眞 ·························· P3017
〔張業等敬造金字大寶積經〕 天復三年歲次癸亥二月壬申朔廿三日 （903）

55496 全友 ·························· 北大D215
〔見在僧名〕 廿六日 （10C後期）
　　1)沙彌　4)⇒陰全友。

55497 善 ···························· P3205
〔僧俗人寫經歷〕 （9C前期）

55498 善安 ························· S02614v
〔燉煌應管諸寺僧尼名錄〕 （895）
　　2)乾元寺

55499 善意 ·························· P2141v
〔地持義記卷第4〕 （9C末）
　　1)抄寫

55500 善意 ·························· P3167v
〔安國寺道場司關于(五尼寺)沙彌戒訴狀〕
乾寧二年三月 （895）
　　2)普光寺　4)⇒安善意。

55501 善意 ·························· P3977
〔諸寺入布曆〕 （9C）
　　2)安國寺

55502 善意 ························· S02614v
〔燉煌應管諸寺僧尼名錄〕 （895）
　　2)大乘寺

55503 善意 ························· S09994v
〔諸寺僧尼付經曆〕 （9C）
　　2)聖光寺

55504 善意花 ······················ S02669
〔管內尼寺(安國寺・大乘寺・聖光寺)籍〕
（865～870）
　　2)大乘寺　3)赤心鄕　4)姓「曹」。俗名「含ゝ」。

55505 善員 ························· S04211v
〔寫經關係文書〕 壬辰年四月十一日 （932）
　　1)僧

55506 善員 ························· S08676
〔人名目(2字)〕 （9C前期）
　　4)V面有2字「未配」。

55507 善因 ············ BD06437v①(河37)
〔燉煌僧尼名〕 （9～10C）

55508 善因 ························· P2912v③
〔寫大般若經一部施銀盤子麥粟粉疏〕 四月八日 （9C前期）

55509 善因 ·························· P3167v
〔安國寺道場司關于(五尼寺)沙彌戒訴狀〕
乾寧二年三月 （895）
　　2)普光寺　4)⇒呂善因。

55510 善因 ························· P3234v⑮
〔淨土寺西倉豆利潤入曆〕 （940年代?）
　　2)淨土寺

55511 善因 ……………… P3631
〔把物團善因等還入常住斛㪷曆〕 辛亥年
(891 or 951)

55512 善因 ……………… S00542v
〔燉煌諸寺丁壯車牛役部〕 戌年六月十八日
(818)
　2)報恩寺　4)⇒趙善因。

55513 善因 ……………… S02614v
〔燉煌應管諸寺僧尼名錄〕 (895)

55514 善因 ……………… S04120
〔布褐等破曆(殘)〕 癸亥年二月～甲子年二月 (963～964)
　4)⇒善因阿姨。

55515 善因 ……………… Дx01428
〔某寺諸色斛㪷破曆〕 (10C中期)

55516 善因阿姨 ……………… S04120
〔布褐等破曆(殘)〕 癸亥年二月～甲子年二月 (963～964)
　4)⇒善因。

55517 善盈 ……………… BD02858(調58)
〔雜寫〕 (8～9C)

55518 善盈 ……………… S04700
〔陰家榮親客目〕 甲午年五月十五日 (994)
　1)郎君

55519 善盈 ……………… Дx03164
〔書狀(殘)〕 □七年四月十九日 (9C後期～10C)
　4)⇒王善?盈?

55520 善圓 ……………… BD08172v(乃72)
〔社司轉帖(習書・殘)〕 癸未年頃 (923頃?)

55521 善圓 ……………… BD16052D(L4028)
〔僧名目〕 (10C)

55522 善圓 ……………… S00387v
〔雜寫及畫〕 (10C後期)
　1)師兄

55523 善延 ……………… S02614v
〔燉煌應管諸寺僧尼名錄〕 (895)
　2)蓮臺寺

55524 善緣 ……………… S00387v
〔雜寫及畫〕 (10C後期)
　1)師

55525 善應 ……………… P3587
〔某寺常住什物點檢見在曆(殘)〕 (9C)

55526 善應 ……………… S02614v
〔燉煌應管諸寺僧尼名錄〕 (895)
　2)乾元寺

55527 善恩 ……………… S01973v①
〔社司轉帖(習書)〕 (9C末)

55528 善恩 ……………… S02614v
〔燉煌應管諸寺僧尼名錄〕 (895)
　1)大戒尼　2)普光寺

55529 善懷 ……………… S08426B
〔使府酒破曆〕 (10C中～後期)
　3)南山　4)原作「南山善懷」。

55530 善戒 ……………… BD16052D(L4028)
〔僧名目〕 (10C)

55531 善戒 ……………… BD16453A
〔水則道場轉經兩翻名目〕 (9～10C)
　1)第二翻

55532 善戒 ……………… S01624v
〔什物交割曆〕 顯德五年戊午十一月十三日 (958)
　1)典座

55533 善戒 ……………… S01776
〔某寺常住什物交割點檢曆〕 顯德五年戊午十一月十三日 (958)
　1)典座

55534 善戒 ……………… S01776①
〔某寺常住什物交割點檢曆〕 顯德五年戊午十一月十三日 (958)
　1)典座

55535 善戒 ……………… S02614v
〔燉煌應管諸寺僧尼名錄〕 (895)
　2)靈修寺

55536 善戒 ……………… S04654v②
〔老病孝僧尼名錄(殘)〕 (10C中期)
　4)病氣。

55537 善會 ·················· S02614v
〔燉煌應管諸寺僧尼名錄〕（895）
　2）開元寺

55538 善會 ············ 浙燉168（浙博143）
〔諸寺僧名目〕（10C中期）

55539 善學 ·················· S02614v
〔燉煌應管諸寺僧尼名錄〕（895）
　2）三界寺

55540 善覺 ·················· S04444v②
〔燉煌大乘寺僧尼申告（稿）〕（905）
　2）大乘寺

55541 善勸 ··················· P3060
〔諸寺諸色付經僧尼曆〕（9C前期）
　1）僧尼　4）經典名「般若經卷7」。

55542 善勸 ··················· P3060v
〔諸寺諸色付經僧尼曆〕（9C前期）
　4）經典名「大寶積經卷7」。

55543 善眼 ·················· TⅡY-46c
〔戶籍〕端拱年頃（988～995）
　1）（陳長晟）婢

55544 善願 ·················· S02614v
〔燉煌應管諸寺僧尼名錄〕（895）
　2）大乘寺

55545 善願 ·················· S04444v②
〔燉煌大乘寺僧尼申告（稿）〕（905）
　2）大乘寺

55546 善貴 ··············· 天禧塔記
〔「天禧塔記」《隴石金石錄補》〕　大宋天禧參年歲次乙未三月二十七日（1019）
　1）法律　2）蓮臺寺

55547 善係 ·················· S02614v
〔燉煌應管諸寺僧尼名錄〕（895）
　2）大乘寺

55548 善惠 ············ BD02126v②（藏26）
〔人名目（1行6名）〕（9C後期）

55549 善惠 ············ BD02126v⑩（藏26）
〔善惠爲母大請追福請賓頭羅疏〕　光啓三年八月十日（887）
　1）僧　4）原作「僧善惠謹疏」。

55550 善惠 ············· BD02129（藏29）
〔追疏〕　光啓三年八月十日丁未年（887）
　1）僧

55551 善惠 ············· BD15035（新1236）
〔大般若波羅蜜多經卷第427（末）〕（8～9C）
　1）尼　4）原作「尼善惠」。

55552 善惠 ·················· P2032v②
〔淨土寺惠安手下諸色入曆〕　甲辰年一日巳直歲（944）

55553 善惠 ·················· P2032v⑤
〔淨土寺布破曆〕（940前後）
　2）淨土寺

55554 善惠 ·················· P2032v⑲
〔淨土寺麵破曆〕（940前後）
　2）淨土寺

55555 善惠 ················· P2040v②-4
〔淨土寺粟入曆〕（945以降）
　2）淨土寺

55556 善惠 ·················· P2049v①
〔淨土寺諸色入破曆計會牒〕　同光三年（925）

55557 善惠 ··················· P2089
〔摩訶衍經卷第43〕（9C末）

55558 善惠 ·················· P2250v①
〔龍興寺僧唱布曆〕（925?）
　1）僧　2）龍興寺

55559 善惠 ·················· P2250v⑤
〔金光明寺僧唱布曆〕（925?）
　2）金光明寺

55560 善惠 ·················· P2680v⑧
〔付經曆〕　丙申年四月十七日（936）

55561 善惠 ··················· P2858v
〔索海朝租田契〕　酉年二月十二日（829 or 817）

55562 善惠 ··················· P3394
〔僧張月光父子迴博田地契〕　大中六年壬申十月（852）
　1）見人僧　4）原作「見人僧善惠」。

55563 善惠 ……………… P3490v①
〔油破曆〕 辛巳年頃 (921頃)

55564 善惠 ……………… P3730④
〔狀〕 酉年正月 (829)
1)徒衆 2)金光明寺

55565 善惠 ……………… P3859v
〔習書〕 (10C?)
1)沙彌 2)蓮臺寺 4)R面爲「丙申年(936)報恩寺常住百姓名目」。

55566 善惠 ……………… P3919B
〔戒輪書三界寺善惠受持〕 己未年三月廿八日 (959)

55567 善惠 ……………… P4817
〔領得粟黃麻等曆(3行)〕 乙丑年正月十三日 (905 or 965)

55568 善惠 ……………… P4958piece3
〔當寺轉帖(殘)〕 (10C前期)

55569 善惠 ……………… P.tib1261v⑦
〔諸寺僧尼支給穀物曆〕 (9C前期)
1)僧

55570 善惠 ……………… S00050
〔金光明最勝王經卷第9〕 (9C)
1)僧人 4)差科簿(大曆年間)V面「戒懺文」他。落書有「善惠持念」。

55571 善惠 ……………… S01973v②
〔鹿王本生譚〕 (10C)
1)比丘僧・書記

55572 善惠 ……………… S02614v
〔燉煌應管諸寺僧尼名錄〕 (895)
2)大乘寺

55573 善惠 ……………… S02614v
〔燉煌應管諸寺僧尼名錄〕 (895)
2)龍興寺

55574 善惠 ……………… S03050v③
〔善惠借花獻佛因緣〕 (10C)
1)上座

55575 善惠 ……………… S03631v
〔僧人名目〕 (10C中~後期)

55576 善惠 ……………… S04444v②
〔燉煌大乘寺僧尼申告(稿)〕 (905)
2)大乘寺

55577 善惠 ……………… Дx01369
〔僧善惠經文疏〕 文德元年十月十日 (888)
1)僧

55578 善惠 ……………… 天禧塔記
「天禧塔記」《隴石金石錄補》 大宋天禧參年歲次乙未三月二十七日 (1019)
1)三界寺法律知福田判官 2)三界寺

55579 善慶 ……………… P3812
〔雜寫〕 (9C末頃)

55580 善慶 ……………… P4987
〔兄弟社轉帖〕 戊子年七月 (988)

55581 善慶 ……………… S11351B
〔西窟斷上水僧目〕 (10C前期)
1)僧

55582 善敬 ……………… Дx00998
〔尼僧名目〕 (9C末~10C)
4)原作「索流住女善敬」。

55583 善見 ……………… S02729①
〔燉煌應管勘牌子歷〕 辰年三月 (788)
1)僧 3)沙州・潘原堡 4)俗姓「張」。25行目。

55584 善賢 ……………… S02614v
〔燉煌應管諸寺僧尼名錄〕 (895)
2)安國寺

55585 善賢 ……………… S02614v
〔燉煌應管諸寺僧尼名錄〕 (895)
2)大乘寺

55586 善賢 ……………… S02669
〔管內尼寺(安國寺・大乘寺・聖光寺)籍〕 (865~870)
2)大乘寺 3)龍勒鄉 4)姓「曹」。俗名「逍遙」。

55587 善賢 ……………… S04444v②
〔燉煌大乘寺僧尼申告(稿)〕 (905)
2)大乘寺

55588 善嚴 ……………… S02669
〔管內尼寺(安國寺・大乘寺・聖光寺)籍〕 (865~870)
2)大乘寺 3)神沙鄉 4)姓「辛」。俗名「醜々」。

55589 善嚴 ·················· S02669
〔管內尼寺(安國寺・大乘寺・聖光寺)籍〕
(865～870)
　　2)大乘寺　3)洪池鄉　4)姓「陳」。俗名「偏ゝ」。

55590 善現 ·················· S02614v
〔燉煌應管諸寺僧尼名錄〕(895)
　　2)龍興寺

55591 善悟 ·················· S02669
〔管內尼寺(安國寺・大乘寺・聖光寺)籍〕
(865～870)
　　2)大乘寺　3)平康鄉　4)姓「張」。俗名「嬌娘」。

55592 善護 ·················· P3167v
〔安國寺道場司關于(五尼寺)沙彌戒訴狀〕
乾寧二年三月 (895)
　　1)(程文威)女　2)普光寺　4)⇒程善護。

55593 善護 ·················· S02614v
〔燉煌應管諸寺僧尼名錄〕(895)
　　2)普光寺

55594 善護 ·················· S02614v
〔燉煌應管諸寺僧尼名錄〕(895)
　　1)沙彌尼　2)安國寺

55595 善護 ·················· S02669
〔管內尼寺(安國寺・大乘寺・聖光寺)籍〕
(865～870)
　　2)大乘寺　3)燉煌鄉　4)姓「張」。俗名「順子」。

55596 善護 ·················· 北大D187
〔安國寺・大乘寺等尼名錄。〕(9C後期～10C前期)
　　1)第二翻

55597 善光 ·················· P2689
〔寺僧唱得物支給曆〕(9C前期)

55598 善光 ·················· P3060
〔諸寺諸色付經僧尼曆〕(9C前期)
　　1)僧尼　4)經典名「般若經卷33」。

55599 善光 ·················· P3060v
〔諸寺諸色付經僧尼曆〕(9C前期)
　　4)經典名「大寶積經卷9」。

55600 善光 ·················· S00542v
〔燉煌諸寺丁壯車牛役部〕戌年六月十八日
(818)
　　2)開元寺　4)死。

55601 善光 ·················· S00542v
〔燉煌諸寺丁壯車牛役部〕戌年六月十八日
(818)
　　2)大雲寺

55602 善光 ·················· S01780
〔於沙州龍興寺受菩薩戒牒〕元年建末月七日
(8C)
　　2)龍興寺　3)沙州

55603 善光 ·················· S02614v
〔燉煌應管諸寺僧尼名錄〕(895)
　　2)乾元寺

55604 善光 ·················· S02729①
〔燉煌應管勘牌子歷〕辰年三月 (788)
　　1)僧　2)大乘寺　3)沙州　4)俗姓「索」。47行目。

55605 善光 ·················· S04537v
〔釋門僧政沙門善光上太傅牒〕天福九年
(944)
　　1)釋門僧政沙門

55606 善興 ·················· P3495
〔法瑞點檢常住什物等分付後寺主狀〕長興元年 (930)
　　1)僧　4)「長興年法瑞點檢常住什物等狀」餘白有落書5字「善興邊貸布」。

55607 善興 ·················· 北大D215
〔見在僧名〕廿六日 (10C後期)
　　1)沙彌　4)⇒陰善興。

55608 善行 ·················· P2944
〔大乘寺・聖光寺等尼僧名錄〕(10C後期?)
　　2)大乘寺

55609 善行 ·················· P3047v①
〔僧名等錄〕(9C前期)
　　4)俗姓「令狐」。

55610 善行 ·················· P3047v③
〔諸僧尼送納三色香於乾元寺曆〕(9C前期)
　　2)乾元寺　4)俗姓「康」。

55611 善行 ·················· S02614v
〔燉煌應管諸寺僧尼名錄〕(895)
　　2)安國寺　4)戒定。

55612 善行 ·················· S02729①
〔燉煌應管勘牌子歷〕 辰年三月 (788)
　1)僧　2)靈修寺　3)沙州　4)俗姓「鄧」。33行目。

55613 善香 ·················· P2944
〔大乘寺・聖光寺等尼僧名錄〕 (10C後期?)
　2)大乘寺

55614 善才 ··············· BD01909v(收9)
〔題名〕 (8C)

55615 善才 ·················· P2671v
〔僧名錄(河西都僧統等20數名)〕 甲辰年頃(884頃)

55616 善才 ·················· P3100①
〔某寺徒衆供英等請律師善才光寺主牒幷都僧統(悟眞)判辭〕 景福貳年十月廿七日(893)
　1)徒衆律師

55617 善才 ·················· P3541
〔張善才邈眞讚〕 (9C?)
　1)僧政兼賜授恩榮仍封京城內外之名唐故歸義軍釋門管內僧政京城內外臨壇〔　〕主兼闡揚三敎大法師賜紫沙門　4)⇒張善才。

55618 善才 ················· Дx01398
〔車頭人名目〕 (10C)
　1)車頭

55619 善才 ················ Дx01586B
〔惠通下僧名目〕 (9C後期)

55620 善才 ··············· 莫第329窟
〔供養人題記〕 (10C前期)
　1)闡揚三敎大法師賜紫沙門　4)甬道南壁。《燉》p.133。

55621 善最 ········· S07939v＋S07940Bv＋S07941
〔燉煌諸寺僧尼給糧歷〕 (823以降)

55622 善贊 ·················· S05899
〔什物交割歷〕 丙寅年十二月 (966?)

55623 善子 ·················· P2049①
〔淨土寺諸色入破歷計會牒〕 同光三年(925)

55624 善子 ·················· S04660
〔兄弟社轉帖〕 戊子年六月廿六日 (988)
　1)押衙　2)於燉煌蘭喏門　4)原作「善子・押牙」。⇒(安)善子。

55625 善子 ·················· S04660
〔兄弟社轉帖〕 戊子年六月廿六日 (988)
　1)都頭　2)於燉煌蘭喏門　4)原作「善子・都頭」。⇒(安)善子。

55626 善子 ·················· S04660v
〔社人缺色物歷〕 戊子年六月廿六日 (988)
　1)押衙　4)原作「善子押牙」。

55627 善子 ·················· S04660v
〔社人缺色物歷〕 戊子年六月廿六日 (988)
　1)都頭　4)原作「善子都頭」。

55628 善思 ············· BD15174v(新1374)
〔社司轉帖〕 (10C後期)
　4)V面有「丁卯年正月一日金光明寺僧玄教顗世音菩薩經一卷」之一文。

55629 善思 ·················· S02614v
〔燉煌應管諸寺僧尼名錄〕 (895)
　2)三界寺

55630 善思 ·················· S02614v
〔燉煌應管諸寺僧尼名錄〕 (895)
　1)大戒尼　2)普光寺

55631 善思 ················· Дx01369
〔僧善惠經文疏〕 文德元年十月十日 (888)
　1)僧

55632 善施 ·················· P3167v
〔安國寺道場司關于(五尼寺)沙彌戒訴狀〕 乾寧二年三月 (895)
　2)普光寺　4)⇒索善施。

55633 善施 ·················· S02614v
〔燉煌應管諸寺僧尼名錄〕 (895)

55634 善慈 ·················· P2250v①
〔龍興寺僧唱布歷〕 (925?)
　1)僧　2)龍興寺

55635 善慈 ·················· P3234v⑩
〔某寺西倉粟破歷〕 (940年代)

55636 善慈 ·················· S02614v
〔燉煌應管諸寺僧尼名錄〕 (895)
　2)三界寺

55637 善慈 ············· S06005
〔立社條約〕 (10C前期以降)
　1)社老

55638 善持 ············· S02614v
〔燉煌應管諸寺僧尼名錄〕 (895)

55639 善持 ············· S02669
〔管内尼寺(安國寺・大乘寺・聖光寺)籍〕
(865～870)
　2)大乘寺　3)平康鄕　4)姓「索」。俗名「婀娜」。

55640 善首 ············· Stein Painting 431
〔四天王圖(册子)〕 (9C末期)
　1)表兄僧　4)原作「表兄僧善首同心勘校」。

55641 善修 ············· S02614v
〔燉煌應管諸寺僧尼名錄〕 (895)
　2)大乘寺

55642 善集 ············· 天禧塔記
〔「天禧塔記」《隴石金石錄補》〕　大宋天禧參年歳次乙未囗月二十七日 (1019)
　1)法律　2)蓮臺寺

55643 善住 ············· BD02858(調58)
〔雜寫〕 (8～9C)

55644 善住 ············· BD08172v(乃72)
〔社司轉帖(習書・殘)〕　癸未年頃 (923頃?)

55645 善住 ············· P2250v③
〔開元寺僧唱布曆〕 (925?)
　2)開元寺

55646 善住 ············· P3391v①
〔社司轉帖(寫錄)〕　丁酉年正月日 (937)

55647 善住 ············· P3800
〔齋文〕 (10C)
　1)律師

55648 善住 ············· P3902Bv
〔什物還替分付控〕 (10C?)

55649 善住 ············· P4012
〔寺主善住會計報告〕　庚子年 (880)
　1)寺主

55650 善住 ············· S02614v
〔燉煌應管諸寺僧尼名錄〕 (895)
　2)大乘寺

55651 善住 ············· S02614v
〔燉煌應管諸寺僧尼名錄〕 (895)
　2)三界寺

55652 善住 ············· S03956v
〔雜寫〕 (10C?)
　4)原作「此是善住」。

55653 善住 ············· S05139v
〔雜寫〕　甲申年 (924頃)
　1)沙彌　2)報恩寺

55654 善住 ············· S05139v②
〔社司轉帖(寫錄)〕　四月十三日 (10C前期)
　1)沙彌

55655 善住 ············· Дx05427＋Дx05451Bv＋Дx13599
〔雜寫〕 (10C)
　4)原作「善信善住」。

55656 善住 ············· 莫第220窟
〔供養人題記〕 (10C前期)
　1)(翟奉達)亡男　4)《謝》作「亡男善住一心供養」。甬道北壁。《謝》p.354。⇒(翟)善住。(翟)善囗。善囗。

55657 善順 ············· P2708
〔社子名目并略押(殘)〕 (10C中期)

55658 善順 ············· P5014piece2
〔管内都僧正通惠大師願淸疏〕　顯德六年十月七日 (959)
　1)和上

55659 善女 ············· 北京萃文齋
〔河西支度營田使戶口給穀簿〕 (8C後期)
　1)(吳庭光)婢　4)原作「(戶吳庭光冊九)婢善女卅一」。

55660 善勝 ············· P2032v⑯-1
〔淨土寺麥入曆〕 (940前後)
　2)淨土寺

55661 善勝 ············· P2944
〔大乘寺・聖光寺等尼僧名錄〕 (10C後期?)
　2)聖光寺　4)俗姓「陰」。

55662 善勝 ············· P3060
〔諸寺諸色付經僧尼曆〕 (9C前期)
　1)僧尼　4)經典名「般若經卷33」。

55663 善勝 ･･････････････ P3234v②
〔應慶於願達手上入曆〕 壬寅年正月一日
(942)

55664 善勝 ･･････････････ P3234v⑤
〔直歲願通手上入曆〕 壬寅年 (942)

55665 善勝 ･･････････････ P3490v①
〔油破曆〕 辛巳年頃 (921頃)

55666 善勝 ･･････････････ P3490v②
〔麵破曆〕 辛巳年 (921)

55667 善勝 ･･････････････ P3638
〔沙彌善勝點檢常住什物見在曆〕 辛未年
(911)
　　1)沙彌

55668 善勝 ･･････････････ P4958piece1
〔納贈曆〕 (10C前期)

55669 善勝 ･･････････････ P4958piece3
〔當寺轉帖(殘)〕 (10C前期)

55670 善勝 ･･････････････ S01653v
〔付麵曆佛會支出簿〕 (10C)

55671 善勝 ･･････････････ S02614v
〔燉煌應管諸寺僧尼名錄〕 (895)
　　2)安國寺

55672 善勝 ･･････････････ S02614v
〔燉煌應管諸寺僧尼名錄〕 (895)
　　2)大乘寺

55673 善勝 ･･････････････ S02729①
〔燉煌應管勘牌子曆〕 辰年三月 (788)
　　1)僧 2)大乘寺 3)沙州 4)俗姓「索」。49行目。

55674 善勝 ･･････････････ S04444v②
〔燉煌大乘寺僧尼申告(稿)〕 (905)
　　2)大乘寺

55675 善昌 ･･････････････ P4907
〔淨土寺?䭇破曆〕 辛卯年閏二月 (931?)
　　1)都頭

55676 善昌 ･･････････････ S09414
〔驢頭李法律等名目〕 (10C)
　　4)原作「小善昌」。

55677 善照 ･･････････････ S02669
〔管內尼寺(安國寺･大乘寺･聖光寺)籍〕
(865～870)
　　2)大乘寺 3)神沙鄉 4)姓「唐」俗名「大眞」。

55678 善證 ･･････････････ P5568
〔諸寺付經曆〕 (9C前期)
　　2)靈修寺

55679 善證 ･･････････････ S02614v
〔燉煌應管諸寺僧尼名錄〕 (895)
　　2)安國寺

55680 善證 ･･････････････ S02669
〔管內尼寺(安國寺･大乘寺･聖光寺)籍〕
(865～870)
　　2)大乘寺 3)燉煌鄉 4)姓「張」。俗名「擔娘」。

55681 善娘 ･･････････････ S00542v
〔燉煌諸寺丁壯車牛役部〕 戌年六月十八日
(818)
　　2)蓮臺寺 4)⇒朱善娘。

55682 善娘 ･･････････････ S00542v
〔燉煌諸寺丁壯車牛役部〕 戌年六月十八日
(818)

55683 善淨 ･･････････････ P3047v⑧
〔王都督䃟合城僧徒名錄〕 (9C前期)

55684 善淨 ･･････････････ P4765
〔都僧錄帖〕 (10C後期)
　　1)第一翻･沙彌

55685 善淨 ･･････････････ S02614v
〔燉煌應管諸寺僧尼名錄〕 (895)
　　2)靈修寺

55686 善淨 ･･････････････ S02614v
〔燉煌應管諸寺僧尼名錄〕 (895)
　　2)普光寺

55687 善淨 ･･････････････ S05139v②
〔社司轉帖(寫錄)〕 四月十三日 (10C前期)

55688 善淨 ･･････････････ 莫第386窟
〔供養人題記〕 (8C後期)
　　1)沙彌 4)東壁門南側。《燉》p.146。

55689 善信 ･･････････････ P3047v⑦
〔法事僧尼名錄〕 (9C前期)

55690 善信 ·················· P3047v⑧
　〔王都督犏合城僧徒名錄〕　（9C前期）

55691 善信 ·················· P3167v
　〔安國寺道場司關于(五尼寺)沙彌戒訴狀〕
　乾寧二年三月　（895）
　　2)大乘寺　4)⇒索善信。

55692 善信 ·················· S02614v
　〔燉煌應管諸寺僧尼名錄〕　（895）
　　2)大乘寺

55693 善信 ·················· S02729①
　〔燉煌應管勘牌子歷〕　辰年三月　（788）
　　1)僧　3)沙州・潘原堡　4)俗姓「吳」。52行目。

55694 善信 ·················· S05927v①
　〔某寺諸色斛㪷破歷〕　戌年　（吐蕃期）
　　1)槳人

55695 善信 ·················· Дx01374
　〔便麥契〕　（9C前期）

55696 善信 ········ Дx05427＋Дx05451Bv＋
　Дx13599
　〔雜寫〕　（10C）
　　4)原作「善信善住」。

55697 善心 ·················· S00542v
　〔燉煌諸寺丁壯車牛役部〕　戌年六月十八日
　（818）
　　2)大雲寺

55698 善心 ·················· S02614v
　〔燉煌應管諸寺僧尼名錄〕　（895）

55699 善進 ·················· S02614v
　〔燉煌應管諸寺僧尼名錄〕　（895）

55700 善性 ·················· P5568
　〔諸寺付經歷〕　（9C前期）
　　2)安國寺

55701 善性 ·················· S01776①
　〔某寺常住什物交割點檢歷〕　顯德五年戊午
　十一月十三日　（958）
　　1)直歲

55702 善性 ·················· S02614v
　〔燉煌應管諸寺僧尼名錄〕　（895）
　　2)安國寺

55703 善性花 ················ P2622piece1
　〔唱得歷計會〕　（9C?）

55704 善成 ·················· S02614v
　〔燉煌應管諸寺僧尼名錄〕　（895）
　　2)某寺

55705 善政 ·················· S02614v
　〔燉煌應管諸寺僧尼名錄〕　（895）
　　2)大乘寺

55706 善政 ·················· S02614v
　〔燉煌應管諸寺僧尼名錄〕　（895）
　　2)靈修寺

55707 善清 ·················· P3067
　〔某寺常住什物點檢歷〕　（10C後期）

55708 善清 ·················· P3290①
　〔計會簿〕　己亥年十二月二日　（999）
　　1)都師

55709 善清 ·················· P3727v②
　〔狀〕　正月廿日　（10C中期）
　　1)馬步・平水

55710 善清 ·················· S02614v
　〔燉煌應管諸寺僧尼名錄〕　（895）
　　2)安國寺

55711 善清 ·················· S02614v
　〔燉煌應管諸寺僧尼名錄〕　（895）
　　2)蓮臺寺

55712 善清 ·················· S04444v②
　〔燉煌大乘寺僧尼申告(稿)〕　（905）
　　2)大乘寺

55713 善(清) ················ S04701
　〔某寺常住倉司算會憑〕　庚子年　（1000）

55714 善清 ·················· S05406
　〔僧正法律徒衆轉帖〕　辛卯年四月十四日
　（991）

55715 善誠 ·················· Ф041
　〔大般若波羅蜜多經卷第420(末)〕　（9C）
　　1)僧　4)存首尾竝經題，末記：僧善誠寫。

55716 善僧 ·················· 浙燉116v
　〔分付窟家善僧等歷〕　寅年十一月十日　（9C中期）

55717 善想 ………………… S02669
〔管內尼寺(安國寺・大乘寺・聖光寺)籍〕
(865〜870)
　　2)大乘寺　3)洪閏鄉　4)姓「張」。俗名「憂談」。

55718 善藏 ………………… BD09318A(周39)
〔便物曆〕(10C)

55719 善藏 ………………… P3818
〔觀音偈〕(10C中期)
　　1)法律　2)顯德寺　4)V面有「觀音偈一卷法律戒熏書記」。

55720 善藏 ………………… P4958piece1
〔納贈曆〕(10C前期)

55721 善藏 ………………… P4958piece3
〔當寺轉帖(殘)〕(10C前期)

55722 善藏 ………………… S02669
〔管內尼寺(安國寺・大乘寺・聖光寺)籍〕
(865〜870)
　　2)大乘寺　3)神沙鄉　4)姓「劉」。俗名「端嚴」。

55723 善藏 ………………… S08038v
〔未納經人名〕(10C後期)

55724 善藏 ……… Stein ch74.VI.30.calumn19.Vol.56.fol.37
〔報恩寺般若經用付紙曆(寫)〕(10C後期)

55725 善達 ………………… BD16553
〔人名目〕(9C)

55726 善智 ………………… S02614v
〔燉煌應管諸寺僧尼名錄〕(895)
　　2)靈修寺

55727 善智 ………………… S03071v
〔燉煌諸尼寺付諸經曆〕(9C前期)
　　1)尼　2)大乘寺

55728 善忠 ………………… 橘目
〔大般若波羅密多經卷第584〕(9C)
　　1)寫

55729 善通 ………………… P3370
〔出便麥粟曆〕丙子年六月五日(928)
　　1)沙彌

55730 善通 ………………… S08448A
〔紫亭羊數名目〕辛亥年正月十七日(951)

55731 善通 ………………… S08448Bv
〔紫亭羊數名目〕(940頃)

55732 善定 ………………… S02614v
〔燉煌應管諸寺僧尼名錄〕(895)
　　2)龍興寺

55733 善奴 ………………… BD16281v①(L4123)
〔某寺社司轉帖〕(9〜10C)

55734 善奴 ………………… P4810v①
〔役簿?〕(9C)
　　1)右九

55735 善奴 ………………… S05927v①
〔某寺諸色斛㪷破曆〕戌年(吐蕃期)
　　1)蘭人

55736 善奴 ………………… S06233①
〔吐蕃期某寺諸色斛斗出曆〕(9C前期)

55737 善道 ………………… S02614v
〔燉煌應管諸寺僧尼名錄〕(895)
　　2)乾元寺

55738 善得 ………………… S03074v
〔某寺破曆〕七月廿九日(9C前期)

55739 善德 ………………… BD16068(L4039)
〔僧名目〕未年十一月廿九(日)(9〜10C)

55740 善德 ………………… P2250v⑤
〔金光明寺僧唱布曆〕(925?)
　　2)金光明寺

55741 善德 ………………… S04812
〔社人兵馬使李員住等缺麥粟算會憑〕天福六年辛丑歲二月廿一日(941)
　　1)行像司

55742 善忍 ………………… S02614v
〔燉煌應管諸寺僧尼名錄〕(895)

55743 善念 ………………… P2944
〔大乘寺・聖光寺等尼僧名錄〕(10C後期?)
　　2)聖光寺

55744 善念 ………………… S02669
〔管內尼寺(安國寺・大乘寺・聖光寺)籍〕
(865〜870)
　　2)大乘寺　3)龍勒鄉　4)姓「馬」。俗名「女々」。

55745 善富 ·················· S00527
　〔女人社再立條件憑〕　顯德六年己未歲正月三日　(959)

55746 善福 ·················· S11389D
　〔不禮佛僧名目及罰剉升數〕　(9C後期)

55747 善福 ·················· Дx01586B
　〔惠通下僧名目〕　(9C後期)

55748 善保 ················ P2040v②-3
　〔淨土寺西倉麥入曆〕　(945以降)
　　2)淨土寺

55749 善保 ·················· P3234v⑫
　〔直歲廣進破曆〕　癸卯年　(943)

55750 善法 ·················· S04701
　〔某寺常住倉司算會憑〕　庚子年　(1000)
　　1)執物僧

55751 善法 ·················· Дx00492v
　〔佛圖并僧名等〕　(9C)

55752 善濮 ·················· P2685
　〔善護・遂恩兄弟分家文書〕　戊申年四月六日　(828 or 888)
　　1)兄

55753 善滿 ·················· S04444v②
　〔燉煌大乘寺僧尼申告(稿)〕　(905)
　　2)大乘寺

55754 善滿 ········ S.tib.R.119.VOL.72.FOL.14
　〔某寺僧付麵曆〕　四月十日　(9C)

55755 善滿 ·················· Дx01459
　〔第一判諸寺尼僧名錄〕　(9C末〜10C初)
　　2)(安)國(寺)

55756 善妙 ·················· S02614v
　〔燉煌應管諸寺僧尼名錄〕　(895)

55757 善妙 ·················· S04444v②
　〔燉煌大乘寺僧尼申告(稿)〕　(905)
　　2)大乘寺

55758 善妙 ·················· S11556Bv
　〔尼名錄(殘)〕　(10C)

55759 善妙花 ·················· S06848
　〔四分戒本〕　(9C)
　　1)比丘

55760 善友 ·················· S02614v
　〔燉煌應管諸寺僧尼名錄〕　(895)
　　2)開元寺

55761 善友 ·················· S04504v⑦
　〔便契〕　乙未年正月一日　(935)
　　1)僧　2)靈圖寺

55762 善友 ·················· Дx05534
　〔禮佛見到僧等人名目〕　廿日夜　(10C)

55763 善祐 ·················· TⅡY-46c
　〔戶籍〕　端拱年頃　(988〜990)
　　1)(陳長晟)奴

55764 善祐 ·········· 高野山藏元祐五年板經
　〔寶光明經卷第1(末)〕　元祐五年　(1090)
　　1)沙門臣・證義

55765 善來 ·················· P3060
　〔諸寺諸色付經僧尼曆〕　(9C前期)
　　1)僧尼　4)經典名「般若經卷58」。

55766 善來 ·················· P3138v
　〔諸寺付經曆〕　(9C前期)

55767 善來 ·················· P3855
　〔諸寺付經曆〕　(9C初頭)
　　2)開元寺

55768 善來 ·················· P4660㉝
　〔故李教授和尚讚〕　(9C)
　　1)釋門法將

55769 善來 ·················· P4660㊳
　〔燉煌三藏法師圖贊〕　(9C)
　　1)沙門王法闍梨　2)報恩寺

55770 善來 ·················· P5587④
　〔某寺徒衆牒〕　丑年四月日　(809 or 821)
　　1)徒衆

55771 善來 ·················· S00476B
　〔諸寺付經僧尼曆〕　(9C前期)
　　1)僧　2)開元寺

55772 善來 ·················· S00542v⑥
　〔狀〕　丑年十二月　(821)
　　1)寺主　2)大乘寺

55773 善來 ･･････････････････････ S02729①
〔燉煌應管勘牌子歷〕 辰年三月 (788)
    1)僧 2)開元寺 3)沙州 4)俗姓「索」。24行
    目。

55774 善來 ･･････････････････････ S06233v②
〔磑戶計會〕 (9C前期)

55775 善力 ･･････････････････････ P2250v⑤
〔金光明寺僧唱布歷〕 (925?)
    2)金光明寺

55776 善力 ･･････････････････････ S06417⑳
〔任命狀〕 清泰二年三月 (935)
    1)僧･爲上座 2)金光明寺

55777 善□ ･･････････････････････ P3240②
〔付帋歷〕 壬寅年七月十六日 (1002)
    1)法律

55778 善□ ･･････････････････････ 莫第220窟
〔供養人題記〕 (10C前期)
    1)(翟奉達)亡男 4)原作「亡男善□一心供養」。
    甬道北壁。《燉》p.103。⇒(翟)善住。善住。(翟)善
    □。

55779 善□ ･･････････････････････ 莫第144窟
〔供養人題記〕 (9C前期)
    1)比丘 2)靈修寺 4)原作「妹靈修寺比丘善
    □」。東壁門北側。《燉》p.65。

55780 漸清 ･･････････････････････ P2469v
〔破曆雜錄〕 戌年六月五日 (830?)

55781 然 ･････････････････････････ P3205
〔僧俗人寫經歷〕 (9C前期)
    4)⇒戒然。

55782 禪惠 ･･････････････････････ S02614v
〔燉煌應管諸寺僧尼名錄〕 (895)
    2)龍興寺

55783 禪惠 ･･････････････････････ S04444v②
〔燉煌大乘寺僧尼申告(稿)〕 (905)
    2)大乘寺

55784 禪惠 ･･････････････････････ S04914
〔付經歷〕 卯年九月七日 (835 or 847)
    1)尼 2)普光寺

55785 禪嚴 ･･････････････････････ Дx01418
〔燉煌諸鄉別便豆歷〕 (10C)

55786 禪眞 ･･････････････････････ S02669
〔管內尼寺(安國寺･大乘寺･聖光寺)籍〕
(865～870)
    2)大乘寺 3)玉關鄉 4)姓「董」。俗名「用ゝ」。

55787 禪定 ･･･････････ 京都國立博物館 守屋目
NO.245
〔救護身命經〕 (9C)
    1)持誦

55788 禪念 ･･････････････････････ S03873v
〔某寺支給斛㪷僧名錄〕 (9C)

55789 奕子 ･･････････････････････ Дx00295v
〔某寺破曆〕 (9C末)
    4)原作「入磑輪日□奕子粮用」。

55790 奕娘 ･･････････････････････ S00542v
〔燉煌諸寺丁壯車牛役部〕 戌年六月十八日
(818)
    2)開元寺

[そ]

55791 素通達 ･･････････････ P4693
〔官齋納麵油粟曆〕（10C後期）
　1)宜秋

55792 蘇毗王嗣子 ･･･････ CONCILE DE LHASA,PL.Ⅱ
〔頓悟大乘正決敍〕　戌年正月十五日　(794)
　1)僧

55793 僧伽 ･････････････ P3047v③
〔諸僧尼送納三色香於乾元寺曆〕（9C前期）
　2)乾元寺

55794 僧儀 ･･･････････ P.tib1261v⑩
〔諸寺僧尼支給穀物曆〕（9C前期）
　1)僧

55795 僧宜 ･･････････････ 莫第158窟
〔供養人題記〕（8C末期～9C初期）
　1) 大蕃管内三學法師持鉢　4)洞口北壁.《燉》p.103.《謝》p.404.

55796 僧疑 ･･･････････ P.tib1261v⑧
〔諸寺僧尼支給穀物曆〕（9C前期）
　1)僧

55797 （僧）恒安 ･････････ S06405v
〔狀〕　咸通?　(860～874)

55798 僧子 ･････････ BD14806v（新1006）
〔義進押衙身故祭盤人名目〕　戊寅年二月十九日　(978)

55799 僧子 ･･････････････ S09495
〔付僧子酒破曆〕（10C）
　4)絹彩色幡重打紙。

55800 僧子 ･･････････ Дх03136＋Дх04929
〔官衙酒破曆〕　二月三日等　(10C)

55801 僧宣阿父 ･･･････ P2049v①
〔淨土寺諸色入破曆計會牒〕　同光三年　(925)

55802 僧善友 ･･････ BD16332A(L4423)
〔渠人轉帖〕（10C）
　1)僧

55803 僧相 ･････････････ S02474③
〔衙内籸油破曆〕　壬午年　(982)

55804 僧奴 ･･････････ BD06359(鹹59)
〔便麥契〕　丑年二月　(821)
　2)金光明寺

55805 僧奴 ･････････････ P3047v⑨
〔諸人諸色施捨曆〕（9C前期）
　4)原作「阿僧奴」。

55806 僧奴 ･････････････ P3365
〔爲府主大王小患付經曆〕　甲戌年五月十日　(974)

55807 僧奴 ･････････････ S04642v
〔某寺入破曆計會〕（923以降）
　1)牧羊人

55808 僧奴 ･････････････ S06452④
〔常住庫借貸油麵物曆〕　壬午年　(982?)

55809 僧奴 ･･･････････ S08152
〔某寺僧奴等麵破曆〕（10C）

55810 僧奴 ･･･････････ S09414
〔驢頭李法律等名目〕（10C）

55811 僧婢 ･････････････ S00542v
〔燉煌諸寺丁壯車牛役部〕　戊年六月十八日　(818)
　2)永安寺

55812 僧法□ ･･････ BD16043B(L4027)
〔便粟曆〕（9～10C）
　4)原作「僧法□」。

55813 倉絲羅 ･･･････････ P5579⑯
〔得度者人名錄〕　巳年～酉年　(813～817 or 825～829)
　1)僧統

55814 宋定 ･･･････････ P3161
〔常住什物見在新附點檢曆〕（10C前期）

55815 宋能 ･･･････････ S02669
〔管内尼寺(安國寺･大乘寺･聖光寺)籍〕(865～870)
　2)安國寺　3)洪池鄉　4)尼名「聖證」。

55816 宗 ･･･････････ P3205
〔僧俗人寫經曆〕（9C前期）
　4)⇒王文宗。

55817 宗一 ·············· 散錄0542
　〔道行般若經卷第9〕（9～10C）
　　1）比丘僧

55818 宗延 ·············· S02614v
　〔燉煌應管諸寺僧尼名錄〕（895）
　　2）大雲寺

55819 宗勘 ·············· S04831v
　〔寫經人名目〕（9C前期）
　　1）寫經人

55820 宗惠 ·············· S02614v
　〔燉煌應管諸寺僧尼名錄〕（895）
　　2）蓮臺寺

55821 宗廣 ·············· P3205
　〔僧俗人寫經曆〕（9C前期）

55822 宗廣 ·············· S01475v⑥
　〔賣牛契〕寅年正月廿日（822）
　　1）保人　4）原作「保人宗廣年五十二」。

55823 宗廣 ·············· S02711
　〔寫經人名目〕（9C前期）
　　1）寫經人　2）金光明寺

55824 宗廣 ·············· S07945
　〔僧俗寫經分團人名目〕（823以降）

55825 宗子押衙 ·············· P2032v⑳-5
　〔淨土寺麵黃麻豆布等破曆〕（940前後）
　　1）押衙　2）淨土寺

55826 宗兒 ·············· P3391v①
　〔社司轉帖（寫錄）〕丁酉年正月日（937）

55827 宗渻 ·············· S04831v
　〔寫經人名目〕（9C前期）
　　1）寫經人

55828 宗智 ·············· S02614v
　〔燉煌應管諸寺僧尼名錄〕（895）
　　2）淨土寺

55829 宗定 ·············· S02614v
　〔燉煌應管諸寺僧尼名錄〕（895）
　　2）某寺

55830 宗定 ·············· Stein Painting 417
　〔菩薩圖供養人題記〕（9C末期）

55831 宗忍 ·············· S02614v
　〔燉煌應管諸寺僧尼名錄〕（895）
　　2）大雲寺

55832 宗福 ·············· P3124
　〔鄧善子貸絹契〕甲午年八月十八日（934）

55833 宗明 ·············· P2250v①
　〔龍興寺僧唱布曆〕（925?）
　　1）僧　2）龍興寺

55834 宗明 ·············· S02614v
　〔燉煌應管諸寺僧尼名錄〕（895）
　　2）龍興寺

55835 宗明 ·············· S05845
　〔郭僧政等貸油麵麻曆〕己亥年二月十七日（939）

55836 宗明 ·············· S10288
　〔報恩寺沙彌等上孔法律狀稿〕（9C?）
　　1）沙彌　2）報恩寺

55837 惣持 ·············· S04444v②
　〔燉煌大乘寺僧尼申告（稿）〕（905）
　　2）大乘寺

55838 想子 ······ S10273＋S10274＋S10276＋S10277＋S10279＋S10290
　〔出便麥與人名目〕丁巳年二月一日（957?）

55839 想子娘 ·············· S10273＋S10274＋S10276＋S10277＋S10279＋S10290
　〔出便麥與人名目〕丁巳年二月一日（957?）

55840 曹〻 ·············· S00542v
　〔燉煌諸寺丁壯車牛役部〕戌年六月十八日（818）
　　2）永安寺

55841 爭〻 ·············· S04060
　〔便麥粟豆曆〕己酉年二月十四日（949）

55842 琮原 ·············· 莫第444窟
　〔供養人題記〕開寶九年（976）
　　1）于闐皇太子　4）東壁門上。《燉》p. 168。

55843 瘦子 ·············· Дx01269＋Дx02155＋Дx02156
　〔某弟身故納贈曆〕（9C）

55844 瘦々 ·················· S04710
〔沙州戸口簿〕 （9C中期以降）
　1）尼　4）⇒劉瘦々。

55845 相覺 ·················· S04444v②
〔燉煌大乘寺僧尼申告(稿)〕 （905）
　2）大乘寺

55846 相凝 ·················· BD09296v(周16)
〔孟家納色歷〕 （9C中期～10C初期）
　4）原作「相凝家」。

55847 相凝 ·················· S02669
〔管内尼寺(安國寺・大乘寺・聖光寺)籍〕
（865～870）
　2）大乘寺　3）燉煌鄉　4）姓「張」。俗名「逍遙」。

55848 相好 ·················· S02614v
〔燉煌應管諸寺僧尼名錄〕 （895）

55849 相子 ·················· P3205v
〔燉煌十三寺付經歷〕 （9C前期）
　2）永安寺

55850 相慈 ·················· S02614v
〔燉煌應管諸寺僧尼名錄〕 （895）
　2）靈修寺

55851 相妙 ·················· BD02126v⑧(藏26)
〔僧尼名目(2行10名)〕 （9C後期）

55852 相妙 ·················· S02614v
〔燉煌應管諸寺僧尼名錄〕 （895）
　2）安國寺

55853 相妙 ·················· S02614v
〔燉煌應管諸寺僧尼名錄〕 （895）
　2）大乘寺

55854 相妙 ·················· S02669
〔管内尼寺(安國寺・大乘寺・聖光寺)籍〕
（865～870）
　2）大乘寺　3）平康鄉　4）姓「陰」。俗名「招信」。

55855 相妙 ·················· S04444v②
〔燉煌大乘寺僧尼申告(稿)〕 （905）
　2）大乘寺

55856 相□ ·················· BD16200R(L4099)
〔僧名目錄〕 （9～10C）

55857 聰俊 ·················· BD09295(周16)
〔孟家納色歷〕 辰年二月三日 （9C中期～10C初期）

55858 聰俊 ·················· S02041
〔社約〕 丙寅年三月四日 （846）
　4）年號別筆(丙寅年三月四日)。ペン筆。

55859 聰進 ·················· S02614v
〔燉煌應管諸寺僧尼名錄〕 （895）
　2）乾元寺

55860 聰進 ·················· 莫第098窟
〔供養人題記〕 （10C中期）
　1）釋門法律臨壇大德沙門　4）南壁。《燉》p. 42。《謝》p. 92。

55861 聰智 ·················· S05893
〔管内僧寺(報恩寺・淨土寺)籍〕 （865～875）
　2）淨土寺　3）平康鄉

55862 增受 ·················· 莫第098窟
〔供養人題記〕 （10C中期）
　1）釋門法律臨壇供奉大德沙門　4）南壁。《燉》p. 39。《謝》p. 90。

55863 增(受) ·················· 莫第258窟
〔供養人題記〕 （10C前期）
　1）亡釋門法律臨壇供奉大德兼通三教□□毗尼藏□沙門　4）西壁。《燉》p. 110。

55864 藏 ·················· P2700lesv
〔比丘法眞狀〕 五月一日 （9C前期）

55865 藏 ·················· P5579⑯
〔得度者人名錄〕 巳年～酉年 （813～817 or 825～829）
　4）俗名「宋盈金」。

55866 藏 ·················· P.tib1261v⑤
〔諸寺僧尼支給穀物歷〕 （9C前期）

55867 藏興 ·················· S10617
〔僧人訴狀〕 （9C～10C）
　1）僧・闍梨　4）俗姓「李」。

55868 藏子 ·················· 莫第107窟
〔供養人題記〕 咸通十二年頃 （821頃）
　1）男前河西節度□子將頭衙正兵馬使　4）西壁。《燉》p. 50。《謝》p. 380。

55869 藏勝 ……………… BD02296(閏96)
〔唱得布曆〕 (10C)

55870 藏勝 ……………… BD09295(周16)
〔孟家納色歷〕 辰年二月三日 (9C中期～10C初期)

55871 藏勝 ……………… S02614v
〔燉煌應管諸寺僧尼名錄〕 (895)
　2)報恩寺

55872 藏勝 ……………… S05893
〔管內僧寺(報恩寺・淨土寺)籍〕 (865～875)
　2)淨土寺　3)洪潤鄉

55873 藏律 ……………… Дx05534
〔禮佛見到僧等人名目〕 廿日夜 (10C)

55874 足子 ……………… 楡第33窟
〔供養人題記〕 (10C中期)
　1)清信弟子　4)北壁。《謝》p.480。

55875 速甫 …………… BD16111A(L4066)
〔慕容歸順?隊?下人名目〕 (9～10C)

55876 俗 ……………… P3205
〔僧俗人寫經曆〕 (9C前期)
　4)⇒利俗。

55877 俗 ……………… S04831v
〔寫經人名目〕 (9C前期)
　1)寫經人　4)⇒利俗。

55878 俗思寂 ……………… S02669
〔管內尼寺(安國寺・大乘寺・聖光寺)籍〕 (865～870)
　2)大乘寺　3)神沙鄉　4)姓「俗」。俗名「龍女」。

55879 俗龍女 ……………… S02669
〔管內尼寺(安國寺・大乘寺・聖光寺)籍〕 (865～870)
　2)大乘寺　3)神沙鄉　4)尼名「思寂」。

55880 存慶 ……………… S08682
〔押衙存慶鎭宅文〕 (10C)
　1)押衙

55881 存興 ……………… P3859
〔報恩寺常住百姓老小孫息名目〕 丙申年十月十一日 (936?)
　2)報恩寺

55882 存子 ……………… P2944
〔大乘寺・聖光寺等尼僧名錄〕 (10C後期?)
　2)大乘寺

55883 存支 ……………… P3859
〔報恩寺常住百姓老小孫息名目〕 丙申年十月十一日 (936?)
　2)報恩寺

55884 存勝 ……………… P3859
〔報恩寺常住百姓老小孫息名目〕 丙申年十月十一日 (936?)
　1)常住百姓　2)報恩寺

55885 存遂 ……………… P2944
〔大乘寺・聖光寺等尼僧名錄〕 (10C後期?)
　2)大乘寺

55886 存遂 ……………… P3859
〔報恩寺常住百姓老小孫息名目〕 丙申年十月十一日 (936?)
　1)常住百姓　2)報恩寺

55887 存晟 ……………… P3842v
〔雜寫〕 丙戌年六月十二日 (926?)

55888 存晟 ……………… S08688v
〔雜寫(短冊紙片)〕 己丑年七月十九日 (989 or 929)
　4)本件有「存晟地用」、「取經」等文字。

55889 存太 ……………… P2944
〔大乘寺・聖光寺等尼僧名錄〕 (10C後期?)
　2)大乘寺

55890 存定 ……………… P3859
〔報恩寺常住百姓老小孫息名目〕 丙申年十月十一日 (936?)
　1)常住百姓　2)報恩寺

55891 存德 ……………… 莫第320窟
〔供養人題記〕 (10C前期)
　1)孫　4)原作「孫存德一心供養」。東壁南側。《燉》p.129。⇒(趙)存德。

55892 存婢 ……………… P2944
〔大乘寺・聖光寺等尼僧名錄〕 (10C後期?)

55893 存□ ……………… P3942
〔某家榮親客目〕 (10C?)
　1)都頭

55894 存□都頭娘子 ‥‥‥‥‥‥‥‥ P3942
　　〔某家榮親客目〕（10C?）

55895 存德押衙 ‥‥‥‥ BD15249v③（新1449）
　　〔某家榮親客目〕（10C後期）
　　　4) 原作「存德押衙及新婦」。

[た]

55896 蛇灰 ‥‥‥‥‥‥‥‥‥‥‥ S02474
　　〔歸義軍麵油破曆〕（980～982）

55897 打相 ‥‥‥‥‥‥‥‥‥‥‥ S04884v
　　〔便褐曆〕 壬申年正月廿七日 （972?）

55898 堆濟 ‥‥‥‥‥‥‥‥‥‥ 杏·羽694②
　　〔報恩寺所管僧名目〕（9C前期）
　　　2) 報恩寺　4) 僧右傍有朱點, 朱字。

55899 太員 ‥‥‥‥‥‥‥‥‥‥‥ P3985
　　〔錄人送路物色名目〕 癸巳年七月廿五日
　　（933?）
　　　1) 錄人

55900 太子 ‥‥‥‥‥‥‥‥‥‥‥ P3037
　　〔社司轉帖〕 庚寅年正月三日 （990）
　　　2) 大悲寺門前

55901 太子大師 ‥‥‥‥‥‥‥‥‥ P3942
　　〔某家榮親客目〕（10C?）
　　　1) 太子·大師

55902 太子大師娘子 ‥‥‥‥‥‥‥ P3942
　　〔某家榮親客目〕（10C?）

55903 太ゝ ‥‥‥‥‥‥‥‥‥‥ 杏·羽071②
　　〔男僧太ゝ上阿耶阿叔狀〕 十二月三日 （9C）
　　　1) 男·僧　4) 文書面有「李盛鐸印」等。

55904 泰娘 ‥‥‥‥‥‥‥‥‥‥‥ P2944
　　〔大乘寺·聖光寺等尼僧名錄〕（10C後期?）
　　　2) 大乘寺　4) 原作「阿泰娘」。

55905 泰貞 ‥‥‥‥‥‥‥‥‥‥ 莫第156窟
　　〔供養人題記〕（9C末期）
　　　4) 原作「姪女泰貞十一娘一心供養」。甬道北壁。
　　《燉》p. 73。《謝》p. 402。

55906 躰圓 ‥‥‥‥‥‥‥‥‥‥‥ P2838
　　〔安國寺上座比丘尼躰圓等入破曆計會牒并
　　判辭〕 中和四年 （884）

55907 躰圓 ‥‥‥‥‥‥‥‥‥‥‥ P3207
　　〔安國寺上座比丘尼入破曆〕 中和四年正月
　　（884）
　　　2) 安國寺

55908 躰堅 ·········· P4611v
　〔諸寺付帙曆〕（9〜10C）
　　2)聖光寺

55909 躰堅 ·········· S02669
　〔管內尼寺(安國寺・大乘寺・聖光寺)籍〕
　（865〜870）
　　2)聖光寺　3)莫高鄉　4)姓「索」。俗名「太々」。

55910 躰淨 ·········· S02614v
　〔燉煌應管諸寺僧尼名錄〕（895）
　　2)靈修寺

55911 躰淨 ·········· S04444v②
　〔燉煌大乘寺僧尼申告(稿)〕（905）
　　2)大乘寺

55912 躰眞 ·········· S02614v
　〔燉煌應管諸寺僧尼名錄〕（895）

55913 躰性 ·········· S02614v
　〔燉煌應管諸寺僧尼名錄〕（895）
　　2)靈修寺

55914 退渾 ·········· BD00550v(荒50)
　〔便粟曆(4行)〕（10C?）

55915 退蕑 ·········· S01477v
　〔地步曆〕（10C初頃）

55916 退蕑大娘 ·········· S01477v
　〔地步曆〕（10C初頃）

55917 體如 ·········· P3060
　〔諸寺諸色付經僧尼曆〕（9C前期）
　　1)僧尼　4)經典名「般若經卷16」。

55918 體如 ·········· P3060
　〔諸寺諸色付經僧尼曆〕（9C前期）
　　1)尼　2)靈修寺　4)俗姓「張」。

55919 體如 ·········· S02729①
　〔燉煌應管勘牌子曆〕 辰年三月（788）
　　1)僧　2)靈修寺　3)沙州　4)俗姓「張」。35行目。

55920 體淨 ·········· BD09472v①〜③(發92)
　〔龍興寺索僧正等五十八人就唐家蘭若請賓頭盧文〕（8〜9C）
　　2)靈修(寺)　3)沙州

55921 體淨 ·········· P3753①
　〔普光寺尼等牒并判辭〕 大順二年正月（891）
　　1)都維　2)普光寺

55922 體性 ·········· P4611
　〔諸寺付經曆〕（9C末〜10C初）
　　1)惟那　2)(安)國(寺)

55923 體清 ·········· S03475
　〔淨名經關中疏卷上〕 大曆七年三月廿八日（772）
　　1)沙門　2)開元寺

55924 大阿磨 ·········· S00286
　〔某寺斛㪷入曆(殘)〕（10C中期）

55925 大因 ·········· P2250v⑤
　〔金光明寺僧唱布曆〕（925?）
　　2)金光明寺

55926 大因 ·········· S01519②
　〔破曆〕 辛亥年（951）

55927 大因 ·········· S01519②
　〔破曆〕 壬子年（952）
　　1)交割直歲

55928 大雲 ·········· S02614v
　〔燉煌應管諸寺僧尼名錄〕（895）
　　2)開元寺

55929 大應 ·········· BD02496v②(成96)
　〔儭司唱得布支給曆〕（10C前期）
　　2)(靈)圖(寺)

55930 大應 ·········· Дх11085
　〔當寺轉帖〕 壬申年七月（972）

55931 大果 ·········· P4983v
　〔社官納色曆〕 戊午年十二月廿日（886 or 946）
　　1)社官

55932 (大歌)善友 ·········· P2932
　〔出便豆曆〕 乙丑年二月二日（965?）

55933 大會 ·········· BD16388A(L4460)＋BD16388B(L4460)
　〔當寺轉帖〕（9〜10C）

55934 大會 ·········· P2250v⑤
　〔金光明寺僧唱布曆〕（925?）
　　2)金光明寺

55935 大會 ･････････････････ P3388
〔節度使曹元忠爲故兄追念請金光明寺僧疏〕 開運四年三月九日 (946)
　1)僧　2)金光明寺

55936 大會 ･････････････････ S02614v
〔燉煌應管諸寺僧尼名錄〕 (895)
　2)報恩寺

55937 大會 ････････････････ S03457②
〔雜寫(①末端付紙)〕 (10C)
　1)僧　2)金光明寺

55938 大會 ･･･････････ 浙燉168(浙博143)
〔諸寺僧名目〕 (10C中期)

55939 大願 ････････････ BD02496v②(成96)
〔儭司唱得布支給歷〕 (10C前期)
　1)僧　2)(靈)圖(寺)

55940 大願 ････････････････ Дх11085
〔當寺轉帖〕 壬申年七月 (972)

55941 大喜 ･････････････････ S02614v
〔燉煌應管諸寺僧尼名錄〕 (895)
　2)三界寺

55942 大喜 ･････････････････ S02614v
〔燉煌應管諸寺僧尼名錄〕 (895)
　2)龍興寺

55943 大嘟 ･････････････････ S05824
〔經坊費負担人名目〕 (8C末～9C前期)
　1)寫經人　3)行人部落

55944 大惠 ････････････････ P2250v⑤
〔金光明寺僧唱布歷〕 (925?)
　2)金光明寺

55945 大惠 ･･････････････ P.tib1261v②
〔諸寺僧尼支給穀物歷〕 (9C前期)
　1)僧

55946 大惠 ･････････････････ Дх11061
〔不赴城經僧〕 壬戌年十一月十日 (962 or 1022)
　1)僧

55947 大庫 ･････････････････ S05845
〔郭僧政等貸油麵麻歷〕 己亥年二月十七日 (939)

55948 大行 ････････････････ P2250v①
〔龍興寺僧唱布歷〕 (925?)
　1)僧　2)龍興寺

55949 大行 ･････････････････ S02614v
〔燉煌應管諸寺僧尼名錄〕 (895)
　1)僧尼　2)龍興寺

55950 大行 ･････････････････ S05495
〔入破歷〕 天復四年甲子歲二月一日 (904)
　1)燈司 都師

55951 大慈 ･････････････････ P3188
〔乾元寺前經司大慈手上藏内經現分付後經司廣信牒〕 (9C末～10C初)
　1)前經司　2)乾元寺

55952 大慈 ･････････････････ S02614v
〔燉煌應管諸寺僧尼名錄〕 (895)
　2)報恩寺

55953 大慈 ･････････････････ S02614v
〔燉煌應管諸寺僧尼名錄〕 (895)
　2)乾元寺

55954 大乘 ･･･････････････ BD11406(L1535)
〔某弟子從沙州龍興寺神卓受菩薩戒牒〕 (8C)
　2)龍興寺　3)沙州

55955 大娘子 ･････････････ BD16376(L4452)
〔釋門僧正賜紫道眞等稿〕 八月 (9～10C)

55956 大進 ････････････ BD02496v②(成96)
〔儭司唱得布支給歷〕 (10C前期)
　1)僧　2)(靈)圖(寺)

55957 大進 ････････････････ P2250v⑤
〔金光明寺僧唱布歷〕 (925?)
　2)金光明寺

55958 大進 ････････････････ P3902Bv
〔什物還替分付控〕 (10C?)
　1)寺主

55959 大進 ･････････････････ S06308
〔便歷〕 丙辰年 (956)
　1)僧

55960 大進 ････････････････ S06417⑳
〔任命狀〕 清泰二年三月 (935)
　1)徒衆　2)金光明寺

55961 大善 ･････････････････････ P2250v④
　〔永安寺僧唱布曆〕（925?）
　　2)永安寺

55962 大善 ･････････････････････ P3161
　〔常住什物見在新附點檢曆〕（10C前期）

55963 大(善) ･･････････････････ P3555B piece1
　〔當寺轉帖〕（10C前期）

55964 大宗 ･････････････････････ P2250v⑤
　〔金光明寺僧唱布曆〕（925?）
　　2)金光明寺

55965 大智 ･････････････････････ P2250v⑤
　〔金光明寺僧唱布曆〕（925?）
　　2)金光明寺

55966 大智 ･････････････････････ P4983v
　〔社官納色曆〕戊午年十二月廿日（886 or 946）
　　1)社官

55967 大能進子 ･･･････････ BD05497v(菓97)
　〔金光明最勝王經卷第3(卷首背有雜寫)〕（8〜9C）

55968 大悲 ･････････････････････ P2250v⑤
　〔金光明寺僧唱布曆〕（925?）
　　2)金光明寺

55969 大悲 ･････････････････････ S06417⑳
　〔寺徒衆等狀并龍晉判辭〕清泰二年三月（935）
　　1)徒衆　2)金光明寺

55970 大福 ･････････････････････ S02614v
　〔燉煌應管諸寺僧尼名錄〕（895）
　　2)蓮臺寺

55971 大辯 ･･･････････････ BD05051v(珠51)
　〔百法明門論疏(背面)〕（9C後期〜10C前期）
　　4)紙縫部三所有署名「大辯」。R面末紙左端背面下段部有大字名「大辯」。

55972 大辯 ･････････････････････ P2066v
　〔大乘百法論手記〕（9C）
　　2)大乘寺

55973 大辯 ･････････････････････ P2304r
　〔大乘百法論卷下抄(尾)〕（9C後期）

55974 大辯 ･････････････････････ P2304v
　〔大乘稻竿隋聽手鏡記〕□□(大順)三年六月廿八日（892?）
　　2)開元寺

55975 大辯 ･････････････････････ P4058
　〔貸粟豆曆〕（9C）

55976 大辯 ･････････････････････ S02614v
　〔燉煌應管諸寺僧尼名錄〕（895）
　　2)開元寺

55977 大辯 ･････････････････････ S11585
　〔維那大辯典婢契〕（8C後期）
　　1)維那僧

55978 大廓？ ･･･････････････････ P3060
　〔諸寺諸色付經僧尼曆〕（9C前期）
　　1)僧尼　4)經典名「正法念經卷4」。

55979 大廓 ･････････････････････ P3060v
　〔諸寺諸色付經僧尼曆〕（9C前期）
　　4)經典名「金光明經卷1」。

55980 大門 ･･･････････ Дx01329B＋Дx02151v①
　〔應管內雌統厶乙令置方等葦笶〕（10C前期）
　　4)本文書內容「受新戒諸寺僧尼名目」。

55981 大力 ･････････････････････ P2250v⑤
　〔金光明寺僧唱布曆〕（925?）
　　2)金光明寺

55982 大力 ･････････････････････ P2914
　〔王梵志詩卷第3〕大漢天福參年歲次甲寅七月廿九日（938?）
　　1)僧　2)金光明寺

55983 大力 ･････････････････････ P4981
　〔當寺轉帖〕閏三月十三日（961）

55984 大力 ･････････････････････ Дx11061
　〔不赴城經僧〕壬戌年十一月十日（962 or 1022）
　　1)僧

55985 大郎子 ･･･････････････････ S04060v
　〔便麥曆〕戊申年正月五日（948）

55986 托欄子 ･････････････････ S08426D①
　〔使府酒破曆〕（10C中〜後期）
　　1)押衙　4)原作「押牙托欄子」。

55987 達悟 ･････････････････ S10672
〔禮懺僧名狀〕 (9C前期)

55988 達埋〔坦?〕 ････････････ S08426A
〔使府酒破曆〕 (10C中～後期)

55989 達悝〔悒?〕 ････････････ S06452②
〔周僧正貸油麴曆〕 辛巳年～壬午年 (981～982?)

55990 達子 ････････････････ P2032v⑧
〔淨土寺西倉絲破曆〕 (940前後)
　　2)淨土寺

55991 達子 ････････････････ S05806
〔麥人算會倉司麥交付憑〕 庚辰年十一月廿日 (920 or 980)
　　1)新杞麥人倉司

55992 達子 ････････････････ S08426B
〔使府酒破曆〕 (10C中～後期)

55993 達子 ････････････････ S08426F①
〔使府酒破曆〕 (10C中～後期)

55994 達侍 ････････････････ S06452②
〔周僧正貸油麴曆〕 辛巳年～壬午年 (981～982?)

55995 達通 ････････････････ S06452⑤
〔破曆便曆?〕 辛巳年 (981)
　　2)淨土寺 4)原作「達通店」。

55996 達未 ････････････････ S04782
〔乾元寺堂齋修造兩司都師文謙入破曆計會〕 丑年 (10C後期)
　　2)乾元寺

55997 達哩? ･･･････････････ P3028
〔羊口數計會帖〕 (9C前期)

55998 端□ ･････････････････ 莫第443窟
〔供養人題記〕 (11C初期)
　　1)住窟禪僧□□□沙門 2)淨土寺 4)西壁。《燉》p.167。

55999 譚義 ･････････ BD15473(簡068104)
〔贊普新加水則道場付諸寺維那官「大般若經」錄〕 子年後六月十三日以後 (9C前期)

56000 譚議 ････････････････ S06580
〔淨名經開中疏卷上〕 (9C)
　　1)比丘 2)淨名寺

56001 檀濟 ････････････････ S01267v
〔某寺設齋納物名目〕 (9C前期)
　　1)比丘

56002 段子 ････････････････ S00527
〔女人社再立條件憑〕 顯德六年己未歲正月三日 (959)

56003 談意 ････････････････ S02614v
〔燉煌應管諸寺僧尼名錄〕 (895)
　　2)開元寺

56004 談榮 ････････････････ P3947
〔龍興寺應轉經僧分兩蕃定名牒〕 亥年八月 (819 or 831)
　　2)龍興寺 4)V面為「9C前半大雲寺僧所有田籍簿」。

56005 談英 ････････････････ P3616v
〔納七器具名曆〕 卯年九月廿四日 (10C前期)

56006 談英 ･･････････････ P.tib1261v⑦
〔諸寺僧尼支給穀物曆〕 (9C前期)
　　1)僧

56007 談遠 ･･････････････ P.tib1261v⑥
〔諸寺僧尼支給穀物曆〕 (9C前期)

56008 談遠 ･･････････････ P.tib1261v⑫
〔諸寺僧尼支給穀物曆〕 (9C前期)
　　1)僧・尼

56009 談遠 ････････････････ S01311
〔波羅密多經卷第33(寫錄)〕 (9C)
　　1)寫

56010 談會 ････････････ BD16083(L4050)
〔僧談會斛斗出便與人名曆〕 二月九日 (9C後期)
　　1)僧

56011 談會 ･･･････････ S05873v＋S08658②
〔靈圖寺便麥粟曆(殘)〕 戊午年九月 (10C)
　　1)僧 2)靈圖寺

56012 談會 ･･･････････ Дx02449＋Дx05176
〔(時年)轉帖〕 十一月十九日 (10C前期)
　　2)大乘寺

56013 談暉 ････････････････ S04852v
〔付諸僧給麵蘇曆〕 (9C末～10C初)
　　2)永安寺

56014 談義 ………… BD15473(簡068104)
〔贊普新加水則道場付諸寺維那官「大般若經」錄〕 子年後六月十三日以後 (9C前期)
　1)維那　4)原作「維那談義」。

56015 談顒 ………… BD06359v②(鹹59)
〔人名目〕 (9C前期)
　1)僧

56016 談顒 ………… S01475v⑭⑮-2
〔便契〕 卯年二月十一日 (823?)
　1)僧・見人　4)⇒談顯。

56017 談顒 ………… S03983
〔經藏點檢曆〕 (壬子年頃) (832頃)
　1)僧

56018 談顒 ………… BD09340(周61)
〔龍興寺藏大般若分付廿秩足缺點檢數目〕
亥年四月二十四日 (9C中期)

56019 談夐 ………… P.tib1261v⑥
〔諸寺僧尼支給穀物曆〕 (9C前期)
　1)僧

56020 談夐 ………… P.tib1261v⑦
〔諸寺僧尼支給穀物曆〕 (9C前期)
　1)僧

56021 談夐 ………… P.tib1261v⑪
〔諸寺僧尼支給穀物曆〕 (9C前期)
　1)僧

56022 談夐 ………… P.tib1261v⑫
〔諸寺僧尼支給穀物曆〕 (9C前期)
　1)僧

56023 談惠 ………… BD02496v④(成96)
〔儭司唱得布支給曆〕 (10C前期)
　1)僧　2)(靈)圖(寺)

56024 談惠 ………… BD06359v②(鹹59)
〔人名目〕 (9C前期)
　1)僧

56025 談惠 ………… P2689
〔寺僧唱得物支給曆〕 (9C前期)

56026 談惠 ………… P.tib1261v④
〔諸寺僧尼支給穀物曆〕 (9C前期)
　1)僧

56027 談惠 ………… S05873v＋S08658②
〔靈圖寺便麥粟曆(殘)〕 戊午年九月 (10C)
　1)口承人・(索願盈)弟・法律　2)靈圖寺　3)洪閏鄉　4)原作「口承弟法律談惠」。

56028 談建 ………… BD01617(暑17)
〔大般若波羅蜜多經卷第113(尾)〕 (9C)
　4)尾端題記「兩卷共計紙參卅四張,比丘談建寫」。

56029 談建 ………… BD11469(L1598)
〔无量壽宗要經〕 (9C前期)
　4)有一勘記「兌」。「第一光琛,第二法篤,第三談建,就通」。

56030 談建 ………… S02387
〔般若波羅密多經卷第112(寫錄)〕 (9C)
　1)比丘尼　4)「比丘尼談建寫錄」。

56031 談建 ………… Φ207
〔金有陀羅尼經1卷〕 戊午年後十一月 (838以降)
　1)比丘　2)龍泉寺　3)瓜州　4)原作「比丘談建於瓜州龍泉寺寫記」。

56032 談顯 ………… S01475v⑭⑮-2
〔便契〕 卯年二月十一日 (823?)
　1)僧・見人　4)⇒談顯。

56033 談廣 ………… P2825v
〔雜寫〕 景福二年頃 (893頃)

56034 談廣 ………… P4640⑦
〔伯沙門法心讚〕 (9C末～10C前)
　4)原作「住三窟禪師伯沙門法心撰禪伯卽談廣之仲父也」。⇒伯談廣。

56035 談廣 ………… S06889
〔四分戒本疏卷第4〕 寅年十月廿日 (9C前期)
　4)V面有「談廣」2字騎縫。

56036 談廣 ………… S06889v
〔四分戒本疏卷第4裏面押縫〕 (9C)

56037 談廣 ………… 北大D203
〔管內都僧錄談廣道場告帖〕 乙丑年正月十六日 (905)
　1)管內都僧錄

56038 談號 ………… P.tib1261v⑩
〔諸寺僧尼支給穀物曆〕 (9C前期)
　1)僧(尼)

56039　談志 ·················· S01162v
　〔燉煌某寺僧名錄〕（10C前期）
　　1）僧・尼

56040　談(志) ················ Дx10273
　〔僧名目〕（10C?）

56041　談俊 ············· 浙燉168（浙博143）
　〔諸寺僧名目〕（10C中期）

56042　談樵 ·················· S11963
　〔寫經人名〕（9C）

56043　談淨 ·················· S01162v
　〔燉煌某寺僧名錄〕（10C前期）
　　1）僧・尼

56044　談深 ·················· S02614v
　〔燉煌應管諸寺僧尼名錄〕（895）
　　2）三界寺

56045　談眞 ················· P4810v②
　〔爲亡妣請僧疏〕（9C前期）
　　2）金光明寺

56046　談迅 ·················· S02552
　〔瑜伽論第廿卷分門記竟〕（9C）

56047　談迅 ·················· S02613
　〔瑜伽論卷第44卷～卷第50〕（9C）

56048　談迅 ·················· S04011
　〔瑜伽論卷第31～卷第34（手記）〕（9C）

56049　談迅 ·················· S04852v
　〔付諸僧給麵蘇曆〕（9C末～10C初）
　　2）永安寺

56050　談迅 ···················· Ф330
　〔瑜伽論前廿卷隨聽手記（尾）〕（9C）
　　1）沙門

56051　談迅 ············· 故宮博・新104072
　〔瑜伽師地論卷第1（首尾題）（末）〕乙亥年前
　　四月八日（855）

56052　談清 ················ P.tib1261v⑥
　〔諸寺僧尼支給穀物曆〕（9C前期）
　　1）僧

56053　談清 ················ P.tib1261v⑩
　〔諸寺僧尼支給穀物曆〕（9C前期）
　　1）僧

56054　談濟 ·············· BD02496v②（成96）
　〔儭司唱得布支給歷〕（10C前期）
　　1）僧　2）(靈)圖(寺)

56055　談濟 ·················· 濱田115v
　〔付經曆〕午年（9C前期）
　　2）永康寺

56056　談宣 ·············· BD02496v④（成96）
　〔儭司唱得布支給歷〕（10C前期）
　　1）僧　2）(靈)圖(寺)

56057　談宣 ·················· S06307
　〔管内都僧正轉帖〕九月一日（10C後期）
　　1）徒衆・僧正

56058　談宣 ·················· Дx11085
　〔當寺轉帖〕壬申年七月（972）

56059　談選 ············· 浙燉168（浙博143）
　〔諸寺僧名目〕（10C中期）
　　1）法律

56060　談闥 ·············· BD06408（河8）
　〔戒律名數節抄〕（9C）
　　1）比丘　4）原作「比丘談闥所寫」。

56061　談闥 ·············· BD11497（L1626）
　〔吐蕃時期佛典流通雜錄〕（8～9C）

56062　談闥 ·················· P3033v
　〔僧談闥共兄弟別居各分家□什物□如後文
　　（2行）〕巳年十月七日（9C前期）

56063　談闥 ·················· S09994v
　〔諸寺僧尼付經曆〕（9C）
　　2）安國寺

56064　談宗 ·················· Дx11085
　〔當寺轉帖〕壬申年七月（972）

56065　談側 ················ P.tib1261v⑪
　〔諸寺僧尼支給穀物曆〕（9C前期）
　　1）僧

56066　談測 ·················· P3730④
　〔狀〕酉年正月（829）
　　1）徒衆　2）金光明寺

56067　談測 ················ P.tib1261v⑥
　〔諸寺僧尼支給穀物曆〕（9C前期）
　　1）僧

56068 談測 ･････････････ P.tib1261v⑦
〔諸寺僧尼支給穀物曆〕（9C前期）
　　1)僧

56069 談哲 ････････････ BD03272（致72）
〔淨名經集解關中疏卷上(末)〕 乙巳年三月廿日 （825 or 885）
　　1)比丘　4)原作「乙巳年三月廿日,比丘談哲記」。

56070 談辯 ･･････････････ S02614v
〔燉煌應管諸寺僧尼名錄〕 （895）

56071 談□ ･･････････････ Дx11085
〔當寺轉帖〕 壬申年七月 （972）

56072 談□ ････････････ P2842piece4
〔渠?人?轉帖〕 五月廿八?日 （9C中期）

[ち]

56073 （智）･･････････････ 莫第085窟
〔供養人題記〕（10C前期）
　　1)姪・尼　2)普光寺　4)原作「姪尼普光寺尼…(智)」。東壁門南側。《燉》p.30。《謝》p.119。

56074 智安 ･･･････････････ S05064
〔貸入粟豆黃麻曆〕 （10C）
　　1)便人

56075 智安 ･･･････････････ S05071
〔某寺貸入斛斗曆〕 （10C後期）

56076 智印 ･･･････････････ P5587④
〔某寺徒衆牒〕 丑年四月日 （809 or 821）
　　1)徒衆

56077 智印 ･････････････ P.tib1261v⑧
〔諸寺僧尼支給穀物曆〕 （9C前期）
　　1)僧

56078 智印 ･･･････････････ S07882
〔就賀拔堂唱椀等曆〕 十一月廿一日 （9C前期）

56079 智印 ･･･････････････ 杏・羽694①
〔當寺應管主客僧牒〕 未年閏十月 （803）
　　4)文末有異一行「未年閏十月日,直歲圓滿牒」。

56080 智員 ･･･････････････ S06217①
〔什物交割曆〕 丙午年四月十五日 （946 or 1006）
　　1)法律

56081 智員 ･･･････････････ S06417⑱
〔尼徒衆等狀并海晏判辭〕 長興二年正月 （931）
　　1)充寺主　2)普光寺

56082 智因 ･･････････････ P3423
〔乾元寺新登戒僧次第曆〕 丙戌年五月七日 （986）
　　2)乾元寺

56083 智因 ･･････････････ P3423v
〔乾元寺新登戒僧次第曆〕 丙戌年五月七日 （986）
　　2)乾元寺

56084 智因 ……………… P3431r.v
〔乾元寺新登戒僧次第曆〕 丙戌年五月七日
(926 or 866 or 986)
　2)乾元寺

56085 (智)因 ……………… S03631v
〔僧人名目〕 (10C中〜後期)

56086 智榮 ……………… BD02496v②(成96)
〔儭司唱得布支給曆〕 (10C前期)

56087 智榮 ……………… P6015v
〔張懷慶請僧爲娘子就靈圖寺開法會疏〕 □
亥年正月九日 (10C)
　2)(靈)圖(寺)

56088 智榮 ……………… S01653v
〔付麵曆佛會支出簿〕 (10C)

56089 智盈 ……………… P3854r.v
〔諸寺付經曆〕 (9C前期)
　4)⇒智恩。

56090 智盈 ……………… P.tib1261v⑤
〔諸寺僧尼支給穀物曆〕 (9C前期)
　1)僧

56091 智盈 ……………… S00191v
〔僧智盈請周法律共立論端文〕 (10C?)
　1)法律

56092 智英 ……………… BD09346(周67)
〔令知蕃法師廚費帖〕 十一月一日 (9C前期)

56093 智英 ……………… P3047v③
〔諸僧尼送納三色香於乾元寺曆〕 (9C前期)
　2)乾元寺

56094 智英 ……………… P3491piece1
〔某寺設齋勾當名目〕 (9C前期)

56095 智英 ……………… P5587④
〔某寺徒眾牒〕 丑年四月日 (809 or 821)
　1)徒眾

56096 智英 ……………… S03074v
〔某寺破曆〕 十一年一月八日 (9C前期)

56097 智英將 ……………… S06829v
〔修造破曆〕 丙戌年 (806)

56098 智園? ……………… 杏・羽694②
〔報恩寺所管僧名目〕 (9C前期)
　2)報恩寺　4)僧右傍有朱點, 朱字。

56099 智圓 ……………… P3161
〔常住什物見在新附點檢曆〕 (10C前期)

56100 智圓 ……………… P3555B piece1
〔當寺轉帖〕 (10C前期)

56101 智圓 ……………… S01267v
〔某寺設齋納物名目〕 (9C前期)

56102 智圓 ……………… S08567Av
〔報恩寺・大乘寺付經曆〕 (9C前期)
　2)報恩寺

56103 智宛 ……………… P3336②
〔轉經分付維那曆〕 寅年正月八日 (834)

56104 智遠 ……………… Дx06012
〔領物契〕 (9C前期)
　1)僧　4)V面有「二月一日悉董薩部落百姓」一行。

56105 智恩 ……………… BD16052A(L4028)
〔通查渠口轉帖〕 丙午年 (946?)
　1)僧

56106 智恩 ……………… P3854r.v
〔諸寺付經曆〕 (9C前期)
　4)⇒智盈。

56107 智恩 ……………… P.tib1261v⑧
〔諸寺僧尼支給穀物曆〕 (9C前期)
　1)僧

56108 智恩 ……………… S04689＋S11293
〔功德司願德勘算斜豆繰布等狀〕 顯德元年甲寅歲正月壹日 (954)
　1)尊宿

56109 智恩 ……………… S05139v②
〔社司轉帖(寫錄)〕 四月十三日 (10C前期)

56110 智恩 ……………… S10672
〔禮懺僧名狀〕 (9C前期)

56111 智恩 ……………… S10967
〔教團付經諸寺僧尼名目〕 (9C前期)

56112 智果 ················ BD07132v（師32）
〔顯德六年釋門法律沙門智果起居〕（959）

56113 智果 ················ P3423
〔乾元寺新登戒僧次第曆〕 丙戌年五月七日
（986）
　　2）乾元寺

56114 智果 ················ P3423v
〔乾元寺新登戒僧次第曆〕 丙戌年五月七日
（986）
　　2）乾元寺

56115 智果 ················ P3431r.v
〔乾元寺新登戒僧次第曆〕 丙戌年五月七日
（926 or 866 or 986）
　　2）乾元寺

56116 智花 ················ P.tib1261v⑥
〔諸寺僧尼支給穀物曆〕（9C前期）
　　1）尼

56117 智花 ················ S02614v
〔燉煌應管諸寺僧尼名錄〕（895）
　　2）大乘寺

56118 智花 ················ S02669
〔管內尼寺（安國寺・大乘寺・聖光寺）籍〕
（865〜870）
　　2）大乘寺　3）神沙郷　4）俗姓「吳」。俗名「足
　　々」。

56119 智花 ················ S04444v②
〔燉煌大乘寺僧尼申告（稿）〕（905）
　　2）大乘寺

56120 智顆 ················ P3047v⑧
〔王都督儭合城僧徒名錄〕（9C前期）

56121 智會 ················ P3161
〔常住什物見在新附點檢曆〕（10C前期）

56122 智會 ················ P3288piece4
〔當寺轉帖〕（10C前期）

56123 智海 ················ BD05910v（重10）
〔梵網經盧舍那佛說菩薩心地戒品卷第10下
（背面縫押）〕（8〜9C）
　　2）靈修寺　4）梵網經盧舍那佛說菩薩心地戒品
　　第十卷下（卷背各紙接縫處），「智海」「智海戒」，
　　「智海重」「智海眾」，尾題前有題記「是靈修寺
　　戒」。

56124 智海 ················ P3947
〔龍興寺應轉經僧分兩蕃定名牒〕 亥年八月
（819 or 831）
　　2）龍興寺　4）V面爲「9C前半大雲寺僧所有田籍
　　簿」。

56125 智海 ················ P.tib1261v②
〔諸寺僧尼支給穀物曆〕（9C前期）
　　1）僧

56126 智海 ················ P.tib1261v⑦
〔諸寺僧尼支給穀物曆〕（9C前期）
　　1）僧

56127 智海 ················ S02614v
〔燉煌應管諸寺僧尼名錄〕（895）
　　2）三界寺

56128 智海 ················ S09429
〔法進請爲授戒三師狀〕（10C後期）
　　4）原作「智海爲校授師」。

56129 智開 ················ P3047v⑦
〔法事僧尼名錄〕（9C前期）

56130 智覺 ················ BD00981v（昃81）
〔雜寫〕（9〜10C）
　　1）沙彌

56131 智貉〔超〕 ············ P3336v②
〔監軍轉經付維那曆〕（寅年）二月廿日（834）
　　2）龍興寺　4）朱書。⇒智超。

56132 智岳 ················ P4660⑱
〔索法律智岳邈眞讚〕 庚寅年七月十三日
（870）
　　1）前沙州釋門故・法律　4）原作「（索）智岳」。

56133 智扞 ················ P3047v⑧
〔王都督儭合城僧徒名錄〕（9C前期）

56134 智扞 ················ P3047v③
〔諸僧尼送納三色香於乾元寺曆〕（9C前期）
　　2）乾元寺

56135 智岸 ················ P.tib1261v⑦
〔諸寺僧尼支給穀物曆〕（9C前期）
　　1）僧

56136 智巖 ················ S00545v
〔永安寺僧名申告狀〕 戌年九月（9C前期）
　　1）主客僧　2）永安寺

56137 智巖 ·················· S02614v
 〔燉煌應管諸寺僧尼名錄〕（895）
  2)報恩寺

56138 智凝 ·················· S02669
 〔管内尼寺(安國寺・大乘寺・聖光寺)籍〕
 (865～870)
  2)大乘寺 3)效穀郷 4)姓「閻」。俗名「嬌々」。

56139 智顯 ············ BD06359v②(鹹59)
 〔人名目〕（9C前期）
  1)僧

56140 智顯 ·················· P2469v
 〔破曆雜錄〕 戌年六月五日 （830?）

56141 智顯 ················· P3047v⑦
 〔法事僧尼名錄〕（9C前期）

56142 智顯 ·················· P3619①
 〔王都督儭合城僧徒名錄〕（9C）

56143 智顯 ················ P.tib1261v①
 〔諸寺僧尼支給穀物曆〕（9C前期）
  1)僧

56144 智顯 ················ P.tib1261v②
 〔諸寺僧尼支給穀物曆〕（9C前期）
  1)僧

56145 智顯 ················ P.tib1261v⑤
 〔諸寺僧尼支給穀物曆〕（9C前期）
  1)僧

56146 智顯 ················ P.tib1261v⑥
 〔諸寺僧尼支給穀物曆〕（9C前期）
  1)僧

56147 智顯 ················ P.tib1261v⑨
 〔諸寺僧尼支給穀物曆〕（9C前期）
  1)僧

56148 智均 ·········· BD09472v①～③(發92)
 〔龍興寺索僧正等五十八人就唐家蘭若請賓
  頭盧文〕（8～9C）
  2)報恩(寺) 3)沙州

56149 智忻 ················· P3047v⑧
 〔王都督儭合城僧徒名錄〕（9C前期）

56150 智昕 ················· P3047v③
 〔諸僧尼送納三色香於乾元寺曆〕（9C前期）
  2)乾元寺

56151 智昕 ················· P3047v⑤
 〔取麥等曆〕 辰年七月 （9C前期）

56152 智圻 ············ S02447＋S06314
 〔付經僧曆〕（吐蕃期）
  1)僧

56153 智空 ·················· S02614v
 〔燉煌應管諸寺僧尼名錄〕（895）
  2)靈修寺

56154 智空 ·················· S02614v
 〔燉煌應管諸寺僧尼名錄〕（895）
  2)安國寺

56155 智惠 ············ BD02126v②(藏26)
 〔人名目(1行6名)〕（9C後期）

56156 智惠 ·················· P2079
 〔淨名經關中釋抄卷上(末)〕 壬辰年正月一日
  ～至二月廿三日 （872）
  1)弟子僧 2)開元寺 4)原作「壬辰年正月一日
  至二月廿三日寫記」。

56157 智惠 ·················· P4640①
 〔大蕃故燉煌郡莫高窟陰處士公修功德記〕
  歲次己未年四月壬子朔十五日丙寅 （839?）
  1)尼 3)燉煌郡

56158 智惠 ·················· S00520
 〔報恩寺方等道場榜〕（9C末～925以前）
  1)河西都僧統 4)有「河西都僧院」印。

56159 智惠 ·················· S01653v
 〔付麵曆佛會支出簿〕（10C）

56160 智惠 ·················· S02614v
 〔燉煌應管諸寺僧尼名錄〕（895）
  2)開元寺

56161 智惠 ·················· S02614v
 〔燉煌應管諸寺僧尼名錄〕（895）
  2)大雲寺

56162 智惠 ·················· S02614v
 〔燉煌應管諸寺僧尼名錄〕（895）
  2)龍興寺

56163 智惠 ·················· S02614v
 〔燉煌應管諸寺僧尼名錄〕（895）
  2)蓮臺寺

56164 智惠 ……………………… S04637
　〔大佛頂如來頂髻白盖陀羅尼神呪經〕（10C）
　　4)原作「弟子智惠願吉祥」。

56165 智惠 ……………………… S05242v
　〔雜寫〕（10C）
　　4)原作「…智惠□麵貳斤油半等」。

56166 智惠 ……………………… Дx00492v
　〔佛圖并僧名等〕（9C）

56167 智惠 ……………………… Дx01443
　〔龍光(興)寺僧智惠并常祕等狀〕（9C末～10C初）
　　2)龍光(興)寺

56168 智惠花 …………………… S04915
　〔戒牒〕 雍熙四年五月 （987）
　　1)授菩薩戒女弟子

56169 智惠光 …………………… S04444v②
　〔燉煌大乘寺僧尼申告(稿)〕（905）
　　2)大乘寺

56170 智惠山 …………………… S06536
　〔瑜伽師地論卷第3(寫)〕（9C）

56171 智惠山 …………………… S11441
　〔徒衆智惠山等狀并判〕（9C中期）
　　1)徒衆

56172 智惠山 …………… 澄懷堂目卷1(p.6)
　〔瑜伽師地論卷第33〕 大中十年六月三日（856）
　　1)苾芻僧

56173 智惠山 …………… 澄懷堂目卷1(p.6-7)
　〔瑜伽師地論卷第34〕 大中十年六月六日（856）
　　1)沙門

56174 智惠山 …………… 澄懷堂目卷1(p.7)
　〔瑜伽師地論卷第37〕 大中十年六月廿一日（856）
　　1)苾芻僧

56175 智惠山 …………… 澄懷堂目卷1(p.7-8)
　〔瑜伽論分門記卷第41(各卷頭)〕（9C）
　　1)苾芻

56176 智惠申 ……………………… S11441
　〔徒衆智惠山等狀并判〕（9C中期）
　　1)徒衆

56177 智惠性 ……………………… P.tib1261v④
　〔諸寺僧尼支給穀物曆〕（9C前期）
　　1)尼

56178 智惠性 ……………………… 莫第138窟
　〔供養人題記〕（10C前期）
　　1)女尼安國寺法律　2)安國寺　4)東壁門上方。
　　《燉》p.63。

56179 智惠寂 ……………… BD11899(L2028)
　〔破曆〕（9～10C）

56180 智惠寂 ……………… S07939v＋S07940Bv＋S07941
　〔燉煌諸寺僧尼給糧曆〕（823以降）

56181 智惠辯 ……………………… 杏·羽082
　〔道場司智惠弁等乞請都僧統悟眞處分牒〕
　　□(廣)明二年辛丑歲〔　〕月日 （881）
　　1)道場司　4)文書面有「李盛鐸印」等。

56182 智惠滿 ……………………… P.tib1261v⑪
　〔諸寺僧尼支給穀物曆〕（9C前期）
　　1)尼

56183 智惠林 ……………………… P2825v
　〔雜寫〕 景福二年頃 （893頃）

56184 智慧山 …………… BD14750②(新0950)
　〔瑜伽論第36卷分門記(首題)〕（9～10C）
　　4)首題記「國大德三藏法師法成述僧智慧山」。又本卷背面有「大唐三界寺藏經」之1行。

56185 智慧山 …………… 故宮博·新086979
　〔瑜伽師地論卷第40(首尾題)〕 大中十年六月十六日 （856）
　　1)沙門　4)題記「沙門僧智慧山隨聽學書記」。

56186 智慧山 …………………… 唐招提寺12
　〔瑜伽論分門記卷44-46〕 大中十二年四月一日 （858）
　　1)沙門

56187 智慧山 ……… 富岡謙藏,第2回大藏會陳列目錄p.48
　〔瑜伽師地論卷第53〕 大中十二年六月十三日 （858）
　　1)苾芻

56188 智慧山 …………… 澄懷堂目卷1(p.8)
　〔瑜伽論分門記卷第44～卷第46〕 大中十二年四月一日 （858）
　　1)沙門

56189 智慧山 ················ 橘目
〔瑜伽師地論卷第39〕 大中十年六月十三日
(856)
  1) 沙門

56190 智慧山 ················ 橘目
〔瑜伽師地論卷第40(分門記)〕 (9C)
  1) 僧

56191 智慧山 ················ 橘目
〔瑜伽師地論卷第52(分門記)〕 (9C)
  1) 沙門

56192 智慧山 ················ 橘目
〔瑜伽師地論卷第52(分門記)〕 大中十二年六月十一日 (858)
  1) 苾芻

56193 智慧山 ················ 橘目
〔瑜伽師地論卷第53(分門初記)〕 (9C)
  1) 沙門

56194 智慧山 ················ 橘目
〔瑜伽師地論卷第56〕 (9C)
  1) 苾芻

56195 智瓊 ················ S06004
〔社司轉帖〕 (10C)

56196 智堅 ··············· B63 NO.366
〔往西天取菩薩戒僧智堅記〕 端拱二年歲次己丑八月十九日 (989)
  1) 漢大師・往西天取菩薩戒僧 3) 賽亭莊 4) 俗姓「董」。其漢宋國人是也。年可廿四歲。⇒董智堅。

56197 智謙 ················ P3643
〔出租地契〕 咸通二年三月八日 (861)
  1) 僧

56198 智賢 ················ 莫第201窟
〔供養人題記〕 (8C後期)
  4)《燉》p.92。

56199 智原 ················ S01267v
〔某寺設齋納物名目〕 (9C前期)

56200 智嚴 ················ P3556v⑦
〔道場思惟簿〕 (10C)

56201 智嚴 ············· P.tib1261v②
〔諸寺僧尼支給穀物曆〕 (9C前期)
  1) 僧

56202 智嚴 ············· P.tib1261v⑤
〔諸寺僧尼支給穀物曆〕 (9C前期)
  1) 僧

56203 智嚴 ············· P.tib1261v⑦
〔諸寺僧尼支給穀物曆〕 (9C前期)
  1) 僧

56204 智嚴 ················ S02614v
〔燉煌應管諸寺僧尼名錄〕 (895)
  2) 大乘寺

56205 智嚴 ················ S02659v
〔往西天求法沙門,西傳記寫下卷,往生禮讚文(往西天傳)〕 (10C)

56206 智嚴 ················ S02669
〔管內尼寺(安國寺・大乘寺・聖光寺)籍〕 (865〜870)
  2) 大乘寺 3) 赤心鄉 4) 姓「呂」。俗名「意々」。

56207 智嚴 ················ S05981
〔持律大德智嚴五台山巡禮聖跡後記〕 大唐同光貳年三月九日 (924)
  1) 觀音院主 2) 開元寺 3) 鄜州

56208 智悟 ················ P5000v
〔僧尼名目〕 (9C前期)
  2) 靈修寺

56209 智悟 ················ S04429
〔五台山讚文(末)〕 戊辰年六月四日 (848 or 908)
  1) 僧 2) 蓮臺寺

56210 智光 ················ P2250v④
〔永安寺僧唱布曆〕 (925?)
  2) 永安寺

56211 智光 ················ P3060
〔諸寺諸色付經僧尼曆〕 (9C前期)
  1) 僧尼 4) 經典名「般若經卷59」。

56212 智光? ················ P3060
〔諸寺諸色付經僧尼曆〕 (9C前期)
  1) 尼 2) 靈修寺 4) 俗姓「楊」。

56213 智光 ················ P3223
〔永安寺老宿紹建狀并判辭〕 (9C末〜10C初)
  2) 永安寺

56214 智光 ·············· P3288piece4
〔當寺轉帖〕（10C前期）

56215 智光 ·············· S00545v
〔永安寺僧名申告狀〕 戌年九月 （9C前期）
　1) 主客僧　2) 永安寺

56216 智光 ·············· S01472v
〔雜寫(當寺轉帖等)〕（10C中期）
　1) 僧正

56217 智光 ·············· S02614v
〔燉煌應管諸寺僧尼名錄〕（895）
　2) 龍興寺

56218 智光 ·············· S02729①
〔燉煌應管勘牌子歷〕 辰年三月 （788）
　1) 僧　2) 靈修寺　3) 沙州　4) 俗姓「楊」。32行目。

56219 智光 ·············· S04613
〔破曆〕 庚申年 （960）
　1) 法律

56220 智光 ·········· S07939v＋S07940Bv＋S07941
〔燉煌諸寺僧尼給糧曆〕（823以降）

56221 智光 ·············· S08583
〔都僧統龍辯牓〕 天福八年二月十九日 （943）

56222 智光 ·············· S08734
〔金光明最勝王經(背)〕 二月十三日(記也) （8～9C）
　1) 僧　2) 永安寺

56223 智光 ·············· S11349
〔瓜州門弟智光上牸僧正狀封〕（10C?）
　1) 門弟　3) 瓜州

56224 智光 ·········· Дx02449＋Дx05176
〔(時年)轉帖〕 十一月十九日 （10C前期）

56225 智光 ·············· Дx06037
〔納贈曆〕（10C）

56226 智廣 ·············· P2250v①
〔龍興寺僧唱布曆〕（925?）
　1) 僧　2) 龍興寺

56227 智廣 ·············· P3047v③
〔諸僧尼送納三色香於乾元寺曆〕（9C前期）
　2) 乾元寺

56228 智廣 ·············· P3047v⑧
〔王都督懺合城僧徒名錄〕（9C前期）

56229 智廣 ·············· P3336③
〔瓜州節度轉經付維那曆〕 寅年正月卅日 （834）
　2) 龍興寺　3) 瓜州

56230 智廣 ·············· P3947v
〔大雲寺僧所有田籍簿〕（9C前期）
　1) 僧　3) 絲(綿 部 落)　4) R面 爲「亥 年(819or831)八月龍興寺應轉經僧分兩蕃定名牒」。

56231 智廣 ·············· S02614v
〔燉煌應管諸寺僧尼名錄〕（895）
　2) 報恩寺

56232 智廣 ·············· S02729①
〔燉煌應管勘牌子歷〕 辰年三月 （788）
　1) 僧　2) 大雲寺　3) 沙州　4) 俗姓「羅」。7行目。

56233 智廣 ·············· S02851
〔菩薩十無盡戒牒〕 大曆十五年正月卅日 （780）
　1) 傳戒法師　2) 靈圖寺　4) 原作「女弟子妙德於靈圖寺受戒／傳戒法師智廣」。

56234 智廣 ·············· Дx01330
〔(大雲寺)直歲曇空等當寺僧破除見在牒〕 申年三月日 （792 or 852 or 912）
　1) 寺主

56235 智廣 ·············· Дx02888
〔女弟子深性於靈圖寺受菩薩戒〕 周德十七年二月一日 （782）
　1) 傳戒法師　2) 靈圖寺

56236 智廣 ·············· Дx11085
〔當寺轉帖〕 壬申年七月 （972）

56237 智弘 ·············· P.tib1261v①
〔諸寺僧尼支給穀物曆〕（9C前期）
　1) 僧

56238 智恒 ·············· S01350
〔負儭布契〕 大中五年二月十三日 （851）
　1) 見人・僧　4) 原作「智恒達レ(上付きで)字」。

56239 智扣 ·············· P3047v①
〔僧名等錄〕（9C前期）
　4) 姓「馬」。

56240 智杲 ·················· S04667
〔僧智杲上僧錄狀〕 (10C)

56241 智江 ·················· 濱田074
〔佛說護國經〕 大宋咸平二年十一月 (999)
　1) 賜紫沙門臣

56242 智洪 ·················· P.tib1261v⑩
〔諸寺僧尼支給穀物曆〕 (9C前期)
　1) 僧

56243 智皎 ·················· S01350
〔負儭布契〕 大中五年二月十三日 (851)
　1) 見人・僧 4) 原作「見人僧智皎(押)」。

56244 智興 ·················· BD09346(周67)
〔令知蕃法師廚費帖〕 十一月一日 (9C前期)

56245 智興 ·················· P3491piece1
〔某寺設齋勾當名目〕 (9C前期)

56246 智行 ·················· P2239
〔摩訶般若波羅密放光經卷第10〕 (10C)
　1) 菩薩戒弟子尼

56247 智行 ·················· P2250v③
〔開元寺僧唱布曆〕 (925?)
　2) 開元寺

56248 智行 ·················· P3391v①
〔社司轉帖(寫錄)〕 丁酉年正月一日 (937)
　2) 開元寺

56249 智行 ·················· S00520
〔報恩寺方等道場榜〕 (9C末～925以前)
　2) 開元寺 4) 有「河西都僧院」印。

56250 智行 ·················· S05486①
〔諸寺僧尼付油麵曆〕 (10C中期)
　2) 開元寺

56251 智行 ·················· 散錄0539
〔大般涅槃經卷第19〕 (10C)
　1) 菩薩戒弟子尼

56252 智剛 ·················· P2856v①
〔營葬牓〕 乾寧二年三月十一日乙卯 (895)

56253 智剛 ·················· P.tib1261v③
〔諸寺僧尼支給穀物曆〕 (9C前期)
　1) 僧

56254 智剛 ·················· Stein Painting 28*
〔觀世音菩薩圖題記〕 大順參年歲次壬子十二月甲申朔三日 (892)
　1) 沙門 4) 題記爲「孫沙門智剛尼勝明等奉爲尼法律闍梨敬繪救苦觀世音菩薩一軀…」。

56255 智山 ·················· P3161
〔常住什物見在新附點檢曆〕 (10C前期)

56256 智山 ·················· P3288piece4
〔當寺轉帖〕 (10C前期)

56257 智山 ·················· S04852v
〔付諸僧給麵蘇曆〕 (9C末～10C初)
　2) 永安寺

56258 智山 ·················· S10285＋S10286
〔常住什物見在新附點檢曆〕 (10C中期)
　1) 僧

56259 智周 ·················· BD07714(始14)
〔大乘入道次卷第1〕 (8C?)
　1) 沙門 4) 原作「沙門智周撰」。

56260 智秀 ·················· P3047v⑧
〔王都督儭合城僧徒名錄〕 (9C前期)

56261 智秀 ·················· P5579⑯
〔得度者人名錄〕 巳年～酉年 (813～817 or 825～829)
　4) 俗名「樊和ゝ」。

56262 智秀 ·················· S02228②
〔於諸家邊布麥粟酒分付曆〕 辰年十月 (824)

56263 智秀 ·················· Дx02355
〔支給僧尼斛㪷曆〕 (9C中期?)

56264 智舟 ·················· P2689
〔寺僧唱得物支給曆〕 (9C前期)

56265 智舟 ·················· S01475v⑪⑫
〔便契〕 二月一日 (828～829)
　1) 見人

56266 智勝 ·················· P2250v①
〔龍興寺僧唱布曆〕 (925?)
　2) 龍興寺

56267 智勝 ·················· P2944
〔大乘寺・聖光寺等尼僧名錄〕 (10C後期?)
　2) 大乘寺

56268 智勝 ……………………………… P3060
　〔諸寺諸色付經僧尼曆〕　（9C前期）
　　1）尼　2）大乘寺　4）俗姓「薛」。

56269 智勝 ……………………………… P3600v②
　〔燉煌普光寺等尼名申告狀〕　戌年十一月
　（9C前期）
　　2）普光寺

56270 智勝 ……………………………… S02614v
　〔燉煌應管諸寺僧尼名錄〕　（895）
　　2）開元寺

56271 智勝 ……………………………… S02614v
　〔燉煌應管諸寺僧尼名錄〕　（895）
　　2）安國寺

56272 智勝 ……………………………… S02614v
　〔燉煌應管諸寺僧尼名錄〕　（895）

56273 智勝 ……………………………… S02729①
　〔燉煌應管勘牌子曆〕　辰年三月　（788）
　　1）僧　2）大乘寺　3）沙州　4）俗姓「薛」。49行
　　目。

56274 智勝 ……………………………… S04192
　〔儭支給曆〕　丑年　（9C前期）

56275 智升 ……………………………… P4640v
　〔官入破曆〕　辛酉年五月十二日　（901）
　　1）僧

56276 智捷 ……………………………… P.tib1261v②
　〔諸寺僧尼支給穀物曆〕　（9C前期）
　　1）僧

56277 智捷 ……………………………… P.tib1261v⑤
　〔諸寺僧尼支給穀物曆〕　（9C前期）
　　1）僧

56278 智挭〔捷〕 ……………………… P.tib1261v⑦
　〔諸寺僧尼支給穀物曆〕　（9C前期）
　　1）僧

56279 智照 ……………………………… BD00987（昃87）
　〔般若波羅蜜多經卷74（寫錄）〕　（9C）

56280 智照 ……………………………… BD01194（宿94）
　〔佛說佛名經卷12（末／寫錄）〕　（10C）

56281 智照 ……………………………… BD01850（秋50）
　〔金光明最勝王經卷四末〕　（8C～9C前期）
　　1）比丘　4）原作「比丘智照寫」。

56282 智照 ……………………………… BD03130（騰30）
　〔大般若波羅蜜多經卷第4（末）〕　（8C）
　　4）原作「智照寫」。

56283 智照 ……………………………… BD15294（新1494）
　〔金光明經卷第4（末）〕　（8～9C）
　　1）比丘　4）原作「比丘智照寫」。

56284 智照 ……………………………… P2991⑤
　〔莫高窟索畫功德讚文〕　（9C）
　　4）原作「瓜沙境大行軍都節度衙幕府判釋門智照
　　述」。

56285 智照 ……………………………… P3726
　〔故前釋門都法律京兆杜和尚寫眞讚〕　（9C前
　期）
　　1）和尚

56286 智照 ……………………………… S00280
　〔般若波羅蜜多經卷第72（寫錄）〕　（9C）

56287 智照 ……………………………… S02040
　〔金光明經卷第7（寫錄）〕　（9C）
　　1）比丘

56288 智照 ……………………………… S03323
　〔布破曆〕　（9C）
　　1）僧

56289 智照 ……………………………… S04192
　〔儭支給曆〕　丑年　（9C前期）

56290 智照 ……………………………… S06352
　〔大般若波羅蜜多經卷第58（寫錄）〕　（9C）

56291 智照 ……………………… 浙燉070（浙博045）
　〔諸寺僧尼缺經請經帳目〕　八月廿三日已前轉
　經　（9C前期）
　　2）聖光（寺）

56292 智乘 ……………………………… S05893
　〔管內僧寺（報恩寺・淨土寺）籍〕　（865～875）
　　2）淨土寺　3）慈惠鄉

56293 智常 ……………………………… S04429
　〔五台山讚文（末）〕　戊辰年六月四日　（848 or
　908）
　　1）僧　2）蓮臺寺

56294 智淨 ……………………………… P2250v④
　〔永安寺僧唱布曆〕　（925?）
　　2）永安寺

56295 智淨 ·········· P3060
〔諸寺諸色付經僧尼曆〕（9C前期）
　1)僧尼　4)經典名「正法念經卷1」。

56296 智淨 ·········· P3423v
〔乾元寺新登戒僧次第曆〕 丙戌年五月七日
(986)
　2)乾元寺

56297 智淨 ·········· P3431r.v
〔乾元寺新登戒僧次第曆〕 丙戌年五月七日
(926 or 866 or 986)
　2)乾元寺

56298 智淨 ·········· S02729①
〔燉煌應管勘牌子曆〕 辰年三月（788）
　1)僧　2)普光寺　3)沙州　4)俗姓「王」。38行目。

56299 智淨 ·········· 杏·羽694①
〔當寺應管主客僧牒〕 未年閏十月（803）
　4)文末有異一行「未年閏十月日,直歲圓滿牒」。

56300 智淨 ·········· 濱田115v
〔付經曆〕（未年）二月二十二日（9C前期）
　2)普光寺

56301 智淨花 ·········· P2838
〔安國寺上座比丘尼躰圓等入破曆計會牒并判辭〕 中和四年（884）

56302 智淨花 ·········· P3207
〔安國寺上座比丘尼入破曆〕 中和四年正月（884）
　2)安國寺

56303 智岑 ·········· S02447＋S06314
〔付經僧曆〕（吐蕃期）
　1)僧

56304 智心 ·········· P2250v⑤
〔金光明寺僧唱布曆〕（925？）
　2)金光明寺

56305 智深 ·········· P3491piece1
〔某寺設齋勾當名目〕（9C前期）

56306 智深 ·········· P.tib1261v⑩
〔諸寺僧尼支給穀物曆〕（9C前期）
　1)僧

56307 智深 ·········· P.tib1261v⑪
〔諸寺僧尼支給穀物曆〕（9C前期）
　1)僧

56308 智深 ·········· S07939v＋S07940Bv＋S07941
〔燉煌諸寺僧尼給糧曆〕（823以降）
　3)莫高窟

56309 智深 ·········· ZSD057
〔大般若波羅蜜多經卷第316(尾)〕（9C前期）
　1)比丘　4)原作「比丘智深」。

56310 智深 ·········· 杏·羽082
〔道場司智惠弁等乞請都僧統悟眞處分牒〕
□(廣)明二年辛丑歲[　]月日（881）
　1)道場司　4)文書面有「李盛鐸印」等。

56311 智眞 ·········· P3753①
〔普光寺尼等牒并判辭〕 大順二年正月（891）
　1)典座　2)普光寺

56312 智眞 ·········· S04444v②
〔燉煌大乘寺僧尼申告(稿)〕（905）
　2)大乘寺

56313 智進 ·········· BD03925(生25)
〔賣地契〕 開寶八年丙子三月一日（975）
　1)僧

56314 智進 ·········· S05064
〔貸入粟豆黃麻曆〕（10C）
　1)便人

56315 智進 ·········· S05071
〔某寺貸入斛斗曆〕（10C後期）

56316 智進 ·········· S05723v
〔雜寫(智進與張郎書狀抄等)〕（10C）

56317 智崇 ·········· BD06128v(薑28)
〔勘記〕（9C前期）
　2)靈圖寺　4)首紙背面有燉煌寺院名勘記「圖」與「智崇」之字。

56318 智性 ·········· P2583v⑥
〔節兒論奔熱疏〕 申年頃正月七日（828頃？）

56319 智性 ·········· P3060
〔諸寺諸色付經僧尼曆〕（9C前期）
　1)僧尼　4)經典名「般若經卷51」。

56320 智性 ·················· P3060v
　〔諸寺諸色付經僧尼曆〕　（9C前期）
　　4）經典名「金剛經卷12」。

56321 智性 ·················· P.tib1261v⑩
　〔諸寺僧尼支給穀物曆〕　（9C前期）
　　1）尼

56322 智性 ·················· S02729①
　〔燉煌應管勘牌子曆〕　辰年三月　（788）
　　1）僧　2）靈修寺　3）沙州　4）俗姓「張」。31行目。

56323 智成 ·················· P3249v
　〔將龍光顏等隊下人名目〕　（9C中期）
　　1）僧

56324 智清 ·················· BD04074（麗74）
　〔佛說迴向輪經1卷（尾題後有題記）〕　乙丑年二月十六日、己丑年　（809 or 845）
　　4）原作「瓜州比丘尼智清發心抄寫」。

56325 智清 ·················· BD04074（麗74）
　〔佛說迴向輪經1卷（尾題後有題記）〕　乙丑年二月十六日　（905）
　　1）比丘尼　3）瓜州　4）尾題後有題記「乙丑年二月十六日、在瓜州、比丘尼智清發心抄寫、常日轉讀」。

56326 智清 ·················· S00476B v
　〔諸寺付經僧尼曆〕　（9C前期）
　　1）僧　2）乾元寺　4）原作「大寶積第十智清」。

56327 智清 ·················· S03074v
　〔某寺破曆〕　十二月七日　（9C前期）

56328 智清 ·········· 臺灣中央圖書館08916
　〔大乘禪門要略〕　廣順二年三月十日　（952）
　　1）從京來漢大師

56329 智靜 ·················· BD12652v（L2781）
　〔某寺佛典流通〕　（9～10C）

56330 智寂 ·················· S00381③
　〔龍興寺毗沙門天王靈驗記〕　大蕃歲次辛巳閏二月十五日　（801）
　　1）僧　2）龍興寺　4）此靈驗記的後記有「本寺大德日進附口抄」的文。此抄本中有咸通十四年（873）四月廿六日的書寫紀年。

56331 智寂 ·················· S02729①
　〔燉煌應管勘牌子曆〕　辰年三月　（788）
　　1）僧　2）龍興寺　3）沙州　4）俗姓「麴」。3行目。

56332 智屻 ·················· P4810v②
　〔爲亡妣請僧疏〕　（9C前期）
　　2）金光明寺

56333 智泉 ·················· P3047v③
　〔諸僧尼送納三色香於乾元寺曆〕　（9C前期）
　　2）乾元寺

56334 智泉 ·················· P3619①
　〔王都督燉合城僧徒名錄〕　（9C）

56335 智詮 ·················· S02729①
　〔燉煌應管勘牌子曆〕　辰年三月　（788）
　　1）都（僧）統　2）大雲寺　3）沙州　4）俗姓「康」。7行目。

56336 智全 ·················· BD02496（成96）
　〔唱布曆〕　（10C）

56337 智全 ·················· S06237
　〔諸人見在粟黃麻曆〕　戌年～子年　（10C中期以降?）

56338 智漸 ·················· S02614v
　〔燉煌應管諸寺僧尼名錄〕　（895）
　　2）乾元寺

56339 智相 ·················· S02669
　〔管內尼寺（安國寺・大乘寺・聖光寺）籍〕　（865～870）
　　2）大乘寺　3）平康鄉　4）姓「索」。俗名「漸々」。

56340 智相 ·················· S02729①
　〔燉煌應管勘牌子曆〕　辰年三月　（788）
　　1）僧　2）靈修寺　3）沙州　4）俗姓「張」。35行目。

56341 智蘂 ·················· P2689
　〔寺僧唱得物支給曆〕　（9C前期）

56342 智藏 ·················· BD09323（周44）
　〔沙州某寺分給蕃漢官僚等早・中・夜三食日程帖〕　（820～830）

56343 智藏 ·················· P2280
　〔沙彌威儀經1卷〕　巳年六月十七日　（9C前期）
　　4）原作「智藏記」。

56344 智藏 ·················· P2404v
　〔六門陀羅尼經論廣釋〕　癸丑年十月上旬八日　（893 or 833）

56345 智藏 ·················· P3047v③
〔諸僧尼送納三色香於乾元寺曆〕（9C前期）
　2）乾元寺

56346 智藏 ·················· P3047v⑦
〔法事僧尼名錄〕（9C前期）
　4）俗姓「周」。

56347 智藏 ·················· P3047v⑧
〔王都督儭合城僧徒名錄〕（9C前期）

56348 智藏 ·················· P4005
〔智藏狀〕大唐(長)興貳年六月　（931）

56349 智藏 ·················· P5012
〔信封1箇〕（10C前半）
　3）肅州

56350 智藏 ·················· P.tib1261v②
〔諸寺僧尼支給穀物曆〕（9C前期）
　1）僧

56351 智藏 ·················· P.tib1261v⑥
〔諸寺僧尼支給穀物曆〕（9C前期）
　1）僧

56352 智藏 ·················· P.tib1261v⑩
〔諸寺僧尼支給穀物曆〕（9C前期）
　1）僧

56353 智藏 ·················· P.tib1261v⑫
〔諸寺僧尼支給穀物曆〕（9C前期）
　1）僧

56354 智藏 ·················· S11284＋S11288
〔便黃麻曆〕（9C）

56355 智藏 ·················· S11601
〔諸寺僧名目〕（10C?）

56356 智藏 ·············· Дx01287＋Дx01324
〔(靈圖寺)方等道場司知藏等狀〕中和四年甲辰歲四月日　（884）
　1）道場司　2）靈圖寺

56357 智卽 ·················· P3205v
〔燉煌十三寺付經曆〕（9C前期）
　2）開元寺

56358 智遜 ·················· 濱田075
〔多大敎王經卷下〕大宋淳化五年正月日　（994）
　4）慧通大師賜紫沙門臣高山寺印。

56359 智存 ·················· P3423v
〔乾元寺新登戒僧次第曆〕丙戌年五月七日（986）
　2）乾元寺

56360 智存 ·················· P3431r.v
〔乾元寺新登戒僧次第曆〕丙戌年五月七日（926 or 866 or 986）
　2）乾元寺

56361 智存 ·················· P3779v②
〔徒衆轉帖〕乙酉年四月廿七日　（985?）
　2）乾元寺

56362 智湛 ·················· S02729①
〔燉煌應管勘牌子曆〕辰年三月　（788）
　1）僧　2）龍興寺　3）沙州　4）俗姓「張」。3行目。

56363 智端 ·················· P2846
〔入破曆〕甲寅年正月廿一日　（954）

56364 智端 ·················· P4514(2)
〔大聖文殊師利菩薩(木版印)付記〕甲申年三月六日　（924 or 984）
　1）比丘　4）原作「弟子比丘智端安置文殊利菩薩」。

56365 智端 ·················· S01653v
〔付麵曆佛會支出簿〕（10C）

56366 智超 ·················· BD09283(周4)
〔某寺(乾元寺)道場出唱曆〕（9C前期）
　4）『條記目』(p. 40)按「法國法圓均爲吐蕃統治時期乾元寺僧人」。

56367 智超 ·················· P3336v②
〔監軍轉經付維那曆〕(寅年)二月八日　（834）
　2）龍興寺　4）朱書。⇒智𦘖。

56368 智超 ·················· P.tib1261v⑧
〔諸寺僧尼支給穀物曆〕（9C前期）
　1）僧

56369 智通 ·················· P2049v①
〔淨土寺諸色入破曆計會牒〕同光三年（925）

56370 智通 ·················· P2250v④
〔永安寺僧唱布曆〕（925?）
　2）永安寺

56371 智通 ·················· P3394
〔僧張月光父子廻博田地契〕 大中六年壬申十月 (852)
　1)僧　4)俗姓「呂」。

56372 智通 ·················· P3555B piece1
〔當寺轉帖〕 (10C前期)

56373 智通 ·················· P3730④
〔狀〕 酉年正月 (829)
　1)徒衆　2)金光明寺

56374 智通 ·················· P4810v②
〔爲亡妣請僧疏〕 (9C前期)
　2)金光明寺

56375 智通 ·················· P.tib1261v③
〔諸寺僧尼支給穀物曆〕 (9C前期)
　1)僧

56376 智通 ·················· P.tib1261v⑦
〔諸寺僧尼支給穀物曆〕 (9C前期)
　1)僧

56377 智通 ·················· S02614v
〔燉煌應管諸寺僧尼名錄〕 (895)

56378 智通 ·················· 莫第098窟
〔供養人題記〕 (10C中期)
　1)釋門法律臨壇大德沙門　4)南壁。《燉》p. 42。《謝》p. 92。

56379 智定 ·················· BD02296(閏96)
〔唱得布曆〕 (10C)

56380 智定 ·················· P2708
〔社子名目并略押(殘)〕 (10C中期)

56381 智定 ·················· P3423r.v
〔乾元寺新登戒僧次第曆〕 丙戌年五月七日 (986)
　2)乾元寺

56382 智定 ·················· P3431r.v
〔乾元寺新登戒僧次第曆〕 丙戌年五月七日 (926 or 866 or 986)
　2)乾元寺

56383 智定 ·················· P3556v⑦
〔道場思惟簿〕 (10C)

56384 智定 ·················· P3860
〔翟信子定君父子缺麥粟憑〕 丙午年六月廿六日 (946?)

56385 智定 ·················· S01624v
〔什物交割曆〕 (942頃)

56386 智定 ·················· S01774
〔某寺常住什物交割點檢曆〕 天福柒年壬寅歲十二月十日 (942)
　1)前所由・法律

56387 智定 ·················· S01776②
〔某寺常住什物交割點檢曆〕 顯德五年戊午十一月十三日 (958)

56388 智定 ·················· S02614v
〔燉煌應管諸寺僧尼名錄〕 (895)
　2)報恩寺

56389 智貞 ·················· P4989
〔沙州戶口田地簿〕 (9C末)
　1)沙彌　3)沙州

56390 智貞 ·················· S06204
〔字寶碎金并序(末)〕 壬申年正月十一日 (912)
　1)僧

56391 智貞 ·················· S11346
〔智貞於牧羊人羯皮腔抄錄憑〕 (10C前期前後)
　1)寺主

56392 智燈 ·················· P3101②
〔患尼智燈苑狀上〕 大中五年七(五)月一日 (851)

56393 智燈苑 ·················· P3101②
〔患尼智燈苑狀上〕 大中五年七(五)月一日 (851)

56394 智燈花 ·················· S02669
〔管內尼寺(安國寺・大乘寺・聖光寺)籍〕 (865～870)
　2)大乘寺　3)洪潤鄉　4)姓「氾」。俗名「媚子」。

56395 智道 ·················· P.tib1261v⑧
〔諸寺僧尼支給穀物曆〕 (9C前期)
　1)僧　4)⇒道智。

56396 智得 ·············· BD08172v(乃72)
　〔社司轉帖(習書・殘)〕 癸未年頃 (923頃?)

56397 智得 ·············· P3423r.v
　〔乾元寺新登戒僧次第曆〕 丙戌年五月七日
　(986)
　　2)乾元寺

56398 智得 ·············· P3431r.v
　〔乾元寺新登戒僧次第曆〕 丙戌年五月七日
　(926 or 866 or 986)
　　1)新登戒僧　2)乾元寺

56399 智得 ·············· S04429
　〔五台山讚文(末)〕 戊辰年六月四日 (848 or 908)
　　1)僧　2)蓮臺寺

56400 智德 ·············· P2250v③
　〔開元寺僧唱布曆〕 (925?)
　　2)開元寺

56401 智德 ·············· P2250v④
　〔永安寺僧唱布曆〕 (925?)
　　2)永安寺

56402 智德 ·············· P2869piece4
　〔寶香等納贈曆〕 (10C前期)

56403 智德? ············· P3060
　〔諸寺諸色付經僧尼曆〕 (9C前期)
　　1)僧尼　4)經典名「寶積經卷1」。

56404 智德 ·············· P3423r.v
　〔乾元寺新登戒僧次第曆〕 丙戌年五月七日
　(986)
　　1)新登戒僧　2)乾元寺

56405 智德 ·············· P3431r.v
　〔乾元寺新登戒僧次第曆〕 丙戌年五月七日
　(926 or 866 or 986)
　　2)乾元寺

56406 智德 ·············· P3555B piece1
　〔當寺轉帖〕 (10C前期)

56407 智德 ·············· P3779v②
　〔徒衆轉帖〕 乙酉年四月廿七日 (985?)
　　2)乾元寺

56408 智德 ·············· S00528v
　〔三界寺僧智德伏請處分令公補助狀〕 (10C後期)
　　1)僧　2)三界寺

56409 智忍 ·············· P.tib1261v⑪
　〔諸寺僧尼支給穀物曆〕 (9C前期)
　　1)尼

56410 智忍 ·············· S05486①
　〔諸寺僧尼付油麵曆〕 (10C中期)
　　2)開元寺

56411 智忍 ·············· S10612
　〔付箋僧名目〕 (10C)

56412 智忍 ·············· 上海圖088
　〔法律法壽等施入大寶積經永安寺題記〕 太平興國三年戊寅歲三月十五日 (978)
　　1)新戒法律

56413 智忍花 ············· S02614v
　〔燉煌應管諸寺僧尼名錄〕 (895)
　　2)安國寺

56414 智忍花 ············· S02669
　〔管內尼寺(安國寺・大乘寺・聖光寺)籍〕
　(865～870)
　　2)安國寺　3)神沙鄉　4)姓「翟」。俗名「娃子」。

56415 智能 ·············· BD06437v①(河37)
　〔燉煌僧尼名〕 (9～10C)

56416 智旻 ·············· S03631v
　〔僧人名目〕 (10C中～後期)

56417 智旻 ·············· S05927v①
　〔某寺諸色斛䉼破曆〕 戌年 (吐蕃期)

56418 智富 ·············· S04429
　〔五台山讚文(末)〕 戊辰年六月四日 (848 or 908)
　　1)僧　2)蓮臺寺

56419 智福 ·············· 杏・羽067
　〔備席主人理通等幷勾當司人等各着食飯數目曆〕 (10C)
　　1)勾當柰餅菁(司)・法律　4)文書面有「李盛鐸印」等。

56420 智辯 ·············· P4640①
　〔大蕃故燉煌郡莫高窟陰處士公修功德記〕
　歲次己未年四月壬子朔十五日丙寅 (839?)

56421 智辯 ·················· P5557v
　〔僧智弁狀〕丁亥年正月廿日　(927 or 987)
　　2)靈圖寺　4)末有題記「天寶二年八月十七日寫
　　了也」。

56422 智辯 ·················· S02614v
　〔燉煌應管諸寺僧尼名錄〕　(895)
　　2)龍興寺

56423 智辯 ·················· S05804
　〔門僧智弁請阿郎被支給春衣布狀并判〕
　　(10C初)
　　1)門僧

56424 智辯 ·················· S05804v
　〔僧智弁遣堂子送赴孟闍梨母吊儀狀〕(10C
　　初)

56425 智辯 ·················· S05810
　〔乞支給衣布文〕(10C初期)
　　1)門僧・法律

56426 智辯 ·················· Дx01443
　〔龍光(興)寺僧智惠并常祕等狀〕(9C末～10C
　　初)
　　1)僧　2)龍光(興)寺

56427 智辯 ·················· Дx10284
　〔智弁等常住物申告狀〕(9C後期)

56428 智寶 ·················· BD09711v(坐32)
　〔比丘發露錄〕(9C前期～後期)

56429 智寶 ·················· P3353v
　〔比丘智寶廻向疏(4行)〕正月十四日　(9C)
　　1)比丘

56430 智寶 ·················· S02669
　〔管內尼寺(安國寺・大乘寺・聖光寺)籍〕
　　(865～870)
　　2)大乘寺　3)神沙鄉　4)姓「吳」。俗名「福々」。

56431 智寶 ·················· S04444v②
　〔燉煌大乘寺僧尼申告(稿)〕(905)
　　2)大乘寺

56432 智法 ·················· P3365
　〔爲府主大王小患付經歷〕甲戌年五月十日
　　(974)

56433 智猊 ·················· P3047v⑧
　〔王都督儭合城僧徒名錄〕(9C前期)

56434 智滿 ·················· P3047v③
　〔諸僧尼送納三色香於乾元寺曆〕(9C前期)
　　2)乾元寺

56435 智滿 ·················· P3047v⑧
　〔王都督儭合城僧徒名錄〕(9C前期)

56436 智滿 ·················· P3600v②
　〔燉煌普光寺等尼名申告狀〕戊年十一月
　　(9C前期)
　　2)普光寺

56437 智滿 ·················· S01364
　〔付經曆〕(9C)
　　1)僧

56438 智妙 ·················· P2944
　〔大乘寺・聖光寺等尼僧名錄〕(10C後期?)
　　2)大乘寺

56439 智妙 ·················· P.tib1261v⑦
　〔諸寺僧尼支給穀物曆〕(9C前期)
　　1)尼

56440 智妙 ·················· S02614v
　〔燉煌應管諸寺僧尼名錄〕(895)
　　2)大乘寺

56441 智妙 ·················· S02729①
　〔燉煌應管勘牌子曆〕辰年三月　(788)
　　1)僧　2)靈修寺　3)沙州　4)俗姓「鄧」。36行
　　目。

56442 智明 ·················· P2049v②
　〔淨土寺諸色入破曆計會牒〕長興二年正月
　　(930～931)

56443 智明 ·················· P2250v①
　〔龍興寺僧唱布曆〕(925?)
　　1)僧　2)龍興寺

56444 智明 ·················· P3047v⑦
　〔法事僧尼名錄〕(9C前期)

56445 智明 ·················· P3047v⑧
　〔王都督儭合城僧徒名錄〕(9C前期)
　　4)姓「李」。

56446 智明 ·················· P3047v⑧
　〔王都督儭合城僧徒名錄〕(9C前期)
　　4)姓「王」。

56447 智明 ·············· P3060
　〔諸寺諸色付經僧尼曆〕（9C前期）
　　1）僧尼　4）經典名「正法念經卷2」。

56448 智明 ·············· P3328v①
　〔付細布曆〕（9C前期）

56449 智明 ·············· P.tib1261v③
　〔諸寺僧尼支給穀物曆〕（9C前期）
　　1）僧

56450 智明 ·············· P.tib1261v④
　〔諸寺僧尼支給穀物曆〕（9C前期）
　　1）僧

56451 智明 ·············· P.tib1261v⑦
　〔諸寺僧尼支給穀物曆〕（9C前期）
　　1）僧

56452 智明 ·············· S02729①
　〔燉煌應管勘牌子曆〕 辰年三月（788）
　　1）僧　2）普光寺　3）沙州　4）俗姓「王」。38行目。午年11月18日死。

56453 智明 ·············· S04852v
　〔付諸僧給麵蘇曆〕（9C末～10C初）
　　2）永安寺

56454 智明 ·············· S11512
　〔勘經人名目〕（9C）

56455 智明 ·············· S11513
　〔寫經人名目〕（9C）

56456 智用 ·············· S02729①
　〔燉煌應管勘牌子曆〕 辰年三月（788）
　　1）僧　2）靈修寺　3）沙州　4）俗姓「張」。28行目。

56457 智邑 ·············· S02614v
　〔燉煌應管諸寺僧尼名錄〕（895）
　　2）開元寺

56458 智理 ·············· Дх11085
　〔當寺轉帖〕 壬申年七月（972）

56459 智力 ·············· P2250v③
　〔開元寺僧唱布曆〕（925?）
　　2）開元寺

56460 智力 ·············· P2250v⑤
　〔金光明寺僧唱布曆〕（925?）
　　2）金光明寺

56461 智力 ·············· P3391v①
　〔社司轉帖（寫錄）〕 丁酉年正月日（937）

56462 智力 ·············· P4981
　〔當寺轉帖〕 閏三月十三日（961）

56463 智力 ·············· S05486①
　〔諸寺僧尼付油麵曆〕（10C中期）
　　1）僧　2）開元寺

56464 智良 ·············· P2689
　〔寺僧唱得物支給曆〕（9C前期）

56465 智林 ·············· P3060
　〔諸寺諸色付經僧尼曆〕（9C前期）
　　1）僧尼　4）經典名「般若經卷24」。

56466 智?林? ·············· P3060
　〔諸寺諸色付經僧尼曆〕（9C前期）
　　4）俗姓「郭」。經典名：「般若經卷57」。

56467 智林 ·············· P3305piece3
　〔錄事帖（社司?轉帖）〕 咸通九年十一月十八日（868）

56468 智林 ·············· P3337
　〔諸寺付經曆〕（9C前期）
　　2）靈修寺

56469 智林 ·············· P4611
　〔諸寺付經曆〕（9C末～10C初）
　　2）靈圖寺

56470 智林 ·············· P.tib1261v④
　〔諸寺僧尼支給穀物曆〕（9C前期）
　　1）尼

56471 智林 ·············· S02729①
　〔燉煌應管勘牌子曆〕 辰年三月（788）
　　1）僧　2）大乘寺　3）沙州・潘原堡郭　4）俗姓「郭」。52行目。

56472 智朗 ·············· P.tib1261v⑥
　〔諸寺僧尼支給穀物曆〕（9C前期）
　　1）僧

56473 智朗 ·············· P.tib1261v⑦
　〔諸寺僧尼支給穀物曆〕（9C前期）
　　1）僧

56474 智朗 ·············· P.tib1261v⑨
　〔諸寺僧尼支給穀物曆〕（9C前期）
　　1）僧

56475 智朗 ·················· P.tib1261v⑩
〔諸寺僧尼支給穀物曆〕 (9C前期)
　　1)僧

56476 智朗 ·················· P.tib1261v⑪
〔諸寺僧尼支給穀物曆〕 (9C前期)
　　1)僧

56477 智浪 ······················· P3730④
〔狀〕 酉年正月 (829)
　　1)徒眾　2)金光明寺

56478 智亻 ······················· S04429
〔五台山讚文(末)〕 戊辰年六月四日 (848 or 908)
　　1)僧　2)蓮臺寺

56479 智□ ············· BD09711v(坐32)
〔比丘發露錄〕 (9C前期～後期)

56480 智□ ······················ P3730v
〔諸寺僧下麥麥碩斗支破曆〕 (9C前期)
　　2)報恩寺

56481 智□ ····················· 莫第085窟
〔供養人題記〕 (10C前期)
　　1)師・尼　2)普光寺　4)原作「師…普光寺尼智
　　□」。東壁門南側。《燉》p. 30.《謝》p. 119。

56482 癡面 ············· Дx01432＋Дx03110
〔地子倉麥曆〕 (10C)

56483 知恩 ··············· BD08172v(乃72)
〔社司轉帖(習書・殘)〕 癸未年頃 (923頃?)

56484 知恩 ··················· 杏・羽694②
〔報恩寺所管僧名目〕 (9C前期)
　　2)報恩寺　4)僧右傍有朱點, 朱字。

56485 知球 ······················· EO1141
〔寶勝如來一軀(意爲己弟知球三七齋畫造慶
讚供養)〕 (9C後期)

56486 知曉 ············· BD16376(L4452)
〔釋門僧正賜紫道眞等稿〕 八月 (9～10C)

56487 知忻 ······················ P4640①
〔大蕃故燉煌郡莫高窟陰處士公修功德記〕
歲次己未年四月壬子朔十五日丙寅 (839?)
　　1)僧　3)燉煌郡　4)⇒陰知忻。

56488 知眞 ···················· P4958piece3
〔當寺轉帖(殘)〕 (10C前期)

56489 知眞 ············· Дx02449＋Дx05176
〔(時年)轉帖〕 十一月十九日 (10C前期)
　　2)大乘寺　4)原作「乘知眞」。

56490 知德 ······················ P3391v①
〔社司轉帖(寫錄)〕 丁酉年正月日 (937)

56491 知法 ······················ 北大D215
〔見在僧名〕 廿六日 (10C後期)

56492 致宗 ······················· 濱田074
〔佛說護國經〕 大宋咸平二年十一月 (999)
　　1)賜紫沙門

56493 築𡨜 ····················· 莫第098窟
〔供養人題記〕 (10C中期)
　　1)釋門法律臨壇供奉大德沙門　4)南壁。《燉》
　　p. 39.《謝》p. 91。

56494 丑陰 ························ P3037
〔社司轉帖〕 庚寅年正月三日 (990)
　　2)大悲寺門前

56495 丑延 ······················· P2483v
〔雜寫〕 己卯年四月十七日 (979)
　　2)永安寺　4)原作「永安寺…自手書記」。

56496 丑憨 ························ P4987
〔兄弟社轉帖〕 戊子年七月 (988)

56497 丑胡女 ······················ P3379
〔社錄事陰保山等牒(團保文書)〕 顯德五年二
月 (958)
　　1)(安丑胡)女　4)有指押印。

56498 丑子 ······················ S04445③
〔便契〕 己丑年十一月 (989?)
　　1)口承男

56499 丑子 ······················· S05039
〔某寺諸色破曆〕 (10C後期)
　　4)原作「丑子店」。

56500 丑子 ······················· Дx06016
〔(兄)弟社轉帖〕 (10C)
　　1)押衙

56501 丑子阿師子 ·················· P2944
〔大乘寺・聖光寺等尼僧名錄〕 (10C後期?)
　　2)大乘寺

56502 丑兒 ·················· BD01866v(秋66)
　〔兄丑兒左右缺鬪他人名目〕　□年八月十三
　日　(9～10C)
　　4)原作「兄丑兒」。

56503 丑兒 ·························· BD16562
　〔兄丑達左右決缺他人名目〕　卯年八月十三
　日　(9～10C)
　　1)兄

56504 丑兒 ···························· P4981
　〔當寺轉帖〕　閏三月十三日　(961)

56505 丑兒 ···························· S03189
　〔轉經文〕　癸未年十月一日　(983)
　　1)法律

56506 丑兒 ···························· S06307
　〔管內都僧正轉帖〕　九月一日　(10C後期)

56507 丑兒 ··························· Дx11194
　〔便麥曆〕　戊午年　(958)

56508 丑成 ··························· S06452④
　〔常住庫借貸油麵物曆〕　壬午年　(982?)
　　1)僧　2)淨土寺

56509 丑撻 ···················· BD03925(生25)
　〔賣地契〕　開寶八年丙子三月一日　(975)
　　4)⇒(鄭)丑撻。

56510 丑撻 ··························· P2633v
　〔雜記〕　癸未年頃　(923 or 983)

56511 丑撻 ··························· P4525⑩
　〔官府酒破曆〕　辛巳年　(981)

56512 丑撻 ···························· P4907
　〔淨土寺?覩破曆〕　辛卯年三月二日　(931?)
　　1)都頭　2)淨土寺　4)原作「丑撻都頭」。

56513 丑撻 ···························· S01946
　〔賣女契〕　淳化二年辛卯十一月十二日　(991)
　　1)知見・僧　2)報恩寺

56514 丑撻 ··························· S04657②
　〔破曆〕　(970～990年代)
　　4)原作「粟壹碩肆㪷付丑撻酒本用」。

56515 丑撻 ······· Stein ch74.VI.30.calumn19.
　Vol.56.fol.37
　〔報恩寺般若經用付紙曆(寫)〕　(10C後期)

56516 丑撻 ··························· Дx05534
　〔禮佛見到僧等人名目〕　廿日夜　(10C)

56517 丑撻 ···························· 北大D215
　〔見在僧名〕　廿六日　(10C後期)
　　1)沙彌

56518 丑撻都頭 ······················ P3942
　〔某家榮親客目〕　(10C?)
　　1)都頭　4)原作「丑撻都頭娘子」。

56519 丑撻都頭娘子 ················ P3942
　〔某家榮親客目〕　(10C?)
　　4)原作「丑撻都頭娘子」。

56520 丑撻 ··························· S06452③
　〔破曆〕　壬午年　(982?)
　　2)淨土寺

56521 丑定 ··························· Дx05534
　〔禮佛見到僧等人名目〕　廿日夜　(10C)

56522 丑奴 ·················· BD14806v(新1006)
　〔義進押衙身故祭盤人名目〕　戊寅年二月十九
　日　(978)

56523 丑奴 ··························· P3319v②
　〔社司轉帖(殘)〕　(10C)
　　1)正進

56524 丑奴 ···························· P4987
　〔兄弟社轉帖〕　戊子年七月　(988)
　　1)都頭

56525 丑奴 ··························· S05406
　〔僧正法律徒衆轉帖〕　辛卯年四月十四日
　(991)

56526 丑奴 ··························· S11442
　〔人名目〕　(10C)
　　1)寺主　4)原作「寺主丑奴」。

56527 丑奴 ··························· Дx05534
　〔禮佛見到僧等人名目〕　廿日夜　(10C)

56528 丑□ ················· BD16281cv(L4123)
　〔某寺社司轉帖〕　(9～10C)

56529 忠暉 ··················· BD07286(帝86)
　〔比丘發露錄〕　(9C前期)

56530 忠賢 ……………………… P3476
〔曆書(寫)〕 (9C末)
　　4)原作「忠賢校了」。

56531 忠賢 ……………………… 莫第121窟
〔供養人題記〕 (10C前期)
　　4)原作「故伯父忠賢供養」。《燉》p.56。⇒(賈)忠賢。

56532 忠崇 ……………………… P4810v②
〔爲亡妣請僧疏〕 (9C前期)
　　2)金光明寺

56533 忠貞 ……………… BD14667v⑤(新0867)
〔進奉書狀〕 乾寧伍年戊午歲 (898)

56534 注興 ……………………… S04706
〔什物交割曆〕 (10C後期)
　　1)寺主

56535 虫兒 ……………………… S08426A
〔使府酒破曆〕 (10C中～後期)

56536 虫兒 ……………………… S08426B
〔使府酒破曆〕 (10C中～後期)

56537 毛兒 ……………………… S08426B
〔使府酒破曆〕 (10C中～後期)

56538 毛兒 ……………………… S08426D①
〔使府酒破曆〕 (10C中～後期)

56539 寵娘 ……………………… S00542v
〔燉煌諸寺丁壯車牛役部〕 戌年六月十八日 (818)
　　2)蓮臺寺

56540 寵々 ……………………… P2912v③
〔寫大般若經一部施銀盤子麥粟粉疏〕 四月八日 (9C前期)

56541 徵常 ……………………… S04332v
〔便麥訴訟書(稿)〕 己卯年十一月廿二日 (979)

56542 徵常 ……………………… S04332v
〔便麥訴訟書(稿)〕 壬午年三月卅日 (982)

56543 澄晏 ……………………… P.tib1261v⑦
〔諸寺僧尼支給穀物曆〕 (9C前期)
　　1)僧

56544 澄晏 ……………………… P.tib1261v⑧
〔諸寺僧尼支給穀物曆〕 (9C前期)
　　1)僧

56545 澄照 ……………………… S02729①
〔燉煌應管勘牌子曆〕 辰年三月 (788)
　　1)僧 2)普光寺 3)沙州 4)俗姓「孟」。39行目。

56546 澄淨 ……………………… Φ181①
〔菩薩戒弟子法進於眞定府大悲寺比丘僧澄淨師受戒文〕 太平興國六年十一月二十一日 (981)
　　1)比丘 2)大悲寺 3)眞定府 4)原作「眞定府大悲寺比丘僧澄淨」。

56547 澄清 ……………………… S02729①
〔燉煌應管勘牌子曆〕 辰年三月 (788)
　　1)僧 3)沙州・潘原堡 4)俗姓「李」。52行目。

56548 澄寂 ……………………… S02729①
〔燉煌應管勘牌子曆〕 辰年三月 (788)
　　1)僧 2)龍興寺 3)沙州 4)俗姓「王」。4行目。

56549 澄法 ……………………… P3047v①
〔僧名等錄〕 (9C前期)
　　4)俗姓「郭」。

56550 澄法 ……………………… P3047v⑧
〔王都督牓合城僧徒名錄〕 (9C前期)

56551 澄?曜 ……………………… P3060
〔諸寺諸色付經僧尼曆〕 (9C前期)
　　1)僧尼 4)經典名「寶積經卷2」。

56552 澄蘭 ……………………… P.tib1261v⑧
〔諸寺僧尼支給穀物曆〕 (9C前期)
　　1)僧

56553 澄蘭 ……………………… P.tib1261v⑨
〔諸寺僧尼支給穀物曆〕 (9C前期)
　　1)僧

56554 聽子 ……………………… Дx02149B
〔見納缺柴人名目〕 (10C)

56555 聽進 ……………………… S02614v
〔燉煌應管諸寺僧尼名錄〕 (895)
　　2)乾元寺

56556 朝〻 ……………………… S00542v
〔燉煌諸寺丁壯車牛役部〕 戌年六月十八日
(818)
　2)金光明寺　4)原作「安朝〻妻安」。

56557 朝定 ……………………… S08426D①
〔使府酒破曆〕 (10C中～後期)

56558 朝定 ……………………… S08426D②
〔使府酒破曆〕 (10C中～後期)

56559 朝定 ……………………… S08426E①
〔使府酒破曆〕 (10C中～後期)

56560 朝定 ……………………… S08426E②
〔使府酒破曆〕 (10C中～後期)

56561 朝闐 ……………………… S10644
〔朝闐家文書〕 己卯年六月 (979)

56562 朝奴 ……………………… S03074v
〔某寺破曆〕 十二月九日 (9C前期)

56563 調□ ……………………… BD16536
〔渠人文書殘片〕 (9～10C)

56564 超岸 ……………………… P3060
〔諸寺諸色付經僧尼曆〕 (9C前期)
　1)僧尼　4)經典名「寶積經卷2」。

56565 超岸 ……………………… P3205
〔僧俗人寫經曆〕 (9C前期)

56566 超岸 ……………………… S02711
〔寫經人名目〕 (9C前期)
　1)寫經人　2)金光明寺

56567 超岸 ……………………… S04831②
〔寫經人名目〕 (9C前期)
　1)寫經人

56568 超岸 ……………………… S06028
〔寫經人名目〕 (8C末～9C前期)
　1)寫經人

56569 超岸 ……………………… S07945
〔僧俗寫經分團人名目〕 (823以降)

56570 超悟 ……………………… P3619①
〔王都督燉合城僧徒名錄〕 (9C)

56571 超悟 ……………………… S02729①
〔燉煌應管勘牌子曆〕 辰年三月 (788)
　1)僧　2)靈修寺　3)沙州　4)俗姓「朱」。36行目。

56572 超淨 ……………………… S02614v
〔燉煌應管諸寺僧尼名錄〕 (895)
　2)大雲寺

56573 超淨 ……………………… S06540
〔大般若波羅蜜多經卷第201〕 (9C)

56574 超淨 ……………………… 杏・羽064
〔舍主李山〻賣舍屋契〕 (9C中期)

56575 超眞 ……………………… P3047v①
〔僧名等錄〕 (9C前期)

56576 超進 ……………………… P3047v①
〔僧名等錄〕 (9C前期)
　4)⇒衞超進。

56577 超進 ……………………… P3047v⑤
〔取麥等曆〕 辰年七月十一日 (9C前期)

56578 超進 ……………………… P3047v⑧
〔王都督燉合城僧徒名錄〕 (9C前期)

56579 超寂 ……………………… S00476A
〔諸寺付經僧尼曆〕 (9C前期)
　2)開元寺

56580 超寂 ……………………… S00476B
〔諸寺付經僧尼曆〕 (9C前期)
　1)僧　2)開元寺

56581 超寂 ……………………… 濱田115v
〔付經曆〕 午年 (814 or 826)
　2)報恩寺

56582 超藏 ……………………… BD03829(金29)
〔大般若波羅蜜多經卷第270(尾紙末2行有題記)〕 (9C)
　1)第二(校)　4)原作「第二超藏校。/唐文英」。

56583 超藏 ……………………… BD14161(新0361)
〔大般若波羅蜜多經卷第312〕 (8～9C)
　4)原作「超藏第二校」。原爲日本大谷探檢隊所得。卷首背貼紙簽類別8，番號367，わ7。

56584 超藏 ……………………… P.tib1261v⑧
〔諸寺僧尼支給穀物曆〕 (9C前期)
　1)僧

56585 超〻 ‥‥‥‥‥‥‥‥‥ 北京萃文齋
〔河西支度營田使戶口給穀簿〕（8C後期）
1)(吳庭光)奴　4)原作「(戶吳庭光冊九)奴超〻六」。

56586 沼藏 ‥‥‥‥‥‥‥‥‥‥‥ S00444
〔大般若波羅蜜多經卷第203〕（9C）
1)第一校

56587 長意 ‥‥‥‥‥‥‥‥‥‥‥ P2944
〔大乘寺・聖光寺等尼僧名錄〕（10C後期?）
2)大乘寺

56588 長員 ‥‥‥‥‥‥‥‥‥‥‥ P4907
〔淨土寺?僦破曆〕 庚寅年九月 （930?）

56589 長員 ‥‥‥‥‥‥‥‥‥‥‥ P4907
〔淨土寺?僦破曆〕 辛卯年七月(閏二月)（931?）

56590 長員 ‥‥‥‥‥‥‥‥‥‥‥ S05406
〔僧正法律徒眾轉帖〕 辛卯年四月十四日（991）

56591 長盈 ‥‥‥‥‥‥‥‥‥‥‥ S06066
〔社司轉帖〕 壬辰年四月廿二日（992）
1)闍梨

56592 長盈 ‥‥‥‥‥‥‥‥‥‥‥ S11442
〔人名目〕（10C）

56593 長盈 ‥‥‥‥‥‥‥‥‥‥ 北大D215
〔見在僧名〕 廿六日 （10C後期）
1)沙彌

56594 長延 ‥‥‥‥‥‥‥‥‥‥ 莫第427窟
〔供養人題記〕 宋乾德八年頃 （970頃）
1)弟　4)中心塔柱南向面。《燉》p.159。⇒(王)長延。⇒長近。(王)長近。

56595 長應 ‥‥‥‥‥‥‥‥‥‥ 莫第061窟
〔供養人題記〕（10C末期）
1)姨甥　4)原作「姨甥小娘子長應一心供養」。北壁。《燉》p.25。

56596 長會 ‥‥‥‥‥‥‥‥‥‥‥ P2944
〔大乘寺・聖光寺等尼僧名錄〕（10C後期?）
2)大乘寺

56597 長會 ‥‥‥‥‥‥‥‥‥‥‥ S04362
〔肅州都頭宋富忪狀〕 三月 （10C末）

56598 長會 ‥‥‥‥‥‥‥‥‥‥‥ S04644v
〔僧名錄(2行雜寫)〕（10C後期）

56599 長會 ‥‥‥‥‥‥‥‥‥‥‥ Дх01320
〔麵等付曆〕（10C後期）

56600 長喜 ‥‥‥‥‥‥‥‥‥‥‥ P2944
〔大乘寺・聖光寺等尼僧名錄〕（10C後期?）
2)大乘寺

56601 長喜 ‥‥‥‥‥‥‥‥‥‥ 莫第061窟
〔供養人題記〕（10C末期）
1)姨甥　4)原作「姨甥小娘子長喜一心供養」。南壁。《燉》p.23。

56602 長近 ‥‥‥‥‥‥‥‥‥‥ 莫第427窟
〔供養人題記〕 宋乾德八年頃 （970頃）
1)弟　4)中心塔柱南向面。《Pn》作「弟?長延一心供養」。⇒長延。⇒(王)長延。(王)長近。

56603 長慶 ‥‥‥‥‥‥‥‥‥‥‥ S04660
〔兄弟社轉帖〕 戊子年六月廿六日 （988）
1)都頭　2)於燉煌蘭喏門　4)原作「長慶都頭」。

56604 長慶 ‥‥‥‥‥‥‥‥‥‥‥ S04660v
〔社人缺色物曆〕 戊子年六月廿六日 （988）
1)都頭　4)原作「長慶都頭」。

56605 長殘 ‥‥‥‥‥‥‥‥‥‥‥ P3942
〔某家榮親客目〕（10C?）
1)都頭　4)原作「長殘都頭小娘子」。

56606 長殘都頭 ‥‥‥‥‥‥‥‥‥ P3942
〔某家榮親客目〕（10C?）
4)原作「長殘都頭小娘子」。

56607 長殘都頭小娘子 ‥‥‥‥‥‥ P3942
〔某家榮親客目〕（10C?）
4)原作「長殘都頭小娘子」。

56608 長子 ‥‥‥‥‥‥‥‥‥‥‥ Дх11085
〔當寺轉帖〕 壬申年七月 （972）

56609 長支 ‥‥‥‥‥‥‥‥‥‥‥ P2944
〔大乘寺・聖光寺等尼僧名錄〕（10C後期?）

56610 長巡 ‥‥‥‥‥‥‥‥ BD05883v②（菜83）
〔雜記〕 庚寅年五月七日頃 （930頃?）

56611 長勝 ‥‥‥‥‥‥‥‥‥‥‥ P2944
〔大乘寺・聖光寺等尼僧名錄〕（10C後期）
2)大乘寺　4)俗姓「張」。

56612 長勝 ･････････････････ Дx01427
　〔官役沽酒粟破曆〕 癸亥年四月六日　(963)
　　1)常樂僧

56613 長勝 ･････････････････ 莫第061窟
　〔供養人題記〕 (10C末期)
　　1)甥甥　4)原作「甥甥小娘子長勝一心供養」。南壁。《燉》p.23。

56614 長勝 ･････････････････ 楡第35窟
　〔供養人題記〕 (10C末期)
　　1)比丘尼　2)聖光寺　4)原作「□□聖光寺比丘尼長勝一心供養」。東壁。

56615 長勝阿娘 ････････ BD07630②(皇30)
　〔出酥人曆〕 丙子年八月廿四日　(856 or 916)

56616 長千 ･････････････････ P4975r.v
　〔沈家納贈曆〕 辛未年三月八日　(971)

56617 長千 ･････････････････ P5014v
　〔書簡〕 (10C後期)

56618 長千 ･････････････････ S04445①
　〔便契〕 己丑年十一月　(989?)
　　1)僧　2)永安寺

56619 長千 ･････････････････ Дx05534
　〔禮佛見到僧等人名目〕 廿日夜　(10C)

56620 長千 ･････････････････ Ф322b
　〔雜寫(人名2人)〕 (10C後期)
　　4)原作「爲友昌･長千」。Ф322A爲願文(10C)。

56621 長千 ･････････････････ 莫第427窟
　〔供養人題記〕 宋乾德八年頃　(970頃)
　　1)男　4)前室南壁。《燉》p.155。⇒(王?)長千。

56622 長遷 ･････････････････ S04644v
　〔僧名錄(2行雜寫)〕 (10C後期)

56623 長太 ･････････････････ P2944
　〔大乘寺･聖光寺等尼僧名錄〕 (10C後期?)
　　2)大乘寺

56624 長泰 ････････････ BD15249v③(新1449)
　〔某家榮親客目〕 (10C後期)
　　4)原作「吳清奴及長泰八娘子」。

56625 長泰 ･････････････････ P2944
　〔大乘寺･聖光寺等尼僧名錄〕 (10C後期?)
　　4)原作「弥長泰羅家女」。

56626 長泰 ･････････････････ 莫第061窟
　〔供養人題記〕 (10C末期)
　　1)甥甥　4)原作「甥甥小娘子長泰一心供養出適翟氏」。北壁。《燉》p.25。

56627 長德 ･････････････････ P3396v
　〔沙州諸渠別苿薗名目〕 (10C後期)
　　1)闍梨　2)報恩寺

56628 長德 ･････････････････ S04609v
　〔付銀椀人名目〕 太平興國九年頃　(984)
　　1)銀椀人　4)R面有「大平興國六年(981)」之紀年。

56629 長富 ･････････････････ P2944
　〔大乘寺･聖光寺等尼僧名錄〕 (10C後期?)
　　2)大乘寺

56630 長富 ･････････････････ 莫第320窟
　〔供養人題記〕 (10C前期)
　　1)當宅妮子　4)原作「當宅妮子長富供養」。北壁。《燉》p.130。

56631 長佑師兄 ･･････ BD10661v(L0790)
　〔雜寫〕 (9～10C)
　　1)師兄

56632 長友 ･････････････････ S04660
　〔兄弟社轉帖〕 戊子年六月廿六日　(988)
　　1)押衙　2)於燉煌蘭喏門

56633 長友 ･････････････････ S06452⑦
　〔便粟曆〕 壬午年　(982)
　　2)淨土寺

56634 長友 ･････････････････ 北大D215
　〔見在僧名〕 廿六日　(10C後期)

56635 長友師兄 ･･････ BD10661(L0790)
　〔書簡稿〕 (9～10C)
　　1)師兄

56636 長友師兄 ･･････ BD10661v(L0790)
　〔雜寫〕 (9～10C)
　　1)師兄

56637 長祐 ･････････････････ 楡第35窟
　〔供養人題記〕 (10C末期)
　　1)清信弟子　4)北壁。

56638 長祐 ･････････････････ 楡第35窟
　〔供養人題記〕 (10C末期)
　　1)清信弟子新婦　4)北壁。

56639 長連 ･････････････････････ S08353
　〔官衙麵油破曆〕　(10C)

56640 頂護 ･････････････････････ S05060
　〔救諸衆生苦難經・新菩薩經(末)〕　(10C)
　　1)僧　2)永安寺

56641 鳥子 ･････････････････････ P3779v②
　〔徒衆轉帖〕　乙酉年四月廿七日　(985?)
　　2)乾元寺

56642 直行 ･････････････････････ P3619①
　〔王都督儭合城僧徒名錄〕　(9C)

56643 鎭國 ･････････････････････ P.tib1261v③
　〔諸寺僧尼支給穀物曆〕　(9C前期)
　　1)僧

56644 鎭國 ･････････････････････ P.tib1261v⑥
　〔諸寺僧尼支給穀物曆〕　(9C前期)
　　1)僧

56645 鎭國 ･････････････････････ S10746Av
　〔僧人轉帖〕　(9C)
　　4)R面爲「漢蕃對譯「瑜伽師地論」語彙表」。

[つ]

56646 通 ･････････････････････ P.tib1261v③
　〔諸寺僧尼支給穀物曆〕　(9C前期)

56647 通 ･････････････････････ P.tib1261v⑩
　〔諸寺僧尼支給穀物曆〕　(9C前期)

56648 通阿娘 ･････････････････ S08443B2
　〔李闍梨出便黃麻曆〕　乙巳年二月一日
　(945?)

56649 通盈 ･････････････････････ Дx01302
　〔付粳米華豆曆〕　(10C)

56650 通願 ･････････････････････ P3779v②
　〔徒衆轉帖〕　乙酉年四月廿七日　(985?)
　　2)乾元寺

56651 通子 ･････････････････････ P2032v⑦
　〔淨土寺西倉豆破曆〕　(940前後)
　　2)淨土寺

56652 通子 ･････････････････････ P2032v⑳-4
　〔淨土寺麵黃麻豆布等破曆〕　(940前後)
　　2)淨土寺

56653 通兒 ･････････････････････ S08426C
　〔使府酒破曆〕　(10C中～後期)

56654 通兒 ･･････････ Дx01269＋Дx02155＋
　　　　　　　　　　Дx02156
　〔某弟身故納贈曆〕　(9C)

56655 通昭 ･････････････････････ P4525v②
　〔將兌紙人目〕　(980頃)

56656 通照 ･････････････････････ P3660v②
　〔普光寺等尼衆名錄〕　戌年十一月　(9C)
　　2)普光寺

56657 通信 ･････････････････････ BD05870v①(菜70)
　〔信狀〕　(9～10C)
　　4)原作「□義信神達兄通信之□…□」。

56658 通信 ･････････････････････ P3706v
　〔雜寫〕　(10C後期)
　　4)R面爲「大佛名懺悔文」(10C中期)。

56659 通信 ･････････････････････ S06005
　〔立社條約〕　(10C前期以降)

56660 通達 ……………………… P2629
〔官破曆〕 八月十四日 （10C中期）

56661 通達 ……………………… P2641
〔宴設司文書〕 丁未年六月 （947）

56662 通達 ……………………… S06981⑭
〔破曆（殘）〕 （10C後期）

56663 通達 ……………………… 莫第387窟
〔供養人題記〕 清泰元年頃 （936頃）
　1) 姪男　4) 南壁。《燉》p.148。⇒（康）通達。

56664 通〻 ……………………… P2641
〔宴設司文書〕 丁未年六月 （947）

56665 通定 ……………………… P2629
〔官破曆〕 七月廿一日 （10C中期）
　4) 原作「通定群」。

56666 通定 ……………………… P2629
〔官破曆〕 七月八日 （10C中期）
　4) 原作「通定群」。

56667 通程 ……………………… 杏・羽694①
〔當寺應管主客僧牒〕 未年閏十月 （803）
　4) 文末有異一行「未年閏十月日，直歲圓滿牒」。

[て]

56668 定 ……………………… S04689＋S11293
〔功德司願德勘算斛㪷縑布等狀〕 顯德元年甲寅歲正月壹日 （954）
　1) 同監　4) 原作「同監定（自署）」。

56669 定安 ……………………… P2250v③
〔開元寺僧唱布曆〕 （925?）
　2) 開元寺

56670 定安 ……………………… P2250v⑤
〔金光明寺僧唱布曆〕 （925?）
　2) 金光明寺

56671 定安 ……………………… P2769
〔僧家（上座）設次着當寺沙彌帖〕 （10C前期）

56672 定安 ……………………… P3391v①
〔社司轉帖（寫錄）〕 丁酉年正月日 （937）

56673 定安 ……………………… P3555B piece1
〔當寺轉帖〕 （10C前期）

56674 定安 ……………………… P3556v⑦
〔道場思惟簿〕 （10C）
　1) 僧統　2) 永安寺

56675 定安闍梨 ……………………… P3388
〔節度使曹元忠爲故兄追念請金光明寺僧疏〕 開運四年三月九日 （946）
　1) 闍梨　2) 金光明寺

56676 定威 ……………………… P2250v④
〔永安寺僧唱布曆〕 （925?）
　2) 大乘寺

56677 定威 ……………………… P3556v⑦
〔道場思惟簿〕 （10C）

56678 定意 ……………………… P3556v⑦
〔道場思惟簿〕 （10C）

56679 定意 ……………………… S02669
〔管內尼寺（安國寺・大乘寺・聖光寺）籍〕 （865～870）
　2) 大乘寺　3) 平康鄉　4) 姓「陰」。俗名「勝〻」。

56680 定意 ……………………… S04444v②
〔燉煌大乘寺僧尼申告（稿）〕 （905）
　2) 大乘寺

56681 定意 ・・・・・・・・・・・・・・・・・・・ 北大D187
　〔翻,僧尼名〕　(9C後期～10C前期)
　　1)第一翻

56682 定員 ・・・・・・・・・・・・・・・・・・・ BD02858(調58)
　〔雜寫〕　(8～9C)

56683 定員 ・・・・・・・・・・・・・・・・・・・ S04687r.v
　〔佛會破曆〕　(9C末～10C前期)

56684 定員 ・・・・・・・・・・・・・・・・・・・ S05406
　〔僧正法律徒衆轉帖〕　辛卯年四月十四日
　(991)

56685 定員 ・・・・・・・・・・・・・・・・・・・ S06452
　〔破曆・便曆〕　辛巳年　(981)
　　1)押衙店(典)　2)淨土寺

56686 定園 ・・・・・・・・・・・・・・・・・・・ P3495
　〔法瑞點檢常住什物等分付後寺主狀〕　長興
　元年・辛卯歲正月　(930・931)

56687 定延 ・・・・・・・・・・・・・・・・・・・ 北大D215
　〔見在僧名〕　廿六日　(10C後期)
　　4)姓「吳」。

56688 定戒 ・・・・・・・・・・・・・・・・・・・ S02614v
　〔燉煌應管諸寺僧尼名錄〕　(895)
　　2)靈修寺

56689 定孝 ・・・・・・・・・・・・・・・・・・・ P3556v⑦
　〔道場思惟簿〕　(10C)

56690 定願 ・・・・・・・・・・・・・・・・・・・ P2769
　〔僧家(上座)設次着當寺沙彌帖〕　(10C前期)

56691 定願 ・・・・・・・・・・・・・・・・・・・ P3956piece1
　〔定願團付供帖社食飯曆(2行)〕　二月八日
　(10C?)
　　1)執倉司法律

56692 定空 ・・・・・・・・・・・・・・・・・・・ S02614v
　〔燉煌應管諸寺僧尼名錄〕　(895)
　　1)僧・尼

56693 定空 ・・・・・・・・・・・・・・・・・・・ Дx01398
　〔車頭人名目〕　(10C)
　　1)車頭

56694 定惠 ・・・・・・・・・・・・・・・・・・・ S02614v
　〔燉煌應管諸寺僧尼名錄〕　(895)
　　1)尼　2)靈修寺

56695 定惠 ・・・・・・・・・・・・・・・・・・・ S02669
　〔管內尼寺(安國寺・大乘寺・聖光寺)籍〕
　(865～870)
　　1)尼　2)大乘寺　3)平康鄉　4)姓「楊」。俗名
　　「女ゝ」。

56696 定惠 ・・・・・・・・・・・・・・・・・・・ S04444v②
　〔燉煌大乘寺僧尼申告(稿)〕　(905)
　　2)大乘寺

56697 定惠 ・・・・・・・・・・・・・・・・・・・ S05809
　〔沙門定惠讚〕　(9C末期)
　　1)禪師・沙門　2)大興善寺　4)原作「大興善寺
　　禪師沙門」。

56698 定惠智 ・・・・・・・・・・・・・・・・・ S02614v
　〔燉煌應管諸寺僧尼名錄〕　(895)
　　1)尼　2)大乘寺

56699 定惠智 ・・・・・・・・・・・・・・・・・ S02669
　〔管內尼寺(安國寺・大乘寺・聖光寺)籍〕
　(865～870)
　　2)大乘寺　3)神沙鄉　4)姓「翟」。俗名「蓮花」。

56700 定慧 ・・・・・・・・・・・・・・・・・・・ 天禧塔記
　〔隴右金石錄補〕　天禧三年乙未月二十七日
　(1019)
　　1)社老・龍興寺法律　2)龍興寺

56701 定堅 ・・・・・・・・・・・・・・・・・・・ S02669
　〔管內尼寺(安國寺・大乘寺・聖光寺)籍〕
　(865～870)
　　2)大乘寺　3)洪池鄉　4)姓「索」。俗名「優柔」。

56702 定堅 ・・・・・・・・・・・・・・・・・・・ S02669
　〔管內尼寺(安國寺・大乘寺・聖光寺)籍〕
　(865～870)
　　2)大乘寺　3)平康鄉　4)姓「氾」。俗名「閨ゝ」。

56703 定嚴 ・・・・・・・・・・・・・・・・・・・ S02614v
　〔燉煌應管諸寺僧尼名錄〕　(895)
　　2)報恩寺

56704 定嚴 ・・・・・・・・・・・・・・・・・・・ S02614v
　〔燉煌應管諸寺僧尼名錄〕　(895)
　　2)大乘寺

56705 定嚴 ・・・・・・・・・・・・・・・・・・・ S04444v②
　〔燉煌大乘寺僧尼申告(稿)〕　(905)
　　2)大乘寺

56706 定光 ････････････････････ S02614v
〔燉煌應管諸寺僧尼名錄〕 (895)

56707 定興 ････････････････････ P3240②
〔付帋歷〕 壬寅年七月十六日 (1002)
 1)法律 2)金光明寺

56708 定興 ････････････････････ P3272v
〔牧羊人兀寧狀〕 丙寅年正月 (966?)
 1)郎君

56709 定興 ････････････････････ P3319v②
〔社司轉帖(殘)〕 (10C)
 1)正進

56710 定興 ････････････････････ P3706v
〔雜寫〕 (10C後期)
 1)學童・師兄 4)R面爲「大佛名懺悔文」(10C中期)。

56711 定興 ････････････････････ P3859
〔報恩寺常住百姓老小孫息名目〕 丙申年十月十一日 (936?)

56712 定興 ････････････････････ P4981
〔當寺轉帖〕 閏三月十三日 (961)

56713 定興 ････････････････････ S02449
〔付帋歷〕 庚寅年頃? (930 or 990頃)
 1)僧

56714 定興 ････････････････････ S05691
〔令狐瘦兒妻亡納贈歷〕 丁亥年七月十二日 (987)
 1)僧

56715 定興郎君 ････････････････ S00528v
〔各鄉設齋負担控〕 (10C後期)

56716 定香 ･････････････ BD16052D(L4028)
〔僧名目〕 (10C)

56717 定香 ････････････････････ P3600v②
〔燉煌普光寺等尼名申告狀〕 戌年十一月 (9C前期)
 2)普光寺

56718 定香 ････････････････････ Дx02355
〔支給僧尼斛斗歷〕 (9C中期?)

56719 定國 ････････････････････ P2250v④
〔永安寺僧唱布歷〕 (925?)
 2)永安寺

56720 定最 ････････････････････ P3556v⑦
〔道場思惟簿〕 (10C)

56721 定子 ････････････････････ Дx11194
〔便麥歷〕 戊午年 (958)

56722 定子 ････････････････････ 莫第220窟
〔供養人題記〕 (10C前期)
 1)(翟奉達)亡孫 4)原作「亡孫定子一心供養」。甬道北壁。《燉》p.103。⇒(翟)定子。

56723 定子 ････････････････････ 楡第35窟
〔供養人題記〕 (10C末期)
 1)清信弟子大乘優婆姨 4)東壁。《謝》p.485。

56724 定志 ････････････････････ P3092v
〔誦經歷〕 (10C)

56725 定思 ････････････････････ S02669
〔管內尼寺(安國寺・大乘寺・聖光寺)籍〕 (865～870)
 2)大乘寺 3)平康鄉 4)姓「楊」。俗名「女〻」。

56726 定慈 ･･･････････････ BD06437v①(河37)
〔燉煌僧尼名〕 (9～10C)

56727 定住 ････････････････････ Дx11073
〔社司轉帖〕 正月五日 (975年代以降)

56728 定勝 ････････････････････ P2944
〔大乘寺・聖光寺等尼僧名錄〕 (10C後期?)
 2)大乘寺

56729 定昇 ････････････････････ S02575v⑤
〔普光寺道場司惠雲等狀〕 (929)

56730 定昌 ････････････････････ P2641
〔宴設司文書〕 丁未年六月 (947)

56731 定昌 ････････････････････ P3067
〔某寺常住什物點檢歷〕 (10C後期)

56732 定昌 ････････････････････ P3290①
〔計會簿〕 己亥年十二月二日 (999)

56733 定昌 ････････････････････ P3290②
〔宋沙州人戶別都受田申請計帳(寫錄)〕 至道元年乙未歲正月一日 (995)

56734 定昌 ････････････････････ P3412
〔安再勝等牒〕 太平興國六年十月 (981)
 1)沙彌

56735 定昌 ……………………… S00092v
　〔入暦〕　己卯年八月八日　(979?)

56736 定昌 ……………………… S04706
　〔什物交割暦〕（10C後期）

56737 定昌 ……………………… Дx01378
　〔當團轉帖〕（10C中期）

56738 定昌大歌 ……………… P3396v
　〔沙州諸渠別芤薗名目〕（10C後期）
　　3)北阜

56739 定昌都頭 …………………… P3942
　〔某家榮親客目〕（10C?）
　　1)都頭

56740 定昌都頭娘子 …………… P3942
　〔某家榮親客目〕（10C?）

56741 定照 ……………………… P.tib1261v⑪
　〔諸寺僧尼支給穀物暦〕（9C前期）
　　1)尼

56742 定祥 ……………………… P3556v③
　〔施入疏〕（10C）

56743 定娘 ……………………… S08426D①
　〔使府酒破暦〕（10C中～後期）

56744 定娘 ……………………… S08443B2
　〔李闍梨出便黃麻暦〕乙巳年二月一日
　(945?)

56745 定娘 ……………………… S08443C1
　〔李闍梨出便黃麻(麥)暦〕丁未年正月三日
　(947?)

56746 定心 ……………………… S02614v
　〔燉煌應管諸寺僧尼名錄〕（895）
　　1)尼　2)大乘寺

56747 定心 ……………………… S02669
　〔管內尼寺(安國寺・大乘寺・聖光寺)籍〕
　（865～870）
　　1)尼　2)大乘寺　3)平康鄉　4)俗姓「張」。俗名;「詔ゝ」。

56748 定心 ……………………… S04444v②
　〔燉煌大乘寺僧尼申告(稿)〕（905）
　　1)尼　2)大乘寺

56749 定深 ……………………… P2250v④
　〔永安寺僧唱布暦〕（925?）
　　2)永安寺

56750 定深 ……………………… P3161
　〔常住什物見在新附點檢暦〕（10C前期）

56751 定深 ……………………… S05486①
　〔諸寺僧尼付油麵暦〕（10C中期）
　　2)開元寺

56752 定眞 ……………………… BD16388A(L4460)＋
　　BD16388B(L4460)
　〔當寺轉帖〕（9～10C）

56753 定眞 ……………………… P.tib1261v⑨
　〔諸寺僧尼支給穀物暦〕（9C前期）
　　1)尼

56754 定眞 ……………………… S02614v
　〔燉煌應管諸寺僧尼名錄〕（895）
　　2)報恩寺

56755 定眞 ……………………… S02669
　〔管內尼寺(安國寺・大乘寺・聖光寺)籍〕
　（865～870）
　　2)大乘寺　3)慈惠鄉　4)姓「王」。俗名「君娘」。

56756 定眞 ……………………… S02699
　〔管內尼寺(安國寺・大乘寺・聖光寺)籍〕
　（865～870）
　　3)慈惠嚫　4)俗姓「王」。俗名「君娘」。

56757 定眞 ……………………… S03180v
　〔爲追念設供請僧疏〕（9C末頃）

56758 定眞 ……………………… S04444v②
　〔燉煌大乘寺僧尼申告(稿)〕（905）
　　2)大乘寺

56759 定眞 ……………………… S09512
　〔報恩寺常住什物見在暦〕（10C前期）
　　2)報恩寺

56760 定眞 ……………………… 莫第098窟
　〔供養人題記〕（10C中期）
　　1)釋門法律臨壇供奉大德沙門　4)南壁。《燉》
　p. 40.《謝》p. 91.

56761 定眞法律 ……………… BD16564B
　〔請僧疏(3行斷片)〕（9～10C）
　　1)法律

56762 定清 ·············· P4525⑩
〔官府酒破曆〕 辛巳年 (981)
　1)孔目

56763 定清 ·············· S05406
〔僧正法律徒衆轉帖〕 辛卯年四月十四日
(991)
　1)僧

56764 定清 ·············· Дx10272②
〔僧名目〕 (10C)

56765 定清 ·············· Дx10273
〔僧名目〕 (10C?)

56766 定千 ·············· P3942
〔某家榮親客目〕 (10C?)
　1)都頭

56767 定千 ·············· S00263v
〔雜寫(1行)〕 辛卯年六月七日 (931)
　1)師　4)R面爲「无相禮」及「大乘六根讚」(10C)。

56768 定千 ······· Stein ch74.Ⅵ.30.calumn19.
Vol.56.fol.37
〔報恩寺般若經用付紙曆(寫)〕 (10C後期)

56769 定千闍梨 ·············· S04211
〔寫經關係文書〕 壬辰年四月十一日 (932)
　1)寫經人

56770 定宗 ·············· P2250v⑤
〔金光明寺僧唱布曆〕 (925?)
　2)金光明寺

56771 定宗 ·············· P2769
〔僧家(上座)設次着當寺沙彌帖〕 (10C前期)

56772 定智 ·············· BD00535(荒35)
〔佛說無常經首二行別記〕 (10C中期頃)

56773 定智 ·············· P4958piece3
〔當寺轉帖(殘)〕 (10C前期)
　2)淨土寺

56774 定張 ·············· S04613
〔破曆〕 申酉年 (961)

56775 定長 ·············· BD05883v②(菜83)
〔雜記〕 庚寅年五月七日頃 (930頃?)

56776 定長 ·············· P5529⑪
〔兄弟轉帖〕 戊子年七月 (928)

56777 定奴 ·············· S04660
〔兄弟社轉帖〕 戊子年六月廿六日 (988)
　2)於燉煌蘭喏門

56778 定奴 ·············· S04660r.v
〔兄弟社轉帖〕 戊子年六月廿六日 (988)
　2)於燉煌蘭喏門前　4)本件有「於燉煌蘭喏門前」之字。

56779 定奴 ·············· S04660v
〔社人缺色物曆〕 戊子年六月十六日 (988)

56780 定奴 ·············· S07963v
〔公廨司出便物名目〕 後肆月十八日 (942)
　1)男

56781 定奴 ·············· Дx11085
〔當寺轉帖〕 壬申年七月 (972)

56782 定奴 ·············· Дx11098
〔兄弟分書〕 (10C後期)

56783 定得 ·············· S00728v
〔雜寫〕 五月五日 (10C中期)
　4)R面 爲「孝 經1卷」(丙申年(936)寫,庚子年(940)記)。

56784 定得 ·············· S03050v
〔雜寫〕 (10C)
　4)原作「竊以燉煌勝境,此人定得」。

56785 定德 ·············· P4987
〔兄弟社轉帖〕 戊子年七月 (988)

56786 定德 ·············· S06307
〔管內都僧正轉帖〕 九月一日 (10C後期)
　1)徒衆

56787 定德 ·············· 杏・羽699
〔報恩寺僧等行事役割〕 (9C?)

56788 定二 ·············· S00663v②
〔便曆〕 (10C)

56789 定忍 ·············· BD02126v⑧(藏26)
〔僧尼名目(2行10名)〕 (9C後期)

56790 定忍 ·············· P3753①
〔普光寺尼等牒并判辭〕 大順二年正月 (891)
　1)尼　2)普光寺

56791 定忍 …………………… S04444v②
〔燉煌大乘寺僧尼申告(稿)〕 (905)
　2)大乘寺

56792 定番 …………… BD06359v①(鹹59)
〔麵油䴵納贈曆〕 (9C前期)

56793 定祕 …………………… P3730④
〔狀〕 酉年正月 (829)
　1)徒衆　2)金光明寺　4)⇒玄祕。

56794 定富 …………………… S06452④
〔常住庫借貸油麵物曆〕 壬午年 (982?)

56795 定富 …………………… S06452④
〔常住庫借貸油麵物曆〕 壬午年正月四日
(982?)
　1)取麵人　2)淨土寺　4)原作「阿磨定富」。

56796 定富 …………………… S06981⑬
〔入麥曆〕 酉年 (10C中期)

56797 定保 …………………… P2250v④
〔永安寺僧唱布曆〕 (925?)
　2)永安寺

56798 定保 …………………… S01823v③
〔徒衆轉帖(殘)〕 (10C前期)

56799 定保 …………………… Дx06037
〔納贈曆〕 (10C)

56800 定滿 …………………… P3556v⑦
〔道場思惟簿〕 (10C)
　2)永安寺

56801 定妙 …………………… P2944
〔大乘寺・聖光寺等尼僧名錄〕 (10C後期?)
　2)大乘寺

56802 定明 …………………… S02614v
〔燉煌應管諸寺僧尼名錄〕 (895)
　2)安國寺

56803 定明 …………………… S02669
〔管內尼寺(安國寺・大乘寺・聖光寺)籍〕
(865～870)
　3)燉煌鄉　4)姓「王」。俗名「綿々」。

56804 定友氾郎 …………………… P3164
〔親情社轉帖〕 乙酉年十一月廿六日 (925?)

56805 定幽 …………………… P2250v④
〔永安寺僧唱布曆〕 (925?)
　2)永安寺

56806 定幽 …………………… P3288piece4
〔當寺轉帖〕 (10C前期)

56807 定幽 …………………… S01823v③
〔徒衆轉帖(殘)〕 (10C前期)

56808 定力 …………………… P2250v⑤
〔金光明寺僧唱布曆〕 (925?)
　2)金光明寺

56809 定連 …………………… P2944
〔大乘寺・聖光寺等尼僧名錄〕 (10C後期?)
　2)大乘寺

56810 庭蘭 …………… BD10773v①(L0902)
〔某寺入破曆殘〕 (9C)

56811 提意 …………………… S08197v
〔靈修寺尼菩提意上僧政狀〕 (9C)
　1)尼　2)靈修寺　4)⇒菩提意。

56812 䪨 …………………… P3047v③
〔諸僧尼送納三色香於乾元寺曆〕 (9C前期)
　2)乾元寺　4)⇒菩提。

56813 䪨 …………………… S02614v
〔燉煌應管諸寺僧尼名錄〕 (895)
　2)安國寺

56814 䪨果 …………………… S02614v
〔燉煌應管諸寺僧尼名錄〕 (895)
　2)靈修寺

56815 䪨花 …………………… P6007
〔油麵蘇粟等破曆〕 酉年三月十日 (9C)
　4)R面有「八月廿八日䪨花亡」之一文。

56816 䪨花 …………………… S02669
〔管內尼寺(安國寺・大乘寺・聖光寺)籍〕
(865～870)
　2)聖光寺　3)莫高鄉　4)姓「張」。俗名「蠻子」。

56817 䪨覺 …………………… S02669
〔管內尼寺(安國寺・大乘寺・聖光寺)籍〕
(865～870)
　2)安國寺　3)慈惠鄉

56818 遉願 ············ Дx01305＋Дx02154＋
　　　　Дx03026
　　〔僧等付絹等曆〕（9C前期）

56819 遉凝 ·························· S02614v
　　〔燉煌應管諸寺僧尼名錄〕（895）
　　　2)靈修寺

56820 遉惠 ··············· BD02126v②（藏26）
　　〔人名目（1行6名）〕（9C後期）

56821 遉惠 ·························· S02614v
　　〔燉煌應管諸寺僧尼名錄〕（895）
　　　2)安國寺

56822 遉惠 ·························· S02614v
　　〔燉煌應管諸寺僧尼名錄〕（895）
　　　2)大乘寺

56823 遉惠 ·························· S04444v②
　　〔燉煌大乘寺僧尼申告（稿）〕（905）
　　　2)大乘寺

56824 遉賢 ·························· S04444v②
　　〔燉煌大乘寺僧尼申告（稿）〕（905）
　　　2)大乘寺

56825 遉心 ···························· P3619①
　　〔王都督懺合城僧徒名錄〕（9C）

56826 遉心 ···························· P5000v
　　〔僧尼名目〕（9C前期）
　　　1)尼　2)靈修寺

56827 遉心 ·························· S02614v
　　〔燉煌應管諸寺僧尼名錄〕（895）
　　　2)靈修寺

56828 遉眞 ···························· P2944
　　〔大乘寺・聖光寺等尼僧名錄〕（10C後期?）
　　　2)大乘寺

56829 遉性 ·························· S01776①
　　〔某寺常住什物交割點檢曆〕　顯德五年戊午
　　　十一月十三日（958）
　　　1)都維那所由

56830 遉藏 ·························· S02614v
　　〔燉煌應管諸寺僧尼名錄〕（895）
　　　2)聖光寺

56831 遉藏 ·························· S02614v
　　〔燉煌應管諸寺僧尼名錄〕（895）
　　　2)大乘寺

56832 遉藏 ·························· S04192
　　〔僦支給曆〕　丑年（9C前期）

56833 遉藏 ·························· S04444v②
　　〔燉煌大乘寺僧尼申告（稿）〕（905）
　　　1)僧・尼　2)大乘寺

56834 遉智 ·························· S02669
　　〔管內尼寺（安國寺・大乘寺・聖光寺）籍〕
　　（865～870）
　　　2)（安國寺）

56835 遉定 ······························ P5568
　　〔諸寺付經曆〕（9C前期）
　　　2)普（光寺）

56836 遉明 ·························· S02614v
　　〔燉煌應管諸寺僧尼名錄〕（895）
　　　2)聖光寺

56837 貞秀 ······················· P.tib1261v②
　　〔諸寺僧尼支給穀物曆〕（9C前期）
　　　1)僧

56838 貞秀 ···························· S11425
　　〔諸寺僧尼給糧曆〕（9C前期）

56839 貞秀 ·························· S11425v
　　〔諸寺僧尼給糧曆〕（9C前期）

56840 貞秀 ···························· 濱田115v
　　〔付經僧曆〕　未年十一月（9C前期）
　　　2)永壽寺

56841 貞秀 ···························· 濱田115v
　　〔付經僧曆〕　未年正月十一日（9C前期）
　　　2)永壽寺

56842 貞順 ···························· P2912v③
　　〔寫大般若經一部施銀盤子麥粟粉疏〕　四月
　　　八日（9C前期）

56843 貞順 ·························· S00545v
　　〔永安寺僧名申告狀〕　戌年九月（9C前期）
　　　1)主客僧　2)永安寺

56844 貞湊 ···························· P3855
　　〔諸寺付經曆〕（9C初頭）
　　　2)龍興寺

56845 貞湊 …………………… P3947
〔龍興寺應轉經僧分兩蕃定名牒〕 亥年八月
(819 or 831)
　2)龍興寺

56846 貞湊 …………………… P.tib1261v②
〔諸寺僧尼支給穀物曆〕 (9C前期)
　1)闍梨

56847 貞湊炫 ………………… P2912v③
〔寫大般若經一部施銀盤子麥粟粉疏〕 四月
八日 (9C前期)

56848 貞談 …………………… 杏・羽694①
〔當寺應管主客僧牒〕 未年閏十月 (803)
　4)文末有異一行「未年閏十月日,直歲圓滿牒」。

56849 貞智 …………………… P2469v
〔破曆雜錄〕 戌年六月五日 (830?)

56850 狄寅 …………………… S01366
〔節度使府下迎甘州使及狄寅等細供麵油
曆〕 (980)

56851 狄銀 …………………… TAGI
〔天睦可汗譜系圖〕 (980～982頃)

56852 的盈律 ………………… P3699②
〔贊普永垂闍化齋文〕 (841 or 815)
　1)國大德和上

56853 哲 ……………………… P.tib1261v②
〔諸寺僧尼支給穀物曆〕 (9C前期)
　1)法師

56854 哲 ……………………… P.tib1261v⑦
〔諸寺僧尼支給穀物曆〕 (9C前期)
　1)法師

56855 哲 ……………………… P.tib1261v⑩
〔諸寺僧尼支給穀物曆〕 (9C前期)
　1)法師

56856 鐵子 …………………… S00173v①
〔雜寫〕 (10C)
　2)三界寺　4)原作「三界寺鐵子書記」。

56857 典倉 …………………… S00542v
〔燉煌諸寺丁壯車牛役部〕 戌年六月十八日
(818)
　1)團頭　2)金光明寺

56858 天賢 …………………… Дх11193
〔天賢報告書〕 (10C後期)

56859 天睦 …………………… S08444
〔唐內文思院迴賜文書〕 (9C末～10C初)
　1)可汗　3)回紇

56860 天養 …………………… S06233v①
〔破曆〕 (吐蕃期)

56861 天養 …………………… 有鄰館56
〔城下諸色碩斗牛等入破歷〕 自戌年至子年
(9C前期)

56862 天養 …………………… 寧樂美術館
〔破曆〕 戌年 (9C前期)

56863 天養麻子 ……………… S06233v①
〔吐蕃期某寺麥粟等分付曆〕 (9C前期)

56864 點心 …………………… S05039
〔某寺諸色破曆〕 (10C後期)
　1)埿匠

56865 傳登 …………………… S02729①
〔燉煌應管勘牌子歷〕 辰年三月 (788)
　1)僧　2)龍興寺　3)沙州　4)俗姓「馮」。6行目。

56866 田□□ ………………… S06998③
〔駝官馬善昌等請判憑狀及判〕 丙申年頃
(996)
　1)押衙知羊司

[と]

56867 吐渾 ……………… S06233
〔破曆〕 (吐蕃期)

56868 吐渾 ……………… 寧樂美術館
〔破曆〕 戊年 (9C前期?)

56869 吐渾阿師 ……………… S03074v
〔某寺破曆〕 八月一日 (9C前期)

56870 都講 ……………… P.tib1261v⑧
〔諸寺僧尼支給穀物曆〕 (9C前期)
　1)僧

56871 奴子 ……………… BD02126v⑦(藏26)
〔爲覺心妹函稿〕 (9C後期)

56872 奴子 ……………… P2162v
〔三將納丑年突田曆〕 (9C前期)
　3)東河

56873 奴子 ……………… S03905v
〔□奴子租田契〕 (10C中期)

56874 奴子 ……………… S04660
〔兄弟社轉帖〕 戊子年六月廿六日 (988)
　2)於燉煌蘭喏門

56875 奴子 ……………… S04660v
〔社人缺色物曆〕 戊子年六月廿六日 (988)

56876 奴子 ……………… S08426D②
〔使府酒破曆〕 (10C中～後期)

56877 奴子 ……………… Дx01409
〔辛胡兒典身契〕 貞明六年歲在庚辰十一月廿四日 (920)

56878 奴子 ……………… Дx05534
〔禮佛見到僧等人名目〕 廿日夜 (10C)

56879 奴子 ……………… Дx06090v
〔雜寫〕 丙戌年七月十日 (986)
　4)R面爲「敬禮常住三寶文」(10C)。

56880 帑 ……………… P.tib1261v⑤
〔諸寺僧尼支給穀物曆〕 (9C前期)
　1)寺主

56881 党順 ……………… P2162v
〔三將納丑年突田曆〕 (9C前期)

56882 東蘭 ……………… P3047v⑦
〔法事僧尼名錄〕 (9C前期)

56883 東來尼庄嚴 ……………… P3600v①
〔燉煌某寺尼名申告狀〕
　2)大乘寺

56884 濤社官 ……………… Дx02166
〔某社三官等麥粟破曆〕 (10C)
　1)社官

56885 等持 ……………… S02614v
〔燉煌應管諸寺僧尼名錄〕 (895)
　2)靈修寺

56886 等心 ……………… S01780
〔於沙州龍興寺受菩薩戒牒〕 元年建末月七日 (8C)
　2)龍興寺

56887 道旻 ……………… S05893
〔管內僧寺(報恩寺・淨土寺)籍〕 (865～875)
　3)玉關鄉

56888 道安 ……………… BD09383③(發4)
〔念佛讚文一本(尾)〕 長興三年壬辰歲六月五日 (932)
　1)法師　4)原作「道安法師念佛讚」。

56889 道安 ……………… P3190
〔道安法師念佛讚〕 (10C)

56890 道安 ……………… S02985
〔道安法師念佛讚〕 (10C)
　1)法師　4)V面爲「五台山曲子」(10C後期)。

56891 道安 ……………… S11348
〔門人道安上都僧統狀封〕 (10C)
　1)門人賜紫沙門

56892 道安 ……………… 莫第053窟
〔妙法蓮華經卷第4等題記〕 (10C前期)
　1)禪師沙門　4)原作「禪師道安」「禪師沙門道安記」等。前室西壁甬道南側。《燉》p.17。

56893 道威 ……………… Дx11079
〔莚席文書〕 (10C後期)

56894 道引 ·················· P2032v①-4
〔淨土寺粟入曆〕（944前後）

56895 道引 ·················· P2032v②
〔淨土寺惠安手下諸色入曆〕 甲辰年一日巳直歲 （944）

56896 道引 ·················· P2032v③
〔淨土寺諸色破曆〕（944前後）
　　2)淨土寺

56897 道引 ·················· P2032v⑪
〔淨土寺西倉司願勝等入破曆〕 乙巳年三月（945）
　　2)淨土寺

56898 道引 ·················· P2040v③-2
〔淨土寺西倉粟利入曆〕 己亥年 （939）
　　2)淨土寺

56899 道引 ·················· P2049v②
〔淨土寺諸色入破曆計會牒〕 長興二年正月
（930～931）

56900 道引 ·················· 浙燉168（浙博143）
〔諸寺僧名目〕（10C中期）
　　2)(淨)土(寺)

56901 道惲 ·················· P3491piece1
〔某寺設齋勾當名目〕（9C前期）

56902 道惲 ·················· S06829v
〔修造破曆〕 丙戌年 （806）

56903 道榮 ·················· S01973v①
〔社司轉帖（習書）〕（9C末）
　　2)永安寺 3)永安寺門前

56904 道盈 ·················· P2250v④
〔永安寺僧唱布曆〕（925?）
　　2)永安寺

56905 道盈 ·················· P3060
〔諸寺諸色付經僧尼曆〕（9C前期）
　　1)僧尼 4)經典名「正法念經卷1」。

56906 道盈 ·················· 杏・羽694①
〔當寺應管主客僧牒〕 未年閏十月 （803）
　　4)文末有異一行「未年閏十月日，直歲圓滿牒」。

56907 道英 ·················· BD02496v④（成96）
〔儭司唱得布支給歷〕（10C前期）
　　1)法律

56908 道英 ·················· P2569v
〔大乘稻竿經隨聽手鏡記他一點〕（9C前期?）
　　2)大雲寺 3)沙州

56909 道英 ·················· P.tib1261v⑤
〔諸寺僧尼支給穀物曆〕（9C前期）

56910 道英 ·················· P.tib1261v⑦
〔諸寺僧尼支給穀物曆〕（9C前期）

56911 道液 ·················· BD03924（生24）
〔淨明經關中抄卷上(首)〕（9C）

56912 道圓 ·················· P2250v④
〔永安寺僧唱布曆〕（925?）
　　2)永安寺

56913 道圓 ·················· P2893
〔報恩經卷第4〕（10C）
　　1)僧・僱人寫記

56914 道圓 ·················· P2893
〔僧性空與道圓雇人寫記〕（10C）
　　1)沙彌

56915 道圓 ·················· S06264
〔戒牒〕 天興十二年正月八日 （961）
　　1)授戒師左街內殿講經談論興教法律大師賜紫沙門

56916 道苑 ·················· P3730①
〔僧道苑牒〕 午年十二月 （838 or 826）
　　1)僧

56917 道苑 ·················· P.tib1261v⑥
〔諸寺僧尼支給穀物曆〕（9C前期）

56918 道苑 ·················· P.tib1261v⑨
〔諸寺僧尼支給穀物曆〕（9C前期）

56919 道苑 ·················· 濱田115v
〔付經僧曆〕 午年 （9C前期）
　　2)大雲寺

56920 道葂 ·················· P.tib1261v③
〔諸寺僧尼支給穀物曆〕（9C前期）

56921 道遠 ·················· BD06359v③（鹹59）
〔靈樹寺衆僧慈燈等爲節兒福田轉經疏〕
（未)年七月十日 （827）
　　1)僧

56922 道遠 ·················· P2469v
〔破曆雜錄〕 戌年六月五日 (830?)

56923 道遠 ·················· P2689
〔寺僧唱得物支給曆〕 (9C前期)

56924 道遠 ·················· P.tib1261v⑦
〔諸寺僧尼支給穀物曆〕 (9C前期)
　1) 僧

56925 道遠 ·················· P.tib1261v⑨
〔諸寺僧尼支給穀物曆〕 (9C前期)
　1) 僧

56926 道遠 ·················· S01475v⑩⑪
〔付僧惠眼便麥契〕 四月廿二日 (828~829)
　1) 見人

56927 道遠 ·················· S01475v⑬⑭
〔便契〕 三月六日 (828~829)
　1) 見人

56928 道應 ·················· BD00403(洪3)
〔略鈔1本(尾)〕 (9C)
　1) 比丘　4) 尾部有題記「比丘道應提(題)記」。

56929 道應 ·················· P3047v①
〔僧名等錄〕 (9C前期)
　4) 俗姓「王」。

56930 道應 ·················· P3047v③
〔諸僧尼送納三色香於乾元寺曆〕 (9C前期)
　2) 乾元寺

56931 道會 ·················· BD05308v(光8)
〔雜寫〕 (10C)
　1) 法律　4) 原作「道會法律」。俗姓, 宋。

56932 道會 ·················· P2049v①
〔淨土寺諸色入破曆計會牒〕 同光三年 (925)

56933 道會 ·················· P3234v①
〔應慶於願達手上入曆〕 (10C前期)

56934 道會 ·················· P3727v②
〔油破曆〕 (931)
　1) 徒衆　2) 淨土寺

56935 道會 ·················· P3727v②
〔狀〕 正月廿日 (10C中期)
　1) 表義釋門賜紫沙門

56936 道會 ·················· Дx06024
〔法願請道會爲和上道眞爲阿闍梨守志爲校授師(1行)〕 (10C)

56937 道會法律 ·················· BD03106v(騰6)
〔雜寫〕 天福拾年正月一日 (945)
　1) 法律　4) 原作「道會法律, 鄧僧政, 故僧政」又有「故和尚天福拾年正月一日燉煌」字。

56938 道萼 ·················· BD00018(地18)
〔維摩詰所說經卷中(尾)〕 (9C前期)

56939 道萼 ·················· P2912v③
〔寫大般若經一部施銀盤子麥粟粉疏〕 四月八日 (9C前期)

56940 道萼 ·················· S02991
〔維摩詰經卷第1(尾)〕 (9C前期)
　4) 原作「奉爲僧道萼寫經生王瀚」。

56941 道萼 ·················· S02992
〔維摩詰經卷第1〕 (9C前期)

56942 道萼 ·················· S06829v
〔修造破曆〕 丙戌年 (806)

56943 道寬 ·················· P2250v⑤
〔金光明寺僧唱布曆〕 (925?)
　2) 金光明寺

56944 道寬 ·················· P2769
〔僧家(上座)設次着當寺沙彌帖〕 (10C前期)

56945 道寬 ·················· P4981
〔當寺轉帖〕 閏三月十三日 (961)

56946 道幹 ·················· S00476Bv
〔諸寺付經僧尼曆〕 (9C前期)
　1) 僧　2) 大雲寺

56947 道岸 ·················· P2912v③
〔寫大般若經一部施銀盤子麥粟粉疏〕 四月八日 (9C前期)

56948 道岸 ·················· P3205
〔僧俗人寫經曆〕 (9C前期)

56949 道岸 ·················· P3250v
〔納贈曆〕 (9C後期)
　1) 闍梨

56950 道岸 ·················· S02228②
〔於諸家邊布麥粟酒分付曆〕 辰年,巳年五月
十四日 (825)
　　1)僧

56951 道岸 ·················· S02711
〔寫經人名目〕 (9C前期)
　　1)寫經人　2)金光明寺

56952 道岸 ·················· S04831r.v②
〔寫經人名目〕 (9C前期)
　　1)寫經人

56953 道岸 ·················· S07945
〔僧俗寫經分團人名目〕 (823以降)

56954 道岸 ·················· 莫第098窟
〔供養人題記〕 (10C中期)
　　1)釋門法律臨壇供奉大德沙門　4)南壁。《燉》
　　p.40。《謝》p.91。

56955 道巖 ·················· S02614v
〔燉煌應管諸寺僧尼名錄〕 (895)
　　2)龍興寺

56956 道疑 ·················· P3853
〔諸寺付經曆〕 (9C前期)
　　4)⇒道蓮。

56957 道義 ·················· P3138v
〔諸寺付經曆〕 (9C前期)

56958 道義 ·················· P3947v
〔大雲寺僧所有田籍簿〕 (9C前期)
　　1)僧・佃人　4)R面爲「亥年(819or831)八月龍興
　　寺應轉經僧分兩蕃定名牒」。

56959 道義 ·················· P.tib1261v⑤
〔諸寺僧尼支給穀物曆〕 (9C前期)
　　1)僧

56960 道義 ·················· P.tib1261v⑦
〔諸寺僧尼支給穀物曆〕 (9C前期)
　　1)僧

56961 道義 ·················· P.tib1261v⑨
〔諸寺僧尼支給穀物曆〕 (9C前期)
　　1)僧

56962 道義 ·················· S02228②
〔於諸家邊布麥粟酒分付曆〕 辰年,巳年五月 (825)
　　1)僧

56963 道義 ·················· Дx01330
〔(大雲寺)直歲曇空等當寺僧破除見在牒〕
申年三月日 (792 or 852 or 912)
　　2)大雲寺

56964 道義 ·················· 浙燉070(浙博045)
〔諸寺僧尼缺經請經帳目〕 (9C前期)
　　2)大雲(寺)

56965 道炭 ·················· BD07286(帝86)
〔比丘發露錄〕 (9C前期)

56966 道炭 ·················· P3619①
〔王都督㒵合城僧徒名錄〕 (9C)

56967 道(炭) ·················· P.tib1261v①
〔支給大乘寺,靈修寺,普光寺等僧尼穀物曆
(1)〕 (9C前期)
　　1)僧

56968 道炭 ·················· P.tib1261v③
〔諸寺僧尼支給穀物曆〕 (9C前期)
　　1)僧

56969 道炭 ·················· P.tib1261v⑨
〔諸寺僧尼支給穀物曆〕 (9C前期)
　　1)僧

56970 道炭 ·················· P.tib1261v⑪
〔諸寺僧尼支給穀物曆〕 (9C前期)
　　1)僧

56971 道炭 ·················· P.tib1261v⑫
〔諸寺僧尼支給穀物曆〕 (9C前期)

56972 道凝 ·················· P3138
〔諸寺維那請大般若經袟〕 (9C前期)

56973 道凝 ·················· P3138v
〔諸寺付經曆〕 (9C前期)

56974 道凝 ·················· S02712
〔諸寺付經僧尼曆〕 (9C前期)
　　1)僧　2)永安寺

56975 道凝 ·················· S09994v
〔諸寺僧尼付經曆〕 (9C)
　　2)蓮臺寺

56976 道顯 ·················· P.tib1261v⑫
〔諸寺僧尼支給穀物曆〕 (9C前期)
　　1)僧

56977 道忻 ･････････････････ P.tib1261v⑩
〔諸寺僧尼支給穀物曆〕 （9C前期）
　1）僧

56978 道欽 ･････････････････ P.tib1261v⑥
〔諸寺僧尼支給穀物曆〕 （9C前期）
　1）僧

56979 道欽 ･････････････････ S04914
〔付經曆〕 卯年九月七日 （835 or 847）
　1）僧　2）蓮臺寺

56980 道空 ･････････････････ P2689
〔寺僧唱得物支給曆〕 （9C前期）

56981 道空 ･････････････････ S00476B
〔諸寺付經僧尼曆〕 （9C前期）
　2）興善寺

56982 道空 ･････････････････ S00545v
〔永安寺僧名申告狀〕 戌年九月 （9C前期）
　1）主客僧　2）永安寺

56983 道京 ･････････････････ BD01821（秋21）
〔唯摩詰所說經題記〕 （9～10C）
　4）原作「道京書唯摩經一卷」。

56984 道惠 ･････････････････ BD09295（周16）
〔孟家納色曆〕 辰年二月三日 （9C中期～10C初期）

56985 道惠 ･････････････････ P.tib1261v⑦
〔諸寺僧尼支給穀物曆〕 （9C前期）
　1）僧

56986 道惠 ･････････････････ S00520
〔報恩寺方等道場榜〕 （9C末～925以前）
　4）有「河西都僧院」印。

56987 道惠 ･････････････････ S02614v
〔燉煌應管諸寺僧尼名錄〕 （895）
　2）報恩寺

56988 道惠 ･････････････････ 杏・羽694①
〔當寺應管主客僧牒〕 未年閏十月 （803）
　4）文末有異一行「未年閏十月日，直歲圓滿牒」。

56989 道啓 ･････････････････ S02614v
〔燉煌應管諸寺僧尼名錄〕 （895）
　2）淨土寺

56990 道堅 ･････････････････ P2504piece3v
〔釋道堅牒〕 （10C中期頃）

56991 道建 ･････････････････ BD09346（周67）
〔令知蕃法師廚費帖〕 十一月一日 （9C前期）
　1）僧

56992 道建 ･････････････････ P.tib1261v⑨
〔諸寺僧尼支給穀物曆〕 （9C前期）
　1）僧

56993 道建 ･････････････････ S05893
〔管內僧寺（報恩寺・淨土寺）籍〕 （865～875）
　2）淨土寺　3）洪池鄉

56994 道建 ･････････････････ S11441
〔徒衆智惠山等狀并判〕 （9C中期）
　1）徒衆

56995 道獻 ･････････････････ 沙文補23
〔僧道獻殘詩〕 （9C前期）
　1）靈圖寺寄住僧　2）靈圖寺

56996 道元 ･････････････････ P.tib1261v⑤
〔諸寺僧尼支給穀物曆〕 （9C前期）
　1）僧

56997 道元 ･････････････････ 散錄0534
〔金剛經般若波羅蜜經〕 （9C）
　1）僧　2）悲田寺

56998 道嚴 ･････････････････ Дх02449＋Дх05176
〔((時年))轉帖〕 十一月十九日 （10C前期）

56999 道彥 ･････････････････ P3060
〔諸寺諸色付經僧尼曆〕 （9C前期）
　1）僧尼　4）經典名「般若經卷9」。

57000 道光 ･････････････････ P2912v③
〔寫大般若經一部施銀盤子麥粟粉疏〕 四月八日 （9C前期）

57001 道光 ･････････････････ P3047v③
〔諸僧尼送納三色香於乾元寺曆〕 （9C前期）
　2）乾元寺

57002 道光 ･････････････････ P3047v⑧
〔王都督儭合城僧徒名錄〕 （9C前期）

57003 道光 ･････････････････ P3491piece1
〔某寺設齋勾當名目〕 （9C前期）

57004 道光 ·············· P.tib1261v③
〔諸寺僧尼支給穀物曆〕（9C前期）

57005 道光 ·············· 濱田115v
〔付經僧曆〕 未年二月廿二日 （9C前期）
  2)永壽寺

57006 道廣 ·············· BD14093（新0293）
〔淨名經集解關中疏卷下(2行尾題)〕（8～9C）
  1)比丘僧 2)靈圖寺

57007 道廣 ·············· P2288v
〔人名目〕（9C）

57008 道廣 ·············· P4640v
〔官入破曆〕 庚申年十一月 （900）

57009 道廣 ·············· S02614v
〔燉煌應管諸寺僧尼名錄〕（895）
  2)蓮臺寺

57010 道廣 ·············· S11461A
〔某寺斛斗破曆〕（10C）

57011 道弘 ·············· Дx01412
〔卯辰巳三年沿寺黃麻等入破曆〕（10C中期）
  1)法律

57012 道洪 ·············· BD07684v（皇84）
〔尾雜寫人名目〕（9C前期）

57013 道洪 ·············· BD09295（周16）
〔孟家納色曆〕 辰年二月三日 （9C中期～10C初期）

57014 道洪 ·············· P2250v⑤
〔金光明寺僧唱布曆〕（925?）
  2)金光明寺

57015 道興 ·············· S02614v
〔燉煌應管諸寺僧尼名錄〕（895）
  1)僧

57016 道興 ·············· S02729①
〔燉煌應管勘牌子曆〕 辰年三月 （788）
  1)僧 2)金光明寺 3)沙州 4)俗姓「白」。17行目。未年7月11日向甘州。

57017 道行 ·············· BD16492A
〔水則道場轉經兩翻名目〕（9～10C）

57018 道行 ·············· P2250v④
〔永安寺僧唱布曆〕（925?）
  2)永安寺

57019 道行 ·············· P3100④
〔寺主道行諸都僧統和尚牒并判辭〕 乙巳年十二月十一日 （885）
  1)寺主

57020 道行 ·············· P3855
〔諸寺付經曆〕（9C初頭）
  2)金光明寺

57021 道行 ·············· S00520
〔報恩寺方等道場榜〕（9C末～925以前）
  2)永安寺 4)有「河西都僧院」印。

57022 道行 ·············· ОП.Ⅱ.p.679 Рис.19
〔施入大寶積經永安寺疏題記〕 太平興國三年戊寅歲次三月十五日下手北至六月十五日 （978）
  1)沙彌 2)永安寺

57023 道行 ·············· 上海圖003
〔法律法壽等施入大寶積經永安寺題記〕 太平興國三年戊寅歲三月十五日 （978）
  1)沙彌・貼手 2)永安寺

57024 道行 ·············· 莫第033窟
〔供養人題記〕（10C中後期）
  1)釋門法律臨壇大德宣白法師 4)原作「釋門法律臨壇大德宣白法師道行一心供養。俗姓劉氏」。東壁門北側。⇒劉道行。《燉》p. 10。

57025 道琛 ·············· 杏・羽694②
〔報恩寺所管僧名目〕（9C前期）
  2)報恩寺 4)僧右傍有朱點，朱字。

57026 道山? ·············· P3100①
〔某寺徒衆供英等請律師善才光寺主牒并都僧統(悟眞)判辭〕 景福貳年十月廿七日 （893）
  1)徒衆

57027 道首 ·············· 楡第19窟
〔供養人題記〕 大唐同光四年正月十五日 （962）
  1)禪師

57028 道秀 ·············· P3205
〔僧俗人寫經曆〕（9C前期）

57029 道秀 ･････････････････････ S00476A
　〔諸寺付經僧尼曆〕（9C前期）
　　1)僧　2)報恩寺

57030 道秀 ･････････････････････ S02711
　〔寫經人名目〕（9C前期）
　　1)寫經人　2)金光明寺

57031 道秀 ･････････････････････ S04831v
　〔寫經人名目〕（9C前期）
　　1)寫經人

57032 道秀 ･････････････････････ S07945
　〔僧俗寫經分團人名目〕（823以降）

57033 道秀 ･････････････････････ 杏･羽694②
　〔報恩寺所管僧名目〕（9C前期）
　　2)報恩寺　4)僧右傍有朱點,朱字。

57034 道潤 ･････････････････････ P4958piece3
　〔當寺轉帖(殘)〕（10C前期）

57035 道初 ･････････････････････ P3047v⑧
　〔王都督儭合城僧徒名錄〕（9C前期）

57036 道如 ･････････････････････ P3855
　〔諸寺付經曆〕（9C初頭）
　　2)興禪寺

57037 道昭 ･････････････････････ IOL.Vol.72.fol.78
　〔涼州感通寺靈現記〕　乾德六年六月廿二日
　(968)
　　1)僧･記　2)感通寺　3)涼州

57038 道證 ･････････････････････ 杏･羽694①
　〔當寺應管主客僧牒〕　未年閏十月　（803）
　　4)文末有異一行「未年閏十月,直歲圓滿牒」。

57039 道乘？〔常〕････････････ 杏･羽694①
　〔當寺應管主客僧牒〕　未年閏十月　（803）
　　4)文末有異一行「未年閏十月,直歲圓滿牒」。

57040 道信 ･････････････････････ P2042
　〔報恩寺入破曆〕　戊子年～己丑年正月　（928～
　929）
　　2)報恩寺

57041 道信 ･････････････････････ Дx01378
　〔當團轉帖〕（10C中期）

57042 道岑 ･････････････････････ P2550v②
　〔僧唱布曆〕（9C）
　　2)乾元寺

57043 道岑 ･････････････････････ S02614v
　〔燉煌應管諸寺僧尼名錄〕（895）
　　2)乾元寺

57044 道心 ･････････････････････ P3600v②
　〔燉煌普光寺等尼名申告狀〕　戌年十一月
　(9C前期)
　　1)尼　2)普光寺

57045 道心 ･････････････････････ S02614v
　〔燉煌應管諸寺僧尼名錄〕（895）
　　2)龍興寺

57046 道心 ･････････････････････ S03631v
　〔僧人名目〕（10C中～後期）

57047 道振 ････････････････ S07939v＋S07940Bv＋
　　　　　　　　　　　　　S07941
　〔燉煌諸寺僧尼給糧曆〕（823以降）
　　3)莫高窟

57048 道深 ･････････････････････ BD15438（簡039388）
　〔道深爲弟惠晏分割債負上神毫牒〕（10C後
　期）

57049 道深 ･････････････････････ P2846
　〔入破曆〕　甲寅年正月廿一日　（954）
　　1)僧政

57050 道深 ･････････････････････ P3060
　〔諸寺諸色付經僧尼曆〕（9C前期）
　　1)僧尼　4)經典名「般若經卷49」。

57051 道深 ･････････････････････ S04689＋S11293
　〔功德司願德勘算斛斗繼布等狀〕　顯德元年甲
　寅歲正月壹日　（954）

57052 道深 ･････････････････････ Дx01424
　〔僧正道深分付常住牧羊人羊抄錄〕　庚申年
　十一月廿三日　（960）
　　1)僧正

57053 道深 ･････････････････････ 杏･羽694①
　〔當寺應管主客僧牒〕　未年閏十月　（803）
　　4)文末有異一行「未年閏十月,直歲圓滿牒」。

57054 道眞 ･････････････････････ BD01362（張62）
　〔大般若波羅蜜多經卷第343(尾)〕（10C）
　　1)比丘　2)(三)界(寺)

人名篇　どう　道

57055　道眞 ……………… BD02318(餘18)
〔大般若波羅蜜多經卷第74(尾)〕　9C中期頃)
　1)比丘　2)(三)界(寺)　4)尾題後題記「界比丘道眞受持」(10C)。

57056　道眞 ……………… BD05788(柰88)
〔佛說佛彩經卷第13〕　(10C)
　1)沙門　2)三界寺　4)原作「沙門道眞修此經年十九浴性張氏」。紙背縫(三界寺道眞)。

57057　道眞 …………… BD05788v(柰88)
〔佛名經卷第13(背面押縫)〕　(10C)
　1)沙門　2)三界寺　4)原作「三界寺沙門道眞受持」，又有「三界」「界比丘道眞受持，張」等押縫。

57058　道眞 ……………… BD06375(鹹75)
〔佛說閻羅王授記勸修七齋功德經(末)〕(10C)
　1)三界寺比丘・授持　2)三界寺　4)原作「比丘道眞受持」。

57059　道眞 ……………… BD08230(服30)
〔戒律(和戒文)背, 金光明最勝王經卷三〕(10C)
　1)授持　2)三界寺

57060　道眞 ……………… BD15623(簡057871)
〔妙法蓮華經卷第6(護首)〕　(10C?)
　2)妙　4)原作「沙門道眞□念」。

57061　道眞 ……………… BD16376(L4452)
〔釋門僧正賜紫道眞等稿〕　八月　(9〜10C)

57062　道眞 …………… BD・劫餘錄續編0329
〔三界寺藏內經論目錄〕　長興五年歲次甲午六月十五日　(934)
　1)弟子三界寺比丘　2)三界寺

57063　道眞 ……………………… P2193
〔目連緣起〕　(10C)
　2)三界寺　4)原作「三界寺道眞本記」。

57064　道眞 ……………………… P2270
〔北宗五方便門(末)〕　(10C)
　2)三界寺

57065　道眞 ……………………… P2340
〔救護身命經1卷(尾題)〕　(10C)
　2)三界寺

57066　道眞 …………………… P2641v④
〔莫高窟再修功德記〕　去戊申歲末發其心願至己酉歲　(948〜949)

57067　道眞 ……………………… P2700lesv
〔比丘法眞狀〕　五月一日　(9C前期)

57068　道眞 ……………………… P2836
〔諸經要抄(疏解,三界寺沙門道眞記)〕(10C)
　1)沙門　2)三界寺　4)原作「三界寺沙門道眞記」。

57069　道眞 …………………… P2836piece
〔弟子節度押衙賈奉玖爲父追念請諸僧疏〕
天福肆年正月十七日　(939)
　1)比丘

57070　道眞 ……………………… P2930
〔雜齋文〕　(10C)
　1)比丘　2)三界寺　4)原作「三界寺比丘道眞持念」。

57071　道眞 …………………… P3047v③
〔諸僧尼送納三色香於乾元寺曆〕(9C前期)
　2)乾元寺

57072　道眞 …………………… P3047v⑦
〔法事僧尼名錄〕　(9C前期)

57073　道眞 ……………………… P3706v
〔雜寫〕　(10C後期)
　4)原作「三界寺僧法知略懺壹部一卷…道眞念記」。R面爲「大佛名懺悔文」(10C中期)。

57074　道眞 ……………………… P3917A
〔中論卷第一(末)〕　(10C?)
　1)三界寺律大德沙門

57075　道眞 ……………………… P3947v
〔大雲寺僧所有田籍簿〕　(9C前期)
　4)R面爲「亥年(819or831)八月龍興寺應轉經僧分兩蕃定名牒」。

57076　道眞 ……………………… P4712
〔比丘道眞謹啓〕　五月廿四日　(10C?)
　1)比丘

57077　道眞 …………………… P4810v②
〔爲亡妣請僧疏〕　(9C前期)
　2)金光明寺

57078　道眞 ……………………… P4959
〔沙州三界寺授八(戒)牒〕　太平興國□年(10C後期)
　1)授戒師主沙門　4)原作「授戒師主沙門道眞」署名。

1046

57079 道眞 ·········· P5026B
　〔兄法師道林致義弟道眞書〕（10C後期）
　　1)義弟

57080 道眞 ·········· P.tib1261v⑦
　〔諸寺僧尼支給穀物曆〕（9C前期）
　　1)僧・尼

57081 道眞 ·········· S00330①
　〔沙州三界寺授八戒牒(6通)〕 雍熙二年五月十四日（985）
　　1)授戒師主沙門

57082 道眞 ·········· S00330②
　〔沙州三界寺授八戒牒(6通)〕 太平興國九年正月十五日（984）
　　1)授戒師主沙門

57083 道眞 ·········· S00330③
　〔沙州三界寺授八戒牒(6通)〕 太平興國七年五月廿四日（982）
　　1)授戒師主沙門

57084 道眞 ·········· S00330④
　〔沙州三界寺授八戒牒(6通)〕 太平興國七年正月八日（982）
　　1)授戒師主

57085 道眞 ·········· S00330⑤
　〔沙州三界寺授八戒牒(6通)〕 太平興國九年正月廿八日（984）
　　1)授戒師主

57086 道眞 ·········· S00330⑥
　〔沙州三界寺授八戒牒(6通)〕 太平興國七年正月八日（982）
　　1)授戒師主釋門

57087 道眞 ·········· S00476A
　〔諸寺付經僧尼曆〕（9C前期）
　　1)僧　2)大雲寺

57088 道眞 ·········· S00532①
　〔戒牒〕 乾德二年～三年（964～965）
　　1)授戒師主釋門僧正賜紫

57089 道眞 ·········· S00532②
　〔戒牒〕 乾德二年～三年（964～965）
　　1)授戒師主釋門僧正賜紫

57090 道眞 ·········· S00532③
　〔戒牒〕 乾德二年～三年（964～965）
　　1)授戒師主釋門僧正賜紫

57091 道眞 ·········· S01183
　〔沙州三界寺授八戒牒(6通)〕 大平興國九年某月廿八日（984）

57092 道眞 ·········· S02448
　〔戒牒〕（984）
　　1)寺戒師主沙門

57093 道眞 ·········· S03147
　〔佛說閻羅王授記經卷第3〕（10C）
　　1)三界寺比丘・授持　2)三界寺

57094 道眞 ·········· S03452v
　〔大乘無量壽經(背)〕（10C）
　　1)沙門　2)三界寺　4)原作「三界寺沙門道眞轉□」。

57095 道眞 ·········· S03452v
　〔佛說無量壽宗要經(表)〕（10C）
　　1)三界寺沙門・轉立　2)三界寺

57096 道眞 ·········· S04115
　〔戒牒〕（985）
　　1)寺戒師主沙門・寺戒師主沙門

57097 道眞 ·········· S04160
　〔四分律略頌(末)〕（10C）
　　1)三界寺比丘　2)靈修寺

57098 道眞 ·········· S04844
　〔戒牒〕 乾德四年正月十五日（966）
　　1)寺戒師主釋門僧正賜紫沙門

57099 道眞 ·········· S04915
　〔戒牒〕 雍熙四年五月（987）
　　1)傳戒師主都僧錄大師賜紫沙門

57100 道眞 ·········· S05313
　〔戒牒〕 乙丑年九月（965）
　　1)授戒師主釋門僧□紫沙門

57101 道眞 ·········· S05663
　〔中論卷第1〕 己亥年七月十五日（939）

57102 道眞 ·········· S05663②
　〔施入什物記〕 乙未年正月十五日（935）
　　1)三界寺修大般若經兼内道場課念沙門　2)三界寺

57103 道眞 ·········· S06265
　〔三界寺比丘道眞諸方求覓諸經隨得雜經錄記(1行)〕（10C?）
　　1)三界寺比丘　2)三界寺

57104 道眞 ……………………… Дx01330
〔(大雲寺)直歲曇空等當寺僧破除見在牒〕
申年三月日　(792 or 852 or 912)

57105 道眞 ……………………… Дx02889
〔沙州三界寺授千佛戒牒〕　乾德二年五月八日　(964)
　1)授戒師主釋門僧正〔喝紫〕

57106 道眞 ……………………… Дx06024
〔法願請道會爲和上道眞爲阿闍梨守志爲校授師(1行)〕　(10C)
　1)闍梨　4)原作「法願請道會爲和上道眞爲阿闍梨守志爲校授師」。(1行)。

57107 道眞 ……………………… 北大D089
〔四分律刪補隨機羯磨卷上(尾)〕　(10C)
　1)持律・道眞念

57108 道眞 ……………………… 北大D186
〔□□部州娑訶世界沙州三界寺授五戒牒〕　(10C)
　1)授戒師主釋門僧正賜紫沙門

57109 道眞 ……………………… 杏·羽694①
〔當寺應管主客僧牒〕　未年閏十月　(803)
　4)文末有異一行「未年閏十月日,直歲圓滿牒」。

57110 道眞 ………… 臺灣中央圖書館08852
〔淨明經關中抄卷上,沙州道液撰集(首題)〕
戊戌年夏五月廿日　(938)
　1)三界寺沙門　2)三界寺　4)俗姓「張」。三界寺沙門道眞(奧書)。

57111 道眞 ……………………… 燉研322
〔臘八燃燈分配窟龕名數〕　辛亥年十二月七日　(951)
　1)釋門僧政

57112 道神 ……………………… P3854v
〔諸寺付經曆〕　(9C前期)
　1)法師

57113 道神 ……………………… S00476A
〔諸寺付經僧尼曆〕　(9C前期)
　2)龍興寺

57114 道誅 ……………………… P3250v
〔納贈曆〕　(9C後期)

57115 道身 ……………………… P3060
〔諸寺諸色付經僧尼曆〕　(9C前期)
　1)僧尼　4)經典名「般若經卷49」。

57116 道進 ……………………… P3047v③
〔諸僧尼送納三色香於乾元寺曆〕　(9C前期)
　2)乾元寺

57117 道進 ……………………… P3047v⑧
〔王都督儭合城僧徒名錄〕　(9C前期)

57118 道進 ……………………… S02729①
〔燉煌應管勘牌子曆〕　辰年三月　(788)
　1)僧　2)蓮臺寺　3)沙州　4)俗姓「安」。10行目。

57119 道崇 ……………………… P4058
〔貸粟豆曆〕　(9C)

57120 道崇 ……………………… S02614v
〔燉煌應管諸寺僧尼名錄〕　(895)
　2)開元寺

57121 道崇 ……………………… 莫第098窟
〔供養人題記〕　(10C中期)
　1)釋門敎授臨壇供奉大德寺沙門　4)南壁。《燉》p.39。《謝》p.90。

57122 道嵩 …………… BD09322v②(周43)
〔某寺大般若波羅蜜多經藏本點勘〕　午年六月七日　(838?)
　1)僧・寫經生　4)人名之右有勾。

57123 道嵩 ……………………… P3250v
〔納贈曆〕　(9C後期)

57124 道成 …………… BD02496v④(成96)
〔儭司唱得布支給曆〕　(10C前期)
　1)僧

57125 道成 ……………………… P4810v②
〔爲亡妣請僧疏〕　(9C前期)
　2)金光明寺

57126 道成 ……………………… S01823v②
〔入破曆〕　癸卯年正月一日　(943)
　1)都師

57127 道成 ……………………… S10566
〔秋季諸寺大般若轉經付配帙曆〕　壬子年十月　(952)
　2)永安寺

57128 道成 ……………………… Дx05348
〔支給斛㪷曆〕　(9C前期)

1048

57129 道成法律 ・・・・・・・・・・・・・・・・・・ S10566
　〔秋季諸寺大般若轉經付配帳曆〕　壬子年十月　(952)
　　1)法律　2)永安寺

57130 道政 ・・・・・・・・・・・・・・・・・・・・・・・ P3205
　〔僧俗人寫經曆〕　(9C前期)

57131 道政 ・・・・・・・・・・・・・・・・・・・・・・ P3250v
　〔納贈曆〕　(9C後期)

57132 道政 ・・・・・・・・・・・・・・・・・・・ P3619①
　〔王都督儭合城僧徒名錄〕　(9C)

57133 道政 ・・・・・・・・・・・・・・・・・・・ S02607v
　〔金光明寺?常住什物點檢見在曆〕　(9C後期)

57134 道政 ・・・・・・・・・・・・・・・・・・・・・ S02711
　〔寫經人名目〕　(9C前期)
　　1)寫經人　2)金光明寺

57135 道政 ・・・・・・・・・・・・・・・・・・・・・ S03776
　〔佛臨涅槃略設教戒經1卷(背)〕　(10C)

57136 道正 ・・・・・・・・・・・・・ BD11493(L1622)
　〔十僧寺三尼寺勘教付經曆(首尾全)〕　亥年四月廿九日　(9C前期)
　　2)(大)雲(寺)

57137 道正 ・・・・・・・・・・・・・・・・・・・・・ P3138v
　〔諸寺付經曆〕　(9C前期)
　　2)大雲寺

57138 道清 ・・・・・・・・・・・・・・・・・・・ P2250v⑤
　〔金光明寺僧唱布曆〕　(925?)

57139 道清 ・・・・・・・・・・・・・・・・・・・ P3047v⑦
　〔法事僧尼名錄〕　(9C前期)

57140 道清 ・・・・・・・・・・・・・・・・・・・ P3047v⑧
　〔王都督儭合城僧徒名錄〕　(9C前期)

57141 道清 ・・・・・・・・・・・・・・・・・・・ P3319v②
　〔社司轉帖(殘)〕　(10C)

57142 道清 ・・・・・・・・・・・・・・・・・・・ S02104③
　〔某贈道清和尚詩〕　(10C?)
　　1)金光明僧・和尚　2)金光明寺

57143 道清 ・・・・・・・・・・・・・・・・・・・・ S02104v
　〔雜寫〕　(10C中期)
　　1)僧　2)金光明寺　4)原作「靈圖寺道林律師…道清二人同師同學,同見同行者」。

57144 道清 ・・・・・・・・・・・・・・・・・・・ S05069v
　〔大般若波羅三多經卷三十八,背端奧書〕　(9C)

57145 道濟 ・・・・・・・・・・・・・・・・・・・ P2856v①
　〔營葬牓〕　乾寧二年三月十一日乙卯　(895)
　　1)僧

57146 道濟 ・・・・・・・・・・・・・・・・・・・ P3047v⑧
　〔王都督儭合城僧徒名錄〕　(9C前期)

57147 道濟 ・・・・・・・・・・・・・・・・・・・・ P3250v
　〔納贈曆〕　(9C後期)

57148 道濟 ・・・・・・・・・・・・・・・・・・・ S01973v①
　〔社司轉帖(習書)〕　(9C末)
　　2)永安寺門前

57149 道濟 ・・・・・・・・・・・・・・・・・・・・ S10672
　〔禮懺僧名狀〕　(9C前期)

57150 道切 ・・・・・・・・・・・・・・・・・・・ P3047v③
　〔諸僧尼送納三色香於乾元寺曆〕　(9C前期)
　　2)乾元寺

57151 道銑 ・・・・・・・・・・・・ Дx01329в＋Дx02151v①
　〔應管內雌統厶乙令置方等壇場牓〕　(10C前期)
　　1)僧　2)金(光明寺)　4)本文書內容「受新戒諸寺僧尼名目」。

57152 道素 ・・・・・・・・・・・・・・・・・・ P.tib1261v⑩
　〔諸寺僧尼支給穀物曆〕　(9C前期)
　　1)僧

57153 道素 ・・・・・・・・・・・・・・・・・・・ S04852v
　〔付諸僧給麵蘇曆〕　(9C末〜10C初)
　　2)永安寺

57154 道智 ・・・・・・・・・・・・・・・・・・ P.tib1261v⑧
　〔諸寺僧尼支給穀物曆〕　(9C前期)
　　1)僧　4)⇒智道。

57155 道澄 ・・・・・・・・・・・・・・・・・・・ P3047v③
　〔諸僧尼送納三色香於乾元寺曆〕　(9C前期)
　　2)乾元寺

57156 道澄 ・・・・・・・・・・・・・・・・・・・ P3047v⑧
　〔王都督儭合城僧徒名錄〕　(9C前期)

57157 道澄 ・・・・・・・・・・・・・・・・・・ P.tib1261①
　〔諸寺僧尼支給穀物曆〕　(9C前期)
　　1)僧

57158 道澄 ·············· P.tib1261v⑩
〔諸寺僧尼支給穀物曆〕（9C前期）
　1）僧

57159 道超 ·············· P2250v④
〔永安寺僧唱布曆〕（925?）
　2）永安寺

57160 道超 ·············· 杏・羽694①
〔當寺應管主客僧牒〕 未年閏十月 （803）
　4）文末有異一行「未年閏十月日,直歲圓滿牒」。

57161 道珎 ·············· P3947
〔龍興寺應轉經僧分兩蕃定名牒〕 亥年八月
（819 or 831）
　2）龍興寺

57162 道珎 ·············· P.tib1261v⑪
〔諸寺僧尼支給穀物曆〕（9C前期）
　1）僧

57163 道通 ·············· P3138
〔諸寺維那請大般若經袠〕（9C前期）

57164 道通 ·············· S04701
〔某寺常住倉司算會憑〕 庚子年 （1000）
　1）執物僧

57165 道通 ·············· S05845
〔郭僧政等貸油麵廝曆〕 己亥年二月十七日
（939）

57166 道折 ·············· S04766
〔付經僧曆〕（9C前期）
　1）僧　2）安國寺

57167 道貞 ·············· P2250v⑤
〔金光明寺僧唱布曆〕（925?）
　2）金剛明寺

57168 道貞 ·············· P3264
〔破麩曆〕 庚戌年四月・十二月 （950?）
　1）僧錄　4）原作「道貞索僧政馬喫用」。

57169 道貞 ·············· P3616v
〔納七器具名曆〕 卯年九月廿四日 （10C?）

57170 道貞 ·············· P.tib1261v④
〔諸寺僧尼支給穀物曆〕（9C前期）

57171 道貞 ·············· S02447v②
〔經坊文〕 癸丑年九月廿六日 （833）
　1）僧

57172 道貞 ·············· S02729①
〔燉煌應管勘牌子歷〕 辰年三月 （788）
　1）僧　2）蓮臺寺　3）沙州　4）俗姓「賈」。11行
　目。申年2月17日死。

57173 道貞 ·············· S02729①
〔燉煌應管勘牌子歷〕 申年二月十日 （792）
　1）蓮堂僧　2）蓮臺寺　3）沙州　4）申年2月10日
　死。66行目。

57174 道貞 ·············· S04852v
〔付諸僧給麵蘇曆〕（9C末〜10C初）
　2）永安寺

57175 道貞 ·············· 杏・羽694①
〔當寺應管主客僧牒〕 未年閏十月 （803）
　4）文末有異一行「未年閏十月日,直歲圓滿牒」。

57176 道哲 ·············· BD09295（周16）
〔孟家納色歷〕 辰年二月三日 （9C中期〜10C初
期）

57177 道哲 ·············· P2613
〔某寺常住什物交割點檢曆〕 咸通十四年正月
四日 （873）

57178 道哲 ·············· S00476Av
〔諸寺付經僧尼曆〕（9C前期）
　2）安國寺

57179 道哲 ·············· S11352
〔法律道哲牓示〕（9C）
　1）法律

57180 道哲 ·············· 杏・羽694①
〔當寺應管主客僧牒〕 未年閏十月 （803）
　4）文末有異一行「未年閏十月日,直歲圓滿牒」。

57181 道德 ·············· P2250v④
〔永安寺僧唱布曆〕（925?）
　2）永安寺

57182 道德 ·············· S02614v
〔燉煌應管諸寺僧尼名錄〕（895）
　2）大雲寺

57183 道丕 ·············· P2469v
〔破曆雜錄〕 戌年六月五日 （830?）

57184 道丕 ·············· P3619①
〔王都督儭合城僧徒名錄〕（9C）

57185 道彼 …………… Дx02449＋Дx05176
　〔(時年)轉帖〕 十一月十九日 （10C前期）
　　2)靈圖寺

57186 道披 ……………………… P5000
　〔僧尼名目〕 （9C前期）

57187 道祕 ……………………… S04852
　〔付諸僧給麵蘇曆〕 （9C中期）

57188 道祕 ……………………… S11389D
　〔不禮佛僧名目及罰豆升數〕 （9C後期）

57189 道祕 ……………………… Дx01586B
　〔惠通下僧名目〕 （9C後期）

57190 道祕 ……………………… 杏・羽071②
　〔男僧太々上阿耶阿叔狀〕 （9C）
　　4)文書面有「李盛鐸印」等。

57191 道斌 ……………… BD00789（月89）
　〔金光明最勝王經卷3(尾)〕 （8～9C）
　　1)比丘　4)原作「比丘道斌寫」。

57192 道斌 ……………… BD02672（律72）
　〔大般若波羅蜜多經卷第277〕 （9C）
　　1)比丘　4)原作「比丘道斌」。

57193 道斌 ……………… BD03776（霜76）
　〔金光明最勝王經卷第2〕 （8C）
　　1)比丘・寫

57194 道斌 …………… BD14160②（新0360）
　〔大般若波羅蜜多經卷第157〕 （8～9C）
　　1)比丘

57195 道斌 ……………… BD14184（新0384）
　〔金光明王最勝王經卷第5〕 （9C）
　　1)比丘　4)原作「比丘道斌寫并勘」。原爲日本大谷探檢隊所得。い3。

57196 道斌 ……………… BD14502（新0702）
　〔大般若波羅蜜多經〕 （9C）
　　1)比丘　4)原作「比丘道斌寫」。

57197 道斌 ……………………… P2112
　〔般若波羅蜜多經卷第119〕 （9C）
　　1)寫經人

57198 道斌 ……………………… P2274
　〔金光明經卷第7〕 大中五年五月十五日（851）

57199 道斌 …………………… P.tib1261v⑦
　〔諸寺僧尼支給穀物曆〕 （9C前期）
　　1)僧

57200 道斌 …………………… P.tib1261v⑨
　〔諸寺僧尼支給穀物曆〕 （9C前期）
　　1)僧

57201 道斌 …………………… P.tib1261v⑪
　〔諸寺僧尼支給穀物曆〕 （9C前期）
　　1)僧

57202 道斌 ……………………… S02282
　〔維摩詰經卷中〕 （9C）
　　1)僧・寫經人

57203 道斌 ……………………… S05210
　〔大般若波羅蜜多經卷第287〕 （9C）
　　1)比丘・寫經人

57204 道斌 ………… 大谷,新西域記下,p.586
　〔妙法蓮華經卷第6〕 （9C）
　　1)比丘・寫經人　2)淨土寺　4)有淨土寺藏經印。

57205 道斌 ……………………… 浙燉015
　〔金光明經卷第4(尾)末〕 （9C）
　　1)比丘　4)原作「道斌比丘寫」。

57206 道賓 ……………………… S09429
　〔法進請爲授戒三師狀〕 （10C後期）
　　4)原作「道賓爲和上」。

57207 道賓 ……………………… P3553
　〔都僧統鋼惠等牒〕 太平興國三年四月 （978）
　　1)都僧正

57208 道普 ……………… BD03483（露83）
　〔大般若波羅蜜多經卷第17〕 （9C）
　　4)原作「道普寫」。

57209 道普 ……………… BD13969（新0169）
　〔大般若波羅蜜多經卷第276〕 （9C前期）
　　4)原作「道普寫」。

57210 道普 ……………………… 橘目
　〔般若波羅蜜多經卷第276〕 （9C）

57211 道普 ……………………… 橘目
　〔般若波羅蜜多經卷第279〕 （9C）

57212 道牧 ……………… S04852v
〔付諸僧給麵蘇曆〕（9C末～10C初）
　2)永安寺

57213 道末母 …………… BD06359v②（鹹59）
〔人名目〕（9C前期）

57214 道明 ……………… BD02496v④（成96）
〔儭司唱得布支給曆〕（10C前期）
　1)僧　2)(靈)圖(寺)

57215 道明 ……………… P3047v③
〔諸僧尼送納三色香於乾元寺曆〕（9C前期）
　2)乾元寺

57216 道明 ……………… P3047v⑧
〔王都督儭合城僧徒名錄〕（9C前期）

57217 道明 ……………… S00520
〔報恩寺方等道場榜〕（9C末～925以前）
　4)有「河西都僧院」印。

57218 道明 ……………… S06237
〔諸人見在粟黃麻曆〕　戌年～子年（10C中期以降?）

57219 道幽 ……………… P3047v①
〔僧名等錄〕（9C前期）
　4)俗姓「韓」。

57220 道幽 ……………… P3047v⑧
〔王都督儭合城僧徒名錄〕（9C前期）

57221 道幽 ……………… S00476B
〔諸寺付經僧尼曆〕（9C前期）
　2)安國寺

57222 道幽? ……………… 杏・羽694①
〔當寺應管主客僧牒〕　未年閏十月（803）
　4)文末有異一行「未年閏十月日,直歲圓滿牒」。

57223 道猷 ……………… BD01904v（收4）
〔奉宣往西天取經僧道猷等牒稿〕　至道元年十一月廿四日（995）
　1)奉宣往西天取經僧　2)靈圖寺

57224 道猷 ……………… 北大D185r.v
〔靈圖寺寄住僧道猷牒(稿)〕（995前後）
　1)寄住僧　2)靈圖寺

57225 道融 ……………… P3060
〔諸寺諸色付經僧尼曆〕（9C前期）
　1)僧尼　4)經典名「寶積經卷8」。

57226 道來母 …………… BD06359v②（鹹59）
〔人名目〕（9C前期）

57227 道力 ……………… P3250v
〔納贈曆〕（9C後期）

57228 道力 ……………… P3275B
〔莊園內栽木文書〕（10C中期）

57229 道力 ……………… Дx01385
〔書簡〕（10C）
　1)律師

57230 道林 ……………… P5026B
〔兄法師道林致義弟道眞書〕（10C後期）
　1)兄法師

57231 道林 ……………… P6015v
〔張懷慶請僧爲娘子就靈圖寺開法會疏〕　□亥年正月九日（10C）
　2)(靈)圖(寺)

57232 道林 ……………… S02104③
〔某贈道清和尙詩〕（10C?）
　1)律師・僧　2)靈圖寺

57233 道林 ……………… S02104v
〔雜寫〕（10C中期）
　1)律師　2)靈圖寺　4)原作「靈圖寺道林律師…道清二人同師同學,同見同行者」。

57234 道林 ……………… S03457②
〔雜寫(①末端付紙)〕（10C）

57235 道林 ……………… S05405
〔福慶邈眞讚題及背〕　顯德二年歲次丙辰八月（956）
　1)二僧政兼闡揚三教大法師賜紫沙門

57236 道林 ……………… S05405r.v
〔福慶邈眞讚題及背〕　顯德二年歲次丙辰八月（956）
　1)…僧政兼闡揚三教大法師紫賜沙門　4)原作「撰[　]僧政兼闡揚三教大法師賜紫沙門」。

57237 道林 ……………… S05893
〔管內僧寺(報恩寺・淨土寺)籍〕（865～875）
　3)燉煌鄉

57238 道琳 ……………… BD03129（騰29）
〔諸經雜緣喩因由記(卷末題記)〕（9C）
　1)僧・寫經人　2)靈圖寺　4)原作「靈圖寺僧道琳再寫寶」,而字塗抹。

57239 道琳 ·············· P3564
　〔莫高窟功德記(首題)(寫錄)〕　(10C中期頃)
　　1)法律

57240 道蓮 ·············· P3853
　〔諸寺付經曆〕　(9C前期)
　　4)⇒道疑。

57241 道□ ·············· BD07286(帝86)
　〔比丘發露錄〕　(9C前期)

57242 道□ ·············· P2846
　〔入破曆〕　甲寅年正月廿一日　(954)
　　1)僧政

57243 道□ ·············· Дx01330
　〔(大雲寺)直歲曇空等當寺僧破除見在牒〕
　　申年三月日　(792 or 852 or 912)

57244 得(英) ············ S06713
　〔淨名經關中疏卷下〕　(9C)
　　1)記

57245 得延 ·············· Дx01380v
　〔僧名目〕　(10C後期)
　　4)R面爲「七月廿八日獻信狀」(10C後期)。

57246 得願 ·············· P3047v⑧
　〔王都督儭合城僧徒名錄〕　(9C前期)

57247 得言 ·············· P3047v③
　〔諸僧尼送納三色香於乾元寺曆〕　(9C前期)
　　2)乾元寺

57248 得言 ·············· P3047v⑧
　〔王都督儭合城僧徒名錄〕　(9C前期)

57249 得悟 ·············· P3328v①
　〔付細布曆〕　(9C前期)

57250 得子 ·············· BD11497(L1626)
　〔吐蕃時期佛典流通雜錄〕　(8〜9C)

57251 得女 ·············· Stein Painting 59
　〔觀世音菩薩圖題記〕　(10C後期)
　　1)清信佛弟子行婆

57252 得淨 ·············· P3328v①
　〔付細布曆〕　(9C前期)
　　4)原作「得淨母」。

57253 得淨 ·············· P.tib1261v③
　〔諸寺僧尼支給穀物曆〕　(9C前期)
　　1)尼

57254 得碩 ·············· P3047v③
　〔諸僧尼送納三色香於乾元寺曆〕　(9C前期)
　　2)乾元寺

57255 得智 ·············· P3047v①
　〔僧名等錄〕　(9C前期)
　　4)俗姓「闞」。

57256 得智 ·············· P3047v③
　〔諸僧尼送納三色香於乾元寺曆〕　(9C前期)
　　2)乾元寺

57257 得念 ·············· P.tib1261v⑪
　〔諸寺僧尼支給穀物曆〕　(9C前期)
　　1)尼

57258 得滿 ·············· P.tib1261v⑩
　〔諸寺僧尼支給穀物曆〕　(9C前期)
　　1)僧・尼

57259 得□□法律 ············ S10566
　〔秋季諸寺大般若轉經付配帙曆〕　壬子年十月　(952)
　　1)法律　2)靈圖寺

57260 德威 ·············· P2066
　〔僧德威牒〕　咸通六年　(865)
　　1)僧

57261 德意 ·············· BD02126v⑧(藏26)
　〔僧尼名目(2行10名)〕　(9C後期)

57262 德意 ·············· S00444v
　〔僧尼籍〕　(905)
　　2)大乘寺

57263 德意 ·············· S02614v
　〔燉煌應管諸寺僧尼名錄〕　(895)
　　2)安國寺

57264 德意 ·············· 北大D187
　〔翻,僧尼名〕　(9C後期〜10C前期)
　　1)第一翻

57265 德榮 ·············· BD02496v①(成96)
　〔儭司唱得布支給歷〕　(10C前期)

57266 德榮 ············ P2250v⑤
〔金光明寺僧唱布曆〕 (925?)
　2) 金光明寺

57267 德榮 ············ P3390②
〔孟受上祖莊上浮圖功德記并序〕 大漢乾祐三年 (950)
　1) 釋門法律

57268 德榮 ············ S00728
〔孝經1卷(尾)〕 丙申年五月四日 (936)
　1) 沙彌　2) 靈圖寺　4) 原作「沙彌德榮寫過, 後輩弟子梁子松」。

57269 德海 ············ S02669
〔管內尼寺(安國寺・大乘寺・聖光寺)籍〕 (865~870)
　1) 尼　2) 大乘寺　3) 神沙鄉　4) 姓「王」。俗名「蠻」。

57270 德惠 ············ S02614v
〔燉煌應管諸寺僧尼名錄〕 (895)
　2) 靈修寺

57271 德惠 ············ S06981③
〔某寺入曆(殘)〕 壬申年 (912 or 972)
　1) 法律

57272 德惠 ············ Дx00285＋Дx02150＋Дx02167＋Дx02960＋Дx03020＋Дx03123v③
〔某寺破曆〕 (10C中期)
　1) 法律　4) 原作「付土廨法律德惠用」。

57273 德賢 ············ P3600v②
〔燉煌普光寺等尼名申告狀〕 戌年十一月 (9C前期)
　1) 尼　2) 普光寺

57274 德賢 ············ P.tib1261v③
〔諸寺僧尼支給穀物曆〕 (9C前期)
　1) 尼

57275 德嚴 ············ P3619①
〔王都督儭合城僧徒名錄〕 (9C)

57276 德嚴 ············ P.tib1261v⑩
〔諸寺僧尼支給穀物曆〕 (9C前期)
　1) 尼

57277 德廣 ············ P2689
〔寺僧唱得物支給曆〕 (9C前期)

57278 德行 ············ BD16453A
〔水則道場轉經兩翻名目〕 (9~10C)
　1) 第一翻

57279 德行 ············ P3600v②
〔燉煌普光寺等尼名申告狀〕 戌年十一月 (9C前期)
　1) 尼　2) 普光寺

57280 德行 ············ S00444v
〔僧尼籍〕 (905)
　1) 尼　2) 大乘寺

57281 德行 ············ S02614v
〔燉煌應管諸寺僧尼名錄〕 (895)
　2) 靈修寺

57282 德行 ············ S02669
〔管內尼寺(安國寺・大乘寺・聖光寺)籍〕 (865~870)
　2) 大乘寺　3) 龍勒鄉　4) 姓「李」。俗名「多嬌」。

57283 德行 ············ Дx11059Bv
〔轉帖〕 (10C?)

57284 德柴 ············ P2846
〔入破曆〕 甲寅年正月廿一日 (954)

57285 德子 ············ BD09318B(周39)
〔莫高鄉戶口人戶付物曆〕 (946)

57286 德子 ············ P4624
〔鄧榮回向疏〕 大中七年八月廿六日 (853)
　1) 沙彌

57287 德子 ············ Дx03946
〔請田地簿〕 (10C?)

57288 德勝 ············ S02113v③
〔宕泉勒修功德記〕 乾寧三年丙辰歲四月八日 (896)
　1) 上座沙門　2) 龍興寺　3) 沙州　4) 俗姓「馬」。

57289 德勝 ············ S06350
〔分布印文書〕 大中十年 (856)
　1) 寺主

57290 德勝 ············ 莫第094窟
〔供養人題記〕 唐咸通十三年以後 (872以降)
　1) 妹・師登壇大德尼　4) 原作「妹師登壇大德尼德勝一心供養」。西壁。《燉》p.31。

57291 德照 ･････････････ BD09295(周16)
〔孟家納色歷〕 辰年二月三日 (9C中期〜10C初期)

57292 德照 ･････････････ P2274
〔金光明經卷第7〕 大中五年五月十五日 (851)

57293 德照 ･････････････ Дx01385
〔書簡〕 (10C)
　1)律師

57294 德娘 ･････････････ S00542v
〔龍興寺文〕 戌年六月十八日 (818)
　2)龍興寺

57295 德淨 ･････････････ P3600v②
〔燉煌普光寺等尼名申告狀〕 戌年十一月 (9C前期)
　1)僧　2)普光寺

57296 德淨花 ･････････････ S02669
〔管內尼寺(安國寺・大乘寺・聖光寺)籍〕 (865〜870)
　2)大乘寺　3)龍勒鄉　4)尼德淨花＝曹判ミ。

57297 德眞 ･････････････ S00444v
〔僧尼籍〕 (905)
　2)大乘寺

57298 德眞 ･････････････ S02614v
〔燉煌應管諸寺僧尼名錄〕 (895)
　2)大乘寺

57299 德眞 ･････････････ S04914
〔付經曆〕 卯年九月七日 (835 or 847)
　1)尼　2)靈修寺

57300 德成 ･････････････ S02614v
〔燉煌應管諸寺僧尼名錄〕 (895)
　2)開元寺

57301 德全 ･････････････ S00529⑤
〔定州開元寺僧歸文德全狀稿(殘)〕 (10C前期)
　1)僧　2)開元寺　3)定州

57302 德藏 ･････････････ P3619①
〔王都督懺合城僧徒名錄〕 (9C)

57303 德藏 ･････････････ P.tib1261v②
〔諸寺僧尼支給穀物曆〕 (9C前期)
　1)尼

57304 德藏 ･････････････ P.tib1261v④
〔諸寺僧尼支給穀物曆〕 (9C前期)
　1)尼

57305 德藏 ･････････････ P.tib1261v⑪
〔諸寺僧尼支給穀物曆〕 (9C前期)
　1)尼

57306 德藏 ･････････････ S02669
〔管內尼寺(安國寺・大乘寺・聖光寺)籍〕 (865〜870)
　1)尼　2)聖光寺　3)赤心鄉　4)姓「郭」。俗名「含ミ」。

57307 德藏 ･････････････ S08252①
〔僧名目〕 (10C)

57308 德定 ･････････････ P3600v②
〔燉煌普光寺等尼名申告狀〕 戌年十一月 (9C前期)
　1)僧　2)普光寺

57309 德定 ･････････････ S02669
〔管內尼寺(安國寺・大乘寺・聖光寺)籍〕 (865〜870)
　2)大乘寺　3)洪池鄉　4)姓「索」。俗名「醜子」。

57310 德定 ･････････････ 濱田115v
〔付經僧曆〕 (未年)二月廿二日 (9C前半)
　2)大乘寺

57311 德定花 ･････････････ S04192
〔儭支給曆〕 丑年 (9C前期)
　1)尼

57312 德忍 ･････････････ S02669
〔管內尼寺(安國寺・大乘寺・聖光寺)籍〕 (865〜870)
　2)大乘寺　3)洪池鄉　4)⇒宋蠻ミ。

57313 德念 ･････････････ P5579⑪
〔大乘寺應道場尼名牒〕 酉年十月 (829 or 841)
　2)大乘寺

57314 德念 ･････････････ S02614v
〔燉煌應管諸寺僧尼名錄〕 (895)
　2)安國寺

57315 德念 ················· S02669
〔管內尼寺(安國寺・大乘寺・聖光寺)籍〕
(865～870)
　　1)尼　2)大乘寺　3)赤心鄉　4)俗姓「李」。俗名
　　「昑矓」。

57316 德妙 ················· BD16052D(L4028)
〔僧名目〕　(10C)

57317 德妙 ················· S07882
〔就賀拔堂唱椀等曆〕　十一月廿一日　(9C前期)

57318 德龍 ················· S08252①
〔僧名目〕　(10C)

57319 德了 ················· S02614v
〔燉煌應管諸寺僧尼名錄〕　(895)
　　2)安國寺

57320 德林 ················· S02614v
〔燉煌應管諸寺僧尼名錄〕　(895)
　　2)靈修寺

57321 獨屯馳似月 ················· S05728
〔酒戶曹流德支酒狀〕　壬申年五月日　(912)

57322 突南 ················· P5579⑪
〔大乘寺應道場尼名牒〕　酉年十月　(829 or 841)
　　2)大乘寺

57323 突律似 ················· P2992v
〔牒狀〕　天福十年乙巳以前　(945以前)
　　1)都頭　3)甘州　4)甘州可汗都頭。

57324 訥行婆娘子 ················· Дx11195
〔官衙黃麻麥油破曆〕　(10C)

57325 訥兒 ················· Дx02800＋Дx03183v
〔上涼州狀〕　(9C後期～10C)

57326 訥兒悉慢 ················· S04884v
〔便褐曆〕　壬申年正月廿七日　(972?)

57327 屯々 ················· BD09472v①～③(發92)
〔龍興寺索僧正等五十八人就唐家蘭若請賓頭廬文〕　(8～9C)
　　2)靈修(寺)　3)沙州

57328 屯々母 ················· BD09472v①～③(發92)
〔龍興寺索僧正等五十八人就唐家蘭若請賓頭廬文〕　(8～9C)
　　1)母　2)靈修(寺)　3)沙州

57329 遁論磨 ················· S05824
〔經坊費負担人名目〕　(8C末～9C前期)
　　1)寫經人　3)行人部落

57330 頓覺 ················· BD09295(周16)
〔孟家納色曆〕　辰年二月三日　(9C中期～10C初期)

57331 頓覺 ················· 浙燉116v
〔分付窟家善僧等曆〕　寅年十一月十日　(9C中期)
　　1)儭司

57332 頓漢清兒 ················· P3396v
〔沙州諸渠別芘蘭名目〕　(10C後期)
　　4)原作「阿頓漢清兒」。

57333 頓乞立 ················· S02614v
〔燉煌應管諸寺僧尼名錄〕　(895)
　　2)報恩寺

57334 頓子 ················· 莫第166窟
〔供養人題記〕　(11C初期)
　　4)原作「女大娘子頓子一心供養」。東壁門南側。《燉》p.78。

57335 曇榮 ················· P3757v
〔雜記〕　天福八年前後　(943前後)
　　1)僧　2)金光明寺　4)Дx1381有「乙巳年(945)六月,比丘曇樂之記」。⇒曇樂。

57336 曇應 ················· S05486①
〔諸寺僧尼付油麵曆〕　(10C中期)
　　2)開元寺

57337 曇隱 ················· S00476Bv
〔諸寺付經僧尼曆〕　(9C前期)
　　2)永安寺

57338 曇隱 ················· S00545v
〔永安寺僧名申告狀〕　戌年九月　(9C前期)
　　1)主客僧　2)永安寺

57339 曇隱 ················· S02712v
〔諸寺付經僧尼曆〕　(9C前期)
　　1)僧　2)永安寺

57340 曇隠 ················· S02729①
〔燉煌應管勘牌子歷〕 辰年三月 （788）
　1)僧　2)永安寺　3)沙州　4)俗姓「令狐」。19行
　目。

57341 曇隠 ················· S07882
〔就賀拔堂唱椀等歷〕 十一月廿一日 （9C前期）

57342 曇隠 ················· S10967
〔敎團付經諸寺僧尼名目〕 （9C前期）
　1)僧

57343 曇顆 ················· P3047v⑧
〔王都督儭合城僧徒名錄〕 （9C前期）

57344 曇暉 ················· P.tib1261v⑩
〔諸寺僧尼支給穀物歷〕 （9C前期）
　1)僧

57345 曇儀 ················· P.tib1261v⑩
〔諸寺僧尼支給穀物歷〕 （9C前期）
　1)僧

57346 曇義 ················· S02729①
〔燉煌應管勘牌子歷〕 辰年三月 （788）
　1)僧　2)乾元寺　3)沙州　4)俗姓「朱」。22行
　目。

57347 曇義 ················· S02799
〔僧尼籍〕 （788）
　2)乾元寺　4)俗姓「朱」。

57348 曇顕 ················· P3047v①
〔僧名等錄〕 （9C前期）
　4)俗姓「趙」。

57349 曇顕 ················· P.tib1261v①
〔諸寺僧尼支給穀物歷〕 （9C前期）
　1)僧

57350 曇空 ················· P3047v③
〔諸僧尼送納三色香於乾元寺歷〕 （9C前期）
　2)乾元寺

57351 曇空 ················· P3047v⑧
〔王都督儭合城僧徒名錄〕 （9C前期）

57352 曇空 ················· S02729①
〔燉煌應管勘牌子歷〕 辰年三月 （788）
　1)僧　2)大雲寺　3)沙州　4)俗姓「齊」。8行目。

57353 曇空 ················· S04766v
〔付經僧歷〕 （9C前期）
　1)僧　2)大雲寺

57354 曇空 ················· Дx01330
〔(大雲寺)直歲曇空等當寺僧破除見在牒〕
　申年三月日 （792 or 852 or 912）
　1)直歲

57355 曇惠 ················· P3060v
〔諸寺諸色付經僧尼歷〕 （9C前期）
　4)經典名「放光般若經卷2」。

57356 曇惠 ················· P3060v
〔諸寺諸色付經僧尼歷〕 （9C前期）
　4)經典名「道行經」。

57357 曇惠 ················· P3205
〔僧俗人寫經歷〕 （9C前期）

57358 曇惠 ················· P.tib1261v⑪
〔諸寺僧尼支給穀物歷〕 （9C前期）
　1)僧

57359 曇惠 ················· S02711
〔寫經人名目〕 （9C前期）
　1)寫經人　2)金光明寺

57360 曇惠 ············ S04831②＋S04831v
〔寫經人名目〕 （9C前期）
　1)寫經人

57361 曇惠 ················· S07945
〔僧俗寫經分團人名目〕 （823以降）

57362 曇迥 ················· P.tib1261v①
〔諸寺僧尼支給穀物歷〕 （9C前期）
　1)僧

57363 曇建 ················· P.tib1261v⑩
〔諸寺僧尼支給穀物歷〕 （9C前期）
　1)僧

57364 曇曠 ················· S00464
〔大乘百法明門論開宗記〕 （8C後期）
　1)沙門　2)西明寺道場　4)原作「京西明寺道場沙門曇曠撰」。

57365 曇曠 ················· S02104v
〔雜寫〕 （10C中期）
　1)京西明道場沙門・撰

57366 曇曠 ·········· S02367
〔大乘起信論廣釋卷第三, 京西明寺道場沙門曇曠撰(首題)〕(8C後期)
　　4)末尾朱書「光遍勘」。

57367 曇曠 ·········· S02436
〔大乘起信論略述・建康沙門曇曠撰〕 寶慶貳歲玖月初 (763)
　　1)沙門　2)建康(寺)　4)尾記有「寶慶貳歲玖月初, 於沙州龍興寺寫記」。

57368 曇曠 ·········· S02463v
〔大乘入道次第開決・京西明道場沙門曇曠撰(首題)〕(8C後期)
　　1)沙門

57369 曇曠 ·········· S02674
〔大乘廿二問本〕 丁卯年三月九日 (847)
　　4)曇曠撰(推定)題記有「丁卯年三月九日寫畢, 比丘法燈書」。

57370 曇曠 ·········· S02732v
〔大乘百法明門論開宗義決・沙門曇曠撰(首題)〕 唐大曆九年歲次(甲)寅三月廿三日 (774)

57371 曇曠 ·········· S02782
〔金剛般若經旨贊(上卷)京西明道場沙門曇曠撰〕(8C後期)
　　4)S00721爲「金剛般若經旨贊下卷」尾記爲「廣德二年(764)六月五日釋普導於沙州龍興寺寫記。」

57372 曇曠 ·········· S06219v
〔大乘百法明門論開宗義決曇曠自序〕(8C後期)

57373 曇璨 ·········· P3047v①
〔僧名等錄〕 (9C前期)
　　4)俗姓「梁」。原作「梁曇璨」。

57374 曇璨 ·········· P3047v⑧
〔王都督懺合城僧徒名錄〕 (9C前期)

57375 曇秀 ·········· P3138v
〔諸寺付經曆〕 (9C前期)
　　2)開元寺

57376 曇秀 ·········· S00476A
〔諸寺付經僧尼曆〕 (9C前期)
　　1)僧　2)永安寺

57377 曇秀 ·········· S02729①
〔燉煌應管勘牌子曆〕 辰年三月 (788)
　　1)僧　2)開元寺　3)沙州　4)俗姓「王」。24行目。

57378 曇秀 ·········· S04766
〔付經僧曆〕 (9C前期)
　　1)僧　2)開元寺

57379 曇?秀? ·········· 杏・羽694①
〔當寺應管主客僧牒〕 未年閏十月 (803)
　　4)文末有異一行「未年閏十月日, 直歲圓滿牒」。

57380 曇秀□ ·········· 杏・羽694③
〔漏僧名目〕 (9C中期)

57381 曇沼 ·········· S01823v③
〔徒衆轉帖(殘)〕 (10C前期)

57382 曇振 ·········· P3060v
〔諸寺諸色付經僧尼曆〕 (9C前期)
　　2)靈圖寺　4)俗姓「薛」。

57383 曇振 ·········· S01267v
〔某寺設齋納物名目〕 (9C前期)

57384 曇振 ·········· S02729①
〔燉煌應管勘牌子曆〕 辰年三月 (788)
　　1)僧　2)靈圖寺　3)沙州　4)俗姓「薛」。14行目。

57385 曇振 ·········· Дx11704
〔某經卷第三(尾)末〕 □戌年六月十九日 (9C前期)
　　1)僧　2)乾元寺　4)原作「僧曇振寫了」。

57386 曇眞 ·········· BD02999(陽99)
〔大般若波羅蜜多經卷第456(末)〕(9C)

57387 曇眞 ·········· BD03718(霜18)
〔大般若波羅蜜多經卷第490(尾)〕(9C)
　　1)勘

57388 曇眞〔貞〕 ·········· BD04309(出9)
〔大般若波羅蜜多經卷第42〕(9C)
　　4)原作「曇眞寫了」。

57389 曇眞 ·········· BD13911(新0111)
〔大般若波羅蜜多經卷第51(尾)〕(9C前期)
　　4)「報恩寺/藏經印」(卷首・尾, 朱印)・「三界寺藏經」(墨印)。歸義軍哇寫本。原爲日本大谷探檢隊所得。登錄番號1068。

57390 曇眞 ･･････････････ P.tib1261v①
〔諸寺僧尼支給穀物曆〕（9C前期）
　1)僧

57391 曇眞 ･･････････････ S01823v③
〔徒衆轉帖（殘）〕（10C前期）

57392 曇進 ･･････････････ S02729①
〔燉煌應管勘牌子曆〕 辰年三月 （788）
　1)僧 2)乾元寺 3)沙州 4)20行目。申年7月
　30日死。

57393 曇政 ･･････････････ S01823v③
〔徒衆轉帖（殘）〕（10C前期）

57394 曇晟 ･･････････････ P3047v⑧
〔王都督儭合城僧徒名錄〕（9C前期）

57395 曇清 ･･････････ BD09711v（坐32）
〔比丘發露錄〕（9C前期～後期）

57396 曇清 ･･････････････ P4810v②
〔爲亡妣請僧疏〕（9C前期）
　2)金光明寺

57397 曇清 ･･････････････ P.tib1261v③
〔諸寺僧尼支給穀物曆〕（9C前期）

57398 曇清 ･･････････････ P.tib1261v⑦
〔諸寺僧尼支給穀物曆〕（9C前期）
　1)僧

57399 曇清 ･･････････････ P.tib1261v⑨
〔諸寺僧尼支給穀物曆〕（9C前期）
　1)僧

57400 曇濟 ･･････････････ P3047v①
〔僧名等錄〕（9C前期）
　4)俗姓「竹」。

57401 曇濟 ･･････････････ P.tib1261v⑦
〔諸寺僧尼支給穀物曆〕（9C前期）
　1)僧

57402 曇盛 ･･････････････ P3047v③
〔諸僧尼送納三色香於乾元寺曆〕（9C前期）
　2)乾元寺

57403 曇千 ･･････････････ P3047v③
〔諸僧尼送納三色香於乾元寺曆〕（9C前期）
　2)乾元寺

57404 曇千 ･･････････････ P3047v⑧
〔王都督儭合城僧徒名錄〕（9C前期）

57405 曇善 ･･････････････ S01823v③
〔徒衆轉帖（殘）〕（10C前期）

57406 曇側 ･･････････････ 濱田115v
〔付經僧曆〕 十月三日 （9C前期）
　2)金光明寺

57407 曇智 ･･････････････ S01823v③
〔徒衆轉帖（殘）〕（10C前期）

57408 曇柱 ･･････････････ P3047v③
〔諸僧尼送納三色香於乾元寺曆〕（9C前期）
　2)乾元寺

57409 曇定 ･･････････････ P3138v
〔諸寺付經曆〕（9C前期）
　2)大雲寺

57410 曇哲 ･･････････････ P.tib1261v①
〔諸寺僧尼支給穀物曆〕（9C前期）
　1)僧

57411 曇祕 ･･････････････ S02729①
〔燉煌應管勘牌子曆〕 辰年三月 （788）
　1)僧 2)乾元寺 3)沙州 4)俗姓「呂」。22行
　目。

57412 曇辯 ･･････････････ P3138v
〔諸寺付經曆〕（9C前期）
　2)靈圖寺

57413 曇辯 ･･････････････ P3342
〔大乘入道次第章〕（9C）
　1)比丘 4)原作「第三遍和後丑年三月廿日比丘
　曇辯寫記于沙州軍門蘭若畢功」。

57414 曇辯 ･･････････････ S02729①
〔燉煌應管勘牌子曆〕 辰年三月 （788）
　1)僧 2)靈圖寺 3)沙州 4)俗姓「馬」。12行
　目。

57415 曇明 ･･････････････ P3047v③
〔諸僧尼送納三色香於乾元寺曆〕（9C前期）
　2)乾元寺

57416 曇幽 ･･････････････ P.tib1261v⑦
〔諸寺僧尼支給穀物曆〕（9C前期）
　1)僧

57417 曇樂 ・・・・・・・・・・・・・・・ Дх01381
　〔發露懺悔文〕 乙巳年六月　（945）
　　1）僧比丘　2）金光明寺　4）原作「乙巳年六月金光明寺僧比丘曇樂之記」。

57418 曇?□ ・・・・・・・・・・・・・・・ P3060
　〔諸寺諸色付經僧尼曆〕 （9C前期）
　　1）僧尼　4）經典名：「般若經卷2」。⇒靈?□。

57419 曇□ ・・・・・・・・・・・・・・・ P3138
　〔諸寺維那請大般若經袟〕 （9C前期）
　　2）大雲寺

57420 曇□ ・・・・・・・・・・・・・ P.tib1261v①
　〔諸寺僧尼支給穀物曆〕 （9C前期）
　　1）僧

[な]

57421 那卒 ・・・・・・・・・・・・・ P.tib1261v②
　〔諸寺僧尼支給穀物曆〕 （9C前期）
　　1）僧

57422 內子女夫 ・・・・・・・・・・・ S08426D①
　〔使府酒破曆〕 （10C中～後期）

57423 南行 ・・・・・・・・・・・・・・・ P3353v
　〔爲弟南行廻向疏（殘2行）〕 （9C）

57424 南山 ・・・・・・・・・・ BD14806③（新1006）
　〔歸義軍官府貸油麵曆〕 庚午年 （970）

57425 南山 ・・・・・・・・・・ BD14806③（新1006）
　〔歸義軍官府貸油麵曆〕 壬申年 （972）

57426 南山 ・・・・・・・・・・・・・・・ S04660
　〔兄弟社轉帖〕 戊子年六月廿六日 （988）
　　2）於燉煌蘭喏門

57427 南山 ・・・・・・・・・・・・・・・ S05406
　〔僧正法律徒衆轉帖〕 辛卯年四月十四日 （991）
　　1）僧

57428 南山 ・・・・・・・・・・・・・・・ S05750
　〔契〕 （10C中期～10C後期）

57429 南山 ・・・・・・・・・・・・・・・ S08426A
　〔使府酒破曆〕 （10C中～後期）

57430 南山 ・・・・・・・・・・・・・・・ S08426B
　〔使府酒破曆〕 （10C中～後期）

57431 南山 ・・・・・・・・・・・・・・・ S08426C
　〔使府酒破曆〕 （10C中～後期）

57432 南山 ・・・・・・・・・・・・・・・ S08426D①
　〔使府酒破曆〕 （10C中～後期）

57433 南山 ・・・・・・・・・・・・・・・ S08426D②
　〔使府酒破曆〕 （10C中～後期）

57434 南山 ・・・・・・・・・・・・・・・ S08426E①
　〔使府酒破曆〕 （10C中～後期）

57435 南山 ・・・・・・・・・・・・・・・ Дх05534
　〔禮佛見到僧等人名目〕 廿日夜 （10C）

57436 南山宰相 ･････････････ S08426D①
〔使府酒破曆〕　(10C中～後期)
　1) 宰相

57437 南山善懷 ･････････････ S08426B
〔使府酒破曆〕　(10C中～後期)

57438 南山朝定 ･････････････ S08426B
〔使府酒破曆〕　(10C中～後期)

57439 南山朝定 ･････････････ S08426D②
〔使府酒破曆〕　(10C中～後期)

57440 南山朝定 ･････････････ S08426E②
〔使府酒破曆〕　(10C中～後期)
　1) 阿郎

57441 軟勃訇強 ･････････････ P2763①
〔沙州倉曹趙瓊璋等會計曆〕　辰年九月四日已後至十二月卅日　(788)
　3) 吐蕃

57442 難受 ････････ BD06823v②(羽23)
〔大元帥啟請(首題)〕　辛巳年四月廿八日(861)
　1) 清信弟子　4) 原作「辛巳年四月廿八日清信弟子願受寫畢」。

57443 難陁似 ･････････････････ S08353
〔官衙麵油破曆〕　(10C)

[に]

57444 二娘子 ････････････････ P2944
〔大乘寺・聖光寺等尼僧名錄〕　(10C後期?)
　2) 大乘寺

57445 二頭陁 ･･････････････ P.tib1261④
〔諸寺僧尼支給穀物曆〕　(9C前期)
　1) 僧

57446 尼六法 ･･･････････ BD05906(重6)
〔四分比丘尼羯磨法(首部有勘記)〕　(8C)
　1) 比丘尼

57447 日 ････････････････ P2700lesv
〔比丘法眞狀〕　五月一日　(9C前期)
　1) 闍梨

57448 日榮 ････････････････ S02729①
〔燉煌應管勘牌子曆〕　辰年三月　(788)
　1) 僧　2) 乾元寺　3) 沙州　4) 俗姓「李」。22行目。午年8月向伊州。

57449 日華 ･････････････････ P3047v③
〔諸僧尼送納三色香於乾元寺曆〕　(9C前期)
　2) 乾元寺

57450 日幹 ････････････････ S02729①
〔燉煌應管勘牌子曆〕　辰年三月　(788)
　1) 僧　2) 開元寺　3) 沙州　4) 俗姓「安」。24行目。

57451 日幹 ･････････････････ S10967
〔敦團付經諸寺僧尼名目〕　(9C前期)
　1) 僧

57452 日光 ･････････････････ P3047v⑧
〔王都督馝合城僧徒名錄〕　(9C前期)

57453 日光 ･････････････････ S02614v
〔燉煌應管諸寺僧尼名錄〕　(895)
　2) 三界寺

57454 日恒 ･････････････････ P3668
〔金光明最勝王經卷第9(尾)〕　辛未年二月四日　(911)
　1) 弟子皇太子　4) 原作「辛未年二月四日皇太子爲男弘忽發願寫此經」。

57455 日恆 ·················· S00980
〔金光明最勝經卷第2〕 辛未年二月七日
(911)
　1)弟子・皇太子

57456 日恆 ················ 龍谷大學510
〔妙法蓮華經卷第6〕 辛未年二月七日 (911)
　1)弟子・皇太子

57457 日興 ·················· P3744
〔僧月光日興兄弟析產契〕 (10C前期)
　1)僧

57458 日興 ·················· S01053v
〔某寺破曆〕 戊辰年 (908)

57459 日俊 ·················· S02729①
〔燉煌應管勘牌子曆〕 辰年三月 (788)
　1)僧 2)開元寺 3)沙州 4)俗姓「翟」。23行目。

57460 日俊 ·················· S10967
〔教團付經諸寺僧尼名目〕 (9C前期)

57461 日俊 ·················· 莫第085窟
〔供養人題記〕 (10C前期)
　1)故燉煌…釋門僧統沙門 4)東壁門北側。《燉》p.29。

57462 日照 ·················· P3047v③
〔諸僧尼送納三色香於乾元寺曆〕 (9C前期)
　2)乾元寺

57463 日照 ·················· P3047v⑧
〔王都督儭合城僧徒名錄〕 (9C前期)

57464 日進 ·················· P3047v③
〔諸僧尼送納三色香於乾元寺曆〕 (9C前期)
　2)乾元寺

57465 日進 ·················· P3047v⑧
〔王都督儭合城僧徒名錄〕 (9C前期)

57466 日進 ·················· S00381③
〔龍興寺毗沙門天王靈驗記〕 大蕃歲次辛巳閏二月十五日 (801)
　1)本寺大德僧日進付口抄 2)龍興寺 4)此靈驗記的後記有「本寺(龍興寺)大德附口抄」文。但此抄本中有咸通十四年(873)四月廿六日書寫紀年。

57467 日進 ·················· S02729①
〔燉煌應管勘牌子曆〕 辰年三月 (788)
　1)僧 2)龍興寺 3)沙州 4)俗姓「索」。4行目。

57468 日進 ·················· S04766v②
〔付經僧曆〕 (9C前期)
　1)僧 2)龍興寺

57469 日進上座 ·················· P3060
〔諸寺諸色付經僧尼曆〕 (9C前期)
　1)僧尼・上座 4)經典名「涅槃經卷4」。

57470 日晟 ·················· BD09349A(周70)
〔徵發車牛殘牒〕 (9C)
　1)百姓

57471 日藏 ·················· S02729①
〔燉煌應管勘牌子曆〕 辰年三月 (788)
　1)僧 2)開元寺 3)沙州 4)俗姓「張」。23行目。午年2月10日死。

57472 日定 ·················· BD05515(珍15)
〔四分律比丘戒本(末)〕 七(巳)年十月廿日 (9C)
　1)比丘 2)大雲寺 4)尾端有題記「…□年十月廿比丘日定於大雲寺書」。

57473 日輪 ·················· S02614v
〔燉煌應管諸寺僧尼名錄〕 (895)
　2)乾元寺

57474 日輪 ·················· S02614v
〔燉煌應管諸寺僧尼名錄〕 (895)
　2)報恩寺

57475 忍惠 ·················· P3600v②
〔燉煌普光寺等尼名申告狀〕 戌年十一月 (9C前期)
　2)普光寺

57476 忍德 ·················· P2250v①
〔龍興寺僧唱布曆〕 (925?)
　1)僧 2)龍興寺

57477 忍德 ·················· S02614v
〔燉煌應管諸寺僧尼名錄〕 (895)
　2)龍興寺

[ね]

57478 念戒 ·················· S02614v
〔燉煌應管諸寺僧尼名錄〕（895）

57479 念記闍梨 ·········· BD14504（新0704）
〔俱舍論卷第27〕 廿三日 （9C?）
　1）闍梨　4）原作「廿三日念記闍梨月宛說口書」。

57480 念空 ·················· S02669
〔管内尼寺（安國寺・大乘寺・聖光寺）籍〕（865～870）
　1）尼　2）大乘寺　3）赤心鄉　4）姓「齊」。俗名「多子」。

57481 念惠 ·················· S02614v
〔燉煌應管諸寺僧尼名錄〕（895）

57482 念證 ·················· S02614v
〔燉煌應管諸寺僧尼名錄〕（895）
　2）靈修寺

57483 念澄 ·················· S04444v②
〔燉煌大乘寺僧尼申告（稿）〕（905）
　2）大乘寺

57484 念定 ·················· S02614v
〔燉煌應管諸寺僧尼名錄〕（895）

57485 念定 ·················· 莫第108窟
〔供養人題記〕 五代晉曹氏窟 （10C中期）
　1）故姊・法律尼　2）普光寺　4）原作「故姊普光寺法律尼念定一心供養」。東壁門北側。《燉》p.52。《謝》p.80。

57486 念力 ·················· P2250v①
〔龍興寺僧唱布曆〕（925?）
　2）龍興寺

[の]

57487 納煙 ·················· BD14466（新0666）
〔某寺經濟文書〕（9～10C）
　1）大德　4）原作「納煙大德」。

57488 納兒 ·················· Дx02800＋Дx03183v
〔上涼州狀〕（9C後期～10C）

57489 能戒 ·················· S02614v
〔燉煌應管諸寺僧尼名錄〕（895）
　2）安國寺

57490 能惠 ·················· S02614v
〔燉煌應管諸寺僧尼名錄〕（895）
　2）安國寺

57491 能惠 ·················· S11352
〔法律道哲牓示〕（9C）
　1）法律

57492 能嚴 ·················· BD02126v⑧（藏26）
〔僧尼名目（2行10名）〕（9C後期）

57493 能嚴 ·················· S02614v
〔燉煌應管諸寺僧尼名錄〕（895）
　2）安國寺

57494 能嚴 ·················· S02669
〔管内尼寺（安國寺・大乘寺・聖光寺）籍〕（865～870）
　2）大乘寺　3）玉關鄉　4）姓「劉」。俗名「吳々」。

57495 能嚴 ·················· S04444v②
〔燉煌大乘寺僧尼申告（稿）〕（905）
　2）大乘寺

57496 能悟 ·················· S02669
〔管内尼寺（安國寺・大乘寺・聖光寺）籍〕（865～870）
　2）聖光寺　3）慈惠鄉　4）⇒宋要子。

57497 能護 ·················· S04444v②
〔燉煌大乘寺僧尼申告（稿）〕（905）
　2）大乘寺

57498 能持 ·················· S02614v
〔燉煌應管諸寺僧尼名錄〕（895）
　2）聖光寺

57499 能修 ················· S11352
　〔法律道哲牓示〕（9C）
　　1）法律

57500 能如 ················· 北大D187
　〔翻,僧尼名〕（9C後期～10C前期）
　　1）第一翻

57501 能勝 ················· S02614v
　〔燉煌應管諸寺僧尼名錄〕（895）
　　2）安國寺

57502 能照 ················· S02614v
　〔燉煌應管諸寺僧尼名錄〕（895）
　　2）安國寺

57503 能照 ················· S02614v
　〔燉煌應管諸寺僧尼名錄〕（895）
　　2）聖光寺

57504 能信 ················· S02614v
　〔燉煌應管諸寺僧尼名錄〕（895）
　　2）大乘寺

57505 能信 ················· S04444v②
　〔燉煌大乘寺僧尼申告（稿）〕（905）
　　2）大乘寺

57506 能眞 ················· S02614v
　〔燉煌應管諸寺僧尼名錄〕（895）
　　2）安國寺

57507 能性 ················· S02614v
　〔燉煌應管諸寺僧尼名錄〕（895）
　　2）聖光寺

57508 能性 ················· S04444v②
　〔燉煌大乘寺僧尼申告（稿）〕（905）
　　2）大乘寺

57509 能成 ················· 北大D187
　〔翻,僧尼名〕（9C後期～10C前期）
　　1）第一翻

57510 能正 ················· S04444v②
　〔燉煌大乘寺僧尼申告（稿）〕（905）
　　2）大乘寺

57511 能寂 ················· P3060
　〔諸寺諸色付經僧尼曆〕（9C前期）
　　1）僧尼　4）經典名「寶積經卷6」。

57512 能寂 ················· P3060
　〔諸寺諸色付經僧尼曆〕（9C前期）
　　1）僧尼　4）經典名「摩訶經卷4」。

57513 能寂 ················· S02614v
　〔燉煌應管諸寺僧尼名錄〕（895）
　　2）安國寺

57514 能寂 ················· S11352
　〔法律道哲牓示〕（9C）
　　1）法律

57515 能寂 ················· 杏・羽694①
　〔當寺應管主客僧牒〕未年閏十月（803）
　　4）文末有異一行「未年閏十月日,直歲圓滿牒」。

57516 能定 ················· S02614v
　〔燉煌應管諸寺僧尼名錄〕（895）
　　2）安國寺

57517 能定 ················· S02669
　〔管內尼寺（安國寺・大乘寺・聖光寺）籍〕（865～870）
　　1）尼　2）大乘寺　4）俗姓「呈（程）」。俗名「團子」。

57518 能忍 ················· S02614v
　〔燉煌應管諸寺僧尼名錄〕（895）
　　2）安國寺

57519 能忍 ················· S04444v②
　〔燉煌大乘寺僧尼申告（稿）〕（905）
　　2）大乘寺

57520 能辯 ················· P.tib1261v③
　〔諸寺僧尼支給穀物曆〕（9C前期）
　　1）僧

57521 能辯 ················· P.tib1261v④
　〔諸寺僧尼支給穀物曆〕（9C前期）
　　1）僧

57522 能辯 ················· P.tib1261v⑤
　〔諸寺僧尼支給穀物曆〕（9C前期）
　　1）僧

57523 能辯 ················· P.tib1261v⑦
　〔諸寺僧尼支給穀物曆〕（9C前期）
　　1）僧

57524 能辯 ················· P.tib1261v⑧
　〔諸寺僧尼支給穀物曆〕（9C前期）
　　1）僧

57525 能妙 ························ S02614v
　〔燉煌應管諸寺僧尼名錄〕 (895)
　　2) 聖光寺

57526 能妙 ························ S02614v
　〔燉煌應管諸寺僧尼名錄〕 (895)
　　2) 安國寺

57527 能妙 ························ S02614v
　〔燉煌應管諸寺僧尼名錄〕 (895)
　　2) 大乘寺

[は]

57528 波子 ························ 杏・羽677
　〔入破歷算會(殘)〕 癸酉・甲戌二年 (973・974)
　　1) 解磑

57529 波羅 ·················· BD07118v(師18)
　〔大般若波羅蜜多經卷第303(經文雜寫)〕 (8～9C)

57530 波羅蜜 ····················· P2040v②-22
　〔淨土寺蕐入曆〕 (940年代)
　　2) 淨土寺

57531 破勿 ······················ 莫第387窟
　〔供養人題記〕 清泰元年頃 (936頃)
　　1) 男　4) 東壁。《燉》p.148。《謝》p.237。⇒(康)破勿。

57532 俳寺蘭 ······················ P3763v
　〔淨土寺入破曆〕 (945前後)
　　2) 淨土寺

57533 買察 ························ P3859
　〔報恩寺常住百姓老小孫息名目〕 丙申年十月十一日 (936?)
　　2) 報恩寺　4) ⇒張保山。

57534 買子 ·············· BD15779(簡068080)
　〔佛處出便豆歷〕 丑年二月卅日 (9C前期)

57535 買德 ························ S00542v
　〔燉煌諸寺丁壯車牛役部〕 戌年六月十八日 (818)
　　2) 報恩寺

57536 伯蔭 ························ 杏・羽672
　〔新集親家名目〕 (10C?)
　　1) 妻周家　4) 原作「阿伯ゝ蔭」。

57537 伯憲 ······················ 莫第197窟
　〔供養人題記〕 (9C前期)
　　4) 原作「男伯憲一心供養」。北壁。《燉》p.90。

57538 伯時 ······················· S01965
　〔大般若波羅蜜經卷一百卅三〕 (9C)
　　1) 寫(經人)

57539 伯達 ···················· P2832A piece2
　〔□子伯達考慈父亡疏文〕 大順二年六月十日 (891)

57540 伯談廣 ····················· P4640⑦
　〔伯沙門法心讚〕　(9C末～10C前)
　　　4)原作「住三窟禪師伯沙門法心撰禪伯卽談廣之仲父也」。⇒談廣。

57541 伯明 ····················· BD05829(菜29)
　〔大般若波羅蜜經卷第203〕　(9C)

57542 伯明 ····················· BD06029(芥29)
　〔大般若波羅蜜多經卷第203〕　(8～9C)
　　　4)原作「伯明寫」。

57543 伯明 ····················· BD07286(帝86)
　〔比丘發露錄〕　(9C前期)

57544 伯明 ····················· BD07384(鳥84)
　〔杜都督等書幡等書支領麥布曆〕　丑年～未年　(821～827 or 833～839)
　　　1)僧

57545 伯明 ····················· BD09322v②(周43)
　〔某寺大般若波羅蜜多經藏本點勘〕　午年六月七日　(838?)
　　　1)僧・寫經生　4)人名之右有勾。

57546 伯明 ····················· P2604
　〔論語集解爲政篇第2〕　大中七年正月十八日　(853)

57547 伯明 ····················· P3947
　〔龍興寺應轉經僧分兩蕃定名牒〕　亥年八月　(819 or 831)
　　　2)龍興寺

57548 伯明 ····················· P.tib1261v⑥
　〔諸寺僧尼支給穀物曆〕　(9C前期)
　　　1)僧

57549 伯明 ····················· P.tib1261v⑫
　〔諸寺僧尼支給穀物曆〕　(9C前期)
　　　1)僧

57550 伯明 ····················· S02447
　〔經律交曆〕　壬子年二月二日　(832)
　　　1)前知經藏所由

57551 伯明 ····················· S02447＋S06314
　〔付經僧曆〕　(吐蕃期)
　　　1)僧

57552 伯明 ····················· S02447v①
　〔入破歷〕〔辛〕亥年十月十日　(831)
　　　1)僧

57553 伯明 ····················· S05788
　〔社司轉帖〕　十一月廿一日　(9C前期)
　　　4)⇒梁明。

57554 伯明 ····················· S11515
　〔寫經人名目〕　(9C)

57555 伯倫 ····················· S05788
　〔社司轉帖〕　十一月廿一日　(9C前期)

57556 白律 ····················· Дx05534
　〔禮佛見到僧等人名目〕　廿日夜　(10C)

57557 八戒段 ····················· P3947
　〔龍興寺應轉經僧分兩蕃定名牒〕　亥年八月　(819 or 831)
　　　2)龍興寺　4)V面爲「9C前半大雲寺僧所有田籍簿」。

57558 八娘子 ············ BD15249v③(新1449)
　〔某家榮親客目〕　(10C後期)
　　　4)原作「吳淸奴及長泰八娘子」。

57559 八娘子 ····················· S06981⑬
　〔入麥曆〕　酉年　(10C中期)

57560 八ゝ婦 ····················· P2912v③
　〔寫大般若經一部施銀盤子麥粟粉疏〕　四月八日　(9C前期)

57561 八郎 ····················· Дx11198
　〔兄弟分書〕　(10C後期)

57562 八郎子 ····················· S04274v
　〔社名簿〕　(10C)

57563 判娘 ····················· S00542v
　〔迷〕　戌年六月十八日　(818)

57564 牟王 ····················· S05632①
　〔親情社轉帖〕　丁卯年二月八日　(967)
　　　2)顯德寺門

57565 潘娘 ····················· S02199
　〔尼靈惠唯(遺)書(首題)〕　咸通六年十月廿三日　(865)
　　　1)(靈惠)姪女

57566 般若 ····················· S02729①
　〔燉煌應管勘牌子歷〕　辰年三月　(788)
　　　1)僧　2)龍興寺　3)沙州　4)俗姓「羅」。6行目。

57567 般若心 ·················· S02669
〔管內尼寺(安國寺・大乘寺・聖光寺)籍〕
(865～870)
　　2)大乘寺　3)玉關鄉　4)姓「姚」。俗名「擔娘」。

57568 般若眞 ············ 浙燉168(浙博143)
〔諸寺僧名目〕　(10C中期)

57569 鏝々 ·················· S04710
〔沙州戶口簿〕　(9C中期以降)
　　1)尼　4)⇒張鏝々。

[ひ]

57570 婢見相 ················· S00542v
〔燉煌諸寺丁壯車牛役部〕　戌年六月十八日
(818)
　　2)大雲寺

57571 婢子 ··················· S00542v
〔燉煌諸寺丁壯車牛役部〕　戌年六月十八日
(818)
　　2)安國寺(開雲寺)

57572 婢子 ··················· S06233①
〔吐蕃期某寺諸色斛斗出曆〕　(9C前期)

57573 婢福 ···················· P2944
〔大乘寺・聖光寺等尼僧名錄〕　(10C後期?)

57574 彼岸 ···················· P3947
〔龍興寺應轉經僧分兩蕃定名牒〕　亥年八月
(819 or 831)
　　2)龍興寺　4)V面爲「9C前半大雲寺僧所有田籍簿」。

57575 彼岸 ················ P.tib1261v⑪
〔諸寺僧尼支給穀物曆〕　(9C前期)
　　1)僧

57576 彼岸 ··················· 濱田115v
〔付經僧曆〕　午年七月十一日　(9C前期)
　　1)僧　2)龍興寺

57577 悲願花 ·················· S01364
〔付經曆〕　(9C)
　　1)僧　2)靈圖寺

57578 悲慈藏 ················· 莫第107窟
〔供養人題記〕　咸通十二年頃　(821頃)
　　4)原作「女十一娘後修行大乘優婆姨法名悲慈藏一心供養」。北壁。《燉》p.50。

57579 悲濟花 ·················· S04192
〔糲支給曆〕　丑年　(9C前期)

57580 比悉迦 ············ BD14666v④(新0866)
〔麥粟納付曆(4行半)〕　(9C前期)

57581 毗尼花 ············ BD09322①(周43)
〔沙州諸寺僧尼配付大般若經點勘曆〕　午年五月五日　(838?)
　　2)(靈修寺)　3)沙州

57582 祕藏? ················ BD16100v(L4063)
〔雜寫〕 (9~10C)

57583 祕藏 ······················ 沙文補24
〔寺嘟索再榮〕 午年正月 (9C前期)

57584 祕藏律師 ···················· S03983
〔經藏點檢曆〕(壬子年頃)十二月五日 (832頃)

57585 祕法□ ······················ S10967
〔敎團付經諸寺僧尼名目〕 (9C前期)

57586 媚子 ························ S00542v
〔燉煌諸寺丁壯車牛役部〕 戌年六月十八日 (818)
　　2)大雲寺

57587 媚娘 ························ S00542v
〔燉煌諸寺丁壯車牛役部〕 戌年六月十八日 (818)
　　2)大雲寺

57588 媚賴 ························ P3047v①
〔僧名等錄〕 (9C前期)
　　4)俗姓「石」。

57589 徽達 ······················ P.tib1261v④
〔諸寺僧尼支給穀物曆〕 (9C前期)
　　1)僧　4)⇒徽達。

57590 袜社 ························ S04192
〔𥧌支給曆〕 丑年 (9C前期)

57591 美子 ······················ 莫第320窟
〔供養人題記〕 (10C前期)
　　4)原作「孫美子一心供養」。北壁。《燉》p.130。

57592 美勝 ························ P2944
〔大乘寺・聖光寺等尼僧名錄〕 (10C後期?)

57593 美太 ························ P2944
〔大乘寺・聖光寺等尼僧名錄〕 (10C後期?)
　　2)大乘寺

57594 美明 ························ P4525v②
〔將兌紙人目〕 (980頃)

57595 畢竟空 ······················ P3060
〔諸寺諸色付經僧尼曆〕 (9C前期)
　　1)僧尼　4)經典名「般若經卷52」。

57596 佰十郞 ······················ P2556v
〔尚饗文殘等〕 歲次癸未十二月朔五日 (863)
　　4)原作「阿佰十郞」。

57597 品娘 ························ S00542v
〔名簿〕 戌年六月十八日 (818)

57598 品奴 ························ P3047v⑨
〔諸人諸色施捨曆〕 (9C前期)

[ふ]

57599 不果不頭 ·············· P3721v③
〔冬至自斷官員名〕 己卯年十一月廿六日
(979)

57600 不子 ················ S05406
〔僧正法律徒衆轉帖〕 辛卯年四月十四日
(991)
　1)僧・徒衆

57601 不成 ················ S08448c
〔雜寫〕 (10C)
　1)釋門法律　4)俗姓「唐」。

57602 不藉娘 ·············· P2932
〔出便豆曆〕 乙丑年二月二日 (965?)
　1)口承人

57603 不藉娘子 ············ 楡第35窟
〔供養人題記〕 (10C末期)
　4)東壁。《謝》p.486。

57604 不藉奴 ·············· Дx05534
〔禮佛見到僧等人名目〕 廿日夜 (10C)

57605 不藉奴 ······· 三井文庫燉煌寫經25-14-20
〔成唯識論卷第7(8C)背面〕 (10C)
　1)孔目官　4)原作「不藉奴孔目官興奴孔目書寫上手記耳」。

57606 不勿 ················ BD16083(L4050)
〔僧談會斛斗出便與人名目〕 二月九日 (9C後期)
　1)口承人弟　4)⇒范不勿。

57607 不勿 ················ P2472v①②
〔社文書〕 (10C後期?)

57608 不勿 ················ P2932
〔出便豆曆〕 乙丑年正月十二日 (965?)
　1)口承人　4)⇒(杜)不勿。

57609 不勿 ················ P4981
〔當寺轉帖〕 閏三月十三日 (961)

57610 不勿 ················ S04120
〔布褐等破曆(殘)〕 癸亥年二月～甲子年二月 (963～964)

57611 不勿 ················ 莫第322窟
〔供養人題記〕 (10C前期)
　4)原作「□不勿一心□」。西壁。《燉》p.131。

57612 不用 ················ S00542v
〔名簿〕 戌年六月十八日 (818)

57613 傅通 ················ BD05388(光88)
〔大般若波羅蜜多經卷第515〕 (8～9C)
　1)第一校　4)原作「第一校傅通」。

57614 富員 ················ S04644v
〔僧名錄(2行雜寫)〕 (10C後期)

57615 富員 ················ S04660
〔兄弟社轉帖〕 戊子年六月廿六日 (988)
　2)於燉煌蘭喏門

57616 富員 ················ 莫第387窟
〔供養人題記〕 清泰元年頃 (936頃)
　1)男　4)東壁門南側。《燉》p.148。⇒(康)富員。

57617 富盈 ················ P4981
〔當寺轉帖〕 閏三月十三日 (961)

57618 富盈 ················ Дx01380v
〔僧名目〕 (10C後期)
　4)原作「龍師男富盈」。R面爲「七月廿八日獻信狀」(10C後期)。⇒(龍?)富盈。

57619 富盈押衙 ······· Дx00285＋Дx02150＋Дx02167＋Дx02960＋Дx03020＋Дx03123v③
〔某寺破曆〕 (10C中期)
　1)押衙

57620 富子 ················ S04577
〔楊將頭遺物分配憑〕 癸酉年十月五日 (973 or 913)
　1)(楊將頭)妻

57621 富順 ················ Дx01378
〔當團轉帖〕 (10C中期)

57622 富昌 ················ BD16026c(L4018)
〔周家蘭若禪僧法成便麥粟曆〕 (957～959)

57623 富昌 ················ S06452①
〔淨土寺破曆〕 辛巳年 (981)
　2)淨土寺

57624 富昌 ················ S06452④
〔常住庫借貸油麵物曆〕 壬午年 (982?)

57625 富昌 ……………………… Дx05534
〔禮佛見到僧等人名目〕 廿日夜 (10C)

57626 富進 ……………………… Дx01277
〔納贈曆〕 丁丑年九月四?日 (977)

57627 富千 ……………… BD14806v(新1006)
〔義進押衙身故祭盤人名目〕 戊寅年二月十九日 (978)

57628 富千 ……………………… S08426A
〔使府酒破曆〕 (10C中～後期)

57629 富全 ………………………… P2932
〔出便豆曆〕 乙丑年正月十八日 (965?)
 1)口承 4)⇒(翟)富全。

57630 富通 …………………… P2032v①-4
〔淨土寺粟入曆〕 (944前後)

57631 富通 ……………………… P2032v⑪
〔淨土寺西倉司願勝等入破曆〕 乙巳年三月 (945)
 2)淨土寺

57632 富通 ……………………… P3706v
〔雜寫〕 (10C後期)
 4)有「樓上酒壹瓮付富通」等。R面爲「大佛名懺悔文」(10C中期)。

57633 富通 ……………………… S00728v
〔雜寫〕 五月五日 (10C中期)
 4)R面爲「孝經1卷」(丙申年(936)寫,庚子年(940)記)。

57634 富通 ……………………… S10644
〔朝闌家文書〕 己卯年六月 (979)

57635 富通 ………………… 浙燉113(浙博088)
〔雜抄及曲子詞〕 (10C)
 4)雜抄中有「同光季(923～926)」。

57636 富定 ………………… BD16026c(L4018)
〔周家蘭若禪僧法成便麥粟曆〕 (957～959)

57637 富定 …………………… 莫第387窟
〔供養人題記〕 清泰元年頃 (936頃)
 1)男 4)東壁。《燉》p.148。《謝》p.237。⇒(康)富定。

57638 富奴 ……………………… P2049v①
〔淨土寺諸色入破曆計會牒〕 同光三年 (925)
 4)原作「阿富奴」。

57639 富德 ……………………… P2032v⑪
〔淨土寺西倉司願勝等入破曆〕 乙巳年三月 (945)
 2)淨土寺

57640 富德 ……………………… S05437
〔願通等缺升人名抄(封題面)〕 (10C)

57641 富德 ……………………… S06981⑩
〔兄弟轉帖〕 壬戌年十月十七日 (962)

57642 富友 ……………………… S04660
〔兄弟社轉帖〕 戊子年六月廿六日 (988)
 2)於燉煌蘭喏門

57643 富連 ……………………… S08426A
〔使府酒破曆〕 (10C中～後期)

57644 富郎 ……………………… S08426F①
〔使府酒破曆〕 (10C中～後期)

57645 布多闍梨 …………………… P3396v
〔沙州諸渠別苽菌名目〕 (10C後期)
 1)闍梨

57646 普意 ………………………… P3060
〔諸寺諸色付經僧尼曆〕 (9C前期)
 1)僧尼 4)經典名「般若經卷9」。

57647 普意 ………………………… P3060
〔諸寺諸色付經僧尼曆〕 (9C前期)
 1)僧尼 4)經典名「般若經卷37」。

57648 普意 ……………………… P3600v②
〔燉煌普光寺等尼名申告狀〕 戌年十一月 (9C前期)
 1)僧 2)普光寺

57649 普意 ……………………… S02729①
〔燉煌應管勘牌子曆〕 辰年三月 (788)
 1)僧 2)普光寺 3)沙州 4)俗姓「王」。38行目。

57650 普意 ……………………… S02729①
〔燉煌應管勘牌子曆〕 辰年三月 (788)
 1)僧 2)普光寺 3)沙州 4)俗姓「陰」。43行目。

57651 普意 ･････････････････ S03475
〔淨名經關中疏卷上〕 大曆七年三月廿八日 (776)
　1)比丘　2)普光寺　4)原作「爲普光寺比丘普意轉寫此卷記」。

57652 普畏 ･････････････････ S02729①
〔燉煌應管勘牌子曆〕　辰年三月　(788)
　1)僧　2)普光寺　3)沙州　4)俗姓「曹」。44行目。

57653 普因 ･････････････････ S02729①
〔燉煌應管勘牌子曆〕　辰年三月　(788)
　1)僧　2)靈修寺　3)沙州　4)俗姓「馬」。30行目。

57654 普圓 ･････････････････ P.tib1261v⑥
〔諸寺僧尼支給穀物曆〕　(9C前期)
　1)尼

57655 普圓 ･････････････････ S02614v
〔燉煌應管諸寺僧尼名錄〕　(895)
　1)尼　2)大乘寺

57656 普圓 ･････････････････ S02614v
〔燉煌應管諸寺僧尼名錄〕　(895)
　1)尼　2)靈修寺

57657 普圓 ･････････････････ S02729①
〔燉煌應管勘牌子曆〕　辰年三月　(788)
　1)僧　2)靈修寺　3)沙州　4)俗姓「陰」。37行目。

57658 普緣 ･････････････････ S02729①
〔燉煌應管勘牌子曆〕　辰年三月　(788)
　1)僧　2)大乘寺　3)沙州　4)俗姓「翟」。51行目。

57659 普果 ･････････････････ S02729①
〔燉煌應管勘牌子曆〕　辰年三月　(788)
　1)僧　2)靈修寺　3)沙州　4)俗姓「陰」。29行目。

57660 普花 ･････････････････ S02614v
〔燉煌應管諸寺僧尼名錄〕　(895)
　2)聖光寺

57661 普戒 ･････････････････ S02729①
〔燉煌應管勘牌子曆〕　辰年三月　(788)
　1)僧　2)普光寺　3)沙州　4)俗姓「羅」。41行目。

57662 普勸 ･････････････････ S02729①
〔燉煌應管勘牌子曆〕　辰年三月　(788)
　1)僧　2)普光寺　3)沙州　4)俗姓「唐」。38行目。

57663 普願 ･････････････････ P3060
〔諸寺諸色付經僧尼曆〕　(9C前期)
　1)僧尼　4)經典名「般若經卷3」。

57664 普願 ･････････････････ P3600v②
〔燉煌普光寺等尼名申告狀〕　戌年十一月 (9C前期)
　1)僧　2)普光寺

57665 普願 ･････････････････ S02729①
〔燉煌應管勘牌子曆〕　辰年三月　(788)
　1)僧　2)普光寺　3)沙州　4)俗姓「氾」。40行目。

57666 普願 ･････････････････ S11305
〔大般若經帙付經曆〕　(9C)
　2)普光寺

57667 普願 ････････････ 井上目57,圖版1背
〔釋門教授帖〕　子年前後　(820 or 832)
　1)尼・檢校道場律師　2)大乘寺

57668 普喜 ･････････････････ S02729①
〔燉煌應管勘牌子曆〕　辰年三月　(788)
　1)僧　2)普光寺　3)沙州　4)俗姓「李」。39行目。

57669 普惠 ･････････････････ S02614v
〔燉煌應管諸寺僧尼名錄〕　(895)
　1)尼　2)大乘寺

57670 普惠 ･････････････････ S02729①
〔燉煌應管勘牌子曆〕　辰年三月　(788)
　1)僧　2)普光寺　3)沙州　4)俗姓「安」。38行目。

57671 普惠 ･････････････････ S04444v②
〔燉煌大乘寺僧尼申告(稿)〕　(905)
　1)尼　2)大乘寺

57672 普啓行 ･････････････････ Дx01459
〔第一判諸寺尼僧名錄〕　(9C末～10C初)
　4)⇒啓行。

57673 普敬 ･････････････････ S02729①
〔燉煌應管勘牌子曆〕　辰年三月　(788)
　1)僧　2)大乘寺　3)沙州　4)俗姓「樊」。51行目。

57674 普堅 ·············· P3600v②
〔燉煌普光寺等尼名申告狀〕 戌年十一月
(9C前期)
　　1)尼　2)普光寺

57675 普堅 ·············· P.tib1202v
〔僧尼名目〕（9C前期）

57676 普堅 ·············· 井上目57,圖版1背
〔釋門教授帖〕 子年前後 (820 or 832)
　　1)尼・檢校道場律師　2)大乘寺

57677 普賢 ·············· P3047v①
〔僧名等錄〕（9C前期）
　　4)俗姓「趙」。

57678 普賢 ·············· P3047v③
〔諸僧尼送納三色香於乾元寺曆〕（9C前期）
　　2)乾元寺

57679 普賢 ·············· P3060
〔諸寺諸色付經僧尼曆〕（9C前期）
　　1)僧尼　4)經典名「般若經卷9」。

57680 普賢 ·············· S02729①
〔燉煌應管勘牌子曆〕 辰年三月 (788)
　　1)僧　2)普光寺　3)沙州　4)俗姓「宗」。39行目。

57681 普嚴 ·············· P3060
〔諸寺諸色付經僧尼曆〕（9C前期）
　　1)僧尼　4)經典名「般若經卷35」。

57682 普嚴 ·············· S02729①
〔燉煌應管勘牌子曆〕 辰年三月 (788)
　　1)僧　2)普光寺　3)沙州　4)俗姓「索」。42行目。

57683 普現 ·············· Дx01200v
〔僧名點檢錄〕（10C後期）

57684 普光 ·············· P3047v③
〔諸僧尼送納三色香於乾元寺曆〕（9C前期）
　　2)乾元寺

57685 普晃 ·············· P3047v⑧
〔王都督儭合城僧徒名錄〕（9C前期）

57686 普航 ·············· P3060
〔諸寺諸色付經僧尼曆〕（9C前期）
　　1)僧尼　4)經典名「般若經卷26」。

57687 普航 ·············· S02729①
〔燉煌應管勘牌子曆〕 辰年三月 (788)
　　1)僧　2)普光寺　3)沙州　4)俗姓「賀」。40行目。

57688 普行 ·············· S02729①
〔燉煌應管勘牌子曆〕 辰年三月 (788)
　　1)僧　3)沙州・潘原堡　4)俗姓「張」。52行目。

57689 普行 ·············· S02729①
〔燉煌應管勘牌子曆〕 辰年三月 (788)
　　1)僧　2)普光寺　3)沙州　4)俗姓「索」。39行目。

57690 普兒 ·············· P3047v③
〔諸僧尼送納三色香於乾元寺曆〕（9C前期）
　　2)乾元寺

57691 普慈 ·············· P3600v②
〔燉煌普光寺等尼名申告狀〕 戌年十一月
(9C前期)
　　2)普光寺

57692 普慈 ·············· 浙燉070(浙博045)
〔諸寺僧尼缺經請經帳目〕（9C前期）

57693 普持 ·············· P.tib1261v⑦
〔諸寺僧尼支給穀物曆〕（9C前期）
　　1)尼

57694 普持 ·············· P.tib1261v⑧
〔諸寺僧尼支給穀物曆〕（9C前期）
　　1)尼

57695 普持 ·············· S02729①
〔燉煌應管勘牌子曆〕 辰年三月 (788)
　　1)僧　2)靈修寺　3)沙州　4)俗姓「薛」。30行目。

57696 普修 ·············· P3047v①
〔僧名等錄〕（9C前期）
　　4)俗姓「令狐」。

57697 普修 ·············· P3047v③
〔諸僧尼送納三色香於乾元寺曆〕（9C前期）
　　2)乾元寺

57698 普修 ·············· P3600v②
〔燉煌普光寺等尼名申告狀〕 戌年十一月
(9C前期)
　　2)普光寺

57699 普集 ……………………… P3600v②
　〔燉煌普光寺等尼名申告狀〕　戌年十一月
　（9C前期）
　　　2）普光寺

57700 普集 ……………………… S02729①
　〔燉煌應管勘牌子歷〕　辰年三月　（788）
　　　1）僧　2）普光寺　3）沙州　4）俗姓「張」。40行
　　　目。

57701 普遵 ……………………… P3047v①
　〔僧名等錄〕　（9C前期）
　　　4）俗姓「馮」。

57702 普遵 ……………………… P3047v⑦
　〔法事僧尼名錄〕　（9C前期）

57703 普遵 ……………………… P3047v⑧
　〔王都督𠜱合城僧徒名錄〕　（9C前期）

57704 普勝 ……………………… S02729①
　〔燉煌應管勘牌子歷〕　辰年三月　（788）
　　　1）僧　2）普光寺　3）沙州　4）俗姓「唐」。40行
　　　目。

57705 普照 ……………………… P3600v②
　〔燉煌普光寺等尼名申告狀〕　戌年十一月
　（9C前期）
　　　1）僧　2）普光寺

57706 普照 ……………………… P4611
　〔諸寺付經歷〕　（9C末～10C初）
　　　1）惟那　2）普光寺

57707 普照 ……………………… P.tib1202v
　〔僧尼名目〕　（9C前期）

57708 普照 ……………………… S02729①
　〔燉煌應管勘牌子歷〕　辰年三月　（788）
　　　1）僧　2）普光寺　3）沙州　4）俗姓「安」。40行
　　　目。

57709 普照 ……………………… S02729①
　〔燉煌應管勘牌子歷〕　辰年三月　（788）
　　　1）僧　3）沙州・潘原堡　4）俗姓「賀拔」。53行目。

57710 普證 ……………………… S02729①
　〔燉煌應管勘牌子歷〕　辰年三月　（788）
　　　1）僧　2）普光寺　3）沙州　4）俗姓「索」。38行
　　　目。

57711 普淨 ……………………… P3047v③
　〔諸僧尼送納三色香於乾元寺曆〕　（9C前期）
　　　2）乾元寺

57712 普淨 ……………………… S02614v
　〔燉煌應管諸寺僧尼名錄〕　（895）
　　　1）尼　2）聖光寺

57713 普淨 ……………………… Stein Painting 28*
　〔觀世音菩薩圖〕　大順參年歲次壬子十二月甲申
　朔三日　（892）
　　　1）沙門

57714 普心 ……………………… P5000v
　〔僧尼名目〕　（9C前期）
　　　2）靈修寺

57715 普心 ……………………… P.tib1202v
　〔僧尼名目〕　（9C前期）

57716 普心 ……………………… 杏・羽694v②
　〔諸寺僧尼唱䞋物曆〕　（9C中期）
　　　2）永安寺？

57717 普心 ……………………… 浙燉070（浙博045）
　〔諸寺僧尼缺經請經帳目〕　八月廿三日已前轉
　經　（9C前期）
　　　2）靈修寺

57718 普?眞 ……………………… P3060
　〔諸寺諸色付經僧尼曆〕　（9C前期）
　　　1）僧尼　4）經典名「般若經卷51」。

57719 普眞 ……………………… P3730⑨
　〔牒〕　寅年九月　（9C）
　　　1）沙彌・尼　2）大乘寺

57720 普眞 ……………………… S02729①
　〔燉煌應管勘牌子歷〕　辰年三月　（788）
　　　1）僧　2）靈修寺　3）沙州　4）俗姓「陰」。30行
　　　目。

57721 普進花 ……………………… P3336v②
　〔監軍轉經付維那曆〕　（寅年）二月廿日　（834）
　　　2）安國寺　4）朱書。

57722 普濟 ……………………… P.tib1261v④
　〔諸寺僧尼支給穀物曆〕　（9C前期）
　　　1）尼

57723 普濟 ……………………… P.tib1261v⑥
　〔諸寺僧尼支給穀物曆〕　（9C前期）
　　　1）尼

57724 普濟 ……………………… S07882
　〔就賀拔堂唱椀等曆〕 十一月廿一日 （9C前期）

57725 普寂 ……………………… P.tib1202v
　〔僧尼名目〕 （9C前期）

57726 普船 ……………………… P.tib1261v⑨
　〔諸寺僧尼支給穀物曆〕 （9C前期）
　　1)尼

57727 普船 ……………… 井上目57,圖版1背
　〔釋門教授帖〕 子年前後 （820 or 832）
　　1)尼・檢校道場律師　2)安國寺

57728 普船 ……………………… S02729①
　〔燉煌應管勘牌子曆〕 辰年三月 （788）
　　1)僧　2)靈修寺　3)沙州　4)俗姓「索」。33行
　　目。

57729 普藏 ……………………… P3600v②
　〔燉煌普光寺等尼名申告狀〕 戌年十一月
　　（9C前期）
　　2)普光寺

57730 普藏 ……………………… P3619①
　〔王都督儭合城僧徒名錄〕 （9C）

57731 普藏 ……………………… S02669
　〔管內尼寺(安國寺・大乘寺・聖光寺)籍〕
　　（865～870）
　　2)大乘寺　3)燉煌鄉　4)姓「李」。俗名「威ゝ」。

57732 普定 ……………………… P3600v②
　〔燉煌普光寺等尼名申告狀〕 戌年十一月
　　（9C前期）
　　2)普光寺

57733 普定 ……………………… S02669
　〔管內尼寺(安國寺・大乘寺・聖光寺)籍〕
　　（865～870）
　　2)大乘寺　3)燉煌鄉　4)姓「張」。俗名「龍女」。

57734 普定 ……………………… S02729①
　〔燉煌應管勘牌子曆〕 辰年三月 （788）
　　1)僧　2)普光寺　3)沙州　4)俗姓「唐」。42行
　　目。

57735 普定 ……………………… S04444v②
　〔燉煌大乘寺僧尼申告(稿)〕 （905）
　　2)大乘寺

57736 普定□ …………… BD16200R（L4099）
　〔僧名目錄〕 （9～10C）

57737 普燈 ……………………… P3060
　〔諸寺諸色付經僧尼曆〕 （9C前期）
　　1)尼　2)普光寺　4)俗姓「索」。

57738 普登 ……………………… S02729①
　〔燉煌應管勘牌子曆〕 辰年三月 （788）
　　1)僧　2)普光寺　3)沙州　4)俗姓「安」。39行
　　目。

57739 普德 ……………………… S02729①
　〔燉煌應管勘牌子曆〕 辰年三月 （788）
　　1)僧　2)靈修寺　3)沙州　4)俗姓「張」。35行
　　目。

57740 普遍 ……………………… P3600v②
　〔燉煌普光寺等尼名申告狀〕 戌年十一月
　　（9C前期）
　　2)普光寺

57741 普滿 …………… BD02126v⑧（藏26）
　〔僧尼名目(2行10名)〕 （9C後期）

57742 普滿 ……………………… S02614v
　〔燉煌應管諸寺僧尼名錄〕 （895）
　　2)大乘寺

57743 普滿 ……………………… S02729①
　〔燉煌應管勘牌子曆〕 辰年三月 （788）
　　1)僧　2)普光寺　3)沙州　4)俗姓「索」。43行
　　目。

57744 普滿 ……………………… S04444v②
　〔燉煌大乘寺僧尼申告(稿)〕 （905）
　　2)大乘寺

57745 普妙 ……………………… P3060
　〔諸寺諸色付經僧尼曆〕 （9C前期）
　　1)僧尼　4)經典名「般若經卷3」。

57746 普妙 ……………………… P3060
　〔諸寺諸色付經僧尼曆〕 （9C前期）
　　1)尼　2)普光寺　4)俗姓「張」。

57747 普妙 ……………………… P3600v②
　〔燉煌普光寺等尼名申告狀〕 戌年十一月
　　（9C前期）
　　1)僧　2)普光寺

57748 普妙 ･･････････････････ S02729①
〔燉煌應管勘牌子歷〕 辰年三月 (788)
　　1)僧　2)普光寺　3)沙州　4)俗姓「張」。39行目。

57749 普妙會 ･･････････････････ Дx01459
〔第一判諸寺尼僧名錄〕 (9C末～10C初)

57750 普明 ･･････････････････ P3047v①
〔僧名等錄〕 (9C前期)
　　4)俗姓「羅」。

57751 普明 ･･････････････････ P3047v③
〔諸僧尼送納三色香於乾元寺曆〕 (9C前期)
　　2)乾元寺

57752 普明 ･･････････････････ P3600v②
〔燉煌普光寺等尼名申告狀〕 戌年十一月
 (9C前期)
　　2)普光寺

57753 普明 ･･････････････････ P.tib1261v⑧
〔諸寺僧尼支給穀物曆〕 (9C前期)
　　1)僧

57754 普明 ･･････････････････ S02614v
〔燉煌應管諸寺僧尼名錄〕 (895)
　　2)聖光寺

57755 普明 ･･････････････････ S02729①
〔燉煌應管勘牌子歷〕 辰年三月 (788)
　　1)僧　2)普光寺　3)沙州　4)俗姓「閻」。44行目。辰年8月24日死。

57756 普明 ･･････････････････ S02729①
〔燉煌應管勘牌子歷〕 辰年八月廿四日 (788)
　　1)僧　2)普光寺　3)沙州　4)俗姓「閻」。62行目。辰年8月24日死。末尾有「贊息檢」。

57757 普輪 ･･････････････････ P3047v③
〔諸僧尼送納三色香於乾元寺曆〕 (9C前期)
　　2)乾元寺

57758 普輪 ･･････････････････ P3047v⑧
〔王都督儭合城僧徒名錄〕 (9C前期)

57759 普靈智 ･･････････････････ Дx01459
〔第一判諸寺尼僧名錄〕 (9C末～10C初)

57760 苻住千 ･･････････････････ S11442
〔人名目〕 (10C)

57761 福 ･･････････････････ BD02996(陽96)
〔大般若波羅蜜多經卷第185(末)〕 (9～10C)
　　1)比丘　4)原作「比丘福寫記」。

57762 福愛 ･･････････････････ BD02017(冬17)
〔瑜伽師經論卷第26(首尾題)〕 (9C)

57763 福威 ･･････････････････ BD02296(閏96)
〔唱得布曆〕 (10C)

57764 福員 ･･････････････････ BD16504c
〔雜寫〕 (9～10C)

57765 福員 ･･････････････････ P6005
〔福員等唱布曆〕 (9C)

57766 福因 ･･････････････････ P2944
〔大乘寺･聖光寺等尼僧名錄〕 (10C後期?)
　　1)式叉尼　2)大乘寺

57767 福因 ･･････････････････ S05486①
〔諸寺僧尼付油麵曆〕 (10C中期)
　　2)蓮臺寺

57768 福盈 ･･････････････････ BD02496v①(成96)
〔儭司唱得布支給歷〕 (10C前期)

57769 福盈 ･･････････････････ Дx05299
〔洪池鄉人福盈父子買舍契〕 □□陸年巳巳歲二月 (969)
　　1)端端男

57770 福圓 ･･････････････････ S02669
〔管內尼寺(安國寺･大乘寺･聖光寺)籍〕
 (865～870)
　　1)尼　2)大乘寺　3)洪池鄉　4)姓「齊」。俗名「足娘」。

57771 福圓 ･･････････････････ S05880②
〔福圓取油曆抄〕 卯年十一月十八日 (9C前期)

57772 福延 ･･････････････････ 散錄0540
〔阿彌陀讚一本･往生極樂讚一本等共一卷〕
顯德六年歲次己未八月十日 (959)
　　1)沙彌　2)三界寺

57773 福恩 ･･････････････････ Дx01043v
〔題記〕 癸酉十月六□日 (913 or 973)
　　1)僧

57774 福恩 ………………… Дx01432
　〔題記 存2行〕 癸酉(年)十月六日 (973 or 913)
　　1)僧　4)原作「僧福惠恩…坊内書記」。

57775 福會 ……………… BD06437v①(河37)
　〔燉煌僧尼名〕 (9～10C)

57776 福會 …………… BD16388A(L4460)＋BD16388B(L4460)
　〔當寺轉帖〕 (9～10C)

57777 福惠 ……………… BD02296(閏96)
　〔唱得布曆〕 (10C)

57778 福惠 ……………… BD06277(海77)
　〔般若波羅蜜多心經〕 (10C)
　　4)原作「金光明寺僧福惠舍多心經一卷」。

57779 福惠 ………………………… P2944
　〔大乘寺・聖光寺等尼僧名錄〕 (10C後期?)
　　1)式叉尼　2)大乘寺

57780 福慧 ………………………… Φ330
　〔瑜伽論前廿卷隨聽手記(尾)〕 (9C)
　　1)沙門

57781 福慧 ………………………… Φ330v
　〔瑜伽論前廿卷隨聽手記背面紙縫押署(2所)〕 (9C)

57782 福慧 …………… 故宮博・新104072
　〔瑜伽師地論卷第1(首尾題)(末)〕 乙亥年前四月八日 (855)

57783 福慶 ………………………… S05405r.v
　〔福慶邈眞讚題及背〕 顯德二年歲次丙辰八月 (956)
　　1)京城内外臨壇供奉大德兼…和尚　4)原作「俗姓張氏香號福慶,先苗著姓望在清河後嗣」。

57784 福建 ………………………… S03631v
　〔僧人名目〕 (10C中～後期)

57785 福建 ………………………… S05486①
　〔諸寺僧尼付油麵曆〕 (10C中期)
　　2)三界寺

57786 福賢 ………………………… S02669
　〔管内尼寺(安國寺・大乘寺・聖光寺)籍〕 (865～870)
　　2)大乘寺　3)神沙鄉　4)姓「吳」。俗名「能子」。

57787 福嚴 ………… BD02126v②(藏26)
　〔人名目(1行6名)〕 (9C後期)

57788 福嚴 ……………… 浙燉168(浙博143)
　〔諸寺僧名目〕 (10C中期)

57789 福悟 …………… S07939v＋S07940Bv＋S07941
　〔燉煌諸寺僧尼給糧曆〕 (823以降)
　　1)尼　2)聖光寺

57790 福行 ………………………… S03631v
　〔僧人名目〕 (10C中～後期)

57791 福行 ………………………… S06981③
　〔某寺入曆(殘)〕 十一月十七日 (912 or 972)
　　1)厨田司

57792 福行 ………………………… S06981③
　〔某寺入曆(殘)〕 壬申年 (912 or 972)
　　1)寺主

57793 福行 ………………………… S06981③
　〔某寺入曆(殘)〕 (912 or 972)
　　1)寺主

57794 福行 ………………………… S06981③
　〔某寺入曆(殘)〕 壬申年十一月十七日 (912 or 972)
　　1)厨田司

57795 福高 ………………………… Дx01398
　〔車頭人名目〕 (10C)
　　1)車頭　2)金光明寺

57796 福最 ………………………… S03631v
　〔僧人名目〕 (10C中～後期)

57797 福最 ………………………… S05486①
　〔諸寺僧尼付油麵曆〕 (10C中期)
　　2)三界寺

57798 福最 ………………………… S11292
　〔佛典題記等雜寫〕 (10C)
　　1)禪師

57799 福子 ………………………… P2032v③
　〔淨土寺諸色破曆〕 (944前後)
　　2)淨土寺

57800 福子 ………………………… P2032v④
　〔淨土寺西倉斛㪷破曆〕 乙亥年 (939)
　　2)淨土寺

57801　福子　…………………… P3234v③-59
〔惠安惠戒手下便物曆〕　甲辰年　(944)

57802　福事　…………………… 莫第437窟
〔供養人題記〕　(10C中期)
　　1) 清信…　4) 原作「清信…福事二娘子□氏一心
　　□□」。南壁。《燉》p. 165。

57803　福集　…………………… BD06035(芥35)
〔佛說阿彌陀經(末)〕　(10C中期)

57804　福集　…………………… 莫第044窟
〔供養人題記〕　(10C前期)
　　1) 釋門法律臨壇大德沙門　4) 北壁。《燉》p. 15。

57805　福集　…………………… 莫第188窟
〔供養人題記〕　(10C末)
　　1) □□弟子釋門都□授臨壇供奉大德闡揚三學
　　□□沙門　4) 甬道南壁。《燉》p. 82。

57806　福住　…………………… P4606v
〔納粟人名目〕　(9C)
　　4) R面爲「二月八日文」。

57807　福住　…………………… S06981③
〔某寺入曆(殘)〕　(912 or 972)
　　1) 上磑戶

57808　福勝　………… BD15473v(簡068104)
〔贊普福田出「大般若經」付諸寺維那錄及付
經雜錄〕　子年後六月十三日以後　(9C前期)
　　2) 永康(寺)　4) 原作「永康福勝」及「福勝」。

57809　福勝　…………………… S02669
〔管内尼寺(安國寺・大乘寺・聖光寺)籍〕
　(865～870)
　　2) 大乘寺　3) 洪閏鄉　4) 姓名「氾」。俗名「勝
　　嬌」。

57810　福勝　…………………… S02669
〔管内尼寺(安國寺・大乘寺・聖光寺)籍〕
　(865～870)
　　2) 大乘寺　3) 燉煌鄉　4) 姓「王」。俗名「嚴娘」。

57811　福勝　…………………… Дx01439v
〔狀(殘)〕　(10C後期?)
　　4) R面爲「社司轉帖」(丙戌年(986))。

57812　福昌　…………………… S04660
〔兄弟社轉帖〕　戊子年六月廿六日　(988)
　　2) 於燉煌蘭喏門

57813　福昌　…………………… S04660v
〔社人缺色物曆〕　戊子年六月廿六日　(988)

57814　福常　…………………… P3047v⑧
〔王都督儭合城僧徒名錄〕　(9C前期)

57815　福眞　…………………… P3047v③
〔諸僧尼送納三色香於乾元寺曆〕　(9C前期)
　　2) 乾元寺

57816　福眞　…………………… Дx02869B
〔福眞等粟破曆(1行)〕　(9C)
　　4) V面「雜寫」存「己巳年(849)五月十日」等文字。

57817　福遂　…………………… 莫第148窟
〔供養人題記〕　(11C中期)
　　1) 窟禪蓮臺寺釋門法律　2) 蓮臺寺　4) 原作「窟
　　禪蓮臺寺釋門法律福遂供養」。北壁。《燉》p. 69。

57818　福性　…………………… BD05666v(李66)
〔瑜伽師地論卷第39(背面題記)〕　(9C後期)
　　2) 龍興寺門　4) 原作「此是福性論本」。

57819　福性　…………………… S11389D
〔不禮佛僧名目及罰臥升數〕　(9C後期)

57820　福成　…………………… S09994v
〔諸寺僧尼付經曆〕　(9C)
　　2) 安國寺

57821　福晟　…………………… S02199
〔尼靈惠唯(遺)書(首題)〕　咸通六年十月廿三
日　(865)
　　1) (靈惠)姪男　4) 福晟押署。有「杜」姓原作「姪
　　男福晟」。

57822　福清　…………………… P2944
〔大乘寺・聖光寺等尼僧名錄〕　(10C後期?)

57823　福生　…………………… S11292
〔佛典題記等雜寫〕　(10C)
　　1) 法師

57824　福盛　…………………… BD02496v②(成96)
〔儭司唱得布支給曆〕　(10C前期)
　　2) (靈)圖(寺)

57825　福善　…………………… BD15174v(新1374)
〔社司轉帖〕　(10C後期)
　　4) V面有「丁卯年正月一日金光明寺僧玄敎顧世
　　音菩薩經一卷」之一文。

57826 福善 ･･････････････････ P3391v①
〔社司轉帖(寫錄)〕 丁酉年正月日 (937)

57827 福漸 ･･････････････････ BD07384(鳥84)
〔杜都督等書幡等書支領麥布曆〕 丑年～未年 (821～827 or 833～839)

57828 福漸 ･･････････････････ P2284
〔大乘稻竿經隨聽手鏡記〕 (9C)
　1)後輩法律比丘　2)永康寺　4)原作「永康寺後輩法律比丘」。本件存「淨土寺藏印」。

57829 福漸 ･･････････････････ P2912v②
〔儭家緣大眾要送路人事及都頭用使破歷〕 丑年四月已後 (821?)

57830 福宗 ･･････････････････ Дx06621
〔第四度交勘缺字人〕 (10C後期?)

57831 福聰 ･･････････････････ Дx01380v
〔僧名目〕 (10C後期)
　4)R面爲「七月廿八日獻信狀」(10C後期)。

57832 福藏 ･･････････････････ P.tib1261v⑨
〔諸寺僧尼支給穀物曆〕 (9C前期)
　1)尼

57833 福藏 ･･････････････････ S04444v②
〔燉煌大乘寺僧尼申告(稿)〕 (905)
　2)大乘寺

57834 福藏 ･･････････････････ S04710
〔沙州戶口簿〕 (9C中期以降)
　1)僧

57835 福藏 ･･････････････････ 天禧塔記
〔「天禧塔記」《隴石金石錄補》〕 大宋天禧參年歲次乙未三月二十七日 (1019)
　1)法律　2)金光明寺

57836 福兊 ･･････････････････ BD05917(重17)
〔諸經兊廢綴稿(勘記)〕 (9C?)

57837 福達 ･･････････････････ P3431r.v
〔乾元寺新登戒僧次第曆〕 丙戌年五月七日 (926 or 866 or 986)
　2)乾元寺

57838 福達 ･･････････････････ S03631v
〔僧人名目〕 (10C中～後期)

57839 福達 ･･････････････････ S04613
〔破曆〕 庚申年 (960)
　1)法律

57840 福達 ･･････････････････ S08426E②
〔使府酒破曆〕 (10C中～後期)

57841 福達 ･･････････････････ 浙燉168(浙博143)
〔諸寺僧名目〕 (10C中期)
　1)沙彌　2)(淨)土(寺)

57842 福達子 ･･････････････････ S08426E②
〔使府酒破曆〕 (10C中～後期)

57843 福智 ･･････････････････ BD03458(露58)
〔大般若波羅蜜多經卷第206(尾)〕 (9C)

57844 福智 ･･････････････････ P3643
〔出租地契〕 咸通二年三月八日 (861)
　1)僧

57845 福智 ･･････････････････ P3947
〔龍興寺應轉經僧分兩蕃定名牒〕 亥年八月 (819 or 831)
　2)龍興寺　4)V面爲「9C前半大雲寺僧所有田籍簿」。

57846 福智 ･･････････････････ S01580
〔大般若波羅蜜多經卷第212(寫)〕 (9C)
　1)比丘

57847 福智 ･･････････････････ 杏・羽064
〔舍主李山ゝ賣舍屋契〕 (9C中期)
　1)徒眾

57848 福智 ･･････････････････ 唐招提寺7
〔大般若波羅蜜多經卷511〕 (9C)
　1)勘

57849 福通 ･･････････････････ Дx11085
〔當寺轉帖〕 壬申年七月 (972)

57850 福通 ･･････････････････ 天禧塔記
〔「天禧塔記」《隴石金石錄補》〕 大宋天禧參年歲次乙未三月二十七日 (1019)
　1)法律　2)金光明寺

57851 福定 ･･････････････････ P3600v②
〔燉煌普光寺等尼名申告狀〕 戌年十一月 (9C前期)
　1)尼　2)普光寺

57852 福定 ……………………… S01653v
〔付麵曆佛會支出簿〕（10C）

57853 福定 ……………………… S03631v
〔僧人名目〕（10C中～後期）

57854 福定 ……………………… S06237
〔諸人見在粟黃麻曆〕 戌年～子年（10C中期以降?）

57855 福田法律 …………………… P2054v
〔疏請僧官文〕（10C）
　1)法律　2)蓮臺寺

57856 福燈 ……………………… P2842piece3
〔徒衆轉帖〕 某月七日（10C前期）

57857 福登法律 …………………… P3881v
〔招提司惠覺諸色斛㪷計會〕 太平興國六年（981）
　1)法律　4)原作「福登法律」。

57858 福德 ……………………… S02614v
〔燉煌應管諸寺僧尼名錄〕（895）
　1)法律　2)大乘寺

57859 福德花 …………………… S02614v
〔燉煌應管諸寺僧尼名錄〕（895）
　2)靈修寺

57860 福慜 ……………………… P2250v⑤
〔金光明寺僧唱布曆〕（925?）
　2)金光明寺

57861 福寶 ……………………… S04782
〔乾元寺堂齋修造兩司都師文謙入破曆計會〕 丑年（10C後期）
　2)乾元寺

57862 福寶幢 …………………… S01364
〔付經曆〕（9C）
　1)僧

57863 福滿 ……………………… P3365
〔爲府主大王小患付經曆〕 甲戌年五月十日（974）

57864 福滿 ……………………… P3600v②
〔燉煌普光寺等尼名申告狀〕 戌年十一月（9C前期）
　2)普光寺

57865 福滿 ……………………… S02614v
〔燉煌應管諸寺僧尼名錄〕（895）

57866 福滿 ……………………… S02669
〔管内尼寺(安國寺・大乘寺・聖光寺)籍〕（865～870）
　2)大乘寺　3)燉煌郷　4)姓「張」。俗名「鉢ゝ」。

57867 福妙 ……………………… P3600v②
〔燉煌普光寺等尼名申告狀〕 戌年十一月（9C前期）
　2)普光寺

57868 福妙 ……………………… S02614v
〔燉煌應管諸寺僧尼名錄〕（895）
　2)靈修寺

57869 福妙 ……………………… Stein Painting 5
〔文殊普賢四觀音圖題記〕 咸通五年（864）
　1)尼　4)原作「尼福妙一心供養」。俗姓：唐。⇒唐福妙。

57870 福妙 ……………………… Stein Painting 5
〔唐安諫等願文并供養題記〕 咸通五年（864）
　1)尼

57871 福祐 ……………………… S00985
〔經疏末(雜寫)〕 大順參年壬子年十二月廿七日（893）
　1)僧・比丘　2)金光明寺

57872 福祐 ……………………… S04654③
〔唐故歸義軍節度衙前都押衙充内外…上柱國豫章羅公邈眞讚并序(寫本)〕（938～939）
　1)管内釋門法律通三學大法師知都判官沙門

57873 福遊 ……………………… S11282＋S11283
〔都師寶德入破曆計會牒〕 中和三年頃（883）

57874 福遊 ……………………… S11284＋S11288
〔便黃麻曆〕（9C）

57875 福力 ……………………… Дx11085
〔當寺轉帖〕 壬申年七月（972）

57876 福林 ……………………… S02614v
〔燉煌應管諸寺僧尼名錄〕（895）
　2)大乘寺

57877 福林 ……………………… Дx11061
〔不赴城經僧〕 壬戌年十一月十日（962 or 1022）

57878 福禮 ･･････････････ BD09295（周16）
〔孟家納色歷〕 辰年二月三日 （9C中期～10C初期）

57879 福禮 ･･････････････ S02509
〔大般若波羅蜜多經卷71〕 （9C）

57880 福禮 ･･････････････ S03873v
〔某寺支給斛斗僧名錄〕 （9C）

57881 佛恩 ･･････････････ S04060
〔便麥粟豆歷〕 己酉年二月十四日 （949）

57882 佛恩 ･･････････････ S04060v
〔便麥粟豆歷〕 己酉年 （949）

57883 佛護 ･･････････････ P2250v②
〔乾元寺僧唱布歷〕 辛未年四月十二日（925？）
　2）靈圖寺, 乾元寺

57884 佛護 ･･････････････ P2250v③
〔開元寺僧唱布歷〕 （925？）
　2）靈圖寺, 開元寺

57885 佛護 ･･････････････ P2250v⑤
〔金光明寺僧唱布歷〕 （925？）
　2）靈圖寺, 金光明寺

57886 佛贊 ･･････････････ P5000v
〔僧尼名目〕 （9C前期）
　2）開元寺

57887 佛住 ･･････････････ BD15246①（新1446）
〔入曆計會〕 戊寅年 （918 or 978）
　3）上頭莊　4）同文書中六箇所。

57888 佛住 ･･････････････ S03319v
〔社司轉帖（殘）〕 （10C）

57889 佛住 ･･････････････ Дx02431
〔碩斗領入歷〕 壬申年（七月？） （852 or 912 or 972）
　1）大讓莊

57890 佛歎 ･･････････････ Дx01200v
〔僧名點檢錄〕 （10C後期）

57891 佛頂 ･･････････････ S02614v
〔燉煌應管諸寺僧尼名錄〕 （895）
　2）乾元寺

57892 佛奴 ･･････････････ BD16079（L4048）
〔便物歷〕 辛酉年二月九日 （9～10C）
　1）口承人

57893 佛奴 ･･････････････ P4987
〔兄弟社轉帖〕 戊子年七月 （988）

57894 佛奴 ･･････････････ P5579⑯
〔得度者人名錄〕 巳年～酉年 （813～817 or 825～829）
　4）⇒法惠。

57895 粉堆 ･･････････････ BD14806v（新1006）
〔義進押衙身故祭盤人名目〕 戊寅年二月十九日 （978）

57896 粉塠 ･･････････････ Дx11085
〔當寺轉帖〕 壬申年七月 （972）

57897 糞子 ･･････････････ Дx01277
〔納贈歷〕 丁丑年九月四？日 （977）

57898 文威 ･･････････････ Дx03954＋Дx03960
〔雜記〕 （9～10C）
　1）亡父

57899 文盈 ･･････････････ S02651v
〔雜寫(師兄好念經詩等)〕 （10C）
　1）師兄

57900 文英 ･･････････････ BD01842v（秋42）
〔諸星母陀羅尼經(背面題名)〕 （9C）

57901 文英 ･･････････････ BD09283（周4）
〔某寺(乾元寺)道場出唱歷〕 （9C前期）
　4）『條記目』(p. 40)按「法國法圓均爲吐蕃統治時期乾元寺僧人」。

57902 文英 ･･････････････ BD09346（周67）
〔令知蕃法師廚費帖〕 十一月一日 （9C前期）

57903 文英 ･･････････････ P5000v
〔僧尼名目〕 癸巳以後 （9C前期）
　2）開元寺

57904 文英 ･･････････････ P.tib1261v⑦
〔諸寺僧尼支給穀物歷〕 （9C前期）
　1）僧

57905 文會 ･･････････････ P4803
〔張幸德賣出斛褐契〕 癸未年正月廿二日（923 or 983）
　1）口承(人)・張幸德弟僧

57906 文會 ‥‥‥‥‥‥‥‥‥‥ S06452④
〔常住庫借貸油麵物曆〕 壬午年 （982?）
　　2）淨土寺

57907 文君 ‥‥‥‥‥‥‥‥‥ BD03326（雨26）
〔大般若波羅蜜多經卷第556（尾）〕 （9C前期）

57908 文卿 ‥‥‥‥‥‥‥‥‥ BD13204（L3333）
〔殘牒〕 廿一日 （9C?）

57909 文惠 ‥‥‥‥‥‥‥‥‥‥ P5587④
〔某寺徒衆牒〕 丑年四月日 （809 or 821）
　　1）徒衆

57910 文惠 ‥‥‥‥‥‥‥‥‥‥ S00545v
〔永安寺僧名申告狀〕 戌年九月 （9C前期）
　　1）主客僧 2）永安寺

57911 文惠 ‥‥‥‥‥‥‥‥‥‥ S02729①
〔燉煌應管勘牌子曆〕 辰年三月 （788）
　　1）僧 2）靈圖寺 3）沙州 4）俗姓「張」。14行目。

57912 文惠 ‥‥‥‥‥‥‥‥‥‥ S04831②
〔寫經人名目〕 （9C前期）
　　1）寫經人

57913 文惠 ‥‥‥‥‥‥‥‥‥‥ S05406
〔僧正法律徒衆轉帖〕 辛卯年四月十四日 （991）
　　1）僧

57914 文惠 ‥‥‥‥‥‥‥‥‥‥ S06233v①
〔寺庫付麥曆〕 （9C前中期頃）

57915 文惠 ‥‥‥‥‥‥‥‥‥‥ S06233v④
〔吐蕃期某寺諸色斛斗分付曆〕 （9C前期）

57916 文惠 ‥‥‥‥‥‥‥‥‥‥ S10489
〔寫經紙欄外人名〕 （8C?）
　　4）原作「文惠勘了」。

57917 文惠 ‥‥‥‥‥‥‥‥‥‥ S10967
〔教團付經諸寺僧尼名目〕 （9C前期）

57918 文謙 ‥‥‥‥‥‥‥‥‥ BD11578（L1707）
〔某寺破曆〕 （8C末期～9C前期）

57919 文謙 ‥‥‥‥‥‥‥‥‥‥ P3977v
〔諸寺入布曆〕 （9C）
　　2）乾元寺

57920 文謙 ‥‥‥‥‥‥‥‥‥‥ S04782
〔乾元寺堂齋修造兩司都師文謙入破曆計會〕 丑年 （10C後期）
　　1）堂齋修造兩司都師 2）乾元寺

57921 文際 ‥‥‥‥‥‥‥‥‥‥ S00476A
〔諸寺付經僧尼曆〕 （9C前期）
　　1）僧 2）乾元寺

57922 文璨 ‥‥‥‥‥‥‥‥‥‥ P3060
〔諸寺諸色付經僧尼曆〕 （9C前期）
　　1）僧尼 4）經典名：「般若經卷12」。

57923 文璨 ‥‥‥‥‥‥‥‥‥‥ S04831②
〔寫經人名目〕 （9C前期）
　　1）寫經人

57924 文璨 ‥‥‥‥‥‥‥‥‥‥ S05270v
〔大般若波羅蜜多經卷第523（背）〕 （9C）
　　4）原作「文璨勘兩遍了」。

57925 文讚 ‥‥‥‥‥‥‥‥‥‥ P4640v
〔官入破曆〕 辛酉年三月十六日 （901）
　　1）璨徵使僧

57926 文瑟 ‥‥‥‥‥‥‥‥‥ BD07286（帝86）
〔比丘發露錄〕 （9C前期）

57927 文殊 ‥‥‥‥‥‥‥‥‥‥ P.tib1261v⑤
〔諸寺僧尼支給穀物曆〕 （9C前期）
　　1）僧

57928 文殊 ‥‥‥‥‥‥‥‥‥‥ P.tib1261v⑥
〔諸寺僧尼支給穀物曆〕 （9C前期）
　　1）僧

57929 文殊 ‥‥‥‥‥‥‥‥‥‥ P.tib1261v⑩
〔諸寺僧尼支給穀物曆〕 （9C前期）
　　1）僧

57930 文殊 ‥‥‥‥‥‥‥‥‥‥ P.tib1261v⑫
〔諸寺僧尼支給穀物曆〕 （9C前期）
　　1）僧

57931 文秀 ‥‥‥‥‥‥‥‥‥‥ 杏・羽694②
〔報恩寺所管僧名目〕 （9C前期）
　　2）報恩寺 4）僧右傍有朱點,朱字。

57932 文捷 ‥‥‥‥‥‥‥‥‥‥ P3336v②
〔監軍轉經付維那曆〕 （寅年）二月廿日 （834）
　　4）朱書。

57933 文照 ‥‥‥‥‥‥ BD09346(周67)
　〔令知蕃法師廚費帖〕　十一月一日　(9C前期)

57934 文照 ‥‥‥‥‥‥ BD09473(發93)
　〔大般若波羅蜜多經〕　咸通九年歲三月廿五日　(868)
　　1) 苾蒭

57935 文照 ‥‥‥‥‥‥ P3138v
　〔諸寺付經曆〕　(9C前期)
　　2) 開元寺

57936 文照 ‥‥‥‥‥‥ P5000v
　〔僧尼名目〕　(9C前期)
　　2) 開元寺

57937 文照 ‥‥‥‥‥‥ P.tib1261v③
　〔諸寺僧尼支給穀物曆〕　(9C前期)
　　1) 僧

57938 文照 ‥‥‥‥‥‥ P.tib1261v④
　〔諸寺僧尼支給穀物曆〕　(9C前期)
　　1) 僧

57939 文照 ‥‥‥‥‥‥ P.tib1261v⑤
　〔諸寺僧尼支給穀物曆〕　(9C前期)
　　1) 僧

57940 文照 ‥‥‥‥‥‥ P.tib1261v⑥
　〔諸寺僧尼支給穀物曆〕　(9C前期)
　　1) 僧

57941 文照 ‥‥‥‥‥‥ P.tib1261v⑨
　〔諸寺僧尼支給穀物曆〕　(9C前期)
　　1) 僧

57942 文照 ‥‥‥‥‥‥ S00476A
　〔諸寺付經僧尼曆〕　(9C前期)
　　1) 僧　2) 開元寺

57943 文照 ‥‥‥‥‥‥ S07882
　〔就賀拔堂唱椀等曆〕　十一月廿一日　(9C前期)

57944 文照 ‥‥‥‥‥‥ 杏・羽694①
　〔當寺應管主客僧牒〕　未年閏十月　(803)
　　4) 文末有異一行「未年閏十月日,直歲圓滿牒」。

57945 文信 ‥‥‥‥‥‥ P3410
　〔沙州僧崇恩析產遺屬〕　吐蕃年次未詳　(840前後)
　　1) 僧

57946 文信 ‥‥‥‥‥‥ S03873v
　〔某寺支給斛㪷僧名錄〕　(9C)

57947 文信 ‥‥‥‥‥‥ Дx01586B
　〔惠通下僧名目〕　(9C後期)

57948 文進 ‥‥‥‥‥‥ BD14147②(新0347)
　〔入阿毗達磨論卷下〕　(9~10C)
　　1) 小僧　2) 開元寺　4) 開元寺小僧文進寫畢售[　]紙廿五張。

57949 文進 ‥‥‥‥‥‥ S01653v
　〔付麵曆佛會支出簿〕　(10C)

57950 文進 ‥‥‥‥‥‥ S06005
　〔立社條約〕　(10C前期以降)

57951 文進 ‥‥‥‥‥‥ S06781②
　〔入破曆〕　丁丑年正月十一日　(917)
　　1) 都師

57952 文進 ‥‥‥‥‥‥ Дx10284
　〔智弁等常住物申告狀〕　(9C後期)
　　1) 書(手)　4) 原作「文進書」。

57953 文粹 ‥‥‥‥‥‥ BD07286(帝86)
　〔比丘發露錄〕　(9C前期)

57954 文粹 ‥‥‥‥‥‥ P.tib1261v⑪
　〔諸寺僧尼支給穀物曆〕　(9C前期)
　　1) 僧

57955 文晟 ‥‥‥‥‥‥ P3240①
　〔配經曆〕　壬寅年六月廿一日　(1002)
　　1) 師兄

57956 文晟 ‥‥‥‥‥‥ P3240②
　〔付㬹曆〕　壬寅年七月十六日　(1002)
　　1) 師兄

57957 文晟 ‥‥‥‥‥‥ P4525v①
　〔中阿鋡經紙背寫經關係記載〕　(980頃)

57958 文晟 ‥‥‥‥‥‥ P4597v
　〔來文晟念佛德(全1行)〕　咸通九年三月十八日　(868)

57959 文晟 ‥‥‥‥‥‥ S02614v
　〔燉煌應管諸寺僧尼名錄〕　(895)
　　2) 開元寺

57960 文晟 ·············· S06217
〔什物曆破曆〕 乙巳・丙午年 (945・946 or 1005・1006)
　　4)R面爲「破曆殘(1行)」。

57961 文清 ·············· S04644v
〔僧名錄(2行雜寫)〕 (10C後期)

57962 文清 ·············· S10530
〔納贈曆?(殘)〕 (9C前期?)

57963 文詮 ·············· P4810v②
〔爲亡妣請僧疏〕 (9C前期)
　　2)金光明寺

57964 文粹 ·············· P.tib1261v⑦
〔諸寺僧尼支給穀物曆〕 (9C前期)
　　1)僧

57965 文粹 ·············· P.tib1261v⑨
〔諸寺僧尼支給穀物曆〕 (9C前期)
　　1)僧

57966 文達 ·············· BD02891(調91)
〔佛說無量壽經(尾)〕 (9C)
　　4)尾題末有「文達」名。

57967 文達 ·············· BD07116A(師16)
〔大乘無量壽經〕 (8〜9C)

57968 文達 ·············· P.tib1261v⑨
〔諸寺僧尼支給穀物曆〕 (9C前期)
　　1)僧

57969 文智 ·············· P2250v④
〔永安寺僧唱布曆〕 (925?)
　　2)永安寺

57970 文智 ·············· P3161
〔常住什物見在新附點檢曆〕 (10C前期)

57971 文智 ·············· S06005
〔立社條約〕 (10C前期以降)

57972 文哲 ·············· P2469v
〔破曆雜錄〕 戌年六月五日 (830?)

57973 文哲 ·············· P.tib1261v⑥
〔諸寺僧尼支給穀物曆〕 (9C前期)
　　1)僧

57974 文哲 ·············· P.tib1261v⑨
〔諸寺僧尼支給穀物曆〕 (9C前期)
　　1)僧

57975 文哲 ·············· 杏・羽694②
〔報恩寺所管僧名目〕 (9C前期)
　　2)報恩寺　4)僧右傍有朱點,朱字。

57976 文道 ·············· P3336v①
〔瓜州節度轉經付維那曆〕 寅年正月卅日 (834)
　　2)永壽寺

57977 文祕 ·············· P.tib1261v⑨
〔諸寺僧尼支給穀物曆〕 (9C前期)

57978 文々 ·············· BD09293①(周14)
〔令狐留々叔姪共東四防(房)兄弟分書(稿)〕 四月九日 (10C?)
　　1)兄　4)⇒令狐文々。

57979 文々 ·············· BD09300(周21)
〔令狐留々叔姪等分產書〕 (10C)
　　1)(令狐留々)兄

57980 文練 ·············· Дx02800＋Дx03183v
〔上涼州狀〕 (9C後期〜10C)

[へ]

57981 平安 ……………… S04642v
〔某寺入破曆計會〕（923以降）
 1)(再兒)妻　4)原作「再兒妻平安」。

57982 平安 ……………… S04647
〔破曆〕庚午年（970）
 1)(再兒)妻　4)原作「再兒妻平安」。

57983 平意 ……………… S02228②
〔於諸家邊布麥粟酒分付曆〕辰年（824）
 1)(田秀)婦　4)原作「田秀婦平意」。

57984 平堅 ……………… P2469v
〔破曆雜錄〕戌年六月五日（830?）

57985 平子 ……………… P3047v⑧
〔王都督懃合城僧徒名錄〕（9C前期）

57986 平娘 ……………… S00542v
〔燉煌諸寺女娘放年名簿〕戌年六月十八日（818）

57987 平等性 ……………… P4611v
〔諸寺付帙曆〕（9〜10C）
 2)大乘寺

57988 平等性 ……………… S02669
〔管內尼寺(安國寺・大乘寺・聖光寺)籍〕（865〜870）
 2)大乘寺　3)玉關鄉　4)姓「張」。俗名「觀音」。

57989 平等政 ……………… S02614v
〔燉煌應管諸寺僧尼名錄〕（895）
 2)大乘寺

57990 平〻 ……………… P3047v①
〔僧名等錄〕（9C前期）
 4)俗姓「巖」。

57991 平〻 ……………… P3047v③
〔諸僧尼送納三色香於乾元寺曆〕（9C前期）
 2)乾元寺

57992 平〻 ……………… P3047v⑧
〔王都督懃合城僧徒名錄〕（9C前期）

57993 米里 ……………… S05139v①
〔涼州節院使押衙劉少晏狀(寫錄)〕乙酉年六月日（925?）

57994 偏虛琛 ……………… Дx02355
〔支給僧尼斛㪷曆〕（9C中期?）

57995 偏奴 ……………… Дx18928
〔契〕（8C後期）
 1)保人(奴偏)　4)35歲。

57996 變諾 ……………… S06577v
〔官晏設破曆〕（10C）

57997 遍覺 ……………… P.tib1261v⑥
〔諸寺僧尼支給穀物曆〕（9C前期）
 1)尼

57998 遍覺 ……………… S01364
〔付經曆〕（9C）
 1)尼　2)靈修寺

57999 遍空 ……………… P3336①
〔贊普轉經付諸寺維那曆〕丑年九月卅日（833）
 2)普光寺

58000 遍行 ……………… S02614v
〔燉煌應管諸寺僧尼名錄〕（895）
 2)靈修寺

58001 遍行 ……………… S02729①
〔燉煌應管勘牌子曆〕辰年三月（788）
 1)僧　2)靈修寺　3)沙州　4)俗姓「田」。35行目。

58002 遍施 ……………… S02669
〔管內尼寺(安國寺・大乘寺・聖光寺)籍〕（865〜870）
 2)安國寺　3)効穀鄉　4)姓「張」。俗名「醜〻」。

58003 遍施花 ……………… S02669
〔管內尼寺(安國寺・大乘寺・聖光寺)籍〕（865〜870）
 2)聖光寺　3)慈惠鄉　4)姓「索」。俗名「關〻」。

58004 遍執 ……………… P5579⑯
〔得度者人名錄〕巳年〜酉年（813〜817 or 825〜829）
 1)甘州僧統　3)甘州

58005 遍照 ……………… P3600v②
〔燉煌普光寺等尼名申告狀〕戌年十一月（9C前期）
 2)普光寺

58006 遍照心 ‥‥‥‥‥‥‥‥‥ ЕО1232
　〔千手千眼觀音菩薩曼荼羅〕（10C）

58007 遍淨 ‥‥‥‥‥‥‥‥‥ P3600v②
　〔燉煌普光寺等尼名申告狀〕 戌年十一月
　（9C前期）
　　　2）普光寺

58008 遍淨 ‥‥‥‥‥‥‥‥‥ S02669
　〔管内尼寺（安國寺・大乘寺・聖光寺）籍〕
　（865～870）
　　　2）聖光寺　3）赤心鄉　4）姓「郭」。俗名「闍々」。

58009 遍淨 ‥‥‥‥‥‥‥‥‥ S02669
　〔管内尼寺（安國寺・大乘寺・聖光寺）籍〕
　（865～870）
　　　2）大乘寺　3）赤心鄉　4）姓「張」。俗名「蒙々」。

58010 遍淨 ‥‥‥‥‥‥‥‥‥ S04444v②
　〔燉煌大乘寺僧尼申告（稿）〕（905）
　　　2）大乘寺

58011 遍淨 ‥‥‥‥‥‥‥‥‥ Дх02355
　〔支給僧尼斛䮄曆〕（9C中期?）

58012 遍定 ‥‥‥‥‥‥‥‥‥ 濱田115v
　〔付經曆〕 未年二月十二日（9C前期）
　　　2）靈修寺

58013 辯空 ‥‥‥‥‥‥‥‥‥ P3205
　〔僧俗人寫經曆〕（9C前期）

58014 辯空 ‥‥‥‥‥‥‥‥‥ S02711
　〔寫經人名目〕（9C前期）
　　　1）寫經人　2）金光明寺

58015 辯空 ‥‥‥‥‥‥‥‥‥ S02729①
　〔燉煌應管勘牌子曆〕 辰年三月（788）
　　　1）僧　2）大雲寺　3）沙州　4）俗姓「賀」。8行目。
　　　申年月25日死。

58016 辯空 ‥‥‥‥‥‥‥‥‥ S04831②
　〔寫經人名目〕（9C前期）
　　　1）寫經人

58017 辯空 ‥‥‥‥‥‥‥‥‥ S04831v
　〔寫經人名目〕（9C前期）
　　　1）寫經人

58018 辯空 ‥‥‥‥‥‥‥‥‥ S07945
　〔僧俗寫經分團人名目〕（823以降）

58019 辯空 ‥‥‥‥‥‥‥‥‥ S10967
　〔教團付經諸寺僧尼名目〕（9C前期）

58020 辯空 ‥‥‥‥‥‥‥‥‥ Дх01330
　〔(大雲寺)直歲曇空等當寺僧破除見在牒〕
　申年三月日（792 or 852 or 912）

58021 辯惠 ‥‥‥‥‥‥‥‥‥ P2847
　〔李陵蘇武書〕 丁亥年二月三日（927）
　　　2）蓮臺寺　4）原作「比丘僧辯惠寫了」。

58022 辯惠 ‥‥‥‥‥‥‥‥‥ P.tib1261v③
　〔諸寺僧尼支給穀物曆〕（9C前期）
　　　1）僧

58023 辯惠 ‥‥‥‥‥‥‥‥‥ P.tib1261v⑦
　〔諸寺僧尼支給穀物曆〕（9C前期）
　　　1）僧

58024 辯惠 ‥‥‥‥‥‥‥‥‥ P.tib1261v⑫
　〔諸寺僧尼支給穀物曆〕（9C前期）
　　　1）僧

58025 辯惠 ‥‥‥‥‥‥‥‥‥ S02614v
　〔燉煌應管諸寺僧尼名錄〕（895）
　　　2）龍興寺

58026 辯惠 ‥‥‥‥‥‥ 井上目57,圖版1背
　〔釋門教授帖〕 子年頃（820 or 832頃）
　　　1）法師檢校道場律師　2）安國寺

58027 辯悟 ‥‥‥‥‥‥‥‥‥ P3047v③
　〔諸僧尼送納三色香於乾元寺曆〕（9C前期）
　　　2）乾元寺

58028 辯悟 ‥‥‥‥‥‥‥‥‥ P3047v⑧
　〔王都督懺合城僧徒名錄〕（9C前期）

58029 辯悟 ‥‥‥‥‥‥‥‥‥ P3854
　〔諸寺付經曆〕（9C前期）

58030 辯悟 ‥‥‥‥‥‥‥‥‥ S02729①
　〔燉煌應管勘牌子曆〕 辰年三月（788）
　　　1）僧　2）大乘寺　3）沙州　4）俗姓「唐」。48行
　　　目。

58031 辯捷 ‥‥‥‥‥‥‥‥‥ S06237
　〔諸人見在粟黃麻曆〕 戌年～子年（10C中期
　以降?）

58032 辯才 ‥‥‥‥‥‥‥‥‥ P3047v③
　〔諸僧尼送納三色香於乾元寺曆〕（9C前期）
　　　2）乾元寺

58033 辯才 ……………… S05486①
〔諸寺僧尼付油麵曆〕（10C中期）
　2) 開元寺

58034 辯才 ……………… S06981③
〔某寺入曆(殘)〕 壬申年正月一日（912 or 972）

58035 辯志 ……………… P5000v
〔僧尼名目〕（9C前期）

58036 辯闍梨 …………… P.tib1261v③
〔諸寺僧尼支給穀物曆〕（9C前期）
　1) 闍梨

58037 辯闍梨 …………… P.tib1261v⑤
〔諸寺僧尼支給穀物曆〕（9C前期）
　1) 闍梨

58038 辯捷 ……………… BD09095v①(陶16)
〔釋門僧政轉帖〕 某月七日 （10C）
　1) 錄事・釋門僧政

58039 辯崇 ……………… BD14157(新0357)
〔大般若波羅蜜多經卷第9〕（8～9C）
　4) 原爲日本大谷探檢隊所得。ろ3『國家圖書館藏燉煌遺書』以當該寫本爲吐蕃期寫本。

58040 辯政 ……………… P6005v
〔釋門帖諸寺綱管〕（9C）
　1) 法律

58041 辯政 ……………… S01683
〔瑜伽師地論卷第27〕（9C）
　1) 第二勘・法律

58042 辯政 ……………… 杏・羽082
〔道場司智惠弁等乞請都僧統悟眞處分牒〕
　□(廣)明二年辛丑歲[　]月日（881）
　1) 檢校大德　4) 文書面有「李盛鐸印」等。

58043 辯法 ……………… P3047v③
〔諸僧尼送納三色香於乾元寺曆〕（9C前期）
　2) 乾元寺

[ほ]

58044 保安 ……………… BD13800(簡68138)
〔便糧食曆〕（9～10C）

58045 保安 ……………… P2250v①
〔龍興寺僧唱布曆〕（925?）
　1) 僧　2) 龍興寺

58046 保晏 ……………… BD05298v②(夜98)
〔佛經咒語〕（8～9C）
　4)「保晏」是朱書。

58047 保晏 ……………… P3556v⑦
〔道場思惟簿〕（10C）

58048 保威 ……………… S06237
〔諸人見在粟黃廂曆〕 戌年～子年（10C中期以降?）

58049 保員 ……………… BD16170(L4089)
〔人名〕（9～10C）

58050 保員 ……………… S04300
〔佛名禮懺文末〕 天福十四年戊申歲四月廿日（948）
　1) 律師　2) 金光明寺

58051 保員 ……………… S04613
〔破曆〕 庚申年（960）
　1) 法律

58052 保員 ……………… S06452④
〔常住庫借貸油麵物曆〕 壬午年（982?）
　1) 僧

58053 保榮 ……………… P4981
〔當寺轉帖〕 閏三月十三日（961）
　4) 榮。

58054 保營 ……………… P2250v④
〔永安寺僧唱布曆〕（925?）
　2) 永安寺

58055 保盈 ……………… BD00981v(昃81)
〔雜寫〕（9～10C）

58056 保盈 ……………… P2250v③
〔開元寺僧唱布曆〕（925?）
　2) 開元寺

58057 保盈 ･････････････････ P3391v①
〔社司轉帖(寫錄)〕 丁酉年正月日 (937)

58058 保盈 ･････････････････ P4907v
〔淨土寺?儭破曆〕 辛卯年六月十三日 (931?)
　2)淨土寺

58059 保延 ･････････････････ P2049v①
〔淨土寺諸色入破曆計會牒〕 同光三年 (925)
　1)徒衆　2)淨土寺　4)原作「保延」押字。

58060 保延 ･････････････････ 北大D215
〔見在僧名〕 廿六日 (10C後期)

58061 保應 ･････････････････ P2032v⑪
〔淨土寺西倉司願勝等入破曆〕 乙巳年三月 (945)
　2)淨土寺

58062 保應 ･････････････････ P2032v⑳-7
〔淨土寺麵黃麻豆布等破曆〕 (940前後)
　2)淨土寺

58063 保應 ･････････････････ P2040v②-17
〔淨土寺油破曆〕 乙巳年正月廿七日以後 (945以降)
　2)淨土寺

58064 保應 ･････････････････ P3234v②
〔應慶於願達手上入曆〕 壬寅年正月一日 (942)

58065 保恩 ･････････････････ S02532
〔破曆〕 (9～10C)
　1)都師

58066 保花 ･････････････････ P2846
〔入破曆〕 甲寅年正月廿一日 (954)

58067 保戒 ･････････････････ P3423
〔乾元寺新登戒僧次第曆〕 丙戌年五月七日 (986)
　2)乾元寺

58068 保戒 ･････････････････ P3779v②
〔徒衆轉帖〕 乙酉年四月廿七日 (985?)
　2)乾元寺

58069 保戒 ･････････････････ ОП.II.p.679 Рис.19
〔施入大寶積經永安寺疏題記〕 太平興國三年戊寅歲次三月十五日下手北至六月十五日 (978)

58070 保戒 ･････････････････ 上海圖088
〔法律法壽等施入大寶積經永安寺題記〕 太平興國三年戊寅歲三月十五日 (978)
　1)律師

58071 保會 ･････････････････ BD07310(鳥10)
〔勸戒文(末)〕 甲午年七月七日 (934?)
　1)僧比丘　2)報恩寺　4)第一行「月七日保會誦持」。被墨筆塗去。第二行原作「甲申年七月七日報恩寺僧比丘保會誦特受記」。

58072 保會 ･････････････････ BD13800(簡68138)
〔便糧食曆〕 (9～10C)

58073 保會 ･････････････････ P2032v⑤
〔淨土寺布破曆〕 (940前後)
　2)淨土寺

58074 保會 ･････････････････ P2680v⑧
〔付經曆〕 丙申年四月十七日 (936)

58075 保會 ･････････････････ P3234v②
〔應慶於願達手上入曆〕 壬寅年正月一日 (942)

58076 保會 ･････････････････ P3234v⑫
〔直歲廣進破曆〕 癸卯年 (943)

58077 保會 ･････････････････ S05139v②
〔社司轉帖(寫錄)〕 四月十三日 (10C前期)

58078 保會 ･････････････････ S06226
〔某寺付徒衆各僧油一升曆〕 (10C中期)

58079 保會 ･････････････････ S08583
〔都僧統龍辯牓〕 天福八年二月十九日 (943)

58080 保覺 ･････････････････ BD15246②(新1446)
〔破曆〕 (10C中期)
　3)東薗

58081 保願 ･････････････････ P3423r.v
〔乾元寺新登戒僧次第曆〕 丙戌年五月七日 (986)
　2)乾元寺

58082 保願 ･････････････････ P3431r.v
〔乾元寺新登戒僧次第曆〕 丙戌年五月七日 (926 or 866 or 986)
　2)乾元寺

58083 保願 ············ S01162v
　〔燉煌某寺僧名錄〕 （10C前期）

58084 保宜 ············ BD06277v（海77）
　〔五言詩1首,雜寫〕 （10C?）

58085 保久 ············ P3431r.v
　〔乾元寺新登戒僧次第曆〕 丙戌年五月七日
　（926 or 866 or 986）

58086 保君 ············ S01162v
　〔燉煌某寺僧名錄〕 （10C前期）

58087 保惠 ············ BD11988（L2117）
　〔某寺常住物檢曆〕 （10C）
　　4)原作「寺主保惠」。

58088 保惠 ············ P3319v②
　〔社司轉帖(殘)〕 （10C）
　　1)正進 4)⇒保通。

58089 保惠 ············ P3332
　〔納口承僧名目〕 （10C）

58090 保惠 ············ P3598＋S04199
　〔某寺什物點檢見在曆〕 丁卯年 （967）
　　1)寺主

58091 保惠 ············ P4004
　〔某寺交割什物點檢曆〕 （940 or 1000）
　　1)寺主

58092 保惠 ············ S04215
　〔什物交割曆〕 （10C）
　　1)寺主

58093 保慶 ············ P2250v⑤
　〔金光明寺僧唱布曆〕 （925?）
　　2)金光明寺

58094 保堅 ············ P3423r.v
　〔乾元寺新登戒僧次第曆〕 丙戌年五月七日
　（986）
　　2)乾元寺

58095 保堅 ············ P3431r.v
　〔乾元寺新登戒僧次第曆〕 丙戌年五月七日
　（926 or 866 or 986）
　　2)乾元寺

58096 保堅 ············ P3779v②
　〔徒衆轉帖〕 乙酉年四月十七日 （985?）
　　2)乾元寺

58097 保賢 ············ P3975
　〔瓜沙等州觀察使新印〕 己未年八月廿六日
　（959）
　　1)僧

58098 保元 ············ S05632①
　〔親情社轉帖〕 丁卯年二月八日 （967）
　　2)顯德寺門 4)原作「保元張郎」。

58099 保嚴 ············ P2250v①
　〔龍興寺僧唱布曆〕 （925?）
　　1)僧 2)龍興寺

58100 保護 ············ P2049v①
　〔淨土寺諸色入破曆計會牒〕 同光三年
　（925）
　　1)直歲 2)淨土寺

58101 保護 ············ P2049v②
　〔淨土寺諸色入破曆計會牒〕 長興二年正月
　（930～931）
　　1)徒衆直歲 2)淨土寺

58102 保護 ············ P3638
　〔沙彌善勝點檢常住什物見在曆〕 辛未年
　（911）
　　2)淨土寺

58103 保護 ············ P4958piece1
　〔納贈歷〕 （10C前期）

58104 保護 ············ P4958piece3
　〔當寺轉帖(殘)〕 （10C前期）

58105 保光 ············ P2250v④
　〔永安寺僧唱布曆〕 （925?）
　　2)永安寺

58106 保弘 ············ S04660
　〔兄弟社轉帖〕 戊子年六月廿六日 （988）
　　1)法律 2)於燉煌蘭喏門 4)原作「保弘法律」。

58107 保弘 ············ S04660v
　〔社人缺色物曆〕 戊子年六月廿六日 （988）
　　1)法律 4)原作「保弘法律」。⇒(安)保弘。

58108 保弘 ············ 沙文補31
　〔社貸曆〕 辛巳六月十六日 （921 or 981）

58109 保洪 ············ Дx01380v
　〔僧名目〕 （10C後期）
　　4)R面爲「七月廿八日獻信狀」(10C後期)。

58110 保興 ·············· P3975
〔通行許可証〕 己未年八月廿八日 (959)
　1) 僧

58111 保興 ·············· P4981
〔當寺轉帖〕 閏三月十三日 (961)

58112 保興 ·············· S11299v
〔雜寫〕 (10C)
　1) 僧

58113 保行 ·············· P2708bn
〔社子名目〕 (10C中期)

58114 保行 ·············· P3092v
〔誦經曆〕 (10C)

58115 保行 ·············· S11351B
〔西窟斷上水僧目〕 (10C前期)
　1) 沙彌

58116 保行 ·············· Дx01380v
〔僧名目〕 (10C後期)
　4) R面爲「七月廿八日獻信狀」(10C後期)。

58117 保國 ·············· P4983v
〔社官納色曆〕 戊午年十二月廿日 (886 or 946)

58118 保山 ·············· S05437
〔願通等缺升人名抄(封題面)〕 (10C)

58119 保子 ·············· BD16083(L4050)
〔僧談會斛㪷出便與人名目〕 二月九日 (9C後期)
　1) 弟

58120 保子 ·············· Stein Painting 349
〔供養題記〕 (10C中期)
　4) 原作「保子阿師□」。

58121 保慈 ·············· S06226
〔某寺付徒衆各僧油一升曆〕 (10C中期)

58122 保實 ·············· P3431r.v
〔乾元寺新登戒僧次第曆〕 丙戌年五月七日 (926 or 866 or 986)
　2) 乾元寺

58123 保實 ·············· S04060
〔便麥曆〕 (949)

58124 保實 ·············· S04060①
〔便麥曆〕 戊申年 (948)

58125 保實 ·············· S04060v①
〔便麥粟豆曆〕 己酉年 (949)

58126 保修 ·············· P3431r.v
〔乾元寺新登戒僧次第曆〕 丙戌年五月七日 (926 or 866 or 986)
　2) 乾元寺

58127 保集 ·············· P2483v
〔題記〕 維太宗太平興國四年己卯歲十二月三日 (979)
　4) 原作「保集發信心寫親讚文壹本記耳」。

58128 保集 ·············· P3779v②
〔徒衆轉帖〕 乙酉年四月廿七日 (985?)
　2) 乾元寺

58129 保集 ·············· P4981
〔藍官僧正□帖〕 閏三月十三日 (961)

58130 保集 ·············· S04452
〔破曆〕 開運三年丙午 (946)
　1) 直歲

58131 保住 ·············· P3092v
〔誦經曆〕 (10C)

58132 保住 ·············· S04060
〔便麥曆〕 戊申, 己酉年二月十四日 (949, 948)

58133 保住 ·············· S04060①
〔便麥曆〕 戊申年 (948)

58134 保住 ·············· S04060v
〔便麥曆〕 戊申, 己酉年二月十日 (949, 948)

58135 保住 ·············· S06237
〔諸人見在粟黃麻曆〕 戌年～子年 (10C中期以降?)

58136 保住 ·············· 莫第265窟
〔供養人題記〕 (10C前期)
　1) 清弟子　4) 南壁。《燉》p.112。《謝》p.314。⇒(張)保住。

58137 保遵 ·············· P3234v②
〔應慶於願達手上入曆〕 壬寅年正月一日 (942)

58138 保勝 ·················· P2032v③
　〔淨土寺諸色破曆〕（944前後）
　　2)淨土寺

58139 保勝 ·················· P2680v⑧
　〔付經曆〕　丙申年四月十七日 (936)

58140 保昇 ·················· S04274v
　〔社名簿〕（10C）

58141 保昇 ·················· S04660
　〔兄弟社轉帖〕戊子年六月廿六日 (988)
　　2)於燉煌蘭喏門

58142 保昌 ·················· P3319v②
　〔社司轉帖(殘)〕（10C）
　　1)正進

58143 保昭 ·················· S01162v
　〔燉煌某寺僧名錄〕（10C前期）

58144 保松 ·················· P3779v②
　〔徒衆轉帖〕乙酉年四月廿七日 (985?)
　　2)乾元寺

58145 保松 ·················· S01162v
　〔燉煌某寺僧名錄〕（10C前期）

58146 保祥 ·················· P2250v④
　〔永安寺僧唱布曆〕(925?)
　　2)永安寺

58147 保祥 ·················· S05008
　〔破曆〕（940頃）

58148 保祥 ·················· S06226
　〔某寺付徒衆各僧油一升曆〕（10C中期）

58149 保祥 ·················· Дx11061
　〔不赴城經僧〕壬戌年十一月十日 (962 or 1022)
　　4)⇒保伴。

58150 保祥 ·················· 沙文補31
　〔社貸曆〕辛巳六月十六日 (921 or 981)

58151 保淨 ·················· P3706v
　〔雜寫〕癸寅年四月十五日 (970)
　　2)(靈)圖(寺)　4)R面爲「大佛名懺悔文」(10C中期)。

58152 保淨 ·················· Дx11085
　〔當寺轉帖〕壬申年七月 (972)

58153 保信 ·················· BD15434①
　〔社司轉帖〕（10C?）
　　2)普光寺

58154 保信 ·················· P3431r.v
　〔乾元寺新登戒僧次第曆〕丙戌年五月七日
　(926 or 866 or 986)

58155 保心 ·················· P3112
　〔願戒等入麥粟豆黃麻曆〕（10C）

58156 保心 ·················· S05064
　〔貸入粟豆黃麻曆〕（10C）
　　1)便人

58157 保心 ·················· S05071
　〔某寺貸入斛斗曆〕（10C後期）

58158 保眞 ·················· BD15246①（新1446）
　〔入曆計會〕戊寅年 (918 or 978)
　　3)午渠

58159 保眞 ·················· P2491v
　〔雜寫〕（10C）
　　2)淨土寺　4)原作「保眞之是流遷□」。

58160 保眞 ·················· P2917
　〔常住什物點檢曆〕乙未年九月十一日頃
　(935 or 995頃)

58161 保眞 ·················· P3332
　〔納口承僧名目〕（10C）

58162 保眞 ·················· P3598＋S04199
　〔某寺什物點檢見在曆〕丁卯年 (967)
　　1)寺主

58163 保眞 ·················· S05049
　〔某寺諸色入破計會(殘)〕戊寅年 (918 or 978)
　　3)千渠

58164 保眞 ·················· S05050
　〔某寺諸色入破曆計會〕（10C中期）
　　1)都師

58165 保眞 ·················· S05652v
　〔僧保眞貸紅繒契〕辛巳年前後 (982前後)
　　1)僧　4)原作「辛巳年十二月廿二日金光明寺僧延定自手…」。

58166 保眞(定) ……………… S04705v
〔官儭破曆〕（10C）
　1）寺主

58167 保進 ………………… P4525v①
〔中阿鋡經紙背寫經關係記載〕（980頃）

58168 保進 ………………… P4525v②
〔將兌紙人目〕（980頃）

58169 保進 ………………… S05486①
〔諸寺僧尼付油麵曆〕（10C中期）
　2）蓮臺寺

58170 保進 ……… S05873v＋S08658②
〔靈圖寺便麥粟曆(殘)〕戊午年九月（10C）
　1）口承人　2）靈圖寺　3）莫高鄕　4）原作「口承僧保進」。

58171 保進法律 ……………… 杏・羽688
〔法律保進於高指撝交換褐疏〕甲戌年十月十五日（974）
　4）文末有「押」字。

58172 保遂 ………………… P2708
〔社子名目并略押(殘)〕（10C中期）

58173 保遂 ………………… P3431r.v
〔乾元寺新登戒僧次第曆〕丙戌年五月七日
（926 or 866 or 986）
　2）乾元寺

58174 保遂 ………………… P3631
〔把物團善因等還入常住斛㪷曆〕辛亥年
（891 or 951）

58175 保遂 ………………… S06226
〔某寺付徒衆各僧油一升曆〕（10C中期）
　1）僧

58176 保遂 ………………… S06307
〔管內都僧正轉帖〕九月一日（10C後期）

58177 保遂 ………………… S06981⑬
〔入麥曆〕酉年（10C中期）

58178 保瑞 ………………… P3631
〔把物團善因等還入常住斛㪷曆〕辛亥年
（891 or 951）

58179 保瑞 ………………… S06226
〔某寺付徒衆各僧油一升曆〕（10C中期）

58180 保瑞 ………………… S06237
〔諸人見在粟黃麻曆〕戌年〜子年（10C中期以降？）

58181 保瑞 ………………… Φ103
〔佛說觀音經經1卷(尾)〕（9C）

58182 保瑞天 ……………… S06237
〔諸人見在粟黃麻曆〕戌年〜子年（10C中期以降？）

58183 保性 ……………… S08516c4
〔新鄕鎭口承人名目〕廣順三年十一月十九日（954）
　1）僧　2）大雲寺

58184 保性 ……………… Дx11079
〔筵席文書〕（10C後期）

58185 保晟 ………………… S11535
〔諸雜寫〕己卯歲頃（979頃）
　1）闍梨

58186 保清 ………………… P4907
〔淨土寺?儭破曆〕辛卯年正月十七日（931?）
　2）靈圖寺

58187 保清 ………………… S06307
〔管內都僧正轉帖〕九月一日（10C後期）

58188 保(濟) ……………… S06226
〔某寺付徒衆各僧油一升曆〕（10C中期）

58189 保寂 ……………… BD16031v(L4022)
〔四分僧戒本(背面題記)〕（10C？）
　2）淨土寺　4）原作「土保寂」。

58190 保寂 ………………… S09429
〔法進請爲授戒三師狀〕（10C後期）
　4）原作「保寂爲阿闍梨」。

58191 保仙 ………………… P3556v⑦
〔道場思惟簿〕（10C）

58192 保千 ………………… P3431r.v
〔乾元寺新登戒僧次第曆〕丙戌年五月七日
（926 or 866 or 986）
　2）乾元寺

58193 保宣 …………… BD02496v①(成96)
〔儭司唱得布支給曆〕（10C前期）

58194 保宣 ･････････････ P2250v①
　〔龍興寺僧唱布曆〕 (925?)
　　1)僧　2)靈圖寺

58195 保宣 ･････････････ P2250v③
　〔開元寺僧唱布曆〕 (925?)
　　2)靈圖寺

58196 保宣 ･････････････ P2250v⑤
　〔金光明寺僧唱布曆〕 (925?)
　　2)靈圖寺

58197 保宣 ･････････････ P3431r.v
　〔乾元寺新登戒僧次第曆〕 丙戌年五月七日
　(926 or 866 or 986)
　　2)乾元寺

58198 保宣 ･････････････ S02104v
　〔雜寫〕 (10C中期)
　　1)撰

58199 保遷 ･････････ Stein Painting 63
　〔十一面觀音圖供養題記〕 (10C)
　　1)(李文定)兄　4)原作「男保遷一心供養」。⇒李
　　保遷。

58200 保全 ･････････････ P4081
　〔入破曆計會(首)〕 從丁卯年正月壹日已後至
　戊辰年正月壹日已前 (967〜968)
　　1)直歲　2)淨土寺

58201 保善 ･････････ BD14670(新0870)
　〔靈圖寺徒衆舉綱首牒及都僧統判辭〕 廣順
　二年四月二日 (952)
　　1)徒衆　2)靈圖寺

58202 保善 ･････････････ P6015v
　〔張懷慶請僧爲娘子就靈圖寺開法會疏〕 □
　亥年正月九日 (10C)
　　2)(靈)圖(寺)

58203 保善 ･････････････ S06237
　〔諸人見在粟黃麻曆〕 戌年〜子年 (10C中期
　以降)

58204 保善 ･････････････ S10281
　〔納贈曆(殘)〕 (10C)

58205 保宗 ･････････････ Дx11085
　〔當寺轉帖〕 壬申年七月 (972)

58206 保想 ･････････････ P3431r.v
　〔乾元寺新登戒僧次第曆〕 丙戌年五月七日
　(926 or 866 or 986)
　　2)乾元寺

58207 保相 ･････････････ S01774
　〔某寺常住什物交割點檢曆〕 天福柒年壬寅歲
　十二月十日 (942)
　　1)前所由・都維那

58208 保藏 ･････････ BD11988(L2117)
　〔某寺常住物檢曆〕 (10C)
　　4)原作「寺主保藏」。

58209 保藏 ･････････････ P2054v
　〔疏請僧官文〕 (10C)

58210 保藏 ･････････････ P2708
　〔社子名目并略押(殘)〕 (10C中期)

58211 保藏 ･････････････ P3332
　〔納口承僧名目〕 (10C)

58212 保藏 ･･･････････ P3598＋S04199
　〔某寺什物點檢見在曆〕 丁卯年 (967)

58213 保藏 ･････････････ P3997
　〔都寺主法淨領得布褐曆〕 庚子年十一月卅
　日 (940 or 1000)

58214 保藏 ･････････････ P4908
　〔某寺交割什物點檢曆〕 庚子年頃 (10C?)
　　1)寺主

58215 保藏 ･････････････ S04215
　〔什物交割曆〕 (10C)
　　1)寺主

58216 保藏 ･････････････ S06226
　〔某寺付徒衆各僧油一升曆〕 (10C中期)

58217 保達 ･････････ BD08172v(乃72)
　〔社司轉帖(習書・殘)〕 癸未年頃 (923頃?)

58218 保達 ･････････ BD16243(L4113)
　〔保達(1行)〕 乙卯年十一月五日 (891 or
　951)
　　1)兗師判官　4)V面有「龍泉寺比丘・師判官」。

58219 保達 ･････････････ P2032v③
　〔淨土寺諸色破曆〕 (944前後)
　　2)淨土寺

58220 保達 ……………………… P2049v①
〔淨土寺諸色入破曆計會牒〕 同光三年
(925)

58221 保達 ……………………… P2049v②
〔淨土寺諸色入破曆計會牒〕 長興二年正月
(930~931)
　　2)淨土寺

58222 保達 ……………………… P2680v⑧
〔付經曆〕 丙申年四月十七日 (936)

58223 保達 ……………………… P3234v⑫
〔直歲廣進破曆〕 癸卯年 (943)

58224 保達 ……………………… P4981
〔當寺轉帖〕 閏三月十三日 (961)

58225 保達子 ……………………… P4981
〔當寺轉帖〕 閏三月十三日 (961)

58226 保端 ……………………… P2708
〔社子名目并略押(殘)〕 (10C中期)

58227 保端 ……………………… P3598+S04199
〔某寺什物點檢見在曆〕 丁卯年 (967)

58228 保端 ……………………… S05050
〔某寺諸色入破曆計會〕 (10C中期)

58229 保端 ……………………… S06226
〔某寺付徒衆各僧油一升曆〕 (10C中期)

58230 保談 ……………………… P3431r.v
〔乾元寺新登戒僧次第曆〕 丙戌年五月七日
(926 or 866 or 986)
　　2)乾元寺

58231 保珍 ……………………… P4004
〔某寺交割什物點檢曆〕 (940 or 1000)

58232 保珎〔彌〕 ……………………… S10401
〔僧名目〕 (10C)

58233 保通 ……………………… BD03211v(致11)
〔雜寫〕 (8~9C)

58234 保通 ……………………… BD15434①
〔社司轉帖〕 (10C?)
　　2)普光寺

58235 保通 ……………………… P3319v②
〔社司轉帖(殘)〕 (10C)
　　1)正進　4)⇒保惠。

58236 保通 ……………………… S06452⑦
〔便粟曆〕 壬午年 (982)
　　2)大乘寺

58237 保定 ……………………… P2032v⑬-1
〔淨土寺入破曆〕 (940前後)
　　2)淨土寺

58238 保定 ……………………… P2250v①
〔龍興寺僧唱布曆〕 (925?)
　　1)僧　2)龍興寺

58239 保定 ……………………… P2944
〔大乘寺・聖光寺等尼僧名錄〕 (10C後期?)
　　1)式叉尼　2)大乘寺

58240 保定 ……………………… P3108v②
〔三官?便社人黃麻曆〕 己未年二月十日 (899
or 956)

58241 保定 ……………………… P3431r.v
〔乾元寺新登戒僧次第曆〕 丙戌年五月七日
(926 or 866 or 986)
　　2)乾元寺

58242 保定 ……………………… P3598+S04199
〔某寺什物點檢見在曆〕 丁卯年 (967)

58243 保定 ……………………… S00520
〔報恩寺方等道場榜〕 (9C末~925以前)
　　2)大雲寺　4)有「河西都僧院」印。

58244 保定 ……………………… S01574
〔某寺入破曆〕 己未年 (899 or 959)

58245 保定 ……………………… S01774
〔某寺常住什物交割點檢曆〕 天福柒年壬寅歲
十二月十日 (942)
　　1)典座前所田

58246 保定 ……………………… S02472v⑤
〔官破計會〕 辛巳年十月三日 (981)

58247 保定 ……………………… S03180v
〔爲追念設供請僧疏〕 (9C末頃)

58248 保定 ……………………… S04660
〔兄弟社轉帖〕 戊子年六月廿六日 (988)
　　2)於燉煌蘭喏門　4)原作「北保定」。

1093

58249　保定 ……………………… S06307
　〔管內都僧正轉帖〕　九月一日　（10C後期）

58250　保定 ……………………… S08402
　〔便麥曆〕　（10C前期）
　　1）口承人弟

58251　保定 ……………………… S11351B
　〔西窟斷上水僧目〕　（10C前期）
　　1）沙彌

58252　保定安 …………………… S03180v
　〔爲追念設供請僧疏〕　（9C末頃）

58253　保定安 …………………… S04654v②
　〔老病孝僧尼名錄（殘）〕　（10C中期）

58254　保奴 ……………………… P2162v
　〔三將納丑年突田曆〕　（9C前期）

58255　保道 ……………………… P5032⑨
　〔沙彌闍梨保道致瓜州慕容郎阿姊書〕　壬申年閏正月十三日　（972）
　　1）闍梨　3）沙州

58256　保得 ……………………… Дx01200v
　〔僧名點檢錄〕　（10C後期）

58257　保德 ……………………… BD07805②（制5）
　〔散花樂讚文〕　建隆三年歲次癸亥五月四日　（963）
　　1）僧　4）原作「建隆三年歲次癸亥五月四日律師僧保德自手題記。比丘僧慈願誦」。

58258　保德 ……………………… BD13800（簡68138）
　〔便糧食曆〕　（9～10C）

58259　保德 ……………………… P3431r.v
　〔乾元寺新登戒僧次第曆〕　丙戌年五月七日　（926 or 866 or 986）
　　2）乾元寺

58260　保德 ……………………… S00520
　〔報恩寺方等道場榜〕　（9C末～925以前）
　　2）大雲寺　4）有「河西都僧院」印。

58261　保德 ……………………… S05437
　〔願通等缺升人名抄（封題面）〕　（10C）

58262　保德 ……………………… Дx00084
　〔通頰百姓吳員宋佃種契〕　某年某月一日　（9C）
　　1）換地人男・(吳員宋)男　3）通頰鄉　4）⇒(吳)保德。

58263　保德 ……………………… Дx08847
　〔天王本一本〕　（10C後期）
　　1）禪師　4）原作「禪師保德念」。

58264　保伴 ……………………… Дx11061
　〔不赴城經僧〕　壬戌年十一月十日　（962 or 1022）
　　4）⇒保祥。

58265　保富 ……………………… BD16200D（L4099）
　〔契約文書〕　（9～10C）
　　1）口承人

58266　保富 ……………………… BD16200Q（L4099）
　〔張万達貸絹契〕　（9～10C）
　　1）口承人男

58267　保福 ……………………… P2690v
　〔弟僧保福狀上（家兄座前）〕　六月日　（10C）

58268　保福 ……………………… P3332
　〔納口承僧名目〕　（10C）

58269　保福 ……………………… P3365
　〔爲府主大王小患付經曆〕　甲戌年五月十日　（974）

58270　保々 ……………………… P2162v
　〔三將納丑年突田曆〕　（9C前期）

58271　保々 ……………………… S06307
　〔管內都僧正轉帖〕　九月一日　（10C後期）

58272　保法 ……………………… 北大D215
　〔見在僧名〕　廿六日　（10C後期）

58273　保法 ……………………… 浙燉168（浙博143）
　〔諸寺僧名目〕　（10C中期）
　　2）(淨)土(寺)

58274　保夜 ……………………… P2032v⑯-4
　〔淨土寺粟利閏入曆〕　（940前後）
　　2）淨土寺

58275　保友 ……………………… P3556v②
　〔押衙曹保昇牒〕　顯德六年十二月　（959）

58276 保友 ……………………… P4525⑧
　〔都頭及音聲等都共地畝細目〕（980頃）

58277 保友 ………… Дx01269＋Дx02155＋
　Дx02156
　〔某弟身故納贈曆〕（9C）

58278 保力 ……………………… P3332
　〔納口承僧名目〕（10C）

58279 保力 ……………… P3598＋S04199
　〔某寺什物點檢見在曆〕 丁卯年（967）

58280 保力 ……………………… S05008
　〔破曆〕（940頃）
　　1）上座

58281 保力 ……………………… S06226
　〔某寺付徒衆各僧油一升曆〕（10C中期）

58282 保留 ……………………… P3431①
　〔乾元寺新登戒僧次第曆〕 丙戌年五月七日
　（926 or 866 or 986）
　　2）乾元寺

58283 保隆 ……………………… P3423r.v
　〔乾元寺新登戒僧次第曆〕 丙戌年五月七日
　（986）
　　2）乾元寺

58284 保隆 ……………………… P3431r.v
　〔乾元寺新登戒僧次第曆〕 丙戌年五月七日
　（926 or 866 or 986）
　　2）乾元寺

58285 保隆 ……………………… P3779v②
　〔徒衆轉帖〕 乙酉年四月廿七日（985?）
　　2）乾元寺

58286 保龍 ……………………… P3423
　〔乾元寺新登戒僧次第曆〕 丙戌年五月七日
　（986）
　　2）乾元寺

58287 保龍 ……………………… P3431①
　〔乾元寺新登戒僧次第曆〕 丙戌年五月七日
　（926 or 866 or 986）
　　2）乾元寺

58288 保林 ……………………… S06237
　〔諸人見在粟黃麻曆〕 戌年～子年（10C中期
　以降?）

58289 步通 ……………… 古典籍54,圖171
　〔五月五日下菜人名目〕（10C）

58290 蒲端 ……………………… 莫第039窟
　〔供養人題記〕（10C前期）
　　1）孫・衙前兼試殿中監 4）原作「孫衙前兼試殿
　　中監蒲端一心供養」。北壁。⇒（梁）万端。

58291 蒲□ ……………………… 莫第039窟
　〔供養人題記〕（10C前期）
　　1）孫・衙前兼試殿中監 4）原作「孫衙前兼試殿
　　中監蒲□一心供養」。北壁。《燉》p.13。⇒（梁）萬
　　盈。

58292 戊辰 ……………………… P2511
　〔諸道山河地名要略第二〕 八月七日（9C）

58293 菩提 ……………………… P3047v③
　〔諸僧尼送納三色香於乾元寺曆〕（9C前期）
　　2）乾元寺 4）⇒䪞。

58294 菩提 ……………………… P3047v⑥
　〔諸人諸色施入曆〕（9C前期）

58295 菩提 ……………………… S02729①
　〔燉煌應管勘牌子曆〕 辰年三月（788）
　　1）僧 2）龍興寺 3）沙州 4）俗姓「張」。2行目。

58296 菩提 ……………………… S04444v②
　〔燉煌大乘寺僧尼申告（稿）〕（905）
　　2）大乘寺

58297 菩提意 …………………… S08197v
　〔靈修寺尼菩提意上僧政狀〕（9C）
　　1）尼 2）靈修寺 4）⇒提意。

58298 菩提員 …………………… P2944
　〔大乘寺・聖光寺等尼僧名錄〕（10C後期?）
　　1）式叉尼 2）大乘寺

58299 菩提願 …………………… S02669
　〔管內尼寺（安國寺・大乘寺・聖光寺）籍〕
　（865～870）
　　2）大乘寺 3）燉煌鄉 4）姓「陰」。俗名「蒙々」。

58300 菩提惠 …………………… BD02126v⑧（藏26）
　〔僧尼名目（2行10名）〕（9C後期）

58301 菩提惠 …………………… S02669
　〔管內尼寺（安國寺・大乘寺・聖光寺）籍〕
　（865～870）
　　2）大乘寺 3）平康鄉 4）姓「張」。俗名「勝嬌」。

58302 菩提惠 ……………… S02669
〔管內尼寺(安國寺・大乘寺・聖光寺)籍〕
(865～870)
　　2)聖光寺　3)赤心鄉　4)姓「郭」。俗名「眼々」。

58303 菩提堅 ……………… S02669
〔管內尼寺(安國寺・大乘寺・聖光寺)籍〕
(865～870)
　　2)大乘寺　3)玉關鄉　4)姓「唐」。俗名「在々」。

58304 菩提最 ……………… S04844
〔戒牒〕 乾德四年正月十五日 (966)
　　1)授戒弟子

58305 菩提心 ……………… P3619①
〔王都督儭合城僧徒名錄〕 (9C)

58306 菩提心 ……………… S04622v①
〔菩提心等請亡僧舍地狀〕 (9C中期)
　　1)尼僧

58307 菩提藏 ……………… S02669
〔管內尼寺(安國寺・大乘寺・聖光寺)籍〕
(865～870)
　　2)大乘寺　3)洪地鄉　4)姓「張」。俗名「更嬌」。

58308 菩提□ ……………… 楡第35窟
〔供養人題記〕 (10C末期)
　　1)清信弟子優婆姨　4)東壁。《謝》p.486。

58309 奉仙 ……………… P3730⑧
〔奉仙等牒付榮(照)判〕 酉年正月 (841 or 829)

58310 寶 ……………… P2049v①②
〔淨土寺諸色入破曆計會牒〕 長興二年, 同光三年 (931・925)
　　1)徒眾　2)淨土寺

58311 寶安 ……………… P.tib1096v
〔緣方等道場付沙彌等曆〕 酉年四月一日 (9C前期)

58312 寶依 ……………… P3336v②
〔監軍轉經付維那曆〕 (寅年)二月廿日 (834)
　　2)金(光明寺)　4)朱書。

58313 寶意 ……………… P3028
〔羊口數計會帖〕 (9C前期)

58314 寶意 ……………… S02729①
〔燉煌應管勘牌子曆〕 辰年三月 (788)
　　1)僧　2)龍興寺　3)沙州　4)俗姓「石」。5行目。申年9月27日死。

58315 寶意 ……………… Дx01380v
〔僧名目〕 (10C後期)
　　4)R面爲「七月廿八日獻信狀」(10C後期)。

58316 寶印 ……………… P2686②
〔借粟契〕 (吐蕃期)

58317 寶印 ……………… S01586
〔論語卷第2(尾)〕 (9C)
　　1)孛郎沙門　2)金光明寺　4)原作「沙門寶印手札也」。別記「金光明寺學郎」。

58318 寶印 ……………… S06417⑤
〔散蓮華禦〕 貞明陸年歲二月一日 (920)
　　1)僧　2)金光明寺

58319 寶盈 ……………… S01162v
〔燉煌某寺僧名錄〕 (10C前期)

58320 寶圓 ……………… P4765
〔都僧錄帖〕 (10C後期)
　　1)沙彌

58321 寶器 ……………… P3205
〔僧俗人寫經曆〕 (9C前期)

58322 寶器 ……………… S02711
〔寫經人名目〕 (9C前期)
　　1)寫經人　2)金光明寺　4)⇒寶良器。

58323 寶器 ……………… S04831v
〔寫經人名目〕 (9C前期)
　　1)寫經人

58324 寶器 ……………… S07945
〔僧俗寫經分團人名目〕 (823以降)

58325 寶宜 ……………… P3036
〔勸善經(末)〕 天福參年 (938)

58326 寶鏡 ……………… S00476B
〔諸寺付經僧尼曆〕 (9C前期)
　　1)僧　2)興善寺

58327 寶鏡父 ……………… P2032v⑳-7
〔淨土寺麵黃麻豆布等破曆〕 (940前後)
　　2)淨土寺

58328 寶惠 ……………………… P2250v①
　〔龍興寺僧唱布曆〕　(925?)
　　2)龍興寺

58329 寶慶 ……………………… S02614v
　〔燉煌應管諸寺僧尼名錄〕　(895)
　　2)開元寺

58330 寶賢 ……………………… S05962
　〔梵網經盧舍那佛說菩薩心地戒本(卷首貼布片)〕　(10C)
　　1)比丘　4)原作「比丘寶賢再修己」。

58331 寶賢 ……………………… Дx01398
　〔車頭人名目〕　(10C)
　　1)車頭

58332 寶嚴 ……………………… P3060
　〔諸寺諸色付經僧尼曆〕　(9C前期)
　　1)僧尼　4)經典名「般若經卷17」。

58333 寶嚴 ……………………… P3638
　〔沙彌善勝點檢常住什物見在曆〕　辛未年 (911)

58334 寶嚴 ……………………… P.tib1261v⑨
　〔諸寺僧尼支給穀物曆〕　(9C前期)
　　1)尼

58335 寶嚴 ……………………… S02729①
　〔燉煌應管勘牌子曆〕　辰年三月　(788)
　　1)僧　2)靈修寺　3)沙州　4)俗姓「石」。33行目。

58336 寶嚴 ……………………… S04444v②
　〔燉煌大乘寺僧尼申告(稿)〕　(905)
　　2)大乘寺

58337 寶護 ……………………… P3107
　〔大月乾連變文1卷背〕　(10C)

58338 寶護 ……………………… S06005
　〔立社條約〕　(10C前期以降)

58339 寶護 ……………………… 杏・羽025
　〔存一行人名〕　乙亥年四月廿日　(915〜975)

58340 寶甲 ……………… BD16388A(L4460)＋BD16388B(L4460)
　〔當寺轉帖〕　(9〜10C)
　　1)沙彌

58341 寶甲 ……………………… P4765
　〔都僧錄帖〕　(10C後期)
　　1)第一翻・沙彌

58342 寶甲 ……………………… S02614v
　〔燉煌應管諸寺僧尼名錄〕　(895)
　　2)報恩寺

58343 寶香 ……………………… P2415②
　〔乾元寺僧寶香雇鄧忤子契〕　乙酉年二月十二日　(925 or 865)
　　2)乾元寺

58344 寶香 ……………………… P2869piece4
　〔寶香等納贈曆〕　(10C前期)

58345 寶香 ……………………… S00542v
　〔燉煌諸寺丁壯車牛役部〕　戌年六月十八日　(818)
　　2)蓮臺寺

58346 寶受 ……………………… BD02296(閏96)
　〔唱得布曆〕　(10C)

58347 寶住 ……………………… S01653v
　〔付麵曆佛會支出簿〕　(10C)

58348 寶住 ……… S.tib.R.119.VOL.72.FOL.14
　〔某寺僧付麵曆〕　四月十日　(9C)

58349 寶如 ……………………… P3556v⑦
　〔道場思惟簿〕　(10C)

58350 寶勝 ……………………… P4518v②
　〔寶勝狀奏〕　天壽二年五月日　(962)
　　4)佛像佛畫等38點色繪佛畫背面有天壽(于闐年號)。

58351 寶勝花 ……………………… S02669
　〔管內尼寺(安國寺・大乘寺・聖光寺)籍〕　(865〜870)
　　2)大乘寺　3)洪閏鄉　4)姓「索」。俗名「勝娘」。

58352 寶淨 ……………………… BD11493(L1622)
　〔十僧寺三尼寺勘教付經曆(首尾全)〕　亥年四月廿九日　(9C前期)
　　2)普光寺

58353 寶淨 ……………………… P2207piece4
　〔僧名錄〕　(10C)

58354 寶淨 ……………… P3556v⑦
〔道場思惟簿〕 (10C)

58355 寶淨 ……………… P3600v②
〔燉煌普光寺等尼名申告狀〕 戌年十一月
(9C前期)
　　2)普光寺

58356 寶淨 ……………… 井上目57,圖版1背
〔釋門教授帖〕 子年頃 (820 or 832頃)
　　1)尼・大乘寺檢校道場律師　2)大乘寺

58357 寶深 ……………… S04689＋S11293
〔功德司願德勘算斛㪷縷布等狀〕 顯德元年甲
寅歲正月壹日 (954)
　　1)法律

58358 寶眞 ……………… P4646③
〔頓悟大乘正理決敍〕 (9C前期)
　　1)僧統大德

58359 寶崇 ……………… P2250v②
〔乾元寺僧唱布曆〕 辛未年四月十二日
(925?)
　　2)乾元寺

58360 寶性 ……………… P.tib1261v⑦
〔諸寺僧尼支給穀物曆〕 (9C前期)
　　1)尼

58361 寶淸 ……………… P2250v①
〔龍興寺僧唱布曆〕 (925?)
　　2)龍興寺

58362 寶濟 ……………… S07939v＋S07940Bv＋S07941
〔燉煌諸寺僧尼給糧曆〕 (823以降)

58363 寶濟 ……………… Дx01444v
〔雜寫〕 (9C)
　　4)R面爲「釋門文範」(9C)。

58364 寶聖 ……………… S02614v
〔燉煌應管諸寺僧尼名錄〕 (895)

58365 寶積 ……………… BD11497(L1626)
〔吐蕃時期佛典流通雜錄〕 (8～9C)

58366 寶積 ……………… P4648
〔契〕 二月廿三日 (9C前期)
　　1)僧

58367 寶積 ……………… P4958piece3
〔當寺轉帖(殘)〕 (10C前期)

58368 寶積 ……………… S02614v
〔燉煌應管諸寺僧尼名錄〕 (895)
　　2)淨土寺

58369 寶積 ……………… S05893
〔管內僧寺(報恩寺・淨土寺)籍〕 (865～875)
　　2)淨土寺　3)慈惠鄉

58370 寶全 ……………… P2250v②
〔乾元寺僧唱布曆〕 辛未年四月十二日
(925?)
　　2)乾元寺

58371 寶全 ……………… P2869piece4
〔寶香等納贈曆〕 (10C前期)

58372 寶善 ……………… S00520
〔報恩寺方等道場榜〕 (9C末～925以前)
　　2)靈圖寺　4)有「河西都僧院」印。

58373 寶藏 ……………… P2048
〔十地義記卷第1〕 (10C)
　　1)寫

58374 寶藏 ……………… P2250v①
〔龍興寺僧唱布曆〕 (925?)
　　2)龍興寺

58375 寶藏 ……………… P3491piece1
〔某寺設齋勾當名目〕 (9C前期)

58376 寶達 ……………… S05139v②
〔社司轉帖(寫錄)〕 四月十三日 (10C前期)

58377 寶通 ……………… S02614v
〔燉煌應管諸寺僧尼名錄〕 (895)
　　2)開元寺

58378 寶貞 ……………… P2250v①
〔龍興寺僧唱布曆〕 (925?)
　　2)龍興寺

58379 寶貞 ……………… 散錄0249
〔諸星母陀羅尼經〕 壬戌年正月廿七日 (902)
　　1)沙彌　4)原作「壬戌年正月廿七日沙彌寶貞書」。

58380 寶德 ……………… S02614v
〔燉煌應管諸寺僧尼名錄〕 (895)
　　2)報恩寺

58381 寶德 ･････････････ S11282＋S11283
〔都師寶德入破曆計會牒〕 中和三年頃 (883)
　1) 都師　2) 報恩寺

58382 寶明 ･････････････････ P3600v②
〔燉煌普光寺等尼名申告狀〕 戌年十一月
(9C前期)
　2) 普光寺

58383 寶明 ･･･････････････････ S01780
〔於沙州龍興寺受菩薩戒牒〕 元年建末月七日　(8C)
　2) 龍興寺　3) 沙州

58384 寶明 ･･･････････････････ S02614v
〔燉煌應管諸寺僧尼名錄〕 (895)
　2) 大雲寺

58385 寶明 ･･･････････････････ S07882
〔就賀拔堂唱椀等曆〕 十一月廿一日 (9C前期)

58386 寶明 ･･････････ 井上目57,圖版1背
〔釋門教授帖〕 子年頃 (820 or 832頃)
　1) 尼・檢校道場律師　2) 大乘寺

58387 寶良 ･･･････････････････ S02614v
〔燉煌應管諸寺僧尼名錄〕 (895)
　2) 報恩寺

58388 寶良器 ･･･････････････ S06028
〔寫經人名目〕 (8C末～9C前期)
　1) 寫經人　4) ⇒寶器。

58389 寶□ ････････････････････ P3060v
〔諸寺諸色付經僧尼曆〕 (9C前期)
　4) 經典名「放光般若經卷2」。

58390 寶□ ･････････････････ 楡第35窟
〔供養人題記〕 (10C末期)
　1) 故婆聖光寺尼衆法律　4) 東壁。《謝》p. 486。

58391 放光 ･････････････････ S00476Bv
〔諸寺付經僧尼曆〕 (9C前期)
　1) 僧　2) 乾元寺

58392 法 ･････････････････････ P2583v⑪
〔法會施捨疏〕 申年頃 (828頃?)

58393 法安 ･････････････････････ P2689
〔寺僧唱得物支給曆〕 (9C前期)

58394 法安 ･･･････････････････ S01522v③
〔破曆〕 (9C)

58395 法安 ･･･････････････････ S02614v
〔燉煌應管諸寺僧尼名錄〕 (895)
　2) 蓮臺寺

58396 法安 ･･･････････････････ S02614v
〔燉煌應管諸寺僧尼名錄〕 (895)
　2) 乾元寺

58397 法安 ･･･････････････････ S02614v
〔燉煌應管諸寺僧尼名錄〕 (895)
　2) 龍興寺

58398 法安 ･･･････････････････ S04192
〔儭支給曆〕 丑年 (9C前期)

58399 法安 ･･････････ Дx01329в＋Дx02151v①
〔應管內雌統ム乙令置方等薑場薑〕 (10C前期)
　4) 本文書內容「受新戒諸寺僧尼名目」。

58400 法晏 ･･････････････････ P2869piece4
〔寶香等納贈曆〕 (10C前期)

58401 法晏 ･･･････････････････ S01364
〔付經曆〕 (9C)
　1) 僧　2) 三界寺

58402 法晏 ･･･････････････････ S06981③
〔某寺入曆(殘)〕 (壬申年二月八日) (912 or 972)
　1) 公解司・法律

58403 法威 ･･･････････････････ P3730v
〔支破曆(2行)〕 (9C前期)
　1) 僧　2) 大雲寺

58404 法威德 ･･･････････････ S04613
〔破曆〕 庚申年 (960)
　1) 法律

58405 法意 ･･････････････････ BD01826(秋26)
〔便麥粟曆〕 辛亥年? (891 or 951)
　4) 金光明經背面貼付。

58406 法意 ･････････････ BD16044Av(L4027)
〔便麥粟曆〕 辛亥年 (891?)

58407 法意 ･･･････････････････ P3047v⑧
〔王都督儭合城僧徒名錄〕 (9C前期)

58408 法意 ……………… P3060
〔諸寺諸色付經僧尼曆〕（9C前期）
　1）僧尼　4）經典名「般若經卷7」。

58409 法意 ……………… S02614v
〔燉煌應管諸寺僧尼名錄〕（895）

58410 法意 ……………… S02729①
〔燉煌應管勘牌子曆〕　辰年三月　(788)
　1）僧　2）靈修寺　3）沙州　4）俗姓「楊」。28行目。

58411 法意 ……………… S04613
〔領得豆麥計會〕　庚申年～甲戌年　(900)

58412 法意 ……………… S11601
〔諸寺僧名目〕（10C?）

58413 法違 ……………… P3047v③
〔諸僧尼送納三色香於乾元寺曆〕（9C前期）
　2）乾元寺

58414 法印 ……………… P3730④
〔狀〕　酉年正月　(829)
　1）徒衆　2）金光明寺

58415 法印 ……………… P3947
〔龍興寺應轉經僧分兩蕃定名牒〕　亥年八月
　(819 or 831)
　2）龍興寺　4）V面爲「9C前半大雲寺僧所有田籍簿」。

58416 法印 ……………… P.tib1261v③
〔諸寺僧尼支給穀物曆〕（9C前期）
　1）僧

58417 法印 ……………… P.tib1261v⑥
〔諸寺僧尼支給穀物曆〕（9C前期）
　1）僧

58418 法印 ……………… P.tib1261v⑦
〔諸寺僧尼支給穀物曆〕（9C前期）
　1）僧

58419 法員 ……………… MG25486
〔供養人題記〕　顯德陸年歲次己未年八月廿五日□　(959)
　4）原作「故叔釋門法律臨壇供奉大德沙門法員一心供養」。

58420 法員 ……………… P3881v
〔招提司惠覺諸色斛㪷計會〕　太平興國六年
　(981)
　1）後都師

58421 法員 ……………… Дх11085
〔當寺轉帖〕　壬申年七月　(972)

58422 法因 ……………… S00545v
〔永安寺僧名申告狀〕　戌年九月　(9C前期)
　1）主客僧　2）永安寺

58423 法因 ……………… S02669
〔管内尼寺(安國寺・大乘寺・聖光寺)籍〕
　(865～870)
　2）大乘寺　3）慈惠鄕　4）姓「張」。俗名「闍子」。

58424 法因 ……………… 杏・羽694v①
〔諸寺僧尼唱儭曆〕（9C中期）
　2）永安寺?　4）R①爲「未年閏十月當寺(永安寺?)應管主客僧牒」。

58425 法愍 ……………… P.tib1261v⑥
〔諸寺僧尼支給穀物曆〕（9C前期）
　1）僧

58426 法殷 ……………… P3060
〔諸寺諸色付經僧尼曆〕（9C前期）
　1）僧尼　4）經典名「大菩薩藏經卷1」。

58427 法殷 ……………… P3337v
〔諸寺付經曆〕（9C前期）
　2）龍興寺

58428 法殷 ……………… S02729①
〔燉煌應管勘牌子曆〕　辰年三月　(788)
　1）僧　2）龍興寺　3）沙州　4）俗姓「李」。4行目。

58429 法殷 ……………… 故宮博・新166498
〔大般若波羅蜜多經卷第186(首尾題)〕　大蕃
　丁酉　(817)
　4）原作「維大蕃丁酉爲聖神贊普寫法殷」。

58430 法雨 ……………… BD07278(帝78)
〔四分律卷55兌紙(末雜寫2行)〕（9C?）

58431 法雨 ……………… P4810v②
〔爲亡妣請僧疏〕（9C前期）
　2）金光明寺

58432 法雨 ……………… P.tib1261v⑥
〔諸寺僧尼支給穀物曆〕（9C前期）
　1）僧

1100

58433 法雨 ·················· S02614v
　〔燉煌應管諸寺僧尼名錄〕（895）
　　2）龍興寺

58434 法云 ·················· P3730④
　〔狀〕 酉年正月 （829）
　　1）徒眾　2）金光明寺

58435 法云 ················ P.tib1088A
　〔燉煌諸人磑課麥曆〕 卯年～巳年間（835～837）
　　1）僧　4）原作「僧法云」。

58436 法云 ··············· P.tib1261v②
　〔諸寺僧尼支給穀物曆〕（9C前期）
　　1）僧

58437 法云 ··············· P.tib1261v⑦
　〔諸寺僧尼支給穀物曆〕（9C前期）
　　1）僧

58438 法云 ·················· S05806
　〔麥人算會倉司麥交付憑〕 庚辰年十一月廿日（920 or 980）
　　1）杞麥人倉司

58439 法雲 ·················· P2912v③
　〔寫大般若經一部施銀盤子麥粟粉疏〕 四月八日（9C前期）

58440 法雲 ·················· P3047v⑧
　〔王都督儭合城僧徒名錄〕（9C前期）

58441 法雲 ·················· P4810v②
　〔為亡妣請僧疏〕（9C前期）
　　2）金光明寺

58442 法雲 ··············· P.tib1261v⑧
　〔諸寺僧尼支給穀物曆〕（9C前期）
　　1）僧

58443 法雲 ··············· P.tib1261v⑫
　〔諸寺僧尼支給穀物曆〕（9C前期）
　　1）僧

58444 法雲 ·················· S02614v
　〔燉煌應管諸寺僧尼名錄〕（895）
　　2）報恩寺

58445 法榮 ············· BD02092（冬92）
　〔戒律各數節抄（末）〕 丙午年七月五日（826）
　　3）大蕃國肅州酒泉郡沙門

58446 法榮 ·················· P3060
　〔諸寺諸色付經僧尼曆〕（9C前期）
　　4）經典名「般若經卷50」。

58447 法榮 ·················· P4640v
　〔法榮, 前件僧去八月拾肆日染疾身死牒〕 咸通十年十二月廿五日（869）
　　1）先有勅授河西管內都僧統賜紫僧

58448 法榮 ··············· P.tib1261v⑧
　〔諸寺僧尼支給穀物曆〕（9C前期）
　　1）僧

58449 法榮 ················· 莫第085窟
　〔供養人題記〕（10C前期）
　　1）都僧統兼京城內…大法律沙門　4）原作「都僧統兼京城內…大法律沙門□榮俗姓翟敬造□」。甬道北壁。《燉》p.29。⇒翟（法）榮。

58450 法盈 ················· 天禧塔記
　〔「天禧塔記」《隴石金石錄補》〕 大宋天禧參年歲次乙未三月二十七日（1019）
　　1）法律　2）三界寺

58451 法盈 ············· 劫餘錄續編1127
　〔道行般若經卷第4〕 雍熙五年歲次戊子三月日（988）
　　1）僧　2）大雲寺　4）「道行經卷第四摩訶般若波羅蜜」尾題。

58452 法睿 ·················· P3138v
　〔諸寺付經曆〕（9C前期）
　　2）乾元寺

58453 法英 ·················· P2469v
　〔破曆雜錄〕 戌年六月五日（830?）

58454 法英 ·················· P5000v
　〔僧尼名目〕（9C前期）

58455 法英 ··············· P.tib1261v③
　〔諸寺僧尼支給穀物曆〕（9C前期）
　　1）僧

58456 法英 ··············· P.tib1261v⑥
　〔諸寺僧尼支給穀物曆〕（9C前期）
　　1）僧

58457 法英 ··············· P.tib1261v⑦
　〔諸寺僧尼支給穀物曆〕（9C前期）
　　1）僧

58458 法英 ·················· P.tib1261v⑨
〔諸寺僧尼支給穀物曆〕（9C前期）
　1）僧

58459 法英 ·················· P.tib1261v⑩
〔諸寺僧尼支給穀物曆〕（9C前期）
　1）僧

58460 法英 ·················· P.tib1261v⑫
〔諸寺僧尼支給穀物曆〕（9C前期）
　1）僧

58461 法英 ·················· S01475v⑧⑨
〔沙州寺戶嚴君便麥契〕四月十五日（828～829）
　1）僧

58462 法英 ············ 井上目57,圖版1背
〔計料海濟受戒衣鉢具色目〕子年頃（820 or 832頃）
　4）原作「海濟受戒衣鉢色目」。

58463 法圓 ············ BD09283（周4）
〔某寺（乾元寺）道場出唱歷〕（9C前期）
　4）『條記目』（p.40）按「法國法圓均爲吐蕃統治時期乾元寺僧人」。

58464 法圓 ···················· P2250v②
〔乾元寺僧唱布曆〕辛未年四月十二日（925?）
　2）乾元寺

58465 法圓 ···················· P2250v③
〔開元寺僧唱布曆〕（925?）
　2）開元寺

58466 法圓 ···················· P2250v⑤
〔金光明寺僧唱布曆〕（925?）
　2）金光明寺

58467 法圓 ···················· P3391v①
〔社司轉帖（寫錄）〕丁酉年正月日（937）

58468 法圓 ····················· P5000v
〔僧尼名目〕（9C前期）

58469 法圓 ·················· P.tib1261v②
〔諸寺僧尼支給穀物曆〕（9C前期）
　1）僧

58470 法圓 ················ 莫第199窟
〔供養人題記〕（8C中後期）
　1）僧　2）開元寺　4）原作「瓜州開元寺僧法圓一心供養」。《燉》p.91。

58471 法圓 ···················· 散錄0438
〔大般若波羅蜜多經卷第101〕（9～10C）
　1）勘

58472 法延〔進〕 ············ S02614v
〔燉煌應管諸寺僧尼名錄〕（895）
　2）乾元寺

58473 法緣 ······················ P3060
〔諸寺諸色付經僧尼曆〕（9C前期）
　1）僧尼　4）經典名「般若經卷43」。

58474 法緣 ······················ P3092v
〔誦經曆〕（10C）

58475 法緣 ······················ P3205
〔僧俗人寫經曆〕（9C前期）

58476 法緣 ······················ P3855
〔諸寺付經曆〕（9C初頭）
　2）興善寺

58477 法緣 ·················· P.tib1261v②
〔諸寺僧尼支給穀物曆〕（9C前期）
　1）僧

58478 法緣 ·················· P.tib1261v③
〔諸寺僧尼支給穀物曆〕（9C前期）
　1）僧

58479 法緣 ·················· P.tib1261v⑦
〔諸寺僧尼支給穀物曆〕（9C前期）
　1）僧

58480 法緣 ·················· P.tib1261v⑩
〔諸寺僧尼支給穀物曆〕（9C前期）
　1）僧

58481 法緣 ······················ S02711
〔寫經人名目〕（9C前期）
　1）寫經人　2）金光明寺

58482 法緣 ························ Φ244
〔大般若波羅蜜多經卷第277(末)〕（9C前期）
　1）第二校　4）原作「第二校法緣第三□□勘子」。

58483 法應 ·············· BD01995（收95）
　〔大般若波羅蜜多經卷第351（末）〕　（9C）

58484 法應 ·············· BD15244（新1444）
　〔大般若波羅蜜多經卷第353（末）〕（8～9C）

58485 法應 ·················· P3047v①
　〔僧名等錄〕　（9C前期）
　　4）俗姓「劉」。

58486 法應 ·················· P3047v③
　〔諸僧尼送納三色香於乾元寺曆〕　（9C前期）
　　2）乾元寺

58487 法應 ·················· P.tib1261v⑨
　〔諸寺僧尼支給穀物曆〕　（9C前期）
　　1）僧

58488 法應 ·············· S02447＋S06314
　〔付經僧曆〕　（吐蕃期）
　　1）僧

58489 法音 ·················· P.tib1261v③
　〔諸寺僧尼支給穀物曆〕　（9C前期）
　　1）僧

58490 法音 ·················· P.tib1261v⑤
　〔諸寺僧尼支給穀物曆〕　（9C前期）
　　1）僧

58491 法華 ···················· S05855
　〔追疏文〕　雍熙三年丙戌六月　（986）
　　1）大師

58492 法顆 ···················· P3047v⑧
　〔王都督懇合城僧徒名錄〕　（9C前期）

58493 法戒 ···················· P3600v②
　〔燉煌普光寺等尼名申告狀〕　戊年十一月
　（9C前期）
　　2）普光寺

58494 法戒 ···················· S01364
　〔付經曆〕　（9C）
　　1）僧

58495 法戒 ···················· S02669
　〔管内尼寺（安國寺・大乘寺・聖光寺）籍〕
　（865～870）
　　2）聖光寺　3）慈惠鄉　4）姓「張」。俗名「美子」。

58496 法戒 ···················· Дх01268
　〔第二團僧名目〕　（10C）

58497 法戒德 ·················· P3051
　〔貸絹契〕　丙辰年三月廿三日　（956）
　　2）三界寺

58498 法會 ···················· P2042
　〔大佛名經內略出懺悔及經1卷〕　庚寅年五月
　五日　（930）
　　2）報恩寺　4）原作「報恩寺僧法會敬寫」。

58499 法會 ···················· P2250v②
　〔乾元寺僧唱布曆〕　辛未年四月十二日
　（925?）
　　2）乾元寺

58500 法會 ···················· P2250v③
　〔開元寺僧唱布曆〕　（925?）
　　2）開元寺

58501 法會 ···················· P2583v⑪
　〔法會施捨疏〕　申年頃　（828頃?）

58502 法會 ···················· P2887
　〔雜齋文題〕　丙戌年三月八日　（926）
　　1）清信弟子比丘僧

58503 法會 ···················· P4525v⑯
　〔金剛般若波羅蜜經〕　太平興國八年頃　（983）
　　1）寫經人

58504 法會 ···················· P.tib1261v⑨
　〔諸寺僧尼支給穀物曆〕　（9C前期）
　　1）僧

58505 法會 ···················· P.tib1261v⑩
　〔諸寺僧尼支給穀物曆〕　（9C前期）
　　1）僧

58506 法會 ···················· S02151
　〔大般若波羅蜜多經卷第35〕　（9C）
　　1）比丘　4）寫。

58507 法會 ···················· 沙文補31
　〔社貸曆〕　辛巳六月十六日　（921 or 981）
　　1）僧

58508 法海 ·············· BD05512v②（珍12）
　〔僧法海殘文書〕　（9～10C）

58509 法海 ・・・・・・・・・・・・・・・・・ BD09282（周3）
〔六月到八月某寺諸色斛斗（豆麥粟）破歷〕
（10C後期）
　1）都師（沙）彌

58510 法海 ・・・・・・・・・・・・・・・・・・・・・・ P2689
〔寺僧唱得物支給歷〕　（9C前期）

58511 法海 ・・・・・・・・・・・・・・・・・・・・ P3047v①
〔僧名等錄〕　（9C前期）
　4）俗姓「糞」。

58512 法海 ・・・・・・・・・・・・・・・・・・・・ P3047v③
〔諸僧尼送納三色香於乾元寺歷〕　（9C前期）
　2）乾元寺

58513 法海 ・・・・・・・・・・・・・・・・・・・・ P3047v⑧
〔王都督儭合城僧徒名錄〕　（9C前期）
　4）俗姓「糞」。

58514 法海 ・・・・・・・・・・・・・・・・・・・・ P3047v⑧
〔王都督儭合城僧徒名錄〕　（9C前期）
　4）俗姓「王」。

58515 法海 ・・・・・・・・・・・・・・・・・・・・・・ P4674
〔破歷〕　乙酉年十月十八日　（985）

58516 法海 ・・・・・・・・・・・・・・・・・ P.tib1261v⑨
〔諸寺僧尼支給穀物歷〕　（9C前期）
　1）僧

58517 法海 ・・・・・・・・・・・・・・・・・・・・・・ S01154
〔瑜伽論卷第54卷（末）（雜寫）〕　（9C）

58518 法海 ・・・・・・・・・・・・・・・・・・・・・・ S02213
〔致都統書和尚狀〕　（9C後期）
　1）都僧統

58519 法海 ・・・・・・・・・・・・・・・・・・・・・ S02614v
〔燉煌應管諸寺僧尼名錄〕　（895）
　2）大雲寺

58520 法海 ・・・・・・・・・・・・・・・・・・・・・・ S05039
〔某寺諸色破歷〕　（10C後期）
　1）都師

58521 法海 ・・・・・・・・・・・・・・・・・・・・・・ S05475
〔南宗頓教最上大乘摩訶般若波羅蜜經六祖惠能大師於韶州大梵寺施法壇經1卷〕　（10C）

58522 法海 ・・・・・・・・・・・・・・・・・・・・・・ S05972
〔維摩經疏奧書〕　（9C）
　1）燉煌釋門講百法論大法師兼釋門都法律沙門

58523 法海 ・・・・・・・・・・・・・・・・・・・・・・ S06212
〔廻向疏殘〕　景福年五月六日　（892～893）
　4）紙縫部署名。

58524 法海 ・・・・・・・・・・・・・・・・・・・・ S11286①
〔施入廻向疏〕　景福年間　（895頃）

58525 法海 ・・・・・・・・・・・・・・・・・・・・・ Дх01378
〔當團轉帖〕　（10C中期）

58526 法海 ・・・・・・・・・・・・・・・・・・・・ 天禧塔記
〔「天禧塔記」《隴石金石錄補》〕　大宋天禧參年歲次乙未三月二十七日　（1019）
　1）法律　2）三界寺

58527 法界 ・・・・・・・・・・・・・・・・・ BD11406（L1535）
〔某弟子從沙州龍興寺神卓受菩薩戒牒〕
（8C）
　2）龍興寺　3）沙州

58528 法界 ・・・・・・・・・・・・・・・・・・・・ P4958piece1
〔納贈歷〕　（10C前期）

58529 法界 ・・・・・・・・・・・・・・・・・・・・・ S02614v
〔燉煌應管諸寺僧尼名錄〕　（895）
　2）乾元寺

58530 法界 ・・・・・・・・・・ Дх01329в＋Дх02151v①
〔應管內雌統厶乙令置方等薹場薹〕　（10C前期）
　1）法律　2）乾元（寺）　4）本文書內容「受新戒諸寺僧尼名目」。

58531 法界 ・・・・・・・・・・・・・・・・・・・・ 莫第098窟
〔供養人題記〕　（10C中期）
　1）釋門法律臨壇大德沙門　4）南壁。《燉》p.41。《謝》p.91。

58532 法幹 ・・・・・・・・・・・・・・・・・・・・・ P4810v②
〔爲亡妣請僧疏〕　（9C前期）
　2）金光明寺

58533 法岸 ・・・・・・・・・・・・・・・・・・・・・・ P3853
〔諸寺付經歷〕　（9C前期）
　4）⇒法岸國。

58534 法岸 ・・・・・・・・・・・・・・・・・・・・・・ P3855
〔諸寺付經歷〕　（9C初頭）
　2）安國寺,靈修寺

58535 法岸 ・・・・・・・・・・・・・・・・・・・・・ S04852v
〔付諸僧給麵蘇歷〕　（9C末～10C初）
　2）永安寺

58536 法岸國 ……………………… P3853
〔諸寺付經曆〕（9C前期）
　4)⇒法岸。

58537 法巖 ……………… BD15240(新1440)
〔阿毗達磨倶舎論實義疏卷第3(末)〕（8〜9C）
　1)釋門　4)原作「釋門法律法巖奉寫記」。

58538 法巖 ……………………… P3556③
〔陳法巖和尚邈眞讚〕（10C）

58539 法(眼) ……………………… P4597v
〔雜記〕 光化四年九月十五日（901）
　2)靈圖寺

58540 法眼 ……………………… S02614v
〔燉煌應管諸寺僧尼名錄〕（895）
　2)報恩寺

58541 法眼 ……………………… S06217①
〔什物交割曆〕 乙巳年二月十二日（945）

58542 法眼 ……………………… 莫第010窟
〔供養人題記〕（9C）
　1)門弟釋門法師　4)北壁。《燉》p.7。

58543 法眼 ……………………… 莫第044窟
〔供養人題記〕（10C前期）
　1)釋門法律□管二部大衆諸司都判官臨壇大德通三學法師沙門　4)北壁。《燉》p.15。

58544 法眼 ……………………… 莫第346窟
〔供養人題記〕（10C前期）
　1)社子釋門法律知應管內二部大衆諸司都判官兼常住倉務闡揚三敎法師臨壇大德法眼　4)甬道南壁。《燉》p.140。

58545 法瓬 ……………………… P2250v②
〔乾元寺僧唱布曆〕 辛未年四月十二日（925?）
　2)乾元寺

58546 法願 ……………………… P2250v⑤
〔金光明寺僧唱布曆〕（925?）
　2)金光明寺

58547 法願 ……………………… P2769
〔僧家(上座)設次着當寺沙彌帖〕（10C前期）

58548 法願 ……………………… P3047v⑦
〔法事僧尼名錄〕（9C前期）

58549 法願 ……………………… P3047v⑧
〔王都督懺合城僧徒名錄〕（9C前期）

58550 法願 ……………………… Дx06024
〔法願請道會爲和上道眞爲阿闍梨守志爲校授師(1行)〕（10C）

58551 法喜 ……………………… P3047v①
〔僧名等錄〕（9C前期）

58552 法喜 ……………………… P3600v②
〔燉煌普光寺等尼名申告狀〕 戌年十一月（9C前期）
　1)法律　2)普光寺

58553 法喜 ……………………… P5579⑫
〔法律法喜牒(存1行)〕 酉年九月（9C?）
　1)法律

58554 法喜 ……………………… S02614v
〔燉煌應管諸寺僧尼名錄〕（895）
　2)大乘寺

58555 法喜 ……………………… S02729①
〔燉煌應管勘牌子曆〕 辰年三月（788）
　1)僧　2)普光寺　3)沙州　4)俗姓「張」。44行目。

58556 法喜 ……………………… S04444v②
〔燉煌大乘寺僧尼申告(稿)〕（905）
　2)大乘寺

58557 法喜 ……………… 井上目57,圖版1背
〔釋門敎授帖〕 子年頃（820 or 832頃）
　1)律師　2)大乘寺

58558 法暉 ……………………… P2689
〔寺僧唱得物支給曆〕（9C前期）

58559 法琦 ……………… BD09295(周16)
〔孟家納色曆〕 辰年二月三日（9C中期〜10C初期）

58560 法義 ……………………… P3249v
〔將龍光顏等隊下人名目〕（9C中期）
　1)僧

58561 法義 ……………………… P.tib1261v⑦
〔諸寺僧尼支給穀物曆〕（9C前期）
　1)僧　4)⇒行義。

58562 法義 ……………… P.tib1261v⑨
〔諸寺僧尼支給穀物曆〕（9C前期）
　1)僧

58563 法義 ……………… 杏・羽694①
〔當寺應管主客僧牒〕 未年閏十月 （803）
　4)文末有異一行「未年閏十月日,直歲圓滿牒」。

58564 法炬 ……………… BD06679(鱗79)
〔大方便佛報恩經卷第2(首尾缺)(背面兌紙)〕（8C～9C）
　4)『寶藏』第110册p.514。

58565 法炬 ……………… P.tib1261v⑦
〔諸寺僧尼支給穀物曆〕（9C前期）
　1)尼

58566 法炬 ……………… S02729①
〔燉煌應管勘牌子曆〕 辰年三月 （788）
　1)僧 2)靈修寺 3)沙州 4)俗姓「翟」。28行目。

58567 法鏡 ……………… BD14676(新0876)
〔靈圖寺所藏點檢諸經論疏曆〕 咸通六年正月三日 （865）

58568 法鏡 ……………… P2061
〔瑜伽師地論分門記〕（9C）

58569 法鏡 ……………… P.tib1261v⑦
〔諸寺僧尼支給穀物曆〕（9C前期）
　1)僧

58570 法鏡 ……………… S01154
〔瑜伽論卷第54卷(末)(雜寫)〕（9C）
　1)和尚

58571 法鏡 ……………… S05972
〔維摩經疏奧書〕（9C）
　1)河西[　]京城講論臨壇供奉大德賜紫都僧政

58572 法凝 ……………… BD01386(張86)
〔大般若波羅蜜多經卷第358(尾)〕（9C）
　1)勘

58573 法凝 ……………… P4810v②
〔爲亡妣請僧疏〕（9C前期）
　2)金光明寺

58574 法凝 ……………… S02614v
〔燉煌應管諸寺僧尼名錄〕（895）
　2)開元寺

58575 法凝 ……………… S06237
〔諸人見在粟黃麻曆〕 戌年～子年 （10C中期以降?）

58576 法凝 ……………… S07939v＋S07940Bv＋S07941
〔燉煌諸寺僧尼給糧曆〕（823以降）

58577 法顯 ……………… P3047v③
〔諸僧尼送納三色香於乾元寺曆〕（9C前期）
　2)乾元寺

58578 法金 ……………… P3047v③
〔諸僧尼送納三色香於乾元寺曆〕（9C前期）
　2)乾元寺

58579 法空 ……………… P3047v③
〔諸僧尼送納三色香於乾元寺曆〕（9C前期）
　2)乾元寺

58580 法空 ……………… P4611
〔諸寺付經曆〕（9C末～10C初）
　1)惟那 2)乾元寺

58581 法空 ……………… S02614v
〔燉煌應管諸寺僧尼名錄〕（895）
　2)大乘寺

58582 法遇 ……………… BD09346(周67)
〔令知蕃法師廚費帖〕 十一月一日 （9C前期）

58583 法遇 ……………… P.tib1261v⑪
〔諸寺僧尼支給穀物曆〕（9C前期）
　1)僧

58584 法往 ……………… P3328v①
〔付細布曆〕（9C前期）
　4)原作「法往母」。

58585 法惠 ……………… P2250v①
〔龍興寺僧唱布曆〕（925?）
　2)龍興寺

58586 法惠 ……………… P2856v①
〔營葬牓〕 乾寧二年三月十一日乙卯 （895）

58587 法惠 ……………… P3060
〔諸寺諸色付經僧尼曆〕（9C前期）
　1)僧尼 4)經典名「般若經卷10」。

58588 法惠 ……………… P3060
〔諸寺諸色付經僧尼曆〕（9C前期）
　4)經典名「般若經卷32」。

58589 法惠 ………………… P3205v
〔燉煌十三寺付經曆〕（9C前期）
　　2) 報恩寺

58590 法惠 ………………… P3336③
〔瓜州節度轉經付維那曆〕　寅年正月卅日
(834)
　　3) 瓜州

58591 法惠 ………………… P5579⑪
〔大乘寺應道場尼名牒〕　酉年十月　(829 or 841)
　　2) 大乘寺

58592 法惠 ………………… P.tib1261v①
〔諸寺僧尼支給穀物曆〕（9C前期）
　　1) 僧

58593 法惠 ………………… P.tib1261v④
〔諸寺僧尼支給穀物曆〕（9C前期）
　　1) 僧

58594 法惠 ………………… P.tib1261v⑩
〔諸寺僧尼支給穀物曆〕（9C前期）
　　1) 僧

58595 法惠 ………………… P.tib1261v⑪
〔諸寺僧尼支給穀物曆〕（9C前期）
　　1) 僧

58596 法惠 ………………… S01364
〔付經曆〕（9C）
　　1) 僧　2) 龍興寺

58597 法惠 ………………… S02614v
〔燉煌應管諸寺僧尼名錄〕（895）
　　2) 報恩寺

58598 法惠 ………………… S02614v
〔燉煌應管諸寺僧尼名錄〕（895）
　　2) 乾元寺

58599 法惠 ………………… S02614v
〔燉煌應管諸寺僧尼名錄〕（895）
　　2) 蓮臺寺

58600 法惠 ………………… S02614v
〔燉煌應管諸寺僧尼名錄〕（895）
　　2) 淨土寺

58601 法惠 ………………… S02729①
〔燉煌應管勘牌子曆〕　辰年三月　(788)
　　1) 僧　2) 大乘寺　3) 沙州　4) 俗姓「氾」。50行目。

58602 法惠 ………………… S05893
〔管內僧寺（報恩寺・淨土寺）籍〕（865〜875）
　　2) 淨土寺　3) 洪池鄉

58603 法惠 ………………… S09159
〔星母陀羅尼呪（首題）〕（9C前期）
　　4) 原作「比丘法惠受持」。(奧書)。

58604 法惠 ………………… Дx01330
〔(大雲寺)直歲曇空等當寺僧破除見在牒〕
申年三月日　(792 or 852 or 912)

58605 法惠 ………………… 杏・羽694①
〔當寺應管主客僧牒〕　未年閏十月　(803)
　　4) 文末有異一行「未年閏十月日, 直歲圓滿牒」。

58606 法惠 ………………… 濱田115v
〔付經曆〕　午年七月十一日　(9C前期)
　　2) 大雲寺

58607 法慶 ………………… P2250v⑤
〔金光明寺僧唱布曆〕（925?）
　　2) 金光明寺

58608 法慶 ………………… Дx11085
〔當寺轉帖〕　壬申年七月　(972)

58609 法慶 ……… チベット文獻RV9ch.0047
〔便粟曆(雜寫)〕（10C）
　　1) 僧

58610 法珪 ………………… P.tib1261v⑨
〔諸寺僧尼支給穀物曆〕（9C前期）
　　1) 僧

58611 法珪 ………………… S01475v④
〔便契〕　酉年三月一日　(829)
　　1) 保人男・沙彌　4) 父：便豆人「曹茂晟」。

58612 法琼 ………………… 故宮博・新176123
〔佛說佛名經卷第18(首尾題)〕（10C）
　　1) 沙門　4) 題記「沙門法琼禮」。

58613 法瓊 ………………… BD02512v(歲12)
〔佛名經卷第19〕（8C）
　　1) 沙門　4) 原作「沙門法瓊禮」。

58614 法瓊 ……………… BD09346(周67)
〔令知蕃法師廚費帖〕 十一月一日 (9C前期)

58615 法瓊 ……………… P2250v③
〔開元寺僧唱布曆〕 (925?)
　2)開元寺

58616 法瓊 ……………… P3391v①
〔社司轉帖(寫錄)〕 丁酉年正月日 (937)

58617 法瓊 ……………… P.tib1261v⑪
〔諸寺僧尼支給穀物曆〕 (9C前期)
　1)僧

58618 法瓊 ……………… S09994v
〔諸寺僧尼付經曆〕 (9C)
　2)安國寺

58619 法堅 ……………… BD02058v(冬58)
〔題名〕 (8～9C)
　2)龍(興寺)

58620 法堅 ……………… BD02059v(冬59)
〔大般若波羅蜜多經卷第41(背)〕 (9C)

58621 法堅 ……………… P2726
〔願文〕 (10C後期)

58622 法堅 ……………… P3047v①
〔僧名等錄〕 (9C前期)
　4)俗姓「張」。

58623 法堅 ……………… P3047v⑧
〔王都督憨合城僧徒名錄〕 (9C前期)

58624 法堅 ……………… P3336②
〔轉經分付維那曆〕 寅年正月八日 (834)
　2)金光明寺

58625 法堅 ……………… P4810v②
〔爲亡妣請僧疏〕 (9C前期)
　2)金光明寺

58626 法堅 ……………… P.tib1261v③
〔諸寺僧尼支給穀物曆〕 (9C前期)
　1)僧

58627 法堅 ……………… P.tib1261v④
〔諸寺僧尼支給穀物曆〕 (9C前期)
　1)僧

58628 法堅 ……………… P.tib1261v⑥
〔諸寺僧尼支給穀物曆〕 (9C前期)
　1)僧

58629 法堅 ……………… P.tib1261v⑦
〔諸寺僧尼支給穀物曆〕 (9C前期)
　1)僧　4)⇒行堅。

58630 法堅 ……………… P.tib1261v⑦
〔諸寺僧尼支給穀物曆〕 (9C前期)
　1)僧

58631 法堅 ……………… P.tib1261v⑧
〔諸寺僧尼支給穀物曆〕 (9C前期)
　1)僧　4)⇒張法堅。

58632 法堅 ……………… P.tib1261v⑨
〔諸寺僧尼支給穀物曆〕 (9C前期)
　1)僧　4)⇒馬法堅。

58633 法堅 ……………… P.tib1261v⑩
〔諸寺僧尼支給穀物曆〕 (9C前期)
　1)僧　2)金光明寺

58634 法堅 ……………… S02113v③
〔馬德勝宕泉創修功德記〕 乾寧三年丙辰歲四月八日 (896)
　1)(馬德勝)亡伯・前三窟教授

58635 法堅 ……………… S02729①
〔燉煌應管勘牌子曆〕 辰年三月 (788)
　1)僧　2)大乘寺　3)沙州　4)俗姓「張」。45行目。

58636 法堅 ………… S07939v＋S07940Bv＋S07941
〔燉煌諸寺僧尼給糧曆〕 (823以降)
　3)莫高窟

58637 法堅 ……………… 杏・羽694②
〔報恩寺所管僧名目〕 (9C前期)
　2)報恩寺　4)僧右傍有朱點,朱字。

58638 法建 ……………… P2912v③
〔寫大般若經一部施銀盤子麥粟粉疏〕 四月八日 (9C前期)

58639 法建? ……………… P3060v
〔諸寺諸色付經僧尼曆〕 (9C前期)

58640 法建 ……………… P3205
〔僧俗人寫經曆〕 (9C前期)

58641 法建 ·················· P3491₍piece1₎
〔某寺設齋勾當名目〕（9C前期）
　1）律師

58642 法建 ·················· P3600ᵥ②
〔燉煌普光寺等尼名申告狀〕 戌年十一月
（9C前期）
　2）普光寺

58643 法建 ·················· S04831ᵥ
〔寫經人名目〕（9C前期）
　1）寫經人

58644 法建 ·················· 莫第098窟
〔供養人題記〕（10C中期）
　1）釋門法律臨壇供奉大德沙門　4）南壁。《燉》
　p. 40。《謝》p. 91。

58645 法建囗 ················ P.tib1261ᵥ⑥
〔諸寺僧尼支給穀物曆〕（9C前期）
　1）僧

58646 法憲 ·················· P3730④
〔狀〕 酉年正月（829）
　1）徒衆　2）金光明寺

58647 法憲 ·················· P4810ᵥ②
〔爲亡妣請僧疏〕（9C前期）
　2）金光明寺

58648 法憲 ·················· P5579⑯
〔得度者人名錄〕 巳年～酉年（813～817 or
825～829）

58649 法賢 ·················· BD09295（周16）
〔孟家納色曆〕 辰年二月三日（9C中期～10C初
期）

58650 法賢 ·················· S11425ᵥ
〔諸寺僧尼給糧曆〕（9C前期）

58651 法賢 ·················· 濱田075
〔三藏散敎大夫試光綠卿明大師臣（統記
43）〕 大宋淳化五年正月日（994）

58652 法顯 ·················· BD09711ᵥ（坐32）
〔比丘發露錄〕（9C前期～後期）

58653 法顯 ·················· P3730④
〔狀〕 酉年正月（829）
　1）徒衆　2）金光明寺

58654 法顯 ·················· P4810ᵥ②
〔爲亡妣請僧疏〕（9C前期）
　2）金光明寺

58655 法顯 ·················· P.tib1261ᵥ⑥
〔諸寺僧尼支給穀物曆〕（9C前期）
　1）僧

58656 法顯 ·················· P.tib1261ᵥ⑦
〔諸寺僧尼支給穀物曆〕（9C前期）
　1）僧

58657 法顯 ·················· P.tib1261ᵥ⑨
〔諸寺僧尼支給穀物曆〕（9C前期）
　1）僧

58658 法顯 ·················· P.tib1261ᵥ⑩
〔諸寺僧尼支給穀物曆〕（9C前期）
　1）僧

58659 法顯 ·················· 天禧塔記
〔「天禧塔記」《隴石金石錄補》〕 大宋天禧參年
歲次乙未三月二十七日（1019）
　1）法律　2）大乘寺

58660 法驗 ·················· S00676
〔大般若波羅蜜多經卷329〕（9C）
　1）勘

58661 法元 ·················· P2250ᵥ①
〔龍興寺僧唱布曆〕（925?）
　1）僧　2）龍興寺

58662 法元 ·················· P2250ᵥ③
〔開元寺僧唱布曆〕（925?）
　2）開元寺

58663 法元 ·················· P4611
〔諸寺付經曆〕（9C末～10C初）

58664 法元 ·················· S01162ᵥ
〔燉煌某寺僧名錄〕（10C前期）

58665 法原 ·················· BD09346（周67）
〔令知蕃法師廚費帖〕 十一月一日（9C前期）

58666 法原 ·················· BD09346（周67）
〔團預曉〕（9C前期）
　1）僧

58667 法原 ······ P3394
〔僧張月光父子廻博田地契〕 大中六年壬申十月 (852)
 1)見人・僧 4)俗姓「張」。

58668 法原 ······ P.tib1261v①
〔諸寺僧尼支給穀物曆〕 (9C前期)
 1)僧

58669 法原 ······ P.tib1261v④
〔諸寺僧尼支給穀物曆〕 (9C前期)
 1)僧

58670 法原 ······ S00796
〔略抄1卷〕 乙巳年三月十一日 (825)
 1)僧 4)原作「於大蕃國沙州永壽寺僧法原寫畢」。

58671 法原 ······ S02614v
〔燉煌應管諸寺僧尼名錄〕 (895)
 2)大雲寺

58672 法原 ······ 沙文補24
〔寺卿索再榮等牒殘判辭〕 午年正月 (9C前期)
 1)僧

58673 法嚴 ······ P3047v①
〔僧名等錄〕 (9C前期)

58674 法嚴 ······ S00474v
〔都僧統法嚴等算會〕 戊寅年三月十三日 (918)
 1)都僧統

58675 法嚴 ······ S00476B
〔諸寺付經僧尼曆〕 (9C前期)
 1)僧 2)靈圖寺

58676 法嚴 ······ S11284+S11288
〔便黃麻曆〕 (9C)

58677 法彥 ······ P3047v⑧
〔王都督襯合城僧徒名錄〕 (9C前期)

58678 法源 ······ P2049v②
〔淨土寺諸色入破曆計會牒〕 長興二年正月 (930〜931)
 1)徒衆

58679 法固 ······ BD09283(周4)
〔某寺(乾元寺)道場出唱曆〕 (9C前期)
 4)『條記目』(p.40)按「法國法圓均爲吐蕃統治時期乾元寺僧人」。

58680 法吾 ······ P3047v③
〔諸僧尼送納三色香於乾元寺曆〕 (9C前期)
 2)乾元寺

58681 法悟 ······ P3047v⑧
〔王都督襯合城僧徒名錄〕 (9C前期)

58682 法護 ······ P2250v①
〔龍興寺僧唱布曆〕 (925?)
 1)僧 2)龍興寺

58683 法護 ······ P.tib1261v⑨
〔諸寺僧尼支給穀物曆〕 (9C前期)
 1)僧

58684 法護 ······ P.tib1261v⑪
〔諸寺僧尼支給穀物曆〕 (9C前期)
 1)僧

58685 法光 ······ P2250v③
〔開元寺僧唱布曆〕 (925?)
 2)開元寺

58686 法光 ······ P2912v③
〔寫大般若經一部施銀盤子麥粟粉疏〕 四月八日 (9C前期)

58687 法光 ······ P3047v⑦
〔法事僧尼名錄〕 (9C前期)
 4)俗姓「王」。

58688 法光 ······ P3047v⑧
〔王都督襯合城僧徒名錄〕 (9C前期)

58689 法光 ······ P4611
〔諸寺付經曆〕 (9C末〜10C初)
 2)淨土寺

58690 法光 ······ S01780
〔於沙州龍興寺受菩薩戒牒〕 元年建末月七日 (8C)
 2)龍興寺 3)沙州

58691 法光 ······ S02614v
〔燉煌應管諸寺僧尼名錄〕 (895)
 2)淨土寺

58692 法光 ………………… S02614v
〔燉煌應管諸寺僧尼名錄〕（895）
　2）龍興寺

58693 法光 ………………… S02729①
〔燉煌應管勘牌子歷〕 辰年三月（788）
　1）僧　2）靈修寺　3）沙州　4）俗姓「羅」。34行目。

58694 法光 ………………… S08252①
〔僧名目〕（10C）

58695 法光 ………………… 莫第097窟
〔供養人題記〕（9C）
　1）比丘　2）靈圖寺　4）原作「(靈)圖寺姪比丘法光供養」。《燉》p.31。

58696 法光 ………………… 濱田115v
〔付經歷〕 午年七月十一日（9C前期）
　2）蓮臺寺

58697 法向 ………………… P.tib1261v①
〔諸寺僧尼支給穀物歷〕（9C前期）
　1）僧

58698 法向 ………………… P.tib1261v⑪
〔諸寺僧尼支給穀物歷〕（9C前期）
　1）僧

58699 法向 ………………… S05893
〔管内僧寺(報恩寺・淨土寺)籍〕（865～875）
　2）淨土寺　3）燉煌鄉

58700 法吼 ………………… P3060
〔諸寺諸色付經僧尼歷〕（9C前期）
　1）僧尼　2）蓮臺寺　4）俗姓「王」。

58701 法吼 ………………… P3060v
〔諸寺諸色付經僧尼歷〕（9C前期）
　2）蓮臺寺　4）俗姓「王」。

58702 法吼 ………………… S01733v
〔某寺入歷〕 寅年（9C前期）

58703 法吼 ………………… S02729①
〔燉煌應管勘牌子歷〕 辰年三月（788）
　1）僧　2）蓮臺寺　3）沙州　4）俗姓「王」。10行目。

58704 法廣 ………………… P3047v⑦
〔法事僧尼名錄〕（9C前期）

58705 法廣 ………………… P3047v⑧
〔王都督㲉合城僧徒名錄〕（9C前期）

58706 法弘 ………………… S08677v
〔防北門頭僧牒〕（9C前期）

58707 法昂 ………………… P3138v
〔諸寺付經歷〕（9C前期）
　2）開元寺

58708 法冒 ………………… BD09322①（周43）
〔沙州諸寺僧尼配付大般若經點勘歷〕 午年五月五日（838?）
　2）永康(寺)　3）沙州

58709 法冒 ………………… BD09322②（周43）
〔龍興寺大般若經每經袟點勘〕 午年五月一日（838?）
　2）永康(寺)　3）沙州

58710 法江 ………………… BD08059（字59）
〔菩薩戒文題記〕 戊子年八月三日（928）
　1）比丘　4）原作「比丘法江寫訖」。

58711 法江 ………………… P2250v①
〔龍興寺僧唱布歷〕（925?）
　1）僧　2）龍興寺

58712 法洪 ………………… P5568
〔諸寺付經歷〕（9C前期）
　2）三界寺

58713 法興 ………………… BD02496v②（成96）
〔㲉司唱得布支給歷〕（10C前期）
　2）(靈)圖(寺)

58714 法興 ………………… BD11988（L2117）
〔某寺常住物檢歷〕（10C）
　4）原作「寺主法興」二箇所。

58715 法興 ………………… P2649v
〔陀羅尼中、阿字等義解〕（984年以降）
　4）V面末尾有題記「子法興本」。R面爲「太平興國九年（984）歲次甲申十二日壬申曹延祿奠文」。

58716 法興 ………………… S02614v
〔燉煌應管諸寺僧尼名錄〕（895）
　2）蓮臺寺

58717 法興 ………………… S03912
〔大般若波羅蜜多經卷第248〕（9C）

58718 法興 ……………… S04215
　〔什物交割曆〕 庚子年頃 (940 or 1000)
　　1)寺主

58719 法興 ……………… S04701
　〔某寺常住倉司算會憑〕 庚子年十二月十四日 (1000)
　　1)執物僧

58720 法興 ……………… S06897v⑤
　〔一切如來心陀羅尼加持法(末)〕 (10C後期)
　　1)弟子

58721 法興 ……………… S06897v⑤
　〔一切如來心陀羅尼加持法(末)〕 (10C後期)
　　1)弟子　4)原作「弟子法興本」。

58722 法興 ………… Дx00285＋Дx02150＋Дx02167＋Дx02960＋Дx03020＋Дx03123v③
　〔某寺破曆〕 (10C中期)

58723 法興 ……………… 天禧塔記
　〔「天禧塔記」《隴石金石錄補》〕 大宋天禧參年歲次乙未三月二十七日 (1019)
　　1)法律　2)聖光寺

58724 法航 ……………… 沙文補24
　〔寺卿索再榮等牒殘判辭〕 午年正月 (9C前期)
　　1)僧

58725 法行 ……………… P2689
　〔寺僧唱得物支給曆〕 (9C前期)

58726 法行 ……………… P3047v①
　〔僧名等錄〕 (9C前期)
　　4)俗姓「張」。

58727 法行 ……………… P3047v③
　〔諸僧尼送納三色香於乾元寺曆〕 (9C前期)
　　2)乾元寺

58728 法行 ……………… P3730v
　〔支破曆(2行)〕 (9C前期)
　　4)⇒窟法行。

58729 法行 ……………… P.tib1261v⑦
　〔諸寺僧尼支給穀物曆〕 (9C前期)
　　1)僧　4)⇒法辯。

58730 法行 ……………… P.tib1261v⑨
　〔諸寺僧尼支給穀物曆〕 (9C前期)
　　1)僧

58731 法行 ……………… P.tib1261v⑪
　〔諸寺僧尼支給穀物曆〕 (9C前期)
　　1)僧

58732 法行 ……………… S00543
　〔次至靈圖寺布薩,寫十戒文記〕 戌年四月卅日 (9C)
　　1)僧

58733 法行 ……………… S02729①
　〔燉煌應管勘牌子曆〕 辰年三月 (788)
　　1)僧　2)大雲寺　3)沙州　4)俗姓「薛」。7行目。

58734 法行 ……………… S02729①
　〔燉煌應管勘牌子曆〕 辰年三月 (788)
　　1)僧　2)大雲寺　3)沙州　4)俗姓「馬」。10行目。

58735 法行 ……………… S08706
　〔法行唱儭曆〕 (9C)

58736 法行 ……………… S10967
　〔教團付經諸寺僧尼名目〕 (9C前期)

58737 法行 ………… Дx00020＋Дx03803＋Дx04285＋Дx04308＋Дx10513＋Дx10520v
　〔三界寺僧名列記〕 (10C)
　　4)R面爲「觀音經1卷」(乾寧二年)。

58738 法行 ……………… Дx01378
　〔當團轉帖〕 (10C中期)

58739 法行 ……………… Дx01586в
　〔惠通下僧名目〕 (9C後期)

58740 法行 …… ギメ美術館藏寶勝如來一軀裏文書
　〔賜紫法行狀〕 (10C前期 or 9C末)
　　1)賜紫

58741 法高 ……………… P5579⑯
　〔得度者人名錄〕 巳年～酉年 (813～817 or 825～829)
　　4)俗名「張太平」。

58742 法祭 ……………… BD06891(羽91)
　〔大般若波羅蜜多經卷第258〕 (9C)

58743 法際 ……………… P3047v⑧
　〔王都督懍合城僧徒名錄〕 (9C前期)

58744 法璨 ・・・・・・・・・・・・・・・ 杏・羽694①
　〔當寺應管主客僧牒〕　未年閏十月　(803)
　　4)文末有異一行「未年閏十月日,直歲圓滿牒」。

58745 法璨 ・・・・・・・・・・・・・・・・・ BD01335
　〔大般若波羅蜜多經卷第189〕　庚午年五月卅日　(850 or 790)
　　1)苾芻

58746 法璨 ・・・・・・・・・・・・・・ P3047v①
　〔僧名等錄〕　(9C前期)
　　4)俗姓「劉」。原作「劉法激」。

58747 法璨 ・・・・・・・・・・・・・ P.tib1261v①
　〔諸寺僧尼支給穀物曆〕　(9C前期)
　　1)僧

58748 法璨 ・・・・・・・・・・・・・・・・ S10528
　〔經帙籤〕　(9C前期)

58749 法璨 ・・・・・・・・・・・・・・ Дx02567v
　〔大般若波羅蜜多經背面題記〕　(9C前半)
　　1)寫經人

58750 法璨 ・・・・・・・・・・・ BD04877(巨77)
　〔大般若波羅蜜多經第280(尾14紙有題記)〕(8〜9C)
　　4)尾14紙有題記「法璨第一勘」。

58751 法贊 ・・・・・・・・・ BD15473v(簡068104)
　〔贊普福田出「大般若經」付諸寺維那錄及付經雜錄〕　子年後六月十三日以後　(9C前期)
　　4)原作「付法贊」。

58752 法贊 ・・・・・・・・・・・・・・・ S02614v
　〔燉煌應管諸寺僧尼名錄〕　(895)
　　2)三界寺

58753 法思 ・・・・・・・・・・・・・・ 莫第154窟
　〔供養人題記〕　(10C末期)
　　1)比丘　4)東壁門南側。《燉》p.72。

58754 法慈 ・・・・・・・・・・・ BD07286(帝86)
　〔比丘發露錄〕　(9C前期)

58755 法慈 ・・・・・・・・・・・・・ P.tib1202v
　〔僧尼名目〕　(9C前期)

58756 法慈 ・・・・・・・・・・・・・・・ S02614v
　〔燉煌應管諸寺僧尼名錄〕　(895)
　　2)靈修寺

58757 法慈 ・・・・・・・・・・・・・・・ Дx01386
　〔書簡稿〕　(10C)

58758 法持 ・・・・・・・・・・・・・・・ P2912v③
　〔寫大般若經一部施銀盤子麥粟粉疏〕　四月八日　(9C前期)

58759 法持 ・・・・・・・・・・・・・・・・ P3205
　〔僧俗人寫經曆〕　(9C前期)

58760 法持 ・・・・・・・・・・・・・・・・ P3855
　〔諸寺付經曆〕　(9C初頭)
　　2)龍興寺

58761 法持 ・・・・・・・・・・・・・ P.tib1261v①
　〔諸寺僧尼支給穀物曆〕　(9C前期)
　　1)僧

58762 法持 ・・・・・・・・・・・・・・・ S01267v
　〔某寺設齋納物名目〕　(9C前期)

58763 法持 ・・・・・・・・・・・・・・・・ S02711
　〔寫經人名目〕　(9C前期)
　　1)寫經人　2)金光明寺

58764 法持 ・・・・・・・・・・・・・・・ S04831②
　〔寫經人名目〕　(9C前期)
　　1)寫經人

58765 法持 ・・・・・・・・・・・・・・・ S04831v
　〔寫經人名目〕　(9C前期)
　　1)寫經人

58766 法持 ・・・・・・・・・・・・・・・・ S07945
　〔僧俗寫經分團人名目〕　(823以降)

58767 法闍梨 ・・・・・・・・・・・・・ S02729①
　〔燉煌應管勘牌子歷〕　辰年三月十三日　(788)
　　1)闍梨　3)沙州　4)俗姓「石」。59行目。辰年3月13日死。末尾有「贊息檢」。

58768 法受 ・・・・・・・・・・・・・・・・ P2769
　〔僧家(上座)設次着當寺沙彌帖〕　(10C前期)

58769 法受 ・・・・・・・・・・・・・・・ S02614v
　〔燉煌應管諸寺僧尼名錄〕　(895)
　　2)淨土寺

58770 法受 ・・・・・・・・・・・・・・・・ S05845
　〔郭僧政等貸油麵麻曆〕　己亥年二月十七日　(939)

58771 法受 ·············· S08583
〔都僧統龍辯牓〕 天福八年二月十九日 （943）

58772 法壽 ·············· P2250v①
〔龍興寺僧唱布曆〕 （925?）
　1)僧　2)龍興寺

58773 法壽 ·············· P2250v⑤
〔金光明寺僧唱布曆〕 （925?）
　2)金光明寺

58774 法壽 ·············· Дx01362
〔施入大寶積經永安寺疏畢功斷手題記〕
太平興國三年戊寅歲次三月十五日下手北至六月十五日 （978）
　1)釋門法律

58775 法壽 ·············· 上海圖088
〔法律法壽等施入大寶積經永安寺題記〕　太平興國三年戊寅歲三月十五日 （978）
　1)法律

58776 法就 ·············· P2250v①
〔龍興寺僧唱布曆〕 （925?）
　2)龍興寺

58777 法就 ·············· P2250v①
〔龍興寺僧唱布曆〕 （925?）
　1)僧　2)龍興寺

58778 法舟 ·············· P3060
〔諸寺諸色付經僧尼曆〕 （9C前期）
　1)僧尼　4)經典名「寶積經卷1」。

58779 法舟 ·············· P3855
〔諸寺付經曆〕 （9C初頭）
　2)龍興寺

58780 法舟 ·············· S02729①
〔燉煌應管勘牌子歷〕 辰年三月 （788）
　1)僧　2)龍興寺　3)沙州　4)俗姓「王」。6行目。

58781 法舟 ·············· S10967
〔教團付經諸寺僧尼名目〕 （9C前期）

58782 法舟 ·············· Дx00105＋Дx10299
〔僧志貞・法舟五言詩(2首)〕 （9C前期）

58783 法集 ·············· S02614v
〔燉煌應管諸寺僧尼名錄〕 （895）
　2)蓮臺寺

58784 法住 ·············· P3850
〔支給僧斛㪷曆等〕 （9C前期）

58785 法住 ·············· 濱田115v
〔付經曆〕（未年)二月廿二日 （9C前期）
　2)永安寺

58786 法俊 ·············· BD09346（周67）
〔令知蕃法師廚費帖〕 十一月一日 （9C前期）

58787 法俊 ·············· P2040v②-5
〔淨土寺西倉粟入曆〕 （945以降）
　1)僧　2)淨土寺

58788 法俊 ·············· P2250v③
〔開元寺僧唱布曆〕 （925?）
　2)開元寺

58789 法俊 ·············· P3391v①
〔社司轉帖(寫錄)〕 丁酉年正月日 （937）

58790 法俊 ·············· S01162v
〔燉煌某寺僧名錄〕 （10C前期）

58791 法峻 ·············· P3047v⑧
〔王都督儭合城僧徒名錄〕 （9C前期）

58792 法峻 ·············· S02729①
〔燉煌應管勘牌子歷〕 辰年三月 （788）
　1)僧　2)乾元寺　3)沙州　4)俗姓「吳」。22行目。

58793 法濬 ·············· S10967
〔教團付經諸寺僧尼名目〕 （9C前期）

58794 法准 ·············· P.tib1261v⑧
〔諸寺僧尼支給穀物曆〕 （9C前期）

58795 法潤 ·············· S01267v
〔某寺設齋納物名目〕 （9C前期）

58796 法潤 ·············· S02729①
〔燉煌應管勘牌子歷〕 辰年三月 （788）
　1)僧　2)龍興寺　3)沙州　4)俗姓「張」。6行目。

58797 法潤 ·············· 莫第044窟
〔供養人題記〕 （10C前期）
　1)釋門法律臨壇大德義學大法師沙門　4)南壁。《燉》p.14。

58798 法潤 ……………… 莫第098窟
〔供養人題記〕（10C中期）
　1) 釋門法律臨壇大德沙門　4) 南壁。《燉》p. 42。《謝》p. 92。

58799 法閏 ……………… P3047v③
〔諸僧尼送納三色香於乾元寺曆〕（9C前期）
　2) 乾元寺。

58800 法閏〔潤〕……………… P3060v
〔諸寺諸色付經僧尼曆〕（9C前期）
　2) 龍興寺　4) 俗姓「張」。S1267v。

58801 法閏 ……………… P3337
〔諸寺付經曆〕（9C前期）
　2) 蓮臺寺。

58802 法閏 ……………… S02614v
〔燉煌應管諸寺僧尼名錄〕（895）
　2) 三界寺。

58803 法順 ……………… P2250v⑤
〔金光明寺僧唱布曆〕（925?）
　2) 金光明寺。

58804 法順 ……………… P3047v⑧
〔王都督儭合城僧徒名錄〕（9C前期）

58805 法(順?) ……………… 杏・羽694②
〔報恩寺所管僧名目〕（9C前期）
　2) 報恩寺　4) 僧右傍有朱點, 朱字。

58806 法如 ……………… P3854
〔諸寺付經曆〕（9C前期）
　4) ⇒法如永。

58807 法如 ……………… P5579⑯
〔得度者人名錄〕巳年～酉年（813～817 or 825～829）
　4) 俗名「董晏奴」。

58808 法如永 ……………… P3854
〔諸寺付經曆〕（9C前期）
　4) ⇒法如。

58809 法勝 ……………… BD09296(周16)
〔孟家納色曆〕辰年二月三日（9C中期～10C初期）
　4) 此行與BD9295(周16)正面最後一行應爲同一行。

58810 法勝 ……………… P2250v①
〔龍興寺僧唱布曆〕（925?）
　1) 僧　2) 龍興寺。

58811 法勝 ……………… P2613
〔某寺常住什物交割點檢曆〕咸通十四年正月四日（873）

58812 法勝 ……………… P3047v①
〔僧名等錄〕（9C前期）
　4) 俗姓「王」。

58813 法勝 ……………… P3047v③
〔諸僧尼送納三色香於乾元寺曆〕（9C前期）
　2) 乾元寺。

58814 法勝 ……………… P4960
〔窟頭修佛堂社再請三官條約〕甲辰年五月廿一日（944）
　1) 社長

58815 法勝 ……………… P4981
〔當寺轉帖〕閏三月十三日（961）

58816 法勝 ……………… S00542v
〔燉煌諸寺丁壯車牛役部〕戌年六月十八日（818）
　1) (楊葵子)母　2) 普光寺。

58817 法勝 ……………… S01519②
〔破曆〕辛亥年（951）
　1) 直歲

58818 法勝 ……………… S02614v
〔燉煌應管諸寺僧尼名錄〕（895）
　2) 蓮臺寺。

58819 法勝 ……………… S02614v
〔燉煌應管諸寺僧尼名錄〕（895）
　2) 三界寺。

58820 法勝 ……………… Дх01412
〔卯辰巳三年沿寺黃廊等入破曆〕（10C中期）
　1) 法律

58821 法勝 ……………… 莫第098窟
〔供養人題記〕（10C中期）
　1) 釋門法律兼管內諸司都判官臨壇供奉大德沙門　4) 南壁。《燉》p. 40。《謝》p. 91。

58822 法獎 ……………… S06981②
〔太子大師上法獎啓(2通)〕（10C）
　1) 和尙

58823 法松 ………………… P3352v
〔入破曆計會簿(殘)〕 乙巳年正月一日 (945 or 885)
　1)招提司　2)三界寺

58824 法松 ………………… P3553
〔都僧統鋼惠等牒〕 太平興國三年四月 (978)
　1)都僧統

58825 法松 ………………… S11360D2
〔貸粟麥曆〕 (10C中期以降?)

58826 法松 ………………… Дx00084
〔通頰百姓吳員宋佃種契〕 某年某月一日 (9C)
　1)(換地)?人僧　2)三界寺

58827 法松 ………………… 莫第033窟
〔供養人題記〕 (10C中後期)
　1)釋門法律臨壇供奉大德兼表白大法師沙門
　4)原作「釋門法律臨壇供奉大德兼表白大法師沙門法松一心供養俗姓翟氏」。東壁門北側。⇒翟法松。《燉》p.10。

58828 法照 ………………… BD05801(菜1)
〔金有陀羅經卷1(末記)〕 (9C前期)
　2)三界寺　4)『寶藏』第107册p.8。

58829 法照 ………………… P2028
〔大般若波羅蜜多經卷第330(末)〕 (9C後期)
　4)原作「法照勘」。

58830 法照 ………………… P2066
〔淨土五會念佛誦經勸行儀卷中,南岳沙門法照廚〕 (9C後期)
　1)南岳沙門

58831 法照 ………………… P2250
〔淨土五會念佛誦經勸行儀卷下(南岳沙門法照廚)〕 (10C)
　1)南岳沙門

58832 法照 ………………… P2250v③
〔開元寺僧唱布曆〕 (925?)
　2)開元寺

58833 法照 ………………… P2912v③
〔寫大般若經一部施銀盤子麥粟粉疏〕 四月八日 (9C前期)

58834 法照 ………………… P.tib1261v⑩
〔諸寺僧尼支給穀物曆〕 (9C前期)
　1)僧

58835 法照 ………………… S00545v
〔永安寺僧名申告狀〕 戌年九月 (9C前期)
　1)主客僧　2)永安寺

58836 法照 ………………… S02614v
〔燉煌應管諸寺僧尼名錄〕 (895)
　2)開元寺

58837 法照 ………………… S02729①
〔燉煌應管勘牌子曆〕 辰年三月 (788)
　1)僧　2)永安寺　3)沙州　4)俗姓「李」。18行目。

58838 法照 ………………… S05893
〔管內僧寺(報恩寺・淨土寺)籍〕 (865〜875)
　3)赤心鄉

58839 法照 ………………… Дx11085
〔當寺轉帖〕 壬申年七月 (972)

58840 法照 ………………… 北大D162v
〔道場施物疏〕 辰年正月十五日 (836?)
　1)弟子比丘

58841 法獎 ………………… P3500
〔祈願文〕 (9〜10C)
　1)和尚

58842 法紹 ………………… Дx10273
〔僧名目〕 (10C?)

58843 法紹 ………………… Дx11085
〔當寺轉帖〕 壬申年七月 (972)

58844 法證 ………………… P2250v①
〔龍興寺僧唱布曆〕 (925?)
　2)龍興寺

58845 法證 ………………… P2250v③
〔開元寺僧唱布曆〕 (925?)
　2)開元寺

58846 法證 ………………… P2250v⑤
〔金光明寺僧唱布曆〕 (925?)
　2)金光明寺

58847 法證 ………………… P3687②
〔書狀殘〕 (10C前期)

58848 法證 ………………… P4981
〔當寺轉帖〕 閏三月十三日 (961)
　4)⇒法珍。

58849 法證 ‥‥‥‥‥‥‥‥‥‥ S01162v
　〔燉煌某寺僧名錄〕（10C前期）

58850 法證 ‥‥‥‥‥‥‥‥‥‥ S02614v
　〔燉煌應管諸寺僧尼名錄〕（895）
　　2）報恩寺

58851 法乘 ‥‥‥‥‥‥‥‥‥ P.tib1261v⑤
　〔諸寺僧尼支給穀物曆〕（9C前期）
　　1）僧

58852 法乘 ‥‥‥‥‥‥‥ Дx02449＋Дx05176
　〔(時年)轉帖〕　十一月十九日（10C前期）

58853 法常 ‥‥‥‥‥‥‥‥‥‥ P3060
　〔諸寺諸色付經僧尼曆〕（9C前期）
　　1）僧尼　4）經典名「花嚴經卷3」。

58854 法常 ‥‥‥‥‥‥‥‥‥‥ P3138v
　〔諸寺付經曆〕（9C前期）
　　2）大雲寺

58855 法常 ‥‥‥‥‥‥‥‥‥ S02729①
　〔燉煌應管勘牌子曆〕　辰年三月（788）
　　1）僧　2）大雲寺　3）沙州　4）俗姓「張」。9行目。

58856 法常 ‥‥‥‥‥‥‥‥‥‥ Дx01330
　〔(大雲寺)直歲曇空等當寺僧破除見在牒〕
　申年三月日　（792 or 852 or 912）

58857 法情 ‥‥‥‥‥‥‥‥‥ P.tib1261v②
　〔諸寺僧尼支給穀物曆〕（9C前期）
　　1）僧　4）⇒法清。

58858 法淨 ‥‥‥‥‥‥‥ BD11406（L1535）
　〔某弟子從沙州龍興寺神卓受菩薩戒牒〕
　（8C）
　　2）龍興寺　3）沙州

58859 法淨 ‥‥‥‥‥‥‥ BD15080（新1280）
　〔思益梵天所問經(聖本)卷第3〕　大曆九年歲次甲寅九月五日　（774）
　　4）原作「大曆九年歲次甲寅九月五日沙門法淨寫記」。

58860 法淨 ‥‥‥‥‥‥‥‥‥‥ P3047v③
　〔諸僧尼送納三色香於乾元寺曆〕（9C前期）
　　2）乾元寺

58861 法淨 ‥‥‥‥‥‥‥‥‥‥ P3047v⑧
　〔王都督儭合城僧徒名錄〕（9C前期）

58862 法淨 ‥‥‥‥‥‥‥‥‥‥ P3997
　〔都寺主法淨領得布褐曆〕　庚子年十一月卅日（940 or 1000）
　　1）都寺主

58863 法淨 ‥‥‥‥‥‥‥‥‥‥ S00286
　〔某寺斛㪷入曆(殘)〕（10C中期）
　　1）都師

58864 法淨 ‥‥‥‥‥‥‥‥‥‥ S02614v
　〔燉煌應管諸寺僧尼名錄〕（895）
　　2）蓮臺寺

58865 法淨 ‥‥‥‥‥‥‥‥‥‥ S04706
　〔什物交割曆〕（10C後期）
　　1）寺主

58866 法淨 ‥‥‥‥‥‥‥‥‥‥ Дx01378
　〔當團轉帖〕（10C中期）

58867 法淨 ‥‥‥‥‥‥‥‥‥‥ Дx01586B
　〔惠通下僧名目〕（9C後期）

58868 法淨 ‥‥‥‥‥‥‥‥‥‥ 杏・羽694①
　〔當寺應管主客僧牒〕　未年閏十月（803）
　　4）文末有異一行「未年閏十月日，直歲圓滿牒」。

58869 法信 ‥‥‥‥‥‥‥‥‥‥ P2250v②
　〔乾元寺僧唱布曆〕　辛未年四月十二日（925?）
　　2）乾元寺

58870 法信 ‥‥‥‥‥‥‥‥‥‥ S01824
　〔受十戒文〕　光啓肆年戊申五月八日（888）
　　1）寫比丘僧　2）三界寺

58871 法信 ‥‥‥‥‥‥‥‥‥‥ S02614v
　〔燉煌應管諸寺僧尼名錄〕（895）

58872 法信 ‥‥‥‥‥‥‥‥‥‥ Дx11085
　〔當寺轉帖〕　壬申年七月（972）

58873 法信 ‥‥‥‥‥‥‥‥‥‥ 浙燉168（浙博143）
　〔諸寺僧名目〕（10C中期）

58874 法心 ‥‥‥‥‥‥‥‥‥‥ P3060
　〔諸寺諸色付經僧尼曆〕（9C前期）
　　1）僧尼　4）經典名「般若經卷50」。

58875 法心 ‥‥‥‥‥‥‥‥‥‥ P4640⑦
　〔伯沙門法心讚〕（9C末～10C前）
　　1）沙門住三窟禪師　4）原作「禪伯卽談廣之仲父也」。

1117

58876 法心 ……………… S02614v
〔燉煌應管諸寺僧尼名錄〕 (895)
　　2)大雲寺

58877 法心 ……………… S02614v
〔燉煌應管諸寺僧尼名錄〕 (895)
　　2)淨土寺

58878 法心 ……………… 莫第119窟
〔供養人題記〕 (10C前期)
　　1)沙門　4)原作「□廣沙門法心供養」。南壁。《燉》p.58。

58879 法深 ……………… P2032v③
〔淨土寺諸色破曆〕 (944前後)
　　2)淨土寺

58880 法深 ……………… P2032v⑤
〔淨土寺布破曆〕 (940前後)
　　2)淨土寺

58881 法深 ……………… P2032v⑫
〔淨土寺諸色破曆〕 (940前後)
　　2)淨土寺

58882 法深 ……………… P2049v①
〔淨土寺諸色入破曆計會牒〕 同光三年 (925)
　　1)徒衆　2)淨土寺

58883 法深 ……………… P2613
〔某寺常住什物交割點檢曆〕 咸通十四年正月四日 (873)

58884 法深 ……………… P2680v⑧
〔付經曆〕 丙申年四月十七日 (936)

58885 法深 ……………… P3234v
〔淨土寺入破曆〕 (943)
　　2)淨土寺

58886 法深 ……………… P3234v①
〔應慶於願達手上入曆〕 (10C前期)

58887 法深 ……………… P3234v②
〔應慶於願達手上入曆〕 壬寅年正月一日 (942)

58888 法深 ……………… S08583
〔都僧統龍辯牓〕 天福八年二月十九日 (943)

58889 法眞 ……………… BD11406(L1535)
〔某弟子從沙州龍興寺神卓受菩薩戒牒〕(8C)
　　2)龍興寺　3)沙州

58890 法眞 ……………… BD11493(L1622)
〔十僧寺三尼寺勘敎付經曆(首尾全)〕 亥年四月廿九日 (9C前期)
　　2)開元寺

58891 法眞 ……………… P2250v⑤
〔金光明寺僧唱布曆〕 (925?)
　　2)金光明寺

58892 法眞 ……………… P2700lesv
〔比丘法眞狀〕 五月一日 (9C前期)
　　1)比丘

58893 法眞 ……………… P3043v③
〔諸僧尼送納三色香於乾元寺曆〕 (9C前期)
　　2)乾元寺

58894 法眞 ……………… P3047v①
〔僧名等錄〕 (9C前期)
　　4)俗姓「員」。

58895 法眞 ……………… P3047v⑦
〔法事僧尼名錄〕 (9C前期)
　　4)俗姓「郭」。

58896 法眞 ……………… P3047v⑦
〔法事僧尼名錄〕 (9C前期)
　　4)俗姓「李」。

58897 法眞 ……………… P3047v⑧
〔王都督儭合城僧徒名錄〕 (9C前期)
　　4)姓「李」。

58898 法眞 ……………… P3060
〔諸寺諸色付經僧尼曆〕 (9C前期)
　　1)僧尼　4)經典名「般若經卷60」。

58899 法眞 ……………… P3060
〔諸寺諸色付經僧尼曆〕 (9C前期)
　　1)尼　2)靈修寺　4)俗姓「徐」。28行目。

58900 法眞 ……………… P5000v
〔僧尼名目〕 (9C前期)
　　2)開元寺・龍興寺

58901 法眞 ……………… S00520
〔報恩寺方等道場牓〕 (9C末〜925以前)
　　2)金光明寺　4)有「河西都僧院」印。

58902 法眞 ·············· S01162v
〔燉煌某寺僧名錄〕 （10C前期）

58903 法眞 ·············· S02113v③
〔馬德勝宕泉創修功德記〕 乾寧三年丙辰歲四月八日 （896）
　1)(馬德勝)弟・臨壇大德　2)龍興寺

58904 法眞 ·············· S02614v
〔燉煌應管諸寺僧尼名錄〕 （895）
　2)龍興寺

58905 法眞 ·············· S02729①
〔燉煌應管勘牌子歷〕 辰年三月 （788）
　1)僧　2)靈修寺　3)沙州　4)俗姓「徐」。28行目。

58906 法眞 ·············· S06417⑲
〔任命狀〕 同光四年三月 （926）
　1)寺主僧　2)金光明寺

58907 法眞 ·············· S06417⑳
〔任命狀〕 清泰二年三月 （935）
　1)徒衆　2)金光明寺

58908 法眞 ·············· S11351B
〔西窟斷上水僧目〕 （10C前期）
　1)僧

58909 法進 ·············· P2032v⑤
〔淨土寺布破曆〕 （940前後）
　2)淨土寺

58910 法進 ·············· P2250v②
〔乾元寺僧唱布曆〕 辛未年四月十二日 （925?）
　2)乾元寺

58911 法進 ·············· P2613
〔某寺常住什物交割點檢曆〕 咸通十四年正月四日 （873）

58912 法進 ·············· P3047v③
〔諸僧尼送納三色香於乾元寺曆〕 （9C前期）
　2)乾元寺

58913 法進 ·············· P3047v⑧
〔王都督儼合城僧徒名錄〕 （9C前期）
　4)俗姓「曹」。

58914 法進 ·············· P3365
〔爲府主大王小患付經歷〕 甲戌年五月十日 （974）
　4) 議 金(932～35及以後)。元 忠(964～74及以後)。延錄984～95。

58915 法進 ·············· P3855
〔諸寺付經歷〕 （9C初頭）
　2)大雲寺(金光明寺)

58916 法進 ·············· P.tib1261v①
〔諸寺僧尼支給穀物曆〕 （9C前期）
　1)僧

58917 法進 ·············· S00476B
〔諸寺付經僧尼曆〕 （9C前期）
　1)僧　2)大雲寺

58918 法進 ·············· S00545v
〔永安寺僧名申告狀〕 戌年九月 （9C前期）
　1)主客僧　2)永安寺

58919 法進 ·············· S01267v
〔某寺設齋納物名目〕 （9C前期）
　1)都講法師

58920 法進 ·············· S02614v
〔燉煌應管諸寺僧尼名錄〕 （895）
　2)報恩寺

58921 法進 ·············· S02712v
〔諸寺付經僧尼曆〕 （9C前期）
　1)僧　2)大雲寺

58922 法進 ·············· S02729①
〔燉煌應管勘牌子歷〕 辰年三月 （788）
　1)僧　2)大雲寺　3)沙州　4)俗姓「石」。8行目。

58923 法進 ·············· S04701
〔某寺常住倉司算會憑〕 庚子年 （1000）
　1)先執倉常住倉司・法律

58924 法進 ·············· S09429
〔法進請爲授戒三師狀〕 （10C後期）

58925 法進 ·············· Дx10272②
〔僧名目〕 （10C）

58926 法進 ·············· Дx10273
〔僧名目〕 （10C?）

58927 法進 ･････････････ Φ181
〔菩薩戒弟子法進於眞定府大悲寺比丘澄淨師受戒文〕 太平興國六年一月二十一日 (981)

58928 法進 ･････････････ 沙文補24
〔寺卿索再榮等牒殘判辭〕 午年正月 (9C前期)
　1)僧　4)王法進。

58929 法遂 ･････････････ P3161
〔常住什物見在新附點檢歷〕 (10C前期)

58930 法遂 ･････････････ P3391v①
〔社司轉帖(寫錄)〕 丁酉年正月日 (937)
　1)沙彌

58931 法遂 ･････････････ S10285＋S10286
〔常住什物見在新附點檢歷〕 (10C中期)
　1)僧

58932 法瑞 ･････････････ P2250v③
〔開元寺僧唱布曆〕 (925?)
　2)開元寺

58933 法瑞 ･････････････ P2250v④
〔永安寺僧唱布曆〕 (925?)
　2)永安寺

58934 法瑞 ･････････････ P3288piece4
〔當寺轉帖〕 (10C前期)

58935 法瑞 ･････････････ P3495
〔法瑞點檢常住什物等分付後寺主狀〕 長興元年・辛卯歲正月 (930・931)

58936 法瑞 ･････････････ S01162v
〔燉煌某寺僧名錄〕 (10C前期)

58937 法崇 ･････････････ P2250v④
〔永安寺僧唱布曆〕 (925?)
　2)永安寺

58938 法崇 ･････････････ S01823v③
〔徒衆轉帖(殘)〕 (10C前期)

58939 法崇 ･････････････ 上海圖088
〔法律法壽等施入大寶積經永安寺題記〕 太平興國三年戊寅歲三月十五日 (978)
　1)瓜州僧　3)瓜州

58940 法崇 ･････････････ 上海圖088
〔法律法壽等施入大寶積經永安寺題記〕 太平興國三年戊寅歲三月十五日 (978)
　1)僧　3)瓜州　4)原作「施與瓜州僧題記稿」。

58941 法嵩 ･････････････ P2250v④
〔永安寺僧唱布曆〕 (925?)
　2)永安寺

58942 法嵩 ･････････････ S04654v③
〔供養雜寫〕 (954)
　1)勅受河西應管內外釋門都僧統充.佛法主京城內外臨壇供奉大德兼闌揚三敎大德師賜紫沙門　4)原作「勅受河西應管內外釋門都僧統充。佛法主京城內外臨壇供奉大德兼闌揚三敎大德師賜紫沙門法嵩一心供養」。

58943 法嵩 ･････････････ S10547
〔法弁租田契〕 乙未年二月十四日 (935)

58944 法性 ･････････････ P3060
〔諸寺諸色付經僧尼曆〕 (9C前期)
　1)僧尼　4)經典名「般若經卷4」。

58945 法性 ･････････････ P.tib1261v⑨
〔諸寺僧尼支給穀物曆〕 (9C前期)
　1)尼　4)⇒趙法性。

58946 法性 ･････････････ S02614v
〔燉煌應管諸寺僧尼名錄〕 (895)
　2)大乘寺

58947 法性 ･････････････ S02729①
〔燉煌應管勘牌子歷〕 辰年三月 (788)
　1)僧　2)大乘寺　3)沙州　4)俗姓「張」。45行目。

58948 法成 ･････････････ BD01957(收57)
〔諸星母陀羅尼經(末)〕 (9C)
　1)沙門　2)脩多寺　3)甘州　4)原作「沙門法成於甘州脩多寺譯」。

58949 法成 ･････････････ BD02315(餘15)
〔諸星母陀羅尼經1卷(尾)〕 壬戌年四月十六日 (842)
　1)沙門大德　2)修多寺　3)甘州　4)題記有「於甘州修多寺翻譯此經」。

58950 法成 ･････････････ BD03441(露41)
〔僧法成少有斛斗出便與人抄錄(2行)〕 辛酉年二月九日 (901?)
　1)僧

58951 法成 ················ BD03878（金78）
〔諸星母陀羅尼經（首）〕 （8～9C）
　1）沙門　3）甘州

58952 法成 ············ BD14750②（新0950）
〔瑜伽論第36卷分門記（首題）〕 （9～10C）
　4）首題記「國大德三藏法師法成述僧智慧山」。又本卷背面有「大唐三界寺藏經」記錄。

58953 法成 ············ BD14806①（新1006）
〔於倉缺物人便麥名抄錄〕 辛酉年三月廿二日 （961）
　1）僧　2）三界寺　4）原作「三界寺僧法成」。

58954 法成 ··············· BD16029（L4020）
〔周家蘭若禪僧法成便麥粟曆〕 （957～959）
　1）禪僧　4）原作「禪僧法成」。①丁巳:957年，②己未:959年，③戊午:958年。

58955 法成 ··············· BD16079（L4048）
〔便物歷〕 辛酉年二月九日 （9～10C）
　1）僧

58956 法成 ························ P2073
〔薩婆多宗五事論〕 （9C中期?）
　2）脩多寺　3）甘州　4）原作「大蕃國大德三藏法師於甘州脩多寺道場譯」。

58957 法成 ························ P2122
〔瑜伽論〕 （9C後期?）

58958 法成 ···················· P2631 piece1
〔付絹羅綾曆〕 （9C中期）

58959 法成 ························ P2885
〔達摩和尚絕觀論1卷（末）〕 辛巳年三月六日 （861）
　1）僧

58960 法成 ························ P3950
〔八轉聲頌法成譯〕 （9C）
　1）國大德三藏法師　4）原作「國大德三藏法師成譯」。

58961 法成 ························ P3950
〔菩薩律儀二十頌〕 （9C）
　1）國大德三藏法師　4）原作「國大德三藏法師法成譯」。

58962 法成 ························ P4587
〔諸星母陀羅尼經〕 大中十一年五月廿六日 （857）
　1）沙門　2）脩多寺　3）甘州　4）原作「沙州法成於甘州脩多寺，譯大中十一年五月廿六日思經此是陽英德書記」。

58963 法成 ······················ S02614v
〔燉煌應管諸寺僧尼名錄〕 （895）
　2）蓮臺寺

58964 法成 ······················· S03927
〔瑜伽師地論卷第30〕 大唐大中十一年歲次丁丑六月廿二日 （857）
　1）大德三藏法師　2）開元寺　3）沙州　4）原作「大德三藏法師法成於沙州開元寺說畢」。

58965 法成 ······················· S04914
〔付經曆〕 卯年九月七日 （835 or 847）
　1）僧　2）龍興寺

58966 法成 ······················· S05309
〔瑜伽師地論卷第30〕 大中十一年歲次丁丑六月廿二日 （857）
　1）大德三藏法師　2）開元寺　3）沙州　4）原作「大德三藏法師沙門法成於沙州開元寺說畢記」。

58967 法成 ······················ S08443B1
〔李闍梨出便黃麻曆〕 甲辰年～丁未年頃 （944～947）
　4）原作「僧法成」。

58968 法成 ············· 中村『書道博』082
〔瑜伽師地論卷第53〕 大中十三年八月五日 （859）
　1）三藏和尚　2）開元寺　4）原作「於開元寺，法成說畢」。

58969 法成 ············ 澄懷堂目卷1(p.7-8)
〔瑜伽論分門記卷第40～卷第41（各卷頭）〕 （9C）
　1）三藏法師

58970 法成 ························ 橘目
〔瑜伽師地論卷第40（分門記）〕 （9C）
　1）大德三藏法師　4）原作「法成述」。

58971 法成德 ····················· S04613
〔破曆〕 庚申年 （960）
　1）法律

58972 法政 ・・・・・・・・・・・・・・・ BD08172v(乃72)
　〔社司轉帖(習書・殘)〕　癸未年頃　(923頃?)
　　4)原作「汜取」。

58973 法政 ・・・・・・・・・・・・・・・・・・・ S05139v②
　〔社司轉帖(寫錄)〕　四月十三日　(10C前期)
　　1)寺主

58974 法政 ・・・・・・・・・・・・・・・・・・・ S06217①
　〔什物交割曆〕　丙午年四月十五日　(946 or 1006)
　　1)法律

58975 法政 ・・・・・・・・・・・・・・・・・・・・ S06226
　〔某寺付徒衆各僧油一升曆〕　(10C中期)

58976 法政 ・・・・・・・・・・・・・・・・・・・・ S10566
　〔秋季諸寺大般若轉經付配帙曆〕　壬子年十月　(952)
　　1)僧

58977 法政 ・・・・・・・・・・・・・・・・・・・・ S10974
　〔妙法蓮華經序品卷第1(經扉題記)〕　(10C前期)

58978 法晟 ・・・・・・・・・・・・・・・・・・・ P3047v①
　〔僧名等錄〕　(9C前期)
　　4)俗姓「張」。

58979 法晟 ・・・・・・・・・・・・・・・・・・・ P3047v⑧
　〔王都督䫻合城僧徒名錄〕　(9C前期)

58980 法晟 ・・・・・・・・・・・・・・・・・・・・ S02614v
　〔燉煌應管諸寺僧尼名錄〕　(895)
　　2)開元寺

58981 法晟 ・・・・・・・・・・・・・・・・・・・ Дx05139v
　〔寫和戒文一本題記(2行)〕　庚辰年八月六日　(920)
　　1)比丘僧　2)大雲寺

58982 法正 ・・・・・・・・・・・・・・・・・・・・ S02669
　〔管内尼寺(安國寺・大乘寺・聖光寺)籍〕　(865～870)
　　2)聖光寺　3)慈惠鄉　4)姓「吳」。俗名「嬌子」。

58983 法清 ・・・・・・・・・・・・・・・ BD11493(L1622)
　〔十僧寺三尼寺勘教付經曆(首尾全)〕　亥年四月廿九日　(9C前期)
　　2)蓮(臺寺)

58984 法清 ・・・・・・・・・・・・・・・ BD11493(L1622)
　〔十僧寺三尼寺勘教付經曆(首尾全)〕　亥年四月廿九日　(9C前期)
　　2)永安(寺)

58985 法清 ・・・・・・・・・・・・・・・・・・・ P2250v①
　〔龍興寺僧唱布曆〕　(925?)
　　1)僧　2)龍興寺

58986 法清 ・・・・・・・・・・・・・・・・・・・ P2250v③
　〔開元寺僧唱布曆〕　(925?)
　　2)開元寺

58987 法清 ・・・・・・・・・・・・・・・・・・・・ P3947
　〔龍興寺應轉經僧分兩蕃定名牒〕　亥年八月　(819 or 831)
　　2)龍興寺　4)V面爲「9C前半大雲寺僧所有田籍簿」。

58988 法清 ・・・・・・・・・・・・・・・・・・・・ P4908
　〔某寺交割什物點檢曆〕　庚子年頃　(10C?)
　　1)寺主

58989 法清 ・・・・・・・・・・・・・・・・・・・ P5000v
　〔僧尼名目〕　(9C前期)
　　2)開元寺・龍興寺

58990 法清 ・・・・・・・・・・・・・・・・・・ P.tib1261v①
　〔諸寺僧尼支給穀物曆〕　(9C前期)
　　1)僧

58991 法清 ・・・・・・・・・・・・・・・・・・ P.tib1261v②
　〔諸寺僧尼支給穀物曆〕　(9C前期)
　　1)僧　4)⇒法情。

58992 法清 ・・・・・・・・・・・・・・・・・・ P.tib1261v④
　〔諸寺僧尼支給穀物曆〕　(9C前期)
　　1)僧

58993 法清 ・・・・・・・・・・・・・・・・・・ P.tib1261v⑥
　〔諸寺僧尼支給穀物曆〕　(9C前期)
　　1)僧

58994 法清 ・・・・・・・・・・・・・・・・・・ P.tib1261v⑩
　〔諸寺僧尼支給穀物曆〕　(9C前期)
　　1)僧

58995 法清 ・・・・・・・・・・・・・・・・・・ P.tib1261v⑪
　〔諸寺僧尼支給穀物曆〕　(9C前期)
　　1)僧

58996 法清 ・・・・・・・・・・・・・・・・・・・・ S01162v
　〔燉煌某寺僧名錄〕　（10C前期）

58997 法清 ・・・・・・・・・・・・・・・・・・・・ S02729①
　〔燉煌應管勘牌子歷〕　辰年三月　（788）
　　1）僧　2）靈圖寺　3）沙州　4）俗姓「翟」。14行目。

58998 法清 ・・・・・・・・・・・・・・・・・・・・ S04115
　〔戒牒〕　雍熙二年五月十五日　（985）
　　1）授戒女弟子

58999 法清 ・・・・・・・・・・・・・・・・・・・・ S04215
　〔什物交割歷〕　（10C）
　　1）寺主

59000 法清 ・・・・・・・・・・・・・・・・・・・・ S04613
　〔破歷〕　庚申年　（960）
　　1）法律

59001 法濟 ・・・・・・・・・・・・・・・ BD06533（淡33）
　〔大般若波羅蜜多經卷第82〕　（10C）

59002 法濟 ・・・・・・・・・・・・・・・・・・・・ P2112
　〔般若波羅蜜多經卷第119〕　（9C）
　　1）第二（校）

59003 法濟 ・・・・・・・・・・・・・・・・・・・・ P2250v①
　〔龍興寺僧唱布歷〕　（925?）
　　2）龍興寺

59004 法濟 ・・・・・・・・・・・・・・・・・・・・ P3444v
　〔上部落百姓趙朋ゝ便豆契〕　寅年四月五日
　　（8C末～9C前期）
　　1）見人

59005 法濟 ・・・・・・・・・・・・・・・・・・・・ P3491piece1
　〔某寺設齋勾當名目〕　（9C前期）

59006 法濟 ・・・・・・・・・・・・・・・・・・・・ P.tib1261v②
　〔諸寺僧尼支給穀物歷〕　（9C前期）
　　1）僧

59007 法濟 ・・・・・・・・・・・・・・・・・・・・ P.tib1261v⑧
　〔諸寺僧尼支給穀物歷〕　（9C前期）
　　1）僧

59008 法濟 ・・・・・・・・・・・・・・・・・・・・ S00444
　〔大般若波羅蜜多經卷第203〕　（9C）
　　1）校

59009 法濟 ・・・・・・・・・・・・・・・・・・・・ S02614v
　〔燉煌應管諸寺僧尼名錄〕　（895）
　　2）開元寺

59010 法濟 ・・・・・・・・・・・・・・・・・・・・ S03755
　〔大般若波羅蜜多經卷第1〕　（9C）
　　1）勘　4）有「三界寺藏經」印。

59011 法濟 ・・・・・・・・・・・・・・・ 故宮博・新153373
　〔大般若波羅蜜多經卷第388（首尾題）〕　（9C）
　　1）第二校　4）題記「第一校海智，第二校法濟，第三惠眼」。

59012 法寂 ・・・・・・・・・・・・・・・・・・・・ P3047v①
　〔僧名等錄〕　（9C前期）

59013 法寂 ・・・・・・・・・・・・・・・・・・・・ P3047v⑧
　〔王都督懸合城僧徒名錄〕　（9C前期）

59014 法寂 ・・・・・・・・・・・・・・・・・・・・ P.tib1261v⑥
　〔諸寺僧尼支給穀物歷〕　（9C前期）
　　1）僧

59015 法寂 ・・・・・・・・・・・・・・・・・・・・ P.tib1261v⑧
　〔諸寺僧尼支給穀物歷〕　（9C前期）
　　1）僧

59016 法寂 ・・・・・・・・・・・・・・・・・・・・ P.tib1261v⑩
　〔諸寺僧尼支給穀物歷〕　（9C前期）
　　1）僧

59017 法寂 ・・・・・・・・・・・・・・・・・・・・ S00545v
　〔永安寺僧名申告狀〕　戌年九月　（9C前期）
　　1）主客僧　2）永安寺

59018 法寂 ・・・・・・・・・・・・・・・・・・・・ 濱田115v
　〔付經歷〕　十月三日　（9C前期）
　　2）龍興寺

59019 法寂 ・・・・・・・・・・・・・・・・・・・・ 濱田115v
　〔付經歷〕　（未年）二月廿二日　（9C前期）
　　2）靈圖寺

59020 法川 ・・・・・・・・・・・・・ Дх00020＋Дх03803＋
　Дх04285＋Дх04308＋Дх10513＋Дх10520v
　〔三界寺僧名列記〕　（10C）
　　4）R面爲「觀音經1卷」（乾寧二年）。

59021 法泉 ・・・・・・・・・・・・・・・・・・・・ P5000v
　〔僧尼名目〕　（9C前期）
　　2）開元寺・龍興寺

59022 法泉 ······················ P.tib1261v⑨
〔諸寺僧尼支給穀物曆〕 (9C前期)
  1)僧

59023 法船 ······················ S02729①
〔燉煌應管勘牌子曆〕 辰年三月 (788)
  1)僧 2)永安寺 3)沙州 4)俗姓「張」。18行目。

59024 法詮 ······················ B63 NO.366
〔往西天取菩薩戒僧智堅記〕 端拱二年歲次己丑八月十九日 (989)
  1)大師 4)朔方人,年可廿八歲。⇒陽法詮。

59025 法詮 ······················ P2250v③
〔開元寺僧唱布曆〕 (925?)
  2)開元寺

59026 法詮 ······················ P3138
〔諸寺維那請大般若經袟〕 (9C前期)
  2)靈圖寺

59027 法詮 ······················ P3138v
〔諸寺付經曆〕 (9C前期)
  2)靈圖寺 4)⇒新法詮。

59028 法詮 ······················ P3391v①
〔社司轉帖(寫錄)〕 丁酉年正月日 (937)

59029 法詮 ······················ S02729①
〔燉煌應管勘牌子曆〕 辰年三月 (788)
  1)僧 2)大雲寺 3)沙州 4)俗姓「陳」。12行目。

59030 法詮 ······················ S03920v
〔狀〕 乙未年五月辛未年十二月 (815)
  2)靈圖寺

59031 法譜 ······················ P2250v①
〔龍興寺僧唱布曆〕 (925?)
  2)龍興寺

59032 法譜 ······················ P2250v①
〔龍興寺僧唱布曆〕 (925?)
  1)僧 2)龍興寺

59033 法遷 ······················ S01162v
〔燉煌某寺僧名錄〕 (10C前期)

59034 法全 ······················ P2250v③
〔開元寺僧唱布曆〕 (925?)
  2)開元寺

59035 法全 ······················ P3047v⑧
〔王都督懷合城僧徒名錄〕 (9C前期)

59036 法全 ······················ S10281
〔納贈曆(殘)〕 (10C)

59037 法善 ······················ BD16492A
〔水則道場轉經兩翻名目〕 (9～10C)

59038 法善 ······················ P2250v③
〔開元寺僧唱布曆〕 (925?)
  2)開元寺

59039 法善 ······················ P3047v⑧
〔王都督懷合城僧徒名錄〕 (9C前期)

59040 法善 ······················ S01162v
〔燉煌某寺僧名錄〕 (10C前期)

59041 法善 ······················ S05486①
〔諸寺僧尼付油麵曆〕 (10C中期)
  2)開元寺

59042 法宗 ······················ BD02062v(冬62)
〔法宗西天取經記〕 大周廣順捌年歲次七月十一日 (958)
  1)西川善興大寺西院法主 2)善興大寺 3)西川 4)原作「西川善興大寺西院法主法宗往於西天取經流爲郡主大傅」。

59043 法宗 ······················ BD06035(芥35)
〔佛說阿彌陀經(末)〕 (9C)

59044 法宗 ······················ S05753
〔靈圖寺招提司入破曆計會〕 癸巳年正月以後 (933)
  2)靈圖寺

59045 法湊 ······················ P3060
〔諸寺諸色付經僧尼曆〕 (9C前期)
  1)僧尼 4)經典名「花嚴經卷1」。

59046 法湊? ······················ 杏・羽699
〔報恩寺僧等行事役割〕 (9C?)

59047 法相 ······················ P3600v②
〔燉煌普光寺等尼名申告狀〕 戌年十一月 (9C前期)
  2)普光寺

59048 法相 ······················ S02614v
〔燉煌應管諸寺僧尼名錄〕 (895)
  2)靈修寺

59049 法藏 ･････････････ BD04232v(玉32)
〔猪狗致哥嫂狀〕 丑年二月十三日 (9C)
　1)闍梨

59050 法藏 ･････････････ BD06359v②(鹹59)
〔人名目〕 (9C前期)
　1)僧

59051 法藏 ･･･････････････ P2250v①
〔龍興寺僧唱布曆〕 (925?)
　1)僧　2)龍興寺

59052 法藏 ･････････････････ P2614v
〔尙饗文〕 癸卯年十二月(辛)巳朔十八日戊戌
(823)
　1)姪男

59053 法藏 ･･･････････････ P3047v③
〔諸僧尼送納三色香於乾元寺曆〕 (9C前期)
　2)乾元寺

59054 法?藏 ･････････････････ P3060
〔諸寺諸色付經僧尼曆〕 (9C前期)
　1)僧尼　4)經典名「般若經卷19」。

59055 法藏 ･･･････････････ P3214②
〔當寺徒衆法藏等祭文〕 己巳年八月十一日
(909)

59056 法藏 ･････････････････ P3854r.v
〔諸寺付經曆〕 (9C前期)
　4)⇒法藏龍。

59057 法藏 ･････････････････ P3947
〔龍興寺應轉經僧分兩蕃定名牒〕 亥年八月
(819 or 831)
　2)龍興寺　4)V面爲「9C前半大雲寺僧所有田籍簿」。

59058 法藏 ･･･････････････ P.tib1261v⑪
〔諸寺僧尼支給穀物曆〕 (9C前期)
　1)僧

59059 法藏 ･･･････････････ P.tib1261v⑫
〔諸寺僧尼支給穀物曆〕 (9C前期)
　1)尼

59060 法藏 ･････････････････ S02614v
〔燉煌應管諸寺僧尼名錄〕 (895)
　2)淨土寺

59061 法藏 ･････････････････ S02675
〔大乘起信疏卷上僧法藏書記(尾題)〕 (9C前期)
　1)僧

59062 法藏 ･･･････････ Дx01305＋Дx02154＋
Дx03026
〔僧等付絹等曆〕 (9C前半)

59063 法藏 ･････････････････ Дx01378
〔當團轉帖〕 (10C中期)

59064 法達 ･････････････････ B63 NO.366
〔往西天取菩薩戒僧智堅記〕 端拱二年歲次己
丑八月十九日 (989)
　1)大師　4)朔方人,年可三十七歲。⇒張法達。

59065 法達 ･･･････････････ BD09319B(周40)
〔納贈曆〕 (9C)

59066 法達 ･･･････････････ P2250v③
〔開元寺僧唱布曆〕 (925?)
　2)開元寺

59067 法達 ･････････････････ P2671v
〔僧名錄(河西都僧統等20數名)〕 甲辰年頃
(884頃)

59068 法達 ･･･････････････ P3047v①
〔僧名等錄〕 (9C前期)
　4)俗姓「程」。

59069 法達 ･･･････････････ P3047v⑦
〔法事僧尼名錄〕 (9C前期)

59070 法達 ･･･････････････ P3047v⑧
〔王都督儭合城僧徒名錄〕 (9C前期)
　4)俗姓「程」。

59071 法達 ･･･････････････ P3047v⑧
〔王都督儭合城僧徒名錄〕 (9C前期)
　4)俗姓「祁」。

59072 法達 ･･･････････････ P.tib1261v⑤
〔諸寺僧尼支給穀物曆〕 (9C前期)
　1)僧

59073 法達 ･････････････････ S01162v
〔燉煌某寺僧名錄〕 (10C前期)

59074 法達 ･････････････････ S02614v
〔燉煌應管諸寺僧尼名錄〕 (895)
　2)三界寺

1125

59075 法達 ·················· S02614v
〔燉煌應管諸寺僧尼名錄〕 (895)
　2)龍興寺

59076 法達 ·················· S02729①
〔燉煌應管勘牌子歷〕 辰年三月 (788)
　1)僧　2)乾元寺　3)沙州　4)俗姓「王」。21行目。辰年4月1日死。

59077 法達 ·················· S02729①
〔燉煌應管勘牌子歷〕 辰年四月一日 (788)
　1)僧　2)乾元寺　3)沙州　4)辰年4月1日死。末尾有「贊息檢」。60行目。

59078 法達 ·················· S04018②
〔某寺分付宋法達與大般若經本15卷抄〕
十二月十五日 (9C?)
　4)俗姓「宋」。

59079 法達 ·················· S05806
〔麥人算會倉司麥交付憑〕 庚辰年十一月廿日 (920 or 980)
　1)杞麥人倉司

59080 法達 ············· S11284+S11288
〔便黃麻歷〕 (9C)

59081 法達 ·················· Ф003
〔大般若波羅蜜多經卷第111(末)〕 (9C前期)
　4)原作「法達寫」。

59082 法達 ················ 莫第044窟
〔供養人題記〕 (10C前期)
　1)釋門法律臨壇大德兼義字法師沙門　4)南壁。《燉》p.14。

59083 法譚 ················ 沙文補24
〔寺卿索再榮等牒殘判辭〕 午年正月 (9C前期)
　1)僧

59084 法就 ·················· S01976
〔(狀)〕 (10C?)
　1)闍梨　4)「法龍」之誤寫。

59085 法談 ············ BD06359v②(鹹59)
〔人名目〕 (9C前期)
　1)僧

59086 法談 ················ P.tib1261v④
〔諸寺僧尼支給穀物歷〕 (9C前期)
　1)僧

59087 法談 ·················· Дx02961v
〔雜寫(存法談文3字)〕 (9C前期)

59088 法智 ·················· P3706v
〔雜寫〕 (10C後期)
　1)僧　2)三界寺　4)R面爲「大佛名懺悔文」(10C中期)。

59089 法智 ·················· P3947
〔龍興寺應轉經僧分兩蕃定名牒〕 亥年八月 (819 or 831)
　2)龍興寺　4)V面爲「9C前半大雲寺僧所有田籍簿」。

59090 法智 ·················· S02729①
〔燉煌應管勘牌子歷〕 辰年三月 (788)
　1)僧　2)大雲寺　3)沙州　4)俗姓「李」。7行目。

59091 法智 ·················· S07882
〔就賀拔堂唱椀等歷〕 十一月廿一日 (9C前期)

59092 法智 ·················· Дx01330
〔(大雲寺)直歲曇空等當寺僧破除見在牒〕
申年三月日 (792 or 852 or 912)
　2)大雲寺

59093 法知 ·················· P3706v
〔雜寫〕 (10C後期)
　1)僧　2)三界寺　4)R面爲「大佛名懺悔文」(10C中期)。

59094 法知 ·················· P3706v
〔雜寫〕 (10C後期)
　1)僧　2)永安寺　4)R面爲「大佛名懺悔文」(10C中期)。

59095 法張 ············ Дx00020+Дx03803+
Дx04285+Дx04308+Дx10513+Дx10520v
〔三界寺僧名列記〕 (10C)
　4)R面爲「觀音經1卷」(乾寧二年)。

59096 法澄 ·················· BD15354v
〔金剛般若經旨讚卷下(尾)〕 廣德二年六月十九日 (764)
　1)客僧　2)龍興寺　3)沙州

59097 法澄 ·················· P3047v③
〔諸僧尼送納三色香於乾元寺歷〕 (9C前期)
　2)乾元寺

59098 法澄 ……………………… P3047v⑦
　〔法事僧尼名錄〕　（9C前期）

59099 法澄 ……………………… P3047v⑧
　〔王都督䥽合城僧徒名錄〕　（9C前期）

59100 法澄 ……………………… P.tib1261v⑩
　〔諸寺僧尼支給穀物曆〕　（9C前期）
　　1）僧

59101 法澄 ……………………… S08677v
　〔防北門頭僧牒〕　（9C前期）

59102 法朝? ……………………… 杏・羽694②
　〔報恩寺所管僧名目〕　（9C前期）
　　2）報恩寺　4）僧右傍有朱點,朱字。

59103 法超 ……………………… P3047v①
　〔僧名等錄〕　（9C前期）
　　4）俗姓「楊」。

59104 法超 ……………………… P3047v⑧
　〔王都督䥽合城僧徒名錄〕　（9C前期）

59105 法超 ……………………… P3997
　〔都寺主法淨領得布褐曆〕　庚子年十一月卅日　（940 or 1000）

59106 法超 ……………………… S04706
　〔什物交割曆〕　（10C後期）

59107 法珍 ……………………… P4981
　〔當寺轉帖〕　閏三月十三日　（961）
　　4）⇒法證。

59108 法珎 ……………………… S05486①
　〔諸寺僧尼付油麵曆〕　（10C中期）
　　2）開元寺

59109 法通 ……………………… P2250v②
　〔乾元寺僧唱布曆〕　辛未年四月十二日（925?）
　　2）乾元寺

59110 法通 ……………………… P2842piece3
　〔徒衆轉帖〕　某月七日　（10C前期）

59111 法通 ……………………… P3047v③
　〔諸僧尼送納三色香於乾元寺曆〕　（9C前期）
　　2）乾元寺

59112 法通 ……………………… P3047v③
　〔諸僧尼送納三色香於乾元寺曆〕　（9C前期）
　　2）乾元寺　4）俗姓「李」。

59113 法通 ……………………… P3491piece1
　〔某寺設齋勾當名目〕　（9C前期）

59114 法通 ……………………… P5568
　〔諸寺付經曆〕　（823年以降）
　　1）沙彌　2）大雲寺

59115 法通 ……………………… P.tib1261v⑫
　〔諸寺僧尼支給穀物曆〕　（9C前期）
　　1）僧

59116 法通 ……………………… S02614v
　〔燉煌應管諸寺僧尼名錄〕　（895）
　　2）大雲寺

59117 法通 ……… S07939v＋S07940Bv＋S07941
　〔燉煌諸寺僧尼給糧曆〕　（823以降）
　　4）俗姓「氾」。

59118 法通 ……… Дx00020＋Дx03803＋Дx04285＋Дx04308＋Дx10513＋Дx10520v
　〔三界寺僧名列記〕　（10C）
　　4）R面爲「觀音經1卷」（乾寧二年）。

59119 法定 ……………………… P2250v②
　〔乾元寺僧唱布曆〕　辛未年四月十二日（925?）
　　2）乾元寺

59120 法定 ……………………… P2250v③
　〔開元寺僧唱布曆〕　（925?）
　　2）開元寺

59121 法定 ……………………… P3047v①
　〔僧名等錄〕　（9C前期）

59122 法定 ……………………… P3047v⑧
　〔王都督䥽合城僧徒名錄〕　（9C前期）

59123 法定 ……………………… P4611
　〔諸寺付經曆〕　（9C末～10C初）
　　1）維那　2）乾元寺

59124 法定 ……………………… P5579⑪
　〔大乘寺應道場尼名牒〕　酉年十月（829 or 841）
　　2）大乘寺

59125 法定 ・・・・・・・・・・・・・・・・・・ S00289③
〔李存惠墓誌銘并序〕 太平興國五年庚辰歲二月三日 (980)
　　1)門僧正臨壇供奉大德兼義學法師紫賜沙門
　　4)原作「兄釋門僧正臨壇供奉大德兼義學法師紫賜沙門法定」。

59126 法定 ・・・・・・・・・・・・・・・・・・ S01162v
〔燉煌某寺僧名錄〕 (10C前期)

59127 法定 ・・・・・・・・・・・・・・・・・・ S02614v
〔燉煌應管諸寺僧尼名錄〕 (895)
　　2)乾元寺

59128 法定 ・・・・・・・・・・・・・・・・・・ S02669
〔管內尼寺(安國寺・大乘寺・聖光寺)籍〕 (865〜870)
　　2)大乘寺　3)玉關鄉　4)姓「郭」。俗名「含嬌」。

59129 法定 ・・・・・・・・・・・・・・・・・・ S02669
〔管內尼寺(安國寺・大乘寺・聖光寺)籍〕 (865〜870)
　　2)大乘寺　3)玉關鄉　4)姓「衞」。俗名「定子」。

59130 法定 ・・・・・・・・・・・・・・・・・・ S05892
〔無想法身禮末〕 甲戌年卅日 (974)
　　1)沙彌　2)三界寺

59131 法定 ・・・・・・・・・・・・・・・・・・ Дx01378
〔當團轉帖〕 (10C中期)

59132 法廷 ・・・・・・・・・・・・・・・・・・ BD02296(閏96)
〔唱得布曆〕 (10C)

59133 法貞 ・・・・・・・・・・・・・・・・・・ P2250v⑤
〔金光明寺僧唱布曆〕 (925?)
　　2)金光明寺

59134 法貞 ・・・・・・・・・・・・・・・・・・ P3205
〔僧俗人寫經曆〕 (9C前期)

59135 法貞 ・・・・・・・・・・・・・・・・・・ S02711
〔寫經人名目〕 (9C前期)
　　1)寫經人　2)金光明寺

59136 法度 ・・・・・・・・・・・・・・・・・・ P.tib1261v②
〔諸寺僧尼支給穀物曆〕 (9C前期)
　　1)僧

59137 法湯 ・・・・・・・・・・・・・・・・・・ P3047v③
〔諸僧尼送納三色香於乾元寺曆〕 (9C前期)
　　2)乾元寺

59138 法燈 ・・・・・・・・・・・・・・・・・・ BD09322①(周43)
〔沙州諸寺僧尼配付大般若經點勘曆〕 午年五月五日 (838?)
　　2)永安(寺)　3)沙州

59139 法燈 ・・・・・・・・・・・・・・・・・・ P2342piece3
〔故上座燈闍梨齋文〕 丙午年四月 (826)

59140 法燈 ・・・・・・・・・・・・・・・・・・ P3047v③
〔諸僧尼送納三色香於乾元寺曆〕 (9C前期)
　　2)乾元寺

59141 法燈 ・・・・・・・・・・・・・・・・・・ P3047v⑧
〔王都督儭合城僧徒名錄〕 (9C前期)

59142 法燈 ・・・・・・・・・・・・・・・・・・ P.tib1261v③
〔諸寺僧尼支給穀物曆〕 (9C前期)
　　1)僧

59143 法燈 ・・・・・・・・・・・・・・・・・・ P.tib1261v⑨
〔諸寺僧尼支給穀物曆〕 (9C前期)
　　1)僧　4)⇒法燈羅。

59144 法燈 ・・・・・・・・・・・・・・・・・・ S02674
〔大乘廿二問本〕 丁卯年三月九日 (847)
　　1)比丘　4)原作「比丘法燈書」。

59145 法燈 ・・・・・・・・・・・・・・・・・・ S05893
〔管內僧寺(報恩寺・淨土寺)籍〕 (865〜875)
　　2)淨土寺　3)効穀鄉

59146 法燈羅 ・・・・・・・・・・・・・・・・ P.tib1261v⑨
〔諸寺僧尼支給穀物曆〕 (9C前期)
　　1)僧　4)⇒法燈。

59147 法德 ・・・・・・・・・・・・・・・・・・ BD06437v①(河37)
〔燉煌僧尼名〕 (9〜10C)

59148 法德 ・・・・・・・・・・・・・・・・・・ BD16492A
〔水則道場轉經兩翻名目〕 (9〜10C)

59149 法德 ・・・・・・・・・・・・・・・・・・ P2250v③
〔開元寺僧唱布曆〕 (925?)
　　2)開元寺

59150 法德 ・・・・・・・・・・・・・・・・・・ P2250v④
〔永安寺僧唱布曆〕 (925?)
　　2)永安寺

59151 法德 ・・・・・・・・・・・・・・・・・・ S01162v
〔燉煌某寺僧名錄〕 (10C前期)

59152 法德 ･･････････････ S02614v
〔燉煌應管諸寺僧尼名錄〕 (895)
　2)開元寺

59153 法篤 ･･････････ BD11469(L1598)
〔无量壽宗要經〕 (9C前期)
　4)有一勘記「兊」。「第一光琛,第二法篤,第三談建,就通」。

59154 法曇 ････････････ BD00434(洪34)
〔淨名經集解關中疏卷上(背)〕 (9C)
　1)沙門

59155 法曇 ･･････････ BD09711v(坐32)
〔比丘發露錄〕 (9C前期～後期)

59156 法曇 ･･････････････ P.tib1261v⑨
〔諸寺僧尼支給穀物曆〕 (9C前期)
　1)僧

59157 法曇 ･･････････ Дx01305＋Дx02154＋Дx03026
〔僧等付絹等曆〕 (9C前期)

59158 法二 ･･････････････ S11466
〔勘經人名目〕 (9C)

59159 法日 ･･････････ S06829v(T.102)
〔修造破曆〕 丙戌年 (806)

59160 法忍 ･･････････････ P.tib1261v①
〔諸寺僧尼支給穀物曆〕 (9C前期)
　1)僧(尼)

59161 法忍 ････････････ Дx02952
〔維摩詰所說經不二法門品第9(小片)〕 (10C)

59162 法忍 ･････ Ф256＋Дx00485＋Дx01349
〔抄王梵志詩一百一十首沙門法忍寫之記(尾)〕 大曆六年五月日 (771)
　1)沙門

59163 法忍 ････････････ 濱田115v
〔付經曆〕 十月三日 (9C前期)
　2)大雲寺

59164 法聞 ･･････････････ S00476A
〔諸寺付經僧尼曆〕 (9C前期)
　1)僧　2)乾元寺

59165 法覺 ･････････････ S01162v
〔燉煌某寺僧名錄〕 (10C前期)

59166 法辯 ･････････････ P2250v④
〔永安寺僧唱布曆〕 (925?)
　2)永安寺

59167 法辯 ･････････････ P.tib1261v⑦
〔諸寺僧尼支給穀物曆〕 (9C前期)
　1)僧　4)⇒法行。

59168 法辯 ･････････････ S04723
〔佛頂尊勝陀羅尼神呪末〕 戊年十月廿四日 (9C)
　1)沙彌　2)乾元寺　3)沙州

59169 法辯 ･････････････ S10547
〔法弁租田契〕 乙未年二月十四日 (935)

59170 法辯 ･････････････ Дx01378
〔當團轉帖〕 (10C中期)

59171 法辯 ･････････････ Дx10276
〔永安寺比丘律師誦菩薩戒自記〕 己丑年四月十九日 (929)
　1)棄戒僧　2)永安寺

59172 法辯 ･････････････ 濱田115v
〔付經曆〕 十月三日 (9C前期)
　2)永康寺

59173 法保 ･････････････ BD08172v(乃72)
〔社司轉帖(習書・殘)〕 癸未年頃 (923頃?)

59174 法保 ･････････････ P2250v③
〔開元寺僧唱布曆〕 (925?)
　2)開元寺

59175 法保 ･････････････ P3051
〔頻婆婆羅王后宮綵女功德意供養塔生天因緣變〕 大周廣順參年癸丑歲肆月廿日 (953)
　2)三界寺　4)自手寫記。

59176 法保 ･････････････ S00395v
〔雜寫〕 開運三年丙午 (946頃)
　1)律師　2)開元寺

59177 法保 ･････････････ S01162v
〔燉煌某寺僧名錄〕 (10C前期)

59178 法保 ……………… Дx00020＋Дx03803＋
Дx04285＋Дx04308＋Дx10513＋Дx10520v
〔三界寺僧名列記〕（10C）
　　4)R面爲「觀音經1卷」(乾寧二年)。

59179 法寶 ……………………… P2583v⑪
〔法會施捨疏〕　申年頃　(828頃?)

59180 法寶 ……………………… P2583v⑫
〔諸人施捨疏〕　申年頃　(828頃?)

59181 法寶 ………………………… P2689
〔寺僧唱得物支給曆〕（9C前期）

59182 法寶 ……………………… P3600v②
〔燉煌普光寺等尼名申告狀〕　戌年十一月
(9C前期)
　　2)普光寺

59183 法寶 ………………………… S11552
〔納贈曆〕　(10C)
　　4)舊S10637。

59184 法寶憧 ……………………… P3336v①
〔瓜州節度轉經付維那曆〕　寅年正月卅日
(834)
　　2)靈圖寺

59185 法寶 ………………… BD09283(周4)
〔某寺(乾元寺)道場出唱曆〕（9C前期）
　　4)『條記目』(p.40)按「法國法圓均爲吐蕃統治時期乾元寺僧人」。

59186 法寶 ………………………… P3051
〔貸絹契〕　丙辰年三月廿三日　(956)
　　2)三界寺

59187 法寶 ………………………… P3060
〔諸寺諸色付經僧尼曆〕（9C前期）
　　1)僧尼　4)經典名「般若經卷13」。

59188 法寶 ……………………… P.tib1261v③
〔諸寺僧尼支給穀物曆〕（9C前期）
　　1)僧

59189 法寶 ……………………… P.tib1261v⑩
〔諸寺僧尼支給穀物曆〕（9C前期）
　　1)僧

59190 法寶 ………………………… S00396v
〔雜寫〕（10C中期）
　　1)闍梨

59191 法昴 ………………………… S02729①
〔燉煌應管勘牌子曆〕　辰年三月　(788)
　　1)僧　2)開元寺　3)沙州　4)俗姓「張」。23行目。

59192 法本 ……………………… P3047v③
〔諸僧尼送納三色香於乾元寺曆〕（9C前期）
　　2)乾元寺

59193 法滿 ……………………… P3047v③
〔諸僧尼送納三色香於乾元寺曆〕（9C前期）
　　2)乾元寺

59194 法滿 ………………………… P3483
〔三界寺戒牒〕　雍熙二年五月十三日　(985)
　　1)授戒女弟子　2)三界寺　4)⇒張法滿。

59195 法滿 ……………………… P3600v③
〔某寺尼名申告狀〕（9C前期）

59196 法滿 ……………………… P.tib1261v②
〔諸寺僧尼支給穀物曆〕（9C前期）
　　1)僧(尼)　4)⇒□滿＝惠滿。

59197 法滿 ……………………… P.tib1261v④
〔諸寺僧尼支給穀物曆〕（9C前期）
　　1)尼

59198 法滿 ……………………… P.tib1261v⑥
〔諸寺僧尼支給穀物曆〕（9C前期）
　　1)尼

59199 法滿 ……………………… P.tib1261v⑩
〔諸寺僧尼支給穀物曆〕（9C前期）
　　1)尼

59200 法滿 ………………………… S02614v
〔燉煌應管諸寺僧尼名錄〕　(895)
　　2)大雲寺

59201 法滿 ………………………… S02669
〔管內尼寺(安國寺・大乘寺・聖光寺)籍〕
(865～870)
　　2)大乘寺　3)洪池鄉　4)姓「宋」。俗名「昂比」。

59202 法滿 ………………………… S04069
〔金剛般若波羅密經〕　(10C)

59203 法滿 ………………………… S04852v
〔付諸僧給麵蘇曆〕（9C末～10C初）
　　2)永安寺

59204 法名明□ ……………… P3952
〔受度告牒〕 附・乾元元年奏 (758)

59205 法明 ……………… P3043v③
〔諸僧尼送納三色香於乾元寺曆〕 (9C前期)
　2)乾元寺

59206 法明 ……………… P3047v③
〔諸僧尼送納三色香於乾元寺曆〕 (9C前期)
　2)乾元寺

59207 法明 ……………… P3047v⑧
〔王都督儭合城僧徒名錄〕 (9C前期)

59208 法明 ……………… S11425v
〔諸寺僧尼給糧曆〕 (9C前期)

59209 法面 ……………… S07882
〔就賀拔堂唱椀等曆〕 十一月廿一日 (9C前期)

59210 法幽 ……………… P3138v
〔諸寺付經曆〕 (9C前期)
　2)靈圖寺

59211 法幽 ……………… S01267v
〔某寺設齋納物名目〕 (9C前期)

59212 法幽 ……………… S02729①
〔燉煌應管勘牌子曆〕 辰年三月 (788)
　1)僧　2)靈圖寺　3)沙州　4)俗姓「荊」。14行目。

59213 法祐 ……………… P3047v①
〔僧名等錄〕 (9C前期)
　4)俗姓「張」。

59214 法祐 ……………… P3047v③
〔諸僧尼送納三色香於乾元寺曆〕 (9C前期)
　2)乾元寺

59215 法融 ……………… S10967
〔教團付經諸寺僧尼名目〕 (9C前期)

59216 法曜 ……………… 沙文補24
〔寺卿索再榮等牒殘判辭〕 午年正月 (9C前期)

59217 法燿 ……………… P3047v①
〔僧名等錄〕 (9C前期)
　4)俗姓「王」。

59218 法燿 ……………… P3047v⑧
〔王都督儭合城僧徒名錄〕 (9C前期)

59219 法陽 ……………… P3047v①
〔僧名等錄〕 (9C前期)

59220 法陽 ……………… P3047v①
〔僧名等錄〕 (9C前期)
　4)俗姓「索」。

59221 法陽 ……………… P3047v⑧
〔王都督儭合城僧徒名錄〕 (9C前期)

59222 法鸞 ……………… BD04642(劍42)
〔无量壽宗要經(末)〕 (9C前期)
　1)第二校　4)原作「第二校法鸞」。

59223 法鸞 ……………… P.tib1261v⑤
〔諸寺僧尼支給穀物曆〕 (9C前期)
　1)僧

59224 法鸞 ……………… S11425v
〔諸寺僧尼給糧曆〕 (9C前期)

59225 法利 ……………… P3947
〔龍興寺應轉經僧分兩蕃定名牒〕 亥年八月 (819 or 831)
　2)龍興寺　4)V面爲「9C前半大雲寺僧所有田籍簿」。

59226 法利 ……………… 濱田115v
〔付經曆〕 未年十月十一日 (9C前期)
　2)龍興寺

59227 法力 ……………… P2250v②
〔乾元寺僧唱布曆〕 辛未年四月十二日 (925?)
　2)乾元寺

59228 法力 ……………… S02614v
〔燉煌應管諸寺僧尼名錄〕 (895)
　2)報恩寺

59229 法力 ……………… S04914
〔付經曆〕 卯年九月七日 (835 or 847)
　1)僧　2)報恩寺

59230 法力 ……………… S05486①
〔諸寺僧尼付油麵曆〕 (10C中期)
　2)開元寺

59231 法力 ………………… S11284＋S11288
〔便黃麻曆〕　（9C）

59232 法流 ………………… P3047v③
〔諸僧尼送納三色香於乾元寺曆〕　（9C前期）
　2)乾元寺

59233 法流 ………………… P3047v⑧
〔王都督懺合城僧徒名錄〕　（9C前期）

59234 法龍 ………………… S01976
〔請猶予選粟狀〕　廿六日　（10C?）
　1)闍梨

59235 法兩 ………………… P.tib1261v⑨
〔諸寺僧尼支給穀物曆〕　（9C前期）
　1)僧

59236 法良 ………………… P3491piece1
〔某寺設齋勾當名目〕　（9C前期）
　2)靈修寺

59237 法倫 ………………… P3619①
〔王都督懺合城僧徒名錄〕　（9C）

59238 法倫 ………………… P.tib1261v②
〔諸寺僧尼支給穀物曆〕　（9C前期）
　1)僧

59239 法倫 ………………… P.tib1261v⑤
〔諸寺僧尼支給穀物曆〕　（9C前期）
　1)僧

59240 法林 ………………… BD16130（L4067）
〔楊老老便麥曆〕　亥年三月十八日　（9C）
　2)阿育王寺　4)原作「阿育王寺法林」。

59241 法林 ………………… P3997
〔都寺主法淨領得布褐曆〕　庚子年十一月卅日　（940 or 1000）

59242 法林 ………………… P4674
〔破曆〕　乙酉年十月十八日　（985）

59243 法林 ………………… P4908
〔某寺交割什物點檢曆〕　庚子年頃　（10C?）
　1)寺主

59244 法林 ………………… P4912
〔某寺得換油麻曆〕　（950年代以降）
　1)寺主

59245 法林 ………………… S02614v
〔燉煌應管諸寺僧尼名錄〕　（895）
　2)三界寺

59246 法林 ………………… S04215
〔什物交割曆〕　（10C）

59247 法林 ………………… Дx01200v
〔僧名點檢錄〕　（10C後期）
　4)「法林」2字對僧名目逆書。

59248 法林 ………………… 沙文補28
〔法林書狀殘〕　（9C）
　4)28葉左。

59249 法琳 ………………… BD06429（河29）
〔大般若波羅蜜多經卷第271（尾）〕　（9C前期）

59250 法琳 ………………… S06228
〔蕭關鎮進上從地湧出銘詞（末）〕　乾符六年十二月十九日　（879）
　1)法師　4)原作「…法師法琳書耳」。

59251 法輪 ………………… P3047v①
〔僧名等錄〕　（9C前期）
　4)俗姓「楊」。

59252 法輪 ………………… P3047v③
〔諸僧尼送納三色香於乾元寺曆〕　（9C前期）
　2)乾元寺

59253 法輪 ………………… P3491piece1
〔某寺設齋勾當名目〕　（9C前期）

59254 法輪 ………………… S00800
〔尼僧帖〕　（9C?）
　4)本件是卷末補添紙。R面爲「論語述而第7」（8C）。

59255 法輪 ………………… S02614v
〔燉煌應管諸寺僧尼名錄〕　（895）
　2)蓮臺寺

59256 法輪 ………………… S04831v
〔寫經人名目〕　（9C前期）
　1)寫經人

59257 法隣 ………………… S04852v
〔付諸僧給麵蘇曆〕　（9C末～10C初）
　2)永安寺

59258 法隣 ················ 杏·羽076
　〔法隣於道場布僧衣等施入大衆疏〕　六月八
　日　（9C前期）
　　4）文書面有「李盛鐸印」等。

59259 法隣 ················ 散錄0264
　〔道場疏〕　（9～10C）
　　1）比丘僧

59260 法靈 ············· P4958piece1
　〔納贈歷〕　（10C前期）

59261 法靈 ················ S02614v
　〔燉煌應管諸寺僧尼名錄〕　（895）
　　2）淨土寺

59262 法朗 ················ P2250v④
　〔永安寺僧唱布曆〕　（925?）
　　2）永安寺

59263 法朗? ················ P3060v
　〔諸寺諸色付經僧尼曆〕　（9C前期）
　　2）蓮臺寺　4）俗姓「王」。

59264 法朗 ················ S01267v
　〔某寺設齋納物名目〕　（9C前期）

59265 法朗 ················ S02729①
　〔燉煌應管勘牌子曆〕　辰年三月　（788）
　　1）僧　2）蓮臺寺　3）沙州　4）俗姓「王」。11行
　　目。

59266 法□ ················ P3047v①
　〔僧名等錄〕　（9C前期）

59267 法□ ················ P3047v⑦
　〔法事僧尼名錄〕　（9C前期）
　　4）俗姓「張」。

59268 法□ ················ 莫第044窟
　〔供養人題記〕　（10C前期）
　　1）釋門法律兼臨壇大德沙（門）　4）南壁。《燉》
　　p.14。

59269 法□ ···················· P4004
　〔某寺交割什物點檢曆〕　（940 or 1000）
　　1）寺主

59270 苞斌 ············· BD03740（霜40）
　〔金光明最勝王經卷第2(末)〕　（9C）
　　1）寫經人·比丘

59271 苞斌 ·················· S00987
　〔大般若波羅密多經卷113〕　（9C）
　　1）記·比丘

59272 苞斌 ·················· S06816
　〔大般若波羅蜜多經卷第377〕　（9C）
　　1）寫

59273 忙藥 ················· S06577v
　〔官晏設破曆〕　（10C）

59274 昴安 ············· BD05511（珍11）
　〔金有陀羅尼經卷第1(尾)〕　（8～9C）
　　4）卷首背面有藏文題名「Vweng-an(昴安)」。

59275 昴漢 ············· BD04308（出8）
　〔无量壽宗要經〕　（9C前期）
　　4）藏文題記「vwang-hen-bris」。V面有「五月十一
　　日記六月看宅」。

59276 望心 ················· Дx11061
　〔不赴城經僧〕　壬戌年十一月十日　（962 or
　　1022）

59277 莽没熱 ················ P2583v⑥
　〔節兒論奔熱疏〕　申年頃正月七日　（828頃?）
　　4）文中有別字「論莽熱」。

59278 防力 ················· S11213F
　〔配付人名目〕　（946）

59279 木遷彡 ·········· Дx01405＋Дx01406
　〔布頭索留信等官布籍〕　（9C末期～10C初期）

59280 木了 ············· BD02858（調58）
　〔雜寫〕　（8～9C）

59281 本 ············ S04689＋S11293
　〔功德司願德勘算斛㪷繰布等狀〕　顯德元年甲
　　寅歲正月壹日　（954）
　　1）尊宿　4）原作「尊宿本(自署)」。

59282 梵勝 ·················· P2609v
　〔便麥契殘〕　癸亥年　（963 or 903）

59283 梵勝 ············ S11284＋S11288
　〔便黃麻曆〕　（9C）

[ま]

59284 摩訶衍 ……………… S01438v
〔吐蕃占領燉煌初期漢族書儀〕（8C末）
　1)大德　4)R面爲「道教義淵卷上」(8C)。

59285 摩子 ………………… S08353
〔官衙麵油破曆〕（10C）

59286 摩悉獵 ……………… S05824
〔經坊費負担人名目〕（8C末～9C前期）
　1)寫經人　3)絲綿部落

59287 摩尼藏 ……………… P5000v
〔僧尼名目〕（9C前期）
　2)靈修寺

59288 摩尼藏 ……………… 濱田115v③
〔付經曆〕　午年　（9C前期）
　2)普光寺

59289 妹能 ………………… S07882
〔就賀拔堂唱椀等曆〕　十一月十一日　（9C前期）

59290 妹々 ………………… S00542v
〔燉煌諸寺女娘放年名簿〕　戌年六月十八日（818）

59291 每昌 ………………… S06307
〔管内都僧正轉帖〕　九月一日　（10C後期）
　1)徒衆

59292 末查 ………………… Дx18928
〔契〕（8C後期）
　1)保人

59293 末兒上論 …………… P3258
〔願文〕（9C前期）
　1)二番部落使

59294 万盈 ………………… S06981
〔親情社轉帖〕（10C）

59295 万盈 ………………… S06981④
〔設齋納酒餅曆〕（10C後期）

59296 万盈 ………………… Дx11085
〔當寺轉帖〕　壬申年七月　（972）

59297 万事盈 ……………… S08426E②
〔使府酒破曆〕（10C中～後期）

59298 万住茖子 …………… S04703
〔買菜人名目〕　丁亥年　（987）

59299 万昌 ………………… BD14806v（新1006）
〔義進押衙身故祭盤人名目〕　戊寅年二月十九日　（978）

59300 万全 ………………… S08426D①
〔使府酒破曆〕（10C中～後期）

59301 万全 ………………… S08426D②
〔使府酒破曆〕（10C中～後期）

59302 万通 ………………… P3595
〔借券等〕　己巳年　（969?）
　1)押衙

59303 万定 ………………… S01845v
〔納贈曆〕　丙子年四月十七日　（976?）

59304 万定 ………………… S06452⑤
〔破曆便曆?〕　辛巳年　（981）
　2)淨土寺　4)⇒劉万定。

59305 慢兒 ………………… P2985v③
〔分宅舍書〕（10C）

59306 滿海 ………………… S06005
〔立社條約〕（10C前期以降）

59307 滿願 ………………… P2689
〔寺僧唱得物支給曆〕（9C前期）

59308 滿願 ………………… S04852v
〔付諸僧給麵蘇曆〕（9C末～10C初）
　2)永安寺

59309 滿成 ………………… S00520
〔報恩寺方等道場榜〕（9C末～925以前）
　4)有「河西都僧院」印。

59310 滿盛 ………………… P2609v
〔便麥契殘〕　癸亥年　（963 or 903）

59311 滿奴 ………………… S00542v
〔燉煌諸寺丁壯車牛役部〕　戌年六月十八日（818）
　2)蓮臺寺

59312 滿奴 ················· S04710
　〔沙州戶口簿〕　(9C中期以降)

59313 滿奴 ················· S05406
　〔僧正法律徒衆轉帖〕　辛卯年四月十四日
　　(991)

59314 滿奴 ················· Дx05534
　〔禮佛見到僧等人名目〕　廿日夜　(10C)

59315 滿〻 ················· S04710
　〔沙州戶口簿〕　(9C中期以降)

59316 萬盈 ················· 莫第427窟
　〔供養人題記〕　宋乾德八年頃　(970頃)
　　1)弟　4)原作「弟萬盈一心供養」。中心塔柱南向
　　面。《燉》p.159。⇒(王)万盈。

59317 萬興 ············ BD16200I(L4099)
　〔酒等破曆〕　壬申年三月　(972?)
　　1)阿頭

[み]

59318 彌理祥 ················ Дx11061
　〔不赴城經僧〕　壬戌年十一月十日　(962 or
　　1022)

59319 密義 ················· S02669
　〔管内尼寺(安國寺・大乘寺・聖光寺)籍〕
　　(865~870)
　　2)聖光寺　3)玉關鄉　4)姓「尹」。俗名「毛〻」。

59320 密行 ················· S02614v
　〔燉煌應管諸寺僧尼名錄〕　(895)
　　2)靈修寺

59321 密行 ················· 杏・羽694v②
　〔諸寺僧尼唱儭物曆〕　(9C中期)
　　2)永安寺?

59322 密略丁 ················ S04525
　〔付官健及諸社佛會色物數目〕　(10C後期)

59323 密略丁 ················ S04525v
　〔付官健及諸社佛會色物數目〕　(10C後期)

59324 妙意 ················· P3047v③
　〔諸僧尼送納三色香於乾元寺曆〕　(9C前期)
　　2)乾元寺

59325 妙意 ················· P3600v①
　〔燉煌某寺尼名申告狀〕　(9C前期)
　　2)大乘寺

59326 妙意 ················· P.tib1261v⑥
　〔諸寺僧尼支給穀物曆〕　(9C前期)
　　1)尼

59327 妙意 ················· S02614v
　〔燉煌應管諸寺僧尼名錄〕　(895)
　　2)聖光寺

59328 妙意 ················· S02614v
　〔燉煌應管諸寺僧尼名錄〕　(895)
　　2)安國寺

59329 妙意 ················· S02614v
　〔燉煌應管諸寺僧尼名錄〕　(895)

59330 妙意 ·········· S07939v＋S07940Bv＋
　　S07941
　〔燉煌諸寺僧尼給糧曆〕　(823以降)
　　1)尼　2)聖光寺

59331 妙意 ……………… 北大D187
　〔翻, 僧尼名〕　（9C後期～10C前期）
　　1)第二翻

59332 妙員 ……………… S04654v②
　〔老病孝僧尼名錄(殘)〕　（10C中期）

59333 妙員 ……………… S06417v⑯
　〔雜寫〕　（930年代）
　　1)法律

59334 妙員 ……………… S11441
　〔徒衆智惠山等狀幷判〕　（9C中期）
　　1)徒衆

59335 妙因 ……………… P.tib1261v⑥
　〔諸寺僧尼支給穀物曆〕　（9C前期）
　　1)尼

59336 妙因 ……………… S02614v
　〔燉煌應管諸寺僧尼名錄〕　（895）
　　2)靈修寺

59337 妙因 ……………… S04610v③
　〔尼僧名目〕　（895以前?）

59338 妙圓 ……………… P.tib1261v④
　〔諸寺僧尼支給穀物曆〕　（9C前期）
　　1)尼

59339 妙圓 ……………… S02614v
　〔燉煌應管諸寺僧尼名錄〕　（895）
　　2)靈修寺

59340 妙圓 ……………… S04444v②
　〔燉煌大乘寺僧尼申告(稿)〕　（905）
　　2)大乘寺

59341 妙圓 ……… Дx01329в＋Дx02151v①
　〔應管內雌統厶乙令置方等葦場薜〕　（10C前期）
　　2)普光(寺)　4)本文書內容「受新戒諸寺僧尼名目」。

59342 妙音 ……………… P3556v⑦
　〔道場思惟簿〕　（10C）

59343 妙音 ……………… S02614v
　〔燉煌應管諸寺僧尼名錄〕　（895）
　　2)靈修寺

59344 妙音 ……………… S02614v
　〔燉煌應管諸寺僧尼名錄〕　（895）
　　2)大乘寺

59345 妙音 ……………… S02669
　〔管內尼寺(安國寺・大乘寺・聖光寺)籍〕（865～870）
　　2)大乘寺　3)洪池鄕　4)姓「索」。俗名「鉢蒙」。

59346 妙果 ……………… P3600v②
　〔燉煌普光寺等尼名申告狀〕　戌年十一月（9C前期）
　　2)普光寺

59347 妙果 ……………… S01780
　〔於沙州龍興寺受菩薩戒牒〕　元年建末月七日（8C）
　　2)龍興寺　3)沙州

59348 妙果 ……………… S02614v
　〔燉煌應管諸寺僧尼名錄〕　（895）
　　2)大乘寺

59349 妙果 ……………… S04444v②
　〔燉煌大乘寺僧尼申告(稿)〕　（905）
　　2)大乘寺

59350 妙花 ……………… P.tib1261v④
　〔諸寺僧尼支給穀物曆〕　（9C前期）
　　1)尼

59351 妙花 ……………… P.tib1261v⑪
　〔諸寺僧尼支給穀物曆〕　（9C前期）
　　1)尼

59352 妙花 ……………… S07882
　〔就賀拔堂唱椀等曆〕　十一月廿一日（9C前期）

59353 妙戒 ……………… S02614v
　〔燉煌應管諸寺僧尼名錄〕　（895）

59354 妙戒 ……………… S02614v
　〔燉煌應管諸寺僧尼名錄〕　（895）
　　2)大乘寺

59355 妙戒 ……………… S02614v
　〔燉煌應管諸寺僧尼名錄〕　（895）
　　2)安國寺

1136

59356 妙戒 ･････････････････ S02669
〔管內尼寺(安國寺・大乘寺・聖光寺)籍〕
(865～870)
    2)大乘寺　3)燉煌鄉　4)姓「陰」。俗名「詔」。

59357 妙會 ････････････････ S02614v
〔燉煌應管諸寺僧尼名錄〕（895）

59358 妙海 ･･･････････････ P.tib1261v②
〔諸寺僧尼支給穀物曆〕（9C前期）
    1)尼

59359 妙海 ･･･････････････ P.tib1261v④
〔諸寺僧尼支給穀物曆〕（9C前期）
    1)尼

59360 妙海 ･･･････････････ P.tib1261v⑩
〔諸寺僧尼支給穀物曆〕（9C前期）
    1)尼

59361 妙海 ･･･････････････ P.tib1261v⑪
〔諸寺僧尼支給穀物曆〕（9C前期）
    1)尼

59362 妙海 ･･･････････････ 莫第201窟
〔供養人題記〕（8C後期）
    1)妹・法律尼　2)安國寺　4)原作「妹安國寺法律尼妙海一心供養」。西壁。《燉》p.92.《謝》p.366-368。

59363 妙覺 ･･････････････････ S02614v
〔燉煌應管諸寺僧尼名錄〕（895）
    2)大乘寺

59364 妙覺 ･･････････････････ S02669
〔管內尼寺(安國寺・大乘寺・聖光寺)籍〕
(865～870)
    2)大乘寺　3)慈惠鄉　4)姓「吳」。俗名「嬌々」。

59365 妙覺 ･･････････････････ S04444v②
〔燉煌大乘寺僧尼申告(稿)〕（905）
    2)大乘寺

59366 妙觀 ････････････････ P3047v③
〔諸僧尼送納三色香於乾元寺曆〕（9C前期）
    2)乾元寺

59367 妙觀 ････････････････ P3600v②
〔燉煌普光寺等尼名申告狀〕 戌年十一月（9C前期）
    2)普光寺

59368 妙觀 ･･････････････････ S07882
〔就賀拔堂唱椀等曆〕 十一月廿一日 （9C前期）

59369 妙觀 ･･････････････ 井上目57,圖版1背
〔釋門教授帖〕 子年頃 （820 or 832頃）
    1)尼・大乘寺檢校道場律師　2)大乘寺

59370 妙喜 ････････････････ P3556v⑦
〔道場思惟簿〕（10C）

59371 妙喜 ･････････････････ S01776②
〔某寺常住什物交割點檢曆〕 顯德五年戊午十一月十三日 （958）

59372 妙喜 ････････････････ S02614v
〔燉煌應管諸寺僧尼名錄〕（895）
    2)大乘寺

59373 妙喜 ････････････････ S02729①
〔燉煌應管勘牌子曆〕 辰年三月 （788）
    1)僧　2)大乘寺　3)沙州　4)俗姓「宋」。48行目。

59374 妙義 ･････････････････ P3337v
〔諸寺付經曆〕（9C前期）
    1)尼　2)大乘寺

59375 妙義 ･･･････････････ P.tib1261v④
〔諸寺僧尼支給穀物曆〕（9C前期）
    1)尼

59376 妙義 ･･･････････････ P.tib1261v⑥
〔諸寺僧尼支給穀物曆〕（9C前期）
    1)尼

59377 妙義 ･･･････････････ P.tib1261v⑩
〔諸寺僧尼支給穀物曆〕（9C前期）
    1)尼

59378 妙義 ･･･････････････ P.tib1261v⑪
〔諸寺僧尼支給穀物曆〕（9C前期）
    1)尼

59379 妙義 ･････････････ Stein Painting 5
〔文殊普賢四觀音圖題記〕 咸通五年 （864）
    1)比丘尼　4)原作「比丘尼妙義一心供養」。俗姓:唐。

59380 妙義 ･････････････ Stein Painting 5
〔唐安諫等願文并供養題記〕 咸通五年 （864）
    1)比丘尼

59381 妙空 ································ P3047v③
〔諸僧尼送納三色香於乾元寺曆〕 (9C前期)
　2)乾元寺

59382 妙空 ································ P3060
〔諸寺諸色付經僧尼曆〕 (9C前期)
　1)僧尼　4)經典名「般若經卷21」。

59383 妙空 ································ P3060
〔諸寺諸色付經僧尼曆〕 (9C前期)
　1)僧尼　4)經典名「般若經卷34」。

59384 妙空 ································ S02729①
〔燉煌應管勘牌子曆〕 辰年三月 (788)
　1)僧　2)靈修寺　3)沙州　4)俗姓「羅」。29行目。

59385 妙空 ································ S04444v②
〔燉煌大乘寺僧尼申告(稿)〕 (905)
　2)大乘寺

59386 妙惠 ································ P2250v①
〔龍興寺僧唱布曆〕 (925?)
　1)僧　2)龍興寺

59387 妙惠 ································ P3167v
〔安國寺道場司關于(五尼寺)沙彌戒訴狀〕
乾寧二年三月 (895)
　2)大乘寺　4)⇒鄧妙惠。

59388 妙惠 ································ P3491piece1
〔某寺設齋勾當名目〕 (9C前期)

59389 妙惠 ································ P3556v⑦
〔道場思惟簿〕 (10C)

59390 妙惠 ································ P5579⑪
〔大乘寺應道場尼名牒〕 酉年十月 (829 or 841)
　2)大乘寺

59391 妙惠 ································ P.tib1202v
〔僧尼名目〕 (9C前期)

59392 妙惠 ································ S01625
〔入破曆計會〕 天福三年(戊戌)十二月六日 (938)
　1)徒奴衆

59393 妙惠 ································ S01776②
〔某寺常住什物交割點檢曆〕 顯德五年戊午十一月十三日 (958)

59394 妙惠 ································ S02614v
〔燉煌應管諸寺僧尼名錄〕 (895)
　2)大乘寺

59395 妙惠 ·························· 井上目57,圖版1背
〔釋門教授帖〕 子年頃 (820 or 832頃)
　1)尼・大乘寺檢校道場律師　2)大乘寺

59396 妙惠 ································ 杏・羽699
〔報恩寺僧等行事役割〕 (9C?)

59397 妙啓 ································ S02614v
〔燉煌應管諸寺僧尼名錄〕 (895)
　2)大乘寺

59398 妙堅 ································ S02614v
〔燉煌應管諸寺僧尼名錄〕 (895)

59399 妙建 ································ S02614v
〔燉煌應管諸寺僧尼名錄〕 (895)
　2)大乘寺

59400 妙建 ································ S02614v
〔燉煌應管諸寺僧尼名錄〕 (895)
　2)靈修寺

59401 妙賢 ································ P3600v②
〔燉煌普光寺等尼名申告狀〕 戌年十一月 (9C前期)
　2)普光寺

59402 妙賢 ································ P.tib1261v④
〔諸寺僧尼支給穀物曆〕 (9C前期)
　1)尼

59403 妙賢 ································ P.tib1261v⑥
〔諸寺僧尼支給穀物曆〕 (9C前期)
　1)尼

59404 妙賢 ································ P.tib1261v⑫
〔諸寺僧尼支給穀物曆〕 (9C前期)
　1)尼

59405 妙賢 ································ S02614v
〔燉煌應管諸寺僧尼名錄〕 (895)
　2)安國寺

59406 妙賢 ································ S02614v
〔燉煌應管諸寺僧尼名錄〕 (895)
　2)大乘寺

59407 妙賢 ･････････････････ S04444v②
〔燉煌大乘寺僧尼申告(稿)〕 (905)
　2)大乘寺

59408 妙賢 ･････････････････ S04852v
〔付諸僧給麵蘇曆〕 (9C末～10C初)
　2)永安寺

59409 妙賢 ･････････････････ 濱田115v
〔付經曆〕 午年 (9C前期)
　2)聖光寺

59410 妙嚴 ･････････････････ P2944
〔大乘寺・聖光寺等尼僧名錄〕 (10C後期?)
　2)大乘寺

59411 妙嚴 ･････････････････ S02614v
〔燉煌應管諸寺僧尼名錄〕 (895)

59412 妙嚴 ･････････････････ S02614v
〔燉煌應管諸寺僧尼名錄〕 (895)
　2)安國寺

59413 妙嚴 ･････････････････ S04610v③
〔尼僧名目〕 (895以前?)

59414 妙嚴 ･････････････････ S11352
〔法律道哲牓示〕 (9C)

59415 妙嚴 ･････････････････ 北大D204
〔堅法請靈修寺陰法律等追念疏〕 某月廿二日 (9C前期)
　4)師姑。

59416 妙言 ･････････････････ P3600v②
〔燉煌普光寺等尼名申告狀〕 戌年十一月 (9C前期)
　2)普光寺

59417 妙言 ･････････････････ S02614v
〔燉煌應管諸寺僧尼名錄〕 (895)

59418 妙言 ･････････････････ S02614v
〔燉煌應管諸寺僧尼名錄〕 (895)
　2)大乘寺

59419 妙言 ･････････････････ Дx01459
〔第一判諸寺尼僧名錄〕 (9C末～10C初)
　2)(大)乘(寺)

59420 妙吾 ･････････････････ S11352
〔法律道哲牓示〕 (9C)

59421 妙悟 ･････････････････ S02614v
〔燉煌應管諸寺僧尼名錄〕 (895)
　2)安國寺

59422 妙悟 ･････････ S.tib.R.119.VOL.72.FOL.14
〔某寺僧付麵曆〕 四月十日 (9C)
　1)僧

59423 妙光 ･････････････････ S02614v
〔燉煌應管諸寺僧尼名錄〕 (895)
　2)大乘寺

59424 妙?行 ･････････････････ P3060
〔諸寺諸色付經僧尼曆〕 (9C前期)
　1)僧尼　4)經典名「般若經卷19」。

59425 妙行 ･････････････････ P3060
〔諸寺諸色付經僧尼曆〕 (9C前期)
　1)僧尼　4)經典名「般若經卷31」。

59426 妙行 ･････････････････ P3060
〔諸寺諸色付經僧尼曆〕 (9C前期)
　1)僧尼　4)經典名「般若經卷39」。

59427 妙行 ･････････････････ P3060
〔諸寺諸色付經僧尼曆〕 (9C前期)
　1)僧尼　4)經典名「寶積經卷5」。

59428 妙行 ･････････････････ P3060
〔諸寺諸色付經僧尼曆〕 (9C前期)
　1)尼　2)大乘寺　4)俗姓「氾」。

59429 妙行 ･････････････････ P3600v②
〔燉煌普光寺等尼名申告狀〕 戌年十一月 (9C前期)
　2)普光寺

59430 妙行 ･････････････････ S01267v
〔某寺設齋納物名目〕 (9C前期)

59431 妙行 ･････････････････ S02614v
〔燉煌應管諸寺僧尼名錄〕 (895)

59432 妙行 ･････････････････ S02614v
〔燉煌應管諸寺僧尼名錄〕 (895)
　2)大乘寺

59433 妙行 ･････････････････ S02614v
〔燉煌應管諸寺僧尼名錄〕 (895)
　2)聖光寺

59434 妙行 ･････････････････ S02614v
　〔燉煌應管諸寺僧尼名錄〕（895）
　　2）靈修寺

59435 妙行 ･････････････････ S02614v
　〔燉煌應管諸寺僧尼名錄〕（895）
　　2）安國寺

59436 妙行 ･････････････････ S02729①
　〔燉煌應管勘牌子歷〕　辰年三月　（788）
　　1）僧　2）大乘寺　3）沙州　4）俗姓「氾」。47行目。

59437 妙行 ･････････････････ S11352
　〔法律道哲牓示〕　（9C）

59438 妙行 ････････････････ 北大D187
　〔翻, 僧尼名〕　（9C後期～10C前期）
　　1）第二翻

59439 妙志 ･････････････････ P2944
　〔大乘寺・聖光寺等尼僧名錄〕（10C後期?）
　　2）聖光寺

59440 妙志 ･････････････････ P5000v
　〔僧尼名目〕　（9C前期）
　　2）靈修寺

59441 妙思 ･････････････････ P2944
　〔大乘寺・聖光寺等尼僧名錄〕（10C後期?）
　　2）大乘寺

59442 妙思 ･････････････････ S03180v
　〔爲追念設供請僧疏〕　（9C末頃）

59443 妙施 ･････････････････ P4640⑧
　〔讚文〕　（9C末～10C前）
　　1）(潛建)妹　2）普光寺

59444 妙慈 ･････････････････ P2944
　〔大乘寺・聖光寺等尼僧名錄〕（10C後期?）
　　2）大乘寺

59445 妙慈 ･････････････････ P3167v
　〔安國寺道場司關于(五尼寺)沙彌戒訴狀〕
　　乾寧二年三月　（895）
　　2）普光寺　4）⇒張妙慈。

59446 妙慈 ･････････････････ P.tib1261v④
　〔諸寺僧尼支給穀物曆〕　（9C前期）
　　1）尼

59447 妙慈 ･････････････････ S03180v
　〔爲追念設供請僧疏〕　（9C末頃）

59448 妙慈 ･････････････････ S06417⑱
　〔尼徒衆等狀并海晏判辭〕　長興二年正月
　　（931）
　　1）充法律　2）普光寺

59449 妙慈 ･･････････ Дx01305＋Дx02154＋
　　　　　　　　　　　Дx03026
　〔僧等付絹等曆〕　（9C前期）

59450 妙慈孝 ･･･････････････ S04654v②
　〔老病孝僧尼名錄(殘)〕　（10C中期）

59451 妙實 ･････････････････ P.tib1261v⑨
　〔諸寺僧尼支給穀物曆〕　（9C前期）
　　1）尼

59452 妙實 ･････････････････ S04610v③
　〔尼僧名目〕　（895以前?）

59453 妙修 ･････････････････ S02729①
　〔燉煌應管勘牌子歷〕　辰年三月　（788）
　　1）僧　2）靈修寺　3）沙州　4）俗姓「安」。32行目。

59454 妙如 ･････････････････ P5579⑪
　〔大乘寺應道場尼名牒〕　酉年十月　（829 or 841）

59455 妙如 ･････････････････ P.tib1261v⑧
　〔諸寺僧尼支給穀物曆〕　（9C前期）
　　1）尼

59456 妙勝 ･････････････････ S02614v
　〔燉煌應管諸寺僧尼名錄〕（895）

59457 妙勝 ･････････････････ S02614v
　〔燉煌應管諸寺僧尼名錄〕（895）
　　2）安國寺

59458 妙勝 ･････････････････ S02729①
　〔燉煌應管勘牌子歷〕　辰年三月　（788）
　　1）僧　2）靈修寺　3）沙州　4）俗姓「翟」。31行目。

59459 妙乘 ･････････････････ P.tib1261v④
　〔諸寺僧尼支給穀物曆〕　（9C前期）
　　1）尼

59460 妙乘 ・・・・・・・・・・・・・・・・・・・・ P.tib1261v⑥
〔諸寺僧尼支給穀物曆〕（9C前期）
　　1）尼

59461 妙乘 ・・・・・・・・・・・・・・・・・・・・ P.tib1261v⑦
〔諸寺僧尼支給穀物曆〕（9C前期）
　　1）尼

59462 妙乘 ・・・・・・・・・・・・・・・・・・・・ P.tib1261v⑩
〔諸寺僧尼支給穀物曆〕（9C前期）
　　1）尼

59463 妙乘 ・・・・・・・・・・・・・・・・・・・・ P.tib1261v⑪
〔諸寺僧尼支給穀物曆〕（9C前期）
　　1）尼

59464 妙乘 ・・・・・・・・・・・・・・・・・・・・・・ S02614v
〔燉煌應管諸寺僧尼名錄〕（895）
　　2）安國寺

59465 妙乘 ・・・・・・・・・・・・・・・・・・・・・・・ S07882
〔就賀拔堂唱椀等曆〕十一月廿一日（9C前期）

59466 妙乘國 ・・・・・・・・・・・・・・・・・ P.tib1261v②
〔諸寺僧尼支給穀物曆〕（9C前期）
　　1）僧尼

59467 妙淨 ・・・・・・・・・・・・・・・・・・・・・・ P3600v②
〔燉煌普光寺等尼名申告狀〕戌年十一月
（9C前期）
　　2）普光寺

59468 妙淨 ・・・・・・・・・・・・・・・・・・・・・・・ S02614v
〔燉煌應管諸寺僧尼名錄〕（895）
　　2）安國寺

59469 妙淨 ・・・・・・・・・・・・・・・・・・・・・・・ S02614v
〔燉煌應管諸寺僧尼名錄〕（895）
　　2）靈修寺

59470 妙淨花 ・・・・・・・・・・・・・・・・・・・・ S02669
〔管内尼寺（安國寺・大乘寺・聖光寺）籍〕
（865～870）
　　2）大乘寺　3）平康鄉　4）姓「張」。俗名「妙解」。

59471 妙信 ・・・・・・・・・・・・・・・・・・・・・・・ P3167v
〔安國寺道場司關于（五尼寺）沙彌戒訴狀〕
乾寧二年三月　（895）
　　2）安國寺　4）⇒張妙信。

59472 妙信 ・・・・・・・・・・・・・・・・・・・・・・・ P3556v⑦
〔道場思惟簿〕（10C）

59473 妙信 ・・・・・・・・・・・・・・・・・・・・・・ P3600v②
〔燉煌普光寺等尼名申告狀〕戌年十一月
（9C前期）
　　2）普光寺

59474 妙信 ・・・・・・・・・・・・・・・・・・・・・・・ S02614v
〔燉煌應管諸寺僧尼名錄〕（895）
　　2）大乘寺

59475 妙信 ・・・・・・・・・・・・・・・・・・・・・・・ S02614v
〔燉煌應管諸寺僧尼名錄〕（895）

59476 妙信 ・・・・・・・・・・・・・・・・・・・・・・ S04610v③
〔尼僧名目〕（895以前?）

59477 妙心 ・・・・・・・・・・・・・・・・・・・・ P2631piece1v
〔諸雜齋文抄錄・付絹羅等曆殘〕（9C中期）

59478 妙心 ・・・・・・・・・・・・・・・・・・・・ P.tib1261v⑥
〔諸寺僧尼支給穀物曆〕（9C前期）
　　1）尼

59479 妙心 ・・・・・・・・・・・・・・・・・・・・・・・ S02614v
〔燉煌應管諸寺僧尼名錄〕（895）

59480 妙心 ・・・・・・・・・・・・・・・・・・・・・・・ S02614v
〔燉煌應管諸寺僧尼名錄〕（895）
　　2）靈修寺

59481 妙心 ・・・・・・・・・・・・・・・・・・・・・・・ S02669
〔管内尼寺（安國寺・大乘寺・聖光寺）籍〕
（865～870）
　　2）大乘寺　3）平康鄉　4）姓「張」。俗名「醜々」。

59482 妙心 ・・・・・・・・・・・・・・・・・・・・・・ S02729①
〔燉煌應管勘牌子曆〕辰年三月　（788）
　　1）僧　2）靈修寺　3）沙州　4）俗姓「陰」。37行目。

59483 妙眞 ・・・・・・・・・・・・・・・・・・・・・・・ S02614v
〔燉煌應管諸寺僧尼名錄〕（895）
　　2）安國寺

59484 妙眞 ・・・・・・・・・・・・・・・・・・・・・・・ S02614v
〔燉煌應管諸寺僧尼名錄〕（895）
　　2）聖光寺

59485 妙眞 ・・・・・・・・・・・・・・・・・・・・・・・ S02614v
〔燉煌應管諸寺僧尼名錄〕（895）

59486 妙眞 ………………………… S02669
〔管内尼寺(安國寺・大乘寺・聖光寺)籍〕
(865〜870)
　　2)大乘寺　3)燉煌鄉　4)姓「宋」。俗名「威ゞ」。

59487 妙眞 ………………………… S02729①
〔燉煌應管勘牌子歷〕　辰年三月　(788)
　　1)僧　2)普光寺　3)沙州　4)俗姓「氾」。43行
　　目。

59488 妙眞 ………………………… S04610v③
〔尼僧名目〕　(895以前?)

59489 妙眞 ………………… Stein Painting 28*
〔觀世音菩薩圖題記〕　大順參年歲次壬子十二
月甲申朔三日　(892)

59490 妙神 ………………………… P3600v②
〔燉煌普光寺等尼名申告狀〕　戌年十一月
(9C前期)
　　2)普光寺

59491 妙進 ………………………… P2944
〔大乘寺・聖光寺等尼僧名錄〕　(10C後期?)
　　2)大乘寺

59492 妙進 ………………………… S02614v
〔燉煌應管諸寺僧尼名錄〕　(895)

59493 妙性 ………………………… P3047v①
〔僧名等錄〕　(9C前期)
　　4)俗姓「張」。

59494 妙性 ………………………… P3047v③
〔諸僧尼送納三色香於乾元寺曆〕　(9C前期)
　　2)乾元寺

59495 妙性 ………………………… P3060
〔諸寺諸色付經僧尼曆〕　(9C前期)
　　1)僧尼　4)經典名「般若經卷8」。

59496 妙性 ………………………… P3060
〔諸寺諸色付經僧尼曆〕　(9C前期)
　　1)僧尼　4)經典名「般若經卷56」。

59497 妙性 ………………………… S02614v
〔燉煌應管諸寺僧尼名錄〕　(895)
　　2)靈修寺

59498 妙性 ………………………… S02729①
〔燉煌應管勘牌子歷〕　辰年三月　(788)
　　1)僧　2)大乘寺　3)沙州　4)俗姓「索」。48行
　　目。

59499 妙政 ………………………… S02729①
〔燉煌應管勘牌子歷〕　辰年三月　(788)
　　1)僧　2)靈修寺　3)沙州　4)俗姓「朱」。30行
　　目。

59500 妙寂 ………………………… P5579⑪
〔大乘寺應道場尼名牒〕　酉年十月　(829 or 841)
　　2)大乘寺

59501 妙寂 ………………………… P.tib1261v⑥
〔諸寺僧尼支給穀物曆〕　(9C前期)
　　1)尼

59502 妙寂 ………………………… P.tib1261v⑧
〔諸寺僧尼支給穀物曆〕　(9C前期)
　　1)尼

59503 妙寂 ………………………… S02614v
〔燉煌應管諸寺僧尼名錄〕　(895)
　　2)靈修寺

59504 妙寂 ………………………… S02729①
〔燉煌應管勘牌子歷〕　辰年三月　(788)
　　1)僧　2)大乘寺　3)沙州　4)俗姓「薛」。47行
　　目。

59505 妙寂 ………………………… 杏・羽694v①
〔諸寺僧尼唱儭物曆〕　(9C中期)
　　2)永安寺?　4)R①爲「未年閏十月當寺(永安
　　寺?)應管主客僧牒」。

59506 妙積 ………………………… S02614v
〔燉煌應管諸寺僧尼名錄〕　(895)

59507 妙善 ………………………… P.tib1202v
〔僧尼名目〕　(9C前期)

59508 妙善 ………………………… S02614v
〔燉煌應管諸寺僧尼名錄〕　(895)

59509 妙善 ………………………… S03071v
〔燉煌諸尼寺付諸經曆〕　(9C前期)
　　1)寺主

59510 妙善 ………………………… S08071v
〔燉煌諸尼寺付諸經曆諸經〕　(9C前期)
　　1)寺主　2)某尼寺

59511 妙善 ………………………… 濱田115v
〔付經曆〕　午年　(9C前期)
　　2)安國寺

59512　妙相 ･････････････････P3047v①
〔僧名等錄〕　（9C前期）
　　4)俗姓「李」。

59513　妙相 ･････････････････P3047v③
〔諸僧尼送納三色香於乾元寺曆〕　（9C前期）
　　2)乾元寺

59514　妙相 ･････････････････P3600v②
〔燉煌普光寺等尼名申告狀〕　戌年十一月
（9C前期）
　　2)普光寺

59515　妙相 ･････････････････P3619①
〔王都督儭合城僧徒名錄〕　（9C）

59516　妙相 ･････････････････S02729①
〔燉煌應管勘牌子歷〕　辰年三月　（788）
　　1)僧　2)普光寺　3)沙州　4)俗姓「賀」。44行目。

59517　妙相 ･････････北京萃文齋
〔河西支度營田使戶口給穀簿〕　（8C後期）
　　1)(宋光華)婢　4)原作「(戶宋光華卌四)婢妙相卅五」。

59518　妙相 ･････････････････濱田046
〔大般若波羅蜜多經卷第328〕　大蕃歲次戊戌年三月十五日　（818）
　　1)寫・尼

59519　妙藏 ･････････････････P.tib1099v
〔僧名錄〕　（9～10C）

59520　妙達 ･････････････････MG17778
〔十一面觀音圖供養題記〕　（10C）
　　1)(程恩信)亡姉　2)大乘寺　4)原作「亡姉大乘寺壇頭闍梨妙達邈眞一心供養」。

59521　妙達 ･････････････････P3556v⑦
〔道場思惟簿〕　（10C）

59522　妙智 ･････････････････P3138
〔諸寺維那請大般若經袟〕　（9C前期）
　　2)靈修寺

59523　妙智 ･････････････････P3167v
〔安國寺道場司關于(五尼寺)沙彌戒訴狀〕
乾寧二年三月　（895）
　　2)靈修寺　4)⇒陳妙智。

59524　妙智 ･････････････････S02614v
〔燉煌應管諸寺僧尼名錄〕　（895）
　　2)大乘寺

59525　妙智 ･････････････････S07882
〔就賀拔堂唱椀等曆〕　十一月十一日　（9C前期）

59526　妙定 ･････････････････BD00535（荒35）
〔佛說無常經首二行別記〕　（10C中期頃）

59527　妙定 ･････････････････BD16052D（L4028）
〔僧名目〕　（10C）

59528　妙定 ･････････････････S02614v
〔燉煌應管諸寺僧尼名錄〕　（895）
　　2)安國寺

59529　妙定 ･････････････････S02614v
〔燉煌應管諸寺僧尼名錄〕　（895）
　　2)大乘寺

59530　妙定 ･････････････････S02669
〔管內尼寺(安國寺・大乘寺・聖光寺)籍〕
（865～870）
　　2)大乘寺　3)莫高鄉　4)姓「張」。俗名「金圓」。

59531　妙定 ･････････････････S02729①
〔燉煌應管勘牌子歷〕　辰年三月　（788）
　　1)僧　2)靈修寺　3)沙州　4)俗姓「安」。30行目。

59532　妙定 ･････････････････S03180v
〔爲追念設供請僧疏〕　（9C末頃）

59533　妙定 ･････････････････S11352
〔法律道哲牓示〕　（9C）

59534　妙燈 ･････････････････P3047v③
〔諸僧尼送納三色香於乾元寺曆〕　（9C前期）
　　2)乾元寺

59535　妙燈 ･････････････････P3336v①
〔瓜州節度轉經付維那曆〕　寅年正月卅日
（834）
　　2)普光寺

59536　妙登 ･････････････････P3047v①
〔僧名等錄〕　（9C前期）

59537 妙德 ････････････････ P3600v②
　〔燉煌普光寺等尼名申告狀〕 戌年十一月
　(9C前期)
　　2)普光寺

59538 妙德 ････････････････ S02575v⑤
　〔普光寺道場司惠雲等狀〕 (929)

59539 妙德 ････････････････ S02614v
　〔燉煌應管諸寺僧尼名錄〕 (895)

59540 妙德 ････････････････ S02669
　〔管內尼寺(安國寺・大乘寺・聖光寺)籍〕
　(865〜870)
　　3)赤心鄉　4)姓「張」。俗名「善娘」。

59541 妙德 ････････････････ S02729①
　〔燉煌應管勘牌子歷〕 辰年三月 (788)
　　1)僧　2)普光寺　3)沙州　4)俗姓「氾」。41行
　　目。

59542 妙德 ････････････････ S02851
　〔妙德十無盡戒牒〕 大曆十五年 (780)
　　1)尼　2)普光寺　4)原作「女弟子妙德於靈圖寺
　　受戒／傳戒法師智廣」。

59543 妙德 ････････････････ S04444v②
　〔燉煌大乘寺僧尼申告(稿)〕 (905)
　　2)大乘寺

59544 妙德 ････････････････ S04610v③
　〔尼僧名目〕 (895以前?)

59545 妙忍 ････････････････ P2944
　〔大乘寺・聖光寺等尼僧名錄〕 (10C後期?)
　　2)大乘寺

59546 妙忍 ････････････････ P3600v③
　〔某寺尼名申告狀〕 (9C前期)

59547 妙忍 ････････････････ P.tib1261v④
　〔諸寺僧尼支給穀物曆〕 (9C前期)
　　1)尼

59548 妙忍 ････････････････ P.tib1261v⑥
　〔諸寺僧尼支給穀物曆〕 (9C前期)
　　1)尼

59549 妙忍 ････････････････ P.tib1261v⑩
　〔諸寺僧尼支給穀物曆〕 (9C前期)
　　1)尼

59550 妙忍 ････････････････ S01653v
　〔付麵曆佛會支出簿〕 (10C)

59551 妙忍 ････････････････ 杏・羽694v①
　〔諸寺僧尼唱儭物曆〕 (9C中期)
　　2)永安寺?　4)R①爲「未年閏十月當寺(永安
　　寺?)應管主客僧牒」。

59552 妙能 ････････････････ P5579⑪
　〔大乘寺應道場尼名牒〕 酉年十月 (829 or
　841)

59553 妙能 ････････････････ P.tib1261v④
　〔諸寺僧尼支給穀物曆〕 (9C前期)
　　1)尼

59554 妙能 ････････････････ P.tib1261v⑥
　〔諸寺僧尼支給穀物曆〕 (9C前期)
　　1)尼

59555 妙能 ････････････････ P.tib1261v⑪
　〔諸寺僧尼支給穀物曆〕 (9C前期)
　　1)尼

59556 妙能 ････････････････ P.tib1261v⑫
　〔諸寺僧尼支給穀物曆〕 (9C前期)
　　1)尼

59557 妙福 ････････････････ BD08045(字45)
　〔十王經供養題記〕 (9〜10C)
　　1)患尼弟子　2)安國寺　4)原作「安國寺患尼弟
　　子妙福發心敬寫此經一七養,一心供養」。

59558 妙福 ････････････････ BD16453A
　〔水則道場轉經兩翻名目〕 (9〜10C)
　　1)第一翻

59559 妙福 ････････････････ P2944
　〔大乘寺・聖光寺等尼僧名錄〕 (10C後期?)
　　2)大乘寺

59560 妙福 ････････････････ P3167v
　〔安國寺道場司關于(五尼寺)沙彌戒訴狀〕
　乾寧二年三月 (895)
　　2)靈修寺　4)⇒李妙福。

59561 妙福 ････････････････ S02489
　〔佛說閻羅王授記四象道修生[　]經〕 (10C)
　　1)患尼弟子　2)安國寺　4)原作「安國寺患尼弟
　　子妙福發心敬寫」。

59562 妙福 ・・・・・・・・・・・・・・・・・・ S02614v
〔燉煌應管諸寺僧尼名錄〕 (895)

59563 妙福 ・・・・・・・・・・・・・・・・・・ S02614v
〔燉煌應管諸寺僧尼名錄〕 (895)
　2)大乘寺

59564 妙福 ・・・・・・・・・・・・・・・・・・ S02614v
〔燉煌應管諸寺僧尼名錄〕 (895)
　2)靈修寺

59565 妙辯 ・・・・・・・・・・・・ BD14157(新0357)
〔大般若波羅蜜多經卷第9〕 (8〜9C)
　4)原作「妙辯寫」。此件原爲日本大谷探檢隊所得。『國家圖書館藏燉煌遺書』爲「吐蕃期寫本」。

59566 妙辯 ・・・・・・・・・・・・・・・・・・ P3600v②
〔燉煌普光寺等尼名申告狀〕　戌年十一月 (9C前期)
　2)普光寺

59567 妙辯 ・・・・・・・・・・・・・・・・・・ P4640②
〔隴西李家先代碑記〕 (9C末〜10C前)
　1)僧　3)在蕃

59568 妙辯 ・・・・・・・・・・・・・・・・・・ P5587④
〔某寺徒衆牒〕　丑年四月日 (809 or 821)
　1)徒衆

59569 妙辯 ・・・・・・・・・・・・・・・ P.tib1261v②
〔諸寺僧尼支給穀物曆〕 (9C前期)
　1)僧

59570 妙辯 ・・・・・・・・・・・・・・・ P.tib1261v⑥
〔諸寺僧尼支給穀物曆〕 (9C前期)
　1)僧

59571 妙辯 ・・・・・・・・・・・・・・・ P.tib1261v⑧
〔諸寺僧尼支給穀物曆〕 (9C前期)
　1)僧

59572 妙辯 ・・・・・・・・・・・・・・・ P.tib1261v⑩
〔諸寺僧尼支給穀物曆〕 (9C前期)
　1)僧

59573 妙辯 ・・・・・・・・・・・・・・・・・・ S07882
〔就賀拔堂唱椀等曆〕　十一月廿一日 (9C前期)

59574 妙法 ・・・・・・・・・・・・・・・・・・ P3047v①
〔僧名等錄〕 (9C前期)
　4)俗姓「目」。

59575 妙法 ・・・・・・・・・・・・・・・・・・ P3047v③
〔諸僧尼送納三色香於乾元寺曆〕 (9C前期)
　2)乾元寺

59576 妙法 ・・・・・・・・・・・・・・・・・・ P3047v⑧
〔王都督儭合城僧徒名錄〕 (9C前期)

59577 妙法 ・・・・・・・・・・・・・・・ P.tib1261v②
〔諸寺僧尼支給穀物曆〕 (9C前期)
　1)尼

59578 妙法 ・・・・・・・・・・・・・・・ P.tib1261v⑥
〔諸寺僧尼支給穀物曆〕 (9C前期)
　1)尼

59579 妙法 ・・・・・・・・・・・・・・・ P.tib1261v⑦
〔諸寺僧尼支給穀物曆〕 (9C前期)
　1)尼

59580 妙法 ・・・・・・・・・・・・・・・・・・ S02729①
〔燉煌應管勘牌子歷〕　辰年三月 (788)
　1)僧　2)靈修寺　3)沙州　4)俗姓「氾」。31行目。

59581 妙法 ・・・・・・・・・・・・・・・・・・ S02729①
〔燉煌應管勘牌子歷〕　辰年三月 (788)
　1)尼　3)沙州・潘原堡　4)俗姓「孫」。53行目。申年6月7日死。

59582 妙法 ・・・・・・・・・・・・・・・・・・ S02729①
〔燉煌應管勘牌子歷〕　六月七日 (792)
　1)尼　3)沙州・莘亭　4)俗姓「孫」。67行目。(申年)6月7日死。

59583 妙明 ・・・・・・・・・・・・・・・・・・ P3600v②
〔燉煌普光寺等尼名申告狀〕　戌年十一月 (9C前期)
　2)普光寺

59584 妙明 ・・・・・・・・・・・・・・・・・・ S02614v
〔燉煌應管諸寺僧尼名錄〕 (895)
　2)靈修寺

59585 妙明 ・・・・・・・・・・・・・・・・ 莫第144窟
〔供養人題記〕 (9C前期)
　1)姑靈修寺法律尼　2)靈修寺　4)原作「□姑靈修寺法律尼妙明一心供養」。西壁。《燉》p.65。《謝》p.46。

59586 妙有 ・・・・・・・・・・・・・・・・・・ P2912v③
〔寫大般若經一部施銀盤子麥粟粉疏〕　四月八日 (9C前期)

人名篇　みよう－む　妙夢无

59587 妙有 ……………………… P3337v
　〔諸寺付經曆〕（9C前期）
　　1）尼　2）大乘寺

59588 妙有 ……………………… S08567Av
　〔報恩寺・大乘寺付經曆〕（9C前期）

59589 妙用 ……………………… P3600v②
　〔燉煌普光寺等尼名申告狀〕戌年十一月
　（9C前期）
　　2）普光寺

59590 妙力 ……………………… P3167v
　〔安國寺道場司關于(五尼寺)沙彌戒訴狀〕
　乾寧二年三月（895）
　　2）普光寺　4）⇒陰妙力。

59591 妙力 ……………………… S02614v
　〔燉煌應管諸寺僧尼名錄〕（895）

59592 妙力 ……………………… S02614v
　〔燉煌應管諸寺僧尼名錄〕（895）
　　2）安國寺

59593 妙林 ……………………… S02614v
　〔燉煌應管諸寺僧尼名錄〕（895）
　　2）安國寺

59594 妙林 ……………………… S11352
　〔法律道哲牓示〕（9C）

59595 妙□ ……………………… P3047v⑦
　〔法事僧尼名錄〕（9C前期）
　　4）俗姓「羅」。

[む]

59596 夢黃 ……………………… S08353
　〔官衙麵油破曆〕（10C）

59597 无尋〔碍〕 …………………… P3047v⑦
　〔法事僧尼名錄〕（9C前期）
　　4）俗姓「石」。

59598 无尋 ……………………… P3047v⑦
　〔法事僧尼名錄〕（9C前期）

59599 无尋〔碍〕 …………………… S02614v
　〔燉煌應管諸寺僧尼名錄〕（895）

59600 无尋〔碍〕 …………………… S02729①
　〔燉煌應管勘牌子曆〕辰年三月（788）
　　1）僧　2）靈修寺　3）沙州　4）俗姓「杜」。30行目。

59601 无尋〔碍〕 …………………… S02729①
　〔燉煌應管勘牌子曆〕辰年三月（788）
　　1）僧　2）靈修寺　3）沙州　4）俗姓「杜」。31行目。

59602 无尋〔碍〕定 ………………… S02614v
　〔燉煌應管諸寺僧尼名錄〕（895）
　　2）大乘寺

59603 无尋〔碍〕福 ………………… P3556v⑦
　〔道場思惟簿〕（10C）

59604 无言 ……………………… P.tib1261v②
　〔諸寺僧尼支給穀物曆〕（9C前期）
　　1）尼

59605 无言 ……………………… P.tib1261v④
　〔諸寺僧尼支給穀物曆〕（9C前期）
　　1）尼

59606 无言 ……………………… S02614v
　〔燉煌應管諸寺僧尼名錄〕（895）
　　2）大乘寺

59607 无言 ……………………… S02614v
　〔燉煌應管諸寺僧尼名錄〕（895）
　　2）靈修寺

59608 无垢 ……………………… P3060
　〔諸寺諸色付經僧尼曆〕（9C前期）
　　1）僧尼　4）經典名「般若經卷12」。

59609 无垢 ·············· P5587④
　〔某寺徒衆牒〕　丑年四月日　(809 or 821)
　　1) 徒衆

59610 无垢 ·············· S02729①
　〔燉煌應管勘牌子歷〕　(788)
　　2) 靈修寺　4) 俗姓「張」。31行目。

59611 无垢 ·············· S02729①
　〔燉煌應管勘牌子歷〕　辰年三月　(788)
　　1) 僧　2) 開元寺　3) 沙州　4) 俗姓「張」。24行目。

59612 无垢 ·············· 杏・羽694①
　〔當寺應管主客僧牒〕　未年閏十月　(803)
　　4) 文末有異一行「未年閏十月日,直歲圓滿牒」。

59613 无思 ·············· S02614v
　〔燉煌應管諸寺僧尼名錄〕　(895)
　　2) 靈修寺

59614 无住 ·············· P3047v⑦
　〔法事僧尼名錄〕　(9C前期)

59615 无住 ·············· Дx01328
　〔高昌田苗曆〕　建中三年三月廿七日　(782)
　　1) 僧

59616 无勝 ·············· P3060
　〔諸寺諸色付經僧尼曆〕　(9C前期)
　　1) 僧尼　4) 經典名「般若經卷8」。

59617 无勝 ·············· P3060
　〔諸寺諸色付經僧尼曆〕　(9C前期)
　　1) 僧尼　4) 經典名「般若經卷56」。

59618 无勝 ·············· P3337v
　〔諸寺付經曆〕　(9C前期)
　　2) 大乘寺

59619 无勝 ·············· P.tib1261v⑥
　〔諸寺僧尼支給穀物曆〕　(9C前期)
　　1) 尼

59620 无勝 ·············· P.tib1261v⑩
　〔諸寺僧尼支給穀物曆〕　(9C前期)
　　1) 尼

59621 无勝 ·············· S02729①
　〔燉煌應管勘牌子歷〕　辰年三月　(788)
　　1) 僧　2) 大乘寺　3) 沙州　4) 俗姓「陰」。46行目。

59622 无勝 ·············· S08567Av
　〔報恩寺・大乘寺付經曆〕　(9C前期)
　　1) 尼　2) 大乘寺

59623 无證 ·············· P2689
　〔寺僧唱得物支給曆〕　(9C前期)

59624 无證 ·············· P3600v②
　〔燉煌普光寺等尼名申告狀〕　戌年十一月　(9C前期)
　　2) 普光寺

59625 无證 ·············· P.tib1261v③
　〔諸寺僧尼支給穀物曆〕　(9C前期)
　　1) 尼

59626 无證 ·············· S01364
　〔付經曆〕　(9C)
　　1) 僧

59627 无深 ·············· P3047v③
　〔諸僧尼送納三色香於乾元寺曆〕　(9C前期)
　　2) 乾元寺

59628 无尋 ·············· P3047v⑧
　〔王都督儭合城僧徒名錄〕　(9C前期)

59629 无盡燈 ·············· P.tib1261v⑤
　〔諸寺僧尼支給穀物曆〕　(9C前期)
　　1) 僧

59630 无性 ·············· P3600v②
　〔燉煌普光寺等尼名申告狀〕　戌年十一月　(9C前期)
　　2) 普光寺

59631 无性 ·············· P.tib1261v③
　〔諸寺僧尼支給穀物曆〕　(9C前期)
　　1) 尼

59632 无性 ·············· S02614v
　〔燉煌應管諸寺僧尼名錄〕　(895)
　　2) 安國寺

59633 无染 ·············· P2638
　〔儭司破曆〕　癸巳～丙申年　(933～936)
　　4) ⇒國无染。

59634 无染 ·············· S02614v
　〔燉煌應管諸寺僧尼名錄〕　(895)
　　2) 安國寺

59635 无相 ・・・・・・・・・・・・・・・・・・・・・ P3060
〔諸寺諸色付經僧尼曆〕 （9C前期）
　1)僧尼　4)經典名「般若經卷46」。

59636 无相 ・・・・・・・・・・・・・・・・・・・・・ S02614v
〔燉煌應管諸寺僧尼名錄〕 （895）

59637 无相 ・・・・・・・・・・・・・・・・・・・・・ S02729①
〔燉煌應管勘牌子曆〕　辰年三月 （788）
　1)僧　2)大乘寺　3)沙州　4)俗姓「董」。46行目。

59638 无霜 ・・・・・・・・・・・・・・・・・・・・・ S00542v②
〔燉煌諸寺女娘放毛名簿〕 （818）
　2)開元寺　4)原作「无霜妻」。

59639 无霜妻 ・・・・・・・・・・・・・・・・・・・・・ S00542v②
〔燉煌諸寺女娘放毛名簿〕 （818）
　2)開元寺　4)原作「无霜妻」。

59640 无滯 ・・・・・・・・・・・・・・・・・・ BD00286（宇86）
〔大般若波羅蜜多經卷第185〕 （9C）
　1)寫・比丘

59641 无滯 ・・・・・・・・・・・・・・・・・・ BD08086（宇86）
〔大般若波羅蜜多經卷第185（允紙）〕 （8～9C）
　4)原作「比丘无滯寫」。

59642 无滯 ・・・・・・・・・・・・・・・・・・・・ P.tib1261v③
〔諸寺僧尼支給穀物曆〕 （9C前期）
　1)僧

59643 无滯 ・・・・・・・・・・・・・・・・・・・・ P.tib1261v⑥
〔諸寺僧尼支給穀物曆〕 （9C前期）
　1)僧

59644 无滯 ・・・・・・・・・・・・・・・・・・・・ P.tib1261v⑦
〔諸寺僧尼支給穀物曆〕 （9C前期）
　1)僧

59645 无滯 ・・・・・・・・・・・・・・・・・・・・ P.tib1261v⑩
〔諸寺僧尼支給穀物曆〕 （9C前期）
　1)僧

59646 无滯 ・・・・・・・・・・・・・・・・・・・・ P.tib1261v⑪
〔諸寺僧尼支給穀物曆〕 （9C前期）
　1)僧

59647 无着 ・・・・・・・・・・・・・・・・・・・・・ P3060
〔諸寺諸色付經僧尼曆〕 （9C前期）
　1)僧尼　4)經典名「般若經卷1」。

59648 无着 ・・・・・・・・・・・・・・・・・・・・・ S02614v
〔燉煌應管諸寺僧尼名錄〕 （895）
　2)大乘寺

59649 无着 ・・・・・・・・・・・・・・・・・・・・・ S02729①
〔燉煌應管勘牌子曆〕　辰年三月 （788）
　1)僧　2)大乘寺　3)沙州　4)俗姓「閻」。46行目。

59650 无恬 ・・・・・・・・・・・・・・・・・・・・・ P3047v③
〔諸僧尼送納三色香於乾元寺曆〕 （9C前期）
　2)乾元寺

59651 无念 ・・・・・・・・・・・・・・・・・・・・・ P5000v
〔僧尼名目〕 （9C前期）
　2)靈修寺

59652 无念 ・・・・・・・・・・・・・・・・・・・・・ S02614v
〔燉煌應管諸寺僧尼名錄〕 （895）

59653 无念 ・・・・・・・・・・・・・・・・・・・・・ S02729①
〔燉煌應管勘牌子曆〕　辰年三月 （788）
　1)僧　2)普光寺　3)沙州　4)俗姓「索」。42行目。

59654 无念 ・・・・・・・・・・・・・・・・・・・・・ 杏・羽729
〔沙彌尼威儀一卷（尾題）〕 （8C末～9C前期）
　1)沙彌尼　4)原作「沙彌尼无念本」。

59655 无比 ・・・・・・・・・・・・・・・・・・・・ P.tib1261v⑥
〔諸寺僧尼支給穀物曆〕 （9C前期）
　1)尼

59656 无比 ・・・・・・・・・・・・・・・・・・・・・ S02729①
〔燉煌應管勘牌子曆〕　辰年三月 （788）
　1)僧　2)靈修寺　3)沙州　4)俗姓「薛」。33行目。

59657 无忘 ・・・・・・・・・・・・・・・・・・・・・ S02614v
〔燉煌應管諸寺僧尼名錄〕 （895）

59658 无名 ・・・・・・・・・・・・・・・・・・・・・ P2837v②
〔女弟子无名施物疏〕　辰年正月卅日 （836?）
　1)女弟子

59659 无名 ・・・・・・・・・・・・・・・・・・・・・ P2837v⑦
〔女弟子无名施物疏〕　辰年二月八日 （836?）
　1)女弟子

59660 无名 ・・・・・・・・・・・・・・・・・・・・・ P2837v⑧
〔女弟子无名施物疏〕　辰年二月八日 （836?）
　1)女弟子

59661 无名 ·················· P2837v⑨
〔女弟子无名施物疏〕 辰年二月八日 （836?）
　1) 女弟子

59662 无名 ·················· P2837v⑬
〔女弟子无名施物疏〕 辰年二月八日 （836?）
　1) 女弟子

59663 无名 ·················· P2863③
〔无名施入疏〕 正月一日 （9C前期）
　1) 弟子

59664 无名 ·················· P2863④
〔无名施入疏〕 正月一日 （9C前期）
　1) 弟子

59665 无量 ·················· P3047v①
〔僧名等錄〕 （9C前期）
　4) 俗姓「米」。

59666 无量 ·················· P3047v③
〔諸僧尼送納三色香於乾元寺曆〕 （9C前期）
　2) 乾元寺

59667 无漏 ·················· S02614v
〔燉煌應管諸寺僧尼名錄〕 （895）
　2) 聖光寺

59668 無畏心 ················ S02669
〔管內尼寺(安國寺・大乘寺・聖光寺)籍〕
　（865～870）
　2) 大乘寺　3) 玉關鄉　4) 姓「董」。俗名「閨々」。

59669 無垢 ·················· S02614v
〔燉煌應管諸寺僧尼名錄〕 （895）
　2) 聖光寺

59670 無性 ·················· S11352
〔法律道哲牓示〕 （9C）

59671 無念 ·················· S02614v
〔燉煌應管諸寺僧尼名錄〕 （895）
　2) 靈修寺

59672 無分別 ················ P3568
〔普賢菩薩行願王經(首題),同一卷(尾)〕
（9C前期）
　1) 沙門　4) 原作「大蕃國沙門無分別奉詔譯」。

59673 無安 ·················· Дx01459
〔第一判諸寺尼僧名錄〕 （9C末～10C初）
　2) 普(光寺)

[め]

59674 名榮 ················· S01267v
　〔某寺設齋納物名目〕 (9C前期)

59675 名悉思恭 ············ P2763①
　〔沙州倉曹趙瓊璋等會計曆〕 辰年九月四日已
　後至十二月卅日 (788)

59676 名悉思恭 ············ P2763①
　〔沙州倉曹趙瓊璋等會計曆〕 辰年九月四日已
　後至十二月卅日 (788)
　　4)縫背有「河西支度/…印」。

59677 名悉思恭 ············ P2763⑤
　〔河西勾覆所倉曹會計牒〕 巳年 (789?)
　　4)原文中有「十一月七日，貸監部落使…」一文。

59678 明意 ·············· P.tib1261v⑧
　〔諸寺僧尼支給穀物曆〕 (9C前期)
　　1)尼

59679 明意 ················ S02614v
　〔燉煌應管諸寺僧尼名錄〕 (895)

59680 明意 ················ S02614v
　〔燉煌應管諸寺僧尼名錄〕 (895)
　　2)靈修寺

59681 明意 ················ S02669
　〔管內尼寺(安國寺・大乘寺・聖光寺)籍〕
　(865～870)
　　2)大乘寺　3)赤心鄉　4)姓「張」。俗名「要ゝ」。

59682 明應 ················ P3616v
　〔納七器具名歷〕 卯年九月廿四日 (10C?)

59683 明戒 ················ P3600v②
　〔燉煌普光寺等尼名申告狀〕 戌年十一月
　(9C前期)
　　2)普光寺

59684 明戒 ················ P4004
　〔某寺交割什物點檢曆〕 (940 or 1000)
　　1)寺主

59685 明戒 ················ S00286
　〔某寺斛㪷入曆(殘)〕 (10C中期)
　　1)寺主

59686 明戒 ················ S02614v
　〔燉煌應管諸寺僧尼名錄〕 (895)
　　2)大乘寺

59687 明戒 ················ S02614v
　〔燉煌應管諸寺僧尼名錄〕 (895)
　　2)靈修寺

59688 明戒 ················ S03180v
　〔爲追念設供請僧疏〕 (9C末頃)

59689 明戒 ················ S04444v②
　〔燉煌大乘寺僧尼申告(稿)〕 (905)
　　2)大乘寺

59690 明戒 ················ S04654v②
　〔老病孝僧尼名錄(殘)〕 (10C中期)

59691 明戒 ················ Дx01378
　〔當團轉帖〕 (10C中期)

59692 明戒 ················ Дx01459
　〔第一判諸寺尼僧名錄〕 (9C末～10C初)
　　2)(大)乘(寺)

59693 明戒 ················ 端方氏舊藏
　〔供養題記〕 開寶八年七月乙亥歲七月六日
　(975)
　　1)法律尼臨壇大德　2)靈修寺　4)⇒李明戒。

59694 明會 ················ P2944
　〔大乘寺・聖光寺等尼僧名錄〕 (10C後期?)
　　2)聖光寺　4)俗姓「張」。

59695 明會 ················ P3600v②
　〔燉煌普光寺等尼名申告狀〕 戌年十一月
　(9C前期)
　　2)普光寺

59696 明會 ················ S07882
　〔就賀拔堂唱椀等曆〕 十一月廿一日 (9C前期)

59697 明會 ················ S11352
　〔法律道哲牓示〕 (9C)
　　1)法律

59698 明覺 ················ P3047v③
　〔諸僧尼送納三色香於乾元寺曆〕 (9C前期)
　　2)乾元寺

59699 明覺 ·················· P3047v⑧
　〔王都督𢴼合城僧徒名錄〕　(9C前期)

59700 明覺 ·················· P3774
　〔僧龍藏家產分割訴牒〕　丑年十二月　(821)
　　1)尼　2)大乘寺

59701 明覺 ·················· P5579⑪
　〔大乘寺應道場尼名牒〕　酉年十月　(829 or 841)
　　2)大乘寺

59702 明覺 ·················· P.tib1261v⑪
　〔諸寺僧尼支給穀物曆〕　(9C前期)
　　1)尼

59703 明覺 ·················· P.tib1261v⑫
　〔諸寺僧尼支給穀物曆〕　(9C前期)
　　1)尼

59704 明覺 ·················· S02614v
　〔燉煌應管諸寺僧尼名錄〕　(895)
　　2)大乘寺　4)⇒明念。

59705 明皈 ········· S07939v＋S07940Bv＋S07941
　〔燉煌諸寺僧尼給糧曆〕　(823以降)

59706 明空 ·················· P2722v
　〔藏經大小乘經律論錄〕　會昌六年　(846)
　　4)明空禪師作天復元年寫本。

59707 明空 ·················· P3619①
　〔王都督𢴼合城僧徒名錄〕　(9C)

59708 明空 ·················· P.tib1261v③
　〔諸寺僧尼支給穀物曆〕　(9C前期)
　　1)尼

59709 明空 ·················· P.tib1261v⑨
　〔諸寺僧尼支給穀物曆〕　(9C前期)
　　1)尼

59710 明空 ·················· P.tib1261v⑫
　〔諸寺僧尼支給穀物曆〕　(9C前期)
　　1)尼

59711 明空 ·················· S00800
　〔尼僧帖〕　(9C?)
　　1)尼僧　4)本件是卷末補添紙。R面為「論語述而第7」(8C)。

59712 明空 ·················· S02614v
　〔燉煌應管諸寺僧尼名錄〕　(895)
　　2)聖光寺

59713 明惠 ·················· P3600v②
　〔燉煌普光寺等尼名申告狀〕　戌年十一月　(9C前期)
　　2)普光寺

59714 明惠 ·················· P3619①
　〔王都督𢴼合城僧徒名錄〕　(9C)

59715 明惠 ·················· S02614v
　〔燉煌應管諸寺僧尼名錄〕　(895)
　　2)靈修寺

59716 明惠 ·················· S02669
　〔管內尼寺(安國寺・大乘寺・聖光寺)籍〕　(865～870)
　　2)大乘寺　3)赤心鄉　4)姓「齊」。俗名「品子」。

59717 明惠 ·················· S04444v②
　〔燉煌大乘寺僧尼申告(稿)〕　(905)
　　2)大乘寺

59718 明惠 ·················· S04914
　〔付經曆〕　卯年九月七日　(835 or 847)
　　2)大乘寺

59719 明惠 ·················· 北京歷史博物館
　〔便小麥契(草稿)〕　吐蕃丑年臘月廿三日記　(821)
　　1)僧

59720 明慧 ·················· BD06437v①(河37)
　〔燉煌僧尼名〕　(9～10C)

59721 明慧 ·················· S02503
　〔讚禪門1首末〕　丁卯年二月廿三日　(847)

59722 明兼 ·············· S05820＋S05826
　〔尼明相賣牛契〕　未年閏十月十五日　(803)
　　1)尼・見人　4)原作「見人尼明兼」。

59723 明見 ·················· P3600v②
　〔燉煌普光寺等尼名申告狀〕　戌年十一月　(9C前期)
　　2)普光寺

59724 明謙 ·················· P2583v④
　〔尼明謙疏〕　申年頃正月三日　(828頃?)
　　1)尼

人名篇　めい　明

59725 明謙 ……………………… P3138
　〔諸寺維那請大般若經袟〕（9C前期）

59726 明謙 ……………………… P3336①
　〔贊普轉經付諸寺維那曆〕 丑年九月卅日
　（833）
　　2) 金光明寺

59727 明賢 ……………………… P.tib1202v
　〔僧尼名目〕（9C前期）

59728 明賢 ……………………… S02669
　〔管內尼寺（安國寺・大乘寺・聖光寺）籍〕
　（865～870）
　　2) 大乘寺　3) 神沙鄉　4) 姓「孔」。俗名「縱々」。

59729 明賢 …………… 井上目57, 圖版1背
　〔釋門教授帖〕 子年頃（820 or 832頃）
　　1) 尼・大乘寺檢校道場律師　2) 大乘寺

59730 明悟 ……………………… P3138v
　〔諸寺付經曆〕（9C前期）

59731 明悟 ……………………… S02729①
　〔燉煌應管勘牌子曆〕 辰年三月（788）
　　1) 僧　2) 金光明寺　3) 沙州　4) 俗姓「陰」。16行目。申年月25日死。

59732 明行 ……………………… S02614v
　〔燉煌應管諸寺僧尼名錄〕（895）

59733 明行 ………… S07939v＋S07940Bv＋S07941
　〔燉煌諸寺僧尼給糧曆〕（823以降）
　　2) 聖光寺

59734 明潤 ……………………… P2100
　〔四部律并論要用抄卷上（末）〕 申年八月廿七日（828?）
　　1) 沙門　4) 沙門明潤於此衰?恭張寫記。「淨土寺藏經」印。

59735 明順 ……………………… S02712
　〔諸寺付經僧尼曆〕（9C前期）
　　2) 大乘寺

59736 明順 ……………………… S02729①
　〔燉煌應管勘牌子曆〕 辰年三月（788）
　　1) 僧　2) 大乘寺　3) 沙州　4) 俗姓「氾」。49行目。

59737 明順 …………… 井上目57, 圖版1背
　〔釋門教授帖〕 子年頃（820 or 832頃）
　　1) 尼・大乘寺檢校道場律師　2) 大乘寺

59738 明順 ……………………… 杏・羽694v①
　〔諸寺僧尼唱儭物曆〕（9C中期）
　　2) 永安寺?　4) R①爲「未年閏十月當寺（永安寺?）應管主客僧牒」。

59739 明照 ……………………… BD05103（稱3）
　〔瑜伽師地論卷第47（尾）〕 寅年六月十一日（858）
　　1) 比丘　4) 原作「比丘明照隨聽寫記」。

59740 明照 ……………………… BD05825（菜25）
　〔瑜伽師地論卷第48（末）〕 大中十二年八月五日（858）
　　1) 比丘

59741 明照 ……………………… P2944
　〔大乘寺・聖光寺等尼僧名錄〕（10C後期?）
　　2) 大乘寺

59742 明照 ……………………… P3643
　〔出租地契〕 咸通二年三月八日（861）
　　1) 僧・見人并書契

59743 明照 ……………………… S00735
　〔瑜伽師地論卷第28（尾題）〕 大唐大中十一年五月三日（857）

59744 明照 ……………………… S01776①
　〔某寺常住什物交割點檢曆〕 顯德五年戊午十一月十三日（958）
　　1) 後所田・法律尼

59745 明照 ……………………… S01947v
　〔抄錄官算籍上明照手下再成甄定數〕 癸未年五月廿三日（863）

59746 明照 ……………………… S02729①
　〔燉煌應管勘牌子曆〕 辰年三月（788）
　　1) 僧　2) 大乘寺　3) 沙州　4) 俗姓「氾」。46行目。

59747 明照 ……………………… S03927
　〔瑜伽師地論卷第30〕 大唐大中十一年四月廿一日（857）
　　1) 寫・苾芻

59748 明照 ･････････････････ Дx01610
〔瑜伽師地論本地分中獨覺地卷第14〕 大中
十一年九(月)七日 (857)
　　1)比丘　4)原作「比丘張明照隨聽寫記」⇒張明
　照。

59749 明照 ･･･････････ Дx石塚晴通寄贈寫眞
〔瑜伽師地論卷第42(尾)〕 寅年閏正月廿二
日 (9C)
　　1)沙門　2)龍興寺　4)原作「龍興寺沙門明照隨
　聽寫」。

59750 明照 ･････････････････ 中村『書道博』
〔瑜伽師地論卷第35〕 大唐大中十一年十月六
日 (857)
　　1)比丘　2)龍興寺

59751 明照 ･････････････････ 中村『書道博』
〔瑜伽師地論卷第52〕 大唐大中十三年己卯歲
正月廿六日 (859)
　　1)僧　2)龍興寺　3)沙州

59752 明照 ･･････････････ 中村『書道博』081
〔瑜伽師地論卷第35〕 大唐大中十一年十月六
日 (857)
　　1)比丘　4)原作「大唐大中十一年十月六日比丘
　明照就龍興寺隨聽寫比論本記。大唐大中十一年
　十月十三藏和尚於開元寺說畢(1行朱書)」。

59753 明照 ････････････････ 中村『書道博』082
〔瑜伽師地論卷第53〕 大中十三年八月五日
(859)
　　1)僧　2)龍興寺　4)原作「隨聽寫大中十三年八
　月五日於開元寺三藏和尚法成說畢(朱書)」。

59754 明照 ･･･････････････ 劫餘錄續編1200
〔瑜伽師地論卷第43〕 大唐大中十二年二月十
日 (858)
　　1)沙門　2)龍興寺　3)沙州　4)原作「大唐大
　中十二年二月十日明照於開元寺隨聽寫記」。

59755 明照 ･････････････････････ 散錄0544
〔淨名經關中疏卷上〕 大唐咸通八年歲次丁亥
三月七日 (867)

59756 明證 ････････････････････ P2583v②
〔比丘尼修德疏〕 申年頃十二月十五日 (828
頃?)

59757 明證 ･････････････････････ S02614v
〔燉煌應管諸寺僧尼名錄〕 (895)

59758 明證 ･････････････････････ S06034
〔報恩寺請處分安國寺尼亡清證祭盤狀〕 (9C
前期)
　　1)尼(亡)　2)安國寺

59759 明信 ･･･････････････ BD11988(L2117)
〔某寺常住物檢曆〕 (10C)

59760 明信 ･･･････････････ BD11988(L2117)
〔某寺常住物檢曆〕 (10C)
　　4)原作「寺主明信」。

59761 明信 ･･････････････････ P3598＋S04199
〔某寺什物點檢見在曆〕 丁卯年 (967)

59762 明信 ･･････････････････････ P4004
〔某寺交割什物點檢曆〕 (940 or 1000)

59763 明信 ･･････････････････････ P4908
〔某寺交割什物點檢曆〕 庚子年頃 (10C?)
　　1)寺主

59764 明信 ･･････････････････････ S00286
〔某寺斛𠀤入曆(殘)〕 (10C中期)
　　1)寺主

59765 明信 ･･････････････････････ S02614v
〔燉煌應管諸寺僧尼名錄〕 (895)
　　2)大乘寺

59766 明信 ･･････････････････････ S02614v
〔燉煌應管諸寺僧尼名錄〕 (895)
　　2)聖光寺

59767 明信 ･･････････････････････ S04215
〔什物交割曆〕 (10C)

59768 明信 ･･････････････････････ S06297
〔破曆〕 丙子年 (976)
　　1)都師

59769 明心 ･･････････････････････ P3600v②
〔燉煌普光寺等尼名申告狀〕 戌年十一月
(9C前期)
　　2)普光寺

59770 明心 ･･････････････････････ S02614v
〔燉煌應管諸寺僧尼名錄〕 (895)
　　2)靈修寺

59771 明心 ･･････････････････････ S02614v
〔燉煌應管諸寺僧尼名錄〕 (895)
　　2)大乘寺

59772 明心 ・・・・・・・・・・・・・・・・・・ S02669
〔管内尼寺(安國寺・大乘寺・聖光寺)籍〕
(865～870)
　　2)大乘寺　3)赤心鄉　4)姓「張」。俗名「嬌娘」。

59773 明心 ・・・・・・・・・・・・・・・・・・ S04192
〔儭支給曆〕　丑年　(9C前期)

59774 明心 ・・・・・・・・・・・・・・・・ 杏・羽694v①
〔諸寺僧尼唱儭物曆〕　(9C中期)
　　2)永安寺?　4)R①爲「未年閏十月當寺(永安寺?)應管主客僧牒」。

59775 明振 ・・・・・・・・・・・・・・ BD11899(L2028)
〔破曆〕　(9～10C)

59776 明振 ・・・・・・・・・・・・・・ BD13975(新0175)
〔大般若波羅蜜多經卷第323(末)〕　(9C前期)
　　1)比丘　4)原作「比丘明振寫」。『橘目』千字文編號「端」。

59777 明振 ・・・・・・・・・・・・・・・・・・ P3249v
〔將龍光顏等隊下人名目〕　(9C中期)
　　1)僧

59778 明振 ・・・・・・・・・・・・・・・・・・ P4611
〔諸寺付經曆〕　(9C末～10C初)
　　2)金光明寺

59779 明眞 ・・・・・・・・・・・・・・・・・・ P3600v②
〔燉煌普光寺等尼名申告狀〕　戊年十一月　(9C前期)
　　2)普光寺

59780 明眞 ・・・・・・・・・・・・・・・・・・ P3619①
〔王都督儭合城僧徒名錄〕　(9C)

59781 明眞 ・・・・・・・・・・・・・・・・ P.tib1261v③
〔諸寺僧尼支給穀物曆〕　(9C前期)
　　1)尼

59782 明眞 ・・・・・・・・・・・・・・・・・・ S02614v
〔燉煌應管諸寺僧尼名錄〕　(895)

59783 明眞 ・・・・・・・・・・・・・・・・・・ S02669
〔管內尼寺(安國寺・大乘寺・聖光寺)籍〕
(865～870)
　　2)大乘寺　3)洪潤鄉　4)姓「梁」。俗名「鉢蒙」。

59784 明眞 ・・・・・・・・・・・・・・・・・・ S02729①
〔燉煌應管勘牌子曆〕　辰年三月　(788)
　　1)僧　2)龍興寺　3)沙州　4)俗姓「張」。6行目。

59785 明眞 ・・・・・・・・・・・・・・・・・・ S03180v
〔爲追念設供請僧疏〕　(9C末頃)

59786 明眞 ・・・・・・・・ 臺灣善本004737(008849)
〔淨名經開中疏卷上〕　己巳年四月廿三日
(789)
　　1)寫・僧　2)龍興寺

59787 明進 ・・・・・・・・・・・・・・・・・・ P3047v⑦
〔法事僧尼名錄〕　(9C前期)

59788 明進 ・・・・・・・・・・・・・・・・・・ P3047v⑧
〔王都督儭合城僧徒名錄〕　(9C前期)

59789 明進 ・・・・・・・・・・・・・・・・・・ S02614v
〔燉煌應管諸寺僧尼名錄〕　(895)
　　2)安國寺

59790 明姓 ・・・・・・・・・・・・・・・・・・ P5579⑪
〔大乘寺應道場尼名牒〕　酉年十月　(829 or 841)
　　2)大乘寺

59791 明性 ・・・・・・・・・・・・・・・・・・ P3060
〔諸寺諸色付經僧尼曆〕　(9C前期)
　　1)僧尼　4)經典名「般若經卷5」。

59792 明性 ・・・・・・・・・・・・・・・・・・ P3619①
〔王都督儭合城僧徒名錄〕　(9C)

59793 明性 ・・・・・・・・・・・・・・・・ P.tib1261v②
〔諸寺僧尼支給穀物曆〕　(9C前期)
　　1)尼

59794 明性 ・・・・・・・・・・・・・・・・・・ S02712
〔諸寺付經僧尼曆〕　(9C前期)
　　2)靈修寺

59795 明性 ・・・・・・・・・・・・・・・・・・ S02729①
〔燉煌應管勘牌子曆〕　辰年三月　(788)
　　1)僧　2)大乘寺　3)沙州　4)俗姓「荊」。49行目。

59796 明性 ・・・・・・・・・・・・・・・・・・ S07882
〔就賀拔堂唱椀等曆〕　十一月廿一日　(9C前期)

59797 明性 ・・・・・・・・・・・・・・・・ 杏・羽694v①
〔諸寺僧尼唱儭物曆〕　(9C中期)
　　2)永安寺?　4)R①爲「未年閏十月當寺(永安寺?)應管主客僧牒」。

59798 明善 ･･････････････････････ S02729①
〔燉煌應管勘牌子歷〕 辰年三月 (788)
　1) 僧　2) 靈修寺　3) 沙州　4) 俗姓「宗」。33行目。

59799 明宗 ･･･････････････････ S02669
〔管內尼寺(安國寺・大乘寺・聖光寺)籍〕
(865〜870)
　2) 大乘寺　3) 燉煌鄉　4) 姓「翟」。俗名「福々」。

59800 明相 ････････････････････ S02614v
〔燉煌應管諸寺僧尼名錄〕 (895)
　2) 靈修寺

59801 明相 ････････････････････ S02729①
〔燉煌應管勘牌子歷〕 辰年三月 (788)
　1) 僧　2) 普光寺　3) 沙州　4) 俗姓「氾」。44行目。

59802 明相 ･･･････････････････ S04444v②
〔燉煌大乘寺僧尼申告(稿)〕 (905)
　2) 大乘寺

59803 明相 ･････････････ S05820＋S05826
〔尼明相賣牛契〕 未年閏十月廿五日 (803)
　1) 牛主・尼僧　4) 原作「尼明相」及「尼僧明相年五十三」。

59804 明藏 ･･････････････ BD11988(L2117)
〔某寺常住物檢歷〕 (10C)
　4) 原作「寺主明藏」。

59805 明藏 ････････････････････ P3600v②
〔燉煌普光寺等尼名申告狀〕 戌年十一月
(9C前期)
　2) 普光寺

59806 明藏 ･･････････････････ P4908
〔某寺交割什物點檢歷〕 庚子年頃 (10C?)
　1) 寺主

59807 明藏 ･･････････････････ S01364
〔付經歷〕 (9C)
　1) 僧

59808 明藏 ･･････････････････ S04215
〔什物交割歷〕 (10C)
　1) 寺主

59809 明藏 ･･････････････････ S05039
〔某寺諸色破歷〕 (10C後期)
　1) 都師

59810 明達 ････････････ 中村『書道博』086
〔大般若波羅蜜多經卷第168〕 (9C前期)
　1) 寫(經人)　4) 吳明達。

59811 明智 ･･･････････････････ S02614v
〔燉煌應管諸寺僧尼名錄〕 (895)

59812 明哲 ･･･････････････････ P.tib1261v③
〔諸寺僧尼支給穀物歷〕 (9C前期)
　1) 僧

59813 明哲 ･･･････････････････ P.tib1261v⑧
〔諸寺僧尼支給穀物歷〕 (9C前期)
　1) 僧　4) ⇒□哲。

59814 明哲 ･･･････････････････ P.tib1261v⑪
〔諸寺僧尼支給穀物歷〕 (9C前期)
　1) 僧

59815 明哲 ･･････････････････ 沙文補25
〔金光明寺直歲等向都頭倉貸便麥粟牒〕 丑年五月 (821)
　1) 直歲　2) 金光明寺

59816 明德 ･･････････････････ P2689
〔寺僧唱得物支給歷〕 (9C前期)

59817 明德 ･･･････････････････ S02614v
〔燉煌應管諸寺僧尼名錄〕 (895)
　2) 大乘寺

59818 明忍 ･････････････････ S04444v②
〔燉煌大乘寺僧尼申告(稿)〕 (905)
　2) 大乘寺

59819 明念 ･･･････････････････ S02614v
〔燉煌應管諸寺僧尼名錄〕 (895)
　2) 大乘寺　4) ⇒明覺。

59820 明妙 ･･････････････････ P5579⑪
〔大乘寺應道場尼名牒〕 酉年十月 (829 or 841)
　2) 大乘寺

59821 明律 ････････････････････ P3600v②
〔燉煌普光寺等尼名申告狀〕 戌年十一月
(9C前期)
　2) 普光寺

59822 明律 ･･･････････････････ S02614v
〔燉煌應管諸寺僧尼名錄〕 (895)
　2) 靈修寺

59823 明律 ・・・・・・・・・・・・・・・・・・ S04444v②
〔燉煌大乘寺僧尼申告(稿)〕 (905)
　　2)大乘寺

59824 明律 ・・・・・・・・・・・・・・ Stein Painting 28*
〔觀世音菩薩圖題記〕 大順參年歲次壬子十二月甲申朔三日 (892)

59825 明立 ・・・・・・・・・・・・・・・・・・ 莫第192窟
〔發願功德讚文幷序〕 咸通八年丁亥二月廿六日 (867)
　　1)沙門　2)龍興寺　4)原作「燉煌龍興寺沙門明立撰」。《燉》p.84。

59826 明了 ・・・・・・・・・・・・・・・・・・ P3600v②
〔燉煌普光寺等尼名申告狀〕 戌年十一月 (9C前期)
　　2)普光寺

59827 明了 ・・・・・・・・・・・・・・・・・・ P.tib1202v
〔僧尼名目〕 (9C前期)
　　1)和尙

59828 明了 ・・・・・・・・・・・・・・・・・・ S02614v
〔燉煌應管諸寺僧尼名錄〕 (895)
　　2)大乘寺

59829 明了 ・・・・・・・・・・・・・・・・・・ Дx01459
〔第一判諸寺尼僧名錄〕 (9C末〜10C初)
　　2)(大)乘(寺)

59830 明了 ・・・・・・・・・・・・・・ 井上目57,圖版1背
〔釋門敎授帖〕 子年頃 (820 or 832頃)
　　1)尼・大乘寺檢校道場律師　2)大乘寺

59831 明了花 ・・・・・・・・・・・・・・・・・・ S02614v
〔燉煌應管諸寺僧尼名錄〕 (895)
　　2)靈修寺

59832 明了空 ・・・・・・・・・・・・・・・・・・ S02614v
〔燉煌應管諸寺僧尼名錄〕 (895)
　　2)大乘寺

59833 明了空 ・・・・・・・・・・・・・・・・・・ S02669
〔管內尼寺(安國寺・大乘寺・聖光寺)籍〕 (865〜870)
　　2)大乘寺　3)燉煌鄕　4)姓「王」。俗名「太眞」。

59834 明了惠 ・・・・・・・・・・・・・・・・・・ S02614v
〔燉煌應管諸寺僧尼名錄〕 (895)
　　2)靈修寺

59835 明了心 ・・・・・・・・・・・・・・・・・・ S02614v
〔燉煌應管諸寺僧尼名錄〕 (895)
　　2)聖光寺

59836 明了相 ・・・・・・・・・・・・・・・・・・ S02614v
〔燉煌應管諸寺僧尼名錄〕 (895)
　　2)聖光寺

59837 明了藏 ・・・・・・・・・・・・・・・・・・ S02669
〔管內尼寺(安國寺・大乘寺・聖光寺)籍〕 (865〜870)
　　2)大乘寺　3)平康鄕　4)姓「張」。俗名「小滿」。

59838 明了德 ・・・・・・・・・・・・・・・・・・ S02614v
〔燉煌應管諸寺僧尼名錄〕 (895)
　　2)安國寺

59839 明了念 ・・・・・・・・・・・・・・・・・・ S02614v
〔燉煌應管諸寺僧尼名錄〕 (895)
　　2)安國寺

59840 綿娘 ・・・・・・・・・・・・・・・・・・ Дx02163②
〔百姓福勝戶口田地申告狀〕 大中六年十一月　日 (852)
　　1)婢

[も]

59841 勿悉門捴 ·················· Дx01262
〔于闐坎城百姓勿悉門捴牒〕（8C後期）
　1)百姓　3)于闐坎城

59842 勿成 ························ P4987
〔兄弟社轉帖〕　戊子年七月　（988）
　4)⇒勿成安。

59843 勿成 ························ P4987
〔兄弟社轉帖〕　戊子年七月　（988）

59844 勿成 ······················· S04660
〔兄弟社轉帖〕　戊子年六月廿六日　（988）
　2)於燉煌蘭唶門　4)⇒安勿成。

59845 勿成安 ····················· P4987
〔兄弟社轉帖〕　戊子年七月　（988）
　4)⇒勿成。

[や]

59846 藥師 ················ BD11406（L1535）
〔某弟子從沙州龍興寺神卓受菩薩戒牒〕
（8C）
　2)龍興寺　3)沙州

59847 藥上 ······················· S01780
〔於沙州龍興寺受菩薩戒牒〕　元年建末月七日　（8C）
　2)龍興寺　3)沙州

[ゆ]

59848 唯寛 ・・・・・・・・・・・・・・・ S05742
〔將釋僧戒初篇四波羅夷義決〕 卯年四月日 (9C)
　　1) 比丘　4) 原作「比丘唯寛寫記」。

59849 唯寛 ・・・・・・・・・・・・・・・ 杏・羽082
〔道場司智惠弁等乞請都僧統悟眞處分牒〕
□(廣)明二年辛丑歲[ ]月日 (881)
　　4) 文書面有「李盛鐸印」等。

59850 唯進 ・・・・・・・・・・・・・・・ S05893
〔管內僧寺(報恩寺・淨土寺)籍〕 (865~875)
　　2) 淨土寺　3) 洪池鄉

59851 優曇 ・・・・・・・・・・・・・・・ S02729①
〔燉煌應管勘牌子歷〕 辰年三月 (788)
　　1) 僧　2) 普光寺　3) 沙州　4) 俗姓「白」。42行目。申年3月7日死。

59852 友員 ・・・・・・・・・・・・・・・ Дх00894③
〔社司轉帖〕 丁卯年八月十七日 (967)
　　4) 原作「丁卯年八月十七日錄事福□帖」。

59853 友慶 ・・・・・・・・・・・・・・・ P2049v①
〔淨土寺諸色入破曆計會牒〕 同光三年 (925)

59854 友慶 ・・・・・・・・・・・・・・・ P3370
〔出便麥粟曆〕 丙子年六月五日 (928)

59855 友慶 ・・・・・・・・・・・・・・・ P3391v①
〔社司轉帖(寫錄)〕 丁酉年正月日 (937)

59856 友子 ・・・・・・・・・・・・・・・ P4514(3)Av
〔常住百姓張骨子於靈圖寺倉便麥契〕 癸未年二月十九日 (983)
　　1) 口承男　4) ⇒張友子。

59857 友住 ・・・・・・・・・・・・・・・ P2040v①-1
〔淨土寺麴黃麻豆布等破曆〕 (945前後)
　　2) 淨土寺

59858 友昌 ・・・・・・・・・・・・・・・ Ф322b
〔雜寫(人名2人)〕 (10C後期)
　　4) 原作「爲友昌・長千」。Ф322A爲願文(10C)。

59859 友信 ・・・・・・・・・・・・・・・ P4518⑲
〔色繪千手千眼觀音〕 (10C後期)
　　1) 清信弟子・僧沙彌　2) 三界寺　4) 原作「清信弟子三界寺僧沙彌」。有題記「…沙彌友信持念大悲經併咒一軀奉爲龍天八部永充供養」。

59860 友成 ・・・・・・・・・・・・・・・ 杏・羽416
〔大雲寺僧友成請書手李福員寫諸雜經十卷文〕 雍熙二年歲次乙酉七月日 (985)
　　1) 僧　2) 大雲寺

59861 友全 ・・・・・・・・・・・・・・・ P5032v②
〔酒破曆〕 丁巳年九月廿五日 (957)
　　1) 鄉官

59862 友全 ・・・・・・・・・・・・・・・ P5032v⑥
〔酒破曆〕 (10C中期)

59863 友長 ・・・・・・・・・・・・・・・ P3372v
〔社司轉帖并雜抄〕 壬申年 (972)

59864 友定 ・・・・・・・・・・・・・・・ P2040v②-5
〔淨土寺西倉粟入曆〕 (945以降)
　　2) 淨土寺

59865 友定 ・・・・・・・・・・・・・・・ S04700
〔陰家榮親客目〕 甲午年五月十五日 (994)

59866 友奴 ・・・・・・・・・・・・・・・ S03485v②
〔尙書倉入曆〕 丁卯年七月十七日 (967)
　　4) ⇒弟友奴。

59867 友德 ・・・・・・・・・・・・・・・ S06452⑥
〔常住庫黃麻出便與人名目〕 壬午年 (982)
　　2) 淨土寺　4) ⇒周友德。

59868 幽 ・・・・・・・・・・・・・・・ P2912v③
〔寫大般若經一部施銀盤子麥粟粉疏〕 四月八日 (9C前期)

59869 幽?淨 ・・・・・・・・・・・・・・・ 杏・羽694①
〔當寺應管主客僧牒〕 未年閏十月 (803)
　　4) 文末有異一行「未年閏十月日, 直歲圓滿牒」。

59870 由信 ・・・・・・・・・・・・・・・ P3100①
〔某寺徒衆供英等請律師善才光寺主牒并都僧統(悟眞)判辭〕 景福貳年十月廿七日 (893)

59871 祐員 ・・・・・・・・・・・・・・・ P2944
〔大乘寺・聖光寺等尼僧名錄〕 (10C後期?)
　　4) 原作「祐員李押衙女」。

59872 祐會 ……………………… P2944
〔大乘寺・聖光寺等尼僧名録〕（10C後期?）

59873 祐子 ……………………… P3391v①
〔社司轉帖(寫録)〕 丁酉年正月日 (937)

59874 祐住 ……………………… P2032v④
〔淨土寺西倉斛㪷泛破曆〕 乙亥年 (939)
　2)淨土寺

59875 祐順 ……………………… P3942
〔某家榮親客目〕（10C?）
　1)都頭　4)原作「祐崇都頭大娘子」。

59876 祐順都頭 ……………………… P2916
〔納贈曆〕 癸巳年 (993?)
　1)都頭

59877 祐昌 ……………………… 莫第427窟
〔供養人題記〕 宋乾德八年頃 (970頃)
　1)弟　4)原作「弟祐昌一心供養」。中心塔柱南向面。《燉》p.160。⇒(王)祐昌。

59878 祐崇 ……………………… P3942
〔某家榮親客目〕（10C?）
　1)都頭　4)原作「祐崇都頭大娘子」。

59879 祐崇都頭大娘子 ……………… P3942
〔某家榮親客目〕（10C?）

59880 祐仙 ……………………… P3942
〔某家榮親客目〕（10C?）
　1)都頭　4)原作「祐仙都頭娘子」。

59881 祐仙都頭娘子 ………………… P3942
〔某家榮親客目〕（10C?）
　4)原作「祐仙都頭娘子」。

59882 祐長 ……………………… 莫第427窟
〔供養人題記〕 宋乾德八年頃 (970頃)
　1)弟　4)原作「弟祐長一心供養」。中心塔柱南向面。《燉》p.159。⇒(王)祐長。

59883 祐通 ……………………… BD07579v②(人79)
〔顯德寺僧戒延等雜寫〕 至六月八日斷記耳 (10C後期)
　4)本件存「(沙)彌祐通書字」之五字。

59884 祐通 ……………………… P4525v②
〔將兌紙人目〕（980頃）

59885 祐通 ……………………… P4525v⑯
〔雜寫〕（10C後期）

59886 祐定 ……………………… P3942
〔某家榮親客目〕（10C?）
　4)原作「祐定娘子」。

59887 祐定 ……………………… Дx01400＋Дx02148＋Дx06069②
〔羽婢員孃祐定上天女公主狀〕 天壽二年九月日 (962)
　1)押衙

59888 祐定娘子 ……………………… P3942
〔某家榮親客目〕（10C?）
　4)原作「祐定娘子」。

59889 祐美 ……………………… P4525v②
〔將兌紙人目〕（980頃）

59890 祐賓 ……………………… P3942
〔某家榮親客目〕（10C?）
　1)都頭　4)原作「祐賓都頭娘子」。

59891 祐賓都頭娘子 ………………… P3942
〔某家榮親客目〕（10C?）
　4)原作「祐賓都頭娘子」。

59892 祐連 ……………………… 杏・羽068
〔某寺酒戶張盈子酒破曆〕 某年正月廿日至三月十四日 (10C)
　4)文書面有「李盛鐸印」等。

59893 有戒 ……………………… BD02095v(冬95)
〔大佛名略出懺悔(書記)〕 乙丑年正月九日 (965 or 905)

59894 有相 ……………………… S01780
〔於沙州龍興寺受菩薩戒牒〕 元年建末月七日 (8C)
　2)龍興寺　3)沙州

59895 遊子 ……………………… BD02126v②(藏26)
〔人名目(1行6名)〕（9C後期）

[よ]

59896 與璨 ················· S02291
〔佛說佛名經卷第12(尾)〕 卯年五月廿六日
(9C)
   1)律師　4)原作「卯年五月廿六日解生與璨律師
    對勘定」。

59897 要娘 ················· 有鄰館51
〔令狐進達戶口申告狀〕 大中四年十月庚午
(850)
   1)(令狐進達)婢

59898 幼遇 ················· P3138v
〔諸寺付經曆〕 (9C前期)
   2)開元寺

59899 用意 ················· S02669
〔管內尼寺(安國寺・大乘寺・聖光寺)籍〕
(865～870)
   2)大乘寺　3)燉煌鄉　4)姓「朱」。俗名「勝嬌」。

59900 用齋 ················· P3205v
〔燉煌十三寺付經曆〕 (9C前期)
   2)金光明寺

59901 蠅歌 ················· 沙文補31
〔社貸曆〕 辛巳六月十六日 (921 or 981)

59902 蠅子 ················· P3214
〔祭文〕 大唐天復六年歲次丙寅十二月廿一日
(906)

59903 遙老宿 ··············· P3555B piece1
〔當寺轉帖〕 (10C前期)
   1)老宿

59904 雍歸家 ··············· P2641
〔宴設司文書〕 丁未年六月 (947)

59905 養子 ················· S05824v
〔經坊費負担人名目〕 (8C末～9C前期)
   4)⇒將養子。

59906 養子 ················· Дx11194
〔便麥曆〕 戊午年 (958)

59907 鷹々 ··············· BD09472v①～③(發92)
〔龍興寺索僧正等五十八人就唐家蘭若請賓
頭盧文〕 (8～9C)
   2)靈修(寺)　3)沙州

59908 鷹々 ················· S04710
〔沙州戶口簿〕 (9C中期以降)
   4)⇒劉鷹々。

[ら]

59909 羅底 ·················· S06233v②
〔磑戶計會〕（9C前期）

59910 來吉 ·················· 北京萃文齋
〔河西支度營田使戶口給穀簿〕（8C後期）
 1)(李光俊)奴 4)原作「(戶李光俊卅九)奴來吉八」。

59911 來娘 ·················· 有鄰館51
〔令狐進達戶口申告狀〕大中四年十月庚午（850）
 1)(令狐進達弟福集)婢

59912 來奴 ·················· P3486v①
〔來奴納羊皮曆(殘3行)〕乾符三年正月～四月（876）

59913 樂 ······ BD16295A(L4132)＋BD16298(L4133)
〔史留德出換釜子與押衙劉骨骨契〕壬申年二月玖日（985?）
 4)原作「阿樂」。

59914 樂章 ·················· 莫第121窟
〔供養人題記〕（10C前期）
 4)原作「男樂章一心供養」。《燉》p.56。⇒(賈)樂章。

59915 樂淨 ·················· S02614v
〔燉煌應管諸寺僧尼名錄〕（895）
 2)龍興寺

59916 樂寂 ·················· P.tib1261v④
〔諸寺僧尼支給穀物曆〕（9C前期）
 1)僧

59917 樂寂 ·················· P.tib1261v⑥
〔諸寺僧尼支給穀物曆〕（9C前期）
 1)僧

59918 樂寂 ·················· P.tib1261v⑩
〔諸寺僧尼支給穀物曆〕（9C前期）
 1)僧

59919 樂寂 ·················· P.tib1261v⑪
〔諸寺僧尼支給穀物曆〕（9C前期）
 1)僧

59920 樂寂 ·················· S02575v⑤
〔普光寺道場司惠雲等狀〕（929）
 1)法律 2)普光寺

59921 樂善 ·················· S01946
〔賣女契〕淳化二年辛卯十一月十二日（991）
 1)知見 2)龍興寺

59922 壒勝 ·················· S01946
〔賣女契〕淳化二年辛卯十一月十二日（991）
 1)買身女人

59923 藍眼子 ················ 莫第138窟
〔供養人題記〕（10C）
 1)(張公)子 4)原作「子藍眼子一心供養」。東壁門北側。《燉》p.64。《謝》p.40。

59924 鸞 ·················· S06981④
〔設齋納酒餅曆〕（10C後期）
 4)原作「阿鸞」。

[り]

59925 利 ························· P3060v
〔諸寺諸色付經僧尼曆〕 (9C前期)
　4)經典名「大集經卷4」。

59926 利寬 ······················ S00545v
〔永安寺僧名申告狀〕 戌年九月 (9C前期)
　1)主客僧　2)永安寺

59927 利寬 ······················ S02729①
〔燉煌應管勘牌子曆〕 辰年三月 (788)
　1)僧　2)永安寺　3)沙州　4)俗姓「李」。19行目。

59928 利涉 ······················ S02679③
〔釋利涉奏請僧徒及寺舍依定〕 (9C)

59929 利(涉?)法師 ············ BD03726(霜26)
〔利(涉?)法師偈〕 (9～10C)
　1)法師?　4)⇒利濟法師。

59930 利濟 ·················· BD01046(辰46)
〔四分律比丘尼戒本末〕 午年五月八日・六月三日 (790 or 802)
　1)僧　2)金光明寺　4)原作「牛年五月八日金光明寺僧利濟」。

59931 利濟 ······················ P3060
〔諸寺諸色付經僧尼曆〕 (9C前期)
　2)金光明寺　4)俗姓「兆」。

59932 利濟 ······················ P3060v
〔諸寺諸色付經僧尼曆〕 (9C前期)
　2)金光明寺　4)俗姓「兆」。

59933 利濟 ······················ P4597
〔釋利濟唐三藏贊〕 (788)
　2)金光明寺　4)⇒兆利濟。

59934 利濟 ······················ P4597⑰
〔唐三藏贊(首題)〕 (9C後期)
　4)本卷爲「惠水文一本」。

59935 利濟 ······················ P4660㊲
〔故法和尙贊〕 (9C)
　1)弟子比丘　4)原作「弟子比丘利濟述」。

59936 利濟 ······················ S02729①
〔燉煌應管勘牌子曆〕 辰年三月 (788)
　1)僧　2)金光明寺　3)沙州　4)俗姓「兆」。15行目。

59937 利濟 ······················ S04597⑰
〔唐三歲贊(首題)〕 (10C)
　4)紙縫處,各有「惠水(本)」2字。V面有咸遍9年～光化4年間雜寫。

59938 利濟 ······················ S06631v
〔義淨三藏讚〕 (9C)
　1)釋

59939 利(濟?)法師 ············ BD03726(霜26)
〔利(濟?)法師偈〕 (9～10C)
　1)法師?　4)⇒利涉法師。

59940 利相 ······················ P3138v
〔諸寺付經曆〕 (9C前期)
　2)開元寺

59941 利俗 ······················ P3138v
〔諸寺付經曆〕 (9C前期)
　2)大雲寺

59942 利俗 ······················ P3205
〔僧俗人寫經曆〕 (9C前期)
　4)⇒俗。

59943 利俗 ······················ P3947v
〔大雲寺僧所有田籍簿〕 (9C前期)
　1)僧　4)R面爲「亥年(819or831)八月龍興寺應轉經僧分兩蕃定名牒」。

59944 利俗 ······················ P.tib1261v⑨
〔諸寺僧尼支給穀物曆〕 (9C前期)

59945 利俗 ······················ S02711
〔寫經人名目〕 (9C前期)
　1)寫經人　2)金光明寺

59946 利俗 ······················ S02729①
〔燉煌應管勘牌子曆〕 辰年三月 (788)
　1)僧　2)大雲寺　3)沙州　4)俗姓「王」。9行目。

59947 利俗 ······················ S04831v
〔寫經人名目〕 (9C前期)
　1)寫經人　4)⇒俗。

59948 利俗 ······················ S07945
〔僧俗寫經分團人名目〕 (823以降)

59949 利珎 ······················ P3138v
〔諸寺付經曆〕 (9C前期)
　2)乾元寺

1162

59950 利珎 ………………… S03074v
〔某寺破曆〕 (9C前期)

59951 利貞 ………………… P3060v
〔諸寺諸色付經僧尼曆〕 (9C前期)

59952 利貞 ………………… P3918③
〔佛金剛壇廣大清淨陀羅尼經(奧書)〕 乙亥年 (795)
　1)寫勘・比丘僧　4)又存「乙亥年寫勘」之一文。⇒李利貞。

59953 利貞 ………………… S03918②
〔金剛檀廣大清淨陀羅尼經(曇倩于安西譯)題記〕 大唐貞元九年,癸酉歲十月十五日 (793)
　1)比丘僧　4)原作「比丘利貞勘校了」。⇒(李)利貞。

59954 利養子 ………………… S01159
〔神沙鄉散行人轉帖〕 二月四日 (10C中期)
　1)行人　3)神沙鄉

59955 利留兒 ………………… S02472v③
〔納贈曆〕 辛巳年十月廿八日 (981)

59956 履光 ………………… S09471v
〔每戶種苗(麻・紅)地畝曆〕 (9C前期)

59957 理祥 ………………… P3180v
〔請僧尼疏(斷片)〕 (10C)
　2)聖光寺

59958 理祥 ………………… P4981
〔當寺轉帖〕 閏三月十三日 (961)

59959 理紹 ………………… Дx11061
〔不赴城經僧〕 壬戌年十一月十日 (962 or 1022)

59960 理乘 ………………… P4981
〔當寺轉帖〕 閏三月十三日 (961)

59961 理進 ………………… S10542
〔六七追念疏〕 (10C)

59962 理宗 ………………… Дx11061
〔不赴城經僧〕 壬戌年十一月十日 (962 or 1022)

59963 理通 ………………… 杏・羽067
〔備席主人理通等并勾當司人等各着食飯數目曆〕 (10C)
　1)勾當酥乳餅司・法律　4)文書面有「李盛鐸印」等。

59964 理通 ………………… 杏・羽067v
〔法律理通等四人備帶屈請徒衆等(看供)給食文〕 至此月廿八日 (10C)
　1)法律　4)文書面有「李盛鐸印」等。

59965 理通 ………………… 散錄0256
〔寺曆〕 (9～10C)
　1)法律

59966 理貞 ………………… P4765
〔都僧錄帖〕 (10C後期)
　1)第一翻・沙彌

59967 理德山 ………………… S00800
〔尼僧帖〕 (9C?)
　4)本件是卷末補添紙。R面爲「論語述而第7」(8C)。

59968 荔菲 ………………… S03074v
〔某寺破曆〕 (9C前期)

59969 荔菲 ………………… S03074v
〔某寺破曆〕 十一月廿四日 (9C前期)

59970 離因 ………………… S02729①
〔燉煌應管勘牌子曆〕 辰年三月 (788)
　1)僧　2)乾元寺　3)沙州　4)俗姓「翟」。22行目。

59971 離誼 ………………… P5587④
〔某寺徒衆牒〕 丑年四月日 (809 or 821)
　1)徒衆

59972 離喧 ………………… P3060
〔諸寺諸色付經僧尼曆〕 (9C前期)
　1)僧尼　4)經典名「般若經卷58」。

59973 離喧 ………………… P.tib1261v⑧
〔諸寺僧尼支給穀物曆〕 (9C前期)
　1)僧

59974 離喧 ………………… S02729①
〔燉煌應管勘牌子曆〕 辰年三月 (788)
　1)僧　2)開元寺　3)沙州　4)俗姓「索」。24行目。

人名篇　り　離

59975 離暄 ……………………… P3138
〔諸寺維那請大般若經袟〕（9C前期）
　2)開元寺

59976 離見 ……………………… P.tib1261v⑦
〔諸寺僧尼支給穀物曆〕（9C前期）
　1)尼

59977 離垢 ……………………… BD07286（帝86）
〔比丘發露錄〕（9C前期）

59978 離垢 ……………………… P.tib1261v⑨
〔諸寺僧尼支給穀物曆〕（9C前期）
　1)僧

59979 離振? ……………………… 杏・羽694①
〔當寺應管主客僧牒〕未年閏十月（803）
　4)文末有異一行「未年閏十月日，直歲圓滿牒」。

59980 離染 ……………………… P.tib1202v
〔僧尼名目〕（9C前期）

59981 離相 ……………………… S02729①
〔燉煌應管勘牌子曆〕辰年三月（788）
　1)僧　2)開元寺　3)沙州　4)俗姓「李」。24行目。

59982 離俗 ……………………… P3947v
〔大雲寺僧所有田籍簿〕（9C前期）
　1)僧　4)R面爲「亥年(819or831)八月龍興寺應轉經僧分兩蕃定名牒」。

59983 離珍 ……………………… S02729①
〔燉煌應管勘牌子曆〕辰年三月（788）
　1)僧　2)乾元寺　3)沙州　4)俗姓「杜」。宋20行目。

59984 離珎 ……………………… S08674
〔某寺僧誦經曆〕（9C前期）

59985 離緽 ……………………… P3619①
〔王都督儭合城僧徒名錄〕（9C）

59986 離纏 ……………………… P4640①
〔大蕃故燉煌郡莫高窟陰處士公修功德記〕
歲次己未年四月壬子朔十五日丙寅（839?）
　1)僧　4)⇒離纏陰。

59987 離纏 ……………………… P.tib1261v③
〔諸寺僧尼支給穀物曆〕（9C前期）
　1)僧

59988 離纏 ……………………… P.tib1261v⑥
〔諸寺僧尼支給穀物曆〕（9C前期）
　1)僧

59989 離纏 ……………………… P.tib1261v⑦
〔諸寺僧尼支給穀物曆〕（9C前期）
　1)僧

59990 離纏 ……………………… P.tib1261v⑨
〔諸寺僧尼支給穀物曆〕（9C前期）
　1)僧

59991 離纏 ……………………… P.tib1261v⑪
〔諸寺僧尼支給穀物曆〕（9C前期）
　1)僧

59992 離纏陰 ……………………… P4640①
〔大蕃故燉煌郡莫高窟陰處士公修功德記〕
歲次己未年四月壬子朔十五日丙寅（839?）
　1)僧　4)⇒離纏。

59993 離念 ……………………… S02729①
〔燉煌應管勘牌子曆〕辰年三月（788）
　1)僧　2)靈修寺　3)沙州　4)俗姓「張」。34行目。

59994 離煩 ……………………… BD14622（新0822）
〔毗尼心〕唐貞元三年十月廿日（787）
　1)僧　2)報恩寺　4)原作「唐貞元三年十月廿日新造報恩寺僧離〔煩寫筆記〕」。「煩」一部以下，在第三紙V面補紙。

59995 離煩 ……………………… P3060v
〔諸寺諸色付經僧尼曆〕（9C前期）
　2)報恩寺　4)俗姓「張」。

59996 離煩 ……………………… P3101②
〔患尼智燈菀狀上〕大中五年七(五)月一日（851）

59997 離煩 ……………………… S02729①
〔燉煌應管勘牌子曆〕辰年三月（788）
　1)僧　2)報恩寺　3)沙州　4)俗姓「張」。25行目。

59998 離名 ……………………… P3060
〔諸寺諸色付經僧尼曆〕（9C前期）
　1)僧尼　4)經典名「大菩薩藏經卷2」。

59999 離名 ……………………… P3060
〔諸寺諸色付經僧尼曆〕（9C前期）
　1)尼　2)靈修寺　4)俗姓「羅」。

離力牽立略流留　りーりゅう　人名篇

60000 離名 ･･････････････････ P3205
〔僧俗人寫經曆〕（9C前期）

60001 離名 ･･････････････････ S02711
〔寫經人名目〕（9C前期）
　1）寫經人　2）金光明寺

60002 離名 ･･････････････････ S02729①
〔燉煌應管勘牌子曆〕辰年三月（788）
　1）僧　2）靈圖寺　3）沙州　4）俗姓「曹」。13行目。

60003 離名 ･･････････････････ S06028
〔寫經人名目〕（8C末〜9C前期）
　1）寫經人

60004 離名 ･･････････････････ S10967
〔教團付經諸寺僧尼名目〕（9C前期）

60005 離名 ････････････ 浙燉036（浙博011）
〔經卷卷末題記〕（9C前期）
　1）僧　4）題記「僧離名寫了」。

60006 力 ･･････････････････ 莫第220窟
〔供養人題記〕大中十一年六月三日（10C前期）
　1）信士　4）原作「大中十一年六月三日信士男力一心供養并亡母造窟一所并盧那□佛」。甬道南壁。《燉》p.102。

60007 力信 ･･････････････････ P2609v
〔便麥契殘〕癸亥年（963 or 903）
　3）龍勒鄉

60008 牽諾家 ･･････････････････ S08353
〔官衙麵油破曆〕（10C）
　4）原作「牽諾家割祿女」。

60009 立里子 ･･････････････････ P.tib1261v②
〔諸寺僧尼支給穀物曆〕（9C前期）
　1）僧

60010 略賓 ･･････････････ BD16111A（L4066）
〔慕容歸順?隊?下人名目〕（9〜10C）

60011 流安 ･･････････････････ S06452②
〔周僧正貸油麴曆〕辛巳年〜壬午年（981〜982?）
　1）押衙　2）淨土寺　4）南山。

60012 流安 ･･････････････････ S06452④
〔常住庫借貸油麵物曆〕壬午年（982?）
　1）押衙　2）淨土寺

60013 流次 ･･････････････････ P4514(3)
〔印本四十八願阿彌陀佛〕甲申年三月六日（984）
　1）右壹大師　4）題記「右壹大師流次功得（德）記」。

60014 流住 ･･････････････････ S02009
〔官府什物交割曆〕（10C後期）

60015 流住 ･･････････････････ S06452④
〔常住庫借貸油麵物曆〕壬午年（982?）
　2）淨土寺

60016 流住 ･･････････････････ Дx11085
〔當寺轉帖〕壬申年七月（972）

60017 流信 ･･････････････････ S06981⑩
〔兄弟轉帖〕壬戌年十月十七日（962）

60018 流進 ･･････････････････ Дx01378
〔當團轉帖〕（10C中期）

60019 流定 ･･････････････････ P4987
〔兄弟社轉帖〕戊子年七月（988）

60020 流定奴 ･･････････････････ S03048
〔東界羊籍〕丙辰年（956）
　1）牧羊人

60021 留安 ･･････････････････ S04654v⑤
〔便曆〕丙午年正月一日（946）

60022 留安 ･･････････････････ 莫第188窟
〔供養人題記〕（10C末）
　1）男節度押衙銀青光祿大夫檢校國子祭酒兼侍御史　4）前室西壁。《燉》p.82。

60023 留應 ･･････････････････ 莫第148窟
〔供養人題記〕（9C末〜10C初）
　1）姪　4）西壁。《燉》p.68。《謝》p.53。

60024 留子 ･･････････････････ P4058
〔貸粟豆曆〕（9C）

60025 留子 ･･････････････････ S06233①
〔吐蕃期某寺諸色斛斗出曆〕（9C前期）

60026 留住 ･･････････････････ P4958piece1
〔納贈曆〕（10C前期）

60027 留住 ･･････････････････ ZSD060v
〔社司轉帖及詩(3首)〕癸未年十?月（923?）
　1）社人

1165

60028 留閏 ……………………… S05071
〔某寺貸入斛斗曆〕 (10C後期)

60029 留閏 ……………………… S05064
〔貸入粟豆黃麻曆〕 (10C)
　1)便人

60030 留勝 ……………………… S00527
〔女人社再立條件憑〕 顯德六年己未歲正月三日 (959)

60031 留昌 ……………………… S05406
〔僧正法律徒衆轉帖〕 辛卯年四月十四日 (991)

60032 留通 ……………… Stein Painting 59
〔觀世音菩薩圖題記〕 (10C後期)
　1)沙彌

60033 留定 ……………………… 莫第387窟
〔供養人題記〕 清泰元年頃 (936頃)
　1)男　4)東壁。《燉》p.148。《謝》p.237。⇒(康)留定。

60034 留得 ……………………… P3391v①
〔社司轉帖(寫錄)〕 丁酉年正月日 (937)

60035 留德 ………… BD16295A(L4132)＋BD16298(L4133)
〔史留德出換釜子與押衙劉骨骨契〕 壬申年二月玖日 (985?)
　4)⇒史留德。

60036 留德 ……………………… P3364
〔某寺白麵圓麵油破曆(殘)〕 (959前後)
　4)原作「付留德新婦將產用」。

60037 留ゝ ……………………… BD09300(周21)
〔令狐留ゝ叔姪等分產書〕 (10C)

60038 留ゝ ……………………… S10561
〔社司轉帖〕 (10C)
　4)原作「囗留ゝ帖」。

60039 隆建 ……………………… P2250v①
〔龍興寺僧唱布曆〕 (925?)
　1)僧　2)龍興寺

60040 龍安 ……………… BD13203(L3332)
〔寺戶武進通請地牒及龍安判〕 八月五日 (9C前期)

60041 龍安 ……………………… S04710
〔沙州戶口簿〕 (9C中期以降)
　1)僧　4)⇒王龍安。

60042 龍安 ……………… S11282＋S11283
〔都師寶德入破曆計會牒〕 中和三年頃 (883)

60043 龍威 ……………………… S02614v
〔燉煌應管諸寺僧尼名錄〕 (895)
　2)報恩寺

60044 龍威 ……………………… S05893
〔管內僧寺(報恩寺・淨土寺)籍〕 (865〜875)
　2)淨土寺　3)龍勒鄉

60045 龍會 ……………………… S10288
〔報恩寺沙彌等上孔法律狀稿〕 (9C?)
　1)沙彌　2)報恩寺

60046 龍建 ……………………… S05845
〔郭僧政等貸油麵麻曆〕 己亥年二月十七日 (939)

60047 龍吼 ……………………… S02729①
〔燉煌應管勘牌子曆〕 辰年三月 (788)
　1)僧　2)乾元寺　3)沙州　4)俗姓「呂」。21行目。

60048 龍吼 ……………………… S08674
〔某寺僧誦經曆〕 (9C前期)

60049 龍贊 ……………………… S02614v
〔燉煌應管諸寺僧尼名錄〕 (895)
　2)淨土寺

60050 龍慈 ……………… 故宮博・新156153
〔佛說延壽命經・佛說續命經(首尾題)〕 乾得(德)肆年二月十五日 (966)

60051 龍心 ……………………… S01350
〔負儭布契〕 大中五年二月十三日 (851)
　1)見人・僧　4)原作「見人僧龍心」。

60052 龍藏 ……………… BD06359v②(鹹59)
〔人名目〕 (9C前期)
　1)僧

60053 龍藏 ……………………… P3305 piece3
〔錄事帖(社司?轉帖)〕 咸通九年十一月十八日 (868)

60054 龍藏 ……………………… P3331v
〔雜寫(張骨子買屋舍契裏紙)文〕 乾寧三年丙辰年 (896)

60055 龍藏 ……………………… P3774
〔僧龍藏家產分割訴牒〕 丑年十二月 (821)
  1)僧

60056 龍藏 ……………………… P4019①
〔圉夏極熱龍藏狀〕 (9C後期)

60057 龍藏 ……………………… S10541
〔付箋〕 (9C)
  4)原作「龍藏本」。

60058 龍藏 ……………………… 莫第144窟
〔供養人題記〕 (9C前期)
  1)管內釋門都判官任龍興寺上座 2)龍興寺
  4)原作「管內釋門都判官任龍興寺上座龍藏修先代功德永爲供養」。西壁。《燉》p. 66。《謝》p. 46。

60059 龍辯 ……………………… BD16034(L4024)
〔龍弁謹請齊闍梨等參與大雲寺追念法會疏〕 九月十三日 (9C末~10C初)
  1)門弟・都僧統 2)大雲寺 4)本疏末行有門弟「管內都僧錄龍辨」。

60060 龍辯 ……………………… P2671v
〔僧名錄(河西都僧統等20數名)〕 甲辰年頃 (884頃)
  2)靈圖寺

60061 龍辯 ……………………… P3100①
〔某寺徒衆供芰等請律師善才光寺主牒并都僧統(悟眞)判辭〕 景福貳年十月廿七日 (893)

60062 龍辯 ……………………… P4638v③
〔都僧統䰱辯等上司空牒(3通)〕 清泰四年十一月十八日 (937)
  1)應管內外釋門都僧統紫賜沙門 4)司空＝曹元德。

60063 龍辯 ……………………… S01053v
〔某寺破曆〕 丁卯年 (907)

60064 龍辯 ……………………… S06417⑳
〔任命狀〕 清泰二年三月 (935)
  1)都僧統

60065 龍辯 ……………………… S06526
〔四分戒本1卷〕 中和元年 (881)
  1)寫經・弟子

60066 龍辯 ……………………… S08583
〔都僧統龍辯牓〕 天福八年二月十九日 (943)
  1)河西應管內外釋門都僧統

60067 龍辯 ……………………… Дx01355＋Дx03130
〔洛晟々賣蘭舍契〕 (9C後期)
  1)見人・僧

60068 龍□ ……………………… P3047v①
〔僧名等錄〕 (9C前期)
  4)俗姓「趙」。

60069 了意 ……………………… P3600v②
〔燉煌普光寺等尼名申告狀〕 戌年十一月 (9C前期)
  2)普光寺

60070 了因 ……………………… P.tib1261v④
〔諸寺僧尼支給穀物曆〕 (9C前期)
  1)尼

60071 了因 ……………………… S02614v
〔燉煌應管諸寺僧尼名錄〕 (895)
  2)靈修寺

60072 了因 ……………………… S07882
〔就賀拔堂唱椀等曆〕 十一月廿一日 (9C前期)

60073 了覺 ……………………… P3047v③
〔諸僧尼送納三色香於乾元寺曆〕 (9C前期)
  2)乾元寺

60074 了義 ……………………… Дx00476＋Дx05937＋Дx06058v②
〔貸粟麥曆〕 (9C前期)
  4)V面①爲「開元七年沙州燉煌縣籍」。

60075 了義 ……………………… 杏・羽694v①
〔諸寺僧尼唱儭物曆〕 (9C中期)
  2)永安寺 4)R①爲「未年閏十月當寺(永安寺?)應管主客僧牒」。

60076 了空 ……………………… P5579⑪
〔大乘寺應道場尼名牒〕 酉年十月 (829 or 841)
  2)大乘寺

60077 了空 ……………………… S02669
〔管內尼寺(安國寺・大乘寺・聖光寺)籍〕 (865~870)
  2)大乘寺 3)神沙鄉 4)姓「張」。俗名「媚々」。

60078 了空 ·················· S04492
〔星母陀羅尼呪末〕(9C前期)

60079 了空 ·················· 莫第156窟
〔供養人題記〕(9C後期)
　　4)原作「姊師登壇大德兼尼法律了空」。西壁。
　《燉》p.73。

60080 了空 ·················· 濱田115v
〔付經曆〕 午年 (9C前期)
　　2)大乘寺

60081 了悟 ·················· P3600v②
〔燉煌普光寺等尼名申告狀〕 戌年十一月
(9C前期)
　　2)普光寺

60082 了慈 ·················· S02614v
〔燉煌應管諸寺僧尼名錄〕(895)
　　2)靈修寺

60083 了信 ·················· S02614v
〔燉煌應管諸寺僧尼名錄〕(895)

60084 了心 ·················· BD09283(周4)
〔某寺(乾元寺)道場出唱曆〕(9C前期)
　　4)『條記目』(p.40)按「法國法圓均爲吐蕃統治時期乾元寺僧人」。

60085 了心 ·················· P3600v②
〔燉煌普光寺等尼名申告狀〕 戌年十一月
(9C前期)
　　2)普光寺

60086 了心 ·················· P.tib1261v⑦
〔諸寺僧尼支給穀物曆〕(9C前期)
　　1)尼

60087 了心 ·················· S02614v
〔燉煌應管諸寺僧尼名錄〕(895)
　　2)靈修寺

60088 了眞 ·················· P2689
〔寺僧唱得物支給曆〕(9C前期)

60089 了眞 ·················· P5579⑪
〔大乘寺應道場尼名牒〕 酉年十月 (829 or 841)
　　2)大乘寺

60090 了眞 ·················· P.tib1261v④
〔諸寺僧尼支給穀物曆〕(9C前期)
　　1)尼

60091 了眞 ·················· P.tib1261v⑪
〔諸寺僧尼支給穀物曆〕(9C前期)
　　1)尼

60092 了眞 ·················· S02614v
〔燉煌應管諸寺僧尼名錄〕(895)
　　2)靈修寺

60093 了性 ·················· S02729①
〔燉煌應管勘牌子曆〕 辰年三月 (788)
　　1)僧 2)靈修寺 3)沙州 4)俗姓「索」。32行目。

60094 了性 ·················· S02729①
〔燉煌應管勘牌子曆〕 辰年三月 (788)
　　1)僧 2)大乘寺 3)沙州 4)俗姓「張」。50行目。

60095 了寂 ·················· S02614v
〔燉煌應管諸寺僧尼名錄〕(895)
　　2)靈修寺

60096 了忍 ·················· P.tib1261v④
〔諸寺僧尼支給穀物曆〕(9C前期)
　　1)尼

60097 了忍 ·················· P.tib1261v⑩
〔諸寺僧尼支給穀物曆〕(9C前期)
　　1)尼

60098 寮利乞丹 ·················· S08426D②
〔使府酒破曆〕(10C中～後期)
　　4)原作「十子寮利乞丹」。

60099 撩籠 ·················· S00542v⑧
〔燉煌諸寺丁壯車牛役部〕 戌年六月十八日
(818)
　　1)部落使 4)「撩」字還是「撿」字。

60100 良賢 ·················· P3391v①
〔社司轉帖(寫錄)〕 丁酉年正月日 (937)

60101 良信 ·················· BD05870v①(菜70)
〔信狀〕(9～10C)
　　1)押衙 4)原作「□押衙良信」。

60102 良晟 ·················· S04060v
〔便麥粟豆曆〕 己酉年二月十四日 (949)

60103 良晟 ·················· S04060v
〔便麥粟豆曆〕 己酉年 (949)

60104 綠覺 ‥‥‥‥‥‥‥‥‥‥ S02614v
〔燉煌應管諸寺僧尼名錄〕（895）
　2）大乘寺

60105 倫 ‥‥‥‥‥‥‥‥‥ P.tib1261v⑩
〔諸寺僧尼支給穀物曆〕（9C前期）
　1）寺主

[れ]

60106 令丁 ‥‥‥‥‥‥‥‥‥ 北大D193
〔羯羊曆〕 丙申年・丁酉年（936 or 937）
　4）原作「阿令丁」。

60107 靈意 ‥‥‥‥‥‥‥‥‥ S02614v
〔燉煌應管諸寺僧尼名錄〕（895）
　2）聖光寺

60108 靈意 ‥‥‥‥‥‥‥‥‥ S02669
〔管內尼寺（安國寺・大乘寺・聖光寺）籍〕
（865〜870）
　2）安國寺

60109 靈意 ‥‥‥‥‥‥‥‥‥ Дx01459
〔第一判諸寺尼僧名錄〕（9C末〜10C初）
　2）聖（光寺）

60110 靈延 ‥‥‥‥‥‥‥‥‥ S02614v
〔燉煌應管諸寺僧尼名錄〕（895）

60111 靈應 ‥‥‥‥‥‥‥‥ BD06351（鹹51）
〔佛名經卷第13（末）〕（9C）
　4）原作「靈應寫」。

60112 靈應 ‥‥‥‥‥‥ BD14456（新0655）
〔佛名經卷第6〕（9C）
　4）原作「靈應寫」。

60113 靈應 ‥‥‥‥‥‥‥‥‥ P2250v①
〔龍興寺僧唱布曆〕（925?）
　2）龍興寺

60114 靈應 ‥‥‥‥‥‥‥‥‥ P2250v②
〔乾元寺僧唱布曆〕 辛未年四月十二日
（925?）
　2）乾元寺

60115 靈應 ‥‥‥‥‥‥‥‥‥ P3947
〔龍興寺應轉經僧分兩蕃定名牒〕 亥年八月
（819 or 831）
　2）龍興寺　4）V面爲「9C前半大雲寺僧所有田籍簿」。

60116 靈應 ‥‥‥‥‥‥‥‥‥ S02614v
〔燉煌應管諸寺僧尼名錄〕（895）
　2）乾元寺

60117 靈應 ‥‥‥‥‥‥‥‥‥ S05341
〔佛名經卷第8〕（9C）
　1）寫

60118 靈應 ・・・・・・・・・・・・・・・・・・・ S06005
〔立社條約〕 （10C前期以降）

60119 靈會 ・・・・・・・・・・・・・・・・・・・ S02614v
〔燉煌應管諸寺僧尼名錄〕 （895）

60120 靈覺 ・・・・・・・・・・・・ BD09711v（坐32）
〔比丘發露錄〕 （9C前期～後期）

60121 靈覺 ・・・・・・・・・・・・・・・・・・・ P3730④
〔狀〕 酉年正月 （829）
　1）徒衆　2）金光明寺

60122 靈覺 ・・・・・・・・・・・・・・・・・ P.tib1261v⑥
〔諸寺僧尼支給穀物曆〕 （9C前期）
　1）僧

60123 靈覺 ・・・・・・・・・・・・・・・・・ P.tib1261v⑦
〔諸寺僧尼支給穀物曆〕 （9C前期）
　1）僧

60124 靈覺 ・・・・・・・・・・・・・・・・・ P.tib1261v⑨
〔諸寺僧尼支給穀物曆〕 （9C前期）
　1）僧

60125 靈岳 ・・・・・・・・・・・・・・・・・・・ S04852v
〔付諸僧給麵蘇曆〕 （9C末～10C初）
　2）永安寺

60126 靈萼 ・・・・・・・・・・・・・・・・・・・ P3947
〔龍興寺應轉經僧分兩蕃定名牒〕 亥年八月 （819 or 831）
　2）龍興寺　4）V面爲「9C前半大雲寺僧所有田籍簿」。

60127 靈幹 ・・・・・・・・・・・・・・・・・ P.tib1261v⑨
〔諸寺僧尼支給穀物曆〕 （9C前期）
　1）僧

60128 靈幹 ・・・・・・・・・・・・・・・・・ P.tib1261v⑩
〔諸寺僧尼支給穀物曆〕 （9C前期）
　1）僧

60129 靈幹 ・・・・・・・・・・・・・・・・・ P.tib1261v⑪
〔諸寺僧尼支給穀物曆〕 （9C前期）
　1）僧

60130 靈幹 ・・・・・・・・・・ S07939v＋S07940Bv＋S07941
〔燉煌諸寺僧尼給糧曆〕 （823以降）
　3）莫高窟

60131 靈願 ・・・・・・・・・・・・・・・・・・・ S10746Av
〔僧人轉帖〕 （9C）
　4）R面爲「漢蕃對譯「瑜伽師地論」語彙表」。

60132 靈皈 ・・・・・・・・・・・・・・・・・・・ P3193v
〔田土（畝）地子紛糾牒及判〕 咸通拾貳年 （871?）

60133 靈皈 ・・・・・・・・・・・・・・・・・・・ S02199
〔尼靈惠唯（遺）書（首題）〕 咸通六年十月廿三日 （865）
　1）（靈惠）外甥・尼　4）原作「外甥尼靈皈」。

60134 靈皈 ・・・・・・・・・・・・・・・・・・・ Дx05348
〔支給斛㪷曆〕 （9C前期）

60135 靈義 ・・・・・・・・・・・・・・・・・・・ S08677v
〔防北門頭僧牒〕 （9C前期）

60136 靈空 ・・・・・・・・・・・・・・・・・ P.tib1261v④
〔諸寺僧尼支給穀物曆〕 （9C前期）
　1）尼

60137 靈空 ・・・・・・・・・・・・・・・・・・・ S04852v
〔付諸僧給麵蘇曆〕 （9C末～10C初）
　2）永安寺

60138 靈空 ・・・・・・・・・・・・・・・・・・・ S11512
〔勘經人名目〕 （9C）

60139 靈惠 ・・・・・・・・・・・・・・・・・・・ P2689
〔寺僧唱得物支給曆〕 （9C前期）

60140 靈惠 ・・・・・・・・・・・・・・・・・・・ S02199
〔尼靈惠唯（遺）書（首題）〕 咸通六年十月廿三日 （865）
　1）尼　4）俗姓「索」。

60141 靈賢 ・・・・・・・・・・・・・・・・・・・ P4722
〔永壽寺主靈賢等狀并判辭殘〕 某年四月日 （9C前期）
　1）寺主　2）永壽寺

60142 靈賢 ・・・・・・・・・・・・・・・・・ P.tib1261v⑥
〔諸寺僧尼支給穀物曆〕 （9C前期）
　1）尼

60143 靈賢 ・・・・・・・・・・・・・・・・・ P.tib1261v⑦
〔諸寺僧尼支給穀物曆〕 （9C前期）
　1）尼

60144 靈賢 ・・・・・・・・・・・・・・・・・ P.tib1261v⑨
〔諸寺僧尼支給穀物曆〕 （9C前期）
　1)僧

60145 靈悟 ・・・・・・・・・・・・・・・・・ P3047v③
〔諸僧尼送納三色香於乾元寺曆〕 （9C前期）
　2)乾元寺

60146 靈悟 ・・・・・・・・・・・・・・・・・ S06203
〔隴西李氏莫高窟修功德碑記〕 大曆十一年龍集景辰八月日建 （776）
　1)沙門・法師・僧政　4)俗姓「李」。

60147 靈悟 ・・・・・・・・・・・・・・・・・ S08677v
〔防北門頭僧牒〕 （9C前期）

60148 靈交 ・・・・・・・・・・・・・・・・・ 濱田115v
〔付經曆〕 十月三日 （9C前期）
　2)永壽寺

60149 靈㨂 ・・・・・・・・・・・・・・・・・ P2671v
〔僧名錄(河西都僧統等20數名)〕 甲辰年頃 （884頃）

60150 靈行 ・・・・・・・・・・・・・・・・・ P2250v①
〔龍興寺僧唱布曆〕 （925?）
　2)龍興寺

60151 靈行 ・・・・・・・・・・・・・・・・・ P3491piece1
〔某寺設齋勾當名目〕 （9C前期）

60152 靈行 ・・・・・・・・・・ S07939v＋S07940Bv＋S07941
〔燉煌諸寺僧尼給糧曆〕 （823以降）
　3)莫高窟

60153 靈璨 ・・・・・・・・・・・・・・・・・ BD07286(帝86)
〔比丘發露錄〕 （9C前期）

60154 靈璨 ・・・・・・・・・・・・・・・・・ P.tib1261v③
〔諸寺僧尼支給穀物曆〕 （9C前期）
　1)僧

60155 靈璨 ・・・・・・・・・・・・・・・・・ P.tib1261v⑥
〔諸寺僧尼支給穀物曆〕 （9C前期）
　1)僧

60156 靈璨 ・・・・・・・・・・・・・・・・・ P.tib1261v⑦
〔諸寺僧尼支給穀物曆〕 （9C前期）
　1)僧

60157 靈璨 ・・・・・・・・・・・・・・・・・ P.tib1261v⑨
〔諸寺僧尼支給穀物曆〕 （9C前期）
　1)僧

60158 靈璨 ・・・・・・・・・・・・・・・・・ P.tib1261v⑪
〔諸寺僧尼支給穀物曆〕 （9C前期）
　1)僧

60159 靈璨 ・・・・・・・・・・・・・・・・・ Дx02355
〔支給僧尼斛㪷曆〕 （9C中期?）

60160 靈(首) ・・・・・・・・・・・・・・・・・ Дx03858v
〔都僧統帖殘等〕 （9C後期～10C前期）

60161 靈就 ・・・・・・・・・・・・・・・・・ S02614v
〔燉煌應管諸寺僧尼名錄〕 （895）
　2)三界寺

60162 靈秀 ・・・・・・・・・・ BD14006(新0206)
〔大般若波羅蜜多經卷第590〕 （9C前期）
　4)末尾有「靈秀・趙藏」。

60163 靈秀 ・・・・・・・・・・ BD15252(新1452)
〔大般若波羅蜜多經卷第398(末)〕 （9C前期）
　1)第一校　4)原作「靈秀第一校」。

60164 靈秀 ・・・・・・・・・・・・・・・・・ P2909
〔大般若波羅蜜多經卷第60〕 （9C前期）
　1)第一校

60165 靈?秀 ・・・・・・・・・・・・・・・・・ P3060
〔諸寺諸色付經僧尼曆〕 （9C前期）
　1)僧尼　4)經典名「般若經卷18」。

60166 靈秀 ・・・・・・・・・・・・・・・・・ P3730④
〔狀〕 酉年正月 （829）
　1)徒衆　2)金光明寺

60167 靈秀 ・・・・・・・・・・・・・・・・・ P3947
〔龍興寺應轉經僧分兩番定名牒〕 亥年八月 （819 or 831）
　2)龍興寺　4)V面爲「9C前半大雲寺僧所有田籍簿」。

60168 靈秀 ・・・・・・・・・・・・・・・・・ P.tib1261v③
〔諸寺僧尼支給穀物曆〕 （9C前期）

60169 靈秀 ・・・・・・・・・・・・・・・・・ P.tib1261v⑥
〔諸寺僧尼支給穀物曆〕 （9C前期）
　1)僧

60170 靈秀 ……………… P.tib1261v⑦
　〔諸寺僧尼支給穀物曆〕　（9C前期）
　　1)僧

60171 靈秀 ……………… P.tib1261v⑨
　〔諸寺僧尼支給穀物曆〕　（9C前期）
　　1)僧

60172 靈秀 ……………… P.tib1261v⑪
　〔諸寺僧尼支給穀物曆〕　（9C前期）
　　1)僧

60173 靈秀 ……………………… S01594
　〔大般若波羅蜜多經卷第216〕　（9C）
　　1)一校

60174 靈秀 ……………………… S02447v①
　〔散施入曆〕　辛亥年十月一日子年五月廿一日
　（831 or 891 or 832）
　　1)僧　4)原作「僧靈秀施經紙」。R面爲「壬子年
　　（832)付經交割牒」。

60175 靈秀 ………… Дx01305＋Дx02154＋
　Дx03026
　〔僧等付絹等曆〕　（9C前期）

60176 靈秀 ………………… 沙文補24
　〔寺𠷳索再榮等牒殘判辭〕　午年正月　（9C前期）
　　1)僧

60177 靈俊 ……………… BD02417v(成17)
　〔四分僧戒本〕　（8～9C）
　　1)比丘・僧

60178 靈俊 ……………………… P2991③
　〔張和尙寫眞讚并序〕　（9C）
　　4)俗姓「張」。

60179 靈俊 ……………………… P3425
　〔建龕功德銘末〕　景福二祀正月十五日　（893）
　　4)⇒釋靈俊。

60180 靈俊 ……………………… P3718③
　〔張公生前寫眞讚〕　天成肆年歲己丑　（929）
　　1)釋門法律知福田司都判官

60181 靈俊 ……………………… P3718⑦
　〔靈俊邈眞言讚〕　天成二年丁亥歲十月廿五日
　（927）
　　1)賜紫沙門和尙邈眞讚和尙

60182 靈俊 ……………………… P3718⑫
　〔梁府君邈眞讚（靈俊撰）〕　清泰二年乙未歲四
　月九日　（935）
　　1)釋門僧政兼闡揚三教大法賜紫沙門　4)有「于
　　時清泰二年乙未歲四月九日題記」。

60183 靈俊 ……………………… P3720
　〔和尙墓誌銘并序〕　清泰元年　（934）
　　1)釋門僧政闡揚三教大法師紫沙門

60184 靈俊 ……………………… P3730v
　〔契〕　未年四月三日　（9C前期）
　　1)僧

60185 靈俊 ……………… P.tib1261v②
　〔諸寺僧尼支給穀物曆〕　（9C前期）
　　1)僧

60186 靈俊 ……………… P.tib1261v⑩
　〔諸寺僧尼支給穀物曆〕　（9C前期）
　　1)僧

60187 靈俊 ……………………… S02575②
　〔任命牒(狀)〕　天復五年八月　（905）
　　1)僧徒衆　2)靈圖寺

60188 靈照 ……… BD15473v(簡068104)
　〔贊普福田出「大般若經」付諸寺維那錄及付
　經雜錄〕　子年後六月十三日以後　（9C前期）
　　1)僧　4)原作「年七月十五日僧靈照請藏本金光
　　明經一部拾卷□並袟足分付照」。

60189 靈照 ……………………… P3336②
　〔轉經分付維那曆〕　寅年正月八日　（834）
　　2)龍興寺

60190 靈照 ……………………… P3947
　〔龍興寺應轉經僧分兩蕃定名牒〕　亥年八月
　（819 or 831）
　　2)龍興寺　4)V面爲「9C前半大雲寺僧所有田籍
　　簿」。

60191 靈照 ……………… P.tib1261v②
　〔諸寺僧尼支給穀物曆〕　（9C前期）
　　1)僧

60192 靈照 ……………… P.tib1261v④
　〔諸寺僧尼支給穀物曆〕　（9C前期）
　　1)尼

60193 靈照 ……………… P.tib1261v⑥
　〔諸寺僧尼支給穀物曆〕　（9C前期）
　　1)尼

60194 靈照 ·················· P.tib1261v⑨
　〔諸寺僧尼支給穀物曆〕（9C前期）
　　1）尼

60195 靈照 ·················· 濱田115v
　〔付經曆〕　未年正月十一日（827）
　　1）維那　2）龍興寺

60196 靈信 ·················· P2671v
　〔僧名錄(河西都僧統等20數名)〕　甲辰年頃
　　(884頃)

60197 靈信 ·················· P3718
　〔寫眞讚〕（後唐923～935）
　　1）僧政

60198 靈信 ·················· S04444v②
　〔燉煌大乘寺僧尼申告（稿)〕（905）
　　2）大乘寺

60199 靈信 ·················· Дx01586в
　〔惠通下僧名目〕（9C後期）

60200 靈信 ·················· Дx02449＋Дx05176
　〔(時年)轉帖〕　十一月十九日　(10C前期)
　　2）普光寺

60201 靈振 ·················· P3336②
　〔轉經分付維那曆〕　寅年正月八日（834）
　　2）三界寺

60202 靈振 ·················· P.tib1261v③
　〔諸寺僧尼支給穀物曆〕（9C前期）
　　1）僧

60203 靈振 ·················· P.tib1261v④
　〔諸寺僧尼支給穀物曆〕（9C前期）
　　1）僧

60204 靈振 ·················· P.tib1261v⑩
　〔諸寺僧尼支給穀物曆〕（9C前期）
　　1）僧

60205 靈振 ·················· P.tib1261v⑪
　〔諸寺僧尼支給穀物曆〕（9C前期）
　　1）僧

60206 靈振 ·········· S07939v＋S07940Bv＋S07941
　〔燉煌諸寺僧尼給糧曆〕（823以降）
　　3）莫高窟

60207 靈眞 ·················· 莫第159窟
　〔供養人題記〕（9C末期）
　　1）尼　2）靈修寺　4）原作「孫靈修寺尼靈眞」。西壁。《燉》p.75。

60208 靈進 ·················· BD06261(海61)
　〔觀世音經1卷(尾)〕　壬申年三月廿七日（912？）
　　2）蓮臺寺　4）原作「信事僧蓮臺寺沙彌靈進書寫記」。

60209 靈進 ·················· BD07286(帝86)
　〔比丘發露錄〕（9C前期）

60210 靈進 ·················· BD08172v(乃72)
　〔社司轉帖（習書・殘)〕　癸未年頃（923頃？）

60211 靈進 ·················· P4649piece1
　〔報恩寺大衆公廨司靈進願□等斛斗笮會〕
　　丙申年十月十七日（936）
　　1）大衆　2）報恩寺　4）別片有于闐文。

60212 靈進 ·················· P4649piece1
　〔報恩寺大衆公廨司靈進願□等斛斗笮會〕
　　丙申年十月十七日（936）

60213 靈進 ·················· S02614v
　〔燉煌應管諸寺僧尼名錄〕（895）
　　2）大乘寺

60214 靈進 ·················· S05139v②
　〔社司轉帖（寫錄)〕　四月十三日（10C前期）
　　1）主人

60215 靈進 ·················· Дx01459
　〔第一判諸寺尼僧名錄〕（9C末～10C初）
　　2）(大)乘(寺)

60216 靈寂 ·················· BD06262(海62)
　〔金香陀羅尼經(末)〕（9C）
　　2）三界(寺)　4）V面有「三界」。

60217 靈寂 ·················· P.tib1261v⑦
　〔諸寺僧尼支給穀物曆〕（9C前期）
　　1）僧

60218 靈寂 ·················· P.tib1261v⑨
　〔諸寺僧尼支給穀物曆〕（9C前期）
　　1）僧

60219 靈寂 ·················· P.tib1261v⑪
　〔諸寺僧尼支給穀物曆〕（9C前期）
　　1）僧

60220 靈寂 ……………… S02575v⑤
〔普光寺道場司惠雲等狀〕（929）
　1）法律　4）署名人。

60221 靈寂 ……………… S06723
〔大般若波羅蜜經卷第270〕（9C）
　1）比丘

60222 靈寂 ………… S07939v＋S07940Bv＋
S07941
〔燉煌諸寺僧尼給糧曆〕（823以降）
　3）莫高窟

60223 靈寂 ……………… Ф159
〔大般若波羅蜜多經卷第279（末）〕（9C前期）
　4）末有三界寺藏經。首有「報恩寺藏經」印左半部。

60224 靈寂 ……………… 莫第098窟
〔供養人題記〕（10C中期）
　1）釋門法律臨壇供奉大德沙門　4）南壁。《燉》p.40。《謝》p.91。

60225 靈闍 ……………… P.tib1261v①
〔諸寺僧尼支給穀物曆〕（9C前期）
　1）僧

60226 靈闍 ……………… P.tib1261v④
〔諸寺僧尼支給穀物曆〕（9C前期）
　1）僧

60227 靈相 ……………… P.tib1261v④
〔諸寺僧尼支給穀物曆〕（9C前期）
　1）尼

60228 靈相 ……………… P.tib1261v⑥
〔諸寺僧尼支給穀物曆〕（9C前期）
　1）尼

60229 靈相 ……………… P.tib1261v⑧
〔諸寺僧尼支給穀物曆〕（9C前期）
　1）尼

60230 靈相 ……………… S06637
〔四分尼戒本〕（9C）
　1）比丘尼

60231 靈藏 ……………… P.tib1261v⑦
〔諸寺僧尼支給穀物曆〕（9C前期）
　1）僧

60232 靈藏 ……………… P.tib1261v⑨
〔諸寺僧尼支給穀物曆〕（9C前期）
　1）僧

60233 靈藏 ……………… P.tib1261v⑪
〔諸寺僧尼支給穀物曆〕（9C前期）
　1）僧

60234 靈藏 ……………… S02305
〔大佛頂万行首楞嚴經卷第6〕（9C）

60235 靈達 ……………… P2689
〔寺僧唱得物支給曆〕（9C前期）

60236 靈達 ……………… P.tib1261v⑨
〔諸寺僧尼支給穀物曆〕（9C前期）
　1）僧

60237 靈達 ……………… P.tib1261v⑩
〔諸寺僧尼支給穀物曆〕（9C前期）
　1）僧

60238 靈達 ……………… 濱田115v
〔付經曆〕午年七月十一日　（9C前期）

60239 靈智 ……………… P3214④
〔孫尼靈智及孫女什娘子祭文〕戊辰後梁十一月（908）
　1）孫

60240 靈智 ……………… P.tib1261v⑪
〔諸寺僧尼支給穀物曆〕（9C前期）
　1）僧

60241 靈智 ……………… S02614v
〔燉煌應管諸寺僧尼名錄〕（895）
　2）普光寺

60242 靈智 ……………… S02669
〔管內尼寺（安國寺・大乘寺・聖光寺）籍〕（865〜870）
　2）大乘寺　3）玉關鄉　4）姓「氾」。俗名「嬌々」。

60243 靈智 ……………… S03180v
〔爲追念設供請僧疏〕（9C末頃）

60244 靈定 ……………… 橘目
〔般若波羅蜜多經卷第505〕（9C）
　1）第一校

60245 靈哲 ……………… BD07286（帝86）
〔比丘發露錄〕（9C前期）

60246 靈哲 ･････････････････ P.tib1261v⑨
〔諸寺僧尼支給穀物曆〕 (9C前期)
　1)僧

60247 靈哲 ･････････････････ P.tib1261v⑩
〔諸寺僧尼支給穀物曆〕 (9C前期)
　1)僧

60248 靈哲 ･････････････････ 濱田115v
〔付經曆〕 巳年六月至未年正月 (9C前期)
　1)窟寺僧　2)窟寺

60249 靈德 ･････････････････ BD02971(陽71)
〔題記〕 (9〜10C)
　1)武僧･尼　4)原作「武僧靈德尼藏卷」。

60250 靈德? ････････････････ P3100①
〔某寺徒衆供英等請律師善才光寺主牒并都僧統(悟眞)判辭〕 景福貳年十月廿七日
(893)
　1)徒衆

60251 靈德 ･････････････････ 三井文庫燉煌寫經
〔佛爲心王菩薩說撰陀經卷上(末)〕 (10C)

60252 靈忍 ･････････････････ P2595②
〔買地契殘別記〕 乾符二年 (875)

60253 靈忍 ･････････････････ S02614v
〔燉煌應管諸寺僧尼名錄〕 (895)

60254 靈忍 ･････････････････ S02669
〔管內尼寺(安國寺･大乘寺･聖光寺)籍〕
(865〜870)
　2)大乘寺　3)平康鄉　4)姓「張」。俗名「闇子」。

60255 靈忍 ･････････････････ S04444v②
〔燉煌大乘寺僧尼申告(稿)〕 (905)
　2)大乘寺

60256 靈愍 ･････････････････ S02614v
〔燉煌應管諸寺僧尼名錄〕 (895)
　2)開元寺

60257 靈愍 ･････････････････ P4058
〔貸粟豆曆〕 (9C)

60258 靈辯 ･････････････････ S02729①
〔燉煌應管勘牌子歷〕 辰年三月 (788)
　1)僧　2)報恩寺　3)沙州　4)俗姓「羅」。25行目。

60259 靈保 ･････････････････ P4640①
〔大蕃故燉煌郡莫高窟陰處士公修功德記〕
歲次己未年四月壬子朔十五日丙寅 (839?)
　1)僧･從弟

60260 靈寶 ･････････････････ BD07286(帝86)
〔比丘發露錄〕 (9C前期)

60261 靈寶 ･････････････････ BD09346(周67)
〔令知蕃法師廚費帖〕 十一月一日 (9C前期)

60262 靈寶 ･････････････････ P4640①
〔大蕃故燉煌郡莫高窟陰處士公修功德記〕
歲次己未年四月壬子朔十五日丙寅 (839?)
　1)僧　4)⇒陰靈寶。

60263 靈寶 ･････････････････ P.tib1261v⑥
〔諸寺僧尼支給穀物曆〕 (9C前期)
　1)僧

60264 靈寶 ･････････････････ P.tib1261v⑨
〔諸寺僧尼支給穀物曆〕 (9C前期)
　1)僧

60265 靈寶 ･････････････････ P.tib1261v⑪
〔諸寺僧尼支給穀物曆〕 (9C前期)
　1)僧

60266 靈寶 ･････････････････ P.tib1261v⑫
〔諸寺僧尼支給穀物曆〕 (9C前期)
　1)僧

60267 靈寶 ･････････････････ S04914
〔付經曆〕 卯年九月七日 (835 or 847)
　1)僧　2)永壽寺

60268 靈滿 ･････････････････ BD16453A
〔水則道場轉經兩翻名目〕 (9〜10C)
　1)第二翻

60269 靈滿 ･････････････････ P3167v
〔安國寺道場司關于(五尼寺)沙彌戒訴狀〕
乾寧二年三月 (895)
　2)靈修寺　4)⇒延靈滿。

60270 靈滿 ･････････････････ P3249v
〔將龍光顏等隊下人名目〕 (9C中期)
　1)僧　4)⇒康靈滿。

60271 靈滿 ･････････････････ S03180v
〔爲追念設供請僧疏〕 (9C末頃)

60272 靈滿孝 …………… S04654v②
〔老病孝僧尼名錄(殘)〕 (10C中期)

60273 靈妙 …………… BD16052D(L4028)
〔僧名目〕 (10C)

60274 靈妙 …………………… S02669
〔管內尼寺(安國寺・大乘寺・聖光寺)籍〕
(865〜870)
　　2)大乘寺　3)莫高鄉　4)姓「張」。

60275 靈妙 …………………… 有鄰館58
〔式叉摩尼六法文(末題)〕 大中七年三月一
日 (853)
　　1)尼・沙彌　4)原作「尼沙彌靈妙記」。

60276 靈友 …………… Дх01305＋Дх02154＋
Дх03026
〔僧等付絹等曆〕 (9C前期)

60277 靈?□ …………………… P3060
〔諸寺諸色付經僧尼曆〕 (9C前期)
　　1)僧尼　4)經典名「般若經卷2」。⇒曇?□。

60278 列法 …………… BD02496v(成96)
〔唱布曆〕 (10C)
　　1)僧　2)普光寺

60279 烈西 …………………… S08353
〔官衙麵油破曆〕 (10C)

60280 廉澄 …………………… P3047v⑦
〔法事僧尼名錄〕 (9C前期)

60281 蓮花 …………………… S06577v
〔官晏設破曆〕 (10C)

60282 蓮花意 ………………… P3600v②
〔燉煌普光寺等尼名申告狀〕 戌年十一月
(9C前期)
　　2)普光寺

60283 蓮花意 ………………… S02614v
〔燉煌應管諸寺僧尼名錄〕 (895)
　　2)大乘寺

60284 蓮花意 ………………… S02669
〔管內尼寺(安國寺・大乘寺・聖光寺)籍〕
(865〜870)
　　2)聖光寺　3)洪池鄉　4)姓「康」。俗名「團子」。

60285 蓮花意 ………………… S02669
〔管內尼寺(安國寺・大乘寺・聖光寺)籍〕
(865〜870)
　　1)尼　2)聖光寺　3)洪池鄉　4)姓「康」。俗名「團子」。

60286 蓮花意 ………………… S02669
〔管內尼寺(安國寺・大乘寺・聖光寺)籍〕
(865〜870)
　　2)大乘寺　3)洪池鄉　4)姓「陰」。俗名「鉢々」。

60287 蓮花意 ………………… S04444v②
〔燉煌大乘寺僧尼申告(稿)〕 (905)
　　2)大乘寺

60288 蓮花意 ………… S07939v＋S07940Bv＋
S07941
〔燉煌諸寺僧尼給糧曆〕 (823以降)
　　1)尼　2)聖光寺

60289 蓮花戒 ………………… S02669
〔管內尼寺(安國寺・大乘寺・聖光寺)籍〕
(865〜870)
　　2)安國寺　3)慈惠鄉　4)姓「鄧」。俗名「端々」。

60290 蓮花會 ………………… S03180v
〔爲追念設供請僧疏〕 (9C末頃)

60291 蓮花願 ………………… S02669
〔管內尼寺(安國寺・大乘寺・聖光寺)籍〕
(865〜870)
　　1)尼　2)大乘寺　3)平康鄉　4)姓「王」。俗名「滿々」。

60292 蓮花光 ………………… P3556v⑦
〔道場思惟簿〕 (10C)
　　4)⇒花光。

60293 蓮花首 ………………… S03180v
〔爲追念設供請僧疏〕 (9C末頃)

60294 蓮花心 ………………… P3600v②
〔燉煌普光寺等尼名申告狀〕 戌年十一月
(9C前期)
　　2)普光寺

60295 蓮花心 ………………… P.tib1202v
〔僧尼名目〕 (9C前期)

60296 蓮花心 ………………… P.tib1261v④
〔諸寺僧尼支給穀物曆〕 (9C前期)
　　1)尼

60297 蓮花心 ･････････････････ S02614v
〔燉煌應管諸寺僧尼名錄〕（895）
　2)安國寺

60298 蓮花心 ･････････････････ S02669
〔管内尼寺(安國寺・大乘寺・聖光寺)籍〕
（865～870）
　2)大乘寺　3)慈惠鄉　4)姓「何」。俗名「鄙〻」。

60299 蓮花心 ･･････ S07939v＋S07940Bv＋
S07941
〔燉煌諸寺僧尼給糧曆〕（823以降）
　1)尼　2)聖光寺

60300 蓮花藏 ･･･････････････ P3600v②
〔燉煌普光寺等尼名申告狀〕 戌年十一月
（9C前期）
　2)普光寺

60301 蓮花正 ･････････････････ P3556v⑦
〔道場思惟簿〕（10C）
　4)⇒花正。

60302 蓮花仙 ･････････････････ S03180v
〔爲追念設供請僧疏〕（9C末頃）

60303 蓮花藏 ･･･････････････ P3600v②
〔燉煌普光寺等尼名申告狀〕 戌年十一月
（9C前期）
　2)普光寺

60304 蓮花燈 ･････････････････ S02614v
〔燉煌應管諸寺僧尼名錄〕（895）
　2)安國寺

60305 蓮花德 ･････････ BD02126v⑧（藏26）
〔僧尼名目(2行10名)〕（9C後期）

60306 蓮花德 ･････････････････ S02669
〔管内尼寺(安國寺・大乘寺・聖光寺)籍〕
（865～870）
　2)大乘寺　3)莫高鄉　4)姓「賀」。俗名「悉曼」。

60307 蓮花德 ･･･････････････ S04444v②
〔燉煌大乘寺僧尼申告(稿)〕（905）
　2)大乘寺

60308 蓮花品 ･････････････････ P3556v⑦
〔道場思惟簿〕（10C）

60309 蓮花妙 ･････････････････ S02614v
〔燉煌應管諸寺僧尼名錄〕（895）
　2)大乘寺

60310 蓮花妙 ･････････････････ S02669
〔管内尼寺(安國寺・大乘寺・聖光寺)籍〕
（865～870）
　2)大乘寺　3)洪潤鄉　4)姓「張」。俗名「曼〻」。

60311 蓮花妙 ･･･････････････ S04444v②
〔燉煌大乘寺僧尼申告(稿)〕（905）
　2)大乘寺

60312 蓮華心 ･･･････････ BD01952（收52）
〔唯摩詰所說經題記〕（8～9C）
　1)比丘尼　4)原作「比丘尼蓮華心爲染患得痊發
願寫」。

60313 蓮華心 ･････････････････ S02669
〔管内尼寺(安國寺・大乘寺・聖光寺)籍〕
（865～870）
　1)尼　2)大乘寺　3)玉關鄉　4)姓「王」。俗名
「妹〻」。

60314 蓮悟 ･･･････････････ P.tib1261v⑤
〔諸寺僧尼支給穀物曆〕（9C前期）
　1)僧

60315 蓮藏 ･･････････ Дx02449＋Дx05176
〔(時年)轉帖〕 十一月十九日 （10C前期）

60316 蓮保進 ･････････････････ S05486①
〔諸寺僧尼付油麵曆〕（10C中期）
　1)僧　2)蓮(臺寺)

60317 蓮法光 ･････････････････ 沙文補24
〔寺卿索再榮等牒殘判辭〕 午年正月 （9C前
期）
　1)僧

60318 連延大 ･････････････････ S08426D①
〔使府酒破曆〕（10C中～後期）
　4)在「連」字上有抹消記號。

60319 連延大小娘子 ･･････････ S08426D①
〔使府酒破曆〕（10C中～後期）
　4)在「連」字上有抹消記號。

60320 連?悟 ･･･････････････ 杏・羽694②
〔報恩寺所管僧名目〕（9C前期）
　2)報恩寺　4)僧右傍有朱點,朱字。

60321 連眞 ･････････････････････ P3489
〔翟坊巷女人社社條〕 戊辰年正月廿四日
（908）
　1)社人

60322 連保 ……………………… P3489
〔翟坊巷女人社社條〕 戊辰年正月廿四日 (908)
　　1)社人

[ろ]

60323 路通 ……………………… P5032v⑥
〔酒破曆〕 (10C中期)

60324 嫪琳 ……………………… P3677
〔沙州報恩寺故大德禪和尙金霞遷神志銘并序(首題)〕 蕃中辛巳五月一日葬 (801)
　　1)前沙州法曹參軍　2)報恩寺　3)沙州　4)原作「前沙州法曹參軍嫪琳述」。

60325 弄鈘 ……………………… S04642v
〔某寺入破曆計會〕 (923以降)
　　1)大師　4)原作「弄鈘大師」。

60326 浪歌保 …………………… S05465②-2
〔社關係破曆〕 庚辰年三月十四日 (980)

60327 老子 ……………………… S08152
〔某寺僧奴等麵破曆〕 (10C)

60328 六歸娑溫 ………………… S08661
〔軍資庫司大箭破曆〕 癸丑年五月十一日・八月二日・九月八日 (953)

60329 六娘子 …………………… S06233v①
〔吐蕃期某寺麥粟等分付曆〕 (9C前期)

60330 六娘子 …………………… S08426D①
〔使府酒破曆〕 (10C中～後期)

60331 六娘子 …………………… S08426D②
〔使府酒破曆〕 (10C中～後期)
　　4)原作「小押衙碾頭六娘子用」。

60332 六娘子 …………………… 莫第083窟
〔供養人題記〕 (10C前期)
　　1)施主・姉　4)原作「施主姉六娘子…一心供養」。前室西壁門北側。《燉》p.28。

60333 勒心 ……………………… S08701
〔寫經人勘經人名簽〕 (9C前期)
　　1)勘經人

60334 祿子 ……………………… BD10773A(L0902)
〔祿子等祭文殘〕 (9C)

60335 論屈林熱 ………………… P3699
〔齋文〕 (841)
　　4)本件文中有「贊普永垂闡化」之一文。

60336 論結勃藏塞□ ･･････････････ S11454c
〔便蘇曆〕 子年五月廿三日 （796）

60337 論結勃藏塞去?結?門 ･･･････ S11454c
〔便蘇曆〕 子年五月廿三日 （796）

60338 論乞林沒熱 ･･････････････ P2912v②
〔儭家緣大衆要送路人事及都頭用使破歷〕
丑年四月已後 （821?）
　3) 瓜州

60339 論紇頰熱喝〔湯〕支 ･･･････ P3770③
〔發願文〕 （9C前期）
　1) 瓜州節度使

60340 論贊沒熱 ･････････････････ P3770③
〔發願文〕 （9C前期）
　1) 宰相

60341 論悉歹乞里悉去囉 ･･･････ P2449v
〔祈願文等〕 （9C前期）
　3) 瓜州

60342 論悉歹夕 ････････････････ S03287v
〔戶口田地申告牒〕 （832 or 844）
　1) 瓜州節度使

60343 論悉歹息 ････････････････ S03287v
〔戶口田地申告牒〕 子年五月,六月 （832 or 844）

60344 論悉歹□ ･･･････････････ IOL.T.J915
〔羅織人張鸞ゝ訴訟狀〕 （821頃）

60345 論悉諾息 ････････････････ S05812
〔令狐大娘爲田宅糾訴狀〕 五年八月 （821）
　4) 文中有「見人侵奪,請檢虛實」之語。

60346 論悉諾囉按謨 ･･････････ S02729①
〔燉煌應管勘牌子歷〕 （788）
　1) 算使

60347 論董勃 ･･････････････････ 杏・羽689
〔大蕃故沙州行人部落大監軍論董勃墓誌銘〕 （9C前期）
　1) 沙州行人部落大監軍論　4) 文末有「記」又有「具日辰月朔及時安置」,文中有：朱點・朱字。

60348 論董勃藏 ････････････････ P3829
〔重修伽藍功德記〕 （9C前期）
　1) 大蕃古沙州行人部落兼防禦兵馬使及營留後監軍使

60349 論董沒藏 ･････････････････ S04191
〔吐蕃期道場願文〕 （9C前期）
　1) 監軍

60350 論頭勃藏弩悉恭 ･･････････ P3699
〔齋文〕 （841）
　4) 本件文中有「贊普永垂闡化」之一文。

60351 論勃頰藏 ････････････････ P2583v①
〔施捨疏〕 申年十月五日 （828?）

60352 論勃頰藏 ････････････････ P5579⑯
〔得度者人名錄〕 巳年～酉年 （813～817 or 825～829）
　1) 宰相　4) 原作「宰相論勃頰藏印」。

60353 論奔熱 ･･････････････････ P2583v⑥
〔節兒論奔熱疏〕 申年頃正月七日 （828頃?）
　1) 節兒

60354 論奔羅新 ････････････････ S05812
〔令狐大娘爲田宅糾訴狀〕 丑年八月 （821）

60355 論莽羅□ ･･･････････････ IOL.T.J915
〔羅織人張鸞ゝ訴訟狀〕 （821頃）

[わ]

60356 和盈 ·············· BD02296（閏96）
　〔唱得布曆〕　（10C）

60357 和子 ·············· BD09346（周67）
　〔令知蕃法師廚費帖〕　十一月一日　（9C前期）

60358 和子 ·············· Stein Painting 28*
　〔觀世音菩薩圖題記〕　大順參年歲次壬子十二月甲申朔三日　（892）
　　1）孫・尼　4）原作「和子供養」。

60359 和通 ·················· S04642v
　〔某寺入破曆計會〕　（923以降）

60360 和南 ·················· S03074v
　〔某寺破曆〕　五月一日　（9C前期）

60361 （和）滿 ················ Дx10270
　〔便粟麥曆〕　（946）

60362 和ゝ ············· BD09318B（周39）
　〔莫高鄉戶口人戶付物曆〕　（946）

60363 和ゝ ············· BD16230C（L4112）
　〔辰年便物曆〕　辰年二月廿日　（10C）

60364 和ゝ ···················· S04710
　〔沙州戶口簿〕　（9C中期以降）

[□]

60365 □果 ················ 莫第098窟
　〔供養人題記〕　（10C中期）
　　1）釋門法律臨壇供奉大德沙門　4）南壁。《燉》p.40。《謝》p.91。

60366 □花 ················ 莫第197窟
　〔供養人題記〕　（9C前期）
　　1）尼　4）原作「□花一心供養」。《燉》p.90。

60367 □懷 ···················· P3060
　〔諸寺諸色付經僧尼曆〕　（9C前期）
　　1）僧尼　4）經典名「般若經卷38」。

60368 □戒 ·············· BD07286（帝86）
　〔比丘發露錄〕　（9C前期）

60369 □海 ···················· P3060
　〔諸寺諸色付經僧尼曆〕　（9C前期）
　　1）僧尼　4）經典名「般若經卷38」。

60370 □覺 ·················· P5579⑯
　〔得度者人名錄〕　巳年～酉年　（813～817 or 825～829）
　　4）俗名「侯苟子」。

60371 □岳 ················ 莫第009窟
　〔供養人題記〕　（大順年間）
　　1）亡兄　4）原作「亡兄□岳□」。東壁門北側。《燉》p.6。

60372 □寬 ················ 莫第387窟
　〔供養人題記〕　清泰元年頃　（936頃）
　　1）男　4）東壁門南側。《燉》p.148。⇒（康）□寬。

60373 □巖 ·········· Дx01329B＋Дx02151v①
　〔應管内雌統ム乙令置方等葦場甕〕　（10C前期）
　　4）本文書内容「受新戒諸寺僧尼名目」。

60374 □惠 ··················· P3060v
　〔諸寺諸色付經僧尼曆〕　（9C前期）
　　4）經典名「大寶積經卷6」。

60375 □惠 ················ 莫第098窟
　〔供養人題記〕　（10C中期）
　　1）釋門法律臨壇供奉大德沙門　4）南壁。《燉》p.39。《謝》p.90。

1180

60376 □虔 ·················· 莫第390窟
〔供養人題記〕（10C前期?）
　1)叔僧永安寺律師　2)永安寺　4)原作「叔僧永安寺[律]師□虔一心供養」。西壁。《燉》p.150。

60377 □行 ················· P3047v①
〔僧名等錄〕（9C前期）
　4)俗姓「李」。

60378 □燦 ············ BD13183（L3312）
〔開元寺徒衆請補辭榮充寺主狀〕　大中十一年十二月　(857)
　1)僧　2)開元寺

60379 □四娘子 ············ 莫第012窟
〔供養人題記〕（9C後期）
　4)原作「姑四娘子一心供養」。西壁。《燉》p.7。

60380 □子 ··············· 莫第387窟
〔供養人題記〕　清泰元年頃　(936頃)
　1)姪　4)南壁。《燉》p.148。《謝》p.237。⇒(康)□子。

60381 □修 ················ P3060v
〔諸寺諸色付經僧尼曆〕（9C前期）
　4)經典名「大寶積經卷5」。

60382 □住 ··············· 莫第039窟
〔供養人題記〕（10C前期）
　1)…節度押衙知北界都…□□銀青光祿大夫…子賓客兼御史中丞上柱國　4)原作「…節度押[衙]知北界都]□□[銀青光祿大夫]…子賓客兼御史中丞上柱國□住一心供養」。北壁。《燉》p.12。⇒(梁)□住。

60383 □承 ··············· 莫第196窟
〔供養人題記〕　景福年間　(892～893)
　4)原作「男故太保孫朝議郎守沙州長使兼御史中丞□承一心供養」。甬道北壁。《謝》p.413。⇒承勳。

60384 □心 ················ P3060v
〔諸寺諸色付經僧尼曆〕（9C前期）
　4)經典名「放光般若經卷3」。

60385 □濟 ················ S01520
〔法門名義集卷〕　蕃中未年三月十一日　(791 or 803)
　1)勘記·比丘　2)金光明寺　3)沙州　4)原作「於沙州金光明三本,勘訖」。

60386 □千 ··············· 莫第427窟
〔供養人題記〕　宋乾德八年頃　(970頃)
　1)男　4)前室南壁。《燉》p.155。⇒(王?)□千。

60387 □禪 ················· P3060
〔諸寺諸色付經僧尼曆〕（9C前期）
　1)僧尼　4)經典名「般若經卷25」。

60388 □存 ··············· 莫第148窟
〔供養人題記〕（11C中期）
　1)宕禪靈圖寺釋門法律　2)靈圖寺　4)原作「宕禪靈圖寺釋門法律□存供養」。北壁。《燉》p.70。

60389 □智 ··············· 莫第196窟
〔供養人題記〕　景福年間　(892～893)
　1)窟主·管內釋門都法□京城內外臨壇供奉大德闡揚三教大法師沙門　4)東壁門南側。《燉》p.88。⇒[戒]智。

60390 □哲 ·············· P.tib1261v⑧
〔諸寺僧尼支給穀物曆〕（9C前期）
　1)僧　4)⇒明哲。

60391 □平 ··············· 莫第427窟
〔供養人題記〕　宋乾德八年頃　(970頃)
　1)弟　4)中心塔柱南向面。《燉》p.159。⇒(王)□平。

60392 □□子押衙 ······ BD14806②（新1006）
〔渠人轉帖〕（10C中期）
　1)押衙

[口]

60393 口件々 ················· P4019_piece2
〔納草束曆〕 （9C後期）

60394 口住 ············ Дx01269＋Дx02155＋
Дx02156
〔某弟身故納贈曆〕 （9C）

60395 口升 ················· 莫第333窟
〔供養人題記〕 （10C前期）
　　4) 原作「口升供養」。西壁。《燉》p.136。

60396 口任 ················· 莫第437窟
〔供養人題記〕 （10C中期）
　　1) 故…節度…光祿大夫檢校國子祭酒兼御史
　　… 4) 中心塔柱東向面。《燉》p.166。

60397 口性 ················· 莫第144窟
〔供養人題記〕 （9C前期）
　　4) 原作「亡妹靈修寺…性一心供養」。西壁。《燉》
　　p.66。《謝》p.46。

60398 口晟奴 ················ P4019_piece2
〔戶口籍斷片〕 （9C後期）

60399 口拙及弟 ··············· S08353
〔官衙麵油破曆〕 （10C）

60400 口趙 ················· P5593
〔社司轉帖(殘)〕　癸巳年十月十日　（933?）

60401 口佛奴家 ··············· S06003
〔社司轉帖〕　壬申年七月廿九日　（972）

60402 口辯君 ················ P4019_piece4v
〔封信斷片〕 （9C後期）
　　4) 斷片有「弁君書」。

本書使用略號表

No.	略　記	原　題
01	池田籍帳	池田溫『中國古代籍帳研究—概觀・錄文』（東京大學出版會、1979年）。
02	井上目	井上書店「人文系總合古書目錄」（第57號、1995年仲夏）。
03	榎ノート	榎一雄自寫ノート「Musee Guimet 藏Pelliot 將來敦煌畫に見える供養人題記抄錄」1971年8月記。
04	大谷、新西域記下	上原芳太郎編『新西域記』上・下1934年、有光社。
05	甘圖	甘肅省圖書館所藏番號。甘肅藏敦煌文獻編委會・甘肅人民出版社・甘肅省文物局編『甘肅藏敦煌文獻』甘肅人民出版社、1999年、第3卷所收。
06	杏・羽	『敦煌祕笈1～9』（財團法人武田科學振興財團 杏雨書屋、2009年～2013年）及び『目錄冊』（2009年）の所藏番號。
07	京都國立博物館守屋目	京都國立博物館編『古經圖錄　守屋孝藏氏蒐集』（京都國立博物館、1964年）。
08	高野山藏元祐五年板經	池田溫編『中國古代寫本識語集錄』（大藏出版、1990年、所收）。
09	劫餘錄續編	『敦煌劫餘錄續編』（北京圖書館善本組、1981年初版、1999年再版）。
10	故宮藏目	王素・任昉・孟嗣徽編「故宮博物院藏敦煌吐魯番文獻提要（寫經・文書類）」（『故宮學刊』紫禁城出版社、2006年總第3輯、所收）。
11	古寫經	富岡謙藏『古寫經尾題錄存』（羅新玉輯『永豐鄉人襍著續編』羅氏凝清室、1921年）。
12	古典籍	『古典籍、古典洋書特輯目錄』54號、2008年1月（井上書店の部）。
13	沙文	蔣斧輯『沙州文錄』（1909初版、『羅雪堂先生全集』三編冊六、文華出版公司、1970年、所收）。
14	沙文補	蔣斧輯『沙州文錄補』（1909初版、『羅雪堂先生全集』三編冊六、文華出版公司、1970年、所收）。
15	散錄	商務印書館編『敦煌遺書總目索引』（商務印書館、1962年）。
16	謝	謝稚柳『敦煌藝術敍錄』（上海出版公司、1955年）。
17	上海圖	上海古籍出版社、上海圖書館編『上海圖書館藏敦煌吐魯番文獻』（上海古籍出版社、1999年）。
18	上博	上海古籍出版社・上海博物館編『上海博物館藏敦煌吐魯番文獻』（上海古籍出版社、1993年）。
19	水峽口	水峽口石窟の張大千編號。謝稚柳『敦煌藝術敍錄』（上海出版公司、1955年）p.497～499。
20	西域文化	西域文化研究會編『西域文化研究』（法藏館）　1、敦煌佛教資料（1958年）　2、敦煌吐魯番社會經濟資料・上（1959年）　3、敦煌吐魯番社會經濟資料・下（1960年）　4、中央アジア古代語文獻（1961年）　5、中央アジア佛教美術（1962年）　6、歷史と美術の諸問題（1963年）
21	西域文獻遺珍	赫俊紅主編；中國文化遺產研究院編『中國文化遺產研究院藏西域文獻遺珍』（中華書局、2011年）。
22	浙敦	浙藏敦煌文獻編纂委員會編『浙藏敦煌文獻』（浙江教育出版社、2000年、7）所收番號。
23	臺灣中央圖書館	國立中央圖書館編輯『國立中央圖書館善本書目』（中華叢書委員會、1957.8—1958.2年初版、1967增訂、1986增訂第2版）。

24	橘目	羅振玉「日本橘氏敦煌將來藏經目錄」(『羅雪堂先生全集』三編冊二十、文華出版公司、1970年、所收)。池田溫氏は本目錄の人名を引用する際に「橘目錄」とされる。
25	智恩院譯場列位	池田溫編『中國古代寫本識語集錄』(大藏出版、1990年所收)。
26	中醫學院	甘肅省中醫學院所藏番號。甘肅藏敦煌文獻編委會・甘肅人民出版社・甘肅省文物局編『甘肅藏敦煌文獻』(甘肅人民出版社、1999年、第3卷所收)。
27	澄懷堂目	山本悌二郎『澄懷堂書畫目錄』12卷首1卷(文求堂、1932年)。
28	天禧塔記	『隴右金石錄補』所收「天禧塔記」。
29	津藝	上海古籍出版社・天津市藝術博物館編『天津市藝術博物館藏敦煌文獻』(上海古籍出版社、1996年)所藏番號。
30	天津市文物公司藏	天津市文物公司主編『天津市文物公司藏　敦煌寫經』(文物出版社、1998年)。
31	唐人雜抄	(財)東洋文庫藏(藤井有鄰館舊藏)。
32	燉	敦煌研究院編『敦煌莫高窟供養人題記』(文物出版社、1986年)。
33	燉研	敦煌研究院所藏文獻番號。甘肅藏敦煌文獻編委會・甘肅人民出版社・甘肅省文物局編『甘肅藏敦煌文獻』(甘肅人民出版社、1999年、第1卷・第2卷所收)。
34	中村『書道博』	中村不折『禹域出土墨寶書法源流考』上・中・下(西東書房、1927年)。磯部彰編『臺東區立書道博物館所藏　中村不折舊藏禹域墨書集成』(東アジア善本叢刊2、二玄社、2005年)。
35	西千佛洞第～窟	西千佛洞の敦煌研究院編號。
36	仁和寺大日本史料	池田溫編『中國古代寫本識語集錄』(大藏出版、1990年)所引。
37	莫第～窟	莫高窟の敦煌研究院編號。
38	羽田・寫	京都大學大學院文學研究科附屬ユーラシア文化研究センター(羽田記念館)藏寫眞集整理番號。
39	濱田	東洋文庫研究部內陸アジア研究部門中央アジア研究班漢語班藏『濱田コレクション目錄　中國經之部—主として敦煌出土經(一)～(三)—』(手稿本)。
40	濱田德海舊藏	『國立國會圖書館藏敦煌文獻目錄』(濱田德海舊藏)。
41	濱田目錄	「第30回大藏會展示目錄　第一部濱田德海氏藏」(1944年11月12日)〈池田溫編『中國古代寫本識語集錄』大藏出版、1990年參照〉。
42	北京萃文齋	「北京萃文齋雒竹筠舊藏」(中國科學院歷史研究所資料室編『敦煌資料』第一輯、中華書局、1961年、大安1963年再版、所收)。
43	北大D	北京大學圖書館・上海古籍出版社編『北京大學圖書館藏敦煌文獻』上海古籍出版社、1995年。
44	中國國家博物館藏燉煌吐魯番文獻	舊北京歷史博物館藏、池田溫『中國古代籍帳研究』插圖73、499頁參照。
45	松山目	「第20回大藏會展觀目錄　松山與兵衞氏所藏ノ部」(1934年11月18日)。
46	三井文庫敦煌寫經	三井文庫『敦煌寫經：北三井家』(三井文庫、2004)。
47	三井目	「第25回大藏會展觀目錄　三井八郎衞門氏所藏品」(1939年12月3日)。
48	京都國立博物館守屋目	「第24回大藏會展觀目錄　守屋孝氏所藏」(1938年11月20日)〈池田溫編『中國古代寫本識語集錄』大藏出版、1990年參照〉。
49	矢吹宗教界	矢吹慶輝「露都ペトログラードに於ける古經跋及疏讚類」(『宗教界』13—5、1917年)。
50	楡第～窟	楡林窟の敦煌研究院編號。

51	B63 No.366	土肥義和ノート（1994,4,1）。XAPA-XOTO 出土漢文文書 "Л.Н. Меньшиков "Олисание Китайских ЧРТТИ КОЛЛЕКЦИИ иэ ХАРА-ХОЧО（Фонд П.К.Коэлова）Приложения составил Л.И.Чугуевский. МОСКВА 1984" p.401（文獻號B63＝通し番號366、整理番號инв100 1953）。
52	BD	中國國家圖書館（舊北京圖書館）藏遺書番號。『國家圖書館藏敦煌遺書』（1〜146冊）（北京圖書館出版社 2005〜2008年）。
53	BM	The British Museum（英國國家博物館）番號。
54	Concile de Lhasa,pl. II	*Le Concile de Lhasa. Une controverse sur le quiétisme entre bouddhistes de l'Inde et de la Chine au VIIIe siècle de l'ère chrétienne. Collège de France, Institut des hautes études chinoises, Bibliothèque de l'Institutdes hautes études chinoises, volume VII. 410 p.,32 pl.h.-t., 1952-1987, avec avertissement et corrigenda, réimpression 2006.*
55	EO	ギメ美術館藏（舊ルーブル美術館東洋部收藏）。
56	HOERNLE,JASB LXX-1,EXTRA.NO.1. PL.IV	"A Report on the British Collection of Antiquities from Central Asia." *The Journal of the Asiatic Society of Bengal.Part 1.History,archaeology, literature.Calcutta.By A.F.Rudolf Hoernle,C,I,E.,PH,D.1901.*
57	IOL（C.Vol.fol）	India Office Library（英國舊インド省圖書館敦煌漢文文獻＝英國國家圖書館 The British Library）
58	MG	ギメー美術館所藏番號。
59	Or.	大英圖書館東洋部所藏番號 Oriental Collections の略。
60	P	Pelliot Number（フランス國立圖書館藏敦煌漢文文獻）。
61	PAINTING FROM TUN-HUANG STEIN COLLECTION	Painting from Tun-huang Stein collection: 286 photographs in various sizes.（東洋文庫藏）
62	Pn	GROTTES DE TOUEN-HOUANG CALNET DE NOTES DE PAUL PELLIOT, INSCRIPTION ET PEINTURES MURARES, I〜VI
63	P.tib	Pelliot tibetain の略。
64	S	Stein Number（英國國家圖書館藏敦煌漢文文獻）の略。
65	SP（C.Ch）	Stein Painting の略。一部は The British Library にも所藏されている。
66	S.tib.R.119.	スタイン・チベット文獻・マイクロリール№（東洋文庫藏）。
67	Stein Painting	Arthur Waley "*A Catalogue of Paintings Recoverd from Tun-huang by Sir Aurel Stein*", London, 1931. の整理番號。
68	ZSD	『中國書店藏燉煌文獻』整理番號。《中國書店藏敦煌文獻》編輯委員會編撰『中國書店藏敦煌文獻』中國書店、2007年。
69	Дх	Дуньхуан（ロシア科學院東方研究所サンンクトペテルスブルク圖書館藏敦煌文獻）番號。
70	Ф	Флуг（ロシア科學院東方研究所サンンクトペテルスブルク圖書館藏敦煌文獻番號＝ロシア敦煌文獻初期の編目；Константин Константинович Флуг,1893〜1942）の首字略。

頭字總畫檢字表

一畫

一	50082-50093
乙	50512

二畫

丁	12865-12868
七	53788-53794
九	51820-51823
了	60069-60097
二	57444-57445
八	57557-57562
力	60006-60007
十	54020-54034
厶	16559

三畫

万	59294-59304
三	53511-53520
上	54566-54579
下	51992-51994
乞	53394-53399
于	01563-01566
兀	53408
丁	55467
乙	53400
大	55924-55985
女	54090-54094
子	53552-53557
小	54338-54358
尸	06938
山	06778, 53521-53531
弓	04040

四畫

不	16080, 57599-57612
丑	56494-56528
云	50187
五	52965-52967
什	53971-53982
仁	07458
仍	07313-07318
元	04180-04186, 52857
公	53100
六	60328-60332
內	57422
勿	16730-16731, 59841-59845
升	54337
尹	00734-00790
友	59852-59867
壬	07490-07496
天	56858-56863
太	55899-55903
孔	04666-04859
屯	57327-57328
心	54851-54864
戈	03352
戶	13547
支	06950-06958
文	16286, 57898-57980
无	59597-59667
日	57447-57474
月	52670-52679
木	59279-59280
比	57580
毛	16701-16705
水	07502, 55167
牛	04044
王	01891-03122, 50509-50511

五畫

世	07507
主	06974
丼	55215
付	16081-16082
仙	55464-55466
令	19277-19712, 60106
介	06963
功	53101-53103
加	50534-50536
半	57564
印	50095-50100
奴	56871-56879
古	04202
句	53104-53105
可	50537
史	06783-06934, 53545
司	06935-06937
四	53548-53551
外	51119-51120
央	01889
尼	57446
左	05596-05639
巧	53121-53138
布	57645
平	16287-16330, 57981-57992
幼	59898
弘	53208-53248
必	16069
戊	58292
打	55897
申	07351-07366
由	59870
末	16601, 59292-59293
本	59281
正	55313-55366
永	50224-50276
氾	15194-16006
玄	04198, 52919-52951
玉	51885
瓜	50542
生	55412
用	59899-59900
田	13416-13546, 56866
白	15024-15108, 57556
目	16706-16729
石	07603-07913
立	60009
艽	51826

六畫

丞	54580
仵	04263, 52968-52969

任	07459-07489, 55165-55166
伊	00724
伍	52970
休	51824-51825
仗	16285
兆	09504-09507
光	04664, 53033-53099
全	55492-55496
再	53413-53460
列	60278
合	53381-53382
吉	04027-04039, 51815-51819
名	59674-59677
吏	17396-17401
吐	56867-56869
回	50561
因	00793-00795, 50173-50183
多	09394-09395
好	53115
如	54095-54130
妃	51630
存	55880-55895
宇	01567-01568
守	53819-53830
安	00001-00723, 50005-50015
寺	53654-53658
忙	59273
托	55986
朱	06975-07043
汎	16007
汜	06959-06962
江	05252-05256
灰	51105-51107
竹	09471-09501
米	16331-16433, 57993
老	60327
有	59893-59894
自	53760-53782
至	53651
虫	56535-56536
行	53355-53367
西	55443-55445

七畫

伯	57536-57555
伴	16066
似	06964-06966
伽	03137-03138, 50532
住	07196, 53983-54019
佐	05594-05595
何	03139-03317, 50533
佛	57881-57894
亘	03992
初	54080
判	57563
利	59925-59955
努	13735
君	04100-04101, 51988-51990
含	51213-51214
呈	12869-12870
吳	04264-04628
吹	07501
吼	53106
吾	52971
告	05558
呂	18952-19046
妙	59324-59595
妣	16067
孝	53116-53120
宋	08102-08657, 55814-55815
完	51185-51186
希	51633-51636
延	01579-01588, 50398-50441
弄	60325
忍	14650, 57475-57477
志	53558-53634
成	07508-07526, 55270-55277
戒	50605-50917
改	50918
良	19049, 60100-60103
李	17402-18479
杜	13548-13734
步	58289
每	59291
汪	01890
沈	07367-07396

沙	05640-05647, 53411-53412
沒	16591-16593
沟	51886
狄	56850-56851
玙	50184
秀	53938-53945
甶	56537-56538
見	52818-52822
赤	07914, 55457-55460
足	55874
車	06972
辛	07408-07456, 55140-55141
余	16754
迚	55491
邢	04167
那	57421
邦	16553-16555
里	18480-18482
阮	04199-04201
防	59278

八畫

佰	57596
使	06779-06782
來	17350-17353, 59910-59912
供	51830-51831
依	50020-50023
兒	53653
具	51982
典	56857
叔	54042-54043
取	53818
受	53847
周	07045-07136, 53850
咄	14641
和	03347-03348, 60356-60364
固	52952
幸	04665, 53107-53114
奉	58309
妹	59289-59290
姑	52953
孟	16611-16700
季	51631
宗	08658-08661, 55816-55836

定	12871, 56668-56809	長	12645-12646, 56587-56639	流	60011-60020
宜	51697-51702	阿	50001-50002	炫	04174-04178
尚	07281, 54359-54371	青	55446-55447	皆	51108
居	04045			皇	05257-05258
屈	04081-04099			皈	51683-51696
岳	03876-03895	**九畫**		盈	50277-50288
帑	56880			相	09290, 55845-55856
彼	57574-57576	侯	04629-04654	省	54439
忠	56529-56533	係	51995	突	14642, 57322-57323
念	57478-57486	俊	54045-54048	紅	05259-05261, 53342
性	55216-55269	俗	55876-55879	紀	05575-05578
房	16560	保	16434-16436, 58044-58288	美	57591-57594
承	54372-54402	信	54790-54849	羑	55789-55790
拓	09398-09399	勃	16588-16590	胡	04203-04259, 52954-52964
拙	55461	南	14646-14647, 57423-57440	羿	13040-13041
放	58391	品	57597-57598	苞	59270-59272
昇	54403-54404	姚	16755-16805	苟	53346-53354
昌	54405-54406	姜	04052	若	06973
明	16604-16610, 59678-59839	姨	50024-50026	英	50289-50300
易	50302	威	00725-00727, 50027-50046	苻	16116-16122, 57760
昔	07601-07602	要	59897	范	16015-16065
杭	53286	客	51121	荊	04130-04166
東	56882-56883	宣	55468-55469	衍	50447-50449
松	54407	巷	04862	貞	13043, 56837-56849
林	19276	幽	59868-59869	迢	56586
武	16123-16230	建	52803-52810	重	54039-54041
沿	50442	廻	50562	降	53371
泊	15006-15023	彥	52916-52918	陳	07044
法	58392-59269	思	53635-53649	韋	00731
波	57528-57530	恆	53249-53284	音	03136, 50530-50531
泣	04041-04042	拽	50194	首	53843
注	56534	持	53757	香	05280, 53372-53379
爭	55841	拼	07282		
庄	54437-54438	政	55278-55308	**十畫**	
的	56852	星	07527-07530		
直	56642	春	54049-54052	乘	07312, 54581-54611
知	56483-56491	昴	59274-59275	俳	57532
祁	03987	柔	07197	候	04655-04663
空	51983-51986	柳	18816-18821	倫	60105
花	03353-03354, 50543-50559	段	09441-09464, 56002	党	56881
芍	53345	毖	57581	准	54054-54055
表	16073-16077	泉	08029-08031	剡	50303
迎	52669	洛	17383-17387	原	52858-52859
采	05716-05718	洞	14639	倉	55813
金	04063-04074, 51895-51979	津	54870	員	00791-00792, 50101-50172
		洪	53288-53339	哥	03349, 50538
				哲	56853-56855

1189

唐	13736-13974	茘	59968-59969	敎	51837-51854
城	07319	虔	52813-52817	晟	55309-55312
娑	53410	袁	01590-01600	曹	08662-09280, 55840
娘	54612-54618	訓	51991	朗	19763-19764
孫	09299-09392	起	03991	望	59276
師	06940-06949	辱	54789	桯	12872
庭	56810	迴	51115	梁	19050-19273
修	53851-53937	退	55914-55916	梅	15004
徐	07221-07269	迥	52662-52668	梳	54081
恩	50513-50529	郝	03618-03646	梵	59282-59283
悟	52972-53032	郎	19765	淬	04129
振	54866-54867	除	07270-07274	淡	09421
時	53758-53759	馬	14653-14966	淨	54693-54785
晏	50016-50019	骨	05579-05580, 53401-53405	深	54871-54873
晉	54868-54869	高	05281-05544	淳	07218-07219
柴	05679-05689			清	55367-55410
校	53287	**十一畫**		牽	60008
梅	55470			理	59957-59967
桀	04169	乾	03898-03899, 51184	畢	57595
桑	09283-09287	偏	57994-57995	略	60010
殊	53831-53841	勒	60333	眼	51216-51220
殷	00796-00797	唯	59848-59850	祥	54440-54466
泰	55904-55905	國	05559, 53383-53386	章	54468-54478
浪	60326	堆	55898	符	16115
海	50960-51104	婁	19761-19762	細	53507
涓	04173	婢	57570-57573	紹	54480-54552
烈	60279	宿	54044	脩	53946
珠	53842	寂	55453-55456	荷	03355
珩	53341	寄	51632	莎	05648
留	60021-60038	密	59319-59323	莛	50444
眞	07398-07399, 54874-55015	寇	04860-04861	處	54082-54088
破	57531	將	07275-07280	虛	51827-51828
祐	59871-59892	專	08028	訥	57324-57326
祕	57582-57585	崇	07503-07504, 55182-55213	許	04046-04049
袜	57590	崑	53409	軟	14648-14649, 57441
祝	07198-07217	崔	05649-05678, 53506	逍	54564
神	55016-55139	常	07320-07343, 54619-54692	通	56646-56667
秦	07400-07406	康	04863-05251	速	09298, 55875
粉	57895-57896	張	09508-12296	連	19713, 60318-60322
納	57487-57488	得	57244-57259	郭	03647-03872
素	55791	從	54035-54038	陰	00799-01561
索	05719-05768	悉	06967-06971, 53795-53808	陳	12647-12864
羑	16068	惟	50047-50060	陸	18483
頁	09465	捨	53813-53815	頂	56640
能	57489-57527	啓	52585-52634	鳥	56641
致	56492			麻	16595-16600
般	57566-57568				

十二畫

傅	16083-16111, 57613
割	51181
勝	54161-54336
博	15005
最	53461-53505
善	08039-08040, 55497-55779
喜	51606-51629
喝	51182
喧	52680
喬	04050-04051
堅	52681-52802
堯	51882-51884
壹	50081
媚	57586-57588
媧	03351
富	16112-16114, 57614-57644
寒	03900-03901
尰	55896
寮	60098
就	07137-07194
嵒	51215
彭	16488-16551
悲	57577-57579
惠	04103, 51996-52449
惡	50004
惣	55837
提	56811
敢	03902-03905
斯	53650
普	57646-57759
景	04104-04128
智	56073-56481
曾	09281-09282
殘	53536-53544
渦	50541
游	16732-16742
渾	05581-05593
湊	09288
湛	09422
湯	13975-13976
無	59668-59673
焦	07283-07284
然	55781
猪	09502

猶	53340
琛	07397
琮	55842
畫	03566-03616
登	13988
硯	04179
程	12873-13039
等	56885-56886
粧	54479
買	57533-57535
翕	04058
朝	56556-56562
莽	59277
菊	51814
菜	05691-05707
菩	58293-58308
華	03356-03358
訶	50560
詞	53652
詠	50301
象	54563
賀	03425-03541
超	12297-12298, 56564-56585
躰	55906-55913
進	07457, 55142-55164
逸	50094
都	56870
鈝	07538
開	51116-51118
閔	54062-54066
陽	17088-17146
隆	18822, 60039
隋	55172-55173
雄	16753
集	07195, 53970
雲	01569, 50188-50193
順	54067-54079
馮	16234-16284
黃	05545-05557, 53380
黑	05560-05574, 53387-53393

十三畫

傳	13414-13415, 56865
嗣	53546-53547
圓	50304-50392
塩	50393-50397

嵩	07505-07506
廉	60280
微	57589
想	55838-55839
意	50061-50070
愛	50003
慎	54865
敬	52635-52643
新	07348-07350
暄	04171
暉	51638
會	03542, 50919-50959
楊	16806-17085
溪	52644
溫	03123-03135
滑	03897
照	54408-54436
當	07344
當	13986-13987
祿	60334
窟	51987
義	51704-51813
聖	55420-55442
與	59896
萬	59316-59317
萼	03896
落	17388
葉	17087
董	14013-14238
葵	03988-03990
虞	04080
虜	51829
解	03543-03565, 51109-51114
詮	08034-08037
賈	03359-03423
路	60323
遁	57329
遂	55168-55171
遊	16743-16752, 59895
遍	57997-58012
過	03424
道	56887-57243
達	09400-09420, 55987-55997
違	00730
酬	53947
鉗	03914
鉢	15109-15113

雍	59904	趙	12299-12644	蔡	05708-05715
雷	17355-17376	遙	59903	蔣	07300-07309
靖	55448	遜	09393	蔭	00798
靳	04075-04076	遠	50450-50451	調	56563
頓	57330-57334	際	53508	談	09466-09470, 56003-56072
		隱	01562	諒	19274-19275
十四畫		雒	17389-17395	論	60335-60355
		齊	07539-07600, 55451-55452	遭	09291
像	54131-54160			鄧	14239-14638
僕	16561-16562			鄭	13044-13066
僧	55793-55812	**十五畫**		鄱	08041-08053
凭	16231-16233			養	59905-59906
嘉	03350, 50539	價	03318-03346	魯	19760
壽	53848-53849	劇	04168		
夢	59596	劉	18484-18815	**十六畫**	
嫪	60324	增	55862-55863		
察	53509	嬌	51832-51836	儒	53844-53846
實	53809-53812	審	07346-07347	冀	03985-03986
寧	14651-14652	履	59956	凝	04059-04060, 51862-51881
對	09396	廣	53139-53207	學	51180
廖	19047-19048	影	01570-01571	屦	06939
慈	53659-53756	徵	56541-56542	憑	16070-16072
慢	59305	德	57260-57320	憨	51187-51204
摖	53510	慕	16437-16481	揭	51183
喟	53285	慧	52450-52457	曇	57335-57420
榮	50195-50223	慰	00728	橋	04053-04057
歌	50540	慶	52458-52584	燈	13977-13985
滿	16602-16603, 59306-59315	摩	59284-59288	燉	14643-14645
		撩	60099	燒	07285-07298
漕	09289	暮	16482-16487	獨	14640, 57321
漢	03906-03911, 51205-51209	樂	17377-17382, 59913-59921	盧	19714-19759
		樊	15114-15193	磨	16594
漸	55780	樞	55214	穆	16563-16587
疑	51703	潘	16008-16011, 57565	穎	01572
盡	07497-07500	潛	55471-55490	築	56493
福	57761-57880	潤	07220, 54056-54061	興	05262-05279, 53344
稱	54467	澄	56543-56553	蕋	13042, 56812-56836
端	09423, 55998	澆	04061	蕉	07310
精	55413-55419	澎	16552	衞	01573-01578
綠	60104	璀	05690	親	07407
維	50071-50080	璆	04043	諫	03912-03913
綿	59840	瘦	55843-55844	諸	54089
翟	13068-13411	緊	51887-51894	賢	52824-52856
蒲	58290-58291	緣	50443	賴	17354
裴	14967-15003	膠	53343	鋼	53368-53370
褚	09503	蓮	60281-60317	錂	50452
誠	07536-07537	蕁	08032-08033	閻	01601-01888
賓	16078-16079	蔚	00729		
赫	03617				

隨	55174-55181	顏	51221	顧	04260-04262
霍	03873-03875	顓	04062	鶘	53406-53407
靜	55449-55450	魏	03993-03996		

十七畫

債	00732-00733
優	59851
彌	59318
徽	51637
應	50453-50508
檀	56001
濟	07531-07535, 55411
濤	56884
濬	54053
璨	53532-53533
禪	55782-55788
糞	57897
聰	55857-55861
膺	17086
蘭	50445-50446
薛	07915-08027, 55462-55463
謙	52823
還	51211-51212
醜	53948-53969
韓	03925-03979
鮮	08038
點	56864

十八畫

壒	59922
嬸	54850
戴	09397
擲	13067
歸	51639-51682
瞿	04077-04079, 51980
薩	06769-06777
薰	04102
軀	51981
鎮	56643-56645
鬘	57569
闕	04170
關	03915
雙	09292-09297
離	59970-60005

十九畫

寵	56539-56540
懷	50563-50604
瀾	01589
瓊	52645-52648
癡	56482
簫	07299
羅	17147-17349, 59909
藍	59923
藏	55864-55873
藥	59846-59847
蠅	59901-59902
證	07311, 54553-54562
譚	09424-09440, 55999-56000
贊	53534-53535
辭	53783-53787
鏡	51855-51861
難	57442-57443
願	03982-03984, 51222-51605
顛	13413
麴	03997-04026
龐	16556-16558

二十畫

嚴	04187-04197, 52860-52915
寶	58310-58390
獻	52811-52812
礬	16012-16014
竇	13989-14012
繼	52649-52661
蘇	08054-08101, 55792
覺	51122-51179
觸	54786-54788
釋	53816-53817
鐘	54565
闞	03916-03924

二十一畫

辯	58013-58043
鐵	13412

顧	04260-04262			
鶘	53406-53407			

二十二畫

權	04172
疊	07345
聽	56554-56555
鑄	56856

二十三畫

嚴	03980-03981
變	57996
體	55917-55923

二十四畫

靈	60107-60277
鷹	59907-59908

二十五畫

觀	51210

二十六畫

欎	50185

二十九畫

鬱	50186

三十畫

鸞	59924
□	19766-19960, 60365-60392
冖	19961, 60393-60402

龍 18823-18951, 60040-60068

本書收錄漢字人名文書番號一覽

0001	B63 NO.366	0039	BD00471(洪71)	0075	BD01136(宿36)	0113	BD01920(收20)
0002	BD00002v(地2)	0040	BD00481(洪81)	0076	BD01139(宿39)	0114	BD01943v(收43)
0003	BD00018(地18)	0041	BD00502v(荒2)	0077	BD01194(宿94)	0115	BD01950v(收50)
0004	BD00025(地25)	0042	BD00535(荒35)	0078	BD01197(宿97)	0116	BD01952(收52)
0005	BD00037(地37)	0043	BD00550v(荒50)	0079	BD01234(列34)	0117	BD01957(收57)
0006	BD00096(地96)	0044	BD00558v(荒58)	0080	BD01281(列81)	0118	BD01957v(收57)
0007	BD00098(地98)	0045	BD00581(荒81)	0081	BD01282v(列82)	0119	BD01971(收71)
0008	BD00099①~③(地99)	0046	BD00587(荒87)	0082	BD01302(張2)	0120	BD01979(收79)
0009	BD00103(黃3)	0047	BD00588(荒88)	0083	BD01325(張25)	0121	BD01988(收88)
0010	BD00104(黃4)	0048	BD00588①(荒88)	0084	BD01335	0122	BD01995(收95)
0011	BD00111(黃11)	0049	BD00628(日28)	0085	BD01343(張43)	0123	BD01998(收98)
0012	BD00131(黃31)	0050	BD00641(日41)	0086	BD01362(張62)	0124	BD02008v(冬8)
0013	BD00186v(黃86)	0051	BD00649(日49)	0087	BD01386(張86)	0125	BD02017(冬17)
0014	BD00194(黃94)	0052	BD00666Av(日66)	0088	BD01389(張89)	0126	BD02024①(冬24)
0015	BD00207(宇7)	0053	BD00680(日80)	0089	BD01500(寒100)	0127	BD02044(冬44)
0016	BD00210(宇10)	0054	BD00789(月89)	0090	BD01547(來47)	0128	BD02057(冬57)
0017	BD00234v(宇34)	0055	BD00831①(盈31)	0091	BD01554(來54)	0129	BD02058v(冬58)
0018	BD00242(宇42)	0056	BD00831②(盈31)	0092	BD01583v(來83)	0130	BD02059v(冬59)
0019	BD00244(宇44)	0057	BD00831③(盈31)	0093	BD01588v(來88)	0131	BD02062v(冬62)
0020	BD00248(宇48)	0058	BD00834v(盈34)	0094	BD01617(暑17)	0132	BD02078(冬78)
0021	BD00248v(宇48)	0059	BD00837(盈37)	0095	BD01695v(暑95)	0133	BD02083(冬83)
0022	BD00268v(宇68)	0060	BD00863(盈63)	0096	BD01733(往33)	0134	BD02092(冬92)
0023	BD00281v(宇81)	0061	BD00876(盈76)	0097	BD01821(秋21)	0135	BD02095v(冬95)
0024	BD00286(宇86)	0062	BD00876v②(盈76)	0098	BD01822(秋22)	0136	BD02098(冬98)
0025	BD00288(宇88)	0063	BD00973(昃73)	0099	BD01826(秋26)	0137	BD02114(藏14)
0026	BD00291v①②(宇91)	0064	BD00981v(昃81)	0100	BD01830(秋30)	0138	BD02126v②(藏26)
0027	BD00292(宇92)	0065	BD00987(昃87)	0101	BD01835(秋35)	0139	BD02126v⑤(藏26)
0028	BD00329(宙29)	0066	BD01005(辰5)	0102	BD01842v(秋42)	0140	BD02126v⑦(藏26)
0029	BD00342(宙42)	0067	BD01036③(辰36)	0103	BD01850(秋50)	0141	BD02126v⑧(藏26)
0030	BD00355(宙55)	0068	BD01039(辰39)	0104	BD01857(秋57)	0142	BD02126v⑨(藏26)
0031	BD00381v(宙81)	0069	BD01046(辰46)	0105	BD01857v①(秋57)	0143	BD02126v⑩(藏26)
0032	BD00389v(宙89)	0070	BD01047(辰47)	0106	BD01857v②(秋57)	0144	BD02127(藏27)
0033	BD00394(宙94)	0071	BD01048v(辰48)	0107	BD01857v③(秋57)	0145	BD02129(藏29)
0034	BD00403(洪3)	0072	BD01062v(辰62)	0108	BD01866v(秋66)	0146	BD02134(藏34)
0035	BD00417Av(洪17)	0073	BD01063v(辰63)	0109	BD01879(秋79)	0147	BD02148(藏48)
0036	BD00434(洪34)	0074	BD01064(辰64)	0110	BD01887(秋87)		
0037	BD00450(洪50)			0111	BD01904v(收4)		
0038	BD00460①②(洪60)			0112	BD01909v(收9)		

本書收錄漢字人名文書番號一覽

0148	BD02200(藏100)	0187	BD02625(律25)	0232	BD03349(雨49)	0272	BD04256v①3(玉56)
0149	BD02258v③(閏58)	0188	BD02628(律28)	0233	BD03355⑤(雨55)	0273	BD04256v②(玉56)
0150	BD02265v(閏65)	0189	BD02653(律53)	0234	BD03365(雨65)	0274	BD04278(玉78)
0151	BD02295(閏95)	0190	BD02672(律72)	0235	BD03393②(雨93)	0275	BD04291v(玉91)
0152	BD02296(閏96)	0191	BD02722(呂22)	0236	BD03398(雨98)	0276	BD04308(出8)
0153	BD02296v(閏96)	0192	BD02729(呂29)	0237	BD03427(露27)	0277	BD04309(出9)
0154	BD02298v(閏98)	0193	BD02745(呂45)	0238	BD03441(露41)	0278	BD04311(出11)
0155	BD02315(餘15)	0194	BD02767(呂67)	0239	BD03448(露48)	0279	BD04313(出13)
0156	BD02318(餘18)	0195	BD02823v(調23)	0240	BD03455(露55)	0280	BD04316(出16)
0157	BD02323(餘23)	0196	BD02831(調31)	0241	BD03458(露58)	0281	BD04325(出25)
0158	BD02329(餘29)	0197	BD02840(調40)	0242	BD03461(露61)	0282	BD04326(出26)
0159	BD02343(餘43)	0198	BD02853(調53)	0243	BD03461v(露61)	0283	BD04330(出30)
0160	BD02357(餘57)	0199	BD02858(調58)	0244	BD03472v(露72)	0284	BD04335(出35)
0161	BD02381v(餘81)	0200	BD02863v(調63)	0245	BD03482v(露82)	0285	BD04343(出43)
0162	BD02397(餘97)	0201	BD02891(調91)	0246	BD03483(露83)	0286	BD04351v(出51)
0163	BD02408(成8)	0202	BD02895(調95)	0247	BD03498(露98)	0287	BD04358(出58)
0164	BD02417v(成17)	0203	BD02905(陽5)	0248	BD03594(結94)	0288	BD04366(出66)
0165	BD02425v(成25)	0204	BD02939(陽39)	0249	BD03624(爲24)	0289	BD04382(出82)
0166	BD02439v(成39)	0205	BD02970(陽70)	0250	BD03699(爲99)	0290	BD04400v①(出100)
0167	BD02440v(成40)	0206	BD02971(陽71)	0251	BD03718(霜18)	0291	BD04400v②(出100)
0168	BD02441v(成41)	0207	BD02996(陽96)	0252	BD03726(霜26)	0292	BD04401(崑1)
0169	BD02456v(成56)	0208	BD02999(陽99)	0253	BD03736(霜36)	0293	BD04407v(崑7)
0170	BD02467v(成67)	0209	BD03048(雲48)	0254	BD03740(霜40)	0294	BD04450(崑50)
0171	BD02468v(成68)	0210	BD03060(雲60)	0255	BD03776(霜76)	0295	BD04451v(崑51)
0172	BD02475v(成75)	0211	BD03062(雲62)	0256	BD03800(霜100)	0296	BD04471v(崑71)
0173	BD02496(成96)	0212	BD03102②(騰2)	0257	BD03829(金29)	0297	BD04492(崑92)
0174	BD02496v(成96)	0213	BD03102v(騰2)	0258	BD03852v②(金52)	0298	BD04495(崑95)
0175	BD02496v①(成96)	0214	BD03103(騰3)	0259	BD03878(金78)	0299	BD04495v(崑95)
0176	BD02496v②(成96)	0215	BD03106v(騰6)	0260	BD03888(金88)	0300	BD04496(崑96)
0177	BD02496v③(成96)	0216	BD03113(騰13)	0261	BD03907(生7)	0301	BD04525v(崗25)
0178	BD02496v④(成96)	0217	BD03129(騰29)	0262	BD03922(生22)	0302	BD04530v①(崗30)
0179	BD02512v(歲12)	0218	BD03130(騰30)	0263	BD03924(生24)	0303	BD04542v①(崗42)
0180	BD02525(歲25)	0219	BD03137v(騰37)	0264	BD03925(生25)	0304	BD04544①~③(崗44)
0181	BD02531(歲31)	0220	BD03139(騰39)	0265	BD04048v(麗48)	0305	BD04546v(崗46)
0182	BD02537v(歲37)	0221	BD03141(騰41)	0266	BD04074(麗74)	0306	BD04548①(崗48)
0183	BD02552v(歲52)	0222	BD03160(騰60)	0267	BD04109(水9)	0307	BD04548②(崗48)
0184	BD02557v①(歲57)	0223	BD03170v⑥(騰70)	0268	BD04155(水55)	0308	BD04564(崗64)
0185	BD02557v②(歲57)	0224	BD03186(騰86)	0269	BD04232v(玉32)	0309	BD04571v(崗71)
0186	BD02574(歲74)	0225	BD03211v(致11)	0270	BD04256v①1(玉56)	0310	BD04584(崗84)
		0226	BD03228(致28)	0271	BD04256v①2(玉56)		
		0227	BD03272(致72)				
		0228	BD03276(致76)				
		0229	BD03326(雨26)				
		0230	BD03342(雨42)				
		0231	BD03347(雨47)				

0311	BD04621（劍21）	0355	BD05512v①（珍12）	0393	BD05910v（重10）	0436	BD06260（海60）
0312	BD04621v（劍21）			0394	BD05914v（重14）	0437	BD06261（海61）
0313	BD04642（劍42）	0356	BD05512v②（珍12）	0395	BD05917（重17）	0438	BD06262（海62）
0314	BD04659（劍59）			0396	BD05917v（重17）	0439	BD06272（海72）
0315	BD04661v（劍61）	0357	BD05515（珍15）	0397	BD05921（重21）	0440	BD06276（海76）
0316	BD04671（劍71）	0358	BD05546v（珍46）	0398	BD05924v（重24）	0441	BD06276v（海76）
0317	BD04698v（劍98）	0359	BD05547（珍47）	0399	BD05937（重37）	0442	BD06277（海77）
0318	BD04708（號8）	0360	BD05584（珍84）	0400	BD05941（重41）	0443	BD06277v（海77）
0319	BD04744（號44）	0361	BD05652（李52）	0401	BD05959（重59）	0444	BD06279（海79）
0320	BD04782（號82）	0362	BD05661（李61）	0402	BD05965v（重65）	0445	BD06285（海85）
0321	BD04824（巨24）	0363	BD05666v（李66）	0403	BD05978（重78）	0446	BD06302（鹹2）
0322	BD04861（巨61）	0364	BD05673v①（李73）	0404	BD05999（重99）	0447	BD06351（鹹51）
0323	BD04877（巨77）			0405	BD06004v①（芥4）	0448	BD06359（鹹59）
0324	BD04891（巨91）	0365	BD05673v②（李73）			0449	BD06359v①（鹹59）
0325	BD04910（闕10）			0406	BD06029（芥29）		
0326	BD04926（闕26）	0366	BD05673v③（李73）	0407	BD06035（芥35）	0450	BD06359v②（鹹59）
0327	BD04935（闕35）			0408	BD06073（芥73）		
0328	BD05016v（珠16）	0367	BD05673v④（李73）	0409	BD06085（芥85）	0451	BD06359v③（鹹59）
0329	BD05051v（珠51）			0410	BD06086（芥86）		
0330	BD05081v（珠81）	0368	BD05682（李82）	0411	BD06091v（芥91）	0452	BD06375（鹹75）
0331	BD05103（稱3）	0369	BD05698（李98）	0412	BD06110（薑10）	0453	BD06390（鹹90）
0332	BD05128（稱28）	0370	BD05701（奈1）	0413	BD06110v②（薑10）	0454	BD06408（河8）
0333	BD05163v（稱63）	0371	BD05737（奈37）			0455	BD06429（河29）
0334	BD05195v（稱95）	0372	BD05742②（奈42）	0414	BD06128（薑28）	0456	BD06437v①（河37）
0335	BD05197（稱97）			0415	BD06128v（薑28）		
0336	BD05208（夜8）	0373	BD05746（奈46）	0416	BD06135v（薑35）	0457	BD06457（河57）
0337	BD05254v（夜54）	0374	BD05750（奈50）	0417	BD06137（薑37）	0458	BD06533（淡33）
0338	BD05259（夜59）	0375	BD05757（奈57）	0418	BD06138（薑38）	0459	BD06591（淡91）
0339	BD05297（夜97）	0376	BD05788（奈88）	0419	BD06141（薑41）	0460	BD06602（鱗2）
0340	BD05298v②（夜98）	0377	BD05788v（奈88）	0420	BD06159（薑59）	0461	BD06606v（鱗7）
		0378	BD05801（菜1）	0421	BD06172（薑72）	0462	BD06632（翔40）
0341	BD05303v（光3）	0379	BD05802（菜2）	0422	BD06195（薑95）	0463	BD06665（鱗65）
0342	BD05308v（光8）	0380	BD05802v（菜2）	0423	BD06198（薑98）	0464	BD06679（鱗79）
0343	BD05315（光15）	0381	BD05819v（菜19）	0424	BD06208（海6）	0465	BD06688（鱗88）
0344	BD05315v（光15）	0382	BD05825（菜25）	0425	BD06216（海16）	0466	BD06694（鱗94）
0345	BD05326v（光26）	0383	BD05829（菜29）	0426	BD06218（海18）	0467	BD06725（潛25）
0346	BD05332（光32）	0384	BD05862（菜62）	0427	BD06221（海21）	0468	BD06776v（潛76）
0347	BD05388（光88）	0385	BD05866v（菜66）	0428	BD06222v（海22）	0469	BD06800（潛100）
0348	BD05402（菓2）	0386	BD05870v①（菜70）	0429	BD06231（海31）		
0349	BD05405（菓5）			0430	BD06240（海40）	0470	BD06823v②（羽23）
0350	BD05467（菓67）	0387	BD05871（菜71）	0431	BD06242（海42）		
0351	BD05494v（菓94）	0388	BD05879（菜79）	0432	BD06243A（海43）	0471	BD06824（羽24）
0352	BD05497v（菓97）	0389	BD05883v①（菜83）			0472	BD06826（羽26）
0353	BD05509（珍9）			0433	BD06245（海45）	0473	BD06827（羽27）
0354	BD05511（珍11）	0390	BD05883v②（菜83）	0434	BD06250（海50）	0474	BD06830（羽30）
				0435	BD06251（海51）	0475	BD06840v（羽40）
		0391	BD05891（菜91）			0476	BD06891（羽91）
		0392	BD05906（重6）				

本書收錄漢字人名文書番號一覽

0477	BD07009v(龍9)	0519	BD07459(官59)	0563	BD08134(乃34)	0608	BD09095v①(陶16)
0478	BD07023v(龍23)	0520	BD07491(官91)	0564	BD08140(乃40)	0609	BD09111(陶31)
0479	BD07038(龍38)	0521	BD07559(人59)	0565	BD08172v(乃72)	0610	BD09174(陶95)
0480	BD07053v(龍53)	0522	BD07579v②(人79)	0566	BD08176v(乃76)	0611	BD09174v(陶95)
0481	BD07067(龍67)	0523	BD07585(人85)	0567	BD08224(服24)	0612	BD09280(周1)
0482	BD07076(龍76)	0524	BD07610(皇10)	0568	BD08230(服30)	0613	BD09282(周3)
0483	BD07076A(龍76)	0525	BD07625(皇25)	0569	BD08235(服35)	0614	BD09282v(周3)
0484	BD07076B(龍76)	0526	BD07630②(皇30)	0570	BD08279(服79)	0615	BD09283(周4)
0485	BD07079(龍79)	0527	BD07640v(皇40)	0571	BD08325(衣25)	0616	BD09292(周13)
0486	BD07092(龍92)	0528	BD07647v(皇47)	0572	BD08358(衣58)	0617	BD09293①(周14)
0487	BD07101(師1)	0529	BD07675(皇75)	0573	BD08367v(衣67)	0618	BD09293②(周14)
0488	BD07109(師9)	0530	BD07684v(皇84)	0574	BD08389(衣89)	0619	BD09295(周16)
0489	BD07114(師14)	0531	BD07691(皇91)	0575	BD08401(裳1)	0620	BD09296(周16)
0490	BD07116A(師16)	0532	BD07712(始12)	0576	BD08418(裳18)	0621	BD09296v(周16)
0491	BD07116B(師16)	0533	BD07714(始14)	0577	BD08428(裳28)	0622	BD09298(周19)
0492	BD07118v(師18)	0534	BD07714v(始14)	0578	BD08436(裳36)	0623	BD09299(周20)
0493	BD07129v(師29)	0535	BD07725(始25)	0579	BD08460(裳60)	0624	BD09300(周21)
0494	BD07132v(師32)	0536	BD07733(始33)	0580	BD08475(裳75)	0625	BD09306(周27)
0495	BD07143(師43)	0537	BD07744(始44)	0581	BD08489(裳89)	0626	BD09308(周29)
0496	BD07149v(師49)	0538	BD07751(始51)	0582	BD08508(推8)	0627	BD09309(周30)
0497	BD07150v(師50)	0539	BD07760v(始60)	0583	BD08515(推15)	0628	BD09318A(周39)
0498	BD07154(師54)	0540	BD07767v(始67)	0584	BD08563(推63)	0629	BD09318B(周39)
0499	BD07157(師57)	0541	BD07779(始79)	0585	BD08567v(推67)	0630	BD09319B(周40)
0500	BD07161(師61)	0542	BD07805②(制5)	0586	BD08568(推68)	0631	BD09322①(周43)
0501	BD07167(師67)	0543	BD07848(制48)	0587	BD08588(推87)	0632	BD09322②(周43)
0502	BD07173(師73)	0544	BD07855(制55)	0588	BD08599(推99)	0633	BD09322v②(周43)
0503	BD07179v(師79)	0545	BD07856(制56)	0589	BD08611v(位11)	0634	BD09323(周44)
0504	BD07195(師95)	0546	BD07858(制58)	0590	BD08621(位21)	0635	BD09324(周45)
0505	BD07278(帝78)	0547	BD07887(制87)	0591	BD08636(位36)	0636	BD09325(周46)
0506	BD07282(帝82)	0548	BD07903(文3)	0592	BD08644v(位44)	0637	BD09332(周53)
0507	BD07286(帝86)	0549	BD07919(文19)	0593	BD08668(位68)	0638	BD09332v(周53)
0508	BD07291v(帝91)	0550	BD07951(文51)	0594	BD08678(位78)	0639	BD09333v①(周54)
0509	BD07310(鳥10)	0551	BD08007(字7)	0595	BD08679(位79)	0640	BD09333v①3(周54)
0510	BD07322v①(鳥22)	0552	BD08034(字34)	0596	BD08781①(國2)	0641	BD09333v③(周54)
0511	BD07327v(鳥27)	0553	BD08045(字45)	0597	BD08787(國8)	0642	BD09334(周55)
0512	BD07346v(鳥46)	0554	BD08055(字55)	0598	BD08860(國81)	0643	BD09335(周56)
0513	BD07373(鳥73)	0555	BD08059(字59)	0599	BD08888(國88)		
0514	BD07374(鳥74)	0556	BD08064(字64)	0600	BD08956v(有77)		
0515	BD07384(鳥84)	0557	BD08078(字78)	0601	BD08992v(虞13)		
0516	BD07410v(官10)	0558	BD08080(字80)	0602	BD09015v(虞36)		
0517	BD07424v(官24)	0559	BD08086(字86)	0603	BD09064(虞84)		
0518	BD07431v(官31)	0560	BD08087(字87)	0604	BD09089(虞84)		
		0561	BD08092(字92)	0605	BD09089(陶10)		
		0562	BD08112v(乃12)	0606	BD09089v(陶10)		
				0607	BD09095(陶16)		

0644	BD09335v(周56)	0677	BD09802①(朝23)	0703	BD11497(L1626)	0729	BD12304(L2433)
0645	BD09338①(周59)	0678	BD09868(朝90)	0704	BD11502①(L1631)	0730	BD12377(L2506)
0646	BD09338②(周59)	0679	BD09970(L0099)	0705	BD11523v(L1652)	0731	BD12384(L2513)
0647	BD09339(周60)	0680	BD10077(L0206)	0706	BD11577(L1706)	0732	BD12580(L2709)
0648	BD09339v①(周60)	0681	BD10160(L0289)	0707	BD11578(L1707)	0733	BD12652v(L2781)
0649	BD09339v②(周60)	0682	BD10236(L0365)	0708	BD11626(L1755)	0734	BD12731(L2860)
0650	BD09340(周61)	0683	BD10570(L0699)	0709	BD11822v(L1951)	0735	BD12744②(L2873)
0651	BD09341(周62)	0684	BD10661(L0790)	0710	BD11899(L2028)	0736	BD13069(L3198)
0652	BD09344(周65)	0685	BD10661v(L0790)	0711	BD11981(L2110)	0737	BD13155①(L3280)
0653	BD09344v(周65)	0686	BD10773A(L0902)	0712	BD11986③(L2115)	0738	BD13183(L3312)
0654	BD09345①(周66)	0687	BD10773v①(L0902)	0713	BD11987(L2116)	0739	BD13203(L3332)
0655	BD09345②(周66)	0688	BD10773v②(L0902)	0714	BD11988(L2117)	0740	BD13204(L3333)
0656	BD09346(周67)	0689	BD10864(L0993)	0715	BD11989(L2118)	0741	BD13683(L3812)
0657	BD09349A(周70)	0690	BD10981(L1110)	0716	BD11990(L2119)	0742	BD13800(簡68138)
0658	BD09369(周90)	0691	BD10981v(L1110)	0717	BD11992(L2121)	0743	BD13802(新0002)
0659	BD09370v②(周91)	0692	BD11007(L1136)	0718	BD11993(L2122)	0744	BD13836(新0036)
0660	BD09371v(周92)	0693	BD11177(L1306)	0719	BD11995(L2124)	0745	BD13841①(新0041)
0661	BD09383①(發4)	0694	BD11178(L1307)	0720	BD11996(L2125)	0746	BD13911(新0111)
0662	BD09383③(發4)	0695	BD11180(L1309)	0721	BD11997(L2126)	0747	BD13912(新0112)
0663	BD09472v①~③(發92)	0696	BD11181(L1310)	0722	BD11998(L2127)	0748	BD13915(新0115)
0664	BD09473(發93)	0697	BD11187v①(L1316)	0723	BD12003(L2132)	0749	BD13920(新0120)
0665	BD09520v(殷41)	0698	BD11287(L1416)	0724	BD12029(L2158)	0750	BD13922(新0122)
0666	BD09520v②(殷41)	0699	BD11287v(L1416)	0725	BD12203(L2332)	0751	BD13936(新0136)
0667	BD09520v③(殷41)	0700	BD11406(L1535)	0726	BD12272(L2401)	0752	BD13966(新0166)
0668	BD09520v④(殷41)	0701	BD11469(L1598)	0727	BD12301②(L2430)	0753	BD13967(新0167)
0669	BD09520v⑤(殷41)	0702	BD11493(L1622)	0728	BD12301v②(L2430)	0754	BD13969(新0169)
0670	BD09520v⑥(殷41)						
0671	BD09520v⑧(殷41)						
0672	BD09520v⑪(殷41)						
0673	BD09688v(坐9)						
0674	BD09705①(坐26)						
0675	BD09705v(坐26)						
0676	BD09711v(坐32)						

0755	BD13975（新0175）	0781	BD14486（新0686）	0807	BD14715②（新0915）	0833	BD15214（新1414）
0756	BD13982（新0182）	0782	BD14502（新0702）	0808	BD14728（新0928）	0834	BD15229（新1429）
0757	BD13984（新0184）	0783	BD14504（新0704）	0809	BD14750②（新0950）	0835	BD15240（新1440）
0758	BD14006（新0206）	0784	BD14540（新0740）	0810	BD14806①（新1006）	0836	BD15241⑤（新1441）
0759	BD14008（新0208）	0785	BD14546①（新0746）	0811	BD14806②（新1006）	0837	BD15244（新1444）
0760	BD14020（新0210）	0786	BD14575（新0775）	0812	BD14806③（新1006）	0838	BD15246①（新1446）
0761	BD14021（新0211）	0787	BD14576（新0775）	0813	BD14806v（新1006）	0839	BD15246②（新1446）
0762	BD14093（新0293）	0788	BD14578（新0778）	0814	BD14892（新1092）	0840	BD15246③（新1446）
0763	BD14096（新0296）	0789	BD14584（新0784）	0815	BD15016（新1216）	0841	BD15246④（新1446）
0764	BD14097（新0297）	0790	BD14587（新0785）	0816	BD15033（新1233）	0842	BD15246⑤（新1446）
0765	BD14098（新0298）	0791	BD14598（新0798）	0817	BD15034（新1234）	0843	BD15249v①（新1449）
0766	BD14099（新0299）	0792	BD14605（新0865）	0818	BD15035（新1236）	0844	BD15249v②（新1449）
0767	BD14100（新0300）	0793	BD14607（新0867）	0819	BD15077（新1277）	0845	BD15249v③（新1449）
0768	BD14101（新0301）	0794	BD14609（新0809）	0820	BD15079（新1279）	0846	BD15252（新1452）
0769	BD14103（新0303）	0795	BD14609v（新0809）	0821	BD15080（新1280）	0847	BD15289（新1489）
0770	BD14104（新0304）	0796	BD14622（新0822）	0822	BD15090（新1290）	0848	BD15294（新1494）
0771	BD14105（新0305）	0797	BD14666v④（新0866）	0823	BD15113（新1313）	0849	BD15303（新1503）
0772	BD14147②（新0347）	0798	BD14666v⑤（新0866）	0824	BD15154①（新1354）	0850	BD15305（新1505）
0773	BD14157（新0357）	0799	BD14667（新0867）	0825	BD15155（新1355）	0851	BD15316（新1516）
0774	BD14160②（新0360）	0800	BD14667v①②（新0867）	0826	BD15174v（新1374）	0852	BD15333（新1533）
0775	BD14161（新0361）	0801	BD14667v⑤（新0867）	0827	BD15177（新1377）	0853	BD15337（新1537）
0776	BD14176（新0376）	0802	BD14667v⑤-2（新0867）	0828	BD15199（新1399）	0854	BD15340（新1540）
0777	BD14184（新0384）	0803	BD14667v⑥（新0867）	0829	BD15200（新1400）	0855	BD15342（新1542）
0778	BD14185（新0385）	0804	BD14670（新0870）	0830	BD15201（新1401）	0856	BD15348（新1548）
0779	BD14456（新0655）	0805	BD14676（新0876）	0831	BD15206（新1406）	0857	BD15349（新1549）
0780	BD14466（新0666）	0806	BD14679（新0879）	0832	BD15212（新1413）	0858	BD15354v

0859	BD15358(新1558)	0887	BD16022A (L4018)	0913	BD16096A (L4059)	0939	BD16134B (L4070)
0860	BD15362(新1562)	0888	BD16022Av (L4018)	0914	BD16096B (L4059)	0940	BD16137A (L4072)
0861	BD15379v	0889	BD16022c (L4018)	0915	BD16097 (L4060)	0941	BD16137Av (L4072)
0862	BD15386(新1586)	0890	BD16025 (L4018)	0916	BD16100 (L4063)	0942	BD16145A (L4074)
0863	BD15387(新1587)	0891	BD16026A (L4018)	0917	BD16100v (L4063)	0943	BD16148A (L4077)
0864	BD15404(簡068066)	0892	BD16026B (L4018)	0918	BD16111A (L4066)	0944	BD16151 (L4079)
0865	BD15405(簡068067)	0893	BD16026c (L4018)	0919	BD16111H (L4066)	0945	BD16152 (L4080)
0866	BD15411(簡068072)	0894	BD16029 (L4020)	0920	BD16111I (L4066)	0946	BD16154 (L4081)
0867	BD15412(簡068075)1	0895	BD16030 (L4021)	0921	BD16111o (L4066)	0947	BD16162A (L4084)
0868	BD15412(簡068075)2	0896	BD16030v (L4021)	0922	BD16111P (L4066)	0948	BD16170 (L4089)
0869	BD15427(簡071054)2	0897	BD16031v (L4022)	0923	BD16112A (L4066)	0949	BD16175D (L4092)
0870	BD15434①	0898	BD16034 (L4024)	0924	BD16112B (L4066)	0950	BD16175F (L4092)
0871	BD15434v②	0899	BD16036v (L4025)	0925	BD16112F (L4066)	0951	BD16177c (L4094)
0872	BD15438(簡039388)	0900	BD16043B (L4027)	0926	BD16112G (L4066)	0952	BD16181v (L4097)
0873	BD15469	0901	BD16044A (L4027)	0927	BD16113A (L4066)	0953	BD16182A (L4098)
0874	BD15473(簡068104)	0902	BD16044Av (L4027)	0928	BD16113B (L4066)	0954	BD16191A (L4099)
0875	BD15473v(簡068104)	0903	BD16052A (L4028)	0929	BD16113c (L4066)	0955	BD16191B (L4099)
0876	BD15481(簡068107)	0904	BD16052B (L4028)	0930	BD16115H (L4066)	0956	BD16192 (L4099)
0877	BD15493v(簡057870)	0905	BD16052D (L4028)	0931	BD16115J (L4066)	0957	BD16195 (L4099)
0878	BD15623(簡057871)	0906	BD16068 (L4039)	0932	BD16117B (L4066)	0958	BD16200D (L4099)
0879	BD15628	0907	BD16074 (L4040)	0933	BD16127B (L4067)	0959	BD16200I (L4099)
0880	BD15759(簡071484)	0908	BD16074B (L4040)	0934	BD16128A (L4067)	0960	BD16200K (L4099)
0881	BD15779(簡068080)	0909	BD16079 (L4048)	0935	BD16128B (L4067)	0961	BD16200L (L4099)
0882	BD16001 (L4003)	0910	BD16083 (L4050)	0936	BD16128c (L4067)	0962	BD16200Q (L4099)
0883	BD16003A (L4004)	0911	BD16085A (L4052)	0937	BD16129A (L4067)	0963	BD16200R (L4099)
0884	BD16003B (L4004)	0912	BD16090 (L4054)	0938	BD16130 (L4067)	0964	BD16211 (L4105)
0885	BD16021A (L4018)						
0886	BD16021c (L4018)						

0965	BD16212 (L4105)	0990	BD16295A (L4132) + BD16298 (L4133)	1020	BD16516	1059	MG17695
0966	BD16214 (L4105)			1021	BD16522	1060	MG17775
				1022	BD16536	1061	MG17778
0967	BD16228v (L4111)	0991	BD16317 (L4409)	1023	BD16553	1062	MG17780
0968	BD16230A (L4112)	0992	BD16328 (L4419)	1024	BD16560v	1063	MG22799
				1025	BD16562	1064	MG23078
0969	BD16230B (L4112)	0993	BD16332A (L4423)	1026	BD16563	1065	MG23079
				1027	BD16564B	1066	MG25486
0970	BD16230C (L4112)	0994	BD16332B (L4423)	1028	BD16566	1067	P0001v
				1029	BD・劫餘錄續編 0329	1068	P0006v
0971	BD16231 (L4112)	0995	BD16333A (L4424)			1069	P0476r.v
				1030	C. 110 (IOL)	1070	P0865v
0972	BD16238 (L4113)	0996	BD16336A1 (L4425)	1031	CH. 0014	1071	P0925
				1032	CH. 0043	1072	P1475v⑭
0973	BD16239 (L4113)	0997	BD16336B (L4425)	1033	CH. 0519v (BM. SP. 228v)	1073	P2012v
						1074	P2014v
0974	BD16240 (L4113)	0998	BD16363A (L4446)	1034	CH. 8212 (78)	1075	P2021v
				1035	CH. LV. 0023 (BM. SP5)	1076	P2026v
0975	BD16243 (L4113)	0999	BD16376 (L4452)			1077	P2028
				1036	CH. XVIII. 0003 (BM. SP7)	1078	P2032v
0976	BD16245B (L4113)	1000	BD16381 (L4455)			1079	P2032v①
				1037	CONCILE DE LHASA, PL. II	1080	P2032v①-1
0977	BD16249 (L4115)	1001	BD16384 (L4458)			1081	P2032v①-2
				1038	E01135	1082	P2032v①-3
0978	BD16257 (L4116)	1002	BD16384v (L4458)	1039	E01141	1083	P2032v①-4
				1040	E01143	1084	P2032v②
0979	BD16260 (L0116)	1003	BD16387A (L4460)	1041	E01173	1085	P2032v③
				1042	E01232	1086	P2032v④
0980	BD16263 (L0116)	1004	BD16388A (L4460) + BD16388B (L4460)	1043	E01398	1087	P2032v⑤
				1044	E03566	1088	P2032v⑦
0981	BD16278A (L4122)			1045	E03639	1089	P2032v⑧
0982	BD16281Bv (L4123)	1005	BD16398Av (L4465)	1046	HOERNLE, JASB LXX-1, EXTRA. NO. 1. PL. IV	1090	P2032v⑨
						1091	P2032v⑩
0983	BD16281Cv (L4123)	1006	BD16453A			1092	P2032v⑪
		1007	BD16454	1047	I2894v⑤	1093	P2032v⑫
0984	BD16281Dv (L4123)	1008	BD16455	1048	IOL. CH. 1, 0021b	1094	P2032v⑬-1
		1009	BD16460	1049	IOL. T. J298b	1095	P2032v⑬-7
0985	BD16281Jv (L4123)	1010	BD16461	1050	IOL. T. J915	1096	P2032v⑬-10
		1011	BD16485	1051	IOL. Vol. 69. fol. 47-48v	1097	P2032v⑮-2
0986	BD16281Kv (L4123)	1012	BD16492A			1098	P2032v⑯-1
		1013	BD16499A	1052	IOL. Vol. 72. fol. 78	1099	P2032v⑯-2
0987	BD16281v① (L4123)	1014	BD16499B				
		1015	BD16499C	1053	M1288①	1100	P2032v⑯-3
0988	BD16282A (L4124)	1016	BD16503Av	1054	MG17659	1101	P2032v⑯-4
		1017	BD16504C	1055	MG17662	1102	P2032v⑰-5
0989	BD16282B (L4124)	1018	BD16504H	1056	MG17665	1103	P2032v⑰-8
		1019	BD16509A	1057	MG17667		
				1058	MG17688		

1104	P2032v⑱	1149	P2040v③-16	1194	P2216	1239	P2482③
1105	P2032v⑲	1150	P2042	1195	P2216v	1240	P2482④
1106	P2032v⑳-1	1151	P2046v	1196	P2222	1241	P2482⑤
1107	P2032v⑳-3	1152	P2048	1197	P2222B①	1242	P2482⑥
1108	P2032v⑳-4	1153	P2049v①	1198	P2236	1243	P2482v
1109	P2032v⑳-5	1154	P2049v①②	1199	P2237	1244	P2483v
1110	P2032v⑳-6	1155	P2049v②	1200	P2239	1245	P2484
1111	P2032v⑳-7	1156	P2054	1201	P2249v①	1246	P2484⑤
1112	P2032v㉑-1	1157	P2054v	1202	P2249v②	1247	P2488v
1113	P2032v㉑-2	1158	P2055②	1203	P2250	1248	P2491v
1114	P2040v	1159	P2055③	1204	P2250v①	1249	P2496piece1
1115	P2040v①-1	1160	P2061	1205	P2250v②	1250	P2498
1116	P2040v①-2	1161	P2066	1206	P2250v③	1251	P2498v
1117	P2040v①-4	1162	P2066v	1207	P2250v④	1252	P2502v①
1118	P2040v①-5	1163	P2068v	1208	P2250v⑤	1253	P2502v②
1119	P2040v①-6	1164	P2073	1209	P2259v	1254	P2504
1120	P2040v①-7	1165	P2079	1210	P2267	1255	P2504piece1
1121	P2040v①-8	1166	P2089	1211	P2270	1256	P2504piece3v
1122	P2040v②-1	1167	P2094①	1212	P2270v	1257	P2511
1123	P2040v②-2	1168	P2094②	1213	P2274	1258	P2515
1124	P2040v②-3	1169	P2098	1214	P2280	1259	P2516
1125	P2040v②-4	1170	P2100	1215	P2282	1260	P2537
1126	P2040v②-5	1171	P2104	1216	P2284	1261	P2537v
1127	P2040v②-10	1172	P2112	1217	P2286	1262	P2539
1128	P2040v②-13	1173	P2115v	1218	P2288v	1263	P2545v
1129	P2040v②-14	1174	P2122	1219	P2304r	1264	P2547piece1
1130	P2040v②-15	1175	P2125v	1220	P2304v	1265	P2550v②
1131	P2040v②-16	1176	P2132	1221	P2312	1266	P2555piece3
1132	P2040v②-17	1177	P2133v	1222	P2340	1267	P2555piece4
1133	P2040v②-18	1178	P2141v	1223	P2342piece3	1268	P2555piece5
1134	P2040v②-22	1179	P2142	1224	P2342piece4	1269	P2556
1135	P2040v②-23	1180	P2155③	1225	P2358v	1270	P2556v
1136	P2040v②-25	1181	P2161③	1226	P2374③	1271	P2564v
1137	P2040v②-26	1182	P2161piece1	1227	P2376v	1272	P2566v
1138	P2040v②-28	1183	P2162v	1228	P2384	1273	P2568
1139	P2040v②-29	1184	P2178	1229	P2404v	1274	P2569v
1140	P2040v②-30	1185	P2184	1230	P2415②	1275	P2570
1141	P2040v③-1	1186	P2187	1231	P2439	1276	P2573piece1
1142	P2040v③-2	1187	P2193	1232	P2439v	1277	P2578
1143	P2040v③-7	1188	P2204	1233	P2449v	1278	P2583v①
1144	P2040v③-10	1189	P2207piece2	1234	P2469	1279	P2583v②
1145	P2040v③-11	1190	P2207piece2v	1235	P2469v	1280	P2583v③
1146	P2040v③-12	1191	P2207piece3v	1236	P2472v①②	1281	P2583v④
1147	P2040v③-13	1192	P2207piece4	1237	P2482①	1282	P2583v⑤
1148	P2040v③-14	1193	P2213piece	1238	P2482②	1283	P2583v⑥

本書收錄漢字人名文書番號一覽

1284	P2583v⑦	1329	P2676	1374	P2761v③	1419	P2837v⑬
1285	P2583v⑨	1330	P2680v①	1375	P2762	1420	P2837v⑭
1286	P2583v⑪	1331	P2680v②	1376	P2763①	1421	P2838
1287	P2583v⑫	1332	P2680v④	1377	P2763②	1422	P2841r.v
1288	P2594v	1333	P2680v⑥	1378	P2763③	1423	P2841v
1289	P2595①	1334	P2680v⑦	1379	P2763⑤	1424	P2842piece1
1290	P2595②	1335	P2680v⑧	1380	P2766v	1425	P2842piece2
1291	P2598v	1336	P2680v⑨	1381	P2769	1426	P2842piece3
1292	P2603	1337	P2681	1382	P2769v	1427	P2842piece4
1293	P2604	1338	P2685	1383	P2770v	1428	P2846
1294	P2605	1339	P2686①	1384	P2776v	1429	P2847
1295	P2606	1340	P2686②	1385	P2803	1430	P2856v①
1296	P2609v	1341	P2689	1386	P2804v	1431	P2856v②
1297	P2612v	1342	P2690v	1387	P2807	1432	P2858v
1298	P2613	1343	P2692	1388	P2808	1433	P2859
1299	P2614v	1344	P2697	1389	P2814	1434	P2863
1300	P2618	1345	P2700lesv	1390	P2814r.v①	1435	P2863①
1301	P2618v	1346	P2700v	1391	P2814r.v②	1436	P2863②
1302	P2621	1347	P2703	1392	P2817v	1437	P2863③
1303	P2621v	1348	P2703v①	1393	P2821	1438	P2863④
1304	P2622piece1	1349	P2703v②	1394	P2821v③	1439	P2863⑤
1305	P2622v	1350	P2704	1395	P2825	1440	P2863⑥
1306	P2623	1351	P2705+S03985	1396	P2825v	1441	P2864v
1307	P2625	1352	P2706	1397	P2825v①	1442	P2869piece3
1308	P2629	1353	P2708	1398	P2825v②	1443	P2869piece4
1309	P2631piece1	1354	P2708bn	1399	P2825v③	1444	P2873
1310	P2631piece1v	1355	P2709	1400	P2826	1445	P2876piece1
1311	P2633	1356	P2711	1401	P2832	1446	P2877v
1312	P2633v	1357	P2712	1402	P2832A piece2	1447	P2879
1313	P2638	1358	P2715v	1403	P2832Av	1448	P2880
1314	P2641	1359	P2716	1404	P2836	1449	P2885
1315	P2641v④	1360	P2716v	1405	P2836piece	1450	P2887
1316	P2646r.v	1361	P2717piece2	1406	P2837v①	1451	P2887v①
1317	P2646v	1362	P2718	1407	P2837v①～⑭	1452	P2887v②
1318	P2649	1363	P2722v	1408	P2837v②	1453	P2888
1319	P2649v	1364	P2726	1409	P2837v③	1454	P2892
1320	P2652v	1365	P2732	1410	P2837v④	1455	P2893
1321	P2654v⑤	1366	P2732v	1411	P2837v⑤	1456	P2894v
1322	P2658v	1367	P2734v	1412	P2837v⑥	1457	P2894v⑤
1323	P2667v	1368	P2736	1413	P2837v⑦	1458	P2909
1324	P2668v	1369	P2736v	1414	P2837v⑧	1459	P2912v①
1325	P2669v	1370	P2737	1415	P2837v⑨	1460	P2912v②
1326	P2670v	1371	P2737v	1416	P2837v⑩	1461	P2912v③
1327	P2671v	1372	P2738v	1417	P2837v⑪	1462	P2913v②
1328	P2675	1373	P2746	1418	P2837v⑫	1463	P2913v③

1464	P2914	1509	P3036	1554	P3110v②	1599	P3192v
1465	P2915piece1·2	1510	P3037	1555	P3112	1600	P3193v
1466	P2916	1511	P3038	1556	P3113①	1601	P3201v
1467	P2917	1512	P3043v③	1557	P3113v	1602	P3202v
1468	P2921	1513	P3045	1558	P3115	1603	P3203
1469	P2927	1514	P3047v①	1559	P3121	1604	P3205
1470	P2930	1515	P3047v②	1560	P3121v	1605	P3205v
1471	P2932	1516	P3047v③	1561	P3123	1606	P3206
1472	P2937v	1517	P3047v④	1562	P3124	1607	P3207
1473	P2938v	1518	P3047v⑤	1563	P3124v	1608	P3212
1474	P2939	1519	P3047v⑥	1564	P3126	1609	P3212v③
1475	P2943	1520	P3047v⑦	1565	P3126v	1610	P3213v
1476	P2944	1521	P3047v⑧	1566	P3130	1611	P3214
1477	P2953v	1522	P3047v⑨	1567	P3130v	1612	P3214②
1478	P2962	1523	P3051	1568	P3131	1613	P3214④
1479	P2964	1524	P3054	1569	P3131v	1614	P3214⑥-1
1480	P2968	1525	P3060	1570	P3134	1615	P3214⑥-2
1481	P2968v	1526	P3060v	1571	P3135	1616	P3214v
1482	P2970	1527	P3067	1572	P3136	1617	P3216piece2
1483	P2974	1528	P3068	1573	P3138	1618	P3218
1484	P2974v	1529	P3070v	1574	P3138v	1619	P3223
1485	P2980	1530	P3070v①	1575	P3140	1620	P3231①
1486	P2982	1531	P3070v①②	1576	P3145	1621	P3231②
1487	P2985v①	1532	P3070v①②③	1577	P3145v	1622	P3231③
1488	P2985v②	1533	P3070v②	1578	P3146A	1623	P3231④
1489	P2985v③	1534	P3070v②③	1579	P3146B	1624	P3231⑤
1490	P2985v④	1535	P3071v	1580	P3150	1625	P3231⑥
1491	P2991③	1536	P3077v	1581	P3152	1626	P3231⑦
1492	P2991④	1537	P3087	1582	P3153	1627	P3231v①
1493	P2991⑤	1538	P3092v	1583	P3160v	1628	P3231v②
1494	P2991⑥	1539	P3094v	1584	P3161	1629	P3231v③
1495	P2992	1540	P3100	1585	P3163v	1630	P3231v④
1496	P2992v	1541	P3100①	1586	P3164	1631	P3231v⑥
1497	P2992v①	1542	P3100③	1587	P3165v	1632	P3231v⑦
1498	P2992v②	1543	P3100④	1588	P3167v	1633	P3234v
1499	P2992v③	1544	P3101②	1589	P3170	1634	P3234v①
1500	P2994	1545	P3102v②	1590	P3175	1635	P3234v②
1501	P3004	1546	P3102v③	1591	P3175v	1636	P3234v③
1502	P3005	1547	P3105v	1592	P3176v	1637	P3234v③-8
1503	P3010v	1548	P3107	1593	P3180v	1638	P3234v③-9
1504	P3011v①	1549	P3108v②	1594	P3186v	1639	P3234v③-10
1505	P3017	1550	P3108v④	1595	P3188	1640	P3234v③-11
1506	P3023	1551	P3108v⑤	1596	P3189v	1641	P3234v③-12
1507	P3028	1552	P3108v⑥	1597	P3190	1642	P3234v③-13
1508	P3033v	1553	P3110②	1598	P3192	1643	P3234v③-14

本書收錄漢字人名文書番號一覽

1644	P3234v③-17	1689	P3234v③-64	1734	P3288piece1	1779	P3390②
1645	P3234v③-18	1690	P3234v③-66	1735	P3288piece4	1780	P3390③
1646	P3234v③-19	1691	P3234v③-67	1736	P3288v	1781	P3391v①
1647	P3234v③-20	1692	P3234v③-68	1737	P3290①	1782	P3391v②
1648	P3234v③-21	1693	P3234v③-69	1738	P3290②	1783	P3393
1649	P3234v③-22	1694	P3234v③-70	1739	P3290v	1784	P3394
1650	P3234v③-23	1695	P3234v③-71	1740	P3298piece1	1785	P3396
1651	P3234v③-24	1696	P3234v③-72	1741	P3305piece3	1786	P3396v
1652	P3234v③-25	1697	P3234v④	1742	P3305v⑥	1787	P3398
1653	P3234v③-26	1698	P3234v⑤	1743	P3306v②	1788	P3400v
1654	P3234v③-27	1699	P3234v⑦	1744	P3319v②	1789	P3402
1655	P3234v③-28	1700	P3234v⑧	1745	P3320	1790	P3403
1656	P3234v③-29	1701	P3234v⑩	1746	P3322	1791	P3410
1657	P3234v③-30	1702	P3234v⑫	1747	P3328v①	1792	P3412
1658	P3234v③-31	1703	P3234v⑮	1748	P3331	1793	P3412v
1659	P3234v③-32	1704	P3234v⑯	1749	P3331v	1794	P3414
1660	P3234v③-33	1705	P3236v	1750	P3332	1795	P3416piece1
1661	P3234v③-34	1706	P3238	1751	P3336①	1796	P3416piece2
1662	P3234v③-35	1707	P3239	1752	P3336②	1797	P3418v
1663	P3234v③-36	1708	P3240①	1753	P3336③	1798	P3418v①
1664	P3234v③-37	1709	P3240②	1754	P3336v①	1799	P3418v②
1665	P3234v③-38	1710	P3241	1755	P3336v②	1800	P3418v③
1666	P3234v③-40	1711	P3246v	1756	P3337	1801	P3418v④
1667	P3234v③-41	1712	P3247v	1757	P3337v	1802	P3418v⑤
1668	P3234v③-42	1713	P3249	1758	P3342	1803	P3418v⑥
1669	P3234v③-43	1714	P3249v	1759	P3347	1804	P3418v⑦
1670	P3234v③-44	1715	P3250v	1760	P3349piece1	1805	P3418v⑧
1671	P3234v③-45	1716	P3254	1761	P3351②	1806	P3418v⑨
1672	P3234v③-46	1717	P3254v	1762	P3351v	1807	P3422v
1673	P3234v③-47	1718	P3256	1763	P3352v	1808	P3423
1674	P3234v③-48	1719	P3257①~③	1764	P3353v	1809	P3423r.v
1675	P3234v③-49	1720	P3258	1765	P3353v①④	1810	P3423v
1676	P3234v③-50	1721	P3260	1766	P3356v⑦	1811	P3424
1677	P3234v③-51	1722	P3264	1767	P3364	1812	P3425
1678	P3234v③-52	1723	P3265	1768	P3365	1813	P3431①
1679	P3234v③-53	1724	P3266v	1769	P3367	1814	P3431r.v
1680	P3234v③-54	1725	P3268v	1770	P3369①	1815	P3432
1681	P3234v③-55	1726	P3272	1771	P3369v①	1816	P3433
1682	P3234v③-56	1727	P3272v	1772	P3370	1817	P3438v④
1683	P3234v③-57	1728	P3273	1773	P3372v	1818	P3439
1684	P3234v③-58	1729	P3275B	1774	P3379	1819	P3440
1685	P3234v③-59	1730	P3277v②	1775	P3381	1820	P3441
1686	P3234v③-60	1731	P3281v①	1776	P3384	1821	P3441piece2
1687	P3234v③-61	1732	P3281v③	1777	P3386②	1822	P3441v
1688	P3234v③-63	1733	P3286v	1778	P3388	1823	P3443

1824	P3444v	1869	P3540	1914	P3595	1959	P3679
1825	P3446v	1870	P3541	1915	P3595v	1960	P3687②
1826	P3448v	1871	P3541v	1916	P3598＋S04199	1961	P3691
1827	P3451	1872	P3544	1917	P3600v①	1962	P3691piece1
1828	P3451piece1	1873	P3547	1918	P3600v②	1963	P3691v
1829	P3453	1874	P3551	1919	P3600v③	1964	P3692
1830	P3455	1875	P3553	1920	P3603v	1965	P3692v
1831	P3458	1876	P3554	1921	P3604	1966	P3698v
1832	P3468v	1877	P3555B	1922	P3613①	1967	P3699
1833	P3472	1878	P3555B piece1	1923	P3613②	1968	P3699②
1834	P3476	1879	P3555B piece3	1924	P3616v	1969	P3702
1835	P3483	1880	P3555B piece4 piece5＋P3288①②	1925	P3616v①	1970	P3705v
1836	P3485			1926	P3616v②	1971	P3706v
1837	P3486v①	1881	P3555B piece11	1927	P3619①	1972	P3707
1838	P3486v④	1882	P3556②	1928	P3620②	1973	P3711
1839	P3489	1883	P3556③	1929	P3620④	1974	P3713v
1840	P3490	1884	P3556④	1930	P3627	1975	P3716
1841	P3490v①	1885	P3556⑥	1931	P3627①	1976	P3716v①
1842	P3490v②	1886	P3556⑦	1932	P3627③	1977	P3718
1843	P3491piece1	1887	P3556⑧	1933	P3630	1978	P3718①
1844	P3491piece2	1888	P3556⑩	1934	P3631	1979	P3718②
1845	P3491piece3	1889	P3556⑪	1935	P3631v	1980	P3718③
1846	P3491v①	1890	P3556v①	1936	P3633	1981	P3718④
1847	P3491v②	1891	P3556v②	1937	P3633v	1982	P3718⑤
1848	P3491v③	1892	P3556v③	1938	P3633v①	1983	P3718⑥
1849	P3495	1893	P3556v④	1939	P3633v②	1984	P3718⑦
1850	P3500	1894	P3556v⑦	1940	P3636piece1	1985	P3718⑧
1851	P3501v①	1895	P3556v⑧	1941	P3636piece2	1986	P3718⑨
1852	P3501v②	1896	P3559	1942	P3638	1987	P3718⑪
1853	P3501v③	1897	P3564	1943	P3643	1988	P3718⑫
1854	P3501v⑤	1898	P3565	1944	P3643v	1989	P3718⑭
1855	P3501v⑥	1899	P3568	1945	P3649	1990	P3718⑮
1856	P3501v⑦	1900	P3569	1946	P3649v	1991	P3718⑯
1857	P3501v⑧	1901	P3569v	1947	P3655v	1992	P3720
1858	P3501v⑨	1902	P3569v①	1948	P3660v①	1993	P3720F
1859	P3501v⑫	1903	P3569v②③	1949	P3660v②	1994	P3721
1860	P3501v⑱	1904	P3569v③	1950	P3663v	1995	P3721v①
1861	P3502v②	1905	P3573	1951	P3666v	1996	P3721v②
1862	P3503	1906	P3576	1952	P3666v③	1997	P3721v③
1863	P3503v	1907	P3578	1953	P3666v⑥	1998	P3726
1864	P3510	1908	P3579	1954	P3667	1999	P3727
1865	P3513	1909	P3579v	1955	P3668	2000	P3727v①
1866	P3518v③	1910	P3583	1956	P3672	2001	P3727v②
1867	P3533piece31	1911	P3587	1957	P3677	2002	P3727v③
1868	P3536v③	1912	P3591v	1958	P3677②	2003	P3727v④
		1913	P3593v				

本書收錄漢字人名文書番號一覽

2004	P3730①	2049	P3800	2094	P3902A	2139	P4019④
2005	P3730②	2050	P3805	2095	P3902Bv	2140	P4019piece2
2006	P3730③	2051	P3812	2096	P3903	2141	P4019piece4v
2007	P3730④	2052	P3812v	2097	P3906	2142	P4019piece5
2008	P3730⑤	2053	P3816v	2098	P3906②	2143	P4019piece14
2009	P3730⑥	2054	P3818	2099	P3908	2144	P4019v
2010	P3730⑥⑦	2055	P3818v	2100	P3910	2145	P4040
2011	P3730⑦	2056	P3824	2101	P3917A	2146	P4044③
2012	P3730⑧	2057	P3829	2102	P3918③	2147	P4046
2013	P3730⑨	2058	P3833	2103	P3919B	2148	P4047
2014	P3730⑩	2059	P3835①	2104	P3919B①	2149	P4057v
2015	P3730v	2060	P3842②	2105	P3919B②	2150	P4058
2016	P3730v④	2061	P3842v	2106	P3919B④	2151	P4060
2017	P3730v⑤	2062	P3850	2107	P3919B⑤	2152	P4061v
2018	P3738piece2	2063	P3852v②	2108	P3928v	2153	P4063
2019	P3744	2064	P3853	2109	P3935	2154	P4065
2020	P3745	2065	P3853r.v	2110	P3935v	2155	P4071
2021	P3745v	2066	P3853v	2111	P3940v	2156	P4072③
2022	P3745v①	2067	P3854	2112	P3942	2157	P4081
2023	P3745v②	2068	P3854r.v	2113	P3945v	2158	P4083
2024	P3753①	2069	P3854v	2114	P3947	2159	P4084
2025	P3753②	2070	P3855	2115	P3947v	2160	P4092
2026	P3757	2071	P3855v	2116	P3950	2161	P4093①-1
2027	P3757v	2072	P3859	2117	P3952	2162	P4093①-2
2028	P3763v	2073	P3859v	2118	P3956piece1	2163	P4093①-3
2029	P3764	2074	P3860	2119	P3959	2164	P4093①-4
2030	P3764piece1	2075	P3863	2120	P3964	2165	P4093①-5
2031	P3764v	2076	P3868	2121	P3972	2166	P4094
2032	P3770③	2077	P3870	2122	P3972v	2167	P4500v
2033	P3770⑥	2078	P3875	2123	P3975	2168	P4505
2034	P3770v	2079	P3875A	2124	P3977	2169	P4514(2)
2035	P3770v③	2080	P3875A piece1	2125	P3977v	2170	P4514(3)
2036	P3774	2081	P3875B	2126	P3985	2171	P4514(3)Av
2037	P3776	2082	P3878B	2127	P3989	2172	P4514(6)
2038	P3779v①-1	2083	P3878v	2128	P3997	2173	P4514piece1
2039	P3779v①-2	2084	P3881v	2129	P4003	2174	P4515
2040	P3779v②	2085	P3882	2130	P4004	2175	P4518①
2041	P3780	2086	P3882v	2131	P4005	2176	P4518⑲
2042	P3780v①②	2087	P3886	2132	P4007v	2177	P4518㉛
2043	P3781④	2088	P3888①	2133	P4008	2178	P4518㊱
2044	P3782	2089	P3889	2134	P4012	2179	P4518㊳
2045	P3783	2090	P3889v	2135	P4017	2180	P4518v②
2046	P3792v	2091	P3894v	2136	P4019①	2181	P4518v⑪
2047	P3797v①	2092	P3897piece3	2137	P4019②	2182	P4525
2048	P3797v③	2093	P3897piece5	2138	P4019③	2183	P4525②

2184	P4525③	2229	P4611v	2274	P4660⑬	2319	P4803
2185	P4525④	2230	P4621	2275	P4660⑭	2320	P4810
2186	P4525⑧	2231	P4622	2276	P4660⑯	2321	P4810v①
2187	P4525⑩	2232	P4624	2277	P4660⑰	2322	P4810v②
2188	P4525⑪	2233	P4631	2278	P4660⑱	2323	P4817
2189	P4525⑫	2234	P4632	2279	P4660⑳	2324	P4821
2190	P4525⑮	2235	P4635②	2280	P4660㉑	2325	P4831
2191	P4525v①	2236	P4635③	2281	P4660㉒	2326	P4885
2192	P4525v②	2237	P4635⑤	2282	P4660㉓	2327	P4887
2193	P4525v④	2238	P4638⑦	2283	P4660㉔	2328	P4889
2194	P4525v⑦	2239	P4638⑨	2284	P4660㉕	2329	P4890
2195	P4525v⑨	2240	P4638v	2285	P4660㉖	2330	P4907
2196	P4525v⑩	2241	P4638v②	2286	P4660㉗	2331	P4907v
2197	P4525v⑪	2242	P4638v③	2287	P4660㉘	2332	P4908
2198	P4525v⑬	2243	P4638v④	2288	P4660㉙	2333	P4912
2199	P4525v⑭	2244	P4638v⑧	2289	P4660㉚	2334	P4914
2200	P4525v⑯	2245	P4638v⑨	2290	P4660㉛	2335	P4956v
2201	P4527	2246	P4638v⑬	2291	P4660㉜	2336	P4958③
2202	P4528	2247	P4640	2292	P4660㉝	2337	P4958piece1
2203	P4530	2248	P4640①	2293	P4660㉞	2338	P4958piece3
2204	P4531	2249	P4640②	2294	P4660㉟	2339	P4959
2205	P4532	2250	P4640③	2295	P4660㊱	2340	P4960
2206	P4533	2251	P4640④	2296	P4660㊲	2341	P4974
2207	P4541	2252	P4640⑤	2297	P4660㊳	2342	P4975
2208	P4542	2253	P4640⑦	2298	P4660B	2343	P4975r.v
2209	P4542①	2254	P4640⑧	2299	P4674	2344	P4981
2210	P4542②	2255	P4640⑩	2300	P4686v	2345	P4983r.v
2211	P4550	2256	P4640v	2301	P4690	2346	P4983v
2212	P4552	2257	P4646③	2302	P4693	2347	P4986
2213	P4568	2258	P4648	2303	P4694	2348	P4987
2214	P4587	2259	P4649piece1	2304	P4697	2349	P4989
2215	P4588	2260	P4651	2305	P4698	2350	P4990
2216	P4588v	2261	P4659	2306	P4699	2351	P4991
2217	P4594	2262	P4660	2307	P4707①②	2352	P4992
2218	P4597	2263	P4660②	2308	P4707②	2353	P4995
2219	P4597⑭⑮	2264	P4660③	2309	P4712	2354	P4997v
2220	P4597⑰	2265	P4660④	2310	P4720	2355	P5000
2221	P4597⑱	2266	P4660⑤	2311	P4722	2356	P5000v
2222	P4597v	2267	P4660⑥	2312	P4754v	2357	P5003
2223	P4600	2268	P4660⑦	2313	P4763	2358	P5003v
2224	P4601	2269	P4660⑧	2314	P4765	2359	P5007
2225	P4606v	2270	P4660⑨	2315	P4767	2360	P5008
2226	P4609	2271	P4660⑩	2316	P4776v	2361	P5011
2227	P4610	2272	P4660⑪	2317	P4779②	2362	P5012
2228	P4611	2273	P4660⑫	2318	P4782	2363	P5014piece2

2364	P5014v	2409	P5579①	2450	P.tib1261v④	2495	S00289③
2365	P5017	2410	P5579⑪	2451	P.tib1261v⑤	2496	S00323
2366	P5021D	2411	P5579⑫	2452	P.tib1261v⑥	2497	S00327v
2367	P5021E	2412	P5579⑯	2453	P.tib1261v⑦	2498	S00329v
2368	P5026B	2413	P5587④	2454	P.tib1261v⑧	2499	S00330
2369	P5026D	2414	P5593	2455	P.tib1261v⑨	2500	S00330①
2370	P5031⑬	2415	P5598	2456	P.tib1261v⑩	2501	S00330②
2371	P5032	2416	P5860	2457	P.tib1261v⑪	2502	S00330③
2372	P5032①	2417	P5898	2458	P.tib1261v⑫	2503	S00330④
2373	P5032④	2418	P6002①	2459	P.tib2124v	2504	S00330⑤
2374	P5032⑤	2419	P6002②	2460	P.tib2204v	2505	S00330⑥
2375	P5032⑦	2420	P6005	2461	P.tib3964	2506	S00330v
2376	P5032⑨	2421	P6005v	2462	S00050	2507	S00344v
2377	P5032⑩	2422	P6007	2463	S00076v①	2508	S00361v
2378	P5032⑩⑪⑫	2423	P6015v	2464	S00076v③	2509	S00366
2379	P5032⑩⑫	2424	P6022B	2465	S00076v④	2510	S00367
2380	P5032⑩⑫⑲	2425	P6023	2466	S00076v⑤	2511	S00374
2381	P5032⑪	2426	PAINTING FROM TUN-HUANG STEIN COLLECTION Ⅱ	2467	S00076v⑥	2512	S00375v
2382	P5032⑫			2468	S00086	2513	S00376
2383	P5032⑬⑯			2469	S00089v	2514	S00381③
2384	P5032⑬⑯⑱	2427	P.tib.119	2470	S00092	2515	S00381v①
2385	P5032⑬⑯⑱⑲	2428	P.tib.119 CHI.002／A	2471	S00092v	2516	S00381v②
2386	P5032⑭			2472	S00095	2517	S00381v③
2387	P5032⑮	2429	P.tib.119. VOL.55, FOL30	2473	S00115	2518	S00381v④
2388	P5032⑯			2474	S00121	2519	S00381v⑤
2389	P5032⑰	2430	P.tib0411v	2475	S00123v	2520	S00387v
2390	P5032⑲	2431	P.tib1070 (P2555)	2476	S00152	2521	S00389
2391	P5032⑳			2477	S00165	2522	S00390
2392	P5032v①	2432	P.tib1078bis	2478	S00173	2523	S00394
2393	P5032v②	2433	P.tib1082v	2479	S00173v①	2524	S00395
2394	P5032v③	2434	P.tib1088A	2480	S00173v②	2525	S00395v
2395	P5032v④	2435	P.tib1088Av	2481	S00176	2526	S00396v
2396	P5032v⑤	2436	P.tib1088B	2482	S00191v	2527	S00410
2397	P5032v⑥	2437	P.tib1088Bv	2483	S00214	2528	S00444
2398	P5032v⑦	2438	P.tib1088C	2484	S00214v	2529	S00444v
2399	P5032v⑧	2439	P.tib1088Cv	2485	S00223②	2530	S00447v
2400	P5032v⑩〜⑫	2440	P.tib1096v	2486	S00236	2531	S00449
2401	P5032v⑫	2441	P.tib1099v	2487	S00263v	2532	S00464
2402	P5038	2442	P.tib1100	2488	S00274①	2533	S00466
2403	P5529⑪	2443	P.tib1102v	2489	S00274v	2534	S00474v
2404	P5546	2444	P.tib1118v	2490	S00280	2535	S00476A
2405	P5556①	2445	P.tib1173v	2491	S00282	2536	S00476Av
2406	P5557v	2446	P.tib1202v	2492	S00283	2537	S00476B
2407	P5568	2447	P.tib1261v①	2493	S00286	2538	S00476Bv
2408	P5578①	2448	P.tib1261v②	2494	S00289②	2539	S00479
		2449	P.tib1261v③				

2540	S00509	2584	S00741	2629	S01267v	2674	S01522v③
2541	S00515	2585	S00747v	2630	S01284	2675	S01523
2542	S00520	2586	S00766⑥	2631	S01285	2676	S01525v
2543	S00526	2587	S00766v②	2632	S01291	2677	S01527
2544	S00527	2588	S00766v③	2633	S01311	2678	S01558
2545	S00528v	2589	S00766v④	2634	S01313v	2679	S01563
2546	S00529①	2590	S00767v	2635	S01316	2680	S01574
2547	S00529②	2591	S00778v	2636	S01328v③	2681	S01575
2548	S00529③	2592	S00779v	2637	S01350	2682	S01580
2549	S00529④	2593	S00782v	2638	S01364	2683	S01586
2550	S00529⑤	2594	S00785v	2639	S01366	2684	S01586v
2551	S00529⑥	2595	S00788v	2640	S01371	2685	S01587
2552	S00532①	2596	S00796	2641	S01386	2686	S01594
2553	S00532②	2597	S00800	2642	S01386v	2687	S01600①
2554	S00532③	2598	S00800v	2643	S01398	2688	S01600②
2555	S00542v	2599	S00810v	2644	S01398①	2689	S01607v
2556	S00542v①	2600	S00831②	2645	S01398v③	2690	S01612r.v
2557	S00542v②	2601	S00864v	2646	S01403	2691	S01624v
2558	S00542v③	2602	S00865v	2647	S01438v	2692	S01625
2559	S00542v⑤	2603	S00933	2648	S01453v	2693	S01653v
2560	S00542v⑥	2604	S00964	2649	S01472v	2694	S01683
2561	S00542v⑦	2605	S00973	2650	S01475v①	2695	S01686
2562	S00542v⑧	2606	S00980	2651	S01475v②	2696	S01687v
2563	S00543	2607	S00985	2652	S01475v③	2697	S01691
2564	S00545v	2608	S00987	2653	S01475v④	2698	S01697
2565	S00548v	2609	S01023	2654	S01475v⑤	2699	S01725v④
2566	S00579＋S00039v＋S07940Bv	2610	S01040v	2655	S01475v⑥	2700	S01733
		2611	S01053v	2656	S01475v⑦	2701	S01733v
2567	S00612	2612	S01067	2657	S01475v⑧⑨	2702	S01760v
2568	S00614	2613	S01073v	2658	S01475v⑨⑩	2703	S01769v
2569	S00614v	2614	S01084v	2659	S01475v⑩⑪	2704	S01772
2570	S00619v①	2615	S01153	2660	S01475v⑪⑫	2705	S01774
2571	S00619v③	2616	S01154	2661	S01475v⑫⑬	2706	S01774v
2572	S00663v	2617	S01156	2662	S01475v⑬⑭	2707	S01776
2573	S00663v②	2618	S01156v	2663	S01475v⑭⑮-1	2708	S01776①
2574	S00676	2619	S01159	2664	S01475v⑭⑮-2	2709	S01776②
2575	S00688v	2620	S01162v	2665	S01475v⑭⑮-3	2710	S01780
2576	S00692	2621	S01163	2666	S01475v⑭⑮-4	2711	S01781①
2577	S00692v	2622	S01163v	2667	S01477v	2712	S01781②
2578	S00705	2623	S01164r.v	2668	S01478v	2713	S01823v②
2579	S00705v	2624	S01181v	2669	S01485v	2714	S01823v③
2580	S00707	2625	S01183	2670	S01519	2715	S01824
2581	S00728	2626	S01183v	2671	S01519①	2716	S01845
2582	S00728v	2627	S01185	2672	S01519②	2717	S01845v
2583	S00735	2628	S01249v	2673	S01520	2718	S01864

本書收錄漢字人名文書番號一覽

2719	S01883	2764	S02242	2809	S02578①	2854	S02894v⑤
2720	S01890	2765	S02263	2810	S02589	2855	S02894v⑥
2721	S01898	2766	S02263v	2811	S02590v	2856	S02894v⑦
2722	S01899	2767	S02282	2812	S02596v	2857	S02894v⑨
2723	S01920v	2768	S02291	2813	S02607v	2858	S02899v
2724	S01931	2769	S02292	2814	S02613	2859	S02917
2725	S01946	2770	S02305	2815	S02614	2860	S02922
2726	S01947v	2771	S02325v	2816	S02614Av	2861	S02939
2727	S01963	2772	S02367	2817	S02614v	2862	S02973
2728	S01965	2773	S02385	2818	S02620v	2863	S02974
2729	S01973v①	2774	S02387	2819	S02630v	2864	S02976
2730	S01973v②	2775	S02404	2820	S02651v	2865	S02981
2731	S01976	2776	S02432v	2821	S02659v	2866	S02985
2732	S02009	2777	S02436	2822	S02669	2867	S02991
2733	S02032v	2778	S02447	2823	S02674	2868	S02992
2734	S02040	2779	S02447＋S06314	2824	S02675	2869	S03005
2735	S02041			2825	S02679③	2870	S03011
2736	S02064	2780	S02447v①	2826	S02690	2871	S03011v
2737	S02069	2781	S02447v②	2827	S02691	2872	S03011v③
2738	S02071v	2782	S02447v③	2828	S02699	2873	S03047v
2739	S02073	2783	S02448	2829	S02701	2874	S03048
2740	S02077	2784	S02449	2830	S02710①	2875	S03050v
2741	S02078v	2785	S02463v	2831	S02710②	2876	S03050v③
2742	S02092v	2786	S02469	2832	S02710v	2877	S03054
2743	S02098	2787	S02472	2833	S02711	2878	S03067
2744	S02103	2788	S02472v①	2834	S02712	2879	S03071v
2745	S02104①	2789	S02472v①②	2835	S02712v	2880	S03074v
2746	S02104③	2790	S02472v③	2836	S02729①	2881	S03147
2747	S02104v	2791	S02472v④	2837	S02732v	2882	S03156①
2748	S02113v③	2792	S02472v⑤	2838	S02754	2883	S03166
2749	S02142	2793	S02474	2839	S02782	2884	S03180v
2750	S02151	2794	S02474①	2840	S02799	2885	S03189
2751	S02151v	2795	S02474②	2841	S02824	2886	S03252
2752	S02174	2796	S02474③	2842	S02824v	2887	S03287v
2753	S02199	2797	S02482	2843	S02849v④	2888	S03290
2754	S02200	2798	S02489	2844	S02849v⑤	2889	S03319v
2755	S02213	2799	S02503	2845	S02851	2890	S03323
2756	S02214	2800	S02509	2846	S02871	2891	S03329
2757	S02214v	2801	S02517	2847	S02892v⑤	2892	S03330v①
2758	S02228①	2802	S02528	2848	S02894v①	2893	S03330v②
2759	S02228②	2803	S02532	2849	S02894v①③	2894	S03330v③
2760	S02228③	2804	S02552	2850	S02894v①⑤	2895	S03365v
2761	S02228v①	2805	S02566	2851	S02894v②	2896	S03393v①
2762	S02228v②	2806	S02575②	2852	S02894v③	2897	S03393v②
2763	S02241	2807	S02575③	2853	S02894v④	2898	S03405
		2808	S02575v⑤				

2899	S03405v	2944	S03841	2989	S04153	3034	S04448
2900	S03424v	2945	S03871	2990	S04160	3035	S04452
2901	S03437v	2946	S03873v	2991	S04167	3036	S04453
2902	S03448v	2947	S03876①	2992	S04171	3037	S04459
2903	S03452v	2948	S03877	2993	S04172	3038	S04470v
2904	S03457②	2949	S03877v	2994	S04175	3039	S04472
2905	S03475	2950	S03877v②	2995	S04191	3040	S04472v
2906	S03481v③	2951	S03877v③	2996	S04191v	3041	S04473v②
2907	S03485v②	2952	S03877v④	2997	S04191v①	3042	S04473v③
2908	S03538v	2953	S03880①	2998	S04192	3043	S04474v
2909	S03540	2954	S03880v	2999	S04192v	3044	S04476
2910	S03556	2955	S03905	3000	S04211	3045	S04479
2911	S03595v	2956	S03905v	3001	S04211v	3046	S04482
2912	S03602	2957	S03912	3002	S04215	3047	S04491
2913	S03604	2958	S03918②	3003	S04220	3048	S04492
2914	S03606	2959	S03920v	3004	S04236	3049	S04495
2915	S03611	2960	S03920v②	3005	S04240	3050	S04498v
2916	S03621	2961	S03920v④	3006	S04274	3051	S04504v①
2917	S03631v	2962	S03927	3007	S04274v	3052	S04504v③
2918	S03633	2963	S03929v	3008	S04276	3053	S04504v④
2919	S03637	2964	S03956v	3009	S04283	3054	S04504v⑥
2920	S03651	2965	S03978	3010	S04291	3055	S04504v⑦
2921	S03663	2966	S03982	3011	S04292	3056	S04504v⑧
2922	S03687	2967	S03983	3012	S04295v	3057	S04504v⑨
2923	S03691	2968	S03984	3013	S04298v①	3058	S04508
2924	S03696	2969	S04011	3014	S04300	3059	S04525
2925	S03702	2970	S04012	3015	S04307	3060	S04525v
2926	S03708	2971	S04018②	3016	S04309v	3061	S04537v
2927	S03711v②	2972	S04037v	3017	S04332v	3062	S04555
2928	S03714	2973	S04057v	3018	S04346	3063	S04571v①
2929	S03721	2974	S04060	3019	S04359v	3064	S04571v②
2930	S03728①~⑥	2975	S04060①	3020	S04362	3065	S04577
2931	S03728②	2976	S04060v	3021	S04362v	3066	S04588
2932	S03728③	2977	S04060v①	3022	S04373	3067	S04597①
2933	S03755	2978	S04069	3023	S04378v	3068	S04597⑰
2934	S03768	2979	S04114v	3024	S04397	3069	S04597v
2935	S03776	2980	S04115	3025	S04411	3070	S04601
2936	S03784	2981	S04116	3026	S04429	3071	S04609
2937	S03798	2982	S04117	3027	S04443v	3072	S04609v
2938	S03824v①	2983	S04120	3028	S04444v②	3073	S04610v③
2939	S03824v②	2984	S04120v	3029	S04444v③	3074	S04613
2940	S03835	2985	S04121	3030	S04445①	3075	S04622v①
2941	S03835v	2986	S04125	3031	S04445②	3076	S04622v②
2942	S03835v②	2987	S04129	3032	S04445③	3077	S04622v③
2943	S03835v②③	2988	S04129v	3033	S04445v③	3078	S04632

3079	S04637	3124	S04761v	3169	S05139v③	3214	S05540⑥
3080	S04642v	3125	S04766	3170	S05210	3215	S05549
3081	S04643	3126	S04766v	3171	S05242v	3216	S05554①
3082	S04644v	3127	S04766v②	3172	S05248	3217	S05556①
3083	S04647	3128	S04782	3173	S05250	3218	S05558v①
3084	S04649	3129	S04812	3174	S05256v	3219	S05563v
3085	S04654③	3130	S04831②	3175	S05266	3220	S05572①
3086	S04654⑤	3131	S04831②＋S04831v	3176	S05270v	3221	S05578
3087	S04654v			3177	S05286	3222	S05578②
3088	S04654v①	3132	S04831r.v②	3178	S05297	3223	S05578v①
3089	S04654v②	3133	S04831v	3179	S05309	3224	S05584
3090	S04654v③	3134	S04844	3180	S05313	3225	S05596
3091	S04654v⑤	3135	S04852	3181	S05341	3226	S05598
3092	S04654v⑥	3136	S04852v	3182	S05341v	3227	S05629
3093	S04657①	3137	S04884	3183	S05381v	3228	S05630
3094	S04657②	3138	S04884v	3184	S05394	3229	S05631①
3095	S04659v	3139	S04899	3185	S05402	3230	S05632①
3096	S04660	3140	S04901v	3186	S05405	3231	S05632②
3097	S04660r.v	3141	S04914	3187	S05405r.v	3232	S05644
3098	S04660v	3142	S04914v	3188	S05406	3233	S05646
3099	S04661v	3143	S04915	3189	S05412v	3234	S05647
3100	S04663v	3144	S04920	3190	S05437	3235	S05648
3101	S04667	3145	S04920v	3191	S05441	3236	S05652①
3102	S04677	3146	S04962	3192	S05448②	3237	S05652v
3103	S04685	3147	S04975	3193	S05457	3238	S05653v
3104	S04685r.v	3148	S04976②	3194	S05465	3239	S05663
3105	S04685v	3149	S04990v	3195	S05465②-1	3240	S05663②
3106	S04687r.v	3150	S05008	3196	S05465②-2	3241	S05667v
3107	S04687v	3151	S05032v	3197	S05465②-3	3242	S05676
3108	S04689＋S11293	3152	S05039	3198	S05467	3243	S05680②
		3153	S05042	3199	S05475	3244	S05682
3109	S04692	3154	S05048	3200	S05482	3245	S05691
3110	S04696v	3155	S05048v	3201	S05486①	3246	S05691v
3111	S04700	3156	S05049	3202	S05486②	3247	S05696
3112	S04701	3157	S05050	3203	S05486④	3248	S05697
3113	S04702	3158	S05060	3204	S05486r.v④	3249	S05698
3114	S04703	3159	S05064	3205	S05494②	3250	S05700
3115	S04704	3160	S05069v	3206	S05495	3251	S05707
3116	S04705	3161	S05071	3207	S05504	3252	S05711v
3117	S04705v	3162	S05073	3208	S05508v	3253	S05712v
3118	S04706	3163	S05075	3209	S05509	3254	S05713
3119	S04710	3164	S05104	3210	S05509v	3255	S05717
3120	S04712	3165	S05129	3211	S05529①	3256	S05718
3121	S04723	3166	S05139v	3212	S05540②	3257	S05723v
3122	S04746	3167	S05139v①	3213	S05540⑤	3258	S05728
3123	S04760	3168	S05139v②				

3259	S05731v	3301	S05873＋S08658v	3344	S06031	3389	S06229v
3260	S05742			3345	S06034	3390	S06233
3261	S05747	3302	S05873v＋S08658②	3346	S06045	3391	S06233①
3262	S05747v			3347	S06050	3392	S06233②
3263	S05750	3303	S05876	3348	S06063	3393	S06233v①
3264	S05750v	3304	S05878＋S05896	3349	S06064	3394	S06233v②
3265	S05753			3350	S06066	3395	S06233v③
3266	S05759	3305	S05879v	3351	S06086	3396	S06233v④
3267	S05760	3306	S05880①	3352	S06094	3397	S06235A①
3268	S05774v	3307	S05880②	3353	S06101	3398	S06235A②
3269	S05781v	3308	S05883	3354	S06104	3399	S06235A③
3270	S05788	3309	S05890r.v	3355	S06116	3400	S06235Av
3271	S05790②	3310	S05892	3356	S06123	3401	S06235B①
3272	S05800	3311	S05893	3357	S06126	3402	S06235B②
3273	S05804	3312	S05898	3358	S06129	3403	S06235Bv
3274	S05804v	3313	S05899	3359	S06130	3404	S06235v
3275	S05806	3314	S05909	3360	S06135	3405	S06236②
3276	S05809	3315	S05927v①	3361	S06136	3406	S06237
3277	S05810	3316	S05927v②	3362	S06141	3407	S06252
3278	S05811	3317	S05933	3363	S06146	3408	S06255
3279	S05812	3318	S05937	3364	S06154	3409	S06264
3280	S05813＋S05831	3319	S05939	3365	S06169	3410	S06265
		3320	S05945	3366	S06174	3411	S06297
3281	S05816	3321	S05946	3367	S06185	3412	S06300
3282	S05818	3322	S05947	3368	S06197	3413	S06303
3283	S05818v	3323	S05952v	3369	S06198	3414	S06305
3284	S05818v②	3324	S05952v①	3370	S06199	3415	S06307
3285	S05820＋S05826	3325	S05953	3371	S06200v	3416	S06308
		3326	S05956	3372	S06203	3417	S06309
3286	S05820v＋S05826v	3327	S05957①	3373	S06204	3418	S06315v
		3328	S05961v②	3374	S06204①	3419	S06327
3287	S05822	3329	S05962	3375	S06204②	3420	S06329
3288	S05824	3330	S05964	3376	S06204③	3421	S06330
3289	S05824v	3331	S05972	3377	S06207	3422	S06340
3290	S05825	3332	S05977v	3378	S06208v③	3423	S06341
3291	S05827	3333	S05981	3379	S06212	3424	S06341v
3292	S05832	3334	S05998	3380	S06214	3425	S06342
3293	S05833	3335	S05998①	3381	S06217	3426	S06347
3294	S05835	3336	S05998②	3382	S06217①	3427	S06350
3295	S05845	3337	S05998v	3383	S06217②	3428	S06352
3296	S05855	3338	S06003	3384	S06217v	3429	S06354v
3297	S05860	3339	S06004	3385	S06219v	3430	S06357
3298	S05867	3340	S06005	3386	S06226	3431	S06385
3299	S05871	3341	S06008	3387	S06226v③	3432	S06405v
3300	S05872＋S05870	3342	S06010	3388	S06228	3433	S06417
		3343	S06028				

3434	S06417①	3479	S06631v	3524	S06998①	3568	S08426A~H
3435	S06417①~④	3480	S06634	3525	S06998②	3569	S08426B
3436	S06417⑤	3481	S06637	3526	S06998③	3570	S08426C
3437	S06417⑥~⑧	3482	S06667	3527	S06998④	3571	S08426D①
3438	S06417⑰	3483	S06670	3528	S07060	3572	S08426D②
3439	S06417⑰⑱	3484	S06672v	3529	S07060v	3573	S08426E①
3440	S06417⑱	3485	S06704	3530	S07214v	3574	S08426E②
3441	S06417⑲	3486	S06713	3531	S07235v	3575	S08426F①
3442	S06417⑳	3487	S06723	3532	S07384B	3576	S08426F②
3443	S06417r	3488	S06726	3533	S07589	3577	S08443A2
3444	S06417v	3489	S06734v②	3534	S07727v	3578	S08443B1
3445	S06417v⑯	3490	S06777	3535	S07882	3579	S08443B2
3446	S06424v	3491	S06781	3536	S07932	3580	S08443C1
3447	S06440	3492	S06781②	3537	S07939v＋S07940Bv＋S07941	3581	S08443C2
3448	S06445	3493	S06788			3582	S08443D
3449	S06448	3494	S06798			3583	S08443E
3450	S06452	3495	S06806v	3538	S07945	3584	S08443F1
3451	S06452①	3496	S06808v	3539	S07963	3585	S08443F2
3452	S06452②	3497	S06809	3540	S07963v	3586	S08443F3
3453	S06452③	3498	S06816	3541	S07989v	3587	S08443F4
3454	S06452④	3499	S06819	3542	S08037v	3588	S08443F5
3455	S06452⑤	3500	S06829	3543	S08038v	3589	S08444
3456	S06452⑥	3501	S06829v	3544	S08071	3590	S08445＋S08446
3457	S06452⑦	3502	S06829v(T. 102)	3545	S08071v		
3458	S06452v	3503	S06829v③	3546	S08088v	3591	S08445＋S08446＋S08468
3459	S06452v①	3504	S06829v④	3547	S08152		
3460	S06452v②	3505	S06835	3548	S08153v	3592	S08445＋S08446＋S08468①
3461	S06461v①	3506	S06848	3549	S08158v		
3462	S06469v	3507	S06886v	3550	S08160	3593	S08445＋S08446＋S08468②
3463	S06485	3508	S06889	3551	S08197v		
3464	S06493	3509	S06889v	3552	S08234v	3594	S08445＋S08446＋S08468③
3465	S06495	3510	S06897v⑤	3553	S08240		
3466	S06503	3511	S06946	3554	S08252①	3595	S08445＋S08446＋S08468④
3467	S06526	3512	S06946v	3555	S08311		
3468	S06536	3513	S06960v①	3556	S08350	3596	S08445＋S08446＋S08468⑤
3469	S06537	3514	S06981	3557	S08353		
3470	S06537v	3515	S06981①	3558	S08353v	3597	S08445＋S08446＋S08468A
3471	S06540	3516	S06981②	3559	S08402		
3472	S06577v	3517	S06981③	3560	S08404v	3598	S08445＋S08446＋S08468v
3473	S06580	3518	S06981④	3561	S08426		
3474	S06583v	3519	S06981⑤	3562	S08426①		
3475	S06592	3520	S06981⑩	3563	S08426②		
3476	S06604	3521	S06981⑬	3564	S08426③		
3477	S06614v①	3522	S06981⑭	3565	S08426⑤		
3478	S06614v②	3523	S06981v	3566	S08426⑤⑥		
				3567	S08426A		

本書收錄漢字人名文書番號一覽

3599	S08445＋S08446v＋S08468v	3640	S08681v＋S08702	3685	S09713v	3724	S10541
		3641	S08682	3686	S09925	3725	S10542
3600	S08445②＋S08446	3642	S08683	3687	S09927	3726	S10543
		3643	S08688v	3688	S09929	3727	S10547
3601	S08445④＋S08446＋S08468	3644	S08690	3689	S09931	3728	S10561
		3645	S08692	3690	S09933	3729	S10562
		3646	S08696	3691	S09944	3730	S10564
3602	S08445v＋S08446v	3647	S08701	3692	S09947v＋S10557v	3731	S10566
		3648	S08706			3732	S10612
3603	S08446③	3649	S08711v	3693	S09948v	3733	S10615v
3604	S08446v	3650	S08712	3694	S09949	3734	S10617
3605	S08448A	3651	S08713	3695	S09953	3735	S10618
3606	S08448B	3652	S08714	3696	S09986	3736	S10619
3607	S08448Bv	3653	S08734	3697	S09994v	3737	S10622
3608	S08448C	3654	S08750	3698	S09996	3738	S10644
3609	S08451	3655	S08750v	3699	S09997v	3739	S10644v
3610	S08468	3656	S08812v	3700	S09998	3740	S10672
3611	S08516C4	3657	S08850v	3701	S09999	3741	S10716v
3612	S08516D	3658	S08924B	3702	S10002＋S10013	3742	S10720v
3613	S08516E2	3659	S08924C			3743	S10737
3614	S08516G1	3660	S08972	3703	S10005	3744	S10746Av
3615	S08516H1	3661	S09156	3704	S10009	3745	S10826
3616	S08520	3662	S09159	3705	S10009v	3746	S10848
3617	S08566	3663	S09227	3706	S10011	3747	S10858v
3618	S08567Av	3664	S09412v	3707	S10180＋S10240	3748	S10912
3619	S08583	3665	S09413			3749	S10916
3620	S08615	3666	S09414	3708	S10273＋S10274＋S10276＋S10277＋S10279＋S10290	3750	S10967
3621	S08646v	3667	S09416			3751	S10974
3622	S08647	3668	S09429			3752	S10976
3623	S08649	3669	S09450			3753	S11163
3624	S08655v	3670	S09452	3709	S10281	3754	S11213F
3625	S08659	3671	S09455	3710	S10285＋S10286	3755	S11213G
3626	S08660v	3672	S09458			3756	S11282＋S11283
3627	S08661	3673	S09462	3711	S10288		
3628	S08662	3674	S09462v	3712	S10312v	3757	S11284＋S11288
3629	S08663	3675	S09463	3713	S10400		
3630	S08665	3676	S09464v	3714	S10401	3758	S11286①
3631	S08666	3677	S09465	3715	S10410	3759	S11286②
3632	S08667	3678	S09471v	3716	S10468	3760	S11292
3633	S08672v	3679	S09495	3717	S10489	3761	S11297
3634	S08673	3680	S09496	3718	S10493A	3762	S11298
3635	S08674	3681	S09496v	3719	S10512	3763	S11299
3636	S08676	3682	S09512	3720	S10528	3764	S11299v
3637	S08677v	3683	S09532	3721	S10530	3765	S11301
3638	S08678	3684	S09533	3722	S10537	3766	S11302
3639	S08681			3723	S10538	3767	S11305

3768	S11311	3813	S11521	3851	Stein Painting 27	3877	Stein Painting 417
3769	S11313	3814	S11527	3852	Stein Painting 28	3878	Stein Painting 431
3770	S11333	3815	S11530	3853	Stein Painting 28*	3879	Stein Painting 493
3771	S11335	3816	S11530v	3854	Stein Painting 30	3880	Stein Painting 496
3772	S11343	3817	S11534	3855	Stein Painting 31	3881	Stein Painting 538
3773	S11344A	3818	S11535	3856	Stein Painting 52	3882	S. tib. R. 119. VOL. 55. FOL. 30
3774	S11346	3819	S11540	3857	Stein Painting 54	3883	S. tib. R. 119. VOL. 72. FOL. 14
3775	S11348	3820	S11546	3858	Stein Painting 59	3884	S. tib. R. 119. VOL. 551 FOL. 23
3776	S11349	3821	S11550	3859	Stein Painting 63	3885	S燉煌 CH, X. 0026
3777	S11350r.v	3822	S11552	3860	Stein Painting 67	3886	T. 7. (P515v②)
3778	S11350v	3823	S11553③	3861	Stein Painting 76	3887	TAGI
3779	S11351B	3824	S11556Bv	3862	Stein Painting 77v	3888	TⅡY-46A
3780	S11352	3825	S11558	3863	Stein Painting 113	3889	TⅡY-46B
3781	S11353	3826	S11561	3864	Stein Painting 158	3890	TⅡY-46C
3782	S11354	3827	S11585	3865	Stein Painting 203	3891	ZSD057
3783	S11358	3828	S11599	3866	Stein Painting 206	3892	ZSD060
3784	S11359	3829	S11601	3867	Stein Painting 217	3893	ZSD060v
3785	S11360D2	3830	S11602v	3868	Stein Painting 242	3894	ZSD067
3786	S11367	3831	S11627	3869	Stein Painting 245	3895	Дх00011③
3787	S11371	3832	S11963	3870	Stein Painting 246	3896	Дх00012② pieces
3788	S11389D	3833	S11977	3871	Stein Painting 249	3897	Дх00020＋Дх03803＋Дх04285＋Дх04308＋Дх10513＋Дх10520
3789	S11414	3834	S12281v	3872	Stein Painting 278		
3790	S11425	3835	S12507	3873	Stein Painting 335	3898	Дх00020＋Дх03803＋Дх04285＋Дх04308＋Дх10513＋Дх10520v
3791	S11425v	3836	S12603A	3874	Stein Painting 349		
3792	S11437	3837	S12603v	3875	Stein Painting 361	3899	Дх00084
3793	S11441	3838	S12791	3876	Stein Painting 391	3900	Дх00105＋Дх10299
3794	S11442	3839	S. CH. XⅧ002			3901	Дх00110v
3795	S11443	3840	S.P2／13			3902	Дх00159
3796	S11444	3841	S. P6			3903	Дх00277v
3797	S11454A	3842	Stein ch74. Ⅵ. 30. calumn19. Vol. 56. fol. 37				
3798	S11454B						
3799	S11454C	3843	Stein Painting 3				
3800	S11454D	3844	Stein Painting 5				
3801	S11454E						
3802	S11454F	3845	Stein Painting 12				
3803	S11454G	3846	Stein Painting 14				
3804	S11461A						
3805	S11461B	3847	Stein Painting 16				
3806	S11466	3848	Stein Painting 19				
3807	S11511						
3808	S11512	3849	Stein Painting 24				
3809	S11513	3850	Stein Painting 26				
3810	S11514						
3811	S11515						
3812	S11516						

本書收錄漢字人名文書番號一覽

3904	Дx00285＋ Дx02150＋ Дx02167＋ Дx02960＋ Дx03020＋ Дx03123v③	3935	Дx01277	3970	Дx01359＋ Дx03114	4010	Дx01425＋ Дx11192＋ Дx11223
		3936	Дx01278				
		3937	Дx01278v	3971	Дx01359v＋ Дx03114v		
		3938	Дx01286＋ Дx03424			4011	Дx01426
				3972	Дx01362	4012	Дx01427
3905	Дx00292	3939	Дx01287＋ Дx01324	3973	Дx01364	4013	Дx01428
3906	Дx00295v			3974	Дx01365	4014	Дx01431
3907	Дx00302＋ Дx00494v	3940	Дx01288v	3975	Дx01365v	4015	Дx01432
		3941	Дx01291＋ Дx01298	3976	Дx01369	4016	Дx01432＋ Дx03110
3908	Дx00476＋ Дx05937＋ Дx06058v②			3977	Дx01374		
		3942	Дx01302	3978	Дx01376	4017	Дx01433
		3943	Дx01303＋ Дx06708	3979	Дx01377	4018	Дx01435
3909	Дx00492v			3980	Дx01377v	4019	Дx01438r.v
3910	Дx00503＋ Дx00504	3944	Дx01305＋ Дx02154＋ Дx03026	3981	Дx01378	4020	Дx01439
				3982	Дx01380v	4021	Дx01439v
3911	Дx00503＋ Дx00504v			3983	Дx01381	4022	Дx01440
		3945	Дx01306	3984	Дx01383	4023	Дx01443
3912	Дx00505	3946	Дx01311v＋ Дx05741v＋ Дx05808＋ Дx09818v	3985	Дx01384	4024	Дx01444v
3913	Дx00530			3986	Дx01385	4025	Дx01448
3914	Дx00599①			3987	Дx01386	4026	Дx01449
3915	Дx00661			3988	Дx01387	4027	Дx01451①
3916	Дx00732v	3947	Дx01313	3989	Дx01388	4028	Дx01451②
3917	Дx00796＋ Дx01343＋ Дx01347＋ Дx01395v	3948	Дx01317	3990	Дx01398	4029	Дx01451③
		3949	Дx01320	3991	Дx01400＋ Дx02148＋ Дx06069①	4030	Дx01453
		3950	Дx01320v			4031	Дx01453v
		3951	Дx01321v			4032	Дx01459
3918	Дx00894③	3952	Дx01322	3992	Дx01400＋ Дx02148＋ Дx06069②	4033	Дx01461r.v
3919	Дx00927③	3953	Дx01323＋ Дx05942			4034	Дx01462
3920	Дx00961＋ Дx02104			3993	Дx01401	4035	Дx01586в
		3954	Дx01326	3994	Дx01405＋ Дx01406	4036	Дx01609＋ Дx02035
3921	Дx00998	3955	Дx01328				
3922	Дx01043v	3956	Дx01328v	3995	Дx01408	4037	Дx01610
3923	Дx01047v	3957	Дx01329Av	3996	Дx01408v	4038	Дx01746＋ Дx05360
3924	Дx01200v	3958	Дx01329в＋ Дx02151v①	3997	Дx01409		
3925	Дx01216v			3998	Дx01410	4039	Дx01943v
3926	Дx01258他	3959	Дx01329в＋ Дx02151v②	3999	Дx01411	4040	Дx02104
3927	Дx01261			4000	Дx01412	4041	Дx02136 б
3928	Дx01262	3960	Дx01329r.v	4001	Дx01413	4042	Дx02143
3929	Дx01265＋ Дx01457	3961	Дx01330	4002	Дx01414	4043	Дx02144v
		3962	Дx01332v	4003	Дx01416	4044	Дx02146
3930	Дx01268	3963	Дx01335	4004	Дx01417	4045	Дx02149A
3931	Дx01269＋ Дx02155＋ Дx02156	3964	Дx01337	4005	Дx01418	4046	Дx02149в
		3965	Дx01344	4006	Дx01419	4047	Дx02151A
		3966	Дx01346	4007	Дx01421	4048	Дx02162
3932	Дx01269＋ Дx02155＋ Дx02156v	3967	Дx01352	4008	Дx01423	4049	Дx02163①
		3968	Дx01354			4050	Дx02163②
		3969	Дx01355＋ Дx03130	4009	Дx01424	4051	Дx02164
3933	Дx01270						
3934	Дx01275						

1219

本書收錄漢字人名文書番號一覽

4052	Дх02166	4094	Дх03954＋Дх03960	4135	Дх06037	4180	Дх10702
4053	Дх02169			4136	Дх06038v	4181	Дх10839
4054	Дх02256	4095	Дх03988	4137	Дх06045r.v	4182	Дх10862v
4055	Дх02264	4096	Дх04032	4138	Дх06045v	4183	Дх11038
4056	Дх02355	4097	Дх04126	4139	Дх06051	4184	Дх11059в
4057	Дх02363	4098	Дх04278	4140	Дх06053v①	4185	Дх11059вv
4058	Дх02431	4099	Дх04355	4141	Дх06053v②	4186	Дх11061
4059	Дх02449＋Дх05176	4100	Дх04408	4142	Дх06063v	4187	Дх11062
		4101	Дх04547	4143	Дх06064v	4188	Дх11063
4060	Дх02485	4102	Дх04776	4144	Дх06090v	4189	Дх11064
4061	Дх02567v	4103	Дх04896	4145	Дх06167	4190	Дх11072
4062	Дх02586в	4104	Дх04899	4146	Дх06221	4191	Дх11073
4063	Дх02636	4105	Дх04953	4147	Дх06528	4192	Дх11077
4064	Дх02800＋Дх03183v	4106	Дх05092	4148	Дх06621	4193	Дх11078
		4107	Дх05095＋Дх11088	4149	Дх06636v	4194	Дх11079
4065	Дх02869в			4150	Дх06695	4195	Дх11080
4066	Дх02888	4108	Дх05139v	4151	Дх06708	4196	Дх11081
4067	Дх02889	4109	Дх05299	4152	Дх07224	4197	Дх11082
4068	Дх02952	4110	Дх05307v	4153	Дх08847	4198	Дх11085
4069	Дх02953	4111	Дх05348	4154	Дх10257v	4199	Дх11086
4070	Дх02954	4112	Дх05427＋Дх05451вv＋Дх13599	4155	Дх10264	4200	Дх11089
4071	Дх02954v			4156	Дх10267	4201	Дх11092
4072	Дх02955v			4157	Дх10269	4202	Дх11094
4073	Дх02956①	4113	Дх05444＋Дх06547	4158	Дх10270	4203	Дх11095
4074	Дх02956②			4159	Дх10270r.v	4204	Дх11096
4075	Дх02959	4114	Дх05474	4160	Дх10270v	4205	Дх11098
4076	Дх02961v	4115	Дх05475	4161	Дх10272①	4206	Дх11193
4077	Дх02966v	4116	Дх05534	4162	Дх10272②	4207	Дх11194
4078	Дх02971	4117	Дх05534v	4163	Дх10273	4208	Дх11195
4079	Дх02978	4118	Дх05567	4164	Дх10275	4209	Дх11196
4080	Дх03000	4119	Дх05658	4165	Дх10276	4210	Дх11198
4081	Дх03002	4120	Дх05699	4166	Дх10281＋Дх11060	4211	Дх11200
4082	Дх03114v	4121	Дх05716			4212	Дх11201
4083	Дх03136＋Дх04929	4122	Дх05843	4167	Дх10282	4213	Дх11201r
		4123	Дх05870	4168	Дх10283v	4214	Дх11201r.v
4084	Дх03161	4124	Дх05941	4169	Дх10284	4215	Дх11201v
4085	Дх03164	4125	Дх05944	4170	Дх10286	4216	Дх11496
4086	Дх03168	4126	Дх06006＋Дх11096v	4171	Дх10287	4217	Дх11704
4087	Дх03174			4172	Дх10287②	4218	Дх11747
4088	Дх03189	4127	Дх06007	4173	Дх10288	4219	Дх12012
4089	Дх03858v	4128	Дх06012	4174	Дх10289	4220	Дх12012②
4090	Дх03863	4129	Дх06016	4175	Дх10290	4221	Дх12012④
4091	Дх03867v	4130	Дх06017	4176	Дх10291	4222	Дх14195
4092	Дх03946	4131	Дх06018	4177	Дх10327	4223	Дх16448
4093	Дх03946v	4132	Дх06024	4178	Дх10334	4224	Дх17447
		4133	Дх06031v	4179	Дх10334v		
		4134	Дх06036				

4225	Дx18290	4266	Ф330v	4293	中村『書道博』p.17A	4329	北大D215
4226	Дx18527	4267	Ф335b	4294	中村『書道博』p.20A	4330	北大D246v
4227	Дx18915	4268	ギメ東洋美術館展 秋山『美術研究』238	4295	中村『書道博』p.20B	4331	北大D246v②
4228	Дx18916			4296	中村『書道博』p.196	4332	古典籍54,圖171
4229	Дx18917	4269	ギメ美術館藏寶勝如來一軀裏文書			4333	古寫經尾題錄存
4230	Дx18918			4297	井上目54,圖171		
4231	Дx18919v	4270	コペンハーゲン博物館藏・燉煌文獻背面(OA102, MS2)	4298	井上目57,圖版1	4334	甘圖017
4232	Дx18920					4335	矢吹『宗教界』13-5 p.408
4233	Дx18923			4299	井上目57,圖版1背		
4234	Дx18927	4271	チベット文獻RV9ch.0047	4300	仁和寺大日本史料2-2 p.365-6 p.366-7	4336	名古屋,住田智見
4235	Дx18928					4337	向達西征小記 p.370
4236	Дx18936v	4272	チベット文獻裏文書／榎カタログ整理番號C64ch.0327				
4237	Дx18939			4301	天津市文物公司藏	4338	有鄰館46v
4238	Дx18998					4339	有鄰館51
4239	Дx02166			4302	天禧塔記	4340	有鄰館56
4240	Дx石塚晴通寄贈寫眞	4273	三井八郎右衞門第25回大藏會展觀目錄	4303	水峽口第4	4341	有鄰館58
				4304	北京歷史博物館	4342	羽・寫814-821
4241	ОП.Ⅱ.p.679 Рис.18	4274	三井文庫燉煌寫經	4305	北京萃文齋	4343	羽・寫834
				4306	北大D089	4344	羽・寫836-837
4242	ОП.Ⅱ.p.679 Рис.19	4275	三井文庫燉煌寫經25-10-52	4307	北大D102	4345	羽・寫841-847
				4308	北大D125	4346	西千佛洞第12窟
4243	Ф003	4276	三井文庫燉煌寫經25-14-13	4309	北大D162v		
4244	Ф013			4310	北大D162v③	4347	西域文化研究6,圖20
4245	Ф032①	4277	三井文庫燉煌寫經25-14-20	4311	北大D162v④		
4246	Ф040v			4312	北大D162v⑤	4348	西域文獻遺珍(圖201)
4247	Ф041	4278	上博21A	4313	北大D162v⑦		
4248	Ф091v	4279	上博21B	4314	北人D162v⑧	4349	西域文獻遺珍(圖202)
4249	Ф103	4280	上海圖003	4315	北大D162v⑨		
4250	Ф126v	4281	上海圖068	4316	北大D168	4350	西域文獻遺珍(圖207)
4251	Ф146	4282	上海圖086	4317	北大D184		
4252	Ф159	4283	上海圖088	4318	北大D185	4351	西域文紡然究第1(p.241圖版)寫經生試筆集
4253	Ф181	4284	久保惣太郎氏所藏本	4319	北大D185r.v		
4254	Ф181①			4320	北大D186		
4255	Ф190	4285	于闐R.8. VOL.1	4321	北大D187	4352	劫餘錄續編0246
4256	Ф207	4286	大谷,新西域記下,p.586	4322	北大D188		
4257	Ф215			4323	北大D193	4353	劫餘錄續編0836
4258	Ф224	4287	中医學院001	4324	北大D193v		
4259	Ф227	4288	中村『書道博』	4325	北大D195+北大D202+P3984	4354	劫餘錄續編1127
4260	Ф230v	4289	中村『書道博』081				
4261	Ф244					4355	劫餘錄續編1200
4262	Ф256+Дx00485+Дx01349	4290	中村『書道博』082	4326	北大D202v		
				4327	北大D203	4356	劫餘錄續編1346
		4291	中村『書道博』086	4328	北大D204		
4263	Ф319・Ф361・Ф342					4357	呂徵「現代佛學」1961,4期 p.36 1961-10
		4292	中村『書道博』173				
4264	Ф322b					4358	宋史卷5,太宗紀
4265	Ф330						

4359	杏・羽025	4401	杏・羽692	4438	故宮博・新152095	4465	浙燉127（浙博120）
4360	杏・羽030（李盛鐸舊藏）	4402	杏・羽694①	4439	故宮博・新153365	4466	浙燉132（浙博107）
4361	杏・羽034（李盛鐸舊藏）	4403	杏・羽694②	4440	故宮博・新153373	4467	浙燉134（浙博109）
4362	杏・羽039v②	4404	杏・羽694③	4441	故宮博・新153377	4468	浙燉159（浙博134）
4363	杏・羽041v（李盛鐸舊藏）	4405	杏・羽694v①	4442	故宮博・新153380	4469	浙燉168（浙博143）
4364	杏・羽056v（李盛鐸舊藏）	4406	杏・羽694v②	4443	故宮博・新156153	4470	高野山藏元祐五年板經
4365	杏・羽063	4407	杏・羽695	4444	故宮博・新166498	4471	清涼寺釋迦像封藏摺本
4366	杏・羽063v	4408	杏・羽699	4445	故宮博・新176123	4472	第七回大藏會（京都）目1921-2
4367	杏・羽064	4409	杏・羽701	4446	故宮博・新086979	4473	莫天王堂
4368	杏・羽067	4410	杏・羽703	4447	故宮博・新087165	4474	莫第005窟
4369	杏・羽067v	4411	杏・羽703③	4448	津藝	4475	莫第009窟
4370	杏・羽068	4412	杏・羽703⑤	4449	津藝061r.v	4476	莫第010窟
4371	杏・羽069①	4413	杏・羽703v①	4450	津195（天津市藝術博物館）	4477	莫第012窟
4372	杏・羽071②	4414	杏・羽707①	4451	首都（北京）博物館藏燉煌吐魯番文獻	4478	莫第014窟
4373	杏・羽073①	4415	杏・羽711			4479	莫第018窟
4374	杏・羽076	4416	杏・羽717	4452	唐招提寺7	4480	莫第033窟
4375	杏・羽077	4417	杏・羽723	4453	唐招提寺11	4481	莫第036窟
4376	杏・羽081②	4418	杏・羽728	4454	唐招提寺12	4482	莫第039窟
4377	杏・羽082	4419	杏・羽729	4455	書林會主催,西武古書展示卽賣會目錄16頁（圖）50律部斷卷	4483	莫第044窟
4378	杏・羽172v①	4420	杏・羽734r.v			4484	莫第045窟
4379	杏・羽172v②	4421	杏・羽744			4485	莫第053窟
4380	杏・羽224②	4422	杏・羽752			4486	莫第054窟
4381	杏・羽416	4423	杏・羽755			4487	莫第055窟
4382	杏・羽617（李盛鐸舊藏）	4424	杜牧『樊川文集』卷20	4456	浙燉015	4488	莫第061窟
4383	杏・羽636	4425	沙文補21	4457	浙燉031（浙博006）	4489	莫第078窟
4384	杏・羽663v	4426	沙文補23	4458	浙燉036（浙博011）	4490	莫第083窟
4385	杏・羽669-1	4427	沙文補24	4459	浙燉041（浙博016）	4491	莫第085窟
4386	杏・羽669-2	4428	沙文補25	4460	浙燉070（浙博045）	4492	莫第090窟
4387	杏・羽670	4429	沙文補28	4461	浙燉113（浙博088）	4493	莫第094窟
4388	杏・羽671	4430	沙文補31	4462	浙燉116（浙博091）②	4494	莫第097窟
4389	杏・羽672	4431	京都國立博物館 守屋目NO.245	4463	浙燉116（浙博091）③	4495	莫第098窟
4390	杏・羽673v	4432	京都國立博物館 守屋目NO.255	4464	浙燉116v	4496	莫第100窟
4391	杏・羽675v	4433	東洋文庫（有鄰館舊藏）			4497	莫第107窟
4392	杏・羽676	4434	故宮博・新104072			4498	莫第108窟
4393	杏・羽677	4435	故宮博・新121247			4499	莫第112窟
4394	杏・羽682	4436	故宮博・新151452			4500	莫第113窟
4395	杏・羽684v①	4437	故宮博・新152094v			4501	莫第117窟
4396	杏・羽684v②					4502	莫第119窟
4397	杏・羽686					4503	莫第121窟
4398	杏・羽688						
4399	杏・羽689						
4400	杏・羽691v①						

4504	莫第126窟	4549	莫第278窟	4593	散錄0540	4626	澄懷堂目卷1 (p. 7-8)
4505	莫第127窟	4550	莫第281窟	4594	散錄0542	4627	澄懷堂目卷1 (p. 8)
4506	莫第128窟	4551	莫第285窟	4595	散錄0544	4628	橘目
4507	莫第129窟	4552	莫第305窟	4596	智恩院譯場列位	4629	燉研001
4508	莫第130窟	4553	莫第320窟	4597	新唐書216下・吐蕃傳	4630	燉研322
4509	莫第138窟	4554	莫第321窟	4598	榆第06窟	4631	龍谷大學510
4510	莫第144窟	4555	莫第322窟	4599	榆第12窟	4632	濱田
4511	莫第146窟	4556	莫第329窟	4600	榆第15窟	4633	濱田041
4512	莫第147窟	4557	莫第333窟	4601	榆第16窟	4634	濱田046
4513	莫第148窟	4558	莫第338窟	4602	榆第19窟	4635	濱田051
4514	莫第154窟	4559	莫第339窟	4603	榆第20窟	4636	濱田074
4515	莫第155窟	4560	莫第342窟	4604	榆第25窟	4637	濱田075
4516	莫第156窟	4561	莫第346窟	4605	榆第33窟	4638	濱田111
4517	莫第158窟	4562	莫第363窟	4606	榆第34窟	4639	濱田115v
4518	莫第159窟	4563	莫第370窟	4607	榆第35窟	4640	濱田115v③
4519	莫第160窟	4564	莫第379窟	4608	榆第36窟	4641	講談社『中國の博物館 四川省博物館』圖版119
4520	莫第166窟	4565	莫第383窟	4609	榆第38窟	4642	舊P5529
4521	莫第171窟	4566	莫第384窟	4610	榆第39窟	4643	舊P5529 24／33
4522	莫第176窟	4567	莫第386窟	4611	寧樂美術館	4644	羅福萇『錄』
4523	莫第180窟	4568	莫第387窟	4612	端方氏舊藏		
4524	莫第188窟	4569	莫第390窟	4613	臺灣中央圖書館08755v		
4525	莫第191窟	4570	莫第392窟	4614	臺灣中央圖書館08780		
4526	莫第192窟	4571	莫第399窟	4615	臺灣中央圖書館08815①		
4527	莫第194窟	4572	莫第401窟	4616	臺灣中央圖書館08815②		
4528	莫第196窟	4573	莫第402窟	4617	臺灣中央圖書館08849		
4529	莫第197窟	4574	莫第412窟	4618	臺灣中央圖書館08852		
4530	莫第199窟	4575	莫第420窟	4619	臺灣中央圖書館08916		
4531	莫第201窟	4576	莫第427窟	4620	臺灣中央圖書館09026		
4532	莫第202窟	4577	莫第431窟	4621	臺灣善本004737（008849）		
4533	莫第205窟	4578	莫第437窟	4622	澄懷堂目卷1 (p. 5)		
4534	莫第206窟	4579	莫第443窟	4623	澄懷堂目卷1 (p. 6)		
4535	莫第208窟	4580	莫第444窟	4624	澄懷堂目卷1 (p. 6-7)		
4536	莫第216窟	4581	莫第449窟	4625	澄懷堂目卷1 (p. 7)		
4537	莫第217窟	4582	莫第454窟				
4538	莫第220窟	4583	莫第468窟				
4539	莫第225窟	4584	富岡謙藏, 第2回大藏會陳列目錄p. 48				
4540	莫第231窟	4585	散錄0215				
4541	莫第244窟	4586	散錄0249				
4542	莫第251窟	4587	散錄0256				
4543	莫第256窟	4588	散錄0264				
4544	莫第257窟	4589	散錄0268				
4545	莫第258窟	4590	散錄0438				
4546	莫第262窟	4591	散錄0534				
4547	莫第263窟	4592	散錄0539				
4548	莫第265窟						

主要參考文獻表（日本文）

	編著者名	出版年次	題名	出版社等
001	赤尾榮慶	2005	「敦煌寫本的書誌學研究—基於近年的動向」	『敦煌學・與日本學（石塚先生退職記念論文集）』
002	赤木崇敏	2003	「曹氏歸義軍時代の外交關係文書」	森安孝夫・坂尻彰宏編『シルクロードと世界史』所收
003	赤木崇敏	2011	「唐代敦煌縣勘印簿羽061、BD11177、BD11178、BD11180 小考」	『敦煌寫本研究年報』（京都大學人文科學研究所西陲發現中國中世寫本研究班）5號
004	赤木崇敏	2013	「甲午年五月十五日陰家婢子小娘子榮進客目」	『敦煌寫本研究年報』（京都大學人文科學研究所・中國中世寫本研究班）7號
005	荒川正晴	1997	「唐帝國とソグド人の交易活動」	『東洋史研究』56－3
006	荒川正晴	2010	『ユーラシアの交通・交易と唐帝國』	名古屋大學出版會
007	荒川正晴	2014	トルファンにおけるソグド人	『ソグド人と東ユーラシアの文化交涉』（勉誠出版）所收。
008	荒見泰史	2011	「敦煌本《受八關齋戒文》寫本の基礎的研究」	『敦煌寫本研究年報』（京都大學人文科學研究所西陲發現中國中世寫本研究班）5號
009	荒見泰史	2014	「二月八日の出家踰城と敦煌の法會、唱導」	『敦煌寫本研究年報』（京都大學人文科學研究所・中國中世寫本研究班）8號
010	池田溫	1975	「沙州圖經略考」	『榎博士還曆記念東洋史論叢』山川出版。
011	池田溫	1979	『中國古代籍帳研究—概觀・錄文』	東京大學出版會
012	池田溫	1990	『中國古代寫本識語集錄』	東京大學東洋文化研究所
013	池田溫	2003	『敦煌文書の世界』	名著刊行會
014	池田溫	2006	「敦煌・吐魯番研究近況（1）逐刊5種」	『日本燉煌學論叢第一卷』比較文化研究所編及出版
015	池田溫	1985	「敦煌の歷史的背景」	『東洋學術研究』24－1
016	池田溫	2014	『唐史論攷—氏族制と均田制—』	汲古書院
017	池田溫編	1992	『講座敦煌5 敦煌漢文文獻』	大東出版社
018	池田溫編	1980	『講座敦煌3 敦煌の社會』	大東出版社
019	池田溫編	1990	『中國古代寫本識語集錄』	大藏出版
020	石田勇作	1995	「敦煌『社文書』研究序說—轉帖を中心に—」	『堀敏一先生古希記念中國古代の國家と民眾』汲古書院所收
021	石田勇作	2009	「社文書研究再論」	『敦煌・吐魯番出土漢文文書の新研究』東洋文庫（2013年修訂出版）所收。
022	石塚晴通編	2005	『敦煌學・與日本學（石塚先生退職記念論文集）』	上海辭書出版社
023	市元壘	2011	「契丹の歷史と文化」	『草原の王朝—美しき3人のプリンセス—』西日本新聞社所收
024	伊藤美惠子	2008	『敦煌文書にみる學校教育』	汲古書院
025	伊藤美惠子	2009	「敦煌寫本「雜抄」に關する諸問題」	『敦煌・吐魯番出土漢文文書の新研究』東洋文庫（2013年修訂出版）所收。

026	稻葉正就・佐藤長	1964	『フゥラン・テプテル チベット年代記』	法藏館
027	岩尾一史	2006	「Pelliot tibetain 1078bis よりみた吐蕃の土地區畫」	『日本燉煌學論叢第一卷』 比較文化研究所編及出版
028	岩尾一史	2003	「吐蕃支配下の敦煌の漢人部落―行比と部落を中心に―」	『史林』86
029	岩尾一史	2007	「チベット支配下敦煌の納入寄進用リスト―IOL Tib J 575、1357（A），（B）の紹介―」	『敦煌寫本研究年報』創刊號
030	岩尾一史	2007	「吐蕃支配下敦煌の納入寄進用リスト―IOL Tib J 575、1357（A）（B）の紹介」	『敦煌寫本研究年報』（京都大學人文科學研究所西陲發現中國中世寫本研究班）創刊號
031	岩尾一史	2011	「チベット支配初期の敦煌史に關する新史料― IOL Tib J 915 と IOL Tib J 292（B）」	『敦煌寫本研究年報』（京都大學人文科學研究所西陲發現中國中世寫本研究班）5號
032	岩尾一史	2012	「敦煌文書における紛れ込み問題覺書」	『敦煌寫本研究年報』（京都大學人文科學研究所・中國中世寫本研究班）6號
033	岩尾一史	2014	「再論「吐蕃論董勃藏修伽藍功記」―羽689の分析を中心に」	『敦煌寫本研究年報』（京都大學人文科學研究所・中國中世寫本研究班）8號
034	石見清裕	2009	「吐魯番出土墓表・墓誌の統計的分析」	『敦煌・吐魯番出土漢文文書の新研究』東洋文庫（2013年修訂）所收。
035	石見清裕	2014	「羈縻支配期の唐と鐵勒僕固部―新出「僕固乙突墓誌」から見て―」	『東方學』第127輯
036	岩本篤志	2006	「唐宋期における守庚申と磐上遊戲―『西域出土文獻寫眞』所收「肖夜圖」考」	『日本燉煌學論叢第一卷』 比較文化研究所編及出版
037	岩本篤志	2013	「敦煌吐魯番學からみた東アジア博物學　書評：餘欣『中古異相―寫本時代的學術、信仰與社會』」	『敦煌寫本研究年報』（京都大學人文科學研究所・中國中世寫本研究班）7號
038	上山大峻	1988	「吐蕃の寫經事業と敦煌」	『中國都市の歷史的研究』（唐代史研究會報告第Ⅵ集）
039	上山大峻	1990	「敦煌のチベット字人名資料―臺灣本一二五文書」	唐代史研究會 編『東アジア古文書の史的研究』刀水書房
040	上山大峻	1990	『敦煌佛教の研究』	法藏館
041	榮新江著・高田時雄・西村陽子譯	2012	『敦煌の民族と東西交流』	東方書店
042	榎一雄編	1971	「Musee Guimet 藏 Pelliot 將來敦煌畫に見える供養人題記（抄錄）」	榎一雄自寫ノート（抄寫於 Musee Guimet、1971年8月）
043	榎一雄編	1980	『講座敦煌1　敦煌の自然と現狀』	大東出版社
044	榎一雄編	1980	『講座敦煌2　敦煌の歷史』	大東出版社
045	王三慶	2009	「敦煌應用文書―齋會文本之整理和研究」	『敦煌寫本研究年報』（京都大學人文科學研究所西陲發現中國中世寫本研究班）3號
046	大西磨希子	2012	「敦煌發現の宮廷寫經について」	『敦煌寫本研究年報』（京都大學人文科學研究所・中國中世寫本研究班）6號

047	大西磨希子	2013	「西方淨土變の白描畫　Stein painting 76, P.2671V の解釋について」	『敦煌寫本研究年報』（京都大學人文科學研究所・中國中世寫本研究班）7 號
048	大淵忍爾	1978	『敦煌道經目錄編』	福武書店
049	小田壽典	2010	『佛說天地八陽神呪經一卷　トルコ語譯の研究』	法藏館
050	小田義久	1984	『大谷文書集成』1	法藏館
051	小田義久	1990	『大谷文書集成』2	法藏館
052	小田義久	1996	『大谷文書の研究』	法藏館
053	郝春文著・高田時雄・山口正晃譯	2013	『よみがえる古文書—敦煌遺書』	東方書店
054	金岡照光編	1971	『敦煌出土文學文獻分類目錄 附解說—スタイン本・ペリオ本—西域出土漢文文獻目錄Ⅳ』	東洋文庫
055	金岡照光編	1990	『講座敦煌9　敦煌の文學文獻』	大東出版社
056	菊池英夫・池田溫	1964	『スタイン敦煌文獻及び研究文獻に引用紹介せられたる西域出土漢文文獻目錄初稿 非佛教文獻之部 古文書類Ⅰ』	東洋文庫
057	九州國立博物館編	2011	日中國交正常化40周年記念特別展『草原の王朝—美しき３人のプリンセス—』	西日本新聞社
058	金成奎	2000	『宋代の西北問題と異民族政策』	汲古書院
059	藏中進	1995	『則天文字の研究』	翰林書房
060	黑田彰	2006	「大公家教攷」	『日本燉煌學論叢第一卷』比較文化研究所編及出版
061	氣賀澤保規	1999	『府兵制の研究』	京都大學學術出版會
062	氣賀澤保規	2009	「唐代西州府兵制再論—西州「衛士」の位置づけをめぐって—」	『敦煌・吐魯番出土漢文文書の新研究』東洋文庫（2013年修訂出版）所收。
063	玄幸子	2008	「宋代社會における『佛說天地八陽神呪經』の受容について—P.3759から見えるもの」	『敦煌寫本研究年報』（京都大學人文科學研究所西陲發現中國中世寫本研究班）2 號
064	玄幸子	2013	『閻羅王授記經』寫經考—天堂へのパスポート	『敦煌寫本研究年報』（京都大學人文科學研究所・中國中世寫本研究班）7 號
065	小泉惠英	2011	「契丹佛教と皇帝」	『草原の王朝—美しき３人のプリンセス—』西日本新聞社所收
066	高啓安著・高田時雄・山本孝子譯	2013	『敦煌の飲食文化』	東方書店
067	高啓安	2008	「敦煌石窟畫塑材料中的麵粉和油」	『敦煌寫本研究年報』（京都大學人文科學研究所西陲發現中國中世寫本研究班）2 號
068	西域文化研究會	1959	『西域文化研究』2	法藏館
069	齊藤達也	2014	中國におけるソグド姓の歷史	『ソグド人と東ユーラシアの文化交涉』（勉誠出版）所收。

070	坂尻彰宏	2003	「敦煌判憑文書考序論」	大阪大學21世紀COEプログラム「インターフェイスの人文學」2002、2003年度報告書、3
071	坂尻彰宏	2012	「大英博物館藏甲戌年四月沙州妻鄧慶連致肅州僧李保祐狀」	『敦煌寫本研究年報』（京都大學人文科學研究所・中國中世寫本研究班）6號
072	坂尻彰宏	2014	「公主君者者の手紙―S.2241の受信者・發信者・背景について」	『敦煌寫本研究年報』（京都大學人文科學研究所・中國中世寫本研究班）8號
073	酒寄雅志	2001	『渤海と古代の日本』	校倉書房
074	佐藤信	2003	『日本と渤海の古代史』	山川出版社
075	佐藤成順	2012	「第一章 北宋の太宗・眞宗朝における首都開封の沙門」	『宋代佛教史の研究』山喜房佛書林.
076	佐藤武敏	1967	「唐代地方における水利施設の管理」	『中國水利史研究』3
077	佐藤武敏	1980	「敦煌の水利」	『講座敦煌3 敦煌の社會』大東出版社
078	篠原壽雄・田中良昭編	1980	『講座敦煌8 敦煌佛典と禪』	大東出版社
079	ジャック・ジエス編	1994 1995	『西域美術―ギメ美術館ペリオコレクション―』第1～2卷	講談社
080	尙林・方廣錩・榮新江撰；木田知生譯	1991	『中國所藏大谷收集品概況：特別以敦煌寫經爲中心』	龍谷大學佛教文化研究所・西域研究會
081	周藤吉之	1952	『宋代經濟史研究』	東京大學出版會
082	西域研究會編	1993	『旅順博物館藏出土文物研究文集』	龍谷大學佛教文化研究所・西域研究會
083	西域文化研究會編	1958	『西域文化研究 第一（敦煌佛教資料）』	法藏館
084	西域文化研究會編	1959	『西域文化研究 第二（敦煌吐魯番社會經濟資料 上）』	法藏館
085	西域文化研究會編	1960	『西域文化研究 第三（敦煌吐魯番社會經濟資料 下）』	法藏館
086	西域文化研究會編	1961	『西域文化研究 第四（中央アジア古代語文獻）』	法藏館
087	西域文化研究會編	1962	『西域文化研究 第五（中央アジア佛教美術）』	法藏館
088	西域文化研究會編	1963	『西域文化研究 第六（歷史と美術の諸問題）』	法藏館
089	關義城	1976	『和漢紙文獻類聚』	思文閣
090	曾布川寬	1988	「龍門石窟における唐代造像の研究」	『東方學報（京都）』60
091	墓信佑爾	2011	「契丹墓の壁畫に見える風俗」	『草原の王朝―美しき3人のプリンセス―』西日本新聞社所收
092	高井龍	2014	「S.1519V「寺院收藏文獻目錄（擬）」に見る10世紀敦煌の講唱體文獻」	『敦煌寫本研究年報』（京都大學人文科學研究所・中國中世寫本研究班）8號
093	高崎直道・木村清孝編	1995	『シリーズ・東アジア佛教 第一卷 東アジア佛教とは何か』	春秋社

094	高田 時雄	1988	『敦煌資料による中國語史の研究』	創文社
095	高田時雄	1991	「五姓を說く敦煌史料」	『國立民俗學博物館研究報告』別冊十四號
096	高田時雄	1993	「チベット文書書寫『長卷』の研究」	『東方學報』65
097	高田時雄	1998	「藏文社邑文書二三種」	『敦煌吐魯番研究』第3卷
098	高田時雄	2008	「李滂と白堅・補遺」	『敦煌寫本研究年報』（京都大學人文科學研究所西陲發現中國中世寫本研究班）2號
099	高田時雄	2011	「李盛鐸舊藏寫本《驛程記》初探」	『敦煌寫本研究年報』（京都大學人文科學研究所西陲發現中國中世寫本研究班）5號
100	高田時雄	2014	「李滂と白堅（三補）」	『敦煌寫本研究年報』（京都大學人文科學研究所・中國中世寫本研究班）8號
101	高田時雄	2007	「李滂と白堅——李盛鐸舊藏敦煌寫本日本流入の背景」	『敦煌寫本研究年報』（京都大學人文科學研究所西陲發現中國中世寫本研究班）創刊號
102	武内紹人	1987	「龍谷大學藏チベット語文獻の研究（Ⅲ）：大谷探檢隊蒐集チベット語文書の研究（1）」	佛教文化研究所紀要 26
103	武内紹人	1989	「中央アジア出土古チベット語家畜賣買文書」	『内陸アジア言語の研究』第5號
104	武田科學振興財團杏雨書屋	2009	『敦煌祕笈目錄冊』	武田科學振興財團
105	武田科學振興財團杏雨書屋	2009～2013	『敦煌祕笈』（1～9）	武田科學振興財團
106	武田科學振興財團杏雨書屋・古泉圓順	2009	『杏雨書屋藏　敦煌祕笈　目錄冊』	武田科學振興財團
107	武田科學振興財團杏雨書屋・吉川忠夫編	2009	『杏雨書屋藏　敦煌祕笈　影印一冊』	武田科學振興財團
108	武田科學振興財團杏雨書屋・吉川忠夫編	2010	『杏雨書屋藏　敦煌祕笈　影印三冊』	武田科學振興財團
109	武田科學振興財團杏雨書屋・吉川忠夫編	2010	『杏雨書屋藏　敦煌祕笈　影印二冊』	武田科學振興財團
110	武田科學振興財團杏雨書屋・吉川忠夫編	2011	『杏雨書屋藏　敦煌祕笈　影印五冊』	武田科學振興財團

111	武田科學振興財團杏雨書屋・吉川忠夫 編	2011	『杏雨書屋藏　敦煌祕笈　影印四冊』	武田科學振興財團
112	武田科學振興財團杏雨書屋・吉川忠夫編	2012	『杏雨書屋藏　敦煌祕笈　影印七冊』	武田科學振興財團
113	武田科學振興財團杏雨書屋・吉川忠夫編	2012	『杏雨書屋藏　敦煌祕笈　影印八冊』	武田科學振興財團
114	武田科學振興財團杏雨書屋・吉川忠夫編	2012	『杏雨書屋藏　敦煌祕笈　影印六冊』	武田科學振興財團
115	武田科學振興財團杏雨書屋・吉川忠夫　編	2013	『杏雨書屋藏　敦煌祕笈　影印九冊』	武田科學振興財團
116	田中良昭	2009	『敦煌禪宗文獻の研究　第二』	大東出版社
117	田村晃一編	2005	『東アジアの都城と渤海』	東洋文庫
118	竺沙雅章	1982	『中國佛教社會史研究』	同朋舍出版（『增訂 中國佛教社會史研究』朋友書店、2002）
119	竺沙雅章	2000	『宋元佛教文化史研究』	汲古書院
120	趙靑山	2011	寫經題記所反映的古人病患理念—以敦煌寫經爲中心	『敦煌寫本研究年報』（京都大學人文科學研究所西陲發現中國中世寫本研究班）5號
121	辻正博	2007	『格式律令事類』殘卷の發見と唐代法典研究—俄藏敦煌文獻Дx.03558 およびДx.06521 について	『敦煌寫本研究年報』（京都大學人文科學研究所西陲發現中國中世寫本研究班）創刊號
122	辻正博	2012	「敦煌・トルファン出土唐代法制文獻研究の現在」	『敦煌寫本研究年報』（京都大學人文科學研究所・中國中世寫本研究班）6號
123	唐代史（敦煌文獻）研究委員會編	1990	『吐魯番・敦煌出土漢文文書研究文獻目錄』	東洋文庫
124	唐代史研究會編	1999	『東アジアにおける國家と地域』唐代史研究會研究報告第Ⅶ集	刀水書房
125	土肥義和	1980	「歸義軍（唐後期・五代・宋初）時代」	『講座敦煌』2、大東出版社
126	土肥義和	1982	「永徽二年東宮諸府職員令の復元—大英博物館藏同職員令斷片（S.11446）の發見に際して」	『國學院雜誌』83-2
127	土肥義和	1983	「唐天寶年代敦煌縣受田簿斷簡考—田土の還受問題に關連して—」	『坂本太郎博士頌壽記念日本史學論集 上』吉川弘文館
128	土肥義和	1988	敦煌發見唐・回鶻間交易關係漢文文書斷簡考	『中國古代の法と社會—栗原益男先生古稀記念論集』 汲古書院

129	土肥義和	1990	「唐代敦煌均田制の田土給受文書について―開元十六年敦煌縣史氾知節請給田衛士某大慶牒の一分析―」	『東アジア古文書の史的研究』刀水書房
130	土肥義和	1992	「九・十世紀の敦煌莫高窟を支えた人々―敦煌研究院（編）『莫高窟供養人題記』の數量的分析―」	唐代史研究會（編）『中國の都市と農村』汲古書院
131	土肥義和	1996	「唐・北宋間の「社」の組織形態に關する一考察―敦煌の場合を中心に」	『堀敏一先生古稀記念論集』汲古書院所收
132	土肥義和	1998	「唐・北宋の間,敦煌の杜家親情社追補社條（S.8160R.V）について」	『唐代史研究』創刊號
133	土肥義和	1967	『スタイン敦煌文獻及び研究文獻に引用紹介せられたる西域出土漢文文獻目錄初稿 非佛教文獻之部 古文書類 寺院文書Ⅱ』	東洋文庫
134	土肥義和編	2009	「曹氏歸義軍後期、燉煌管內佛教教團の寫經事業記錄の分析―『敦煌遺書』の性格を探って」	『敦煌・吐魯番出土漢文文書の新研究』東洋文庫（2013年修訂）所收。
135	土肥義和編	2009	『敦煌・吐魯番出土漢文文書の新研究』	東洋文庫
136	富岡謙藏		『古寫經錄存』	
137	內藤乾吉	1963	『中國法制史交證』	有斐閣
138	中田篤郎	1989	『北京圖書館藏敦煌遺書總目錄』	朋友書店
139	中田美繪	2014	「唐代中國におけるソグド人と佛教」	『ソグド人と東ユーラシアの文化交涉』（勉誠出版）所收。
140	中田美繪	2012	「長安・洛陽における佛典飜譯と中央アジア出身者―武則天・中宗期を中心に―」	『アジアにおける文化システムの展開と交流』（關西大學出版部）所收。
141	中田裕子	2009	「唐代六胡州とソグド系突厥」	『東洋史苑』第72號
142	永田知之	2012	「陳寅恪論及敦煌文獻雜記―利用經路を中心に」	『敦煌寫本研究年報』（京都大學人文科學研究所・中國中世寫本研究班）6號
143	中村裕一	1991	『唐代官文書研究』	中文出版社
144	中村裕一	1991	『唐代制敕研究』	汲古書院
145	中村裕一	2014	『大唐六典の唐令研究―「開元七年令」說の檢討』	汲古書院
146	那波利貞	1974	『唐代社會文化史研究』	創文社
147	仁井田陞	1960	『中國法制史研究―土地法・取引法』	東京大學出版會
148	仁井田陞	1983	『唐宋法律文書の研究』	東京大學出版會（初版/1937；東方文化學院東京研究所）
149	西村元佑	1968	『中國經濟史研究―均田制度篇』	東洋史研究會
150	西本照眞	1998	『三階教の研究』	春秋社
151	西脇常記	1997	『ベルリン・トルファンコレクション漢語文書研究』	京都大學總合人間學部國際文化學科西脇研究室
152	西脇常記	2009	『續ベルリン・トルファン・コレクション漢語文書研究』	同志社大學文學部文化史學科西脇研究室
153	日本經濟新聞社編	1960	『スキタイとシルクロード美術展』（pl.183, p.21）	日本經濟新聞社
154	羽田亨	1958	『羽田博士史學論文集・下卷 言語宗教編』	東洋史研究會

155	濱田德海		『濱田コレクション目錄—主として敦煌出土經—』（手抄本稿）	東洋文庫 舊藏
156	原田淑人	1925	『西域發見の繪畫に見えたる服飾の研究』（東洋文庫論叢第4）	東洋文庫
157	潘吉星	1980	『中國製紙技術史』	平凡社
158	平井宥慶	2006	「唐・青龍寺道氤から敦煌僧・曇曠へ」	『日本燉煌學論叢第一卷』比較文化研究所編及出版
159	福井文雅	1987	『般若心經の歷史的研究』	春秋社
160	福井文雅	2000	『般若心經の總合的研究—歷史・社會・資料』	春秋社
161	藤枝晃	1959	「敦煌の僧尼籍」	『東方學報（京都）』29
162	藤枝晃	1961	「吐蕃支配期の敦煌」	『東方學報（京都）』31
163	藤枝晃	1941～1943	「沙州歸義軍節度使始末」1～4	『東方學報（京都）』12-3、4。13-1、2。
164	藤枝晃	1973	「敦煌曆日譜」	『東方學報』45
165	藤枝晃・井ノ口泰淳等	1985	『漢語佛典斷片目錄』	
166	藤野月子	2014	「契丹における中原王朝との婚姻に基づいた外交政策に對する認識について」	『史淵』151
167	藤善眞澄譯注	2007 2011	『參天臺五臺山記 上・下』	關西大學東西學術研究所
168	船越泰次	1996	『唐代兩稅法研究』	汲古書院
169	古瀬奈津子	2009	「敦煌書儀と「上表」文—日唐の表の比較をまじえて」	『敦煌・吐魯番出土漢文文書の新研究』東洋文庫（2013年修訂）所收。
170	編集委員會責任編集	1983	『講座敦煌4 敦煌と中國道教』	大東出版社
171	堀川徹	2012	中央アジア文化における連續性について	『アジアにおける文化システムの展開と交流』（關西大學出版部）所收。
172	堀敏一	1980	「敦煌社會の變質—中國社會全般の發展とも關連して」	『講座敦煌』3、大東出版社
173	牧田諦亮	1971	『五代宗教史研究』	平樂寺書店
174	牧田諦亮	1976	『疑經研究』	京都大學人文科學研究所
175	牧田諦亮・福井文雅編	1984	『講座敦煌7 敦煌と中國佛教』	大東出版社
176	松浦典弘	2007	敦煌尼僧關係文書管見	『敦煌寫本研究年報』（京都大學人文科學研究所西陲發現中國中世寫本研究班）創刊號
177	松本榮一	1937	『燉煌畫の研究』圖像篇・附圖	東方文化學院東京研究所
178	丸山裕美子	2009	「敦煌寫本「月儀」「朋友書儀」と日本傳來『杜家立成雜書要略』—東アジアの月儀・書儀—」	『敦煌・吐魯番出土漢文文書の新研究』東洋文庫（2013年修訂出版）所收。
179	森部豐	2014	八世紀半ば～十世紀の北中國政治史とソグド人	『ソグド人と東ユーラシアの文化交涉』（勉誠出版）所收。
180	森部豐	2012	「安史の亂」三論	『アジアにおける文化システムの展開と交流』（關西大學出版部）所收。

181	森部豊	2010	『ソグド人の東方活動と東ユーラシア世界の歴史的展開』	關西大學出版部
182	森部豊編	2014	『ソグド人と東ユーラシアの文化交渉』	勉誠出版
183	森部豊・橋寺知子編	2003	『アジアにおける文化システムの展開と交流』	關西大學出版部
184	護雅夫	1983	『内陸アジア・西アジアの社會と文化』	山川出版社
185	森安孝夫	1977	「チベット語史料中に現われる北方民族—DRU-GUとHOR」	『アジア・アフリカ言語文化研究』14
186	森安孝夫	1993	『ウイグル=マニ教史の研究』	大阪大學文學部紀要第31・32卷合併號
187	森安孝夫	2000	「河西歸義軍節度使の朱印とその編年」	『内陸アジア言語の研究』XV
188	森安孝夫	2004	「シルクロード東部における通貨—絹・西方銀錢・官布から銀錠へ—」	森安孝夫編『中央アジア出土文物論叢』朋友書店
189	森安孝夫編	2011	『ソグドからウイグルへ—シルクロード東部の民族と文化の交流—』	汲古書院
190	森安孝夫・坂尻彰宏	2002 2003	『シルクロードと世界史』	大阪大學21世紀COEプログラム「インターフェイスの人文學」/2002・2003年度報告書、3
191	矢吹慶輝	1917	「露都ペトログラードに於ける古經跋及疏讚類」	『宗教界』13-5
192	山口瑞鳳	1980	「吐蕃支配期の敦煌」	『講座敦煌』2、大東出版社
193	山口瑞鳳	1990	「吐蕃王朝外戚支配機構「尚論」制の成立と意義」	唐代史研究會 編『東アジア古文書の史的研究』刀水書房
194	山口瑞鳳編	1985	『講座敦煌6 敦煌胡語文獻』	大東出版社
195	山口瑞鳳	1978	「吐蕃王國佛教史年代考」	『成田山佛教研究所紀要』3
196	山口瑞鳳	1982	「漢人及通頰人による沙州吐蕃軍團編成の時期」	『東京大學文學部文化交流研究施設研究紀要』4：1-21
197	山口瑞鳳	1983	『吐蕃王國成立史研究』	岩波書店
198	山口正晃	2008	「『現在十方千五百佛名竝雜佛同號』小考—「佛名經類」の發展過程と關連して」	『敦煌寫本研究年報』（京都大學人文科學研究所西陲發見中國中世寫本研究班）2號
199	山口正晃	2009	「敦煌本『賢劫千佛名經』について」	『敦煌寫本研究年報』（京都大學人文科學研究所西陲發見中國中世寫本研究班）3號
200	山口正晃	2012	「羽53「吳安君分家契」について—家產相續をめぐる一つの事例」	『敦煌寫本研究年報』（京都大學人文科學研究所・中國中世寫本研究班）6號
201	山本孝子	2014	「公私書札禮と社會秩序—書儀に見る〈おおやけ〉と〈わたくし〉」	『敦煌寫本研究年報』（京都大學人文科學研究所・中國中世寫本研究班）8號
202	山本達郎	1956	「敦煌發見戶制田制關係文書十五種」	『東洋文化研究所紀要』10
203	山本達郎	1938	「Drug-gu (Dru-gu, Drug) について」	『東方學報』26-1
204	山本達郎・土肥義和	1984 1985	TUN-HUANG AND TURFAN DOCUMENTS CONCERNING SOCIAL AND ECONOMIC HISTORY II	東洋文庫
205	山本達郎・土肥義和・石田勇作	1988 1989	TUN-HUANG AND TURFAN DOCUMENTS CONCERNING SOCIAL AND ECONOMIC HISTORY IV	東洋文庫

主要參考文獻表（日本文）

206	山本達郎・池田溫	1986 1989	TUN-HUANG AND TURFAN DOCUMENTS CONCERNING SOCIAL AND ECONOMIC HISTORY Ⅲ	東洋文庫
207	山本達郎・池田溫・岡野誠	1978 1980	TUN-HUANG AND TURFAN DOCUMENTS CONCERNING SOCIAL AND ECONOMIC HISTORY Ⅰ	東洋文庫
208	山本達郎・池田溫・土肥義和・岡野誠・氣賀澤保規・妹尾達彥・石田勇作	2001	TUN-HUANG AND TURFAN DOCUMENTS CONCERNING SOCIAL AND ECONOMIC HISTORY Supplements（A）（B）	東洋文庫
209	山本悌二郎	1932	『澄懷堂書畫目錄』12卷首1卷	文求堂
210	利光三津夫	1981	『律令制の研究』	慶應大學法學研究會
211	劉廣堂・上山大峻主編	2006	『旅順博物館藏新疆出土漢文佛敎硏究論文集・旅順博物館藏トルファン出土漢文佛典硏究論文集』	旅順博物館・龍谷大學
212	旅順博物館・龍谷大學共編	2006	『旅順博物館藏新疆出土漢文佛敎選粹』	法藏館

主要參考文獻表（中文）

	著者名	出版年次	題名	出版社等
001	敖特根	2010	『敦煌莫高窟—北區出土蒙古古文文獻研究—』	民族出版社
002	巴賽囊	1980	『巴協』	民族出版社
003	白文固・趙春娥	2002	『中國古代僧尼名籍制度』	青海人民出版社
004	白玉冬	2007	「于闐文P2741文書所見韃靼駐地Buhä-thum考」	『西域文史』第二輯,科學出版社
005	班欽索南查巴	1984	『新紅史』	西藏人民出版社
006	北京大學圖書館・上海古籍出版社編	1995	『北京大學圖書館藏敦煌文獻』（1～2冊）	上海古籍出版社
007	北京大學中國古代史研究中心	1983	『敦煌吐魯番文獻研究論集』第二輯	北京大學出版社
008	北京大學中國中古史研究中心編	1982～1990	『敦煌吐魯番文獻研究論文集』（第1～5輯）	中華書局
009	北京圖書館善本組	1981	『敦煌劫餘錄 續編』	北京圖書館善本組
010	蔡巴・貢噶多吉	1988	『紅史』	西藏人民出版社
011	蔡鴻生	1998	『唐代九姓胡與突厥文化』	中華書局
012	陳國燦	2002	『敦煌學史事新證』	甘肅教育出版社
013	陳國燦・劉永增	1997	『日本寧樂美術館藏吐魯番文書』	文物出版社
014	陳國燦	2012	『陳國燦吐魯番敦煌出土文獻史事論集』	上海古籍出版社
015	陳國燦	1997	※『斯坦因所獲吐魯番文書研究』（修訂）	武漢大學出版社
016	陳踐	1984	『吐蕃碑刻鐘銘選』	民族出版社
017	陳菊霞	2012	『敦煌 翟氏研究』	民族出版社
018	陳衛東	1993	『中國民族人民文化』	中國國際廣播出版社
019	陳曉強	2012	『敦煌契約文書語言研究』	人民出版社
020	陳秀蘭	2002	『敦煌變文詞滙研究』	四川民族出版社
021	陳垣編	1931	『敦煌劫餘錄』（1～6冊）	國立中央研究院歷史言語研究所刊印
022	傅曉靜	2008	『唐五代民間私社研究』	經濟科學出版社
023	鄧文寬	1996	『敦煌天文曆法文獻輯校』	江蘇古籍出版社
024	杜斗城	1987	『敦煌五臺山文獻校錄研究』	山西人民出版社
025	杜偉生	2003	「敦煌遺書中的裝幀與修復」	『敦煌與絲路文化講座』第1輯
026	敦煌文物研究所	1987	『中國石窟—敦煌莫高窟—』3～5	文物出版社
027	敦煌研究院編	1987	『1983年全國敦煌學術討論會文集』石窟・藝術編（上・下冊）	甘肅民族出版社
028	敦煌研究院編	1990	『1987年敦煌石窟研究國際討論會文集・石窟藝術編』	遼寧美術出版社
029	敦煌研究院編	1997	『中國石窟—安西榆林窟—』	文物出版社
030	敦煌研究院	2000	『敦煌遺書總目索引新編』	中華書局

031	敦煌研究院編	2000	『敦煌研究文集 敦煌石窟经变篇』	甘肅民族出版社
032	敦煌研究院編	2000	『敦煌研究文集・敦煌研究院藏敦煌文獻研究篇』	甘肅民族出版社
033	敦煌研究院編	1996	『敦煌石窟內容總錄』	文物出版社
034	敦煌研究院編	1986	『敦煌莫高窟供養人題記』	文物出版社
035	敦煌研究院編		『敦煌―紀念敦煌藏經洞發見百周年』	2000年
036	敦煌研究院編	2000	『敦煌研究院藏敦煌文獻敍錄』	甘肅民族出版社
037	俄羅斯科學院東方研究所聖彼得堡分所等	1992～2001	『俄藏敦煌文獻』（1～17冊）	上海古籍出版社
038	法國國家圖書館等	1994～2002	『法藏敦煌西域漢文文獻』1～25	上海古籍出版社
039	范玉梅	1981	「我國少數民族的人名」	『民族研究』1981年第5期
040	方廣錩	2013	《中國國家圖書館藏敦煌遺書總目錄》的編纂	『敦煌研究』2013－第3期
041	方廣錩	2007	「敦煌遺書三題」	『吳越佛教』第2卷；宗教文化出版社.
042	方廣錩・許培鈴	1996	「敦煌遺書中的佛教文獻及其價值」	西域研究1996－1
043	方廣錩	2006	『中國寫本大藏經研究』	上海古籍出版社
044	方廣錩輯校	1997	『敦煌佛教經錄輯校（上・下）』	江蘇古籍出版社
045	方廣錩	2010	『方廣錩敦煌遺書散論』	上海古籍出版社,
046	嘎・達哇才仁	1996	「藏族人名文化」	『西藏大學學報』第11卷・第2期
047	噶瑪降村	1998	「藏族人名的佛教文化內涵」	『中國西藏』1998－3
048	甘肅省博物館	2006	『甘肅省博物館文物精品圖集』	三秦出版社
049	甘肅藏敦煌文獻編委會	1999	『甘肅藏敦煌文獻』（1～6冊）	甘肅人民出版社
050	高國藩	1992	『敦煌民族資料導論』	臺灣新文豐出版公司
051	高明士	1986	「唐代敦煌的教育」	『漢學研究』4－2
052	高啓安	2004	『唐五代敦煌飲食文化研究』	民族出版社
053	更敦群培	1986	『白史』	青海人民出版社
054	郭鋒	1999	『唐代士族個案研究―以吳郡・清河・范用陽・敦煌張氏爲中心―』	廈門大學出版社
055	郭富純		『旅順博物館館藏文物精粹：中國古代佛教造像卷』	遼寧人民出版社
056	郭富純・王振芬	2007	『旅順博物館藏西域文書研究』	萬卷出版公司
057	郭旬努白	1984	『青史』	四川民族出版社
058	郝春文編	2001～2010	『英藏敦煌社會歷史文獻釋錄』第一～六卷	第一卷；科學出版社、第二～第六卷；社會科學文獻出版社
059	郝春文	2006	『中古時期社邑研究』	臺北新文豐出版公司
060	郝春文	1998	『唐後期五代宋初敦煌僧尼的社會生活』	中國社會科學出版社
061	郝春文主編	2001	『敦煌文獻論集―記念藏經洞發見現一百年國際學術檢討會論文集』	遼寧人民出版社

062	恰白次旦平措／諾章吳堅／平措次仁編纂	1997	『西藏通史・松石寶串』	西藏古籍出版社
063	賈一心	1994	「佛光籠下的美意向—藏族人名管窺—」	『青海民族學院學報』1994年第1期
064	胡同慶	1994	「從敦煌結社活動探討人的群體性以及個體與集體的關係」	『(胡同慶論文集) 敦煌學研究』所收,甘肅人民美術出版社
065	華林	2004	『藏文歷史檔案研究』	雲南大學出版社
066	華濤	2000	『西域歷史研究（八至十世紀)』	上海古籍出版社
067	黃奮生：編著／吳均：校訂	1985	『藏族史略』	甘肅人民出版社
068	黃敏枝	1989	『宋代佛教社會經濟史論集』	學生書局印行
069	黃文弼	1954	『吐魯番考古記（考古特刊)』	中國科學院出版
070	黃文煥	1978	「河西吐蕃文書簡述」	『文物』1978-2
071	黃永武	1986	『敦煌遺書最新目錄』	新文豐出版公司
072	黃永武主編	1981～1986	『敦煌寶藏』（1～140冊)	新文豐出版公司
073	黃徵・吳偉	1995	『敦煌願文集』	嶽麓書社
074	黃徵	2002	『敦煌語言文字學研究』	甘肅教育出版社
075	黃徵・張湧泉	1997	『敦煌變文校注』	中華書局
076	季羨林主編	1998	『敦煌學大辭典』	上海辭書出版社
077	總策畫：魏同賢、顧問：李羨林	1993	『敦煌吐魯番文獻集成』	上海古籍出版社,
078	季羨林・饒宗頤・周一良主編	1995～2002	『敦煌吐魯番研究』（第1～6卷)	北京大學出版社
079	季羨林・饒宗頤主編	2004～2007	『敦煌吐魯番研究』（第7～10卷)	中華書局
080	籍秀琴	1998	『中國姓氏源流史』	文津出版社
081	姜伯勤	1987	『唐五代敦煌寺戶制度』	中華書局
082	姜伯勤	1996	『敦煌藝術宗教與禮樂文明』	中國社會科學出版社
083	姜伯勤	1994	『敦煌吐魯番文書與絲綢之路』	文物出版社
084	蔣冀騁	1993	『敦煌文書校讀研究』	文津出版社
085	金榮華	1996	「新德里印度博物館藏"壬寅閏四月"敦煌卷子跋」	『敦煌吐魯番論集』新文豐出版公司
086	金雅聲／束錫紅／才讓：主編	2007	『敦煌古藏文文獻論文集』	上海古籍出版
087	覺囊達熱那	1994	『後藏誌』	西藏人民出版社
088	李德龍	2010	『敦煌文獻與佛教研究』	中央民族大學出版社
089	李方	2006	「唐西州天山府的官吏」	『西域文史』第一輯,科學出版社
090	李方桂／柯蔚南	1987	『古代西藏碑文研究』	中央研究院歷史語言研究所
091	李國慶	2005	「周叔弢先生與敦煌遺書」	『敦煌學・與日本學（石塚先生退職記念論文集)』
092	李鴻賓	2003	『唐朝中央集權與民族關係—以北方區域爲綫』	民族出版社

093	李致忠	2005	「敦煌遺書中的裝幀形式與書史研究中的裝幀形制」	敦煌與絲路文化講座第2輯
094	李正宇	1996	『敦煌史地新論』	新文豐出版公司
095	梁章鉅・鄭珍撰		『稱謂錄 新屬記』	馮惠民・李肇翔・楊夢東點校；中華書局
096	林冠群	2006	『唐代吐蕃史論集』	中國藏學出版社
097	林冠群	2007	『唐代吐蕃歷史與文化論集』	中國藏學出版社
098	林世田	2010	『敦煌遺書研究論集』	中國藏學出版社
099	林悟殊	2011	『敦煌文書與夷教研究』	上海古籍出版社
100	劉安志	1997	「唐朝吐蕃占領沙州時期的敦煌大族」	『中國史研究』1997-3
101	劉安志	2011	『敦煌吐魯番文書與唐代西域史研究』	商務印書館
102	柳存仁等	1996	『慶祝潘石禪先生九秩華誕燉煌學特刊』	文津出版社
103	劉復輯錄	1985	『敦煌掇瑣』（1～6冊）	新文豐出版公司
104	柳洪亮	1997	※『新出吐魯番文書及其研究』	新疆人民出版社
105	劉進寶・高田時雄	2007	『轉型期的敦煌學』	上海古籍出版社
106	劉進寶主編	2009	『百年敦煌學—歷史・現狀・趨勢』	甘肅人民出版社
107	劉銘恕	1962	『斯坦因劫經錄』	
108	劉俊文	1989	『敦煌吐魯番唐代法文書考釋』	中華書局
109	劉忠	2000	「敦煌阿骨薩部落一區編員表諸家譯文剖析—向かа藤枝晃、姜伯勤諸先生質疑」	『英國藏敦煌漢藏文獻研究（記念敦煌文獻發現一百週年）』所收
110	呂德廷	2014	「《敦煌祕笈》部分佛教與道教文書定名」	『敦煌寫本研究年報』（京都大學人文科學研究所・中國中世寫本研究班）8號
111	陸慶夫・鄭炳林	1997	『敦煌歸義軍史專題研究』	蘭州大學出版社
112	盧向前	1992	『敦煌吐魯番文書論稿』	江西人民出版社
113	羅福萇	1924	『沙州文錄補・附錄』	
114	羅振玉	1970	「貞松堂藏西陲祕籍叢殘」	『羅雪堂先生全集』三編冊九、文華出版公司
115	羅振玉	1931	『敦煌劫餘錄』（1～6冊）	國立中央研究院歷史言語研究所刊
116	羅振玉	1928	『鳴沙石室佚書』（1～4冊）	東方學會 影印
117	馬鴻良・酈桂芬主編	1992	『中國甘肅河西走廊 古聚樂・文化・名城與重鎮』	四川科學技術出版社
118	馬繼興・王淑民・陶廣正・樊飛倫	1998	『敦煌醫藥文獻輯校』	江蘇古籍出版社
119	馬世長	1978	「關於敦煌藏經洞的幾個問題」	『文物』1978-2
120	孟憲實	2009	『敦煌民間結社研究』	北京大學出版社
121	孟憲實・榮新江・李肯主編	2011	『秩序與生活—中古時期的吐魯番社會』（西域歷史語言研究叢書）	中國人民大學出版社
122	毛春翔	2003	『(插圖增訂本) 古書版本常談』	上海古籍出版社
123	乜小紅	2003	『唐五代宋初敦煌畜牧業研究』	新文豐出版公司
124	乜小紅	2006	『唐五代畜牧經濟研究』	中華書局
125	乜小紅	2009	『俄藏敦煌契約文書研究』	上海古籍出版社
126	寧可・郝春文	1997	『敦煌社邑文書輯校』	江蘇古籍出版社

127	寧欣	2009	「唐代農田水利法規與實踐—以敦煌地區《灌溉用水章程》爲個案—」	『唐史識見錄』商務院書館
128	寧欣	2009	『唐史識見錄』	商務院書館
129	潘重規編	1983 1984	『敦煌變文集新書』上冊・下冊	中國文化大學中文研究所
130	馮培紅	2008	「漢唐間敦煌家族史研究回顧與述評」	『燉煌學輯刊』2008－3
131	馮培紅	2013	「敦煌大族與西涼王國關係新探」	『敦煌吐魯番研究』13
132	馮培紅	2013	『敦煌的歸義軍時代』	甘肅教育出版社
133	饒宗頤主編・楊銘著	1997	『吐蕃統治敦煌研究』	新文豐出版公司
134	饒宗頤主編	2013	『敦煌吐魯番研究』第十三卷	上海古籍出版社
135	任小波	2013	「贊普葬儀的先例與吐蕃王政的起源—敦煌P.T.1287號《吐蕃贊普傳記》第1節新探」	『敦煌吐魯番研究』13
136	榮新江・餘欣	2005	「敦煌寫本辨僞示例—以法成講《輸伽歸論》學生記爲中心」	『敦煌學・與日本學（石塚先生退職記念論文集）』
137	榮新江	2009	「從聚落到鄉里—敦煌等地胡人集團的社會變遷」	『敦煌寫本研究年報』（京都大學人文科學研究所西陲發現中國中世寫本研究班）3號
138	榮新江	1994	『英國圖書館藏敦煌漢文非佛教文獻殘卷目錄（S.6981—13624）』	新文豐出版公司
139	榮新江	1996	『海外敦煌吐魯番文獻知見錄』	江西人民出版社
140	榮新江	1996	『歸義軍史研究－唐宋時代敦煌歷史考察』	上海古籍出版社
141	榮新江・張志清主編	2004	『從撒馬爾干到長安』	北京圖書館出版社
142	榮新江	2004	『中國中古史研究十論』	復旦大學出版社
143	榮新江	2001	『中古中國與外來文明』	新知三聯書店
144	榮新江	2001	『燉煌學十八講』	北京大學出版社
145	榮新江	2002	『敦煌學新論』	甘肅教育出版社
146	榮新江	1999	『鳴沙集—敦煌學學術史和方法論的探討—』	新文豐出版公司
147	榮新江	2013	『黃文弼所獲西域文獻論集』	科學出版社
148	榮新江・張志清主編	2004	『從撒馬爾干到長安—粟特人在中國的文化遺迹—』	北京圖書館出版社
149	榮新江・李肯・孟憲實主編	2010	『新獲吐魯番出土文獻研究論集』（西域歷史語言研究叢書）	中國人民大學出版社
150	榮新江	2013	「大中十年唐朝遣使冊立回鶻史事新證」	『敦煌研究』2013－第3期
151	薩迦索南堅參	1981	『王統世系明鑑』	民族出版社
152	沙武田	2013	『吐蕃統治時期敦煌石窟研究』	中國社會科學出版社
153	沙知	2000	「Ch.00144等：英藏敦煌文獻二件釋錄」	『英國藏敦煌漢藏文獻研究（記念敦煌文獻發現一百周年）』所收
154	沙知	1998	『敦煌契約文書輯校』	江蘇古籍出版社
155	沙知・孔祥星	1984	『敦煌吐魯番文書研究』	甘肅人民出版社
156	上海古籍出版社等	1999	『上海圖書館藏敦煌吐魯番文獻』（1～4冊）	上海古籍出版社

157	上海古籍出版社・上海博物館編	1992～1993	『上海博物館藏敦煌吐魯番文獻』（全2冊）	上海古籍出版社
158	上海古籍出版社等	1996～1998	『天津藝術博物館藏敦煌文獻』（1～7冊）	上海古籍出版社
159	上海古籍出版社・法國國圖書館立編	1994～2005	『法藏敦煌西域文獻』（1—34冊）	上海古籍出版社
160	申國美編	2007	『中國散藏敦煌文獻分類目錄』	北京圖書館出版社
161	施傑我撰文欣譯	2006	「于闐—西域的一個早期佛教中心」	『西域文史』第一輯,科學出版社
162	施萍婷	1996	「俄藏敦煌文獻經眼錄之一」	『敦煌研究』1996年第2期
163	施萍婷	2000	『敦煌遺書總目索引新編』	中華書局
164	史岩	1947	『敦煌石室畫象題識』	比較文化研究所・國立敦煌藝術研究所・華西大學博物館 聯合出版
165	宋家鈺	2000	「S.6235v：大中六年（852）十一月百姓唐君盈手實」	『英國藏敦煌漢藏文獻研究（記念敦煌文獻發現一百周年）』所收
166	宋家鈺・劉忠編	2000	『英國藏敦煌漢藏文獻研究（記念敦煌文獻發現一百周年）』	中國社會科學出版社
167	宋家鈺・張弓・蔡濟生・楊寶玉・師勤	2009	『英藏敦煌文獻（英藏漢文佛經以外敦煌文獻目錄索引)』15	四川人民出版社
168	索南堅贊	1957	『西藏王統記』	商務印書館
169	索南堅贊	2000	『西藏王統記』	民族出版社
170	譚蟬雪	1993	『敦煌婚姻文化』	甘肅人民出版社
171	譚蟬雪	1998	『敦煌歲時文化導論』	新文豐出版公司
172	唐耕耦	1997	『敦煌寺院會計文書研究』	臺北新文豐出版公司
173	唐耕耦・陸宏基	1986	『敦煌社會經濟文獻眞跡釋錄』第1輯	書目文獻出版社
174	唐耕耦・陸宏基	1990	『敦煌社會經濟文獻眞跡釋錄』第2輯～第5輯	全國圖書館文獻縮微複製中心
175	唐耕耦・陸宏基編	1986～1990	『敦煌社會經濟文獻眞蹟釋錄』全5卷	全國圖書館文獻縮微複製中心・古佚小說會
176	唐長孺 主編	1982～1990	『敦煌吐魯番文書初探』（1～2編）	武漢大學出版社
177	陶秋英 輯錄	1992	『敦煌碎金—釋氏錄・題名錄・寺名錄・正俗字譜（上・下）・附卷2種』	浙江古籍出版社
178	天津市藝術博物館等編	1996	『天津市藝術博物館藏敦煌文獻』	上海古籍出版社
179	王三慶	2009	『從敦煌齋願文看佛教與中國民族的融合』	新文豐出版公司
180	王三慶	2009	『敦煌佛教齋願文本研究』	新文豐出版公司
181	王素	2002	『敦煌吐魯番文獻』	文物出版社
182	汪濤・胡平生・吳芳思	2007	『英國國家圖書館藏斯坦因所獲未刊漢文簡牘』	上海辭書出版社

183	王堯	1986	『吐蕃簡牘綜錄』	文物出版社
184	王堯編著	2012	『吐蕃簡牘綜錄・藏語文研究』	文物出版社
185	王堯・陳踐	1983	『敦煌吐蕃文獻選』	四川民族出版社
186	王堯・陳踐	1988	『敦煌吐蕃文書論文集』	四川民族出版社
187	王堯編著	2012	『敦煌吐蕃歷史文書・吐蕃制度文化研究』	中國藏學出版社
188	王堯	1982	『吐蕃金石錄』	文物出版社
189	王堯・陳踐	2008	『敦煌古藏文文獻探索集』	上海古籍出版社
190	王貴	1991	『藏族人名研究』	民族出版社
191	王永興	1994	『敦煌經濟文書導論』	新文豐出版公司
192	王永興	1987	『隋唐五代經濟史料彙編』	中華書局
193	王重民	1984	『敦煌遺書論文集』	中華書局
194	王重民	1958	『敦煌古籍敍錄』	商務印書館
195	王重民原編・黃永武新編	1986	『敦煌古籍敍錄新編』（第1～16冊）	新文豐出版公司
196	王重民	1962	『敦煌遺書總目索引』	商務印書館
197	王重民	1979	『敦煌古籍敍錄』	中華書局
198	文欣	2008	「于闐國"六城"（ksa au）新考」	『西域文史』第三輯,科學出版社
199	五世達賴喇嘛	1957	『西藏王臣記』	民族出版社
200	武振華主編	1995	『西藏地名』	中國藏學出版社
201	西北民族大學・上海古籍出版社・法國國家圖書館編纂主編：金雅聲・郭恩	2006～2008	『法國國家圖書館藏敦煌藏文文獻』（第1～7冊）	上海古籍出版社
202	向南編	1993	『遼題石刻文編』	河北教育出版社
203	項楚	2006	『王梵志詩校注（上・下）』	上海古籍出版社
204	項楚	1990	『敦煌變文選注』	巴蜀書社
205	向達	1931	「敦煌叢抄」	『國立北平圖書館館刊』5－6
206	謝稚柳	1955	『敦煌藝術敍錄』	上海出版公司
207	新疆維吾爾自治區文物事業管理局等	1999	『中國新疆文物古跡大觀』	新疆美術攝影出版社
208	許國林	1937	『敦煌石室寫經題記與敦煌雜錄』上・下	上海商務院書館
209	許建平	2006	『敦煌經籍敍錄』	中華書局
210	央金珠白多吉：編	1992	『三十頌與音勢論』	西藏人民出版社
211	楊寶玉	2009	『英藏敦煌文獻（英藏漢文佛教以外敦煌文獻目錄索引)』第15卷	四川出版集團・四川人民出版社
212	楊富學・李吉和	1999	『敦煌漢文吐蕃史料輯校』	甘肅人民出版社
213	楊富學・牛汝極著	1995	『沙州回鶻及其文獻』	甘肅文化出版社
214	楊富學・李吉和輯校	1999	『敦煌漢文吐蕃史料輯校』	甘肅人民出版社
215	楊富學	2013	「俄藏三件敦煌宮廷寫經初步研究」	『敦煌研究』2013－第3期

216	楊際平・郭鋒・張和平	1997	『五—十世紀敦煌的家庭與家族關係』	嶽麓書社出版
217	楊際平	1986	「吐蕃時期沙州社會經濟研究」	『敦煌吐魯番出土 經濟文書研究』
218	楊銘	2003	『唐代吐蕃與西域諸族關係研究』	黑龍江教育出版社
219	楊銘	2008	『吐蕃統治敦煌與吐蕃文書研究』	中國藏學出版社
220	楊秀清	1999	『敦煌西漢金山國史』	甘肅人民出版社
221	餘欣	2012	「中古寫本研究與現代中國學術史之會通」	『博望鳴沙』上海古籍出版社
222	餘欣	2010	「唐宋時期敦煌土貢考」	『敦煌寫本研究年報』（京都大學人文科學研究所西陲發現中國中世寫本研究班）4號
223	餘欣	2005	「許堯舊藏敦煌文獻的調查與研究」	『敦煌學・與日本學（石塚先生退職記念論文集）』
224	浙藏敦煌文獻編輯委員會	1997	『浙藏敦煌文獻』	浙江教育出版社
225	張小豔	2013	「敦煌社邑文書詞語輯考」	『敦煌吐魯番研究』13
226	張大千	1996	『新訂敦煌莫高窟諸家編號對照表』	上海古籍出版社
227	張弓	1997	『漢唐佛寺文化史（上）』	中國社會科學出版社
228	張弓主編	2006	『敦煌典籍與唐五代歷史文化』	中國社會科學出版社
229	張廣達・榮新江	2008	『于闐史叢考（增訂本）』	中國人民大學出版社
230	張廣達	2008	『文書・典籍與西域史地』	廣西師範大學出版社
231	張錫厚	1983	『王梵志詩校輯』	中華書局
232	張錫厚	1996	『敦煌賦滙』	江蘇古籍出版社
233	張錫厚	1995	『敦煌本唐集研究』	新文豐出版公司
234	趙和平	1993	『敦煌寫本書儀研究』	新文豐出版公司
235	趙和平	1991	『敦煌表狀箋啓書儀輯校』	江蘇古籍出版社
236	趙貞	2010	『歸義軍史事考論』	北京大學出版集團・出版社
237	鄭阿財	2013	杏雨書屋《燉煌祕笈》來源、價值與研究狀況	『敦煌研究』2013-第3期
238	鄭炳林主編	2003	『敦煌歸義軍史專題研究續編』	蘭州大學出版社
239	鄭炳林主編	1997	『敦煌歸義軍史專題研究』	蘭州大學出版社
240	鄭炳林主編	2005	『敦煌歸義軍史專題研究三編』	甘肅文化出版社
241	鄭炳林主編	2009	『敦煌歸義軍史專題研究四編』	陝西出版三秦出版社
242	鄭炳林	2005	『敦煌寫本解夢書校錄研究』	甘肅民族出版社
243	鄭炳林・王晶波	2004	『敦煌寫本相書校錄研究』	甘肅民族出版社
244	鄭炳林校注	1989	『敦煌地理文書滙輯校注』	甘肅教育出版社
245	鄭炳林校注	1992	『敦煌碑銘贊輯釋』	甘肅教育出版社
246	鄭炳林	2009	「敦煌：晚唐五代中外文化交融與衝撞」	『敦煌寫本研究年報』（京都大學人文科學研究所西陲發現中國中世寫本研究班）3號
247	中國社會科學院歷史研究所等	1990～1995	『英藏敦煌文獻』（非佛教部分）1—14冊	四川人民出版社
248	中國檔案學會編	1988	『少數民族檔案史料評述學術討論會論文選集』	檔案出版社

249	中國敦煌吐魯番學會編	1990	『敦煌吐魯番學研究論文集』	漢語大詞典出版社
250	中國國家圖書館編任繼愈主編	2005～2008	『國家圖書館藏敦煌遺書』（1～106冊）	北京圖書館出版社
251	中國國家圖書館編	1999～2001	『中國國家圖書館藏敦煌遺書』 1－7	江蘇古籍出版社
252	中國科學院歷史研究所資料室編	1961	『敦煌資料』 第一輯	中華書局（大安1963年再版）
253	中國文化大學中文研究所敦煌學研究小組	1993	『倫敦藏敦煌漢文卷子目錄提要』	福記文化圖書公司
254	周偉洲主編	2010	『西北民族論叢』 第七輯	中國社會科學出版社
255	朱雷	2000	『敦煌吐魯番文書論叢』	甘肅人民出版社

主要參考文獻表（歐文）

	著者名	出版年次	題名
01	Bibliothèque nationale (France). Département des manuscrits. (Eds.)	1970～2001	*Catalogue des manuscrits chinois de Touen-houang : Fonds Pelliot chinois* vol I - Ⅵ：Paris. Bibliothèque nationale.
02	Chavannes, Edouard	1907	Appendix A Chinese documents from the sites of Dandan-Uiliq Niya and Endere. In *Ancient Khotan* (ed. A. Stein). Oxford.
03	Chavannes, Edouard	1913	*Les documents chinois découverts par Aurel Stein dans les sables du Turkestan oriental*. Oxford：Imprimerie de l'Université.
04	Demiéville, Paul	1952	*Le Concile de Lhasa : Une controverse sur le quiétisme entre bouddhistes de l'Inde et de la Chine au VIIIe siècle de l'ère chrétienne*. Collège de France, Institut des hautes études chinoises, Bibliothèque de l'Institutdes hautes études chinoises, volume Ⅶ.
05	Demiéville, Paul	1963	Manuscrits chinois de Touen-houang à leningrad. *T'oung Pao* 51-4.
06	Demiéville, Paul	1970	Recent travaux sur Touen-houang. *T'oung Pao* 56. 1-3.
07	Fondation Singer-Polignac	1984	*Les peintures murales et les manuscrits de Dunhuang : colloque franco-chinois organisé par la Fondation Singer-Polignac à Paris, les 21, 22 et 23 février 1983. Bulletin of the School of Oriental and African Studies* 50-1.
08	Gernet, Jacques	1956	*Les aspects économiques du Bouddhisme dans la société chinoise du Ve au Xe siècle*. Hanoi：École française d'Extrême-Orient.
09	Gernet, Jacques	1957	La vente en Chine d'après les contrats de Touen-houanng. *T'oung Pao* 45.
10	Hansen, Valerie	1995	*Negotiating Daily Life in Traditional Chana, How Ordinary People Used Cntracts, 600-1400*. New Haven and London：Yale University Press, 8+285p.
11	Hoernle, Rudorf	1901	*A Report on the British Collection of Antiquities from Aurel Stein en Asie Centrale*. London.
12	Maspero, Henri	1953	*Les Document chinois de la Troisième expédition de Sir Aurel Stein en Asie Centrale*. London：The Trustees of the British Museum.
13	Pelliot, Paul： Mission Paul Pellio	1981～1986	*GROTTES DE TOUEN-HOUANG : CARNET DE NOTES DE PAUL PELLIOT, INSCRIPTION ET PEINTURES MURALES*，Ⅰ～Ⅵ
14	Sheil, Jorg-Michael	1992	*Chainesische Darlehensvertrage aus Turfan-Funden*. Muster-Schmidt.
15	Sheil, Jorg-Michael	1995	*Die Chinesischen Vertragsurkunden aus Turfan*. F. Steiner.
16	Stein, M. Aurel	1921	*Serindia*. Oxford.
17	Thilo, Thomas	1968	Fragmente Chinesischer haushaltsregister aus Dunhuang in der Berliner Turfan-Sammlung. *Mitteilungen des Instituts für Orientforschung* 14-2.
18	Thilo, Thomas	1970	Fragmente Chinesischer haushaitsregister der Tang-zeit in der Berliner Turfan-Sammlung. *Mitteilungen des Instituts für Orientforschung* 16-1.
19	Thilo, Thomas	1981	Die Chinesischen textfragmente der Turfan-handshaften-sammlung der Akademie der Wissenschaften der DDR. *Jaurnal Asiatique* 269.

20	Trombert, Éric	1994	Prêteurs et emprunteurs de Dunhuang au Xe siècle. *T'oung Pao* 80.
21	Trombert, Éric	1995	*Le crédit a Dunhuang-vie materielle et société en Chine médiévale.* Collège de France, Institut des hautes études chinoise.
22	Twitchett, Denis	1957	The Monasteries and China's economy in Medieval times. *Bulletin of the School of Oriental and African Studies.* 19-3.
23	Twitchett, Denis	1957	The Fragments of the Tang Ordinances of the Departments of Waterways discovered at Tunhuang. *Asia Major* NS6.
24	Twitchett, Denis	1961	Some Remarks on Irrigation under the Tang. *T'oung pao* 48：1-3.
25	Twitchett, Denis	1963	*Financial administration under the T'ang dynasty.* Cambridge：University Press.
26	Twitchett, Denis	1967	A Note on the Tunhuang Fragments of the Tang Regulations (ko). *Bulletin of the School of Oriental and African Studies* 30-2.
27	Л. Н. Меньшиков	1963	Олисание Китайских Руклией Дуньхуанского фонда Института Народов Аэии, Vol. 1：Изаательство Вортпчной Лисератуы. Leningrad.
28	Л. Н. Меньшиков	1984	Олисание Китайских ЧРТТИ КОЛЛЕКЦИИ из ХАРА-ХОЧО (Фонд П. К. Коэлова) Приложения составил Л. И. Чугуевский. МОСКВА.
29	Ппляков, А. С. (Polyyakov, A. S.)	1934	"Кит・йскзе руголиси, нрйеенные в 1933 г. в Таджикистане" In Ададемия Наук СССР；Согдийский Сборник. Ленингпад.
30	Чугуевский, Л. И.	1968	"Фрагмхнт "Фаншу" из Дуньхуанского фонда ИНА СССР." In Письменные памятники ипроблемы пародов востока：Теэисы докпапов у годичной научной сссии ЛО ИИА. Ленингад.
31	Чугуевский, Л. И.	1974 (1981)	Киуазские юридические документы иэ дуньхуана（эаемные документы）. In Письменные памятники востока：историко-Филожогифескже иссшеёоваъия.
32	Чугуевский, Л. И.	1983	Китайские Документы из Дунъхуана, vol 1：ИздатДАТЕЛЪСТОВО 《НАУКА》 ГлАВЖАЯ РЕВАКЦИЯ ВОСТМЧНОЙ ЛИТЕРАТУРЫ. Москва.

後　記

　「燉煌資料」の總件數は、現時點でも正確に把握できているとは言いがたいが、極小斷片もかぞえれば、約56,000件前後ではないかと思う。

　私の燉煌文書との出會いは、1960年（昭和35）初頭に、池田溫氏から「9～10世紀敦煌文書奧書跋文收錄自筆ノート」を拜借したこと、かつ藤枝晃氏の「吐蕃期漢文寫經生一覽」（東方學報（京都）31冊, 1961年, 281～283頁）を參考にして、『スタイン敦煌文獻及び研究文獻に引用紹介せられたる西域出土漢文文獻目錄初稿 非佛敎文獻之部 古文書類Ⅱ（寺院文書）』（1967年、油印、本文207頁＋索引7頁）を執筆印行したことに始まる。

　その後、燉煌資料に記されているすべての漢語の氏族人名を忠實に復元するためには、現物に卽した科學的な調査が必須であると思い、これを實現するための第一步として、1980年（昭和55）4月1日から翌1981年3月末日までの一箇年を通して、國學院大學國外派遣研究員として、英國國家圖書館所藏スタイン・コレクション及び佛國國家圖書館所藏ペリオ・コレクションに見られる漢字の氏族人名を出來うる限り收錄して、それぞれの人名に記されている燉煌資料の實態（當該人名に直接關わる重要事項）を明かにしようと試みた。そして、1986年（昭和61）8月27日から10月までの3箇月間、文部科學省研究費海外學術調査研究の援助のもとに、英國國家圖書館附置、舊 IOL Records (India Office Library Records) 支所において、スタイン・コレクションの中のチベット文獻・于闐語文獻・漢語文獻の調査を行い、そのうちの8～10世紀の漢語文獻を手寫・整理し、"漢語文獻書誌的抄錄（假題）"（Sheets111頁, 計136條；ChineseNo.1～136）として財團法人東洋文庫研究部チベット研究室へ提供した。

　ついで、1993年（平成5）4月初から翌1994年4月初旬までの約一箇年を再度國學院大學國外派遣研究員として、中國國家圖書館善本部・敦煌研究院・西北師範大學歷史文化學院・英國國家圖書館・ロシア科學アカデミー東方學研究所サンクトペテルブルク分所・佛國國家圖書館において燉煌の漢語文獻の調査をすすめた。中でもサンクトペテルブルクのオルデンブルグ・コレクションの燉煌本は、質・量ともに注目すべきものが多く、同研究所のチュグィエフスキー博士（Dr. Чугуевский）からは、社會經濟關係文書類を集中的に檢索することを許された。また同研究所のメンシコフ博士（Dr. Меньшиков）からは、カラ・ホト（XAPA-XOTO、黑水城）出土文書 "端拱二年（989年）歲次己丑八月十九日、往西天取菩薩戒僧智堅（サイン）記"（B63 No.366／西天竺へ出向いて菩薩戒を取得するための手書證明書、

後　記

存全5行。）の檢索に便宜を圖って頂いた。

　さて、本書において採錄した人名を整理していく過程で見い出した、いま興味を引くことの二つについて紹介しておこう。その一つは、燉煌資料に見出される非漢族少數民族のうち史上注目される月支族についてである。
　榎一雄先生は、かつて燉煌にいた月氏集團について、晉の武帝（在位265〜292）のときの人である竺法護の言葉"先月支人、本姓支氏、世居燉煌郡（先の月支人、本姓は支氏にして世々燉煌郡に居す）"を引用して、彼らが何世かにわたって燉煌郡にいたことを明かされた。更に9・10世紀の燉煌文書の中に支を姓とする人が7人見え（注）、これらの燉煌にいた支姓の中には漢代以來の（小）月氏の子孫がいたと考えて誤りあるまいと主張された。この榎說はまさに正鵠を得たものと思われる（『榎一雄著作集』第一卷、中央アジア史Ⅰ、汲古書院、1992年、340頁、347〜348頁）。
　注　この7人の支姓を名乗る人名については、下記の4種の燉煌文書①〜④に見える。
　①Дx.2355A　9世紀頃。「某寺破除曆」（1,支賢德　2,支惠眼　3,支義深　4,支惠□　以上4名）
　②Дx.1405　9世紀末から10世紀初頭頃。「沙州布頭索留信等造布歷」（1,支張三　1名）
　③Дx.1408　9世紀後半〜10世紀頃。「敦煌縣效穀鄉百姓康滿奴等戶別地籍集計文書」（1,支海晟　1名）
　④P.2837　9世紀前半。「辰年正月卅日弟子支剛ミ迴向疏」（1,支剛ミ　1名）
　　上記4種の燉煌文書の書寫年代は、①④の文書は9世紀前半頃と推定され、①の4名は僧人であり、②③④文書の3名は俗人と見られる。
　　支姓をもつ彼らがどのような生活をしていたかは、彼らの名前が記されている4種の文書の性格によって可成り左右される。そして①の1〜4に見える人名が僧名だとすれば、①の9世紀の支姓の中には僧籍についていた者が可成りいたことになる。また④の9世紀前半の支剛ミが佛僧であったかどうかは分からないが、この事例から支家一族の佛事に彼が參加していたことは明白である。さらに②と③の文書內容から、兩文書に見える2人の支姓の者は燉煌縣下の戶籍に登錄されていたことは明かである。
　　以上のことから、これらの事例は、3〜4世紀の遊牧を主とした少數民族が數世紀の間に農耕民族化した例としてとらえることが出來るであろう。
　第二は、燉煌文書（S3424v）とカラ・ホト（Khara-khoto）から出土した文書（B63 No.366）の中に、同一人物とみられる僧が記されていることである。カラ・ホト文書によると、かれは中國僧（漢宋國人）の往西天取菩薩戒僧（董）智堅（漢大師）と記される。その文書の內容は攜帶用に短冊化された一枚の旅行手記ともいうべきものであり、末行に僧智堅の署

後 記

名があるので、實物であると思われる。かれは、北宋の端拱二年（989）8月18日に當時西天竺で流布していた菩薩戒本を取得しようとして、おそらく宋都開封を出發し黑水城（Khara-hoto）近邊で宿泊した後、翌8月19日に燉煌に向かったのであろう。この僧智堅と同一人物とみられる僧名が燉煌文書（S3424v）の題記に「端拱二年九月十六日」の日附で、往西天取菩薩戒兼傳授菩薩戒の肩書きをもち、僧志堅として出てくる。この兩文書の年月、稱號（肩書）、さらに僧名の智と志の二字は音通であり名前が一致していると思われることから同人物であることにほぼ間違いない。これらの事實によって燉煌佛教教學の流動的な實態が明確になる。そしてこのことは、宋都開封の佛教教團と燉煌教團及び西天竺佛教界とが、從來の考えよりも密接に結びついていたことを意味しよう。

筆者が燉煌出土の諸文獻（燉煌資料）に漢語で記されている人名の集成を作成しようと具體的に考えたのは、1967年東洋文庫研究部に入ってからのことであり、現在までに8世紀から11世紀初期における個別の人名カードの採錄は、延べ約5萬枚餘に達した。

本書を編纂する上で使用した燉煌資料（燉煌遺書）は、主として財團法人東洋文庫圖書部・國立國會圖書館・國學院大學圖書館所藏の影印資料及び杏雨書屋編の敦煌祕笈影印本である。附して感謝申し上げる。

また個人所藏の貴重なマイクロフィルムや影印本資料の借用に關しては、下記の諸先學の先生方のご好意に預かった。秋山光和・池田溫・石塚晴通・井ノ口泰淳・上山大峻・榎一雄・大淵忍爾・小田義久・金岡照光・川口久雄・嶋崎昌・田中良照・笠沙雅章・藤枝晃・堀敏一・牧田諦亮・三木榮・山口瑞鳳・柳田聖山・山本達郎（50音順敬稱略）。記して深謝申し上げます。

本書の出版に積極的に助言してくださったのは汲古書院前社長、故坂本健彦氏であった。氏の暖かな勵ましのお言葉がなかったならば、とてもこの困難な人名集成をまとめることはできなかった。厚く御禮を申し上げると共に、生前にこの本をお目にかけることが出來なったことをお詫びし、御靈前にお捧げしたいと思う。

また本書を作成するにあたり、長年にわたり資料の整理と編集總括にあたってくださった石田勇作氏に心より感謝いたします。

さらに、石野智大（文獻整理）、宇都宮美生（河西回廊概念圖・人名構成圖の作成）、菊地淑子（莫高窟などの供養人名の校正）、黃海靜（資料校正）、張娜儷（中國國內の文獻調査・折衝）、十時淳一（佛教文獻總括）、中西大輔（データー入力）、西尾亞希子（吐蕃・于闐など漢語人名の索引）、速水大（文獻資料總括）、前田愛子（編集校正）、丸谷多惠子（データー入力）、吉田

後　記

章人（資料校正）などの諸氏には、それぞれの任を擔っていただいた。

　出版にあたっては、上述の汲古書院の前社長故坂本健彦氏のほか、汲古書院現社長石坂叡志氏、編集責任者大江英夫氏ならびに三井裕子氏にお世話になった。

　その他、一人一人お名前を上げることが出來ないほど多くの方々にご協力を賜った。この方たちの協力が無かったならば、本書をまとめることはできなかった。心から深謝申し上げる次第である。

　なお、本書は獨立行政法人日本學術振興會の平成26年度科學研究費・研究成果公開促進費補助金を受けて刊行するものである。

　　　2014年12月

　　　　　　　　　　　　　　　　　　　　　　　　　　土　肥　義　和　識

編 者 略 歴

土 肥 義 和（どひ　よしかず）

昭和8年10月5日　愛媛縣川之江金生町（現四國中央市）下分に土肥義圓（古義眞言宗高野山派檀育山五明院住職）・千代（舊姓曾根）の四男として誕生。
昭和27年3月　縣立川之江高等學校卒業。
昭和29年4月　中央大學文學部史學科入學。
昭和33年3月　中央大學文學部史學科卒業。卒業論文「ハルシャ・ヴァルダナの研究」。
昭和36年1月　修士論文「カシミール中世史研究序說―ラージャタランギニーを中心としたローハラ王朝の官職考―」を提出。
昭和36年　東洋文庫敦煌文獻研究室囑託研究員となる。（―昭39）
昭和39年4月　中央大學文學研究科東洋史學專攻博士課程入學。
昭和42年4月　東洋文庫專任研究員となる。
昭和45年4月　帝京大學非常勤講師となる。（―昭48）
昭和47年4月　中央大學非常勤講師となる。（―昭48）
昭和49年4月　史學雜誌編集委員（東京大學）となる。（―昭53）
昭和51年4月　國學院大學文學部專任講師となる。
　　　　　　　東洋文庫兼任研究員となる。
　　　　　　　橫濱國立大學非常勤講師となる。（―昭53）
　　　　　　　東洋學報編集委員（東洋文庫）となる。
昭和52年4月　國學院大學文學部助教授となる。
昭和55年4月　國學院大學國外派遣研究員となる。（―昭56）
昭和58年4月　法政大學非常勤講師となる。（―平15）
昭和59年4月　國學院大學文學部教授となる。
昭和60年4月　立教大學非常勤講師となる。（―昭62）
昭和61年8月　文部省科學研究費海外學術調査調査員となる。（―昭61.10）
平成4年7月　中國燉煌研究院兼職研究員となる。
平成5年4月　國學院大學國外派遣研究員となる。（―平6）
　　　　　　　蘭州大學（歷史系）・西北師範大學歷史文化學院・中國國家圖書館善本部・大英圖書館・ロシア科學アカデミー東方學研究所サンクト・ペテルブルク分所・パリ國立圖書館で燉煌文獻を調査。
平成6年　中國甘肅敦煌學學會顧問となる。
平成9年4月　文部科學省日本ユネスコ國內委員會自然科學小委員會調査員となる。（―平11）

平成11年7月　唐代史研究會會長に就任。(―平13)
平成16年3月　國學院大學教授退官。非常勤講師となる。
平成16年4月　國學院大學名譽教授となる。
平成18年3月　國學院大學非常勤講師退職。

主要編著書

『西域出土漢文文獻分類目錄初稿・古文書類Ⅱ・寺院文書』(1967年、東洋文庫)

『TUN-HUANG AND TURFAN DOCUMENTS CONCERNING SOCIAL AND ECONOMIC HISTORY Ⅱ』(共編　1984・1985、東洋文庫)

『TUN-HUANG AND TURFAN DOCUMENTS CONCERNING SOCIAL AND ECONOMIC HISTORY Ⅳ』(共編　1988・1989、東洋文庫)

『TUN-HUANG AND TURFAN DOCUMENTS CONCERNING SOCIAL AND ECONOMIC HISTORY Supplement』(共編　2001、東洋文庫)

『敦煌・吐魯番出土漢文文書の新研究　修訂版』(編著　2013、汲古書院)

編集協力者紹介

石田　勇作（いしだ　ゆうさく）

1948年2月　石川縣生まれ。
明治大學非常勤講師。

八世紀末期～十一世紀初期　燉煌氏族人名集成
氏族人名篇　人名篇

2015年2月3日発行

編　者	土　肥　義　和
発行者	石　坂　叡　志
印　刷	富士リプロ㈱
発行所	汲　古　書　院

〒102-0072 東京都千代田区飯田橋2-5-4
電話03(3265)9764　　FAX03(3222)1845

ISBN978-4-7629-6543-2　C3022
Yoshikazu DOHI ©2015
KYUKO-SHOIN, Co., Ltd. Tokyo.